La scelta
di un albergo, di un ristorante

Questa guida Vi propone una selezione di alberghi e ristoranti stabilita ad uso dell'automobilista di passaggio. Gli esercizi, classificati in base al confort che offrono, vengono citati in ordine di preferenza per ogni categoria.

CATEGORIE

🏰	Gran lusso e tradizione	
🏰	Gran confort	
🏰	Molto confortevole	XXX
🏠	Di buon confort	XX
🏠	Abbastanza confortevole	X
🏕	Semplice, ma conveniente	
senza rist	L'albergo non ha ristorante	
	Il ristorante dispone di camere	con cam

AMENITÀ E TRANQUILLITÀ

Alcuni esercizi sono evidenziati nella guida dai simboli rossi indicati qui di seguito. Il soggiorno in questi alberghi dovrebbe rivelarsi particolarmente ameno o riposante.
Ciò può dipendere sia dalle caratteristiche dell'edifico, dalle decorazioni non comuni, dalla sua posizione e dal servizio offerto, sia dalla tranquillità dei luoghi.

🏰 a 🏠	Alberghi ameni
XXXXX a X	Ristoranti ameni
« Parco fiorito »	Un particolare piacevole
🐾	Albergo molto tranquillo o isolato e tranquillo
🐾	Albergo tranquillo
≤ mare	Vista eccezionale
≤	Vista interessante o estesa

Le località che possiedono degli esercizi ameni o tranquilli sono riportate sulle carte da pagina 44 a 53 e 697.

Consultatele per la preparazione dei Vostri viaggi e, al ritorno, inviateci i Vostri pareri; in tal modo agevolerete le nostre inchieste.

Installazioni

Le camere degli alberghi che raccomandiamo possiedono, generalmente, delle installazioni sanitarie complete. È possibile tuttavia che nelle categorie 🏠, 🏡 e 🏦 alcune camere ne siano sprovviste.

30 cam	Numero di camere
🛗	Ascensore
🖳	Aria condizionata
TV	Televisione in camera
⚒	Esercizio riservato in parte ai non fumatori
☏	Telefono in camera collegato con il centralino
☎	Telefono in camera comunicante direttamente con l'esterno
♿	Camere di agevole accesso per i minorati fisici
🍽	Pasti serviti in giardino o in terrazza
⚓	Cura termale
🛝 🏊	Piscina : all'aperto, coperta
⛱ 👟	Sauna – palestra
🏖 🌳	Spiaggia attrezzata – Giardino da riposo
✂ 🏌	Tennis appartenente all'albergo – Golf e numero di buche
🏛 25 a 150	Sale per conferenze : capienza minima e massima delle sale
🚗	Garage gratuito (una notte) per chi presenta la guida dell'anno
🚘	Garage a pagamento
🅿	Parcheggio riservato alla clientela
🐕	Accesso vietato ai cani (in tutto o in parte dell'esercizio)
Fax	Trasmissione telefonica di documenti
20 aprile- 5 ottobre	Periodo di apertura, comunicato dall'albergatore
stagionale	Probabile apertura in stagione, ma periodo non precisato. Gli esercizi senza tali menzioni sono aperti tutto l'anno.

Amico Lettore

Questo volume rappresenta
la 36 esima edizione
della Guida Michelin Italia.

La sua selezione di alberghi e ristoranti,
realizzata in assoluta indipendenza,
è il risultato
delle indagini dei suoi ispettori,
che completano
le vostre preziose informazioni e giudizi.

Desiderosa di mantenersi sempre aggiornata
per fornire un buon servizio,
la Guida sta già preparando
la sua prossima edizione.

Soltanto la Guida dell'anno merita perciò
la vostra fiducia. Pensate a rinnovarla...

Buon viaggio con Michelin

Sommario

La tavola

LE STELLE

Alcuni esercizi meritano di essere segnalati alla Vostra attenzione per la qualità tutta particolare della loro cucina. Noi li evidenziamo con le « **stelle di ottima tavola** ». Per questi ristoranti indichiamo tre specialità culinarie e alcuni vini locali che potranno aiutarVi nella scelta.

⚘⚘⚘ | **Una delle migliori tavole, vale il viaggio**
Tavola meravigliosa, grandi vini, servizio impeccabile, ambientazione accurata... Prezzi conformi.

⚘⚘ | **Tavola eccellente, merita una deviazione**
Specialità e vini scelti... AspettateVi una spesa in proporzione.

⚘ | **Un'ottima tavola nella sua categoria**
La stella indica una tappa gastronomica sul Vostro itinerario. Non mettete però a confronto la stella di un esercizio di lusso, dai prezzi elevati, con quella di un piccolo esercizio dove, a prezzi ragionevoli, viene offerta una cucina di qualità.

PASTI ACCURATI A PREZZI CONTENUTI

Talvolta desiderate trovare delle tavole più semplici a prezzi contenuti. Per questo motivo abbiamo selezionato dei ristoranti che, per un rapporto qualità-prezzo particolarmente favorevole, offrono un pasto accurato spesso a carattere tipicamente regionale. Questi ristoranti sono evidenziati nel testo con la sigla **Pas**, evidenziata in rosso, davanti ai prezzi dei menu, es **Pas** 20/25000.

Consultate le carte delle località con stelle e con **Pas** *(pagine 44 a 53).*

I vini e le vivande : vedere p. 42 e 43

I prezzi

I prezzi che indichiamo in questa guida sono stati stabiliti nell'estate 1990. Potranno pertanto subire delle variazioni in relazione ai cambiamenti dei prezzi di beni e servizi. Essi s'intendono comprensivi di tasse e servizio (salvo specifica indicazione es. 15 %).

Gli alberghi e i ristoranti vengono menzionati in carattere grassetto quando gli albergatori ci hanno comunicato tutti i loro prezzi e si sono impegnati, **sotto la propria responsabilità,** ad applicarli ai turisti di passaggio, in possesso della nostra guida.

Entrate nell'albergo o nel ristorante con la guida alla mano, dimostrando in tal modo la fiducia in chi Vi ha indirizzato.
I prezzi sono indicati in lire, o in franchi svizzeri per le località del Cantone Ticino.

PASTI

←	Esercizio che presenta un pasto semplice per meno di 20000 (bevande escluse)
Pas 20/25000	**Menu a prezzo fisso;** minimo 20000, massimo 25000
bc	Bevanda compresa
Pas carta 30/35000	**Pasto alla carta** – Il primo prezzo corrisponde ad un pasto semplice comprendente : antipasto, piatto del giorno e dessert. Il secondo prezzo corrisponde ad un pasto più completo (con specialità) comprendente : due piatti, formaggio e dessert.
⊡ 10000	Prezzo della prima colazione (supplemento eventuale se servita in camera)
	In assenza di menu o di carta, i piatti del giorno sono proposti a voce

CAMERE

cam 45/60000	Prezzo 45 000 per una camera singola/prezzo massimo 60000 per una camera per due persone
cam ⊡ 50/80000	Prezzo della camera compresa la prima colazione
▤ 5000	Supplemento per l'aria condizionata

MEZZA PENSIONE

1/2 P 90/110000	Prezzo minimo e massimo della mezza pensione per persona e per giorno, in alta stagione. La maggior parte degli alberghi pratica anche, su richiesta, la pensione completa. È comunque consigliabile prendere accordi preventivi con l'albergatore per stabilire le condizioni definitive.

LA CAPARRA – CARTE DI CREDITO

Alcuni albergatori chiedono il versamento di una caparra. Si tratta di un deposito-garanzia che impegna tanto l'albergatore che il cliente. Vi raccomandiamo di farVi precisare le norme riguardanti la reciproca garanzia di tale caparra.

AE ⑤ ⑩ E *VISA* | Carte di credito accettate dall'esercizio

Le cittá

20100	Codice di Avviamento Postale
✉ **28042** Baveno	Numero di codice e sede dell'Ufficio Postale
✆ 0371	Prefisso telefonico interurbano. Dall' estero non comporre lo O
Ⓟ	Capoluogo di Provincia
Piacenza	Provincia alla quale la località appartiene
428 D9 988 ②	Numero della carta Michelin e del riquadro o numero della piega
108 872 ab	Popolazione residente al 31-12-1989
alt. 175	Altitudine
Stazione termale Sport invernali	Genere della stazione
1500/2000	Altitudine della località e altitudine massima raggiungibile con le risalite meccaniche
✆ 3	Numero di funivie o cabinovie
⚐ 7	Numero di sciovie e seggiovie
⚐	Sci di fondo
a.s. luglio-settembre	Periodo di alta stagione
EX A	Lettere indicanti l'ubicazione sulla pianta
⛳ 18	Golf e numero di buche
❄ ⬟	Panorama, vista
✈	Aeroporto
⛟	Località con servizio auto su treno. Informarsi al numero di telefono indicato
⛴	Trasporti marittimi
⛴	Trasporti marittimi (solo passeggeri)
🛈	Ufficio informazioni turistiche
A.C.I.	Automobile Club d'Italia

Le curiosità

GRADO DI INTERESSE

★★★	Vale il viaggio
★★	Merita una deviazione
★	Interessante

UBICAZIONE

Vedere	Nella città
Dintorni	Nei dintorni della città
Escursioni	Nella regione
N, S, E, O	La curiosità è situata : a Nord, a Sud, a Est, a Ovest
per ② o ④	Ci si va dall'uscita ② o ④ indicata con lo stesso segno sulla pianta
6 km	Distanza chilometrica
	I musei sono generalmente chiusi il lunedì

Le piante

Alberghi

Ristoranti

Curiosità

Edificio interessante ed entrata principale

Costruzione religiosa interessante :
   Cattedrale, chiesa o cappella

Viabilità

Autostrada, strada a carreggiate separate
   numero dello svincolo

Grande via di circolazione

Senso unico – Via impraticabile

Via pedonale – Tranvia

Via commerciale – Parcheggio

Porta – Sottopassaggio – Galleria

Stazione e ferrovia

Funicolare – Funivia, Cabinovia

Ponte mobile – Battello per auto

Simboli vari

Ufficio informazioni turistiche

Moschea – Sinagoga

Torre – Ruderi – Mulino a vento

Giardino, parco, bosco – Cimitero – Calvario

Stadio – Golf – Ippodromo

Piscina : all'aperto, coperta

Vista – Panorama

Monumento – Fontana – Centro commerciale

Porto per imbarcazioni da diporto – Faro

Aeroporto – Stazione della Metropolitana – Autostazione

Trasporto con traghetto :
   passeggeri ed autovetture, solo passeggeri

Simbolo di riferimento comune alle piante ed alle carte
Michelin particolareggiate

Ufficio centrale di fermo posta – Telefono

Ospedale – Mercato coperto

Edificio pubblico indicato con lettera :
   Prefettura – Municipio
   Palazzo di Giustizia
   Museo – Teatro
   Università, grande scuola
   Polizia (Questura, nelle grandi città)

Automobile Club d'Italia

Le piante topografiche sono orientate col Nord in alto.

Ami lecteur

*Le présent volume représente la 36ᵉ édition
du Guide Michelin Italia.*

*Réalisée en toute indépendance,
sa sélection d'hôtels et de restaurants
est le fruit des recherches de ses inspecteurs,
que complètent
vos précieux courriers et commentaires.*

*Soucieux d'actualité et de service,
le Guide prépare déjà sa prochaine édition.*

*Seul le Guide de l'année
mérite ainsi votre confiance.
Pensez à le renouveler...*

Bon voyage avec Michelin

Sommaire

14

Le choix
d'un hôtel, d'un restaurant

Ce guide vous propose une sélection d'hôtels et restaurants établie à l'usage de l'automobiliste de passage. Les établissements, classés selon leur confort, sont cités par ordre de préférence dans chaque catégorie.

CATÉGORIES

	Grand luxe et tradition	XXXXX
	Grand confort	XXXX
	Très confortable	XXX
	De bon confort	XX
	Assez confortable	X
	Simple mais convenable	
senza rist	L'hôtel n'a pas de restaurant	
	Le restaurant possède des chambres	con cam

AGRÉMENT ET TRANQUILLITÉ

Certains établissements se distinguent dans le guide par les symboles rouges indiqués ci-après. Le séjour dans ces hôtels se révèle particulièrement agréable ou reposant.
Cela peut tenir d'une part au caractère de l'édifice, au décor original, au site, à l'accueil et aux services qui sont proposés, d'autre part à la tranquillité des lieux.

à	Hôtels agréables
XXXXX à X	Restaurants agréables
« Parco fiorito »	Élément particulièrement agréable
	Hôtel très tranquille ou isolé et tranquille
	Hôtel tranquille
≤ mare	Vue exceptionnelle
≤	Vue intéressante ou étendue.

Les localités possédant des établissements agréables ou tranquilles sont repérées sur les cartes pages 44 à 53 et 697.
Consultez-les pour la préparation de vos voyages et donnez-nous vos appréciations à votre retour, vous faciliterez ainsi nos enquêtes.

L'installation

Les chambres des hôtels que nous recommandons possèdent, en général, des installations sanitaires complètes. Il est toutefois possible que dans les catégories 🏠, 🏠 et ♟, certaines chambres en soient dépourvues.

30 cam	Nombre de chambres
🛗	Ascenseur
🖬	Air conditionné
TV	Télévision dans la chambre
⊁⊀	Établissement en partie réservé aux non-fumeurs
☏	Téléphone dans la chambre relié par standard
☎	Téléphone dans la chambre, direct avec l'extérieur
♿	Chambres accessibles aux handicapés physiques
🌲	Repas servis au jardin ou en terrasse
♣	Cure thermale
⊠ ⊠	Piscine : de plein air ou couverte
⇔ ⊾	Sauna – Salle de remise en forme
🏖 🖛	Plage aménagée – Jardin de repos
✗ ⌐18	Tennis à l'hôtel – Golf et nombre de trous
🏔 25 a 150	Salles de conférences : capacité des salles
🚗	Garage gratuit (une nuit) aux porteurs du Guide de l'année
🚗	Garage payant
🅿	Parking réservé à la clientèle
🐕	Accès interdit aux chiens (dans tout ou partie de l'établissement)
Fax	Transmission de documents par télécopie
20 aprile-5 ottobre	Période d'ouverture, communiquée par l'hôtelier
stagionale	Ouverture probable en saison mais dates non précisées. En l'absence de mention, l'établissement est ouvert toute l'année.

16

La table

LES ÉTOILES

Certains établissements méritent d'être signalés à votre attention pour la qualité de leur cuisine. Nous les distinguons par **les étoiles de bonne table**.
Nous indiquons, pour ces établissements, trois spécialités culinaires et des vins locaux qui pourront orienter votre choix.

❀❀❀ **Une des meilleures tables, vaut le voyage**
Table merveilleuse, grands vins, service impeccable, cadre élégant... Prix en conséquence.

❀❀ **Table excellente, mérite un détour**
Spécialités et vins de choix... Attendez-vous à une dépense en rapport.

❀ **Une très bonne table dans sa catégorie**
L'étoile marque une bonne étape sur votre itinéraire.
Mais ne comparez pas l'étoile d'un établissement de luxe à prix élevés avec celle d'une petite maison où à prix raisonnables, on sert également une cuisine de qualité.

REPAS SOIGNÉS A PRIX MODÉRÉS

Vous souhaitez parfois trouver des tables plus simples, à prix modérés ; c'est pourquoi nous avons sélectionné des restaurants proposant, pour un rapport qualité-prix particulièrement favorable, un repas soigné, souvent de type régional. Ces restaurants sont signalés par les lettres **Pas** en rouge.
Ex. **Pas** 20/25000.

Consultez les cartes des localités (étoiles de bonne table *et* **Pas**) *pages 44 à 53.*

Les vins et les mets : voir p. 42 et 43

17

Les prix

Les prix que nous indiquons dans ce guide ont été établis en été 1990. Ils sont susceptibles de modifications, notamment en cas de variations des prix des biens et services. Ils s'entendent taxes et services compris (sauf indication spéciale, ex. 15 %).

Les hôtels et restaurants figurent en gros caractères lorsque les hôteliers nous ont donné tous leurs prix et se sont engagés, **sous leur propre responsabilité,** à les appliquer aux touristes de passage porteurs de notre guide.

Entrez à l'hôtel le Guide à la main, vous montrerez ainsi qu'il vous conduit là en confiance.

Les prix sont indiqués en francs suisses pour les localités helvétiques (Cantone Ticino).

REPAS

→	Etablissement proposant un repas simple à moins de 20000 (sans boisson)
Pas 20/25000	**Menus à prix fixe** ; minimum 20000 maximum 25000
bc	Boisson comprise
Pas carta 30/35000	**Repas à la carte** – Le premier prix correspond à un repas normal comprenant : hors-d'œuvre, plat du jour et dessert. Le 2e prix concerne un repas plus complet (avec spécialité) comprenant : deux plats, fromage et dessert.
⛄ 10 000	Prix du petit déjeuner (supplément éventuel si servi en chambre).
	En l'absence de menu et de carte, les plats du jour sont proposés verbalement

CHAMBRES

cam 45/60000	Prix 45000 pour une chambre d'une personne/prix maximum 60000 pour une chambre de deux personnes.
cam ⛄ 50/80000	Prix des chambres petit déjeuner compris
▦ 5000	Supplément pour l'air conditionné

DEMI-PENSION

1/2 P 90/110000	Prix minimum et maximum de la demi-pension par personne et par jour, en saison. La plupart des hôtels saisonniers pratiquent également, sur demande, la pension complète. Dans tous les cas, il est indispensable de s'entendre par avance avec l'hôtelier pour conclure un arrangement définitif.

LES ARRHES – CARTES DE CRÉDIT

Certains hôteliers demandent le versement d'arrhes. Il s'agit d'un dépôt-garantie qui engage l'hôtelier comme le client. Bien faire préciser les dispositions de cette garantie.

AE **S** **ID** **E** **VISA**   Cartes de crédit acceptées par l'établissement

Les villes

20100	Numéro de code postal
✉ **28042** Baveno	Numéro de code postal et nom du bureau distributeur du courrier
✆ 0371	Indicatif téléphonique interurbain (de l'étranger ne pas composer le zéro)
P	Capitale de Province
Piacenza	Province à laquelle la localité appartient
428 **D9** **988** ②	Numéro de la Carte Michelin et carroyage au numéro du pli
108 872 ab	Population résidente au 31-12-1989
alt. 175	Altitude de la localité
Stazione termale	Station thermale
Sport invernali	Sports d'hiver
1500/2000 m	Altitude de la station et altitude maximum atteinte par les remontées mécaniques
⛷ 3	Nombre de téléphériques ou télécabines
⛷ 7	Nombre de remonte-pentes et télésièges
⛷	Ski de fond
a.s. luglio-settembre	Période de haute saison
EX A	Lettres repérant un emplacement sur le plan
⛳	Golf et nombre de trous
☀ ≼	Panorama, point de vue
✈	Aéroport
🚗	Localité desservie par train-auto. Renseignements au numéro de téléphone indiqué
🚢	Transports maritimes
🚤	Transports maritimes pour passagers seulement
ℹ	Information touristique
A.C.I.	Automobile Club d'Italie

19

Les curiosités

INTÉRÊT

★★★	Vaut le voyage
★★	Mérite un détour
★	Intéressant

SITUATION

Vedere	Dans la ville
Dintorni	Aux environs de la ville
Escursioni	Excursions dans la ville
N, S, E, O	La curiosité est située : au Nord, au Sud, à l'Est, à l'Ouest
per ① o ④	On s'y rend par la sortie ① ou ④ repérée par le même signe sur le plan du Guide et sur la carte
6 km	Distance en kilomètres
	Les musées sont généralement fermés le lundi

Les plans

Hôtels
Restaurants

Curiosités

Bâtiment intéressant et entrée principale
Édifice religieux intéressant :
   Cathédrale, église ou chapelle

Voirie

Autoroute, route à chaussées séparées
   numéro d'échangeur
Grande voie de circulation
Sens unique – Rue impraticable
Rue piétonne – Tramway
Rue commerçante – Parc de stationnement
Porte – Passage sous voûte – Tunnel
Gare et voie ferrée
Funiculaire – Téléphérique, télécabine
Pont mobile – Bac pour autos

Pasteur

Signes divers

Information touristique
Mosquée – Synagogue
Tour – Ruines – Moulin à vent
Jardin, parc, bois – Cimetière – Calvaire
Stade – Golf – Hippodrome
Piscine de plein air, couverte
Vue – Panorama
Monument – Fontaine – Centre commercial
Port de plaisance – Phare
Aéroport – Station de métro – Gare routière
Transport par bateau :
   passagers et voitures, passagers seulement
Repère commun aux plans et aux cartes Michelin
détaillées
Bureau principal de poste restante – Téléphone
Hôpital – Marché couvert
Bâtiment public repéré par une lettre :
   Préfecture – Hôtel de ville
   Palais de justice
   Musée – Théâtre
   Université, grande école
   Police (commissariat central)
Automobile Club

P   H

J

M   T

U

POL.

A.C.I.

Les plans de villes sont disposés le Nord en haut.

Lieber Leser

Der Rote Michelin-Führer Italia
liegt nun schon in der
36. Ausgabe vor.
Er bringt eine
in voller Unabhängigkeit getroffene,
bewußt begrenzte Auswahl
an Hotels und Restaurants.
Sie basiert auf den regelmäßigen
Überprüfungen durch unsere Inspektoren,
komplettiert durch die zahlreichen
Zuschriften und Erfahrungsberichte
unserer Leser.

Wir sind stets um die Aktualität
unserer Informationen bemüht
und bereiten schon jetzt
den Führer des nächsten Jahres vor.
Nur die neueste Ausgabe
ist wirklich zuverlässig —
denken Sie bitte daran,
wenn der nächste
Rote Michelin-Führer erscheint.

Gute Reise mit Michelin !

Inhaltsverzeichnis

Wahl
eines Hotels, eines Restaurants

Die Auswahl der in diesem Führer aufgeführten Hotels und Restaurants ist für Durchreisende gedacht. In jeder Kategorie drückt die Reihenfolge der Betriebe (sie sind nach ihrem Komfort klassifiziert) eine weitere Rangordnung aus.

KATEGORIEN

⛩	Großer Luxus und Tradition	XXXXX
⛩	Großer Komfort	XXXX
⛩	Sehr komfortabel	XXX
⛩	Mit gutem Komfort	XX
⛩	Mit ausreichendem Komfort	X
⛩	Bürgerlich	
senza rist	Hotel ohne Restaurant	
	Restaurant vermietet auch Zimmer	con cam

ANNEHMLICHKEITEN

Manche Häuser sind im Führer durch rote Symbole gekennzeichnet (s. unten.) Der Aufenthalt in diesen Hotels ist wegen der schönen, ruhigen Lage, der nicht alltäglichen Einrichtung und Atmosphäre und dem gebotenen Service besonders angenehm und erholsam.

⛩ bis ⛩	Angenehme Hotels
XXXXX bis X	Angenehme Restaurants
« Parco fiorito »	Besondere Annehmlichkeit
⅁	Sehr ruhiges, oder abgelegenes und ruhiges Hotel
⅁	Ruhiges Hotel
≤ mare	Reizvolle Aussicht
≤	Interessante oder weite Sicht

Die Übersichtskarten S. 44 bis 53 und 697, auf denen die Orte mit besonders angenehmen oder ruhigen Häusern eingezeichnet sind, helfen Ihnen bei der Reisevorbereitung. Teilen Sie uns bitte nach der Reise Ihre Erfahrungen und Meinungen mit. Sie helfen uns damit, den Führer weiter zu verbessern.

Einrichtung

Die meisten der empfohlenen Hotels verfügen über Zimmer, die alle oder doch zum größten Teil mit einer Naßzelle ausgestattet sind. In den Häusern der Kategorien 🏨, 🏠 und ♤ kann diese jedoch in einigen Zimmern fehlen.

30 cam	Anzahl der Zimmer
🛗	Fahrstuhl
▤	Klimaanlage
TV	Fernsehen im Zimmer
⇥	Haus teilweise reserviert für Nichtraucher
☏	Zimmertelefon mit Außenverbindung über Telefonzentrale
☎	Zimmertelefon mit direkter Außenverbindung
♿	Für Körperbehinderte leicht zugängliche Zimmer
🌳	Garten-, Terrassenrestaurant
⚕	Thermalkur
⇆ ⬚	Freibad, Hallenbad
⌇s ⫶	Sauna – Fitneß-Center
🏖 🍃	Strandbad – Liegewiese, Garten
✗ ╎18	Hoteleigener Tennisplatz – Golfplatz und Lochzahl
🔥 25 a 150	Konferenzräume (Mindest- und Höchstkapazität)
🚗	Garage kostenlos (nur für eine Nacht) für die Besitzer des Michelin-Führers des laufenden Jahres
🚗	Garage wird berechnet
℗	Parkplatz reserviert für Gäste
🐕	Hunde sind unerwünscht (im ganzen Haus bzw. in den Zimmern oder im Restaurant)
Fax	Telefonische Dokumentenübermittlung
20 aprile-5 ottobre	Öffnungszeit, vom Hotelier mitgeteilt
stagionale	Unbestimmte Öffnungszeit eines Saisonhotels. Häuser ohne Angabe von Schließungszeiten sind ganzjährig geöffnet.

Küche

DIE STERNE

Einige Häuser verdienen wegen ihrer überdurchschnittlich guten Küche Ihre besondere Beachtung. Auf diese Häuser weisen die Sterne hin.

Bei den mit « **Stern** » ausgezeichneten Betrieben nennen wir drei kulinarische Spezialitäten und regionale Weine, die Sie probieren sollten.

❀❀❀ | **Eine der besten Küchen : eine Reise wert**
Ein denkwürdiges Essen, edle Weine, tadelloser Service, gepflegte Atmosphäre ... entsprechende Preise.

❀❀ | **Eine hervorragende Küche : verdient einen Umweg**
Ausgesuchte Menus und Weine ... angemessene Preise.

❀ | **Eine sehr gute Küche : verdient Ihre besondere Beachtung**
Der Stern bedeutet eine angenehme Unterbrechung Ihrer Reise. Vergleichen Sie aber bitte nicht den Stern eines sehr teuren Luxusrestaurants mit dem Stern eines kleineren oder mittleren Hauses, wo man Ihnen zu einem annehmbaren Preis eine ebenfalls vorzügliche Mahlzeit reicht.

SORGFÄLTIG ZUBEREITETE, PREISWERTE MAHLZEITEN

Für Sie wird es interessant sein, auch solche Häuser kennenzulernen, die eine sehr gute, vorzugsweise regionale Küche zu einem besonders günstigen Preis/Leistungs-Verhältnis bieten. Im Text sind die betreffenden Restaurants durch die roten Buchstaben **Pas** vor dem Menupreis kenntlich gemacht, z. B. **Pas** 20/25000.

Siehe Karten der Orte mit « Stern » und **Pas** *S. 44 bis S. 53.*

Welcher Wein zu welchem Gericht : siehe S. 42 und 43

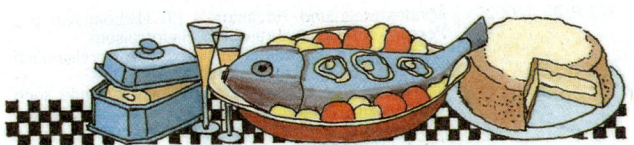

Preise

Die in diesem Führer genannten Preise wurden uns im Sommer 1990 angegeben. Sie können sich mit den Preisen von Waren und Dienstleistungen ändern. Sie enthalten Bedienung und MWSt. (wenn kein besonderer Hinweis gegeben wird, z B 15 %)

Die Namen der Hotels und Restaurants, die ihre Preise genannt haben, sind fett gedruckt. Gleichzeitig haben sich diese Häuser verpflichtet, die von den Hoteliers selbst angegebenen Preise den Benutzern des Michelin-Führers zu berechnen.

Halten Sie beim Betreten des Hotels den Führer in der Hand. Sie zeigen damit, daß Sie aufgrund dieser Empfehlung gekommen sind.

Die Preise sind für die Schweizer Orte (Kanton Tessin) in Schweizer Franken angegeben.

MAHLZEITEN

→	Mahlzeiten unter 20000 (ohne Getränke)
Pas 20/25000	**Feste Menupreise :** Mindestpreis 20000, Höchstpreis 25000
bc	Getränke inbegriffen
Pas carta 30/35000	**Mahlzeiten « à la carte »** – Der erste Preis entspricht einer einfachen Mahlzeit und umfaßt Vorspeise, Hauptgericht, Dessert. Der zweite Preis entspricht einer reichlicheren Mahlzeit (mit Spezialität) bestehend aus : zwei Hauptgängen, Käse, Dessert
☲ 10000	Preis des Frühstücks (wenn es im Zimmer serviert wird kann ein Zuschlag erhoben werden)
	Falls weder eine Menu- noch eine « à la carte » – Karte vorhanden ist, wird das Tagesgericht mündlich angeboten

ZIMMER

cam 45/60000	Preis 45000 für ein Einzelzimmer, Höchstpreis 60000 für ein Doppelzimmer
cam ☲ 50/80000	Zimmerpreis inkl. Frühstück
▤ 5000	Zuschlag für Klimaanlage

HALBPENSION

1/2 P 90/110000	Mindestpreis und Höchstpreis für Halbpension pro Person und Tag während der Hauptsaison
	Es ist ratsam, sich beim Hotelier vor der Anreise nach den genauen Bedingungen zu erkundigen
	In den meisten Hotels können Sie auf Anfrage auch Vollpension erhalten. Auf jeden Fall sollten Sie den Endpreis mit dem Hotelier vereinbaren

ANZAHLUNG – KREDITKARTEN

Einige Hoteliers verlangen eine Anzahlung. Diese ist als Garantie sowohl für den Hotelier als auch für den Gast anzusehen.

Es ist ratsam, sich beim Hotelier nach den genauen Bestimmungen zu erkundigen.

AE S O E VISA | Vom Haus akzeptierte Kreditkarten

Städte

20100	Postleitzahl
✉ **28042** Baveno	Postleitzahl und Name des Verteilerpostamtes
✆ 0371	Vorwahlnummer (bei Gesprächen vom Ausland wird die erste Null weggelassen)
P	Provinzhauptstadt
Piacenza	Provinz, in der der Ort liegt
428 D9	Nummer der Michelin-Karte mit Koordinaten bzw
988 ②	Faltseite
108872 ab	Einwohnerzahl (Volkszählung vom 31.12.1989)
alt. 175	Höhe
Stazione termale	Thermalbad
Sport invernali	Wintersport
1500/2000 m	Höhe des Wintersportortes und Maximal-Höhe, die mit Kabinenbahn oder Lift erreicht werden kann
⛷ 3	Anzahl der Kabinenbahnen
⛷ 7	Anzahl der Schlepp- oder Sessellifts
⛷	Langlaufloipen
a. s. luglio-settembre	Hauptsaison von ... bis ...
EX A	Markierung auf dem Stadtplan
🏌 18	Golfplatz und Lochzahl
✳ ←	Rundblick – Aussichtspunkt
✈	Flughafen
🚗	Ladestelle für Autoreisezüge – Nähere Auskunft unter der angegebenen Telefonnummer
⛴	Autofähre
⛴	Personenfähre
🛈	Informationsstelle
A.C.I.	Automobilclub von Italien

Sehenswürdigkeiten

BEWERTUNG

★★★	Eine Reise wert
★★	Verdient einen Umweg
★	Sehenswert

LAGE

Vedere	In der Stadt
Dintorni	In der Umgebung der Stadt
Escursioni	Ausflugsziele
N, S, E, O	Im Norden (N), Süden (S), Osten (E), Westen (O) der Stadt
per ① o ④	Zu erreichen über die Ausfallstraße ① bzw. ④, die auf dem Stadtplan und auf der Michelin-Karte identisch gekennzeichnet sind
6 km	Entfernung in Kilometern
	Museen sind im allgemeinen montags geschlossen.

Stadtpläne

- Hotels
- Restaurants

Sehenswürdigkeiten

Sehenswertes Gebäude mit Haupteingang

Sehenswerter Sakralbau
  Kathedrale, Kirche oder Kapelle

Straßen

Autobahn, Schnellstraße
  Nummer der Anschlußstelle

Hauptverkehrsstraße

Einbahnstraße – nicht befahrbare Straße

Fußgängerzone – Straßenbahn

Pasteur   Einkaufsstraße – Parkplatz

Tor – Passage – Tunnel

Bahnhof und Bahnlinie

Standseilbahn – Seilschwebebahn

Bewegliche Brücke – Autofähre

Sonstige Zeichen

Informationsstelle

Moschee – Synagoge

Turm – Ruine – Windmühle

Garten, Park, Wäldchen – Friedhof – Bildstock

Stadion – Golfplatz – Pferderennbahn

Freibad – Hallenbad

Aussicht – Rundblick

Denkmal – Brunnen – Einkaufszentrum

Jachthafen – Leuchtturm

Flughafen – U-Bahnstation – Autobusbahnhof

Schiffsverbindungen :
  Autofähre – Personenfähre

Straßenkennzeichnung (identisch auf Michelin – Stadt-
plänen und – Abschnittskarten)

Hauptpostamt (postlagernde Sendungen) – Telefon

Krankenhaus – Markthalle

Öffentliches Gebäude, durch einen Buchstaben
gekennzeichnet :

P   H   Präfektur – Rathaus

J   Gerichtsgebäude

M   T   Museum – Theater

U   Universität, Hochschule

POL.   Polizei (in größeren Städten Polizeipräsidium)

A.C.I.   Automobilclub von Italien

Die Stadtpläne sind eingenordet (Norden = oben).

Dear Reader

The present volume is the 36th edition
of the Michelin Guide Italia.

The unbiased and independent selection
of hotels and restaurants
is the result of local visits and enquiries
by our inspectors.
In addition we receive considerable help
from our readers' invaluable letters
and comments.

It is our purpose
to provide up-to-date information
and thus render a service to our readers.
The next edition is already in preparation.

Therefore, only the guide of the year
merits your complete confidence,
so please remember to use the latest edition

Bon voyage

Contents

Choosing
a hotel or restaurant

This guide offers a selection of hotels and restaurants to help the motorist on his travels. In each category establishments are listed in order of preference according to the degree of comfort they offer.

CATEGORIES

🏨	Luxury in the traditional style	XXXXX
🏨	Top class comfort	XXXX
🏠	Very comfortable	XXX
🏠	Comfortable	XX
🏠	Quite comfortable	X
♔	Simple comfort	
senza rist	The hotel has no restaurant	
	The restaurant also offers accommodation	con cam

PEACEFUL ATMOSPHERE AND SETTING

Certain establishments are distinguished in the guide by the red symbols shown below.
Your stay in such hotels will be particularly pleasant or restful, owing to the character of the building, its decor, the setting, the welcome and services offered, or simply the peace and quiet to be enjoyed there.

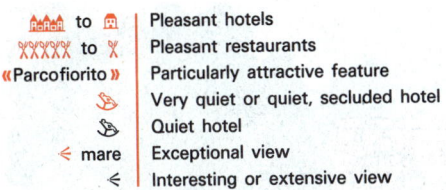

🏨 to 🏠	Pleasant hotels
XXXXX to X	Pleasant restaurants
«Parcofiorito»	Particularly attractive feature
⑤	Very quiet or quiet, secluded hotel
⑤	Quiet hotel
← mare	Exceptional view
←	Interesting or extensive view

The maps on pages 44 to 53 and 697 indicate places with such peaceful, pleasant hotels and restaurants.
By consulting them before setting out and sending us your comments on your return you can help us with our enquiries.

Hotel facilities

In general the hotels we recommend have full bathroom and toilet facilities in each room. However, this may not be the case for certain rooms in categories 🏨, 🏠 and ⚵.

30 cam	Number of rooms
🛗	Lift (elevator)
▤	Air conditioning
TV	Television in room
⊁	Hotel partly reserved for non-smokers
☏	Telephone in room: outside calls connected by the operator
☎	Direct-dial phone in room
🖔	Rooms accessible to disabled people
🌿	Meals served in garden or on terrace
⚲	Hydrotherapy
⤳ ⤵	Outdoor or indoor swimming pool
⇆s ⚘	Sauna – Fitness-room
⚲ 🌱	Beach with bathing facilities – Garden
✗ ⌔18	Hotel tennis court – Golf course and number of holes
🜨 25 a 150	Equipped conference hall (minimum and maximum capacity)
⟞	Free garage (one night) for those having the current Michelin Guide
⟝	Hotel garage (additional charge in most cases)
Ⓟ	Car park for customers only
🐕	Dogs are not allowed in all or part of the hotel
Fax	Telephone document transmission
20 aprile-5 ottobre	Dates when open, as indicated by the hotelier
stagionale	Probably open for the season – precise dates not available. Where no date or season is shown, establishments are open all year round.

Cuisine

STARS

Certain establishments deserve to be brought to your attention for the particularly fine quality of their cooking. **Michelin stars** are awarded for the standard of meals served. For each of these restaurants we indicate three culinary specialities and a number of local wines to assist you in your choice.

❀❀❀ | **Exceptional cuisine, worth a special journey**
Superb food, fine wines, faultless service, elegant surroundings. One will pay accordingly !

❀❀ | **Excellent cooking, worth a detour**
Specialities and wines of first class quality. This will be reflected in the price.

❀ | **A very good restaurant in its category**
The star indicates a good place to stop on your journey.
But beware of comparing the star given to an expensive « de luxe » establishment to that of a simple restaurant where you can appreciate fine cuisine at a reasonable price.

GOOD FOOD AT MODERATE PRICES

You may also like to know of other restaurants with less elaborate, moderately priced menus that offer good value for money and serve carefully prepared meals, often of regional cooking.

In the guide such establishments are shown with the word **Pas** in red just before the price of the menu, for example **Pas** 20/25000.

Please refer to the map of star-rated restaurants and good food at moderate prices **Pas** *(pp 44 to 53).*

Food and wine: see pages 42 and 43

Prices

Prices quoted are valid for summer 1990. Changes may arise if goods and service costs are revised. The rates include tax and service charge (unless otherwise indicated, eg. 15 %).

Hotels and restaurants in bold type have supplied details of all their rates and **have assumed responsability** for maintaining them for all travellers in possession of this Guide.

Your recommendation is self-evident if you always walk into a hotel, Guide in hand.

Prices are given in Swiss francs for towns near the Swiss border (Ticino).

MEALS

→	Establishment serving meals for less than 20000 (drinks not included)
Pas 20/25000	**Set meals** – Lowest 20000 and highest 25000 prices for set meals
bc	House wine included
Pas carta 30/35000	**« A la carte » meals** – The first figure is for a plain meal and includes hors-d'œuvre, main dish of the day with vegetables and dessert. The second figure is for a fuller meal (with « spécialité ») and includes 2 main courses, cheese, and dessert
⌧ 10000	Price of continental breakfast (additional charge when served in the bedroom)
	When the establishment has neither table-d'hôte nor « à la carte » menus, the dishes of the day are given verbally.

ROOMS

cam 45/60000	Price 45000 for a single room and highest price 60000 for a double
cam ⌧ 50/80000	Price includes breakfast
▤ 5000	Additional charge for air conditioning

HALF BOARD

1/2 P 90/110000	Lowest and highest prices per person, per day in the season. Most of the hotels also offer full board terms on request. It is essential to agree on terms with the hotelier before making a firm reservation.

DEPOSITS – CREDIT CARDS

Some hotels will require a deposit, which confirms the commitment of customer and hotelier alike. Make sure the terms of the agreement are clear.

AE S ⑩ E VISA | Credit cards accepted by the establishment

Towns

20100	Postal number
✉ **28042** Baveno	Postal number and name of the post office serving the town
✆ 0371	Telephone dialling code. Omit O when dialling from abroad
Ⓟ	Provincial capital
Piacenza	Province in which a town is situated
428 D9 988 ②	Number of the appropriate sheet and co-ordinates or fold of the Michelin road map
108872 ab	Population (figures from 31.12.89 census)
alt. 175	Altitude (in metres)
Stazione termale	Spa
Sport invernali	Winter sports
1500/2000 m	Altitude (in metres) of resort and highest point reached by lifts
🚡 3	Number of cable-cars
🚠 7	Number of ski and chair-lifts
🎿	Cross-country skiing
a. s. luglio-settembre	High season period
EX A	Letters giving the location of a place on the town plan
🏌18	Golf course and number of holes
✳ ≼	Panoramic view, viewpoint
✈	Airport
🚗	Place with a motorail connection; further information from phone no. listed
⛴	Shipping line
⛴	Passenger transport only
🛈	Tourist Information Centre
A.C.I.	Italian Automobile Club

Sights

STAR-RATING

★★★	Worth a journey
★★	Worth a detour
★	Interesting

LOCATION

Vedere	Sights in town
Dintorni	On the outskirts
Escursioni	In the surrounding area
N, S, E, O	The sight lies north, south, east or west of the town
per ①, ④	Sign on town plan and on the Michelin road map indicating the road leading to a place of interest
6 km	Distance in kilometres
	Museums and art galleries are generally closed on Mondays

Town plans

Hotels

Restaurants

Sights

Place of interest and its main entrance

Interesting place of worship :
  Cathedral, church or chapel

Roads

Motorway, dual carriageway
  number of interchange

Major through route

One-way street – Unsuitable for traffic

Pedestrian street – Tramway

Pasteur   Shopping street – Car park

Gateway – Street passing under arch – Tunnel

Station and railway

Funicular – Cable-car

Lever bridge – Car ferry

Various signs

Tourist information Centre

Mosque – Synagogue

Tower – Ruins – Windmill

Garden, park, wood – Cemetery – Cross

Stadium – Golf course – Racecourse

Outdoor or indoor swimming pool

View – Panorama

Monument – Fountain – Shopping centre

Pleasure boat harbour – Lighthouse

Airport – Underground station – Coach station

Ferry services :
  passengers and cars, passengers only

Refence number common to town plans and Michelin
maps

Main post office with poste restante – Telephone

Hospital – Covered market

Public buildings located by letter :
  Prefecture – Town Hall

  Law Courts

  Museum – Theatre

  University, College

  Police (in large towns police headquarters)

A.C.I.   Italian Automobile Club

North is at the top on all town plans.

I VINI e le VIVANDE Les VINS et les METS

Vivande e vini di una stessa regione si associano molte volte con successo.

Cuisine et vins d'une même région s'associent souvent harmonieusement.

Un piatto preparato con una salsa al vino si accorda, se possibile, con lo stesso vino.

Un mets préparé avec une sauce au vin s'accommode, si possible, du même vin.

Qualche consiglio sull' accostamento vini – vivande :

Voici quelques suggestions de vins selon les mets :

Vini bianchi secchi

Vins blancs secs

Herbe Weißweine

Dry white wines

1 Cortese di Gavi – Erbaluce di Caluso
2 Lugana – Pinot Oltrepò – Riesling Oltrepò
3 Gewürztraminer – Pinot Bianco – Sylvaner
4 Sauvignon – Soave – Tocai – Colli Orientali
5 Albana secco – Trebbiano
6 Montecarlo – Vernaccia di S. Gimignano
7 Colli Albani – Frascati – Torgiano Bianco
8 Martina Franca – Ostuni
9 Nuragus di Cagliari – Vermentino
10 Alcamo – Etna Bianco – Mamertino

Vini rossi leggeri

Vins rouges légers

Leichte Rotweine

Light red wines

1 Dolcetto – Ghemme – Grignolino
2 Barbacarlo – Bonarda d'Oltrepò – Chiaretto del Garda – Franciacorta Rosso
3 Blauburgunder – Caldaro – Lagrein Kretzer
4 Pinot Nero – Valpolicella
5 Gutturnio – Lambrusco
6 Rosato di Bolgheri
7 Cerveteri Rosso – Colli del Trasimeno Rosso
8 Castel del Monte
9 – –
10 Ciclopi – Faro

Vini rossi robusti

Vins rouges corsés

Kräftige Rotweine

Full bodied red wines

1 Barbaresco – Barbera – Barolo – Gattinara
2 Barbera d'Oltrepò – Inferno – Sassella
3 Santa Maddalena – Teroldego Rotaliano
4 Amarone – Cabernet – Merlot – Refosco
5 Sangiovese
6 Brunello – Chianti – Montecarlo
7 Cesanese del Piglio – Torgiano Rosso
8 Primitivo di Gioia
9 Campidano di Terralba – Cannonau – Oliena
10 Cerasuolo di Vittoria – Corvo

Vini da dessert

Vins de dessert

Dessertweine

Dessert wines

1 Brachetto – Caluso Passito – Moscato
2 Moscato Oltrepò
3 Moscato – Vin Santo di Toblino
4 Picolit – Ramandolo – Recioto Bianco
5 Albana amabile
6 Aleatico di Portoferraio
7 Aleatico di Gradoli
8 Aleatico di Puglia – Moscato di Trani
9 Ogliastra – Torbato Passito
10 Malvasia di Lipari – Marsala – Passito

Welcher WEIN zu welchem GERICHT

FOOD and WINE

Speisen und Weine aus der gleichen Region harmonieren oft geschmacklich besonders gut.

Wenn die Sauce eines Gerichts mit Wein zubereitet ist, so wählt man nach Möglichkeit diesen als Tischwein.

Nebenstehend Vorschläge zur Wahl der Weine :

Food and wines from the same region usually go very well together.

Dishes prepared with a wine sauce are best accompanied by the same kind of wine.

Here are a few hints on selecting the right wine with the right dish :

PRINCIPALI REGIONI VINICOLE
PRINCIPALES RÉGIONS VINICOLES
HAUPTWEINBAUGEBIETE
MAIN WINE REGIONS

3 Trentino Alto Adige
2 Lombardia
○ Milano
4 Friuli Veneto
○ Venezia
1 Piemonte
Liguria
5 Emilia Romagna
Firenze ○
Marche
6 Toscana
I. d'Elba
7 Umbria Lazio
Abruzzi
○ Roma
8 Puglia
Napoli ○
Campania
Basilicata
9 Sardegna
Palermo ○
Calabria
10 Sicilia

Oltre ai vini più conosciuti, esistono in molte regioni d'Italia dei vini locali che, bevuti sul posto, Vi riserveranno piacevoli sorprese.

En dehors des vins les plus connus, il existe en maintes régions d'Italie des vins locaux qui, bus sur place, vous réserveront d'heureuses surprises.

Neben den bekannten Weinen gibt es in manchen italienischen Regionen Landweine, die Sie am Anbauort trinken sollten. Sie werden angenehm überrascht sein.

In addition to the fine wines there are many Italian wines, best drunk in their region of origin and which you will find extremely pleasant.

LE STELLE ❀ DIE STERNE
LES ÉTOILES ❀❀ THE STARS
❀❀

AMENITÀ E TRANQUILLITÀ

L'AGRÉMENT

ANNEHMLICHKEIT

PEACEFUL ATMOSPHERE
AND SETTING

	il testo le texte Ortstext text	la carta la carte Karte map
	🏇	◇
	🏘️ .... 🏠	◇
	🏘️ ... 🏠 + 🏇	◆

PASTI ACCURATI a prezzi contenuti

REPAS SOIGNÉS
à prix modérés

SORGFÄLTIG
ZUBEREITETE
preiswerte MAHLZEITEN

GOOD FOOD
at moderate prices

Pas 25000	—

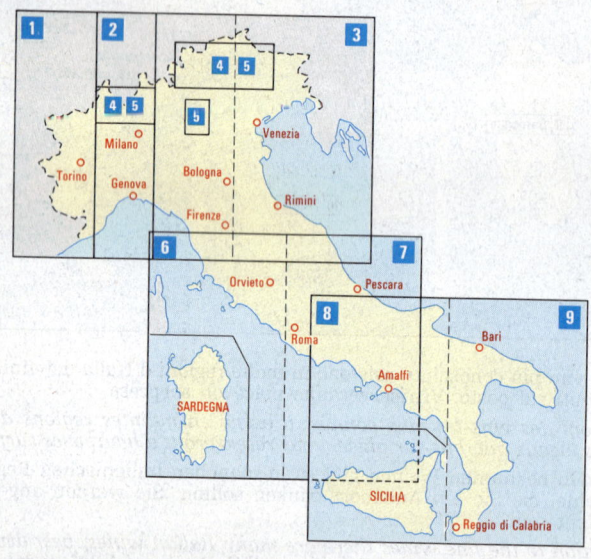

La carta tematica raggruppa l'insieme delle risorse a lato ed indica le località che ne possiedono almeno una.

La carte regroupe l'ensemble de ces ressources, elle situe les localités possédant au moins l'une d'entre elles.

Jede Ortschaft auf der Karte besitzt mindestens ein Haus, das mit einem der nebenstehenden Symbole ausgezeichnet ist.

The map shows places with at least one of these special attributes.

45

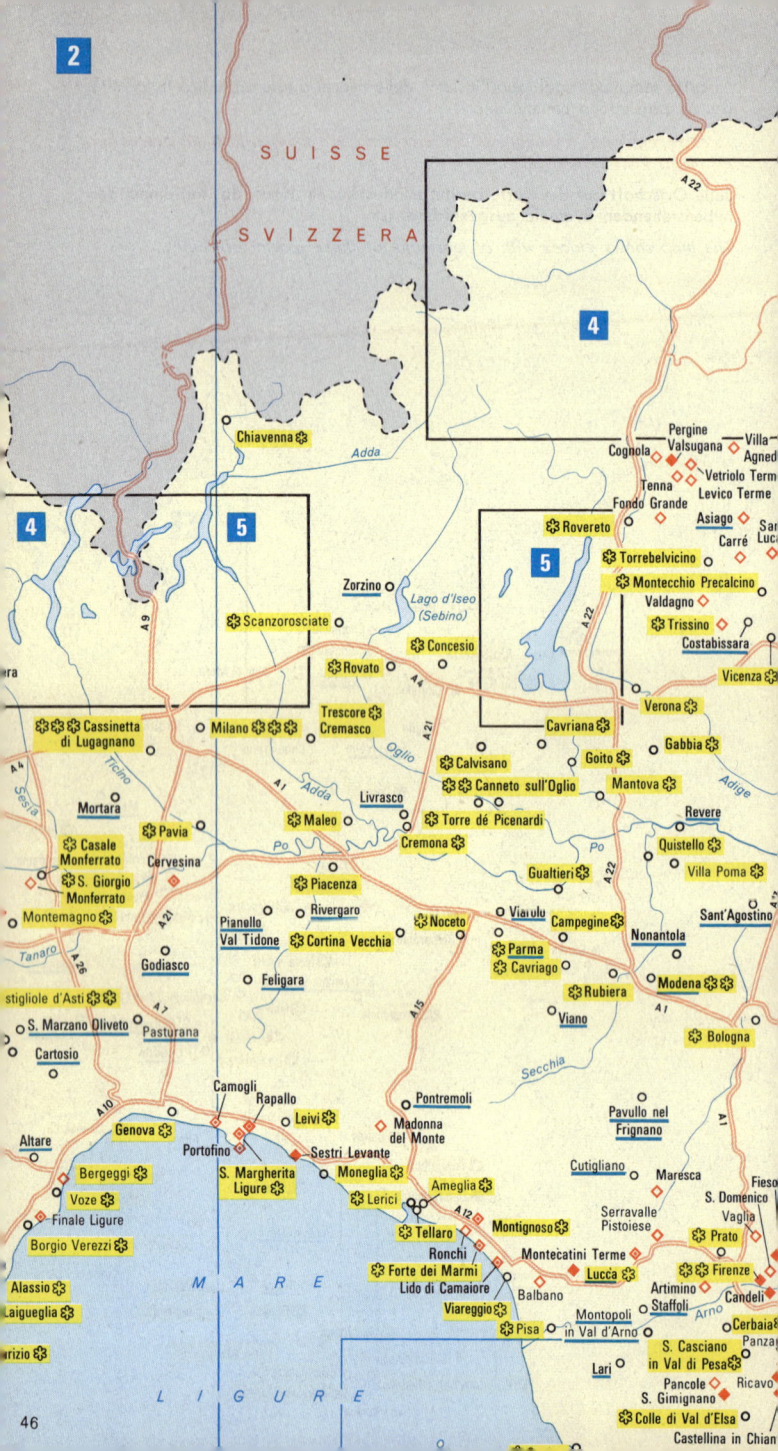

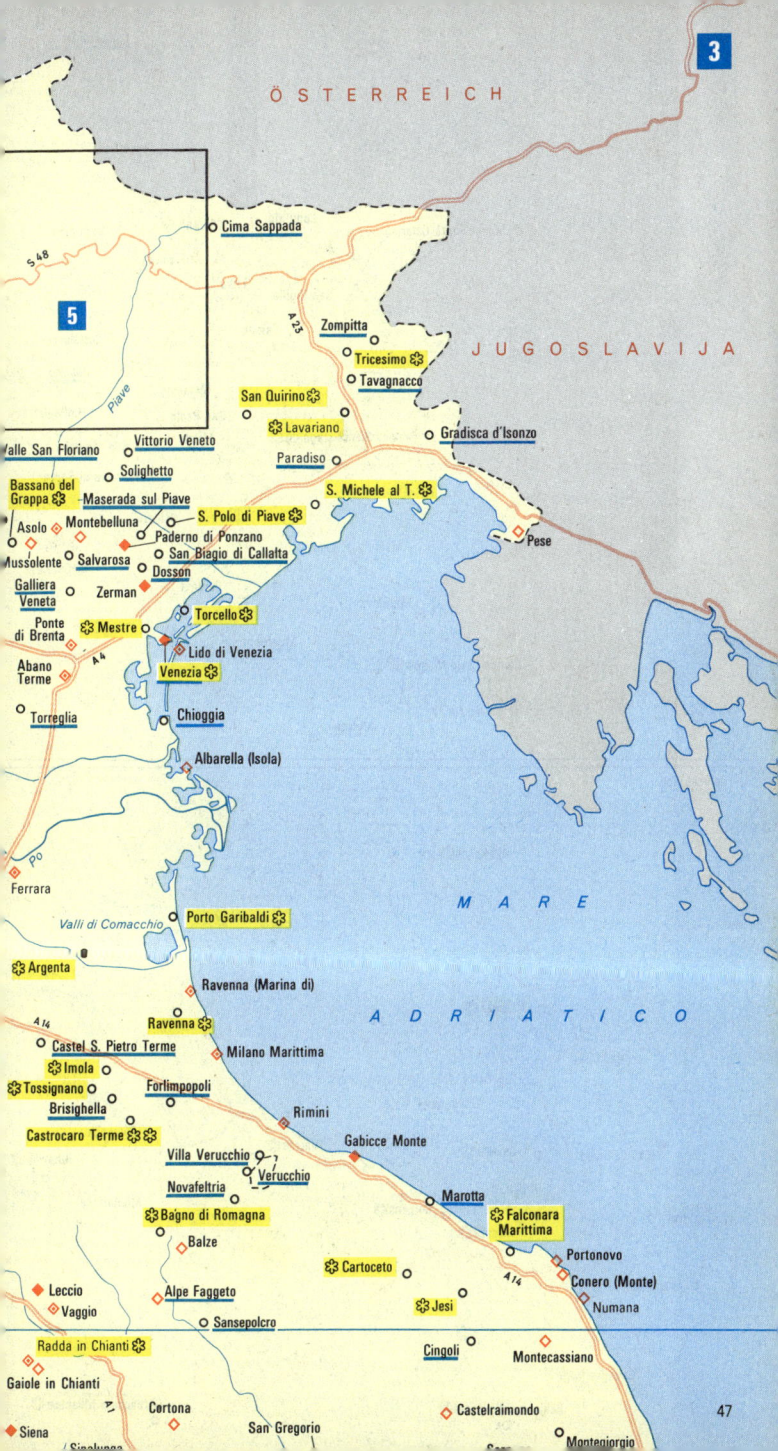

ÖSTERREICH

S 48

5

JUGOSLAVIJA

A 23

Piave

Cima Sappada

Zompitta

Tricesimo ❄

Tavagnacco

San Quirino ❄

❄ Lavariano

Paradiso

Gradisca d'Isonzo

Valle San Floriano

Vittorio Veneto

Solighetto

Bassano del Grappa ❄

Maserada sul Piave

S. Polo di Piave ❄

Paderno di Ponzano

S. Michele al T. ❄

Pese

Asolo

Montebelluna

San Biagio di Callalta

Mussolente

Salvarosa

Dosson

Galliera Veneta

Zerman

Ponte di Brenta

❄ Mestre

Torcello ❄

A 4

Lido di Venezia

Abano Terme

Venezia ❄

Torreglia

Chioggia

Albarella (Isola)

Po

Ferrara

MARE

Valli di Comacchio

Porto Garibaldi ❄

❄ Argenta

Ravenna (Marina di)

ADRIATICO

A 14

Ravenna ❄

❄ Castel S. Pietro Terme

Milano Marittima

❄ Imola

❄ Tossignano

Forlimpopoli

Brisighella

Rimini

Castrocaro Terme ❄

Gabicce Monte

Villa Verucchio

Novafeltria

Verucchio

Marotta

❄ Bagno di Romagna

❄ Falconara Marittima

Balze

Cartoceto ❄

Portonovo

Leccio

Alpe Faggeto

Conero (Monte)

❄ Jesi

Vaggio

Numana

❄ Radda in Chianti

Sansepolcro

Cingoli

Montecassiano

Gaiole in Chianti

A 1

Siena

Cortona

San Gregorio

Castelraimondo

Montegiorgio

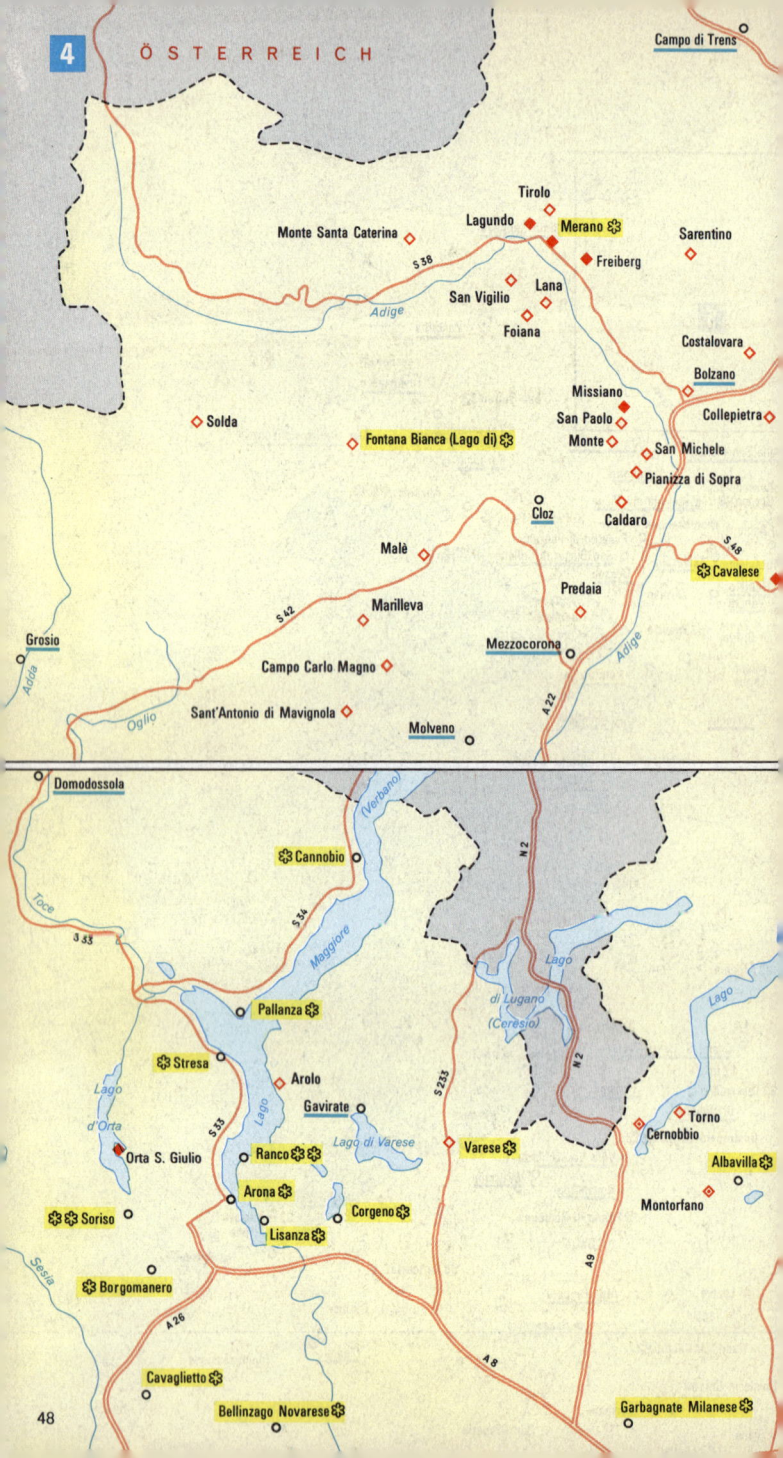

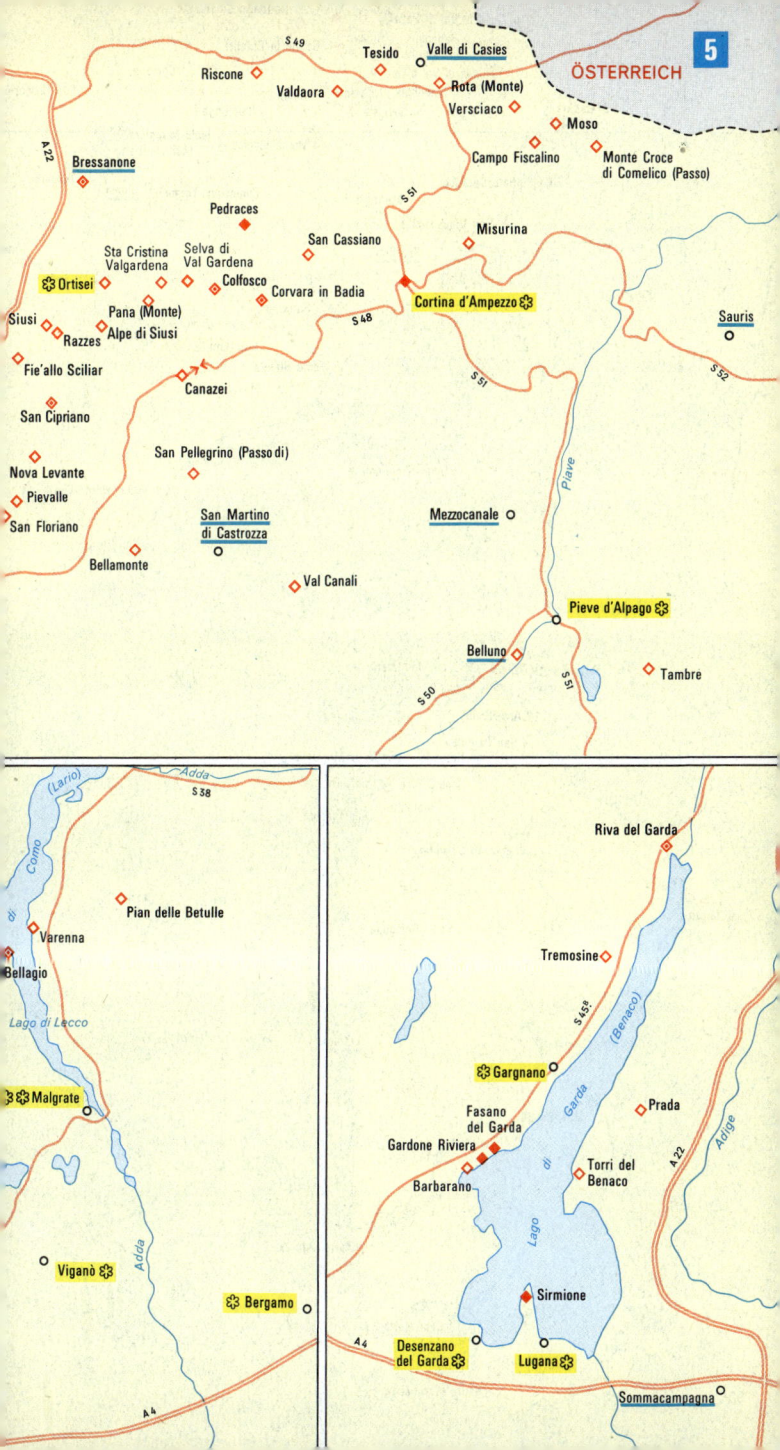

6

Lari

S. Casciano in Val di Pesa

Pancole
S. Gimignano

Ricavo

Radda in Chianti

Gaiole in Chianti

Colle di Val d'Elsa

Castellina in Chianti

Soviille

Siena

Cortona

San Gregorio

Cecina

Sinalunga

A1

Montefollonico

Isola Maggiore

Montepulciano

Lago Trasimeno

Castagneto Carducci

Montieri

Chianciano Terme

Chiusi

Torgiano

San Vincenzo

Scarlino

Punta Ala

Ombrone

Todi

Orvieto

Elba (Isola d')

Saturnia

Lago di Bolsena

Fonte Blanda

Montemerano

CORSE

Porto Ercole

Giglio (Isola del)

Lago di Bracciano

Santa Teresa Gallura

La Maddalena

Arzachena

Costa Smeralda

San Pantaleo

Porto Rotondo

Golfo di Marinella

Capo Ceraso

Costa Dorata

Puntaldia

San Teodoro

Lago del Coghinas

Fertilia

Porto Conte

Su Gologone

Tirso

Lago Omodeo

Lotzorai

S A R D E G N A

Oristano

Flumendosa

Mannu

Torre Salinas

Capo Boi

Is Molas

Santa Margherita

50

M A R E   A D R I A T I C O

Barletta ❄

A 14

Monopoli ◇

Altamura ❄   Alberobello ❄   Selva ❄

Carovigno ◇   Brindisi

A 14

Bradano

Massafra

Riva dei Tessali

Torre dell' Orso ◇

Agri

S 407

S 106

Castrovillari ❄

Altomonte

S 534

Cetraro ◇

A 3

Crati

Pizzo

Vibo Valentia Marina

Parghelia ◆

A 3

M A R E   J O N I O

Gallico Marina   Bovalino Marina

3

Località

Localités

Ortsverzeichnis

Places

🖂 via Pietro d'Abano 18 ✆ 669455, Telex 431417, Fax 669053.

Roma 485 ③ – ♦Ferrara 69 ③ – ♦Milano 246 ① – ♦Padova 12 ① – Rovigo 35 ③ – ♦Venezia 49 ① – Vicenza 44 ①.

Pianta pagina a lato

Gd H. Orologio, viale delle Terme 66 ✆ 669111, Telex 430254, Fax 669072, « Grande parco con ⬛ riscaldata », *⒗, ⬛, ⬛, ✗, ⬛ – ⬛ ⬛ TV ☎ ⬛ ⬛ ℗ – ⬛ 100. ⬛
⬛ ⬛ E VISA. ⬛ rist   AY a
23 marzo-5 novembre – Pas carta 68/100000 – ⬛ 25000 – **165 cam** 190/340000 appartamenti 470/660000 – ½ P 150/270000.

La Residence ⬛, via Monte Ceva 8 ✆ 8668333, Telex 431368, Fax 668396, *⒗, ⬛,
⬛ riscaldata, ⬛, ✗, ⬛ – ⬛ ⬛ TV ☎ ⬛ ⬛ ℗. ⬛ ⬛ E VISA. ⬛ ⬛
3 marzo-17 novembre – Pas 50000 – ⬛ 12000 – **116 cam** 119/150000 appartamenti
190/215000 – ½ P 96/166000.

Bristol Buja, via Monteortone 2 ✆ 669390, Telex 430210, Fax 667910, « Giardino con ⬛
riscaldata », *⒗, ⬛, ⬛, ✗, ⬛ – ⬛ ⬛ ☎ ⬛ ℗. ⬛ ⬛ ⬛ E VISA. ⬛ rist   AY g
chiuso dal 20 novembre al 20 dicembre – Pas 40/50000 – ⬛ 13500 – **141 cam** 110/155000
appartamenti 185/205000 – ½ P 105/139000.

President, via Montirone 31 ✆ 8668288, Telex 430280, Fax 667909, *⒗, ⬛, ⬛ riscaldata,
⬛, ⬛, ⬛ – ⬛ ⬛ TV ⬛ ⬛ ℗. ⬛ ⬛ E VISA. ⬛ rist   AY t
Pas 40000 – ⬛ 15000 – **116 cam** 105/165000 appartamenti 245/260000 – ½ P 130/140000.

Trieste e Victoria, via Pietro d'Abano 1 ✆ 669101, Telex 430250, Fax 669779, « Parco-
giardino con ⬛ riscaldata », *⒗, ⬛, ⬛, ✗, ⬛ – ⬛ ⬛ TV ☎ ⬛ ℗. ⬛ ⬛ ⬛ ⬛ E VISA
⬛ rist   AZ v
16 marzo-novembre – Pas 35/40000 – ⬛ 12000 – **90 cam** 105/195000 appartamenti
170/230000 – ½ P 104/156000.

Gd H. Magnolia, via Volta 6 ✆ 8600800, Telex 430241, Fax 8600919, ⬛ riscaldata, ⬛,
⬛, ⬛ – ⬛ ⬛ TV ☎ ⬛ ℗ – ⬛ 60 a 250. ⬛ ⬛ ⬛ E VISA ⬛ rist   BZ h
Pas 45000 – **148 cam** ⬛ 147/221000 appartamenti 311000 – ½ P 150/210000.

Savoia, via Pietro d'Abano 49 ✆ 667111, Telex 430225, Fax 667046, « Parco giardino »,
*⒗, ⬛, ⬛ riscaldata, ⬛, ✗, ⬛ – ⬛ ⬛ TV ☎ ⬛ ℗ – ⬛ 100. ⬛ ⬛ ⬛ E
⬛ rist   AZ q
marzo-ottobre – Pas 45/50000 – ⬛ 13000 – **171 cam** 146/165000 appartamenti 158/195000
– ½ P 110/130000.

Ritz, via Monteortone 19 ✆ 669990, Telex 430222, Fax 667549, ⬛ riscaldata, ⬛, ⬛, ✗,
⬛ – ⬛ ⬛ TV ☎ ⬛ ℗ – ⬛ 80. ⬛ ⬛ ⬛ E VISA. ⬛ rist   AY f
Pas 35000 – ⬛ 14000 – **147 cam** 100/125000 – ½ P 110/135000.

Mioni Pezzato, via Marzia 34 ✆ 8668377, Telex 430082, Fax 8668377, « Parco-giardino
con ⬛ riscaldata », ⬛, ⬛, ✗, ⬛ – ⬛ ⬛ ☎ ⬛ ℗. ⬛ ⬛ ⬛ rist   AZ u
2 marzo-novembre – Pas 40000 – ⬛ 13000 – **188 cam** 100/145000 – ½ P 72/121000.

Metropole ⬛, via Valerio Flacco 99 ✆ 8600777, Telex 431509, Fax 8600935, « Giardino
con ⬛ riscaldata », ⬛, ✗, ⬛ – ⬛ ⬛ ☎ ⬛ ⬛ ⬛   BZ n
chiuso dal 5 gennaio al 2 marzo – Pas 35/45000 – **121 cam** ⬛ 94/143000 appartamenti
148/173000, ⬛ 5000 – P 109/134000.

Terme Astoria, piazza Cristoforo Colombo 1 ✆ 669030, Telex 430215, Fax 669030,
« Giardino con ⬛ riscaldata », *⒗, ⬛, ⬛, ✗, ⬛ – ⬛ ⬛ ☎ ⬛ ℗. ⬛ ⬛ ⬛ E VISA
⬛ rist   BZ m
chiuso dal 3 dicembre al 25 febbraio – Pas 35000 – ⬛ 15000 – **93 cam** 88/110000 –
½ P 73/100000.

Due Torri, via Pietro d'Abano 18 ✆ 669277, Telex 430460, Fax 669927, « Giardino-pineta »,
⬛ riscaldata, ⬛, ✗, ⬛ – ⬛ ⬛ ✗ cam ⬛ ☎ ⬛. ⬛ ⬛ ⬛ E VISA. ⬛ rist   AZ b
chiuso dall'8 gennaio al 9 marzo – Pas 35/40000 – **79 cam** ⬛ 95/145000 – ½ P 110/
128000.

Terme Internazionale ⬛, viale Mazzini 5 ✆ 8600300, Telex 430039, Fax 8600322,
« Parco ombreggiato », ⬛, ⬛ riscaldata, ⬛, ✗, ⬛ – ⬛ ⬛ ☎ ⬛ ⬛ ℗. ⬛ ⬛ ⬛ E
VISA ⬛ rist   AY w
23 dicembre-6 gennaio e marzo-20 novembre – Pas 40/45000 – ⬛ 15000 – **140 cam**
95/170000, ⬛ 6000 – ½ P 92/112000.

Centrale, via Jappelli 37 ✆ 669860, Telex 431806, Fax 668897, ⬛ riscaldata, ⬛, ⬛, ✗,
⬛ – ⬛ ⬛ rist ☎ ⬛ ℗. ⬛ ⬛ ⬛ E VISA. ⬛ rist   AZ p
20 dicembre-3 gennaio e marzo-novembre – Pas 30000 – ⬛ 10000 – **135 cam** 190000.

Ariston Molino, via Augure 5 ✆ 669061, Telex 431513, Fax 669061, « Giardino con ⬛
riscaldata », ⬛, ✗, ⬛ – ⬛ ⬛ ☎ ⬛ ℗ – ⬛ 60. ⬛ ⬛ ⬛ E VISA. ⬛ rist   AZ n
marzo-novembre – Pas 44000 – ⬛ 14000 – **175 cam** 79/118000, ⬛ 4500 – ½ P 73/144000.

Panoramic Hotel Plaza, piazza Repubblica 23 ✆ 669333, Telex 430230, Fax 669379,
⬛ riscaldata, ⬛, ⬛, ✗, ⬛ – ⬛ ⬛ ☎ ⬛ ℗. ⬛ ⬛ E VISA. ⬛ rist   BY s
chiuso dall'11 gennaio al 2 marzo – Pas 40000 – ⬛ 10000 – **126 cam** 64/110000, ⬛ 3000 –
½ P 78/100000.

ABANO TERME

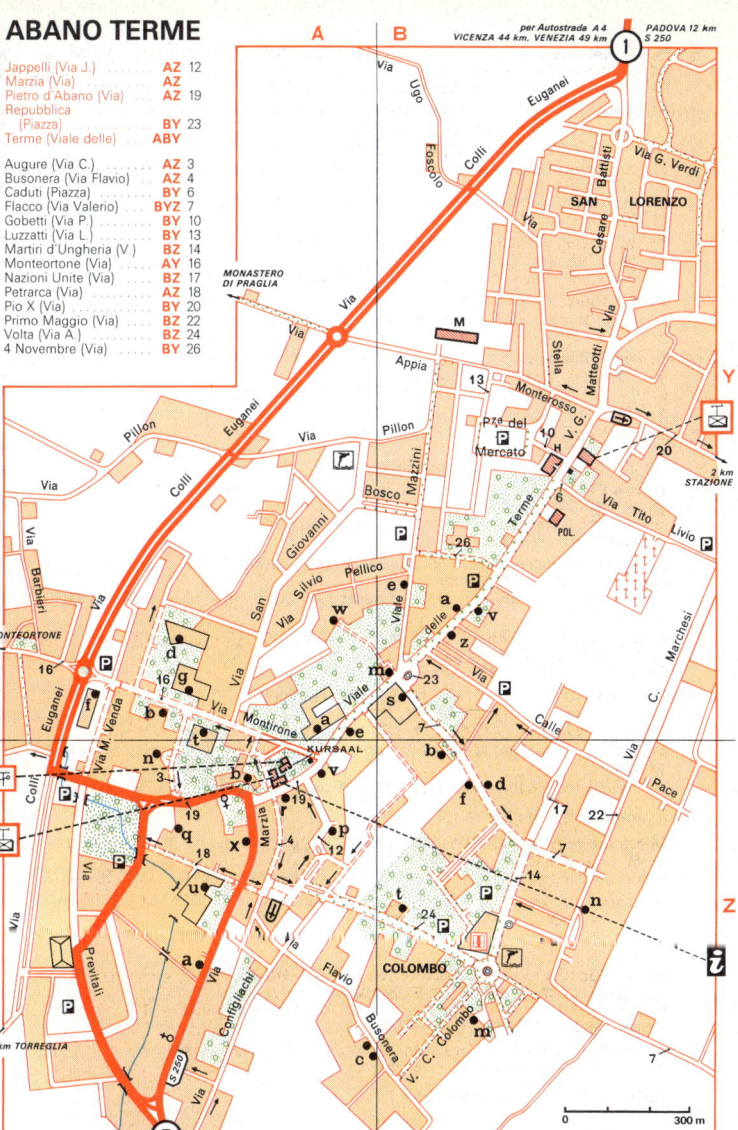

🏨 **Universal,** via Valerio Flacco 28 🕿 669349, Fax 669772, ⬛ riscaldata, 🗔, 🐾, ‡ – 📶
🍴 rist 🕿 🅿 AE 🕄 E VISA ⚑ rist
Pas 40000 – ⊡ 10000 – **114 cam** 70/110000 – P 97/105000.
BZ **b**

🏨 **All'Alba,** via Valerio Flacco 32 🕿 669244, Fax 669641, ⌶, ⬛ riscaldata, 🗔, 🐾, ⚒, ‡
– 📶 ⚑ 🕿 & 🅿 AE 🕄 ⓞ E VISA ⚑ rist
chiuso dal 12 gennaio a febbraio – Pas 25000 – ⊡ 7000 – **125 cam** 57/92000 – ½ P 40/50000.
BZ **f**

🏨 **Terme Columbia,** via Augure 15 🕿 669606, ⬛ riscaldata, 🗔, 🐾, ‡ – 📶 🍴 🕿 🅿 AE
🕄 VISA ⚑ rist
20 dicembre-6 gennaio e 13 marzo-novembre – Pas 42000 – **102 cam** ⊡ 89/124000,
🍴 7000 – ½ P 85/97000.
AY **b**

🏨 **Terme Salus,** via Marzia 2 🕿 669056, Fax 669083, ⬛ riscaldata, 🗔, 🐾, ‡ – 📶 🕿 🅿 AE
🕄 ⓞ E VISA ⚑
Pas (solo per clienti alloggiati) 32/40000 – **76 cam** ⊡ 60/105000 – ½ P 62/74000.
AZ **x**

🏨 **Terme Italia,** viale Mazzini 7 🕿 8600400, Fax 8600322, « Parco ombreggiato », ⬛ riscaldata, 🗔, 🐾, ‡ – 📶 🍴 rist 🕿 & 🅿 AE 🕄 ⓞ E VISA ⚑ rist
marzo-novembre – Pas 35/39000 – ⊡ 13000 – **132 cam** 80/125000 – ½ P 80/90000.
BY **e**

🏨 **Terme Milano,** viale delle Terme 169 🕿 669444, Fax 669444, ⬛ riscaldata, 🗔, 🐾, ⚒,
‡ – 📶 🍴 rist 🕿 🅿 AE 🕄 E VISA ⚑ rist
chiuso dal 7 gennaio al 1° marzo – Pas 33000 – ⊡ 8500 – **101 cam** 63/103000 –
½ P 60/70000.
AY **e**

🏨 **Terme Verdi** ⚘, via Flavio Busonera 200 🕿 667600, ⌶, ⬛ riscaldata, 🗔, 🐾, ‡ – 📶
🍴 rist ⚏ 🅿 VISA ⚑
Pas 30000 – ⊡ 12000 – **90 cam** 68/85000 – ½ P 72/84000.
ABZ **c**

🏠 **Terme Patria,** viale delle Terme 56 🕿 8600644, Telex 431879, Fax 8600635, ⬛ riscaldata,
🗔, 🐾, ‡ – 📶 🕿 🅿 ⚑ rist
chiuso dal 5 gennaio al 28 febbraio e dal 4 al 20 dicembre – Pas 26000 – ⊡ 7500 – **95 cam**
56/85000 – ½ P 45/72000.
BY **a**

🏠 **Bologna,** via Valerio Flacco 29 🕿 669178, Telex 431878, ⬛ riscaldata, 🗔, 🐾, ‡ – 📶
🍴 rist 🕿 & 🅿 🕄 E VISA ⚑ rist
marzo-novembre – Pas (solo per clienti alloggiati) 29000 – ⊡ 7500 – **121 cam** 62/105000 –
½ P 56/76000.
BZ **d**

🏠 **Aurora,** via Pietro d'Abano 13 🕿 669081, Fax 669373, ⬛ riscaldata, 🗔, ‡ – 📶 ⚏ ⇔
🅿 AE 🕄 E VISA ⚑ rist
Pas 25000 – ⊡ 4000 – **114 cam** 70/88000 – ½ P 58/87000.
AZ **r**

🏠 **Principe,** viale delle Terme 89 🕿 8600844, Fax 8601031, ⬛ riscaldata, 🗔, 🐾, ‡ – 📶
⚑ rist 🍴 rist 🕿 & 🅿 AE 🕄 VISA ⚑ rist
marzo-novembre – Pas 35000 – ⊡ 8000 – **70 cam** 62/89000 – ½ P 66/73000.
BY **z**

🏠 **Villa Pace,** viale delle Terme 64 🕿 8668100, ⬛ riscaldata, 🗔, 🐾, ‡ – 📶 🍴 rist 🕿 🅿
🕄 VISA ⚑ rist
marzo-novembre – Pas 29000 – ⊡ 7500 – **81 cam** 56/88000 – ½ P 53/70000.
ABY **m**

a Monteortone O : 2 km AY – ✉ **35030 :**

🏛 **Michelangelo** ⚘, 🕿 9935111, Fax 9935236, ⌶, ⬛ riscaldata, 🗔, 🐾, ⚒, ‡ – 📶 🍴
🕿 🅿 – 🧗 100. AE 🕄 ⓞ E VISA ⚑ rist
9 marzo-4 novembre – Pas 42000 – ⊡ 18000 – **111 cam** 93/117000 – ½ P 73/124000.

🏛 **Leonardo da Vinci** ⚘, 🕿 9935057, Telex 430390, Fax 9935232, ⌶, ⬛ riscaldata, 🗔,
🐾, ⚒, ‡ – 📶 ⚑ cam 🕿 & 🅿 AE 🕄 ⓞ E VISA ⚑ rist
marzo-novembre – Pas (solo per clienti alloggiati) 42000 – ⊡ 18000 – **105 cam** 124/154000 –
appartamenti 174000.

🏛 **Reve Monteortone,** 🕿 8668633, Telex 431832, Fax 669042, ⬛ riscaldata, 🗔, 🐾, ⚒,
‡ – 📶 🍴 rist 🕿 🅿 AE 🕄 ⓞ E VISA ⚑ rist
chiuso dal 5 gennaio al 9 febbraio – Pas 40/50000 – ⊡ 12000 – **113 cam** 85/121000 –
appartamenti 97/106000 – ½ P 84/94000.

🏠 **Atlantic,** 🕿 669015, ⬛ riscaldata, 🗔, 🐾, ‡ – 📶 ⚏ 🅿 🕄 VISA ⚑ rist
marzo-novembre – Pas 23000 – **56 cam** ⊡ 63/88000 – ½ P 64/79000.

Vedere anche : *Torreglia* SO : 5 km AZ.

ABBADIA ALPINA Torino 77 ⑳ – Vedere Pinerolo.

ABBADIA SAN SALVATORE 53021 Siena 988 ⑮ ㉙ – 7 371 ab. alt. 825 – Sport invernali : al
Monte Amiata : 1 350/1 730 m ⚡15, ⚲ – ✆ 0577.
🇮 via Mentana 97-La Piazzetta 🕿 778608.
Roma 181 – ♦Firenze 143 – Grosseto 80 – Orvieto 65 – Siena 75 – Viterbo 82.

🏨 **Giardino,** via 1° Maggio 63 🕿 778106, Fax 778106, 🐾 – 📶 🕿 AE 🕄 ⚑ rist
20 dicembre-5 maggio e 15 giugno-settembre – Pas carta 24/40000 – ⊡ 6500 – **39 cam**
52/72000 – ½ P 60/70000.

🏠 **K 2** ⚘, via del Laghetto 15 🕿 778609, ≼ – ⚏ 🅿 ⚑
chiuso dal 20 al 30 settembre – Pas (chiuso giovedì) carta 24/34000 – ⊡ 4500 – **16 cam**
50/75000 – ½ P 48/60000.

🏠 **Adriana,** via Serdini 76 ✆ 778116 – 🛗 ✦ rist ☎. AE 🗲 E VISA. ❀ rist
Pas carta 23/32000 – ⌧ 8000 – **39 cam** 53/78000 – ½ P 65000.

🏠 **Roma,** via Matteotti 32 ✆ 778015, ⋒ – ☎
⬦ Pas 15/20000 – ⌧ 6000 – **20 cam** 30/60000 – ½ P 40/50000.

al monte Amiata O : 14 km – alt. 1 738 :

🏛 **La Capannina** ⋟, ⊠ 53021 ✆ 789713, Fax 789777, ← – ☜. ❀
Natale-Pasqua e luglio-settembre – Pas carta 26/43000 – ⌧ 10000 – **30 cam** 60/90000 –
½ P 55/100000.

ABBAZIA Vedere nome proprio dell'abbazia.

ABBIATEGRASSO 20081 Milano 988 ③, 428 F 8 – 27 593 ab. alt. 120 – ✿ 02.
Roma 590 – Alessandria 74 – ♦Milano 23 – Novara 29 – Pavia 33.

🏛 **Italia** senza rist, piazza Castello 31 ✆ 9462871, Fax 9462873 – 🛗 ▤ TV ☎. AE 🗲 E VISA.
⌧
chiuso dal 24 dicembre al 7 gennaio ed agosto – ⌧ 18000 – **39 cam** 78/112000.

✗✗ **Da Oreste,** piazza Castello 29 ✆ 94966457, prenotare, « Servizio estivo sotto un
pergolato » – ▤. 🗲
chiuso mercoledì ed agosto – Pas carta 38/64000.

a Cassinetta di Lugagnano N : 3 km – ⊠ 20080 :

✗✗✗✗ ❀❀❀ **Antica Osteria del Ponte,** ✆ 9420034, Fax 9420610, Coperti limitati; prenotare –
▤ 🅿 AE 🗲 ① VISA. ❀
chiuso domenica, lunedì, gennaio, febbraio ed agosto – Pas carta 90/141000
Spec. Foie gras d'anitra farcito uvetta pinoli e pistacchi, Ravioli di aragosta nella sua salsa, Filetti di triglia
alla mediterranea (primavera-estate). Vini Franciacorta bianco, Dolcetto di Dogliani..

ABETONE 51021 Pistoia 988 ⑭, 428 429 J 14 – 787 ab. alt. 1 388 – a.s. Pasqua, 15 luglio-
agosto e Natale – Sport invernali : 1 388/1 940 m ≼4 ≼24, ≮ – ✿ 0573.
🛈 piazzale delle Piramidi ✆ 60383, Telex 572495.
Roma 361 – ♦Bologna 109 – ♦Firenze 90 – Lucca 65 – ♦Milano 271 – ♦Modena 96 – Pistoia 51.

🏛 **Bellavista,** ✆ 60028, ←, « Giardino » – ☜ 🅿. ❀ rist
15 dicembre-15 aprile e 15 giugno-15 settembre – Pas 25/30000 – ⌧ 10000 – **17 cam**
62/89000 – ½ P 68/72000.

🏠 **Regina,** ✆ 60007, ← – ☜ ⋒ 🅿. AE 🗲 E VISA. ❀ rist
20 dicembre-15 aprile e 25 giugno-15 settembre – Pas 26/29000 – ⌧ 6500 – **26 cam**
49/76000 – ½ P 58/68000.

✗✗ **La Capannina** con cam, ✆ 60562, ← – AE 🗲 ① E VISA. ❀
Pas *(chiuso martedì a mezzogiorno e mercoledì escluso da Natale a Pasqua e da luglio a
settembre)* carta 46/70000 – ⌧ 12000 – **6 cam** 75000 – ½ P 75/85000.

✗✗ **Da Pierone,** ✆ 60068, ← – AE 🗲 ① E VISA. ❀
chiuso giovedì, dal 20 giugno al 10 luglio e dal 10 al 22 ottobre – Pas carta 30/47000.

a Le Regine SE : 2,5 km – ⊠ 51020 :

🏠 **Da Tosca,** ✆ 60317, ← – 🅿. ❀ rist
20 dicembre-20 aprile e luglio-10 settembre – Pas 28000 – ⌧ 7000 – **13 cam** 40/72000 –
½ P 46/65000.

in Val di Luce N : 8 km – ⊠ 51021 Abetone :

🏠 I Pionieri ⋟, ✆ 609044 – ☎ 🅿
stagionale – **28 cam**.

ABRUZZI (Massiccio degli) ★★★ L'Aquila 988 ㉗ – Vedere Guida Verde.

ABTEI = Badia.

ACCEGLIO 12021 Cuneo 988 ⑪, 428 I 2 – 267 ab. alt. 1 200 – a.s. Pasqua-agosto e Natale –
✿ 0171.
Roma 698 – Cuneo 55 – ♦Milano 269 – ♦Torino 118.

🏠 **Le Marmotte** ⋟, località Frere E : 1,5 km ✆ 99041, ←, ⋒ – ⋒ 🅿. VISA. ❀
chiuso novembre – Pas carta 26/42000 – ⌧ 8000 – **9 cam** 55/83000 – ½ P 71/79000.

ACCETTURA 75011 Matera 988 ㉙ – 2 838 ab. alt. 799 – ✿ 0835.
Roma 433 – Matera 81 – Potenza 76 – ♦Taranto 134.

🏠 Croccia ⋟, ✆ 675394
10 cam.

ACI CASTELLO Catania 988 ㉗ – Vedere Sicilia alla fine dell'elenco alfabetico.

ACIREALE Catania 988 ⑰ – Vedere Sicilia alla fine dell'elenco alfabetico.

ACI TREZZA Catania 988 ⑰ – Vedere Sicilia alla fine dell'elenco alfabetico.

ACQUABONA Livorno – Vedere Elba (Isola d') : Portoferraio.

ACQUAFREDDA Potenza – Vedere Maratea.

ACQUAPARTITA Forlì – Vedere Bagno di Romagna.

ACQUARIA Modena – Vedere Montecreto.

ACQUASANTA TERME 63041 Ascoli Piceno 988 ⑯ – 3 768 ab. alt. 392 – Stazione termale, a.s. luglio-settembre – ✿ 0736.
Roma 173 – L'Aquila 98 – Ascoli Piceno 18.

XX **La Casaccia,** ℰ 802141 – AE � E VISA. ⋘
  chiuso lunedì e gennaio – Pas carta 22/32000.

ACQUASERIA 22010 Como 428 D 9, 219 ⑨ – alt. 208 – ✿ 0344.
Roma 665 – Como 39 – ◆Lugano 32 – ◆Milano 87 – Sondrio 64.

🏠 **Da Luigi,** ℰ 50057 – ☎ 🅿. 🅢 ⓞ E VISA. ⋘
  chiuso novembre – Pas (chiuso mercoledì) carta 28/49000 – ⊑ 6000 – **20 cam** 45/55000 – ½ P 40/45000.

ACQUASPARTA 05021 Terni 988 ㉖ – 4 479 ab. alt. 320 – ✿ 0744.
Roma 111 – Orvieto 61 – ◆Perugia 61 – Spoleto 24 – Terni 22 – Viterbo 70.

🏠 **Villa Stella** senza rist, ℰ 930758, 🦌 – ☎ 🅿. ⓞ. ⋘
  aprile-settembre – ⊑ 4000 – **10 cam** 45/64000.

ACQUAVIVA PICENA 63030 Ascoli Piceno – 2 967 ab. alt. 360 – ✿ 0735.
Roma 239 – ◆Ancona 96 – Ascoli Piceno 42 – Macerata 76 – ◆Pescara 75 – Teramo 57.

🏠 **Abbadetta** 🦌, ℰ 764041, Fax 764945, ≼ campagna e mare, « Terrazze-giardino con
◆ 🏊 », ⋘ – 🔲 ☎ 🅿. ⋘ rist
  15 maggio-settembre – Pas carta 18/25000 – ⊑ 8000 – **53 cam** 40/60000 – ½ P 45/60000.

ACQUI TERME 15011 Alessandria 988 ⑫⑬, 428 H 7 – 20 960 ab. alt. 164 – Stazione termale –
✿ 0144.
🅱 corso Bagni 8 ℰ 52142.
Roma 573 – Alessandria 34 – Asti 47 – ◆Genova 75 – ◆Milano 130 – Savona 59 – ◆Torino 106.

🏨 **Ariston,** piazza Matteotti ℰ 52996, Fax 52998 – 🔲 🔲 📺 ☎ – 🔬 60. AE 🅢 ⓞ E VISA.
  ⋘ rist
  chiuso dal 20 dicembre al 31 gennaio – Pas carta 24/35000 – ⊑ 7500 – **40 cam** 46/68000,
  ▦ 7500 – ½ P 52/61000.

🏠 **Pineta,** passeggiata dei Colli ℰ 50688, ≼, 🏊 – 🔲 ☎ 🅿. ⋘ rist
  aprile-ottobre – Pas 23000 – ⊑ 5000 – **100 cam** 40/65000 – ½ P 50/55000.

🏠 **Mignon,** via Monteverde 34 ℰ 52594 – ☎ 🅿. AE 🅢 ⓞ E VISA. ⋘ rist
◆ chiuso febbraio – Pas 18/20000 – ⊑ 6000 – **25 cam** 43/54000 – ½ P 45/54000.

🏠 **Piemonte,** viale Einaudi 19 ℰ 52382, 🦌 – 🚗 🅿. ⋘
◆ Pas 15/20000 – ⊑ 6000 – **23 cam** 20/40000 – P 38/44000.

XX **Il Ciarlocco,** via Don Bosco 1 ℰ 57720, Coperti limitati; prenotare – AE 🅢 ⓞ E VISA
  chiuso domenica, febbraio ed agosto – Pas carta 25/44000.

XX **La Schiavia,** vicolo della Schiavia ℰ 55939, solo su prenotazione – AE 🅢 E VISA
  chiuso domenica e dal 1° al 20 agosto – Pas carta 35/50000.

XX **Carlo Parisio,** via Mazzini 14 ℰ 56650, prenotare – AE 🅢 E VISA. ⋘
  chiuso lunedì e dal 10 al 24 luglio – Pas carta 25/45000.

X **San Marco,** via Ghione 5 ℰ 52456 – 🅿
  chiuso febbraio, dal 1° al 14 luglio e lunedì da dicembre a gennaio – Pas carta 23/36000.

ACRI 87041 Cosenza 988 ㉘ – 22 959 ab. alt. 700 – ✿ 0984.
Roma 560 – ◆Cosenza 41 – ◆Taranto 168.

🏠 **Panoramik,** ℰ 954885, Fax 954886 – 🔲 ☎ 🅿. 🅢 VISA. ⋘
  Pas (chiuso lunedì) carta 23/38000 – ⊑ 3000 – **32 cam** 42/63000 – ½ P 40/48000.

ACUTO 03010 Frosinone – 1 795 ab. alt. 724 – ✿ 0775.
Roma 77 – Avezzano 99 – Latina 87 – ◆Napoli 180.

XX **Colline Ciociare,** via Prenestina 27 ℰ 56049, Coperti limitati; prenotare – 🔲 🅿. AE 🅢
  ⓞ E VISA
  chiuso lunedì e novembre – Pas carta 32/50000.

ADRIA 45011 Rovigo 988 ⑮, 429 G 18 – 21 288 ab. alt. 4 – ✆ 0426.

🚉 piazza Bocchi 6 ℘ 42554.

Roma 478 – Chioggia 33 – ♦Ferrara 55 – ♦Milano 290 – ♦Padova 49 – Rovigo 22 – ♦Venezia 64.

　※　**Molteni** con cam, via Ruzzina 2 ℘ 21295, 🍴 – ✖
　　　chiuso dal 23 dicembre al 6 gennaio – Pas *(chiuso sabato)* carta 27/48000 – ☲ 5000 –
　　　8 cam 45/65000.

AGARONE – Vedere Cantone Ticino alla fine dell'elenco alfabetico.

AGAZZANO 29010 Piacenza 428 H 10 – 1 895 ab. alt. 184 – ✆ 0523.

Roma 534 – ♦Milano 88 – Piacenza 23.

　※　**Il Cervo** con cam, ℘ 97208 – ✖
　　　Pas *(chiuso venerdì e dal 10 gennaio al 15 febbraio)* carta 25/35000 – ☲ 6000 – **14 cam**
　　　33/50000 – ½ P 35/38000.

AGLIANO 14041 Asti 428 H 6, 219 ⑮ – 1 711 ab. alt. 262 – ✆ 0141.

Roma 603 – Asti 19 – ♦Milano 139 – ♦Torino 79.

　🏨　**Fons Salutis**, O : 2 km ℘ 954018, 🍴, « Parco ombreggiato », ♨, ☎ 🅿 🅱 E 📧.
　　　✖
　　　chiuso dal 15 dicembre a gennaio – Pas *(chiuso lunedì da ottobre a marzo)* carta 31/57000
　　　– ☲ 10000 – **30 cam** 55/86000 – ½ P 60/70000.

AGNO 427 ㉘, 219 ⑧ – Vedere Cantone Ticino alla fine dell'elenco alfabetico.

AGNONE 86061 Isernia 988 ㉗ – 6 161 ab. alt. 800 – ✆ 0865.

Roma 220 – Campobasso 71 – Isernia 45.

　🏨　**Sammartino**, largo Pietro Micca 44 ℘ 78239 – 📳 📺 ☎ – 🛢 200. ✖
　🛬　Pas carta 20/26000 – ☲ 2000 – **22 cam** 35/48000 – ½ P 42000.

AGNUZZO 219 ⑧ – Vedere Cantone Ticino alla fine dell'elenco alfabetico.

AGOGNATE Novara 219 ⑰ – Vedere Novara.

AGORDO 32021 Belluno 988 ⑤, 429 D 18 – 4 313 ab. alt. 611 – ✆ 0437.

Dintorni Valle del Cordevole★★ NO per la strada S 203.

🚉 via 4 Novembre 4 ℘ 62105.

Roma 646 – Belluno 29 – ♦Bolzano 85 – Cortina d'Ampezzo 60 – ♦Milano 338 – ♦Venezia 135.

　🏨　**Milano**, strada statale ℘ 62046, ≤, 🍴 – ☎ 🅿 🖭 🅱 ① E 📧 ✖ rist
　　　Pas *(chiuso lunedì)* carta 25/42000 – ☲ 8000 – **34 cam** 50/80000 – ½ P 55/65000.

　※※　**Vecchia Agordo**, Casa degli Alpini ℘ 63448, 🍴 – 🔲 🖭 ① E. ✖
　　　chiuso mercoledì sera, giovedì e novembre – Pas carta 25/60000.

　※　**La Caneva**, via Carrara 28 ℘ 62037, Coperti limitati; prenotare – 🖭 📧 ✖
　　　chiuso lunedì sera e martedì – Pas carta 23/42000.

AGRATE BRIANZA 20041 Milano 988 ③, 428 F 10 – 11 552 ab. alt. 162 – ✆ 039.

Roma 587 – ♦Bergamo 31 – ♦Brescia 77 – ♦Milano 18 – Monza 7.

　🏩　**Colleoni**, via Cardano 2 ℘ 654391 (prenderà il 6057277), Telex 326423, Fax 654495 – 📳
　　　🔲 📺 ☎ ♿ 🚙 ⓦ – 🛢 25 a 100. 🖭 🅱 ① E 📧 ✖ rist
　　　Pas *(chiuso sabato e domenica a mezzogiorno)* carta 40/70000 – ☲ 15000 – **173 cam**
　　　130/190000 appartamenti 190000 – ½ P 150/170000.

　※※　La Carbonara, a Cascina Offelera SO : 3 km ℘ 651896, 🍴, Coperti limitati; prenotare –
　　　🅿.

AGRIGENTO 🅿 988 ㊱ – Vedere Sicilia alla fine dell'elenco alfabetico.

AGROPOLI 84043 Salerno 988 ㉘㊱ – 16 920 ab. – a.s. Pasqua e 15 giugno-15 settembre –
✆ 0974.

Dintorni Rovine di Paestum★★★ N : 11 km.

Roma 312 – Battipaglia 33 – ♦Napoli 107 – Salerno 57 – Sapri 110.

　🏨　**Mare**, ℘ 823666, Fax 826118, ≤, 🔟, 🍴 – 📳 ☎ 🅿. 🖭 🅱 E 📧 ✖
　　　Pas *(chiuso martedì)* carta 28/36000 – ☲ 8000 – **41 cam** 36/55000 – ½ P 60/63000.

　🏨　**Carola**, ℘ 826422, « Servizio rist. estivo all'aperto » – ☎ 🅿. 🖭 🅱 E 📧 ✖
　　　chiuso dall'8 gennaio all'8 febbraio – Pas carta 30/40000 (10%) – ☲ 6000 – **34 cam**
　　　40/57000 – P 78000.

　🏠　**Serenella**, ℘ 823333 – 📳 ☎ 🅿. ✖ rist
　　　Pas carta 23/41000 (10%) – ☲ 7000 – **32 cam** 34/50000 – ½ P 48/55000.

　※※　U' Saracino, SO : 1,5 km ℘ 825050, 🍴 – 🅿.

　※※　Il Ceppo, SE : 1,5 km ℘ 824308 – 🅿. 🖭 🅱 E 📧 ✖
　　　chiuso mercoledì ed ottobre – Pas carta 25/52000 (12%).

AGUGLIANO 60020 Ancona – 3 121 ab. alt. 203 – ❀ 071.

Roma 279 – ◆Ancona 16 – Macerata 44 – Pesaro 67.

🏨 **Al Belvedere,** 🖝 907190, 🚙 – ☎ 🅿. ✕
Pas *(chiuso mercoledì)* 22/28000 – ⚏ 6000 – **20 cam** 45000 – ½ P 40000.

AHRNTAL = Valle Aurina.

AIROLO 427 ⑮, 218 ⑪ – Vedere Cantone Ticino alla fine dell'elenco alfabetico.

ALA DI STURA 10070 Torino 988 ⑫, 219 ⑫, 77 ⑩ – 506 ab. alt. 1 075 – a.s. luglio-agosto e Natale – ❀ 0123.

Roma 729 – Balme 7,5 – ◆Milano 177 – ◆Torino 51 – Vercelli 117.

🏨 **Raggio di Sole,** 🖝 55191, ≼ – 🗄 ☎ 🅿. 🅱 🄴 𝘝𝘐𝘚𝘈. ✕
chiuso ottobre – Pas carta 22/40000 – ⚏ 6000 – **29 cam** 90000 – ½ P 65000.

ALAGNA VALSESIA 13021 Vercelli 988 ③, 428 E 5 – 446 ab. alt. 1 191 – a.s. Pasqua, luglio-15 agosto e Natale – Sport invernali : 1 191/3 500 m ✂4 ✚5, 🏂 – ❀ 0163.

Roma 715 – Biella 96 – ◆Milano 141 – Novara 95 – ◆Torino 155 – Vercelli 101.

🏨 **Cristallo,** 🖝 91285, Fax 91114, ≼ – 🗄 📺 ☎. 🅱 🅾 🄴 𝘝𝘐𝘚𝘈. ✕ rist
Pas *(chiuso ottobre e novembre)* 28000 – ⚏ 8000 – **29 cam** 59/99000 – ½ P 69/90000.

ALANNO 65020 Pescara – 3 827 ab. alt. 295 – ❀ 085.

Roma 188 – L'Aquila 84 – ◆Pescara 37.

✕✕ **Villa Alessandra** 🐾 con cam, 🖝 8573108, Fax 8573687, 🚙 – 📺 ☎ 🅿. 🄰🄴 𝘝𝘐𝘚𝘈. ✕
Pas *(chiuso martedì e novembre)* carta 23/34000 – ⚏ 5000 – **7 cam** 45/70000 appartamento 80000 – ½ P 50/60000.

ALASSIO 17021 Savona 988 ⑫, 428 J 6 – 11 714 ab. – ❀ 0182.

🏌 (chiuso mercoledì da settembre a giugno) a Garlenda ⊠ 17030 🖝580012, Fax 580561, NO : 17 km Ⓨ.

🔠 via Gibb 3 🖝 40346.

Roma 597 ① – Cuneo 117 ① – ◆Genova 98 ① – Imperia 24 ② – ◆Milano 221 ① – San Remo 47 ② – Savona 52 ① – ◆Torino 160 ①.

Pianta pagina seguente

🏨🏨 **Gd H. Diana,** via Garibaldi 110 🖝 42701, Telex 270655, Fax 40304, ≼, ☕, « Terrazza-giardino ombreggiata », 🏊, 🚣 – 🗄 📺 ☎ 🅿 – 🔬 100. 🄰🄴 🅱 🅾 🄴 𝘝𝘐𝘚𝘈. ✕ rist
chiuso dicembre e gennaio – Pas self-service (solo a mezzogiorno) e carta 40/70000 (solo la sera) – ⚏ 20000 – **77 cam** 110/240000 – ½ P 103/192000   Ⓨ **a**

🏨🏨 **Spiaggia,** via Roma 78 🖝 43403, Telex 271617, Fax 40279, ≼, « Terrazza-solarium », 🚣 – 🗄 📺 ☎. 🅱 🄴 𝘝𝘐𝘚𝘈. ✕
chiuso dal 20 ottobre al 23 dicembre – Pas 40/60000 – ⚏ 25000 – **83 cam** 93/155000 – ½ P 133/143000.   Ⓩ **c**

🏨🏨 **Gd H. Méditerranée,** via Roma 63 🖝 42564, Telex 272213, ≼, « Terrazza-giardino », 🚣 – 🗄 📶 rist 📺 ☎ 🚗. 🅱 🅾 🄴 𝘝𝘐𝘚𝘈. ✕ rist
Pasqua-ottobre – Pas 40/60000 – **74 cam** ⚏ 130/200000 – ½ P 100/170000.   Ⓩ **b**

🏨 **Toscana,** via Flavio Gioia 4 🖝 40657, Fax 43146, 🚣 – 🗄 📶 rist 📺 ☎ – 🔬 120. 🄰🄴 🅱 🅾 🄴 𝘝𝘐𝘚𝘈. ✕ rist
chiuso dal 15 ottobre al 19 dicembre – Pas *(chiuso lunedì)* carta 29/40000 – **65 cam** ⚏ 59/100000 appartamenti 145/160000 – ½ P 65/93000.   Ⓩ **m**

🏨 **Europa e Concordia,** piazza Partigiani 1 🖝 43324, Telex 282663, Fax 43326, ≼, 🚣 – 🗄 📺 ☎. 🄰🄴 🅱 🅾 🄴 𝘝𝘐𝘚𝘈. ✕ rist
marzo-ottobre – Pas (solo per clienti alloggiati) 30/35000 – ⚏ 8000 – **60 cam** 90/140000 – ½ P 70/100000.   Ⓨ **f**

🏨 **Enrico,** corso Dante 368 🖝 40000, Fax 40075, ☕ – 🗄 📶 rist 📺 ☎. 🅱 🄴 𝘝𝘐𝘚𝘈. ✕
chiuso novembre – Pas *(chiuso lunedì)* carta 32/49000 (10%) – ⚏ 12000 – **32 cam** 70/98000 – ½ P 80/85000   Ⓨ **q**

🏨 **Dei Fiori,** viale Marconi 78 🖝 40519, Fax 44116 – 📶 rist 📺 ☎
63 cam.   Ⓨ **c**

🏨 **Columbia,** passeggiata Cadorna 12 🖝 40329, ≼, 🚣 – 📺 ☎. 🅱 🄴 𝘝𝘐𝘚𝘈. ✕ rist
chiuso dal 21 ottobre al 20 dicembre – Pas *(chiuso lunedì)* 30/40000 – ⚏ 6500 – **29 cam** 55/100000 – ½ P 100/110000   Ⓨ **n**

🏨 **Corso,** via Diaz 28 🖝 42494 – 📺 ☎
48 cam.   Ⓩ **s**

🏨 **Lido,** via 4 Novembre 9 🖝 40158, ≼, 🚣 – 🗄 ☎. 🅱 🄴 𝘝𝘐𝘚𝘈. ✕ rist
aprile-ottobre – Pas (solo per clienti alloggiati) 30/45000 – **55 cam** ⚏ 85/135000 – ½ P 90/130000.   Ⓨ **g**

62

ALASSIO

Nuovo Suisse, via Mazzini 119 ℘ 40192, Telex 275535, Fax 460267, ☞ – 🛗 TV ☎. §
E VISA. ⅋ rist   **Y b**
chiuso dal 10 novembre al 24 dicembre – Pas 25/30000 – ☑ 9000 – **48 cam** 58/93000 –
½ P 55/90000.

Lamberti senza rist, via Gramsci 57 ℘ 642747 – 🛗 TV ☎ ℗. § E VISA. ⅋   **Y y**
chiuso da novembre al 20 dicembre – **25 cam** ☑ 80/124000.

Ideal, corso Dante 45 ℘ 40376, ☞ – 🛗 ☎. ⅋   **Z k**
maggio-15 ottobre – Pas 22/30000 – ☑ 7500 – **64 cam** 54/75000 – ½ P 52/75000.

New West End, via Roma 42 ℘ 42230, ≼ – TV ☎. AE § ⓪ E VISA. ⅋ rist   **Z e**
chiuso dal 22 novembre al 22 dicembre – Pas carta 30/40000 – ☑ 8500 – **54 cam** 75/98000 –
½ P 50/100000.

Firenze senza rist, corso Dante 35 ℘ 43239, Fax 43146, ☞ – 🛗 TV ☎. AE § ⓪ E
VISA   **Z a**
chiuso dal 10 gennaio al 20 marzo – **24 cam** ☑ 59/100000.

Rosa, via Conti 10 ℘ 40821 – 🛗 ☜ ℗. ⅋   **Z t**
chiuso da novembre al 9 dicembre – Pas 30/35000 – ☑ 8000 – **45 cam** 48/85000 –
½ P 53/80000.

⚙ **Danio Lungomare,** via Roma 23 ℰ 640683, ≤, 🌿 – 🝕 ☎. ᴁ 🔃 𝚅𝙸𝚂𝙰. ⇜　　　Z　x
　　chiuso novembre – Pas carta 28/49000 – 🝕 10000 – **27 cam** 55/85000 – ½ P 50/85000.

⚙ **Eden,** passeggiata Cadorna 20 ℰ 40281, ≤, « Servizio rist. estivo in terrazza », 🐾 – 🝕
　　↤ rist ☎. ᴁ 🔃 ᴇ 𝚅𝙸𝚂𝙰. ⇜ rist　　　　　　　　　　　　　　　　　　　　　　Y　e
　　febbraio-ottobre – Pas (solo per clienti alloggiati) – **29 cam** 🝕 40/85000 – ½ P 65/80000.

✿✿✿ ⚙ **Palma,** via Cavour 5 ℰ 640314, 🌿, Coperti limitati; prenotare – ᴁ 🔃 🔃 ᴇ 𝚅𝙸𝚂𝙰　Y　x
　　chiuso martedì e dal 7 novembre al 3 dicembre – Pas carta 65/80000
　　Spec. Raviolo di branzino alle boraggini, Branzino in pan grattato agli aromi provenzali, Flan caldo soffiato al
　　limone. Vini Pigato, Rossese.

✕ **Trianon,** piazza San Francesco 1 ℰ 43968, 🌿 – ᴁ 🔃 𝚅𝙸𝚂𝙰 ⇜　　　　　　　　　Y　z
　　chiuso lunedì sera, martedì e novembre – Pas carta 34/68000.

ALATRI 03011 Frosinone 𝟿𝟾𝟾 ㉖ – 25 014 ab. alt. 502 – ✆ 0775.

Vedere Acropoli★ : ≤★★ – Chiesa di Santa Maria Maggiore★.

Roma 93 – Avezzano 89 – Frosinone 11 – Latina 65 – Rieti 125 – Sora 39.

✕ **La Rosetta** con cam, via Duomo 35 ℰ 450068 – ᴁ 🔃 🔃. ⇜
　　chiuso dal 5 al 30 novembre – **Pas** (chiuso martedì) carta 23/34000 – 🝕 4500 – **10 cam**
　　25/42000 – ½ P 40/50000.

　　sulla strada statale 155 S : 6,5 km :

✕✕ **Le Tre Stelle,** ✉ 03011 Alatri ℰ 407833 – 🝒 🅿 – 🕹 60. ᴁ 🔃 🔃 𝚅𝙸𝚂𝙰 ⇜
　　chiuso lunedì – Pas carta 22/37000.

ALBA 12051 Cuneo 𝟿𝟾𝟾 ⑫, 𝟺𝟸𝟾 H 6 – 30 363 ab. alt. 172 – ✆ 0173.

Dintorni Strada panoramica★ delle Langhe verso Ceva.

Roma 644 – Alessandria 65 – Asti 30 – Cuneo 62 – ♦Milano 155 – Savona 99 – ♦Torino 59.

🏨 **Savona,** via Roma 1 ℰ 42381, Telex 222396 – 🝕 🝒 rist 📺 ☎ 🅿 – 🕹 70 a 150. ᴁ 🔃
　　🔃 ᴇ 𝚅𝙸𝚂𝙰 ⇜
　　Pas (chiuso martedì) 25/30000 – 🝕 10000 – **100 cam** 50/76000 appartamenti 130000 –
　　½ P 70/80000.

🏨 **Motel Alba** senza rist, corso Asti 5 ℰ 363251, Telex 225278, Fax 362990, 🍳 – 🝕 📺 🝕
　　🕭 🕹 70. ᴁ 🔃 ᴇ 𝚅𝙸𝚂𝙰
　　🝕 10000 – **64 cam** 54/80000.

✕✕ **Daniel's,** corso Canale 28 (NO : 1 km) ℰ 43969 – 🅿 ᴁ 🔃 ᴇ 𝚅𝙸𝚂𝙰 ⇜
　　chiuso martedì e dal 1° al 21 agosto – Pas carta 34/53000.

✕✕ **Da Beppe,** corso Coppino 20 ℰ 43983 – 🝒. ᴁ 🔃 🔃 ᴇ 𝚅𝙸𝚂𝙰 ⇜
　　chiuso martedì e luglio – Pas carta 33/57000.

✕ **La Capannina,** borgo Moretta strada Profonda 21 ℰ 442097 – 🅿
　　chiuso lunedì (escluso i giorni festivi) – Pas carta 27/48000.

✕ **San Giorgio,** corso Europa 22/a ℰ 284296 – 🝒. ⇜
　　chiuso mercoledì e dal 20 luglio al 18 agosto – Pas carta 22/36000.

　　a Castelrotto NO : 4 km – ✉ 12050 :

✕✕ **La Villa,** ℰ 361497, solo su prenotazione – 🅿. ᴁ 🔃. ⇜
　　chiuso domenica sera, lunedì, gennaio e febbraio – Pas (menu suggeriti dal proprietario)
　　50000.

ALBA ADRIATICA 64011 Teramo 𝟿𝟾𝟾 ⑰ – 9 505 ab. – a.s. luglio e agosto – ✆ 0861.

🎫 piazza Aldo Moro 6 ℰ 72426.

Roma 219 – ♦Ancona 104 – L'Aquila 110 – Ascoli Piceno 36 – ♦Pescara 49 – Teramo 37.

🏨 **Meripol,** lungomare Marconi 390 ℰ 77744, ≤, 🍳, 🐾, 🌱 – 🝕 🝒 🕭 🅿
　　stagionale – **44 cam.**

🏨 **Sporting,** lungomare Marconi 414 ℰ 72510, ≤, 🍳, 🐾 – 🝕 🝕 🕭 🅿. 𝚅𝙸𝚂𝙰 ⇜ rist
◆　　maggio-20 settembre – Pas 18/26000 – 🝕 5000 – **40 cam** 45/80000 – ½ P 40/70000.

🏨 **Impero,** lungomare Marconi 216 ℰ 72422, ≤, 🍳, 🐾, 🌱 – 🝕 🕭 🅿. ᴁ 🔃 🔃 𝚅𝙸𝚂𝙰 ⇜ rist
　　maggio-settembre – Pas 25000 – **60 cam** 🝕 60/90000 – P 60/90000.

🏨 **Eden,** lungomare Marconi 438 ℰ 77251, ≤, 🍳, 🐾 – 🝕 🕭 🅿. 🔃. ⇜
　　maggio-settembre – Pas 25/28000 – 🝕 12000 – **52 cam** 48/70000 – ½ P 50/75000.

🏨 **Royal,** lungomare Marconi 208 ℰ 72644, ≤, 🐾 – 🝕 🕭 🅿. ⇜ rist
　　10 maggio-20 settembre – Pas 24/38000 – 🝕 12000 – **64 cam** 50/80000 – ½ P 40/72000.

🏨 **Riccione,** viale della Vittoria 7 ℰ 72337, Fax 710489, 🍳, 🐾, ✂ – 🝕 🕭 🅿. ⇜ rist
◆　　maggio-settembre – Pas 20000 – 🝕 10000 – **70 cam** 60/100000 – ½ P 37/75000.

🏨 **Doge,** lungomare Marconi 392 ℰ 72508, ≤, 🍳, 🐾 – 🝕 🕭 🅿. 𝚅𝙸𝚂𝙰 ⇜
　　maggio-settembre – Pas 24000 – 🝕 8000 – **48 cam** 45/65000 – P 70/80000.

🏠 **Joli,** via Olimpica 3 ℰ 77477, 🐾 – 🝕 ☎ 🅿
　　stagionale – **27 cam.**

✕✕ **Atlante** con cam, via Vittorio Veneto 45 ℰ 72344 – 🝕 📺 🕭 🅿 – 🕹 60. ᴁ 🔃 🔃 𝚅𝙸𝚂𝙰 ⇜
　　Pas (chiuso domenica sera e lunedì) carta 27/43000 – **18 cam** 🝕 80000.

ALBAIRATE 20080 Milano 428 F 8, 219 ⑱ – 3 186 ab. alt. 125 – ✆ 02.
Roma 590 – ◆Milano 16 – Novara 36 – Pavia 37.

XXX **Charlie,** via Pisani Dossi 28 ℰ 9406635 – **ⓟ**. 🅢 **E** 𝗩𝗜𝗦𝗔. ℅
      chiuso mercoledì, dal 1° al 10 gennaio ed agosto – Pas carta 49/88000.

ALBANETO 02010 Rieti – alt. 1 052 – ✆ 0746.
Roma 126 – L'Aquila 57 – Ascoli Piceno 86 – Rieti 48 – Terni 53.

X **La Tana del Lupo,** ℰ 935042, 🥩 – 🍽 **ⓟ**. ℅
   chiuso martedì – Pas carta 23/31000.

ALBANO LAZIALE 00041 Roma 988 ㉘ – 31 460 ab. alt. 384 – ✆ 06.
Vedere Villa Comunale★ – Chiesa di Santa Maria della Rotonda★.
🛈 viale Risorgimento 1 ℰ 9320977.
Roma 26 – Anzio 33 – Frosinone 75 – Latina 43 – Terracina 77.

🏨 **Miralago** ⤳, via dei Cappuccini 12 (NE : 1,5 km) ℰ 9322253, « Servizio rist. estivo in
    giardino », 🥩 – ☎ 🚗 **ⓟ**. 🅰🅴 🅢 **E** 𝗩𝗜𝗦𝗔. ℅
    Pas carta 35/51000 – 🖙 10000 – **35 cam** 64/96000 – ½ P 120000.

🏨 **Motel del Mare,** via Olivella 100/104 (O : 1 km) ℰ 9306835 – 🛗 ☎ **ⓟ**. ℅
    Pas *(chiuso domenica)* 25/40000 – 🖙 7000 – **30 cam** 48/74000 – ½ P 75/80000.

ALBARELLA (Isola) Rovigo – Vedere Rosolina.

Ferienreisen wollen gut vorbereitet sein.
Die Straßenkarten und Führer von Michelin
geben Ihnen Anregungen und praktische Hinweise zur Gestaltung Ihrer Reise :
Streckenvorschläge, Auswahl und Besichtigungsbedingungen
der Sehenswürdigkeiten, Unterkunft, Preise... u. a. m.

ALBAVILLA 22031 Como 428 E 9, 219 ⑨ – 5 301 ab. alt. 331 – ✆ 031.
Roma 628 – Como 11 – Lecco 20 – ◆Milano 48 – Varese 38.

XX ❀ **Il Cantuccio,** ℰ 628736, Coperti limitati; prenotare – 🅢 **E** 𝗩𝗜𝗦𝗔. ℅
     chiuso lunedì e martedì a mezzogiorno – Pas carta 57/77000 (10%)
     Spec. Terrina di fegati rosa, Tagliolini con salsiccia e zafferano (autunno-inverno), Lombata di capriolo con
     verdure brasate (autunno-inverno). **Vini** Arneis, Barbaresco.

ALBENGA 17031 Savona 988 ⑫, 428 J 6 – 22 578 ab. – ✆ 0182.
Vedere Città vecchia★.
Roma 589 – Cuneo 109 – ◆Genova 90 – Imperia 34 – ◆Milano 213 – San Remo 57 – Savona 44.

🏨 **Marisa,** via Pisa 28 ℰ 50241 – ☎. 🅰🅴 🅢 ⓞ **E** 𝗩𝗜𝗦𝗔. ℅
    chiuso ottobre – Pas 30000 – 🖙 10000 – **16 cam** 70/96000 – P 60/66000.

XX **Punta San Martino** ⤳, regione San Martino ℰ 51225, ≤, « Servizio estivo in terrazza
   e giardino fiorito con piano bar » – ⤳ **ⓟ**
   chiuso lunedì e dal 1 gennaio al 15 febbraio – Pas carta 40/51000.

XX **Minisport,** viale Italia 35 ℰ 53458, Solo piatti di pesce – 🅰🅴 🅢 ⓞ **E** 𝗩𝗜𝗦𝗔
   chiuso gennaio e mercoledì da ottobre a maggio – Pas carta 40/68000.

X **Cristallo,** via Cavalieri di Vittorio Veneto 8 ℰ 50603, Specialità di mare, Coperti limitati;
  prenotare.

ALBEROBELLO 70011 Bari 988 ㉘ – 10 476 ab. alt. 416 – ✆ 080.
Vedere Località★★★ – Trullo Sovrano★.
Roma 502 – ◆Bari 55 – ◆Brindisi 68 – Lecce 106 – Matera 69 – ◆Taranto 45.

🏨🏨 **Dei Trulli** ⤳, via Cadore 32 ℰ 721130, Fax 721044, 🌳, « Caratteristiche costruzioni
     indipendenti », 🏊, 🥩 – ⤳ 🍽 ☎ 🚗 – 🔬 40. 🅢 **E** 𝗩𝗜𝗦𝗔
     Pas carta 35/55000 (15%) – 🖙 20000 – **28 cam** 110/185000 – ½ P 130/150000.

🏨 **Colle del Sole,** via Indipendenza 63 ℰ 721370, ﹩, 🍴 – ☎ 🚗. 🅰🅴 🅢 ⓞ **E** 𝗩𝗜𝗦𝗔. ℅
    Pas carta 17/25000 – 🖙 6000 – **18 cam** 40/57000 – ½ P 50/60000.

XX ❀ **Il Poeta Contadino,** via Indipendenza 21 ℰ 721917 – 🅰🅴 🅢 ⓞ 𝗩𝗜𝗦𝗔
     chiuso dal 7 gennaio al 14 febbraio e lunedì (escluso da luglio a settembre) – Pas
     carta 40/55000 (15%)
     Spec. Zuppetta di frutti di mare, Branzino alla Leonardo, Agnello in crosta. **Vini** Bianco Martina, Rosato del
     Golfo.

XX **Trullo d'Oro,** via Cavallotti 29 ℰ 721820 – ⤳ 🍽. 🅰🅴 🅢 ⓞ **E** 𝗩𝗜𝗦𝗔
   chiuso lunedì e gennaio – Pas carta 26/45000 (20%).

✗ **Il Torchio,** via Monte San Michele 57 ℘ 721888 – ⛛. ☒ 🅱 🄴 *VISA*
× *chiuso martedì da ottobre a marzo* – Pas carta 20/40000.

✗ **Terminal,** via Indipendenza 4 ℘ 725103 – 🅱 ☒ *VISA*. ✗
chiuso lunedì e dal 2 al 30 novembre – Pas carta 20/30000 (10%).

sulla strada statale 172 NO : 4 km :

✗✗ **La Chiusa di Chietri,** ☒ 70011 ℘ 725481, « Grazioso giardino ombreggiato » – ☒ 🅿
– ⚒ 100 a 200. ☒ 🅱 *VISA*. ✗
chiuso martedì e novembre – Pas carta 27/53000 (15%).

ALBIGNASEGO 35020 Padova – 17 538 ab. alt. 11 – 🕲 049.
Roma 487 – ◆Ferrara 71 – ◆Padova 7 – ◆Venezia 48.

sulla strada statale 16 :

🏠 **Master** senza rist, SO : 5 km ☒ 35020 ℘ 711611 – 🛗 ☒ 📺 ☎ 🅿 – ⚒ 30. ✗
☑ 8000 – **28 cam** 59/74000. ▣ 5000.

✗ La Cicala, NO : 3 km ☒ 35020 ℘ 684642, Solo piatti di pesce – 🅿.

ALBINEA 42020 Reggio nell'Emilia 🄸🄸🄸 🄸🄸🄸 I 13 – 6 601 ab. alt. 259 – 🕲 0522.
Roma 437 – ◆Milano 159 – ◆Modena 35 – ◆Parma 37 – Reggio nell'Emilia 10.

✗ **L'Altra Noce,** verso Scandiano E : 3 km ☒ 42010 Borzano ℘ 910120 – 🅱 🅿 ☒ 🅾
✗
chiuso martedì e dal 16 agosto al 4 settembre – Pas carta 28/47000.

ALBINIA 58010 Grosseto 🄸🄸🄸 🕲 – a.s. Pasqua e 15 giugno-15 settembre – 🕲 0564.
Roma 155 – Civitavecchia 79 – ◆Firenze 173 – Grosseto 32 – Orbetello 11 – Orvieto 104.

🏠 **Corallo** senza rist, via Paolieri 27 ℘ 870065 – 🛗 ☎ ☒ 🅱
☑ 6500 – **25 cam** 80000.

ALBINO 24021 Bergamo 🄸🄸🄸 🕲 🄸🄸🄸 E 11 – 15 662 ab. alt. 347 – 🕲 035.
Roma 621 – ◆Bergamo 13 – ◆Brescia 65 – ◆Milano 67.

✗ **Angelo Bianco,** via Mazzini 78 ℘ 754255 – ☒ *VISA*
chiuso domenica, lunedì ed agosto – Pas carta 45/60000.

ALBISSOLA MARINA 17012 Savona 🄸🄸🄸 🕲, 🄸🄸🄸 J 7 – 6 022 ab. – 🕲 019.
Vedere Parco★ e sala da ballo★ della Villa Faraggiana.
🛈 via dell'Oratorio 2 ℘ 481648.
Roma 541 – Alessandria 90 – Cuneo 103 – ◆Genova 41 – ◆Milano 164 – Savona 4,5 – ◆Torino 146.

Pianta : vedere Savona

🏠 **Corallo,** via Repetto 116 ℘ 481784, ⛱ – 📺 ☎ ☒ 🅱 🅾 🄴 *VISA*. ✗ rist   CV a
marzo-novembre – Pas *(chiuso lunedì)* 25/35000 – ☑ 8000 – **21 cam** 80000 – ½ P 60/72000.

✗✗ **Al Cambusiere,** via Repetto 86 ℘ 481663, Solo piatti di pesce – ☒ 🅱 🅾 🄴 *VISA*
✗   CV a
chiuso lunedì, dal 15 al 30 gennaio e dal 1° al 15 settembre – Pas carta 41/69000 (15%).

✗✗ **Ai Pescatori-da Gianni,** corso Bigliati 82/88 ℘ 481200 – 🅱 🄴 *VISA*. ✗   CV n
chiuso martedì – Pas carta 28/48000 (15%).

✗✗ **Da Mario,** corso Bigliati 70 ℘ 481640 – ☒ ☒ 🅾 *VISA*   CV y
chiuso mercoledì e settembre – Pas carta 32/49000.

ad Albisola Superiore N : 1,5 km – ☒ **17013** :

✗ **Il Barbagianni,** via della Rovere 11 ℘ 489919, Coperti limitati; prenotare – 🅱 🄴 *VISA*
chiuso a mezzogiorno e mercoledì – Pas carta 40/55000.   CV x

ad Albisola Capo E : 2 km : – ☒ **17011**

🏠 **Park Hotel,** via Alba Docilia 3 ℘ 482355 – ☒ 🕭 🚗. ✗ rist   CV d
15 marzo-15 novembre – Pas 30/40000 (10%) – ☑ 10000 – **11 cam** 80000 – ½ P 65/70000.

ALCAMO Trapani 🄸🄸🄸 🕲 – Vedere Sicilia alla fine dell'elenco alfabetico.

ALDESAGO 🄸🄸🄸 ⑧ – Vedere Cantone Ticino (Lugano) alla fine dell'elenco alfabetico.

ALESSANDRIA 15100 🅿 🄸🄸🄸 🕲, 🄸🄸🄸 H 7 – 93 866 ab. alt. 95 – 🕲 0131.
🏌 Margara (chiuso dicembre, gennaio e lunedì) a Fubine ☒ 15043 ℘ 778555, per ④ : 17,5 km;
🏌 La Serra (chiuso lunedì) a Valenza ☒ 15048 ℘ 954778 per ① : 7 km.
🛈 via Savona 26 ℘ 51021, Fax 53656.
A.C.I. corso Cavallotti 19 ℘ 60553.
Roma 575 ② – ◆Genova 81 ② – ◆Milano 90 ② – Piacenza 94 ② – ◆Torino 91 ④.

ALESSANDRIA

Alli Due Buoi Rossi, via Cavour 32 ✆ 445252, Telex 211397, Fax 445255 – 劇 ▤ ▥ ☎
– ≜ 130. ◪ 🆎 ⓢ ⓞ ∈ *VISA*   **Z v**
   Pas vedere rist Red Oxen – ⌑ 21000 – **56 cam** 165/240000.

Domus senza rist, via Castellani 12 ✆ 43305 – 劇 ▤ ▥ ☎ 🅿. ⓢ ⓞ ∈ *VISA*   **Z t**
   ⌑ 9000 – **27 cam** 130000.

Lux senza rist, via Piacenza 72 ✆ 51661 – 劇 ▤ ▥ ☎ 🚗 – ≜ 30 a 100. 🆎 ⓢ ⓞ ∈
VISA – **52 cam** ⌑ 88/128000   **Y a**

Royal senza rist, corso Carlo Marx 18 ✆ 342284 – ▥ ☎ 🅿 – ≜ 30. ⓢ ∈ *VISA*   **Z a**
   ⌑ 6000 – **27 cam** 52/80000.

Europa, via Palestro 1 ✆ 236226, Fax 42498 – 劇 ▤ ▥ ☎ 🚗 – ≜ 30. 🆎 ⓢ ⓞ ∈
VISA ⅏   **Y s**
   Pas *(chiuso domenica ed agosto)* carta 30/45000 (15%) – ⌑ 14000 – **33 cam** 55/90000.

67

XXX **Red Oxen,** via Cavour 32 ℰ 445050 – ▤. AE ⑤ ⓞ E VISA   Z v
   chiuso dal 5 al 26 agosto e Natale – Pas carta 48/84000 (15%).

XX **Il Grappolo,** via Casale 28 ℰ 53217 – AE ⑤ VISA. ⚜   Y e
   chiuso lunedì sera, martedì, dal 15 al 24 gennaio e dal 1° al 21 agosto – Pas carta 35/50000.

XX **Osteria degli Etruschi,** spalto Rovereto 52 ℰ 222579 – ▤. ⑤ E VISA   Y b
   chiuso mercoledì e dal 10 al 30 agosto – Pas carta 33/50000.

XX **Torino,** via Vochieri 108 ℰ 441991 – ▤. ⚜   Y n
   chiuso venerdì e luglio – Pas carta 28/47000.

X **Aeroporto,** viale Milite Ignoto 1 ℰ 222201, 🐟 – ℗   Y c

sulla strada statale 31 per ④ : 5 km :

🏨🏨 **Residence San Michele,** ✉ 15040 San Michele ℰ 318100, Fax 318406 – 🛗 ▤ TV ⚜
   ℗. AE ⑤ ⓞ E VISA. ⚜ rist
   Pas carta 32/45000 – 🍽 16000 – **144 cam** 180/220000 – ½ P 80/120000.

ALFONSINE 48011 Ravenna 988 ⑮, 429 I 18 – 12 214 ab. alt. 6 – ✆ 0544.
Roma 396 – ◆Bologna 73 – ◆Ferrara 57 – ◆Firenze 133 – Forlì 42 – ◆Milano 283 – ◆Ravenna 17.

XX **Stella** con cam, corso Matteotti 12 ℰ 81148 – ▤ rist 📞. AE ⑤ ⓞ E VISA. ⚜
   chiuso dal 1° al 10 gennaio e dal 7 al 28 agosto – Pas *(chiuso sabato)* carta 22/38000 – 🍽
   7000 – **10 cam** 36/49000.

ALGHERO Sassari 988 ㉝ – Vedere Sardegna alla fine dell'elenco alfabetico.

ALGUND = Lagundo.

ALLEGHE 32022 Belluno 988 ⑤, 429 C 18 – 1 534 ab. alt. 979 – a.s. marzo-aprile, 15 luglio-15
settembre e Natale – Sport invernali : 979/2 100 m ≤2 ≤25 (vedere anche Zoldo Alto) – ✆ 0437.
Vedere Lago★.
Escursioni Valle del Cordevole★★ Sud per la strada S 203.
🛈 piazza Kennedy 17 ℰ 723333, Fax 723881.
Roma 665 – Belluno 48 – ◆Bolzano 84 – Cortina d'Ampezzo 41 – ◆Milano 357 – ◆Venezia 154.

🏨 **Sport Hotel Europa** ⚓, ℰ 723362, Fax 723906, ≤, 🏊 – 🛗 📺 🚗 ℗ ⑤ VISA. ⚜
   15 dicembre-aprile e 20 giugno-settembre – Pas *(chiuso mercoledì)* carta 32/46000 – 🍽
   10000 – **33 cam** 80/110000 – ½ P 55/105000.

🏨 **Coldai,** ℰ 723305, Fax 723354, ≤ – 📺 ☎ ℗. ⚜
   chiuso maggio e ottobre – Pas *(chiuso martedì)* carta 24/39000 – 🍽 12000 – **29 cam**
   71/88000 – ½ P 51/83000.

a Caprile NO : 4 km – ✉ 32023 :

🏨🏨 **Alla Posta,** ℰ 721132, Fax 721677, 🏊, 🗗 – 🛗 📺 ☎ ⚓ ℗. AE ⓞ VISA. ⚜
   20 dicembre-5 maggio e 15 giugno-15 settembre – Pas *(chiuso mercoledì)* carta 39/52000
   – 🍽 8000 – **56 cam** 80/150000 – ½ P 100/120000.

ALMENNO SAN SALVATORE 24031 Bergamo 428 E 10, 219 ⑳ – 5 555 ab. alt. 325 – ✆ 035.
Roma 612 – ◆Bergamo 11 – Lecco 27 – ◆Milano 54 – San Pellegrino Terme 17.

X **Palanca,** ℰ 640800, ≤ – ℗. AE ⑤ ⓞ E VISA
   chiuso martedì e dal 1° al 15 luglio – Pas carta 23/35000.

ALPE DI MERA Vercelli 219 ⑤, 428 E 6 – Vedere Scopello.

ALPE DI SIUSI (SEISER ALM) 39040 Bolzano – alt. 1 826 – Sport invernali : 1 826/2 212 m ≤21,
🎿 (vedere anche Castelrotto) – ✆ 0471.
Vedere Posizione pittoresca★★.
🛈 ℰ 727904.
Roma 674 – ◆Bolzano 23 – Bressanone 28 – ◆Milano 332 – Ortisei 15 – Trento 89.

🏨🏨 **Plaza,** ℰ 727973, Fax 727820, ≤, 🚗 – ☎ ⚓ ℗. AE VISA. ⚜ rist
   dicembre-aprile e giugno-settembre – Pas carta 25/50000 – **42 cam** 🍽 124/228000 –
   ½ P 60/114000.

🏨 **Steger Dellai** ⚓, ℰ 727964, ≤, 🗗 in laghetto, 🚗 – ☎ 🅑 ℗. ⚜ rist
   18 dicembre-20 aprile e 10 giugno-settembre – Pas 40/60000 – **59 cam** solo ½ P 85/110000.

ALPE FAGGETO Arezzo – Vedere Caprese Michelangelo.

L'EUROPA su un solo foglio
Carta Michelin n° 970.

ALPINO Novara `428` E 7, `219` ⑤ – alt. 800 – ✉ **28040** Gignese – ☎ 0323.

🚡 (aprile-novembre; chiuso martedì in bassa stagione) a Vezzo ✉ 28040 ✆ 20101, SE : 1,5 km.
Roma 666 – ♦Milano 89 – Novara 65 – Orta San Giulio 17 – Stresa 9 – ♦Torino 141.

🏨 **Alpino Fiorente** ⑤, ✆ 20103, ≼, 🛤 – 🛗 ☏ 🅿. 🗱
15 giugno-15 settembre – Pas carta 29/45000 – ☡ 5000 – **39 cam** 52/88000 – ½ P 50/75000.

ALSENO 29010 Piacenza `428`   `429` H 11 – 4 560 ab. alt. 79 – ☎ 0523.
Roma 487 – ♦Milano 93 – ♦Parma 31 – Piacenza 29.

a Cortina Vecchia SO : 5 km – ✉ **29010** :

XX ☸ **Da Giovanni,** ✆ 948304, Fax 948355, Coperti limitati; prenotare – 🅿. 🆎 🆂 ⓞ Ⓔ 𝐕𝐈𝐒𝐀.
🗱
chiuso lunedì sera, martedì, dal 1° al 18 gennaio e dal 16 agosto al 5 settembre – Pas
carta 40/56000
Spec. Salamino in crema di funghi, Pisarei e fasô, Stracotto alla piacentina con polenta (ottobre-marzo). Vini
Monterosso e Gutturnio dei colli piacentini.

ALTAMURA 70022 Bari `988` ㉙ – 56 631 ab. alt. 473 – ☎ 080.
Vedere Rosone★ e portale★ della Cattedrale.
Roma 461 – ♦Bari 44 – ♦Brindisi 128 – Matera 19 – Potenza 102 – ♦Taranto 84.

🏨 **Svevia,** via Matera 2A ✆ 8712570, Fax 8712677, ☞ – 🛗 🖼 📺 ☏ 🅿. 🆂 𝐕𝐈𝐒𝐀. 🗱 rist
Pas carta 24/34000 – ☡ 7500 – **22 cam** 55/79000 – ½ P 62000.

XX ☸ **Del Corso,** corso Federico di Svevia 76 ✆ 841453 – 🔲. 🆎 🆂 Ⓔ 𝐕𝐈𝐒𝐀. 🗱
chiuso mercoledì e dal 15 al 30 luglio – Pas carta 30/51000
Spec. Cavatelli con funghi, Nido di scampi, Grigliate miste. Vini Sauvignon, Tignanello.

ALTARE 17041 Savona `428` I 7 – 2 484 ab. alt. 397 – ☎ 019.
Roma 567 – Asti 101 – Cuneo 80 – ♦Genova 68 – ♦Milano 191 – Savona 14 – ♦Torino 123.

X **Quintilio** con cam, ✆ 58000 – 🗱
chiuso luglio – **Pas** *(chiuso domenica sera e lunedì)* carta 26/45000 – ☡ 4500 – **6 cam**
25/60000.

ALTAVILLA VICENTINA 36077 Vicenza `429` F 16 – 7 654 ab. alt. 45 – ☎ 0444.
Roma 541 – ♦Milano 198 – ♦Padova 39 – ♦Venezia 73 – ♦Verona 44 – Vicenza 8.

🏨 **Genziana,** località Selva SO : 2,5 km ✆ 572159, Fax 574310, ≼, 🏊, 🗱 – 🔲 📺 ☎ 🅿. 🆎
🆂 Ⓔ 𝐕𝐈𝐒𝐀. 🗱
Pas *(chiuso sabato a mezzogiorno e domenica)* carta 26/38000 – ☡ 6000 – **27 cam**
70/100000 appartamenti 120000.

a Tavernelle NO : 1,5 km – ✉ **36077** Tavernelle Vicentina :

🏨 **Corona** senza rist, ✆ 573612 – ☎ 🅿. 🆂 Ⓔ 𝐕𝐈𝐒𝐀
☡ 4500 – **24 cam** 50/70000.

ALTICHIERO Padova – Vedere Padova.

ALTIPIANO LACENO Avellino – Vedere Bagnoli Irpino.

ALTISSIMO 36070 Vicenza `429` F 15 – 1 812 ab. alt. 672 – ☎ 0444.
Roma 568 – ♦Milano 218 – Trento 102 – ♦Verona 65 – Vicenza 36.

XX **Casin del Gamba,** strada per Castelvecchio NE : 2,5 km ✆ 687709, Coperti limitati;
prenotare – 🅿. 🆎 𝐕𝐈𝐒𝐀. 🗱
chiuso domenica sera, lunedì, dal 10 al 15 gennaio e dal 16 al 31 agosto – Pas carta 44/60000.

ALTOMONTE 87042 Cosenza – 5 042 ab. alt. 485 – ☎ 0981.
Vedere Tomba★ di Filippo Sangineto nella Cattedrale – San Ladislao★ di Simone Martini nel
museo.
Roma 482 – Castrovillari 38 – ♦Cosenza 71.

🏨 **Barbieri** ⑤, via San Nicola 30 ✆ 948072, Fax 948073, ≼, 🛤, 🗱 – 🔲 📺 ☎ 🚗 🅿. 🆎
ⓞ 𝐕𝐈𝐒𝐀
Pas carta 27/48000 – **30 cam** ☡ 45/80000 – ½ P 55/65000.

ALTOPASCIO 55011 Lucca `988` ⑭, `428`   `429` K 14 – 9 851 ab. alt. 19 – ☎ 0583.
Roma 332 – ♦Firenze 58 – ♦Livorno 60 – Lucca 18 – ♦Milano 288 – Pisa 36 – Pistoia 27 – Siena 86.

🏨 **Cavalieri del Tau,** via Gavinana 32 ✆ 25131, Fax 24283, ☞ – 🛗 🔲 📺 ☎ 🅿. 🆂 Ⓔ
𝐕𝐈𝐒𝐀. 🗱
Pas carta 29/46000 – ☡ 10000 – **30 cam** 64/95000 – ½ P 60/70000.

ALVIGNANO 81012 Caserta – 5 153 ab. alt. 145 – ✆ 0823.
Roma 171 – ◆Foggia 148 – ◆Napoli 61.

✗ **La Maison de Campagne**, ℰ 869362, Solo su prenotazione sabato e domenica – 🅿.
🗟 ⊙ VISA 🛠
chiuso lunedì e dal 15 al 31 agosto – Pas carta 23/35000 (12%).

ALZANO LOMBARDO 24022 Bergamo 428 429 E 11 – 11 752 ab. alt. 294 – ✆ 035.
Roma 608 – ◆Bergamo 7 – ◆Brescia 59 – ◆Milano 54.

✗✗ **Al Catenone** con cam, ℰ 516134 – ⅙ rist. ℀ 🗟 ⊙ E VISA. 🛠
chiuso dal 1° al 15 gennaio e dal 20 luglio al 20 agosto – Pas *(chiuso lunedì)* carta 44/66000
– ⬜ 5000 – **8 cam** 40/50000 – ½ P 70000.

ALZATE BRIANZA 22040 Como 428 E 9, 219 ⑲ – 3 830 ab. alt. 371 – ✆ 031.
Roma 621 – ◆Bergamo 46 – Como 10 – ◆Milano 42.

🏨 **Villa Odescalchi** ⑤, ℰ 630822, Fax 632079, « Villa del 17° secolo in un parco », 🏊,
🛠 – 📺 ☎ 🅿 – 🚗 30 a 40. ℀ 🗟 E VISA. 🛠 rist
chiuso dal 24 dicembre al 6 gennaio – Pas *(chiuso martedì)* carta 46/70000 – ⬜ 15000 –
25 cam 95/125000 – ½ P 120000.

AMALFI 84011 Salerno 988 ㉗ – 5 880 ab. – a.s. Pasqua, giugno-settembre e Natale – ✆ 089.
Vedere Posizione e cornice pittoresche★★★ – Duomo di Sant'Andrea★ : chiostro del Paradiso★★
– Vie★ Genova e Capuano – Atrani★ E : 1 km.
Dintorni Ravello★★★ NE : 6 km – Grotta dello Smeraldo★★ O : 5 km – Vallone di Furore★★ O :
7 km.
🛈 corso delle Repubbliche Marinare 25/27 ℰ 871107.
Roma 272 – Avellino 61 – Caserta 85 – ◆Napoli 62 – Salerno 25 – Sorrento 34.

🏨 **Santa Caterina**, ℰ 871012, Telex 770093, Fax 871351, ≤ golfo, 🌣, « Terrazze fiorite
digradanti sul mare con ascensori per la spiaggia », 🏊, 🐾 – 🗟 🗔 📺 ☎ 🚗 🅿 –
🚗 80. ℀ 🗟 ⊙ E VISA. 🛠
Pas 60/70000 – ⬜ 25000 – **52 cam** 220/380000 appartamenti 480/950000 – ½ P 170/230000.

🏨 **Miramalfi**, ℰ 871588, Telex 720325, Fax 871588, ≤ Amalfi e golfo, « Sulla scogliera
dominante il mare con ascensore per la spiaggia », 🏊, 🐾, 🌣 – 🗟 ☎ 🅿. ℀ 🗟 ⊙ E
VISA. 🛠 rist
Pas carta 49/74000 – ⬜ 13000 – **44 cam** 54/95000 – ½ P 85/93000.

🏨 **Dei Cavalieri**, ℰ 831333, Telex 770073, Fax 831354, ≤ Amalfi e golfo, « Terrazze fiorite
digradanti sul mare » – 🗟 🗔 cam ☎ 🅿. ℀ 🗟 ⊙ E VISA. 🛠 rist
Pas (solo per clienti alloggiati) – ⬜ 15000 – **60 cam** 55/90000, 🛏 10000 – ½ P 60/90000.

🏨 **La Bussola**, ℰ 871533, Telex 721519, Fax 871369, ≤ – 🗟 ☎ 🅿. ℀ 🗟 E VISA. 🛠 rist
Pas 30000 – ⬜ 9000 – **64 cam** 55/90000 – ½ P 83/93000.

🏨 **Residence** senza rist, ℰ 871183, Fax 830303, ≤ – 🗟 ☎ 🕭. ℀ 🗟 E VISA. 🛠
aprile-ottobre – ⬜ 8000 – **27 cam** 95000.

🏨 **Aurora** senza rist, ℰ 871209, ≤, 🐾, 🌣 – 🗟 ☎ 🚗 🅿. ℀ 🗟 ⊙ E VISA. 🛠
aprile-15 ottobre – ⬜ 10000 – **29 cam** 71/90000.

🏠 **Lidomare** senza rist, ℰ 871332, Fax 857972, ≤ – ☎. ℀ 🗟 ⊙ E VISA
⬜ 8000 – **14 cam** 60000.

✗✗ **Amalfi Rendez-Vous**, ℰ 872755, ≤ – 🛠
chiuso martedì in bassa stagione – Pas carta 26/45000 (10%).

✗ **La Caravella**, ℰ 871029 – ℀ VISA
chiuso dal 10 al 30 novembre e martedì da ottobre a maggio – **Pas** carta 22/40000.

✗ **Lo Smeraldino**, ℰ 871070, ≤, 🌣 – 🅿. ℀ 🗟 ⊙ E VISA. 🛠
chiuso dal 15 gennaio al 15 febbraio e mercoledì in bassa stagione – Pas carta 30/48000
(10%).

✗ **Da Ciccio Cielo-Mare-Terra**, O : 3 km ℰ 831265, ≤ – 🅿. ℀. 🛠
chiuso martedì e febbraio – Pas carta 24/39000.

✗ **La Taverna del Doge**, ℰ 872303 – ℀ 🗟 E VISA
chiuso novembre e lunedì da ottobre a maggio – Pas carta 27/50000 (10%).

✗ **Il Tarì**, ℰ 871832 – ℀ 🗟 E VISA
chiuso martedì (escluso da luglio a settembre) e dal 5 novembre al 5 dicembre – Pas
carta 25/38000 (10%).

AMALFI (Grotta di) Salerno – Vedere Smeraldo (Grotta dello).

AMALFITANA (Costiera) Napoli e Salerno – Vedere Costiera Amalfitana.

AMANDOLA 63021 Ascoli Piceno 988 ⑯ – 4 032 ab. alt. 550 – ✆ 0736.
Roma 215 – ◆Ancona 109 – Ascoli Piceno 42 – Macerata 50 – Porto San Giorgio 56.

🏠 **Paradiso** ⑤, ℰ 847468, ≤, 🌣, 🐾, ✗ – 🗟 🅿. 🗟. 🛠
➡ Pas carta 19/28000 – ⬜ 3500 – **40 cam** 35/65000 – ½ P 50/60000.

AMANTEA 87032 Cosenza 🔲🔲🔲 ㉟ – 12 301 ab. – ✆ 0982.

Roma 514 – Catanzaro 67 – ✦Cosenza 43 – ✦Reggio di Calabria 160.

🏨 **Palmar**, S : 1,5 km ✆ 41673, 🍽 – 🛗 🔲 🖭 ☎ 🅿 – 🔬 200. 🆅🆂🅰 ✳ cam
Pas *(chiuso lunedì)* carta 26/43000 – ☲ 6000 – **46 cam** 60/80000 – ½ P 35/80000.

sulla strada statale 18 S : 4 km :

🏠 **La Scogliera**, ⊠ 87032 ✆ 46219, Fax 46803, ≼, 🍽, 🐎 – 🛗 🔲 ☎ 🚗 🅿 – 🔬 60.
🆀🅴 🅱 ⑩ 🅴 🆅🆂🅰 ✳ rist
Pas *(chiuso mercoledì escluso giugno-settembre)* carta 26/41000 – ☲ 6000 – **40 cam**
65/110000 – ½ P 50/95000.

AMATRICE 02012 Rieti 🔲🔲🔲 ㉑ – 3 090 ab. alt. 955 – ✆ 0746.

Roma 144 – L'Aquila 75 – Ascoli Piceno 57 – Rieti 66 – Terni 91.

🏠 **Roma**, ✆ 85035, ≼ – 🛗 ≽ cam 🔲 ☎ 🅿 ⑩
Pas *(chiuso giovedì)* carta 22/34000 – ☲ 5000 – **34 cam** 40/70000 – ½ P 55/65000.

✗ **Lo Scoiattolo**, S : 1,5 km ✆ 85086, ≼, 🍽, « Laghetto con pesca sportiva », 🔲, 🐎 –
🅿. ✳
chiuso lunedì escluso da luglio a settembre – Pas carta 25/36000.

AMBIVERE 24030 Bergamo 🔲🔲🔲 ⑳ – 1 997 ab. alt. 261 – ✆ 035.

Roma 607 – ✦Bergamo 6 – ✦Brescia 58 – ✦Milano 53.

✗ **Antica Osteria dei Cameli**, ✆ 908000, solo su prenotazione – 🅿. 🅱 🅴 🆅🆂🅰 ✳
chiuso lunedì, martedì sera, dal 31 gennaio al 4 febbraio e dal 10 al 30 agosto – Pas
carta 41/60000.

AMBRIA Bergamo – Vedere Zogno.

AMEGLIA 19031 La Spezia, 🔲🔲🔲 🔲🔲🔲 J 11 – 4 978 ab. alt. 80 – ✆ 0187.

Roma 400 – ✦Genova 107 – Massa 17 – ✦Milano 224 – Pisa 57 – ✦La Spezia 16.

🏨 ✿ **Paracucchi-Locanda dell'Angelo** 🏖, SE : 3 km strada provinciale Sarzana-Marinella
✆ 64391, Fax 64393 – ≽ cam 🔲 🔲 ☎ 🅿 – 🔬 250. 🆀🅴 🅱 ⑩ 🅴 🆅🆂🅰 ✳
Pas *(chiuso dal 7 al 28 gennaio)* carta 80/110000 – ☲ 19000 – **37 cam** 68/137000 –
½ P 180000
Spec. Guazzetto di scampi, Ravioli di ricotta ai fiori di zucca (primavera-estate), Medaglioni di vitello al tartufo
nero. **Vini** Sauvignon, Rubesco.

a Montemarcello S : 5,5 km – ⊠ **19030** :

✗ **Il Gabbiano**, 🏖 con cam, ✆ 600066, « Servizio estivo in terrazza con ≼ », 🐎
stagionale – **12 cam**.

AMELIA 05022 Terni 🔲🔲🔲 ㉕ ㉟ – 11 195 ab. alt. 406 – ✆ 0744.

🛈 via Orvieto 1 ✆ 981453.

Roma 93 – ✦Perugia 92 – Terni 24 – Viterbo 42.

🏨 **Scoglio dell'Aquilone** 🏖, O : 2 km ✆ 982445, Fax 983025, ≼, « Giardino ombreggiato »
– 🔲 🔲 ☎ 🅿 – 🔬 300. 🆅🆂🅰 ✳
Pas *(chiuso martedì)* carta 25/35000 – ☲ 9000 – **38 cam** 55/90000 – ½ P 70000.

🏠 **Anita**, via Roma 31 ✆ 982292 – ☎. ✳
Pas carta 24/38000 – ☲ 3000 – **27 cam** 50/80000 – ½ P 50/70000.

✗✗ **La Gabelletta**, verso Foce NE : 3,5 km ✆ 982159, 🍽 – 🅿. 🆀🅴 🅱 ⑩ 🅴 🆅🆂🅰
chiuso lunedì e dal 15 al 30 luglio – Pas carta 35/60000.

AMIATA (Monte) Siena e Grosseto – Vedere Abbadia San Salvatore.

ANACAPRI Napoli – Vedere Capri (Isola di).

ANCONA 60100 🅿 🔲🔲🔲 ⑯, 🔲🔲🔲 L 22 – 103 454 ab. – a.s. luglio e agosto – ✆ 071.

Vedere Duomo di San Ciriaco★ AY – Loggia dei Mercanti★ AZ F – Chiesa di Santa Maria della
Piazza★ AZ B.

🖥 e 🖥 Conero (chiuso lunedì e dal 15 gennaio al 15 febbraio) a Sirolo ⊠ 60020 ✆ 7360613, Fax
7360612, per ① : 12 km..

✈ di Falconara per ③ : 13 km ✆ 56257 – Alitalia, Agenzia Cagidemetrio, piazza Roma 21 ⊠
60121 ✆ 58892, Telex 560067, Fax 203700.

🛈 Stazione Ferrovie Stato ⊠ 60126 ✆ 41703 – via Thaon de Revel 4 ⊠ 60124 ✆ 33249, Fax 31966 – corso
Stamira 60 ⊠ 60122 ✆ 204882.

🄰🄲🄸 corso Stamira 78 ⊠ 60122 ✆ 55335.

Roma 319 ③ – ✦Firenze 263 ③ – ✦Milano 426 ③ – ✦Perugia 166 ③ – ✦Pescara 156 ② – ✦Ravenna 161 ③.

Gd H. Passetto ⌖ senza rist, via Thaon de Revel 1 ⌖ 60124 ℘ 31307, Fax 32856 – ⌖
⌖ ⌖ ⌖ ⌖ ⌖ ⌖ – 益 45. ⌖ 🅂 ⌖ ⌖ ⌖
⌖ 15000 – **45 cam** 125/210000.
CZ d

Gd H. Palace, lungomare Vanvitelli 24 ⌖ 60121 ℘ 201813, Fax 201813 – ⌖ ⌖ ⌖ ⌖
⌖ – 益 50. ⌖ 🅂 ⌖ ⌖ ⌖ ⌖ rist
chiuso dal 22 dicembre al 7 gennaio – Pas (chiuso a mezzogiorno) carta 40/50000 – ⌖
15000 – **41 cam** 120/190000.
AY k

Fortuna senza rist, piazza Rosselli 15 ⌖ 60126 ℘ 42663, Telex 561286, Fax 42662 – ⌖
⌖ ⌖ ⌖ ⌖ ⌖ ⌖
⌖ 10000 – **57 cam** 55/90000.
CY a

Passetto, piazza 4 Novembre ⌖ 60124 ℘ 33214, ⌖, « Servizio estivo in terrazza » – ⌖
⌖ ⌖
chiuso dal 9 al 21 agosto e mercoledì (escluso dal 15 giugno al 15 settembre) – Pas
carta 40/74000 (13%).
CZ e

La Moretta, piazza Plebiscito 52 ⌖ 60122 ℘ 202317, ⌖ – ⌖ 🅂 ⌖ ⌖ ⌖
chiuso domenica, dal 27 dicembre al 7 gennaio e dal 13 al 18 agosto – Pas carta 45/60000
(10%).
AZ n

Miscia, molo Sud ⌖ 60125 ℘ 201376, Solo piatti di pesce – ⌖
CY s

a Torrette per ③ : 4 km – ⌖ **60020** :

Sporting senza rist, ℘ 888294, Fax 888813 – ⌖ ⌖ ⌖ ⌖ ⌖ – 益 30 a 150. ⌖ 🅂 ⌖ ⌖
⌖
100 cam ⌖ 95/130000.

Carloni, ℘ 888239 – ⌖ ⌖ 🅂 ⌖ ⌖ ⌖
chiuso lunedì – Pas carta 26/44000 (12%).

a Palombina Nuova per ③ : 6 km – ⌖ **60020** :

MotelAgip, ℘ 888241, Fax 888241, ⌖ – ⌖ ⌖ ⌖ ⌖ ⌖ ⌖ 🅂 ⌖ ⌖ ⌖ ⌖ rist
Pas (chiuso sabato) 30000 – **51 cam** ⌖ 128000 – ½ P 93/103000.

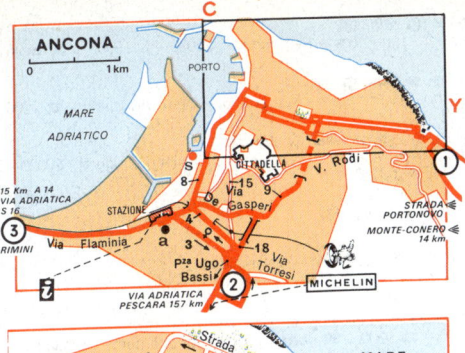

a *Portonovo* per ① :
12 km – ✉ 60020.

Vedere Chiesa di Santa Maria★.

🏨 **Fortino Napoleonico**, ℘ 801124, Fax 801314, « In una fortezza ottocentesca », 🏖, 🚗 – 🔟 📺 ☎ ♿ 🅿. 🅰🅴 🆂 ⓸ 🄴 *VISA*. 🛏 rist
Pas (prenotare) carta 55/75000 – ☑ 10000 – **26 cam** 140000 appartamenti 200/230000 – ½ P 135000.

🏨 **Emilia** 🏖, in collina O : 2 km ℘ 801145, Fax 801330, ≤, « Collezione di quadri d'arte moderna », 🏖, 🌲, 🚲 – ⬛ 📺 ☎ ♿ 🅿 – 🔏 40. 🅰🅴 🆂 ⓸ *VISA*. 🛏
Pas carta 50/65000 (8%) – ☑ 10000 – **30 cam** *(chiuso gennaio)*95000 – ½ P 110/130000.

🏨 **Internazionale** 🏖, ℘ 801001, ≤ mare e costa, 🚗 – 📺 ☎ 🅿 *VISA*
Pas carta 35/62000 – **30 cam** ☑ 60/100000 – ½ P 85000.

MICHELIN, strada statale 16 - Adriatica km 307, località Baraccola CY – ✉ 60131, ℘ 2865333, Fax 2865198.

Jährlich eine neue Ausgabe, Aktuellste Informationen, jährlich für Sie

---

🟦 **ANDALO** 38010 Trento 🔢🔢 ④, 🔢🔢 🔢🔢 D 15 – 987 ab. alt. 1 050 – a.s. febbraio-Pasqua, luglio-agosto e Natale – Sport invernali : 1 050/2 122 m ≼ 2 ≼ 10, ⚡ (vedere anche Fai della Paganella e Molveno) – ✪ 0461.

Dintorni ⚡★★ dal Monte Paganella 30 mn di funivia.

🅱 piazza Centrale ℘ 585836, Telex 401385, Fax 585570.

Roma 625 – ◆Bolzano 60 – ◆Milano 214 – Riva del Garda 48 – Trento 38.

🏨 **Piccolo Hotel** 🏖, ℘ 585710, ≤ gruppo di Brenta – ⬛ ⬅➡ 📺 ☎ 🚗 🅿. 🆂 ⓸ 🄴 *VISA*. 🛏
20 dicembre-20 aprile e 22 giugno-16 settembre – Pas carta 24/31000 – ☑ 8000 – **24 cam** 60/90000 appartamenti 120/150000 – ½ P 55/80000.

🏨 **Dal Bon** 🏖, ℘ 585839, ≤ – ⬛ ☎ 🅿. 🛏
20 dicembre-marzo e 15 giugno-15 settembre – Pas (solo per clienti alloggiati) 20/26000 – **29 cam** ☑ 44/84000 – ½ P 59/79000.

🏨 **Maria**, ℘ 585828, Fax 585855 – ⬛ 📺 ☎ ♿ 🅿 – 🔏 150. 🆂 🄴 *VISA*. 🛏
Pas 32000 – ☑ 11000 – **70 cam** 60/120000 – ½ P 78/92000.

🏨 **Andalo**, ℘ 585849, ≤, 🚗 – ⬛ ☎ 🚗 🅿. 🄴 *VISA*. 🛏
20 dicembre e 20 giugno-10 settembre – Pas (solo per clienti alloggiati) 18/22000 – **36 cam** ☑ 46/84000 – ½ P 46/65000.

🏨 **Continental** 🏖, ℘ 585689, ≤ – ⬛ ⬅➡ ☎ 🅿. 🛏
20 dicembre-Pasqua e giugno-15 settembre – Pas 18000 – ☑ 8000 – **29 cam** 56/96000 – ½ P 48/77000.

🏨 **Splendid**, ℘ 585777, ≤ gruppo di Brenta – ⬛ 🅿. 🛏
15 dicembre-marzo e 20 giugno-10 settembre – Pas 18/24000 – **57 cam** ☑ 82/180000 – ½ P 76/84000.

🏨 **Negresco** 🏖, ℘ 585555, ≤, 🚗 – ⬛ ☎ 🚗 🅿
stagionale – **23 cam**.

🏨 **Alaska**, ℘ 585631, ≤ – ⬛ ☎ 🚗 🅿. 🛏
dicembre-marzo e 15 giugno-10 settembre – Pas (solo per clienti alloggiati) 18000 – ☑ 8000 – **26 cam** 80000 – ½ P 40/65000.

73

🏠 **Cristallo,** ℰ 585744, ≼ – 🛗 ☎ 🅿 *VISA*. ⚶
dicembre-23 aprile e 15 giugno-15 settembre – Pas carta 21/29000 – ☲ 9000 – **30 cam**
51/86000 – ½ P 64/68000.

🏠 **Olimpia,** ℰ 585715, ≼, 🛋 – 🛗 ☎ 🚗 🅿. ⚶
15 dicembre-22 aprile e 20 giugno-15 settembre – Pas (solo per clienti alloggiati) – ☲ 9000
– **27 cam** 82000 – ½ P 40/66000.

🏠 **Serena,** ℰ 585727, Fax 585702, ≼ – 🛗 ☎ 🚗 🅿. *VISA*. ⚶
➤ *20 dicembre-22 aprile e 15 giugno-15 settembre* – Pas (solo per clienti alloggiati) 20000 –
☲ 8000 – **33 cam** 40/54000 – ½ P 59/63000.

ANDORA **17020** Savona 428 K 6 – 6 563 ab. – ✪ 0182.
🅱 via Fontana 1 ℰ 85796.
Roma 601 – ♦Genova 102 – Imperia 16 – ♦Milano 225 – Savona 56 – Ventimiglia 63.

a Marina di Andora – ✉ **17020** :

🏠 **Liliana,** via del Poggio 23 ℰ 85083 – 🛗 ⇌ cam ☎ 🚗. ⚶
➤ *aprile-15 ottobre* – Pas 20/25000 – ☲ 9000 – **36 cam** 45/65000 appartamenti 110/130000 –
½ P 50/60000.

🏠 **Moresco,** via Aurelia 96 ℰ 85414, ≼ – 🛗 📺 ☎. 🄰🄴 🄢 🄾 🄴 *VISA*. ⚶ rist
chiuso da novembre al 22 dicembre – Pas (solo per clienti alloggiati) 25000 – ☲ 7000 –
35 cam 50/74000 – ½ P 70/77000.

✕✕ **Rocce di Pinamare,** via Aurelia 39 ℰ 85223, ≼, 🌿, « Terrazze fiorite sul mare », 🛶
– 🅿. 🄰🄴 🄢 🄾 🄴 *VISA*
chiuso mercoledì e novembre – Pas carta 45/73000.

✕✕ **La Casa del Priore,** al castello N : 2 km ℰ 87330, ≼, prenotare, « Ambiente caratteristico » – 🅿. 🄰🄴 🄢 🄾 🄴 *VISA*
chiuso a mezzogiorno, lunedì e dal 15 gennaio al 15 febbraio – Pas carta 53/70000.

a San Pietro N : 4 km – ✉ **17020** Andora :

✕✕ **Pan de Cà,** via Conna 13 ℰ 80290 – 🅿
*chiuso a mezzogiorno (escluso sabato-domenica da dicembre a maggio), martedì e dal
15 ottobre al 15 novembre* – Pas 35000 bc.

ANDRIA **70031** Bari 988 ㉘ – 89 762 ab. alt. 151 – ✪ 0883.
Roma 399 – Bari 58 – Barletta 12 – ♦Foggia 82 – Matera 78 – Potenza 119.

✕✕ **La Siepe,** via Bonomo 97/b ℰ 24413 – 🄾 *VISA*
chiuso venerdì – Pas carta 25/35000 (10%).

Vedere anche : *Castel del Monte* S : 17 km.

ANGERA **21021** Varese 988 ②, 428 E 7 – 5 438 ab. alt. 205 – ✪ 0331.
Vedere Affreschi dei maestri lombardi★★ nella Rocca.
Roma 640 – ♦Milano 63 – Novara 47 – Stresa 33 – Varese 31

🏠 Dei Tigli senza rist, ℰ 930836 – 🛗 ☏ 🚗
stagionale – **28 cam**

✕ **Del Porto,** ℰ 930490, 🌿 – ⚶
chiuso martedì sera, mercoledì e dal 10 gennaio al 10 febbraio – Pas carta 33/71000.

ANGOLO TERME **25040** Brescia 428 429 E 12 – 2 564 ab. alt. 420 – a.s. luglio-settembre –
✪ 0364.
Roma 618 – ♦Bergamo 55 – ♦Bolzano 174 – ♦Brescia 59 – Edolo 48 – ♦Milano 100.

🏛 **Terme,** ℰ 548066, ≼ – 🛗 ☎ 🖐 🚗 🅿. ⚶ rist
aprile-ottobre – Pas carta 23/37000 – ☲ 7000 – **80 cam** 70000 – ½ P 41/60000.

ANGUILLARA SABAZIA **00061** Roma – 9 246 ab. alt. 175 – ✪ 06.
Roma 32 – Civitavecchia 59 – Terni 90 – Viterbo 59.

✕ **Da Zaira,** ℰ 9018082, ≼, 🌿 – 🅿. 🄰🄴. ⚶
chiuso martedì e dal 20 dicembre al 10 gennaio – Pas carta 25/38000 (10%).

ANITA **44010** Ferrara 429 I 18 – alt. 3 – ✪ 0532.
Roma 403 – ♦Bologna 78 – ♦Ferrara 64 – ♦Milano 291 – ♦Ravenna 24.

✕ **Spaventapasseri,** ℰ 801220 – 🅿. ⚶
chiuso da gennaio al 15 febbraio, lunedì sera e martedì (escluso luglio-agosto) – Pas
carta 21/35000.

ANNONE (Lago di) Como 428 E 10, 219 ⑨ – Vedere Oggiono.

ANSEDONIA Grosseto 988 ㉕ – ✉ **58016** Orbetello Stazione – a.s. Pasqua e 15 giugno-15 settembre – 🕾 0564.

Vedere Città antica di Cosa★.

Roma 145 – Civitavecchia 69 – ♦Firenze 186 – Grosseto 45 – Orbetello 10 – Viterbo 81.

- ✗ **Vinicio** con cam, ℘ 881220, ≤ mare – 🍽 rist 📺 🅿. 🆎 🕃 🕀. ✵ rist
  Pas *(chiuso martedì e novembre)* carta 31/46000 (10%) – 🖙 10000 – **8 cam** 35/56000 –
  ½ P 70/75000.

ANTAGNOD Aosta 428 E 5, 219 ④ – Vedere Ayas.

ANTERSELVA DI MEZZO e DI SOTTO (ANTHOLZ MITTERTAL und NIEDERTAL) Bolzano 988 ⑤,
429 B 18 – Vedere Rasun Anterselva.

ANTEY-SAINT-ANDRÉ 11020 Aosta 428 E 4, 219 ③ – 513 ab. alt. 1 080 – a.s. 15 febbraio-15 marzo, Pasqua, luglio-agosto e Natale – 🕾 0166.

🛈 località Grand Moulin ℘ 48266.

Roma 729 – Aosta 33 – Breuil-Cervinia 20 – ♦Milano 167 – ♦Torino 96.

- 🏨 **Filey**, località Filey ℘ 48212, ≤, ✿ – 📶 ➡ 🅿. ✵
  chiuso dal 15 settembre al 6 dicembre – Pas *(chiuso martedì)* carta 29/45000 – 🖙 6500 –
  39 cam 38/73000 – ½ P 70/75000.

- 🏨 **La Grolla**, località Filey ℘ 48277, ≤, ✿ – 🅿. ✵ rist
  20 dicembre-10 gennaio e 15 giugno-10 settembre – Pas carta 26/36000 – 🖙 5000 –
  12 cam 60000 – ½ P 55/60000.

- 🏨 **Des Roses**, località Poutaz ℘ 48527, ≤, ✿ – 🕾 ➡ 🅿. ✵ rist
  6 dicembre-5 maggio e 25 giugno-20 settembre – Pas 18/22000 – 🖙 6000 – **21 cam**
  43/63000 – ½ P 44/59000.

  Vedere anche : **Torgnon** O : 7 km.
             La Magdeleine E : 8 km.

ANTIGNANO Livorno 428 L 12 – Vedere Livorno.

ANZIO 00042 Roma 988 ㉖ – 33 523 ab. – Stazione balneare – 🕾 06.

Vedere Guida Verde.

🛥 per Ponza 15 giugno-15 settembre giornaliero (2 h 30 mn) – Caremar-agenzia Vecchiarelli, via Innocenziano 47/51 ℘ 9831231.

🛥 per Ponza maggio-settembre giornalieri escluso martedì e giovedì (1 h 10 mn) – Aliscafi SNAV e Agenzia Helios, via Innocenziano 18 ℘ 9845085, Telex 613086, Fax 9845097.

🛈 riviera Zanardelli 3/5 ℘ 9846119.

Roma 60 – Frosinone 81 – Latina 25 – Ostia Antica 49.

- 🏨 **Gd H. dei Cesari**, via Mantova 3 ℘ 9874751, Fax 9874751, ≤, 🕃, ☎, 🔟, 🔲, 🏖, ✿
  – 🛄 🍽 📺 🕾 🕉 ➡ 🅿 – 🛎 25 a 250. 🆎 🕃 🕀 E 𝖵𝖨𝖲𝖠. ✵
  Pas *(chiuso venerdì)* carta 35/60000 – **108 cam** 🖙 90/140000 – ½ P 105000.

- 🏨 **Lido Garda**, piazza Caboto 8 ℘ 9845389, ≤, 🔟, 🏖, ✿ – 🛄 🕾 – 🛎 30 a 300. 🆎 🕃
  🕀 E 𝖵𝖨𝖲𝖠. ✵ rist
  Pasqua-15 settembre – Pas (solo per clienti alloggiati e *chiuso sino al 31 maggio*) 40000 –
  32 cam 🖙 70/90000 – P 100000.

- ✗✗✗ **Flora**, via Flora 9 ℘ 9846001, Fax 9831259 – 🍽. 🆎 🕃 🕀 E 𝖵𝖨𝖲𝖠. ✵
  chiuso domenica sera, lunedì e dal 22 dicembre al 4 gennaio – Pas carta 40/55000.

- ✗✗ **All'Antica Darsena**, piazza Sant'Antonio 1 ℘ 9845146, ≤ – 🕃 🕀 E 𝖵𝖨𝖲𝖠
  chiuso lunedì – Pas carta 40/56000 (12%).

  a Lavinio Lido di Enea NO : 8 km – ✉ **00040** – a.s. 15 giugno-agosto :

- 🏨 **Succi** 🍴, località Tor Materno ℘ 9873922, Telex 610448, Fax 9871798, ≤ – 🛄 🍽 📺 🕾
  ➡. 🆎 🕃 🕀 E 𝖵𝖨𝖲𝖠. ✵
  Pas carta 41/56000 – 🖙 15000 – **47 cam** 77/105000, 🍽 10000 – ½ P 70/80000.

ANZOLA DELL'EMILIA 40011 Bologna 429 I 15 – 9 773 ab. alt. 40 – 🕾 051.

Roma 381 – ♦Bologna 13 – ♦Ferrara 57 – ♦Modena 26.

- 🏨 **Alan** senza rist, via Emilia 46/b ℘ 733562, Fax 733562 – 🛄 🍽 📺 🕾 🅿. 🆎 🕃 E 𝖵𝖨𝖲𝖠
  🖙 12000 – **61 cam** 75/105000.

- 🏨 **Lu King** senza rist, via Emilia 65 ℘ 734273, Telex 520327, Fax 735098 – 🛄 🖙 cam 📺
  🕾 🅿. 🆎 🕃 🕀 E 𝖵𝖨𝖲𝖠. ✵
  42 cam 🖙 100/150000.

- ✗✗ **Il Ristorantino-da Dino**, via 25 Aprile 11 ℘ 732364 – 🍽. 🆎 🕃 🕀 E 𝖵𝖨𝖲𝖠. ✵
  chiuso domenica sera, lunedì ed agosto – Pas carta 27/53000.

75

Vedere Collegiata di Sant'Orso **Y** : capitelli★★ del chiostro★ – Finestre★ del Priorato di Sant'Orso **Y** – Monumenti romani★ : Porta Pretoria **Y A**, Arco di Augusto **Y B**, Teatro **Y D**, Anfiteatro **Y E**, Ponte **Y G**.

Escursioni Valle d'Aosta★★ : ≼★★★ Est, Sud-Ovest.

🛈 piazza Chanoux 3 e 8 ✆ 40526 e 35655, Telex 210208.

A.C.I. piazza Roncas 7 ✆ 362208.

Roma 746 ② – Chambéry 197 ③ – ♦Genève 139 ③ – Martigny 72 ① – ♦Milano 184 ② – Novara 139 ② – ♦Torino 113 ②.

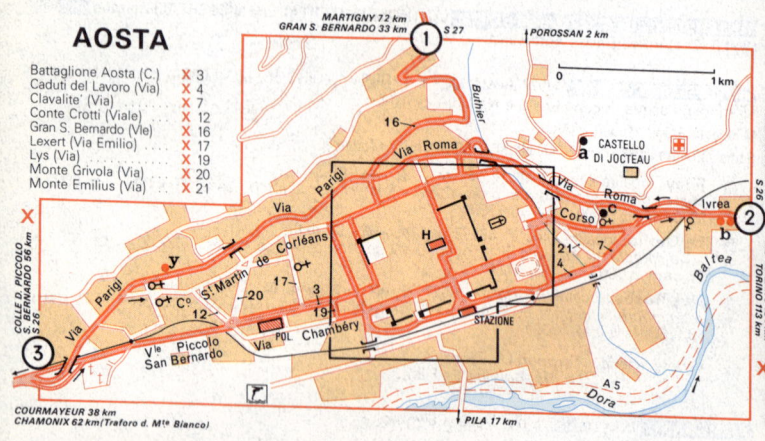

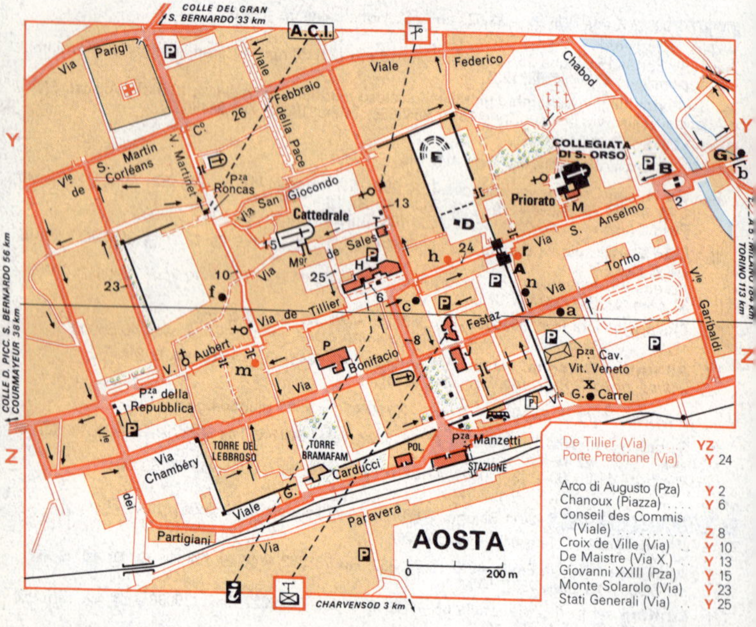

AOSTA

Battaglione Aosta (C.)	**X**	3
Caduti del Lavoro (Via)	**X**	4
Clavalité (Via)	**X**	7
Conte Crotti (Viale)	**X**	12
Gran S. Bernardo (Vle)	**X**	16
Lexert (Via Emilio)	**X**	17
Lys (Via)	**X**	19
Monte Grivola (Via)	**X**	20
Monte Emilius (Via)	**X**	21

AOSTA

🏨 **Valle d'Aosta** senza rist, corso Ivrea 146 ✆ 41845, Telex 212472, Fax 236660, ≼ – 🛗 📺
☎ 🚗 🅿 – 🔬 70, 🆎 🕲 🅾 🗄 VISA   **X b**
chiuso dal 15 novembre al 15 dicembre – ☷ 9000 – **104 cam** 170000.

🏨 Europe, piazza Narbonne 8 🖉 236363, Fax 40566 – ⬧ ▤ rist 📺 ☎ – **72 cam** Y c

🏨 **Ambassador,** via Duca degli Abruzzi 2 🖉 42230, Fax 236851, ⬥ – ⬧ 📺 ☎ ⬤ 🅿 🔕 X c
⓪ E 𝗩𝗜𝗦𝗔 ℁
chiuso dal 5 al 28 gennaio – Pas carta 39/60000 – ☷ 12000 – **40 cam** 70/90000 appartamenti
130000 – ½ P 75/85000.

🏨 **Turin** senza rist, via Torino 14 🖉 44593, Fax 361377 – ⬧ ☎ ⬤ ⧉ 🔕 ⓪ E 𝗩𝗜𝗦𝗔 Y a
chiuso dal 15 novembre al 20 dicembre – ☷ 8000 – **51 cam** 54/88000.

🏨 **Milleluci** senza rist, località Roppoz 🖉 42374, ⬥, 🚗, ℁ – ⬧ 📺 ☎ 🅿 🔕 E 𝗩𝗜𝗦𝗔 X a
☷ 6000 – **13 cam** 52/84000.

🏠 **Bus,** via Malherbes 18 🖉 43645, Fax 236962 – ⬧ 📺 ☎ 🅿 ⧉ 🔕 ⓪ E 𝗩𝗜𝗦𝗔 Y f
Pas 25/35000 – ☷ 10000 – **39 cam** 60/92000 – ½ P 70/80000.

🏠 **Roma** senza rist, via Torino 7 🖉 41000, Fax 32404 – ⬧ ⊞ ⧉ ⧉ 🔕 ⓪ E 𝗩𝗜𝗦𝗔 Y n
chiuso dal 7 gennaio al 6 febbraio – ☷ 8000 – **33 cam** 55/89000.

🏠 **Le Pageot** senza rist, via Carrel 31 🖉 32433 – 📺 ☎ ⧉ 🔕 🅅 ⓪ E 𝗩𝗜𝗦𝗔 ℁ Z x
☷ 10000 – **18 cam** 55/88000.

🏠 **Cecchin,** via Ponte Romano 29 🖉 45262 – 📺 ⧉ ⧉ 🔕 ⓪ 𝗩𝗜𝗦𝗔 ℁ Y b
chiuso dal 15 ottobre al 28 dicembre – Pas *(chiuso lunedì)* carta 24/43000 – ☷ 8000 –
10 cam 50/80000 – ½ P 70000.

XXX ❀❀ **Cavallo Bianco,** via Aubert 15 🖉 362214, Coperti limitati; prenotare, « Antica Z m
stazione di posta » – ⓪ 𝗩𝗜𝗦𝗔 ℁
chiuso ottobre, novembre, domenica sera e lunedì (escluso Natale, Pasqua ed agosto) –
Pas 80/100000
Spec. Filetto di branzino con astice e verdure in salsa basilico, Knölle (fagottini di cavolo) alla valpelleunentze,
Filetto alla carbonade. Vini Chardonnay, Sabla.

XX **Le Foyer,** corso Ivrea 146 🖉 32136 – ▤ 🅿 🅅 🔕 ⓪ E 𝗩𝗜𝗦𝗔 ℁ X b
chiuso martedì, dal 5 al 20 gennaio e dal 5 al 20 luglio – Pas carta 35/55000.

XX **Vecchia Aosta,** piazza Porta Pretoria 4 🖉 361186, 🍽 – 🅅 🔕 ⓪ E 𝗩𝗜𝗦𝗔 ℁ Y r
chiuso mercoledì, dal 5 al 20 giugno e dal 15 al 30 ottobre – Pas carta 29/47000.

X **Agip,** corso Ivrea 138 🖉 44565 – ▤ 🅿 𝗩𝗜𝗦𝗔 ℁ X b
chiuso lunedì da ottobre a maggio – Pas carta 32/49000.

X **Piemonte,** via Porta Pretoria 13 🖉 40111 – 🔕 E 𝗩𝗜𝗦𝗔 ℁ Y h
chiuso domenica e novembre – Pas carta 32/43000.

X **Al Trafora - Da Marino,** via Parigi 136 🖉 553308 – 🅿 ⓪ 𝗩𝗜𝗦𝗔 X y
chiuso lunedì, aprile ed ottobre – Pas carta 22/40000.

a Charvensod S : 3 km Z – alt. 746 – ✉ **11020** :

X **Borbey,** 🖉 41877 – ℁ – *chiuso lunedì, giugno ed ottobre* – Pas carta 25/51000.

a Pila S : 17 km X – alt. 1 814 – ✉ **11020** Gressan :

🏨 **Printemps,** 🖉 521246, Fax 521232 – ⬧ 📺 ☎ ⬧ ⧉ 🅿 – 🏔 60. 🅅 🔕 ⓪ E 𝗩𝗜𝗦𝗔.
℁ rist
dicembre-aprile e 15 giugno-15 settembre – Pas carta 24/41000 – ☷ 10000 – **52 cam**
70/110000 – ½ P 65/125000.

🏨 **Plan Bois** 🕊, 🖉 521052, Fax 32034, ⬥ – 📺 ☎ ⧉ 🅿 🔕 E 𝗩𝗜𝗦𝗔 ℁ rist
⬥ *dicembre-aprile e giugno-settembre* – Pas 20/25000 – ☷ 10000 – **22 cam** 55/88000 –
½ P 75/85000.

Vedere anche : **Saint Cristophe** per ② : 4 km.
Quart-Villefranche per ② : 9 km.

APPIANO GENTILE 22070 Como 🗺️ E 8, 🗺️ ⑱ – 6 705 ab. alt. 368 – ✿ 031.

🏌️ La Pinetina (chiuso martedì) 🖉 933202 – Roma 617 – Como 15 – ♦Milano 40 – Saronno 18 – Varese 20.

XX **La Tarantola,** NO : 2,5 km 🖉 930990, Fax 930990, « Servizio estivo in terrazza » – 🅿 🅅
🔕 𝗩𝗜𝗦𝗔 ℁
chiuso lunedì sera, mercoledì e dal 1° al 15 gennaio – Pas carta 39/66000.

APPIANO SULLA STRADA DEL VINO (EPPAN AN DER WEINSTRASSE) 39057 Bolzano 🗺️ ④
🗺️ C 15 – 10 716 ab. alt. (frazione San Michele) 418 – ✿ 0471.

🗓️ piazza Municipio 1 🖉 52206 – Roma 641 – ♦Bolzano 10 – Merano 32 – ♦Milano 295 – Trento 57.

a San Michele (St. Michael) – ✉ **39057** San Michele Appiano :

🏨 **Angerburg** 🕊, 🖉 52107, « Grazioso giardino » – ☎ 🅿 ℁ rist
20 marzo-5 novembre – Pas carta 27/42000 – **35 cam** ☷ 52/100000 – ½ P 50/62000.

🏨 **Tschindlhof** 🕊, 🖉 52225, ⬥, « Giardino-frutteto con 🏊 » – ☎ 🅿 ℁ rist
Pasqua-ottobre – Pas *(solo per clienti alloggiati)* carta 23/37000 – **13 cam** ☷ 61/103000.

🏨 **Castello Aichberg** 🕊 senza rist, 🖉 52247, Fax 660908, « Giardino-frutteto con 🏊
riscaldata », 🛁 – 📺 ☎ 🅿 E 🔕
Pasqua-15 novembre – **12 cam** ☷ 50/93000.

XX **Zur Rose,** 🖉 52249 – 🔕 E 𝗩𝗜𝗦𝗔
chiuso domenica, lunedì a mezzogiorno e luglio – Pas carta 38/65000.

a Cornaiano (Girlan) NE : 2 km – ⊠ 39050 :

XX **Marklhof-Bellavista,** *𝒫* 52407, ≼, « Servizio estivo in terrazza » – 𝐏 VISA
chiuso dal 25 giugno al 7 luglio, lunedì e da novembre a marzo anche domenica sera –
Pas carta 38/54000.

a Monte (Berg) NO : 2 km – ⊠ 39057 San Michele Appiano :

🏠 **Steinegger** ⟲, *𝒫* 52248, ≼ vallata, ⤢, ⊠, 🐴, ⚒ – ☎ 𝐏, ⚒ rist
aprile-novembre – Pas (chiuso mercoledì) carta 22/34000 – **21 cam** ⇌ 45/90000 –
½ P 42/51000.

a San Paolo (St. Pauls) N : 3 km – ⊠ 39050 San Paolo Appiano :

🏨 **Uli** ⟲, *𝒫* 52503, ≼, ⤢ riscaldata, 🐴 – 📶 ☎ 𝐏, ⚒
aprile-1° novembre – Pas (solo per clienti alloggiati e chiuso a mezzogiorno) 28/35000 –
25 cam ⇌ 50/90000 – ½ P 75/85000.

🏨 **Michaelis Hof** ⟲ senza rist, *𝒫* 51432, ≼, 🐴 – TV ☎ 𝐏, ⚒
Pasqua-5 novembre – **12 cam** ⇌ 90000.

🏨 **Weingarten** ⟲, *𝒫* 52299, ⤢, ⊠, 🐴, ⚒ – 𝐏
stagionale – **28 cam**.

a Missiano (Missian) N : 4 km – ⊠ 39050 San Paolo Appiano :

🏨 **Schloss Korb** ⟲, *𝒫* 633222, Fax 633333, ≼ vallate, « In un castello medioevale », ⤢,
⊠, 🐴, ⚒ – 📶 TV ☎ 𝐏 – 🔏 30 a 100
aprile-5 novembre – Pas carta 82/100000 – **56 cam** ⇌ 90/160000 appartamenti 270000 –
½ P 105000.

a Frangarto (Frangart) NE : 4 km – ⊠ 39010 :

XX **Sparerhof,** *𝒫* 633119, ≼ – 𝐏, 🆂 E VISA ⚒
chiuso martedì sera, mercoledì, dal 25 gennaio al 10 febbraio e dal 25 luglio al 20 agosto
– Pas carta 29/58000.

APRICA 23031 Sondrio 988 ③④, 428 429 D 12 – 1 621 ab. alt. 1 181 – Sport invernali :
1 181/2 309 m ≼ 6 ≸ 11, ⚡ – ✆ 0342.
🅱 via Roma 175 *𝒫* 746113, Fax 747732.
Roma 674 – ♦Bolzano 141 – ♦Brescia 116 – ♦Milano 157 – Sondrio 30 – Passo dello Stelvio 79.

🏨 **Bozzi,** *𝒫* 746169, Fax 747766, ≼, « Giardino » – 📶 ☜ 🚗 𝐏 – 🔏 50. ⚒ rist
dicembre-25 aprile e luglio-agosto – Pas 18/35000 – ⇌ 9000 – **45 cam** 80/140000 –
P 71/120000.

🏨 **Cristallo,** *𝒫* 746159, ≼, 🐴 – 📶 ☜ 🔥 𝐏, AE VISA ⚒ rist
dicembre-aprile e 20 giugno-20 settembre – Pas 25/35000 – ⇌ 12000 – **30 cam** 40/70000
– ½ P 55/90000.

🏨 **Larice Bianco,** *𝒫* 746275, ≼ – 📶 ☎ 𝐏, ⚒ rist
dicembre-aprile e giugno-settembre – Pas (chiuso mercoledì) 20/25000 – ⇌ 10000 –
25 cam 40/70000 – ½ P 45/80000.

🏨 **Sport,** *𝒫* 746134 – 📶 ☎ 𝐏, ⚒ rist
Pas (chiuso martedì) 25000 – ⇌ 9000 – **22 cam** 40/65000 – ½ P 43/73000.

🏨 **Eden,** *𝒫* 746253, ≼ – 📶 ☜ 🚗 𝐏, AE 🆂 VISA ⚒ rist
dicembre-aprile e luglio-20 settembre – Pas (chiuso venerdì) carta 26/44000 – ⇌ 9000 –
21 cam 42/68000 – ½ P 55/70000.

XX **Di Arrigo,** *𝒫* 746131 – AE 🆂 ⓞ E VISA ⚒
chiuso martedì, maggio e dal 15 al 30 settembre – Pas carta 27/43000 (10%).

APRICALE 18030 Imperia 428 K 4, 195 ⑱ – 553 ab. alt. 273 – ✆ 0184.
Roma 668 – ♦Genova 169 – Imperia 55 – ♦Milano 292 – San Remo 30 – Ventimiglia 16.

X **La Capanna-da Baci,** *𝒫* 208137, prenotare – 🆂 E VISA
chiuso lunedì sera, martedì e dal 20 febbraio al 10 marzo – Pas carta 28/35000.

AQUILEIA 33051 Udine 988 ⑥, 429 E 22 – 3 451 ab. alt. 5 – ✆ 0431.
Vedere Basilica★★ : affreschi★★ della cripta carolingia, pavimenti★★ della cripta degli Scavi –
Rovine romane★.
Roma 635 – Gorizia 32 – Grado 11 – ♦Milano 374 – ♦Trieste 45 – Udine 37 – ♦Venezia 124.

X **La Colombara,** NE : 2 km *𝒫* 91513 – 𝐏, ⚒
chiuso lunedì – Pas carta 26/46000.

ARABBA 32020 Belluno 988 ⑤, 429 C 17 – alt. 1 602 – a.s. 15 febbraio-Pasqua, 15 luglio-agosto
e Natale – Sport invernali : 1 602/2 950 m ≼ 2 ≸ 12 (anche sci estivo sulla Marmolada), ⚡ a
Campolongo (Passo) – ✆ 0436.
🅱 *𝒫* 79130, Telex 440823, Fax 79300.
Roma 709 – Belluno 74 – Cortina d'Ampezzo 37 – ♦Milano 363 – Passo del Pordoi 11 – Trento 127 – ♦Venezia 180.

Sport Hotel Arabba, ℰ 79321, Fax 79121, ≤ Dolomiti, ♨, ⛌ – 🛗 ⇋ cam 📺 ☎ ⅙
🅿. 🅾 𝗩𝗜𝗦𝗔. ※
20 dicembre-aprile e luglio-15 settembre – Pas *(chiuso mercoledì)* 20/40000 – ☲ 15000 –
45 cam 100/180000 – ½ P 60/125000.

Olympia, ℰ 79235, Fax 79354, ≤ Dolomiti, ⛌ – 🛗 📺 🕾 🅿. 🅰 🅾 𝗩𝗜𝗦𝗔. ※ rist
20 dicembre-aprile e 20 giugno-ottobre – Pas carta 19/32000 – **29 cam** ☲ 68/110000 –
½ P 39/98000.

Royal senza rist, ℰ 79293, ≤ – ☎ ⛐ 🅿. ※
12 cam ☲ 80000.

Posta, con cam, ℰ 79105, ≤ – 🕾 🅿
stagionale – **13 cam.**

Vedere anche : **Campolongo (Passo di)** N : 4,5 km.

ARBOREA Oristano 𝟵𝟴𝟴 ㉝ – Vedere Sardegna alla fine dell'elenco alfabetico.

ARCETO Reggio nell'Emilia 𝟰𝟮𝟴 𝟰𝟮𝟵 I 14 – Vedere Scandiano.

ARCETRI Firenze – Vedere Firenze.

ARCEVIA 60011 Ancona 𝟵𝟴𝟴 ⑯ – 5 944 ab. alt. 535 – ✆ 0731.
Roma 240 – ◆Ancona 73 – Foligno 83 – Pesaro 74.

Park Hotel ♨, ℰ 9595, ⛲ – 🛗 ⇋ rist ☎ 🅿 – 🕍 30 a 80. 🅰 🅾 🅔 𝗩𝗜𝗦𝗔. ※
chiuso dal 10 al 30 novembre – Pas *(chiuso lunedì)* carta 27/37000 – ☲ 8000 – **38 cam**
42/62000 – ½ P 49/55000.

ARCO 38062 Trento 𝟵𝟴𝟴 ④, 𝟰𝟮𝟴 𝟰𝟮𝟵 E 14 – 12 422 ab. alt. 91 – a.s. 15 dicembre-15 gennaio e
Pasqua – ✆ 0464.
🎫 viale delle Palme 1 ℰ 516161, Telex 401560.
Roma 576 – ◆Brescia 81 – ◆Milano 176 – Riva del Garda 6 – Trento 36 – Vicenza 95.

Palace Hotel Città, ℰ 531100, Telex 401023, Fax 516208, ⛌, ⊿ riscaldata, ⛲ – 🛗 📺
☎ ⅙ 🅿 – 🕍 50. 🅰 🅾 🅔 𝗩𝗜𝗦𝗔. ※ rist
chiuso dal 4 novembre al 22 dicembre e dal 7 gennaio al 23 marzo – Pas *(chiuso martedì)*
carta 28/41000 – ☲ 12000 – **80 cam** 95/140000 – ½ P 85/120000.

Al Sole, ℰ 516676, Fax 518585, ⛌ – 🛗 📺 ☎. 🅰 🅾 🅔 𝗩𝗜𝗦𝗔. ※
chiuso novembre – Pas *(chiuso lunedì)* carta 24/35000 – ☲ 5000 – **22 cam** 40/70000 –
½ P 50000.

Marchi, ℰ 517171 – 🛗 📺 ☎. 🅾 🅔 𝗩𝗜𝗦𝗔. ※
Pas carta 25/37000 – ☲ 6000 – **17 cam** 50/80000 – ½ P 55/60000.

Pace, ℰ 516398 – 🛗 ▤ rist ☎. 🅾 🅔 𝗩𝗜𝗦𝗔
Pas carta 23/34000 – ☲ 5000 – **42 cam** 40/70000 – ½ P 42/48000.

La Lanterna, località Prabi 10 (N : 2,5 km) ℰ 517013, prenotare – 🅿. 🅾 𝗩𝗜𝗦𝗔
chiuso martedì – Pas carta 28/54000.

Alla Lega, ℰ 516205, ⛲ – 🅾 𝗩𝗜𝗦𝗔
chiuso mercoledì e dal 4 novembre al 6 dicembre – Pas carta 23/35000.

Da Gianni, località Chiarano ℰ 516464 – ▤. 🅾 🅔 𝗩𝗜𝗦𝗔
chiuso lunedì e settembre – Pas carta 22/34000.

ARCORE 20043 Milano 𝟰𝟮𝟴 F 9, 𝟮𝟭𝟵 ⑱ – 15 182 ab. alt. 193 – ✆ 039.
Roma 594 – ◆Bergamo 39 – Como 43 – Lecco 30 – ◆Milano 22 – Monza 7.

Sant'Eustorgio, ℰ 6013718, Fax 617531, ⛲, « Giardino ombreggiato » – 🛗 📺 ☎ 🅿.
🅰 🅾 🅾 🅔 𝗩𝗜𝗦𝗔
chiuso dal 26 dicembre al 7 gennaio e dal 7 agosto al 3 settembre – Pas *(chiuso venerdì e
domenica sera)* carta 42/71000 – ☲ 9000 – **40 cam** 91/118000 appartamenti 160000 –
P 140/165000.

ARDENZA Livorno 𝟰𝟮𝟴 L 12 – Vedere Livorno.

ARDESIO 24020 Bergamo 𝟰𝟮𝟴 𝟰𝟮𝟵 E 11 – 3 676 ab. alt. 593 – a.s. luglio-agosto e Natale – Sport
invernali : a Valcanale 987/1 800 m ≤3, ⚷ – ✆ 0346.
Roma 638 – ◆Bergamo 37 – ◆Brescia 89 – Edolo 83 – ◆Milano 84.

a Valcanale NO : 7 km – alt. 987 – ✉ **24020** Ardesio :

Concorde ♨, ℰ 33050, ≤ – 🅿. ※
24 dicembre-Pasqua e giugno-settembre – Pas *(chiuso lunedì)* carta 21/30000 – ☲ 3000 –
26 cam 35/45000 – ½ P 45/60000.

ARDORE MARINA 89037 Reggio di Calabria 5 370 ab. – ✪ 0964.

Roma 711 – Catanzaro 107 – ◆Reggio di Calabria 89.

🏨 Euro Hotel, S : 1 km ℰ 61025, Fax 61024, ≤, ⅃, 🏖, ℀ – 🛗 🗐 ☎ Ⓟ – 🅐 70 a 1000
56 cam

❌❌ **L'Aranceto**, ℰ 629271, Fax 629039, 🍽 – Ⓟ, ㏂ 🆂 ⓄⒹ Ⓔ 𝑉𝐼𝑆𝐴. ⚹
chiuso lunedì ed ottobre – Pas carta 30/45000 (10%).

AREMOGNA L'Aquila – Vedere Roccaraso.

ARENZANO 16011 Genova 👥👥👥 ⑬, 👥👥👥 | 8 – 11 672 ab. – a.s. 15 dicembre-15 gennaio,
15 marzo-15 aprile e giugno-settembre – ✪ 010.

🔳 Della Pineta (chiuso martedì ed ottobre) a Punta San Martino ℰ 9111817, O : 1 km.

🆔 via Cambiaso 1 ℰ 9127581.

Roma 527 – Alessandria 77 – ◆Genova 28 – ◆Milano 151 – Savona 23.

🏨 **Ena,** ℰ 9127379, Fax 9123139, ≤ – 🛗 📺 ☎ ㏂ 🆂 Ⓔ 𝑉𝐼𝑆𝐴. ⚹ rist
Pas *(chiuso da ottobre ad aprile)* 28/37000 – 🍽 9000 – **24 cam** 54/68000 – ½ P 58/69000.

❌❌ Lazzaro e Gabriella, ℰ 9124259, Coperti limitati; prenotare – 🗐.

ARESE 20020 Milano 👥👥👥 F 9, 👥👥👥 ⑱ – 18 712 ab. alt. 160 – ✪ 02.

Roma 597 – Como 36 – ◆Milano 16 – Varese 50.

❌❌ **Castanei,** viale Alfa Romeo NO : 1,5 km ℰ 9380053 – 🗐 Ⓟ, ㏂ 🆂 ⓄⒹ Ⓔ 𝑉𝐼𝑆𝐴. ⚹
chiuso domenica, dal 24 dicembre al 2 gennaio ed agosto – Pas carta 26/43000.

🏁 *Per spostarvi più rapidamente utilizzate le carte* Michelin "Grandi Strade" :

n° 👥👥👥 *Europa,* n° 👥👥👥 *Grecia,* n° 👥👥👥 *Germania,* n° 👥👥👥 *Scandinavia-Finlanda,*
n° 👥👥👥 *Gran Bretagna-Irlanda,* n° 👥👥👥 *Germania-Austria-Benelux,* n° 👥👥👥 *Italia,*
n° 👥👥👥 *Francia,* n° 👥👥👥 *Spagna-Portogallo,* n° 👥👥👥 *Jugoslavia.*

AREZZO 52100 Ⓟ 👥👥👥 ⑮ – 91 527 ab. alt. 296 – ✪ 0575.

Vedere Affreschi di Piero della Francesca★★★ nella chiesa di San Francesco ABY – Chiesa di
Santa Maria della Pieve★ : facciata★★ BY B – Crocifisso★★ nella chiesa di San Domenico BY –
Piazza Grande★ BY – Portico★ e ancona★ della chiesa di Santa Maria delle Grazie AZ – Opere
d'arte★ nel Duomo BY.

🆔 piazza Risorgimento 116 ℰ 20839.

🅰🅲🅸 viale Luca Signorelli 24/a ℰ 23253.

Roma 214 ④ – ◆Ancona 211 ② – ◆Firenze 81 ④ – ◆Milano 376 ④ – ◆Perugia 74 ③ – Rimini 153 ①.

Pianta pagina a lato

🏨🏨 **Minerva,** via Fiorentina 6 ℰ 27891, Telex 573535, Fax 27891 – 🛗 🗐 📺 ☎ ᴌ 🚗 Ⓟ –
🅐 30 a 400. ㏂ 🆂 ⓄⒹ 𝑉𝐼𝑆𝐴 ⚹
Pas *(chiuso dal 1° al 20 agosto)* carta 28/43000 (15%) – 🍽 10000 – **118 cam** 63/100000 –
½ P 87000.   AY **n**

🏨🏨 **Etrusco,** via Fleming 39 ℰ 381483, Telex 575098, Fax 382131 – 🛗 🗐 📺 ☎ ᴌ 🚗 Ⓟ –
🅐 40 a 400
80 cam   1 km per ④

🏨🏨 **Continentale,** piazza Guido Monaco 7 ℰ 20251, Fax 350485 – 🛗 🗐 rist 📺 ☎ – 🅐 110
a 180. ㏂ 🆂 ⓄⒹ 𝑉𝐼𝑆𝐴 ⚹ rist
Pas *(chiuso domenica sera e dal 1° al 14 agosto)* carta 31/48000 – 🍽 9000 – **74 cam**
65/102000 – ½ P 100000.   AZ **r**

🏨 **Europa** senza rist, via Spinello 43 ℰ 357701, Fax 357703 – 🛗 🗐 📺 🗐 ㏂ 𝑉𝐼𝑆𝐴. ⚹
🍽 12000 – **45 cam** 67/106000.   AZ **u**

❌❌ **Buca di San Francesco,** piazza San Francesco 1 ℰ 23271, « Ambiente d'intonazione
trecentesca » – ㏂ 🆂 ⓄⒹ Ⓔ 𝑉𝐼𝑆𝐴
chiuso lunedì sera, martedì e luglio – Pas carta 36/49000.   BY **c**

❌❌ **Le Tastevin,** via de' Cenci 9 ℰ 28304 – 🗐. ㏂ 🆂 𝑉𝐼𝑆𝐴. ⚹
chiuso lunedì e dal 5 al 27 agosto – Pas carta 31/49000.   AZ **x**

a Giovi per ① : 8 km – ✉ 52010 :

❌❌ **Antica Trattoria al Principe,** ℰ 362046 – ⊷. ⚹
chiuso lunedì e dal 25 luglio al 20 agosto – Pas carta 30/50000.

a Chiassa per ① : 9 km – ✉ 52030 :

❌ **Il Mulino,** ℰ 361878, 🍽 – Ⓟ. ㏂ 𝑉𝐼𝑆𝐴. ⚹
chiuso martedì e dal 1° al 25 agosto – Pas carta 22/34000.

80

AREZZO

Wenn Sie an ein Hotel im Ausland schreiben,

fügen Sie Ihrem Brief einen internationalen Antwortschein bei

(im Postamt erhältlich).

ARGEGNO 22010 Como 428 E 9, 219 ⑨ – 686 ab. alt. 220 – ✆ 031.

Roma 645 – Como 20 – ◆Lugano 43 – Menaggio 15 – ◆Milano 68 – Varese 44.

✕ **La Griglia** con cam, strada per Schignano SO : 3 km ✆ 821147, « Servizio estivo all'aperto », 🐎 – 🅿 S E VISA
chiuso gennaio e febbraio – Pas *(chiuso martedì escluso da luglio a settembre)* carta 35/49000 – 🍽 7000 – **6 cam** 59000 – ½ P 50/52000.

ARGELATO 40050 Bologna 429 I 16 – 7 639 ab. alt. 21 – ✆ 051.

Roma 393 – ◆Bologna 17 – ◆Ferrara 34 – ◆Milano 223 – ◆Modena 41.

✕✕ **L'800,** via Centese 33 ✆ 893032 – 🌐 🅿 AE S ⑩ VISA 🐾
chiuso domenica ed agosto – Pas carta 30/42000.

✕ **Bolognese,** via Centese 216 (NO : 3 km) ✆ 891553, 🌿, Coperti limitati; prenotare – 🅿
🐾
chiuso domenica e dal 1° al 15 agosto – Pas carta 22/33000.

ARGENTA 44011 Ferrara 988 ⑮, 429 I 17 – 22 801 ab. alt. 4 – ✿ 0532.

Roma 432 – ♦Bologna 50 – ♦Ferrara 34 – ♦Milano 261 – ♦Ravenna 40.

🏛 **Villa Reale** senza rist, viale Roiti 16/a ☎ 852334, Fax 852353 – 📶 🗏 📺 🐾 ♿ 🚗 ⛽ **P** – 🛗 80. 🅰🅴 🕃 ⓞ 🅴 🆅🅸🆂🅰 🛥
⌖ 15000 – **30 cam** 110000.

XXXX ✿ **Il Trigabolo,** piazza Garibaldi ☎ 804121, Fax 852235 – 🗏. 🅰🅴 🕃 ⓞ 🅴 🆅🅸🆂🅰 🛥
chiuso domenica sera, lunedì e dal 19 al 26 febbraio – Pas carta 65/85000 (10%)
Spec. Insalata di piccione canditi e aceto balsamico, Lasagne con verdure salsa di prosciutto di Praga, Sella di coniglio in salsa albicocche e menta (estate). **Vini** Chardonnay, Cabernet-Sauvignon.

a Campotto S : 6 km – ✉ **44010** :

X **Giannina,** ☎ 808300 – **P.** 🅰🅴 🕃 ⓞ 🅴 🆅🅸🆂🅰 🛥
chiuso domenica sera e lunedì – Pas carta 30/72000.

ARIANO IRPINO 83031 Avellino 988 ㉘ – 23 569 ab. alt. 817 – ✿ 0825.

Roma 276 – ♦Foggia 62 – ♦Napoli 96 – Salerno 79.

sulla strada statale 90 S : 2 km:

🏨 **Incontro,** contrada Foresta ✉ 83031 ☎ 891857 e rist ☎ 891250, Fax 891857 – 📶 🗏 rist 📺 🐾 **P.** 🕃 🅴 🆅🅸🆂🅰 🛥
Pas carta 22/32000 (15%) – ⌖ 5000 – **30 cam** 40/70000 – ½ P 65/70000.

ARIANO NEL POLESINE 45012 Rovigo 988 ⑮, 429 H 18 – 5 307 ab. alt. 4 – ✿ 0426.

Roma 473 – ♦Ferrara 50 – ♦Milano 304 – ♦Padova 63 – ♦Ravenna 72 – Rovigo 36 – ♦Venezia 97.

XX **Due Leoni** con cam, corso del Popolo 21 ☎ 71138 – 🐾 rist 🗏 rist. 🅰🅴 🕃 ⓞ 🆅🅸🆂🅰 🛥 rist
chiuso dal 1° al 22 luglio – Pas (*chiuso lunedì*) carta 32/45000 – ⌖ 5000 – **15 cam** 38/55000 – ½ P 50000.

ARICCIA 00040 Roma – 17 918 ab. alt. 412 – ✿ 06.

Vedere Guida Verde – Roma 26 – Latina 39.

🏨 **Appian,** via Appia Nuova 55 (SE : 1 km) ☎ 9333026, 🏊, ✂ – 📶 ☎ **P** – 🛗 80. 🅰🅴 🕃 ⓞ 🆅🅸🆂🅰 🛥 rist
Pas (*chiuso il week-end*) carta 35/50000 – ⌖ 8500 – **90 cam** 60/85000.

ARITZO Nuoro 988 ㉝ – Vedere Sardegna alla fine dell'elenco alfabetico.

ARMA DI TAGGIA 18011 Imperia 988 ⑫, 428 K 5 – ✿ 0184.

Vedere Dipinti★ nella chiesa di San Domenico a Taggia★ N : 3,5 km.

🛈 Villa Boselli ☎ 43733 – Roma 631 – ♦Genova 132 – Imperia 15 – ♦Milano 255 – Ventimiglia 25.

🏨 Vittoria Grattacielo, Lungomare ☎ 43495, Telex 271345, Fax 41484, ≤, « Giardino con 🏊 », 🏊, 🐾 – 📶 📺 ☎ 🐾 🚗 **P** – 🛗 100
77 cam.

🏛 **Svizzera,** Lungomare ☎ 43152 – 📶 🐾 rist 🗏 rist 📺 ☎ **P.** 🅰🅴 🕃 🅴 🆅🅸🆂🅰 🛥
chiuso da ottobre a 18 dicembre – Pas (*solo per clienti alloggiati*) 32/40000 – ⌖ 8000 – **29 cam** 42/76000 – P 53/90000.

XXX **La Conchiglia,** Lungomare 33 ☎ 43169 – 🗏. 🕃 ⓞ 🅴 🆅🅸🆂🅰 🛥
chiuso dal 1° al 15 giugno, dal 16 novembre al 1° dicembre e mercoledì (escluso luglio-agosto) – Pas carta 36/70000.

X **Da Pino,** via Andrea Doria 66 ☎ 42463 – 🅰🅴 🕃 ⓞ 🅴 🆅🅸🆂🅰
chiuso giovedì e dal 20 novembre al 20 dicembre – Pas carta 38/76000.

ARMENZANO Perugia – vedere Assisi.

AROLO Varese 428 E 7, 219 ⑦ – alt. 225 – ✉ **21038** Leggiuno Sangiano – ✿ 0332.

Roma 651 – Laveno Mombello 8 – ♦Milano 74 – Novara 61 – Sesto Calende 22 – Varese 23.

XX **Sasso Moro** 🐾 con cam, ☎ 647230, ≤ lago, « Terrazza sul lago con servizio estivo », 🐾 – **P.** 🅰🅴
chiuso da gennaio al 15 febbraio – Pas (*chiuso martedì*) carta 33/60000 – ⌖ 4500 – **15 cam** 49/63000 – ½ P 61000.

X **Campagna** con cam, ☎ 647107 – 🐾 **P.** 🆅🅸🆂🅰 🛥
chiuso novembre – Pas (*chiuso martedì*) carta 28/51000 – ⌖ 5000 – **15 cam** 40/55000 – ½ P 47000.

ARONA 28041 Novara 988 ②③, 428 E 7 – 15 709 ab. alt. 212 – a.s. aprile e giugno-15 settembre – ✿ 0322.

Vedere Lago Maggiore★★★ – Colosso di San Carlone★ – Polittico★ nella chiesa di Santa Maria – ≤★ sul lago e Angera dalla Rocca.

🛈 piazza Stazione ☎ 243601.

Roma 641 – ♦Milano 64 – Novara 40 – Stresa 16 – ♦Torino 116 – Varese 32.

82

Concorde, via Verbano 1 ℰ 249321, Telex 200399, Fax 249372, ⪕ Rocca di Angera e lago – 📶 🗐 📺 ❤ ⇔ 🅿 – 🛁 30 a 200. 🆎 🛂 ⓪ 🇪 𝚅𝙸𝚂𝙰 ❄ rist
Pas carta 46/76000 – ⚏ 18000 – **82 cam** 112/190000 – ½ P 120/160000.

Atlantic, corso Repubblica 124 ℰ 46521, Telex 200482, Fax 48358, ⪕ – 📶 🗐 📺 ☎ 🕭 – 🛁 30 a 100. 🆎 🛂 ⓪ 🇪 𝚅𝙸𝚂𝙰 ❄ rist
Pas carta 40/71000 – ⚏ 16000 – **75 cam** 140/171000 appartamento 210000 – ½ P 95/140000.

Giardino, corso Repubblica 1 ℰ 45994, Telex 200444, Fax 249401, ⪕ – 📶 📺 ☎ 🕭. 🆎 🛂 ⓪ 🇪 𝚅𝙸𝚂𝙰
Pas carta 31/53000 – ⚏ 15000 – **55 cam** 90/120000 – ½ P 105000.

Antares senza rist, via Gramsci 13 ℰ 243438 – 📶 ☎ ⇔. 🆎 🛂 ⓪ 🇪 𝚅𝙸𝚂𝙰
⚏ 5000 – **50 cam** 65/100000.

Florida senza rist, piazza del Popolo 32 ℰ 46212, ⪕ – 📶 ☎. ❄
11 marzo-7 novembre – ⚏ 8000 – **21 cam** 60/82000.

XXX **Pescatori,** lungolago Marconi 7 ℰ 48312 – 🗐. 🆎 🛂 ⓪ 🇪 𝚅𝙸𝚂𝙰. ❄
chiuso martedì e dal 10 al 25 novembre – Pas carta 42/73000.

XXX ✿ **Taverna del Pittore,** piazza del Popolo 39 ℰ 243366, ⪕, prenotare, « Terrazza sul lago con servizio estivo » – 🆎 🛂 ⓪ 🇪 𝚅𝙸𝚂𝙰. ❄
chiuso lunedì, dal 20 dicembre al 10 gennaio e dal 15 al 30 giugno – Pas carta 63/85000 (10%)
Spec. Insalatina di foie gras all'aceto balsamico, Cannelloni di ricotta salmone fresco in salsa di fiori di zucca, Scaloppa di branzino al pomodoro fresco. Vini Traminer, Dolcetto.

XX **Al Cantuccio,** piazza del Popolo 1 ℰ 243343 – 🗐. 🛂 🇪 𝚅𝙸𝚂𝙰
chiuso lunedì ed agosto – Pas carta 47/72000 (10%).

XX **Del Barcaiolo,** piazza del Popolo 20/23 ℰ 243388, 🌳, « Taverna caratteristica » – 🆎 ⓪ 𝚅𝙸𝚂𝙰. ❄
chiuso mercoledì, dal 25 gennaio al 7 febbraio e dal 20 luglio al 20 agosto – Pas carta 35/57000 (15%).

a Mercurago SO : 2 km – ✉ **28040** :

X **Dal Barba,** ℰ 243589, 🌳 – 🛂 ⓪ 🇪 𝚅𝙸𝚂𝙰. ❄
chiuso lunedì sera e martedì – Pas carta 35/69000.

ARQUÀ PETRARCA 35032 Padova 𝟒𝟐𝟗 G 17 – 1 942 ab. alt. 56 – ✪ 0429.
Vedere Guida Verde.
Roma 478 – Mantova 85 – ◆Milano 268 – ◆Padova 25 – Rovigo 27 – ◆Venezia 61.

XX **La Montanella,** ℰ 718200, ⪕, « Servizio estivo all'aperto », 🌳 – 🗐 🅿. 🆎 🛂 ⓪ 🇪 𝚅𝙸𝚂𝙰
chiuso martedì sera, mercoledì, dal 2 gennaio al 15 febbraio e dal 5 al 17 agosto – Pas carta 33/54000.

XX **Aganoor,** SO : 1,5 km ℰ 718140, ⪕, 🌳, 🌳 – 🅿. ❄
chiuso martedì sera, mercoledì e da gennaio al 15 febbraio – Pas carta 32/48000.

ARSIÈ 32030 Belluno 𝟗𝟖𝟖 ⑤, 𝟒𝟐𝟗 E 17 – 3 059 ab. alt. 314 – ✪ 0439.
Roma 580 – Belluno 44 – Trento 68 – Vicenza 71.

Flaminio, ℰ 59067 – 🅿. ❄
Pas (chiuso lunedì) carta 21/33000 – ⚏ 6000 – **22 cam** 44/62000 – ½ P 39/44000.

ARTA TERME 33022 Udine 𝟒𝟐𝟗 C 21 – 2 289 ab. alt. 442 – Stazione termale (maggio-ottobre), a.s. luglio-15 settembre e Natale – ✪ 0433.
🖼 via Roma 22/24 ℰ 92002.
Roma 696 – ◆Milano 435 – Monte Croce Carnico 25 – Tarvisio 71 – Tolmezzo 8 – ◆Trieste 129 – Udine 60.

a Piano d'Arta N : 2 km – alt. 564 – ✉ **33020** :

Gardel, ℰ 92588, 🌳 – 📶 📺 ☎ 🕭 🅿 – 🛁 200
50 cam.

Belvedere, ℰ 92006, ⪕ – ☎ 🅿
33 cam.

XX **Salon** con cam, ℰ 92003 – 📶 ☎ 🅿. 🛂 🇪 𝚅𝙸𝚂𝙰. ❄ rist
chiuso dal 10 novembre al 10 dicembre – Pas carta 35/46000 – **24 cam** ⚏ 68/100000 – ½ P 48/56000.

ARTIMINO Firenze 𝟒𝟐𝟖 K 15 – Vedere Carmignano.

ARZACHENA Sassari 𝟗𝟖𝟖 ㉝ – Vedere Sardegna alla fine dell'elenco alfabetico.

ASCIANO 53041 Siena 𝟗𝟖𝟖 ⑮, 𝟒𝟐𝟗 K 13 – 6 209 ab. alt. 200 – ✪ 0577.
Roma 209 – ◆Firenze 124 – ◆Perugia 89 – Siena 25.

X **La Pievina,** località Pievina NO : 5,5 km ℰ 718368 – 🅿. ❄
chiuso lunedì, martedì e dal 5 al 25 agosto – Pas carta 25/45000.

Vedere Piazza del Popolo★★ **B** : palazzo dei Capitani del Popolo★, chiesa di San Francesco★, Loggia dei Mercanti★ **A** – Quartiere vecchio★ **AB**: ponte di Solestà★ **A**, chiesa dei Santi Vincenzo ed Anastasio★ **B N** – Corso Mazzini★ **ABC** – Polittico del Crivelli★ nel Duomo **C** – Battistero★ **C E**.

🛈 corso Mazzini 229 ♒ 258115 – piazza del Popolo ♒ 255240.

A.C.I. viale Indipendenza 65/a ♒ 45920.

Roma 191 ③ – ✦Ancona 122 ② – L'Aquila 101 ② – ✦Napoli 331 ② – ✦Perugia 175 ③ – ✦Pescara 88 ② – Terni 150 ③.

🏠 **Pennile** ⤻ senza rist, via Spalvieri ♒ 41645, 🍴 – 📺 🕿 🚗 🅿 🄰🄴 🅂 🄾🄳 🄴 🆅🅸🆂🅰 ⚅ per ①
⊇ 3000 – **28 cam** 45/70000.

🍴🍴 **Gallo d'Oro**, corso Vittorio Emanuele 13 ♒ 253520 – 📧 🄰🄴 🅂 🄾🄳 🄴 🆅🅸🆂🅰 ⚅
C n
chiuso domenica sera, lunedì, dal 20 dicembre al 5 gennaio e dal 5 al 20 agosto – **Pas** carta 25/35000.

🍴 **Pennile**, via Spalvieri 13 ♒ 42504 – 🅿 🅂 🄾🄳 🄴 🆅🅸🆂🅰 per ①
chiuso venerdì – Pas carta 23/30000.

Vedere anche : **Folignano** SE : 8 km.

Roma 76 – L'Aquila 96 – Rieti 37.

🏠 **Miralago Turano,** O : 2 km ♒ 723134, ⤟, 🍴 – 📺 🕿 🅿. ⤻
Pas carta 24/40000 – ⊇ 9000 – **17 cam** 51/74000 – ½ P 70/74000.

🆂 (giugno-ottobre) ♒ 462721.

🛈 piazza Carli 56 ♒ 462221, Telex 480828, Fax 462445.

Roma 589 – ✦Milano 261 – ✦Padova 88 – Trento 63 – Treviso 83 – ✦Venezia 121 – Vicenza 55.

🏠 **Paradiso**, via Monte Valbella 33 ♒ 462660 – 🔺 🕿 – 🚲 100
stagionale – **42 cam**.

🏠 **Bellevue** ⤻, località Kaberlaba ♒ 463367, ⤟Altopiano, 🍴 – 🔺 🚗 🅿. ⤻ rist
Pas 25/30000 – ⊇ 10000 – **22 cam** 90/140000.

🏠 **La Baitina** ⤻, località Kaberlaba ♒ 462149, Fax 462149, ⤟Altopiano, 🕿, 🍴 – 🔺 📺 🚗 🅿 – 🚲 300. ⤻ rist
chiuso novembre – Pas carta 28/38000 – ⊇ 10000 – **37 cam** 100000 – ½ P 90/100000.

🏠 **Croce Bianca**, via 4 Novembre 30 ♒ 462642 – 🔺 🕿 🅿. ⤻
15 dicembre-15 aprile e 15 giugno-15 ottobre – Pas (chiuso mercoledì) 30000 – ⊇ 12000 – **36 cam** 80/10000 – ½ P 89000.

🏠 **Erica**, via Garibaldi 55 ♒ 462113 – 🔺 cam 🕿 🚗 🅿. ⤻
15 dicembre-18 aprile e 10 giugno-20 settembre – Pas 30000 – ⊇ 10000 – **35 cam** 60/100000 – ½ P 60/85000.

🏠 **Miramonti** ⤻, località Kaberlaba ♒ 462526, ⤟, 🍴, 🍴 – 🔺 🕿 🅿. ⤻
dicembre-aprile e giugno-settembre – Pas 25/30000 – ⊇ 12000 – **29 cam** 74/90000 – ½ P 60/80000.

ASCOLI-PICENO

Europa, via 4 Novembre 65 ℰ 462659 – ⊛, **VISA**. ⊗
chiuso ottobre e novembre – Pas carta 26/36000 – ⊠ 8000 – **27 cam** 58/72000 –
½ P 41/76000.

Vescovi ⑤, via Don Viero 80 ℰ 462614, ≼ – TV ☎ ⇔ P. ⊗ rist
20 dicembre-marzo e 15 giugno-15 settembre – Pas 25/28000 – ⊠ 9000 – **19 cam**
80/107000 – ½ P 60/75000.

Casa Rossa, località Kaberlaba ℰ 462017, ≼ – P. AE ⑤ ⑤ **VISA**. ⊗
chiuso ottobre e giovedì in bassa stagione – Pas carta 31/49000.

Aurora ⑤ con cam, via Ebene 71 ℰ 462469, Coperti limitati; prenotare – P. ⊗
Pas *(chiuso lunedì)* carta 23/35000 – ⊠ 5000 – **8 cam** 20/49000.

Vedere Guida Verde

🏛 via Santa Caterina 258 (Villa De Mattia) 🖉 52183.

Roma 559 – Belluno 65 – ◆Milano 255 – ◆Padova 47 – Trento 104 – Treviso 35 – ◆Venezia 65 – Vicenza 51.

🏛🏛 **Villa Cipriani** 🍃, 🖉 55444, Telex 411060, Fax 52095, ≤ pianura e colline, 🚗 – 🛌 ▤
📺 🕿 ⇔ 🅿 🖭 🅢 ◑ Ɛ VISA
Pas carta 76/108000 – ⬜ 20000 – **31 cam** 262/344000 – ½ P 241/273000.

🏨 **Duse** senza rist, 🖉 55241, Fax 950404 – 🛌 ▤ 📺 🕿. 🖭 🅢 ◑ Ɛ VISA 🍴
⬜ 7500 – **12 cam** 50/85000.

🍴🍴 **Charly's One**, 🖉 52201 – 🖭 🅢 ◑ Ɛ VISA
chiuso novembre, giovedì sera e venerdì (escluso da giugno a settembre) – Pas
carta 29/44000.

🍴 Hosteria Cà Derton, 🖉 52730.

sulla strada provinciale per Castelfranco Veneto S : 4 km :

🍴 **Da Mario-Croce d'Oro**, ✉ 31011 🖉 564075 – 🅿. 🅢 VISA 🍴.
chiuso martedì sera, mercoledì, dall'8 al 15 gennaio e dal 9 al 29 agosto – Pas carta 26/32000.

ASSAGO Milano 219 ⑲ – Vedere Milano, dintorni.

ASSISI 06081 e 06082 Perugia 988 ⑯ – 24 669 ab. alt. 424 – ✿ 075.

Vedere Basilica di San Francesco★★★ A : affreschi★★★ nella Basilica inferiore, affreschi di
Giotto★★★ nella Basilica superiore.
Chiesa di Santa Chiara★★ BC – Rocca Maggiore★★ B : ✳★★ – Duomo di San Rufino★ C : –
facciata★★ – Piazza del Comune★ B 3 : tempio di Minerva★ A – Via San Francesco★ AB – Chiesa
di San Pietro★ A.

Dintorni Eremo delle Carceri★★ E : 4 km C – Convento
di San Damiano★ S : 2 km BC – Basilica di Santa
Maria degli Angeli★ SO : 5 km A.

🏛 piazza del Comune 12 ✉ 06081 🖉 812534, Telex 660122.

Roma 177 ② – Arezzo 99 ③ – ◆Milano 475 ③ – ◆Perugia 26
③ – Siena 131 ③ – Terni 76 ②.

🏛🏛 **Subasio**, via Frate Elia 2 ✉ 06081 🖉 812206,
Telex 662029, Fax 816691, ≤, 🌤, « Terrazze
fiorite » – 🛌 📺 🕿 ⇔. 🅢 ◑ Ɛ VISA 🍴 rist
Pas 30/40000 – **66 cam** ⬜ 120/190000 –
½ P 150/170000   A f

🏛🏛 **Giotto**, via Fontebella 41 ✉ 06082 🖉 812209,
Telex 563259, Fax 816479, ≤, 🌤, 🚗 – 🛌 📺
🕿 ⇔ 🅿 🖭 Ɛ VISA 🍴 rist   A c
Pas (chiuso dal 15 novembre al 15 marzo)
carta 45/62000 – ⬜ 15000 – **70 cam** 80/140000
– ½ P 120/130000.

🏨 **Fontebella**, via Fontebella 25 ✉ 06082 🖉
812883, Fax 812941, ≤ – 🛌 📺 🕿 🅿 🖭
◑ Ɛ VISA   B e
Pas vedere rist Il Frantoio – ⬜ 15000 – **46 cam**
100/150000 – ½ P 130000.

🏨 **Umbra** 🍃, vicolo degli Archi 6 ✉ 06081 🖉
812240, « Servizio rist. estivo all'aperto » – 📺
🕿. 🖭 🅢 ◑ Ɛ VISA 🍴   B x
chiuso dal 10 gennaio al 15 marzo – Pas
(chiuso martedì e dal 15 novembre al 15
dicembre) carta 33/57000 – ⬜ 11000 – **25 cam**
58/85000.

🏨 **Dei Priori**, corso Mazzini 15 ✉ 06081 🖉 812237, Fax 816804 – 🛌 🕿 ⇔. 🖭 🅢 ◑ Ɛ
VISA 🍴   B n
marzo-10 novembre – Pas carta 25/45000 – ⬜ 10000 – **28 cam** 62/87000 – ½ P 79/89000.

🏨 **San Francesco**, via San Francesco 48 ✉ 06082 🖉 812281, Fax 816237, ≤ – 🛌 🕾 ⇔. 🖭
🅢 ◑ Ɛ VISA 🍴   A b
Pas (solo per clienti alloggiati) 43000 – ⬜ 16500 – **44 cam** 75/110000 – ½ P 90/105000.

🏠 **San Pietro**, piazza San Pietro 5 ✉ 06082 🖉 812452 – 🛌 ▤ rist 🕿. 🖭 🅢 VISA   A s
Pas carta 24/45000 – ⬜ 9000 – **46 cam** 58/84000 – ½ P 70/80000.

🏠 **Country House** 🍃 senza rist, Via San Pietro Campagna 178 ✉ 06081 🖉 816363, ≤,
« Raccolta di mobili d'epoca », 🚗 – 🅿. 🖭 VISA   A r
⬜ 10000 – **11 cam** 40/65000.

🏠 **S. Giacomo**, via San Giacomo 6 ✉ 06081 🖉 816778 – 🛌 ⇔. 🖭 VISA 🍴
Pas carta 23/40000 – ⬜ 5000 – **28 cam** 42/60000 – ½ P 53000.

🏠 **Berti** senza rist, piazza San Pietro 24 ✉ 06081 🖉 813466 – 🛌 🕿 🖭 🅢 ◑ Ɛ VISA 🍴
⬜ 7000 – **10 cam** 50/70000.   A a

🏠 **Sole,** corso Mazzini 35 ✉ 06081 ℰ 812373, Fax 813706 – 🛗 ☎. 🆎 🆂 ⑥ ⭘ 🅴 💳. ✳ rist
Pas (solo per clienti alloggiati; *chiuso da novembre a marzo e mercoledì*) – ⌷ 8000 –
35 cam 47/66000 – ½ P 60/65000.   **B z**

🏠 **Posta Panoramic,** via San Paolo 17/19 ✉ 06081 ℰ 812558, ≤, – 🆎 💳. ✳   **B y**
chiuso dal 7 gennaio al 19 marzo – Pas *(chiuso mercoledì)* carta 30/45000 – ⌷ 5500 –
21 cam 45/65000 – ½ P 59000.

🏠 **Del Viaggiatore,** via Sant'Antonio 14 ✉ 06081 ℰ 816297, Fax 816297 – 🛗 ☎. 🆎
💳. ✳   **B g**
Pas vedere rist Del Viaggiatore – ⌷ 6500 – **16 cam** 45/65000.

🗙🗙🗙 **Medio Evo,** via Arco dei Priori 4/b ✉ 06081 ℰ 813068, « Rinvenimenti archeologici » –
🗏 🆎 🆂 ⑥ 🅴 💳. ✳   **B h**
chiuso mercoledì, dal 7 gennaio al 1° febbraio e dal 3 al 21 luglio – Pas carta 30/45000.

🗙🗙 **Taverna de l'Arco - da Bino,** via San Gregorio 8 ✉ 06081 ℰ 812383 – 🗏. 🆎 💳   **B t**
chiuso martedì – Pas carta 33/54000.

🗙🗙 **Buca di San Francesco,** via Brizi 1 ✉ 06081 ℰ 812204, Fax 813780, 🌳 – 🆎 🆂 ⑥
🅴 💳   **B v**
chiuso lunedì e dal 1° al 28 luglio – Pas carta 34/48000 (10%).

🗙🗙 **Il Frantoio,** vicolo Illuminati ✉ 06081 ℰ 812977, Fax 812941, « Servizio estivo in terrazza
con ≤ » – 🗏 🄿. 🆎 🆂 ⑥ 💳   **A u**
chiuso lunedì – Pas carta 46/64000.

🗙🗙 **La Fortezza,** vicolo della Fortezza 2/b ✉ 06081 ℰ 812418, Coperti limitati; prenotare – 🆎
🆂 ⑥ 🅴 💳   **B c**
chiuso giovedì – **Pas** carta 23/36000.

🗙 **Del Viaggiatore,** via Sant'Antonio 2 ✉ 06081 ℰ 812424 – 🗏 🆎 ⑥ 💳. ✳   **B a**
chiuso martedì – Pas carta 25/35000.

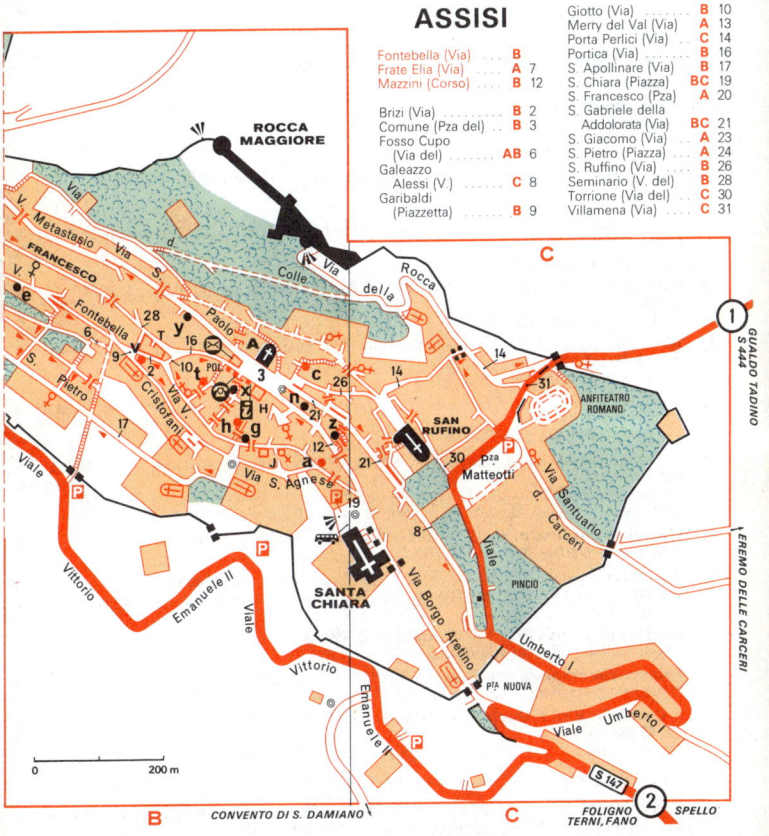

ASSISI

Fontebella (Via) . . . . **B**
Frate Elia (Via) . . . . **A** 7
Mazzini (Corso) . . . . **B** 12

Brizi (Via) . . . . **B** 2
Comune (Pza del) . . **B** 3
Fosso Cupo
 (Via del) . . . . . . **AB** 6
Galeazzo
 Alessi (V.) . . . . **C** 8
Garibaldi
 (Piazzetta) . . . . . . **B** 9

Giotto (Via) . . . . **B** 10
Merry del Val (Via) . . **A** 13
Porta Perlici (Via) . . **C** 14
Portica (Via) . . . . . . **B** 16
S. Apollinare (Via) . . **B** 17
S. Chiara (Piazza) . . **BC** 19
S. Francesco (Pza) . . **A** 20
S. Gabriele della
 Addolorata (Via) . . **BC** 21
S. Giacomo (Via) . . . **A** 23
S. Pietro (Piazza) . . **A** 24
S. Ruffino (Via) . . . . **B** 26
Seminario (V. del) . . **B** 28
Torrione (Via del) . . **C** 30
Villamena (Via) . . . . **C** 31

a Santa Maria degli Angeli SO : 5 km A – ⊠ **06088** :

🏠 **Villa Elda,** via Patrono d'Italia 139 ☎ 8041756, Fax 8041501, 🚗 – 📶 ☎ 🕭 🅿 AE 🕄 ⑩
🗲 VISA
Pas carta 25/35000 – � 7000 – **60 cam** 40/60000 – ½ P 45/55000.

a Petrignano NO : 9 km per ③ – ⊠ **06086** :

🏨 **La Torretta** 🦿 senza rist, ☎ 8038778, 🚗 – ▣ ☎ 🅿 🕄 VISA 🛞
� 7500 – **27 cam** 60/80000.

XX **Poppy Inn-Locanda del Papavero** con cam, ☎ 8038041, « Servizio rist. estivo in
giardino » – ☎ 🅿 AE 🕄 ⑩ 🗲 VISA
chiuso Natale – Pas *(chiuso mercoledì da settembre a maggio)* carta 32/54000 – � 10000
– **9 cam** 60/88000 – ½ P 88000.

a Rocca Sant'Angelo NO : 12 km – ⊠ **06086** Petrignano :

X **La Rocchicciola,** ☎ 8038161, 🛖, Coperti limitati; prenotare, 🚗 – 🅿 VISA 🛞
chiuso martedì e luglio e agosto – Pas carta 29/60000.

ad Armenzano E : 12 km – alt. 759 – ⊠ **06081** Assisi :

🏨 **Le Silve** 🦿, ☎ 8019000, Fax 8019005, ≤, 🛖, prenotare, « In un casale del 10° secolo »,
🛏, 🚗, 🛞 – ▣ ☎ 🅿 AE ⑩ VISA 🛞
Pas carta 42/53000 – **18 cam** � 100/200000 appartamento 80000 – ½ P 140000.

a San Gregorio NO : 13 km – ⊠ **06081** Assisi :

🏨 **Castel San Gregorio** 🦿, ☎ 8038009, Fax 8038904, ≤, 🚗 – 🕭 🅿 AE 🕄 ⑩ 🗲 VISA
🛞
chiuso dal 15 al 30 gennaio – Pas (solo per clienti alloggiati) 30/37000 – � 8000 – **12 cam**
60/85000 – ½ P 81/87000.

ASTI 14100 🅿 988 ⑫, 428 H 6 – 74 649 ab. alt. 123 – ✪ 0141.
Vedere Battistero di San Pietro★ B A.
Dintorni Monferrato★ per ①.
🛈 piazza Alfieri 34 ☎ 50357, Fax 58200.
A.C.I. piazza Medici 21 ☎ 53534.
Roma 615 ② – Alessandria 37 ② – ♦Genova 116 ② – ♦Milano 127 ② – Novara 103 ② – ♦Torino 55 ④.

Pianta pagina a lato

🏨 **Lis** senza rist, viale Fratelli Rosselli 10 ☎ 55051, Fax 353845 – ▤ ▣ ☎ 🚙 AE 🕄 ⑩
🗲 VISA   **B r**
� 10000 – **29 cam** 90/140000.

🏨 **Palio** senza rist, via Cavour 106 ☎ 34371, Fax 34373 – 📶 ▤ ▣ ☎ – 🏋 25. AE 🕄 ⑩
🗲 VISA   **B b**
� 12000 – **29 cam** 85/130000.

🏨 **Aleramo** senza rist, via Emanuele Filiberto 13 ☎ 55661, Fax 55061 – 📶 ▤ ▣ ☎ 🚙 AE
🕄 ⑩ 🗲 VISA 🛞   **B a**
� 15000 – **42 cam** 75/140000.

🏨 **Rainero** senza rist, via Cavour 85 ☎ 353866, Fax 353866 – 📶 ▤ ▣ ☎ 🚙 – 🏋 25 a
100. 🕄 ⑩ 🗲 VISA   **B c**
� 12000 – **49 cam** 54/84000, ▤ 7000.

XXX ✿ **Gener Neuv,** lungo Tanaro 4 ☎ 57270, Coperti limitati; prenotare – 🛠 ▤ 🅿 🕄
VISA 🛞   per ③
chiuso domenica sera, lunedì, agosto e dicembre o gennaio – Pas carta 60/85000
Spec. Antipasti regionali, Agnolotti alla piemontese, Faraona farcita alle erbe. Vini Gavi, Grignolino.

XX **L'Angolo del Beato,** via Guttuari 12 ☎ 51668 – ▤. AE 🕄 🗲 VISA 🛞   **B c**
chiuso mercoledì – Pas carta 37/55000.

XX **Il Cenacolo,** viale Pilone 59 ☎ 51100, 🛖, Coperti limitati; prenotare   **B t**
chiuso i mezzogiorno di lunedì e martedì, dal 10 al 25 gennaio e dal 1 al 20 agosto – Pas
carta 38/61000.

X **La Greppia,** corso Alba 140 ☎ 53262 – 🅿. AE ⑩   **A**
chiuso lunedì – Pas carta 26/40000.

X **Falcon Vecchio,** via San Secondo 8 ☎ 53106 – 🕄 VISA   **B e**
chiuso domenica sera, lunedì e dal 9 al 21 agosto – Pas carta 38/60000.

X **Il Convivio Vini e Cucina,** via G.B. Giuliani 3 ☎ 54188, Coperti limitati; prenotare – AE
🕄 🗲 VISA 🛞   **A f**
chiuso domenica e dal 10 al 19 agosto – Pas carta 28/40000.

sulla strada statale 10 per ④ : 4 km (Valle Benedetta) :

🏨 **Hasta Hotel** 🦿, ⊠ 14100 ☎ 213312, Fax 219580, ≤, « Servizio rist. estivo in giardino »,
🚗, 🛞 – ▤ ▣ ☎ 🚙 🅿 – 🏋 40. AE 🕄 ⑩ 🗲 VISA 🛞
Pas carta 47/77000 – � 15000 – **26 cam** 105/150000 – ½ P 125/155000.

ASTI

   a Castiglione per ② : 8 km – ✉ **14100** Asti :

✕ **Da Aldo,** ✆ 206008 – 🅿. 🔓 ⓞ Ε ⅤⅠⅯ. 🗭
   chiuso mercoledì, dal 7 al 31 gennaio e dal 25 al 31 luglio – Pas carta 26/53000.

   Vedere anche : *Isola d'Asti* per ③ : 10 km.

🡢 *Benutzen Sie den Hotelführer des laufenden Jahres.*

ATENA LUCANA 84030 Salerno – 2 208 ab. alt. 642 – 🕾 0975.
Roma 346 – ♦Napoli 140 – Potenza 60 – Salerno 89.

🏨 **Kristall Palace,** ✆ 71152, Fax 71153 – 🛗 🗏 📺 🕾 🚗 🅿 – 🔬 700. 🖭 🔓 ⓞ Ε ⅤⅠⅯ. 🗭
  🗭 rist
  Pas 20/25000 – 🖙 7000 – **22 cam** 45/65000 – ½ P 60/70000.

ATRANI 84010 Salerno – 1 028 ab. alt. 12 – 🕾 089.
Roma 270 – Amalfi 2 – Avellino 59 – ♦Napoli 60 – Salerno – 23 – Sorrento 36.

✕ **'A Paranza,** ✆ 871840, Solo piatti di pesce, prenotare – 🗏. 🖭 🔓 ⓞ Ε ⅤⅠⅯ. 🗭
   chiuso martedì (escluso dal 15 giugno al 15 settembre), dal 1° 20 febbraio e dal 1° al 15 novembre – Pas carta 35/60000.

ATRI 64032 Teramo 988 ㉗ – 11 474 ab. alt. 442 – ✿ 085.
Vedere Cattedrale★.
Dintorni Paesaggio★★ (Bolge) NO verso Teramo.
Roma 237 – ♦Ancona 145 – L'Aquila 76 – ♦Pescara 32 – Teramo 41.

  ✕   Campana d'Oro, piazza Duomo 23 ℰ 870177 – 🍽.

ATRIPALDA 83042 Avellino – 11 093 ab. alt. 280 – ✿ 0825.
Roma 249 – Avellino 4 – ♦Napoli 61 – Salerno 38.

  ✕✕   **Al Cenacolo,** via Appia 67/s ℰ 623586 – 🍽 ￼ 🅑 ⓞ ⓔ 𝗩𝗜𝗦𝗔
         chiuso martedì – Pas carta 35/53000 (15%).

ATTIGLIANO 05012 Terni 988 ㉕ – 1 696 ab. alt. 95 – ✿ 0744.
Dintorni Sculture★ nel parco della villa Orsini a Bomarzo SO : 6 km.
Roma 87 – Orvieto 34 – Terni 42 – Viterbo 26.

  🏨   **Umbria,** in prossimità casello autostrada A1 ℰ 994222, Telex 563218, Fax 994340 – 🛗 🍽
        📺 ☎ 🚗 🅟 – 🔬 100. ￼ 🅑 ⓞ ⓔ 𝗩𝗜𝗦𝗔. �%
        Pas *(chiuso lunedì da ottobre a giugno)* carta 28/46000 – ⚏ 10000 – **62 cam** 61/88000 –
        ½ P 69/82000.

AUER = Ora.

AUGUSTA Siracusa 988 ㊲ – Vedere Sicilia alla fine dell'elenco alfabetico.

AUNA DI SOTTO (Unterinn) Bolzano – Vedere Renon.

AURONZO DI CADORE 32040 e 32041 Belluno 988 ⑤, 429 C 19 – 3 865 ab. alt. 864 – Sport
invernali : 864/1 585 m ⚡6, ⚡ – ✿ 0435.
🛈 via Roma 10 ⊠ 32041 ℰ 9426.
Roma 663 – Belluno 62 – Cortina d'Ampezzo 34 – ♦Milano 402 – Tarvisio 135 – Treviso 123 – Udine 124 – ♦Venezia
152.

  🏠   **Juventus** ⟨⟩, ⊠ 32040 ℰ 9221, Fax 99284, ≤, 🚃 – 🛗 ☎ 🅟 𝗩𝗜𝗦𝗔 �%
        chiuso novembre – Pas carta 23/41000 – **50 cam** ⚏ 71/88000 – ½ P 55/70000.
  🏠   **Panoramic** ⟨⟩, ⊠ 32040 ℰ 9398, ≤, 🚃 – 🅟. �%
        20 giugno-20 settembre – Pas carta 23/33000 – ⚏ 6500 – **31 cam** 54/97000 – ½ P 50000.
  🏠   **Al Lago** ⟨⟩, ⊠ 32040 ℰ 9314, ≤, « Piccolo giardino ombreggiato » – 🅟. �%
        giugno-settembre – Pas *(chiuso giovedì)* 28/34000 – ⚏ 8000 – **28 cam** 77/97000 –
        P 48/72000.

AVEGNO 16030 Genova 428 I 9 – 2 004 ab. alt. 92 – ✿ 0185.
Roma 486 – ♦Genova 27 – ♦Milano 161 – Portofino 22 – ♦La Spezia 88.

  ✕   **Lagoscuro-da Ferreccio** ⟨⟩ con cam, ℰ 79017 – 🅑 ⓔ 𝗩𝗜𝗦𝗔. �%
        chiuso dal 15 gennaio al 15 febbraio – Pas *(chiuso martedì)* carta 22/32000 – ⚏ 4000 –
        13 cam 30/55000 – ½ P 38/44000.

AVELENGO (HAFLING) 39010 Bolzano 429 C 15, 218 ⑳ – 616 ab. alt. 1 290 – ✿ 0473.
Roma 680 – ♦Bolzano 43 – Merano 15 – ♦Milano 341.

  🏠   **Hirzer** ⟨⟩, ℰ 99306, ≤, 🚳, 🍴, 🔲, 🚃 – ☎ 🚗 🅟
  ⟶   Pas *(solo per clienti alloggiati)* 20000 – **20 cam** ⚏ 88000 – ½ P 42/54000.
  🏠   **Viertlerhof** ⟨⟩, ℰ 99428, 🍴, 🔲 – 🛗 📺 ☎ 🚗 🅟. 🅑 ⓔ 𝗩𝗜𝗦𝗔
  ⟶   *chiuso da novembre al 20 dicembre* – Pas 18000 – **23 cam** ⚏ 43/76000 – ½ P 48/53000.
  🏠   **Messnerwirt** ⟨⟩, ℰ 99493, ≤, 🚳, 🍴 – 📺 ☎ 🅟. 🅑 ⓔ 𝗩𝗜𝗦𝗔
        chiuso dal 15 novembre al 20 dicembre – Pas *(chiuso lunedì)* carta 22/35000 – **12 cam**
        ⚏ 35/70000 – ½ P 40/55000.

AVELLINO 83100 🅿 988 ㉗㉘ – 55 886 ab. alt. 351 – ✿ 0825.
🛈 piazza Libertà 50 ℰ 35175, Fax 35175.
A.C.I. viale Italia 217 ℰ 36459.
Roma 245 – Benevento 39 – Caserta 58 – ♦Foggia 118 – ♦Napoli 57 – Potenza 138 – Salerno 38.

  🏨🏨   **Jolly,** via Tuoro Cappuccini 97/a ℰ 25922, Telex 722584, Fax 780029 – 🛗 🍽 📺 ☎ 🅟 –
        🔬 100 a 250. ￼ 🅑 ⓞ ⓔ 𝗩𝗜𝗦𝗔. ✕ rist
        Pas 45000 – **72 cam** ⚏ 125/175000 – ½ P 170/210000.
  ✕✕   La Caveja, via Scandone 48 ℰ 38277 – 🍽.
  ✕   **Malaga,** via Tedesco 347 ℰ 626045, Solo piatti di pesce – 🍽. ￼ 🅑 ⓞ ⓔ 𝗩𝗜𝗦𝗔
        chiuso martedì ed agosto – Pas carta 40/60000.

sulla strada statale 88 SO : 5 km :

Hermitage 🏖, ✉ 83020 Contrada 🏠 73155, Fax 760202, ☴ riscaldata, ✗ – 📶 📺 ☎
🅿 – 🏛 250. 🖭 ⑤ ⑩ 🅴 𝑉𝐼𝑆𝐴. ✗ rist
Pas carta 44/75000 – **30 cam** ☴ 125/175000 – ½ P 125/150000.

Vedere anche : *Atripalda* NE : 4 km.
Mercogliano NO : 6 km.

AVEZZANO 67051 L'Aquila 𝟿𝟾𝟾 ㉖ – 36 572 ab. alt. 697 – ✆ 0863.
Roma 105 – L'Aquila 54 – Latina 133 – ♦Napoli 188 – ♦Pescara 107.

Principe senza rist, via Oslavia angolo via Corradini 🏠 551146 – 📶 📺 ☎ 🚙 – 🏛 200.
🖭 ⑤ ⑩ 🅴 𝑉𝐼𝑆𝐴. ✗
☴ 4000 – **60 cam** 55/72000.

Motel Belvedere, strada statale Tiburtina Valeria al km 118 (NE : 2,5 km) 🏠 59171, Fax
59561 – 📺 ☎ 🚙 🅿. 🖭 ⑤ ⑩ 🅴 𝑉𝐼𝑆𝐴. ✗
Pas vedere rist Belvedere – ☴ 9000 – **39 cam** 47/65000.

✗✗ La Lanterna, corso della Libertà 96/98 🏠 555101, prenotare.

✗✗ **Belvedere,** strada statale Tiburtina Valeria al km 118 (NE : 2,5 km) 🏠 599327 – 🅿. 🖭
𝑉𝐼𝑆𝐴. ✗
Pas carta 21/33000.

✗ **Aquila,** corso della Libertà 26 🏠 554152 – 🍽. 🖭 𝑉𝐼𝑆𝐴. ✗
chiuso lunedì – Pas carta 22/33000 (15%).

AVIATICO 24020 Bergamo 𝟺𝟸𝟾 𝟺𝟸𝟿 E 11 – 496 ab. alt. 1 022 – ✆ 035.
Roma 624 – ♦Bergamo 23 – ♦Brescia 74 – ♦Milano 69.

Cantül, 🏠 761010, ≤, 🚗 – 🅿 🖭 ⑤ ⑩. ✗
Pas *(chiuso lunedì)* carta 25/35000 – ☴ 6000 – **20 cam** 40/60000 – ½ P 50000.

AVIGLIANA 10051 Torino 𝟿𝟾𝟾 ⑫, 𝟺𝟸𝟾 G 4 – 9 616 ab. alt. 390 – ✆ 011.
Dintorni Sacra di San Michele✶✶✶ : ≤✶✶✶ NO : 13,5 km.

🎯 Le Fronde (chiuso lunedì e gennaio) 🏠 938053.

🅱 corso Laghi 240 🏠 938650.
Roma 689 – ♦Milano 161 – Col du Mont Cenis 59 – Pinerolo 33 – ♦Torino 24.

✗✗ **Corona Grossa,** piazza Conte Rosso 38 🏠 938371 – ⑤ 🅴 𝑉𝐼𝑆𝐴
chiuso a mezzogiorno (esclusi i giorni festivi) ed agosto – Pas carta 35/55000.

ai laghi S : 3 km :

✗✗✗ ❀ **La Maiana,** 🏠 938805, ≤ lago e monti, « Servizio estivo in terrazza sul lago », 🚗 –
🅿 – 🏛 80. 🖭 ⑤.
chiuso domenica sera, lunedì, dal 15 gennaio al 15 febbraio ed agosto – Pas 60/89000
Spec. Tortino di verdura, Gnocchetti Maiana, Bue brasato al Barolo (autunno-inverno). Vini Cortese, Dolcetto
di Dogliani.

✗✗✗ **Hermitage** con cam, 🏠 938150, ≤ lago e monti, 🚗 – 📺 🞌 🅿. ⑤ 🅴 𝑉𝐼𝑆𝐴. ✗
chiuso gennaio – Pas *(chiuso martedì)* 50000 – ☴ 10000 – **9 cam** 110000.

✗ **Caccia Reale,** 🏠 938717 – 🅿. ⑤ 🅴 𝑉𝐼𝑆𝐴. ✗
chiuso mercoledì e dal 1° al 20 settembre – Pas carta 25/45000.

AVIGLIANO 85021 Potenza 𝟿𝟾𝟾 ㉘ – 11 858 ab. alt. 916 – ✆ 0971.
Roma 383 – ♦Bari 143 – ♦Foggia 120 – ♦Napoli 178 – Potenza 20.

Gala, 🏠 82387, ≤ – 📶 📺 ☎ 🚙 🅿. 🖭. ✗
Pas *(chiuso lunedì)* carta 22/31000 – ☴ 5000 – **34 cam** 38/55000 – ½ P 60/70000.

AYAS 11020 Aosta 𝟺𝟸𝟾 E 5, 𝟸𝟷𝟿 ④ – 1 268 ab. alt. 1 453 – ✆ 0125.
🅱 a Champoluc, via Varasc 🏠 307113.
Roma 732 – Aosta 58 – Ivrea 57 – ♦Milano 170 – ♦Torino 99.

ad Antagnod N : 3,5 km – alt. 1 699 – ✉ **11020** Ayas – a.s. febbraio-15 marzo, Pasqua,
luglio-agosto e Natale :

Chalet, 🏠 306616, ≤, 🚗 – 🅿. ✗
chiuso maggio ed ottobre – Pas *(chiuso martedì dal 15 settembre a giugno)* 20/25000 –
☴ 6000 – **8 cam** 40/70000 – ½ P 58000.

Vedere anche : *Champoluc* NE : 5,5 km.

AZZANO MELLA 25020 Brescia 𝟺𝟸𝟾 𝟺𝟸𝟿 F 12 – 1 523 ab. alt. 95 – ✆ 030.
Roma 560 – ♦Brescia 13 – Cremona 48 – ♦Milano 100 – ♦Verona 83.

Niga, via Milano 1 🏠 9747915 e rist 🏠9748103 – 📶 🞌 🚙 🅿 – 🏛 60 a 150
23 cam.

AZZATE 21022 Varese 428 E 8, 219 ⑦ – 3 621 ab. alt. 332 – ✪ 0332.
Roma 634 – Bellinzona 73 – Como 32 – ♦Lugano 40 – ♦Milano 53 – Novara 52.

XXX **Mai Intees,** ✆ 457223, 🚗 – ⚿ ⬢ ⓘ Ⓔ 𝐕𝐈𝐒𝐀
chiuso domenica a mezzogiorno e lunedì – Pas carta 55/78000.

BACOLI 80070 Napoli 988 ㉗ – 26 870 ab. – a.s. luglio-settembre – ✪ 081.
Vedere Cento Camerelle★ – Piscina Mirabile★.
Roma 242 – Formia 77 – ♦Napoli 24 – Pozzuoli 8.

XX **A' Ridosso,** via Mercato di Sabato 300 ✆ 8689233 – ▦ Ⓟ ⚿ Ⓢ ⓘ Ⓔ 𝐕𝐈𝐒𝐀 ❤
chiuso domenica sera, mercoledì, dal 23 dicembre al 7 gennaio e dal 15 al 31 agosto –
Pas carta 37/67000 (15%).

XX **La Misenetta,** ✆ 8679169 – Ⓢ Ⓔ 𝐕𝐈𝐒𝐀 ❤
chiuso mercoledì, dal 23 dicembre al 3 gennaio e dal 12 al 28 agosto – Pas carta 35/50000
(15%).

a Capo Miseno SE : 2 km – ✉ 80070 :

🏠 **Cala Moresca** ⤫, via del Faro 28 ✆ 8670595, Fax 8670557, ≼ golfo e costa, 🌳 – ▮
📺 Ⓟ ☎ – ⚒ 70. Ⓢ ⬢ Ⓔ 𝐕𝐈𝐒𝐀 ❤
Pas carta 44/77000 – **28 cam** ⊊ 80/120000 – ½ P 126000.

a Baia N : 3,5 km – ✉ 80070 :.
Vedere Terme★★.

XXX L'Altro, ✆ 8687196, Coperti limitati; prenotare – ▦.

XX Arturo al Fusaro, con cam, ✆ 8543130, 🌳, 🚗 – ▦ rist Ⓟ
6 cam.

XX **Dal Tedesco** ⤫ con cam, via Temporini 8 (N : 1,5 km) ✆ 8687175, ≼, « Servizio estivo
in terrazza » – ☎ 🚗 Ⓟ ⚿ ⓘ. ❤ cam
Pas *(chiuso martedì, dal 10 al 20 agosto e dal 20 dicembre al 6 gennaio)* carta 33/48000
(12%) – ⊊ 10000 – **9 cam** 31/54000 – ½ P 60/90000.

BADIA (ABTEI) Bolzano 429 C 17 – 2 668 ab. – Sport invernali : 1 315/2 530 m ⚡1 ✦33, ⚡ –
✪ 0471.
Da Pedraces : Roma 712 – Belluno 92 – ♦Bolzano 71 – Cortina d'Ampezzo 55 – ♦Milano 366 – Trento 132.

a Pedraces (Pedratsches) – alt. 1 315 – ✉ 39036.
🛈 ✆ 839695 :

🏨 **Sporthotel Teresa,** ✆ 839623, Fax 839823, ≼, ▨, 🚗, ❋ – ▮ ⤢ rist ▦ rist 📺 ☎
🌳 Ⓟ ⚿. ❤ rist
chiuso maggio e novembre – Pas *(chiuso lunedì)* carta 35/49000 – ⊊ 10000 – **48 cam**
75/140000 appartamenti 76/150000 – ½ P 90/145000.

🏠 **Lec da Sompunt** ⤫, SO : 3 km ✆ 847015, ≼, « Parco con laghetto » – ☎ Ⓟ. Ⓢ Ⓔ
𝐕𝐈𝐒𝐀
dicembre-15 aprile e 15 giugno-settembre – Pas carta 26/44000 – **30 cam** ⊊ 40/80000 –
½ P 55/70000.

🏠 **Gran Ander** ⤫, ✆ 839718, ≼ Dolomiti – ☎ Ⓟ. ❤ rist
20 dicembre-25 aprile e 25 giugno-20 settembre – Pas (solo per clienti alloggiati)
carta 27/47000 – ⊊ 13000 – **16 cam** 39/78000 – P 52/72000.

a La Villa (Stern) S : 3 km – alt. 1 484 – ✉ 39030.
🛈 ✆ 847037, Telex 401005, Fax 847277 :

🏨 **Christiania,** ✆ 847016, Fax 847056, ≼ Dolomiti, ⌂s, ▨, 🚗 – ▮ 📺 ☎ Ⓟ. Ⓢ Ⓔ.
❤ rist
15 dicembre-marzo e luglio-settembre – Pas (solo per clienti alloggiati) – ⊊ 14000 –
27 cam 67/125000 – ½ P 79/140000.

🏨 **Dolomiti,** ✆ 847143, Fax 847390, ≼, ⌂s, 🚗, ❋ – ▮ ▦ rist ☎ Ⓟ. ⓘ. ❤ rist
chiuso maggio e novembre – Pas carta 25/44000 – **45 cam** ⊊ 71/130000 – ½ P 50/90000.

🏨 **Ladinia,** ✆ 847044, Fax 847394, ⌂s, 🚗 – ▮ 📺 ☎ Ⓟ. Ⓢ ⓘ Ⓔ 𝐕𝐈𝐒𝐀. ❤ rist
chiuso ottobre, novembre e aprile o maggio – Pas carta 28/52000 – ⊊ 15000 – **35 cam**
90000 – ½ P 50/98000.

🏨 **La Villa** ⤫, ✆ 847035, Fax 847393, ≼ Dolomiti, « Giardino-pineta » – ▮ ☎ Ⓟ. ❤
14 dicembre-7 aprile e 21 giugno-21 settembre – Pas 25/40000 – ⊊ 15000 – **39 cam**
50/100000 – ½ P 62/90000.

🏠 Lara, ⤫ senza rist, ✆ 847257 – 📺 ☎ Ⓟ
stagionale – **28 cam**.

XX **L' Fanà,** ✆ 847022, 🌳, Rist. e taverna caratteristica – ▦ Ⓟ. ⚿ Ⓢ Ⓔ 𝐕𝐈𝐒𝐀
dicembre-aprile e giugno-ottobre – Pas carta 34/53000.

a San Cassiano (St. Kassian) SE : 6 km – alt. 1 535 – ⊠ **39030**.
🖪 ✗ 849422 :

🏔 **Ciasa Salares** ⤶, SE : 2 km ✗ 849445, Fax 849369, ≤ pinete e Dolomiti, 🔲, 🐃 – 📺 ☎ 🚗 🅿
15 dicembre-15 aprile e 20 giugno-settembre – Pas carta 41/62000 – � 12000 – **40 cam** 70/120000 appartamento 130000 – ½ P 80/135000.

🏔 **Armentarola** ⤶, SE : 2 km ✗ 849522, Fax 849389, ≤ pinete e Dolomiti, 🔄, 🔲, 🐃 , ✵ – ☎ 🚗 🅿 VISA
18 dicembre-7 aprile e 15 giugno-13 ottobre – Pas carta 25/35000 – **52 cam** ⊊ 70/140000 – ½ P 80/140000.

🏠 **Rosa Alpina,** ✗ 849500, Fax 849377, 🔄, 🔲, – 🛗 ☎ 🕭 🚗 🅿 🅱 Ɛ VISA ⁑ rist
dicembre-13 aprile e 21 giugno-settembre – Pas *(chiuso giovedì)* carta 31/37000 – **42 cam** ⊊ 80/150000 – ½ P 69/130000.

🏠 **Gran Paradiso,** SE : 1,5 km ✗ 849424, ≤ pinete e Dolomiti, 🔄, 🐃 – 📺 ☎ 🚗 🅿
stagionale – **31 cam**.

🏠 **La Stüa** ⤶, ✗ 849456, Fax 849311, ≤ pinete e Dolomiti, 🔄 – ⁑ rist 🍽 rist ☎ 🅿. ⁑ rist
7 dicembre-20 aprile e 20 giugno-settembre – Pas carta 24/32000 – **25 cam** ⊊ 54/100000 – ½ P 50/102000.

🏠 **Fanes** ⤶, ✗ 849470, Fax 849403, ≤ pinete e dolomiti, 🔄 – ⁑ 📺 ☎ 🅿. 🅱. ⁑
4 dicembre-7 aprile e luglio-29 settembre – Pas 20/30000 – **46 cam** ⊊ 72/130000 – ½ P 98/115000.

🏠 **Ciasa Antersies** ⤶, ✗ 849417, Fax 849319, ≤ pinete e Dolomiti, 🐃 – ⁑ rist 📺 ☎ 🅿. VISA. ⁑ rist
4 dicembre-10 aprile e luglio-settembre – Pas *(solo per clienti alloggiati)* – **21 cam** 45/80000 – ½ P 60/85000.

🏠 **Gran Ancëi** ⤶, SE : 2,5 km ✗ 849540, ≤ Dolomiti, « In pineta », 🔄, 🐃 – ☎ 🅿. AE 🅱 VISA ⁑
4 dicembre-25 aprile e giugno-settembre – Pas 15/18000 – **27 cam** ⊊ 30/60000 – ½ P 40/60000.

BADIA TEDALDA 52032 Arezzo 988 ⑮ , 429 K 18 – 1 410 ab. alt. 756 – 🕿 0575.
Roma 269 – ◆Firenze 151 – ◆Perugia 107 – Rimini 67.

✗ **Il Sottobosco-da Domenico,** O : 5 km ✗ 714031 – 🅿
chiuso mercoledì e dal 10 al 25 gennaio – Pas carta 21/37000.

BAGNAIA 01031 Viterbo – alt. 441 – 🕿 0761.
Vedere Villa Lante★★.
Roma 109 – Civitavecchia 63 – Orvieto 52 – Terni 57 – Viterbo 5.

✗ **Biscetti** con cam, via Gandin 11 ✗ 288252 – 🅿. AE. ⁑
chiuso luglio – Pas *(chiuso giovedì)* carta 24/36000 (10%) – ⊊ 5000 – **10 cam** 38/53000 – ½ P 50/55000.

BAGNARA Perugia – Vedere Nocera Umbra.

BAGNARA CALABRA 89011 Reggio di Calabria 988 ㊴ – 11 815 ab. alt. 50 – 🕿 0966.
Roma 679 – Catanzaro 135 – ◆Cosenza 164 – ◆Reggio di Calabria 34.

✗ **Taverna Kerkira,** ✗ 372260 – 🅱 VISA
chiuso lunedì, martedì, giugno, ottobre e novembre – Pas carta 32/52000.

BAGNI DI LUCCA 55021 e 55022 Lucca 988 ⑭, 428 429 J 13 – 7 494 ab. alt. 150 – Stazione termale (15 maggio-15 ottobre), a.s. luglio-agosto e Natale – 🕿 0583.
🖪 via Umberto I n° 139 ✗ 87946.
Roma 375 – ◆Bologna 113 – ◆Firenze 101 – Lucca 27 – Massa 72 – ◆Milano 301 – Pistoia 53 – ◆La Spezia 101.

🏠 **Bridge** senza rist, piazza di Ponte a Serraglio 5 (O : 1,5 km) ⊠ 55021 ✗ 87147 – 🛗 🕭. AE 🅱 ⓞ Ɛ VISA ⁑
⊊ 7000 – **12 cam** 38/56000.

✗✗ **Circolo dei Forestieri,** piazza Jean Varraud ⊠ 55022 ✗ 86038, 🌱 – 🄰 30. AE. ⁑
chiuso lunedì e dal 6 al 30 gennaio – Pas carta 20/35000.

✗✗ **La Ruota,** O : 2,5 km ⊠ 55026 Fornoli ✗ 86071 – 🅱 Ɛ VISA ⁑
chiuso lunedì sera, martedì ed agosto – Pas carta 28/43000.

BAGNO A RIPOLI 50012 Firenze 988 ⑮ – 27 548 ab. alt. 77 – 🕿 055.
Roma 270 – Arezzo 74 – ◆Firenze 7 – Montecatini Terme 63 – Pisa 106 – Siena 71.

✗✗ **Centanni,** ✗ 630122, ≤ colline, « Servizio estivo serale in giardino » – 🍽 🅿. 🅱 Ɛ VISA
chiuso sabato a mezzogiorno, domenica ed agosto – Pas carta 40/57000.

BAGNO DI ROMAGNA 47021 Forlì 988 ⑮, 429 K 17 – 6 267 ab. alt. 491 – Stazione termale (marzo-novembre), a.s. luglio-settembre – ☎ 0543.

🛥 via Lungosavio 10 ℰ 911046.

Roma 289 – Arezzo 65 – ♦Bologna 125 – ♦Firenze 90 – Forlì 62 – ♦Milano 346 – ♦Ravenna 86 – Rimini 87.

🏨 **Tosco Romagnolo,** ℰ 911260, Fax 911014, ☒ – 🛗 🗐 📺 ☎ ዿ ⇔ 🕮 🖭 🗐 ⓞ ⼕ 🆅🆂🅰. ✻
Pasqua-ottobre – Pas 23/26000 (vedere anche rist Paolo Teverini) – ⫘ 12000 – **51 cam** 80/110000 – ½ P 45/75000.

🏨 **Euroterme,** ℰ 917979, Fax 911133, ☒ riscaldata, ⼊ – 🛗 ⇖ cam 📺 ☜ ℗ 🕮 🗐 ⓞ ⼕ 🆅🆂🅰. ✻
marzo-novembre – Pas 35000 – **255 cam** ⫘ 100/170000 – P 50/100000.

🏠 **Balneum,** ℰ 911085, ☛ – 🛗 ዿ ⇔ ℗ 🕮 🗐 ⓞ ⼕ 🆅🆂🅰. ✻
chiuso gennaio e febbraio – Pas (chiuso lunedì) carta 23/34000 – ⫘ 6000 – **40 cam** 48/75000 – ½ P 42/53000.

🏠 **Al Tiglio,** ℰ 911266, ☛ – 🛗 ⇔ ℗ 🕮 🗐 ⓞ ⼕ 🆅🆂🅰. ✻ rist
Pas (chiuso giovedì) carta 21/27000 – ⫘ 5000 – **16 cam** 38/58000 – ½ P 38/43000.

XXX ❀ **Paolo Teverini,** ℰ 911260, Coperti limitati; prenotare – 🕮 🗐 ⓞ ⼕ 🆅🆂🅰. ✻
Pasqua-novembre – Pas carta 44/63000
Spec. Tortelli di patate al burro e salvia, Gamberi di fiume (giugno-novembre), Petto d'oca farcito al finocchio selvatico. Vini Albana, Borgo dei Guidi.

ad Acquapartita NE : 10 km – ✉ **47021** Bagno di Romagna :

X **Belvedere-da Crescio** con cam, ℰ 917352, ≤ – ℗ 🕮 🆅🆂🅰. ✻
giugno-settembre – Pas (chiuso lunedì) carta 35/50000 – **10 cam** ⫘ 30/50000 – P 48000.

BAGNOLI IRPINO 83043 Avellino – 3 891 ab. alt. 670 – Sport invernali : all'Altipiano Laceno 1 054/1 665 m ≰3, ⼄ – ☎ 0827.

Roma 289 – Avellino 43 – Benevento 64 – ♦Foggia 124 – ♦Napoli 100 – Potenza 116 – Salerno 75.

all'Altipiano Laceno SE : 6 km – alt. 1 054 – ✉ **83043** Bagnoli Irpino :

🏠 **4 Camini** ⤸, ℰ 68086, ≤, ☒ riscaldata, ☛, ✻ – 🛗 ⼡ ⇔ ℗ – ⼌ 150. ✻
22 dicembre-Pasqua e luglio-agosto – Pas carta 21/30000 (10%) – ⫘ 12000 – **52 cam** 31/54000 – ½ P 63000.

Halten Sie beim Betreten des Hotels oder des Restaurants
den Führer in der Hand.
Sie zeigen damit, daß Sie aufgrund dieser Empfehlung gekommen sind.

BAGNOLO Grosseto – Vedere Santa Fiora.

BAGNOLO SAN VITO 46031 Mantova 428 429 G 14 – 5 270 ab. alt. 18 – ☎ 0376.
Roma 460 – Mantova 13 – ♦Milano 188 – ♦Modena 58 – ♦Verona 49.

a San Giacomo Po S : 2,5 km – ✉ **46031** Bagnolo San Vito :

X **Da Alfeo,** ℰ 414046 – ✻
chiuso martedì ed agosto – Pas carta 16/28000.

BAGNO VIGNONI Siena – Vedere San Quirico d'Orcia.

BAIA Napoli – Vedere Bacoli.

BAIA DOMIZIA 81030 Caserta – a.s. 15 giugno-15 settembre – ☎ 0823.
Roma 167 – Caserta 53 – Gaeta 29 – Abbazia di Montecassino 53 – ♦Napoli 67.

🏨🏨 **Domizia Palace** ⤸, ℰ 930100, Telex 721379, Fax 930068, ≤, « Giardino-pineta con ☒ », ⼊⇔ – 🛗 🗐 ዿ ℗ – ⼌ 100 a 350. 🕮 🗐 ⓞ ⼕ 🆅🆂🅰. ✻
30 marzo-30 ottobre – Pas 30000 – ⫘ 15000 – **110 cam** 72/110000 – ½ P 132000.

🏨🏨 **Della Baia** ⤸, ℰ 721344, Fax 721556, ≤, ⼡, ☛, ✻ – ☎ ℗ 🕮 🗐 ⓞ ⼕. ✻
18 maggio-22 settembre – Pas 45/50000 – ⫘ 15000 – **56 cam** 88/130000 – ½ P 115000.

BAIARDO 18031 Imperia 428 K 5, 195 ⑲⑳ – 383 ab. alt. 900 – ☎ 0184.
Roma 668 – ♦Genova 169 – Imperia 55 – ♦Milano 292 – San Remo 27 – Ventimiglia 23.

🏠 **La Greppia,** ℰ 93051 (prenderà il 673051), ≤, ☛ – ℗. ✻ rist
Pas (chiuso venerdì) carta 25/35000 – ⫘ 6000 – **10 cam** 30/55000 – ½ P 55000.

BAIA SARDINIA Sassari 988 ㉓㉔ – Vedere Sardegna (Arzachena) alla fine dell'elenco alfabetico.

BALBANO Lucca 428 K 13 – Vedere Lucca.

94

BALDISSERO TORINESE 10020 Torino 428 G 5 – 2 757 ab. alt. 421 – ✆ 011.

Roma 656 – Asti 42 – ◆Milano 140 – ◆Torino 14.

XX **Osteria del Paluc,** via Superga 44 (O : 3 km) ✆ 9408750, solo su prenotazione, « Servizio estivo all'aperto » – ℗
chiuso domenica sera e lunedì – Pas 60/65000.

a Rivodora NO : 5 km – ⊠ **10099** :

X **Torinese,** ✆ 9460025 – VISA. ⋙
chiuso a mezzogiorno (escluso sabato e domenica), martedì, mercoledì ed agosto – Pas carta 29/48000.

BALESTRINO 17020 Savona 428 J 6 – 527 ab. alt. 371 – ✆ 0182.

Roma 587 – ◆Genova 88 – Imperia 50 – ◆Milano 211 – Savona 42.

X **La Greppia,** ✆ 988020 – ⋙
chiuso lunedì ed ottobre – Pas carta 20/28000.

BALZE Forlì – Vedere Verghereto.

BARANO D'ISCHIA Napoli – Vedere Ischia (Isola d').

BARATTI Livorno – Vedere Piombino.

BARBARANO Brescia – Vedere Salò.

BARBERINO DI MUGELLO 50031 Firenze 988 ⑭ ⑮, 429 J 15 – 8 524 ab. alt. 268 – ✆ 055.

Roma 308 – ◆Bologna 79 – ◆Firenze 34 – ◆Milano 273 – Pistoia 49.

in prossimità casello autostrada A 1 SO : 4 km :

XX **Cosimo de' Medici,** ⊠ 50030 Cavallina ✆ 8420370 – ℗. AE ⑤ ① E VISA
chiuso lunedì ed agosto – Pas carta 28/40000 (10%).

BARBERINO VAL D'ELSA 50021 Firenze – 3 450 ab. alt. 373 – ✆ 055.

Roma 266 – Arezzo 99 – ◆Firenze 31 – Pisa 81 – Siena 36.

🏠 **Primavera** senza rist, località San Filippo S : 2 km ✆ 8075584, Fax 8075584, ≼ – 🛗 ☎
& ℗. ⋙
⊡ 6000 – **27 cam** 35/55000.

BARBIANO Ravenna – Vedere Cotignola.

BARCELLONA POZZO DI GOTTO Messina 988 ㉔ – Vedere Sicilia alla fine dell'elenco alfabetico.

BARCUZZI Brescia – Vedere Lonato.

BARDASSANO Torino – Vedere Gassino Torinese.

BARDINETO 17020 Savona 988 ⑫, 428 J 6 – 709 ab. alt. 711 – ✆ 019.

Roma 604 – Cuneo 84 – ◆Genova 105 – Imperia 65 – ◆Milano 228 – Savona 59.

🏛 **Piccolo Ranch,** ✆ 790038, Fax 790377, ≼ – 🛗 ⋙ TV ☎ ℗ – 🔺 100. AE ⑤ VISA. ⋙
chiuso dal 15 gennaio al 28 febbraio – **Pas** *(chiuso mercoledì)* carta 18/45000 – ⊡ 6000 – **23 cam** 45/90000 – ½ P 55/65000.

BARDOLINO 37011 Verona 988 ④, 428 429 F 14 – 5 923 ab. alt. 68 – ✆ 045.

Vedere Chiesa★.

🅑 piazza Matteotti 53 ✆ 7210872.

Roma 517 – ◆Brescia 60 – Mantova 59 – ◆Milano 147 – Trento 84 – ◆Venezia 145 – ◆Verona 28.

🏛 **San Pietro,** ✆ 7210139, Fax 7210023, 🔟, 🏖 – 🛗 ⊜ ℗. AE ⑤ E VISA. ⋙
12 marzo-ottobre – Pas *(chiuso venerdì)* 25/30000 – ⊡ 15000 – **44 cam** 70/100000 – ½ P 43/72000.

🏛 **Cristina,** ✆ 7210339, Fax 7212697, 🔟, 🏖, ⋙ – 🛗 ☎ ℗. VISA. ⋙ rist
23 marzo-15 ottobre – Pas 30000 – ⊡ 13000 – **48 cam** 86/107000 – ½ P 55/75000.

🏛 **Kriss,** ✆ 7212433, Fax 7210242, ≼₀, 🏖 – 🛗 ☎ VISA. ⋙ rist
Pas *(chiuso martedì)* carta 25/37000 – ⊡ 12000 – **32 cam** 65/84000 – ½ P 40/73000.

segue →

🏠 **Speranza,** ✆ 7210355 – 📶 🍽 rist ☎. 📺 **E** VISA. 🐾
chiuso gennaio – Pas (chiuso mercoledì) carta 27/41000 – 🖵 10000 – **22 cam** 56/69000 –
½ P 45/58000.

🏠 **Bologna,** ✆ 7210003, Fax 7210003 – 📶 ☜ **P** ⓞ. 🐾 rist
10 marzo-20 ottobre – Pas (chiuso venerdì) 26000 – 🖵 12000 – **21 cam** 45/62000 –
½ P 35/52000.

🏠 **Santa Maria,** ✆ 7210101 – ☎ **P**. 🐾
chiuso da novembre al 20 dicembre – Pas carta 22/30000 – 🖵 8000 – **19 cam** 44/60000 –
½ P 48/53000.

🍴🍴 **Aurora,** ✆ 7210038 – 🎴 📺 ⓞ **E** VISA 🐾
chiuso lunedì – Pas carta 40/55000.

a Cisano S : 2 km – ✉ 37010 :

🍴🍴 **Taverna Scalchi,** ✆ 7211917, 🌳 – 🎴 📺 ⓞ **E** VISA. 🐾
chiuso lunedì, martedì a mezzogiorno e dal 10 gennaio al 10 febbraio – Pas carta 44/70000
(10%).

BARDONECCHIA 10052 Torino 🔢🔢🔢 ⑪, 🔢🔢🔢 G 2 – 3 299 ab. alt. 1 312 – a.s. febbraio-15 marzo,
Pasqua, 15 luglio-agosto e Natale – Sport invernali : 1 312/2 750 m 🎿27, 🌲 – 🕐 0122.
🚗 ✆ 9171.
🛈 viale Vittoria 44 ✆ 99032.
Roma 754 – Briançon 46 – ◆Milano 226 – Col du Mont Cenis 51 – Sestriere 36 – ◆Torino 89.

🏨 **Des Geneys-Splendid** 🐾, viale Einaudi 21 ✆ 99001, Fax 999295, 🏋, 🚗 – 📶 ☎ **P**.
📺 VISA. 🐾 rist
15 dicembre-25 aprile e luglio-agosto – Pas 31000 – 🖵 12000 – **57 cam** 95/125000 –
½ P 70/125000.

🏨 **Park Hotel Rosa Serenella,** viale della Vittoria 37 ✆ 902087, Fax 902087, 🚗 – 📶 ☎
P. 📺 **E** VISA. 🐾
15 dicembre-15 aprile e luglio-agosto – Pas 35/38000 – 🖵 18000 – **33 cam** 94/122000 –
½ P 82/168000.

🏨 Silvestre, via Montenero 28 ✆ 902490, 🏋, 🍴, 🚗 – 📶 ☎ **P**
stagionale – **12 cam**.

🏨 **La Betulla,** viale della Vittoria 4 ✆ 999104, Fax 901654 – 📶 ☎ 🚐. 🐾
22 dicembre-15 aprile e 21 giugno-10 settembre – Pas carta 31/43000 – 🖵 8000 – **40 cam**
55/85000 – ½ P 50/93000.

🍴🍴 **Tabor** con cam, via Stazione 6 ✆ 999857 – ☎. 📺 ⓞ VISA
chiuso maggio e novembre – Pas (chiuso martedì in bassa stagione) carta 35/52000 – 🖵
10000 – **21 cam** 80/120000 – ½ P 70/100000.

BAREGGIO 20010 Milano 🔢🔢🔢 F 8, 🔢🔢🔢 ⑱ – 13 632 ab. alt. 138 – 🕐 02.
Roma 590 – ◆Milano 16 – Novara 33 – Pavia 49.

🏨 **Novara Fiera,** strada statale ✆ 90361322, Fax 90276224 – 📶 🍽 📺 ☎ **P** – 🏛 100. 📺
📺 ⓞ VISA. 🐾
chiuso dal 10 al 27 agosto – Pas carta 30/50000 – **51 cam** 🖵 96/145000 – ½ P 98/123000.

🍴🍴 **Joe il Marinaio,** via Roma 69 ✆ 9028693, Solo piatti di pesce – **P**
chiuso domenica sera, lunedì e dal 15 agosto al 6 settembre – Pas carta 38/74000 (10%).

BARGA 55051 Lucca 🔢🔢🔢 🔢🔢🔢 J 13 – 10 408 ab. alt. 410 – 🕐 0583.
Roma 385 – ◆Firenze 111 – Lucca 37 – Massa 56 – ◆Milano 277 – Pistoia 71 – ◆La Spezia 95.

🏠 **La Pergola,** ✆ 711239 – 📶 📺 ☜ **P**. 📺. 🐾
Pas vedere rist La Pergola – 🖵 7000 – **23 cam** 45/75000.

🏠 Villa Libano, ✆ 723059, 🚗 – 📶 ☎ **P**
27 cam.

🍴 **La Pergola,** ✆ 723086 – 📺. 🐾
chiuso dal 20 novembre al 20 dicembre e venerdì da ottobre a giugno – Pas carta 25/38000.

BARGECCHIA Lucca 🔢🔢🔢 🔢🔢🔢 K 12 – Vedere Massarosa.

BARGHE 25070 Brescia 🔢🔢🔢 🔢🔢🔢 E 13 – 1 063 ab. alt. 295 – 🕐 0365.
Roma 564 – ◆Brescia 32 – Gardone Riviera 23 – ◆Milano 122 – ◆Verona 79.

🍴🍴 **Da Girelli Benedetto,** ✆ 84140, prenotare – 📺 VISA. 🐾
chiuso martedì, Pasqua, dal 15 al 30 giugno e Natale – Pas carta 60/70000 (10%).

I prezzi del pernottamento e della pensione possono subire aumenti
in relazione all'andamento generale del costo della vita ;
quando prenotate fatevi precisare il prezzo dall'albergo.

Vedere Città vecchia★ CDY : basilica di San Nicola★★ DY A, Cattedrale★ DY B, castello★ CY – Cristo★ in legno nella pinacoteca BX M.

🛩 di Palese per viale Europa : 9 km AX 🕿 374654 – Alitalia, via Calefati 37/41 ⊠ 70121 🕿 5244441 – 🚗 🕿 216801 – 🚇 via Melo 253 ⊠ 70121 🕿 5242244 – corso Vittorio Emanuele 68 ⊠ 70121 🕿 219951 – A.C.I. via Serena 26 ⊠ 70126 🕿 331354 – Roma 449 ④ – ◆Napoli 261 ④.

Alighieri (Via Dante)	AX 2	Fanelli (Via Giuseppe)	BX 29
Bellomo (Via Generale N.)	AX 6	Flacco (Via Orazio)	BX 34
Brigata Bari (Via)	AX 9	Japigia (Viale)	BX 42
Brigata Regina (Via)	AX 10	Magna Grecia (Via)	BX 45
Buozzi (Sottovia Bruno)	AX 12	Maratona (Via di)	AX 47
Costa (Via Nicola)	AX 18	Oberdan (Via Guglielmo)	BX 52
Cotugno (Via Domenico)	AX 20	Omodeo (Via Adolfo)	BX 55
Crispi (Via Francesco)	AX 21	Orlando (Viale V. E.)	AX 56
De Gasperi (Corso Alcide)	BX 25	Papa Giovanni XXIII (Viale)	BX 58

Papa Pio XII (Viale)	BX 59
Pasteur (Via Louis)	AX 60
Peucetia (Via)	BX 63
Repubblica (Viale della)	BX 67
Starita (Lungomare Giambattista)	AX 77
Van Westerhout (Viale)	AX 78
Verdi (Via Giuseppe)	AX 80
2 Giugno (Largo)	BX 83

🏨 **Palace Hotel,** via Lombardi 13 ⊠ 70122 🕿 5216551, Telex 810111, Fax 5211499 – 🛗 🖭 📺 🕿 ᶹ 🖴 – 🔬 50 a 450. 🆀 🖻 ◍ ㅌ 🆅🆂🅰 ⛟   CY **b**
Pas carta 30/47000 – **202 cam** ⊑ 209/329000 appartamenti 380/500000 – ½ P 200/249000.

🏨 **Sheraton Nicolaus Hotel,** via Rosalba 27 ⊠ 70124 🕿 5042626, Telex 811212, Fax 5042058, ᶘᶛ, ⃟, 🏊, 🛷 – 🛗 ᶳ⃟ cam 🖭 📺 🕿 ᶹ 🖴 🚗 🅿 – 🔬 750. 🆀 🖻 ◍ ㅌ 🆅🆂🅰 ⛟ rist   AX **e**
Pas carta 50/70000 – **175 cam** ⊑ 210/300000 appartamenti 500000.

🏨 **Gd H. Ambasciatori,** via Omodeo 51 ⊠ 70125 🕿 410077, Telex 810405, Fax 421678, ≤, 🏊, 🛷 – 🛗 🖭 📺 🕿 ᶹ 🖴 – 🔬 25 a 500. 🆀 🖻 ◍ ㅌ 🆅🆂🅰 ⛟ rist   BX **v**
Pas (chiuso domenica, lunedì a mezzogiorno ed agosto) carta 40/60000 – ⊑ 16000 – **177 cam** 180/250000 appartamenti 450/500000 – ½ P 170/220000.

🏨 **Villa Romanazzi-Carducci** 🐾 senza rist, via Capruzzi 326 ⊠ 70124 🕿 5227400, Telex 812292, Fax 360297, « Parco », 🏊 – 🛗 🖭 📺 🕿 ᶹ 🖴 🚗 🅿 – 🔬 25 a 125. 🆀 🖻 ◍ ㅌ 🆅🆂🅰   AX **c**
89 cam ⊑ 318000 appartamenti 318/732000.

🏨 **Jolly,** via Giulio Petroni 15 ⊠ 70124 🕿 364366, Telex 810274, Fax 365219 – 🛗 🖭 📺 🕿 🖴 – 🔬 25 a 800. 🆀 🖻 ◍ ㅌ 🆅🆂🅰 ⛟ rist   DZ **c**
Pas 37000 – **164 cam** ⊑ 190/255000 – ½ P 227/292000.

🏨 **Executive Business** senza rist, corso Vittorio Emanuele 201 ⊠ 70122 🕿 5216810, Telex 810208, Fax 5216810 – 🛗 🖭 📺 🕿 ᶹ 🖴 🚗 – 🔬 70 a 80. 🆀 🖻 ◍ ㅌ 🆅🆂🅰   CY **a**
⊑ 20000 – **21 cam** 117/194000.

segue →

BAR, DUBROVNIK, CORFU, PATRASSO

BARI

MARE ADRIATICO

0   300 m

98

Boston senza rist, via Piccinni 155 ⊠ 70122 ℘ 5216633, Fax 5022024 – 🔋 ✦ 🗏 📺 ☎
🚗, 🖭 🕄 ⓪ 🖪 𝒱𝒾𝒮𝒜
CY e
⌾ 13000 – **70 cam** 100/160000.

Plaza senza rist, piazza Luigi di Savoia 15 ⊠ 70121 ℘ 540077 – 🔋 🕿 𝒱𝒾𝒮𝒜 . ✧
DZ g
chiuso dal 1° al 24 agosto – ⌾ 11000 – **40 cam** 95/164000.

✗✗✗ **La Pignata**, via Melo 9 ⊠ 70122 ℘ 232481 – 🗏. 🖭 🕄 ⓪ 🖪 𝒱𝒾𝒮𝒜 . ✧
DY n
chiuso mercoledì ed agosto – Pas carta 39/66000.

✗✗ **Vecchia Bari**, via Dante Alighieri 47 ⊠ 70121 ℘ 5216496, « Locale caratteristico con volte
in tufo »
DZ y

✗✗ **Executive**, via Amendola 197/G-N ⊠ 70126 ℘ 339577 – 🗏 🅿. 🖭 🕄 ⓪ 🖪 𝒱𝒾𝒮𝒜
BX a
chiuso domenica sera, lunedì e dal 5 al 25 agosto – Pas carta 30/45000.

✗✗ **Marc'Aurelio**, via Fiume 1 ⊠ 70121 ℘ 5212820 – 🗏. 🖭 🕄 ⓪ 🖪 𝒱𝒾𝒮𝒜
DY r
chiuso lunedì – Pas carta 29/47000.

✗✗ **Sorso Preferito**, via Vito Nicola De Nicolò 46 ⊠ 70121 ℘ 235747 – 🗏. 🖭 🕄 ⓪ 🖪
𝒱𝒾𝒮𝒜 . ✧
DY m
chiuso domenica – Pas carta 27/41000.

✗✗ **Ai 2 Ghiottoni**, via Putignani 11 ⊠ 70121 ℘ 5232240 – 🗏. 🖭 🕄 ⓪ 🖪 𝒱𝒾𝒮𝒜
DY d
chiuso domenica e dal 1° al 23 agosto – Pas carta 34/50000 (16%).

✗✗ **Taverna Verde**, largo Adua 18/19 ⊠ 70121 ℘ 540309 – 🗏. 🖭 🕄 ⓪ 🖪 𝒱𝒾𝒮𝒜
DY a
chiuso domenica – Pas carta 20/34000 (15%).

✗✗ **Damiano**, via De Giosa 37 ⊠ 70123 ℘ 5244087 – 🗏. 🖭 🕄 ⓪ 🖪 𝒱𝒾𝒮𝒜 . ✧
DZ a
chiuso domenica ed agosto – Pas carta 32/50000.

✗ **La Lanterna Verde**, via Brigata Regina 69 ⊠ 70123 ℘ 347098 – 🗏
AX b

sulla tangenziale sud-complanare ovest SE : 5 km per ① :

✗ **Majesty**, ⊠ 70126 ℘ 491099, Telex 811256, Fax 492397, 🔲, 🏊, ✗ – 🔋 🗏 📺 ☎ 🅿
– 🏛 25 a 150. 🖭 🕄 𝒱𝒾𝒮𝒜 . ✧
chiuso dal 22 dicembre al 7 gennaio e dal 27 luglio al 18 agosto – Pas *(chiuso le sere di
venerdì e domenica)* carta 30/44000 – ⌾ 10000 – **67 cam** 82/140000, 🗏 11000 –
½ P 99/140000.

a Carbonara di Bari S : 6,5 km BX – ⊠ **70012** :

✗✗ **Taberna**, via Ospedale di Venere 6 ℘ 350557, « In una vecchia cantina con volte in tufo »
– 🗏 🅿. 🖭 🕄 ⓪ 🖪 𝒱𝒾𝒮𝒜 . ✧
chiuso lunedì ed agosto – Pas carta 34/49000 (12%).

Vedere anche : **Palese** per ⑥ : 9 km.
Modugno per ⑤ : 10 km.
Santo Spirito per ⑥ : 11 km.
Torre a Mare per ① : 12 km.

MICHELIN, contrada Prete 5 (zona Industriale) AX – ⊠ 70123, ℘ 441511, Fax 444913.

BARI SARDO Nuoro – Vedere Sardegna alla fine dell'elenco alfabetico.

BARLETTA 70051 Bari 🔳🔳🔳 ㉙ ㉚ – 88 074 ab. – ✿ 0883.

Vedere Colosso★★ – Castello★ – Museo Civico★ M – Reliquiario★ nella basilica di San Sepolcro.
🄳 via Gabbiani 4 ℘ 31373.
Roma 397 ③ – ◆Bari 62 ② – ◆Foggia 79 ③ – ◆Napoli 208 ③ – Potenza 128 ③ – ◆Taranto 145 ②.

Pianta pagina seguente

✗ **Artù**, piazza Castello 67 ℘ 302621, Fax 302622, 🏊 – 🗏 📺 ☎ 🅿. 🖭 🕄 ⓪ 🖪 𝒱𝒾𝒮𝒜 .
✧ rist
b
Pas carta 35/52000 – ⌾ 12000 – **32 cam** 75/130000, 🗏 8000 – ½ P 75/95000.

✗ **Royal**, via Leontina de Nittis 13 ℘ 31139, Fax 302631 – 🔋 🗏 rist 📺 ☎ ⅋. 🖭 🕄 ⓪ 🖪
𝒱𝒾𝒮𝒜 . ✧ rist
e
Pas (solo per clienti alloggiati e *chiuso a mezzogiorno*) – ⌾ 12000 – **34 cam** 62/103000 –
½ P 90000.

✗✗✗ ✿ **Bacco**, via Sipontina 10 ℘ 571000, Coperti limitati; prenotare – 🗏. ⓪ 𝒱𝒾𝒮𝒜
c
chiuso sabato, domenica, agosto e Natale – Pas carta 62/96000 (12%)
Spec. Orecchiette al sugo di capretto, Bocconcini di Nettuno, Gamberi al basilico, Involtini di melanzane con
pescatrice. **Vini** Bolina, Rosso del Salento.

✗✗ **Il Brigantino**, litoranea di Levante ℘ 33345, ≤, 🎐, ⋜, 🏄, – 🅿 – 🏛 100. 🕄 ⓪
per ①
chiuso mercoledì e gennaio – Pas carta 29/53000 (15%).

✗ **Antica Cucina**, via Milano 73 ℘ 521718 – 🗏. 🖭 🕄 ⓪ 🖪 𝒱𝒾𝒮𝒜 . ✧
f
chiuso dal 25 luglio al 25 agosto e la sera dei giorni festivi – Pas carta 36/56000.

✗ **Luna Rossa**, corso Vittorio Emanuele 65 ℘ 517462 – 🗏. 🖭 🕄 ⓪ 🖪 𝒱𝒾𝒮𝒜 . ✧
g
chiuso mercoledì – Pas carta 21/36000.

✗ **Hostaria la Casaccia**, via Cavour 40 ℘ 33719 – 🗏. ✧
a
chiuso lunedì – Pas carta 30/44000 (10%).

BARLETTA

Dans ce guide
un même symbole, un même mot,
*imprimé en rouge ou en noir, en maigre ou en **gras**,*
n'ont pas tout à fait la même signification.
Lisez attentivement les pages explicatives.

BAROLO 12060 Cuneo 428 I 5 – 685 ab. alt. 301 – ✪ 0173.
Roma 627 – Asti 42 – Cuneo 56 – ♦Milano 164 – Savona 83 – ♦Torino 72.

🏠 **Barolo e Rist. Brezza,** via Lomando 2 ✆ 56354, 🍽 – ☎ 🅿 🖃
    chiuso febbraio – Pas *(chiuso martedì)* carta 31/50000 – 🖵 10000 – **30 cam** 50/75000 –
    ½ P 70000.

✗ **Del Buon Padre,** località Vergne ✆ 56192, prenotare – 🅿. ✖
    chiuso mercoledì, dal 1 al 15 gennaio e dal 15 al 30 luglio – Pas carta 28/41000.

BARREA 67030 L'Aquila 988 ㉗ – 911 ab. alt. 1 066 – ✪ 0864.
Roma 185 – L'Aquila 130 – Isernia 42.

✗ Tana dell'Orso, ✆ 88125.

BARZAGO 22061 Como 428 E 9, 219 ⑱ – 2 197 ab. alt. 355 – ✪ 031.
Roma 613 – ♦Bergamo 33 – Como 22 – Lecco 16 – ♦Milano 42.

✗✗ **La Villa Ciardi** 🍀 con cam, ✆ 860076, Fax 861512, 🍽 – 📺 ☎ 🅿. 🖭 🖃 ① ⒠ 🆅🆂🅰
    Pas carta 29/55000 – 🖵 10000 – **19 cam** 70/95000 – ½ P 85000.

BARZANÒ 22062 Como 428 E 9, 219 ⑱ – 4 470 ab. alt. 370 – ✪ 039.
Roma 605 – ♦Bergamo 36 – Como 28 – Lecco 19 – ♦Milano 35.

✗✗ **I Ronchi** con cam, ✆ 957612, 🍽, prenotare – 📺 ☎. ✖
    chiuso dal 2 al 10 gennaio ed agosto – Pas *(chiuso lunedì)* carta 36/50000 – 🖵 6000 –
    9 cam 55/90000 – ½ P 70000.

BARZIO 22040 Como 988 ③, 428 E 10 – 1 323 ab. alt. 770 – Sport invernali : a Piani di Bobbio 806/2 000 m ≰1 ≰9, ≰ (vedere anche a Cremeno, Piani di Artavaggio) – © 0341.

🏢 piazza Garibaldi 8 ℰ 996255.

Roma 636 – ♦Bergamo 48 – Como 44 – Lecco 15 – ♦Milano 71 – Sondrio 84.

🏨 **Gd H. Ballestrin** ⤢, ℰ 996111, Fax 999281, ≼, ⤡, 🚗 – ⫴ ⇄ cam ☎ 🅿 AE ⑩ VISA
⊗⊗ rist
Natale-Pasqua e giugno-settembre – Pas carta 45/50000 – ⊑ 10000 – **50 cam** 80/110000 –
½ P 90/140000.

🏋 **Esposito** con cam, ℰ 996200, 🚗 – VISA. ⊗⊗
Pas *(chiuso lunedì dal 16 settembre al 15 giugno)* carta 22/35000 – ⊑ 5000 – **14 cam**
24/58000 – ½ P 35/48000.

BASELGA DI PINÈ 38042 Trento 988 ④, 429 D 15 – 4 015 ab. alt. 964 – a.s. 15 dicembre-
15 gennaio e Pasqua – © 0461.

🏢 via Cesare Battisti 98 ℰ 557028, Fax 557577.

Roma 606 – Belluno 116 – ♦Bolzano 75 – ♦Milano 260 – ♦Padova 136 – Trento 18 – ♦Venezia 169.

🏨 **Nazionale**, a Miola ℰ 557019, ≼, 🚗 – ⫴ 🅿. ⊗⊗ rist
chiuso dal 15 ottobre al 30 novembre – Pas *(chiuso martedì escluso luglio-agosto)*
carta 30/40000 – **54 cam** ⊑ 55/90000 – ½ P 60000.

🏨 **Edera**, a Tressilla ℰ 557221 – ⫴ ⇄ 🅿. 🅱 E VISA. ⊗⊗
Pas *(chiuso lunedì escluso Natale-6 gennaio e luglio-agosto)* carta 24/39000 – **30 cam**
⊑ 45/84000 – ½ P 49/60000.

🏨 **Villa 2 Pini**, a Vigo ℰ 557030, ≼, ⤡, 🚗 – 🅿. ⊗⊗ rist
18 giugno-15 settembre – Pas carta 20/28000 – ⊑ 9000 – **20 cam** 70000 – ½ P 55/65000.

🏨 **2 Camini**, a Vigo ℰ 557200, 🚗 – 📺 🅿. AE 🅱 E VISA. ⊗⊗
chiuso dal 15 ottobre al 15 novembre – Pas *(chiuso lunedì dal 15 settembre al 15 giugno)*
carta 25/34000 – ⊑ 6000 – **10 cam** 90000 – ½ P 50/70000.

🏋 **La Scardola** con cam, a Miola ℰ 557647 – 🅿. ⊗⊗
chiuso marzo – Pas *(chiuso mercoledì in bassa stagione)* carta 24/36000 – ⊑ 4000 – **9 cam**
30/50000 – ½ P 48000.

🏋 **La Vecchia Segheria**, ℰ 558004 – ⊗⊗
chiuso dal 20 al 30 giugno, dal 10 al 30 ottobre e mercoledì (escluso luglio-15 settembre)
– Pas carta 23/35000.

BASSANO DEL GRAPPA 36061 Vicenza 988 ⑤, 429 E 17 – 38 770 ab. alt. 129 – © 0424.

Vedere Museo Civico★.

Escursioni Monte Grappa★★★ NE : 32 km.

🏢 viale delle Fosse 9 ℰ 24351.

Roma 543 – Belluno 80 – ♦Milano 234 – ♦Padova 43 – Trento 88 – Treviso 47 – ♦Venezia 76 – Vicenza 35.

🏨 **Belvedere**, piazzale Generale Giardino 14 ℰ 29845, Telex 431216, Fax 29849 – ⫴ 🖼 📺
☎ ⇔ – 🔏 120. AE 🅱 ⑩ E VISA. ⊗⊗
Pas vedere Rist. Belvedere – **96 cam** ⊑ 105/150000 – ½ P 75/90000.

🏨 **Palladio**, via Gramsci 2 ℰ 511591, Fax 511723, ⅃₅, ⇆ – ⫴ ⇄ cam 🖼 📺 ☎ ⇐ 🅿
– 🔏 160. AE 🅱 ⑩ E VISA. ⊗⊗
Pas vedere rist. La Rotonda – **66 cam** ⊑ 98/138000.

🏨 **Victoria** senza rist, viale Diaz 33 ℰ 22300, Fax 503130 – ⇄ 🖼 📺 ☎ 🅿. 🅱 E VISA
⊑ 6000 – **23 cam** 50/70000, ⯐ 7000.

🏨 **Brennero** senza rist, via Torino 7 ℰ 212248, Fax 27021 – 📺 ☎. AE 🅱 ⑩ E VISA
chiuso dal 24 dicembre al 6 gennaio – ⊑ 7000 – **22 cam** 57/85000.

🏋🏋🏋 **Belvedere**, via delle Fosse 1 ℰ 29849 – 🖼. AE 🅱 ⑩ E VISA
chiuso domenica ed agosto – Pas carta 37/56000.

🏋🏋🏋 ⊛ **San Bassiano**, viale dei Martiri 36 ℰ 212453, prenotare – AE 🅱 ⑩ E VISA. ⊗⊗
chiuso domenica ed agosto – Pas carta 43/66000
Spec. Moscardini affogati in guazzetto con crostoni all'aglio, Ravioli verdi di branzino salsa di crostacei,
Filetto di Sampietro allo zenzero e zucchine. Vini Sauvignon, Cabernet.

🏋🏋 **La Rotonda**, via Gramsci 8 ℰ 23245 – 🖼. AE 🅱 ⑩ E VISA
chiuso domenica sera, lunedì a mezzogiorno e dal 1° al 15 agosto – Pas carta 39/58000.

🏋🏋 Rugantino, con cam, viale Vicenza 85 ℰ 24813, Solo piatti di pesce, prenotare – 📺 ☎
⇐ 🅿
10 cam.

🏋🏋 **Al Sole-da Tiziano**, via Vittorelli 41/43 ℰ 23206 – AE 🅱 ⑩ E VISA
chiuso lunedì e luglio – Pas carta 31/43000 (10%).

🏋🏋 **Al Ponte-da Renzo**, via Volpato 60 ℰ 503055, ≼, « Servizio estivo in giardino » – ⇄
🅿. VISA
chiuso lunedì sera, martedì e gennaio – Pas carta 32/47000 (10%).

🏋 **Bauto**, via Trozzetti 27 ℰ 34696 – VISA. ⊗⊗
chiuso domenica ed agosto – Pas carta 34/49000.

sulla strada statale 47 :

🏨 Al Camin, SE : 2 km ⌂ 36022 Cassola ℘ 212740, Fax 212749, « Servizio rist. estivo in giardino », 🍴 – 🕃 ▤ 📺 ☎ ❶ – 🏧 20 a 80
46 cam.

✕✕✕ Cà 7, N : 1,5 km ⌂ 36061 Bassano del Grappa ℘ 25005, 🍴, « Villa veneta del 18°
secolo » – ❶. 🖭 🕃 ⓞ 🄴 📼
chiuso domenica sera, lunedì, dal 7 al 18 agosto e dal 1° al 15 novembre – Pas
carta 47/70000.

Vedere anche : *Romano d'Ezzelino* NE : 3 km.

BASTIA 06083 Perugia – 15 963 ab. alt. 201 – ✪ 075.
Roma 176 – Assisi 9,5 – ◆Perugia 17 – Terni 77.

🏨 Turim, strada statale 147 Assisana E : 1 km ℘ 8001601, Fax 8001723, 🏊 – 🕃 ☎ ❶. 🖭
🕃 ⓞ 🄴 📼. 🛠
Pas *(chiuso venerdì)* carta 30/39000 – ⌂ 10000 – **46 cam** 59/86000 – ½ P 65/75000.

ad Ospedalicchio O : 5 km – ⌂ **06083** Bastia :

🏨 Lo Spedalicchio, ℘ 8010323, Fax 8010323, « In una fortezza trecentesca », 🍴 – 🕃
▤ rist 📺 ☎ ❶ – 🏧 90. 🖭 ⓞ 📼. 🛠
Pas *(chiuso lunedì e dal 15 al 30 luglio)* carta 34/47000 – ⌂ 11000 – **25 cam** 59/86000 –
½ P 81000.

BATTAGLIA TERME 35041 Padova 988 ⑤, 429 G 17 – 4 089 ab. alt. 11 – Stazione termale
(marzo-novembre), a.s. maggio-15 giugno e agosto-ottobre – ✪ 049.
🄸 traversa Terme 23/a ℘ 525269.
Roma 478 – Mantova 92 – ◆Milano 261 – Monselice 7 – ◆Padova 17 – Rovigo 28 – ◆Venezia 54.

🏨 Terme Euganee, ℘ 525055, 🍴, ⚍ – ❶. 🛠
15 marzo-novembre – Pas (solo per clienti alloggiati) 25/30000 – ⌂ 5500 – **42 cam** 30/48000
– ½ P 40/49000.

BATTUDA 27020 Pavia – 353 ab. alt. 98 – ✪ 0382.
Roma 578 – Alessandria 84 – ◆Milano 29 – Piacenza 69.

✕ Le Valli, ℘ 926389, 🏊, 🛠 – ▤ ❶. 🛠
chiuso mercoledì e gennaio – Pas carta 33/56000.

BAVENO 28042 Novara 988 ②, 428 E 7 – 4 501 ab. alt. 205 – a.s. Pasqua e luglio-15 settembre
– ✪ 0323 – Vedere Guida Verde.
🚢 per le Isole Borromee giornalieri (da 10 a 30 mn) – Navigazione Lago Maggiore ℘ 923552.
🄸 corso Garibaldi 16 ℘ 924632.
Roma 661 – Domodossola 37 – Locarno 51 – ◆Milano 84 – Novara 60 – Stresa 4 – ◆Torino 137.

🏨 Gd H. Dino, corso Garibaldi 52 ℘ 922201, Telex 200217, Fax 924515, ≤ isole Borromee,
« Giardino sul lago con 🏊 », ₺₈, 🍴, 🏊, 🛠 – 🕃 ▤ 📺 ☎ 🚗 ❶ – 🏧 50 a 1300. 🖭
🕃 ⓞ 🄴 📼. 🛠 rist
Pas carta 51/85000 – ⌂ 25000 – **380 cam** 230/320000 appartamenti 390/450000 –
½ P 100/240000.

🏨 Splendid, ℘ 924583, Telex 200217, Fax 924515, ≤, « Giardino ombreggiato », 🏊, ₺₈ –
🕃 📺 ☎ ❶. 🖭 🕃 ⓞ 🄴 📼. 🛠 rist
20 marzo-5 novembre – Pas carta 40/70000 – ⌂ 17500 – **106 cam** 120/140000 –
½ P 60/120000.

🏨 Simplon, ℘ 924112, Telex 200217, Fax 924515, ≤, « Parco ombreggiato con 🏊 e 🛠 » –
🕃 ☎ ❶. 🖭 🕃 ⓞ 🄴 📼. 🛠 rist
10 aprile-ottobre – Pas 25/35000 – ⌂ 16000 – **90 cam** 75/100000 – ½ P 50/95000.

🏨 Romagna, S : 1 km ℘ 924879, ≤ isole Borromee, ₺₈, 🍴 – 📺 ☎ ❶. 🖭 🕃 ⓞ 🄴
📼. 🛠 rist
marzo-dicembre – Pas *(chiuso lunedì)* carta 35/45000 – ⌂ 8000 – **17 cam** 70/80000 –
½ P 56/60000.

🏨 Elvezia, ℘ 924106, 🍴 – ❶. 🕃 ⓞ 🄴 📼. 🛠 rist
Pas *(chiuso da ottobre ad aprile)* carta 25/38000 – ⌂ 6000 – **15 cam** 25/55000 –
½ P 42/47000.

Vedere anche : *Borromee (Isole)* SE : 10/30 mn di battello.
Feriolo NO : 3 km.

BAZZANO 40053 Bologna 988 ⑭, 429 I 15 – 5 219 ab. alt. 93 – ✪ 051.
Roma 388 – ◆Bologna 24 – ◆Milano 192 – ◆Modena 23 – Pistoia 105 – Reggio nell'Emilia 49.

🏨 Della Rocca, ℘ 831217, 🍴, « Piccolo parco » – 🕃 ☎ ❶ – 🏧 80
24 cam.

BEDANO 219 ⑧ – Vedere Cantone Ticino alla fine dell'elenco alfabetico.

BEDIZZOLE 25081 Brescia 428 429 F 13 – 8 085 ab. alt. 184 – ✪ 030.

Roma 539 – ◆Brescia 17 – ◆Milano 111 – ◆Verona 54.

XX **La Casa**, via Capuzzi 3 ℘ 675280, ♣ – **ℙ**. 🔄 ⓞ 𝗩𝗜𝗦𝗔. ❄
   chiuso martedì – Pas carta 39/66000.

X **Al Borgo Antico**, località Masciaga ℘ 674291 – **ℙ**. 𝗔𝗘 🔄 𝗩𝗜𝗦𝗔
   chiuso lunedì sera e dal 5 al 20 agosto – Pas carta 25/40000.

BEDONIA 43041 Parma 988 ⑬, 428 I 10 – 4 891 ab. alt. 500 – a.s. luglio e agosto – ✪ 0525.

Roma 483 – ◆Bologna 177 – ◆Genova 91 – ◆Milano 151 – ◆Parma 81 – Piacenza 87 – ◆La Spezia 85.

🏠 **Belvedere-u Rissu**, SO : 2,5 km ℘ 86659, ≤ – 🚐 **ℙ**. ❄
   chiuso gennaio – Pas (chiuso lunedì) carta 32/44000 – ☐ 10000 – **19 cam** 50/60000 –
   ½ P 50000.

X **La Pergola**, ℘ 86612, « Servizio estivo all'aperto » – 🔄 𝗘 𝗩𝗜𝗦𝗔. ❄
   chiuso giovedì – Pas carta 33/48000.

X **Al Vecchio Mulino**, località Case Gelana SO : 4 km ℘ 86161, « Servizio estivo in terrazza
   lungo un torrente » – **ℙ** 𝗔𝗘 𝗩𝗜𝗦𝗔. ❄
   chiuso lunedì – Pas carta 33/52000.

BELGIRATE 28040 Novara 428 E 7, 219 ⑦ – 511 ab. alt. 200 – a.s. aprile e luglio-15 settembre
– ✪ 0322.

Roma 651 – Locarno 61 – ◆Milano 74 – Novara 50 – Stresa 6 – ◆Torino 127.

🏯 **Villa Carlotta**, ℘ 76461, Telex 200490, Fax 76705, ≤, « Parco ombreggiato », ⤬ riscaldata, ♨ – 🛗 ▤ 📺 ☎ ᕦ **ℙ** – 🏛 30 a 600. 𝗔𝗘 🔄 ⓞ 𝗘 𝗩𝗜𝗦𝗔. ❄ rist
   Pas carta 40/59000 – **110 cam** ☐ 98/156000 – ½ P 84/129000.

🏯 **Milano**, ℘ 76525, Fax 76705, ≤, ♣, ♨ – 🛗 📺 ☎ **ℙ**. 𝗔𝗘 🔄 ⓞ 𝗘 𝗩𝗜𝗦𝗔. ❄ rist
   Pas carta 33/53000 – **51 cam** ☐ 82/126000 – ½ P 66/92000.

BELLAGIO 22021 Como 988 ③, 428 E 9 – 3 053 ab. alt. 216 – ✪ 031.

Vedere Posizione pittoresca★★★ – Giardini★★ di Villa Serbelloni – Giardini★★ di Villa Melzi.

🚢 per Varenna (30 mn), giornalieri – Navigazione Lago di Como, al pontile ℘ 950180.

🛈 piazza della Chiesa 14 ℘ 950204.

Roma 643 – ◆Bergamo 55 – Como 31 – Lecco 22 – ◆Lugano 63 – ◆Milano 78 – Sondrio 104.

🏰 **Gd H. Villa Serbelloni** ⚜, ℘ 950216, Telex 380330, Fax 951529, ≤ lago e monti, 🍴,
   « Parco con installazioni balneari e ⤬ riscaldata », ♨, ⅍ – 🛗 📺 ☎ ᕦ **ℙ** – 🏛 40 a
   120. 🔄 ⓞ 𝗘 𝗩𝗜𝗦𝗔. ❄ rist
   15 aprile-20 ottobre – Pas 70000 – **95 cam** ☐ 230/330000 appartamenti 430/640000 –
   ½ P 215000.

🏨 **Belvedere**, ℘ 950410, Fax 950102, ≤ lago e Grigna, 🍴, ⤬, ♠ – 🛗 ☎ **ℙ**. 𝗔𝗘 𝗩𝗜𝗦𝗔.
   ❄ rist
   aprile-20 ottobre – Pas carta 31/49000 – ☐ 12000 – **50 cam** 60/91000 – ½ P 82000.

🏨 **Du Lac**, ℘ 950320, Telex 326299, Fax 951624, ≤ lago e monti, « Terrazza roof-garden »,
   🎱, ⛱ – 🛗 ☎. 🔄 𝗘 𝗩𝗜𝗦𝗔. ❄ rist
   Pasqua-15 ottobre – Pas carta 35/51000 – ☐ 14000 – **48 cam** 65/92000 – ½ P 79/89000.

🏠 **Fioroni**, ℘ 950392 – ☎ **ℙ**. 🔄 ⓞ 𝗘 𝗩𝗜𝗦𝗔. ❄ rist
   chiuso gennaio – Pas 20/26000 – ☐ 10000 – **14 cam** 70000 – ½ P 50/60000.

🏠 **Silvio**, SO : 2 km ℘ 950322, ≤, 🍴 – ☎ **ℙ**. 🔄 𝗘 𝗩𝗜𝗦𝗔
   chiuso gennaio e febbraio – Pas carta 25/37000 – ☐ 6000 – **17 cam** 60000 – ½ P 53000.

X **Bilacus**, ℘ 950480, 🍴 – 𝗩𝗜𝗦𝗔
   15 marzo-ottobre, chiuso lunedì escluso luglio-settembre – Pas carta 25/41000 (10%).

   sulla strada per Civenna verso il passo del Ghisallo :

X **La Busciona-da Teo**, S : 4,5 km ✉ 22021 ℘ 964831, ≤ lago e monti, 🍴 – **ℙ**
   chiuso lunedì e dal 15 al 30 ottobre – Pas carta 30/43000.

BELLAMONTE 38030 Trento 429 D 16 – alt. 1 372 – a.s. febbraio-Pasqua e Natale – ✪ 0462.

Roma 668 – Belluno 73 – ◆Bolzano 62 – Cortina d'Ampezzo 90 – ◆Milano 322 – Trento 84.

🏨 **Sole** ⚜, ℘ 56299, Fax 56394, ≤, ♠ – 🛗 ☎ ᕦ **ℙ**. 𝗔𝗘 🔄 ⓞ 𝗘 𝗩𝗜𝗦𝗔. ❄
   dicembre-Pasqua e giugno settembre – Pas 40/45000 – ☐ 10000 – **37 cam** 83/132000 –
   ½ P 95/120000.

🏨 **Bellamonte**, ℘ 56116, Fax 56116, ≤ gruppo delle Pale e pinete, ♠ – ☎ **ℙ**. 𝗔𝗘 🔄 ⓞ
   🠔 𝗘 𝗩𝗜𝗦𝗔. ❄
   chiuso ottobre e novembre – Pas (chiuso mercoledì) carta 20/26000 – **31 cam** ☐ 75/120000
   – ½ P 52/70000.

🏠 **Stella Alpina**, ℘ 56114, ≤ – 🛗 **ℙ**. ❄
   🠔 chiuso novembre – Pas (chiuso lunedì) 19/20000 – ☐ 7000 – **33 cam** 35/64000 –
   ½ P 55/63000.

🏠 **Margherita**, ℘ 56140, ≤ – 🛗 **ℙ**. ❄
   🠔 chiuso dal 30 aprile al 20 giugno, dal 30 settembre al 1° novembre e dal 15 novembre al 5
   dicembre – Pas 20/22000 – ☐ 5000 – **28 cam** 38/64000 – ½ P 50/60000.

BELLANO 22051 Como 988 ③, 428 D 9 – 3 423 ab. alt. 204 – ✆ 0341.
Vedere Guida Verde.

Roma 648 – ♦Bergamo 60 – Chiavenna 40 – Como 56 – Lecco 27 – ♦Milano 83 – Sondrio 55.

🏨 **Meridiana**, ✆ 821126, ≼, « Giardino in riva al lago », 🐾 – 劇 ⇔ 🅿 – 🔬 40. AE
   🗟 ⑩ Ε VISA. 🛇 rist
   chiuso dal 21 dicembre al 19 gennaio – Pas carta 30/45000 – ⊐ 8000 – **34 cam** 42/65000
   – ½ P 55000.

✗ **Al Cavallo Bianco** con cam, ✆ 821101 – 🅿. Ε VISA. 🛇
   Pas (chiuso giovedì da ottobre a marzo) carta 34/42000 – ⊐ 6500 – **9 cam** 22/46000 –
   P 60000.

BELLARIA IGEA MARINA Forlì 988 ⑮, 429 J 19 – 12 752 ab. – a.s. 15 giugno-agosto – ✆ 0541
– Roma 350 – ♦Bologna 111 – Forlì 49 – ♦Milano 321 – Pesaro 55 – ♦Ravenna 38 – Rimini 14.

a Bellaria – ⊠ 47041.

🗓 via Leonardo da Vinci (Palazzo del Turismo) ✆ 44108 :

🏨 **Miramare**, via Colombo 37 ✆ 44131, Fax 44440, ≼, ⊐ – 劇 ⇔ cam 🍽 rist 🕿 🅿. AE
➡ ⑩ VISA. 🛇 rist
   20 maggio-25 settembre – Pas 20/30000 – ⊐ 7000 – **55 cam** 45/80000 – ½ P 40/80000.

🏨 **Elizabeth**, via Rovereto 11 ✆ 44119, Fax 345680, ≼, ⊐ riscaldata – 劇 📺 🕿 🚗 🅿 –
➡ 🔬 80. AE ⑩ Ε VISA. 🛇 rist
   20 dicembre-10 gennaio e Pasqua-20 ottobre – Pas 20/30000 – **50 cam** ⊐ 60/110000
   appartamenti 110/150000 – ½ P 60/75000.

🏨 **Gambrinus**, viale Panzini 101 ✆ 49421, ≼, ⊐, 🐠 – 劇 🕿 🅿. AE ⑩ VISA. 🛇
➡ maggio-settembre – Pas (solo per clienti alloggiati) 18/35000 – ⊐ 10000 – **63 cam** 48/80000
   – ½ P 55/65000.

🏨 **Ermitage**, via Ala 11 ✆ 47633, Fax 343083, ≼, ⊐ riscaldata – 劇 📺 🕿 🚗 🅿 –
➡ 🔬 100. AE 🗟 ⑩ Ε VISA. 🛇 rist
   20 dicembre-10 gennaio, Pasqua e 20 maggio-20 settembre – Pas 20/30000 – **57 cam**
   ⊐ 60/110000 appartamenti 110/150000 – ½ P 60/75000.

🏨 **Nautic-Riccardi**, viale Panzini 128 ✆ 345600, 345600, ⊐, 🐠 – 劇 🕿 🅿. 🛇
➡ maggio-20 settembre – Pas (solo per clienti alloggiati) 20/35000 – ⊐ 8000 – **33 cam**
   50/76000 – ½ P 45/58000.

🏨 **Giorgetti Palace Hotel**, via Colombo 39 ✆ 49121, ≼ – 劇 🕿 🕭 🅿. 🛇 rist
➡ 15 maggio-settembre – Pas 17/22000 – ⊐ 8000 – **54 cam** 46/80000 – ½ P 37/54000.

🏨 **Semprini**, via Volosca 18 ✆ 346337, ≼, 🐾 – 劇 🕿 🚗 🅿. 🛇 rist
➡ 15 maggio-settembre – Pas (solo per clienti alloggiati) – **39 cam** ⊐ 40/60000 – ½ P 55000.

🏨 **La Pace**, via Zara 10 ✆ 47519, ≼ – 劇 ⇔ cam 🕿 🅿. VISA. 🛇 rist
➡ 15 maggio-20 settembre – Pas (solo per clienti alloggiati) 20/30000 – ⊐ 12000 – **37 cam**
   50/60000 – ½ P 45/50000.

🏨 **Roma**, via Arbe 13 ✆ 44225, ≼, ⊐ riscaldata – 劇 ⇔ rist 🕿 🅿. VISA. 🛇
➡ 15 maggio-settembre – Pas (solo per clienti alloggiati) 20/30000 – ⊐ 6000 – **67 cam**
   50/60000 – ½ P 45/50000.

🏨 **Orizzonte**, via Rovereto 10 ✆ 44298, ≼ – 🅿. 🗟. 🛇 rist
➡ maggio-settembre – Pas (solo per clienti alloggiati) – **28 cam** ⊐ 45/55000 – ½ P 35/52000.

🏨 **Miranda** senza rist, viale Italia 23 ✆ 346290, Fax 346132, 🐠 – 劇 🅿
➡ 15 maggio-settembre – **50 cam** ⊐ 36/60000.

🏨 **Orchidea**, viale Panzini 37 ✆ 47425, « Giardino ombreggiato », ⊐ – 🕿 🅿. AE ⑩ VISA
   🛇 rist – 20 maggio-20 settembre – Pas 25/40000 – **33 cam** ⊐ 68/78000 – ½ P 28/37000.

🏨 **Elite**, viale Italia 29 ✆ 346615, ≼ – 劇 🕭 🅿. 🛇 rist
➡ 15 maggio-settembre – Pas 13/20000 – **30 cam** ⊐ 34/50000 – ½ P 30/50000.

🏨 **Le Pleiadi**, viale Panzini 102 ✆ 44636 – 劇 🕿 🅿. AE Ε VISA. 🛇
➡ 20 maggio-17 settembre – Pas (solo per clienti alloggiati) 15/18000 – ⊐ 10000 – **30 cam**
   27/48000 – ½ P 24/43000.

✗ **Rubicone da Virgilio** con cam, piazza Marcianò 19 ✆ 45116 – 📺 🕿. 🗟 Ε
➡ Pas (chiuso martedì) carta 20/44000 – **25 cam** ⊐ 25/45000 – ½ P 40/60000.

a Igea Marina – ⊠ 47044.

🗓 (aprile-settembre), viale Pinzon 190 ✆ 330052 :

🏨 **Agostini**, viale Pinzon 68 ✆ 331510, ≼ – 🕭 🅿. 🛇 rist
➡ 15 maggio-25 settembre – Pas 20/30000 – **50 cam** ⊐ 42/80000 – ½ P 40/55000.

🏨 **Touring** senza rist, viale Pinzon 217 ✆ 631619 (prenderà il 331619), ≼, ⊐, 🐾, 🐠 – 劇
➡ 🕭 🅿. AE. 🛇 – giugno-settembre – **33 cam** ⊐ 50/90000.

🏨 **Globus**, viale Pinzon 193 ✆ 330195, ≼ – 劇 🍽 rist 🕭 🅿. Ε VISA. 🛇 rist
➡ 10 maggio-25 settembre – Pas 15/20000 – ⊐ 8000 – **54 cam** 30/60000 – ½ P 31/45000.

🏨 **K 2**, viale Pinzon 212 ✆ 330064, ≼ – 劇 🕭 🅿. AE 🗟 ⑩ Ε VISA. 🛇 rist
➡ maggio-settembre – Pas (solo per clienti alloggiati) 20/25000 – ⊐ 8000 – **53 cam** 47/64000
   – ½ P 40/47000.

🏨 **Strand Hotel**, viale Pinzon 161 ✆ 331726, ≼ – 劇 🍽 rist 🕭 🅿. AE VISA. 🛇 rist
➡ febbraio-settembre – Pas 18/20000 – ⊐ 9000 – **33 cam** 35/65000 – ½ P 32/52000.

🏠 **Diplomatic,** viale Pinzon 248 ℘ 630254, ≤, 🐴, 🛳 – 🔋 ⇆ cam 📨 **Ⓟ**
stagionale – **27 cam.**

🏠 **Elios,** viale Pinzon 116 ℘ 331300, Fax 331772, ≤ – 🔋 📟 cam 📨 **Ⓟ**, 🛳 rist
aprile-ottobre – Pas 20/25000 – 🖵 10000 – **29 cam** 46/70000 – ½ P 42/55000.

🏠 **Victoria,** viale Pinzon 246 ℘ 330253, ≤ – 🔋 📨 **Ⓟ**. 🛳
aprile-15 ottobre – Pas (solo per clienti alloggiati e *chiuso aprile ed ottobre*) 20/25000 –
27 cam 🖵 45/58000 – ½ P 43/50000.

✗ **Tolmino,** viale Pinzon 8 ℘ 44031, ≤ – **Ⓟ**. 🄰🄴 🖸 ⓞ Ⓔ 𝖵𝖨𝖲𝖠
chiuso dal 2 al 25 gennaio e lunedì in bassa stagione – Pas carta 22/35000.

BELLARIVA Forlì – Vedere Rimini.

BELLINZAGO NOVARESE 28043 Novara ⁴²⁸ F 7, ²¹⁹ ⑰ – 8 120 ab. alt. 191 – ✪ 0321.
Roma 634 – ♦Milano 60 – Novara 15 – Varese 45.

✗✗ ⛛ **Grillo,** via Don Minzoni 48 ℘ 985523, Coperti limitati; prenotare – 🄱 Ⓔ 𝖵𝖨𝖲𝖠. 🛳
chiuso domenica, lunedì, agosto e dal 22 al 31 dicembre – Pas carta 34/58000
Spec. Budino di peperoni con crema all'acciuga, Ravioli di pollo e gamberi, Brasato di cavallo (inverno). Vini Timuassa, Ghemme.

BELLINZONA ⁴²⁷ ㉔㉕, ²¹⁹ ⑧, ²¹⁸ ⑫ – Vedere Cantone Ticino alla fine dell'elenco alfabetico.

BELLUNO 32100 ℗ ⁹⁸⁸ ⑤, ⁴²⁹ D 18 – 35 897 ab. alt. 389 – a.s. 15 luglio-agosto e Natale –
✪ 0437.
Vedere Piazza del Mercato★ **6** – Piazza del Duomo★ **2** : palazzo dei Rettori★ **P**, politico★ nel
Duomo – Via del Piave : ≤★.
🖪 via Psaro 21 ℘ 940083, Fax 940073 – piazza dei Martiri 27/e ℘ 28746, Telex 440077.
🄰.🄲.🄸 piazza dei Martiri 46 ℘ 213132.
Roma 617 ① – Cortina d'Ampezzo 71 ① – ♦Milano 320 ② – Trento 112 ② – Udine 117 ① – ♦Venezia 106 ① –
Vicenza 120 ②.

🏨 **Villa Carpenada** 🛋, via
Mier 158 ℘ 28343, Fax
28345, «In un bosco » –
📺 ☎ **Ⓟ**. 🄰🄴 𝖵𝖨𝖲𝖠. 🛳
Pas carta 27/43000 – 🖵
12000 – **28 cam**
100/140000 appartamenti
210000 – ½ P 90000
per ②

🏠 **Delle Alpi,** via Jacopo
Tasso 13 ℘ 940545, Telex
440887 – 🔋 📺 ☎. 🄱 ⓞ
Ⓔ 𝖵𝖨𝖲𝖠 **a**
Pas vedere rist. Delle Alpi
– **40 cam** 🖵 100/140000.

🏠 **Dolomiti** senza rist, via
Carrera 46 ℘ 27077 – 🔋
📨. ⓞ – 🖵 5000 – **32 cam**
48/75000. **s**

🏠 **Astor** senza rist, piazza
dei Martiri 26/e ℘ 24922,
Telex 440077, ≤ – 🔋 ☎
⛾. 🄱 🖸 ⓞ Ⓔ 𝖵𝖨𝖲𝖠 **n**
🖵 5000 – **32 cam**
80/100000.

✗✗ **Delle Alpi,** via Jacopo
Tasso 15 ℘ 940302 **a**

✗✗ **Al Borgo,** via Anconetta
8 ℘ 926755, Fax 926411,
🐴 – **Ⓟ**. 🄰🄴 🖸 Ⓔ 𝖵𝖨𝖲𝖠
🛳 per ④
chiuso lunedì sera e martedì – **Pas** carta 28/46000.

✗✗ **Al Sasso,** via del Consiglio 12 ℘ 27701 – 🍽 **b**
chiuso lunedì e dal 25 giugno al 15 luglio – Pas carta 25/37000.

BELLUNO

Martiri (Piazza dei)	4
Duomo (Pza)	2
Gabelli (Via A.)	3
Matteotti (Via)	5
Mercato (Pza del)	6
Piloni (Piazza)	7
Rialto (Via)	8
Segato (Via G.)	9
V. Emanuele II (Pza)	10

Vedere anche : **Nevegal** SE : 12 km.

BENACO Vedere Garda (Lago di).

BENEVENTO 82100 🅿 988 ㉗ – 64 842 ab. alt. 135 – ✪ 0824.

Vedere Arco di Traiano★★ – Museo del Sannio★ : Chiostro★.

🅵 via Giustiniani 34 ☏ 25424 – **A.C.I.** via Salvator Rosa 24/26 ☏ 21582.

Roma 241 – ♦Foggia 111 – ♦Napoli 68 – Salerno 75.

🍴🍴 **Pedicini**, via Grimoldo Re 16 ☏ 21731 – ⓞ *VISA* ✀
chiuso lunedì e Ferragosto – Pas carta 23/37000 (12%).

🍴🍴 **Antica Taverna**, via Annunziata 134 ☏ 21212 – **AE** 🅂 *VISA*
chiuso domenica sera da ottobre a giugno – Pas carta 24/31000 (10%).

sulla strada statale 7 - via Appia :

🏨 **La Cittadella**, contrada Piano Cappelle SE : 4 km ✉ 82100 ☏ 51719 – 🛗 ⇆ ☎ 🚗
🅿 – ⛱ 300. ✀
Pas carta 27/49000 (15%) – ⚌ 9000 – **54 cam** 49/78000 – ½ P 60000.

🍴🍴🍴 **Le Vecchie Carrozze**, contrada Piano Cappelle SE : 5 km ✉ 82100 ☏ 78115 – 🅿. **AE**
🅂 ⓞ 🄴 *VISA*. ✀
chiuso lunedì, Natale e dal 15 al 30 agosto – Pas carta 30/45000 (18%).

BERCETO 43042 Parma 988 ⑭, 428 429 I 11 – 2 822 ab. alt. 790 – ✪ 0525.

Roma 463 – ♦Bologna 156 – Massa 80 – ♦Milano 165 – ♦Parma 60 – ♦La Spezia 65.

🏨 Il Poggio, ☏ 60088, ≼ – ☜ 🅿 – **31 cam**.

🍴 **Vittoria-da Rino** con cam, piazza Micheli ☏ 64306 – **AE** 🅂 ⓞ 🄴 *VISA*. ✀
chiuso dal 20 dicembre al 31 gennaio ÷ Pas *(chiuso lunedì)* carta 30/58000 – ⚌ 7000 –
15 cam 28/39000 – ½ P 50000.

BERGAMO 24100 🅿 988 ③, 428 E 11 – 117 584 ab. alt. 249 – ✪ 035.

Vedere Città alta★★★ ABY – Piazza del Duomo★★ AY 12 : Cappella Colleoni★★, Basilica di Santa
Maria Maggiore★ : arazzi★★, arazzo della Crocifissione★★, pannelli★★, abside★, Battistero★ –
Piazza Vecchia★ AY 38 – ≼★ dalla Rocca AY – Città bassa★ : Accademia Carrara★★ BY M –
Quartiere vecchio★ BYZ – Piazza Matteotti★ BZ 19.

🯀 L'Albenza (chiuso lunedì) ad Almenno San Bartolomeo ✉ 24030 ☏ 640028, per ⑥ : 15 km;

🯀 La Rossera (chiuso martedì) a Chiuduno ✉ 24060 ☏ 838600, per ② : 15 km.

✈ di Orio al Serio per ③ : 3,5 km ☏ 312315 – Alitalia, via Casalino 5 ☏ 224425. ·

🅵 via Paleocapa 4/D ☏ 242226 – vicolo Aquila Nera ☏ 232730.

A.C.I. via Angelo Maj 16 ☏ 247621 – Roma 601 ④ – ♦Brescia 52 ④ – ♦Milano 47 ④.

Pianta pagina seguente

🏨🏨🏨 **Cristallo Palace e Rist. L'Antica Perosa**, via Betty Ambiveri 35 ☏ 311211, Telex
304090, Fax 312031 – 🛗 🗐 📺 ☎ & ⇆ 🅿 – ⛱ 500. **AE** 🅂 ⓞ 🄴 *VISA*. ✀ rist
Pas *(chiuso domenica)* carta 50/75000 – **86 cam** ⚌ 200/260000 appartamenti 360/420000 –
½ P 190/250000
per via San Giovanni Bosco BZ

🏨🏨 **Excelsior San Marco**, piazza della Repubblica 6 ☏ 232132, Telex 301295, Fax 223201 –
🛗 🗐 📺 🗐 – ⛱ 30 a 250. **AE** 🅂 ⓞ 🄴 *VISA*. ✀ rist AZ a
Pas *(chiuso domenica)* carta 66/101000 – **151 cam** ⚌ 180/240000 appartamenti 330/350000
– ½ P 160/220000.

🏨 **Città dei Mille** senza rist, via Autostrada 3/c ☏ 317400, Fax 317385 – 🛗 📺 ☎ 🅿. **AE**
🅂 🄴 *VISA*. ✀ – ⚌ 15000 – **40 cam** 60/90000 BZ e

🏨 **Arli** senza rist, largo Porta Nuova 12 ☏ 222014, Fax 239732 – 🛗 ☜. **AE** *VISA* BZ s
⚌ 6000 – **48 cam** 59/92000.

🍴🍴🍴 ✿ **Dell'Angelo-Antico Ristorante**, via Borgo Santa Caterina 55 ☏ 237103, Fax 212007,
« Servizio estivo all'aperto » – **AE** 🅂 ⓞ 🄴 *VISA* BY b
chiuso lunedì – Pas carta 65/85000
Spec. Ravioli di branzino al basilico, Intingolo di lumache e porcini, Sella di capriolo in crosta di pepe nero
(autunno-inverno). Vini Franciacorta, Valcalepio.

🍴🍴 **La Sagrestia**, via San Bernardino 51 c ☏ 247419, Coperti limitati; prenotare – 🗐. **AE** 🅂
VISA. ✀ AZ c
chiuso domenica, lunedì a mezzogiorno ed agosto – Pas carta 56/90000.

🍴🍴 ✿ **Da Vittorio**, viale Papa Giovanni XXIII n° 21 ☏ 218060 – 🗐. **AE** 🅂 ⓞ 🄴 *VISA* BZ b
chiuso mercoledì ed agosto – Pas carta 74/115000
Spec. Astice al Traminer e polvere di aglio, Zuppa di porcini freschi in sfoglia, Filetti di triglia in salsa
tapenade di olive nere. Vini Vintage Tunina, Barbera.

🍴🍴 ✿ **Lio Pellegrini**, via San Tomaso 47 ☏ 247813, Coperti limitati; prenotare – **AE** ⓞ
chiuso lunedì, martedì a mezzogiorno, dal 7 al 15 gennaio e dal 5 al 26 agosto – Pas
carta 47/84000
Spec. Spaghetti con gamberetti e spinaci, Fritto di zucchini porcini e cervella di vitello (estate-autunno),
Crostatina calda di fragole con crema pasticcera. Vini Soave, Freisa BY e

🍴🍴 **Taverna Valtellinese**, via Tiraboschi 57 ☏ 243331 – BZ r
chiuso domenica sera, lunedì ed agosto – Pas carta 34/46000.

🍴🍴 ** Öl Giopì e la Margì**, via Borgo Palazzo 25 ☏ 242366, Fax 249206 – **AE** 🅂 ⓞ 🄴 *VISA*. ✀
chiuso lunedì, dal 1° al 10 gennaio ed agosto – Pas carta 45/65000. BZ c

BERGAMO

0   400 m

"Città Alta" chiusa al
traffico da Marzo a Novembre

alla città alta – alt. 366 :

XXX **Taverna del Colleoni,** piazza Vecchia 7 ☎ 232596, 🐟 – 🔳. Ⅻ 🆂 ⓄⒺ 𝗩𝗜𝗦𝗔. 🕸   AY **x**
chiuso lunedì e dal 1° al 20 agosto – Pas carta 50/77000.

XX **Gourmet** 🐟 con cam, via San Vigilio 1 ☎ 256110, « Servizio estivo in giardino » – 🆃🆅
☎ 🅿. Ⅻ 🆂 ⓄⒺ 𝗩𝗜𝗦𝗔. 🕸   AY
Pas *(chiuso martedì)* carta 53/78000 – 🖙 14000 – **10 cam** 64/89000 – ½ P 140000.

XX **Il Pianone,** via al Pianone 21 ☎ 216016, Fax 211314, « Servizio estivo in terrazza
panoramica », 🌳 – 🅿 Ⅻ 🆂 ⓄⒺ 𝗩𝗜𝗦𝗔   2,5 km via per Castagneta   AY
chiuso mercoledì, giovedì a mezzogiorno e dal 10 gennaio al 5 febbraio – Pas carta 40/65000.

XX **San Vigilio** con cam, via San Vigilio 15 ☎ 253179, ≤, Coperti limitati; prenotare, « Servizio
estivo in terrazza panoramica » – 🔳 🆃🆅 ☎ 🅿. Ⅻ 🆂 Ⓔ 𝗩𝗜𝗦𝗔. 🕸   AY
Pas *(chiuso domenica sera, lunedì e gennaio)* carta 50/80000 (10%) – 🖙 15000 – **7 cam**
87000 – P 156000.

XX **Trattoria del Teatro,** piazza Mascheroni 3 ☎ 238862 – 🔳   AY **a**
chiuso lunedì e dal 15 al 30 luglio – Pas carta 33/47000.

segue →

XX **Agnello d'Oro** con cam, via Gombito 22 ℰ 249883, Fax 235612 – 🛗 ☎. ⟨AE⟩ ⟨S⟩ ⟨◍⟩ ⟨E⟩
VISA. 🍴 rist   AY **k**
Pas *(chiuso domenica sera, lunedì e dal 2 gennaio al 13 febbraio)* carta 46/78000 – ☟
10000 – **20 cam** 38/64000 – ½ P 90000.

XX **Valletta**, via Castagneta 19 ℰ 239587, prenotare, « Servizio estivo in terrazza » – ⟨AE⟩ ⟨S⟩
⟨E⟩ **VISA**. 🍴   AY
chiuso domenica sera, lunedì, dal 1° al 15 gennaio ed agosto – Pas carta 40/68000.

X Da Ornella, via Gombito 15 ℰ 232736
                                                                                       AY **s**
Vedere anche : *Torre Boldone* per ① : 4,5 km.

BERGEGGI 17042 Savona ⟨428⟩ J 7 – 1 044 ab. alt. 110 – ✆ 019.
Roma 556 – Cuneo 102 – ♦Genova 58 – Imperia 63 – ♦Milano 180 – Savona 11.

XXX ⚙ **Claudio** ⟨S⟩ con cam, ℰ 859750, Fax 859750, prenotare, « Servizio estivo in terrazza
con ≤ mare e costa », ⟨⟩, – 🖭 ⟨TV⟩ ☎ 🚗 ⟨P⟩ – ⚕ 100. ⟨AE⟩ **VISA**. 🍴 cam
chiuso dal 2 al 25 gennaio – Pas *(chiuso lunedì)* 60/80000 – ☟ 15000 – **12 cam** 80/120000
– ½ P 120/150000
Spec. Penne alle olive triglie e pinoli, Branzino ai porcini, Rombo al forno . Vini Sauvignon.

BERGIOLA MAGGIORE Massa-Carrara – Vedere Massa.

BERTINORO 47032 Forlì ⟨988⟩ ⑮, ⟨429⟩ J 18 – 8 472 ab. alt. 257 – ✆ 0543.
Vedere ≤★ dalla terrazza vicino alla Colonna dell'Ospitalità.
Roma 343 – ♦Bologna 77 – Forlì 14 – ♦Milano 296 – ♦Ravenna 33 – Rimini 41.

🏛 **Panorama** ⟨S⟩ senza rist, piazza della Libertà 11 ℰ 445465, ≤ – 🛗 ⟨TV⟩ ☎ ⚕. ⟨AE⟩ ⟨S⟩ ⟨◍⟩
VISA. 🍴 – *marzo-novembre* – ☟ 10000 – **16 cam** 50/80000.

X **Belvedere**, via Mazzini 7 ℰ 445127, 🌳 – ⟨AE⟩ ⟨◍⟩ **VISA**. 🍴
chiuso mercoledì e novembre – Pas carta 35/47000.

BESNATE 21010 Varese ⟨428⟩ E 8, ⟨219⟩ ⑦ – 4 655 ab. alt. 300 – ✆ 0331.
Roma 622 – Gallarate 7 – ♦Milano 45 – Novara 40 – Varese 17.

XX **La Maggiolina**, ℰ 274225 – 🖭 ⟨P⟩. ⟨AE⟩
chiuso martedì ed agosto – Pas carta 33/47000.

BETTOLA 29021 Piacenza ⟨988⟩ ⑬, ⟨428⟩ ⟨429⟩ H 10 – 3 597 ab. alt. 329 – ✆ 0523.
Roma 546 – ♦Bologna 184 – ♦Milano 99 – Piacenza 34.

X **Due Spade**, piazza Cristoforo Colombo 62 ℰ 917789, 🌳 – 🍴
chiuso martedì (escluso luglio-settembre) – Pas carta 31/46000.

BETTOLLE Siena ⟨988⟩ ⑮ – Vedere Sinalunga.

BIANCO 89032 Reggio di Calabria ⟨988⟩ ㊴ – 3 946 ab. – ✆ 0964.
Roma 722 – Catanzaro 118 – ♦Reggio di Calabria 78.

🏛 **Vittoria**, ℰ 911014, 🚗 – 🛗 ☎ ⟨P⟩. ⟨AE⟩ ⟨S⟩ ⟨◍⟩ ⟨E⟩ **VISA**. 🍴 rist
Pas *(maggio-ottobre)* 21/30000 – ☟ 8000 – **64 cam** 55/75000 – ½ P 45/70000.

BIASCA ⟨427⟩ ⑮, ⟨218⟩ ⑫ – Vedere Cantone Ticino alla fine dell'elenco alfabetico.

BIBIONE 30020 Venezia ⟨988⟩ ⑥, ⟨429⟩ F 21 – a.s. 15 giugno-agosto – ✆ 0431.
🛈 viale Aurora 101 ℰ 43362, Telex 450377, Fax 439997.
Roma 613 – Latisana 19 – ♦Milano 352 – Treviso 89 – ♦Trieste 98 – Udine 67 – ♦Venezia 102.

🏨 **Principe**, via Ariete 41 ℰ 43256, Telex 461075, Fax 439234, ≤, ⟨⟩, 🚗, 🏖 – 🛗 🖭 rist
☎ ⟨P⟩. ⟨AE⟩ ⟨S⟩ ⟨◍⟩ ⟨E⟩ **VISA**. 🍴 rist
15 maggio-15 settembre – Pas 30000 – **80 cam** ☟ 85/150000 – ½ P 85/95000.

🏨 **Corallo**, via Pegaso 38 ℰ 43222, Fax 439928, ≤, ⟨⟩, ⟨⟩, 🚗, 🌊, 🏖 – 🛗 🖭 rist ☎ ⟨P⟩.
⟨S⟩ ⟨E⟩ **VISA**. 🍴
15 maggio-settembre – Pas *(solo per clienti alloggiati)* – ☟ 10000 – **80 cam** 150000 –
½ P 60/96000.

🏛 **Palace**, via del Leone 44 ℰ 43349, Fax 438332, ≤, ⟨⟩, 🚗, 🌊 – 🛗 ☎ ⟨P⟩. 🍴 rist
↔ *14 maggio-16 settembre* – Pas 20/25000 – **80 cam** ☟ 64/112000 – ½ P 64/70000.

🏛 **Concordia**, via Maia 149 ℰ 43433, ≤, ⟨⟩ riscaldata, 🚗 – 🛗 ⟨⟩ ⚕ 🚗 ⟨P⟩. ⟨AE⟩ 🍴 rist
↔ *20 maggio-settembre* – Pas 18000 – **44 cam** ☟ 56/70000 – ½ P 49/63000.

🏛 **Leonardo da Vinci**, corso Europa 92 ℰ 43416, Telex 450417, Fax 438408, 🚗 – 🛗 ⟨⟩
↔ ⟨P⟩. 🍴 rist – *20 maggio-15 settembre* – Pas *(solo per clienti alloggiati)* 15/26000 – ☟ 5500
– **54 cam** 90000 – ½ P 52/60000.

🏛 **Ariston**, corso Europa 98 ℰ 43138, Fax 438301, ⟨⟩, 🚗, 🌊 – 🛗 ⟨⟩ ⚕ ⟨P⟩ ⟨AE⟩ ⟨S⟩ ⟨◍⟩
↔ ⟨E⟩ **VISA**. 🍴
15 maggio-20 settembre – Pas 20000 – ☟ 7000 – **39 cam** 45/80000 – ½ P 46/66000.

Nevada, località Lido del Sole O : 2,5 km ℘ 43346, Telex 450417, Fax 438408, ⚓ – 📶
🐕 ⚐ – 📞 **Æ** ⓪. ✗ rist
15 maggio-15 settembre – Pas carta 24/40000 – **40 cam** ⊇ 45/80000 – ½ P 43/54000.

Da Gianni, corso del Sole 96 ℘ 43609, 🍴 – ⚙ **Æ** 🅑 **E** **VISA** ⚙.
chiuso dal 23 ottobre al 20 dicembre e martedì in bassa stagione – Pas carta 21/43000

a Bibione Pineda O : 5 km – ✉ **30020** Bibione – 🅱 viale dei Ginepri ℘ 43362 :

Esplanada ⚓, via delle Dune 6 ℘ 43260, Fax 430832, « Pineta con 🏊 e ✗ », ⚓ – 📶
🔲 🐕 ⚐. 🅑 **E** **VISA** ✗
15 maggio-settembre – Pas 22/27000 – ⊇ 15000 – **80 cam** 70/110000 – ½ P 68/92000.

San Marco ⚓, via delle Ortensie 2 ℘ 43301, Fax 438381, « Pineta con 🏊 », ⚓ – 📶
🐕 ⚐. 🅑 **E** **VISA** ✗
15 maggio-15 settembre – Pas 22/24000 – ⊇ 10000 – **57 cam** 65/100000 – ½ P 52/77000.

Horizonte, via degli Ontani 31 ℘ 43218, Fax 439246, « Giardino ombreggiato », ⚓ – 📶
🔸 rist 📞 ⚐. 🅑 **E** **VISA** ✗ rist
10 maggio-28 settembre – Pas 19/23000 – ⊇ 6000 – **25 cam** 32/63000 – ½ P 40/57000.

BIELLA 13051 Vercelli 𝟵𝟴𝟴 ②, 𝟰𝟮𝟴 F 6 – 51 365 ab. alt. 424 – ✆ 015.

🅕 Le Betulle (aprile-novembre; chiuso lunedì) a Magnano ✉ 13050 ℘ 679151, per ④ : 18 km.

A.C.I. viale Matteotti 11 ℘ 351047.

Roma 676 ② – Aosta 101 ④ – ◆Milano 102 ② – Novara 56 ② – Stresa 72 ① – ◆Torino 74 ③ – Vercelli 42 ②.

Astoria senza rist, viale
Roma 9 ℘ 402750, Fax
8491691, « Elegante arre-
damento » – 🛗 🔲 🖧
📞 – 🔬 65. **Æ** 🅑 ⓪ **E**
VISA   **v**
chiuso agosto – ⊇ 15000
– **49 cam** 110/150000.

Augustus senza rist, via
Orfanotrofio ℘ 27554,
Telex 215860, Fax 29257 –
🛗 🔲 📺 🖧 🐕 ⚐. 🅑
⓪ **E** **VISA** ✗   **s**
chiuso dal 3 al 26 agosto
– **36 cam** ⊇ 115/165000.

Michelangelo senza
rist, piazza Adua 5 ℘
8492362, Telex 223177,
Fax 8492649 – 🛗 🔲 📺
📞 – 🔬 30. **Æ** 🅑
⓪ **E** **VISA** ✗   **r**
⊇ 10000 – **19 cam**
120/150000.

Coggiola senza rist, via
Cottolengo 5 ℘ 8491912,
🍴 – 🛗 🔲 📞. 🅑 **E** **VISA**
⊇ 8000 – **32 cam**
50/83000   **b**

Prinz Grill, via Torino 14
℘ 30302, prenotare – 🔲.
Æ ⓪ **VISA** ✗   **u**
*chiuso domenica, dal 1°
al 15 gennaio ed agosto*
– Pas carta 45/71000.

Il Bagatto, via della Repubblica 45 ℘ 28671 – **Æ**
🅑 ⓪ **E** **VISA**   **f**
chiuso lunedì ed agosto
– Pas carta 29/48000.

Da Vittorio, via Tassi 10
℘ 8493477 – **Æ** 🅑 ⓪ **E** **VISA** ✗   **e**
chiuso domenica e dal 1° al 20 agosto – Pas carta 26/47000.

San Paolo, viale Roma 4 ℘ 8493236 – 🔲. **Æ** 🅑 ⓪ **E** **VISA** ✗   **a**
chiuso venerdì ed agosto – Pas carta 39/66000.

Taverna del Piazzo, via Avogadro 10-rione Piazzo ℘ 22724 – **Æ** 🅑 ⓪ **E** **VISA**   **x**
chiuso lunedì – Pas carta 31/47000.

L'Orso Poeta, via Orfanotrofio 7 ℘ 21252. **Æ** **VISA**   **h**
chiuso domenica, dal 1° al 10 gennaio e dal 6 al 25 agosto – Pas carta 21/55000 (10%).

Trattoria della Rocca, via della Vittoria 90-rione Chiavazza ℘ 351022 – ⚐
chiuso martedì e dal 5 al 25 agosto – Pas carta 29/43000   2 km per ①

109

a Vaglio NE : 4 km – ✉ 13050 :

X **Al Pescherecciò,** ✆ 561351 – Ⓟ
chiuso lunedì e dal 25 agosto al 15 settembre – Pas carta 30/55000.

Vedere anche : ***Sordevolo*** per ④ : 8 km.
Oropa NO : 13 km.
San Paolo Cervo N : 14 km.

BIGOLINO Treviso – Vedere Valdobbiadene.

BINASCO **20082** Milano 988 ③⑬, 428 G 9 – 6 444 ab. alt. 101 – ☎ 02.
Roma 573 – Alessandria 75 – •Milano 17 – Novara 63 – Pavia 19 – •Torino 152.

Corona, via Matteotti 20 ✆ 9052280, Fax 9054353 – AE E VISA. rist
chiuso agosto – Pas *(chiuso sabato)* carta 28/48000 – ☕ 8000 – **50 cam** 65/90000.

XX **Hosteria della Pignatta,** largo Loriga 5 ✆ 9054046 – AE
chiuso martedì ed agosto – Pas carta 28/38000 (10%).

BIODOLA Livorno – Vedere Elba (Isola d') : Portoferraio.

BIOGGIO 427 ㉔, 219 ⑧ – Vedere Cantone Ticino alla fine dell'elenco alfabetico.

BISCEGLIE **70052** Bari 988 ㉙ – 48 314 ab. alt. 16 – ☎ 080.
Roma 422 – •Bari 41 – •Foggia 105 – •Taranto 124.

Salsello, via Siciliani 29/30 ✆ 965577, Fax 965568, – Ⓟ – 500. AE E VISA.
Pas carta 32/51000 (15%) – **52 cam** ☕ 120000 – ½ P 85/190000.

BISSONE 427 ㉔, 219 ⑧ – Vedere Cantone Ticino alla fine dell'elenco alfabetico.

BITONTO **70032** Bari 988 ㉙ – 53 292 ab. alt. 118 – ☎ 080.
Roma 450 – •Bari 17 – •Foggia 113 – •Taranto 97.

XX **La Tabernetta,** viale Papa Giovanni XXIII 163/E ✆ 615511, – AE E VISA
chiuso lunedì – Pas carta 31/47000.

Le continue modifiche ed il costante miglioramento apportato alla rete stradale italiana consigliano l'acquisto dell' aggiornata carta Michelin 988 in scala 1/1 000 000.

BIVIGLIANO **50030** Firenze 429 K 15 – alt. 580 – a.s. luglio e agosto – ☎ 055.
Roma 295 – •Bologna 98 – •Firenze 18 – Forlì 105 – •Milano 292.

Giotto Park Hotel ✆ 406608, ←, « Parco ombreggiato », – Ⓟ – 100. AE E VISA. rist
Pas 33/50000 – **35 cam** ☕ 91/180000 – ½ P 72/117000.

Gli Scoiattoli ✆ 406610, ←, – Ⓟ. VISA. rist
marzo-novembre – Pas carta 28/47000 – ☕ 8000 – **20 cam** 37/70000 – ½ P 60/67000.

XX **Villa Vecchia,** verso Pratolino S : 3 km ✆ 409476, Fax 409790, , « Parco ombreggiato » – Ⓟ. AE E VISA.
chiuso mercoledì, giovedì a mezzogiorno e dal 2 gennaio al 14 febbraio – Pas carta 28/47000.

BIZZARONE **22020** Como 428 E 8, 219 ⑧ – 1 283 ab. alt. 433 – ☎ 031.
Roma 644 – Como 20 – Varese 19.

X Cornelio con cam, via Milano 1 ✆ 948787 – Ⓟ – 25
9 cam.

BOARIO TERME Brescia 988 ④, 428 429 E 12 – Vedere Darfo Boario Terme.

BOBBIO **29022** Piacenza 988 ⑬, 428 H 10 – 3 979 ab. alt. 272 – Stazione termale (maggio-ottobre) – ☎ 0523.
ℹ (maggio-settembre), piazza San Francesco 3 ✆ 936178.
Roma 558 – Alessandria 84 – •Bologna 196 – •Genova 94 – •Milano 110 – Pavia 88 – Piacenza 46.

Piacentino, ✆ 936266 – Ⓟ
20 cam.

X **Dei Cacciatori** con cam, ✆ 936267
chiuso dal 7 gennaio al 18 marzo – Pas *(chiuso mercoledì)* carta 26/40000 – ☕ 4000 – **11 cam** 41/61000 – ½ P 49000.

BOCCA DI MAGRA 19030 La Spezia 428 429 J 11 – ✪ 0187.
Roma 404 – ♦Genova 110 – Lucca 60 – Massa 21 – ♦Milano 227 – ♦La Spezia 21.

🏠 **Orsa Maggiore,** ℰ 65116, ≼, 😋, 🍴 – 🐾. 🍴 rist
aprile-settembre – Pas carta 30/44000 – 😋 8000 – **25 cam** 24/46000 – ½ P 63/65000.

XX **La Lucerna di Ferro,** ℰ 601206 – 🅿. 🆎 🅱. 🍴
chiuso dal 15 dicembre al 1° marzo, lunedì sera e martedì da settembre a maggio – Pas
carta 49/74000.

XX **Capannina Ciccio,** ℰ 65568, Fax 65177, ≼, 😋 – 🆎 🅱 ⓪ 🅴 💳
chiuso martedì e novembre – Pas carta 44/68000.

BOGLIACO Brescia 428 I 9 – Vedere Gargnano.

BOGLIASCO 16031 Genova 428 I 9 – 4 694 ab. – ✪ 010.
Roma 491 – ♦Genova 13 – ♦Milano 150 – Portofino 23 – ♦La Spezia 92.

XX **Il Tipico,** località San Bernardo N : 4 km ℰ 3470754, ≼ mare e costa – 🅿. 💳 🍴
chiuso lunedì e novembre – Pas carta 45/65000.

BOGNANCO (Fonti) 28030 Novara 988 ②, 428 D 6 – 380 ab. alt. 986 – Stazione termale
(giugno-settembre) – ✪ 0324.
🅱 piazzale Giannini 5 ℰ 34127.
Roma 709 – Domodossola 11 – ♦Milano 132 – Novara 102 – Stresa 52 – ♦Torino 176.

🏠 **Pace,** ℰ 481359 – 😋 🅿. 🍴
giugno-settembre – Pas 28/35000 – 😋 5000 – **41 cam** 32/48000 – P 45/55000.

BOJANO 86021 Campobasso 988 ⑦ – 8 014 ab. alt. 488 – ✪ 0874.
Roma 217 – ♦Foggia 110 – Isernia 27 – ♦Napoli 122.

✗ Il Ghiottone, 648 ℰ 782806.

BOLETO 28010 Novara 428 E 7, 219 ⑥ – alt. 696 – ✪ 0322.
Vedere Santuario della Madonna del Sasso★★ NO : 4 km.
Roma 664 – Domodossola 54 – ♦Milano 87 – Novara 49 – ♦Torino 123 – Varese 55.

XX Panoramico 🐾 con cam, ℰ 981109, ≼ lago d'Orta e Mottarone, 🐴 – 🅿
12 cam.

BOLLATE 20021 Milano 428 F 9, 219 ⑱⑲ – 43 392 ab. alt. 154 – ✪ 02.
Roma 595 – Como 37 – ♦Milano 11 – Novara 45 – Varese 40.

🏨 **La Torretta,** strada statale Varesina NO : 2 km ℰ 3505997, Telex 352815, Fax 33300826,
😋 – 📶 🍴 cam 📺 ☎ 🅿 – 🔔 80. 🆎 ⓪ 💳. 🍴 rist
Pas (chiuso domenica e dal 2 al 26 agosto) carta 34/48000 – 😋 12000 – **60 cam** 82/120000
– P 145000.

ad Ospiate O : 1 km – ⊠ 20021 Ospiate di Bollate :

XX **Al Mulino,** viale Repubblica 75 ℰ 3502286, 😋 – 🍴 🅿. 🆎. 🍴
chiuso lunedì e dal 7 al 28 agosto – Pas carta 65/85000.

BOLOGNA 40100 🅿 988 ⑭⑮, 429 I 15 – 417 410 ab. alt. 55 – ✪ 051.
Vedere Piazze Maggiore e del Nettuno★★★ BY: fontana del Nettuno★★, basilica di San Petronio★★
BY A, palazzo Comunale★ BY H, palazzo del Podestà★ BY B – Piazza di Porta Ravegnana★★ CY:
Torri Pendenti★★ (🔭★★) – Mercanzia★ – Chiesa di Santo Stefano★ CY F – Museo Civico
Archeologico★ BY M – Pinacoteca Nazionale★★ CX M – Chiesa di San Giacomo Maggiore★ CX D
– Strada Maggiore★ CY – Chiesa di San Domenico★ BZ K: arca★★ del Santo, tavola★ di Filippino
Lippi – Palazzo Bevilacqua★ BY E – Postergale★ nella chiesa di San Francesco AX N.
Dintorni Madonna di San Luca: portico★, ≼★ su Bologna e gli Appennini SO : 5 km EU.
🏌 (chiuso lunedì) a Chiesa Nuova di Monte San Pietro ⊠ 40050 ℰ 969100, O : 16 km DU.
✈ di Borgo Panigale NO : 6 km DET ℰ 311578 – Alitalia, via Marconi 34 ⊠ 40122 ℰ 212333.
🚗 ℰ 372126.
🅱 piazza Maggiore 6 ⊠ 40121 ℰ 239660 – Stazione Ferrovie Stato ⊠ 40121 ℰ 246541.
🆎 via Marzabotto 2 ⊠ 40122 ℰ 389908.
Roma 379 ⑦ – ♦Firenze 105 ⑦ – ♦Milano 210 ⑨ – ♦Venezia 152 ①.

Pianta pagine seguenti

🏨 **Gd H. Baglioni,** via dell'Indipendenza 8 ⊠ 40121 ℰ 225445, Telex 510242, Fax 234840 –
📶 😋 cam 📧 📺 ☎ – 🔔 30 a 80. 🆎 🅱 ⓪ 🅴 💳. 🍴   BX **e**
Pas vedere rist I Carracci – **117 cam** ⊠ 305/490000 appartamenti 600/800000 –
½ P 245/300000.

🏨 **Royal Hotel Carlton,** via Montebello 8 ⊠ 40121 ℰ 249361, Telex 510356, Fax 249724 –
📶 📧 📺 🅿 ♿ 🚗 – 🔔 30 a 800. 🆎 🅱 ⓪ 🅴 💳. 🍴   BV **g**
chiuso agosto – Pas (chiuso domenica) 70/90000 – **251 cam** ⊠ 270/350000 appartamenti
480/560000.

111

🏨 **Pullman Hotel Bologna,** viale Pietramellara 59 ⊠ 40121 🕿 248248, Telex 520643, Fax
249421 – 📶 🔳 📺 🕿 🕹 – 🛗 80. 🅰🅴 🆂 ⓘ 🅴 𝖵𝖨𝖲𝖠. 🛇
Pas vedere rist Risbo' – **244 cam** ⊇ 203/292000.   **BV q**

🏨 **Holiday Inn Bologna City,** piazza della Costituzione 1 ⊠ 40128 🕿 372172, Telex
510676, Fax 357662, 🔟, 🖪 – 📶 ⇌ cam 🔳 📺 🕿 🚗 🅿 – 🛗 350. 🅰🅴 🆂 ⓘ 🅴 𝖵𝖨𝖲𝖠
🛇 rist
Pas 30/70000 – **162 cam** ⊇ 207/311000 appartamento 440000.   **FT h**

🏨 **Jolly,** piazza 20 Settembre 2 ⊠ 40121 🕿 248921, Telex 510076, Fax 249764 – 📶 🔳 📺
🕿 – 🛗 420. 🅰🅴 🆂 ⓘ 🅴 𝖵𝖨𝖲𝖠. 🛇 rist
Pas carta 47/55000 – **176 cam** ⊇ 190/285000 – ½ P 198/245000.   **CV a**

🏨 **Al Cappello Rosso** senza rist, via de' Fusari 9 ⊠ 40123 🕿 261891, Telex 512870, Fax
227179 – 📶 🔳 📺 🕿. 🅰🅴 🆂 ⓘ 🅴 𝖵𝖨𝖲𝖠
31 cam ⊇ 199/298000 appartamento 350000.   **BY x**

BOLOGNA
PIANTA D'INSIEME

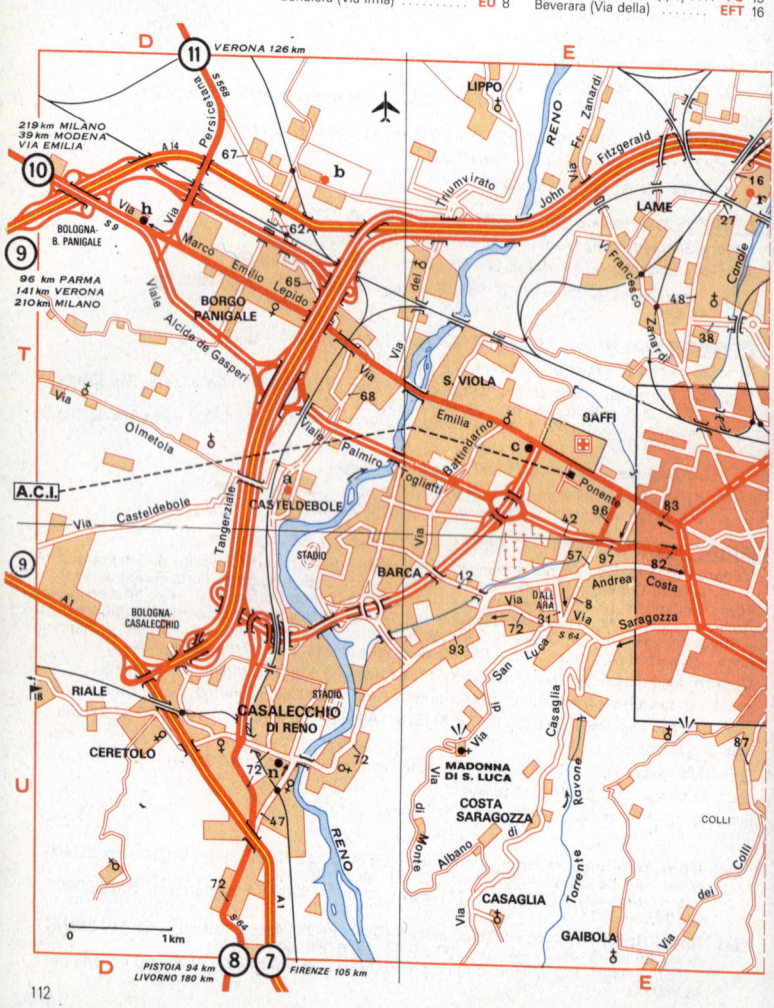

Roma, via Massimo d'Azeglio 9 ⊠ 40123 ℰ 226322, Telex 512863, Fax 239909 – 📶 🔲
📺 ☎ 🚗 AE ⑤ ⓪ E VISA ⅍ rist   BY **x**
Pas *(chiuso dal 1° al 23 agosto)* 40000 – ⊇ 15000 – **84 cam** 80/120000, 🔲 15000 –
½ P 100/135000.

Gd H. Elite, via Aurelio Saffi 36 ⊠ 40131 ℰ 437417, Telex 510067, Fax 424968 – 📶 🔲
📺 ☎ 🚗 – 🔬 120. AE ⑤ ⓪ E VISA ⅍   AV **c**
chiuso dal 25 luglio al 25 agosto – Pas vedere rist Cordon Bleu – **84 cam** ⊇ 170/240000
appartamenti 330000 – ½ P 160000.

Internazionale senza rist, via dell'Indipendenza 60 ⊠ 40121 ℰ 245544, Telex 511038,
Fax 249544 – 📶 🔲 📺 ☎ 🚗 – 🔬 25. AE ⑤ ⓪ E VISA   BCV **p**
140 cam ⊇ 180/275000.

Milano Excelsior, viale Pietramellara 51 ⊠ 40121 ℰ 246178, Telex 510213, Fax 249448
– 📶 🔲 📺 ☎ 🚗 – 🔬 30 a 120. AE ⑤ ⓪ E VISA ⅍ rist   BV **s**
Pas 35/40000 – **72 cam** ⊇ 180/230000 appartamenti 299/335000 – ½ P 156/233000.

Cadriano (Via)	**FT** 17	Dagnini (Via Giuseppe)	**FU** 28
Castiglione (Via)	**FU** 18	De Coubertin (Via)	**EU** 31
Cavazzoni (Via Francesco)	**GU** 19	Ferravilla (Via Edoardo)	**FT** 34
Codivilla (Via Alessandro)	**FU** 25	Firenze (Via)	**GU** 36
Colombo (Via Cristoforo)	**ET** 27	Gagarin (Via Yuri)	**ET** 38

Gandhi (Viale M. K.)	**ET** 42
Jacopo della Lana (Via)	**FU** 43
Marconi (Via Guglielmo)	**DU** 47
Marco Polo (Via)	**ET** 48
Martelli (Via Tommaso)	**GU** 49
Matteotti (Via Giacomo)	**FT** 52
Mazzini (Via Giuseppe)	**FU** 54
Mezzofanti (Via Giuseppe)	**FU** 55
Montefiorino (Via)	**EU** 57
Oriani (Viale Alfredo)	**FU** 61
Ospedaletto (Via dell')	**DT** 62
Palagi (Via Pelagio)	**FU** 64
Panigale (Via)	**DT** 65
Persicetana Vecchia (Via)	**DT** 67
Pietra (Via della)	**DT** 68
Pirandello (Via Luigi)	**GT** 69
Porrettana (Via)	**DEU** 72
Putti (Via Vittorio)	**FU** 75
Sabbioni (Via dei)	**EU** 81
Sabotino (Via)	**EU** 82
Saffi (Via Aurelio)	**ET** 83
San Mamolo (Via)	**EU** 87
Santa Barbara (Via)	**FU** 89
Sigonio (Via Carlo)	**FU** 92
Sturzo (Via Don Luigi)	**EU** 93
Timavo (Via del)	**ET** 96
Tolmino (Via)	**EU** 97
Tosarelli (Via Bruno)	**GT** 98

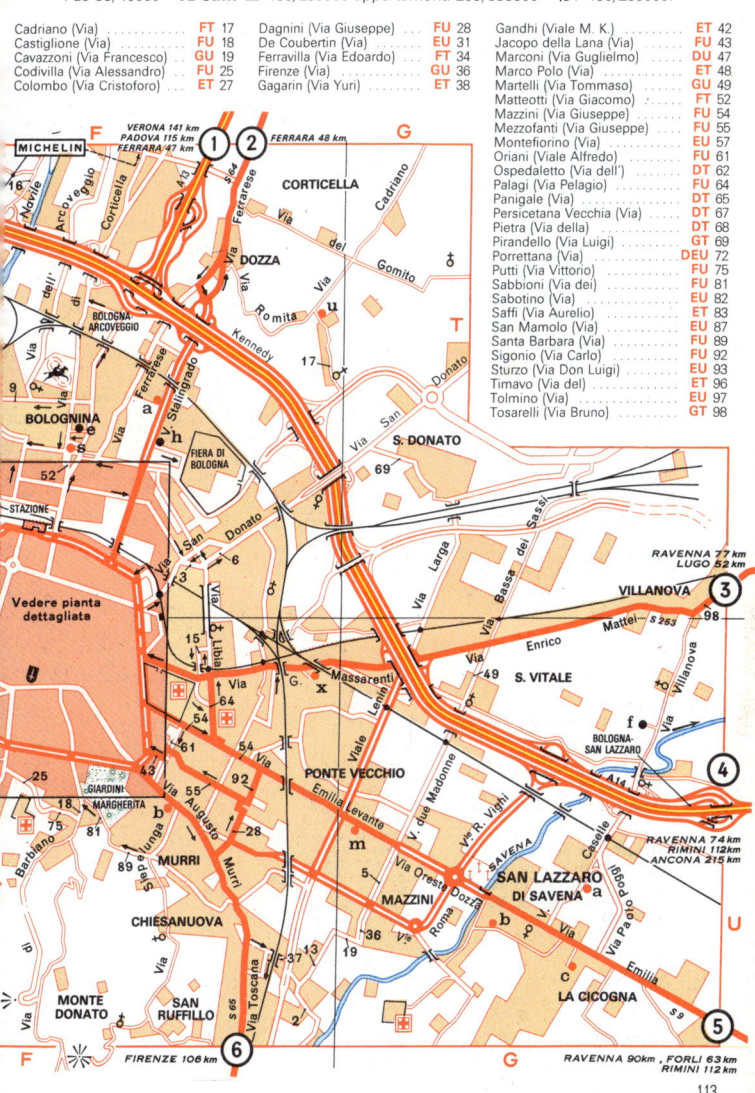

🏨 **Corona d'Oro 1890** senza rist, via Oberdan 12 ⊠ 40126 🖉 236456, Telex 512883, Fax 262679 – 🛉 ▤ 🔟 🕿 – 🔬 50. 🖭 ⓢ ⓞ ⅌ 𝖵𝖨𝖲𝖠. ⅏ chiuso agosto – **35 cam** ⅃ 190/310000   CX **a**

🏨 **Re Enzo** senza rist, via Santa Croce 26 ⊠ 40122 🖉 523322, Telex 512892, Fax 554035 – 🛉 ▤ 🔟 🕿 🚗. 🖭 ⓢ ⓞ ⅌ 𝖵𝖨𝖲𝖠. ⅏ AX **a** chiuso dal 27 luglio al 26 agosto – ⅃ 16000 – **51 cam** 95/115000.

🏨 **Dei Commercianti** senza rist, via de' Pignattari 11 ⊠ 40124 🖉 233052, Fax 224733 – 🛉 ▤ 🔟 🕿. 🖭 ⓢ ⓞ ⅌ 𝖵𝖨𝖲𝖠. ⅏   BY **n** **31 cam** ⅃ 110/155000.

🏨 **City Hotel** senza rist, via Magenta 10 ⊠ 40128 🖉 372676, Fax 372032, 🚗 – 🛉 ▤ 🔟 🚗 – 🔬 35   FT **e** **50 cam**.

🏨 **Altea Hotel Fiera e Rist. Il Mercante,** via Stalingrado 82 ⊠ 40128 🖉 377735 e rist 🖉 358519, Telex 512643, Fax 352947 – 🛉 ▤ 🔟 🕿 🚗 🅿 – 🔬 50. 🖭 ⓢ ⓞ ⅌ 𝖵𝖨𝖲𝖠. ⅏ FT **a** Pas (chiuso domenica) carta 36/58000 – ⅃ 15000 – **88 cam** 170/240000.

🏨 **Palace** senza rist, via Montegrappa 9 ⊠ 40121 🖉 237442, Telex 220696, Fax 220689 – 🛉 ▤ 🔟 🕿 🚗. 🖭 ⓢ ⓞ ⅌ 𝖵𝖨𝖲𝖠. ⅏ BX **a** ⅃ 12000 – **113 cam** 82/112000, ▤ 7000.

🏨 **Alexander,** viale Pietramellara 45 ⊠ 40121 🖉 247118, Telex 520564 – 🛉 ▤ 🔟 🕿 – 🔬 60 🖭 ⓢ ⓞ ⅌ 𝖵𝖨𝖲𝖠 chiuso agosto – Pas vedere H. Milano Excelsior – **108 cam** ⅃ 120/180000 – ½ P 140/170000   BV **w**

🏨 **Maggiore** senza rist, via Emilia Ponente 62/3 ⊠ 40133 🖉 381634, Telex 226262, Fax 312161 – 🛉 🔟 🕿 🅿 – 🔬 35. 🖭 ⓢ ⓞ ⅌ 𝖵𝖨𝖲𝖠. ⅏ chiuso dal 1° al 21 agosto – **60 cam** ⅃ 95/150000   ET **c**

🏨 **Donatello** senza rist, via dell'Indipendenza 65 ⊠ 40121 🖉 248174, Fax 248174 – 🛉 ▤ 🔟 🕿. 🖭 ⓢ ⓞ ⅌ 𝖵𝖨𝖲𝖠   CV **s** ⅃ 10000 – **38 cam** 82/110000.

🏨 **San Felice** senza rist, via Riva di Reno 2 ⊠ 40122 🖉 557147 – 🛉 ▤ 🔟 🕿. 🖭 ⓢ ⅌ 𝖵𝖨𝖲𝖠. ⅏ AX **f** ⅃ 10000 – **36 cam** 82/113000.

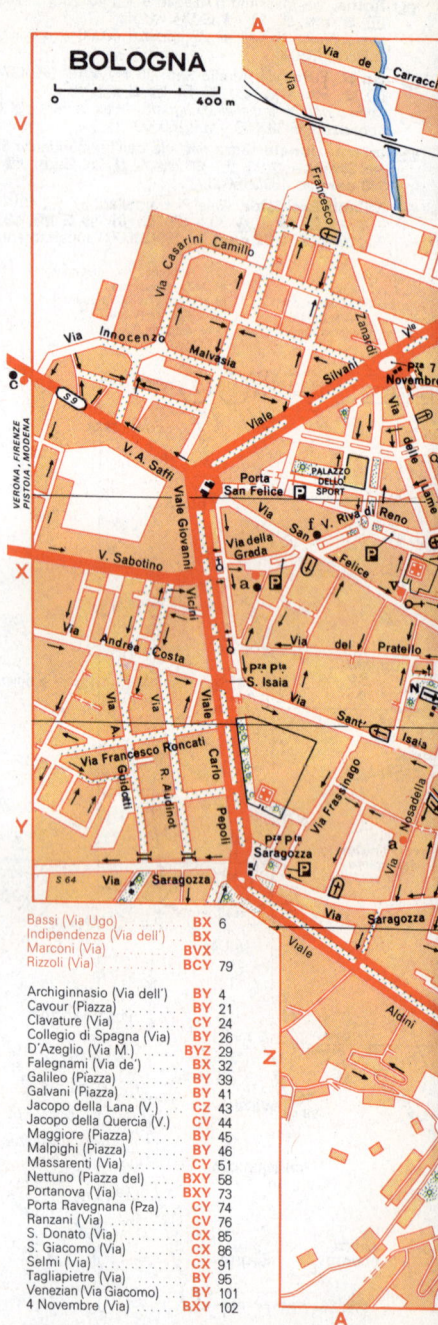

BOLOGNA

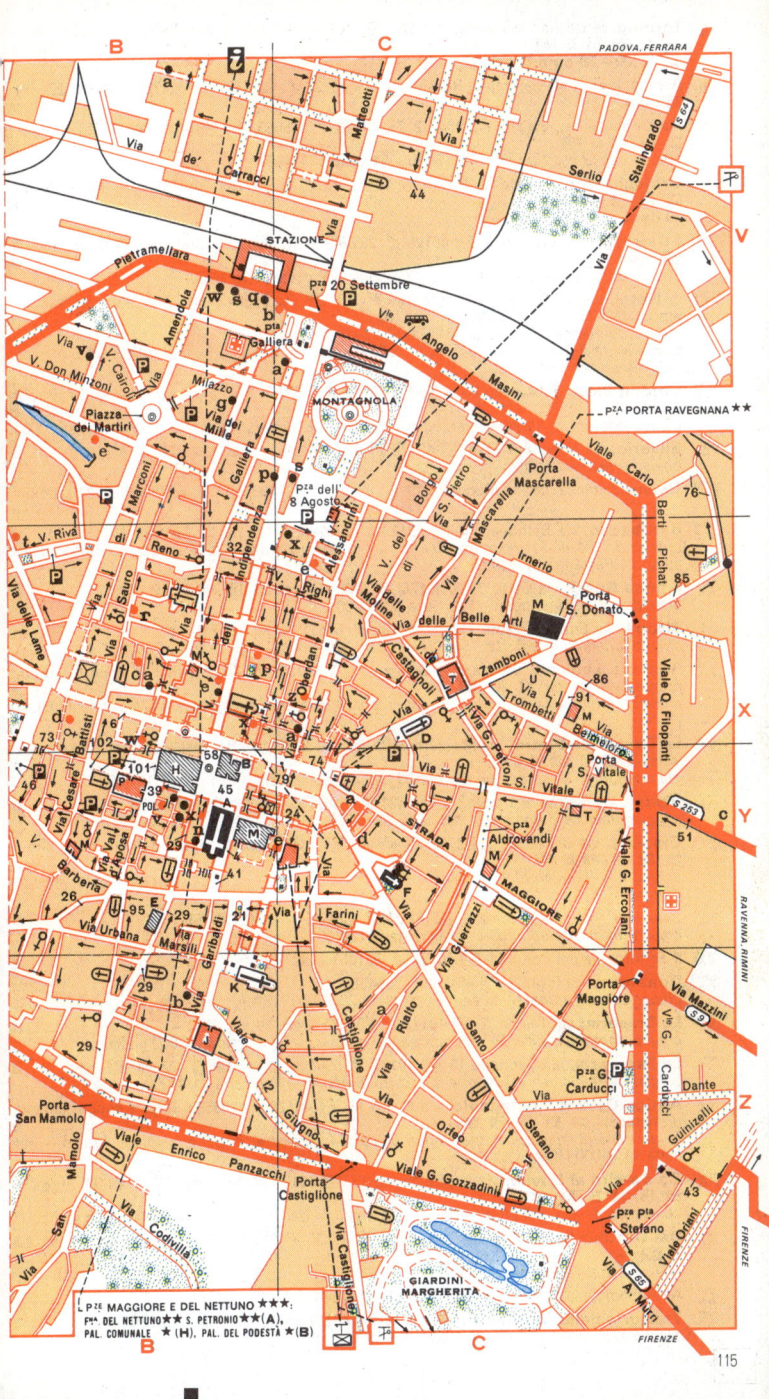

B   C

Via   de'   Carracci
Via
Pietramellara
STAZIONE
Serlio
Via   Stalingrado
44
V

P.za 20 Settembre
p.ta   Galliera
V.le   Angelo
Masini

V. Don Minton
Via   Cairoli
Milazzo
Via   dei   Mille
Piazza   dei   Martiri
MONTAGNOLA
Via   Galliera
Marconi
Via   Indipendenza
P.za dell'   8 Agosto
Borgo
S. Pietro
Porta   Mascarella
Via   Mascarella
P.ZA PORTA RAVEGNANA ★★
V.le   Carlo
Berti   Pichat
76

Via   delle   Lame
t. V. Riva
di   Reno
V. Sauro
32
Via   Righi
Via   del
Via   delle   Moline
Irnerio
Porta   S. Donato
85
Viale   O. Filopanti

Via   Oberdan
Via   delle   Belle   Arti
Castagnoli
Zamboni
M
86
Via   Belmeloro
91
X

73
V.le Cesare   Battisti
102
58
101
H
45
A
POL
74
STRADA   MAGGIORE
Via   G. Petroni
Porta   Vitale
Via   Vitale
Porta   S.   Vitale
S 253
51
Y
c

Via Vill Urbana   Rosa
29
39
24
M
M
A 1
Via   Zamboni
S. Aldrovandi
p.za   Aldrovandi
Viale   G. Ercolani
RAVENNA, RIMINI

Barberia
26
95
29
Via   Urbana
Via   Marsili
Via   Garibaldi
Via   Farini
Via   Guerrazzi
Porta   Maggiore
Via Mazzini S 9
Vie G.   Carducci
Dante
Guinizelli
Z

29
K
Via   Castiglione
Via   Rialto
Santo
p.za G.   Carducci
P
43
o+

Porta   San Mamolo
Viale   Enrico   Panzacchi
Porta   Castiglione
Via Cassarini
Viale G. Gozzadini
Via   Orfeo
Via   Stefano
p.za p.ta   S. Stefano
Via   A. Murri
S 65
FIRENZE

Via   San   Mamolo
Via   Codivilla
GIARDINI   MARGHERITA
Via   Orfani

P.ze MAGGIORE E DEL NETTUNO ★★★:
Fna. DEL NETTUNO ★★ S. PETRONIO ★★ (A),
PAL. COMUNALE ★ (H), PAL. DEL PODESTÀ ★ (B)

B   C

🏠 **Touring** senza rist, via Mattuiani 1/2 ⊠ 40124 ℘ 584305, Fax 334763 – 📳 📺 ☎ –
🛗 40. 🖭 🕃 ⴺ 𝘝𝘐𝘚𝘈
⌷ 12000 – **38 cam** 65/85000.
BZ **b**

🏠 Astoria senza rist, via Fratelli Rosselli 14 ⊠ 40121 ℘ 521410, Fax 524739 – 📳 ▤ 📺 ☎
38 cam.
BV **v**

🏠 **Astor** senza rist, via Fioravanti 42/2 ⊠ 40129 ℘ 356663, Fax 352202 – 📳 ▤ 📺 ☎ 🚗
🖭 🕃 ⓞ ⴺ 𝘝𝘐𝘚𝘈
chiuso dall' 8 al 21 agosto – ⌷ 5000 – **31 cam** 78/108000.
BV **a**

🏠 Orologio senza rist, via IV Novembre 10 ⊠ 40123 ℘ 231253, Fax 231253 – 📳 ▤ 📺 ☎.
🖭 🕃 ⓞ ⴺ 𝘝𝘐𝘚𝘈
29 cam ⌷ 110/155000.
BY **x**

XXXX **I Carracci,** via Manzoni 2 ⊠ 40129 ℘ 222049, Rist. elegante, prenotare – ▤. 🖭 🕃 ⓞ
𝘝𝘐𝘚𝘈. 🛇
chiuso domenica e dal 25 luglio al 25 agosto – Pas carta 63/95000.
BX **e**

XXX ❀ **Notai,** via de' Pignattari 1 ⊠ 40124 ℘ 228694, Fax 265872, 🍴, Rist. elegante-souper,
prenotare – 🖭 🕃 ⓞ ⴺ 𝘝𝘐𝘚𝘈
chiuso domenica – Pas carta 70/95000
Spec. Insalata di gamberi saltati, Tortelli di ricotta alle verdure , Tagliata di filetto al radicchio e parmigiano.
Vini Albana, Cabernet-Sauvignon.
BY **n**

XXX **Cordon Bleu,** via Aurelio Saffi 38 ⊠ 40131 ℘ 423466, Rist. e piano-bar – ▤. 🖭 🕃 ⓞ
ⴺ 𝘝𝘐𝘚𝘈. 🛇
chiuso domenica, lunedì a mezzogiorno e dal 27 luglio al 27 agosto – Pas carta 55/86000.
AV **s**

XXX **Silverio,** via Nosadella 37/a ⊠ 40123 ℘ 330604, prenotare – ▤. 🖭 ⓞ 𝘝𝘐𝘚𝘈. 🛇   AY **a**
chiuso lunedì ed agosto – Pas carta 60/75000.

XXX Taverna 3 Frecce, strada Maggiore 19 ⊠ 40125 ℘ 231200, « In un edificio del 13° secolo »
CY **a**

XXX **Battibecco,** via Battibecco 4 ⊠ 40123 ℘ 223298, 🍴 – ▤. 🖭 ⓞ 𝘝𝘐𝘚𝘈. 🛇   BY **v**
chiuso dal 24 al 31 dicembre, dal 1° al 25 agosto, domenica e in giugno-luglio anche
sabato – Pas carta 57/86000.

XX **Franco Rossi,** via Goito 3 ⊠ 40126 ℘ 238818 – ▤. 🖭 𝘝𝘐𝘚𝘈. 🛇   BX **p**
chiuso domenica e luglio – Pas carta 50/70000.

XX **Bitone,** via Emilia Levante 111 ⊠ 40139 ℘ 546110 – ▤. 🖭 𝘝𝘐𝘚𝘈. 🛇   GU **m**
chiuso lunedì, martedì, dal 15 al 31 gennaio ed agosto – Pas carta 49/75000.

XX **Rosteria Luciano,** via Nazario Sauro 19 ⊠ 40121 ℘ 231249, Rist. a coperti limitati,
prenotare – ▤. 🖭 🕃 ⓞ 𝘝𝘐𝘚𝘈. 🛇
chiuso martedì sera, mercoledì, agosto e dal 24 dicembre al 1° gennaio – Pas carta 43/64000
(12%).

XX **La Cesoia-da Pietro,** via Massarenti 90 ⊠ 40138 ℘ 342854, Rist. con specialità umbro-
laziali – 🖭 🕃 ⓞ ⴺ 𝘝𝘐𝘚𝘈
chiuso domenica sera, lunedì e dal 28 luglio al 22 agosto – Pas carta 33/51000.
CY **c**

XX **Risbo',** via Pietramellara 59/2 ⊠ 40121 ℘ 246270 – ▤. 🖭 🕃 ⓞ ⴺ 𝘝𝘐𝘚𝘈. 🛇   CV **b**
chiuso sabato e domenica – Pas carta 40/63000.

XX **Grassilli,** via dal Luzzo 3 ⊠ 40125 ℘ 222961, 🍴, Rist. a coperti limitati; prenotare –
▤. 🖭 🕃 ⓞ ⴺ 𝘝𝘐𝘚𝘈
chiuso dal 15 luglio al 15 agosto, dal 23 dicembre al 1° gennaio, mercoledì e le sere dei
giorni festivi – Pas carta 53/83000 (14%).
CY **a**

XX **Rodrigo,** via della Zecca 2/h ⊠ 40121 ℘ 220445 – ▤. 🖭 ⓞ 𝘝𝘐𝘚𝘈   BX **w**
chiuso domenica ed agosto – Pas carta 50/72000 (12%).

XX Il Tartufo, via del Porto 34 ⊠ 40122 ℘ 521057 – ▤   BV **e**

XX Donatello, via Righi 8 ⊠ 40126 ℘ 235438   CX **e**
chiuso sabato e domenica sera – Pas carta 26/37000 (13%).

XX **La Braseria,** via Testoni 2 ⊠ 40123 ℘ 264584 – ▤. 🖭 ⓞ 𝘝𝘐𝘚𝘈   BX **d**
chiuso domenica e dal 20 dicembre al 10 gennaio – Pas carta 39/67000 (15%).

XX **La Fabbreria,** via Cadriano 15 ⊠ 40127 ℘ 500709, 🍴 – ▤ 🖭 ⓞ 𝘝𝘐𝘚𝘈. 🛇   FT **u**
chiuso domenica sera, lunedì e dal 1° al 28 agosto – Pas carta 31/48000.

XX **Antica Osteria Romagnola,** via Rialto 13 ⊠ 40124 ℘ 263699, Rist. a coperti limitati;
prenotare – ▤ 🖭 🛇
chiuso lunedì, martedì a mezzogiorno, dal 24 dicembre al 6 gennaio ed agosto – Pas
carta 41/61000 (10%).
CZ **a**

XX **Da Sandro al Navile,** via del Sostegno 15 ⊠ 40131 ℘ 6343100, 🍴 – ▤ ⓟ – 🛗 35.
🖭 🕃 ⓞ ⴺ 𝘝𝘐𝘚𝘈. 🛇
ET **r**
chiuso domenica, dal 29 dicembre al 6 gennaio e dal 1° al 26 agosto – Pas carta 42/55000.

XX **Dal Duttòur Balanzon,** via Fossalta 3 ⊠ 40125 ℘ 232098, Fax 224126 – ▤. 🖭 🕃 ⓞ
ⴺ 𝘝𝘐𝘚𝘈
chiuso sabato – Pas carta 30/43000.
BX **x**

XX All'Abbadia, via dell'Abbadia 4 ⊠ 40122 ℘ 236415 – ▤   AX **v**

XX **Trattoria dello Sterlino,** via Murri 71 ⊠ 40137 ℘ 342751, 🍴 – ▤ ⓞ. 🛇   FU **b**
chiuso domenica ed agosto – Pas carta 28/35000.

✗ **Trattoria Leonida,** vicolo Alemagna 2 ⊠ 40125 ℘ 239742, 🐜 – 🗏. 🅰🅴 ⑩ 𝘝𝘐𝘚𝘈   CY **d**
chiuso domenica – Pas carta 30/46000 (12%).

✗ **La Terrazza,** via del Parco 20 ⊠ 40138 ℘ 531330, 🐜 – 🅰🅴 🅱 ⑩ 🄴 𝘝𝘐𝘚𝘈   FU **x**
chiuso domenica e dal 1° al 16 agosto – Pas carta 33/52000.

✗ **Alla Grada,** via della Grada 6 ⊠ 40122 ℘ 523323, Rist. e rosticceria – 🗏. 🅰🅴 🅱 ⑩ 🄴   AX **a**
𝘝𝘐𝘚𝘈. 🞰
chiuso lunedì, dal 7 al 18 gennaio e dal 7 al 31 agosto – Pas carta 39/54000.

✗ **Da Carlo,** via Marchesana 6 ⊠ 40124 ℘ 233227, Trattoria con servizio estivo sotto una   BCY **e**
loggia – 🗏. 🅱 ⑩ 🄴 𝘝𝘐𝘚𝘈
chiuso martedì, dal 1° al 20 gennaio e dal 23 agosto al 1° settembre – Pas carta 34/53000
(13%).

✗ **Teresina,** via Oberdan 4 ⊠ 40126 ℘ 228985, 🐜, Coperti limitati; prenotare   CX **z**
chiuso domenica e dal 10 al 25 agosto – Pas carta 34/46000 (10%).

✗ **Nonno Rossi,** via dell'Aeroporto 38 ⊠ 40132 ℘ 401295, 🐜 – ℗. 🅰🅴 ⑩ 𝘝𝘐𝘚𝘈. 🞰   DT **b**
Pas carta 31/45000 (10%).

✗ **Paolo,** piazza dell'Unità 9/d ⊠ 40128 ℘ 357858 – 🅰🅴 ⑩ 𝘝𝘐𝘚𝘈. 🞰   FT **s**
chiuso martedì, venerdì sera, dal 23 dicembre al 7 gennaio e dal 1° al 22 agosto – Pas
carta 25/35000.

✗ **Ruggero,** via degli Usberti 6 ⊠ 40121 ℘ 236056, Trattoria d'habitués – 🅰🅴 ⑩ 𝘝𝘐𝘚𝘈.   BX **c**
🞰
chiuso sabato a mezzogiorno, domenica e dal 26 luglio al 26 agosto – Pas carta 30/53000.

✗ **Da Bertino,** via delle Lame 55 ⊠ 40122 ℘ 522230, Trattoria d'habitués – 🅰🅴 🅱 ⑩ 🄴   BX **t**
𝘝𝘐𝘚𝘈. 🞰
chiuso domenica, dal 24 dicembre al 2 gennaio e dal 4 al 31 agosto – Pas carta 24/32000.

a Casteldebole O : 7 km DT – ⊠ 40132 Bologna :

✗✗ **Antica Trattoria del Cacciatore,** via Caduti di Casteldebole 25 ℘ 564203, Ambiente   DT **a**
rustico – 🅰🅴 ⑩ 𝘝𝘐𝘚𝘈. 🞰
chiuso domenica sera, lunedì, dal 1° al 7 gennaio e dal 5 al 26 agosto – Pas carta 44/57000
(13%).

a Borgo Panigale NO : 7,5 km DT – ⊠ 40132 Bologna :

🏛 **MotelAgip,** via Lepido 203 ℘ 401130, Telex 512566, Fax 406641 – 📶 🗏 📺 ☎ ℗ –   DT **h**
🔬 35. 🅰🅴 🅱 ⑩ 🄴 𝘝𝘐𝘚𝘈. 🞰
Pas *(chiuso domenica)* 30000 – **64 cam** � 125/140000 – ½ P 170/210000.

a Villanova E : 7,5 km GU – ⊠ 40055 :

🏛🏛 **Novotel,** via Villanova 31 ℘ 781414, Telex 213412, Fax 781752, 🌊, 🞰 – 📶 🗏 📺 ☎   GU **f**
℗ – 🔬 400: 🅰🅴 🅱 ⑩ 🄴 𝘝𝘐𝘚𝘈. 🞰 rist
Pas carta 42/65000 – **205 cam** ⊐ 255/280000.

Vedere anche : *San Lazzaro di Savena* SE : 6 km.
Casalecchio di Reno SO : 7 km.
Castel Maggiore N : 10 km.

MICHELIN, a Castel Maggiore (N : 10 km per via di Corticella FT), via Bonazzi 32 (zona
Industriale) – ⊠ 40013 Castel Maggiore, ℘ 713157, Fax 712952.

BOLSENA 01023 Viterbo ⑨⑧⑧ ㉘ – 4 116 ab. alt. 348 – 🕾 0761.

Vedere Chiesa di Santa Cristina★.

Roma 138 – Grosseto 121 – Siena 109 – Viterbo 32.

🏛 **Columbus e Rist. La Conchiglia,** viale Colesanti ℘ 799009, Telex 612457, Fax 798172
– 🗏 📺 ☎ ℗. 🅱 🄴 𝘝𝘐𝘚𝘈. 🞰 rist
16 marzo-15 novembre – Pas carta 30/43000 – ⊐ 10000 – **38 cam** 110000 – ½ P 67/79000.

🏛 **Lido,** via Cassia NO : 1,5 km ℘ 799026, Fax 798479, ≤, 🏖, 🌳 – 🗏 📺 ☎ ℗ – 🔬 250.
🅱 ⑩ 🄴 𝘝𝘐𝘚𝘈. 🞰
Pas *(chiuso mercoledì)* carta 30/40000 (15%) – ⊐ 8000 – **12 cam** 70/100000 – ½ P 53/66000.

✗ **Da Picchietto,** via Porta Fiorentina 15 ℘ 799158, 🐜 – 🅱 🄴 𝘝𝘐𝘚𝘈. 🞰
chiuso lunedì e dal 1° al 25 ottobre – Pas carta 23/34000 (10%).

BOLZANO (BOZEN) 39100 ℗ ⑨⑧⑧ ④, ④②⑨ C 16 – 100 707 ab. alt. 262 – 🕾 0471.

Vedere Via dei Portici★ – Duomo★ – Pala★ nella chiesa dei Francescani – Pala d'altare scolpita★
nella chiesa parrocchiale di Gries per corso Libertà A.

Dintorni Gole della Val d'Ega★ SE per ①.

Escursioni Dolomiti★★★ Est per ①.

🚗 ℘ 972072.

🅱 piazza Walther 8 ℘ 970660 Telex 400444, Fax 975658 – piazza Parrocchia 11 ℘ 993808, Telex 400158, Fax
975448.

A.C.I. corso Italia 19/a ℘ 280003.

Roma 641 ② – ◆Innsbruck 118 ① – ◆Milano 283 ② – ◆Padova 182 ② – ◆Venezia 215 ② – ◆Verona 154 ②.

BOLZANO

0   400 m

- - - - CHIESA DEI FRANCESCANI
VIA DEI PORTICI ★
- - - - DUOMO ★

Park Hotel Laurin e Rist. Belle Epoque, via Laurino 4 ☎ 980500, Telex 401088, Fax 970953, ☞, « Parco fiorito con ☘ riscaldata » – 🛗 🖭 rist 📺 ☎ 🅿 – 🔬 35 a 50. 🖭 🕙 ⑩ ᴇ 𝗩𝗜𝗦𝗔
Pas (chiuso domenica) carta 40/62000 – ☑ 18500 – **108 cam** 140/195000 – ½ P 115/156000.
                                                                   B e

Grifone-Greif, piazza Walther 7 ☎ 977056, Telex 400081, Fax 980613, ☞ – 🛗 🖭 rist 📺 ☎ – 🔬 25 a 300. 🖭 🕙 ⑩ ᴇ 𝗩𝗜𝗦𝗔
Pas carta 52/89000 – ☑ 18500 – **130 cam** 135/185000 – ½ P 142/185000.
                                                                   B c

Luna-Mondschein, via Piave 15 ☎ 975642, Telex 400309, Fax 975577, ☞, « Giardino » – 🛗 📺 ☎ 🚗 – 🔬 80. 🕙 ⑩ ᴇ 𝗩𝗜𝗦𝗔. ⚘ rist
Pas (chiuso domenica) carta 34/66000 – ☑ 8500 – **74 cam** 90/135000 appartamenti 135/165000 – ½ P 115000.
                                                                   B m

Alpi, via Alto Adige 35 ☎ 970535, Telex 400156, Fax 970535 – 🛗 🖭 📺 ☎ – 🔬 100. 🖭 🕙 ⑩ ᴇ 𝗩𝗜𝗦𝗔. ⚘ rist
Pas (chiuso domenica) carta 28/42000 – **110 cam** ☑ 110/170000 – ½ P 102/120000.
                                                                   B u

Scala-Stiegl, via Brennero 11 ☎ 976222, Fax 976222, « Servizio rist. estivo in giardino », ☞ – 🛗 📺 🖭 ☎ 🚗 🅿 – 🔬 50. 🖭 🕙 ⑩ ᴇ 𝗩𝗜𝗦𝗔
Pas carta 27/45000 – ☑ 11000 – **60 cam** 70/110000 – ½ P 80/100000.
                                                                   B r

Castel Guncina-Reichrieglerhof ⚶, via Miramonti 9 ☎ 285742, Fax 46345, ≤ monti e città, « Parco con ☘ riscaldata », ⚘ – 🛗 📺 ☎ 🅿 – 🔬 200. 𝗩𝗜𝗦𝗔. ⚘ rist
chiuso gennaio – Pas (chiuso martedì) carta 27/55000 – **18 cam** ☑ 90/160000
                                                 0:2 km per via Cadorne   A

Asterix senza rist, piazza Mazzini 35 ℘ 273301, Fax 40021 – 🛗 📺 ☎ 🚗 🅿 AE ⑤ A a
⓪ E VISA
⬜ 5500 – **24 cam** 62/88000.

Gurhof ⟩, via Rafenstein 17 ℘ 975012, Fax 975247, ≤, 🍴 – 🛗 ☎ 🚗 🅿 AE ⑤ ⓪ A
N : 2 km per via Cadorna
VISA
Pas *(chiuso mercoledì)* 20/22000 – **18 cam** ⬜ 45/70000 – ½ P 50000.

XXX **Da Abramo**, piazza Gries 16 ℘ 280141, Fax 288214, « Servizio estivo all'aperto » – 🖂 🍽 A
per corso Libertà

XX **Rastbichler**, via Cadorna 1 ℘ 41131, « Servizio estivo all'aperto » – VISA 🍴 A b
chiuso domenica, dal 15 al 31 gennaio e dal 1° al 15 luglio – Pas carta 34/47000.

XX **Castel Mareccio**, via Claudia de' Medici 12 ℘ 979439, « In un antico maniero del '200 » A p
– AE ⓪. 🍴
chiuso domenica, dal 1° al 14 gennaio e dal 1° al 20 agosto – Pas carta 32/50000.

XX **Zur Kaiserkron'**, piazza della Mostra 1 ℘ 970770, 🍴 B h

XX **Chez Frederic**, via Armando Diaz 12 ℘ 271011, 🍴 – 🖂 AE ⓪ A z
chiuso dal 5 al 27 luglio, sabato sera-domenica da maggio a settembre e lunedì sera-martedì negli altri mesi – Pas carta 31/45000.

XX **Da Cesare**, via Perathoner 15 ℘ 976638 – 🖂 AE ⑤ ⓪ VISA B x
chiuso venerdì – Pas carta 28/42000 (10%).

X **Posta**, vicolo Parrocchia 6 ℘ 974043 – AE ⑤ ⓪ E VISA B h
chiuso martedì – Pas carta 28/52000 (10%).

a San Giacomo (St. Jakob) *per* ② : 4 km – 🖂 **39100** Bolzano :

Park Hotel Werth senza rist, ℘ 940103, Fax 941514, ⟂, 🐎, 🍴 – 🛗 🖂 📺 ☎ 🚗 🅿. ⑤ E VISA
23 cam ⬜ 75/120000.

X **Lewald** con cam, ℘ 940330, « Servizio estivo all'aperto », 🍴 – 🅿. AE ⑤ E VISA
chiuso dal 10 al 25 febbraio e dal 21 giugno al 10 luglio – Pas *(chiuso sabato sera e domenica)* carta 40/60000 – ⬜ 6000 – **15 cam** 50/80000 – ½ P 50/60000.

sulla strada statale 38 :

Pircher, via Merano 52 (per ③ : 4 km) 🖂 39100 ℘ 917513, ⟂, 🐎 – 🛗 📺 ☎ 🅿. AE ⑤ ⓪ E VISA 🍴
Pas vedere rist Pircher – **22 cam** ⬜ 60/90000 – ½ P 60/70000.

Bagni di Zolfo-Schwefelbad, via San Maurizio 93 (per ③ : 5 km) 🖂 39100 ℘ 918412, Fax 200311 – 🛗 📺 ☎ 🅿. AE ⑤ ⓪ E VISA 🍴
Pas *(chiuso domenica)* carta 30/44000 – **38 cam** ⬜ 55/78000 – ½ P 45/58000.

XX **Pircher**, via Merano 52 (per ③ : 4 km) 🖂 39100 ℘ 917513 – 🖂 🅿.

X **Moritzingerhof**, via Merano 113 (per ③ : 5 km) 🖂 39100 ℘ 917491, 🍴 – 🅿. ⑤ ⓪ VISA 🍴
chiuso lunedì – **Pas** carta 24/32000.

BOLZANO VICENTINO 36050 Vicenza 429 F 16 – 4 473 ab. alt. 44 – ✆ 0444.
Roma 539 – ♦Padova 38 – Treviso 54 – Vicenza 9.

Locanda Grego, ℘ 350588 – 🖂 📺 ☎ 🅿 – 🔒 35. AE ⑤ ⓪ E VISA 🍴
chiuso dal 25 luglio al 22 agosto – Pas *(chiuso domenica in luglio e mercoledì negli altri mesi)* carta 29/43000 – ⬜ 7000 – **19 cam** 40/60000 – ½ P 62/65000.

BOLZONE Cremona – Vedere Ripalta Cremasca.

BONASSOLA 19011 La Spezia 988 ⑬, 428 J 10 – 1 101 ab. – ✆ 0187.
Roma 456 – ♦Genova 83 – ♦Milano 218 – ♦La Spezia 42.

Belvedere ℘ 813622, Fax 813240, ≤, « Giardino » – ☎ 🅿. 🍴
chiuso dal 10 gennaio al 15 febbraio – Pas 40000 – ⬜ 12000 – **24 cam** 40/55000 – ½ P 60/70000.

Delle Rose, ℘ 813713 – ☎. ⑤ E VISA 🍴
aprile-15 ottobre – Pas carta 37/57000 – ⬜ 7000 – **30 cam** 35/55000 – ½ P 50/70000.

BONDENO 44012 Ferrara 988 ⑭⑮, 429 H 16 – 17 188 ab. alt. 11 – ✆ 0532.
Roma 443 – ♦Bologna 67 – ♦Ferrara 20 – Mantova 72 – ♦Milano 227 – ♦Modena 57 – Rovigo 52.

XX **Tassi** con cam, viale Repubblica 23 ℘ 893030 – 🅿. VISA 🍴 cam
Pas *(chiuso lunedì)* carta 28/45000 – ⬜ 6000 – **8 cam** 60000 – ½ P 80000.

BONDONE (Monte) Trento 988 ④, 428 429 D 15 – 652 ab. alt. 2 098 – a.s. Natale – Sport invernali : 1 350/2 105 m ⟡1 ⟡8, ⟡ – ✆ 0461.
🛈 (dicembre-aprile e luglio-agosto) a Vaneze ℘ 47128.
Roma 611 – ♦Bolzano 78 – ♦Milano 263 – Riva del Garda 57 – Trento 23.

a Vason N : 2 km – alt. 1 680 – 🖂 **38040** Vaneze :

Montana ⟩, ℘ 47171, Fax 47177, ≤ gruppo di Brenta, 🍴 – 🛗 📺 ☎ 🚗 🅿 –
stagionale – **30 cam**.

BONFERRARO 37060 Verona 428 429 G 15 – alt. 20 – 🟠 045.

Roma 481 – ♦Ferrara 35 – Mantova 17 – ♦Modena 79 – ♦Verona 35.

XX **Sarti**, 🟠 7320233, « Servizio estivo in giardino » – 🖃 **P.** AE 🟦 E 𝖵𝖨𝖲𝖠 ⌘
  chiuso martedì – Pas carta 30/50000.

BONORVA Sassari – Vedere Sardegna alla fine dell'elenco alfabetico.

BÓRBORE Cuneo 428 H 6 – Vedere Vezza d'Alba.

BORCA DI CADORE 32040 Belluno 429 C 18 – 675 ab. alt. 945 – a.s. 15 luglio-agosto e Natale
  – 🟠 0435.

🅩 via Roma 70 🟠 82015.

Roma 657 – Belluno 56 – Cortina d'Ampezzo 15 – ♦Milano 399 – ♦Venezia 146.

🏠 **Bories** senza rist, 🟠 82521, ≼ – 🛋 ☎ **P.** ⌘
  🖂 8000 – **33 cam** 50/80000.

BORDIGHERA 18012 Imperia 988 ⑫, 428 K 4 – 11 428 ab. – 🟠 0184.
Vedere Località★★.

🅩 via Roberto 1 (palazzo del Parco) 🟠 262322.

Roma 654 – ♦Genova 155 – Imperia 35 – ♦Milano 278 – Monte Carlo 32 – San Remo 12 – Savona 109.

🏨 **Gd H. del Mare** ⌂, a Capo Migliarese E : 2 km 🟠 262201, Telex 270535, Fax 262394, ≼
  mare, « Giardino pensile con ⤬ », 🖚, ⌘ – 🛋 🖃 📺 ☎ **P.** – 🔼 100 a 300. AE 🟦 E
  𝖵𝖨𝖲𝖠 ⌘ rist
  chiuso da ottobre al 22 dicembre – Pas *(chiuso lunedì)* carta 53/82000 – 🖂 20000 –
  109 cam 180/221000 appartamento 432000, 🖃 14000 – ½ P 140/240000.

🏨 **Gd H. Cap Ampelio** ⌂, via Virgilio 5 🟠 264333, Telex 282553, Fax 264244, ≼ mare e
  costa, « Giardino con ⤬ » – 🛋 🖃 📺 ☎ 🚗 **P.** – 🔼 170. AE 🟦 ① E 𝖵𝖨𝖲𝖠 ⌘ rist
  Pas *(chiuso martedì)* carta 60/90000 – **100 cam** 🖂 118/205000 – ½ P 137/183000.

🏨 **Parigi**, lungomare Argentina 16 🟠 261406, Fax 260421, ≼, 🖚 – 🛋 📺 ☎ 🕹. AE 🟦 ①
  E 𝖵𝖨𝖲𝖠 ⌘
  chiuso da novembre al 19 dicembre – Pas 30/35000 – **41 cam** 🖂 107/163000 – P 132/165000.

🏨 **Britannique et Jolie**, via Regina Margherita 35 🟠 261464, « Giardino fiorito » – 🛋 🖂
  P. 🟦 E 𝖵𝖨𝖲𝖠 ⌘ rist
  chiuso dal 26 settembre al 19 dicembre – Pas 45000 – 🖂 6000 – **56 cam** 60/103000 –
  ½ P 80/100000.

🏨 **Villa Elisa**, via Romana 70 🟠 261313, Telex 272540, 🖛, ⤬ – 🛋 📺 🖚 **P.** AE 🟦 E
  𝖵𝖨𝖲𝖠 ⌘ rist
  chiuso da novembre al 20 dicembre – Pas *(solo per clienti alloggiati)* 33/45000 – 🖂 8500 –
  30 cam 62/95000 – ½ P 77/110000.

🏨 **Florida**, via Vittorio Emanuele 310 🟠 263545, Fax 263547 – 🛋 ☎ **P.** AE 🟦 ① E 𝖵𝖨𝖲𝖠.
  ⌘ rist
  chiuso da ottobre a dicembre – Pas *(chiuso lunedì)* 35000 – 🖂 10000 – **83 cam** 62/96000
  – ½ P 70/110000.

🏨 **Centrohotel** senza rist, piazza Eroi della Libertà 🟠 265265, 🖴 – 🛋 📺 🖚. AE 🟦 ① E
  𝖵𝖨𝖲𝖠 ⌘
  chiuso dal 5 al 30 novembre – 🖂 8500 – **32 cam** 55/85000.

🏨 **Della Punta** senza rist, via Sant'Ampelio 27 🟠 262555, ≼ – 🛋 ☎. ⌘
  chiuso dal 21 ottobre al 18 dicembre – 🖂 8000 – **18 cam** 75000.

🏠 **Dei Fiori** senza rist, via Arziglia 38 🟠 262287, ≼ – 🛋 ☎ **P.** AE 🟦 E 𝖵𝖨𝖲𝖠. ⌘
  chiuso da novembre al 20 dicembre – 🖂 6000 – **21 cam** 45/65000.

🏠 **Michelin**, via 1° Maggio 29 🟠 266218, 🖛 – 🛋 📺 ☎ **P.**
  13 cam.

🏠 **Sirena**, via Regina Margherita 26 🟠 262528, 🖛 – 🛋 📺 🖚 **P.** E. ⌘
↠ *chiuso ottobre e novembre* – Pas 20/25000 – **19 cam** 🖂 40/70000 – ½ P 65/70000.

🏠 **Aurora**, via Pelloux 42/b 🟠 261311 – 🛋 ☎ **P.** AE 🟦 E 𝖵𝖨𝖲𝖠. ⌘
↠ *chiuso dal 21 ottobre al 19 dicembre* – Pas *(solo per clienti alloggiati)* 20/35000 – 🖂 10000
  – **30 cam** 54/84000 – ½ P 58/90000.

🏠 **Mirella**, via Cesare Balbo 7 🟠 262351 – ☎ **P.** AE 🟦 ① E 𝖵𝖨𝖲𝖠. ⌘
  chiuso da novembre al 17 dicembre – Pas *(solo per clienti alloggiati)* – 🖂 10000 – **14 cam**
  34/63000 – ½ P 56/68000.

XX ❀ **Carletto**, via Vittorio Emanuele 339 🟠 261725 – 🖃. AE 🟦 ① E 𝖵𝖨𝖲𝖠
  chiuso mercoledì e dal 20 novembre al 20 dicembre – Pas carta 46/67000 (10%)
  Spec. Antipasti misti di mare, Trenette agli scampi, Branzino ai carciofi (inverno) o ai porcini (estate). Vini
  Pigato, Rossese.

XX **Mistral**, via Aurelia 23 🟠 262306, Coperti limitati; prenotare – 🖃. AE 🟦 ① E 𝖵𝖨𝖲𝖠
  chiuso mercoledì, dal 21 gennaio al 7 febbraio e dal 20 giugno al 10 luglio – Pas
  carta 45/66000.

XX **La Reserve Tastevin**, via Arziglia 20 🟠 261322, ≼, 🖛, 🖚 – **P.** AE 🟦 ① E 𝖵𝖨𝖲𝖠
  *chiuso dal 2 novembre al 17 dicembre, domenica sera e lunedì (escluso dal 18 giugno al
  17 settembre)* – Pas carta 46/69000.

XX **Le Chaudron,** piazza Bengasi 2 ℰ 263592, Coperti limitati; prenotare – 𝖠𝖤 🕄 ⓞ 🄴 𝘝𝘐𝘚𝘈
chiuso dal 1° al 15 febbraio e dal 1° al 15 luglio – Pas carta 51/77000 (10%).

XX **Esperance,** via Pasteur 78 ℰ 290719, ⇲ , Coperti limitati; prenotare – 🄿 🕄 ⓞ 🄴 𝘝𝘐𝘚𝘈
chiuso lunedì – Pas carta 35/54000.

XX **Chez Louis,** corso Italia 30 ℰ 261602 – 𝖠𝖤 🕄 ⓞ 🄴 𝘝𝘐𝘚𝘈
chiuso dal 5 novembre al 5 dicembre e martedì da ottobre a giugno – Pas carta 30/55000
(15%).

X **Piemontese,** via Roseto 8 ℰ 261651 – 𝖠𝖤 🕄 ⓞ 🄴 𝘝𝘐𝘚𝘈
chiuso martedì e dal 6 novembre al 17 dicembre – Pas carta 25/41000 (10%).

Vedere anche : *Vallecrosia* O : 2 km.
Camporosso Mare O : 3 km.

BORGARO TORINESE 10071 Torino 𝟜𝟚𝟠 G 4 – 10 099 ab. alt. 254 – ✆ 011.
Roma 689 – ◆Milano 142 – ◆Torino 9.

🏨 **Atlantic e Rist. Rubino,** via Lanzo 163 ℰ 4701947, Telex 221440, Fax 4701783, « Terrazza
panoramica con ⅏ » – 🛗 🗐 📺 ☎ ⟺ 🄿 – ⚏ 500. 𝖠𝖤 🕄 🄴 𝘝𝘐𝘚𝘈, ⅍ rist
Pas *(chiuso domenica e dal 4 al 25 agosto)* carta 34/50000 – ⌷ 17000 – **100 cam**
170/185000 – ½ P 135/165000.

BORGHETTO Piacenza – Vedere Piacenza.

BORGHETTO Verona – Vedere Valeggio sul Mincio.

BORGHETTO D'ARROSCIA 18020 Imperia 𝟜𝟚𝟠 J 5 – 594 ab. alt. 155 – ✆ 0183.
Roma 604 – ◆Genova 105 – Imperia 31 – ◆Milano 228 – Savona 59.

a Gazzo NO : 6 km – alt. 610 – ✉ 18020 Borghetto d'Arroscia :

X **La Baita,** ℰ 31083 – 🄿
*15 giugno-15 settembre; chiuso mercoledì (escluso agosto), da ottobre a maggio aperto
da venerdì a domenica e i giorni festivi* – Pas 40000 bc.

BORGIO VEREZZI 17022 Savona 𝟜𝟚𝟠 J 6 – 2 309 ab. – ✆ 019.
Roma 574 – ◆Genova 75 – Imperia 50 – ◆Milano 198 – Savona 29.

🏨 **Villa Rose,** ℰ 610461 – 🛗 ☏. ⅍
chiuso da ottobre al 4 gennaio – Pas carta 29/47000 – ⌷ 8000 – **41 cam** 67/90000 –
½ P 50/70000.

XXX ❀ **Doc,** ℰ 611477, Coperti limitati; prenotare – 𝘝𝘐𝘚𝘈 ⅍
*chiuso febbraio, lunedì e martedì (escluso da maggio ad ottobre) e in agosto anche a
mezzogiorno* – Pas carta 55/70000
Spec. Gamberetti al basilico, Tagliolini alle acciughe, Rossetti al dragoncello. Vini Pigato, Vermentino.

XX **Da Casetta,** piazza San Pietro ℰ 610166, Coperti limitati; prenotare – 𝘝𝘐𝘚𝘈 ⅍
chiuso a mezzogiorno (escluso i giorni festivi) e martedì – Pas carta 29/48000.

a Verezzi N : 3,5 km – alt. 200 – ✉ 17022 Borgio Verezzi :

X **Antica Osteria Saracena del Bergallo,** ℰ 610487, ≼ vallata e mare, ⇲ – ⅍
chiuso lunedì e novembre – Pas carta 24/40000.

BORGO A BUGGIANO 51011 Pistoia 𝟜𝟚𝟠 𝟜𝟚𝟡 K 14 – 7 436 ab. alt. 41 – ✆ 0572.
Roma 326 – ◆Firenze 52 – ◆Livorno 68 – Lucca 24 – ◆Milano 296 – Pisa 44 – Pistoia 18.

XX **Da Angiolo,** ℰ 32014, Solo piatti di pesce – ▤. 𝖠𝖤
chiuso lunedì, martedì ed agosto – Pas carta 38/53000 (10%).

X **La Bruschetta,** via Pistoiese 41 ℰ 32657, ⇲ – 🄿
chiuso lunedì e dal 15 al 30 giugno – Pas carta 31/44000.

BORGO A MOZZANO 55023 Lucca 𝟜𝟚𝟠 𝟜𝟚𝟡 K 13 – 7 661 ab. alt. 97 – ✆ 0583.
Roma 368 – ◆Firenze 96 – Lucca 22 – ◆Milano 296 – Pistoia 65.

🏠 **Milano,** località Socciglia ℰ 88109, ⇲ – 🛗 ☎ 🄿. 🕄 🄴 𝘝𝘐𝘚𝘈
chiuso novembre – Pas *(chiuso lunedì)* carta 25/45000 – ⌷ 8000 – **22 cam** 30/50000 –
½ P 50/55000.

BORGOFRANCO D'IVREA 10013 Torino 𝟜𝟚𝟠 F 5, 𝟚𝟙𝟡 ⑭ – 3 746 ab. alt. 253 – ✆ 0125.
Roma 688 – Aosta 63 – Ivrea 6 – ◆Milano 121 – ◆Torino 56.

XX **Casa Vicina-da Roberto,** località Ivozio N : 2,5 km ℰ 752180, ≼, prenotare a
mezzogiorno, « Servizio estivo in terrazza panoramica » – ⇥ 🄿. 𝖠𝖤 🕄 ⓞ 🄴 𝘝𝘐𝘚𝘈
chiuso mercoledì e dall'8 al 23 gennaio – Pas carta 40/60000.

BORGO MAGGIORE – Vedere San Marino.

BORGOMANERO 28021 Novara 988 ②, 428 E 7 – 19 303 ab. alt. 306 – ✪ 0322.
Roma 647 – Domodossola 59 – ♦Milano 70 – Novara 32 – Stresa 28 – ♦Torino 106 – Varese 38.

🏛 **Ramoverde** senza rist, via Matteotti 1 ℘ 81479, Fax 89767, 🚗 – 📶 TV ☎ 🚗 🅿 –
🔏 40 a 80. 🖭 🕄 E VISA ❀ rist
chiuso domenica, dal 21 dicembre al 6 gennaio e dal 14 al 28 luglio – ☲ 10000 – **40 cam**
62/89000.

XXX ❀ **Pinocchio,** via Matteotti 147 ℘ 82273, Fax 835075, prenotare, « Giardino » – 🅿 🖭
🕄 ⓪ E VISA ❀
chiuso lunedì, martedì a mezzogiorno, dal 20 luglio al 12 agosto e dal 24 al 30 dicembre –
Pas carta 55/80000 (10%)
Spec. Gamberi di fiume con zucchine e fiori di zucca, Deliziosa di fagianella allo scalogno, Sfogliatina di
lumache alle noci. Vini Chardonnay, Ghemme.

XXX **Atrium,** via Rossignoli 1 ℘ 846175, prenotare, « In un edificio ottocentesco » – 🕳. 🖭
🕄 ⓪ E VISA ❀
chiuso domenica e dal 16 agosto al 1° settembre – Pas carta 70/80000.

XX **San Pietro,** piazza Martiri 6 ℘ 82285 – 🖭 🕄 E VISA ❀
chiuso mercoledì, dal 1° al 10 gennaio e dal 5 al 25 agosto – Pas carta 30/45000.

XX **San Francesco** con cam, via Maggiate 107 ℘ 845860, Fax 846414, 🚗 – 📶 ☎ 🚗 🅿.
🕄 ⓪ E VISA ❀ rist
chiuso dal 6 al 31 agosto – Pas *(chiuso lunedì)* carta 32/56000 – ☲ 8000 – **16 cam**
95/125000 – ½ P 100/105000.

X **Da Paniga,** via Maggiora 86 ℘ 82259 – 🅿 – 🔏 60. 🖭 🕄 ⓪ E VISA
chiuso la sera escluso venerdì e sabato – Pas carta 25/45000.

BORGO PACE 61040 Pesaro e Urbino 429 L 18 – 780 ab. alt. 469 – a.s. 15 giugno-agosto –
✪ 0722.
Roma 291 – ♦Ancona 134 – Arezzo 69 – Pesaro 74 – San Marino 67 – Urbino 38.

XX **Da Rodolfo-la Diligenza** con cam, ℘ 89124 – 🖭 E VISA ❀ rist
chiuso dal 1° al 15 settembre – Pas *(chiuso mercoledì)* 25/50000 bc – ☲ 6000 – **7 cam**
45000 – ½ P 35/45000.

X **Oasi di San Benedetto** ⌘ con cam, località Lamoli S : 5 km ℘ 80133, 🚗 – 🅿. 🕄.
┿
chiuso febbraio – Pas *(chiuso martedì)* carta 16/27000 – ☲ 3000 – **12 cam** 33/50000.

BORGO PANIGALE Bologna – Vedere Bologna.

BORGORICCO 35010 Padova – 5 897 ab. alt. 18 – ✪ 049.
Roma 511 – ♦Milano 254 – ♦Padova 20 – Treviso 33 – Vicenza 50.

XX **Al Faraone,** ℘ 5798006 – 🖭 🕄 ⓪ VISA ❀
chiuso lunedì, sabato a mezzogiorno, dal 1° al 15 gennaio e dal 1° al 15 agosto – Pas
carta 34/54000.

BORGO SABOTINO Latina – Vedere Latina.

BORGO SAN DALMAZZO 12011 Cuneo 988 ⑫, 428 J 4 – 10 849 ab. alt. 641 – ✪ 0171.
Roma 651 – Cuneo 8 – ♦Milano 224 – Savona 106 – Colle di Tenda 25 – ♦Torino 102.

🏛 **Oasis Motel** senza rist, via Po 28 ℘ 262121, Fax 262680 – 📶 TV ☎ 🚗 🅿 – 🔏 50.
VISA
☲ 10000 – **49 cam** 55/83000.

BORGO SAN LORENZO 50032 Firenze 988 ⑮, 429 K 16 – 15 119 ab. alt. 193 – ✪ 055.
Roma 308 – ♦Bologna 89 – ♦Firenze 31 – Forlì 97.

sulla strada statale 302 SO : 15 km :

XX Feriolo, ✉ 50032 ℘ 8409928, « In un edificio del 1300 » – 🅿.

BORGOSESIA 13011 Vercelli 988 ②, 428 E 6 – 14 970 ab. alt. 354 – ✪ 0163.
Roma 665 – Biella 45 – ♦Milano 91 – Novara 45 – ♦Torino 107 – Vercelli 51.

🏛 **La Campagnola,** via Varallo 244 (N : 2 km) ℘ 22676, Fax 25448, 🚗 – 📶 TV ☎ 🚗 🅿
– 🔏 120. 🖭 🕄 ⓪ E VISA ❀
Pas *(chiuso venerdì)* carta 31/44000 – ☲ 9000 – **31 cam** 50/78000 – ½ P 65000.

🏛 **Garden** senza rist, via Vittorio Veneto 62 ℘ 21968 – 📶 TV ☎ 🚗 🅿. 🕄 E VISA ❀
31 cam ☲ 55/88000.

XX **Unione,** via Marconi 1 ℘ 22500, 🚙 – 🖭 🕄 ⓪ E VISA ❀
chiuso martedì e dal 20 luglio al 5 agosto – Pas carta 27/39000.

BORMIO 23032 Sondrio 988 ④, 428 429 C 13 – 4 095 ab. alt. 1 225 – Stazione termale – Sport
invernali : 1 225/3 012 m ⬩ 3 ⬩ 15, ⬩ – ✪ 0342.
🛈 via allo Stelvio 10 ℘ 903300, Telex 314389, Fax 904696.
Roma 763 – ♦Bolzano 123 – ♦Milano 202 – Sondrio 64 – Passo dello Stelvio 20.

🏨 **Palace Hotel,** ℰ 903131, Telex 340173, Fax 903366, 🕾, 🔟, 🍷, ✗ – 🛗 📺 🕿 ⇔ 🅿
– 🔥 110. 🆎 ⓞ 𝒱𝐼𝒮𝐀. ❀
chiuso novembre – Pas *(chiuso da maggio al 15 giugno ed ottobre)* 45/50000 – ☲ 20000 –
83 cam 180/240000 appartamenti 250/280000 – ½ P 245/265000.

🏨 **Baita dei Pini,** ℰ 904346, Fax 904700, 🍷 – 🛗 📺 ⇔ 🅿 – 🔥 100. 🆎 ⓞ 𝒱𝐼𝒮𝐀. ❀
dicembre-20 aprile e 15 giugno-20 settembre – Pas 35/40000 – ☲ 15000 – **46 cam** 48/80000
– ½ P 115000.

🏨 **Nazionale,** ℰ 903361, 🕾, 🍷 – 🛗 & 🅿. 🆎 🅱 ⓞ 🄴 𝒱𝐼𝒮𝐀. ❀
dicembre-aprile e giugno-ottobre – Pas 35000 – ☲ 12000 – **48 cam** 50/87000 –
½ P 70/115000.

🏨 **Posta,** ℰ 904753, Fax 904484, 🔟 – 🛗 📺 🕿. 🆎 🅱 ⓞ 🄴 𝒱𝐼𝒮𝐀. ❀
dicembre-15 aprile e luglio-20 settembre – Pas *(chiuso lunedi)* carta 33/45000 (15%) – ☲
15000 – **54 cam** 100/150000 appartamenti 180/230000 – ½ P 115000.

🏨 **Rezia,** ℰ 904721, Fax 905197, 🍷 – 🛗 📺 🕿 ⇔ 🅿 – 🔥 45. 🆎 🅱 ⓞ 🄴 𝒱𝐼𝒮𝐀. ❀
Pas *(chiuso lunedi)* 35/55000 – ☲ 15000 – **45 cam** 120/170000 – ½ P 95/145000.

🏨 **Larice Bianco,** ℰ 904693, Fax 904614, 🍷 – 🛗 📺 🕿 🅿. 🆎 🅱 🄴 𝒱𝐼𝒮𝐀. ❀ rist
dicembre-Pasqua e giugno-settembre – Pas 35000 – ☲ 15000 – **45 cam** 52/90000 –
½ P 115000.

🏨 **San Lorenzo,** ℰ 904604 – 🛗 🕿 🅱 ⇔ 🅿. 🆎. ❀
chiuso novembre – Pas *(chiuso martedi)* 30000 – ☲ 12000 – **38 cam** 50/80000 – ½ P 92000.

🏨 **Funivia,** ℰ 903242, Fax 905337 – 🛗 🕿 ⇔ 🅿. 🅱 🄴 𝒱𝐼𝒮𝐀. ❀ rist
chiuso maggio e novembre – Pas carta 30/44000 – ☲ 10000 – **39 cam** 48/80000 –
½ P 50/93000.

🏨 **Alù** ⌂, ℰ 904504, Fax 904522, ≤ – 🛗 ⇔ & 🅿. 𝒱𝐼𝒮𝐀. ❀
4 dicembre-20 aprile e 30 giugno-15 settembre – Pas 20/30000 – ☲ 12000 – **30 cam** 87000
– ½ P 60/95000.

🏨 **Astoria,** ℰ 904541, Fax 905253 – 🛗 🕿 & ⇔ 🅿. 🆎 🅱 ⓞ 🄴 𝒱𝐼𝒮𝐀. ❀
dicembre-aprile e 10 giugno-20 settembre – Pas *(chiuso martedi)* 20/30000 – ☲ 7000 –
44 cam 47/83000 – P 62/105000.

🏨 **Everest,** ℰ 901291, ≤, 🍷 – 🛗 ⇔ rist ⇔ ⇔. ❀
20 dicembre-aprile e 20 giugno-settembre – Pas (solo per clienti alloggiati) 22000 – ☲
7000 – **25 cam** 34/56000 – ½ P 47/64000.

🏨 **Cervo,** ℰ 904744 – 🕿. 🆎 🅱 ⓞ 🄴 𝒱𝐼𝒮𝐀. ❀ rist
Pas 24/27000 – ☲ 12000 – **23 cam** 48/85000 – ½ P 55/90000.

🏨 **Vallecetta,** ℰ 903373, Fax 904331, ≤, 🍷 – 🛗 🕿 & ⇔ 🅿. 🆎 🅱 ⓞ 🄴 𝒱𝐼𝒮𝐀. ❀
4 dicembre-29 aprile e 10 giugno-10 ottobre – Pas *(chiuso martedi)* 28000 – ☲ 10000 –
38 cam 48/85000 – ½ P 85000.

🏨 **Silene,** ℰ 905455 – 🛗 ⇔ 🅿. ❀
chiuso maggio e novembre – Pas 20/30000 – ☲ 10000 – **15 cam** 45/80000 – P 58/90000.

🏨 **Dante,** ℰ 901329 – 🛗 🕿. ❀
dicembre-aprile e 15 giugno-settembre – Pas 20/25000 – ☲ 7000 – **19 cam** 35/53000 –
½ P 45/66000.

🏨 **La Baitina dei Pini** senza rist, ℰ 903022, 🍷 – ⇔ ⇔ 🅿
dicembre-20 aprile e giugno-20 settembre – ☲ 10000 – **10 cam** 35/60000.

✗✗ **Baiona,** via per San Pietro SE : 2 km ℰ 904243, prenotare – 🅿
stagionale.

✗✗ **Taulà,** ℰ 904771, « In un antico fienile » – 🆎 🅱 🄴 𝒱𝐼𝒮𝐀
chiuso martedi e da novembre al 5 dicembre – Pas carta 37/56000.

a Ciuk SE : 5,5 km o 10 mn di funivia – alt. 1 690 – ✉ **23032** Bormio :

✗ **Baita de Mario** ⌂, con cam, ℰ 901424, ≤ – 🛗 🕿 🅿. ❀ cam
dicembre-25 aprile e luglio-20 settembre – Pas carta 32/44000 – ☲ 6500 – **22 cam** 40/60000
– P 65/85000.

Vedere anche : *Stelvio (Passo dello)* NE : 20 km.

BORNO 25042 Brescia 🢒🢒 🢒🢒 E 12 – 2 764 ab. alt. 903 – a.s. febbraio, 15 luglio-agosto e
Natale – Sport invernali : 903/1 703 m ✦1 ✦6, ✦ – ✪ 0364.
Roma 634 – ◆Bergamo 72 – ◆Bolzano 171 – ◆Brescia 76 – ◆Milano 117.

✗ **Belvedere** con cam, ℰ 41052 – 🅿. ❀ cam
chiuso ottobre – Pas *(chiuso mercoledi)* carta 28/39000 – ☲ 4500 – **24 cam** 30/42000 –
½ P 40/42000.

BORROMEE (Isole) ✶✶✶ Novara 🢒🢒 ⑦ – alt. 200 – a.s. aprile e luglio-15 settembre – ✪ 0323.
Vedere Isola Bella✶✶✶ – Isola Madre✶✶✶ – Isola dei Pescatori✶✶.
⛴ per Baveno, Verbania-Pallanza e Stresa (da 10 a 30 mn), giornalieri – Navigazione Lago
Maggiore: Isola Bella ℰ 30391 e Isola dei Pescatori ℰ 30392.

Piante delle Isole : vedere Stresa

Isola Bella – ✉ **28050**.

✗ **Elvezia,** ℰ 30043, Fax 30379, ≤, 🍴 – 🆎 🅱 ⓞ 🄴 𝒱𝐼𝒮𝐀
aprile-ottobre – Pas carta 40/55000.

Z c

Isola Superiore o dei Pescatori – ⊠ **28049** Stresa

🏠 **Verbano** ⊗, 🖉 30408, Fax 33129, ≤ Isola Bella e lago, « Servizio rist. estivo in terrazza », 🍴 – ☎. 🅰🅴 🅱 🕦 🄴 VISA
chiuso dall'8 gennaio al 28 febbraio – Pas *(chiuso mercoledì)* carta 35/50000 (10%) – ⊡ Z e
15000 – **12 cam** 90000 – ½ P 100000.

BORSO DEL GRAPPA 31030 Treviso 🮴🮰🮵 E 17 – 3 896 ab. alt. 279 – ✪ 0423.
Roma 551 – Belluno 67 – ♦Milano 241 – ♦Padova 52 – Trento 55 – Treviso 52 – Vicenza 44.

XX Chat qui Rit, 🖉 561405, Solo piatti di pesce – 🅿.

BOSA MARINA Nuoro 🮴🮸🮸 ⑬ – Vedere Sardegna alla fine dell'elenco alfabetico.

BOSCO CHIESANUOVA 37021 Verona 🮴🮸🮸 ④, 🮴🮰🮸 🮴🮰🮵 F 15 – 2 955 ab. alt. 1 104 – Sport
invernali : 1 104/1 800 m ⚶12, ⚘ – ✪ 045 – 🛈 piazza della Chiesa 35 🖉 7050088.
Roma 534 – ♦Brescia 101 – ♦Milano 188 – ♦Venezia 145 – ♦Verona 31 – Vicenza 82.

🏠 **Piccola Mantova** ⊗, via Aleardo Aleardi 12 🖉 7050135, 🍴, ⚒ – 🚗 🅿. 🍴
chiuso ottobre – Pas *(chiuso mercoledì)* carta 23/29000 – ⊡ 4000 – **16 cam** 40000 –
½ P 45/48000.

BOSCO LUGANESE 🮴🮴🮵 ⑧ – Vedere Cantone Ticino alla fine dell'elenco alfabetico.

BOSCO MARENGO 15062 Alessandria 🮴🮰🮸 H 8 – 2 453 ab. alt. 121 – ✪ 0131.
Roma 565 – Alessandria 16 – ♦Genova 60 – ♦Milano 96.

XX **Pio V,** 🖉 759666, Coperti limitati; prenotare, « Edificio settecentesco con giardino fiorito »
– 🅰🅴 🕦. 🍴
chiuso mercoledì ed agosto – Pas 55/65000.

BOSCOTRECASE 80042 Napoli – 12 038 ab. alt. 86 – a.s. maggio-15 ottobre – ✪ 081.
Roma 233 – ♦Napoli 21 – Salerno 37.

XX **La Giara** ⊗ con cam, via Panoramica 6 🖉 8581117, ≤, « Servizio estivo all'aperto », ⊐
– 🅰🅿 🕦
Pas carta 26/35000 (12%) – ⊡ 7500 – **16 cam** 70000 – ½ P 60000.

BOSNASCO 27040 Pavia 🮴🮰🮸 G 10 – 579 ab. alt. 124 – ✪ 0385.
Roma 538 – Alessandria 69 – ♦Genova 123 – ♦Milano 66 – Pavia 28 – Piacenza 25.

XX La Buta, 🖉 72017 – 🅿.

BOTTICINO Brescia 🮴🮰🮸 🮴🮰🮵 F 12 – 9 675 ab. alt. 160 – ⊠ **25080** Botticino Mattina – ✪ 030 –
Roma 560 – ♦Brescia 9 – ♦Milano 103 – ♦Verona 44.

XX **Fausto Marchetti,** a Botticino Mattina 🖉 2091368, 🍴, Coperti limitati; prenotare – 🅿.
🍴
chiuso domenica sera e lunedì – Pas carta 39/68000.

BOVALINO MARINA 89034 Reggio di Calabria 8 188 ab. – ✪ 0964.
Roma 715 – Catanzaro 110 – ♦Reggio di Calabria 86.

X **Villa Franca,** 🖉 61402, 🍴 – ✉. 🅰🅴 🅱 🕦 🄴 VISA
Pas carta 22/39000.

BOVES 12012 Cuneo 🮴🮸🮸 ⑫, 🮴🮰🮸 J 4 – 8 687 ab. alt. 590 – ✪ 0171.
Roma 645 – Cuneo 9 – ♦Milano 225 – Savona 100 – Colle di Tenda 32 – ♦Torino 103.

🏠 **Trieste,** 🖉 680375, 🍴 – 🔌 📺 ☎ 🅿. VISA. 🍴
Pas *(chiuso lunedì)* carta 21/29000 – ⊡ 6000 – **19 cam** 55/83000 – P 52/60000.
X **La Taverna,** 🖉 380390 – 🅰🅴 🅱 🕦 🄴 VISA
chiuso lunedì – Pas carta 21/40000 (10%).

a Fontanelle O : 2 km – ⊠ **12012** Fontanelle di Boves :

🏠 **Fontanelle-da Politano,** 🖉 680383, 🍴 – ☎ 🅿. VISA. 🍴 rist
➤ Pas *(chiuso lunedì sera e martedì)* carta 18/30000 – ⊡ 3000 – **18 cam** 27/57000 –
½ P 38/42000.

XX ✿ **Della Pace,** 🖉 380398, 🍴, Coperti limitati; prenotare – 🅱 🄴 VISA
chiuso domenica sera e lunedì – Pas carta 37/62000 (10%)
Spec. Bue grasso di Carrù, Sottofiletto ai porcini, Sfogliatina di mele al Calvados. Vini Dolcetto.

a San Giacomo S : 6 km – ⊠ **12012** San Giacomo di Boves :

XXXX ✿✿ **Al Rododendro,** 🖉 680372, Confort accurato, solo su prenotazione – 🅿. 🅰🅴 🅱 🕦
🄴 VISA. 🍴
chiuso domenica sera, lunedì ed agosto – Pas carta 55/102000 (15%)
Spec. Animelle brasate, Ravioli ai funghi (giugno-ottobre), Filetto di fassone ai capperi. Vini Arneis, Nebbiolo.

BOVOLONE 37051 Verona 988 ④, 429 G 15 – 12 924 ab. alt. 24 – ✪ 045.
Roma 498 – ♦Ferrara 76 – Mantova 41 – ♦Milano 174 – ♦Padova 74 – ♦Verona 24.

🏨 **Sasso,** via San Pierino SE : 3 km ✆ 7100433, Fax 7100433 – 🛗 🔲 rist 📺 ☎ ⇔ 🅿 🖭
🈂 E 𝗩𝗜𝗦𝗔. ⚘
Pas *(chiuso sabato e dal 2 al 20 gennaio)* 25/40000 – ⊑ 8000 – **33 cam** 65/100000 –
½ P 65/75000.

🍴🍴 **La Düja,** via Garibaldi 8 ✆ 7102558, Coperti limitati; prenotare – 🈂
chiuso lunedì, dal 2 al 10 gennaio e dal 10 al 30 agosto – Pas carta 24/42000.

BOZEN = Bolzano.

BOZZOLO 46012 Mantova 988 ⑭, 428 429 G 13 – 4 323 ab. alt. 30 – ✪ 0376.
Roma 490 – Cremona 41 – Mantova 28 – ♦Milano 132 – ♦Parma 40.

🍴 **Croce d'Oro** con cam, ✆ 91191 – ⇔ 🅿 ⚘
chiuso dal 24 dicembre al 3 gennaio e dal 30 luglio al 21 agosto – Pas *(chiuso domenica)*
carta 22/35000 – ⊑ 4000 – **10 cam** 40/60000.

BRA 12042 Cuneo 988 ⑫, 428 H 5 – 26 750 ab. alt. 280 – ✪ 0172.
Roma 648 – Asti 44 – Cuneo 46 – ♦Milano 170 – Savona 103 – ♦Torino 56.

🏨 **Elisabeth,** piazza Giolitti 8 ✆ 422486 – 🛗 📺 ☎ 🈂 🅿 ⓐ E 𝗩𝗜𝗦𝗔 ⚘
Pas *(chiuso venerdì ed agosto)* carta 28/40000 – ⊑ 8000 – **27 cam** 50/76000.

🏨 **Cavalieri** senza rist, piazza Carlo Alberto ✆ 413304 – 🛗 📺 🕾 – 🚗 30 a 150. 🈂 E 𝗩𝗜𝗦𝗔
⊑ 4000 – **30 cam** 45/73000.

🍴🍴 **L'Arcangelo,** strada San Michele 28 ✆ 422163, 🈺 – 🅿 🖭 🈂 ⓐ E 𝗩𝗜𝗦𝗔
chiuso mercoledì e dal 15 al 31 gennaio – Pas carta 38/55000.

🍴🍴 **Badellino** con cam, piazza 20 Settembre 3 ✆ 412335 – ☎ 🅿 🖭 🈂 ⓐ E 𝗩𝗜𝗦𝗔 ⚘ cam
chiuso dal 1° al 22 agosto – Pas *(chiuso martedì)* carta 27/42000 – ⊑ 5000 – **20 cam**
40/70000 – ½ P 55/60000.

🍴🍴 **Battaglino,** piazza Roma 18 ✆ 412509 – 🅿 🖭 🈂 ⓐ E 𝗩𝗜𝗦𝗔
chiuso lunedì, dal 2 al 10 gennaio e dal 7 agosto al 5 settembre – Pas carta 35/45000.

BRACCIANO 00062 Roma 988 ㉖ – 11 157 ab. alt. 280 – ✪ 06.
🛈 via Claudia 58 ✆ 9024451 – Roma 39 – Civitavecchia 51 – Rieti 100 – Terni 100 – Viterbo 54.

🍴 **Casina del Lago** con cam, al lago ✆ 9024025, ≤, 🈺 – 🅿 ⚘
Pas *(chiuso martedì)* carta 38/54000 (20%) – ⊑ 10000 – **20 cam** 50/70000 – ½ P 60000.

BRAIES (Lago di) (PRAGSER SEE) Bolzano 988 ⑤ – alt. 1 493.
Vedere Lago★★★.
Roma 744 – ♦Bolzano 106 – Brennero 97 – Cortina d'Ampezzo 48 – ♦Milano 405 – Trento 166.

BRALLO DI PREGOLA 27050 Pavia 988 ⑬, 428 H 9 – 1 208 ab. alt. 951 – ✪ 0383.
Roma 586 – ♦Genova 90 – ♦Milano 110 – Pavia 78 – Piacenza 74 – Varzi 17.

🏠 **Normanno,** al passo ✆ 500189 – ☎. ⚘ rist
Pas *(chiuso mercoledì)* carta 24/45000 – ⊑ 5000 – **25 cam** 83000 – P 60/80000.

a Feligara E : 2 km – ✉ 27050 Brallo di Pregola :

🍴 **Baly** con cam, ✆ 500118, prenotare, 🚗 – ⚘
━ Pas *(chiuso mercoledì)* 20/40000 – **10 cam** ⊑ 30/48000 – P 55000.

BRANZI 24010 Bergamo 428 429 D 11 – 811 ab. alt. 874 – a.s. luglio e agosto – ✪ 0345.
Roma 650 – ♦Bergamo 49 – Foppolo 9 – Lecco 71 – ♦Milano 91 – San Pellegrino Terme 24.

🏠 **Branzi,** ✆ 71121 – 🕾 🅿 𝗩𝗜𝗦𝗔
Pas *(chiuso martedì)* carta 25/35000 – ⊑ 6000 – **22 cam** 50000 – ½ P 50/55000.

BRATTO Bergamo 428 I 11 – Vedere Castione della Presolana.

BREGANZE 36042 Vicenza 988 ④ ⑤, 429 E 16 – 7 379 ab. alt. 110 – ✪ 0445.
Roma 552 – Belluno 97 – ♦Milano 235 – ♦Padova 51 – Trento 78 – ♦Venezia 84 – Vicenza 20.

🍴 **Al Toresan** con cam, ✆ 873622 – ☎ 🅿 🖭 ⓐ 𝗩𝗜𝗦𝗔. ⚘
Pas *(chiuso dal 15 luglio al 15 agosto, giovedì e venerdì a mezzogiorno)* carta 28/42000 –
⊑ 6000 – **12 cam** 60/80000 – ½ P 60/75000.

BREGANZONA 219 ⑧ – Vedere Cantone Ticino alla fine dell'elenco alfabetico.

BREGUZZO 38081 Trento 428 429 D 14 – 557 ab. alt. 798 – a.s. Natale – ✪ 0465.
Roma 617 – ♦Bolzano 107 – ♦Brescia 83 – ♦Milano 174 – Trento 47.

🏨 **Carlone,** ✆ 91014 – 🛗 🔲 rist ☎ 🅿 🈂. ⚘
chiuso dal 1° al 20 novembre – Pas *(chiuso martedì)* carta 25/40000 – **60 cam** ⊑ 45/80000
– ½ P 55/65000.

BRENDOLA 36040 Vicenza 429 F 16 – 5 359 ab. alt. 156 – ✪ 0444.

🏌 Colli Berici (chiuso lunedì) ✆ 601780, Fax 5474.

Roma 547 – ◆Padova 47 – ◆Verona 45 – Vicenza 16.

🏨 **La Rocca**, piazza del Mercato ✆ 601444, Telex 481422, Fax 601890 – 🛗 🖳 📺 ☎ 🝤
➤ ⬤ 🖪 E 𝑉𝐼𝑆𝐴. 🛠 rist
Pas 16/30000 – 🖵 5000 – **27 cam** 75/93000 – ½ P 67/89000.

✗ **Da Toni Cuco**, via Arcisi 6 (SO : 7 km) ✆ 889548, 🍽, prenotare – 🅿 𝑉𝐼𝑆𝐴. 🛠
chiuso lunedì, martedì, dal 7 al 18 gennaio e luglio – Pas carta 28/42000.

BRENO 25043 Brescia 988 ④, 428 429 E 12 – 5 545 ab. alt. 342 – a.s. febbraio, 15 luglio-agosto e Natale – ✪ 0364.

Dintorni Capo di Ponte: parco Nazionale delle Incisioni Rupestri★★ N : 10 km.
Roma 627 – ◆Bergamo 67 – ◆Bolzano 157 – ◆Brescia 69 –
Passo di Gavia 66 – ◆Milano 112 – Sondrio 76.

🏨 **Castello**, ✆ 21421 – 🛗 ☎ 🅿 🖪. 🛠 rist
➤ Pas carta 19/28000 – 🖵 2500 – **42 cam**
60000 – ½ P 28/35000.

BRENTA (Massiccio di) ★★★ Trento 988 ④, 428 429 D 14 – Vedere Guida Verde.

BRENZONE 37010 Verona 428 429 E 14 – 2 379 ab. alt. 75 – ✪ 045.

🛈 via Colombo 4 ✆ 7420076.

Roma 547 – ◆Brescia 85 – Mantova 86 – ◆Milano 172 –
Trento 69 – ◆Venezia 172 – ◆Verona 60.

🏨 **Rely Hotel**, ✆ 7420026, Fax 7420025, ≤,
➤ « Parco con 🏊 » – ☎ 🅿 🖪 ⬤ E 𝑉𝐼𝑆𝐴. 🛠
20 aprile-5 ottobre – Pas 20/35000 – 🖵 10000
– **32 cam** 80/100000 – ½ P 40/75000.

🏨 **Piccolo Hotel**, ✆ 7420688, ≤, 🍽 – ☎
➤ 🅿. 🛠 rist
23 marzo-27 ottobre – Pas (chiuso mercoledì)
20/25000 – 🖵 10000 – **22 cam** 38/64000 –
½ P 46/50000.

a Castelletto di Brenzone SO : 3 km –
🖂 37010 Brenzone.

🛈 (15 giugno-15 settembre) ✆ 602156 :

🏨 **Rabay**, ✆ 7430273, 🍽, 🏊, 🎿, 🚲 – 🛗
➤ 🅿. 🛠 rist
10 marzo-20 ottobre – Pas (solo per clienti
alloggiati) 19000 – 🖵 10000 – **37 cam**
55/82000 – ½ P 42/55000.

Un conseil Michelin :

*pour réussir vos voyages, préparez-les à
l'avance.*

*Les cartes et guides Michelin, vous don-
nent toutes indications utiles sur :*

*itinéraires, visite des curiosités, logement,
prix, etc.*

BRESCIA 25100 🅿 988 ④, 428 429 F 12 –
196 935 ab. alt. 149 – ✪ 030.

Vedere Piazza della Loggia★ BY 9 – Pinacoteca
Tosio Martinengo★ CZ – Via dei Musei★ CY –
Museo romano★ costruito sulle rovine di un tempio
Capitolino★ CY M1 – Avori★★ e Croce di
Desiderio★★ nel museo d'Arte Cristiana CY M2 –
Chiesa di San Francesco★ AY – Facciata★ della
chiesa di Santa Maria dei Miracoli AYZ A – Incoro-
nazione della Vergine★ nella chiesa del SS. Nazaro
e Celso AZ N – Annunciazione★ e Deposizione dalla
Croce★ nella chiesa di Sant'Alessandro BZ G –
Interno★, polittico★ e affresco★ nella chiesa di
Sant'Agata BY R.

🏌 e 🏌 Franciacorta (chiuso martedì) a Nigoline di
Corte Franca 🖂 25040 ✆ 984167 per ⑤ : 20 km.

🛈 corso Zanardelli 34 🖂 25121 ✆ 43418.

🅰🅲🅸 via 25 Aprile 16 🖂 25123 ✆ 40561.

Roma 535 ④ – ◆Milano 93 ⑤ – ◆Verona 66 ②.

Palestro (Corso)	BY
Zanardelli (Corso)	BZ 21
10 Giornate (Via delle)	BY 22

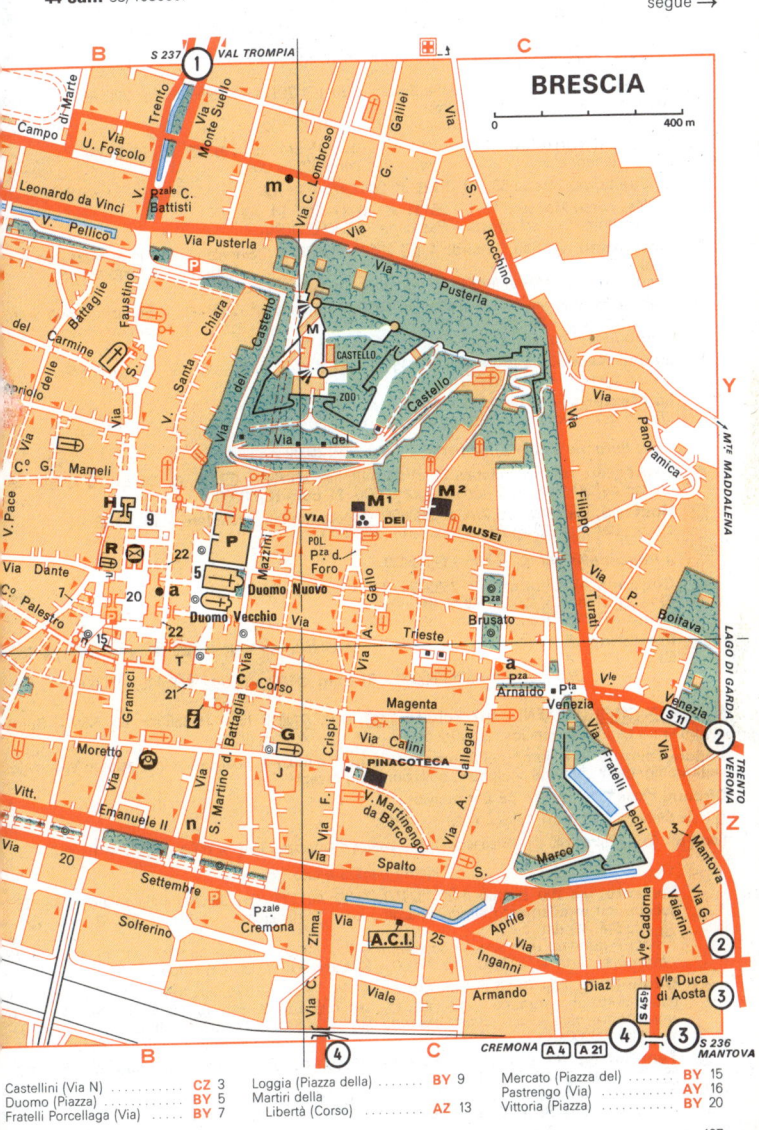

Vittoria, via delle 10 Giornate 20 ⊠ 25121 ℰ 280061, Telex 304514, Fax 280065 – 🕮 🔲
📺 ☎ ৬ – 🔬 35 a 125. ⅁Ɛ 🚱 ⑩ Ɛ ⱱⱤᴬ, ⍓ rist
BY **a**
Pas *(chiuso domenica ed agosto)* carta 61/106000 – **65 cam** ⊇ 240/298000 appartamenti
390000.

Master, via Apollonio 72 ⊠ 25124 ℰ 399037, Telex 304114, Fax 47284 – 🕮 📺 ☎ 🅿️
🔬 25 a 100. 🕮 🔲 BY **m**
Pas carta 40/55000 – ⊇ 10000 – **76 cam** 100/160000 – ½ P 120/130000.

Ai Ronchi-Motor Hotel, viale Bornata 22 ⊠ 25123 ℰ 362061, Fax 366315 – 🕮 🔲 📺
☎ 🚗 🅿️ ⅁Ɛ 🚱 ⑩ Ɛ ⱱⱤᴬ, ⍓ rist 2,5 km per ②
Pas *(chiuso sabato a mezzogiorno, domenica ed agosto)* carta 29/53000 – ⊇ 9000 –
44 cam 65/105000.

segue →

🏨 **Ambasciatori,** via Santa Maria Crocifissa di Rosa 90 ⊠ 25124 𝒫 308461, Fax 381883 –
|🅟| 🖩 📺 ⊟ ☎ ❷ – 🏊 200. 🖭 🆂 ⓞ 🅴 𝖵𝖨𝖲𝖠. 🛠 per via Lombroso **CY**
Pas *(chiuso domenica e dal 13 al 25 agosto)* carta 30/45000 – ⌑ 7000 – **65 cam** 70/110000
– ½ P 85000.

🏨 **Alabarda,** via Labirinto 6 ⊠ 25125 𝒫 341065, Telex 305388, Fax 347637 – |🅟| 📺 ☎ ❷.
🖭 🆂 ⓞ 🅴 𝖵𝖨𝖲𝖠. 🛠 rist 2,5 km per ⑤
Pas *(chiuso domenica)* 25000 – ⌑ 10000 – **28 cam** 63/95000 – ½ P 70/90000.

🏨 **Igea,** viale Stazione 15 ⊠ 25122 𝒫 44221, Fax 44224 – |🅟| 📺 ☎. 🖭 🆂 ⓞ 🅴 𝖵𝖨𝖲𝖠
🛠 **AZ x**
Pas *(chiuso domenica)* carta 28/42000 – ⌑ 8000 – **62 cam** 80/140000 – ½ P 108/113000

🏨 **Industria,** via Orzinuovi 58 ⊠ 25125 𝒫 3531431, Telex 328477, Fax 347904 – |🅟| 🖩 📺
☎ ⟵ ❷ – 🏊 90. 🖭 🆂 ⓞ 🅴 𝖵𝖨𝖲𝖠. 🛠 rist per ⑤
Pas *(chiuso domenica)* carta 35/55000 – ⌑ 12000 – **70 cam** 63/98000 – ½ P 75/85000.

🏨 **Astron** senza rist, via Togni 14 ⊠ 25128 𝒫 48220 – 📺 ☞. 🛠 **AZ s**
⌑ 6000 – **20 cam** 45/60000.

XXX **La Sosta,** via San Martino della Battaglia 20 ⊠ 25121 𝒫 295603, Fax 292589, « Edificio
del 17° secolo » – 🖭 🆂 ⓞ 𝖵𝖨𝖲𝖠 **BZ n**
chiuso lunedì e dal 5 al 27 agosto – Pas carta 53/81000.

XX **Olimpo-il Torricino,** via Fura 131 ⊠ 20125 𝒫 347565 – ❷. 🖭 🆂 ⓞ 🅴 𝖵𝖨𝖲𝖠
chiuso lunedì e dal 13 al 20 agosto – Pas carta 32/49000. per ⑤

XX **La Stretta,** via Stretta 63 ⊠ 25128 𝒫 2002367 – 🖩 ❷ 3,5 km per ①

XX **Raffa,** corso Magenta 15 ⊠ 25121 𝒫 49037 – 🖭 🆂 ⓞ 𝖵𝖨𝖲𝖠 **BZ c**
chiuso domenica ed agosto – Pas carta 33/54000 (10%).

X **Gottardino,** via San Gottardo 4 ⊠ 25128 𝒫 43532, « Servizio estivo in terrazza con ≤ »
– ❷. 🛠 4 km per via Panoramica **CY**
chiuso domenica sera, lunedì ed agosto – Pas carta 34/53000.

X **Antica Fonte,** via Fontane 45 ⊠ 25060 Mompiano 𝒫 2004480, « Servizio estivo sotto
un pergolato » – 🖭. 🛠 2,5 km per via Lombroso **CY**
chiuso lunedì ed agosto – Pas carta 35/50000 (8%).

X **Nuovo Nando,** via Ambra d'Oro 119 ⊠ 25124 𝒫 364288 – ❷. 🖭 🆂 ⓞ 🅴 𝖵𝖨𝖲𝖠
chiuso giovedì – Pas carta 27/53000. per ②

X **La Mezzeria,** via Trieste 66 ⊠ 25121 𝒫 40306 – 🖭. 🛠 **CZ a**
chiuso domenica, luglio ed agosto – Pas carta 30/42000.

Sant'Eufemia della Fonte per ② : 2 km – ⊠ **25080** :

🏨 **Capri** senza rist, sulla statale 11 𝒫 360149, Fax 366169 – 📺 ☎ ❷. 🖭 🆂 ⓞ 🅴 𝖵𝖨𝖲𝖠. 🛠
chiuso dal 20 luglio al 5 agosto – ⌑ 8000 – **21 cam** 55/88000.

XX **Hosteria,** via 28 Marzo 2/A 𝒫 360605, Coperti limitati; prenotare – 🆂 ⓞ 🅴 𝖵𝖨𝖲𝖠
chiuso dal 1° al 29 agosto – Pas carta 36/60000.

a Roncadelle per ⑤ : 7 km – ⊠ **25030** :

🏨 **Continental** senza rist, 𝒫 2582721, Telex 304132, Fax 2583108 – |🅟| 🖩 📺 ☎ 🛆 ⟵
❷ – 🏊 25 a 110. 🖭 🆂 ⓞ 🅴 𝖵𝖨𝖲𝖠. 🛠
chiuso dal 5 al 18 agosto – ⌑ 15000 – **52 cam** 115/150000.

🏨 **President,** 𝒫 2780061, Telex 301144, Fax 2780260, ⟵ – |🅟| 🖩 📺 ☎ ⟵ ❷ – 🏊 250.
🖭 🆂 ⓞ 🅴 𝖵𝖨𝖲𝖠. 🛠
Pas *(chiuso domenica)* carta 38/55000 – **67 cam** 90/140000 – ½ P 100/110000.

BRESSANONE (BRIXEN) 39042 Bolzano 🗗🗗🗗 ④⑤, 🗗🗗🗗 B 16 – 16 836 ab. alt. 559 – Sport
invernali : a La Plose-Plancios : 1 900/2 503 m 🚡1 ≤9, 🎿 – ✆ 0472.
Vedere Chiostro★ e Tesoro★ nel Duomo **A** – Cortile★ e museo Diocesano★ nel palazzo Vescovile:
sculture lignee★★, ancone scolpite★, collezione di presepi★.
Dintorni Plose★★★ : 🛠★★★ SE per funivia.
🅱 viale Stazione 9 𝒫 36401, Telex 400638, Fax 36067.
Roma 681 ② – ✦Bolzano 40 ② – Brennero 43 ① – Cortina d'Ampezzo 109 ② – ✦Milano 336 ② – Trento 100 ②.

Pianta pagina a lato

🏨 **Elefante,** via Rio Bianco 4 𝒫 32750, Telex 401277, Fax 36579, « Costruzione del 16°
secolo con arredamento antico; giardino con 🏊 riscaldata » – 🖩 rist 📺 ☎ ⟵ ❷ –
🏊 50. 𝖵𝖨𝖲𝖠. 🛠 rist **a**
Natale-7 gennaio e marzo-10 novembre – Pas *(chiuso lunedì escluso dal 30 luglio al 10
novembre)* carta 47/103000 – ⌑ 17000 – **43 cam** 80/160000 – ½ P 155/160000.

🏨 **Dominik** ⤢, via Terzo di Sotto 13 𝒫 30144, Telex 401524, Fax 36554, ≤, « Servizio rist
estivo sotto un pergolato », 🎣, ⛴, 🔲, ⟵ – |🅟| 📺 ☎ ⟵ ❷. 🖭 🆂 🅴 𝖵𝖨𝖲𝖠. 🛠 **b**
marzo-novembre – Pas *(chiuso martedì)* carta 46/71000 – ⌑ 20000 – **29 cam** 144/278000 –
½ P 110/168000.

🏨 **Temlhof** ⤢, via Elvas 76 𝒫 36658, Fax 35539, ≤ monti e città, « Giardino con 🏊 », ⛴,
🔲, 🎣 – ❷. 🖭 🆂 ⓞ 🅴. 🛠 rist **v**
chiuso dal 10 novembre al 23 dicembre – Pas *(chiuso a mezzogiorno escluso luglio-agosto
e martedì)* carta 38/56000 – **52 cam** ⌑ 80/200000 – ½ P 95/130000.

BRESSANONE

*Non fate rumore
negli alberghi :
i vicini vi saranno
riconoscenti.*

*Ne faites pas de bruit
à l'hôtel,
vos voisins
vous en sauront gré.*

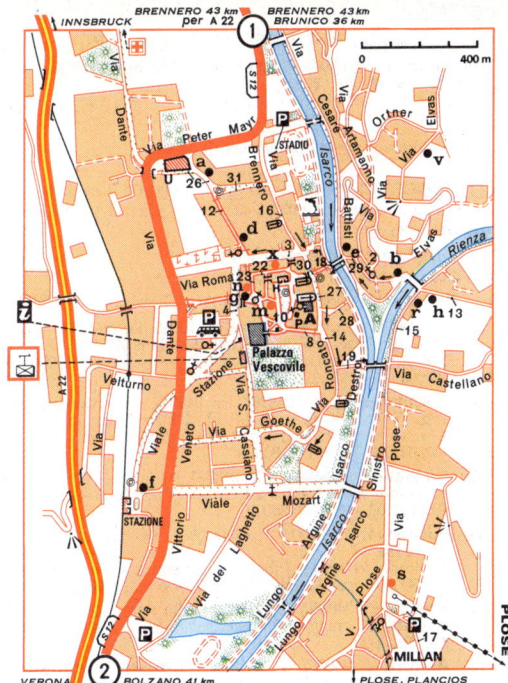

🏨 **Grüner Baum,** via Stufles 11 ℰ 32732, Telex 401643, Fax 39419, « Giardino con 🏊
riscaldata », 🐾, 🐕, 🔲, 🌳 – 🛗 🖥 rist ☎ ⇔ – 🛎 150. 🖭 🗗 ⓞ Ⓔ 𝖵𝖨𝖲𝖠 🐾 rist **e**
chiuso dal 10 al 18 novembre – Pas *(chiuso martedì)* carta 19/34000 – ⊡ 10000 – **70 cam**
58/85000 – ½ P 70/105000.

🏨 **Mirabel** 🦢 senza rist, via Guggenberg 4 ℰ 36058, 🌳 – 🛗 🌀 ☎ ⇔ 🅿. 🗗 Ⓔ 𝖵𝖨𝖲𝖠
23 marzo-3 novembre – **22 cam** ⊡ 48/84000. **h**

🏨 **Corona d'Oro-Goldene Krone,** via Fienili 4 ℰ 35154, Fax 35014, 🌳 – 🛗 📺 ☎ &
🅿. 🗗 Ⓔ 𝖵𝖨𝖲𝖠. 🐾 rist **d**
chiuso dal 15 al 25 dicembre e dal 6 gennaio al 15 febbraio – Pas *(chiuso martedì)*
carta 24/55000 – **36 cam** ⊡ 54/85000 – ½ P 60/70000.

🏨 **Jarolim,** piazza Stazione 1 ℰ 36230, Fax 33155, « Giardino ombreggiato con 🏊 » – 🛗
🌀 cam 🖥 rist 📺 ☎ 🅿. 🖭 🗗 ⓞ Ⓔ 𝖵𝖨𝖲𝖠. 🐾 rist **f**
Pas *(chiuso martedì)* carta 21/31000 – ⊡ 9000 – **35 cam** 43/68000 – ½ P 52/64000.

🏨 **Sole-Sonne,** via Sant'Erardo 8 ℰ 36271 – 🛗 📺 ☎. 🖭 🗗 ⓞ 𝖵𝖨𝖲𝖠 **g**
chiuso dal 7 gennaio al 15 febbraio – Pas *(chiuso martedì)* 17/25000 – ⊡ 8000 – **16 cam**
33/56000 – ½ P 53/60000.

🏨 **Senoner,** lungo Rienza 22 ℰ 32525, Fax 32436, 🌳, 🌳 – ☎ ⇔ 🅿. 🖭 🗗 ⓞ Ⓔ 𝖵𝖨𝖲𝖠
chiuso dal 6 al 19 gennaio, dal 2 al 23 maggio e dal 5 al 20 dicembre – Pas (solo per
clienti alloggiati) 22/27000 – **22 cam** ⊡ 50/125000 – ½ P 52/83000. **r**

🍴🍴 **Oste Scuro-Finsterwirt,** vicolo del Duomo 3 ℰ 35343, « Ambiente caratteristico con
arredamento antico » – 🖭 🗗 Ⓔ 𝖵𝖨𝖲𝖠. 🐾 **m**
chiuso domenica sera, lunedì, dal 10 gennaio al 5 febbraio e dal 17 giugno al 1° luglio –
Pas carta 28/50000.

🍴🍴 **Fink,** via Portici Minori 4 ℰ 34883, Fax 35268 – 🖥. 🖭 🗗 ⓞ Ⓔ 𝖵𝖨𝖲𝖠 **n**
chiuso mercoledì e dal 15 giugno al 5 luglio – Pas carta 35/53000.

🍴 **Rudis,** via Tratten 9 ℰ 30080, 🌳 **x**

🍴 **Plose,** via Plose ℰ 34787 – 🅿 **s**

ad Elvas NE : 4 km – alt. 814 – ⊠ **39042** Bressanone :

🏨 **Hofstatt** 🦢, ℰ 35420, ≼ – 🐾 ⇔ 🅿
chiuso dal 15 gennaio al 28 febbraio – Pas *(chiuso lunedì)* 16000 – **18 cam** ⊡ 30/60000 –
½ P 40/45000.

segue →

al bivio Plancios-Plose SE : 17,5 km – alt. 1 760 :

🏨 **Edith** ⤫, ⊠ 39040 Sant'Andrea in Monte ☞ 51307, Fax 51211, ≤ Dolomiti e vallata, ≘, ⌧ – ☎ ⊜, ⌷ rist
20 dicembre-20 aprile e giugno-ottobre – Pas *(chiuso mercoledi)* carta 27/37000 – **22 cam** ⊑ 46/84000 – ½ P 47/65000.

Vedere anche : *Novacella* per ① : 3 km.

BREUIL-CERVINIA 11021 Aosta 988 ②, 428 E 4 – alt. 2 050 – a.s. febbraio-15 aprile, agosto e Natale – Sport invernali : 2 050/3 883 m ⬧9 ⬧28, 🎿 (anche sci estivo) – ✪ 0166.
Vedere Località★★.

🔭 Cervino (luglio-15 settembre) ☞ 949131.

🛈 via Carrel 29 ☞ 949136, Telex 211822.

Roma 749 – Aosta 53 – Biella 104 – ♦Milano 187 – ♦Torino 116 – Vercelli 122.

🏨 **Cristallo** ⤫, ☞ 948121, Telex 210626, Fax 948377, ≤ Cervino e Grandes Murailles, 🖼, ⌧ – 🛗 📺 ☎ ⊜ – ᐃ 60. ⌷ ⊞ ⊙ ⊑ ⅤⅠⅭ. ⌷
3 dicembre-2 maggio e luglio-agosto – Pas carta 35/55000 – **96 cam** ⊑ 350000 appartamenti 460000 – ½ P 160/220000.

🏨 **Hermitage** ⤫, ☞ 948998, Fax 949032, ≤ Cervino e Grandes Murailles, 🖼, ≘, ⌧, 🖼 – 🛗 📺 ☎ ⊜ – ᐃ 40. ⊞ ⊑ ⅤⅠⅭ. ⌷ rist
12 novembre-10 maggio e 8 luglio-15 settembre – Pas 38/45000 – ⊑ 23000 – **32 cam** 140/200000 – ½ P 100/180000.

🏨 **Au Planet,** ☞ 949426, Fax 948827, ≤ Cervino, ≘, ⌧ – 🛗 ☎ ⊜ ⓟ. ⊞ ⊑ ⅤⅠⅭ. ⌷
novembre-aprile e luglio-agosto – Pas 30/40000 – ⊑ 20000 – **44 cam** 88000 appartamenti 135/180000 – ½ P 75/135000.

🏨 **Bucaneve,** ☞ 949119, Fax 948308, ≤ Cervino, 🖼, 🖼, ≘ – 🛗 ⤫ 📺 ☎ ⊜ ⓟ. ⌷ ⊞ ⊑ ⅤⅠⅭ. ⌷
15 novembre-aprile e luglio-15 settembre – Pas carta 33/46000 – ⊑ 20000 – **27 cam** 65/130000 appartamenti 140/200000 – ½ P 120/140000.

🏨 **Europa,** ☞ 948660, Fax 949650, ≤ Cervino – 🛗 ☎ ⊜ ⓟ. ⌷ ⊞ ⊑ ⅤⅠⅭ. ⌷ rist
dicembre-10 maggio e luglio-settembre – Pas 25/50000 – **60 cam** ⊑ 75/130000 – ½ P 70/110000.

🏨 **Astoria,** ☞ 949062, ≤ Cervino – 🛗 ☎ ⊜. ⌷ ⅤⅠⅭ. ⌷ rist
dicembre-aprile e 15 luglio-agosto – Pas carta 34/46000 (15%) – ⊑ 12000 – **27 cam** 85000 – ½ P 90/104000.

🏨 **Breithorn,** ☞ 949042, Fax 948363, ≤ Cervino e Grandes Murailles – 🛗 ☎ ⊜ ⓟ. ⌷ ⊞ ⊑ ⅤⅠⅭ. ⌷ rist
dicembre-15 maggio e luglio-25 settembre – Pas 25/30000 – ⊑ 13000 – **24 cam** 45/70000 – ½ P 60/85000.

🏨 Edelweiss, ☞ 949078, Fax 949078, ≤ Cervino e Grandes Murailles – 🛗 ⊜
35 cam.

🍴🍴 **Cime Bianche** ⤫ con cam, ☞ 949046, ≤ Cervino e Grandes Murailles, 🖼, « Ambiente tipico » – 📺 ☎ ⊜ ⓟ. ⅤⅠⅭ. ⌷
Pas *(chiuso lunedi in bassa stagione)* carta 34/68000 – ⊑ 10000 – **15 cam** 56/91000 – ½ P 70/110000.

sulla strada statale 406 :

🏨 **Chalet Valdôtain,** SO : 1,4 km ⊠ 11021 ☞ 949428, Fax 948874, ≤ Cervino e Grandes Murailles, 🖼 – 🛗 📺 ☎ ⊜ ⓟ. ⌷ ⊞ ⊑ ⅤⅠⅭ. ⌷ rist
dicembre-aprile e giugno-settembre – Pas carta 35/51000 – **35 cam** ⊑ 80/140000 – ½ P 75/115000.

🏨 **Les Neiges d'Antan** ⤫, SO : 4 km ⊠ 11021 ☞ 948775, Fax 948852, ≤ Cervino e Grandes Murailles – ☎ ⓟ. ⅤⅠⅭ. ⌷ rist
6 dicembre-1° maggio e 3 luglio-4 settembre – Pas carta 42/65000 – ⊑ 15000 – **28 cam** 54/87000 – ½ P 80/95000.

🏨 **Lac Bleu,** SO : 1 km ⊠ 11021 ☞ 949103, ≤ monti e Cervino – ☎ ⓟ. ⌷ rist
3 dicembre-aprile e luglio-25 settembre – Pas *(chiuso lunedi)* carta 28/42000 – ⊑ 7500 – **20 cam** 39/71000 – ½ P 59/70000.

BRIAN Venezia – Vedere Caorle.

BRINDISI 72100 ℗ 988 ㉚ – 92 815 ab. – a.s. 15 luglio-settembre – ✪ 0831.
Vedere Colonna romana★ (termine della via Appia).

✈ di Casale per ④ : 6 km ☞ 412141 – Alitalia, corso Garibaldi 53 ☞ 529091.

🚂 ☞ 21975.

🛈 piazza Dionisi ☞ 21944 – via Rubini 19 ☞ 21091.

Ⓐ.Ⓒ.Ⓘ via Aldo Moro 61 ☞ 83053.

Roma 563 ④ – ♦Bari 113 ④ – ♦Napoli 375 ④ – ♦Taranto 72 ③.

BRINDISI

Garibaldi (Corso) .... Y
Umberto 1º (Corso) ..... YZ

Amalfi (Via) .... V 2
Amena (Via) .... Y 3
Annunziata (Via) .... Y 4
Betolo (Via) .... Z 8
Cagni (Via Amm.) .... V 9
Cappellini (Via) .... Z 10
Ciciriello (Via E.) .... V 12
Cittadella (Via) .... Y 13
Colonne (Via) .... Y 15
Commenda (Viale) .... X 16
De Marco (Via C.) .... Z 17
Duca degli Abruzzi (Vle) V 19
Imperatore Augusto (V.) X 22
Maddalena
(Vle Umberto) .... V 23
Madonna della Neve (V.) Y 25
Madonna della Scala (V.) Z 26
Magaldi (Via Nicola) .... V 27
Maria Ausiliatrice (Via) .. X 29
Matteotti (Piazza) .... Y 30
Mecenate (Via) .... X 31
Montenegro (Via) .... Y 33
Osanna (Via) .... VXZ 34
Pace Brindisina (Via) .... X 35
Pontinia (Via) .... X 37
Pozzo Traiano (Via) ...... Y 38
Regina Margherita
(Lungomare) .... Y 39
Ruggero di Flores (Via) .. V 41
S. Dionisio (Via) .... Y 42
S. Barbara (Via) .... Y 43
S. Margherita (Via) ...... Y 45
Santi (Via) .... Y 46
Sauro (Via Nazario) ...... Z 47
Tarantini (Via) .... Y 49
Tirolo (Via) .... X 51
Tunisi (Via) .... Y 53

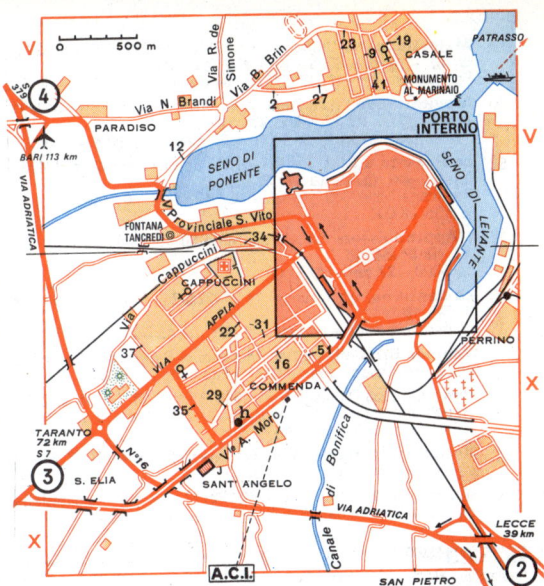

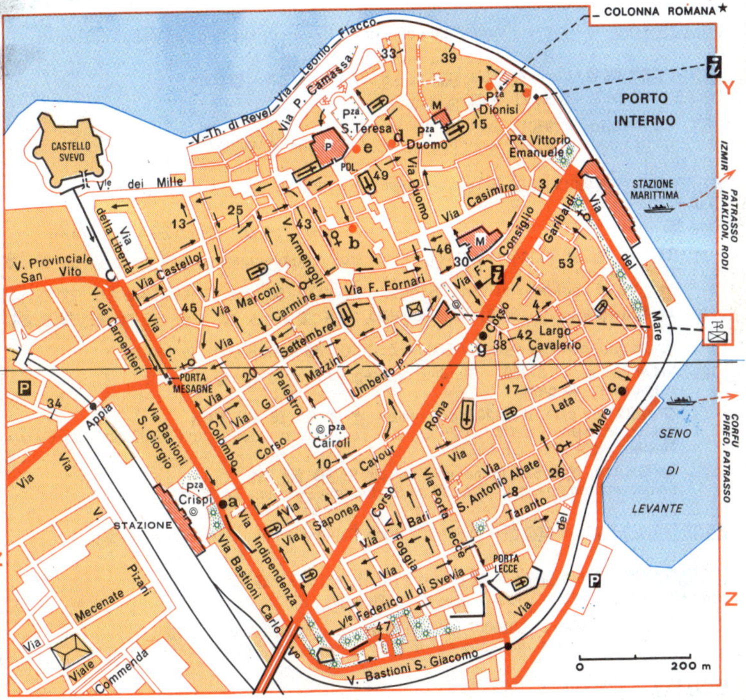

Majestic, corso Umberto I n° 151 ✆ 222941, Telex 813378, Fax 524071 – |♦| ⇔ ▤ TV ☎ P – 🏛 70 a 80. AE Ⓢ ⓞ E VISA. ✂ Z a
Pas *(chiuso venerdì)* 27/30000 – **68 cam** ☕ 89/137000 – ½ P 95/116000.

Mediterraneo, viale Aldo Moro 70 ✆ 82811, Telex 813291, Fax 87858 – |♦| ▤ TV ☎ 🚗 – 🏛 60. AE Ⓢ ⓞ E VISA. ✂ X h
Pas carta 25/42000 – ☕ 10000 – **65 cam** 79/119000 – ½ P 88/106000.

La Rosetta e Rist. Le Privè, via San Dionisio 2 ✆ 23423, Fax 563110 – |♦| ⇔ cam ▤ TV ☎ 🚗 P. AE Ⓢ ⓞ E VISA. ✂ rist Y g
Pas carta 29/47000 (15%) – ☕ 12000 – **40 cam** 70/110000 appartamento 200000 – ½ P 95/110000.

L'Approdo senza rist, via del Mare 50 ✆ 529667, Fax 24598, ≤ – |♦| ⇔ TV ☎ 🚗. AE Ⓢ ⓞ E VISA. ✂ Z c
☕ 5000 – **23 cam** 65/90000.

XXX **La Lanterna,** via Tarantini 14 ✆ 224026, « Servizio estivo in giardino » – ▤. AE Ⓢ ⓞ E VISA. ✂ Y d
chiuso domenica ed agosto – Pas carta 45/55000.

X **Vecchia Brindisi,** via San Giovanni al Sepolcro 5/7 ✆ 528400 – AE Ⓢ ⓞ E VISA. ✂
chiuso mercoledi' e settembre – Pas carta 26/37000. Y b

X **Penny,** piazza Dionisi 5/6 ✆ 563013 – ▤. AE Ⓢ ⓞ E VISA. ✂ Y n
chiuso domenica sera, lunedì, dal 22 dicembre al 3 gennaio e dal 15 agosto al 2 settembre – Pas carta 40/55000 (20%).

X **Antica Trattoria della Nassa,** via Colonne 49/51 ✆ 526005. AE Ⓢ ⓞ E VISA. ✂
chiuso lunedì – Pas carta 25/35000. Y l

X **Il Cantinone,** via De Leo 4 ✆ 222122, « Ambiente caratteristico » – Ⓢ VISA. ✂ Y e
chiuso martedì e dal 13 al 31 agosto – **Pas** 22/25000.

BRIONA 28072 Novara 428 F 7, 219 ⑯ – 1 154 ab. alt. 216 – ☎ 0321.
Roma 636 – •Milano 63 – Novara 17 – Vercelli 32.

a Proh SE : 5 km – ✉ 28072 Briona :

X **Trattoria del Ponte,** ✆ 826282 – ▤ P. ✂
chiuso lunedì sera, martedì e dal 29 luglio al 14 agosto – Pas carta 22/36000.

BRIONE 427 ㉔, 218 ⑫ – Vedere Cantone Ticino (Locarno) alla fine dell'elenco alfabetico.

BRIOSCO 20040 Milano 428 E 9, 219 ⑲ – 5 067 ab. alt. 271 – ☎ 0362.
Roma 611 – Como 21 – Lecco 23 – •Milano 33.

XX **La Rizulin,** ✆ 95014, 🌳 – P. AE. ✂
chiuso domenica sera, lunedì ed agosto – Pas carta 30/45000.

BRISIGHELLA 48013 Ravenna 988 ⑮, 429 J 17 – 7 870 ab. alt. 115 – a.s. 15 luglio-settembre – ☎ 0546.
Roma 355 – •Bologna 62 – Faenza 13 – •Ferrara 110 – •Firenze 90 – Forlì 27 – •Milano 278 – •Ravenna 44.

Terme 🐌, ✆ 81144, Fax 81144, ≤, « Giardino ombreggiato », ⚕ – |♦| ☎ P. AE Ⓢ ⓞ E VISA. ✂ rist
maggio-15 ottobre – Pas carta 25/35000 – ☕ 6000 – **56 cam** 55/80000 – ½ P 50/55000.

La Meridiana 🐌, ✆ 81590, Fax 81590, 🌳 – |♦| ☎ ♿ P – 🏛 150. AE Ⓢ ⓞ E VISA. ✂
aprile-ottobre – Pas carta 30/45000 – ☕ 7000 – **55 cam** 80000 – ½ P 50/55000.

Valverde 🐌, ✆ 81388, « Giardino ombreggiato » – |♦| ☎ P
stagionale – **40 cam**.

XX **Gigiolè** con cam, ✆ 81209, prenotare – |♦| ☎. AE Ⓢ ⓞ E VISA
chiuso febbraio e dal 10 al 25 luglio – Pas *(chiuso lunedì)* carta 32/42000 – ☕ 6000 – **15 cam** 38/52000 – ½ P 43000.

XX **La Grotta,** ✆ 81829, prenotare – ▤. AE Ⓢ ⓞ VISA. ✂
chiuso martedì, gennaio e dal 1° al 15 giugno – **Pas** carta 24/36000.

BRISSAGO 427 ㉔, 219 ⑦ – Vedere Cantone Ticino alla fine dell'elenco alfabetico.

BRIVIO 22050 Como 428 E 10, 219 ⑳ – 3 792 ab. alt. 207 – ☎ 039.
Roma 608 – •Bergamo 21 – Como 34 – Lecco 15 – •Milano 38.

X **Bella Venezia,** ✆ 5320007, « Servizio estivo in riva all'Adda » – P
chiuso lunedì sera, martedì e dal 16 al 30 agosto – Pas carta 40/66000.

BRIXEN = Bressanone.

BRONI **27043** Pavia 988 ⑮, 428 G 9 – 10 216 ab. alt. 88 – ☎ 0385.

Roma 548 – Alessandria 62 – •Milano 58 – Pavia 20 – Piacenza 37.

sulla strada statale 10 NE : 2 km :

XX **Liros** con cam, ✉ 27043 ✆ 51007, Fax 51007 – ☎ P. AE 🅂 ⓓ E VISA. ✱
chiuso dal 23 dicembre all' 8 gennaio e dal 7 al 14 agosto – Pas *(chiuso lunedì)* carta 29/46000 – ☕ 5000 – **20 cam** 50/70000.

BRUNATE **22034** Como 428 E 9, 219 ⑨ – 1 707 ab. alt. 716 – ☎ 031.

Roma 631 – •Bergamo 62 – Como 6 km o 7 mn di funicolare – •Milano 54.

XX **Moro,** a San Maurizio N : 2 km ✆ 221003, ☂, Coperti limitati; prenotare – 🅂 ⓓ VISA
chiuso mercoledì – Pas carta 38/57000.

BRUNECK = Brunico.

BRUNICO **(BRUNECK) 39031** Bolzano 988 ⑤, 429 B 17 – 12 406 ab. alt. 835 – Sport invernali : a Plan de Corones : 835/2 275 m ⛷16 ⛷24, ⛷ – ☎ 0474.

ℹ via Europa ✆ 85722, Telex 400350, Fax 84544.

Roma 715 – •Bolzano 77 – Brennero 68 – Cortina d'Ampezzo 59 – Dobbiaco 28 – •Milano 369 – Trento 137.

Andreas Hofer, via Campo Tures 1 ✆ 85469, Fax 85813, ≘s, 🌳 – 🛗 ☎ 🚗 P. 🅂 E VISA. ✱ rist
chiuso dal 12 al 26 maggio e dal 24 novembre al 16 dicembre – Pas *(chiuso sabato)* carta 17/31000 – ☕ 7000 – **54 cam** 45/80000 – ½ P 50/70000.

Bologna senza rist, via Leonardo da Vinci 1 ✆ 85917, Fax 84288 – 🛗 ☎ 🚗 P. AE 🅂 ⓓ E VISA. ✱
chiuso dal 20 maggio al 10 giugno e dal 25 ottobre al 20 novembre – **25 cam** ☕ 42/74000.

a San Giorgio (St. Georgen) N : 2 km – alt. 823 – ✉ **39031** :

Gissbach ⛰, ✆ 31173, ≘s, 🏊 – 🛗 ☎ 🚗 P. ✱ rist
chiuso novembre – Pas 18/25000 – **21 cam** ☕ 120000 – ½ P 53/73000.

a Riscone (Reischach) SE : 3 km – alt. 960 – ✉ **39031** :

Royal Hotel Hinterhuber ⛰, ✆ 21221, Telex 400650, Fax 20848, ≤ monti e pinete, ≘s, 🏊 riscaldata, 🏊, 🌳, 🎾 – 🛗 ⇔ rist ▤ rist 📺 ☎ ♿ 🚗 P. AE 🅂 E VISA. ✱ rist
20 dicembre-7 aprile e giugno-5 ottobre – Pas carta 29/47000 – **56 cam** ☕ 90/180000 appartamenti 120/280000 – ½ P 75/125000.

Rudolf, ✆ 21223, Fax 30806, ≤, 🏋, ≘s, 🏊 – 🛗 📺 ☎ 🚗 P. AE 🅂 ⓓ E VISA. ✱ rist – Pas *(chiuso novembre)* carta 30/44000 – **37 cam** ☕ 70/140000 – ½ P 63/115000.

Petrus ⛰, ✆ 84263, Fax 84267, ≤, 🏋, ≘s, 🌳 – ☎ 🚗 P. 🅂 E VISA. ✱ rist
7 dicembre-13 aprile e 25 maggio-17 ottobre – Pas carta 23/38000 – **28 cam** ☕ 58/110000 – ½ P 60/85000.

Majestic ⛰, ✆ 84887, ≤, ≘s, 🏊 riscaldata, 🌳 – 🛗 ▤ rist ☎ P. 🅂 E VISA. ✱ rist
23 dicembre-7 aprile e 18 maggio-13 ottobre – Pas *(chiuso lunedì)* carta 27/43000 – **33 cam** ☕ 40/80000 – ½ P 42/65000.

BRUSSON **11022** Aosta 988 ②, 428 E 5 – 925 ab. alt. 1 331 – a.s. Pasqua, 15 giugno-15 settembre e Natale – ☎ 0125.

ℹ piazza Municipio 1 ✆ 300240 – Roma 726 – Aosta 52 – Ivrea 51 – •Milano 164 – •Torino 93.

Laghetto, località Diga ✆ 300179, ≤ – P. ✱
chiuso dal 1° novembre al 7 dicembre – Pas *(chiuso mercoledì)* carta 20/30000 – ☕ 6500 – **17 cam** 25/45000.

BUBBIO **14051** Asti 428 I 6 – 968 ab. alt. 224 – ☎ 0144.

Roma 589 – Alessandria 52 – Asti 38 – •Genova 89 – •Milano 142 – Savona 76.

X **Teresio,** ✆ 8128 – ✱
chiuso mercoledì e dal 26 settembre al 15 ottobre – Pas carta 20/45000.

BUDOIA **33070** Pordenone 429 D 19 – 1 999 ab. alt. 140 – a.s. 15 luglio-agosto – ☎ 0434.

Roma 595 – Belluno 64 – •Milano 334 – Pordenone 16 – Treviso 55 – •Trieste 128 – Udine 66 – •Venezia 84.

X Da Renè, con cam, ✆ 654113, ☂, 🌳 – ▤ rist 📺 P – **6 cam**.

BUDONI Nuoro – Vedere Sardegna alla fine dell'elenco alfabetico.

BUDRIO **40054** Bologna 988 ⑮, 428 429 H 14 – 13 827 ab. alt. 25 – ☎ 051.

Roma 401 – •Bologna 19 – •Ferrara 46 – •Ravenna 66.

Sport Hotel senza rist, via Massarenti 10 ✆ 803515 – 🛗 ☎ P. AE ⓓ. ✱
chiuso dal 5 al 15 agosto e dal 24 dicembre al 1° gennaio – ☕ 2500 – **31 cam** 55/80000.

X **Elle 70,** via Garibaldi 10 ✆ 801678, Coperti limitati; prenotare
chiuso sabato a mezzogiorno, domenica, dal 1° al 5 gennaio ed agosto – Pas carta 35/52000.

BUDRIO Reggio nell'Emilia – Vedere Correggio.

BURANO Venezia – Vedere Venezia.

BURAGO DI MOLGORA 20040 Milano 428 F 10, 219 ⑱ – 4 234 ab. alt. 182 – ✆ 039.
Roma 591 – ◆Bergamo 37 – Lecco 33 – ◆Milano 23 – Monza 9.

🏨 **Brianteo**, 🖉 6082118, Telex 352650, Fax 6082118, 🍴 – 📶 🔲 📺 ☎ 🅿 – 🔏 70. 🖭 🛇
⑩ E 🆅🆂🅰. 🛇
chiuso dal 23 dicembre al 3 gennaio e dal 1° al 24 agosto – Pas (chiuso domenica, carta 30/59000 – ⊂⊃ 8500 – **50 cam** 110/130000 appartamenti 180000 – ½ P 75/128000.

BURGSTALL = Postal.

BURGUSIO (BURGEIS) Bolzano 428 B 13, 218 ⑧ – Vedere Malles Venosta.

BUSCATE 20010 Milano 428 F 8, 219 ⑰ – 4 322 ab. alt. 177 – ✆ 0331.
Roma 611 – Gallarate 15 – ◆Milano 37 – Novara 21.

XX **Scià on Martin** con cam, 🖉 800558, 🍴, prenotare – 📺 ☎ 🅿. 🖭 🛇 E 🆅🆂🅰. 🛇
chiuso Natale – Pas (chiuso sabato a mezzogiorno e domenica) carta 40/65000 – **13 cam**
⊂⊃ 95/150000 – ½ P 105/120000.

BUSNAGO 20040 Milano 219 ⑳ – 3 806 ab. alt. 210 – ✆ 039.
Roma 594 – ◆Bergamo 24 – ◆Brescia 68 – ◆Milano 34 – Piacenza 95.

🏨 **Pianura Inn,** viale Lombardia 20 🖉 6957412, Fax 6959025, 🍴 – 📶 📺 ☎ 🅿 – 🔏 50 a
150. 🖭 🛇 ⑩ E 🆅🆂🅰. 🛇
Pas (chiuso martedì) carta 38/50000 – ⊂⊃ 8000 – **20 cam** 90/120000 – ½ P 118/123000.

BUSSANA 18032 Imperia 195 ⑳ – ✆ 0184.
Roma 633 – ◆Genova 134 – Imperia 17 – ◆Milano 257 – Ventimiglia 23.

XX **Ai Torchi**, via al Mare 🖉 52104, Coperti limitati; prenotare – 📺 🅿. 🆅🆂🅰
chiuso mercoledì da giugno a settembre, anche martedì negli altri mesi; in agosto chiuso
solo a mezzogiorno escluso i week-end – Pas carta 35/75000.

BUSSETO 43011 Parma 988 ⑭, 428 429 H 12 – 7 082 ab. alt. 39 – ✆ 0524.
Roma 490 – ◆Bologna 128 – Cremona 25 – Fidenza 15 – ◆Milano 93 – ◆Parma 40 – Piacenza 31.

🏨 I Due Foscari, piazza Carlo Rossi 15 🖉 92337, Fax 91625, « Servizio rist. estivo in terrazza »,
🍴 – 📺 📺 ☎ 🅿 – **18 cam.**

XX **Ugo**, via Mozart 3 🖉 92307, Fax 91811 – 📶. 🖭 ⑩. 🛇
chiuso lunedì, martedì e gennaio – Pas carta 29/45000.

XX **Ritiro**, via Consolatico Superiore 43 (SO : 1,5 km) 🖉 91398, « In un convento del
17° secolo » – 🅿. 🛇 E 🆅🆂🅰
chiuso mercoledì, dal 7 gennaio al 20 febbraio e dal 1° al 13 agosto – Pas carta 38/49000.

BUSSOLENGO 37012 Verona 988 ④, 428 429 F 14 – 14 241 ab. alt. 127 – ✆ 045.
Roma 504 – Garda 20 – Mantova 43 – ◆Milano 150 – Trento 87 – ◆Venezia 128 – ◆Verona 12.

🔟 **Agnello d'Oro**, via Mazzini 13 🖉 7150154 – 📶 ⏃ rist 🎥 🅿. 🛇 🆅🆂🅰
◆ chiuso dal 15 giugno al 6 luglio – Pas (chiuso domenica sera e lunedì) carta 20/30000 – ⊂⊃
5000 – **25 cam** 42/70000 – ½ P 47/58000.

sulla strada statale 11 S : 3 km :

🏨 **Crocioni Hotel Rizzi** senza rist, ✉ 37012 🖉 7151193, Telex 481435, Fax 7156986 – 📶
📺 📺 ⏃ ☎ 🅿 – 🔏 50 a 200. 🖭 🛇 E 🆅🆂🅰
chiuso dal 22 dicembre al 10 gennaio – ⊂⊃ 10000 – **58 cam** 90/110000.

BUSSOLINO GASSINESE Torino – Vedere Gassino Torinese.

BUSTO ARSIZIO 21052 Varese 988 ③, 428 F 8 – 77 857 ab. alt. 224 – ✆ 0331.
Roma 611 – Como 40 – ◆Milano 35 – Novara 30 – Stresa 51 – Varese 27.

🏨 **Astoria e Rist. Da Moreno**, viale Duca d'Aosta 14 🖉 636422, Fax 679610 – 📶 ⏃ rist
📺 🎥 ⏃ ⏃ – 🔏 200. 🖭 🆅🆂🅰. 🛇
Pas (chiuso sabato ed agosto) carta 32/53000 (15%) – ⊂⊃ 9000 – **47 cam** 62/81000 –
P 150000.

Vedere anche : *Olgiate Olona* NE : 3 km.

BUTTRIO 33042 Udine 429 D 21 – 3 675 ab. alt. 79 – ✆ 0432.
Roma 641 – Gorizia 26 – ◆Milano 381 – ◆Trieste 57 – Udine 11.

🏨 **Locanda alle Officine**, strada statale SE : 1 km 🖉 674047, Fax 673408 – 📶 ⏃ 📺 📺
☎ ⏃ 🅿. 🖭 🛇 ⑩ E 🆅🆂🅰. 🛇
Pas (chiuso lunedì) carta 35/53000 – ⊂⊃ 8000 – **38 cam** 70/110000, 📶 5000 – ½ P 70/80000.

X **Trattoria al Parco**, 🖉 674025, 🍴, 🎥 – 🅿. 🖭
chiuso martedì sera, mercoledì e dal 1° al 25 agosto – Pas carta 25/41000.

134

CADEMARIO 219 ⑧ – Vedere Cantone Ticino alla fine dell'elenco alfabetico.

CADEO 29010 Piacenza 428 429 H 11 – 5 338 ab. alt. 67 – ✆ 0523.
Roma 501 – Cremona 34 – ♦Milano 76 – ♦Parma 46 – Piacenza 14.

✗ **Lanterna Rossa** ⓢ con cam, località Saliceto NE : 4 km ℰ 500563, 🚗 – 📺 🚗 🅿.
Pas *(chiuso martedì)* carta 36/60000 – 🖭 5000 – **12 cam** 45/75000 – ½ P 75/80000.

CADERZONE 38080 Trento 428 429 D 14 – 527 ab. alt. 723 – a.s. febbraio-15 marzo, Pasqua e
Natale – ✆ 0465.
Roma 625 – ♦Bolzano 107 – ♦Brescia 99 – ♦Milano 190 – Trento 55.

✗ Al Ponte, ℰ 84294.

CAERANO DI SAN MARCO 31031 Treviso 429 E 17 – 6 554 ab. alt. 123 – ✆ 0423.
Roma 548 – Belluno 59 – ♦Milano 253 – ♦Padova 47 – Trento 109 – Treviso 26 – ♦Venezia 56 – Vicenza 48.

🏨 **Europa** senza rist, ℰ 650341, Fax 650397 – 🛗 🖷 📺 ☎ 🚗. 🆎 🕃 Ⓔ 𝗩𝗜𝗦𝗔 ℀
🖭 7500 – **24 cam** 59/85000.

CAFRAGNA Parma 428 429 H 12 – Vedere Collecchio.

CAGLIARI 🅿 988 ㉝ – Vedere Sardegna alla fine dell'elenco alfabetico.

CAINO 25070 Brescia 429 F 12 – 1 395 ab. alt. 398 – ✆ 030.
Roma 549 – ♦Brescia 14 – ♦Milano 107.

sulla strada statale 237 E : 3 km :

✗✗ **Il Miramonti,** ⌧ 25070 ℰ 6830023, 🚗 – 🅿
chiuso lunedì – Pas carta 50/65000 (15%).

ALAFURIA Livorno – Vedere Livorno.

CALA GONONE Nuoro 988 ㉞ – Vedere Sardegna (Dorgali) alla fine dell'elenco alfabetico.

CALALZO DI CADORE 32042 Belluno 429 C 19 – 2 427 ab. alt. 806 – a.s. 15 luglio-agosto e
Natale – ✆ 0435 – 🚠 ℰ 32253 – 🕃 bivio Stazione ℰ 32348, Fax 32349.
Roma 646 – Belluno 45 – Cortina d'Ampezzo 32 – ♦Milano 388 – ♦Venezia 135.

🏨 **Ferrovia,** bivio Stazione ℰ 31541, Fax 500384 – 🛗 📺 ☎ 🅿 – 🏌 60. 𝗩𝗜𝗦𝗔 ℀
Pas *(chiuso domenica)* carta 20/36000 – 🖭 8000 – **39 cam** 80/100000 – P 65/80000.
🏨 **Calalzo,** bivio Stazione ℰ 32248, Fax 33600 – 🛗 📺 ☎ 🚗 🅿. 🆎 🕃 Ⓞ Ⓔ 𝗩𝗜𝗦𝗔
chiuso dal 21 settembre al 17 ottobre – Pas *(chiuso venerdì)* carta 23/34000 – 🖭 6000 –
38 cam 60/90000 – ½ P 60/70000.

CALAMANDRANA 14042 Asti 428 H 7 – 1 459 ab. alt. 314 – ✆ 0141.
Roma 599 – Alessandria 36 – Asti 35 – ♦Genova 98 – ♦Milano 130 – ♦Torino 95.

✗ **Violetta,** valle San Giovanni N : 2,5 km ℰ 75151, prenotare – 🅿. 🕃 . ℀
chiuso mercoledì e gennaio – Pas 35/45000.

CALASETTA Cagliari 988 ㉝ – Vedere Sardegna alla fine dell'elenco alfabetico.

CALAVINO 38072 Trento – 1 175 ab. alt. 409 – a.s. dicembre-aprile – ✆ 0461.
Roma 605 – ♦Bolzano 77 – ♦Brescia 100 – Trento 17.

✗✗ **Da Cipriano,** ℰ 564720, 🏠 – ℀
chiuso a mezzogiorno, mercoledì e settembre – Pas carta 24/34000.

CALCERANICA AL LAGO 38050 Trento 429 D 15 – 1 070 ab. alt. 463 – a.s. Natale – ✆ 0461.
🕃 (giugno-settembre) ℰ 723301 – Roma 606 – Belluno 95 – ♦Bolzano 75 – ♦Milano 260 – Trento 18 – ♦Venezia
147.

🏨 **La Piroga,** ℰ 723150, ≤, 🐾, 🚗 – 📺 ☎ 🅿. ℀
giugno-settembre – Pas carta 22/30000 – 🖭 5500 – **17 cam** 27/41000 – ½ P 43/47000.

CALDARO SULLA STRADA DEL VINO (KALTERN AN DER WEINSTRASSE) 39052 Bolzano
988 ④, 429 C 15 – 6 272 ab. alt. 426 – ✆ 0471.
🕃 piazza Principale 8 ℰ 963169.
Roma 635 – ♦Bolzano 15 – Merano 37 – ♦Milano 292 – Trento 53.

🏨 Cavallino Bianco-Weisses Rössl, ℰ 963137 – 🛗 ☎ 🅿 – *stagionale* – **20 cam**.
🏨 **Stella d'Oro-Goldener Stern,** ℰ 963153, 🏠 – ☎ Ⓔ 𝗩𝗜𝗦𝗔
aprile-ottobre – Pas *(chiuso lunedì)* carta 25/41000 – **27 cam** 🖭 44/72000 – ½ P 45/55000.
✗✗ **Kaltererhof,** ℰ 962191 – 🕃 Ⓔ 𝗩𝗜𝗦𝗔
chiuso domenica e dal 5 gennaio al 5 marzo – Pas carta 33/60000.

135

a Pianizza di Sopra (Oberplanitzing) N : 3 km – ⊠ **39052** Caldaro sulla Strada del Vino :

- 🏠 **Tannhof** ⟨⟩, 𝒫 52377, ≤, « In un bosco e servizio rist. estivo in terrazza panoramica »
  - ▬, 🐎 – ℗. ⍟
  marzo-novembre – Pas 15/18000 – **22 cam** � 36/72000 – ½ P 30/42000.

al lago S : 5 km :

- 🏨 **Seeleiten**, ⊠ 39052 𝒫 960200, Fax 96064, ≤, ≘s, 🅂, ▲⟨⟩, 🐎 – 🛗 ⍦ ☎ ⛭ ℗. 🆎
  ①
  marzo- 15 novembre – Pas carta 28/41000 – **35 cam** ⊒ 83/135000 – ½ P 75/100000.
- 🏨 **Seehof-Ambach** ⟨⟩, ⊠ 39052 𝒫 960098, Fax 960098, ≤, « Prato-giardino », ≘s, ▲⟨
  – 📺 ☎ ℗. ⍟ rist
  aprile-2 novembre – Pas carta 30/40000 – **27 cam** ⊒ 80/150000 – ½ P 75/92000.
- 🏠 **Seegarten**, ⊠ 39052 𝒫 960260, Fax 960066, ≤, « Servizio rist. estivo in terrazza », ▲⟨,
  – ☎ ℗
  aprile-ottobre – Pas *(chiuso mercoledì)* carta 21/33000 – **22 cam** ⊒ 45/90000.
- 🏠 **Seeberg** ⟨⟩ senza rist, ⊠ 39052 𝒫 960038, ≤, ▬, 🐎 – ☎ ℗
  aprile-ottobre – **16 cam** ⊒ 35/70000.

CALDERARA DI RENO 40012 Bologna 👪👪👪 ⌐ 15 – 10 083 ab. alt. 30 – ✦ 051.
Roma 382 – ◆Bologna 13 – ◆Firenze 108 – ◆Milano 213 – ◆Venezia 165.

a Lippo SO : 3 km – ⊠ **40012** Calderara di Reno :

- 🏨 **Brianza**, via Don Minzoni 16 𝒫 726333 e rist. 𝒫 725343, Fax 725278 – ▤ 📺 ☎ ℗ –
  ⚓ 50 – **52 cam**.

CALDIERO 37042 Verona 👪👪👪 F 15 – 4 795 ab. alt. 44 – ✦ 045.
Roma 517 – ◆Milano 174 – ◆Padova 66 – ◆Venezia 99 – ◆Verona 15 – Vicenza 36.

- ✗ **Da Renato,** strada statale 11 (NO : 1,5 km) 𝒫 982572 – ▤ ℗. 🆎 ⓞ 𝗩𝗜𝗦𝗔
  chiuso lunedì sera, martedì, luglio ed agosto – Pas carta 39/53000.

CALDIROLA 15050 Alessandria 👪👪👪 ⑱, 👪👪👪 H 9 – alt. 1 180 – Sport invernali : 1 012/1 450 m
⟨2, 🎿 – ✦ 0131 – Roma 577 – Alessandria 62 – ◆Genova 92 – ◆Milano 110 – Piacenza 81.

- ✗✗ **La Gioia,** 𝒫 78912 – ℗. 🆎 🅂 ⼰ 𝗩𝗜𝗦𝗔 ⟨⟩
  chiuso lunedì e novembre – Pas carta 30/55000.

CALDOGNO 36030 Vicenza 👪👪👪 F 16 – 9 043 ab. alt. 54 – ✦ 0444.
Roma 548 – ◆Padova 47 – Trento 86 – Vicenza 8.

- ✗✗ **Molin Vecio,** via Giaroni 56 𝒫 585168, « Ambiente caratteristico » – ⍦ ℗. 🆎 🅂 ⼰
  𝗩𝗜𝗦𝗔 ⍟
  chiuso lunedì sera e martedì – Pas carta 32/44000 (10%).

CALDONAZZO 38052 Trento 👪👪👪 E 15 – 2 377 ab. alt. 485 – a.s. Natale – ✦ 0461.
🄱 (giugno-settembre) 𝒫 723192.
Roma 608 – Belluno 93 – ◆Bolzano 77 – ◆Milano 262 – Trento 20 – ◆Venezia 145.

- 🏠 **Due Spade,** 𝒫 723113, ▬, 🐎 – 🛗. ⍟
  maggio-settembre – Pas *(chiuso lunedì)* 20000 – ⊒ 6000 – **24 cam** 35/60000 – ½ P 35/47000.

CALENZANO 50041 Firenze 👪👪👪 K 15 – 15 013 ab. alt. 109 – ✦ 055.
Roma 290 – ◆Bologna 94 – ◆Firenze 13 – ◆Milano 288 – Prato 6.

Pianta di Firenze : percorsi di attraversamento

- 🏨🏨 **Delta Florence e Rist. Il Pozzo,** via Vittorio Emanuele 3 𝒫 8876302, Telex 571626, Fax
  8874606, 🏊, ≘s, ▬ – 🛗 ▤ 📺 ☎ ℗ – ⚓ 30 a 200. 🆎 ⓞ 𝗩𝗜𝗦𝗔. ⍟   ET a
  Pas carta 35/52000 – ⊒ 17000 – **238 cam** 115/170000 – ½ P 140000.
- 🏨🏨 **First Hotel,** via Ciolli 5 𝒫 8876042, Telex 574036, Fax 8825755, ▬, ✗ – 🛗 ▤ 📺 ☎ ⛭
  ℗ – ⚓ 40 a 250. 🆎 🅂 ⓞ ⼰ 𝗩𝗜𝗦𝗔. ⍟ rist   ET b
  Pas *(chiuso venerdì)* carta 28/46000 – ⊒ 15000 – **116 cam** 160000 appartamenti 160/200000
  – ½ P 100/130000.
- 🏨🏨 **Valmarina** senza rist, via Baldanzese 146 𝒫 8825336, Fax 8825250 – 🛗 ▤ 📺 ☎ ⛭
  ⟨⟩. 🆎 🅂 ⼰ 𝗩𝗜𝗦𝗔. ⍟ – ⊒ 10000 – **34 cam** 77/113000   ET f
- ✗ **La Terrazza,** via del Castello 25 𝒫 8873302, ≤ – ℗. 🆎 ⓞ 𝗩𝗜𝗦𝗔   ET e
  chiuso domenica, lunedì ed agosto – Pas carta 29/53000.

a Carraia N : 4 km – ⊠ 50041 Calenzano :

- ✗ **Gli Alberi,** 𝒫 8819912 – ℗. 🆎 🅂 ⓞ ⼰ 𝗩𝗜𝗦𝗔. ⍟
  chiuso martedì e dal 15 al 28 gennaio – Pas carta 35/49000.

a Croci di Calenzano N : 11 km – alt. 427 – ⊠ **50041** Calenzano :

- ✗✗ **Carmagnini del 500,** a Pontenuovo S : 3 km 𝒫 8819930 – ℗. – ⚓ 40. 🆎 🅂 ⓞ. ⍟
  chiuso lunedì, dal 15 al 28 febbraio e dall'8 al 22 agosto – Pas carta 30/42000.

CALICE (KALCH) Bolzano – Vedere Vipiteno.

CALICE LIGURE 17020 Savona 428 J 6 – 1 343 ab. alt. 70 – ✪ 019.
oma 575 – Cuneo 102 – ◆Genova 76 – Imperia 56 – ◆Milano 199 – Savona 30.

✗ **Viola** con cam, ✆ 65440, ☞ – ℗. VISA. ❀ rist
chiuso dal 10 gennaio al 20 marzo – Pas *(chiuso giovedì escluso da maggio a settembre)*
carta 25/40000 – ☲ 7000 – **20 cam** 45/70000 – ½ P 60/70000.

CALIZZANO 17020 Savona 428 J 6 – 1 649 ab. alt. 660 – ✪ 019.
Roma 598 – ◆Genova 91 – Imperia 70 – Savona 46 – ◆Torino 123.

🏨 Miramonti, via 5 Martiri 6 ✆ 79604 – 🛗 – **38 cam**.

CALLIANO 38060 Trento 429 E 15 – 935 ab. alt. 186 – ✪ 0464.
Roma 570 – ◆Milano 225 – Riva del Garda 31 – Rovereto 9 – Trento 15.

🏨 **Aquila,** ✆ 84110, Fax 84110, « Giardino con 🏊 » – 🛗 ⇔ 🍽 rist ☎ ℗. ❀
Pas *(chiuso domenica)* carta 22/31000 – **47 cam** ☲ 61/98000 – ½ P 58000.

CALOLZIOCORTE 24032 Bergamo 988 ③, 428 E 10 – 14 473 ab. alt. 237 – ✪ 0341.
Roma 616 – ◆Bergamo 26 – Como 36 – Lecco 7 – ◆Milano 47.

✗ **Lavello,** S : 1 km ✆ 641088, ≤, « Servizio estivo in riva all'Adda » – ℗. AE 🅱 ⓞ E VISA.
❀
chiuso martedì sera, mercoledì e dal 1° al 25 dicembre – Pas carta 30/49000.
✗ **Italia da Ezio,** via Galli 46 ✆ 641019 – ℗. 🅱 E VISA. ❀
chiuso lunedì ed agosto – Pas carta 26/55000.

CALOSSO 14052 Asti – 1 417 ab. alt. 399 – ✪ 0141.
Roma 636 – Alessandria 49 – Asti 24 – ◆Genova 112 – ◆Milano 142 – ◆Torino 84.

✗ **Da Elsa,** località San Bovo E : 1 km ✆ 853142 – ℗
chiuso la sera da domenica a mercoledì – Pas 25/45000.

CALTAGIRONE Catania 988 ㊱㊲ – Vedere Sicilia alla fine dell'elenco alfabetico.

CALTANISSETTA 🅿 988 ㊳ – Vedere Sicilia alla fine dell'elenco alfabetico.

CALTIGNAGA 28010 Novara 219 ⑰ – 2 167 ab. alt. 179 – ✪ 0321.
Roma 633 – ◆Milano 59 – Novara 8,5 – ◆Torino 99.

✗✗ **Cravero** con cam, strada statale ✆ 652696, 🌦 – 📺 ☎ ⇔ ℗. AE 🅱 E VISA. ❀
chiuso dal 1° al 7 gennaio ed agosto – Pas *(chiuso lunedì sera e martedì)* carta 30/55000
– ☲ 6000 – **12 cam** 50/70000.

CALUSO 10014 Torino 988 ⑫, 428 G 5 – 7 275 ab. alt. 303 – ✪ 011.
Roma 678 – Aosta 88 – ◆Milano 121 – Novara 75 – ◆Torino 34.

✗✗ **Gardenia,** corso Torino 9 ✆ 9832249, 🌦, Coperti limitati; prenotare – ⇔ ℗. AE
chiuso giovedì e dal 25 luglio al 25 agosto – Pas carta 32/49000.

CALVECCHIA Venezia – Vedere San Donà di Piave.

CALVISANO 25012 Brescia 428 429 F 13 – 6 734 ab. alt. 63 – ✪ 030.
Roma 523 – ◆Brescia 27 – Cremona 44 – Mantova 55 – ◆Milano 117 – ◆Verona 66.

✗✗✗ ❀ **Al Gambero,** ✆ 968009, Coperti limitati; prenotare – ❀
chiuso dal 7 al 13 gennaio, agosto, mercoledì, le sere del 24 dicembre e Pasqua – Pas
carta 40/64000
Spec. Terrina di lumache alle erbe fini, Riso con porcini e fiori di zucca (estate), Petto d'anitra all'amaretto e
ginepro (autunno-primavera). Vini Bianco e rosso di Franciacorta.

CALVIZZANO 80012 Napoli – 9 337 ab. alt. 134 – ✪ 081.
Roma 222 – Caserta 30 – ◆Napoli 11.

🏨 **Da Donato,** via Marano Qualiano 17 ✆ 5862170 – 🛗 📺 ☎ ℗. AE 🅱 ⓞ E VISA. ❀ cam
Pas *(chiuso venerdì)* carta 24/50000 (12%) – ☲ 10000 – **22 cam** 90000 – ½ P 95000.

CAMAIORE 55041 Lucca 988 ⑭, 428 429 K 12 – 30 922 ab. alt. 47 – ✪ 0584.
Roma 376 – ◆Livorno 51 – Lucca 18 – ◆La Spezia 59.

✗✗ **Emilio e Bona,** località Lombrici N : 3 km ✆ 989289, 🌦, « Vecchio frantoio in riva ad
un torrente » – AE 🅱 ⓞ E VISA. ❀
chiuso lunedì *(escluso luglio-agosto)* e gennaio – Pas carta 40/60000.
✗ **Il Centro Storico,** via Cesare Battisti 66 ✆ 989786, 🌦 – ℗. AE 🅱 E VISA. ❀
chiuso dal 2 al 30 gennaio, lunedì e da giugno a settembre anche martedì a mezzogiorno
– Pas carta 23/46000 (10%).

a Capezzano Pianore O : 4 km – ✉ **55040** :

✗ **Il Campagnolo**, via Italica 332 ℘ 913675, �ில் – ✗
  chiuso mercoledì e novembre – Pas carta 24/47000.

Vedere anche : **Lido di Camaiore** SO : 8 km.

CAMALDOLI 52010 Arezzo 988 ⑮, 429 K 17 – alt. 816 – ✪ 0575.
Vedere Località★★ – Eremo★ N :2,5 km.
Roma 261 – Arezzo 46 – ◆Firenze 71 – Forlì 90 – ◆Perugia 123 – ◆Ravenna 113.

a Moggiona SO : 5 km strada per Poppi – alt. 708 – ✉ **52010** :

✗ **Il Cedro**, ℘ 556080
  chiuso lunedì dal 16 settembre al 14 giugno – Pas carta 22/33000.

CAMANDONA 13050 Vercelli 428 F 6, 219 ⑮ – 435 ab. alt. 792 – ✪ 015.
Roma 685 – Biella 17 – ◆Milano 111 – Novara 68 – Vercelli 60.

✗ **Renalda**, ℘ 748172 – 🅱 VISA ✗
  chiuso domenica sera, lunedì e dal 15 gennaio al 15 febbraio – Pas carta 28/44000.

CAMIGLIATELLO SILANO 87052 Cosenza 988 ㉟ – alt. 1 272 – Sport invernali : 1 272/1 786 m
🚡 1 🚠 2, 🏂 – ✪ 0984.
Escursioni Massiccio della Sila★★ Sud.
Roma 553 – Catanzaro 128 – ◆Cosenza 31 – Rossano 83.

🏨 **Sila**, ℘ 578484, Fax 578286 – 🛗 📺 ☎ 🚗 ⚛ AE 🅱 ① E VISA ✗
  Pas carta 31/45000 – ☲ 10000 – **32 cam** 110000 – ½ P 70/90000.
🏨 **Camigliatello**, ℘ 578496, Fax 578628 – 🛗 🖥 📺 ☎. AE 🅱 ① E VISA ✗ rist
  Pas 32000 – **40 cam** ☲ 85/120000 – ½ P 90000.
🏨 **Aquila-Edelweiss**, ℘ 578044, Fax 578753 – 🛗 ☎ 🅿 – ⚛ 50. 🅱 ① E VISA ✗
  Pas *(chiuso lunedì)* carta 35/54000 (10%) – ☲ 9000 – **40 cam** 75/105000 – P 80/110000.
🏨 **Cristallo**, ℘ 578013, Fax 578763 – 🛗 ☎. AE 🅱 ① E VISA ✗
  Pas *(solo per clienti alloggiati)* – ☲ 7000 – **47 cam** 60/95000 – ½ P 45/80000.
🏨 **Tasso**, ℘ 578113, Fax 578114 – 🛗 🚪 🚗 🅿. ✗ rist
◆ *20 dicembre-Pasqua e 20 giugno-20 settembre* – Pas 20/30000 – ☲ 8000 – **82 cam**
  60/85000 – ½ P 45/67000.
🏠 **Lo Sciatore**, ℘ 578105 – 🛗 ☎. ✗
  Pas *(chiuso giovedì)* carta 26/33000 – ☲ 6000 – **31 cam** 80000 – ½ P 70/85000.
🏠 **Leonetti**, ℘ 578075 – ☎. ✗
  Pas *(chiuso lunedì)* carta 21/37000 – ☲ 5000 – **40 cam** 45/75000 – ½ P 60000.
🏠 **Cozza**, ℘ 578034 – 🛗 🚪. ✗
  Pas 22000 – ☲ 6000 – **38 cam** 65/95000 – ½ P 40/60000.

verso il lago di Cecita NE : 8 km :

✗ **La Tavernetta**, ✉ 87052 Camigliatello Silano ℘ 579026 – 🅿. VISA ✗
  chiuso mercoledì e dal 15 al 30 novembre – Pas carta 27/50000.

CAMIN Padova – Vedere Padova.

CAMINO 15020 Alessandria 428 G 6 – 898 ab. alt. 252 – ✪ 0142.
Roma 633 – Alessandria 54 – Asti 40 – ◆Milano 94 – ◆Torino 64 – Vercelli 25.

✗ **Del Peso**, ℘ 669122 – 🅿
  chiuso giovedì – Pas carta 25/49000.

a Rocca delle Donne NO : 7 km – ✉ **15020** Camino :

✗ **Della Rocca**, ℘ 669150 – 🅱 E VISA
  chiuso martedì e dal 5 al 22 agosto – Pas carta 25/40000.

CAMNAGO VOLTA Como – Vedere Como.

CAMOGLI 16032 Genova 988 ⑬, 428 I 9 – 6 357 ab. – a.s. Pasqua, 15 giugno-settembre e
Natale – ✪ 0185.
Vedere Località★★.
Dintorni Penisola di Portofino★★★ – San Fruttuoso★★ SE : 30 mn di motobarca.
🛈 via 20 Settembre 33/r ℘ 770235.
Roma 486 – ◆Genova 26 – ◆Milano 162 – Portofino 15 – Rapallo 11 – ◆La Spezia 88.

🏨 **Cenobio dei Dogi** 🦢, via Cuneo 34 ℰ 770041, Telex 281116, Fax 772796, ≤, « Parco e terrazze sul mare », ⤓, ⛱, ✵ – ◱ ▦ 📺 ☎ Ⓟ – 🅰 200. ◪ 🎇 ᴇ 𝑉𝐼𝑆𝐴. ✘ rist
chiuso dal 7 gennaio al 28 febbraio – Pas carta 57/89000 – **89 cam** ⫨ 168/366000
appartamento 500000 – ½ P 200/250000.

🏠 **Casmona,** salita Pineto 13 ℰ 770015, ≤ – ☎. 🎇 ᴇ 𝑉𝐼𝑆𝐴. ✘ rist
Pas *(chiuso martedì in bassa stagione)* carta 25/61000 – ⫨ 5000 – **34 cam** 38/65000 –
½ P 62/66000.

🏠 **Riviera** senza rist, via Cuneo 5 ℰ 771420 – 📠. 🎇 ᴇ 𝑉𝐼𝑆𝐴
chiuso dal 6 gennaio al 23 marzo e dal 24 ottobre al 21 dicembre – ⫨ 5000 – **27 cam**
38/65000.

XX **Rosa,** largo Casabona 11 ℰ 771088, ≤ porticciolo e golfo Paradiso, 🌤 – ◪ 🎇 ᴇ 𝑉𝐼𝑆𝐴
chiuso martedì, dal 10 gennaio a febbraio e dal 6 novembre al 6 dicembre – Pas
carta 46/78000.

XX **Terrazza Bellini,** via 20 Settembre 62 ℰ 770737, Coperti limitati; prenotare, « Servizio
estivo sotto un pergolato » – ◪
chiuso lunedì, dal 1° al 15 febbraio e dal 1° al 15 novembre – Pas carta 40/60000.

XX **Vento Ariel,** calata Porto ℰ 771080, Solo piatti di pesce, Coperti limitati; prenotare – ◪
🎇 ⓞ ᴇ 𝑉𝐼𝑆𝐴
chiuso mercoledì e febbraio – Pas carta 40/60000.

XX **Tony,** salita San Fortunato 9 ℰ 770110 – ◪ 🎇 ⓞ ᴇ 𝑉𝐼𝑆𝐴
*chiuso dal 4 al 30 novembre, mercoledì e a mezzogiorno (escluso i giorni festivi) in bassa
stagione* – Pas carta 40/60000.

a Ruta E : 4 km – alt. 265 – ✉ **16030**.

Vedere Portofino Vetta★★ S :2 km (strada a pedaggio) – Trittico★ nella chiesa di San
Lorenzo a San Lorenzo della Costa E : 1 km.

X **Bana,** località Bana N : 1,5 km ℰ 772478, ≤, 🌤, prenotare – Ⓟ. ✘
chiuso lunedì e da novembre a maggio anche martedì – Pas carta 29/45000.

a San Rocco S : 6 km – alt. 221 – ✉ **16030** San Rocco di Camogli.

Vedere Belvedere★★ dalla terrazza della chiesa.

X Rocca 82, ℰ 772813, ≤ golfo, 🌤.

X **La Cucina di Nonna Nina,** ℰ 773835, Coperti limitati; prenotare – ✘
*chiuso a mezzogiorno (escluso sabato e domenica), lunedì, dal 10 al 31 gennaio e dal 20
settembre al 10 ottobre* – Pas carta 33/50000.

Vedere anche : *San Fruttuoso* SE : 30 mn di motobarca.

CAMPAGNANO DI ROMA 00063 Roma – 6 327 ab. alt. 270 – ✪ 06.
Roma 33 – Bracciano 28 – Terni 82 – Viterbo 50.

X **Da Righetto,** ℰ 9041036, « Rist. tipico » – ◪ 🎇 ⓞ. ✘
chiuso martedì escluso i giorni festivi – Pas carta 25/35000 (12%).

CAMPEGINE 42040 Reggio nell'Emilia 🔢🔢 🔢🔢 H 13 – 4 020 ab. alt. 34 – ✪ 0522.
Roma 442 – Mantova 59 – ♦Parma 18 – Reggio nell'Emilia 16.

in prossimità strada statale 9 - via Emilia SO : 3,5 km :

XX ✪ **Trattoria Lago di Gruma,** ✉ 42040 ℰ 679336, 🌤, prenotare – Ⓟ. ◪ 🎇 ⓞ ᴇ 𝑉𝐼𝑆𝐴.
✘
chiuso martedì, gennaio e dal 6 al 25 luglio – Pas carta 49/70000
Spec. Tagliatelle con fegato d'oca e porri, Piccione al Marsala superiore con salsa al Porto (primavera), Aspic
di frutti di bosco (estate). **Vini** Sauvignon, Gutturnio.

CAMPELLO SUL CLITUNNO 06042 Perugia – 2 304 ab. alt. 290 – ✪ 0743.
Vedere Fonti del Clitunno★ N : 1 km – Tempietto di Clitunno★ N : 3 km.
Roma 141 – Foligno 16 – ♦Perugia 53 – Spoleto 11 – Terni 42.

🏨 **Benedetti,** in prossimità via Flaminia O : 1 km ℰ 520675 – ▦ 📺 ☎ Ⓟ. 🎇. ✘
Pas *(chiuso martedì e dal 15 al 31 luglio)* carta 24/33000 – ⫨ 7000 – **22 cam** 49/70000 –
½ P 65000.

X **Le Casaline** 🦢 con cam, verso Silvignano E : 4 km ✉ 06049 Spoleto ℰ 521113, 🌤,
🌤 – Ⓟ. ◪ 🎇 ⓞ ᴇ 𝑉𝐼𝑆𝐴
Pas *(chiuso lunedì)* carta 24/39000 – ⫨ 10000 – **7 cam** 50/70000 – ½ P 65000.

CAMPESE Grosseto – Vedere Giglio (Isola del) : Giglio Porto.

CAMPIGLIA 19023 La Spezia 🔢🔢🔢 J 11 – alt. 382 – ✪ 0187.
Roma 427 – ♦Genova 111 – ♦Milano 229 – Portovenere 15 – ♦La Spezia 9.

X **La Lampara,** ℰ 758035, ≤, prenotare – 🎇
chiuso lunedì, dal 2 gennaio al 1° marzo e dal 25 settembre al 25 ottobre – Pas
carta 32/41000.

CAMPIGLIO Modena 428 I 14 – Vedere Vignola.

CAMPIONE D'ITALIA 22060 (e CH 6911) Como 988 ③, 428 E 8 – 2 204 ab. alt. 280 – ✆ 091
Lugano,dall'Italia 00.41.91.
Roma 648 – Como 27 – ♦Lugano 10 – ♦Milano 72 – Varese 30.

I prezzi sono indicati in franchi svizzeri

XX **Taverna,** ✆ 687201, 🚗 – ﷼ ⓘ Ⓔ 💳
      chiuso mercoledi, giovedi a mezzogiorno e Natale – Pas carta 53/90 (15%).

CAMPITELLO DI FASSA 38031 Trento 429 C 17 – 698 ab. alt. 1 442 – a.s. febbraio-Pasqua
Natale – Sport invernali : 1 442/2 500 m (passo Sella) ✂1, ✂1 – ✆ 0462.
🛈 ✆ 61137.
Roma 684 – ♦Bolzano 48 – Cortina d'Ampezzo 61 – ♦Milano 342 – Moena 13 – Trento 102.

🏨 **Gran Paradis,** ✆ 67333, Fax 67448, < Catinaccio e pinete, ⅃, ≤s, 🏊, 🐎 – 🛗 📺 📠
   ➔ ⓟ. ⅍
      18 dicembre-18 aprile e 10 giugno-15 ottobre – Pas *(chiuso lunedì)* 15/30000 – 🗜 10000 –
      39 cam 50/98000 – ½ P 61/79000.

🏨 **Salvan,** ✆ 61427, < Dolomiti, ⅃, ≤s, 🏊, 🐎 – 🛗 ☎ ⓟ. ﷼ Ⓑ Ⓔ 💳 ⅍
      20 dicembre-aprile e 20 giugno-settembre – Pas 25/28000 – 🗜 8000 – **26 cam** 75/130000
      – ½ P 68/98000.

🏨 **Alaska,** ✆ 61430, < Dolomiti e pinete, ≤s, 🏊 – ☎ ⓟ. ⅍
   ➔ *20 dicembre-aprile e luglio-settembre* – Pas 18/28000 – 🗜 10000 – **30 cam** 60/110000 –
      ½ P 46/85000.

🏠 **Crepes de Sela,** ✆ 61538, < Dolomiti, ≤s – ☎ ⓟ. ⅍
   ➔ *15 dicembre-aprile e giugno-15 ottobre* – Pas 17/19000 – **16 cam** 🗜 130000 – ½ P 47/57000

🏠 **Villa Kofler,** ✆ 61244, < Dolomiti – ⓟ. ⅍
   ➔ *20 dicembre-aprile e 20 giugno-settembre* – Pas 20/25000 – 🗜 8000 – **22 cam** 37/66000 –
      ½ P 52/57000.

CAMPITELLO MATESE Campobasso 988 ㉗ – alt. 1 429 – ⌧ 86027 San Massimo – Sport
invernali : 1 429/1 810 m ✂8, ✂ – ✆ 0874.
Roma 216 – Benevento 76 – Campobasso 43 – Caserta 114 – Isernia 39.

🏨 Kristall, ✆ 784127, < – 🛗 📺 ☎ ⓟ
   56 cam.

CAMPO Trento – Vedere Lomaso.

CAMPO ALL'AIA Livorno – Vedere Elba (Isola d') : Marciana Marina.

CAMPOBASSO 86100 🅿 988 ㉗ – 51 206 ab. alt. 700 – ✆ 0874.
🛈 piazza della Vittoria 14 ✆ 95662.
Ⓐ.Ⓒ.Ⓘ via Cavour 10/14 ✆ 92941.
Roma 226 – Benevento 63 – ♦Foggia 88 – Isernia 49 – ♦Napoli 131 – ♦Pescara 161.

🏬 **Roxy,** piazza Savoia 7 ✆ 91741 – 🛗 📺 ☎ ⓟ – 🔒 220. ﷼ Ⓑ ⓘ Ⓔ 💳 ⅍ rist
      Pas carta 26/36000 – 🗜 6000 – **72 cam** 70/90000 – ½ P 74/86000.

🏨 **Kappa,** via Sant'Antonio dei Lazzari 21 ✆ 67441 – 🛗 📺 📠 ⓟ – 🔒 300
   41 cam.

🏨 **Eden,** contrada Colle delle Api N : 3 km ✆ 698441 – 📺 ☎ ⓟ. ﷼ Ⓑ ⓘ Ⓔ 💳 ⅍ rist
      Pas carta 26/40000 – 🗜 4000 – **60 cam** 58/76000.

XX **Il Potestà,** vico Persichillo 1 ✆ 311101, Solo piatti di pesce – ﷼ Ⓑ ⓘ Ⓔ 💳 ⅍
      chiuso domenica ed agosto – Pas carta 35/50000.

   a Ferrazzano SE : 4 km – alt. 872 – ⌧ 86010 :

XX **Da Emilio,** ✆ 978376 – ⅍
      chiuso martedi e luglio – Pas carta 26/34000.

CAMPO CARLO MAGNO Trento 988 ④, 218 ⑱⑲ – Vedere Madonna di Campiglio.

CAMPOCATINO Frosinone – Vedere Guarcino.

CAMPO DI GIOVE 67030 L'Aquila 988 ㉗ – 937 ab. alt. 1 064 – Sport invernali : 1 064/1 950 m
✂1 ✂4 – ✆ 0864.
Roma 172 – L'Aquila 85 – ♦Pescara 91 – Sulmona 18.

🏠 **Abruzzo,** ✆ 40105, < – ⓟ. ﷼ ⅍
   ➔ Pas 15/25000 – 🗜 3000 – **22 cam** 35/50000 – ½ P 35/50000.

CAMPO DI TRENS (FREIENFELD) 39040 Bolzano 🔲 B 16 – 2 361 ab. alt. 993 – ✪ 0472.
Roma 703 – ♦Bolzano 62 – Brennero 19 – Bressanone 25 – Merano 94 – ♦Milano 356.

🏠 **Bircher,** località Maria Trens O : 0,5 km ♪ 67122, 🍴, 🔲 – 🚿 🅿 🆎 🆚
chiuso dall' 8 gennaio al 9 febbraio – **Pas** *(chiuso martedì)* carta 26/37000 – **32 cam**
🛏 35/70000 – ½ P 46/50000.

CAMPO FISCALINO (FISCHLEINBODEN) Bolzano – Vedere Sesto.

CAMPOGALLIANO 41011 Modena 🔲🔲 ⑭, 🔲 🔲 H 14 – 6 599 ab. alt. 43 – ✪ 059.
Roma 412 – ♦Milano 168 – ♦Modena 11 – ♦Parma 54 – ♦Verona 94.

🍴 **Trattoria il Cacciatore,** località Saliceto Buzzalino ♪ 526227, 🍴 – 🅿 🍽
chiuso lunedì e mercoledì sera – Pas carta 30/41000.

CAMPOLONGO (Passo di) Belluno – alt. 1 875 – a.s. 15 febbraio-15 aprile, 15 luglio-agosto e
Natale – Sport invernali : 1 875/2 600 m ✂8, 🎿.
Roma 711 – Belluno 78 – ♦Bolzano 70 – Cortina d'Ampezzo 41 – ♦Milano 367 – Trento 131.

🏠 **Boé,** località Arabba ♪ (0436) 79144, Fax (0436) 79275, ≤ Dolomiti, 🚠 – 🚿 ☎ 🅰 ⇆
🅿 🆎 🅱 ⑩ 🅴 🍽
dicembre-aprile e giugno-settembre – Pas *(chiuso martedì)* carta 23/34000 – 🛏 15000 –
34 cam 60/110000 – ½ P 40/100000.

CAMPORA SAN GIOVANNI 87030 Cosenza 🔲🔲 ㉚ – ✪ 0982.
Roma 522 – Catanzaro 59 – ♦Cosenza 56 – ♦Reggio di Calabria 152.

🏠 **Comfortable,** N : 1,5 km ♪ 46048, 🍴, 🔲 – 🚿 ☎ 🅿 🆎 🅱 ⑩ 🅴 🆚 🍽
chiuso novembre – Pas *(chiuso lunedì da ottobre a maggio)* carta 22/32000 – **38 cam**
🛏 40/70000 – ½ P 45/60000.

CAMPORGIANO 55031 Lucca – 2 555 ab. alt. 470 – ✪ 0583.
Roma 406 – ♦Firenze 132 – Lucca 58 – ♦La Spezia 70.

a Puglianella SO : 6 km – ✉ **55031** Camporgiano :

🍴 **Colonna di Costanzo,** ♪ 618844, 🍴, solo su prenotazione – 🆚
chiuso a mezzogiorno (escluso i giorni festivi), mercoledì e settembre – Pas 30/40000.

CAMPOROSSO IN VALCANALE 33010 Udine 🔲 C 22 – 100 ab. alt. 810 – ✪ 0428.
Roma 728 – ♦Milano 468 – ♦Trieste 157 – Udine 87 – Venezia 215.

🍴 Il Montone, ♪ 63010.

CAMPOROSSO MARE 18030 Imperia 🔲 K 4, 🔲 ㉘ – 4 676 ab. – ✪ 0184.
Roma 655 – ♦Genova 156 – Imperia 42 – ♦Milano 278 – San Remo 15.

🍴🍴🍴 ❀ **Gino,** ♪ 291493, Coperti limitati; prenotare – 🅿 🆎 🅱 ⑩ 🅴 🆚
chiuso lunedì sera, martedì, dal 9 al 20 dicembre e dal 17 giugno al 12 luglio – Pas
carta 42/60000 (15%)
Spec. Insalata di crostacei, Trenette al pesto, Zuppetta di pesce, Branzino ai carciofi (inverno). **Vini**
Vermentino, Rossese.

CAMPOSANTO 41031 Modena 🔲 H 15 – 2 961 ab. alt. 20 – ✪ 0535.
Roma 409 – ♦Bologna 40 – ♦Ferrara 45 – Mantova 73 – ♦Modena 27.

🏠 **Gran Paradiso,** località Cadecoppi E : 4,5 km ♪ 87391, Fax 87391, 🍴 – 🔳 📺 ☎ 🚗
🔸 🅿 🅱 🅴 🆚 🍽
Pas (solo per clienti alloggiati; *chiuso a mezzogiorno, domenica e dal 1° al 20 agosto)*
20/30000 – 🛏 12000 – **30 cam** 52/78000.

CAMPOTOSTO 67013 L'Aquila – 993 ab. alt. 1 442 – ✪ 0862.
Roma 162 – L'Aquila 47 – ♦Pescara 111 – Rieti 92 – Teramo 63.

🍴 **Valle** 🦢 con cam, ♪ 900119, ≤ lago e Gran Sasso – 🍽 cam
maggio-settembre – Pas *(chiuso lunedì)* carta 30/41000 – 🛏 6000 – **9 cam** 60000 –
½ P 45000.

CAMPOTTO Ferrara – Vedere Argenta.

Les hôtels ou restaurants agréables sont indiqués
dans le guide par un signe rouge.
Aidez-nous en nous signalant les maisons où, par expérience,.
vous savez qu'il fait bon vivre.
Votre guide Michelin sera encore meilleur.

🏨🏨 ... 🏠
🍴🍴🍴🍴🍴 ... 🍴

CAMPO TURES (SAND IN TAUFERS) 39032 Bolzano 988 ⑤, 429 B 17 – 4 427 ab. alt. 874
Sport invernali : a Monte Spico : 874/2 253 m ≰7, ⅍ – ◉ 0474.

Roma 730 – ♦Bolzano 92 – Brennero 83 – Dobbiaco 43 – ♦Milano 391 – Trento 152.

🏨 **Feldmüllerhof** ❦, ℰ 678127, Fax 678935, ⌨, ⊿, 🛌, 🐎 – 🔟 ☎ 🅿. 🖲 🄴. ℀ rist
   15 dicembre-20 aprile e 15 maggio-20 ottobre – Pas *(chiuso lunedì)* carta 30/50000 –
   30 cam ⌷ 55/100000 – ½ P 75/80000.

🏠 **Spanglerhof**, ℰ 68144, ↧, ⌨, ☒ – 🔟 ☎ 🅿. 🖲 🄴 🆅🆂🅰. ℀ rist
   chiuso novembre – Pas *(chiuso mercoledì)* carta 28/47000 – **19 cam** ⌷ 45/74000 –
   ½ P 55/70000.

✗ Peralba-Plankensteiner con cam, ℰ 68029 – **10 cam**.

a Molini di Tures (Mühlen) S : 2 km – ✉ 39032 Campo Tures :

🏠 **Monte Spicco-Speikboden** ❦, ℰ 68212, ≼, ⌨, ☒, 🐎 – 🔳 rist ☎ 🅿. ⓄE 🆅🆂🅰
   ℀
   20 dicembre-16 aprile e 10 maggio-20 ottobre – Pas *(chiuso lunedì)* carta 21/31000 –
   21 cam ⌷ 60/110000 – ½ P 50/60000.

CANAZEI 38032 Trento 988 ⑤, 429 C 17 – 1 725 ab. alt. 1 465 – a.s. febbraio-Pasqua e Natale –
Sport invernali : 1 465/2 950 m ≰5 ≰16, ⅍ – ◉ 0462.

Dintorni Passo di Sella★★★ : ❅★★★ N : 11,5 km – Passo del Pordoi★★★ NE : 12 km.

Escursioni ≼★★ dalla strada S 641 sulla Marmolada SE.

🇦 via Roma 34 ℰ 61113, Telex 400012, Fax 62502.

Roma 687 – Belluno 85 – ♦Bolzano 51 – Cortina d'Ampezzo 58 – ♦Milano 345 – Trento 105.

🏫 **Croce Bianca**, ℰ 61111, Fax 62646, ≼, 🐎 – 🔌 ☎ 🅿. 🄰🄴 🖲 ⓄE 🆅🆂🅰. ℀ rist
   15 dicembre-5 maggio e 20 giugno-15 ottobre – Pas *(chiuso lunedì)* carta 30/42000 – ⌷
   9500 – **41 cam** 77/129000 – ½ P 65/110000.

🏨 **Tyrol** ❦, ℰ 61156, ≼ Dolomiti e pinete, « Giardino ombreggiato » – 🔌 ☎ 🅿. 🖲 🄴
   🆅🆂🅰. ℀
   20 dicembre-20 aprile e 20 giugno-10 ottobre – Pas carta 23/31000 – ⌷ 9000 – **36 cam**
   53/93000 – ½ P 65/84000.

🏨 **Faloria**, ℰ 61118, Fax 61390, ≼, 🐎 – 🔌 ☎ 🅿. 🖲 🄴 🆅🆂🅰. ℀ rist
   dicembre-aprile e giugno-15 ottobre – Pas carta 23/35000 – ⌷ 15000 – **35 cam** 55/98000
   – ½ P 65/89000.

🏨 **Andreas**, ℰ 62106, Fax 62284, ≼ – ☎ 🅿. 🖲 🄴 🆅🆂🅰. ℀
   20 dicembre-6 aprile e luglio-settembre – Pas carta 40/83000 – ⌷ 16500 – **30 cam**
   83/130000 – ½ P 68/103000.

🏨 **La Perla**, ℰ 62453, ≼, ⌨ – 🔌 🔟 ☎ 🅿. 🖲 🄴 🆅🆂🅰. ℀
   chiuso novembre – Pas carta 28/43000 – ⌷ 12000 – **22 cam** 73/116000 – ½ P 95000.

🏠 **Diana** ❦, ℰ 61477, ≼ – 🅿. ℀ rist
   20 dicembre-20 aprile e luglio-20 settembre – Pas 20/24000 – ⌷ 10000 – **29 cam** 82/120000
   – ½ P 100000.

🏠 **Chalet Pineta** ❦, ℰ 61162, ≼, ↧, ⌨ – 🚗 🚙 🅿
   stagionale – **20 cam**.

a Penia S : 3 km – ✉ 38030 Alba di Canazei :

🏠 **Dolomites Inn** ❦, ℰ 62212, ≼ Dolomiti, ⌨, 🐎 – 🔟 ☎ 🅿. ℀ rist
   Pas *(20 dicembre-15 aprile e 20 giugno-20 settembre)* carta 35/53000 – ⌷ 16000 – **16 cam**
   70000 – ½ P 68/88000.

CANDELI Firenze – Vedere Firenze.

CANDELO 13062 Vercelli 428 F 6, 219 ⑮ – 7 615 ab. alt. 340 – ◉ 015.

Roma 671 – Biella 5 – ♦Milano 97 – Novara 51 – ♦Torino 77 – Vercelli 37.

✗✗✗ **Angiulli**, ℰ 538998, Coperti limitati; prenotare – 🖲 Ⓞ 🄴 🆅🆂🅰. ℀
   chiuso lunedì e dal 7 al 31 agosto – Pas carta 36/55000.

✗✗ ⸂**Taverna del Ricetto**, ℰ 2536066, « In un villaggio medioevale fortificato » – ℀
   chiuso lunedì, martedì a mezzogiorno e dal 15 luglio al 15 agosto – Pas carta 42/68000
   (15%).

CANELLI 14053 Asti 988 ⑫, 428 H 6 – 10 393 ab. alt. 157 – ◉ 0141.

Roma 603 – Alessandria 41 – Asti 29 – ♦Genova 104 – ♦Milano 131 – ♦Torino 84.

🏨 **Asti** ❦ senza rist, viale Risorgimento 44/b ℰ 824220, Fax 822449 – 🔌 🔟 ☎ 🅿. 🄰🄴 🖲
   🄴 🆅🆂🅰
   ⌷ 9000 – **24 cam** 55/80000.

🏠 **Al Grappolo d'Oro**, viale Risorgimento 21 ℰ 823812, Fax 823882 – 🔳 rist ☎ 🅿. ℀
   chiuso agosto – Pas *(chiuso lunedì)* carta 24/42000 – ⌷ 6000 – **16 cam** 48/70000 –
   ½ P 48/52000.

✗✗✗ ⊛ **San Marco**, via Alba 136 ℰ 823544, Coperti limitati; prenotare – 🖲 Ⓞ 🄴 🆅🆂🅰. ℀
   chiuso martedì sera, mercoledì e dal 20 luglio al 10 agosto – Pas carta 33/60000
   Spec. Filetto alla pastora, Storione ai carciofi, Coniglio alla monferrina. Vini Gavi.

CANICATTÌ Agrigento 988 ㉖ – Vedere Sicilia alla fine dell'elenco alfabetico.

CANNERO RIVIERA 28051 Novara 988 ②③, 428 D 8 – 1 264 ab. alt. 225 – ✪ 0323.
Vedere Insieme★★.
Roma 687 – Locarno 25 – ♦Milano 110 – Novara 87 – Stresa 30 – ♦Torino 161.

🏨 **Cannero** ♨, ♪ 788046, Fax 788048, ≤, 🌼, ⤲ riscaldata, 🛥 – 📶 ⇆ rist ☎ 🕭 🅿. 🖭 🕭 🕕 E. 🛎 rist
6 marzo-4 novembre – Pas carta 30/60000 (10%) – **36 cam** ☞ 60/100000 – ½ P 65/70000.

🏨 **Park Hotel Italia** ♨, ♪ 788488, Fax 788498, ≤, 🌼, ⤲, 🚤, 🛥 – 📶 ☎ 🅿. 🖭 🕭 🕕 E. 🛎 rist
25 marzo-3 novembre – Pas carta 35/56000 – **25 cam** ☞ 114/126000 – ½ P 64/78000.

CANNETO SULL'OGLIO 46013 Mantova 428 429 G 13 – 4 543 ab. alt. 35 – ✪ 0376.
Roma 493 – ♦Brescia 51 – Cremona 32 – Mantova 38 – ♦Milano 123 – ♦Parma 43.

🍴 **Margot** con cam, ♪ 70129 – ⇆ cam ☎ 🅿. 🛎
chiuso dal 1° al 20 agosto e dal 27 dicembre al 2 gennaio – Pas (chiuso venerdì) carta 27/37000 – **7 cam** ☞ 65000 – ½ P 45000.

verso Carzaghetto NO : 3 km :

🍴🍴🍴 ❀❀ **Dal Pescatore**, ♪ 46013 ♪ 70304, Fax 723001, Coperti limitati; prenotare, « Servizio estivo in giardino » – 🖥 🅿. 🕭 E 🖭. 🛎
chiuso lunedì, martedì, dal 1° al 15 gennaio e dal 12 agosto al 3 settembre – Pas carta 70/99000
Spec. Tortelli di zucca (settembre-aprile), Anitra all'aceto balsamico, Stracotto di cavallo. **Vini** Bianco e rosso di Franciacorta.

CANNIZZARO Catania – Vedere Sicilia alla fine dell'elenco alfabetico.

CANNOBIO 28052 Novara 988 ②③, 428 D 8 – 5 229 ab. alt. 224 – ✪ 0323.
Vedere Orrido di Sant'Anna★ O : 3 km.
Roma 694 – Locarno 18 – ♦Milano 117 – Novara 94 – ♦Torino 168.

🏨 **Belvedere** ♨, O : 1 km ♪ 70159, 🌼, « Parco giardino con ⤲ riscaldata » – 🅿. 🕭 🕕 E 🖭. 🛎 rist
20 marzo-10 ottobre – **16 cam** solo ½ P 68/70000.

🍴🍴 **Villa Maria**, via 27-28 Maggio ♪ 70160, « Servizio estivo in terrazza sul lago » – 🛎
chiuso mercoledì e dal 15 gennaio al 15 febbraio – Pas carta 25/40000.

🍴🍴 **Scalo**, piazza Vittorio Emanuele ♪ 71480, 🌼 – 🕭 E 🖭
chiuso martedì e dal 15 gennaio al 15 febbraio – Pas carta 28/55000.

sulla strada statale 34 :

🏨 **Campagna**, N : 1 km 🖂 28052 ♪ 71481, Fax 71879, ≤, 🛥 – 📶 ☎ 🕭 🅿
stagionale – **36 cam**.

🍴🍴🍴 ❀ **Del Lago** con cam, località Carmine Inferiore S : 3 km 🖂 28052 ♪ 70595, Fax 70595, ≤, prenotare, « Terrazze-giardino in riva al lago », 🛥 – 🖥 rist ☎ 🅿. 🖭 🕭 🕕 E 🖭. 🛎
chiuso dal 29 gennaio al 1° marzo e dal 20 novembre al 23 dicembre – Pas (chiuso martedì e mercoledì a mezzogiorno) carta 50/90000 – ☞ 12000 – **10 cam** 40/65000
Spec. Insalata di astice, Branzino al curry, Pescatrice al coriandolo. **Vini** Arneis.

🍴 **Molinett**, S : 2 km 🖂 28052 ♪ 70151, ≤, « Servizio estivo su terrazzino ombreggiato », 🛥 – 🅿. 🛎
chiuso mercoledì e dal 19 dicembre al 21 febbraio – Pas carta 28/45000.

🍴 **Cà Bianca**, S : 5 km 🖂 28052 ♪ 788038, ≤, 🌼, 🚤 – 🅿. 🕕 🖭
marzo-ottobre – Pas carta 22/44000.

CANONICA D'ADDA 24040 Bergamo 219 ⑳ – 3 573 ab. alt. 143 – ✪ 02.
Roma 602 – ♦Bergamo 20 – ♦Brescia 66 – Lecco 43 – ♦Milano 31 – Piacenza 73.

🍴🍴 **Adda-da Manzotti**, ♪ 9094048 – 🖭
chiuso martedì e dal 16 al 24 agosto – Pas carta 31/45000.

CANONICA LAMBRO Milano 428 F 9, 219 ⑲ – alt. 231 – 🖂 20050 Triuggio – ✪ 0362.
Roma 597 – ♦Bergamo 37 – Como 32 – Lecco 31 – ♦Milano 24 – Monza 9.

🏨 **Fossati** ♨ senza rist, ♪ 970402, Fax 971396 – 📶 📺 ☎ 🚗 🅿 – 🔏 40. 🖭 🕭 🕕 E 🖭
☞ 10000 – **45 cam** 88/108000 appartamento 175000.

🍴🍴 **Canonica-Fossati**, ♪ 970212, 🌼, « Caratteristica antica costruzione in un sito verdeggiante » – 🅿. 🕭 E 🖭
chiuso lunedì, dal 3 al 10 gennaio e dall' 8 al 22 agosto – Pas carta 38/54000 (15%).

🍴 **La Zuccona**, N : 2 km ♪ 930786, prenotare
chiuso lunedì sera, martedì ed agosto – Pas carta 33/46000.

CANOVE DI ROANA 36010 Vicenza 429 E 16 – alt. 1 001 – a.s. febbraio, luglio-agosto e Natale – ✪ 0424.

Roma 585 – Asiago 4 – ◆Milano 266 – Trento 63 – ◆Venezia 117 – Vicenza 51.

🏠 **Paradiso,** ✆ 692037 – 📺 ☎. ❄️
  Pas *(chiuso lunedì)* carta 26/38000 – ➴ 7000 – **21 cam** 55/68000 – ½ P 50000.

CANTALUPO Milano – Vedere Cerro Maggiore.

CANTALUPO NEL SANNIO 86092 Isernia – 799 ab. alt. 587 – ✪ 0865.

Roma 227 – ◆Foggia 120 – Isernia 19 – ◆Napoli 132.

✗ **Del Riccio,** ✆ 814246 – ❄️
  chiuso la sera e lunedì – Pas carta 21/34000.

CANTELLO 21050 Varese 428 E 8, 219 ⑥ – 3 929 ab. alt. 404 – ✪ 0332.

Roma 640 – Como 26 – ◆Lugano 29 – ◆Milano 59 – Varese 9.

✗✗ **Madonnina con cam,** ✆ 417731, 🏡, 🌳 – ❄️ rist 📺 ☎ 🅿
  12 cam.

☞ *Inclusion in the Michelin Guide cannot be achieved
  by pulling strings or by offering favours.*

CANTÙ 22063 Como 988 ③, 428 E 9 – 36 311 ab. alt. 369 – ✪ 031.

Roma 608 – ◆Bergamo 53 – Como 10 – Lecco 33 – ◆Milano 36.

🏨 **Canturio** senza rist, via Vergani 28 ✆ 716035, Fax 720211 – 🛗 🍽 📺 ☎ & 🅿 – 🏛 35
  chiuso agosto e dal 24 al 31 dicembre – ➴ 10000 – **28 cam** 80/115000.

🏠 **Sigma,** via Grandi 32 ✆ 700589 – 🛗 📺 ☎ 🅿 – 🏛 50. 🅰🅴 🛈 VISA ❄️
  Pas *(chiuso domenica ed agosto)* carta 34/52000 – ➴ 7500 – **40 cam** 99000 – ½ P 83000.

✗✗✗ **Nuova Trattoria Fossano,** località Vighizzolo ✆ 730601 – 🅿
  chiuso martedì – Pas carta 22/45000.

✗✗ **Le Querce,** località Mirabello ✆ 731336, 🏡, « Parco ombreggiato » – 🍽 🅿 🅰🅴
  chiuso lunedì sera, martedì e dal 1° al 28 agosto – Pas carta 34/57000.

✗✗ **Al Ponte,** via Vergani 25 ✆ 712561, 🏡 – 🅰🅴 🛈
  chiuso lunedì ed agosto – Pas carta 30/45000.

CANZO 22035 Como 428 E 9, 219 ⑨ – 4 382 ab. alt. 387 – ✪ 031.

🄸 piazza della Chiesa 4 ✆ 682457.

Roma 620 – Bellagio 20 – ◆Bergamo 56 – Como 22 – Lecco 23 – ◆Milano 52.

🏠 **Croce di Malta** ⬥, ✆ 681228, Fax 084475, « Giardino ombreggiato » – 🛗 ☎ 🅿 –
  🏛 25 a 50. 🅰🅴 🛈 VISA ❄️
  chiuso dal 10 al 31 gennaio – Pas *(chiuso venerdì)* carta 39/55000 – ➴ 10000 – **36 cam**
  110000 – ½ P 95/115000.

🏠 **Volta,** via Volta 58 ✆ 681225 – 🛗 📺 ☎ 🅿 🅰🅴 🛈 🄴 VISA ❄️ rist
  Pas *(chiuso dal 1° al 15 ottobre)* carta 33/48000 – ➴ 15000 – **16 cam** 60/80000 – ½ P 80000

✗ **La Zuppiera** con cam, ✆ 681431, 🌳 – 🅿 🅰🅴 🛈 🄴 VISA ❄️
  chiuso mercoledì – Pas carta 35/56000 – ➴ 5000 – **5 cam** 45000 – ½ P 45/50000.

CAORLE 30021 Venezia 988 ⑤, 429 F 20 – 11 370 ab. – a.s. 15 giugno-agosto – ✪ 0421.

🄸 piazza Giovanni XXIII n° 3 ✆ 81401.

Roma 587 – ◆Milano 326 – ◆Padova 96 – Treviso 63 – ◆Trieste 112 – Udine 81 – ◆Venezia 76.

🏨 **Airone,** via Pola 1 ✆ 81570, Fax 82074, ≤, « Giardino ombreggiato e 🛉 », 🏖, ✗ – 🛗
  🍽 ☎ 🅿 – 🏛 60. 🛈 VISA ❄️
  26 maggio-22 settembre – Pas 35000 – **62 cam** ➴ 85/125000 – ½ P 103/122000.

🏠 **Metropol,** via Emilia 1 ✆ 82091, Fax 81416, ➔ riscaldata, 🏖, ✗ – 🛗 🍽 rist 🔜 🅿 🅰🅴
  🛈 🄴 VISA ❄️
  10 maggio-23 settembre – Pas 25/35000 – **44 cam** ➴ 50/90000 – ½ P 50/70000.

🏠 **Sara,** piazza Veneto 6 ✆ 81123, Fax 210378, ≤, 🏖 – 🛗 🍽 rist 🔜 & 🅿 🛈 🄴 VISA
  ➡ ❄️ rist
  aprile-15 ottobre – Pas 20/50000 – **42 cam** ➴ 55/96000 – ½ P 41/58000.

🏠 **Savoy,** riviera Marconi ✆ 81879, Fax 83379, ≤, ➔, 🏖 – 🛗 🔜 & 🅿 ❄️ rist
  maggio-25 settembre – Pas 20/25000 – **44 cam** ➴ 75/95000 – ½ P 51/68000.

🏠 **Garden,** piazza Belvedere 2 ✆ 210036, Fax 81481, ≤, ➔, 🏖, ✗ – 🛗 ❄️ 🔜 🅿
  🅿 – 🏛 40. ❄️ rist
  maggio-settembre – Pas 15/23000 – ➴ 5000 – **50 cam** 40/70000 – ½ P 53/58000.

🏠 **Stellamare,** via del Mare 8 ✆ 81203, Fax 83752, ≤, 🏖 – 🛗 📺 🔜 🅿 🅰🅴 🛈 🄴 🛈 🄴
  VISA ❄️ rist
  15 aprile-15 ottobre – Pas carta 27/36000 – ➴ 10000 – **30 cam** 60/75000 – ½ P 44/56000.

🏠 **Serena** senza rist, lungomare Trieste 39 ℰ 81133, Fax 81133, ≤, 🐎 – 🛗 ☜ 🅿. 🅱 ⴹ *VISA*
aprile-settembre – **36 cam** ⊐ 40/80000.

🏠 **Panoramic,** lungomare Trieste 62 ℰ 81101, Fax 210397, ≤, 🐎 – 🛗 ☜ ⇌ 🅿. ⴹ *VISA*
❀ rist
maggio-settembre – Pas *(chiuso a mezzogiorno)* carta 24/37000 – ⊐ 13000 – **60 cam**
57/96000 – ½ P 60/77000.

✗✗ Duilio con cam, strada Nuova 19 ℰ 81087, 🍽, prenotare – 🍴 rist 📺 ☜ 🅿 – 🔼 50
29 cam.

a Porto Santa Margherita SO : 6 km oppure 2 km e traghetto – ✉ **30021** Caorle.

🅱 (maggio-settembre) corso Genova 21 ℰ 82230 :

🏨 **San Giorgio,** ℰ 260050, Fax 261077, ≤, 🏊, 🐎, 🛥, ❀ – 🛗 🍴 ☎ 🅿. ⴀ 🅱 ⴹ *VISA*
❀ rist
18 maggio-21 settembre – Pas (solo per clienti alloggiati) 30/35000 – ⊐ 15000 – **100 cam**
84/105000, 🍴 10000 – ½ P 81/110000.

🏨 **Oliver,** ℰ 260002, ≤, « Piccola pineta », 🏊, 🐎 – 🛗 🍴 rist ☜ ৬ 🅿. ⴀ 🅱 ⴹ *VISA* ❀
maggio-settembre – Pas carta 34/47000 – ⊐ 12000 – **66 cam** 63/99000 – ½ P 47/77000.

a Brian O : 8 km – ✉ **30021** Caorle :

✗✗ **Brian,** ℰ 237444 – 🅿. ⴀ *VISA*
chiuso mercoledì escluso da maggio a settembre – Pas carta 30/47000.

a Duna Verde SO : 10 km – ✉ **30021** Caorle :

🏨 **Playa Blanca** 🏖, ℰ 299282, ≤, 🏊, 🛥 – 🛗 ☎ 🅿. ❀ rist
15 maggio-20 settembre – Pas carta 30/40000 – ⊐ 8500 – **45 cam** 75/99000 – ½ P 55/85000.

a San Giorgio di Livenza NO : 12 km – ✉ **30020** :

✗✗ **Al Cacciatore,** ℰ 80331, 🍽 – 🍴 🅿. ⴀ 🅱 ⴹ *VISA*. ❀
chiuso mercoledì – Pas carta 32/50000.

CAPALBIO 58011 Grosseto 🐾🐾🐾 ㉕ – 4 077 ab. alt. 217 – a.s. Pasqua e 15 giugno-15 settembre
– ✪ 0564.
ɔma 139 – Civitavecchia 63 – Grosseto 60 – Orbetello 25 – Viterbo 75.

🏨 **Valle del Buttero** 🏖 senza rist, località La Valle ℰ 896097, Fax 896518, ≤ – 📺 ☎ 🅿.
❀
chiuso febbraio – ⊐ 6000 – **42 cam** 81000.

✗ La Torre da Carla, ℰ 896070.

✗ **Da Maria,** ℰ 896014 – 🍴. *VISA*. ❀
chiuso febbraio e martedì in bassa stagione – Pas carta 25/36000 (15%).

✗ **La Porta,** ℰ 896311 – ⴀ ① *VISA*. ❀
chiuso martedì in bassa stagione – Pas carta 25/38000 (15%).

CAPANNETTE DI PEJ Piacenza – Vedere Pian dell'Armà.

CAPANNORI 55012 Lucca 🐾🐾🐾 K 13 – 43 885 ab. alt. 16 – ✪ 0583.
ɔma 344 – ◆Firenze 70 – ◆Livorno 52 – Lucca 6 – ◆Milano 280 – Pisa 28 – Pistoia 39.

✗✗ **Forino,** via Carlo Piaggia 15 ℰ 935302 – 🅿. ⴀ ① *VISA*
chiuso lunedì sera, martedì e dal 5 al 25 agosto – Pas carta 30/50000.

sulla strada statale 435 :

🏨 **Country,** NE : 8 km ✉ 55010 Gragnano ℰ 974133, Fax 974344, 🏊 – 🛗 🍴 📺 ☎ 🅿 –
🔼 70. ⴀ 🅱 ① ⴹ *VISA*. ❀
Pas carta 29/48000 – ⊐ 11000 – **60 cam** 61/90000, 🍴 11000 – ½ P 46/68000.

✗✗ **Al Covo,** NE : 9 km ✉ 55010 Lappato ℰ 975853, 🍽 – 🅿. ⴀ 🅱 *VISA*
chiuso mercoledì sera, giovedì e dal 1° al 25 agosto – Pas carta 27/48000.

CAPEZZANO PIANORE Lucca 🐾🐾🐾 🐾🐾🐾 K 12 – Vedere Camaiore.

CAPO BOI Cagliari 🐾🐾🐾 ㉞ – Vedere Sardegna (Villasimius) alla fine dell'elenco alfabetico.

CAPO CERASO Sassari – Vedere Sardegna (Olbia) alla fine dell'elenco alfabetico.

CAPO D'ORLANDO Messina 🐾🐾🐾 ㊱㊲㊳ – Vedere Sicilia alla fine dell'elenco alfabetico.

CAPO D'ORSO Sassari – Vedere Sardegna (Palau) alla fine dell'elenco alfabetico.

CAPO LA GALA Napoli – Vedere Vico Equense.

CAPOLAGO Varese 219 ⑦ ⑧ – Vedere Varese.

CAPOLIVERI Livorno – Vedere Elba (Isola d').

CAPO MISENO Napoli – Vedere Bacoli.

CAPO TAORMINA Messina – Vedere Sicilia (Taormina) alla fine dell'elenco alfabetico.

CAPO TESTA Sassari – Vedere Sardegna (Santa Teresa Gallura) alla fine dell'elenco alfabetic

CAPO VATICANO Catanzaro – Vedere Tropea.

CAPRAIA (Isola di) Livorno 988 ⑭ – 305 ab. alt. da 0 a 447 (monte Castello) – a.s. 15 giugn
15 settembre – ✪ 0586.

Capraia – ✉ 57032.

⚓ per Livorno giornaliero (2 h 30 mn); per l'Isola d'Elba-Portoferraio 15 giugno-settembre
lunedì, negli altri mesi mercoledì e giovedì (2 h) – Toremar-agenzia Della Rosa, v
Assunzione ℘ 905069.

🏨 **Il Saracino** ⚓, ℘ 905018, Fax 905062 – 🛗 📺 ☎ 🆅🆂🅰 ⚡ rist
chiuso febbraio – Pas 40/60000 – **29 cam** ⊇ 95/160000 – ½ P 90/150000.

CAPRESE MICHELANGELO 52033 Arezzo 429 L 17 – 1 706 ab. alt. 653 – ✪ 0575.
Roma 260 – Arezzo 45 – ◆Firenze 123 – ◆Perugia 95 – Sansepolcro 26.

✗ **Buca di Michelangelo** ⚓ con cam, ℘ 793921, ← – ⚡
⟵ *chiuso dal 10 al 25 febbraio* – Pas *(chiuso mercoledì)* carta 18/27000 – ⊇ 4000 – **19 cam**
40/50000 – ½ P 38/47000.

ad Alpe Faggeto O : 6 km – alt. 1 177 – ✉ 52033 Caprese Michelangelo :

✗ **Fonte della Galletta** ⚓ con cam, ℘ 793925, ← val Tiberina, 🚗 – ☎ 🅿. 🅰🅴 ⚡
⟵ **Pas** *(chiuso mercoledì da ottobre a giugno)* carta 20/35000 – ⊇ 7000 – **18 cam** 40/5000
– ½ P 42/45000.

CAPRI (Isola di) *** Napoli 988 ㉗ – 12 666 ab. alt. da 0 a 589 (monte Solaro) – a.s. Pasqua
giugno-settembre – ✪ 081.
La limitazione d'accesso degli autoveicoli è regolata da norme legislative.
Vedere Marina Grande* BY – Escursioni in battello : giro dell'isola*** BY, grotta Azzurra** E
(partenza da Marina Grande).

⚓ per Napoli (1 h 20 mn) e Sorrento (45 mn), giornalieri – Caremar-agenzia Catuogno, Marin
Grande ℘ 8370700; per Napoli (1 h 15 mn) Sorrento (40 mn), giornalieri e Ischia giugno-settembre
escluso i giorni festivi (1 h 20 mn) – Navigazione Libera del Golfo, Marina Grande ℘ 8370819; pe
Ischia aprile-ottobre giornaliero (1 h 15 mn) – Libera Navigazione Lauro, Marina Grande ⚓
8377577.

⚓ per Sorrento giornalieri (1 h) – Alilauro, Marina Grande 2/4 ℘ 8376995; per Napoli giornalie
(45 mn) – SNAV-agenzia Staiano, Marina Grande ℘ 8377577 – e Caremar-agenzia Catuogn
Marina Grande ℘ 8370700.

Pianta pagina a lato

Anacapri *** – 5 223 ab. alt. 275 – ✉ 80071.
Vedere Monte Solaro*** BY : ☀*** per seggiovia 15 mn – Villa San Michele* BY : ☀**
– Belvedere di Migliara* BY 1 h AR a piedi – Pavimento in maiolica* nella chiesa di Sa
Michele AZ.

🛈 via Orlandi 19/a ℘ 8371524

🏨 **Europa Palace,** via Capodimonte 2 ℘ 8370955, Telex 710397, Fax 8373191, ←, ☀
« Terrazze fiorite con 🏊 », 🖙, ⇆ – 🛗 🍽 📺 ☎ – 🔌 400. 🅰🅴 🅱 ⓞ 🅴 🆅🆂🅰 ⚡
aprile-ottobre – Pas carta 60/92000 – **92 cam** ⊇ 195/360000 appartamenti 540/610000
½ P 163/225000   AZ

🏨 **San Michele,** via Orlandi 1/3 ℘ 8371427, Fax 8371420, « Giardino ombreggiato », 🏊
🚗 – 🛗 📺 ☎ 🅿. 🅰🅴 🅱 🆅🆂🅰 ⚡
aprile-ottobre – Pas carta 35/40000 – **58 cam** ⊇ 99/150000 – ½ P 110000.   BY

🏨 **Bella Vista** ⚓, via Orlandi 10 ℘ 8371463, ←, 🚗 – ☎ 🅿. 🅰🅴 🅱 ⓞ. ⚡
aprile-ottobre – Pas *(chiuso lunedì)* carta 31/43000 – **15 cam** ⊇ 67/125000 – ½ P 74/86000   AZ

🏨 **Biancamaria** senza rist, via Orlandi 54 ℘ 8371000 – ☎. 🅰🅴 🅱 ⓞ 🆅🆂🅰. ⚡
aprile-ottobre – **15 cam** ⊇ 65/100000.   AZ u

✗✗ **La Rondinella,** via Orlandi 245 ℘ 8371223, 🚗 – 🅰🅴 🅱 🅴 🆅🆂🅰
chiuso febbraio e giovedì in bassa stagione – Pas carta 30/44000 (11%).   AZ

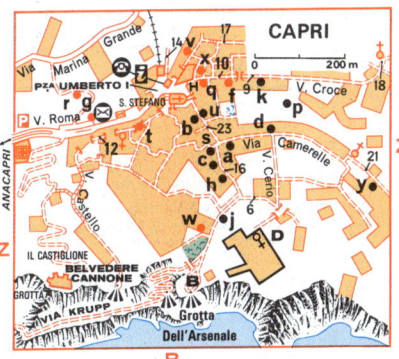

✗ *a Damecuta* NE : 3 km :

✗ **Il Cucciolo** ℰ 8371917, prenotare la sera, « Servizio estivo in terrazza con ≤ mare e golfo di Napoli » – 𝔸𝔼 🆂 ⓞ 𝙴 𝚅𝙸𝚂𝙰   BY **t**
15 marzo-ottobre; chiuso mercoledi (escluso luglio-20 settembre) – Pas carta 32/50000.

a Punta Carena SO : 4 km :

✗ **Lido del Faro,** ℰ 8371798, ≤ mare e scogli, 🛁, ⌁, 🛶 – 𝔸𝔼 🆂 𝚅𝙸𝚂𝙰   BY **v**
maggio-ottobre – Pas carta 37/56000.

a Migliara SO : 30 mn a piedi :

✗ **Da Gelsomina,** ℰ 8371499, ≤ Ischia e golfo di Napoli, « Servizio estivo in terrazza panoramica », ⌁ – 𝔸𝔼   BY **r**
chiuso martedi in bassa stagione – **Pas** carta 23/40000 (12%).

Capri ★★★ 𝟿𝟾𝟾 ㉗ – 7 443 ab. alt. 142 – ✉ **80073.**
Vedere Belvedere Cannone★★ BZ accesso per la via Madre Serafina★ BZ **12** – Belvedere di Tragara★★ BY – Villa Jovis★ BY : ✳★★, salto di Tiberio★ – Giardini di Augusto ≤★★ BZ **B** – Via Krupp★ BZ – Marina Piccola★ BY – Piazza Umberto I★ BZ – Via Le Botteghe★ BZ **10** – Arco Naturale★ BY

🛈 piazza Umberto I n° 19 ℰ 8370686

🏨 **Gd H. Quisisana,** via Camerelle 2 ℰ 8370788, Telex 710520, Fax 8376080, ≤ mare e Certosa, 🛁, « Giardino con ⌁ », 🗇, 🖈, ⌁, ✂ – 🛗 🖳 📺 ☎ – ⚷ 25 a 400. 𝔸𝔼 🆂 ⓞ 𝙴 𝚅𝙸𝚂𝙰 ✂   BZ **a**
Pasqua-ottobre – Pas (solo per clienti alloggiati) carta 65/115000 – **150 cam** ⊆ 320/500000 appartamenti 750/1200000 – ½ P 320/360000.

🏨 **Scalinatella** 🌿 senza rist, via Tragara 8 ℰ 8370633, Telex 721204, Fax 8378291, ≤ mare e Certosa, ⌁ riscaldata – 🛗 🖳 📺 ☎. 𝔸𝔼   BZ **e**
15 marzo-5 novembre – **28 cam** ⊆ 220/420000.

segue →

Luna ⚝, viale Matteotti 3 ℰ 8370433, Telex 721247, Fax 8377459, ≤ mare, Faraglioni Certosa, 🌳, «Terrazze e giardino con ⊐» – 📶 cam 📺 ☎. 🅰🅴 🅱 ⓘ 🅴 𝘝𝘐𝘚𝘈. ℅ ris _aprile-ottobre_ – Pas carta 50/68000 – ⌷ 22000 – **44 cam** 190/290000, ▦ 9000
½ P 150/220000   BZ

La Palma e Rist. Relais la Palma, via Vittorio Emanuele 39 ℰ 8370133, Telex 72201ℰ Fax 8376966, 🌳, 🍴 – 📶 cam 📺 ☎ – 🔒 25 a 200. 🅰🅴 🅱 ⓘ 🅴 𝘝𝘐𝘚𝘈. ℅ rist   BZ
Pas _(chiuso a mezzogiorno dal 15 al 31 luglio)_ carta 37/63000 – **80 cam** ⌷ 250/320000
½ P 105/200000.

La Pazziella ⚝ senza rist, via Fuorlovado 36 ℰ 8370044, Fax 8370085, «Giardino fiorito
– ▦ 📺 ☎. 🅱 ⓘ 🅴 𝘝𝘐𝘚𝘈. ℅   BZ
19 cam ⌷ 200/300000 appartamenti 350/500000.

Punta Tragara ⚝, via Tragara 57 ℰ 8370844, Telex 710261, Fax 8377790, ≤ Faraglior
e costa, 🌳, «Terrazza panoramica con ⊐ riscaldata» – 📶 ▦ 📺 ☎. 🅰🅴 🅱 ⓘ 🅴 𝘝𝘐𝘚𝘈
℅   BY
22 marzo-22 ottobre – Pas carta 58/100000 – 33 appartamenti ⌷ 530000.

La Pineta ⚝, via Tragara 6 ℰ 8370644, Telex 710011, Fax 8376445, ≤ mare e Certosa
«Terrazze fiorite in pineta», 🕅, 🍴, ⊐ – ▦ 📺 ☎ – 🔒 30. 🅰🅴 🅱 ⓘ 🅴 𝘝𝘐𝘚𝘈. ℅
Pas carta 34/55000 – **52 cam** ⌷ 200/300000 appartamenti 350/400000 – ½ P 14C
180000   BZ

Villa delle Sirene, via Camerelle 51 ℰ 8370102, Fax 8370957, ≤, 🌳, «Giardino
limonaia con ⊐» – 📶 ▦ ☎. 🅰🅴 🅱 ⓘ 🅴 𝘝𝘐𝘚𝘈   BZ
aprile-ottobre – Pas _(chiuso martedì)_ carta 32/45000 – **35 cam** ⌷ 220/270000, ▦ 20000
½ P 130/170000.

La Brunella ⚝, via Tragara 24 ℰ 8370122, Telex 721451, Fax 8370430, ≤ mare e costa
🌳, «Terrazze fiorite», ⊐ riscaldata – ▦ cam ☎. 🅰🅴 🅱 🅴 𝘝𝘐𝘚𝘈. ℅   BY
19 marzo-5 novembre – Pas carta 27/52000 (12%) – **18 cam** ⌷ 250000 – ½ P 150/160000.

Flora ⚝ senza rist, via Serena 26 ℰ 8370211, Fax 8378949, ≤ mare e Certosa, «Terrazz
fiorita» – ▦ 📺 ☎. 🅰🅴 🅱 ⓘ 🅴 𝘝𝘐𝘚𝘈. ℅   BZ
chiuso dal 9 gennaio al 14 marzo – ⌷ 30000 – **22 cam** 124/258000, ▦ 20000.

Gatto Bianco, via Vittorio Emanuele 32 ℰ 8370446, Fax 8378060, «Servizio rist. estiv
sotto un pergolato» – 📶 ▦ cam 📺 ☎. 🅰🅴 🅱 ⓘ 🅴 𝘝𝘐𝘚𝘈. ℅ cam   BZ
27 dicembre-6 gennaio e marzo-ottobre – Pas 35/45000 – **44 cam** ⌷ 105/190000, ▦ 2000
– ½ P 120/145000.

Villa Sarah ⚝ senza rist, via Tiberio 3/a ℰ 8377817, ≤, «Giardino ombreggiato» – ☎
🅰🅴. ℅   BY
Pasqua-ottobre – **20 cam** ⌷ 90/150000.

San Felice senza rist, via li Campi 13 ℰ 8376122, Fax 8378264, 🌳, ⊐ – ▦ cam ☎. 🅰
🅱 ⓘ 𝘝𝘐𝘚𝘈.   BZ
aprile-ottobre – ⌷ 25000 – **30 cam** 94/140000, ▦ 25000.

Florida senza rist, via Fuorlovado 34 ℰ 8370710, Fax 8370497, 🛥 – 🕿. 🅰🅴 🅱 ⓘ 𝘝𝘐𝘚𝘈
marzo-11 novembre – ⌷ 13000 – **19 cam** 58/95000.   BZ

XXX **La Certosella,** via Tragara 15 ℰ 8370713, Fax 8370541, ≤, «Servizio estivo in terrazz
con ⊐ riscaldata» – 🅰🅴 🅱 ⓘ 🅴 𝘝𝘐𝘚𝘈. ℅   BY
maggio-ottobre; chiuso martedì (escluso luglio-settembre) – Pas carta 60/94000.

XX **La Capannina,** via Le Botteghe 14 ℰ 8370732, Fax 8376990, prenotare la sera – ▦. 🅰
🅱 🅴 𝘝𝘐𝘚𝘈   BZ
15 marzo-6 novembre; chiuso mercoledì (escluso agosto) – Pas carta 40/58000 (15%).

XX **La Pigna,** via Roma 30 ℰ 8370280, Fax 8370280, ≤ golfo di Napoli, «Servizio estivo ir
giardino-limonaia» – 🅰🅴 🅱 ⓘ 🅴 𝘝𝘐𝘚𝘈   BY
Pasqua-ottobre; chiuso martedì (escluso luglio-settembre) – Pas carta 38/57000 (15%).

XX **Casanova,** via Le Botteghe 46 ℰ 8377642 – 🅰🅴 🅱 ⓘ 🅴 𝘝𝘐𝘚𝘈   BZ
aprile-ottobre; chiuso giovedì (escluso luglio-settembre) – Pas carta 35/50000 (15%).

XX **La Tavernetta,** via Lo Palazzo 23/a ℰ 8376864 – 🅰🅴 🅱 ⓘ 🅴 𝘝𝘐𝘚𝘈   BZ
_chiuso dal 15 gennaio al 15 febbraio, lunedì e da ottobre a maggio anche a mezzogiorn
(escluso i week-end)_ – Pas carta 30/62000 (15%).

X **Al Grottino,** via Longano 27 ℰ 8370584 – ▦. 🅰🅴 𝘝𝘐𝘚𝘈   BZ
chiuso martedì, dal 26 gennaio al 9 marzo e dall' 11 novembre al 28 dicembre – Pas
carta 26/37000 (15%).

X **La Sceriffa,** via Acquaviva 29 ℰ 8377953, ≤, 🌳   BZ
aprile-ottobre; chiuso martedì e dal 15 luglio al 15 settembre anche a mezzogiorno – Pas
carta 28/45000 (12%).

X **Geranio,** viale Matteotti 8 ℰ 8370616, 🌳 – 🅰🅴 𝘝𝘐𝘚𝘈. ℅   BZ
aprile-15 ottobre; chiuso martedì – Pas carta 44/64000 (20%).

X **Da Gemma,** via Madre Serafina 6 ℰ 8377113, ≤ mare – 🅰🅴 🅱 ⓘ 🅴 𝘝𝘐𝘚𝘈   BZ
chiuso lunedì e da novembre al 5 dicembre – Pas carta 25/50000 (15%).

X **Buca di Bacco-da Serafina,** via Longano 25 ℰ 8370723, Rist. e pizzeria – ▦. 🅰🅴 🅱
ⓘ 🅴 𝘝𝘐𝘚𝘈. ℅   BZ
chiuso mercoledì e novembre – Pas carta 30/57000 (12%).

all'arco naturale E : 20 mn a piedi :

✗ **Le Grottelle,** ℰ 8370469, ≤ mare, 🍴   BY **g**
Pasqua-ottobre; chiuso giovedì – Pas carta 26/58000 (10%).

ai Faraglioni SE : 30 mn a piedi oppure 10 mn di barca da Marina Piccola :

✗ **Da Luigi,** ℰ 8370591, « Servizio estivo all'aperto con ≤ Faraglioni e mare », 🚠 – AE
𝖵𝖨𝖲𝖠. ℀   BY **z**
Pasqua-settembre; chiuso la sera – Pas carta 55/85000.

Marina Grande 80070.

🚉 banchina del Porto ℰ 8370634

🏨 **Palatium e Rist. La Scogliera,** ℰ 8376144, Fax 8376150, ≤ golfo di Napoli, 🍴, ⌀ –
📶 🗏 📺 ☎ AE 🅱 ⓞ 𝖤 𝖵𝖨𝖲𝖠. ℀   BY **b**
Pasqua-15 ottobre – Pas carta 55/78000 – 45 appartamenti ⇔ 280/400000 – ½ P 200/
250000.

✗ Da Paolino, ℰ 8376102, 🍴   BY **s**
stagionale.

Marina Piccola – ✉ 80073 Capri

✗✗✗ **Canzone del Mare,** ℰ 8370104, Fax 8370541, ≤ Faraglioni e mare, 🍴, « Stabilimento
balneare con ⌀ » – AE 🅱 𝖵𝖨𝖲𝖠. ℀   BY **x**
Pasqua-ottobre; chiuso la sera – Pas carta 62/96000.

☛ *Utilizzate la Guida dell'anno in corso.*

CAPRIATE SAN GERVASIO 24042 Bergamo 428 F 10, 219 ⑳ – 6 746 ab. alt. 186 – ✆ 02.
Roma 601 – ♦Bergamo 17 – Lecco 38 – ♦Milano 35 – Treviglio 17.

🏨 **Cabina,** ℰ 9091100, Fax 90939911, 🚲 – 📶 🗏 rist 📺 ☎ 🅿 AE 🅱 ⓞ 𝖵𝖨𝖲𝖠. ℀
chiuso agosto – Pas *(chiuso martedì)* carta 30/52000 – ⇔ 8000 – **23 cam** 70000 – ½ P 60000.

✗✗✗ **Vigneto** ⌀ con cam, ℰ 90939351, ≤ Adda, « Servizio estivo all'aperto in riva al fiume »,
🚲 – 📶 📺 ☎ 🅿 – 🔬 30. AE 🅱 𝖤 𝖵𝖨𝖲𝖠
chiuso agosto – Pas *(chiuso martedì)* carta 50/70000 – ⇔ 10000 – **11 cam** 100/150000.

CAPRILE Belluno – Vedere Alleghe.

CARAGLIO 12023 Cuneo 428 I 4 – 5 689 ab. alt. 575 – ✆ 0171.
Roma 655 – Alessandria 138 – ♦Genova 156 – ♦Torino 106.

🏨 **Quadrifoglio,** via C.I.N. 20 ℰ 817666, Fax 817666 – 📶 📺 ☎ 🚗 🅿. 🅱 ⓞ 𝖤 𝖵𝖨𝖲𝖠.
🔬 ℀
Pas *(chiuso lunedì e gennaio)* carta 15/24000 – ⇔ 5000 – **33 cam** 50/76000 appartamenti
120000 – ½ P 60000.

CARAMANICO TERME 65023 Pescara 988 ㉗ – 2 250 ab. alt. 700 – Stazione termale (15 marzo-
novembre) – ✆ 085.

🚉 viale della Libertà 19 ℰ 9290348.
Roma 202 – L'Aquila 88 – Chieti 43 – ♦Pescara 54 – Sulmona 45.

🏨 **Petit Hotel Viola,** ℰ 922292, ≤ – 𝖵𝖨𝖲𝖠. ℀
15 aprile-novembre – Pas *(chiuso venerdì)* 15/18000 – ⇔ 2500 – **28 cam** 30/58000 –
P 45/65000.

✗ **La Tana del Lupo,** frazione Scagnano 17/19 (NO : 4 km) ℰ 928196 – ℀
chiuso martedì escluso luglio ed agosto – Pas carta 17/27000.

CARANO 38033 Trento – 836 ab. alt. 1 086 – a.s. febbraio-Pasqua e Natale – ✆ 0462.
Roma 648 – ♦Bolzano 46 – Cortina d'Ampezzo 100 – Trento 60.

🏨 **Bagni e Miramonti,** ℰ 30220, ≤, 🈂, 🚲 – 📶 ☎ 🅿. 🅱 𝖤 𝖵𝖨𝖲𝖠. ℀
15 dicembre-15 aprile e 15 giugno-15 settembre – Pas carta 28/39000 – ⇔ 15000 – **32 cam**
70/95000 – ½ P 55/79000.

CARATE BRIANZA 20048 Milano 428 E 9, 219 ⑨ – 15 349 ab. alt. 252 – ✆ 0362.
Roma 598 – ♦Bergamo 38 – Como 26 – ♦Milano 30 – Monza 12.

🏨 Fossati, via Donizetti 14 ℰ 901384, « Giardino ombreggiato » – 📺 🅿 – 🔬 200
18 cam.

CARATE URIO 22010 Como 428 E 9, 219 ⑨ – 1 254 ab. alt. 204 – ✪ 031.
Roma 636 – Como 11 – ♦Lugano 43 – Menaggio 24 – ♦Milano 59.

✗ **Giardino-Fioroni** con cam, 🏠 400141, ≤ lago, « Servizio estivo sotto un pergolato » – 🖹
🗄 ⓞ Ⅽ 𝑉𝐼𝑆𝐴
marzo-15 novembre – Pas *(chiuso mercoledì escluso dal 15 giugno al 15 settembre)*
carta 31/44000 (10%) – ☲ 7000 – **6 cam** 63000 – ½ P 65/69000.

CARAVAGGIO 24043 Bergamo 428 F 10 – 13 746 ab. alt. 111 – ✪ 0363.
Roma 564 – ♦Bergamo 25 – ♦Brescia 55 – Crema 19 – Cremona 57 – ♦Milano 37 – Piacenza 57.

al Santuario SO : 1,5 km :

🏨 **Verri,** ✉ 24040 Misano di Gera d'Adda 🏠 84622, Fax 340350 – 🛗 📺 ☎ 🚗 🅿 –
🕴 200. 🖹 🗄 ⓞ Ⅽ 𝑉𝐼𝑆𝐴
Pas *(chiuso mercoledì e dal 1° al 21 agosto)* carta 26/47000 – ☲ 7000 – **35 cam** 71000 –
½ P 70000.

✗✗ **Dè Firem Rostec,** ✉ 24040 Misano di Gera d'Adda 🏠 84380 – 🅿. ❀
chiuso dal 1° al 14 agosto, mercoledì e la sera escluso sabato e domenica – Pas
carta 25/55000.

CARBONARA DI BARI Bari – Vedere Bari.

CARCOFORO 13026 Vercelli 428 E 6, 219 ⑤ – 86 ab. alt. 1 304 – ✪ 0163.
Roma 705 – Biella 85 – ♦Milano 132 – Novara 85 – ♦Torino 147 – Vercelli 91.

✗✗ **Scoiattolo,** 🏠 95612 – ❀
chiuso lunedì e giugno – Pas carta 28/48000.

CARDANO AL CAMPO 21010 Varese 219 ⑰ – 11 405 ab. alt. 238 – ✪ 0331.
Roma 620 – Gallarate 3 – ♦Milano 43 – Novara 34 – Varese 21.

🏨 **Cardano** senza rist, superstrada della Malpensa 🏠 261011, Telex 328577, Fax 262163 – 🛗
📺 ☎ ⅙ 🚗 – 🕴 70. 🖹 🗄 ⓞ Ⅽ 𝑉𝐼𝑆𝐴
☲ 15000 – **33 cam** 140000.

CAREZZA AL LAGO (KARERSEE) Bolzano 429 C 16 – alt. 1 609 – ✉ 39056 Nova Levante –
Sport invernali : vedere Costalunga (Passo di) e Nova Levante – ✪ 0471.
Vedere Lago★★★.
Roma 672 – ♦Bolzano 27 – Passo Costalunga 2 – ♦Milano 330 – Trento 91.

🏨 **Alpenrose** ≶ 🏠 612139, Fax 612336, ≤, ☎ – 🛗 ☎ 🚗 🅿. 🖹 🗄 Ⅽ 𝑉𝐼𝑆𝐴. ❀ rist
← *dicembre-aprile e giugno-ottobre* – Pas carta 20/28000 – **28 cam** ☲ 50/90000 – ½ P 56/75000

🏩 **Similde-Simhild** ≶, 🏠 612169, ☴ – ❀ rist ☎ 🅿. ❀ rist
← *26 dicembre-20 aprile e 20 giugno-10 ottobre* – Pas carta 20/33000 – **9 cam** ☲ 40/80000 –
½ P 40/62000.

CAREZZA (Passo di) (KARERPASS) Bolzano e Trento – Vedere Costalunga (Passo di).

CARIMATE 22060 Como 219 ⑲ – 3 359 ab. alt. 296 – ✪ 031.
🏌 (chiuso lunedì) 🏠 790226.
Roma 620 – Como 19 – ♦Milano 30.

✗✗ **Al Torchio del Castello,** 🏠 791486, prenotare – 🖹 ⓞ 𝑉𝐼𝑆𝐴. ❀
chiuso lunedì sera, martedì, dal 21 dicembre al 3 gennaio e dal 1° al 22 agosto – Pas
carta 43/61000.

CARINI Palermo 988 ㊱ – Vedere Sicilia alla fine dell'elenco alfabetico.

CARLOFORTE Cagliari 988 ㉝ – Vedere Sardegna (San Pietro, isola di) alla fine dell'elenco
alfabetico.

CARMAGNOLA 10022 Torino 988 ⑫, 428 H 5 – 24 634 ab. alt. 240 – ✪ 011.
Roma 663 – Asti 58 – Cuneo 71 – ♦Milano 184 – Savona 118 – Sestriere 92 – ♦Torino 27.

✗✗✗ ❀ **La Carmagnole,** via Sottotenente Chiffi 31 🏠 9712673, solo su prenotazione, « In un
antico palazzo » – 🅿
chiuso a mezzogiorno, domenica sera, lunedì e dal 1° al 21 agosto – Pas 90000
Spec. Asparagi verdi con quenelle di prosciutto (primavera), Filetti di triglia con crema di borraggine (estate-
autunno), Ossobuco marinato alle spezie. **Vini** Arneis, Barbaresco.

✗✗ **San Marco** con cam, via San Francesco di Sales 18 🏠 9770485 – 📺 🅿. 🗄 ⓞ Ⅽ 𝑉𝐼𝑆𝐴
chiuso dal 1° al 21 agosto – Pas *(chiuso domenica sera e lunedì)* carta 22/40000 – ☲ 6000
– **9 cam** 30/58000.

CARMIGNANO 50042 Firenze 429 K 15 – 9 062 ab. alt. 200 – ✪ 055.
Roma 298 – ♦Firenze 22 – ♦Milano 305 – Pistoia 23 – Prato 15.

ad Artimino S : 7 km – alt. 260 – ✉ 50040 :

🏛 **Paggeria Medicea** 🐾, 🕿 8718081, Telex 571502, Fax 8718080, ≤, « Edificio del '500 »,
🛋, ⚡ – 🗐 📺 🕿 ಈ 🅿 – 🔬 50 a 300. 🖭 🕏 ⓞ E 𝑽𝑰𝑺𝑨
Pas vedere rist Biagio Pignatta – ☲ 15000 – **37 cam** 140/180000 – ½ P 110/140000.

XX **Da Delfina,** 🕿 8718074, Fax 8718175, Prenotare, « Servizio estivo in terrazza con ≤
colline » – 🅿. ⚡
chiuso lunedì sera, martedì, dal 28 dicembre al 10 gennaio ed agosto – Pas carta 38/54000
(10%).

XX **Biagio Pignatta,** 🕿 8718086, ≤ – 🅿. 🖭 🕏 ⓞ E 𝑽𝑰𝑺𝑨
chiuso mercoledì e giovedì a mezzogiorno – Pas carta 30/51000 (10%).

CARNELLO Frosinone – Vedere Isola del Liri.

CARNIA 33010 Udine 988 ⑥, 429 C 21 – alt. 257 – ✪ 0432.
Roma 681 – ♦Milano 420 – Tarvisio 51 – ♦Trieste 114 – Udine 47 – ♦Venezia 170.

🏛 **Carnia,** 🕿 978106, Fax 978187 – 🗐 rist 📺 🕿 ಈ 🅿 – 🔬 50. 🕏 ⓞ E 𝑽𝑰𝑺𝑨. ⚡
Pas *(chiuso lunedì da ottobre a maggio)* carta 31/41000 – ☲ 8000 – **41 cam** 66/98000 –
½ P 70/77000.

CAROVIGNO 72012 Brindisi 988 ㉚ – 14 149 ab. alt. 171 – ✪ 0831.
Roma 538 – ♦Bari 88 – ♦Brindisi 27 – ♦Taranto 61.

🏛 **Villa Jole,** via Ostuni O : 1 km 🕿 991311 – 🗐 🗐 📺 🕿 🅿. 🖭 🕏 E 𝑽𝑰𝑺𝑨. ⚡
Pas carta 22/34000 (10%) – ☲ 6000 – **30 cam** 55/77000, 🗐 5000 – ½ P 55/69000.

X **Gallo d'Oro,** via Benedetto Croce 51 🕿 996976 – ⚡
chiuso martedì – **Pas** carta 21/29000.

CARPEGNA 61021 Pesaro 429 K 19 – 1 594 ab. alt. 748 – a.s. 15 giugno-agosto – ✪ 0722.
Roma 319 – Pesaro 88 – Rimini 69.

🏛 **Paradiso,** 🕿 77242, Fax 77242, 🛋 – ⇜ 🕿 🅿. ⚡ cam
Pas carta 20/26000 – **32 cam** ☲ 65000 – ½ P 40/50000.

CARPI 41012 Modena 988 ⑭, 428 429 H 14 – 60 690 ab. alt. 28 – ✪ 059.
Vedere Piazza dei Martiri★ – Castello dei Pio★.
Roma 424 – ♦Bologna 62 – ♦Ferrara 73 – ♦Milano 176 – ♦Modena 18 – Reggio nell'Emilia 27 – ♦Verona 87.

🏛 **Touring,** viale Dallai 1 🕿 686111, Fax 686229, 🍽, 🛋 – 🗐 🗐 cam 📺 🕿 🅿 – 🔬 50. 🖭
🕏 ⓞ E 𝑽𝑰𝑺𝑨. ⚡ rist
Pas *(chiuso venerdì ed agosto)* carta 40/55000 (15%) – ☲ 12000 – **70 cam** 110/160000 –
P 140/155000.

🏛 **Orizzonte** senza rist, viale Dallai 38 🕿 680530, Telex 520237 – 🗐 🗐 🕿 ಈ. 🖭 🕏 ⓞ
E 𝑽𝑰𝑺𝑨
chiuso Natale, Pasqua e dal 21 luglio al 23 agosto – ☲ 15000 – **27 cam** 64/90000
appartamenti 150/235000, 🗐 7000.

🏛 **Duomo** senza rist, via Cesare Battisti 25 🕿 686745, Fax 686745 – 🗐 🗐 📺 ಈ 🅿. 🖭 ⓞ
𝑽𝑰𝑺𝑨. ⚡
chiuso dal 3 al 26 agosto – ☲ 15000 – **16 cam** 62/87000, 🗐 6000.

XX **Al Paradise,** viale Cavallotti 39 🕿 640319 – 🗐 🅿. 🖭 🕏 ⓞ E 𝑽𝑰𝑺𝑨. ⚡
chiuso lunedì e dal 1° al 20 agosto – Pas carta 45/66000.

XX **Da Magnani,** via Bellentanina 6 🕿 686094 – 🖭 🕏 ⓞ E 𝑽𝑰𝑺𝑨. ⚡
chiuso sabato e domenica – Pas carta 34/43000.

X **Da Giorgio** con cam, via Giuseppe Rocca 5 🕿 685365 – 🗐 rist 🕿. 🖭 ⓞ E
chiuso dal 1° al 26 agosto – Pas carta 26/36000 – ☲ 3000 – **14 cam** 35/50000.

CARRAIA Firenze – Vedere Calenzano.

CARRARA 54033 Massa-Carrara 988 ⑭, 428 429 J 12 – 68 528 ab. alt. 80 – ✪ 0585.
Dintorni Cave di marmo di Fantiscritti★★ NE : 5 km – Cave di Colonnata★ E : 7 km.
🛈 piazza 2 Giugno 14 🕿 70894.
Roma 400 – ♦Firenze 126 – Massa 7 – ♦Milano 233 – Pisa 55 – ♦La Spezia 33.

🏛 **Michelangelo,** corso Carlo Rosselli 3 🕿 777161 – 🗐 ಈ. 🖭 🕏 ⓞ E 𝑽𝑰𝑺𝑨
Pas carta 26/41000 – ☲ 7000 – **31 cam** 65/90000 – ½ P 65/75000.

XX **Soldaini,** via Mazzini 11 🕿 71459 – 𝑽𝑰𝑺𝑨. ⚡
chiuso domenica sera, lunedì ed agosto – Pas carta 25/35000.

a Colonnata E : 7 km – ✉ 54030 :

XX **Venanzio,** 🕿 73617, Coperti limitati; prenotare – ⚡
chiuso giovedì, domenica sera e dal 22 dicembre al 20 gennaio – Pas carta 36/51000.

CARRARA (Marina di) 54036 Massa-Carrara 988 ⑭ – a.s. Pasqua, 20 maggio-10 giugno e luglio-agosto – ✪ 0585.

🛈 piazza Menconi 6/b ℰ 632218.

Roma 396 – Carrara 7 – ♦Firenze 122 – Massa 10 – ♦Milano 229 – Pisa 53 – ♦La Spezia 26.

🏨 **Mediterraneo** senza rist, via Genova 2/h ℰ 785222, Fax 785222, 🚗 – 🛗 📺 ☎ ℗ –
🅿 80. 🄰🄴 🅱 🄴 VISA ⌖
⌷ 6000 – **48 cam** 62/92000.

🏨 **Carrara** senza rist, via Petacchi 21 ✉ 54031 Avenza ℰ 52371, Fax 50344 – 🛗 📺 ☎ ℗.
🄰🄴 🅱 ⓪ 🄴 VISA
38 cam ⌷ 45/68000.

XX Il Muraglione, via del Parmignola 13 ✉ 54031 Avenza ℰ 58771, Coperti limitati; prenotare.

XX **Da Gero,** viale 20 Settembre 305 ℰ 55255, 🍽
chiuso domenica e dal 23 dicembre al 10 gennaio – Pas carta 35/53000.

CARRÈ 36010 Vicenza 429 E 16 – 2 773 ab. alt. 219 – ✪ 0445.

Roma 564 – ♦Milano 246 – Treviso 77 – Vicenza 25.

🏨 **La Rua** 🌣 senza rist, località Cà Vecchia O : 4 km ℰ 893088 – 📺 ☎ ℗. VISA
⌷ 7000 – **14 cam** 48/65000.

CARRÙ 12061 Cuneo 988 ⑫, 428 I 5 – 3 965 ab. alt. 364 – ✪ 0173.

Roma 620 – Cuneo 31 – ♦Milano 203 – Savona 75 – ♦Torino 74.

X **Vascello d'Oro,** ℰ 75478 – ⌖
chiuso lunedì e luglio – Pas carta 22/36000.

CARSOLI 67061 L'Aquila 988 ⑳ – 4 942 ab. alt. 640 – ✪ 0863.

Roma 67 – L'Aquila 59 – Avezzano 45 – Frosinone 81 – Rieti 56.

XX **L'Angolo d'Abruzzo,** ℰ 997429, 🍽 – 🄰🄴 🅱 ⓪ 🄴 VISA ⌖
chiuso mercoledì e dal 1° al 15 luglio – Pas carta 30/50000.

X **Al Caminetto,** ℰ 995105, Fax 995479 – 🄰🄴 🅱 ⓪ 🄴 VISA
chiuso lunedì e dal 15 settembre al 15 giugno – Pas carta 28/40000 (10%).

CARTOCETO 61030 Pesaro e Urbino 429 L 20 – 5 562 ab. alt. 235 – ✪ 0721.

Roma 280 – ♦Ancona 78 – Pesaro 30 – Urbino 33.

XXX ✿ **Symposium,** O : 1,5 km ℰ 898320, Coperti limitati; prenotare, « Servizio estivo in giardino » – ℗
chiuso a mezzogiorno e lunedì – Pas carta 48/58000
Spec. Maltagliati con le fave (primavera), Terrina di coda di bue (inverno), Sella di coniglio con lumache e verdure (primavera-estate). Vini Verdicchio, Rosso Conero.

CARTOSIO 15015 Alessandria 428 I 7 – 831 ab. alt. 236 – ✪ 0144.

Roma 578 – Acqui Terme 13 – Alessandria 47 – ♦Genova 79 – ♦Milano 137 – Savona 46 – ♦Torino 115.

XX **Cacciatori** 🌣 con cam, ℰ 40123 – ℗. ⌖
chiuso dal 1° al 20 febbraio e dal 1° al 15 luglio – **Pas** (chiuso giovedì) carta 28/44000 –
⌷ 10000 – **12 cam** 37/50000.

sulla strada statale 334 S : 6 km :

XX **La Cascata,** ✉ 15015 ℰ 40143, ≼ – ℗. ⌖
chiuso mercoledì, dal 2 gennaio al 20 febbraio e dal 1° al 10 luglio – Pas carta 30/47000.

CASACORBA Treviso 429 F 18 – alt. 31 – ✉ 31030 Albaredo – ✪ 0423.

Roma 535 – ♦Milano 247 – ♦Padova 35 – Treviso 18 – ♦Venezia 38.

X **Al Munaron,** S : 1 km ℰ 451143, « Giardino con laghetto e voliere » – ℗. 🄰🄴 🅱 VISA
chiuso lunedì e dal 6 al 20 agosto – Pas carta 24/44000.

CASALECCHIO DI RENO 40033 Bologna 988 ⑭ – 35 170 ab. alt. 60 – ✪ 051.

🛈 autostrada A 1-Cantagallo ℰ 572263.

Roma 372 – ♦Bologna 7 – ♦Firenze 98 – ♦Milano 205 – ♦Modena 36.

Pianta d'insieme di Bologna

🏠 **Pedretti,** ℰ 572149, 🍽 – ☎ ℗. 🄰🄴 🅱 ⓪ VISA ⌖
Pas (chiuso venerdì) carta 32/47000 (14%) – ⌷ 5000 – **24 cam** 60/100000.

DU n

CASALE CORTE CERRO 28022 Novara 428 E 7, 219 ⑥ – 3 013 ab. alt. 372 – ✪ 0323.

Roma 671 – Domodossola 32 – Locarno 53 – ♦Milano 94 – Novara 61 – Stresa 14 – ♦Torino 135.

XX **Da Cicin** con cam, strada statale E : 1 km ℰ 846702, ⌖ – ☎ ℗. 🅱 ⓪ 🄴 VISA ⌖
chiuso dal 1° al 23 agosto – Pas (chiuso lunedì) carta 29/46000 – ⌷ 6000 – **18 cam**
40/60000 – ½ P 45/50000.

CASALE MONFERRATO 15033 Alessandria ⁹⁸⁸ ⑫, ⁴²⁸ G 7 – 39 568 ab. alt. 116 – ✆ 0142.

🏛 via Marchino 2 ✆ 70243.

Roma 611 – Alessandria 30 – Asti 42 – ♦Milano 75 – Pavia 66 – ♦Torino 70 – Vercelli 23.

🏨 **Garden** senza rist, viale Montebello 1/h ✆ 71701 – 🛗 🗐 ☎ 🚗 – 🔬 50
55 cam.

XXX ❀ **La Torre,** via Garoglio 3 per salita Sant'Anna ✆ 70295 – **P.** 🅂 ⓞ **E** **VISA**
chiuso mercoledì e dal 1° al 20 agosto – Pas carta 43/70000
Spec. Carpaccio d'anatra, Risotto ai peperoni e gorgonzola, Filetto di bue al Nebbiolo. **Vini** Arneis, Grignolino.

XXX **Alfeo,** piazza Cesare Battisti 32 ✆ 2493 – 🗐.

Vedere anche : *San Giorgio Monferrato* SO : 7 km.
Terruggia S : 5 km.

CASALMAGGIORE 26041 Cremona ⁹⁸⁸ ⑭, ⁴²⁸ ⁴²⁹ H 13 – 13 020 ab. alt. 26 – ✆ 0375.

Roma 474 – ♦Brescia 70 – Cremona 40 – Mantova 40 – ♦Milano 138 – ♦Parma 24 – Reggio nell'Emilia 45.

🏨 **City,** via Cavour 54 ✆ 42118, 🚗 – ☎ **P.** 🄰🄴 🅂 ⓞ. ❀
chiuso dal 23 al 26 dicembre, dal 1° al 5 gennaio e dal 1° al 25 agosto – Pas *(chiuso domenica sera e lunedì)* carta 45/60000 – ☑ 10000 – **20 cam** 50/70000 – ½ P 70000.

CASALPUSTERLENGO 20071 Milano ⁹⁸⁸ ⑬ ⁴²⁸ G 10 – 13 979 ab. alt. 61 – ✆ 0377.

Roma 524 – Cremona 32 – ♦Milano 51 – Pavia 42 – Piacenza 16.

🏨 **Fiesta e Rist. Cà Rosada,** viale della Stazione ✆ 84871 e rist ✆ 84954, Fax 84945 – 🛗
🗐 🄣 ☎ **P.** – 🔬 50. ❀
Pas *(chiuso domenica e dal 3 al 24 agosto)* carta 30/57000 – ☑ 8000 – **36 cam** 56/80000 –
½ P 80000.

CASAMICCIOLA TERME Napoli ⁹⁸⁸ ㉗ – Vedere Ischia (Isola d').

CASARSA DELLA DELIZIA 33072 Pordenone ⁹⁸⁸ ⑤, ⁴²⁹ E 20 – 7 701 ab. alt. 44 – ✆ 0434.

Roma 608 – Pordenone 20 – Udine 31 – ♦Venezia 95.

🏨 **Al Posta,** ✆ 868921, 🚗, 🚗 – 🗐 🄣 ☎ **P.** – 🔬 50. 🄰🄴 🅂 ⓞ **VISA**. ❀
chiuso dal 1° al 24 agosto – Pas *(chiuso lunedì)* carta 36/47000 – ☑ 6500 – **33 cam**
50/80000, 🗐 6000 – ½ P 75000.

CASATEIA (GASTEIG) Bolzano – Vedere Vipiteno.

CASCIA 06043 Perugia ⁹⁸⁸ ⑯ ㉖ – 3 225 ab. alt. 645 – ✆ 0743.

🏛 piazza Garibaldi 1 ✆ 71147, Fax 76630.

Roma 138 – Ascoli Piceno 94 – ♦Perugia 104 – Rieti 60 – Terni 66.

🏨 **Monte Meraviglia,** ✆ 76142, Telex 564007, Fax 71127 – 🛗 ☎ 👭 🚗 **P.** – 🔬 80. 🄰🄴
🅂 ⓞ. ❀ rist
Pas 26000 – ☑ 7000 – **130 cam** 65/90000 – ½ P 65/75000.

🏨 **Delle Rose,** ✆ 76241, Telex 563243, Fax 76240, 🚗 – 🛗 ☎ 👭 **P.** – 🔬 600. ⓞ. ❀ rist
Pasqua-ottobre – Pas 30/40000 – ☑ 7000 – **156 cam** 60/88000 – ½ P 40/66000.

🏠 **Cursula,** ✆ 76206, Fax 76207 – 🛗 ☎ **P.** 🄰🄴 🅂 ⓞ **E**
Pas *(chiuso mercoledì)* carta 39/62000 – ☑ 6000 – **34 cam** 50/90000 – ½ P 50/60000.

✕ **La Tavernetta-Mini Hotel** con cam, ✆ 71387, 🚗 – 🚿 rist ☎. 🅂 ⓞ **VISA**
chiuso dal 20 dicembre al 10 gennaio – Pas *(chiuso martedì)* carta 20/40000 (10%) – ☑
4500 – **8 cam** 40/60000 – ½ P 38/48000.

a Roccaporena O : 5 km – alt. 707 – ✉ **06043** Cascia :

🏠 **Casa del Pellegrino,** ✆ 71205, Fax 76580, ≤, 🚗 – 🛗 ☎ 👭 **P.** – 🔬 600. 🄰🄴 ⓞ. ❀
aprile-ottobre – Pas carta 21/32000 – ☑ 3000 – **75 cam** 42/60000 – ½ P 40/55000.

CASCIANA TERME 56034 Pisa ⁹⁸⁸ ⑭ ⁴²⁸ L 13 – 3 121 ab. alt. 125 – Stazione termale (giugno-settembre) – ✆ 0587.

🏛 via Cavour 9 ✆ 646258.

Roma 335 – ♦Firenze 77 – ♦Livorno 41 – Pisa 38 – Pistoia 61 – Siena 100.

🏨 **Villa Margherita,** via Marconi 20 ✆ 646113, Fax 646153, « Giardino ombreggiato » – 🛗
☎ 👭 **P.** 🄰🄴 🅂 ⓞ **E** **VISA**. ❀ rist
aprile-novembre – Pas carta 30/39000 – ☑ 8000 – **48 cam** 45/70000 – ½ P 55/60000.

🏨 **La Speranza,** via Cavour 42 ✆ 646215, 🚗 – 🛗 🗐 rist ☎ **P.** 🄰🄴 🅂. ❀ rist
aprile-novembre – Pas *(chiuso venerdì)* 26000 – ☑ 8000 – **45 cam** 49/62000 – ½ P 54/64000.

🏠 **Stella,** piazza Garibaldi 16 ✆ 646221, 🚗 – 🛗 ☎ **P.**
stagionale – **37 cam.**

CASCIANO 53010 Siena – alt. 452 – ✿ 0577.

Roma 244 – Grosseto 57 – ◆Perugia 117 – Siena 26.

🏠 **Mirella,** ✆ 817667, Fax 817575, 🛋 – 劇 ☎ ℗. 🅂 🅴 𝗩𝗜𝗦𝗔. ❄️
chiuso dal 15 dicembre al 15 marzo – Pas *(chiuso mercoledì)* carta 21/30000 – ⊆ 6000 –
31 cam 55/85000 – ½ P 55/65000.

CASEI GEROLA 27050 Pavia 🄳🄴🄴 ⑬, 🄸🄴🄴 G 8 – 2 622 ab. alt. 81 – ✿ 0383.

Roma 574 – Alessandria 35 – ◆Milano 57 – Novara 61 – Pavia 36.

🏠 **Bellinzona,** via Mazzini 71 ✆ 61525 – ▤ 📺 ☎ ℗ 🄰🄴 🅂 ① 🅴 𝗩𝗜𝗦𝗔. ❄️
Pas *(chiuso sabato)* carta 29/50000 – **19 cam** ⊆ 55/75000 – ½ P 70000.

CASELLA 16015 Genova 🄸🄴🄴 l 8 – 2 888 ab. alt. 407 – ✿ 010.

Roma 532 – Alessandria 78 – ◆Genova 45 – ◆Milano 47 – Piacenza 127.

XX **Caterina,** località Cortino ✆ 937946, Coperti limitati; prenotare – ℗. ❄️
chiuso martedì e luglio – Pas carta 45/60000.

CASELLE TORINESE 10072 Torino 🄳🄴🄴 ⑫, 🄸🄴🄴 G 4 – 13 206 ab. alt. 277 – ✿ 011.

✈ Città di Torino N : 1 km ✆ 5778361.

Roma 691 – ◆Milano 144 – ◆Torino 14.

🏨 **Jet Hotel e Rist. Antica Zecca,** ✆ 9963733, Telex 215896, Fax 9961544, « Edificio del
16° secolo » – 劇 ▤ 📺 ☎ 🕭 ℗ – 🔬 50 a 80. 🄰🄴 🅂 ① 🅴 𝗩𝗜𝗦𝗔. ❄️ rist
chiuso dal 3 al 19 agosto – Pas *(chiuso lunedì)* carta 54/80000 – ⊆ 15000 – **76 cam**
160/230000.

CASERE **(KASERN)** Bolzano – Vedere Valle Aurina.

CASERTA 81100 ℗ 🄳🄴🄴 ㉗ – 67 769 ab. alt. 68 – ✿ 0823.

Vedere La Reggia★★.

Dintorni Caserta Vecchia★ NE : 10 km – Museo Campano★ a Capua NO : 11 km.

🅱 corso Trieste 39 (angolo piazza Dante) ✆ 321137.

🄰.🄲.🄸 via Nazario Sauro 10 ✆ 321442.

Roma 192 – Avellino 58 – Benevento 48 – Campobasso 114 – Abbazia di Montecassino 81 – ◆Napoli 33.

🏨 **Europa** senza rist, via Roma 29 ✆ 325400, Telex 710537, Fax 245805 – 劇 ▤ 📺 🚗 ℗
– 🔬 80. 🄰🄴 🅂 ① 🅴 𝗩𝗜𝗦𝗔. ❄️
48 cam ⊆ 137/180000.

🏨 **Centrale** senza rist, via Roma 170 ✆ 321855, Fax 326557 – 劇 ▤ 📺 🕭. 🄰🄴 🅂 ① 𝗩𝗜𝗦𝗔.
❄️
⊆ 7000 – **41 cam** 53/75000, ▤ 2500.

XX **Antica Locanda-Massa 1848,** via Mazzini 55 ✆ 321268, 🌧 – 🄰🄴 ① 𝗩𝗜𝗦𝗔. ❄️
chiuso domenica sera, lunedì e dal 5 al 20 agosto – Pas carta 31/53000 (15%).

XX **Leucio,** località San Leucio NO : 4 km ⊠ 81020 San Leucio ✆ 301241 – ℗. ❄️
chiuso domenica sera, lunedì ed agosto – Pas carta 33/57000 (15%).

a San Nicola la Strada S : 2 km – ⊠ 81020 :

🏨 **Reggia Palace Hotel,** viale Carlo III ✆ 458500, Telex 720013, Fax 457611 – 劇 ▤ 📺
☎ 🛋 ℗ – 🔬 800 a 1000. 🄰🄴 🅂 ① 🅴 𝗩𝗜𝗦𝗔. ❄️
Pas 35/40000 – **160 cam** ⊆ 100/145000 appartamenti 230000 – ½ P 121000.

a Caserta Vecchia NE : 10 km – alt. 401 – ⊠ 81020 :

X **Al Ritrovo dei Patriarchi,** località Sommana ✆ 371510 – ▤ ℗. 🄰🄴 🅂 ① 𝗩𝗜𝗦𝗔
chiuso giovedì – Pas carta 31/50000 (10%).

CASIER 31030 Treviso 🄴🄴🄴 F 18 – 6 581 ab. alt. 5 – ✿ 0422.

Roma 539 – ◆Padova 52 – Treviso 6 – ◆Venezia 32.

a Dosson SO : 3,5 km – ⊠ 31030 :

X **Alla Pasina,** ✆ 382112 – 🄰🄴 ① 𝗩𝗜𝗦𝗔. ❄️
chiuso lunedì sera, martedì e dal 26 luglio al 17 agosto – **Pas** carta 27/40000.

CASLANO 🄴🄴🄷 ㉔, 🄴🄸🄴 ⑧ – Vedere Cantone Ticino (Ponte Tresa) alla fine dell'elenco alfabetico.

CASOLA VALSENIO 48010 Ravenna 🄴🄴🄴 J 16 – 2 938 ab. alt. 195 – ✿ 0546.

Roma 380 – ◆Bologna 61 – ◆Firenze 82 – Forlì 42 – ◆Milano 277 – ◆Ravenna 60.

X **Valsenio,** località Valsenio NE : 2 km ✆ 73179, 🌧 – 🍴 ℗. ❄️
chiuso lunedì e a mezzogiorno escluso sabato e domenica – Pas carta 19/27000.

CASOLE D'ELSA 53031 Siena – 2 645 ab. alt. 417 – ✆ 0577.

Roma 269 – ✦Firenze 63 – ✦Livorno 97 – Siena 39.

✕ **Gemini** con cam, ℰ 948622, ≼, 🍽, 🍽 – 🐕 – ☜. 🅰🄴 🄱 🅾 🄴 𝑉𝐼𝑆𝐴. ⁑
    chiuso gennaio e febbraio – Pas *(chiuso martedì)* carta 23/34000 (10%) – ⊡ 6500 – **9 cam**
    50/78000 – ½ P 55/65000.

CASPOGGIO 23020 Sondrio 🄸🄸🄸 🄸🄸🄸 D 11, 🄸🄸🄸 ⑮ – 1 579 ab. alt. 1 098 – Sport invernali :
1 098/2 200 m ≰6 (vedere anche Chiesa in Valmalenco) – ✆ 0342.

Roma 713 – ✦Bergamo 130 – ✦Milano 153 – Sondrio 15.

✕ **Baita al Doss,** a Santa Elisabetta ℰ 461152, ≼ – ☜. 🅰🄴
    chiuso lunedì da aprile a giugno e dal 15 settembre a novembre – Pas carta 25/42000.

CASSINASCO 14050 Asti 🄸🄸🄸 H 6 – 648 ab. alt. 447 – ✆ 0141.

Roma 594 – Alessandria 44 – Asti 34 – ✦Genova 94 – ✦Milano 137 – ✦Torino 93.

✕✕ ❀ **Dei Caffi,** O : 2 km ℰ 851121, Coperti limitati; prenotare – ✦✦. 🅰🄴 🄱 🅾 🄴 𝑉𝐼𝑆𝐴. ⁑
    chiuso domenica sera, mercoledì, dal 6 al 20 gennaio e dal 20 al 30 giugno – Pas
    45/60000 bc
    Spec. Ravioli alle melanzane, Coniglio disossato all'aceto di lamponi, Tagliata al Nebbiolo. Vini Gavi, Freisa.

CASSINA SAVINA Milano 🄸🄸🄸 ⑲ – Vedere Cesano Maderno.

CASSINA VALSASSINA 22040 Como 🄸🄸🄸 ⑩ – 442 ab. alt. 849 – ✆ 0341.

Roma 634 – Como 42 – ✦Milano 69 – Lecco 13 – Sondrio 81.

✕ **La Lucciola,** ℰ 996525 – 𝑉𝐼𝑆𝐴. ⁑
    chiuso dal 1° al 20 settembre, mercoledì (escluso luglio-agosto) e Natale – Pas
    carta 25/40000.

CASSINETTA DI LUGAGNANO Milano 🄸🄸🄸 F 8, 🄸🄸🄸 ⑱ – Vedere Abbiategrasso.

CASSINO 03043 Frosinone 🄸🄸🄸 ㉗ – 34 565 ab. alt. 45 – ✆ 0776.

Dintorni Abbazia di Montecassino★★ – Museo dell'abbazia★★ O : 9 km.

🄱 via Condotti 7 ℰ 21292.

Roma 130 – Caserta 71 – Frosinone 56 – Gaeta 47 – Isernia 48 – ✦Napoli 98.

🏨 **Forum Palace Hotel,** via Casilina Nord ℰ 301211, Telex 610641, Fax 302116 – 🛗 ✦✦
    🍽 📺 ☎ 🚗 ☜ – 🛎 30 a 300. 🅰🄴 🄱 🅾 🄴 𝑉𝐼𝑆𝐴. ⁑
    Pas carta 41/63000 – **100 cam** ⊡ 155/206000.

🏨 **Rocca,** via Sferracavallo 105 ℰ 311212, Fax 311212, ⅃, ⁑ – 🛗 🍽 rist 📺 ☎ ☜. 🅰🄴 🅾
    𝑉𝐼𝑆𝐴. ⁑
    Pas carta 28/44000 – ⊡ 8000 – **35 cam** 50/60000 – ½ P 65000.

🏨 **Al Boschetto,** via Ausonia 54 ℰ 301227, Fax 301227, 🍽 – 🛗 ☎ ☜. 🅰🄴 🄱 🅾 🄴 𝑉𝐼𝑆𝐴.
    ⁑
    Pas carta 24/38000 – ⊡ 10000 – **46 cam** 50/70000 – ½ P 65/70000.

🏨 **Diana** senza rist, via Ausonia 22 ℰ 300301, 🍽 – 🛗 🐕 🚗 ☜. 🄱 🄴 𝑉𝐼𝑆𝐴
    ⊡ 9000 – **33 cam** 45/66000.

CASTAGNETO CARDUCCI 57022 Livorno – 8 306 ab. alt. 194 – a.s. 15 giugno-15 settembre –
✆ 0565.

Roma 272 – ✦Firenze 143 – Grosseto 84 – ✦Livorno 57 – Piombino 33 – Siena 119.

🏨 **La Torre** ⑊, SO : 6 km ℰ 775268, « In campagna », 🍽 – 🐕 ☜. 🄱 𝑉𝐼𝑆𝐴. ⁑
    Pas *(chiuso lunedì)* carta 29/40000 – ⊡ 7000 – **11 cam** 52/81000 – ½ P 63000.

a Donoratico NO : 6 km – ✉ **57024** :

🏨 **Bambolo,** N : 1 km ℰ 775206, Fax 775346, ≊, ⅃, 🍽 – 📺 ☎ ☜. 🅰🄴 🄱 𝑉𝐼𝑆𝐴
    Pas vedere rist Bambolo – **35 cam** ⊡ 100/128000 – ½ P 61/96000.

🏨 **Cucciolo** senza rist, ℰ 775156 – ☜. 🅰🄴 🄱 🅾 🄴 𝑉𝐼𝑆𝐴. ⁑
    chiuso dal 1° novembre al 15 dicembre – ⊡ 5000 – **16 cam** 40/58000.

✕✕ **Bambolo,** N : 1 km ℰ 775055, 🍽 – ☜. 🅰🄴 𝑉𝐼𝑆𝐴. ⁑
    chiuso febbraio e lunedì da ottobre ad aprile – Pas carta 27/50000 (10%).

a Marina di Castagneto NO : 9 km – ✉ **57024** Donoratico :

🏨 **Le Dune** ⑊, ℰ 745790, Fax 745960, 🐾ₑ – 📺 ☎ ☜. ⁑
    24 aprile-30 settembre – Pas *(chiuso sino al 1° giugno e dal 13 al 30 settembre)*
    carta 30/54000 (15%) – **23 cam** ⊡ 85/125000 – P 93/158000.

🏨 **I Ginepri,** ℰ 744029, Fax 744344, « Giardino ombreggiato », ⅃, 🐾ₑ – 🛗 ☎. 🄱 🅾 🄴
    𝑉𝐼𝑆𝐴. ⁑
    marzo-ottobre – Pas carta 35/50000 (10%) – ⊡ 9000 – **50 cam** 48/82000 – ½ P 55/88000.

CASTAGNETO PO 10090 Torino 428 G 5 – 1 179 ab. alt. 473 – ✿ 011.
Roma 685 – Aosta 105 – ◆Milano 122 – Novara 77 – ◆Torino 26 – Vercelli 59.

※ **La Pergola**, ℰ 912933, 斎 – AE ⑤
chiuso martedì e dal 7 gennaio al 13 febbraio – Pas carta 25/43000.

CASTAGNITO 12050 Cuneo 428 H 6 – 1 542 ab. alt. 350 – ✿ 0173.
Roma 639 – Asti 26 – Cuneo 69 – ◆Milano 146 – ◆Torino 56.

※ Il Porto, strada statale E : 3,5 km ℰ 211127, Solo piatti di pesce – ℗
chiuso a mezzogiorno.

CASTAGNOLA 219 ⑥ – Vedere Cantone Ticino (Lugano) alla fine dell'elenco alfabetico.

CASTEGGIO 27045 Pavia 988 ⑬ – 7 188 ab. alt. 90 – ✿ 0383.
Roma 585 – Alessandria 52 – ◆Genova 105 – ◆Milano 57 – Piacenza 49.

※ Leon d'Oro, via Vigorelli 90 ℰ 83167 – ℗.

CASTELBELLO CIARDES (KASTELBELL TSCHARS) 39020 Bolzano 428 429 C 14, 218 ⑲ –
2 336 ab. alt. 586 – ✿ 0473.
Roma 688 – ◆Bolzano 51 – Merano 23.

sulla strada statale 38 O : 4,5 km :

🏨 **Sand**, ⊠ 39020 ℰ 624130, ⪡, ⬛, ⬛, 🚗, ※ – 🛗 ☎ ℗. AE ⑤ ⑪ E VISA
chiuso dal 20 gennaio al 20 marzo – Pas *(chiuso mercoledì)* carta 27/45000 – **32 cam**
⊡ 60/110000 – P 75/95000.

CASTEL D'AIANO 40034 Bologna 428 429 J 15 – 1 723 ab. alt. 772 – ✿ 051.
Roma 367 – ◆Bologna 59 – ◆Firenze 90 – ◆Milano 300.

a Rocca di Roffeno NE : 7 km – ⊠ 40040 :

※ **La Rugiada**, ℰ 912820 – ℗. ⋘
chiuso lunedì – Pas carta 28/38000.

CASTEL D'APPIO Imperia 195 ⑱⑲ – Vedere Ventimiglia.

CASTEL D'ARIO 46033 Mantova 428 429 G 14 – 3 964 ab. alt. 24 – ✿ 0376.
Roma 478 – ◆Ferrara 96 – Mantova 15 – ◆Milano 188 – ◆Verona 49.

※ **Stazione**, ℰ 660217 – ▣. ⋘
chiuso lunedì sera, martedì, dal 3 al 17 gennaio e luglio – Pas carta 25/33000.

CASTEL D'AZZANO 37060 Verona 428 F 14 – 9 167 ab. alt. 44 – ✿ 045.
Roma 495 – Mantova 32 – ◆Milano 162 – Padova 92 – ◆Verona 10.

🏨 **Cristallo**, ℰ 519000, Fax 8520244 – 🛗 ⪡⪢ ▣ TV ☎ 🚗 ℗. AE ⑤ ⑪ E VISA. ⋘
chiuso dal 15 dicembre al 15 gennaio – Pas carta 26/44000 – ⊡ 12000 – **80 cam** 85/107000
– ½ P 75/85000.

CASTELDEBOLE Bologna – Vedere Bologna.

CASTEL DEL PIANO 58033 Grosseto – 4 423 ab. alt. 632 – a.s. luglio-agosto e 15 dicembre-15
gennaio – ✿ 0564.
Roma 201 – ◆Firenze 141 – Grosseto 60 – Orvieto 84 – Siena 73 – Viterbo 101.

🏨 **Impero**, ℰ 955337, 🚗, ※ – 🛗 ⊛ ℗. AE ⑤ VISA. ⋘ rist
Pas carta 27/40000 – ⊡ 7000 – **53 cam** 42/68000 – ½ P 75000.

a Prato della Contessa E : 12 km – alt. 1 500 – ⊠ 58033 Castel del Piano :

🏨 **Contessa**, ℰ 959000, ⪡ – ⪢ rist ☎ 🚗 ℗ – 🔬 100. ⋘
15 dicembre-10 aprile e luglio-15 settembre – Pas carta 28/39000 – ⊡ 6000 – **28 cam**
70/110000 – ½ P 55/100000.

CASTEL DEL RIO 40022 Bologna 429 J 16 – 1 106 ab. alt. 221 – ✿ 0542.
Roma 438 – ◆Bologna 59 – ◆Firenze 79 – ◆Milano 269.

🏨 Gallo, ℰ 95924 – 🛗 ☎ – 🔬 50
24 cam.

CASTELDIMEZZO Pesaro e Urbino 429 K 20 – alt. 197 – ⊠ 61010 Fiorenzuola di Focara –
✿ 0721.
Roma 312 – ◆Milano 348 – Pesaro 12 – Rimini 29 – Urbino 41.

※※ **Taverna del Pescatore**, ℰ 208116, ⪡ mare, 斎 – AE ⑪. ⋘
23 marzo-27 ottobre; chiuso martedì – Pas carta 53/80000.

CASTELFIDARDO 60022 Ancona 988 ⑯ – 15 129 ab. alt. 199 – ✆ 071.

Roma 303 – ♦Ancona 24 – Macerata 40 – ♦Pescara 125.

🏠 Parco e Rist. Vito Pardo, via Donizetti 2 ℘ 7821605 – ▯ 🎗 📺 ☎ ❷ – 🍴 400
32 cam.

✗ **La Sorgente**, via Sardegna 3 (NE : 3 km) ℘ 7822786, Rist. di campagna – ❷. ✿
chiuso lunedì e gennaio – Pas carta 25/50000.

CASTELFRANCO DI SOPRA 52020 Arezzo 429 L 16 – 2 582 ab. alt. 280 – ✆ 055.

Roma 238 – Arezzo 46 – ♦Firenze 55 – Forlì 140 – Siena 56.

✗✗ **Vicolo del Contento**, località Mandri N : 1,5 km ℘ 9149277, Fax 9149906, 🌤 , prenotare,
🛥 – ❷. 🖭 ⓪ E 𝑉𝐼𝑆𝐴. ✿
chiuso lunedì, martedì ed agosto – Pas carta 50/74000.

CASTELFRANCO EMILIA 41013 Modena 988 ⑭ , 429 I 15 – 21 016 ab. alt. 42 – ✆ 059.

Roma 398 – ♦Bologna 26 – ♦Ferrara 69 – ♦Firenze 125 – ♦Milano 183 – ♦Modena 13.

✗ **La Lumira**, ℘ 926550 – ❷. 🖭 🖸 ⓪ E 𝑉𝐼𝑆𝐴. ✿
chiuso domenica, dal 1° al 7 gennaio ed agosto – Pas carta 30/49000.

sulla strada statale 9 - via Emilia SE : 6 km :

🏠 **Eurhotel**, ✉ 41010 Piumazzo ℘ 932131, Fax 932365 – ▯ 📺 🖸 ❷. 🖭 🖸 ⓪ E 𝑉𝐼𝑆𝐴.
✿
Pas (solo per clienti alloggiati) 20/35000 – 🖙 10000 – **49 cam** 65/85000 – ½ P 65/75000.

CASTELFRANCO VENETO 31033 Treviso 988 ⑤ , 429 E 17 – 29 365 ab. alt. 42 – ✆ 0423.

Vedere Madonna col Bambino★★ del Giorgione nella Cattedrale.

Roma 532 – Belluno 74 – ♦Milano 239 – ♦Padova 32 – Trento 109 – Treviso 27 – ♦Venezia 45 – Vicenza 34.

🏨 **Alla Torre** senza rist, piazzetta Trento e Trieste 7 ℘ 498707, Fax 498737 – ▯ 🎗 📺 ☎
🖢 🚗 – 🍴 70. 🖭 🖸 ⓪ E 𝑉𝐼𝑆𝐴
🖙 10000 – **39 cam** 85/125000.

🏠 **Roma** senza rist, via Fabio Filzi 39 ℘ 495041, Fax 495253 – ▯ ↤ cam 🎗 📺 ☎ 🖢 ❷
– 🍴 50. 🖭 🖸 ⓪ E 𝑉𝐼𝑆𝐴
🖙 10000 – **68 cam** 56/82000.

✗✗ **Alle Mura**, via Preti 69 ℘ 498098, Rist. con specialità di mare, Coperti limitati; prenotare
– ↤
chiuso giovedì ed agosto – Pas carta 32/57000.

✗✗ Alla Torre, piazza 24 Maggio 2/4 ℘ 495445, 🌤 .

✗ **Osteria ai Due Mori,** vicolo Montebelluna 24 ℘ 497174, 🌤 , Coperti limitati; prenotare
– 𝑉𝐼𝑆𝐴. ✿
chiuso mercoledì e giovedì a mezzogiorno – Pas carta 29/43000.

a Salvarosa NE : 3 km – ✉ 31033 Castelfranco Veneto :

🏠 **Ca' delle Rose**, ℘ 490232, �── – ▯ 🎗 📺 ☎ ❷. 🖭 🖸 E 𝑉𝐼𝑆𝐴
Pas vedere rist Barbesin – 🖙 7500 – **20 cam** 42/70000, 🖭 3000.

✗✗ **Barbesin**, ℘ 490446 – 🎗 ❷. 🖭 🖸
chiuso mercoledì sera, giovedì, dal 29 dicembre al 15 gennaio cd agosto – **Pas**
carta 28/42000.

✗✗ Da Rino Fior, ℘ 490446 – 🎗 ❷.

Vedere anche : *Casacorba* E : 10 km.

CASTEL GANDOLFO 00040 Roma 988 ⑳ – 6 974 ab. alt. 426 – ✆ 06.

Vedere Guida Verde.

🗗 (chiuso lunedì) ℘ 9313084.

🎏 (aprile-ottobre) piazza della Libertà ℘ 9360340.

Roma 25 – Anzio 36 – Frosinone 76 – Latina 46 – Terracina 80.

🏠 Garden e Rist. La Perla, via Spiaggia al Lago 6 ℘ 9360064, Telex 62644, Fax 9360945, 🌤
– ▯ 📺 ☎ ❷ – 🍴 50
28 cam.

🏠 **Castelvecchio** ✿ senza rist, viale Pio XI ℘ 9360308, Fax 9360579, ≤, « Terrazza » – ▯
🎗 📺 ☎ ❷. 🖭 🖸 ⓪ E 𝑉𝐼𝑆𝐴. ✿
🖙 10000 – **16 cam** 89/120000, 🖭 20000.

CASTELGOMBERTO 36070 Vicenza 429 F 16 – 4 570 ab. alt. 145 – ✆ 0445.

Roma 553 – ♦Milano 207 – ♦Verona 54 – Vicenza 24.

✗ **Al Cacciatore,** via Foscola 3 ℘ 940006 – ✿
chiuso lunedì e dal 23 luglio al 20 agosto – Pas carta 29/41000.

CASTELLABATE 84048 Salerno 988 ㉘㉚ – 7 649 ab. alt. 278 – a.s. luglio e agosto – ✆ 0974.
Roma 328 – Agropoli 13 – ♦Napoli 122 – Salerno 71 – Sapri 123.

a Santa Maria NO : 5 km – ✉ 84072 :

🏠 **Sonia,** ℘ 961172, Fax 961172, <, 🐦 – AE. ❀
　Pas *(aprile-ottobre)* carta 23/33000 (10%) – � 7000 – **20 cam** 40/60000 – ½ P 60/65000.

✗✗ **I Due Fratelli,** N : 1,5 km ℘ 961188, <, 🍴 – ℗. AE Ⓢ ⓞ E VISA. ❀
　chiuso mercoledì (escluso dal 15 giugno al 15 settembre) e novembre – Pas carta 24/56000
　(10%).

✗✗ **La Taverna del Pescatore,** via Lamia ℘ 961261, 🍴, Solo piatti di pesce, prenotare –
　℗. AE Ⓢ ⓞ E VISA. ❀
　chiuso lunedì (escluso dal 15 giugno al 15 settembre) e da dicembre a febbraio – Pas
　carta 26/41000 (10%).

a San Marco SO : 5 km – ✉ 84071 :

🏨 **L'Approdo,** via Porto 49 ℘ 966001, Fax 966500, <, 🍴, ⊿, 🐦 – 📶 ⇔ cam TV ☎
　℗. AE Ⓢ ⓞ. ❀ rist
　15 giugno-20 ottobre – Pas carta 28/39000 (13%) – ⊿ 11000 – **52 cam** 57/78000 –
　appartamenti 120/140000 – ½ P 69/89000.

CASTELLAMMARE DEL GOLFO Trapani 988 ㉟ – Vedere Sicilia alla fine dell'elenco alfabetico.

CASTELLAMMARE DI STABIA 80053 Napoli 988 ㉗ – 68 478 ab. – Stazione termale, a.s. luglio-
settembre – ✆ 081.

Vedere Antiquarium★.

Dintorni Scavi di Pompei★★★ N : 5 km – Monte Faito★★ : ✳★★★ dal belvedere dei Capi e ✳★★★
dalla cappella di San Michele (strada a pedaggio).

🅘 piazza Matteotti 34 ℘ 8711334.

Roma 238 – Avellino 50 – Caserta 55 – ♦Napoli 29 – Salerno 31 – Sorrento 19.

🏨🏨 **Stabia,** corso Vittorio Emanuele 101 ℘ 8722577, Fax 8722577, « Rist roof-garden con <
　mare e costa » – 📶 🖥 TV ☎ 🚗. AE Ⓢ ⓞ E VISA. ❀
　Pas 35/50000 – **92 cam** ⊿ 85/140000 appartamenti 200000 – ½ P 85000.

🏨🏨 **La Medusa** 🦢, via Passeggiata Archeologica 5 ℘ 8723383, Fax 8717009, <, 🍴, ⊿, 🐦
　– 📶 ⇔ cam 🖥 cam TV ☎ ℗ – 🛗 60. AE Ⓢ ⓞ E VISA. ❀
　Pas 33/39000 – ⊿ 10500 – **54 cam** 105/135000, 🖥 15000 – ½ P 70/90000.

🏨 **Torre Varano,** via Passeggiata Archeologica ✉ 80054 Gragnano ℘ 8718200, Fax 8718396,
　<, ⊿ – 📶 ☎ ℗ – 🛗 80. AE Ⓢ ⓞ E VISA. ❀ rist
　Pas *(aprile-novembre)* 30000 – ⊿ 7000 – **67 cam** 43/68000 – ½ P 70000.

CASTELLAMONTE 10081 Torino 988 ⑫, 428 F 5 – 8 904 ab. alt. 345 – ✆ 0124.
Roma 693 – Aosta 81 – Ivrea 18 – ♦Milano 131 – Novara 85 – ♦Torino 39.

✗✗ **Tre Re** con cam, piazza Martiri della Libertà 27 ℘ 585470 – TV 🖲 ℗ – 🛗 60. AE Ⓢ
　ⓞ E VISA. ❀
　Pas *(chiuso lunedì e martedì a mezzogiorno)* carta 40/61000 – ⊿ 8000 – **10 cam** 80000.

CASTELLANA GROTTE 70013 Bari 988 ㉙ – 17 978 ab. alt. 290 – ✆ 080.
Vedere Grotte★★★ SO : 2 km.
Roma 488 – ♦Bari 40 – ♦Brindisi 82 – Lecce 120 – Matera 65 – Potenza 154 – ♦Taranto 60.

🏨 **Le Soleil,** via Conversano N : 1 km ℘ 8965133, Fax 8961409 – 🖥 ☎ 🕭 ℗ – 🛗 120. AE
　Ⓢ ⓞ VISA. ❀
　Pas *(chiuso lunedì e novembre)* carta 27/40000 (10%) – ⊿ 10000 – **60 cam** 75000, 🖥 5000
　– ½ P 65/75000.

alle grotte SO : 2 km :

✗ **Da Ernesto e Rosa-Taverna degli Artisti,** ✉ 70013 ℘ 8968234, 🍴 – 🖥. ❀
　chiuso dicembre e giovedì da ottobre a giugno – Pas carta 22/35000 (15%).

CASTELLANETA MARINA 74011 Taranto 16 531 ab. – a.s. 15 giugno-agosto – ✆ 099.
🚠 *(chiuso martedì da ottobre a maggio)* a Riva dei Tessali ✉ 74011 Castellaneta ℘ 6439251,
Telex 860086, SO : 10 km.
Roma 487 – ♦Bari 99 – Matera 57 – Potenza 128 – ♦Taranto 33.

🏨 Villa Giusy 🦢, ℘ 643036, « In pineta », ⊿, 🐦 – 🖥 ☎
　24 cam.

a Riva dei Tessali SO : 10 km – ✉ 74025 Marina di Ginosa :

🏨🏨 **Golf Hotel** 🦢, ℘ 6439251, Telex 860086, Fax 6439255, 🍴, « In un vasto parco », 🐦,
　🐦, ✗, 🚠 – 🖥 TV ☎ ℗ – 🛗 150. AE Ⓢ ⓞ E VISA. ❀ rist
　chiuso gennaio e novembre – Pas carta 50/70000 – ⊿ 25000 – **70 cam** 182000 –
　½ P 168/198000.

CASTELL'ARQUATO 29014 Piacenza 988 ⑬, 428 429 H 11 – 4 454 ab. alt. 225 – ✆ 0523.
Roma 495 – ◆Bologna 134 – Cremona 39 – ◆Milano 96 – ◆Parma 41 – Piacenza 32.

XX **La Rocca-da Franco,** ℘ 803154, ≤ – ※
chiuso mercoledì, gennaio e luglio – Pas carta 31/50000.

X **Faccini,** località Sant'Antonio N : 3 km ℘ 896340, ☆ – ℗. ※
chiuso mercoledì e dal 1° al 20 luglio – Pas carta 26/41000.

CASTELLETTO DI BRENZONE Verona 428 E 14 – Vedere Brenzone.

CASTELLETTO D'ORBA 15060 Alessandria 428 H 8 – 1 872 ab. alt. 187 – ✆ 0143.
Roma 558 – Alessandria 32 – ◆Genova 59 – ◆Milano 107 – Savona 70.

🏠 **De Negri,** ℘ 830008 – 🛏 ℗ – 🔺 200. 🝙
◆ Pas carta 20/30000 – ☲ 3000 – **48 cam** 35/55000 – ½ P 38/40000.

CASTELLINA IN CHIANTI 53011 Siena 988 ⑭⑮ – 2 455 ab. alt. 578 – ✆ 0577.
Roma 251 – Arezzo 67 – ◆Firenze 50 – Pisa 98 – Siena 21.

🏨 **Villa Casalecchi** ⑤, S : 1 km ℘ 740240, Fax 741111, ≤, ⊼, ☆ – ☎ ℗. 🝙 🛐 ⓞ 🝡
🆅🆂🅰. ※ rist
28 marzo-ottobre – Pas carta 64/88000 – ☲ 19500 – **16 cam** 176000 appartamenti
210/250000 – ½ P 198000.

🏠 **Salivolpi** ⑤, senza rist, ℘ 740484, Fax 741034, ⊼, ☆ – ☎ ℗. 🛐 🝡 🆅🆂🅰. ※
19 cam ☲ 60/80000.

X **Antica Trattoria la Torre,** ℘ 740236 – 🛐 🝡 🆅🆂🅰. ※
chiuso venerdì e dal 1° al 15 settembre – Pas carta 29/47000.

a Ricavo N : 4 km – ✉ 53011 Castellina in Chianti :

🏨 **Tenuta di Ricavo** ⑤, ℘ 740221, Fax 741014, ≤, « Borgo rustico », ⊼, ☆ – ⤢ rist ☎
🕭 ℗ ※
aprile-ottobre – Pas (chiuso mercoledì; prenotare) carta 44/64000 – **25 cam** ☲ 185/264000.

a San Leonino S : 9 km – ✉ 53011 Castellina in Chianti :

🏠 **Belvedere di San Leonino** ⑤, ℘ 740887, Fax 741034, ≤, ⊼, ☆ – ☎ ℗. 🛐 🝡 🆅🆂🅰.
※ cam
marzo-ottobre – Pas (solo per clienti alloggiati e chiuso a mezzogiorno) 25/30000 – **28 cam**
☲ 90000.

Ferienreisen wollen gut vorbereitet sein.

Die Straßenkarten und Führer von Michelin

geben Ihnen Anregungen und praktische Hinweise zur Gestaltung Ihrer Reise :
Streckenvorschläge, Auswahl und Besichtigungsbedingungen
der Sehenswürdigkeiten, Unterkunft, Preise... u. a. m.

CASTELLINA MARITTIMA 56040 Pisa – 1 850 ab. alt. 375 – ✆ 050.
Roma 308 – ◆Firenze 105 – ◆Livorno 40 – Pisa 49 – Pistoia 89 – Siena 103.

🏠 **Il Poggetto** ⑤, ℘ 695205, ≤, « Giardino ombreggiato », ⊼, ※ – ⤢ ℗. 🛐 🆅🆂🅰. ※
chiuso gennaio – Pas carta 25/35000 – ☲ 8000 – **31 cam** 44/66000 – ½ P 44/56000.

CASTELLO DI ANNONE 14030 Asti 428 H 6 – 1 741 ab. alt. 109 – ✆ 0141.
Roma 612 – Alessandria 26 – Asti 11 – ◆Milano 121 – ◆Torino 65.

XXX **La Fioraia,** ℘ 60106, prenotare – 🖩 ℗. 🛐 🝡 🆅🆂🅰
chiuso lunedì e dal 18 luglio al 7 agosto – Pas carta 47/68000.

CASTELLO MOLINA DI FIEMME 38030 Trento 429 D 16 – 1 992 ab. alt. 963 – a.s. febbraio-
Pasqua e Natale – ✆ 0462.
🖪 (luglio-agosto) ℘ 30045 e 30082.
Roma 645 – Belluno 95 – ◆Bolzano 39 – Cortina d'Ampezzo 100 – ◆Milano 303 – Trento 63.

🏨 **Los Andes** ⑤, ℘ 30098, Fax 32230, 🝟 – 🛏 ☎ ᴖ ℗. 🆅🆂🅰. ※ rist
chiuso novembre – Pas 25/35000 – ☲ 18000 – **40 cam** 120000 – ½ P 60/85000.

🏨 **Olimpionico,** ℘ 30744, Fax 20188, ≤, 🛌, ☎ – 🛏 ⤢ cam ☎ ᴖ ℗. 🝙 🛐 ⓞ 🝡 🆅🆂🅰.
※ rist
chiuso novembre – Pas carta 21/30000 – ☲ 10000 – **42 cam** 60/100000 – ½ P 60/80000.

CASTEL MADAMA 00024 Roma 988 ㉖ – 6 252 ab. alt. 453 – ✆ 0774.
Roma 43 – Avezzano 70.

X **Sgommarello,** a Colleminio SO : 4 km ℘ 449127, ≤, ☆, ☆ – ℗. 🝙 🛐 ⓞ 🝡 🆅🆂🅰.
※
chiuso mercoledì e dal 15 luglio al 10 agosto – Pas carta 28/40000.

CASTEL MAGGIORE 40013 Bologna 429 I 16 – 14 440 ab. alt. 20 – ۞ 051.

Roma 387 – ◆Bologna 10 – ◆Ferrara 38 – ◆Milano 214.

🏨 **Olimpic,** via Galliera 23 ℘ 700861, Fax 700776 – 🛗 🖭 📺 ☎ 🚗 🅿 – 🔬 40. 🅰🅴 🆂
🗏 *VISA*. 🗩 rist
Pas *(chiuso domenica ed agosto)* carta 22/29000 – 🖃 6000 – **63 cam** 65/90000 –
½ P 70/80000.

🏠 **Rally,** via Curiel 4 ℘ 711186 – 🛗 📺 ☎ 🚗 🅿 🅰🅴 🆂 🗏 *VISA*. 🗩
Pas *(chiuso agosto)* carta 25/40000 – 🖃 10000 – **28 cam** 73/100000.

MICHELIN, via Bonazzi 32 (zona Industriale), ℘ 713157, Fax 712952.

CASTELMASSA 45035 Rovigo 988 ⑭ – 4 805 ab. alt. 12 – ۞ 0425.

Roma 460 – ◆Ferrara 37 – Mantova 51 – ◆Modena 73 – ◆Padova 82.

✕ **Portoncino Rosso,** via Matteotti 15/a ℘ 81698, Coperti limitati; prenotare – 🖃. 🅰🅴 🆂
🆔 🗏 *VISA*. 🗩
chiuso martedì sera, mercoledì ed agosto – Pas carta 22/47000.

CASTELMOLA Messina – Vedere Sicilia (Taormina) alla fine dell'elenco alfabetico.

CASTELNOVO DI SOTTO 42024 Reggio nell'Emilia 428 H 13 – 7 071 ab. alt. 27 – ۞ 0522.

Roma 440 – ◆Bologna 78 – Mantova 56 – ◆Milano 142 – ◆Parma 22 – Reggio nell'Emilia 15.

🏨 **Poli** senza rist, ℘ 683168, Fax 683774 – 🛗 📺 ☎ 🚗 🅿 🅰🅴 🆂 🆔 🗏 *VISA*. 🗩
🖃 8000 – **28 cam** 58/88000.

✕✕ **Poli-alla Stazione,** ℘ 682342, 🍴, 🌲 – 🅿 🅰🅴 🆂 🆔 🗏 *VISA*. 🗩
chiuso domenica sera, lunedì ed agosto – Pas carta 35/55000.

CASTELNOVO NE' MONTI 42035 Reggio nell'Emilia 988 ⑭, 428 429 I 13 – 9 648 ab. alt. 700 –
a.s. luglio-15 settembre – ۞ 0522.

🅸 piazza Martiri della Libertà 12 ℘ 810430.

Roma 470 – ◆Bologna 108 – ◆Milano 180 – ◆Parma 58 – Reggio nell'Emilia 43 – ◆La Spezia 90.

🏠 **Bismantova,** ℘ 812218 – 🗩 rist 📺 ☎. 🅰🅴 🆂 🆔 🗏 *VISA*. 🗩 cam
chiuso ottobre – Pas *(chiuso martedì in bassa stagione)* carta 29/39000 – 🖃 8000 – **18 cam**
54/82000 – ½ P 50/58000.

CASTELNUOVO BERARDENGA 53019 Siena 988 ⑮ – 6 155 ab. alt. 351 – ۞ 0577.

Roma 215 – Arezzo 50 – ◆Perugia 93 – Siena 21.

✕✕ **Pappus,** via del Chianti 30/34 ℘ 355282, Coperti limitati; prenotare – 🅰🅴 🆂 🗏 *VISA*
chiuso domenica sera, lunedì e dal 7 gennaio al 12 febbraio – Pas carta 31/44000.

CASTELNUOVO DI GARFAGNANA 55032 Lucca 988 ⑭, 428 429 J 13 – 6 382 ab. alt. 277 –
۞ 0583.

Roma 395 – ◆Bologna 141 – ◆Firenze 121 – Lucca 47 – ◆Milano 263 – ◆La Spezia 81.

✕✕ **La Lanterna,** località Piano Pieve N : 1,5 km ℘ 63364 – 🅿
chiuso lunedì sera, martedì o novembre – Pas carta 23/37000.

✕ **Da Carlino** con cam, via Garibaldi 15 ℘ 62045, 🚗 – 🅿
chiuso lunedì e dal 6 al 27 gennaio – Pas carta 26/35000 – 🖃 7000 – **31 cam** 42/72000 –
½ P 55/65000.

CASTELRAIMONDO 62022 Macerata 988 ⑯ – 4 182 ab. alt. 307 – ۞ 0737.

Roma 217 – ◆Ancona 85 – Fabriano 27 – Foligno 60 – Macerata 42 – ◆Perugia 59.

🏠 **Bellavista** 🗩, via Sant'Anna 11 ℘ 470717, ← – 🛗 🖳 🅿 🅰🅴 🆔 *VISA*. 🗩
chiuso dal 23 dicembre al 7 gennaio – Pas *(chiuso sabato)* carta 27/41000 – 🖃 7000 –
22 cam 60000 appartamento 100000 – ½ P 50/65000.

CASTEL RIGONE 06060 Perugia – alt. 653 – ۞ 075.

Roma 208 – Arezzo 58 – ◆Perugia 28 – Siena 90.

🏨 **La Fattoria** 🗩, ℘ 845322, Fax 845197, 🌲 – 🛗 ☎ 🅿 – 🔬 50. 🅰🅴 🆔 🗏 *VISA*
Pas carta 23/32000 – **29 cam** 🖃 60/100000 – ½ P 58/68000.

« Scoprite » l'**Italia** con la guida Verde Michelin :

descrizione dettagliata dei paesaggi pittoreschi e delle "curiosità" ;

storia e geografia ;

musei e belle arti ;

itinerari regionali ;

piante topografiche di città e monumenti.

CASTELROTTO (KASTELRUTH) 39040 Bolzano 988 ④, 429 C 16 – 5 534 ab. alt. 1 060 – Sport invernali : 1 060/1 484 m ≰3, ≰ (vedere anche Alpe di Siusi) – 🕾 0471.

🛈 🖉 706333, Telex 400110, Fax 705188.

Roma 667 – ♦Bolzano 26 – Bressanone 25 – ♦Milano 325 – Ortisei 12 – Trento 86.

 🏨 **Agnello Posta-Post Hotel Lamm,** 🖉 706343, Fax 707063, ≼, 🔲, 🐎 – 🛊 🕾 🅿 AE
  🕃 ⓞ E 🎫 . ℅ rist
  Pas *(chiuso lunedì in bassa stagione)* carta 28/51000 – ⊆ 10000 – **41 cam** 100/170000
  appartamenti 160/280000 – ½ P 80/140000.

 🏨 **Cavallino d'Oro-Goldenes Rössl,** 🖉 706337, Fax 707172, ≼, 🖪 – 🕾. AE 🕃 ⓞ E
  🎫
  chiuso dal 5 novembre al 15 dicembre – Pas *(chiuso martedì)* carta 23/32000 – **25 cam**
  ⊆ 80/140000 – ½ P 50/80000.

 🏠 **Belvedere-Schönblick** senza rist, 🖉 706336, ≼ – 🕾 🅿
  21 dicembre-Pasqua e giugno-20 ottobre – **34 cam** ⊆ 44/76000.

  Vedere anche : **Siusi** S : 3 km.
      Alpe di Siusi SE : 11 km.

CASTELROTTO Cuneo – Vedere Alba.

CASTEL SAN GIOVANNI 29015 Piacenza 988 ⑬ – 11 916 ab. alt. 74 – 🕾 0523.

Roma 532 – Alessandria 76 – ♦Genova 130 – ♦Milano 62 – Pavia 34 – Piacenza 20.

 🏨 **Palace Hotel** senza rist, via Emilia Pavese 4 🖉 840641, Fax 840643 – 🛊 🔲 📺 🅿 AE
  ⓞ 🎫
  chiuso agosto – ⊆ 10000 – **52 cam** 85/120000.

CASTEL SAN PIETRO TERME 40024 Bologna 988 ⑮, 429 I 16 – 17 400 ab. alt. 75 – Stazione termale (aprile-novembre), a.s. luglio-15 settembre – 🕾 051.

🛈 piazza 20 Settembre 3 🖉 941110.

Roma 395 – ♦Bologna 22 – ♦Ferrara 67 – ♦Firenze 109 – Forlì 41 – ♦Milano 235 – ♦Ravenna 55.

 🏨 **Park Hotel,** viale Terme 1010 🖉 941101, 🐎 – 🛊 📺 📠 🅿. AE. ℅
  chiuso dal 20 dicembre al 20 gennaio – Pas (solo per clienti alloggiati) 25/30000 – ⊆ 5000
  – **25 cam** 60/100000 – ½ P 50000.

 XX **Terantiga** con cam, località Varignana O : 9 km ⊠ 40060 Osteria Grande 🖉 945114 – 🔲
  📺 🕃 ⓞ 🎫 . ℅
  chiuso gennaio ed agosto – Pas *(chiuso lunedì)* carta 33/45000 – ⊆ 5000 – **10 cam**
  45/70000 – ½ P 65000.

 X **Trattoria Trifoglio,** località San Giovanni in Bosco N : 13 km 🖉 949066, 🎋 – 🅿. AE
  🕃 ⓞ E 🎫 . ℅
  chiuso lunedì ed agosto – **Pas** carta 29/50000.

CASTELSARDO Sassari 988 ㉓ – Vedere Sardegna alla fine dell'elenco alfabetico.

CASTEL TOBLINO Trento – alt. 250 – ⊠ **38070** Sarche – a.s. dicembre-Pasqua – 🕾 0461.

Roma 605 – ♦Bolzano 78 – ♦Brescia 100 – ♦Milano 195 – Riva del Garda 25 – Trento 17.

 XX **Castel Toblino,** 🖉 44036, « In un castello medioevale; piccolo parco » – 🅿. 🕃 E 🎫 .
  ℅
  10 marzo-10 novembre; chiuso martedì (escluso luglio e agosto) – Pas carta 35/45000.

CASTELVECCANA 21010 Varese – 1 857 ab. alt. 281 – 🕾 0332.

Roma 666 – Bellinzona 46 – Como 59 – ♦Milano 87 – Novara 79 – Varese 29.

 X **Da Pio** con cam, località San Pietro 🖉 520511, Fax 520510, 🎋, prenotare – 🕾 🅿. AE
  🕃 ⓞ E 🎫 . ℅
  chiuso gennaio e febbraio – Pas *(chiuso martedì)* carta 35/65000 – **11 cam** ⊆ 80000.

CASTELVERDE 26022 Cremona 428 429 G 11 – 4 184 ab. alt. 53 – 🕾 0372.

Roma 526 – ♦Brescia 55 – Cremona 6 – ♦Milano 86.

  a Livrasco E : 1 km – ⊠ **26022** Castelverde :

 X **Valentino,** 🖉 52557 – 🅿. 🕃 E 🎫
  chiuso martedì e dal 15 al 31 agosto – **Pas** carta 23/32000.

CASTELVETRANO Trapani 988 ㊱ – Vedere Sicilia alla fine dell'elenco alfabetico.

CASTELVETRO DI MODENA 41014 Modena 428 429 I 14 – 7 759 ab. alt. 152 – 🕾 059.

Roma 406 – ♦Bologna 40 – ♦Milano 189 – ♦Modena 19.

 🏠 **Zoello,** località Settecani N : 5 km 🖉 702635, 🎋 – 🛊 ⇔ cam 🕾 🅿. AE 🕃 E 🎫 . ℅
  Pas *(chiuso venerdì, dal 24 dicembre al 6 gennaio ed agosto)* carta 27/37000 – ⊆ 8000 –
  36 cam 40/65000 – ½ P 70000.

CASTEL VITTORIO 18030 Imperia – 478 ab. alt. 430 – ✆ 0184.

Roma 683 – Imperia 65 – San Remo 42 – Ventimiglia 28.

✗ **Busciun,** ✆ 241073, prenotare – 🅱 Ⓔ 🆅🆂🅰
chiuso martedì (escluso luglio-agosto), dal 20 gennaio al 5 febbraio e dal 1° al 15 giugno
– Pas carta 30/36000.

CASTEL VOLTURNO 81030 Caserta 🔢🔢🔢 ㉗ – 16 101 ab. – a.s. 15 giugno-15 settembre – ✆ 081.

Roma 190 – Caserta 37 – ◆Napoli 40.

✗✗ **Scalzone,** via Domiziana al km 34,200 ✆ 851217 – 🅿 🅰🅴
chiuso lunedì, Natale e Pasqua – Pas carta 25/45000 (12%).

CASTIGLIONCELLO 57012 Livorno 🔢🔢🔢 ⑭ – a.s. 15 giugno-15 settembre – ✆ 0586.

🅱 (maggio-settembre) via Aurelia 959 ✆ 752017.

Roma 300 – ◆Firenze 137 – ◆Livorno 21 – Piombino 61 – Pisa 42 – Siena 109.

🏨 **Atlantico** ⬙, via Martelli 12 ✆ 752440, 🏖 – 🛗 ☎ 🅿 🅱 Ⓔ 🆅🆂🅰 ᔕ rist
*Pasqua-settembre – Pas carta 30/40000 – **45 cam** ⬛ 60/85000 – ½ P 70/80000.*

🏨 **Martini** ⬙, via Martelli 3 ✆ 752140, 🏖 – 🛗 ☎ 🅿 🅰🅴 ᔕ
*Pasqua-15 settembre – Pas (chiuso sino a maggio) 30/35000 – ⬛ 6000 – **35 cam** 60/80000
– ½ P 70/80000.*

🏨 **Residence San Domenico** ⬙ senza rist, via Martelli 22 ✆ 752116, 🏖 – 📺 ☎ ᔕ
*aprile-settembre – ⬛ 6000 – **12 cam** 75/110000.*

🏠 **Villa Saint Vincent** ⬙, via Aosta 3 ✆ 752445, 🏖 – 🅿 🅱 Ⓔ 🆅🆂🅰 ᔕ
*aprile-settembre – Pas (solo a clienti alloggiati e chiuso sino a maggio) 30000 – ⬛ 7500
– **15 cam** 58/81000 – ½ P 69/84000.*

CASTIGLIONE Asti – Vedere Asti.

CASTIGLIONE DEL LAGO 06061 Perugia 🔢🔢🔢 ⑮ – 13 409 ab. alt. 304 – ✆ 075.

🅱 piazza Mazzini 10 ✆ 952184, Fax 951863.

Roma 182 – Arezzo 46 – ◆Firenze 126 – Orvieto 74 – ◆Perugia 49 – Siena 78.

🏠 **Fazzuoli** senza rist, piazza Marconi 11 ✆ 951119 – 📠 🅿 🅱 🆅🆂🅰
*chiuso febbraio – ⬛ 6500 – **27 cam** 50/65000.*

🏠 **Miralago,** piazza Mazzini 6 ✆ 951157, « Servizio rist. estivo all'aperto con ⩽ lago » – ☎
🅱 Ⓔ 🆅🆂🅰 ᔕ
*Pas (chiuso giovedì) carta 24/41000 – ⬛ 7000 – **19 cam** 66000 – ½ P 57000.*

✗✗ **L'Acquario,** via Vittorio Emanuele 69 ✆ 952132 – ᔕ
chiuso martedì, gennaio e febbraio – Pas carta 24/35000.

sulla strada statale 71 N : 7 km :

✗ **La Badiaccia,** ✉ 06061 ✆ 954188, 🏖 – 🅿 🅰🅴 🅱 ⓪ Ⓔ 🆅🆂🅰 ᔕ
chiuso lunedì e luglio – Pas carta 24/39000.

a Panicarola SE : 11 km – ✉ 06060 :

✗✗ **Il Bisteccaro,** ✆ 9589327, 🍽 – 🅰🅴 🅱 ⓪ Ⓔ 🆅🆂🅰 ᔕ
chiuso martedì – Pas carta 30/45000.

Vedere anche : *Isola Maggiore* NE : 30 mn (circa) di battello.

CASTIGLIONE DELLA PESCAIA 58043 Grosseto 🔢🔢🔢 ㉔ – 8 025 ab. – a.s. Pasqua e 15 giugno-15 settembre – ✆ 0564.

🅱 piazza Garibaldi ✆ 933678.

Roma 205 – ◆Firenze 162 – Grosseto 22 – ◆Livorno 114 – Siena 94 – Viterbo 141.

🏩 **Riva del Sole,** NO : 2 km ✆ 933625, Telex 500034, Fax 935607, « In pineta », ⬛ riscaldata,
🏖, 🏖, ᔕ – 🛗 📺 ☎ 🖧 🅿 – 🔬 220. 🅰🅴 🅱 Ⓔ 🆅🆂🅰 ᔕ
*maggio-ottobre – Pas 45000 – ⬛ 10000 – **175 cam** 120/260000 – ½ P 110/160000.*

🏩 **L'Approdo,** via Ponte Giorgini 29 ✆ 933466, Fax 23267, ⩽, – 🛗 🖳 ☎ 🅰🅴 ⓪ 🆅🆂🅰 ᔕ
*chiuso novembre e gennaio – Pas 30000 – ⬛ 12000 – **48 cam** 120000 – ½ P 67/129000.*

🏨 **Miramare,** via Veneto 35 ✆ 933524, Fax 935771, ⩽, 🏖 – 🛗 ☎ 🅰🅴 🅱 ⓪ 🆅🆂🅰 ᔕ
*aprile-ottobre – Pas carta 36/57000 – ⬛ 8000 – **35 cam** 55/90000 – ½ P 60/80000.*

🏨 **Lucerna,** via 4 Novembre 27 ✆ 933620, 🍽, 🏖 – ☎ 🅿 🅱 ⓪ Ⓔ 🆅🆂🅰
*Pas (chiuso dal 15 ottobre a Pasqua) carta 30/43000 – ⬛ 7500 – **53 cam** 50/80000 –
½ P 75/80000.*

🏠 **Piccolo Hotel,** via Montecristo 7 ✆ 937081 – ☎ 🖧 🅿 ᔕ
*Pasqua e 15 maggio-settembre – Pas 26000 – **22 cam** ⬛ 104000 – ½ P 82/92000.*

🏠 **Perla,** via Arenile 3 ✆ 938023 – 🅿 ᔕ
*Pasqua-ottobre – Pas 27000 – ⬛ 7500 – **14 cam** 34/58000 – ½ P 65/75000.*

XX **Da Romolo,** corso della Libertà 10 ℘ 933533 – 🆎 🅂 🄴 VISA ⋘
  chiuso martedì e novembre – Pas carta 38/62000.

X **Il Gambero** con cam, via Ansedonia 29 ℘ 937110. 🅂 ⓞ 🄴 VISA ⋘
  chiuso novembre – Pas *(chiuso mercoledì)* 39/51000 – � 5000 – **9 cam** 62000 – ½ P 70000.

X **Il Fagiano,** piazza Garibaldi 4 ℘ 934037 – 🆎 🅂 🄴 VISA
  chiuso mercoledì e febbraio – Pas carta 26/38000.

  a Tirli N : 17 km – alt. 400 – ⊠ **58040** :

XX **Tana del Cinghiale** con cam, ℘ 945810, 🛧 – ℗
  7 cam.

CASTIGLIONE DELLE STIVIERE 46043 Mantova 🝗🝘🝘 ④, 🝗🝘🝘 F 13 – 16 240 ab. alt. 116 –
🕛 0376.
Roma 509 – ◆Brescia 28 – Cremona 57 – Mantova 38 – ◆Milano 122 – ◆Verona 49.

🏨 **Belvedere e Rist. Da Monica** 🝅, via Guardi 20 ℘ 638035, Fax 638035, ≼ – 🛗 🖩 📺
  ☎ ⇦ ℗ – 🝧 60 a 150. 🆎 🅂 ⓞ 🄴 VISA ⋘
  Pas carta 30/48000 (15%) – ⌐ 10000 – **39 cam** 100/117000.

🏨 **La Grotta** 🝅 senza rist, viale dei Mandorli 22 ℘ 632530, Fax 639295, 🛧 – 📺 ☎ ℗ –
  🝧 25 a 40. 🆎 VISA
  ⌐ 8500 – **27 cam** 55/80000.

X **Hostaria Viola,** località Fontane ℘ 638277, Coperti limitati; prenotare – ℗. VISA. ⋘
  chiuso lunedì, dal 17 al 22 aprile, da luglio al 15 agosto e dal 24 dicembre al 7 gennaio –
  Pas carta 29/40000.

  a Grole SE : 3 km – ⊠ **46043** Castiglione delle Stiviere :

XX **Tomasi,** ℘ 630873, Coperti limitati; prenotare, « Servizio estivo in giardino » – ℗. 🆎 🅂
  ⓞ 🄴 VISA. ⋘
  chiuso domenica, dal 1° al 7 gennaio ed agosto – Pas carta 36/56000.

CASTIGLION FIORENTINO 52043 Arezzo 🝗🝘🝘 ⑯ – 11 319 ab. alt. 345 – 🕛 0575.
Roma 209 – Arezzo 17 – ◆Firenze 100 – ◆Perugia 60 – Siena 60.

X **Da Muzzicone,** piazza San Francesco 7 ℘ 659264 – ⇤⇥. 🅂 🄴 VISA ⋘
  chiuso martedì – Pas carta 29/46000 (10%).

CASTIGNANO 63032 Ascoli Piceno – 3 005 ab. alt. 474 – 🕛 0736.
Roma 225 – ◆Ancona 120 – Ascoli Piceno 34 – ◆Pescara 95.

🏠 **Teta,** via Borgo Garibaldi 98 ℘ 91412, ≼ – 🛗 📺 ☎ ⇦ ℗. 🅂 🄴 VISA ⋘
⇥ Pas *(chiuso venerdì)* carta 17/21000 – **18 cam** ⌐ 25/40000 – ½ P 33/45000.

CASTIONE DELLA PRESOLANA 24020 Bergamo 🝗🝘🝘 E 12 – 3 135 ab. alt. 870 – a.s. luglio-
agosto e Natale – Sport invernali : al Monte Pora : 1 350/1 900 m ⤊11, 🏂 – 🕛 0346.
Roma 643 – ◆Bergamo 42 – ◆Brescia 89 – Edolo 80 – ◆Milano 88.

🏠 **Aurora,** ℘ 60004, Fax 60246, ≼ – 🛗 ℗. 🆎 🅂. ⋘
  chiuso dal 1° al 15 ottobre – Pas *(chiuso martedì)* carta 31/46000 – ⌐ 7000 – **24 cam**
  40/55000 – P 63/76000.

  a Bratto NE : 2 km – alt. 1 007 – ⊠ **24020** :

🏨 **Milano e Rist. Al Caminone** 🝅, ℘ 31211, Fax 36236, ≼, 🛧 – 🛗 ☎ ♿ ℗ – 🝧 30
  a 160. 🅂 ⓞ 🄴 VISA. ⋘ rist
  chiuso dal 15 al 31 novembre – Pas *(chiuso lunedì)* carta 40/58000 – ⌐ 10000 – **69 cam**
  100/140000 appartamenti 220/280000 – ½ P 90/115000.

🏠 **Pineta,** ℘ 31121, ≼, 🛧 – 🛗 🅟 ℗. 🆎. ⋘ rist
  Pas *(chiuso lunedì)* 25/30000 – ⌐ 10000 – **40 cam** 50/70000 – ½ P 60/70000.

🏠 **Eurohotel,** ℘ 31513, ≼ – 🛗 🅟 ℗ 🆎 🅂 ⓞ 🄴 VISA ⋘
  chiuso dal 15 settembre al 15 ottobre – Pas 22/35000 – ⌐ 7500 – **23 cam** 50/75000 –
  ½ P 78000.

XX **Cascina delle Noci,** ℘ 31251, Fax 36246, ≼, prenotare, 🛧 – ℗
  chiuso lunedì e da ottobre a maggio aperto solo sabato e domenica – Pas carta 35/56000.

Gli alberghi o ristoranti ameni sono indicati nella guida
con un simbolo rosso.
Contribuite a mantenere
la guida aggiornata segnalandoci
gli alberghi e ristoranti dove avete soggiornato piacevolmente.

🏛 ... 🏠

XXXXX ... X

CASTROCARO TERME 47011 Forlì 988 ⑤, 429 J 17 – 5 230 ab. alt. 68 – Stazione termale (aprile-novembre), a.s. 15 luglio-settembre – 🖪 via Garibaldi 1 ℰ 767162.
Roma 342 – ◆Bologna 74 – ◆Firenze 98 – Forlì 11 – ◆Milano 293 – ◆Ravenna 38 – Rimini 60.

🏨 **Gd H. Terme,** ℰ 767114, Telex 550272, Fax 768135, « Parco ombreggiato », ⊥, ⨐ – 🛗 📺 ☎ 🅖 🄿 – 🔏 da 50 a 150. 🄰🄴 🖼 ⓞ 🄴 📼 ⚘ rist
15 aprile-ottobre – Pas 40/45000 – ⊑ 13000 – **100 cam** 90/140000 appartamento 260000 – P 77/94000.

🏨 **Ambasciatori,** ℰ 767345, Fax 767345, ⊥, ⨗ – 🛗 ⨞ cam 📺 ☎ 🄿. 🄰🄴 🖼 ⓞ 🄴 📼 ⚘
chiuso gennaio – Pas (chiuso marzo) 27/35000 – **28 cam** ⊑ 65/100000 – P 55/70000.

🏨 **Garden,** ℰ 766366, Fax 766366, ⊥, ⨗, ✗ – 🛗 🍽 rist 📺 ☎ 🄿 – 🔏 100. 🄰🄴 🖼 ⓞ 🄴 📼 ⚘
Pas 30/45000 – ⊑ 5000 – **29 cam** 90/120000 – ½ P 55/70000.

🏨 **Piccolo Hotel,** ℰ 767139, ⨗ – 🛗 🍴 🄿. 🄰🄴 ⚘ rist
maggio-ottobre – Pas 30000 – ⊑ 6000 – **41 cam** 45/85000.

🏨 **Eden,** ℰ 767600, Fax 768233, ≼, ⨗ – 🛗 🍴 🄿. 🄰🄴 🖼 ⓞ 🄴 📼 ⚘
aprile-15 novembre – Pas 22/26000 – **32 cam** ⊑ 42/75000 – ½ P 40/44000.

XXXX ❀❀ **La Frasca,** ℰ 767471, Fax 766625, Coperti limitati; prenotare, ⨗ – 🄿. 🄰🄴 ⓞ. ⚘
chiuso dal 1° al 20 gennaio, dal 1° al 16 agosto, lunedì e da ottobre a marzo anche domenica sera – Pas carta 90/125000
Spec. Fagottini di ricotta e erba al ragù di animelle e carciofi, Rosette d'agnello con tartufo nero, Farfalla di mela renetta con sfoglia ai frutti di bosco. Vini Albana, Sangiovese.

XX **La Cantinaza,** ℰ 767130, Fax 766200 – 🍽. 🄰🄴 🖼 ⓞ 🄴 📼 ⚘
chiuso mercoledì – Pas carta 32/55000.

X **Al Laghetto,** ℰ 767230 – 🄿 🄰🄴 🖼 ⓞ 📼 ⚘
chiuso lunedì ed ottobre – Pas carta 33/44000.

CASTROCIELO 03030 Frosinone – 3 758 ab. alt. 250 – ✪ 0776.
Roma 116 – Caserta 85 – Gaeta 61 – Isernia 82 – ◆Napoli 112.

XX **Al Mulino,** strada statale S : 2 km ℰ 79306, ⨠ – 🍽 🄿. 🄰🄴 🖼 ⓞ 🄴 📼 ⚘
chiuso lunedì e dal 23 dicembre al 25 gennaio – Pas carta 37/67000.

CASTRO MARINA 73030 Lecce 2 411 ab. – ✪ 0836.
Roma 660 – ◆Bari 199 – ◆Brindisi 87 – Lecce 48 – Otranto 23 – ◆Taranto 125.

🏨 **Panoramico** ⌂, via Panoramica ℰ 97007, Fax 97865, ≼, ⨠, ⨗ – 🍽 📺 ☎ 🄿
30 cam.

alla grotta Zinzulusa N : 2 km – Vedere Guida Verde :.

🏨 **Orsa Maggiore** ⌂, ✉ 73030 ℰ 97029, Fax 97766, ≼, « Fra gli olivi » – 🛗 🍴 🄿. 🖼 ⓞ 📼
Pas carta 23/36000 – ⊑ 9000 – **30 cam** 80000 – ½ P 65/78000.

CASTROVILLARI 87012 Cosenza 988 ㊴ – 22 544 ab. alt. 350 – ✪ 0981.
Roma 453 – Catanzaro 168 – ◆Cosenza 75 – ◆Napoli 247 – ◆Reggio di Calabria 261 – ◆Taranto 152.

🏨 **President Jolì Hotel,** corso Luigi Saraceni 22 ℰ 21122 – 🛗 🍽 📺 ☎ 🄿 – 🔏 80. 🄰🄴 🖼 ⓞ 🄴 📼 ⚘
Pas carta 28/40000 – ⊑ 6000 – **48 cam** 65/100000 – ½ P 70/85000.

XX ❀ **Alia** con cam, via Jetticelle 69 ℰ 46370 – ⨞ 🛗 🍽 🄿 🄰🄴 🖼 ⓞ 📼
chiuso domenica – Pas carta 35/63000 – **16 cam** ⊑ 70/150000 appartamento 180000
Spec. Condiglione (verdure) con bottarga, Involtino di funghi porcini (autunno-inverno), Rosette di pitta (tacchina) al miele caldo d'arancia. Vini Bianco e Lacrima di Castrovillari.

CATANIA 🄿 988 ㊲ – Vedere Sicilia alla fine dell'elenco alfabetico.

CATANZARO 88100 🄿 988 ㊳ – 103 521 ab. alt. 343 – ✪ 0961.
Vedere Villa Trieste★ – Pala★ della Madonna del Rosario nella chiesa di San Domenico.
🛥 Porto d'Orra (chiuso martedì) a Catanzaro Lido ✉ 88063 ℰ 791045, NE : 7 km.
🖪 piazza Prefettura ℰ 741764 – A.C.I. viale dei Normanni 99 ℰ 754131.
Roma 612 ② – ◆Bari 364 ② – ◆Cosenza 97 ② – ◆Napoli 406 ② – ◆Reggio di Calabria 161 ② – ◆Taranto 298 ②.

Pianta pagina a lato

🏨 **Guglielmo,** via Tedeschi 1 ℰ 26532, Telex 880025, Fax 41900 – 🛗 🍽 📺 ☎ 🍽 – 🔏 200. 🄰🄴 🖼 ⓞ 🄴 📼 ⚘ rist   **Y a**
Pas carta 34/55000 – ⊑ 15000 – **46 cam** 120/175000.

🏨 **Grand Hotel** senza rist, piazza Matteotti ℰ 25605 – 🛗 🍽 📺 ☎ 🄿. 🄰🄴 🖼 ⓞ 🄴 📼 ⚘
⊑ 10000 – **79 cam** 140000.   **Y s**

🏨 **MotelAgip,** viadotto sulla Fiumarella ✉ 88044 Gagliano ℰ 771791, Telex 912543, Fax 773366 – 🛗 🍽 📺 ☎ 🄿 – 🔏 60. 🄰🄴 🖼 ⓞ 🄴 📼 ⚘ rist   **Z r**
Pas 30000 – **76 cam** ⊑ 143000 – ½ P 114/134000.

CATANZARO

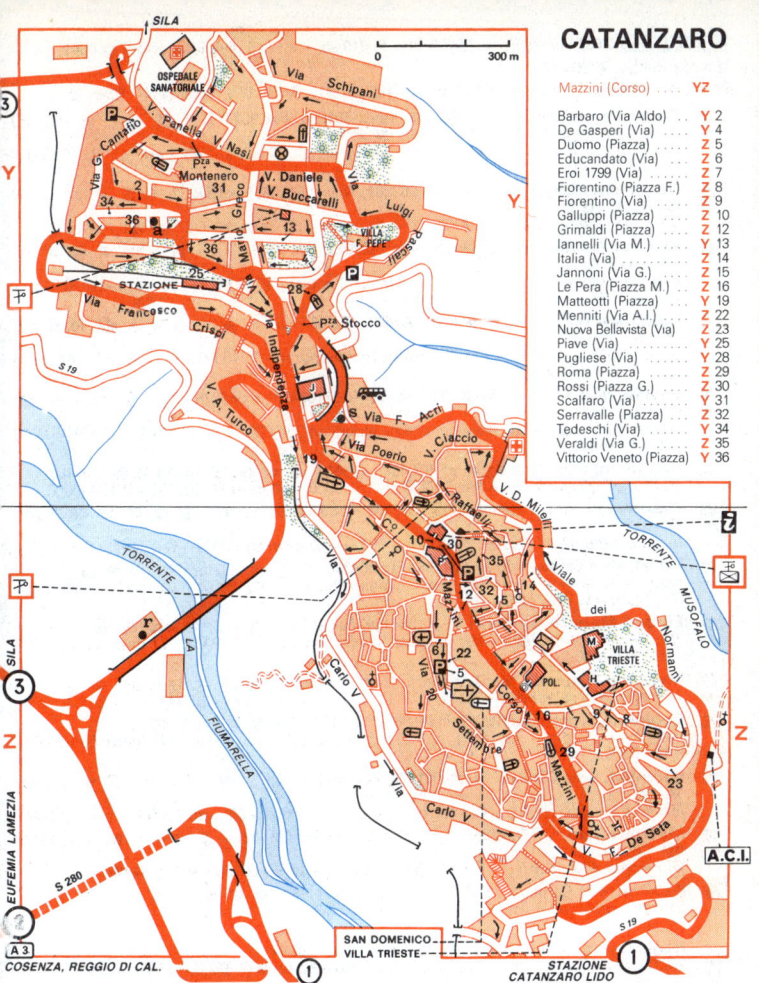

a Catanzaro Lido per ① : 14 km – ✉ 88063 :

🏨 **Stillhotel** ⚿, via Melito Porto Salvo 102/A 🕿 32851, ≼ – 🔳 📺 ☏ Ⓟ 🅰🅴 🆂 Ⓔ 𝗩𝗜𝗦𝗔. ⚘
Pas vedere rist La Brace – ⊊ 9000 – **30 cam** 75/110000 – P 130/140000.

🕇🕇🕇 **La Brace,** via Melito di Porto Salvo 102 🕿 31340, ≼, 🎇 – 🔳 Ⓟ 🆂 ⓘ Ⓔ 𝗩𝗜𝗦𝗔. ⚘
chiuso lunedì e dal 1 al 15 luglio – Pas carta 33/49000 (10%).

Besonders angenehme Hotels oder Restaurants
sind im Führer rot gekennzeichnet.

Sie können uns helfen, wenn Sie uns die Häuser angeben,
in denen Sie sich besonders wohl gefühlt haben.

Jährlich erscheint eine komplett überarbeitete Ausgabe
aller Roten Michelin-Führer.

🏨🏨🏨 ... 🏨

🕇🕇🕇🕇🕇 ... 🕇

CATTOLICA 47033 Forlì 🔲🔲🔲 ⑥, 🔲🔲🔲 K 20 – 15 619 ab. – a.s. 15 giugno-agosto – ❂ 0541.

🅑 piazza Nettuno ☎ 963341.

Roma 315 – ◆Ancona 92 – ◆Bologna 130 – Forlì 69 – ◆Milano 341 – Pesaro 17 – ◆Ravenna 74 – Rimini 22.

🏨 **Caravelle**, via Padova 6 ☎ 962416, Telex 551084, Fax 962417, ≼, ⟋, ♨, ✗ – ▮ 📺
🏯 🗓 ← – 🅐 30. 🖭 🖲 ⓞ 🖻 🖾. ✻ rist
  Pas *(chiuso a mezzogiorno sino ad aprile)* carta 37/48000 – **45 cam** ⇆ 90/180000 –
  ½ P 130/180000.

🏨 **Negresco**, viale del Turismo 6 ☎ 963281, Telex 551228, Fax 954932, ≼, ⟋ riscaldata – ▮
← ☎ 🕭 🅟. ✻ rist
  10 maggio-settembre – Pas 20/28000 – ⇆ 11000 – **80 cam** 66/100000 – ½ P 70/81000.

🏨 **Victoria Palace**, viale Carducci 24 ☎ 962921, Fax 962921, ≼ – ▮ ▤ rist ☎ 🅟. 🖭
ⓞ 🖻 🖾. ✻ rist
  maggio-settembre – Pas *(solo per clienti alloggiati)* 22/30000 – **88 cam** ⇆ 145000 –
  ½ P 68/82000.

🏨 **Diplomat**, viale del Turismo 9 ☎ 967442, Fax 967445, ≼, ♨ – ▮ ☎ 🕭 🅟. 🖲 🖻 🖾.
✻ rist
  3 giugno-2 settembre – Pas *(chiuso a mezzogiorno)* 25/40000 – ⇆ 13000 – **89 cam**
  60/120000 – ½ P 55/80000.

🏨 **Savoia**, viale Carducci 38 ☎ 961174, Telex 551084, Fax 968276, 🔲 – ▮ ▤ rist ☜ 🅟.
← ✻ rist
  maggio-settembre – Pas *(solo per clienti alloggiati)* 20/30000 – ⇆ 8000 – **53 cam** 55/100000
  – ½ P 47/82000.

🏨 **Napoleon**, viale Carducci 52 ☎ 963439, ≼, ♨ – ▮ ☎ 🅟. 🖭 🖲 ⓞ 🖻 🖾. ✻ rist
← 20 maggio-20 settembre – Pas 35/40000 – ⇆ 9000 – **52 cam** 55/100000 – P 80/110000.

🏨 **Beaurivage**, viale Carducci 82 ☎ 963101, Fax 963101, ≼, ♨ – ▮ 🅟. 🖭 🖲 ⓞ 🖻 🖾.
← maggio-settembre – Pas 20/24000 – ⇆ 10000 – **69 cam** 51/90000 – ½ P 54/80000.

🏨 **Royal**, viale Carducci 30 ☎ 954133, Fax 954670, ≼, ⟋ riscaldata, ♨ – ▮ ☎ 🅟. ✻
← maggio-settembre – Pas *(solo per clienti alloggiati)* 15/18000 – ⇆ 10500 – **65 cam**
  63/114000 – ½ P 62/74000.

🏨 **Europa Monetti**, via Curiel 39 ☎ 954159, Fax 958176, ⟋ – ▮ ☎ 🚗 🖛 🅟. ✻ rist
← 15 maggio-20 settembre – Pas *(solo per clienti alloggiati)* 20/23000 – **77 cam** ⇆ 45/80000
  – ½ P 37/68000.

🏨 **Moderno-Majestic**, via D'Annunzio 15 ☎ 954169, ≼, ♨ – ▮ ☜ 🅟. 🖭. ✻ rist
← 15 maggio-25 settembre – Pas 20/25000 – ⇆ 10000 – **60 cam** 40/70000 – ½ P 54/64000.

🏨 **Columbia**, lungomare Rasi Spinelli 36 ☎ 953122, ≼ – ▮ ☎ 🅟. 🖻. ✻ rist
  maggio-settembre – Pas *(solo per clienti alloggiati)* – ⇆ 10000 – **47 cam** 50/80000 –
  P 40/75000.

🏨 **Splendid**, viale Carducci 84 ☎ 961520, Fax 967149, ≼, ⟋, ♨ – ⑳ cam 📺 ☎ 🅟. 🖾.
✻ rist
  Natale e Pasqua-ottobre – Pas carta 26/37000 – ⇆ 10000 – **50 cam** 100000 – ½ P 50/90000.

🏨 **Mediterraneo**, via Facchini 11 ☎ 963468, Fax 960822, ✗ – ▮ ⑳ cam ☎ 🖛. 🖲 🖻
← 🖾. ✻ rist
  25 maggio-15 settembre – Pas 15/25000 – **60 cam** ⇆ 59/69000 – ½ P 32/59000.

🏨 **Astoria**, viale Carducci 22 ☎ 961328, Fax 963074, ≼ – ▮ ☜ 🅟. ✻ rist
  maggio-settembre – Pas *(solo per clienti alloggiati)* – ⇆ 12000 – **54 cam** 55/80000 –
  ½ P 58/64000.

🏨 **Regina**, viale Carducci 40 ☎ 954167, ≼ – ▮ ☜ 🅟. ✻
← 13 maggio-23 settembre – Pas 18000 – ⇆ 8000 – **62 cam** 55/96000 – ½ P 60/72000.

🏨 **Nord Est**, viale Carducci 60 ☎ 961293, ≼ – ▮ ☜ 🅟
  stagionale – **71 cam**.

🏨 **Maxim**, via Facchini 7 ☎ 962137, Fax 967650, 🔲, ☞ – ▮ ▤ rist ☜ 🅟. ✻ rist
← 20 maggio-20 settembre – Pas carta 25/35000 – **66 cam** ⇆ 47/78000 – ½ P 37/62000.

🏨 **La Rosa**, viale Carducci 80 ☎ 958000, ≼ – ▮ ☎ 🕭 🅟. ✻
← 20 maggio-20 settembre – Pas 16/20000 – ⇆ 5000 – **53 cam** 30/66000 – ½ P 38/54000.

🏨 **Renzo**, lungomare Rasi Spinelli 44 ☎ 963312, ≼ – ▮ ⑳ cam ☜ 🅟. 🖭 🖲 ⓞ 🖻 🖾.
✻
  maggio-settembre – Pas carta 28/40000 – **48 cam** ⇆ 45/80000 – P 65/85000.

🏨 **Belsoggiorno**, viale Carducci 88 ☎ 963133, ≼, ♨ – ▮ ☜ 🅟. ✻ rist
← 20 maggio-20 settembre – Pas 20/25000 – ⇆ 6500 – **44 cam** 45/70000 – ½ P 54/63000.

🅰 **Suisse**, viale Bovio 67 ☎ 953675, Telex 551084, Fax 958160, ⟋ – ▮ ☜ 🅟. 🖭 🖲 ⓞ 🖻
🖾. ✻
  Pas 20000 – ⇆ 9000 – **18 cam** 80000 – ½ P 46/62000.

✗✗ **Ristorante**, via del Porto 171 ☎ 960742 – 🖲 ⓞ 🖾. ✻
  chiuso a mezzogiorno, mercoledì *(escluso luglio-agosto)* ed ottobre – Pas carta 54/71000.

✗ **Protti** con cam, via Emilia Romagna 185 ☎ 954457 – ▮ 📺 ☎ 🅟. 🖲 🖻 🖾. ✻ rist
  Pas *(chiuso lunedì da ottobre al 15 maggio)* carta 26/40000 – ⇆ 2500 – **25 cam** 35/55000.

✗ **Al Dollaro** con cam, via Fiume 7 ☎ 962791 – ▤ rist 📺 ☎. 🖭 🖲 ⓞ 🖻 🖾. ✻ cam
  chiuso gennaio – Pas *(chiuso lunedì da ottobre a maggio)* carta 21/40000 – ⇆ 6000 –
  7 cam 40/60000 – ½ P 42/52000.

CAVA DE' TIRRENI 84013 Salerno 988 ㉗ – 52 341 ab. alt. 196 – a.s. Pasqua, giugno-settembre e Natale – ✪ 089.

🆔 corso Umberto I n° 208 ℘ 341572.

Roma 254 – Avellino 43 – Caserta 76 – ♦Napoli 45 – Salerno 8.

※※ **Da Vincenzo,** via Garibaldi 7 ℘ 464654 – 🍴 🆊 🅱 ⓪ Ε 𝘝𝘐𝘚𝘈 ⅏
     Pas *chiuso domenica e dal 20 al 31 agosto* carta 26/51000 (10%).

※※ **Le Bistrot,** corso Umberto I n° 203 ℘ 341617 – 🍴 🆊
     chiuso luned ed agosto – Pas carta 37/58000.

   a Corpo di Cava SO : 4 km – alt. 400 – ⊠ **84010** Badia di Cava de' Tirreni :

🏨 **Scapolatiello** ⍉, ℘ 463911, Fax 464100, ≤, 🌳, « Terrazze-giardino con 🏊 » – 🛗 📺
     ☎ ❷ – 🔬 80. 🆊 🅱 ⓪ Ε 𝘝𝘐𝘚𝘈 ⅏
     Pas carta 25/36000 (15%) – ⊡ 6000 – **48 cam** 80/90000 – ½ P 70/80000.

CAVAGLIÀ 13042 Vercelli 988 ② ⑫, 428 F 6 – 3 563 ab. alt. 272 – ✪ 0161.

Roma 657 – Aosta 99 – ♦Milano 93 – ♦Torino 55 – Vercelli 28.

   sulla strada statale 143 :

🏨 **Green Park Hotel,** SE : 3,5 km ⊠ 13042 ℘ 966771, Telex 223212, Fax 966620, 🏊, 🌳,
     ⅏ – 🛗 🍴 📺 ☎ 🚗 ❷ – 🔬 30 a 150. 🆊 🅱 ⓪ Ε 𝘝𝘐𝘚𝘈 ⅏ *(chiuso domenica sera)*
     carta 37/63000 – ⊡ 10000 – **38 cam** 115/165000 – ½ P 150/165000.

※※ **Dei Fiori,** 74 SE : 3,5 km ⊠ 13042 ℘ 966395 – ❷. 🅱 ⓪ Ε 𝘝𝘐𝘚𝘈 ⅏
     chiuso martedì ed agosto – Pas carta 23/50000.

CAVAGLIETTO 28010 Novara 428 F 7, 219 ⑯ – 408 ab. alt. 233 – ✪ 0322.

Roma 647 – ♦Milano 74 – Novara 22.

※※ ✿ **Arianna** con cam, ℘ 806134, prenotare – ❷. 𝘝𝘐𝘚𝘈 ⅏ cam
     chiuso da gennaio al 20 febbraio e dal 25 luglio al 10 agosto – Pas *(chiuso martedì)*
     40/70000 – ⊡ 5000 – **6 cam** 50/60000
     Spec. Insalata di triglie soncino e olive (primavera), Ravioli di ricotta e carciofi (inverno), Orata con zucchini
     e basilico (estate). Vini Sauvignon, Ghemme.

CAVAGNANO Varese 219 ⑧ – Vedere Cuasso al Monte.

CAVAION VERONESE 37010 Verona 428 429 F 14 3 437 ab. alt. 190 – ✪ 045.

Roma 521 – ♦Brescia 81 – ♦Milano 169 – Trento 74 – ♦Verona 31.

🏠 **Andreis,** ℘ 7235035 – ❷. ⅏
     Pas *(chiuso lunedì da ottobre al 14 giugno)* 23/25000 – ⊡ 6000 – **15 cam** 37/50000 –
     ½ P 46/48000.

CAVALESE 38033 Trento 988 ④, 429 D 16 – 3 546 ab. alt. 1 000 – a.s. febbraio-Pasqua e Natale
– Sport invernali : ad Alpe Cermis : 1 000/2 231 m ⚡2 ⚡6, ⚡ – ✪ 0462.

🆔 via Fratelli Bronzetti 4 ℘ 30298, Telex 400096, Fax 20649.

Roma 648 – Belluno 92 – ♦Bolzano 42 – Cortina d'Ampezzo 97 – ♦Milano 302 – Trento 64.

🏨 **San Valier,** ℘ 31285, ⇔, 🏊 – 🛗 ☎ 🔥 ❷. 🆊 ⓪ 𝘝𝘐𝘚𝘈 ⅏ rist
     dicembre-Pasqua e giugno-15 ottobre – Pas carta 29/40000 – ⊡ 10000 – **42 cam** 130000 –
     ½ P 70/100000.

🏨 **Trunka Lunka,** ℘ 30233, ⇔, 🌳 – 📺 ☎ 🚗 ❷. 🆊 ⓪ 𝘝𝘐𝘚𝘈 ⅏
     Pas 30/45000 – ⊡ 15000 – **22 cam** 78/130000 – ½ P 80/90000.

🏨 **Park Hotel Azalea** ⍉, ℘ 30109, ≤, « Giardino fiorito » – 🛗 ☎ ❷. 🆊 🅱 ⓪ Ε 𝘝𝘐𝘚𝘈.
     ⅏
     dicembre-aprile e giugno-novembre – Pas carta 33/48000 – ⊡ 8000 – **35 cam** 80/120000 –
     ½ P 80/85000.

🏠 **Orso Grigio,** ℘ 31481, Fax 20231 – 🛗 ☎
     27 cam.

🏠 **Panorama** ⍉, ℘ 31636, Fax 20898, ≤, ⇔, 🌳 – ☎ ❷. 🆊 🅱 𝘝𝘐𝘚𝘈 ⅏ rist
◄– *20 giugno-20 settembre e 2 dicembre-25 aprile* – Pas (solo per clienti alloggiati) 20000 –
     28 cam ⊡ 54/90000 – ½ P 45/65000.

🏠 **Fiemme** ⍉ senza rist, ℘ 31720, ≤ monti e vallata – 📺 📠 ❷. ⅏
     15 cam ⊡ 72000 appartamenti 144000.

※※ ✿ **Mas del Saügo** ⍉ con cam, località Masi SO : 4 km ℘ 30788, ≤, solo su prenotazione,
     « In un maso del '700 », 🌳 – ⊷ ❷. 𝘝𝘐𝘚𝘈 ⅏
     Pas (menu suggeriti dal proprietario; *chiuso giovedì*) 90/100000 – **4 cam** ⊡ 120/200000
     Spec. Mousse di cervella e animelle (primavera), Coniglio al profumo di mirto, Gratin di mele con lo
     zabaione. Vini Soave, Pinot.

※※ **Primola,** ℘ 32933 – 🆊 🅱 ⓪ Ε 𝘝𝘐𝘚𝘈 ⅏
     chiuso martedì (escluso dal 24 dicembre al 2 gennaio, luglio ed agosto) – Pas carta 30/39000.

※※ **La Stua** con cam, ℘ 30235, Coperti limitati; prenotare – 📺 ☎. 🅱 ⓪ Ε 𝘝𝘐𝘚𝘈
     chiuso novembre – Pas *(chiuso martedì in bassa stagione)* carta 27/43000 – **19 cam**
     ⊡ 50/90000 – P 80/90000.

CAVALLINO 30013 Venezia 429 F 19 – a.s. 15 giugno-agosto – ۞ 041.

🛥 da Treporti (O : 11 km) per : Burano (15 mn), Torcello (22 mn), Murano (45 mn) e Venezia-Fondamenta Nuove (1 h 10 mn), giornalieri – Informazioni a Punta Sabbioni 𝒫 966015.

Roma 571 – Belluno 117 – ♦Milano 310 – ♦Padova 80 – Treviso 61 – ♦Trieste 136 – Udine 105 – ♦Venezia 51.

🏠 **Fenix** 🐾, via Francesco Baracca 45 (E : 2 km) 𝒫 968040, ≼, ⊿, 🐜, ⚒ – 🖨 ☜ 🅿.
AE. 🦌 rist
15 maggio-settembre – Pas 22000 – ⊏⊐ 12000 – **64 cam** 63/99000 – ½ P 60/81000.

✕✕ **Trattoria Laguna,** via Pordelio 444 𝒫 968058 – 🍴. AE 🅢 ⑩ E 𝘝𝘐𝘚𝘈. 🦌
chiuso giovedì a mezzogiorno dal 15 giugno al 15 settembre, tutto il giorno negli altri mesi
– Pas carta 37/59000.

a Treporti O : 11 km – ⊠ **30010** :

✕ **Al Pescatore,** 𝒫 966196, ≼, 🐜 – 🅿. 🦌
marzo-novembre; chiuso martedì – Pas carta 27/36000.

CAVALLIRIO 28010 Novara 428 F 7, 219 ⑳ – 1 015 ab. alt. 367 – ۞ 0163.
Roma 654 – Biella 36 – ♦Milano 80 – Novara 34 – ♦Torino 97.

sulla strada statale 142 S : 2 km :

✕✕ **Imazio,** ⊠ 28010 𝒫 80144 – 🅿. 🅢 ⑩ 𝘝𝘐𝘚𝘈. 🦌
chiuso martedì e dall'11 al 31 gennaio – Pas carta 32/52000.

CAVA MANARA 27051 Pavia – 4 544 ab. alt. 79 – ۞ 0382.
Roma 560 – ♦Genova 117 – ♦Milano 46 – Pavia 8 – Piacenza 62.

sulla strada statale 35 SE : 2 km :

🏠 **Le Gronde,** località Tre Re ⊠ 27051 𝒫 553942, Fax 553942 – 🖨 🍴 📺 ☎ 🚗 🅿 –
🛗 30 a 160. AE 🅢 ⑩ E 𝘝𝘐𝘚𝘈. 🦌
Pas carta 33/45000 – ⊏⊐ 7000 – **28 cam** 70/100000 – ½ P 110000.

✕✕ Bixio, località Tre Re ⊠ 27051 𝒫 553588, Coperti limitati; prenotare – 🅿
chiuso lunedì ed agosto.

CAVANELLA D'ADIGE Venezia – Vedere Chioggia.

CAVAZZALE Vicenza – Vedere Vicenza.

CAVERNAGO 24050 Bergamo 428 429 F 11 – 1 250 ab. alt. 202 – ۞ 035.
Roma 600 – ♦Bergamo 13 – ♦Brescia 45 – ♦Milano 54.

🏠 Giordano, via Leopardi 𝒫 840266 – ☎ 🅿 – **22 cam**.

CAVI Genova 428 J 10 – Vedere Lavagna.

CAVO Livorno 988 ㉔ – Vedere Elba (Isola d') : Rio Marina.

CAVRIAGO 42025 Reggio nell'Emilia 428 429 H 13 – 8 292 ab. alt. 78 – ۞ 0522.
Roma 436 – ♦Milano 145 – ♦Parma 23 – Reggio nell'Emilia 9.

✕✕ ۞ **Picci,** 𝒫 57201 – 🍴. AE 🅢 ⑩ E 𝘝𝘐𝘚𝘈. 🦌
chiuso domenica sera, lunedì, dal 26 dicembre al 20 gennaio e dal 5 al 25 agosto – Pas
carta 50/80000
Spec. Insalata di gamberi e fegato d'oca, Crespelle di cipolle novelle e mele renette, Suprema di piccione
alle spugnole (primavera). Vini Malvasia, Sangiovese.

CAVRIANA 46040 Mantova 428 429 F 13 – 3 493 ab. alt. 170 – ۞ 0376.
Roma 502 – ♦Brescia 39 – Mantova 32 – ♦Milano 131 – ♦Verona 45.

✕✕✕ ۞ **La Capra-Vecchia Fornace,** 𝒫 82101, Fax 82002 – 🅿 – 🛗 120. 🅢. 🦌
chiuso martedì e dal 30 luglio al 14 agosto – Pas carta 51/70000
Spec. Fegatini caldi di pollo con ciliege e kirsch, Gnocchetti sardi in salsa mediterranea, Suprema di faraona
con salsa di soia. Vini Bianco di Custoza, Merlot.

CECCANO 03023 Frosinone 988 ㉖ – 22 039 ab. alt. 229 – ۞ 0775.
Roma 89 – Frosinone 14 – Latina 49 – ♦Napoli 150.

✕ **Delle Rose,** piazza Mancini 14 𝒫 600050 – 🦌
chiuso martedì ed agosto – Pas carta 24/43000.

CECIMA 27050 Pavia 428 H 9 – 323 ab. alt. 329 – ۞ 0383.
Roma 592 – Alessandria 55 – ♦Genova 112 – ♦Milano 90 – Piacenza 82.

a Serra del Monte SO : 3,5 km – ⊠ **27050** Cecima :

✕ **Locanda del Diavolo,** 𝒫 59123 – 🅿. AE 🅢 ⑩. 🦌
chiuso mercoledì e dal 7 al 25 gennaio – Pas carta 31/46000.

CECINA 57023 Livorno 988 ⑭, 428 429 K 14 – 24 836 ab. alt. 15 – ✆ 0586.

Roma 285 – ♦Firenze 122 – Grosseto 98 – ♦Livorno 36 – Piombino 46 – Pisa 55 – Siena 98.

🏨 **Il Palazzaccio** senza rist, via Aurelia Sud 300 ℘ 682510, Fax 686221 – 📺 ☎ 🅿. ॐ
   ☲ 11000 – **30 cam** 60/85000.

XX ❀ **Scacciapensieri,** via Verdi 22 ℘ 680900, Coperti limitati; prenotare – 🆎 ⓪ 🆅🆂🅰 ॐ
   chiuso lunedì – Pas carta 50/74000
   Spec. Insalata di mare tiepida, Tagiolini alle triglie, Scampi alla marsigliese. Vini Libaio.

XX **Trattoria Senese,** via Diaz 23 ℘ 680335 – 🍽. 🆅🆂🅰 ॐ
   chiuso martedì e dal 10 al 31 gennaio – Pas carta 32/51000 (10%).

CECINA (Marina di) 57023 Livorno – a.s. 15 giugno-15 settembre – ✆ 0586.

Roma 288 – Cecina 3 – ♦Firenze 125 – ♦Livorno 39 – Pisa 58.

🏨 **Il Gabbiano,** viale della Vittoria 109 ℘ 620248, ≤, 🐦 🐛, – ☏ 🅿. ॐ
   chiuso dal 15 gennaio al 15 febbraio e novembre – Pas carta 33/46000 – ☲ 11000 –
   26 cam 60/85000 – P 60/92000.

🏠 **Massimo,** via Zaccaria 3 ℘ 620216, « Giardino ombreggiato » – 📶 📺 ☏ 🅿. 🆅🆂🅰 ॐ
   Pas (solo per clienti alloggiati) 25/30000 – ☲ 8000 – **36 cam** 60/85000 – ½ P 70/80000.

X **El Faro,** viale della Vittoria 70 ℘ 620164, ≤, 🐦 – 🆎 ⓪ 🆅🆂🅰 ॐ
   chiuso mercoledì e da novembre al 5 dicembre – Pas carta 50/73000.

CEFALÙ Palermo 988 ㊱ – Vedere Sicilia alla fine dell'elenco alfabetico.

CEGLIE MESSAPICA 72013 Brindisi 988 ㉚ – 20 787 ab. alt. 303 – ✆ 0831.

Roma 564 – ♦Bari 92 – ♦Brindisi 38 – ♦Taranto 38.

X **Da Gino,** contrada Montevicoli ℘ 977916 – 🅿. ⓪ 🆅🆂🅰 ॐ
   chiuso venerdì e settembre – Pas carta 24/38000.

X Al Fornello-da Ricci, contrada Montevicoli ℘ 977104 – 🅿.

CELANO 67043 L'Aquila 988 ㉖ – 10 822 ab. alt. 800 – ✆ 0863.

Roma 118 – Avezzano 16 – L'Aquila 67 – Pescara 94.

X **Gole di Celano-da Guerrinuccio,** borgo Sardellino S : 1,5 km ✉ 67041 Aielli ℘ 791471
   – ॐ 🅿. 🆎 🅱 ⓪. ॐ
   chiuso lunedì – **Pas** carta 18/27000.

CELLE LIGURE 17015 Savona 988 ⑬, 428 I 7 – 5 221 ab. – ✆ 019.

🛈 largo Giolitti 7 ℘ 990021.

Roma 538 – Alessandria 86 – ♦Genova 39 – ♦Milano 162 – Savona 7,5.

🏨 **San Michele,** via Monte Tabor 26 ℘ 990017, « Giardino ombreggiato con 🏊 » – 📶 ☎
   🅿. ॐ rist
   giugno-settembre – Pas 30/50000 – ☲ 18000 – **51 cam** 90/100000 – P 90/120000.

🏨 **Felice** ॐ senza rist, via Mulino a Vento 26 ℘ 990174, 🏊, ॐ – ☎ 🅿. 🆅🆂🅰 ॐ
   Pasqua-settembre – ☲ 7000 – **17 cam** 52/75000.

🏨 **Piccolo Hotel,** via Lagorio 25 ℘ 990015 – 📶 ☎ 🅿. 🅱 🆅🆂🅰 ॐ
   aprile-settembre – Pas 30000 – ☲ 10000 – **26 cam** 60/85000 – ½ P 50/70000.

XX **Mosè,** via Colla 30 ℘ 991560, prenotare – 🍽 🆎 🅱 ⓪ Ⓔ 🆅🆂🅰
   chiuso mercoledì e dal 15 ottobre al 15 dicembre – Pas carta 46/60000.

X **Sotto in Su,** via Sanda 143 (NO : 1,3 km) ℘ 991619, 😊 – 🅿. 🅱 Ⓔ 🆅🆂🅰 ॐ
   chiuso lunedì e gennaio – Pas carta 25/41000.

   sulla strada statale 1 - via Aurelia E : 1,5 km :

XX **Villa Alta,** ✉ 17015 ℘ 990939, ≤, 😊, Coperti limitati; prenotare, 🌳 – 🆎 🆅🆂🅰 ॐ
   chiuso martedì e dal 7 gennaio al 10 marzo – Pas carta 60/80000 (15%).

CEMBRA 38034 Trento 429 D 15 – 1 562 ab. alt. 677 – a.s. dicembre-aprile – ✆ 0461.

🛈 ℘ 683110.

Roma 611 – Belluno 130 – ♦Bolzano 63 – ♦Milano 267 – Trento 23.

🏠 **Al Caminetto,** ℘ 683007 – 🍽 rist 🅿. ॐ
   Pas (chiuso lunedì) carta 15/23000 – **27 cam** ☲ 32/60000 – ½ P 32000.

CENTO 44042 Ferrara 988 ⑭⑮, 429 H 15 – 29 026 ab. alt. 15 – ✆ 051.

Roma 410 – ♦Bologna 33 – ♦Ferrara 35 – ♦Milano 207 – ♦Modena 37 – ♦Padova 103.

🏨 **Europa,** via 4 Novembre 16 ℘ 903319, Fax 902213 – 📶 🍽 📺 ☎ 🅿. 🆅🆂🅰
   Pas carta 30/45000 – ☲ 9000 – **44 cam** 60/90000, 🍽 6500 – ½ P 65/70000.

CEPARANA 19020 La Spezia – alt. 36 – ✆ 0187.

Roma 415 – ♦Genova 98 – ♦Parma 107 – ♦La Spezia 11.

X **Mileo,** NO : 3 km ℘ 945096, « Servizio estivo all'aperto » – 🅿. 🅱 🆅🆂🅰 ॐ
   chiuso lunedì sera, martedì, dal 22 dicembre al 6 gennaio e dal 17 agosto al 7 settembre
   – Pas carta 26/40000.

CEPRANO 03024 Frosinone 988 ⑳ – 8 671 ab. alt. 120 – ✿ 0775.
Roma 99 – Avezzano 84 – Frosinone 25 – Isernia 78 – Latina 71 – ♦Napoli 122.

🏤 **Ida,** in prossimità casello autostrada A 2 ℘ 950040 – 🛏 🍴 rist ☎ 🚗 🅿 🖭 ⓪ ☒ ✸✸
chiuso dal 24 dicembre al 2 gennaio – Pas carta 24/35000 – ☲ 6000 – **36 cam** 50/70000 –
½ P 50/60000.

CERBAIA Firenze – Vedere San Casciano in Val di Pesa.

CERCENASCO 10060 Torino 428 H 4 – 1 640 ab. alt. 256 – ✿ 011.
Roma 689 – Cuneo 60 – ♦Milano 183 – Sestriere 70 – ♦Torino 31.

✕✕ **Centro,** ℘ 9809247 – 🆂 ⓪ 🅴 🆅🆂🅰
chiuso mercoledì e dal 1° al 10 agosto – Pas carta 21/41000.

CERESE DI VIRGILIO Mantova 428 G 14 – Vedere Mantova.

CERESOLE REALE 10080 Torino 988 ⑫, 428 F 3 – 164 ab. alt. 1 620 – ✿ 0124.
Roma 738 – Aosta 126 – ♦Milano 176 – ♦Torino 81.

🏠 **Blanchetti** ≫, ℘ 95174, ≼ – ☎. ✸✸ rist
Pas (chiuso mercoledì da ottobre a marzo) carta 28/53000 – ☲ 6000 – **11 cam** 51/110000.

☛ *Pour être inscrit au guide Michelin*

 – *pas de piston,*

 – *pas de pot-de-vin*

CERIGNOLA 71042 Foggia 988 ㉙ – 54 549 ab. alt. 124 – ✿ 0885.
Roma 366 – ♦Bari 90 – ♦Foggia 37 – ♦Napoli 178.

✕✕✕ **Il Bagatto,** via Tiro a Segno 7 ℘ 427850, � – 🔳. 🖭 ⓪ 🆅🆂🅰. ✸✸
chiuso lunedì ed ottobre – Pas carta 21/39000.

CERMENATE 22072 Como 428 E 9, 219 ⑱ – 8 005 ab. alt. 332 – ✿ 031.
Roma 612 – Como 16 – ♦Milano 30 – Varese 28.

✕ **Castello,** via Castello 26/28 ℘ 771563 – 🅿. 🖭. ✸✸
chiuso lunedì, martedì sera, dal 24 dicembre al 6 gennaio ed agosto – Pas carta 33/44000.

CERNOBBIO 22012 Como 988 ③, 428 E 9 – 7 213 ab. alt. 202 – ✿ 031.
Vedere Località** – Giardino** di Villa d'Este (hotel).
🏌 Villa d'Este (chiuso gennaio e febbraio) a Montorfano ✉ 22030 ℘ 200200, Fax 200786 SE :
11 km.
🛈 via Regina 33/b ℘ 510198.
Roma 630 – Como 5 – ♦Lugano 33 – ♦Milano 53 – Sondrio 98 – Varese 30.

🏨🏨🏨 **Gd H. Villa d'Este** ≫, ✉ 22010 ℘ 511471, Telex 380025, Fax 512027, ≼, �, « Grande
parco digradante sul lago », 🅕🅢, ≋, 🏊 riscaldata, 🎾, ✕✕ – 🛗 🛏 🍴 rist ☎ 🕭 🚗 🅿 –
🕌 250. 🖭 🆂 ⓪ 🅴 🆅🆂🅰. ✸✸ rist
aprile-novembre – Pas carta 75/140000 – **158 cam** ☲ 480/640000 appartamenti 1400000.

🏨🏨 **Asnigo** ≫, NE : 2 km ℘ 510062, Fax 510249, ≼ lago e monti, 🌼 – 🛗 📺 ☎ 🚗 🅿 –
🕌 30. 🖭 🆂 ⓪ 🆅🆂🅰 ✸✸ rist
Pas carta 39/56000 – ☲ 16000 – **30 cam** 112/162000 appartamenti 202/287000 –
½ P 116/126000.

🏨🏨 **Regina Olga,** ℘ 510171, Telex 380821, Fax 340604, ≼, 🏊 riscaldata, 🌼 – 🛗 📺 ☎ 🚗
🅿 – 🕌 120. 🖭 🆂 ⓪ 🅴 🆅🆂🅰
Pas vedere rist Cenobio – **83 cam** ☲ 160/240000 appartamenti 370000 – ½ P 145/165000.

🏤 **Miralago,** ℘ 510125, Fax 279955, ≼ – 🛗 📺 ☎. 🖭 🆂 ⓪ 🅴 🆅🆂🅰. ✸✸
Pas (chiuso lunedì) carta 32/52000 – ☲ 13000 – **30 cam** 70/95000 – ½ P 75/80000.

✕✕✕ **Cenobio,** ℘ 512710, 🌼🌼 – 🔳
chiuso dicembre e gennaio – Pas carta 40/60000.

✕✕ Terzo Crotto, ℘ 512304, « Servizio estivo all'aperto » – 🅿.

CERNUSCO SUL NAVIGLIO 20063 Milano 428 F 10, 219 ⑱ – 26 652 ab. alt. 133 – ✿ 02.
🏌 Molinetto (chiuso lunedì) ℘ 9238500.
Roma 583 – ♦Bergamo 38 – ♦Milano 14.

✕✕✕ **Vecchia Filanda,** via Pietro da Cernusco 2/A ℘ 9249200, Coperti limitati; prenotare –
🔳. 🖭 🆂 ⓪ 🅴 🆅🆂🅰. ✸✸
chiuso sabato a mezzogiorno, domenica, dal 24 dicembre al 7 gennaio, Pasqua, 25 aprile,
1° maggio ed agosto – Pas carta 43/70000.

✕✕ **Lo Spiedo da Odero,** via Verdi 48 ℘ 9242781, 🌼🌼 – 🆂 🆅🆂🅰. ✸✸
chiuso domenica sera, lunedì, dal 1° al 15 gennaio ed agosto – Pas carta 34/54000.

CERRINA MONFERRATO 15020 Alessandria [4][2][8] G 6 – 1 566 ab. alt. 225 – 📞 0142.
Roma 626 – Alessandria 46 – Asti 37 – ♦Milano 98 – ♦Torino 58 – Vercelli 40.

a Montalero O : 3 km – ✉ 15020 :

XX **Castello di Montalero,** ✆ 94146, solo su prenotazione, « Costruzione settecentesca in un parco ombreggiato » – 🅟. ⓞ. ※
chiuso lunedì – Pas 70000.

CERRO MAGGIORE 20023 Milano [2][1][9] ⑱ – 14 233 ab. alt. 206 – 📞 0331.
Roma 603 – Como 31 – ♦Milano 26 – Varese 32.

a Cantalupo SO : 3 km – ✉ 20020 :

XXX **Corte Lombarda,** ✆ 535604, « Servizio estivo all'aperto » – 🅟. ⅏ 🅱 ⓞ 𝘝𝘐𝘚𝘈
chiuso domenica sera, lunedì, dal 2 al 10 gennaio ed agosto – Pas carta 45/68000.

CERTALDO 50052 Firenze [9][8][8] ⑭ – 16 102 ab. alt. 67 – 📞 0571.
Roma 270 – ♦Firenze 56 – ♦Livorno 75 – Siena 40.

XX **Charlie Brown,** via Guido Rossa 13 ✆ 664534, prenotare – 𝘝𝘐𝘚𝘈. ※
chiuso martedì e dal 10 al 25 agosto – Pas carta 30/60000.

CERTOSA DI PAVIA 27012 Pavia [9][8][8] ③⑬ – 2 972 ab. alt. 91 – 📞 0382.
Vedere Certosa★★★ E : 1,5 km.
Roma 572 – Alessandria 76 – ♦Bergamo 84 – ♦Milano 27 – Pavia 9 – Piacenza 62.

XX **Vecchio Mulino,** via al Monumento 5 ✆ 925894, Coperti limitati; prenotare, « Servizio estivo in giardino » – 🅟. ⅏ 🅱 ⓞ 🄴 𝘝𝘐𝘚𝘈. ※
chiuso domenica sera, lunedì, dal 1° al 10 gennaio e dal 30 luglio al 20 agosto – Pas carta 46/76000.

XX **Chalet della Certosa,** sul piazzale antistante il Monastero ✆ 925615, « Servizio estivo in giardino » – 🅟. ⅏ 🅱 ⓞ 🄴 𝘝𝘐𝘚𝘈
chiuso lunedì e gennaio – Pas carta 35/57000 (12%).

CERVESINA 27050 Pavia [4][2][8] G 9 – 1 268 ab. alt. 72 – 📞 0383.
Roma 580 – Alessandria 46 – ♦Genova 102 – ♦Milano 72 – Pavia 25.

XXX **Il Castello di San Gaudenzio** ⓢ con cam, S : 3 km ✆ 75025, Telex 311399, Fax 75025, prenotare, « Castello del 14° secolo in un parco » – 🔲 📺 ☎ 🅟 – 🅰 80. ⅏ 🅱 ⓞ 🄴 𝘝𝘐𝘚𝘈. ※
Pas *(chiuso martedì)* carta 33/52000 – ⌘ 10000 – **12 cam** 85/140000 appartamenti 175/200000.

CERVETERI 00052 Roma [9][8][8] ㉕ – 19 349 ab. alt. 81 – 📞 06.
Vedere Necropoli della Banditaccia★★ N : 2 km.
Roma 51 – Civitavecchia 33 – Ostia Antica 42 – Tarquinia 52 – Viterbo 72.

X **L'Oasi-da Pino,** ✆ 9953482, 🍽 – 🔲. ※
chiuso lunedì e dal 5 al 30 novembre – Pas carta 24/41000.

CERVIA 48015 Ravenna [9][8][8] ⑮, [4][2][9] J 19 – 25 085 ab. – Stazione termale (aprile-ottobre), a.s. Pasqua, 15 giugno-agosto e Natale – 📞 0544.
🜂 (chiuso gennaio, febbraio e martedì da ottobre ad aprile) ✆ 992786.
🅱 piazza Garibaldi (maggio-settembre) ✆ 971013.
Roma 382 – ♦Bologna 96 – ♦Ferrara 98 – Forlì 28 – ♦Milano 307 – Pesaro 76 – ♦Ravenna 22 – Rimini 30.

🏨 **Gd H. Cervia,** lungomare Grazia Deledda 9 ✆ 970500, Fax 972086, ≤, 🐎 – 🛗 🔲 📺 ☎ 🅟 – 🅰 200. ⅏ 🅱 ⓞ 𝘝𝘐𝘚𝘈. ※ rist
aprile-settembre – Pas 42/55000 – **56 cam** ⌘ 106/160000 – P 110/165000.

🏨 **Nettuno,** lungomare D'Annunzio 34 ✆ 971156, Fax 971156, ≤, ⌇ riscaldata, 🌊 – 🛗 ☎ 🅟. 🅱 🄴 𝘝𝘐𝘚𝘈. ※
maggio-settembre – Pas 25/30000 – ⌘ 10000 – **45 cam** 50/80000 – ½ P 70/80000.

🏨 **Strand e Gambrinus,** lungomare Grazia Deledda 104 ✆ 971773, Fax 973984, ≤ – 🛗 ☎ 🅟. ⅏ 🅱 ⓞ 🄴 𝘝𝘐𝘚𝘈. ※
25 maggio-15 settembre – Pas 27000 – ⌘ 6000 – **66 cam** 70000 – ½ P 44/65000.

🏨 **Bristol,** lungomare D'Annunzio 22 ✆ 71518, ≤ – 🛗 🔲 rist ⅏ 🅟. 𝘝𝘐𝘚𝘈. ※ rist
maggio-20 settembre – Pas 22/35000 – ⌘ 5000 – **51 cam** 35/60000 – ½ P 50/60000.

🏨 **K 2 Cervia,** viale dei Mille 98 ✆ 971025, Fax 22828, 🌊 – 🍽 📺 ☎ 🅟. ⅏ 🅱 ⓞ 🄴 𝘝𝘐𝘚𝘈
Pasqua-ottobre – Pas 35/45000 – ⌘ 8000 – **40 cam** 50/75000 – ½ P 45/68000.

🏨 **Universal,** lungomare Grazia Deledda 118 ✆ 71418, Fax 971746, ⌇ riscaldata, 🌊 – 🛗 🔲 ☎ 🚗 🅟. 🅱 🄴 𝘝𝘐𝘚𝘈. ※ rist
10 marzo-15 ottobre – Pas 25/35000 – ⌘ 9000 – **42 cam** 50/75000 – ½ P 40/70000.

🏨 **Beau Rivage,** lungomare Grazia Deledda 116 ☎ 971010, ≤, 🐎 – 🛗 📺 rist ☎ 🅿. 🆂 🇪
📼 🎠 rist
Pasqua-settembre – Pas 25/35000 – 🍽 9000 – **40 cam** 50/75000 – ½ P 40/70000.

🏨 **Buenos Aires,** lungomare Grazia Deledda 130 ☎ 973174, ≤ – 🛗 🏊 📺 rist 🐾 🅿 –
🔔 120. 🖭 🆂 🇪 📼 🎠 rist
Pas 25/30000 – 🍽 7000 – **62 cam** *(aprile-ottobre)* 46/73000 – ½ P 33/61000.

🏛 **Milazzo,** viale Milazzo 120 ☎ 971062 – 🛗 📺 rist 📺 🐾 🅿
stagionale – **27 cam**.

🏛 **Ascot,** viale Titano 14 ☎ 72318, 🛆 riscaldata, 🐎 – 🛗 📺 rist 🐾 🅿. 🎠
✦ *15 maggio-15 settembre* – Pas (solo per clienti alloggiati) 15/25000 – 🍽 8000 – **30 cam**
50000 – P 40/50000.

🏛 **Gadames,** viale Cristoforo Colombo 40 ☎ 970461 🛗 🏊 cam 🐾. 🖭 🆂 📼 🎠 rist
maggio-settembre – Pas 23000 – 🍽 10000 – **35 cam** 38/64000 – ½ P 53/57000.

XX **I Rubini,** viale Nettuno 3 ☎ 72327, 🌳.

XX **Al Teatro,** via 20 Settembre 169 ☎ 71639, prenotare.

X **La Pescheria,** via Nazario Sauro 122 ☎ 971108 – 🆂 📼
chiuso dal 7 gennaio al 5 febbraio e mercoledì escluso da giugno al 15 settembre – Pas
carta 46/58000.

a Pinarella S : 2 km – ✉ **48015** Pinarella di Cervia.
🚩 viale Titano 51 ☎ 988869 :

🏨 **Antares,** viale Italia 282 ☎ 987414, 🛆 riscaldata, 🐎 – 🛗 🐾 🅿 🖭 🔘 📼 🎠
15 maggio-25 settembre – Pas (solo per clienti alloggiati) carta 25/30000 – 🍽 10000 –
30 cam 40/60000 – ½ P 38/56000.

🏨 **Garden,** viale Italia 250 ☎ 987144, Fax 987620, 🛆, 🏖, 🐎, ✂ – 🛗 📺 rist ☎ 🅿. 🆂
📼 🎠 rist
15 maggio-settembre – Pas carta 27/39000 – 🍽 9000 – **55 cam** 45/70000 – ½ P 37/59000.

🏛 **Buratti,** viale Italia 194 ☎ 987549, 🏖, 🐎 – 🛗 🐾 🅿. 🎠
Pasqua-settembre – Pas 22/30000 – 🍽 9000 – **40 cam** 36/60000 – P 40/60000.

🏛 **Everest,** viale Italia 230 ☎ 987214, 🐎 – 🛗 🅿. 🆂 . 🎠 rist
✦ *maggio-settembre* – Pas 18/20000 – 🍽 8500 – **42 cam** 30/42000 – P 27/47000.

a Milano Marittima N : 2 km – ✉ **48016** Cervia - Milano Marittima.
🚩 viale Romagna 107 ☎ 993435, Fax 992515 :

🏨 **Mare e Pineta,** viale Dante 40 ☎ 992262, Telex 550869, Fax 992739, « Parco pineta »,
🛆 riscaldata, 🏖, ✂ – 🛗 📺 cam ☎ 🅿 – 🔔 250. 🖭 🆂 🔘 🇪 📼 🎠 rist
14 maggio-19 settembre – Pas 60000 – 🍽 20000 – **197 cam** 170/220000 – ½ P 170/235000.

🏨 **Exclusive Waldorf,** VII Traversa 17 ☎ 994343, Telex 550834, Fax 993428, ≤, « Giardino
con 🛆 riscaldata », 🏊, 🏖, 🐎 – 🛗 📺 ☎ 🅿. 🖭 🆂 🔘 🇪 📼 🎠 rist
aprile-ottobre – Pas 70/100000 – 🍽 20000 – **23 cam** 120/220000 – ½ P 115/205000.

🏨 **Rouge,** III Traversa 26 ☎ 992201, Fax 994379, ≤, 🛆 riscaldata, 🐎, ✂ – 🛗 📺 rist ☎ 🅿.
🖭 🆂 🔘 🇪 📼 🎠 rist
aprile-settembre – Pas carta 45/70000 – 🍽 18000 – **84 cam** 85/130000 – ½ P 127000.

🏨 **Aurelia,** viale 2 Giugno 34 ☎ 992082, Telex 550339, Fax 972773, ≤, « Giardino »,
🛆 riscaldata, 🏖, 🐎 – 🛗 📺 rist ☎ 🅿 – 🔔 130. 🖭 🆂 🔘 🇪 📼 🎠 rist
15 aprile-15 ottobre – Pas 35/40000 – 🍽 12000 – **105 cam** 95/120000 – ½ P 70/120000.

🏨 **Miami,** III Traversa 31 ☎ 991628, Telex 550270, Fax 992033, ≤, 🛆 riscaldata, 🐎 – 🛗
📺 ☎ 🅿. 🖭 🆂 🔘 🇪 📼 🎠 rist
marzo-novembre – Pas (solo per clienti alloggiati) 35/40000 – 🍽 130/240000 –
½ P 108/125000.

🏨 **Bellevue Beach** 🏖, XIX Traversa ☎ 994233, Fax 994336, ≤, 🛆 riscaldata, 🏖, 🐎 – 🛗
📺 rist 🅿. 🖭 🆂 🇪 📼 🎠 rist
10 maggio-25 settembre – Pas 35/50000 – 🍽 16000 – **70 cam** 75/120000 appartamenti
195/240000 – ½ P 95/113000.

🏨 **Deanna Golf Hotel,** viale Matteotti 131 ☎ 991365, « Giardino », 🛆 riscaldata – 🛗 ☎
🅿 🖭 🆂 🔘 🇪 📼 🎠 rist
aprile-ottobre – Pas carta 40/50000 – 🍽 15000 – **67 cam** 100000 – ½ P 81/90000.

🏨 **Le Palme,** VII Traversa 12 ☎ 994660, Telex 563052, Fax 994179, ≤, « Giardino ombreggiato », 🛆 riscaldata, ✂ – 🛗 📺 📺 🐾 🅿. 🎠
15 maggio-settembre – Pas 30000 – 🍽 15000 – **85 cam** 100/150000 – ½ P 150000.

🏨 **Gallia,** piazzale Torino 16 ☎ 994692, « Giardino ombreggiato », 🛆 riscaldata, ✂ – 🛗 📺
☎ 🅿. 🖭 🆂 🔘 🇪 📼 🎠 rist
maggio-26 settembre – Pas 30/50000 – 🍽 13000 – **99 cam** 80/130000 – ½ P 80/130000.

🏨 **Doge,** viale 2 Giugno 36 ☎ 992071, ≤, 🛆 riscaldata, 🏖, 🐎 – 🛗 📺 rist ☎ 🔔 🅿. 🖭
🆂 🔘 🇪 📼 🎠 rist
15 maggio-settembre – Pas carta 30/40000 – 🍽 15000 – **78 cam** 110000 – ½ P 80/100000.

🏨 **Michelangelo,** viale 2 Giugno 113 ☎ 994470, Fax 972382, « Giardino », 🛆 riscaldata –
🛗 📺 📺 ☎ 🔔 🅿 🖭 🆂 🔘 🇪 📼 🎠 rist
chiuso gennaio e febbraio – Pas 35000 – **47 cam** 🍽 90/140000 – ½ P 120/130000.

🏨 **Globus,** viale 2 Giugno 59 ℰ 992115, Fax 992931, ⌇ riscaldata, ☞ – 🛗 🗏 rist ☎ ♿ 🅿.
🔲 . ⌘ rist
Pasqua-settembre – Pas carta 30/40000 – ⌑ 12000 – **48 cam** 50/80000 – ½ P 53/81000.

🏨 **Kent,** viale 2 Giugno 142 ℰ 992048, Fax 994472, « Piccolo giardino ombreggiato » – 🛗
☎ 🅿 🆎 🔲 🔘 ᴠɪꜱᴀ. ⌘ rist
10 maggio-settembre – Pas 35000 – ⌑ 10000 – **45 cam** 45/72000 – ½ P 56/70000.

🏨 **Acapulco,** VI Traversa 19 ℰ 992396, Fax 992396, ⌇, ☖ – 🛗 🗏 rist ☎. ⌘ rist
15 maggio-20 settembre – Pas 30/40000 – ⌑ 10000 – **45 cam** 45/80000 – ½ P 63/82000.

🏨 **Ariston,** via Corsica 16 ℰ 994659, ⌇, ⌇, ☞ – 🛗 ☎ 🅿 🆎 🔲 ᴇ ᴠɪꜱᴀ. ⌘
15 maggio-15 settembre – Pas 24/28000 – **52 cam** ⌑ 65/120000 – ½ P 70/80000.

🏨 **Parco,** viale 2 Giugno 49 ℰ 991130, ☞ – 🛗 ⌇ cam ☜ ♿ 🅿
stagionale – **33 cam**.

🏨 **Sahara,** anello del Pino 4 ℰ 992001, ⌇ riscaldata, ☞ – 🛗 ☎ 🅿. ᴠɪꜱᴀ. ⌘ rist
10 maggio-settembre – Pas 25000 – ⌑ 12000 – **56 cam** 47/75000 – P 55/80000.

🏨 **Sorriso,** VIII Traversa 19 ℰ 994063, Fax 903123, ☖, ⌇ riscaldata – 🛗 🗏 ☜ 🅿. 🔲 ᴇ
ᴠɪꜱᴀ. ⌘
aprile-ottobre – Pas 20/30000 – ⌑ 15000 – **32 cam** 50/75000 – ½ P 65/82000.

🏨 **Nadia,** viale Puccini 1 ℰ 991421, ☞ – ☎ 🅿. 🔲 ᴇ. ⌘ rist
chiuso gennaio – Pas *(chiuso da ottobre ad aprile)* 26000 – ⌑ 7500 – **28 cam** 60000 –
½ P 43/62000.

🏨 **Fenice,** XVII Traversa 6 ℰ 994325, ☞ – 🛗 🗏 rist ☎ 🅿. 🆎 🔘. ⌘
15 maggio-20 settembre – Pas 25000 – ⌑ 10000 – **46 cam** 50/80000 – ½ P 43/68000.

🏨 King, XII Traversa 14 ℰ 994323, ⌇ – 🛗 🗏 ☜ 🅿
stagionale – **46 cam**.

🏨 **Mazzanti,** via Forlì 51 ℰ 991207, ⌇, ⌇ – 🛗 ☜ 🅿. 🆎 🔲 ᴇ ᴠɪꜱᴀ. ⌘ rist
maggio-settembre – Pas 30000 – ⌑ 7000 – **42 cam** 80000 – ½ P 63/70000.

🏨 **Saratoga,** viale 2 Giugno 156 ℰ 994216 – 🛗 🗏 ☜ 🅿. 🆎 🔲 ᴠɪꜱᴀ. ⌘ rist
20 aprile-20 settembre – Pas *(chiuso sino al 15 maggio)* 16/21000 – ⌑ 10000 – **41 cam**
50/65000 – ½ P 36/60000.

🏨 **Mirage,** XVI Traversa 9 ℰ 994322, Fax 994322, ☞ – 🛗 ☎ 🅿. 🆎 🔲 🔘 ᴇ ᴠɪꜱᴀ. ⌘ rist
10 maggio-20 settembre – Pas 29000 – ⌑ 9000 – **39 cam** 60/78000 – ½ P 55/61000.

🏨 Ridolfi, anello del Pino 18 ℰ 994547, ☞ – 🛗 ☎ 🅿. ⌘
stagionale – **36 cam**.

🏨 **Saraceno,** viale 2 Giugno 37 ℰ 992099, Fax 992542, ☞ – 🛗 ☜ 🅿. ⌘ rist
14 maggio-25 settembre – Pas 20/25000 – ⌑ 10000 – **45 cam** 45/75000 – ½ P 49/66000.

🏨 **Majestic,** X Traversa 23 ℰ 994122, ⌇, ☞ – 🛗 🗏 rist ☎ ♿ 🅿. ᴠɪꜱᴀ. ⌘
maggio-settembre – Pas 28/29000 – ⌑ 7000 – **50 cam** 40/76000 – ½ P 55/60000.

🏨 **Alexander,** viale 2 Giugno 68 ℰ 991516, ⌇, ☞ – 🛗 ☎ 🅿. 🔲 ᴠɪꜱᴀ. ⌘ rist
giugno-settembre – Pas *(solo per clienti alloggiati)* carta 25/40000 – ⌑ 10000 – **52 cam**
50/76000 – ½ P 48/74000.

🏨 **Silver,** via Spalato 10 ℰ 992312 – 🛗 ☜ 🅿. ᴠɪꜱᴀ. ⌘ rist
2 maggio-settembre – Pas *(solo per clienti alloggiati)* 20000 – ⌑ 8000 – **52 cam** 63000 –
P 40/62000.

🏨 **Santiago,** viale 2 Giugno 42 ℰ 992392 – 🛗 ☎. 🔘 ᴠɪꜱᴀ. ⌘ rist
aprile-15 ottobre – Pas 21/25000 – ⌑ 9000 – **27 cam** 40/55000 – ½ P 50/55000.

XXX **Le Jardin,** viale Matteotti 46 ℰ 994657, ⌘, prenotare – 🗏. 🆎 🔲 🔘 ᴇ ᴠɪꜱᴀ
chiuso a mezzogiorno (escluso i festivi), dal 15 gennaio al 28 febbraio e novembre – Pas
carta 43/84000.

XX **Al Caminetto,** viale Matteotti 44 ℰ 994292, ⌘, prenotare – 🔲 🔘 ᴇ ᴠɪꜱᴀ
chiuso a mezzogiorno (escluso festivi), dal 15 gennaio al 28 febbraio e novembre – Pas
carta 57/89000.

XX **Dal Marinaio,** viale Puccini 8 ℰ 992458, Solo piatti di pesce – 🆎 🔲 🔘 ᴠɪꜱᴀ. ⌘
chiuso mercoledì e gennaio – Pas carta 40/65000.

a Tagliata SE : 3,5 km – ✉ **48015** Tagliata di Cervia.
🔲 via Sicilia 61 ℰ 987945 :

🏨 **Park Hotel Zaira,** via Pinarella 185 ℰ 987315, ⌇, ☞ – 🛗 ☜ 🅿. ⌘ rist
15 maggio-settembre – Pas carta 30/50000 – ⌑ 10000 – **36 cam** 38/62000 – ½ P 37/57000.

XX **La Tortuga,** viale Sicilia 26 ℰ 987193, ⌘ – 🅿. 🆎 🔘 ᴠɪꜱᴀ
chiuso gennaio e mercoledì da ottobre a maggio – Pas carta 30/56000.

CERVIGNANO DEL FRIULI 33052 Udine 🔲🔲🔲 ⑥, 🔲🔲🔲 ᴇ 21 – 12 043 ab. alt. 3 – 🕿 0431.
Roma 627 – Gorizia 28 – ◆Milano 366 – ◆Trieste 47 – Udine 29 – ◆Venezia 116.

🏨 **Internazionale e Rist. La Rotonda,** via Ramazzotti ℰ 30751, Fax 34801 – 🛗 ☎ 🅿 –
🅰 150. 🆎 🔲 🔘 ᴇ ᴠɪꜱᴀ. ⌘
Pas *(chiuso domenica)* carta 29/42000 – ⌑ 12000 – **69 cam** 73/106000 – ½ P 70/100000.

X **Al Campanile** con cam, località Scodovacca E : 1,5 km ℰ 32018 – 🅿. ⌘
chiuso settembre ed ottobre – Pas *(chiuso lunedì sera e martedì)* carta 25/35000 – ⌑ 5000
– **12 cam** 55000 – P 70000.

CERVINIA Aosta 988 ②, 219 ③ – Vedere Breuil-Cervinia.

CERVO 18010 Imperia 428 K 6 – 1 284 ab. alt. 66 – ✿ 0183.
Roma 605 – Alassio 12 – ♦Genova 106 – Imperia 12 – ♦Milano 228 – San Remo 35.

XX **San Giorgio,** centro storico ℰ 400175, 🍴, Coperti limitati; prenotare, « Raccolta di quadri »
chiuso martedì e dal 10 gennaio al 20 febbraio; in novembre aperto solo sabato e domenica a mezzogiorno – Pas carta 45/60000.

X Da Serafino, centro storico ℰ 408185, ≼.

CESANA TORINESE 10054 Torino 988 ⑪, 428 H 2 – 942 ab. alt. 1 354 – a.s. febbraio, Pasqua, luglio-agosto e Natale – Sport invernali : a Sansicario, Monti della Luna e Claviere : 1 360/2 701 m ≰13, ≾ – ✿ 0122.
🅱 (dicembre-Pasqua e luglio-settembre) piazza Vittorio Amedeo 3 ℰ 89202.
Roma 752 – Bardonecchia 25 – Briançon 21 – ♦Milano 224 – Sestriere 11 – ♦Torino 87.

🏠 **Chaberton,** ℰ 89147, 🚗 – 📶 ☎ 🚙 ℗ 🅱 E VISA ❄ cam
chiuso maggio e novembre – Pas carta 23/39000 – ⌑ 8000 – **27 cam** 80/108000 – ½ P 50/80000.

a Mollières N : 2 km – ✉ **10054** Cesana Torinese :

XX **La Selvaggia,** ℰ 89290 – ℗ 🅱 E VISA ❄
chiuso mercoledì, giugno ed ottobre – Pas carta 30/45000.

a San Sicario E : 5 km – alt. 1 700 – ✉ **10054** Cesana Torinese :

🏨 **Rio Envers** ≶, ℰ 811333, ≼ monti – 📶 📺 🚙 ℗ 🅱 . ❄
20 dicembre-16 aprile – Pas (solo per clienti alloggiati) 60000 – ⌑ 20000 – **45 cam** 150/170000 – ½ P 120/160000.

CESANO Ancona – Vedere Senigallia.

CESANO BOSCONE 20090 Milano 428 F 9, 219 ⑱ – 27 068 ab. alt. 120 – ✿ 02.
Roma 582 – ♦Milano 12 – Novara 48 – Pavia 35 – Varese 54.

🏨 **Roma** senza rist, via Poliziano 2 ℰ 4581805, Fax 4500473 – 📶 🖩 📺 ☎ ♿ ℗ – 🏛 25.
🆎 🅱 ◑ E VISA
chiuso dal 10 al 20 agosto – **34 cam** ⌑ 170/240000 appartamenti 400000.

CESANO MADERNO 20031 Milano 428 F 9, 219 ⑱ – 31 874 ab. alt. 198 – ✿ 0362.
Roma 613 – ♦Bergamo 52 – Como 29 – ♦Milano 20 – Novara 61 – Varese 41.

a Cassina Savina E : 4 km – ✉ **20030** :

X **La Cometa,** via Podgora 12 ℰ 504102 – 🖩. 🅱 E VISA. ❄
chiuso lunedì ed agosto – Pas carta 28/59000.

CESENA 47023 Forlì 988 ⑮, 429 J 18 – 89 606 ab. alt. 44 – ✿ 0547.
Vedere Biblioteca Malatestiana★.
Roma 336 – ♦Bologna 89 – Forlì 19 – ♦Milano 300 – ♦Perugia 168 – Pesaro 69 – ♦Ravenna 33 – Rimini 30.

🏨 **Casali,** via Benedetto Croce 81 ℰ 22745, Telex 550480, Fax 22828 – 📶 🖩 📺 ☎ ♿ 🚗 ℗ – 🏛 25 a 150. 🆎 🅱 ◑ E VISA
Pas vedere Rist. Casali – ⌑ 12000 – **48 cam** 90/165000 appartamenti 200/250000.

🏨 **Meeting Hotel** senza rist, via Romea 545 ℰ 333160, Fax 334394 – 📶 🖩 📺 ☎ 🚗 ℗ – 🏛 60. 🆎 🅱 ◑ E VISA. ❄
chiuso dal 20 al 30 dicembre – ⌑ 10000 – **26 cam** 80/110000, 🖩 5000.

XXX **Casali,** via Benedetto Croce 81 ℰ 27485, 🍴 – 🅱 ◑ E VISA
chiuso lunedì e dal 20 luglio al 10 agosto – Pas carta 35/80000.

XX **Da Gianni,** via Dell'Amore 9 ℰ 21328 – 🅱 ◑ E VISA. ❄
chiuso giovedì – Pas carta 31/59000.

XX **Circolino,** corte Dandini 10 ℰ 21875, Coperti limitati; prenotare a mezzogiorno – 🆎 ◑ VISA. ❄
chiuso martedì e settembre – Pas 50000.

XX **La Grotta,** vicolo Cesuola 19 ℰ 22734 – 🅱 ◑ E VISA
chiuso lunedì sera, martedì e dal 15 luglio al 15 agosto – Pas carta 28/42000.

🖃 viale Roma 112 🖉 80091.

Roma 358 – ◆Bologna 98 – ◆Milano 309 – ◆Ravenna 30 – Rimini 22.

🏨 **Pino,** via Anita Garibaldi 7 🖉 80645, Fax 84788, 🚗 – 🛗 🗏 📺 ☎ – 🔬 40. 🖭 🛐 ⑩ ⋿
VISA. 🗱
Pas *(chiuso lunedì)* carta 32/62000 – ⊡ 12000 – **53 cam** 72/120000 appartamenti 120/160000
– ½ P 54/76000.

🏨 **Internazionale,** via Ferrara 7 🖉 83462, ≤, ⊒ riscaldata, 🚲, 🗱 – 🛗 🅿. 🗱 rist
giugno-settembre – Pas *(solo per clienti alloggiati)* carta 20/30000 – ⊡ 8000 – **51 cam**
50/86000 – ½ P 75/100000.

🏨 **Esplanade,** viale Carducci 120 🖉 82405, Fax 82406 – 🛗 ⇆ 🗏 rist 🚗. 🛐 ⋿ **VISA**.
🗱 rist
15 maggio-settembre – Pas 19/30000 – ⊡ 9000 – **56 cam** 46/79000 – ½ P 45/80000.

🏨 **Britannia,** viale Carducci 129 🖉 80041, Fax 81799, ≤, « Giardino-terrazza », ⊒, 🚲 – 🛗
🗏 rist ☎ ᕳ 🚗 🅿. 🖭 🛐 ⑩ ⋿ **VISA**. 🗱
27 aprile-15 settembre – Pas *(chiuso sino al 30 maggio)* 27/35000 – ⊡ 14000 – **42 cam**
65/100000 – ½ P 68/113000.

🏨 **San Pietro,** viale Carducci 194 🖉 82496, Fax 81830, ≤, ⊒ – 🛗 ☎ 🅿 – 🔬 100. 🖭 🛐
⑩ ⋿ **VISA**. 🗱
aprile-15 ottobre – Pas *(solo per clienti alloggiati e chiuso sino al 10 maggio ed ottobre)*
22/32000 – ⊡ 7000 – **80 cam** 54/85000 – ½ P 50/70000.

🏨 **Torino,** viale Carducci 55 🖉 80044, ≤, ⊒ riscaldata – 🛗 🗏 rist ☎ 🅿. 🖭 🛐 ⑩ ⋿ **VISA**.
🗱
15 maggio-settembre – Pas *(solo per clienti alloggiati)* 25/30000 – ⊡ 8000 – **42 cam**
55/84000 – ½ P 51/79000.

🏨 **Sporting,** viale Carducci 191 🖉 83082, ≤, 🚲 – 🛗 🗏 rist ☎ 🅿. 🗱 rist
20 maggio-20 settembre – Pas *(solo per clienti alloggiati)* – ⊡ 8000 – **40 cam** 55/70000 –
½ P 35/50000.

🏨 **Roxy,** viale Carducci 193 🖉 364419, ⊒ riscaldata – 🛗 🗏 rist ☎ 🅿. 🗱
10 maggio-20 settembre – Pas *(solo per clienti alloggiati)* 18/35000 – ⊡ 6000 – **40 cam**
35/70000 – ½ P 34/61000.

🏨 **Miramare,** viale Carducci 2 🖉 80006, Fax 84785, ≤ – 🛗 ☎ 🅿. 🖭 🛐 ⑩ ⋿ **VISA**. 🗱 rist
Pas *(chiuso martedì)* carta 30/55000 – ⊡ 10000 – **30 cam** 65/95000 – ½ P 45/75000.

🏨 **Atlantica,** viale Bologna 28 🖉 83630, Fax 83630, ≤ – 🛗 ☎ 🅿. 🖭 🛐 ⑩. 🗱
maggio-settembre – Pas carta 29/47000 – ⊡ 10000 – **30 cam** 40/70000 – ½ P 45/60000.

🏨 **Bisanzio,** via Montegrappa 3 🖉 82565, ≤, 🚗 – 🛗 ☎ 🅿. 🗱
12 maggio-20 settembre – Pas *(solo per clienti alloggiati)* – **34 cam** ⊡ 48/80000 –
½ P 70/75000.

🏨 **Ori,** viale da Verrazzano 14 🖉 81880 – 🛗 ☎ 🅿. 🗱
maggio-settembre – Pas carta 33/54000 – ⊡ 7500 – **27 cam** 50/70000 – ½ P 46/54000.

🏨 **Domus Mea** senza rist, via del Fortino 7 🖉 82119, Fax 82441 – 🛗 ☎ 🅿. 🖭 🛐 ⑩ ⋿
VISA. 🗱
maggio-15 settembre – ⊡ 5500 – **29 cam** 55000.

🏨 **Rondinella,** viale Zara 86 🖉 83106, 🚗 – 🛗 ☎ 🅿. 🗱
maggio-settembre – Pas 17/23000 – ⊡ 7000 – **34 cam** 40/65000 – ½ P 40/50000.

🏨 **Tiboni** 🗫, via Abba 86 🖉 82089 – 🖭. 🗱
15 maggio-15 settembre – Pas 16/18000 – ⊡ 5000 – **13 cam** 26/48000 – ½ P 30/38000.

🏨 **Zanotti,** viale Roma 44 🖉 80039, ☎ – ☎. **VISA**. 🗱
8 aprile-23 settembre – Pas carta 31/44000 – ⊡ 5000 – **30 cam** 40/58000 – P 40/50000.

🏶 **Al Gallo-da Giorgio,** via Baldini 21 🖉 81067 – 🛐 ⑩ ⋿ **VISA**. 🗱
chiuso mercoledì – Pas carta 52/70000.

🏶 **Teresina,** viale Trento 🖉 81108, ≤ – 🅿. 🖭 🛐 ⑩ ⋿ **VISA**. 🗱
chiuso mercoledì e dal 7 al 18 gennaio – Pas carta 49/80000.

🏶 Gambero Rosso, molo Levante 🖉 81260, ≤
stagionale.

🏶 **La Buca,** corso Garibaldi 41 🖉 82474, 🍴 – 🖭 🛐 ⑩ ⋿ **VISA**. 🗱
Pas carta 32/49000.

🏶 Faro, molo di Ponente 🖉 83627 – *stagionale.*

🏶 **Da Marchino** con cam, via Mazzini 95 🖉 83777, ⊒, 🚗 – ☎ 🅿. 🖭 🛐 ⑩ ⋿ **VISA**
Pas *(chiuso lunedì da ottobre a maggio)* carta 40/55000 – ⊡ 7000 – **35 cam** 60/80000 –
½ P 46/55000.

🏶 **Marengo,** via Canale Bonificazione 71 🖉 83200, 🚗 – 🅿. 🗱
chiuso martedì – Pas carta 24/38000.

a Valverde S : 2 km – ⊠ **47042** Cesenatico :

🏨 **Caesar,** viale Carducci 290 🖉 86500, Fax 86654, ≤, ⊒ riscaldata, 🗱 – 🛗 ☎ ᕳ 🅿. 🛐
⑩ ⋿ **VISA**. 🗱 rist
maggio-settembre – Pas 18/28000 – ⊡ 6000 – **65 cam** 45/60000 – P 45/75000.

🏨 **Colorado,** viale Carducci 306 🖉 86242, Fax 86242 – 🛗 ☎ 🅿. 🖭. 🗱 rist
maggio-settembre – Pas 25000 – **45 cam** ⊡ 60/80000 – ½ P 40/60000.

🏠 **Metropolitan,** via Canova 76 ☏ 86266 – 🛗 Ⓟ AE ⑤ ⓞ VISA ⬚ rist
20 maggio-20 settembre – Pas (solo per clienti alloggiati) – ⬚ 5000 – **30 cam** 40/65000 –
½ P 29/42000.

🏠 **Tridentum,** viale Michelangelo 25 ☏ 86287, Fax 87522, ⬕ – 🛗 🕮 Ⓟ ⓞ E. ⬚ rist
➶ *maggio-settembre* – Pas 20/25000 – **60 cam** ⬚ 55/75000 – ½ P 55/65000.

a Zadina Pineta N : 2 km – ✉ **47042** Cesenatico :

🏨 **Beau Soleil** ⬚, viale Mosca 43 ☏ 82209, Fax 82069, ⬕ – 🛗 🔲 rist ☏ Ⓟ ⬚ rist
Pasqua-settembre – Pas (solo per clienti alloggiati) – **48 cam** ⬚ 60/90000 – ½ P 50/60000.

🏨 **Renzo** ⬚, viale dei Pini 55 ☏ 82316 – 🛗 🔲 rist 🕮 Ⓟ. ⑤ VISA. ⬚ rist
maggio-settembre – Pas (solo per clienti alloggiati) – ⬚ 8000 – **24 cam** 60000 –
½ P 35/50000.

🏠 **Wonderful** ⬚ senza rist, viale Mosca 45 ☏ 81241, ⬕ – ☏ Ⓟ
maggio-settembre – **32 cam** ⬚ 60/90000.

✗ **La Scogliera-da Roberto,** via Londra 36 ☏ 83281 – ⬚
chiuso lunedì e settembre – Pas carta 26/68000.

a Villamarina S : 3 km – ✉ **47042** Cesenatico :

🏨 **Park Hotel Grilli** ⬚, viale Torricelli 12 ☏ 87174, Fax 87255, ⬕, ⬚, ⬕ riscaldata, 🐎,
⬚ – 🛗 ⬚ cam 🛗 ☏ & ⬚ – ⬕ 90. AE 🛗 ⬚ E ⬚ rist
Pas *(7 maggio-1° ottobre)* 35/50000 – **44 cam** ⬚ 68/164000 appartamenti 130/164000 –
½ P 94/118000.

🏨 **David,** viale Carducci 297 ☏ 86154, ⬱ – 🛗 Ⓟ & Ⓟ. ⑤ VISA. ⬚ rist
maggio-settembre – Pas 25/30000 – ⬚ 10000 – **38 cam** 45/80000 – ½ P 50/74000.

CESIOMAGGIORE 32030 Belluno 👁 D 17 – 4 029 ab. alt. 479 – ✪ 0439.
Roma 606 – Belluno 22 – Feltre 13 – ♦Milano 301 – ♦Padova 106 – Trento 94 – ♦Venezia 96.

🏠 **Posta,** ☏ 43035 – ☏ Ⓟ. AE VISA ⬚
Pas carta 23/29000 – ⬚ 5000 – **9 cam** 50/80000 – P 45/70000.

✗ **Speranza,** località Soranzen ☏ 43249, Coperti limitati; prenotare – Ⓟ.

CESSALTO 31040 Treviso 👁 ⑤, 👁 E 19 – 3 116 ab. alt. 5 – ✪ 0421.
Roma 562 – Belluno 81 – ♦Milano 301 – Treviso 33 – Udine 77 – ♦Venezia 51.

🏠 **Romana** senza rist, ☏ 327194 – TV 🕮 Ⓟ. ⓞ. ⬚
⬚ 3000 – **18 cam** 32/52000.

✗✗ **Al Ben Vegnù,** ☏ 327200 – ⬚. AE 🛗 ⑤ E VISA.
chiuso martedì, mercoledì a mezzogiorno, dal 7 al 17 gennaio e dal 1° al 26 luglio – Pas
carta 34/52000.

CESUNA 36010 Vicenza 👁 E 16 – alt. 1 052 – a.s. febbraio, luglio-agosto e Natale – ✪ 0424.
Roma 582 – Asiago 8 – ♦Milano 263 – Trento 67 – ♦Venezia 114 – Vicenza 48.

🏠 **Belvedere,** ☏ 67000, 🐎 – Ⓟ. ⬚ rist
Pas carta 27/37000 – ⬚ 5500 – **24 cam** 45/67000 – ½ P 42/54000.

CETARA 84010 Salerno – 2 549 ab. alt. 15 – ✪ 089.
Roma 255 – Amalfi 15 – Avellino 45 – ♦Napoli 52 – Salerno 10 – Sorrento 49.

🏨 **Cetus,** ☏ 261388, Fax 261388, ⬱ golfo di Salerno – 🛗 ☏ Ⓟ – ⬕ 70. 🛗 E VISA. ⬚ rist
Pas carta 27/48000 – ⬚ 8000 – **20 cam** 60/88000 – ½ P 67/95000.

CETONA 53040 Siena – 2 971 ab. alt. 384 – ✪ 0578.
Roma 155 – Orvieto 62 – ♦Perugia 50 – Siena 89.

🏠 **Belverde,** ☏ 238003, 🐎 – 🕮 Ⓟ
20 cam.

CETRARO 87022 Cosenza 👁 ㉚ – 11 257 ab. alt. 120 – ✪ 0982.
⛴ San Michele, località Bosco ✉ 87022 Cetraro ☏ 91012, Fax 91430, NO : 6 km.
Roma 466 – Catanzaro 115 – ♦Cosenza 55 – Paola 21.

sulla strada statale 18 NO : 6 km :

🏨 **Gd H. San Michele** ⬚, ✉ 87022 ☏ 91012, Fax 91430, ⬱, 🌳, « Giardino-frutteto »,
⬕, 🐎, ⬚ – 🛗 🔲 TV ☏ Ⓟ – ⬕ 40 a 160. AE 🛗 ⓞ E VISA. ⬚ rist
chiuso novembre – Pas carta 48/79000 – **65 cam** ⬚ 140/260000 appartamenti 280/360000
– ½ P 220/270000.

CEVA 12073 Cuneo 👁 ⑫, 👁 I 6 – 5 710 ab. alt. 388 – ✪ 0174.
Roma 595 – Cuneo 52 – ♦Milano 219 – Savona 50 – ♦Torino 95.

✗ **Italia,** ☏ 71340 – 🛗 E VISA
chiuso giovedì e dal 1° al 25 luglio – Pas carta 27/40000.

CHALLAND-SAINT-ANSELME 11020 Aosta 🗺️ E 5, 🗺️ ⑭ – 722 ab. alt. 1 050 – a.s. Pasqua, 15 giugno-15 settembre e Natale – ✪ 0125.

Roma 721 – Aosta 47 – Ivrea 45 – ◆Milano 159 – ◆Torino 88.

🏠 **La Torretta,** località Torretta 🖉 965218, ≤ – 🛎️ 🅿️. 🛠️
　Pas *(chiuso lunedì)* carta 22/34000 – 🍽️ 6000 – **24 cam** 66000 – ½ P 58000.

🗴 **Le Soleil** con cam, frazione Corliod 🖉 965204, ≤, 🚗 – 🅿️. 🆎 🕃 ⓞ 🅴 🆅🆂🅰. 🛠️
　Pas *(chiuso mercoledì)* carta 22/40000 – 🍽️ 5000 – **10 cam** 26/46000 – ½ P 40000.

CHAMPOLUC 11020 Aosta 🗺️ ②, 🗺️ E 5 – alt. 1 570 – a.s. 15 febbraio-15 marzo, Pasqua, luglio-agosto e Natale – Sport invernali : 1 570/2 714 m ⬈1 ⬈9, ⬈ – ✪ 0125.

🛈 via Varasch 🖉 307113.

Roma 737 – Aosta 63 – Biella 92 – ◆Milano 175 – ◆Torino 104.

🏨 **Castor,** 🖉 307117, ≤, 🚗 – 🛎️ 🕿 🚭 🅿️. 🕃 🅴 🆅🆂🅰. 🛠️
　4 dicembre-26 aprile e 20 giugno 20 settembre – Pas carta 28/44000 – 🍽️ 10000 – **32 cam** 58/90000 – ½ P 73/88000.

🏨 **Anna Maria** 🍴, 🖉 307128, ≤, « Giardino e pineta » – 🕿 🅿️. 🆅🆂🅰. 🛠️
　2 dicembre-22 aprile e 20 giugno-15 settembre – Pas 30/35000 – 🍽️ 10000 – **20 cam** 50/85000 – ½ P 70/88000.

CHAMPORCHER 11020 Aosta 🗺️ ②, 🗺️ F 4 – 410 ab. alt. 1 427 – a.s. febbraio, Pasqua, 15 luglio-agosto e Natale – ✪ 0125.

Roma 716 – Aosta 59 – Ivrea 43 – ◆Milano 156 – ◆Torino 85.

🏠 **Beau Séjour** 🍴, frazione Mellier 🖉 37122, ≤ – 🅿️. 🛠️
　Pas 15/20000 – **21 cam** 🍽️ 55000 – ½ P 45/50000.

CHANAVEY Aosta 🗺️ F 3, 🗺️ ⑪ ⑫ – Vedere Rhêmes Notre Dame.

　　　In questa guida
　　　uno stesso simbolo, uno stesso carattere
　　　*stampati in rosso o in nero, in magro o in **grassetto***
　　　hanno un significato diverso.
　　　Leggete attentamente le pagine esplicative.

CHARVENSOD Aosta 🗺️ E 3, 🗺️ ② – Vedere Aosta.

CHATILLON 11024 Aosta 🗺️ ②, 🗺️ E 4 – 4 592 ab. alt. 549 – a.s. luglio e agosto – ✪ 0166.

Roma 723 – Aosta 26 – Breuil-Cervinia 27 – ◆Milano 160 – ◆Torino 89.

🏨 **Rendez Vous e Rist. Da Beppe,** prossimità casello autostrada 🖉 61662, Fax 62480, ≤
　– 🛎️ 📺 🕿 🅿️. 🆎 🕃 ⓞ 🅴 🆅🆂🅰. 🛠️
　Pas *(chiuso martedì)* carta 20/26000 – 🍽️ 7000 – **35 cam** 55/80000 – ½ P 60/70000.

🏨 **Marisa,** via Pellissier 10 🖉 61845, Fax 62559, ≤, 🚗 – 🛎️ 📺 🕿 🚭 🅿️. 🆎 🕃 ⓞ 🅴
　🆅🆂🅰. 🛠️
　chiuso dal 20 ottobre al 15 novembre – Pas *(chiuso lunedì)* carta 30/46000 – 🍽️ 7000 –
　28 cam 80000 – ½ P 70000.

🏠 **Le Verger** senza rist, via Tour de Grange 53 🖉 62314, ≤ 🛎️ 🕿 🅿️. 🆅🆂🅰.
　🍽️ 6500 – **14 cam** 42/56000 appartamenti 62/72000.

🗴🗴🗴 ✿ **Parisien,** regione Panorama 1 🖉 37053, Coperti limitati; prenotare – 🅿️. 🆎 🕃 ⓞ 🅴
　🆅🆂🅰. 🛠️
　chiuso a mezzogiorno (escluso i giorni festivi e prefestivi), giovedì e dal 7 al 25 luglio –
　Pas carta 51/85000
　Spec. Rigatoni all'amatriciana, Trota alla fiamma in salsa Principessa, Filetto di bue al forno con salsa al dragoncello. **Vini** Blanc de Morgex, Carema.

🗴🗴 **La Terrazza,** regione Panorama 3 🖉 2548, « Servizio estivo in terrazza » – 🅿️. 🆎 🕃 ⓞ
　🅴 🆅🆂🅰. 🛠️
　chiuso giovedì, dal 15 al 30 giugno e dal 10 al 20 novembre – Pas carta 29/50000.

CHERASCO 12062 Cuneo 🗺️ I 5 – 6 433 ab. alt. 288 – ✪ 0172.

🕋 Le Chiocciole (marzo-novembre; chiuso martedì) 🖉 48772.

Roma 646 – Asti 51 – Cuneo 46 – Savona 97 – ◆Torino 54.

🗴 Vittorio Veneto-da Aldo, via San Pietro 32 🖉 48003, « Servizio estivo all'aperto ».

CHIANCIANO TERME 53042 Siena 🗺️ ⑮ – 7 333 ab. alt. 550 – Stazione termale (15 aprile-ottobre) – ✪ 0578.
Vedere Guida Verde.

🛈 piazza Italia 67 🖉 63167 – piazza Gramsci 🖉 31292 – parco Stabilimento Acqua Santa (maggio-ottobre) 🖉 64054.

Roma 167 – Arezzo 73 – ◆Firenze 132 – ◆Milano 428 – ◆Perugia 65 – Siena 85 – Terni 120 – Viterbo 104.

Gd H. Excelsior, via Sant'Agnese 6 ℰ 64351, Telex 572640, Fax 209256, ⌁ riscaldata –
⧖ ▤ ▥ ☎ 🅟 – ⚎ 50 a 250. 🆎 🆂 🆅🆂🆄 🆅🆂🆄 ⋈.
Pasqua-ottobre – Pas 50000 – ⊠ 15000 – **78 cam** 110/180000 appartamenti 360000 –
½ P 110/130000.

Michelangelo ⌂, via delle Piane 146 ℰ 64004, Telex 574278, Fax 60480, ≤, « Parco
ombreggiato », ⌁ riscaldata, ⋇ – ⧖ ▥ ☎ ⅃ 🅟 – ⚎ 40. 🆎 🆂 🅾 🅴 🆅🆂🆄 ⋈ rist
26 dicembre-4 gennaio, Pasqua e 25 aprile-23 ottobre – Pas 50000 – ⊠ 12000 – **63 cam**
90/130000 – ½ P 80/120000.

Grande Alb. Fortuna ⌂, via della Valle 76 ℰ 64661, Fax 64661, ≤, « Giardino », ⌁,
⋇ – ⧖ ⇆ cam ▤ rist ▥ ☎ 🅟 – ⚎ 500. 🆎 🆂 🅴 🆅🆂🆄. ⋈ rist
15 aprile-5 novembre – Pas (solo per clienti alloggiati) carta 40/45000 – ⊠ 12000 – **88 cam**
75/117000 – ½ P 85/115000.

Ambasciatori, viale della Libertà 512 ℰ 64371, Telex 570102, Fax 64371, ⌁ riscaldata –
⧖ ▤ ▥ ☎ 🅟 – ⚎ 300. 🆎 🆂 🅴 🆅🆂🆄. ⋈
Pas 30000 – **116 cam** ⊠ 90/130000 – P 90/120000.

Moderno, viale Baccelli 10 ℰ 63754, Fax 63754, ⌁ riscaldata, ⇶, ⋇ – ⧖ ▤ ▥ ☎ 🅟.
🆅🆂🆄. ⋈ rist
Pas 35000 – ⊠ 8000 – **70 cam** 100/140000 – ½ P 110000.

Gd H. Terme, piazza Italia 8 ℰ 63254, Telex 575456, Fax 63524, ⌁, ▢, ⇶ – ⧖ ⇆ cam
▤ ▥ ☎ 🅟 – ⚎ 50 a 90. 🆎 🆂 🅾 🅴 🆅🆂🆄. ⋈
chiuso dal 15 gennaio al 15 febbraio – Pas carta 40/83000 – ⊠ 15000 – **66 cam** 120/180000
appartamenti 200/220000 – ½ P 130/150000.

Gd H. Boston, piazza Italia 5 ℰ 63472, Fax 60218 – ⧖ ▤ ▥ ☎ ⅃ ⇌ – ⚎ 100. 🆎
🆂 🅾 🅴 🆅🆂🆄
Pas 40000 – ⊠ 12000 – **97 cam** 100/140000 – ½ P 100/115000.

President, viale Baccelli 260 ℰ 64131, « ⌁ riscaldata su terrazza panoramica », ⇶ – ⧖
⇆ cam ▥ ☎ 🅟. 🆎 🅾 ⋈
15 aprile-ottobre – Pas (solo per clienti alloggiati) – ⊠ 15000 – **78 cam** 90/120000 –
½ P 105000.

Raffaello ⌂, via dei Monti 3 ℰ 64633, Fax 209253, « Giardino », ⌁ riscaldata, ⋇ – ⧖
▤ rist ▥ ☎ ⅃ ⇌ 🅟. 🆎 🆂 🅾 🅴 🆅🆂🆄. ⋈ rist
15 aprile-ottobre – Pas 35/40000 – ⊠ 10000 – **70 cam** 80/120000 appartamenti 130000 –
½ P 102000.

Gd H. Capitol, viale della Libertà 492 ℰ 64681, Fax 209251, ⌁ – ⧖ ▥ ☎ ⅃ ⇌ –
⚎ 110. 🆎 🆂 🅾 🆅🆂🆄. ⋈
Pasqua-ottobre – Pas 30/35000 – ⊠ 10000 – **68 cam** 80/120000 – ½ P 95000.

Grande Alb. Le Fonti, viale della Libertà 523 ℰ 63701, Telex 583069, Fax 63701, ≤ – ⧖
⇆ rist ▤ ▥ ▥ 🆅🆂🆄. ⋈ rist
Pas 35/45000 – ⊠ 15000 – **68 cam** 120/150000 appartamenti 200/230000, ▤ 10000 –
½ P 80/120000.

Continentale, piazza Italia 56 ℰ 63272, ⌁ riscaldata – ⧖ ▤ ▥ ☎. 🆎 🆂 🅴 🆅🆂🆄.
⋈ rist
Pas *(chiuso martedì)* carta 29/41000 – ⊠ 10000 – **45 cam** 70/105000 – ½ P 65/90000.

Sole ⌂, via delle Rose 40 ℰ 60194, ⇶ – ⧖ ▤ rist ☎ 🅟. 🆎 🆂 🆅🆂🆄. ⋈ rist
Pasqua-ottobre – Pas 30000 – **72 cam** ⊠ 58/92000 appartamento 160000 – ½ P 87000.

Milano, viale Roma 46 ℰ 63227, Fax 60577, ⇶ – ⧖ ▤ ▥ ☎ 🅟. 🅾 🆅🆂🆄. ⋈ rist
15 aprile-15 novembre – Pas 35000 – **57 cam** ⊠ 90/130000 – P 105000.

Alba, viale della Libertà 288 ℰ 64300, Fax 60577, ⇶ – ⧖ ▤ ▥ ☎ 🅟 – ⚎ 200. 🆂
🆅🆂🆄 ⋈ rist
Pas 35000 – ⊠ 10000 – **65 cam** 68/100000, ▤ 5000 – P 75/94000.

Ricci, via Giuseppe di Vittorio 51 ℰ 63906, ⇶ – ⧖ ▤ rist ☎ 🅟 – ⚎ 250. 🆎 🆂 🅴 🆅🆂🆄.
⋈ rist
Pas 25/35000 – ⊠ 8000 – **61 cam** 55/90000 – ½ P 50/70000.

Carlton Elite, via Ugo Foscolo 21 ℰ 64395, Fax 64440, ⌁, ⇶ ⧖ ⊛ ⅃ 🅟. ⋈ rist
aprile-ottobre – Pas 30000 – ⊠ 6000 – **54 cam** 60/85000 – ½ P 60/75000.

Atlantico Palace Hotel, viale della Libertà 494 ℰ 63881, ⇶ – ⧖ ⇆ rist ▥ ⊛ ⇌
🅟. 🆎 🆂 🆅🆂🆄. ⋈ rist
aprile-ottobre – Pas 30000 – ⊠ 12500 – **70 cam** 80/100000 – ½ P 60/95000.

Macerina, via Macerina 27 ℰ 64241, ⇶ – ⧖ ▤ ▥ ⋈ rist
maggio-ottobre – Pas (solo per clienti alloggiati) 26000 – ⊠ 5000 – **86 cam** 57/89000 –
½ P 45/66000.

Minerva, via Ingegnoli 31 ℰ 64640, Fax 62021, ⌁ riscaldata – ⧖ ▤ ☎ 🅟. 🆎 🅾.
⋈ rist
Pasqua-ottobre – Pas 26/29000 – ⊠ 6500 – **58 cam** 50/80000, ▤ 5000 – ½ P 55/65000.

Irma, viale della Libertà 302 ℰ 63941, ⇶ – ⧖ ▤ rist ⅃ 🅟. ⋈ rist
16 aprile-ottobre – Pas 35000 – ⊠ 10000 – **70 cam** 65/86000 – P 86/96000.

Firenze ⌂, via della Valle 52 ℰ 63706, Fax 63700 – ⧖ ⇆ ▥ ⊛ ⅃ 🅟. ⋈
Pasqua-ottobre – Pas 32000 – ⊠ 4500 – **33 cam** 49/73000 – ½ P 64000.

Esperia, senza rist, via delle Rose 15 ℰ 60194 – ⧖ ▤ ▥ ☎ 🅟
stagionale – **27 cam**.

Rossana, viale della Libertà 372 ℰ 64208 – ⧖ ▥ ☎ ⇌ 🅟 – *stagionale* – **50 cam**.

🏠 **San Paolo,** via Ingegnoli 22 🖋 60221 – 🛗 🍽 rist ☎ 🅿. 🖭. ❄
aprile-ottobre – Pas (solo per clienti alloggiati) 27000 – � 6000 – **38 cam** 55/77000 –
½ P 45/61000.

🏠 **Cosmos,** via delle Piane 44 🖋 60496, ⤴ – 🛗 ⇆ rist 📺 📠 🚙 🅿. 🕃 🗉 [VISA]. ❄ rist
Pasqua-ottobre – Pas 30000 – ⊒ 8000 – **36 cam** 58/90000.

🏠 **Montecarlo,** viale della Libertà 478 🖋 63903, ⤴ riscaldata, 🌱 – 🛗 ⇆ cam 🍽 rist ☎
🚙 🅿. ❄ rist
maggio-ottobre – Pas 28/33000 – ⊒ 6000 – **42 cam** 55/83000 – ½ P 56/72000.

🏠 **Patria,** viale Roma 56 🖋 64506 – 🛗 📺 📠. 🔘 [VISA]. ❄
15 aprile-15 novembre – Pas 30000 – **33 cam** ⊒ 65/95000 – P 85000.

🏠 **Bellaria,** via Verdi 57 🖋 64691 – 🛗 🍽 rist 📠 🅿. ❄
aprile-ottobre – Pas 27000 – ⊒ 8000 – **54 cam** 55/80000 – ½ P 50/72000.

🏠 **Suisse,** via delle Piane 62 🖋 63820 – 🛗 📺 ☎ 🅿. 🖭 🔘 [VISA]. ❄ rist
↔ *aprile-ottobre* – Pas 18/25000 – ⊒ 6000 – **39 cam** 42/65000 – ½ P 50/55000.

🟆🟆 **Il Morellone,** strada del Morellone 8 (SE : 2 km) 🖋 60401, ≤, 🍽 – 🅿. 🕃 [VISA]. ❄
chiuso lunedì – Pas carta 38/55000.

CHIARI 25032 Brescia 988 ③, 428 429 F 11 – 16 818 ab. alt. 148 – ✆ 030.
Roma 578 – ♦Bergamo 41 – ♦Brescia 29 – Cremona 74 – ♦Milano 82 – ♦Verona 93.

🟆🟆 **La Graticola,** viale Teosa 20 🖋 7101800 – ❄
chiuso mercoledì ed agosto – Pas carta 32/61000.

🟆🟆 **Zucca,** via Andreoli 10 🖋 711739 – 🍽 🅿. 🖭 🕃 🔘 🗉 [VISA]
chiuso lunedì e dal 1° al 20 agosto – Pas carta 26/37000.

CHIASSA Arezzo – Vedere Arezzo.

CHIAVARI 16043 Genova 988 ⑬, 428 J 9 – 29 026 ab. – ✆ 0185.
Vedere Basilica dei Fieschi★.
🛈 corso Assarotti 1 🖋 310241.
Roma 467 – ♦Genova 38 – ♦Milano 173 – ♦Parma 134 – Portofino 22 – ♦La Spezia 69.

🏨 **Giardini,** via Vinelli 9 🖋 313951, Fax 323096 – 🛗 📺 ☎ 🚙 🅿 – 🔬 40. 🖭 🕃 🔘 🗉
[VISA]. ❄ rist
Pas 50000 – ⊒ 12000 – **70 cam** 80/130000 – ½ P 110/120000.

🏨 **Monterosa,** via Monsignor Marinetti 6 🖋 300321, Fax 312868 – 🛗 ☎ 🚙. 🕃 🗉 [VISA].
❄
Pas *(chiuso lunedì)* carta 25/43000 (12%) – ⊒ 9000 – **72 cam** 40/60000 – ½ P 75/80000.

🏠 **Torino** senza rist, corso Colombo 151 🖋 312231, Fax 312233 – 📺 ☎ 🕭 🚙. 🖭 🕃 🔘
🗉 [VISA]
chiuso dal 14 novembre al 10 dicembre – ⊒ 8000 – **32 cam** 52/83000.

🏠 **Moderno,** piazza Nostra Signora dell'Orto 26 🖋 305571, Fax 320050 – 🛗 ☎ 🅿. 🖭 🕃
🔘 [VISA]. ❄ rist
chiuso da novembre al 20 dicembre – Pas 22/32000 – ⊒ 10000 – **45 cam** 55/85000 –
½ P 55/70000.

🏠 **Mignon,** via Salietti 7 🖋 309420 – 🛗 📠. 🖭 🕃 🗉 [VISA]. ❄ rist
chiuso novembre – Pas 28/30000 – ⊒ 6000 – **32 cam** 45/75000 – ½ P 55/65000.

🟆🟆🟆 **Lord Nelson Pub** con cam, corso Valparaiso 27 🖋 302595, ≤, Coperti limitati; prenotare,
« Veranda in riva al mare » – 📺 ☎. 🖭 🕃 🔘 🗉 [VISA]. ❄
chiuso dal 5 novembre al 5 dicembre – Pas *(chiuso lunedì)* carta 75/110000 – 5 appartamenti
⊒ 300000.

🟆🟆 **L'Armia,** corso Garibaldi 68 🖋 305441 – 🍽. 🖭 [VISA]. ❄
chiuso lunedì e novembre – Pas carta 40/58000.

🟆🟆 **Copetin,** piazza Gagliardo 15/16 🖋 309064, 🍽 , Solo piatti di pesce – [VISA]. ❄
chiuso martedì sera, mercoledì, dicembre e gennaio – Pas carta 56/80000 (10%).

🟆🟆 **Il Girarrosto,** via Tappani 26 🖋 309682, 🍽 , Solo piatti di pesce, prenotare – 🖭 🕃 🗉
[VISA]
chiuso lunedì e novembre – Pas carta 35/68000.

🟆🟆 **Piazzetta,** piazza Cademartori 34 🖋 301419, Coperti limitati; prenotare – 🍽. 🖭 🕃 🗉
[VISA]
*chiuso a mezzogiorno (escluso domenica), lunedì, dall'8 gennaio all'8 febbraio e domenica
sera da ottobre a giugno* – Pas carta 45/60000.

🟆 **Da Felice,** via Risso 71 🖋 308016, Solo piatti di pesce, Coperti limitati; prenotare – ❄
chiuso lunedì ed ottobre – Pas carta 27/44000.

a Leivi N : 6,5 km – alt. 300 – ✉ 16040 :

XX ❀ **Cà Peo** ⏦ con cam, sulla strada panoramica E : 2 km ℰ 319696, Fax 319671, ≼ mare e città, solo su prenotazione – ℗. ⅤⅠⅤⅠⅤⅠⅤⅠ. ✼ rist
chiuso novembre – Pas *(chiuso lunedì e martedì a mezzogiorno)* carta 64/94000 – ⊡ 10000 – 5 appartamenti 130000
Spec. Lasagnette al pesto (inverno-primavera), Tomaxelle (involtini tipici), Spicchi d'arancia con le scorzette caramellate (inverno-primavera). Vini Cinqueterre, Ormeasco.

X **Pepèn,** largo Marconi 1 ℰ 319010, Ambiente caratteristico – ᴀᴇ ⓈⒹ Ⓔ ⅤⅠⅤⅠ. ✼
chiuso lunedì sera, martedì ed ottobre – Pas 40000 bc.

CHIAVENNA 23022 Sondrio ⑨⑧⑧ ③, ⑫⑧ D 10 – 7 454 ab. alt. 333 – ✆ 0343.
Vedere Fonte battesimale★ nel battistero – ≼★ dalla rupe del Paradiso.
Roma 684 – ◆Bergamo 96 – Como 85 – ◆Lugano 77 – ◆Milano 115 – Saint-Moritz 49 – Sondrio 61.

🏠 **Crimea,** ℰ 34343 – 🗮 ☜ ℗. ᴀᴇ Ⓢ Ⓔ ⅤⅠⅤⅠ. ✼ rist
chiuso dal 25 settembre al 15 ottobre – Pas *(chiuso giovedì)* carta 29/47000 – ⊡ 9000 – **31 cam** 40/65000 – ½ P 60/65000.

🏠 **Aurora,** ℰ 32708, Fax 35145 – ⅛← rist ▦ ▣ ☎ ℗. ᴀᴇ Ⓢ Ⓓ Ⓔ ⅤⅠⅤⅠ. ✼
Pas *(chiuso giovedì da ottobre a maggio)* carta 25/43000 – ⊡ 9000 – **41 cam** 75000 – ½ P 45/60000.

XX ❀ **Al Cenacolo,** ℰ 32123, ☙, Coperti limitati; prenotare –
chiuso martedì sera, mercoledì e giugno – Pas carta 33/50000
Spec. Pizzoccheri alla chiavennasca, Capretto arrosto (primavera), Capriolo alla panna (autunno-inverno), Sorbetto di prugne al Calvados. Vini Grumello.

X Crotto Ombra, ℰ 33403, ☙.

a Mese SO : 2 km – ✉ 23020 :

X **Crotasc,** ℰ 41003, « Servizio estivo in terrazza ombreggiata » – ℗
chiuso martedì da Pasqua a novembre; negli altri mesi anche lunedì, mercoledì e giovedì – Pas carta 28/44000.

CHIAVERANO 10010 Torino ⑫⑧ F 5, ⑫⑲ ⑭ – 2 218 ab. alt. 329 – ✆ 0125.
Roma 689 – Biella 32 – Ivrea 6 – ◆Torino 56.

🏠 **Castello San Giuseppe** ⏦, O : 1 km ℰ 424370, Fax 422574, ≼ vallata e laghi, ☙, Coperti limitati; prenotare, « Edificio del 17° secolo in un giardino ombreggiato » – ▣ ☎ ℗ – 🔏 25. ᴀᴇ Ⓢ Ⓓ Ⓔ ⅤⅠⅤⅠ. ✼
Pas *(chiuso domenica)* carta 40/60000 – **16 cam** ⊡ 110/140000 appartamenti 150000 – ½ P 130/160000.

CHIENES (KIENS) 39030 Bolzano ⑫⑲ B 17 – 2 441 ab. alt. 778 – ✆ 0474.
Roma 705 – ◆Bolzano 67 – Brennero 58 – Brunico 10 – ◆Milano 366 – Trento 127.

a San Sigismondo (St. Sigmund) O : 2,5 km – ✉ 39030 :

🏠 **Rastbichler,** ℰ 55363, ≼, ⇌, 🖾 – 🗮 ▤ rist ☎ ⅙ ⇔ ℗ ⑩ ✼
↠ *chiuso da novembre al 17 dicembre* – Pas 18/30000 – **37 cam** ⊡ 45/90000 – ½ P 55/60000.

CHIERI 10023 Torino ⑨⑧⑧ ⑫, ⑫⑧ G 5 – 31 081 ab. alt. 315 – ✆ 011.
Roma 649 – Asti 35 – Cuneo 96 – ◆Milano 159 – ◆Torino 18 – Vercelli 77.

🏠 **La Maddalena,** via Fenoglio 4 ℰ 9472729, ☙ – 🗮 ☎ ℗. ✼
chiuso dal 4 al 20 agosto – Pas *(chiuso sabato)* 26/29000 – ⊡ 7000 – **17 cam** 70/95000 – ½ P 75/80000.

🏠 **Tre Re** senza rist, corso Torino 64 (NO : 1,5 km) ℰ 9471029, Fax 9478383 – 🗮 ☜ ⇔ ℗. Ⓢ Ⓔ ⅤⅠⅤⅠ
chiuso agosto – ⊡ 8000 – **30 cam** 65/82000.

CHIESA IN VALMALENCO 23023 Sondrio ⑨⑧⑧ ③, ⑫⑧ ⑫⑲ D 11 – 2 829 ab. alt. 1 000 – Sport invernali : 1 000/2 336 m ≼2 ≼6, ⚐ (vedere anche Caspoggio) – ✆ 0342.
🛈 piazza Santi Giacomo e Filippo 1 ℰ 451150, Fax 452505.
Roma 712 – ◆Bergamo 129 – ◆Milano 152 – Sondrio 14.

🏠 **Rezia** ⏦, ℰ 451271, Fax 451271, ≼, 🖾, 🚗 – 🗮 ☎ ℗. Ⓢ. ✼
20 dicembre-15 aprile e 20 giugno-15 settembre – Pas *(chiuso lunedì)* 30000 – ⊡ 12000 – **30 cam** 45/68000 – ½ P 70/75000.

🏠 **Tremoggia,** ℰ 451106, Fax 451718, ≼, ⅙, ⇌, 🚗 – 🗮 ▣ ☎ ℗. ᴀᴇ Ⓢ Ⓓ Ⓔ ⅤⅠⅤⅠ. ✼
Pas *(chiuso mercoledì)* carta 30/43000 – ⊡ 14000 – **43 cam** 70/110000 – ½ P 80/110000.

🏠 **La Betulla** senza rist, ℰ 451100, ≼ – 🗮 ☜ ⅙ ⇔ ℗. ✼
dicembre-aprile e 20 giugno-settembre – ⊡ 3000 – **30 cam** 42/64000.

🏠 **La Lanterna,** ℰ 451438 – ⅛← cam ℗. ᴀᴇ Ⓢ Ⓔ ⅤⅠⅤⅠ. ✼ rist
chiuso ottobre e novembre – Pas carta 24/32000 – ⊡ 6000 – **17 cam** 35/60000 – ½ P 40/48000.

a Primolo N : 4 km – alt. 1 274 – ⊠ 23020 :

🏠 **Roseg,** ☏ 451293, ≤ vallata e Pizzo Scalino, 🍴 – 🕳 rist 🅿. 🍴 rist
chiuso ottobre e novembre – Pas *(chiuso martedì)* 22000 – 🖵 7000 – **28 cam** 20/54000 –
½ P 40/44000.

CHIESSI Livorno – Vedere Elba (Isola d') : Marciana.

CHIETI 66100 🅿 🄟🄟🄟 ㉗ – 57 362 ab. alt. 330 – a.s. 15 giugno-agosto – ✪ 0871.

Vedere Giardini★ della Villa Comunale – Guerriero di Capestrano★ nel museo Archeologico degli
Abruzzi.

🄳 via Spaventa 29 ☏ 65231.

A.C.I. piazza Garibaldi 3 ☏ 345307.

Roma 205 ③ – L'Aquila 101 ③ – Ascoli Piceno 103 ① – ◆Foggia 186 ① – ◆Napoli 244 ③ – ◆Pescara 14 ①.

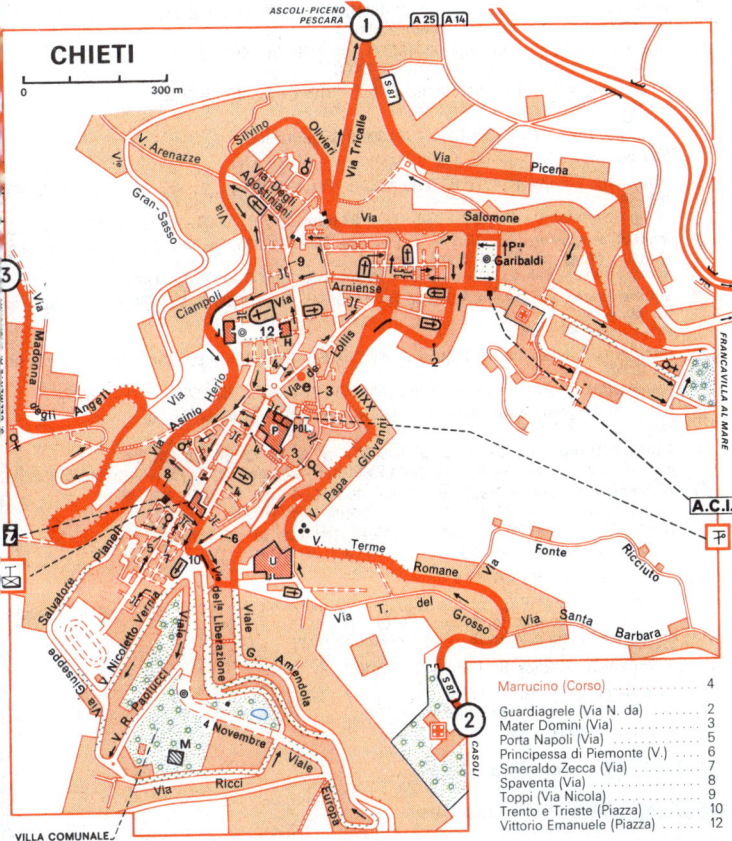

Marrucino (Corso)	4
Guardiagrele (Via N. da)	2
Mater Domini (Via)	3
Porta Napoli (Via)	5
Principessa di Piemonte (V.)	6
Smeraldo Zecca (Via)	7
Spaventa (Via)	8
Toppi (Via Nicola)	9
Trento e Trieste (Piazza)	10
Vittorio Emanuele (Piazza)	12

🏨 **D'Angiò e Rist. La Regine,** via Solferino 20 ☏ 347356, Fax 346984, ≤, 🍴 – 🕳 🍴 rist
📺 ☎ 🅿 – 🕿 50 a 300. 🄰🄴 🅑 🕦 🄴 *VISA*. 🍴   3 km per ①
Pas *(chiuso dal 20 al 28 dicembre)* carta 40/61000 – **40 cam** 🖵 70/105000 – ½ P 100000.

🍴 **Venturini,** via De Lollis 10 ☏ 65863 – 🄰🄴 🅑 🕦 🄴 *VISA*. 🍴   **e**
chiuso martedì – Pas carta 23/47000..

CHIGGIOGNA 🄼🄼🄼 ⑮ 🄼🄼🄼 ⑱ – Vedere Cantone Ticino alla fine dell'elenco alfabetico.

La Carta Michelin n° 🄼🄼🄼 Italia nord est 1:400 000.

Roma 537 – Cremona 48 – Lodi 22 – ◆Milano 55 – Pavia 30 – Piacenza 29.

sulla strada statale 234 NE : 3 km :

XX **Da Adriano,** ⊠ 27013 ℘ 76119, ☜, 🚗 – 🅿. 🔲 Ε VISA
chiuso lunedì sera, martedì e dal 20 luglio al 10 agosto – Pas carta 34/52000.

Vedere Duomo★.
Roma 510 – ◆Ferrara 93 – ◆Milano 279 – ◆Padova 42 – ◆Ravenna 98 – Rovigo 55 – ◆Venezia 53.

XX **Ai Dogi,** calle Ponte Zitelle Vecchie 708 ℘ 401525, ☜, « Ambiente in stile veneziano »
– ▤. 🆎 🔲 ⓞ Ε VISA
chiuso lunedì – Pas carta 34/56000.

XX **Bella Venezia,** calle Corona 51 ℘ 400500, ☜ – 🆎 🔲 ⓞ Ε VISA
chiuso giovedì e dall'8 gennaio al 1° febbraio – Pas carta 25/35000.

XX **El Gato,** campo Sant'Andrea 653 ℘ 401806, ☜ – 🆎 🔲 ⓞ Ε VISA
chiuso lunedì e gennaio – **Pas** carta 27/55000.

X **Mano Amica,** piazzetta Vigo ℘ 401721, ☜ – 🆎 🔲 ⓞ Ε VISA
chiuso lunedì – Pas carta 34/42000.

X **Al Bersagliere,** via Cesare Battisti 293 ℘ 401044 – 🆎 🔲 ⓞ Ε VISA
chiuso martedì – Pas carta 23/35000.

a Lido di Sottomarina E : 1 km – ⊠ 30019 Sottomarina.
🛈 lungomare Adriatico Centro ℘ 401068 :

🏨 **Ritz,** largo Europa ℘ 491700, Telex 433216, Fax 493900, ≼, ☲, 🐎, 🚗 – ☏ 🅿. 🆎 ⓞ
VISA. ❄
maggio-settembre – Pas carta 36/51000 – **84 cam** ☲ 70/110000 – ½ P 57/77000.

🏨 **Bristol,** lungomare Adriatico 46 ℘ 5540389, Telex 411375, Fax 5541813, ≼, 🐎, 🚗 – 🛗
☣ cam ☎ 🅿. 🆎 🔲 ⓞ Ε VISA. ❄ rist
aprile-ottobre – Pas 30000 – ☲ 8000 – **68 cam** 70/110000 – ½ P 75/79000.

🏨 **Vittoria Palace,** lungomare Adriatico 28 ℘ 400848, Telex 410415, Fax 400848, ≼, 🐎 – 🛗
📺 ☎ ♿ 🅿
stagionale – **66 cam.**

🏠 **Park Hotel,** lungomare Adriatico ℘ 490740, Fax 490111, ≼, 🐎, 🚗 – 🛗 ☎ 🅿. 🆎 🔲
ⓞ Ε VISA. ❄ rist
marzo-ottobre – Pas (chiuso lunedì) 25/30000 – **41 cam** ☲ 50/85000 – ½ P 55/60000.

🏠 **Capinera,** lungomare Adriatico 12 ℘ 400961, ≼, 🐎 – 🛗 ▤ rist ☎ 🅿
stagionale – **46 cam.**

🏠 **Stella d'Italia,** viale Veneto 37 ℘ 400600 – 🛗 ☎ 🅿. 🆎 🔲 ⓞ VISA. ❄
Pas (chiuso venerdì e novembre) carta 25/38000 – **27 cam** ☲ 50/75000 – ½ P 40/60000.

XX **Ai Vaporetti,** campo Traghetto 1256 ℘ 400841, ≼ – 🆎 🔲 ⓞ Ε VISA. ❄
chiuso martedì e dal 10 al 30 gennaio – Pas carta 35/47000.

X **Garibaldi,** via San Marco 1924 ℘ 5540042, ☜ – 🆎 🔲 ⓞ VISA. ❄
chiuso lunedì e dal 1° al 20 ottobre – Pas carta 37/50000.

sulla strada statale 309 S : 8 km :

XX **Al Bragosso del Bepi el Ciosoto,** via Romea 294/4 ⊠ 30010 Sant'Anna di Chioggia
℘ 4950395, Solo piatti di pesce – ▤ 🅿. ❄
chiuso mercoledì e gennaio – **Pas** carta 24/35000.

a Cavanella d'Adige S : 12 km – ⊠ 30010 :

X **Al Centro da Toni,** ℘ 497501
chiuso lunedì – Pas carta 33/52000.

X Al Pin, ℘ 497800 – 🅿.

Roma 708 – Edolo 37 – ◆ Milano 148 – Sondrio 10.

X San Carlo, ℘ 482272 – 🅿.

Vedere Guida Verde.
Roma 671 – ◆Bolzano 30 – Bressanone 11 – Cortina d'Ampezzo 98 – ◆Milano 329 – Trento 90.

🏠 **Posta-Post,** piazza Thinne ℘ 47514, « Giardino con ☲ » – 🛗 ☎ 🚗 🔲 Ε VISA
Pas (chiuso giovedì) carta 23/32000 – **58 cam** ☲ 38/70000 – ½ P 46/52000.

182

CHIUSA DI PESIO 12013 Cuneo 🆘🆘🆘 ⑫, 🄸🄸🄸 J 5 – 3 386 ab. alt. 585 – a.s. luglio e agosto – ☎ 0171.

Roma 633 – Cuneo 15 – ♦Milano 229 – Savona 88 – ♦Torino 97.

    ✗   **Dell'Angelo,** ☏ 734591, 🐎 – **❷**. ❀
    ◆   *chiuso martedì e novembre* – Pas carta 20/31000.

CHIUSI 53043 Siena 🆘🆘🆘 ⑯ – 9 222 ab. alt. 375 – ☎ 0578.

Vedere Museo Etrusco★.

Roma 159 – Arezzo 67 – Chianciano Terme 12 – ♦Firenze 126 – Orvieto 51 – ♦Perugia 54 – Siena 79.

    ✗✗ **Zaira,** via Arunte 12 ☏ 20260 – 🄰🄴 🅱 ⓞ 🄴 𝗩𝘐𝘚𝘈. ❀
           chiuso dal 2 al 16 novembre e lunedì (escluso luglio-settembre) – Pas carta 29/44000.

    a Querce al Pino O : 4 km – 🖂 **53043** Chiusi :

    🏨 Il Patriarca 🦢, ☏ 274007, ≤, **« Parco »** – ☎ **❷**
        18 cam.

    🏨 **Ismaele,** ☏ 274077, 🛋, ❀ – ⅙⅙ rist ▤ rist 🅿 ◀▬ **❷** – 🔬 200. 🅱 🄴 𝗩𝘐𝘚𝘈. ❀ rist
        marzo-novembre – Pas *(chiuso lunedì)* carta 24/34000 – ☲ 8000 – **46 cam** 50/80000 –
        ½ P 60/70000.

    🏠 **Rosati,** ☏ 274008, Fax 274042, ≤, 🐎 – ☎ ◀▬ **❷**. 🅱 🄴 𝗩𝘐𝘚𝘈
        chiuso dal 20 dicembre al 10 gennaio – Pas *(chiuso sabato)* carta 25/34000 – ☲ 7000 –
        29 cam 51/80000 – ½ P 58000.

    al lago N : 3,5 km :

    ✗✗ **La Fattoria** 🦢 con cam, 🖂 53043 ☏ 21407, Fax 20644, ≤ – ☎ **❷**. 🄰🄴 🅱 ⓞ 🄴 𝗩𝘐𝘚𝘈.
        ❀ cam
        chiuso febbraio – **Pas** *(chiuso lunedì escluso luglio-settembre)* carta 25/45000 – ☲ 8000 –
        7 cam 75000 – ½ P 65000.

    Entrez à l'hôtel ou au restaurant le Guide à la main,
    vous montrerez ainsi qu'il vous conduit là en confiance.

CHIVASSO 10034 Torino 🆘🆘🆘 ⑫, 🄸🄸🄸 G 5 – 25 257 ab. alt. 183 – ☎ 011.

Roma 684 – Aosta 103 – ♦Milano 120 – ♦Torino 24 – Vercelli 57.

    🏨 **Ritz** senza rist, via Roma 17 ☏ 9102191, Fax 9116068 – 🛗 📺 ☎ **❷**. 🄰🄴 🅱 ⓞ 🄴. ❀
        ☲ 10000 – **42 cam** 95000.

    🏨 **Europa,** piazza d'Armi 5 ☏ 9171886, Fax 9102025 – 🛗 📺 ☎ **❷** – 🔬 80. 🄰🄴 🅱 ⓞ 🄴
        𝗩𝘐𝘚𝘈. ❀ rist
        chiuso domenica – Pas carta 25/54000 – ☲ 10000 – **32 cam** 75/95000 – ½ P 95/105000.

CIAMPINO Roma – Vedere Roma.

CICAGNA 16044 Genova 🄸🄸🄸 I 9 – 2 572 ab. alt. 87 – ☎ 0185.

Roma 480 – ♦Genova 33 – ♦La Spezia 82.

    ✗   **La Taverna Lina,** località Monleone ☏ 92179, Coperti limitati; prenotare
    ◆   *chiuso lunedì ed agosto* – Pas carta 17/27000.

CIGLIANO 13043 Vercelli 🆘🆘🆘 ②⑫, 🄸🄸🄸 G 6 – 4 582 ab. alt. 237 – ☎ 0161.

Roma 666 – Aosta 95 – Asti 71 – ♦Milano 102 – ♦Torino 40 – Vercelli 32.

    ✗   **Del Moro** con cam, ☏ 43186 – **❷**. ❀ cam
        chiuso agosto – Pas *(chiuso lunedì)* carta 24/40000 – **10 cam** ☲ 30/55000 – ½ P 45/56000.

CIMA SAPPADA Belluno – Vedere Sappada.

CIMOLAIS 33080 Pordenone 🄸🄸🄸 D 19 – 492 ab. alt. 575 – a.s. febbraio e Natale – ☎ 0427.

Roma 636 – Belluno 35 – Cortina d'Ampezzo 70 – ♦Milano 378 – Pordenone 51 – Treviso 96.

    🏠 **Margherita,** ☏ 87060, ≤ – **❷**. ❀
    ◆   Pas *(chiuso lunedì)* carta 20/35000 – ☲ 6000 – **12 cam** 40/60000 – ½ P 38/45000.

CINGOLI 62011 Macerata 🆘🆘🆘 ⑯ – 10 011 ab. alt. 631 – a.s. luglio-15 settembre – ☎ 0733.

🛈 via Ferri 17 ☏ 612444.

Roma 250 – ♦Ancona 52 – Ascoli Piceno 122 – Gubbio 96 – Macerata 30.

    🏠 **Miramonti** 🦢, via dei Cerquatti 31 ☏ 612239, ≤ vallata, **« Giardino ombreggiato »**, ❀
        – ☎ **❷**. 🄰🄴 ⓞ 𝗩𝘐𝘚𝘈. ❀
        chiuso novembre – **Pas** *(chiuso lunedì)* carta 27/35000 – ☲ 6000 – **22 cam** 40/69000 –
        ½ P 50000.

    ✗✗ **Diana** con cam, via Cavour 21 ☏ 612313, Fax 613479 – 🕾. 𝗩𝘐𝘚𝘈. ❀
        chiuso ottobre – Pas *(chiuso lunedì)* carta 24/36000 – ☲ 8000 – **14 cam** 40/60000 –
        ½ P 50/55000.

CINISELLO BALSAMO 20092 Milano 428 F 9, 219 ⑩ – 78 046 ab. alt. 154 – ✿ 02.
Roma 583 – ♦Bergamo 42 – Como 41 – Lecco 44 – ♦Milano 13 – Monza 7.

Pianta d'insieme di Milano (Milano p. 4 e 5)

🏨 **Lincoln** senza rist, via Lincoln 65 ✆ 6172657 – 🛗 ▣ 📺 ☎ 🅿. 🅱 ㉎ 💳. ⬦⬥   HK b
   chiuso dal 10 al 16 agosto – ☷ 10000 – **18 cam** 95/135000.

🏨 **Go-Garden,** viale Brianza 50 ✆ 6187955, Fax 6188900 – 🛗 ▣ 📺 ☎ 🅿 – 🛗 25 a 200.   HK e
⬦➜ 🖭 🅱 ⑩ ㉎ 💳
   Pas (chiuso a mezzogiorno, sabato e domenica) 20/40000 – ☷ 12000 – **50 cam** 86/127000
   – ½ P 111000.

🍴🍴 L'Orchidea, via Lincoln 65 ✆ 6173511 – ▣   HK b

🍴🍴 **La Baita,** via De Vizzi 90 ✆ 6189589, « Servizio estivo all'aperto » – 🅿. 🖭 🅱 ⑩ ㉎ 💳
   chiuso domenica sera, lunedì ed agosto – Pas carta 37/56000.   per ②

CINISI Palermo 988 ㉟ – Vedere Sicilia alla fine dell'elenco alfabetico.

CINQUALE Massa 428 K 12 – Vedere Montignoso.

CIOCCARO Asti 428 G 6 – Vedere Moncalvo.

CIRIÉ 10073 Torino 988 ⑫, 428 G 4 – 18 280 ab. alt. 344 – ✿ 011.
Roma 698 – Aosta 113 – ♦Milano 144 – ♦Torino 21 – Vercelli 74.

🍴🍴🍴 **Mario,** corso Martiri della Libertà 41 ✆ 9203490, prenotare – ▣. 🅱 ㉎ 💳. ⬦⬥
   chiuso lunedì sera, martedì ed agosto – Pas carta 40/64000.

🍴 **Roma,** via Roma 17 ✆ 9203572 – ▣. 🅱 ㉎ 💳. ⬦⬥
   chiuso mercoledì e domenica sera – Pas carta 29/48000.

CIRÒ MARINA 88072 Catanzaro 988 ㊴㊵ – 14 512 ab. – ✿ 0962.
Roma 561 – Catanzaro 114 – ♦Cosenza 136 – Crotone 36 – ♦Taranto 210.

🏨 **Il Gabbiano** ⬦, N : 2 km ✆ 31338, Fax 31338, ≤, 🍽, 🏊⬦ – 📺 ☎ 🅿. 🖭 💳
   ⬦⬥
   Pas carta 28/42000 – **40 cam** ☷ 65/108000 – P 63/99000.

CISANO Verona 428 429 F 14 – Vedere Bardolino.

CISANO BERGAMASCO 24034 Bergamo 428 E 10, 219 ⑳ – 5 368 ab. alt. 275 – ✿ 035.
Roma 619 – ♦Bergamo 18 – Como 38 – Lecco 15 – ♦Milano 41.

🍴🍴 **La Sosta,** ✆ 781066, Fax 781469, ≤, 🍽 – ⬦⬥ 🅿. 🖭 🅱 ㉎ 💳
   chiuso mercoledì, dal 1° al 7 gennaio e dal 1° al 12 agosto – Pas carta 36/53000.

🍴🍴 **Fatur,** ✆ 781287, 🍽 – 🅿. 🖭 🅱 ㉎ 💳. ⬦⬥
   chiuso martedì e dal 1° al 15 agosto – Pas carta 34/55000.

CISTERNINO 72014 Brindisi 988 ㉙㉚ – 11 918 ab. alt. 393 – ✿ 080.
Roma 524 – ♦Bari 74 – ♦Brindisi 49 – Lecce 87 – Matera 87 – ♦Taranto 42.

🏨 **Aia del Vento,** ✆ 718388, Fax 719272, ≤, 🍽 – ▣ rist ☎ 🅿 – 🛗 100. 🖭 🅱 ⑩ ㉎
   💳. ⬦⬥
   marzo-ottobre – Pas (chiuso venerdì) carta 26/42000 – ☷ 8000 – **27 cam** 60/90000 –
   ½ P 50/65000.

🍴🍴 **Arcobaleno,** ✆ 718247 – 🅿
   chiuso martedì – Pas carta 25/36000 (15%).

CITARA Napoli – Vedere Ischia (Isola d') : Forio.

CITERNA 06010 Perugia – 2 912 ab. alt. 482 – ✿ 075.
Roma 244 – Arezzo 35 – ♦Perugia 67 – Sansepolcro 16 – Urbino 77.

🏨 Papà Giovanni-Sobaria, ✆ 8592272 – ☎ 🅿 – 🛗 200
   24 cam.

CITTADELLA 35013 Padova 988 ⑤, 429 F 17 – 17 901 ab. alt. 49 – ✿ 049.
Vedere Cinta muraria★.
Roma 527 – Belluno 94 – ♦Milano 227 – ♦Padova 28 – Trento 102 – Treviso 38 – ♦Venezia 61 – Vicenza 22.

🏨 **2 Mori,** borgo Bassano 143 ✆ 9401422, Fax 9400200, « Servizio rist. estivo in giardino » –
   ⬦⬥ rist 📺 ☎ ♿ 🅿 – 🛗 300. 🖭 ⑩ 💳. ⬦⬥
   Pas (chiuso lunedì e dal 5 al 20 agosto) carta 34/46000 – ☷ 6000 – **26 cam** 80/100000 –
   ½ P 80/90000.

CITTÀ DI CASTELLO 06012 Perugia 988 ⑮ – 38 222 ab. alt. 288 – ✪ 075.

🗓 viale De Cesare 2/b 𝒫 8554817, Fax 8552100.

Roma 258 – Arezzo 42 – ◆Perugia 56 – ◆Ravenna 137.

🏨 **Garden,** viale Bologni NE : 1 km 𝒫 8550593, Fax 8550574 – 🛗 ▤ 📺 ☎ 🚗 🄿 –
🔼 100. 🄰🄴 🕃 ⓪ 🄴 𝚅𝙸𝚂𝙰. ⁒ rist
Pas carta 24/47000 – � 8000 – **57 cam** 96000, 🛏 8000 – ½ P 76/79000.

🗶🗶 **Il Bersaglio,** viale Orlando 14 𝒫 8555534 – 🄿. 🕃 ⓪ 𝚅𝙸𝚂𝙰. ⁒
chiuso mercoledì – Pas carta 31/45000.

CITTADUCALE 02015 Rieti 988 ㉘ – 6 431 ab. alt. 450 – ✪ 0746.

Roma 88 – L'Aquila 47 – Ascoli Piceno 103 – Rieti 10.

🏠 **Pace,** 𝒫 62127 – ⓪
Pas (chiuso sabato) carta 22/30000 – ⊂ 4000 – **16 cam** 27/45000 – ½ P 37000.

CITTANOVA Modena 428 429 I 14 – Vedere Modena.

CITTÀ SANT'ANGELO 65013 Pescara 988 ㉗ – 9 861 ab. alt. 320 – a.s. luglio e agosto – ✪ 085.

Roma 223 – L'Aquila 120 – Chieti 34 – ◆Pescara 20 – Teramo 58.

in prossimità casello autostrada A 14 E : 9,5 km :

🏨 **MotelAgip,** ⊠ 65013 𝒫 95321, Fax 95325 – 🛗 ▤ 📺 ☎ 🄿 – 🔼 30 a 150. 🄰🄴 🕃 ⓪
🄴 𝚅𝙸𝚂𝙰. ⁒ rist
Pas 30000 – **85 cam** ⊂ 100/125000 – ½ P 92/102000.

🏨 **Motel Amico,** ⊠ 65013 𝒫 95174 – 🛗 📠 ᕕ 🚗 🄿 – 🔼 60. 🕃 𝚅𝙸𝚂𝙰. ⁒ rist
Pas carta 27/40000 – ⊂ 10000 – **62 cam** 53/88000.

CIUK Sondrio 218 ⑰ – Vedere Bormio.

CIVATE 22040 Como 428 E 10, 219 ⑨ – 3 518 ab. alt. 269 – ✪ 0341.

Roma 619 – Bellagio 23 – Como 24 – Lecco 5 – ◆Milano 51.

🗶 **Cascina Edvige,** località Roncaglio 𝒫 550350 – 🄿. ⁒
chiuso martedì ed agosto – Pas carta 24/37000.

CIVEZZANO Trento – Vedere Trento.

CIVIASCO 13010 Vercelli 428 E 6, 219 ⑥ – 242 ab. alt. 716 – ✪ 0163.

Roma 681 – ◆Milano 107 – ◆Torino 123.

🗶 **Papillon** 𝒫 55717
chiuso lunedì – Pas carta 21/34000.

CIVIDALE DEL FRIULI 33043 Udine 988 ⑥, 429 D 22 – 11 081 ab. alt. 138 – ✪ 0432.

Vedere Tempietto★★ – Museo Archeologico★.

🗓 largo Boiani 4 𝒫 731398.

Roma 655 – Gorizia 30 – ◆Milano 394 – Tarvisio 102 – ◆Trieste 65 – Udine 17 – ◆Venezia 144.

🏠 **Roma** senza rist, piazza Picco 𝒫 731871 – 🛗 📺 ☎ 🄿 – 🔼 100. 🄰🄴 🕃 ⓪ 🄴 𝚅𝙸𝚂𝙰
⊂ 6000 – **49 cam** 49/79000.

🗶🗶 **Zorutti,** borgo di Ponte 7 𝒫 731100 – 🄰🄴 🕃 ⓪ 𝚅𝙸𝚂𝙰. ⁒
Pas carta 30/45000.

🗶🗶 **Alla Frasca,** via De Rubeis 10 𝒫 731270 – 🄰🄴 🕃 ⓪ 🄴 𝚅𝙸𝚂𝙰
chiuso lunedì e dal 23 gennaio al 2 febbraio – Pas carta 27/46000.

🗶🗶 **Al Fortino,** via Carlo Alberto 46 𝒫 731217 – 🄿. 🄰🄴 🕃 ⓪ 🄴 𝚅𝙸𝚂𝙰. ⁒
chiuso lunedì sera, martedì, dal 10 al 30 gennaio e dal 10 al 25 agosto – Pas carta 33/47000.

CIVITA CASTELLANA 01033 Viterbo 988 ㉘ – 15 784 ab. alt. 145 – ✪ 0761.

Vedere Portico★ del Duomo.

Roma 79 – ◆Perugia 119 – Terni 50 – Viterbo 51.

🗶🗶 **L'Altra Bottiglia,** via delle Palme 14 𝒫 517403, Coperti limitati; prenotare – ▤. 🕃 ⓪
🄴 𝚅𝙸𝚂𝙰
chiuso a mezzogiorno, mercoledì e dal 10 al 20 agosto – Pas 70000.

🗶 **La Giaretta,** via Ferretti 108 𝒫 53398 – 🄰🄴 🕃 ⓪ 🄴 𝚅𝙸𝚂𝙰. ⁒
chiuso lunedì – Pas carta 30/49000.

a Quartaccio NO : 5,5 km – ⊠ 01034 Fabrica di Roma :

🏠 **Aldero,** 𝒫 514757 – 📺 📠 🄿 – 🔼 25. 🄰🄴 🕃 ⓪ 🄴 𝚅𝙸𝚂𝙰. ⁒
chiuso dal 5 al 20 agosto – Pas (chiuso domenica) carta 28/60000 – ⊂ 8000 – **26 cam**
60/90000.

CIVITANOVA MARCHE 62012 Macerata 988 ⑯ – 37 166 ab. – a.s. luglio e agosto – ✆ 0733.
🅱 corso Garibaldi 15 ☎ 73967.
Roma 276 – ♦Ancona 47 – Ascoli Piceno 79 – Macerata 27 – ♦Pescara 113.

🏨 **Miramare,** viale Matteotti 1 ☎ 770888, Telex 561431, Fax 810637, 🚗 – 🛗 📺 🕿 🔥 🛏
  – 🏊 150. 🆎 ⑤ 🗲 E 💳. 🎇
  Pas carta 37/55000 – ☲ 8000 – **61 cam** 70/90000 – ½ P 60/70000.

🏨 **Pamir,** via Santorre di Santarosa 17/19 ☎ 771777, Fax 771672 – 🛗 📺 🕿. 🆎 🅱 ⑤ E
  💳. 🎇
  Pas *(giugno-settembre)* 25000 – ☲ 8000 – **26 cam** 40/70000 – ½ P 40/65000.

🏠 **Girasole,** via Cristoforo Colombo 204 ☎ 771316 – 📺 🕿 🛏 🅿. 🆎 ⑤ 💳. 🎇
  Pas *(chiuso venerdì e dal 1° al 15 settembre)* carta 24/35000 – ☲ 3000 – **22 cam** 39/67000
  – ½ P 60000.

🏮 **Da Enzo,** corso Dalmazia 213 ☎ 74877, Solo piatti di pesce, « Servizio estivo all'aperto ».

🏮 **Gabbiano,** con cam, via IV Novembre 256 ☎ 70113, Solo piatti di pesce
  20 cam.

CIVITAVECCHIA 00053 Roma 988 ㉖ – 51 094 ab. – ✆ 0766.
Vedere Guida Verde.

🛳 per Cagliari giornaliero (13 h), Olbia giornaliero (7 h) ed Arbatax 23 luglio-agosto mercoledì,
venerdì e domenica, negli altri mesi mesi mercoledì e venerdì (9 h) – Tirrenia Navigazione,
Stazione Marittima ☎ 28801, Telex 611215, Fax 21707.
🅱 viale Garibaldi 40 ☎ 25348.
Roma 78 – Grosseto 111 – ♦Napoli 293 – ♦Perugia 186 – Terni 117.

🏮 **Villa dei Principi,** via Borgo Odescalchi 11/a ☎ 21200, ≼ – 🅿 – 🏊 100. 🆎 🅱 ⑤ 💳
  💳
  chiuso martedì e luglio – Pas carta 45/70000.

🏮 **La Scaletta,** lungoporto Gramsci 65 ☎ 24334 – 🅱 E 💳. 🎇
  chiuso martedì e settembre – Pas carta 38/51000.

🏮 **Alla Lupa,** via Santa Fermina 5 ☎ 25703
  chiuso martedì, dal 1° al 15 settembre e dal 22 al 28 dicembre – Pas carta 23/34000.

  sulla strada statale 1 - via Aurelia S : 3 km :

🏨 Sunbay Park Hotel, ✉ 00053 ☎ 22801, Fax 22801, ≼, ⊼, 🏖, 🚗 – 🛗 🍴 📺 🕿 🔥 🛏
  – 🏊 25 a 100 – **59 cam**.

CIVITELLA ALFEDENA 67030 L'Aquila – 308 ab. alt. 1 121 – ✆ 0864.
Roma 184 – L'Aquila 130 – Campobasso 98 – Chieti 116 – ♦Pescara 127 – Sulmona 60.

🏠 **Valdirose** 🎇, ☎ 89110, ≼ lago di Barrea – 🛗 🕿 🛏 🅿. 🎇 rist
  Pas 18/22000 – ☲ 7000 – **59 cam** 52000 – ½ P 65/67000.

CIVITELLA DEL TRONTO 64010 Teramo 988 ⑯ – 5 684 ab. alt. 580 – ✆ 0861.
Roma 200 – ♦Ancona 123 – Ascoli Piceno 21 – ♦Pescara 75 – Teramo 18.

🏮 **Zunica** con cam, ☎ 91319, ≼ vallata – 🛗 🔥. 🎇
  chiuso dal 2 al 15 novembre – Pas *(chiuso mercoledì)* carta 25/35000 – ☲ 5000 – **21 cam**
  55000 – ½ P 35/40000.

CLAVIERE 10050 Torino 988 ⑪, 428 H 2 – 193 ab. alt. 1 760 – a.s. febbraio, Pasqua, luglio-
agosto e Natale – Sport invernali : ai Monti della Luna, Cesana Torinese e San Sicario : 1 360/2
290 m ≰12, ⋨ – ✆ 0122.
🅶 *(giugno-ottobre)* ☎ 878917 o ☎ (011) 2398346.
🅱 via Nazionale 30 ☎ 878856.
Roma 758 – Bardonecchia 31 – Briançon 15 – ♦Milano 230 – Sestriere 17 – Susa 40 – ♦Torino 93.

🏠 **Miramonti** 🎇, ☎ 878804, ≼ – 🕿 🅿. 🎇 rist
  dicembre-aprile e luglio-agosto – Pas 20/35000 – ☲ 5000 – **21 cam** 45/70000 – ½ P 45/70000.

🏠 **Piccolo Chalet,** ☎ 878806, ≼ – 🅿. 🎇
  dicembre-aprile – Pas *(solo per clienti alloggiati)* 25000 – ☲ 6000 – **23 cam** 35/59000 –
  P 60/70000.

CLES 38023 Trento 988 ④, 428 429 C 15 – 6 032 ab. alt. 658 – a.s. Pasqua e Natale – ✆ 0463.
Dintorni Lago di Tovel★★★ SO : 15 km.
Roma 626 – ♦Bolzano 54 – Passo di Gavia 73 – Merano 57 – ♦Milano 284 – Trento 44.

🏠 **Cles,** ☎ 21300, 🚗 – 🛗 🕿 🛏 🅱 E 💳. 🎇 rist
  chiuso dal 15 al 30 giugno – Pas *(chiuso domenica in bassa stagione)* carta 25/33000 – ☲
  6000 – **41 cam** 50/70000 – ½ P 50/60000.

🏮 **Antica Trattoria da Bepi** con cam, ☎ 21631
  chiuso giugno – Pas *(chiuso sabato)* carta 28/42000 – ☲ 4000 – **7 cam** 35/58000 –
  ½ P 53000.

186

CLOZ 38020 Trento – 709 ab. alt. 793 – a.s. dicembre-aprile – ☎ 0463.
Roma 647 – ◆Bolzano 44 – ◆Brescia 167 – Trento 50.

XX **Al Molin,** ℰ 84617, Coperti limitati; prenotare – 🄑 🄴 VISA ⌖
chiuso dal 25 giugno al 3 luglio, dal 15 al 30 ottobre e giovedì in bassa stagione – **Pas**
carta 28/52000.

CLUSANE SUL LAGO 25040 Brescia 428 429 F 12 – alt. 195 – ☎ 030.
Roma 580 – ◆Bergamo 34 – ◆Brescia 31 – Iseo 5 – ◆Milano 75.

XX **La Punta-da Dino,** ℰ 989037, 🍽 – 🄿
chiuso mercoledì e novembre – Pas carta 30/45000.

CLUSONE 24023 Bergamo 988 ③, 428 429 E 11 – 8 151 ab. alt. 648 – a.s. luglio e agosto –
☎ 0346.
Roma 635 – ◆Bergamo 34 – ◆Brescia 81 – Edolo 74 – ◆Milano 80.

🏨 **Erica,** ℰ 21667 – 🛗 TV ☎ 🚗 🄿 – 🏂 100. 🄰🄴 ⌖
Pas (chiuso martedì) carta 32/45000 – ☲ 7500 – **23 cam** 50/75000 – ½ P 70000.

XX Aquiletta 🦌 con cam, località Ponte Selva SO : 3 km ℰ 701196, 🍽 – TV 🚗 🄿
stazionale – **12 cam**.

Vedere anche : **Rovetta** E : 3 km.

COAREZZA Varese 219 ⑰ – Vedere Somma Lombardo.

COAZZE 10050 Torino 428 G 3, 77 ⑩ – 2 482 ab. alt. 747 – ☎ 011.
Roma 694 – ◆Milano 174 – Pinerolo 28 – Susa 42 – ◆Torino 37.

XX **Piemonte** con cam, ℰ 9349130, 🍽 – 🛗 🄿. 🄑 🄴 VISA ⌖
chiuso dal 3 al 16 settembre – Pas (chiuso mercoledì) carta 29/48000 – ☲ 8000 – **29 cam**
80/100000 – ½ P 50/80000.

COCCAGLIO 25030 Brescia 428 429 F 11 – 6 353 ab. alt. 162 – ☎ 030.
Roma 573 – ◆Bergamo 36 – ◆Brescia 24 – Cremona 69 – ◆Milano 77 – ◆Verona 88.

🏨 **Touring,** ℰ 723784, Fax 721084 – TV ☎ 🚗 🄿. 🄰🄴 🄑 ⓞ 🄴 VISA ⌖
Pas (chiuso martedì) carta 25/41000 (10%) – ☲ 6000 – **41 cam** 45/75000 – ½ P 60000.

COCCONATO 14023 Asti 428 G 6 – 1 554 ab. alt. 491 – ☎ 0141.
Roma 649 – Alessandria 67 – Asti 32 – ◆Milano 118 – ◆Torino 45 – Vercelli 50.

XX **Cannon d'Oro** con cam, ℰ 907024 – 🗝. 🄰🄴 🄑 ⓞ 🄴 VISA ⌖
chiuso gennaio – Pas (chiuso lunedì sera e martedì) carta 35/50000 – ☲ 7000 – **9 cam**
55000 – P 40/60000.

CODEMONDO Reggio nell'Emilia – Vedere Reggio nell'Emilia.

CODROIPO 33033 Udine 988 ⑤⑥, 429 E 20 – 14 253 ab. alt. 44 – ☎ 0432.
Roma 612 – Belluno 93 – ◆Milano 351 – Treviso 86 – ◆Trieste 77 – Udine 24.

a lutizzo S : 2 km – ✉ **33033** Codroipo :

X **Da Bosco,** ℰ 900190 – 🄿 ⌖
chiuso mercoledì sera, giovedì ed agosto – Pas carta 22/50000.

a Passariano SE : 2 km – ✉ **33033** Codroipo :

XX Del Doge, ℰ 906591 – 🄿.

sulla strada statale 13 E : 5 km :

🏨 **Frecce Tricolori,** ✉ 33033 Codroipo ℰ 906237 – TV ☎ 🚗 🄿. 🄰🄴 VISA
Pas (solo per clienti alloggiati) carta 21/30000 – ☲ 4000 – **14 cam** 50/82000 – ½ P 60/65000.

COGGIOLA 13013 Vercelli 428 E 6, 219 ⑮ – 2 695 ab. alt. 454 – ☎ 015.
Roma 672 – Biella 31 – ◆Milano 98 – ◆Torino 114 – Vercelli 58.

🏨 **Italia,** ℰ 78230 – ☏ 🚗 🄿. ⌖
✚ Pas (chiuso venerdì) carta 20/34000 – ☲ 6000 – **11 cam** 33/55000 – ½ P 45/50000.

Segnalateci il vostro parere sui ristoranti che
raccomandiamo, indicateci le loro specialità
ed i vini di produzione locale da essi serviti.

COGNE 11012 Aosta 988 ②, 428 F 4 – 1 434 ab. alt. 1 534 – a.s. Pasqua, luglio-agosto e Natale – Sport invernali : 1 534/2 252 m ≤1 ≤2, ℤ – ✆ 0165.

🛈 piazza Chanoux 38 ℰ 74040.

Roma 774 – Aosta 27 – Courmayeur 52 – Colle del Gran San Bernardo 60 – ♦Milano 212.

🏨🏨 **Bellevue**, ℰ 74825, Fax 749192, ≤ Gran Paradiso, ⇔s, ℤ, ☞ – 🛗 ☎ 🅿. 🕅 E 𝚅𝙸𝚂𝙰. ℠ rist
22 dicembre-7 aprile e giugno-6 ottobre – Pas *(chiuso mercoledì in bassa stagione)* 40000 – ☲ 14000 – **45 cam** 110/190000 appartamenti 140/190000 – ½ P 86/155000.

🏨 **Miramonti**, ℰ 74030, Fax 74030, ≤, ☞ – 🛗 ☎ 🅿. ℠ rist
23 dicembre-6 gennaio, febbraio-4 aprile e giugno-15 ottobre – Pas 27/37000 – ☲ 9000 – **25 cam** 56/89000 – ½ P 94/105000.

🏨 **Mont Blanc**, ℰ 74211, Fax 74831, ≤, ☞, ℠ – 🛗 ☎ ⇔ 🅿. 𝔸𝔼 🕅 ⓞ E 𝚅𝙸𝚂𝙰. ℠
20 dicembre-Pasqua e 15 giugno-settembre – Pas carta 34/51000 – **22 cam** ☲ 55/100000 – ½ P 70/80000.

🏨 **Grand Paradis**, ℰ 74070, ☞ – 🛗 ⇔. 🕅 ⓞ E 𝚅𝙸𝚂𝙰. ℠ rist
21 dicembre-6 gennaio, febbraio-2 aprile e giugno-settembre – Pas carta 36/53000 – **29 cam** ☲ 62/104000 – ½ P 75000.

🏨 **Sant'Orso**, ℰ 74821, ≤ Gran Paradiso – 🛗 ☎ ⇔ 🅿. 🕅 E 𝚅𝙸𝚂𝙰. ℠ rist
chiuso dal 5 novembre al 1° dicembre – Pas carta 25/50000 – **30 cam** ☲ 62/104000 – ½ P 57/77000.

🏨 **Petit Hotel**, ℰ 74010, ≤, ☞ 🛗 ⅙ ⇔, ☞ – ℠ rist
chiuso dall'8 gennaio al 4 febbraio e dal 2 aprile al 25 giugno – Pas *(chiuso mercoledì)* 20/22000 – **24 cam** ☲ 35/70000 – ½ P 55/65000.

🏨 **La Madonnina del Gran Paradiso**, ℰ 74078, ≤, ☞ – ☎ ⇔ 🅿. ℠ rist
chiuso maggio e novembre – Pas *(chiuso mercoledì)* carta 23/31000 – ☲ 6000 – **22 cam** 37/65000 – ½ P 65000.

❌❌ **Lou Ressignon**, ℰ 74034 – 🅿. 𝔸𝔼 🕅 ⓞ E 𝚅𝙸𝚂𝙰
chiuso lunedì sera, martedì, dal 15 al 25 giugno, dal 15 al 30 settembre e dal 15 al 30 novembre – Pas carta 24/40000 (5%).

a Cretaz N : 1,5 km – ✉ 11012 Cogne :

❌❌ **Notre Maison** con cam, ℰ 74104, ≤, « Caratteristico arredamento, giardino-solarium », ☞ – ⇔ ☎ 🅿. 🕅 E 𝚅𝙸𝚂𝙰
chiuso ottobre e novembre – Pas *(chiuso lunedì)* carta 27/44000 – **12 cam** ☲ 57/110000 – ½ P 90/100000.

a Lillaz SE : 4 km – alt. 1 615 – ✉ 11012 Cogne :

🏨 **L'Arolla** ♨, ℰ 74052 – 🛗 🕅 E 𝚅𝙸𝚂𝙰 ℠
febbraio-aprile e giugno-settembre – Pas *(chiuso giovedì in bassa stagione)* carta 33/51000 – ☲ 11000 – **14 cam** 75000 – ½ P 70/75000.

❌❌ **Lou Tchappè**, ℰ 74379 – 🅿. ℠
chiuso lunedì, gennaio e ottobre o novembre – Pas carta 25/40000.

COGNENTO Modena – Vedere Modena.

COGNOLA Trento – Vedere Trento.

COGOLETO 16016 Genova 428 I 7 – 9 445 ab. – ✆ 010.
Roma 527 – Alessandria 75 – ♦Genova 28 – ♦Milano 151 – Savona 19.

❌❌ Gustin, ℰ 9181925 – ▦ 🅿.

COGOLLO DEL CENGIO 36010 Vicenza 429 E 16 – 3 088 ab. alt. 357 – ✆ 0445.
Roma 570 – ♦Milano 252 – Trento 61 – Treviso 83 – Vicenza 31.

sulla strada statale 350 NO : 3,5 km :

❌ **All'Isola** ✉ 36010 ℰ 880341, Coperti limitati; prenotare – 🅿. ℠
chiuso domenica, mercoledì sera ed agosto – Pas carta 30/45000.

COLAZZA 28010 Novara 428 E 7, 219 ⑥ – 395 ab. alt. 540 – ✆ 0322.
Roma 650 – ♦Milano 61 – Novara 48 – Stresa 14.

❌ **Al Vecchio Glicine**, ℰ 218123 – 🅿. 𝚅𝙸𝚂𝙰
chiuso martedì – Pas carta 38/58000.

COL DU JOUX Aosta – Vedere Saint Vincent.

COLFIORITO 06030 Perugia 988 ⑯ – alt. 760 – ✆ 0742.
Roma 182 – ♦Ancona 121 – Foligno 26 – Macerata 66 – ♦Perugia 61.

🏨 **Villa Fiorita**, ℰ 681125, Fax 681579, ≤, ℤ, ☞, ℠ – 🛗 📺 ☎ ⅙ 🅿 – 🔬 60. 𝔸𝔼 🕅 E 𝚅𝙸𝚂𝙰
chiuso dal 24 gennaio al 7 febbraio – Pas *(chiuso martedì)* carta 21/37000 – ☲ 10000 – **40 cam** 60/90000 – ½ P 50/60000.

COLFOSCO (KOLFUSCHG) Bolzano – Vedere Corvara in Badia.

COLICO 22050 Como 988 ③, 428 D 10 – 5 794 ab. alt. 209 – ✆ 0341.

Vedere Lago di Como★★★.

⛴ per Bellagio-Tremezzo-Como luglio-settembre giornaliero (3 h) – Navigazione Lago di Como, via Cavour ✆ 272278.

⛴ per Bellagio-Tremezzo-Como giornalieri (1 h 20 mn) – Navigazione Lago di Como, via Cavour ✆ 940815.

Roma 661 – Chiavenna 26 – Como 68 – Lecco 41 – ♦Milano 97 – Sondrio 41.

XX **Da Gigi** con cam, ✆ 940268, 🍽 – 🆎 🕄 🗲 ᴠɪsᴀ
chiuso maggio ed ottobre – Pas (chiuso giovedì) carta 30/40000 – **12 cam** ᴄᴢ 30/65000 – ½ P 50/55000.

COLLALBO (KLOBENSTEIN) Bolzano – Vedere Renon.

COLLE Vedere nome proprio del colle.

COLLECCHIO 43044 Parma 988 ⑭, 428 429 H 12 – 10 926 ab. alt. 106 – ✆ 0521.

Roma 469 – ♦Bologna 107 – ♦Milano 126 – ♦Parma 11 – Piacenza 65 – ♦La Spezia 101.

🏠 **Pineta,** ✆ 805226 – 📶 🍴 📺 ☎ 🅿 – 🛗 200. 🍽
Pas (chiuso martedì a mezzogiorno) carta 27/43000 – ᴄᴢ 7000 – **40 cam** 42/65000, 🛏 5000 – ½ P 60/65000.

XXX **Villa Maria Luigia-di Ceci,** ✆ 805489, Fax 805711, « Giardino ombreggiato » – 🅿. 🆎 🕄 ⓪ ᴠɪsᴀ 🍽
chiuso giovedì, dall'11 al 31 gennaio e dal 9 al 24 agosto – Pas carta 40/58000.

sulla strada statale 62 NE : 5 km :

XX Il Baule, ✉ 43044 ✆ 804110, « Servizio estivo sotto un pergolato » – 🅿.

a Cafragna SO : 9 km – ✉ 43030 Gaiano :

X Cafragna-Camorali, ✆ (0525) 2363, 🍽, Coperti limitati; prenotare – 🅿.

COLLE DI VAL D'ELSA 53034 Siena 988 ⑭⑮ – 16 683 ab. alt. 223 – ✆ 0577.

Roma 255 – Arezzo 88 – ♦Firenze 49 – Pisa 87 – Siena 25.

🏠 **La Vecchia Cartiera,** via Oberdan 5/9 ✆ 921107, Fax 923688 – 📶 📺 ☎ 🚗 🅿 –
🛗 70. 🆎 🕄 ⓪ 🗲 ᴠɪsᴀ. 🍽
Pas vedere rist La Vecchia Cartiera – ᴄᴢ 8000 – **38 cam** 57/82000 – ½ P 86000.

🏠 **Villa Belvedere** 🐾, località Belvedere E : 2 km ✆ 920966, 🍽, « Villa settecentesca »,
🌳 – ☎ 🅿 – 🛗 80. 🆎 🕄 ⓪ 🗲 ᴠɪsᴀ. 🍽
Pas (chiuso mercoledì) carta 34/50000 – **15 cam** ᴄᴢ 111000 – ½ P 136000.

🏠 **Arnolfo** senza rist, via Campana 8 ✆ 922020, Fax 922324 – 📶 📺 📠. 🆎 🕄 ⓪ 🗲 ᴠɪsᴀ.
🍽
chiuso dal 10 gennaio al 10 febbraio – ᴄᴢ 6500 – **32 cam** 48/74000.

XXX 🌸 **Arnolfo,** piazza Santa Caterina 2 ✆ 920549, 🍽, Coperti limitati; prenotare – 🍴. 🆎
⓪ ᴠɪsᴀ. 🍽
chiuso martedì, dal 10 gennaio al 10 febbraio e dal 1° al 7 agosto – Pas carta 60/85000
Spec. Charlotte di zucchini e melanzane con purè di peperoni (estate), Saccottini di ricotta con fonduta di zucchini, Piccione di Chianti (autunno-inverno). Vini Chardonnay, Sammarco.

XX **La Vecchia Cartiera,** via Oberdan 5 ✆ 921107 – 🅿. 🆎 🕄 ⓪ 🗲 ᴠɪsᴀ. 🍽
chiuso domenica sera, lunedì e dal 4 al 23 luglio – Pas carta 32/45000 (10%).

XX **L'Antica Trattoria,** piazza Arnolfo 23 ✆ 923747, 🍽, Coperti limitati; prenotare – 🆎 🕄
⓪ 🗲 ᴠɪsᴀ. 🍽
chiuso lunedì sera, martedì e dal 12 al 28 agosto – Pas carta 38/61000.

COLLEFERRO 00034 Roma 988 ㉖ – 20 614 ab. alt. 238 – ✆ 06.

Roma 52 – Fiuggi 33 – Frosinone 39 – Latina 48 – Tivoli 44.

🏠 **Astoria,** viale Savoia 69/71 ✆ 974724, 🌳 – 📶 📠 🅿. 🕄 ⓪ ᴠɪsᴀ. 🍽
Pas carta 22/32000 (10%) – ᴄᴢ 6000 – **27 cam** 40/60000 – ½ P 55000.

XX **Muraccio di S. Antonio,** via Latina (contrada Ovili) ✆ 974011, ≤, 🍽, 🌳 – 🅿. 🆎 ⓪.
🍽
chiuso mercoledì – Pas carta 24/40000.

COLLE ISARCO (GOSSENSASS) 39040 Bolzano 988 ④, 429 B 16 – alt. 1 098 – Sport invernali :
1 098/2 750 m ⛄6, ⛷ – ✆ 0472.

🏨 piazza Ibsen ✆ 62372, Fax 62580.

Roma 714 – ♦Bolzano 76 – Brennero 7 – Bressanone 36 – Merano 64 – ♦Milano 375 – Trento 136.

🏠 **Erna,** ✆ 62307, 🍽 – 🍴 cam 🅿 🍽
chiuso da ottobre al 15 dicembre – Pas (chiuso giovedì) carta 27/36000 – ᴄᴢ 8000 – **15 cam**
34/58000 – ½ P 42/54000.

189

COLLEPIETRA (STEINEGG) 39050 Bolzano – alt. 820 – ✿ 0471.
Roma 656 – ◆Bolzano 15 – ◆Milano 314 – Trento 75.

🏠 **Steineggerhof** ⚲, NE : 1 km 🖉 676573, Fax 676661, ≼ Dolomiti, 🖼 – 🛋 🕾. ✾ rist
➤ aprile-ottobre e 20 dicembre-7 gennaio – Pas (chiuso giovedì) 13/20000 – **34 cam**
🖙 30/40000 – ½ P 35/45000.

COLLODI 51014 Pistoia 988 ⑭, 428 429 K 13 – alt. 120 – ✿ 0572.
Vedere Giardini★ del castello Garzoni.
Roma 337 – ◆Firenze 63 – Lucca 17 – ◆Milano 293 – Pistoia 32 – Siena 99.

✗ **All'Osteria del Gambero Rosso,** 🖉 429364 – 🖼 🅱 🖻 𝘝𝘐𝘚𝘈
chiuso lunedì sera, martedì e novembre – Pas carta 27/40000 (10%).

COLLOREDO DI MONTE ALBANO 33010 Udine 429 D 21 – 2 265 ab. alt. 213 – ✿ 0432.
Roma 652 – Tarvisio 80 – ◆Trieste 85 – Udine 14 – ◆Venezia 141.

✗✗ **La Taverna,** 🖉 889045, ⚱, 🚗 – 🖼 🅱 ⓓ 🖻 𝘝𝘐𝘚𝘈. ✾
chiuso mercoledì e dal 15 luglio al 15 agosto – Pas carta 44/62000.

a Mels NO : 3 km – 🖂 **33030** :

✗✗ **Là di Pètros,** 🖉 859626 – ⓟ. 🖼 ⓓ 𝘝𝘐𝘚𝘈
chiuso martedì – Pas carta 36/51000.

COLOGNOLA AI COLLI 37030 Verona 429 F 15 – 6 547 ab. alt. 177 – ✿ 045.
Roma 519 – ◆Milano 176 – ◆Padova 68 – ◆Venezia 101 – ◆Verona 17 – Vicenza 38.

✗ **Al Portego,** 🖉 7650083, Solo piatti di pesce – ✾
chiuso domenica sera, lunedì e luglio – Pas carta 35/60000.

sulla strada statale 11 SO : 2,5 km :

✗✗ **Posta Vecia** con cam, 🖂 37030 🖉 7650243, « Piccolo zoo » – ⚱ 📺 ⓟ – 🏧 80. 🖼
ⓓ 𝘝𝘐𝘚𝘈. ✾
chiuso agosto – Pas (chiuso domenica sera e lunedì) carta 41/67000 – 🖙 15000 – **12 cam**
70/120000.

COLOMBARE Brescia 428 F 13 – Vedere Sirmione.

COLONNATA Massa-Carrara 428 429 J 12 – Vedere Carrara.

COLORNO 43052 Parma 988 ⑭, 428 429 H 13 – 7 322 ab. alt. 29 – ✿ 0521.
Roma 466 – ◆Bologna 104 – ◆Brescia 79 – Cremona 49 – Mantova 47 – ◆Milano 130 – ◆Parma 15.

🏠 **Versailles** senza rist, 🖉 814557, Fax 816960 – 🖼 📺 🕾 ⓟ. 🅱 ⓓ 🖻 𝘝𝘐𝘚𝘈. ✾
chiuso dal 23 dicembre al 10 gennaio ed agosto – 🖙 8000 – **33 cam** 45/68000.

a Sacca N : 4 km – 🖂 **43052** Colorno :

✗✗ **Stendhal-da Bruno,** 🖉 815493, « Servizio estivo all'aperto » – ⓟ. 🖼 🅱 ⓓ 🖻 𝘝𝘐𝘚𝘈. ✾
chiuso martedì e dal 1° al 15 gennaio e dal 22 luglio all'8 agosto – Pas carta 37/50000 (15%).

COL SAN MARTINO Treviso – Vedere Farra di Soligo.

COMABBIO 21020 Varese 428 E 8, 219 ⑦ – 809 ab. alt. 307 – ✿ 0331.
Roma 634 – Laveno Mombello 20 – ◆Milano 57 – Sesto Calende 10 – Varese 23.

al lago S : 1,5 km :

✗✗ **Da Cesarino,** 🖂 21020 🖉 979072 – ⓟ. 🅱 𝘝𝘐𝘚𝘈
chiuso mercoledì, dal 3 al 18 febbraio e dal 12 al 30 agosto – Pas carta 37/66000.

COMACCHIO 44022 Ferrara 988 ⑮, 429 H 18 – 21 176 ab. – a.s. 15 giugno-agosto – ✿ 0533.
Dintorni Regione del Polesine★ Nord.
Roma 419 – ◆Bologna 93 – ◆Ferrara 53 – ◆Milano 298 – ◆Ravenna 36 – ◆Venezia 121.

a Porto Garibaldi E : 5 km – 🖂 **44029**.

🖪 (maggio-agosto) S.S. Romea bivio Collinara 🖉 327580 :

✗✗✗ ❀ **Il Sambuco,** via Caduti del Mare 30 🖉 327478, ⚱, Solo piatti di pesce – 🖼 🖼
ⓓ 🖻 𝘝𝘐𝘚𝘈. ✾
chiuso lunedì, dal 15 al 30 gennaio e dal 15 al 30 novembre – Pas carta 76/94000
Spec. Fritto di calamari zanchette e scampi, Canocchie scampi gamberi seppia e uova di seppia al vapore.
Scampi con flan di patate e tartufo nero. Vini Sauvignon.

✗✗ **Pacifico-da Franco,** via Caduti del Mare 10 🖉 327169 – 🖼 🅱 ⓓ 𝘝𝘐𝘚𝘈. ✾
chiuso lunedì e dal 15 novembre al 10 dicembre – Pas carta 31/59000.

✗ Milano, via Ugo Bassi 7 🖉 327179.

✗ Europa, viale dei Mille 🖉 327362, Rist. con specialità di mare, 🚗.

a Lido degli Estensi SE : 7 km – ⊠ **44024**.

🛈 (maggio-agosto) viale Carducci 32 ☎ 327464 :

🏨 **Conca del Lido,** viale Pascoli 42 ☎ 327459, Telex 522151, Fax 327934, ⛵, 🏊 riscaldata
– 🛗 📺 ☎ 🅿 – 🏖 200. ⚞ 🕃 ⚊ 🄴 *VISA*. ⅏ rist
marzo-ottobre – Pas carta 20/36000 – 🖙 7000 – **59 cam** 49/64000 – ½ P 43/77000.

🏨 **Logonovo,** viale delle Querce 109 ☎ 327520, Telex 226406, Fax 327531, 🏊 – 🛗 📺 ☎
🅿. 🕃 ⚊ *VISA*. ⅏ rist
Pas *(aprile-settembre)* carta 32/48000 – 🖙 8000 – **40 cam** 55/80000 – ½ P 40/70000.

a Lido di Pomposa NE : 8 km – ⊠ **44020** San Giuseppe di Comacchio

🏠 **Lido,** viale Mare Adriatico 23 ☎ 380136, ≼, ⚓ – 🛗 ☎ 🅿. ⚞ 🕃 ⚊ 🄴 *VISA*. ⅏
15 maggio-settembre – Pas 20/40000 – 🖙 7500 – **44 cam** 60/85000 – ½ P 60/66000.

a Lido di Spina SE : 9 km – ⊠ **44024** Lido degli Estensi

🏨 **Gallia,** viale Leonardo ☎ 330318, Fax 330318, 🏊 – 🛗 ▤ rist ☎ 🅿
48 cam.

🏨 **Continental,** viale Tintoretto 71 ☎ 330120, ≼, ⚞, 🏊, ⚘ – 🛗 ☎ 🅿. *VISA*. ⅏
chiuso gennaio e febbraio – Pas (solo per clienti alloggiati) – 🖙 7000 – **34 cam** 70000 –
½ P 40/70000.

🏨 **Caravel,** viale Leonardo 56 ☎ 330106, Fax 330107, « Giardino ombreggiato » – 🛗 📺 ☎
🅿. ⚞ 🕃 ⚊ 🄴 *VISA*. ⅏ rist
chiuso dal 24 dicembre al 6 gennaio – Pas *(solo su prenotazione in bassa stagione)*
carta 25/42000 – 🖙 8000 – **22 cam** 48/68000 – ½ P 45/63000.

🍴 **Aroldo,** viale delle Acacie 26 ☎ 330536, Rist. con specialità di mare – ⚞ ⚊ *VISA*. ⅏
aprile-ottobre; chiuso martedì in bassa stagione – Pas carta 53/80000.

a Lido delle Nazioni NE : 10 km – ⊠ **44020** San Giuseppe di Comacchio.

Dintorni Abbazia di Pomposa★★ N : 14 km.

🛈 (giugno-agosto) viale Inghilterra ☎ 39068 :

🏠 **Quadrifoglio,** viale Inghilterra 2 ☎ 39316, Telex 510073, Fax 39185, ≼, 🏊 – 🛗 ☎ 🅗 🅿.
🕃 ⚊ 🄴 *VISA*. ⅏ rist
aprile-ottobre – Pas 20/25000 – 🖙 7000 – **68 cam** 80000 – ½ P 48/68000.

COMANO TERME Trento 4️⃣2️⃣8️⃣ 4️⃣2️⃣9️⃣ D 14 – Vedere Lomaso.

COMAZZO 20060 Milano 4️⃣2️⃣8️⃣ F 10, 2️⃣1️⃣9️⃣ ⑳ – 1 112 ab. alt. 99 – 🕐 02.
Roma 566 – ♦Bergamo 38 – ♦Milano 26 – Piacenza 70.

🍴 **Da Bocchi,** località Bocchi SO : 1,5 km ☎ 9061038, ⅏ – 🅿. ⅏
chiuso lunedì sera, martedì, dal 2 al 15 gennaio e dal 20 agosto al 4 settembre – Pas
carta 22/35000.

COMELICO SUPERIORE 32040 Belluno 4️⃣2️⃣9️⃣ C 19 – 3 021 ab. alt. (frazione Candide) 1 210 –
🕐 0435.
Roma 678 – Belluno 77 – Cortina d'Ampezzo 64 – Dobbiaco 32 – ♦Milano 420 – ♦Venezia 167.

a Padola NO : 4 km da Candide – ⊠ **32040** – a.s. 15 luglio-agosto e Natale :

🏠 **D'la Varda** ⚿, ☎ 67031, ≼ – 🅿. ⅏
dicembre-15 aprile e 15 giugno-settembre – Pas carta 25/34000 – 🖙 4000 – **13 cam**
32/58000 – ½ P 44/52000.

COMERIO 21025 Varese 2️⃣1️⃣9️⃣ ⑦ – 2 256 ab. alt. 382 – 🕐 0332.
Roma 642 – ♦Milano 64 – Varese 8.

🏨 **Bel Sit,** ☎ 743706, Fax 730171 – 🛗 📺 ☎ 🅿 – 🏖 200. ⚞ 🕃 ⚊ 🄴 *VISA*. ⅏
Pas *(chiuso venerdì e domenica sera)* carta 30/51000 – 🖙 9000 – **30 cam** 64/85000 –
½ P 60/75000.

COMISO Ragusa 9️⃣8️⃣8️⃣ 3️⃣7️⃣ – Vedere Sicilia alla fine dell'elenco alfabetico.

COMO 22100 🅿️ 988 ③, 428 E 9 – 89 602 ab. alt. 202 – 🕾 031.

Vedere Lago★★★ – Duomo★★ – Broletto★★ – Chiesa di San Fedele★ AZ – Basilica di Sant'Abbondio★ AZ – ≤★ su Como e il lago da Villa Olmo 3 km per ④.

🏌️ Villa d'Este (chiuso gennaio e febbraio) a Montorfano ⊠ 22030 ℘ 200200, Fax 200786, pre ② : 6 km;

🏌️ e 🏌️ (chiuso lunedì) a Monticello di Cassina Rizzardi ⊠ 22070 ℘ 928055, per ③ : 10 km;

🏌️ (chiuso lunedì) a Carimate ⊠ 22060 ℘ 790226, per ③ : 18 km;

🏌️ La Pinetina (chiuso martedì) ad Appiano Gentile ⊠ 22070 ℘ 933202, per ③ : 15 km.

🚢 per Tremezzo-Bellagio-Colico luglio-settembre giornalieri (3 h); per Tremezzo-Bellagio-Lecco luglio-settembre giornalieri (2 h 40 mn) – Navigazione Lago di Como, piazza Cavour ℘ 272278.

🚤 per Tremezzo-Bellagio-Colico (1 h 20 mn) e Tremezzo-Bellagio-Lecco aprile-settembre (1 h 15 mn), solo festivi – Navigazione Lago di Como, piazza Cavour ℘ 272278.

🇮 piazza Cavour 17 ℘ 274064 – Stazione Centrale ℘ 267214.

A.C.I. viale Masia 79 ℘ 573433.

Roma 625 ③ – ♦Bergamo 56 ② – ♦Milano 48 ③ – Monza 42 ② – Novara 76 ③.

★★ DUOMO
★★ BROLETTO
★ VILLA OLMO

COMO

0   500 m

Plinio (Via) .... AY 26	
V. Emanuele II (V.) ... AYZ 40	
Battisti (Vle Cesare) .... AZ 3	S. Rocchetto (Pzale) ... AZ 33
Borgovico (Via) ...... AYZ 4	S. Teresa (Pzale) ... AY 35
Carcano (Via) .... AY 5	Trento (Lgo Lario) ... AY 36
Cattaneo (Viale C.) ... AZ 7	Trieste (Lgo Lario) ... AY 37
Cavallotti (Viale) .... AY 8	Vittoria (Piazza) .... AZ 39
Cavour (Piazza) ...... AY 10	Volta (Piazza) ...... AY 42
Gallio (Via T.) .... AY 14	
Garibaldi (Via) ...... AYZ 15	
Giulio Cesare (Vle) .... BZ 18	
Lucini (Via) .... AY 19	
Manzoni (Via) .... AY 21	
Masia (Viale M.) ..... AY 22	
Matteotti (Piazza) .... AY 23	
Napoleona (Via) ... BZ 25	
Recchi (Via) .... AY 29	
Rosselli (Viale) ...... AY 30	
S. Bartolomeo (Pza) ... AZ 32	

🏨 **Barchetta Excelsior**, piazza Cavour 1 ℘ 3221, Telex 380435, Fax 302622, ≤ – 🔄 🍴 🏐 ⚓ – 🔄 25 a 50. 🖭 🅱 ① E VISA ❀   AY **a**
Pas *(chiuso domenica ed agosto)* carta 45/83000 – **76 cam** ⊇ 214000 appartamenti 324000 – ½ P 143/182000.

🏨 **Metropole Suisse** senza rist, piazza Cavour 19 ℘ 269444, Telex 350404, Fax 300808, ≤, 🍴 – 🔄 🖭 ☎ 🍴 🖭 🅱 ① E VISA ❀   AY
chiuso dal 18 dicembre al 14 gennaio – ⊇ 18000 – **71 cam** 115/155000 appartamenti 200000.

🏨 **Villa Flori e Rist. Raimondi**, strada per Cernobbio 12 ℘ 573105 e rist ℘ 572707, Telex 380413, Fax 570379, ≤ lago, monti e città, 🍴, « Giardino e terrazze » – 🗐 rist 🖭 ☎ ⚓ 🅿️ – 🔄 100. 🖭 🅱 ① E VISA ❀ rist   per ④
chiuso dal 1º al 15 gennaio – Pas *(chiuso lunedì e dal 1º al 16 agosto)* carta 41/62000 – ⊇ 13000 – **44 cam** 160/190000 appartamento 380000.

192

🏨 **Como** senza rist, via Mentana 28 ℰ 266173, Fax 266020, « Terrazza fiorita e panoramica con 🏊 riscaldata » – 🛗 ₺ 🚙 🅿. 🖭 🕄 ⑩ ㄷ 𝗩𝗜𝗦𝗔 BZ f
⬜ 15000 – **68 cam** 100/130000.

🏨 **Firenze** senza rist, piazza Volta 16 ℰ 300333, Fax 300101 – 🛗 📺 ☎ 🖭 🕄 ⑩ ㄷ 𝗩𝗜𝗦𝗔 AY v
⬜ 16000 – **24 cam** 110/155000.

🏨 **Plinius** senza rist, via Garibaldi 33 ℰ 273067, Fax 300486 – 🛗 ☎ 🖭 🕄 ⑩ ㄷ 𝗩𝗜𝗦𝗔
chiuso dicembre e gennaio – ⬜ 10000 – **31 cam** 69/100000. AYZ m

🏨 **Park Hotel** senza rist, viale Rosselli 20 ℰ 572615, Fax 574302 – 🛗 📺 ☎. 🖭 🕄 ⑩ ㄷ
𝗩𝗜𝗦𝗔 AY u
marzo-ottobre – ⬜ 10000 – **40 cam** 70/102000.

🏨 **Continental,** viale Innocenzo XI n° 15 ℰ 260485, Fax 273343 – 🛗 📺 ☎ 🚙 – 🔼 300.
🖭 🕄 ⑩ ㄷ 𝗩𝗜𝗦𝗔. 🛠 AZ a
Pas carta 35/51000 – ⬜ 8000 – **65 cam** 72/103000 – ½ P 90/110000.

🏨 **Tre Re,** via Boldoni 20 ℰ 265374 – ☎ 🚙 🅿. 🕄 ㄷ 𝗩𝗜𝗦𝗔. 🛠 rist AY x
chiuso dal 10 dicembre al 9 gennaio – Pas 30/35000 – ⬜ 8500 – **34 cam** 65/95000 –
½ P 80/85000.

🍴🍴🍴 **Sant'Anna,** via Turati 1/3 ℰ 505266, prenotare la sera – 🍽. 🖭 🕄 ⑩ ㄷ 𝗩𝗜𝗦𝗔. 🛠
chiuso venerdì, sabato a mezzogiorno e dal 25 luglio al 25 agosto – Pas carta 44/69000
per ③

🍴🍴🍴 **Villa Maderni,** via Cardano 53 ℰ 210660, prenotare – 🍽 🅿. 🖭 🕄 ⑩ ㄷ 𝗩𝗜𝗦𝗔. 🛠
chiuso domenica, dal 1° al 15 gennaio e dall'8 al 22 agosto – Pas carta 58/72000
4 km per ④

🍴🍴🍴 **Imbarcadero,** piazza Cavour 20 ℰ 277341 – 🖭 🕄 ⑩ ㄷ 𝗩𝗜𝗦𝗔. 🛠 AY r
chiuso dal 1° all'8 gennaio – Pas carta 43/65000.

🍴🍴 **Terrazzo Perlasca,** piazza De Gasperi 8 ℰ 303936, ← – 🍽. 🖭 🕄 ⑩ ㄷ 𝗩𝗜𝗦𝗔. 🛠 AY p
chiuso lunedì, dal 1° al 15 gennaio e dal 6 al 20 agosto – Pas carta 46/68000.

🍴🍴 **Da Angela,** via Ugo Foscolo 16 ℰ 304656, Coperti limitati; prenotare – 🖭 🕄 𝗩𝗜𝗦𝗔. 🛠 AY s
chiuso domenica e luglio o agosto – Pas carta 54/68000.

🍴🍴 **Er Più,** via Castellini 21 ℰ 272154 – 𝗩𝗜𝗦𝗔. 🛠 per ③
chiuso martedì – Pas carta 31/50000.

🍴🍴 **Da Pizzi,** viale Geno 12 ℰ 303454, ←, « Servizio estivo in giardino » – 🖭 ⑩ 𝗩𝗜𝗦𝗔
chiuso giovedì e dal 28 dicembre al 10 gennaio – Pas carta 40/57000
per viale geno AY

🍴🍴 **Ul Pinchett,** via Fontana 19 ℰ 263266 – 🖭 🕄 ⑩ ㄷ 𝗩𝗜𝗦𝗔. 🛠 AY r
Pas carta 32/55000.

🍴🍴 **Crotto del Lupo,** via Pisani Dossi-Cardina ℰ 570881, prenotare la sera, « Servizio estivo in terrazza ombreggiata » – 🅿. 🖭 🕄 ㄷ 𝗩𝗜𝗦𝗔. 🛠 3 km per ④
chiuso lunedì ed agosto – Pas carta 32/47000.

🍴 **Rino Alpino,** via Vittani 7 ℰ 273028 AY x
chiuso lunedì e dal 10 al 31 luglio – Pas carta 29/44000 (10%).

a Camnago Volta per ② : 3 km – ✉ **22030** :

🍴🍴🍴 **Navedano,** via Pannilani ℰ 261080, « Servizio estivo in terrazza », 🐎 – 🅿. 🖭 🕄 ⑩
ㄷ. 🛠
chiuso martedì e dal 1° al 15 agosto – Pas carta 46/75000 (10%).

sulla strada statale 342 per ③ : 4 km :

🍴 Trattoria del Mosè, via privata Lazzago 8 ✉ 22100 ℰ 521159, prenotare, « Servizio estivo in giardino » – 🅿.

Vedere anche : *Brunate* NE : 6 km oppure 7 mn di funicolare.

COMO (Lago di) o LARIO ★★★ Como 𝟿𝟾𝟾 ③ 𝟺𝟸𝟾 E 9 – Vedere Guida Verde.

COMUNANZA 63044 Ascoli Piceno 𝟿𝟾𝟾 ⑯ – 2 972 ab. alt. 448 – ✆ 0736.
Roma 206 – Ascoli Piceno 33 – Macerata 59 – Rieti 130.

🍴 Da Roverino con cam, ℰ 96242 – ☎
13 cam.

CONCA DEI MARINI 84010 Salerno – 690 ab. – a.s. Pasqua, giugno-settembre e Natale –
✆ 089.
Roma 272 – Amalfi 5 – ◆Napoli 57 – Salerno 30 – Sorrento 35.

🏨 **Belvedere,** ℰ 831282, Telex 770184, Fax 831439, ← mare e costa, « Terrazza con 🏊 »,
🏊 – 🛗 ☎ 🅿. 🖭 🕄 ㄷ 𝗩𝗜𝗦𝗔. 🛠 rist
aprile-ottobre – Pas 40/45000 – ⬜ 15000 – **34 cam** 126000 – ½ P 105/126000.

CONCESIO 25062 Brescia 428 429 F 12 – 12 154 ab. alt. 218 – ✿ 030.
Roma 544 – ♦Bergamo 54 – ♦Brescia 9 – ♦Milano 91.

XXX ✿ **Miramonti l'Altro,** località Costorio ✆ 2751063 – ☰ ℗. AE ⓞ. ✾
chiuso domenica sera e lunedì – Pas carta 40/64000
Spec. Insalata di carne cruda al fegato d'oca, Risotto con funghi porcini e formaggi dolci (giugno-ottobre
Capretto al coccio con polenta (marzo-giugno). Vini Lugana, Ronco di Mompiano.

CONEGLIANO 31015 Treviso 988 ⑤, 429 E 18 – 35 897 ab. alt. 65 – ✿ 0438.
Vedere Sacra Conversazione★ nel Duomo – ✾★ dal castello – Affreschi★ nella Scuola dei Battuti
🛈 viale Carducci 32 ✆ 21230.
Roma 571 – Cortina d'Ampezzo 109 – ♦Milano 310 – Treviso 28 – Udine 81 – ♦Venezia 60 – Vicenza 88.

🏨 **Cristallo,** corso Mazzini 45 ✆ 35445, Fax 35445 – ☎ ℗ – ⚖ 50. 🕃 E VISA ✾ rist
Pas carta 35/50000 – ☲ 8000 – **44 cam** 65/105000 – ½ P 90000.

🏨 **Sporting Hotel** ⏪ senza rist, via Diaz 37 ✆ 24955, Fax 34138, ⌱, ✿, ✾ – ☎ ✿
⇔ ℗ – ⚖ 50. AE 🕃 E VISA. ✾
☲ 7000 – **17 cam** 79/109000.

🏨 **Città di Conegliano,** via Parrilla 1 ✆ 21445, Fax 410950 – ⧉ ⬄ cam ☰ ☎ ☎ ⬧ ⟷
℗ – ⚖ 50. AE 🕃 ⓞ E VISA
chiuso dal 3 al 23 agosto – Pas (solo per clienti alloggiati e *chiuso a mezzogiorno*
carta 35/45000 – ☲ 9000 – **57 cam** 65/95000 – ½ P 90/100000.

🏨 **Canon d'Oro,** via 20 Settembre 131 ✆ 34246, Fax 34246, « Terrazze fiorite con fontana »
– ⧉ ☰ cam ☎ ☎ ℗. AE 🕃 E VISA ✾
Pas (chiuso sabato) carta 28/41000 – ☲ 8000 – **29 cam** 60/110000 – ½ P 70/95000.

🏠 Cima, via 24 Maggio 61 ✆ 34761, ✿ – ⧉ ☰ rist ☎ ⟷ ℗ – ⚖ 100 – **18 cam**.

XX **Tre Panoce,** via Vecchia Trevigiana 50 (O : 2 km) ✆ 60071, ✿ – ☰ ℗ – ⚖ 50. AE ⓞ
VISA. ✾
chiuso domenica sera, lunedì, dal 1° al 9 gennaio ed agosto – Pas carta 30/44000.

XX **Al Salisà,** via 20 Settembre 2 ✆ 24288, ⌖, prenotare – AE 🕃 ⓞ E VISA
chiuso martedì sera, mercoledì ed agosto – Pas carta 34/53000.

sulla strada statale 13 NE : 4 km :

🏠 Palladio, ⌧ 31020 San Fior ✆ 400089 – ☎ ☎ ℗ – **28 cam**.

CONERO (Monte) Ancona – Vedere Sirolo.

CONSELICE 48017 Ravenna 988 ⑮ – 9 162 ab. alt. 6 – ✿ 0545.
Roma 407 – ♦Bologna 48 – ♦Ferrara 50 – Forlì 54 – ♦Ravenna 43.

XX **Selice** con cam, ✆ 89798, ✿ – ⧉ ☰ ☎ ☎ ℗. ✾
chiuso agosto – Pas (chiuso lunedì) carta 26/46000 – **14 cam** ☲ 45/75000 – ½ P 48000.

CONSUMA 50060 Firenze ed Arezzo 988 ⑮ – alt. 1 058 – ✿ 055.
Roma 279 – Arezzo 57 – ♦Firenze 34 – Pontassieve 16.

X **Sbaragli** con cam, ✆ 8306500 – ℗. 🕃 VISA
aprile-ottobre – Pas (chiuso martedì) carta 29/38000 – ☲ 6000 – **32 cam** 35/60000 –
½ P 50/60000.

CONVENTO Vedere nome proprio del convento.

COPPITO L'Aquila – Vedere L'Aquila.

CORATO 70033 Bari 988 ㉘ – 43 078 ab. alt. 232 – ✿ 080.
Roma 414 – ♦Bari 49 – Barletta 27 – ♦Foggia 97 – Matera 64 – ♦Taranto 132.

sulla strada statale 98 S : 3 km :

🏨 **Appia Antica,** ⌧ 70033 ✆ 8722504, Fax 8724053, ✿ – ⧉ ☰ ☎ ☎ ⬧ ℗. 🕃 ⓞ VISA
⟷ ✾ rist
Pas (chiuso sabato) 20/41000 – ☲ 4000 – **54 cam** 83000 – ½ P 70/80000.

CORCIANO 06073 Perugia – 12 984 ab. alt. 368 – ✿ 075.
Roma 185 – Arezzo 65 – ♦Perugia 13 – Siena 97 – Terni 96.

X **Il Convento,** ✆ 6978946, « Taverna caratteristica » – ℗. ✾
chiuso lunedì e dal 15 gennaio al 15 febbraio – Pas carta 21/35000 (10%).

a Chiugiana S : 3 km – ⌧ 06073 Corciano :

🏨 **Conca del Sole,** ✆ 79249, Fax 79249, ⩻, ⌖, « Villini indipendenti nel verde », ⌱, ✾
– ☎ ⬧ ℗ – ⚖ 200. AE 🕃 E VISA. ✾ rist
Pas (chiuso martedì da ottobre a marzo, novembre e gennaio) carta 33/46000 – ☲ 9000 –
35 cam 85000 – ½ P 88000.

a San Mariano S : 7 km – ⌧ 06070 :

XX Ottavi, ✆ 774718, ⌖.

194

CORDIGNANO 31016 Treviso 四29 E 19 – 5 751 ab. alt. 56 – ✆ 0438.
Roma 577 – Belluno 48 – Treviso 42 – Udine 70 – ◆Venezia 71.

✗ **Da Piero,** ℘ 999139 – ℗
↔ chiuso lunedì e luglio – Pas carta 19/29000.

COREDO 38010 Trento 四29 C 15 – 1 341 ab. alt. 831 – a.s. Pasqua e Natale – ✆ 0463.
Roma 624 – ◆Bolzano 50 – Sondrio 130 – Trento 38.

✗✗ **Roen,** ℘ 36295, Coperti limitati; prenotare – 𝘝𝘐𝘚𝘈
chiuso lunedì sera, martedì, dal 15 al 30 giugno e dal 5 al 20 novembre – Pas carta 28/40000.

CORGENO Varese 219 ⑰ – alt. 270 – ✉ 21029 Vergiate – ✆ 0331.
Roma 631 – Laveno Mombello 25 – ◆Milano 54 – Sesto Calende 7 – Varese 22.

✗✗✗ ❀ **La Cinzianella** ⌇ con cam, ℘ 946337, Fax 948890, ≤, « Servizio estivo in terrazza panoramica », ☞ – ☎ ℗. 𝖠𝖤 🖲 ⓞ 𝖤 𝘝𝘐𝘚𝘈 ✼
chiuso gennaio – Pas (chiuso lunedì sera da ottobre ad aprile e martedì negli altri mesi) carta 55/75000 – ☲ 12500 – **10 cam** 55/75000 – ½ P 75/85000
Spec. Sformato di verdure alle due salse, Bianco di pollo farcito, Pasticceria della casa. **Vini** Riesling Italico, Cavariola.

CORINALDO 60013 Ancona 988 ⑯ – 5 316 ab. alt. 203 – ✆ 071.
Roma 285 – ◆Ancona 51 – Macerata 74 – Pesaro 46 – Urbino 47.

✗✗ **I Tigli** con cam, ℘ 679349, ☞ – 📺 ☎. 🖲 𝖤 𝘝𝘐𝘚𝘈
Pas carta 25/40000 – ☲ 6000 – **13 cam** 35/60000 – ½ P 45000.

CORLO Modena – Vedere Formigine.

Si vous écrivez à un hôtelier à l'étranger,
joignez à votre lettre un coupon-réponse international
(disponible dans les bureaux de poste).

CORMANO 20032 Milano 219 ⑱ – 18 837 ab. alt. 146 – ✆ 02.
Roma 580 – ◆Bergamo 45 – Como 35 – ◆Milano 10.

✗✗ **Al Carrello,** ad Ospitaletto ℘ 6193203, ☞ – ℗. 𝖠𝖤 🖲 ⓞ 𝖤 𝘝𝘐𝘚𝘈. ✼
chiuso domenica ed agosto – Pas carta 38/61000.

CORMONS 34071 Gorizia 988 ⑥, 四29 E 22 – 7 601 ab. alt. 56 – ✆ 0481.
Roma 645 – Gorizia 13 – ◆Milano 384 – ◆Trieste 49 – Udine 24 – ◆ Venezia 134.

🏠 **Felcaro** ⌇, via San Giovanni 45 ℘ 60214, « Servizio rist. estivo all'aperto », ⅃, ☞, ✼
– ⇆ 📺 ☎ ℗ – 🔬 50. 𝖠𝖤 🖲 ⓞ 𝖤 𝘝𝘐𝘚𝘈. ✼
Pas (chiuso lunedì) 25/45000 – ☲ 10000 – **49 cam** 50/99000 – ½ P 67/83000.

✗✗ **Al Cacciatore-della Subida,** NE : 2 km ℘ 60531, Fax 60531, ☞, « Ambiente caratteristico », ☞, ✼ – ℗
chiuso martedì e mercoledì – Pas carta 37/52000.

✗✗ **Al Giardinetto,** via Matteotti 54 ℘ 60257, ☞ – 🖲 𝖤 𝘝𝘐𝘚𝘈
chiuso lunedì sera e marted – Pas carta 29/45000.

✗✗ **Da Biagi-la Pentolaccia,** via Isonzo 37 ℘ 60397, ☞ – ℗. ⓞ 𝘝𝘐𝘚𝘈. ✼
chiuso domenica – Pas carta 25/35000.

CORNAIANO (GIRLAN) Bolzano 218 ⑳ – Vedere Appiano.

CORNEDO VICENTINO 36073 Vicenza 四29 F 16 – 9 421 ab. alt. 200 – ✆ 0445.
Roma 559 – ◆Milano 212 – ◆Venezia 93 – ◆Verona 59 – Vicenza 29.

sulla strada statale 246 SE : 4 km :

✗ **Due Platani,** via Campagnola 16 ✉ 36073 ℘ 947007, ☞, Coperti limitati; prenotare –
℗. 𝖠𝖤 🖲 ⓞ 𝖤 𝘝𝘐𝘚𝘈. ✼
chiuso domenica sera, lunedì ed agosto – Pas carta 28/42000.

CORNIGLIANO LIGURE GENOVA – Vedere Genova.

CORNUDA 31041 Treviso 988 ⑤, 四29 E 18 – 5 226 ab. alt. 163 – ✆ 0423.
Roma 553 – Belluno 54 – ◆Milano 258 – ◆Padova 52 – Trento 109 – Treviso 28 – ◆Venezia 53 – Vicenza 58.

✗✗ **Cavallino,** ℘ 83301, Solo piatti di pesce – ℗. 𝖠𝖤 ⓞ
chiuso domenica sera, lunedì e dal 6 al 28 agosto – Pas carta 36/52000.

✗ Da Armando, ℘ 83390, Solo piatti di pesce, prenotare la sera – ℗.

CORPO DI CAVA Salerno – Vedere Cava de' Tirreni.

CORREGGIO 42015 Reggio nell'Emilia 988 ⑭, 428 429 H 14 – 19 884 ab. alt. 33 – ✆ 0522.
Roma 422 – ♦Bologna 58 – ♦Milano 167 – ♦Verona 88.

a Budrio SO : 3 km – ⊠ 42015 Correggio :

🏛 **Locanda delle Vigne** 𝒮, ℰ 697345, Fax 697345 – 📺 ☎ 🅿. 🅂 ◑ 🄴 VISA. ⅌ rist
Pas *(chiuso lunedì)* carta 26/52000 – **12 cam** ⊇ 126000 – ½ P 90/120000.

CORTE FRANCA 25040 Brescia 429 F 11 – 5 155 ab. alt. 214 – ✆ 030.
Roma 576 – ♦Bergamo 35 – ♦Brescia 28 – ♦Milano 76.

✕ **Franciacorta,** ℰ 984405, ☴, 🐖 – 🅿
chiuso martedì ed agosto – Pas carta 25/44000 (10%).

CORTEMILIA 12074 Cuneo 988 ⑫, 428 I 6 – 2 703 ab. alt. 247 – ✆ 0173.
Roma 613 – Alessandria 71 – Cuneo 106 – ♦Milano 166 – Savona 68 – ♦Torino 90.

🏛 **San Carlo,** corso Divisioni Alpine 11 ℰ 81546, Fax 81235, ☴, 🐖 – 🛗 📺 ☎ 🚗 🅿.
🅂 🄴 VISA. ⅌ cam
chiuso dal 22 al 30 dicembre – Pas carta 25/40000 – ⊇ 10000 – **22 cam** 48/79000 –
½ P 52/62000.

CORTINA D'AMPEZZO 32043 Belluno 988 ⑤, 429 C 18 – 7 410 ab. alt. 1 224 – a.s. febbraio-
15 marzo, Pasqua, agosto e Natale – Sport invernali : 1 224/3 243 m ⪡5 ⪡40, ⪢ – ✆ 0436.
Vedere Posizione pittoresca★★★ – **Dintorni** Tofana di Mezzo : ☀★★★ 15 mn di funivia – Tondi di
Faloria : ☀★★ 20 mn di funivia – Belvedere Pocol : ☀★★ 6 km per ④.
Escursioni Dolomiti★★★ per ④ – 🅶 piazza Roma ℰ 3231, Telex 440004.
Roma 672 ③ – Belluno 71 ③ – ♦Bolzano 133 ① – ♦Innsbruck 165 ① – ♦Milano 411 ③ – Treviso 132 ③.

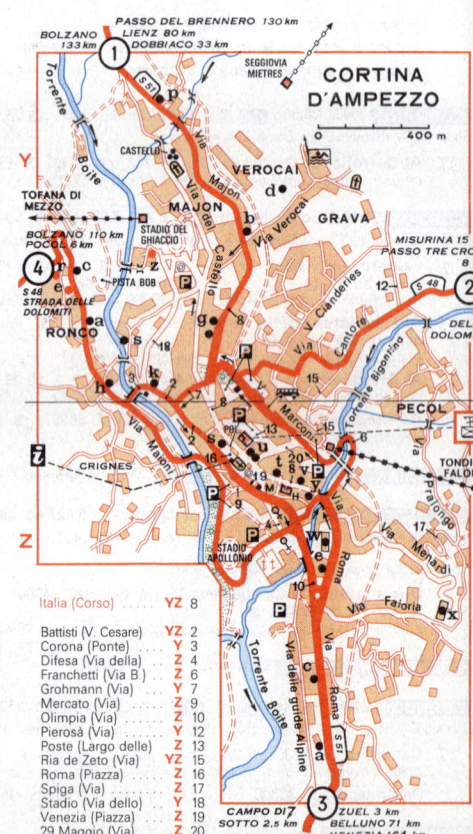

🏨 **Miramonti Majestic** 𝒮, località Pezziè 103 ℰ 4201, Telex 440069,
Fax 867019, ⪡ conca di
Cortina e Dolomiti,
« Parco con ⬚ », 🖾, 🛋,
🖳, ⪡ 🅿 – 🛗 50 a 250. 🄰🄴 🅂
◑ 🄴 VISA. ⅌ rist
20 dicembre-2 aprile e luglio-agosto – Pas
carta 65/106000 – ⊇
24000 – **116 cam**
336/420000 appartamenti
570/650000 – ½ P 220/
310000 2 km per ③

🏨 **Cristallo** 𝒮, via Menardi 42 ℰ 4281, Telex
440090, Fax 868058, ⪡
conca di Cortina e Dolo-
miti, ☴ riscaldata, 🖳
– 🛗 📺 🕿 🚗 🅿 –
🛗 80. 🄰🄴 🅂 ◑ 🄴 VISA.
⅌ rist   Z x
19 dicembre-2 aprile e lu-
glio-10 settembre – Pas
75000 – **81 cam**
⊇ 272/469000 –
½ P 320/370000.

🏨 **Gd H. Savoia,** via Roma
62 ℰ 3201, Telex 440811,
Fax 2731, « Parco e ter-
razza con ☴ e ⪡ Dolo-
miti », ⅌ – 🛗 ☎ 🚗
🅿 – 🛗 50 a 250. 🄰🄴 🅂
◑ 🄴 VISA. ⅌ rist   Z w
20 dicembre-12 aprile e
15 luglio-5 settembre –
Pas 50/100000 – ⊇ 30000
– **142 cam** 225/375000 –
½ P 190/330000.

🏛 **Sporting Hotel Villa
Blu** 𝒮, località Verocai
ℰ 867541, Fax 868129, ⪡
Dolomiti, 🛋, ⅌ –
🛗 📺 ☎ 🚗 🅿 VISA.
⅌ rist   Y d
20 dicembre-10 aprile e
28 giugno-25 settembre –
Pas carta 35/45000 –
49 cam ⊇ 310000 –
½ P 115/285000.

🏛 **De la Poste,** piazza Roma 14 ✆ 4271, Telex 440044, Fax 868435, ≼ Dolomiti – 劇 📺 ☎ ♿ 🅿 🏧 🛧
chiuso dal 20 ottobre al 19 dicembre – Pas carta 51/93000 – **80 cam** ⴾ 220/370000 – Z s
appartamenti 380/480000 – ½ P 160/260000.

🏛 **Splendid Hotel Venezia,** corso Italia 209 ✆ 3291, Telex 440817, Fax 868188, ≼ Dolomiti
– 劇 📺 ☎ ♿ 🅿 🏧 🕦 VISA 🛧 rist
20 dicembre-1° aprile e luglio-settembre – Pas 50/70000 – **92 cam** ⴾ 280/350000 – Y g
½ P 140/280000.

🏛 **Parc Hotel Victoria,** corso Italia 1 ✆ 3246, Fax 4734, « Arredamento rustico elegante;
piccolo parco ombreggiato » – 劇 📺 ☎ ♿ 🅿 🏧 🕦 🛧 VISA 🛧 rist
21 dicembre-7 aprile e 10 luglio-15 settembre – Pas carta 52/78000 – ⴾ 15000 – **45 cam** Z y
180/310000 appartamenti 360/460000 – ½ P 125/280000.

🏛 **Europa,** corso Italia 207 ✆ 3221, Telex 440043, Fax 868204, ≼ Dolomiti – 劇 📺 ☎ ♿
🅿 🏧 🛄 🕦 E VISA 🛧 rist
chiuso da novembre al 10 dicembre – Pas 50/60000 – **52 cam** ⴾ 180/310000 – Y g
½ P 150/280000.

🏛 **Cortina,** corso Italia 94 ✆ 4221, Telex 328507, Fax 860760 – 劇 ☎ ♿ 🏧 🛄 🕦 E VISA
🛧 rist
18 dicembre-10 aprile e 15 giugno-20 settembre – Pas 40/80000 – **48 cam** ⴾ 220/340000 Z u
– ½ P 120/275000.

🏛 **Ancora,** corso Italia 62 ✆ 3261, Fax 3261, ≼, « Servizio rist. estivo in terrazza » – 劇 📺
☎ 🅿 🏧 🛄 🕦 E VISA 🛧 rist
20 dicembre-Pasqua e luglio-15 settembre – Pas carta 53/73000 – **71 cam** ⴾ 180/300000 Z t
– ½ P 125/225000.

🏛 **Menardi,** via Majon 110 ✆ 2400, Fax 862183, ≼ Dolomiti, « Elegante arredamento; parco
ombreggiato » – 劇 ☎ 🚗 🅿 🛄 E VISA 🛧
20 dicembre-7 aprile e 20 giugno-22 settembre – Pas 30/40000 – **48 cam** ⴾ 100/170000 – Y p
½ P 90/140000.

🏛 **Corona,** via Cesare Battisti 15 ✆ 3251, Fax 867339, ≼ Dolomiti – 劇 ⇔ ☎ ♿ 🅿 🛄 E
VISA 🛧 rist
20 dicembre-marzo e luglio-10 settembre – Pas carta 40/50000 – **44 cam** ⴾ 130/210000 – Y h
½ P 110/170000.

🏛 **Concordia Parc Hotel,** corso Italia 28 ✆ 4251, Telex 440066, Fax 868151, « Parco
ombreggiato » – 劇 ☎ 🚗 🅿 🛄 🛄 E VISA 🛧
22 dicembre-marzo e 10 luglio-agosto – Pas 40/60000 – ⴾ 15000 – **60 cam** 150/225000 – Z v
½ P 105/210000.

🏛 **Franceschi,** via Cesare Battisti 86 ✆ 867041, Fax 2909, ≼ Dolomiti, « Parco », 🛧 – 劇
☎ 🚗 🅿 🛧
16 dicembre-3 aprile e 22 giugno-29 settembre – Pas 30/55000 – ⴾ 10000 – **48 cam** Y k
184/230000 – ½ P 103/195000.

🏛 **Trieste,** via Majon 28 ✆ 2245, ≼ Dolomiti – 劇 ☎ 🅿 🛄 🛄 E VISA 🛧
20 dicembre-marzo e 20 giugno-20 settembre – Pas carta 30/50000 – ⴾ 15000 – **28 cam** Y b
100/160000 – ½ P 86/150000.

🏛 **Nord Hotel,** via La Verra 1 ✆ 4707, Fax 868164, ≼ Dolomiti e conca di Cortina – ☎ 🅿
VISA 🛧 rist   2 km per ①
6 dicembre-10 aprile e 20 giugno-settembre – Pas 29/45000 – ⴾ 14000 – **34 cam** 80/130000
– ½ P 85/110000.

🏛 **Columbia** senza rist, via Ronco 75 ✆ 3607, ≼ Dolomiti, 🚗 – 📺 ☎ 🅿 🛄 E VISA 🛧
dicembre-14 aprile e giugno-ottobre – ⴾ 9000 – **20 cam** 70/120000.   Y c

🏛 **Pontechiesa,** via Marangoni 3 ✆ 2523, Fax 867343, ≼ Dolomiti, 🚗 – 劇 📺 ☎ ♿ 🅿
VISA 🛧
dicembre-13 aprile. e 15 giugno-21 settembre – Pas 28/35000 – ⴾ 10000 – **35 cam** Y s
95/180000 – ½ P 120/140000.

🏛 **Fanes,** via Roma 136 ✆ 3427, Fax 5027, ≼ Dolomiti, 🚗 – 📺 ☎ 🅿 🏧 🛄 🕦 E VISA
🛧 rist
22 dicembre-7 aprile e 15 giugno-4 novembre – Pas carta 29/51000 (15%) – ⴾ 15000 – Z a
25 cam 136/170000 – ½ P 120/165000.

🏛 **MotelAgip,** via Roma 70 ✆ 861400, Fax 862140, ≼ – 📞 🚗 🅿 🛄 🛄 🕦 E VISA
🛧 rist   Z c
Pas *(chiuso domenica in bassa stagione)* 30000 – **42 cam** ⴾ 93/157000 – ½ P 105/137000.

🏚 **Montana** senza rist, corso Italia 94 ✆ 3366 – 劇 ☎ 🅿 🛄 🛄 🕦 E VISA   Z u
dicembre-Pasqua e giugno-5 ottobre – ⴾ 6000 – **30 cam** 52/84000.

🏚 Panda senza rist, via Roma 64 ✆ 860344, ≼ Dolomiti – ☎ 🅿 – **18 cam**   Z e

🏚 **Villa Nevada** senza rist, via Ronco 64 ✆ 4778, ≼ conca di Cortina e Dolomiti – ☎ 🅿
🛧 – *dicembre-15 aprile e 15 giugno-settembre* – ⴾ 8000 – **11 cam** 68/106000   Y a

XXX **El Toulà,** via Ronco 123 ✆ 3339, prenotare, ≼ conca di Cortina e Dolomiti, 🍴 – 🅿 🛄
🛄 🕦 E VISA 🛧   Y r
20 dicembre-15 aprile e 15 luglio-15 settembre; chiuso lunedì – Pas carta 63/87000 (12%).

XX ❀ **Tivoli,** località Lacedel ✆ 866400, ≼ Dolomiti, Coperti limitati; prenotare, « Servizio
estivo in terrazza » – 🛄 E VISA   2 km per ④
6 dicembre-Pasqua e 15 luglio-28 settembre; chiuso lunedì – Pas carta 36/54000
Spec. Tartare di trota affumicata e pane brioche, Garganelli alle verdure di stagione, Costata di bue Angus
con salsa al rosmarino. **Vini** Sauvignon, Merlot.

XX ❀ **Meloncino-al Lago,** località Lago Ghedina ℘ 860376, Fax 860476, ≤, 🛖, prenotare,
« Chalet in riva al laghetto » – **P.** 9 km per ④
chiuso martedì, giugno e novembre – Pas carta 48/71000
Spec. Gnocchetti di ricotta e rucola, Capriolo in crosta, Mousse di castagne . **Vini** Pinot bianco, Tignanello.

XX **Da Beppe Sello** con cam, via Ronco 68 ℘ 3236, ≤ Dolomiti – ☎ **P.** AE VISA. ᝈ rist
chiuso dal 10 aprile al 15 maggio e dal 20 settembre al 31 ottobre – Pas *(chiuso martedì)*
carta 35/52000 – ☑ 10000 – **12 cam** 60/130000 – ½ P 70/140000 **Y** e

XX **Tana della Volpe,** via dello Stadio 27 a/b ℘ 867494, 🛖, prenotare – **P.** AE VISA – Pas
chiuso dal 10 al 18 gennaio, dal 15 giugno al 15 luglio e mercoledì in bassa stagione – Pas
carta 46/76000 **Y z**

X **Bellavista-il Meloncino,** località Gillardon ℘ 861043, ≤ conca di Cortina e Dolomiti,
Coperti limitati; prenotare, « Servizio estivo in terrazza » – **P.** ᝈ 5 km per ④
chiuso martedì, giugno e novembre – Pas carta 48/71000.

X **El Zoco,** via Cademai 18 ℘ 860041, Coperti limitati; prenotare – **P.** ⓞ VISA. ᝈ
5 dicembre-aprile e 15 giugno-5 novembre; chiuso lunedì – Pas carta 35/62000
1,5 km per ①

X **Baita Fraina,** località Fraina ℘ 3634, ≤ Dolomiti, « Servizio estivo in terrazza » – **P.** VISA.
ᝈ 2 km per ③
dicembre-aprile e luglio-settembre; chiuso lunedì – Pas carta 36/57000.

a Pocol per ④ : 6 km – alt. 1 530 – ✉ **32043** Cortina d'Ampezzo :

🏨 **Sport Hotel Tofana,** ℘ 3281, Telex 440073, ≤ Dolomiti, 🚗, ᝈ – 🛗 ☎ 🚗 **P.** AE
🅱 ⓞ E VISA. ᝈ rist
21 dicembre-8 aprile e luglio-8 settembre – Pas *(chiuso lunedì in bassa stagione)*
carta 32/48000 – **83 cam** ☑ 110/220000 – ½ P 117/144000.

🏨 **Villa Argentina,** ℘ 5641, ≤ Dolomiti, 🚗 – 🛗 ☎ **P.** AE. ᝈ rist
20 dicembre-8 aprile e luglio-10 settembre – Pas *(chiuso martedì)* 28/30000 – ☑ 12000 –
106 cam 95/165000 – ½ P 120/150000.

CORTINA VECCHIA Piacenza – Vedere Alseno.

CORTONA 52044 Arezzo 9⃞8⃞8⃞ ⑮ – 22 627 ab. alt. 650 – ✿ 0575.
Vedere Museo Diocesano★★ M[1] – Museo dell'Accademia Etrusca★ nel palazzo Pretorio M[2] –
Tomba della Santa★ nel santuario di Santa Margherita – Chiesa di Santa Maria del Calcinaio★
3 km per ②.
🅱 via Nazionale 72 ℘ 603056.
Roma 200 ② – Arezzo 29 ② – Chianciano Terme 55 ② – ◆Firenze 117 ② – ◆Perugia 54 ② – Siena 70 ②.

🏛 **Oasi G. Neumann** 🏖, via Contesse 1 ✎ 630354, Fax 630354, ≼ vallata, « Parco ombreggiato » – ☎ 🅿 – ⛳ 100 a 250. ❄
aprile-15 ottobre – Pas 28000 – ☱ 8000 – **36 cam** 60/85000 – ½ P 65/70000.
c

🏛 **San Michele** senza rist, via Guelfa 15 ✎ 604348, Fax 630147 – 🛗 ☎. 🖭 🅱 ⓞ Ε 𝖵𝖨𝖲𝖠. ❄
chiuso dal 12 gennaio a febbraio – ☱ 8000 – **34 cam** 65/90000 appartamento 100/120000.
a

🍴🍴 Fonte dei Frati, localita' Case Sparse 294 ✎ 601370, 🏕 – 🅿   5 km per ②

CORVARA IN BADIA 39033 Bolzano 𝟵𝟴𝟴 ⑤, 𝟰𝟮𝟵 C 17 – 1 234 ab. alt. 1 568 – Sport invernali : 1 568/2 530 m ≼1 ≰17, ≰ – ✆ 0471.
🛈 Municipio ✎ 836176, Telex 401555.
Roma 704 – Belluno 85 – ♦Bolzano 65 – Brunico 37 – Cortina d'Ampezzo 47 – ♦Milano 364 – Trento 125.

🏨 **Sassongher** 🏖, a Pescosta ✎ 836085, Fax 836542, ≼ gruppo Sella e vallata, ₤ᴓ, ≋, 🔲 – 🛗 🍴 rist 📺 ☎ 🅿 – ⛳ 90. 🅱 Ε 𝖵𝖨𝖲𝖠. ❄
20 dicembre-20 aprile e 20 giugno-settembre – Pas carta 45/55000 – **50 cam** ☱ 70/130000 – ½ P 95/170000.

🏨 **La Perla,** ✎ 836132, Telex 401685, Fax 836568, ≼ Dolomiti, « Giardino con 🌊 riscaldata », ₤ᴓ, ≋ – 🛗 🍴 rist 📺 ☎ 🅿. 🅱 ⓞ Ε 𝖵𝖨𝖲𝖠. ❄
15 dicembre- 15 aprile e 22 giugno-settembre – Pas carta 38/68000 – ☱ 20000 – **50 cam** 120/220000 appartamenti 180/280000 – ½ P 89/178000.

🏨 **Sport Hotel Panorama** 🏖, ✎ 836083, Telex 401220, Fax 836449, ≼ gruppo Sella e vallata, ≋, 🔲, 🍴 – 🛗 📺 ☎ 🅿. 🖭 🅱 Ε 𝖵𝖨𝖲𝖠. ❄
20 dicembre-20 aprile e luglio-22 settembre – Pas carta 29/42000 – ☱ 18000 – **32 cam** 58/105000 – ½ P 80/168000.

🏨 **Posta-Zirm,** ✎ 836175, Telex 400844, Fax 836580, ≼ gruppo Sella, ≋, 🔲 – 🛗 🍴 rist 📺 ☎ 🅿 🅱 ⓞ Ε 𝖵𝖨𝖲𝖠 ❄ rist
chiuso novembre – Pas carta 28/46000 – **74 cam** ☱ 110/200000 – ½ P 75/135000.

🏨 **Salvan,** ✎ 836015, ≼ gruppo Sella e Sassongher, ₤ᴓ, ≋, 🔲, ⚘, 🍴 – ☎ 🅿. 🖭 🅱 Ε 𝖵𝖨𝖲𝖠
3 dicembre-22 aprile e giugno-10 ottobre – Pas carta 35/56000 – **36 cam** ☱ 105/210000 – ½ P 95/105000.

🏨 **Tablè,** ✎ 836144, Fax 836313, ≼ gruppo Sella, ≋ – 🛗 📺 ☎ 🅿. 🖭 🅱 Ε 𝖵𝖨𝖲𝖠. ❄
20 dicembre-15 aprile e 20 maggio-20 ottobre – Pas (solo per clienti alloggiati) 25/30000 – ☱ 15000 – **27 cam** 140000 – ½ P 60/120000.

🏨 **Col Alto,** ✎ 836009, Telex 400209, Fax 836066, ≼ gruppo Sella, ≋, 🔲 – 🛗 ☎ 🅿. ❄
chiuso novembre – Pas carta 19/33000 – **62 cam** ☱ 70/120000 – ½ P 55/110000.

🏨 **Villa Eden,** ✎ 836041, Fax 836489, ≼ gruppo Sella e Sassongher, ₤ᴓ, ≋ – 🛗 📺 ☎ 🅿. ❄ rist
5 dicembre-20 aprile e 15 giugno-20 settembre – Pas carta 25/33000 – **33 cam** ☱ 65/115000 – ½ P 60/98000.

🍴 **La Tambra** con cam, ✎ 836281, ≼ gruppo Sella, Rist. e self-service – 📟 🅿
6 dicembre-24 aprile e 10 giugno-settembre – Pas carta 27/45000 – **18 cam** ☱ 78/156000 – ½ P 67/83000.

sulla strada statale 244 S : 2,5 km :

🏠 **Planac** 🏖, ✉ 39033 ✎ 836210, Fax 836598, ≼ gruppo Sella, ≋ – ☎ 🅿. 🅱 Ε 𝖵𝖨𝖲𝖠. ❄ rist
20 dicembre-7 aprile e 22 giugno-29 settembre – Pas carta 28/53000 – **39 cam** ☱ 65/105000 – ½ P 65/105000.

a Colfosco (Kolfuschg) O : 3 km – alt. 1 645 – ✉ **39030**.
🛈 ✎ 836145 :

🏨 **Cappella,** ✎ 836183, Fax 836561, ≼ gruppo Sella e vallata, « Giardino », ₤ᴓ, ≋, 🔲, 🍴 – 🛗 🍴 rist 📺 ☎ ઠ 📟 🅿. 𝖵𝖨𝖲𝖠. ❄
21 dicembre-7 aprile e 21 giugno-29 settembre – Pas *(chiuso lunedì)* carta 33/50000 – ☱ 19000 – **40 cam** 90/150000 appartamento 130/170000 – ½ P 83/150000.

Vedere anche : *Campolongo (Passo di)* S : 6,5 km.

Le guide Vert Michelin **ITALIE** (nouvelle présentation en couleur)

Paysages, monuments
Routes touristiques
Géographie
Histoire, Art
Itinéraires de visite
Plans de villes et de monuments.

COSENZA 87100 P 988 ㉙ – 105 349 ab. alt. 237 – ✆ 0984.

Vedere Tomba d'Isabella d'Aragona★ nel Duomo Z.

🅱 via Pasquale Rossi ✆ 390595 – **A.C.I.** via Tocci 2/a ✆ 74381.

Roma 519 ⑤ – ♦Napoli 313 ⑤ – ♦Reggio di Calabria 190 ⑤ – ♦Taranto 205 ⑤.

S 19: CASTROVILLARI
S 107: PAOLA

COSENZA

🏨 **Centrale,** via del Tigrai 3 ✆ 73681, Telex 912599, Fax 75750 – 🛗 📶 TV ☎ 🚗 P 🅰🅴
⑤ ㊂ VISA ✻ rist **Y s**
Pas carta 29/43000 – **48 cam** ⊇ 80/115000 – ½ P 83/93000.

XX **La Calavrisella,** via Gerolamo De Rada 11/a ✆ 28012 – 🔳 🅰🅴 ⑤ ⓪ ㊂ VISA **Y t**
chiuso le sere di sabato-domenica e dal 12 al 25 agosto – Pas carta 25/44000 (10%).

X **Da Giocondo,** via Piave 53 ✆ 29810 – ✻ **Y n**
chiuso domenica ed agosto – Pas carta 32/53000.

in prossimità uscita nord autostrada A 3 o sulla strada statale 19 per ① :

🏨 **Europa,** contrada Roges ⊠ 87036 Rende *𝒫* 465064, Telex 800075, Fax 465070, ⍌ – 📶
▤ 📺 ☎ 🅿 – 🏛 100. 🆎 🕃 ⓞ 🅴 𝗩𝗜𝗦𝗔. ⁕ rist
Pas carta 37/52000 – **79 cam** ⌷ 98/144000 – ½ P 98/122000.

🏨 **San Francesco,** contrada Commenda ⊠ 87036 Rende *𝒫* 461721, Telex 800048, Fax
464520 – 📶 ▤ 📺 ☎ 🅿 – 🏛 500. 🆎 🕃 ⓞ 🅴 𝗩𝗜𝗦𝗔. ⁕ rist
Pas carta 32/45000 – **144 cam** ⌷ 92/135000 – ½ P 100/108000.

🏨 **Domus Residence,** via Bernini 4 ⊠ 87030 Castiglione Cosentino Scalo *𝒫* 839652, Fax
839967 – 📶 ⇆ rist ▤ ☎ 🕭 ⇦ 🅿 – 🏛 50. 🆎 𝗩𝗜𝗦𝗔. ⁕
Pas *(chiuso domenica)* carta 25/37000 – ⌷ 4000 – **74 cam** 75/110000 – ½ P 90/100000.

🏨 **MotelAgip,** bivio strada statale 107 ⊠ 87030 Castiglione Cosentino Scalo *𝒫* 461782,
Telex 912553, Fax 837522 – 📶 ▤ 📺 ☎ 🅿 – 🏛 50. 🆎 🕃 ⓞ 🅴 𝗩𝗜𝗦𝗔. ⁕ rist
Pas 30000 – **65 cam** ⌷ 90/130000 – ½ P 120/145000.

🏨 **Sant'Agostino** senza rist, contrada Roges, via Modigliani 49 ⊠ 47036 Rende *𝒫* 461782,
Fax 461782 – 📺 ☎ 🅿. 𝗩𝗜𝗦𝗔. ⁕
⌷ 2500 – **24 cam** 65/95000.

COSSANO BELBO 12054 Cuneo 𝟜𝟚𝟠 I 6 – 1 174 ab. alt. 244 – ✪ 0141.
·oma 614 – Alessandria 52 – Asti 31 – Cuneo 89 – ◆Genova 114 – ◆Milano 142 – ◆Torino 86.

✗ **Della Posta-da Camulin,** *𝒫* 88126 – 🆎 ⓞ
chiuso domenica sera, lunedì e dal 15 luglio al 13 agosto – Pas carta 26/41000.

COSSATO 13014 Vercelli 𝟗𝟪𝟪 ②, 𝟜𝟚𝟠 F 6 – 15 465 ab. alt. 253 – ✪ 015.
·oma 668 – Biella 11 – ◆Milano 94 – ◆Torino 82 – Vercelli 43.

✗✗ **Tina** con cam, via Matteotti 21 *𝒫* 93403 – 🕃 𝗩𝗜𝗦𝗔. ⁕ rist
Pas *(chiuso sabato e dal 30 luglio al 20 agosto)* carta 31/51000 – ⌷ 8000 – **10 cam**
42/65000 – ½ P 55000.

COSTA Trento – Vedere Folgaria.

COSTABISSARA 36030 Vicenza – 4 840 ab. alt. 51 – ✪ 0444.
·oma 546 – ◆Milano 209 – ◆Padova 45 – ◆Venezia 78 – Vicenza 7.

✗ **Da Lovise,** *𝒫* 557062, « Servizio estivo sotto un pergolato » – 🅿
chiuso lunedì e dal 2 al 21 agosto – **Pas** carta 28/39000.

COSTA DORATA Sassari – Vedere Sardegna (Porto San Paolo) alla fine dell'elenco alfabetico.

COSTALOVARA (WOLFSGRUBEN) Bolzano – Vedere Renon.

COSTALUNGA (Passo di) (KARERPASS) Trento 𝟗𝟪𝟪 ④⑤, 𝟜𝟚𝟫 C 16 – alt. 1 753 – a.s. febbraio-
·asqua e Natale – Sport invernali : 1 753/1 875 m ⬦3, ⬳ (vedere anche Nova Levante).
▸edere ⬦★ sul Catinaccio – Lago di Carezza★★★ O : 2 km.
·oma 674 – ◆Bolzano 29 – Cortina d'Ampezzo 81 – ◆Milano 332 – Trento 93.

🏨 **Savoy,** ⊠ 38039 Vigo di Fassa *𝒫* (0471) 612124, Fax (0471) 612132, ⬦ Dolomiti e pinete,
🖳 – 📶 ⇆ rist ☎ 🅿. 🕃 🅴 𝗩𝗜𝗦𝗔 ⁕
·21 dicembre-15 aprile e 15 giugno-15 ottobre – Pas carta 26/42000 – **35 cam** ⌷ 65/108000
– ½ P 65/85000.

COSTA PARADISO Sassari – Vedere Sardegna (Trinità d'Agultu) alla fine dell'elenco alfabetico.

COSTA REI Cagliari – Vedere Sardegna (Muravera) alla fine dell'elenco alfabetico.

COSTA ROTIAN Trento – Vedere Folgarida.

COSTA SMERALDA Sassari 𝟗𝟪𝟪 ㉒㉔ – Vedere Sardegna (Arzachena) alla fine dell'elenco
·lfabetico.

COSTA VOLPINO 24062 Bergamo 𝟜𝟚𝟠 𝟜𝟚𝟫 E 12 – 8 364 ab. alt. 251 – a.s. luglio e agosto –
·✪ 035.
·oma 608 – ◆Bergamo 43 – ◆Brescia 49 – ◆Milano 88 – Sondrio 102.

✗✗ **Franini** con cam, *𝒫* 971017 – 📺 🅿. 🆎 🕃 ⓞ 🅴 𝗩𝗜𝗦𝗔. ⁕ cam
Pas *(chiuso mercoledì)* carta 37/50000 – ⌷ 8500 – **14 cam** 50/75000 – P 90/100000.

COSTIERA AMALFITANA ★★★ Napoli e Salerno 𝟗𝟪𝟪 ㉗㉘ – Vedere Guida Verde.

COSTIGLIOLE D'ASTI 14055 Asti 988 ⑳, 428 H 6 – 5 938 ab. alt. 242 – 🕸 0141.
Roma 629 – Acqui Terme 34 – Alessandria 51 – Asti 15 – ♦Genova 108 – ♦Milano 141 – ♦Torino 70.

XXX ✿✿ **Guido,** piazza Umberto I n° 27 ℰ 966012, solo su prenotazione – 🖬 E 𝖵𝖨𝖲𝖠
   chiuso a mezzogiorno, domenica e i giorni festivi – Pas 100/120000
   Spec. Agnolotti di Costigliole, Peperone ripieno al forno, Cardo gobbo con fonduta e tartufi. Vini Arne
   Barbaresco.

X **Collavini** via Asti-Nizza 84 ℰ 966440, solo su prenotazione – 🅰🅴 🖬 ⓞ 𝖵𝖨𝖲𝖠. 🦌
   chiuso martedì sera, mercoledì, dal 6 al 30 gennaio e dal 20 luglio al 15 agosto – P
   carta 29/48000.

COSTOZZA Vicenza – Vedere Longare.

COTIGNOLA 48010 Ravenna 429 I 17 – 7 017 ab. alt. 19 – 🕸 0545.
Roma 396 – ♦Bologna 53 – Forlì 28 – ♦Ravenna 25.

X **Da Giovanni** con cam, ℰ 40138 – 🕿. 🅰🅴 𝖵𝖨𝖲𝖠. 🦌
   Pas *(chiuso sabato)* carta 29/43000 – 🖵 9000 – **10 cam** 44/66000 – ½ P 53/58000.

a Barbiano O : 4,5 km – ✉ **48010** :

🏠 **Villa Bolis,** ℰ 78347 e rist ℰ 78630, 🦌 – 🖬 🗹 TV ☎ 🅿 – 🕿 25. 🅰🅴 🖬 ⓞ E 𝖵𝖨𝖲
   🦌 rist
   Pas carta 47/70000 – 🖵 10000 – **14 cam** 60/85000 – ½ P 70/97000.

COURMAYEUR 11013 Aosta 988 ①, 428 E 2 – 2 891 ab. alt. 1 228 – a.s. febbraio-Pasqua,
luglio-agosto e Natale – Sport invernali : 1 228/2 736 m ✔6 ✔15, ✘; anche sci estivo : 1 37
3 470 m ✔3 – 🕸 0165.
Vedere Località★★.
Escursioni Valle d'Aosta★★ : ✔★★★ per ②.
🚡 (luglio-settembre) a Planpincieux ✉ 11013 ℰ 89103, NE : 6 km BX.
🛈 piazzale Monte Bianco ℰ 842060, Telex 215871, Fax 842072.
Roma 784 ② – Aosta 38 ② – Chamonix 24 ① – Colle del Gran San Bernardo 70 ② – ♦Milano 222 ② – Colle c
Piccolo San Bernardo 28 ②.

Pianta pagina a lato

🏨 **Royal e Golf,** via Roma 83 ℰ 843621, Telex 214312, Fax 842093, ✔ monti e ghiaccia
   🖾, 🌡 riscaldata, 🦌 – 🖬 TV ☎ 🅿 – 🕿 25 a 70. 🅰🅴 🖬 ⓞ E 𝖵𝖨𝖲𝖠. 🦌 rist   AZ
   dicembre-aprile e luglio-agosto – Pas 75000 – 🖵 25000 – **92 cam** 332/415000 appartamen
   676/916000 – ½ P 180/273000

🏨 **Pavillon,** strada Regionale 62 ℰ 842420, Telex 210541, Fax 844984, ✔ monti, 🖾 – 🖬
   ☎ 🚗 🅿 – 🕿 250. 🅰🅴 🖬 ⓞ E 𝖵𝖨𝖲𝖠. 🦌 rist   BY
   6 dicembre-28 aprile e 21 giugno-25 settembre – Pas 40/50000 ed al Rist. **Grill Le Bistroqu**
   (chiuso a mezzogiorno e lunedì) carta 45/65000 – 🖵 18000 – **50 cam** 180/32000
   appartamento 400/600000 – P 180/250000.

🏨 **Palace Bron** 🦌, a Plan Gorret E : 2 km ℰ 842545, Fax 844015, ✔ Dente del Gigante
   vallata, « Posizione panoramica in pineta », 🦌 – 🖬 TV ☎ 🅿 ⓞ 𝖵𝖨𝖲𝖠. 🦌   BY
   20 dicembre-22 aprile e 30 giugno-16 settembre – Pas *(chiuso lunedì)* 55/65000 – 🖵 1800
   – **26 cam** 140/260000 appartamento 630000 – ½ P 150/210000.

🏨 **Perrier Mont Blanc e Rist. Le Relais,** superstrada Traforo del Monte Bianco ℰ
   844451, Telex 211085, Fax 844417, ✔ monti e vallata, 🖾 – 🖬 TV ☎ 🚗 🅿 – 🕿 50. 🄴
   E 𝖵𝖨𝖲𝖠. 🦌 rist   AZ
   Pas *(chiuso martedì e mercoledì a mezzogiorno)* carta 34/75000 – **40 cam** 🖵72/124000
   ½ P 126/146000.

🏨 **Bouton d'Or** senza rist, superstrada Traforo del M.te Bianco ℰ 842380, Fax 842152,
   monti e vallata, 🦌 – 🖬 🖬 ⓞ E 𝖵𝖨𝖲𝖠   AZ
   7 dicembre-5 maggio e 22 giugno-3 novembre – 🖵 12000 – **21 cam** 60/90000.

🏨 **Del Viale,** viale Monte Bianco 74 ℰ 842227, Fax 844513, ✔ monti, 🦌 – TV ☎ 🚗 🄲
   🅰🅴 🖬 ⓞ E 𝖵𝖨𝖲𝖠. 🦌 rist   BY
   chiuso maggio e novembre – Pas carta 41/59000 – 🖵 12000 – **23 cam** 55/88000
   ½ P 55/135000.

🏨 **Courmayeur,** via Roma 158 ℰ 842323, Fax 845125 – 🖬 TV ☎ 🅿. 🖬 E 𝖵𝖨𝖲𝖠. 🦌 rist
   chiuso ottobre e novembre – Pas *(chiuso lunedì)* 29/34000 – 🖵 10000 – **25 cam** 55/85000
   – ½ P 70/110000   AZ

🏨 **Cresta et Duc,** via Circonvallazione 7 ℰ 842585, Telex 211060, Fax 842591, ✔ monti –
   TV ☎ 🅿. 🅰🅴 🖬 ⓞ E 𝖵𝖨𝖲𝖠. 🦌 rist   AZ
   18 dicembre-21 aprile e 24 giugno-9 settembre – Pas 35000 – 🖵 15000 – **39 cam** 95000
   ½ P 65/135000.

🏨 **Chetif,** strada la Villette ℰ 843503, Fax 845345, ✔ monti – 🖬 TV ☎ 🅿. 🅰🅴 🖬 ⓞ
   𝖵𝖨𝖲𝖠. 🦌 rist   AZ
   dicembre-aprile e giugno-settembre – Pas 35/40000 – 🖵 12000 – **18 cam** 88000
   ½ P 65/110000.

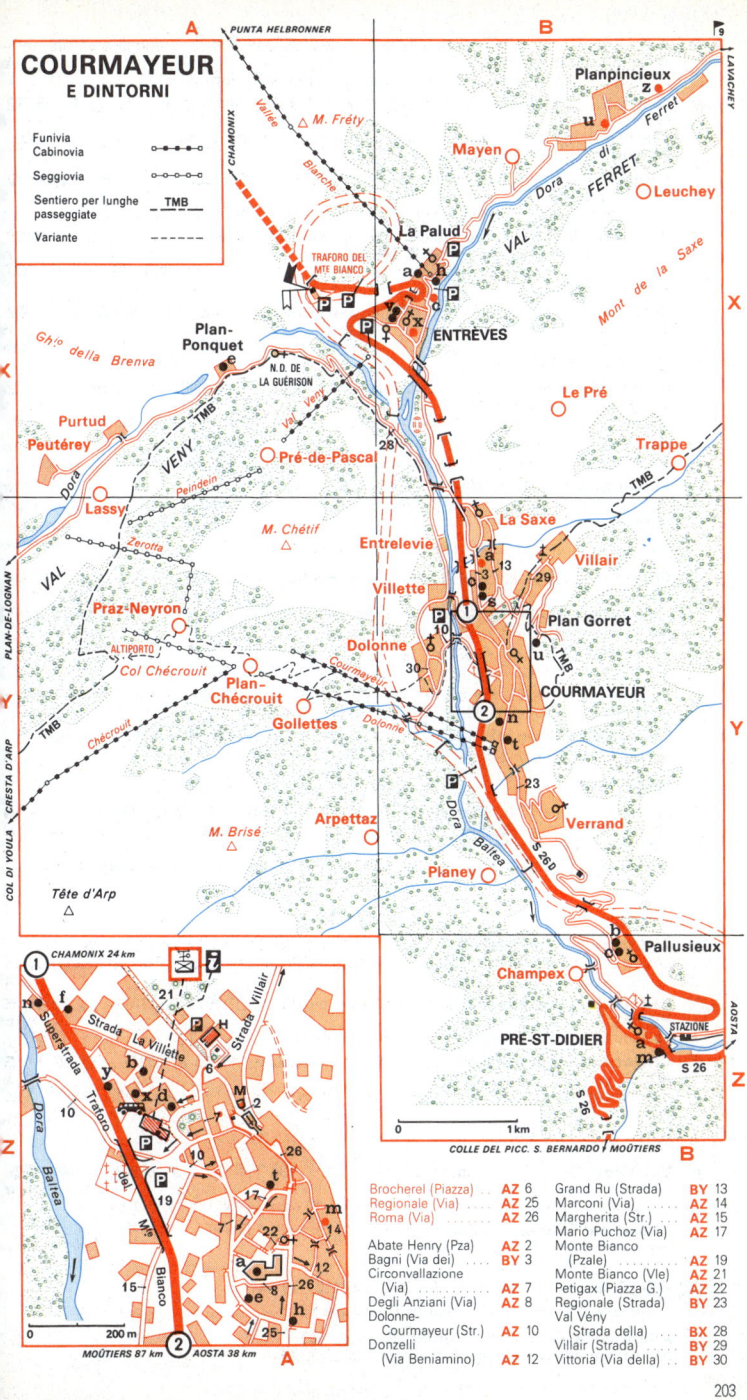

COURMAYEUR
E DINTORNI

Funivia
Cabinovia

Seggiovia

Sentiero per lunghe
passeggiate · TMB

Variante

PUNTA HELBRONNER

LAVACHEY

Planpincieux

Mayen

Leuchey

Dora di Ferret

VAL FERRET

La Palud

ENTRÈVES

Mont de la Saxe

TRAFORO DEL
MTE BIANCO

Plan-
Ponquet

N.D. DE
LA GUÉRISON

Le Pré

 Gh'o della Brenva

Trappe

Purtud
Peutérey

Pré-de-Pascal

VAL VENY

Lassy

M. Chétif

La Saxe

Entrelevie

Villair

Villette

Praz-Neyron

Plan Gorret

Dolonne

COURMAYEUR

ALTIPORTO

Col Chécrouit

Plan-
Chécrouit

Gollettes

Arpettaz

Verrand

M. Brisé

Planey

Tête d'Arp

Pallusieux

Champex

STAZIONE

PRÉ-ST-DIDIER

AOSTA

CHAMONIX 24 km

Strada La Villette

Strada Villair

Superstrada

Traforo

Dora Baltea

CHAMONIX 24 km

Bianco

MÔUTIERS 87 km · AOSTA 38 km

0   200 m

COLLE DEL PICC. S. BERNARDO · MÔUTIERS

0   1 km

203

🏨 **Crampon** senza rist, strada la Villette 8 ℰ 842385, Fax 842385, ≤ monti e vallata, 🐎 –
🛉 ☎ 🅿. 🖼 🄴 VISA. 🛠   AZ **b**
20 dicembre-aprile e luglio-15 settembre – ☲ 11000 – **24 cam** 60/90000.

🏨 **Centrale,** via Mario Puchoz 7 ℰ 842944, Fax 842945, ≤, 🐎 – 🛉 🕿 🛋 🅿. 🄰🄴 🄾 VISA
🛠 rist   AZ **f**
dicembre-Pasqua e 20 giugno-15 settembre – Pas (solo per clienti alloggiati) – ☲ 14000 –
34 cam 55/89000 – P 82/135000.

🏨 **Croux** senza rist, via Circonvallazione 94 ℰ 842437, Fax 845180, ≤ monti, 🐎 – 🛉 ☎ 🅿.
🄰🄴 🖼 🄾 🄴 VISA. 🛠   AZ **d**
20 dicembre-15 aprile e 24 giugno-24 settembre – ☲ 10000 – **30 cam** 56/90000.

🏛 **Svizzero e Rist. Le Talus,** superstrada Traforo del M.te Bianco ℰ 842035 e rist ℰ 842920,
≤ monti, 🐎 – 🕾 🅿. 🄰🄴 🖼 🄾 🄴 VISA. 🛠 rist   AZ **n**
6 dicembre-2 maggio e luglio-1° ottobre – Pas carta 34/50000 – ☲ 9000 – **29 cam** 45/70000
– ½ P 68/78000.

🏛 **Select,** strada Regionale 27 ℰ 842460, Fax 845125, ≤ monti – 🆃🆅 🛋 🅿. 🖼 🄴 VISA
🛠 rist   BY **n**
dicembre-25 aprile e 15 giugno-settembre – Pas carta 39/52000 – ☲ 12000 – **17 cam**
60/105000 – ½ P 70/100000.

🏛 **Panei-Fiocco di Neve** senza rist, viale Monte Bianco 64 ℰ 842358, ≤ monti, 🐎 – 🆃🆅
☎ 🅿. 🄰🄴 🖼 🄾 🄴 VISA. 🛠   BY **s**
chiuso dal 2 al 26 giugno e dal 3 novembre al 2 dicembre – ☲ 14000 – **12 cam** 90000.

🍴🍴 **Al Camin,** via dei Bagni 32 ℰ 841497 – 🅿. 🄰🄴 🖼 🄾 🄴 VISA. 🛠   BY **a**
chiuso dal 6 novembre al 1° dicembre e martedì in bassa stagione – Pas carta 34/56000.

🍴🍴 **Pierre Alexis 1877,** via Marconi 54 ℰ 843517 – 🅿. VISA   AZ **m**
*chiuso ottobre e novembre, lunedì (escluso agosto) e da settembre a marzo anche martedì
a mezzogiorno* – Pas carta 27/52000.

ad Entrèves N : 4 km – alt. 1 306 – ✉ **11013** Courmayeur :

🏨 **Pilier d'Angle,** ℰ 89129, Fax 89525, ≤ Monte Bianco, 🐎 – 🆃🆅 ☎ 🛋 🅿. 🖼 🄴 VISA
🛠   BX **v**
chiuso maggio, ottobre e novembre – Pas carta 35/50000 – ☲ 12500 – **19 cam** 55/90000 –
appartamenti 160/210000 – ½ P 70/120000.

🏨 **La Grange** senza rist, ℰ 89274, , 🛋 – 🛉 🆃🆅 ☎ 🅿. 🄰🄴 🖼 🄾 🄴 VISA   BX **v**
dicembre-aprile e luglio-settembre – ☲ 10000 – **23 cam** 90000.

🏨 **La Brenva,** ℰ 89285, Fax 845107, ≤ – 🆃🆅 ☎ 🅿. 🖼 🄾 🄴 VISA. 🛠 rist   ABX **v**
Pas *(chiuso lunedì)* carta 46/74000 – ☲ 12000 – **14 cam** 84000 – ½ P 95/110000.

🍴 **Maison de Filippo,** ℰ 89968, �には, « Caratteristica locanda valdostana » – 🅿. VISA   BX **x**
chiuso martedì, da giugno al 15 luglio e novembre – Pas 45000.

in Val Ferret :

🏛 **Astoria,** a La Palud N : 5 km alt. 1 360 ✉ 11013 ℰ 89910, ≤ – 🛉 ☎ 🅿. 🛠   BX **h**
15 dicembre-aprile e luglio-20 settembre – Pas *(chiuso giovedì)* carta 31/48000 – ☲ 12000
– **30 cam** 45/72000 – ½ P 75/80000.

🏛 **Vallée Blanche** senza rist, a La Palud N : 5 km alt. 1 360 ✉ 11013 ℰ 89933, ≤ – 🛉 🛋
🅿. 🛠   BX **a**
chiuso dal 15 maggio al 15 giugno e dal 15 ottobre a novembre – ☲ 6000 – **23 cam**
40/64000.

🍴🍴 **La Clotze,** a Planpincieux N : 7 km alt. 1 600 ✉ 11013 ℰ 89928, 🐎, 🛠 – 🅿. 🛠   BX **u**
chiuso mercoledì, dal 10 giugno al 10 luglio e dal 15 al 30 ottobre – Pas carta 32/48000

🍴🍴 **La Palud-da Pasquale,** a La Palud N : 5 km alt. 1360 ✉ 11013 ℰ 89169 – 🅿. 🄰🄴 🖼 🄴
VISA. 🛠   BX **c**
chiuso mercoledì e novembre – Pas carta 33/53000.

🍴 **Chalet Proment,** a Planpincieux N : 8 km alt. 1 600 ✉ 11013 ℰ 89947 – 🅿. 🄰🄴 🖼 🄴
VISA. 🛠   BX **z**
dicembre-aprile e 15 giugno-settembre; chiuso lunedì in bassa stagione – Pas
carta 41/61000.

in Val Veny :

🏛 **Val Veny** ⚘, a Plan-Ponquet NO : 4 km alt. 1 480 ✉ 11013 ℰ 89904, ≤, 🐎 – 🅿.
🛠 rist   AX **v**
luglio-agosto – Pas carta 29/40000 – ☲ 6500 – **19 cam** 35/68000 – ½ P 60/65000.

🍴 **Chalet del Miage,** a Plan-de-Lognan NO : 12 km alt. 1 689 ✉ 11013, ≤, 🐎 – 🅿. 🛠   AY
luglio-settembre – Pas 30/35000.

CREAZZO 36051 Vicenza 🐠🐠 F 16 – 9 829 ab. alt. 112 – 🕿 0444.
Roma 541 – ♦Milano 203 – ♦Padova 40 – ♦Venezia 73 – Vicenza 6,5.

🍴🍴 **Alla Rivella,** N : 1,5 km ℰ 520794, 🌱🟤 – 🅿. VISA
chiuso martedì sera e mercoledì – Pas carta 29/39000.

CREMA 26013 Cremona 988 ③, 428 F 11 – 33 510 ab. alt. 79 – ✪ 0373.

Roma 546 – ♦Bergamo 40 – ♦Brescia 51 – Cremona 38 – ♦Milano 44 – Pavia 52 – Piacenza 38.

🏨 **Palace Hotel** senza rist, via Cresmiero 10 ℰ 81487, Fax 86876 – 🛗 🔲 📺 ☎ 🚗, 🖭
🕭 🖿 <u>VISA</u>
🖂 14000 – **46 cam** 72/118000.

🍴🍴 **In Contrada Serio,** via Mazzini 80 ℰ 83814 – 🖭 🕭 <u>VISA</u> ⚬
chiuso domenica sera, lunedì, dal 1° all'8 gennaio e dal 15 luglio al 15 agosto – Pas
carta 36/53000.

🍴🍴 **Guada'l Canal,** località Santo Stefano NO : 2,5 km ℰ 200133, Trattoria rustica in un
vecchio cascinale, Coperti limitati; prenotare – 🅿. 🖭 🕭 ⓞ 🖿 <u>VISA</u>. ⚬
chiuso domenica sera, lunedì ed agosto – Pas carta 60/86000.

Vedere anche : **Offanengo** NE : 5 km.

CREMENO 22040 Como 428 E 10, 219 ⑩ – 822 ab. alt. 797 – Sport invernali : a Piani di
Artavaggio : 1 649/2 000 m ⚷1 ⚷7, ⚷ (vedere anche a Barzio, Piani di Bobbio) – ✪ 0341.

Roma 635 – ♦Bergamo 47 – Como 43 – Lecco 14 – ♦Milano 70 – Sondrio 83.

🍴🍴🍴 **Al Clubino** con cam, ℰ 996145, ⩙ – ☎ 🅿. 🕭 <u>VISA</u>. ⚬ cam
Pas *(chiuso martedì da novembre a marzo)* carta 34/57000 (15%) – 🖂 7000 – **21 cam**
80/110000 – ½ P 70/80000.

a Maggio SO : 2 km – 🖂 22040 :

🏠 **Maggio,** ℰ 996440, ⩙ – 🅿. ⚬
Pas *(chiuso martedì)* carta 27/37000 – 🖂 4500 – **22 cam** 25/58000 – ½ P 45/55000.

CREMNAGO 22040 Como 219 ⑱ – alt. 335 – ✪ 031.

Roma 605 – ♦Bergamo 44 – Como 17 – Lecco 23 – ♦Milano 37.

🍴🍴 **Letizia,** ℰ 607188, 🍽 – 🅿.

🍴🍴 **Vignetta,** ℰ 607280, 🍽, ⩙ – 🅿.

CREMOLINO 15010 Alessandria 428 I 7 – 815 ab. alt. 405 – ✪ 0143.

Roma 559 – Alessandria 50 – ♦Genova 61 – ♦Milano 124 – Savona 71 – ♦Torino 135.

🍴🍴 **Bel Soggiorno,** ℰ 879012 – 🅿. 🖭 🕭 ⓞ 🖿 <u>VISA</u>. ⚬
chiuso mercoledì, dal 10 al 30 gennaio e dal 20 al 30 luglio – Pas carta 35/56000.

CREMONA 26100 🅿 988 ⑬⑭, 428 429 G 12 – 75 547 ab. alt. 45 – ✪ 0372.

Vedere Piazza del Comune** BZ : campanile del Torrazzo***, Duomo**, Battistero* BZ L –
Palazzo Fodri* BZ D – Museo Civico* ABY M – Ritratti* e ancona* nella chiesa di Sant'Agostino
AZ B – Interno* della chiesa di San Sigismondo 2 km per ③.

🛈 piazza del Comune 5 ℰ 23233.

A.C.I. corso 20 Settembre 19 ℰ 29601.

Roma 517 ④ – ♦Bergamo 98 ② – ♦Brescia 52 ② – ♦Genova 180 ④ – Mantova 66 ② – ♦Milano 95 ④ – Pavia 86
④ – Piacenza 34 ④.

Pianta pagina seguente

🏨 **Continental,** piazza della Libertà 26 ℰ 434141, Telex 325353, Fax 434141 – 🛗 🔲 cam 📺
☎ 🅿 – ⚙ 200. 🖭 🕭 ⓞ 🖿 <u>VISA</u>   BY x
Pas carta 36/68000 – 🖂 15000 – **57 cam** 160000 – ½ P 155000.

🏠 **Duomo,** via Gonfalonieri 13 ℰ 35242 e rist ℰ 35296, Fax 458392 – 🔲 rist 📺 ☎. 🖭 🕭
ⓞ 🖿 <u>VISA</u>. ⚬   BZ y
Pas carta 25/40000 – 🖂 10000 – **23 cam** 60/90000 – ½ P 80000.

🏠 **Astoria** senza rist, via Bordigallo 19 ℰ 30260 – 🛗 🕭. 🖭 🕭 ⓞ 🖿 <u>VISA</u>   BZ v
🖂 8000 – **32 cam** 56/78000.

🍴🍴🍴 ✿ **Ceresole,** via Ceresole 4 ℰ 23322, Coperti limitati; prenotare – 🖭 🕭 ⓞ 🖿 <u>VISA</u>. ⚬
chiuso domenica sera, lunedì, dal 22 al 30 gennaio e dal 6 al 28 agosto – Pas carta 55/80000
Spec. Polpa di rane alle piccole verdure (primavera-autunno), Filetto di rombo con pomodori e melanzane,
Spuma di nocciole in salsa di nocciole. **Vini** Pinot Franciacorta, Pinot nero   BZ u

🍴🍴🍴 ✿ **Aquila Nera,** via Sicardo 3 ℰ 25646, Coperti limitati; prenotare – ⚙ 40. 🕭 ⓞ 🖿
<u>VISA</u>. ⚬   BZ y
chiuso domenica sera e lunedì – Pas carta 60/70000
Spec. Cotechino e mostarda di Cremona, Minestra di riso verze e pesto di maiale, Piccione glassato al vino
rosso e cavolo bianco. **Vini** Pinot grigio, Franciacorta rosso.

🍴🍴 **Dordoni,** via del Sale 58 ℰ 22703 – 🅿 – ⚙ 80. 🖭 🕭 ⓞ 🖿 <u>VISA</u>. ⚬   AZ g
chiuso lunedì sera e martedì – Pas carta 32/48000.

🍴🍴 **Il Ceppo,** via Casalmaggiore Bassa 224 ℰ 496363 – 🅿. 🖭 🕭
chiuso martedì e luglio – Pas carta 26/41000   4 km per via San Rocco BZ

segue →

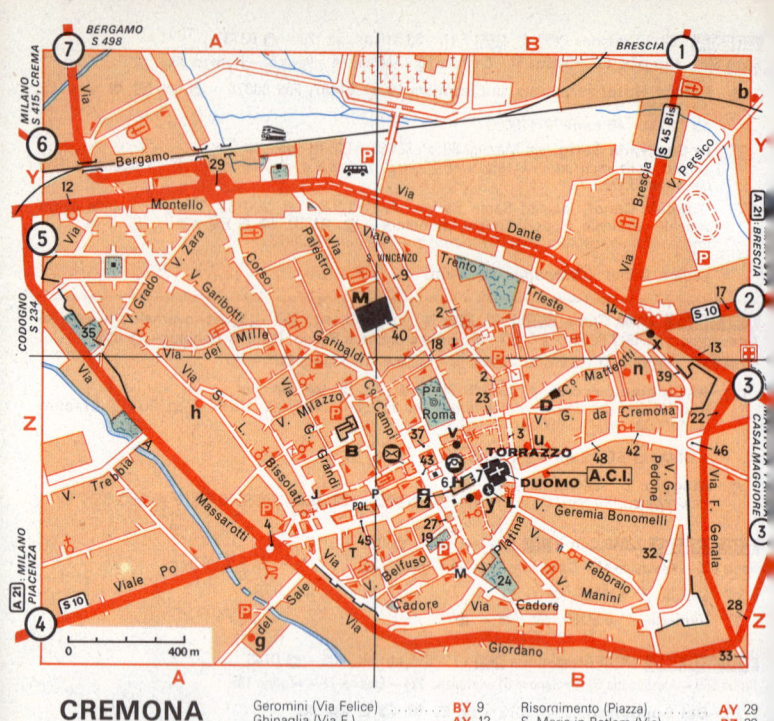

CREMONA

Campi (Corso) .... **BZ**
Cavour (Piazza) .... **BZ** 6
Garibaldi (Corso) .... **AYZ**
Matteotti (Corso) .... **BYZ**

Aselli (Via) .... **BYZ** 2
Boccaccino (Via) .... **BZ** 3
Cadorna (Piazza L.) ...... **AZ** 4
Comune (Piazza del) ...... **BZ** 7

Geromini (Via Felice) .... **BY** 9
Ghinaglia (Via F.) .... **AY** 12
Ghisleri (Via A.) .... **BY** 13
Libertà (Piazza della) ...... **BY** 14
Mantova (Via) .... **BY** 17
Manzoni (Via) .... **BY** 18
Marconi (Piazza) .... **BZ** 19
Marmolada (Via) .... **BZ** 22
Mazzini (Corso) .... **BZ** 23
Melone (Via Altobello) ...... **BZ** 24
Monteverdi (Via Claudio) .... **BZ** 27
Novati (Via) .... **BZ** 28

Risorgimento (Piazza) .... **AY** 29
S. Maria in Betlem (Via) .... **BZ** 32
S. Rocco (Via) .... **BZ** 33
Spalato (Via) .... **AY** 35
Stradivari (Via) .... **BZ** 37
Tofane (Via) .... **BZ** 39
Ugolani Dati (Via) .... **BY** 40
Vacchelli (Corso) .... **BZ** 42
Verdi (Via) .... **BZ** 43
Vittorio Emanuele II (Corso) **AZ** 45
4 Novembre (Piazza) .... **BZ** 46
20 Settembre (Corso) .... **BZ** 48

✗ **La Trappola**, via Cavitelli 10 ℰ 28509, Solo piatti di pesce   **BYZ n**
   chiuso lunedì, martedì e dal 16 agosto al 16 settembre – Pas carta 30/43000.

✗ **In Cittadella**, via Bissolati 38 ℰ 30510, 🍴   **AZ h**
   chiuso giovedì, dal 10 al 25 febbraio e dal 1° al 22 agosto – Pas carta 26/33000.

✗ **Alba**, via Persico 40 ℰ 433700, prenotare – 🅱 . 🦐   **BY b**
   chiuso domenica, lunedì, dal 24 dicembre al 7 gennaio ed agosto – Pas carta 21/30000.

a Migliaro per ⑦ : 2,5 km – ✉ **26100** Cremona :

✗✗ **La Borgata,** via Bergamo 205 ℰ 25648 – 🅿 – 🔬 70. 🅱 E 𝐕𝐈𝐒𝐀
   chiuso lunedì sera, martedì ed agosto – Pas carta 35/54000.

sull'autostrada A 21 o in prossimità casello per ② : 3 km :

🏨 **MotelAgip**, ✉ 26100 ℰ 434101, Telex 340620, Fax 451097 – 🛗 🏢 📺 🅿 – 🔬 30 a
   50. 𝐀𝐄 🅱 ⓞ E 𝐕𝐈𝐒𝐀 . 🦐 rist
   Pas 30000 – **77 cam** ⳑ 120/150000 – ½ P 105/118000.

CRESPELLANO 40056 Bologna 𝟒𝟐𝟗 I 15 – 6 917 ab. alt. 64 – ✆ 051.
Roma 385 – ◆Bologna 19 – ◆Modena 28.

✗ **San Savino**, S : 1 km ℰ 964148 – 🅿 . 𝐀𝐄 𝐕𝐈𝐒𝐀 . 🦐
   chiuso martedì ed agosto – Pas carta 27/36000.

CRESPINO 45030 Rovigo 𝟗𝟖𝟖 ⑮ , 𝟒𝟐𝟗 H 17 – 2 407 ab. alt. 1 – ✆ 0425.
Roma 460 – ◆Ferrara 39 – ◆Padova 58 – Rovigo 17.

✗✗✗ **Rizzi**, via Passodoppio 31 (O : 3 km) ℰ 77238, Coperti limitati; prenotare, 🍽 – 🏢 🅿 .
   𝐕𝐈𝐒𝐀 . 🦐
   chiuso martedì – Pas carta 30/47000.

CRETAZ Aosta 428 F 4, 219 ⑫ – Vedere Cogne.

CREVALCORE 40014 Bologna 988 ⑭, 429 H 15 – 11 547 ab. alt. 20 – ✪ 051.
Roma 402 – ♦Bologna 31 – ♦Ferrara 49 – ♦Milano 195 – ♦Modena 25.

✕ **Trattoria Papi,** via Paltrinieri 62 ✆ 981651, 🏡 – 🅿. AE 🕲 ⓞ) E VISA
chiuso lunedì, venerdì sera, Natale ed agosto – Pas carta 28/44000.

CREVOLADOSSOLA 28035 Novara 428 D 6, 219 ⑥ – 4 623 ab. alt. 337 – ✪ 0324.
Roma 703 – Locarno 48 – ♦Milano 126 – Novara 96 – Stresa 46.

✕ **Continental,** statale Sempione 210 ✆ 33200 – 🍽. AE 🕲 ⓞ) E VISA
chiuso lunedì e mercoledì sera, dal 1° al 15 gennaio e dal 1° al 15 agosto – Pas
carta 32/46000.

CROCE D'AUNE (Passo) Belluno – Vedere Pedavena.

CROCI DI CALENZANO Firenze – Vedere Calenzano.

CRODO 28036 Novara 428 D 6, 217 ⑱ – 1 658 ab. alt. 508 – ✪ 0324.
Roma 712 – Domodossola 14 – ♦Milano 136 – Novara 105 – ♦Torino 179.

a Viceno NO : 4,5 km – alt. 896 – ✉ **28036** Crodo :

🏨 **Pizzo del Frate** ⌂, località Foppiano NO : 3,5 km alt. 1 250, ✆ 61233, ≤ monti, 🚶 –
🡒 🅿. ⓞ). ⌘ rist
chiuso dal 10 gennaio al 30 aprile – Pas (chiuso martedì dal 15 settembre al 15 giugno)
carta 20/30000 – ⚏ 4000 – **16 cam** 25/45000 – ½ P 37/40000.

🏨 **Edelweiss** ⌂, ✆ 61027, ≤, 🚶 – 🅿 ⓞ). ⌘ rist
chiuso dal 15 al 31 ottobre – Pas (chiuso martedì dal 24 settembre al 24 giugno)
carta 24/35000 – ⚏ 4500 – **18 cam** 25/45000 – ½ P 35/40000.

CROSA Vercelli 428 E 6, 219 ⑥ – Vedere Varallo.

CROTONE 88074 Catanzaro 988 ㉟㊵ – 61 688 ab. – ✪ 0962.
🅱 via Torino 148 ✆ 23185.
Roma 593 – Catanzaro 73 – ♦Napoli 387 – ♦Reggio di Calabria 228 – ♦Taranto 242.

🏨 **Tortorelli,** viale Gramsci ✆ 29930 – 🍽 cam 📺 ☎ 🅿. ⌘
🡒 Pas (luglio-agosto) 18/24000 – ⚏ 3000 – **16 cam** 45/62000.
✕✕ **Bella Romagna,** via Poggioreale 87 ✆ 21943 – 🍽. 🕲 ⓞ) E VISA
chiuso lunedì – Pas carta 30/49000 (10%).
✕✕ **La Sosta,** via Corrado Alvaro ✆ 23831 – 🍽. AE 🕲 VISA. ⌘
chiuso domenica – Pas carta 33/60000 (15%).

CUASSO AL MONTE 21050 Varese 428 E 8, 219 ⑧ – 2 752 ab. alt. 532 – ✪ 0332.
Roma 648 – Como 43 – ♦Lugano 31 – ♦Milano 72 – Varese 16.

a Cavagnano SO : 2 km – ✉ **21050** Cuasso al Monte :

✕✕ **Alpino** ⌂ con cam, ✆ 939083, 🚶 – 🕯 📺 ☎ 🅿. VISA. ⌘
Pas (chiuso lunedì) carta 35/58000 – ⚏ 10000 – **18 cam** 56/75000 – ½ P 50/56000.

CUNEO 12100 🅿 988 ⑫, 428 I 4 – 55 746 ab. alt. 543 – ✪ 0171.
🅱 corso Nizza 17 ✆ 693258.
A.C.I. corso Brunet 19/b ✆ 55961.
Roma 643 ② – Alessandria 126 ① – Briançon 198 ① – ♦Genova 144 ② – ♦Milano 216 ① – ♦Nice 126 ③ – San
Remo 111 ③ – Savona 98 ② – ♦Torino 94 ①.

Pianta pagina seguente

🏨 **Principe** senza rist, via Cavour 1 ✆ 693355 – 🕯 📺 ☎ 🕭. AE 🕲 ⓞ) E VISA   Y c
⚏ 8000 – **42 cam** 80/115000.
🏨 **Royal Superga** senza rist, via Pascal 3 ✆ 693223, Fax 699101 – 🕯 📺 ☎ 🅿. AE 🕲 E
VISA   Y d
⚏ 10000 – **26 cam** 83000.
🏨 **Smeraldo** senza rist, corso Nizza 27 ✆ 56367, Fax 696367 – 🍽 📺 🕭. AE 🕲 ⓞ) E VISA.
⌘   Z f
⚏ 12000 – **22 cam** 80000.
🏨 **Siesta,** via Vittorio Amedeo 2 ✆ 697128 – ⊷ 📺 ☎. AE 🕲 ⓞ) E VISA   Y x
🡒 Pas (chiuso domenica) carta 20/35000 – ⚏ 7000 – **20 cam** 50/75000.
🏨 **Torrismondi,** via Coppino 33 ✆ 66025 – 🕯 📺 ☎. AE 🕲 ⓞ) E VISA   Z e
Pas (chiuso lunedì) carta 23/41000 – ⚏ 9000 – **25 cam** 55/80000 – ½ P 55/72000.
🏨 **Ligure,** via Savigliano 11 ✆ 681942 – 📺 ☎ 🅿. AE 🕲 ⓞ) E VISA   Y v
chiuso dal 10 gennaio al 1° febbraio – Pas (chiuso domenica sera) carta 24/38000 – ⚏
8000 – **26 cam** 40/60000 – ½ P 45/50000.

CUNEO

0   300 m

TORINO 97 km (per S 20)
SALUZZO 32 km

TORINO 94 km (per A 6)
FOSSANO 24 km

TORINO 97 km (per S 20)
SALUZZO 32 km

4
20 km DRONERO
55 km ACCEGLIO

S 22

MONDOVÌ
27 km
AUTOSTRADA A6
32 km
SAVONA 98 km

S 22
27 km

3
COLLE DI TENDA
33 km
COLLE DELLA
MADDALENA 68 km

XX **Tre Citroni,** via Bonelli 2 ℰ 62048 – A͡E S ⓪ E VISA ℀.
    chiuso mercoledì, dal 15 al 30 giugno e dal 15 al 30 settembre – Pas carta 40/65000.   **Y c**

XX ❀ **Le Plat d'Etain,** corso Giolitti 18 ℰ 681918, Cucina francese, Coperti limitati; prenotare
    – A͡E S ⓪ E VISA ℀   **Z r**
    chiuso domenica – Pas carta 78/100000.
    Spec. Terrine de saumon au Chablis, Rognon de veau au Porto, Filet flambé Plat d'Etain. Vini Arneis,
    Barbaresco.

X **Osteria della Chiocciola,** via Fossano 1 ℰ 66277, prenotare – A͡E S ⓪ E VISA
    chiuso domenica – Pas carta 30/53000.   **Y s**

X **Trattoria Toscana,** via 20 Settembre 33 ℰ 681958, Specialità toscane – S VISA ℀
    chiuso lunedì – Pas carta 25/40000.   **Z t**

X **Cavallo Nero** con cam, piazza Seminario 8 ℰ 62017, Fax 50878 – ▥ rist ☎ Ⓟ ℀ cam
    Pas *(chiuso lunedì da settembre al 15 giugno)* carta 24/33000 (10%) – ⌷ 7000 – **25 cam**
    45/60000 – ½ P 60000   **Y n**

a Madonna dell'Olmo per ① : 3 km – ✉ 12020 :

X **Locanda da Peiu,** ℰ 412174 – Ⓟ S
    chiuso lunedì ed agosto – Pas carta 27/52000.

CUPRA MARITTIMA 63012 Ascoli Piceno – 4 452 ab. – a.s. luglio e agosto – ✪ 0735.

●intorni Montefiore dell'Aso : polittico★★ del Crivelli nella chiesa NO : 12 km.

Roma 240 – ◆Ancona 80 – Ascoli Piceno 43 – Macerata 60 – ◆Pescara 78 – Porto San Giorgio 19.

🏨 **Cristal,** ℘ 777942, ≤, ⊒, ⛷, 🍴 – ☜. ⛻
Pasqua-settembre – Pas carta 30/43000 – � 5000 – **28 cam** 70000 – ½ P 50/70000.

🏠 **Giosuè,** ℘ 777149, ≤ – ⫦ ☜
stagionale – **33 cam.**

🏠 **Europa,** ℘ 778034, ⛷ – ⫦ 📺 ☜. ⛻ 🅑 ⛺ cam
chiuso dal 1° al 20 novembre – Pas (chiuso lunedì) carta 24/37000 – ⊒ 5000 – **30 cam**
35/55000 – ½ P 35/45000.

CURA DI VETRALLA Viterbo - Vedere Vetralla.

CUREGLIA 219 ⑧ – Vedere Cantone Ticino (Lugano) alla fine dell'elenco alfabetico.

CUSANO MILANINO 20095 Milano 428 F 9, 219 ⑲ – 21 792 ab. alt. 151 – ✪ 02.

Roma 600 – ◆Bergamo 46 – Como 36 – ◆Milano 10.

Pianta d'insieme di Milano (Milano p. 4 e 5)

✗✗ **Da Chiara,** via Manzoni 36 ℘ 6193622, Fax 66640107, 🍲, Rist. con specialità di mare –
🅟 ⛻ 🅑 ⓪ E 𝘝𝘐𝘚𝘈   GK **b**
chiuso lunedì sera, martedì e dal 3 al 31 agosto – Pas carta 40/65000 (10%).

CUTIGLIANO 51024 Pistoia 428 429 J 14 – 1 871 ab. alt. 670 – a.s. Pasqua, luglio-agosto e
Natale – Sport invernali : a Doganaccia : 1 600/1 750 m ✹2 ✹3, ✹; a Pian di Novello : 1 125/1
780 m ✹4, ✹ – ✪ 0573.

🎿 via Tigri 24 ℘ 68029, Telex 572490.

Roma 348 – ◆Firenze 74 – Lucca 52 – ◆Milano 285 – ◆Modena 111 – Montecatini Terme 44 – Pistoia 38.

🏨 **Italia,** ℘ 68008, « Giardino ombreggiato » – ☜. 🅑 𝘝𝘐𝘚𝘈. ⛻
chiuso dal 30 aprile al 20 giugno e dal 15 ottobre al 20 dicembre – Pas 25/30000 b.c. – ⊒
6000 – **33 cam** 50/80000 – ½ P 50/60000.

🏨 **Miramonte,** ℘ 68012, ≤, « Giardino ombreggiato » – ☜. ⛻
20 dicembre-aprile e giugno-settembre – Pas 25/30000 – ⊒ 7000 – **36 cam** 75000 –
½ P 50/80000.

🏨 **Villa Patrizia,** ℘ 68186, ≤, 🍴 – ☎ 🅟. ⛻. ⛻ rist
20 dicembre e 25 giugno-15 settembre – Pas (solo per clienti alloggiati) 25/35000 –
⊒ 6000 – **19 cam** 60/85000 – ½ P 50/80000.

✗ **Trattoria da Fagiolino,** ℘ 68014 – ⛻ 🅑 ⓪ E 𝘝𝘐𝘚𝘈
chiuso martedì sera, mercoledì e novembre – **Pas** carta 26/42000.

a Pian di Novello NO : 9 km – alt. 1 125 – ✉ **51020** Piano degli Ontani :

🏘 Piandinovello ⛽, ℘ 673076, ≤, 👶, ≋s, 🍴, ✗✗ – ⫦ ☎ ⛷ ⛜ 🅟 – 🛗 200 – *stagionale*
– **66 cam.**

Vedere anche : *Pianosinatico* NO : 6 km.

CUVIO 21030 Varese 428 E 8, 219 ⑦ – 1 370 ab. alt. 309 – ✪ 0332.

Roma 652 – Luino 16 – ◆Milano 75 – Novara 67 – Varese 20.

✗ **Corona** con cam, ℘ 650106 – ☎ 🅟. 🅑 ⓪ E 𝘝𝘐𝘚𝘈. ⛻
➛ Pas (chiuso lunedì) carta 18/31000 – ⊒ 4000 – **30 cam** 44/58000 – ½ P 33/40000.

DALMINE 24044 Bergamo 988 ③, 428 F 10 – 17 886 ab. alt. 207 – ✪ 035.

Roma 604 – ◆Bergamo 8 – ◆Brescia 58 – ◆Milano 40.

🏨 **Touring** senza rist, via Puccini 14 ℘ 563466 – ⫦ 🅟. ⛻ 🅑 E 𝘝𝘐𝘚𝘈
⊒ 8000 – **19 cam** 55/80000.

DAMECUTA Napoli – Vedere Capri (Isola di) : Anacapri.

DARFO BOARIO TERME 25047 Brescia 988 ④, 428 429 E 12 – 13 181 ab. alt. 221 – Stazione
termale, a.s. giugno-settembre – ✪ 0364.

🎿 a Boario Terme, piazzale Autostazione ℘ 531609.

Roma 613 – ◆Bergamo 54 – ◆Bolzano 170 – ◆Brescia 56 – ◆Milano 99 – Sondrio 89.

a Boario Terme – ✉ **25041** :

🏘 **Rizzi,** ℘ 531617, 🍴 – ⫦ ▤ rist 📺 ⛷. ⛻ 🅑 ⓪ 𝘝𝘐𝘚𝘈. ⛻ rist
15 maggio-10 ottobre – Pas 35000 – ⊒ 10000 – **54 cam** 85/110000 – P 75/110000.

🏘 **Brescia,** ℘ 531409, Fax 532969 – ⫦ 📺 ☎ ⛷ 🅟 – 🛗 50. ⛻ 🅑 𝘝𝘐𝘚𝘈. ⛻ rist
Pas (chiuso venerdì da novembre a maggio) carta 30/44000 – ⊒ 10000 – **50 cam** 60/100000
– ½ P 55/65000.

🏘 **Terme,** ℘ 531061, Telex 531993, « Parco con ⊒ riscaldata », ✗✗, ⚕ – ⫦ ⤢ ⛷ 🅟. ⛻
⓪ 𝘝𝘐𝘚𝘈. ⛻
15 maggio-15 ottobre – Pas 40/55000 – **77 cam** ⊒ 75/100000 – ½ P 80/95000.

🏠 **Diana,** ℰ 531403 – |韻| 📺 ☎ 🅿. ☒ rist
Pas 25000 – ⌘ 6000 – **43 cam** 55/85000 – P 50/70000.

🏠 **Mina,** ℰ 531098 – |韻| 📺 ☎ �car 🅿. ☒
aprile-ottobre – Pas 26/33000 – ⌘ 5000 – **42 cam** 59/94000 – ½ P 45/63000.

🏠 **San Martino,** ℰ 531209 – |韻| 📺 ☎ ⅙ 🅿 – 🅰 100. 🅂. ☒
Pas 25/27000 – ⌘ 5000 – **38 cam** 50/75000 – ½ P 45/55000.

✕ **Mignon,** ℰ 531043 – 🅿
chiuso domenica e dal 20 luglio al 20 agosto – Pas carta 28/46000.

Vedere anche : **Gianico S : 6 km.**

DEIVA MARINA 19013 La Spezia 🟩🟩🟩 ⑬, 🟦🟦🟦 J 10 – 1 558 ab. – ⊙ 0187.
Roma 450 – Passo del Bracco 14 – ♦Genova 67 – ♦Milano 202 – ♦La Spezia 52.

🏠 **Lido,** località Fornaci ℰ 815997, Fax 816476, ⟵ – 📺 ☎ 🅿. 🄰🄴 🅂 ⓪ Ε 𝘝𝘐𝘚𝘈. ☒
aprile-settembre – Pas carta 41/67000 – ⌘ 13000 – **12 cam** 90/105000 – ½ P 85/100000.

🏠 **Clelia,** ℰ 815827, Telex 272524, Fax 816234, ☒ – |韻| ☎ 🚗 🅿. 🄰🄴 🅂 ⓪ Ε 𝘝𝘐𝘚𝘈. ☒ ris
14-31 dicembre e 28 marzo-3 novembre – Pas carta 25/46000 – **24 cam** ⌘ 40/65000
½ P 58/72000.

🏠 **Marinella,** ℰ 815832 – ☎ 🅿. 🅂 Ε 𝘝𝘐𝘚𝘈. ☒ rist
Pasqua-10 ottobre – Pas carta 28/44000 – ⌘ 6000 – **33 cam** 60000 – ½ P 65/70000.

🏠 **Riviera,** località Fornaci ℰ 815805, 🛥. – ☎ 🅿. ☒
Pasqua-settembre – Pas carta 31/43000 – ⌘ 7500 – **28 cam** 53000 – ½ P 53/73000.

✕✕ **Il Maestrale-da Tullio,** ℰ 815850, ☕ – 🄰🄴 🅂 ⓪ Ε 𝘝𝘐𝘚𝘈. ☒
marzo-settembre; chiuso mercoledì – Pas carta 30/50000.

DEMONTE 12014 Cuneo 🟦🟦🟦 J 3 – 2 123 ab. alt. 778 – a.s. dicembre-marzo e luglio-agosto
⊙ 0171.
Roma 669 – Barcelonnette 74 – Cuneo 26 – ♦Milano 242 – Colle di Tenda 42 – ♦Torino 120.

✕ **Moderno** con cam, ℰ 95116, ☗ – 🅿. 🅂 Ε 𝘝𝘐𝘚𝘈
↞ Pas (chiuso martedì) carta 18/27000 – ⌘ 5000 – **15 cam** 40/54000 – ½ P 32/42000.

DENICE 15010 Alessandria 🟦🟦🟦 I 7 – 242 ab. alt. 387 – ⊙ 0144.
Roma 608 – Alessandria 56 – Asti 62 – ♦Genova 93 – ♦Milano 147 – ♦Torino 122.

✕ **Cacciatori,** ℰ 92025, solo su prenotazione – ⓪
chiuso a mezzogiorno escluso i giorni festivi, dal 15 luglio al 10 agosto e dal 24 al 30
dicembre – Pas carta 50/70000.

DERUTA 06053 Perugia 🟩🟩🟩 ⑮⑯ – 7 602 ab. alt. 218 – ⊙ 075.
Roma 153 – Assisi 33 – Orvieto 54 – ♦Perugia 20 – Terni 63.

🏠 **Melody,** strada statale 3 bis E 7 (SO : 1,6 km) ℰ 9711186, Fax 9711018 – |韻| 📺 ☎ ⅙
🚗 🅿 – 🅰 60. 🄰🄴 🅂 ⓪ Ε 𝘝𝘐𝘚𝘈. ☒ rist
Pas carta 23/33000 – ⌘ 6000 – **47 cam** 60/87000 – ½ P 65/75000.

DESENZANO DEL GARDA 25015 Brescia 🟩🟩🟩 ④, 🟦🟦🟦 🟦🟦🟦 F 13 – 20 746 ab. alt. 96 – a.s
Pasqua e luglio-15 settembre – ⊙ 030.
Vedere Ultima Cena★ del Tiepolo nella chiesa parrocchiale – Mosaici romani★ nella Villa Romana
🄶🅂 e 🄶🅂 Gardagolf (chiuso lunedì) a Soiano del Lago ⌧ 25080 ℰ 674707, SE : 10 km.
🄱 via Porto Vecchio (Palazzo del Turismo) ℰ 9141510. Fax 9144209.
Roma 528 – ♦Brescia 31 – Mantova 67 – ♦Milano 118 – Trento 130 – ♦Verona 43.

🏨 **Park Hotel,** lungolago Cesare Battisti 19 ℰ 9143494, Telex 302059, Fax 9142280 – |韻|
📺 ☎ 🚗 – 🅰 80. 🄰🄴 🅂 ⓪ Ε 𝘝𝘐𝘚𝘈. ☒ rist
Pas 27/32000 (15%) – ⌘ 12500 – **65 cam** 80/110000 – ½ P 70/85000.

🏠 **Desenzano** senza rist, viale Cavour 40/42 ℰ 9141414, Fax 9140294, ☒ – |韻| ☰ 📺 ☎
🚗 – 🅰 25 a 40. 🄰🄴 🅂 ⓪ Ε 𝘝𝘐𝘚𝘈. ☒
⌘ 10000 – **40 cam** 90/120000.

🏠 **City** senza rist, via Nazario Sauro 29 ℰ 9911704, Telex 304073, Fax 9911706 – |韻| ☰ 📺
☎ ⅙ 🚗 🅿 🄰🄴 🅂 ⓪ Ε 𝘝𝘐𝘚𝘈. ☒
chiuso dal 20 dicembre al 3 gennaio – ⌘ 15000 – **32 cam** 75/100000.

🏠 **Piccola Vela,** viale Dal Molin 20 ℰ 9141134, ☒, ☗ – |韻| 📺 ☎ ⅙ 🚗 🅿 – 🅰 30 a
50. 🄰🄴 🅂 ⓪ Ε 𝘝𝘐𝘚𝘈. ☒
chiuso dal 30 gennaio al 1° marzo – Pas vedere rist La Vela – ⌘ 10000 – **34 cam** 57/90000
– ½ P 75/80000.

🏠 **Sole e Fiori** senza rist, via Gramsci 40 ℰ 9121021 – |韻| ☰ 📺 ☎ 🚗. 🅂 Ε 𝘝𝘐𝘚𝘈. ☒
⌘ 10000 – **45 cam** 95/130000.

🏨 **Tripoli** senza rist, piazza Matteotti 18 ✆ 9144333, Fax 9141305 – 🛗 ▤ 📺 ☎. 🅰🅴 🅢 🅾
🅴 *VISA*
☑ 10000 – **24 cam** 75/110000.

🏨 **Villa Rosa** senza rist, lungolago Cesare Battisti 89 ✆ 9141974, Fax 9143782, 🚗 – 🛗 ↤↦
▤ 📺 ☎ ⬅ 🅿. 🅰🅴 🅢 🅾 🅴 *VISA*
☑ 12500 – **38 cam** 85/100000.

🏨 **Nazionale** senza rist, viale Marconi 23 ✆ 9141501, Fax 9141410, ⛴ – 🛗 📺 ☜ 🅿. 🅢
VISA
chiuso dicembre e gennaio – ☑ 9000 – **28 cam** 55/75000.

🏨 **Piroscafo,** via Porto Vecchio 11/17 ✆ 9141128, Fax 9144209, ≤, 🏕 – 🛗 📺 ☎. 🅰🅴 🅢
🅾 🅴 *VISA*. ⅜
chiuso gennaio – Pas *(chiuso giovedì)* carta 29/50000 (15%) – ☑ 10000 – **32 cam** 55/75000
– ½ P 60/70000.

🏨 **Benaco,** viale Cavour 30 ✆ 9141710, Fax 9141273, ⛴, 🚗 – 🛗 📺 ☎ 🅿. 🅰🅴 🅢 🅾 🅴
VISA. ⅜ rist
chiuso dicembre e gennaio – Pas *(solo per clienti alloggiati e chiuso sino a maggio,
ottobre e novembre)* 24000 – ☑ 9000 – **37 cam** 68/80000 – ½ P 73000.

XXX **Esplanade,** via Lario 10 ✆ 9143361, ≤, 🏕 – 🅿. 🅾 *VISA*. ⅜
chiuso mercoledì – Pas carta 37/66000.

XXX ⚜ **Cavallino,** via Gherla 22 (ang. via Murachette) ✆ 9120217, Fax 9120217, « Servizio
estivo all'aperto » – 🅰🅴 🅢 🅾 🅴 *VISA*. ⅜
chiuso lunedì e martedì a mezzogiorno – Pas carta 44/75000
Spec. Terrina di luccio in salsa di lattuga e scalogno, Raviolo di carpa in crema di coste e tartufo, Petto di
piccione e foie gras al Recioto. Vini Lugana, Groppello.

XX **Antico Chiostro,** via Anelli ✆ 9141319, Coperti limitati; prenotare.

XX **Taverna Tre Corone,** via Stretta Castello 16 ✆ 9141962, prenotare – ⅜
chiuso dicembre e martedì da ottobre a giugno – Pas carta 30/45000 (20%).

XX **Il Molino,** piazza Matteotti 16 ✆ 9141340 – 🅢 🅴 *VISA*. ⅜
chiuso lunedì e dal 15 dicembre al 15 gennaio – Pas carta 30/60000 (10%).

XX **La Vela** con cam, viale Dal Molin 25 ✆ 9141318, ≤, 🚗 ☜ 🅿. 🅰🅴 🅢 🅾 🅴 *VISA*. ⅜ rist
Pas *(chiuso mercoledì)* carta 35/48000 – ☑ 10000 – **12 cam** 57/80000 – ½ P 80000.

X **Toscana,** via San Benedetto 10 ✆ 9121586, 🏕 – 🅢 🅴 *VISA*. ⅜
chiuso venerdì e dall'8 al 25 dicembre – Pas carta 35/40000.

DESIO 20033 Milano 🟨🟨🟨 ③, 🟦🟨🟨 F 9 – 34 276 ab. alt. 196 – ⚙ 0362.
Roma 590 – Bergamo 49 – Como 32 – Lecco 35 – ♦Milano 22 – Novara 62.

🏨 **Selide,** via Matteotti 1 ✆ 624441, Fax 627406 – 🛗 📺 ☎ ⬅ – 🏊 100. 🅰🅴 🅢 🅾 🅴
VISA
Pas *(chiuso domenica, dal 24 dicembre al 6 gennaio ed agosto)* carta 33/49000 – ☑ 8000
– **71 cam** 79/116000 – ½ P 90000.

DEUTSCHNOFEN = Nova Ponente.

DIAMANTE 87023 Cosenza 🟨🟨🟨 ㊳ – 5 236 ab. – ⚙ 0985.
Roma 444 – Castrovillari 88 – Catanzaro 137 – ♦Cosenza 77 – Sapri 60.

🏨 **Ferretti,** ✆ 81428, Fax 81114, ≤, ⛴, 🚣, ⚒ – 🛗 ↤↦ cam ▤ ☎ 🅿. 🅰🅴 🅢 🅾 *VISA*.
⅜ rist
aprile-settembre – Pas carta 44/59000 – **45 cam** ☑ 138000 – ½ P 88/135000.

🏨 **Riviera Bleu,** ✆ 81363, Fax 81363, ≤, 🚣 – ▤ 🅿. 🅰🅴 🅢 🅾 🅴 *VISA*. ⅜
aprile-settembre – Pas carta 24/37000 – ☑ 7000 – **54 cam** 120000 – ½ P 50/95000.

🏠 **Solemare,** sulla strada statale 18 (E : 1 km) ✆ 87550, ≤, 🏕, 🚗 – ☎ 🅿. 🅢 🅾 🅴 *VISA*.
⅜
Pas *(chiuso ottobre)* carta 23/37000 – ☑ 6000 – **16 cam** 73000 – ½ P 55/75000.

DIANO MARINA 18013 Imperia 🟨🟨🟨 ⑫, 🟦🟨🟨 K 6 – 6 531 ab. – ⚙ 0183.
Vedere Guida Verde.
🛈 corso Garibaldi 60 (Giardini Ardissone) ✆ 496956, Fax 494365.
Roma 608 – ♦Genova 109 – Imperia 8 – ♦Milano 232 – San Remo 31 – Savona 63.

🏨 **Bellevue-Mediterranée,** via Generale Ardoino 2 ✆ 402693, Fax 402693, ≤, ⛴ riscaldata,
🚣 – 🛗 ☎ 🅿. 🅰🅴 🅢 🅴 *VISA*. ⅜ rist
chiuso da novembre al 20 dicembre – Pas 35/40000 – ☑ 13000 – **71 cam** 60/100000 –
½ P 58/103000.

🏨 **Caravelle** ⚶, via Sausette 24 ✆ 496033, ≤, ⛲, ⛴, 🚣, 🚗, ⚒ – 🛗 ☎ ⬅ 🅿.
⅜ rist
maggio-settembre – Pas *(solo per clienti alloggiati)* – **48 cam** solo ½ P 64/113000.

211

🏨 **Golfo e Palme,** viale Torino 12 ℰ 495096, ≼, 🏊 – ⌷ ▤ rist ☎ ℗. 🆎 🆂 ⓞ ∈ 𝖵𝖨𝖲𝖠.
𝓢𝓡 rist
maggio-settembre – Pas 38000 – � 15000 – **41 cam** 62/79000 – ½ P 57/100000.

🏨 **Gabriella** 🦢, via dei Gerani 9 ℰ 403131, Fax 405055, « Giardino », 🏊 – ⌷ ☎ ℗.
𝓢𝓡 rist
10 maggio-10 ottobre – Pas 25/35000 – ⊏ 15000 – **46 cam** 50/72000 – ½ P 62/86000.

🏨 **Palace,** viale Torino 2 ℰ 495479, Telex 273885, ≼, 🍽, ◻ – ⌷ ☎. 🆎 🆂 ⓞ ∈ 𝖵𝖨𝖲𝖠.
𝓢𝓡 rist
chiuso da novembre al 22 dicembre – Pas 30/35000 – ⊏ 12000 – **46 cam** 61/88000 –
½ P 50/80000.

🏨 **Torino,** via Milano 42 ℰ 495106, Telex 271505, Fax 404602, 🏊 – ⌷ 📺 ☎ 🚗 ℗. 𝓢𝓡
chiuso novembre e dicembre – Pas 28/32000 – ⊏ 12000 – **83 cam** 60/80000 – ½ P 47/77000.

🏨 **Sasso,** via Biancheri 7 ℰ 494319, Fax 494310 – ⌷ ☜ ℗. 🆎 🆂 𝖵𝖨𝖲𝖠. 𝓢𝓡 rist
chiuso dal 18 ottobre al 19 dicembre – Pas 30/38000 – ⊏ 13000 – **43 cam** 57/88000 –
½ P 48/76000.

🏠 **Metropol,** via Divina Provvidenza 2 ℰ 495545, ≼, « Giardino con 🏊 » – ⌷ ☜ ℗. 𝓢𝓡 rist
aprile-ottobre – Pas *(chiuso a mezzogiorno)* 25000 – ⊏ 6000 – **39 cam** 43/60000 –
½ P 41/65000.

🏠 **Piccolo Hotel,** via Sant'Elmo 10 ℰ 495422, Fax 401255 – ⌷ ⅁ rist ▤ rist 📺 ☎. 🆂
ⓞ ∈ 𝖵𝖨𝖲𝖠. 𝓢𝓡
chiuso dal 5 novembre al 26 dicembre – Pas *(solo per clienti alloggiati)* 34000 – ⊏ 18500
– **29 cam** 60/71000 – ½ P 46/86000.

🏠 **Napoleon,** via Oleandri 1 ℰ 495374, Fax 495146, 🏊 – ⌷ ☎ ℗. 𝖵𝖨𝖲𝖠. 𝓢𝓡
🔻 *15 febbraio-15 ottobre* – Pas 20/25000 – ⊏ 8000 – **39 cam** 40/60000 – ½ P 45/85000.

🏠 **Riviera,** viale Torino 8 ℰ 495888, ≼ – ⌷. 🆎 🆂 ∈. 𝓢𝓡
19 marzo-12 ottobre – Pas 25/30000 – ⊏ 6000 – **35 cam** 43/85000 – ½ P 68/83000.

🏠 **Palm Beach,** via 20 Settembre 4 ℰ 495284, Fax 495284, ≼, 🚗 – ⌷ ⌷ ☜. 🆎 🆂 ∈ 𝖵𝖨𝖲𝖠.
𝓢𝓡
19 marzo-12 ottobre – Pas 25/30000 – ⊏ 6000 – **30 cam** 46/85000 – ½ P 75/83000.

🏠 **Caprice,** corso Roma 19 ℰ 495061 – ⌷ ☎. 🆎 🆂 ⓞ ∈ 𝖵𝖨𝖲𝖠. 𝓢𝓡
chiuso novembre – Pas carta 30/57000 – ⊏ 7000 – **21 cam** 40/55000 – ½ P 60/70000.

🍴🍴 **Il Caminetto,** via Olanda 1 ℰ 494700, 🚗 – ℗. 🆎 🆂 ⓞ ∈ 𝖵𝖨𝖲𝖠
chiuso lunedì, dal 25 febbraio al 10 marzo e dal 5 al 20 novembre – Pas carta 40/60000.

🍴🍴 **Il Fondo,** via Nizza 25 ℰ 498219
chiuso mercoledì – Pas carta 30/60000.

DIGONERA Belluno – Vedere Rocca Pietore.

DIMARO 38025 Trento ⓐⓩⓨ D 14, ②①⑧ ⑩ – 1 046 ab. alt. 766 – a.s. febbraio-Pasqua e Natale –
Sport invernali : vedere Folgarida – ☎ 0463.
Roma 646 – Bolzano 70 – Madonna di Campiglio 18 – ♦Milano 233 – Passo del Tonale 26 – Trento 64.

🏠 **Vittoria** 🦢, ℰ 974113, Fax 974600, ≼, 🚗 – 🅿 ℗. 𝓢𝓡
🔻 *5 dicembre-aprile e 20 giugno-20 settembre* – Pas *(chiuso mercoledì in bassa stagione)*
18/23000 – ⊏ 7500 – **30 cam** 45/90000 – ½ P 70/75000.

Vedere anche : *Folgarida* SO : 6 km.

DOBBIACO (TOBLACH) 39034 Bolzano ⑨⑧⑧ ⑤, ⓐⓩⓨ D 18 – 3 036 ab. alt. 1 243 – Sport
invernali : 1 243/1 737 m ≼6, 🎿 – ☎ 0474.
Vedere Guida Verde.
🎯 via Roma 21 ℰ 72132, Telex 400569, Fax 72730.
Roma 705 – Belluno 104 – ♦Bolzano 105 – Brennero 96 – Lienz 47 – ♦Milano 404 – Trento 165.

🏨 **Santer,** ℰ 72142, Fax 72797, ≼, ⛱, 🍽, ◻ – ⌷ ☎ ﳤ ℗. 𝓢𝓡 rist
chiuso da novembre al 15 dicembre – Pas *(chiuso lunedì)* carta 33/44000 – ⊏ 11000 –
43 cam 60/118000 – ½ P 50/90000.

🏨 **Cristallo Walch,** ℰ 72138, ≼ Dolomiti, 🍽, ◻, 🚗 – ⅁ cam ☜ ℗. 🆂 ∈ 𝖵𝖨𝖲𝖠. 𝓢𝓡 rist
🔻 *18 dicembre-marzo e giugno-settembre* – Pas 19/25000 – ⊏ 10000 – **29 cam** 65/120000 –
½ P 85/95000.

🏨 **Park Hotel Bellevue,** ℰ 72101, Fax 72807, « Parco ombreggiato » – ☜ ℗. 🆎 ⓞ.
𝓢𝓡 rist
20 dicembre-marzo e giugno-settembre – Pas 23/35000 – **44 cam** ⊏ 75/150000 –
½ P 75/95000.

🏠 **Sole-Sonne,** ℰ 72225, Fax 72814, ≼, ⛱, 🍽, ◻ – ⌷ ☎ 🚗 ℗. 🆂 ∈ 𝖵𝖨𝖲𝖠. 𝓢𝓡
chiuso da novembre al 15 dicembre – Pas *(chiuso lunedì)* carta 28/38000 – ⊏ 12000 –
50 cam 60/70000 – ½ P 60/80000.

🏠 **Moritz,** ℰ 72510 – ☎ ℗. 𝓢𝓡
chiuso dal 21 aprile al 21 maggio e novembre – Pas *(chiuso giovedì)* carta 26/40000 – ⊏
10000 – **16 cam** 50/80000 – ½ P 52/70000.

🏠 **Urthaler** *🏌 72241 – 🛗 ☎ 🅿*
  chiuso novembre – Pas (chiuso martedì) 16/18000 – **23 cam** 🖵 46/80000 – ½ P 60/65000.

🏠 **Toblacher Hof,** *🏌 72217, ≤, 🚗 – 🛗 ☎ 🚙 🅿. ❄*
  chiuso dal 1° al 15 maggio e novembre – Pas (chiuso martedì) 18/25000 – **23 cam**
  🖵 60/110000 – ½ P 50/85000.

🏠 **Monica** ♨, *🏌 72216, ≤ – 🕾 🅿. ❄*
  chiuso da novembre al 20 dicembre – Pas carta 27/36000 – 🖵 10000 – **25 cam** 36/55000 –
  ½ P 30/58000.

🏠 **Dolomiten** *🏌 72136 – ☎ 🅿. 🅱 🅴 VISA. ❄ rist*
  Pas carta 21/39000 – **25 cam** 🖵 55/100000 – ½ P 63/66000.

  sulla strada statale 49 :

🏨 **Hubertus Hof,** SO : 1 km ✉ 39034 *🏌 72276, Fax 72313, ≤ Dolomiti, 🚗 – ☎ 🅿. 🅱*
  ❄
  20 dicembre-10 aprile e giugno-15 ottobre – Pas (chiuso lunedì) 20/25000 – **27 cam**
  🖵 52/90000 – ½ P 55/75000.

🍴🍴 **Gratschwirt** con cam, SO : 1,5 km ✉ 39034 *🏌 72293, 🛎, 🚗 – 📺 ☎ 🅿. 🅱 ⓞ 🅴*
  VISA. ❄ rist
  20 dicembre-Pasqua, maggio-15 giugno e luglio-15 ottobre – Pas (chiuso martedì)
  carta 25/51000 – **10 cam** 🖵 40/80000 – ½ P 44/79000.

  a Santa Maria (Aufkirchen) O : 2 km – ✉ **39034** Dobbiaco :

🏠 Oberhammer ♨, *🏌 72195, ≤ Dolomiti – ☎ 🅿*
  20 cam.

  al monte Rota (Radsberg) NO : 5 km o 10 mn di seggiovia alt. 1 650 :

🏨 **Alpino Monte Rota-Alpen Ratsberg** ♨, ✉ 39034 *🏌 72213, Fax 72916, ≤ Dolomiti,*
  🔦, ❄ – 🍴 rist ☎ 🚙 🅿. ❄ rist
  22 dicembre-14 aprile e 26 maggio-28 ottobre – Pas carta 20/30000 – 🖵 7000 – **25 cam**
  45/80000 – ½ P 48/75000.

Pleasant hotels or restaurants are shown

in the Guide by a red sign.

Please send us the names

of any where you have enjoyed your stay.

Your Michelin Guide will be even better.

🏨🏨🏨 ... 🏠

🍴🍴🍴 ... 🍴

DOGANA NUOVA Modena 428 429 J 13 – Vedere Fiumalbo.

DOLCEACQUA 18035 Imperia 428 K 4, 195 ⑲ – 1 862 ab. alt. 57 – ✪ 0184.
Roma 662 – ♦Genova 163 – Imperia 49 – ♦Milano 286 – San Remo 23 – Ventimiglia 9,5.

🍴🍴 **La Vecchia,** *🏌 206024, Fax 206475, 🚗, ❄ – 🅿. 🅱. ❄*
  chiuso mercoledì – Pas (menu suggeriti) 35000 bc.

DOLEGNA DEL COLLIO 34070 Gorizia 429 D 22 – 528 ab. alt. 88 – ✪ 0481.
Roma 656 – Gorizia 25 – ♦Milano 396 – ♦Trieste 61 – Udine 27.

🍴🍴 **Da Venica,** via Mernico 37 *🏌 60177, Fax 639906, �ுகம், ❄ – 🅿. 🆎 🅱 ⓞ VISA. ❄*
  aprile-ottobre; chiuso martedì – Pas carta 30/41000.

  a Ruttars S : 6 km – ✉ **34070** Dolegna del Collio :

🍴🍴🍴 **Al Castello dell'Aquila d'Oro,** *🏌 60545, prenotare, « Servizio estivo all'aperto » – 🅿*
  – ⚓ 150. 🅱 ⓞ 🅴 VISA. ❄
  chiuso lunedì e martedì – Pas carta 52/75000 (10%).

DOLO 30031 Venezia 988 ⑤, 429 F 18 – 13 886 ab. alt. 8 – ✪ 041.
Dintorni Villa Nazionale★ di Strà : Apoteosi della famiglia Pisani★★ del Tiepolo SO : 6 km.
Escursioni Riviera del Brenta★★ Est per la strada S 11.
Roma 510 – Chioggia 38 – ♦Milano 249 – ♦Padova 19 – Rovigo 60 – Treviso 35 – ♦Venezia 22.

🏨🏨 **Villa Ducale,** E : 2 km *🏌 420094, Fax 420094, « Villa veneta dell'800 con parco » – ☎*
  🅿. 🆎 ⓞ 🅴 VISA. ❄
  chiuso gennaio e febbraio – Pas (solo per clienti alloggiati e chiuso a mezzogiorno) – 🖵
  10000 – **14 cam** 75/110000 – ½ P 85/90000.

🍴🍴 Locanda alla Posta, E : 1 km *🏌 410740, 🌂, Solo piatti di pesce – 🍽 🅿.*

DOLOMITI ★★★ Belluno, Bolzano e Trento 988 ④ ⑤ – Vedere Guida Verde.

DOMAGNANO – Vedere San Marino.

DOMODOSSOLA 28037 Novara 988 ②, 428 D 6 – 19 565 ab. alt. 277 – ✪ 0324.

🖪 corso Ferraris 49 ℘ 481308.

A.C.I. via De Gasperi 12 ℘ 42008.

Roma 698 – Locarno 78 – ◆Lugano 79 – ◆Milano 121 – Novara 92.

🏨 **Corona**, via Marconi 8 ℘ 42114, Fax 42114 – 🛗 📺 ☎ 🚗, 🖭 🕄 ⑩ 🗉 VISA
Pas carta 27/47000 – ☎ 10000 – **32 cam** 70/95000 – ½ P 80000.

🏨 **Eurossola**, piazza Matteotti 36 ℘ 481326, 🍴 – 🛗 📺 ☎ 🅿. 🖭 🕄 ⑩ 🗉 VISA 🛪
Pas carta 27/52000 – ☎ 6000 – **23 cam** 60/85000 – ½ P 65000.

✗ **Pattarone**, via Gentinetta 14 ℘ 43666, 🍴.

✗ **Sciolla**, piazza Convenzione 5 ℘ 42633 – ⑩ VISA
chiuso mercoledì, dall'8 al 20 gennaio e dal 23 agosto all'11 settembre – **Pas** carta 25/35000.

sulla strada statale 33 S : 2 km :

🏨 **Europa** senza rist, ✉ 28037 ℘ 481032, Fax 481011 – 🛗 📺 ☎ 🕭 🚗 🅿. 🖭 🕄 ⑩ 🗉
VISA
chiuso dicembre – ☎ 7000 – **22 cam** 60/85000.

DONNALUCATA Ragusa – Vedere Sicilia alla fine dell'elenco alfabetico.

DONNAS 11020 Aosta 428 F 5, 219 ⑭ – 2 526 ab. alt. 322 – ✪ 0125.

Vedere Fortezza di Bard★ NO : 2,5 km.

Roma 701 – Aosta 48 – Ivrea 26 – ◆Milano 139 – ◆Torino 68.

✗ **Les Caves de Donnas**, via Roma 99 ℘ 82737, 🍴 – 🅿. 🖭 🕄 🗉 VISA 🛪
chiuso giovedì e dal 15 al 30 giugno – Pas carta 20/30000.

DONORATICO Livorno – Vedere Castagneto Carducci.

DORGALI Nuoro 988 ㉞ – Vedere Sardegna alla fine dell'elenco alfabetico.

DORMELLETTO 28040 Novara 219 ⑰ – 2 548 ab. alt. 235 – ✪ 0322.

Roma 639 – ◆Milano 62 – Novara 38 – Stresa 19.

✗ **Locanda Anna**, ℘ 497113 – 🅿. 🕄
chiuso lunedì, dal 25 giugno al 10 luglio e dal 15 novembre al 1° dicembre – Pas carta 27/42000.

DOSSON Treviso – Vedere Casier.

DOUES 11010 Aosta 428 E 3 – 399 ab. alt. 1175 – ✪ 0165.

Roma 760 – Aosta 14 – Colle del Gran San Bernardo 28 – ◆Milano 198 – ◆Torino 127.

✗ **Lo Bon Mégnadzo**, S : 4 km ℘ 738045 – 🅿. 🛪
chiuso martedì e dal 1° al 20 settembre – Pas carta 18/31000.

DOZZA 40050 Bologna 429 I 16 – 4 841 ab. alt. 190 – ✪ 0542.

Roma 392 – ◆Bologna 31 – ◆Ferrara 76 – Forlì 38 – ◆Milano 244 – ◆Ravenna 52.

✗✗ **Canè** con cam, ℘ 678120, Fax 678522, ≤, 🍴 – 📺 🅿. 🖭 🕄 ⑩ VISA 🛪
chiuso gennaio – Pas (chiuso lunedì) carta 27/45000 – ☎ 5000 – **10 cam** 65000.

a Toscanella N : 5 km – ✉ **40060** :

🏨 **Gloria**, via Emilia 42 ℘ 673438, Fax 673438 – 🛗 ▤ 📺 ☎ 🅿. 🖭 🕄 ⑩ 🗉 VISA 🛪
Pas (chiuso a mezzogiorno, domenica, luglio ed agosto) carta 24/41000 – **24 cam**
☎ 130/190000 – ½ P 65/80000.

DRAGA SANT'ELIA Trieste – Vedere Pese.

DRAPIA 88030 Catanzaro – 2 420 ab. alt. 265 – ✪ 0963.

Roma 642 – Catanzaro 98 – ◆Cosenza 127 – Reggio di Calabria 146.

🏨 **Maddalena** ⑤, ℘ 67025, ≤, 🍴, 🎇, 🛪 – 🅿. VISA 🛪
Pas carta 20/34000 – **16 cam** ☎ 70/80000 – ½ P 35/73000.

DRUOGNO 28030 Novara 428 D 7, 219 ⑥ – 995 ab. alt. 835 – ✪ 0324.

Roma 713 – Domodossola 15 – Locarno 34 – ◆Milano 137 – Novara 106 – ◆Torino 180.

🏨 **Colombo**, ℘ 93543, ≤ – 🅿. VISA 🛪 rist
chiuso novembre – Pas (chiuso martedì) carta 20/32000 – ☎ 7000 – **26 cam** 40/50000 –
½ P 50000.

DUINO AURISINA 34013 Trieste 988 ⑥, 429 E 22 – 8 340 ab. – ✪ 040.

⬛ (maggio-settembre) sull'autostrada A 4-Duino Sud ℰ 208281.

Roma 649 – Gorizia 23 – Grado 32 – ◆Milano 388 – ◆Trieste 22 – Udine 51 – ◆Venezia 138.

介介 **Duino Park Hotel** 🌿 senza rist, ℰ 208184, Fax 208526, ⌁ – ▤ TV ☎ **P**. AE ⑤ ⓪
    E VISA. 🛠
    marzo-novembre – ☲ 15000 – **18 cam** 73/106000.

益益 **MotelAgip,** sull'autostrada A 4 o statale 14 ℰ 208273, Telex 461098, Fax 208673 – ▤ ▦
    TV ☎ **P**. AE ⑤ ⓪ E VISA. 🛠 rist
    Pas 30000 – **80 cam** ☲ 96/126000 – ½ P 95/115000.

✕ **Al Pescatore** con cam, ℰ 208188 – 🕾 **P**. 🛠
    Pas *(chiuso giovedì dal 15 settembre al 15 giugno)* carta 33/49000 – ☲ 6000 – **8 cam**
    45/72000 – ½ P 69000.

    Vedere anche : *Sistiana* E : 3 km.

DUNA VERDE Venezia – Vedere Caorle.

DUNO 21030 Varese 219 ⑦ – 135 ab. alt. 530 – ✪ 0332.

Roma 653 – Luino 16 – ◆Milano 76 – Novara 68 – Varese 24.

✕ **Ur Torc,** ℰ 651143, prenotare
    chiuso martedì e dal 20 giugno al 10 luglio – Pas carta 24/39000.

EBOLI 84025 Salerno 988 ㉘ – 34 506 ab. alt. 115 – ✪ 0828.

Roma 292 – Avellino 67 – ◆Napoli 86 – Potenza 77 – Salerno 35.

益益 **Grazia,** ℰ 366038 – ▤ TV ☎ **P** – 🏛 80 a 400
    52 cam.

EDOLO 25048 Brescia 988 ④, 428 429 D 12 – 4 470 ab. alt. 699 – a.s. luglio e agosto – ✪ 0364.

🇮 piazza Martiri della Libertà 2 ℰ 71065.

Roma 653 – ◆Bergamo 96 – ◆Bolzano 126 – ◆Brescia 100 – ◆Milano 141 – Sondrio 45.

益益 **Eurohotel** senza rist, via Marconi 40 ℰ 72621 – ▤ ☎ 🚗 **P**. AE ⑤ ⓪ E VISA. 🛠
    ☲ 6000 – **17 cam** 70000.

🏠 **Dei Larici,** piazza Martiri della Libertà 18/19 ℰ 71006 – ▤
    21 cam.

EGADI (Isole) Trapani 988 ㊱ – Vedere Sicilia alla fine dell'elenco alfabetico.

🏴 *Pour voyager rapidement, utilisez les cartes Michelin "Grandes Routes" :*
    970 Europe, 980 Grèce, 984 Allemagne, 985 Scandinavie-Finlande,
    986 Grande-Bretagne-Irlande, 987 Allemagne-Autriche-Benelux, 988 Italie,
    989 France, 990 Espagne-Portugal, 991 Yougoslavie.

ELBA (Isola d') ★ Livorno 988 ㉘ – 25 139 ab. alt. da 0 a 1 019 (monte Capanne) – Stazione
termale a San Giovanni (20 aprile-31 ottobre), a.s. 15 giugno-15 settembre – ✪ 0565.

🇫 dell'Acquabona (chiuso lunedì in bassa stagione) ✉ 57037 Portoferraio ℰ 940066, Telex
590220, Fax 916947, SE : 8 km da Portoferraio.

🚢 vedere Portoferraio e Porto Azzurro.

🇮 vedere Portoferraio

    Capoliveri – 2 720 ab. – ✉ **57031**.
    Vedere ✳✳ dei Tre Mari.
    Porto Azzurro 5 – Portoferraio 16.

✕ Il Chiasso, ℰ 968709, 🍴, Coperti limitati; prenotare, « Ambiente caratteristico »
    stagionale.

    a Pareti S : 4 km – ✉ **57031** Capoliveri :

🏠 **Dino** 🌿, ℰ 939103, ≤ mare e costa, 🏖 – **P**. 🛠 rist
    Pasqua-ottobre – Pas carta 30/60000 – ☲ 12000 – **30 cam** 62000 – P 82000.

    a Lido NO : 7,5 km – ✉ **57031** Capoliveri :

益益 **Antares** 🌿, ℰ 940131, Fax 940084, ≤, 🏖, 🍴 – ☎ **P**. AE ⑤ ⓪ E VISA. 🛠 rist
    25 aprile-13 ottobre – Pas 17000 (a mezzogiorno e solo per clienti alloggiati) 45000 (la sera)
    – ☲ 18000 – **35 cam** 75/90000 – ½ P 120/130000.

215

ISOLA D'ELBA

0 — 6 km

ISOLA DI CAPRAIA — LIVORNO/PIOMBINO

C. Vita — Capo Castello

Cavo
I. Palmaiola

C. d'Enfola — Acquaviva

Viticcio — Portoferraio — Rio Marina

Sant'Andrea — Marciana Marina — Scaglieri — San Giovanni — Ottone

Campo all'Aia — Biodola — Magazzini

Marciana — Spartaia — San Martino — Picchiaie

Poggio — Procchio — Villa Napoleone — Acquabona

1018 △ Monte Capanne — la Pila — Porto Azzurro

Chiessi — Lido

Pomonte — Golfe Stella — Capoliveri
Fetovaia

Marina di Campo — Pareti

P. dei Ripalti

Marciana – 2 269 ab. alt. 375 – ✉ 57030.

Vedere ≤★.

Dintorni Monte Capanne★★ : ☀★★.

Porto Azzurro 37 – Portoferraio 28.

a Poggio E : 3 km – alt. 300 – ✉ 57030 :

※※ **Publius,** ✆ 99208, « Servizio estivo all'aperto con ≤ Marciana e golfo » – 𝔸𝔼 Ⓢ ⓞⒹ Ⓔ 𝓥𝓘𝓢𝓐
  15 marzo-15 novembre; chiuso lunedì in bassa stagione – Pas carta 33/49000.

※ **Da Luigi,** località Lavacchio S : 2 km ✆ 99413, 🌳 – Ⓟ. 𝔸𝔼 Ⓢ ⓞⒹ Ⓔ 𝓥𝓘𝓢𝓐
  22 aprile-settembre; chiuso lunedì – Pas carta 32/43000 (12%).

a Sant'Andrea NO : 6 km – ✉ 57030 Marciana :

🏠 **Piccolo Hotel Barsalini** ⟍, ✆ 908013, Fax 906364, « Piccolo giardino e terrazza fiorita » – ☎ Ⓟ. 𝔸𝔼 Ⓢ Ⓔ 𝓥𝓘𝓢𝓐. ✑ rist
  20 marzo-20 ottobre – Pas carta 32/46000 – **28 cam** ⚏ 80000 – ½ P 52/91000.

🏠 **Gallo Nero** ⟍, ✆ 908017, Fax 908078, ≤, ⌁, ☞, ✑ ☎ Ⓟ. Ⓢ. ✑ rist
  20 ottobre-25 ottobre – Pas carta 30/44000 – ⚏ 15000 – **20 cam** 85/90000 – ½ P 50/98000.

🏠 **Cernia** ⟍, ✆ 908194, Fax 906353, ≤, « Giardino », ⌁, ✑ – ☎ Ⓟ. ✑ rist
  20 marzo-25 ottobre – Pas carta 29/50000 (10%) – ⚏ 20000 – **20 cam** 70/96000 –
  ½ P 70/98000.

🏠 **Da Giacomino** ⟍, ✆ 908010, Telex 590220, ≤ mare, « Giardino sul mare » – ☎ Ⓟ.
  Ⓢ Ⓔ 𝓥𝓘𝓢𝓐. ✑ rist
  Pasqua-ottobre – Pas carta 25/40000 – ⚏ 12000 – **25 cam** 65/80000 – ½ P 49/83000.

a Chiessi SO : 12 km – ✉ 57030 Pomonte :

※※ **Perseo** con cam, ✆ 906010, Fax 906010, ≤ – ☎ Ⓟ. Ⓢ. ✑
  chiuso dal 7 gennaio a febbraio – Pas carta 29/40000 (10%) – **21 cam** ⚏ 95000 – ½ P 75000.

a Spartaia E : 12 km – ✉ 57030 Procchio :

🏠 **Désirée** ⟍, ✆ 907311, Telex 590649, Fax 907884, ≤, « Giardino », ⌁, 🛥, ✑ – ▤ cam
  📺 ☎ Ⓟ. 𝔸𝔼 Ⓢ ⓞⒹ Ⓔ. ✑ rist
  5 maggio-8 ottobre – Pas 40/55000 – **69 cam** ⚏ 120/240000 appartamenti 360/480000 –
  ½ P 95/195000.

🏠 **Valle Verde,** ✆ 907545, « Giardino », 🛥 – ☎ Ⓟ. 𝔸𝔼 Ⓢ ⓞⒹ. ✑
  maggio-15 ottobre – Pas 35/45000 – ⚏ 20000 – **43 cam** 120/160000 – ½ P 130/150000.

a Procchio E : 13,5 km – ✉ 57030 :

🏠 **Delfino** ⟍ senza rist, ✆ 907455, 🌳 – ☜ Ⓟ. 𝔸𝔼 ⓞⒹ. ✑
  ⚏ 8000 – **14 cam** 45/86000.

※ **Lo Zodiaco,** ✆ 907630, 🌳 – 𝔸𝔼 ⓞⒹ. ✑
  maggio-5 ottobre – Pas carta 30/45000 (10%).

a Campo all'Aia E : 15 km – ✉ **57030** Procchio :

🏠 **Brigantino** ⓢ, ℰ 907453, ⅃, 🐟, 🚗, 🍴 – ☎ **Ⓟ**. 🍴 rist
aprile-settembre – Pas (solo per clienti alloggiati) 33000 – ⌷ 13000 – **30 cam** 53/90000 –
½ P 71/89000.

a Pomonte SO : 15 km – ✉ **57030** :

🏠 **Da Sardi** ⓢ, ℰ 906045, Fax 906253 – **Ⓟ**. 🍴
Pas carta 22/33000 – ⌷ 7000 – **18 cam** 30/56000 – ½ P 45/60000.

Marciana Marina 🔢🔢🔢 ㉔ – 2 041 ab. – ✉ **57033**.
Porto Azzurro 29 – Portoferraio 20.

🏨 **Gabbiano Azzurro** senza rist, ℰ 99226, Fax 99497, ⅃, 🚗, ☜ **Ⓟ**. 🆂 🅴 𝗩𝗜𝗦𝗔. 🍴
chiuso dall'8 gennaio al 20 febbraio – ⌷ 6000 – **39 cam** 50/80000.

🏨 **Marinella,** ℰ 99018, Fax 99018, ≤, ⅃, 🚗, 🍴 – 🛗 ☎ **Ⓟ** 🆀🅴 🆂 🅴 𝗩𝗜𝗦𝗔. 🍴
← *aprile-ottobre* – Pas 20/30000 – ⌷ 10000 – **57 cam** 80/96000 – ½ P 69/99000.

🏠 Imperia senza rist, ℰ 99082
21 cam.

🍴🍴 **Rendez-Vous da Marcello,** ℰ 99251, ≤, 🏖 – 🆀🅴 🆂 🅾 🅴 𝗩𝗜𝗦𝗔
chiuso dall'8 gennaio al 10 febbraio, novembre e mercoledì in bassa stagione – Pas
carta 34/45000.

🍴 **La Fiaccola,** ℰ 99094, ≤, 🏖 – 🆀🅴
aprile-settembre; chiuso giovedì – Pas carta 22/44000 (10%).

Marina di Campo 🔢🔢🔢 ㉔ – ✉ **57034**.
Marciana Marina 13 – Porto Azzurro 26 – Portoferraio 17.

🏨 **Dei Coralli** ⓢ, ℰ 976336, Fax 977748, ⅃, 🚗, 🍴 – 🛗 🖥 ☎ **Ⓟ**. 🆂 🅴 𝗩𝗜𝗦𝗔. 🍴 rist
15 aprile-15 ottobre – Pas (solo per clienti alloggiati) 54000 – **62 cam** ⌷ 150000 –
½ P 95/125000.

🏨 **Punto Verde** senza rist, ℰ 977482, Fax 977486 – 📺 ☎ **Ⓟ**. 🆀🅴 🅾
Pasqua-15 ottobre – **32 cam** ⌷ 126000.

🏨 **Barcarola 2** senza rist, ℰ 976255, 🚗 – ☎ **Ⓟ**
giugno-settembre – ⌷ 25000 – **28 cam** 68/96000.

🏨 **Santa Caterina,** ℰ 976452, Fax 976745, 🚗 – 🛗 ☎ **Ⓟ**. 🆂 🅴 𝗩𝗜𝗦𝗔. 🍴
← *16 aprile-settembre* – Pas (solo per clienti alloggiati) 20/30000 – ⌷ 18000 – **41 cam**
68/96000 – ½ P 72/96000.

🍴 **Bologna,** ℰ 976105, Fax 976105, 🏖 – 🆀🅴 🆂 🅾 🅴 𝗩𝗜𝗦𝗔
aprile-15 ottobre; chiuso martedì in bassa stagione – Pas carta 32/54000 (10%).

a La Pila N : 2,5 km – ✉ **57034** Marina di Campo :

🍴 **Da Gianni,** all'aeroporto ℰ 976965 – **Ⓟ**
marzo-ottobre – Pas carta 30/40000.

a Fetovaia O : 8 km – ✉ **57030** Seccheto :

🏨 **Lo Scirocco** ⓢ, ℰ 987060, Fax 987244, ≤ – 🛗 📺 ☎ **Ⓟ**. 🆂 🅴 𝗩𝗜𝗦𝗔. 🍴 rist
aprile-20 ottobre – Pas carta 32/41000 – **30 cam** ⌷ 100/130000 – ½ P 47/102000.

🏠 **Galli** ⓢ, ℰ 987065, Fax 987011, 🚗 – ☎ **Ⓟ**. 🍴
aprile-ottobre – Pas 38000 – ⌷ 17000 – **22 cam** 90000 – ½ P 93000.

Porto Azzurro 🔢🔢🔢 ㉔ – 3 099 ab. – ✉ **57036**.
🚢 per Rio Marina-Piombino (esclusi mercoledì e sabato) giornalieri (1 h 20 mn) –
Toremar-agenzia Giovannoni, banchina IV Novembre ℰ 95004, Telex 501685.
Marciana Marina 29 – Portoferraio 15.

🏠 **Belmare,** ℰ 95012, ≤ – ☎. 🆀🅴 🆂 🅾 🅴 𝗩𝗜𝗦𝗔. 🍴
Pas *(chiuso venerdì)* carta 26/43000 – ⌷ 10000 – **27 cam** 55/75000 – ½ P 75000.

🍴🍴 Longone Inn, ℰ 957995.

Portoferraio 🔢🔢🔢 ㉔ – 11 692 ab. – ✉ **57037**.
Dintorni Villa Napoleone di San Martino★ SO : 6 km.
Escursioni Strada per Cavo e Rio Marina : ≤★★.
🚢 per Piombino giornalieri (1 h); per Livorno 15 giugno-settembre giornaliero (3 h); per
l'Isola di Capraia 15 giugno-settembre lunedì e negli altri mesi mercoledì e giovedì (2 h) –
Toremar-agenzia Lari e Palombo, calata Italia 22 ℰ 918080, Telex 590018; per Piombino
giornalieri (1 h) – Navarma, viale Elba 4 ℰ 918101, Telex 590590, Fax 916758.
🅱 calata Italia 26 ℰ 914671.
Marciana Marina 20 – Porto Azzurro 15.

Crystal senza rist, ℰ 917971 , Telex 501315, Fax 918772 ✉ ▤ TV ☎ AE ⑤ ⓞ Ε VISA. ⅁
chiuso novembre – ⌷ 25000 – **15 cam** 220000.

Nuova Padulella, O : 1 km ℰ 915506, Telex 502148, Fax 916510, ≤ – ⑆ ☎ Ⓟ AE ⑤ ⓞ Ε VISA. ⅁
marzo-novembre – Pas (chiuso marzo e novembre) 25/36000 – ⌷ 14000 – **40 cam** 96000 – ½ P 55/92000.

Da Olga, ℰ 917446, prenotare – AE ⑤ ⓞ Ε VISA
chiuso febbraio, novembre e mercoledì (escluso dal 15 giugno al 15 settembre) – Pas 35/58000.

La Ferrigna, ℰ 9141129 – AE ⑤ VISA
15 marzo-15 novembre; chiuso martedì in bassa stagione – Pas carta 33/49000 (12%).

a San Giovanni S : 3 km – ✉ Portoferraio :

Airone ⅁, ℰ 917447, Telex 501829, Fax 917484, ℶ, ⚓, ℀, ⅃ – ⑆ ▤ TV ☎ Ⓟ – ⅀ 180. AE ⑤ ⓞ Ε VISA. ⅁ rist
Pas carta 25/70000 – **85 cam** ⌷ 192000 – ½ P 122000.

a Viticcio O : 5 km – ✉ **57037** Portoferraio :

Paradiso ⅁, ℰ 939034, Fax 939041, ≤, ℶ, ⚓, ℀ – ☏ Ⓟ. ⅁ rist
aprile-settembre – Pas carta 28/45000 (10%) – ⌷ 14000 – **37 cam** 59/87000 – ½ P 52/90000.

a San Martino SO : 6 km – ✉ **57037** Portoferraio :

Il Caminetto, ℰ 915700, Fax 915271, ⌸ – ☎ Ⓟ. ⅁ rist
aprile-settembre – Pas carta 22/40000 (10%) – ⌷ 15000 – **17 cam** 68/96000 – ½ P 42/87000.

ad Acquaviva O : 4 km – ✉ **57037** Portoferraio :

Acquaviva Park Hotel ⅁, ℰ 915392, Fax 916903, ℶ – TV ☎ Ⓟ. AE ⑤ ⓞ Ε VISA. ⅁
aprile-ottobre – Pas (solo per clienti alloggiati e chiuso a mezzogiorno escluso dal 15 giugno al 31 agosto) – ⌷ 15000 – **39 cam** 130000 – ½ P 65/100000.

a Picchiaie S : 7 km – ✉ **57037** Portoferraio :

Picchiaie Residence ⅁, ℰ 933072, Fax 933186, ≤ colline e golfo, ℶ, ⚓, ℀ – ☎ Ⓟ. AE ⓞ. ⅁ rist
15 marzo-ottobre – Pas 35/45000 – ⌷ 15000 – **50 cam** 105/150000 – ½ P 80/135000.

a Magazzini SE : 8 km – ✉ **57037** Portoferraio :

Fabricia ⅁, ℰ 933181, Telex 590033, Fax 933185, ≤ golfo e Portoferraio, ℶ, ⚓, ⚓, ℀ – TV ☎ Ⓟ. AE ⓞ. ⅁ rist
20 aprile-6 ottobre – Pas 60000 – ⌷ 20000 – **75 cam** 210000 – ½ P 105/180000.

ad Acquabona SE : 8,5 km – ✉ **57037** Portoferraio :

Al Vecchio Papa, ℰ 940056 – Ⓟ.

a Biodola O : 9 km – ✉ **57037** Portoferraio :

Hermitage ⅁, ℰ 969932, Telex 500219, Fax 969984, ≤, « Piccole costruzioni in pineta », ℶ, ⚓, ⚓, ℀ – ⑆ ▤ TV ☎ Ⓟ – ⅀ 350. ⑤ ⓞ Ε VISA. ⅁ rist
aprile-settembre – Pas 50/70000 – **110 cam** solo ½ P 180/260000.

Biodola ⅁, ℰ 969966, ≤, ℶ, ℾ, ⚓, ⚓, ℀ – ⑆ ▤ TV ☎ Ⓟ. ⑤ Ε VISA. ⅁ rist
aprile-20 ottobre – Pas 48/65000 – **68 cam** solo ½ P 160/205000.

a Scaglieri O : 9 km – ✉ **57037** Portoferraio :

Danila ⅁, ℰ 969915, Fax 969865, ⚓ – ☎ Ⓟ. AE ⑤ Ε VISA. ⅁ rist
aprile-15 ottobre – Pas carta 32/55000 – ⌷ 12000 – **27 cam** 96000 – ½ P 50/85000.

Da Luciano, ℰ 969952, ≤
stagionale.

ad Ottone SE : 11 km – ✉ **57037** Portoferraio :

Villa Ottone ⅁, ℰ 933042, Fax 933257, « Parco ombreggiato », ℶ, ⚓, ℀ – ⑆ TV Ⓟ. AE ⑤ ⓞ Ε VISA. ⅁ rist
18 maggio-settembre – Pas 30/50000 – **70 cam** ⌷ 190/250000 – ½ P 87/170000.

Teilen Sie uns Ihre Meinung
über die von uns empfohlenen Restaurants,
ihre Spezialitäten und die angebotenen Landweine mit.

Rio Marina – 2 375 ab. – ✉ **57038**.
Porto Azzurro 12 – Portoferraio 20.

🏠 **Rio,** ✆ 962722, Telex 501832, Fax 962662 – 🛗 ☎. ⬛ ⧮ rist
aprile-settembre – Pas *(chiuso a mezzogiorno)* carta 30/50000 – **35 cam** ⌷ 96/128000 –
½ P 62/102000.

✗ **La Canocchia,** ✆ 962432 – ▤. 🅱 E 𝑽𝑰𝑺𝑨. ⧮
marzo-ottobre; chiuso lunedì in bassa stagione – Pas carta 35/45000.

a Cavo N : 7,5 km – ✉ **57030** :

🏨 **Marelba** ⬱, ✆ 949900, Fax 949776, ➹ – ☎ 🅿. ⧮
20 aprile-settembre – Pas 27/35000 – **52 cam** ⌷ 98000 – ½ P 103000.

🏠 **Pierolli,** ✆ 949812, Fax 931044, ≼, ➹ – 🅿. ⬛ 🅱 ⓞ E 𝑽𝑰𝑺𝑨. ⧮
Pas *(aprile-settembre)* carta 28/40000 – ⌷ 15000 – **22 cam** 96000 – ½ P 52/88000.

ELVAS Bolzano – Vedere Bressanone.

EMPOLI 50053 Firenze 𝟵𝟴𝟴 ⑭, 𝟰𝟮𝟴 𝟰𝟮𝟵 K 14 – 43 588 ab. alt. 27 – 🕲 0571.
Roma 302 – ✦Firenze 33 – ✦Livorno 60 – ✦Milano 321 – Montecatini Terme 35 – Pisa 50 – Pistoia 35 – Siena 66.

🏠 **Tazza d'Oro,** via Giuseppe del Papa 46 ✆ 72129, Fax 77370 – 🛗 ☜ – 🏛 80. ⬛ 🅱 ⓞ
➡ E 𝑽𝑰𝑺𝑨
Pas 18/21000 – ⌷ 5000 – **51 cam** 45/78000 – ½ P 48000.

🏠 **Il Sole** senza rist, piazza Don Minzoni 18 ✆ 73779 – 🛗 📺 ☎. 𝑽𝑰𝑺𝑨
⌷ 8000 – **12 cam** 53/89000.

✗ **Bianconi,** via Tosco Romagnola 70 (E : 2 km) ✆ 590558 – ▤ 🅿. ⬛ 𝑽𝑰𝑺𝑨
chiuso mercoledì e dal 20 luglio al 3 agosto – Pas carta 23/35000.

ENNA 🅿 𝟵𝟴𝟴 ㊱ – Vedere Sicilia alla fine dell'elenco alfabetico.

ENTRACQUE 12010 Cuneo 𝟰𝟮𝟴 J 4, 𝟭𝟵𝟱 ⑦ – 889 ab. alt. 904 – a.s. luglio-agosto e Natale –
🕲 0171.
Roma 667 – Cuneo 24 – ✦Milano 240 – Colle di Tenda 40 – ✦Torino 118.

🏠 **Miramonti,** ✆ 978222 – 🅿. ⧮ rist
➡ *chiuso dal 20 al 30 ottobre* – Pas *(solo per clienti alloggiati e chiuso dal 17 aprile al 31
maggio)* – Pas 16/19000 – ⌷ 5000 – **14 cam** 40/59000 – ½ P 43/48000.

ENTRÈVES Aosta 𝟵𝟴𝟴 ①, 𝟰𝟮𝟴 E 2 – Vedere Courmayeur.

EOLIE (Isole) Messina 𝟵𝟴𝟴 ㊱㊲㊳ – Vedere Sicilia alla fine dell'elenco alfabetico.

EPPAN AN DER WEINSTRASSE = Appiano sulla Strada del Vino.

EQUI TERME 54022 Massa Carrara 𝟰𝟮𝟴 𝟰𝟮𝟵 J 12 – alt. 250 – 🕲 0585.
Roma 437 – ✦La Spezia 45 – Massa 48 – ✦Parma 122.

✗ **La Posta** con cam, ✆ 97937. ⧮
chiuso dall'8 gennaio all'8 marzo – Pas *(chiuso martedì)* carta 21/30000 – **7 cam** ⌷ 40/50000
– ½ P 40000.

ERACLEA 30020 Venezia 𝟵𝟴𝟴 ⑤, 𝟰𝟮𝟵 F 20 – 11 863 ab. alt. 2 – a.s. 15 giugno-agosto – 🕲 0421.
Roma 569 – Belluno 102 – ✦Milano 308 – ✦Padova 78 – Treviso 45 – ✦Trieste 120 – Udine 89 – ✦Venezia 58.

ad Eraclea Mare SE : 10 km – ✉ **30020** :

🏨 **Park Hotel Pineta** ⬱, ✆ 66063, Fax 66196, « Giardino ombreggiato », ⊾, ▲▭ – ▤ rist
☎ 🅿. ⧮
15 maggio-25 settembre – Pas carta 25/31000 – **45 cam** ⌷ 60/100000 – ½ P 55/69000.

ERBA 22036 Como 𝟵𝟴𝟴 ③, 𝟰𝟮𝟴 E 9 – 16 095 ab. alt. 323 – 🕲 031.
Roma 622 – Como 14 – Lecco 15 – ✦Milano 44.

🏛 **Castello di Pomerio,** via Como 5 ✆ 627516, Telex 380463, Fax 628245, 🕳, ⊾, 🖭, ➹,
✖ – 🛗 📺 ☎ ⬥ 🅿 – 🏛 200. ⬛ 🅱 ⓞ E 𝑽𝑰𝑺𝑨. ⧮ rist
Pas carta 65/95000 – **58 cam** ⌷ 260/275000 appartamenti 365000 – ½ P 198000.

🏠 **Erba,** via Milano 12/d ✆ 640681, Fax 610764 – 📺 ☜ ➡ 🅿. ⬛ 🅱 ⓞ E 𝑽𝑰𝑺𝑨. ⧮
Pas *(chiuso domenica)* carta 25/42000 – ⌷ 6000 – **22 cam** 48/75000 – ½ P 60000.

✗ **La Vispa Teresa,** via XXV Aprile 115 ✆ 641667, Rist. e pizzeria – ▤. ⬛ ⓞ
chiuso lunedì e dal 31 luglio al 26 agosto – Pas carta 35/60000.

ERBUSCO 25030 Brescia 428 429 F 11 – 6 347 ab. alt. 251 – © 030.
Roma 578 – ♦Bergamo 28 – ♦Brescia 23 – ♦Milano 69.

XXX **Club XVII Miglio,** via Baluccanti 12 ℘ 7268006, Rist. e piano bar, Coperti limitati; prenotare – 🍽, ⑤ 𝘝𝘐𝘚𝘈. ℀
chiuso a mezzogiorno – Pas carta 38/65000.

XX **Da Bertoli,** via per Iseo 29 (NE : 5 km) ℘ 7241017, Fax 7241017, ☂, 🍴 – ⇔ Ⓟ. ⒶⒺ
⑤ ⓘ Ⓔ 𝘝𝘐𝘚𝘈
chiuso lunedì e dal 2 al 20 gennaio – Pas carta 37/76000.

ERCOLANO 80056 Napoli 988 ㉗ – 63 571 ab. – © 081.
Vedere Terme★★★ – Casa a Graticcio★★ – Casa dell'Atrio a mosaico★★ – Casa Sannitica★★ – Casa del Mosaico di Nettuno e Anfitrite★★ – Pistrinum★★ – Casa dei Cervi★★ – Casa del Tramezzo carbonizzato★ – Casa del Bicentenario★ – Casa del Bel Cortile★ – Casa del Mobilio carbonizzato★ – Teatro★ – Terme Suburbane★.
Dintorni Vesuvio★★★ NE : 14 km e 45 mn a piedi AR.
Roma 224 – ♦Napoli 11 – Pozzuoli 26 – Salerno 46 – Sorrento 39.

🏨 **Puntaquattroventi,** via Marittima 59 ℘ 7773041, Fax 7773757, ← – 🛗 🍽 📺 ☎ Ⓟ –
🛐 60 a 160. ⒶⒺ ⓘ 𝘝𝘐𝘚𝘈. ℀ cam
Pas carta 35/55000 (15%) – **37 cam** ⊑ 100/186000 – ½ P 135000.

XX **La Piadina,** via Cozzolino 10 ℘ 7717141 – 🍽 Ⓟ. ⒶⒺ ⑤ ⓘ Ⓔ 𝘝𝘐𝘚𝘈. ℀
chiuso martedì – Pas carta 25/43000 (12%).

ERICE Trapani 988 ㉟ – Vedere Sicilia alla fine dell'elenco alfabetico.

ESTE 35042 Padova 988 ⑤ – 17 896 ab. alt. 15 – © 0429.
Vedere Museo Nazionale Atestino★ – Mura★.
Roma 480 – ♦Ferrara 64 – Mantova 76 – ♦Milano 220 – ♦Padova 32 – Rovigo 29 – ♦Venezia 69 – Vicenza 45.

🏨 **Beatrice d'Este,** viale delle Rimembranze 1 ℘ 3681, Fax 601957 – ⇔ rist 🍽 rist ☎ Ⓟ
– 🛐 30 a 100. ⒶⒺ ℀ rist
Pas (chiuso domenica sera) carta 22/31000 – ⊑ 5000 – **30 cam** 32/54000 – ½ P 42000.

🏨 **Centrale,** piazza Beata Beatrice 14 ℘ 601757 – 🛗 ☎ ⑤. ⒶⒺ ⑤ ⓘ Ⓔ 𝘝𝘐𝘚𝘈
Pas carta 26/38000 – ⊑ 7000 – **21 cam** 32/54000 – ½ P 45/47000.

ETNA Catania 988 ㊲ – Vedere Sicilia alla fine dell'elenco alfabetico.

ETROUBLES 11014 Aosta 428 E 3, 219 ② – 406 ab. alt. 1 280 – a.s. Pasqua, 15 giugno-15 settembre e Natale – © 0165.
Roma 760 – Aosta 14 – Colle del Gran San Bernardo 18 – ♦Milano 198 – ♦Torino 127.

🏨 **Col Serena,** ℘ 78218, ← – 📺 ☎ Ⓟ. ⑤ Ⓔ 𝘝𝘐𝘚𝘈. ℀ cam
chiuso maggio e novembre – Pas vedere rist Croix Blanche – **16 cam** ⊑ 55/80000.

XX **Croix Blanche,** ℘ 78238, ☂ – Ⓟ. ⑤ Ⓔ 𝘝𝘐𝘚𝘈
chiuso maggio, dal 15 novembre al 15 dicembre e lunedì – Pas carta 28/56000.

FABRIANO 60044 Ancona 988 ⑯ – 28 588 ab. alt. 325 – © 0732.
Vedere Piazza del Comune★ – Piazza del Duomo★.
Dintorni Grotte di Frasassi★★ N : 11 km.
Roma 216 – ♦Ancona 76 – Foligno 58 – Gubbio 36 – Macerata 69 – ♦Perugia 72 – Pesaro 116.

🏨 **Janus Hotel Fabriano,** piazza Matteotti 45 ℘ 4191, Fax 5714 – 🛗 🍽 📺 ☎ 🚗 Ⓟ –
🛐 200. ⒶⒺ ⑤ ⓘ Ⓔ 𝘝𝘐𝘚𝘈
Pas (chiuso venerdì e dal 1° al 24 agosto) carta 33/55000 – ⊑ 10000 – **72 cam** 75/130000 appartamenti 170000, 🍽 8000 – ½ P 90000.

🏨 **Aristos** senza rist, via Cavour 103 ℘ 22308 – ⇔ 📺 ☎. ℀
⊑ 10000 – **8 cam** 54/87000.

XX **Il Cantoncino,** piazza dei Partigiani 10 ℘ 24455 – ⇔. ⒶⒺ ⑤ ⓘ Ⓔ 𝘝𝘐𝘚𝘈
chiuso dal 1° al 22 agosto, lunedì e da maggio a settembre anche domenica sera – Pas carta 30/49000.

X **Pollo,** via Corridoni 22 ℘ 24584 – ⒶⒺ ⓘ. ℀
Pas carta 26/38000.

X **Marchegiana,** piazza Cairoli 1 ℘ 23919 – ⒶⒺ. ℀
Pas carta 22/35000.

sulla strada statale 76 NE : 5 km :

XX **Old Ranch** ⚲ con cam, località Piaggia d'Olmo ✉ 60044 Fabriano ℘ 627610, « Servizio estivo in giardino » – ⇔ Ⓟ. ⑤ Ⓔ 𝘝𝘐𝘚𝘈. ℀ rist
chiuso dal 25 giugno al 15 luglio – Pas (chiuso martedì) carta 35/45000 (10%) – ⊑ 5000 –
10 cam 50/60000.

FABRO 05015 Terni – 2 828 ab. alt. 364 – ✪ 0763.
Roma 144 – Arezzo 83 – ◆Perugia 50 – Siena 95 – Terni 94.

✗ **La Bettola del Buttero** con cam, in prossimità casello autostrada A 1 ℰ
82446 e hotel ℰ 82063, 🍽, 🚗 – ⊙ 🅿. ⚿. ⚙
Pas *(chiuso dal 24 dicembre al 3 gennaio, dal 10 al 20 agosto, sabato sera e domenica)*
carta 26/40000 – � 6500 – **15 cam** 55/80000.

FAENZA 48018 Ravenna 988 ⑯, 429 J 17 – 54 118 ab. alt. 35 – ✪ 0546.

Vedere Museo Internazionale della Ceramica★★ – Pinacoteca Comunale★ M1.

Roma 368 ② – ◆Bologna 49 ④ – ◆Firenze 104 ③ – ◆Milano 264 ① – ◆Ravenna 31 ① – Rimini 67 ①.

FAENZA

Garibaldi (Corso)
Matteotti (Corso)
Mazzini (Corso Giuseppe)
Saffi (Corso)

Libertà (Piazza della) 2
Martiri della Libertà (Piazza) 3
Martiri Ungheresi (Via) 5
Popolo (Piazza del) 8

🏨 **Cavallino,** via Forlivese 185 ℰ 30226, Fax 30852 – 🛗 🖃 📺 ☎ 🔥 🅿 – 🔬 150. 🅰🅴
🕦 🅴 🆅🅸🆂🅰. 🛇 rist   1 km per ②
Pas carta 27/43000 – **80 cam** ⊡ 160000 – ½ P 85/100000.

🏨 **Vittoria,** corso Garibaldi 23 ℰ 21508, Fax 29136 – 🛗 📺 ☎ – 🔬 200. 🅰🅴 🆂 🕦 🅴 🆅🅸🆂🅰
                                                                                        n
Pas vedere rist Canon d'Oro – ⊡ 8500 – **41 cam** 68/114000 – ½ P 95000.

✗✗✗ **Amici Miei,** corso Mazzini 54 (Galleria Gessi) ℰ 661600   **a**
chiuso domenica sera, lunedì e agosto – Pas carta 41/57000.

✗✗ **Canon d'Oro,** vicolo Cannone 9 ℰ 663993, 🍽 – 🅰🅴 🆂 🕦 🅴 🆅🅸🆂🅰. 🛇   **n**
chiuso domenica ed agosto – Pas carta 30/45000.

sulla strada statale 9 SE : 2 km per ② :

✗✗ **Antica Romagna,** ✉ 48018 Faenza ℰ 30242, « Servizio estivo in giardino » – 🅿. 🅰🅴
🆅🅸🆂🅰
chiuso giovedì – Pas carta 26/38000.

a Santa Lucia delle Spianate SE : 6,5 km per via Mons. Vincenzo Cimatti – ✉ 48018
Faenza :

✗ **Monte Brullo,** ℰ 42014, 🍽, 🚗 – 🅿. ⚿
chiuso martedì, mercoledì a mezzogiorno, febbraio e novembre – Pas carta 24/34000.

221

FAI DELLA PAGANELLA 38010 Trento 429 D 15 – 848 ab. alt. 958 – a.s. febbraio-Pasqua, luglio-agosto e Natale – Sport invernali : 958/2 122 m ✦5, ✦ (vedere anche Andalo e Molveno) – ☎ 0461.

🅱 via Cesare Battisti ✆ 583130.

Roma 616 – ♦Bolzano 55 – ♦Milano 222 – Riva del Garda 57 – Trento 34.

🏨 **Arcobaleno,** ✆ 583306, Fax 583306, ← – 🛄 🍴 rist 📺 ☎ 🚗 🅿 – 🔼 120. 🅱 . ✻
   Pas *(chiuso lunedì)* carta 22/39000 – **37 cam** ⊃ 100000 – ½ P 60/75000.

🏨 **Negritella** 🦌, ✆ 583145, ← – ☎ 🅿 . ✻
→ *dicembre-Pasqua e giugno-10 settembre* – Pas *(chiuso lunedì)* 19000 – ⊃ 6500 – **19 cam**
   33/62000 – ½ P 57000.

FAITO (Monte) ★★ Napoli – alt. 1 103.

Vedere ✳★★★ dal Belvedere dei Capi – ✳★★★ dalla cappella di San Michele.

Roma 253 – Castellammare di Stabia 15 (per strada a pedaggio) oppure 10 mn di funivia – ♦Napoli 44 – Salerno 46 – Vico Equense 15.

FALCADE 32020 Belluno 988 ⑤, 429 C 17 – 2 302 ab. alt. 1 145 – a.s. luglio-agosto e Natale – Sport invernali : 1 145/2 500 m ✦12, ✦ – ☎ 0437.

🅱 piazza Municipio 1 ✆ 599241, Telex 440821, Fax 599242.

Roma 667 – Belluno 50 – ♦Bolzano 64 – ♦Milano 348 – Trento 108 – ♦Venezia 156.

🏨 **Molino,** località Molino ✆ 599070, Fax 599445, ←, 🚡, 🔲 – 📺 ☎ 🅿 . ✻
   dicembre-15 aprile e 15 giugno-15 settembre – Pas carta 24/49000 – **14 cam** ⊃ 60/150000
   – ½ P 90/130000.

🏨 **Stella Alpina,** ✆ 599046, ← – 🛄 ☎ 🕭 🅿 . ✻
   dicembre-aprile e 15 giugno-settembre – Pas carta 24/34000 – ⊃ 4500 – **37 cam** 65/95000
   – ½ P 55/80000.

🏨 **Arnica,** località Canès ✆ 599523, ← – ☎ 🅿
   stagionale – **22 cam**.

FALCONARA MARITTIMA 60015 Ancona 988 ⑯, 429 L 22 – 30 060 ab. – a.s. luglio e agosto – ☎ 071.

✈ O : 0,5km ✆ 56257.

🅱 via Cavour 3 ✆ 910458.

Roma 279 – ♦Ancona 13 – Macerata 61 – Pesaro 63.

🏨 **Touring** 🦌, via degli Spagnoli ✆ 9160005, Fax 913000, ☒ riscaldata – 🛄 📺 ☎ 🅿 –
   🔼 200. 🆎 🅱 🅴 𝘝𝘐𝘚𝘈 . ✻ rist
   Pas vedere Rist. Da Ilario – ⊃ 3500 – **75 cam** 52/80000 – ½ P 58/65000.

🏨 **Avion** 🦌, via Caserme 6 ✆ 9170444, ✿, ✕ – 🛄 ☎ 🅿
   35 cam.

✕✕ ❀ **Villa Amalia** con cam, via degli Spagnoli 4 ✆ 912045 – ▤ 📺 ☎ 🚗 ① 𝘝𝘐𝘚𝘈 . ✻
   Pas *(chiuso martedì)* carta 43/64000 – ⊃ 14000 – **7 cam** 66/96000
   Spec. Fagottini di ostriche gratinate, Raguse (molluschi) in sfoglia alle erbette con zabaione di pomodoro,
   Rana pescatrice in foglia di verza. Vini Verdicchio, Rosso Conero.

✕✕ **Paradiso,** via Toscana 9 ✆ 911672 – 🆎 𝘝𝘐𝘚𝘈 . ✻
   chiuso martedì e dal 1° al 18 agosto – Pas carta 29/49000.

✕✕ **Da Ilario,** via Tito Speri 2 ✆ 9170678, Fax 9170678 – ① 𝘝𝘐𝘚𝘈
   chiuso domenica sera e lunedì – Pas carta 36/50000.

   Vedere anche : *Marina di Montemarciano* O : 4 km.

FALERNA 88042 Catanzaro 988 ㊴ – 3 774 ab. alt. 550 – ☎ 0968.

Roma 576 – Catanzaro 64 – ♦Cosenza 61 – ♦Reggio di Calabria 157.

   a Falerna Scalo SO : 10 km – ✉ 88040 :

✕ **Vesuvio 1,** ✆ 97094 – 🅱 🅴 𝘝𝘐𝘚𝘈 . ✻
   chiuso martedì da novembre a maggio – Pas carta 28/51000.

   a Falerna Marina O : 11 km – ✉ 88042 :

🏨 **Torino 2,** N : 1 km ✆ 93053, Fax 93381, ←, ✿, ✕ – 🛄 📺 ☎ 🅿 . 🆎 🅱 ① 𝘝𝘐𝘚𝘈
   Pas carta 23/35000 – ⊃ 12000 – **47 cam** 60/106000 – ½ P 78/80000.

FALZES (PFALZEN) 39030 Bolzano 429 B 17 – 2 009 ab. alt. 1 022 – ☎ 0474.

Roma 711 – ♦Bolzano 65 – Brunico 5.

🏨 **Edy,** ✆ 58141, ←, ☒, 🔲, ✿ – 🚗 🅿 . ✻
→ *chiuso da novembre al 18 dicembre* – Pas (solo per clienti alloggiati) 18000 – **30 cam**
   ⊃ 49/94000 – ½ P 44/58000.

222

ad Issengo (Issing) NO : 1,5 km – ✉ 39030 Falzes :

XX **Al Tanzer** ⚲ con cam, ✆ 55366, Fax 55646 – ☎ 🅿 🔄 E VISA
chiuso dal 14 al 30 guigno – Pas *(chiuso martedi e mercoledi a mezzogiorno)* carta 34/56000
– **23 cam** ⌷ 40/70000 – ½ P 35/55000.

a Molini (Mühlen) NO : 2 km – ✉ 39030 Chienes :

XX **Schöneck**, ✆ 55550, ≤, 🌳 – 🅿 AE 🔄 E VISA
chiuso mercoledi, giovedi a mezzogiorno e dal 20 gennaio al 10 febbraio – Pas
carta 31/66000.

FANO 61032 Pesaro e Urbino 988 ⑯, 429 K 21 – 52 890 ab. – a.s. 15 giugno-agosto – ✆ 0721.

Vedere Corte Malatestiana★ – Dipinti del Perugino★ nella chiesa di Santa Maria Nuova.

🛈 viale Cesare Battisti 10 ✆ 803534.

Roma 289 ② – ◆Ancona 65 ② – ◆Perugia 123 ② – Pesaro 11 ② – Rimini 51 ②.

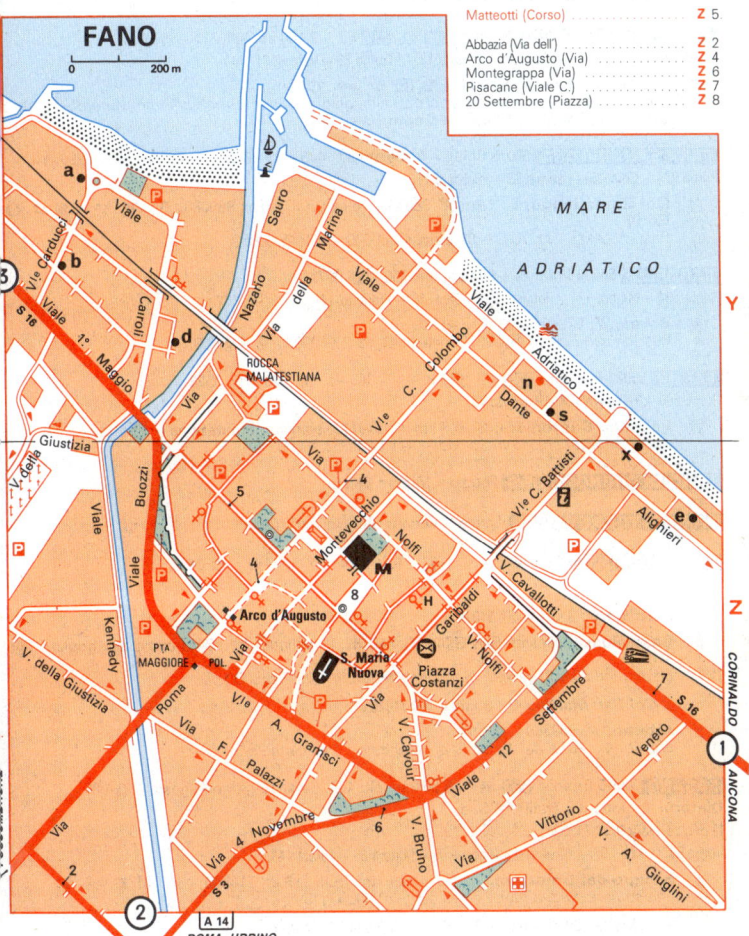

FANO

0   200 m

M A R E

A D R I A T I C O

🏨🏨 **Elisabeth Due,** piazzale Amendola 2 ✆ 866146, ≤ – 🔄 ▦ TV ☎ AE 🔄 ⓄⒹ E VISA
🍴 rist   **Y a**
Pas 35/50000 – ⌷ 10000 – **32 cam** 130/180000 appartamento 180/220000 – ½ P 90/120000.

🏨🏨 **Gd H. Elisabeth** senza rist, viale Carducci 12 ✆ 804241, 🚗 – 🔄 TV AE 🔄 ⓄⒹ E VISA
⌷ 10000 – **37 cam** 130/180000.   **Y b**

🏨 **Augustus,** via Puccini 2 ℰ 809781, Fax 825517 – 🖭 🖵 ☎ AE 🅎 ⓘ E VISA ⋘ — Y
Pas *(chiuso lunedì)* carta 35/68000 – ⊆ 10000 – **22 cam** 60/80000 – ½ P 70/75000.

🏨 **Continental,** viale Adriatico 148 ℰ 800670, ≼ – ☸ ☎ ⓟ ⋘
20 maggio-20 settembre – Pas (solo per clienti alloggiati) – ⊆ 8000 – **52 cam** 42/61000 –
½ P 41/62000.

🏨 **Corallo,** via Leonardo da Vinci 3 ℰ 804200, Fax 803637 – ☸ 🖭 rist 🖵 ☎ AE 🅎 ⓘ E
VISA ⋘ — Y
chiuso dal 24 dicembre al 6 gennaio – Pas carta 38/50000 – ⊆ 6000 – **22 cam** 48/70000 –
½ P 45/60000.

🏨 **Angela,** viale Adriatico 13 ℰ 801239, ≼ – 🖵 ☎ AE 🅎 ⓘ VISA ⋘ — YZ
Pas carta 30/63000 – ⊆ 7000 – **22 cam** 50/70000 – ½ P 50/70000.

✗✗ **Il Ristorantino-da Giulio,** viale Adriatico 100 ℰ 805680, Solo piatti di pesce – ⋘ — Y
chiuso martedì, dal 1° all'8 gennaio ed ottobre – Pas carta 36/54000.

Vedere anche : **Marotta** per ① : 13 km.

FARA NOVARESE 28073 Novara 988 ②, 428 F 7 – 2 100 ab. alt. 211 – ✿ 0321.
Roma 638 – Biella 44 – ♦Milano 64 – Novara 18 – ♦Torino 86 – Vercelli 31.

🏠 **Tre Re,** S : 1 km ℰ 829271 – ☸ 🖭 ☎ 🚗 ⓟ ⋘
chiuso agosto – Pas (solo per clienti alloggiati e *chiuso a mezzogiorno, venerdì, sabato e
domenica*) 20000 – ⊆ 5000 – **16 cam** 30/47000.

FARA SAN MARTINO 66015 Chieti – 1 795 ab. alt. 440 – ✿ 0872.
Roma 224 – Chieti 52 – Isernia 78 – ♦Pescara 71.

🏨 **Del Camerlengo,** E : 1 km ℰ 980136, Telex 600373, Fax 980080, ⌇, 🐟, ⋗ – ☸ ☎ ⓟ
AE 🅎
Pas 17/22000 – ⊆ 7000 – **85 cam** 45/60000 – ½ P 40/60000.

FARDELLA 85030 Potenza – 994 ab. alt. 756 – ✿ 0973.
Roma 434 – Matera 129 – Potenza 153 – Sapri 76 – ♦Taranto 141.

🏠 **Borea,** ℰ 572004 – ☸ ⤢ ⓟ ⋘
Pas *(chiuso lunedì)* 18/22000 – **40 cam** ⊆ 20/40000 – ½ P 35000.

FARINI 29023 Piacenza 988 ⑬, 428 H 10 – 2 385 ab. alt. 426 – ✿ 0523.
Roma 560 – ♦Genova 123 – Piacenza 43.

✗✗ **Locanda Cantoniera,** S : 4,5 km ℰ 919113, solo su prenotazione – 🅎
aprile-ottobre; chiuso mercoledì – Pas carta 52/70000.

FARO DI PUGNOCHIUSO Foggia – Vedere Vieste.

FARO DI TORRE CERVIA Latina – Vedere San Felice Circeo.

FARRA DI SOLIGO 31010 Treviso 429 E 18 – 7 244 ab. alt. 163 – ✿ 0438.
Roma 590 – Belluno 71 – Treviso 35 – ♦ Venezia 72.

a Soligo E : 3 km – ✉ 31020 :

✗ **Casa Rossa,** località San Gallo ℰ 840131, ≼ vallata, 🌲, Solo carne alla griglia – ⓟ
⋘
chiuso mercoledì, giovedì, gennaio e febbraio – Pas 35/50000.

a Col San Martino O : 3 km – ✉ 31010 :

✗ **Adamo,** ℰ 989360 – ⓟ ⋘
chiuso martedì e dal 15 luglio al 10 agosto – Pas carta 25/39000.

FASANO 72015 Brindisi 988 ㉙ – 38 564 ab. alt. 111 – a.s. 15 giugno-agosto – ✿ 080.
Dintorni Regione dei Trulli★★★ Sud.
🅱 piazza Ciaia 9 ℰ 713086.
Roma 507 – ♦Bari 57 – ♦Brindisi 58 – Lecce 96 – Matera 86 – Taranto 49.

✗ **Rifugio dei Ghiottoni,** via Nazionale dei Trulli 116 ℰ 714800 – 🖳. 🅎 E VISA ⋘
chiuso mercoledì e luglio – Pas carta 20/30000 (15%).

a Selva O : 5 km – alt. 396 – ✉ 72010 Selva di Fasano.
🅱 (giugno-settembre) via Toledo ℰ 799182 :

🏨 **Sierra Silvana** ⤢, ℰ 9331322, Telex 813344, Fax 9331207, 🌲, ⌇, 🐟 – ☸ 🖭 ☎ &
ⓟ – 🔬 40 a 350. AE 🅎 ⓘ E VISA ⋘
15 marzo-15 novembre – Pas 30/36000 – ⊆ 10000 – **120 cam** 80/110000 – ½ P 93/115000.

🏠 **La Silvana** ⤢, ℰ 9331161, ≼ – ☏ 🚗 ⓟ VISA ⋘
Pas *(chiuso venerdì)* carta 22/32000 (15%) – ⊆ 6000 – **18 cam** 45/72000 – ½ P 62/67000.

XXX ❀ **Fagiano,** ℰ 9331157, « Servizio estivo all'aperto » – ⇆ **Ⓟ**. 𝔸𝔼 **Ⓢ** **Ⓞ** **Ⓔ** *VISA*. ⅍
chiuso novembre e martedì da ottobre a giugno – Pas carta 40/53000 (10%)
Spec. Orecchiette alla crudaiola (estate), Schiaffoni con funghi porcini, Bouquet di aragosta. Vini Locorotondo, Salice Salentino.

XX **Rifugio dei Ghiottoni 2,** ℰ 9331520, ⛱ – 🞐 **Ⓟ**. *VISA*. ⅍
chiuso mercoledì e dal 10 al 31 gennaio – Pas carta 24/35000.

Vedere anche : *Savelletri* NE : 7 km.
Torre Canne E : 13 km.

FASANO DEL GARDA Brescia – Vedere Gardone Riviera.

FAUGLIA 56043 Pisa 4️⃣2️⃣8️⃣ L 13 – 2 878 ab. alt. 91 – ✆ 050.
Roma 323 – ♦Firenze 83 – ♦Livorno 24 – Pisa 22 – Siena 106.

XX **Vallechiara,** NO : 2 km ℰ 650553, ⛩ – 🞐 **Ⓟ**. *VISA*. ⅍
chiuso lunedì sera, martedì e novembre – Pas carta 30/42000.

FAVIGNANA (Isola di) Trapani – Vedere Sicilia (Egadi, isole) alla fine dell'elenco alfabetico.

FEISOGLIO 12050 Cuneo 4️⃣2️⃣8️⃣ I 6 – 474 ab. alt. 706 – ✆ 0173.
Roma 616 – Alessandria 69 – Cuneo 60 – ♦Milano 163 – Savona 75 – ♦Torino 87.

XX **Piemonte-da Renato,** ℰ 831116, solo su prenotazione – **Ⓟ**. ⅍
Pasqua-15 dicembre – Pas (menu suggeriti dal proprietario) 40/45000.

FELIGARA Pavia – Vedere Brallo di Pregola.

FELTRE 32032 Belluno 9️⃣8️⃣8️⃣ ⑤, 4️⃣2️⃣9️⃣ D 17 – 20 003 ab. alt. 324 – ✆ 0439.
Vedere Piazza Maggiore★ – Via Mezzaterra★.
🅱 largo Castaldi 7 ℰ 2540, Fax 2839.
Roma 593 – Belluno 31 – ♦Milano 288 – ♦Padova 93 – Trento 81 – Treviso 58 – ♦Venezia 88 – Vicenza 84.

🏠 **Doriguzzi,** viale Piave 2 ℰ 2003, Fax 83660 – 🛗 📺 ☎ 🚗 **Ⓟ** – 🔼 50. **Ⓢ** **Ⓔ** *VISA*. ⅍
Pas *(chiuso dal 1° al 10 giugno e dal 10 al 20 ottobre)* carta 27/43000 – ⇆ 12000 – **21 cam**
80000 – ½ P 70/95000.

🏠 **Nuovo** senza rist, vicolo Fornere Pazze 5 ℰ 2110, Fax 89241 – 🛗 📺 ☎ ⌖ **Ⓟ**. 𝔸𝔼 **Ⓢ** **Ⓔ**
VISA
⇆ 6000 – **30 cam** 45/70000.

🏠 **Park Hotel** senza rist, via Trevigiana 1 ℰ 83725 – ⇆ ☎. ⅍
⇆ 6000 – **14 cam** 40/65000.

FENEGRÒ 22070 Como 2️⃣1️⃣9️⃣ ⑧ – 2 261 ab. alt. 290 – ✆ 031.
Roma 615 – Como 18 – ♦Milano 38.

XX **In,** via Monte Grappa 20 ℰ 935702 – 🞐 **Ⓟ**.

FENER 32030 Belluno 9️⃣8️⃣8️⃣ ⑤, 4️⃣2️⃣9️⃣ E 17 – alt. 198 – ✆ 0439.
Roma 564 – Belluno 43 – ♦Milano 269 – ♦Padova 63 – Treviso 39 – ♦Venezia 69.

X **Tegorzo** con cam, al ponte ℰ 779547, ⅍ – ☎ **Ⓟ**. 𝔸𝔼 *VISA*. ⅍
chiuso dal 14 al 30 giugno – Pas *(chiuso mercoledì)* carta 22/40000 – ⇆ 5000 – **30 cam**
50/70000 – ½ P 30/55000.

FENESTRELLE 10060 Torino 9️⃣8️⃣8️⃣ ⑪, 4️⃣2️⃣8️⃣ G 3 – 696 ab. alt. 1 154 – ✆ 0121.
Roma 727 – ♦Milano 219 – Sestriere 21 – ♦Torino 72.

🏠 **Camoscio,** via Umberto I n° 67 ℰ 83940 – ⅍
chiuso settembre – Pas *(chiuso giovedì)* carta 27/37000 – ⇆ 6000 – **18 cam** 27/55000 –
½ P 45/50000.

FERENTINO 03013 Frosinone 9️⃣8️⃣8️⃣ ㉖ – 19 080 ab. alt. 393 – ✆ 0775.
Dintorni Anagni : cripta★★★ nella cattedrale★★, quartiere medioevale★, volta★ del palazzo
Comunale NO : 15 km.
Roma 75 – Fiuggi 23 – Frosinone 12 – Latina 66 – Sora 42.

🏠 **Bassetto,** via Casilina Sud al km 74,600 ℰ 244931, Fax 244399, ⛩ – 🛗 🞐 📺 ☎ **Ⓟ**. 𝔸𝔼
Ⓢ **Ⓞ** **Ⓔ** *VISA*. ⅍
Pas carta 39/70000 – ⇆ 12000 – **72 cam** 74/104000 – ½ P 90/120000.

XX **Primavera,** via Casilina Nord al km 70 ℰ 395021, Fax 245295 – 🞐 **Ⓟ**. 𝔸𝔼 **Ⓢ** **Ⓞ** **Ⓔ** *VISA*.
⅍
chiuso lunedì – Pas carta 26/38000 (10%).

FERIOLO 28040 Novara 428 E 7, 219 ⑥ – alt. 195 – a.s. aprile e luglio-15 settembre – ✆ 0323.
Roma 664 – Domodossola 35 – Locarno 48 – ♦Milano 87 – Novara 63.

🏨 **Carillon** senza rist, ✆ 28115, ≤, «Giardino in riva al lago », ☁, – 📳 📺 ☎ ᵴ ℗ ⫿
⓪ 🅴 𝘝𝘐𝘚𝘈
Pasqua-ottobre – ⌧ 6000 – **32 cam** 80000.

🏠 **Oriente** senza rist, ✆ 28143, ☞ – ℗
15 marzo-10 ottobre – ⌧ 5000 – **8 cam** 50000.

🏵🏵 **Serenella** con cam, ✆ 28112, ⚘, ☞ – 📺 ℗ 📭 ⓪ 🅴 𝘝𝘐𝘚𝘈
chiuso dal 7 gennaio al 28 febbraio – Pas (chiuso mercoledì) carta 27/42000 (10%) – ⌧
6000 – **14 cam** 50/60000 – ½ P 60000.

🏵 **Mirafiori,** ✆ 28128, ≤, «Servizio estivo in terrazza » – 📭 ⓪ 𝘝𝘐𝘚𝘈
marzo-ottobre; chiuso mercoledì – Pas carta 26/45000 (10%).

FERMIGNANO 61033 Pesaro e Urbino 429 K 19 – 6 669 ab. alt. 199 – a.s. 15 giugno-agosto –
✆ 0722.
Roma 270 – ♦Ancona 102 – ♦Perugia 91 – Pesaro 44.

🏵 **Cà Tommaso,** località Cà Tommaso O : 2 km ✆ 331341, In un casale di campagna,
prenotare i festivi – ℗. 𝘝𝘐𝘚𝘈. ☞
chiuso giovedì, dal 1° al 15 luglio, dal 23 al 29 dicembre e 1°gennaio – Pas carta 29/42000.

FERMO 63023 Ascoli Piceno 988 ⑯ – 35 239 ab. alt. 321 – a.s. luglio-15 settembre – ✆ 0734.
Vedere Posizione pittoresca★ – ≤★★ dalla piazza del Duomo★ – Facciata★ del Duomo.
🄸 piazza del Popolo 5 ✆ 228738.
Roma 263 – ♦Ancona 69 – Ascoli Piceno 67 – Macerata 41 – ♦Pescara 102.

🏵 **Da Nasò,** via di Crollalanza 45 ✆ 229661 – 📭 ⓪ 𝘝𝘐𝘚𝘈
chiuso lunedì e dal 20 agosto al 5 settembre – Pas carta 24/35000.

FERRARA 44100 ℗ 988 ⑮ , 429 H16 – 141 404 ab. alt. 10 – ✆ 0532.
Vedere Duomo★★ BYZ – Castello Estense★ BY B – Palazzo Schifanoia★ BZ E : affreschi★★ –
Palazzo dei Diamanti★ BYF : pinacoteca nazionale★, affreschi★★ nella sala d'onore – Corso Ercole
I d'Este★ BY – Palazzo di Ludovico il Moro★ BZ M – Casa Romei★ BZ L – Palazzina di Marfisa
d'Este★ BZ N.
🄸 piazza Municipale 19 ✆ 209370.
🅰.🄲.🄸. via Padova 17/17a ✆ 52721.
Roma 423 ③ – ♦Bologna 47 ③ – ♦Milano 252 ③ – ♦Padova 73 ④ – ♦Venezia 110 ④ – ♦Verona 102 ④.

Pianta pagina a lato

🏨🏨 **Duchessa Isabella,** via Palestro 70 ✆ 202121, Fax 202638, «In un palazzo del 15°
secolo » – 📳 📺 ☎ ⚘. ℗. 📭 🅴 ⓪ 🅴 𝘝𝘐𝘚𝘈 ☞ rist   BY a
chiuso dal 1° al 28 agosto – Pas (chiuso lunedì) carta 44/60000 – ⌧ 25000 – **27 cam**
250/300000 – ½ P 220/250000.

🏨🏨 **Ripagrande,** via Ripagrande 21 ✆ 765250, Telex 521169, Fax 764377, «Palazzo dell'11°
secolo; servizio rist. estivo in cortile » – 📳 📺 ☎ – 🔏 30 a 80. 📭 🅴 ⓪ 🅴 𝘝𝘐𝘚𝘈
☞ rist   ABZ a
Pas (chiuso lunedì e dal 25 luglio al 25 agosto) carta 35/50000 (10%) – **40 cam** ⌧ 240000
– ½ P 155000.

🏨🏨 **Annunziata** senza rist, piazza Repubblica 5 ✆ 201111, Fax 203233 – 📳 📺 ☎ –
🔏 50. 📭 🅴 ⓪ 🅴 𝘝𝘐𝘚𝘈 ☞   BY f
26 cam ⌧ 160/250000.

🏨🏨 **De la Ville** senza rist, piazzale Stazione 11 ✆ 53101, Fax 52074 – 📳 📺 ☎ ᵴ –
🔏 25 a 200. 🅴 𝘝𝘐𝘚𝘈   AY s
⌧ 17000 – **80 cam** 140/200000 appartamenti 200/270000.

🏨 **Touring** senza rist, viale Cavour 11 ✆ 206200 – 📳 ☎ ℗. 📭 ⓪ 𝘝𝘐𝘚𝘈   BY c
⌧ 12000 – **39 cam** 62/90000.

🏵🏵🏵 **L'Oracolo,** via Montebello 79 ✆ 47837, Coperti limitati; prenotare, «Servizio estivo in un
fresco cortile » – 📖. 📭 🅴 ⓪ 🅴 𝘝𝘐𝘚𝘈   BY d
chiuso domenica e lunedì a mezzogiorno – Pas carta 50/80000.

🏵🏵 **La Provvidenza,** corso Ercole I d'Este 92 ✆ 205187, ⚘ – ℗. 📭 ⓪ 𝘝𝘐𝘚𝘈. ☞   BY e
chiuso lunedì e dall'11 al 17 agosto – Pas carta 34/46000 (10%).

🏵🏵 **La Romantica,** via Ripagrande 34-40 ✆ 765975 – 📭 🅴 ⓪ 🅴 𝘝𝘐𝘚𝘈. ☞   ABZ a
chiuso mercoledì – Pas carta 24/43000 (10%).

🏵🏵 **Grotta Azzurra,** piazza Sacrati 43 ✆ 209152, ⚘ – 📖. 📭 🅴 ⓪ 🅴 𝘝𝘐𝘚𝘈. ☞   AY u
chiuso mercoledì, dal 2 al 10 gennaio e dal 15 al 30 luglio – Pas carta 29/43000.

🏵 **Vecchia Chitarra,** via Ravenna 13 ✆ 62204 – 📭 🅴 ⓪ 🅴 𝘝𝘐𝘚𝘈. ☞   BZ g
chiuso martedì, dal 9 al 15 gennaio e dal 31 luglio al 20 agosto – Pas carta 24/40000.

🏵 **Max,** piazza della Repubblica 16 ✆ 34930 (prenderà il 209309), ⚘ – 📭 🅴 ⓪ 🅴 𝘝𝘐𝘚𝘈.
☞   BY r
chiuso sabato, dal 24 dicembre al 7 gennaio e dal 1° al 15 luglio – Pas carta 24/36000.

🏵 **Al Giglio,** corso Isonzo 1/E ✆ 206374, ⚘ – ☞   AY v
chiuso lunedì e dal 15 al 31 gennaio – Pas carta 25/46000.

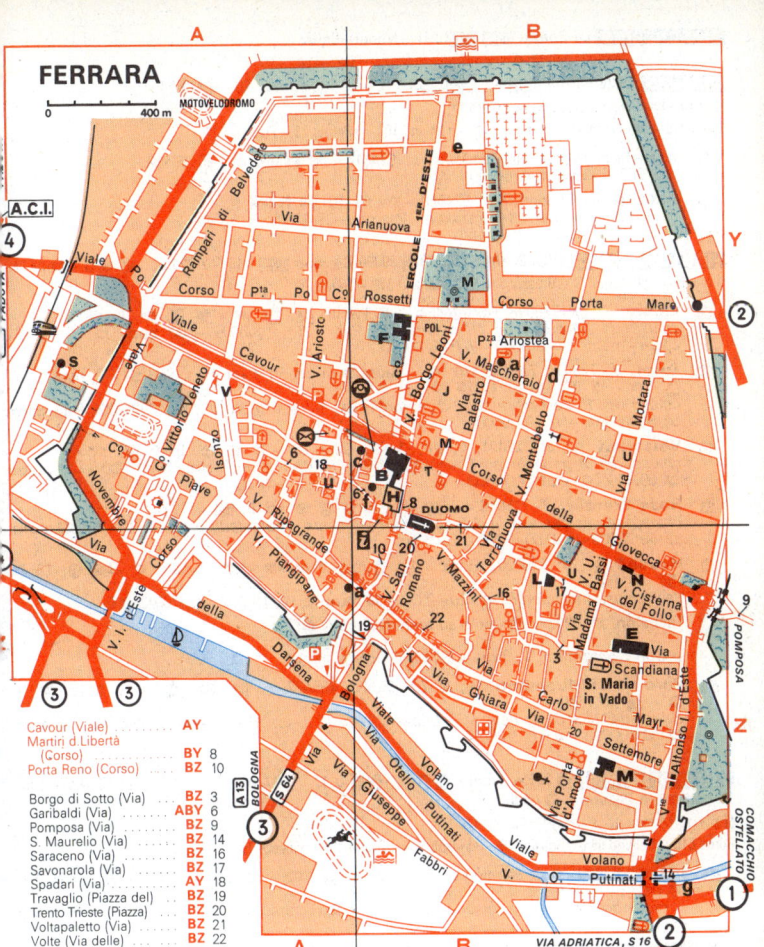

FERRARA

Cavour (Viale) .... **AY**
Martiri d.Libertà
(Corso) .... **BY** 8
Porta Reno (Corso) .... **BZ** 10

Borgo di Sotto (Via) ... **BZ** 3
Garibaldi (Via) .... **ABY** 6
Pomposa (Via) .... **BZ** 9
S. Maurelio (Via) ..... **BZ** 14
Saraceno (Via) .... **BZ** 16
Savonarola (Via) ..... **BZ** 17
Spadari (Via) .... **AY** 18
Travaglio (Piazza del) .. **BZ** 19
Trento Trieste (Piazza) ... **BZ** 20
Voltapaletto (Via) .... **BZ** 21
Volte (Via delle) ... .. **BZ** 22

a Marrara per ② : 17 km – ✉ **44040** :

✗✗ **Trattoria da Ido**, ☎ 421064, Coperti limitati; prenotare – **P.** **AE** **①** **VISA** ✗
chiuso domenica, lunedì, dal 1° al 15 gennaio, dal 1° al 15 luglio e dal 1° al 10 settembre
– Pas carta 34/45000.

FERRAZZANO Campobasso – Vedere Campobasso.

FERRERA DI VARESE 21030 Varese 219 ⑦ – 576 ab. alt. 299 – ✿ 0332.
Roma 651 – Lugano 21 – ◆Milano 73 – Varese 17.

✗✗ **Osteria dei Cacciatori**, ☎ 716290, 🐟 , prenotare – **P.** ✗
chiuso lunedì, martedì a mezzogiorno e febbraio – Pas carta 25/51000.

FERRO DI CAVALLO Perugia – Vedere Perugia.

FERTILIA Sassari 988 ㉝ – Vedere Sardegna (Alghero) alla fine dell'elenco alfabetico.

FETOVAIA Livorno – Vedere Elba (Isola d') : Marina di Campo.

FEZZANO La Spezia – Vedere Portovenere.

227

FIASCHERINO La Spezia 428 429 J 11 – Vedere Lerici.

FIDENZA 43036 Parma 988 ⑭, 428 429 H 12 – 23 136 ab. alt. 75 – ✆ 0524.

Vedere Duomo★ : portico centrale★★.

Roma 478 – ◆Bologna 116 – Cremona 47 – ◆Milano 103 – ◆Parma 23 – Piacenza 42.

🏨 **Astoria** senza rist, via Gandolfi 5 ✆ 524314 – 🛗 ▭ 📺 📶. 🅂 🄴 𝘝𝘐𝘚𝘈
   ⏛ 7000 – **30 cam** 45/65000.

🗙🗙 **Astoria,** via Gandolfi 7 ✆ 524588 – ▭. 🄰🄴 🅂 ⓞ 🄴 𝘝𝘐𝘚𝘈
   chiuso lunedì e dal 4 al 18 agosto – Pas carta 28/42000.

FIÉ ALLO SCILIAR (VÖLS AM SCHLERN) 39050 Bolzano 429 C 16 – 2 622 ab. alt. 880 – ✆ 0471.

Roma 657 – ◆Bolzano 16 – Bressanone 40 – ◆Milano 315 – Trento 76.

🏔 **Emmy** ⬎, ✆ 725006, Fax 725484, ≼ Dolomiti, 🛵, 🔲, 🐎 – 🛗 📺 ☎ 🄿. 🗙 rist
   chiuso da novembre al 18 dicembre – Pas carta 45/68000 – **30 cam** ⏛ 99/180000
   appartamenti 210/270000 – ½ P 85/99000.

🏨 **Turm,** ✆ 725014, Fax 725474, ≼, «Raccolta di quadri d'autore», 🛵, ≘, 🔲 riscaldata,
   🔲, 🐎 – 🛗 📺 🅂 🄴 𝘝𝘐𝘚𝘈. 🗙 rist
   chiuso dal 15 novembre la 20 dicembre – Pas (chiuso giovedì) carta 39/62000 – **23 cam**
   ⏛ 80/162000 – ½ P 87/95000.

🏨 **Völserhof** ⬎, ✆ 725421, ≼, ≘, 🔲 riscaldata, 🐎 – 🛗 ☎ 🄿. 🅂 🄴 𝘝𝘐𝘚𝘈. 🗙 rist
   chiuso dal 7 gennaio al 4 febbraio – Pas (chiuso lunedì) carta 33/49000 – **27 cam**
   ⏛ 60/110000 – ½ P 44/70000.

🏨 **Rose-Wenzer,** ✆ 725016, ≼, 🌧, 🔲, 🐎 – 🛗 ☎. 🅂 🄴 𝘝𝘐𝘚𝘈
   chiuso dal 15 gennaio al 7 febbraio – Pas (chiuso mercoledì) carta 24/37000 – **34 cam**
   ⏛ 48/70000 – ½ P 50/68000.

🏨 **Heubad** ⬎, ✆ 725020, ≼, 🌧, ≘, 🔲 riscaldata, 🐢 – 🛗 ⬌ cam ☎ 🚗 🄿. 🅂 🄴
   𝘝𝘐𝘚𝘈. 🗙 rist
   Pas (chiuso mercoledì) carta 29/42000 – **36 cam** ⏛ 58/116000 – ½ P 69/74000.

🗙🗙 Tschafon, ✆ 72024, 🌧, solo su prenotazione – 🄿.

   a San Costantino N : 3 km – ⊠ 39040 Siusi :

🏔 **Parc Hotel Miramonti** ⬎, ✆ 707035, Fax 705422, ≼, 🛵, ≘, 🔲, 🐎 – 🛗 📺 ☎ 🈺
   🄿 – 🛣 100. 𝘝𝘐𝘚𝘈
   chiuso dall'11 al 30 aprile e dall'11 novembre al 19 dicembre – Pas carta 29/48000 – **45 cam**
   ⏛ 90/160000 – ½ P 80/100000.

FIERA DI PRIMIERO 38054 Trento 988 ⑤, 429 D 17 – 537 ab. alt. 717 – a.s. 15 dicembre-15 gennaio e Pasqua – ✆ 0439.

🄱 piazza Municipio ✆ 762407, Fax 62992.

Roma 616 – Belluno 66 – ◆Bolzano 99 – ◆Milano 314 – Trento 101 – Vicenza 103.

🏔 **Iris,** ✆ 62000, ≼, «Giardino ombreggiato», 🛵, ≘ – 🛗 📺 📶 🄿. 🄰🄴 🅂 ⓞ 🄴 𝘝𝘐𝘚𝘈.
   🗙 rist
   5 dicembre-24 aprile e giugno-settembre – Pas carta 23/40000 – ⏛ 7000 – **90 cam**
   65/120000 appartamenti 100/140000 – ½ P 70/85000.

🏨 **Mirabello,** ✆ 64241, ≼, ≘, 🔲 – 🛗 ⬌ cam 🄿. 🗙 rist
   20 dicembre-Pasqua e giugno-10 ottobre – Pas 18/27000 – **43 cam** ⏛ 60/80000.

🏨 **Tressane,** ✆ 762205, «Giardino ombreggiato» – 🛗 📶 🄿. 🄰🄴 🅂 ⓞ 🄴 𝘝𝘐𝘚𝘈. 🗙 rist
   Pas carta 20/34000 – ⏛ 7000 – **37 cam** 60/100000 – ½ P 56/70000.

🏨 **Aurora,** ✆ 62386 – 🛗 ▭ rist ☎. 🄰🄴. 𝘝𝘐𝘚𝘈
   20 dicembre-6 gennaio, Pasqua e giugno-settembre – Pas carta 24/35000 – ⏛ 7000 –
   26 cam 80/120000 – ½ P 60/80000.

🏨 **La Perla** ⬎, ✆ 762115 – 🛗 ☎ 🄿. 🗙 rist
   Pas carta 20/31000 – **24 cam** ⏛ 50/90000 – P 60/70000.

   in Val Canali NE : 7 km :

🗙 **Rifugio Chalet Piereni** ⬎ con cam, alt. 1 100 ⊠ 38054 ✆ 62348, ≼ Pale di San
   Martino – 🄿. 𝘝𝘐𝘚𝘈. 🗙 rist
   Pasqua-ottobre – Pas carta 23/39000 – **15 cam** ⏛ 45/70000 – ½ P 60/70000.

FIESOLE 50014 Firenze 988 ⑭⑮, 429 K 15 – 15 143 ab. alt. 295 – ✆ 055.

Vedere Paesaggio★★★ – ≼★★ su Firenze – Convento di San Francesco★ – Interno★ e opere di
Mino da Fiesole★ nel Duomo – Zona archeologica : sito★, Teatro romano★, museo★ M1 –
Madonna con Bambino e Santi★ del Beato Angelico nella chiesa di San Domenico SO : 2,5 km
FT (pianta di Firenze).

🄱 piazza Mino da Fiesole 37 ✆ 598720.

Roma 285 – Arezzo 89 – ◆Firenze 8 – ◆Livorno 124 – ◆Milano 307 – Pistoia 45 – Siena 76.

Pianta di Firenze : porcorsi di attraversamento

Villa San Michele ⌂, via Doccia 4 ℰ 59451, Telex 570643, Fax 598734, ≤ Firenze e colli, 🍴, « Costruzione quattrocentesca con parco e giardino », ⌁ riscaldata – 🖃 ☎ 🅿. ⌷ 🕥 ① 🄴 💳. 🍴 rist — FT **b**
aprile-novembre – Pas carta 87/116000 – **28 cam** (solo ½ P) appartamenti 1280/1700000 – ½ P 790/940000.

Aurora, piazza Mino da Fiesole 39 ℰ 59100, Fax 59587, ≤, 🍴, ⌁ – 🖃 cam 📺 ☎ 🅿 – 🔬 25 a 150. ⌷ 🕥 ① 🄴 💳. 🍴 rist — **a**
Pas *(chiuso domenica sera, lunedì, novembre o febbraio)* carta 41/65000 (10%) – 🖃 16500 – **26 cam** 160/230000.

a San Domenico S : 2,5 km FT – ⌧ **50016** :

Bencistà ⌂, ℰ 59163, Fax 59163, ≤ Firenze e colli, « Fra gli oliveti », 🍴 – ⌁ rist ☎ 🅿. 🍴 rist — FT **c**
Pas *(solo per clienti alloggiati)* 42000 – **40 cam** solo ½ P 68/88000.

a Maiano S : 3 km FT – ⌧ **50016** San Domenico :

Trattoria le Cave di Maiano, ℰ 59133, prenotare, « Servizio estivo in terrazza con ≤ colli » – 🅿. ⌷ 🕥 ① 🄴 💳 — FT **e**
chiuso domenica sera, giovedì ed agosto – Pas carta 36/50000.

ad Olmo NE : 9 km FT – ⌧ **50014** Fiesole :

Dino, ℰ 548932, Fax 548934, ≤ – ☎ 🅿. ⌷ 🕥 ① 🄴 💳. 🍴 rist
Pas *(chiuso mercoledì escluso giugno-settembre)* carta 23/35000 (12%) – 🖃 9000 – **18 cam** 65/80000 – ½ P 75000.

FIESSO D'ARTICO 30032 Venezia ⦃429⦄ F 18 – 5 829 ab. alt. 9 – ✆ 041.
Roma 508 – ♦Milano 247 – ♦Padova 14 – Treviso 42 – ♦Venezia 25.

Villa Giulietta, via Riviera del Brenta 169 ℰ 5161500, Fax 5161212 – 🖃 📺 ☎ 🅿 – 🔬 200. ⌷ 🕥 ① 🄴 💳. 🍴
Pas vedere rist Da Giorgio – 🖃 8000 – **27 cam** 99000.

Da Giorgio, via Riviera del Brenta 228 ℰ 5160204, Fax 5161212 – 🖃 🅿. ⌷ 🕥 ① 🄴 💳. 🍴
chiuso mercoledì ed agosto – Pas carta 36/57000.

FIGINO SERENZA 22060 Como ⦃428⦄ E 19, ⦃219⦄ ⑱ – 4 425 ab. alt. 330 – ✆ 031.
Roma 622 – Como 14 – ♦Milano 34.

Park Hotel e Villa Argenta, ℰ 780792, Fax 780117, 🍴 – 🖃 cam ☎ 🚗 🅿 – 🔬 30 a 60. ⌷ 🕥 ① 🄴 💳
chiuso agosto – Pas *(chiuso domenica)* carta 35/49000 – 🖃 10000 – **40 cam** 120000.

FIGLINE VALDARNO 50063 Firenze ⦃988⦄ ⑮, ⦃429⦄ L 16 – 15 817 ab. alt. 126 – ✆ 055.
Roma 241 – Arezzo 45 – ♦Firenze 37 – ♦Perugia 121 – Siena 59.

Torricelli, via San Biagio 2 ℰ 958139, Fax 958481 – 🛗 🖃 rist 📺 ☎ 🅿 – 🔬 60. ⌷ 🕥 ① 🄴 💳
Pas *(chiuso sabato)* carta 25/41000 – 🖃 7500 – **39 cam** 60/90000.

Antica Taverna Casagrande con cam, via Castelguinelli 84 ℰ 952554, Fax 9544322, 🍴, « In una fattoria del 1400 », 🍴 – 🛗 📺 ☎ 🅿 – 🔬 120. 🕥 🄴 💳. 🍴 cam
Pas *(chiuso lunedì)* carta 33/55000 – 🖃 10000 – **11 cam** 80/115000 – ½ P 130/150000.

Principe, via Roma 2 ℰ 951923 – 🖃.

Papillon, piazza Ficino 83 ℰ 952676 – ⌷ 🕥 ① 🄴 💳
chiuso domenica ed agosto – Pas carta 25/41000.

FILIANO 85020 Potenza – 3 291 ab. alt. 600 – ✆ 0971.
Roma 381 – ♦Foggia 83 – ♦Napoli 191 – Potenza 18.

sulla strada statale 93 N : 2 km :

Dei Castelli, ⌧ 85020 ℰ 88275, Fax 88275, ⌁, 🍴 – 🛗 🖃 📺 ☎ 🅿 – 🔬 200. ① 💳. 🍴 rist
Pas carta 22/33000 – 🖃 4000 – **34 cam** 68/99000, 🖃 10000 – ½ P 75/89000.

FILOTTRANO 60024 Ancona 988 ⑯ – 8 986 ab. alt. 270 – © 071.
Roma 277 – ♦Ancona 41 – Macerata 22 – ♦Perugia 136.

🏠 7 Colli ⤬, via Gemme 1 ℰ 7220833 – 🍴 🛏 rist ☎ Ⓟ
20 cam.

FINALE LIGURE 17024 Savona 988 ⑫, 428 J 7 – 13 055 ab. – © 019.
Vedere Finale Borgo★ NO : 2 km.
Escursioni Castel San Giovanni : ⤬★ 1 h a piedi AR (da via del Municipio) .
🅱 via San Pietro 14 ℰ 692581, Fax 680052.
Roma 571 – Cuneo 116 – ♦Genova 72 – Imperia 52 – ♦Milano 195 – Savona 26.

🏨 **Punta Est** ⤬, via Aurelia 1 ℰ 600611, Fax 600611, ⤬, «Antica dimora in un parco
ombreggiato », ⤬ – 🍴 100. 🗚🗚 🆅🆂🅰 ⤬
maggio-settembre – Pas 40/60000 – ⤬ 20000 – **40 cam** 130/180000 appartamenti
200/250000 – ½ P 120/140000.

🏨 **Boncardo**, corso Europa 4 ℰ 601751, ⤬, 🐾 – 🍴 📺 📽 Ⓟ. 🗚🗚. ⤬ rist
chiuso dall'8 gennaio al 5 marzo – Pas *(giugno-settembre)* carta 40/69000 – ⤬ 10000 –
52 cam 84/120000 – ½ P 95/125000.

🏨 **Miramare**, via San Pietro 9 ℰ 692467, Fax 695467, ⤬ – 🍴 📺 ☎ ♿. 🗚🗚 🆂 ⓪ 🇪 🆅🆂🅰.
⤬ rist
chiuso dal 20 ottobre al 20 dicembre – Pas carta 30/45000 – ⤬ 13000 – **35 cam** 75/100000
– ½ P 75/110000.

🏨 **Internazionale**, via Concezione 3 ℰ 692054, Fax 692053 – 📺 ☎. 🗚🗚 🆂 ⓪ 🇪 🆅🆂🅰.
⤬ rist
chiuso dal 1° al 28 dicembre – Pas *(chiuso dal 28 ottobre al 28 dicembre)* 38000 – ⤬
15000 – **32 cam** 75/89000 – ½ P 94000.

🍴🍴 **La Lampara**, vico Tubino 4 ℰ 692430, prenotare – ⤬
chiuso mercoledì e novembre – Pas carta 55/65000.

a Perti Alto NO : 6 km – alt. 145 – ✉ **17024** Finale Ligure :

🍴 **Osteria del Castel Gavone**, ℰ 692277, «Servizio estivo in terrazza con ⤬ colline e
mare » – ⤬
chiuso martedì e dal 10 al 30 gennaio – Pas carta 31/46000.

Vedere anche : *Varigotti* E : 5 km.

FINO DEL MONTE 24020 Bergamo – 945 ab. alt. 662 – © 0346.
Roma 639 – ♦Bergamo 38 – ♦Brescia 85 – Edolo 76 – ♦Milano 84.

🍴 Stavros Grill, ℰ 72116, prenotare – Ⓟ.

Vedere anche : *Rovetta* O : 1 km.

FINO MORNASCO 22073 Como 428 E 9, 219 ⑧ – 7 770 ab. alt. 334 – © 031.
Roma 617 – Como 10 – ♦Milano 35.

🍴🍴 **La Madunina**, ℰ 927496 – Ⓟ. 🗚🗚 🆂 ⓪ 🇪 🆅🆂🅰. ⤬
chiuso mercoledì – Pas carta 33/48000.

FIORANO MODENESE 41042 Modena 428 429 I 14 – 15 486 ab. alt. 155 – © 059.
Roma 421 – ♦Modena 15 – Reggio nell'Emilia 35.

🏨 **Executive**, circondariale San Francesco 2 ℰ (0536) 832010 e rist ℰ 832673, Telex 522070,
Fax 830229 – 🍴 🛏 📺 ☎ 🚗 Ⓟ – ♿ 200. 🗚🗚 🆂 ⓪ 🇪 🆅🆂🅰. ⤬
chiuso agosto – Pas carta 32/53000 – ⤬ 15000 – **60 cam** 129/192000 appartamenti
295/345000.

FIORENZUOLA D'ARDA 29017 Piacenza 988 ⑬ ⑭, 428 429 H 11 – 13 438 ab. alt. 82 – © 0523.
Roma 495 – Cremona 31 – ♦Milano 87 – ♦Parma 23 – Piacenza 23.

🍴🍴 **La Campana**, via Emilia 11 ℰ 943833 – Ⓟ. 🗚🗚 🆂 ⓪ 🇪 🆅🆂🅰. ⤬
chiuso lunedì – Pas carta 29/42000.

Le Ottime Tavole

per voi abbiamo contraddistinto
alcuni alberghi (🏠 ... 🏨🏨) e ristoranti (🍴... 🍴🍴🍴🍴🍴) con ❀, ❀❀ o ❀❀❀.

Vedere Duomo★★ : esterno dell'abside★★★, cupola★★★ (※★★) – Campanile★★ ・ ※★★ – Battistero★★ : porte★★★, mosaici★★★ – Museo dell'Opera del Duomo★★ – Piazza della Signoria★★ – Loggia della Signoria★★ : Perseo★★ di B. Cellini – Palazzo Vecchio★★★ – Galleria degli Uffizi★★★ – Palazzo e museo del Bargello★★★ – San Lorenzo★ : chiesa★★, Biblioteca Laurenziana★★, tombe dei Medici★★★ nelle Cappelle Medicee★★ – Palazzo Medici-Riccardi★★ : affreschi di Benozzo Gozzoli★★★, sala di Luca Giordano★★ – Chiesa di Santa Maria Novella★★ : affreschi del Ghirlandaio★★★, Crocifisso di Brunelleschi★★, affreschi★★ della cappella degli Spagnoli nel Chiostro Verde★ – Ponte Vecchio★★ – Palazzo Pitti★★ : galleria Palatina★★★, museo degli Argenti★★, opere dei Macchiaioli★★ nella galleria d'Arte Moderna★ – Giardino di Boboli★★ ABZ – ※★★ dal Forte del Belvedere – Convento e museo di San Marco★★ : opere di Fra Angelico★★★ – Galleria dell'Accademia★★ : grande galleria★★★ – Piazza della Santissima Annunziata★ CX : affreschi★ nella chiesa E, portico★ ornato di medaglioni★★ nell'Ospedale degli Innocenti **M3** – Chiesa di Santa Croce★★ : Cappella dei Pazzi★★ – Passeggiata ai Colli★★ : chiesa di San Miniato al Monte★★.

Palazzo Strozzi★★ BY **F** – Affreschi di Masaccio★★ nella chiesa di Santa Maria del Carmine AY **G** – Cenacolo di San Salvi★★★ FU **K** – Orsamichele★ : tabernacolo dell'Orcagna★★ BCY **L** – La Badia CY **S** : campanile★, bassorilievo in marmo★★, tombe★, Apparizione della Vergine a San Bernardo★ di Filippino Lippi – Cappella Sassetti★★ e cappella dell'Annunciazione★ nella chiesa di Santa Trinità BY **N** – Chiesa di Santo Spirito★★ ABY **R** – Cenacolo di Sant'Apollonia★ CVX **V** – Cenacolo del Ghirlandaio★ AX **X** – Loggia del Mercato Nuovo★ BY **Y** – Casa Buonarroti★ DY **Z** – Musei : Archeologico★ (Chimera d'Arezzo★★) CX **M4**, dell'Antica Casa Fiorentina★ BY **M5**, di Storia della Scienza★ CY **M6**, Opificio delle Pietre Dure★ CX **M7**.

Dintorni Ville Medicee★★ : giardino★ di villa della Petraia FT **B** – Villa di Poggio a Caiano★ per ⑥ : 17 km – Chiostro★ nella Certosa del Galluzzo EFU.

🏌 Dell'Ugolino (chiuso lunedì) a Grassina ⊠ 50015 ℰ 2301009, S : 12 km FU .

✈ di Peretola NO : 4 km ET ℰ 373498 – Alitalia, lungarno Acciaiuoli 10/12 r, ⊠ 50123 ℰ 27889.

🛈 via Manzoni 16 ⊠ 50121 ℰ 2478141 – via de' Tornabuoni 15 ⊠ 50123 ℰ 216544, Telex 572263.

A.C.I. viale Amendola 36 ⊠ 50121 ℰ 24861.

Roma 277 ③ – ◆Bologna 105 ⑧ – ◆Milano 298 ⑧.

Pianta pagine seguenti

🏨🏨🏨 **Excelsior,** piazza Ognissanti 3 ⊠ 50123 ℰ 264201, Telex 570022, Fax 210278, « Servizio rist. estivo in terrazza con ≤ » – 🛗 🧺 📺 ☎ 🅰 – 🔬 50 a 350. 🆎 🅢 ⓞ 🅔 🆅🆂🅰 ※ rist
Pas carta 95/141000 – 🖵 22000 – **203 cam** 370/536000 appartamenti 1428000.   AY **g**

🏨🏨🏨 **Savoy,** piazza della Repubblica 7 ⊠ 50123 ℰ 283313, Telex 570220, Fax 284840 – 🛗 🧺
📺 ☎ 🕭 – 🔬 150. 🆎 🅢 ⓞ 🅔 🆅🆂🅰 ※ rist
Pas *(chiuso a mezzogiorno)* carta 64/104000 – **101 cam** 🖵 330/530000 appartamenti 850/1030000.   BY **e**

🏨🏨🏨 **Villa Medici e Rist. Lorenzo de' Medici,** via Il Prato 42 ⊠ 50123 ℰ 261331, Telex 570179, Fax 261336, 🌳, 🏊, 🌳 – 🛗 🧺 📺 ☎ – 🔬 30 a 90. 🆎 🅢 ⓞ 🅔 🆅🆂🅰 ※ rist
Pas carta 65/95000 – 🖵 20000 – **103 cam** 321/500000 appartamenti 607/893000.   AX **g**

🏨🏨 **Regency e Rist. Relais le Jardin,** piazza Massimo D'Azeglio 3 ⊠ 50121 ℰ 245247, Telex 571058, Fax 2342938, 🌳 – 🛗 🧺 📺 ☎ ⇔, 🆎 🅢 ⓞ 🅔 🆅🆂🅰 ※ rist
Pas *(chiuso domenica; prenotare)* carta 70/110000 – 🖵 20000 – **38 cam** 330/480000 appartamenti 520/860000.   DX **c**

🏨🏨 **Helvetia e Bristol,** via dei Pescioni 2 ⊠ 50123 ℰ 287814, Telex 572696, Fax 288353 –
🛗 🧺 📺 ☎. 🆎 🅢 ⓞ 🅔 🆅🆂🅰 ※.   BY **f**
Pas carta 60/97000 – 🖵 24000 – **52 cam** 322/476000 appartamenti 584/1131000.

🏨🏨 **Brunelleschi,** piazza Santa Elisabetta 3 ⊠ 50122 ℰ 562068, Telex 575805, Fax 219653 –
🛗 ✇ cam 🧺 📺 ☎ 🔬 100. 🆎 🅢 ⓞ 🅔 🆅🆂🅰 ※ rist   CY **p**
Pas carta 47/74000 – **94 cam** 🖵 245/340000 appartamenti 400/520000 – ½ P 180/230000.

🏨🏨 **Plaza Hotel Lucchesi,** lungarno della Zecca Vecchia 38 ⊠ 50122 ℰ 264141, Telex 570302, Fax 2480921, ≤ – 🛗 🧺 📺 ☎ 🕭 – 🔬 50 a 100. 🆎 🅢 ⓞ 🅔 🆅🆂🅰 ※ rist
Pas *(solo per clienti alloggiati e chiuso domenica)* carta 58/87000 – **97 cam** 🖵 238/340000 appartamenti 450000 – ½ P 220/288000   DY **z**

🏨🏨 **Grand Hotel Baglioni,** piazza Unità Italiana 6 ⊠ 50123 ℰ 218441, Telex 570225, Fax 215695, « Rist roof-garden con ≤ » – 🛗 🧺 📺 ☎ 🕭 – 🔬 25 a 200. 🆎 🅢 ⓞ 🅔 🆅🆂🅰
※ rist   BX **e**
Pas carta 48/63000 – **195 cam** 🖵 235/330000 appartamenti 450/550000.

🏨🏨 **Grand Hotel Ciga,** piazza Ognissanti 1 ⊠ 50123 ℰ 278781, Telex 570055, Fax 217400 –
🛗 🧺 📺 ☎ 🆎 🅢 ⓞ 🅔 🆅🆂🅰 ※ rist   AXY **a**
Pas carta 62/97000 – 🖵 25000 – **107 cam** 488/595000 appartamenti 952/1666000.

🏨🏨 **Jolly,** piazza Vittorio Veneto 4/a ⊠ 50123 ℰ 2770, Telex 570191, Fax 294794, « 🏊 su terrazza panoramica » – 🛗 ✇ cam 🧺 📺 ☎ – 🔬 30 a 100. 🆎 🅢 ⓞ 🅔 🆅🆂🅰 ※ rist
Pas 55000 – **167 cam** 🖵 220/330000 – ½ P 220/275000.   AX **u**

🏨🏨 **Majestic,** via del Melarancio 1 ⊠ 50123 ℰ 264021, Telex 570628, Fax 268428 – 🛗 🧺
📺 ☎ 🕭 ⇔ – 🔬 80. 🆎 🅢 ⓞ 🅔 🆅🆂🅰 ※ rist   BX **u**
Pas carta 39/56000 – 🖵 25000 – **103 cam** 210/280000 appartamento 460000 – ½ P 175/265000.

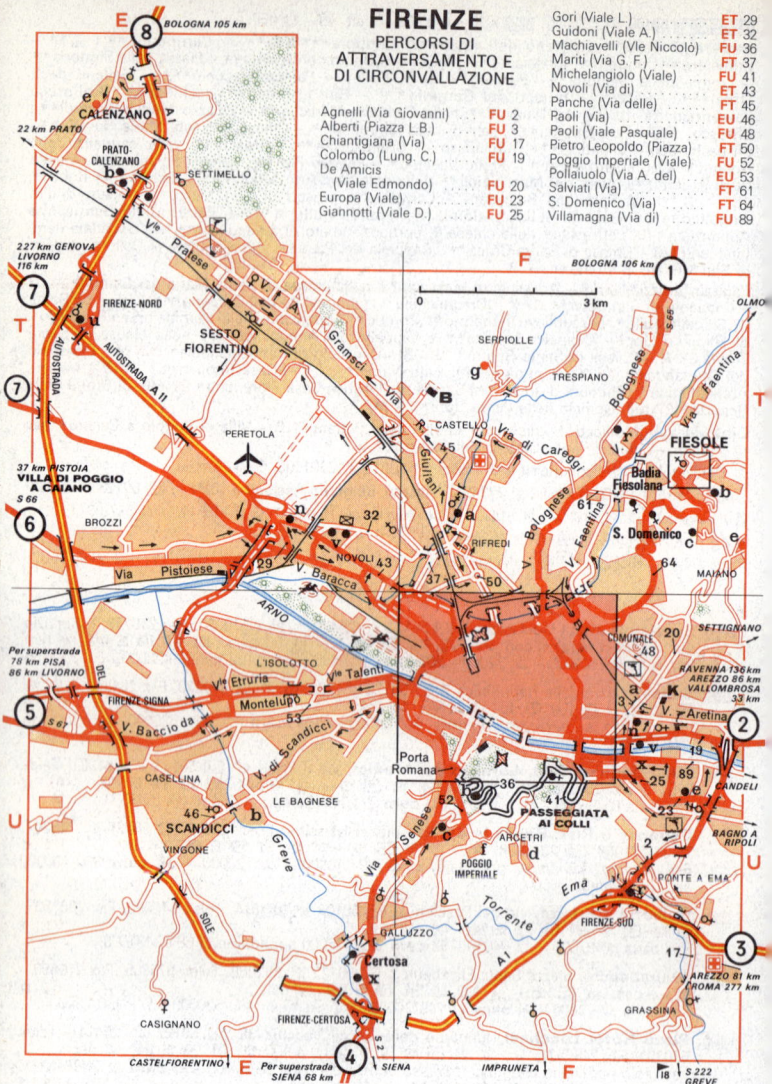

FIRENZE
PERCORSI DI ATTRAVERSAMENTO E DI CIRCONVALLAZIONE

Agnelli (Via Giovanni)	**FU** 2
Alberti (Piazza L.B.)	**FU** 3
Chiantigiana (Via)	**FU** 17
Colombo (Lung. C.)	**FU** 19
De Amicis (Viale Edmondo)	**FU** 20
Europa (Viale)	**FU** 23
Giannotti (Viale D.)	**FU** 25

Gori (Viale L.)	**ET** 29
Guidoni (Viale A.)	**ET** 32
Machiavelli (Vle Niccolò)	**FU** 36
Mariti (Via G. F.)	**FT** 37
Michelangiolo (Viale)	**FU** 41
Novoli (Via di)	**ET** 43
Panche (Via delle)	**FT** 45
Paoli (Via)	**EU** 46
Paoli (Viale Pasquale)	**FU** 48
Pietro Leopoldo (Piazza)	**FT** 50
Poggio Imperiale (Viale)	**FU** 52
Pollaiuolo (Via A. del)	**EU** 53
Salviati (Via)	**FT** 61
S. Domenico (Via)	**FT** 64
Villamagna (Via di)	**FU** 89

🏨 **De la Ville**, piazza Antinori 1 ✉ 50123 ✆ 261805, Telex 570518, Fax 261809 – 🛗 ▤ 📺
☎ – 🕭 60. 🖭 🛐 ⑩ 🔁 𝘝𝘐𝘚𝘈 ⋘
Pas carta 40/50000 – **75 cam** ⇌ 232/331000 appartamenti 560/660000.
BX n

🏨 **Berchielli** senza rist, piazza del Limbo 6 r ✉ 50123 ✆ 264061, Telex 575582, Fax 218636,
⇐ –🛗 ▤ 📺 ☎ – 🕭 80. 🖭 🛐 ⑩ 🔁 𝘝𝘐𝘚𝘈 ⋘
74 cam ⇌ 215/300000 appartamenti 426/495000.
BY b

🏨 **Bernini Palace** senza rist, piazza San Firenze 29 ✉ 50122 ✆ 278621, Telex 573616, Fax
268272 – 🛗 ▤ 📺 ☎ – 🕭 40. 🖭 🛐 ⑩ 🔁 𝘝𝘐𝘚𝘈
86 cam ⇌ 250/360000 appartamenti 480000.
CY x

🏨 **Montebello Splendid**, via Montebello 60 ✉ 50123 ✆ 298051, Telex 574009, Fax 211867,
🚿 – 🛗 ▤ 📺 ☎ – 🕭 100. 🖭 🛐 ⑩ 🔁 𝘝𝘐𝘚𝘈 ⋘ rist
Pas (chiuso domenica) carta 43/83000 – **53 cam** ⇌ 230/330000 appartamento 660000 –
½ P 150/255000.
AX e

Michelangelo, viale Fratelli Rosselli 2 ⊠ 50123 ℰ 278711, Telex 571113, Fax 278717 –
▮ ▤ 📺 ☎ 🚗 – ⚙ 50 a 250. 🅰🅴 🕄 ⓪ 🄴 𝘝𝘐𝘚𝘈 ⛶ rist
Pas carta 50/65000 – **138 cam** ⊡ 220/280000 – ½ P 218/285000.   **AX w**

Anglo American, via Garibaldi 9 ⊠ 50123 ℰ 282114, Telex 570289, Fax 268513 – ▮ ▤
📺 ☎ – ⚙ 50 a 150. 🅰🅴 🕄 🄴 𝘝𝘐𝘚𝘈 ⛶ rist   **AX d**
Pas *(chiuso domenica)* carta 56/79000 – **107 cam** ⊡ 220/310000 appartamenti 390/450000
– ½ P 205/295000.

Gd H. Minerva, piazza Santa Maria Novella 16 ⊠ 50123 ℰ 284555, Telex 570414, Fax
268281, ⤓ – ▮ ▤ 📺 ☎ – ⚙ 30 a 90. 🅰🅴 🕄 ⓪ 🄴 𝘝𝘐𝘚𝘈 ⛶ rist   **BX s**
Pas carta 42/63000 – ⊡ 20000 – **96 cam** 210/280000 appartamenti 395000.

Augustus senza rist, piazzetta dell'Oro 5 ⊠ 50123 ℰ 283054, Telex 570110, Fax 268557
– ▮ ▤ 📺 ☎. 🅰🅴 🕄 ⓪ 🄴 𝘝𝘐𝘚𝘈 ⛶   **BY a**
⊡ 18000 – **67 cam** 210/240000.

Kraft, via Solferino 2 ⊠ 50123 ℰ 284273, Telex 571523, Fax 298267, « Rist. roof-garden
con ⩽ », ⤓ – ▮ ▤ 📺 ☎ – ⚙ 50. 🅰🅴 🕄 ⓪ 🄴 𝘝𝘐𝘚𝘈 ⛶ rist   **AX c**
Pas carta 45/70000 – ⊡ 25000 – **68 cam** 230/300000.

Londra, via Jacopo da Diacceto 18 ⊠ 50123 ℰ 262791, Telex 571152, Fax 210682, 🍴 –
▮ ▤ 📺 ☎ 🚗 – ⚙ 200. 🅰🅴 🕄 ⓪ 🄴 𝘝𝘐𝘚𝘈 ⛶ rist   **AX n**
Pas carta 49/74000 – ⊡ 30000 – **107 cam** 210/280000 – ½ P 197/267000.

Lungarno senza rist, borgo Sant'Jacopo 14 ⊠ 50125 ℰ 264211, Telex 570129, Fax
268437, ⩽, « Collezione di quadri moderni » – ▮ ▤ 📺 ☎ – ⚙ 30. 🅰🅴 🕄 ⓪ 🄴 𝘝𝘐𝘚𝘈   **BY d**
⊡ 18000 – **66 cam** 185/260000 appartamenti 350/380000.

Alexander, viale Guidoni 101 ⊠ 50127 ℰ 4378951, Telex 574026, Fax 416818 – ▮ ▤
📺 ☎ 🕭 🅿 – ⚙ 50 a 400. 🅰🅴 🕄 ⓪ 🄴 𝘝𝘐𝘚𝘈 ⛶ rist   **ET v**
Pas 35/56000 – **88 cam** ⊡ 217/296000 – ½ P 183/252000.

Pullman Astoria Palazzo Gaddi, via del Giglio 9 ⊠ 50123 ℰ 2398022, Telex 571070,
Fax 214632 – ▮ ▤ 📺 ☎ 🕭 – ⚙ 50 a 130. 🅰🅴 🕄 ⓪ 🄴 𝘝𝘐𝘚𝘈 ⛶ rist   **BX f**
Pas *(chiuso domenica)* carta 42/63000 – **88 cam** ⊡ 220/320000 appartamento 540000 –
½ P 180/225000.

Holiday Inn e Rist. La Tegolaia, viale Europa 205 ⊠ 50126 ℰ 686841, Telex 570376,
Fax 686806, 🍴, ⤓ – ▮ ⇆ cam ▤ 📺 ☎ 🕭 🅿 – ⚙ 50 a 120. 🅰🅴 🕄 ⓪ 🄴 𝘝𝘐𝘚𝘈 ⛶ rist
Pas carta 45/70000 – **92 cam** ⊡ 230/360000.   **FU e**

Pierre senza rist, via de' Lamberti 5 ⊠ 50123 ℰ 217512, Telex 573175, Fax 2396573 – ▮
▤ 📺 ☎. 🅰🅴 🕄 ⓪ 🄴 𝘝𝘐𝘚𝘈   **BY k**
⊡ 20000 – **39 cam** 273000.

Raffaello, viale Morgagni 19 ⊠ 50134 ℰ 439871, Telex 580035, Fax 434374 – ▮ ▤ 📺
☎ 🚗 – ⚙ 110. 🅰🅴 🕄 ⓪ 🄴 𝘝𝘐𝘚𝘈 ⛶ rist   **FT a**
Pas carta 35/55000 – **141 cam** ⊡ 255/275000 appartamenti 300/450000 – ½ P 124/244000.

Principe senza rist, lungarno Vespucci 34 ⊠ 50123 ℰ 284848, Telex 571400, Fax 262396,
⩽, 🍴 – ▮ ▤ 📺 ☎. 🅰🅴 🕄 ⓪ 🄴 𝘝𝘐𝘚𝘈   **AX b**
⊡ 20000 – **21 cam** 220/260000.

J and J senza rist, via di Mezzo 20 ⊠ 50121 ℰ 240951, Telex 570554, Fax 240282 – ▤
📺 ☎. 🅰🅴 🕄 ⓪ 🄴   **DY c**
19 cam ⊡ 280000 appartamenti 280/380000.

Continental senza rist, lungarno Acciaiuoli 2 ⊠ 50123 ℰ 282392, Telex 580525, Fax
283139, « Terrazza fiorita con ⩽ » – ▮ ▤ 📺 ☎. 🅰🅴 🕄 ⓪ 🄴 𝘝𝘐𝘚𝘈   **BY a**
⊡ 18000 – **61 cam** 150/230000 appartamenti 300/420000.

Loggiato dei Serviti senza rist, piazza SS. Annunziata 3 ⊠ 50122 ℰ 289592, Telex
575808, Fax 289595 – ▮ ▤ 📺 ☎. 🅰🅴 🕄 ⓪ 🄴   **CX d**
29 cam ⊡ 100/160000 appartamenti 200/400000.

Fleming senza rist, viale Guidoni 87 ⊠ 50127 ℰ 4379536 – ▮ ▤ 📺 ☎ – ⚙ 35 a 60. 🅰🅴
🕄 ⓪ 🄴 𝘝𝘐𝘚𝘈   **ET v**
119 cam ⊡ 99/163000.

Villa Azalee senza rist, viale Fratelli Rosselli 44 ⊠ 50123 ℰ 214242, Fax 268264, 🚗 –
▤ 📺 ☎. 🕄 ⓪ 🄴 𝘝𝘐𝘚𝘈   **AVX y**
⊡ 22000 – **25 cam** 81/120000.

Privilege senza rist, lungarno della Zecca Vecchia 26 ⊠ 50122 ℰ 2341221, Fax 243287 –
▤ 📺 ☎. 🅰🅴 🕄 ⓪ 🄴 𝘝𝘐𝘚𝘈   **DY e**
15 cam ⊡ 106/170000.

Goldoni senza rist, via Borgo Ognissanti 8 ⊠ 50123 ℰ 284080 – ▮ ▤ 📺 ☎. 🅰🅴
⓪ 🄴 𝘝𝘐𝘚𝘈   **AY x**
⊡ 18000 – **20 cam** 101/160000.

Byron senza rist, via della Scala 49 ⊠ 50123 ℰ 216700, Telex 570278, Fax 213273 – ▮
📺 ☎. 🅰🅴 🕄 ⓪ 🄴 𝘝𝘐𝘚𝘈 ⛶   **AX t**
⊡ 18000 – **45 cam** 95/150000.

Calzaiuoli senza rist, via Calzaiuoli 6 ⊠ 50122 ℰ 212456, Telex 580589, Fax 268310 – ▮
▤ 📺 🍴. 🅰🅴 🕄 ⓪ 🄴 𝘝𝘐𝘚𝘈   **CY s**
⊡ 11000 – **41 cam** 110/121000.

Ville sull'Arno senza rist, lungarno Colombo 5 ⊠ 50136 ℰ 670971, Telex 573297, Fax
678244, ⩽, « Piccolo giardino con ⤓ » – ▤ 📺 ☎ 🕭 🚗 🅿. 🅰🅴 🕄 ⓪ 🄴 𝘝𝘐𝘚𝘈   **FU v**
⊡ 15000 – **48 cam** 135/230000.

FIRENZE

0   300 m

SESTO FIORENTINO

MICHELIN

★★ S. LORENZO
★★ STA MA NOVELLA

83 km PISA
AUTOSTRADA A 1

PALAZZO DEI
CONGRESSI

STAZIONE

PTE DELLA VITTORIA

Lungarno   Italia

ARNO   Amerigo

PONTE VESPUCCI

Lungarno   Vespucci

Lungarno   Soderini

Lungarno   Guicciardini

Borgo   S. Frediano

Via dell'Orto

del Carmine

pza T. Tasso

pza
S. Spirito

Viale   Guicciardini

GROTTA

PONTE VECCHIO

de' Bardi

GIARDINO DI BOBOLI

FORTE DEL
BELVEDERE

MOTTOLONE

pzale dell'
ISOLOTTO

pzale della
Porta Romana

VIA
CASSIA
SIENA 68 km

AUTOSTRADA
DEL SOLE (A 1)
per Superstrada:
SIENA 68 km

★★ PONTE VECCHIO
★★ PALAZZO PITTI

234

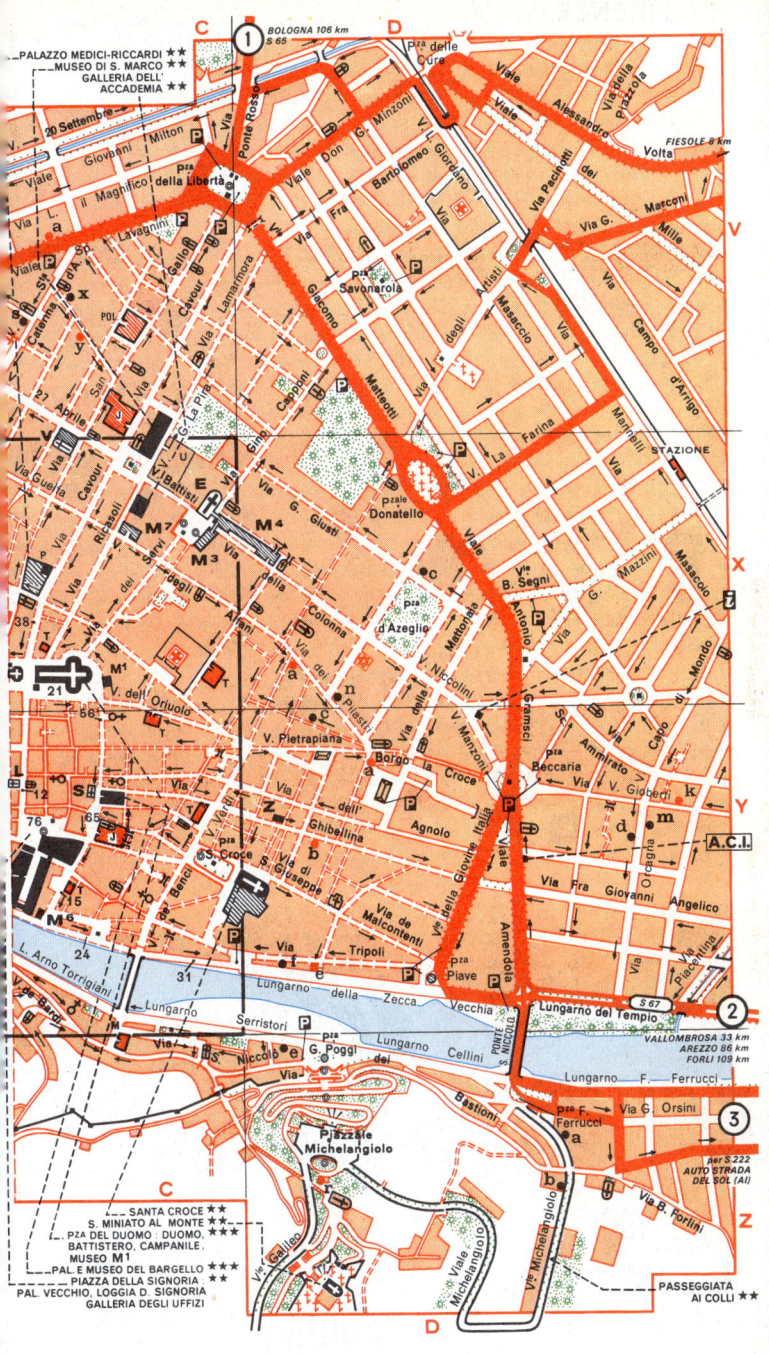

FIRENZE

★★ PALAZZO MEDICI-RICCARDI
★★★ S. LORENZO
★★ SANTA MARIA NOVELLA

PIAZZA DEL DUOMO ★★★ DUOMO ★★ A
BATTISTERO ★★★ C CAMPANILE ★★ B
MUSEO DELL'OPERA DEL DUOMO ★★ M¹

S. MARCO (MUSEO)
GALLERIA DELL'
ACCADEMIA ★★

0 ⊢—————⊣ 200 m

★★ PALAZZO PITTI ⌐ B
★ PONTE VECCHIO

PIAZZA DELLA SIGNORIA ★★
PALAZZO VECCHIO ★★★ H
LOGGIA DELLA SIGNORIA ★★ D
GALLERIA DEGLI UFFIZI ★★★ M²

⌐ SANTA CROCE ★★
PAL. E MUSEO DEL BARGELLO ★★★

236

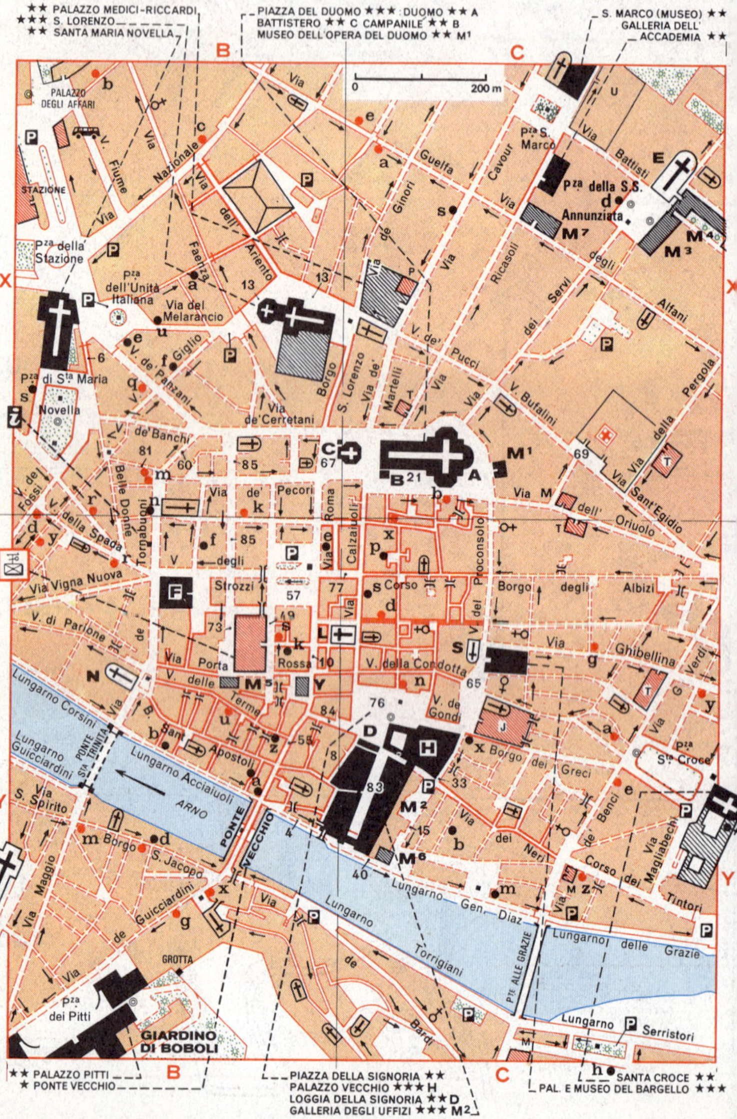

🏨 **Grifone** senza rist, via Pilati 22 ✉ 50136 ℰ 677474, Telex 570624, Fax 677628 – 📶 ▤
📺 ☎ **Ⓟ** – 🔥 da 50 a 200. 🖭 🕄 ⓞ Ɛ 𝘝𝘐𝘚𝘈. ✀ **FU n**
49 cam 🖵 97/159000.

🏨 **Ariele** senza rist, via Magenta 11 ✉ 50123 ℰ 211509, Fax 268521, ☞ – 📶 ☎. 🖭 🕄
ⓞ Ɛ 𝘝𝘐𝘚𝘈 **AX q**
🖵 9500 – **38 cam** 77/114000.

🏨 **Golf** senza rist, viale Fratelli Rosselli 56 ✉ 50123 ℰ 293088, Telex 571630, Fax 268432 –
📶 ▤ 📺 ☎ **Ⓟ** 🕄 Ɛ 𝘝𝘐𝘚𝘈 **AV k**
39 cam 🖵 100/158000.

🏨 **Della Signoria** senza rist, via delle Terme 1 ✉ 50123 ℰ 214530, Telex 571561, Fax
216101 – 📶 ▤ 📺 ☎. 🖭 🕄 ⓞ Ɛ 𝘝𝘐𝘚𝘈 **BY z**
🖵 15000 – **27 cam** 175/215000.

🏨 **Ambasciatori** senza rist, via Alamanni 3 ✉ 50123 ℰ 287421, Telex 571390, Fax 212360
– 📶 ▤ 📺 ☎ – 🔥 30. 🖭 🕄 ⓞ Ɛ 𝘝𝘐𝘚𝘈 **AX s**
94 cam 🖵 106/170000.

🏨 **Balestri** senza rist, piazza Mentana 7 ✉ 50122 ℰ 214743, Fax 2398042 – 📶 ▤ ☜. 🖭
🕄 ⓞ Ɛ 𝘝𝘐𝘚𝘈. ✀ **CY m**
marzo-novembre – 🖵 22000 – **50 cam** 90/116000 appartamento 200000, ▤ 8000.

🏨 **David** senza rist, viale Michelangiolo 1 ✉ 50125 ℰ 6811695, Telex 574553, Fax 680602,
☞ – 📶 ▤ 📺 ☎ ♿ **Ⓟ**. 🖭 🕄 ⓞ Ɛ 𝘝𝘐𝘚𝘈. ✀ **DZ a**
🖵 15000 – **25 cam** 80/120000.

🏨 **Royal** senza rist, via delle Ruote 52 ✉ 50129 ℰ 483287, Fax 490976, « Giardino » – 📶
▤ 📺 ☎ ♿ **Ⓟ**. 🖭 🕄 Ɛ 𝘝𝘐𝘚𝘈 **CV x**
40 cam 🖵 97/152000.

🏨 **Il Guelfo Bianco** senza rist, via Cavour 29 ✉ 50129 ℰ 288330, Telex 570596, Fax 295203
– ▤ 📺 ☎. 🖭 🕄 ⓞ Ɛ 𝘝𝘐𝘚𝘈. ✀ **CX s**
🖵 15000 – **21 cam** 83/122000.

🏨 **Villa Liberty** senza rist, viale Michelangiolo 40 ✉ 50125 ℰ 6810581, Fax 6812595, ☞ –
📶 ▤ 📺 ☜. 🖭 🕄 ⓞ Ɛ 𝘝𝘐𝘚𝘈 **DZ b**
16 cam 🖵 136/152000.

🏨 **City** senza rist, via Sant'Antonino 18 ✉ 50123 ℰ 211543, Telex 573389, Fax 295451 – 📶
▤ 📺 ☜. 🖭 🕄 ⓞ Ɛ 𝘝𝘐𝘚𝘈 **BX a**
20 cam 🖵 96/152000.

🏠 **Rapallo,** via di Santa Caterina d'Alessandria 7 ✉ 50129 ℰ 472412, Telex 574251, Fax
268364 – 📶 ▤ ☎ ☞. 🖭 🕄 ⓞ Ɛ 𝘝𝘐𝘚𝘈. ✀ **CV s**
Pas (solo per clienti alloggiati) carta 28/42000 (12%) – 🖵 11000 – **30 cam** 81/120000 –
½ P 83/117000.

🏠 **Franchi** senza rist, via Sgambati 28 ✉ 50127 ℰ 315425, Telex 580425, Fax 315563 – 📶
☎ **Ⓟ**. 🖭 🕄 ⓞ Ɛ 𝘝𝘐𝘚𝘈 **ET n**
🖵 11000 – **35 cam** 71/107000.

🏠 **Arizona** senza rist, via Farini 2 ✉ 50121 ℰ 245321, Telex 575572 – 📶 📺 ☜. 🖭 🕄 ⓞ
Ɛ 𝘝𝘐𝘚𝘈. ✀ **DX n**
21 cam 🖵 92/141000.

🏠 **Fiorino** senza rist, via Osteria del Guanto 6 ✉ 50122 ℰ 210579 – ▤ ☜ **CY b**
🖵 9000 – **21 cam** 60/87000, ▤ 4000.

🏠 **Jane** senza rist, via Orcagna 56 ✉ 50121 ℰ 677382, Fax 677383 – 📶 ▤ ☎. ✀ **DY m**
🖵 9000 – **24 cam** 60/85000, ▤ 4000.

🏠 **Orcagna** senza rist, via Orcagna 57 ✉ 50121 ℰ 669959 – 📶 ☎. 🕄 ⓞ Ɛ 𝘝𝘐𝘚𝘈. ✀
🖵 9000 – **18 cam** 51/75000. **DY d**

🏠 **San Remo** senza rist, lungarno Serristori 13 ✉ 50125 ℰ 2342823, Fax 2342269 – 📶 ▤
📺 ☜. 🖭 🕄 ⓞ Ɛ 𝘝𝘐𝘚𝘈 **DZ e**
20 cam 🖵 87/128000.

🏠 **Silla** senza rist, via dei Renai 5 ✉ 50125 ℰ 2342888, Fax 2341437 – 📶 ▤ 📺 ☎. 🖭 🕄
ⓞ Ɛ 𝘝𝘐𝘚𝘈 **CY h**
32 cam 🖵 87/132000, ▤ 6000.

XXXX ۞۞ **Enoteca Pinchiorri,** via Ghibellina 87 ✉ 50122 ℰ 242777, Fax 244983, Coperti
limitati; prenotare, « Servizio estivo in un fresco cortile » – ▤. 🖭 𝘝𝘐𝘚𝘈 **CY y**
chiuso domenica, lunedì a mezzogiorno, agosto e dal 24 al 28 dicembre – Pas
carta 90/150000 (12%)
Spec. Filetti di triglia panati al rosmarino e tartufo nero, Gnocchi di latte al limone e rucola, Sella di coniglio
in arrosto e salvia fritta. Vini I Sistri, Cannaio di Montevertine.

XXXX Sabatini, via de' Panzani 9/a ✉ 50123 ℰ 211559, Fax 210293, Gran tradizione – ▤ **BX q**

segue →

237

XXX **Al Lume di Candela,** via delle Terme 23 r ✉ 50123 ℰ 294566, Fax 355481, Coperti limitati; prenotare – 🍽. 🎫 🅱 ⓪ ❤ 🎫. ✂   BY u
   chiuso domenica, lunedì a mezzogiorno e dal 10 al 25 agosto – Pas carta 50/70000 (16%).

XXX **Harry's Bar,** lungarno Vespucci 22 r ✉ 50123 ℰ 2396700, Coperti limitati; prenotare – 🍽. 🎫 🎫   AY x
   chiuso domenica e dal 15 dicembre al 5 gennaio – Pas carta 40/66000 (16%).

XXX **Don Chisciotte,** via Ridolfi 4 r ✉ 50129 ℰ 475430, Coperti limitati; prenotare – 🍽   BV u

XX **Al Campidoglio,** via del Campidoglio 8 r ✉ 50123 ℰ 287770 – 🍽. 🎫 🅱 ⓪ ❤ 🎫. ✂   BXY k
   chiuso giovedì, dal 13 agosto al 2 settembre e dal 20 al 27 dicembre – Pas carta 46/64000 (12%).

XX ❀ **I 4 Amici,** via degli Orti Oricellari 29 ✉ 50123 ℰ 215413, Solo piatti di pesce – 🍽. 🅱 ❤ ❤ 🎫. ✂   AX h
   chiuso mercoledì ed agosto – Pas carta 41/66000 (12%)
   Spec. Antipasti di mare, Spaghetti alle vongole, Dentice alla paesana. **Vini** Vermentino.

XX **La Posta,** via de' Lamberti 20 r ✉ 50123 ℰ 212701 – 🍽. 🎫 🅱 ⓪ 🎫   BY s
   chiuso martedì – Pas carta 37/62000 (13%).

XX **La Loggia,** piazzale Michelangiolo 1 ✉ 50125 ℰ 2342832, « Servizio estivo all'aperto con ≪ » – 🍽 🅿 – 🖦 100. 🎫 🅱 ⓪ ❤ 🎫. ✂   DZ r
   chiuso mercoledì e dal 10 al 25 agosto – Pas carta 40/60000 (13%).

XX **Il Biribisso,** via dell'Albero 28/r ✉ 50123 ℰ 293180 – 🍽. 🎫 🅱 ⓪ ❤ 🎫   AX t
   chiuso domenica, lunedì a mezzogiorno ed agosto – Pas carta 25/39000.

XX ❀ **Da Noi,** via Fiesolana 46 r ✉ 50122 ℰ 242917, Coperti limitati; prenotare – ✂   DX a
   chiuso a mezzogiorno, domenica, lunedì ed agosto – Pas 61000 (10%)
   Spec. Tagliatelle di castagne con ragù di piccione, Carrè di vitella ai porri salsa allo zabaione di vino, Terrina di pesche salsa alla menta. **Vini** Pinot bianco, Chianti.

XX **i' Toscano,** via Guelfa 70/r ✉ 50129 ℰ 215475 – 🍽. 🎫 🅱 ⓪ ❤ 🎫. ✂   CX e
   chiuso martedì ed agosto – Pas carta 30/45000.

XX **13 Gobbi,** via del Porcellana 9 r ✉ 50123 ℰ 2398769, Rist. con specialità toscane – 🍽. 🅱 ⓪ ❤ 🎫. ✂   AX v
   chiuso domenica, lunedì e dal 31 luglio al 30 agosto – Pas carta 38/60000 (12%).

XX **La Sagrestia,** via Guicciardini 27/r ✉ 50125 ℰ 210003 – 🍽. 🎫 🅱 ⓪ ❤ 🎫. ✂   BY g
   chiuso lunedì – Pas carta 27/48000 (12%).

XX **Buca Mario,** piazza Ottaviani 16 r ✉ 50123 ℰ 214179, Trattoria caratteristica – 🍽. 🎫 🅱 ⓪ ❤ 🎫. ✂   BXY d
   chiuso mercoledì, giovedì a mezzogiorno ed agosto – Pas carta 40/65000 (10%).

XX **Acquerello,** via Ghibellina 156 r ✉ 50122 ℰ 2340554 – 🍽. 🎫 🅱 ⓪ ❤ 🎫   CY g
   chiuso giovedì e dal 1° al 20 agosto – Pas carta 33/48000 (12%).

XX **Pierot,** piazza Taddeo Gaddi 25 r ✉ 50142 ℰ 702100 – 🍽. 🎫 🅱 ⓪ ❤ 🎫   AX p
   chiuso domenica e dal 15 al 31 luglio – Pas carta 27/40000 (12%).

XX **Leo in Santa Croce,** via Torta 7 r ✉ 50122 ℰ 210829 – 🍽   CY a

XX **Il Giardinetto,** viale Spartaco Lavagnini 38/a ✉ 50129 ℰ 476100, 🌳 – 🎫 🅱 ⓪ ❤ 🎫. ✂   CV a
   chiuso lunedì e dal 5 al 25 agosto – Pas carta 39/53000.

XX **La Vecchia Cucina,** viale Edmondo De Amicis 1 r ✉ 50137 ℰ 660143, Fax 660143, Coperti limitati; prenotare – 🍽. 🎫 🎫. ✂   FU a
   chiuso domenica ed agosto – Pas carta 41/56000.

XX **Il Profeta,** borgo Ognissanti 93 r ✉ 50123 ℰ 212265 – 🍽. 🎫 🅱 ❤ 🎫   AX r
   chiuso domenica e lunedì – Pas carta 32/41000 (12%).

XX **Cantinetta Antinori,** piazza Antinori 3 ✉ 50123 ℰ 292234, Rist. con specialità toscane – 🍽. 🎫 🅱 ⓪ ❤ 🎫. ✂   BX m
   chiuso sabato, domenica, agosto e Natale – Pas carta 46/57000 (10%).

XX **Taverna del Bronzino,** via delle Ruote 25/27 r ✉ 50129 ℰ 495220 – 🍽. 🎫 🅱 ⓪ ❤ 🎫   CV y
   chiuso domenica ed agosto – Pas carta 42/58000.

XX **Mamma Gina,** borgo Sant'Jacopo 37 r ✉ 50125 ℰ 2396009 – 🍽. 🎫 🅱 ⓪ ❤ 🎫. ✂   BY d
   chiuso domenica e dal 7 al 21 agosto – Pas carta 35/57000 (12%).

XX **Le Fonticine,** via Nazionale 79 r ✉ 50123 ℰ 282106 – 🍽. 🎫 🎫. ✂   BX c
   chiuso lunedì e dal 22 luglio al 22 agosto – Pas carta 37/62000 (12%).

XX **Osteria n. 1,** via del Moro 20 r ✉ 50123 ℰ 284897 – 🎫 🅱 ⓪ ❤ 🎫   BY y
   chiuso domenica ed agosto – Pas carta 43/63000.

XX **Paoli,** via dei Tavolini 12 r ✉ 50122 ℰ 216215, Rist. caratteristico, « Decorazioni imitanti lo stile trecentesco » – 🎫 🅱 ⓪ ❤ 🎫. ✂   CY d
   chiuso martedì – Pas carta 34/53000 (12%).

XX **Dino,** via Ghibellina 51 r ✉ 50122 ℰ 241452, Fax 241378 – 🍽. 🎫 🅱 ⓪ ❤ 🎫. ✂   DY b
   chiuso domenica sera, lunedì e dal 5 al 20 agosto – Pas carta 33/50000 (12%).

XX **Ottorino,** via delle Oche 12-16 r ⊠ 50122 𝒫 218747 – 🗐. ⒜Ⓔ Ⓢ ⓞ Ⓔ 𝚅𝙸𝚂𝙰 CXY **x**
chiuso domenica ed agosto – Pas carta 37/67000.

XX **Cavallino,** via delle Farine 6 r ⊠ 50122 𝒫 215818, Rist. d'habitués, « Servizio estivo
all'aperto con ≤ » – 🗐. ⒜Ⓔ Ⓢ ⓞ Ⓔ 𝚅𝙸𝚂𝙰 ✦ CY **n**
chiuso martedì sera, mercoledì e dal 1° al 22 agosto – Pas carta 30/46000 (12%).

X **La Capannina di Sante,** piazza Ravenna ang. Ponte da Verrazzano ⊠ 50126 𝒫 688345,
≤, 🗢, Rist. con solo piatti di pesce – 🗐. ⒜Ⓔ Ⓢ ⓞ 𝚅𝙸𝚂𝙰. ✦ FU **x**
chiuso domenica, lunedì a mezzogiorno, dal 10 al 20 agosto e dal 24 al 31 dicembre – Pas
carta 70/80000.

X **Il Giardino di Barbano,** piazza Indipendenza 3 r ⊠ 50129 𝒫 486752, « Servizio estivo
in giardino » – ⒜Ⓔ Ⓢ ⓞ Ⓔ 𝚅𝙸𝚂𝙰 BV **w**
chiuso mercoledì – Pas carta 24/46000 (12%).

X **Cibreo,** via dei Macci 118 ⊠ 50122 𝒫 2341100, Fax 244966, Coperti limitati;
prenotare DY **a**

X **Buca Lapi,** via del Trebbio 1 r ⊠ 50123 𝒫 213768, Taverna caratteristica – 🗐. ⒜Ⓔ
𝚅𝙸𝚂𝙰 BX **m**
chiuso domenica e lunedì a mezzogiorno – Pas carta 36/51000 (12%).

X **Celestino,** piazza Santa Felicita 4 r ⊠ 50125 𝒫 296574 – 🗐. ⒜Ⓔ Ⓢ ⓞ Ⓔ 𝚅𝙸𝚂𝙰 BY **x**
chiuso domenica e dal 5 al 20 agosto – Pas carta 28/49000 (12%).

X **Il Tirabusciò,** via de' Benci 34 r ⊠ 50122 𝒫 2476225, Coperti limitati; prenotare – 🗐
chiuso mercoledì e giovedì – Pas carta 21/34000 (12%). CY **e**

X **Cafaggi,** via Guelfa 35 r ⊠ 50129 𝒫 294989 – 🗐 CX **a**
chiuso domenica sera, lunedì ed agosto – Pas carta 33/56000 (12%).

X **Le Quattro Stagioni,** via Maggio 61 r ⊠ 50125 𝒫 218906, prenotare – 🗐. ⒜Ⓔ Ⓢ ⓞ
Ⓔ 𝚅𝙸𝚂𝙰 ABY **b**
chiuso domenica, dal 21 dicembre al 4 gennaio e dal 9 al 31 agosto – Pas carta 33/50000.

X **La Martinicca,** via del Sole 27 r ⊠ 50123 𝒫 218928 – 🗐. ⒜Ⓔ ⓞ 𝚅𝙸𝚂𝙰 BX **r**
chiuso martedì ed agosto – Pas carta 30/49000.

X **La Carabaccia,** via Palazzuolo 190 r ⊠ 50123 𝒫 214782 – Ⓢ Ⓔ 𝚅𝙸𝚂𝙰. ✦ AX **x**
chiuso domenica, lunedì a mezzogiorno ed agosto – Pas carta 30/44000.

X Trattoria Vittoria, via della Fonderia 52 r ⊠ 50142 𝒫 225657, Solo piatti di pesce –
🗐 AX **a**

X **Cammillo,** borgo Sant'Jacopo 57 r ⊠ 50125 𝒫 212427, Trattoria tipica fiorentina – 🗐. ⒜Ⓔ
Ⓢ ⓞ Ⓔ 𝚅𝙸𝚂𝙰 BY **m**
chiuso mercoledì, giovedì, dal 20 dicembre al 15 gennaio e dal 1° al 21 agosto – Pas
carta 35/60000.

X **Baldini,** via il Prato 96 r ⊠ 50123 𝒫 287663 – 🗐. ⒜Ⓔ Ⓢ ⓞ Ⓔ 𝚅𝙸𝚂𝙰. ✦ AX **m**
chiuso sabato, domenica sera, dal 24 dicembre al 3 gennaio e dal 1° al 20 agosto – Pas
carta 28/38000.

X La Conchiglia, via Gioberti 46 r ⊠ 50121 𝒫 669957, Rist. con specialità di mare –
🗐 DY **k**

X Del Carmine, piazza del Carmine 18 r ⊠ 50124 𝒫 218601 AY **s**

X **Del Fagioli,** corso Tintori 47 r ⊠ 50122 𝒫 244285, Trattoria tipica toscana CY **z**
chiuso agosto, domenica e in estate anche sabato – Pas carta 28/40000 (10%).

X **Marione,** via della Spada 27 r ⊠ 50123 𝒫 214756, Rist. d'habitués – 🗐 BY **r**
chiuso domenica, i giorni festivi ed agosto – Pas carta 17/25000 (10%).

X Il Caminetto, via dello Studio 34 r ⊠ 50122 𝒫 296274, 🗢 – 🗐 CX **b**

X Alla Vecchia Bettola, viale Ludovico Ariosto 32 r ⊠ 50124 𝒫 224158, « Ambiente
caratteristico » AY **a**

X **I due G,** via Cennini 6 r ⊠ 50123 𝒫 218623 – 🗐. ⒜Ⓔ Ⓢ ⓞ Ⓔ 𝚅𝙸𝚂𝙰. ✦ BX **b**
chiuso domenica, i giorni festivi, agosto e dal 22 dicembre al 2 gennaio – Pas carta 30/45000
(10%).

ai Colli S : 3 km FU :

🏨 **Gd H. Villa Cora e Rist. Taverna Machiavelli** ⑤, viale Machiavelli 18 ⊠ 50125 𝒫
2298451, Telex 570604, Fax 229086, 🗢, « Parco fiorito con 🏊 » – 🛗 🗐 📺 ☎ 🅿 –
🔬 50 a 150. ⒜Ⓔ Ⓢ ⓞ Ⓔ 𝚅𝙸𝚂𝙰 ✦ rist FU **b**
Pas carta 52/76000 (15%) – 🖙 24000 – **48 cam** 339/539000 appartamenti 817/1024000.

🏨 **Torre di Bellosguardo** ⑤ senza rist, via Roti Michelozzi 2 ⊠ 50124 𝒫 2298145, ✳
città e colli, « Parco e terrazza con 🏊 » – 🗐 ☎ 🅿. ⒜Ⓔ Ⓢ ⓞ Ⓔ 𝚅𝙸𝚂𝙰 FU **p**
🖙 32000 – **13 cam** 210/280000 appartamenti 380000.

🏨 **Villa Carlotta** ⑤, via Michele di Lando 3 r ⊠ 50125 𝒫 2336134, Telex 573485, Fax
2336147, 🗢 – 🛗 🗐 📺 ☎ 🅿. ⒜Ⓔ Ⓢ ⓞ Ⓔ 𝚅𝙸𝚂𝙰. ✦ rist AZ **a**
Pas carta 32/62000 – **27 cam** 🖙 228/319000 – ½ P 160/275000.

🏨 **Villa Belvedere** ⑤ senza rist, via Benedetto Castelli 3 ⊠ 50124 𝒫 222501, Telex
575648, Fax 223163, ≤ città e colli, « Parco-giardino con 🏊 », ✦ – 🛗 🗐 📺 ☎ 🔬 🅿. ⒜Ⓔ
Ⓢ ⓞ Ⓔ 𝚅𝙸𝚂𝙰. ✦ FU **c**
marzo-novembre – **27 cam** 🖙 155/230000.

XX **Antico Crespino,** largo Enrico Fermi 15 ⊠ 50125 𝒫 221155, ≤ – ⒜Ⓔ Ⓢ ⓞ Ⓔ 𝚅𝙸𝚂𝙰 FU **f**
chiuso mercoledì – Pas carta 40/69000 (13%).

ad Arcetri S : 5 km FU – ⊠ **50125** Firenze :

✗ **Omero,** via Pian de' Giullari 11 r ℘ 220053, Trattoria di campagna con ≼, « Servizio estivo in terrazza » – ⓪ *VISA* ✉   **FU d**
chiuso martedì ed agosto – Pas carta 28/42000 (13%).

a Galluzzo S : 6,5 km EU – ⊠ **50124** Firenze :

🏨 **Relais Certosa,** via Colle Ramole 2 ℘ 2047171, Telex 574332, Fax 268575, ≼, « Parco giardino », ✗ – 🛗 ⇆ 🖾 📺 ☎ ℗ – 🛗 30 a 60. 🖭 🕃 ⓪ Ε *VISA* ✉ rist   **EU x**
Pas carta 45/77000 – **69 cam** ⇆ 215/290000 appartamenti 413000 – ½ P 215000.

a Candeli per ③ : 7 km FU – ⊠ **50010** :

🏨 **Villa La Massa e Rist. Il Verrocchio** ⌇, via La Massa 6 ℘ 666141, Telex 573555, Fax 632579, ≼, ♨, « Dimora settecentesca con arredamento in stile », ⅃, ♠ – 🛗 🖾 📺 ☎ ♿ ℗ – 🛗 100. 🖭 🕃 ⓪ Ε *VISA* ✉ rist
Pas *(chiuso lunedì e martedì a mezzogiorno da novembre a marzo)* carta 50/70000 – ⇆ 25000 – **38 cam** 240/440000 appartamenti 700000 – ½ P 320/460000.

verso Trespiano N : 7 km FT :

🏨 **Villa le Rondini** ⌇, via Bolognese Vecchia 224 ⊠ 50139 Firenze ℘ 400081, Telex 575679, Fax 268912, ≼ città, « Ville fra gli olivi », ⅃, ♠, ✗ – ⇆ rist ☎ ℗ – 🛗 80 a 200. 🖭 🕃 ⓪ Ε *VISA* ✉ rist   **FT r**
Pas 40/120000 – **33 cam** ⇆ 97/154000 appartamenti 240000 – ½ P 104/137000.

a Serpiolle N : 8 km FT – ⊠ **50142** Firenze :

✗✗ **Lo Strettoio,** ℘ 403044, ♨, solo su prenotazione, « Villa seicentesca fra gli olivi » – 🖾 ℗ ✉   **FT g**
chiuso domenica, lunedì ed agosto – Pas carta 44/59000.

sull'autostrada al raccordo A 1 - A 11 NO : 10 km ET :

🏨 **MotelAgip,** ⊠ 50013 Campi Bisenzio ℘ 4211881, Telex 570263, Fax 4211881 – 🛗 🖾 📺 ☎ ♿ ℗ – 🛗 40 a 200. 🖭 🕃 ⓪ Ε *VISA* ✉ rist   **ET u**
Pas *(chiuso domenica ed agosto)* 50000 – **163 cam** ⇆ 140/225000 – ½ P 160/190000.

in prossimità casello autostrada A1 Firenze Sud SE : 6 km

🏨 **Sheraton Firenze Hotel,** ⊠ 50126 ℘ 64901, Telex 575860, Fax 680747, ⅃, ✗ – 🛗 🖾 📺 ☎ ♿ – 🛗 30 a 1500. 🖭 🕃 ⓪ Ε *VISA* ✉   **FU r**
Pas carta 42/72000 – **321 cam** ⇆ 220/295000 appartamenti 418/1100000.

Vedere anche : *Scandicci* SO : 6 km EU.
        Bagno a Ripoli E : 7 km FU.
        Fiesole NE : 8 km FT.
        Calenzano NO : 13 km ET.
        Bivigliano per ① : 18 km.

MICHELIN, viale Belfiore 41 AV – ⊠ 50144, ℘ 332641, Fax 360098.

Per viaggiare in Europa, utilizzate :

Le carte Michelin scala 1/400 000 a 1/1 000 000 **Le Grandi Strade ;**

Le carte Michelin dettagliate ;

Le guide Rosse Michelin (alberghi e ristoranti) :

Benelux, Deutschland, España Portugal, Main Cities **Europe, France, Great Britain and Ireland**

Le guide Verdi Michelin che descrivono le curiosità e gli itinerari di visita :

musei, monumenti, percorsi turistici interessanti.

FISCHLEINBODEN = Campo Fiscalino.

FIUGGI 03014 Frosinone 🔟🔟🔟 ⊛ – 8 274 ab. alt. 747 – Stazione termale (aprile-novembre) – ✿ 0775.

🎦 (chiuso martedì da ottobre a marzo) a Fiuggi Fonte ⊠ 03015 ℘ 55250, S : 4 km.

🎟 (aprile-novembre) piazza Frascara 4 ℘ 55019.

Roma 82 – Avezzano 94 – Frosinone 32 – Latina 88 – ◆Napoli 183.

🏨 **Anticoli,** via Verghetti 70 ℘ 55667, ♠ – 🛗 ⊛. 🖭 🕃 ⓪ *VISA* ✉
Pas 26000 – ⇆ 8000 – **18 cam** 20/40000 – ½ P 50000.

✗✗ **Il Rugantino,** via Diaz 300 ℘ 55400, ♨ – 🕃 . ✉
◆ *chiuso mercoledì escluso da maggio a settembre* – Pas carta 18/34000.

a Fiuggi Fonte S : 4 km – alt. 621 – ⊠ 03015 :

Palazzo delle Fonti ⟨⟩, via Dei Villini 7 ℰ 5081, Telex 620014, Fax 506752, ⟨, ⟨⟩, ⟨⟩, ⟨⟩, ⟨⟩, ⟨⟩, ⟨⟩, ⟨⟩ – ⟨⟩ TV ☎ Ⓟ – ⟨⟩ 30 a 600. ⟨⟩ ⟨⟩ ⟨⟩ ⟨⟩ ⟨⟩ ⟨⟩ rist
chiuso sino a febbraio – Pas carta 78/100000 – � 26000 – **153 cam** 245/295000 appartamenti 625/1500000 – ½ P 240/325000.

Silva Hotel Splendid, corso Nuova Italia 40 ℰ 55791, Fax 506546, « Giardino ombreggiato con ⟨⟩ » – ⟨⟩ ⟨⟩ cam TV ⟨⟩ Ⓟ – ⟨⟩ 240. ⟨⟩ Ⓞ ⟨⟩ rist
maggio-ottobre – Pas 50000 – ⊇ 18000 – **120 cam** 120/160000 – ½ P 120/155000.

Vallombrosa, via Vecchia Fiuggi 209 ℰ 55531, Fax 506646, « Giardino ombreggiato »,
⟨⟩ riscaldata – ⟨⟩ ⟨⟩ Ⓟ – ⟨⟩ 60 a 80. ⟨⟩ Ⓑ Ⓞ ⟨⟩ VISA ⟨⟩ rist
Pas 60000 – ⊇ 15000 – **80 cam** 111/183000 – ½ P 126/156000.

Villa Igea, corso Nuova Italia 32 ℰ 55435, ⟨⟩, ⟨⟩, ⟨⟩ – ⟨⟩ ☎ Ⓟ. ⟨⟩. ⟨⟩ rist
15 maggio-15 ottobre – Pas carta 40/67000 – ⊇ 10000 – **65 cam** 104/129000 –
½ P 115/135000.

Imperiale, via Prenestina 29 ℰ 55055, ⟨⟩ – ⟨⟩ ⟨⟩ Ⓟ – ⟨⟩ 150. ⟨⟩ Ⓑ Ⓞ VISA ⟨⟩ rist
19 maggio-28 ottobre – Pas carta 27/38000 – ⊇ 10000 – **97 cam** 60/100000 – ½ P 60/90000.

San Giorgio, via Prenestina 31 ℰ 55313, Fax 55012, ⟨⟩ – ⟨⟩ ⟨⟩ rist ☎ Ⓟ ⟨⟩ VISA ⟨⟩.
aprile-novembre – Pas 30/40000 – ⊇ 8000 – **85 cam** 58/90000 – ½ P 65/75000.

Tripoli, via 4 Giugno 13 ℰ 55136 – ⟨⟩ ⟨⟩ rist ⟨⟩ Ⓟ ⟨⟩ Ⓑ VISA ⟨⟩.
15 marzo-12 novembre – Pas carta 30/47000 – ⊇ 9000 – **90 cam** 55/75000 – ½ P 67/76000.

Moderno, via dei Villini 11 ℰ 55005, Fax 505357, ⟨⟩ – ⟨⟩ ⟨⟩ rist ⟨⟩ Ⓟ.
giugno-settembre – Pas carta 30/38000 – ⊇ 6000 – **48 cam** 55/85000 – P 68/90000.

Alfieri, viale Fonte Anticolana 49 ℰ 55646 – ⟨⟩ ⟨⟩ ⟨⟩ Ⓟ ⟨⟩ rist
aprile-ottobre – Pas carta 33/54000 – ⊇ 7000 – **40 cam** 36/55000 – ½ P 45/55000.

Fiuggi Terme, via Prenestina 9 (SE : 0,5 km) ℰ 55212, Fax 506566, ⟨⟩, ⟨⟩, ⟨⟩ – ⟨⟩ TV
☎ Ⓟ – ⟨⟩ 250. ⟨⟩ Ⓑ Ⓞ ⟨⟩ VISA ⟨⟩ rist
Pas carta 35/45000 – ⊇ 9000 – **53 cam** 59/94000 – ½ P 86000.

Mondial Park Hotel, via Sant'Emiliano 82 ℰ 55848, ⟨⟩ – ⟨⟩ ⟨⟩ rist ⟨⟩ rist ⟨⟩ ⟨⟩ Ⓟ
– ⟨⟩ 80. ⟨⟩ rist
maggio-ottobre – Pas 20/30000 – **43 cam** ⊇ 57/90000 – ½ P 40/75000.

Casina dello Stadio e del Golf, via 4 Giugno 19 ℰ 55027, ⟨⟩ – ⟨⟩ ⟨⟩ ⟨⟩ Ⓟ. ⟨⟩.
⟨⟩
aprile-ottobre – Pas 28/32000 – ⊇ 10000 – **49 cam** 46/66000 – ½ P 55/68000.

Michelangelo, via Rettifilo 24 ℰ 55601 – ⟨⟩ ⟨⟩
stagionale – **72 cam.**

Iris Crillon, via Fiume 7 ℰ 55077 – ⟨⟩ ⟨⟩ Ⓟ. ⟨⟩ ⟨⟩
aprile-ottobre – Pas carta 21/31000 – ⊇ 4500 – **40 cam** 60/80000 – P 50/75000.

Daniel's, via Prenestina SE : 1 km ℰ 506543, ⟨⟩ – ⟨⟩ ⟨⟩ rist ☎ Ⓟ ⟨⟩ Ⓑ Ⓞ VISA
giugno-settembre – Pas 25/50000 – ⊇ 6000 – **38 cam** 65/90000 – ½ P 70/80000.

Fiore, via XV Gennaio 5 ℰ 55126, Fax 505489 – ⟨⟩ ⟨⟩ Ⓟ. ⟨⟩ Ⓞ. ⟨⟩
maggio-ottobre – Pas 30000 – **38 cam** ⊇ 40/57000 – ½ P 50/55000.

Edison ⟨⟩, via De Medici 33 ℰ 55875, ⟨⟩ – ⟨⟩ ⟨⟩ cam ☎ Ⓟ. ⟨⟩ Ⓞ. ⟨⟩ rist
aprile-ottobre – Pas 29000 – ⊇ 4000 – **24 cam** 36/52000 – ½ P 40/51000.

Mirage, via Diaz 295 ℰ 55496 – ⟨⟩ ⟨⟩ Ⓟ. ⟨⟩ Ⓞ Ⓔ. ⟨⟩
15 maggio-15 ottobre – Pas 20/23000 – ⊇ 2500 – **33 cam** 38/48000.

Hernicus, via Nuova Italia 30 ℰ 55254, prenotare – ⟨⟩ ⟨⟩. ⟨⟩ Ⓞ
chiuso dal 6 novembre al 6 dicembre e lunedì (escluso da giugno a settembre) – Pas carta 49/63000.

Le Sorgenti, via Diaz 289 ℰ 54101, ⟨⟩ – Ⓟ. ⟨⟩ Ⓑ Ⓞ Ⓔ VISA ⟨⟩.
chiuso martedì escluso da guigno a settembre – Pas carta 28/41000 (15%).

FIUMALBO 41022 Modena ⟨428⟩ ⟨429⟩ J 13 – 1 558 ab. alt. 935 – a.s. luglio-agosto e Natale –
⟨⟩ 0536.
Roma 369 – ♦Bologna 104 – Lucca 73 – Massa 101 – ♦Milano 263 – ♦Modena 88 – Pistoia 59.

a Dogana Nuova S : 2 km – ⊠ 41020 :

Val del Rio, ℰ 73901, ⟨⟩ – ⟨⟩ ⟨⟩ cam Ⓟ. ⟨⟩
Pas carta 27/36000 – ⊇ 7000 – **26 cam** 32/56000 – ½ P 52/55000.

Bristol, ℰ 73912, ⟨⟩ – Ⓟ ⟨⟩ Ⓞ. ⟨⟩ rist
Pas *(chiuso giovedì)* 18/25000 – ⊇ 6500 – **23 cam** 32/58000 – ½ P 45/55000.

FIUMARA Messina – Vedere Sicilia (Capo d'Orlando) alla fine dell'elenco alfabetico.

FIUMICELLO DI SANTA VENERE Potenza – Vedere Maratea.

FIUMICINO 00054 Roma 988 ㉖ ㉗ – ✿ 06.

✈ Leonardo da Vinci, NE : 3,5 km 𝒫 60121.

Roma 28 – Anzio 52 – Civitavecchia 66 – Latina 78.

🏨 **Mach 2,** via Portuense 2467 𝒫 6442149, Fax 6440855 – 📶 🅿 🖭 🕿 **Ⓟ** ᴀᴇ Ⓢ ⓞ Ɛ ᴠɪꜱᴀ
⋘
Pas carta 30/50000 – � 5000 – **34 cam** 95/147000, 🛏 20000.

🍴🍴 Bastianelli al Molo, via Torre Clementina 312 𝒫 6440118, ≼ – 🏛 50.

🍴🍴 Gina al Porto, viale Traiano 141 𝒫 6820422, ≼, �――, Solo piatti di pesce.

🍴🍴 **Bastianelli al Centro,** via Torre Clementina 88 𝒫 6440095, Fax 601570, Solo piatti pesce – ᴀᴇ Ⓢ ⓞ Ɛ ᴠɪꜱᴀ ⋘
chiuso mercoledì – Pas carta 40/50000.

🍴🍴 **La Perla** con cam, via Torre Clementina 214 𝒫 6440038, �――, Solo piatti di pesce – **Ⓒ**
ᴀᴇ ⋘
chiuso dal 20 agosto al 15 settembre – Pas (chiuso martedì) carta 65/80000 – ⊏ 7000
7 cam 50/63000.

🍴 **Arenella da Zi Pina,** via Torre Clementina 180 𝒫 6440080, �――, Solo piatti di pesce
« Servizio estivo in giardino » – ᴀᴇ Ⓢ ⓞ Ɛ ᴠɪꜱᴀ
chiuso mercoledì – Pas carta 37/55000 (10%).

FIVIZZANO 54013 Massa-Carrara 988 ⑭, 428 429 J 12 – 10 747 ab. alt. 373 – ✿ 0585.

Roma 437 – ♦Firenze 163 – Massa 41 – ♦Milano 221 – ♦Parma 116 – Reggio nell'Emilia 94 – ♦La Spezia 39.

🏠 **Il Giardinetto,** 𝒫 92060, « Terrazza-giardino ombreggiata » – ⋘
chiuso dal 4 al 30 ottobre – Pas (chiuso lunedì da novembre a giugno) carta 21/32000 – ⊏
5000 – **18 cam** 27/45000 – ½ P 43000.

Les guides Michelin

Guides Rouges (hôtels et restaurants) :

Benelux, Deutschland, España Portugal, Main Cities Europe, **France, Great Britain and Ireland**

Guides Verts (Paysages, monuments et routes touristiques) :

Allemagne, Autriche, Belgique, Canada, Espagne, Grèce, Hollande, Italie, Londres, Maroc, New York, Nouvelle Angleterre, Portugal, Rome, Suisse

... et la collection sur la **France.**

FOGGIA 71100 Ⓟ 988 ㉘ – 159 199 ab. alt. 70 – a.s. Pasqua e agosto-settembre – ✿ 0881.
Vedere Guida Verde.

🅱 via Senatore Emilio Perrone 17 𝒫 23650.

ᴀ.ᴄ.ɪ via Mastelloni (Palazzo Insalata) 𝒫 636833.

Roma 363 ④ – ♦Bari 132 ① – ♦Napoli 175 ④ – ♦Pescara 180 ①.

Pianta pagina a lato

🏨🏨 ✿ **Cicolella,** viale 24 Maggio 60 𝒫 3890, Telex 810273, Fax 78984 – 📶 🛏 📺 🕿 ᴋ
🏛 50 a 200. ᴀᴇ Ⓢ ⓞ Ɛ ᴠɪꜱᴀ   Y
Pas (chiuso sabato, domenica, dal 23 dicembre al 6 gennaio e dal 5 al 20 agosto)
carta 38/59000 (15%) – ⊏ 12000 – **117 cam** 140/250000 appartamento 330000 – ½ P 18000
Spec. Troccoli (pasta) alla foggiana, Involtini alla foggiana, Agnello cutturiello (spezzatino). Vini Lupinelli
Torre Quarto.

🏨🏨 **White House** senza rist, via Monte Sabotino 24 𝒫 21644, Telex 812043, Fax 21646 – 📶
🛏 📺 🕿. ᴀᴇ Ⓢ ⓞ Ɛ ᴠɪꜱᴀ   Y
⊏ 12000 – **40 cam** 140/250000.

🏨 **President,** via degli Aviatori 130 𝒫 79648, Fax 21741 – 📶 🛏 📺 🕿 🚗 Ⓟ – 🏛 200
700. ᴀᴇ Ⓢ ⓞ Ɛ ᴠɪꜱᴀ ⋘   X
Pas (chiuso venerdì) carta 33/47000 (10%) – ⊏ 8000 – **136 cam** 60/85000, 🛏 5000
½ P 76000.

🍴🍴 **In Fiera-Cicolella,** viale Fortore angolo via Bari 𝒫 32166, �―― – 🛏 Ⓟ – 🏛 300. ᴀᴇ Ⓢ
ⓞ Ɛ ᴠɪꜱᴀ   X
chiuso lunedì e martedì – Pas carta 33/51000 (15%).

🍴🍴 **La Mangiatoia,** viale Virgilio 2 𝒫 34457, �―― – ≼⋕ 🛏 Ⓟ. ᴀᴇ Ⓢ ⓞ Ɛ ᴠɪꜱᴀ ⋘
chiuso lunedì – Pas carta 27/62000.   2 km per ④

🍴🍴 Amerigo-Bella Napoli, via Nicola delli Carri 17/19 𝒫 614572 – 🛏   Y

🍴🍴 La Pietra di Francia, viale 1° Maggio 2 𝒫 34880 – 🛏   X

FOGGIA

Arpi (Via)	Y	
Vittorio Emanuele (Corso)	Y	
Aporti (Viale Ferrante)	Z	2
Conte Appiano (Via)	Y	4
Dante (Via)	Y	7
Della Rocca (Via Vincenzo)	Z	8
Di Vittorio (Viale G.)	X	9
Fuiani (Via Pasquale)	Y	10
Galliani (Via)	Z	12
Giardino (Via)	Z	13
Lamarmora (Via)	Z	15
Lanza (Via V.)	Y	16
Lucera (Via)	X,Y	19
Michelangelo (Viale)	X	20
Oberdan (Via Guglielmo)	Y	21
Puglia (Piazza)	Z	22
S. Lorenzo (Via)	Z	25
Scillitani (Via L.)	X,Y	27
Tiro a Segno (Via)	Z	28
Vittime Civili (Via)	X,Z	29
1° Maggio (Viale)	X	30
4 Novembre (Via)	Z	31
20 Settembre (Piazza)	Y	32

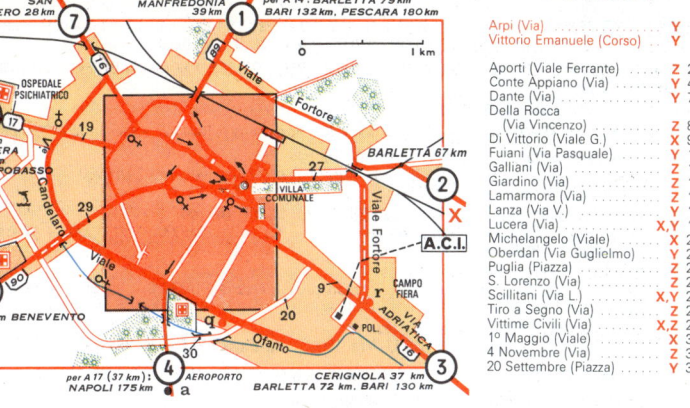

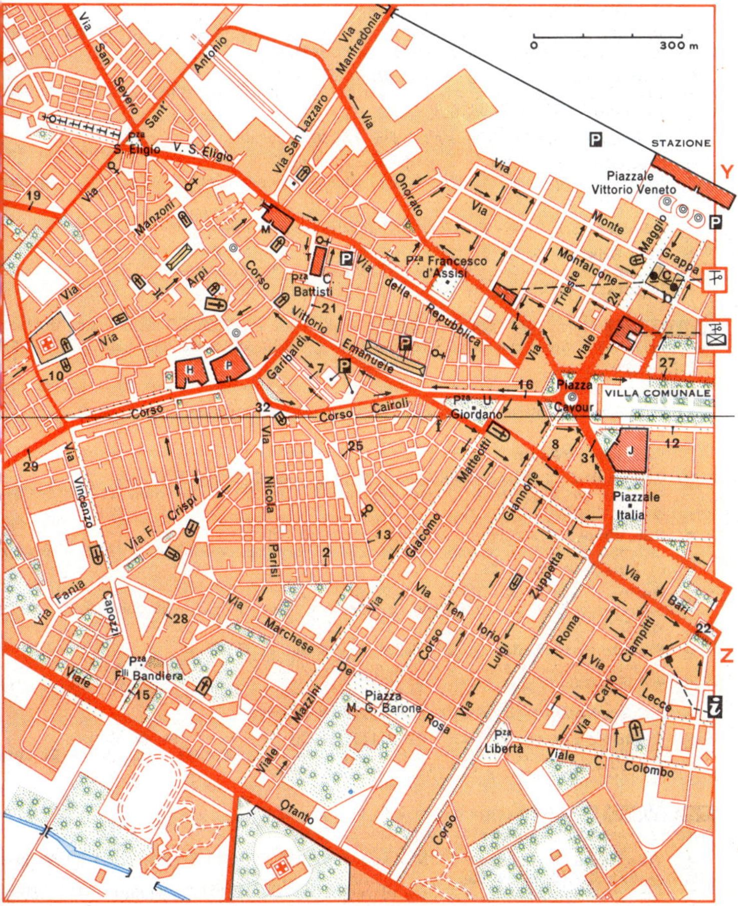

FOIANA (VOLLAN) Bolzano 218 ㉘ – Vedere Lana.

FOLGARIA 38064 Trento 988 ④, 429 E 15 – 3 020 ab. alt. 1 168 – a.s. 15 febbraio-15 marzo, Pasqua e Natale – Sport invernali : 1 168/2 000 m ✓2 ✓37, ⟲ – ◎ 0464.

🏠 Trentino (giugno-settembre) ✉ 38100 Trento ✆ (0461) 981682, Fax (0461) 510544 o ✆ (0464) 71495, NE : 2 km.

🏢 via Roma 60 ✆ 71133, Fax 70250.

Roma 582 – ♦Bolzano 87 – ♦Milano 236 – Riva del Garda 42 – Rovereto 20 – Trento 27 – ♦Verona 95 – Vicenza 73.

🏨 **Villa Wilma** ⟲, ✆ 71278, ≤ – ☎ ❷ 🅱. ⁓
  dicembre-marzo e 15 giugno-20 settembre – Pas (chiuso venerdi) 24/29000 – ⊃ 9000 –
  22 cam 72/110000 – ½ P 72/84000.

🏨 **Vittoria,** ✆ 71122, ≤, ⇌ – 🗐 ⁓ 📺 ⊛ ❷ 🄰🄴 🅱 𝘝𝘐𝘚𝘈. ⁓
  15 dicembre-15 aprile e 10 giugno-settembre – Pas carta 20/30000 – ⊃ 10000 – **42 cam**
  65/110000 – ½ P 40/89000.

🏠 **Aquila,** ✆ 71103 – ☎. ⁓
  chiuso maggio e novembre – Pas (chiuso giovedi) carta 24/39000 – ⊃ 8000 – **29 cam**
  42/55000 – ½ P 45/60000.

🏠 **Genzianella,** ✆ 71371 – ⁓ rist ☎. ⁓
  Pas (chiuso giovedi) carta 25/31000 – ⊃ 15000 – **16 cam** 80000 – ½ P 50/60000.

  a Costa NE : 2 km – alt. 1 257 – ✉ **38064** Folgaria :

🏨 **Sayonara,** ✆ 71186, ≤, ⌗, ⁓ – 🗐 ☎ ⴵ ⟺ ❷. ⁓
  20 dicembre-15 marzo e 25 giugno-5 settembre – Pas carta 18/27000 – ⊃ 5000 – **32 cam**
  35/70000 – P 50/80000.

🏨 **Nevada** ⟲, ✆ 71495, Fax 70219, ≤, ⇌, ⬛ – ⁓ cam 📺 ☎ ⟺ ❷. 🅱 𝘝𝘐𝘚𝘈. ⁓ rist
  – Pas 20/25000 – **60 cam** ⊃ 80/10000 – ½ P 50/90000.

🏠 **Garden,** ✆ 71482, ≤ – 🗐 ☎ ⟺ ❷. 🄰🄴 𝘝𝘐𝘚𝘈. ⁓
  10 dicembre-15 aprile e 15 giugno-15 settembre – Pas (chiuso martedi) 20/28000 – ⊃ 7000
  – **25 cam** 74000 – ½ P 45/65000.

  a Fondo Grande SE : 3 km – alt. 1 335 – ✉ **38064** Folgaria :

🏨 **Cristallo** ⟲, ✆ 71320, ≤ – 🗐 ⊛ ⟺ ❷. ⁓ rist
  dicembre-10 aprile e 20 giugno-10 settembre – Pas carta 37/47000 – ⊃ 10000 – **34 cam**
  80/128000 – ½ P 75000.

  a Serrada SO : 5 km – alt. 1 250 – ✉ **38060** Serrada di Folgaria :

🏠 **Villa Cristina** ⟲, ✆ 77117, ≤ – ❷. ⁓
  15 dicembre-15 aprile e 15 giugno-15 settembre – Pas (chiuso lunedi) 22000 – ⊃ 8000 –
  18 cam 60/90000 – ½ P 65/75000.

FOLGARIDA Trento 428 429 D 14, 218 ⑱ – alt. 1 302 – ✉ **38025** Dimaro – a.s. febbraio-Pasqua e Natale – Sport invernali : 1 302/2 140 m ✓1 ✓10, ⟲; a Marilleva : 900/2 234 m ✓ ✓2, ⟲ – ◎ 0463.

🏢 ✆ 96113.

Roma 653 – ♦Bolzano 75 – Madonna di Campiglio 11 – ♦Milano 225 – Passo del Tonale 33 – Trento 71.

🏨 **Park Hotel** ⟲, ✆ 96110, ≤, ⌗, ⁓ – ❷
  stagionale – **86 cam**.

🏨 **Gran Baita,** ✆ 986263, Fax 986153 – 🗐 ☎ ⴵ ⟺ ❷. 🄰🄴 🅱 🄴 𝘝𝘐𝘚𝘈. ⁓
  19 dicembre-10 aprile e luglio-6 settembre – Pas 30000 – **47 cam** ⊃ 83/132000 –
  ½ P 65/110000.

🏠 **Sun Valley,** ✆ 986208, ≤, ⌗ – 📺 ⊛ ⟺ ❷. ⁓
  dicembre-aprile e 15 giugno-15 settembre – Pas carta 33/49000 – ⊃ 12000 – **20 cam**
  61/107000 – ½ P 64/90000.

🏠 **Derby,** ✆ 986163, Fax 986163 – 🗐 ☎ ❷. ⁓
  5 dicembre-15 aprile e 20 giugno-15 settembre – Pas 18/25000 – **58 cam** ⊃ 65/80000 –
  ½ P 37/84000.

🏠 **Piccolo Hotel Taller** ⟲, ✆ 986234, ≤ – ☎ ❷. 🅱 🄴 𝘝𝘐𝘚𝘈. ⁓
  dicembre-Pasqua e luglio-15 settembre – Pas 28000 – ⊃ 12000 – **21 cam** 44/70000 –
  ½ P 75/80000.

  a Costa Rotian N : 5 km – alt. 950 – ✉ **38025** Dimaro :

🏨 **Costa Rotian** ⟲, ✆ 974307, Fax 974307, ≤, ⬛, ⁓ – 🗐 ⊛ ⟺ ❷. ⁓ rist
  18 dicembre-2 aprile e 24 giugno-10 settembre – Pas 30/35000 – ⊃ 5500 – **29 cam**
  63/106000 appartamenti 183/222000 – ½ P 57/90000.

FOLIGNANO 63040 Ascoli Piceno – 7 856 ab. alt. 319 – ◎ 0736.

Roma 252 – ♦Ancona 119 – ♦Pescara 84 – Ascoli Piceno 8 – Teramo 29.

🏨 **Villa Pigna** ⟲, via Assisi 33 (N : 4 km) ✆ 491868, Fax 491868, ⌗ – 🗐 ▭ 📺 ☎ ❷ –
  🄰 60 a 300. 🄰🄴 🅱 ⓪ 𝘝𝘐𝘚𝘈. ⁓
  Pas (chiuso dal 20 luglio al 20 agosto) carta 30/40000 – ⊃ 10000 – **54 cam** 104/175000.

FOLIGNO 06034 Perugia 988 ⑯ – 53 563 ab. alt. 234 – ✆ 0742.
Vedere Guida Verde.

Dintorni Spello★ : affreschi★★ nella chiesa di Santa Maria Maggiore NO : 6 km – Montefalco★ :
★★★ dalla torre Comunale, affreschi★★ nella chiesa di San Francesco (museo), affresco★ di
Benozzo Gozzoli nella chiesa di San Fortunato SO : 12 km.

🛈 porta Romana 126 ✆ 60459.

Roma 158 – ◆Ancona 134 – Assisi 18 – Macerata 92 – ◆Perugia 35 – Terni 59.

🏨 **Nuovo Poledrini** senza rist, viale Mezzetti 2 ✆ 60259 – 🛗 🔲 📺 ☎ 🕭. 🖭 🕄 ⓪
41 cam 🖙 115000.

🏠 **Le Mura**, via Bolletta 27 ✆ 57344 e rist ✆ 60648, Fax 57344 – 📺 ☎
18 cam.

🏠 **Umbria** senza rist, via Cesare Battisti 1 ✆ 52821 – 🛗 ☎
43 cam.

XX **Villa Roncalli** 🕭 con cam, via Roma 25 (S : 1 km) ✆ 670291, 😤, 🐖 – 📺 ☎ 🅿 –
🕭 50. 🖭 ⓪ 🎫 🛠
Pas *(chiuso lunedì e dal 24 luglio all'8 agosto)* carta 40/55000 – 🖙 7000 – **10 cam** 92000 –
½ P 120000.

X **Da Remo**, via Cesare Battisti 49 ✆ 50079, 😤

FOLLONICA 58022 Grosseto 988 ⑭㉔ – 21 711 ab. – a.s. Pasqua e 15 giugno-15 settembre –
✆ 0566.

🛈 viale Italia ✆ 40177.

Roma 234 – ◆Firenze 152 – Grosseto 47 – ◆Livorno 91 – Pisa 110 – Siena 84.

🏨 **Giardino**, piazza Vittorio Veneto 10 ✆ 41546, Fax 44457 – 🛗 🔲 rist 📺 ☎. 🖭 🕄 🔳 🎫.
🛠
Pas *(luglio-settembre)* carta 30/40000 – 🖙 10000 – **48 cam** 53/87000 – ½ P 62/98000.

🏠 **Parco dei Pini**, via delle Collacchie 7 ✆ 53280 – 🛗 📺 ☎ 🅿. 🖭 🕄 ⓪ 🔳 🎫. 🛠 rist
Pas *(chiuso martedì)* carta 24/35000 – 🖙 9000 – **24 cam** 50/82000 – ½ P 65/85000.

🏠 **Aziza** senza rist, lungomare Italia 142 ✆ 44441, 🐜🌊, 🐖 – 📺 ☎. 🕄 🔳. 🛠
Pasqua-ottobre – **20 cam** 🖙 110000.

🏠 **Miramare** senza rist, lungomare Italia 84 ✆ 41521, ≤, 🐖 – 🛠
Pasqua-ottobre – 🖙 10000 – **25 cam** 36/60000.

XXX Leonardo Cappelli già Paolino, piazza 25 Aprile 33 ✆ 44637.

XX **Martini**, via Pratelli 14 ✆ 44102 – 🖭 🕄 🔳 🎫. 🛠
chiuso novembre – Pas carta 29/57000.

XX **Il Veliero**, SE : 3 km ✆ 866219 – 🐜🌊 🔲. 🖭 🕄 ⓪ 🔳 🎫
chiuso mercoledì in bassa stagione – Pas carta 29/45000 (15%).

FONDI 04022 Latina 988 ㉖ – 31 390 ab. alt. 8 – ✆ 0771.

Roma 131 – Frosinone 64 – Latina 59 – ◆Napoli 110.

XX **Vicolo di Mblò**, corso Italia 126 ✆ 502385, « Rist. caratteristico » – 🖭 🕄 ⓪ 🔳 🎫
chiuso martedì – Pas 40/50000.

FONDO 38013 Trento 988 ④, 429 C 15 – 1 392 ab. alt. 988 – a.s. Pasqua e Natale – ✆ 0463.

Roma 637 – ◆Bolzano 36 – Merano 39 – ◆Milano 294 – Trento 55.

🏠 **Alla Pineta**, ✆ 81176, 😤 – 🚗 🅿 – 🕭 80. 🖭 🕄 ⓪ 🔳 🎫
⬥ chiuso novembre – Pas *(chiuso giovedì)* 14/19000 – 🖙 6500 – **21 cam** 40/65000 –
½ P 40/45000.

FONDO GRANDE Trento – Vedere Folgaria.

FONDOTOCE Novara 428 429 E 7, 219 ⑥ – Vedere Verbania.

FONNI Nuoro 988 ㉝ – Vedere Sardegna alla fine dell'elenco alfabetico.

FONTANA BIANCA (Lago di) (WEISSBRUNNER SEE) Bolzano 428 429 C 14, 218 ⑲ – Vedere
Ultimo-Santa Gertrude.

FONTANAFREDDA 33074 Pordenone 429 E 19 – 9 031 ab. alt. 42 – ✆ 0434.

Roma 590 – Belluno 59 – ◆Milano 329 – Pordenone 7 – Treviso 50 – ◆Trieste 120 – Udine 58 – ◆Venezia 79.

X **Fassina**, ✆ 99196, 😤, « Giardino ombreggiato in riva ad un laghetto » – 🅿. 🖭 🕄 ⓪
🔳 🎫. 🛠
chiuso mercoledì e sabato a mezzogiorno – Pas carta 26/37000 (10%).

FONTANE BIANCHE Siracusa – Vedere Sicilia (Siracusa) alla fine dell'elenco alfabetico.

FONTANEFREDDE **(KALTENBRUNN)** Bolzano 429 D 16 – alt. 950 – ⊠ **39040** Montagna – ☎ 0462.
Roma 638 – Belluno 102 – ◆Bolzano 32 – ◆Milano 296 – Trento 56.

🏠 **Pausa,** sulla statale NO : 1 km ℰ 87035, ≤, 🍴 – ⚐ 🍴 🕿 🅿. ⬈ rist
chiuso dal 10 al 25 gennaio e dal 10 al 25 giugno – Pas *(chiuso martedì sera e mercoledì)*,
carta 20/34000 – ⊡ 8000 – **30 cam** 33/62000 – ½ P 40/55000.

FONTANELLATO **43012** Parma 428 429 H 12 – 6 141 ab. alt. 43 – ☎ 0521.
Vedere Affresco★ del Parmigianino nella Rocca di San Vitale.
Roma 477 – Cremona 58 – ◆Milano 109 – ◆Parma 19 – Piacenza 49.

sulla strada statale 9 - via Emilia S : 5 km :

🏠 **Tre Pozzi,** ⊠ 43012 ℰ 825347 e rist ℰ 825119, Fax 825294 – ⚐ 🍴 cam 📺 🕿 🅿 –
🛄 60. 🗗 *VISA*. ⬈
Pas *(chiuso lunedì e dal 1° al 28 agosto)* carta 34/47000 – ⊡ 5000 – **40 cam** 100/150000 –
½ P 70000.

FONTANELLE Cuneo 428 J 4 – Vedere Boves.

FONTEBLANDA **58010** Grosseto – alt. 10 – a.s. Pasqua e 15 giugno-15 settembre – ☎ 0564.
Roma 163 – Civitavecchia 87 – ◆Firenze 164 – Grosseto 24 – Orbetello 19 – Orvieto 112.

🏠 **Cala di Forno,** ℰ 885573, Fax 886373 – 📺 🕿. ⬈
chiuso novembre – Pas *(chiuso mercoledì)* 25/40000 – ⊡ 5000 – **21 cam** 85000 – ½ P 75000

sulla strada statale 1-via Aurelia S : 2 km :

🏩 **Corte dei Butteri** ✍ – ⊠ 58010 ℰ 885546, Telex 580103, Fax 886282, ≤, « Parco con 🌲
e ⬈ », 🚣 – 📺 🕿 🅿 – 🛄 35. 🖭 *VISA*. ⬈
11 maggio-12 ottobre – Pas 45000 – ⊡ 17500 – **87 cam** 268/536000 – ½ P 178/278000.

a Talamone SO : 4 km – ⊠ **58010** :

🏨 **Il Telamonio** senza rist, ℰ 887008, Fax 887380 – 🛋 📺 🕿. 🖭 🗗 *VISA*. ⬈
Pasqua-settembre – ⊡ 15000 – **30 cam** 130/190000.

🏠 **Capo d'Uomo** senza rist, ℰ 887077, ≤, – ☜ 🕭 🅿. ⬈
aprile-settembre – ⊡ 7000 – **24 cam** 52/83000.

✗ **La Buca,** ℰ 887067, 🍴, Solo piatti di pesce – 🗐. 🖭 🗗 ⬤ ⬥ *VISA*. ⬈
chiuso a mezzogiorno *(escluso sabato-domenica)*, gennaio e febbraio; a luglio chiuso solo
lunedì – Pas carta 35/63000.

✗ **Da Flavia,** ℰ 887091 – ⬈
chiuso martedì – Pas carta 30/50000.

Wenn Sie an ein Hotel im Ausland schreiben,
fügen Sie Ihrem Brief einen internationalen Antwortschein bei
(im Postamt erhältlich).

FOPPOLO **24010** Bergamo 988 ③, 428 429 D 11 – 201 ab. alt. 1 515 – a.s. luglio-agosto e
Natale – Sport invernali : 1 515/2 167 m ≤10, sf – ☎ 0345.
Roma 659 – ◆Bergamo 58 – ◆Brescia 110 – Lecco 80 – ◆Milano 100.

🏨 **Des Alpes,** via Cortivo 9 ℰ 74037, ≤ – ⚐ 🕭 🅿. ⬈ rist
8 dicembre-20 aprile e luglio-agosto – Pas 30000 – ⊡ 8000 – **30 cam** 78000 – ½ P 78/86000

🏠 **Rododendro,** via Piave 2 ℰ 74015, ≤ – ⚐. 🖭 🗗 *VISA*
Pas carta 28/39000 – ⊡ 7000 – **12 cam** 40/58000 – ½ P 62/72000.

FORCOLA **23010** Sondrio – 960 ab. alt. 276 – ☎ 0342.
Roma 684 – Lecco 61 – Sondrio 20.

✗✗ **La Brace,** ℰ 660408, 🍴, 🚣 – 🅿. 🖭 🗗 ⬤ ⬥ *VISA*
chiuso lunedì – Pas carta 25/40000.

FORIO Napoli 988 ㉗ – Vedere Ischia (Isola d').

FORLÌ **47100** 🅿 988 ⑮, 429 J 18 – 109 986 ab. alt. 34 – ☎ 0543.
Vedere Guida Verde.
✈ Luigi Ridolfi per ② : 6 km ℰ 780049.
🖪 corso della Repubblica 23 ℰ 25532.
A.C.I. corso Garibaldi 45 ℰ 782290.
Roma 354 ③ – ◆Bologna 63 ④ – ◆Firenze 109 ③ – ◆Milano 282 ① – ◆Ravenna 27 ① – Rimini 49 ②.

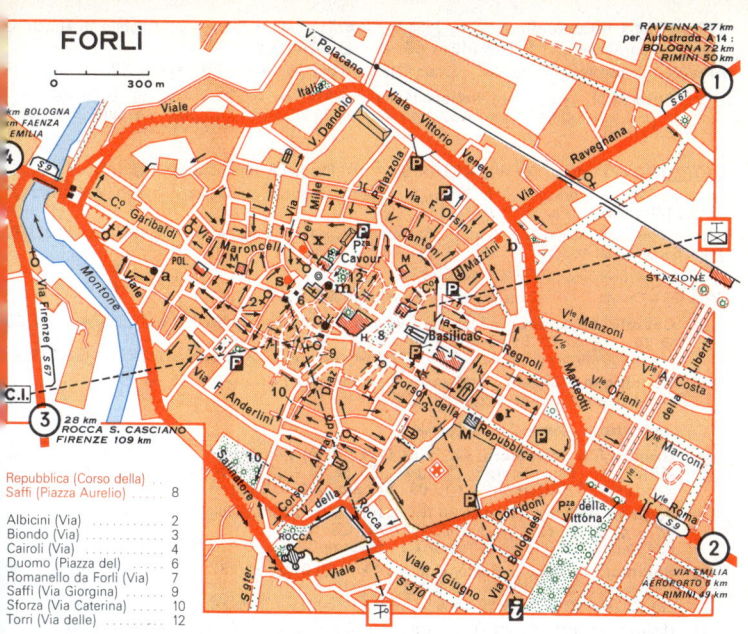

RAVENNA 27 km
per Autostrada A 14 :
BOLOGNA 72 km
RIMINI 50 km

28 km
ROCCA S. CASCIANO
FIRENZE 109 km

🏨 **Della Città**, via Fortis 8 ✆ 28297, Fax 30630 – 🛗 ⇔ rist 🗏 📺 ☎ 🅿 – 🕍 100 a 300. ᴀᴇ
🕼 ⓪ ᴇ 𝐕𝐈𝐒𝐀 �   **r**
Pas carta 30/40000 – ☷ 7500 – **55 cam** 130/180000 appartamenti 210000 – ½ P 140000.

🏨 **Air Hotel** senza rist, via Morandi 7 ✆ 781470 – 🗏 📺 ☏ 🅿   3 km per ②
24 cam.

🏨 **Masini**, corso Garibaldi 28 ✆ 28072, ☼ – 🛗 🗏 rist 📺 ☎ 🕹. ᴀᴇ 🕼 ⓪ ᴇ 𝐕𝐈𝐒𝐀. ⋯   **c**
Pas carta 27/38000 – ☷ 7000 – **42 cam** 47/74000 – ½ P 65000.

🏨 **Lory** senza rist, via Lazzarini 20 ✆ 25007 – ⇔ 🅿   **a**
☷ 3000 – **30 cam** 33/55000.

🏨 **Astoria** senza rist, piazza Ordelaffi 4 ✆ 26220 – 🛗 ☏. ᴀᴇ 🕼 𝐕𝐈𝐒𝐀   **m**
☷ 4000 – **36 cam** 33/55000.

🍴 **Vecchia Forlì**, via Maroncelli 4 ✆ 26104, ☼ – ᴀᴇ 🕼 ⓪ ᴇ 𝐕𝐈𝐒𝐀. ⋯   **x**
chiuso lunedì – Pas carta 30/62000.

🍴 **A m'arcörd...**, via Solferino 1/3 ✆ 27349, ☼ – ᴀᴇ ⓪. ⋯   **s**
chiuso mercoledì – Pas carta 28/40000.

sulla strada statale 9 - via Emilia per ④ : 2 km :

🏨 **Principe**, ✉ 47100 ✆ 701570, Fax 702270 – 🛗 🗏 📺 ☎ 🅿 – 🕍 100. ᴀᴇ ⓪ 𝐕𝐈𝐒𝐀 ⋯
Pas *(chiuso a mezzogiorno, venerdì, domenica ed agosto)* 25/45000 – ☷ 7000 – **46 cam**
80/120000.

in prossimità casello autostrada A 14 per ① : 4 km :

🏨 **S. Giorgio**, via Ravegnana ✉ 47100 ✆ 722300, Fax 723640 – 🛗 🗏 📺 ☎ 🕹 ⇔ 🅿 –
🕍 25 a 110. ᴀᴇ 🕼 ⓪ ᴇ 𝐕𝐈𝐒𝐀 ⋯
Pas *(chiuso dal 1° al 25 agosto)* carta 38/60000 – ☷ 15000 – **36 cam** 110/165000.

FORLIMPOPOLI 47034 Forlì 🕮🕮🕮 ⑮, 🕮🕮🕮 J 18 – 11 243 ab. alt. 30 – ✺ 0543.
Roma 362 – ◆Bologna 71 – Cesena 11 – Forlì 8 – ◆Milano 290 – Pesaro 80 – ◆Ravenna 35 – Rimini 41.

🍴🍴 **Edo** con cam, via Emilia 10 ✆ 741245 – ⇔ rist 🗏 ☏ ⇔ 🅿 – 🕍 100. ᴀᴇ 🕼 ⓪ ᴇ
𝐕𝐈𝐒𝐀 ⋯
Pas *(chiuso sabato e domenica sera)* carta 24/36000 – ☷ 5000 – **20 cam** 37/54000, 🗏 2000.

a Selbagnone SO : 3 km – ✉ 47034 Forlimpopoli :

🍴🍴 **Al Maneggio**, SO : 1 km ✆ 742042, solo su prenotazione, « Antica villa patrizia di
campagna » – 🅿. ⋯
chiuso domenica sera, lunedì e luglio – carta 55/70000.

FORMAZZA 28030 Novara 988 ②, 428 C 7 – 476 ab. alt. 1 280 – a.s. 15 luglio-15 agosto e Natale – Sport invernali : 1 280/1 810 m ⚄5, ⚐ – ⚙ 0324.

Roma 735 – Domodossola 37 – Iselle 45 – Locarno 115 – ♦Milano 159 – Novara 128 – ♦Torino 200.

✗ **Rotenthal** ⚘ con cam, frazione Ponte ☎ 63060, Fax 63260, ≤ – ☎ ⓟ. 🅱 🄴 VISA. ⚙ chiuso novembre – Pas (chiuso mercoledì) carta 26/36000 – ⌧ 5000 – **9 cam** 25/48000 – ½ P 45000.

FORMIA 04023 Latina 988 ㉘㉗ – 33 633 ab. – a.s. Pasqua e luglio-agosto – ⚙ 0771.

🚢 per Ponza giornalieri (2 h 30 mn) – Caremar-agenzia Jannaccone, banchina Azzurra ☎ 22710, Telex 680029, Fax 460267.

🚤 per Ponza giornalieri (1 h 45 mn) – Caremar-agenzia Jannaccone, banchina Azzurra ☎ 22710, Telex 680029, Fax 460267.

🆔 via Unità d'Italia 30/34 ☎ 21490, Fax 26386.

Roma 153 – Caserta 71 – Frosinone 79 – Latina 76 – ♦Napoli 86.

🏨 **Castello Miramare** ⚘, località Pagnano ☎ 700138, ≤ golfo di Gaeta, ⚘, 🐎 – 🖂 📺 ☎ ⓟ – 🔒 80. 🄰🄴 🅱 ⓞ 🄴 VISA. ⚙ rist
chiuso novembre – Pas carta 39/61000 (15%) – ⌧ 16000 – **10 cam** 82/134000 – ½ P 150000.

✗ **Conchiglia e Corallo**, lungomare Repubblica 9 ☎ 22120 – ⓟ. 🄰🄴 ⓞ VISA
chiuso martedì e novembre – Pas carta 26/45000.

sulla strada statale 7 - via Appia :

🏨 **Grande Alb. Miramare,** via Appia 44 (E : 2 km) 🖂 04023 ☎ 267181, Telex 680010, Fax 267188, ≤, «Parco fiorito», 🏊, 🐎 – 📺 ☎ ⓟ – 🔒 80. 🄰🄴 🅱 ⓞ 🄴 VISA. ⚙ rist
Pas carta 43/72000 (15%) – ⌧ 16000 – **57 cam** 82/134000 appartamenti 134000 – ½ P 150000.

🏨 **Fagiano Palace,** via Appia 80 (E : 3 km) 🖂 04023 ☎ 266681, Fax 266681, ≤, 🐎, 🐎 ⚘ – 🖂 📺 ☎ ⓟ – 🔒 200. 🄰🄴 🅱 ⓞ 🄴 VISA. ⚙
Pas carta 35/56000 (15%) – ⌧ 12000 – **54 cam** 83000 – ½ P 80/90000.

🏨 **Bajamar,** a Marina di Santo Janni E : 4 km 🖂 04023 ☎ 28110, Fax 271169, ≤, 🐎, 🐎 – 🖂 🖂 cam ☎ ⓟ. 🄰🄴 🅱 ⓞ 🄴 VISA. ⚙ rist
Pas 32000 – ⌧ 13500 – **80 cam** 57/84000, 🖂 8000 – ½ P.95000.

✗✗ **Italo,** viale Unità d'Italia O : 2,5 km 🖂 04023 ☎ 21529 – 🖂 ⓟ. 🄰🄴 🅱 ⓞ 🄴 VISA. ⚙
chiuso lunedì e dal 23 dicembre al 4 gennaio – Pas carta 36/65000.

✗✗ **Sirio,** viale Unità d'Italia O : 3,5 km 🖂 04023 ☎ 21917, ⚘ – ⓟ. 🄰🄴 🅱 ⓞ VISA
chiuso martedì e dal 14 al 30 novembre – Pas carta 32/58000.

FORMIGINE 41043 Modena 988 ⑭, 428 429 I 14 – 25 481 ab. alt. 82 – ⚙ 059.

🏌 e 🏌 (chiuso lunedì) a Colombaro di Formigine 🖂 41050 ☎ 553597, Fax 553696.

Roma 415 – ♦Bologna 50 – ♦Milano 181 – ♦Modena 11.

a Corlo O : 3 km – 🖂 41040 :

🏨 **Globo,** ☎ 557131, Fax 572759 – 🖂 ⚘ 🖂 📺 ☎ 🚗 ⓟ – 🔒 50. 🄰🄴 🅱 🄴 VISA. ⚙
Pas 30/40000 – ⌧ 14000 – **70 cam** 65/90000.

FORNI AVOLTRI 33020 Udine 988 ⑤, 429 C 20 – 850 ab. alt. 888 – a.s. 15 luglio-agosto e Natale – ⚙ 0433.

Roma 691 – Belluno 91 – Cortina d'Ampezzo 77 – ♦Milano 433 – Tolmezzo 36 – ♦Trieste 158 – Udine 88.

🏔 **Samassa** ⚘, ☎ 72020 – ⓟ. 🄰🄴 VISA. ⚙
aprile-ottobre – Pas (chiuso martedì) carta 26/38000 – ⌧ 5000 – **35 cam** 40/60000 – ½ P 40/45000.

FORNI DI SOPRA 33024 Udine 988 ⑤, 429 C 19 – 1 244 ab. alt. 907 – a.s. 15 luglio-agosto e Natale – Sport invernali : 907/2 050 m ⚄7, ⚐ – ⚙ 0433.

🆔 via Cadore 1 ☎ 88024.

Roma 676 – Belluno 75 – Cortina d'Ampezzo 62 – ♦Milano 418 – Tolmezzo 43 – ♦Trieste 165 – Udine 95.

🏠 **Edelweiss,** ☎ 88016, Fax 88017, ≤, 🐎 – 🖂 ☎ ⓟ. ⚙
chiuso ottobre e novembre – Pas (chiuso martedì) carta 29/37000 – ⌧ 6500 – **23 cam** 40/65000 – ½ P 40/55000.

🏠 **Coton,** ☎ 88066 – 🖂 📺 ☎ & ⓟ. VISA
Pas (chiuso martedì) carta 21/28000 – **21 cam** ⌧ 49/85000 – ½ P 42/56000.

Gli alberghi o ristoranti ameni sono indicati nella guida
con un simbolo rosso.

Contribuite a mantenere
la guida aggiornata segnalandoci
gli alberghi e ristoranti dove avete soggiornato piacevolmente.

🏨🏨🏨 ... 🏠

✗✗✗✗✗ .... ✗

🔢 *℘* 78341.

Roma 638 – Belluno 37 – Cortina d'Ampezzo 44 – ♦Milano 380 – Pieve di Cadore 31 – ♦Venezia 127.

🏨 **Corinna,** *℘* 78564, ≼, 🚗 – ⇆ rist ☎ 🛎 🚙 🅿. VISA 🛠
  chiuso maggio e settembre – Pas *(chiuso lunedì)* carta 29/44000 – ☑ 10000 – **27 cam**
  80/100000 – ½ P 45/85000.

🏨 **De Feo,** *℘* 78191 – 🅿. 🕧. 🛠
♦ *chiuso da aprile al 15 giugno* – Pas *(chiuso lunedì)* 18/32000 – ☑ 7000 – **18 cam** 63000 –
  ½ P 45/58000.

  a Mezzocanale SE : 10 km – alt. 620 – ✉ 32012 Forno di Zoldo :

✗ **Mezzocanale-da Ninetta,** *℘* 78240 – 🅿. 🛠
  chiuso mercoledì, dal 20 al 30 giugno e settembre – **Pas** carta 28/36000.

giugno-15 settembre e Natale – 🔴 0584.

⛳ Versilia Golf Club, località Montiscendi ✉ 55045 Pietrasanta *℘* 881574, E : 1 km.

🔢 via Achille Franceschi 8 *℘* 80091.

Roma 378 – ♦Firenze 104 – ♦Livorno 54 – Lucca 34 – Massa 10 – ♦Milano 241 – Pisa 35 – ♦La Spezia 41 – Viareggio
14.

🏨🏨 **Augustus** ⌂, viale Morin 169 *℘* 80202, Telex 590673, Fax 89875, « Parco-giardino con
  graziose ville », ⴷ riscaldata, 🏖 – ⧄ TV ☎ 🅿 – 🔼 150. 🆎 🕄 ⑩ E VISA 🛠 rist
  10 maggio-10 ottobre – Pas 60/65000 – ☑ 28000 – **67 cam** 220/390000 appartamenti
  450/490000 – ½ P 250/295000.

🏨🏨 **Ritz,** via Flavio Gioia 2 *℘* 84131, Telex 590524, Fax 89019, 🍽, 🚗 – ⧄ ⇆ rist TV 🏖
  🅿. 🆎 🕄 ⑩ E VISA 🛠
  Pas 40/60000 – ☑ 18000 – **32 cam** 180/240000 – ½ P 120/200000.

🏨🏨 **Augustus Lido** senza rist, viale Morin 72 *℘* 81442, « Giardino ombreggiato », 🏖 – ⧄
  TV ☎ 🅿. 🆎 🕄 ⑩ E VISA
  20 maggio-settembre – ☑ 25000 – **19 cam** 220/390000.

🏨🏨 **Villa Roma Imperiale** ⌂, via Corsica 9 *℘* 80841, Fax 82839, « Parco-pineta » – TV ☎.
  🆎 VISA 🛠
  Pas 50/60000 – **18 cam** ☑ 170/260000 – ½ P 120/200000.

🏨🏨 **California Park Hotel** ⌂, via Colombo 32 *℘* 82222, Fax 83530, « Giardino ombreggiato
  con ⴷ » – ⧄ 🍴 cam TV ☎ 🅿 – 🔼 200. 🆎 🕄 ⑩ E VISA 🛠
  maggio-settembre – Pas 50/60000 – **44 cam** ☑ 220/260000 – ½ P 120/190000.

🏨🏨 **Hermitage** ⌂, via Cesare Battisti *℘* 80022, « Giardino con ⴷ », 🏖 – 🍴 🍽 TV ☎
  🅿. 🆎 🕄 ⑩ E VISA 🛠 rist
  25 maggio-25 settembre – Pas 50/60000 – ☑ 20000 – **66 cam** 160/280000 – ½ P 160/200000.

🏨🏨 **Goya e Rist. Gambrinus,** via Carducci 69 *℘* 81741, Fax 81744, 🍽 – 🍴 🍽 TV ☎
  🚙, 🆎 🕄 ⑩ E VISA 🛠
  chiuso gennaio – Pas carta 42/73000 (10%) – **48 cam** ☑ 180/300000 appartamento 400000
  – ½ P 100/220000.

🏨🏨 **Raffaelli Park Hotel,** via Mazzini 37 *℘* 81494, Telex 590239, Fax 81498, « Piccolo
  giardino », ⴷ alla 🏖 – 🍴 TV ☎ 🅿 – 🔼 90. 🆎 🕄 ⑩ E VISA 🛠 rist
  Pas 40/50000 (da giugno a settembre all'Hotel Raffaelli-Villa Angela) – **34 cam**
  ☑ 164/274000 – ½ P 160/190000.

🏨🏨 **St. Mauritius,** via 20 Settembre 28 *℘* 82131, Fax 86357, 🍽, « Giardino ombreggiato »,
  ⴷ – 🍴 🅿. 🕄 ⑩ E VISA 🛠 rist
  aprile- 15 ottobre – Pas 35/40000 – ☑ 18000 – **39 cam** 120/180000 – ½ P 115/170000.

🏨🏨 **Il Negresco,** lungomare Italico 82 *℘* 83533, Telex 590319, Fax 89655, ≼, ⴷ – 🍴 🍽 TV
  ☎ 🅿 – 🔼 60. 🆎 🕄 ⑩ E VISA 🛠
  Pas carta 55/77000 – ☑ 20000 – **34 cam** 200/250000 – ½ P 170/210000.

🏨🏨 **Grand Hotel,** via Giorgini 1 *℘* 82031, Fax 86215, ≼, ⴷ – 🍴 🍽 TV ☎ 🚿. 🆎 ⑩ E
  🛠
  Pas 70/85000 – ☑ 20000 – **60 cam** 200/240000 – ½ P 170/200000.

🏨🏨 **Adams Villa Maria,** viale Italico 110 *℘* 752424, Fax 752112, ≼, « Giardino ombreggiato »,
  ⴷ, 🏖 – 🍴 TV ☎ 🅿. 🆎 🕄 ⑩ E VISA 🛠 rist
  giugno-settembre – Pas 35/45000 – **38 cam** ☑ 130/240000 – ½ P 150/170000.

🏨🏨 **Atlantico,** via Torino 2 *℘* 81422, Fax 89012, 🚗 – 🍴 🍽 rist ☎ 🅿. VISA 🛠 rist
  27 marzo-6 ottobre – Pas (solo per clienti alloggiati) 55000 – ☑ 11000 – **45 cam** 120/155000
  – P 100/175000.

🏨🏨 **Alcione,** viale Morin 137 *℘* 89952, ⴷ – 🍴 ☎ 🅿. 🆎 🕄 ⑩ VISA 🛠
  25 maggio-settembre – Pas (solo per clienti alloggiati) – ☑ 15000 – **41 cam** 120/170000 –
  ½ P 100/160000.

🏨 **Piccolo Hotel,** viale Morin 24 *℘* 80332, Fax 86203, 🚗 – 🍴 TV ☎ 🅿. 🆎 🕄 E VISA
  🛠 rist
  aprile-settembre – Pas 45/60000 – ☑ 15000 – **32 cam** 100/180000 – ½ P 100/160000.

🏨 **Tirreno,** viale Morin 7 *℘* 83333, Fax 83335, 🍽, « Giardino ombreggiato » – ☎. 🆎 🕄
  ⑩ E VISA 🛠
  aprile-ottobre – Pas 59000 – ☑ 15000 – **59 cam** 62/91000 – P 153000.

🏨 **Raffaelli-Villa Angela,** via Mazzini 64 ℰ 80652, Fax 81498, « Parco ombreggiato »
⬚ alla 🐾 – ▦ 🕿 ⅇ ℗. 🅱 ⓞ 🅴 *VISA*. ✗ rist
10 maggio-10 ottobre – Pas 40/50000 – **38 cam** � 67/110000 – P 130/140000.

🏨 **La Pineta al Mare,** via Mazzini 65 ℰ 81043, Fax 81045, 🚗 – ▦ 📺 🕿 ℗. 🆎 🅱 ⓞ 🅴
VISA. ✗ rist
aprile-settembre – Pas 30/45000 – ⊏⊐ 15000 – **33 cam** 120/160000 – ½ P 130/150000.

🏨 **Le Pleiadi** 🦂, via Civitali 51 ℰ 881188, Fax 881653, « Giardino-pineta » – ▦ 🕿 ℗. 🆎
🅱 ⓞ 🅴 *VISA*. ✗
Pasqua-settembre – Pas 35/62000 – ⊏⊐ 20000 – **30 cam** 67/97000 – ½ P 70/130000.

🏨 **Bandinelli,** via Torino 3 ℰ 80391, Fax 86293 – 🕿. ✗ rist
chiuso novembre e dicembre – Pas (solo per clienti alloggiati) 35/45000 – ⊏⊐ 12000 –
52 cam 64/95000 – P 85/135000.

🏠 **Sonia,** via Matteotti 42 ℰ 81247, 🚗 – 🕿. ✗
Natale-6 gennaio e Pasqua-ottobre – Pas (solo per clienti alloggiati) 25/40000 – ⊏⊐ 5000 –
20 cam 100000 – ½ P 100/130000.

🏠 **Kyrton** 🦂, via Raffaelli 14 ℰ 81341, Fax 81342, « Giardino ombreggiato » – ☎ ℗. *VISA*.
✗ rist
aprile-settembre – Pas (solo per clienti alloggiati) 25/35000 – ⊏⊐ 15000 – **18 cam** 62/95000
– ½ P 60/125000.

🏠 **Viscardo,** via Cesare Battisti 4 ℰ 82588, 🚗 – ⬚ cam ☎ ℗. ✗
20 maggio-settembre – Pas (solo per clienti alloggiati) 40000 – ⊏⊐ 8000 – **20 cam** 45/95000
– P 80/105000.

XXX ❀ **Lo Squalo Charlie,** viale Marin 57 ℰ 86276, 🍴 – 🆎 🅱 ⓞ 🅴 *VISA*. ✗
chiuso novembre, martedì, mercoledì a mezzogiorno, in luglio-agosto aperto solo la sera –
Pas carta 63/98000
Spec. Zuppa di palombo, Totani gratinati al rosmarino, Filetti di gallinella. Vini Chardonnay.

XX ❀ **Lorenzo,** via Carducci 61 ℰ 84030, prenotare – ▤. 🆎 🅱 ⓞ 🅴 *VISA*. ✗
chiuso a mezzogiorno in luglio-agosto, lunedì e dal 15 dicembre al 31 gennaio – Pas
carta 60/84000 (10%)
Spec. Terrina di calamaretti al naturale in forno, Bavette sul pesce, Branzino in forno all'erba cipollina. Vini
Vermentino, Rosso di Cercatoia.

XX **La Barca,** viale Italico 3 ℰ 89323, 🍴 – ℗. 🆎 🅱 ⓞ 🅴 *VISA*
chiuso dal 20 novembre al 5 dicembre, lunedì, martedì a mezzogiorno; in luglio-agosto
aperto lunedì sera – Pas carta 50/77000 (10%).

X **Tre Stelle,** via Montauti 6 ℰ 80220 – 🆎 ⓞ *VISA*. ✗
chiuso lunedì e dicembre – Pas carta 28/60000.

in prossimità casello autostrada A 12 - Versilia :

🏨 **Versilia Holidays e Rist. La Vela,** SE : 3 km ✉ 55042 ℰ 84001, Telex 590575, Fax
86255, ⬚, 🚗, ✗ – ▦ ▤ 📺 🕿 ℗ – 🔬 120 a 380. 🆎 🅱 ⓞ 🅴 *VISA*. ✗ rist
Pas carta 40/60000 – ⊏⊐ 18000 – **77 cam** 250000 – ½ P 180/220000.

XX Madeo, SE : 3 km ✉ 55042 ℰ 84068, « Servizio estivo in giardino » – ℗.

FORTEZZA (FRANZENSFESTE) 39045 Bolzano 🄷🄸🄹 B 16 – 927 ab. alt. 801 – ✪ 0472.
Roma 688 – ◆Bolzano 50 – Brennero 33 – Bressanone 10 – Brunico 33 – ◆Milano 349 – Trento 110.

🏠 **Posta-Reifer,** ℰ 48605, 🍴, 🚗 – ▦ ℗. 🅱 *VISA*. ✗ rist
chiuso dal 16 novembre al 19 dicembre – Pas (chiuso lunedì) carta 34/44000 – ⊏⊐ 10000 –
26 cam 32/45000 – ½ P 42/55000.

FOSSACESIA MARINA 66020 Chieti 4 946 ab. – ✪ 0872.
Roma 249 – Chieti 56 – ◆Pescara 39.

🏠 **Levante,** ℰ 60169 – 📺 🕿 ℗. 🆎 🅱 🅴 *VISA*. ✗
Pas (chiuso domenica da ottobre a marzo) carta 25/50000 – ⊏⊐ 6000 – **24 cam** 52/69000 –
½ P 50/60000.

FOSSALTA MAGGIORE Treviso 🄷🄸🄹 E 19 – alt. 7 – ✉ 31040 Chiarano – ✪ 0422.
Roma 568 – ◆Milano 307 – Pordenone 34 – Treviso 36 – ◆Trieste 115 – Udine 84 – ◆Venezia 57.

XX **Tajer d'Oro,** ℰ 746392, Solo piatti di pesce, « Arredamento stile Vecchia America » –
▤ ℗
chiuso martedì, dal 10 al 20 gennaio e dal 1° al 20 agosto – Pas carta 35/45000.

FOSSANO 12045 Cuneo 🄰🄱🄲 ⑫, 🄷🄸🄹 I 5 – 23 133 ab. alt. 377 – ✪ 0172.
Roma 631 – Asti 65 – Cuneo 24 – ◆Milano 191 – Savona 87 – Sestriere 112 – ◆Torino 70.

XX **Sant'Antonio-da Regis** con cam, via Palocca 7 ℰ 60197, prenotare – ☎ ℗
chiuso dal 1° al 20 agosto – Pas (chiuso lunedì) carta 30/45000 – ⊏⊐ 10000 – **15 cam**
40/70000 – ½ P 70000.

FOSSATO DI VICO 06022 Perugia – 2 375 ab. alt. 581 – ✆ 075.

Roma 201 – ♦Ancona 88 – Gubbio 22 – Macerata 83 – ♦Perugia 58 – Pesaro 103.

ad Osteria del Gatto SO : 2 km – ✉ **06022** Fossato di Vico :

🏠 **Camino Vecchio,** 𝒫 919231 – ☎ 🅿 – 🏊 40. ⍰ 🄱 ⓞ 𝗩𝗜𝗦𝗔. 🎸
   chiuso dal 16 al 30 novembre – Pas *(chiuso lunedì escluso luglio-agosto)* carta 29/45000 –
   �� 5000 – **22 cam** 40/60000 appartamenti 70000 – ½ P 53000.

FOSSOMBRONE 61034 Pesaro e Urbino 𝟵𝟴𝟴 ⑯ – 9 947 ab. alt. 118 – a.s. 15 giugno-agosto –
✆ 0721.

Roma 261 – ♦Ancona 87 – Fano 28 – Gubbio 53 – Pesaro 39 – San Marino 68 – Urbino 19.

sulla via Flaminia Vecchia O : 3 km :

🏠 **Al Lago,** ✉ 61034 𝒫 726129, Fax 726243, 🌳 – 🅿. 𝗩𝗜𝗦𝗔. 🎸
   Pas *(chiuso sabato)* carta 22/30000 – �� 4000 – **26 cam** 42/60000 – ½ P 44/48000.

FOXI Cagliari – Vedere Sardegna (Quartu Sant'Elena) alla fine dell'elenco alfabetico.

FRABOSA SOPRANA 12082 Cuneo 𝟵𝟴𝟴 ⑫, 𝟰𝟮𝟴 J 5 – 1 041 ab. alt. 891 – a.s. 15 luglio-agosto
e Natale – Sport invernali : 891/1 741 m ✂1 ✂5, ⚡ – ✆ 0174.

🄑 piazza del Municipio 129 𝒫 34010, Fax 244632.

Roma 632 – Cuneo 32 – ♦Milano 228 – Savona 87 – ♦Torino 96.

🏠 **Miramonti,** 𝒫 244533, Fax 244534, ≤, « Terrazza », 🏋, 🌳, 🎸 – 🛗 🚑 🚐 🅿. 𝗩𝗜𝗦𝗔.
   🎸 rist
   20 dicembre-10 aprile e 15 giugno-25 settembre – Pas 25000 – �� 5000 – **50 cam** 50/76000
   – P 48/70000.

🏠 **Bossea,** 𝒫 244012 – 🛗 📺 🚑. 🎸 rist
⬅ 20 dicembre-Pasqua e giugno-ottobre – Pas 16/28000 – �� 8000 – **28 cam** 78000 –
   ½ P 60/70000.

🏠 **Gildo,** 𝒫 244009 – 🛗 📺 ☎. 𝗩𝗜𝗦𝗔. 🎸 rist
   15 dicembre-15 aprile e giugno-15 settembre – Pas carta 30/35000 – �� 4000 – **18 cam**
   55/78000 – ½ P 40/70000.

FRABOSA SOTTANA 12083 Cuneo 𝟰𝟮𝟴 J 5 – 1 212 ab. alt. 641 – Sport invernali : a Prato
Nevoso : 1 497/1 928 m ✂12, ⚡; ad Artesina : 1 315/2 100 m ✂11 – ✆ 0174.

Roma 629 – Cuneo 29 – ♦Milano 225 – Savona 84 – ♦Torino 93.

🏠 **Italia,** 𝒫 244000 – 🛗 🅿. 𝗩𝗜𝗦𝗔. 🎸 rist
⬅ 15 dicembre-aprile e luglio-15 settembre – Pas carta 18/31000 – �� 5000 – **28 cam** 35/50000
   – ½ P 40/45000.

a Prato Nevoso S : 11 km – alt. 1 497 – ✉ **12083** Frabosa Sottana – a.s. 15 dicembre-
Epifania, febbraio-marzo e luglio-agosto :

🏠 **La Capanna,** 𝒫 334134, ≤ monti – 🛗 🄱 𝗩𝗜𝗦𝗔. 🎸
⬅ dicembre-20 aprile e luglio-agosto – Pas 18/30000 – �� 6000 – **30 cam** 45/65000 –
   ½ P 40/68000.

FRANCAVILLA AL MARE 66023 Chieti 𝟵𝟴𝟴 ㉗ – 20 883 ab. – a.s. 15 giugno-agosto – ✆ 085.

🄑 piazzale Sirena 𝒫 817169.

Roma 216 – L'Aquila 115 – Chieti 19 – ♦Foggia 171 – ♦Pescara 8.

🏠 **Punta de l'Est,** viale Alcione 188 𝒫 4910474, Fax 4912038, ≤, ⛱, 🎾 – 🍽 rist ☎ 🅿.
   🄱 ⓞ 🄔 𝗩𝗜𝗦𝗔. 🎸
   10 maggio-25 settembre – Pas 25000 – �� 7000 – **48 cam** 48/65000 – ½ P 60/80000.

✕✕ **La Nave,** viale Kennedy 2 𝒫 817115, 🌳 – 🏊 60. ⍰ 🄱 ⓞ 🄔 𝗩𝗜𝗦𝗔
   chiuso mercoledì, dal 15 al 30 settembre e dal 20 al 30 dicembre – Pas carta 25/43000
   (10%).

✕ **Apollo 12,** viale Nettuno 45 𝒫 817177 – ⍰ 🄱 ⓞ 🄔 𝗩𝗜𝗦𝗔
   chiuso martedì, dal 24 dicembre al 15 gennaio e dal 22 al 30 settembre – Pas carta 26/41000
   (10%).

FRANCAVILLA DI SICILIA Messina 𝟵𝟴𝟴 ㊲ – Vedere Sicilia alla fine dell'elenco alfabetico.

FRANCAVILLA FONTANA 72021 Brindisi 𝟵𝟴𝟴 ㉚ – 35 172 ab. alt. 142 – ✆ 0831.

Roma 575 – ♦Bari 107 – ♦Brindisi 36 – ♦Taranto 34.

✕✕ **Al Piccolo Mondo,** via San Francesco 98/100 𝒫 943618, Fax 943618 – 🍽. ⍰ 🄱 ⓞ 🄔
   𝗩𝗜𝗦𝗔. 🎸
   chiuso lunedì – Pas carta 25/42000.

FRANGARTO (FRANGART) Bolzano 𝟮𝟭𝟴 ⑳ – Vedere Appiano sulla Strada del Vino.

FRANZENSFESTE = Fortezza.

FRASCATI 00044 Roma 988 ⑳ – 19 954 ab. alt. 322 – ✿ 06.

Vedere Villa Aldobrandini★

Escursioni Castelli romani★★ Sud, SO per la strada S 216 e ritorno per la via dei Laghi (circuito di 60 km).

🛈 piazza Marconi 1 ♋ 9420331.

Roma 22 – Castel Gandolfo 10 – Fiuggi 66 – Frosinone 68 – Latina 51 – Velletri 22.

🏨 **Eden Tuscolano,** via Tuscolana O : 2,5 km ♋ 9408591, Fax 9408591, ☞ – 🅿. AE 🖪 ⓞ ❖
Pas carta 25/38000 – ▿ 7500 – **32 cam** 50/75000 – ½ P 60000.

✕✕ **Cacciani,** via Diaz 13 ♋ 9420378, « Servizio estivo in terrazza » – AE ⓞ. ❖
chiuso dall'8 al 20 gennaio, dal 16 al 25 agosto, la sera dei giorni festivi (escluso da aprile ad ottobre) e martedì – Pas carta 41/64000.

✕ La Frasca, via Lunati 3 ♋ 9420311.

FREGENE 00050 Roma 988 ⑳ – a.s. 15 giugno-luglio – ✿ 06.

Roma 38 – Civitavecchia 52 – Rieti 106 – Viterbo 97.

🏩 **La Conchiglia,** ♋ 6460235, Fax 6460229, ≼, « Servizio rist. estivo in giardino » – 🖭 ☎
🅿 – 🔬 40. AE 🖪 ⓞ E VISA. ❖
Pas carta 36/58000 – ▿ 14000 – **36 cam** 110000 – P 95/105000.

FREIBERG Bolzano – Vedere Merano.

FREIENFELD = Campo di Trens.

☞ *Benutzen Sie für weite Fahrten in Europa die Michelin-Länderkarten :*
970 *Europa,* 980 *Griechenland,* 984 *Deutschland,* 985 *Skandinavien-Finnland,*
986 *Großbritannien-Irland,* 987 *Deutschland-Österreich-Benelux,* 988 *Italien,*
989 *Frankreich,* 990 *Spanien-Portugal,* 991 *Jugoslawien.*

FRETO Modena – Vedere Modena.

FROSINONE 03100 🄿 988 ⑳ – 47 612 ab. alt. 291 – ✿ 0775.

Dintorni Abbazia di Casamari★★ E : 15 km.

🛈 piazzale De Matthaeis 41 ♋ 872525, Fax 270229.

A.C.I. via Firenze 53/59 ♋ 850006.

Roma 83 – Avezzano 78 – Latina 55 – ♦Napoli 144.

🏩 **Henry,** via Piave 10 ♋ 854321, Telex 613406, Fax 853713 – 🛗 🖭 📺 ☎ 🅿 – 🔬 40 a 80. AE 🖪 ⓞ E VISA. ❖
Pas carta 43/61000 – **63 cam** ▿ 120/170000 – ½ P 105/120000.

🏩 **Cesari,** in prossimità casello autostrada A 2 ♋ 83321, Telex 613047, Fax 83322 – 🛗 🖭
📺 ☎ 🅿 – 🔬 30 a 200. AE. ❖ rist
Pas carta 33/55000 – **56 cam** ▿ 120000, 🛏 3000 – ½ P 105000.

🏨 **Palombella,** via Maria 234 ♋ 873549, ☞ – 🛗 📺 ☎ 🚗 🅿. ⓞ VISA. ❖
Pas carta 28/42000 – ▿ 8000 – **34 cam** 60/85000 – ½ P 80000.

✕✕ Il Quadrato, piazzale De Matthaeis 53 ♋ 874474 – 🖭 🅿.

✕ Hostaria Tittino, vicolo Cipresso 2/4 ♋ 851227.

FUCECCHIO 50054 Firenze 988 ⑭ 428 429 K 14 – 20 499 ab. alt. 55 – ✿ 0571.

Roma 313 – ♦Firenze 44 – ♦Livorno 49 – Lucca 33 – Montecatini Terme 23 – Pisa 39 – Pistoia 32 – Siena 71.

✕ **Da Renato,** via Trento 13 ♋ 20209 – 🖪
⬥ chiuso sabato e dal 4 al 25 agosto – Pas carta 20/40000.

a Ponte a Cappiano NO : 4 km – ✉ **50050** :

✕✕ **Le Vedute,** NO : 3 km ♋ 297201, 🍽, ☞ – 🅿. 🖪 ⓞ VISA. ❖
chiuso martedì ed agosto – Pas carta 50/60000 (12%).

FUIPIANO VALLE IMAGNA 24030 Bergamo 428 E 10, 219 ⑩ – 247 ab. alt. 1001 – ✿ 035.

Roma 633 – ♦Bergamo 31 – Lecco 46 – ♦Milano74.

✕ **Canella** 🏞 con cam, ♋ 866042, ≼ – 🅿
Pas *(chiuso martedì)* carta 21/30000 – ▿ 4000 – **7 cam** 30/40000.

FUMO Pavia 428 G 9 – alt. 87 – ✉ **27050** Corvino San Quirico – ✿ 0383.

Roma 559 – Alessandria 50 – ♦Genova 106 – ♦Milano 59 – Pavia 21 – Piacenza 50 – Voghera 13.

🏩 **Nazionale da Angelo,** ♋ 890393, Fax 896327 – 🛗 🖭 📺 ☎ 🅿 – 🔬 110. AE 🖪 ⓞ E
VISA. ❖ cam
Pas vedere rist Nazionale da Angelo – ▿ 10000 – **21 cam** 65/95000 – ½ P 70000.

✕✕ **Nazionale da Angelo,** ♋ 86130 – 🖭 🅿. AE 🖪 ⓞ E VISA
Pas carta 37/57000.

FUNES (VILLNOSS) 39040 Bolzano 988 ④⑤, 429 C 17 – 2 293 ab. alt. 1 159 – ✿ 0472.

Roma 680 – ◆Bolzano 38 – Bressanone 19 – ◆Milano 337 – Ortisei 33 – Trento 98.

🏠 **Sport Hotel Tyrol** ﹩, località Santa Maddalena 🖉 40104, ≤ gruppo delle Odle e pinete, ☎, ⊐ riscaldata, 🌬 – 🕴 TV ☎ ＆ 🅿. 🕻 ⅇ VISA. ℀ rist
giugno-ottobre – Pas carta 26/43000 – **28 cam** ⊐ 51/95000 – ½ P 55/67000.

🏠 **Kabis** ﹩, località San Pietro 🖉 40126, Fax 40395, ≤, 🖆, ☎, 🌬 – 🕴 ☎ 🚗 🅿. 🕻 ⅇ VISA. ℀ rist
aprile-ottobre – Pas (chiuso mercoledì in bassa stagione) carta 30/37000 – **40 cam** ⊐ 48/90000 – ½ P 50/54000.

FURCI SICULO Messina – Vedere Sicilia alla fine dell'elenco alfabetico.

FURLO (Gola del) Pesaro e Urbino – alt. 177 – a.s. 15 giugno-agosto.

Roma 259 – ◆Ancona 97 – Fano 38 – Gubbio 43 – Pesaro 49 – Urbino 19.

XX **La Ginestra** ﹩ con cam, ⊠ 61040 Furlo 🖉 (0721) 700046, ⊐, 🌬, ℀ – ▤ rist TV ☎ 🅿. ⅇ 🕻 ⅇ VISA. ℀
Pas (chiuso gennaio e lunedì da febbraio ad aprile) carta 30/46000 – ⊐ 8000 – **10 cam** 50/70000 – ½ P 65000.

FURORE 84010 Salerno – 759 ab. alt. 300 – a.s. luglio e agosto – ✿ 089.

Vedere Vallone★★.

Roma 264 – ◆Napoli 52 – Salerno 35 – Sorrento 40.

🏠 **Hostaria di Bacco,** 🖉 874583, Fax 874583, ≤, « Servizio estivo in terrazza » – ☎ 🅿. ⅇ 🕻 ⅇ ⅇ VISA. ℀
Pas (chiuso venerdì in bassa stagione) carta 20/36000 (10%) – ⊐ 5000 – **18 cam** 50000 – ½ P 50/60000.

GABBIA Verona – Vedere Isola della Scala.

GABICCE MARE 61011 Pesaro e Urbino 988 ⑯, 429 K 20 – 5 556 ab. – a.s. 15 giugno-agosto – ✿ 0541.

🖪 viale della Vittoria 41 🖉 954424.

Roma 316 – ◆Ancona 93 – Forlì 70 – ◆Milano 342 – Pesaro 16 – Rimini 23.

🏠 **Alexander,** via Panoramica 35 🖉 954166, Fax 958105, ≤, ⊐ riscaldata, 🌬 – 🕴 ⇆ cam TV ☎ ＆ 🅿. ⅇ. ℀ rist
maggio-settembre – Pas 20000 – ⊐ 8000 – **50 cam** 60/90000 – ½ P 50/90000.

🏠 **Majestic,** via Balneare 10 🖉 953744, ≤, ⊐ riscaldata – 🕴 ☜ 🅿. ⅇ. ℀ rist
10 maggio-settembre – Pas 20000 – ⊐ 8000 – **55 cam** 50/90000 – ½ P 50/80000.

🏠 **Losanna,** piazza Giardini Unità d'Italia 3 🖉 950367, Fax 960120, ⊐ riscaldata, 🌬 – 🕴 ☜ 🅿. ⅇ. ℀ rist
10 maggio-settembre – Pas 20000 – ⊐ 8000 – **67 cam** 45/70000 – ½ P 65/75000.

🏠 **Giovanna Regina,** via Vittorio Veneto 173 🖉 958181, Fax 954728, ≤ – 🕴 ☜. ⅇ 🕻 ⅇ
ⅇ VISA. ℀ rist
27 maggio-20 settembre – Pas (solo per clienti alloggiati) 20/25000 – **43 cam** ⊐ 60/80000 – P 60/80000.

🏠 **Bellavista,** piazza Giardini Unità d'Italia 9 🖉 954640, Fax 950160, ≤ – 🕴 ▤ rist ☜ 🅿. 🕻 ⅇ VISA. ℀ rist
aprile-26 settembre – Pas 23/33000 – ⊐ 8000 – **58 cam** 61/76000 – ½ P 51/56000.

🏠 **Club Hotel,** via Panoramica 33 🖉 968419, ≤, ⊐ – 🕴 ☎ 🅿. ℀
maggio-settembre – Pas (solo per clienti alloggiati) – ⊐ 6000 – **46 cam** 52/70000 – ½ P 46/81000.

🏠 **Nobel,** via Vittorio Veneto 99 🖉 954039 – 🕴 ☜ 🅿. ℀ rist
15 maggio-settembre – Pas 28000 – ⊐ 8000 – **37 cam** 43/63000 – ½ P 41/69000.

🏠 **Marinella,** via Vittorio Veneto 127 🖉 950453, Fax 950426, ≤ – 🕴 TV ☎. ⅇ 🕻 ⅇ ⅇ
VISA. ℀ rist
Pasqua-settembre – Pas 25/30000 – ⊐ 10000 – **45 cam** 50/60000 – ½ P 45/75000.

🏠 **Sans Souci,** via Mare 9 🖉 950164, ≤ – 🕴 ☎ 🅿. ℀ rist
aprile-settembre – Pas 25/35000 – ⊐ 6000 – **39 cam** 45/70000 – ½ P 41/75000.

🏠 **Tre Stelle,** via Gabriele D'Annunzio 12 🖉 954697 – 🕴 ⇆ ☜. ℀
maggio-settembre – Pas 18/25000 – **50 cam** ⊐ 41/59000 – ½ P 45/55000.

🏠 **Augusta,** via Vittorio Veneto 77 🖉 950001 – 🕴. ℀
25 maggio-25 settembre – **30 cam** solo ½ P 37/52000.

a Gabicce Monte E : 2,5 km – alt. 144 – ⊠ 61011 Gabicce Mare :

🏠 **Capo Est** ﹩, località Vallugola 🖉 953333, Telex 550637, Fax 952735, ≤ mare e porticciolo, « Terrazze fiorite e panoramiche con ⊐ e ℀ », Ascensore per la spiaggia, 🖆, ☎ – 🕴 ☎ 🅿 – 🔬 25 a 100. ⅇ ⅇ. ℀ rist
maggio-settembre – Pas 40/60000 – ⊐ 12000 – **84 cam** 160/260000 – ½ P 100/158000.

X **Grottino,** 🖉 953195, ≤, 🍴 – ⅇ 🕻 ⅇ VISA. ℀
chiuso sino a marzo e mercoledì da ottobre a maggio – Pas carta 43/65000.

253

GABRIA Gorizia 429 E 22 – alt. 39 – ✉ 34070 Savogna d'Isonzo – 📞 0481.
Roma 648 – Gorizia 8 – ◆Milano 387 – ◆Trieste 36 – Udine 40.

XX **Da Tommaso** con cam, S : 1 km ℰ 882004, 🌲, 🌳 – 🅿. 🖭 🕃 ◑ 🗲 𝘝𝘐𝘚𝘈
Pas *(chiuso domenica sera e lunedì)* carta 27/41000 – ⌧ 6000 – **9 cam** 40/80000 –
½ P 47/57000.

GAETA 04024 Latina 988 ㉖㉗ – 24 038 ab. – a.s. Pasqua e luglio-agosto – 📞 0771.
Vedere Golfo★ – Candelabro pasquale★ nel Duomo.
🄱 piazza Traniello 19 ℰ 462767 – (luglio-agosto) piazza 19 Maggio ℰ 461165.
Roma 141 – Caserta 79 – Frosinone 87 – Latina 74 – ◆Napoli 94.

🏨 **Sèrapo,** a Sèrapo ℰ 741403, Telex 680441, Fax 741507, ≼, 🌲, 🔲, 🐎, 🌳, 🞄 – 🛗 ☎
🅿 – 🔬 100. 🖭 🕃 ◑ 🗲 𝘝𝘐𝘚𝘈 🞀
Pas carta 37/51000 – ⌧ 7000 – **179 cam** 56/88000 – ½ P 56/69000.

XX **Zürich,** piazza 19 Maggio 15 ℰ 460053, 🌲 –
chiuso mercoledì escluso da aprile a settembre – Pas carta 30/71000 (10%).

XX **La Salute,** piazza Caboto 1 ℰ 460050 – ▦.

X **Taverna del Marinaio,** via Faustina 43 ℰ 461342, 🌲 – 🖭 🕃 🗲 𝘝𝘐𝘚𝘈
chiuso mercoledì escluso dal 15 giugno al 15 settembre – Pas carta 22/37000 (15%).

sulla strada statale 213 O : 7 km :

🏨 Summit, ✉ 04024 ℰ 741741, Telex 680333, Fax 741741, ≼ mare e costa, « Terrazza-
giardino », 𝄢, 🞕, 🐎 – 🛗 ▦ rist 📺 ☎ 🅿 – 🔬 25 a 150
69 cam.

GAIOLE IN CHIANTI 53013 Siena – 2 342 ab. alt. 356 – 📞 0577.
Roma 252 – Arezzo 56 – ◆Firenze 69 – Siena 28.

XX **Castello di Spaltenna** 🞀 con cam, ℰ 749483, Fax 749269, ≼, Coperti limitati;
prenotare, « In un antico castello », 🔲 – 📺 ☎ 🅿 – 🔬 50. 🖭 🕃 ◑ 🗲 𝘝𝘐𝘚𝘈 🞀 rist
chiuso dal 15 gennaio al 28 febbraio – Pas carta 41/59000 – **17 cam** ⌧ 220000.

X **Badia,** località Coltibuono NE : 5,5 km ℰ 749424, ≼, « Servizio estivo all'aperto » – 🅿. 🖭
🕃 ◑ 🗲 𝘝𝘐𝘚𝘈
chiuso lunedì e da novembre al 15 dicembre – Pas carta 32/49000 (10%).

sulla strada statale 408 S : 12 km :

X **Il Molino delle Bagnaie** ✉ 53010 Monti ℰ 747062, 🌲 – 🅿. 🞀
chiuso lunedì e martedì a mezzogiorno – Pas carta 25/36000 (10%).

GAIS 39030 Bolzano 429 B 17 – 2 489 ab. alt. 841 – 📞 0474.
Roma 720 – ◆Bolzano 82 – Cortina d'Ampezzo 64 – Trento 142.

🏠 **Windschar,** ℰ 54123, Fax 54380, ≼, 𝄢, 🞕, 🔲, 🔲, 🌳 – 🛗 🚗 🅿
20 dicembre-Pasqua e maggio-ottobre – Pas (solo per clienti alloggiati) – **70 cam**
solo ½ P 40/70000.

GALATINA 73013 Lecce 988 ㉚ – 29 280 ab. alt. 78 – 📞 0836.
Vedere Chiesa di Santa Caterina d'Alessandria★.
Dintorni Facciata★ della chiesa del Crocifisso della Pietà a Galatone SO : 9 km.
Roma 628 – ◆Bari 171 – ◆Brindisi 59 – Lecce 20 – Otranto 30 – ◆Taranto 93.

🏠 Maurhotel, via Pavia ℰ 61971 – 🛗 ▦ rist 📺 ☎ 🚗
24 cam.

GALEATA 47010 Forlì 988 ⑮, 429 F 17 – 2 262 ab. alt. 235 – 📞 0543.
Roma 308 – ◆Firenze 99 – Forlì 34 – ◆Perugia 134 – Rimini 75.

X **Locanda Romagna,** ℰ 981695
chiuso sabato, dal 2 al 10 gennaio e dal 1° al 21 luglio – Pas carta 30/49000.

GALLARATE 21013 Varese 988 ③, 428 F 8 – 46 299 ab. alt. 238 – 📞 0331.
Roma 617 – Como 50 – ◆Milano 40 – Novara 34 – Stresa 42 – Varese 18.

🏨 **Jet Hotel** senza rist, via Tiro a Segno 22 ℰ 785534, Fax 772686, 🔲 riscaldata – 🛗 ▦ 📺
☎ 🞀 🅿. 🖭 🕃 ◑ 🗲 𝘝𝘐𝘚𝘈
⌧ 14000 – **30 cam** 99/140000.

🏨 **Astoria,** piazza Risorgimento 9/a ℰ 791043, Telex 351005, Fax 772671 – 🛗 📺 ☎ 🞀 –
🔬 50 a 200. 🖭 🕃 ◑ 🗲 𝘝𝘐𝘚𝘈 🞀
Pas vedere rist Astoria – ⌧ 10000 – **49 cam** 118000.

XX **Raffieri,** via Trombini 1/a ℰ 793384, 🌲 – 🞀. 🖭 🕃 ◑ 🗲 𝘝𝘐𝘚𝘈 🞀
chiuso lunedì ed agosto – Pas carta 33/63000.

XX **Risorgimento-da Damiano,** piazza Risorgimento 8 ℰ 793594 – ▦. 🖭 🕃 ◑ 🗲 𝘝𝘐𝘚𝘈
🞀
chiuso domenica e dal 5 al 25 agosto – Pas carta 36/70000.

※※ **Trattoria Fornasetta,** località Crenna ℰ 798682, prenotare – 🖭 🕄 ◑ Ɛ 𝘝𝘐𝘚𝘈
chiuso lunedì, sabato a mezzogiorno, dal 1° al 7 gennaio e dal 4 al 25 agosto – Pas
carta 41/67000.

※※ **Astoria,** piazza Risorgimento 9 ℰ 786777 – 🗏. 🖭 🕄 ◑ Ɛ 𝘝𝘐𝘚𝘈 ⊀
chiuso venerdì – Pas carta 41/63000.

GALLIATE 28066 Novara 🞐🞐🞐 ③, 🞐🞐🞐 F 8 – 13 432 ab. alt. 154 – ✪ 0321.
Roma 617 – Como 68 – ♦Milano 43 – Novara 7 – Stresa 53 – ♦Torino 100 – Varese 45.

al Ponte di Turbigo NE : 4 km – ✉ **28066** Galliate :

※※ **Chalet Bovio,** ℰ 861664, 🐎 – 🗏 🄿. 🖭 ◑
chiuso lunedì sera, martedì e dal 17 al 29 agosto – Pas carta 37/50000 (10%).

GALLICO MARINA 89055 Reggio di Calabria – ✪ 0965.
Roma 700 – Catanzaro 156 – Gambarie d'Aspromonte 32 – ♦Reggio di Calabria 9 – Villa San Giovanni 7.

🏨 **Fata Morgana,** ℰ 370009, Fax 370000, ⩽, ⏀, – 🛗 🗏 📺 ☎ 🄿. 🕄 ◑ Ɛ 𝘝𝘐𝘚𝘈
Pas vedere rist Fata Morgana – � 5000 – **32 cam** 109000 – ½ P 90000.

※ **Fata Morgana,** ℰ 370012, ⩽ – 🕄 ◑ Ɛ 𝘝𝘐𝘚𝘈
chiuso martedì escluso da luglio al 15 settembre – **Pas** carta 24/32000 (15%).

GALLIERA VENETA 35015 Padova 🞐🞐🞐 F 17 – 6 282 ab. alt. 30 – ✪ 049.
Roma 535 – ♦Padova 36 – Trento 109 – Treviso 32 – Vicenza 34.

※※ **Al Palazzon,** località Mottinello Nuovo ℰ 5965020, 🌤 – 🗏 🄿. 𝘝𝘐𝘚𝘈. ⊀
chiuso domenica e lunedì – **Pas** carta 28/38000.

※ **Al Palazzino,** via Roma 29 ℰ 5969224, Coperti limitati; prenotare, 🐎 – 🄿. 🖭 🕄 ◑
𝘝𝘐𝘚𝘈
chiuso mercoledì – Pas carta 28/36000.

GALLINARO 03040 Frosinone – 1 218 ab. alt. 550 – ✪ 0776.
Roma 134 – Frosinone 51 – Isernia 66.

🏨 **Tramp's** 🦢, bivio Settefrati NE : 3 km ℰ 65135, ⩽, ⏀, 🐎, ※ – ☎ 🄿. 🖭 🕄 Ɛ 𝘝𝘐𝘚𝘈.
⟵ ⊀
Pas carta 20/41000 – ⊟ 9000 – **36 cam** 42/62000 – ½ P 55/60000.

GALLIPOLI 73014 Lecce 🞐🞐🞐 ㉚ – 20 921 ab. – ✪ 0833.
Vedere Interno★ della chiesa della Purissima.
Roma 628 – ♦Bari 190 – ♦Brindisi 76 – Lecce 37 – Otranto 47 – ♦Taranto 93.

※ **Marechiaro,** lungomare Marconi ℰ 476143, ⩽ – 🖭 🕄 ◑ Ɛ 𝘝𝘐𝘚𝘈
chiuso martedì da ottobre a maggio – Pas carta 26/33000 (14%).

sulla strada Litoranea SE : 6 km :

🏨 Gd H. Costa Brada 🦢, ✉ 73014 ℰ 22551, Telex 860273, Fax 22555, ⩽, « Giardino
ombreggiato con ⏀ riscaldata e ※ », 🚣 – 🛗 🗏 📺 ☎ 🄿 – 🔏 50 a 250
78 cam.

Vedere anche : *Sannicola* NE : 8 km.

GALLUZZO Firenze – Vedere Firenze.

GALZIGNANO TERME 35030 Padova – 4 165 ab. alt. 22 – Stazione termale (marzo-novembre),
a.s. aprile-15 giugno e 15 agosto-ottobre – ✪ 049.
🏌18 (chiuso gennaio e lunedì) a Valsanzibio ✉ 35030 Galzignano ℰ 9130078, S : 3 km.
Roma 477 – Mantova 94 – ♦Milano 255 – ♦Padova 21 – Rovigo 34 – ♦Venezia 60.

🏨 **Sporting Hotel Terme** 🦢, ℰ 525500, Telex 430248, Fax 526466, ⩽, ₤ₒ, ⩲s,
⏀ riscaldata, 🄽, 🐎, ※, ✦ – 🛗 ⤵ cam 🗏 rist ☎ ⧠ ⇔ 🄿 ⊀
marzo-15 novembre – Pas 43000 – ⊟ 13000 – **118 cam** 84/122000 appartamenti 186000 –
½ P 116/126000.

🏨 **Majestic Hotel Terme** 🦢, ℰ 525444, Telex 430223, Fax 526466, ⩽, ₤ₒ, ⩲s,
⏀ riscaldata, 🄽, 🐎, ※, ✦ – 🛗 🗏 rist ☎ ⧠ ⇔ 🄿 – 🔏 100. ⊀
marzo-ottobre – Pas 43000 – ⊟ 13000 – **125 cam** 84/122000 appartamenti 173000 –
½ P 95/105000.

🏨 **Splendid Hotel Terme** 🦢, ℰ 525333, ⩽, ⏀ riscaldata, 🄽, 🐎, ※, ✦ – 🛗 ⤵ 🗏 rist
☎ ⇔ 🄿. ⊀ rist
marzo-12 novembre – Pas 43000 – ⊟ 13000 – **108 cam** 84/122000 – ½ P 95/105000.

🏨 **Green Park Hotel Terme** 🦢, ℰ 525511, Fax 526466, ⩽, ₤ₒ, ⩲s, ⏀ riscaldata, 🄽,
🐎, ※, ✦ – 🛗 🗏 rist ☎ 🄿. ⊀ rist
marzo-10 novembre – Pas 43000 – ⊟ 13000 – **92 cam** 84/121000 appartamenti 172000 –
½ P 92/102000.

GAMBOLÒ 27025 Pavia 428 G 8 – 7 875 ab. alt. 106 – ✪ 0381.

Roma 595 – Alessandria 48 – ♦Milano 42 – Novara 34 – Pavia 32 – Vercelli 42.

✗ Al Castello, ℘ 938136 – ℗.

GANDRIA 427 ㉔ 219 ⑧ – Vedere Cantone Ticino alla fine dell'elenco alfabetico.

GANZIRRI Messina – Vedere Sicilia (Messina) alla fine dell'elenco alfabetico.

GARBAGNATE MILANESE 20024 Milano 428 F 9, 219 ⑱ – 25 201 ab. alt. 179 – ✪ 02.

Roma 588 – Como 33 – ♦Milano 16 – Novara 48 – Varese 36.

✗✗✗ ❀ **La Refezione,** via Milano 166 ℘ 9958942, Coperti limitati; prenotare – ▣ ℗. ᴀᴇ
chiuso domenica, lunedì a mezzogiorno, dal 1° al 10 gennaio ed agosto – Pas carta 56/76000
Spec. Spaghetti con gamberi cipolle e bottarga di tonno, Minestra di pane, Filetto di manzo al forno. Vini
Traminer, Chianti classico.

a Santa Maria Rossa SO : 2 km – ⊠ 20024 Garbagnate Milanese :

✗✗ **Alle Magnolie,** ℘ 9955640, « Servizio estivo in giardino » – ℗ ᴀᴇ ⑤ Ⓞ ᴠɪsᴀ
chiuso lunedì sera, martedì, agosto e Natale – Pas carta 40/62000.

GARDA 37016 Verona 988 ④, 428 429 F 14 – 3 468 ab. alt. 68 – ✪ 045.

Vedere Punta di San Vigilio★★ O : 3 km.

🅱 lungolago Regina Adelaide ℘ 7255194.

Roma 527 – ♦Brescia 64 – Mantova 65 – ♦Milano 151 – Trento 82 – ♦Venezia 151 – ♦Verona 39.

🏛 **Regina Adelaide,** ℘ 7255013, Telex 341078, Fax 7255075, « Giardino » – ▮ ᴛᴠ ☎ ℗ –
🏊 60. ᴀᴇ ⑤ ᴇ ᴠɪsᴀ. ✸ rist
Pas *(chiuso dal 15 gennaio all'8 marzo e dal 15 ottobre al 19 dicembre)* carta 30/45000 –
54 cam ⊇ 120/170000 appartamenti 120/200000 – ½ P 70/125000.

🏛 **Du Parc,** via Marconi 3 ℘ 7255343, Fax 7256970, ≤, 🚗 – ▮ ▤ rist ☎ ℗. ᴀᴇ ⑤ Ⓞ ᴇ
ᴠɪsᴀ. ✸
15 giugno-settembre – Pas *(chiuso a mezzogiorno)* carta 45/61000 – ⊇ 21000 – **26 cam**
86/107000 – ½ P 95/120000.

🏛 **Flora** ⌂, ℘ 7255348, « Giardino con ⊼ riscaldata e ✸ » – ▮ ☎ 🚗 ℗ – 🏊 40. ✸
Pasqua-15 novembre – Pas carta 29/35000 – ⊇ 12000 – **63 cam** 80/100000 – ½ P 70/92000.

🏛 **Terminus,** ℘ 7255030, ≤, 🚗, 🐟 – ▮ ☜ ℗. ᴀᴇ Ⓞ ᴠɪsᴀ. ✸
Pasqua-15 ottobre – Pas carta 40/66000 (15%) – **40 cam** ⊇ 85/120000 – ½ P 95000.

🏠 **Cortina** senza rist, ℘ 7255433 – ☜ ℗. ✸
marzo-ottobre – ⊇ 11000 – **27 cam** 54/68000.

🏠 **San Marco,** ℘ 7255008, Fax 7256749 – ☎ ℗. ✸ cam
marzo-ottobre – Pas carta 34/43000 – ⊇ 13000 – **15 cam** 70000 – ½ P 60/65000.

🏠 **Giardinetto,** ℘ 7255051, ≤, 🚗 – ▮ ☎. ✸ cam
aprile-ottobre – Pas *(chiuso giovedì)* carta 24/36000 – ⊇ 11000 – **24 cam** 70000 –
½ P 55/65000.

🏠 **Tre Corone,** ℘ 7255033, ≤, 🚗 – ▮ ⌢ rist. ⑤ Ⓞ ᴇ ᴠɪsᴀ. ✸
marzo-ottobre – Pas *(chiuso mercoledì)* carta 26/47000 – ⊇ 9000 – **26 cam** 58/72000 –
½ P 66000.

🏠 **Conca d'Oro,** ℘ 7255275, ≤ – Ⓞ. ✸ rist
marzo-novembre – Pas *(chiuso martedì, marzo e novembre)* carta 24/36000 – **19 cam**
⊇ 90000 – ½ P 40/65000.

verso Costermano :

🏠 **Cipriani e Rist. Da Remigio,** E : 2 km ⊠ 37010 Costermano ℘ 7200064, Fax 7200275,
« Servizio estivo in terrazza con ≤ », 🚗 – ▮ ᴛᴠ ☎ ℗. ⑤ ᴇ ᴠɪsᴀ. ✸ cam
Pas *(chiuso giovedì)* carta 24/37000 – **30 cam** ⊇ 60/90000 – ½ P 70/80000.

✗✗ **Stafolet,** E : 1,5 km ⊠ 37016 ℘ 7255427, 🚗, 🐟, 🚗 – ℗. ✸
chiuso lunedì e novembre – Pas carta 30/48000.

GARDA (Lago di) o BENACO ★★★ Brescia, Trento e Verona 988 ④, 428 429 F 13 – Vedere
Guida Verde.

GARDOLO Trento – Vedere Trento.

Discover **ITALY** with the Michelin Green Guide
Picturesque scenery, buildings
History and geography
Works of art
Touring programmes
Town plans

GARDONE RIVIERA 25083 Brescia 988 ④ 428 429 F 13 – 2 518 ab. alt. 85 – a.s. Pasqua e luglio-15 settembre – ✿ 0365.

Vedere Posizione pittoresca★★ – Tenuta del Vittoriale★ (residenza e tomba di Gabriele d'Annunzio) NE : 1 km.

🏌 (chiuso martedì) a Bogliaco ✉ 25080 ℘ 643006, NE : 10 km.

🛈 corso Repubblica 35 ℘ 20347.

Roma 551 – ◆Bergamo 88 – ◆Brescia 34 – Mantova 90 – ◆Milano 129 – Trento 91 – ◆Verona 66.

🏨🏨 **Grand Hotel,** ℘ 20261, Telex 300254, Fax 22695, ≤, 🍴, « Terrazza fiorita sul lago con ☒ riscaldata », 🏖 – 🛗 ⇌ 🍴 cam 📺 ☎ 🅿 – 🔏 50 a 350. 🆎 🅱 ⓞ ⴹ 𝗩𝗜𝗦𝗔. 🛳 rist
aprile-ottobre – Pas 50000 – **180 cam** ☑ 165/280000, ▤ 10000 – ½ P 130/185000.

🏨 **Montefiori** ⟨s⟩, ℘ 21118, Fax 21488, ≤ lago, 🍴, « Villette in un parco », ☒, 🛳 – 📺 ☎ 🅿 – 🔏 180. 🆎 ⓞ 𝗩𝗜𝗦𝗔. 🛳 rist
chiuso novembre – Pas carta 37/54000 – **36 cam** ☑ 80/130000 – ½ P 80/95000.

🏨 **Parkhotel Villa Ella** ⟨s⟩, ℘ 21030, ≤ lago, « Parco ombreggiato con ☒ » – 🛗 🅿. 🆎 🅱 ⓞ ⴹ 𝗩𝗜𝗦𝗔. 🛳 rist
aprile-settembre – Pas 45000 – **44 cam** ☑ 90/150000 – ½ P 60/80000.

🏨 **Monte Baldo,** ℘ 20951, ≤, « Terrazza-giardino sul lago con ☒ », 🏖 – 🛗 ☎ 🅿. 🅱 ⴹ 𝗩𝗜𝗦𝗔. 🛳 rist
20 aprile-20 ottobre – Pas 31/35000 – ☑ 12000 – **45 cam** 58/91000 – ½ P 74/84000.

🏨🏨 **Villa Capri** senza rist, ℘ 21537, Fax 22720, « Giardino sul lago », ☒, 🏖 – ☎ 🅿. 🛳
aprile-25 ottobre – **36 cam** ☑ 65/110000.

🏨 **Bellevue,** ℘ 20235, Fax 20235, ≤, « Giardino » – 🛗 🅿. 𝗩𝗜𝗦𝗔. 🛳 rist
aprile-10 ottobre – Pas 25000 – ☑ 7500 – **31 cam** 78000 – ½ P 58/70000.

❌❌ **Casinò,** al bivio per il Vittoriale ℘ 20387, « Servizio estivo in terrazza sul lago » – 🅿. 🆎 🅱 ⓞ ⴹ 𝗩𝗜𝗦𝗔. 🛳
chiuso lunedì, gennaio e febbraio – Pas carta 34/52000.

❌❌ **La Stalla,** strada per il Vittoriale ℘ 21038, 🍴, 🌳 – 🅿. 🛳
chiuso gennaio e martedì (escluso luglio-settembre) – Pas carta 37/65000.

   a Fasano del Garda NE : 2 km – ✉ **25080** :

🏨🏨 **Gd H. Fasano,** ℘ 21051, Fax 21054, ≤ lago, 🍴, « Terrazza-giardino sul lago con ☒ riscaldata », 🏖, ❌ – 🛗 ⇌ cam ☎ 🅿 – 🔏 100. 🛳 rist
maggio-ottobre – Pas carta 46/66000 – **70 cam** ☑ 144/269000 – ½ P 111/147000.

🏨 **Villa del Sogno** ⟨s⟩, ℘ 20228, Fax 21145, ≤ lago, « Parco e terrazze con ☒ », ⇌s, ❌ – 🛗 ☎ 🅿 – 🔏 60. 🆎 🅱 ⓞ ⴹ 𝗩𝗜𝗦𝗔. 🛳
aprile-15 ottobre – Pas 60000 – **35 cam** ☑ 150/260000 appartamenti 260/310000 – ½ P 130/160000.

🏨 **Il Riccio,** ℘ 21987, ≤, « Giardino », 🏖 – 🛗 📠 🅿. 🛳
15 maggio-settembre – Pas 25/35000 – ☑ 10000 – **25 cam** 50/70000 – ½ P 65/70000.

   Vedere anche : *Salò* (Barbarano).

   Un conseil Michelin :

   pour réussir vos voyages, préparez-les à l'avance.
   Les cartes et guides Michelin, vous donnent toutes indications utiles sur :
   itinéraires, visite des curiosités, logement, prix, etc.

GARESSIO 12075 Cuneo 988 ⑫ 428 J 6 – 4 070 ab. alt. 621 – Stazione termale (giugno-settembre) – ✿ 0174.

🛈 via al Santuario ℘ 81122, Fax 82098.

Roma 615 – Cuneo 72 – Imperia 62 – ◆Milano 239 – Savona 70 – ◆Torino 115.

🏨 **Ramo Verde,** via Garibaldi 108 ℘ 81075 – 🛗 🅿. 🛳
15 marzo-ottobre – Pas (chiuso venerdì) carta 25/35000 – ☑ 5000 – **23 cam** 45/60000 – ½ P 48/50000.

🏨 **Italia,** corso Paolini 28 ℘ 81027, 🌳 – 🛗 ⅙ 🅿. 🆎 🅱 ⓞ ⴹ 𝗩𝗜𝗦𝗔. 🛳 rist
giugno-settembre – Pas carta 19/32000 – ☑ 5000 – **54 cam** 44/60000 – P 54/64000.

GARGANO (Promontorio del) ★★★ Foggia 988 ㉘ – Vedere Guida Verde.

GARGAZON = Gargazzone.

GARGAZZONE (GARGAZON) 39010 Bolzano 429 C 15, 218 ⑳ – 1 110 ab. alt. 267 – ✿ 0473.

Roma 563 – ◆Bolzano 17 – Merano 11 – ◆Milano 315 – Trento 75.

🏨 **Alla Torre-Zum Turm,** ℘ 292325, Fax 292399, « Giardino-frutteto con ☒ riscaldata » – ☎ 🅿. 🛳
chiuso febbraio – Pas (chiuso giovedì) carta 25/36000 – **12 cam** ☑ 35/60000 – ½ P 55/60000.

GARGNANO 25084 Brescia 👥👥👥 ④, 👥👥👥 👥👥👥 E 13 – 3 279 ab. alt. 98 – a.s. Pasqua e luglio-15 settembre – ✿ 0365.
Vedere Guida Verde.

🏌 (chiuso martedì) a Bogliaco ✉ 25080 ℰ 643006, S : 1,5 km.

Roma 563 – ✦Bergamo 100 – ✦Brescia 46 – ✦Milano 141 – Trento 79 – ✦Verona 78.

🏨 **Giulia** ⤸, ℰ 71022, Fax 71022, ≤, 🍽, « Giardino in riva al lago », 🚤, ⤳ riscaldata, 🏖✆ – ☎ 🅿. 🖭 𝗩𝗜𝗦𝗔. 🦐 rist
aprile-ottobre – Pas carta 34/63000 (10%) – 🖙 10000 – **30 cam** 65/100000 – ½ P 95/100000.

🏨 **Palazzina,** ℰ 71118, Fax 71118, ≤, « ⤳ su terrazza panoramica », 🌳 – 🔋 🅿. 🖭 🔲 🔵 𝗘 𝗩𝗜𝗦𝗔. 🦐
aprile-settembre – Pas (chiuso lunedì) carta 22/36000 – 🖙 10000 – **25 cam** 55/80000 – ½ P 60/65000.

🏠 **Bartabel,** ℰ 71330, ≤ – 🔋 ⤳ rist. 🦐 cam
chiuso novembre – Pas (chiuso lunedì) 25/30000 – 🖙 7000 – **10 cam** 38/55000 – ½ P 48/52000.

🍴🍴🍴 ✿ **La Tortuga,** ℰ 71251, Coperti limitati; prenotare – 🔲. 🖭 𝗩𝗜𝗦𝗔. 🦐
chiuso lunedì sera (escluso giugno-settembre), e da gennaio a febbraio – Pas carta 70/80000 (10%)
Spec. Tagliatelle mantecate alle olive e olio del Garda, Lavarello alla Gabriele d'Annunzio, Costolette d'agnello in crosta alle erbe aromatiche. **Vini** Lugana, Franciacorta rosso.

a Villa S : 1 km – ✉ 25084 Gargnano :

🏠 **Livia,** ℰ 71233, ⤳, 🌳 – ☎ 🅿. 𝗩𝗜𝗦𝗔. 🦐
Pasqua-15 ottobre – Pas carta 25/38000 – 🖙 9000 – **25 cam** 47/70000 – ½ P 65000.

🍴🍴 **Baia d'Oro,** ⤸, con cam, ℰ 71171, ≤, « Servizio estivo in terrazza sul lago » – ☎ 🚗
stagionale – **11 cam**.

a Bogliaco S : 1,5 km – ✉ 25080 :

🍴🍴 **Allo Scoglio,** ℰ 71030, 🍽 – 🦐
chiuso venerdì, gennaio e febbraio – Pas carta 35/52000.

verso Navazzo O : 7 km – alt. 497 – ✉ 25080 Navazzo :

🏨 **Roccolino** ⤸, località Roccolino ℰ 71443, Fax 72059, ≤ lago e monti, ⛴, ⤳, 🌳 – 🔲 📺 ☎ 🅿 – 🔒 30. 🖭. 🦐
chiuso dal 1° gennaio al 15 febbraio – Pas (chiuso mercoledì) carta 31/51000 – 🖙 10000 – **10 cam** 60/80000 – ½ P 65/85000.

GARGONZA Arezzo – Vedere Monte San Savino.

GARLASCO 27026 Pavia 👥👥👥 ⑬, 👥👥👥 G 8 – 9 688 ab. alt. 94 – ✿ 0382.
Roma 585 – Alessandria 61 – ✦Milano 44 – Novara 40 – Pavia 22 – Vercelli 48.

🏨 **I Diamanti** senza rist, via Leonardo da Vinci 59 ℰ 821504, Telex 352539, Fax 800981 – 🔋 🔲 📺 ☎ ⌖ 🅿 – 🔒 50. 🖭 🔲 𝗘 𝗩𝗜𝗦𝗔. 🦐
🖙 8000 – **39 cam** 75/105000, 🔲 7500.

🍴🍴 **Le Rotonde,** via Leonardo da Vinci 48 ℰ 821171, Telex 352539, ⛴, 🚤, ⤳, 🌳, 🍴 – 🔲 🅿. 🦐
chiuso lunedì ed agosto – Pas carta 35/55000.

GARLATE 22050 Como 👥👥👥 E 10, 👥👥👥 ⑩ – 2 433 ab. alt. 212 – ✿ 0341.
Roma 615 – ✦Bergamo 29 – Como 34 – Lecco 6 – ✦Milano 47.

🏨 **Nuovo,** ℰ 680243, 🍽 – 🔲 📺 ☎ 🚗 🅿 – 🔒 60. 🖭 🔲 🔵 𝗘 𝗩𝗜𝗦𝗔. 🦐
chiuso agosto – Pas (chiuso lunedì) carta 44/68000 – 🖙 10000 – **50 cam** 60/90000 appartamenti 130000, 🔲 5000.

🍴🍴 **Kalcherin,** ℰ 681326, 🍽 – 🅿.

GARLENDA 17033 Savona 👥👥👥 J 6 – 713 ab. alt. 70 – ✿ 0182.
🏌 (chiuso mercoledì da settembre a giugno) ℰ 580012, Fax 580561.
Roma 592 – Albenga 10 – ✦Genova 93 – Imperia 37 – ✦Milano 216 – Savona 47.

🏨 **La Meridiana** ⤸, ℰ 580271, Telex 272123, Fax 580150, 🍽, « In una residenza di campagna », ⤳, 🌳 – 🔋 ⤳ cam 📺 ☎ ⌖ 🅿. 🖭 🔲 🔵 𝗘 𝗩𝗜𝗦𝗔. 🦐 rist
chiuso dall'8 gennaio al 1° marzo – Pas (chiuso a mezzogiorno escluso da giugno a settembre; prenotare) carta 76/104000 – 🖙 20000 – **34 cam** 280000 appartamenti 265/350000 – ½ P 195/225000.

🍴🍴 **Claro de Luna,** strada per Caso E : 3 km ✉ 17038 Villanova d'Albenga ℰ 580348, Solo piatti di pesce; prenotare – 🅿. 🔲 𝗘 𝗩𝗜𝗦𝗔
chiuso a mezzogiorno (escluso i giorni festivi), martedì ed ottobre – Pas carta 45/65000.

L'EUROPA su un solo foglio
Carta Michelin n° 👥👥👥

GASSINO TORINESE 10090 Torino 988 ⑫, 428 G 5 – 8 421 ab. alt. 219 – ✦ 011.
Roma 665 – Asti 52 – ✦Milano 130 – ✦Torino 15 – Vercelli 60.

a Bussolino Gassinese E : 2,5 km – ⌧ 10090 :

✗ **Defilippi,** 𝒫 9606274, 🚗 – ❷. 🅂 E 𝚅𝙸𝚂𝙰
chiuso martedì – Pas carta 33/48000.

a Bardassano SE : 5 km – ⌧ 10090 Gassino Torinese :

✗ **Ristoro Villata,** via Val Villata 25 𝒫 9605818, 🍴, solo su prenotazione – ❷. ❀
chiuso a mezzogiorno (escluso i giorni festivi), venerdì e dal 12 al 28 agosto – Pas
carta 60/90000.

GATTEO A MARE 47043 Forlì 429 J 19 – 5 821 ab. – a.s. 15 giugno-agosto – ✦ 0547.
Roma 353 – ✦Bologna 102 – Forlì 41 – ✦Milano 313 – ✦Ravenna 35 – Rimini 17.

🏨 **Flamingo,** viale Giulio Cesare 31 𝒫 87171, ≤, 🏊 riscaldata, ✗ – 🛗 ☎ 🚗 ❷. 🅂 ⓞ
E 𝚅𝙸𝚂𝙰. ❀ rist
maggio-settembre – Pas (solo per clienti alloggiati) – ⊿ 8000 – **46 cam** 59/86000 –
½ P 50/70000.

🏨 **Miramare,** viale Giulio Cesare 63 𝒫 87313, ≤, 🏊 – 🛗 ☎ ❷. ❀ rist
maggio-settembre – Pas (solo per clienti alloggiati) 22/32000 – ⊿ 6000 – **52 cam** 50/80000
– ½ P 38/58000.

🏨 **Capitol,** viale Giulio Cesare 27 𝒫 86553, Fax 87626, ≤, 🏊, ✗ – 🛗 ☎ 🚗 𝚅𝙸𝚂𝙰. ❀ rist
10 maggio-27 settembre – Pas (solo per clienti alloggiati) 20/28000 – **50 cam** ⊿ 40/75000
– ½ P 55/67000.

🏨 **Park Hotel Miriam,** via Bologna 8 𝒫 86138, 🏊 – 🛗 ☎ 🚗 ❷. ❀ rist
Pasqua-settembre – **42 cam** (solo pens) – P 56/62000.

🏠 **Imperiale,** viale Giulio Cesare 82 𝒫 86875 – 🛗 ☎ ❷
maggio-settembre – Pas 20/30000 – ⊿ 5000 – **37 cam** 40/75000 – ½ P 35/55000.

🏠 **Magnolia,** via Trieste 31 𝒫 86814, 🚗 – 🛗 ⇜ cam ☎ ❷ ❀ rist
maggio-settembre – Pas (solo per clienti alloggiati) 22/27000 – ⊿ 6500 – **38 cam** 47/85000
– ½ P 36/51000.

🏠 **Estense,** via Gramsci 30 𝒫 87068, Fax 87489 – ☎ ❷. 🄰🄴 🅂 ⓞ E 𝚅𝙸𝚂𝙰. ❀ rist
chiuso novembre – Pas 15/22000 – ⊿ 6000 – **37 cam** 50/80000 – ½ P 35/55000.

🏠 **Sant'Andrea,** viale Matteotti 66 𝒫 85360 – ❷. ❀ rist
20 maggio-20 settembre – Pas (solo per clienti alloggiati) – ⊿ 5000 – **18 cam** 35/50000 –
½ P 37/46000.

🏠 **Simon,** viale Matteotti 41 𝒫 85224, Fax 85885, 🏊 – 🛗 🖿 rist ☎ ❷. ❀ rist
chiuso dal 7 gennaio al 10 febbraio – Pas carta 16/30000 – **43 cam** ⊿ 45/85000 –
½ P 32/50000.

🏠 **Fantini,** viale Matteotti 10 𝒫 87009 – 🛗 ♿ ❷. ❀ rist
20 maggio-20 settembre – Pas 16/20000 – ⊿ 6000 – **35 cam** 37/59000 – ½ P 33/38000.

GATTINARA 13045 Vercelli 988 ②, 428 F 7 – 8 803 ab. alt. 265 – ✦ 0163.
Roma 653 – Biella 29 – ✦Milano 79 – Novara 33 – ✦Torino 91 – Vercelli 59.

✗✗ **Dui Camin,** corso Garibaldi 165 𝒫 834446 – ❷. 🄰🄴 🅂 ⓞ E 𝚅𝙸𝚂𝙰. ❀
chiuso lunedì, dall'8 al 24 gennaio e dall'8 al 24 agosto – Pas carta 41/57000.

✗ Impero con cam, corso Garibaldi 81 𝒫 833232 – ❷
20 cam.

GAVARDO 25085 Brescia 988 ④, 428 F 13 – 9 113 ab. alt. 199 – ✦ 0365.
Roma 574 – ✦Brescia 23 – ✦Milano 117 – Trento 94.

a Soprazocco E : 4 km – ⌧ 25085 Gavardo :

✗ Trattoria alle Trote, 𝒫 31294 – ❷.

GAVERINA TERME 24060 Bergamo 428 429 E 11 – 831 ab. alt. 511 – a.s. luglio e agosto –
✦ 035.
Roma 605 – ✦Bergamo 26 – ✦Brescia 56 – ✦Milano 72.

🏨 **Grande Alb. Terme** ⌂, alle fonti E : 1,5 km 𝒫 810020, Fax 811443, 🚗, ✗ – 🛗 ☎
🚗. ❀
maggio-ottobre – Pas 25/30000 – ⊿ 7500 – **80 cam** 40/60000 – ½ P 45/55000.

GAVI 15066 Alessandria 988 ⑬, 428 H 8 – 4 464 ab. alt. 215 – ✦ 0143.
Roma 554 – Acqui Terme 42 – Alessandria 33 – ✦Genova 48 – ✦Milano 97 – Savona 84 – ✦Torino 136.

✗✗ Cantine del Gavi, via Mameli 60 𝒫 642458, Coperti limitati; prenotare.

verso Tassarolo NO : 5 km :

✗ **Da Marietto,** ⌧ 15066 Rovereto di Gavi 𝒫 682118, 🚗 – ❷. ❀
chiuso domenica sera, lunedì e gennaio – Pas carta 28/41000.

GAVINANA 51025 Pistoia 428 429 J 14 – alt. 820 – a.s. luglio e agosto – ✪ 0573.
Roma 337 – ◆Bologna 87 – ◆Firenze 63 – Lucca 53 – ◆Milano 288 – Pistoia 27.

🏠 **Villa Ada,** 🔊 66034, ← – 🅿. ⅏ rist
  giugno-settembre – Pas (solo per clienti alloggiati) 20/25000 – ⌷ 6000 – **41 cam** 35/69000
  – ½ P 40/60000.

GAVIRATE 21026 Varese 988 ③ 428 E 8 – 9 167 ab. alt. 261 – ✪ 0332.
Roma 641 – ◆Milano 66 – Varese 10.

✗ **Tipamasaro,** 🔊 743524, prenotare i festivi – ⟿ 🅿. 🄱. ⅏
  chiuso lunedì – **Pas** carta 23/32000.

GAZOLDO DEGLI IPPOLITI 46040 Mantova 428 429 G 13 – 2 483 ab. alt. 35 – ✪ 0376.
Roma 490 – ◆Brescia 58 – Mantova 21 – ◆Verona 45.

✗✗ **Casa Nodari,** 🔊 657122, prenotare – 🅿. ⊙
  chiuso i giorni festivi e domenica – Pas carta 30/55000.

GAZZANIGA 24025 Bergamo 428 429 E 11 – 4 928 ab. alt. 386 – ✪ 035.
Roma 620 – ◆Bergamo 19 – ◆Brescia 71 – ◆Milano 66.

✗ **Giardino,** via Dante 64 🔊 711265, « Servizio estivo in giardino » – ⟿ 🅿. 🅰🅴 🄱 E 🆅🅸🆂🅰.
  ⅏
  chiuso mercoledì e dal 15 al 30 ottobre – Pas carta 23/34000.

GAZZO Imperia – Vedere Borghetto d'Arroscia.

GELA Caltanissetta 988 ㊱ – Vedere Sicilia alla fine dell'elenco alfabetico.

GEMONA DEL FRIULI 33013 Udine 988 ⑥, 429 D 21 – 11 324 ab. alt. 272 – ✪ 0432.
Roma 665 – ◆Milano 404 – Tarvisio 64 – ◆Trieste 98 – Udine 29.

🏨 **Park Hotel,** via Divisione Julia 23 🔊 980915, Fax 971134, ⌂ – 🛗 ⟿ 📺 ☎ 🔧 ⟺
  🅿 – 🏛 80. 🅰🅴 🄱 E 🆅🅸🆂🅰. ⅏
  Pas vedere rist Ai Celti – ⌷ 7000 – **40 cam** 59/94000.

🏠 **Da Willy,** via Bariglaria 72 ⬚ 33010 Ospedaletto di Gemona 🔊 981671, Fax 981671 – 🛗
  📺 ☎ 🔧 🅿. 🅰🅴 🄱 ⊙ E 🆅🅸🆂🅰. ⅏
  Pas *(chiuso dall'8 al 15 gennaio e dal 25 al 31 ottobre, lunedì escluso luglio, agosto e
  dicembre)* carta 27/39000 – ⌷ 5000 – **18 cam** 45/70000 – ½ P 60/70000.

✗✗ **Ai Celti,** via Divisione Julia 23 🔊 983229, ⌂ – ▤ 🅿. 🅰🅴 🄱 ⊙ E 🆅🅸🆂🅰. ⅏
  chiuso domenica ed agosto – Pas carta 35/70000.

  verso Osoppo SO : 3,5 km :

✗ **Al Boschetto** con cam, ⬚ 33013 Gemona Piovega 🔊 980910, Fax 970890 – 🅿. 🅰🅴 🄱
  ⊙ E 🆅🅸🆂🅰. ⅏
  Pas carta 29/42000 (15%) – ⌷ 5000 – **12 cam** 35/55000 – ½ P 42000.

GEMONIO 21036 Varese 428 E 8, 219 ⑦ – 2 394 ab. alt. 325 – ✪ 0332.
Roma 647 – Lugano 39 – ◆Milano 73 – Varese 15.

✗✗ **Antico Vedani,** 🔊 601458, ⌂ – ⟿ 🅿. 🅰🅴
  chiuso lunedì, dal 2 al 12 gennaio e dal 1° al 10 agosto – Pas carta 48/70000.

GENAZZANO 00030 Roma – 4 978 ab. alt. 374 – ✪ 06.
Roma 49 – Frosinone 56 – Latina 62 – Palestrina 11.

  sulla strada statale 155 SE : 5 km :

✗✗ **Da Rossi,** ⬚ 00030 🔊 9579058, ⌂, ← – ▤ 🅿 – 🏛 80 a 600. 🄱
  chiuso martedì – Pas carta 23/33000.

GENEROSO (Monte) 427 ㉔㉕ 428 E 9 – Vedere Cantone Ticino alla fine dell'elenco alfabetico.

┌───┐
│ « Scoprite » l'**Italia** con la guida Verde Michelin :   │
│   │
│   descrizione dettagliata dei paesaggi pittoreschi e delle "curiosità" ; │
│   storia e geografia ;   │
│   musei e belle arti ;   │
│   itinerari regionali ;   │
│   piante topografiche di città e monumenti.   │
└───┘

GENOVA 16100 Ⓟ 988 ⑬, 428 I 8 – 706 754 ab. – ☎ 010.

Vedere Porto★★ **AXY** – Quartiere dei marinai★ **BY** – Piazza San Matteo★ **BY 85** – Cattedrale di San Lorenzo★ : facciata★★ **BY K** – Via Garibaldi★ : galleria dorata★ nel palazzo Cataldi **BY B**, pinacoteca★ nel palazzo Bianco **BY D**, galleria d'arte★ nel palazzo Rosso **BY E** – Palazzodell'Università★ **AX U** – Galleria Nazionale di palazzo Spinola★ : Adorazione dei Magi★★ diJoos Van Cleve **BY** – Campanile★ della chiesa di San Donato **BY L** – San Sebastiano★ di Pugetnella chiesa di Santa Maria di Carignano **BZ N** – Villetta Di Negro **CXY** : ≤★ sulla città esul mare, museo Chiossone★ **M** – ≤★ sulla città dal Castello **BX R** per ascensore – Cimitero diStaglieno★ **F**.

Escursioni Riviera di Levante★★★ Est e SE.

✈ Cristoforo Colombo di Sestri Ponente per ④ : 6 km ☎ 26901 – Alitalia, via 12 Ottobre 188 r ✉ 16121 ☎ 54937.

🚗 ☎ 2695 (int. 2451).

⛴ per Cagliari giugno-settembre martedì, giovedì e domenica, negli altri mesi martedì e domenica (20 h 45 mn) ed Olbia giugno-settembre giornaliero e negli altri mesi lunedì, martedì e venerdì (13 h); per Arbatax giugno-settembre lunedì, mercoledì e venerdì, negli altri mesi lunedì e venerdì (18 h 30 mn) e Porto Torres giornaliero (12 h 30 mn); per Palermo giugno-settembre martedì, giovedì, sabato e domenica, negli altri mesi martedì, giovedì e sabato (23 h) – Tirrenia Navigazione, Stazione Marittima, Pontile Colombo ✉ 16126 ☎ 258041, Telex 270186, Fax 2698225; per Palermo 25 giugno-15 ottobre lunedì, mercoledì e sabato, negli altri mesi mercoledì e sabato (22 h) – Grandi Traghetti, via Fieschi 17 ✉ 16128 ☎ 55091, Telex 271132, Fax 5509333.

ℹ Stazione Principe ✉ 16126 ☎ 262633 – all'Aeroporto ✉ 16154 ☎ 2415247.

A.C.I. viale Brigate Partigiane 1 ✉ 16129 ☎ 567001.

Roma 501 ② – ♦Milano 142 ⑦ – ♦Nice 194 ⑤ – ♦Torino 170 ⑤.

Pianta pagine seguenti

🏨 **Savoia Majestic** (dipendenza **Londra e Continentale**), via Arsenale di Terra 5 ✉ 16126 ☎ 261641, Telex 270426, Fax 261883 – 🛗 ▤ TV ☎ – 🚶 100. AE ⑤ ⊙ E VISA. ✗ rist
Pas carta 50/85000 – **123 cam** ☕ 178/256000 appartamenti 356000 – ½ P 178/228000 **AX h**

🏨 **Bristol** senza rist, via 20 Settembre 35 ✉ 16121 ☎ 592541, Telex 286550, Fax 561756 – 🛗 ▤ TV ☎ – 🚶 60 a 200. AE ⑤ ⊙ E VISA **CY n**
132 cam ☕ 195/280000 appartamenti 320/460000.

🏨 **Astoria** senza rist, piazza Brignole 4 ✉ 16122 ☎ 873316, Telex 275009, Fax 817326 – 🛗 TV ☎ – 🚶 100. AE ⑤ ⊙ E VISA **CY d**
☕ 12000 – **68 cam** 127/174000.

🏨 **Jolly Hotel Plaza,** via Martin Piaggio 11 ✉ 16122 ☎ 893641, Telex 283142, Fax 891850 – 🛗 ▤ TV ☎ – 🚶 40 a 60. AE ⑤ ⊙ E VISA. ✗ rist **CY q**
Pas 45000 – **91 cam** ☕ 185/290000 – ½ P 190/230000.

🏨 **City Hotel** senza rist, via San Sebastiano 6 ✉ 16123 ☎ 5545, Telex 271686, Fax 586301 – 🛗 ▤ TV ☎ – 🚶 25. AE ⑤ ⊙ E VISA. ✗ **CY e**
69 cam ☕ 190/260000.

🏨 **Alexander** senza rist, via Bersaglieri d'Italia 19 ✉ 16126 ☎ 261371, Fax 265257 – 🛗 ▤ TV ☎. AE ⑤ ⊙ E VISA **AX u**
35 cam ☕ 81/120000.

🏨 **Galles** senza rist, via Bersaglieri d'Italia 13 ✉ 16126 ☎ 262820, Fax 252295 – 🛗 TV ☎. AE ⑤ ⊙ E VISA **AX s**
☕ 10000 – **20 cam** 75/95000.

🏨 **Vittoria,** via Balbi 33/45 ✉ 16126 ☎ 261923, Fax 252013 – 🛗 TV ☎. AE ⑤ ⊙ E VISA
Pas *(chiuso domenica)* 25/30000 – ☕ 8000 – **56 cam** 60/90000 – ½ P 65/90000. **AX p**

🏨 **Viale Sauli** senza rist, viale Sauli 5 ✉ 16121 ☎ 561397, Fax 590092 – 🛗 ▤ TV ☎. AE ⑤ ⊙ E VISA **CY f**
49 cam ☕ 80/120000.

🏨 **Agnello d'Oro** senza rist, vico delle Monachette 6 ✉ 16126 ☎ 262084 – 🛗 ☎. ⑤ ⊙ E VISA **AX t**
☕ 9000 – **38 cam** 60/85000.

🏨 **Brignole** senza rist, vico del Corallo 13 r ✉ 16122 ☎ 561651, Fax 565990 – ▤ TV ☎. ✗ **DY k**
☕ 10000 – **26 cam** 75/115000, ▤ 16000.

XXX **Da Giacomo,** corso Italia 1 r ✉ 16145 ☎ 369647, 🌳, Rist. elegante moderno – ▤ Ⓟ. AE ⑤ ⊙ VISA. ✗ **DZ n**
chiuso domenica e dal 12 al 25 agosto – Pas carta 62/97000.

XXX ✿ **Saint Cyr,** piazza Marsala 8 ✉ 16122 ☎ 886897, Rist. elegante moderno – ▤. AE ⑤ ⊙ E VISA **CY r**
chiuso sabato, domenica, dal 23 dicembre al 7 gennaio e dal 6 al 31 agosto – Pas carta 53/68000 (16%)
Spec. Flan di fegato d'oca, Risotto Primavera, Anatra al Porto. Vini Dolcetto.

XX **Mata Hari,** via Gropallo 1 r ✉ 16122 ☎ 870027, Coperti limitati; prenotare – ⇔ ▤. AE ⑤ ⊙ VISA **DY a**
chiuso sabato a mezzogiorno, domenica e dal 1° al 20 agosto – Pas carta 34/57000.

XX **Zeffirino,** via 20 Settembre 20 ✉ 16121 ☎ 591990, Rist. rustico moderno – ▤. AE ⑤ ⊙ E VISA **CY b**
chiuso mercoledì – Pas carta 62/98000.

XX ✿ **Gran Gotto,** via Fiume 11 r ✉ 16121 ☎ 564344 – ▦ **P.** AE S E VISA   DY **m**
chiuso sabato a mezzogiorno, domenica, i giorni festivi e dal 12 al 31 agosto – Pas
carta 57/83000 (10%)
Spec. Gamberi a vapore con salsa allo scalogno, Tagliolini ai bianchetti (inverno), Pesce rondine in salsa al
limone e erba cipollina. **Vini** Pigato, Nebbiolo.

XX **Del Mario,** via Conservatori del Mare 35 r ✉ 16123 ☎ 297788, Fax 297788 – AE S E
VISA   BY **h**
chiuso sabato – Pas carta 35/65000.

XX **Santa Chiara,** a Boccadasse, via Capo Santa Chiara 69 r ✉ 16146 ☎ 3770081, ≤,
« Servizio estivo in terrazza sul mare »   Ġ **w**
Pas carta 50/70000.

XX **Gheise,** via Boccadasse 29 ✉ 16146 ☎ 3770086, « Servizio estivo in giardino » – AE VISA
chiuso lunedì e dal 28 luglio al 31 agosto – Pas carta 32/53000.   G **e**

XX **La Champagne,** via Boccadasse 15 r ✉ 16146 ☎ 310391 – S E VISA. ✻
chiuso lunedì ed agosto – Pas carta 48/63000.   G **r**

XX **La Bitta,** via San Martino 11 r ✉ 16131 ☎ 311052, Solo piatti di pesce – AE S ① E
VISA. ✻   G **z**
chiuso domenica sera, lunedì ed agosto – Pas carta 44/80000.

XX **Pansön,** piazza delle Erbe 5 r ✉ 16123 ☎ 294903, 🍴 – AE S ① E VISA. ✻   BY **a**
chiuso domenica, lunedì ed agosto – Pas carta 38/66000.

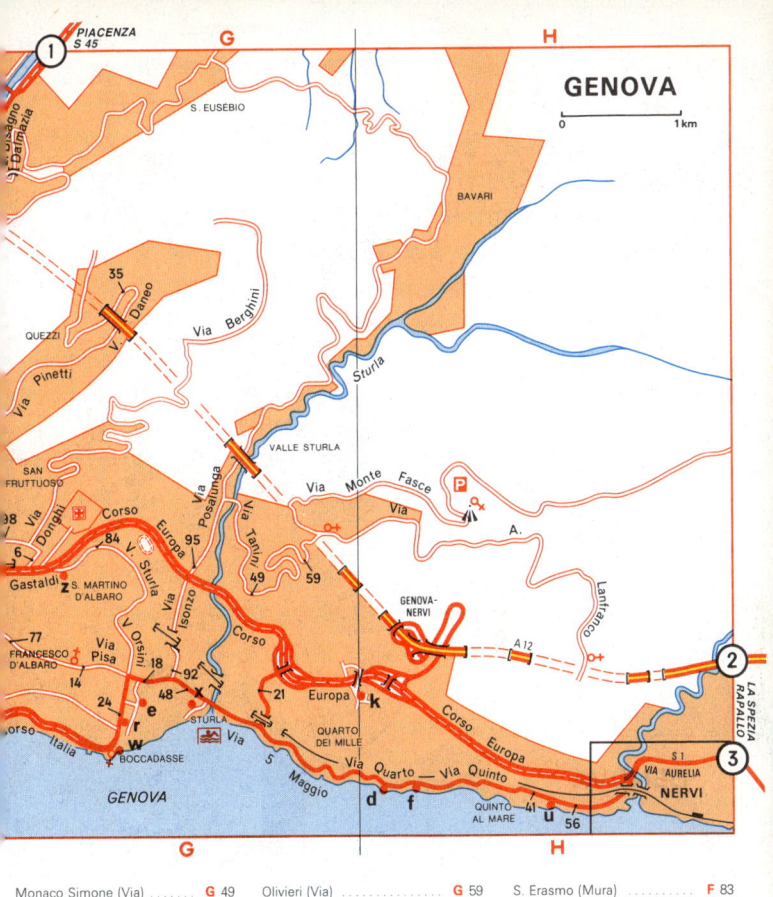

GENOVA

0   1 km

XX **Il Cucciolo,** viale Sauli 33 ⊠ 16121 ℘ 546470, Rist. con specialità toscane – **P.** AE
chiuso lunedì e dal 1° al 27 agosto – Pas carta 41/60000.   **CY f**

XX **Da Tiziano,** corso Italia 34 r ⊠ 16145 ℘ 314165, ← – AE S E VISA   **F g**
chiuso martedì sera, mercoledì e luglio – Pas carta 51/86000.

XX **La Pergola,** via Casaregis 52 r ⊠ 16129 ℘ 546543 – **P.** AE S E VISA. ⅌   **DZ a**
chiuso domenica sera, lunedì e dal 6 al 31 agosto – Pas carta 35/60000.

X **Da Genio,** salita San Leonardo 61 r ⊠ 16128 ℘ 546463, prenotare   **CZ a**
chiuso domenica ed agosto – Pas carta 39/62000.

X Antola, piazza Manin 16 r ⊠ 16122 ℘ 885737, 🌿   **DX f**

a San Pier d'Arena per ④ : 5 km **E** – ⊠ 16149 Genova :

XX **Al Tartufo,** salita Forte Crocetta 1 (N : 3 km) ℘ 460139 – **P.** – 🏛 40 a 60. AE S ⓞ E
VISA ⅌   **E b**
chiuso lunedì e dal 2 all'8 gennaio – Pas carta 72/92000.

a Sturla per ② o ③ : 6 km **G** – ⊠ 16147 Genova :

XX **Il Primo Piatto,** via del Tritone 12 r ⊠ 393456, 🌿 – S VISA   **G x**
chiuso sabato a mezzogiorno, lunedì e Ferragosto – Pas carta 33/47000.

segue →

GENOVA

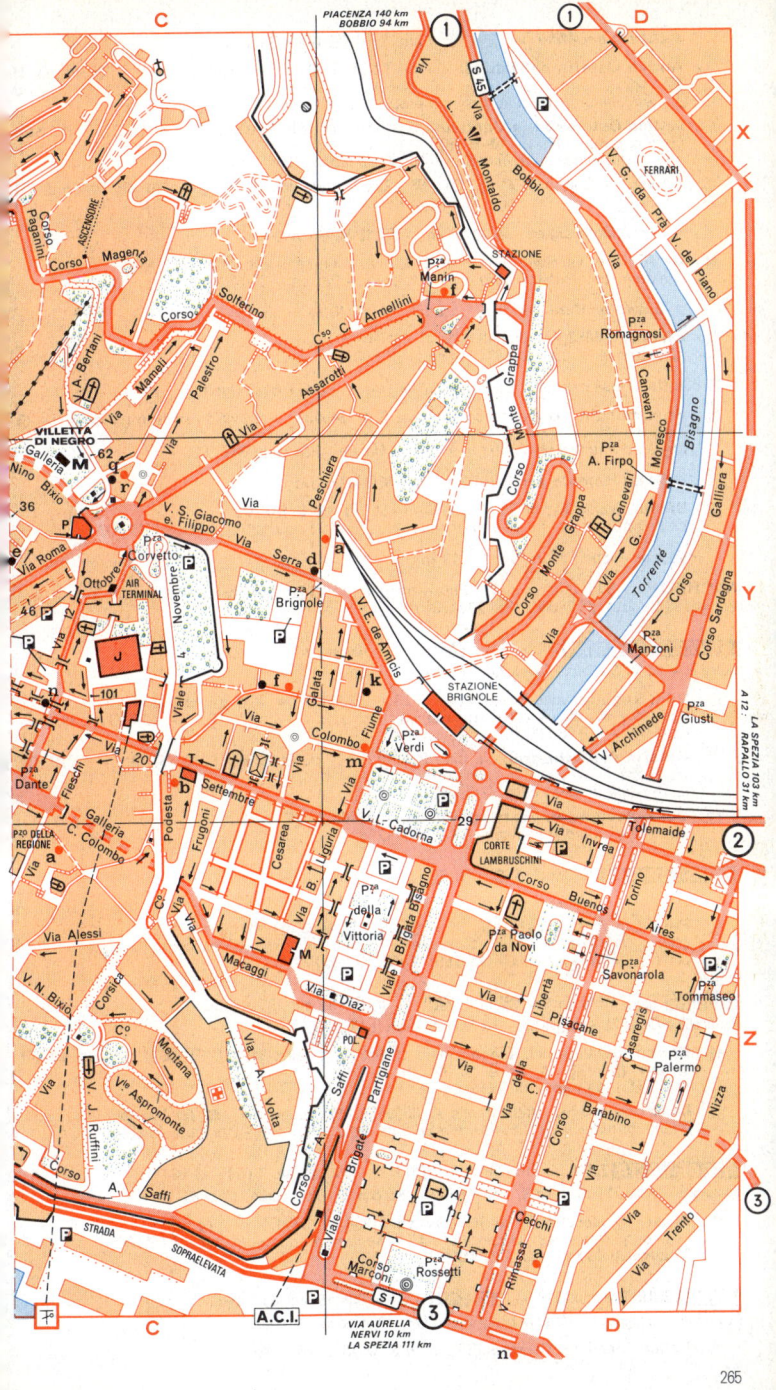

a Quarto dei Mille per ② o ③ : 7 km GH – ⊠ 16148 Genova :

XXX **Antica Osteria del Bai,** via Quarto 12 🖋 387478, Fax 392684, ≤, 🐟 – AE 🖸 ⓪ E
VISA. 🛠
chiuso lunedì, dall'8 al 20 gennaio e dal 1° al 20 agosto – Pas carta 60/80000.

         H d

XX **Antica Osteria della Castagna,** via Romana della Castagna 20 r 🖋 332676, 🐟, Solo
piatti di pesco – AE 🖸 ⓪ E VISA
chiuso domenica sera, lunedì e dal 1° al 15 luglio – Pas carta 62/77000.

         H k

XX **7 Nasi,** via Quarto 16 🖋 337357, 🐟, Rist. a mare con ≤, 🍸, 🐟 – ℗. AE 🖸 ⓪ E VISA
chiuso martedì – Pas carta 28/43000 (12%).

         H f

a Cornigliano Ligure per ④ : 7 km – ⊠ 16152 Genova :

X **Da Marino,** via Rolla 36 r 🖋 412674, Rist. d'habitués, prenotare – AE VISA
chiuso la sera, sabato, domenica ed agosto – Pas carta 34/57000.

a Quinto al Mare per ② o ③ : 8 km H – ⊠ 16166 Genova :

X **Cicchetti 1860,** via Gianelli 41 r 🖋 331641, Trattoria tipica
chiuso martedì ed agosto – Pas carta 33/50000.

         H u

a San Desiderio NE : 8 km per via Maggiolo G – ⊠ 16133 Genova :

X **Bruxaboschi,** via Francesco Mignone 8 🖋 3450302, « Servizio estivo in giardino » –℗
– 🏛 30. AE
chiuso domenica sera, lunedì, agosto e Natale – Pas carta 34/53000.

a Sestri Ponente per ④ : 10 km – ⊠ 16154 Genova :

X **Baldin,** piazza Tazzoli 20 r 🖋 671095 – AE 🖸 ⓪ E VISA. 🛠
chiuso domenica, dal 1° al 6 gennaio e dal 6 al 21 agosto – Pas carta 35/55000.

Vedere anche : *Nervi* per ② : 10 km.

MICHELIN, a San Quirico in Val Polcevera per ⑥ : 12 km, lungo torrente Secca 36/L nero –
⊠ 16163 Genova, 🖋 710871, Fax 713133.

GENZANO DI ROMA 00045 Roma 988 ⑳ – 20 184 ab. alt. 435 – ✪ 06.
Roma 30 – Anzio 33 – Castel Gandolfo 7 – Frosinone 71 – Latina 39.

🏠 **Villa Robinia,** viale Fratelli Rosselli 25 🖋 9396409, 🌲 – 📧 📺 ☎ ℗. 🛠
Pas (solo per clienti alloggiati e *chiuso luglio ed agosto*) 26/28000 – ⊆ 8000 – **30 cam**
42/62000 – ½ P 48/52000.

XX **Osteria dell'Infiorata,** via Italo Belardi 55 🖋 9399933, Fax 9363715, 🐟 – 📧. AE 🖸
⓪ E VISA
chiuso lunedì – Pas carta 32/39000.

XX **Dal Bracconiere,** piazza Frasconi 16 🖋 9396621, 🐟
chiuso mercoledì – Pas carta 39/58000 (12%).

GERA LARIO 22010 Como 428 D 10, 219 ⑩ – 909 ab. alt. 203 – ✪ 0344.
Roma 685 – Como 59 – ♦Lugano 52 – Menaggio 24 – ♦Milano 107 – Sondrio 44.

X **Pace** con cam, 🖋 84141, ≤, 🍴 – ℗. AE 🖸 ⓪ E VISA. 🛠 cam
chiuso dal 15 gennaio al 15 febbraio – Pas *(chiuso lunedì escluso giugno-settembre)*
carta 24/36000 – ⊆ 6000 – **13 cam** 30/60000 – ½ P 50/55000.

GERENZANO 21040 Varese 428 F 9, 219 ⑱ – 7 912 ab. alt. 225 – ✪ 02.
Roma 603 – Como 24 – ♦Lugano 53 – ♦Milano 26 – Varese 27.

🏨 **Concorde** senza rist, strada statale 🖋 9682317, Telex 340237, Fax 9681002 – 📧 📼 📺
☎ 🚗 ℗ – 🏛 100. AE 🖸 E VISA
⊆ 15000 – **44 cam** 118/155000.

XX **La Croce d'Oro,** strada statale 🖋 9689550, 🐟, prenotare – ℗. AE 🖸 ⓪
chiuso domenica, dal 26 dicembre al 6 gennaio ed agosto – Pas carta 40/65000.

GEROLA ALTA 23010 Sondrio 988 ③, 428 D 10 – 306 ab. alt. 1 050 – ✪ 0342.
Roma 689 – Lecco 71 – ♦Lugano 85 – ♦Milano 127 – Sondrio 38 – Passo dello Spluga 80.

🏠 **Pineta** 🛠, località Fenile SE : 3 km alt. 1 238, 🖋 690050, ≤ – ℗
chiuso ottobre – Pas *(chiuso martedì da settembre a maggio)* carta 25/37000 – ⊆ 6000 –
20 cam 26/40000 – ½ P 40/45000.

GHEDI 25016 Brescia 988 ④, 428 429 F 12 – 14 095 ab. alt. 85 – ✪ 030.
Roma 525 – ♦Brescia 21 – Mantova 56 – ♦Milano 118 – ♦Verona 65.

X Trattoria Santi, via Calvisano SE : 4 km 🖋 901345, 🌲 – ℗.

GHIFFA 28055 Novara 🄫🄶🄶 E 7, 🄫🄶🄰 ⑦ – 2 468 ab. alt. 202 – ✪ 0323.
Roma 679 – Locarno 33 – ◆Milano 102 – Novara 78 – Stresa 22 – ◆Torino 153.

🏨 **Park Hotel Paradiso** ⤷, ℰ 59548, ≤, 🍽, « Piccolo parco con 🌊 riscaldata » – ☎ ℗
15 marzo-ottobre – Pas 34000 – **15 cam** � 53/91000 – ½ P 73000.

🏨 **Ghiffa,** ℰ 59285, Fax 59585, ≤, 🍽, « Terrazza-giardino sul lago », 🐾 – 🛗 ☎ ℗. 🆎
🕻 ⓪ 🄴 𝗩𝗜𝗦𝗔. ⊗ rist
aprile-settembre – Pas 30/45000 – � 15000 – **23 cam** 60/90000 – ½ P 70/89000.

GIANICO 25040 Brescia – 1 703 ab. alt. 281 – ✪ 0364.
Roma 612 – ◆Bergamo 55 – ◆Bolzano 176 – ◆Brescia 55 – ◆Milano 102.

🍴🍴 **Rustichello,** via Tadini 12 ℰ 532976, Coperti limitati; prenotare – ▤ ℗. 🆎 𝗩𝗜𝗦𝗔. ⊗
chiuso lunedì e martedì – Pas carta 35/61000.

GIARDINI NAXOS Messina 🄫🄶🄶 ㊲ – Vedere Sicilia alla fine dell'elenco alfabetico.

GIAROLO Alessandria – Vedere Montacuto.

GIAVENO 10094 Torino 🄫🄶🄶 ⑫, 🄫🄶🄰 G 4 – 12 667 ab. alt. 506 – a.s. luglio e agosto – ✪ 011.
Roma 698 – ◆Milano 169 – Susa 38 – ◆Torino 33.

🍴 **San Roch,** via Parco Abbaziale 1 ℰ 9376913
chiuso lunedì – Pas carta 30/57000.

GIGLIO (Isola del) Grosseto 🄫🄶🄶 ㉔ – 1 604 ab. alt. da 0 a 498 (Poggio della Pagana) – a.s.
Pasqua e 15 giugno-15 settembre – ✪ 0564.
La limitazione d'accesso degli autoveicoli è regolata da norme legislative.

Giglio Porto 🄫🄶🄶 ㉔ – ✉ **58013**.
⛴ per Porto Santo Stefano giornalieri (1 h) – Toremar-agenzia Cavero, al porto ℰ
809349, Telex 502122.
🅱 via Umberto I n° 44 ℰ 809265

🏨 **Arenella** ⤷, NO : 2,5 km ℰ 809340, Fax 809340, ≤ mare e costa, 🐾 – ☏ ℗. ⊗
Pas *(chiuso dal 25 settembre al 31 maggio)* carta 39/50000 – � 7500 – **24 cam** 60/86000
– ½ P 75/88000.

🍴 **La Vecchia Pergola,** ℰ 809080, ≤, « Servizio estivo in terrazza »
chiuso martedì, febbraio e dal 15 ottobre a dicembre – Pas carta 29/41000.

a Giglio Castello NO : 6 km – ✉ **58012** Giglio Isola :

🍴 **Da Maria,** ℰ 806062 – 🕻 ⓪ 🄴 𝗩𝗜𝗦𝗔
chiuso mercoledì, gennaio e febbraio – Pas carta 37/55000.

🍴 **Da Santi,** ℰ 806188, Coperti limitati; prenotare – 🕻 🄴 𝗩𝗜𝗦𝗔. ⊗
chiuso lunedì – Pas carta 35/57000.

a Campese NO : 8,5 km – ✉ **58012** Giglio Isola :

🏠 **Campese** ⤷, ℰ 804003, ≤, 🐾 – ☎ ℗. ⊗ rist
19 aprile-settembre – Pas carta 28/45000 – � 8000 – **39 cam** 50/83000 – ½ P 80/100000.

GINOSA MARINA 74025 Taranto 21 810 ab. – a.s. luglio e agosto – ✪ 099.
🌳 (chiuso martedì da ottobre a maggio) a Riva dei Tessali ✉ 74011 Castellaneta ℰ 6439251,
Telex 860086.
Roma 481 – ◆Bari 106 – Matera 51 – Potenza 122 – ◆Taranto 40.

🏠 **Emiliano** ⤷, ℰ 627001 – ℗. 🕻
Pas carta 23/32000 – � 5000 – **20 cam** 39/59000 – ½ P 50/60000.

GIOIA DEI MARSI 67055 L'Aquila – 2 374 ab. alt. 735 – ✪ 0863.
Roma 137 – L'Aquila 83 – Isernia 90 – ◆Pescara 102.

🏠 **Filippone,** S : 1 km ℰ 88111, Fax 889842, 🌊, 🐾 – 🛗 ≒ ▤ rist ☎ ℗ – 🔬 80 a 150. 🆎
🕻 ⓪ 🄴 𝗩𝗜𝗦𝗔. ⊗ cam
� 24/38000 – � 5000 – **36 cam** 75000 – ½ P 65/70000.

GIOVI Arezzo – Vedere Arezzo.

GIOVINAZZO 70054 Bari 🄫🄶🄶 ㉙ – 21 418 ab. – ✪ 080.
Dintorni Cattedrale⋆ di Bitonto S : 9 km.
Roma 432 – ◆Bari 18 – Barletta 37 – ◆Foggia 115 – Matera 62 – ◆Taranto 106.

🍴 Toruccio, ℰ 8942432, ≤, 🍽 – ≒ ℗.

sulla strada statale 16 SE : 3 km :

🏨 **Gd H. Riva del Sole** 🏊, ✉ 70054 ♪ 8943166, Telex 810430, Fax 8943260, 🔥, 🐾,
🐾, 🛎 – 🖥 🛏 📺 🕿 🕑 – 🏄 80 a 150. 🟥 🕄 ⑩ **E** 𝗩𝗜𝗦𝗔. 🕸
Pas carta 30/45000 – **90 cam** ⚑ 165000 – ½ P 95/130000.

GIUBIASCO 🔢 ㉔㉕ 🔢 ⑧ – Vedere Cantone Ticino alla fine dell'elenco alfabetico.

GIULIANOVA LIDO 64022 Teramo 🔢 ⑰ – 22 548 ab. – a.s. luglio e agosto – 🌣 085.

🛈 piazza Roma ♪ 8004840.
Roma 209 – ◆Ancona 113 – L'Aquila 100 – Ascoli Piceno 45 – ◆Pescara 39 – Teramo 27.

🏨 **Gd H. Don Juan,** lungomare Zara 97 ♪ 867341, Telex 600061, Fax 8004805, ⩽, 🔥, 🐾,
🐾, 🛎 – 🖥 🛏 🕿 🕭 🕑 – 🏄 30 a 180. 🟥 🕄 ⑩ **E** 𝗩𝗜𝗦𝗔. 🕸 rist
18 maggio-24 settembre – Pas 35/38000 – **148 cam** ⚑ 80/120000 appartamenti 150000 –
½ P 100/135000.

🏨 **Promenade,** lungomare Zara 119 ♪ 8003338, Fax 8005983, ⩽, « Giardino ombreggiato »,
🔥, 🐾 – 🖥 🛏 rist ☜ 🕑. **E** 𝗩𝗜𝗦𝗔. 🕸 rist
15 maggio-settembre – Pas 30000 – ⚑ 15000 – **50 cam** 50/75000 – P 45/90000.

🏨 **Ritz,** via Quinto 3 ♪ 863470, Fax 8004748, 🐾 – 🖥 🛏 rist 🕿 🕑. 🕸 rist
maggio-settembre – Pas 30/40000 – ⚑ 8000 – **50 cam** 45/70000 – ½ P 70/75000.

🏨 **Baltic,** lungomare Zara ♪ 867242, Fax 867241, « Giardino ombreggiato », 🐾 – 🖥 ☜
🕑. 𝗩𝗜𝗦𝗔. 🕸 rist
20 maggio-20 settembre – Pas (solo per clienti alloggiati) 26000 – ⚑ 8000 – **42 cam** 90000
– ½ P 55/82000.

🏨 **Cristallo,** lungomare Zara 73 ♪ 8003780, Fax 8005953, ⩽, 🐾 – 🖥 📺 🕿 – 🏄 60. 🟥
🕄 ⑩ 𝗩𝗜𝗦𝗔. 🕸
Pas (chiuso dal 20 dicembre al 14 gennaio) carta 25/49000 – ⚑ 10000 – **54 cam** 55/85000
– ½ P 43/77000.

🏨 **Fabiola,** lungomare Zara ♪ 862908, 🐾 – 🖥 ☜ 🕑. 🟥 🕄 ⑩ **E** 𝗩𝗜𝗦𝗔. 🕸 rist
Pasqua-settembre – Pas 20000 – ⚑ 8000 – **28 cam** 48/66000 – ½ P 45/55000.

🍴 **Del Torrione,** piazza Buozzi 63 ✉ 64021 Giulianova Alta ♪ 8003307, « Servizio estivo in
terrazza con ⩽ » – 🕄 ⑩ 𝗩𝗜𝗦𝗔
chiuso lunedì, martedì a mezzogiorno e dall'8 gennaio al 16 febbraio – Pas carta 29/57000.

🍴 **Da Beccaceci,** via Zola 18 ♪ 8003550 – 🝙 🟥 🕄 ⑩ **E** 𝗩𝗜𝗦𝗔
chiuso lunedì sera, martedì e dal 15 al 31 dicembre – Pas carta 43/68000.

🍴 **Martin Pescatore,** via La Spezia 5 ♪ 8003782, 🍽 – ⑩. 🕸
chiuso lunedì e dal 25 settembre al 15 ottobre – **Pas** carta 28/45000.

🍴 Il Gabbiano, via Marsala 20 ♪ 8004930.

🍴 **Lucia** con cam, via Lampedusa 12 ♪ 8005807 – 🕄 **E** 𝗩𝗜𝗦𝗔. 🕸
Pas (chiuso lunedì) carta 29/52000 – **7 cam** ⚑ 20/40000 – ½ P 50/55000.

🍴 **L'Ancora,** via Turati angolo via Cermignani ♪ 8005321 – 🝙 🕑. 🕸
chiuso domenica – Pas carta 24/56000.

GIZZERIA LIDO 88040 Catanzaro – 🌣 0968.
Roma 576 – Catanzaro 39 – ◆Cosenza 61 – Lamezia Terme (Nicastro) 13 – Paola 57 – ◆Reggio di Calabria 132.

🍴 Mare Chiaro, ♪ 51251 – 🝙 🕑.

🍴 **Pesce Fresco** con cam, strada statale NO : 2 km ♪ 466200 – 🝙 📺 🕑. 🟥 🕄 ⑩ **E**
𝗩𝗜𝗦𝗔. 🕸 cam
Pas carta 36/47000 – ⚑ 6000 – **23 cam** 50/65000 – ½ P 45/50000.

GLORENZA (GLURNS) 39020 Bolzano 🔢 🔢 C 13, 🔢 ⑧ – 810 ab. alt. 920 – 🌣 0473.
Roma 720 – ◆Bolzano 83 – ◆Milano 260 – Passo di Resia 24.

🏨 **Posta,** ♪ 81208 – 🚐 🕑. 🕸 rist
chiuso dal 7 gennaio al 23 marzo – Pas (chiuso venerdì) carta 22/35000 – ⚑ 7500 – **25 cam**
28/52000 – ½ P 40/48000.

GLURNS = Glorenza.

GNOSCA 🔢 ㉔㉕ 🔢 ⑫ – Vedere Cantone Ticino alla fine dell'elenco alfabetico.

GODIASCO 27052 Pavia 🔢 H 9 – 2 351 ab. alt. 194 – 🌣 0383.
Roma 587 – Alessandria 48 – ◆Genova 105 – ◆Milano 83 – Pavia 48 – Piacenza 75.

🍴 **Italia** con cam, ♪ 90958, 🍽 – 📺 🝙. 🕄 **E** 𝗩𝗜𝗦𝗔
chiuso gennaio – **Pas** (chiuso martedì) 18/25000 – ⚑ 15000 – **9 cam** 40/60000 – ½ P 65000.

GODO Ravenna – Vedere Russi.

GOITO 46044 Mantova 988 ④ ⑭, 428 429 G 14 – 9 122 ab. alt. 30 – ✆ 0376.

Roma 487 – ◆Brescia 50 – Mantova 16 – ◆Milano 141 – ◆Verona 35.

XXX ɳ **Al Bersagliere,** via Statale 258 ℰ 60007, Fax 606363, ⊶ – 🅿. ⑤ ⓪ 🅔 𝗩𝗜𝗦𝗔. ⌺
chiuso lunedì, martedì a mezzogiorno, dal 2 al 9 gennaio e dal 5 al 27 agosto – Pas
carta 57/88000
Spec. Insalata di fegato grasso d'oca all'aceto balsamico, Risotto con piselli e ragù di tinca (primavera-
estate), Piccione novello alle olive nere. Vini Brolettino, Franciacorta rosso.

GOLFO ARANCI Sassari 988 ㉔ – Vedere Sardegna alla fine dell'elenco alfabetico.

GOLFO DI MARINELLA Sassari – Vedere Sardegna (Olbia) alla fine dell'elenco alfabetico.

GORGO AL MONTICANO 31040 Treviso – 3 758 ab. alt. 11 – ✆ 0422.

Roma 574 – Treviso 32 – ◆Trieste 116 – Udine 85 – ◆Venezia 63.

🏚 **Revedin** ⤳, via Palazzi 4 ℰ 740669, Fax 740669, ㈜, « Villa veneta del 15° secolo in un
parco » – 📺 ☎ 🅿 – 🔏 50. ⒜⒠ ⑤ 🅔 𝗩𝗜𝗦𝗔. ⌺
Pas (solo piatti di pesce; chiuso gennaio, domenica sera e lunedì) carta 48/68000 – ⊑
12000 – **32 cam** 75/118000 – ½ P 135/145000.

GORIZIA 34170 🄿 988 ⑥ – 39 230 ab. alt. 86 – ✆ 0481.

🏌 (chiuso gennaio, febbraio e lunedì) a San Floriano del Collio ⊠ 34070 ℰ 884131, Fax 884214.
✈ di Ronchi dei Legionari SO : 25 km ℰ 530036 – Alitalia, Agenzia Appiani, corso Italia 60 ℰ
530266.

🄸 corso Verdi 100/e ℰ 533870.

A.C.I. via Trieste 171 ℰ 21266.

Roma 649 – Ljubljana 113 – ◆Milano 388 – ◆Trieste 45 – Udine 37 – ◆Venezia 138.

🏨 Palace Hotel e Rist. Kappa, corso Italia 63 ℰ 82166, Telex 461154, Fax 31658 – 🛗 ⭲ rist
▥ 📺 ☎ 🅿 – 🔏 80
70 cam.

🏠 Alla Transalpina, via Caprin 30 ℰ 530038 e rist ℰ 32984 – 🛗 ▤ rist ☎ 🅿
55 cam.

X Antica Trattoria Stella d'Oro, piazza Sant'Antonio 3/1 ℰ 834399.

sulla strada statale 351 SO : 4 km :

XX **Al Fogolar,** ⊠ 34070 Lucinico ℰ 390107, ㈜, ⊶ – 🅿. ⌺
chiuso lunedì e dal 16 al 30 luglio – Pas carta 28/45000.

GORLE 24020 Bergamo – 4 172 ab. alt. 268 – ✆ 035.

Roma 603 – ◆Bergamo 3 – ◆Milano 49.

XX **Del Baio,** viale Zavaritt 224 ℰ 342262, ㈜ – ⒜⒠ ⑤ ⓪ 🅔 𝗩𝗜𝗦𝗔
chiuso lunedì e dal 15 al 30 agosto – Pas carta 46/84000.

GORO 44020 Ferrara 988 ⑮, 429 H 18 – 4 397 ab. alt. 1 – ✆ 0533.

Roma 487 – ◆Ferrara 64 – ◆Padova 87 – ◆Ravenna 65 – ◆Venezia 98.

X **Da Primon,** via Cesare Battisti ℰ 996071, Solo piatti di pesce – 🅿. ⌺
chiuso martedì – Pas carta 31/54000.

X Ferrari, via Brugnoli 244 ℰ 996448, Solo piatti di pesce.

GOSSENSASS = Colle Isarco.

GOZZANO 28024 Novara 988 ②, 428 E 7 – 6 033 ab. alt. 359 – ✆ 0322.

Dintorni Santuario della Madonna del Sasso★★ NO : 12,5 km.

Roma 653 – Domodossola 53 – ◆Milano 76 – Novara 38 – ◆Torino 112 – Varese 44.

🏨 **Nuova Italia,** ℰ 94393, Telex 223329, Fax 93774, ㈜, ⤨ – 🛗 📺 ☎ 🕭 🅿 – 🔏 150.
⑤ 🅔 𝗩𝗜𝗦𝗔
chiuso gennaio – Pas carta 26/40000 – ⊑ 10000 – **36 cam** 58/84000 – ½ P 60/62000.

sulla strada statale 229 N : 2,5 km :

X **Poncetta,** ⊠ 28024 ℰ 94392, ≤ lago – 🅿. ⌺
chiuso mercoledì e settembre – Pas carta 26/43000.

Do not mix up :

Comfort of hotels   : 🏨🏨 ... 🏠, ☆

Comfort of restaurants : XXXXX ... X

Quality of the cuisine   : ɳɳɳ, ɳɳ, ɳ

GRADARA 61012 Pesaro e Urbino 988 ⑯, 429 K 20 – 2 568 ab. alt. 142 – ☎ 0541.

Vedere Rocca★.

Roma 315 – ♦Ancona 89 – Forlì 76 – Pesaro 15 – Rimini 30 – Urbino 44.

XX **Mastin Vecchio di Adriano,** ✆ 964024, « Tipico ambiente medioevale; servizio estivo in terrazza » – ✻
chiuso lunedì e dal 1° al 20 novembre – Pas carta 32/47000.

XX **La Botte,** ✆ 964404, « Ambiente caratteristico; servizio estivo in giardino » – AE ⓓ VISA
chiuso mercoledì e dal 7 al 25 novembre – Pas carta 33/40000.

GRADISCA D'ISONZO 34072 Gorizia 988 ⑥, 429 E 22 – 6 352 ab. alt. 32 – a.s. agosto e settembre – ☎ 0481.

🅸 via Ciotti, Palazzo Torriani ✆ 99217.

Roma 639 – Gorizia 12 – ♦Milano 378 – ♦Trieste 42 – Udine 31 – ♦Venezia 128.

🏨 **Franz,** viale Trieste 45 ✆ 99211, Telex 461254, Fax 960510 – |♦| ▤ TV ☎ ♿ P. AE 🅢 ⓓ E VISA. ✻
Pas *(chiuso venerdì)* carta 24/39000 – ☕ 10000 – **37 cam** 100000, ▤ 10000.

XX **Al Ponte,** viale Trieste 122 (SO : 2 km) ✆ 99213, « Servizio estivo sotto un pergolato » – P. AE ⓓ VISA
chiuso lunedì sera, martedì e dal 1° al 28 luglio – **Pas** carta 27/52000.

X **Al Commercio,** via della Campagnola 6 ✆ 99358 – 🅢 ⓓ E VISA. ✻
chiuso domenica sera, lunedì, dal 1° all'11 febbraio e dal 1° al 20 agosto – Pas carta 22/36000.

Halten Sie beim Betreten des Hotels oder des Restaurants den Führer in der Hand.
Sie zeigen damit, daß Sie aufgrund dieser Empfehlung gekommen sind.

GRADISCUTTA Udine 429 E 20 – alt. 22 – ✉ **33030** Varmo – ☎ 0432.

Roma 606 – ♦Milano 345 – Pordenone 35 – ♦Trieste 88 – Udine 32 – ♦Venezia 95.

XX **Da Toni,** ✆ 778003, Fax 778004, 🌳, « Giardino » – P – 🏛 100. AE 🅢 ⓓ VISA. ✻
chiuso lunedì e dal 15 luglio al 14 agosto – Pas carta 31/42000.

GRADO 34073 Gorizia 988 ⑥, 429 E 22 – 9 201 ab. – Stazione termale (giugno-settembre), a.s. luglio e agosto – ☎ 0431.

Vedere Quartiere antico★ : postergale★ nel Duomo.

🅸 viale Dante Alighieri 72 ✆ 80135, Telex 460502.

Roma 646 – Gorizia 43 – ♦Milano 385 – Treviso 122 – ♦Trieste 54 – Udine 48 – ♦Venezia 135.

🏨 **Savoy,** via Carducci 33 ✆ 81171, Fax 83305, Fā, ≘s, 🏊, 🐎, ✂ – |♦| ▤ rist ☎ P. 🅢 ⓓ. ✻ rist
25 marzo-2 novembre – Pas 32000 – **78 cam** ☕ 87/133000 – ½ P 78/114000.

🏨 **Adria,** viale Europa Unita 18 ✆ 80656, Telex 460504, Fax 83519 – |♦| ⇔ TV ☎ P. AE 🅢 ⓓ E VISA. ✻ rist
aprile-ottobre – Pas 28/35000 – **70 cam** ☕ 85/160000 – ½ P 70/103000.

🏨 **Diana,** via Verdi 3 ✆ 82247, Fax 83330 – |♦| ⇔ cam TV ☎. AE 🅢 ⓓ E VISA. ✻ rist
marzo-5 novembre – Pas 25/35000 – ☕ 10000 – **63 cam** 75/130000 – ½ P 73/92000.

🏨 **Antares** senza rist, via delle Scuole 4 ✆ 84961, Fā, ≘s – |♦| ▤ TV ☎ P. 🅢 E VISA. ✻
marzo-novembre – **19 cam** ☕ 65/120000.

🏨 **Friuli,** riva Ugo Foscolo 14 ✆ 80841, ← – |♦| ▤ TV ☎ P. 🅢 VISA. ✻ rist
5 maggio-25 settembre – Pas 25000 – ☕ 8000 – **45 cam** 45/75000, ▤ 3000 – ½ P 55/77000.

🏨 **Il Guscio** senza rist, via Venezia 2 ✆ 82200, « Giardino » – |♦| ☏ P. 🅢 E VISA
maggio-settembre – **12 cam** ☕ 52/75000.

🏨 **Tiziano Palace,** riva Slataper 8 ✆ 80884, ← – |♦| ▤ ☏. AE 🅢 ⓓ E VISA. ✻ rist
maggio-settembre – Pas 35000 – ☕ 10000 – **94 cam** 63/94000 appartamenti 187000, ▤ 5000 – ½ P 82/87000.

🏠 **Serena,** riva Sant'Andrea 31 ✆ 80697 – ☎. AE 🅢 ⓓ E VISA
✦ *8 marzo-13 ottobre* – Pas 20000 – ☕ 6000 – **16 cam** 44/78000 – ½ P 55/65000.

🏠 **Cristina,** viale Martiri della Libertà 11 ✆ 80989, 🐎 – P. AE ⓓ VISA
aprile-settembre – Pas 22000 – ☕ 6000 – **26 cam** 32/58000 – ½ P 50/54000.

🏠 **Villa Rosa** senza rist, via Carducci 12 ✆ 81100 – |♦| ☏
15 aprile-ottobre – ☕ 7500 – **27 cam** 31/50000.

X **Al Balaor,** calle Zanini 3 ✆ 80150, 🌳 – ▤. AE 🅢 E VISA. ✻
chiuso giovedì escluso da giugno a settembre – Pas carta 36/82000.

X **Alla Fortuna-da Nico,** via Marina 10 ✆ 80470 – ⓓ
chiuso giovedì e gennaio – Pas carta 25/46000 (10%).

X **All'Androna,** calle Porta Piccola 4 ✆ 80950, 🌳 – ▤. AE 🅢 ⓓ E VISA. ✻
chiuso dal 20 dicembre al 1° marzo e martedì in bassa stagione – Pas carta 31/59000.

alla pineta E : 4 km :

🏠 **Al Bosco,** località La Rotta 𝒫 80485, � – 🛏 ☎ 🅿. ⓄⒹ. 🦌
maggio-settembre – Pas 28000 – ⊡ 9000 – **47 cam** 46/80000 – ½ P 71/77000.

🏠 **Plaza,** via Pegaso 1 𝒫 80226, Telex 460336, 🔍, 🚤on – 🛏 ▤ 🐾. 𝔸𝔼 🆂 ⓄⒹ 𝐕𝐈𝐒𝐀. 🦌 rist
20 maggio-20 settembre – Pas 25000 – ⊡ 10000 – **45 cam** 58/88000, ▤ 5000 – ½ P 62/90000.

🏠 **Mar del Plata,** viale Andromeda 5 𝒫 81081, Telex 460594, Fax 83549, « Giardino-pineta »,
🚤on – 🛏 ☎ 🅿. 🆂 ⓄⒹ E 𝐕𝐈𝐒𝐀. 🦌 rist
15 maggio-settembre – Pas 30000 – ⊡ 8000 – **35 cam** 50/80000 – ½ P 48/70000.

GRANAROLO DELL'EMILIA 40057 Bologna 🟦429🟦 I 16 – 6 834 ab. alt. 28 – ✪ 051.
Roma 390 – ◆Bologna 11 – ◆Firenze 106 – ◆Ravenna 86.

a Quarto Inferiore S : 3 km – ✉ 40127 :

✕✕ **Il Santapaola,** via San Donato 3 𝒫 767276 – ▤ 🅿. 𝔸𝔼 🆂 ⓄⒹ 𝐕𝐈𝐒𝐀. 🦌
chiuso sabato a mezzogiorno, domenica ed agosto – Pas carta 47/60000.

✕✕ **Santapaola Mare,** via San Donato 5/a 𝒫 768095, Rist. con specialità di mare – ▤ 🅿
chiuso lunedì e martedì a mezzogiorno – Pas carta 37/59000.

GRANCONA 36040 Vicenza 🟦429🟦 F 16 – 1 531 ab. alt. 36 – ✪ 0444.
Roma 553 – ◆Padova 32 – ◆Verona 42 – Vicenza 24.

a Pederiva E : 1,5 km – ✉ 36040 Grancona :

✕ **Isetta** con cam, 𝒫 889521 – ☎ 🅿. 𝔸𝔼 🆂 E 𝐕𝐈𝐒𝐀. 🦌
chiuso luglio – Pas *(chiuso martedì sera e mercoledì)* carta 30/45000 – ⊡ 7000 – **5 cam**
30/43000 – ½ P 35000.

GRAN SAN BERNARDO (Colle del) Aosta 🟦988🟦 ①②, 🟦219🟦 ②, 🟦74🟦 ⑩ – alt. 2 469 – a.s. luglio e
agosto.
Roma 778 – Aosta 32 – ◆Genève 148 – ◆Milano 216 – ◆Torino 145 – Vercelli 151.

🏠 **Italia,** ✉ 11010 Saint Rhémy 𝒫 (0165) 780908, ≤ – 🅿. 𝔸𝔼 🆂 𝐕𝐈𝐒𝐀
giugno-settembre – Pas carta 26/47000 – ⊡ 8000 – **15 cam** 50/83000 – ½ P 70/80000.

GRAPPA (Monte) Belluno, Treviso e Vicenza 🟦988🟦 ⑤ – alt. 1 775.
Vedere Monte★★★.
Roma 575 – Bassano del Grappa 32 – Belluno 63 – ◆Milano 271 – ◆Padova 74 – Trento 120 – ◆Venezia 107 –
Vicenza 67.

GRAVINA IN PUGLIA 70024 Bari 🟦988🟦 ㉘ – 39 047 ab. alt. 350 – ✪ 080.
Roma 449 – ◆Bari 56 – Matera 26 – Potenza 85 – ◆Taranto 96.

🏠 **Peucezia,** via Bari 96 𝒫 6964290, Fax 6964248 – 🛏 🖂on cam 📺 ☎ 🚗. ⓄⒹ 𝐕𝐈𝐒𝐀. 🦌
Pas carta 24/30000 – ⊡ 5000 – **28 cam** 40/70000 – ½ P 55000.

GRAZZANO BADOGLIO 14035 Asti 🟦428🟦 G 6 – 722 ab. alt. 299 – ✪ 0141.
Roma 616 – Alessandria 33 – Asti 25 – ◆Milano 101 – ◆Torino 68 – Vercelli 47.

✕✕ **Natalina,** località Madonna dei Monti N : 2 km 𝒫 925185, 🌺, Coperti limitati; prenotare
– 🅿. 𝔸𝔼 🆂 ⓄⒹ 𝐕𝐈𝐒𝐀. 🦌
chiuso giovedì e gennaio – Pas 25/50000 bc.

GRAZZANO VISCONTI 29020 Piacenza 🟦428🟦 H 11 – alt. 113 – ✪ 0523.
Roma 526 – ◆Genova 130 – ◆Milano 78 – Piacenza 14.

✕✕ **Biscione,** 𝒫 870149, « In un borgo caratteristico » – 🆂 ⓄⒹ E 𝐕𝐈𝐒𝐀. 🦌
chiuso lunedì sera, martedì e gennaio – Pas carta 38/66000.

GRECCIO 02040 Rieti 🟦988🟦 ㉖ – 1 494 ab. alt. 705 – ✪ 0746.
Vedere Convento★.
Roma 94 – Rieti 16 – Terni 24.

✕✕ **Il Nido del Corvo,** 𝒫 753181, ≤ – 🅿. 𝔸𝔼 Ⓞ. 🦌
chiuso giovedì – Pas carta 24/36000.

We distinguish for your use
certain hotels (🏠 ... 🏨🏨) and restaurants (✕ ... ✕✕✕✕✕)
by awarding them ✪, ✪✪ or ✪✪✪.

🇿 Municipio ℘ 366143.

Roma 733 – Aosta 85 – Ivrea 58 – ♦Milano 171 – ♦Torino 100.

🏨 **Residence Hotel,** località Edelboden ℘ 366148, Fax 366076, ≼ – 🛗 ☎ 🅿. 🆎 🅱 🅾
🇪 VISA. 🎿 rist
dicembre-aprile e luglio-settembre – Pas carta 25/35000 – 🖵 8000 – **35 cam** 90000 –
½ P 55/90000.

🏨 **Jolanda Sport,** località Edelboden ℘ 366140, Fax 366471, ≼ – 🛗 ☎ 🅿. 🎿
chiuso maggio, ottobre e novembre – Pas carta 25/33000 – 🖵 8000 – **31 cam** 84000 –
½ P 50/90000.

🇿 Villa Margherita ℘ 355185.

Roma 727 – Aosta 79 – Ivrea 52 – ♦Milano 165 – ♦Torino 94.

🏨 **Lyskamm,** ℘ 355436, ≼, 🚗 – 🛗 🕿 🚗 🅿. 🆎 🅾 VISA. 🎿
3 dicembre-15 aprile e 20 maggio-ottobre – Pas carta 21/32000 – 🖵 6000 – **23 cam**
45/75000 – ½ P 65/75000.

🏨 **Gran Baita,** ℘ 355241, ≼ – 🚗 🅿. 🎿
chiuso dall'11 maggio al 20 giugno e dal 20 settembre ad ottobre – Pas *(chiuso mercoledì)*
carta 25/42000 – 🖵 8000 – **14 cam** 40/75000 – ½ P 70000.

🏨 **Flora Alpina,** località Belciucken ℘ 355179, ≼ – 🚗 🚗 🅿. 🎿
dicembre-aprile e giugno-settembre – Pas carta 22/38000 – 🖵 5000 – **15 cam** 60000 –
½ P 60/65000.

Roma 260 – Arezzo 64 – ♦Firenze 27 – Siena 40.

🏨 **Del Chianti** senza rist, ℘ 853763, Fax 853763, 🏊, 🚗 – 🛗 🖀 ☎. 🆎 🅱 🅾 🇪 VISA
🖵 7000 – **16 cam** 61/90000.

🏨 **Giovanni da Verrazzano,** ℘ 853189, Fax 853648, « Servizio estivo in terrazza » – ☎. 🆎
🅱 🅾 🇪 VISA. 🎿
chiuso dal 15 gennaio al 15 febbraio – Pas *(chiuso domenica sera e lunedì)* carta 32/45000
– 🖵 10000 – **11 cam** 60/95000 – ½ P 70000.

a Panzano S : 6 km – alt. 478 – ✉ 50020 :

🏨 **Villa le Barone** 🏡, E : 1,5 km ℘ 852215, Fax 852277, ≼, « In un'antica dimora di
campagna », 🏊, 🚗 – 🖀 cam 🅿. 🆎. 🎿
Pasqua-5 novembre – Pas *(solo per clienti alloggiati e chiuso a mezzogiorno)* – **27 cam**
solo ½ P 140/160000.

🏨 **Villa Sangiovese,** ℘ 852461, Fax 852463, ≼, « Servizio rist. estivo in terrazza-giardino
panoramica », 🏊 – ☎. 🅱 🇪 VISA. 🎿
chiuso gennaio e febbraio – Pas *(chiuso mercoledì)* carta 28/40000 – **19 cam** 🖵 80/170000
appartamenti 180/220000.

Roma 514 – ♦Milano 168 – ♦Venezia 125 – ♦Verona 11.

🏨 **La Pergola,** via La Guardia 1 ℘ 907071, Fax 907111 – 🖀 📺 ☎ 🚗 🅿. 🅱 🇪 VISA
Pas carta 25/40000 – 🖵 10000 – **29 cam** 60/90000, 🖀 10000 – ½ P 70/90000.

Roma 677 – ♦Trieste 8 – Udine 65 – ♦Venezia 150.

🏨 Riviera e Maximilian's, strada costiera 22 ℘ 224396, Fax 224300, ≼ – 🛗 ☎ 🅿 – 🔬 60
57 cam.

🍴 **Principe di Metternich,** al mare ℘ 224189, 🦐 – 🆎 🅱 🅾 🇪 VISA
chiuso lunedì e gennaio – Pas carta 43/60000.

Roma 657 – Biella 38 – ♦Milano 83 – Novara 37 – ♦Torino 100 – Vercelli 44.

🍴 **La Baracca,** ℘ 417103 – 🅿. 🆎 🅱 🅾 🇪 VISA
🔜 *chiuso lunedì ed agosto* – Pas carta 17/29000.

Roma 633 – Alessandria 75 – Asti 39 – Cuneo 60 – ♦Milano 163 – Savona 88 – ♦Torino 67.

🍴 **Trattoria Enoteca del Castello,** ℘ 262159, « Castello-museo del 13° secolo » – 🅿.
🎿
chiuso martedì e gennaio – Pas 50000.

GRÖDNER JOCH = Gardena (Passo di).

GROLE Mantova – Vedere Castiglione delle Stiviere.

GRONDONA 15060 Alessandria 428 H 8 – 499 ab. alt. 303 – ۞ 0143.
Roma 552 – Alessandria 31 – ♦Genova 61 – ♦Milano 99.

    ✗ La Taverna con cam, ℘ 680128
    6 cam.

GROSIO 23033 Sondrio 988 ④ 428 429 D 12 – 4 934 ab. alt. 653 – ۞ 0342.
Roma 739 – ♦Milano 178 – Sondrio 40 – Passo dello Stelvio 44 – Tirano 14.

    ✗✗ **Sassella** con cam, ℘ 845140, Fax 845668 – ⴹ 📺 ☎ ⴺ ➾ 🅿 – 🛆 50. ⴀⴇ ⓞ 𝘝𝘐𝘚𝘈
       Pas *(chiuso lunedì dal 15 settembre al 15 giugno)* carta 29/42000 – ⴢ 9000 – **18 cam**
       45/80000 – ½ P 70/75000.

GROSSETO 58100 🅿 988 ㉔ ㉕ – 71 034 ab. alt. 10 – ۞ 0564.
Vedere Museo Archeologico e d'Arte della Maremma★.
🖪 viale Monterosa 206 ℘ 22534.
🅰🅲🅸 via Mazzini 105 ℘ 21071.
Roma 187 – ♦Livorno 134 – ♦Milano 428 – ♦Perugia 176 – Siena 73.

    🏨 **Bastiani Grand Hotel** senza rist, piazza Gioberti 64 ℘ 20047, Telex 502051, Fax 29321 –
       ⴹ 🗐 📺 ⴀⴇ 🅱 ⓞ 𝐄 𝘝𝘐𝘚𝘈 ⴞ
       48 cam ⴢ 120/234000.

    🏨 Lorena, via Trieste 3 ℘ 25501 – ⴹ 🗐 📺 ☎ ⴺ ➾ – 🛆 80
       55 cam.

    🏨 **Nalesso** senza rist, via Senese 35 ℘ 412441, Fax 412442 – ⴹ 📺 ☎ 🅿. 🅱 . ⴞ
       ⴢ 10000 – **38 cam** 45/75000.

    🏨 Sanlorenzo, senza rist, via Piave 22 ℘ 27918 – ⴹ ☎
       31 cam.

    🏠 **Leon d'Oro**, via San Martino 46 ℘ 22128 – 📺 ☎ ⴀⴇ 🅱 𝐄 𝘝𝘐𝘚𝘈. ⴞ cam
       Pas *(chiuso domenica)* carta 21/30000 – ⴢ 7000 – **39 cam** 37/62000 – ½ P 53/80000.

    🏠 **La Maremma** senza rist, via Fulceri Paolucci de' Calboli 11 ℘ 22293 – ⴹ 📺 ☎. ⴀⴇ
       ⓞ 𝘝𝘐𝘚𝘈. ⴞ
       ⴢ 8000 – **34 cam** 35/55000.

    ✗✗ **Buca di San Lorenzo**, via Manetti 1 ℘ 25142 – ⴀⴇ 🅱 ⓞ 𝐄 𝘝𝘐𝘚𝘈. ⴞ
       chiuso lunedì – Pas carta 50/60000 (10%).

    ✗✗ **La Maremma**, via Fulceri Paolucci de' Calboli 5 ℘ 21177 – 🗐. ⴀⴇ 🅱 ⓞ 𝘝𝘐𝘚𝘈
       chiuso domenica sera, lunedì e dal 1° al 20 agosto – Pas carta 25/35000.

    ✗✗ **Canapone**, piazza Dante 3 ℘ 24546 – ⴀⴇ 🅱 ⓞ
       chiuso domenica e dal 1° al 20 luglio – Pas carta 29/44000.

    ✗ **Antiche Mura**, via Mazzini 29 ℘ 414589, Coperti limitati; prenotare – ⴀⴇ 🅱 ⓞ 𝐄 𝘝𝘐𝘚𝘈.
       ⴞ
       chiuso martedì – Pas carta 36/65000.

    sulla strada statale 1 - via Aurelia S : 2 km :

    🏨 **MotelAgip,** ✉ 58100 ℘ 24100, Fax 24123 – 🗐 📺 ☎ 🅿 – 🛆 30. ⴀⴇ 🅱 ⓞ 𝐄 𝘝𝘐𝘚𝘈.
       ⴞ rist
       Pas *(chiuso lunedì)* 27000 – **32 cam** ⴢ 51/92000 – ½ P 60/70000.

GROSSETO (Marina di) 58046 Grosseto 988 ㉔ – a.s. Pasqua e 15 giugno-15 settembre –
۞ 0564.
Roma 196 – ♦Firenze 153 – Grosseto 13 – ♦Livorno 125 – Orbetello 53 – Siena 85.

    🏨 **Mediterraneo**, viale 24 Maggio 70 ℘ 34500, Fax 35261, ≼, ⴇ➾ – ⴹ ☎ 🅿. 𝘝𝘐𝘚𝘈. ⴞ
       chiuso dal 7 novembre al 9 dicembre – Pas carta 30/48000 – ⴢ 10000 – **52 cam** 90000 –
       ½ P 80/90000.

    🏠 **Rosmarina,** via delle Colonie 35 ℘ 34408 – ☎. ⓞ. ⴞ
       Pas carta 36/46000 – ⴢ 9000 – **16 cam** 83000 – ½ P 48/96000.

    ✗ **Da Mario**, via Baracca 2 ℘ 34472, 😒 – ⴀⴇ 🅱 ⓞ 𝐄 𝘝𝘐𝘚𝘈
       chiuso lunedì, ottobre e novembre – Pas carta 30/43000 (10%).

    a Principina a Mare S : 6 km – ✉ 58046 Marina di Grosseto :

    🏨 **Grifone** ⴾ, ℘ 34300, Fax 36293, « In pineta », ☛ – ⴹ ☎ ⴀⴇ 🅱 ⓞ 𝐄 𝘝𝘐𝘚𝘈. ⴞ
       aprile-15 ottobre – Pas carta 35/47000 – ⴢ 10000 – **40 cam** 82000 – ½ P 75/100000.

GROTTA... GROTTE Vedere nome proprio della o delle grotte.

GROTTAFERRATA 00046 Roma – 16 878 ab. alt. 329 – ✪ 06.
Vedere Guida Verde.
Roma 21 – Anzio 44 – Frascati 3 – Frosinone 71 – Latina 49 – Terracina 83.

Gd H. Villa Fiorio, viale Dusmet 28 ℰ 9459276, Fax 9459279, ☞ « Piccolo parco con
🌳 » – 📺 ☎ 🅿 – 🔬 40. 🆎 ⑤ ⓞ Ε 𝖵𝖨𝖲𝖠. ⬚
Pas carta 47/70000 – 🖵 15000 – **20 cam** 160000 – ½ P 140000.

✕✕ **Taverna dello Spuntino,** via Cicerone 20 ℰ 9459366 – ▤. ⬚
chiuso mercoledì e dal 1° al 20 agosto – Pas carta 39/60000.

✕✕ **Al Fico,** via Anagnina 134 ℰ 9459214, « Giardino-pineta con servizio estivo all'aperto » –
🅿 🆎 ⑤ ⓞ. ⬚
chiuso mercoledì e dal 16 al 24 agosto – Pas carta 45/65000.

✕✕ **Da Mario-La Cavola d'Oro,** via Anagnina 35 ℰ 9459955, ☞ – 🅿. 🆎 ⑤ ⓞ Ε 𝖵𝖨𝖲𝖠
chiuso lunedì – Pas carta 38/58000.

GROTTAMMARE 63013 Ascoli Piceno 𝟵𝟴𝟴 ⑯ ⑰ – 12 389 ab. – a.s. luglio e agosto – ✪ 0735.
🛈 piazzale Paricle Fazzini 5 ℰ 631087.
Roma 236 – ♦Ancona 84 – Ascoli Piceno 39 – Macerata 64 – ♦Pescara 72 – Teramo 53.

Roma, ℰ 631145, ≼, 🕭 – 🛄 ⊛ 🅿. 🆎 ⑤ ⓞ Ε 𝖵𝖨𝖲𝖠. ⬚
↦ giugno-20 settembre – Pas 20/25000 – 🖵 5000 – **60 cam** 50/70000 – ½ P 65/70000.

✕✕ Locanda del Tempo, località Grottammare Alta ℰ 631259, prenotare.

✕ **Osteria dell'Arancio,** località Grottammare Alta ℰ 631059, ☞, « Locale caratteristico
con menu tipico » – ⑤
chiuso a mezzogiorno e mercoledì – Pas 38000 bc.

verso San Benedetto del Tronto :

Exodus, S : 2,5 km ✉ 63013 ℰ 581304, « Giardino », 🕭 – 🛗 ▤ rist ⊛ 🅿. 🆎 ⓞ.
⬚ rist
20 aprile-settembre – Pas 25/40000 – 🖵 3000 – **39 cam** 40/60000 – ½ P 35/60000.

✕✕ **Tropical,** S : 2 km ✉ 63013 ℰ 581000, ☞, Solo piatti di pesce, 🕭 – 🆎 ⓞ 𝖵𝖨𝖲𝖠
chiuso domenica sera (escluso giugno, luglio ed agosto), lunedì e dal 20 ottobre al 10
novembre – Pas carta 36/60000.

GRUMELLO DEL MONTE 24064 Bergamo 𝟰𝟮𝟴 𝟰𝟮𝟵 F 11 – 5 796 ab. alt. 208 – ✪ 035.
Roma 583 – ♦Bergamo 21 – ♦Brescia 35 – Cremona 80 – ♦Milano 62.

✕✕ **Cascina Fiorita,** N : 1 km ℰ 830005, ≼, 🐎 – 🅿
chiuso lunedì ed agosto – Pas carta 35/59000.

GSIES = Valle di Casies.

GUALDO TADINO 06023 Perugia 𝟵𝟴𝟴 ⑯ – 14 396 ab. alt. 535 – ✪ 075.
Roma 193 – ♦Ancona 98 – Assisi 32 – Fano 96 – ♦Perugia 50 – Terni 95.

✕ **Gigiotto** con cam, via Morone 5 ℰ 912283 – 🛗 – 🔬 50. ⬚ rist
chiuso dal 15 gennaio al 15 febbraio – Pas (chiuso mercoledì) carta 30/41000 – 🖵 5000 –
30 cam 42/59000 – ½ P 50/55000.

GUALTIERI 42044 Reggio nell'Emilia 𝟰𝟮𝟴 𝟰𝟮𝟵 H 13 – 6 013 ab. alt. 22 – ✪ 0522.
Roma 450 – Mantova 36 – ♦Milano 152 – ♦Modena 48 – ♦Parma 30 – Reggio nell'Emilia 25.

A. Ligabue, ℰ 828120, Fax 829294 – ▤ 📺 ☎ 🅿 – 🔬 40. 🆎 ⑤ ⓞ Ε 𝖵𝖨𝖲𝖠. ⬚
chiuso dal 23 dicembre al 2 gennaio e dal 22 luglio al 16 agosto – Pas (chiuso domenica
sera e lunedì) carta 35/49000 – 🖵 15000 – **36 cam** 59/88000 appartamenti 110000 –
½ P 85000
Spec. Spaghetti all'astice, Petto d'anatra in crosta con funghi e asparagi (marzo-maggio), Caciottina fresca
con misticanza e pomodoro. Vini Greco di Tufo, Sangiovese Riserva.

GUARCINO 03016 Frosinone – 1 782 ab. alt. 625 – Sport invernali : a Campocatino : 1 787/
1 920 m ≰4, ⵰ – ✪ 0775.
Roma 91 – Avezzano 99 – Frosinone 22 – Latina 76.

a Campocatino N : 18 km – alt. 1 787 – ✉ 03016 Guarcino :

Roby ♨, ℰ 441351, ≼ monti – ☎ 🅿. 🆎 ⑤ ⓞ Ε 𝖵𝖨𝖲𝖠. ⬚
10 dicembre-aprile – Pas carta 36/49000 – **23 cam** 🖵 63/90000 – ½ P 80/90000.

GUARDAMIGLIO 20070 Milano 𝟰𝟮𝟴 G 11 – 2 502 ab. alt. 49 – ✪ 0377.
Roma 516 – Cremona 34 – ♦Milano 58 – Pavia 49 – Piacenza 7.

✕ **Hostaria il Cavallo,** località Valloria E : 4 km ℰ 51016, ☞ – 🅿. 🆎 ⑤ Ε 𝖵𝖨𝖲𝖠. ⬚
chiuso martedì e dal 16 agosto al 16 settembre – Pas carta 40/68000.

Roma 473 – Castrovillari 105 – Catanzaro 108 – ♦Cosenza 48 – Paola 14.

🏨 Mediterraneo, 🖉 94122, ⚓₆ – 🛗 ☎ 🅿
stagionale – **54 cam**.

Vedere anche : **Terme Luigiane** NE : 2 km.

GUARDIA VOMANO 64020 Teramo – alt. 192 – ۞ 085.

Roma 200 – ♦Ancona 137 – L'Aquila 85 – Ascoli Piceno 62 – ♦Pescara 39 – Teramo 26.

sulla strada statale 150 S : 1,5 km :

✕ **3 Archi**, ✉ 64020 🖉 898140 – 🅿. 🛗 **E** 𝗩𝗜𝗦𝗔. ✸
chiuso mercoledì e novembre – Pas carta 27/36000.

GUASTALLA 42016 Reggio nell'Emilia 𝟵𝟴𝟴 ⑭, 𝟰𝟮𝟴 𝟰𝟮𝟵 H 13 – 13 288 ab. alt. 25 – ۞ 0522.

Roma 453 – ♦Bologna 91 – Mantova 33 – ♦Milano 156 – Modena 51 – ♦Parma 34 – Reggio nell'Emilia 28.

🏨 **Old River**, viale Po 🖉 838401, Fax 824676, 🏤 – 🛗 🍴 rist ☜ ⇦ 🅿 – 🔏 150. 🖭 🛗
🕦 **E** 𝗩𝗜𝗦𝗔. ✸
Pas *(chiuso venerdì ed agosto)* carta 31/42000 – 😅 10000 – **30 cam** 58/87000 – ½ P 75000.

✕✕ **La Barriera**, piazza Martiri e Patrioti 3 🖉 825597, 🏤 – 🍴. ✸
chiuso lunedì, martedì e dal 15 giugno al 15 luglio – Pas carta 28/51000.

sulla strada per Novellara S : 5 km :

✕✕ **La Briciola**, 🖉 831378, Solo piatti di pesce, Coperti limitati; prenotare, 🚗 – 🅿. 🖭 🛗
🕦 **E** 𝗩𝗜𝗦𝗔. ✸
chiuso martedì, mercoledì, dal 6 al 20 gennaio e dal 1° al 21 agosto – Pas carta 42/60000.

GUBBIO 06024 Perugia 𝟵𝟴𝟴 ⑮⑯ – 31 748 ab. alt. 529 – ۞ 075.

Vedere Città vecchia★★★ – Palazzo dei Consoli★★ B – Palazzo Ducale★ D – Teatro romano★ –
Affreschi★ di Ottaviano Nelli nella chiesa di San Francesco – Affresco★ di Ottaviano Nelli nella
chiesa di Santa Maria Nuova K .

🗓 piazza Oderisi 6 🖉 9273693.

Roma 217 ② – ♦Ancona 109 ② – Arezzo 92 ④ – Assisi 54 ③ – ♦Perugia 39 ③ – Pesaro 92 ④.

Pianta pagina seguente

🏨🏨 **Park Hotel ai Cappuccini** 📐, via Tifernate 🖉 9234, Telex 661109, Fax 9220323, ⋖ città
e campagna, 🗜, ⛱, 🔲, 🌳, 🎾 – 🛗 ⇥ cam 🍴 📺 ☎ 🔥 ⇦ 🅿 – 🔏 200. 🖭
🕦 **E** 𝗩𝗜𝗦𝗔. ✸   per ④
Pas carta 39/59000 – **93 cam** 😅 180/250000 appartamenti 430/500000 – ½ P 165/175000.

🏨 **Bosone**, via 20 Settembre 22 🖉 9272008, Fax 9271269 – 🛗 ☎ 🔥. 🖭 🛗 🕦 **E** 𝗩𝗜𝗦𝗔   d
chiuso febbraio – Pas vedere rist Taverna del Lupo – 😅 8000 – **28 cam** 75/90000 –
½ P 65/70000.

🏨 **San Marco**, via Perugina 5 🖉 9272349, Fax 9273716, 🌳 – ☎ – 🔏 80. 🖭 🛗 🕦 **E** 𝗩𝗜𝗦𝗔
✸ rist   x
Pas carta 30/46000 (10%) – 😅 6000 – **66 cam** 53/74000 – ½ P 54000.

🏨 **Oderisi-Balestrieri** senza rist, via Mazzatinti 2 🖉 9273747, Fax 9273747 – 🛗 ☎ ⇦   a
😅 5000 – **37 cam** 40/60000.

🏨 **Gattapone**, via Ansidei 6 🖉 9272489 – ☎. 🖭 🛗 🕦 **E** 𝗩𝗜𝗦𝗔. ✸   n
chiuso dal 7 gennaio al 6 febbraio – Pas vedere rist Taverna del Lupo – 😅 4000 – **13 cam**
45/65000 – ½ P 50000.

✕✕✕ **Alla Fornace di Mastro Giorgio**, via Mastro Giorgio 2 🖉 9275740, « In un edificio
trecentesco » – 🖭 🛗 🕦 **E** 𝗩𝗜𝗦𝗔. ✸   g
chiuso lunedì e dal 4 al 28 febbraio – Pas carta 32/55000.

✕✕ **Taverna del Lupo**, via Ansidei 21/a 🖉 9274368, Fax 9271269 – ⇥ 🍴. 🖭 🛗 🕦 **E** 𝗩𝗜𝗦𝗔   f
chiuso lunedì e dal 7 gennaio al 6 febbraio – Pas carta 37/50000 (15%).

✕✕ **Fabiani**, piazza 40 Martiri 26/B 🖉 9274639, 🏤 – 🖭 🛗 🕦 **E** 𝗩𝗜𝗦𝗔   t
chiuso martedì – Pas carta 30/42000 (15%).

✕✕ **Federico da Montefeltro**, via della Repubblica 35 🖉 9273949, 🏤 – 🖭 🛗 🕦 **E** 𝗩𝗜𝗦𝗔.
                                                                                    e
chiuso febbraio e giovedì da ottobre a marzo – Pas carta 24/40000 (15%).

✕ **Grotta dell'Angelo**, via Gioia 47 🖉 9271747, Fax 9273438, 🏤 – 🖭 🛗 🕦 **E** 𝗩𝗜𝗦𝗔   s
chiuso mercoledì e dal 10 al 31 gennaio – Pas carta 24/36000.

a Torre dei Calzolari per ② : 7 km – ✉ 06020 :

🏨 **Torre dei Calzolari Palace**, 🖉 9256327, Fax 9256320, « In un castello con parco e 📐 »
– 🛗 🍴 📺 ☎ 🅿 – 🔏 250. 🖭 𝗩𝗜𝗦𝗔
Pas *(chiuso lunedì)* carta 28/53000 – **17 cam** 😅 110/150000 – ½ P 80/120000.

GUBBIO

0 _____ 200 m

☛ *When in a hurry use the Michelin Main Road Maps :*
970 *Europe,* 980 *Greece,* 984 *Germany,* 985 *Scandinavia-Finland,*
986 *Great Britain and Ireland,* 987 *Germany-Austria-Benelux,* 988 *Italy,*
989 *France,* 990 *Spain-Portugal and* 991 *Yugoslavia.*

GUIDONIA MONTECELIO 00012 Roma 988 ㉖ – 56 052 ab. alt. 105 – ✆ 0774.
Roma 24 – L'Aquila 108 – Rieti 71 – Terni 100.

  a Montecelio NE : 5 km – alt. 389 – ⌧ 00014 :

✗ **Spadaro**, ✆ 510042 – 🆎 🅱 ⓞ 🅴 *VISA* ✘
   chiuso martedì ed agosto – Pas carta 26/39000 (15%).

HAFLING = Avelengo.

IDRO 25074 Brescia 988 ④ 428 429 E 13 – 1 424 ab. alt. 391 – ✆ 0365.
Roma 577 – ♦Brescia 45 – ♦Milano 135 – Salò 33.

✗✗ **Alpino** con cam, località Crone ✆ 83146 – 🗦 ☎ ⇔ ✘
   chiuso dal 7 gennaio al 15 febbraio – Pas *(chiuso martedì)* carta 31/43000 – 🖙 8500 –
   24 cam 42/64000 – ½ P 50/52000.

IGEA MARINA Forlì – Vedere Bellaria Igea Marina.

IL GIOVO Savona – Vedere Pontinvrea.

276

Roma 384 – ♦Bologna 33 – ♦Ferrara 81 – ♦Firenze 98 – Forlì 30 – ♦Milano 249 – ♦Ravenna 44.

🏨 **Gd H. Donatello e Rist. Nettuno,** via Rossini 25 ℰ 680800 e rist ℰ 680300, Telex 522114, Fax 680514, ⌿ – 🛗 ▦ 📺 ☎ ໄ ❷ – 🔬 30 a 350. 🖭 🕄 ⑩ 𝑉𝐼𝑆𝐴. ⚒
Pas 50/65000 – **150 cam** ⇆ 230000.

🏨 **Ziõ,** viale Nardozzi 14 ℰ 35274, Fax 35627 – ▦ 📺 ☎ – 🔬 50. 🖭 🕄 ᴇ 𝑉𝐼𝑆𝐴. ⚒
Pas *(chiuso sabato e domenica sera)* carta 29/38000 – **34 cam** ⇆ 60/90000 – ½ P 60/80000.

🏨🏨🏨🏨 ❀ **San Domenico,** via Sacchi 1 ℰ 29000, Coperti limitati; prenotare – ▦. 🖭 ⑩ 𝑉𝐼𝑆𝐴
chiuso lunedì, dal 1° al 14 gennaio e dal 22 luglio al 19 agosto – Pas carta 84/129000 (10%)
Spec. Insalata tiepida di astice, Tortelli di ricotta con sugo di vitello, Piccione arrostito profumato all'aglio.
Vini Trebbiano, Sangiovese.

🏨🏨 **Naldi,** via Santerno 13 ℰ 29581 – ▦ ❷. 🖭 🕄 ⑩ ᴇ 𝑉𝐼𝑆𝐴. ⚒
chiuso domenica e dal 5 al 18 agosto – Pas carta 37/54000.

in prossimità casello autostrada A 14 N : 4 km :

🏨 **Molino Rosso,** ✉ 40026 ℰ 640300, Telex 520147, Fax 640249, ⚒ – 🛗 ▦ 📺 ☎ 🚗
❷ 🖭 🕄 ⑩ ᴇ 𝑉𝐼𝑆𝐴. ⚒
Pas carta 40/65000 (15%) – **120 cam** ⇆ 200000.

a Sasso Morelli N : 1,5 km – ✉ **40020** :

🏨 **Trattoria Sterlina,** N : 1,5 km ℰ 55030, 🌭 – ❷. ⚒
chiuso mercoledì e dal 1° al 24 settembre – Pas carta 23/31000.

Vedere anche : **Mordano** NE : 10 km.
Tossignano SO : 17 km.

Le nuove guide Verdi turistiche Michelin offrono :

– un testo descrittivo più ricco,

– un'informazione pratica più chiara,

– piante, schemi e foto a colori.

...e naturalmente sono delle opere aggiornate frequentemente.

Utilizzate sempre l'ultima edizione.

🖪 viale Matteotti 52 bis ℰ 24947 – viale Matteotti 22 ℰ 60730.

A.C.I. piazza Unità Nazionale 23 ℰ 25742.

Roma 615 ② – ♦Genova 116 ② – ♦Milano 239 ② – San Remo 23 ④ – Savona 70 ② – ♦Torino 178 ②.

Pianta pagina seguente

ad Oneglia – ✉ 18100 Imperia :

🏨 **Centro** senza rist, piazza Unità Nazionale 4 ℰ 273771 – 🛗 📺 ☜ 🚗. 🖭 🕄 ⑩ ᴇ 𝑉𝐼𝑆𝐴
⇆ 8500 – **21 cam** 52/72000. **AX n**

🏨 **Kristina,** spianata Borgo Peri 8 ℰ 23564, Fax 23565 – 📺 ☜. 🕄 ᴇ 𝑉𝐼𝑆𝐴. ⚒ rist **AX b**
Pas carta 28/43000 – ⇆ 9000 – **23 cam** 51/74000 – ½ P 76000.

🏨🏨 ❀ **Albatros,** piazza Nino Bixio ℰ 24611 – ▦. 🖭 🕄 ⑩ ᴇ 𝑉𝐼𝑆𝐴 **AX r**
chiuso lunedì e dal 1° al 15 febbraio – Pas carta 38/65000
Spec. Seppie con funghi porcini, Tortelli di pesce al profumo di timo in salsa di gamberi, Pesce cappone pomodoro e basilico al forno. Vini Pigato, Rossese.

🏨🏨 **Salvo-Cacciatori,** via Vieusseux 14 ℰ 23763 – ▦. 🖭 🕄 ᴇ 𝑉𝐼𝑆𝐴 **AX e**
chiuso lunedì e dal 15 giugno al 10 luglio – Pas carta 23/55000 (12%).

🏨 **Chez Braccio Forte,** calata Cuneo 33 ℰ 24752 – 🖭 🕄 ⑩ ᴇ 𝑉𝐼𝑆𝐴 **AX a**
chiuso lunedì e gennaio – Pas carta 33/60000 (10%).

🏨 **Da Clorinda,** via Garessio 96 ℰ 21982 **BX u**
chiuso lunedì e dal 7 al 23 agosto – Pas carta 22/36000.

a Porto Maurizio – ✉ 18100 Imperia :

🏨 **Corallo,** corso Garibaldi 29 ℰ 61980, Fax 64691, ≤ , 🏖 – 🛗 📺 ☜ ❷ – 🔬 40 a 70. 🖭
🕄 ᴇ 𝑉𝐼𝑆𝐴. ⚒ **BZ n**
Pas *(chiuso venerdì e dal 10 ottobre al 15 dicembre)* carta 30/45000 – ⇆ 7500 – **42 cam**
60/97000 – ½ P 60/83000.

🏨🏨🏨 ❀ **Lanterna Blu-da Tonino,** borgo Marina ℰ 63859, prenotare – ▦ ❷. 🖭 🕄 ᴇ 𝑉𝐼𝑆𝐴
chiuso mercoledì, dal 1° al 15 giugno e dal 1° al 15 dicembre – Pas carta 55/105000 **BZ f**
Spec. Moscardini saltati con olive e rosmarino, Tagliolini con gamberi e maggiorana, Pesce cappone in guazzetto. Vini Pigato, Rossese.

🏨🏨 **Nannina,** viale Matteotti 56 ℰ 20208, ≤ , prenotare – 🕄 ᴇ 𝑉𝐼𝑆𝐴 **BY k**
chiuso domenica sera, lunedì, dal 1° al 15 febbraio e dal 15 al 30 luglio – Pas 48/75000.

IMPERIA

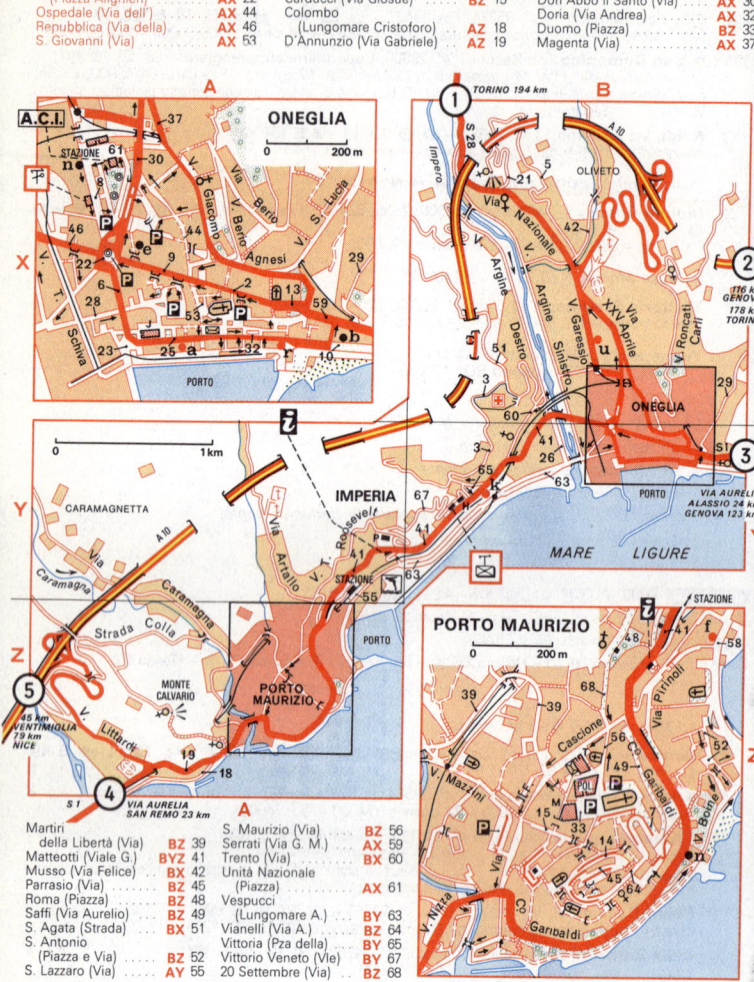

En complément à ce guide :

— La carte Michelin nº 988 *à 1/1 000 000*

— Les guides Verts touristiques Michelin « Italie » et « Rome » :

Itinéraires de visite
musées,
monuments et merveilles artistiques.

IMPRUNETA 50023 Firenze 988 ⑭⑮, 429 K 15 – 15 151 ab. alt. 275 – ✆ 055.
Roma 278 – Arezzo 82 – ♦Firenze 13 – Pisa 89 – Siena 61.

XX **I Cavallacci**, viale Aldo Moro 3 ✆ 2313863, « Servizio estivo all'aperto » – ℗. AE ⑧ ⓞ
E VISA ⚘
chiuso lunedì, martedì a mezzogiorno ed agosto – Pas carta 39/49000.

INCISA IN VAL D'ARNO 50064 Firenze 988 ⑮, 429 L 16 – 5 120 ab. alt. 122 – ✪ 055.

Roma 248 – Arezzo 52 – ◆Firenze 33 – Siena 63.

🏨 **Galileo,** in prossimità area di servizio Reggello ☎ 863341, Telex 574455, Fax 863238, 🛋,
🏊 – 📳 🔲 📺 ☎ ♿ ⇔ 🅿 – 🚗 120. 🖭 🗐 ⑩ 🗉 VISA . 🍽 rist
Pas carta 24/34000 – 🖵 10000 – **63 cam** 70/110000 – ½ P 78/85000.

INCISA SCAPACCINO 14045 Asti 428 H 7 – 2 068 ab. alt. 192 – ✪ 0141.

Roma 607 – Alessandria 26 – Asti 28 – ◆Genova 109.

🍴 **La Tavolaccia,** ☎ 74639, prenotare – 🅿
chiuso martedì ed agosto – Pas carta 30/46000.

INDUNO OLONA 21056 Varese 219 ⑥, 428 E 8 – 9 808 ab. alt. 397 – ✪ 0332.

Roma 638 – Lugano 29 – ◆Milano 60 – Varese 4,5.

🏨 **Villa Castiglioni,** via Castiglioni 1 ☎ 200201, « Villa antica con parco secolare », 🍽 –
🔲 ☎ 🅿. 🖭 🗐 🗉 VISA
Pas carta 54/82000 – 🖵 18000 – **23 cam** 127/175000 appartamenti 305000 – ½ P 150/180000.

🍴🍴 **2 Lanterne,** via Ferrarin 25 ☎ 200368, 🌳, prenotare, 🚗 – 🅿. 🖭 🗐 ⑩ VISA . 🍽
chiuso lunedì, il 26 dicembre, le sere di Natale e Capodanno, dal 9 al 30 gennaio e dal 1°
al 10 agosto – Pas carta 39/65000.

🍴🍴 **Olona-da Venanzio,** via Olona 38 ☎ 200333, prenotare, 🚗 – 🅿. 🖭 🗐 ⑩ 🗉 VISA . 🍽
chiuso lunedì, il 26 dicembre, le sere di Natale e Capodanno e dal 19 agosto al 2 settembre
– Pas carta 47/76000.

INNICHEN = San Candido.

The new-formula Michelin Green Tourist Guides offer :

– more detailed descriptive texts,

– accurate practical information,

– town plans, local maps and colour photographs,

– frequent fully revised editions.

Always make sure you have the latest edition.

INTRA Novara 428 E 7, 219 ⑦ – Vedere Verbania.

INTRAGNA 427 ②, 219 ⑦ – Vedere Cantone Ticino alla fine dell'elenco alfabetico.

INVERIGO 22044 Como 428 E 9, 219 ⑱ – 7 752 ab. alt. 340 – ✪ 031.

Roma 605 – ◆Bergamo 43 – Como 16 – Erba 8 – Lecco 22 – ◆Milano 37.

🏨 **Bosco Marino** 🌳, ☎ 607117, Fax 607117, ≼, « Parco ombreggiato » – 📳 ☎ 🅿 –
🚗 40 a 120. 🖭 🗐 ⑩ 🗉 VISA . 🍽
Pas 40000 – 🖵 10000 – **39 cam** 100/150000 – ½ P 90/100000.

Vedere anche : **Cremnago** O : 1 km.

INZAGO 20065 Milano 428 F 10, 219 ⑳ – 8 579 ab. alt. 138 – ✪ 02.

Roma 592 – ◆Bergamo 25 – ◆Milano 26.

🍴 **Del Ponte,** ☎ 9549319, 🌳 – 🗐 VISA . 🍽
chiuso domenica ed agosto – Pas carta 25/38000.

ISCHIA (Isola d') ★★★ Napoli 988 ㉗ – 47 295 ab. alt. da 0 a 788 (monte Epomeo) – Stazione
termale, a.s. luglio-settembre – ✪ 081.
La limitazione d'accesso degli autoveicoli è regolata da norme legislative.

🚢 per Capri giugno-settembre escluso i giorni festivi (1 h 20 mn) – Navigazione Libera del
Golfo, ☎ 991620; per Napoli (1 h 15), Pozzuoli (1 h) e Procida (30 mn), giornalieri – Caremar-
agenzia Tufano, banchina del Redentore ☎ 991781; per Pozzuoli giornalieri (1 h), Capri aprile-
ottobre giornaliero (1 h 15 mn) e Napoli giornalieri (1 h 15 mn) – Libera Navigazione Lauro, ☎
991963.

🚢 per Napoli giornalieri (1 h) – Alilauro, al porto ☎ 991888, Telex 720354, Fax 667327 – e
Caremar-agenzia Tufano, banchina del Redentore ☎ 991781; per Procida-Napoli giornalieri (40 mn)
– Aliscafi SNAV-ufficio Turistico Romano, via Porto 5/9 ☎ 991215, Telex 710364.

Pianta pagine seguenti

Barano – 7 284 ab. alt. 224 – ✉ 80070 Barano d'Ischia.

Vedere Monte Epomeo★★★ 4 km NO fino a Fontana e poi 1 h e 30 mn a piedi AR.

a Testaccio S : 2 km – ✉ 80070 Barano d'Ischia :

🏨 **St. Raphael Terme,** ☎ 990508, ≼, « Terrazza panoramica con 🛋 termale », 🖼, 🏊 – 📳
🌊 cam 🅿. 🖭 ⑩. 🍽 rist   U   s
16 marzo-novembre – Pas 30000 – 🖵 12000 – **40 cam** 54/75000 – ½ P 101000.

279

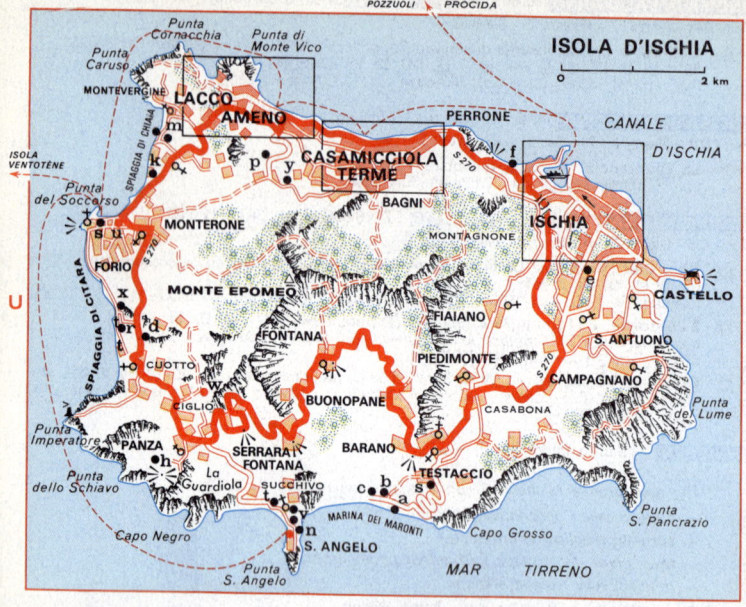

ISOLA D'ISCHIA

0   2 km

a Maronti S : 4 km – ⊠ **80070** Barano d'Ischia :

🏨 **Parco Smeraldo** ⬳, ℰ 990127, Telex 720210, ≼, « Terrazza fiorita con ⊐ termale », ⟰, ⚲, ≚, ♣ – 🛊 ▤ ☎ ♿ ℗. ⬰ rist
23 marzo-28 ottobre – **64 cam** (solo pens) – P 138/143000.   U a

🏛 **Villa San Giorgio** ⬳, ℰ 990098, ≼, « Terrazza fiorita con ⊐ riscaldata », ⟰ – ☎ ℗ ⬰ rist
23 marzo-21 ottobre – **40 cam** (solo pens) – P 90/99000.   U b

🏠 **Helios Terme** ⬳, ℰ 990001, Fax 990268, ≼, ⟰, ≚, – 🛊 ☎ ℗. AE ⑤ ⓞ ᴇ 𝖵𝖨𝖲𝖠 ⬰ rist
aprile-ottobre – Pas (solo per clienti alloggiati) 25000 – ⊇ 5000 – **35 cam** 45/90000 –
½ P 75/85000.   U c

Casamicciola Terme 𝟿𝟪𝟪 ㉗ – 6 657 ab. – ⊠ **80074**.

🏨 Manzi, ℰ 994722, Fax 994975, ⅃₆, ≦ₛ, ⊐ riscaldata, ⟰, ⚲, ≚ – 🛊 ▤ ☎   Y a
stagionale – **62 cam**.

🏛 **Elma** ⬳, ℰ 994122, Telex 710584, Fax 987992, ≼, ⟰, ⅃₆, ⊐ riscaldata, 🖼, ⟰, ⚲, ≚
– 🛊 ⬲ ☎ ℗. AE ⑤ ⓞ ᴇ 𝖵𝖨𝖲𝖠 ⬰ rist   Y f
chiuso dal 1° al 26 dicembre e dall'8 al 31 gennaio – Pas 35/55000 – **68 cam** ⊇ 220/274000
– ½ P 146/170000.

🏛 **Stefania** ⬳, ℰ 994130, 🖼, ≚ – ☎ ℗. ⬰ rist   Y d
aprile-ottobre – **30 cam** solo ½ P 65/85000.

Forio 𝟿𝟪𝟪 ㉗ – 11 636 ab. – ⊠ **80075**.
Vedere Spiaggia di Citara★.

🏨 **Mezzatorre** ⬳, località Sammontano N : 3 km ℰ 986111, Fax 987992, ⟰, ⅃₆, ≦ₛ, ⊐,
⟰, ⚲, ≚ – 🛊 ▤ TV ☎ ℗ AE ⑤ ⓞ ᴇ 𝖵𝖨𝖲𝖠 ⬰   Z c
aprile-ottobre – Pas 85000 – **58 cam** ⊇ 300/350000 appartamenti 390/470000 –
½ P 190/280000.

🏠 La Bagattella ⬳, località San Francesco ℰ 986072, « Giardino fiorito con ⊐ », 🖼, ≚ –
⬲ rist 🛊 rist ☎ ℗   U m
stagionale – **34 cam**.

🏛 **Parco Maria** ⬳, via Provinciale Panza 212 ℰ 907322, Telex 722006, Fax 907363, ≼,
« Terrazze con ⊐ riscaldata », 🖼, ≚ – ☎ ℗. ⬰ rist   U d
chiuso dal 2 gennaio al 15 febbraio e dal 6 al 23 dicembre – **90 cam** solo ½ P 85/110000.

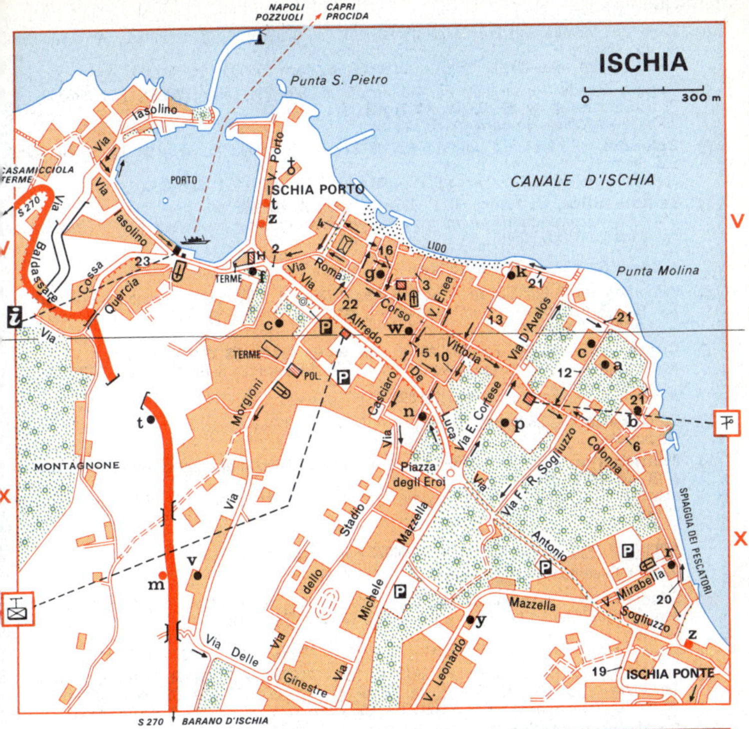

NAPOLI
POZZUOLI
CAPRI
PROCIDA
ISCHIA
0
300 m
Punta S. Pietro
CANALE D'ISCHIA
PORTO
ISCHIA PORTO
CASAMICCIOLA
TERME
S 270
LIDO
Punta Molina
MONTAGNONE
SPIAGGIA DEI PESCATORI
ISCHIA PONTE
Piazza degli Eroi
TERME
POL.
S 270
BARANO D'ISCHIA
V
X

ISCHIA

Colonna (Corso Vittoria) VX
De Luca (Via Alfredo) VX
Roma (Via) V

Antica Reggia (Piazza) V 2
Battistessa (Via) V 3
Buonocore (Via F.) V 4
Champault (Via) X 6
Gemito (Via V.) X 10
Gianturco (Via Emanuele) X 12
Gianturco (Via Remigia) V 13
Gigante (Via G.) VX 15
Marone (Via Venanzio) V 16
Nuova Cartaromana (Via) X 19
Pontano (Via) X 20
Telese (Lungomare) VX 21
Terme (Via delle) V 22
Trieste (Piazzale) V 23

ELIPORTO
S 270
LACCO AMENO
OSSERVATORIO
CASAMICCIOLA
TERME
0
500 m
S 270
ISCHIA
Y

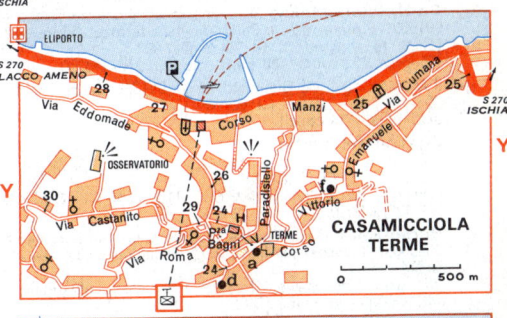

CASAMICCIOLA TERME

Garibaldi (Corso) Y 24
Girardi (Via Salvatore) Y 25
Margherita (V. Principessa) Y 26
Marina (Piazza) Y 27
Morgera (Via) Y 28
Parrocchiale (Piazza) Y 29
Sant'Antonio (Calata) Y 30

Pta di Monte Vico
LACCO AMENO
0
500 m
LIDO DI S. MONTANO
MONTE VICO
←: Senso unico da giugno a settembre
BOSCO DELLA MEZZATORRE
il Fungo
ISCHIA
CASAMICCIOLA
TERME
S 270
S 270 FORIO
Z

LACCO AMENO

Fundera (Via) Z 31
Roma (Via) Z 32
San Montano (Via) Z 33
Santa Restituta (Piazza) Z 35
4 Novembre (Via) Z 36

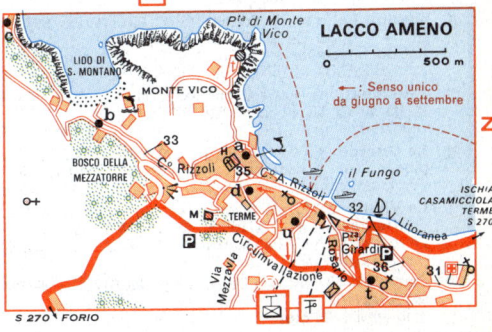

🏨 **Zaro** ⃗, località San Francesco ℰ 987110, Fax 989395, ≤, ⌁ riscaldata, 🛥 – ↞↠ cam
🅿 ☺ ⛊ rist
aprile-ottobre – Pas 25000 (12%) – ☷ 6000 – **45 cam** 156000 – ½ P 90000.
  U m

🏨 **Raggio Verde** senza rist, via Marina 76 ℰ 997129, Telex 720537, Fax 998069, ≤,
⌁ riscaldata – 🔳 🛗 🕿 🅿 ᴀᴇ 🔲 𝗩𝗜𝗦𝗔 ✄
15 marzo-ottobre – **59 cam** ☷ 70/120000.
  U s

🏨 **Splendid**, NE : 1,5 km ℰ 987374, Fax 987374, ≤, ⌁ riscaldata, 🛥 – ☺ 🅿 ᴀᴇ 🔳 🔲 **E**
𝗩𝗜𝗦𝗔 ✄ rist
aprile-ottobre – Pas 32000 – ☷ 9000 – **40 cam** 50/71000 – ½ P 68/82000.
  U k

🍴🍴 **La Romantica**, via Marina 46 ℰ 997345, 🌿 – ᴀᴇ 🔲 𝗩𝗜𝗦𝗔 ✄
chiuso a mezzogiorno da lunedì a giovedì in luglio-agosto e mercoledì in bassa stagione –
Pas carta 20/51000 (15%).
  U u

a Citara S : 2,5 km – ✉ **80075** Forio :

🏨 Parco Regine, ℰ 907366, Telex 720073, Fax 907300, ≤, « Terrazze-giardino panoramiche »,
🛁, ≋, ⌁ riscaldata (coperta in inverno), 🛥, ⚄ – 🕿 🅿 – 🛐 350
stagionale – **90 cam**.
  U x

🏨 **Citara** ⃗, ℰ 907098, Fax 908043, ≤ – 🛗 🕿 🅿 ᴀᴇ 🔳 🔲 **E** 𝗩𝗜𝗦𝗔 ✄ rist
aprile-ottobre – Pas (solo per clienti alloggiati) – **53 cam** ☷ 64/95000 – ½ P 73/78000.
  U r

a Panza S : 4,5 km – alt. 155 – ✉ **80070** :

🍴🍴 Da Leopoldo, O : 0,5 km ℰ 907086, ≤ – 🅿
stagionale.
  U h

🍴🍴 **Montecorvo**, N : 1,5 km ℰ 998029, ≤, « Servizio estivo in terrazza-giardino panoramica »
– 🅿. 🔳 🔲 **E** 𝗩𝗜𝗦𝗔 ✄
marzo-ottobre; chiuso a mezzogiorno (escluso da marzo a giugno) – Pas carta 31/51000
(10%).
  U w

Ischia ★ **988** ㉗ – 17 633 ab. – ✉ **80077** Porto d'Ischia.
Vedere Castello★★ – 🚌 via Iasolino ℰ 991146, Telex 722338

🏨 **Excelsior** ⃗, via Emanuele Gianturco 19 ℰ 991020, Telex 721201, ≤, 🌿, « Parco-pineta
con ⌁ riscaldata », 🛁, 🔳, 🏖, ⚄ – 🛗 🖃 cam 📺 🕿 🅿 – 🛐 50. ᴀᴇ 🔳 🔲 **E** 𝗩𝗜𝗦𝗔
✄ rist
aprile-ottobre – Pas carta 75/95000 – ☷ 27000 – **72 cam** 130/274000 – ½ P 264/276000.
  X a

🏨 **Jolly**, via De Luca 42 ℰ 991744, Telex 710267, Fax 993156, « Giardino con ⌁
riscaldata », 🛁, ≋, 🔳, ⚄ – 🛗 🖃 📺 🕿 🅿 – 🛐 80 a 200. ᴀᴇ 🔳 🔲 **E** 𝗩𝗜𝗦𝗔 ✄
16 marzo-10 novembre – Pas 50/60000 – **208 cam** ☷ 175/320000 – ½ P 170/230000.
  V c

🏨 **Gd H. Punta Molino** ⃗, lungomare Vincenzo Telese 14 ℰ 991544, Telex 710465, Fax
991562, ≤ mare, 🌿, « Parco-pineta e terrazza fiorita con ⌁ termale », 🏖, ⚄ – 🛗 🛗
📺 🕿 🅿 – 🛐 40. ᴀᴇ 🔳 🔲 **E** 𝗩𝗜𝗦𝗔 ✄
27 aprile-26 ottobre – **88 cam** solo ½ P 255/330000.
  X b

🏨 Il Moresco, via Gianturco 16 ℰ 981355, Telex 720065, Fax 992338, ≤, « Giardino con
⌁ », 🔳, ⚄ – 🛗 ↞↠ 🖃 📺 🕿
stagionale – **73 cam**.
  X c

🏨 **Continental Terme**, via Michele Mazzella 74 ℰ 991588, Telex 710451, Fax 982929,
« Giardino fiorito con ⌁ riscaldata », 🛁, ≋, 🔳, ✗, ⚄ – 🛗 ↞↠ 🖃 📺 🕿 🅿 – 🛐 250
a 330. ᴀᴇ 🔳 🔲 **E** 𝗩𝗜𝗦𝗔 ✄ rist
aprile-ottobre – Pas 30/50000 – **218 cam** ☷ 115/210000 appartamenti 230/290000 –
½ P 120/200000.
  U e

🏨 **Hermitage e Park Terme** ⃗, via Leonardo Mazzella 67 ℰ 992997, Telex 722565, Fax
983506, « Terrazze-giardino con ⌁ riscaldata », 🛁, ≋, ✗, ⚄ – 🛗 📺 🕿 🅿 ᴀᴇ 🔳 🔲
E 𝗩𝗜𝗦𝗔 ✄
16 marzo-2 novembre – Pas (solo per clienti alloggiati) 50/65000 – ☷ 27000 – **98 cam**
140/230000 – ½ P 115/155000.
  X y

🏨 **Regina Palace**, via Cortese 18 ℰ 991344, Fax 991344, « Giardino con ⌁ riscaldata »,
🔳, ⚄ – 🛗 🖃 📺 🕿 🅿 ᴀᴇ 🔳 🔲 **E** 𝗩𝗜𝗦𝗔 ✄
chiuso novembre e dicembre – Pas (solo per clienti alloggiati) 40/70000 – **60 cam**
☷ 175/295000. 🖃 25000 – ½ P 110/198000.
  X p

🏨 **President**, via Nuova Circumvallazione ℰ 993890, Fax 993725, ≤, ⌁ riscaldata, 🔳, ⚄ –
🛗 🕿 🅿 ᴀᴇ 🔳 🔲 **E** 𝗩𝗜𝗦𝗔 ✄ rist
marzo-novembre – Pas 35000 – ☷ 12000 – **79 cam** 80/100000 – ½ P 82/105000.
  X t

🏨 **Le Querce** ⃗, via Baldassarre Cossa 29 ℰ 982378, Fax 993261, ≤ mare, 🌿, « Terrazze-
giardino con ⌁ riscaldata » – 📺 🅿 ᴀᴇ 🔳 🔲 **E** 𝗩𝗜𝗦𝗔 ✄
26 marzo-ottobre – Pas 35/40000 – ☷ 20000 – **41 cam** 100/125000 – ½ P 110/120000.
  U f

🏨 **La Villarosa** ⃗, via Giacinto Gigante 5 ℰ 991316, Fax 992425, « Parco ombreggiato con
⌁ riscaldata », ⚄ – 🛗 🕿 🅿 ᴀᴇ 🔳 🔲 **E** 𝗩𝗜𝗦𝗔 ✄ rist
20 marzo-ottobre – Pas 40/60000 – ☷ 15000 – **37 cam** 95/170000 appartamenti 160/170000
– ½ P 105/125000.
  VX w

🏨 Central Park Terme, via De Luca 6 ℰ 993517, Fax 993176, ⌁ riscaldata, 🛥, ⚄ – 🛗 🖃 rist
🕿 ☺ 🅿
stagionale – **46 cam**.
  X n

🏨 **Bristol Hotel Terme,** via Venanzio Marone 10 ℰ 992181, Fax 993201, 🔄 termale, 🌿,
🍴 – 📶 🕿 🕹 🛗 🅱 ◑ 🄴 𝖵𝖨𝖲𝖠. 𝑆𝑆 rist   **V g**
aprile-ottobre – Pas 38000 – 🖙 7500 – **39 cam** 62/101000 – ½ P 86/94000.

🏨 **Nuovo Lido,** via Remigia Gianturco 33 ℰ 991550, Fax 984108, ≼, 🔄 – 📶 ⇠ cam 📶
🅿. 🛗 🄴 𝖵𝖨𝖲𝖠. 𝑆𝑆 rist   **V k**
15 aprile-15 ottobre – Pas 45000 – 🖙 13000 – **39 cam** 96/118000 – ½ P 110/128000.

🏨 **Bellevue,** via Morgioni 83 ℰ 991851, Telex 710124, 🔄 riscaldata – 📶 🕿. 🄰🄴 🅱 ◑ 🄴
𝖵𝖨𝖲𝖠. 𝑆𝑆 rist   **X v**
15 marzo-ottobre – Pas (solo per clienti alloggiati) – **37 cam** 🖙 70/140000 – ½ P 70/87000.

🏨 **Mare Blu,** via Pontano 40 ℰ 982555, Fax 982938, ≼, 🔄, 🐾, 🌿, 🍴 – 📶 🕿. 🄰🄴 𝖵𝖨𝖲𝖠
                                                                                        X r
22 aprile-25 ottobre – Pas (solo per clienti alloggiati) carta 38/46000 – **40 cam** 🖙 120/180000
– ½ P 130/150000.

🏩 **Villa Hermosa,** via Osservatorio 4 ℰ 992078 – 🕿. 𝑆𝑆   **V f**
aprile-ottobre – Pas (solo per clienti alloggiati) 20/25000 – 🖙 10000 – **20 cam** 90000 –
½ P 70000.

✕✕ **Damiano,** via Nuova Circumvallazione ℰ 983032, ≼ mare – 𝑆𝑆   **X m**
aprile-settembre; chiuso a mezzogiorno escluso domenica – Pas carta 42/88000 (12%).

✕✕ **Gennaro,** via Porto 66 ℰ 992917, ≼ – 🄰🄴 🅱 ◑ 🄴 𝖵𝖨𝖲𝖠   **V t**
19 marzo-ottobre; chiuso martedì in marzo ed aprile – Pas carta 32/62000 (15%).

✕✕ **Ò Purticciull',** via Porto 42 ℰ 993222, ≼, prenotare – 🄰🄴 🅱 ◑ 🄴 𝖵𝖨𝖲𝖠   **V z**
marzo-novembre; chiuso a mezzogiorno da luglio al 15 settembre – Pas carta 66/88000
(10%).

ad Ischia Ponte E : 2 km – ✉ **80070** :

✕ **Pirozzi,** via Seminario 51/53 ℰ 991121, ≼, 🍴, Rist. e pizzeria – 🍽 🄰🄴 🅱 ◑ 🄴 𝖵𝖨𝖲𝖠
𝑆𝑆 – *chiuso lunedì e dicembre* – Pas carta 22/46000 (12%)   **X z**

Lacco Ameno – 4 085 ab. – ✉ **80076.**

🏰🏰 **Regina Isabella e Royal Sporting** ⌕, ℰ 994322, Telex 710120, Fax 986043, ≼ mare,
🍃, 🏖, ⇔, 🔄 riscaldata, 🐾, 🌿, ✕, 🍴 – 📶 🍽 📺 🕿 🅿 – 🔥 150. 🄰🄴 🅱 ◑ 🄴
𝖵𝖨𝖲𝖠. 𝑆𝑆 rist   **Z a**
15 aprile-15 ottobre – Pas 106000 – 🖙 29000 – **133 cam** 222/392000 appartamenti
570/805000 – ½ P 280/421000.

🏰 **Terme di Augusto,** ℰ 994944, Telex 710635, 🍃, ⇔, 🔄 riscaldata, 🎞, 🍴 – 📶 🍽 📺
🕿 🅿 – 🔥 200. 🄰🄴 ◑. 𝑆𝑆 rist   **Z u**
15 aprile-15 ottobre – Pas 65000 – **118 cam** 🖙 150/238000 – ½ P 145/170000.

🏰 **San Montano** ⌕, NO : 1,5 km ℰ 994033, Telex 710690, ≼ mare e costa, 🍴, « Terrazze
ombreggiate con 🔄 riscaldata », ⇔, ✕, 🍴 – 📶 🍽 cam 📺 🕿 🅿. 🄰🄴 🅱 ◑ 🄴 𝖵𝖨𝖲𝖠.
𝑆𝑆 rist   **Z b**
27 marzo-20 ottobre – Pas carta 60/99000 – 🖙 27000 – **65 cam** 112/198000 appartamenti
310000 – ½ P 189/270000.

🏨 **Park Hotel Terme Michelangelo** ⌕, S : 1 km ℰ 995134, Telex 721104, Fax 995553,
≼, « Terrazza panoramica con 🔄 riscaldata », 🎞, 🌿, 🍴 – 🕿 🅿. 🄰🄴. 𝑆𝑆 rist   **U p**
aprile-ottobre – Pas 42/52000 – **70 cam** 🖙 108/200000 – ½ P 108/186000.

🏨 **La Reginella,** ℰ 994300, « Giardino ombreggiato con 🔄 », 🍃, 🎞, 🌿, ✕, 🍴 – 📶
📺 🕿 🅿 – 🔥 60 a 600. 🄰🄴 🅱 ◑ 🄴 𝖵𝖨𝖲𝖠. 𝑆𝑆 rist   **Z d**
2 marzo-27 ottobre – **50 cam** (solo pens) – P 238/444000.

🏨 **Grazia** ⌕, S : 1,5 km ℰ 994333, Telex 721254, Fax 994860, ≼, 🔄 riscaldata, 🌿, ✕, 🍴
– 📶 🕿 🅿. 🄰🄴 𝖵𝖨𝖲𝖠. 𝑆𝑆 rist   **U y**
aprile-ottobre – Pas carta 41/55000 – 🖙 13000 – **58 cam** 90/150000 – ½ P 100/110000.

🏩 **Villa Angelica,** via 4 Novembre 28 ℰ 994524, Fax 980184, 🌿 – ☜. 𝑆𝑆   **Z t**
4 aprile-10 ottobre – Pas (solo per clienti alloggiati) 25/40000 – **20 cam** 🖙 80/146000 –
½ P 65/75000.

Sant'Angelo ★ – ✉ **80070.**
Vedere Serrara Fontana : ≼★★ su Sant'Angelo N : 5 km.

🏨 **San Michele** ⌕, ℰ 999276, Telex 710368, ≼ mare, « Giardino con 🔄 riscaldata », 🍴 –
🕿 – 🔥 130. 𝑆𝑆 rist   **U u**
aprile-ottobre – Pas 40/45000 – **50 cam** 🖙 80/130000 – ½ P 135000.

🏨 **La Palma** ⌕, ℰ 999215, Fax 999526, ≼ mare, « Terrazze fiorite » – 🕿 🅿. 𝑆𝑆 rist   **U v**
15 marzo-ottobre – Pas 30/40000 – **43 cam** 🖙 60/110000 – ½ P 100/105000.

🏨 **Miramare e Apollon** ⌕, ℰ 999219, Fax 999325, ≼ mare, 🍴, 🐾, ✕ – 🕿 – 🔥 300.
𝑆𝑆 rist   **U n**
aprile-ottobre – Pas 60000 – 🖙 16000 – **50 cam** 85/150000 – ½ P 120/160000.

🏩 **Casa Celestino** ⌕, ℰ 999213, ≼, 🍴 – ☜. 𝑆𝑆 rist   **U t**
Pasqua-ottobre – Pas 35000 – **20 cam** 🖙 50/100000 – ½ P 85/90000.

✕✕ **Dal Pescatore,** ℰ 999206, 🍴 – 🄰🄴 🅱 🄴 𝖵𝖨𝖲𝖠   **U n**
chiuso dal 15 gennaio al 15 marzo – Pas carta 33/52000 (15%).

ISCHITELLA 71010 Foggia – 4 596 ab. alt. 310 – a.s. luglio-15 settembre – ✆ 0884.
Roma 385 – ♦Bari 184 – Barletta 122 – ♦Foggia 100 – ♦Pescara 184.

a Isola Varano O : 15 km – ✉ 71010 Ischitella :

🏨 **La Bufalara** ⸝, ☎ 97037, Fax 97037, ≤, « Parco-pineta », ⴱ, ♨, ⵝ – 🛉 ▦ ☎ 🅿 🅰🅴
🅱 🅴 ꮩꮖꮨꭺ, ⵝ rist
Pas *(chiuso martedì)* 25/38000 – ⵈ 5000 – **60 cam** 90000 – ½ P 80/90000.

🏠 **Bally,** ☎ 97023, ♨, ꭗ, ⵝ – 🅿 🅰🅴 ꮩꮖꮨꭺ ⵝ rist
⬥ aprile-10 ottobre – Pas *(chiuso martedì)* carta 19/26000 – ⵈ 3500 – **39 cam** 25/50000 –
½ P 35/50000.

ISEO 25049 Brescia 🐾🐾🐾 ③④ 🔢🔢 🔢🔢 F 12 – 8 012 ab. alt. 198 – a.s. Pasqua e luglio-15
settembre – ✆ 030.

Vedere Lago★.

Escursioni Monte Isola★★ : ⁂★★ dal santuario della Madonna della Ceriola (in battello).
🎫 lungolago Marconi 2/c ☎ 980209.
Roma 581 – ♦Bergamo 39 – ♦Brescia 23 – ♦Milano 80 – Sondrio 122 – ♦Verona 96.

🏨 **Ambra** senza rist, porto Gabriele Rosa 2 ☎ 980130, Fax 9821361, ≤ – 🛉 📺 ☎ 🅿.
ⵝ
chiuso novembre – ⵈ 10000 – **31 cam** 60/90000.

🏠 **Milano,** lungolago Marconi 4 ☎ 980449, Fax 9821903, 🌲 – 📺 ☎ 🅰🅴 🅱 ⓞ 🅴 ꮩꮖꮨꭺ
ⵝ rist
Pas *(chiuso novembre e lunedì da ottobre a marzo)* carta 25/44000 – ⵈ 7000 – **15 cam**
45/64000 – ½ P 56000.

🍴🍴🍴 **Le Maschere,** vicolo della Pergola 7 ☎ 9821542, Coperti limitati; prenotare – 🅰🅴 🅱 🅴
ꮩꮖꮨꭺ. ⵝ
chiuso domenica sera e lunedì – Pas carta 40/81000.

🍴 **Gallo Rosso,** vicolo Nulli 9 ☎ 980505, prenotare – 🅰🅴 🅱 🅴 ꮩꮖꮨꭺ
chiuso giovedì, venerdì a mezzogiorno e dal 2 al 17 dicembre – Pas carta 28/42000.

🍴 **Al Castello,** via Mirolte 53 ☎ 981285, « Servizio estivo all'aperto » – 🅱 🅴 ꮩꮖꮨꭺ. ⵝ
*chiuso martedì, mercoledì a mezzogiorno, dal 4 al 21 marzo e dal 30 settembre al 17
ottobre* – Pas carta 31/51000.

🍴 **Leon D'Oro,** largo Dante 2 ☎ 981233 – 🅱 🅴 ꮩꮖꮨꭺ
chiuso lunedì e novembre – Pas carta 26/42000.

Vedere anche : *Pilzone* N : 2 km.
Clusane sul Lago O : 5 km.

ISERA 38060 Trento 🔢🔢 🔢🔢 E 15 – 2 174 ab. alt. 243 – ✆ 0464.
Roma 563 – ♦Milano 218 – Trento 27 – ♦Verona 77.

🍴🍴🍴 **Il Poggio,** ☎ 438500, ≤, 🌲, ⴱ, ♨ – 🅿 🅰🅴 ꮩꮖꮨꭺ. ⵝ
chiuso martedì e gennaio – Pas carta 25/42000.

ISERNIA 86170 🅿 🐾🐾🐾 ⑦ – 21 623 ab. alt. 457 – ✆ 0865.
🎫 via Farinacci 9 ☎ 3992.
A.C.I. via Kennedy 5 ☎ 50732.
Roma 177 – Avezzano 130 – Benevento 82 – Latina 149 – ♦Napoli 111 – Pescara 147.

🏨 **La Tequila** ⸝, via San Lazzaro 85 ☎ 412345, ⴱ, ♨ – 🛉 📺 ☎ ⴱ, 🚗 🅿 – 🛔 30 a
700. 🅰🅴 🅱 ⓞ. ⵝ rist
Pas *(chiuso domenica sera)* carta 32/42000 – **60 cam** ⵈ 65/93000 – ½ P 70000.

🏨 **Europa,** strada statale per Campobasso ☎ 411450, Fax 235287 – 🛉 ⵤⵤ cam ▦ 📺 ☎
🚗 🅿 🅰🅴 🅱 🅴 ꮩꮖꮨꭺ. ⵝ
Pas carta 30/55000 – ⵈ 8500 – **61 cam** 60/75000 appartamenti 220000 – ½ P 75000.

🍴 **Emma** con cam, contrada Valgianese SE : 5 km ☎ 414886, ⵝ – ▦ rist 📺 ☎ 🅿 🅰🅴 🅱
ⓞ 🅴 ꮩꮖꮨꭺ. ⵝ
Pas carta 21/39000 – ⵈ 4000 – **24 cam** 45/63000 – ½ P 50000.

🍴 **Paradiso,** rampa Occidentale 2 ☎ 26347.

sulla fondovalle Trigno E : 3 km :

🏨 **Santa Maria del Bagno** ⸝, ✉ 86090 Pesche ☎ 451143 – 🛉 📺 ☎ 🅿 – 🛔 120. 🅱
🅴 ꮩꮖꮨꭺ, ⵝ rist
Pas *(chiuso lunedì)* carta 27/41000 – ⵈ 5000 – **27 cam** 55000 – ½ P 55000.

ISIATA Venezia – Vedere San Donà di Piave.

ISILI Nuoro 🐾🐾🐾 ㉝ – Vedere Sardegna alla fine dell'elenco alfabetico.

IS MOLAS Cagliari – Vedere Sardegna (Pula) alla fine dell'elenco alfabetico.

ISOLA... ISOLE Vedere nome proprio della o delle isole.

ISOLA BELLA Novara 428 E 7, 219 ⑦ – Vedere Borromee (Isole).

ISOLACCIA Sondrio 218 ⑰ – Vedere Valdidentro.

ISOLA COMACINA Como 219 ⑨ – alt. 213 – ⊠ **22010** Sala Comacina.
Da Sala Comacina 5 mn di barca.

✕ **Locanda dell'Isola,** ℘ (0344) 55083, ≤, 🏤, « Su un isolotto disabitato; servizio e menu tipici »
marzo-ottobre; chiuso martedì escluso giugno-settembre – Pas 70/73000 bc.

ISOLA D'ASTI 14057 Asti 428 H 6 – 2 045 ab. alt. 245 – ✿ 0141.
Roma 623 – Asti 10 – ◆Genova 124 – ◆Milano 130 – ◆Torino 64.

sulla strada statale 231 SO : 2 km :

✕✕✕ ✿ **Il Cascinale Nuovo** con cam, ⊠ 14057 ℘ 958166, Fax 958828, prenotare, 🗲, 🐎, ✖ – 📺 ☎ 🚗 🅿. 🝙 🛐 ⓔ 🄴 *VISA*. ✖
chiuso dal 28 dicembre al 10 gennaio e dal 5 al 22 agosto – Pas *(chiuso domenica sera e lunedì)* carta 48/70000 – ☲ 10000 – **16 cam** 50/75000 appartamenti 120000 – ½ P 110/140000
Spec. Porcini e petto d'anatra all'aceto balsamico (giugno-ottobre), Taglierini con zucchini scalogno e pomodoro, Tenerone di vitello al Barbaresco . **Vini** Arneis, Barbaresco.

ISOLA DEL GRAN SASSO D'ITALIA 64045 Teramo 988 ㉖ – 5 040 ab. alt. 415 – ✿ 0861.
Escursioni Gran Sasso★★ SO : 6 km.
Roma 190 – L'Aquila 75 – ◆Pescara 69 – Teramo 30.

✕ **Insula** con cam, borgo San Leonardo 78 ℘ 97202, ≤ – ✖
chiuso dal 23 dicembre al 10 gennaio e Pasqua – Pas *(chiuso giovedì)* carta 22/35000 –
15 cam ☲ 45000 – ½ P 33/37000.

ISOLA DELLA SCALA 37063 Verona 988 ④ 428 429 G 15 – 10 488 ab. alt. 31 – ✿ 045.
Roma 497 – ◆Ferrara 83 – Mantova 34 – ◆Milano 168 – ◆Modena 83 – ◆Venezia 131 – ◆Verona 19.

✕ **Turismo** con cam, ℘ 7300177 – ▤ 🕾 🅿. 🝙. ✖
chiuso dal 10 al 25 agosto – Pas *(chiuso venerdì)* carta 23/35000 – ☲ 8000 – **12 cam** 43/60000 – ½ P 56/60000.

a Gabbia SE : 6 km – ⊠ 37063 Isola della Scala :

✕✕✕ ✿ **Gabbia d'Oro,** ℘ 7330020, Coperti limitati; prenotare – ▤ 🅿. ✖
chiuso martedì, mercoledì, dal 1° al 18 gennaio e dal 1° al 20 agosto – Pas carta 60/82000 (10%)
Spec. Millefoglie con stufato di luccio e piccole verdure (marzo-novembre), Tortellini di lavarello con spuma d'erbe, Capretto arrosto al sale grosso. **Vini** Prendina, Le Sassine.

ISOLA DELLE FEMMINE Palermo – Vedere Sicilia alla fine dell'elenco alfabetico.

ISOLA DEL LIRI 03036 Frosinone 988 ㉖㉗ – 13 038 ab. alt. 217 – ✿ 0776.
Dintorni Abbazia di Casamari★★ O : 9 km.
Roma 107 – Avezzano 62 – Frosinone 23 – Isernia 91 – ◆Napoli 135.

✕ **Scala alla Cascata,** piazza Gregorio VII ℘ 808100, 🏤 – ⓪
chiuso mercoledì – Pas carta 24/38000.

a Carnello NE : 3 km – ⊠ 03030 :

🏠 **Fibreno** senza rist, ℘ 86291 – 🛐 🕾
senza ☲ – **15 cam** 45/60000.

✕ **Mingone,** ℘ 86140, 🏤 – 🅿.

ISOLA DI CAPO RIZZUTO 88076 Catanzaro 988 ㊵ – 13 759 ab. alt. 196 – ✿ 0962.
Roma 612 – Catanzaro 58 – Crotone 17.

a Le Castella SO : 10 km – ⊠ 88076 Isola di Capo Rizzuto :

🏠 **Da Annibale,** ℘ 795004, 🏤, 🐎, ✖ – ☎ 🅿. ✖
Pas carta 38/57000 – ☲ 10000 – **20 cam** 110000 – ½ P 80/95000.

ISOLA DOVARESE 26031 Cremona 428 429 G 12 – 1 293 ab. alt. 34 – ✿ 0375.
Roma 499 – ◆Brescia 51 – Cremona 22 – Mantova 44 – ◆Milano 113 – ◆Parma 49.

✕✕ **Molino Vecchio,** ℘ 946039, 🐎 – 🅿. ✖
chiuso lunedì a mezzogiorno, martedì, dal 7 al 22 gennaio e dal 1° al 25 agosto – Pas carta 28/48000.

ISOLA MAGGIORE 06060 Perugia – alt. 260 – ✪ 075.

Da Passignano 15/30 mn di battello.

❌ **Sauro** 🅂 con cam, ✆ 826168, Fax 825130, 🔥 – AE ⑤ ⓞ E VISA ✖️
chiuso dall' 11 gennaio al 19 febbraio – Pas carta 28/40000 – ☶ 5500 – **10 cam** 60000 –
½ P 45/50000.

ISOLA SUPERIORE (dei Pescatori) Novara 219 ⑦ – Vedere Borromee (Isole).

ISOLA VARANO Foggia – Vedere Ischitella.

ISSENGO (ISSENG) Bolzano – Vedere Falzes.

ISSOGNE 11020 Aosta 428 F 5 – 1 410 ab. alt. 387 – ✪ 0125.
Vedere Castello★.

Roma 713 – Aosta 39 – ◆Milano 151 – ◆Torino 80.

❌ **Al Maniero,** frazione Pied de Ville ✆ 929219, 🍽 – ⓟ. ⑤ ⓞ E VISA ✖️
chiuso lunedì da ottobre a giugno – Pas carta 29/40000.

ISTIA D'OMBRONE 58040 Grosseto – alt. 39 – ✪ 0564.

Roma 190 – Grosseto 7 – ◆Perugia 178.

❌ **Terzo Cerchio,** ✆ 409235, 🍽, Cucina tipica maremmana, prenotare
chiuso lunedì e novembre – Pas carta 40/50000.

ISTRANA 31036 Treviso 429 E 18 – 6 656 ab. alt. 42 – ✪ 0422.

Roma 553 – ◆Milano 252 – Treviso 12 – ◆Trieste 157 – ◆Venezia 42.

❌ **Cà Bianca** con cam, località Villanova S : 1 km ✆ 73235 – 🍽 TV ☎ 🚗 ⓟ. ⑤ E VISA
Pas *(chiuso venerdì)* carta 26/37000 – ☶ 7000 – **11 cam** 50/75000, 🍽 5000 – ½ P 60/70000.

ITRI 04020 Latina 988 ②⑦ – 7 998 ab. alt. 170 – ✪ 0771.

Roma 144 – Frosinone 70 – Latina 69 – ◆Napoli 77.

❌ **Il Grottone** con cam, corso Vittorio Emanuele II ✆ 208014 – 🍽 rist TV ☜. ⑤ VISA ✖️
Pas *(chiuso lunedì)* carta 25/32000 (10%) – ☶ 3000 – **8 cam** 23/43000 – ½ P 45000.

a Madonna della Civita N : 10 KM – ✉ 04020 Itri :

🏠 **Montefusco** 🅂, ✆ 20560, ≤, 🍽, 🚗 – ⓟ. AE. ✖️ rist
aprile-ottobre – Pas *(chiuso martedì)* carta 25/48000 – ☶ 4000 – **13 cam** 23/37000 –
½ P 50000.

IUTIZZO Udine – Vedere Codroipo.

IVREA 10015 Torino 988 ②, 428 F 5 – 25 984 ab. alt. 267 – ✪ 0125.
Vedere Guida Verde.

🎫 corso Vercelli 1 ✆ 424005, Fax 424084.

A.C.I. via dei Mulini 3 ✆ 423327.

Roma 683 – Aosta 71 – Breuil-Cervinia 74 – ◆Milano 115 – Novara 69 – ◆Torino 50 – Vercelli 50.

🏨 **La Serra,** corso Carlo Botta 30 ✆ 44341, Telex 216447, Fax 44341, 🔲 – 🏚 🍽 TV ☎ 🚗
ⓟ – 🔏 30 a 400. AE ⑤ ⓞ E VISA ✖️
Pas *(chiuso venerdì, sabato a mezzogiorno e dal 20 luglio al 15 agosto)* carta 35/45000 –
☶ 10000 – **51 cam** 138/180000 appartamenti 199/218000.

🏠 **Eden** senza rist, corso Massimo D'Azeglio 67 ✆ 424741, Fax 40353 – 🏚 TV ☎ ⓟ. ⑤
ⓞ E VISA
chiuso dal 24 dicembre al 6 gennaio – ☶ 9500 – **36 cam** 85/108000.

🏠 **Moro** senza rist, corso Massimo D'Azeglio 43 ✆ 40170, Fax 48403 – 🏚 TV ☎. AE ⑤ ⓞ
E VISA ✖️
33 cam ☶ 83/104000.

❌ **Moro,** corso Massimo D'Azeglio 41 ✆ 422136 – AE ⑤ ⓞ E VISA
chiuso dal 23 dicembre al 7 gennaio e le sere di sabato e domenica da ottobre a marzo –
Pas carta 27/45000 (12%).

all'ingresso dell'autostrada A 5 O : 2 km :

🏨 **Ritz** senza rist, ✉ 10010 Banchette ✆ 611200, Fax 611323 – 🏚 TV ☎ ⓟ. AE ⑤ ⓞ E
VISA
☶ 15000 – **60 cam** 95/125000.

al lago Sirio N : 2 km :

🏨 **Sirio** 🅂, ✉ 10015 ✆ 424247, Telex 214583, ≤, 🍽 – 🏚 TV ☎ 🚗 ⓟ – 🔏 50. AE ⑤
E VISA
Pas *(chiuso dal 26 dicembre al 15 gennaio)* carta 39/57000 – ☶ 14000 – **53 cam** 85/106000.

a San Bernardo S : 3 km – ✉ **10090** :

⌂ **La Villa** senza rist, via Torino 334 ℘ 631696, Fax 631950, ⛱ – 📺 ☎ Ⓟ. AE Ⓢ E VISA. ⊘
chiuso dal 15 al 31 luglio – ☕ 12000 – **22 cam** 85/110000.

Vedere anche : ***Loranzè*** E : 9,5 km.

JESI **60035** Ancona 988 ⑯ – 40 336 ab. alt. 96 – ☎ 0731.

Vedere Palazzo della Signoria★ – Pinacoteca★.

Roma 260 – ♦Ancona 32 – Gubbio 80 – Macerata 41 – ♦Perugia 116 – Pesaro 72.

🏨 **Federico II,** via Ancona 10 ℘ 543631, Telex 560619, Fax 57221, ←, 🏋, ≘s, 🏊, ⛱ – 🛗 ▤ 📺 ☎ ♿ 🚗 Ⓟ – 🧑‍🏫 30 a 250. AE Ⓢ ⦿ E VISA. ⊘ rist
Pas carta 46/73000 – ☕ 13000 – **76 cam** 169000 appartamenti 210000 – ½ P 130/170000.

XX **Italia** con cam, viale Trieste 28 ℘ 4844 – 📺 ☎. AE Ⓢ ⦿ E VISA. ⊘
chiuso agosto – Pas *(chiuso sabato)* carta 30/50000 (10%) – ☕ 8000 – **13 cam** 52/86000 – P 90000.

XX **Santa Lucia,** via Marche 2/b ℘ 64409, ⛱, Coperti limitati; prenotare – ▤. AE ⦿. ⊘
chiuso mercoledì, dal 15 al 31 gennaio e dal 20 agosto al 5 settembre – Pas carta 50/75000.

XX **Galeazzi,** via Mura Occidentali 5 ℘ 57944 – ⊘
chiuso lunedì ed agosto – Pas carta 30/42000.

verso San Marcello NO : 2 km :

X ✿ **Ippocampo,** ✉ 60035 ℘ 57487, Solo piatti di pesce, ⛱, 🎾 – Ⓟ. ⊘
chiuso domenica sera, lunedì ed agosto – Pas 60000 bc
Spec. Antipasto di mare caldo e freddo, Pescatrice con fagioli, Calamaretti al vino bianco, Arrosto e fritto misto di pesce. **Vini** Verdicchio.

JESOLO **30016** Venezia 988 ⑤, 429 F 19 – 22 125 ab. alt. 2 – a.s. 15 giugno-agosto – ☎ 0421.

Roma 560 – Belluno 106 – ♦Milano 299 – ♦Padova 69 – Treviso 50 – ♦Trieste 125 – Udine 94 – ♦Venezia 40.

XX Il San Domenico, ℘ 350095, ⛱, ⛱ – Ⓟ.

X **Udinese-da Aldo** con cam, ℘ 951409 – ▤ rist ☎ Ⓟ. AE Ⓢ ⦿ E VISA
Pas *(chiuso mercoledì e dal 10 al 30 gennaio)* carta 35/50000 – ☕ 5000 – **12 cam** 42/68000 – ½ P 45/50000.

Vedere anche : ***Lido di Jesolo*** S : 4 km.

KALTENBRUNN = Fontanefredde.

KALTERN AN DER WEINSTRASSE = Caldaro sulla Strada del Vino.

KARERPASS = Costalunga (Passo di).

KARERSEE = Carezza al Lago.

KASTELBELL TSCHARS = Castelbello Ciardes.

KASTELRUTH = Castelrotto.

KIENS = Chienes.

KLAUSEN = Chiusa.

KRUEZBERGPASS = Monte Croce di Comelico (Passo).

LABICO **00030** Roma – 2 403 ab. alt. 319 – ☎ 06.

Roma 48 – Frosinone 44.

XXX ✿ **La Vecchia Osteria,** via Roma 89 ℘ 9510032, Coperti limitati; prenotare – AE Ⓢ ⦿ E VISA. ⊘
chiuso domenica sera, lunedì ed agosto – Pas 50/80000
Spec. Tortino di funghi porcini, Tortelloni di magro al burro ed aromi, Capretto disossato con rucola e mentuccia. **Vini** Vernaccia, Dolcetto.

LABRO **02010** Rieti – 310 ab. alt. 628 – ☎ 0746.

Roma 101 – L'Aquila 80 – Rieti 23 – Terni 19.

X **L'Arcolaio,** ℘ 646172, ← – ⊘
chiuso lunedì escluso giugno-settembre – Pas carta 23/37000.

LA CALETTA Nuoro – Vedere Sardegna (Siniscola) alla fine dell'elenco alfabetico.

LACCO AMENO Napoli – Vedere Ischia (Isola d').

LACES (LATSCH) 39021 Bolzano 428 429 C 14, 218 ⑩ – 4 186 ab. alt. 639 – 😊 0473.
Roma 692 – ◆Bolzano 54 – Merano 26 – ◆Milano 352.

🏨 Matillhof 🦢, ℰ 623444, ⏳, 🏊, 🥾 – 🛗 ▤ rist ☎ 🅿 – *stagionale* – **20 cam**.

a Morter SO : 3 km – ✉ **39020** :

🏨 **Aquila-Adler** 🦢, ℰ 72038, ⏳, 🏊, 🥾, ✕ – 🛗 ☎ 🅿 ✕ rist
➔ *marzo-ottobre* – Pas (solo per clienti alloggiati e *chiuso a mezzogiorno*) 18/24000 – **30 cam**
⬜ 35/70000 – ½ P 40/55000.

LACONI Nuoro 988 ⊛ – Vedere Sardegna alla fine dell'elenco alfabetico.

LADISPOLI 00055 Roma 988 ㉕ – 17 537 ab. – a.s. 15 giugno-agosto – 😊 06.
Dintorni Cerveteri : necropoli della Banditaccia★★ N : 7 km.
Roma 34 – Civitavecchia 34 – Ostia Antica 43 – Tarquinia 53 – Viterbo 79.

🏨 **Villa Margherita e Rist. Cielo e Mare,** ℰ 9929089, Fax 9926430, ≼, 🥾 – 🛗 ▥ 🅿 AE
⑤ ⑩ E VISA ✕
marzo-novembre – Pas carta 24/48000 – ⬜ 6000 – **79 cam** 67/90000 – ½ P 58/73000.

✕✕ **Sora Olga,** ℰ 9929088 – ▤, AE ⑤ ⑩ E VISA
chiuso mercoledi – Pas carta 38/50000 (12%).

LAGLIO 22010 Como 428 E 9, 219 ⑨ – 929 ab. alt. 202 – 😊 031.
Roma 638 – Como 13 – ◆Lugano 41 – Menaggio 22 – ◆Milano 61.

✕✕ **San Marino** con cam, via Regina Nuova 64 ℰ 400383, ≼, 🍽 – 🛗 🅿. AE ⑤ E VISA
Pas carta 26/38000 – ⬜ 4000 – **10 cam** 40/56000 – ½ P 50000.

LAGO Vedere nome proprio del lago.

LAGO MAGGIORE o VERBANO ★★★ Novara, Varese e Cantone Ticino 988 ②③ 428 E 7.
Vedere Guida Verde.

LAGUNDO (ALGUND) 39022 Bolzano 429 B 15, 218 ⑩ – 3 799 ab. alt. 400 – 😊 0473.
🅱 via Vecchia 33/b ℰ 48600, Fax 48917.
Roma 667 – ◆Bolzano 30 – Merano 2 – ◆Milano 328.

Pianta : Vedere Merano

🏨 **Algunderhof** 🦢, ℰ 48558, Fax 47311, ≼, « Giardino con ⏳ riscaldata » – 🛗 📺 ☎ 🅿
AE ⑤ ⑩ E VISA ✕ rist   **A a**
23 marzo-9 novembre – Pas 46/55000 – **29 cam** ⬜ 90/160000 appartamenti 180/200000 –
½ P 85/110000.

🏨 Der Pünthof e Rist. Romerkeller 🦢, ℰ 48553, ≼, « Giardino-frutteto e laghetto », ⏳, ✕
– 📺 ☎ 🅹 🅿 – *stagionale* – **11 cam**.

🏨 **Ludwigshof** 🦢, ℰ 220355, ≼, « Giardino », 🕿, 🏊 – 🛗 ☎ 🅹 🅿. ✕   **A b**
➔ *marzo-novembre* – Pas (solo per clienti alloggiati e *chiuso a mezzogiorno*) – **18 cam**
⬜ 48/90000 – ½ P 58/68000.

✕✕ **Maratscher** con cam, a Plars di Mezzo 30 ℰ 48469, ≼ – 🅿. AE ⑤ ⑩ E VISA
Pas *(chiuso giovedi e da febbraio al 15 marzo)* carta 39/59000 – **6 cam** *(15 marzo-
15 novembre)* ⬜ 30/60000 – ½ P 48/50000.

✕✕ **Rusterkeller,** ℰ 220202, Fax 40267, « Servizio estivo all'aperto » – 🅿. AE ⑤ ⑩ E VISA
chiuso lunedi e da gennaio al 12 febbraio – Pas carta 35/57000   **A d**

LAIGUEGLIA 17020 Savona 988 ⑫, 428 K 6 – 2 502 ab. – 😊 0182.
🅱 via Milano 33 ℰ 49059.
Roma 600 – ◆Genova 101 – Imperia 21 – ◆Milano 224 – San Remo 44 – Savona 55.

🏨 **Splendid,** piazza Badarò ℰ 49325, Fax 49894, ⏳, 🐎 – 🛗 ▥ 🅿. AE ⑩ VISA ✕ rist
➔ *Pasqua-settembre* – Pas 20/34000 – **51 cam** ⬜ 76/130000 – ½ P 65/97000.

🏨 **Mediterraneo** 🦢, via Andrea Doria 18 ℰ 49240 – 🛗 ▥ 🅿. ⑤ VISA ✕ rist
➔ *23 dicembre-26 aprile e 20 maggio-15 ottobre* – Pas 20/25000 – ⬜ 9000 – **35 cam** 50/85000
– ½ P 43/75000.

✕✕ ⊛ **Vascello Fantasma,** via Dante 105 ℰ 49847, 🍽 – AE ⑤ ⑩ E VISA
chiuso dal 10 novembre al 10 dicembre e mercoledi da ottobre a maggio – Pas
carta 61/95000
Spec. Gamberi in salsa di limone e panna, Chicche al pesto, Branzino al sale . Vini Pigato, Rossese.

LAIVES (LEIFERS) 39055 Bolzano 429 C 16, 218 ⑳ – 13 689 ab. alt. 257 – 😊 0471.
Roma 634 – ◆Bolzano 8 – ◆Milano 291 – Trento 52.

🏨 **Al Moro-Zum Mohren,** ℰ 954523, Fax 955239 – 🛗 ▤ rist ☎ 🅿. ✕
➔ *chiuso dal 15 gennaio al 15 febbraio* – Pas *(chiuso martedi)* carta 19/30000 – ⬜ 8000 –
34 cam 30/45000 – ½ P 35/38000.

🏨 **Rotwand,** NE : 2 km ✉ 39050 Pineta di Laives ℰ 954512, ≼, 🍽 – ☎ 🅿. ⑤ E VISA
Pas carta 21/39000 – **27 cam** ⬜ 40/70000 – ½ P 40/50000.

LA MAGDELEINE Aosta 428 E 4, 219 ③ – 97 ab. alt. 1 640 – ⊠ **11020** Antey Saint André – a.s. febbraio, Pasqua, 15 luglio-agosto e Natale – ✆ 0166.
Roma 738 – Aosta 41 – Breuil-Cervinia 28 – ♦Milano 174 – ♦Torino 103.

   🏠 **Miravidi** ⤸, ℰ 48259, ← vallata – **ℙ**. ⅜
       chiuso dal 15 aprile a maggio e novembre – Pas *(chiuso mercoledì)* carta 22/39000 – ⌾ 7000 – **24 cam** 30/46000 – ½ P 45/55000.

LAMBRUGO 22045 Como 219 ⑨ – 2 017 ab. alt. 295 – ✆ 031.
Roma 616 – ♦Bergamo 42 – Como 16 – Lecco 22 – ♦Milano 42.

   ✕ **Al Rustico**, ℰ 608125, prenotare – **ℙ**. 🅰🅴 🕃
       chiuso domenica sera, lunedì ed agosto – Pas carta 31/49000.

LAMEZIA TERME 88046 Catanzaro – 68 985 ab. alt. 210 (frazione Nicastro) – ✆ 0968.
⌁ a Sant'Eufemia Lamezia ℰ 51521.
Roma 580 – Catanzaro 44 – ♦Cosenza 73.

    a Nicastro – ⊠ **88046** :

   🏨 **Savant** senza rist, via Manfredi 8 ℰ 26161, Fax 26161 – 🛗 🗏 📺 ☎ 🕭 🚗 – 🏔 80.
       🕃 *VISA*
       ⌾ 10000 – **40 cam** 71/106000.

    a Sant'Eufemia Lamezia S : 8,3 km – ⊠ **88040** :

   🏠 Aerhotel, ℰ 51612 – 🗏 📺 ☎ **ℙ**
       16 cam.

LA MORRA 12064 Cuneo – 2 365 ab. alt. 513 – ✆ 0173.
Roma 631 – Asti 45 – Cuneo 56 – ♦Milano 171 – ♦Torino 63.

   ✕✕ **Bel Sit**, via Alba 17 bis ℰ 50350, ⛲ – **ℙ**. 🕃
        chiuso lunedì sera, martedì, dal 2 al 15 gennaio e dal 1° al 15 luglio – Pas 30/40000.

   ✕✕ **Belvedere**, piazza Castello 5 ℰ 50190, ← – 🕃 🅴 *VISA*
        chiuso domenica sera, lunedì, gennaio e febbraio – Pas carta 34/57000.

LAMPEDUSA (Isola di) Agrigento – Vedere Sicilia alla fine dell'elenco alfabetico.

LANA Bolzano 988 ④, 429 C 15 – 8 462 ab. alt. 289 – ⊠ **39011** Lana d'Adige – Sport invernali :
a San Vigilio : 1 485/1 895 m ⛷1 ⛷4, ⛷ – ✆ 0473.
🅱 via Andreas Hofer 7/b ℰ 51770, Fax 51979.
Roma 661 – ♦Bolzano 24 – Merano 9 – ♦Milano 322 – Trento 82.

   🏨 **Pöder**, ℰ 51258, Fax 51058, ⛲, « Giardino con ⥮ », ⫘, 🖾 – 🛗 📺 ☎ 🚗 **ℙ**
       Pas carta 20/30000 – **45 cam** 63/127000 – ½ P 93000.

   🏨 **Teiss-Cavallino Bianco**, ℰ 51101, Fax 53655, « Servizio rist. estivo all'aperto », ⫘,
       ⥮, ⛲ – 🛗 🗏 rist ☎ **ℙ** – 🏔 40. 🕃 🅴 *VISA*. ⅜ rist
       Pas *(chiuso mercoledì e dal 13 febbraio al 22 marzo)* carta 28/48000 – **35 cam** *(23 marzo-3 novembre)* ⌾ 90/150000 – ½ P 68/95000.

   🏨 **Eichhof** ⤸, ℰ 51196, Fax 53710, « Giardino ombreggiato con ⥮ », 🖾, ⅞ – ☎ **ℙ**. 🕃
       🅴 *VISA*. ⅜ rist
       aprile-15 novembre – Pas *(solo per clienti alloggiati)* – **21 cam** ⌾ 50/100000 – ½ P 60/80000.

   🏠 **Villa Arnica** ⤸ senza rist, ℰ 51260, « Giardino con ⥮ » – 📺 ☎ **ℙ**. ⅜
       aprile-ottobre – **13 cam** ⌾ 65/120000.

   🏠 **Rebgut** ⤸ senza rist, ℰ 51430, ⫘, ⥮ riscaldata, ⛲ – ☎ **ℙ**. *VISA*. ⅜
       marzo-ottobre – **12 cam** ⌾ 59/107000.

    a San Vigilio (Vigiljoch) NO : 5 mn di funivia – alt. 1 485 – ⊠ **39011** Lana d'Adige

   🏠 **Monte San Vigilio-Berghotel Vigiljoch** ⤸, ℰ 51236, Fax 51410, ← vallata e Dolomiti,
       ⛲, ⥮ riscaldata, ⛲ – ⥻ ☎. ⅜ rist
       chiuso novembre – Pas carta 25/35000 – **40 cam** ⌾ 45/80000 – ½ P 50/78000.

    a Foiana (Völlan) SO : 5 km – alt. 696 – ⊠ **39011** Lana d'Adige :

   🏨 **Völlanerhof** ⤸, ℰ 58033, Fax 58143, ←, « Giardino con ⥮ riscaldata », ⫘, 🖾, ⅞ –
       🛗 ☎ **ℙ**. ⅜
       16 marzo-15 novembre – Pas *(solo per clienti alloggiati e chiuso a mezzogiorno)* – **40 cam**
       solo ½ P 85/120000.

   🏨 **Waldhof** ⤸, ℰ 58081, Fax 58142, ← monti, « Parco », ⫘, ⥮ riscaldata, 🖾, ⅞ – 🗏 rist
       ☎ **ℙ**. ⅜ rist
       aprile-11 novembre – Pas *(solo per clienti alloggiati)* – **28 cam** ⌾ 95/200000 – ½ P 87/126000.

LANCIANO 66034 Chieti 988 ㉗ – 34 742 ab. alt. 283 – a.s. 15 giugno-agosto – ✪ 0872.

Roma 199 – Chieti 48 – Isernia 113 – ◆Napoli 213 – ◆Pescara 40 – Termoli 73.

🏨 **Excelsior,** viale della Rimembranza 19 ✆ 23113, Fax 26122 – 🛗 🗏 📺 🕾 🚗 – 🔏 25
a 100. 🖭 🕄 ⓞ 𝘝𝘐𝘚𝘈. ✦ rist
Pas *(chiuso venerdì)* 35/45000 – ⊆ 12000 – **80 cam** 60/87000 appartamenti 170000, 🗏 5000
– ½ P 75000.

🏨 **Anxanum** senza rist, via San Francesco d'Assisi 8/10 ✆ 39042, ⬛, 🛗 🗏 📺 🕾 🕭 🅟
– 🔏 80. 🖭 ⓞ 𝘝𝘐𝘚𝘈
⊆ 10000 – **42 cam** 57/83000.

✗ **La Ruota,** via per Fossacesia 62 ✆ 44590 – 𝘝𝘐𝘚𝘈
chiuso domenica – Pas carta 32/53000.

LANZO D'INTELVI 22024 Como 428 E 9, 219 ⑧ – 1 410 ab. alt. 907 – ✪ 031.

Dintorni Belvedere di Sighignola★★★ : ≤ sul lago di Lugano e le Alpi SO : 6 km.

🏌 (maggio-settembre; chiuso lunedì escluso agosto) ✆ 840169, E : 1 km.

🇮 piazza Novi ✆ 840143 – Roma 653 – Argegno 15 – Como 35 – Menaggio 30 – ◆Milano 83.

🏨 **Milano,** ✆ 840119, 🚜 – 🛗 🕾 🅟. 🕄 𝘝𝘐𝘚𝘈. ✦
chiuso novembre – Pas *(chiuso mercoledì)* 25/28000 – ⊆ 10000 – **28 cam** 50/75000 –
P 65/85000.

🏨 **Belvedere,** N : 1,2 km ✆ 840122, Fax 840122, ≤, 🚜 – 🛗 🚗 🚗 🅟. 🖭 🕄 E 𝘝𝘐𝘚𝘈. ✦
chiuso novembre – Pas *(chiuso lunedì da settembre a maggio)* 30/36000 – ⊆ 10000 –
36 cam 71/104000 – ½ P 69/82000.

✗✗ **Funicolare Miralago** ⬟ con cam, N : 1,5 km ✆ 840212, ≤ lago di Lugano e monti, 🌲
– 🅟. 🕄 𝘝𝘐𝘚𝘈
chiuso novembre – Pas *(chiuso mercoledì da settembre a maggio)* carta 30/46000 – **20 cam**
⊆ 35/65000 – ½ P 50/55000.

a Scaria E : 2,5 km – ✉ **22020** :

🏚 **Altavalle,** ✆ 840414, ≤ – 🚗 🅟. 🖭 🕄 E 𝘝𝘐𝘚𝘈
chiuso novembre – Pas *(chiuso mercoledì dal 15 settembre al 15 giugno)* carta 31/42000 –
⊆ 6000 – **14 cam** 37/61000 – ½ P 50/55000.

LA PILA Livorno – Vedere Elba (Isola d') : Marina di Campo.

LA QUERCIA Viterbo – Vedere Viterbo.

L'AQUILA 67100 🅿 988 ㉖ – 67 348 ab. alt. 721 – ✪ 0862.

Vedere Basilica di San Bernardino★★ Y – Castello★ Y : museo Nazionale d'Abruzzo★★ – Basilica
di Santa Maria di Collemaggio★ Z : facciata★★ – Fontana delle 99 cannelle★ Z.

Escursioni Massiccio degli Abruzzi★★★ – 🇮 piazza Santa Maria di Paganica 5 ✆ 410808 – via
20 Settembre 8 ✆ 22306 – 🄰🄲🄸 via Bone Novelle 6 ✆ 29555.

Roma 119 ① – ◆Napoli 242 ① – ◆Pescara 105 ② – Terni 94 ①.

Pianta pagina a lato

🏨 **Duca degli Abruzzi e Rist. Il Tetto,** viale Giovanni XXIII n° 10 ✆ 28341, Fax 61588,
« Rist. panoramico » – 🛗 🗏 rist 📺 🕾 🚗 🅟 – 🔏 100 a 300. 🖭 ✦   Y e
Pas carta 32/44000 – **120 cam** ⊆ 74/108000 – ½ P 84/104000.

🏨 **Gd H. del Parco,** corso Federico II n° 74 ✆ 413248, Fax 65938 – 🛗 📺 🕾 🅟. 🖭 🕄
ⓞ E 𝘝𝘐𝘚𝘈. ✦   Z c
Pas vedere rist La Grotta di Aligi – **36 cam** ⊆ 90/140000 – ½ P 120000.

🏨 **Le Cannelle,** via Tancredi da Pentina 2 ✆ 411194, Telex 600120, Fax 412453, 🖈, ⬛, ✗
– 🛗 📺 🕾 🅟 – 🔏 25 a 200. 🕄 E 𝘝𝘐𝘚𝘈. ✦ rist   Y v
Pas carta 36/51000 – **115 cam** ⊆ 75/100000 – ½ P 110000.

🏨 **Castello** senza rist, piazza Battaglione Alpini ✆ 29147, Fax 29140 – 🛗 ⇅ 🕾 🚗
🔏 100. 🖭 ✦   Y n
⊆ 11000 – **44 cam** 80/88000.

🏨 **Duomo** senza rist, via Dragonetti ✆ 410893, Fax 413058 – 🛗 📺 🕾. 🕄 E 𝘝𝘐𝘚𝘈. ✦
⊆ 6000 – **28 cam** 60/84000 appartamento 168000.   Z d

✗✗ **Tre Marie,** via Tre Marie 3 ✆ 20191, « Caratteristico stile abruzzese »   Z b
chiuso domenica sera, lunedì, Natale e 31 dicembre – Pas carta 40/52000 (15%).

✗✗ **La Grotta di Aligi,** viale Rendina 2 ✆ 65260 – 🖭 🕄 ⓞ E 𝘝𝘐𝘚𝘈. ✦   Z c
chiuso lunedì – Pas carta 50/80000.

✗ **Aquila-da Remo,** via San Flaviano 9 ✆ 22010   Z a
chiuso sabato e dal 24 dicembre al 2 gennaio – Pas carta 30/42000.

✗ **Renato,** via Indipendenza 9 ✆ 25596   Z s
chiuso domenica e dal 20 luglio al 5 agosto – Pas carta 29/43000.

a Coppito per ① : 6 km – ✉ **67010** :

✗ **Le Salette Aquilane,** ✆ 311445 – 🖭. ✦
chiuso domenica sera, lunedì, dal 22 dicembre al 2 gennaio e luglio – Pas carta 30/44000.

verso Preturo per ① : 9 km :

✗ **Cervo Bianco,** ✉ 67100 ✆ 461091 – Ⓟ. AE. ✈
chiuso lunedì – Pas carta 25/41000.

a San Vittorino per ① : 10 km – ✉ **67010** :

✗ **Il Vecchio Mulino,** strada statale ✆ 461036 – Ⓟ. ✈
chiuso domenica sera, lunedì e dal 20 luglio al 10 agosto – Pas carta 33/44000 (15%).

LARI **56035** Pisa 428 L 13 – 7 662 ab. alt. 129 – ☎ 0587.
Roma 335 – ♦Firenze 75 – ♦Livorno 33 – Pisa 36 – Pistoia 59 – Siena 98.

a Quattro Strade di Lavaiano NO : 6 km :

✗✗ **Lido** con cam, ✉ 56030 Perignano ✆ 616020 – TV ☎ Ⓟ – 🏊 80. 🅂 E VISA. ✈ cam
chiuso dal 1° al 20 agosto – **Pas** *(chiuso lunedì sera e martedì)* carta 28/40000 – ☕ 6000 – **6 cam** 50/85000.

a Lavaiano NO : 9 km – ✉ **56030** :

✗ **Castero,** ✆ 616121, « Giardino » – Ⓟ. AE 🅂 VISA
chiuso domenica sera e lunedì – Pas carta 28/44000.

LARINO **86035** Campobasso 988 ㉗ – 8 244 ab. alt. 310 – ☎ 0874.
Roma 275 – Campobasso 54 – ♦Foggia 84 – ♦Pescara 116.

🏨 **Park Hotel Campitelli 2** 🐎, via San Benedetto 1 ✆ 823541, Fax 822339, ≤, 🏊 – |♦| ▤ TV ☎ 🚗 Ⓟ – 🏊 150. AE 🅂 E VISA. ✈
Pas carta 23/35000 – ☕ 6000 – **52 cam** 50/75000 – ½ P 55/60000.

LARIO Vedere Como (Lago di).

Escursioni Riviera di Levante ★★★ NO.

🏌 Marigola (chiuso mercoledì) a Lerici ⊠ 19032 ℰ 970193, per ③ : 6 km.

🛥 via Mazzini 47 ℰ 36000.

A.C.I. via Costantini 18 ℰ 511098.

Roma 418 ② – ◆Firenze 144 ② – ◆Genova 103 ② – ◆Livorno 94 ② – ◆Milano 220 ② – ◆Parma 115 ②.

LA SPEZIA

<table>
<tr><td>Cavour (Corso e Piazza)</td><td>AB</td><td></td><td>Beverini (Piazza G.)</td><td>A</td><td>3</td><td>Milano (Via)</td><td>A</td><td>16</td></tr>
<tr><td>Chiodo (Pza e Via Domenico)</td><td>B</td><td>8</td><td>Brin (Piazza Benedetto)</td><td>A</td><td>4</td><td>Mille (Via dei)</td><td>A</td><td>17</td></tr>
<tr><td>Prione (Via del)</td><td>AB</td><td></td><td>Caduti del Lavoro (Piazzale)</td><td>A</td><td>6</td><td>Napoli (Via)</td><td>A</td><td>18</td></tr>
<tr><td></td><td></td><td></td><td>Colli (Via dei)</td><td>AB</td><td>9</td><td>Rosselli (Via Flli)</td><td>A</td><td>20</td></tr>
<tr><td></td><td></td><td></td><td>Da Passano (Via)</td><td>A</td><td>10</td><td>Spallanzani (Via e Salita)</td><td>A</td><td>22</td></tr>
<tr><td>Battisti (Piazza Cesare)</td><td>B</td><td>2</td><td>Europa (Piazza)</td><td>B</td><td>12</td><td>Verdi (Pza Giuseppe)</td><td>B</td><td>23</td></tr>
<tr><td></td><td></td><td></td><td>Fieschi (Viale Nicolò)</td><td>B</td><td>14</td><td>20 Settembre (Via)</td><td>AB</td><td>24</td></tr>
<tr><td></td><td></td><td></td><td>Manzoni (Via)</td><td>B</td><td>15</td><td>27 Marzo (Via)</td><td>AB</td><td>26</td></tr>
</table>

🏨 **Jolly**, via 20 Settembre 2 ℰ 27200, Telex 281047, Fax 22129, ⇐ – ▐ ▤ TV ☎ – 🖧 130. ⚠ AE ⑤ ◑ E 𝖵𝖨𝖲𝖠 ⋇ rist — **B b**
Pas 40000 – **110 cam** ⊇ 150/210000 – ½ P 145/190000.

🏨 **Hotel G.** senza rist, via Tino 62 ℰ 504141, Telex 273888, Fax 514989 – ▐ ▤ TV ☎ ⚠ ⇔ ⬥ P. AE ⑤ ◑ E 𝖵𝖨𝖲𝖠 ⋇ — per ③
50 cam ⊇ 95/140000.

🏨 **Genova** senza rist, via Fratelli Rosselli 84 ℰ 30066, Fax 30323 – ▐ TV ☎. ⑤ ◑ E 𝖵𝖨𝖲𝖠 ⊇ 8000 – **29 cam** 50/82000. — **A d**

🏠 **Mary**, via Fiume 177 ℰ 37270 – ▐ TV ☎ – **37 cam** — **A a**

🏠 **Diana** senza rist, via Colombo 30 ℰ 25120 – ☎ – **19 cam** — **A u**

XX **La Posta**, via Don Minzoni 24 ℰ 34419 – ▤. AE ⑤ ◑ E 𝖵𝖨𝖲𝖠 — **B x**
chiuso sabato, domenica ed agosto – Pas carta 33/54000.

XX **La Locandina**, via Sapri 10 ℰ 27499 — **A b**

XX **Da Dino**, via Da Passano 19 ℰ 21360 – AE ⑤ E 𝖵𝖨𝖲𝖠 ⋇ — **B z**
chiuso domenica sera, lunedì e dal 2 al 15 luglio – Pas carta 24/44000 (10%).

X **Rossetto**, via dei Colli 105 ℰ 29393, 🌿 — per ①
chiuso martedì, e gennaio – Pas carta 26/45000.

X **Da Sandro**, via del Prione 268 ℰ 37203 – AE ⑤ ◑ E 𝖵𝖨𝖲𝖠 ⋇ — **A e**
chiuso venerdì e dal 25 giugno al 10 luglio – Pas carta 25/35000.

Vedere anche : *Campiglia* SO : 9 km per S 530.
Lerici SE : 10 km per ③.
Portovenere S : 12 km per S 530.
Riomaggiore O : 14 km per S 370.

LE GUIDE MICHELIN DU PNEUMATIQUE

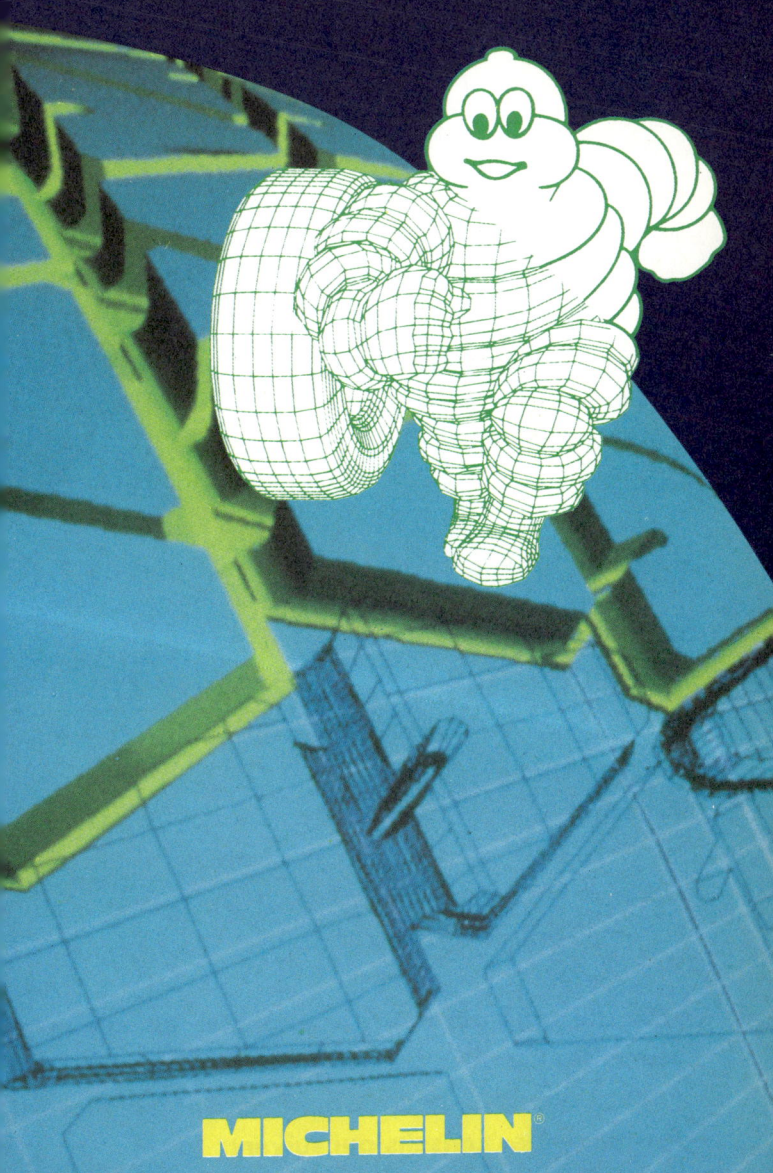

MICHELIN®

QU'EST-CE QU'UN PNEU ?

Produit de haute technologie, le pneu constitue le seul point de liaison de la voiture avec le sol. Ce contact correspond, pour une roue, à une surface équivalente à celle d'une carte postale. Le pneu doit donc se contenter de ces quelques centimètres carrés de gomme au sol pour remplir un grand nombre de tâches souvent contradictoires:

Porter le véhicule à l'arrêt, mais aussi résister aux transferts de charge considérables à l'accélération et au freinage.

Transmettre la puissance utile du moteur, les efforts au freinage et en courbe.

Rouler régulièrement, plus sûrement, plus longtemps pour un plus grand plaisir de conduire.

Guider le véhicule avec précision, quels que soient l'état du sol et les conditions climatiques.

Amortir les irrégularités de la route, en assurant le confort du conducteur et des passagers ainsi que la longévité du véhicule.

Durer, c'est-à-dire, garder au meilleur niveau ses performances pendant des millions de tours de roue.

Afin de vous permettre d'exploiter au mieux toutes les qualités de vos pneumatiques, nous vous proposons de lire attentivement les informations et les conseils qui suivent.

Le pneu est le seul point de liaison de la voiture avec le sol.

Comment lit-on un pneu ?

① «Bib» repérant l'emplacement de l'indicateur d'usure.

② Marque enregistrée. **③** Largeur du pneu: ≃ 185 mm.

④ Série du pneu H/S: 70. **⑤** Structure: R (radial).

⑥ Diamètre intérieur: 14 pouces (correspondant à celui de la jante). **⑦** Pneu: MXV. **⑧** Indice de charge: 88 (560 kg).

⑨ Code de vitesse: H (210 km/h).

⑩ Pneu sans chambre: Tubeless. **⑪** Marque enregistrée.

Codes de vitesse maximum:

Q : 160 km/h

R : 170 km/h

S : 180 km/h

T : 190 km/h

H : 210 km/h

V : 240 km/h

Z : supérieure à 240 km/h.

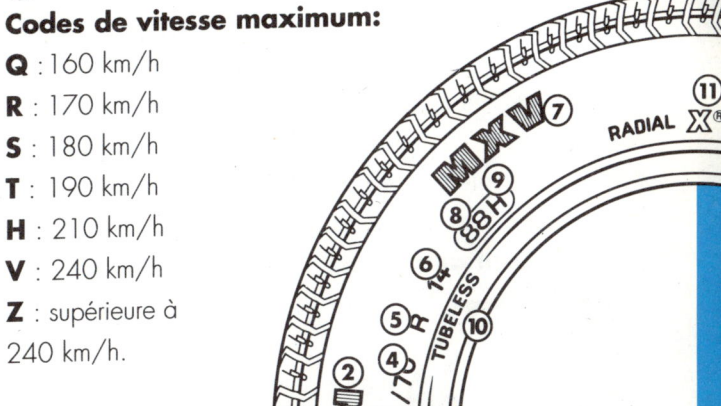

GONFLEZ VOS PNEUS, MAIS GONFLEZ-LES BIEN

POUR EXPLOITER AU MIEUX LEURS PERFORMANCES ET ASSURER VOTRE SECURITE.

Contrôlez la pression de vos pneus, sans oublier la roue de secours, dans de bonnes conditions:
Un pneu perd régulièrement de la pression. Les pneus doivent être contrôlés, une fois toutes les 2 semaines, à froid, c'est-à-dire une heure au moins après l'arrêt de la voiture ou après avoir parcouru 2 à 3 kilomètres à faible allure.

En roulage, la pression augmente; ne dégonflez donc jamais un pneu qui vient de rouler: considérez que, pour être correcte, sa pression doit être au moins supérieure de 0,3 bar à celle préconisée à froid.

Le surgonflage: si vous devez effectuer un long trajet à vitesse soutenue, ou si la charge de votre voiture est particulièrement importante, il est généralement conseillé de majorer la pression de vos pneus. Attention; l'écart de pression avant-arrière nécessaire à l'équilibre du véhicule doit être impérativement respecté. Consultez les tableaux de gonflage Michelin chez tous les professionnels de l'automobile et chez les spécialistes du pneu, et n'hésitez pas à leur demander conseil.

Le sous-gonflage: lorsque la pression de gonflage est

insuffisante, les flancs du pneu travaillent anormalement, ce qui entraîne une fatigue excessive de la carcasse, une élévation de température et une usure anormale.

Vérifiez la pression de vos pneus régulièrement et avant chaque voyage.

Le pneu subit alors des dommages irréversibles qui peuvent entraîner sa destruction immédiate ou future.

En cas de perte de pression, il est impératif de consulter un spécialiste qui en recherchera la cause et jugera de la réparation éventuelle à effectuer.

Le bouchon de valve: en apparence, il s'agit d'un détail; c'est pourtant un élément essentiel de l'étanchéité. Aussi, n'oubliez pas de le remettre en place après vérification de la pression, en vous assurant de sa parfaite propreté.

Voiture tractant caravane, bateau...

Dans ce cas particulier, il ne faut jamais oublier que le poids de la remorque accroît la charge du véhicule. Il est donc nécessaire d'augmenter la pression des pneus arrière de votre voiture, en vous conformant aux indications des tableaux de gonflage Michelin. Pour de plus amples renseignements, demandez conseil à votre revendeur de pneumatiques, c'est un véritable spécialiste.

POUR FAIRE DURER VOSPNEUS,GARDEZ UN OEIL SUR EUX.

Afin de préserver longtemps les qualités de vos pneus, il est impératif de les faire contrôler régulièrement, et avant chaque grand voyage. Il faut savoir que la durée de vie d'un pneu peut varier dans un rapport de 1 à 4, et parfois plus, selon son entretien, l'état du véhicule, le style de conduite et l'état des routes ! L'ensemble roue-pneumatique doit être parfaitement équilibré pour éviter les vibrations qui peuvent apparaître à partir d'une certaine vitesse. Pour supprimer ces vibrations et leurs désagréments, vous confierez l'équilibrage à un professionnel du pneumatique car cette opération nécessite un savoir-faire et un outillage très spécialisé.

Les facteurs qui influent sur l'usure et la durée de vie de vos pneumatiques:

les caractéristiques du véhicule (poids, puissance...), le profil

Une conduite sportive réduit la durée de vie des pneus.

des routes (rectilignes, sinueuses), le revêtement (granulométrie: sol lisse ou rugueux), l'état mécanique du véhicule (réglage des trains avant, arrière, état des suspensions et des freins...), le style de conduite (accélérations, freinages, vitesse de passage en courbe...), la vitesse (en ligne droite à 120 km/h un pneu s'use deux fois plus vite qu'à 70 km/h), la pression des pneumatiques (si elle est incorrecte, les pneus s'useront beaucoup plus vite et de manière irrégulière).

D'autres événements de nature accidentelle (chocs contre trottoirs, nids de poule...), en plus du risque de déréglage et

Les chocs contre les trottoirs, les nids de poule... peuvent endommager gravement vos pneus.

de détérioration de certains éléments du véhicule, peuvent provoquer des dommages internes au pneumatique dont les conséquences ne se manifesteront parfois que bien plus tard. Un contrôle régulier de vos pneus vous permettra donc de détecter puis de corriger rapidement les anomalies (usure anormale, perte de pression...). A la moindre alerte, adressez-vous immédiatement à un revendeur spécialiste qui interviendra pour préserver les qualités de vos pneus, votre confort et votre sécurité.

SURVEILLEZ L'USURE DE VOS PNEUMATIQUES:

Comment ? Tout simplement en observant la profondeur de la sculpture. C'est un facteur de sécurité, en particulier sur sol mouillé. Tous les pneus possèdent des indicateurs d'usure de 1,6 mm d'épaisseur. Ces indicateurs sont repérés par un Bibendum situé aux «épaules» des pneus Michelin. Un examen visuel suffit pour connaître le niveau d'usure de vos pneumatiques. Attention: même si vos pneus n'ont pas encore atteint la limite d'usure légale (en France, la profondeur restante de la sculpture doit être supérieure à 1 mm sur l'ensemble de la bande de roulement), leur capacité à évacuer l'eau aura naturellement diminué avec l'usure.

FAITES LE BON CHOIX POUR ROULER EN TOUTE TRANQUILLITE.

Le type de pneumatique qui équipe d'origine votre véhicule a été déterminé pour optimiser ses performances. Il vous est cependant possible d'effectuer un autre choix en fonction de votre style de conduite, des conditions climatiques, de la nature des routes et des trajets effectués.

Dans tous les cas, il est indispensable de consulter un spécialiste du pneumatique, car lui seul pourra vous aider à trouver la solution la mieux adaptée à votre utilisation.

Montage, démontage, équilibrage du pneu; c'est l'affaire d'un professionnel: un mauvais montage ou démontage du pneu peut le détériorer et mettre en cause votre sécurité.

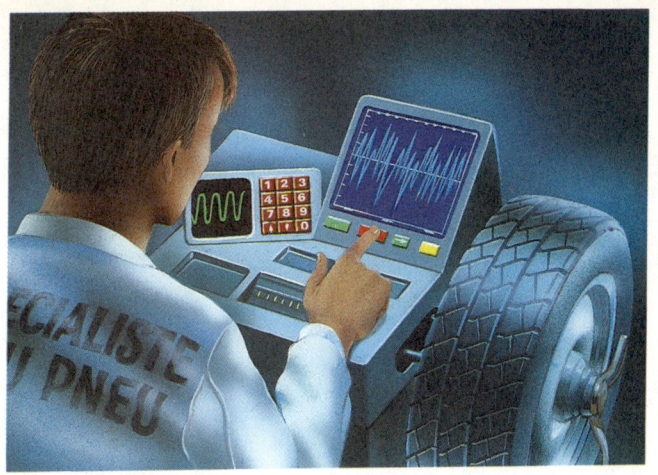

Le montage et l'équilibrage d'un pneu, c'est l'affaire d'un professionnel.

Sauf cas particulier et exception faite de l'utilisation provisoire de la roue de secours, les pneus montés sur un essieu donné doivent être identiques. Pour obtenir la meilleure tenue de route, les pneumatiques neufs ou les moins usés doivent être montés à l'arrière de votre voiture.

En cas de crevaison, seul un professionnel du pneu saura effectuer les examens nécessaires et décider de son éventuelle réparation.

Il est recommandé de changer la valve ou la chambre à chaque intervention.

Il est déconseillé de monter une chambre à air dans un ensemble tubeless.

L'utilisation de pneus cloutés est strictement réglementée; il est important de s'informer avant de les faire monter.

Attention: la capacité de vitesse des pneumatiques Hiver «M+S» peut être inférieure à celle des pneus d'origine. Dans ce cas, la vitesse de roulage devra être adaptée à cette limite inférieure.

INNOVER POUR ALLER PLUS LOIN

En 1889, Edouard Michelin prend la direction de l'entreprise qui porte son nom. Peu de temps après, il dépose le brevet du pneumatique démontable pour bicyclette. Tous les efforts de l'entreprise se concentrent alors sur le développement de la technique du pneumatique. C'est ainsi qu'en 1895, pour la première fois au monde, un véhicule automobile baptisé «l'Eclair» roule sur pneumatiques. Testé sur ce véhicule lors de la course Paris-Bordeaux-Paris, le pneumatique démontre immédiatement sa supériorité sur le bandage plein.

Créé en 1898, le Bibendum symbolise l'entreprise qui, de recherche en innovation, du pneu vélocipède au pneu avion, impose le pneumatique à toutes les roues.

En 1946, c'est le dépôt du brevet du pneu radial ceinturé acier, l'une des innovations majeures du monde du transport.

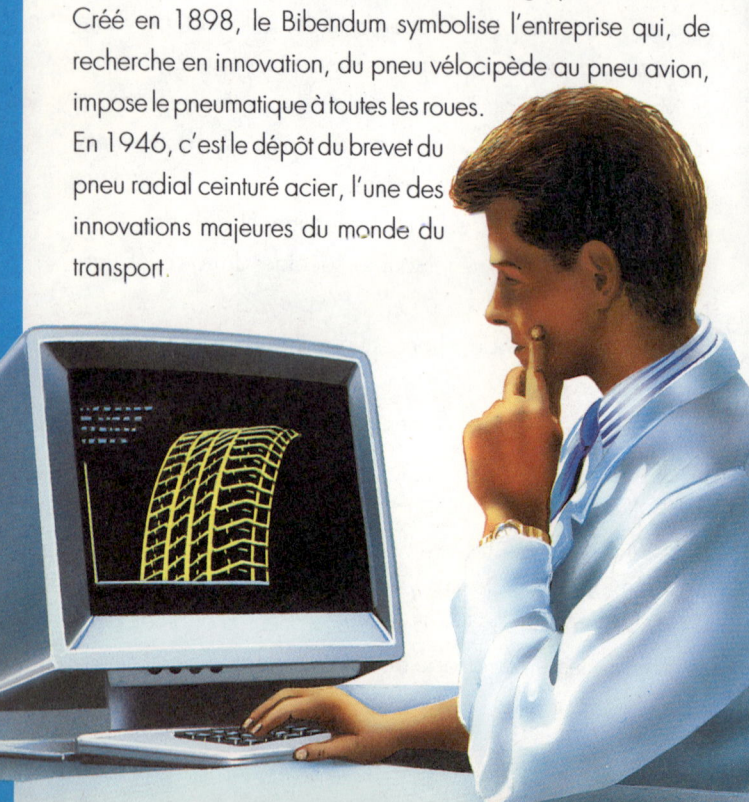

Concevoir les pneus qui font avancer tous les jours 2 milliards de roues sur la terre, faire évoluer sans relâche plus de 3 000 types de pneus différents, c'est ce que font chaque jour 4 500 cher-  cheurs dans les centres de recherche Michelin.

Leurs outils: des ordinateurs qui calculent à la vitesse de 100 millions d'opérations par seconde, des laboratoires et des centres d'essais installés sur 6 000 hectares en France, en Espagne et aux Etats-Unis pour parcourir quotidienne- ment plus d'un million de kilomètres, soit 25 fois le tour du monde.

Leur volonté: écouter, observer puis optimiser chaque fonction du pneumatique, tester sans relâche, et recommen- cer.

C'est cette volonté permanente de battre demain le pneu 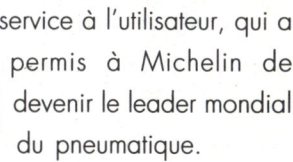 d'aujourd'hui pour offrir le meilleur service à l'utilisateur, qui a permis à Michelin de devenir le leader mondial du pneumatique.

RENSEIGNEMENTS UTILES.

VOS PNEUMATIQUES: Vous avez des observations, vous souhaitez des précisions concernant l'utilisation de vos pneumatiques Michelin, écrivez-nous à:

Manufacture Française des Pneumatiques Michelin.
Boîte Postale Consommateurs
63040 Clermont Ferrand Cedex.

POUR PREPARER VOTRE VOYAGE: Itinéraires, temps de parcours, kilométrages, étapes…
Assistance Michelin Itinéraires sur Minitel:

3615 code Michelin

L'ETAT DES ROUTES:

- Centre de Renseignements Autoroutes, tél: (1) 47 05 90 01
Minitel: 3614 code ASFA.
- Centre National d'Informations Routières, tél: (1) 48 94 33 33
Minitel: 3615 code Route.
- Centres Régionaux d'Information et de Coordination Routière:

Bordeaux	56 96 33 33
Ile-de-France-Centre	(1) 48 99 33 33
Lille	20 47 33 33
Lyon	78 54 33 33
Marseille	91 78 78 78
Metz	87 63 33 33
Rennes	99 32 33 33

LASTRA A SIGNA **50055** Firenze 988 ⑭, 429 K 15 – 17 210 ab. alt. 36 – ✆ 055.
Roma 283 – ♦Bologna 108 – ♦Firenze 13 – ♦Livorno 79 – Lucca 63 – Pisa 69 – Pistoia 29 – Siena 74.

※ **Antica Trattoria Sanesi,** via Arione 33 ✆ 8720234 – ▤. AE ⑤ ⓞ E VISA. ⬥⬥
chiuso domenica sera, lunedì e dal 26 luglio al 29 agosto – Pas carta 27/46000 (12%).

LA THUILE **11016** Aosta 988 ①, 428 E 2 – 755 ab. alt. 1 441 – a.s. febbraio-15 marzo, Pasqua,
15 luglio-agosto e Natale – Sport invernali : 1 441/2 642 m ≼1 ≼32, ⯔ – ✆ 0165.
🛈 via Collomb ✆ 884179.
Roma 789 – Aosta 42 – Courmayeur 15 – ♦Milano 227 – Colle del Piccolo San Bernardo 13.

🏨 **Planibel Hotel,** ✆ 884541, Telex 215016, Fax 884535, ≼, 🎗, ⇌, 🖾 – 🛗 TV 🕾 🚗 –
🔄 60 a 120. AE ⑤ ⓞ E VISA. ⬥⬥ rist
22 dicembre-7 aprile – Pas *(solo per clienti alloggiati)* 75000 – ⚏ 25000 – **254 cam** 240000
appartamenti 275/455000 – ½ P 125/220000.

🏨 **Kristal,** ✆ 884117, ≼, 🚗 – 🕾 🚗 ⓟ. ⬥⬥
20 dicembre-15 aprile e luglio-10 settembre – Pas *(chiuso mercoledì)* 30/42000 – ⚏ 8500
– **23 cam** 55/85000 – ½ P 70/80000.

🏠 **Martinet** ⯗ senza rist, ✆ 884656, ≼ – 🕾 🚗. E. ⬥⬥
chiuso maggio – ⚏ 5000 – **10 cam** 35/60000.

LATINA **04100** ⓟ 988 ㉗ – 101 936 ab. alt. 21 – ✆ 0773.
🛈 via Duca del Mare 19 ✆ 498711, Telex 680077, Fax 661266.
A.C.I. via Aurelio Saffi 23 ✆ 40937.
Roma 70 – ♦Napoli 164.

🏨 **De la Ville e Rist. I Consoli,** via Canova 12 ✆ 498921, Telex 680860, Fax 661153, 🚗 –
🛗 ⬥⬥ 🖾 TV 🕾 🚗 – 🔄 50 a 200. AE ⑤ ⓞ E VISA. ⬥⬥
Pas *(chiuso dal 20 dicembre al 10 gennaio)* carta 45/60000 (10%) – **68 cam** ⚏ 110/160000
– ½ P 150000.

🏨 **Victoria Residence Palace,** via Tucci ✆ 663966, Fax 489592, ⬥, 🚗, ※ – 🛗 ▤ TV
🕾 ⑃ ⓟ – 🔄 30 a 200. AE ⑤ ⓞ E VISA. ⬥⬥
Pas carta 33/50000 – ⚏ 20000 – **129 cam** 81/137000, ▤ 10000 – ½ P 132/139000.

※※※ ⯗ **Enoteca dell'Orologio,** piazza del Popolo 20 ✆ 40654, Coperti limitati; prenotare –
▤. AE ⑤ ⓞ VISA. ⬥⬥
chiuso domenica, dal 24 dicembre al 2 gennaio e dal 5 al 31 agosto – Pas carta 47/64000
(10%)
Spec. Ravioli di scarola in salsa di granseola (primavera), Involtino di capretto su salsa di verdure (primavera),
Zabaione allo spumante (estate). **Vini** Chardonnay, Tignanello.

※※ **Fioretto-di Nilo e Nora,** via dell'Agora 81 ✆ 495273, 🍴 – ▤ ⓟ. AE ⑤ ⓞ E VISA. ⬥⬥
chiuso lunedì – Pas carta 45/62000.

※※ **Cantina Ludi,** via Parini 5 ✆ 499783 – ▤. ⑤ E VISA
chiuso domenica e dal 10 al 20 agosto – Pas carta 35/54000.

※ **Impero,** piazza della Libertà 19 ✆ 493140, 🍴 – ▤. ⬥⬥
chiuso sabato e dal 14 al 31 agosto – Pas carta 23/34000 (15%).

al Lido di Latina S : 9 km – ✉ **04010** Borgo Sabotino :

※※ **La Risacca,** a Foce Verde ✆ 273223, ≼ – ▤ ⓟ. AE ⑤ ⓞ E VISA. ⬥⬥
chiuso giovedì e novembre – Pas carta 34/49000 (10%).

a Borgo Sabotino S : 7 km – ✉ **04010** :

※ **La Padovana,** ✆ 28081, 🍴 – ⓟ. AE ⑤ ⓞ E VISA
chiuso luglio – Pas carta 25/44000 (10%).

LATISANA **33053** Udine 988 ⑤⑥, 429 E 20 – 10 982 ab. alt. 9 – a.s. luglio e agosto – ✆ 0431.
Roma 598 – Gorizia 60 – ♦Milano 337 – Portogruaro 14 – ♦Trieste 80 – Udine 49 – ♦Venezia 87.

🏨 **Bella Venezia** ⯗, via Giovanni XXIII ✆ 59647, Fax 59649, 🍴, 🚗 – 🛗 TV 🕾 ⓟ –
🔄 100. AE ⑤ ⓞ E VISA
chiuso dal 22 dicembre al 10 gennaio – Pas carta 32/54000 – ⚏ 10000 – **22 cam** 60/90000
– ½ P 80/100000.

LATSCH = Laces.

LAURIA Potenza 988 ㉘ – 13 816 ab. alt. 430 – ✆ 0973.
Roma 406 – ♦Cosenza 126 – ♦Napoli 199 – Potenza 128.

a Lauria Superiore – ✉ **85045** :

🏨 **Santa Rosa,** ✆ 822113 – 🛗 TV 🕾 🚗 ⓟ. AE ⑤ ⓞ E VISA. ⬥⬥
Pas carta 19/26000 – ⚏ 5000 – **35 cam** 31/47000 – ½ P 46000.

a Lauria Inferiore – ⊠ 85044 :

🏨 **Isola di Lauria** ≫, ℰ 823905, ≤ – 🛗 🗖 📺 ☎ 🄿 – 🚗 150 a 400. 🄰🄴 🕃 🄾 *VISA* ≫
Pas carta 25/35000 (10%) – ☲ 5000 – **36 cam** 50/70000 appartamento 110000 – P 90/100000.

a Pecorone N : 5 km – ⊠ **85040** :

✗ **Da Giovanni,** ℰ 821003 – 🄿. ≫
＋ chiuso lunedì da ottobre a maggio – Pas carta 19/27000.

LAUZACCO Udine – Vedere Pavia di Udine.

LAVAGNA 16033 Genova 988 ⑬, 428 J 10 – 13 395 ab. – 🕲 0185.

🅸 piazza della Libertà 40 ℰ 392797.
Roma 464 – ◆Genova 41 – ◆Milano 176 – Rapallo 17 – ◆La Spezia 66.

🏨 **Admiral,** via dei Devoto 89 ℰ 306072, ≤, ✑ – 🛗 ☎. ≫
Pasqua-ottobre – Pas (chiuso sino a giugno e dal 15 settembre ad ottobre) 32000 – ☲
8000 – **22 cam** 62000 – P 55/75000.

🏠 **Tigullio,** via Matteotti 3 ℰ 392965 – 🛗 ☎. ≫
aprile-ottobre – Pas (chiuso lunedì) carta 25/41000 – ☲ 6500 – **40 cam** 55/80000 –
½ P 58/68000.

✗✗ **Il Gabbiano,** via San Benedetto 26 (E : 1,5 km) ℰ 390228, Coperti limitati; prenotare,
« Servizio estivo in terrazza panoramica » – 🄿. 🄰🄴 🕃 🄾 🄴 *VISA*. ≫
chiuso lunedì, dal 18 al 28 febbraio e dal 4 novembre al 5 dicembre – Pas carta 37/72000.

✗✗ **Il Bucaniere,** via 24 Aprile 69 ℰ 392830 – 🄰🄴 🕃 🄾 🄴 *VISA*. ≫
chiuso dal 10 gennaio al 10 febbraio, lunedì e da novembre a marzo anche martedì – Pas
carta 45/67000 (10%).

a Cavi SE : 3 km – ⊠ 16030 :

🏨 **Tirreno,** via Como 41 ℰ 390411 – 🛗 🚗 🄿. 🕃 🄴 *VISA*. ≫ rist
Pas 35000 – ☲ 10000 – **57 cam** 53/92000 – ½ P 55/78000.

✗✗ **A Cantinn-a,** via Torrente Barassi 8 ℰ 390394 – 🄿. 🕃 🄴 *VISA*
chiuso martedì, dal 15 al 28 febbraio e novembre – Pas carta 40/55000.

✗ **Raieû,** via Milite Ignoto 23 ℰ 390145 – 🕃
chiuso lunedì e novembre – Pas carta 33/56000.

✗ **Cigno,** via del Cigno ℰ 390026, ≤ – *VISA*
aprile-settembre; chiuso martedì – Pas carta 30/50000.

✗ A Supressa, via Aurelia 1028 ℰ 390318, Coperti limitati; prenotare.

Le pubblicazioni turistiche Michelin
offrono la possibilità di organizzare preventivamente il
viaggio, conseguendo vantaggi insperati.

LAVAGNO 37030 Verona – 4 721 ab. alt. 70 – 🕲 045.
Roma 513 – ◆Brescia 80 – Trento 113 – ◆Verona 12 – Vicenza 43.

✗ **Antica Ostaria de Barco,** località Barco ⊠ 37030 San Briccio ℰ 982278, ≤, « Servizio
estivo in terrazza » – 🄿. 🄰🄴 🕃 *VISA*. ≫
chiuso domenica e dal 24 dicembre all'8 gennaio – Pas carta 25/43000.

LAVAIANO Pisa 428 L 13 – Vedere Lari.

LAVARIANO 33050 Udine 429 E 21 – alt. 49 – 🕲 0432.
Roma 615 – ◆Trieste 82 – Udine 14 – ◆Venezia 119.

✗✗ ❀ **Blasut,** ℰ 767017, ☞, Coperti limitati; prenotare – 🄾
chiuso domenica sera, lunedì dall' 8 al 15 gennaio e dal 15 agosto al 3 settembre – Pas
carta 39/63000
Spec. Crespella alla zucca, Culatello al forno, Oca farcita alle mele cotogne. **Vini** Cabernet, Tocai.

LAVARONE 38046 Trento 988 ④, 429 E 15 – 1 102 ab. alt. 1 172 – a.s. Natale – Sport invernali :
1 172/1 555 m ≰12, ⚞ – 🕲 0464.

🅸 a Gionghi, palazzo Comunale ℰ 73226, Telex 401499.
Roma 592 – ◆Milano 245 – Rovereto 29 – Trento 28 – Treviso 115 – ◆Verona 104 – Vicenza 64.

🏨 **Villa Maria,** a Chiesa ℰ 73230, ≤ – 🛗 🗖 rist 🕿 🄿. 🄰🄴. ≫
20 dicembre-10 marzo e 20 giugno-10 settembre – Pas 25/30000 – ☲ 10000 – **37 cam**
40/80000 – ½ P 65/70000.

🏨 **Capriolo** ≫, a Bertoldi ℰ 73187, ≤, ☞ – 🛗 ☎ 🄿. ≫
21 dicembre-9 aprile e 2 giugno-19 settembre – Pas (chiuso giovedì) carta 23/33000 – ☲
6000 – **30 cam** 50/90000 – ½ P 48/65000.

🏠 **Monteverde**, a Gionghi 𝒫 73174, ≤, 🍴 – � 🅿
29 cam.

🏠 **Caminetto**, a Bertoldi 𝒫 73214, 🍴 – � ⟷ cam 📺 ☎ 🅿. ⅍ rist
dicembre-Pasqua e giugno-settembre – Pas carta 19/28000 – ⊇ 6000 – **20 cam** 45/80000
– ½ P 40/65000.

🏠 **Esperia**, a Chiesa 𝒫 73124 – ☎. 🅱 🗲 🆅🆂🅰. ⅍ rist
Pas *(chiuso martedì)* carta 16/26000 – ⊇ 6000 – **18 cam** 30/55000 – ½ P 38000.

al Passo di Vezzena NE : 10 km :

🏨 **Vezzena** ⤚, alt. 1 450 ✉ 38040 Luserna 𝒫 73167, Fax 73167 – � 🅿. ⅍
chiuso ottobre – Pas carta 26/30000 – ⊇ 5000 – **51 cam** 72000 – P 65/70000.

LAVELLO 85024 Potenza 𝟵𝟴𝟴 ㉘ – 13 307 ab. alt. 313 – ✪ 0972.
oma 359 – ◆Bari 107 – ◆Foggia 68 – ◆Napoli 166 – Potenza 77.

🏨 **San Barbato**, SO : 1,5 km 𝒫 81392, Fax 83813, ⤓, 🍴, ⅍ – � 🍽 📺 ☎ 🅿 – 🏋 50
a 400. 🅱 🆅🆂🅰. ⅍
Pas *(chiuso venerdì e dal 23 dicembre al 6 gennaio)* carta 32/44000 – ⊇ 4000 – **38 cam**
62/90000 – ½ P 70/85000.

LAVENA-PONTE TRESA 21037 Varese 𝟰𝟮𝟴 E 8, 𝟮𝟭𝟵 ⑧ – 5 385 ab. alt. 271 – ✪ 0332.
oma 654 – Bellinzona 37 – ◆Bern 270 – ◆Lugano 11 – Luino 12 – ◆Milano 77 – Varese 21.

🏠 **Du Lac**, 𝒫 550308, ≤, 🍴, 🍴 – 🍽 rist 🕭 🅿. ᴁ 🅱 ⓞ 🗲 🆅🆂🅰. ⅍ rist
Pas *(chiuso lunedì da ottobre a marzo)* carta 33/43000 – ⊇ 5000 – **22 cam** 43/62000 –
½ P 40/48000.

LAVENO MOMBELLO 21014 Varese 𝟵𝟴𝟴 ②③, 𝟰𝟮𝟴 E 7 – 8 795 ab. alt. 200 – ✪ 0332.
✓edere Sasso del Ferro★★ per cabinovia.
🚡 per Verbania-Intra giornalieri (20 mn) – Navigazione Lago Maggiore, 𝒫 667128.
oma 654 – Bellinzona 56 – Como 49 – ◆Lugano 39 – ◆Milano 77 – Novara 69 – Varese 22.

🏠 **Moderno** senza rist, 𝒫 668373 – � 🕭. 🅱 🆅🆂🅰
15 marzo-15 ottobre – ⊇ 8000 – **14 cam** 77000.

🍴 **Locanda Concordia**, 𝒫 667380 – ᴁ 🅱 ⓞ 🗲 🆅🆂🅰
chiusa lunedì, dal 15 gennaio al 15 febbraio e dal 4 al 15 novembre – Pas carta 25/45000.

🍴 **Lo Scoiattolo**, località Monteggia N : 3 km 𝒫 668253, « Servizio estivo in terrazza con
≤ lago e monti » – ᴁ 🅱 ⓞ 🆅🆂🅰. ⅍
chiuso lunedì e dal 2 al 28 febbraio – Pas carta 49/74000.

sulla strada statale 629 O : 1,5 km :

🍴🍴 **Il Porticciolo-Bellevue** con cam, ✉ 21014 𝒫 667257, Fax 666753, ≤ lago, prenotare,
« Servizio estivo in terrazza sul lago » – 📺 ☎ 🅿. ᴁ 🅱 ⓞ 🗲 🆅🆂🅰. ⅍
Pas *(chiuso mercoledì, dal 21 gennaio al 7 febbraio e da aprile ad agosto chiuso solo
mercoledì a mezzogiorno)* carta 50/75000 – ⊇ 10000 – **10 cam** 80000 – ½ P 100000.

LA VILLA (STERN) Bolzano 𝟵𝟴𝟴 ⑤ – Vedere Badia.

LAVINIO LIDO DI ENEA Roma 𝟵𝟴𝟴 ㉖ – Vedere Anzio.

LAZISE 37017 Verona 𝟵𝟴𝟴 ④, 𝟰𝟮𝟴 𝟰𝟮𝟵 F 14 – 5 498 ab. alt. 76 – ✪ 045.
via Francesco Fontana 14 𝒫 7580114.
oma 521 – ◆Brescia 54 – Mantova 60 – ◆Milano 141 – Trento 92 – ◆Venezia 146 – ◆Verona 23.

🏨 **Lazise** senza rist, 𝒫 7580075, Fax 6470190, ⤓, ⅍ – � 🍽 📺 ☎ 🚗 🅿. ⅍
marzo-ottobre – ⊇ 12000 – **75 cam** 75/100000.

🏨 **Benacus** senza rist, 𝒫 7580124 – � 🕭 🅿 – *stagionale* – **23 cam.**

🏠 **Le Mura** senza rist, 𝒫 6470100 – ☎ 🅿. ⅍
marzo-novembre – **16 cam** ⊇ 65/94000.

🍴🍴 **Bastia**, 𝒫 6470099 – 🅱 🗲 🆅🆂🅰
chiuso mercoledì – Pas carta 23/46000.

🍴🍴 **La Taverna-da Oreste**, 𝒫 7580019 – ᴁ 🅱 🗲 🆅🆂🅰
chiuso mercoledì e gennaio – Pas carta 26/37000.

🍴🍴 **Botticelli**, 𝒫 7581194, 🍴 – ᴁ 🅱 🗲 🆅🆂🅰
chiuso gennaio e lunedì da ottobre ad aprile – Pas carta 32/54000.

sulla strada statale 249 S : 1,5 km :

🏨 **Casa Mia**, ✉ 37017 𝒫 6470244, Fax 7580054, 🍴, « Giardino », ⇖, ⤓, ⅍ – � ☎ 🅿
– 🏋 60. ᴁ 🅱 🗲 🆅🆂🅰. ⅍
chiuso dal 21 dicembre all'11 gennaio – Pas *(chiuso lunedì da ottobre ad aprile)*
carta 35/51000 – ⊇ 12000 – **39 cam** 75/107000 – ½ P 80/100000.

LE CASTELLA Catanzaro – Vedere Isola di Capo Rizzuto.

LECCE 73100 ⓟ 🅿️🅴🅴🅴 ㉚ – 101 957 ab. alt. 51 – ✆ 0832.

Vedere Basilica di Santa Croce★★ Y – Piazza del Duomo★★ : pozzo★ del Seminario Y – Museo provinciale★ : collezione di ceramiche★★ Z M – Chiesa di San Matteo★ Z – Chiesa del Rosario★ YZ – Altari★ nella chiesa di Sant'Irene Y.

🏨 via Rubichi 25 ✆ 46458.

A.C.I. via Candido 2 ✆ 40441.

Roma 601 ① – ✦Brindisi 39 ① – ✦Napoli 413 ① – ✦Taranto 86 ⑤.

Pianta pagina a lato

🏨🏨 **President,** via Salandra 6 ✆ 311881, Telex 860076, Fax 594321 – 🛗 🗏 📺 ☎ 🛗 ⇐
🛗 25 a 350. 🅰🅴 🆂 ⑩ 🅴 𝑉𝐼𝑆𝐴 ⏏
Pas carta 34/47000 – **154 cam** ⇆ 100/172000 – ½ P 120000.   X r

🏨🏨 **Cristal** senza rist, via Marinosci 16 ✆ 594198, Telex 860014, Fax 315109, ⏏ – 🛗 ⇐ 🗏
📺 ☎ ⇐ 🅰🅴 🆂 ⑩ 🅴 𝑉𝐼𝑆𝐴 ⏏
⇆ 10000 – **63 cam** 87/130000.   X a

🏨🏨 **Gd H. Tiziano e dei Congressi,** superstrada per Brindisi ✆ 4718, Telex 860285, Fax
4718 – 🛗 🗏 📺 ☎ 🛗 🅿️ – 🛗 600. 🅰🅴 🆂 ⑩ 🅴 𝑉𝐼𝑆𝐴
Pas 30000 – **184 cam** ⇆99/160000 – ½ P 125000.   X c

🏨🏨 **Delle Palme,** via di Leuca 90 ✆ 647171, Fax 647171 – 🛗 🗏 📺 ☎ 🅿️ – 🛗 40. 🅰🅴 🆂
⑩ 🅴 𝑉𝐼𝑆𝐴 ⏏
Pas 28/47000 – **96 cam** ⇆ 70/120000 – ½ P 110000.   X e

🏨🏨 **Risorgimento,** via Imperatore Augusto 19 ✆ 42125, Telex 860144, Fax 45571 – 🛗 🗏 📺
🛗 – 🛗 200. 🅰🅴 🆂 ⑩ 🅴 𝑉𝐼𝑆𝐴 ⏏ rist
Pas carta 28/35000 – ⇆ 11000 – **57 cam** 59/103000 – ½ P 85000.   Y x

🍴🍴 **Carlo V,** via Palmieri 46 ✆ 46042 – 🆂 ⑩ 🅴 𝑉𝐼𝑆𝐴
chiuso domenica sera e lunedì – Pas carta 33/52000.   Y a

🍴🍴 **Plaza,** via 140° Fanteria 16 ✆ 25093 – ⇆ 🗏 🆂 🅴 𝑉𝐼𝑆𝐴
chiuso domenica ed agosto – Pas carta 23/34000.   Y u

sulla strada provinciale per Torre Chianca :

🍴🍴 **Gino e Gianni,** N : 3 km ✉ 73100 ✆ 45888 – 🗏 🅿️ 🅰🅴 🆂 ⑩ 🅴 𝑉𝐼𝑆𝐴 ⏏
chiuso mercoledì e novembre – Pas carta 29/40000.

🍴🍴 **Il Satirello,** N : 9 km ✉ 73100 ✆ 656121, 🍽 – 🗏 🅿️.

LECCIO Firenze 🅰🅴🅴 K 16 – alt. 128 – ✉ **50067** Rignano sull'Arno – ✆ 055.

Roma 253 – Arezzo 56 – ✦Firenze 29 – Siena 91.

🍴🍴🍴 **Castello di Sammezzano** ⌂ con cam, ✆ 8657911, Telex 573078, Fax 8657610,
« Originale dimora in un parco secolare » – 🛗 📺 ☎ 🅿️ – 🛗 200. 🅰🅴 🆂 ⑩ 🅴 𝑉𝐼𝑆𝐴 ⏏
Pas *(chiuso martedì da ottobre a marzo)* carta 45/70000 – ⇆ 12000 – 14 appartament
160/200000 – ½ P 145/195000.

LECCO 22053 Como 🅰🅴🅴 ③, 🅰🅴🅴 E 10 – 47 174 ab. alt. 214 – ✆ 0341.

Vedere Lago★★★.

🚇 Royal Sant'Anna (chiuso martedì) ✉ 22040 Annone di Brianza ✆ 577551, Fax 577551, SO
10 km.

⛴ per Bellagio-Tremezzo-Como giugno-settembre giornalieri (2 h 40 mn) – Navigazione Lago
di Como, lungo Lario Battisti ✆ 364036.

⛴ per Bellagio-Tremezzo-Como aprile-settembre solo festivi (1 h 10 mn) – Navigazione Lago d
Como, largo Lario Battisti ✆ 364036.

🏨 via Nazario Sauro 6 ✆ 362360.

Roma 621 – ✦Bergamo 33 – Como 29 – ✦Lugano 61 – ✦Milano 56 – Sondrio 82 – Passo dello Spluga 97.

🏠 **Croce di Malta,** via Roma 41 ✆ 363134 – 🛗 ⊛ 🅿️ – 🛗 25 a 140. 🅰🅴 🆂 ⑩ 🅴 𝑉𝐼𝑆𝐴
Pas *(chiuso sabato ed ottobre)* carta 28/52000 (10%) – ⇆ 5000 – **48 cam** 45/70000 –
½ P 50/60000.

🏠 **Moderno** senza rist, piazza Diaz 5 ✆ 286519 – 📺 ⊛. 🅰🅴 🆂 ⑩ 🅴 𝑉𝐼𝑆𝐴
⇆ 9000 – **24 cam** 45/75000 appartamenti 120/150000.

🍴🍴 **Les Paysans,** lungo Lario Piave 14 (Caviate) ✆ 369233, « Servizio estivo in terrazza
fiorita » – 🅿️. 🅰🅴 🆂 🅴 𝑉𝐼𝑆𝐴
chiuso a mezzogiorno (esclusi i giorni festivi), lunedì, dal 15 al 30 maggio e dal 1° al 15
ottobre – Pas carta 41/66000 (10%).

🍴🍴 **Al Porticciolo 84,** via Valsecchi 5/7 ✆ 498103, 🍽, Coperti limitati; prenotare – 🅰🅴 🆂
🅴 𝑉𝐼𝑆𝐴 ⏏
chiuso a mezzogiorno (esclusi i giorni festivi), lunedì, dal 1° al 5 gennaio ed agosto – Pas
carta 41/65000.

🍴🍴 **Cermenati,** corso Matteotti 71 ✆ 283017, 🍽, Coperti limitati; prenotare – 🅰🅴 ⑩
chiuso lunedì ed agosto – Pas carta 48/67000.

🍴🍴 **Don Abbondio** ⌂ con cam, piazza Era (Pescarenico) ✆ 366315 – ⊛ 🅿️. 🅰🅴 🆂 🅴 𝑉𝐼𝑆𝐴
⏏ rist
Pas *(chiuso lunedì a mezzogiorno)* carta 43/62000 – ⇆ 8000 – **18 cam** 64/90000 –
½ P 70/85000.

LECCE

Fazzi (Via Vito)	Y	12
Imperatore Augusto (V.)	Y	15
Mazzini (Piazza G.)	X	23
Nazario Sauro (Via)	X	24
S. Oronzo (Piazza)	Y	
Trinchese (Via Salvatore)	X	41
Vitt. Emanuele (Cso)	Y	42
Alfieri (Viale V.)	X	2
Aragona (Via F. d')	YZ	3
Boito (Via A.)	X	4
Bonifacio (Via G.B.)	X	5
Calasso (Via Francesco)	X	6
Caracciolo (Via Roberto)	Z	7
Costadura (Via M.C.)	X,Y	8
Foscolo (Viale Ugo)	X	13
Imperatore Adriano (V.)	X,Y	14
Jacobis (V. Agostino de)	X,Z	17
Lazio (Via)	X	18
Liberta (Via della)	X	19
Ludovico (Via)	Y	21
Marche (Viale)	X	22
Orsini del Balzo (Via)	X,Z	25
Palazzo dei Conti di Lecce (Via del)	Z	26
Pettorano (Via)	X	27
Pietro (Via M. de)	X,Y	28
Realino (Via Bernardino)	X	29
Regina Elena (Via)	X	30
Rubichi (Via Francesco)	Y	31
Salandra (Via)	X	33
S. Lazzaro (Via)	X	34
Taranto (Via)	Y	38
Templari (Via)	Y	39
Vitt. Emanuele (Pza)	Y	43
25 Luglio (Via)	Y	44

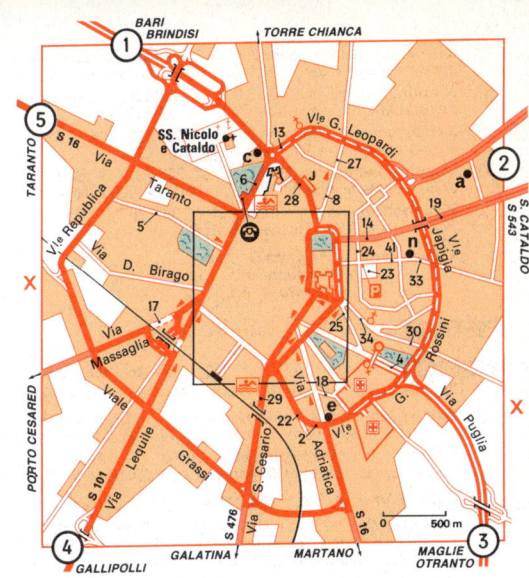

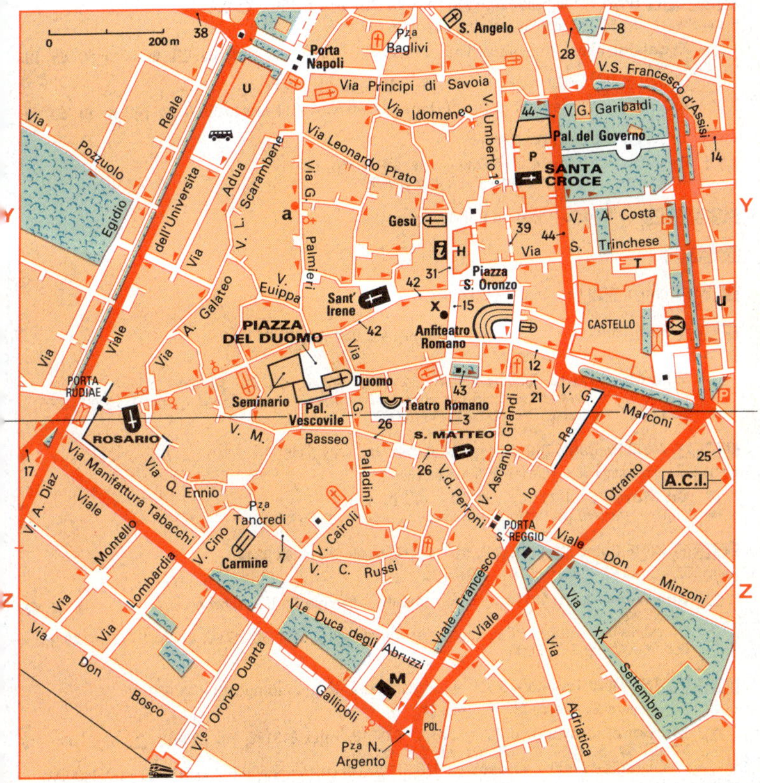

XX **Larius,** via Nazario Sauro 2 ✆ 363558 – AE 🅂 ⓞ E VISA
chiuso martedì e dal 1° al 15 agosto – Pas carta 42/68000.

XX **Nicolin,** a Maggianico S : 3,5 km ✆ 422122, « Servizio estivo in terrazza » – Ⓟ. VISA
chiuso martedì ed agosto – Pas carta 33/53000.

XX **Serra,** lungolago Cadorna 20 ✆ 369293, 🌲 – VISA
chiuso mercoledì – Pas carta 35/59000.

XX **Vecchia Lecco,** via Anghileri 5 ✆ 365701 – AE ⓞ E
chiuso domenica ed agosto – Pas carta 38/60000 (10%).

X **Pizzoccheri,** via Aspromonte 21 ✆ 367126
chiuso mercoledì – Pas carta 30/50000.

Vedere anche : ***Malgrate*** O : 2 km.
Valmadrera O : 3 km.
Garlate S : 6 km.

LE CLOTES Torino – Vedere Sauze d'Oulx.

LEGNAGO **37045** Verona 988 ④⑭, 429 G 15 – 26 518 ab. alt. 16 – ✆ 0442.
Roma 476 – Mantova 44 – •Milano 195 – •Padova 64 – Rovigo 45 – •Venezia 101 – •Verona 42 – Vicenza 49.

🏨 **Salieri** senza rist, viale dei Caduti 64 ✆ 22100, Fax 85866 – 🛗 ▤ TV ☎. AE 🅂 E VISA
chiuso 25-26 dicembre, Capodanno e Pasqua – ☕ 8500 – **31 cam** 86/107000.

XX **Fileno,** corso della Vittoria 51 ✆ 20103 – ✂ ▤. ✻
chiuso lunedì, dal 1° al 10 gennaio e dal 28 luglio al 30 agosto – Pas carta 25/40000.

a San Pietro O : 3 km – ✉ **37048** San Pietro di Legnago :

🏨 **Pergola,** ✆ 27122, Fax 27886 – 🛗 ▤ TV ☎ 🚗 Ⓟ – 🏛 150. AE 🅂 ⓞ E VISA. ✻
Pas *(chiuso mercoledì, venerdì sera, dal 1° al 10 gennaio e dal 5 al 20 agosto)* carta 37/55000 – ☕ 13000 – **33 cam** 80/120000 – ½ P 100000.

LEGNANO **20025** Milano 988 ③, 428 F 8 – 49 009 ab. alt. 199 – ✆ 0331.
Roma 605 – Como 33 – •Milano 28 – Novara 37 – Varese 32.

🏨 **Excelsior** senza rist, piazza Frua ✆ 593186, Fax 547530 – 🛗 ▤ TV ☎ – 🏛 50. AE 🅂 E VISA
chiuso dal 1° al 23 agosto – ☕ 8000 – **63 cam** 87/122000.

🏨 **2 C** senza rist, via Colli di Sant'Erasmo 51 ✆ 440159, Fax 440159 – ▤ TV ☎ Ⓟ. AE 🅂 E VISA. ✻
☕ 8000 – **24 cam** 64/90000.

XX **Bel Sit,** via Crema 4 ✆ 592300 – ▤. 🅂 E VISA. ✻
chiuso giovedì ed agosto – Pas carta 32/64000.

LE GRAZIE La Spezia – Vedere Portovenere.

LEIFERS = Laives.

LEIVI Genova 428 I 9 – Vedere Chiavari.

LEMIE **10070** Torino 77 ⑩, 428 G 3 – 301 ab. alt. 957 – ✆ 0123.
Roma 734 – •Milano 180 – •Torino 54.

🏠 **Villa Margherita,** località Villa SE : 2 km ✆ 60225, ≤ – Ⓟ. 🅂 VISA
chiuso novembre – Pas (solo per clienti alloggiati e *chiuso lunedì*) carta 27/41000 (15%) – ☕ 6000 – **19 cam** 70/95000 – ½ P 55/60000.

LENNA **24010** Bergamo 428 E 11 – 722 ab. alt. 463 – ✆ 0345.
Roma 639 – •Bergamo 38 – •Brescia 95 – •Milano 80.

XX **Da Moral,** S : 1,2 km ✆ 81129 – Ⓟ. 🅂 E VISA
chiuso martedì da ottobre a marzo – Pas carta 20/45000.

LENNO **22016** Como 428 E 9, 219 ⑨ – 1 609 ab. alt. 200 – ✆ 0344.
Roma 652 – Como 27 – Menaggio 8 – •Milano 75.

🏨 **San Giorgio,** ✆ 40415, ≤ lago e monti, « Piccolo parco ombreggiato », 🎾 – 🛗 ☎ Ⓟ. 🅂 E VISA. ✻
24 aprile-settembre – Pas (solo per clienti alloggiati) 30/35000 – ☕ 10000 – **29 cam** 65/100000 – ½ P 87/90000.

LEPORANO **74020** Taranto – 5 330 ab. alt. 48 – a.s. 15 giugno-agosto – ✆ 099.
Roma 546 – •Brindisi 66 – Lecce 77 – •Taranto 14.

🏨 **Morgana,** località Baia d'Argento ✆ 638013, Telex 813176, Fax 638018, 🏊, 🏖, 🌲 – 🛗 ▤ TV ☎ ♿ Ⓟ – 🏛 120. AE 🅂 VISA. ✻
Pas carta 30/50000 – **49 cam** ☕ 110/180000 appartamenti 180/230000 – ½ P 80/140000.

LERICI 19032 La Spezia 988 ⑬ ⑭, 428 429 J 11 – 13 047 ab. – ✪ 0187.

Vedere Guida Verde·

🔹 Marigola (chiuso mercoledì) ℘ 970193.

🔹 via Roma 47 ℘ 967346.

Roma 408 – ◆Genova 107 – ◆Livorno 84 – Lucca 64 – Massa 25 – ◆Milano 224 – Pisa 65 – ◆La Spezia 10.

🏨 **Europa** 🦢, via Carpanini 1 ℘ 967800, Fax 965957, ≤ golfo, 🏖 – 🛗 📺 ☎ 🅿 ஊ 🅱
   ◐ 🖪 🅔 *VISA*. 🕸
   Pas carta 27/40000 – 🖃 12000 – **34 cam** 70/93000 – ½ P 60/100000.

🏨 **Shelley e Delle Palme,** lungomare Biaggini 5 ℘ 968204, Fax 964271, ≤ golfo – 🛗 📺
   ☎. ஊ ◐ 🖪 🅔 *VISA*. 🕸 rist
   Pas *(chiuso giovedì)* carta 34/57000 – 🖃 12000 – **50 cam** 70/95000 – ½ P 80/98000.

🏨 **Florida** senza rist, lungomare Biaggini 35 ℘ 967344, Fax 967334, ≤ golfo – 🛗 📺 🅰. ஊ
   🖪 ◐ 🅔 *VISA*. 🕸
   chiuso dal 15 dicembre al 15 gennaio – 🖃 12000 – **33 cam** 65/90000.

XX ❀ **Vecchia Lerici,** piazza Mottino 10 ℘ 967597, 🍽 – ஊ 🖪 ◐ 🅔 *VISA*
   chiuso giovedì, venerdì a mezzogiorno e da novembre al 25 dicembre – Pas carta 40/65000 –
   Spec. Trenette alla ligure, Branzino all'isolana, Pesce spada al forno. Vini Pigato.

XX **Da Paolino,** via San Francesco 14 ℘ 967801 – 🅿. ஊ 🖪 🅔 *VISA*. 🕸
   chiuso lunedì – Pas carta 40/61000 (10%).

XX **La Barcaccia,** piazza Garibaldi 8 ℘ 967721 – ஊ 🖪 ◐ 🅔 *VISA*
   chiuso giovedì e febbraio – Pas carta 38/57000 (10%).

XX **La Calata,** via Mazzini 7 ℘ 967143, ≤ – ஊ 🖪 ◐ 🅔 *VISA*
   chiuso mercoledì e novembre – Pas carta 34/55000 (10%).

X **Conchiglia,** piazza del Molo 3 ℘ 967303, ≤ – ஊ 🖪 ◐ 🅔 *VISA*
   chiuso mercoledì e gennaio – Pas carta 38/57000 (10%).

   a San Terenzo NO : 2 km – ✉ **19036** :

X **La Palmira,** ℘ 971094 – ஊ 🖪 ◐ 🅔 *VISA*
   chiuso martedì, mercoledì, dal 20 dicembre al 20 gennaio e dal 24 settembre al 10 ottobre
   – Pas carta 25/46000 (10%).

   a Fiascherino SE : 3 km – ✉ **19030** :

🏨 **Il Nido** 🦢, ℘ 967286, Fax 964225, ≤, « Terrazze-giardino », 🏖 – 🖿 cam 📺 ☎ 🚗
   🅿. ஊ 🖪 ◐ 🅔 *VISA*. 🕸
   marzo-ottobre – Pas carta 40/65000 (10%) – 🖃 18000 – **38 cam** 62/100000 – ½ P 85/115000.

🏠 **Cristallo,** ℘ 967291, Fax 964269 – 🖿 cam 📺 ☎ 🅿. ஊ 🖪 ◐ 🅔 *VISA*. 🕸
   aprile-settembre – Pas 33/38000 – 🖃 13000 – **32 cam** 50/80000 – ½ P 70/85000.

   a Tellaro SE : 4 km – ✉ **19030** :

🏠 **Miramare** 🦢, ℘ 967589, ≤, « Terrazza-giardino » – ☎ 🅿. 🕸 cam
   22 dicembre-8 gennaio e Pasqua-ottobre – Pas carta 26/37000 – 🖃 6000 – **18 cam** 20/40000
   – ½ P 60000.

XX ❀ **Miranda** con cam, ℘ 968130, Coperti limitati; prenotare – 🅿. 🖪 🅔 *VISA*. 🕸 cam
   marzo-novembre – Pas *(chiuso lunedì)* carta 55/92000 – 🖃 15000 – **6 cam** 60000 –
   ½ P 90000
   Spec. Gamberi al vapore con purea di ceci, Lasagne integrali gratinate al pesto, Suprema di branzino con
   pomodoro e basilico. Vini Vermentino, Pignolo.

LERMA 15070 Alessandria 428 I 8 – 763 ab. alt. 293 – ✪ 0143.

Roma 544 – Alessandria 48 – ◆Genova 59 – ◆Milano 122 – Savona 69 – ◆Torino 133.

X **Italia,** ℘ 877110
   chiuso lunedì e dal 6 gennaio al 6 febbraio – Pas carta 18/30000.

LESA 28040 Novara 428 E 7, 219 ⑦ – 2 309 ab. alt. 196 – ✪ 0322.

Roma 650 – Locarno 62 – ◆Milano 73 – Novara 49 – Stresa 7 – ◆Torino 127.

XX **Lago Maggiore** con cam, ℘ 7259, ≤, 🍽 – ☎. 🖪 ◐ 🅔 *VISA*
   marzo-novembre – Pas carta 32/46000 (10%) – 🖃 9500 – **15 cam** 60/85000 – ½ P 65/70000.

   verso Comnago O : 2 km :

X **Al Camino,** ✉ 28040 ℘ 7471, ≤ lago e monti, 🍽, Coperti limitati; prenotare, « Locale
   tipico » – 🖪 *VISA*. 🕸
   chiuso mercoledì ed ottobre – Pas carta 37/50000.

LESINA 71010 Foggia 988 ㉘ – 6 661 ab. – ✪ 0882.

Roma 333 – ◆Bari 178 – ◆Foggia 57 – ◆Napoli 232 – ◆Pescara 130.

   a Torre Fortore NO : 12 km – ✉ **71010** Lesina :

🏨 **Maddalena,** ℘ 95076, Fax 95078, ≤, 🏊, 🏖, ✎ – 🛗 🚗 🅿. ஊ 🖪 ◐ 🅔 *VISA*.
   🕸 rist
   marzo-ottobre – Pas 25/38000 – **74 cam** 🖃 65/90000 – ½ P 85000.

LETOJANNI Messina – Vedere Sicilia alla fine dell'elenco alfabetico.

LEVADA Treviso – Vedere Ponte di Piave.

LEVANTO 19015 La Spezia 988 ⑬ 428 J 10 – 6 197 ab. – ✆ 0187.
🛈 piazza Colombo 12 ℘ 808125.
Roma 456 – ♦Genova 83 – ♦Milano 218 – Rapallo 59 – ♦La Spezia 36.

🏠 **Dora,** via Martiri della Libertà 27 ℘ 808168 – ☎ 🅿 🕃 🖃 VISA. ※ rist
  marzo-ottobre – Pas (chiuso venerdì) 25/30000 – ☷ 8000 – **36 cam** 32/52000 – ½ P 55/65000.

✕ **Hostaria da Franco,** via privata Olivi 8 ℘ 808647, �іⁿ
  chiuso lunedì e novembre – Pas carta 29/60000.

✕ **Tumelin,** via Grillo 32 ℘ 808379, 🌿
  chiuso dal 7 gennaio al 7 febbraio e giovedì escluso dal 15 giugno al 15 settembre – Pas
  carta 37/62000.

✕ **La Gritta,** ℘ 808593, ≼, 🌿 – 🕃 ⓞ 🖃 VISA. ※
  Pasqua-settembre; chiuso mercoledì – Pas carta 32/53000 (10%).

LEVICO TERME 38056 Trento 988 ④, 429 D 15 – 5 520 ab. alt. 506 – Stazione termale (maggio-ottobre), a.s. Pasqua e Natale – Sport invernali : a Panarotta (Vetriolo Terme) : 1 490/1 928 m ≤ 1 ≰ 6, ≰ – ✆ 0461.
🛈 ℘ 706101, Telex 400856, Fax 706004.
Roma 610 – Belluno 90 – ♦Bolzano 82 – ♦Milano 266 – Trento 22 – ♦Venezia 141.

🏨 **Gd H. Bellavista,** ℘ 706136, Fax 706474, ≼, « Giardino ombreggiato », ⊒ riscaldata –
  |📱| ☰ rist 📺 ☎ & 🅿 – 🔬 120. 🕃 🖃 VISA. ※ rist
  Pasqua-ottobre e Natale-20 gennaio – Pas carta 33/50000 – ☷ 15000 – **78 cam** 80/125000
  – ½ P 100/110000.

🏨 **Al Sorriso** ⍾, verso il lido ℘ 707029, Fax 706202, ≼, « Grande giardino ombreggiato
  con ⊒ riscaldata e ※ » – |📱| 📺 ☎ 🅿 🕃 🖃 VISA. ※ rist
  Pasqua-ottobre e Natale-20 gennaio – Pas 25/35000 – ☷ 12000 – **42 cam** 70/100000 –
  ½ P 45/85000.

🏨 **Liberty,** ℘ 701521 – |📱| ☎. 🕃 🖃 VISA. ※ rist
  maggio-ottobre e 20 dicembre-10 gennaio – Pas 25/30000 – ☷ 10000 – **32 cam** 65/120000
  – ½ P 64/78000.

🏠 **Levico,** ℘ 706335, ≼, 🚜 – |📱| 🅿. ※
  giugno-settembre – Pas 25/30000 – ☷ 6000 – **43 cam** 45/70000 – ½ P 45/61000.

🏠 **Romanda,** ℘ 707122, Fax 707123 – |📱| ☎
  39 cam.

✕ **Scaranò** ⍾ con cam, verso Vetriolo Terme N : 2 km ℘ 706810, ≼ vallata – 🅿. ※
  Pas (chiuso domenica sera e lunedì in bassa stagione) carta 23/34000 – ☷ 5000 – **25 cam**
  35/50000 – ½ P 40/45000.

a Vetriolo Terme N : 13,5 km – alt. 1 490 – ✉ 38056 Levico Terme :

🏨 **Compet** ⍾, S : 1,5 km ℘ 706466, Fax 707815, ≼ – |📱| ☎ 🅿 – 🔬 80. 🕃 VISA. ※
  chiuso dall'8 ottobre al 15 novembre – Pas 25/30000 – **39 cam** ☷ 47/80000 – ½ P 49/63000.

🏨 **Italia Grand Chalet** ⍾, ℘ 706414, ≼, 🚜, ※ – ⇥ cam ☎ 🅿. ※
  20 dicembre-15 aprile e 25 giugno-20 settembre – Pas 24/30000 – ☷ 10000 – **50 cam**
  50/90000.

LEZZENO 22025 Como 428 E 9, 219 ⑨ – 1 965 ab. alt. 200 – ✆ 031.
Roma 649 – Bellagio 7,5 – Como 23 – ♦Milano 71.

✕ **Crotto del Misto,** sulla statale O : 3 km ℘ 914541, ≼, 🌿 – 🅿. 🖭 🕃 🖃 VISA. ※
  marzo-novembre; chiuso martedì – Pas carta 36/58000.

LIDO Livorno – Vedere Elba (Isola d') : Capoliveri.

LIDO ADRIANO Ravenna – Vedere Ravenna (Marina di).

LIDO DEGLI ESTENSI Ferrara 988 ⑮ – Vedere Comacchio.

LIDO DELLE NAZIONI Ferrara 988 ⑮ – Vedere Comacchio.

LIDO DEL SOLE Foggia – Vedere Rodi Garganico.

LIDO DI CAMAIORE 55043 Lucca 988 ⑭, 428 429 K 12 – a.s. Carnevale, Pasqua, 15 giugno-15 settembre e Natale – ✪ 0584.

🛈 viale Colombo 342 ℘ 617397.

Roma 371 – ◆Firenze 97 – ◆Livorno 47 – Lucca 27 – Massa 23 – ◆Milano 251 – Pisa 28 – ◆La Spezia 51.

🏨 **Ariston,** viale Colombo 355 ℘ 610633, Fax 610631, �́, « Grande parco con 🛆 e ✗ » –
🔳 📺 ☎ 🅿. ◼ ⑤ ⑩ ⴹ 🆅🆂🆄. ✗
Pas *(chiuso da novembre a marzo)* carta 65/85000 – ☲ 22000 – **36 cam** 190/270000
appartamenti 420/470000 – ½ P 150/240000.

🏨 **Caesar,** viale Colombo 325 ℘ 617841, Fax 610888, ≤, 🛆, ⛵, ✗ – 📐 🔳 📺 ☎ 🅿 –
⛴ 60. ◼ ⑤ ⴹ 🆅🆂🆄. ✗
Pas *(solo per clienti alloggiati e chiuso da ottobre a maggio)* 50/70000 – **49 cam**
☲ 110/170000 – ½ P 120/170000.

🏨 **Grandhotel e Riviera,** viale Pistelli 59 ℘ 617571, Telex 502180, Fax 619533, ≤, 🛌, 🔇,
🛆 – 📐 🔳 📺 ☎ 🅿. ◼ ⑤ ⑩ ⴹ 🆅🆂🆄. ✗ rist
aprile-ottobre – Pas *(solo per clienti alloggiati; chiuso sino a maggio ed ottobre)*
carta 30/45000 – **60 cam** ☲ 155/230000 – ½ P 110/190000.

🏨 **Piccadilly,** viale Pistelli 101 ℘ 617441, Fax 617102, ≤ – 📐 🔳 rist ☎. ⑤ ⑩ ⴹ 🆅🆂🆄.
✗ rist
aprile-15 ottobre – Pas 25/35000 – ☲ 15000 – **40 cam** 80000 – ½ P 75/120000.

🏨 **Alba sul Mare,** viale Pistelli 15 ℘ 67423, Fax 66811, ≤ – 📐 🔳 📺 ☎. ◼ ⑤ ⑩ ⴹ 🆅🆂🆄.
✗
febbraio-ottobre – Pas 30/35000 – ☲ 15000 – **21 cam** 65/95000 – ½ P 65/110000.

🏨 **Bacco** ♨, via Rosi 24 ℘ 619540, Fax 610897, 🌿 – 📐 ☎. ✗
15 maggio-settembre – Pas *(solo per clienti alloggiati)* 30000 – ☲ 9000 – **21 cam** 64/95000
– ½ P 57/92000.

🏨 **Capri,** viale Pistelli 6 ℘ 60001, ≤ – 📐 🔳 📺 ☎. ⑤ ⴹ 🆅🆂🆄. ✗
Pasqua-ottobre – Pas 30/45000 – **47 cam** ☲ 70/110000 – ½ P 85/94000.

🏨 **Bracciotti,** viale Colombo 366 ℘ 618401, 🛆, 🌿 – 📐 🔳 rist 📺 ☎ 🅿 –
⛴ 100. ⑤ ⴹ 🆅🆂🆄. ✗ rist
Pas *(chiuso da novembre a marzo)* 22/30000 – ☲ 8000 – **50 cam** 50/80000 – ½ P 60/85000.

🏨 **Sylvia** ♨, via Manfredi 15 ℘ 617994, 🌿 – 📐 ☎ 🅿. ✗
20 maggio-settembre – Pas *(solo per clienti alloggiati)* 26000 – ☲ 8000 – **21 cam** 45/70000
– ½ P 60/65000.

🏨 **Souvenir,** via Roma 247 ℘ 617694, 🌿 – 🅿. ✗
maggio-settembre – Pas *(solo per clienti alloggiati)* 20/27000 – **24 cam** ☲ 45/70000 –
½ P 50/62000.

🏨 **Villa Iolanda,** viale Pistelli 127 ℘ 617295, Fax 617297, ≤, 🌿 – 📐 ☎. ◼ ⑤ ⑩ ⴹ 🆅🆂🆄.
✗ rist
15 aprile-15 ottobre – Pas 35000 – ☲ 8000 – **38 cam** 64/95000 – ½ P 75/90000.

XX **La Lanterna-dal Mario,** viale Colombo 388 ℘ 617254 – ◼ ⑤ ⴹ 🆅🆂🆄
chiuso mercoledì e dal 15 novembre al 15 dicembre – Pas carta 38/69000 (10%).

XX **Da Clara,** via Aurelia 289 ℘ 904520 – 🔳 🅿. ◼ ⑤ ⑩ ⴹ 🆅🆂🆄
chiuso dall'8 al 31 gennaio, mercoledì e dal 15 settembre al 15 giugno anche martedì sera
– Pas carta 47/77000 (10%).

in prossimità strada statale 1 - via Aurelia O : 1 km :

🏨 **Villa Petri** senza rist, ⊠ 55043 ℘ 66222, « Giardino ombreggiato » – ☎ 🅿. ⑤ 🆅🆂🆄. ✗
chiuso dal 15 al 26 dicembre – ☲ 8000 – **24 cam** 58/85000.

LIDO DI CLASSE Ravenna 988 ⑮, 429 J 19 – ⊠ **48020** Savio – a.s. 15 giugno-agosto –
✪ 0544.

🛈 *(stagionale)* ℘ 939278 – Roma 384 – ◆Bologna 96 – Forlì 30 – ◆Milano 307 – ◆Ravenna 19 – Rimini 40.

🏨 **Astor,** ℘ 939437, ≤, 🌿 – 📐 🔌 cam ☎ 🅿. ✗ rist
20 maggio-20 settembre – Pas 18000 – ☲ 9000 – **24 cam** 65000 – ½ P 47/52000.

LIDO DI JESOLO 30017 Venezia 988 ⑤, 429 F 19 – a.s. 15 giugno-agosto – ✪ 0421.

🛈 piazza Brescia 13 ℘ 370601, Telex 410334, Fax 370606.

Roma 564 – Belluno 110 – ◆Milano 303 – ◆Padova 73 – Treviso 54 – ◆Trieste 129 – Udine 98 – ◆Venezia 44.

🏨 **Palace Cavalieri,** via Mascagni 1 ℘ 971969, Telex 411147, Fax 972133, ≤, 🛆 riscaldata,
🛌◦ – 📐 🔌 🔳 📺 ☎ 🅿. ◼ ⑤ ⴹ 🆅🆂🆄. ✗ rist
15 marzo-15 ottobre – Pas carta 36/51000 – **58 cam** ☲ 85/150000 – ½ P 85/105000.

🏨 **Byron Bellavista,** via Padova 83 ℘ 371023, Fax 371073, ≤, 🛌, 🛆, 🛎◦ – 📐 ☎ 🅿. ◼
⑤ ⑩ ⴹ 🆅🆂🆄. ✗ rist
maggio-settembre – Pas *(solo per clienti alloggiati)* 25/40000 – ☲ 12000 – **56 cam**
85/160000 – ½ P 90/120000.

🏨 **Park Hotel Brasilia,** via Levantina (2° accesso al mare) ℘ 380851, Fax 38085, ≤, 🛆,
🛎◦, 🌿 – 📐 🔳 📺 ☎ 🅿. ◼ ⑤ ⑩ ⴹ 🆅🆂🆄. ✗
maggio-settembre – Pas carta 40/70000 – **40 cam** ☲ 110/170000 – ½ P 90/110000.

🏨 **Majestic Toscanelli,** via Canova 2 ℘ 371331, Fax 371054, ≤, 🛆, 🛎◦ – 📐 ☎ 🅿. ◼
⑤ ⑩ ⴹ 🆅🆂🆄. ✗
15 maggio-21 settembre – Pas *(solo per clienti alloggiati)* – **55 cam** ☲ 90/140000 –
½ P 70/75000.

🏨 **Niagara,** viale Venezia ✆ 380533, Telex 223522, Fax 92036, ≼, ⚐, 🏔️ – 📶 🗐 ☎ 🅿.
🔾 ᴇ ᴠɪsᴀ. ⌖ rist
chiuso dal 15 dicembre al 15 gennaio – Pas 15/25000 – **52 cam** ⚏ 70/100000, 🛏 5000 –
½ P 45/75000.

🏨 **Universo,** via Treviso 11 ✆ 972298, ≼, ⚐, 🏔️, 🦅 – 📶 🗐 rist ☎ ᴦ 🅿. 🔾 ᴇ ᴠɪsᴀ
⌖ rist
maggio-settembre – Pas 30000 – ⚏ 13000 – **56 cam** 73/118000 – ½ P 65/95000.

🏨 **Galassia,** via Treviso 7 ✆ 972271, ≼, ⚐, 🏔️, 🐢 – 📶 🗐 rist 🕸 ᴦ 🅿. 🔾 ᴇ ᴠɪsᴀ
⌖ rist
maggio-settembre – Pas 30000 – ⚏ 13000 – **64 cam** 75/120000 – ½ P 67/95000.

🏨 **Ritz,** via Zanella 2 ✆ 972861, ≼, ⚐ riscaldata, 🏔️ – 📶 🗐 rist ☎ 🅿. ᴀᴇ 🔾 ⓞ ᴇ ᴠɪsᴀ
⌖ rist
maggio-settembre – Pas 35/40000 – ⚏ 7500 – **45 cam** 75/130000 – ½ P 67/89000.

🏨 **Nettuno,** via Bafile (23° accesso al mare) ✆ 370301, Fax 370789, ≼, 🏔️ – 📶 🕸 🅿. 🔾
ᴇ ᴠɪsᴀ. ⌖ rist
maggio-settembre – Pas 20/24000 – **74 cam** ⚏ 45/90000 – ½ P 47/63000.

🏨 **Heron,** via Padova 3 ✆ 371243, ≼, ⚐, 🏔️ – 📶 🕸 🅿. ᴀᴇ 🔾 ⓞ ᴇ ᴠɪsᴀ. ⌖
maggio-settembre – Pas (solo per clienti alloggiati) – **90 cam** ⚏ 50/90000 – ½ P 36/
60000.

🏨 **San Marco** senza rist, via Meduse 2 ✆ 91636, Telex 420144, Fax 91638 – 📶 ☎ 🅿. ᴀᴇ
🔾 ⓞ ᴇ ᴠɪsᴀ
chiuso dal 20 novembre al 20 dicembre – ⚏ 4000 – **30 cam** 52/90000.

🏨 **Atlantico,** via Bafile 11 ✆ 381273, Fax 380655, ≼, 🏔️ – 📶 🗐 ☎ 🅿. ᴀᴇ 🔾 ᴇ ᴠɪsᴀ
⌖ rist
10 maggio-20 settembre – Pas 26/32000 – **69 cam** ⚏ 60/108000, 🛏 4000 – ½ P 59/63000.

🏨 **Vidi,** viale Venezia ✆ 93003, Fax 93094, ≼, 🚋, 🏔️ – 📶 ☎ 🔾 🅿. ᴀᴇ 🔾 ⓞ ᴇ ᴠɪsᴀ
⌖
chiuso dal 22 dicembre al 31 gennaio – Pas (chiuso da novembre a marzo) 20/25000 –
60 cam ⚏ 55/90000 – ½ P 80/90000.

🏨 **Manila,** via Bafile 367 ✆ 370310, Fax 370723, ≼, 🏔️ – 📶 ☎ 🅿. 🔾 ᴇ ᴠɪsᴀ. ⌖ rist
maggio-settembre – Pas 19000 – **64 cam** ⚏ 47/87000 – ½ P 41/61000.

🏨 **Rivamare,** via Bafile (17° accesso al mare) ✆ 370432, Fax 370761, ≼, ⚐, 🏔️ – 📶
⚏ cam ☎ 🅿. ᴠɪsᴀ. ⌖
10 maggio-settembre – Pas 24/26000 – ⚏ 10000 – **55 cam** 54/88000 – ½ P 58/69000.

🏨 **La Bussola,** via Levantina ✆ 92180, ≼, ⚐, 🏔️ – 📶 🕸 🅿. ᴀᴇ 🔾 ᴇ ᴠɪsᴀ. ⌖ rist
maggio-settembre – Pas 15/20000 – **48 cam** ⚏ 65/100000 – ½ P 40/67000.

🏨 **Costa Azzurra,** via Bafile 452 ✆ 370525, ⚐, 🏔️ – 📶 🗐 rist 🕸 🅿. ⌖
27 aprile-29 settembre – Pas 20/28000 – **51 cam** ⚏ 41/76000 – ½ P 41/58000.

🏨 **Regina,** via Bafile 115 ✆ 380383, 🏔️ – 📶 🗐 rist 🕸 🅿. ⌖ rist
Pasqua-settembre – Pas (chiuso giovedì) 25000 – **45 cam** ⚏ 45/80000 – ½ P 53/60000.

✕✕ Le Restò, piazza Nember 16 ✆ 972003, Coperti limitati; prenotare, « Servizio estivo in
giardino » – ⚏ 🅿.

a Jesolo Pineta E : 6 km – ✉ **30017** Lido di Jesolo :

🏨 **Elite,** via Oriente 64 ✆ 961133, Fax 93522, ≼, « Giardino con ⚐ », 🏔️ – 📶 🗐 ☎ 🅿. ᴀᴇ
🔾 ⓞ ᴇ ᴠɪsᴀ. ⌖ rist
15 maggio-20 settembre – Pas 40/50000 – ⚏ 10000 – **44 cam** 100/130000 – ½ P 97/
105000.

🏨 **Bellevue,** via Oriente 100 ✆ 961233, Fax 961238, ≼, « Giardino ombreggiato », ⚐ riscaldata, 🏔️, ✕ – 📶 🗐 rist ☎ 🅿. ⌖ rist
maggio-settembre – Pas 30/35000 – ⚏ 16000 – **60 cam** 80/160000 – ½ P 90/120000.

🏨 **Gallia** ⚐, via del Cigno Bianco 3/5 ✆ 961018, Fax 961019, « Giardino ombreggiato »,
⚐ riscaldata, 🏔️, ✕ – 📶 🗐 🕸 🔾 🅿. 🔾 ᴇ ᴠɪsᴀ. ⌖ rist
14 maggio-20 settembre – Pas 40/50000 – ⚏ 15000 – **52 cam** 85/150000 – ½ P 77/95000.

🏨 **Negresco,** via Bucintoro 8 ✆ 961137, Fax 362228, ≼, 🚋, ⚐, 🏔️, 🐢, ✕ – 📶 🗐 ☎
🅿. ⌖
20 aprile-10 ottobre – Pas 35/45000 – ⚏ 14000 – **42 cam** 120/190000, 🛏 5000 –
½ P 100/104000.

🏨 **Danmark** ⚐, via Airone 1 ✆ 961013, Fax 362389, ≼, ⚐, 🏔️, 🦅 – 📶 rist 🕸 🅿. 🔾
ᴇ ᴠɪsᴀ. ⌖
maggio-settembre – Pas 20/25000 – **55 cam** ⚏ 65/100000 – ½ P 40/60000.

✕✕ **Alla Darsena,** via Oriente 166 ✆ 980081, « Servizio estivo all'aperto » – 🅿. ᴀᴇ 🔾 ⓞ ᴇ
ᴠɪsᴀ. ⌖
chiuso dal 15 novembre al 10 dicembre e giovedì dal 15 settembre al 15 maggio – Pas
carta 38/48000.

LIDO DI LATINA Latina – Vedere Latina.

LIDO DI OSTIA o LIDO DI ROMA 00100 Roma 988 ㉙㉚ – a.s. 15 giugno-agosto – ✪ 06.

Vedere Scavi★★ di Ostia Antica N : 4 km.

Roma 31 – Anzio 45 – Civitavecchia 69 – Frosinone 108 – Latina 70.

  🏠 **Sirenetta**, lungomare Toscanelli 46/48 ✉ 00122 ☎ 5622720, ≼ – 🛗 TV ☎ ℗
        53 cam.

  🏠 **Ping-Pong** senza rist, lungomare Toscanelli 84 ✉ 00122 ☎ 5603262, ≼ – 🛗 ▤ TV ☎.
        AE 🏦 ⓞ E VISA
        28 cam ⊇ 95/115000.

  XX **Ferrantelli,** via Claudio 7/9 ✉ 00122 ☎ 5625751 – ▤. AE 🏦 ⓞ E VISA
        chiuso gennaio o novembre – Pas carta 43/65000.

  X **Negri-da Romano e Luciano**, via Claudio 50/54 ✉ 00122 ☎ 5622295.

LIDO DI POMPOSA Ferrara – Vedere Comacchio.

LIDO DI PORTONUOVO Foggia – Vedere Vieste.

LIDO DI SAVIO 48020 Ravenna 988 ⑯, 429 J 19 – a.s. 15 giugno-agosto – ✪ 0544.

🛈 (maggio-settembre) viale Romagna 168 ☎ 949063.

Roma 385 – ♦Bologna 98 – Forlì 32 – ♦Milano 309 – ♦Ravenna 21 – Rimini 38.

  🏨 **Concord**, via Russi 1 ☎ 949115, ≼, ⊒, ※ – 🛗 ☎ ℗ 🏦 E VISA. ※ rist
        20 maggio-20 settembre – Pas 25/26000 – ⊇ 7000 – **55 cam** 38/63000 – ½ P 47/63000.

  🏨 **Strand Hotel Colorado,** viale Romagna 201 ☎ 949002, ⊒, ▦₀ – 🛗 ▤ rist ☎ ℗.
  ← ※ rist
        10 maggio-20 settembre – Pas 20/30000 – ⊇ 12000 – **50 cam** 45/65000 – ½ P 42/68000.

  🏨 **Caesar**, via Massalombarda 21 ☎ 949131, – 🛗 ▤ ☎ ℗. ※ rist
  ← Pas 20/25000 – ⊇ 7000 – **36 cam** 40/65000 – ½ P 55/60000.

  🏨 **Rossi's**, via Lavezzola 2 ☎ 949001, ≼, ▦₀, ▦ – 🛗 ☎ ℗. ※ rist
  ← *15 maggio-settembre* – Pas 30000 – ⊇ 17000 – **33 cam** 48/65000 – P 51/62000.

  🏨 **Mediterraneo**, via Sarsina 11 ☎ 949018, ≼ – 🛗 ☎ ℗. 🏦 VISA. ※ rist
  ← *15 maggio-15 settembre* – Pas 17000 – **72 cam** ⊇ 60000 – ½ P 40/61000.

  🏠 **San Francisco**, viale Romagna 270 ☎ 948154, ≼, ▦₀, ▦, ※ – 🛗 ℗. ※
  ← *10 maggio-25 settembre* – Pas 20/30000 – **48 cam** ⊇ 30/45000 – P 39/47000.

  🏠 **Asiago**, viale Romagna 217 ☎ 949187, Fax 949187, ≼, ▦₀ – 🛗 ☎ ℗. 🏦 VISA. ※
        aprile-ottobre – Pas 22/24000 – ⊇ 12000 – **36 cam** 45/65000 – ½ P 45/60000.

  🏠 **Cosmopol**, viale Romagna 199 ☎ 949008, ≼, ⊒, ▦₀, ▦ – 🛗 ☎ ℗. AE 🏦 ⓞ VISA
  ← ※ rist
        maggio-settembre – Pas 15/20000 – ⊇ 7000 – **38 cam** 45/55000 – ½ P 58000.

LIDO DI SOTTOMARINA Venezia 988 ⑤ – Vedere Chioggia.

LIDO DI SPINA Ferrara 988 ⑯ 429 I 18 – Vedere Comacchio.

LIDO DI SPISONE Messina – Vedere Sicilia (Taormina) alla fine dell'elenco alfabetico.

LIDO DI TARQUINIA Viterbo – Vedere Tarquinia.

LIDO DI TORTORA Cosenza – Vedere Praia a Mare.

LIDO DI VENEZIA Venezia 988 ⑤ – Vedere Venezia.

LIDO RICCIO Chieti – Vedere Ortona.

LIDO SANT'ANGELO Cosenza – Vedere Rossano.

LIDO SILVANA Taranto 988 ㉙㉚ – Vedere Pulsano.

LIERNA 22050 Como 428 E 9, 219 ⑨ – 1 614 ab. alt. 205 – ✪ 0341.

Roma 636 – ♦Bergamo 49 – Como 45 – Lecco 16 – ♦Milano 72 – Sondrio 66.

  XX **La Breva,** ☎ 741490, ≼, 🍴, « Terrazza in riva al lago » – ℗. AE 🏦 ⓞ E VISA. ※
        chiuso dal 10 al 31 gennaio e lunedì dal 15 settembre al 15 giugno – Pas carta 50/60000.

  XX **Crotto,** ☎ 740134, 🍴 – ℗. ※
        chiuso lunedì sera, martedì ed ottobre – Pas carta 35/51000 (10%).

L'EUROPA su un solo foglio
Carta Michelin n° 970.

303

LIGNANO SABBIADORO 33054 Udine 🔢 988 ⑥, 429 E 21 – 5 870 ab. – a.s. luglio-agosto –
✪ 0431.

🎫 via Latisana 42 ☎ 71821, Telex 450193, Fax 70449.

Roma 619 – ◆Milano 358 – Treviso 95 – ◆Trieste 100 – Udine 69 – ◆Venezia 108.

🏨 **Atlantic,** lungomare Trieste 160 ☎ 71101, Fax 71103, <, 🔽, 🏖, 🐎 – 📶 🖥 rist ☎ Ⓟ
    🖭 🗓 ◍ 🖂 🍽 rist
    12 maggio-20 settembre – Pas carta 33/57000 – 🖾 16000 – **68 cam** 62/95000 – ½ P 85/92000

🏨 **Bristol,** lungomare Trieste 132 ☎ 73131, Fax 720420, <, « Giardino », 🏖 – 📶 🖥 📺
    ☎ Ⓟ – 🖳 70. 🗓 🖂 🖭 🍽
    maggio-settembre – Pas 29000 – 🖾 18000 – **59 cam** 80/130000 – ½ P 72/95000.

🏨 **Bellavista,** lungomare Trieste 70 ☎ 71313, Fax 720602, <, 🏖 – 📶 🖥 rist ☎ Ⓟ. 🗓 🖂
    🖭 🍽 rist
    aprile-settembre – Pas carta 25/35000 – **48 cam** 🖾 65/120000 – ½ P 54/82000.

🏨 **Astoria,** lungomare Trieste 150 ☎ 71315, Fax 720191, <, 🏖 – 📶 🍴 cam 🖥 rist ☎
    🕭 Ⓟ. 🗓 🖂 🖭 🍽
    Pasqua-ottobre – Pas carta 24/41000 – 🖾 9000 – **37 cam** 74/90000 – ½ P 61/76000.

🏨 **Florida,** via dell'Arenile 22 ☎ 720101, Fax 71222, 🏖 – 📶 📺 ☎ & Ⓟ – 🖳 50. 🗓 ◍
    🖂 🍽 rist
    19 aprile- settembre – Pas (solo per clienti alloggiati) 12/25000 – 🖾 7000 – **71 cam**
    65/105000 – ½ P 47/74000.

🏨 **Vittoria,** lungomare Marin 28 ☎ 71221, Fax 73292, <, 🏖 – 📶 🖥 rist ☎ Ⓟ. 🗓 🖂 🖭
    🍽 rist
    10 maggio-25 settembre – Pas carta 26/39000 – 🖾 9000 – **48 cam** 44/72000 – ½ P 58/71000.

🏠 **Al Cavallino Bianco** senza rist, via dei Platani 88 ☎ 71509 – 📶 Ⓟ. 🗓 🖂 ◍ 🖂 🖭
    🖾 7500 – **34 cam** 30/68000.

🍴🍴🍴 **Bidin,** viale Europa 1 ☎ 71988, 🎏, Coperti limitati; prenotare – 🖥 Ⓟ. 🖭 🗓 ◍ 🖂 🖭.
    🍽
    chiuso mercoledì dal 15 settembre al 15 maggio – Pas carta 34/47000.

a Lignano Pineta SO : 5 km – ✉ **33054** Lignano Sabbiadoro.
    🎫 via dei Pini 53 ☎ 422169 :

🏨 **Greif,** arco del Grecale 25 ☎ 422261, Fax 422261, « Parco con 🔽 », 🏖 – 📶 🍴 cam
    📺 ☎ Ⓟ. 🖭 🗓 ◍ 🖂 🖭. 🍽 rist
    aprile-ottobre – Pas (chiuso maggio e settembre) 40/60000 – 🖾 18000 – **90 cam** 160/280000
    appartamenti 220/300000 – ½ P 110/180000.

🏨 **Medusa Splendid,** raggio dello Scirocco 33 ☎ 422211, Fax 422251, 🔽, 🏖, 🐎 – 📶
    🖥 ☎ Ⓟ. 🖭 🗓 🖂 🖭. 🍽 rist
    15 maggio-15 settembre – Pas 30000 – 🖾 15000 – **56 cam** 72/100000 – ½ P 68/105000.

🏨 **Bella Venezia Mare,** arco del Grecale 18/a ☎ 422184, 🏖, 🐎 – 📶 🖥 rist ☎ Ⓟ
    stagionale – **45 cam**

🏨 **Park Hotel,** viale delle Palme 41/43 ☎ 422380, Fax 428079, 🔽, 🏖 – 📶 ☎ Ⓟ. 🗓 🖂
    🖭. 🍽 rist
    15 maggio-settembre – Pas 28000 – 🖾 15000 – **44 cam** 73/106000 – ½ P 49/81000.

🏨 **Carlton,** arco del Libeccio 39 ☎ 428531, Fax 422040, 🐎 – 📶 🖥 🖴 – 🗓 🖂 🖭 🍽 rist
    15 maggio-20 settembre – Pas 25000 – 🖾 10000 – **37 cam** 60/90000 – ½ P 48/70000.

🏠 **Martini,** viale delle Palme 47 ☎ 422666, 🔽, 🏖, 🐎 – 📶 🍴 cam 🖴 Ⓟ. 🖭 🍽 rist
    20 maggio-settembre – Pas 20/26000 – 🖾 7000 – **41 cam** 40/65000 – ½ P 48/57000.

🏠 **Erica,** arco del Grecale 21/23 ☎ 422123, Fax 427363, 🏖 – 📶 ☎ Ⓟ. 🖭 🗓 ◍ 🖂 🖭
    🍽 rist
    15 maggio-settembre – Pas 25/27000 – **36 cam** 🖾 55/95000 – ½ P 65/72000.

🏠 **Bellevue** senza rist, arco del Libeccio 37 ☎ 428521, 🐎 – Ⓟ. 🍽
    15 maggio-15 settembre – 🖾 7000 – **27 cam** 36/56000.

🏠 **Dany** senza rist, via dei Pini 25 ☎ 428333, 🐎 – Ⓟ. 🍽
    aprile-settembre – 🖾 9000 – **17 cam** 75000.

🍴🍴 **La Stalla,** via Lovato 2 ☎ 71510 – Ⓟ. 🖭 ◍. 🍽
    marzo-novembre; chiuso martedì – Pas carta 33/46000.

🍴🍴 **Sandrocchia,** raggio dello Scirocco 19 ☎ 422653, 🎏 – 🖭 🗓 ◍ 🖂 🖭
    maggio-settembre – Pas carta 26/43000.

a Lignano Riviera SO : 7 km – ✉ **33054** Lignano Sabbiadoro :

🏨 **President,** calle Rembrandt 2 ☎ 428777, Telex 450498, Fax 428778, 🏖, 🐎 – 📶 🍴 cam
    🖥 📺 ☎ Ⓟ. 🖭 🗓 ◍ 🖂 🖭. 🍽 rist
    27 aprile-6 ottobre – Pas (chiuso a mezzogiorno e giovedì) carta 41/53000 – 🖾 18000 –
    40 cam 150/228000 appartamenti 71/163000 – ½ P 123/146000.

🏨 **Eurotel** 🏖, calle Mendelssohn 13 ☎ 428992, Telex 450211, Fax 428731, « Giardino-pineta
    con 🔽 », 🏖 – 📶 🖥 ☎ & Ⓟ. 🖭 🗓 🖂 🖭. 🍽 rist
    16 maggio-15 settembre – Pas 30000 – 🖾 13000 – **60 cam** 79/134000 – ½ P 107/119000.

🏨 **Arizona,** calle Prassitele 2 ☎ 428529, Fax 427373, 🔽, 🏖, 🐎 – 📶 🖥 rist ☎ Ⓟ. 🖭 🗓
    ◍ 🖂 🖭. 🍽 rist
    15 maggio-settembre – Pas 18/20000 – 🖾 8000 – **36 cam** 50/94000 – ½ P 55/72000.

Meridianus, viale della Musica 1 ✆ 428561, Fax 428561, 🏋, 🛁, 🔲, 🖼, 🎾 – 🛗
🍴 rist 📺 ☎ 🅿. 🖭 🕄 𝘝𝘐𝘚𝘈. ⁓ rist
maggio-settembre – Pas (solo per clienti alloggiati) – ⊑ 16000 – **87 cam** 73/120000 –
½ P 60/90000.

Smeraldo, viale della Musica 4 ✆ 428781, Fax 423031, 🔁, 🖼 – 🛗 ↔ cam ☎ 🅿. 🕄
🗲 𝘝𝘐𝘚𝘈. ⁓ rist
maggio-settembre – Pas 30000 – ⊑ 15000 – **59 cam** 58/92000 – ½ P 47/78000.

La Siesta, corso delle Nazioni 50 ✆ 428673, 🏤 – 🍴. 🖭 🕄 ⓞ 🗲 𝘝𝘐𝘚𝘈
25 aprile-settembre – Pas carta 38/59000.

Relax, viale della Musica 14 ✆ 428770, « Servizio estivo in giardino », 🔁 – 🍴 🅿
stagionale.

Al Cason-da Ori, corso dei Continenti 167 ✆ 427201.

LILLAZ Aosta 🐾🐾🐾 F 4, 🐾🐾🐾 ⑫ – Vedere Cogne.

LIMANA 32020 Belluno 🐾🐾🐾 D 18 – 4 108 ab. alt. 319 – ✪ 0437.
Roma 614 – Belluno 11 – ♦Padova 117 – Trento 101 – Treviso 72.

Piol con cam ✆ 967471 – ☎ 🅿. 🖭 ⓞ. ⁓
Pas *(chiuso martedì)* carta 22/36000 – ⊑ 8000 – **22 cam** 50/80000 – ½ P 40/60000.

LIMONE PIEMONTE 12015 Cuneo 🐾🐾🐾 ⑫, 🐾🐾🐾 J 4 – 1 622 ab. alt. 1 010 – a.s. febbraio-Pasqua,
luglio-15 settembre e Natale – Sport invernali : 1 010/2 050 m ⁓31, 🗲 – ✪ 0171.
🗓 via Roma 30 ✆ 92101.
Roma 670 – Cuneo 27 – ♦Milano 243 – Nice 97 – Colle di Tenda 6 – ♦Torino 121.

Principe, ✆ 92389, Fax 927070, ⟨, 🏤, 🔁, 🎾 – 🛗 📺 ☎ 🚗 🅿. 🕄 🗲 𝘝𝘐𝘚𝘈. ⁓
15 dicembre-15 aprile e luglio-agosto – Pas 25/32000 – **42 cam** ⊑ 80/136000 – P 85/126000.

Tripoli, ✆ 92397 – 🐾. 𝘝𝘐𝘚𝘈. ⁓ rist
15 dicembre-15 aprile – Pas (solo per clienti alloggiati) 28/32000 – ⊑ 8000 – **33 cam**
49/83000 – ½ P 55/85000.

Mac Miche, ✆ 92449, Coperti limitati; prenotare, « Caratteristica taverna » – 🖭 🕄 ⓞ
🗲 𝘝𝘐𝘚𝘈. ⁓
chiuso lunedì sera, martedì, dal 15 giugno al 10 luglio e dal 5 al 25 novembre – Pas
carta 36/53000.

sulla strada statale 20 S : 1,5 km :

Le Ginestre, ✉ 12015 ✆ 927596, Fax 927597, ⟨ – 📺 🐾 🚗 🅿. 🕄 𝘝𝘐𝘚𝘈. ⁓ rist
Pas 20/25000 – ⊑ 6000 – **18 cam** 60/80000 – ½ P 70/80000.

LIMONE SUL GARDA 25010 Brescia 🐾🐾🐾 🐾🐾🐾 E 14 – 995 ab. alt. 66 – a.s. Pasqua e luglio-
15 settembre – ✪ 0365.

Vedere ⟨*** dalla strada panoramica** dell'altipiano di Tremosine per Tignale.
🗓 (aprile-settembre) piazzale Alcide De Gasperi ✆ 954265, Telex 303289.
Roma 586 – ♦Brescia 65 – ♦Milano 160 – Trento 60 – ♦Verona 97.

Park H. Imperial 🐾, via Tamas 10/b ✆ 954591, Fax 954382, 🏤, 🔁, 🔲, ⁓ – 🛗 🍴
📺 ☎ 🅿 – 🔬 50. 🖭 🕄 ⓞ 🗲 𝘝𝘐𝘚𝘈. ⁓
Pas carta 42/65000 – **50 cam** ⊑ 180/270000 appartamenti 210/360000 – ½ P 90/150000.

Capo Reamol 🐾, strada statale N : 3 km ✆ 954040, Fax 954262, ⟨, « Piccolo parco con
🔁 », 🖼 – 🛗 ☎ 🅿. 🕄 🗲 𝘝𝘐𝘚𝘈. ⁓ cam
aprile-ottobre – Pas 35000 – ⊑ 15000 – **60 cam** 125/230000 – ½ P 110/115000.

Le Palme, via Porto 36 ✆ 954681, Fax 954628, ⟨, 🏤 – 🛗 ☎ 🖧. ⁓ rist
marzo-ottobre – Pas (solo per clienti alloggiati) carta 28/50000 – ⊑ 10500 – **28 cam**
51/83000 – ½ P 72/81000.

Lido 🐾, via 4 Novembre 36 ✆ 954574, Fax 954659, ⟨, 🔁 riscaldata, 🖼, 🎾 – ☎ 🖧
🅿. 🖭 🕄. ⁓ rist
4 maggio-15 ottobre – Pas *(chiuso martedì)* 18/22000 – ⊑ 10000 – **26 cam** 80000 –
½ P 72000.

Gemma, piazza Garibaldi 11 ✆ 954014, ⟨, 🏤
marzo-ottobre; chiuso lunedì – Pas carta 21/30000.

LIPARI (Isola) Messina 🐾🐾🐾 ㉗㉘ – Vedere Sicilia (Eolie, isole) alla fine dell'elenco alfabetico.

LIPPO Bologna – Vedere Calderara di Reno.

LISANZA Varese 🐾🐾🐾 ⑰ – Vedere Sesto Calende.

LIVATA (Monte) Roma – Vedere Subiaco.

LIVIGNO 23030 Sondrio 988 ③, 428 429 C 12 – 4 091 ab. alt. 1 816 – Sport invernali : 1 816/ 2 359 m ✓3, ✗ – 🌣 0342.

🛈 via dala Gesa 55 ✆ 996379, Telex 350400, Fax 996881.

Roma 801 – Bormio 38 – ♦Milano 240 – Sondrio 102 – Passo dello Stelvio 54.

🏨 **Parè** ⏚, ✆ 996263, Telex 316307, Fax 997435, ≼, 🚗, 🖼 – 📶 ☎ 🚗 🅿 – 🔏 50. 🔄
E VISA. ✗
dicembre-16 aprile e 27 giugno-15 settembre – Pas *(chiuso a mezzogiorno)* 23/28000 – ⌑
9000 – **40 cam** 100/130000 – ½ P 79/96000.

🏨 **Bucaneve,** ✆ 996201, Fax 997309, ≼, 🚗, 🖼, ✗ – 📺 ☎ 🚗 🅿. ✗
→ *novembre-aprile e 10 luglio-6 settembre* – Pas 18/22000 – ⌑ 12000 – **41 cam** 43/76000
appartamenti 100/140000 – ½ P 42/74000.

🏨 **SportHotel** ⏚, ✆ 996186, ≼, 🚗 – 📶 ☎ 🚗 🅿
stagionale – **32 cam**.

🏨 **Paradiso** ⏚, ✆ 996633, Fax 996037, ≼ – 📶 ☎ 🚗 🅿. ✗ rist
20 novembre-5 maggio e 3 luglio-settembre – Pas 23000 – ⌑ 9000 – **24 cam** 36/60000 –
½ P 44/74000.

🏨 **Sonne,** ✆ 996433, 🚗 – 📶 ☎ 👍 🚗 🅿. ✗
20 dicembre-15 aprile e 15 luglio-agosto – Pas 25000 – ⌑ 10000 – **28 cam** 45/80000 –
½ P 54/67000.

🏠 **Concordia,** ✆ 996061, Fax 996914 – 📶 ☎ 🅿. AE 🔄 E VISA. ✗ rist
→ Pas 20/39000 – **38 cam** ⌑ 42/70000 – ½ P 50/65000.

🏠 **Livigno,** ✆ 996104 – 📶 ☎ 🚗 🅿. AE VISA. ✗ rist
dicembre-aprile e luglio-15 settembre – Pas carta 28/53000 – ⌑ 10000 – **18 cam** 42/70000
– ½ P 55/75000.

🏠 **Posta,** ✆ 996076, ✗ – 📶 ☎ 🅿. AE 🔄 E VISA. ✗ rist
Pas *(dicembre-aprile)* 24000 – **32 cam** ⌑ 42/73000 – ½ P 53/70000.

🏠 **Augusta** ⏚, ✆ 996163, ≼ – 🅿. ✗
dicembre-15 aprile e luglio-15 settembre – Pas *(solo per clienti alloggiati e chiuso a
mezzogiorno)* – ⌑ 8500 – **21 cam** 37/57000 – ½ P 49/59000.

🏠 **Alpina,** ✆ 996007, Fax 996350 – ☎ 🚗 🅿. AE VISA
→ *chiuso maggio e novembre* – Pas 18/25000 – **34 cam** ⌑ 35/70000 – ½ P 55/60000.

✕✕ **La Baita** con cam, ✆ 997070, Fax 997467 – ☎ 🅿. AE 🔄 VISA. ✗
Pas carta 24/38000 – **16 cam** ⌑ 40/80000 – ½ P 48/58000.

✕✕ **Camana Veglia** con cam, ✆ 996310, « Ambiente caratteristico » – ☜. AE 🔄 ⓞ E VISA.
✗ rist
dicembre-13 aprile e giugno-settembre – Pas carta 24/41000 (10%) – **15 cam** ⌑ 34/60000
– ½ P 45/55000.

✕✕ **Il Passatore,** ✆ 997221 – 🅿. AE 🔄 ⓞ VISA. ✗
chiuso mercoledi (escluso da dicembre a maggio), giugno e novembre – Pas carta 25/42000
(10%).

LIVORNO 57100 🅿 986 ⑭, 428 L 12 – 171 346 ab. – a.s. 15 giugno-15 settembre – 🌣 0586.

Vedere Monumento★ a Ferdinando I de' Medici AY A

🚢 per l'Isola d'Elba-Portoferraio 15 giugno-settembre giornaliero (3 h) e l'Isola di Capraia
giornaliero (2 h 30 mn) – Toromar-agenzia Ardisson, via Calafati 4 ✉ 57123 ✆ 896113, Telex
500304; per Olbia marzo-ottobre giornalieri (9 h) – Sardinia Ferries, calata Carrara ✉ 57123 ✆
881380, Telex 590262; per Palermo martedi, giovedi e sabato (19 h) – Grandi Traghetti-agenzia
Ghianda, via Vittorio Veneto 24 ✉ 57123 ✆ 28314, Telex 500044, Fax 888630.

🛈 piazza Cavour 6 ✉ 57126 ✆ 898111 – Porto Mediceo ✉ 57100 ✆ 895320.

A.C.I. via Verdi 32 ✉ 57126 ✆ 899651.

Roma 321 ② – ♦Firenze 187 ① – ♦Milano 294 ①.

Pianta pagina a lato

🏨 **Gran Duca,** piazza Micheli 16 ✉ 57123 ✆ 891024, ≼ – 📶 📺 ☎ 🅿 – 🔏 40. AE 🔄   AY b
Pas vedere rist Gran Duca – ⌑ 7000 – **62 cam** 60/80000 – ½ P 92000.

🏨 **Boston** senza rist, piazza Mazzini 40 ✉ 57126 ✆ 882333 – 📶 📺 ☎. AE 🔄 ⓞ E VISA.
✗   AZ n
⌑ 9000 – **35 cam** 60/85000.

🏨 **Touring** senza rist, via Goldoni 61 ✉ 57125 ✆ 898035, Fax 899207 – 📶 ☜. AE 🔄 ⓞ E
VISA   BY v
⌑ 8000 – **37 cam** 65/90000.

🏠 **Giardino** ⏚ senza rist, piazza Mazzini 85 ✉ 57126 ✆ 806330 – ☎ 🅿. ✗   AZ h
chiuso dal 24 dicembre al 2 gennaio – ⌑ 8000 – **21 cam** 45/65000.

✕✕ **Gran Duca,** piazza Micheli 18 ✉ 57123 ✆ 891325 – AE 🔄. ✗   AY b
chiuso lunedi e dal 22 dicembre al 5 gennaio – Pas carta 30/41000 (12%).

✕✕ **La Barcarola,** viale Carducci 63 ✉ 57122 ✆ 402367, Fax 402126 – AE 🔄 ⓞ E VISA
chiuso domenica e dal 5 al 26 agosto – Pas carta 47/65000.   BY a

✕✕ **Il Fanale,** scali Novi Lena 15 ✉ 57126 ✆ 881346 – 🔲. ⓞ   AY e
chiuso martedi, dal 1° al 15 gennaio e dal 25 agosto al 10 settembre – Pas carta 32/47000
(10%).

306

LIVORNO

0   400 m

XX **Gennarino,** via Santa Fortunata 11 ⊠ 57123 ℰ 888093 – AE Ⓢ ⓞ ⅇ VISA. ⌣
 chiuso mercoledì – Pas carta 32/47000 (10%).   AY **x**

XX **La Gargotta del Buongustaio,** via San Carlo 7 ⊠ 57126 ℰ 895546 – AE VISA. ⌣
 chiuso a mezzogiorno, lunedì e dall'8 al 20 agosto – Pas carta 28/40000.   AY **z**

X **Da Rosina,** via Roma 251 ⊠ 57127 ℰ 800200, ㄹ – AE Ⓢ ⓞ ⅇ VISA. ⌣
 chiuso giovedì e dal 10 al 30 agosto – Pas carta 30/56000 (10%).   BZ **p**

sulla strada statale 1 - via Aurelia per ① : 5 km :

🏨 **MotelAgip,** ⊠ 57017 Stagno ℰ 943067, Telex 502049, Fax 943483 – 🛗 🗏 TV ☎ Ⓟ –
 🛗 25 a 40. AE Ⓢ ⓞ ⅇ VISA. ⌣ rist
 Pas *(chiuso domenica)* 30000 – **50 cam** ☲ 93/135000 – ½ P 120/157000.

ad Ardenza per ② : 5 km – ⊠ **57128** Livorno :

XX **L'Arco Vecchio,** via Pacinotti 55/57 ℰ 505193, 🐎 – AE Ⓢ ⓞ ⅇ VISA. ⌣
 chiuso lunedì – Pas carta 31/49000 (10%).

X **Oscar,** via Franchini 78 ℰ 501258, 🐎 – 🗏. AE Ⓢ ⓞ ⅇ VISA. ⌣
 chiuso lunedì e dal 7 al 20 settembre – Pas carta 43/63000.

ad Antignano per ② : 8 km – ⊠ **57128** :

🏨 **Rex,** ℰ 580400, Telex 501022, Fax 509586, ≤, 🏖 – 🛗 🗏 TV ☎ Ⓟ – 🛗 50. AE Ⓢ ⓞ
 ⅇ VISA. ⌣
 Pas *(chiuso a mezzogiorno, lunedì e dal 21 dicembre al 10 gennaio)* 30/35000 – **67 cam**
 ☲ 110/145000 – ½ P 100/130000.

a Calafuria per ② : 11 km – ⊠ **57128** Livorno :

XX **Rossi-la Torre di Calafuria,** ℰ 580547, ≤ « ». – Ⓟ. AE VISA
 chiuso martedì e novembre – Pas carta 26/43000 (12%).

a Quercianella per ② : 14 km – ⊠ **57015** :

🏠 Villa Margherita, ℰ 491023, « Terrazza con ≤ », 🏖 – 🖨 Ⓟ – **22 cam**.

Roma 673 – ♦Milano 104 – ♦Torino 41 – Vercelli 42.

X **Giardino,** ℰ 47296 – 🗏. AE Ⓢ ⓞ VISA. ⌣
 chiuso martedì e dal 1° al 15 agosto – Pas carta 26/43000.

---

agosto e Natale – Sport invernali : a Corno alle Scale : 1 195/1 945 m ⧖8, ⧫ – ✪ 0534.
🛈 piazza Marconi 6 ℰ 51052.
Roma 361 – ♦Bologna 70 – ♦Firenze 87 – Lucca 93 – ♦Milano 271 – ♦Modena 102 – Pistoia 51.

🏠 Piccolo Hotel Riccioni, ℰ 51107 – ☎ – **20 cam**.

a Vidiciatico NO : 4 km – alt. 810 – ⊠ **40049** :

🏠 **Montegrande,** ℰ 53210 – ⌣ cam ☎. AE ⓞ VISA. ⌣
 chiuso maggio e novembre – Pas *(chiuso mercoledì)* carta 25/42000 – ☲ 8000 – **14 cam**
 70000 – ½ P 45/50000.

🛈 corso Europa 19 ℰ 668044.
Roma 578 – ♦Genova 79 – Imperia 43 – ♦Milano 202 – Savona 33.

🏨 **Garden Lido,** lungomare Nazario Sauro 9 ℰ 669666, Telex 283178, Fax 668552, ≤, ⌣,
 ⊼ riscaldata, 🏖, 🐎 – 🛗 🗏 rist TV ☎ 🖨 Ⓟ – 🛗 30 a 180. AE Ⓢ ⅇ VISA. ⌣
 Pas *(chiuso martedì e dal 30 ottobre al 22 dicembre)* 38/50000 – ☲ 18000 – **94 cam**
 70/98000 – ½ P 103/120000.

🏨 **Palace Hotel Moderno,** via Carducci 3 ℰ 669266, Telex 272136, Fax 669260, « Terrazza »
 – 🛗 TV ☎ Ⓟ – 🛗 80. AE Ⓢ ⓞ ⅇ VISA. ⌣
 chiuso dall'11 ottobre al 19 dicembre – Pas *(chiuso lunedì)* 30/40000 – ☲ 10000 – **86 cam**
 70/120000 – ½ P 90000.

🏨 **Perelli,** corso Roma 13 ℰ 668002, Fax 668087, ≤, 🏖 – 🛗 ☎ Ⓟ. ⌣ rist
 Pasqua-settembre – Pas 30000 – ☲ 8000 – **41 cam** 65/95000 – ½ P 54/95000.

🏠 Savoia, lungomare Nazario Sauro 1 ℰ 668301, Fax 668303, ≤ – 🛗 TV 🖨
 27 cam.

🏠 **Villa Mary,** viale Tito Minniti 6 ℰ 668368, Fax 668244 – TV ☎ Ⓟ. Ⓢ. ⌣
 chiuso dal 27 settembre al 19 dicembre – Pas *(chiuso martedì)* 20/24000 – ☲ 6000 –
 26 cam 50/80000 – ½ P 40/65000.

🏠 **Villa Teresa,** via Tito Minniti 4 ℰ 668349, Fax 668340, 🐎 – ☎ Ⓟ. AE Ⓢ. ⌣ rist
 chiuso da ottobre al 5 dicembre – Pas *(solo per clienti alloggiati e chiuso martedì)*
 carta 37/57000 – ☲ 8000 – **22 cam** 71/96000 – ½ P 45/75000.

XX **Bagatto,** via Ricciardi 24 ℰ 669842, Solo piatti di pesce – 🖸
chiuso mercoledì e dal 10 al 25 novembre – Pas carta 30/43000.

X Le Palme, piazza Vittorio Veneto 9 ℰ 669345, 🍴 – *stagionale*.

LOCARNO 4 2 7 ㉔, 2 1 9 ⑧, 2 1 8 ⑪⑫ – Vedere Cantone Ticino alla fine dell'elenco alfabetico.

LOCOROTONDO 70010 Bari 9 8 8 ㉙ – 13 236 ab. alt. 410 – 🍷 080.

Dintorni Valle d'Itria★★ (strada per Martina Franca) – ≼★ sulla città dalla strada di Martina Franca.

Roma 518 – ♦Bari 68 – ♦Brindisi 59 – ♦Taranto 36.

X **Casa Mia,** via Cisternino E : 3 km ℰ 9311218 – **🅿**. 🖸 *VISA*. 🍽
chiuso martedì e dal 7 gennaio al 5 febbraio – Pas carta 25/39000.

LODI 20075 Milano 9 8 8 ③⑬, 4 2 8 G 10 – 42 770 ab. alt. 80 – 🍷 0371.

🏢 piazza Broletto 4 ℰ 66313.

Roma 548 – ♦Bergamo 49 – ♦Brescia 67 – Cremona 54 – ♦Milano 36 – Pavia 36 – Piacenza 40.

🏨 **Lodi,** via Grandi 9 ℰ 35678, Telex 352822, Fax 36462 – |☰| 🔲 📺 ☎ **🅿** – 🔬 25 a 80. 🝙
🖸 ⓞ E *VISA*
chiuso dal 25 dicembre al 1° gennaio ed agosto – Pas *(chiuso domenica)* carta 26/53000 –
93 cam ⬭ 125/150000 – ½ P 105/155000.

🏨 **Europa** senza rist, viale Pavia 5 ℰ 35215, Fax 36281 – |☰| 📺 ☎. 🝙 🖸 E *VISA*
chiuso dal 22 dicembre al 7 gennaio e dal 12 al 27 agosto – ⬭ 9000 – **44 cam** 73/90000
appartamenti 135/140000.

🏠 **Anelli** senza rist, viale Vignati 7 ℰ 421354, Fax 422156 – |☰| 📺 ☎. 🝙 🖸 E *VISA*. 🍽
chiuso dal 23 dicembre al 6 gennaio e dal 10 al 24 agosto – ⬭ 10000 – **23 cam** 70/90000.

XXX **La Quinta,** piazza della Vittoria 20 ℰ 424232 – 🔲 – 🔬 40. 🝙 🖸 ⓞ E *VISA*
chiuso domenica sera, lunedì ed agosto – Pas carta 36/54000.

XX **3 Gigli-All'Incoronata,** piazza della Vittoria ℰ 421404 – 🔲. 🖸 ⓞ E *VISA*. 🍽
chiuso domenica e dal 15 al 31 agosto – Pas carta 41/65000.

XX **Antica Trattoria Sobacchi,** viale Pavia 76 ℰ 35041 – **🅿**. *VISA*. 🍽
chiuso lunedì sera, martedì, dal 24 dicembre al 2 gennaio ed agosto – Pas carta 28/41000.

XX **Isola di Caprera,** via Isola di Caprera 14 ℰ 421316, 🍴, 🌲 – **🅿**. 🝙 🖸 ⓞ E *VISA*
*chiuso dal 1° al 10 gennaio, dal 16 al 31 agosto, martedì e da ottobre a marzo anche
domenica sera* – Pas carta 38/58000.

XX **La Barbina,** località Cascina Barbina E : 2 km ℰ 425162, 🍴 – **🅿**. ⓞ. 🍽
chiuso mercoledì – Pas carta 39/55000.

LODRONE 38080 Trento 4 2 9 E 13 – alt. 379 – a.s. Natale – 🍷 0465.

Roma 589 – ♦Brescia 56 – ♦Milano 146 – Trento 73.

🏨 **Castel Lodron,** ℰ 65002, Fax 65544, 🔲, 🌲, 🍽 – |☰| 🔲 & **🅿** – 🔬 200. 🍽
Pas *(chiuso lunedì)* carta 26/35000 – ⬭ 5000 – **41 cam** 80000 – ½ P 55000.

LOIANO 40050 Bologna 9 8 8 ⑭⑮, 4 2 9 J 16 – 2 866 ab. alt. 714 – a.s. luglio-15 settembre –
🍷 051.

Roma 359 – ♦Bologna 36 – ♦Firenze 85 – ♦Milano 242 – Pistoia 100.

🏠 **Pineta,** ℰ 921865, ≼, 🌲 – |☰| ☎ **🅿**. 🝙 *VISA*. 🍽 rist
Pas *(chiuso martedì)* carta 26/39000 – ⬭ 6000 – **30 cam** 35/70000 – ½ P 30/55000.

LOMASO 38070 Trento – 1 260 ab. alt. 700 – Stazione termale, a.s. 15 dicembre-15 gennaio –
🍷 0465 – Roma 600 – ♦Brescia 98 – Trento 36.

a Campo – alt. 492 – ⌧ **38070** Vigo Lomaso :

🏨 **Villa Luti,** ℰ 72061, « Dimora patrizia dell'800 con parco ombreggiato », ♨️, ⇌, 🍽 –
|☰| ⇌ rist 📺 ☎ **🅿**. 🝙 🖸 ⓞ E *VISA*. 🍽
Pas *(ottobre-marzo; chiuso lunedì)* carta 25/42000 – ⬭ 10000 – **42 cam** 70/120000
appartamenti 130/160000 – ½ P 70/100000.

a Ponte Arche N : 2 Km – alt. 398 – ⌧ **38077** :

🏨 **Cattoni-Plaza,** ℰ 71442, Fax 71444, ≼, 🌲 – |☰| 🔲 📺 ☎ **🅿** – 🔬 80. 🝙 🖸 ⓞ E
VISA. 🍽
aprile-ottobre e 20 dicembre-10 gennaio – Pas 25/30000 – ⬭ 10000 – **68 cam** 60/101000 –
½ P 55/95000.

🏨 **Nuovo Hotel Angelo,** ℰ 71438, 🌲 – |☰| 🔲 rist ☎ **🅿**. 🖸 E *VISA*. 🍽 rist
aprile-ottobre e 21 dicembre-10 gennaio – Pas carta 25/34000 – ⬭ 8000 – **51 cam**
68/115000 – ½ P 65/80000.

a Comano Terme NE : 4 km – alt. 395 – ⌧ **38077** Ponte Arche :

🏨 **Grande Alb. Terme,** ℰ 71421, « Grande parco-pineta », ♨️ – |☰| 🚭 **🅿**. 🍽
Pasqua-ottobre – Pas carta 33/41000 – ⬭ 13000 – **62 cam** 69/132000 – ½ P 86/94000.

LONATE POZZOLO 21015 Varese 428 F 8, 219 ⑰ – 10 733 ab. alt. 205 – ✆ 0331.
Roma 621 – ◆Milano 43 – Novara 30 – Varese 28.

sulla strada statale 527 SO : 2 km :

XX **F. Bertoni** con cam, ⊠ 21015 Tornavento ✆ 668020, 🐴 – ℗ – 🏦 150. Æ 🕲 Ε 𝘝𝘐𝘚𝘈.
📶
chiuso dal 1° al 10 gennaio ed agosto – Pas *(chiuso domenica sera e lunedì)* carta 34/58000 – ☲ 8000 – **7 cam** 48/62000 – ½ P 65000.

LONATO 25017 Brescia 988 ④, 428 429 F 13 – 10 938 ab. alt. 188 – a.s. Pasqua e luglio-15 settembre – ✆ 030.
Roma 530 – ◆ Brescia 23 – Mantova 50 – ◆ Milano 120 – ◆ Verona 45.

XX **Il Rustichello** con cam, ✆ 9130461, 🐴 – 🔳 rist ☎ ℗. Æ 🕲 ⓞ Ε 𝘝𝘐𝘚𝘈
Pas *(chiuso mercoledì e dal 20 luglio al 5 agosto)* carta 29/42000 – ☲ 5000 – **10 cam** 65000 – ½ P 50/55000.

a Barcuzzi N : 3 km – ⊠ 25017 Lonato :

XX **Da Oscar,** ✆ 9130409, « Servizio estivo in terrazza » – ℗. 𝘝𝘐𝘚𝘈. 📶
chiuso dal 6 al 20 novembre, martedì e da dicembre ad aprile anche mercoledì a mezzogiorno – Pas carta 33/40000.

LONGA Vicenza – Vedere Schiavon.

GREEN TOURIST GUIDES
Picturesque scenery, buildings
Attractive routes
Touring programmes
Plans of towns and buildings.

LONGARE 36023 Vicenza 429 F 16 – 5 223 ab. alt. 29 – ✆ 0444.
Roma 528 – ◆Milano 213 – ◆Padova 27 – ◆Verona 60 – Vicenza 10.

a Costozza SO : 1 km – ⊠ 36023 Longare :

XX **Taverna Aeolia,** ✆ 555036, « Edificio del 16° secolo con affreschi » – Æ 🕲 𝘝𝘐𝘚𝘈. 📶
◆ *chiuso martedì* – Pas carta 20/43000.

LONGARONE 32013 Belluno 988 ⑤, 429 D 18 – 4 258 ab. alt. 474 – a.s. 15 luglio-agosto – ✆ 0437.
Roma 619 – Belluno 18 – Cortina d'Ampezzo 53 – ◆Milano 358 – Udine 119 – ◆Venezia 108.

🏨 **Posta** senza rist, ✆ 770702, Fax 771189 – 📱 📺 ☎ 🚗 ℗. Æ ⓞ 𝘝𝘐𝘚𝘈. 📶
chiuso dal 10 al 31 marzo – ☲ 8000 – **23 cam** 77/97000.

LONGEGA (ZWISCHENWASSER) 39030 Bolzano 429 B 17 – alt. 1 012 – ✆ 0474.
Roma 720 – ◆Bolzano 83 – Brunico 14 – ◆Milano 382 – Trento 143.

🏠 **Gader,** ✆ 51008 – ½↝ rist ℗. 📶 cam
◆ Pas *(chiuso lunedì)* carta 19/30000 – **9 cam** ☲ 64000 – ½ P 35/50000.

LONIGO 36045 Vicenza 988 ④, 429 F 16 – 12 812 ab. alt. 31 – ✆ 0444.
Roma 533 – ◆Ferrara 95 – ◆Milano 186 – ◆Padova 56 – ◆Verona 33 – Vicenza 24.

X **Casa Mia,** viale Vicenza 10 ✆ 831087 – 🔳 ℗. 📶
◆ *chiuso lunedì ed agosto* – Pas carta 20/30000.

LORANZÈ 10010 Torino 428 F 5, 219 ⑭ – 1 079 ab. alt. 404 – ✆ 0125.
Roma 685 – Aosta 73 – Ivrea 9,5 – ◆Milano 123 – ◆Torino 52.

XXX ❀ **Panoramica** 🏊 con cam, ✆ 76321, Fax 76822, ≤ colline e vallata, prenotare, 🍴 – 📺 ☎ ℗. Æ 🕲 ⓞ Ε 𝘝𝘐𝘚𝘈. 📶 cam
chiuso dal 27 dicembre al 7 gennaio – Pas *(chiuso sabato a mezzogiorno e da settembre a giugno anche domenica sera)* carta 38/80000 – ☲ 10000 – **16 cam** 84/108000 – ½ P 114000
Spec. Salsiccia di pesce, Rombo con cipolle brasate, Agnello in crosta di prezzemolo. **Vini** Chardonnay, Barbaresco.

LORENZAGO DI CADORE 32040 Belluno 429 C 19 – 667 ab. alt. 880 – ✆ 0435.
🛈 (giugno-15 settembre) ✆ 75042.
Roma 659 – Belluno 58 – Cortina d'Ampezzo 45 – ◆Milano 401 – Tolmezzo 60 – ◆Venezia 148.

🏠 **Dolomiti,** ✆ 75002 – Æ 𝘝𝘐𝘚𝘈. 📶
◆ Pas *(chiuso martedì)* 20000 – ☲ 8000 – **35 cam** 40/65000 – P 54/70000.

LOREO 45017 Rovigo 988 ⑮, 429 G 18 – 3 787 ab. – ✆ 0426.
Roma 488 – •Ravenna 83 – Rovigo 32 – •Venezia 72.

✗ **Cavalli** con cam, riviera Marconi 67/69 ✆ 369868 – 📺 ☎. 🏧 E VISA. ⚘
Pas *(chiuso lunedì)* carta 24/35000 – ☕ 2000 – **10 cam** 35/50000 – ½ P 40/45000.

LORETO 60025 Ancona 988 ⑯ – 10 618 ab. alt. 125 – a.s. Pasqua, 15 luglio-15 settembre e 7-12 dicembre – ✆ 071.
Vedere Santuario della Santa Casa★★ – Piazza della Madonna★ – Opere del Lotto★ nella pinacoteca **M**.
ℹ via Solari 3 ✆ 977139.
Roma 294 ② – •Ancona 31 ① – Macerata 31 ② – Pesaro 90 ② – Porto Recanati 5 ①.

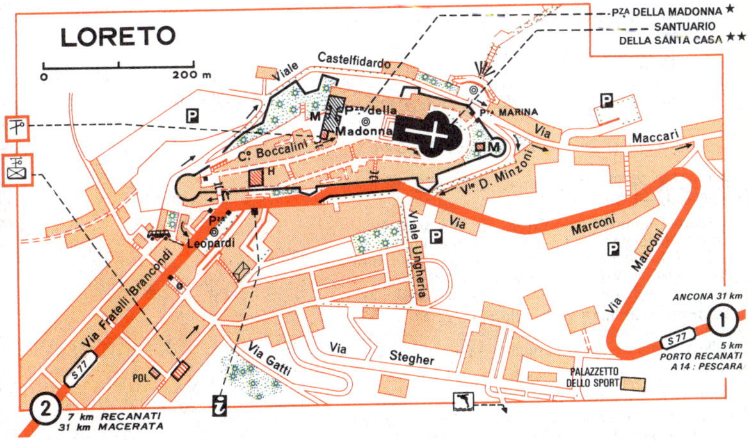

⌂ **Orlando da Nino,** via Villa Costantina 89 ✆ 978501, ≤ – ☎. AE VISA. ⚘
Pas carta 19/25000 (10%) – ☕ 3500 – **22 cam** 42/55000 – ½ P 40/50000
E : 1,5 km per via Maccari

✗✗ **Orlando Barabani,** via Villa Costantina 93 ✆ 977696, 🌳 – Ⓟ. ⓓ
chiuso mercoledì e luglio – Pas carta 28/39000 (12%)
E : 1,5 km per via Maccari

LORETO APRUTINO 65014 Pescara 988 ㉗ – 7 325 ab. alt. 294 – ✆ 085.
Roma 226 – •Pescara 24 – Teramo 77.

⌂ **La Bilancia,** contrada Palazzo 10 (SO : 5 km) ✆ 8289321 – 📺 ☎ Ⓟ. AE 🏧 VISA. ⚘
✈ *chiuso dal 20 dicembre al 20 gennaio* – Pas carta 20/31000 – ☕ 3000 – **19 cam** 40/60000 – ½ P 61/70000.

LORICA 87050 Cosenza 988 ㊴ – alt. 1 310 – Sport invernali : 1 310/1 850 m ⛷1 ⛷1 – ✆ 0984.
Vedere Lago Arvo★.
Escursioni Massiccio della Sila★★ Est per la strada S 108 bis.
Roma 565 – Catanzaro 82 – •Cosenza 46 – Crotone 72.

⌂ **Gd H. Lorica,** ✆ 537039, ≤ – 🛗 ☎ Ⓟ. ⓓ VISA. ⚘
15 maggio-15 ottobre – Pas carta 26/40000 – **100 cam** ☕ 80000 – ½ P 52/60000.

LORO PICENO 62020 Macerata – 2 500 ab. alt. 436 – ✆ 0733.
Roma 248 – •Ancona 73 – Ascoli Piceno 78 – Macerata 22.

✗✗ **Girarrosto,** via Ridolfi 24 ✆ 509119 – AE ⓓ VISA. ⚘
chiuso mercoledì e dal 1° al 15 luglio – Pas carta 25/35000.

LOSONE 427 ㉔, 219 ⑦, 218 ⑪ – Vedere Cantone Ticino (Ascona) alla fine dell'elenco alfabetico.

Ferienreisen wollen gut vorbereitet sein.
Die Straßenkarten und Führer von Michelin
geben Ihnen Anregungen und praktische Hinweise zur Gestaltung Ihrer Reise :
Streckenvorschläge, Auswahl und Besichtigungsbedingungen
der Sehenswürdigkeiten, Unterkunft, Preise... u. a. m.

LOTZORAI Nuoro – Vedere Sardegna alla fine dell'elenco alfabetico.

LOVENO Como 219 ⑨ – Vedere Menaggio.

LOVERE 24065 Bergamo 988 ③④, 428 429 E 12 – 5 718 ab. alt. 200 – a.s. luglio e agosto – ✆ 035.

Vedere Lago d'Iseo★.

Dintorni Pisogne★ : affreschi★ nella chiesa di Santa Maria della Neve NE : 7 km.

Roma 611 – ◆Bergamo 41 – ◆Brescia 62 – Edolo 57 – ◆Milano 86.

🏛 **S. Antonio**, piazza 13 Martiri 2 ℰ 961523, Fax 962654, 🌲 – 🗐 📺 ☎ – 🔬 50. 🖪 ⑩
  🖪 VISA 🕸
  Pas *(chiuso martedì dal 15 settembre al 15 giugno)* carta 29/44000 – 🖙 6000 – **22 cam**
  62000 – ½ P 41/61000.

🏠 **Al Castello e Rist. Due Ruote** 🐾, via
  del Santo 1 ℰ 960228, Fax 960228, ≤,
  « Servizio rist. estivo in terrazza » – 📺 ☎.
  🖪 🖪 VISA 🕸
  Pas *(chiuso lunedì da ottobre ad aprile)*
  carta 26/39000 – 🖙 5000 – **20 cam** 30/50000
  – ½ P 60000.

  Vedere anche : *Costa Volpino* NE : 3 km.

LUCCA 55100 🅿 988 ⑭, 428 429 G 7 –
86 676 ab. alt. 19 – ✆ 0583.

Vedere Duomo★★ C – Chiesa di San Michele in
Foro★ : facciata★★ B E – Chiesa di San Frediano★
B Q – Città vecchia★ BC : ≤★ sulla città dall'alto
della casa dei Guinigi – Passeggiata delle mura★ –
Decori★ negli appartamenti del palazzo Mansi A M¹.

Dintorni Giardini★★ della villa reale di Marlia per
① : 8 km – Parco★ di villa Mansi per ② : 11 km –
Villa Torrigiani★ (o di Camigliano) per ② : 12 km.

🛈 via Vittorio Veneto 40 ℰ 43639.

A.C.I. via Catalani 1 ℰ 582626.

Roma 348 ⑤ – ◆Bologna 157 ⑤ – ◆Firenze 74 ⑤ – ◆Livorno
46 ⑤ – ◆Massa 45 ⑤ – ◆Milano 274 ⑤ – Pisa 22 ④ –
Pistoia 43 ⑤ – ◆La Spezia 74 ⑤.

🏛 **Napoleon** senza rist, viale Europa 1 ℰ
  53141, Telex 590375, Fax 418398 – 🗐 🗐 📺
  ☎ 🅿 – 🔬 30. 🖪 🖪 ⑩ 🖪 VISA 🕸
  🖙 15000 – **63 cam** 90/160000.   per ⑤

🏛 **Celide** senza rist, viale Giuseppe Giusti 25
  ℰ 954106, Fax 954304 – 🗐 🗐 📺 ☎ 🅿 –
  🔬 40. 🖪 🖪 ⑩ 🖪 VISA 🕸   **D a**
  🖙 15000 – **57 cam** 63/94000, 🗐 10000.

🏛 **Rex** senza rist, piazza Ricasoli 19 ℰ 955443,
  Fax 955348 – 🗐 🗐 📺 ☎. 🖪 ⑩ 🖪 VISA   **C c**
  🖙 9000 – **19 cam** 64/95000 appartamenti
  135000.

🏛 **Universo**, piazza del Giglio 1 ℰ 43678,
  Telex 501840 – 🗐 🗐 🖪 VISA   **B e**
  Pas vedere rist Del Teatro – 🖙 11000 –
  62 cam 64/95000 – ½ P 81/100000.

🏠 **Ilaria** senza rist, via del Fosso 20 ℰ 47558
  – ☎. 🖪 ⑩ 🖪 VISA   **C b**
  🖙 5000 – **17 cam** 45/72000.

🏠 **Moderno** senza rist, via Vincenzo Civitali
  38 ℰ 55840 – ☎. 🔬 🖪 🖪 VISA 🕸   **B b**
  🖙 6000 – **12 cam** 46/72000.

🟥🟥🟥 ✿ **Buca di Sant'Antonio**, via della Cervia
  1/5 ℰ 55881, Fax 55881 – 🕸 🗐. 🔬 🖪
  ⑩ 🖪 VISA   **B a**
  chiuso domenica sera, lunedì e dal 7 al 29
  luglio – Pas carta 30/46000
  Spec. Minestra di farro e fagioli, Ravioli di ricotta agli
  zucchini, Capretto garfagnino allo spiedo – **Vini** Montecarlo bianco, Rosso delle colline Lucchesi.

🟥🟥 **Antica Locanda dell'Angelo**, via Pescheria 21 ℰ 47711, Fax 47711, 🌲 – 🗐. 🔬
  🖪 ⑩ 🖪 VISA 🕸   **B x**
  chiuso domenica sera, lunedì e dal 1° al 15
  luglio – Pas carta 37/56000 (12%).

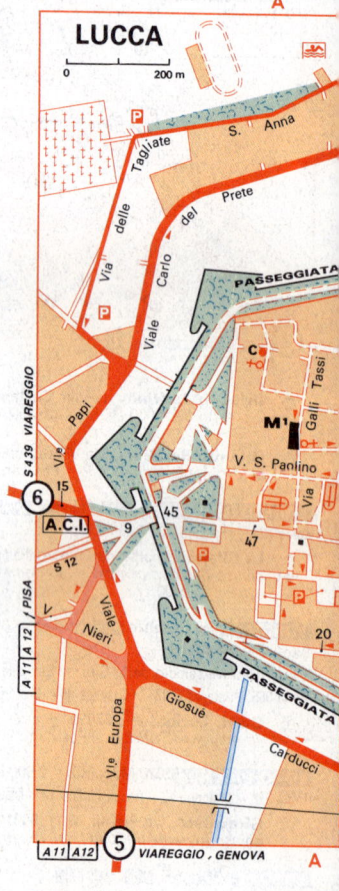

LUCCA

0   200 m

XX **Del Teatro,** piazza Napoleone 25 ✆ 43740 – 🆎 🆂 ⓪ 🅴 💳 B e
chiuso giovedì – Pas carta 38/58000 (15%).

XX **Giglio,** piazza del Giglio ✆ 44058, 🕸 – 🔲 🆎 🆂 ⓪ 🅴 💳 B e
chiuso martedì sera, mercoledì e dal 30 gennaio al 13 febbraio – Pas carta 31/45000.

X **Canuleia,** via Canuleia 14 ✆ 47470, Coperti limitati; prenotare C n
chiuso sabato e domenica – Pas carta 24/35000.

X **Da Giulio-in Pelleria,** via San Tommaso 29 ✆ 55948, prenotare A c
chiuso domenica, lunedì, dal 24 dicembre al 4 gennaio e dal 1° al 20 agosto – **Pas**
carta 24/32000.

sulla strada statale 435 per ② : 5,5 km :

🏨 **Hambros-il Parco** 🌲 senza rist, ✉ 55010 Lunata ✆ 935355, Fax 935396, 🚗 – 📶 📺
🕿 ⴕ 🅿 �)50. 🆎 🆂 ⓪ 🅴 💳
☲ 10000 – **57 cam** 65/100000.

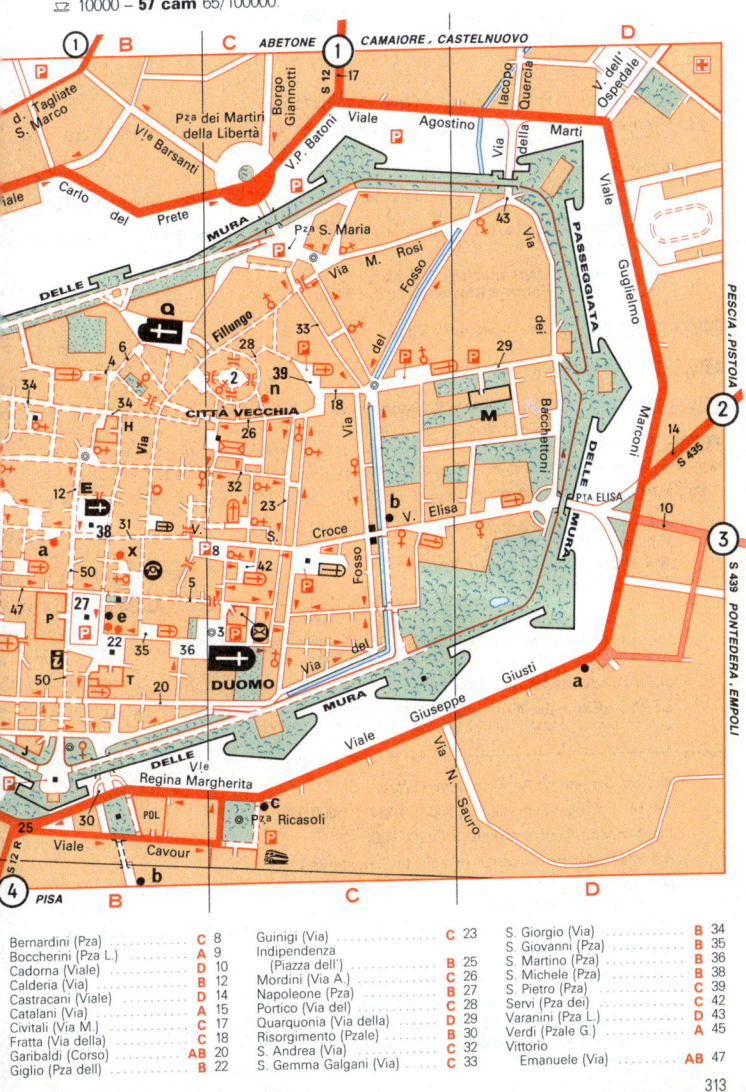

sulla strada statale 12 r per ④ : 4,5 km :

🏨 **Villa la Principessa** 🐾, ⊠ 55050 Massa Pisana ℰ 370037, Telex 590068, Fax 379019
🌳, « Dimora ottocentesca in un bel parco », 🛏 – ☰ 🏢 📺 ☎ 🅿 – 🔥 130. 🖭 🆂 ⑩
E 𝘝𝘐𝘚𝘈, 🍴 rist
chiuso dal 7 gennaio al 18 febbraio – Pas *(chiuso mercoledì)* carta 59/85000 (15%) – ☷
20000 – **36 cam** 250/370000 appartamenti 450/550000 – ½ P 220/280000.

per S 12 A E : 3,5 km :

✕ **Mecenate,** ⊠ 55050 Gattaiola ℰ 512167, 🌳 – 🅿. 🖭 🆂 𝘝𝘐𝘚𝘈
chiuso a mezzogiorno, lunedì e gennaio – Pas carta 29/42000.

a Sant'Alessio per ① : 5 km – ⊠ **55100** Lucca :

✕ **Donati,** località Vigna Ilaria ℰ 332277, 🌳 – 🅿. 🆂 𝘝𝘐𝘚𝘈
chiuso lunedì – Pas carta 36/48000.

a San Macario in Piano per ⑥ : 6 km – ⊠ **55056** Ponte San Pietro :

✕✕ **Solferino,** ℰ 59118, 🌳 – 🅿. 🖭 🆂 ⑩ E 𝘝𝘐𝘚𝘈, 🍴
chiuso mercoledì, giovedì a mezzogiorno, dall'11 al 18 gennaio e dal 9 al 23 agosto – Pas
carta 41/65000 (10%).

a Pieve Santo Stefano per ⑥ : 9 km – ⊠ **55100** Lucca :

✕✕ **Vipore,** ℰ 59245, « Servizio estivo in terrazza con ≼ » – ☰ 🅿. 🖭 🆂 ⑩ E 𝘝𝘐𝘚𝘈
chiuso lunedì e martedì a mezzogiorno – Pas carta 42/58000.

a Balbano per ⑥ : 10 km – ⊠ **55050** Nozzano :

🏠 **Villa Casanova** 🐾, S : 1,5 km ℰ 548429, Fax 548429, ≼ vallata, « Villa settecentesca di
campagna », 🛏, 🌳, 🍴 – ☰ 🅿 – 🔥 80. 🍴 rist
aprile-ottobre – Pas *(solo per clienti alloggiati e chiuso a mezzogiorno)* 26000 – ☷ 8000 –
40 cam 46/72000 – ½ P 67000.

Vedere anche : *Capannori* per ③ : 6 km.
Ponte a Moriano per ① : 9 km.

LUCRINO (Lago) Napoli – Vedere Pozzuoli.

LUGANA Brescia – vedere Sirmione.

LUGANO 427 ㉔, 219 ⑧ ⑧ – Vedere Cantone Ticino alla fine dell'elenco alfabetico.

LUGO Ravenna 988 ⑮, 429 I 17 – 32 725 ab. alt. 15 – ⊠ 48022 Lugo di Ravenna – ✆ 0545.
Roma 385 – ◆Bologna 55 – Faenza 19 – ◆Ferrara 62 – Forlì 31 – ◆Milano 266 – Ravenna 28.

🏨 **San Francisco,** via Amendola 14 ℰ 22324, Fax 32421 – ⇔ 📺 ☎. 🖭 🆂 ⑩ E 𝘝𝘐𝘚𝘈,
🍴
chiuso dall'11 al 25 agosto – Pas vedere rist San Francisco – ☷ 10000 – **30 cam** 80/110000
appartamenti 125/150000.

🏨 **Ala d'Oro,** corso Matteotti 56 ℰ 22388, Fax 30509 – ☰ 🏢 rist 📺 ☎ ⅙ 🅿 – 🔥 40. 🖭
🆂 ⑩ E 𝘝𝘐𝘚𝘈, 🍴 rist
Pas *(chiuso venerdì ed agosto)* carta 26/41000 (12%) – ☷ 8000 – **43 cam** 72/102000 –
½ P 90/95000.

✕✕ **San Francisco,** via Amendola 16 ℰ 25198 – ☰ – 🔥 90. 🖭 ⑩ 𝘝𝘐𝘚𝘈
chiuso domenica ed agosto – Pas carta 28/53000.

sulla strada statale 253 NO : 2 km :

✕✕ **La Meridiana-da Mario,** ⊠ 48022 ℰ 24111, 🌳 – ⇔ 🅿. 🖭 🆂 ⑩ 𝘝𝘐𝘚𝘈
chiuso lunedì e dal 1° al 20 agosto – Pas carta 37/58000 (13%).

Benutzen Sie auf Ihren Reisen in Europa :

die Michelin-Länderkarten (1:400 000 bis 1:1 000 000) ;

die Michelin-Abschnittskarten (1:200 000) ;

die Roten Michelin-Führer (Hotels und Restaurants) :
Benelux, Deutschland, España Portugal, Main Cities **Europe, France,
Great Britain and Ireland**

die Grünen Michelin-Führer (Sehenswürdigkeiten und interessante Reisegebiete) :
Italien, Spanien

die Grünen Regionalführer von **Frankreich**
(Sehenswürdigkeiten und interessante Reisegebiete) :
Paris, Bretagne, Côte d'Azur (Französische Riviera), **Elsaß Vogesen Champagne,
Korsika, Provence, Schlösser an der Loire.**

LUINO 21016 Varese 988 ③, 428 E 8 – 15 361 ab. alt. 202 – ✪ 0332.

🛈 viale Dante Alighieri 6 🖉 530019.

Roma 661 – Bellinzona 40 – ♦Lugano 23 – ♦Milano 84 – Novara 85 – Varese 28.

  🏨 **Camin,** viale Dante 35 🖉 530118, Fax 532776, 🥢, 🦐 – 🗏 📺 ☎ 🅿 – 🔬 30. 🖭 🛇 ⑩ **E**
    Pas *(chiuso martedì)* carta 43/69000 (10%) – **13 cam** �F 176/246000 appartamenti 296000
    – ½ P 161000.

  🏠 **Internazionale** senza rist, viale Amendola 🖉 530193 – 🛗 🕭 🅿
    ⊊ 6000 – **40 cam** 40/52000.

  XX **Internazionale,** piazza Marconi 18 🖉 530037 – 🛇
    chiuso martedì e dal 10 al 31 luglio – Pas carta 31/43000.

  X Due Scale, piazza della Libertà 30 🖉 530396.

  X **Penny,** via Amendola 12 🖉 537003, 🥢, Coperti limitati; prenotare – 🖭
    chiuso giovedì e gennaio – Pas carta 32/53000.

LUMARZO 16024 Genova 428 I 9 – 1 504 ab. alt. 353 – ✪ 0185.

Roma 491 – ♦Genova 24 – ♦Milano 157 – Rapallo 27 – ♦La Spezia 93.

  a Pannesi SO : 4 km – alt. 535 – ⊠ **16024** Lumarzo :

  X Fuoco di Bosco, 🖉 94048, « In un bosco » – 🅿.

LURISIA Cuneo 988 ⑫, 428 J 5 – alt. 660 – ⊠ **12088** Roccaforte Mondovì – Stazione termale
(giugno-settembre), a.s. febbraio, luglio-15 settembre e Natale – Sport invernali : 660/1 810 m
≤1 ≤7 – ✪ 0174.

🛈 via Madame Curie 🖉 683119, Fax 683400.

Roma 630 – Cuneo 21 – ♦Milano 226 – Savona 85 – ♦Torino 94.

  🏨 **Reale,** 🖉 683105, Fax 683430, 🦐 – 🛗 📺 ☎ 🚗 🅿 – 🔬 150. 🖭 🛇 ⑩ **E** 𝚅𝙸𝚂𝙰. 🛠
  ↩ chiuso dal 15 ottobre al 15 dicembre – Pas *(chiuso mercoledì)* 20/25000 – ⊊ 5000 –
    80 cam 55/85000 – ½ P 60/75000.

  🏠 **Topazio,** 🖉 683107, 🔲, 🦐 – 🛗 🅿. 🛇 **E** 𝚅𝙸𝚂𝙰. 🛠 rist
    20 dicembre-20 aprile e 20 maggio-settembre – Pas *(chiuso lunedì)* 25/40000 – ⊊ 4500 –
    45 cam 50/75000 – ½ P 55/70000.

  🏠 **Scoiattolo** 🦌, 🖉 683103, 🦐 – 📺 ☎ 🅿. 🛇 **E** 𝚅𝙸𝚂𝙰. 🛠 rist
  ↩ chiuso ottobre e novembre – Pas (solo per clienti alloggiati e chiuso martedì) carta 19/31000
    – ⊊ 6000 – **23 cam** 45/70000 – ½ P 54/62000.

MACERATA 62100 🅿 988 ⑯, 429 L 13 – 43 527 ab. alt. 311 – a.s. 15 luglio-15 settembre –
✪ 0733.

🛈 piazza Libertà 12 🖉 45807.

A.C.I. via Roma 139 🖉 31141.

Roma 256 – ♦Ancona 51 – Ascoli Piceno 92 – ♦Perugia 127 – ♦Pescara 138.

  🏨 **MotelAgip** 🦌, via Roma 149/B 🖉 34246, Fax 32722, ≤ – 🛗 🗏 📺 ☎ 🅿 – 🔬 25 a
    80. 🖭 🛇 ⑩ **E** 𝚅𝙸𝚂𝙰. 🛠 rist
    Pas 30000 – **51 cam** ⊊ 150000 – ½ P 113/127000.

  XX **Da Secondo,** via Pescheria Vecchia 26 🖉 44912 – 🗏. ⑩ 𝚅𝙸𝚂𝙰. 🛠
    chiuso lunedì e dal 23 agosto al 7 settembre – Pas carta 34/38000 (10%).

  X **Da Silvano,** piaggia della Torre 15 🖉 49916 – 🖭 ⑩. 🛠
    chiuso lunedì e settembre – Pas carta 25/44000.

  allo svincolo della superstrada SE : 7,5 km :

  🏨 Grassetti, ⊠ 62014 Corridonia 🖉 281261 – 🛗 📺 ☎ 🕭 🅿 – 🔬 130
    60 cam.

  Vedere anche : *Montecassiano* NO : 11 km.

MACOMER Nuoro 988 ㉝ – Vedere Sardegna alla fine dell'elenco alfabetico.

  Le guide Vert Michelin **ITALIE** (nouvelle présentation en couleur)

  Paysages, monuments

  Routes touristiques

  Géographie

  Histoire, Art

  Itinéraires de visite

  Plans de villes et de monuments.

MACUGNAGA 28030 Novara 988 ②, 428 E 5 – 670 ab. alt. (frazione Staffa) 1 327 – a.s. 15 luglio-agosto e Natale – Sport invernali : 1 327/2 900 m ⊰2 ⤒10, ⤓ – ✆ 0324.

🅱 frazione Staffa, piazza Municipio ✆ 65119.

Roma 716 – Domodossola 39 – ♦Milano 139 – Novara 108 – Orta San Giulio 65 – ♦Torino 182.

🏨 **Zumstein**, frazione Staffa ✆ 65118, Telex 223306, ≤ Monte Rosa, 🐎 – 🕸 ☎ 🅿. 🅰🅴 🆂 E 𝘝𝘐𝘚𝘈, ⚶ rist
18 dicembre-25 aprile e 15 giugno-20 settembre – Pas *(chiuso giovedì)* 28/35000 – ☲ 10000 – **44 cam** 60/90000 – ½ P 57/73000.

🏠 **Alpi**, frazione Borca ✆ 65135, ≤, 🐎 – ☎ 🅿. ⚶
dicembre-aprile e giugno-settembre – Pas (solo per clienti alloggiati) 26000 – ☲ 7000 – **13 cam** 40/75000 – ½ P 50/65000.

✕ **Chez Felice** con cam, frazione Staffa ✆ 65229, solo su prenotazione, « Locanda caratteristica », 🐎 – ⚶
Pas (menu suggeriti dal proprietario e *chiuso giovedì*) carta 40/50000 – ☲ 10000 – **12 cam** 30/60000 – ½ P 45/50000.

MADDALENA (Arcipelago della) Sassari 988 ㉓㉔ – Vedere Sardegna alla fine dell'elenco alfabetico.

MADERNO Brescia – Vedere Toscolano-Maderno.

MADESIMO 23024 Sondrio 988 ③, 428 C 10 – 676 ab. alt. 1 536 – Sport invernali : 1 536/2 884 m ⊰2 ⤒16, ⤓ – ✆ 0343.

Escursioni Strada del passo dello Spluga★★ : tratto Campodolcino-Pianazzo★★★ Sud e Nord.

🅱 via Carducci 15 ✆ 53015. Fax 53782.

Roma 703 – ♦Bergamo 119 – ♦Milano 142 – Sondrio 80 – Passo dello Spluga 15.

🏨🏨 Cascata et Cristallo, ✆ 53108, Fax 54470, 🛌, ≘s, ◪ – 🕸 📺 ☎ ⇔ 🅿
stagionale – **80 cam**.

🏨 **Emet**, ✆ 53395 – 🕸 ☎ 🅿. 🅰🅴 𝘝𝘐𝘚𝘈. ⚶
dicembre-1° maggio e luglio-agosto – Pas 30/35000 – ☲ 15000 – **39 cam** 80/110000 – ½ P 85/130000.

🏨 **La Meridiana**, ✆ 53160 – 📺 ☎ 🅿. 🅰🅴 🆂 ⓄⒹ E 𝘝𝘐𝘚𝘈. ⚶ rist
chiuso maggio ed ottobre – Pas carta 25/43000 – ☲ 10000 – **25 cam** 49/85000 – ½ P 55/110000.

🏠 **Liro**, ✆ 53057 – 🅿. 🅰🅴 🆂 𝘝𝘐𝘚𝘈. ⚶
dicembre-aprile e luglio-agosto – Pas 21000 – ☲ 7000 – **24 cam** 34/57000 – ½ P 50/65000.

a Pianazzo O : 2 km – ⌧ 23020 :

✕ **Bel Sit** con cam, ✆ 53365 – ⤒⤓ 📺 ☎ ⇔ 🅿. 🅰🅴 🆂 ⓄⒹ E 𝘝𝘐𝘚𝘈. ⚶
Pas (chiuso giovedì) carta 32/46000 – ☲ 8000 – **10 cam** 35/55000 – ½ P 50/70000.

Vedere anche : *Montespluga* N : 11 km.

MADONNA DEI FORNELLI Bologna – Vedere San Benedetto Val di Sambro.

MADONNA DELLA CIVITA Latina – Vedere Itri.

MADONNA DELL'OLMO Cuneo – Vedere Cuneo.

MADONNA DEL MONTE Massa Carrara – Vedere Mulazzo.

MADONNA DI CAMPIGLIO 38084 Trento 988 ④, 428 429 D 14 – alt. 1 522 – a.s. dicembre-Epifania e Febbraio-Pasqua – Sport invernali : 1 522/2 447 m ⊰5 ⤒26, ⤓ – ✆ 0465.
Vedere Località★★.

Escursioni Massiccio di Brenta★★★ Nord per la strada S 239.

🚠 (luglio-15 settembre) a Campo Carlo Magno ✆ 41003, Telex 400882, o ✆ (019) 745074, N : 2,5 km.

🅱 ✆ 42000. Telex 400882, Fax 40404.

Roma 645 – ♦Bolzano 88 – ♦Brescia 118 – Merano 91 – ♦Milano 214 – Trento 74.

🏛 Des Alpes, ✆ 40000, Telex 401365, Fax 40186, ≤, ≘s, ◪ – 🕸 📺 ☎ 🅿 – ⚐ 30 a 400
stagionale – **105 cam**.

🏛 Savoia Palace, ✆ 41004 – 🕸 📺 ☎ 🅿. 🅰🅴 ⓄⒹ. ⚶
4 dicembre-10 aprile – Pas 45/48000 – **57 cam** ☲ 135/240000 appartamenti 360000 – ½ P 165/220000.

🏛 Spinale Club Hotel, ✆ 41116, Fax 42189, ≤, 🛌, ≘s, ◪ – 🕸 📺 ☎ ⇔ – ⚐ 80. 🅰🅴 🆂 ⓄⒹ 𝘝𝘐𝘚𝘈. ⚶
22 dicembre-10 aprile e luglio-10 settembre – Pas carta 42/53000 – ☲ 15000 – **59 cam** 240000 – ½ P 110/210000.

Cristallo, ℰ 41132, ← – 劇 ☎ ⅃ ⇔ Ⓟ – 🏔 120. ⑩ 𝘝𝘐𝘚𝘈. ℀ rist
dicembre-20 aprile e 22 giugno-10 settembre – Pas 38/65000 – **43 cam** ⊑ 120/230000 –
½ P 150/235000.

Miramonti, ℰ 41021, Fax 40410, ←, ⇐ – 劇 📺 ☎ ⇔ Ⓟ. 𝖠𝖤 🅂 ⑩ 🄴 𝘝𝘐𝘚𝘈. ℀
5 dicembre-15 aprile e luglio-5 settembre – Pas 40/45000 – ⊑ 20000 – **31 cam** 200000
appartamenti 180/220000 – ½ P 130/200000.

Grifone, ℰ 42002, Fax 40540, ⇐ – 劇 📺 ☎ ⇔. 𝖠𝖤 🅂 🄴 𝘝𝘐𝘚𝘈. ℀ rist
dicembre-19 aprile e 9 luglio-10 settembre – Pas 35/40000 – ⊑ 15000 – **38 cam** 150/290000
– ½ P 150/200000.

Alpina, ℰ 41075, Fax 41867, ⇐, ☞ – 劇 🍽 rist 📺 ☎ ⅃. 🅂 🄴 𝘝𝘐𝘚𝘈. ℀
dicembre-25 aprile e 15 giugno-20 settembre – Pas 20/28000 – ⊑ 10000 – **27 cam** 133000
– ½ P 65/135000.

Dahu, ℰ 40242, Fax 40496, ← – 劇 📺 ☎ ⇔ Ⓟ. ℀
dicembre-aprile e luglio-20 settembre – Pas (solo per clienti alloggiati) 27/36000 – **36 cam**
⊑ 190000 – ½ P 100/160000.

St. Hubertus, ℰ 41144, ←, ⅃ riscaldata, ☞ – 劇 📺 ☎ Ⓟ. 𝖠𝖤 🅂 ⑩ 🄴 𝘝𝘐𝘚𝘈. ℀ rist
dicembre-Pasqua e luglio-settembre – Pas 35/46000 – **32 cam** ⊑ 106/177000 –
½ P 110/180000.

Bertelli, ℰ 41013, Fax 40564, ←, ⇐ – 劇 🍽 rist 📺 ☜ ⇔ Ⓟ. 𝖠𝖤. ℀
5 dicembre-8 aprile e luglio-10 settembre – Pas 28/40000 – **34 cam** ⊑ 84/133000 –
½ P 110/135000.

Bonapace, ℰ 41019, Fax 40570, ←, ☞, ℀ – 劇 ☎ ⇔ Ⓟ. ℀ rist
dicembre-Pasqua e luglio-agosto – Pas carta 30/51000 – **50 cam** ⊑ 90/162000 –
½ P 100/150000.

La Baita, ℰ 41066 – 劇 ☎ ⇔. 𝖠𝖤 🅂 𝘝𝘐𝘚𝘈. ℀
dicembre-aprile e luglio-settembre – **22 cam** solo ½ P 95/105000.

Arnica senza rist, ℰ 40377 – 劇 ☎. 🅂
chiuso maggio ed ottobre – **22 cam** ⊑ 70/120000.

Palù, ℰ 41280, ←, ☞ – 📺 ☎ Ⓟ. 𝘝𝘐𝘚𝘈. ℀
dicembre-Pasqua e luglio-settembre – Pas (solo per clienti alloggiati) 32000 – ⊑ 10000 –
17 cam 130000 – ½ P 110/125000.

Oberosler, ℰ 41136, Fax 41136, ← – 劇 📺 ☎ ⇔ Ⓟ. 🅂 𝘝𝘐𝘚𝘈. ℀
dicembre-20 aprile e luglio-15 settembre – Pas carta 28/41000 – ⊑ 25000 – **38 cam**
84/133000 – ½ P 123/173000.

Touring ॐ, ℰ 41051, ←, ⇐, ☞ – 劇 ☎ Ⓟ. 𝖠𝖤 🅂 ⑩ 🄴 𝘝𝘐𝘚𝘈. ℀ rist
dicembre-Pasqua e luglio-28 settembre – Pas 30/45000 – **27 cam** ⊑ 84/133000 –
½ P 83/110000.

Artini, ℰ 40122 – 𝖠𝖤 🅂 ⑩ 🄴 𝘝𝘐𝘚𝘈. ℀
dicembre-aprile e luglio-settembre – Pas carta 42/63000.

a Campo Carlo Magno N : 2,5 km – alt. 1682 – ⊠ **38084** Madonna di Campiglio.

Vedere Posizione pittoresca★★ – ❅★★ sul massiccio di Brenta dal colle del Grostè SE per
funivia.

Golf Hotel ॐ, ℰ 41003, Fax 40294, ← monti e pinete, ☞, ⌙ – 劇 📺 ☎ Ⓟ. 𝖠𝖤 🅂
⑩ 🄴 𝘝𝘐𝘚𝘈. ℀ rist
dicembre-marzo e luglio-agosto – Pas 70000 – ⊑ 20000 – **124 cam** 178/290000 appartamenti
406/522000 – ½ P 175/305000.

Carlo Magno-Zeledria Hotel, ℰ 41010, Telex 401158, Fax 40550, ← monti e pinete,
⇐, ⌙, ☞ – 劇 ☎ ⇔ Ⓟ. 🅂 ⑩ 🄴 𝘝𝘐𝘚𝘈. ℀
4 dicembre-aprile e 24 giugno-23 settembre – Pas 35000 – **104 cam** ⊑ 150/180000 –
½ P 60/107000.

all'arrivo della funivia Pradalago NO : 5 mn di funivia – alt. 2 150 :

Pradalago, ⊠ 38084 ℰ 42388, Terrazza solarium – 🅂
dicembre-20 aprile e 15 luglio-15 settembre – Pas carta 24/33000.

MADONNA DI SENALES (UNSERFRAU) Bolzano 𝟤𝟣𝟪 ⑨ – Vedere Senales.

MADONNA DI TIRANO Sondrio 𝟦𝟤𝟪 𝟦𝟤𝟫 D 12, 𝟤𝟣𝟪 ⑯ – Vedere Tirano.

MAGAZZINI Livorno – Vedere Elba (Isola d') : Portoferraio.

MAGENTA 20013 Milano 𝟫𝟪𝟪 ③, 𝟦𝟤𝟪 F 8 – 23 795 ab. alt. 141 – ✿ 02.
Roma 599 – ♦Milano 25 – Novara 21 – Pavia 43 – ♦Torino 114 – Varese 46.

L'Osteria, a Ponte Vecchio SO : 2 km ℰ 97298461, Coperti limitati; prenotare – ⑩ 𝘝𝘐𝘚𝘈.
℀
chiuso domenica sera, lunedì, dal 26 dicembre al 2 gennaio ed agosto – Pas carta 44/84000.

Trattoria alla Fontana, via del Roccolo 5 ℰ 9760826 – 🍽 Ⓟ. 𝖠𝖤 🅂 🄴 𝘝𝘐𝘚𝘈. ℀
chiuso sabato a mezzogiorno, domenica, Natale ed agosto – Pas carta 50/70000.

MAGGIO Como 428 E 10, 219 ⑩ – Vedere Cremeno.

MAGGIORE (Lago) – Vedere Lago Maggiore.

MAGIONE 06063 Perugia 988 ⑮ – 11 583 ab. alt. 299 – ✆ 075.
Roma 193 – Arezzo 58 – Orvieto 87 – ♦Perugia 20 – Siena 90.

   a Monte del Lago O : 5 km – ✉ 06063 Magione :

✕ **Belvedere da Santino** ⏆ con cam, ✆ 8400188, ≼
   18 cam.

MAGLIANO IN TOSCANA 58051 Grosseto 988 ㉕ – 4 142 ab. alt. 130 – ✆ 0564.
Roma 163 – Civitavecchia 118 – Grosseto 28 – Viterbo 106.

✕ **Da Guido,** via dei Faggi 9 ✆ 592447, 🍽 – 🅱 🆎 VISA. ❀
   chiuso novembre e martedì da ottobre al 15 giugno – Pas carta 24/37000.

MAGLIANO SABINA 02046 Rieti 988 ㉖ – 3 739 ab. alt. 222 – ✆ 0744.
Roma 69 – ♦Perugia 113 – Rieti 54 – Terni 44 – Viterbo 48.

   sulla strada statale 3 - via Flaminia NO : 3 km :

✕ **La Pergola** , ✉ 02046 ✆ 91445 – 🅿. 🆎 🅱 ⓞ 🅴 VISA. ❀
   chiuso martedì e luglio – Pas carta 30/40000.

MAGLIASINA e MAGLIASO 219 ⑧ – Vedere Cantone Ticino (Ponte Tresa) alla fine dell'elenco
alfabetico.

MAIANO Firenze 429 D 21 – Vedere Fiesole.

MAIOLATI SPONTINI 60030 Ancona – 5 124 ab. alt. 409 – ✆ 0731.
Roma 251 – ♦Ancona 48 – Gubbio 69 – Macerata 57.

   a Moie NE : 10 km – ✉ 60030 :

✕✕ **Tullio,** ✆ 701068, 🍽 – 🅱 VISA. ❀
➡ *chiuso lunedì e dal 15 al 30 agosto* – Pas carta 19/46000.

MAIORI 84010 Salerno 988 ㉗ – 6 045 ab. – a.s. Pasqua, 15 giugno-15 settembre e Natale –
✆ 089.
Dintorni Capo d'Orso★ SE : 5 km.
🅱 via Capone 19 ✆ 877452.
Roma 267 – Amalfi 5 – ♦Napoli 57 – Salerno 20 – Sorrento 39.

🏨 **Pietra di Luna,** ✆ 877500, Telex 770168, Fax 877483, ≼, 🚗, ☐, 🐾 – 📳 ▤ 📺 ☎
   🚗 🅿 – 🔏 80 a 550. 🆎 🅱 ⓞ 🅴 VISA. ❀
   aprile-ottobre – Pas carta 30/59000 – **96 cam** 50/120000 – ½ P 90/110000.

🏨 **San Pietro,** ✆ 877220, Telex 721156, Fax 877025, ☐, ✕ – 📳 ↨ rist ☎ 🅿. 🆎 🅱 ⓞ
   🅴. ❀
   15 marzo-ottobre – Pas 35000 – ☷ 12000 – **38 cam** 50/90000 – ½ P 65/90000.

🏨 **San Francesco,** ✆ 877070, 🐾, 🍽 – 📳 ↨ cam ☎ 🚗 🅿. ❀ rist
   15 marzo-ottobre – Pas carta 24/35000 – ☷ 6000 – **44 cam** 50/70000 – ½ P 60/70000.

🏨 **Miramare** senza rist, ✆ 877225, Fax 877490 – 📳 📷 🅿. 🆎 🅱 ⓞ 🅴 VISA. ❀
   aprile-ottobre – ☷ 7000 – **46 cam** 50/78000.

🏠 **Torre di Milo,** ✆ 877011 – 📳 ☎ 🚗 🅿. 🅱 ⓞ 🅴 VISA. ❀ rist
➡ *aprile-settembre* – Pas (solo per clienti alloggiati) 15/20000 – ☷ 10000 – **23 cam** 45/65000
   – ½ P 40/70000.

✕✕ **Vela,** lungomare Amendola 10/12 ✆ 852874, 🍽
   chiuso giovedì escluso dal 15 giugno al 15 settembre – Pas carta 34/57000.

✕ **Mammato,** ✆ 877036
   chiuso martedì (escluso da giugno a settembre) e dal 15 novembre al 15 dicembre – Pas
   carta 30/45000.

MAJANO 33030 Udine – 5 914 ab. alt. 166 – ✆ 0432.
Roma 659 – Pordenone 54 – Tarvisio 77 – Udine 21 – ♦Venezia 147.

✕✕ **Dal Asin** con cam, ✆ 959015, 🍽 – 📺 ☎ 🅿. ❀ rist
   Pas *(chiuso giovedì, gennaio e luglio)* carta 24/33000 – ☷ 6000 – **17 cam** 50/75000 –
   ½ P 55/60000.

MALALBERGO 40058 Bologna 988 ⑮, 429 H 16 – 6 349 ab. alt. 12 – ✆ 051.
Roma 403 – ♦Bologna 27 – ♦Ferrara 12 – ♦Ravenna 84.

✕✕ **Rimondi Giuseppe,** ✆ 872012 – ▤ 🅿. 🆎. ❀
   chiuso lunedì sera, martedì e luglio – Pas carta 31/60000.

MALCESINE 37018 Verona 988 ④, 428 429 E 14 – 3 549 ab. alt. 90 – ✪ 045.

Vedere ❄*** dal monte Baldo E : 15 mn di funivia – Castello Scaligero★.

🛈 via Capitanato del Porto 6/8 ℰ 7400044.

Roma 556 – ◆Brescia 92 – Mantova 93 – ◆Milano 179 – Trento 61 – ◆Venezia 179 – ◆Verona 67.

🏨 **Vega,** ℰ 7400151, Fax 7401604, ≤, « Giardino », 🛥 – 🛎 🗔 📺 🕿 🅿. 🆎 ⑤ ⓞ ⋿
  VISA. ❄
  aprile-ottobre – Pas *(chiuso lunedì)* carta 27/42000 – 🖵 15000 – **19 cam** 75/100000 –
  ½ P 60/85000.

🏨 **Alpi** ॐ, ℰ 7400717, Fax 7400529, « Giardino con 🏊 », 🕿 – 🕿 🅿. ⑤ ⋿ VISA. ❄
⚓ chiuso dal 22 gennaio al 5 febbraio e dal 15 novembre al 25 dicembre – Pas *(chiuso lunedì)*
  15/18000 – 🖵 10000 – **40 cam** 55/70000 – ½ P 50/58000.

🏨 **Erika,** ℰ 7400451, 🛱 – ❄. ⋿. ❄
⚓ chiuso novembre – Pas *(chiuso giovedì)* 18/36000 – 🖵 9000 – **14 cam** 70000 – ½ P 45/
  55000.

a Val di Sogno S : 2 km – ✉ **37018** Malcesine :

🏨 **Maximilian** ॐ, ℰ 7400317, ≤, « Giardino-oliveto in riva al lago », 🕿, 🏊, 🛥, 🛋 –
  🛎 rist 🕿 🕭 🚗 🅿. ❄
  Pasqua-23 ottobre – Pas (solo per clienti alloggiati e *chiuso a mezzogiorno)* – 🖵 16000 –
  33 cam 71/110000 – ½ P 82/95000.

🏨 **Olivi** ॐ, ℰ 7400444, Fax 7400602, ≤, « Giardino ombreggiato », 🛋, 🕿, 🏊 riscaldata,
  🛋 – 🕿 🅿 – 🕭 70. 🆎 ⑤ VISA. ❄ rist
  20 marzo-18 ottobre – Pas (solo per clienti alloggiati) 40/50000 – 🖵 20000 – **106 cam**
  80/120000 – ½ P 70/95000.

🏨 **Val di Sogno** ॐ, ℰ 7400108, Fax 7401694, 🛥, 🛱 – 🛎 🗔 rist 🕿 🅿. VISA. ❄ rist
  Pasqua-ottobre – Pas 25/40000 – 🖵 20000 – **39 cam** 80/110000 – ½ P 80/95000.

sulla strada statale 249 :

🏨 **Piccolo Hotel,** N : 3 km ✉ 37018 ℰ 7400264, ≤, 🏊 riscaldata, 🛥 – 🕿 🅿. ❄ rist
  25 marzo-10 ottobre – Pas (solo per clienti alloggiati) 22000 – 🖵 10000 – **21 cam** 45/66000
  – ½ P 42/55000.

✗ **Da Mamma Ida,** S : 3 km ✉ 37018 ℰ 7400216, 🛱 – 🅿. ❄
  Pasqua-ottobre; chiuso mercoledì escluso da giugno ad agosto – Pas carta 25/45000.

MALCONTENTA 30030 Venezia 429 F 18 – alt. 4 – ✪ 041.

Vedere Villa Foscari★.

Roma 523 – ◆Milano 262 – ◆Padova 32 – Treviso 28 – ◆Venezia 15.

🏨 **Gallimberti,** ℰ 698099, Fax 5470163 – ❄ 🗔 📺 🕿 🅿. 🆎 ⑤ ⓞ ⋿ VISA
  Pas vedere rist Da Bepi el Ciosoto – 🖵 7000 – **22 cam** 60/100000 – ½ P 70/75000.

✗ **Da Bepi el Ciosoto** con cam, ℰ 698997, Solo piatti di pesce – ❄ 🅿. 🆎 ⑤ ⓞ ⋿
  VISA
  Pas *(chiuso domenica sera e lunedì a mezzogiorno)* carta 38/59000 – 🖵 7000 – **19 cam**
  35/60000 – ½ P 50/55000.

MALÈ 38027 Trento 988 ④, 428 429 C 14 – 2 017 ab. alt. 738 – a.s. febbraio-Pasqua e Natale –
✪ 0463.

🛈 viale Marconi ℰ 91280, Telex 400810, Fax 91563.

Roma 641 – ◆Bolzano 65 – Passo di Gavia 58 – ◆Milano 236 – Sondrio 106 – Trento 59.

🏨 **Henriette,** ℰ 90110, Fax 90114, ≤ – 🛎 ❄ rist 🗔 🕿 🚗 🅿. 🆎 ⑤ ⓞ VISA. ❄
  20 dicembre-4 aprile e 20 maggio-settembre – Pas carta 24/43000 – **35 cam** 🖵 100000 –
  ½ P 50/70000.

🏨 **Rauzi** ॐ, ℰ 91228, ≤, 🛱 – 🛎 ❄ cam 🕿 🚗 🅿. ❄
  23 dicembre-24 marzo e 25 giugno-10 settembre – Pas 24000 – 🖵 7500 – **38 cam** 44/70000
  – ½ P 65/72000.

✗ **La Segosta,** ℰ 91390, 🍽 – 🅿. VISA. ❄
  chiuso martedì, dal 1° al 18 giugno e dal 21 settembre al 20 ottobre – Pas carta 25/38000.

MALEO 20076 Milano 428 429 G 11 – 3 419 ab. alt. 58 – ✪ 0377.

Roma 527 – Cremona 23 – ◆Milano 60 – ◆Parma 77 – Pavia 51 – Piacenza 19.

✗✗ ⁑ **Sole** con cam, ℰ 58142, Fax 458058, Coperti limitati; prenotare, « Antica locanda con
  servizio estivo all'aperto » – 📺 🅿 – 🕭 28. 🆎 ⑤ ⋿ VISA
  chiuso gennaio ed agosto – Pas *(chiuso domenica sera e lunedì)* carta 50/71000 – **7 cam**
  🖵 170/290000 appartamento 400000 – P 230/270000
  Spec. Gamberoni con fagioli canellini pomodoro e basilico (primavera-estate), Spaghetti con pomodoro olive
  e capperi, Parfait di mandorle (autunno-inverno). Vini Sauvignon, Barbera.

✗✗ **Leon d'Oro,** ℰ 58149, 🍽, Coperti limitati; prenotare – 🗔. 🆎 ⑤ ⓞ ⋿ VISA. ❄
  chiuso mercoledì ed agosto – Pas carta 40/60000.

MALESCO 28030 Novara 428 D 7, 219 ⑥ ⑦ – 1 528 ab. alt. 761 – ✪ 0324.
Roma 718 – Domodossola 20 – Locarno 29 – ◆Milano 142 – Novara 111 – ◆Torino 185.

🏠 **Alpino,** ℘ 95118, ⊥, 📮 – 🏢 ☎ 🅿 🖽 ᴇ. ❌ rist
   15 dicembre-15 gennaio e aprile-settembre – Pas *(chiuso martedì)* carta 21/32000 – ⊡
   6000 – **34 cam** 35/70000 – ½ P 50/55000.

MALGA CIAPELA Belluno – Vedere Rocca Pietore.

MALGRATE 22040 Como 428 E 10, 219 ⑨ ⑩ – 4 196 ab. alt. 224 – ✪ 0341.
Roma 623 – Bellagio 20 – Como 27 – Lecco 2 – ◆Milano 54.

🏰 ❀❀ **Il Griso,** ℘ 283217 (prenderà il 202040), Fax 202248, ≤ lago e monti, « Piccolo parco »,
   👔, ⇌, 🖳, – 🏢 – 🕌 🖻 🆎 📺 ☏ 🅿 ᴇ 𝑉𝐼𝑆𝐴
   chiuso dal 20 dicembre al 6 gennaio – Pas carta 60/110000 – ⊡ 15000 – **41 cam** 125/160000,
   🏢 10000 – ½ P 180000
   Spec. Terrina di primizie con fegato grasso d'anitra (estate), Ravioli di rane con crema di scalogno (primavera),
   Stufato di scampi con fonduta di porri. **Vini** Pinot Cà del Bosco, Barbaresco.

🏠 **Promessi Sposi-da Giovannino,** ℘ 364089, Fax 286673, ≤, 🍽 – 🏢 📺 ☏ 🅿 🖽
   🅱 ⓐ ᴇ 𝑉𝐼𝑆𝐴 ❌ rist
   Pas carta 42/66000 – ⊡ 10000 – **38 cam** 90000 – ½ P 85/90000.

MALLES VENOSTA (MALS) 39024 Bolzano 988 ④, 428 429 B 13 – 4 617 ab. alt. 1 050 – ✪ 0473
– Roma 721 – ◆Bolzano 84 – Bormio 57 – ◆Milano 252 – Passo di Resia 22 – Trento 142.

🏨 **Garberhof,** ℘ 81399, Fax 81950, ≤, 🖳 – 🏢 ☎ 🅿 🆎 🅱 ᴇ 𝑉𝐼𝑆𝐴 ❌ rist
⬅ *chiuso dal 15 novembre al 20 dicembre* – Pas *(chiuso lunedì)* 20/25000 – **29 cam**
   ⊡ 75/120000 – ½ P 56/70000.

   a Burgusio (Burgeis) N : 3 km alt. 1 215 – ⊠ 39024 Malles Venosta :

🏨 **Plavina** ⌂, ℘ 81223, ≤, 🖳, 🍽 – 🏢 ☎ 🅿 𝑉𝐼𝑆𝐴 ❌
⬅ *chiuso dal 1° al 16 maggio e dal 9 novembre al 26 dicembre* – Pas vedere rist Al Moro –
   ⊡ 14000 – **32 cam** 35/50000 – ½ P 48/58000.

❌❌ **Al Moro-Zum Mohren** con cam, ℘ 81222 – 🅿
⬅ *chiuso dal 1° al 16 maggio e dal 9 novembre al 26 dicembre* – Pas *(chiuso martedì)*
   carta 19/20000 – ⊡ 14000 – **9 cam** 17/34000 – ½ P 30/50000.

MALOSCO 38013 Trento 429 C 14, 218 ⑳ – 327 ab. alt. 1 041 – a.s. Pasqua e Natale – ✪ 0463.
Roma 638 – ◆Bolzano 33 – Merano 40 – ◆Milano 295 – Trento 56.

🏨 **Baita Fiorita** ⌂, ℘ 81150, Fax 81150, ≤, ⇌, 🖳, 🍽 – 🏢 🅿 ❌ rist
   giugno-settembre – Pas 25/35000 – **33 cam** solo ½ P 55/75000.

🏠 **Bel Soggiorno,** ℘ 81205, ≤, 🍽 – 🏢 🍴❌ rist
⬅ *15 giugno-15 ottobre* – Pas 14/17000 – **29 cam** ⊡ 35/48000 – ½ P 56/61000.

🏠 **Rosalpina,** ℘ 81186, ≤, « Giardino ombreggiato » – 🅿 ❌
⬅ *20 dicembre-10 gennaio e 15 giugno-15 settembre* – Pas 20000 – ⊡ 8000 – **19 cam**
   48/78000 – ½ P 60000.

MALS = Malles Venosta.

MANACORE Foggia – Vedere Peschici.

MANAROLA 19010 La Spezia 428 429 J 11 – ✪ 0187.
Vedere Passeggiata★★ (15 mn a piedi dalla stazione).
Dintorni Regione delle Cinque Terre★★ NO e SE per ferrovia.
Roma 434 – ◆Genova 119 – ◆Milano 236 – ◆La Spezia 16.

🏠 **Cà d'Andrean** ⌂ senza rist, ℘ 920040, 🍽 – ☎. ❌
   ⊡ 6000 – **10 cam** 50/70000.

❌ **Marina Piccola** con cam, ℘ 920103, ≤, 🍽 – ☎ 🆎 🅱 ⓐ ᴇ 𝑉𝐼𝑆𝐴 ❌ cam
   Pas *(chiuso giovedì e gennaio)* carta 30/69000 (10%) – ⊡ 8000 – **9 cam** 50/70000 –
   ½ P 70/80000.

❌ **Da Billy,** ℘ 920628, ≤, 🍽, Coperti limitati; prenotare – ❌
   aprile-settembre; chiuso giovedì – Pas carta 26/46000 (10%).

MANDRIA Padova – Vedere Padova.

MANDURIA 74024 Taranto 988 ㉚ – 32 737 ab. alt. 79 – a.s. 15 giugno-agosto – ✪ 099.
Roma 571 – ◆Brindisi 41 – Lecce 50 – ◆Taranto 36.

❌ **Al Castello,** piazza Garibaldi ℘ 8795153 – 🅿 🅱 ⓐ ᴇ 𝑉𝐼𝑆𝐴
   chiuso lunedì e dal 1° al 15 luglio – Pas carta 22/39000.

   a San Pietro in Bevagna S : 12 km – ⊠ 74024 Manduria :

🏠 **Santa Plaia** ⌂, ℘ 6798118, 🏖 – 🅿 ❌
⬅ *25 maggio-25 ottobre* – Pas carta 20/45000 – ⊡ 5000 – **30 cam** 49/69000 – ½ P 49/79000.

MANERBA DEL GARDA 25080 Brescia 428 429 F 13 – 2 905 ab. alt. 132 – a.s. Pasqua e luglio-15 settembre – ✪ 0365.

Roma 541 – ♦Brescia 32 – Mantova 80 – ♦Milano 131 – Trento 103 – ♦Verona 56.

XXX **Capriccio,** a Montinelle, piazza San Bernardo 6 ℘ 551124, « Servizio estivo all'aperto con ≤ lago » – ⇔ 🖃 🅿 🖭 🕃 🗉 𝓥𝓘𝓢𝓐
chiuso gennaio, febbraio e martedì in bassa stagione – Pas carta 43/70000.

MANFREDONIA 71043 Foggia 988 ㉘ – 58 920 ab. – a.s. agosto-15 settembre – ✪ 0884.

Vedere Chiesa di Santa Maria di Siponto★ S : 3 km.

Dintorni Portale★ della chiesa di San Leonardo S : 10 km.

Escursioni Isole Tremiti★ (in battello) : ≤★★★ sul litorale.

🖸 corso Manfredi 26 ℘ 21998.

Roma 411 – ♦Bari 119 – ♦Foggia 39 – ♦Pescara 211.

🏨 **Gargano,** viale Beccarini 2 ℘ 27621, Fax 26021, ≤, ⤢, – 🔌 🖃 📺 ☎ ໑ ⇔ 🅿 – 🔬 80. 𝓥𝓘𝓢𝓐 ⇖ rist
Pas *(chiuso martedì)* carta 32/50000 (15%) – ⊇ 7000 – **46 cam** 85000 – ½ P 75/80000.

XX Al Porto-da Michele, piazza della Libertà 3 ℘ 21800 – 🖃.

a Siponto SO : 3 km – ✉ **71040** :

🏨 **Gabbiano,** ℘ 22910, � – 🖃 rist 🕮 🅿 🕃 🗉 𝓥𝓘𝓢𝓐
⇔ Pas *(chiuso lunedì)* carta 18/38000 (10%) – ⊇ 5000 – **20 cam** 75000 – ½ P 50/71000.

MANIAGO 33085 Pordenone 988 ⑤, 429 D 20 – 10 535 ab. alt. 283 – ✪ 0427.

Roma 631 – Belluno 66 – ♦Milano 369 – ♦Trieste 139 – ♦Venezia 119.

🏨 Montenegro senza rist, ℘ 730935 – 📺 ☎ 🅿
14 cam.

MANSUÈ 31040 Treviso 429 E 19 – 3 896 ab. alt. 17 – ✪ 0422.

Roma 574 – Pordenone 22 – Treviso 32 – Udine 71.

XX **Da Paolo,** ℘ 741189 – 🖃 🅿 🖭 🕃 ⇖
chiuso martedì sera e mercoledì – Pas carta 24/38000.

MANTOVA 46100 🅿 988 ⑭, 428 429 G 14 – 54 808 ab. alt. 19 – ✪ 0376.

Vedere Palazzo Ducale★★★ – Piazza Sordello★ – Piazza delle Erbe★ : Rotonda di San Lorenzo★ BZ B – Basilica di Sant'Andrea★ BY – Palazzo Te★ AZ .

🖸 piazza Andrea Mantegna 6 ℘ 350681 – 🅰.🄲.🄸 piazza 80° Fanteria 13 ℘ 325691.

Roma 469 ③ – ♦Brescia 66 ① – ♦Ferrara 89 ② – ♦Milano 158 ① – ♦Modena 67 ③ – ♦Parma 62 ④ – Piacenza 199 ④ – Reggio nell'Emilia 72 ③ – ♦Verona 39 ①.

Pianta pagina seguente

🏨 **San Lorenzo** senza rist, piazza Concordia 14 ℘ 220500, Fax 327194 – 🔌 🖃 📺 ☎ ⇔. 🖭 🕃 ⓞ 🗉 𝓥𝓘𝓢𝓐. ⇖   BZ **e**
⊇ 16000 – **41 cam** 150/210000 appartamenti 210/270000.

🏨 **Rechigi** senza rist, via Calvi 30 ℘ 320781, Fax 220291 – 🔌 🖃 📺 ☎ ⇔ – 🔬 25 a 50.   BZ **c**
⊇ 15000 – **50 cam** 105/140000.

🏨 **Mantegna** senza rist, via Fabio Filzi 10/b ℘ 350315 – 🔌 🖃 📺 ☎ 🅿 – 🔬 25 a 50. 🖭   AZ **b**
🕃 ⓞ 🗉 𝓥𝓘𝓢𝓐
chiuso dal 24 dicembre al 5 gennaio – ⊇ 12000 – **37 cam** 63/95000.

🏨 **Apollo** senza rist, piazza Don Leoni 17 ℘ 350522, Fax 221120 – 🔌 🖃 📺 ☎ ⇔. 🖭 🕃   AZ **v**
ⓞ 🗉 𝓥𝓘𝓢𝓐
⊇ 9500 – **35 cam** 63/95000, 🛏 2500.

🏨 **Dante** senza rist, via Corrado 54 ℘ 326425, Fax 221141 – 🔌 📺 ☎ ⇔. 🖭 🕃 ⓞ 🗉   AZ **r**
𝓥𝓘𝓢𝓐
⊇ 9000 – **40 cam** 63/95000.

🏨 **Broletto** senza rist, via Accademia 1 ℘ 326784, Fax 221297 – 🔌 🖃 ☎. 🖭 🕃 ⓞ 🗉 𝓥𝓘𝓢𝓐.   BZ **x**
⇖
chiuso dal 23 dicembre al 3 gennaio – ⊇ 11000 – **16 cam** 63/95000.

XXX **San Gervasio,** via San Gervasio 13 ℘ 350504, 🌤, prenotare – 🖭 🕃 ⓞ 🗉 𝓥𝓘𝓢𝓐
chiuso mercoledì e dal 12 al 31 agosto – Pas carta 45/66000.   AY **a**

XXX ❀ **Aquila Nigra,** vicolo Bonacolsi 4 ℘ 350651 – 🖃. 🖭 🕃 ⓞ 🗉 𝓥𝓘𝓢𝓐. ⇖   BY **b**
chiuso domenica e lunedì – Pas carta 37/55000
Spec. Medaglioni di anguilla all'aceto balsamico, Tortelli di zucca, Luccio in salsa di capperi e peperoni. Vini Custoza dei Colli, Lambrusco.

XXX ❀ **Il Cigno,** piazza D'Arco 1 ℘ 327101, Fax 328528, prenotare – 🖃. 🖭 🕃 ⓞ 🗉 𝓥𝓘𝓢𝓐   AY **u**
chiuso lunedì, martedì e dal 7 al 20 agosto – Pas carta 58/78000
Spec. Petto di cappone in agrodolce, Agnolini di carne al burro fuso e salvia, Luccio alle verdure. Vini Pinot bianco, Franciacorta rosso.

321

MANTOVA

XX **Rigoletto,** strada Cipata 10 ℰ 371167, Fax 371167, « Servizio estivo in giardino » – ℗ –
 🅰 60 a 120. AE. ❄ per ②
 chiuso lunedì, dal 1° al 20 gennaio e dal 16 al 31 agosto – Pas carta 34/51000.

XX **Campana,** via Santa Maria Nuova (Cittadella) ℰ 325679, Cucina tipica mantovana – ▥
 ℗ 🅱 E 𝘝𝘐𝘚𝘈. ❄ per ①
 chiuso venerdì, domenica sera ed agosto – Pas carta 28/45000.

XX **Ritz,** viale Piave 2 ℰ 326474, 🍴, Rist. e pizzeria – AE 🅱 ⓞ. ❄ per ④
 chiuso lunedì – Pas carta 30/55000.

XX **Romani,** piazza delle Erbe 13 ℰ 323627, 🍴 – AE 🅱 ⓞ E 𝘝𝘐𝘚𝘈 BZ z
 chiuso mercoledì sera, giovedì e luglio – Pas carta 27/38000.

X **Cento Rampini,** piazza delle Erbe 11 ℰ 366349, 🍴 – AE. BZ z
 chiuso domenica sera, lunedì e dal 1° al 15 agosto – Pas carta 29/40000.

X **Croce Bianca,** via Franchetti 9 ℰ 323414 – 🅱 ⓞ E 𝘝𝘐𝘚𝘈. ❄ BZ y
 chiuso mercoledì – Pas carta 25/42000.

X **Chalet Te,** piazzale Vittorio Veneto 6 ℰ 320268 – 🅱 ⓞ E 𝘝𝘐𝘚𝘈. ❄
 chiuso lunedì sera, martedì e agosto – Pas carta 26/38000. per via Acerbi

X Due Cavallini, via Salnitro 5 ℰ 322084, Tipica trattoria mantovana per ③

a Cerese di Virgilio per ③ : 4 km – ⌧ **46030** Virgilio :

🏨 **Cristallo**, 🖉 448391, Telex 302060, Fax 440748, 🍸, 🛋, 🗡, 🗲 – 🛏 🔲 📺 ☎ 🚗 🅿 –
🔼 60 a 150. ⒶⒺ 🅱 ⓄⒺ 𝑉𝐼𝑆𝐴. 🛋
Pas *(chiuso martedì e dal 15 al 30 luglio)* carta 33/49000 – ⟳ 7000 – **44 cam** 63/95000 –
½ P 60/65000.

MANZANO 33044 Udine ⁴²⁹ E 22 – 7 368 ab. alt. 72 – ✆ 0432.
Roma 646 – Gorizia 21 – ♦Trieste 52 – Udine 16.

🍴🍴 **Il Borgo** 🍃, con cam, a Soleschiano S : 2 km 🖉 754119, prenotare, « Servizio estivo
all'aperto », 🍃 – 🅿. ⒶⒺ 🅱 Ⓔ 𝑉𝐼𝑆𝐴. 🛋
chiuso agosto – Pas *(chiuso martedì)* carta 45/60000 – **10 cam** ⟳ 65000 – ½ P 60000.

MARANELLO 41053 Modena ⁹⁸⁸ ⑭, ⁴²⁸ ⁴²⁹ I 14 – 14 250 ab. alt. 137 – ✆ 0536.
Roma 411 – ♦Bologna 49 – ♦Firenze 137 – ♦Milano 179 – ♦Modena 16 – Reggio nell'Emilia 30.

🏨 **Europa** senza rist, via Mediterraneo 13 🖉 940440, Fax 941612 – 🛏 🔲 🖼 🚗. ⒶⒺ 🅱
Ⓞ Ⓔ 𝑉𝐼𝑆𝐴. 🛋
chiuso dal 9 al 25 agosto – ⟳ 7000 – **28 cam** 55/78000, 🔲 3000.

🍴🍴 **Cavallino**, di fronte alle Officine Ferrari 🖉 941160, Fax 942324, 🛋 – 🅿. ⒶⒺ 🅱 ⓄⒺ
𝑉𝐼𝑆𝐴. 🛋
chiuso domenica ed agosto – Pas carta 33/45000.

🍴🍴 **William**, via Flavio Gioia 1 🖉 941027 – 🔲. ⒶⒺ 🅱 ⓄⒺ 𝑉𝐼𝑆𝐴. 🛋
chiuso lunedì e dal 1° al 15 settembre – Pas carta 30/59000.

MARANO LAGUNARE 33050 Udine ⁹⁸⁸ ⑥, ⁴²⁹ E 21 – 2 203 ab. – a.s. luglio e agosto – ✆ 0431.
Roma 626 – Gorizia 51 – Latisana 21 – ♦Milano 365 – ♦Trieste 71 – Udine 40.

🍴 **Alla Laguna-Vedova Raddi**, 🖉 67019, Solo piatti di pesce – 🛋
chiuso mercoledì e dal 25 settembre al 25 ottobre – Pas carta 33/57000.

MARATEA 85046 Potenza ⁹⁸⁸ ㉘ – 5 380 ab. alt. 311 – ✆ 0973.
Vedere Località★★ – 🌂★★ dalla basilica di San Biagio.
🅱 piazza del Gesù 40 ⌧ 85040 Fiumicello di Santa Venere 🖉 876908 .
Roma 423 – Castrovillari 88 – ♦Napoli 217 – Potenza 137 – ♦Reggio di Calabria 340 – Salerno 166 – ♦Taranto 231.

🏨 **Gd H. Pianeta Maratea** 🍃, località Santa Caterina SO : 3,5 km ⌧ 85046 🖉 876996,
Telex 812478, Fax 876385, ≼ costiera, 🍸 riscaldata, 🏖, 🗡 – 🛏 🔲 📺 ☎ 🅿 – 🔼 100
a 400. ⒶⒺ 🅱 ⓄⒺ 𝑉𝐼𝑆𝐴. 🛋
Pas 40/50000 – **165 cam** ⟳ 200/300000 appartamenti 100/250000 – ½ P 120/190000.

a Fiumicello di Santa Venere O : 5 km – ⌧ **85040** :

🏨 **Santavenere** 🍃, 🖉 876910, Telex 812387, Fax 876985, ≼ mare e costa, 🛋, « Parco e
scogliera », 🍸, 🏖, 🗡 – 🌂 🛏 🅿. ⒶⒺ 🅱 ⓄⒺ 𝑉𝐼𝑆𝐴. 🛋
14 aprile-14 ottobre – Pas 111000 – **44 cam** ⟳ 252/451000 – ½ P 327000.

🏠 **Murmann**, 🖉 876931, 🍸, 🛋 – 🖼 🚗 🅿. 🅱 Ⓔ 𝑉𝐼𝑆𝐴. 🛋
chiuso dal 5 novembre al 5 gennaio – Pas *(chiuso lunedì)* 28/35000 – ⟳ 10000 – **18 cam**
75000 – ½ P 75/85000.

🍴🍴 **Zà Mariuccia**, al Porto 🖉 876163, ≼ – ⒶⒺ 🅱 ⓄⒺ 𝑉𝐼𝑆𝐴. 🛋
chiuso gennaio, febbraio e dicembre – Pas carta 33/63000 (15%).

🍴 **Villa Flora**, rione Fontana Vecchia ⌧ 85046 🖉 876101 – 🅿. 🅱. 🛋
15 giugno-15 settembre – Pas carta 25/50000.

ad Acquafredda NO : 10 km – ⌧ **85041** :

🏨 **Villa del Mare**, strada statale S : 1,5 km 🖉 878007, Telex 812390, Fax 878102, ≼ mare,
« Terrazze fiorite con ascensore per la spiaggia », 🍸, 🏖 – 🛏 🌂 rist 🔲 ☎ 🅿 – 🔼 200.
🅱 Ⓔ 𝑉𝐼𝑆𝐴
aprile-15 ottobre – Pas carta 38/55000 – **75 cam** ⟳ 95/150000 – ½ P 90/160000.

🏨 **Villa Cheta Elite** 🍃, strada statale S : 1,5 km 🖉 878134, « Terrazze fiorite e servizio
rist. estivo in giardino » – 🖼 🅿 ⒶⒺ 🅱 ⓄⒺ 𝑉𝐼𝑆𝐴. 🛋
aprile-settembre – Pas carta 30/46000 – ⟳ 14000 – **20 cam** 80000 – ½ P 75/110000.

🏨 **Gabbiano** 🍃, al mare 🖉 878011, Fax 878076, ≼, 🛋, 🏖 – 🔲 rist ☎ 🅿. 🅱 Ⓔ 𝑉𝐼𝑆𝐴.
🛋 rist
aprile-settembre – Pas 30/40000 – ⟳ 15000 – **31 cam** 90000 – ½ P 90/120000.

MARAZZINO Sassari – Vedere Sardegna (Santa Teresa Gallura) alla fine dell'elenco alfabetico.

MARCELLI Ancona – Vedere Numana.

MARCELLISE Verona – Vedere San Martino Buon Albergo.

MARCIANA e MARCIANA MARINA Livorno ⁹⁸⁸ ㉔ – Vedere Elba (Isola d').

MAREBELLO Forlì – Vedere Rimini.

MARESCA 51026 Pistoia 429 J 14 – alt. 797 – a.s. luglio e agosto – 🕿 0573.
🖪 via Gavinana 🖉 64040.
Roma 334 – ◆Bologna 84 – ◆Firenze 60 – Lucca 56 – ◆Milano 285 – Pistoia 24.

🏠 **Miramonti** 🔊, 🖉 529021, ≤, « Parco fiorito » – 🅿 🛲
luglio-agosto – Pas (solo per clienti alloggiati) 26/30000 – 🖙 7500 – **37 cam** 45/60000 –
P 60/65000.

MARGHERA Venezia – Vedere Mestre.

MARGNO 22050 Como 428 D 10, 219 ⑩ – 361 ab. alt. 730 – Sport invernali : a Pian delle
Betulle : 1 503/1 800 m ⋜1 ⋜4, ⋨ – 🕿 0341.
Roma 650 – Como 59 – Lecco 30 – ◆Milano 86 – Sondrio 66.

a Pian delle Betulle E : 5 mn di funivia – alt. 1 503 :

🏠 **Baitock** 🔊, ✉ 22050 🖉 840106, ≤ monti e pinete, 🐎 – 🖙
Pas (solo per clienti alloggiati e *chiuso lunedì*) carta 29/45000 – 🖙 6500 – **16 cam** 55000 –
P 48/60000.

MARIANO COMENSE 22066 Como 428 E 9, 219 ⑲ – 18 864 ab. alt. 250 – 🕿 031.
Roma 619 – ◆Bergamo 34 – Como 16 – Lecco 32 – ◆Milano 29.

XXX **San Maurizio,** via Matteotti 77 🖉 745574, 🏵 – 🅿
chiuso mercoledì ed agosto – Pas carta 42/58000.

MARILLEVA Trento 428 429 D 14, 218 ⑱ ⑲ – Vedere Mezzana.

MARINA DEL CANTONE Napoli – Vedere Massa Lubrense.

MARINA DI ANDORA Savona – Vedere Andora.

MARINA DI BELVEDERE MARITTIMO 87020 Cosenza – 🕿 0985.
Roma 452 – Castrovillari 88 – Catanzaro 131 – ◆Cosenza 71 – Paola 37 – Sapri 68.

🏨 **La Castellana,** 🖉 82025, 🏊, 🝣, 🐎, 🛠 – 🛏 🔲 📺 🕿 🅿 🎫 🅱 ⑩ 🗲 VISA
Pas 24000 – 🖙 6000 – **40 cam** 100000 – ½ P 49/105000.

MARINA DI CAMEROTA 84059 Salerno 988 ㊳ – a.s. luglio e agosto – 🕿 0974.
Roma 385 – ◆Napoli 179 – Salerno 128 – Sapri 36.

🏠 **Delfino** 🖉 932239 – 🅿 🅱 ⑩ 🗲 VISA 🛲 rist
Pas (solo per clienti alloggiati e *chiuso da ottobre a marzo*) 20/32000 – 🖙 5000 – **18 cam**
28/40000 – ½ P 40/55000.

🏠 **Bolivar,** 🖉 932059, 🏵 – 🛏 🖙 🅱 VISA 🛲
chiuso dall'8 dicembre all'8 gennaio – Pas *(chiuso da ottobre a maggio)* 15/20000 – 🖙
5000 – **21 cam** 25/40000 – P 55/62000.

X **Valentone,** 🖉 932004, 🏵 – 🅿
chiuso domenica da ottobre a Pasqua – **Pas** carta 29/39000.

X **Da Pepè,** 🖉 932461, 🏵 – 🅿 🎫 🗲 VISA
Pasqua-settembre – Pas carta 31/51000.

MARINA DI CAMPO Livorno 988 ㉔ – Vedere Elba (Isola d').

MARINA DI CARRARA Massa-Carrara 988 ⑭, 428 429 J 12 – Vedere Carrara (Marina di).

MARINA DI CASTAGNETO Livorno 988 ⑭ – Vedere Castagneto Carducci.

MARINA DI CECINA Livorno – Vedere Cecina (Marina di).

MARINA DI GIOIOSA JONICA 89046 Reggio di Calabria 988 ㊴ – 6 277 ab. – 🕿 0964.
Roma 693 – Catanzaro 89 – ◆Reggio di Calabria 107 – Roccella Jonica 7.

🏨 **Miramare,** 🖉 55342, Fax 55343, ≤, 🝣 – 🛏 📺 🕿 🅿
Pas vedere rist Miramare – **37 cam**.

X **Miramare,** 🖉 55342, ≤.

MARINA DI GROSSETO Grosseto 988 ㉔ – Vedere Grosseto (Marina di).

MARINA DI LEUCA 73030 Lecce 988 ㉟ ㊵ – ✆ 0833.
Roma 676 – ◆Bari 219 – ◆Brindisi 107 – Gallipoli 48 – Lecce 68 – ◆Taranto 141.

- **L'Approdo,** ✆ 753016, Fax 753456, ≤, ⌿, ▲ⓢ – 🔲 ☎ ⓟ. 🆎 ⓢ ⓞ ⋿ 𝑉𝐼𝑆𝐴. ✻ rist
  Pas carta 31/51000 – **50 cam** ⟺ 90/160000 – ½ P 60/140000.
- **Terminal,** ✆ 753242, ≤, ⌿, ▲ⓢ – 🔺 🔲 ☎ ⓟ – ⚿ 300. ✻ rist
  Pas 25000 – ⟺ 12000 – **60 cam** 48/78000 – ½ P 60/90000.

MARINA DI MASSA Massa-Carrara 988 ⑭, 428 429 J 12 – Vedere Massa (Marina di).

MARINA DI MODICA Ragusa – Vedere Sicilia alla fine dell'elenco alfabetico.

MARINA DI MONTEMARCIANO 60016 Ancona 429 L 22 – a.s. luglio e agosto – ✆ 071.
Roma 282 – ◆Ancona 14 – ◆Ravenna 134.

- **Delle Rose,** ✆ 9198668, ≤, ⌖, ⇗, ✻ – ⓟ – ⚿ 40 ✻
  chiuso lunedì – Pas carta 30/52000.

MARINA DI PATTI Messina – Vedere Sicilia alla fine dell'elenco alfabetico.

MARINA DI PIETRASANTA Lucca 988 ⑭, 428 429 K 12 – Vedere Pietrasanta (Marina di).

MARINA DI PISA Pisa 988 ⑭, 428 429 K 12 – Vedere Pisa (Marina di).

MARINA DI PULSANO Taranto – Vedere Pulsano.

MARINA DI RAGUSA Ragusa 988 ㊱ ㊲ – Vedere Sicilia (Ragusa, Marina di) alla fine dell'elenco alfabetico.

MARINA DI RAVENNA Ravenna 988 ⑮ – Vedere Ravenna (Marina di).

MARINA DI SAN VITO 66035 Chieti – a.s. 15 giugno-agosto – ✆ 0872.
Roma 234 – Chieti 43 – ◆Foggia 154 – Isernia 127 – ◆Pescara 28.

- **Miramare,** ✆ 61072, ≤ – 🔺 ☎. 🆎 ⓢ ⓞ ⋿ 𝑉𝐼𝑆𝐴. ✻ rist
  Pas (chiuso domenica sera) 15/20000 – ⟺ 3000 – **36 cam** 65000 – ½ P 30/50000.

MARINA DI VASTO Chieti – Vedere Vasto (Marina di).

MARINA EQUA Napoli – Vedere Vico Equense.

MARINA GRANDE Napoli – Vedere Capri (Isola di).

MARINA PICCOLA Napoli – Vedere Capri (Isola di).

MARINA ROMEA Ravenna – Vedere Ravenna (Marina di).

MARINELLA Trapani 988 ㊱ – Vedere Sicilia (Selinunte) alla fine dell'elenco alfabetico.

MARINO 00047 Roma 988 ㉖ – 33 704 ab. alt. 355 – ✆ 06.
Roma 22 – Frosinone 73 – Latina 44.

- **Helio Cabala** ⌂, via Spinabella 13/15 (O : 3 km) ✆ 9381391, Telex 613209, Fax 9381125,
  ≤, « Terrazza ombreggiata con ⌿ » – 🔺 🔲 cam 📺 ☎ ⓟ – ⚿ 25 a 400. 🆎 ⓢ ⓞ ⋿
  𝑉𝐼𝑆𝐴 ✻ rist
  Pas carta 45/95000 – **52 cam** ⟺ 194/266000 – P 242000.
- **Al Vigneto,** via dei Laghi al km 4,5 ✆ 9387034, « Servizio estivo in giardino » – ⓟ. 🆎
  ⓢ ⓞ ⋿ 𝑉𝐼𝑆𝐴
  chiuso martedì – Pas carta 30/43000.

MARLENGO (MARLING) 39020 Bolzano 429 C 15, 218 ⑲ ⑳ – 2 025 ab. alt. 363 – ✆ 0473.
Roma 668 – ◆Bolzano 31 – Merano 3 – ◆Milano 329.

Pianta : vedere Merano

- **Oberwirt,** ✆ 47111, Fax 47130, « Servizio rist. estivo all'aperto », ≘, ⌿ riscaldata, 🔲,
  ⌗ – 📺 ☎ ⓟ. 🆎 ⓢ ⋿ 𝑉𝐼𝑆𝐴   **A** **n**
  15 marzo-10 novembre – Pas carta 31/50000 – **45 cam** ⟺ 75/140000 appartamenti
  180/220000 – ½ P 90/110000.
- **Marlena,** ✆ 47166, Fax 47441, ≤, ┠♨, ≘, ⌿ riscaldata, 🔲, ⌗, ✻ – 🔺 ☎ ⇔ ⓟ –
  ⚿ 45. ⓢ ⓞ ⋿ 𝑉𝐼𝑆𝐴. ✻ rist   **A** **k**
  marzo-novembre – Pas (solo per clienti alloggiati) 26/35000 – **42 cam** ⟺ 184000 –
  ½ P 89/109000.

🏨 **Sport Hotel Nörder,** ℰ 47000, Fax 47370, ≼, 🚗, 🚐, ⏣ riscaldata, 🔲, 🚗, ✁ – 🎿
📺 🔲 ☎ 🚗 🅿 | A e
18 marzo-6 novembre – Pas *(chiuso martedì)* carta 35/55000 – **37 cam** ⌷ 85/150000
appartamenti 140/190000 – ½ P 75/110000.

🏨 **Jagdhof,** ℰ 47177, Fax 45404, 🚐, ⏣, 🔲, 🚗, ✁ – 🎿 📺 ☎ 🅿. ✿ rist | A e
15 marzo-5 novembre – Pas (solo per clienti alloggiati) – **26 cam** solo ½ P 73/80000
appartamenti 150/170000.

🏨 **Paradies,** ℰ 45202, 🔲, 🚗 – 🎿 ⛌ cam 📺 ☎ 🚗 🅿 | A v
chiuso dal 12 gennaio al 12 febbraio – Pas carta 25/33000 – ⌷ 10000 – **22 cam** 45/80000
– ½ P 55/80000.

MARLING = Marlengo.

MARMOLADA (Massiccio della) ★★★ Belluno e Trento 988 ⑤ – Vedere Guida Verde.

MAROCCO Treviso – Vedere Mogliano Veneto.

MARONTI Napoli – Vedere Ischia (Isola d') : Barano.

MARORE Parma – Vedere Parma.

MAROSTICA 36063 Vicenza 988 ⑤, 429 E 16 – 12 582 ab. alt. 105 – ✆ 0424.
Vedere Piazza Castello★.
Roma 550 – Belluno 87 – ♦Milano 243 – ♦Padova 49 – Treviso 54 – ♦Venezia 82 – Vicenza 28.

🏨 **Europa,** via Pizzimano 19 ℰ 77842, Fax 77047 – 📟 📺 ☎ 🅿. 🖭 ⑧ ⓞ Ε 𝘝𝘐𝘚𝘈. ✿ cam
Pas carta 29/40000 – ⌷ 10000 – **30 cam** 80/100000 – ½ P 60/80000.

a Valle San Floriano N : 3 km – alt. 127 – ✉ 36060 :

✕✕ **Dalla Rosina** 🔾 con cam, N : 2 km ℰ 470360 – 📺 ☎ 🅿 – 🛦 120. 🖭 𝘝𝘐𝘚𝘈. ✿
chiuso dal 1° al 22 agosto – **Pas** *(chiuso lunedì sera e martedì)* carta 28/37000 – ⌷ 8000
– **15 cam** 60/90000.

a San Luca NO : 8 km – alt. 495 – ✉ 36060 Crosara :

✕ **San Luca** 🔾 con cam, ℰ 702034, ≼ vallata e monti – 🅿. ✿
2 aprile-ottobre – Pas carta 25/35000 – ⌷ 6000 – **7 cam** 50000.

MAROTTA 61035 Pesaro e Urbino 988 ⑯, 429 K 21 – a.s. 15 giugno-agosto – ✆ 0721.
🛈 (15 maggio-settembre) viale Cristoforo Colombo 31 ℰ 96591.
Roma 305 – ♦Ancona 38 – ♦Perugia 125 – Pesaro 25 – Urbino 61.

🏨 **Imperial,** lungomare Faà di Bruno 119 ℰ 969445, Fax 96617, ≼, 🚣, 🚗 – 🎿 📟 rist ☎
➼ 🅿. ✿
20 maggio-settembre – Pas 20/25000 – **36 cam** ⌷ 42/62000 – P 45/67000.

🏨 **Levante,** lungomare Colombo 107 ℰ 96647, ≼, 🚣 – 🎿 📼 🅿. ⓞ. ✿ rist
➼ *maggio-25 settembre* – Pas 20/32000 – ⌷ 8000 – **36 cam** 65000 – ½ P 50/62000.

🏨 **Caravel,** lungomare Faà di Bruno 135 ℰ 96670, ≼ – 🎿 ⛌ cam 📼 🅿. ✿ rist
➼ *15 maggio-settembre* – Pas 17/19000 – ⌷ 6000 – **32 cam** 38/64000 – ½ P 33/55000.

✕ **La Paglia,** via Tre Pini 40 (O : 2 km) ℰ 967632, 🚗, Solo piatti di pesce, « Grazioso
giardino », ✁ – 🅿. ⓞ 𝘝𝘐𝘚𝘈
Pasqua-15 settembre; chiuso lunedì (escluso luglio-agosto) – **Pas** carta 29/41000.

MARRADI 50034 Firenze 988 ⑮ – 3 941 ab. alt. 328 – ✆ 055.
Roma 332 – ♦Bologna 85 – Faenza 36 – ♦Firenze 67 – ♦Milano 301 – ♦Ravenna 67.

✕ **Il Camino,** viale Baccarini 38 ℰ 8045069 – 𝘝𝘐𝘚𝘈. ✿
➼ *chiuso mercoledì e dal 20 agosto al 5 settembre* – Pas carta 20/40000.

MARRARA Ferrara – Vedere Ferrara.

MARSALA Trapani 988 ㉟ – Vedere Sicilia alla fine dell'elenco alfabetico.

MARSICO NUOVO 85052 Potenza – 5 727 ab. alt. 780 – ✆ 0975.
Roma 371 – ♦Napoli 165 – Potenza 60 – ♦Taranto 176.

🏨 **Il Castello** 🔾, località Occhio N : 2 km ℰ 842182, ≼ monti e vallata – ☎ 🅿. 🖭 ⑧
𝘝𝘐𝘚𝘈. ✿ rist
Pas *(chiuso mercoledì escluso luglio-agosto e da dicembre a febbraio)* carta 21/30000 –
⌷ 3000 – **9 cam** 37/68000 – ½ P 45/55000.

MARTINA FRANCA 74015 Taranto 988 ㉘ – 45 307 ab. alt. 431 – 🕾 080.

Vedere Via Cavour★.

Dintorni Regione dei Trulli★★★ N-NE.

🖪 piazza Roma 37 𝒫 705702.

Roma 524 – Alberobello 15 – ♦Bari 74 – ♦Brindisi 59 – Matera 83 – Potenza 182 – ♦Taranto 32.

🏨 **Dell'Erba,** viale dei Cedri 1 𝒫 901055, Telex 810014, Fax 901658, ⤢, ▨, 🐙 – 🛗 🗏 rist
📺 ☎ ⚙ 🅿 – 🔏 60 a 500. ⬜ 🕃 ⓞ ⴹ 𝘝𝘐𝘚𝘈. 🎇
Pas carta 32/54000 – **49 cam** ⊇ 100/116000 – ½ P 83000.

🏨 **Park Hotel San Michele,** viale Carella 9 𝒫 8807053, Fax 705918, 🍽, ⤢, 🐙 – 🛗 🗏
📺 ☎ ⚙ – 🔏 300. ⬜ 🕃 ⓞ ⴹ 𝘝𝘐𝘚𝘈. 🎇
Pas *(chiuso venerdì)* carta 37/59000 – **78 cam** ⊇ 75/110000, ▤ 10000 – ½ P 105000.

✗ **Trattoria delle Ruote,** via Ceglie E : 4,5 km 𝒫 705429, Coperti limitati; prenotare,
« Servizio estivo all'aperto » – 🅿. 🎇
chiuso lunedì – Pas carta 26/35000.

sulla strada statale 172 S : 7 km :

✗ **La Murgetta,** ✉ 74010 San Paolo 𝒫 700016, 🐙 – 🗏 🅿. ⬜ ⓞ. 🎇
Pas carta 21/33000 (15%).

MARTINSICURO 64014 Teramo – 11 457 ab. – a.s. luglio e agosto – 🕾 0861.

Roma 227 – ♦Ancona 98 – L'Aquila 118 – Ascoli Piceno 30 – ♦Pescara 64 – Teramo 45.

a Villa Rosa S : 5 km – ✉ **64010** :

🏨 **Maxim's,** lungomare Italia 𝒫 72620, Fax 751609, ≤, ⤢, ▲⊆, 🐙, 🎾 – 🛗 🗏 rist ☎ 🅿.
🎇 rist
maggio-settembre – Pas 25/40000 – ⊇ 15000 – **100 cam** 60/90000 – ½ P 66/70000.

🏨 **Olimpic,** lungomare Italia 12 𝒫 72390, Fax 710597, ≤, ⤢, ▲⊆ – 🛗 ☜ ⚙ 🅿. ⬜ 🕃 ⓞ
ⴹ 𝘝𝘐𝘚𝘈. 🎇 rist
20 maggio-20 settembre – Pas 25/36000 – ⊇ 12000 – **55 cam** 60/78000 – P 68/98000.

🏨 **Park Hotel,** 79ª strada 9 𝒫 77913, ⤢, 🎾 – 🛗 🗏 rist ☎ 🅿. ⬜. 🎇 rist
▲ Pas *(chiuso martedì da ottobre ad aprile)* 20/50000 – ⊇ 8000 – **61 cam** 50/70000 –
½ P 36/74000.

✗✗ **Minerva,** via Franchi 17 𝒫 77400 – 🎇
chiuso lunedì – Pas carta 39/51000.

✗✗ Al Pescheto, statale Adriatica 𝒫 72455, ≤ – 🅿.

MARZAGLIA Modena – Vedere Modena.

MASER 31010 Treviso – 4 692 ab. alt. 147 – 🕾 0423.

Vedere Villa★★★ del Palladio.

Roma 562 – Belluno 59 – ♦Milano 258 – Trento 108 – Treviso 29 – Vicenza 54.

✗✗ **Da Bastian,** località Muliparte 𝒫 565400, 🍽 – 🅿. 🎇
chiuso mercoledì sera, giovedì ed agosto – Pas carta 24/35000.

MASERADA SUL PIAVE 31052 Treviso 429 E 18 – 6 292 ab. alt. 33 – 🕾 0422.

Roma 553 – Belluno 74 – Treviso 13 – ♦Venezia 42.

✗✗ **Da Paolo Zanatta,** località Varago S : 1,5 km 𝒫 778048, 🐙 – 🅿. ⬜ 🕃 ⓞ ⴹ 𝘝𝘐𝘚𝘈. 🎇
chiuso domenica sera, lunedì, dal 7 al 13 gennaio e dal 5 al 20 agosto – Pas carta 28/50000.

MASIO 15024 Alessandria 428 H 7 – 1 551 ab. alt. 142 – 🕾 0131.

Roma 607 – Asti 14 – Alessandria 22 – ♦Milano 118 – ♦Torino 80.

✗✗ **Trattoria Losanna,** via San Rocco 36 (E : 1 km) 𝒫 799525, Fax 799074 – 🅿. ⬜ 🕃 ⴹ
𝘝𝘐𝘚𝘈. 🎇
chiuso lunedì gennaio ed agosto – Pas carta 30/48000.

MASSA 54100 🄿 988 ⑭, 428 429 J 12 – 67 570 ab. alt. 65 – a.s. Pasqua, 20 maggio-10 giugno
e luglio-agosto – 🕾 0585.

🖪 a Carrara, piazza 2 Giugno 14 𝒫 70894.

Ⓐ.Ⓒ.Ⓘ via Aurelia Ovest 193 𝒫 831941.

Roma 389 – Carrara 7 – ♦Firenze 115 – ♦Livorno 65 – Lucca 45 – ♦Milano 235 – Pisa 46 – ♦La Spezia 35.

a Bergiola Maggiore N : 5,5 km – alt. 329 – ✉ **54100** Massa :

✗ **La Ruota,** 𝒫 42030, ≤ città e litorale – 🅿
chiuso lunedì da ottobre a marzo – Pas carta 30/45000 bc.

327

🗷 viale Vespucci 23 ℰ 240063.

Roma 388 – ♦Firenze 114 – ♦Livorno 64 – Lucca 44 – Massa 5 – ♦Milano 234 – Pisa 45 – ♦La Spezia 34.

🏠 **Miramonti,** via Montegrappa 7 ℰ 241067, Fax 246180, 🌊 – ☎ ℗. 🅰🅴 🆂 ⓞ 🅴 🆅🆂🅰 ✦ Pas (solo per clienti alloggiati) 28000 – ☑ 10000 – **14 cam** 46/70000 – ½ P 50/65000.

🏋 **Da Riccà,** lungomare di Ponente ℰ 241070, 🍴, Solo piatti di pesce – 🖘 ℗. 🅰🅴 🆂 ⓞ 🅴 🆅🆂🅰. ✦✦
chiuso lunedì e dal 20 ottobre al 20 novembre – Pas carta 44/71000 (10%).

a Ronchi SE : 2 km – ✉ **54039** :

🏨 **Tropicana** senza rist, a Poveromo, via Verdi 47 ℰ 309041, Fax 309044, « Giardino ombreggiato con ⏛ riscaldata » – ▣ cam 📺 ☎ ℗ 🅰🅴 🆂 ⓞ 🅴 🆅🆂🅰. ✦✦
☑ 15000 – 24 appartamenti 200/260000.

🏠 **Villa Irene** 🦽, a Poveromo, via delle Macchie 125 ℰ 309310, Fax 308038, 🍴, « Parco giardino con ⏛ riscaldata », 🐾, ✦ – ☎ ℗. ✦✦ rist
aprile-ottobre – Pas (solo per clienti alloggiati) – **38 cam** ☑ 120/175000 – ½ P 155/165000.

🏠 **Marina,** via Magliano 3 ℰ 245137, Fax 24245274, 🌊 – ☎ ℗. ✦✦
🛶 maggio-settembre – Pas (solo per clienti alloggiati e *chiuso a mezzogiorno*) 18/24000 – ☑ 12000 – **32 cam** 62/91000 – ½ P 60/105000.

🏠 **La Pergola,** a Poveromo, via Verdi 41 ℰ 240118, « Giardino ombreggiato » – ☎ ℗. 🆂 🅴 🆅🆂🅰. ✦✦ rist
Pasqua-20 settembre – Pas carta 25/41000 – **25 cam** ☑ 50/80000 – ½ P 75/85000.

🏠 **Hermitage,** via Verdi 15 ℰ 240856, Fax 21393, « Giardino con ⏛ », 🐾, – ☎ ℗. 🆅🆂🅰 ✦✦ – Pasqua-15 settembre – Pas 30/35000 – ☑ 10000 – **24 cam** 90000 – ½ P 80/85000.

MASSACIUCCOLI (Lago di) Lucca 428 429 K 13 – Vedere Torre del Lago Puccini.

Roma 508 – ♦Bari 76 – ♦Brindisi 84 – ♦Taranto 18.

🏋 **La Ruota,** via Barulli 28 ℰ 687710 – ▣. 🆂 ⓞ 🅴 🆅🆂🅰. ✦✦
chiuso domenica sera, lunedì e dal 1° al 10 agosto – **Pas** carta 25/50000.

sulla strada statale 7 NO : 2 km :

🏨 **Appia Palace Hotel,** ✉ 74016 ℰ 881501, Telex 860241, Fax 881506, ✦ – 🛗 ▣ 📺 ☎ 🕭 ℗ – 🔬 30 a 350. 🅰🅴 🆂 ⓞ 🅴 🆅🆂🅰. ✦✦
Pas carta 28/42000 – ☑ 5000 – **76 cam** 75/105000 appartamenti 125000 – ½ P 90000.

Roma 263 – ♦Napoli 54 – Positano 21 – Salerno 56 – Sorrento 6.

🏨 **Delfino** 🦽, SO : 3 km ℰ 8789261, Fax 8089074, ≼ mare ed isola di Capri, « In una pittoresca insenatura », ⏛, 🐾, 🌊 – 🛗 ☎ ℗ 🅰🅴 🆂 🆅🆂🅰. ✦✦
aprile-ottobre – Pas 40000 – **49 cam** ☑ 140/210000 – ½ P 110/130000.

🏠 **Bellavista e Rist Francischiello-da Riccardo,** N : 1 km ℰ 8789181, Fax 8089341, ≼ mare e isola di Capri, ⏛ – 🛗 🖘 cam ▣ cam 📺 🕭 🚗 ℗ 🅰🅴 🆂 ⓞ 🅴 🆅🆂🅰
Pas (chiuso martedì in bassa stagione) carta 29/45000 – ☑ 12000 – **28 cam** 50/80000, ▣ 20000 – ½ P 66/77000.

🏠 **Maria,** S : 1 km ℰ 8789163, Fax 8789411, ≼ mare, « ⏛ su terrazza panoramica » – 🕭 ℗. 🅰🅴 🆅🆂🅰. ✦✦
aprile-ottobre – Pas (chiuso venerdì) carta 31/48000 (15%) – ☑ 7000 – **34 cam** 80000 – ½ P 65/70000.

🏠 **Villa Pina,** N : 1,5 km ℰ 8771171, Fax 8071813, ≼ – 🛗 ℗. ✦✦
Pas vedere rist Antico Francischiello-da Peppino – senza ☑ – **11 cam** 30/48000.

🏋 **Antico Francischiello-da Peppino** con cam, N : 1,5 km ℰ 8771171, ≼ mare – ▣ 📺 ℗. 🅰🅴 ⓞ 🆅🆂🅰. ✦✦
Pas (chiuso mercoledì) carta 27/56000 (15%) – ☑ 7000 – **8 cam** 85000 – ½ P 70/76000.

🏋 **La Primavera** con cam, ℰ 8789125, ≼, 🍴 – 🕭. 🆅🆂🅰. ✦✦
Pas (chiuso mercoledì in bassa stagione) carta 23/43000 (10%) – ☑ 6000 – **8 cam** 50000 – ½ P 65000.

a Nerano-Marina del Cantone SE : 11 km – ✉ **80068** Termini :

🏋 **Taverna del Capitano** con cam, ℰ 8081028, Fax 8081028, ≼, 🍴 – ▣ cam 🖘. 🅰🅴 ⓞ 🆅🆂🅰. ✦✦
chiuso dal 16 dicembre al 19 gennaio – Pas carta 26/44000 (15%) – ☑ 10000 – **18 cam** 100000 – ½ P 70/100000.

🏋 **Quattro Passi,** N : 1 km ℰ 8081271, 🍴 – ℗. 🅰🅴 ⓞ 🆅🆂🅰. ✦✦
chiuso mercoledì in bassa stagione e da novembre a marzo – Pas carta 35/56000 (15%).

🏋 **Delle Sirene** 🦽 con cam, ℰ 8081027, ≼, 🍴 – ☎. 🅰🅴 🆂 🆅🆂🅰. ✦✦ cam
Pas (chiuso martedì) carta 32/53000 – ☑ 10000 – **16 cam** 80000 – ½ P 55/75000.

Vedere anche : *Sant'Agata sui Due Golfi* E : 5 km.

MASSA MARITTIMA 58024 Grosseto 988 ⑭ ㉔ – 9 533 ab. alt. 400 – 🕿 0566.

Vedere Piazza Garibaldi★ – Duomo★ – Torre del Candeliere★, Fortezza e Arco senesi★.

Roma 249 – ◆Firenze 132 – Follonica 19 – Grosseto 62 – Siena 64.

🏠 **Duca del Mare,** piazza Dante Alighieri 1/2 ℰ 902284, Fax 901905, ≼, 🚗 – 🕿 🅿. 🖪 🖪
VISA. ⁇
Pas *(chiuso lunedì)* carta 23/37000 – ⌑ 6000 – **18 cam** 34/57000 – ½ P 40/58000.

💥💥 **Taverna del Vecchio Borgo,** via Parenti 12 ℰ 903950 – 🖪 🖪 VISA. ⁇
chiuso dal 15 gennaio al 15 febbraio, lunedì e da ottobre a marzo anche domenica sera –
Pas carta 25/40000.

MASSAROSA 55054 Lucca 988 ⑭, 428 429 K 12 – 18 702 ab. alt. 15 – 🕿 0584.

Roma 363 – ◆Livorno 52 – Lucca 19 – ◆La Spezia 60.

💥💥 **La Chandelle,** E : 2 km ℰ 938290, Rist. elegante, prenotare – 🗔 🅿. 🖪 🖪 VISA. ⁇
chiuso a mezzogiorno (escluso sabato-domenica) e mercoledì – Pas carta 32/66000.

a Bargecchia NO : 9 km – ✉ **55040** Corsanico :

💥💥 **Rino** ⃝, con cam, ℰ 954000, 🍽, 🛋, ⁇ – 🖭 🖪 🖪 VISA. ⁇ cam
→ Pas *(chiuso martedì da ottobre a giugno)* 20/30000 – **9 cam** ⌑ 40/55000.

MASSINO VISCONTI 28040 Novara 428 E 7, 219 ⑦ – 973 ab. alt. 465 – 🕿 0322.

Roma 654 – ◆Milano 77 – Novara 52 – Stresa 10.

💥 **Trattoria San Michele,** ℰ 219101, Coperti limitati; prenotare, « Servizio estivo in
terrazza con ≼ » – 🖪 VISA. ℰ
chiuso martedì, dal 20 al 30 gennaio e dal 25 agosto al 15 settembre – Pas carta 23/44000.

MATELICA 62024 Macerata 988 ⑯ – 10 143 ab. alt. 354 – 🕿 0737.

Roma 225 – ◆Ancona 77 – Ascoli Piceno 108 – Assisi 82 – Macerata 50.

sulla strada statale 256 N : 2 km :

🏨 **MotelAgip,** ✉ 62024 ℰ 84781 – 📺 🕿 🅿. 🖭 🖪 🕦 🖪 VISA. ⁇ rist
Pas *(chiuso sabato)* 25000 – ⌑ 11000 – **16 cam** 38/69000 – ½ P 68/74000.

MATERA 75100 🅿 988 ㉙ – 54 377 ab. alt. 401 – 🕿 0835.

Vedere I Sassi★★ – Strada dei Sassi★★ – Duomo★ – ≼★★ sulla città dalla strada delle chiese
rupestri NE : 4 km.

🆔 piazza Vittorio Veneto 19 ℰ 211188 – A.C.I. viale delle Nazioni Unite 47 ℰ 213963.

Roma 461 – ◆Bari 62 – ◆Cosenza 222 – ◆Foggia 178 – ◆Napoli 255 – Potenza 104.

🏨 **De Nicola,** via Nazionale 158 ℰ 385111 – 🛗 🕿 ⟵. ⁇
Pas carta 26/38000 – ⌑ 6000 – **76 cam** 39/63000 – ½ P 55000.

💥 **Da Mario,** via 20 Settembre 14 ℰ 214569 – 🗔. 🖭 🖪 🕦 🖪 VISA. ⁇
chiuso domenica e dal 7 al 18 agosto – Pas carta 32/48000.

sulla strada statale 99 :

🏨 **Motel Park** ⃝, N : 5 km ✉ 75100 ℰ 263625, Fax 381986, 🏊, ⁇ – ⥹ 🗔 📺 🕿 🅿
– 🛗 50 a 500. 🖪 🕦 🖪 VISA. ⁇
Pas carta 26/41000 – ⌑ 8000 – **58 cam** 52/73000, 🖴 5000 – ½ P 78000.

💥💥 **Nonna Sara,** N : 6 km ✉ 75100 ℰ 259121, 🍽 – 🗔 🅿. 🖪 🖪 VISA
Pas carta 25/44000.

MATTINATA 71030 Foggia 988 ㉙ – 6 281 ab. alt. 77 – a.s. luglio-15 settembre – 🕿 0884.

Roma 430 – ◆Bari 138 – ◆Foggia 58 – Monte Sant'Angelo 20 – ◆Pescara 222.

🏨 **Apeneste,** piazza Turati 3 ℰ 4743, Fax 4341, 🏊, 🛶 – 🗔 📺 🕿 🅿. 🖭 🖪 🕦 🖪 VISA.
⁇
Pas carta 31/52000 – **26 cam** ⌑ 57/96000 – ½ P 58/85000.

🏨 **Alba del Gargano,** corso Matino 102 ℰ 4771, Fax 4772, 🍽 – ⟶ 🚗 🅿. 🖪 🖪 VISA.
→ ⁇
Pas *(chiuso mercoledì da ottobre a maggio)* carta 20/38000 – **37 cam** ⌑ 77/128000 –
½ P 63/89000.

💥💥 **Trattoria dalla Nonna,** al lido E : 1 km ℰ 49205, ≼, 🍽 – 🅿. 🖭 🖪 🕦 🖪 VISA. ⁇
chiuso lunedì e martedì da ottobre a maggio – Pas carta 39/61000.

💥 **Papone,** strada statale 89 (N : 1 km) ℰ 4749, 🍽, « In un antico frantoio » – 🅿. 🖭 VISA.
⁇
chiuso novembre e lunedì da ottobre a maggio – Pas carta 23/38000.

sulla strada litoranea NE : 17 km :

🏨 **Baia delle Zagare** ⃝, S, ✉ 71030 ℰ 4155, Fax 4884, ≼, « Palazzine fra gli olivi con
ascensori per la spiaggia », 🏊, 🛶, ⁇ – 🕿 🛗 🅿 – 🛗 300. 🖪 VISA. ⁇ rist
15 maggio-settembre – **144 cam** (solo pens) – P 98/150000.

MAULS = Mules.

MAZARA DEL VALLO Trapani 988 ㊳ – Vedere Sicilia alla fine dell'elenco alfabetico.

MAZZARÒ Messina 988 ㊲ – Vedere Sicilia (Taormina) alla fine dell'elenco alfabetico.

MAZZO DI VALTELLINA 23030 Sondrio 428 429 D 12, 218 ⑰ – 1 005 ab. alt. 552 – ✆ 0342.
Roma 734 – ◆Bolzano 172 – Bormio 29 – ◆Milano 173 – Sondrio 35.

  ✕   **La Rusticana,** ✆ 861051 – AE VISA ⬠
      chiuso lunedì – Pas carta 28/49000.

MEANO Belluno – Vedere Santa Giustina.

MEDUNA DI LIVENZA 31040 Treviso 429 E 19 – 2 406 ab. alt. 9 – ✆ 0422.
Roma 573 – Belluno 79 – ◆Milano 312 – Treviso 40 – Udine 84 – ◆Venezia 62.

  🏠   Al Paradiso, ✆ 767007 – TV ☎ 🚗 – **20 cam**.

MEINA 28046 Novara 988 ②, 428 E 7 – 2 075 ab. alt. 214 – a.s. aprile e luglio-15 settembre –
✆ 0322 – Roma 645 – ◆Milano 68 – Novara 44 – Stresa 12 – ◆Torino 120.

  🏨   **Villa Paradiso,** ✆ 6488, Telex 200481, ≼, �, « Parco ombreggiato », 🏖 – 🛗 TV ☎
      🅿. AE 🅱 🅾 E VISA. ⬠
      15 marzo-ottobre – Pas carta 42/48000 – 🍽 10000 – **58 cam** 70/90000 – ½ P 70/80000.

  🏠   **Bel Sit,** via Sempione 76 ✆ 6483, ≼, « Servizio rist. in terrazza sul lago », 🌳 – ☎ 🚗
      🅿
      Pas *(chiuso martedì in bassa stagione)* 25000 – 🍽 6000 – **12 cam** 55000 – ½ P 50000.

    a Pisano O : 3,5 km – alt. 396 – ✉ **28010** :

  ✕   **Apollo,** verso Colazza ✆ 58143, « Servizio estivo in terrazza » – 🅿. 🅾. ⬠
      chiuso gennaio e martedì in bassa stagione – Pas carta 26/60000.

    a Nebbiuno NO : 4 km – alt. 430 – ✉ **28010** :

  🏨   **Tre Laghi,** ✆ 58025, Telex 200073, Fax 58703, ≼ lago e monti, 🌳 – 🛗 TV ☎. 🅱 🅾 E
      VISA. ⬠ rist
      chiuso dall'11 gennaio al 28 febbraio – Pas *(chiuso martedì)* carta 38/67000 – 🍽 12000 –
      43 cam 80/120000 – ½ P 80/105000.

MEL 32026 Belluno 988 ⑤ – 6 593 ab. alt. 353 – ✆ 0437.
Roma 609 – Belluno 15 – ◆Milano 302 – Trento 95 – Treviso 67.

  ✕✕   **Antica Locanda al Cappello,** piazza Papa Luciani ✆ 753651, « Edificio seicentesco » –
      ⬠🚗.
      chiuso martedì sera, mercoledì (escluso agosto e dicembre) e dal 1° al 20 luglio – Pas
      carta 30/38000.

MELDOLA 47014 Forlì 988 ⑮, 429 J 18 – 9 013 ab. alt. 57 – ✆ 0543.
Roma 418 – Forlì 13 – ◆Ravenna 40 – Rimini 54.

  ✕   **Il Rustichello,** via Vittorio Veneto 7 ✆ 491611 – AE 🅱 🅾 E VISA. ⬠
      chiuso martedì e dal 1° al 20 agosto – Pas carta 25/40000.

  ✕   **Al Glicine,** via Indipendenza 5 ✆ 492350, 🌳 – 🅿. 🅱. ⬠
      chiuso giovedì, domenica sera, dall'8 al 22 gennaio e dal 9 al 23 luglio – Pas carta 24/35000.

MELENDUGNO 73026 Lecce 988 ㉚ – 8 895 ab. alt. 36 – ✆ 0832.
Roma 619 – ◆Brindisi 57 – ◆Taranto 105.

    a Torre dell'Orso E : 8 km – ✉ **73020** :

  🏨   **Pegaso** ⬠, località Sentinella ✆ 841311, « Terrazza-giardino con 🏊 » – 🛗 ☎ 🅿. AE
      🅱 🅾 E VISA. ⬠
      Pas *(aprile-settembre)* carta 25/35000 – 🍽 7000 – **36 cam** 83000 – ½ P 95/105000.

MELFI 85025 Potenza 988 ㉘ – 16 285 ab. alt. 531 – ✆ 0972.
Roma 351 – ◆Bari 129 – ◆Foggia 59 – ◆Napoli 163 – Potenza 58.

  🏠   **Due Pini,** piazzale Stazione ✆ 21031, Fax 23500 – 🛗 🍽 rist TV ☎ 🚗 🅿 – �️ 50. AE
      🅱 🅾 E VISA. ⬠
      Pas carta 22/31000 – 🍽 6000 – **45 cam** 45/66000 – ½ P 65/75000.

  ✕   **Vaddone,** via Abruzzese ✆ 24323 – 🅿
      chiuso domenica sera – Pas carta 25/35000.

MELIDE 427 ㉔, 219 ⑧ – Vedere Cantone Ticino alla fine dell'elenco alfabetico.

MELITO DI PORTO SALVO 89063 Reggio di Calabria 988 ㊲ – 10 372 ab. alt. 35 – ✆ 0965.
Roma 736 – Catanzaro 192 – ◆Napoli 530 – ◆Reggio di Calabria 31.

  ✕✕   Casina dei Mille, con cam, località Annà O : 3 km ✆ 787434, ≼ – TV ☎ 🅿 – **7 cam**.

MELOSA (Colle della) Imperia 428 K 5, 195 ⑩ – alt. 1 540.
Roma 671 – ◆Genova 172 – Imperia 55 – ◆Milano 295 – Ventimiglia 41.

🏡 **Colle Melosa** 🔉, ⊠ 18037 Pigna 𝒫 (0184) 241032, ≤, 🗺, 🚗 – 🅿. 🔋 𝑽𝑰𝑺𝑨. 🛠 cam
Pas *(chiuso martedì escluso da maggio ad ottobre)* carta 30/40000 – 🛏 5000 – **9 cam**
30000 – ½ P 48/50000.

MELS Udine – Vedere Colloredo di Monte Albano.

MELZO 20066 Milano 428 F 10, 219 ⑳ – 18 276 ab. alt. 119 – ✿ 02.
Roma 578 – ◆Bergamo 33 – ◆Brescia 69 – ◆Milano 21.

🏠 **Due Spade,** via Bianchi 19 𝒫 9550267, Fax 95771947 – 📺 ☎ 🅿. 🆎 🔋 ⓞ 𝐄 𝑽𝑰𝑺𝑨. 🛠
Pas *(chiuso domenica)* carta 28/52000 – 🛏 9000 – **18 cam** 58/86000 – ½ P 73/88000.

MENAGGIO 22017 Como 988 ③ 428 D 9 – 3 181 ab. alt. 203 – ✿ 0344.
Vedere Località **★★**.
🚢 (marzo-novembre; chiuso martedì) a Grandola ed Uniti ⊠ 22010 𝒫 32103, O : 4 km.
🚤 per Varenna giornalieri (15 mn) – Navigazione Lago di Como, al pontile 𝒫 32255.
🅱 (Pasqua-ottobre) piazza Garibaldi 7 𝒫 32924.
Roma 661 – Como 35 – ◆Lugano 28 – ◆Milano 83 – Sondrio 68 – St-Moritz 98 – Passo dello Spluga 79.

🏨 **Gd H. Menaggio,** via 4 Novembre 69 𝒫 32640, Telex 328471, Fax 32350, ≤, 🗺,
🏊 riscaldata, 🚗 – 📳 📺 ☎ 🅿 – 🛎 35 a 270. 🔋 𝐄 𝑽𝑰𝑺𝑨. 🛠 rist
Pas carta 57/95000 – 🛏 20000 – **49 cam** 150/176000 appartamenti 264000 – ½ P 160000.

🏨 **Gd H. Victoria e Rist. Le Tout Paris,** via Castelli 11 𝒫 32003 e rist 𝒫 31166, Telex
324884, Fax 32992, ≤, 🗺, 🏊, 🚗 – 📳 📺 ☎ 🅿 – 🛎 100. 🆎 🔋 ⓞ 𝐄 𝑽𝑰𝑺𝑨. 🛠 rist
Pas carta 44/64000 – 🛏 20000 – **53 cam** 115/170000 – ½ P 150000.

🏨 **Bellavista,** via 4 Novembre 21 𝒫 32136, Fax 31793, ≤ lago e monti, « Terrazza sul lago »,
🏊 – 📳 ☎ 🅿. 🆎 🔋 ⓞ 𝐄 𝑽𝑰𝑺𝑨
aprile-15 ottobre – Pas carta 29/48000 – 🛏 10000 – **46 cam** 56/85000 – ½ P 60/75000.

XX **Da Paolino,** piazza Cavour 3 𝒫 32335, 🗺 – 🔋 𝐄 𝑽𝑰𝑺𝑨
chiuso martedì, gennaio e febbraio – Pas carta 38/56000.

a Loveno NO : 2 km – alt. 320 – ⊠ **22017** Menaggio :

🏨 **Royal e Rist. Chez Mario** 🔉, 𝒫 31444, Fax 30161, ≤, 🗺, « Giardino con 🏊 » – ☎
🅿. 🔋 𝐄 𝑽𝑰𝑺𝑨. 🛠 rist
23 marzo-20 ottobre – Pas carta 35/60000 – 🛏 12500 – **10 cam** 61/91000 – ½ P 88000.

🏠 **Loveno,** 𝒫 32110, ≤ lago e monti, « Piccolo giardino ombreggiato » – 🚗 🅿. 🔋 ⓞ
𝐄 𝑽𝑰𝑺𝑨
aprile-ottobre – Pas carta 33/53000 – 🛏 10000 – **13 cam** 35/75000 – ½ P 60/65000.

MENDRISIO 427 ⑳, 219 ⑧ – Vedere Cantone Ticino alla fine dell'elenco alfabetico.

MENFI Agrigento 988 ㉟ – Vedere Sicilia alla fine dell'elenco alfabetico.

MERAN = Merano.

MERANO (MERAN) 39012 Bolzano 988 ④, 429 C 15 – 33 601 ab. alt. 323 – Stazione termale –
Sport invernali : a Merano 2000 per via Val di Nova e funivia B : 1 946/2 360 m ✂1, ✠ – ✿ 0473.
Vedere Passeggiate d'Inverno e d'Estate**★★** C – Passeggiata Tappeiner**★★** CD – Volte gotiche★ e
polittici★ nel Duomo D – Via Portici★ CD – Castello Principesco★ C C – Merano 2000★ accesso
per via Val di Nova e funivia, E : 3 km B – Tirolo★ N : 4 km A.
Dintorni Avelengo★ SE : 10 km per via Val di Nova B – Val Passiria★ A.
🅱 corso della Libertà 45 𝒫 35223, Telex 400026, Fax 35524.
Roma 665 ② – ◆Bolzano 28 ② – Brennero 73 ① – ◆Innsbruck 113 ① – ◆Milano 326 ② – Passo di Resia 79 ③ –
Passo dello Stelvio 75 ③ – Trento 86 ②.

Pianta pagine seguenti

🏨 **Palace Hotel,** via Cavour 2 𝒫 34734 (prenderà il 211300), Telex 400256, Fax 34181, ≤,
« Parco ombreggiato con 🏊 », 🛁, 🚿, 🏊, ♨ – 📳 🔽 rist 🍽 📺 ☎ 🕭 🅿 – 🛎 30 a
100. 🆎 🔋 ⓞ 𝐄 𝑽𝑰𝑺𝑨. 🛠 rist   D h
chiuso dal 6 gennaio al 19 marzo e dal 10 novembre al 18 dicembre – Pas 50/70000 ed al
Rist. **Tiffany Schloss Maur** *(chiuso a mezzogiorno, martedì e dal 20 giugno al 15 luglio)*
carta 45/70000 – **110 cam** 🛏 200/340000 appartamenti 410/520000 – ½ P 155/210000.

🏨 **Gd H. Bristol,** via Ottone Huber 14 𝒫 49500, Telex 400662, Fax 49299, « 🏊 riscaldata su
terrazza panoramica », 🚗, ♨ – 📳 🍽 rist 📺 ☎ 🕭 🅿 – 🛎 25 a 200. 🆎 🔋 ⓞ 𝐄 𝑽𝑰𝑺𝑨.
🛠 rist   C a
15 marzo-ottobre – Pas carta 40/58000 – **81 cam** 🛏 107/180000 appartamenti 180/280000
– ½ P 110/142000.

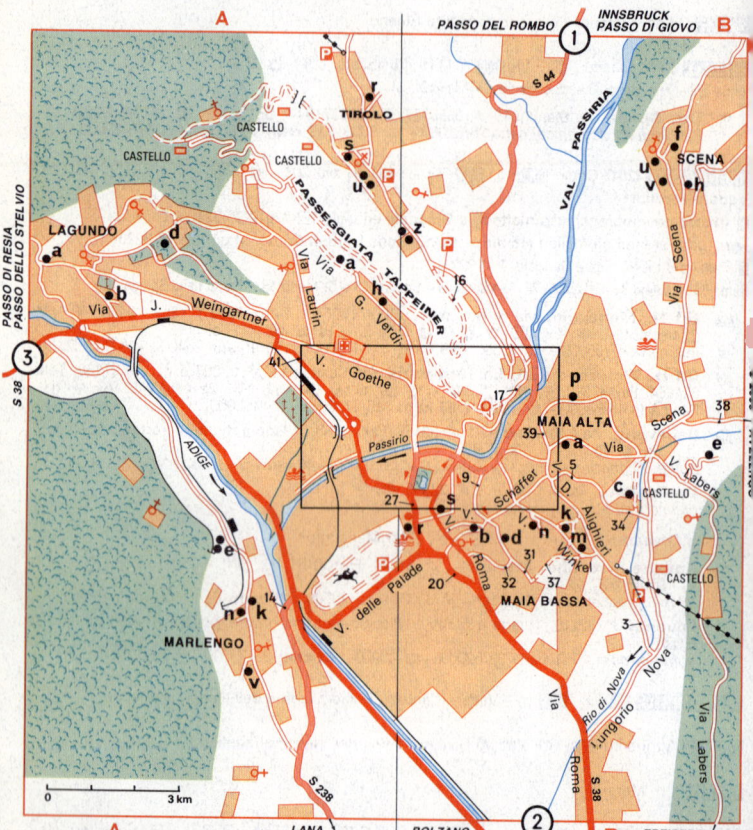

Meranerhof, via Manzoni 1 ℘ 30230, Fax 33312, « Giardino con ⌇ riscaldata », ≘ –
▤ rist 📺 🅿 – 🕭 70. 🆎 🆂 ⑩ 🗉 𝚅𝙸𝚂𝙰. ⌘ rist
Pas carta 37/55000 – **70 cam** ⊇ 88/170000 – ½ P 95/110000.
C b

Kurhotel Castel Rundegg, via Scena 2 ℘ 34100, Fax 37200, 🎿, ≘, ⌇, 🦌 – 🛗 📺
☎ 🅿. 🆎 🆂 ⑩ 🗉 𝚅𝙸𝚂𝙰. ⌘ rist
chiuso dal 6 al 31 gennaio – Pas (solo per clienti alloggiati) 55/65000 – **30 cam**
⊇ 128/256000 – ½ P 138/172000.
B a

Park Hotel Mignon ⑤, via Grabmayr 5 ℘ 30354, Telex 401011, Fax 30644, ≤, « Giardino
ombreggiato con ⌇ riscaldata », ≘, ⌇ – 🛗 ▤ rist ☎ 🖚 ⇔ 🅿 🗉 𝚅𝙸𝚂𝙰. ⌘ rist
15 marzo-5 novembre – Pas 35/50000 – **47 cam** ⊇ 110/220000 appartamenti 90/128000 –
½ P 99/121000.
D v

Irma ⑤, via Belvedere 17 ℘ 212000, Fax 31355, ≤, « Parco-giardino con ⌇ e ⚐ », ≘,
🔾, 🕭 – 🛗 ☎ 🖚 🅿 🗉. ⌘ rist
marzo-5 novembre – Pas 25/40000 – **50 cam** ⊇ 91/174000 appartamenti 176/188000 –
½ P 77/111000.
B v

Tivoli ⑤, via Verdi 72 ℘ 46282, Fax 46849, ≤ monti, 🦌, « Piccolo parco-giardino »,
≘, 🔾, 🕭 – 🛗 ☎ 🖚 🅿 🕭 25. 🆂 🗉 𝚅𝙸𝚂𝙰. ⌘ rist
15 marzo-15 novembre – Pas (solo per clienti alloggiati) 25000 – **25 cam** ⊇ 59/109000
appartamenti 140/160000 – ½ P 65/92000.
A a

MERANO
CENTRO

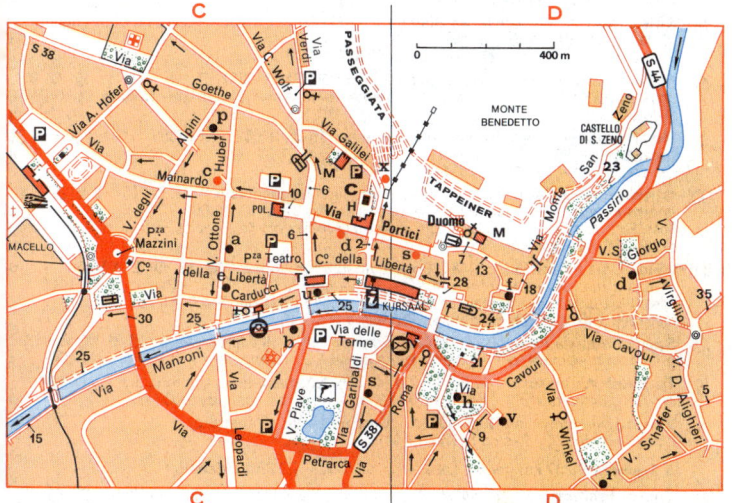

🏨 **Adria** ⌂, via Gilm 2 ℰ 36610, Fax 30644, ⅃ₛ, ⬜, 🐢, ⚐ – ⬚ ▦ rist ☎ **P**. ⋘ rist
marzo-ottobre – Pas (solo per clienti alloggiati) 40/50000 – **49 cam** ⋤ 90/180000 –
½ P 80/100000   **D d**

🏨 **Anatol** ⌂, via Castagni 3 ℰ 37511, Fax 37110, ≼, ⅃ riscaldata, ⚐ – ⬚ ☎ **P**. ⋘ rist
15 marzo-5 novembre – Pas 25/30000 – **42 cam** ⋤ 69/138000 – ½ P 69/89000
                                                                                 C c

🏨 **Atlantic** ⌂, via Santa Caterina 7/a ℰ 33093, Fax 211230, « Giardino con ⅃ », ⬜ – ☜
⇔ **P**. 🕮 Ⓢ 🄴 𝐕𝐈𝐒𝐀 – 🐢   **B d**
marzo-novembre – Pas (solo per clienti alloggiati e chiuso a mezzogiorno) – **26 cam**
⋤ 57/104000 – ½ P 67/75000.

🏨 **Castel Labers** ⌂, via Labers 25 ℰ 34484, Fax 34146, ≼, « Servizio rist. estivo in
giardino », ⅃ riscaldata, ⚐, ⋘ – ⬚ ⇔ ☜ **P**. 🕮 Ⓢ Ⓞ 🄴 𝐕𝐈𝐒𝐀   **B e**
23 marzo-3 novembre – Pas 25/30000 – **32 cam** ⋤ 85/170000 – ½ P 80/100000.

🏨 **Sittnerhof** ⌂, via Verdi 58 ℰ 46331, Fax 220631, ⊜ₛ, ⅃, ⬜, 🐢, ⚐, ⚑ – ⬚ ⇔ rist ☎
P. 🕮 🄴 𝐕𝐈𝐒𝐀   **A h**
marzo-15 novembre – Pas carta 24/33000 – **32 cam** ⋤ 105/188000 – ½ P 73/116000.

🏨 **Aurora,** passeggiata Lungo Passirio 38 ℰ 33028, Fax 33307 – ⬚ 📺 ☎ ⚑. ⋘ rist
15 marzo-15 novembre – Pas (solo per clienti alloggiati) carta 34/57000 – ⋤ 14000 –
34 cam 80/155000 – ½ P 66/93000   **C u**

🏨 **Juliane** ⌂, via dei Campi 6 ℰ 30195, Fax 30176, « Giardino con ⅃ riscaldata », ⊜ₛ, ⬜
– ⬚ ⇔ ☎ ⚑ **P**. Ⓞ 🄴 𝐕𝐈𝐒𝐀. ⋘ rist   **B k**
15 marzo-5 novembre – Pas (solo per clienti alloggiati) 30/50000 – **34 cam** ⋤ 81/150000 –
½ P 86/110000.

🏨 **Pollinger** ⌂, via Santa Maria del Conforto 30 ℰ 32226, ≼, ⅃ₛ, ⊜ₛ, ⅃, ⬜, 🐢, ⚐ – ⬚ 📺
☎ ⚑ **P**. Ⓢ 🄴 𝐕𝐈𝐒𝐀. ⋘ rist   **B**
17 marzo-4 novembre – Pas (solo per clienti alloggiati) 34000 – **33 cam** ⋤ 85/145000 –
½ P 80/92000.

🏨 **Kurhotel Mirabella,** via Garibaldi 35 ℰ 36512, ⅃ₛ, ⅃ riscaldata, ⬜, ⚐, ⚑ – ⬚ 📺
☎ **P**. ⋘ rist   **C s**
15 marzo-ottobre – Pas (solo per clienti alloggiati) 30000 – **30 cam** ⋤ 84/150000 –
½ P 78/95000.

🏨 **Augusta,** via Ottone Huber 2 ℰ 49570, Telex 400632, Fax 220029, ⚐ – ⬚ ⇔ rist ▦ rist
📺 ☎ **P**. 🕮 𝐕𝐈𝐒𝐀. ⋘ rist   **C e**
15 marzo-15 novembre – Pas 32/35000 – ⋤ 10000 – **25 cam** 75/150000 – ½ P 85/93000.

🏨 **Mendelhof-Mendola,** via Winkel 45 ℰ 36130, Fax 36481, « Giardino ombreggiato con
⅃ », ☜ **P**. ⋘ rist   **D r**
23 marzo-ottobre – Pas (solo per clienti alloggiati) carta 29/39000 – **40 cam** ⋤ 52/96000 –
½ P 60/66000.

🏨 **Isabella,** via Piave 58 ℰ 34700, Fax 211360, ⚐ – ⬚ ☎ **P**   **AB r**
marzo-15 novembre – Pas vedere rist Sportplatz – **28 cam** ⋤ 54/100000 – ½ P 50/70000.

🏠 **Zima** 🛏 senza rist, via Winkel 83 ℰ 30408, Fax 36469, ⛴, ⌧ riscaldata, 🚗 – 📶 ⅙⅙ ☎ ℗. 🅰🅴. 🆊 **B m**
marzo-10 novembre – **23 cam** 🖙 50/90000.

🏠 **Bel Sit,** via Pendl 2 ℰ 46484 – 📶 ☎ ℗. 🆊 rist **C p**
✈ 22 marzo- 5 novembre – Pas (solo per clienti alloggiati e *chiuso a mezzogiorno*) 18/25000
– 🖙 10000 – **27 cam** 40/80000 – ½ P 44/56000.

🏠 **Seisenegg** 🛏 senza rist, via Giardini 1 ℰ 37212, Fax 37038, « Giardino ombreggiato » –
📶 ☎ ℗. 🅰🅴 🆂 ⓞ 🇪 𝘝𝘐𝘚𝘈. 🆊 **D f**
15 marzo-5 novembre – **37 cam** 🖙 65/120000.

🏠 **Avivi** senza rist, vicolo della Roggia 20 ℰ 30730, Fax 210821, ⌧, 🚗 – 📶 ☎ ℗. 🅰🅴 𝘝𝘐𝘚𝘈
chiuso dall'8 gennaio al 26 febbraio e dal 6 novembre al 25 dicembre – **13 cam** 🖙 60/86000 **B n**

🏠 **Holzmann** 🛏 senza rist, via Tobias Brenner 15 ℰ 37062, Fax 37889, « Giardino con ⌧
riscaldata » – ℗ **B s**
marzo-ottobre – 🖙 7000 – **28 cam** 45/74000.

XXX ⚙ **Andrea,** via Galilei 44 ℰ 37400, Coperti limitati; prenotare – ▤. 🅰🅴 🆂 ⓞ 🇪 𝘝𝘐𝘚𝘈. 🆊
chiuso lunedì e dal 6 gennaio al 15 febbraio – Pas carta 60/95000 **C x**
Spec. Filetti di trota con verdurine all'agro, Testina e animelle di vitello alla verza, Filetto di vitello con patate
saltate. Vini Sauvignon, Cornelius.

XX ⚙ **Flora,** via Portici 75 ℰ 31484, Coperti limitati; prenotare – 🅰🅴 🆂 ⓞ 🇪 𝘝𝘐𝘚𝘈. 🆊 **D s**
chiuso a mezzogiorno, domenica e dal 15 gennaio al 28 febbraio – Pas carta 48/90000
Spec. Sella di porchetta di latte con tartufo nero e cuori d'insalata, Ravioli neri con erbe e seppioline,
Crepinette di piccione. Vini Pinot bianco, Flaccianello.

XX ⚙ **Sportplatz,** via Piave 50 ℰ 33443, « Servizio estivo all'aperto » – ℗. 🆂 🇪 𝘝𝘐𝘚𝘈. 🆊
marzo-15 novembre; chiuso mercoledì e giovedì a mezzogiorno – Pas carta 27/44000. B **r**

X **Terlaner Weinstube,** via Portici 231 ℰ 35571, Coperti limitati; prenotare – ⅙⅙. 🆊 **C d**
chiuso mercoledì e dal 10 gennaio al 20 febbraio – Pas carta 35/60000.

X **Veneta,** via Monastero 2 ℰ 49310, « Servizio estivo all'aperto » **C c**
chiuso mercoledì – Pas carta 25/42000.

a Freiberg SE : 7 km per via Labers B – alt. 800 – ✉ **39012** Merano

🏰 **Castel Freiberg** 🛏, ℰ 44196, Telex 401081, Fax 44488, ≤ monti e vallata, ⛴, ⌧, 🔲,
🚗, 🆇 – 📶 ☎ 🖳 ℗ – 🔬 70. 🅰🅴 🆂 ⓞ 🇪 𝘝𝘐𝘚𝘈. 🆊
22 aprile-4 novembre – Pas carta 65/103000 – **35 cam** 🖙 160/270000 – ½ P 200/210000.

🏰 **Fragsburg-Castel Verruca** 🛏, ℰ 244071, Fax 244493, ≤ monti e vallata, « Servizio
rist. estivo in terrazza panoramica », ⌧ riscaldata, 🚗 – ⅙⅙ cam 🖳 ☎ ℗. 🆊 rist
20 aprile-10 novembre – Pas (chiuso venerdì) carta 26/50000 – **18 cam** 🖙 85/160000 –
½ P 60/100000.

Vedere anche : *Lagundo* A.
Marlengo A.
Tirolo A.
Scena A.
Lana (San Vigilio) per S238 : 9 km e 5 mn di funivia A.
Avelengo SE : 15 km per via Val di Nova B.

MERCOGLIANO **83013** Avellino – 9 058 ab. alt. 550 – ✆ 0825.
Roma 242 – Avellino 6 – Benevento 31 – ♦Napoli 53 – Salerno 45.

🏠 **Mercurio,** ℰ 647149, Fax 647584, ≤ – 📶 🖳 ☎ 🚗 ℗ – 🔬 140. 🇪 𝘝𝘐𝘚𝘈. 🆊
Pas (chiuso domenica) carta 28/40000 – **52 cam** 🖙 100/160000 – P 130/150000.

MERCURAGO Novara – Vedere Arona.

MERGOZZO **28040** Novara 𝟿𝟾𝟾 ②, 𝟺𝟸𝟾 E 7 – 2 002 ab. alt. 196 – ✆ 0323.
Roma 670 – Domodossola 28 – ♦Milano 93 – Novara 66 – Stresa 13 – ♦Torino 140 – Verbania 10.

🏠 **Due Palme,** ℰ 80112, Fax 80298, ≤, 🍴, 🌲 – 📶 ⅙⅙ rist 🚗. 🅰🅴 🆂 ⓞ 🇪 𝘝𝘐𝘚𝘈. 🆊
Pas carta 31/56000 – 🖙 10000 – **31 cam** 60/100000 – ½ P 80/90000.

MERONE **22046** Como 𝟺𝟸𝟾 E 9, 𝟤𝟣𝟫 ⑨⑱ – 3 253 ab. alt. 284 – ✆ 031.
Roma 611 – Bellagio 32 – ♦Bergamo 47 – Como 18 – Lecco 19 – ♦Milano 43.

XX **Corazziere,** frazione Baggero ℰ 650141, « Giardino con voliere » – ℗. 🅰🅴 🆂 🇪 𝘝𝘐𝘚𝘈
chiuso martedì ed agosto – Pas carta 30/45000.

MESAGNE **72023** Brindisi 𝟿𝟾𝟾 ㉚ – 30 957 ab. alt. 72 – ✆ 0831.
Roma 574 – ♦Bari 125 – ♦Brindisi 14 – Lecce 42 – ♦Taranto 56.

🏠 **Duepi,** ℰ 734096, Fax 734096 – ☎ 🚗. 🆂 ⓞ 🇪 𝘝𝘐𝘚𝘈
Pas (chiuso venerdì) carta 23/28000 – 🖙 8000 – **14 cam** 40/60000.

MESE Sondrio – Vedere Chiavenna.

MESSINA 🅿 988 ㊲㊳ – Vedere Sicilia alla fine dell'elenco alfabetico.

MESTRE Venezia 988 ⑤, 429 F 18 – alt. 4 – ✉ Venezia Mestre – a.s. 15 marzo-ottobre e Natale – ✪ 041.

e ☞ Cá della Nave (chiuso martedì) a Martellago ✉ 30030 ℘ 5401555, Fax 5401962, per ⑧ : km.

🛬 Marco Polo di Tessera, per ③ : 8 km ℘ 661262.

🚄 ℘ 929472.

rotonda Romea ✉ 30175 ℘ 937764.

A.C.I. via Cà Marcello 67/A ✉ 30172 ℘ 5310362.

oma 522 ⑦ – ◆Milano 259 ⑦ – ◆Padova 32 ⑦ – Treviso 21 ① – ◆Trieste 150 ② – ◆Venezia 9 ④.

Pianta pagina seguente

🏨 **Ambasciatori,** corso del Popolo 221 ✉ 30172 ℘ 5310699, Telex 410445, Fax 5310074 – 🛗 🍴 📺 ☎ 🅿 – 🔏 30 a 130. 🖭 🕙 ⓞ 🄴 𝚅𝙸𝚂𝙰. ⋞⋟
Pas 38/40000 – 🖵 16000 – **97 cam** 142/200000 – ½ P 115/145000.
BY **b**

🏨 **Michelangelo** ⌖ senza rist, via Forte Marghera 69 ✉ 30173 ℘ 986600, Telex 420288, Fax 986052 – 🛗 🍴 📺 ☎ 🕭 ⇌ 🅿 – 🔏 60 a 150. 🖭 🕙 ⓞ 🄴 𝚅𝙸𝚂𝙰
🖵 23000 – **51 cam** 190/260000 appartamenti 500000.
BX **x**

🏨 **Bologna,** via Piave 214 ✉ 30171 ℘ 931000, Telex 410678, Fax 931095 – 🛗 🍴 📺 ☎ 🅿 – 🔏 30 a 180. 🖭 🕙 ⓞ 🄴 𝚅𝙸𝚂𝙰. ⋞⋟
AY **e**
Pas *(chiuso domenica e da Natale al 2 gennaio)* carta 38/60000 – 🖵 15000 – **128 cam** 85/130000 appartamenti 130/180000 – ½ P 100/110000.

🏨 **President** senza rist, via Forte Marghera 99/a ✉ 30173 ℘ 985655, Fax 985655 – 🛗 🍴 📺 ☎ 🕭 ⇌ 🅿. 🖭 🕙 ⓞ 🄴 𝚅𝙸𝚂𝙰. ⋞⋟
BXY **t**
🖵 12000 – **51 cam** 75/115000 appartamento 140000, 🍽 7500.

🏨 **Alexander,** via Forte Marghera 193/c ✉ 30173 ℘ 986788, Telex 420406, Fax 986788 – 🛗 ⋞⋟ cam 🍴 ☎ 🕭 ⇌ 🅿 – 🔏 30 a 100. 🖭 🕙 ⓞ 🄴 𝚅𝙸𝚂𝙰. ⋞⋟
BY **u**
Pas (solo per clienti alloggiati e *chiuso a mezzogiorno*) 30/45000 – 🖵 15000 – **61 cam** 150/200000 – ½ P 100/145000.

🏨 **Plaza,** piazzale Stazione 36 ✉ 30171 ℘ 929388, Telex 410490, Fax 929385 – 🛗 🍴 📺 ☎ 🕭 – 🔏 110. 🖭 🕙 ⓞ 🄴 𝚅𝙸𝚂𝙰. ⋞⋟
AY **f**
Pas carta 32/46000 – 🖵 15000 – **222 cam** 120/160000 appartamento 210000 – ½ P 105/160000.

🏨 **Club Hotel** senza rist, via Villafranca 1 (Terraglio) ✉ 30174 ℘ 957722, Telex 433335 – 🛗 🍴 📺 ☎ 🕭 🅿. 🖭 🕙 ⓞ 🄴 𝚅𝙸𝚂𝙰
BZ **c**
🖵 12000 – **30 cam** 75/115000, 🍽 7500.

🏨 **Venezia,** via Teatro Vecchio 5 ✉ 30171 ℘ 985533, Telex 410693, Fax 985490 – 🛗 🍴 📺 ☎ 🅿. 🖭 🕙 ⓞ 🄴 𝚅𝙸𝚂𝙰. ⋞⋟
BX **z**
Pas (solo per clienti alloggiati e *chiuso a mezzogiorno*) 28000 – 🖵 10000 – **100 cam** 75/110000 – ½ P 85000.

🏨 **Etoile** senza rist, via Pepe 18/20 ✉ 30172 ℘ 974422, Fax 974161 – 🛗 📺 ☎ 🕭 🅿. 🖭 🕙 ⓞ 🄴 𝚅𝙸𝚂𝙰. ⋞⋟
BX **y**
🖵 13000 – **16 cam** 74/116000.

🏩 **Delle Rose** senza rist, via Millosevich 46 ✉ 30173 ℘ 951711, Fax 987133 – 🛗 📺 ☎ 🅿. 🕙 ⓞ 🄴 𝚅𝙸𝚂𝙰. ⋞⋟
BZ **b**
chiuso dal 10 al 28 dicembre – 🖵 10000 – **26 cam** 58/76000.

🏩 **San Giuliano,** via Forte Marghera 193 ✉ 30173 ℘ 957604, Telex 431329, Fax 989004 – 🛗 🍴 ☎ 🕭 🅿. 🖭 🕙 🄴 𝚅𝙸𝚂𝙰. ⋞⋟
BY **g**
Pas *(chiuso da novembre a febbraio)* 27000 – 🖵 10000 – **58 cam** 70/105000 – ½ P 85000.

🏩 **Vivit** senza rist, piazza Ferretto 75 ✉ 30174 ℘ 951385 – ☎ 🅿. 🖭 🕙 ⓞ 🄴 𝚅𝙸𝚂𝙰
BX **a**
🖵 8000 – **19 cam** 60/76000.

🏩 **Piave** senza rist, via Col Moschin 6/10 ✉ 30171 ℘ 929287, Telex 420205 – 🛗 📺 ☎ 🅿
ABY **a**
50 cam 🖵 70/99000.

🏩 **Garibaldi** senza rist, viale Garibaldi 24 ✉ 30173 ℘ 986162 – 🍴 📺 ☎ 🅿. 🖭 🕙 ⓞ 🄴 𝚅𝙸𝚂𝙰. ⋞⋟
BX **b**
🖵 8000 – **29 cam** 60/76000, 🍽 6000.

🏩 **Aurora** senza rist, piazza Giordano Bruno 15 ✉ 30174 ℘ 989188, Fax 989832 – 🛗 🍴 ☎. 🕙 🄴 𝚅𝙸𝚂𝙰. ⋞⋟
BX **s**
🖵 10000 – **27 cam** 80/100000, 🍽 8000.

🏩 **San Carlo** senza rist, via Forte Marghera 131 ✉ 30173 ℘ 970912 – 🛗 🅿. 🖭 🕙 ⓞ 🄴 𝚅𝙸𝚂𝙰
BY **m**
chiuso gennaio – 🖵 8500 – **28 cam** 60/76000.

🏩 **Cris** senza rist, via Monte Nero 3 ✉ 30171 ℘ 926773 – 🍴 ☎ 🅿
AY **m**
🖵 7000 – **14 cam** 34/65000, 🍽 15000.

🍴🍴🍴 **Marco Polo,** via Forte Marghera 67 ✉ 30173 ℘ 989855 – 🍴. 🖭 🕙 ⓞ 🄴 𝚅𝙸𝚂𝙰. ⋞⋟
BX **x**
chiuso domenica – Pas carta 45/65000.

🍴🍴 ✿ **Dall'Amelia-alla Giustizia** con cam, via Miranese 113 ✉ 30171 ℘ 913951, Telex 433258, Fax 913955 – 🍴 📺 ☎. 🖭 🕙 ⓞ 🄴 𝚅𝙸𝚂𝙰. ⋞⋟ rist
AY **c**
Pas *(chiuso mercoledì)* carta 43/71000 – 🖵 9000 – **21 cam** 61/77000, 🍽 6500
Spec. Insalata di capesante rucola e porcini al profumo di aceto balsamico, Tortelli di branzino, Fritto di scampi su letto di zucchine. Vini Prosecco, Pinot nero.

335

MESTRE

0   500 m

A.C.I.

Canale

Marzenego

Canale

TANGENZIALE

Via Gazzera Alta

Miranese

Via

Miranese

Miranese

Nuovo

MARGHERA

Raccordo

STAZIONE

Via Castellana

Via Piave

Via Piraghetto

Miranese

Verdi

V.

Carducci

Flume

Via

Via Cavallotti

Via Pia

Cappuccina

Via Milano

Via Napoli

Corso

Via

Via

Rizzardi

Bandiera

Via Torfolo

Via Fratelli

Canale Osellino

Canale Salso

Viale

S.

Marco

Popolo

Libertà

Torino

Via Calvi

MARGHERA

(inset map)

TREVISO 21 km
S 13

TRIESTE 150
UDINE 119 km
BELLUNO 99 km

CASTELFRANCO VENETO 38 km
SCORZÈ 15 km · S 245

ZELARINO

Via Castellana

Terraglio

Martiri della Libertà

CARPENEDO

V. S. Dona

GAZZERA

BISSUOLA

MIRANO 11 km

PADOVA 32 km

A 4

MARGHERA

Romea

SAN GIULIANO

Strada

PADOVA 35 km S 11

Libertà

PORTO MARGHERA

P (Fusina)   0   1 km

S 309 CHIOGGIA 45 km
RAVENNA 137 km

XX ❀ **Valeriano,** via Col di Lana 18 ✉ 30171 ℘ 926474 – ▦. ⒶⒺ ⓪ 𝘝𝘐𝘚𝘈 AY **p**
chiuso domenica sera, lunedì ed agosto – Pas carta 47/67000 (12%)
Spec. Zuppa di aragosta, Risotto di scampi e fiori di zucca (primavera-estate), Spiedini di scampi. **Vini** Pinot bianco, Merlot.

XX **Ai Glicini,** calle Legrenzi 20 ✉ 30171 ℘ 972574, Coperti limitati; prenotare – ▦. ⒶⒺ 🅢
⓪ Ɛ 𝘝𝘐𝘚𝘈 BX **v**
chiuso domenica – Pas carta 31/48000.

XX **Al Gambero,** via Palazzo 26 ✉ 30174 ℘ 984856, Rist. e piano bar, prenotare – ▦. ⓪
𝘝𝘐𝘚𝘈 BX **s**
chiuso domenica sera (in luglio anche a mezzogiorno), lunedì e dal 7 al 27 agosto – Pas carta 38/58000 (10%).

XX **Hostaria Dante,** via Dante 53 ✉ 30171 ℘ 951000 – ▦. ⒶⒺ 🅢 ⓪ Ɛ 𝘝𝘐𝘚𝘈 BY **x**
chiuso dal 1° al 15 agosto, domenica e in luglio-agosto anche sabato – Pas carta 28/48000.

X **Ai Veterani,** piazza da Re 6 ✉ 30174 ℘ 959378 – ▦. ⒶⒺ 🅢 ⓪ Ɛ 𝘝𝘐𝘚𝘈 ⌘ BX **h**
chiuso domenica e in luglio-agosto anche sabato – Pas carta 25/37000.

X **Da Sandro,** viale Garibaldi 91 ✉ 30174 ℘ 5343452, prenotare – ▦. ⒶⒺ ⓪ 𝘝𝘐𝘚𝘈 ⌘
chiuso giovedì, dal 1° al 15 gennaio e dal 1° al 26 agosto – Pas carta 60/80000. BX **d**

X **Da Bepi,** via Sernaglia 27 ✉ 30171 ℘ 929357 – ⇔ ▦. ⒶⒺ 🅢 ⓪ Ɛ 𝘝𝘐𝘚𝘈 ABY **a**
chiuso domenica – Pas carta 25/40000.

a Marghera S : 1 km – ✉ **30175** Venezia Mestre :

🏨 **MotelAgip,** rotonda Romea 1 ℘ 936900, Telex 223446, Fax 936960 – 🛗 ▦ 📺 ☎ 🕭 Ⓟ
– 🅐 200. ⒶⒺ 🅢 ⓪ Ɛ 𝘝𝘐𝘚𝘈. ⌘ rist BZ **a**
Pas 50000 – **187 cam** ☐ 226000 – ½ P 130/250000.

🏨 **Lugano-Torretta,** via Rizzardi 11 ℘ 936777, Telex 411155, Fax 921979, ⚓ – 🛗 ⇔ cam
▦ 📺 ☎ 🕭 Ⓟ – 🅐 100. ⒶⒺ 🅢 ⓪ Ɛ 𝘝𝘐𝘚𝘈 AY **u**
Pas carta 31/42000 (10%) – ☐ 12000 – **62 cam** 75/115000, ▦ 7500 – ½ P 96/122000.

XX **Autoespresso,** via Fratelli Bandiera 34 ℘ 930214 – ▦ Ⓟ. ⒶⒺ 🅢 ⓪ Ɛ 𝘝𝘐𝘚𝘈. ⌘ AY **k**
chiuso domenica, dal 22 dicembre al 6 gennaio ed agosto – Pas carta 43/66000.

a Chirignago O : 2 km – ✉ **30030** :

XX Tre Garofani, via Assegiano 308 ℘ 991307, ☂.

META 80062 Napoli – 7 432 ab. – a.s. aprile-settembre – ✆ 081.
Roma 253 – Castellammare di Stabia 14 – ♦Napoli 43 – Salerno 45 – Sorrento 5.

X **La Conchiglia,** ℘ 8786402, ≤, « Servizio estivo in terrazza sul mare » – ⒶⒺ 🅢 ⓪ Ɛ 𝘝𝘐𝘚𝘈
chiuso lunedì e dal 10 gennaio al 10 febbraio – Pas carta 25/60000 (12%).

METANOPOLI Milano 🔢 ③ – Vedere San Donato Milanese.

METAPONTO 75010 Matera 🔢 ㉘ – a.s. luglio e agosto – ✆ 0835.
🛈 (giugno-settembre) viale delle Sirene ℘ 741933.
Roma 469 – ♦Bari 114 – ♦Cosenza 157 – Matera 46 – Potenza 110 – ♦Taranto 48.

al lido SE : 2,5 km :

🏠 **Turismo,** ✉ 75010 ℘ 741918, 🏖 – 🛗 ▦ 🍽
aprile-10 ottobre – Pas carta 26/39000 ☐ 6000 – **61 cam** 42/66000 – ½ P 52/61000.

sulla strada statale 106 NO : 4,5 km :

🏨 **Palatinum,** ✉ 75010 ℘ 745312 – 🛗 ▦ 📺 ☎ Ⓟ. ⒶⒺ 🅢 ⓪ Ɛ 𝘝𝘐𝘚𝘈. ⌘
Pas carta 26/42000 – **28 cam** ☐ 72000 – ½ P 55000.

METATO Pisa 🔢 K 13 – Vedere Pisa.

MEZZANA Trento 🔢🔢 D 14, 🔢 ⑱⑲ – 852 ab. alt. 941 – ✉ 38020 Mezzana in Val di Sole
– a.s. febbraio-Pasqua e Natale – Sport invernali : a Marilleva : 925/2 141 m ✂3 ✂9, ✂ a
Mezzana – ✆ 0463.
🛈 via Nazionale 17 ℘ 77134.
Roma 652 – ♦Bolzano 76 – ♦Milano 239 – Passo del Tonale 20.

🏨 **Ravelli,** ℘ 77122, Fax 77467, ≤, 🚗 – 🛗 ☎ 🚐 Ⓟ. ⒶⒺ 🅢 ⓪ 𝘝𝘐𝘚𝘈. ⌘
6 dicembre-10 aprile e 14 giugno-25 settembre – Pas carta 25/41000 – ☐ 8000 – **38 cam**
60/110000 – ½ P 50/90000.

🏨 **Val di Sole,** ℘ 77240, Fax 77240, ≤, 🛁, ≋, 🔲 – 🛗 ☎ 🚐 Ⓟ. 🅢. ⌘
dicembre-20 aprile e giugno-settembre – Pas (solo per clienti alloggiati) 23000 – ☐ 10000
– **48 cam** 42/67000.

🏠 **Eccher,** ℘ 77146, ≤ – ☎ 🚐 Ⓟ. ⌘
➔ *dicembre-aprile e giugno-settembre* – Pas (chiuso venerdì in bassa stagione) carta 18/29000
– **21 cam** ☐ 40/70000 – ½ P 40/65000.

segue →

a Marilleva S : 10 km – alt. 1 453 – ⊠ 38020 Mezzana in Val di Sole :

🏨 **Solaria** 🐾, 🖉 76191, Telex 400876, Fax 76175, ≤ monti e vallata, 🚗, 🔲, 🗇 – 🛗 ☎ **ₚ** – 🏛 30 a 300. 🖭 🖪 ⑩ 𝘝𝘐𝘚𝘈. 🛠
22 dicembre-13 aprile e giugno-settembre – Pas carta 29/46000 – 🖙 9000 – **117 cam**
310000 – ½ P 111/196000.

MEZZANE DI SOTTO 37030 Verona 𝟜𝟚𝟡 F 15 – 1 721 ab. alt. 129 – ✪ 045.
Roma 519 – ♦Milano 173 – ♦Padova 83 – ♦Verona 17 – Vicenza 53.

🍴🍴 **Bacco d'Oro,** 🖉 8880269, « Servizio estivo in giardino » – **ₚ**. 🖭 ⑩. 🛠
chiuso lunedi sera, martedi e dal 10 gennaio al 10 febbraio – Pas carta 30/44000.

MEZZANINO 27040 Pavia – 1 403 ab. alt. 62 – ✪ 0385.
Roma 560 – Alessandria 74 – ♦Milano 50 – Pavia 12 – Piacenza 47.

a Tornello E : 3 km – ⊠ 27040 Mezzanino :

🍴 **Dell'Angelo,** strada statale 🖉 71471 – **ₚ**. 🖭 𝘝𝘐𝘚𝘈
chiuso martedi e dal 25 luglio al 6 agosto – Pas carta 26/38000.

MEZZANO SCOTTI 29020 Piacenza 𝟜𝟚𝟠 H 10 – alt. 257 – ✪ 0523.
Roma 558 – Alessandria 92 – ♦Genova 102 – ♦Milano 111 – Piacenza 46.

🍴 **Costa Filietto** 🐾 con cam, NE : 7 km alt. 600, 🖉 937104 – **ₚ**. 🛠
chiuso al 15 al 30 giugno – Pas *(chiuso martedi)* carta 21/28000 – 🖙 5000 – **12 cam**
36/50000 – ½ P 32/35000.

MEZZOCANALE Belluno – Vedere Forno di Zoldo.

MEZZOCORONA 38016 Trento 𝟜𝟚𝟡 D 15 – 4 243 ab. alt. 219 – ✪ 0461.
Roma 604 – ♦Bolzano 44 – Trento 20.

🍴🍴 **La Cacciatora,** in riva all'Adige SE : 2 km 🖉 650124, 🚗 – ⬜ – 🏛 30. 🖭 🖪 ⑩ 🄴
𝘝𝘐𝘚𝘈. 🛠
chiuso mercoledi e dal 15 al 31 luglio – **Pas** carta 28/41000.

MEZZOLAGO 38060 Trento 𝟜𝟚𝟠 𝟜𝟚𝟡 E 14 – alt. 667 – a.s. Natale – ✪ 0464.
Roma 588 – ♦Brescia 88 – ♦Milano 183 – Trento 63 – ♦Verona 100.

🏠 **Mezzolago,** 🖉 508181, ≤, « Terrazza sul lago », 🚗 – 🛗 **ₚ**. 🛠 rist
chiuso novembre – Pas carta 22/35000 – 🖙 6000 – **36 cam** 25/60000 – ½ P 50000.

MEZZOLOMBARDO 38017 Trento 𝟡𝟠𝟠 ④, 𝟜𝟚𝟡 D 15 – 5 319 ab. alt. 227 – a.s. dicembre-aprile
– ✪ 0461.
Roma 605 – ♦Bolzano 45 – ♦Milano 261 – Trento 21.

🍴🍴 **Al Sole** con cam, via Rotaliana 5 🖉 601103 – 🛗 📺 ☎ **ₚ**. 🖭 🖪 ⑩ 🄴 𝘝𝘐𝘚𝘈
Pas carta 33/56000 – 🖙 6000 – **17 cam** 41/66000 – ½ P 60000.

MIANE 31050 Treviso 𝟜𝟚𝟡 E 18 – 3 288 ab. alt. 259 – ✪ 0438.
Roma 587 – Belluno 37 – ♦Milano 279 – Trento 116 – Treviso 39 – Udine 101 – ♦Venezia 69.

🍴🍴 **Da Gigetto,** 🖉 893126, Fax 893000 – **ₚ**. 🖭. 🛠
chiuso lunedi sera, martedi, dal 1° al 15 gennaio e dal 1° al 15 agosto – Pas carta 35/50000.

MIGLIARA Napoli – Vedere Capri (Isola di) : Anacapri.

MIGLIARO Cremona – Vedere Cremona.

MIGNANEGO 16018 Genova – 3 541 ab. alt. 180 – ✪ 010.
Roma 516 – Alessandria 73 – ♦Genova 19 – ♦Milano 126.

al Santuario della Vittoria NE : 5 km :

🍴🍴 **Belvedere** 🐾 con cam, ⊠ 16010 Giovi 🖉 7792285, ≤ – 🛗 ☎. 🛠
chiuso dal 1° al 15 marzo e dal 10 al 25 settembre – Pas *(chiuso mercoledi)* carta 35/59000
– 🖙 8000 – **9 cam** 45/66000 – ½ P 60/69000.

Les hôtels ou restaurants agréables sont indiqués
dans le guide par un signe rouge.

Aidez-nous en nous signalant les maisons où, par expérience,
vous savez qu'il fait bon vivre.

Votre guide Michelin sera encore meilleur.

🏨🏨🏨 ... 🏠

🍴🍴🍴🍴🍴 ... 🍴

MILANO 20100 🅿 9️⃣8️⃣8️⃣ ③, 4️⃣2️⃣8️⃣ F 9 – 1 449 403 ab. alt. 122 – ✆ 02.

Vedere Duomo★★★ – Museo del Duomo★★ CV M1 – Via e Piazza Mercanti★ – Teatro alla Scala★ - Pinacoteca di Brera★★★ – Castello Sforzesco★★★ : collezioni civiche d'arte★★★ – Parco Sempione★ – Biblioteca Ambrosiana★★ : ritratti★★★ di Gaffurio e Isabella d'Este, cartone preparatorio★★★ di Raffaello nella pinacoteca – Museo Poldi-Pezzoli★★ : profilo di donna★★★ del Pollaiolo – Museo Nazionale della Scienza e della Tecnica Leonardo da Vinci★ AV M2 : galleria Leonardo da Vinci★★ – Chiesa di Santa Maria delle Grazie★ AV A : Ultima Cena★★★ di Leonardo da Vinci – Basilica di Sant'Ambrogio★ AV B : paliotto★★ – Chiesa di Sant'Eustorgio★ BY C : cappella Portinari★★ – Ospedale Maggiore★ DX U – Chiesa di San Maurizio★ BV E – Chiesa di San Lorenzo Maggiore★ BX F – Cupola★ della chiesa di San Satiro CV K.

Dintorni Abbazia di Chiaravalle★ SE : 7 km HN.

🛐 e 🛐 (chiuso lunedi) al Parco di Monza ⊠ 20052 Monza ✆ (039) 303081, Fax (039) 304427, per ② : 20 km;

🛐 Molinetto (chiuso lunedi) a Cernusco sul Naviglio ⊠ 20063 ✆ (02) 9238500, per ⑤ : 14 km;

🛐 Barlassina (chiuso lunedi) a Birago dI Camnago ⊠ 20030 ✆ (0362) 560621, per ① : 26 km;

🛐 (chiuso lunedi) a Zoate di Tribiano ⊠ 20067 ✆ (02) 90632183, SE : 20 km per ⑯;

🛐 Le Rovedine a Noverasco di Opera ⊠ 20090 Opera ✆ (02) 57602730, S : 8 km per via Ripamonti GN.

Autodromo al Parco di Monza per ② : 20 km, ✆ (039) 22366, vedere la pianta di Monza.

🛫 Forlanini di Linate E : 8 km HMN ✆ 74852200 e della Malpensa per ⑫ : 45 km ✆ 74852200 – Alitalia, corso Como 15 ⊠ 20154 ✆ 62818 e via Albricci 5 ⊠ 20122 ✆ 62817.

🚗 ✆ 6690734.

🚆 via Marconi 1 ⊠ 20123 ✆ 809662 – Stazione Centrale ⊠ 20124 ✆ 6690532.

A.C.I. corso Venezia 43 ⊠ 20121 ✆ 77451.

Roma 572 ⑦ – ◆Genève 323 ⑫ – ◆Genova 142 ⑨ – ◆Torino 140 ⑫.

Piante : Milano p. 4 a 11

Alberghi e Ristoranti

(Elenco alfabetico : Milano p. 2 e 3)

Zona urbana nord – Piazza della Repubblica, Stazione Centrale, viale Zara, Stazione Porta Garibaldi, Porta Volta, corso Sempione (Pianta : Milano p. 6 e 7, salvo indicazioni speciali)

🏨🏨🏨🏨 **Principe di Savoia**, piazza della Repubblica 17 ⊠ 20124 ✆ 6230, Telex 310052, Fax 6595838, 🍴 – 🛗 ▤ 📺 ☎ 🔥 🅿 – 🕍 700. 🖭 🕤 ⓞ E 🆅🆂🆄 🛏 rist   DS x
Pas carta 80/124000 – � 25000 – **280 cam** 405/595000 appartamenti 833/1904000.

🏨🏨🏨🏨 **Palace e Rist. Casanova Grill**, piazza della Repubblica 20 ⊠ 20124 ✆ 6336 e rist ✆ 29000803, Telex 311026, Fax 654485 – 🛗 ▤ 📺 ☎ 🔥 🅿 – 🕍 25 a 300. 🖭 🕤 ⓞ E 🆅🆂🆄 🛏 rist   DS t
chiuso agosto – Pas (prenotare; chiuso agosto) carta 90/110000 – ⊠ 26500 – **210 cam** 381/548000 appartamenti 833/1428000.

🏨🏨🏨🏨 **Excelsior Gallia**, piazza Duca d'Aosta 9 ⊠ 20124 ✆ 6785, Telex 311160, Fax 656306, 🎱 , 🍴 – 🛗 ▤ 📺 ☎ – 🕍 500. 🖭 🕤 ⓞ E 🆅🆂🆄 🛏   DR a
Pas carta 85/136000 – ⊠ 20500 – **260 cam** 423/566000 appartamenti 833/1428000.

🏨🏨🏨🏨 **Milano Hilton**, via Galvani 12 ⊠ 20124 ✆ 69831, Telex 330433, Fax 6071904 – 🛗 ▤ 📺 ☎ 🔥 🍴 – 🕍 250. 🖭 🕤 ⓞ E 🆅🆂🆄 🛏   DR t
Pas carta 64/107000 – ⊠ 18500 – **332 cam** 460/560000 appartamenti 1140/1750000.

🏨🏨🏨 **Duca di Milano**, piazza della Repubblica 13 ⊠ 20124 ✆ 6284, Telex 325026 – 🛗 ▤ 📺 ☎ – 🕍 30. 🖭 🕤 ⓞ E 🆅🆂🆄 🛏 rist   DS v
Pas 75/100000 – ⊠ 28000 – **60 cam** 393/572000.

🏨🏨🏨 **Michelangelo**, via Scarlatti 33 ⊠ 20124 ✆ 6755, Telex 340330, Fax 6694232 – 🛗 🔌 cam ▤ 📺 ☎ 🔥 – 🕍 250. 🖭 🕤 ⓞ E 🆅🆂🆄 🛏   DR c
Pas carta 85/115000 – **250 cam** ⊠ 340/470000 appartamenti 940000.

🏨🏨🏨 **Executive**, viale Luigi Sturzo 45 ⊠ 20154 ✆ 6294, Telex 310191, Fax 653240 – 🛗 ▤ 📺 ☎ 🔥 🔌 – 🕍 25 a 800. 🖭 🕤 ⓞ E 🆅🆂🆄 🛏 rist   CRS v
Pas (chiuso venerdi) carta 63/95000 – **414 cam** ⊠ 390000 appartamenti 600000. ┃

🏨🏨🏨 **Anderson** senza rist, piazza Luigi di Savoia 20 ⊠ 20124 ✆ 6690141, Telex 321018, Fax 6690331 – 🛗 ▤ 📺 ☎ 🔥 🖭 🕤 ⓞ E 🆅🆂🆄   DR v
chiuso agosto – ⊠ 18000 – **106 cam** 188/240000 appartamenti 310000.

🏨🏨🏨 **Jolly Hotel Touring**, via Tarchetti 2 ⊠ 20121 ✆ 6335, Telex 320118, Fax 6592209 – 🛗 ▤ 📺 ☎ – 🕍 120. 🖭 🕤 ⓞ E 🆅🆂🆄 🛏 rist   DT v
Pas 60000 – **270 cam** ⊠ 310/390000 – ½ P 255/370000.

🏨🏨 **Splendido**, viale Andrea Doria 4 ⊠ 20124 ✆ 6789, Telex 321413, Fax 656874 – 🛗 ▤ 📺 ☎ – 🕍 25 a 100. 🖭 🕤 ⓞ E 🆅🆂🆄 🛏 rist   DR x
Pas carta 40/55000 – **156 cam** ⊠ 240/280000 – ½ P 180/295000.

🏨🏨 **Royal** senza rist, via Cardano 1 ⊠ 20124 ✆ 6709151, Telex 333167, Fax 6703024 – 🛗 🔌 ▤ 📺 ☎ – 🕍 40. 🖭 🕤 ⓞ E 🆅🆂🆄   DR b
chiuso agosto – ⊠ 20000 – **215 cam** 215/275000.

🏨🏨 **Atlantic** senza rist, via Napo Torriani 24 ⊠ 20124 ✆ 6691941, Telex 321451, Fax 6706533 – 🛗 ▤ 📺 ☎ 🔌 – 🕍 25. 🖭 🕤 ⓞ E 🆅🆂🆄   DS q
62 cam ⊠ 200/300000.

ELENCO ALFABETICO DEGLI ALBERGHI E RISTORANTI

Entrez au restaurant le guide à la main et posez-le sur la table.

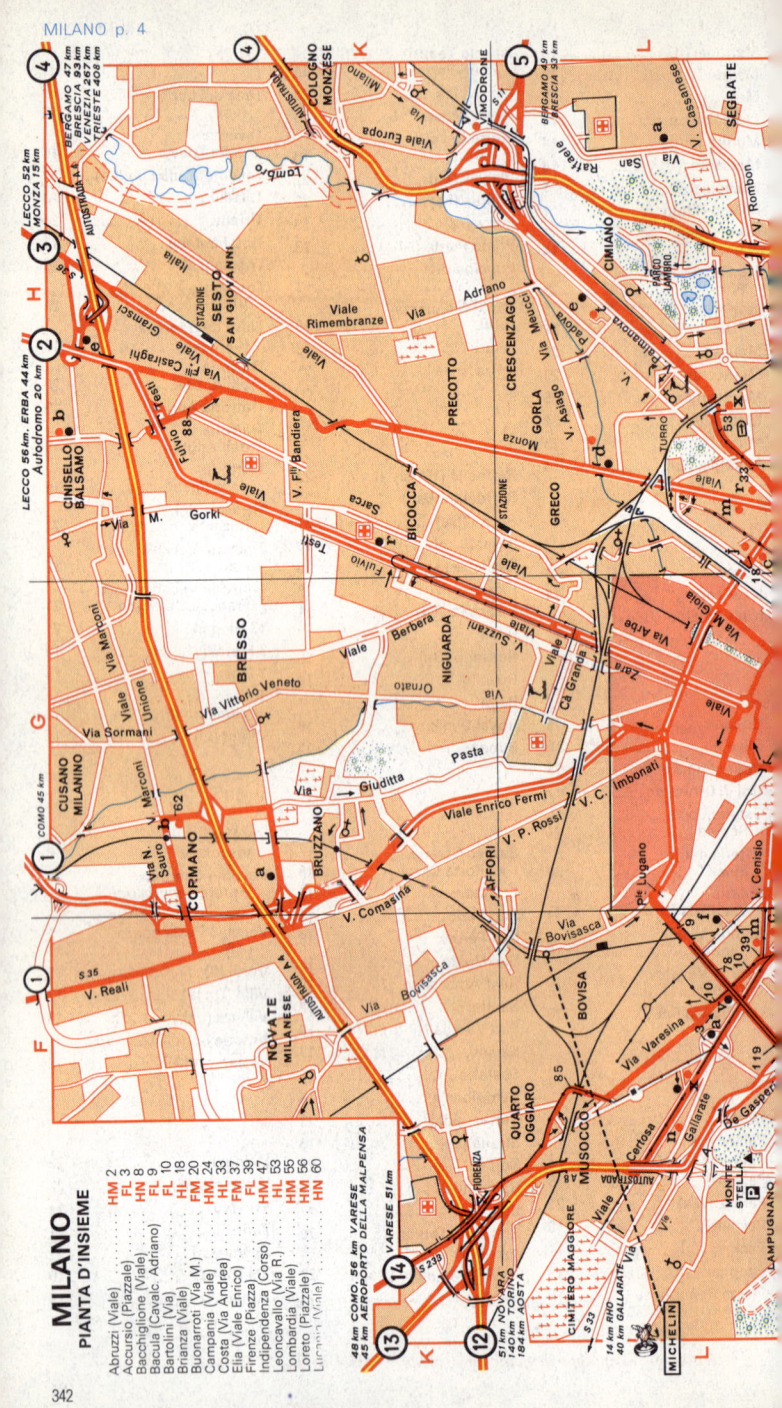

MILANO
PIANTA D'INSIEME

342

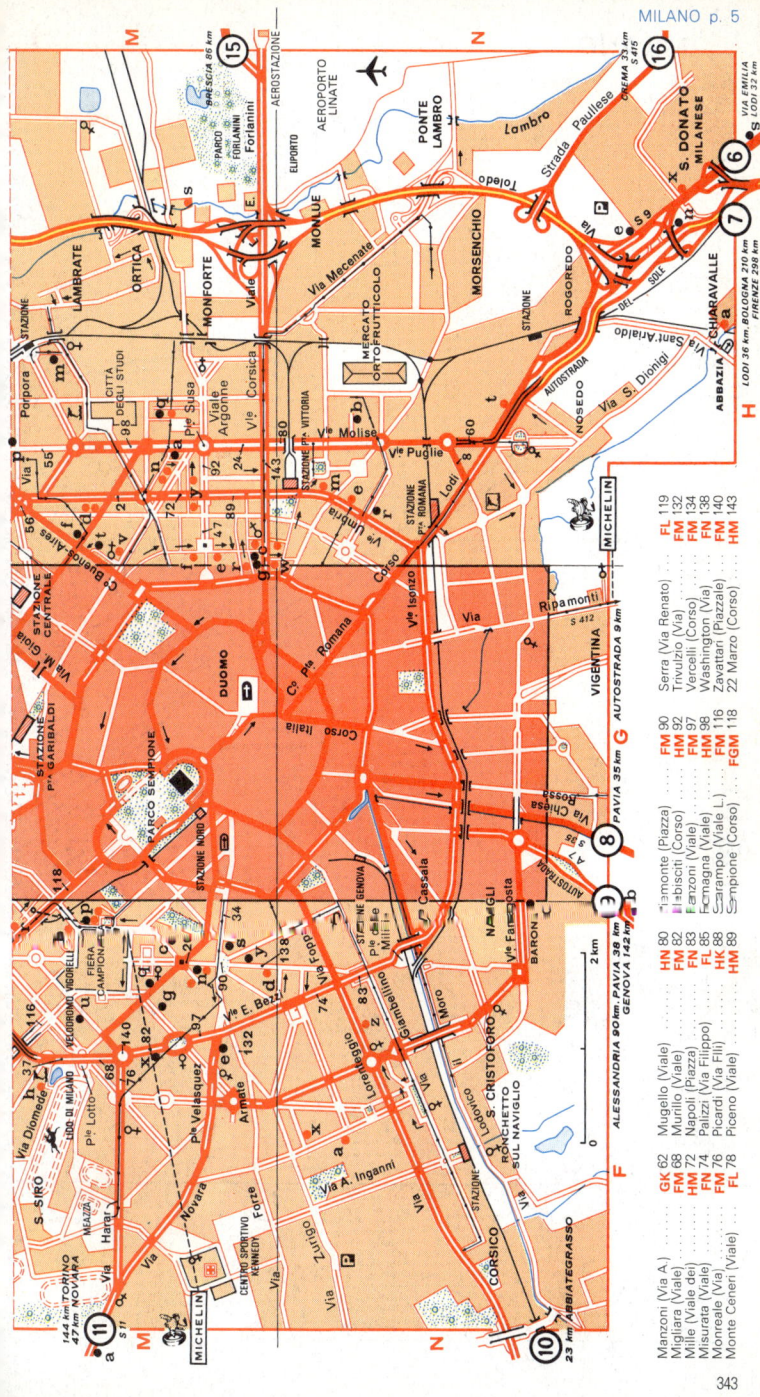

MILANO

Vedere indice toponomastico,
Milano p. 12 e 13.

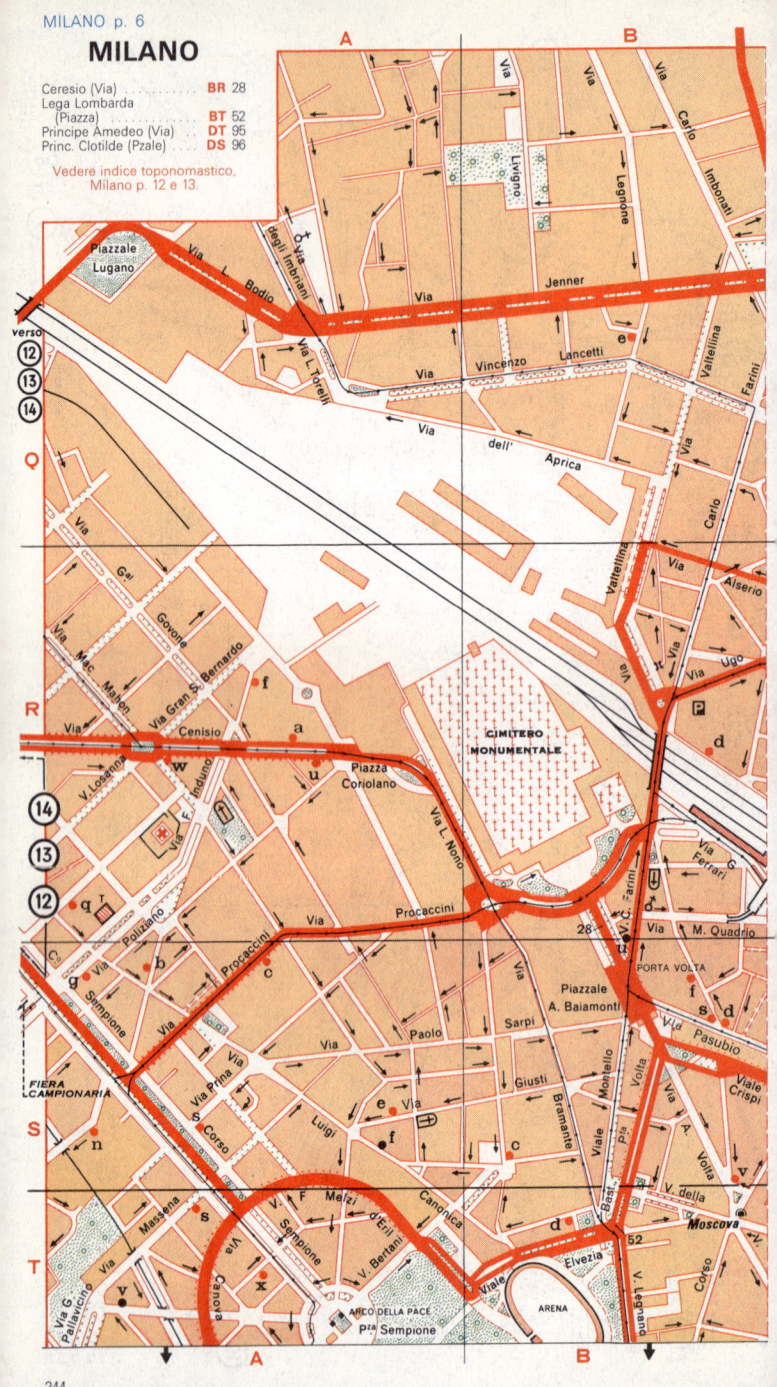

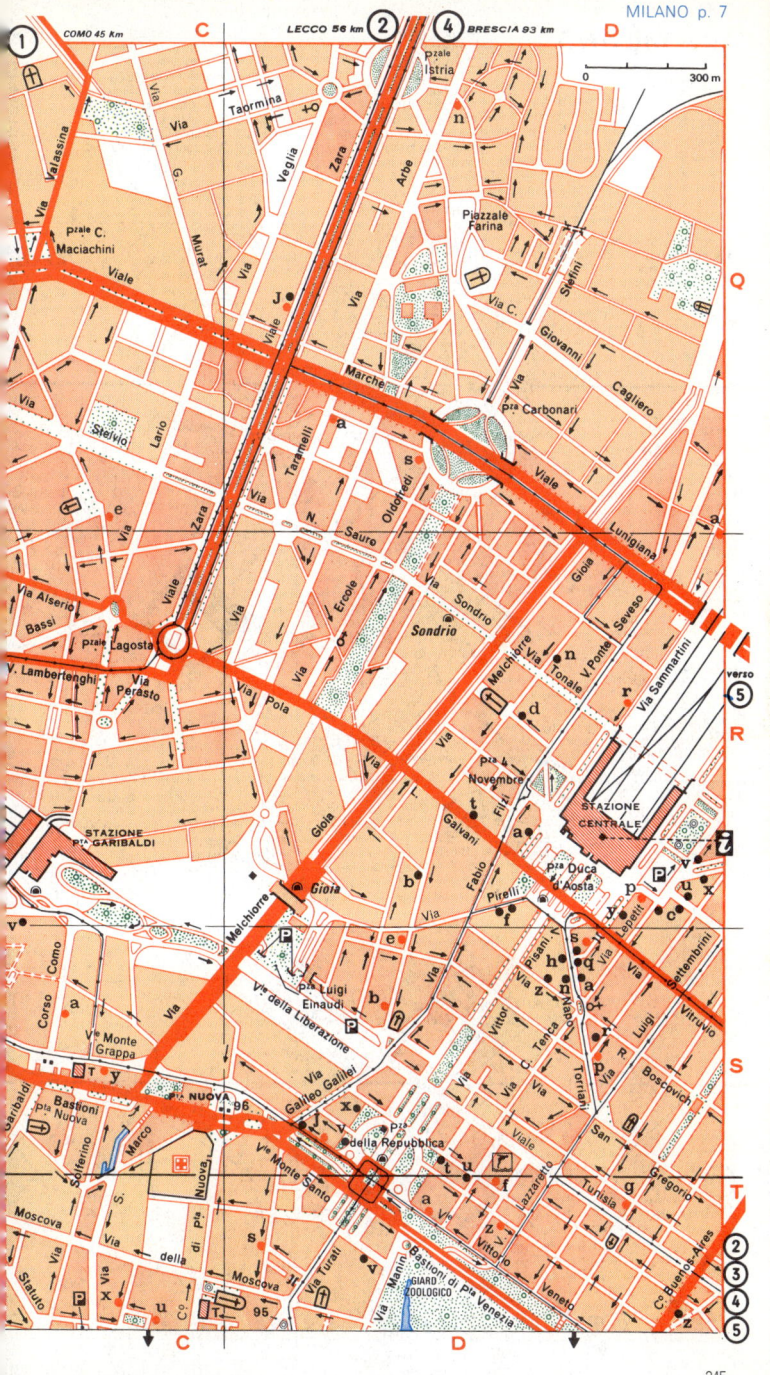

MILANO

★ PARCO SEMPIONE
★★★ CASTELLO SFORZESCO
★★ BIBLIOTECA
    AMBROSIANA

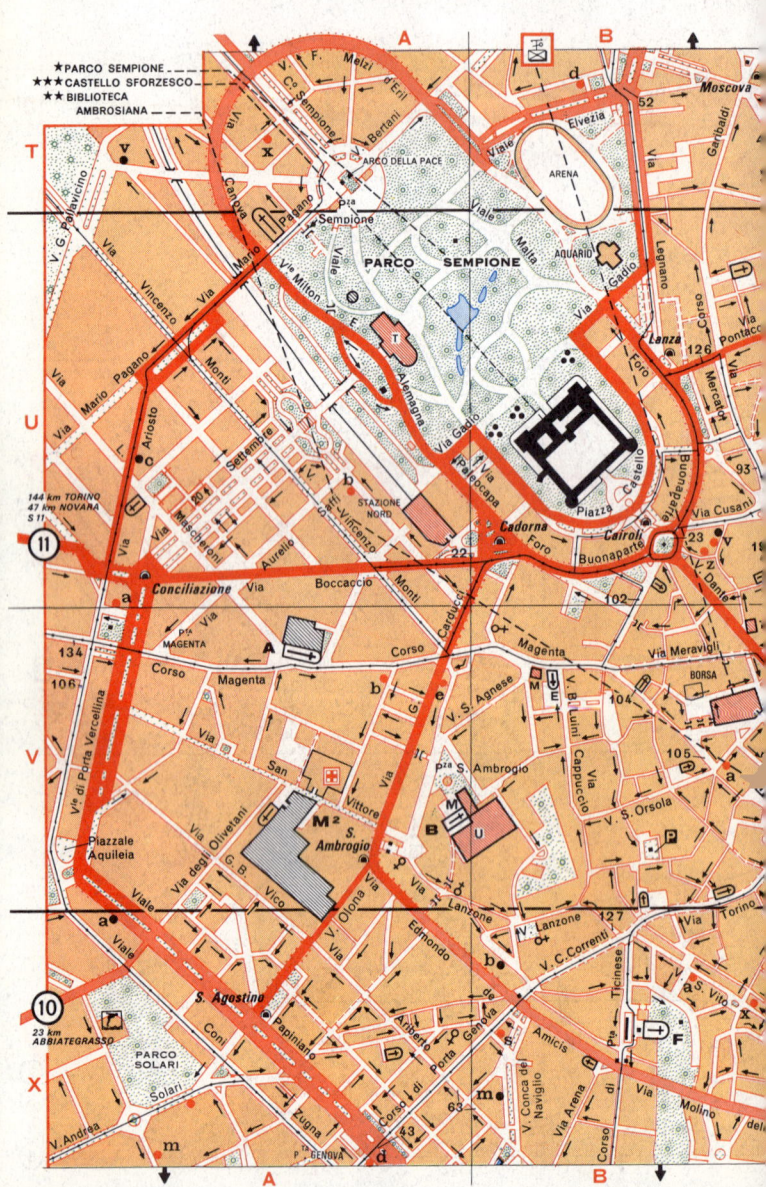

Vedere indice toponomastico,
Milano p. 12 e 13.

347

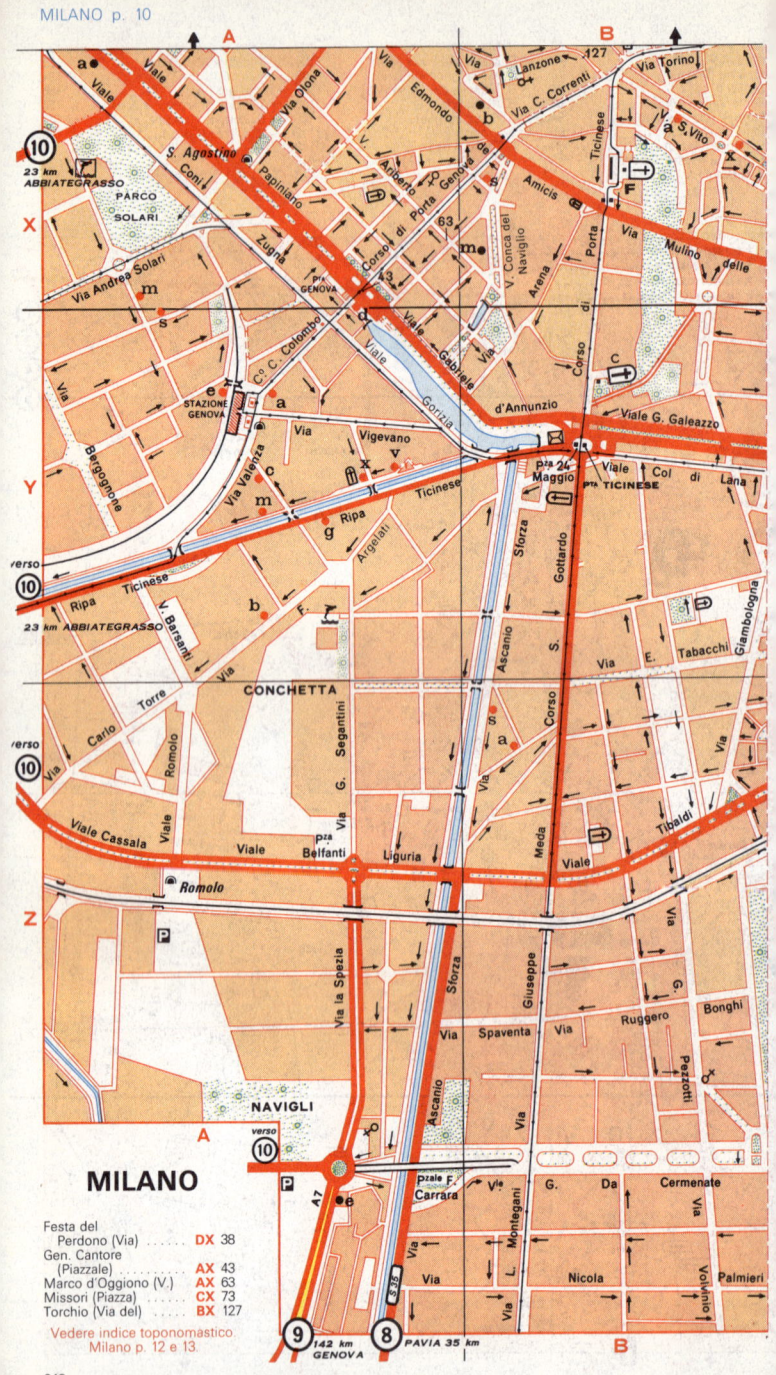

MILANO

Vedere indice toponomastico Milano p. 12 e 13.

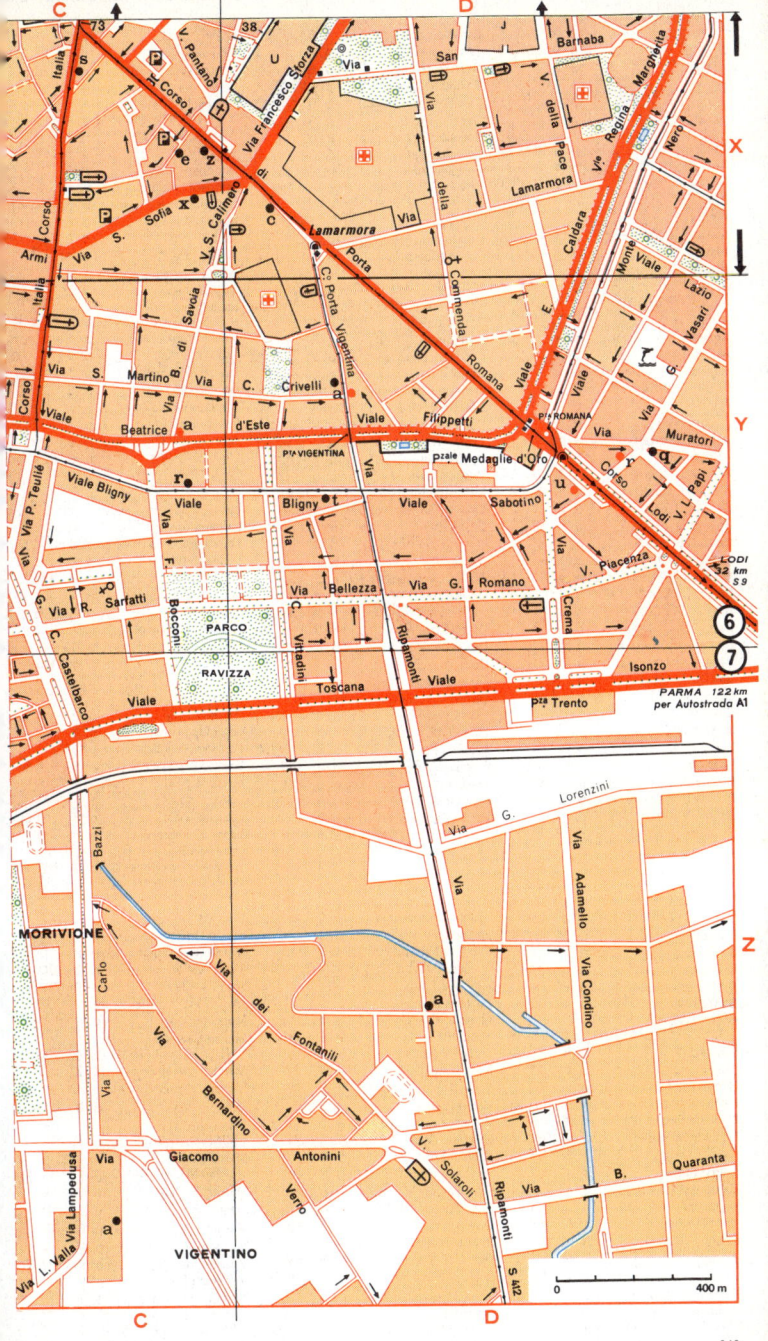

Madison senza rist, via Gasparotto 8 ⊠ 20124 ℰ 6085991, Telex 326543, Fax 6887821 –
▐ ▤ 📺 ☎ – 🔺 100. ⌶ 🛐 ⓓ 🄴 𝕍𝕀𝕊𝔸   **DR d**
92 cam ⊑ 190/280000 appartamenti 300/400000.

Berna senza rist, via Napo Torriani 18 ⊠ 20124 ℰ 6691441, Telex 334695, Fax 6693892 –
▐ ▤ 📺 ☎ – 🔺 30 a 60. ⌶ 🛐 ⓓ 🄴 𝕍𝕀𝕊𝔸. ⋇   **DS a**
⊑ 18000 – **83 cam** 160/220000.

Auriga senza rist, via Pirelli 7 ⊠ 20124 ℰ 66985851, Telex 350146, Fax 66980698 – ▐ ▤
📺 ⓓ – 🔺 25. ⌶ 🛐 ⓓ 🄴 𝕍𝕀𝕊𝔸. ⋇   **DR f**
chiuso agosto – ⊑ 18000 – **65 cam** 175/215000.

Windsor, via Galilei 2 ⊠ 20124 ℰ 6346, Telex 330562, Fax 6590663 – ▐ ▤ 📺 ☎ – 🚗
– 🔺 40   **DS j**
Pas (chiuso sabato) 30000 – **118 cam** ⊑ 194/242000 appartamenti 302000 – ½ P 142/224000.

Mediolanum senza rist, via Mauro Macchi 1 ⊠ 20124 ℰ 6705312, Telex 310448, Fax
66981921 – ▐ ▤ 📺 ☎ 🔺 🛐 ⌶ 🛐 🄴 𝕍𝕀𝕊𝔸   **DS r**
52 cam ⊑ 174/263000.

Bristol senza rist, via Scarlatti 32 ⊠ 20124 ℰ 6694141, Fax 6702942 – ▐ ▤ 📺 ☎ –
🔺 50. ⌶ 🛐 ⓓ 🄴 𝕍𝕀𝕊𝔸   **DR u**
chiuso agosto – ⊑ 20000 – **71 cam** 203/270000.

Mini Hotel Aosta, senza rist, piazza Duca d'Aosta 16 ⊠ 20124 ℰ 6691951, Telex 333578,
Fax 6696215 – ▐ ▤ 📺 ☎   **DR y**
63 cam.

Augustus ⥾ senza rist, via Napo Torriani 29 ⊠ 20124 ℰ 66988271, Telex 333112, Fax
6703096 – ▐ ▤ 📺 ☎ – 🔺 ⌶ 🛐 ⓓ 🄴 𝕍𝕀𝕊𝔸   **DS h**
chiuso dal 23 dicembre al 5 gennaio e dal 5 al 25 agosto – **56 cam** ⊑ 127/188000.

Europeo senza rist, via Canonica 38 ⊠ 20154 ℰ 3314751, Fax 33105410, 🚜 – ▐ ▤ 📺
☎ – 🚗 – 🔺 25. ⌶ 🛐 🄴 𝕍𝕀𝕊𝔸   **AS f**
chiuso agosto – **45 cam** ⊑ 125/220000.

Lancaster senza rist, via Abbondio Sangiorgio 16 ⊠ 20145 ℰ 315602, Fax 344649 – ▐ ▤
📺 ☎. ⌶ 🛐 🄴 𝕍𝕀𝕊𝔸   **AT v**
chiuso agosto – **30 cam** ⊑ 125/220000.

New York senza rist, via Pirelli 5 ⊠ 20124 ℰ 66985551, Telex 325057, Fax 6697267 – ▐ ▤
▤ 📺 ☎ – 🔺 40. ⌶ 🛐 ⓓ 🄴 𝕍𝕀𝕊𝔸. ⋇   **DR f**
chiuso dal 24 dicembre al 5 gennaio e dal 1° al 28 agosto – ⊑ 15000 – **70 cam** 106/151000.

Sempione, via Finocchiaro Aprile 11 ⊠ 20124 ℰ 6570323, Telex 340498, Fax 6575379 –
▐ ⥾ ▤ 📺 ⌶ 🛐 🄴 𝕍𝕀𝕊𝔸. ⋇ rist   **DST u**
Pas vedere rist Piazza Repubblica – ⊑ 18000 – **39 cam** 100/140000 – ½ P 120000.

Florida senza rist, via Lepetit 33 ⊠ 20124 ℰ 6705921, Telex 314102, Fax 6692867 – ▐ ▤
📺 ☎. ⌶ 🛐 ⓓ 🄴 𝕍𝕀𝕊𝔸   **DR c**
⊑ 20000 – **52 cam** 96/138000.

Bolzano senza rist, via Boscovich 21 ⊠ 20124 ℰ 6691451, Fax 6691455, 🚜 – ▐ ▤ 📺
☎. 🛐 ⓓ 🄴 𝕍𝕀𝕊𝔸. ⋇   **DS z**
⊑ 15000 – **35 cam** 100/140000.

San Carlo senza rist, via Napo Torriani 28 ⊠ 20124 ℰ 656336, Telex 314324, Fax 6703116
– ▐ ▤ 📺 ☎. ⌶ 🛐 ⓓ 🄴 𝕍𝕀𝕊𝔸   **DS s**
75 cam ⊑ 118/176000.

San Guido senza rist, via Carlo Farini 1/a ⊠ 20154 ℰ 6552261, Fax 6572890 – ▐ ▤ ☎.
⌶ 🛐 🄴 𝕍𝕀𝕊𝔸. ⋇   **BRS u**
⊑ 10000 – **31 cam** 103/146000.

Club Hotel senza rist, via Copernico 18 ⊠ 20125 ℰ 606128, Telex 323816, Fax 6682271
– ▐ ▤ 📺 ☎. ⌶ 🛐 𝕍𝕀𝕊𝔸   **DR n**
chiuso agosto – ⊑ 15000 – **53 cam** 98/145000.

Gala senza rist, viale Zara 89 ⊠ 20159 ℰ 66800891, Fax 66800463 – ▐ ▤ ☎ ⓟ –
🔺 30. ⌶ 🛐 ⓓ 🄴 𝕍𝕀𝕊𝔸   **DQ j**
chiuso agosto – ⊑ 15000 – **23 cam** 93/133000.

Canova senza rist, via Napo Torriani 15 ⊠ 20124 ℰ 66988181, Telex 324215, Fax 656392
– ▐ ▤ 📺 ☎. ⌶ 🛐 ⓓ 🄴 𝕍𝕀𝕊𝔸   **DS n**
⊑ 12000 – **62 cam** 109/145000.

XXX ⊛ **Alfredo-Gran San Bernardo,** via Borgese 14 ⊠ 20154 ℰ 3319000, Specialità
milanesi, prenotare – ▤. ⌶ 🛐 ⓓ 🄴 𝕍𝕀𝕊𝔸   **AR f**
chiuso domenica ed agosto – Pas carta 58/76000
Spec. Risotto alla milanese ed al salto, Ossobuco in cremolata, Costoletta alla milanese. Vini Lugana,
Franciacorta rosso.

XXX **Gianni e Dorina,** via Pepe 38 ⊠ 20159 ℰ 606340, 😠, solo su prenotazione – ▤. ⌶
⋇   **BR d**
chiuso sabato a mezzogiorno, domenica e dal 25 luglio al 15 settembre – Pas carta 40/65000
(10%).

XXX **China Club,** via Giusti 34 ⊠ 20154 ℰ 33104309, prenotare – ▤   **AS e**
chiuso martedì, dal 24 dicembre al 2 gennaio ed agosto – Pas carta 45/70000.

XXX **Dall'Antonio,** via Cenisio 8 ✉ 20154 ✆ 33101511, Coperti limitati; prenotare – 🍽. 🅰🅴
🆂 ⓞ 𝗩𝗜𝗦𝗔 ✻ AR a
chiuso domenica ed agosto – Pas carta 75/90000.

XXX **3 Pini,** via Tullo Morgagni 19 angolo via Arbe ✉ 20125 ✆ 6898464, prenotare, « Servizio
estivo sotto un pergolato » – 🅰🅴 🆂 ⓞ 𝗘 𝗩𝗜𝗦𝗔 DQ n
chiuso sabato, domenica sera, dal 25 dicembre al 4 gennaio e dal 5 al 31 agosto – Pas
carta 40/60000.

XX ✿ **A Riccione,** via Taramelli 70 ✉ 20124 ✆ 6686807, Specialità di mare, prenotare – 🍽.
🅰🅴 🆂 ⓞ 𝗘 𝗩𝗜𝗦𝗔 DQ a
chiuso lunedì – Pas carta 85/105000.
Spec. Pasta fresca con sugo di pesce, Paella valenciana o di solo pesce, Grigliata mista alla brace. Vini del
Collio.

XX **Joia,** via Panfilo Castaldi 18 ✉ 20124 ✆ 222124, Cucina vegetariana – ⟷ rist 🍽. 🅰🅴 🆂
ⓞ 𝗘 𝗩𝗜𝗦𝗔 DT z
chiuso sabato a mezzogiorno, domenica e dal 1° al 21 agosto – Pas carta 30/60000.

XX **Cavallini,** via Mauro Macchi 2 ✉ 20124 ✆ 6693174, 🏠 – 🍽. 🅰🅴 🆂 ⓞ 𝗘 𝗩𝗜𝗦𝗔 ✻
chiuso sabato, domenica, dal 22 dicembre al 4 gennaio e dal 3 al 23 agosto – Pas
carta 28/53000 (12%) DS p

XX **La Buca,** via Antonio da Recanate ang. via Napo Torriani ✉ 20124 ✆ 6693176 – 🍽. 🅰🅴
🆂 ⓞ 𝗘 𝗩𝗜𝗦𝗔 ✻ DS s
chiuso venerdì sera, sabato, dal 25 dicembre al 6 gennaio ed agosto – Pas carta 40/79000.

XX Il Tronco-da Vitaliano, via Thaon di Revel 10 ✉ 20159 ✆ 606072 – 🍽 CQ e

XX **La Torre del Mangia,** via Procaccini 37 ✉ 20154 ✆ 314871, prenotare – 🍽. 🅰🅴 🆂 𝗘
𝗩𝗜𝗦𝗔. ✻ AS c
chiuso domenica sera e lunedì – Pas carta 38/67000.

XX **Le 5 Terre,** via Appiani 9 ✉ 20121 ✆ 653034, Specialità di mare – 🍽. 🅰🅴 🆂 ⓞ 𝗘 𝗩𝗜𝗦𝗔
chiuso sabato a mezzogiorno, domenica e dall'8 al 22 agosto – Pas carta 54/79000. DT s

XX **Olivo 2,** viale Monte Santo 2 ✉ 20124 ✆ 653846 – 🍽. 🅰🅴 🆂 ⓞ 𝗘 𝗩𝗜𝗦𝗔
chiuso sabato, domenica e dal 10 al 22 agosto – Pas carta 48/66000. DS j

XX **Al Garibaldi,** viale Monte Grappa 7 ✉ 20124 ✆ 6598006 – 🍽. 🅰🅴 🆂 ⓞ 𝗩𝗜𝗦𝗔 CS x
chiuso venerdì – Pas carta 47/71000.

XX **Trattoria Vecchia Arena,** piazza Lega Lombarda 1 ✉ 20154 ✆ 3315538, Coperti limitati;
prenotare – 🍽 BT d

XX **Piazza Repubblica,** via Manunzio 11 ✉ 20124 ✆ 6552715 – 🍽. 🅰🅴 🆂 𝗘 𝗩𝗜𝗦𝗔 DT f
chiuso sabato mezzogiorno, domenica e dal 5 al 19 agosto – Pas carta 35/53000.

XX **Alla Cucina delle Langhe,** corso Como 6 ✉ 20154 ✆ 6554279, Specialità piemontesi
– 🅰🅴 ⓞ 𝗩𝗜𝗦𝗔. ✻ CS a
chiuso domenica ed agosto – Pas carta 42/59000.

XX **San Fermo,** via San Fermo della Battaglia 1 ✉ 20121 ✆ 29000901 – ⟷ 🅰🅴 🆂 𝗩𝗜𝗦𝗔
chiuso domenica, lunedì sera, dal 1° al 7 gennaio e dal 1° al 20 agosto – Pas carta 40/60000
CT x

XX **Montecristo,** corso Sempione angolo via Prina ✉ 20154 ✆ 312760, Fax 312760,
Specialità di mare – 🍽. 🅰🅴 🆂 ⓞ 𝗘 𝗩𝗜𝗦𝗔. ✻ AS s
chiuso martedì, sabato a mezzogiorno, dal 25 dicembre al 2 gennaio ed agosto – Pas
carta 57/83000.

XX **Il Verdi,** piazza Mirabello 5 ✉ 20121 ✆ 6590797 – 🍽 CT u
*chiuso sabato a mezzogiorno, domenica, dal 23 dicembre al 1° gennaio e dall'11 al 31
agosto* – Pas carta 42/71000 (13%).

XX **Giglio Rosso,** piazza Luigi di Savoia 2 ✉ 20124 ✆ 6694174, 🏠 – 🍽. 🅰🅴 🆂 ⓞ 𝗘 𝗩𝗜𝗦𝗔
chiuso domenica a mezzogiorno, dal 24 dicembre al 6 gennaio ed agosto – Pas
carta 35/58000 (12%) DR p

XX **Al Vecchio Passeggero,** via Gherardini 1 ✉ 20145 ✆ 312461 – 🍽. ⓞ 𝗩𝗜𝗦𝗔 AT x
*chiuso sabato a mezzogiorno, domenica, dal 26 dicembre al 1° gennaio e dal 1° al 26
agosto* – Pas carta 30/54000.

XX **La Tana del Lupo,** viale Vittorio Veneto 30 ✉ 20124 ✆ 6599006, Rist. tipico con
specialità venete – 🆂 𝗩𝗜𝗦𝗔 DT a
chiuso a mezzogiorno, domenica, dal 1° al 7 gennaio ed agosto – Pas 48000 bc.

XX **Il Palio,** piazza Diocleziano ang. via San Galdino ✉ 20154 ✆ 33600687, 🏠, Rist. toscano
– 🍽. 🅰🅴 🆂 ⓞ 𝗘 𝗩𝗜𝗦𝗔 AR w
chiuso sabato e dal 6 al 28 agosto – Pas carta 32/47000.

XX **Buriassi-da Lino,** via Lecco 15 angolo via Casati ✉ 20124 ✆ 228227, prenotare la sera
– 🍽. 🅰🅴 𝗩𝗜𝗦𝗔 DT g
chiuso sabato a mezzogiorno, domenica e dal 7 al 24 agosto – Pas carta 34/63000.

XX **Casa Fontana,** piazza Carbonari 5 ✉ 20125 ✆ 6892684, Coperti limitati; prenotare – 🍽.
🅰🅴 🆂 𝗘 𝗩𝗜𝗦𝗔. ✻ DQ s
*chiuso dal 5 al 27 agosto, lunedì, sabato a mezzogiorno, in luglio anche sabato sera e
domenica* – Pas carta 46/68000.

XX **Taverna della Trisa,** via Francesco Ferruccio 1 ⊠ 20145 ℘ 341304, ☼, Specialit
trentine – ⑧ 𝖵𝖨𝖲𝖠
chiuso lunedi ed agosto – Pas carta 37/55000.
AS

XX **Vecchia Viscontea,** via Giannone 10 ⊠ 20154 ℘ 3315372, ☼
BS

XX **Terzilio,** via Gluck 10 ⊠ 20125 ℘ 66982898, « Servizio estivo in giardino » – 𝖠𝖤 ⑧ ⑩
𝖤 𝖵𝖨𝖲𝖠
chiuso lunedi, martedi a mezzogiorno ed agosto – Pas carta 33/49000.
DQR

XX **Le Pietre Cavate,** via Castelvetro 14 ⊠ 20154 ℘ 344704 – 🍽. 𝖠𝖤 ⑧ ⑩ 𝖤 𝖵𝖨𝖲𝖠
%
chiuso mercoledi, giovedi a mezzogiorno e dal 30 luglio al 29 agosto – Pas carta 34/60000
AR

XX **Le Colline Pisane,** largo La Foppa 5 ⊠ 20121 ℘ 6599136, Rist. toscano – 𝖠𝖤 ⑧ ⑩ 𝖤
𝖵𝖨𝖲𝖠
chiuso domenica ed agosto – Pas carta 34/49000.
BS

XX **Altopascio,** via Gustavo Fara 17 ⊠ 20124 ℘ 6702458, Rist. toscano – 🍽. 𝖠𝖤 ⑧ ⑩ 𝖤
𝖵𝖨𝖲𝖠. %
chiuso sabato, domenica a mezzogiorno ed agosto – Pas carta 33/53000.
DS

XX **Da Fumino,** via Bernina 43 ⊠ 20158 ℘ 606872, ☼, Trattoria toscana – 🍽. 𝖠𝖤 ⑧ ⑩
𝖤 𝖵𝖨𝖲𝖠
chiuso sabato a mezzogiorno, domenica ed agosto – Pas carta 36/60000.
BQ

XX **Piccolo Teatro-Fuori Porta,** viale Pasubio 8 ang. via Bonnet ⊠ 20154 ℘ 6572105,
prenotare – 🍽. 𝖠𝖤 ⑧ ⑩ 𝖤 𝖵𝖨𝖲𝖠
chiuso domenica e dal 10 al 17 agosto – Pas carta 45/63000.
BS

X **Arrow,** via Mussi 13 ⊠ 20154 ℘ 341533, Coperti limitati; prenotare – 🍽. 𝖠𝖤 ⑧ ⑩ 𝖤
𝖵𝖨𝖲𝖠. %
chiuso domenica ed agosto – Pas carta 50/75000.
AS

X **La Villetta,** viale Zara 87 ⊠ 20159 ℘ 6891981, ☼
chiuso lunedi sera, martedi ed agosto – Pas carta 30/40000.
DQ

X **Da Rossano,** via Maroncelli 15 ⊠ 20154 ℘ 6571856, Trattoria toscana – 🍽. 𝖠𝖤 ⑧ ⑩
𝖤 𝖵𝖨𝖲𝖠. %
chiuso sabato – Pas carta 26/56000.
BS

X **Trattoria della Pesa,** viale Pasubio 10 ⊠ 20154 ℘ 6555741, Tipica trattoria vecchia
Milano con cucina lombarda – 🍽
chiuso domenica ed agosto – Pas carta 37/58000.
BS

X **Osteria Veneta dei Bana,** via Cenisio 70 ⊠ 20154 ℘ 33101352 – 𝖤
chiuso sabato, agosto e Natale – Pas carta 28/39000   Milano p. 4 FL

X **La Sirena,** via Poliziano 10 ⊠ 20154 ℘ 33603011, Rist. con specialità di mare – 🍽. ⑧
𝖤 𝖵𝖨𝖲𝖠. %
chiuso domenica e dal 1° al 21 agosto – Pas carta 25/55000.
AS

X **Pechino,** via Cenisio 7 ⊠ 20154 ℘ 33101668, Rist. cinese con cucina pechinese,
prenotare – 🍽
chiuso lunedi, dal 20 dicembre al 4 gennaio e dal 15 luglio al 22 agosto – Pas carta 32/45000
(12%).
AR

X **Dalla Zia,** via Gustavo Fara 5 ⊠ 20124 ℘ 66987081, Trattoria toscana, Coperti limitati;
prenotare – 𝖠𝖤 ⑩
chiuso sabato, domenica a mezzogiorno e dal 1° al 28 agosto – Pas carta 35/54000.
DS

X **Da Gori,** via Sammartini 21 ⊠ 20125 ℘ 6081607, Trattoria toscana – 🍽. ⑧ 𝖤 𝖵𝖨𝖲𝖠
chiuso sabato, domenica sera, dal 24 dicembre al 6 gennaio ed agosto – Pas carta 37/
57000
DR

Zona centrale – Duomo, Scala, Parco Sempione, Castello Sforzesco, Giardini Pubblici,
corso Venezia, via Manzoni, Stazione Nord, corso Magenta, Porta Vittoria (Pianta : Milano
p. 8 e 9)

🏨 **Jolly Hotel President,** largo Augusto 10 ⊠ 20122 ℘ 7746, Telex 312054, Fax 783449 –
🛗 ⇔ cam 🍽 📺 ☎ ⑤ – 🔒 30 a 100. 𝖠𝖤 ⑧ ⑩ 𝖤 𝖵𝖨𝖲𝖠. % rist
Pas 60000 – **220 cam** ⊊ 350/420000 – ½ P 270/410000.
DV

🏨 **Gd H. Duomo,** via San Raffaele 1 ⊠ 20121 ℘ 8833, Telex 312086, Fax 872752 – 🛗 🍽
📺 ☎. ⑧ 𝖤 𝖵𝖨𝖲𝖠. %
– Pas (solo per clienti alloggiati) carta 40/61000 – ⊊ 20000 – **160 cam** 260/360000
appartamenti 520/580000 – ½ P 240/320000.
CV

🏨 **Brunelleschi e Rist. Le Volte,** via Baracchini 12 ⊠ 20123 ℘ 8843, Telex 312256, Fax
870144 – 🛗 🍽 📺 ☎. 𝖠𝖤 ⑧ ⑩ 𝖤 𝖵𝖨𝖲𝖠. % rist
Pas *(chiuso sabato, domenica ed agosto)* carta 85/105000 – **120 cam** ⊊ 340/470000
appartamenti 850000 – ½ P 300/400000.
CV

🏨 **Dei Cavalieri** senza rist, piazza Missori 1 ⊠ 20123 ℘ 8857, Telex 312040, Fax 72021683
– 🛗 🍽 📺 ☎ – 🔒 40 a 60. 𝖠𝖤 ⑧ ⑩ 𝖤 𝖵𝖨𝖲𝖠
177 cam ⊊ 250/295000 appartamenti 450/650000.
CVX

🏨 **Galileo** senza rist, corso Europa 9 ⊠ 20122 ℘ 7743, Telex 322095, Fax 656319 – 🛗 🍽
📺 ☎. 𝖠𝖤 ⑧ ⑩ 𝖤 𝖵𝖨𝖲𝖠. %
70 cam ⊊ 340/500000 appartamenti 500000.
DV

Carlton Hotel Senato, via Senato 5 ⊠ 20121 ℰ 798583, Telex 331306, Fax 783300 –
🛗 ▤ 📺 ☎ 🚗. 🖭 🗐 ⋿ 𝘝𝘐𝘚𝘈. ⁑ rist
DU q
chiuso agosto – Pas (chiuso sabato, domenica e dal 20 dicembre al 7 gennaio)
carta 43/67000 – ⊂⊃ 17500 – **79 cam** 195/250000 – ½ P 222/292000.

Manin, via Manin 7 ⊠ 20121 ℰ 6596511, Telex 320385, Fax 6552160, 🛥 – 🛗 ▤ 📺 ☎
– 🔬 30 a 120. 🖭 🗐 ⓞ ⋿ 𝘝𝘐𝘚𝘈. ⁑ rist
DU b
chiuso dal 7 al 23 agosto – Pas (chiuso domenica) carta 60/82000 – ⊂⊃ 20000 – **119 cam**
195/250000 appartamenti 350/450000 – ½ P 190/260000.

Cavour, via Fatebenefratelli 21 ⊠ 20121 ℰ 6572051, Telex 320498, Fax 6592263 – 🛗
📺 ☎ 🖦. 🖭 🗐 ⓞ ⋿ 𝘝𝘐𝘚𝘈. ⁑ rist
DU n
Pas (chiuso venerdì sera, sabato e domenica a mezzogiorno) 50000 – ⊂⊃ 15000 – **113 cam**
191/215000 appartamenti 264000 – P 188/271000.

Rosa, via Pattari 5 ⊠ 20122 ℰ 8831, Telex 316067, Fax 8057964 – 🛗 ▤ 📺 ☎ – 🔬 30
a 120. 🖭 🗐 ⓞ ⋿ 𝘝𝘐𝘚𝘈. ⁑ rist
DV u
Pas (chiuso domenica) carta 46/60000 – **166 cam** ⊂⊃ 250/290000 – ½ P 191/310000.

De la Ville senza rist, via Hoepli 6 ⊠ 20121 ℰ 867651, Telex 312642, Fax 866609 – 🛗
▤ 📺 ☎. 🖭 🗐 ⓞ ⋿ 𝘝𝘐𝘚𝘈
CV v
104 cam ⊂⊃ 300/380000.

Ariosto senza rist, via Ariosto 22 ⊠ 20145 ℰ 4817844, Fax 4980516 – 🛗 ▤ 📺 ☎ ♿ –
🔬 40. 🖭 🗐 ⓞ ⋿ 𝘝𝘐𝘚𝘈
AU c
⊂⊃ 11000 – **53 cam** 103/146000.

Manzoni senza rist, via Santo Spirito 20 ⊠ 20121 ℰ 76005700, Fax 784212 – 🛗 ☎ 🖦.
⁑
DU g
⊂⊃ 16000 – **52 cam** 103/146000 appartamenti 210000.

Casa Svizzera senza rist, via San Raffaele 3 ⊠ 20121 ℰ 8692246, Telex 316064, Fax
3498190 – 🛗 ▤ 📺 ☎. 🖭 🗐 ⋿ 𝘝𝘐𝘚𝘈
CV a
chiuso dal 28 luglio al 24 agosto – **45 cam** ⊂⊃ 119/178000.

Gritti senza rist, piazza Santa Maria Beltrade 4 ⊠ 20123 ℰ 801056, Telex 350597, Fax
89010999 – 🛗 ▤ 📺 ☎ 🖭 🗐 ⓞ ⋿ 𝘝𝘐𝘚𝘈
CV u
⊂⊃ 15000 – **48 cam** 115/167000.

Centro senza rist, via Broletto 46 ⊠ 20121 ℰ 875232, Telex 332632, Fax 875578 – 🛗 ▤
📺 ☎
BU e
54 cam ⊂⊃ 105/161000.

Star senza rist, via dei Bossi 5 ⊠ 20121 ℰ 801501, Fax 861787 – 🛗 ▤ 📺 ☎. 🖭 🗐 ⋿
𝘝𝘐𝘚𝘈. ⁑
CU b
chiuso agosto – ⊂⊃ 15000 – **30 cam** 93/136000.

London, via Rovello 3 ⊠ 20121 ℰ 872988, Fax 8057037 – 🛗 ▤ ☎. 🗐 ⋿ 𝘝𝘐𝘚𝘈. ⁑
chiuso agosto – Pas vedere rist Opera Prima – ⊂⊃ 10000 – **29 cam** 63/96000.
BU v

🗙🗙🗙🗙🗙 **Savini**, galleria Vittorio Emanuele II ⊠ 20121 ℰ 8058343, Fax 807306, Gran tradizione;
prenotare, « Giardino d'inverno » – ▤. 🖭 🗐 ⓞ ⋿ 𝘝𝘐𝘚𝘈
CV n
chiuso domenica, dal 23 dicembre al 3 gennaio e dal 10 al 19 agosto – Pas carta 86/141000
(15%).

🗙🗙🗙🗙 **St. Andrews**, via Sant'Andrea 23 ⊠ 20121 ℰ 793132, Confort accurato – soupers,
prenotare – ▤. 🖭 🗐 ⓞ ⋿ 𝘝𝘐𝘚𝘈. ⁑
DU y
chiuso domenica ed agosto – Pas carta 80/112000 (15%).

🗙🗙🗙 **Biffi Scala**, piazza della Scala ⊠ 20121 ℰ 866651, Fax 807306, Soupers – ▤. 🖭 🗐 ⓞ
⋿ 𝘝𝘐𝘚𝘈
CU z
chiuso domenica, dal 25 dicembre al 6 gennaio e dal 10 al 20 agosto – Pas carta 65/103000
(15%).

🗙🗙🗙 ❀ **Peck**, via Victor Hugo 4 ⊠ 20123 ℰ 876774, Fax 860408 – ▤. 🖭 🗐 ⓞ ⋿ 𝘝𝘐𝘚𝘈. ⁑
chiuso domenica e dal 2 al 23 luglio – Pas carta 67/103000
CV b
Spec. Insalata ricca d'astice, Paglia e fieno alle melanzane e capperi, Filetto di branzino ai semi di finocchio.
Vini Pinot bianco.

🗙🗙🗙 **Tino Fontana**, piazza Diaz 5 ⊠ 20123 ℰ 800390 – ▤. 🖭 🗐 ⓞ ⋿ 𝘝𝘐𝘚𝘈. ⁑
CV d
chiuso domenica e dal 6 al 20 agosto – Pas carta 60/86000.

🗙🗙🗙 **Santini**, corso Venezia 3 ⊠ 20121 ℰ 782010, Fax 76014691, 🌳 – ▤
DU v
chiuso domenica e dal 12 al 26 agosto – Pas carta 52/108000.

🗙🗙🗙 **Don Lisander**, via Manzoni 12/a ⊠ 20121 ℰ 790130, Fax 784573, prenotare, « Servizio
estivo all'aperto » – ▤. 🖭 🗐 ⓞ ⋿ 𝘝𝘐𝘚𝘈
CU a
chiuso sabato sera e domenica – Pas carta 71/95000.

🗙🗙🗙 **Orti di Leonardo**, via Aristide de' Togni 6/8 ⊠ 20123 ℰ 4983197, Fax 4983476 – ▤ 🅿.
🖭 🗐 ⓞ 𝘝𝘐𝘚𝘈. ⁑
AV b
chiuso domenica e dal 5 al 26 agosto – Pas carta 51/86000.

🗙🗙🗙 ❀ **Canoviano**, via Hoepli 6 ⊠ 20121 ℰ 8058472 (prenderà il 86460147), prenotare – ▤.
🖭 🗐 ⓞ ⋿ 𝘝𝘐𝘚𝘈. ⁑
CV v
chiuso sabato a mezzogiorno, domenica ed agosto – Pas carta 69/119000
Spec. Trittico di pesce al vapore, Risotto alla milanese con pistilli di zafferano, Branzino con pomodoro e
timo (estate-autunno). Vini Pinot bianco, Dolcetto.

🗙🗙🗙 **Suntory**, via Verdi 6 ⊠ 20121 ℰ 8693022, Fax 72023282, Rist. giapponese – ▤. 🗐 ⓞ
⋿ 𝘝𝘐𝘚𝘈. ⁑
CU n
chiuso domenica e dal 14 al 21 agosto – Pas carta 70/110000.

XXX **Alfio,** via Senato 31 ⊠ 20121 ℘ 780731, Fax 783446 – ▤. 𝐀𝐄 𝐒 ⓪ 𝐄 𝘝𝘐𝘚𝘈. ⊗
chiuso sabato, domenica a mezzogiorno, dal 23 dicembre al 3 gennaio ed agosto – Pas
carta 56/100000   **DU a**

XXX **Boeucc,** piazza Belgioioso 2 ⊠ 20121 ℘ 790224, �－, prenotare – ▤. 𝐀𝐄. ⊗   **CDU x**
chiuso sabato, domenica a mezzogiorno, dal 24 dicembre al 2 gennaio ed agosto – Pas
carta 53/81000.

XXX **Peppino,** via Durini 7 ⊠ 20122 ℘ 781729 – ▤. 𝐀𝐄 ⓪ 𝘝𝘐𝘚𝘈. ⊗   **DV g**
chiuso venerdì e sabato a mezzogiorno – Pas carta 44/70000.

XXX **Royal Dynasty,** via Bocchetto 15 a ⊠ 20123 ℘ 872106, Rist. con specialità orientali –
▤. 𝐀𝐄 𝐒 ⓪ 𝐄 𝘝𝘐𝘚𝘈. ⊗   **BV a**
chiuso lunedì e dal 14 al 21 agosto – Pas carta 31/47000 (12%).

XX Odeon, via Bergamini 11 ⊠ 20122 ℘ 58307418 – ▤   **DV h**

XX **Le Api,** via Bagutta 2 ⊠ 20121 ℘ 76005780, �－ – ▤. 𝐀𝐄 𝐒 ⓪ 𝐄 𝘝𝘐𝘚𝘈. ⊗   **DUV p**
chiuso sabato a mezzogiorno e domenica – Pas carta 45/64000.

XX **La Bitta,** via del Carmine 3 ⊠ 20121 ℘ 879159, Solo piatti di pesce – ▤. 𝐀𝐄 𝐒 ⓪ 𝐄
𝘝𝘐𝘚𝘈   **CU r**
chiuso sabato a mezzogiorno, domenica, agosto e Natale – Pas carta 51/78000.

XX **Bagutta,** via Bagutta 14 ⊠ 20121 ℘ 76002767, Fax 799613, �－, Rist. d'artisti,
« Caratteristici dipinti e caricature » – 𝐀𝐄 𝐒 ⓪ 𝐄 𝘝𝘐𝘚𝘈. ⊗   **DU e**
chiuso domenica, dal 23 dicembre al 5 gennaio e dal 7 al 31 agosto – Pas carta 60/90000.

XX **Franco il Contadino,** via Fiori Chiari 20 ⊠ 20121 ℘ 808153, Rist. tipico e ritrovo d'artisti
– ▤. 𝐀𝐄 𝐒 ⓪ 𝐄 𝘝𝘐𝘚𝘈 – Pas carta 39/64000 (10%).   **CU e**
chiuso martedì e luglio – Pas carta 39/64000 (10%).

XX **Rovello,** via Rovello 18 ⊠ 20121 ℘ 864396 – ▤. 𝐀𝐄 𝐒 ⓪ 𝐄 𝘝𝘐𝘚𝘈   **BU z**
chiuso sabato a mezzogiorno, domenica, dal 10 al 20 agosto e Natale – Pas carta 46/63000.

XX **L'Infinito,** via Leopardi 25 ⊠ 20121 ℘ 4692276 – ▤. 𝐀𝐄 𝐒 ⓪ 𝐄 𝘝𝘐𝘚𝘈. ⊗   **AU b**
chiuso sabato a mezzogiorno e domenica – Pas carta 40/62000.

XX **Opera Prima,** via Rovello 3 ⊠ 20121 ℘ 865235 – ⊗⇔ ▤. 𝐀𝐄 𝐒 ⓪ 𝐄 𝘝𝘐𝘚𝘈   **BU v**
chiuso domenica – Pas carta 53/92000.

XX **Al Mercante,** piazza Mercanti 17 ⊠ 20123 ℘ 8052198, « Servizio estivo all'aperto »
chiuso domenica e dal 1° al 25 agosto – Pas carta 43/57000.   **CV k**

XX **Francesco,** via Festa del Perdono 4 ⊠ 20122 ℘ 58307404, �－ – ▤. 𝐀𝐄 𝐒 ⓪ 𝐄 𝘝𝘐𝘚𝘈
chiuso domenica, dal 12 al 24 agosto e dal 23 al 31 dicembre – Pas carta 37/63000.   **DV n**

XX **Albric,** via Albricci 3 ⊠ 20122 ℘ 86461329 – ▤. 𝐀𝐄 𝐒 ⓪ 𝐄 𝘝𝘐𝘚𝘈. ⊗   **CV q**
chiuso sabato a mezzogiorno, domenica e dal 28 luglio al 28 agosto – Pas carta 48/70000.

XX **Mauro,** via Colonnetta 5 ⊠ 20122 ℘ 5461380 – ▤. 𝐀𝐄 𝐒 𝘝𝘐𝘚𝘈   **DV y**
chiuso lunedì, agosto e Natale – Pas carta 44/69000 (12%).

XX **Rigolo,** largo Treves angolo via Solferino 11 ⊠ 20121 ℘ 8059768, Rist. d'habitués – ▤.
𝐀𝐄 𝐒 ⓪ 𝐄 𝘝𝘐𝘚𝘈. ⊗   **CU d**
chiuso lunedì, martedì a mezzogiorno e luglio – Pas carta 36/59000.

XX **Boccondivino,** via Carducci 17 ⊠ 20123 ℘ 866040, Specialità salumi, formaggi e vini
tipici, prenotare – ▤. ⊗   **AV e**
chiuso a mezzogiorno, domenica ed agosto – Pas carta 40/57000.

XX **I Matteoni,** piazzale 5 Giornate 6 ⊠ 20129 ℘ 55188293, Rist. d'habitués – ▤. 𝐀𝐄 𝐒
⓪ 𝐄 𝘝𝘐𝘚𝘈   **DV s**
chiuso domenica ed agosto – Pas carta 33/57000.

XX **Kota Radja,** piazzale Baracca 6 ⊠ 20123 ℘ 468850, Rist. cinese – ▤. 𝐀𝐄 𝐒 ⓪ 𝐄 𝘝𝘐𝘚𝘈
chiuso lunedì – Pas carta 26/57000 (12%).   **AU a**

XX **Da Marino-al Conte Ugolino,** piazza Beccaria 6 ⊠ 20122 ℘ 876134 – ▤. 𝐀𝐄 ⓪ 𝘝𝘐𝘚𝘈
chiuso domenica ed agosto – Pas carta 44/66000 (11%).   **DV c**

XX **Ciovassino,** via Ciovassino 5 ⊠ 20121 ℘ 8053868 – ▤. 𝐀𝐄 𝐒 ⓪ 𝐄 𝘝𝘐𝘚𝘈. ⊗   **CU s**
chiuso sabato a mezzogiorno, domenica ed agosto – Pas carta 40/55000.

XX La Muraglia, piazza Oberdan 2 ⊠ 20129 ℘ 2049528, �－, Rist. cinese – ▤   **DU d**

X   **La Tavernetta-da Elio,** via Fatebenefratelli 30 ⊠ 20121 ℘ 653441 – ▤. 𝐀𝐄 𝘝𝘐𝘚𝘈   **DU t**
chiuso domenica ed agosto – Pas carta 43/61000.

X   **Trattoria dell'Angolo,** via Fiori Chiari ang via Formentini ⊠ 20121 ℘ 86460152 – ▤. 𝐀𝐄
⓪ 𝘝𝘐𝘚𝘈   **CU e**
chiuso sabato a mezzogiorno, domenica, dal 1° al 7 gennaio e dal 6 al 25 agosto – Pas
carta 47/66000.

Zona urbana sud – Porta Ticinese, Porta Romana, Stazione Genova, Navigli, Parco
Ravizza, Vigentino (Pianta : Milano p. 10 e 11) :

🏨 **Pierre Milano,** via Edmondo de Amicis 32 ⊠ 20123 ℘ 72000581, Telex 333303, Fax
8052157 – 🛗⇔ cam ▤ 📺 ☎. 𝐀𝐄 𝐒 ⓪ 𝐄 𝘝𝘐𝘚𝘈. ⊗   **BX b**
Pas *(chiuso agosto)* carta 65/113000 – **47 cam** ⊊ 430/640000 appartamenti 800/950000
P 420/510000.

🏨 **Quark,** via Lampedusa 11/a ⊠ 20141 ℘ 84431, Telex 353448, Fax 8464190 – 🛗 ▤ 📺
☎ 🔥 🚗 🅿 – 🔺 25 a 1000. 𝐀𝐄 𝐒 ⓪ 𝐄 𝘝𝘐𝘚𝘈. ⊗   **CZ a**
Pas (solo per clienti alloggiati e *chiuso dal 31 luglio al 22 agosto*) carta 50/80000 – **122 cam**
⊊ 275000 appartamenti 330/390000 – ½ P 185000.

Liberty senza rist, viale Bligny 56 ⊠ 20136 📞 55182698, Fax 55191059 – 🛗 🚾 🚙. 🅰🅴
🅑 🄴 𝗩𝗜𝗦𝗔. 🛇
DY **t**
chiuso dal 10 al 25 agosto – ⌧ 15000 – **52 cam** 185/260000.

Ascot senza rist, via Lentasio 3/5 ⊠ 20122 📞 58303300, Telex 311303, Fax 58303203 – 🛗
🚾 🄣 ☎ 🚙. 🅰🅴 🅑 🄾 🄴 𝗩𝗜𝗦𝗔. 🛇
CX **e**
chiuso agosto – **63 cam** ⌧ 195/280000.

Lloyd senza rist, corso di Porta Romana 48 ⊠ 20122 📞 58303332, Telex 335028, Fax
58303365 – 🛗 🚾 🄣 ☎ – 🚗 40 a 80. 🅰🅴 🅑 🄾 🄴 𝗩𝗜𝗦𝗔
CX **z**
⌧ 20000 – **52 cam** 195/260000.

D'Este senza rist, viale Bligny 23 ⊠ 20136 📞 5461041, Telex 324216 – 🛗 🚾 🄣 ☎ –
🚗 40 a 80. 🅰🅴 🅑 🄾 🄴 𝗩𝗜𝗦𝗔. 🛇
CY **r**
⌧ 18000 – **54 cam** 170/250000.

Crivi's senza rist, corso Porta Vigentina 46 ⊠ 20122 📞 5463341, Telex 313255, Fax
5400637 – 🛗 🚾 🄣 ☎ 🚙 – 🚗 60. 🅰🅴 🅑 🄾 🄴 𝗩𝗜𝗦𝗔
DY **a**
chiuso agosto – ⌧ 20000 – **85 cam** 190/260000.

Ambrosiano senza rist, via Santa Sofia 9 ⊠ 20122 📞 58306044, Fax 58305067 – 🛗 🚾
🄣 ☎. 🅰🅴 🅑 🄾 🄴 𝗩𝗜𝗦𝗔. 🛇
CX **x**
chiuso dal 23 dicembre al 2 gennaio ed agosto – **68 cam** ⌧ 120/180000.

Sant'Ambroeus senza rist, viale Papiniano 14 ⊠ 20123 📞 48008989, Telex 313373, Fax
48008687 – 🛗 🚾 🄣 ☎ – 🚗 50. 🅰🅴 🅑 🄾 🄴 𝗩𝗜𝗦𝗔
AX **a**
chiuso agosto e Natale – ⌧ 16000 – **52 cam** 103/146000.

Mediterraneo senza rist, via Muratori 14 ⊠ 20135 📞 55019151, Telex 335812, Fax
55019151 – 🛗 🚾 🄣 ☎ – 🚗 120. 🅰🅴 🅑 🄾 🄴 𝗩𝗜𝗦𝗔
DY **q**
chiuso dal 1° al 21 agosto – ⌧ 15000 – **93 cam** 103/146000.

Adriatico senza rist, via Conca del Naviglio 20 ⊠ 20123 📞 58104141, Fax 8324141 – 🛗
🚾 🄣 ☎. 🅰🅴 🅑 🄾 🄴 𝗩𝗜𝗦𝗔
BX **m**
chiuso dal 1° al 21 agosto – ⌧ 14000 – **105 cam** 98/135000.

Imperial, senza rist, corso di Porta Romana 68 ⊠ 20122 📞 5468241, Fax 5454396 – 🚾 🄣
☎ 🄿
DX **c**
36 cam.

Zurigo senza rist, corso Italia 11/a ⊠ 20122 📞 72022260, Telex 353091, Fax 72000013 –
🛗 🚾 🄣 ☎. 🅰🅴 🅑 🄴 𝗩𝗜𝗦𝗔
CX **s**
chiuso dal 24 dicembre al 7 gennaio – **41 cam** ⌧ 121/182000.

Dei Fiori senza rist, raccordo autostrada A7 ⊠ 20142 📞 8436441, Fax 89501096 – 🛗 🚾
🄣 ☎ 🄿. 🅰🅴 🅑 🄾 🄴 𝗩𝗜𝗦𝗔
AZ **e**
55 cam ⌧ 77/120000, 🍽 8000.

Garden senza rist, via Rutilia 6 ⊠ 20141 📞 537368 – ☎ 🄿
DZ **a**
chiuso agosto – ⌧ 3000 – **23 cam** 56/78000.

XXX **L'Ulmet,** via Disciplini ang. via Olmetto ⊠ 20123 📞 86452718, prenotare – 🍽. 🅰🅴 🅑 🄴
𝗩𝗜𝗦𝗔
BX **x**
chiuso domenica e lunedì a mezzogiorno – Pas carta 61/79000.

XXX **Il Punto Malatesta,** via Bianca di Savoia 19 ⊠ 20122 📞 58300079, Fax 656047 – 🍽. 🅰🅴
🄾 𝗩𝗜𝗦𝗔. 🛇
CY **a**
chiuso domenica, dal 1° al 7 gennaio ed agosto – Pas carta 50/70000.

XXX **Al Genovese,** via Pavia 9/14 angolo via Conchetta ⊠ 20136 📞 8373180, 🍴, Rist. con
specialità liguri, prenotare – 🍽. 🅑 🄴 𝗩𝗜𝗦𝗔. 🛇
BZ **a**
chiuso domenica, lunedì a mezzogiorno, dal 1° al 7 gennaio e dal 10 al 25 agosto – Pas
carta 59/84000.

XXX **San Vito da Nino,** via San Vito 5 ⊠ 20123 📞 8377029, Rist. a coperti limitati; prenotare
– 🍽. 𝗩𝗜𝗦𝗔. 🛇
BX **a**
chiuso lunedì ed agosto – Pas carta 60/70000 (13%).

XXX ❀ **Scaletta,** piazzale Stazione Genova 3 ⊠ 20144 📞 58100290, Coperti limitati; prenotare
– 🍽. 🛇
AY **a**
chiuso domenica, lunedì, dal 24 dicembre al 6 gennaio, Pasqua ed agosto – Pas
carta 80/100000
Spec. Insalata di seppioline e porcini, Gnocchi alla fontina, Coniglio alla peperonata. Vini Villa Bucci,
Castellare.

XX ❀ **Al Porto,** piazzale Generale Cantore ⊠ 20123 📞 8321481, Rist. con specialità di mare,
prenotare – 🍽. 🅰🅴 🄾 𝗩𝗜𝗦𝗔
AXY **d**
chiuso domenica, lunedì a mezzogiorno, dal 24 dicembre al 3 gennaio ed agosto – Pas
carta 54/74000
Spec. Zuppa di fagioli e scampi, Rombo chiodato al rosmarino, Orata al pepe rosa. Vini Ribolla, Grignolino.

XX **Sadler-Osteria di Porta Cicca,** ripa di Porta Ticinese 51 ⊠ 20143 📞 58104451, Coperti
limitati; prenotare – 🍽. 🅰🅴 🅑 🄾 𝗩𝗜𝗦𝗔
AY **g**
chiuso a mezzogiorno, domenica, dal 1° al 10 gennaio e dal 5 al 30 agosto – Pas
carta 53/79000.

XX **Giordano,** via Torti angolo corso Genova 3 ⊠ 20123 📞 58100824, Rist. rustico moderno
con specialità bolognesi – 🍽. 🅰🅴 🅑 🄾 🄴 𝗩𝗜𝗦𝗔
BX **s**
chiuso dal 5 al 28 agosto, domenica e in luglio anche sabato – Pas carta 30/41000 (12%).

XX **Trattoria Aurora,** via Savona 23 ⊠ 20144 📞 89404978, 🍴. 🄾 𝗩𝗜𝗦𝗔
AY **s**
chiuso lunedì – Pas 46000 bc.

XX **Il Torchietto,** via Ascanio Sforza 47 ⊠ 20136 🍴 8372910, 🍸 – – 🗐. 🖪 ⓘ E 𝗩𝗜𝗦𝗔, 🙊
   chiuso lunedì, dal 26 dicembre al 3 gennaio ed agosto – Pas carta 36/51000.
   BZ **s**

XX **El Brellin,** alzaia Naviglio Grande 14 ⊠ 20144 🍴 58101351, 🍸, Rist. e piano bar – 🗐. 𝗔𝗘
   🖪 ⓘ E 𝗩𝗜𝗦𝗔
   AY **v**
   chiuso a mezzogiorno, domenica ed agosto – Pas 48000 bc.

XX **Osteria del Binari,** via Tortona 1 ⊠ 20144 🍴 89409428, 🍸, Atmosfera vecchia Milano,
   prenotare – 🖪 ⓘ 𝗩𝗜𝗦𝗔
   AY **e**
   chiuso a mezzogiorno, domenica e dal 10 al 17 agosto – Pas 45000 bc.

X **La Topaia,** via Argelati 46 ⊠ 20143 🍴 8373469, 🍸 – 𝗔𝗘 ⓘ 𝗩𝗜𝗦𝗔
   AY **b**
   chiuso a mezzogiorno, domenica ed agosto – Pas carta 31/46000.

X **Osteria Via Pré,** via Casale 4 ⊠ 20144 🍴 8373869, Trattoria tipica con specialità liguri
   – 🗐. 𝗔𝗘 🖪 ⓘ E 𝗩𝗜𝗦𝗔
   AY **c**
   chiuso domenica, lunedì, luglio e settembre – Pas carta 44/60000.

X **Trattoria all'Antica,** via Montevideo 4 ⊠ 20144 🍴 8372849 – 🗐. 🙊
   AX **m**
   chiuso sabato a mezzogiorno, domenica, dal 26 dicembre al 7 gennaio ed agosto – Pas
   carta 24/44000 (solo a mezzogiorno) e 42000 (solo la sera).

X **Alzaia,** alzaia Naviglio Grande 26 ⊠ 20144 🍴 8379696 – 🗐
   AY **x**

X **Asso di Fiori-Osteria dei Formaggi,** alzaia Naviglio Grande 54 ⊠ 20144 🍴 89409415
   – 𝗔𝗘 🖪 ⓘ E 𝗩𝗜𝗦𝗔
   AY **m**
   chiuso domenica e dal 10 al 25 agosto – Pas carta 37/51000.

X **Dongiò,** via Corio 3 ⊠ 20135 🍴 5511372 – 🗐. 𝗔𝗘 🖪 ⓘ E 𝗩𝗜𝗦𝗔, 🙊
   DY **r**
   chiuso agosto ed agosto – Pas carta 28/47000.

X **Gargantua,** corso Porta Vigentina 31 ⊠ 20122 🍴 5462888, prenotare – 🗐
   DY **a**

X **La Baracca,** corso Lodi 4 ⊠ 20135 🍴 58309565 – 🙊
   DY **u**
   chiuso lunedì, martedì a mezzogiorno ed agosto – Pas (menu suggerito dal proprietario)
   25000 bc.

Zone periferiche

Rioni : Bruzzano, Niguarda, Bicocca, viale Fulvio Testi – N : verso ① ② ③ e ④ : Monza,
Lecco, Erba, Venezia (Pianta : Milano p. 4) :

🏨 **Leonardhotel** 🐦, via Senigallia 6 ⊠ 20161 🍴 64071, Telex 331552, Fax 64074839, 🖼,
   🍽 – 🛗 🌀 cam 🗐 🔟 ☎ 🚗 🅿 – 🕍 1200. 𝗔𝗘 🖪 ⓘ E 𝗩𝗜𝗦𝗔. 🙊
   GK **a**
   Pas 65000 – **290 cam** ⊆ 344000 appartamenti 654/841000.

🏨 **Starhotel Tourist,** viale Fulvio Testi 300 ⊠ 20126 🍴 6437777, Telex 326852, Fax 6472516
   – 🛗 🗐 🔟 ☎ 🚗 🅿 – 🕍 30 a 70. 𝗔𝗘 🖪 ⓘ E 𝗩𝗜𝗦𝗔. 🙊 rist
   HK **r**
   chiuso agosto – Pas *(chiuso sabato)* carta 42/55000 – **81 cam** ⊆ 160/200000 –
   ½ P 142/215000.

Rioni : corso Buenos Aires, Loreto, Lambrate – NE : verso ⑤ : Bergamo, Brescia (Pianta :
Milano p.4 e 5)

🏨 **Nasco** senza rist, via Spallanzani 40 ⊠ 20129 🍴 29512301, Telex 333116, Fax 208679
   🛗 🗐 🔟 ☎ 🚗 – 🕍 50. 𝗔𝗘 🖪 ⓘ E 𝗩𝗜𝗦𝗔
   HM **t**
   154 cam ⊆ 240/280000 appartamenti 325/309000.

🏨 **Concorde** senza rist, via Petrocchi 1 ang. viale Monza ⊠ 20125 🍴 2895853, Telex 315805,
   Fax 656802 – 🛗 🗐 🔟 ☎ 🚗. 𝗔𝗘 🖪 ⓘ E 𝗩𝗜𝗦𝗔. 🙊
   HL **d**
   chiuso dal 1° al 24 agosto – ⊆ 20000 – **120 cam** 175/275000.

🏨 **Galles** senza rist, via Ozanam 1 ⊠ 20129 🍴 29404250, Telex 322091, Fax 29404872 – 🛗
   🗐 🔟 ☎ – 🕍 25 a 45. 𝗔𝗘 🖪 ⓘ E 𝗩𝗜𝗦𝗔. 🙊
   HM **f**
   97 cam ⊆ 325/425000.

🏨 **Lombardia e Rist. La Festa,** viale Lombardia 74 ⊠ 20131 🍴 2824938, Telex 315327,
   Fax 2893430 – 🛗 🗐 🔟 ☎ – 🕍 30 a 100. 𝗔𝗘 🖪 ⓘ E 𝗩𝗜𝗦𝗔. 🙊 rist
   HLM **p**
   chiuso dal 7 al 21 agosto – Pas *(chiuso sabato sera e domenica)* carta 28/45000 – **69 cam**
   ⊆ 115/167000 – ½ P 104/140000.

🏨 **Gamma** senza rist, via Valvassori Peroni 85 ⊠ 20133 🍴 26413152, Fax 2640255 – 🛗 🗐
   🔟 ☎. 𝗔𝗘 🖪 E 𝗩𝗜𝗦𝗔. 🙊
   HM **m**
   chiuso agosto – ⊆ 15000 – **55 cam** 103/142000.

🏨 **Fenice** senza rist, corso Buenos Aires 2 ⊠ 20124 🍴 2041541, Fax 228942 – 🛗 🗐 🔟
   ☎. 𝗔𝗘 🖪 E 𝗩𝗜𝗦𝗔
   DT **z**
   chiuso dal 7 al 31 agosto – ⊆ 13500 – **42 cam** 102/142000.

🏨 **Adam** senza rist, via Palmanova 153 ⊠ 20132 🍴 2592551, Fax 2591869 – 🛗 🗐 🔟 🚗 –
   🕍 40. 𝗔𝗘 🖪 E 𝗩𝗜𝗦𝗔
   HL **e**
   ⊆ 10000 – **48 cam** 90/127000.

XX ✿ **Calajunco,** via Stoppani 5 ⊠ 20129 🍴 2046003, Rist. con specialità eoliane – 🗐. 🖪
   ⓘ E 𝗩𝗜𝗦𝗔. 🙊
   HM **v**
   *chiuso sabato a mezzogiorno, domenica, dal 23 dicembre al 4 gennaio e dal 10 al 31
   agosto* – Pas carta 45/70000.
   Spec. Reginelle al verde mare, Involtino di triglia, Salsiccia di mare, Coppa eoliana. **Vini** Cellaro, Chardonnay.

XX **Montecatini Alto,** viale Monza 7 ⊠ 20125 🍴 2846773 – 🗐. 𝗔𝗘
   HL **m**
   chiuso sabato a mezzogiorno, domenica ed agosto – Pas carta 32/57000 (10%).

XX **Antica Trattoria la Gobba,** via Padova 395 ✉ 20132 ✆ 26300255 – Ⓟ. AE Ⓢ ⓞ E VISA HK **v**
chiuso lunedì e dal 5 al 25 agosto – Pas carta 45/64000.

XX Osteria Corte Regina, via Rottole 60 ✉ 20132 ✆ 2593377, 🏞, Rist. rustico moderno, Coperti limitati; prenotare HL **t**

XX **Da Renzo,** piazza Sire Raul ang. via Teodosio ✉ 20131 ✆ 2846261, 🏞 – ▤. AE Ⓢ ⓞ E VISA HL **x**
chiuso lunedì sera, martedì ed agosto – Pas carta 32/50000.

XX Trattoria Vecchia Gorla-Franco l'Ostricaro, via Ponte Vecchio 6 ang. Monte San Gabriele ✉ 20127 ✆ 2572310, Rist. tipico con specialità di mare HL **d**

X **I 4 Toscani,** via Plinio 33 ✉ 20129 ✆ 29518130, 🏞. AE Ⓢ ⓞ E VISA HM **d**
chiuso sabato e lunedì a mezzogiorno – Pas carta 41/64000.

X **Canarino,** via Mauro Macchi 69 ✉ 20124 ✆ 6692376 – ▤. AE Ⓢ E VISA HL **c**
chiuso sabato e dal 5 al 27 agosto – Pas carta 31/59000.

X L'Aratro-da Sabatino, via Pietro Marocco 12 ✉ 20127 ✆ 2850126, 🏞, Rist. e pizzeria – ▤ HL **j**

X **La Paranza,** via Padova 3 ✉ 20127 ✆ 2613224, Rist. con specialità di mare, Coperti limitati; prenotare – ▤. AE E VISA HL **r**
chiuso lunedì ed agosto – Pas carta 40/54000 (10%).

Rioni : Città Studi, Monforte, corso 22 Marzo, viale Corsica – E : verso : aeroporto di Linate, Idroscalo, strada Rivoltana (Pianta : Milano p. 5) :

🏨 **Zefiro** senza rist, via Gallina 12 ✉ 20129 ✆ 7384253, Fax 713811 – |♦| ▤ TV ☎ – 🏛 30. VISA. ✈ HM **a**
chiuso dal 23 dicembre al 3 gennaio ed agosto – ☕ 13000 – **55 cam** 92/129000.

🏨 **Vittoria** senza rist, via Pietro Calvi 32 ✉ 20129 ✆ 55190196, Fax 55190246 – |♦| ▤ TV ☎. AE Ⓢ ⓞ E VISA HM **c**
18 cam ☕ 128/198000.

🏨 **Città Studi** senza rist, via Saldini 24 ✉ 20133 ✆ 744666, Fax 713122 – |♦| ☎. AE Ⓢ E VISA – ☕ 10000 – **45 cam** 60/88000 HM **q**

XXXX ✿✿✿ **Gualtiero Marchesi,** via Bonvesin de la Riva 9 ✉ 20129 ✆ 741246, Fax 7384079, Confort accurato, prenotare – ▤. AE Ⓢ ⓞ E VISA. ✈ HM **c**
chiuso agosto, i giorni festivi, domenica, lunedì a mezzogiorno e sabato in luglio – Pas carta 95/140000
Spec. Raviolo aperto, Filetti di sogliola fritti in salsa agrodolce, Costoletta di vitello alla milanese con piccoli bouquets di verdure. Vini Selezione di Gualtiero Marchesi.

XXXX **Giannino,** via Amatore Sciesa 8 ✉ 20135 ✆ 5452948, Gran tradizione, « Originali decorazioni; giardino d'inverno » – Ⓟ. AE Ⓢ ⓞ E VISA HN **w**
chiuso domenica ed agosto – Pas carta 81/134000.

XXXX **Soti's,** via Pietro Calvi 2 ✉ 20129 ✆ 796838, Fax 796838, Confort accurato, prenotare – ▤. AE Ⓢ ⓞ E VISA. ✈ HM **e**
chiuso sabato a mezzogiorno, domenica ed agosto – Pas 80000 bc (solo a mezzogiorno) e carta 80/120000 (solo la sera).

XXX ✿ **L'Ami Berton,** via Nullo 14 angolo via Goldoni ✉ 20129 ✆ 713669, Coperti limitati; prenotare – ▤. AE Ⓢ E VISA. ✈ HM **y**
chiuso sabato a mezzogiorno, domenica, agosto e Natale – Pas carta 75/126000
Spec. Aragostelle gratinate con zucchini, Tagliolini con fiori di zucca e gamberi (febbraio-novembre), Filetto di storione in salsa di gamberi e caviale. Vini Sauvignon.

XXX **La Zelata,** via Anfossi 10 ✉ 20135 ✆ 5484115, prenotare – ▤. AE ⓞ VISA. ✈ HN **w**
chiuso sabato a mezzogiorno, domenica ed agosto – Pas carta 48/69000.

XXX **Nino Arnaldo,** via Poerio 3 ✉ 20129 ✆ 76005981, Coperti limitati; prenotare – ▤
chiuso sabato a mezzogiorno, domenica, dal 23 dicembre al 7 gennaio ed agosto – Pas carta 70/110000 HM **f**

XX **13 Giugno,** via Uberti 5 angolo via Goldoni ✉ 20129 ✆ 719654, 🏞 – ▤. Ⓢ E VISA
chiuso sabato a mezzogiorno e domenica – Pas 35000 (solo a mezzogiorno) e carta 50/70000 (solo la sera) HM **y**

XX **La Risacca 6,** via Marcona 6 ✉ 20129 ✆ 5400029, 🏞 – ▤. AE Ⓢ E VISA HM **g**
chiuso domenica, lunedì a mezzogiorno, agosto e Natale – Pas carta 57/77000.

XX **Hosteria del Cenacolo,** via Archimede 12 ✉ 20129 ✆ 5458962, « Servizio estivo in giardino » – AE VISA. ✈ HM **r**
chiuso sabato a mezzogiorno, domenica ed agosto – Pas carta 34/54000.

XX **Da Bimbi,** viale Abruzzi 33 ✉ 20131 ✆ 221416, Rist. d'habitués – ▤. AE Ⓢ ⓞ E VISA. ✈ HM **d**
chiuso domenica, lunedì a mezzogiorno ed agosto – Pas carta 42/68000.

X **Al Grissino,** via Tiepolo 54 ✉ 20129 ✆ 730392 – ▤. VISA HM **n**
chiuso domenica, lunedì a mezzogiorno e dal 4 agosto al 3 settembre – Pas carta 46/80000.

X **Piero e Pia,** piazza Aspari 2 ✉ 20129 ✆ 718541, 🏞 – ▤. AE Ⓢ ⓞ E VISA HM **n**
chiuso domenica, lunedì a mezzogiorno ed agosto – Pas carta 36/53000.

X Doge di Amalfi, via Sangallo 41 ✉ 20133 ✆ 730286, 🏞, Rist. e pizzeria – ▤ HM **q**

Rioni : corso Lodi, inizio Autostrada del Sole – SE : verso ⑥ : Lodi, Parma, via Emilia (Pianta : Milano p. 5, salvo indicazioni speciali) :

🏠 **Molise** senza rist, via Cadibona 2/a ✉ 20137 ℰ 5464249, Fax 55184348 – 🛗 🖾 📺 🐝
℗. AE ⑤ ⓞ E VISA. ⋘   HN **b**
chiuso dal 24 dicembre al 2 gennaio e dal 1° al 25 agosto – **32 cam** ⌧ 110/165000.

🏠 **Mec,** senza rist, via Tito Livio 4 ✉ 20137 ℰ 5456715, Fax 5456718 – 🛗 🖾 🐝
⟵   HN **r**
40 cam.

🍴🍴 **La Plancia,** via Cassinis 13 ✉ 20139 ℰ 5390558, Rist. con specialità di mare e pizzeria
– 🖾. AE ⑤ ⓞ E VISA. ⋘   HN **t**
chiuso domenica ed agosto – Pas carta 30/60000.

🍴🍴 **Da Angelo,** viale Umbria 60 ✉ 20135 ℰ 55184668, 🌫 – AE ⑤ ⓞ E VISA   HN **e**
chiuso sabato a mezzogiorno, domenica e dal 2 al 25 agosto – Pas carta 30/51000.

🍴 **Masuelli San Marco,** viale Umbria 80 ✉ 20135 ℰ 55184138, prenotare la sera   HN **m**
chiuso domenica, lunedì a mezzogiorno e dal 1° al 25 settembre – Pas carta 33/46000
(10%).

Rioni : Fiera Campionaria, San Siro, Porta Magenta – O : verso ⑩ e ⑪ : Novara, Torino
(Pianta : Milano p. 5) :

🏨🏨 **Gd H. Brun e Rist. Ascot** ⋙, via Caldera ✉ 20153 ℰ 45271 e rist ℰ 4526279, Telex
315370, Fax 48204746 – 🛗 🖾 📺 🐝 ও ⟵ ℗ – 🔏 500. AE ⑤ ⓞ E VISA. ⋘   FM **a**
chiuso agosto – Pas *(chiuso domenica)* carta 78/119000 – **330 cam** ⌧ 305/400000
appartamenti 500/600000.

🏨🏨 **Gd H. Fieramilano,** viale Boezio 20 ✉ 20145 ℰ 3105, Telex 331426, Fax 314119, 🚗
– 🛗 🖾 📺 ☎ ও – 🔏 60. AE ⑤ ⓞ E VISA. ⋘ rist   FM **p**
Pas 70000 – **238 cam** ⌧ 280/330000.

🏨 **Rubens** senza rist, via Rubens 21 ✉ 20148 ℰ 40302, Telex 333503, Fax 48193114 – 🛗
🖾 📺 ☎ ℗. AE ⑤ ⓞ E VISA. ⋘   FM **e**
chiuso dal 1° al 21 agosto – **87 cam** ⌧ 195/230000.

🏨 **Washington** senza rist, via Washington 23 ✉ 20146 ℰ 4813216, Fax 4814761 – 🛗 🖾
📺 ☎. AE ⑤ ⓞ E VISA   FM **y**
⌧ 18000 – **34 cam** 195/280000.

🏨 **Capitol,** via Cimarosa 6 ✉ 20144 ℰ 4988851, Telex 316150, Fax 4694724 – 🛗 🖾 📺 ☎
– 🔏 60. AE ⑤ ⓞ E VISA. ⋘ rist   FM **s**
Pas *(chiuso a mezzogiorno ed agosto)* carta 40/60000 – **96 cam** ⌧ 208/285000 –
½ P 182/248000.

🏨 **Domenichino** senza rist, via Domenichino 41 ✉ 20149 ℰ 48009692, Fax 48003953 – 🛗
🖾 📺 ⟵ ℗ – 🔏 50. AE ⑤ ⓞ E VISA. ⋘   FM **g**
chiuso dal 20 dicembre al 5 gennaio e dal 5 al 25 agosto – ⌧ 14000 – **63 cam** 102/145000
appartamenti 204/247000.

🏠 Mini Hotel Portello, senza rist, via Silva 12 ✉ 20152 ℰ 4814944, Fax 4819243 – 🛗 🖾 ☎
ও ℗ – 🔏 60   FM **u**
48 cam.

🏠 **Green House** senza rist, viale Famagosta 50 ✉ 20142 ℰ 8132451, Telex 335261, Fax
816624 – 🛗 🖾 📺 ☎ ⟵   FN **c**
45 cam.

🏠 **Mini Hotel Tiziano** senza rist, via Tiziano 6 ✉ 20145 ℰ 4988921, Telex 325420, Fax
4812153, « Piccolo parco » – 🛗 🖾 ☎ ℗ – 🔏 30. AE ⑤ ⓞ E VISA   FM **c**
⌧ 12000 – **54 cam** 98/141000.

🏠 **Wagner** senza rist, via Buonarroti 13 ✉ 20149 ℰ 4696051, Telex 353121, Fax 3498148 –
🛗 🖾 📺 ☎. AE ⑤ E VISA   FM **n**
chiuso dal 26 luglio al 24 agosto – **49 cam** ⌧ 145/176000.

🏠 **Astoria,** viale Murillo 9 ✉ 20149 ℰ 40090095, Telex 353805, Fax 48193111 – 🛗 🖾 📺
☎ – 🔏 50. AE ⑤ ⓞ E VISA. ⋘ rist   FM **x**
Pas *(chiuso domenica)* carta 30/45000 – **75 cam** ⌧ 130/199000 appartamento 265000.

🏠 **Fiera** senza rist, via Spinola 9 ✉ 20149 ℰ 48005374, Fax 48008494, « Piccolo giardino »
– 🛗 ☎ ⟵ – 🔏 30. ⋘   FM **q**
⌧ 13000 – **29 cam** 94/135000.

🍴🍴🍴 ❀❀ **Aimo e Nadia,** via Montecuccoli 6 ✉ 20147 ℰ 416886, Coperti limitati; prenotare –
🖾. AE ⑤ ⓞ E VISA. ⋘   FN **x**
chiuso sabato a mezzogiorno, domenica ed agosto – Pas carta 70/114000
Spec. Mousse di fiori di zucca e ricotta fresca, Risotto con gamberi in crema di piselllini freschi, Piccione
novello farcito ai profumi di bosco. Vini Riesling e Ronco rosso Oltrepò.

🍴🍴🍴 **Trattoria del Ruzante,** via Massena 1 ✉ 20145 ℰ 316102, Coperti limitati; prenotare –
🖾. AE   AT **s**
chiuso domenica – Pas carta 43/58000.

🍴🍴🍴 **Raffaello,** via Monte Amiata 4 ✉ 20149 ℰ 4814227 – 🖾. AE ⑤ E VISA   FM **n**
chiuso mercoledì e dal 1° al 24 agosto – Pas carta 39/63000.

XX **La Corba,** via dei Gigli 14 ⊠ 20147 ℰ 4158977, « Servizio estivo in giardino » – ⒶⒺ ⑤ ⑩ Ⅎ *VISA*　　　　FN a
chiuso domenica sera, lunedì e dal 7 al 30 agosto – Pas carta 50/69000.

XX **Ribot,** via Cremosano 41 ⊠ 20148 ℰ 33001646, « Servizio estivo in giardino » – ⒼⒶⒺ *VISA*. ⬜　　　　FM h
chiuso lunedì e dal 10 al 25 agosto – Pas carta 40/60000.

XX **Settecupole,** via Ippolito Nievo 33 ⊠ 20145 ℰ 341290 – ⑤ ⑩ Ⅎ *VISA*　　　　FM p
chiuso mercoledì e sabato a mezzogiorno – Pas carta 40/58000.

XX Adriana, viale Boezio 10 ⊠ 20145 ℰ 33603422　　　　FM p

XX Al Primo Piatto, via Raffaello Sanzio 22 ang via Ravizza ⊠ 20149 ℰ 4693206 – ▣　　　　FM n

XX **Da Gino e Franco,** largo Domodossola 2 ⊠ 20145 ℰ 312003 – ▣. ⒶⒺ ⑤ Ⅎ *VISA*　　　　FM b
chiuso lunedì e dal 4 agosto al 4 settembre – Pas carta 38/58000 (12%).

X **Pace,** via Washington 74 ⊠ 20146 ℰ 468567, Rist. d'habitués – ▣. ⑤ ⑩ Ⅎ *VISA* ⬜　　　　FM d
chiuso martedì sera, mercoledì, dal 1° al 23 agosto e Natale – Pas carta 29/45000.

X **La Darsena,** via Lorenteggio 47 ⊠ 20146 ℰ 4220809. ⒶⒺ ⑤ ⑩ *VISA*　　　　FN z
chiuso domenica e dal 1° al 29 agosto – Pas carta 35/53000 (12%).

Rioni : Sempione-Bullona, viale Certosa – NO : verso ⑫ ⑬ e ⑭ : Varese, Como, Torino, Aeroporto della Malpensa (Pianta : Milano p. 4 e 5) :

🏨 **Accademia** senza rist, viale Certosa 68 ⊠ 20155 ℰ 3271841, Telex 315550, Fax 33103878, « Camere affrescate » – 🛗 ▣ 📺 ☎ Ⓟ. ⒶⒺ ⑤ ⑩ Ⅎ *VISA*　　　　FL a
67 cam � 220/315000.

🏨 **Raffaello** senza rist, viale Certosa 108 ⊠ 20156 ℰ 3270146, Telex 315499, Fax 3270440 – 🛗 ▣ 📺 ☎ – 🚗 180. ⒶⒺ ⑤ ⑩ Ⅎ *VISA*　　　　FL x
150 cam � 170/245000.

🏨 **Berlino** senza rist, via Plana 33 ⊠ 20155 ℰ 324141, Telex 312609, Fax 324145 – 🛗 ▣ 📺 ☎. ⒶⒺ ⑤ ⑩ Ⅎ *VISA*　　　　FL v
chiuso dal 23 dicembre al 3 gennaio ed agosto – � 20000 – **47 cam** 103/146000.

🏨 **Corallo** senza rist, via Cesena 20 ⊠ 20155 ℰ 314074, Fax 3450080 – 🛗 ⤝ 📺 ☞. ⒶⒺ *VISA*　　　　FL f
� 12000 – **35 cam** 63/96000.

XX **La Pobbia,** via Gallarate 92 ⊠ 20151 ℰ 305641, Rist. rustico moderno, « Servizio estivo all'aperto » – 🚗 40. ⒶⒺ *VISA*. ⬜　　　　FL n
chiuso domenica ed agosto – Pas carta 40/60000 (12%).

XX Da Stefano il Marchigiano, via Arimondi 1 angolo via Plana ⊠ 20155 ℰ 33001869 – ▣　　　　FL v

XX Il Beccofino, via Piero della Francesca 74 ⊠ 20154 ℰ 341219 – ▣　　　　FL c

XX **Al Bimbo,** via Marcantonio dal Re 38 ⊠ 20156 ℰ 3272290, Fax 39216365 – ▣. ⒶⒺ ⑤ ⑩ Ⅎ *VISA*　　　　FL x
chiuso sabato a mezzogiorno, domenica ed agosto – Pas carta 35/61000.

X **Al Vöttantött,** corso Sempione 88 ⊠ 20154 ℰ 33603114 – ▣. ⒶⒺ　　　　FM r
chiuso domenica ed agosto – Pas carta 28/46000.

Dintorni di Milano

a Chiaravalle Milanese SE : 7 km (pianta : Milano p. 5 HN) :

XX **Antica Trattoria San Bernardo,** via San Bernardo 36 ⊠ 20139 Milano ℰ 57409831, Rist. rustico elegante, « Servizio estivo all'aperto » – ⤝ Ⓟ. ⒶⒺ ⑤ ⑩ *VISA*. ⬜　　　　HN a
chiuso domenica sera, lunedì ed agosto – Pas carta 49/74000.

sull'autostrada A 7 per ⑨ : 7 km (pianta : Milano p. 5 FGN) :

🏨 Motel f.i.n.i. senza rist, via del Mare 93 ⊠ 20142 Milano ℰ 8464041, Fax 8467576 – 🛗 ▣ 📺 ☎ ⅙ ⇦ Ⓟ　　　　FGN b
78 cam.

XX **Arc en Ciel,** via del Mare 49 ⊠ 20142 Milano ℰ 8431346 – ▣. ⒶⒺ ⑤ ⑩ Ⅎ *VISA*　　　　FGN b
chiuso domenica e dal 2 al 27 agosto – Pas carta 32/53000.

sulla strada statale 35-quartiere Milanofiori per ⑧ : 10 km :

🏨 **Jolly Hotel Milanofiori,** Strada 2 ⊠ 20090 Assago ℰ 82221, Telex 325314, Fax 89200946, ⬜ – 🛗 ▣ 📺 ☎ ⅙ Ⓟ – 🚗 120. ⒶⒺ ⑤ ⑩ Ⅎ *VISA*. ⬜ rist
Pas 60000 – **255 cam** � 250/350000 – ½ P 240/310000.

al Parco Forlanini (lato Ovest) E : 10 km (pianta : Milano p. 5 HM) :

XX **Osteria I Valtellina,** via Taverna 34 ⊠ 20134 Milano ℰ 7561139, 🍴 , Rist. con specialità valtellinesi – Ⓟ. ⒶⒺ ⑤ ⑩ Ⅎ *VISA*　　　　HM s
chiuso lunedì, sabato a mezzogiorno e dal 7 al 25 agosto – Pas carta 52/73000.

sulla strada Nuova Vigevanese-quartiere Zingone per ⑩ : 11 km per via Lorenteggio :

🏨 **Eur** senza rist, ✉ 20090 Zingone di Trezzano ℰ 4451951, Fax 4451075 – 🛗 🖭 🔲 ☎ 🅿
– 🛗 70. 🅰🅴 🅱 ⓪ 🅴 𝘝𝘐𝘚𝘈
chiuso dal 4 al 25 agosto – **41 cam** ⊒ 162/210000.

🏨 **Tiffany,** ✉ 20090 Zingone di Trezzano ℰ 4452859, Fax 4450944, 🦶 – 🛗 🖭 cam 🔲 ☎
🅿 – 🛗 70. 🅰🅴 🅱 ⓪ 🅴 𝘝𝘐𝘚𝘈 🦶
chiuso dall'11 al 21 agosto – Pas *(chiuso sabato sera, domenica e dal 28 luglio al 29 agosto)* carta 47/87000 – ⊒ 12000 – **36 cam** 85/125000 – P 195000.

sulla tangenziale ovest-Assago per ⑩ : 14 km :

🏨 **MotelAgip,** ✉ 20094 Assago ℰ 4880441, Telex 325191, Fax 4880751, 🏊 – 🛗 🖭 🔲 ☎
🅶 🅿 – 🛗 300. 🅰🅴 🅱 ⓪ 🅴 𝘝𝘐𝘚𝘈 🦶 rist
Pas 40000 – **222 cam** ⊒ 224/280000 – ½ P 200/260000.

Vedere anche : **Cesano Boscone** per ⑩ : 9 km.
San Donato Milanese per ⑥ : 9 km HN.
Opera S : 10 km per via Ripamonti.
Segrate E : 10 km HL.
Bollate per ⑭ : 11 km.
Trezzano sul Naviglio per ⑩ : 11 km.
San Giuliano Milanese per ⑥ : 12 km.
Cinisello Balsamo N : 13 km HK.
Cusano Milanino N : 13 km GK.
Peschiera Borromeo per ⑥ : 14 km.
Garbagnate Milanese per ⑭ : 16 km.

MICHELIN, corso Sempione 66 (**FM** Milano p. 5) – ✉ 20154, ℰ 3882332, Telex 331313, **Fax 3882224** via Bovisasca 87 (**FL** Milano p. 4) – ✉ 20157, ℰ 3760447;, Fax 39311272 ad Opera, via Armando Diaz 30/34 (per via Ripamonti **GN** Milano p. 5) – ✉ 20090 Opera, ℰ 57604873, Fax 57601165.

We suggest :

for a successful tour, that you prepare it in advance.
Michelin maps and guides, will give you much useful information on route planning, places of interest, accommodation, prices etc.

MILANO ② Milano – Vedere Segrate.

MILANO MARITTIMA Ravenna 988 ⑮ – Vedere Cervia.

MILAZZO Messina 988 ㉗ ㉘ – Vedere Sicilia alla fine dell'elenco alfabetico.

MINERBIO 40061 Bologna 988 ⑮, 429 I 16 – 6 512 ab. alt. 16 – ✪ 051.
Roma 399 – ◆Bologna 23 – ◆Ferrara 30 – ◆Modena 59 – ◆Ravenna 93.

🏠 **Nanni,** ℰ 878276, Fax 876094, 🦶 – 🛗 🖭 🔲 ☎ 🅿 🅰🅴 🅱 ⓪ 🅴 𝘝𝘐𝘚𝘈 🦶
Pas *(chiuso dal 24 dicembre al 7 gennaio e dall'8 al 21 agosto)* carta 24/37000 – **35 cam**
⊒ 75/110000 – ½ P 70/80000.

MINORI 84010 Salerno – 3 064 ab. – a.s. Pasqua, 15 giugno-15 settembre e Natale – ✪ 089.
Roma 269 – Amalfi 3 – ◆Napoli 59 – Salerno 22.

🏠 **Santa Lucia,** ℰ 877142, Fax 877142 – ☎ 🚗 🅰🅴 🅱 ⓪ 🅴 𝘝𝘐𝘚𝘈 🦶 rist
marzo-ottobre – Pas carta 23/34000 (10%) – ⊒ 7500 – **25 cam** 26/40000 – ½ P 50/57000.

✗ **Giardiniello,** corso Vittorio Emanuele 17 ℰ 877050, « Servizio estivo sotto un pergolato »
– 🅰🅴 🅱 🅴 𝘝𝘐𝘚𝘈 🦶
chiuso mercoledì (escluso da giugno a settembre) e novembre – Pas carta 25/44000 (10%).

MINUSIO 427 ㉔, 219 ⑧, 218 ⑫ – Vedere Cantone Ticino (Locarno) alla fine dell'elenco alfabetico.

MIRA 30034 Venezia 988 ⑤, 429 F 18 – 36 877 ab. alt. 6 – ✪ 041.
Vedere Sala da ballo★ della Villa Costanzo.
Escursioni Riviera del Brenta★★ per la strada S 11.
Roma 514 – Chioggia 39 – ◆Milano 253 – ◆Padova 23 – Treviso 35 – ◆Venezia 21.

✗✗ **Nalin,** via Novissimo 29 ℰ 420083, Solo piatti di pesce, 🦶 – 🖭 🅿 🅰🅴 🅱 ⓪ 🅴 𝘝𝘐𝘚𝘈
🦶
chiuso domenica sera, lunedì, dal 26 dicembre al 5 gennaio ed agosto – Pas carta 35/55000.

✗ **Dall'Antonia,** via Argine Destro 75 (SE : 3 km) ℰ 5675618, Solo piatti di pesce – 🖭 🅿
🅰🅴
chiuso domenica sera, martedì, gennaio ed agosto – Pas carta 35/75000.

a Mira Porte O : 2 km – ✉ **30030** :

🏨 **Villa Margherita,** via Nazionale 416 ℰ 4265800, Fax 4265838, « Piccolo parco » – 📧 📺
☎ ⅙ 🅿. ㎀ 🅂 ⓞ ⋿ 𝘝𝘐𝘚𝘈. ❆
Pas vedere rist Margherita – ☲ 15000 – **19 cam** 98/195000 – ½ P 155000.

🕇🕇 **Margherita,** via Nazionale 312 ℰ 420879, « Servizio estivo all'aperto in un piccolo parco »
– 📧 🅿. ㎀ 🅂 ⓞ ⋿ 𝘝𝘐𝘚𝘈. ❆
chiuso martedì sera, mercoledì e dal 1° al 20 gennaio – Pas carta 45/65000.

🕇 **Vecia Brenta** con cam, via Nazionale 403 ℰ 420114 – 🅿. ㎀ 🅂 ⓞ ⋿ 𝘝𝘐𝘚𝘈. ❆
chiuso gennaio – Pas (chiuso mercoledì) carta 36/64000 – ☲ 6000 – **8 cam** 40/60000.

Vedere anche : **Dolo** O : 4 km.
Oriago NE : 4,5 km.
Malcontenta E : 8 km.

MIRAMARE Forlì 𝟵𝟴𝟴 ⑮ ⑯ – Vedere Rimini.

MIRANDOLA 41037 Modena 𝟵𝟴𝟴 ⑭ , 𝟰𝟮𝟵 H 15 – 21 549 ab. alt. 18 – ✆ 0535.
Roma 436 – ◆Bologna 71 – ◆Ferrara 58 – Mantova 55 – ◆Milano 202 – ◆Modena 32 – ◆Parma 88 – ◆Verona 70.

🏨 **Pico** senza rist, S : 1 km ℰ 20050, Fax 26873 – 🛗 ⅙↔ rist 📧 📺 ☏ 🅿. ㎀ 🅂 ⓞ ⋿ 𝘝𝘐𝘚𝘈.
❆
chiuso dal 2 al 25 agosto – ☲ 10000 – **26 cam** 65/88000.

MIRANO 30035 Venezia 𝟵𝟴𝟴 ⑤ , 𝟰𝟮𝟵 F 18 – 25 743 ab. alt. 9 – ✆ 041.
Roma 516 – ◆Milano 253 – ◆Padova 25 – Treviso 30 – ◆Trieste 158 – ◆Venezia 19.

🏨 **Park Hotel Villa Giustinian** senza rist, via Miranese 85 ℰ 5700200, Fax 5700355,
« Grande parco con ☒ » – 🛗 📺 ☏ 🅿 ㎀ 🅂 ⋿ 𝘝𝘐𝘚𝘈
☲ 10000 – **18 cam** 79/105000 appartamenti 200/250000.

🏨 **Leon d'Oro** ⌕, via Canonici 3 ℰ 432777, Fax 431501, ☒ riscaldata, 🐎 – ⅙↔ cam 📧
📺 ☏ 🅿. ㎀ 🅂 ⋿ 𝘝𝘐𝘚𝘈. ❆
22 cam solo ½ P 66/72000.

🕇🕇🕇 **El Tinelo dei Molini,** via Belvedere 8/10 ℰ 432344, Coperti limitati; prenotare – 🅿. ㎀
🅂 ⓞ ⋿ 𝘝𝘐𝘚𝘈
chiuso lunedì – Pas carta 45/70000.

🕇 **19 al Paradiso,** via Luneo 37 (N : 2 km) ℰ 431939, � – 📧 🅿. ㎀ 𝘝𝘐𝘚𝘈. ❆
chiuso lunedì ed agosto – Pas carta 35/54000.

🕇 **Al Genio,** piazza Martiri 37 ℰ 430007 – 🅿. ㎀ 🅂 ⓞ 𝘝𝘐𝘚𝘈
chiuso giovedì – Pas carta 25/47000.

MIRA PORTE Venezia – Vedere Mira.

MISANO ADRIATICO 47046 Forlì 𝟰𝟮𝟵 K 20 – 8 759 ab. – a.s. 15 giugno-agosto – ✆ 0541.
🛈 via Platani 4 ℰ 615520.
Roma 318 – ◆Bologna 120 – Forlì 65 – ◆Milano 337 – Pesaro 20 – ◆Ravenna 68 – San Marino 38.

🏨 **Gala,** via Pascoli 8 ℰ 615109, Fax 614800 – 🛗 📧 🌼 🅿. ㎀ 🅂 ⓞ ⋿ 𝘝𝘐𝘚𝘈. ❆ rist
aprile-settembre – Pas (solo per clienti alloggiati) 30/35000 – **25 cam** ☲ 70/120000 –
½ P 70/90000.

🏨 **Atlantic,** via Sardegna 28 ℰ 614161, Fax 613748, ☒ riscaldata – 🛗 📧 rist ☎ 🅿. 🅂 ⋿
𝘝𝘐𝘚𝘈. ❆ rist
aprile-ottobre – Pas 25/40000 – ☲ 12000 – **40 cam** 60/100000 – ½ P 59/74000.

🏨 **Villa Rosa,** Litoranea Sud 4 ℰ 613601, Fax 610383, ≤, – 🛗 🌼 🅿. ❆
maggio-settembre – Pas 21/25000 – ☲ 10000 – **30 cam** 50/75000 – ½ P 28/52000.

🏨 **Haway,** via Sardegna 21 ℰ 610309 – 🛗 📧 rist 🌼 🅿. ❆ rist
15 maggio-15 settembre – Pas 15/18000 – **39 cam** ☲ 70000 – ½ P 40/50000.

🏨 **Savoia,** viale della Repubblica 1 ℰ 615319, ≤, – 🛗 ☏ 🅿. 𝘝𝘐𝘚𝘈. ❆ rist
maggio-settembre – Pas 22/30000 – ☲ 8000 – **81 cam** 40/70000 – ½ P 40/60000.

🕇 Lucullo Handy Sea, a Portoverde ℰ 615202, ≤, ☒ – 🅿.

🕇 **La Quercia,** sulla strada provinciale 35 per Riccione-Morciano ℰ 614417, 🌼 – 🅿. ㎀
🅂 ⓞ ⋿ 𝘝𝘐𝘚𝘈. ❆
chiuso novembre, lunedì e a mezzogiorno dal 15 settembre al 30 maggio (escluso sabato
e domenica) – Pas carta 30/43000.

Send us your comments on the restaurants we recommend
and your opinion on the specialities
and local wines they offer.

MISSIANO (MISSIAN) Bolzano 218 ㉔ – Vedere Appiano.

MISURINA 32040 Belluno 988 ⑤, 429 C 18 – alt. 1 756 – a.s. 15 febbraio-marzo, 15 luglio-agosto e Natale – Sport invernali : 1 756/2 220 m ⚡4, 🎿 – ❄ 0436.

Vedere Lago★★ – Paesaggio pittoresco★★★.

Roma 686 – Auronzo di Cadore 24 – Belluno 86 – Cortina d'Ampezzo 15 – ◆Milano 429 – ◆Venezia 176.

🏨 **Lavaredo**, ℰ 39127, Fax 39127, ← Dolomiti e lago, 🛥 – ☎ 🅿 VISA. ⋘
   chiuso novembre – Pas carta 25/47000 – 🖵 8000 – **31 cam** 60/100000 – ½ P 55/80000.

🏨 **Miralago** ⤢, ℰ 39123, ← Dolomiti e lago – 🅿. ⋘
   chiuso dal 20 aprile al 31 maggio e dal 15 ottobre al 20 dicembre – Pas carta 33/42000 –
   🖵 6500 – **23 cam** 48/70000 – ½ P 65000.

MODENA 41100 🅿 988 ⑭, 428 429 I 14 – 176 857 ab. alt. 35 – ❄ 059.

Vedere Duomo★★ AY – Metope★★ nel museo del Duomo AY – Galleria Estense★★, biblioteca Estense★, sala delle medaglie★ nel palazzo dei Musei AY – Palazzo Ducale★ BY **A**.

🖥 e 🖥 (chiuso lunedì) a Colombaro di Formigine ⊠ 41050 ℰ 553597, Fax 553696, per ④ : 10 km.

🅱 via Emilia Centro 174 ℰ 222482.

A.C.I. via Verdi 7 ℰ 239022.

Roma 404 ④ – ◆Bologna 39 ③ – ◆Ferrara 84 ④ – ◆Firenze 130 ④ – ◆Milano 170 ⑥ – ◆Parma 56 ⑥ – ◆Verona 101 ⑥.

Pianta pagina a lato

🏨 **Fini Hotel**, via Emilia Est 441 ℰ 238091, Telex 510286, Fax 364804 – 🛗 🗎 📺 ☎ ⅙ ⇔
   🅿 – 🛗 40 a 600. ⅋ 🕏 ⑩ Ε VISA
   per ③
   chiuso dal 27 luglio al 18 agosto e dal 21 dicembre al 1° gennaio – Pas vedere rist Fini –
   🖵 17500 – **92 cam** 196/288000 appartamento 483000 – ½ P 143/265000.

🏨 **Canalgrande**, corso Canal Grande 6 ℰ 217160, Telex 510480, Fax 221674, « Sale
   settecentesche e giardino ombreggiato » – 🛗 🗎 📺 ☎. ⅋ 🕏 ⑩ Ε VISA
   BZ **v**
   Pas *(chiuso dal 1° al 20 agosto)* carta 40/63000 – 🖵 18000 – **78 cam** 143/205000, 🗎 9000
   – ½ P 160000.

🏨 **Gd H. Raffaello e dei Congressi**, via per Cognento 5 ℰ 357035, Telex 521176, Fax
   354522 – 🛗 🗎 📺 ☎ – 🛗 30 a 250. ⅋ 🕏 ⑩ Ε VISA. ⋘
   3 km per ⑤
   Pas 35/42000 – **127 cam** 🖵 192/227000 appartamento 262000 – ½ P 140/170000.

🏨 **Central Park Hotel** senza rist, viale Vittorio Veneto 10 ℰ 225858, Telex 522225, Fax
   225858 – 🛗 🗎 📺 ☎ 🅿 – 🛗 40 a 60. ⅋ 🕏 ⑩ Ε VISA. ⋘
   AY **a**
   chiuso dal 23 dicembre al 6 gennaio e dal 3 al 25 agosto – **46 cam** 🖵 140/180000
   appartamento 250000.

🏨 **Donatello**, via Giardini 402 ℰ 351331, Fax 342803 – 🛗 🗎 📺 ☎ ⇔ – 🛗 50. ⅋
   ⑩ Ε VISA. ⋘ rist
   per ⑤
   Pas *(chiuso lunedì ed agosto)* carta 32/34000 – 🖵 14000 – **74 cam** 91000, 🗎 8000.

🏨 **Eden** senza rist, via Emilia Ovest 666 ℰ 335660, Telex 522217 – 🛗 🗎 📺 ☎ ⇔ 🅿 –
   🛗 60. ⅋ 🕏 ⑩ Ε VISA
   per ⑥
   51 cam 🖵 80/100000.

🏨 **Ritz**, via Rainusso 108 ℰ 338090, Telex 522250, Fax 337393 – 🛗 🗎 📺 ☎ 🅿
   AY **c**
   140 cam.

🏨 **Libertà** senza rist, via Blasia 10 ℰ 222365, Fax 222502 – 🛗 📺 ☎ ⇔ ⅋ 🕏 ⑩ Ε VISA.
   ⋘
   BY **e**
   🖵 10000 – **48 cam** 65/95000.

🏨 **Principe** senza rist, corso Vittorio Emanuele II n° 94 ℰ 218670, Fax 511187 – 🛗 🗎 📺
   ☎. ⅋ 🕏 ⑩ Ε VISA. ⋘
   BY **g**
   chiuso dal 10 al 20 agosto – 🖵 12000 – **51 cam** 62/85000, 🗎 5000.

🏨 **Europa** senza rist, corso Vittorio Emanuele II n° 52 ℰ 217721, Telex 522331, Fax 222288 –
   🛗 ⇴ 📺 ☎ ⇔ – 🛗 50. ⅋ 🕏 ⑩ Ε VISA
   BY **a**
   🖵 8000 – **120 cam** 60/80000.

🏨 **Lux** senza rist, via Galilei 218/a ℰ 353308 – 🛗 🗎 📺 ☎ 🅿 – 🛗 80. ⅋ 🕏 ⑩ Ε VISA
   chiuso agosto – 🖵 10000 – **43 cam** 88000, 🗎 7000.
   3 km per ⑤

🏨 **Roma** senza rist, via Farini 44 ℰ 222218, Fax 223747 – 🛗 📺 ☎ ⅙ ⇔. ⅋ 🕏 ⑩ Ε
   VISA
   BY **d**
   🖵 10000 – **53 cam** 60/85000.

🏨 **La Torre** senza rist, via Cervetta 5 ℰ 222615, Fax 216316 – 📺 ⇴ ⇔. ⅋ ⑩ VISA. ⋘
   chiuso agosto – 🖵 10000 – **26 cam** 42/66000.
   AZ **s**

🍴🍴🍴 ❁❁ **Fini**, rua Frati Minori 54 ℰ 223314, Fax 220247 – 🗎 – 🛗 200. ⅋ 🕏 ⑩ Ε VISA. ⋘
   chiuso lunedì, martedì, dal 29 luglio al 27 agosto e dal 24 al 31 dicembre – Pas
   carta 53/78000
   AZ **e**
   Spec. Pasticcio di maccheroni, Fritto misto all'italiana, Bolliti misti dal carrello. Vini Albana, Lambrusco.

🍴🍴🍴 ❁ **Borso d'Este**, piazza Roma 5 ℰ 214114, prenotare – 🗎. ⅋ 🕏 ⑩ Ε VISA. ⋘
   chiuso domenica ed agosto – Pas carta 50/72000
   BY **k**
   Spec. Insalata tiepida di gamberi, Risotto mantecato al radicchio e zucca, Ventaglio d'anitra al vino rosso
   con mele caramellate. Vini Chardonnay, Cabernet-Sauvignon.

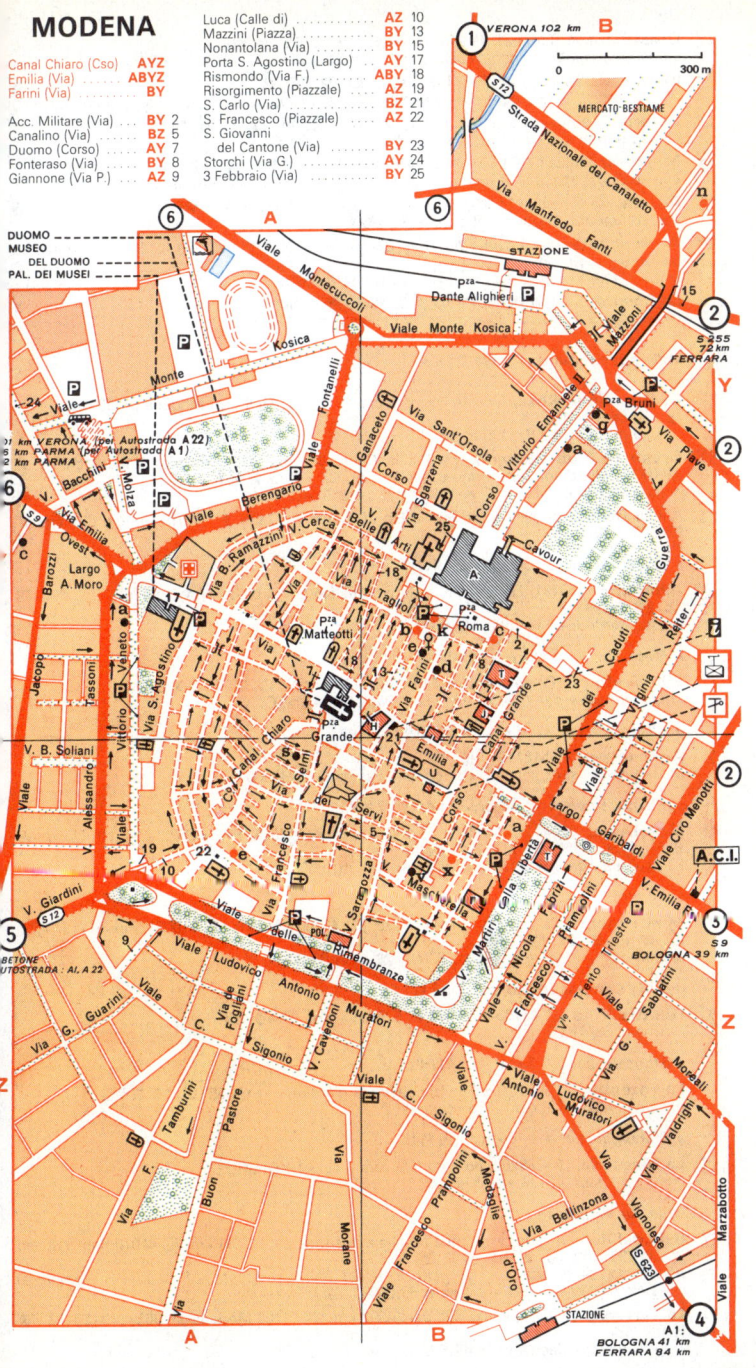

MODENA

Canal Chiaro (Cso) **AYZ**
Emilia (Via) **ABYZ**
Farini (Via) **BY**

Acc. Militare (Via) . . . **BY** 2
Canalino (Via) . . . . . **BZ** 5
Duomo (Corso) . . . . **AY** 7
Fonteraso (Via) . . . . **BY** 8
Giannone (Via P.) . . . **AZ** 9

Luca (Calle di) . . . . **AZ** 10
Mazzini (Piazza) . . . . **BY** 13
Nonantolana (Via) . . . . **BY** 15
Porta S. Agostino (Largo) . . . **AY** 17
Rismondo (Via F.) . . . . **ABY** 18
Risorgimento (Piazzale) . . . . **AZ** 19
S. Carlo (Via) . . . . **BZ** 21
S. Francesco (Piazzale) . . . . **AZ** 22
S. Giovanni
del Cantone (Via) . . . . . . **BY** 23
Storchi (Via G.) . . . . **AY** 24
3 Febbraio (Via) . . . . **BY** 25

XX **Oreste,** piazza Roma 31 ✆ 243324 – 🍽 – 🛎 40. 🆎 ⓪ 𝘝𝘐𝘚𝘈   BY c
  chiuso mercoledì, domenica sera e dal 10 al 31 luglio – Pas carta 36/61000.

XX **Bianca,** via Spaccini 24 ✆ 311524, ☕ – 🆎 ⓪ 𝘝𝘐𝘚𝘈. ✖   BY n
  chiuso sabato a mezzogiorno, domenica, Natale, Pasqua ed agosto – Pas carta 37/56000.

XX **Osteria Toscana,** via Gallucci 21 ✆ 211312 – 🆎 🆂 ⓪ 🇪 𝘝𝘐𝘚𝘈. ✖   BZ x
  chiuso domenica, lunedì ed agosto – Pas carta 35/55000.

XX **Moka,** via Emilia Ovest 628 ✆ 334478 – 🍽. 🆎 🆂 ⓪ 🇪 𝘝𝘐𝘚𝘈. ✖   2,5 km per ⑥
  chiuso domenica, dal 24 dicembre al 1° gennaio ed agosto – Pas carta 40/60000.

XX **Aurora,** via Coltellini 24 ✆ 225191, ☕ – 🍽. 🆎 🆂 ⓪ 🇪 𝘝𝘐𝘚𝘈. ✖   BY b
  chiuso lunedì ed agosto – Pas carta 32/49000 (10%).

XX **Al Boschetto-da Loris,** via Due Canali Nord 202 ✆ 251759, « Servizio estivo in
  giardino » – 🅟. ✖   per ②
  chiuso la sera, sabato ed agosto – **Pas** carta 27/42000.

X **La Calamita,** largo Hannover 63 ✆ 214664, ☕ – ✖   BZ a
  chiuso domenica e dal 1° al 20 agosto – Pas carta 26/42000.

sulla strada statale 9 – via Emilia :

XX **La Quercia di Rosa,** località Fossalta per ③ : 4 km ✉ 41100 Modena ✆ 280730, ☕ –
  🅟. 🆎 🆂 ⓪ 𝘝𝘐𝘚𝘈. ✖
  chiuso domenica – Pas carta 35/52000.

XX **Green Grill-da Gaetano,** via Emilia Ovest 802 per ⑥ : 3 km ✉ 41100 Modena ✆
  330073, « Giardino con servizio estivo » – 🅟. 🆎 🆂 ⓪ 🇪 𝘝𝘐𝘚𝘈. ✖
  chiuso sabato e dal 3 al 27 agosto – Pas carta 30/42000.

XX Antica Trattoria da Felice, via Emilia Est 2445 per ③ : 7 km ✉ 41010 Gaggio di Piano ✆
  938003 – 🅟.

a Cognento per ⑤ : 4 km – ✉ **41010** :

XX **Aicardi,** ✆ 355131, Fax 340806, « Servizio estivo in giardino » – ✂ 🍽 🅟 – 🛎 100. 🆎
  🆂 ⓪ 🇪 𝘝𝘐𝘚𝘈. ✖
  chiuso martedì – Pas carta 31/46000.

a Freto per ⑥ : 5 km – ✉ **41010** :

XX **Villa Freto,** via Ponte Alto Sud 145 ✆ 827729, ☕ – 🅟. 🆎 🆂 ⓪ 🇪 𝘝𝘐𝘚𝘈
  chiuso lunedì e dal 1° al 20 gennaio – Pas carta 41/57000.

a Cittanova per ⑥ : 7 km – ✉ **41100** Modena :

X **Annunciata,** ✆ 518119 – 🅟. ✖
  chiuso lunedì sera, martedì ed agosto – Pas carta 32/45000.

sull'autostrada A 1 – Secchia per ⑥ : 7 km :

🏨 **MotelAgip,** ✉ 41100 Modena ✆ 518221, Telex 212826, Fax 518522 – 🛗 🍽 📺 ☎ 👍
  🅟 – 🛎 30 a 150. 🆎 🆂 ⓪ 🇪 𝘝𝘐𝘚𝘈. ✖ rist
  Pas self-service 30000 circa – **184 cam** ☲ 135/180000, 🍽 11000 – ½ P 120/185000.

sulla strada statale 12 per ⑤ : 7 km :

🏨 **Mini Hotel** senza rist, via Giardini 1270 ✉ 41100 Modena ✆ 510051, Fax 511187 – 🛗
  📺 ☎ 🅟 🆎 🆂 ⓪ 🇪 𝘝𝘐𝘚𝘈
  chiuso dal 10 al 20 agosto – ☲ 8000 – **26 cam** 60/83000.

per via Campogalliano per ⑥ : 7 km :

X **Quattro Ville** ✉ 41100 Modena ✆ 525731 – 🅟. 🆂 ⓪ 𝘝𝘐𝘚𝘈
  Pas carta 33/41000.

a Montale per ④ : 8 km – ✉ **41050** :

XX **La Fazenda,** ✆ 309113, « Servizio estivo in giardino » – 🅟. 🆎 🆂 ⓪ 🇪 𝘝𝘐𝘚𝘈
  chiuso lunedì ed agosto – Pas carta 38/60000.

a Marzaglia per ⑥ : 10 km – ✉ **41010** :

XX **La Masseria,** ✆ 389262, prenotare la sera – 🆎 🆂 ⓪ 𝘝𝘐𝘚𝘈
  chiuso martedì – Pas carta 39/53000.

sulla via Vignolese :

XX **Baia del Re** con cam, prossimità casello autostrada per ④ : 11 km ✉ 41010 San Dàmaso
  ✆ 369135 – ☎ 🅟. 🆎 🆂 ⓪ 🇪 𝘝𝘐𝘚𝘈
  chiuso dal 24 dicembre al 16 gennaio e dal 1° al 20 agosto – Pas (*chiuso domenica*)
  carta 17/24000 – ☲ 8000 – **14 cam** 38/60000 – ½ P 70000.

XX **La Tartaruga,** via Vignolese 426 per ④ : 2 km ✉ 41100 Modena ✆ 363364 – 🆎 🆂 ⓪
  🇪 𝘝𝘐𝘚𝘈. ✖
  chiuso lunedì – Pas carta 32/44000.

MODICA Ragusa 988 ㊲ – Vedere Sicilia alla fine dell'elenco alfabetico.

MODIGLIANA 47015 Forlì 988 ⑮, 429 J 17 – 4 860 ab. alt. 185 – ✪ 0546.
Roma 349 – ◆Bologna 75 – ◆Firenze 102 – Forlì 34.

　XX **Il Solieri**, via Garibaldi 32 ℘ 92493 – 📧 ⓪. ✗
　　chiuso martedì e dal 1° al 14 agosto – Pas carta 31/47000.

　X **Il Veliero**, piazza Don Minzoni 44 ℘ 92541 – 📧 ⓪. ✗
　　chiuso mercoledì – Pas carta 25/44000.

MODUGNO 70026 Bari 988 ㉙ – 37 623 ab. alt. 79 – ✪ 080.
Roma 443 – ◆Bari 10 – Barletta 56 – Matera 53 – ◆Taranto 93.

　sulla strada statale 96 :

　🏨 Bari Nord, N : 1 km ⊠ 70026 Modugno ℘ 565222, Telex 810855, ⊼, 🐎, ✗ – 🛗 ▤ ☎
　　& ⇦ ℗ – 🔏 50 a 400
　　155 cam.

　🏨 **H R**, NE : 3 km ⊠ 70123 Bari Ovest ℘ 451500, Fax 451500, ⊼, 🐎, ✗ – 🛗 ▤ 📺 ☎
　　℗ – 🔏 25 a 150. 📧 🅱 ⓪ 🇪 💳 ✗ rist
　　Pas *(chiuso sabato sera, domenica e Ferragosto)* carta 55/77000 – ⊡ 8500 – **93 cam**
　　100/132000 – ½ P 130000.

MOENA 38035 Trento 988 ④⑤, 429 C 16 – 2 584 ab. alt. 1 184 – a.s. febbraio-Pasqua e Natale
– Sport invernali : ad Alpe Lusia : 1 184/2 347 m ⟜2 ⟜10, 🎿 (vedere anche passo San Pellegrino)
– ✪ 0462.
🛈 piazza Cesare Battisti 33 ℘ 53122, Telex 400677, Fax 54342.
Roma 671 – Belluno 69 – ◆Bolzano 45 – Cortina d'Ampezzo 74 – ◆Milano 329 – Trento 89.

　🏨 **Monza** ⑤, ℘ 53205, ← – 🛗 📺 ☎ ⇦ ℗. 📧 ⓪. ✗
　　20 dicembre-20 aprile e 15 giugno-20 settembre – Pas 22/26000 – ⊡ 8000 – **20 cam**
　　60/110000 appartamenti 90/130000 – ½ P 64/93000.

　🏨 **Dolce Casa** ⑤, ℘ 53126, ← Dolomiti – 🛗 ☎ ℗ – 🔏 90. ✗
　　dicembre-aprile e giugno-settembre – Pas 25/35000 – ⊡ 8500 – **42 cam** 80/130000 –
　　½ P 81/108000.

　🏨 **Alpi**, ℘ 53194, Fax 53844, ←, ☎ – 🛗 ☎ ℗. 📧. ✗
　　15 dicembre-20 aprile e 15 giugno-settembre – Pas 20/30000 – ⊡ 10000 – **38 cam** 56/99000
　　– ½ P 90/100000.

　🏨 **La Romantica** ⑤, ℘ 53298, Fax 53298, ←, 🐎 – ☎ ℗. ✗ rist
　　dicembre-aprile e giugno-settembre – Pas 28000 – ⊡ 8000 – **29 cam** 74/123000 –
　　½ P 86/98000.

　🏨 **Post Hotel**, ℘ 53760, Fax 54320 – 🛗 📺 ☎. 📧 ⓪. ✗
　　dicembre-Pasqua e 15 giugno-settembre – Pas vedere rist Tyrol – ⊡ 8000 – **17 cam**
　　84/150000 appartamenti 120/150000 – ½ P 60/100000.

　🏨 **Leonardo** ⑤, ℘ 53355, ←, 🐎 – 🛗 📺 ⊛ ℗. ✗ rist
　　20 dicembre-aprile e 15 giugno-settembre – Pas carta 28/34000 – ⊡ 10000 – **21 cam**
　　84/133000 – ½ P 80/112000.

　🏨 **Catinaccio** ⑤, ℘ 53235, ← Dolomiti, ☎, 🐎 – 🛗 ⊛ ℗. ✗ rist
　　20 dicembre-20 marzo e luglio-15 settembre – Pas 30/35000 – **41 cam** ⊡ 90/140000 –
　　½ P 64/100000.

　🏨 **Patrizia** ⑤, ℘ 53185, Fax 54087, ←, 🐎 – 🛗 📺 ☎ ℗. ⓪. ✗
　　20 dicembre-Pasqua e 20 giugno-20 settembre – Pas 22/30000 – ⊡ 12000 – **32 cam**
　　75/120000 – ½ P 80/90000.

　🏨 **Laurino**, ℘ 53238, Fax 54354, ← – 🛗 ☎ ℗. ✗ rist
　　20 dicembre-20 aprile e 15 giugno-19 settembre – Pas 28000 – ⊡ 8000 – **42 cam** 81/128000
　　– ½ P 95/107000.

　XX **Tyrol**, ℘ 53760 – ▤. 📧 ⓪. ✗
　　dicembre-Pasqua e 15 giugno-settembre – Pas carta 32/46000.

　XX **Ja Navalge**, ℘ 53930 – 🅱 🇪 💳. ✗
　　chiuso dal 15 giugno al 20 luglio e lunedì in bassa stagione – Pas carta 34/54000.

　　Vedere anche : *San Pellegrino (Passo di)* E : 12,5 km.

MOGGIONA Arezzo – Vedere Camaldoli.

MOGLIANO VENETO 31021 Treviso 988 ⑤, 429 F 18 – 25 260 ab. alt. 8 – ✦ 041.
🖩 e 🖩 Villa Condulmer (chiuso lunedi) a Zerman ✉ 31020 ℰ 457062, NE : 4 km.
Roma 529 – ◆Milano 268 – ◆Padova 38 – Treviso 12 – ◆Trieste 152 – Udine 121 – ◆Venezia 18.

a Marocco S : 3 km – ✉ **31021** Mogliano Veneto :

XXX Al Postiglione, ℰ 942600 – 🍽 🅿.

a Zerman NE : 4 km – ✉ **31020** :

🏛 **Villa Condulmer** 🦢, ℰ 457100, Fax 457134, « Villa veneta del 18° secolo in un fresco
parco », 🏊, %, 🖩 – 🍽 cam ☎ 🅿 – 🔥 80. 🖭 🔖 ⓞ ㄷ VISA. 🛇
chiuso dall'8 gennaio al 10 febbraio – Pas *(chiuso lunedi)* carta 40/60000 – 🖵 15000 –
50 cam 80/200000 appartamenti 200/250000.

MOIA DI ALBOSAGGIA Sondrio – Vedere Sondrio.

MOIE Ancona – Vedere Maiolati Spontini.

MOLFETTA 70056 Bari 988 ㉙ – 64 215 ab. – ✦ 080.
Roma 425 – ◆Bari 25 – Barletta 30 – ◆Foggia 108 – Matera 69 – ◆Taranto 115.

🏛 **Garden,** via provinciale Terlizzi ℰ 941722, 🌼, % – 🍽 🍽 📺 ☎ 🚗 🅿 – 🔥 80. 🖭
🖛 🔖 ⓞ ㄷ VISA. 🛇
Pas *(chiuso domenica)* carta 20/35000 – 🖵 8000 – **60 cam** 63/85000, 🍽 8000.

XX **Borgo Antico,** piazza Municipio 20 ℰ 914379 – 🍽 VISA. 🛇
chiuso lunedi e dal 9 al 22 novembre – Pas carta 21/48000.

XX **Bistrot,** via Dante 33 ℰ 915812 – 🍽 🖭 ⓞ VISA. 🛇
chiuso mercoledi – Pas carta 24/33000.

sulla strada statale 16 E : 2,5 km :

XX **Alga Marina-da Marago,** ✉ 70056 ℰ 948091, ≤, 🖼 – 🅿. 🔖 VISA
chiuso lunedi e novembre – Pas (solo per clienti alloggiati) carta 24/48000 (10%).

MOLINELLA 40062 Bologna 429 I 17 – 11 985 ab. alt. 8 – ✦ 051.
Roma 413 – ◆Bologna 36 – Ferrara 34 – ◆Ravenna 54.

🏛 **Mini Palace,** via Circonvallazione Sud 2 ℰ 881180, Fax 881180, 🌼 – 📺 ☎ 🅿. 🖭 🔖
ⓞ ㄷ VISA. 🛇
chiuso dal 1° al 10 gennaio e dal 10 al 20 agosto – Pas *(chiuso domenica sera e lunedi)*
22/40000 – **14 cam** 🖵 60/100000 – ½ P 60000.

MOLINI (MÜHLEN) Bolzano – Vedere Falzes.

MOLINI DI TURES (MÜHLEN) Bolzano – Vedere Campo Tures.

MOLLIÈRES Torino 77 ⑥ ⑨ – Vedere Cesana Torinese.

MOLTRASIO 22010 Como 428 E 9, 219 ⑧⑨ – 1 978 ab. alt. 247 – ✦ 031.
Roma 634 – Como 9 – Menaggio 26 – ◆Milano 57.

🏛 **Posta,** ℰ 290444, Fax 290657, ≤, 🌳 – 🍽 📺 ☎. 🖭 🔖 ⓞ ㄷ VISA
chiuso gennaio e febbraio – Pas *(chiuso mercoledi)* carta 34/56000 – 🖵 8000 – **20 cam**
60/85000 – ½ P 58/70000.

MOLVENO 38018 Trento 988 ④, 428 429 D 14 – 1 013 ab. alt. 864 – a.s. Pasqua, luglio-agosto
e Natale – Sport invernali : 864/1 528 m ✂1, ✂3, ✂; (vedere anche Andalo e Fai della Paganella)
– ✦ 0461.
Vedere Lago★★.
🖪 piazza Marconi ℰ 586924.
Roma 627 – ◆Bolzano 65 – ◆Milano 211 – Riva del Garda 46 – Trento 45.

🏛 **Ischia,** ℰ 586057, Fax 586985, ≤, « Giardino fiorito » – 🍽 📺 ☎ 🔥 🅿. 🖭 🔖 VISA.
🛇 rist
20 dicembre-marzo e giugno-settembre – Pas 25/27000 – 🖵 10000 – **35 cam** 70/105000 –
½ P 67/87000.

🏛 **Belvedere,** ℰ 586933, Telex 401310, Fax 586044, ≤, 🌳, 🔲 – 🍽 ☎ 🔥 🅿. VISA. 🛇 rist
23 dicembre-6 gennaio e 20 maggio-settembre – Pas 25/28000 – 🖵 7000 – **52 cam**
85/135000 – ½ P 70/103000.

🏛 **Lido,** ℰ 586932, « Grande giardino ombreggiato » – 🍽 ☎ – 🔥 80. 🛇 rist
15 maggio-15 ottobre – Pas carta 23/32000 – 🖵 6000 – **59 cam** 70/120000 – ½ P 60/90000.

🏛 **Du Lac,** ℰ 586965, Fax 586247, ≤, 🌼 – 🍽 ☎ 🅿. 🖭 🔖 VISA. 🛇 rist
20 dicembre-10 gennaio e giugno-settembre – Pas 18/25000 – 🖵 7000 – **44 cam** 60/100000
– ½ P 54/86000.

🏨 **Miralago,** ℰ 586935, Fax 586974, ≤, ⌐ riscaldata, 🛋 – 🛗 📺 ☎ 🄿 🆎 ⑩ 𝘝𝘐𝘚𝘈, ⅍ rist
Natale, febbraio-8 marzo e maggio-15 ottobre – Pas 22/27000 – ☒ 10000 – **35 cam**
60/110000 – ½ P 50/82000.

🏨 **Alexander H. Cima Tosa,** ℰ 586928, Fax 586950, ≤ Gruppo del Brenta e lago – 🛗 ⇆
🔸 ☎ 🄿 – 🛗 70. 🆎 🆂 ⑩ 🄴 𝘝𝘐𝘚𝘈, ⅍ rist
22 dicembre-9 gennaio, 10 febbraio-10 marzo e maggio-ottobre – Pas 20/28000 – ☒ 7000
– **36 cam** 66/120000 – ½ P 50/90000.

🏨 **Gloria** ⍓, ℰ 586962, ≤, 🛋 – 🛗 ☎ 🄿, 𝘝𝘐𝘚𝘈, ⅍ rist
Natale e giugno-settembre – Pas 25/32000 – **31 cam** ☒ 75/120000 – ½ P 65/90000.

🏨 **Ariston,** ℰ 586907, ≤ – 🛗 ▤ rist ☏ 🄿, 🆎 🆂 🄴 𝘝𝘐𝘚𝘈, ⅍ rist
🔸 *22 dicembre-10 gennaio e 20 giugno-20 settembre* – Pas 20/25000 – **48 cam** ☒ 70/120000
– ½ P 50/95000.

🏨 **Londra,** ℰ 586943, ≤, 🛋 – ☎ & 🄿, 🆂 𝘝𝘐𝘚𝘈, ⅍ rist
🔸 *dicembre-marzo e maggio-ottobre* – Pas 15/25000 – ☒ 7000 – **32 cam** 58/100000 –
½ P 60/75000.

✗✗ **Antica Bosnia,** ℰ 586123, Coperti limitati; prenotare – 𝘝𝘐𝘚𝘈, ⅍
chiuso mercoledì e novembre – **Pas** carta 23/42000.

MOMBELLO MONFERRATO 15020 Alessandria – 1 128 ab. alt. 294 – ✪ 0142.
Roma 626 – Alessandria 46 – Asti 38 – ◆Milano 95 – ◆Torino 62 – Vercelli 39.

✗ **Hostaria dal Paluc,** località Zenevreto N : 2 km ℰ 944126, solo su prenotazione,
« Servizio estivo all'aperto con ≤ » – 🆎 🆂 🄴 𝘝𝘐𝘚𝘈, ⅍
chiuso da gennaio al 15 febbraio, martedì e in agosto anche lunedì – Pas carta 34/50000.

✗ **Dubini,** ℰ 944116
chiuso mercoledì e dal 25 luglio al 18 agosto – Pas carta 37/48000.

MOMBISAGGIO Alessandria – Vedere Tortona.

MOMO 28015 Novara 𝟵𝟴𝟴 ②, 𝟰𝟮𝟴 F 7 – 2 858 ab. alt. 213 – ✪ 0321.
Roma 640 – ◆Milano 66 – Novara 15 – Stresa 45 – ◆Torino 110.

✗✗✗ **Macallè,** ℰ 926064 – ▤ 🄿, 🆎 🆂 ⑩ 🄴 𝘝𝘐𝘚𝘈, ⅍
chiuso martedì sera, mercoledì, dal 5 al 15 gennaio e dal 20 al 30 agosto – Pas
carta 48/69000.

MOMPANTERO Torino – Vedere Susa.

MONASTIER DI TREVISO 31050 Treviso 𝟰𝟮𝟵 F 19 – 3 325 ab. alt. 5 – ✪ 0422.
Roma 548 – ◆Milano 287 – ◆Padova 57 – Treviso 17 – ◆Trieste 125 – Udine 96 – ◆Venezia 37.

✗ **Menegaldo,** località Pralongo E : 4 km ℰ 798025 – ▤ 🄿, 🆎 🆂 ⑩ 𝘝𝘐𝘚𝘈
chiuso mercoledì e dal 25 luglio al 20 agosto – Pas carta 24/38000.

MONCALIERI 10024 Torino 𝟵𝟴𝟴 ⑫, 𝟰𝟰𝟬 G 5 – 61 338 ab. alt. 260 – ✪ 011.
Roma 662 – Asti 47 – Cuneo 86 – ◆Milano 148 – ◆Torino 8.

Pianta d'insieme di Torino (Torino p. 3)

🏨 **Reginna Po** senza rist, strada Torino 29 ℰ 641126, Fax 642218 – 🛗 📺 🕹 🚗 🄿 –   GU ℮
🛗 300. 🆎 🆂 ⑩ 🄴 𝘝𝘐𝘚𝘈
25 cam ☒ 120/175000.

✗ **La Darsena,** strada Torino 29 bis ℰ 642448, ≤ – 🄿, 🆎 🆂 ⑩ 🄴 𝘝𝘐𝘚𝘈   GU p
chiuso domenica sera, lunedì ed agosto – Pas carta 42/67000.

✗ **Rosa Rossa,** via Carlo Alberto 5 ℰ 645873   GU r
chiuso domenica sera, lunedì ed agosto – Pas carta 32/50000.

MONCALVO 14036 Asti 𝟵𝟴𝟴 ⑫, 𝟰𝟮𝟴 G 6 – 3 545 ab. alt. 305 – ✪ 0141.
Roma 633 – Alessandria 47 – Asti 21 – ◆Milano 98 – ◆Torino 64 – Vercelli 42.

✗ **Tre Re,** ℰ 91125, Coperti limitati; prenotare
chiuso lunedì sera, martedì e luglio – Pas carta 30/53000.

a Cioccaro SE : 5 km – ✉ 14030 Cioccaro di Penango :

🏨 ⌘ **Locanda del Sant'Uffizio-da Beppe** ⍓, ℰ 91271, Fax 916068, ≤, 🎄, « Antica
fattoria con parco ⌐ e ⅍ », 🛋 – 📺 🄿 – 🛗 80. 🆎 🆂 ⑩ 🄴 𝘝𝘐𝘚𝘈, ⅍
chiuso dal 3 al 25 gennaio e dal 10 al 20 agosto – Pas *(chiuso martedì)* 90000 – ☒ 20000
– **31 cam** 120/200000 appartamenti 250000 – ½ P 200000
Spec. Gnocchi con fonduta al tartufo bianco (settembre-dicembre), Lepre nel suo civet (agosto-novembre),
Flan d'asparagi con crema di piselli (aprile-giugno). Vini Cerea, Freisa..

369

MONDELLO Palermo 988 ⑤ – Vedere Sicilia alla fine dell'elenco alfabetico.

MONDOVÌ Cuneo 988 ⑫, 428 I 5 – 22 119 ab. alt. 559 – ✉ 12084 Mondovì Breo – ✆ 0174.
🖂 viale Vittorio Veneto 17 ✆ 40389, Fax 481266.
Roma 616 – Cuneo 27 – ♦Genova 117 – ♦Milano 212 – Savona 71 – ♦Torino 80.

🏨 **Park Hotel e Rist. Villa Nasi**, via del Vecchio 2 ✆ 46666, Fax 47771 – 🛗 🍽 rist 📺 ☎
🚗 🅿 – 🛗 200. 🆎 🕃 🔘 🗲 VISA
Pas (chiuso domenica sera e luedì) carta 20/40000 – ☷ 8000 – **54 cam** 55/83000
appartamento 150000 – ½ P 60/65000.

🏨 **Europa** senza rist, via Torino 29-Borgo Aragno ✆ 44389 – 🛗 📺 ☎ 🚗 🅿 🕃 🗲 VISA
☷ 8000 – **17 cam** 55/80000.

MONEGLIA 16030 Genova 428 J 10 – 2 741 ab. – ✆ 0185.
Roma 456 – ♦Genova 58 – ♦Milano 193 – Sestri Levante 12 – ♦La Spezia 58.

🏨 **Mondial**, O : 1 km ✆ 49339, Telex 272444, Fax 49943, ≤, 🚜 – 🛗 ☎ 🅿
aprile-ottobre – Pas 35/50000 – ☷ 9000 – **50 cam** 40/70000 – ½ P 70/85000.

🏠 **Leopold** 🐾, O : 1 km ✆ 49240, ≤, ⊿ – 🛗 ☎ 🚗. 🕃 🗲 VISA. 🛠
chiuso dal 10 ottobre al 20 dicembre – Pas carta 49/56000 – ☷ 15000 – **23 cam** 70/80000
– ½ P 65/76000.

🏠 **Locanda Maggiore**, ✆ 49355, ≤ – 🛗 ☎ 🚗. 🕃 🔘 🗲 VISA. 🛠
25 marzo-settembre – Pas 22/24000 – ☷ 5500 – **34 cam** 28/50000 – ½ P 62/68000.

🏠 **Villa Edera**, ✆ 49291, Fax 49470, ≤ – 📺 🅿 🆎. 🛠
20 marzo-25 ottobre – Pas 23/30000 – ☷ 10000 – **26 cam** 40/65000 – ½ P 50/75000.

🏠 **Piccolo Hotel**, ✆ 49374 – 🛗 📺 🐾 🚗 🅿 🛠
marzo-25 ottobre – Pas (chiuso giovedì) 30/35000 – ☷ 8000 – **26 cam** 65000 – ½ P 75000.

verso Lemeglio SE : 2 km :

✗ ✿ **La Ruota**, alt. 200 ✉ 16030 ✆ 49565, Coperti limitati; prenotare, « Servizio estivo in
terrazza con ≤ mare e Moneglia » – 🅿
chiuso novembre e mercoledì (escluso 15 giugno-15 settembre) – Pas 100/130000
Spec. Piatto mediterraneo (moscardini e verdure), Torta di funghi porcini (giugno-ottobre). Orata o branzino
al sale. Vini Vermentino, Ormeasco.

MONFALCONE 34074 Gorizia 988 ⑥, 429 E 22 – 27 674 ab. – ✆ 0481.
Roma 641 – Gorizia 24 – Grado 24 – ♦Milano 380 – ♦Trieste 30 – Udine 43 – ♦Venezia 130.

🏨 **Sam**, via Cosulich 3 ✆ 481671, Telex 460580, Fax 44568 – 🛗 🔲 📺 ☎ 🚗. 🆎 🕃 🔘
🗲 VISA
Pas vedere rist Alla Rosta – ☷ 12000 – **64 cam** 70/100000.

🏠 **Excelsior** senza rist, via Arena 4 ✆ 790226, Fax 790227 – 🛗 🖂 🔲 📺 🐾 🚗 🅿 🆎
🕃 🔘 🗲 VISA
☷ 6000 – **46 cam** 55/80000, 🛏 5000.

✗✗ **Alla Rosta**, via Cosulich 7 ✆ 481803 – 🔲. 🆎 🕃 🔘 🗲 VISA
chiuso domenica – Pas carta 39/48000.

✗✗ Hannibal-Approdo, via Bagni (Centro Motovelica) ✆ 798006.

MONFORTE D'ALBA 12065 Cuneo 428 I 5 – 1 973 ab. alt. 480 – ✆ 0173.
Roma 621 – Asti 46 – Cuneo 50 – ♦Milano 170 – Savona 77 – ♦Torino 75.

✗✗ ✿ **Giardino-da Felicin** 🐾 con cam, ✆ 78225, ≤ colline e vigneti, prenotare – 🅿. VISA.
🛠 rist
chiuso da gennaio al 5 febbraio e dal 1° al 14 luglio – Pas (chiuso mercoledì) carta 39/55000
– ☷ 5000 – **12 cam** 35/54000 – ½ P 70000
Spec. Sformato di erbette con maionese di pomodoro (primavera-estate), Tagliatelle al pomodoro fresco con
funghi (estate-autunno) con tartufi (autunno-inverno). Vini Arneis, Dolcetto.

MONFUMO 31010 Treviso – 1 411 ab. alt. 230 – ✆ 0423.
Roma 561 – Belluno 65 – Treviso 38 – Vicenza 54.

✗✗ **Osteria alla Chiesa-da Gerry**, ✆ 545077 – 🆎 🕃 🔘 🗲 VISA. 🛠
chiuso lunedì sera, martedì, febbraio e dal 10 al 19 agosto – Pas carta 30/43000.

MONGUELFO (WELSBERG) 39035 Bolzano 988 ⑤, 429 B 18 – 2 359 ab. alt. 1 087 – Sport
invernali : 1 087/1 411 m ✓ 8 ✓ 24 – ✆ 0474.
Roma 732 – ♦Bolzano 94 – Brunico 17 – Dobbiaco 11 – ♦Milano 390 – Trento 154.

🏠 **Dolomiti**, ✆ 74146, ≤ – 🅿. 🛠
chiuso maggio e da novembre al 18 dicembre – Pas (chiuso giovedì in bassa stagione)
15/20000 – ☷ 9000 – **22 cam** 25/60000 – ½ P 37/55000.

370

a Tesido (Taisten) N : 2 km – alt. 1 219 – ✉ **39035** Monguelfo :

🏠 **Alpenhof** ⏴, O : 1 km ℱ 74212, ⩽, ⏚ riscalda, ⊶ – 🅿. ⅍ rist
20 dicembre-10 aprile e 25 maggio-15 ottobre – Pas (solo per clienti alloggiati) – **13 cam**
⊐ 38/72000 – ½ P 47/52000.

🏠 **Chalet Olympia** ⏴, ℱ 74079, Fax 74650, ⩽, ⇱, ⊶ – 📺 ☎ ⟸ 🅿. 🅱 🖪 𝗩𝗜𝗦𝗔.
⅍ cam
chiuso maggio, giugno e novembre – Pas *(chiuso lunedì)* carta 26/39000 – **12 cam**
solo ½ P 40/52000.

MONIGA DEL GARDA 25080 Brescia 428 429 F 13 – 1 347 ab. alt. 128 – a.s. Pasqua e luglio-15
settembre – ✆ 0365.
Roma 537 – ♦Brescia 28 – Mantova 76 – ♦Milano 127 – Trento 106 – ♦Verona 52.

XX **Al Gallo d'Oro**, ℱ 502405, ⇱, Coperti limitati; prenotare – 🅰🅴 🅱 🕥 🖪 𝗩𝗜𝗦𝗔. ⅍
chiuso giovedì, venerdì a mezzogiorno e dal 15 gennaio al 15 febbraio – Pas carta 38/53000.

MONOPOLI 70043 Bari 988 ㉘ – 47 326 ab. – ✆ 080.
Roma 494 – ♦Bari 44 – ♦Brindisi 70 – Matera 80 – ♦Taranto 60.

🏠 **Max**, via Vittorio Veneto 241 ℱ 802591, Fax 802591 – 🛗 ▤ rist 📻 ⟸ – 🔼 80. 𝗩𝗜𝗦𝗔.
⅍ rist
Pas *(chiuso lunedì da novembre a marzo)* carta 21/33000 (10%) – ⊐ 7000 – **32 cam**
63/102000 – ½ P 53/71000.

XXX **Il Melograno** ⏴ con cam, contrada Torricella 345 (SO : 4 km) ℱ 808656, Fax 747908,
« Giardino-frutteto con ⏚ e ⅍ » – ▤ ☎ ♿ 🅿 – 🔼 100. 🅰🅴 🕥 𝗩𝗜𝗦𝗔. ⅍ rist
Pas *(chiuso martedì)* carta 60/70000 – **34 cam** ⊐ 320000 – ½ P 200000.

X **Lido Bianco**, via Procaccia 3 ℱ 742711, ⩽ – 🅿. 🅰🅴 🅱 🕥 🖪 𝗩𝗜𝗦𝗔
chiuso gennaio e lunedì (escluso da giugno a settembre) – Pas carta 25/42000.

sulla strada statale 16 SE : 7 km :

XX **Villa dei Pini**, ✉ 70043 ℱ 801309, ⇱ – 🅿. 🅱 🕥 🖪 𝗩𝗜𝗦𝗔. ⅍
chiuso mercoledì e dal 7 al 22 gennaio – Pas carta 32/51000.

verso Torre Egnazia SE : 8,5 km :

🏠 **Lido Torre Egnazia** ⏴, ✉ 70043 ℱ 801002, ⩽, ⛵ – 🛗 📻 🅿. ⅍
aprile-settembre – Pas (solo per clienti alloggiati) 25/30000 – ⊐ 10000 – **38 cam** 50/85000
– ½ P 45/115000.

MONREALE Palermo 988 ㊱ – Vedere Sicilia alla fine dell'elenco alfabetico.

MONRUPINO 34016 Trieste 429 E 23 – 863 ab. alt. 418 – ✆ 040.
Roma 669 – Gorizia 45 – ♦Milano 408 – ♦Trieste 16 – Udine 71 – ♦Venezia 158.

XX **Furlan,** ℱ 327125, ⇱ – 🅿. ⅍
chiuso lunedì, martedì e gennaio – Pas carta 28/40000.

XX **Krizman** ⏴ con cam, a Rupingrande 76 ℱ 327115, ⇱ – 🛗 ☎ ♿ 🅿. 🅱 🕥 🖪 𝗩𝗜𝗦𝗔.
⅍
Pas *(chiuso martedì)* carta 27/39000 – ⊐ 6000 – **17 cam** 46/72000 – ½ P 55/65000.

MONSELICE 35043 Padova 988 ⑤, 429 G 17 – 17 356 ab. alt. 8 – ✆ 0429.
Vedere ⩽⋆ dalla terrazza di Villa Balbi.
Roma 471 – Ferrara 54 – Mantova 85 – ♦Padova 24 – ♦Venezia 61.

🏤 **Ceffri e Rist. Villa Corner**, via Orti 7/b ℱ 783111, Telex 431531, Fax 783100, « Parco
con ⏚ » – 🛗 ▤ 📺 ☎ ♿ ⟸ 🅿 – 🔼 40 a 200. 🅰🅴 𝗩𝗜𝗦𝗔. ⅍
Pas carta 35/43000 – ⊐ 12000 – **44 cam** 110000 appartamenti 120000 – ½ P 80000.

XX **La Torre**, piazza Mazzini 14 ℱ 73752, Coperti limitati; prenotare – 🕥 𝗩𝗜𝗦𝗔
chiuso domenica sera e lunedì – Pas carta 35/53000.

MONSUMMANO TERME 51015 Pistoia 988 ⑭, 428 429 K 14 – 17 927 ab. alt. 23 – a.s. 15
luglio-settembre – ✆ 0572.
🏌 (chiuso martedì) località Pievaccia ✉ 51015 Monsummano Terme ℱ 62218.
Roma 323 – ♦Firenze 49 – Lucca 31 – ♦Milano 301 – Pisa 49 – Pistoia 13.

🏤 **Grotta Giusti** ⏴, E : 2 km ℱ 51165, Fax 51269, « Grande parco fiorito », ⏚, ⅍, ⚕ –
🛗 📺 ☎ ♿ 🅿. ⅍ rist
aprile-10 novembre – Pas 35/45000 – **70 cam** ⊐ 100/130000 – ½ P 85/115000.

📫 *Per spostarvi più rapidamente utilizzate le carte* Michelin "Grandi Strade" :
n° 970 *Europa*, n° 980 *Grecia*, n° 984 *Germania*, n° 985 *Scandinavia-Finlandia*,
n° 986 *Gran Bretagna-Irlanda*, n° 987 *Germania-Austria-Benelux*, n° 988 *Italia*,
n° 989 *Francia*, n° 990 *Spagna-Portogallo*, n° 991 *Jugoslavia*.

MONTACUTO 15050 Alessandria, 428 H 9 – 410 ab. alt. 556 – ☎ 0131.
Roma 585 – Alessandria 51 – ♦Genova 69 – Piacenza 106.

a Giarolo SE : 3,5 km – ✉ 15050 Montacuto :

XX **Forlino,** ℘ 785151 – **℗**. **AE** **⑤** **◑** **E** **VISA**. ✖
chiuso lunedì – Pas carta 40/60000.

MONTAGNA (MONTAN) 39040 Bolzano 429 D 15, 218 ⑳ – 1 344 ab. alt. 500 – ☎ 0471.
Roma 630 – ♦Bolzano 24 – ♦Milano 287 – Ora 6 – Trento 48.

🏨 **Tenz,** strada statale N : 2 km ℘ 819782, Fax 819728, ≤, 🌲, 🐎, 🛥, 🖈, 🖈, 🚗, ✖ –
🛎 🕾 **℗** **⑤** **◑** **E** **VISA**. ✖ rist
chiuso dal 25 novembre al 5 febbraio – Pas (chiuso martedì) carta 21/35000 – **40 cam**
⊠ 60/96000 – ½ P 55/60000.

MONTAGNANA 35044 Padova 988 ④⑤, 429 G 16 – 9 627 ab. alt. 16 – ☎ 0429.
Vedere Cinta muraria★★.
Roma 475 – ♦Ferrara 57 – Mantova 60 – ♦Milano 213 – ♦Padova 48 – ♦Venezia 85 – ♦Verona 58 – Vicenza 45.

XXX **Aldo Moro** con cam, via Marconi 27 ℘ 81351, 🚗 – 🔲 rist **TV** 🕾 🚗 – 🛗 30 a 60. **AE**
✖
chiuso dal 20 luglio al 5 agosto – Pas (chiuso lunedì) carta 29/65000 (10%) – ⊠ 10000 –
25 cam 44/95000 appartamenti 140000 – ½ P 85/105000.

Vedere anche : **Megliadino San Fidenzio** E : 4 km.

MONTAIONE 50050 Firenze 988 ⑭, 428 L 14 – 3 347 ab. alt. 342 – ☎ 0571.
Roma 289 – ♦Firenze 56 – ♦Livorno 75 – Siena 59.

🏨 **Vecchio Mulino** senza rist, viale Italia 10 ℘ 697966, Fax 697966, ≤ vallata, 🚗 – 🕾. **⑤**
◑ **E** **VISA**. ✖
21 cam ⊠ 50/70000.

MONTALCINO 53024 Siena 988 ⑮ – 5 155 ab. alt. 564 – ☎ 0577.
Roma 213 – Arezzo 86 – ♦Firenze 109 – Grosseto 57 – ♦Perugia 111 – Siena 41.

🏨 **Il Giglio,** ℘ 848167 – **TV** 🕾
chiuso gennaio – Pas (chiuso lunedì) carta 28/37000 – ⊠ 10000 – **12 cam** 55/85000.

XX **La Cucina di Edgardo,** ℘ 848232, Coperti limitati; prenotare.

XX **Taverna dei Barbi,** fattoria dei Barbi SE : 4 km ℘ 849357, Telex 575210, Fax 849356 –
℗. ✖
chiuso dal 20 gennaio al 10 febbraio, dal 5 al 15 luglio, mercoledì e da ottobre a maggio
anche martedì sera – Pas carta 29/36000.

XX Poggio Antico, località Poggio Antico SO : 4 km ℘ 849200, ≤ – **℗**.

MONTALE Modena – Vedere Modena.

MONTALE 51037 Pistoia 429 K 15 – 9 569 ab. alt. 85 – ☎ 0573.
Roma 303 – ♦Firenze 29 – Pistoia 9 – Prato 10.

X **Il Cochino** con cam, via Fratelli Masini 15 ℘ 55025, 🚗 – **℗**. **AE** **⑤** **◑** **E** **VISA**. ✖
chiuso dal 10 al 25 agosto – Pas (chiuso sabato) carta 25/38000 – ⊠ 4000 – **16 cam**
40/65000 – ½ P 50/55000.

MONTALERO Alessandria – Vedere Cerrina.

MONTALTO 42030 Reggio nell'Emilia 429 I 13 – alt. 396 – ☎ 0522.
Roma 449 – ♦Milano 171 – ♦Modena 47 – Reggio nell'Emilia 22 – ♦La Spezia 113.

X **Hostaria Venturi,** località Casaratta ℘ 600157, prenotare – **℗**. **⑤** **◑** **VISA**. ✖
chiuso lunedì e dal 15 luglio al 18 agosto – Pas carta 22/32000.

MONTALTO DI CASTRO 01014 Viterbo 988 ㉖ – 6 960 ab. alt. 44 – ☎ 0766.
Roma 114 – Civitavecchia 38 – Grosseto 73 – Orbetello 38 – Orvieto 78 – Viterbo 50.

sulla strada statale 1 - via Aurelia SE : 1,5 km :

🏨 **MotelAgip,** ✉ 01014 ℘ 89090, Fax 898603 – 🔲 cam 🕾 **℗** **AE** **⑤** **◑** **E** **VISA**. ✖ rist
Pas 25000 – **32 cam** ⊠ 80/100000 – ½ P 85/103000.

MONTAN = Montagna.

MONTE ... MONTI Vedere nome proprio del o dei monti.

MONTE (BERG) Bolzano 218 ⑳ – Vedere Appiano.

372

MONTEBELLO Forlì – alt. 452 – ⊠ **47030** Torriana – ☎ 0541.
Roma 354 – ◆Bologna 129 – Forlì 68 – ◆Milano 340 – Rimini 21.

✗ **Pacini,** ℰ 675410, ⇐ – ❊
↦ *chiuso mercoledì (escluso luglio-agosto)* – Pas carta 19/33000.

MONTEBELLO VICENTINO **36054** Vicenza **988** ④, **429** F 16 – 5 321 ab. alt. 48 – ☎ 0444.
Roma 534 – ◆Milano 188 – ◆Venezia 81 – ◆Verona 35 – Vicenza 17.

a Selva NO : 3 km – ⊠ **36054** Montebello Vicentino :

✗✗ **La Marescialla,** ℰ 649216 – **P.** ℻ **S** ⓪ **VISA** ❊
chiuso domenica sera, lunedì e dal 7 al 28 agosto – Pas carta 37/61000.

MONTEBELLUNA **31044** Treviso **988** ⑤, **429** E 18 – 24 922 ab. alt. 109 – ☎ 0423.
Dintorni Villa del Palladio★★★ a Maser N : 12 km.
Roma 548 – Belluno 82 – ◆Padova 48 – Trento 113 – Treviso 22 – Vicenza 49.

🏬 **Bellavista** ❊, località Mercato Vecchio ℰ 301031, Fax 303612, ⇐, 🚗 – 📶 📺 ☎ 🚗
P – 🏛 50. ℻ **S** ⓪ **E** **VISA** ❊
chiuso dal 12 al 18 agosto – Pas vedere rist Al Tiglio d'Oro – **40 cam** ⊇ 79/112000
appartamenti 130/150000 – ½ P 75/80000.

🏬 **San Marco** ❊ senza rist, via Buziol 19 ℰ 300776, Fax 22553, ⇐ – 📶 📟 📺 ☎ 🚗 **P**
– 🏛 150. ℻ **S** ⓪ **E** **VISA** ❊
chiuso dal 24 dicembre al 6 gennaio – ⊇ 15000 – **31 cam** 75/110000, 📟 8000.

✗✗ **Trattoria Marchi,** via Castellana 177 (SO : 2 km) ℰ 23875, 🌳 – ℻ **S** ⓪ **E** **VISA**
chiuso martedì sera, mercoledì ed agosto – Pas carta 33/45000.

✗ **Al Tiglio d'Oro,** località Mercato Vecchio ℰ 22419, « Servizio estivo all'aperto », 🚗 –
P ℻ **S** ⓪ **E** **VISA** ❊
chiuso venerdì ed agosto – Pas carta 26/41000.

MONTECALVO VERSIGGIA **27047** Pavia **428** H 9 – 592 ab. alt. 410 – ☎ 0385.
Roma 557 – ◆Genova 133 – ◆Milano 76 – Pavia 38 – Piacenza 45.

✗✗ **Prato Gaio** ❊ con cam, località Versa E : 3 km ℰ 99726 – **P.** **S** . ❊
chiuso gennaio – Pas *(chiuso martedì)* carta 28/43000 – ⊇ 5000 – **8 cam** 40/60000 –
P 55000.

MONTECARLO **55015** Lucca **428** **429** K 14 – 3 981 ab. alt. 163 – ☎ 0583.
Roma 332 – ◆Firenze 58 – ◆Livorno 65 – Lucca 17 – ◆Milano 293 – Pistoia 27.

✗✗ **La Nina,** NO : 2,5 km ℰ 22178, 🌳 – **P** – 🏛 50. ℻ **S** ⓪ **E** **VISA** ❊
chiuso lunedì sera, martedì, dal 2 all'11 gennaio e dal 5 al 20 agosto – Pas carta 32/50000.

✗✗ **Forassiepi,** ℰ 22005, Fax 22005, ⇐, « Servizio estivo in giardino » – **P.** **VISA** . ❊
chiuso lunedì e martedì, in gennaio e febbraio anche mercoledì e giovedì – Pas
carta 39/67000 (10%).

a San Martino in Colle NO : 4 km – ⊠ **55015** Montecarlo :

✗✗ **La Legge,** ℰ 975601 – 📟 **P.** **VISA** . ❊
chiuso lunedì e martedì a mezzogiorno – Pas carta 30/48000 (10%).

MONTECASSIANO **62010** Macerata – 5 864 ab. alt. 215 – ☎ 0733.
Roma 258 – ◆Ancona 40 – Ascoli Piceno 103 – Macerata 11 – Porto Recanati 31

🏬 Villa Quiete ❊, località Vallecascia S : 3 km ℰ 599559, « Parco ombreggiato » – 📶 ☎ ♿
P – 🏛 80 a 200
38 cam.

sulla strada statale 77 S : 6 km :

🏬 Roganti e Rist. 83, ⊠ 62010 ℰ 598640 e rist ℰ 598808, Fax 598964, 🚗 – 📶 📟 📺 📠
🚗 **P** – 🏛 250
54 cam.

MONTECASTELLI PISANO **56040** Pisa – alt. 494 – ☎ 0588.
Roma 296 – Pisa 122 – Siena 51.

✗ **Santa Rosa,** S : 1 km ℰ 29929, 🌳 – **P.** **S** **E** **VISA**
chiuso lunedì e dal 16 agosto al 4 settembre – Pas carta 24/33000.

Non confondete :
    Confort degli alberghi : 🏨🏨🏨 ... 🏠, 🏚
    Confort dei ristoranti : ✗✗✗✗✗ ... ✗
    Qualità della tavola : ❊❊❊, ❊❊, ❊

Vedere Guida Verde

🏌 (chiuso martedì) località Pievaccia ⊠ 51015 Monsummano Terme ✆ 62218, SE : 9 km.

🄱 viale Verdi 66/a ✆ 772244.

Roma 323 ② − ◆Bologna 110 ① − ◆Firenze 49 ② − ◆Livorno 73 ② − ◆Milano 301 ② − Pisa 49 − Pistoia 15 ①.

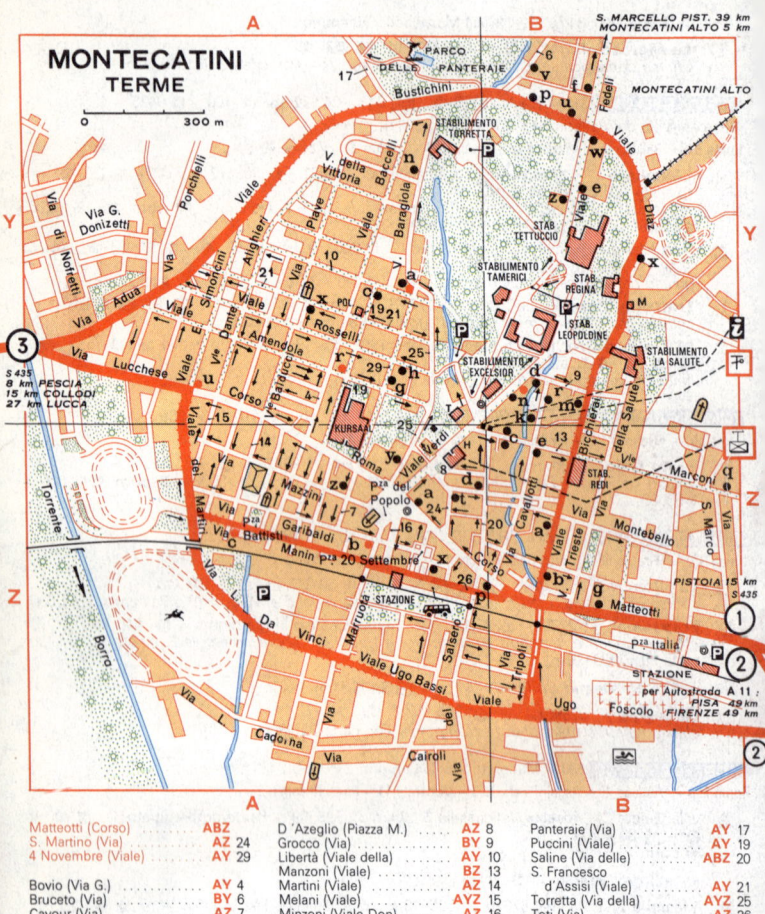

MONTECATINI TERME

Matteotti (Corso) .... **ABZ**	D 'Azeglio (Piazza M.) ...... **AZ** 8	Panteraie (Via) .... **AY** 17
S. Martino (Via) .... **AZ** 24	Grocco (Via) .... **BY** 9	Puccini (Viale) .... **AY** 19
4 Novembre (Viale) ...... **AY** 29	Libertà (Viale della) ...... **AY** 10	Saline (Via delle) .... **ABZ** 20
	Manzoni (Viale) .... **BZ** 13	S. Francesco
Bovio (Via G.) .... **AY** 4	Martini (Viale) .... **AZ** 14	d'Assisi (Viale) .... **AY** 21
Bruceto (Via) .... **BY** 6	Melani (Viale) .... **AYZ** 15	Torretta (Via della) ...... **AYZ** 25
Cavour (Via) .... **AZ** 7	Minzoni (Viale Don) ...... **AZ** 16	Toti (Via) .... **AZ** 26

🏨🏨 **Gd H. e la Pace** ⑤, via della Torretta 1 ✆ 75801, Telex 570004, Fax 78451, « Parco fiorito con ⌓ riscaldata », ✂ – ≋ ▤ 🆃🆅 ☎ ₱ – ⏢ 250. 🅰🅴 🆂 ⓪ 🅴 🆅🅸🆂🅰. ✵ rist
aprile-ottobre – Pas 80000 – � 25000 – **150 cam** 250/420000 appartamenti 600/800000 –
½ P 280/310000
AZ y

🏨🏨 **Gd H. Bellavista Palace e Golf** ⑤, viale Fedeli 2 ✆ 78122, Telex 580395, Fax 73352, « Terrazze-giardino », 🛁, ≘≋, ⌓, ⌓, ✂ – ≋ ▤ 🆃🆅 ☎ & ↩ ☞ ₱ – ⏢ 250. 🅰🅴 🆂 ⓪ 🅴 🆅🅸🆂🅰.
✵ rist
chiuso febbraio – Pas 70000 – ⊏ 25000 – **104 cam** 210/360000 appartamenti 480000 –
½ P 230000.
BY e

🏨🏨 **Gd H. Tamerici e Principe**, viale 4 Novembre 2 ✆ 71041, Telex 574263, Fax 72992, « Terrazza-giardino con ⌓ riscaldata » – ≋ ▤ 🆃🆅 ☎ & ↩ – ⏢ 100. 🅰🅴 🆂 ⓪ 🅴 🆅🅸🆂🅰.
✵ rist
aprile-novembre – Pas 60000 – ⊏ 15000 – **157 cam** 145/250000 appartamenti 310/330000
– ½ P 115/185000.
AY g

Gd H. Nizza et Suisse, viale Verdi 72 ☏ 79691, Telex 573335, Fax 74324, ⅃ – ‖ ▤
📺 ☎ 🄿. 🄰🄴 🄢 🄾 🄴 𝑽𝑰𝑺𝑨. ⁓ rist
BY **n**
aprile-ottobre – Pas (solo per clienti alloggiati) 35000 – ⊡ 18000 – **100 cam** 105/185000 –
½ P 113/158000.

Gd H. Plaza e Locanda Maggiore, piazza del Popolo 7 ☏ 75004, Telex 574177, Fax
767985, ⅃ – ‖ ▤ 📺 ☎ – 🛗 80. 🄰🄴 🄢 🄾 🄴 𝑽𝑰𝑺𝑨. ⁓
AZ **a**
Pas (solo per clienti alloggiati) 30/45000 – ⊡ 15000 – **97 cam** 120/160000 – ½ P 115/135000.

Cappelli-Croce di Savoia, viale Bicchierai 139 ☏ 71151, Telex 580458, « Grazioso
giardino fiorito », ⅃ riscaldata – ‖ ▤ rist 📺 ⇔ 🄿 – 🛗 70. 🄰🄴 🄢 🄾 🄴 𝑽𝑰𝑺𝑨
⁓ rist
BY **m**
27 marzo-15 novembre – Pas carta 30/43000 – ⊡ 10000 – **72 cam** 58/94000 – ½ P 90/99000.

Tettuccio, viale Verdi 74 ☏ 78051, Telex 572087, Fax 75711 – ‖ ▤ 📺 ☎ 🕭 🄿. 🄰🄴 🄢
🄾 🄴 𝑽𝑰𝑺𝑨. ⁓ rist
BY **n**
Pas 45000 – ⊡ 20000 – **70 cam** 150/198000 – ½ P 104/169000.

Astoria, viale Fedeli 1 ☏ 71191, Fax 71193, « Giardino con ⅃ riscaldata » – ‖ ▤ rist 📺
☎ 🄿. 🄰🄴 🄢 🄾 🄴 𝑽𝑰𝑺𝑨. ⁓ rist
BY **z**
aprile-6 novembre – Pas 40/50000 – ⊡ 15000 – **65 cam** 58/94000 – ½ P 95/120000.

Cristallino, viale Diaz 10 ☏ 72031, ⅃, 🐟 – ‖ ▤ 📺 ☎ 🕭 🄿. 🄰🄴. ⁓ rist
BY **x**
20 marzo-novembre – Pas (solo per clienti alloggiati) – **45 cam** ⊡ 120/210000 –
½ P 80/130000.

Gd H. Panoramic, viale Bustichini 65 ☏ 78381, Fax 78598, ⅃ – ‖ ▤ 📺 ☎ ⇔ 🄿 –
🛗 150. 🄰🄴 🄢 🄾 🄴 𝑽𝑰𝑺𝑨. ⁓ rist
BY **u**
15 marzo-ottobre – Pas 40000 – ⊡ 10000 – **104 cam** 120/200000 – ½ P 90/115000.

San Marco, viale Rosselli 3 ☏ 71221, Fax 770577 – ‖ ▤ 📺 ☎ 🄿. 🄰🄴 🄢 🄾 🄴 𝑽𝑰𝑺𝑨.
⁓ rist
AY **h**
aprile-novembre – Pas 40000 – ⊡ 11000 – **61 cam** 65/98000 – ½ P 75/95000.

President, corso Matteotti 119 ☏ 767201, Fax 767668, 🐟 – ‖ ▤ 📺 ☜ 🄿. 🄰🄴 🄢 🄾
🄴 𝑽𝑰𝑺𝑨
BZ **g**
Pas 25/30000 – ⊡ 8000 – **37 cam** 55/90000 – ½ P 60/75000.

Belvedere, viale Fedeli 10 ☏ 70251, Telex 573190, « Giardino », ▧, ⁓ – ‖ ▤ ☜ ⇔
🄿. 🄰🄴 🄢 🄾 🄴 𝑽𝑰𝑺𝑨. ⁓ rist
BY **w**
aprile-ottobre – Pas 28/35000 – ⊡ 7000 – **95 cam** 59/95000 – ½ P 54/86000.

Ercolini e Savi, via San Martino 18 ☏ 70331, Fax 71624 – ‖ ▤ rist 📺 ☎ 🕭 – 🛗 25. 🄰🄴
𝑽𝑰𝑺𝑨. ⁓ rist
AZ **t**
aprile-novembre – Pas 35000 – ⊡ 10000 – **81 cam** 56/90000 – ½ P 90000.

Torretta, viale Bustichini 63 ☏ 70305, Fax 70307, « Giardino ombreggiato con ⅃
riscaldata » – ‖ ▤ rist ☜ 🄿. 🄰🄴 🄢 🄴 𝑽𝑰𝑺𝑨. ⁓
BY **p**
aprile-ottobre – Pas carta 30/35000 – ⊡ 10000 – **56 cam** 58/92000 – ½ P 85/92000.

Michelangelo 🦢, viale Fedeli 9 ☏ 74571, Fax 70038, ⅃, 🐟, ⁓ – ‖ ▤ ☜ 🕭 ⇔
🄿. 🄰🄴 🄾 𝑽𝑰𝑺𝑨. ⁓ rist
BY **f**
aprile-10 novembre – Pas 30/38000 – ⊡ 9000 – **65 cam** 58/85000 – ½ P 70/80000.

Imperial Garden, viale Puccini 20 ☏ 71031, Fax 71033, « ⅃ su terrazza panoramica e
giardino ombreggiato », ☜ – ‖ ☜. ⁓ rist
AY **c**
chiuso dal 22 novembre al 27 dicembre – Pas 30/40000 – ⊡ 8000 – **86 cam** 58/94000 –
½ P 87/99000.

Parma e Oriente, via Cavallotti 135 ☏ 72135, Fax 72137, ☜, ⅃ riscaldata, 🐟 – ‖ ▤
📺 🄿 🕭 ⇔ 🄿. 🄰🄴 𝑽𝑰𝑺𝑨. ⁓ rist
BY **k**
aprile-ottobre – Pas 28/40000 – ⊡ 8000 – **53 cam** 59/95000 – P 74/95000.

Corallo, via Cavallotti 116 ☏ 79642, Fax 70299, « ⅃ su terrazza panoramica » – ‖ ▤ rist
📺 ☜ 🄿 – 🛗 40 a 100. 🄰🄴 🄢 🄴 𝑽𝑰𝑺𝑨. ⁓ rist
BY **r**
Pas 20/40000 – ⊡ 10000 – **54 cam** 58/92000 – ½ P 70/90000.

Mediterraneo 🦢, via Baragiola 1 ☏ 71321, « Giardino ombreggiato » – ‖ ▤ rist 📺
☎ 🄿. 🄰🄴 🄢 🄾 🄴 𝑽𝑰𝑺𝑨
AY **a**
aprile-ottobre – Pas 35/45000 – ⊡ 12000 – **33 cam** 58/94000 – ½ P 80/90000.

Boston, viale Bicchierai 20 ☏ 70379, Fax 770208, ⅃ – ‖ ▤ rist 📺 🄿 🕭 ⇔. 𝑽𝑰𝑺𝑨.
⁓ rist
BZ **b**
aprile-ottobre – Pas 25/30000 – ⊡ 8000 – **60 cam** 56/90000 – ½ P 68/80000.

Augustus, viale Manzoni 21 ☏ 70119, Fax 71291 – ‖ ▤ ⇔ 🄿 – 🛗 50. 🄰🄴 🄢 🄾 🄴
𝑽𝑰𝑺𝑨. ⁓ rist
BZ **v**
aprile-novembre – Pas (solo per clienti alloggiati) 35000 – ⊡ 6000 – **52 cam** 55/90000 –
½ P 60/90000.

Adua, via Cavallotti 100 ☏ 78134, Telex 580579, ⅃, 🐟 – ‖ ▤ ☎ 🄿. 🄰🄴. ⁓ rist
BZ **e**
aprile-ottobre – Pas 30000 – ⊡ 8000 – **72 cam** 55/85000 – P 65/80000.

Villa Ida, viale Marconi 55 ☏ 78201 – ‖ ▤ 📺 ☎. 🄰🄴 🄢 🄾 🄴 𝑽𝑰𝑺𝑨. ⁓ rist
BZ **q**
marzo-novembre – Pas (solo per clienti alloggiati) 30000 – ⊡ 7000 – **20 cam** 60/100000 –
½ P 70/80000.

Ariston, viale Manzoni 30 ☏ 79535 – ‖ ▤ 📺 ⇔ 🄿. 🄰🄴 🄢 🄾 🄴 𝑽𝑰𝑺𝑨 ⁓ rist
BZ **c**
aprile-novembre – Pas 25/40000 – ⊡ 13000 – **50 cam** 60/95000 – ½ P 80/90000.

Reale, via Palestro 7 ☏ 78073, Fax 78076, ⅃, 🐟 – ‖ ▤ rist 📺 ☎ ⇔ – 🛗 50. 🄰🄴 🄢
𝑽𝑰𝑺𝑨. ⁓ rist
AZ **d**
aprile-ottobre – Pas 25/30000 – ⊡ 8000 – **52 cam** 55/89000 – ½ P 60/80000.

Minerva, via Cavour 14 ℰ 78621, Fax 78629 – 🛗 🗐 rist ⊛ 🕭 🅿. ⅏ rist   **AZ** z
aprile-ottobre – Pas 25/35000 – ☒ 5000 – **75 cam** 53/87000 – ½ P 55/69000.

Lago Maggiore, corso Matteotti 70 ℰ 70130, Telex 573188 – 🛗 🗐 rist ☎ ⟵   **ABZ** p
stagionale – **49 cam**.

Settentrionale Esplanade, via Grocco 2 ℰ 70021, Fax 76748, 🏊, ⛲ – 🛗 🗐 cam 🕭
⟵ – 🏖 110. ⅏ rist   **BY** d
aprile-6 novembre – Pas 30/34000 – ☒ 8000 – **102 cam** 59/95000 – ½ P 86/104000.

Florida, via Michelangelo 16 ℰ 70227 – 🛗 🗐 rist ☎   **AZ** x
chiuso dal 15 gennaio al 15 marzo – Pas 25000 – ☒ 5000 – **35 cam** 60/90000 – ½ P 60000.

Nuovo Hotel Felsinea, viale Bicchierai 67 ℰ 78177 – 🛗 🗐 rist 📺 ⊛. ⅏ rist   **BZ** a
Pas 25/30000 – ☒ 8000 – **19 cam** 54/88000 – ½ P 44/65000.

Casa Rossa, viale Fedeli 68 ℰ 79541, Fax 72885 – 🛗 ⊛ 🅿. VISA. ⅏   **BY**
Pasqua-ottobre – Pas 25/30000 – ☒ 6500 – **30 cam** 40/65000 – ½ P 60000.

Hermitage ⟋, via Baragiola 31 ℰ 78241, Fax 78242 – 🛗 ⊛. 🆂 Ⓔ VISA. ⅏ rist   **AY** n
aprile-ottobre – Pas (solo per clienti alloggiati) 30000 – ☒ 8000 – **35 cam** 56/92000 –
½ P 52/72000.

Villa Splendor, viale San Francesco d'Assisi 15 ℰ 78630 – 🛗 🗐 rist. ⅏ rist   **AY** x
aprile-ottobre – Pas (solo per clienti alloggiati) 20/30000 – ☒ 4000 – **29 cam** 40/70000 –
½ P 45/55000.

Palo Alto, via Bruceto 10 ℰ 78554 – 🛗 🗐 rist ☎. 🆎 🆂 ⓪ Ⓔ VISA. ⅏ rist   **BY** v
15 marzo-15 novembre – Pas 20/25000 – ☒ 6000 – **12 cam** 35/68000 – ½ P 52/58000.

Pier Angelo, viale 4 Novembre 99 ℰ 771552, Coperti limitati; prenotare – ⟵ 🗐. 🆎
⓪ Ⓔ VISA. ⅏   **AY** a
chiuso domenica, lunedì a mezzogiorno , dal 1° al 15 gennaio e dal 6 al 31 agosto – Pas
carta 50/78000.

Gourmet, viale Amendola 6 ℰ 771012, Coperti limitati; prenotare – 🗐. 🆎 🆂 ⓪ Ⓔ VISA.
⅏   **AY** r
chiuso martedì e dal 1° al 20 agosto – Pas carta 53/92000 (16%).

Enoteca Giovanni, via Garibaldi 25 ℰ 71695 – 🗐   **AZ** b

San Francisco, corso Roma 112 ℰ 79632 – 🗐. ⅏   **AY** u
chiuso a mezzogiorno e giovedì – Pas carta 34/58000 (12%).

Pietre Cavate, località Pietre Cavate ℰ 73664, ⟵ – ⟵ 🅿. 🆎 🆂 VISA
chiuso a mezzogiorno (escluso domenica), mercoledì e dal 9 al 24 agosto – Pas
carta 30/50000   2 km per viale Marconi **BZ**

Egisto, con cam, piazza Cesare Battisti 13 ℰ 78413   **AZ** c
17 cam.

a Pieve a Nievole per ① : 2 km – ✉ **51018** :

Park Hotel Le Sorgenti ⟋, ℰ 951116, Telex 575487, Fax 952731, « Grande parco con
🏊 » – 🛗 📺 ☎ 🅿. 🆎 🆂 Ⓔ VISA. ⅏ rist
Pas carta 35/50000 – **52 cam** ☒ 101/180000 – ½ P 85/121000.

a Montecatini Alto NE : 5 km **BY** – ✉ **51016** :

La Torre, piazza Giusti 8 ℰ 70650
chiuso martedì – Pas carta 32/42000 (10%).

sulla via Marlianese per viale Fedeli :

Santabarbara e Rist. La Polveriera ⟋, N : 5 km ✉ 51016 ℰ 67353, Fax 67323, ⟵,
⛲ – 🗐 rist ☎ 🅿. 🆎 🆂 ⓪ Ⓔ VISA. ⅏ rist
Pas (chiuso martedì, a mezzogiorno da lunedì a venerdì, dal 1° al 15 agosto e dal 5 al 20
novembre) carta 34/50000 – ☒ 10500 – **37 cam** 59/87000.

Montaccolle, N : 6,5 km ✉ 51016 ℰ 72480, ⟵ – 🅿. 🆎 🆂 ⓪ Ⓔ VISA. ⅏
chiuso dal 6 novembre al 10 dicembre, lunedì e martedì a mezzogiorno – Pas carta 30/45000.

Vedere anche : ***Borgo a Buggiano*** O : 3,5 km.
                Monsummano Terme SE : 4,5 km.
                Ponte Buggianese SO : 8 km.

Per viaggiare in Europa, utilizzate :

Le carte Michelin scala 1/400 000 a 1/1 000 000 **Le Grandi Strade ;**

Le carte Michelin dettagliate ;

Le guide Rosse Michelin (alberghi e ristoranti) :

Benelux, Deutschland, España Portugal, Main Cities Europe, **France,
Great Britain and Ireland**

Le guide Verdi Michelin che descrivono le curiosità e gli itinerari di visita :
musei, monumenti, percorsi turistici interessanti.

MONTECCHIA DI CROSARA 37030 Verona 429 F 15 – 3 842 ab. alt. 87 – ✪ 045.

Roma 534 – ♦Milano 188 – ♦Venezia 96 – ♦Verona 35 – Vicenza 33.

XX **Baba-Jaga**, ℰ 7450222, ≼, 斎, 🚗 – ▤ 🅿. 𝘝𝘐𝘚𝘈. ℀
  chiuso lunedì sera, martedì, gennaio e dal 1° al 15 agosto – Pas carta 40/55000.

al bivio per Roncà SE : 3 km :

X **Tregnago** con cam, ⌧ 37030 ℰ 7460036 – 🖛 🅿 – ⚙ 300. 𝔸𝔼 𝘝𝘐𝘚𝘈. ℀
  chiuso dal 25 luglio al 25 agosto – Pas carta 25/38000 – ⌑ 10000 – **8 cam** 59/73000 –
  ½ P 50000.

MONTECCHIO EMILIA 42027 Reggio nell'Emilia 428 429 H 13 – 7 877 ab. alt. 99 – ✪ 0522.

Roma 443 – ♦Parma 18 – Reggio nell'Emilia 16.

X **Al Pavone**, ℰ 864565 – ▤. 🄱 𝗘 𝘝𝘐𝘚𝘈. ℀
  chiuso sabato a mezzogiorno, domenica e dall'8 al 23 agosto – Pas carta 29/43000.

MONTECCHIO MAGGIORE 36075 Vicenza 988 ④, 429 F 16 – 19 800 ab. alt. 72 – ✪ 0444.

Vedere ≼★ dai castelli – Salone★ della villa Cordellina-Lombardi.

Roma 544 – ♦Milano 196 – ♦Venezia 77 – ♦Verona 43 – Vicenza 13.

sulla strada statale 11 SE : 3 km :

🏨 **Dei Castelli** senza rist, ⌧ 36041 Alte di Montecchio Maggiore ℰ 697366, Telex 481366,
  Fax 490489, 🎬, ≘s, 🔲, ℀ – 🛗 ▤ 📺 ☎ 🅿. 𝔸𝔼 🄱 ⓞ 𝗘 𝘝𝘐𝘚𝘈
  chiuso dal 24 dicembre al 2 gennaio – ⌑ 20000 – **114 cam** 105/150000.

MONTECCHIO PRECALCINO 36030 Vicenza 429 F 16 – 4 259 ab. alt. 86 – ✪ 0445.

Roma 544 – Trento 84 – Treviso 67 – Vicenza 17.

XX ✿ **La Locanda di Piero**, strada per Dueville S : 1 km ℰ 864827, Coperti limitati; prenotare,
  « Servizio estivo in terrazza » – 🅿. 𝔸𝔼 🄱 ⓞ 𝗘 𝘝𝘐𝘚𝘈. ℀
  chiuso domenica, il mezzogiorno di lunedì e sabato, dal 1° al 10 gennaio e dal 1° al 21
  agosto – Pas carta 34/56000
  Spec. Tortelli di radicchio alla pancetta, Insalata di coniglio nostrano (marzo-settembre), Marmitta di manzo
  e verdure. Vini Cà Rotte bianco e rosso.

MONTECELIO Roma – Vedere Guidonia Montecelio.

MONTECOPIOLO 61014 Pesaro 429 K 19 – 1 198 ab. alt. 1 033 – a.s. 15 giugno-agosto – ✪ 0722.

Roma 330 – Pesaro 90 – Rimini 58.

🏨 **Parco del Lago** ≫, località Villaggio del Lago ℰ 78247, ≼, « Piccolo parco con laghetto
  privato », 🔲, ℀ – 🛗 🖛 🅿 – ⚙ 150. ℀
  20 dicembre-10 gennaio, Pasqua e maggio-15 ottobre – Pas carta 24/35000 – ⌑ 8000 –
  36 cam 45/70000 – ½ P 45/75000.

MONTECOSARO 62010 Macerata – 4 693 ab. alt. 252 – ✪ 0733.

Roma 266 – ♦Ancona 55 – Macerata 25 – ♦Perugia 147 – ♦Pescara 121.

XX **La Luma**, via Bruscantini 1 ℰ 229176 – 𝔸𝔼 𝘝𝘐𝘚𝘈. ℀
  chiuso martedì e dal 15 al 31 gennaio – Pas carta 32/48000.

MONTECRETO 41025 Modena 428 429 J 14 – 1 064 ab. alt. 868 – a.s. luglio-agosto e Natale –
✪ 0536.

Roma 387 – ♦Bologna 89 – ♦Milano 248 – ♦Modena 79 – Pistoia 77 – Reggio nell'Emilia 93.

ad Acquaria NE : 7 km – ⌧ 41020 :

X **Maria** con cam, ℰ 65007 – 𝔸𝔼. ℀ rist
  chiuso dal 25 settembre al 25 ottobre – Pas (chiuso lunedì) carta 22/30000 – ⌑ 6000 –
  21 cam 50000 – ½ P 38/42000.

MONTE CROCE DI COMELICO (Passo) (KREUZBERGPASS) Belluno e Bolzano 988 ⑤ – alt.
1 636 – a.s. febbraio-aprile, 15 luglio-15 settembre e Natale.

Roma 690 – Belluno 89 – Cortina d'Ampezzo 52 – ♦Milano 432 – Sesto 7 – ♦Venezia 179.

🏨 **Passo Monte Croce-Kreuzbergpass** ≫, ⌧ 39030 Sesto in Pusteria ℰ (0474) 70328,
  Fax 70383, ≼, 🎬, ≘s, 🔲 riscaldata, ℀ – 📺 ☎ 🅿. 𝔸𝔼. ℀ rist
  dicembre-aprile e 10 giugno-settembre – Pas 25/35000 – **50 cam** ⌑ 60/100000 –
  ½ P 85/120000.

MONTE DEL LAGO Perugia – vedere Magione.

MONTEFALCO 06036 Perugia 988 ⑯ – 5 548 ab. alt. 473 – ✿ 0742.

Roma 145 – Assisi 30 – Foligno 12 – Orvieto 79 – ◆Perugia 47 – Terni 57.

　✗　**Coccorone,** largo Tempestivi ✆ 79535, 🍴
　　chiuso mercoledì – Pas carta 24/30000.

MONTEFOLLONICO 53040 Siena – alt. 567 – ✿ 0577.

Roma 187 – ◆Firenze 112 – ◆Perugia 75 – Siena 60.

　✗✗✗　✿ **La Chiusa** 🗣, con cam, ✆ 669668, Fax 669593, Coperti limitati; prenotare, « In
　　un'antica fattoria » – ❷, ⒶⒺ ⓑ ⑩ Ⓔ ⓋⒾⓈⒶ, 🍴 rist
　　Pas *(chiuso dal 6 gennaio al 15 marzo, dal 5 novembre al 5 dicembre, martedì e a
　　mezzogiorno in luglio-agosto)* carta 80/110000 – ⚏ 15000 – **8 cam** 210000 appartamenti
　　240/340000
　　Spec. Insalata d'oca con mostarda di pomodori (aprile-ottobre), Pappardelle Dania, Anatra al finocchio
　　selvatico. Vini Chardonnay, Brunello.

MONTEFORTE D'ALPONE 37032 Verona 429 F 15 – 6 550 ab. alt. 35 – ✿ 045.

Roma 518 – ◆Brescia 92 – Trento 125 – ◆Verona 28 – Vicenza 29.

　✗✗　**Riondo,** ✆ 7610638, Coperti limitati; prenotare – ❷, ⒶⒺ ⑩
　　chiuso lunedì, dal 15 al 30 gennaio ed agosto – Pas carta 40/64000.

MONTEGALDELLA 36040 Vicenza 429 F 17 – 1 531 ab. alt. 24 – ✿ 0444.

Roma 521 – ◆Milano 221 – ◆Padova 23 – ◆Venezia 56 – ◆Verona 68 – Vicenza 21.

　✗　**Da Cirillo,** viale Lampertico 26 (SO : 2 km) ✆ 636025, « Servizio estivo sotto un
　　pergolato » – ❷, 🍴
　　chiuso mercoledì sera, giovedì e dal 27 luglio al 20 agosto – Pas carta 25/38000.

MONTEGIORGIO 63025 Ascoli Piceno 988 ⑯ – 6 658 ab. alt. 411 – ✿ 0734.

Roma 249 – ◆Ancona 81 – Ascoli Piceno 72 – Macerata 30 – ◆Pescara 124.

　✗✗　**Oscar e Amorina** con cam, strada statale 210 (S : 5 km) ✆ 968112, Fax 968345, 🍴, 🏊,
　　🍴 – ☰ 📺 ☎ ❷, ⒶⒺ ⓋⒾⓈⒶ, 🍴
　　Pas *(chiuso lunedì)* carta 25/42000 – ⚏ 5000 – **12 cam** 70000 – ½ P 65/80000.

MONTEGROTTO TERME 35036 Padova 988 ⑤, 429 F 17 – 9 838 ab. alt. 11 – Stazione termale,
a.s. aprile-maggio e agosto-ottobre – ✿ 049.
Vedere Guida Verde.

🛈 viale Stazione 60 ✆ 793384, Fax 795276.

Roma 482 – Mantova 97 – ◆Milano 246 – Monselice 12 – ◆Padova 12 – Rovigo 32 – ◆Venezia 49.

　🏨　**International Bertha** 🗣, largo Traiano 1 ✆ 793100, Telex 430277, Fax 794563, 🍴,
　　« Giardino con 🏊 riscaldata », 🛁, ⛲, 🏊, 🍴, 🈺 – 🛗 ☰ 📺 ☎ 🕭 🚗 ❷ – 🔒 120. ⒶⒺ
　　ⓑ ⑩ ⓋⒾⓈⒶ, 🍴 rist
　　chiuso dall'8 gennaio al 28 febbraio – Pas carta 40/68000 – ⚏ 14000 – **126 cam** 100/180000
　　appartamenti 240/290000 – ½ P 120/132000.

　🏨　**Esplanade Tergesteo,** via Roma 54 ✆ 793444, Telex 430033, Fax 8910488, 🏊 riscaldata,
　　🍴, ⛲, 🍴, 🈺 – 🛗 ☎ ❷, ⒶⒺ ⓑ Ⓔ ⓋⒾⓈⒶ, 🍴 rist
　　chiuso dal 7 gennaio al 5 marzo – Pas 40/60000 – ⚏ 15000 – **136 cam** 113/176000
　　appartamenti 197/211000 – ½ P 114/132000.

　🏨　**Gd H. Terme Caesar** 🗣, via Aureliana ✆ 793655, 🏊 riscaldata, 🍴, ⛲, 🍴, 🈺 – 🛗
　　🈺 cam ☰ 📺 ☎ ❷ – 🔒 30 a 100. ⒶⒺ ⓑ ⑩ Ⓔ ⓋⒾⓈⒶ, 🍴 rist
　　chiuso dall'8 gennaio al 23 febbraio e dal 25 novembre al 21 dicembre – Pas 40000 –
　　135 cam ⚏ 84/148000 – ½ P 90000.

　🏨　**Terme Neroniane** 🗣, via Neroniana 21/23 ✆ 793466, Telex 431530, Fax 795331, 🍴,
　　« Parco ombreggiato con 🏊 riscaldata », ⛲, 🏊, 🍴, 🈺 – 🛗 ☎ ❷, ⒶⒺ ⓋⒾⓈⒶ, 🍴 rist
　　chiuso dal 7 gennaio al 1° marzo – Pas 45000 – ⚏ 18000 – **89 cam** 95/140000 –
　　½ P 83/98000.

　🏨　**Garden Terme,** viale delle Terme 7 ✆ 794033, Telex 430322, Fax 8910182, « Parco-
　　giardino con 🏊 riscaldata », 🛁, 🏊, 🍴, 🈺 – 🛗 ☰ rist ☎ ❷, ⒶⒺ ⓑ ⓋⒾⓈⒶ, 🍴 rist
　　marzo-novembre – Pas 26/32000 – ⚏ 10000 – **112 cam** 77/125000 appartamenti 145000 –
　　½ P 90/109000.

　🏨　**Augustus Terme,** viale Stazione 150 ✆ 793200, Telex 430407, Fax 793518, « Terrazza
　　con 🏊 riscaldata », 🏊, ⛲, 🍴, 🈺 – 🛗 🈺 ☰ ☎ 🚗 ❷, ⒶⒺ ⓑ ⑩ Ⓔ ⓋⒾⓈⒶ, 🍴
　　chiuso dall'8 gennaio al 25 febbraio – Pas 38/50000 – **133 cam** ⚏ 72/132000 appartamenti
　　132/154000, ⚏ 6000 – ½ P 89/102000.

　🏨　Montecarlo, viale Stazione 109 ✆ 793233, Fax 793350, 🏊 riscaldata, 🍴, ⛲, 🍴, 🈺 – 🛗
　　☰ ☎ ❷
　　stagionale – **104 cam**.

　🏨　**Gd H. Terme,** viale Stazione 23 ✆ 793111, Telex 430266, « Rist. roof-garden con 🈺 »,
　　🛁, 🏊 riscaldata, 🍴, ⛲, 🍴, 🈺 – 🛗 ☰ ☎ ❷ – 🔒 60. ⒶⒺ ⓑ ⑩ Ⓔ ⓋⒾⓈⒶ, 🍴 rist
　　Pas 60000 – ⚏ 20000 – **121 cam** 80/120000 appartamenti 95/110000 – ½ P 88/112000.

378

Des Bains, via Mezzavia 22 🖉 793500, 🛪 riscaldata, 🖾, 🛲, ※, ⚑ – 🛓 ▤ ☎ 🕭 🅿. 🔼 🅱 🕤 🗉 𝗩𝗜𝗦𝗔. ※ rist
chiuso dal 27 novembre al 22 febbraio – Pas 33/40000 – 🖙 12000 – **103 cam** 88/132000 appartamenti 157000 – ½ P 81/104000.

Terme Miramonti, piazza Roma 19 🖉 793455, Fax 793778, « Giardino con 🛪 riscaldata », 🖛, 🖾, ⚑ – 🛓 ▤ rist ☎ 🅿 – 🔬 80. 🔼 🅱 🕤 🗉 𝗩𝗜𝗦𝗔. ※ rist
chiuso dall'11 gennaio a febbraio – Pas 34000 – 🖙 12000 – **95 cam** 92/146000 – ½ P 97/113000.

Terme Sollievo, viale Stazione 113 🖉 793600, Telex 430180, « Parco con 🛪 riscaldata e ※ », 🖛, 🖾, ⚑ – 🛓 🖙 cam ▤ ☎ 🕭 🅿. 🔼 🅱 🕤 🗉 𝗩𝗜𝗦𝗔. ※ rist
chiuso dicembre e gennaio – Pas 30000 – **132 cam** 🖙 75/130000 – ½ P 85/95000.

Continental, via Neroniana 8 🖉 793522, Telex 430814, « Parco con 🛪 riscaldata », 🖛, 🖘, 🖾, ※, ⚑ – 🛓 ▤ rist ☎ 🅿. ※ rist
chiuso dal 7 gennaio al 18 febbraio e dal 5 al 20 dicembre – Pas 28/30000 – **100 cam** 🖙 63/106000 appartamenti 77/92000 – ½ P 65/76000.

Terme Olympia, viale Stazione 25 🖉 793499, 🛪 riscaldata, 🛲, ※, ⚑ – 🛓 ▤ ☎ 🅿. 🔼 🅱 🕤 🗉 𝗩𝗜𝗦𝗔. ※ rist
marzo-ottobre – Pas 45000 – 🖙 16000 – **107 cam** 60/80000, ▤ 5000 – ½ P 65/84000.

Terme Cristallo, via Roma 69 🖉 793377, 🖛, 🛪 riscaldata, 🖾, 🛲, ⚑ – 🛓 ▤ rist ☎ 🅿. 🔼 🅱 🕤 🗉 𝗩𝗜𝗦𝗔. ※ rist
marzo-novembre – Pas 25000 – 🖙 8000 – **119 cam** 58/100000 – ½ P 63/82000.

Antoniano, via Fasolo 12 🖉 794177, Telex 430287, Fax 794257, 🖛, 🖘, 🛪 riscaldata, 🖾, 🛲, ※, ⚑ – 🛓 ▤ ☎ 🕭 ⇌ 🅿 ※ rist
chiuso dal 6 novembre al 22 dicembre – Pas 28/31000 – **144 cam** 🖙 59/102000, ▤ 5000 – ½ P 69/80000.

Terme delle Nazioni, via Mezzavia 🖉 793322, Fax 793484, 🛪 riscaldata, 🖾, 🛲, ※, ⚑ – 🛓 ▤ rist ☎ 🕭 🅿. ※ rist
chiuso dall'11 gennaio al 3 febbraio e dal 21 novembre al 19 dicembre – Pas (solo per clienti alloggiati) 30000 – 🖙 8500 – **105 cam** 66/107000 – ½ P 92/101000.

Terme Petrarca, piazza Roma 23 🖉 793387, Telex 431632, Fax 793527, 🛪 riscaldata, 🖾, 🛲, ※, ⚑ – 🛓 🖙 rist ▤ ☎ 🕭 🅿. 🅱 🗉 𝗩𝗜𝗦𝗔. ※ rist
chiuso dall'11 gennaio al 1° febbraio e dal 1° al 21 dicembre – Pas 25/32000 – 🖙 9000 – **129 cam** 60/100000, ▤ 5000 – ½ P 64/82000.

Apollo ⑤, via Pio X n° 4 🖉 793900, Telex 431567, Fax 8910287, « Parco con 🛪 riscaldata », 🖾, ※, ⚑ – 🛓 🖙 cam ▤ ☎ 🕭 ⇌ 🅿. ※ rist
chiuso gennaio e febbraio – Pas (solo per clienti alloggiati) 25/29000 – **200 cam** 🖙 101/184000, ▤ 4000 – ½ P 78/86000.

Terme Bellavista, via dei Colli 5 🖉 793333, Fax 793772, 🖛, 🖘, 🛪 riscaldata, 🖾, 🛲, ⚑ – 🛓 ☎ 🅿. 🅱 🗉 𝗩𝗜𝗦𝗔. ※ rist
marzo-novembre – Pas 35000 – **77 cam** 🖙 96/120000 – ½ P 77/93000.

Terme Eliseo, viale Stazione 12/a 🖉 793425, Fax 795332, 🖛, 🛪 riscaldata, 🖾, 🛲, ⚑ – 🛓 ▤ rist ☎ 🅿. 🅱 🗉 𝗩𝗜𝗦𝗔. ※ rist
14 marzo-13 novembre – Pas 25000 – 🖙 7000 – **95 cam** 50/78000 – ½ P 64/71000.

Vulcania ⑤, viale Stazione 6 🖉 793451, « Parco con 🛪 riscaldata », 🖾, ⚑ – 🛓 ☞ 🅿. ※
4 marzo-15 novembre – Pas 23/25000 – 🖙 5000 – **78 cam** 57/85000 – P 61/92000.

Da Mario, viale delle Terme 4 🖉 794090, prenotare – 🅿
chiuso martedì, mercoledì a mezzogiorno, dal 10 al 28 febbraio e dall'11 luglio al 1° agosto – Pas carta 33/43000.

Da Cencio, via Fermi 11 🖉 793470, 🏠 – 🅱 🗉 𝗩𝗜𝗦𝗔. ※
chiuso lunedì, dal 26 dicembre al 2 gennaio e dal 5 al 19 agosto – Pas carta 28/44000.

MONTE ISOLA Brescia 𝟒𝟐𝟖 E 12 – 1 798 ab. alt. 190 – ✉ 25050 Peschiera Maraglio – a.s. Pasqua e luglio-15 settembre – 🕲 030.

Vedere ❋❋ dal santuario della Madonna della Ceriola.

Da Sulzano 10 mn di barca; da Sulzano : Roma 586 – ♦Bergamo 44 – ♦Brescia 28 – ♦Milano 88.

Del Pesce-Archetti, a Peschiera Maraglio 🖉 9886137, ≤.

Del Sole, a Sensole 🖉 9886101, « Servizio estivo in terrazza », 🖘, 🖛 – ※
chiuso mercoledì e novembre – Pas carta 30/44000.

MONTELPARO 63020 Ascoli Piceno – 1 031 ab. alt. 585 – 🕲 0734.
Roma 285 – Ascoli Piceno 54 – ♦Ancona 108.

La Ginestra ⑤ con cam, contrada Coste E : 3 km 🖉 780449, Fax 780449, ≤ valli e colline, 🛪, 🖛, ※ – 📺 🅿. 🔼 🕤 𝗩𝗜𝗦𝗔. ※
15 marzo-5 novembre – Pas carta 25/43000 – **28 cam** 🖙 65000 – ½ P 65/75000.

EUROPE **on a single sheet** Michelin **map** no 𝟵𝟳𝟬.

MONTELUCO Perugia 988 ⑳ – alt. 830 – ✉ **06049** Spoleto – ☎ 0743.

Vedere Facciata★ della chiesa di San Pietro.

Roma 136 – ♦Perugia 73 – Spoleto 8 – Terni 37.

🏠 **Paradiso** ⤵, ☎ 37182, 🍴 – ☎ ☎ ℗. 🆎 ⑤ ⑩ ⋸ 𝗩𝗜𝗦𝗔. ⋇
　　chiuso febbraio – Pas (chiuso martedì) 25/30000 – ⊏ 9000 – **24 cam** 90000 – ½ P 55/57000.

MONTELUPO FIORENTINO **50056** Firenze 988 ⑭, 428 429 K 15 – 10 048 ab. alt. 40 – ☎ 0571.

Roma 295 – ♦Firenze 25 – ♦Livorno 66 – Siena 75.

🏠 **Baccio** senza rist, via Don Minzoni 3 ℘ 51215 – 🛗 ▭ 📺 ☎ ℗. 🆎 ⑤ ⑩ ⋸ 𝗩𝗜𝗦𝗔
　　chiuso agosto – ⊏ 7000 – **22 cam** 65/93000.

✕ **Trattoria del Sole**, via 20 Settembre 35 ℘ 51130 – 🆎 ⑤ 𝗩𝗜𝗦𝗔. ⋇
　　chiuso sabato sera, domenica ed agosto – Pas carta 25/41000.

MONTEMAGNO **14030** Asti 988 ⑫, 428 G 6 – 1 242 ab. alt. 259 – ☎ 0141.

Roma 617 – Alessandria 29 – Asti 18 – ♦Milano 102 – ♦Torino 72 – Vercelli 50.

✕✕✕ ❀ **La Braja**, via San Giovanni Bosco 11 ℘ 63107, 🏡, Coperti limitati; prenotare – ▤
　　℗. 🆎 ⑤ ⑩ ⋸ 𝗩𝗜𝗦𝗔. ⋇
　　chiuso lunedì e martedì – Pas 50/70000
　　Spec. Risotto alle verdure, Filetto di vitello al Ruchè, Torta alle castagne,. **Vini** Arneis, Grignolino.

MONTEMARCELLO La Spezia – Vedere Ameglia.

MONTEMARZINO **15050** Alessandria 428 H 8 – 409 ab. alt. 448 – ☎ 0131.

Roma 585 – Alessandria 36 – ♦Genova 89 – ♦Milano 89 – Piacenza 85.

✕ **Da Giuseppe,** ℘ 878135 – 🆎 ⑤ ⋸ 𝗩𝗜𝗦𝗔. ⋇
　　chiuso mercoledì e dal 2 al 31 gennaio – Pas carta 33/50000.

Les nouveaux Guides Verts touristiques Michelin, c'est :

– un texte descriptif plus riche,

– une information pratique plus claire,

– des plans, des schémas et des photos en couleurs,

– ...et, bien sûr, une actualisation détaillée et fréquente.

Utilisez toujours la dernière édition.

MONTEMERANO **58050** Grosseto – alt. 303 – ☎ 0564.

Roma 189 – Grosseto 51 – Orvieto 79 – Viterbo 85.

🏠 **Villa Acquaviva** ⤵ senza rist, strada Scansanese N : 1 km ℘ 602890, ≤ campagna e
　　colli, « Giardino ombreggiato » – ℗. ⋇
　　⊏ 10000 – **7 cam** 70000.

✕✕ ❀ **Da Caino,** ℘ 602817, Fax 602807, Coperti limitati; prenotare – 🆎 ⑤ ⑩ ⋸ 𝗩𝗜𝗦𝗔. ⋇
　　chiuso mercoledì – Pas carta 49/77000
　　Spec. Ravioli d'anatra e ceci al burro fuso e rosmarino, Fricassea di agnello alle erbe fini, Maialino disossato.
　　Vini Chianti.

✕✕ **Laudomia** con cam, località Poderi di Montemerano SE : 2,5 km ℘ 620062, « Servizio
　　estivo in terrazza » – ☎ ℗. 🆎 ⑤ ⑩ ⋸ 𝗩𝗜𝗦𝗔. ⋇
　　Pas (chiuso martedì) carta 34/53000 – ⊏ 12000 – **12 cam** 33/50000 – ½ P 72000.

MONTE OLIVETO MAGGIORE **53020** Siena – alt. 273 – ☎ 0577.

Vedere Affreschi★★ nel chiostro grande dell'abbazia – Stalli★★ nella chiesa abbaziale.

Roma 223 – ♦Firenze 104 – ♦Perugia 121 – Siena 36 – Viterbo 125.

✕ **La Torre,** ℘ 707022, 🏡, 🍴 – ℗. ⑤ ⋸ 𝗩𝗜𝗦𝗔
　　chiuso martedì – Pas carta 29/38000.

MONTEORTONE Padova – Vedere Abano Terme.

MONTEPAONE LIDO **88060** Catanzaro 4 272 ab. – ☎ 0967.

Roma 632 – Catanzaro 33 – Crotone 85.

🏠 Il Pescatore, ℘ 576303, Fax 576304 – 🛗 📺 ☎ ℗
　　51 cam.

　　sulla strada statale 106 S : 3 km :

✕✕ 'A Lumera, ℘ 576290 – ▭ ℗. 🆎 ⑤ ⑩ ⋸ 𝗩𝗜𝗦𝗔. ⋇
　　chiuso novembre e martedì (escluso luglio-agosto) – Pas carta 29/50000.

MONTEPERTUSO Salerno – Vedere Positano.

MONTE PORZIO CATONE 00040 Roma – 8 407 ab. alt. 451 – a.s. luglio-15 settembre – ✿ 06.
Roma 24 – Frascati 4 – Frosinone 64 – Latina 55.

🏠 **Giovannella,** piazza Trieste 1 ℰ 9449038, 🍽️, « Giardino ombreggiato » – 🛎️ ☎ Ⓟ – 🅰️ 25 a 100. ᴁ 🅱️ ⓞ Ε 𝗩𝗜𝗦𝗔. ⛾
Pas *(chiuso mercoledì)* carta 25/32000 – ☷ 8000 – **43 cam** 54/85000 – ½ P 75/85000.

✗✗ Fontana Candida, prossimità casello autostrada ℰ 9425714, 🍽️ – Ⓟ.

✗ **Da Franco,** via Duca degli Abruzzi 19 ℰ 9449234, ≼ – ᴁ 🅱️ ⓞ Ε 𝗩𝗜𝗦𝗔. ⛾
chiuso giovedì e dal 15 al 31 luglio – Pas carta 31/48000.

sulla strada provinciale Colonna-Frascati :

✗✗ **Richelieu,** località Pallotta NE : 2 km ✉ 00040 Montecompatri ℰ 9485293, 🍽️ – Ⓟ. ᴁ
ⓞ. ⛾
chiuso domenica sera, lunedì ed agosto – Pas carta 44/62000.

MONTEPULCIANO 53045 Siena 𝟵𝟴𝟴 ⑯ – 14 038 ab. alt. 605 – ✿ 0578.
Vedere Piazza Grande★ : 🔭★★★ dalla torre del palazzo Comunale★, palazzo Nobili-Tarugi★,
pozzo★, pala d'altare★ nel Duomo – Palazzi★ nella città antica – Chiesa della Madonna di San
Biagio★★ SE : 1 km.
Roma 176 – Arezzo 60 – ◆Firenze 119 – ◆Perugia 74 – Siena 65.

🏠 **Il Marzocco,** piazza Savonarola ℰ 757262 – ☎. ᴁ 🅱️ ⓞ 𝗩𝗜𝗦𝗔
chiuso dal 20 novembre al 5 dicembre – Pas carta 25/37000 (10%) – ☷ 6500 – **18 cam**
36/66000 – ½ P 55/60000.

sulla strada statale 146 SE.: 3 km :

🏨 **Panoramic** ⛾, senza rist, ✉ 53045 ℰ 798398, Fax 798398, ≼, 🐎, ✗✗ – ☎ ⬚ Ⓟ. ᴁ
𝗩𝗜𝗦𝗔. ⛾
aprile-settembre – ☷ 12000 – **25 cam** 70/105000.

a Sant'Albino SE : 6 km – ✉ 53045 Montepulciano :

🏨 **Tre Stelle,** ℰ 798078, Fax 798008, 🐎 – 🛎️ 🖨️ ⬚ Ⓟ. 🅱️ ⓞ Ε 𝗩𝗜𝗦𝗔. ⛾
chiuso dal 7 gennaio al 14 marzo – Pas *(chiuso lunedì)* carta 27/37000 – ☷ 8000 – **24 cam**
50/75000 – ½ P 45/55000.

sull'autostrada A 1 - lato ovest o Montepulciano Stazione NE : 12 km – ✉ 53040 :

🏨 **Il Grifo** senza rist, ℰ 738408, Fax 738408 – 🛎️ ⬚ 📺 🖨️ Ⓟ. 🅱️ Ε 𝗩𝗜𝗦𝗔
☷ 10000 – **40 cam** 76000.

Vedere anche : *Montefollonico* NO : 13 km.

MONTEREALE VALCELLINA 33086 Pordenone 𝟵𝟴𝟴 ⑤, 𝟰𝟮𝟵 D 19 – 4 503 ab. alt. 317 – a.s. 15
luglio-agosto – ✿ 0427.
Roma 627 – ◆Milano 366 – Pordenone 23 – Treviso 77 – ◆Trieste 122 – Udine 54 – ◆Venezia 116.

✗✗ **Da Orsini,** località Grizzo SO : 1 km ℰ 79042 – Ⓟ
chiuso lunedì e dal 10 giugno al 10 luglio – Pas carta 30/40000.

✗ **Da Gino,** località Malnisio SO : 5 km ℰ (0434) 656060, 🍽️, 🐎 – Ⓟ. ⛾
chiuso mercoledì e settembre – Pas carta 22/37000.

MONTERIGGIONI 53035 Siena 𝟵𝟴𝟴 ⑭⑮ 7 080 ab. alt. 274 – ✿ 0577.
Roma 245 – ◆Firenze 55 – ◆Livorno 103 – Pisa 93 – Siena 15.

✗✗ **Il Pozzo,** ℰ 304127 – ᴁ 🅱️ ⓞ Ε 𝗩𝗜𝗦𝗔. ⛾
chiuso domenica sera, lunedì, dall'8 gennaio al 3 febbraio e dal 30 luglio al 14 agosto –
Pas carta 36/50000 (15%).

a Strove SO : 4 km – ✉ 53035 Monteriggioni :

🏠 **Casalta** ⛾, ℰ 301002 – 🖨️. ⛾
marzo-ottobre – Pas carta 30/45000 – ☷ 8000 – **10 cam** 45/75000 – ½ P 75000.

MONTEROSSO AL MARE 19016 La Spezia 𝟵𝟴𝟴 ⑬, 𝟰𝟮𝟴 J 10 – 1 777 ab. – ✿ 0187.
🔰 (Pasqua-ottobre), ℰ 817506.
Roma 450 – ◆Genova 93 – ◆Milano 230 – ◆La Spezia 32.

🏨 **Porto Roca** ⛾, ℰ 817502, Fax 817692, ≼ mare e costa, 🖎, 🐎 – ☎. ᴁ 🅱️ Ε 𝗩𝗜𝗦𝗔.
⛾ rist
marzo-ottobre – Pas 45/65000 – **43 cam** ☷ 150/190000 – ½ P 110/150000.

🏠 **La Colonnina** senza rist, ℰ 817439, « Terrazza ombreggiata » – 🛎️ ☎. ⛾
Pasqua-ottobre – ☷ 10000 – **20 cam** 75000.

✗✗ **Il Gigante,** ℰ 817401 – ᴁ 🅱️ ⓞ Ε 𝗩𝗜𝗦𝗔
15 marzo-15 ottobre; chiuso martedì (escluso da giugno a settembre) – Pas carta 33/46000
(10%).

✗ **La Cambusa,** ℰ 817546, 🍽️ – ᴁ 🅱️ ⓞ Ε 𝗩𝗜𝗦𝗔. ⛾
15 marzo-15 ottobre; chiuso lunedì (escluso da giugno a settembre) – Pas carta 36/61000.

MONTEROSSO GRANA 12020 Cuneo 428 I 4 – 581 ab. alt. 720 – a.s. luglio e agosto – ✿ 0171.
Roma 664 – Cuneo 21 – ◆Milano 235 – Colle di Tenda 45 – ◆Torino 92.

🏠 **A la Posta,** ℰ 98720, « Giardino » – 🛏 🅿 . ⅀ rist
⬅ chiuso dal 4 al 31 gennaio – Pas 18/40000 – **62 cam** ⅀ 35/45000 – ½ P 40/50000.

MONTEROTONDO 00015 Roma 988 ㉖ – 29 090 ab. alt. 165 – ✿ 06.
Roma 26 – Rieti 55 – Terni 84 – Tivoli 32.

✕ **Trattoria dei Leoni** con cam, piazza del Popolo ℰ 9007394 – ▤ . ⑤ ⑩ ⋿ 𝘝𝘐𝘚𝘈
Pas (chiuso mercoledì) carta 23/42000 – ⅀ 8000 – **12 cam** 55/85000 – ½ P 80000.

MONTE SAN PIETRO (PETERSBERG) Bolzano – Vedere Nova Ponente.

MONTE SAN SAVINO 52048 Arezzo 988 ⑮ – 7 793 ab. alt. 330 – ✿ 0575.
Roma 197 – Arezzo 22 – ◆Firenze 86 – ◆Perugia 77 – Siena 43.

🏠 **Sangallo** senza rist, piazza Vittorio Veneto 16 ℰ 844455 – 📺 ☎ 🅿 . 🅰🅴 ⑩ . ⅀
⅀ 5000 – **16 cam** 50/70000.

al Santuario di Santa Maria delle Vertighe E : 2 km :

🏠 **Domenico,** ✉ 52048 ℰ 849300 – 🛏 ▤ 📺 ☎ 🅿 . ⑤ ⋿ . ⅀ cam
Pas (chiuso sabato) carta 31/41000 – ⅀ 6000 – **27 cam** 75000 – ½ P 55000.

a Gargonza NO : 7 km – ✉ 52048 Monte San Savino :

✕ **Castello di Gargonza,** ℰ 847065, 🍴 – 🅰🅴 ⑤ ⋿ 𝘝𝘐𝘚𝘈
chiuso lunedì e gennaio – Pas carta 21/35000 (10%).

MONTE SANTA CATERINA (KATHARINABERG) Bolzano 218 ⑨ – Vedere Senales.

MONTE SANT'ANGELO 71037 Foggia 988 ㉘ – 15 929 ab. alt. 843 – a.s. luglio-15 settembre –
✿ 0884.
Vedere Posizione pittoresca** – Santuario di San Michele* – Tomba di Rotari*.
Escursioni Promontorio del Gargano*** E-NE.
Roma 427 – ◆Bari 135 – ◆Foggia 55 – Manfredonia 16 – ◆Pescara 203 – San Severo 57.

🏠 **Rotary** ⟍, O : 1 km ℰ 62146, ← golfo di Manfredonia – ☎ & 🅿 . ⅀ rist
Pas carta 19/39000 (15%) – ⅀ 5000 – **24 cam** 44/63000 – ½ P 60000.
✕ **Poggio del Sole,** ℰ 61092, ← golfo di Manfredonia, 🍴 – 🅿 . 🅰🅴
⬅ chiuso novembre e mercoledì (escluso da maggio ad agosto) – Pas carta 17/25000 (10%).

MONTESARCHIO 82016 Benevento 988 ㉗ – 12 235 ab. alt. 300 – ✿ 0824.
Roma 223 – Avellino 54 – Benevento 18 – Caserta 30 – ◆Napoli 48.

🏨 **Cristina Park Hotel,** via Benevento E : 0,8 km ℰ 835888, 🍴 – 🛏 ▤ 📺 ☎ 🅿 –
🅰 300. ⑤ ⑩ ⋿ 𝘝𝘐𝘚𝘈 . ⅀
Pas (chiuso martedì) carta 22/33000 (11%) – ⅀ 6000 – **16 cam** 58/82000 – ½ P 76000.
✕✕ **Dante's Tavern,** piazza Carlo Poerio 86 ℰ 834360, prenotare – ▤ . 🅰🅴 ⑩ . ⅀
chiuso domenica sera, mercoledì e dal 10 al 25 agosto – Pas carta 25/45000 (10%).

MONTESCANO 27040 Pavia 428 G 9 – 388 ab. alt. 208 – ✿ 0385.
Roma 597 – Alessandria 69 – ◆Genova 142 – Pavia 27 – Piacenza 43.

✕✕✕ **Al Pino,** ℰ 60479, ← colline, Coperti limitati; prenotare – 🅿 . 🅰🅴 ⑤ ⑩ ⋿ 𝘝𝘐𝘚𝘈 . ⅀
chiuso martedì sera, mercoledì, dal 1° al 10 gennaio e dal 15 al 30 luglio – Pas
carta 50/75000.

MONTESILVANO MARINA 65016 Pescara 988 ㉗ 35 279 ab. – a.s. luglio e agosto – ✿ 085.
🅱 viale Europa 79 ℰ 830396.
Roma 215 – L'Aquila 112 – Chieti 26 – ◆Pescara 8 – Teramo 50.

🏨 **City,** viale Europa 77 ℰ 838468, Fax 4491348, 🔟, 🏊 – 🛏 ▤ 📺 ☎ 🅿 – 🅰 70. 𝘝𝘐𝘚𝘈
⅀
Pas 26/36000 – ⅀ 8000 – **44 cam** 100000, ▤ 7000 – ½ P 75/80000.

MONTESPLUGA 23020 Sondrio 428 C 9, 218 ③④ – alt. 1 908 – ✿ 0343.
Roma 711 – ◆Milano 150 – Sondrio 88 – Passo dello Spluga 3.

✕ **Posta,** ℰ 54234 – 🅿 . ⅀
chiuso martedì e dal 10 gennaio al 10 febbraio – Pas carta 28/41000.

MONTEVARCHI 52025 Arezzo 988 ⑮ – 21 976 ab. alt. 144 – 🕿 055.
Roma 233 – Arezzo 39 – ♦Firenze 52 – Siena 47.

🏠 **Delta** senza rist, viale Diaz 137 🖉 901213, Fax 901727 – 🛗 🖳 📺 🕿 ⇦ 🅿 – 🔏 25 a 100. 🆎 🅱 ⑩ 🄴 🆅🅸🆂🅰 🛇
☲ 9000 – **40 cam** 58/76000.

🎇 **Piccolo Alleluia,** viale Diaz 137 🖉 901488 – 🅱 🄴 🆅🅸🆂🅰
chiuso lunedì e dal 18 luglio al 15 agosto – Pas carta 25/36000 (10%).

MONTEVIALE 36050 Vicenza – 1 763 ab. alt. 157 – 🕿 0444.
Roma 547 – ♦Milano 209 – ♦Verona 56 – Vicenza 9.

🎇 **Zemin,** via Costigiola 58 (E : 1,5 km) 🖉 552054 – 🅿.

MONTICCHIO LAGHI 85020 Potenza – alt. 650 – 🕿 0972.
Roma 366 – Barletta 91 – ♦Foggia 75 – Potenza 57.

🎇 **Restaino,** 🖉 731052 – 🅿 🛇
marzo-novembre – Pas carta 23/33000 (10%).

MONTICELLI TERME 43023 Parma 428 429 H 13 – alt. 99 – Stazione termale (marzo-15 dicembre), a.s. agosto-15 ottobre – 🕿 0521.
Roma 452 – ♦Bologna 92 – ♦Milano 134 – ♦Parma 12 – Reggio nell'Emilia 25.

🏨 **Delle Rose** 🛇, 🖉 65521, Fax 65527, « Parco-pineta », 🔲, 🏊, 🛗 🖳 rist 📺 🕿 🅿 – 🔏 100. 🆎 ⑩ 🆅🅸🆂🅰 🛇
chiuso dal 16 dicembre al 14 marzo – Pas 29/33000 – **78 cam** ☲ 95/150000 – ½ P 91/107000.

MONTICIANO 53015 Siena 988 ⑮ – 1 479 ab. alt. 381 – 🕿 0577.
Dintorni Abbazia di San Galgano* NO : 7 km.
Roma 245 – Grosseto 58 – Siena 35.

🎇 **Da Vestro** con cam, 🖉 756618, 🍽, « Giardino ombreggiato » – 🅿. 🛇
Pas (chiuso lunedì) carta 26/36000 – ☲ 7000 – **12 cam** 40/52000 – ½ P 60000.

MONTIERI 58026 Grosseto – 1 617 ab. alt. 750 – 🕿 0566.
Roma 269 – Grosseto 51 – Siena 50.

🏠 **Rifugio Prategiano** 🛇, N : 1 km 🖉 997703, Fax 997826, ≤, 🏊, 🐎, 🎇 – 🕿 🅿. 🅱 🄴 🆅🅸🆂🅰. 🛇 rist
chiuso dal 7 gennaio a Pasqua – Pas (chiuso martedì) 25/35000 – **24 cam** ☲ 65/110000 – ½ P 65/135000.

MONTIGNOSO 54038 Massa-Carrara 428 429 J 12 – 9 067 ab. alt. 132 – 🕿 0585.
Roma 386 – ♦Firenze 112 – Lucca 42 – Massa 5 – ♦Milano 240 – Pisa 43 – ♦La Spezia 40.

🎇🎇🎇🎇 ❀ **Il Bottaccio** 🛇 con cam, 🖉 340031, Fax 340103, 🍽, Confort accurato, prenotare, « In un antico frantoio », 🐎 – 🕿 🅿. 🆎 🅱 ⑩ 🄴 🆅🅸🆂🅰 🛇
Pas (menu suggeriti) 95/130000 – ☲ 30000 – 5 appartamenti 450/650000
Spec. Maccheroncini ripieni di ostriche in salsa di peperoni, Sparnocchie con riso nero, Fagiano farcito al mango. Vini Sauvignon, Brunello.

a Cinquale SO : 5 km – ✉ **54030** – a.s. Pasqua, 20 maggio-10 giugno e luglio-agosto :

🏠 **Giulio Cesare** 🛇 senza rist, 🖉 309318, 🐎 – 🖳 🕿 🅿. 🛇
Pasqua e 25 maggio-settembre – **12 cam** ☲ 79/103000.

🏠 **Eden,** 🖉 309296, Fax 309297, 🍽, 🐎 – 🕿 🅿 🛇 rist
febbraio-ottobre – Pas 25/35000 – ☲ 10000 – **14 cam** 80/90000 – ½ P 70/90000.

🎇 **Da Grazia,** 🖉 309070 – 🛇
chiuso giovedì da ottobre a maggio – Pas carta 52/72000.

a Pasquilio N : 14 km – alt. 824 – ✉ **54038** Montignoso :

🎇 **Pasquilio** 🛇 con cam, 🖉 348070, solo su prenotazione, ≤ mare e litorale, 🍽, 🐎 – ⇦ 🅿. 🆅🅸🆂🅰 🛇 cam
Pasqua-settembre – Pas (chiuso mercoledì) carta 30/46000 (10%) – ☲ 10000 – **15 cam** 45/60000 – ½ P 70/75000.

Non confondete :

Confort degli alberghi	: 🏨🏨 ... 🏠, 🛖
Confort dei ristoranti	: 🎇🎇🎇🎇🎇 ... 🎇
Qualità della tavola	: ❀❀❀, ❀❀, ❀

MONTISI 53020 Siena – alt. 413 – 🕿 0577.

Roma 197 – Arezzo 58 – ♦Perugia 82 – Siena 59.

※ **La Romita,** ✆ 824186, Coperti limitati; prenotare, « Servizio estivo in giardino » – **P.** AE
🕃 ① E *VISA* ✠
  chiuso mercoledì – Pas carta 47/64000.

MONTODINE 26010 Cremona 428 G 11 – 2 149 ab. alt. 66 – 🕿 0373.

Roma 536 – ♦Bergamo 49 – ♦Brescia 57 – Crema 9 – Cremona 31 – ♦Milano 53 – Piacenza 29.

※ **Trattoria Umberto I-da Brambini,** ✆ 66118 – ✠
  chiuso mercoledì ed agosto – Pas carta 28/48000.

MONTOGGIO 16026 Genova 988 ⑬, 428 I 9 – 1 949 ab. alt. 440 – 🕿 010.

Roma 538 – Alessandria 84 – ♦Genova 39 – ♦Milano 131.

※※ **Roma,** ✆ 938925 – 🕃 E *VISA* ✠
  chiuso giovedì, dal 1° al 15 luglio e dal 10 al 17 settembre – Pas carta 25/40000.

MONTOPOLI IN VAL D'ARNO 56020 Pisa 428 429 K 14 – 8 928 ab. alt. 98 – 🕿 0571.

Roma 307 – ♦Firenze 53 – ♦Livorno 44 – Lucca 40 – Pisa 34 – Pistoia 41 – Pontedera 12 – Siena 76.

🏠 **Quattro Gigli,** piazza Michele 2 ✆ 466878, Fax 466879, ≼, « Originali terrecotte » – AE
🕃 ① E *VISA* ✠
  chiuso dal 10 al 25 agosto – **Pas** *(chiuso domenica sera e lunedì)* carta 30/40000 (10%) –
  ⌂ 6000 – **28 cam** 65000 – ½ P 60/65000.

  Sono utili complementi di questa guida, per i viaggi in Italia :
  – *La carta stradale Michelin n° 988 in scala 1/1 000 000;*
  – *La guida Verde turistica Michelin " Italia " :*
    itinerari regionali,
    musei, chiese,
    monumenti e bellezze artistiche.

MONTORFANO 22030 Como 428 E 9, 219 ⑨ – 2 230 ab. alt. 410 – 🕿 031.

🏌 Villa d'Este (chiuso gennaio e febbraio) ✆ 200200, Fax 200786.

Roma 631 – ♦Bergamo 50 – Como 7 – Lecco 24 – ♦Milano 49.

🏨 **Santandrea Golf Hotel,** via Como 19 ✆ 200220, ≼, 🏖, 🐎 – TV ☎ P – 🔏 30. AE
🕃 ① E *VISA* ✠
  chiuso dal 10 gennaio al 10 febbraio – Pas carta 40/90000 – ⌂ 20000 – **10 cam** 115/150000
  appartamenti 221000 – ½ P 180000.

MONTORIO DI RIOVEGGIO Bologna – Vedere Monzuno.

MONTORO INFERIORE 83025 Avellino – 9 179 ab. alt. 195 – 🕿 0825.

Roma 265 – Avellino 18 – ♦Napoli 69 – Salerno 20.

🏨 **La Foresta,** svincolo superstrada ✉ 83020 Piazza di Pàndola ✆ 511010, Fax 511005 –
🛗 ▤ TV ☎ 🚗 P – 🔏 25 a 100. AE 🕃 ① E *VISA* ✠ cam
  Pas carta 21/36000 (16%) – ⌂ 5000 – **30 cam** 80/120000.

MONTORO SUPERIORE 83026 Avellino – 7 464 ab. alt. 240 – 🕿 0825.

Roma 262 – Avellino 21 – ♦Napoli 72 – Salerno 23.

※※ **Arco di Magliano,** svincolo superstrada ✆ 523515, 🏖 – AE 🕃 *VISA*
  chiuso mercoledì – Pas carta 22/32000.

MONTORSO VICENTINO 36050 Vicenza – 2 642 ab. alt. 118 – 🕿 0444.

Roma 553 – ♦Milano 193 – ♦Venezia 81 – ♦Verona 40 – Vicenza 17.

※ **Belvedere-da Bepi,** ✆ 685415, 🏖 – ▤. ✠
  chiuso dall'8 al 25 agosto – Pas carta 23/36000.

MONTÙ BECCARIA 27040 Pavia 428 G 9 – 1 808 ab. alt. 277 – 🕿 0385.

Roma 544 – ♦Genova 123 – ♦Milano 66 – Pavia 28 – Piacenza 32.

※ **Colombi,** località Loglio di Sotto S : 3 km ✆ 60049 – P. ① *VISA*
  Pas carta 31/43000.

MONZA 20052 Milano 988 ③, 428 F 9 – 123 073 ab. alt. 162 – 🕿 039.

Vedere Parco★★ della Villa Reale – Duomo★ : facciata★★, corona ferrea★★ dei re Longobardi.

🏌 e 🏌 (chiuso lunedì) al Parco ✆ 303081, Fax 304427, N : 5 km.

Autodromo al parco N : 5 km ✆ 22366.

Roma 592 – ♦Bergamo 38 – ♦Milano 15.

384

🏨 **De la Ville,** viale Regina Margherita 15 ℰ
382581, Telex 332496, Fax 367647 – 劇 🔲
☎ 🅿 – 🚗 25 a 220. 🖭 🗟 ⓞ ☰ 𝘝𝘐𝘚𝘈. 🛠
chiuso agosto – Pas vedere rist Il Vizio – 😅
20000 – **55 cam** 196/216000 – ½ P 216/266000.

🏨 **Della Regione,** via Elvezia (Rondò) 4 ℰ
387205, Fax 380254 – 劇 🔲 🔲 ☎ 🕭 🅿 –
🚗 25 a 200. 🖭 🗟 ⓞ ☰ 𝘝𝘐𝘚𝘈. 🛠 rist
Pas *(chiuso domenica)* carta 40/50000 – 😅
15000 – **90 cam** 100/140000 – ½ P 120/150000.

XXX **Alle Grazie,** via Lecco 84 ℰ 387903, Fax
387650, � – 🅿. 🖭 🗟 ⓞ ☰ 𝘝𝘐𝘚𝘈
chiuso mercoledì e dal 1° al 14 agosto – Pas
carta 47/65000.

XX **La Riserva,** via Borgazzi 12 ℰ 386612, �,
Coperti limitati; prenotare – 🅿. 🖭. 🛠
chiuso venerdì, sabato a mezzogiorno, dal 24
dicembre al 6 gennaio ed agosto – Pas
carta 40/65000.

XX **Il Vizio,** via Elvezia 4 ℰ 325387 – 🔳. 🖭 🗟
ⓞ ☰ 𝘝𝘐𝘚𝘈
chiuso sabato a mezzogiorno e domenica sera
– Pas 35000.

XX **Lo Chef Giovanni,** via Luciano Manara 12/a
ℰ 386462, � – 🖭 🗟 ⓞ ☰ 𝘝𝘐𝘚𝘈. 🛠
chiuso martedì sera, mercoledì e dall'8 al 25 agosto – Pas carta 40/77000.

X **Antica Trattoria dell'Uva** con cam, piazza Carrobiolo 2 ℰ 323825, Fax 323825 – 🔲
☜. 𝘝𝘐𝘚𝘈. 🛠
chiuso martedì – Pas *(chiuso venerdì)* carta 36/47000 (10%) – 😅 8500 – **12 cam** 47/79000
– ½ P 85/93000.

al parco N : 5 km :

XXX **Saint Georges Premier,** ingresso Porta Vedano ℰ 320600, Fax 491052, prenotare,
« Villa settecentesca in un parco ombreggiato; arredamento d'epoca » – 🅿 – 🚗 60. 🖭.
🛠   **a**
chiuso martedì ed agosto – Pas carta 42/64000.

a Villasanta NE : 5 km – ✉ **20058** :

XX Golfo dei Poeti, via Farina 19 ℰ 305192, Fax 388710, � – 🔳 🅿.

MONZUNO 40036 Bologna 𝟜𝟚𝟡 J 15 – 4 051 ab. alt. 620 – ✆ 051.
oma 447 – ♦Bologna 45 – ♦Firenze 79 – ♦Ravenna 107.

🏨 **Alle Scale** 🦢, ℰ 6770236 – 劇 ☜ rist 🅿
10 cam.

a Montorio di Rioveggio SO : 10 km – ✉ **40036** Monzuno :

X **La Piazza,** ℰ 6777644, � – 🖭 🗟 ⓞ ☰ 𝘝𝘐𝘚𝘈. 🛠
chiuso lunedì e gennaio – Pas carta 22/30000.

MORBEGNO 23017 Sondrio 𝟗𝟠𝟠 ③, 𝟜𝟚𝟠 D 10 – 10 662 ab. alt. 255 – ✆ 0342.
oma 673 – ♦Bolzano 194 – Lecco 57 – ♦Lugano 71 – ♦Milano 113 – Sondrio 25 – Passo dello Spluga 66.

🏨 **Margna,** via Margna 24 ℰ 610377, Fax 610377 – 劇 🔳 rist 🔲 ☎ 🕭 🚗 🅿. 🖭. 🛠
Pas *(chiuso lunedì)* carta 25/38000 – 😅 6000 – **36 cam** 38/60000 – ½ P 50/55000.

🏨 **La Ruota,** strada statale ℰ 612208, Fax 610117 – 劇 ☜ rist 🔲 ☎ 🕭 🚗 🅿. 🖭 🗟
ⓞ 𝘝𝘐𝘚𝘈. 🛠 cam
Pas *(chiuso venerdì)* carta 20/37000 – 😅 4000 – **20 cam** 35/55000 – ½ P 45/48000.

XX **Vecchio Ristorante Fiume,** contrada di Cima alle Case 3 ℰ 610248 – 𝘝𝘐𝘚𝘈
chiuso martedì sera, mercoledì e dal 19 giugno al 3 luglio – Pas carta 31/44000.

a Regoledo di Cosio Valtellino O : 1 km – ✉ **23013** :

🏨 **Bellevue,** ℰ 635107, Fax 635686, 🛠 – 劇 🔲 ☎ 🚗 🅿 – 🚗 40. 🖭 🗟 ⓞ ☰ 𝘝𝘐𝘚𝘈
Pas *(chiuso lunedì)* carta 21/36000 – 😅 5500 – **35 cam** 37/61000 – ½ P 50/58000.

Vedere anche : *Gerola Alta* S : 15 km.

MORCIANO DI ROMAGNA 47047 Forlì 𝟗𝟠𝟠 ⑯ 𝟜𝟚𝟡 K 19 – 5 250 ab. alt. 83 – ✆ 0541.
oma 323 – ♦Ancona 95 – ♦Ravenna 92 – Rimini 29.

XX **Tuf-Tuf,** via Panoramica 34 ℰ 988770, Coperti limitati; prenotare – 🅿. 🖭 🗟 ⓞ ☰ 𝘝𝘐𝘚𝘈.
🛠
chiuso a mezzogiorno, lunedì e dal 24 maggio all'8 giugno – Pas carta 42/68000.

MORCONE 82026 Benevento 988 ㉗ – 7 305 ab. alt. 683 – ✆ 0824.
Roma 231 – Benevento 30 – ♦Foggia 124 – Isernia 54 – ♦Napoli 87.

🏨 La Formica, ℰ 957100, 🏊 – 📺 ☎ 🅿 – 🛱 100
50 cam.

MORCOTE 427 ㉘, 219 ⑧ – Vedere Cantone Ticino alla fine dell'elenco alfabetico.

MORDANO 40027 Bologna 429 I 17 – 3 871 ab. alt. 21 – ✆ 0542.
Roma 396 – ♦Bologna 43 – Forlì 35 – ♦Ravenna 36.

🏨 **Panazza,** ℰ 51434, Fax 52165, « Piccolo parco », 🏊, ✵ – ▤ 📺 ☎ 🅿 – 🛱 50. 🖭 🕃
🕕 E VISA ✵
Pas carta 29/50000 – ☲ 8000 – **19 cam** 50/70000 – ½ P 65/75000.

MORLUPO 00067 Roma – 5 582 ab. alt. 207 – ✆ 06.
Roma 33 – Terni 79 – Viterbo 64.

✕✕ **Agostino al Campanaccio,** ℰ 9070008, 🌫 – 🖭 🕃 VISA. ✵
chiuso martedì e dal 17 agosto al 6 settembre – Pas carta 33/53000.

MORTARA 27036 Pavia 988 ⑬, 428 G 8 – 14 108 ab. alt. 108 – ✆ 0384.
Vedere Guida Verde.
Roma 601 – Alessandria 49 – ♦Milano 47 – Novara 24 – Pavia 38 – ♦Torino 94 – Vercelli 32.

✕✕ **San Michele** con cam, corso Garibaldi 20 ℰ 99106 – 📺 ☎ ♿ 🅿. 🕃 E VISA
chiuso agosto e dal 23 dicembre al 2 gennaio – **Pas** (chiuso domenica sera e lunedì
mezzogiorno) carta 29/52000 – ☲ 7000 – **17 cam** 60/80000 – ½ P 70000.

MORTELLE Messina – Vedere Sicilia (Messina) alla fine dell'elenco alfabetico.

MORTER Bolzano 218 ⑱ – Vedere Laces.

MOSCAZZANO 26010 Cremona 428 G 11 – 741 ab. alt. 68 – ✆ 0373.
Roma 539 – ♦Bergamo 52 – ♦Brescia 60 – Crema 12 – Cremona 34 – ♦Milano 56 – Piacenza 32.

✕✕ **Vecchio Mulino,** ℰ 66177, 🌫 – 🅿. ✵
chiuso lunedì sera, martedì e dal 22 luglio al 12 agosto – Pas carta 27/41000.

MOSO (MOOS) Bolzano – Vedere Sesto.

MOSSA 34070 Gorizia 429 E 22 – 1 564 ab. alt. 73 – ✆ 0481.
Roma 656 – Gorizia 6 – ♦Trieste 49 – Udine 31.

✕ **Blanch,** via Blanchis 35 ℰ 80020, 🌫 – 🅿. ✵
chiuso mercoledì e dal 27 agosto al 26 settembre – Pas carta 22/34000.

MOTTARONE (Stresa) 28040 *** Novara 428 E 7, 219 ⑥ – alt. 1 491 – a.s. aprile, 15 luglio
agosto e Natale – Sport invernali : 1 270/1 491 m ✂6, 🎿 – ✆ 0323.
Vedere Guida Verde.
Roma 676 – ♦Milano 99 – Novara 61 – Orta San Giulio 18 – Stresa 20 – ♦Torino 135.

✕ **Miramonti** 🏖 con cam, ℰ 924822, ≤ Alpi – ✵ cam
Pas (chiuso mercoledì) carta 26/42000 – ☲ 5000 – **10 cam** (dicembre-Pasqua e luglio
agosto) 60000 – ½ P 45000.

Vedere anche : risorse alberghiere di Stresa.

MOZZO 24035 Bergamo 219 ⑳ – 6 168 ab. alt. 252 – ✆ 035.
Roma 607 – ♦Bergamo 6 – Lecco 28 – ♦Milano 49.

✕✕ Caprese, via Crocette 38 ℰ 611148, Solo piatti di pesce, prenotare – ▤ 🅿.

MUCCIA 62034 Macerata – 825 ab. alt. 451 – a.s. luglio-15 settembre – ✆ 0737.
Roma 199 – ♦Ancona 101 – Ascoli Piceno 92 – Macerata 49 – ♦Perugia 79.

✕ **Il Cacciatore,** via Spinabello 11 ℰ 43121 – 🖭 🕃 🕕 E VISA. ✵
Pas carta 18/41000.

sulla strada statale 77 E : 2 km :

🏨 **MotelAgip,** ✉ 62034 ℰ 43138 – 📺 🕼 🅿. 🖭 🕃 🕕 E VISA. ✵ rist
Pas 25000 – ☲ 10000 – **37 cam** 69000 – ½ P 65/74000.

MUGGIA 34015 Trieste 988 ⑥, 429 F 23 – 13 373 ab. – ✆ 040.

Vedere Guida Verde

🛈 corso Puccini 6 ℘ 273259.

Roma 684 – ♦Milano 423 – ♦Trieste 11 – Udine 86 – ♦Venezia 173.

🏨 **Lido,** via Cesare Battisti 22 ℘ 273338 – 🖃 🖾 rist 📺 ☎ 🅿 – 🔏 100. 🖭 🗞 ⓪ 𝘝𝘐𝘚𝘈. 🛠
Pas *(chiuso lunedì)* carta 30/55000 – **47 cam** ☑ 63/94000 – ½ P 90000.

🏨 **Sole** 🏖, strada per Lazzaretto O : 5 km ℘ 271106, ≤, ☄, 🛶 – 🖃 ☎ 🅿. 🛠 cam
chiuso da gennaio a marzo – Pas *(chiuso martedì)* carta 22/37000 – ☑ 3500 – **23 cam**
53/70000 – ½ P 53/56000.

✗ **All'Arciduca** con cam, strada per Chiampore 46 ℘ 271019, Fax 275388, � – ⇔ ☎
🅿. 🖭 🗞 ⓪ 🗲 𝘝𝘐𝘚𝘈. 🛠
Pas *(chiuso martedì)* carta 36/55000 – **12 cam** ☑ 48/78000 – ½ P 70/75000.

MÜHLBACH = Rio di Pusteria.

MULAZZO 54026 Massa Carrara 428 429 J 11 – 2 788 ab. alt. 350 – ✆ 0187.

Roma 434 – ♦Genova 121 – ♦Parma 83 – ♦La Spezia 38.

a Madonna del Monte O : 8 km – alt. 870 – ✉ **54026** Mulazzo :

✗ **Rustichello** 🏖 con cam, ℘ 439759, ≤, prenotare – 🅿. 🛠 rist
chiuso dall'8 gennaio a Carnevale – Pas *(chiuso martedì escluso luglio e agosto)*
carta 22/32000 bc – ☑ 5000 – **8 cam** 50000 – ½ P 40/45000.

MULES (MAULS) Bolzano 429 B 16 – alt. 905 – ✉ **39040** Campo di Trens – ✆ 0472.

Roma 699 – ♦Bolzano 61 – Brennero 23 – Brunico 44 – ♦Milano 360 – Trento 121 – Vipiteno 9.

🏨 **Stafler,** ℘ 67136, Fax 67194, « Parco ombreggiato », ≘s, 🔲, 🛠 – 🖃 📺 ☎ 🅿 – 🔏 30
a 40. 🗞 🗲 𝘝𝘐𝘚𝘈
chiuso dal 18 giugno al 28 luglio e dall'11 novembre al 20 dicembre – Pas *(chiuso mercoledì
da ottobre a marzo)* carta 42/60000 (10%) – ☑ 13000 – **38 cam** 55/80000 – ½ P 85/95000.

MURANO Venezia 988 ⑤ – Vedere Venezia.

MURAVERA Cagliari 988 ㉞ – Vedere Sardegna alla fine dell'elenco alfabetico.

MURIALDO 17010 Savona 428 J 6 – 911 ab. alt. 527 – ✆ 019.

Roma 588 – Asti 102 – Cuneo 77 – ♦Genova 89 – ♦Milano 212 – Savona 43 – ♦Torino 120.

✗ Ponte, località Ponte O : 1 km ℘ 53610 – 🅿.

MURISENGO 15020 Alessandria 428 G 6 – 1 694 ab. alt. 338 – ✆ 0141.

Roma 640 – Alessandria 56 – Asti 28 – ♦Milano 106 – ♦Torino 50.

✗ Regina, ℘ 993025 – 🅿.

MURO LUCANO 85054 Potenza 988 ㉘ – 7 215 ab. alt. 550 – ✆ 0976.

Roma 359 – ♦Bari 177 – ♦Foggia 127 – ♦Napoli 153 – Potenza 49 – Salerno 102.

✗ **Delle Colline** con cam, ℘ 2284 – 🐾. 🛠
Pas carta 19/29000 – **18 cam** ☑ 31/46000 – ½ P 36/38000.

MUSSOLENTE 36065 Vicenza 429 E 17 – 5 909 ab. alt. 127 – ✆ 0424.

Roma 548 – Belluno 85 – ♦Milano 239 – ♦Padova 47 – Trento 93 – Treviso 42 – ♦Venezia 72 – Vicenza 40.

🏨 **Volpara** 🏖, NE : 2 km ℘ (0423) 567766, Fax 968841, ≤ – 🖃 ☎ 🅿. 🖭 🗞 ⓪ 🗲 𝘝𝘐𝘚𝘈.
🛠
Pas vedere rist Volpara – ☑ 6000 – **10 cam** 40/60000.

✗ **Volpara,** NE : 2 km ℘ 87019, ≤, 🌻 – 🅿 – 🔏 30. 🖭 🗞 ⓪ 🗲 𝘝𝘐𝘚𝘈. 🛠
chiuso mercoledì e dal 1° al 20 agosto – Pas carta 24/33000.

MUZZANA DEL TURGNANO 33055 Udine 988 ⑥, 429 E 21 – 2 625 ab. alt. 6 – ✆ 0431.

Roma 607 – Gorizia 48 – ♦Milano 346 – ♦Trieste 68 – Udine 29 – ♦Venezia 100.

✗ **Turgnano** con cam, via Circonvallazione ℘ 69050, 🛶, 🛠 – 🅿. 🛠
chiuso febbraio – Pas *(chiuso lunedì)* carta 23/35000 – ☑ 10000 – **10 cam** 50/70000 –
½ P 60000.

NALLES (NALS) 39010 Bolzano 429 C 15, 218 ⑳ – 1 354 ab. alt. 331 – ✆ 0471.

Roma 651 – ♦Bolzano 14 – Merano 17 – ♦Milano 308.

🏨 **Nalserhof** 🏖, ℘ 678678, ≤, « Giardino fiorito con ☄ », ≘s, 🔲 – ⇔ 🐾 🅿. 🖭. 🛠
15 marzo-5 novembre – Pas *(solo per clienti alloggiati)* – **22 cam** ☑ 62/120000 –
½ P 60/74000.

NALS = Nalles.

387

NAPOLI 80100 🅟 🔢 ⑳ – 1 204 149 ab. – a.s. aprile-ottobre – ✆ 081.

Vedere Museo Archeologico Nazionale*** KY – Castel Nuovo** KZ – Porto di Santa Lucia** BU : ≤** sul Vesuvio e sul golfo – ≤*** notturna dalla via Partenope sulle colline del Vomero e di Posillipo FX – Teatro San Carlo* KZ T – Piazza del Plebiscito* JKZ – Palazzo Reale* KZ – Certosa di San Martino** JZ : ≤** sul golfo di Napoli dalla sala n° 25 del museo.
Quartiere di Spacca-Napoli** KY – Tomba** del re Roberto il Saggio nella chiesa di Santa Chiara* KY C – Cariatidi* di Tino da Camaino nella chiesa di San Domenico Maggiore KY L – Sculture* nella cappella di San Severo KY V – Arco*, tomba* di Caterina d'Austria, abside* nella chiesa di San Lorenzo Maggiore LY K – Palazzo e galleria di Capodimonte** BT M1.
Mergellina* BU : ≤** sul golfo – Villa Floridiana* EVX : ≤* – Catacombe di San Gennaro* FU X – Chiesa di Santa Maria Donnaregina* LY B – Chiesa di San Giovanni Carbonara* LY G – Porta Capuana* LMY D – Palazzo Cuomo* LY Q – Sculture* nella chiesa di Sant'Anna dei Lombardi KYZ R – Posillipo* AU – Marechiaro* AU – ≤** sul golfo dal parco Virgiliano (o parco della Rimembranza) AU.

Escursioni Golfo di Napoli*** per la strada costiera verso Campi Flegrei** per ⑧, verso penisola Sorrentina per ⑦ – Isola di Capri*** – Isola d'Ischia***.

🇫🇸 (chiuso lunedì) ad Arco Felice 🖂 80072 ℘ 8674296, per ⑧ : 19 km.

✈ Ugo Niutta di Capodichino NE : 6 km CT (escluso domenica) ℘ 5425333 – Alitalia, via Medina 41 🖂 80133 ℘ 5425222.

⛴ per Capri giornalieri (1 h 15 mn) – Navigazione Libera del Golfo, molo Beverello 🖂 80133 ℘ 5520763, Telex 722661; per Capri (1 h 15 mn), Ischia (1 h 15 mn) e Procida (1 h), giornalieri – Caremar-agenzia De Luca, molo Beverello 🖂 80133 ℘ 5513882; per Cagliari giugno-settembre martedì, venerdì e domenica, negli altri mesi venerdì e domenica (15 h 45 mn) e Palermo giornaliero (10 h 30 mn) – Tirrenia Navigazione, Stazione Marittima, molo Angioino 🖂 80133 ℘ 5512181, Telex 710030, Fax 7201441; per Ischia giornalieri (1 h 15 mn) – Libera Navigazione Lauro, via Caracciolo 11 🖂 80122 ℘ 991889, Telex 720354.

⛴ per Capri (45 mn), Ischia (45 mn) e Procida (35 mn), giornalieri – Caremar-agenzia De Luca, molo Beverello 🖂 80133 ℘ 5513882; per Ischia giornalieri (1 h) – Alilauro, via Caracciolo 11 🖂 80122 ℘ 7611004, Telex 720354; per Capri giornalieri (45 mn) e le Isole Eolie maggio-15 settembre giornaliero (5 h) e Procida-Ischia giornalieri (45 mn) – Aliscafi SNAV, via Caracciolo 10 🖂 80122 ℘ 7612348, Telex 720446, Fax 7612141.

🚉 via Partenope 10/a 🖂 80121 ℘ 7644871 – piazza del Plebiscito (Palazzo Reale) 🖂 80132 ℘ 418744 – Stazione Centrale 🖂 80142 ℘ 268779 – Aeroporto di Capodichino 🖂 80133 ℘ 7805761 – piazza del Gesù Nuovo 7 🖂 80135 ℘ 5523328 – Passaggio Castel dell'Ovo 🖂 80132 ℘ 411461.

A.C.I. piazzale Tecchio 49/d 🖂 80125 ℘ 614511.

Roma 219 ③ – ♦Bari 261 ⑤.

Piante : Napoli p. 2 a 7

🏨 **Excelsior**, via Partenope 48 🖂 80121 ℘ 417111, Telex 710043, Fax 411743, ≤ golfo, Vesuvio e Castel dell'Ovo » – 🛗 ▤ 📺 ☎ – 🔬 30 a 200. ◭ 🅱 ⓞ ㊀ 𝕍𝕀𝕊𝔸 ⋘   GX w
Pas carta 80/120000 – ⬓ 25000 – **114 cam** 286/429000 appartamenti 655/1131000.

🏨 **Vesuvio**, via Partenope 45 🖂 80121 ℘ 417044, Telex 710127, Fax 417044, « Rist. roof-garden con ≤ golfo e Castel dell'Ovo » – 🛗 ⬌ ▤ 📺 ☎ – 🔬 25 a 250. ◭ 🅱 ⓞ ㊀ 𝕍𝕀𝕊𝔸 ⋘   FX n
Pas carta 55/80000 – **170 cam** ⬓ 200/290000 appartamenti 500/1000000, ▣ 25000 ½ P 195/250000.

🏨 **Britannique**, corso Vittorio Emanuele 133 🖂 80121 ℘ 7614145, Telex 722281, Fax 669760, ≤, « Giardino » – 🛗 ▤ 📺 ☎ ⟵ – 🔬 25 a 100. ◭ 🅱 ⓞ ㊀ 𝕍𝕀𝕊𝔸 ⋘ rist   EX r
Pas 40000 – ⬓ 11000 – **80 cam** 173/231000 appartamenti 273000, ▣ 11000 – ½ P 166000.

🏨 **Jolly**, via Medina 70 🖂 80133 ℘ 416000, Telex 720335, Fax 5518010, « Rist. roof-garden con ≤ città, golfo e Vesuvio » – 🛗 ▤ 📺 ☎ – 🔬 250. ◭ 🅱 ⓞ ㊀ 𝕍𝕀𝕊𝔸 ⋘ rist   KZ s
Pas 45000 – **278 cam** ⬓ 190/250000 – ½ P 170/235000.

🏨 **Paradiso**, via Catullo 11 🖂 80122 ℘ 7614161, Telex 722049, Fax 7613449, ≤ golfo, città e Vesuvio, 😊 – 🛗 ▤ 📺 ☎ – 🔬 40 a 50. ◭ 🅱 ⓞ ㊀ 𝕍𝕀𝕊𝔸 ⋘   BU a
Pas (chiuso dal 6 al 26 agosto) carta 42/60000 – **71 cam** ⬓ 150/240000 – ½ P 160/190000.

🏨 **San Germano**, via Beccadelli 41 🖂 80125 ℘ 5705422, Telex 720080, Fax 5701566, « Grazioso parco-giardino », ⌇ – 🛗 ▤ 📺 ☎ ⟵ 🅿 – 🔬 220. ◭ 🅱 ⓞ ㊀ 𝕍𝕀𝕊𝔸 ⋘ rist   AU x
Pas (solo per clienti alloggiati e chiuso domenica) 40000 – **101 cam** ⬓ 135/215000 – ½ P 130/170000.

🏨 **Royal**, via Partenope 38 🖂 80121 ℘ 7644800, Telex 710167, Fax 7645707, ≤ golfo, Posillipo e Castel dell'Ovo, ⌇ – 🛗 ▤ 📺 ☎ ⟵ – 🔬 25 a 200. ◭ 🅱 ⓞ ㊀ 𝕍𝕀𝕊𝔸 ⋘ rist   FX n
Pas carta 65/108000 – **273 cam** ⬓ 196/293000 appartamenti 600000, ▣ 42000 – ½ P 220/260000.

🏨 **Majestic**, largo Vasto a Chiaia 68 🖂 80121 ℘ 416500, Telex 720408, Fax 416500 – 🛗 ▤ 📺 ☎. ◭ 🅱 ⓞ ㊀ 𝕍𝕀𝕊𝔸 ⋘ – 🔬 25 a 100.   FX n
carta 30/50000 – **132 cam** ⬓ 140/230000 appartamenti 300/350000, ▣ 10000.

🏨 **Miramare** senza rist, via Nazario Sauro 24 🖂 80132 ℘ 427388, Fax 416775, ≤ – 🛗 ▤ 📺 ☎. ◭ 🅱 ⓞ ㊀ 𝕍𝕀𝕊𝔸 ⋘   GX k
chiuso dal 16 al 31 agosto – **30 cam** ⬓ 200/280000.

🏨 **Serius,** viale Augusto 74 ⊠ 80125 ℘ 614844 – 🛗 ▭ 📺 ☎ 🚗. ⚙
Pas carta 50/70000 – **69 cam** ⊡ 105/150000 – ½ P 130/150000.   **AU d**

🏨 **Cavour,** piazza Garibaldi 32 ⊠ 80142 ℘ 283122 – 🛗 📺 ☎ AE 🇸 ⓞ E VISA. ⚙
Pas vedere rist Cavour – **94 cam** ⊡ 96/141000 – ½ P 96/117000.   **MY b**

🏨 **Mexico,** senza rist, via Cesare Rossarol 13/15 ⊠ 80139 ℘ 266554, Fax 266330 – ▭ 📺 ☎
– **40 cam**   **LY a**

🏨 **Palace Hotel,** piazza Garibaldi 9 ⊠ 80142 ℘ 5535978, Telex 720262, Fax 264306 – 🛗
📺 ☎ – 🏬 30 a 80. AE 🇸 ⓞ E VISA. ⚙
Pas vedere rist Cavour – **102 cam** ⊡ 96/141000 – ½ P 96/117000.   **MY s**

🏨 **Rex** senza rist, via Palepoli 12 ⊠ 80132 ℘ 416388, Fax 416919 – ▭ 📺 ☎. AE 🇸 ⓞ E
VISA   **GX r**
⊡ 7000 – **40 cam** 87/151000, ▭ 18000.

XXX **La Sacrestia,** via Orazio 116 ⊠ 80122 ℘ 7611051, Rist. elegante, « Servizio estivo in
terrazza-giardino con ≼ » – ▭. AE ⓞ VISA. ⚙   **BU k**
chiuso domenica, domenica in luglio e lunedì negli altri mesi – Pas carta 80/100000 (14%).

XXX ❀ **La Cantinella,** via Cuma 42 ⊠ 80132 ℘ 405375, Fax 415523 – ▭. AE 🇸 ⓞ E VISA.
⚙   **GX v**
chiuso domenica, Natale, Capodanno ed agosto – Pas carta 43/78000 (12%)
Spec. Linguine in salsa di spinaci con scampi, Risotto alla Cantinella, Pesce in brodetto. Vini Greco di Tufo,
Taurasi.

XXX **Rosolino,** via Nazario Sauro 5/7 ⊠ 80132 ℘ 415873, Fax 405457, rist - piano bar – ▭ –
🏬 70. AE 🇸 ⓞ E VISA   **GX a**
chiuso domenica ed agosto – Pas carta 54/95000.

XX **Cavour,** piazza Garibaldi 34 ⊠ 80142 ℘ 264730 – ▭. AE 🇸 ⓞ E VISA. ⚙   **MY b**
chiuso domenica – Pas carta 33/56000 (15%).

XX **San Carlo,** via Cesario Console 18/19 ⊠ 80132 ℘ 426057, Coperti limitati; prenotare – AE
🇸 ⓞ E VISA. ⚙   **KZ a**
chiuso domenica e dal 10 al 20 agosto – Pas carta 45/60000 (10%).

XX Il **Porticciolo,** via Tommaso Campanella 7/9 ⊠ 80122 ℘ 7611382, Rist. e pizzeria – ▭
    EX b

XX ❀ **Giuseppone a Mare,** via Ferdinando Russo 13-Capo Posillipo ⊠ 80123 ℘ 7696002,
Rist. marinaro con ≼ – ⓟ. AE 🇸 ⓞ E VISA. ⚙   **AU p**
chiuso domenica e dal 23 al 31 dicembre – Pas carta 33/56000 (12%)
Spec. Linguine con scampi, Polipetti al pignatiello, Spigola all'acqua pazza. Vini Ischia bianco e rosso.

XX **Ciro a Santa Brigida,** via Santa Brigida 73 ⊠ 80132 ℘ 5524072, Rist. e pizzeria – ≼⇛
▭. AE ⓞ VISA   **JZ w**
chiuso domenica e dal 10 al 25 agosto – Pas carta 37/61000.

XX **A' Fenestrella,** calata Ponticello a Marechiaro ⊠ 80123 ℘ 7690020, ≼, 🍴 – ⓟ. VISA
chiuso mercoledì e in luglio-agosto anche a mezzogiorno – Pas carta 34/52000 (15%). **AU g**

XX **Don Salvatore,** strada Mergellina 4 A ⊠ 80122 ℘ 681817, Rist. e pizzeria – ▭. AE
ⓞ E VISA   **BU t**
chiuso dal 27 al 31 dicembre, dal 21 luglio al 4 agosto, mercoledì e in agosto anche sabato
a mezzogiorno – Pas carta 39/72000.

X **Amici Miei,** via Monte di Dio 78 ⊠ 80132 ℘ 7646063, Rist. d'habitués – AE 🇸 ⓞ E
VISA   **JZ a**
chiuso domenica sera, lunedì ed agosto – Pas carta 30/50000 (15%).

X **Dante e Beatrice,** piazza Dante 44/45 ⊠ 80135 ℘ 349905, 🍴 – ⚙   **KY a**
chiuso mercoledì e dal 24 al 31 agosto – Pas carta 28/40000.

X **La Fazenda,** via Marechiaro 58/a ⊠ 80123 ℘ 7697420, 🍴 – ⓟ. VISA   **AU y**
chiuso lunedì e dal 14 al 28 agosto – Pas carta 39/60000 (15%).

X **Umberto,** via Alabardieri 30 ⊠ 80121 ℘ 418555, Rist. e pizzeria – ▭. AE 🇸 ⓞ E VISA.
⚙   **JZ e**
chiuso mercoledì ed agosto – Pas carta 27/44000 (12%).

X **Sbrescia,** rampe Sant'Antonio a Posillipo 109 ⊠ 80122 ℘ 669140, Rist. tipico napoletano
con ≼ città e golfo – AE VISA. ⚙   **BU r**
chiuso lunedì e dal 15 al 28 agosto – Pas carta 27/45000 (12%).

X **Da Mimì,** via Alfonso d'Aragona 21 ⊠ 80139 ℘ 5538525 – ▭ AE ⓞ VISA   **MY f**
chiuso domenica e dal 10 al 20 agosto – Pas carta 31/46000 (15%).

X **Salvatore alla Riviera,** riviera Chiaia 91 ⊠ 80122 ℘ 680490, Rist. e pizzeria – ▭. AE
🇸 ⓞ E VISA   **FX a**
chiuso martedì e dal 10 al 31 luglio – Pas carta 27/62000 (12%).

X **Al Sarago,** piazza Sannazzaro 201/b ⊠ 80122 ℘ 7612587, 🍴 – ▭   **EX a**

a Secondigliano N : 8 km BCT – ⊠ **80144** Napoli :

🏨 **MotelAgip,** ℘ 7540560, Telex 720165, Fax 7548235 – 🛗 ▭ 📺 ☎ ⓟ – 🏬 50. AE 🇸
ⓞ E VISA. ⚙ rist   **BT g**
Pas *(chiuso sabato a mezzogiorno e domenica)* carta 32/49000 – **57 cam** ⊡ 58/99000,
▭ 15000 – ½ P 87/160000.

MICHELIN, via Circumvallazione esterna, all'incrocio con la statale 7 bis-Appia (BT Napoli p. 2)
– ⊠ 80017 Melito di Napoli, ℘ 7013047, Fax 7023715.

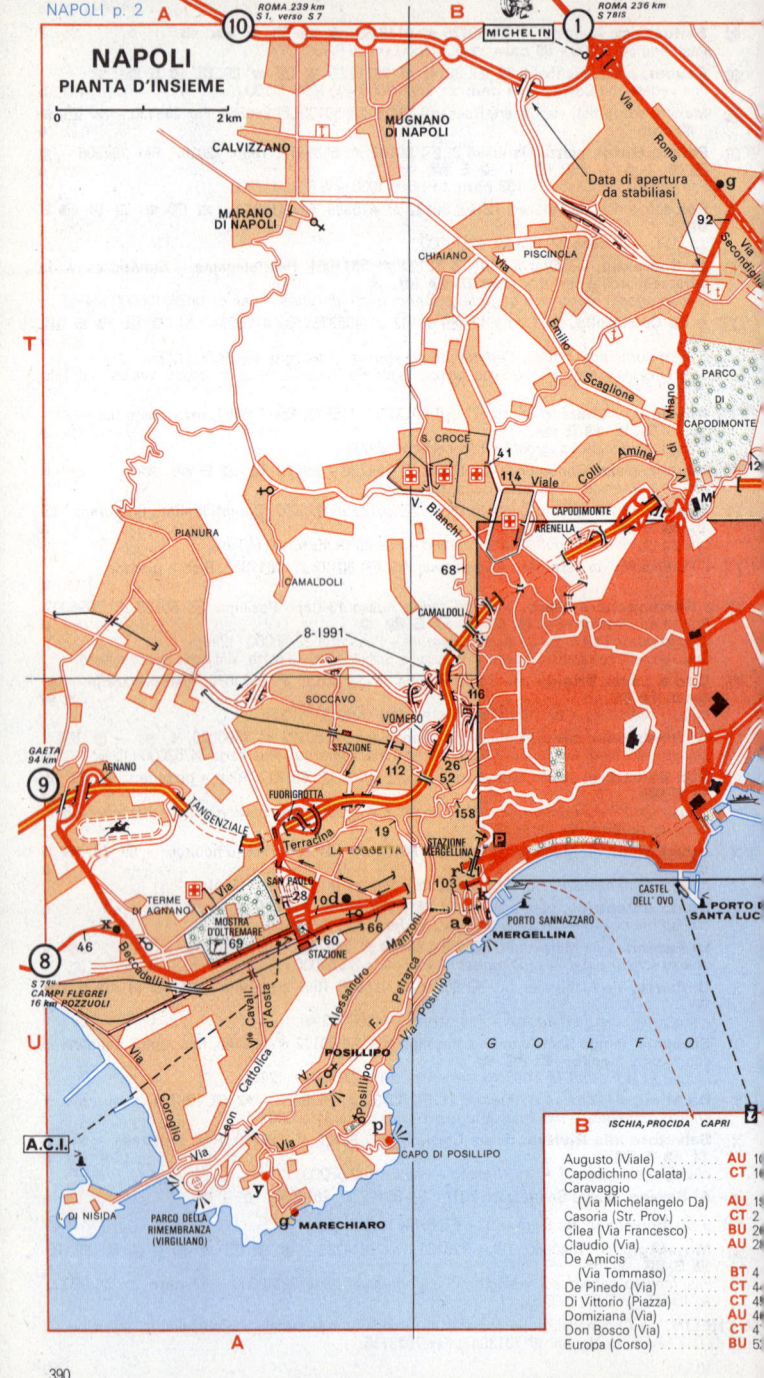

NAPOLI
PIANTA D'INSIEME

0   2 km

CALVIZZANO

MUGNANO DI NAPOLI

MARANO DI NAPOLI

CHIAIANO

PISCINOLA

PARCO DI CAPODIMONTE

S. CROCE

V. Bianchi

CAPODIMONTE

ARENELLA

PIANURA

CAMALDOLI

CAMALDOLI

8-1991

SOCCAVO

VOMERO

STAZIONE

FUORIGROTTA

AGNANO

TANGENZIALE

Terracina

LA LOGGETTA

STAZIONE MERGELLINA

TERME DI AGNANO

MOSTRA D'OLTREMARE

SAN PAOLO

STAZIONE

PORTO SANNAZZARO

MERGELLINA

CASTEL DELL'OVO

PORTO E SANTA LUC

POSILLIPO

GOLFO

A.C.I.

DI NISIDA

PARCO DELLA RIMEMBRANZA (VIRGILIANO)

MARECHIARO

CAPO DI POSILLIPO

NAPOLI

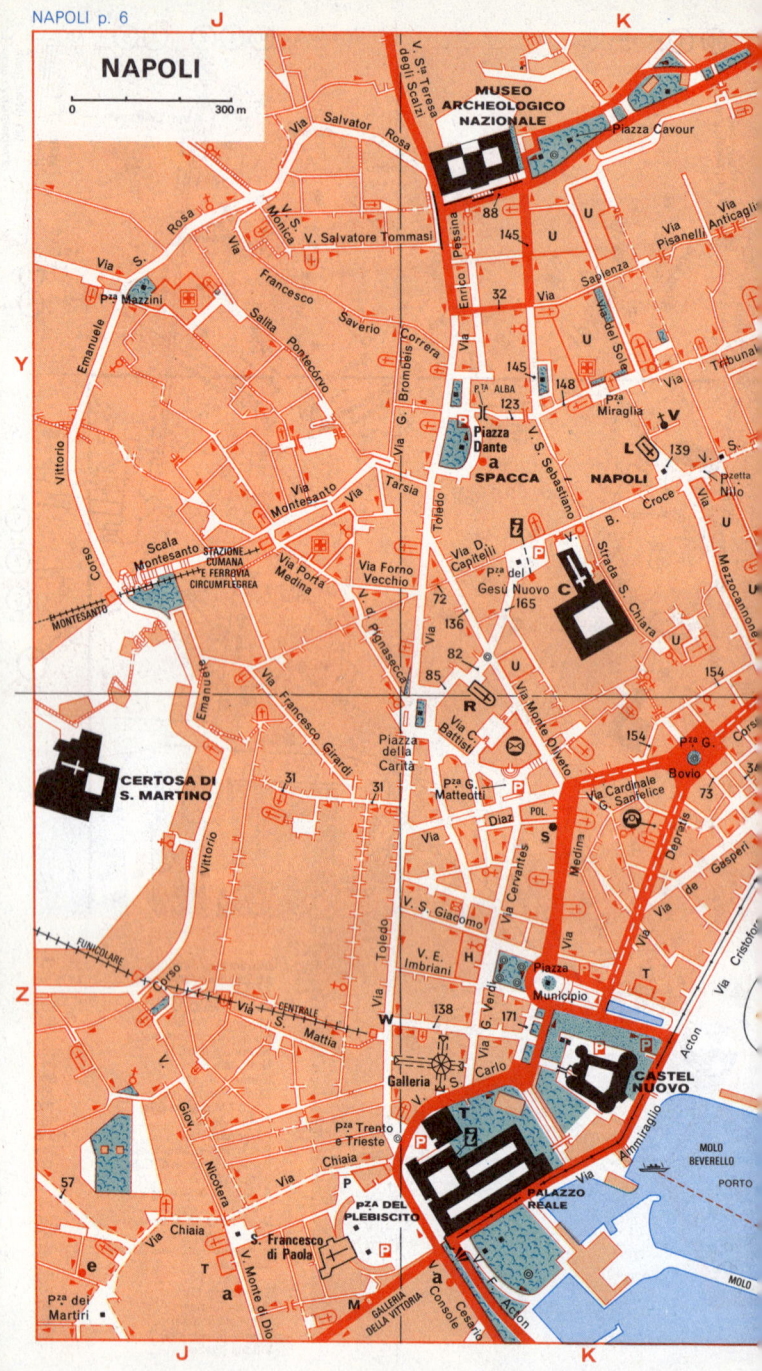

NAPOLI

0   300 m

MUSEO
ARCHEOLOGICO
NAZIONALE

Piazza Cavour

V. Sta Teresa
degli Scalzi

Via   Salvator   Rosa

Via   S.

Rosa

V. S
Monica

Via

V. Salvatore Tommasi

Francesco

Saverio

Salita   Pontedirvo

88

145

32

Enrico Pessina

Via

U

U

U

Via
Pisanelli

Via
Anticaglia

Sapienza

Via del Sole

Via

Tribunale

145

148

123

P.ta ALBA

P.za
Miraglia

V

139

Via

S.

Pza
Emanuele

Vittorio

Correra

Pza Mazzini

Piazza
Dante

SPACCA   NAPOLI

V. S. Sebastiano

L

Pzetta
Nilo

Via

B.

Croce

Via

Montesanto

Via

V. G.   Brombeis

Via

Tarsia

Toledo

Mezzocannone

Corso

Scala
Montesanto

STAZIONE
CUMANA
E FERROVIA
CIRCUMFLEGREA

Via D
Capitelli

P.za del
Gesù Nuovo

Strada S. Chiara

Via Porta
Medina

Via Forno
Vecchio

165

MONTESANTO

V. d Pignasecca

72

136

82

85

U

Via   Monte Oliveto

154

154

R

V. G.

Emanuele

Via Francesco Girardi

31

Piazza
della
Carità

V. Battisti

Via Cardinale
G. Sanfelice

Via G.

Bovio

Via   de   Gasperi

73

CERTOSA DI
S. MARTINO

Vittorio

31

P.za G.
Matteotti

Via   Diaz

POL

Via Medina

Via Cervantes

S

Via   de   Cristoforo

Via

Depretis

FUNICOLARE

V. S. Giacomo

V. E.
Imbriani

H

Piazza
Municipio

T

Corso

FUNICOLARE
CENTRALE

Via   Toledo

Via   S.

Mattia

Via G. Verdi

171

Via

Piazza
Municipio

138

W

3.

CASTEL
NUOVO

V. C.

Carlo

Galleria

MOLO
BEVERELLO

PORTO

V. Giov.

Nicotera

Via

Via

Chiaia

P.za Trento
e Trieste

Acton

Via   Chiaia

P.za Martiri

57

e

a

S. Francesco
di Paola

PZA DEL
PLEBISCITO

M

GALLERIA
DELLA VITTORIA

Via F. Acton

PALAZZO
REALE

Via   Console   Cesario

V. Monte di Dio

MOLO

NAPOLI (Golfo di) ★★★ Napoli 988 ㉗ – Vedere Guida Verde.

NARNI 05035 Terni 988 ㉖ – 20 630 ab. alt. 240 – ✆ 0744.
Roma 89 – ♦Perugia 84 – Terni 13 – Viterbo 45.

🏛 **Dei Priori e Rist. La Loggia,** vicolo del Comune 4 ✆ 726843 e rist ✆ 722744, Fax 726843, 🍴 – 🛗 📺 ☎ 🅰🅴 🅱 🕘 ⏣ 𝘝𝘐𝘚𝘈
Pas *(chiuso lunedì)* carta 34/45000 (10%) – **19 cam** 🛏 100/150000 appartamenti 170/200000.

🏛🏛 **Il Minareto** 🦮 con cam, via dei Cappuccini Nuovi 32 ✆ 726344, 🍴, 🚗 – 📺 ☎ 🅿 – 🏊 100. 🅰🅴 🕘 𝘝𝘐𝘚𝘈 🦌
chiuso mercoledì – Pas carta 32/42000 – 🛏 5000 – **8 cam** 55/80000 – ½ P 60000.

🏛 **Il Cavallino,** via Flaminia Romana 220 (S : 2 km) ✆ 715122, 🍴 – 🅿. 🅱 🕘 ⏣ 𝘝𝘐𝘚𝘈 🦌
chiuso martedì e luglio – Pas carta 22/35000.

NARZOLE 12068 Cuneo – 3 006 ab. alt. 323 – ✆ 0173.
Roma 635 – Cuneo 40 – ♦Genova 135 – ♦Milano 149 – ♦Torino 64.

🏛 **La Villa,** viale Rimembranze 1 ✆ 77587, 🍴 – 𝘝𝘐𝘚𝘈 🦌
chiuso la sera, lunedì, gennaio e dal 5 al 15 agosto – Pas carta 23/35000.

NATURNO (NATURNS) 39025 Bolzano 429 C 15, 218 ⑨ ⑱ – 4 419 ab. alt. 554 – ✆ 0473.
🅱 via Municipio ✆ 87287, Fax 88270.
Roma 680 – ♦Bolzano 43 – Merano 15 – ♦Milano 341 – Passo di Resia 64 – Trento 101.

🏛🏛 **Feldhof** 🦮, ✆ 87264, Fax 87263, ≤, ⛲, 🖼, 🚗 – 🛗 ⇆ cam 🖥 📺 ☎ 🅿. 🦌 rist
15 marzo-15 novembre – Pas *(solo per clienti alloggiati)* – **27 cam** 🛏 80/160000 – ½ P 70/90000.

🏛🏛 **Sunnwies** 🦮, ✆ 87157, Fax 87941, ≤, 🎣, ⛲, 🖼, 🚗, ❀ – 🛗 ⇆ rist ☎ 🅿. 🦌 rist
9 marzo-17 novembre – Pas *(solo per clienti alloggiati)* – **38 cam** 🛏 65/130000 – ½ P 60/90000.

🏛 **Lindenhof** 🦮, ✆ 87208, Fax 88298, ≤, ⛲, 🖼, 🚗 – 🛗 🖥 rist 📺 ☎ 🅿. 🦌 rist
marzo-novembre – Pas *(solo per clienti alloggiati)* 25/55000 – **25 cam** 🛏 65/90000 – ½ P 75/100000.

🏛 **Nocturnes** 🦮, ✆ 87055, ≤, 🖼, 🚗 – 🛗 📺 ☎ 🚐. 🦌 rist
20 marzo-10 novembre – Pas *(solo per clienti alloggiati e chiuso a mezzogiorno)* – **18 cam** 🛏 52/160000 – ½ P 66/78000.

🏛 **Weingarten** 🦮, ✆ 87299, ≤, 🖼, 🚗 – 🚲 🅿. 🦌
marzo-10 novembre – Pas *(solo per clienti alloggiati)* – **18 cam** 🛏 62/118000 – ½ P 58/69000.

🏛🏛 **Schnalserhof,** con cam, strada statale O : 2 km ✆ 87219, ≤, 🛁, 🚗 – 📺 🚲 🅿
23 cam.

🏛 **Wiedenplatzer-Keller,** via San Procolo 59 (E : 1,5 km) ✆ 87431, 🍴, « Caratteristico ambiente » – 🅿. 🦌
chiuso a mezzogiorno dal 10 novembre al 28 febbraio, martedì, marzo e dal 25 giugno al 12 luglio – Pas carta 30/55000.

NATURNS = Naturno.

NAVA (Colle di) Imperia 988 ⑫, 195 ⑩ – alt. 934.
Roma 620 – Cuneo 95 – ♦Genova 121 – Imperia 37 – ♦Milano 244 – San Remo 60.

🏛 **Colle di Nava-Lorenzina,** ✉ 18020 Case di Nava ✆ (0183) 38923, 🚗 – 🛗 🚐 🅿 – 🏊 100. 🦌 rist
chiuso novembre – Pas *(chiuso martedì)* carta 24/37000 – 🛏 7000 – **34 cam** 36/58000 – P 54/66000.

NAVE 25075 Brescia 988 ④, 428 K 13 – 9 806 ab. alt. 226 – ✆ 030.
Roma 544 – ♦Bergamo 59 – ♦Brescia 9 – ♦Milano 100.

🏛 **Vaifro,** via Monteclana 40 ✆ 2632184 – 🅿. 🦌
chiuso giovedì ed agosto – Pas carta 30/45000.

NE 16040 Genova – 2 443 ab. alt. 186 – ✆ 0185.
Roma 473 – ♦Genova 50 – Rapallo 26 – ♦La Spezia 75.

🏛 **La Brinca,** località Campo di Ne ✆ 337480, prenotare – 🅿. 🅱 ⏣ 𝘝𝘐𝘚𝘈 🦌
chiuso lunedì e dal 5 al 31 ottobre – Pas carta 22/30000.

NEBBIUNO Novara 219 ⑥ ⑦ – Vedere Meina.

NEIVE 12057 Cuneo 428 H 6 – 2 702 ab. alt. 308 – ✆ 0173.
Roma 643 – Asti 31 – Cuneo 96 – ♦Milano 155 – ♦Torino 70.

🏛🏛 ❀ **Contea,** ✆ 67126, Fax 67367, prenotare, « In un antico palazzo » – 🅿. 🅰🅴 🅱 🕘 ⏣ 𝘝𝘐𝘚𝘈
chiuso domenica sera e lunedì (escluso da settembre a novembre) – Pas (menu suggeriti dal proprietario) 65/85000
Spec. Taglierini con fonduta e tartufo bianco, Tenerone di spalla alle verdure, Dolci delle Langhe. **Vini** Arneis, Barbaresco.

NERANO Napoli – Vedere Massa Lubrense.

NERVESA DELLA BATTAGLIA 31040 Treviso 988 ⑤, 429 E 18 – 6 392 ab. alt. 78 – ✆ 0422.
Roma 568 – Belluno 68 – ◆Milano 307 – Treviso 20 – Udine 95 – ◆Venezia 57 – Vicenza 65.

XX **La Panoramica,** strada Panoramica NO : 3 km ☎ 779068, ≤, « Servizio estivo all'aperto »,
 ☞ – ℗ – 🚄 30 a 150. 🕱 E VISA. ⁜
 chiuso lunedì, martedì, dal 9 al 25 gennaio e dal 3 al 19 luglio – Pas carta 25/38000.

XX **Da Roberto Miron,** piazza Sant'Andrea 26 ☎ 779108 – VISA
 chiuso domenica sera, lunedì, dal 15 al 31 gennaio e dal 16 luglio al 1° agosto – Pas
 carta 29/50000.

NERVI Genova 988 ⑬, 428 I 9 – ✉ 16167 Genova-Nervi – ✆ 010.
🛈 piazza Pittaluga 4 ☎ 321504.
Roma 495 ① – ◆Genova 10 ② – ◆Milano 147 ② – Savona 58 ② – ◆La Spezia 97 ①.

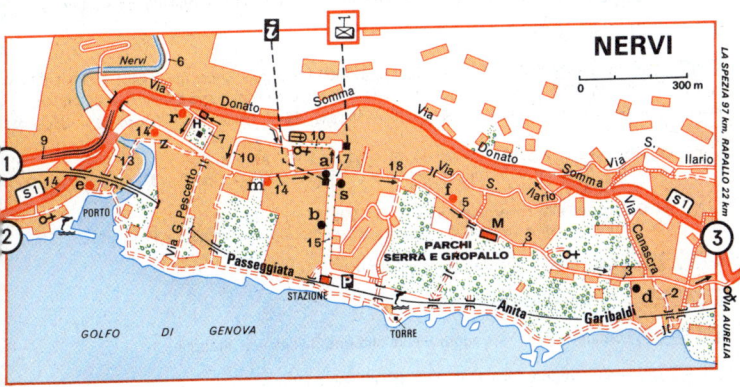

Ancona (Via)	2	Duca degli Abruzzi (Piazza)	7	Oberdan (Via Guglielmo)	14
Capolungo (Via)	3	Europa (Corso)	9	Palme (Viale delle)	15
Casotti (Via Aldo)	5	Franchini (Via Goffredo)	10	Pittaluga (Piazza Antonio)	17
Commercio (Via del)	6	Gazzolo (Via Felice)	13	Sala (Via Marco)	18

🏨🏨 **Astor,** viale delle Palme 16 ☎ 328325, Telex 286577, Fax 328486, ☞ – 📶 🖥 cam TV ☎
 ☞ ℗ – 🚄 115. 🕮 🕱 ⓞ E VISA. ⁜
 Pas 40/60000 – ☑ 12500 – **41 cam** 140/185000 – ½ P 110/180000.

🏨🏨 **Pagoda** senza rist, via Capolungo 15 ☎ 326161, Fax 321218, ≤, « Piccolo parco
 ombreggiato » – 📶 TV ☎ ℗ – 🚄 30 a 120. 🕮 🕱 ⓞ E VISA. ⁜
 20 cam ☑ 160/220000 appartamenti 280/360000.

🏨 **Nervi** senza rist, piazza Pittaluga 1 ☎ 322751 – 📶 ☎ ℗. ⁜
 38 cam ☑ 73/113000.

🏨 **Internazionale,** piazza Pittaluga ☎ 321187, Fax 591555 – 📶 TV ☎. 🕱 E VISA. ⁜
 Pas 35/45000 – **23 cam** ☑ 70/110000 – ½ P 80/90000.

XX **Dai Pescatori,** via Casotti 6/r ☎ 326168 – 🔳. 🕮 🕱 ⓞ E VISA. ⁜
 chiuso lunedì e dal 16 agosto al 6 settembre – Pas carta 44/58000.

XX **Harry's Bar,** via Donato Somma 13 ☎ 326074, Coperti limitati; prenotare – 🔳. 🕮 🕱 E
 VISA
 chiuso martedì a mezzogiorno, mercoledì, dal 2 al 10 gennaio e dal 7 al 20 agosto – Pas
 carta 31/60000 (10%).

XX **La Ruota,** via Oberdan 215 r ☎ 326027 – 🕮 🕱 ⓞ E VISA. ⁜
 chiuso lunedì ed agosto – Pas carta 42/68000.

XX **Da Patan,** via Oberdan 157 r ☎ 328162
 chiuso mercoledì ed agosto – Pas carta 37/60000.

X **Da Pino,** al porto-via Caboto 8 r ☎ 326395, ☞ – E
 chiuso giovedì e gennaio – Pas carta 32/61000.

NETTUNO 00048 Roma 988 ㉖ – 34 653 ab. – ✪ 06.
Roma 63 – Anzio 3 – Frosinone 78 – Latina 22.

🏛 **Astura**, lungomare Matteotti 79 ℰ 9800602, Fax 9803343, ≼ – 📶 ☎. ◭ 🅂 ᴇ 𝘝𝘐𝘚𝘈. ⋇
Pas (solo per clienti alloggiati e *chiuso novembre*) 25/40000 – ☲ 7000 – **55 cam** 40/68000
– ½ P 80000.

XX **Il Gambero II**, via della Liberazione 50 ℰ 9854071, Solo piatti di pesce, « Servizio estivo
in terrazza » – ◭ 🅂 ⓞ ᴇ 𝘝𝘐𝘚𝘈. ⋇
chiuso lunedì dal 15 settembre al 15 giugno – Pas carta 43/66000.

X **Al Giardino-da Salvatore**, via dei Volsci 22 ℰ 9804918, 🍽 – ◭ ⓞ. ⋇
chiuso giovedì (escluso luglio-agosto) e novembre – Pas carta 33/55000.

al bivio per Acciarella - Foceverde E : 8 km :

X **Torre Astura**, ✉ 00048 ℰ (0773) 452000, 🚗 – ⓟ. ⋇
chiuso lunedì sera, martedì e luglio – Pas carta 22/33000 (10%).

NETTUNO (Grotta di) Sassari 988 ㉜ ㉝ – Vedere Sardegna alla fine dell'elenco alfabetico.

NEUSTIFT = Novacella.

NEVEGAL Belluno 429 D 18 – alt. 1 000 – ✉ **32100** Belluno – Sport invernali : 1 000/1 675 m
🚠 2 🚡 10, 🎿 – ✪ 0437 – 🅱 (20 dicembre-10 aprile e 15 luglio-agosto) piazzale Seggiovia ℰ 298149.
Roma 616 – Belluno 12 – Cortina d'Ampezzo 78 – ♦Milano 355 – Trento 124 – Treviso 76 – Udine 116
– ♦Venezia 105.

🏨 **Olivier** ⋇, ℰ 298165, ≼ – 📶 ☎ ⓟ – 🐾 25 a 90. 🅂. ⋇
dicembre-15 aprile e 10 giugno-settembre – Pas 30000 – ☲ 8000 – **32 cam** 80/100000 –
½ P 60/80000.

X **Al Ghiro**, località Faverghera E : 4 km ℰ 908187, ≼ – ⓟ. ⋇
chiuso da martedì a venerdì in maggio-giugno e ottobre-novembre – Pas carta 22/35000.

NICASTRO Catanzaro – Vedere Lamezia Terme.

NICOLA La Spezia – Vedere Ortonovo.

NICOLOSI Catania 988 ㊲ – Vedere Sicilia alla fine dell'elenco alfabetico.

NICOSIA Enna – Vedere Sicilia alla fine dell'elenco alfabetico.

NICOTERA 88034 Catanzaro 988 ㊲ ㉝ ㊴ – 7 692 ab. alt. 218 – ✪ 0963.
Roma 639 – Catanzaro 117 – ♦Cosenza 146 – ♦Reggio di Calabria 79.

🏨 **Miragolfo**, via Corti ℰ 81470, Fax 81700, ≼ – 📶 ☎ ⓟ. ⋇ rist
Pas *(aprile-settembre)* 35000 (10%) – ☲ 10000 – **68 cam** 80/110000 – ½ P 72/80000.

NIEDERDORF = Villabassa.

NOCERA SUPERIORE 84015 Salerno – 22 860 ab. alt. 55 – ✪ 081.
Roma 252 – Avellino 32 – ♦Napoli 42 – Salerno 14.

X **Europa**, via Nazionale 503 ℰ 933290, Fax 5143440 – ▦ ⓟ. ⋇
chiuso lunedì e dal 20 al 29 agosto – Pas carta 28/42000 (15%).

NOCERA TERINESE 88047 Catanzaro 988 ㊴ – 5 208 ab. alt. 485 – ✪ 0968.
Roma 570 – ♦Cosenza 55 – Catanzaro 58 – Reggio di Calabria 151.

al mare O : 11 km :

XX **L'Aragosta**, villaggio del Golfo ✉ 88040 ℰ 93385, 🍽 – ⓟ. ◭ 🅂 ⓞ ᴇ 𝘝𝘐𝘚𝘈. ⋇
chiuso lunedì – Pas carta 40/65000.

NOCERA UMBRA 06025 Perugia 988 ⑯ – 6 016 ab. alt. 548 – Stazione termale (maggio-
settembre) – ✪ 0742.
Roma 179 – ♦Ancona 112 – Assisi 37 – Foligno 22 – Macerata 80 – ♦Perugia 55 – Terni 81.

a Bagnara E : 7 km – ✉ **06025** Nocera Umbra :

X **Pennino** con cam, ℰ 818991 – ⓟ. ◭ ⓞ
⬅ Pas *(chiuso mercoledì escluso luglio-settembre)* carta 18/30000 – ☲ 2500 – **9 cam** 25/45000
– ½ P 30/35000.

NOCETO 43015 Parma 988 ⑭, 428 429 H 12 – 9 909 ab. alt. 76 – ✪ 0521.
Roma 472 – ♦Bologna 110 – ♦Milano 120 – ♦Parma 14 – Piacenza 59 – ♦La Spezia 104.

XX ✿ **Aquila Romana**, via Gramsci 6 ℰ 62398, prenotare – ◭ 𝘝𝘐𝘚𝘈
chiuso lunedì, martedì e dal 15 luglio al 14 agosto – Pas 40/50000 bc
Spec. Crespelle di verdure, Risotto tartufato, Filetto di vitello con ripieno di Parmigiano al sugo di panna
e marsala. Vini Soave, Brunello.

NOCI **70015** Bari 988 ㉙ – 18 922 ab. alt. 424 – ✪ 080.

🗓 via Siciliani 23 ☎ 8978889 – Roma 497 – ♦Bari 59 – ♦Brindisi 79 – Matera 57 – ♦Taranto 47.

🏠 **Miramonte,** via Gabrieli 32 ☎ 8977285, 🍴 – 🛏 ▤ ☎ 🅿 – 🔬 60. 🔄 𝘝𝘐𝘚𝘈. ✂
Pas carta 36/55000 – 🍽 10000 – **28 cam** 80/100000 – ½ P 80000.

🏠 **Cavaliere,** via Siciliani 47 ☎ 8977589 – 🛏 ▤ rist 📺 ☎ 🅿. 🔄 𝘝𝘐𝘚𝘈. ✂
Pas carta 22/34000 – 🍽 5000 – **28 cam** 40/60000 – ½ P 50000.

NOGARÈ **31035** Treviso 429 E 18 – alt. 148 – ✪ 0423.

Roma 553 – Belluno 55 – ♦Milano 258 – ♦Padova 52 – Trento 110 – Treviso 27 – Vicenza 57.

🍽🍽 Villa Castagna, ☎ 868177, « Piccolo parco » – 🅿.

NOLI **17026** Savona 988 ⑫⑬, 428 J 7 – 3 058 ab. – ✪ 019.
Vedere Guida Verde – 🗓 corso Italia 8 r ☎ 748931.

Roma 563 – ♦Genova 64 – Imperia 61 – ♦Milano 187 – Savona 18.

🏠🏠 **Miramare,** corso Italia 2 ☎ 748926, ≤, 🍴 – ⊗. 𝘝𝘐𝘚𝘈. ✂ rist
chiuso dal 10 ottobre al 20 dicembre – Pas (chiuso martedì) 38/50000 – 🍽 8000 – **27 cam** 65/80000 – ½ P 60/90000.

🏠 Villa delle Rose ⚲, via 25 Aprile 18 ☎ 748055, ≤ – ☎ – stagionale – **20 cam**.

🍽🍽 **Italia** con cam, corso Italia 23 ☎ 748971 – 📺 ☎ 🔄 🔄 ◑ 🔄 𝘝𝘐𝘚𝘈. ✂
chiuso novembre – Pas (chiuso giovedì) carta 42/70000 – 🍽 9000 – **19 cam** 48/80000 – ½ P 75000.

🍽 **Ferrari,** via Colombo 88 ☎ 748467, prenotare – 🔄 🔄 🔄 𝘝𝘐𝘚𝘈
chiuso martedì sera e mercoledì – Pas carta 35/57000.

🍽 **Ines** con cam, via Vignolo 1 ☎ 748086 – ▤ rist 📺 ⊗. 🔄 𝘝𝘐𝘚𝘈. ✂
Pasqua-ottobre e Natale – Pas (chiuso lunedì) carta 48/64000 – **16 cam** 🍽 65000 – ½ P 58000.

a Voze NO : 4 km – ✉ **17026** Noli :

🍽🍽 ⊛ **Liliput,** ☎ 748009, « Giardino ombreggiato con minigolf » – ✂ 🅿
chiuso a mezzogiorno (escluso sabato-domenica), lunedì e dal 15 gennaio al 15 febbraio – Pas carta 35/60000
Spec. Gnocchi al rosmarino, Rombo al timo, Branzino agli asparagi. Vini Tocai.

NONANTOLA **41015** Modena 429 H 15 – 10 745 ab. alt. 24 – ✪ 059.

Vedere Sculture romaniche★ nell'abbazia.

Roma 415 – ♦Bologna 34 – ♦Ferrara 62 – Mantova 77 – ♦Milano 180 – ♦Modena 10 – ♦Verona 111.

🍽 **Osteria di Rubbiara,** a Rubbiara ☎ 549019, 🍴, Coperti limitati; prenotare – 🅿. 🔄 🔄 𝘝𝘐𝘚𝘈. ✂
chiuso domenica sera, martedì, dal 20 dicembre al 10 gennaio ed agosto – **Pas** carta 24/34000.

NORCIA **06046** Perugia 988 ⑯⑳ – 4 787 ab. alt. 604 – ✪ 0743.

Roma 157 – L'Aquila 119 – Ascoli Piceno 75 – ♦Perugia 99 – Spoleto 48 – Terni 68.

🏠 **Posta,** ☎ 816274, 🍴, 🍴 – 📺 ☎. 🔄 🔄 🔄 𝘝𝘐𝘚𝘈
Pas carta 30/46000 (15%) – 🍽 7500 – **30 cam** 67/80000 – ½ P 60/70000.

🏠 **Granaro del Monte-Grotta Azzurra,** ☎ 816513, Fax 817342 – 🛏 📺 ☎ 🔄 – 🔬 90. 🔄
🔄 ◑ 🔄 𝘝𝘐𝘚𝘈
Pas carta 26/49000 (12%) – 🍽 4500 – **45 cam** 60/85000 appartamenti 100/130000 – ½ P 40/65000.

🏠 **Garden,** ☎ 816726, Fax 816687 – 🛏 ☎. 🔄 🔄 ◑ 🔄 𝘝𝘐𝘚𝘈. ✂
Pas carta 28/48000 – 🍽 5000 – **43 cam** 55/80000 – ½ P 55/60000.

🍽 **Dal Francese,** ☎ 816290 – 🔄 🔄 ◑ 🔄 𝘝𝘐𝘚𝘈. ✂
chiuso dal 10 al 22 giugno, dal 10 al 22 novembre e venerdì da ottobre a giugno – Pas carta 25/64000.

a Serravalle O : 7 km – ✉ **06040** Serravalle di Norcia :

🏠 **Italia,** ☎ 818185, 🍴 – ☎ 🅿. ✂
Pas (chiuso martedì da ottobre a giugno) carta 33/55000 – 🍽 5000 – **20 cam** 55/85000 – ½ P 55/60000.

NOSADELLO Cremona – Vedere Pandino.

NOTO Siracusa 988 ㊲ – Vedere Sicilia alla fine dell'elenco alfabetico.

NOVACELLA (NEUSTIFT) Bolzano 429 B 16 – alt. 590 – ✉ **39042** Bressanone – ✪ 0472.

Vedere Convento★.

Roma 685 – ♦Bolzano 40 – Brennero 46 – Cortina d'Ampezzo 112 – ♦Milano 339 – Trento 103.

🏠 **Pacher,** ☎ 36570, Fax 34717, « Servizio rist. estivo in giardino », 🔄, 🔄 – ☎ 🅿. 🔄
Pas (chiuso lunedì) carta 27/41000 – **23 cam** 🍽 45/80000 – ½ P 48/60000.

🏠 **Brückenwirt-Ponte,** ☎ 36692, 🔄 riscaldata, 🍴 – 📺 ⊗ 🅿. 🔄. ✂
chiuso dal 15 gennaio al 28 febbraio – Pas (chiuso mercoledì) 18/20000 – **19 cam** 🍽 40/80000 – ½ P 55/60000.

NOVAFELTRIA 61015 Pesaro e Urbino 988 ⑮, 429 K 18 – 6 516 ab. alt. 293 – a.s. 15 giugno-agosto – ✆ 0541.

Roma 315 – ◆Perugia 129 – Pesaro 83 – ◆Ravenna 73 – Rimini 33.

XX **Due Lanterne** ⌂ con cam, S : 2 km ℘ 920200 – ⟷ cam ⇔ ❷. 🅱 🅴 𝘝𝘐𝘚𝘈. ⊗
Pas *(chiuso lunedì)* carta 24/36000 – ⊑ 4000 – **7 cam** 35/48000 – ½ P 45/55000.

X **Del Turista-da Marchesi** con cam, località Cà Gianessi O : 4 km ℘ 920148 – ❷. 🅰🅴
🅱 ⓘ 🅴 𝘝𝘐𝘚𝘈
chiuso dal 15 al 30 giugno – **Pas** *(chiuso martedì)* carta 22/34000 – **13 cam** ⊑ 34/46000 –
P 37/48000.

NOVA LEVANTE (WELSCHNOFEN) 39056 Bolzano 988 ④, 429 C 16 – 1 696 ab. alt. 1 182 –
Sport invernali : 1 182/2 313 m ≰13, ⚷ (vedere anche passo di Costalunga) – ✆ 0471.
Vedere Guida Verde.

Dintorni Lago di Carezza★★★ SE : 5,5 km.

🅱 via Carezza 21 ℘ 613126.

Roma 665 – ◆Bolzano 21 – Cortina d'Ampezzo 89 – ◆Milano 324 – Trento 85.

🏨 **Posta-Cavallino Bianco**, ℘ 613113, Telex 400555, Fax 613390, ≤, ⌂s, ⊒, 🅽, ⟼, ⊗
– 🛗 ⟷ rist 🍽 rist 📺 ☎ ♿ ❷. 🅰🅴 ⓘ 𝘝𝘐𝘚𝘈. ⊗ rist
19 dicembre-9 aprile e 21 maggio-5 novembre – Pas carta 33/52000 – ⊑ 12000 – **47 cam**
80/120000 appartamenti 120/150000 – ½ P 115/135000.

🏨 **Angelo-Engel** ⌂, ℘ 613131, Fax 613404, ≤, ⌂s, 🅽, ⟼ – 🛗 ☎ ♿ ❷. ⓘ. ⊗ rist
22 dicembre-6 aprile e 8 giugno-5 ottobre – Pas *(solo per clienti alloggiati)* 20/35000 –
37 cam ⊑ 55/100000 – ½ P 70/80000.

🏨 **Centrale**, ℘ 613164, ⊒ riscaldata, ⟼ – ⟷ rist ☎ ❷. 🅱 𝘝𝘐𝘚𝘈. ⊗
18 dicembre-20 aprile e 3 giugno-14 ottobre – Pas *(chiuso domenica)* 15/18000 – ⊑ 5000
– **19 cam** 35/70000 – ½ P 45/55000.

🏨 **Panorama** ⌂, ℘ 613232, ≤, ⌂s, ⟼ – ☎ ❷. ⊗
20 dicembre-15 aprile e giugno-15 ottobre – Pas *(solo per clienti alloggiati)* – **20 cam**
⊑ 40/80000 – ½ P 45/60000.

🏨 **Stella-Stern**, ℘ 613125, ≤, 🅽, ⟼ – ☎ ❷. 🅴. ⊗ rist
20 dicembre-15 aprile e giugno-10 ottobre – Pas 18/30000 – **33 cam** ⊑ 55/100000 –
½ P 50/65000.

🏨 **Tyrol** ⌂, ℘ 613261, ≤ – ☎ ❷
20 dicembre-6 gennaio, febbraio-Pasqua e giugno-ottobre – Pas *(chiuso giovedì)*
carta 21/34000 – **12 cam** ⊑ 36/62000 – ½ P 38/44000.

NOVA PONENTE (DEUTSCHNOFEN) 39050 Bolzano 429 C 16 – 3 156 ab. alt. 1 357 – ✆ 0471.
🛅 (maggio-ottobre) a Monte San Pietro ⊠ 39040 ℘ 615122 O : 8 km.

Roma 670 – ◆Bolzano 25 – ◆Milano 323 – Trento 84.

🏨 **Pfösl** ⌂, E : 1,5 km ℘ 616537, ≤ Dolomiti, ⌂s, 🅽, ⟼ – 🛗 ⟷ cam ☎ ❷. ⊗ rist
chiuso dal 15 aprile al 5 maggio e da novembre al 15 dicembre – Pas 28/30000 – **27 cam**
⊑ 40/50000 – ½ P 52/62000.

🏨 **Stella-Stern**, ℘ 616518, ≤, ⌂s, 🅽 – 🛗 ☎ ⇔ ❷. 🅴. ⊗
chiuso novembre – Pas *(chiuso martedì)* 18/25000 – ⊑ 10000 – **21 cam** 45/80000 –
½ P 50/65000.

a Monte San Pietro (Petersberg) O : 8 km – alt. 1 389 – ⊠ 39040 :

🏨 **Peter** ⌂, ℘ 615143, ≤, ⌂s, 🅽, ⟼, ⊗ – ⟷ cam ☎ ⇔ ❷. ⊗ rist
chiuso dal 1° al 13 aprile e da novembre al 21 dicembre – Pas 18/35000 – **25 cam**
⊑ 50/100000 – ½ P 55/62000.

Vedere anche : *San Floriano* SE : 10 km.

NOVARA 28100 🅿 988 ③, 428 F 7 – 103 088 ab. alt. 159 – ✆ 0321.
Vedere Basilica di San Gaudenzio★ AB : cupola★★ – Pavimento★ del Duomo AB.

🅱 via Dominioni 4 ℘ 23398, Fax 393291.

A.C.I. via Rosmini 36 ℘ 30321.

Roma 625 ① – Alessandria 78 ⑤ – ◆Milano 51 ① – ◆Torino 95 ⑥.

Pianta pagina a lato

🏨 **Italia e Rist. La Famiglia**, via Solaroli 10 ℘ 399316, Telex 200021, Fax 399310 – 🍽 📺
☎ ⇔ – 🔺 50 a 150. 🅰🅴 🅱 ⓘ 🅴 𝘝𝘐𝘚𝘈. ⊗ rist   B x
Pas *(chiuso venerdì e dal 1° al 24 agosto)* carta 34/56000 – **62 cam** ⊑ 130/170000
appartamenti 216000 – ½ P 140000.

🏨 **La Rotonda**, rotonda Massimo d'Azeglio 6 ℘ 23691, Fax 23695 – 🍽 📺 ☎ ⇔
🔺 150. 🅰🅴 🅱 ⓘ 🅴 𝘝𝘐𝘚𝘈   A k
Pas *(chiuso domenica e dal 10 al 18 agosto)* carta 32/54000 – ⊑ 14000 – **26 cam**
100/140000 – ½ P 120/135000.

🏨 **Maya**, via Boggiani 54 ℘ 450810, Telex 200149, Fax 452786 – 🛗 🍽 📺 ☎ ♿ ❷ – 🔺 30
a 300. 🅰🅴 🅱 ⓘ 🅴 𝘝𝘐𝘚𝘈. ⊗   A h
Pas 30/35000 – **94 cam** ⊑ 100/142000 – ½ P 80/130000.

NOVARA

Cavour (Corso)		**B**
Italia (Corso)		**AB**
Mazzini (Corso)		**B**
Antonelli (Via)		**A** 2
Bellini (Largo)		**A** 3

Cavallotti (Corso F.)		**B** 4
Don Minzoni (Largo)		**A** 5
Ferrari (Via G.)		**A** 6
Galilei (Via Galileo)		**A** 7
Martiri della Libertà (Piazza)		**A** 8
Puccini (Via)		**A** 13

Risorgimento (Corso)		**A** 14
San Francesco d'Assisi (Via)		**B** 15
San Gaudenzio (Via)		**A** 17
Trieste (Corso)		**B** 18
Vittoria (Corso della)		**B** 19
20 Settembre (Corso)		**A** 20

XXX **Giorgio**, via delle Grazie 2 ℰ 27647, Solo piatti di pesce – 🍽 AE **A n**
chiuso lunedì, martedì a mezzogiorno e dal 24 agosto al 7 settembre – Pas carta 38/65000.

XX **Caglieri**, via Tadini 12 ℰ 456373, « Servizio estivo in giardino » – S VISA ⚘ **A a**
chiuso venerdì e dal 4 al 19 agosto – Pas carta 29/40000.

XX **La Cavallotta**, via Valsesia 6 ℰ 391169, ⚘ – 🍽 P. AE VISA ⚘ 2 km per ⑥
chiuso lunedì sera, martedì, dicembre o gennaio – Pas carta 26/39000.

XX **Moroni**, via Solaroli 6 ℰ 29278 – 🍽 ⚘ **B x**
chiuso lunedì sera, martedì ed agosto – Pas carta 26/46000.

X **La Noce**, corso Vercelli 1 ℰ 452378, Fax 452378, ⚘ – AE S ⓘ E VISA **A c**
↠ *chiuso domenica* – Pas carta 20/40000.

sull'autostrada A 4 -Agognate o per via Case Sparse 8 per ⑥ : 5,5 km :

XX **La Meridiana**, ✉ 28100 ℰ 23156, ⚓, ⚘, ✂ – 🍽 P – 🏕 40 a 120. AE S ⓘ E VISA
Pas carta 42/62000.

*Vedere anche : **Galliate** per ② : 7 km.*

🔖 *Pour voyager rapidement, utilisez les cartes Michelin ''Grandes Routes'' :*
970 *Europe,* **980** *Grèce,* **984** *Allemagne,* **985** *Scandinavie-Finlande,*
986 *Grande-Bretagne-Irlande,* **987** *Allemagne-Autriche-Benelux,* **988** *Italie,*
989 *France,* **990** *Espagne-Portugal,* **991** *Yougoslavie.*

NOVA SIRI STAZIONE 75020 Matera 988 ㉘ – 5 922 ab. – ✪ 0835.
Roma 498 – ♦Bari 144 – ♦Cosenza 126 – Matera 76 – Potenza 139 – ♦Taranto 78.

🏨 **Siris**, via Magna Grecia 2 ℰ 877054, Fax 877108, 🏖, ⚒ – 🛗 🗏 🖼 🚗 🄿 – 🔏 150. 🖭
🗟 ⓪ 🄴 𝘝𝘐𝘚𝘈. ⚒
Pas carta 25/35000 – 🖙 5000 – **70 cam** 50/80000 – ½ P 56/66000.

✗ **Ai Tre Limoni**, via Siris 134 ℰ 877178, 🏗 – 🖭
chiuso lunedì dal 15 giugno al 15 settembre – Pas carta 40/60000.

✗ **La Trappola**, via Lido ℰ 877021, 🏗, 🏖 – 🄿. 🖭 🗟. ⚒
chiuso venerdì e dal 20 settembre al 10 ottobre – Pas carta 24/75000.

NOVELLARA 42017 Reggio nell'Emilia 988 ⑭, 428 429 H 14 – 11 235 ab. alt. 24 – ✪ 0522.
Roma 442 – ♦Milano 160 – ♦Modena 38 – ♦Parma 46 – Reggio nell'Emilia 17 – ♦Verona 82.

✗ Bettolino, località Bettolino NE : 6 km ℰ 660900, 🏗 – 🄿.

NOVENTA DI PIAVE 30020 Venezia 429 F 19 – 5 652 ab. alt. 3 – ✪ 0421.
Roma 554 – ♦Milano 293 – Treviso 30 – ♦Trieste 117 – Udine 86 – ♦Venezia 43.

✗✗ **Guaiane**, E : 2 km ℰ 65002, 🏗 – 🗏 🄿. 🗟 ⓪ 🄴 𝘝𝘐𝘚𝘈. ⚒
chiuso lunedì, martedì sera, dal 1° al 20 gennaio e dal 1° al 20 agosto – Pas carta 26/51000.

✗✗ **La Consolata**, via Romanziol 112 (NO : 2 km) ℰ 65160 – 🄿. 🖭 🗟 ⓪ 🄴 𝘝𝘐𝘚𝘈. ⚒
chiuso lunedì sera e martedì – Pas carta 28/55000.

NOVENTA PADOVANA 35027 Padova 429 F 17 – 7 520 ab. alt. 14 – ✪ 049.
Roma 501 – ♦Padova 6 – ♦Venezia 34.

✗ **Boccadoro**, via della Resistenza 49 ℰ 625029 – 🖭 🗟 ⓪ 🄴 𝘝𝘐𝘚𝘈. ⚒
chiuso martedì sera e mercoledì – Pas carta 33/58000.

verso Strà E : 4 km :

🏨 **Paradiso** senza rist, via Oltre Brenta 40 ✉ 35027 ℰ 503166, Fax 503204 – 🗏 📺 🕾 🚗
🄿. 🖭 🗟 ⓪ 🄴 𝘝𝘐𝘚𝘈
chiuso dal 20 dicembre al 7 gennaio – 🖙 9000 – **23 cam** 68/90000.

NOVERASCO Milano – Vedere Opera.

NOVI LIGURE 15067 Alessandria 988 ⑬, 428 H 8 – 30 114 ab. alt. 197 – ✪ 0143.
Roma 552 – Alessandria 23 – ♦Genova 58 – ♦Milano 87 – Pavia 66 – Piacenza 94 – ♦Torino 125.

🏠 **Viaggiatori**, corso Marenco 83 ℰ 2053 – 🛗 📺 🖼. 🖭 🗟 ⓪. ⚒ rist
Pas carta 30/45000 – 🖙 9000 – **35 cam** 53/82000 – ½ P 65000.

🏠 Amedeo, vicolo Cravenna 5 ℰ 741681 – 🖼 🚗
24 cam.

✗✗ Corona, con cam, corso Marenco 11 ℰ 2019 – 🕾 🄿 – 🔏 50
12 cam.

✗ **Del Fattore**, via Cassano 126 (E : 4 km) ℰ 78289 – 🄿. 🗟 🄴 𝘝𝘐𝘚𝘈. 🖗
chiuso martedì ed agosto – Pas carta 35/53000.

a Pasturana O : 4 km – ✉ 15060 :

✗✗ **Locanda San Martino**, via Roma 26 ℰ 58444, « Servizio estivo all'aperto » – 🄿. 🗟 🄴
𝘝𝘐𝘚𝘈
chiuso lunedì sera, martedì, dal 1° al 15 gennaio e dal 25 agosto al 15 settembre – **Pas**
carta 28/51000.

NUCETTO 12070 Cuneo 428 I 6 – 443 ab. alt. 450 – ✪ 0174.
Roma 598 – Cuneo 57 – Imperia 77 – Savona 53 – ♦Torino 98.

✗ **Osteria Vecchia Cooperativa**, via Nazionale ℰ 74279, Coperti limitati; prenotare – 🄿.
🗟 🄴 𝘝𝘐𝘚𝘈. ⚒
chiuso martedì e settembre – Pas carta 22/44000.

NUMANA 60026 Ancona 988 ⑯ – 2 640 ab. – a.s. luglio e agosto – ✪ 071.
🚩 (giugno-settembre) piazza Santuario ℰ 936142.
Roma 303 – ♦Ancona 21 – Loreto 15 – Macerata 42 – Porto Recanati 10.

🏨 **Eden Gigli** 🐾, ℰ 936182, Fax 936500, ≤, « Parco ombreggiato con 🏊 e ⚒ », 🏖 –
🖼 🚗 🄿. 𝘝𝘐𝘚𝘈. ⚒
marzo-ottobre – Pas 34/38000 – 🖙 8000 – **30 cam** 55/90000 – ½ P 90/100000.

🏨 **Scogliera**, ℰ 936973, ≤, 🏊, 🏖 – 🛗 🕾 🄿. ⚒
Pasqua-settembre – Pas carta 33/52000 – 🖙 12000 – **36 cam** 60/95000 – P 80/110000.

🏨 **Fior di Mare** 🐾, ℰ 936155, Fax 936614, ≤, 🏖 – 🛗 🕾 🄿. ⚒
20 maggio-20 settembre – Pas carta 25/40000 – 🖙 8000 – **43 cam** 58/90000 – P 70/98000.

✗✗ **Vincenzo**, corso Roma 10 ℰ 936569, Solo piatti di pesce; prenotare – 🗏. ⚒
chiuso martedì – Pas 80/130000.

✗✗ **La Costarella**, ℰ 7360297, Coperti limitati; prenotare – ⚒
Pasqua-settembre – Pas carta 40/56000.

a Marcelli S : 2,5 km – ⊠ 60026 Numana :

🏨 **Marcelli,** ℰ 7390125, ≤, ⊼, 🐾 – 🛉 🕾 **P**. 🛠 rist
maggio-settembre – Pas 30000 – ⊆ 10000 – **38 cam** 90000 – ½ P 60/90000.

XX **Mariolino,** ℰ 7390135, Fax 7390059, Solo piatti di pesce – ℡ 🛐 ⓞ **E** 🆅🆂🅰. 🛠
chiuso novembre e lunedì (escluso dal 15 giugno ad agosto) – Pas carta 41/69000.

NUORO 🅿 988 ㉝ – Vedere Sardegna alla fine dell'elenco alfabetico.

NUVOLERA 25080 Brescia 428 429 F 13 – 2 765 ab. alt. 167 – 🕲 030.
Roma 542 – ♦Brescia 13 – ♦Milano 104 – ♦Verona 71.

X **La Scaiola** con cam, via Gardesana 15 ℰ 6897760 – ℡ **P**. 🛐 ⓞ 🆅🆂🅰. 🛠
chiuso dal 10 al 30 agosto – Pas *(chiuso martedì)* carta 23/34000 – ⊆ 3500 – **7 cam**
25/50000 – ½ P 35/38000.

OBEREGGEN = San Floriano.

OCCHIOBELLO 45030 Rovigo 988 ⑮, 429 H 16 – 9 043 ab. alt. 8 – 🕲 0425.
Roma 432 – ♦Bologna 59 – ♦Padova 61 – ♦Verona 90.

🏨 **Savonarola,** via Eridania 36 (strada statale 16) ℰ 750767, Telex 434870, Fax 750797, 🌫
– 🛉 ⥫ rist ▤ ℡ 🕾 **P** – 🔬 200. ℡ 🛐 ⓞ **E** 🆅🆂🅰. 🛠
Pas *(chiuso martedì)* carta 35/56000 – ⊆ 10000 – **36 cam** 100/150000 appartamento 250000
– ½ P 100/120000.

OFFANENGO 26010 Cremona 428 429 F 11 – 5 162 ab. alt. 83 – 🕲 0373.
Roma 551 – ♦Bergamo 45 – ♦Brescia 46 – Cremona 40 – ♦Milano 49 – Pavia 57 – Piacenza 43.

🏨 **Mantovani,** via Circonvallazione Sud 1 ℰ 780213, Fax 780213, ⊼, 🐎 – 🛉 ▤ ℡ 🕾
P. 🛐 ⓞ **E** 🆅🆂🅰. 🛠
Pas *(chiuso venerdì e dal 1° al 20 agosto)* carta 26/39000 – ⊆ 8000 – **40 cam** 65/98000,
▤ 5000.

OGGIONO 22048 Como 988 ③, 428 E 10 – 7 306 ab. alt. 267 – 🕲 0341.
🅁 Royal Sant'Anna (chiuso martedì) ⊠ 22040 Annone di Brianza ℰ 577551, Fax 577551, NO :
5 km – Roma 616 – ♦Bergamo 36 – Como 25 – Erba 11 – Lecco 10 – ♦Milano 48.

al lago di Annone N : 1 km :

XX **Le Fattorie di Stendhal** 🦐 con cam, ⊠ 22048 ℰ 576561, « Terrazza e giardino sul
lago », 🛠 – ℡ 🕾 **P**. ℡ 🛐 ⓞ **E** 🆅🆂🅰
Pas *(chiuso venerdì)* carta 31/57000 – ⊆ 10000 – **21 cam** 65/85000 – ½ P 85000.

OGNINA Catania – Vedere Sicilia (Catania) alla fine dell'elenco alfabetico.

OGNIO 16030 Genova 428 I 9 – alt. 400 – 🕲 0185.
Roma 492 – ♦Genova 26 – ♦Milano 158 – Rapallo 30 – ♦La Spezia 94.

X **Del Pippo-da Ugo,** ℰ 934544, ≤ – 🔬 50. 🛠
chiuso lunedì sera, martedì, gennaio e febbraio Pas carta 22/32000.

OLANG = Valdaora.

OLBIA Sassari 988 ㉝㉞ – Vedere Sardegna alla fine dell'elenco alfabetico.

OLDA IN VAL TALEGGIO 24010 Bergamo 428 E 10, 219 ⑩ – alt. 772 – a.s. luglio-agosto e
Natale – 🕲 0345 – Roma 641 – ♦Bergamo 40 – Lecco 61 – ♦Milano 85 – San Pellegrino Terme 16.

🏨 **Della Salute,** ℰ 47006, ≤, « Parco ombreggiato » – 🛉 🕾 ⥤ **P**. 🛐 ⓞ **E** 🆅🆂🅰. 🛠 rist
chiuso gennaio – Pas carta 32/44000 – ⊆ 7000 – **41 cam** 35/48000 – ½ P 40/45000.

OLEGGIO 28047 Novara 988 ②③, 428 F 7 – 11 251 ab. alt. 236 – 🕲 0321.
Roma 638 – ♦Milano 63 – Novara 18 – Stresa 36 – ♦Torino 107 – Varese 39.

🏨 **Oleggio** senza rist, via Verbano 19 ℰ 93301, Fax 93377, 🐎 – ℡ 🕾 **P** – 🔬 70. ℡ 🛐
ⓞ 🆅🆂🅰 – ⊆ 15000 – **26 cam** 70/95000 appartamenti 135000.

XX **Circonvallazione,** via Gallarate 126 (E : 3 km) ℰ 91130, 🐎 – **P**. 🛠
chiuso martedì sera, mercoledì ed agosto – Pas carta 26/46000.

X **Roma,** via Don Minzoni 51 ℰ 91175 – ⓞ
chiuso sabato e dal 1° al 20 agosto – Pas carta 23/37000.

OLGIASCA Como 428 D 9, 219 ⑨ – alt. 313 – ⊠ 22050 Colico – 🕲 0341.
Vedere Abbazia di Piona★ NE : 2 km.
Roma 657 – Chiavenna 31 – Como 65 – Lecco 36 – ♦Milano 92 – Sondrio 46.

X Conca Azzurra 🦐 con cam, ℰ 940319, ≤, 🐎 – ⥤ **P** – **10 cam**.

OLGIATE OLONA 21057 Varese 428 F 8, 219 ⑱ – 10 066 ab. alt. 239 – ☎ 0331.
Roma 604 – Como 35 – •Milano 32 – Novara 38 – Varese 29.

XX **Ma.Ri.Na.,** piazza San Gregorio 11 ☎ 640463, Solo piatti di pesce, Coperti limitati; prenotare – ▤. AE Ⓢ ⦿ E VISA. ✻
chiuso a mezzogiorno (escluso i giorni festivi), mercoledì ed agosto – Pas carta 80/100000.

XX **Idea Verde,** via San Francesco 17/19 ☎ 629487 – Ⓟ. Ⓢ ⦿ VISA. ✻
chiuso domenica sera, lunedì, agosto e dal 27 dicembre al 5 gennaio – Pas carta 51/68000.

OLIENA Nuoro 988 ㉝㉞ – Vedere Sardegna alla fine dell'elenco alfabetico.

OLIVONE 427 ⑮, 218 ⑫ – Vedere Cantone Ticino alla fine dell'elenco alfabetico.

OLMI Treviso – Vedere San Biagio di Callalta.

OLMO Firenze – Vedere Fiesole.

OLMO Perugia – Vedere Perugia.

OLMO Vicenza – Vedere Vicenza.

OLMO GENTILE 14050 Asti 428 I 6 – 139 ab. alt. 615 – ☎ 0144.
Roma 606 – Asti 52 – Acqui Terme 33 – •Milano 163 – Savona 72 – •Torino 103.

X **Della Posta,** ☎ 93034, prenotare – Ⓟ
chiuso domenica sera e Natale – Pas carta 18/40000 bc.

OLTRE IL COLLE 24013 Bergamo 428 429 E 11 – 1 246 ab. alt. 1 030 – a.s. luglio-agosto e Natale – ☎ 0345.
Roma 642 – •Bergamo 41 – •Milano 83 – San Pellegrino Terme 24.

Manenti, ☎ 95005, ←, 🌳 – ☎ 🚗 Ⓟ. ✻
chiuso ottobre e novembre – Pas *(chiuso giovedì)* carta 26/44000 – ☐ 10000 – **32 cam** 48/70000 – ½ P 60000.

OME 25050 Brescia 428 429 F 12 – 2 578 ab. alt. 240 – ☎ 030.
Roma 573 – •Bergamo 47 – •Brescia 18 – •Milano 88.

XX **Da Piero,** via Valle 35 ☎ 652061 – Ⓟ. ✻
chiuso lunedì, dal 27 dicembre al 7 gennaio ed agosto – Pas carta 27/44000.

OMEGNA 28026 Novara 988 ②, 428 E 7 – 15 633 ab. alt. 303 – ☎ 0323.
Vedere Lago d'Orta**.
Roma 670 – Domodossola 36 – •Milano 93 – Novara 55 – Stresa 18 – •Torino 129.

Croce Bianca, via Mazzini 2 ☎ 642164, Fax 642163, ←, 🌳 – |‡| ▤ TV ☎ Ⓟ. AE Ⓢ ⦿ E VISA. ✻
Pas *(chiuso lunedì e gennaio)* carta 25/46000 – ☐ 8000 – **36 cam** 63/90000 – ½ P 60/70000.

XX **Trattoria Toscana-da Franco,** via Mazzini 153 ☎ 62460, « Servizio estivo all'aperto » – AE Ⓢ ⦿ E VISA
chiuso mercoledì e giugno – Pas carta 23/42000.

ONEGLIA Imperia 988 ⑫ – Vedere Imperia.

ONIGO DI PIAVE Treviso – Vedere Pederobba.

OPERA 20090 Milano 428 F 9, 219 ⑲ – 12 903 ab. alt. 99 – ☎ 02.
⛳9 Le Rovedine, a Noverasco ✉ 20090 Opera ☎ 57602730, N : 2 km.
Roma 567 – •Milano 10 – Novara 62 – Pavia 24 – Piacenza 59.

a Noverasco N : 2 km – ✉ 20090 Opera :

Sporting Mirasole, ☎ 5241724, Telex 340811, Fax 5241416 – |‡| ▤ TV ☎ Ⓟ – 🏛 120
71 cam.

MICHELIN, via Armando Diaz 30/34, ☎ 57604873, Fax 57601165.

OPPIO (Passo di) Pistoia 428 J 14 – alt. 821 – a.s. luglio e agosto.
Roma 334 – •Bologna 84 – •Firenze 60 – Lucca 56 – •Milano 285 – Pisa 78 – Pistoia 24.

Miravalle, via Gavinana ✉ 51022 Bardalone ☎ (0573) 630364, ←, 🌳 – Ⓟ. ✻
Pasqua, giugno-ottobre e dal 15 dicembre al 7 gennaio – Pas 25/35000 – ☐ 3500 – **20 cam** 35/62000 – ½ P 45/55000.

ORA (AUER) 39040 Bolzano 🔲 ④, 429 C 15 – 2 626 ab. alt. 263 – ✆ 0471.

Roma 624 – Belluno 116 – ◆Bolzano 18 – ◆Milano 282 – Trento 42.

🏨 **Kaufmann**, ℰ 810004, ⬛, 🚗 – 🛗 ➤ rist ☎ 🅿. 🅂. ⋙
➤ Pas *(chiuso dal 7 gennaio al 7 febbraio)* carta 18/28000 – **35 cam** ⬜ 80000.

🏨 **Elefant**, ℰ 810129, Fax 810129, 🅿, 🔲, 🚗 – 🛗 ➡ 🅿. 🅂 Ⓔ 𝘝𝘐𝘚𝘈. ⋙
Pas *(chiuso giovedì)* carta 33/53000 – **32 cam** ⬜ 48/75000 – ½ P 49/60000.

✕✕ **Cavallino**, N : 3 km ℰ 810156, 🅿, 🚗 – 🔲 🅿.

ORBASSANO 10043 Torino 🔲 ⑫, 428 G 4 – 20 750 ab. alt. 273 – ✆ 011.

Roma 673 – Cuneo 99 – ◆Milano 162 – ◆Torino 14.

Pianta d'insieme di Torino (Torino p. 2)

🏨 **Eden** senza rist, strada Rivalta 15 ℰ 9002560 – 📺 ➡ 🅿. 𝘝𝘐𝘚𝘈. ⋙   EU **a**
⬜ 8000 – **34 cam** 70000.

✕ **Il Galeone**, strada antica di None ℰ 9016373, 🍽, Rist. con specialità di pesce – 🅿. 🅂
Ⓔ 𝘝𝘐𝘚𝘈. ⋙   EU **b**
chiuso lunedì, sabato a mezzogiorno, dal 1° al 6 gennaio ed agosto – Pas carta 26/53000.

ORBETELLO 58015 Grosseto 🔲 ㉕ – 15 417 ab. – a.s. Pasqua e 15 giugno-15 settembre –
✆ 0564 – Vedere Guida Verde.

Roma 152 – Civitavecchia 76 – ◆Firenze 183 – Grosseto 43 – ◆Livorno 177 – Viterbo 88.

🏨 **Presidi** senza rist, via Mura di Levante 34 ℰ 867601, ⬉ – 🛗 ☎ 🕭 🅿 – **62 cam**.

🏨 **Sole** senza rist, via Colombo (angolo corso Italia) ℰ 860410 – 🛗 ▤ 📺 ☎. 🆎 🅂 𝘝𝘐𝘚𝘈
⬜ 7000 – **18 cam** 50/82000, ▤ 17000.

✕✕ **Osteria del Lupacante**, corso Italia 103 ℰ 867618 – 🆎 🅂 Ⓞ Ⓔ 𝘝𝘐𝘚𝘈
chiuso mercoledì (escluso da luglio a settembre) e novembre – Pas carta 37/62000 (10%).

✕ **Da Egisto**, corso Italia 190 ℰ 867469 – 🆎 🅂 Ⓞ 𝘝𝘐𝘚𝘈. ⋙
chiuso lunedì e novembre – Pas carta 27/42000 (10%).

✕ La Taverna, via Roma 52 ℰ 860588.

a Terrarossa SO : 2 km – ✉ **58019** Porto Santo Stefano :

✕✕ **La Posada**, ℰ 820180 – 🅿. 🆎 Ⓞ. ⋙
chiuso martedì e dal 10 al 28 dicembre – Pas carta 39/57000 (10%).

sulla strada statale 1 - via Aurelia NE : 7 km :

🏨 **Vecchia Maremma**, ✉ 58016 Orbetello Scalo ℰ 862147, Fax 862347, ⬛, – ▤ cam 📺
☎ 🅿. 🆎 🅂 Ⓞ Ⓔ 𝘝𝘐𝘚𝘈. ⋙ cam
Pas *(chiuso lunedì)* carta 20/33000 (10%) – ⬜ 5000 – **22 cam** 83000 – ½ P 57/79000.

✕✕ **Il Cacciatore** con cam, ✉ 58016 Orbetello Scalo ℰ 862020, Fax 863038, 🍽, ⬛, 🚗,
⋙ – 📺 ➡ 🅿. 🆎 🅂 Ⓔ 𝘝𝘐𝘚𝘈. ⋙ cam
Pas *(chiuso mercoledì)* carta 30/53000 – ⬜ 7000 – **22 cam** 50/78000 – ½ P 75/85000.

✕ **La Ruota** con cam, ✉ 58016 Orbetello Scalo ℰ 862137, Fax 862137, 🍽, 🚗 – 🅿. 🆎
🅂 Ⓞ Ⓔ 𝘝𝘐𝘚𝘈. ⋙
Pas *(chiuso giovedì)* carta 33/49000 – ⬜ 7000 – **12 cam** 60000 – ½ P 66/71000.

Vedere anche : *Porto Ercole* S : 7 km.
          Porto Santo Stefano O : 10 km.
          Ansedonia SE : 10 km.
          Albinia N : 11 km.
          Fonte Blanda N : 19 km.

ORIAGO 30030 Venezia 429 F 18 – alt. 4 – ✆ 041.

Roma 519 – Mestre 8 – ◆Milano 258 – ◆Padova 28 – Treviso 29 – ◆Venezia 16.

🏨 **Il Burchiello** senza rist, ℰ 429555, Telex 410144, Fax 429728 – 🛗 ▤ 📺 ☎ 🕭 🚗 🅿
– 🔬 200. 🆎 🅂 Ⓞ Ⓔ 𝘝𝘐𝘚𝘈
⬜ 12500 – **61 cam** 80/140000.

✕✕ **Il Burchiello** con cam, ℰ 472244, « Servizio estivo in terrazza » – ▤ rist 📺 ☎ 🅿. 🆎
🅂 Ⓔ 𝘝𝘐𝘚𝘈. ⋙ rist
Pas *(chiuso lunedì)* carta 65/80000 – ⬜ 8000 – **11 cam** 55/70000.

✕ **Nadain** ℰ 429665 – ▤ 🅿. ⋙
chiuso mercoledì, giovedì a mezzogiorno e luglio – Pas carta 32/51000.

ORIGGIO 21040 Varese 428 F 9, 219 ⑱ – 5 832 ab. alt. 193 – ✆ 02.

Roma 600 – ◆Bergamo 64 – Como 28 – ◆Milano 22 – Novara 50 – Varese 40.

✕✕ **Cascina Malingamba**, strada per Lainate ℰ 96731279, prenotare – ▤ 🅿. 🆎 🅂 Ⓞ Ⓔ
𝘝𝘐𝘚𝘈. ⋙
chiuso domenica sera, lunedì, dal 2 al 24 agosto e dal 23 dicembre al 3 gennaio – Pas
carta 49/77000.

ORIGLIO 219 ⑧ – Vedere Cantone Ticino alla fine dell'elenco alfabetico.

ORISTANO Ⓟ 🔲 ㉝ – Vedere Sardegna alla fine dell'elenco alfabetico.

ORMEA 12078 Cuneo 428 J 5 – 2 363 ab. alt. 719 – a.s. luglio-agosto e Natale – © 0174.
Roma 626 – Cuneo 83 – Imperia 49 – ♦Milano 250 – ♦Torino 126.

🏠 **Italia,** ℰ 391147 – 🛄 🗐 rist 🚗, 🕮 🗑 *VISA*. 🕸 rist
Pas *(chiuso giovedì)* carta 25/40000 – 🛏 8000 – **39 cam** 35/50000 – ½ P 35/40000.

sulla strada statale 28 verso Ponte di Nava SO : 4,5 km :

🏨 **San Carlo,** ✉ 12078 Ormea ℰ 391917, ≤, 🐎, 🕸 e vivai di trote – 🗑 🅿. 🗑 E *VISA*.
🕸 rist
15 marzo-dicembre – Pas *(chiuso martedì)* carta 25/38000 – 🛏 8000 – **37 cam** 40/58000 –
P 50/58000.

a Ponte di Nava SO : 6 km – ✉ 12070 :

🍴 **Ponte di Nava-da Beppe** con cam, ℰ 391924, ≤ – 🚗 🅿. 🗑 E *VISA*. 🕸
chiuso dal 7 al 22 gennaio e dal 15 al 30 giugno – **Pas** *(chiuso mercoledì)* carta 22/44000
– 🛏 7000 – **18 cam** 50000 – ½ P 38/45000.

OROPA 13060 Vercelli 988 ②, 428 F 5 – alt. 1 180 – © 015.
Roma 689 – Biella 13 – ♦Milano 115 – Novara 69 – ♦Torino 87 – Vercelli 55.

🍴 **Stazione al Santuario,** ℰ 55137 – 🅿. 🕮 🗑 *VISA*
chiuso mercoledì da ottobre a maggio – Pas carta 28/46000.

OROSEI Nuoro 988 ㉞ – Vedere Sardegna alla fine dell'elenco alfabetico.

ORSELINA 219 ⑦⑧, 218 ⑫ – Vedere Cantone Ticino (Locarno) alla fine dell'elenco alfabetico.

ORSOGNA 66036 Chieti 988 ㉗ – 4 140 ab. alt. 430 – © 0871.
Roma 251 – Chieti 38 – ♦Pescara 42.

🏠 **Altamira,** strada statale NE : 2 km ℰ 86521, 🐎 – 🗭 🕭 🅿. 🗑 E *VISA*. 🕸
➔ Pas carta 19/28000 – 🛏 6000 – **29 cam** 32/50000 – ½ P 39/44000.

ORTA SAN GIULIO 28016 Novara 988 ②, 428 E 7 – 1 016 ab. alt. 293 – a.s. Pasqua e luglio-15
settembre – © 0322.

Vedere Lago d'Orta★★ – Palazzotto★ – Sacro Monte d'Orta★ 1,5 km.

Escursioni Isola di San Giulio★★ : ambone★ nella chiesa.

🛈 via Olina 9/11 ℰ 90354, Fax 905678.

Roma 661 – Biella 58 – Domodossola 48 – ♦Milano 84 – Novara 46 – Stresa 30 – ♦Torino 119.

🏰 **San Rocco** 🕸, ℰ 905632, Telex 223342, Fax 905635, ≤ isola San Giulio, « Terrazza
fiorita in riva al lago con ⅃ », ↓ẟ, ≘ẞ, 🐎 – 🗑 🗐 📺 ☎ 🚗 – 🛦 30 a 150. 🕮 🗑 ⓪
E *VISA*. 🕸
Pas carta 70/100000 – 🛏 21000 – **74 cam** 190/290000 – ½ P 180/230000.

🏨 **Orta** 🕸, ℰ 90253, Fax 905646, ≤ isola San Giulio – 🗑 ☎ 🚗. 🕮 🗑 ⓪ E *VISA*
aprile-ottobre – Pas carta 35/56000 – 🛏 10000 – **35 cam** 60/90000 – ½ P 74/80000.

🏨 **La Bussola** 🕸, ℰ 90198, Fax 90198, ≤ isola San Giulio, 🏕, « Giardino fiorito con ⅃ »
– 🗑 🗭 🅿. 🕮 🗑 E *VISA*. 🕸 rist
chiuso novembre – Pas *(chiuso martedì escluso da marzo ad ottobre)* 28/48000 – **16 cam**
solo ½ P 85/95000.

al Sacro Monte E : 1 km :

🍴🍴 **Sacro Monte,** ✉ 28016 ℰ 90220, « Ambiente rustico in zona verdeggiante » – 🅿. 🕮
🗑 *VISA*. 🕸
chiuso martedì e dal 7 al 30 gennaio – Pas carta 29/47000 (10%).

ORTE 01028 Viterbo 988 ㉕ ㉖ – 8 064 ab. alt. 134 – © 0761.
Roma 77 – ♦Perugia 98 – Terni 31 – Viterbo 28.

🏨 **Letizia e Rist. Migagipale,** a Orte Scalo SE : 3,5 km ✉ 01029 Orte Scalo ℰ 400976,
Fax 400030 – 🗑 🗐 📺 ☎ 🚗 – 🛦 40. 🕮 🗑 E *VISA*
Pas *(chiuso dal 7 al 23 agosto, sabato e da giugno a settembre anche domenica)*
carta 27/36000 – 🛏 8000 – **38 cam** 74/106000 appartamento 250000 – ½ P 65/85000.

ORTISEI (ST. ULRICH) 39046 Bolzano 988 ④, 429 C 17 – 4 156 ab. alt. 1 236 – Sport invernali :
della Val Gardena : 1 236/2 450 m ≼2 ≼27, ⚡ – © 0471.

Dintorni Val Gardena★★★ per la strada S 242 – Alpe di Siusi★★ per funivia.

🛈 piazza Stetteneck ℰ 796328, Telex 400305, Fax 796749.

Roma 677 – ♦Bolzano 35 – Bressanone 32 – Cortina d'Ampezzo 79 – ♦Milano 334 – Trento 95 – ♦Venezia 226.

🏰 **Aquila-Adler,** ℰ 796203, Fax 796210, « Giardino ombreggiato », ≘ẞ, 🔲, 🕸 – 🗑
🕸≈ cam 🗐 rist 📺 🗭 🚗 🅿. 🕮 🗑 ⓪ E *VISA*
23 dicembre-20 aprile e 15 giugno-15 ottobre – Pas 22/30000 – **95 cam** 🛏 155/270000 –
½ P 90/149000.

Grien ⟨s⟩, 𝒞 796340, Fax 796303, ⟨ Dolomiti e vallata, ⟨s⟩, ⟨⟩ – ⟨⟩ ⟨⟩ cam ⟨⟩ ⟨TV⟩ ⟨☎⟩ ⟨⟩ ⟨P⟩ – ⟨⟩ 80. ⟨S⟩ ⟨E⟩ ⟨VISA⟩. ⟨⟩ rist
chiuso dal 15 al 30 giugno e dal 5 novembre al 5 dicembre – Pas carta 39/83000 – **23 cam**
⟨⟩ 230000 – ½ P 75/150000.

Hell ⟨s⟩, 𝒞 796785, Fax 798196, ⟨, « Giardino », ⟨b⟩, ⟨s⟩ – ⟨⟩ ⟨TV⟩ ⟨☎⟩ ⟨P⟩. ⟨S⟩ ⟨E⟩ ⟨VISA⟩. ⟨⟩
15 dicembre-21 aprile e 4 giugno-15 ottobre – Pas (solo per clienti alloggiati e *chiuso a mezzogiorno*) 30/32000 – **27 cam** ⟨⟩ 86/156000 – ½ P 86/120000.

La Rodes ⟨s⟩, a Roncadizza SO : 1 km 𝒞 796108, Fax 796108, ⟨, ⟨s⟩, ⟨⟩, ⟨⟩ – ⟨⟩ ⟨⟩ rist ⟨⟩ ⟨P⟩. ⟨⟩ rist
22 dicembre-6 aprile e 15 giugno-6 ottobre – Pas 23/28000 – ⟨⟩ 12000 – **41 cam** 50/90000 – ½ P 75/100000.

Gardena-Grödnerhof, 𝒞 796315, Fax 796513, ⟨, ⟨⟩, ⟨⟩ – ⟨⟩ ⟨TV⟩ ⟨☎⟩ ⟨P⟩. ⟨S⟩ ⟨E⟩ ⟨VISA⟩. ⟨⟩ rist
20 dicembre-Pasqua e giugno-ottobre – Pas 25000 – **45 cam** ⟨⟩ 70/140000 – ½ P 65/110000.

La Perla ⟨s⟩, via Digon 8 (SO : 1 km) 𝒞 796421, Fax 798198, ⟨, ⟨s⟩, ⟨⟩, ⟨⟩, ⟨⟩ – ⟨⟩ ⟨☎⟩ ⟨⟩ ⟨P⟩. ⟨AE⟩ ⟨S⟩ ⟨O⟩ ⟨E⟩ ⟨VISA⟩. ⟨⟩ rist
dicembre-aprile e giugno-settembre – Pas (solo per clienti alloggiati) 20/30000 – ⟨⟩ 12000 – **36 cam** 40/80000 – ½ P 58/110000.

Genziana-Enzian, 𝒞 796246, Fax 797598, ⟨s⟩ – ⟨⟩ ⟨TV⟩ ⟨☎⟩ ⟨P⟩. ⟨S⟩ ⟨E⟩ ⟨VISA⟩. ⟨⟩
Natale-20 aprile e 15 maggio-15 ottobre – Pas carta 25/40000 – **48 cam** ⟨⟩ 60/110000 – ½ P 60/105000.

Rainell ⟨s⟩, 𝒞 796145, Fax 796279, ⟨, ⟨⟩ – ⟨⟩ ⟨⟩ rist ⟨☎⟩ ⟨P⟩. ⟨S⟩ ⟨O⟩ ⟨E⟩ ⟨VISA⟩. ⟨⟩
20 dicembre-Pasqua e 15 giugno-settembre – Pas 20/30000 – ⟨⟩ 7000 – **28 cam** 60/100000 – ½ P 60/90000.

Angelo-Engel, 𝒞 796336, Fax 796323, ⟨, ⟨s⟩, ⟨⟩ – ⟨⟩ ⟨☎⟩ ⟨P⟩. ⟨AE⟩ ⟨S⟩ ⟨O⟩ ⟨E⟩ ⟨VISA⟩. ⟨⟩ rist
chiuso novembre – Pas *(chiuso martedì da maggio a giugno ed ottobre)* carta 25/36000 – **35 cam** ⟨⟩ 52/104000 – ½ P 58/99000.

Ronce ⟨s⟩, 𝒞 796383, ⟨, ⟨s⟩, ⟨⟩ – ⟨⟩ ⟨P⟩. ⟨S⟩ . ⟨⟩ rist
20 dicembre-20 aprile e giugno-settembre – Pas (solo per clienti alloggiati e *chiuso a mezzogiorno*) – **24 cam** ⟨⟩ 50/100000 – ½ P 48/82000.

Villa Luise ⟨s⟩, 𝒞 796498, ⟨ Dolomiti e vallata – ⟨☎⟩ ⟨⟩ ⟨P⟩. ⟨⟩
chiuso da novembre al 15 dicembre – Pas *(chiuso a mezzogiorno)* – **13 cam** solo ½ P 50/92000.

Cosmea, 𝒞 796464 – ⟨☎⟩ ⟨P⟩. ⟨S⟩ ⟨E⟩. ⟨⟩ cam
chiuso dal 15 ottobre al 15 dicembre – Pas *(chiuso giovedì)* 22/30000 – **21 cam** ⟨⟩ 58/105000 – ½ P 60/88000.

Piciuël ⟨s⟩, verso Castelrotto SO : 3 km 𝒞 797351, ⟨, ⟨⟩ – ⟨☎⟩ ⟨⟩ ⟨P⟩. ⟨VISA⟩. ⟨⟩
dicembre-Pasqua e giugno-ottobre – **14 cam** solo ½ P 55/75000.

⟨XX⟩ ⟨⟩ **Ramoser,** 𝒞 796460, Coperti limitati; prenotare – ⟨AE⟩ ⟨O⟩
chiuso giovedì, giugno e da novembre al 20 dicembre – Pas carta 41/68000 (10%)
Spec. Funghi porcini in mascarpone, Raviolo di patate con spinaci alla crema di formaggio, Tagliatelle all'aragosta con fragole. Vini Sylvaner, S. Maddalena.

⟨XX⟩ Orlo del Bosco-Waldrand, ad Oltretorrente SE : 1 km 𝒞 796385, ⟨, prenotare – ⟨P⟩.

Vedere anche : *Santa Cristina Valgardena* SE : 4 km.
Selva di Val Gardena SE : 7 km.

ORTOBENE (Monte) Nuoro – Vedere Sardegna (Nuoro) alla fine dell'elenco alfabetico.

ORTONA 66026 Chieti ⟨988⟩ ⟨27⟩ – 22 550 ab. – a.s. 15 giugno-agosto – ⟨⟩ 085.
⟨⟩ per le Isole Tremiti giugno-settembre giornaliero (1 h 50 mn) – Adriatica di Navigazione-agenzia Fratino, via Porto 34 𝒞 9063855, Telex 600173, Fax 9064186.
⟨i⟩ piazza della Repubblica 9 𝒞 9063841.
Roma 227 – L'Aquila 126 – Campobasso 139 – Chieti 36 – ◆Foggia 158 – ◆Pescara 22.

D'Annunzio senza rist, via Giro degli Ulivi 11 𝒞 9064361 – ⟨⟩ ⟨⟩ ⟨P⟩. ⟨AE⟩
⟨⟩ 2500 – **27 cam** 45/60000.

Ideale senza rist, corso Garibaldi 65 𝒞 9063735, ⟨ – ⟨⟩ ⟨☎⟩ ⟨⟩. ⟨AE⟩ ⟨O⟩. ⟨⟩
⟨⟩ 7000 – **27 cam** 55/74000.

⟨X⟩ **Cantina Aragonese,** corso Matteotti 88 𝒞 9063217 – ⟨AE⟩ ⟨O⟩ ⟨VISA⟩
chiuso domenica – Pas carta 37/60000 (10%).

⟨X⟩ **Miramare,** largo Farnese 15 𝒞 9066556 – ⟨⟩
chiuso domenica e dicembre – Pas carta 22/39000 (10%).

a Lido Riccio NO : 5,5 km – ⟨⟩ **66026** Ortona :

Mara ⟨s⟩, 𝒞 9190428, Fax 9190522, ⟨, « Giardino », ⟨⟩, ⟨⟩, ⟨⟩ – ⟨⟩ ⟨⟩ rist ⟨☎⟩ ⟨P⟩. ⟨VISA⟩. ⟨⟩ rist
5 maggio-20 settembre – Pas 35/40000 – **75 cam** ⟨⟩ 125000 – ½ P 80/95000.

ORTONOVO 19034 La Spezia – 8 208 ab. – ✆ 0187.
Roma 405 – ◆Genova 110 – ◆Parma 145 – Pisa 60 – ◆La Spezia 30.

a Nicola SO : 7 km – ⊠ 19034 Ortonovo :

✗ **Locanda Cervia**, ✆ 660491, Coperti limitati; prenotare
➡ chiuso lunedì e settembre – Pas carta 20/31000.

ORTOVERO 17037 Savona 428 J 6 – 886 ab. alt. 78 – ✆ 0182.
Roma 594 – Albenga 11 – ◆Genova 95 – Imperia 39 – ◆Milano 218 – Savona 49.

✗ **Tripoli** con cam, ✆ 547017, 🦌
11 cam.

ORVIETO 05018 Terni 988 ⑯ – 21 695 ab. alt. 315 – ✆ 0763.
Vedere Posizione pittoresca★★★ – Duomo★★★ – Pozzo di San Patrizio★★ – Palazzo del Popolo★
– Quartiere vecchio★ – Palazzo dei Papi★ M² – Collezione etrusca★ nel museo Archeologico Faina
M¹.
🛈 piazza del Duomo 24 ✆ 41772, Fax 44433.
Roma 121 ① – Arezzo 110 ① – ◆Milano 462 ① – ◆Perugia 86 ① – Siena 123 ① – Terni 75 ① – Viterbo 45 ②.

🏨 **La Badia** ⚓, località La Badia S : 5 km ✆ 90359, Fax 92796, « In un'abbazia del 12° e
13° secolo », 🏊, 🦌, ✗ – 🔲 ☎ 🅿 – 🔬 200. 🆎 🅱 🚾 per ②
chiuso gennaio e febbraio – Pas (chiuso mercoledì) carta 63/92000 – 🖭 14500 – **24 cam**
154/210000 appartamenti 300/350000 – ½ P 170/232000.

🏨 **Maitani** senza rist, via Maitani 5 ✆ 42011, Telex 564021, Fax 42011 – 📶 🔲 📺 ☎ 🚗
– 🔬 60. 🆎 🅱 ① 🖹 🚾 🛠
chiuso dal 7 al 22 gennaio – 🖭 14000 – **40 cam** 92/142000 appartamenti 175/195000.

🏨 **Aquila Bianca** senza rist, via Garibaldi 13 ✆ 41246, Fax 42273 – 📶 📺 ☎ 🅿 – 🔬 80. 🆎
🅱 ① 🖹 🚾 🛠
🖭 12000 – **37 cam** 78/102000.

🏠 **Virgilio** senza rist, piazza del Duomo 5/6 ✆ 41882 – 📶 🐾
🖭 15000 – **15 cam** 70/130000.

🏠 **Filippeschi** senza rist, via Filippeschi 19 ✆ 43275 – 📺 ☎. 🆎 🅱 🖹 🚾 🛠
🖭 10000 – **15 cam** 60/90000.

XXX **Giglio d'Oro,** piazza Duomo 8 ℰ 41903 – 🍽. 🆎 🆂 ⓞ Ɛ 𝘝𝘐𝘚𝘈   e
chiuso mercoledì – Pas carta 42/70000.

XX **Trattoria Etrusca,** via Maitani 10 ℰ 44016 – 🆎 🆂 ⓞ Ɛ 𝘝𝘐𝘚𝘈   b
chiuso lunedì e dal 20 gennaio al 20 febbraio – Pas carta 27/45000 (10%).

XX **Maurizio,** via del Duomo 78 ℰ 41114, Fax 44438 – 🍽   x
chiuso martedì e gennaio – Pas carta 35/60000 (15%).

XX **Dell'Ancora,** via di Piazza del Popolo 7/11 ℰ 42766, 🍴 – 🆎 🆂 ⓞ Ɛ 𝘝𝘐𝘚𝘈   d
chiuso giovedì e gennaio – Pas carta 34/50000 (15%).

XX **Le Grotte del Funaro,** via Ripa di Serancia 41 ℰ 43276, Fax 43276, « In caratteristiche   t
grotte di tufo » – 🍽. 🆎 🆂 ⓞ Ɛ 𝘝𝘐𝘚𝘈. 🍽
chiuso lunedì – Pas carta 34/55000 (15%).

XX **Pozzo Etrusco,** piazza de' Ranieri 1/A ℰ 44456 – 🆎 🆂 ⓞ Ɛ 𝘝𝘐𝘚𝘈   y
chiuso dal 20 dicembre a gennaio e dal 15 al 30 giugno – Pas carta 27/43000 (10%).

X **Del Moro,** via San Leonardo 7 ℰ 42763 – 🆎   r
chiuso venerdì – Pas carta 21/36000 (10%).

X **Del Cocco,** via Garibaldi 4/6 ℰ 42319 – 🆎 🆂 ⓞ Ɛ 𝘝𝘐𝘚𝘈   v
chiuso venerdì e gennaio – Pas carta 19/34000 (10%).

ad Orvieto Scalo per ① : 5 km – ✉ **05019** :

🏨 **Gialletti,** via Costanzi 71 ℰ 90381, Fax 92264 – 🛗 📺 ☎ ⌖ 🚙 Ⓟ. 🆎 🆂 ⓞ Ɛ 𝘝𝘐𝘚𝘈.
🍽
Pas *(chiuso domenica)* carta 17/32000 (10%) – ⟺ 10000 – **51 cam** 60/80000.

🏨 **Kristall** senza rist, via Costanzi 69 ℰ 90703, Fax 91766 – 🛗 🍽 📺 ☎ Ⓟ – 🏛 80. 🆎
🆂 ⓞ Ɛ 𝘝𝘐𝘚𝘈
⟺ 10000 – **22 cam** 55/80000, 🍽 10000.

🏨 **Orvieto** senza rist, via Costanzi 65 ℰ 91752, Fax 91753 – 🛗 📺 ☎ 🚙 Ⓟ. 🆎 🆂 ⓞ
𝘝𝘐𝘚𝘈. 🍽
⟺ 5000 – **26 cam** 55/80000.

sulla strada statale 71 :

XX **Villa Ciconia** 🦢 con cam, per ① : 6 km ✉ 05019 Orvieto Scalo ℰ 90677, Fax 90677,
« Parco » – 📺 ☎ Ⓟ. 🆎 🆂 ⓞ Ɛ 𝘝𝘐𝘚𝘈. 🍽
Pas *(chiuso lunedì)* carta 35/61000 – ⟺ 10000 – **9 cam** 70/132000 – ½ P 93/110000.

X **Girarrosto del Buongustaio,** per ② : 5 km ✉ 05018 Orvieto ℰ 41935, 🍴 – Ⓟ. 🆎
🆂 ⓞ Ɛ 𝘝𝘐𝘚𝘈. 🍽
chiuso mercoledì e dal 10 gennaio al 1° febbraio – Pas carta 25/38000.

OSASCO 10060 Torino 𝟜𝟚𝟠 H 4 – 862 ab. alt. 344 – ✪ 0121.
Roma 697 – Asti 83 – Cuneo 59 – ♦Milano 191 – Sestriere 59 – ♦Torino 40.

🏨 **Nuovo Piemonte** con cam, ℰ 541138 – Ⓟ. 🍽
chiuso dal 1° al 15 agosto – Pas *(chiuso domenica)* carta 23/37000 – ⟺ 3500 – **9 cam**
25/50000 – ½ P 40000.

OSIMO 60027 Ancona 𝟿𝟾𝟾 ⑯ – 27 743 ab. alt. 265 – ✪ 071.
Roma 308 – ♦Ancona 20 – Macerata 28 – Pesaro 82 – Porto Recanati 19.

🏨 **La Fonte,** ℰ 714767, ≤ – 📞
35 cam.

sulla strada statale 16 NE : 7,5 km :

X **La Cantinetta del Conero,** ✉ 60028 Osimo Scalo ℰ 7108651 – Ⓟ. 🆎 🆂 ⓞ Ɛ 𝘝𝘐𝘚𝘈.
🍽
chiuso sabato – Pas carta 39/51000.

in prossimità casello autostrada A 14 N : 9 km :

🏨 **Palace del Conero,** ✉ 60027 Osimo ℰ 7108312, Fax 7108312 – 🛗 🍽 📺 ☎ ⌖ Ⓟ –
🏛 50. 🆎 🆂 ⓞ Ɛ 𝘝𝘐𝘚𝘈
chiuso dal 24 dicembre al 2 gennaio – Pas *(chiuso domenica)* 25/40000 – ⟺ 8000 – **51 cam**
77/132000, 🍽 3000 – ½ P 100/120000.

OSIO SOTTO 24046 Bergamo 𝟜𝟚𝟠 F 10, 𝟚𝟙𝟡 ⑳ – 9 940 ab. alt. 184 – ✪ 035.
Roma 606 – ♦Bergamo 11 – Lecco 36 – ♦Milano 37.

🏨 **Continental,** ℰ 806707, Fax 806822 – 📺 ☎ Ⓟ – 🏛 150. 🆎 🆂 ⓞ Ɛ 𝘝𝘐𝘚𝘈
Pas carta 38/52000 – ⟺ 15000 – **46 cam** 50/75000 – ½ P 80000.

OSOPPO 33010 Udine – 2 670 ab. alt. 185 – ✪ 0432.
Roma 665 – ♦Milano 404 – Udine 30.

🏨 **Pittis,** ℰ 975346 – 🛗 📺 ☎ Ⓟ. 🆎 𝘝𝘐𝘚𝘈. 🍽 rist
Pas *(chiuso domenica)* carta 27/40000 – ⟺ 10000 – **40 cam** 55/85000 – ½ P 60/70000.

OSPEDALETTI 18014 Imperia 988 ⑫, 195 ⑲⑳, 428 K 5 – 3 595 ab. – ✆ 0184.

🛈 corso Regina Margherita 1 ✆ 59085.

Roma 650 – ♦Genova 151 – Imperia 29 – ♦Milano 274 – Ventimiglia 11.

🏨 **Le Rocce del Capo** ⑤, lungomare Colombo 102 ✆ 59733, Fax 59024, ≤, ☒, ☒, ♨s
– 📶 🗏 📺 ☎ ⇔ 🄿, 🆎 🆂 ◑ Ⅰ VISA. ⅏
Pas *(chiuso martedì)* carta 34/59000 – ☲ 11000 – **26 cam** 59/97000 – ½ P 95/120000.

🏨 **Firenze e Rist. Da Luisa,** corso Regina Margherita 97 ✆ 59221, ≤ – 🗏 📺 ☎. 🆎 🆂
◑ Ⅰ VISA. ⅏ rist
Pas *(chiuso lunedì)* carta 35/49000 – ☲ 9000 – **44 cam** 49/80000 – ½ P 53/84000.

🏠 **Delle Rose,** via De Medici 17 ✆ 59016, « Piccolo giardino con piante esotiche » – ☎.
⅏
Pas *(chiuso lunedì)* 24/28000 – ☲ 6000 – **14 cam** 28/62000 – ½ P 60/68000.

🏠 **Floreal,** corso Regina Margherita 83 ✆ 59638 – 🗏 ☎. 🆎 🆂 ◑ Ⅰ VISA. ⅏ rist
chiuso dal 5 al 30 novembre – Pas carta 25/42000 – ☲ 6000 – **26 cam** 38/63000 –
½ P 46/74000.

🏠 **Le Palme,** corso Regina Margherita 92 ✆ 59872, ⚘ – 🗏 ☎ 🕭 🄿. 🆂 Ⅰ VISA. ⅏
chiuso dal 10 novembre al 10 dicembre – Pas (solo per clienti alloggiati) 25/30000 – ☲
5000 – **16 cam** 60/85000 – ½ P 70/75000.

OSPEDALETTO Verona – Vedere Pescantina.

OSPEDALETTO D'ALPINOLO 83014 Avellino – 1 643 ab. alt. 725 – ✆ 0825.

Roma 248 – Avellino 11 – Benevento 27 – ♦Napoli 59 – Salerno 50.

🏠 **La Castagna** ⑤, ✆ 691047, ≤, « Servizio rist. estivo in terrazza ombreggiata », ⚘ –
🄿. VISA. ⅏
aprile-ottobre – Pas carta 30/42000 – ☲ 6000 – **22 cam** 35/65000 – ½ P 50/60000.

OSPEDALICCHIO Perugia – Vedere Bastia.

OSPIATE Milano – Vedere Bollate.

OSTERIA DEL GATTO Perugia 988 ⑯ – Vedere Fossato di Vico.

OSTIA Roma – Vedere risorse di Roma, Lido di Ostia (o di Roma) ed Ostia Antica.

OSTIA ANTICA 00119 Roma 988 ㉕㉖ – ✆ 06.

Vedere Piazzale delle Corporazioni★★★ – Capitolium★★ – Foro★★ – Domus di Amore e Psiche★★
– Schola del Traiano★★ – Terme dei Sette Sapienti★ – Terme del Foro★ – Casa di Diana★ –
Museo★ – Thermopolium★ – Horrea di Hortensius★ – Mosaici★★ nelle Terme di Nettuno.

Roma 24 – Anzio 49 – Civitavecchia 69 – Latina 73 – Lido di Ostia o di Roma 4.

✗ **Al Monumento,** piazza Umberto I n 8 ✆ 5650021 – 🆎 🆂 ◑ Ⅰ VISA. ⅏
chiuso lunedì e dal 20 agosto al 7 settembre – Pas carta 30/46000.

OSTIGLIA 46035 Mantova 988 ④⑭, 429 G 15 – 7 285 ab. alt. 15 – ✆ 0386.

Roma 460 – ♦Ferrara 56 – Mantova 33 – ♦Milano 208 – ♦Modena 56 – Rovigo 63 – ♦Verona 46.

sulla strada statale 12 N : 6 km :

✗✗ **Pontemolino,** ✉ 46035 ✆ 2380 – 🄿
chiuso lunedì sera, martedì, dal 27 dicembre al 20 gennaio e dal 20 luglio al 10 agosto –
Pas carta 28/47000.

OSTUNI 72017 Brindisi 988 ㉚ – 32 175 ab. alt. 207 – a.s. luglio-15 settembre – ✆ 0831.

Vedere Facciata★ della Cattedrale.

Dintorni Regione dei Trulli★★★ Ovest.

🛈 piazza della Libertà (Palazzo Comunale) ✆ 301268.

Roma 530 – ♦Bari 80 – ♦Brindisi 35 – Lecce 73 – Matera 101 – ♦Taranto 52.

🏨 **Incanto** ⑤, via dei Colli ✆ 301781, Telex 813284, Fax 338302, ≤ città, pianura e mare –
← 🗏 ☎ 🄿 – 🕭 150. 🆎 🆂 ◑ VISA. ⅏
Pas 20/22000 – ☲ 5000 – **68 cam** 80/120000 – ½ P 80/100000.

✗✗ **Chez Elio,** via dei Colli ✆ 972030, ≤ città, pianura e mare – 🄿. 🆎 VISA
chiuso lunedì e settembre – Pas carta 26/44000 (15%).

✗ **Spessite,** via Clemente Brancesi 43 ✆ 972866 – 🆎 VISA. ⅏
chiuso a mezzogiorno (escluso luglio-agosto), mercoledì ed ottobre – Pas 25000.

EUROPE on a single sheet
Michelin map no 970.

OTRANTO 73028 Lecce 988 ㉚ – 5 157 ab. – ✪ 0836.

Vedere Cattedrale★ : pavimento★★★ – **Escursioni** Costa meridionale★ Sud per la strada S 173.

🛈 via Rondachi ☎ 81436.

Roma 642 – ◆Bari 192 – ◆Brindisi 80 – Gallipoli 47 – Lecce 41 – ◆Taranto 122.

🏛 **Previtero** senza rist, ☎ 81008 – TV ☎. AE 🕄 VISA
   8 cam � 95000.

XX **Il Gambero,** ☎ 81107, Solo piatti di pesce – VISA
   chiuso mercoledì (escluso da marzo a settembre) e dal 15 novembre al 15 dicembre – Pas
   carta 55/60000.

X **Il Duca d'Aragona,** ☎ 86165 – 🕄 ⓞ VISA – Pas carta 28/47000.
   chiuso mercoledì e dal 19 novembre al 19 dicembre – Pas carta 28/47000.

X **Vecchia Otranto,** ☎ 81575 – 🖃. AE 🕄 ⓞ E VISA. ⚘
   chiuso lunedì e novembre – Pas carta 29/62000.

X **Il Gabbiano** con cam, ☎ 81251 – ☎. VISA. ⚘
━   *chiuso novembre e dicembre* – Pas *(chiuso giovedì dal 15 febbraio al 15 giugno)*
   carta 20/48000 – ☒ 6000 – **11 cam** 38/60000 – ½ P 55000.

OTTONE Livorno – Vedere Elba (Isola d') : Portoferraio.

OVADA 15076 Alessandria 988 ⑬, 428 I 7 – 12 468 ab. alt. 186 – ✪ 0143.

Dintorni Strada dei castelli dell'Alto Monferrato★ (o strada del vino) verso Serravalle Scrivia.

Roma 549 – Acqui Terme 24 – Alessandria 40 – ◆Genova 51 – ◆Milano 114 – Savona 61 – ◆Torino 125.

🏛 **Italia,** via San Paolo 54 ☎ 86502 – TV ☎ 🅿. AE 🕄 ⓞ E VISA. ⚘
   chiuso dal 1° al 15 febbraio – Pas *(chiuso martedì e dal 1° al 15 agosto)* carta 30/55000
   (10%) – ☒ 7000 – **14 cam** 45/75000 – ½ P 70/75000.

XX **La Volpina,** strada Volpina 1 ☎ 86008, Coperti limitati; prenotare, « Servizio estivo
   all'aperto », ⚓ – 🅿. 🕄 ⓞ E VISA. ⚘
   chiuso domenica sera, lunedì, dal 22 dicembre al 15 gennaio e dal 27 luglio al 15 agosto –
   Pas carta 45/66000 (10%).

XX Da Pietro, piazza Mazzini ☎ 80457.

OVINDOLI 67046 L'Aquila 988 ㉖ – 1 252 ab. alt. 1 375 – a.s. 15 dicembre-Pasqua e luglio-
settembre – Sport invernali : 1 375/2 000 m ✿8 – ✪ 0863.

Roma 129 – L'Aquila 37 – Frosinone 109 – ◆Pescara 119 – Sulmona 55.

🏨 **Magnola Palace Hotel** ⏧, NO : 3 km ☎ 705145, Telex 601076, Fax 705147, ≤, 🚅 – 🛗
━   ☎ 🅿. ⚘
   chiuso novembre – Pas 20/25000 – ☒ 6500 – **80 cam** 60/80000 – P 80/85000.

🏛 **Moretti,** ☎ 705174, ≤ – 🛗 ☎ 🚗 🅿. AE 🕄 E VISA. ⚘
   Pas 22/33000 – ☒ 7000 – **36 cam** 43/71000 – ½ P 55/75000.

PADENGHE SUL GARDA 25080 Brescia 428 429 F 13 – 2 772 ab. alt. 115 – a.s. Pasqua e
luglio-15 settembre – ✪ 030.

Roma 535 – ◆Brescia 24 – Mantova 74 – ◆Milano 125 – Trento 109 – ◆Verona 50.

🏨 **West Garda Hotel** ⏧, S : 1 km ☎ 9907161, Fax 9907265, « Giardino ombreggiato con
   ⚞ » – TV ☎ 🅿 – 🔬 25 a 150. AE 🕄 ⓞ E VISA. ⚘ rist
   chiuso dicembre e gennaio – Pas 33000 – ☒ 10000 – **65 cam** 120000 – ½ P 90000.

PADERNO D'ADDA 22050 Como 428 E 10, 219 ⑳ – 2 582 ab. alt. 266 – ✪ 039.

Roma 604 – ◆Bergamo 20 – Como 39 – Lecco 24 – ◆Milano 36.

🏨 **Adda,** ☎ 514015, Fax 510796, ⚒, ⚘ – 🛗 🖃 rist TV ☎ ♿ 🚗 🅿 – 🔬 100. AE 🕄 ⓞ
   E VISA. ⚘
   Pas *(chiuso martedì)* carta 36/60000 – ☒ 5000 – **35 cam** 75/105000 – P 120000.

PADERNO DI PONZANO Treviso – Vedere Ponzano Veneto.

PADOLA Belluno – Vedere Comelico Superiore.

PADOVA 35100 ℗ 988 ⑤, 429 F 17 – 220 358 ab. alt. 12 – ✪ 049 – **Vedere** Affreschi di
Giotto★★★, Vergine★ di Giovanni Pisano nella cappella degli Scrovegni DY – Basilica del Santo★★
DZ : ≤★ dai chiostri sulla basilica, statua equestre del Gattamelata★★ – Palazzo della Ragione★
DZ J : salone★★ – Chiesa degli Eremitani★ DY : affreschi del Guariento★★ – Museo Civico★ DZ
M : Madonna con le armate celesti★★ del Guariento, Crocifissione★★ del Tintoretto, Spedizione
di Uri★★ (arazzo) – Oratorio di San Giorgio★ DZ B – Scuola di Sant'Antonio★DZ B – Piazza della
Frutta★ DZ 25 – Piazza delle Erbe★ DZ 20 – Torre dell'Orologio★ (in piazza dei Signori CYZ) – Pala
d'altare★ nella chiesa di Santa Giustina DZ.

Dintorni Colli Euganei★ SO per ⑥.

🛆 (chiuso gennaio e lunedì) a Valsanzibio ✉ 35030 Galzignano ☎ 9130078, E : 21 km.

🛈 Stazione Ferrovie Stato ✉ 35131 ☎ 8752077 – piazzale Boschetti ☎ 8206867 – Museo Eremitani
☎ 8751153 – A.C.I. via Enrico degli Scrovegni 19 ✉ 35131 ☎ 654935.

Roma 491 – ◆Milano 234 – ◆Venezia 37 – ◆Verona 81.

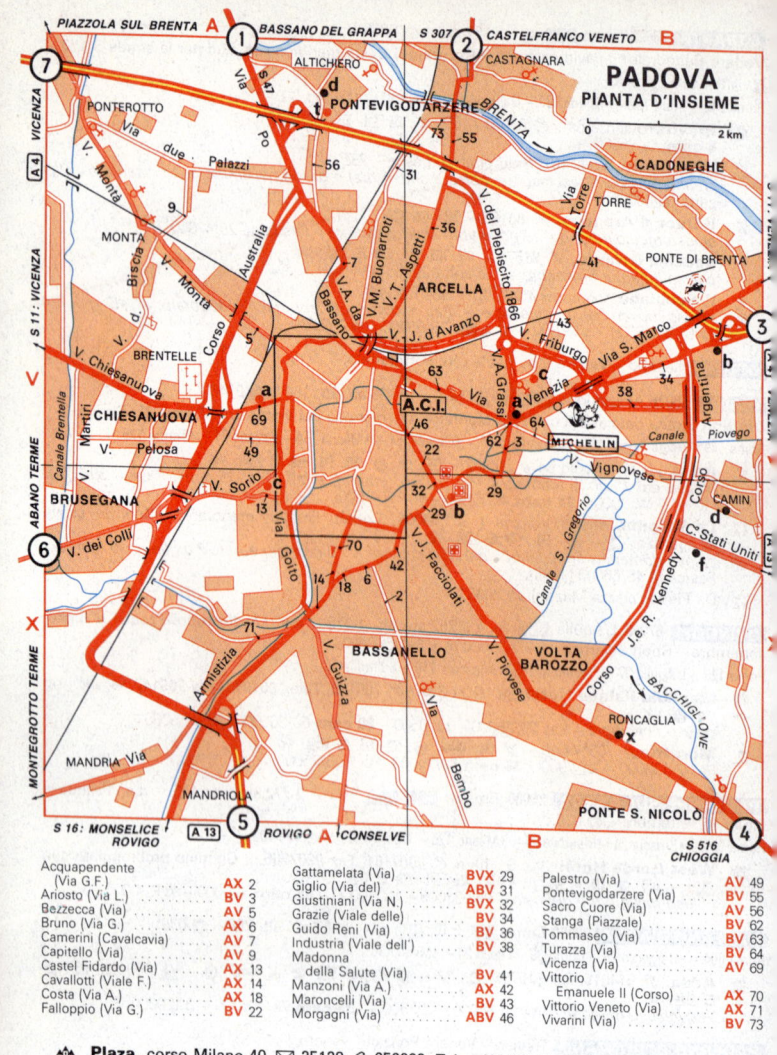

Acquapendente (Via G.F.) .... AX 2
Ariosto (Via L.) .... BV 3
Bezzecca (Via) .... AV 5
Bruno (Via G.) .... AX 6
Camerini (Cavalcavia) .... AV 7
Capitello (Via) .... AV 9
Castel Fidardo (Via) .... AX 13
Cavallotti (Viale F.) .... AX 14
Costa (Via A.) .... AX 18
Falloppio (Via G.) .... BV 22
Gattamelata (Via) .... BVX 29
Giglio (Via del) .... ABV 31
Giustiniani (Via N.) .... BVX 32
Grazie (Viale delle) .... BV 34
Guido Reni (Via) .... BV 36
Industria (Viale dell') .... BV 38
Madonna della Salute (Via) .... BV 41
Manzoni (Via A.) .... AX 42
Maroncelli (Via) .... BV 43
Morgagni (Via) .... ABV 46
Palestro (Via) .... AV 49
Pontevigodarzere (Via) .... BV 55
Sacro Cuore (Via) .... AV 56
Stanga (Piazzale) .... BV 62
Tommaseo (Via) .... BV 63
Turazza (Via) .... BV 64
Vicenza (Via) .... AV 69
Vittorio Emanuele II (Corso) .... AX 70
Vittorio Veneto (Via) .... AX 71
Vivarini (Via) .... BV 73

Plaza, corso Milano 40 ✉ 35139 ✆ 656822, Telex 430360, Fax 661117 – 30 a 80. AE VISA. rist Pas *(chiuso a mezzogiorno, domenica ed agosto)* carta 42/59000 – **142 cam** 117/175000. CY **m**

Milano senza rist, via Bronzetti 62 ✉ 35138 ✆ 8712555, Telex 432252, Fax 8713923 – 80 a 100. AE VISA. 11000 – **58 cam** 90/120000. CY **g**

Donatello e Rist. Sant'Antonio, piazza del Santo ✉ 35123 ✆ 8750634, Fax 8750829, « Servizio rist. estivo in terrazza » – cam AE VISA DZ **z** *chiuso dal 15 dicembre al 15 gennaio* – Pas *(chiuso mercoledì e da dicembre al 23 gennaio)* carta 32/44000 (12%) – 12000 – **42 cam** 85/140000 – ½ P 112/127000.

Biri senza rist, via Grassi 2 ✉ 35129 ✆ 776566, Telex 432285, Fax 776566 – 30. AE VISA. **99 cam** 110/160000. BV **a**

Majestic e Rist. Toscanelli, piazzetta dell'Arco 2 ✉ 35122 ✆ 663244, Telex 430264, Fax 39202 – cam AE VISA. DZ **b** Pas *(chiuso a mezzogiorno, domenica e dal 28 luglio al 18 agosto)* carta 41/58000 (12%) – **32 cam** 160000.

PADOVA

413

Monaco senza rist, piazzale Stazione 3 ⊠ 35131 ℰ 664344 – ▐ ▤ ☎. 🆎 🆂 ⓘ 🇪 📼
🖳 8000 – **54 cam** 70/93000, ▤ 9000.　　　　　　　　　　　　　　　　　　　　**DY　z**

Leon Bianco senza rist, piazzetta Pedrocchi 12 ⊠ 35122 ℰ 8750814 – ▐ ▤ 🆃🆅 🆂
🆎 🆂 ⓘ 🇪 📼　　　　　　　　　　　　　　　　　　　　　　　　　　　　　　　**DY　x**
🖳 15000 – **22 cam** 80/110000, ▤ 5000.

Al Cason, via Frà Paolo Sarpi 40 ⊠ 35138 ℰ 662636 – ▐ ▤ ☎ ᴋ 🚗 – 🔬 30. 🆎
🆂 ⓘ 📼. 🛠　　　　　　　　　　　　　　　　　　　　　　　　　　　　　　**CDY　d**
Pas *(chiuso sabato, domenica e dal 28 luglio al 3 settembre)* carta 35/41000 – 🖳 6500 –
48 cam 58/72000, ▤ 4000.

Igea senza rist, via Ospedale Civile 87 ⊠ 35121 ℰ 8750577, Fax 660865 – ▐ ▤ ☎. 🆎
🆂 ⓘ 🇪 📼　　　　　　　　　　　　　　　　　　　　　　　　　　　　　　**DZ　d**
🖳 8000 – **49 cam** 58/72000, ▤ 7500.

S. Antonio senza rist, via San Fermo 118 ⊠ 35137 ℰ 8751393, Fax 8751393 – ▐ ▤ ☎.
ⓘ 🇪 📼　　　　　　　　　　　　　　　　　　　　　　　　　　　　　　　　**CDY　v**
chiuso dal 30 dicembre al 14 gennaio – 🖳 7000 – **34 cam** 55/72000.

Al Giardinetto senza rist, Prato della Valle 54 ⊠ 35123 ℰ 656569, Fax 656972 – ▐ ☎
🄿. 🆎 🆂 ⓘ 🇪 📼　　　　　　　　　　　　　　　　　　　　　　　　　　　**DZ　x**
🖳 10500 – **18 cam** 100/120000.

Al Fagiano, via Locatelli 45 ⊠ 35123 ℰ 8753396 – ☎. 🆎 🆂 🇪 📼　　　　　**DZ　n**
Pas *(chiuso lunedì e luglio)* carta 20/34000 (10%) – 🖳 6000 – **33 cam** 55/68000.

XXX **El Toulà,** via Belle Parti 11 ⊠ 35139 ℰ 8751822, Coperti limitati; prenotare – ▤. 🆎 🆂
ⓘ 🇪 📼. 🛠　　　　　　　　　　　　　　　　　　　　　　　　　　　　　**CDY　e**
chiuso domenica, lunedì a mezzogiorno ed agosto – Pas carta 61/85000 (12%).

XXX **Antico Brolo,** vicolo Cigolo 14 ⊠ 35123 ℰ 664555, Fax 664394, 🌳 – ▤. 🆎 🆂 ⓘ 🇪
📼. 🛠　　　　　　　　　　　　　　　　　　　　　　　　　　　　　　　　**CDZ　y**
chiuso domenica ed agosto – Pas carta 55/76000.

XX **Il Michelangelo,** corso Milano 22 ⊠ 35139 ℰ 656088, Fax 656088, 🌳 – 🍽 ▤. 🆎
🆂 ⓘ 🇪 📼. 🛠　　　　　　　　　　　　　　　　　　　　　　　　　　　　**CY　a**
chiuso venerdì, sabato a mezzogiorno e dal 26 luglio al 10 agosto – Pas carta 42/62000
(12%).

XX **Casa Veneta,** vicolo Ponte Molino 11 ⊠ 35137 ℰ 42166 – ▤. 🆎 🆂 ⓘ 🇪 📼. 🛠
chiuso domenica e dal 5 al 20 agosto – Pas carta 33/50000 (10%).　　　　　　**CDY　w**

XX **Ai Porteghi,** via Cesare Battisti 105 ⊠ 35121 ℰ 660746 – ▤. 🆎 🆎 ⓘ. 🛠　**DZ　e**
chiuso dal 1° al 20 agosto, domenica e da giugno a settembre anche lunedì a mezzogiorno
– Pas carta 32/63000.

XX **Alle Magnolie,** via Nazareth 39 ⊠ 35128 ℰ 756155 – ▤. 🆎 🆂　　　　　　**BX　b**
Pas carta 29/46000.

XX **Biri,** piazzale Stanga 1 ⊠ 35128 ℰ 776270, Fax 776566 – ▤. 🆎 🆂 ⓘ 🇪 📼. 🛠
chiuso domenica – Pas carta 26/45000.　　　　　　　　　　　　　　　　　　**BV　a**

XX **Giovanni,** via Maroncelli 22 ⊠ 35129 ℰ 772620 – 🄿. 🆎　　　　　　　　　**BV　c**
chiuso domenica e dal 26 luglio al 20 agosto – Pas carta 33/48000.

X **Isola di Caprera,** vìa Marsilio da Padova 11/15 ⊠ 35139 ℰ 39385 – 🆎 🆂 ⓘ 🇪 📼
chiuso domenica e dal 1° al 20 agosto – Pas carta 33/53000 (10%).　　　　　　**DY　b**

X **Cavalca,** via Manin 8 ⊠ 35139 ℰ 39244 – ▤. 🆎 🆂 ⓘ 🇪 📼　　　　　　　**CDZ　s**
chiuso martedì sera, mercoledì, dal 16 al 25 gennaio e dal 28 giugno al 22 luglio – Pas
carta 27/42000 (12%).

X **Da Placido,** via Santa Lucia 59 ⊠ 35139 ℰ 8752252 – ▤　　　　　　　　　**DY　u**
chiuso sabato sera, domenica ed agosto – Pas carta 28/45000 (12%).

X **Stocco,** via dei Colli 164 ⊠ 35143 ℰ 620219 – 🄿. 🆎 🆂 🇪 📼. 🛠　　　　**AX　c**
chiuso mercoledì ed agosto – Pas carta 29/50000.

X **Trattoria Falcaro-da Lele,** via Pelosa 4 ⊠ 35136 ℰ 8713898, 🌳 – 🄿. 🛠　　**AV　a**
*chiuso sabato a mezzogiorno, domenica, dal 24 dicembre al 1° gennaio e dal 5 al 20
agosto* – Pas carta 27/39000.

a Tencarola O : 4 km per ⑥ – ⊠ **35030** :

Piroga, ℰ 637966, Fax 637966, 🌴 – ▤ 🆃🆅 ☎ 🄿 – 🔬 250. 🆎 🆂 ⓘ 🇪 📼
Pas *(chiuso lunedì e dal 1° al 15 agosto)* carta 25/40000 – 🖳 5000 – **25 cam** 70/100000 –
½ P 60/80000.

Burcio senza rist, ℰ 638699, Fax 637966 – ▤ 🆃🆅 ☎ 🄿. 🆎 🆂 ⓘ 🇪 📼
🖳 5000 – **12 cam** 70/100000.

a Camin E : 4 km BVX – ⊠ **35020** :

Admiral senza rist, ℰ 760544, Telex 432183, Fax 8700330 – ▐ ▤ 🆃🆅 ☎ ᴋ 🄿 – 🔬 65.
🆎 🆂 ⓘ 🇪 📼　　　　　　　　　　　　　　　　　　　　　　　　　　　　　　**BX　d**
36 cam 🖳 75/110000.

Executive, corso Stati Uniti 14/b (zona industriale S : 1 km) ℰ 761900, Telex 432244 – ▐
🍽 ▤ 🆃🆅 ☎ ᴋ 🚗 🄿 – 🔬 70 a 200　　　　　　　　　　　　　　　　　　　**BX　f**
120 cam.

in prossimità casello autostrada A 4 NE : 5 km BV :

🏨 **Sheraton Padova Hotel,** ✉ 35020 Ponte di Brenta 𝒫 8070399, Telex 432222, Fax 8070660 – 🛗 ⇔ cam 🖭 📺 ☎ 👤 **🅿** – 🛗 25 a 600. 🖭 🛇 ⊙ 🇪 *VISA*. ✵ rist   BV **b**
Pas *(chiuso domenica)* carta 45/74000 – ⊡ 16000 – **224 cam** 190/250000 appartamenti 420/960000 – ½ P 180/215000.

a Mandria S : 5 km per AX – ✉ **35142** Padova :

XX **All'Ancora-da Nino,** via Romana Aponense 137 𝒫 680994, 🍽, Solo piatti di pesce, 🚗 – **🅿**. 🖭 🛇 ⊙ 🇪 *VISA*
chiuso domenica, dal 28 gennaio all'11 febbraio e dal 1° al 15 agosto – Pas carta 55/75000.

ad Altichiero N : 6 km AV – ✉ **35135** Padova :

🏨 **Park Hotel Villa Altichiero** ⤸, via Altichiero 2 𝒫 615111, Telex 432043, Fax 615542, « Parco con 🏊 » – 🛗 🖭 📺 🕸 👤 **🅿** – 🛗 40 a 200. 🖭 🛇 ⊙ 🇪 *VISA*. ✵ rist   AV **d**
Pas *(chiuso domenica e dal 10 al 25 agosto)* carta 42/61000 – ⊡ 12000 – **70 cam** 90/130000 – ½ P 115/135000.

X **Trattoria Bertolini,** via Altichiero 162 𝒫 600357, 🍽 – **🅿**. 🖭 ⊙. ✵   AV **t**
chiuso venerdì sera, sabato e dal 1° al 20 agosto – Pas carta 35/45000.

a Ponte di Brenta NE : 6 km BV – ✉ **35020** :

🏨 **Le Padovanelle,** 𝒫 625622, Telex 430454, Fax 625320, 🏊, 🗜, ✵ – ⇔ cam 🖭 📺 ☎ 👤 **🅿** – 🛗 200. 🖭 🛇 ⊙ 🇪 *VISA*. ✵
Pas *(chiuso lunedì e dal 28 luglio al 27 agosto)* carta 43/67000 – **40 cam** ⊡ 180000.

🏨 **Antenore** senza rist, via Bravi 14/b 𝒫 629600, Fax 629600 – 🛗 🖭 📺 ☎ 🚗 **🅿**. 🖭 🛇 ⊙ 🇪 *VISA*. ✵
⊡ 8000 – **29 cam** 86/126000.

🏨 **Sagittario,** via Randaccio 4/6 𝒫 725877, Fax 8932112 – 🛗 🖭 📺 ☎ **🅿** – 🛗 30. 🖭 🛇 ⊙ 🇪 *VISA*. ✵
chiuso dal 1° al 21 agosto – Pas vedere rist Dotto di Campagna – ⊡ 8000 – **32 cam** 80/110000.

🏨 **Brenta** senza rist, 𝒫 629800, Fax 628988 – 🛗 🖭 📺 ☎ 🚗 **🅿** – 🛗 30. 🖭 🛇 ⊙ *VISA*. ✵
⊡ 15000 – **69 cam** 100/150000.

XX **Dotto di Campagna,** via Randaccio 4/6 𝒫 625469, 🍽, 🚗 – 🖭 **🅿**. 🖭 🛇 ⊙ 🇪 *VISA*. ✵
chiuso domenica sera, lunedì, dal 26 dicembre al 6 gennaio ed agosto – Pas carta 30/45000.

Vedere anche : ***Noventa Padovana*** E : 6 km.
              Albignasego S : 7 km.
              Ponte San Nicolò SE : 8 km.
              Rubano O : 8 km.
              Saonara E : 12 km.

MICHELIN, via Venezia 104 BV – ✉ 35129, 𝒫 8070072, Fax 772877.

PAESTUM 84063 Salerno 🆘🅱🅱 ㉘ – a.s. Pasqua e 15 giugno-15 settembre – ✪ 0828.

Vedere Rovine★★★ – Museo★★.

🛈 via Magna Grecia 151/156 (zona Archeologica) 𝒫 811016.

Roma 305 – ◆Napoli 99 – Potenza 101 – Salerno 48.

🏨 **Le Palme** ⤸, a Laura 𝒫 851025, Telex 721397, Fax 851507, 🏊, 🐎, 🚗, ✵ – 🛗 🖭 ☎ 🚗 **🅿** – 🛗 200. 🖭 🛇 ⊙ 🇪 *VISA*. ✵ rist
aprile-ottobre – Pas carta 19/30000 (15%) – ⊡ 10000 – **50 cam** 48/63000, 🖭 12000 – ½ P 85/100000.

🏨 **Schuhmann** ⤸, a Laura 𝒫 851151, Fax 851183, ⬉, « Terrazza giardino in riva al mare », 🐎 – ⇔ cam 🖭 rist ☎ 🚗 **🅿** – 🛗 100. 🖭 🛇 ⊙ 🇪 *VISA*. ✵ rist
Pas *(solo per clienti alloggiati)* 28000 – ⊡ 8000 – **27 cam** 62000 – ½ P 90/95000.

🏨 **Taverna dei Re,** a Santa Venere 𝒫 811555, Fax 811818, 🏊, 🚗 – 🖭 **🅿**. 🖭 🛇 ⊙ *VISA*. ✵
Pas 18000 – ⊡ 6000 – **19 cam** 37/47000 – ½ P 53000.

🏨 **Park Hotel** ⤸, a Linora 𝒫 811134, Fax 722310, ⬉, « Piccola pineta in riva al mare », 🐎, ✵ – 🛗 ⇔ cam 🕸 **🅿**. 🖭 🛇 ⊙ 🇪 *VISA*. ✵
Pas carta 25/52000 (25%) – ⊡ 5500 – **28 cam** 72000 – ½ P 54/66000.

🏨 **Villa Rita** ⤸ senza rist, zona Archeologica 𝒫 811081, Fax 811028, 🚗 – 🕸 **🅿**. 🛇 🇪 *VISA*. ✵
15 marzo-ottobre – ⊡ 8500 – **12 cam** 34/50000.

XX **Nettuno,** zona Archeologica 𝒫 811028, 🍽, 🚗 – **🅿**. 🖭 ⊙ 🇪 *VISA*. ✵
chiuso lunedì (dal 15 giugno al 15 settembre) e la sera escluso luglio-agosto – Pas carta 37/55000 (15%).

PALAU Sassari 🆘🅱🅱 ㉘ – Vedere Sardegna alla fine dell'elenco alfabetico.

PALAZZOLO SULL'OGLIO 25036 Brescia 988 ③, 428 429 F 11 – 16 149 ab. alt. 166 – ✆ 030.
Roma 581 – ♦Bergamo 28 – ♦Brescia 32 – Cremona 77 – Lovere 38 – ♦Milano 69.

🏠 **La Villa e Roma,** via Bergamo 35 ℘ 731203, Fax 731574, « Parco-giardino » – 📺 ☎ 🅿.
🖭 🕃 🗺 ❄ rist
Pas *(chiuso domenica sera, lunedì, dal 1° al 10 gennaio e dal 5 al 25 agosto)* carta 31/48000
– 🖂 6000 – **26 cam** 65/90000 – ½ P 80000.

PALERMO 🅿 988 ㊱ – Vedere Sicilia alla fine dell'elenco alfabetico.

PALESE 70057 Bari – ✆ 080.
✈ SE : 2 km ℘ 374654.
Roma 441 – ♦Bari 9 – ♦Foggia 124 – Matera 66 – ♦Taranto 98.

🏠 **Palumbo** senza rist, via Vittorio Veneto 31/33 ℘ 320222, Fax 320288, 🛥 – 🕃 🗏 📺 ☎
🅿. 🖭 🕃 🕦 🗺 🗺 ❄
14 cam 🖂 80/127000, 🗏 14000.

🏠 **La Baia,** via Vittorio Veneto 29/a ℘ 320288, Fax 320288, 🛥 – 🕃 ❄ rist 🗏 📺 ☎ 🅿
– 🔒 80. 🖭 🕃 🕦 🗺 🗺 ❄ rist
Pas carta 32/45000 – **55 cam** 🖂 68/120000, 🗏 14000 – ½ P 95/100000.

XX **Da Tommaso,** lungomare Massaro ℘ 320038, 🌭.

PALESTRINA 00036 Roma 988 ㊱ – 15 594 ab. alt. 465 – ✆ 06.
Roma 38 – Anzio 69 – Frosinone 52 – Latina 58 – Rieti 91 – Tivoli 27.

🏠 **Stella e Rist. Coccia,** piazzale della Liberazione 3 ℘ 9558172, Fax 9573360 – 🕃 🗏 rist
☎. 🖭 🕦 🗺 ❄
Pas carta 22/33000 (12%) – 🖂 5500 – **15 cam** 60000 – ½ P 43/48000.

PALIANO 03018 Frosinone 988 ㊱ – 7 310 ab. alt. 476 – ✆ 0775.
Roma 59 – Frosinone 45 – ♦Napoli 182.

verso Colleferro SO : 8 km :

XX **I Camini,** al Parco Uccelli La Selva ✉ 03018 ℘ 533385, 🌭 – 🅿. 🕃 🗺 🗺
chiuso lunedì – Pas carta 23/39000.

XX **Il Laghetto,** al Parco Uccelli La Selva ✉ 03018 ℘ 533283, ≼, 🌭, 🌳 – 🅿.

PALINURO 84064 Salerno 988 ㊳ – a.s. luglio e agosto – ✆ 0974.
Roma 376 – ♦Napoli 170 – Salerno 119 – Sapri 49.

🏨 **King's Residence** 🌭, ℘ 931324, Fax 931418, ≼ mare e costa, 🌊 – 🕃 🗏 ☎ 🅿. 🕦
🗺 ❄
Pasqua-settembre – Pas 40/55000 – **65 cam** 🖂 90/130000 – ½ P 80/150000.

🏨 **Gd H. San Pietro** 🌭, ℘ 931914, Fax 931919, ≼ mare e costa, 🌊, 🛥 – 🕃 🗏 ☎ 🅦
🅿 – 🔒 40 a 200. 🖭 🕃 🕦 🗺 🗺 ❄
aprile-settembre – Pas carta 40/62000 – **49 cam** 🖂 105/160000 – ½ P 103/125000.

🏠 La Conchiglia, ℘ 931018, 🌭 – 🕃 🕭 🅿
stagionale – **26 cam**.

🏠 **Lido Ficocella,** ℘ 931051, Fax 931997, ≼ mare e costa – 🕃 ☎. 🖭 🕃 🕦 🗺 ❄
↤ *aprile-settembre* – Pas carta 20/30000 – 🖂 5500 – **31 cam** 36/53000 – ½ P 74000.

X **Da Carmelo,** località Isca E : 2 km ℘ 931138 – 🅿. 🖭 🗺 ❄
chiuso dal 3 settembre al 10 dicembre – Pas carta 34/47000 (12%).

sulla strada statale 447 r NO : 1,5 km :

🏨 Saline 🌭, ✉ 84064 ℘ 931112, Telex 770198, Fax 931418, ≼, 🌊, 🛥, ❄ – 🕃 🗏 ☎ 🅿
stagionale – **54 cam**.

PALLANZA Novara 988 ②, 428 E 7 – Vedere Verbania.

PALLUSIEUX Aosta 219 ①, 74 ⑱ – Vedere Pré-Saint-Didier.

PALMA DI MONTECHIARO Agrigento 988 ㊱ – Vedere Sicilia alla fine dell'elenco alfabetico.

PALOMBINA NUOVA Ancona – Vedere Ancona.

PAMPEAGO Trento – Vedere Tesero.

PANA (Monte) Bolzano – Vedere Santa Cristina Valgardena.

PANAREA (Isola) Messina 988 ㊲ ㊳ ㊳ – Vedere Sicilia (Eolie, isole) alla fine dell'elenco
alfabetico.

PANCHIA 38030 Trento – 608 ab. alt. 981 – a.s. febbraio-Pasqua e Natale – ✆ 0462.

🅱 (luglio-agosto) ✆ 83076.

Roma 656 – Belluno 84 – ♦Bolzano 50 – Canazei 31 – ♦Milano 314 – Trento 74.

🏠 **Rio Bianco,** ✆ 83077, ≤, « Giardino ombreggiato con ☷ riscaldata », ✗ – 🛗 ☎ 🄿.
⬅ ✗
dicembre-20 aprile e 20 giugno-15 settembre – Pas (solo per clienti alloggiati) 18/25000 –
⚏ 6000 – **37 cam** 55/90000 – ½ P 55/70000.

PANCOLE Siena – Vedere San Gimignano.

PANDINO 26025 Cremona 988 ③, 428 F 10 – 6 780 ab. alt. 85 – ✆ 0373.

Roma 556 – ♦Bergamo 37 – Cremona 52 – Lodi 12 – ♦Milano 34.

a Nosadello O : 2 km – ✉ **26025** Pandino:

✗ **Volpi,** via Indipendenza 36 ✆ 90100, 🌐 – 🄱 VISA
chiuso domenica sera e lunedì – Pas carta 27/37000.

PANICAROLA Perugia – Vedere Castiglione del Lago.

PANNESI Genova – Vedere Lumarzo.

PANTELLERIA (Isola di) Trapani 988 ㊲ – Vedere Sicilia alla fine dell'elenco alfabetico.

PANZA Napoli – Vedere Ischia (Isola d') : Forio.

PANZANO Firenze – Vedere Greve in Chianti.

PAOLA 87027 Cosenza 988 ㊴ – 17 939 ab. – ✆ 0982.

Vedere Guida Verde.

Roma 487 – Catanzaro 94 – ♦Cosenza 35 – ♦Napoli 281 – ♦Reggio di Calabria 187 – Salerno 230.

🏛 **L'Ostrica,** strada statale ✆ 610009, 🚣 – 🛗 ▤ ☎ 🚗 🄿. AE 🄱 ⓞ E VISA
Pas carta 24/38000 – **70 cam** ⚏ 80000 – ½ P 45/50000.

PARABIAGO 20015 Milano 428 F 8, 219 ⑱ – 22 667 ab. alt. 180 – ✆ 0331.

Roma 598 – Bergamo 73 – Como 40 – ♦Milano 21.

✗✗ **Da Palmiro,** via del Riale 16 ✆ 552024, Rist. con specialità di mare – ▤. AE 🄱 ⓞ E
VISA, ✗
chiuso martedì ed agosto – Pas carta 25/57000.

PARADISO Udine – Vedere Pocenia.

PARADISO – Vedere Cantone Ticino (Lugano) alla fine dell'elenco alfabetico.

PARAGGI 16038 Genova 428 J 9 – ✆ 0185.

Roma 484 – ♦Genova 35 – ♦Milano 170 – Rapallo 7 – ♦La Spezia 86.

✗ **Argentina** con cam, ✆ 286708 – ☎. AE 🄱 ⓞ E VISA
marzo-ottobre – Pas carta 42/60000 – ⚏ 10000 – **12 cam** 60/70000 – ½ P 115000.

PARATICO 25030 Brescia 428 429 F 11 – 3 204 ab. alt. 232 – a.s. Pasqua e luglio-
15 settembre – ✆ 035.

Roma 582 – ♦Bergamo 29 – ♦Brescia 33 – Cremona 78 – Lovere 29 – ♦Milano 70.

🏛 **Franciacorta Golf Hotel e Rist. Rossini,** ✆ 913333 e rist ✆ 913200, Fax 913600, 🕿,
🔲 ▥ 📺 ☎ 🚗 🄿 – 🛗 70. AE 🄱 ⓞ E VISA. ✗ rist
chiuso dal 21 dicembre al 9 gennaio – Pas carta 43/68000 – **40 cam** ⚏ 140/198000 –
½ P 135/177000.

✗✗ **Il Cuoco,** lungolago Mazzini 48 (E : 2 km) ✆ 913013 – ▤ 🄿. ✗
chiuso lunedì sera, martedì e dal 1° al 20 febbraio – Pas carta 32/55000.

PARCINES (PARTSCHINS) 39020 Bolzano 429 B 15, 218 ⑨ – 2 890 ab. alt. 641 – ✆ 0473.

🅱 ✆ 97157, Fax 97788.

Roma 674 – ♦Bolzano 37 – Merano 8,5 – ♦Milano 335 – Trento 95.

🏛 **Peter Mitterhofer** 🌄, ✆ 97122, Fax 98025, 🕿, 🔲, 🎠 – 🛗 ☎ 🄿. E. ✗ rist
20 dicembre-10 gennaio e 15 marzo-15 novembre – Pas (solo per clienti alloggiati) –
30 cam ⚏ 78/164000 – ½ P 87/103000.

a Tel (Töll) SE : 2 km – ✉ **39020** :

✗✗ **Museumstube-Bad Egart Onkel Taa,** ✆ 97342, 🌐 , prenotare, « Rist. rustico tirolese »
– ↔ 🄿. AE 🄱 E VISA. ✗
chiuso lunedì e dal 15 gennaio al 1° marzo – Pas carta 45/56000.

417

PARCO NAZIONALE D'ABRUZZO ★★★ L'Aquila-Isernia-Frosinone 988 ㉗
Vedere Guida Verde

PARETI Livorno – Vedere Elba (Isola d'): Capoliveri.

PARGHELIA 88035 Catanzaro – 1 417 ab. – ✿ 0963.
Roma 633 – Catanzaro 89 – ♦Cosenza 118 – ♦Reggio di Calabria 137 – Tropea 3.

🏨 **Baia Paraelios** ⚓, località Fornaci O : 3 km ✆ 600004, Fax 600074, ☎, « Villini indipendenti in un parco », ⚓, ⚓, 🎾, ⚒ – ☎ **P** – 🅰 80. 🆎 ⓞ 𝖵𝖨𝖲𝖠 ⚒
giugno-settembre – **68 cam** (solo pens) – P 205/255000.

PARMA 43100 🅿 988 ⑭, 428 429 H 12 – 174 341 ab. alt. 52 – ✿ 0521.

Vedere Complesso Episcopale★★★ : battistero★★★ CY A, Duomo★★ CY – Galleria nazionale★★, teatro Farnese★★, museo nazionale di antichità★ nel palazzo della Pilotta BY – Affreschi★★ del Correggio nella chiesa di San Giovanni Evangelista CYZ D – Affreschi★★ del Glauco Lombardi★ BY M1 – Parco Ducale★ ABY – Affreschi★ del Parmigianino nella chiesa della Madonna della Steccata BZ E.

🏞 La Rocca (chiuso gennaio, febbraio e lunedì) a Sala Baganza ✉ 43038 ✆ 834037, SO : 8 km.

🛈 piazza Duomo 5 ✆ 234735.

A.C.I. via Cantelli 15 ✆ 236672 – Roma 458 ① – ♦Bologna 96 ① – ♦Brescia 114 ① – ♦Genova 198 ⑤ – ♦Milano 122 ① – ♦Verona 101 ①.

🏨 **Gd H. Baglioni e Rist. L'Aiglon,** viale Piacenza 14 ✆ 292929, Telex 292828, Fax 532240 – 🛗 ▤ 📺 ☎ 🅿 ⛟ – 🅰 50 a 700. 🆎 🆂 ⓞ ∈ 𝖵𝖨𝖲𝖠 ⚒ rist   AY **a**
Pas *(chiuso dal 25 luglio al 25 agosto)* carta 50/76000 – **169 cam** ☷ 190/280000 appartamenti 350/600000 – ½ P 240/290000.

🏨 **Palace Hotel Maria Luigia e Rist. Maxim's,** viale Mentana 140 ✆ 281032, Telex 531008, Fax 31126 – 🛗 ⚒⚒ ▤ 📺 ☎ ⛟ – 🅰 300. 🆎 🆂 ⓞ ∈ 𝖵𝖨𝖲𝖠 ⚒ rist   CY **z**
Pas *(chiuso domenica ed agosto)* carta 44/72000 – ☷ 15000 – **105 cam** 170/250000 appartamenti 300000.

🏨 **Park Hotel Stendhal e Rist. La Pilotta,** piazzetta Bodoni 3 ✆ 208057, Telex 531216, Fax 285655 – 🛗 ▤ 📺 ☎ ⛟ – 🅰 60 a 150. 🆎 🆂 ⓞ ∈ 𝖵𝖨𝖲𝖠 ⚒ rist   BY **r**
Pas *(chiuso domenica sera, lunedì e dal 1° al 22 agosto)* carta 35/60000 – ☷ 16000 – **60 cam** 140/198000 – ½ P 140/182000.

🏨 **Park Hotel Toscanini** senza rist, viale Toscanini 4 ✆ 289141 – 🛗 ▤ 📺 ☎ 🅿 🆎 🆂 ⓞ ∈ 𝖵𝖨𝖲𝖠   BZ **e**
☷ 14000 – **48 cam** 125/180000.

🏨 **Villa Ducale** senza rist, via del Popolo 35 ang. via Moletolo ✆ 271142, Fax 70756, « Parco ombreggiato », ⚒ – 🛗 ▤ 📺 ☎ ⛶ 🅿 🆎 🆂 ⓞ ∈ 𝖵𝖨𝖲𝖠 ⚒
chiuso dal 23 dicembre al 1° gennaio – **25 cam** ☷ 110/170000
1,5 km per viale IV Novembre BY

🏨 **Farnese International Hotel,** via Reggio 51/a ✆ 994247, Fax 992311 – 🛗 ▤ 📺 ☎ ⛟ 🅿 – 🅰 70. 🆎 🆂 ⓞ ∈ 𝖵𝖨𝖲𝖠 ⚒ rist   BY **a**
Pas *(chiuso domenica)* carta 30/45000 – **76 cam** ☷ 82/120000.

🏨 **Torino** senza rist, borgo Mazza 7 ✆ 281047, Fax 230725 – 🛗 ⚒⚒ 📺 📺 ⛟ 🆎 🆂 ⓞ ∈ 𝖵𝖨𝖲𝖠   BY **v**
chiuso dal 25 al 30 dicembre e dal 1° al 24 agosto – ☷ 10000 – **33 cam** 68/98000.

PARMA

Daniel e Rist. Cocchi, via Gramsci 16 ℘ 995147, Fax 292606 – 劇 ▭ TV ☎ P. AE S
per ⑤
chiuso dal 22 dicembre al 1° gennaio e dal 28 luglio al 27 agosto – Pas (chiuso sabato)
carta 40/52000 (15%) – ☑ 10000 – **32 cam** 71/100000, ▤ 6000 – ½ P 82/107000.

Button senza rist, strada San Vitale 7 ℘ 208039, Fax 238783 – 劇 TV ☎ AE S ① E
VISA
BZ f
chiuso luglio – ☑ 10000 – **41 cam** 65/85000.

Savoy senza rist, via 20 Settembre 3/a ℘ 281101, Fax 281103 – 劇 ⇿ ☎
CY x
chiuso dal 23 dicembre al 1° gennaio ed agosto – ☑ 10000 – **27 cam** 65/100000.

Principe, via Emilia Est 46 ℘ 493847, Fax 242106 – 劇 ⇿ ☎ S ① E VISA ⛒
chiuso dal 4 al 28 agosto – Pas (chiuso domenica e da dicembre a marzo) carta 32/52000
per ②
(10%) – ☑ 9500 – **33 cam** 63/93000 – ½ P 90000

XXX ✱ **Parizzi,** strada della Repubblica 71 ☎ 285952, prenotare – 🔲 AE ⑤ ⓪ E VISA ✺
chiuso domenica sera, lunedì e dal 21 luglio al 17 agosto – Pas carta 41/70000 (12%) CZ **h**
Spec. Sacchetti in fonduta di grana e asparagi (marzo-giugno). Anatra caramellata al limone, Porcini gratinati
(settembre-novembre). Vini Malvasia, Cabernet-Sauvignon.

XX Angiol d'Or, vicolo Scutellari 1 ☎ 282632, prenotare – 🔲
CY **b**

XX **La Filoma,** via 20 Marzo 15 ☎ 234269, Coperti limitati; prenotare – ⇦⇨. AE ⑤ ⓪ E VISA
✺
chiuso domenica ed agosto – Pas carta 45/56000.
CZ **a**

XX ✱ **La Greppia,** strada Garibaldi 39/a ☎ 233686, prenotare – 🔲. AE ⑤ ⓪ E VISA. ✺
chiuso giovedì, venerdì, dal 24 dicembre al 2 gennaio e luglio – Pas carta 49/78000 BY **e**
Spec. Insalata di coniglio all'aceto balsamico, Fagottino di verdure di stagione, Tournedos di vitello al
pompelmo rosa. Vini Terre Alte, Cabreo.

XX **Parma Rotta,** via Langhirano 158 ☎ 581323, « Servizio estivo sotto un pergolato » – ⇦⇨
ⓟ. AE ⓪ VISA. ✺
per viale Rustici BZ
chiuso domenica da giugno a settembre e lunedì negli altri mesi – Pas carta 35/64000.

XX **Il Cortile,** borgo Paglia 3 ☎ 285779, Coperti limitati; prenotare – 🔲. AE ⑤ ⓪ VISA. ✺
chiuso domenica, lunedì a mezzogiorno ed agosto – Pas carta 27/41000.
AZ **a**

X **Gallo d'Oro,** borgo della Salina 3 ☎ 208846 – 🔲. AE ⓪ VISA. ✺
chiuso domenica – **Pas** carta 25/37000.
BZ **c**

X **Al Canòn d'Or,** via Nazario Sauro 3 ☎ 285234 – AE ⑤ ⓪ E VISA. ✺
chiuso mercoledì – Pas carta 24/45000 (10%).
BZ **s**

X **Vecchio Molinetto,** viale Milazzo 39 ☎ 52672, « Servizio estivo in giardino » – ⓟ. ✺
chiuso venerdì, sabato ed agosto – Pas carta 27/39000.
AZ **g**

sulla strada statale 9 - via Emilia per ③ : 3 km :

XX **Charly,** ✉ 43026 San Lazzaro Parmense ☎ 493974, « Villa del 18 secolo » – ⇦⇨ ⓟ. AE
⑤ ⓪ E VISA. ✺
chiuso domenica, lunedì, agosto e Natale – Pas carta 42/89000.

a Marore per strada provinciale 513 : 4 km CZ – ✉ 43100 Parma :

XX **La Piccionaia,** ☎ 491877, Coperti limitati; prenotare – ⓟ. AE ⑤ ⓪ E VISA
chiuso lunedì – Pas carta 29/50000.

a San Lazzaro Parmense per ③ : 3 km – ✉ 43026 :

XX **Al Tramezzino,** via Del Bono 5/b ☎ 45868 – AE ⑤ ⓪ E VISA
chiuso lunedì, martedì (escluso luglio-agosto) e dal 25 giugno al 10 luglio – Pas
carta 30/50000.

a Ponte Taro per ⑤ : 10 km – ✉ 43010 :

🏨 **San Marco,** via Emilia 42 ☎ 61521, Fax 618700 – |📶| 🔲 📺 ☎ ⓟ – 🔬 500. AE ⑤ ⓪
E VISA. ✺ rist
Pas *(chiuso lunedì ed agosto)* carta 29/47000 – **82 cam** ☐ 110/160000 – ½ P 100/125000.

Vedere anche : *Viarolo* NO : 11 km.
Torrile N : 15 km.

MICHELIN, via Nobel 5/A-località Paradigna per ①, ☎ 607717, Fax 607053.

*If you write to a hotel abroad,
enclose an International Reply Coupon
(available from Post Offices).*

PARONA DI VALPOLICELLA Verona – Vedere Verona.

PARTSCHINS = Parcines.

PASQUILIO Massa-Carrara – Vedere Montignoso.

PASSARIANO Udine – Vedere Codroipo.

PASSIGNANO SUL TRASIMENO 06065 Perugia 988 ⑮ – 4 726 ab. alt. 289 – ✿ 075.
Roma 211 – Arezzo 48 – ◆Perugia 28 – Siena 80.

🏨 **Villa Paradiso** ⑤, via Rosselli ☎ 827824, Fax 828118 – 📺 ☎ ⓟ. AE ⑤ ⓪. ✺ rist
marzo-ottobre – Pas 30/40000 – ☐ 15000 – **108 cam** 70/130000 – ½ P 90/110000.
🏠 **La Vela** senza rist, via Rinascita 2 ☎ 827221 – |📶| ☎ 🚗 ⓟ. AE ⑤ E VISA
☐ 4000 – **31 cam** 47/65000.

Vedere anche : *Isola Maggiore* SO : 15/30 mn di battello.
Castel Rigone NE : 10 km.

PASSO Vedere nome proprio del passo.

PASSO LANCIANO Chieti – alt. 1 306 – a.s. febbraio-15 aprile, 15 luglio-15 agosto e Natale –
Sport invernali : 1 306/2 000 m ≤4.
Roma 200 – Chieti 39 – Ortona 52 – ♦Pescara 57.

🏠 **La Maielletta** ⟰, alt. 1 280, ⊠ 66010 Pretoro ℰ (0871) 896164 – ⇔ cam ☎ ℗. ≫
  Pas *(chiuso martedì)* carta 19/27000 (10%) – ⊑ 8000 – **50 cam** 65000.

🏠 **Mamma Rosa** ⟰, via Maielletta S : 5 km, alt. 1 650, ⊠ 66010 Pretoro ℰ (0871) 896143,
  ← vallata, ⟰s – ⇔ ℗. ≫
  chiuso maggio ed ottobre – Pas *(chiuso mercoledì in bassa stagione)* carta 24/33000 – ⊑
  7000 – **42 cam** 50/70000 – P 60/70000.

PASTENA 03020 Frosinone – 1 733 ab. alt. 317 – ✪ 0776.
Roma 114 – Frosinone 39 – Latina 86 – ♦Napoli 138.

✗ **Mattarocci,** ℰ 546537, ← – ≫
➤ Pas carta 15/26000 (5%).

PASTRENGO 37010 Verona 428 F 14 – 2 296 ab. alt. 192 – ✪ 045.
Roma 509 – Garda 16 – Mantova 49 – ♦Milano 144 – Trento 82 – ♦Venezia 135 – ♦Verona 17.

✗✗ **Stella d'Italia,** piazza Carlo Alberto ℰ 7170034, 🍽 – ▤. 🖭 𝚅𝙸𝚂𝙰. ≫
  chiuso domenica e mercoledì sera – Pas carta 26/40000.

  a Piovezzano N : 1,5 km – ⊠ **37010** Pastrengo :

✗✗ **Eva,** ℰ 7170110, 🍽 – ▤ ℗. 🖭. ≫
  chiuso martedì e dal 1° al 15 luglio – Pas carta 23/34000.

PASTURANA Alessandria – Vedere Novi Ligure.

PATRICA 03010 Frosinone – 2 740 ab. alt. 436 – ✪ 0775.
Roma 113 – Frosinone 17 – Latina 49.

  sulla strada provinciale per Ceccano E : 9 km :

✗ **Villa del Poggio,** ⊠ 03010 ℰ 352291 – ℗. 🆎 🖭 ① 🄴 𝚅𝙸𝚂𝙰
  chiuso sabato e dal 4 al 23 agosto – Pas carta 27/43000.

PAVIA 27100 ℗ 988 ③, 428 G 9 – 80 653 ab. alt. 77 – ✪ 0382.
Vedere Castello Visconteo★ BY – Duomo★ AZ D – Chiesa di San Michele★ BZ B – Arca di
Sant'Agostino★ e portale★ della chiesa di San Pietro in Ciel d'Oro AY E – Tomba★ nella chiesa
di San Lanfranco O : 2 km.

Dintorni Certosa di Pavia★★★ per ① : 9 km.

🅱 via Fabio Filzi 2 ℰ 22156.
A.C.I. piazza Guicciardi 5 ℰ 301301.
Roma 563 ③ – Alessandria 67 ③ – ♦Genova 121 ④ – ♦Milano 38 ⑤ – Novara 62 ④ – Piacenza 54 ③.

Pianta pagina seguente

🏨 **Moderno** senza rist, viale Vittorio Emanuele 41 ℰ 003401, Fax 25225 – 🛗 ▤ 🖵 ☎ ⇔
  – 🔼 45. 🆎 🖭 ① 🄴 𝚅𝙸𝚂𝙰. ≫   AY a
  chiuso dal 22 dicembre al 6 gennaio – ⊑ 10000 – **54 cam** 100/130000.

🏨 Palace e Rist. La Serre, via della Libertà 89 ℰ 27441, Fax 27441 – 🛗 ▤ 🖵 ☎   AZ b
  51 cam.

🏨 **Rosengarten,** piazza Policlinico ℰ 526312 – 🛗 🖵 ☎ ⇔ ℗. 🆎 🖭 ① 🄴 𝚅𝙸𝚂𝙰. ≫
  chiuso dal 5 al 26 agosto – Pas carta 26/46000 – ⊑ 8000 – **84 cam** 60/90000 – P 100000 AY c

🏨 **Ariston,** via Scopoli 10 ℰ 34334, Fax 25667 – 🛗 ▤ rist 🖵 ☎. 🆎 🖭 ① 🄴 𝚅𝙸𝚂𝙰. ≫ rist
  chiuso dal 24 dicembre al 6 gennaio – Pas *(chiuso sabato a mezzogiorno e domenica)* BZ r
  carta 35/48000 – ⊑ 10000 – **60 cam** 65/95000 – ½ P 75/85000

🏠 **Excelsior** senza rist, piazza Stazione 25 ℰ 28596, Fax 26030 – 🖵 ☎. 🆎 🖭 ① 🄴 𝚅𝙸𝚂𝙰   AYZ s
  ≫
  ⊑ 7000 – **23 cam** 47/80000.

✗✗✗ ⊛ **Locanda Vecchia Pavia,** via Cardinal Riboldi 2 ℰ 304132, Coperti limitati; prenotare AZ x
  – ▤. 🆎 🖭 ① 𝚅𝙸𝚂𝙰. ≫
  chiuso lunedì, mercoledì a mezzogiorno ed agosto – Pas carta 55/80000
  Spec. Insalata di astice e favette in salsa al caviale, Margherita di pasta fresca alla pavese, Scaloppa di
  branzino agli asparagi (primavera-estate). Vini Riesling Renano, Alfeo.

✗✗ **Ferrari-da Tino,** via dei Mille 111 ℰ 31033 – 🖭 𝚅𝙸𝚂𝙰   AZ n
  chiuso domenica sera, lunedì e dal 15 luglio al 30 agosto – Pas carta 31/51000 (10%).

✗ **Italia,** viale Bramante 8 ℰ 25086 – ℗. 🆎 🖭 ① 🄴 𝚅𝙸𝚂𝙰. ≫   per ④
  chiuso venerdì sera e sabato – Pas carta 31/44000.

✗ **Francescon,** via dei Mille 146 ℰ 22331 – ℗. ≫   AZ
  chiuso lunedì e luglio – Pas carta 25/40000.

✗ **Antica Osteria del Previ,** località Borgo Ticino via Milazzo 65 ℰ 26203, prenotare   ABZ z
  chiuso mercoledì, dal 1° al 15 luglio e dal 1° al 15 dicembre – Pas carta 40/60000

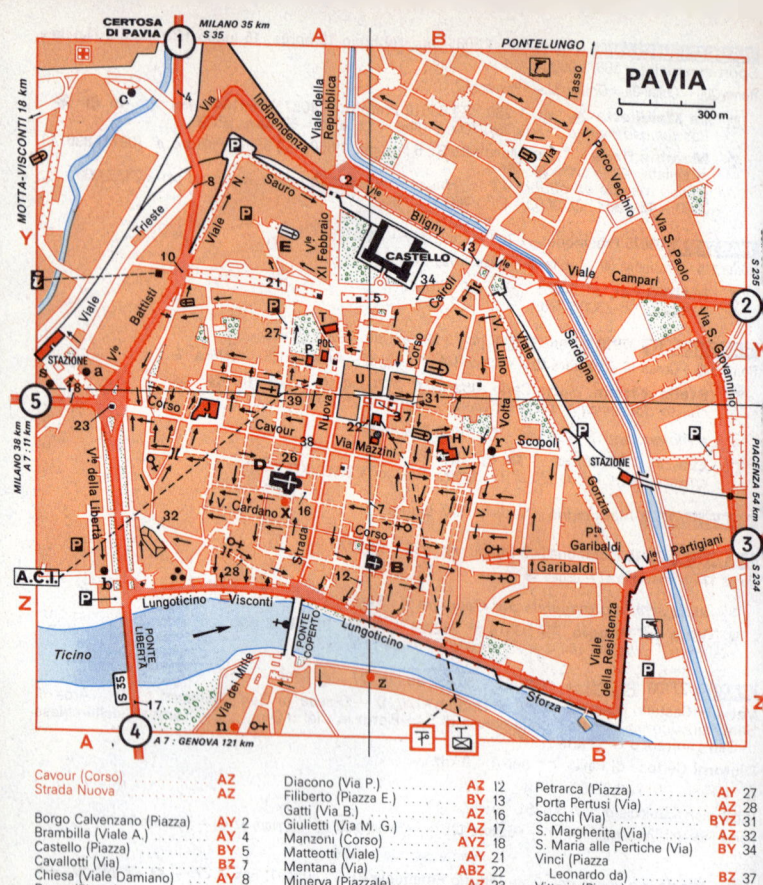

PAVIA

0 — 300 m

CERTOSA DI PAVIA · MILANO 35 km S 35 · PONTELUNGO

MOTTA-VISCONTI 18 km

MILANO 38 km A 7 · 11 km

A 7 · GENOVA 121 km

PIACENZA 54 km · S 234

S 235

sulla strada statale 35 :

🏨 Plaza, per ④ : 3 km ⊠ 27028 San Martino Siccomario ℰ 559413, Fax 556085 – 🛗 🖭 📺
☎ 🅿 – 🔬 30. 🆎 🆂 ⓞ ⓔ 𝖵𝖨𝖲𝖠
Pas (solo per clienti alloggiati e *chiuso a mezzogiorno e sabato*) carta 27/45000 – **53 cam**
⊡ 98/142000 – ½ P 128000.

🗙🗙🗙 Al Cassinino, per ① : 4 km ⊠ 27100 ℰ 422097, Coperti limitati; prenotare – 🖭 🅿. 🛇
chiuso mercoledì e dal 20 dicembre al 10 gennaio – Pas carta 61/98000.

🗙🗙 Giannino con cam, per ④ : 3 km ⊠ 27028 San Martino Siccomario ℰ 559658 – 📼 rist
📺 🕾 🅿. 🆎 🆂 ⓞ ⓔ 𝖵𝖨𝖲𝖠 🛇
Pas *(chiuso lunedì)* carta 37/76000 – ⊡ 8000 – **16 cam** 60/90000 – ½ P 70/80000.

PAVIA DI UDINE 33050 Udine 𝟺𝟸𝟿 E 21 – 5 419 ab. alt. 68 – ◎ 0432.
Roma 635 – Gorizia 29 – ◆Milano 374 – ◆Trieste 64 – Udine 10 – ◆Venezia 124.

a Lauzacco SO : 3 km – ⊠ 33050 Risano :

🗙🗙 Al Fogolar, sulla statale 352-Crosada ℰ 675173 – 🔄 🅿. 🆎 🆂 ⓞ ⓔ 𝖵𝖨𝖲𝖠
chiuso lunedì sera, martedì, dal 1° al 15 gennaio e dal 1° al 15 agosto – Pas carta 28/45000.

🗙 Al Gallo-da Paolo, via Ippolito Nievo 7 ℰ 675161, 🏠 – 🅿. 🆎 ⓞ 𝖵𝖨𝖲𝖠. 🛇
chiuso lunedì ed agosto – Pas carta 30/48000.

Michelin road map of GREECE (scale 1:700 000), no 𝟿𝟾𝟢

PAVULLO NEL FRIGNANO 41026 Modena 988 ⑭, 428 429 I 14 – 13 182 ab. alt. 682 – a.s. luglio-agosto e Natale – ☎ 0536.

Roma 411 – ♦Bologna 63 – ♦Firenze 137 – ♦Milano 222 – ♦Modena 47 – Pistoia 101 – Reggio nell'Emilia 61.

Vandelli, via Giardini Sud 7 ☎ 21808, Fax 23608 – 🏠 📺 ☎ ⇦ – 🔼 120. 🝞 🕃 ⓞ Ε VISA. ❀
Pas (chiuso martedì) 25/30000 – 🖵 10000 – **41 cam** 60/90000 – ½ P 50/70000.

Ferro di Cavallo, via Bellini·4 ☎ 20098 – 🏠 🖵 rist 📺 ☏ ⇦ Ρ. 🝞 🕃 ⓞ Ε VISA. ❀ rist
chiuso gennaio – Pas (chiuso lunedì) carta 30/40000 – 🖵 20000 – **18 cam** 60/90000 – ½ P 50/70000.

Parco Corsini, viale Martiri 11 ☎ 20129, 🏠 – ❀
chiuso lunedì (escluso luglio-agosto), dal 7 al 27 gennaio e dal 17 al 30 giugno – **Pas** carta 24/40000 (10%).

PECORONE Potenza – Vedere Lauria.

PEDARA Catania – Vedere Sicilia alla fine dell'elenco alfabetico.

PEDASO 63016 Ascoli Piceno 988 ⑯⑰ – 1 964 ab. – ☎ 0734.

Roma 249 – ♦Ancona 72 – Ascoli Piceno 52 – Macerata 52 – ♦Pescara 86 – Porto San Giorgio 11.

Valdaso, ☎ 931349, Fax 931701 – 🏠 ⇴ rist 📺 ☏ ₺ ⇦ Ρ. 🕃 VISA
Pas (chiuso domenica da ottobre a giugno) carta 19/28000 – 🖵 3000 – **27 cam** 35/50000 – ½ P 38/42000.

PEDAVENA 32034 Belluno 429 D 17 – 4 116 ab. alt. 359 – ☎ 0439.

Roma 596 – Belluno 33 – ♦Padova 97 – Trento 84 – Treviso 61.

a Croce d'Aune NO : 9 km – alt. 1 011 – ✉ 32034 Pedavena :

Croce d'Aune con cam, ☎ 977000, Fax 977140 – Ρ. 🕃 VISA. ❀ rist
Pas carta 25/35000 – 🖵 5000 – **25 cam** 38/60000 – ½ P 35/45000.

PEDEMONTE Verona – Vedere Verona.

PEDERIVA Vicenza – Vedere Grancona.

PEDEROBBA 31040 Treviso 429 E 17 – 6 409 ab. alt. 225 – ☎ 0423.

Dintorni Possagno : Deposizione★ nel tempio di Canova O : 8,5 km.

Roma 560 – Belluno 47 – ♦Milano 265 – ♦Padova 59 – Treviso 35 – ♦Venezia 65.

Antica Locanda Monfenera-da Tino, a cima Monfenera NO : 6 km alt. 780, ☎ 69705, ⇴ pianura e fiume Piave – Ρ. VISA. ❀
chiuso martedì, mercoledì a mezzogiorno (escluso luglio-agosto) e dal 7 gennaio al 18 marzo – Pas carta 30/40000.

ad Onigo di Piave SE : 3 km – ✉ 31050 :

Le Rive, via Rive 32 ☎ 64267, « Servizio estivo all'aperto »
chiuso martedì, mercoledì, febbraio ed ottobre – Pas carta 22/35000.

PEDRACES (PEDRATSCHES) Bolzano – Vedere Badia.

PEDRINATE – Vedere Chiasso.

PEIO 38020 Trento 988 ④, 428 429 C 14 – 1 886 ab. alt. 1 389 – Stazione termale, a.s. febbraio-Pasqua e Natale – Sport invernali : 1 389/2 512 m ⟜5 1 ⟜5 5, ⟠ – ☎ 0463.

🎱 alle Terme ☎ 73100 Roma 669 – ♦Bolzano 93 – Passo di Gavia 54 – ♦Milano 256 – Sondrio 102 – Trento 87.

Kristiania ⧖, a Cògolo ✉ 38024 ☎ 74157, Fax 74400, ⇴ – 📺 ☎ ⇦ Ρ. 🝞 🕃 VISA. ❀
dicembre-aprile e 10 giugno-25 settembre – Pas carta 22/38000 – **33 cam** 🖵 80/100000 – P 50/100000.

Cevedale, a Cògolo ✉ 38024 ☎ 74067, Fax 74067 – 🏠 ☎ Ρ. 🝞 🕃 VISA. ❀ rist
chiuso maggio e novembre – Pas carta 24/35000 – 🖵 7000 – **30 cam** 50/90000 – ½ P 55/70000.

Alpino, alle Terme ☎ 73212, ⇴, 🔲 – 🏠 ☎ Ρ. ❀ rist
20 dicembre-14 aprile e 20 giugno-10 settembre – Pas (solo per clienti alloggiati) – 🖵 8000 – **44 cam** 52/90000 – ½ P 58/80000.

Vioz ⧖, alle Terme ☎ 73146, Fax 73333, ⇴, 🚗, ❀ – ☏ ₺ ⇦ Ρ
stagionale – **48 cam**.

Biancaneve ⧖, a Cògolo ✉ 38024 ☎ 74100, ⇴ – ☎ ⇦ Ρ. ❀
20 dicembre-Pasqua e luglio-10 settembre – Pas 23/26000 – 🖵 6000 – **22 cam** 39/65000 – ½ P 36/54000.

Il Mulino, a Comasine ☎ 74244
20 dicembre-20 aprile e 20 giugno-15 settembre – Pas carta 28/39000.

PELLESTRINA (Isola di) Venezia – Vedere Venezia.

PENIA Trento – Vedere Canazei.

PENNABILLI 61016 Pesaro 988 ⑮, 429 K 18 – 3 135 ab. alt. 550 – a.s. 15 giugno-agosto – ✆ 0541.
Roma 307 – ♦Perugia 121 – Pesaro 76 – Rimini 67.

   🏠 **Parco,** ✆ 928446, 🚗 – 🛗 ☜. ⚞
      chiuso da novembre a gennaio – Pas (chiuso martedì) carta 24/34000 – ☷ 5000 – **22 cam** 38/48000 – ½ P 43000.

PENNE 65017 Pescara 988 ㉗ – 12 244 ab. alt. 438 – ✆ 085.
Roma 228 – L'Aquila 125 – Chieti 38 – ♦Pescara 32 – Teramo 69.

   ✗ **Tatobbe,** corso Alessandrini 45 ✆ 8279512 – ⚞
   🔺 chiuso lunedì e dal 18 dicembre al 2 gennaio – Pas carta 20/33000.

PERA Trento – Vedere Pozza di Fassa.

PERGINE VALSUGANA 38057 Trento 988 ④, 429 D 15 – 14 513 ab. alt. 482 – a.s. 15 dicembre-Epifania – ✆ 0461.
🛈 (giugno-settembre) piazza Gavazzi 1 ✆ 531258.
Roma 599 – Belluno 101 – ♦Bolzano 71 – ♦Milano 255 – Trento 11 – ♦Venezia 152.

   🏨 **Al Ponte,** via Maso Grillo 4 (NO : 1 km) ✆ 531317, Fax 531288, « Giardino con ⚞ » – 🛗
      📺 ☎ ♿ 🚗 🅿 – 🔏 25 a 80. 🆎 🖭 ⓪ 🇪 VISA ⚞
      Pas (chiuso domenica in bassa stagione) carta 35/42000 – ☷ 13000 – **40 cam** 70/110000 – ½ P 100000.

   🏨 **Turismo,** via Venezia 20 ✆ 531073, Telex 401119, Fax 531073, ⚞, 🚗 – 🛗 📺 ☎ 🅿. 🆎
      🖭 ⓪ 🇪 VISA ⚞ rist
      Pas (chiuso domenica) carta 23/37000 – ☷ 5000 – **38 cam** 50/85000 – ½ P 72000.

   ✗✗ **Al Castello** ⚞ con cam, E : 2,5 km ✆ 531158, ≤, « Castello del 13° secolo », 🚗 – ☜
      🅿
      maggio-15 ottobre – Pas (chiuso lunedì in bassa stagione) carta 37/50000 – ☷ 7000 – **19 cam** 38/66000 – ½ P 54/58000.

   a San Cristoforo al Lago S : 2 km – ✉ 38050.
   🛈 (giugno-settembre) ✆ 531119 :

   🏨 **Lido-Seehof** ⚞, ✆ 531044, Fax 530324 , « Piccolo parco », 🔥, ☎, 🔥, ✗ – 🛗 ☎
      🅿. ⚞ rist
      27 aprile-6 ottobre – Pas 24000 – **74 cam** ☷ 60/106000 – P 55/73000.

PERGUSA (Lago di) Enna – Vedere Sicilia (Enna) alla fine dell'elenco alfabetico.

PERINALDO 18030 Imperia 428 K 5, 195 ⑱ – 916 ab. alt. 573 – ✆ 0184.
Roma 668 – ♦Genova 169 – Imperia 55 – ♦Milano 291 – San Remo 28 – Ventimiglia 17.

   🏠 **La Riana,** ✆ 672015, ≤ vallata e mare, « Giardino oliveto » – 🅿. ⚞
      chiuso ottobre e novembre – Pas (chiuso giovedì) 25000 – ☷ 9000 – **12 cam** 25/40000 – P 48/54000.

   ✗ **I Pianeti di Giove,** ✆ 672093, ≤ vallata e mare – 🆎 🖭 ⓪ 🇪 VISA
      chiuso mercoledì e febbraio – Pas carta 20/38000 (10%).

PERLEDO 22050 Como 219 ⑨ – 806 ab. alt. 407 – ✆ 0341.
Roma 644 – ♦Bergamo 57 – Chiavenna 47 – Como 53 – Lecco 24 – ♦Milano 80 – Sondrio 62.

   ✗ **Il Caminetto,** località Gittana ✆ 830626, prenotare – 🅿. ⚞
      chiuso mercoledì, gennaio o giugno – Pas carta 25/44000.

   al lago :
   ✗✗ La Cava, ✉ 22050 ✆ 831069, ≤, 🌳, « Terrazze in riva al lago » – 🅿.

PERTI ALTO Savona – Vedere Finale Ligure.

Les hôtels ou restaurants agréables sont indiqués
dans le guide par un signe rouge.
Aidez-nous en nous signalant les maisons où, par expérience,
vous savez qu'il fait bon vivre.
Votre guide Michelin sera encore meilleur.

     🏨🏨 ... 🏠

     ✗✗✗✗✗ ... ✗

PERUGIA 06100 P 988 ⑮ – 149 261 ab. alt. 493 – ☎ 075.

Vedere Piazza 4 Novembre★★ BY : fontana Maggiore★★, palazzo dei Priori★★ D (galleria nazionale dell'Umbria★★) – Chiesa di San Pietro★★ BZ L – Oratorio di San Bernardino★★ AY – Museo Archeologico Nazionale dell'Umbria★★ BZ M – Collegio del Cambio★ BY E : affreschi★★ del Perugino – <★★ dai giardini Carducci AZ – Porta Marzia★ e via Bagliona Sotterranea★ BZ Q – Chiesa di San Domenico★ BZ – Porta San Pietro★ BZ N – Via dei Priori★ AY – Chiesa di Sant'Angelo★ AY R – Arco Etrusco★ BY K – Via Maestà delle Volte★ ABY 29 – Cattedrale★ BY F – Via delle Volte della Pace★ BY 55.

Dintorni Ipogeo dei Volumni★ per ② : 6 km.

(chiuso lunedì) ad Ellera ✉ 06074 ☎ 795204, per ③ : 9 km.

via 4 Novembre 3 ☎ 23327.

A.C.I. via Mario Angeloni 1 ☎ 71941.

Roma 172 ② – ♦Firenze 154 ③ – ♦Livorno 222 ③ – ♦Milano 449 ③ – ♦Pescara 281 ② – ♦Ravenna 196 ②.

Pianta pagina seguente

Brufani, piazza Italia 12 ☎ 62541, Telex 662104, Fax 20210, < – – 40 a 70. AE VISA. rist — AZ x
Pas carta 47/73000 – 18000 – **24 cam** 280/357000 appartamenti 400/535000.

Locanda della Posta senza rist, corso Vannucci 97 ☎ 61345, Fax 61345 – AE E VISA — AZ s
40 cam 187/275000 appartamento 425000.

Perugia Plaza Hotel, via Palermo 88 ☎ 34643, Telex 661165, Fax 30863 – rist – 200. AE E VISA. rist — per via dei Filosofi BZ
Pas *(chiuso lunedì)* carta 36/58000 – 14000 – **101 cam** 136/182000 appartamenti 254/364000 – ½ P 125/194000.

La Rosetta, piazza Italia 19 ☎ 20841, Telex 563271, Fax 20841 – – 100. E VISA. — AZ r
Pas *(chiuso lunedì)* carta 27/41000 (15%) – 10000 – **96 cam** 80/170000 – ½ P 118/125000.

Grifone, via Silvio Pellico 1 ☎ 32049, Telex 564038, Fax 32221 – rist – 100. AE E VISA. — per via dei Filosofi BZ
Pas *(chiuso venerdì e dal 1° al 10 agosto)* carta 24/41000 – 12000 – **50 cam** 90/140000 – ½ P 95/125000.

Fortuna, senza rist, via Bonazzi 19 ☎ 22845, < – – **33 cam** — AZ b

Ideal, senza rist, via Tuderte 1/g ☎ 30869, – – **19 cam** — 1 km : per ②

Signa senza rist, via del Grillo 9 ☎ 61080 – . . — BZ n
8000 – **23 cam** 48/70000.

I Loggi , via del Brozzo 18 ☎ 33785, <, , – . AE E VISA. rist — 3 km : per ②
Pas *(chiuso lunedì)* 28/38000 – 8000 – **19 cam** 60/90000 – ½ P 75/90000.

Osteria del Bartolo, via del Bartolo 30 ☎ 61461 – AE E VISA. — BY a
chiuso martedì, dal 7 al 18 gennaio e dal 25 luglio al 7 agosto – Pas carta 45/61000.

La Taverna, via delle Streghe 8 ☎ 61028, Fax 65888 – AE E VISA — AZ e
chiuso lunedì e dal 24 al 31 luglio – Pas carta 31/48000 (12%).

Ricciotto, piazza Danti 19 ☎ 21956 – AE E VISA. — BY v
chiuso domenica e giugno – Pas carta 38/54000 (15%)

Falchetto, via Bartolo 20 ☎ 61875 – AE E VISA. — BY b
chiuso lunedì – Pas carta 29/46000 (15%).

La Bocca Mia, via Rocchi 36 ☎ 23873 – AE E VISA — BY n
chiuso domenica e dal 1° al 20 agosto – Pas carta 30/40000 (10%).

Dal Mi' Cocco, Corso Garibaldi 12 ☎ 62511, Coperti limitati; prenotare – — BY
chiuso lunedì – Pas 16000 bc.

La Lanterna, via Rocchi 6 ☎ 66064 – AE VISA — BY z
chiuso martedì – Pas carta 21/53000.

Da Giancarlo, via dei Priori 36 ☎ 24314 — AY b

a Ferro di Cavallo per ③ : 6 km – alt. 287 – ✉ **06074** Ellera Umbra :

Hit Hotel, strada Trasimeno Ovest 159 z/10 ☎ 799247, Telex 661033, Fax 798947 – – 150. AE E VISA.
Pas *(chiuso lunedì)* carta 29/40000 – 12000 – **80 cam** 90/120000 appartamenti 240000 – ½ P 60/70000.

a Ponte San Giovanni per ② : 7 km – alt. 189 – ✉ **06087** :

Park Hotel, via Volta 1 ☎ 394444, Telex 660112, Fax 397877 – cam – – 30 a 260. AE VISA
Pas carta 29/39000 – 10000 – **88 cam** 90/135000 – ½ P 85/104000.

Deco, via del Pastificio 8 ☎ 5990950, , – – 80. AE E VISA
Pas *(chiuso domenica sera)* carta 35/48000 – 5000 – **15 cam** 90/140000 – ½ P 100/110000.

Tevere, via Manzoni 421 ☎ 394341, Fax 394342 – . AE VISA.
Pas *(chiuso sabato)* carta 40/53000 – 10000 – **43 cam** 60/88000, 8000 – ½ P 70/80000.

Osteria Vecchio Ponte, via Manzoni 296 ☎ 393612 – . AE E VISA.
chiuso domenica e dal 1° al 15 agosto – Pas carta 28/43000 (10%).

PERUGIA

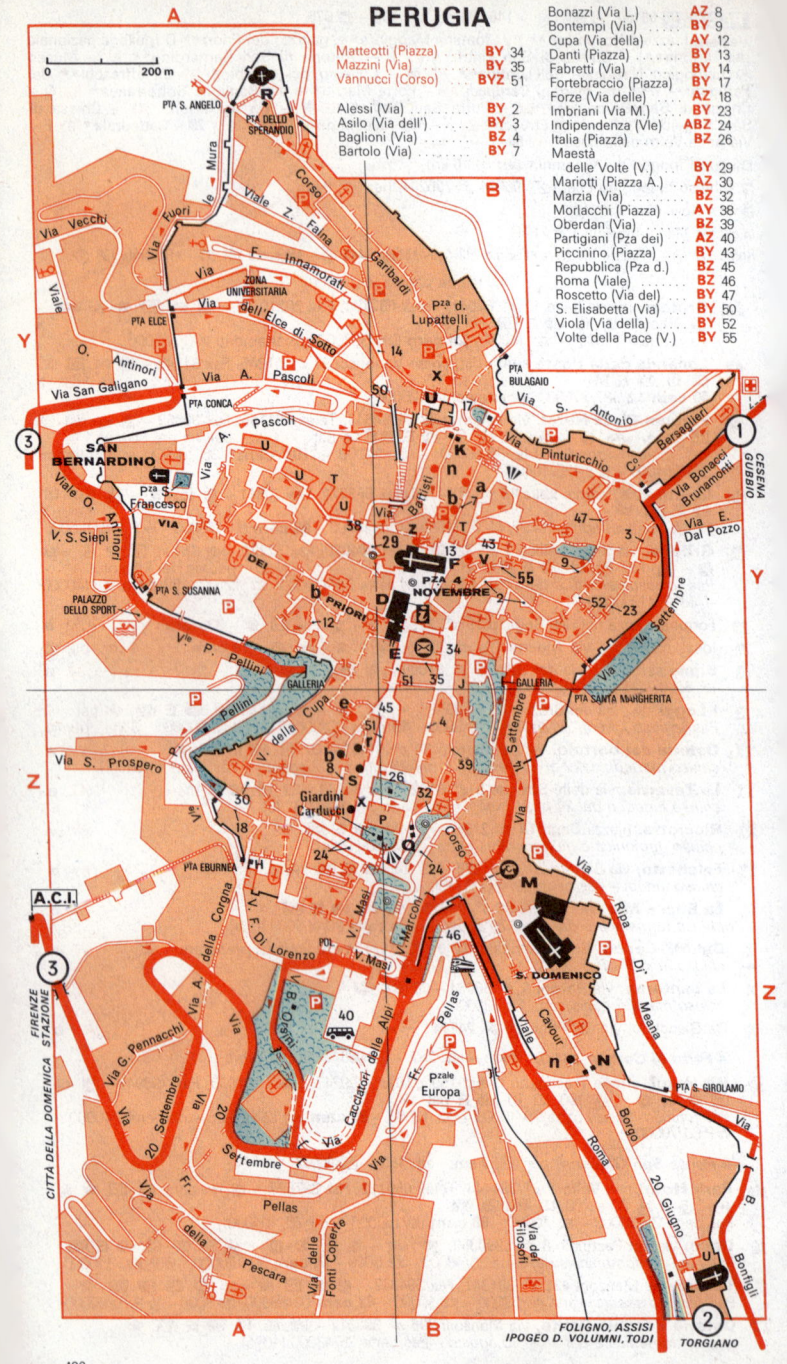

ad Olmo per ③ : 8 km – alt. 284 – ⊠ 06073 Corciano :

XX **Osteria dell'Olmo,** 𝒫 799140, « Servizio estivo all'aperto » – ℗ – 🅐 40·a 100. 🖭 🅂
🕪 🄴 𝓥𝓘𝓢𝓐. 🦟
chiuso lunedì – Pas carta 40/54000.

verso Città della Domenica per ③ : 8 km :

🏠 **Sirius** 🦕, località San Marco ⊠ 06070 San Marco 𝒫 690142, Fax 44258, ≤, 🚗, 🦟 –
🕿 ℗. 🖭 🄴 𝓥𝓘𝓢𝓐. 🦟
chiuso dal 15 gennaio al 15 marzo – Pas *(solo per clienti alloggiati e chiuso a mezzogiorno)*
23/26000 – 🖙 6000 – **15 cam** 60/88000 – ½ P 75000.

a Ponte Valleceppi per ① : 10 km – alt. 192 – ⊠ 06078 :

🏛 **Vegahotel,** sulla strada statale 318 (NE : 2 km) 𝒫 6929534, Fax 6929507, 🚗 – 📺 🕿 🄱
℗ – 🅐 60 a 150. 🖭 𝓥𝓘𝓢𝓐. 🦟
chiuso dal 24 dicembre al 10 gennaio – Pas *(chiuso mercoledì)* carta 28/34000 – 🖙 9000 –
42 cam 75/90000 – ½ P 60/72000.

Vedere anche : *Corciano* per ③ : 13 km.
               Torgiano per ② : 16 km.

PESARO 61100 ℗ 🄆🄆🄆 ⑯, 🄐🄆🄆 K 20 – 90 325 ab. – a.s. 15 giugno-agosto – ✪ 0721.

Vedere Museo Civico★ : ceramiche★★ Z.

🄱 piazzale della Libertà 𝒫 69341 – via Rossini 41 𝒫 63690.

A.C.I. via San Francesco 44 𝒫 33368.

Roma 300 ① – ✦Ancona 76 ① – ✦Firenze 196 ② – Forlì 87 ② – ✦Milano 359 ② – ✦Perugia 134 ① – ✦Ravenna
92 ② – Rimini 40 ②.

Pianta pagina seguente

🏰 **Vittoria,** piazzale della Libertà 2 𝒫 34343, Telex 561624, Fax 68874, Ⅰᷲ, 🖙🖙, 🏊 – 📶 🔲
📺 🕿 🚗 – 🅐 80 a 150. 🖭 🅂 🕪 🄴 𝓥𝓘𝓢𝓐. 🦟   **Y e**
Pas *(chiuso a mezzogiorno e domenica da ottobre a maggio)* carta 30/50000 – 🖙 20000 –
27 cam 150/220000 appartamenti 370000.

🏛 **Savoy,** viale della Repubblica 22 𝒫 67440, Fax 64429, 🏊 – 📶 🖙🖙 cam 🔲 📺 🕿 🄱 🚗
– 🅐 450. 🖭 🅂 🕪 🄴 𝓥𝓘𝓢𝓐. 🦟 rist   **Z n**
Pas *(chiuso dal 20 settembre al 31 maggio)* carta 25/45000 – 🖙 18000 – **54 cam** 120/180000
appartamenti 300000 – ½ P 80/150000.

🏛 **Mamiani** senza rist, via Mamiani 24 𝒫 35541 – 📶 🕿 🚗. 🖭 🅂 🕪 🄴 𝓥𝓘𝓢𝓐.
🖙 8500 – **40 cam** 50/70000.   **Z h**

🏛 **Ambassador,** viale Trieste 291 𝒫 34246, Fax 34248, ≤ – 📶 📺 🕿. 🖭 🅂 🕪 🄴 𝓥𝓘𝓢𝓐.
Pas *(solo per clienti alloggiati e chiuso dal 15 settembre al 15 giugno)* – 🖙 10000 – **40 cam** **Y s**
55/75000 – P 70/80000

🏛 **Spiaggia,** viale Trieste 76 𝒫 32516, Fax 35419, ≤, 🏊, 🚗 – 📶 🔲 rist 🕾 ℗. 🦟 rist
maggio-10 ottobre – Pas 25000 – 🖙 8000 – **74 cam** 42/60000 – ½ P 43/63000.   **Z d**

🏛 **Mediterraneo Ricci,** viale Trieste 199 𝒫 31556, Fax 34149 – 📶 🕾. 🖭 🅂 🕪 🄴 𝓥𝓘𝓢𝓐.
🦟 rist   **Z c**
Pas carta 34/48000 – 🖙 8000 – **42 cam** 50/70000 – ½ P 37/64000.

🏛 **Des Bains,** viale Trieste 221 𝒫 33665, Fax 34025 – 📶 🔲 rist 📺 🕾 🚗 – 🅐 70. 🖭 🅂
🕪 🄴 𝓥𝓘𝓢𝓐. 🦟   **Y t**
chiuso dal 23 dicembre al 2 gennaio – Pas *(solo per clienti alloggiati e chiuso domenica*
escluso da giugno a settembre) 23/35000 – 🖙 12000 – **67 cam** 55/75000 appartamenti
80/210000 – ½ P 54/77000.

🏛 **Principe e Rist. Da Teresa,** viale Trieste 180 𝒫 30096, Fax 31636, ≤ – 📶 🕾 ℗. 🖭
🅂 🕪 🄴 𝓥𝓘𝓢𝓐. 🦟 rist   **Y e**
chiuso gennaio e dicembre – Pas *(chiuso lunedì da novembre a marzo)* carta 39/54000 –
🖙 7500 – **42 cam** 72000 – ½ P 54/62000.

🏛 **Due Pavoni,** viale Fiume 79 𝒫 69017, Fax 65977 – 📶 🔲 📺 🕿 🄱 🚗. 🖭 🅂 🕪 🄴
𝓥𝓘𝓢𝓐. 🦟   **Y r**
Pas *(solo per clienti alloggiati; chiuso a mezzogiorno e da ottobre a maggio anche venerdì,*
sabato e domenica) 22/25000 – 🖙 7000 – **48 cam** 70/80000 – ½ P 60/75000.

🏛 **Nettuno,** viale Trieste 367 𝒫 400440, ≤, 🏊 – 📶 🖙🖙 cam 🕾 🄱 ℗. 🅂 🕪 🄴 𝓥𝓘𝓢𝓐. 🦟 rist
maggio-settembre – Pas 22/28000 – 🖙 8000 – **65 cam** 44/60000 – ½ P 55000.   **Y w**

🏛 **Caravelle,** viale Trieste 269 𝒫 64078, ≤, 🏊 – 📶 🔲 cam 🕾 ℗. 🖭 🅂 🕪 𝓥𝓘𝓢𝓐. 🦟 rist
➜ *10 maggio-20 settembre* – Pas 20000 – 🖙 6000 – **75 cam** 42/62000 – ½ P 40/65000
                                                                                    Y v

🏛 **Clipper,** viale Marconi 53 𝒫 30915 – 📶 🕾 ℗. 🅂 🕪 🄴 𝓥𝓘𝓢𝓐. 🦟 rist
aprile-settembre – Pas 25000 – 🖙 8000 – **48 cam** 42/61000 – ½ P 39/67000.   **Y b**

🏛 **Atlantic,** viale Trieste 365 𝒫 61911, ≤ – 📶 🕾 ℗. 🦟   **Y w**
15 maggio-20 settembre – Pas *(solo per clienti alloggiati)* – 🖙 10000 – **41 cam** 42/60000 –
½ P 51/67000.

🏨 **Bellevue,** viale Trieste 88 ℰ 31970, Fax 370144, ≤, ⌇ – 🗱 🗖 ☎ ⇌, 🅰🅴 🆂 ⓘ 𝘝𝘐𝘚𝘈.
🗱 rist   **Z k**
   10 aprile-10 ottobre – Pas 19/28000 – ⊇ 9000 – **52 cam** 44/63000, ▤ 6000 – ½ P 45/62000.

🏨 **Nautilus,** viale Trieste 26 ℰ 67125, ≤, ⌇ riscaldata – 🗱 🖾 ☎, 🗱 rist   **Z**
   maggio-settembre – Pas 20/30000 – ⊇ 8000 – **50 cam** 43/62000 – ½ P 50/70000.

🏨 **Diplomatic,** viale Parigi 2-Baia Flaminia ℰ 21677, Fax 400923, ≤, ⌇, 🛦, 🦿 – 🗱 🖾
                                           per Lungofoglia   **Y**
   giugno-13 settembre – Pas 16/20000 – **46 cam** ⊇ 43/61000 – ½ P 50/63000.

🏨 **President's,** lungomare Nazario Sauro 33 ℰ 32976, ≤ – 🗱 ☎ 🅿. 🅰🅴 🆂 ⓘ 🅴 𝘝𝘐𝘚𝘈.
🗱 rist   **Z b**
   15 maggio-20 settembre – Pas 28/32000 – ⊇ 8000 – **50 cam** 45/63000 – ½ P 45/60000.

🏨 **Flying,** viale Verdi 126 ℰ 69219, ≤ – 🗱 ☎ ⇌, 🅰🅴 🆂 ⓘ 🅴 𝘝𝘐𝘚𝘈, 🗱 rist   **Z b**
   aprile-20 settembre – Pas 27/30000 – ⊇ 8000 – **33 cam** 45/63000 – ½ P 43/60000.

🏨 **Caesar,** viale Trieste 125 ℰ 69227 – 🗱 🖾 ⇌, 🅿. 🅰🅴 🆂 ⓘ 𝘝𝘐𝘚𝘈, 🗱 rist   **Z x**
   maggio-settembre – Pas *chiuso a mezzogiorno* 15/25000 – ⊇ 8000 – **40 cam** 60000 –
   ½ P 38/55000.

🏨 **La Bussola,** lungomare Nazario Sauro 43 ℰ 64937, Fax 54669, ≤ – 🗱 🖾. 🅰🅴
🗱   **Z f**
   15 aprile-15 ottobre – Pas 24/26000 – **25 cam** ⊇ 64000 – ½ P 46/54000.

PESARO

XX **Da Alceo,** via Panoramica Ardizio 101 ℰ 51360, ≤, 🍽 , Solo piatti di pesce, prenotare –
🗏 . ℀
6 km per ①
chiuso domenica sera, lunedì e gennaio – Pas carta 50/70000.

XX **Lo Scudiero,** via Baldassini 2 ℰ 64107, Fax 34248 – 🖭 🗏 🔘 🗉 𝖵𝖨𝖲𝖠 . ℀ **Z r**
chiuso giovedì e luglio – Pas carta 42/63000 (15%).

XX **Delle Sfingi,** viale Trieste 219 ℰ 69194, 🍽 – 🗏 🗉 𝖵𝖨𝖲𝖠 . ℀ **Y t**
chiuso domenica e dicembre – Pas carta 40/55000.

XX **Il Castiglione,** viale Trento 148 ℰ 64934, « Servizio estivo in giardino ombreggiato » – ⇆
Y a

XX **Nuovo Carlo,** viale Zara 54 ℰ 68984, 🍽 – 🖭 🗏 🔘 🗉 𝖵𝖨𝖲𝖠 . ℀ **Y x**
chiuso lunedì – Pas carta 31/46000.
Z a

X **Uldergo,** via Venturini 24 ℰ 33180 – 🖭
chiuso sabato e dal 20 luglio al 30 agosto – Pas carta 34/46000.

Vedere anche : **Casteldimezzo** per ② : 12 km.

PESCANTINA 37026 Verona 428 429 F 14 – 9 451 ab. alt. 80 – ✆ 045.
Roma 503 – ◆Brescia 69 – Trento 85 – ◆Verona 12.

ad Ospedaletto NO : 3 km – ✉ 37026 Pescantina :

🏥 **Villa Quaranta Park Hotel,** ℰ 7156211, Telex 434358, Fax 7156315, « Chiesetta dell'
11° secolo e parco percorso vita », ♨, ≘s, ⊠, ℀ – 🛗 ⇆ rist 🗏 📺 ☎ & 🅿 – 🔬 25
a 150. 🖭 🗏 🔘 🗉 𝖵𝖨𝖲𝖠 . ℀
Pas carta 47/74000 – **43 cam** ⊊ 155/220000 appartamenti 250/310000 – ½ P 112/185000.

X **Alla Coà,** ℰ 7150380, prenotare – 𝖵𝖨𝖲𝖠 . ℀
chiuso domenica, lunedì, dal 20 dicembre al 15 gennaio e dal 15 luglio al 15 agosto – Pas
carta 32/43000.

PESCARA 65100 🅿 988 ㉗ – 128 695 ab. – a.s. luglio e agosto – ✆ 085.
✈ Pasquale Liberi per ② : 4 km ℰ 206197 – Alitalia, Agenzia Cagidemetrio, via Ravenna 3
✉ 65122 ℰ 4213022, Telex 600008.
🛈 via Nicola Fabrizi 173 ✉ 65122 ℰ 4212939 – piazza della Rinascita 22 ✉ 65122 ℰ 378110.
A.C.I. via del Circuito 49 ✉ 65121 ℰ 32841.
Roma 208 ② – ◆Ancona 156 ④ – ◆Foggia 180 ① – ◆Napoli 247 ② – ◆Perugia 281 ④ – Terni 198 ②.

Pianta pagina seguente

🏨 **Carlton,** viale della Riviera 35 ✉ 65123 ℰ 373125, Telex 603023, Fax 4213922, ≤, 🏖 –
🛗 🗏 📺 ☎ 🅿 – 🔬 35 a 150. 🖭 🗏 🔘 🗉 𝖵𝖨𝖲𝖠 . ℀ **AX g**
Pas carta 33/57000 – **71 cam** ⊊ 76/130000 – ½ P 105/120000.

🏨 **Singleton** senza rist, piazza Duca d'Aosta 4 ✉ 65121 ℰ 374241, Fax 28233 – 🛗 📺 ☎
– 🔬 30 a 50. 🖭 🗏 🔘 🗉 𝖵𝖨𝖲𝖠 . ℀ **AY c**
⊊ 10000 – **77 cam** 75/118000.

🏨 **Maja,** viale della Riviera 201 ✉ 65123 ℰ 71545, Fax 77930, ≤ – 🛗 🗏 📺 ☎ . 🖭 🗏 🔘
🗉 𝖵𝖨𝖲𝖠 . ℀ **AX**
Pas *(chiuso domenica)* carta 28/44000 – ⊊ 9000 – **44 cam** 65/90000 -- ½ P 75/90000.

🏨 **Plaza Moderno,** piazza Sacro Cuore 55 ✉ 65122 ℰ 375148, Fax 4213267 – 🖭 📺 ☎ –
🔬 40. 🖭 🗏 🔘 𝖵𝖨𝖲𝖠 . ℀ **AX z**
Pas 22/24000 – **70 cam** ⊊ 62/81000 – ½ P 84/90000.

🏨 **Ambra,** via Quarto dei Mille 28/30 ✉ 65122 ℰ 378247 – 🛗 ☎ . 🖭 🗏 🗉 𝖵𝖨𝖲𝖠 . ℀ **AX u**
Pas *(chiuso domenica)* carta 20/25000 – ⊊ 2500 – **55 cam** 45/65000 – ½ P 60/65000.

🏨 **Alba** senza rist, via Forti 14 ✉ 65122 ℰ 389145, Fax 292163 – 🛗 ☏ . 🗏 𝖵𝖨𝖲𝖠 **AX r**
⊊ 2500 – **53 cam** 38/62000.

XXX **Guerino,** viale della Riviera 4 ✉ 65123 ℰ 4212065, ≤ – 🖭 🗏 🔘 🗉 𝖵𝖨𝖲𝖠 . ℀ **AX w**
chiuso giovedì escluso luglio-agosto – Pas carta 45/60000 (10%).

XX **Ferraioli,** via Francesco De Sanctis 58 ✉ 65122 ℰ 33557, 🍽 – 🗏 . 🖭 🗏 🔘 🗉 𝖵𝖨𝖲𝖠 .
℀ **BX a**
chiuso lunedì escluso luglio-agosto -- Pas carta 35/51000.

XX **La Regina del Porto,** via Paolucci 65 ✉ 65121 ℰ 389141 – 🗏 **BY a**

X **La Rete,** via De Amicis 41 ✉ 65123 ℰ 27054, Coperti limitati; prenotare – 🖭 🗏 🗉 𝖵𝖨𝖲𝖠 .
℀ **AX m**
Pas carta 45/55000.

X Gaetano, via Forti 21 ✉ 65122 ℰ 28412 – 🗏 **AX y**

X **La Cantina di Jozz,** via delle Caserme 61 ✉ 65127 ℰ 690383 – ⇆ 🗏 . 🖭 🗏 🔘 🗉
𝖵𝖨𝖲𝖠 **ABY s**
chiuso domenica sera, lunedì, dal 22 dicembre al 6 gennaio e dal 24 giugno al 9 luglio –
Pas carta 21/33000 (10%).

X Fattoria Fernando, via Aremogna 13 ✉ 65124 ℰ 28513, « Servizio estivo all'aperto »
AY b

PESCARA

ai colli O : 3 km per via Rigopiano **AY** :

※ **La Terrazza Verde,** largo Madonna dei Sette Dolori 6 ✉ 65125 ✆ 413239, « Servizi
estivo in giardino ombreggiato » – ⌾
chiuso mercoledì e Natale – Pas carta 22/30000.

Vedere anche : ***Montesilvano Marina*** N : 8 km.
  Città Sant'Angelo NO : 20 km.

Le carte stradali Michelin sono costantemente aggiornate.

PESCASSEROLI 67032 L'Aquila 988 ㉗ – 2 196 ab. alt. 1 167 – a.s. febbraio-aprile, 15 luglio-agosto e Natale – Sport invernali : 1 167/1 945 m ⛷1 ⛷5 – ❄ 0863.
Vedere Guida Verde.
🎫 via Piave ℰ 91461.
Roma 163 – L'Aquila 109 – Castel di Sangro 42 – Isernia 64 – ◆Pescara 128.

🏨 **Gd H. del Parco,** ℰ 912745, Fax 912749, ≤, 🔲 riscaldata, 🐎 – 🛗 ☎ 🅿 🆎 🆂 ⓪ Ⓔ
        𝗩𝗜𝗦𝗔, ⨯ rist
        chiuso da ottobre al 6 dicembre – Pas 33/48000 – **110 cam** ⊑ 145000 – ½ P 95/160000.

🏠 **Pinguino** ⬩, ℰ 912580, Fax 912580, ≤ – ☎ 🅿 🆎 ⓪ Ⓔ 𝗩𝗜𝗦𝗔, ⨯ rist
        Pas (solo per clienti alloggiati) 24000 – **17 cam** ⊑ 39/71000 – ½ P 40/80000.

⨯ **Peppe di Sora** con cam, ℰ 91908 – 🆎 ⓪ 𝗩𝗜𝗦𝗔, ⨯ cam
        Pas (chiuso lunedì in bassa stagione) carta 22/32000 (5%) – ⊑ 6500 – **13 cam** 45000 –
        ½ P 40/60000.

⨯ **Alle Vecchie Arcate** con cam, ℰ 910781 – ☎. 𝗩𝗜𝗦𝗔, ⨯
        Pas (chiuso martedì) carta 28/38000 (10%) – ⊑ 4000 – **21 cam** 40/60000 – ½ P 50/55000.

PESCHICI 71010 Foggia 988 ㉘ – 4 289 ab. – Vedere Guida Verde – a.s. luglio-15 settembre –
❄ 0884.

Escursioni Promontorio del Gargano★★★ SE.
Roma 400 – ◆Bari 199 – ◆Foggia 114 – Manfredonia 80 – ◆Pescara 199.

🏨 **D'Amato,** O : 1 km ℰ 94412, 🔲, 🐎, ⨯ – ☎ 🕭 🅿 🆂 Ⓔ 𝗩𝗜𝗦𝗔, ⨯
↩   Pasqua-settembre – Pas (solo per clienti alloggiati) 20/30000 – **50 cam** ⊑ 100000 –
        ½ P 60/100000.

🏨 **Solemar** ⬩, località San Nicola E : 2 km ℰ 964186, Fax 964188, « In pineta », 🔲, 🛶
        – ☎ 🅿 🆎 🆂 ⓪ 𝗩𝗜𝗦𝗔, ⨯ rist
        12 maggio-20 settembre – Pas 25000 – ⊑ 5000 – **45 cam** 105000 – ½ P 56/104000.

🏨 **Morcavallo,** ℰ 94005, ≤ – 🛗 🎬 ☎ 🅿
        stagionale – **41 cam**.

🏠 **Timiama,** via Libetta 71 ℰ 964321, 🔲 – ☎ 🅿 ⨯
        24 maggio-28 settembre – Pas (solo per clienti alloggiati) – ⊑ 5000 – **37 cam** 45/70000 –
        ½ P 45/90000.

🏠 **Peschici,** via San Martino 31 ℰ 94195, ≤ – 🛗 ☎ 🕭 🚗 🅿 🆂 𝗩𝗜𝗦𝗔, ⨯
        15 marzo-ottobre – Pas (solo per clienti alloggiati) 25/27000 – ⊑ 7000 – **42 cam** 55/70000
        – ½ P 74/78000.

🏠 **Treviso** ⬩, O : 1,5 km ℰ 964096 – ☎ 🅿, ⨯
        maggio settembre – Pas (solo per clienti alloggiati) 25000 – ⊑ 10000 – **26 cam** 65000 –
        P 50/85000.

⨯⨯ **La Grotta delle Rondini,** sul molo O : 1 km ℰ 964007, �, « In una grotta naturale »
        – 🆎 🆂 ⓪ Ⓔ 𝗩𝗜𝗦𝗔, ⨯
        Pasqua-ottobre – **Pas** carta 27/43000 (10%).

⨯ **La Collinetta** con cam, località Madonna di Loreto SE : 2 KM ℰ 964151, ≤ – 🅿
        15 marzo-settembre – Pas carta 38/54000 – **15 cam** ⊑ 40/80000 – ½ P 50/65000.

        a Manacore E : 6,5 km – ✉ **71010** Peschici :

🏨 **Gusmay** ⬩, ℰ 964032, Fax 962213, « In pineta », 🛶; ⨯ – 🛗 🎬 🕭 🅿 🆎 🆂 ⓪ Ⓔ
        𝗩𝗜𝗦𝗔, ⨯
        maggio-25 settembre – Pas (solo per clienti alloggiati) – ⊑ 10000 – **62 cam** 70/105000 –
        P 65/125000.

🏨 **Mira** ⬩, E : 5 km ℰ 964511, 🔲, 🛶, ⨯ – 🛗 ☎ 🕭 🅿 🆂 ⨯
        Pasqua-15 ottobre – Pas 22/28000 – ⊑ 9000 – **48 cam** 80/120000 – ½ P 60/110000.

🏨 **Paradiso** ⬩, E : 3,5 km ℰ 964201, Fax 964203, « In pineta », 🛶 – 🎬 cam ☎ 🅿
        ⨯ rist
        maggio-settembre – Pas (solo per clienti alloggiati) – **45 cam** ⊑ 100000 – ½ P 49/100000.

🏨 **Paglianza** ⬩, E : 3,5 km ℰ 94044, « In pineta », 🔲, 🛶, ⨯ – 🛗 ☎ 🅿 🆎 🆂 ⓪ Ⓔ
        𝗩𝗜𝗦𝗔, ⨯ rist
        maggio-settembre – Pas (solo per clienti alloggiati) 26/35000 – **50 cam** ⊑ 46/85000 –
        ½ P 75/89000.

PESCHIERA BORROMEO 20068 Milano 428 F 9, 219 ⑲ – 17 785 ab. alt. 103 – ❄ 02.
Roma 573 – ◆Milano 14 – Piacenza 66.

🏨 **Country Hotel Borromeo** senza rist, all'idroscala-lato Est ℰ 5475121, Telex 322807, Fax
        55300708 – 🛗 🎬 📺 ☎ 🅿 🆎 🆂 ⓪ Ⓔ 𝗩𝗜𝗦𝗔
        ⊑ 15000 – **51 cam** 210/230000 appartamenti 350000.

⨯⨯ **La Viscontina,** località Plasticopoli ℰ 5470391, � – 🅿 🆎 🆂 ⓪ Ⓔ 𝗩𝗜𝗦𝗔, ⨯
        chiuso mercoledì – Pas carta 41/60000.

⨯ **Dei Cacciatori,** località Longhignana N : 4 km ℰ 7531154, « Servizio estivo in giardino »
        – 🅿 🆎 🆂 ⓪ Ⓔ 𝗩𝗜𝗦𝗔
        chiuso domenica sera, lunedì, dal 1° al 6 gennaio ed agosto – Pas carta 33/54000.

PESCHIERA DEL GARDA 37019 Verona 988 ④, 428 429 F 14 – 8 718 ab. alt. 68 – ✆ 045.

🛈 piazza Betteloni 15 ℘ 7550381.

Roma 513 – ◆Brescia 46 – Mantova 52 – ◆Milano 133 – Trento 97 – ◆Venezia 138 – ◆Verona 28.

🏨 **Residence Hotel Puccini** senza rist, via Puccini 2 ℘ 7553933, Fax 7553397, ⅃ – ▤ ▦ 📺 ☎ 🅿 ⬛ 🅱 ◑ 🄴 ▦ – ≤ 12000 – **32 cam** 98000.

🏨 **San Marco**, lungolago Mazzini 15 ℘ 7550077, Fax 7550336, ≤ – ▤ ▦ 📺 ☎ ⅚ 🅿 ⬛ 🅱 🄴 ▦ ⅙ cam
Pas carta 20/33000 – ≤ 10000 – **47 cam** 70/120000 – ½ P 65/80000.

🏨 **Garden** senza rist, via Stazione 18 ℘ 7553644, Fax 7553644 – ▤ 📺 ☎ ⇔ 🅿
22 cam.

XX **Piccolo Mondo**, piazza del Porto ℘ 7550025, Specialità di pesce – 🄴 🅱 ◑ 🄴 ▦ ⅙
chiuso martedì sera, mercoledì, dal 22 dicembre al 15 gennaio e dal 21 al 30 giugno – Pas carta 32/50000 (15%).

XX **Nuova Barcaccia**, località Madonna del Frassino SE : 1,5 km ℘ 7550790 – 🅿 🄴 🅱 ◑ 🄴 ▦
chiuso mercoledì e dal 10 gennaio al 10 febbraio – Pas carta 27/48000.

a San Benedetto O : 2,5 km – ✉ **37010** San Benedetto di Lugana :

🏨 **Peschiera** ⍽, località Bergamini ℘ 7550444, Fax 7550444, ⅃, ⌒, – ☎ 🅿 🄴 ▦ ⅙
marzo-ottobre – Pas (chiuso lunedì) 28000 – ≤ 11000 – **30 cam** 72000 – ½ P 55/70000.

X **Papa** con cam, via Bella Italia 40 ℘ 7550476, ⅃ – ▤ 🅿 ⅙
chiuso novembre – Pas carta 20/32000 – ≤ 4000 – **19 cam** 35/50000 – ½ P 40/45000.

PESCIA 51017 Pistoia 988 ⑭, 428 429 K 14 – 18 108 ab. alt. 62 – ✆ 0572.

Roma 335 – ◆Firenze 61 – Lucca 19 – ◆Milano 299 – Montecatini Terme 8 – Pisa 41 – Pistoia 30.

🏨 **Villa delle Rose e Rist. Piazza Grande** ⍽, ✉ 51012 Castellare di Pescia ℘ 451301 Telex 580650, Fax 444003, « Parco », ⅃ – ▤ ☎ ⅚ 🅿 – 🔬 250. 🄴 🅱 ◑ 🄴 ▦ ⅙
Pas (chiuso lunedì e martedì a mezzogiorno) carta 34/44000 – ≤ 11000 – **106 cam** 59/85000 appartamenti 129/139000.

XX **Cecco**, via Forti 84 ℘ 477955, ⌒ – ▤. 🄴
chiuso lunedì, dal 1° all'11 luglio e dall'11 novembre al 5 dicembre – Pas carta 28/47000 (13%).

XX **La Fortuna**, via Colli per Uzzano 18 ℘ 477121, ≤, ⌒, Coperti limitati; prenotare – 🅿 🅱 ◑ 🄴 ▦
chiuso a mezzogiorno (escluso i giorni festivi), domenica e dal 28 luglio al 27 agosto – Pas carta 35/50000.

PESE Trieste – alt. 474 – ✉ **34012** Basovizza – ✆ 040.

Roma 678 – Gorizia 54 – ◆Milano 417 – Rijeka (Fiume) 63 – ◆Trieste 13.

🏨 **Motel Valrosandra** ⍽, NO : 2 km ℘ 226222, Telex 460519, ≤, ⅃, ⌒, – ☎ ⅚ 🅿 – 🔬 60. 🄴 🅱 ◑ 🄴 ▦ ⅙ rist
aprile-ottobre – Pas carta 46/64000 – ≤ 12000 – **76 cam** 87/106000 – ½ P 90/120000.

a Draga Sant'Elia SO : 4,5 km – ✉ **34010** Sant'Antonio in Bosco :

X **Locanda Mario** ⍽ con cam, ℘ 228173, ⌒ – 🅿 🄴 🅱 ◑ 🄴 ▦ ⅙
chiuso dal 7 al 20 gennaio – Pas (chiuso martedì) carta 30/46000 – ≤ 6000 – **8 cam** 28/55000 – ½ P 50/55000.

PETRIGNANO Perugia – Vedere Assisi.

PETTENASCO 28028 Novara 428 E 7, 219 ⑥ – 1 212 ab. alt. 301 – ✆ 0323.

Roma 663 – ◆Milano 86 – Novara 48 – Stresa 25 – ◆Torino 122.

🏨 **L'Approdo**, ℘ 89346, Fax 89338, ≤, ⅃ riscaldata, 🏖, ⌒, ⅙ – 📺 ☎ 🅿 – 🔬 50. 300. 🄴 🅱 ◑ 🄴 ▦
Pas (chiuso lunedì da ottobre a marzo) carta 35/52000 – ≤ 15000 – **71 cam** 95/140000 – ½ P 80/11000.

🏨 **Giardinetto**, ℘ 89219, Fax 89219, ≤ lago, ⅃ riscaldata, 🏖, ⌒, – ▤ 📺 ☎ 🅿 🔬 100. 🄴 🅱 ◑ 🄴 ▦ ⅙
15 marzo-15 novembre – Pas carta 31/53000 – ≤ 15000 – **52 cam** 60/90000 – ½ P 60/85000.

PFALZEN = Falzes.

PIACENZA 29100 🅿 988 ⑬, 428 G 11 – 104 023 ab. alt. 61 – ✆ 0523.

Vedere Il Gotico★★ (palazzo del comune) B D – Statue equestri★★ B – Duomo★ B E.

🛅 (chiuso gennaio e martedì) a Croara di Gazzola ✉ 29010 ℘ 977105, per ④ : 21 km.

🛈 piazzetta dei Mercanti 10 ℘ 29324.

A.C.I. via Chiapponi 37 ℘ 35344.

Roma 512 ② – ◆Bergamo 108 ① – ◆Brescia 85 ② – ◆Genova 148 ④ – ◆Milano 64 ① – ◆Parma 62 ②.

432

PIACENZA

Grande Alb. Roma, via Cittadella 14 ℘ 23201, Telex 530874, Fax 30548, « Rist. con ≤ » – ∥ ⊟ ▦ TV ☎ ⬅ ⚙ AE ⑤ ⑩ Ε VISA. ⬥. **B a**
Pas *(chiuso sabato e dall' 11 al 18 agosto)* carta 37/51000 – ⊡ 12000 – **90 cam** 90/126000.

Nazionale senza rist, via Genova 35 ℘ 754000, Telex 531034, Fax 456013 – ∥ TV ☎ **A c**
⬅ – ⚒ 60. Ε VISA
⊡ 12000 – **76 cam** 73000 appartamenti 110000.

Florida senza rist, via Colombo 29 ℘ 592600, Fax 592672 – ∥ ▦ rist TV ☎ ⓟ – ⚒ 50. **B b**
AE ⑤ ⑩ Ε VISA
⊡ 10000 – **40 cam** 55/75000.

Milano senza rist, viale Risorgimento 47 ℘ 36843, Fax 385101 – TV ☎ ⬅ ⑤ Ε **B e**
VISA
⊡ 15000 – **43 cam** 49/80000.

XXX ❀ **Antica Osteria del Teatro,** via Verdi 16 ℘ 23777, Coperti limitati; prenotare – ▦ AE **B f**
⑤ ⑩ Ε VISA. ⬥
chiuso domenica sera, lunedì, dal 1° al 15 gennaio e dal 1° al 25 agosto – Pas carta 63/93000
Spec. Tortelli dei Farnese, Treccia di branzino con timo pomodoro e sale grosso, Costolette d'agnello presalé
agli aromi. Vini Sauvignon, Gutturnio.

XX **La Sacrestia,** via Mazzini 77 ℘ 29838, Coperti limitati; prenotare – AE ⑤ ⑩ Ε
VISA. ⬥
chiuso domenica da maggio a settembre e lunedì negli altri mesi – Pas carta 40/51000 **A e**
(10%)

XX **Ginetto,** piazza Sant'Antonino 8 ℘ 35785 – ▦. ⑤ Ε VISA. ⬥ **B k**
chiuso domenica ed agosto – Pas carta 32/49000.

XX **Peppino,** via Roma 183 ℘ 29279, prenotare – AE ⑩. ⬥ **B d**
chiuso domenica ed agosto – Pas carta 31/45000.

X **La Palazzina,** via Vittorio Veneto 82 ℘ 72371 – ▦. AE ⑤ ⑩ Ε VISA. ⬥ **A a**
chiuso domenica ed agosto – Pas carta 26/38000.

a San Nicolò per ④ : 4 km – ✉ **29010** :

XX **La Colonna** ✆ 39343, 🌳 – AE 🅂 ⓓ E VISA. ✻
chiuso martedì, dal 25 al 31 gennaio ed agosto – Pas carta 36/59000.

a Borghetto per ② : 10 km – ✉ **29010** :

X **Osteria di Borghetto,** ✆ 388133 – Ⓟ
chiuso domenica sera, lunedì, dal 1° al 15 gennaio ed agosto – Pas carta 25/35000.

PIANAZZO Sondrio – Vedere Madesimo.

PIANCAVALLO Pordenone 429 D 19 – alt. 1 267 – ✉ **33081** Aviano – a.s. 15 luglio-agosto e Natale – Sport invernali : 1 267/1 850 m ⛷16, ⛷ – ☎ 0434.

⛳ (chiuso mercoledì) a Castel d'Aviano ✉ 33081 ✆ 652302, S : 2 km.

ℹ ✆ 655191, Telex 450816.

Roma 618 – Belluno 84 – ♦Milano 361 – Pordenone 30 – Treviso 81 – Udine 81 – ♦Venezia 111.

🏨 **Antares,** ✆ 655265, Fax 655265, ≤, 🏊 – 🛗 📺 ☎ 🚗 Ⓟ – 🏛 150. AE 🅂 E VISA. ✻ rist
dicembre-aprile e luglio-agosto – Pas 30000 – ☕ 15000 – **62 cam** 105000 – ½ P 77/100000.

🏨 **Regina,** ✆ 655166, Fax 655128, ≤ – ☎ Ⓟ. ✻
chiuso maggio ed ottobre – Pas carta 23/33000 – ☕ 5500 – **47 cam** 52/62000 – ½ P 44/69000.

PIAN DELL'ARMÀ Pavia e Piacenza – alt. 1 476 – ✉ **27050** S. Margherita di Staffora – a.s. 15 giugno-agosto – ☎ 0383.

Roma 604 – Alessandria 82 – ♦Genova 90 – ♦Milano 118 – Pavia 86 – Piacenza 89.

a Capannette di Pej SE : 3 km – alt. 1 449 – ✉ **29020** Zerba :

🏨 **Capannette di Pej** 🐦, ✆ (0523) 935129, ≤ – Ⓟ. VISA. ✻ rist
chiuso novembre – Pas *(chiuso martedì)* carta 25/34000 – ☕ 6000 – **26 cam** 34/49000 – ½ P 38/45000.

PIAN DELLE BETULLE Como 219 ⑩ – Vedere Margno.

PIAN DI NOVELLO Pistoia – Vedere Cutigliano.

PIANELLO VAL TIDONE **29010** Piacenza – 2 321 ab. alt. 190 – ☎ 0523.

Roma 547 – ♦Genova 145 – ♦Milano 77 – Pavia 49 – Piacenza 35.

X **Trattoria Chiarone,** località Chiarone S : 5 km ✆ 998054 – ✻
chiuso lunedì e luglio – Pas carta 21/40000.

PIANIZZA DI SOPRA (OBERPLANITZING) Bolzano 218 ⑳ – Vedere Caldaro.

PIANO D'ARTA Udine – Vedere Arta Terme.

PIANO DEL CANSIGLIO Belluno – Vedere Tambre.

PIANO DI SORRENTO **80063** Napoli – 12 507 ab. – a.s. aprile-ottobre – ☎ 081.

Roma 253 – Castellammare di Stabia 15 – ♦Napoli 44 – Salerno 46 – Sorrento 4.

X La Tombola, via delle Rose 42 ✆ 8786177, « Servizio estivo in un aranceto » – Ⓟ.

PIANORO **40065** Bologna 988 ⑭ ⑮, 429 I 16 – 14 255 ab. alt. 187 – ☎ 051.

Roma 372 – ♦Bologna 14 – ♦Firenze 95.

a Pianoro Vecchio S : 2 km – ✉ **40060** :

XX **La Tortuga,** ✆ 777047, 🌳, Coperti limitati; prenotare – Ⓟ. AE 🅂 ⓓ E VISA
chiuso a mezzogiorno (escluso domenica), lunedì ed agosto – Pas carta 37/55000.

PIANOSINATICO **51020** Pistoia 428 429 J 14 – alt. 948 – a.s. Pasqua, luglio-agosto e Natale – ☎ 0573.

Roma 352 – ♦Bologna 102 – ♦Firenze 78 – Lucca 56 – ♦Milano 279 – ♦Modena 104 – Pistoia 42.

🏨 **Quadrifoglio,** ✆ 670029, ≤ – ✻
Pas *(chiuso giovedì in bassa stagione)* carta 22/29000 – ☕ 7000 – **14 cam** 30/55000 – ½ P 45/55000.

PIANO ZUCCHI Palermo – Vedere Sicilia alla fine dell'elenco alfabetico.

PIAZZA ARMERINA Enna 988 ㊱ – Vedere Sicilia alla fine dell'elenco alfabetico.

PIAZZATORRE 24010 Bergamo 428 E 11 – 499 ab. alt. 868 – a.s. luglio-agosto e Natale – Sport invernali : 868/1 920 m ≰4 – ❸ 0345.

Roma 650 – ♦Bergamo 49 – Foppolo 31 – ♦Milano 91 – San Pellegrino Terme 24.

🏨 **Milano**, ℰ 85027, ← – 🅿 ☎ ❷. 🅱 🄴 𝖵𝖨𝖲𝖠. ⌘ rist
   chiuso ottobre e novembre – Pas carta 28/39000 – ⌇ 7000 – **29 cam** 35/50000 –
   ½ P 45/55000.

PICCHIAIE Livorno – Vedere Elba (Isola d') : Portoferraio.

PICEDO Brescia – Vedere Polpenazze del Garda.

PICINISCO 03040 Frosinone – 1 336 ab. alt. 725 – ❸ 0776.

Roma 142 – Frosinone 59 – Isernia 112.

🏨 **Diana Park Hotel** ⌂, ℰ 66283, 🐎 – 🅿 ☎ ❷. 🅱 🄴 𝖵𝖨𝖲𝖠. ⌘ rist
   Pas carta 26/44000 – ⌇ 5000 – **38 cam** 70000 – ½ P 45/55000.

PIEDIMONTE SAN GERMANO 03030 Frosinone – 4 567 ab. alt. 126 – ❸ 0776.

Roma 122 – Formia 42 – Frosinone 48 – Isernia 56 – ♦Napoli 104.

🏨 **San Germano**, ℰ 404652, Fax 404699, 🐎, 🐎 – 🅿 🗐 cam 📺 ☎ ❷. 🅰🄴 🅱 🄾 🄴 𝖵𝖨𝖲𝖠
   Pas carta 30/53000 – ⌇ 10000 – **40 cam** 40/70000 – ½ P 55000.

PIEGARO 06066 Perugia – 3 574 ab. alt. 356 – ❸ 075.

Roma 156 – ♦Firenze 147 – Orvieto 42 – ♦Perugia 28.

🏨 **Da Elio**, ℰ 8358017, 🐎 – 🍴 ❷. 🅱 . ⌘
   Pas *(chiuso lunedì escluso da luglio a settembre)* carta 26/43000 (10%) – ⌇ 6000 – **28 cam**
   50/70000 – ½ P 47/50000.

PIENZA 53026 Siena 988 ⑮ – 2 382 ab. alt. 491 – ❸ 0578.

Vedere Cattedrale★ : Assunzione★★ – Palazzo Piccolomini★.

Roma 188 – Arezzo 61 – Chianciano Terme 22 – ♦Firenze 120 – ♦Perugia 86 – Siena 52.

🏨 **Corsignano** senza rist, ℰ 748501, Fax 748166 – ☎ 🍴 ❷. 🅰🄴 🅱 🄴 𝖵𝖨𝖲𝖠. ⌘
   chiuso dal 10 gennaio al 10 marzo – ⌇ 5000 – **36 cam** 50/85000.

XX **Dal Falco**, ℰ 748551 – 🅰🄴 🅱 🄾 🄴 𝖵𝖨𝖲𝖠. ⌘
   chiuso venerdì e novembre – Pas carta 26/37000 (10%).

X **Il Prato**, ℰ 748601 – 🅰🄴 🅱 🄾 𝖵𝖨𝖲𝖠. ⌘
   chiuso mercoledì e dal 1° al 20 luglio – Pas carta 33/36000 (10%).

X **La Buca delle Fate**, ℰ 748148 – 🅱 🄴 𝖵𝖨𝖲𝖠
   chiuso lunedì e dal 15 al 30 giugno – Pas carta 21/29000.

PIETRACAMELA 64047 Teramo – 374 ab. alt. 1 000 – a.s. febbraio, Pasqua, 15 luglio-agosto e
Natale – Sport invernali : a Prati di Tivo: 1 450/2 008 m ≰ 1 ≰4 – ❸ 0861.

Roma 174 – L'Aquila 59 – ♦Pescara 78 – Rieti 104 – Teramo 31.

   a Prati di Tivo S : 6 km – alt. 1 450 – ⌧ **64047** Pietracamela :

🏨 **Gran Sasso 3**, ℰ 95660, ← – 📺 ☎ 🍴. 🅱 🄾 . ⌘
   Pas carta 24/33000 – ⌇ 5000 – **10 cam** 65000 – P 60/65000.

PIETRA LIGURE 17027 Savona 988 ⑫, 428 J 6 – 9 951 ab. – ❸ 019.

🛈 piazza Martiri della Libertà 31 ℰ 645222.

Roma 576 – ♦Genova 77 – Imperia 47 – ♦Milano 200 – Savona 31.

🏨 **Royal**, via Don Bado 129 ℰ 616192, Fax 616195, ←, 🐎 – 🍴 📺 ☎. 🅰🄴 🅱 🄾 🄴 𝖵𝖨𝖲𝖠.
   ⌘ rist
   chiuso dal 16 ottobre al 15 dicembre – Pas (solo per clienti alloggiati) – ⌇ 12000 –
   102 cam 95000 – ½ P 50/95000.

🏨 **Paco**, via Crispi 63 ℰ 615715, Fax 615716, ⊿, ⌘ – 🍴 ☎ 🍴 ❷. 🅰🄴 🅱 🄾 🄴 𝖵𝖨𝖲𝖠.
   ⌘ rist
   Pasqua e 15 maggio-settembre – Pas (solo per clienti alloggiati) – ⌇ 8500 – **44 cam**
   70/95000 – ½ P 60/80000.

🏨 **Sartore**, corso Italia 54 ℰ 615425, Fax 615975, ←, 🐎 – 🍴 ☎. 🅱 🄴 𝖵𝖨𝖲𝖠. ⌘
   aprile-settembre – Pas 28000 – ⌇ 12000 – **74 cam** 59/84000 – P 56/94000.

🏨 **Miramare**, via Don Bado 75 ℰ 647092, ← – 🍴 📺 ☎
   22 cam.

🏨 **Azucena**, viale della Repubblica 76 ℰ 615810 – 🍴 🐎 ❷. ⌘
   chiuso ottobre e novembre – Pas *(chiuso martedì)* 20/22000 – ⌇ 8500 – **28 cam** 70/95000
   – ½ P 60/70000.

XX **Buca di Bacco**, corso Italia 113 ℰ 615307, Solo piatti di pesce, prenotare – 🅱 🄴 𝖵𝖨𝖲𝖠.
   ⌘
   chiuso lunedì e da gennaio al 10 febbraio – Pas carta 67/110000.

PIETRAMALA 50030 Firenze – alt. 851 – ✪ 055.
Roma 344 – ◆Bologna 51 – ◆Firenze 55 – ◆Ravenna 103.

 ⌂ Antica Casa Gualtieri, ℘ 813418 – ▯ ☎
 16 cam.

PIETRASANTA 55045 Lucca 𝟿𝟾𝟾 ⑭, 𝟺𝟸𝟾 𝟺𝟸𝟿 K 12 – 25 382 ab. alt. 20 – ✪ 0584.
 ⛳ Versilia Golf Club, località Montiscendi ✉ 55045 Pietrasanta ℘ 881574.
Roma 376 – ◆Firenze 104 – ◆Livorno 54 – Lucca 34 – Massa 11 – ◆Milano 241 – Pisa 35 – ◆La Spezia 47.

 ⌂ **Palagi,** piazza Carducci 23 ℘ 733501, Fax 733498 – ▯ ☰ 📺 ☎ ₺, ⑤ ⓞ ∊ *VISA*. ⅛
 chiuso novembre – Pas *(chiuso a mezzogiorno da giugno a settembre)* 25/40000 – ⊏ 7000
 – **19 cam** 55/85000 – ½ P 70/85000.

PIETRASANTA (Marina di) 55044 Lucca 𝟿𝟾𝟾 ⑭ – a.s. Carnevale, Pasqua, 15 giugno-
15 settembre e Natale – ✪ 0584.
 ⛳ Versilia Golf Club, località Montiscendi ✉ 55045 Pietrasanta ℘ 881574, N : 3 km.
 🛈 a Tonfano, via Donizetti 14 ℘ 20331.
Roma 378 – ◆Firenze 104 – ◆Livorno 54 – Lucca 34 – Massa 18 – ◆Milano 246 – Pisa 35 – ◆La Spezia 46.

 ⌂⌂⌂ **Palazzo della Spiaggia,** a Focette, viale della Libertà 2 ℘ 21195, Telex 501383, Fax
 22848, ≤, « Giardino fiorito con ⟰ » – ▯ ☰ 📺 ☎ ❷ – ▲ 40. ⏃ ⑤ ⓞ ∊ *VISA*. ⅛ rist
 maggio-15 ottobre – Pas *(solo per clienti alloggiati)* 50000 – ⊏ 22000 – **47 cam** 270000
 appartamenti 400/540000 – ½ P 150/200000.

 ⌂⌂ **Ermione,** a Tonfano, viale Roma 183 ℘ 20652, Fax 20654, ≤, ⛲, « Giardino con ⟰
 riscaldata », ▲▲ – ▯ ☰ 📺 ❷. ⏃ ⑤ ⓞ ∊ *VISA*. ⅛ rist
 24 maggio-settembre – Pas *(solo per clienti alloggiati)* 40/45000 – **38 cam** ⊏ 190/280000
 – ½ P 110/170000.

 ⌂⌂ **Battelli,** a Motrone, viale Versilia 189 ℘ 20010, « Giardino ombreggiato », ▲▲, ⅍ – ▯
 ☰ ⇦ ❷ *VISA*. ⅛
 15 maggio-settembre – Pas 45/50000 – ⊏ 18000 – **38 cam** 62/95000 – P 110/120000.

 ⌂⌂ **Joseph,** a Motrone, viale Roma 323 ℘ 22662, ≤, ⇰ – ▯ ☰ 📺 ⇦ ❷. ⑤ ∊ *VISA*.
 ⅛ rist
 aprile-ottobre – Pas 25/30000 – ⊏ 10000 – **36 cam** 57/80000 – ½ P 65/100000.

 ⌂⌂ **Venezia** ⅍, a Motrone, via Firenze 48 ℘ 20731, ⇰ – ▯ ❷ ⑤ ∊ *VISA*. ⅛
 25 maggio-20 settembre – Pas *(solo per clienti alloggiati)* – ⊏ 10000 – **34 cam** 65/95000 –
 ½ P 85/100000.

 ⌂ **I Tamerici,** a Fiumetto, via Don Bosco 31 ℘ 20335, ⇰ – ☎ ❷. ⏃ ⑤ ⓞ ∊ *VISA*. ⅛ rist
 Pas *(chiuso lunedì a mezzogiorno)* 30/40000 – ⊏ 10000 – **19 cam** 60/65000 – ½ P 55/95000.

 ⌂ **Coluccini,** a Fiumetto, piazza D'Annunzio 13 ℘ 23244, ⇰ – 📺 ⇦ ❷. ⏃ ⑤ ⓞ ∊ *VISA*.
 ⅛ rist
 Pas 25/30000 – **22 cam** ⊏ 65/85000 – ½ P 60/80000.

 ⌂ **Grande Italia** ⅍, a Tonfano, via Torino 5 ℘ 20046, ⛲, ⇰ – ❷. ⅛
 giugno-14 settembre – Pas 22/32000 – ⊏ 7500 – **24 cam** 42/68000 – ½ P 42/75000.

PIETRELCINA 82020 Benevento – 3 071 ab. alt. 345 – ✪ 0824.
Roma 253 – Benevento 13 – ◆Foggia 109.

 ⌂ Lombardi, strada statale E : 1 km ℘ 991206, Telex 722520, Fax 991253 – ☰ 📺 ☎ ⇦ ❷
 28 cam.

PIEVALLE (BEWALLER) Bolzano – Vedere San Floriano.

PIEVE A NIEVOLE Pistoia – Vedere Montecatini Terme.

PIEVE D'ALPAGO 32010 Belluno 𝟺𝟸𝟿 D 19 – 2 057 ab. alt. 690 – ✪ 0437.
Roma 608 – Belluno 17 – Cortina d'Ampezzo 72 – ◆Milano 346 – Treviso 67 – ◆Venezia 96.

 ❀❀❀ ✿ **Dolada** ⅍ con cam, a Plois ℘ 479141, ≤, prenotare, ⇰ – 📺 ☎ ❷. ⏃ ⓞ. ⅛ cam
 chiuso dal 28 gennaio all'8 febbraio – Pas *(chiuso lunedì escluso luglio-agosto)*
 carta 40/65000 (10%) – ⊏ 15000 – **7 cam** 110000 appartamento 200000 – P 100/110000
 Spec. Lumache alla paesana, Casunziei di patate e ricotta di casa, Petto d'anitra al profumo di lamponi.

 ❀ **Beyrouth** ⅍ con cam, a Torres ℘ 478056, ⇰ – ▯ ☎ ❷. *VISA*
 chiuso ottobre – Pas *(chiuso lunedì)* carta 22/33000 – ⊏ 5000 – **18 cam** 40/60000 –
 ½ P 40/45000.

Pleasant hotels or restaurants are shown
in the Guide by a red sign.
Please send us the names
of any where you have enjoyed your stay.
Your Michelin Guide will be even better.

⌂⌂⌂⌂⌂ ... ⌂
❀❀❀❀❀ ... ❀

PIEVE DI CADORE 32044 Belluno 988 ⑤, 429 C 19 – 4 113 ab. alt. 878 – a.s. 15 luglio-agosto e Natale – Sport invernali : 878/1 400 m ≤3 ≰ – ✆ 0435 – Vedere Guida Verde.

🗓 via 20 Settembre 18 ✆ 31644.

Roma 644 – Auronzo di Cadore 19 – Belluno 43 – Cortina d'Ampezzo 30 – ♦Milano 386 – Udine 143 – ♦Venezia 133.

🏨 **Sole,** ✆ 32118 – 📱 ☎ ⇔ – **26 cam**.

🏨 **Giardino,** ✆ 33141 – ☎ 🅿 ⑩. ⅋
Pas *(chiuso domenica e giugno)* carta 25/38000 – � 6000 – **24 cam** 40/70000 – ½ P 55/62000.

a Pozzale O : 2 km – alt. 1 054 – ✉ **32040** :

XX **La Pausa,** ✆ 30080, ≤ monti e lago, 🌧, Coperti limitati; prenotare – 🅿
dicembre-marzo e 20 giugno-settembre – Pas carta 35/53000.

PIEVE DI CENTO 40066 Bologna 429 H 15 – 6 655 ab. alt. 14 – ✆ 051.

Roma 408 – ♦Bologna 31 – ♦Ferrara 37 – ♦Milano 209 – ♦Modena 39 – ♦Padova 105.

XX **Il Caimano,** via Campanini 14 ✆ 974403 – 📧. AE ⑩ VISA. ⅋
chiuso lunedì ed agosto – Pas carta 26/34000.

PIEVE DI LIVINALLONGO 32020 Belluno 429 C 17 – alt. 1 475 – a.s. 15 febbraio-15 aprile, 15 luglio-agosto e Natale – ✆ 0436.

Roma 716 – Belluno 68 – Cortina d'Ampezzo 29 – ♦Milano 373 – Passo del Pordoi 17 – ♦Venezia 174.

🏨 **Villa Padon** ⅍, ✆ 7109, ≤ monti e pinete – ☎ ⇔ 🅿. AE ⑤ VISA. ⅋ rist
chiuso novembre – Pas carta 19/26000 – � 9000 – **12 cam** 30/50000 – ½ P 42/53000.

PIEVE DI SOLIGO 31053 Treviso 988 ⑤, 429 E 18 – 9 258 ab. alt. 132 – ✆ 0438.

Roma 579 – Belluno 42 – ♦Milano 318 – Trento 124 – Treviso 31 – Udine 95 – ♦Venezia 68.

🏨 **Loris** ⅍, NE : 2 km ✆ 82880, Fax 842383, 🌧 – 📱 ☎ ♿ 🅿 – 🔏 150. ⑩ VISA. ⅋
Pas carta 33/48000 – � 12000 – **22 cam** 55/90000 – ½ P 68/75000.

a Solighetto N : 2 km – ✉ **31050** :

XX **Da Lino** con cam, ✆ 82150, 🌧 – 📧 TV ☎ ♿ 🅿. AE ⑤ ⑩ ☒ VISA. ⅋ cam
chiuso luglio – **Pas** *(chiuso lunedì)* carta 28/46000 – � 8000 – **17 cam** 50/70000 appartamenti 80/108000.

PIEVE LIGURE 16030 Genova 428 I 9 – 2 683 ab. – ✆ 010.

Roma 490 – ♦Genova 14 – ♦Milano 151 – Portofino 22 – ♦La Spezia 93.

X **Picco,** a Pieve Alta N : 2,5 km ✆ 3460234, « Servizio estivo in terrazza con ≤ mare e costa » – 🅿 AE ⅍ ☒ VISA
chiuso martedì, dal 25 gennaio al 5 febbraio e dal 6 al 20 novembre – Pas carta 30/44000.

PIEVEPELAGO 41027 Modena 988 ⑭, 428 429 J 13 – 2 204 ab. alt. 781 – a.s. luglio-agosto e Natale – ✆ 0536.

Roma 373 – ♦Bologna 100 – Lucca 77 – Massa 97 – ♦Milano 259 – ♦Modena 84 – Pistoia 63.

🏨 **Bucaneve,** ✆ 71383 – 🅿. ⅋
chiuso novembre – Pas *(chiuso martedì)* carta 24/30000 – � 5000 – **16 cam** 31/54000 – ½ P 44/50000.

PIEVE SANTO STEFANO Lucca – Vedere Lucca.

PIGNA 18037 Imperia 988 ⑫, 195 ⑲, 84 ⑳ – 1 105 ab. alt. 280 – ✆ 0184.

Roma 673 – ♦Genova 174 – Imperia 60 – ♦Milano 297 – San Remo 34 – Ventimiglia 21.

X **Terme** ⅍, con cam, SE : 0,5 km ✆ 241046 – 🅿. VISA
chiuso dal 10 gennaio al 10 febbraio – Pas *(chiuso mercoledì escluso luglio-agosto)* carta 23/36000 – � 6000 – **17 cam** 20/37000 – P 45/50000.

Vedere anche : *Melosa (Colle della)* NE : 20 km.

PILA Aosta 428 E 3, 219 ⑫ – Vedere Aosta.

PILA 13020 Vercelli 219 ⑤ – 120 ab. alt. 686 – ✆ 0163.

Roma 696 – ♦Milano 122 – Novara 76 – Vercelli 82.

X **Trattoria della Pace,** ✆ 71144 – ⅋
chiuso martedì – Pas carta 23/39000.

PILASTRO 43010 Parma 428 429 H 12 – alt. 176 – a.s. luglio e agosto – ✆ 0521.

Roma 473 – ♦Milano 137 – ♦Parma 15 – Reggio nell'Emilia 36 – ♦La Spezia 113.

🏨 **Ai Tigli,** ✆ 639006, Fax 637742, ⅃, 🌧 – 📱 📧 cam TV ☎ ⇔ 🅿. AE ⅍ ☒ VISA
chiuso agosto – Pas *(chiuso lunedì)* carta 32/51000 – � 10000 – **22 cam** 60/85000 – ½ P 75000.

11

437

PILZONE 25040 Brescia [428] E 12 – alt. 195 – ✪ 030.

Roma 583 – ◆Bergamo 41 – ◆Brescia 25 – Edolo 75 – Iseo 2 – ◆Milano 82.

XX **La Fenice,** ℰ 981565, Coperti limitati; prenotare – VISA
    chiuso giovedì, Natale e dal 15 al 31 agosto – Pas carta 46/66000 (12%).

PINARELLA Ravenna – Vedere Cervia.

PINEROLO 10064 Torino [988] ⑫, [428] H 3 – 35 900 ab. alt. 376 – ✪ 0121.

Roma 694 – Asti 80 – Cuneo 63 – ◆Milano 185 – Sestriere 55 – ◆Torino 38.

🏠 **Regina,** piazza Barbieri 22 ℰ 22157, Fax 74165 – 📺 ☎ 🅿 – 🔬 40. 🆂 🗉 VISA. 🦐 cam
    chiuso dal 1° al 20 agosto – Pas (chiuso domenica sera e lunedì a mezzogiorno)
    carta 27/45000 – ⊡ 8000 – **15 cam** 65/85000 – ½ P 55/80000.

XX **Taverna degli Acaia,** corso Torino 106 ℰ 794727, prenotare – ᴁ 🆂 ⓪ 🗉 VISA. 🦐
    Pas carta 35/53000.

XX **Al Carbonaro,** corso Torino 147 ℰ 72480, ⇲ – 🗐. ᴁ 🆂 ⓪ 🗉 VISA. 🦐
    chiuso martedì – Pas carta 33/49000.

    ad Abbadia Alpina O : 1,5 :km – ⊠ **10060** :

XX **Abbadia,** ℰ 202079, prenotare – 🆂 🗉 VISA. 🦐
    chiuso mercoledì ed ottobre – Pas carta 30/45000.

    Vedere anche : *Osasco* S : 5 km.

PINETO 64025 Teramo [988] ⑰ ㉗ – 11 719 ab. – a.s. luglio e agosto – ✪ 085.

🅸 viale D'Annunzio 123 ℰ 9491745, Telex 401342.

Roma 216 – ◆Ancona 136 – L'Aquila 101 – ◆Pescara 21 – Teramo 37.

🏠 Astoria, via De Gasperi 1 ℰ 9490460, 🏖 – 🗐 🗐 ☜ 🅿 – stagionale – **30 cam**.

🏠 **Residence,** viale D'Annunzio 207 ℰ 9490404, « Giardino ombreggiato », 🏖 – 🗐
    🅿 ᴁ ⓪ VISA. 🦐 rist
    giugno-15 settembre – Pas 25/30000 – ⊡ 10000 – **52 cam** 60/80000 – ½ P 65/90000.

🏠 **Rendez-Vous,** viale D'Annunzio 199 ℰ 9490679, 🏖, ⇲ – 🗐 ☜ 🅿
    maggio-settembre – Pas 20/25000 – **65 cam** 30/40/60000 – ½ P 45/55000.

🏠 **Corfù,** via Michetti ℰ 9490482, 🏖 – 🗐 🗐 ☎ 🅿 ᴁ 🆂 ⓪ VISA. 🦐
    giugno-25 settembre – Pas carta 21/30000 – ⊡ 10000 – **51 cam** 50/75000 – ½ P 50/65000.

XX **Pier delle Vigne,** a Borgo Santa Maria O : 2 km ℰ 9491071, ⇲, « In campagna » – 🅿
    🦐
    chiuso dal 10 gennaio al 10 febbraio, martedì e da novembre a marzo anche domenica
    sera – Pas carta 28/45000.

PINO TORINESE 10025 Torino [428] C 5 – 8 560 ab. alt. 495 – ✪ 011.

Dintorni ⇐** su Torino dalla strada per Superga.

Roma 655 – Asti 41 – Chieri 6 – ◆Milano 149 – ◆Torino 10 – Vercelli 79.

Pianta d'insieme di Torino (Torino p. 3)

XXX **Pigna d'Oro,** via Roma 130 ℰ 841019, « Servizio estivo in terrazza panoramica » – 🅿 ᴁ
    🆂 ⓪ 🗉 VISA   HT
    chiuso lunedì e gennaio – Pas carta 45/65000.

XX **La Vignassa,** via San Felice 86 ℰ 840200, ⇲ – 🅿 ᴁ 🆂 ⓪ 🗉 VISA. 🦐   HU
    chiuso lunedì – Pas carta 50/70000.

XX **La Griglia,** via Roma 77 ℰ 841450 – ᴁ 🆂 ⓪ 🗉 VISA. 🦐   HT
    chiuso mercoledì e dal 1° al 20 agosto – Pas carta 34/54000.

PINZOLO 38086 Trento [988] ④, [428] [429] D 14 – 2 965 ab. alt. 770 – a.s. febbraio-Pasqua e
Natale – Sport invernali : 770/2 100 m ⚡1 ⚡8, ⚡ – ✪ 0465.

Dintorni Val di Genova★★★ Ovest – Cascata di Nardis★★ O : 6,5 km.

🅸 via al Sole ℰ 51007, Telex 401342, Fax 52778.

Roma 629 – ◆Bolzano 103 – ◆Brescia 103 – Madonna di Campiglio 14 – ◆Milano 194 – Trento 59.

🏨 **Valgenova,** ℰ 51542, Fax 53352, ⬉, ⇌, 🗌 – 🗐 🗐 rist ☎ 🚗 🅿. 🆂 VISA. 🦐
    5 dicembre-25 aprile e 15 giugno-20 settembre – Pas 30000 – ⊡ 10000 – **50 cam** 58/96000
    – ½ P 62/110000.

🏠 **Pinzolo Dolomiti,** ℰ 51024, Fax 51132 – 🗐 ☎ 🅿 ᴁ 🆂 ⓪ 🗉 VISA. 🦐
    dicembre-aprile e giugno-settembre – Pas 25/35000 – ⊡ 10000 – **44 cam** 65/120000 –
    ½ P 54/105000.

🏠 **Europeo,** ℰ 51115, Fax 52616, ⬉, ⇲ – 🗐 🗐 &. ⇌ 🅿. 🆂 🗉. 🦐
    chiuso ottobre e novembre – Pas (chiuso maggio) 30/35000 – ⊡ 15000 – **41 cam** 75/125000
    – ½ P 99/117000.

🏠 **Centro Pineta,** ℰ 52758, Fax 51401, ⇲ – 🗐 📺 ☎ 🅿. 🦐
    Pas (chiuso ottobre e novembre) 22/27000 – ⊡ 8000 – **24 cam** 130000 – ½ P 63/90000.

🏠 **Bepy Hotel** senza rist, S : 1 km ℰ 51641, ⬉ – 🗐 ☎ 🅿. 🦐
    dicembre-aprile e 25 giugno-settembre – **22 cam** ⊡ 36/70000.

🏠 **Corona,** 𝒫 51030 – 📶 ↔ rist 🐾 **🅟**. 🆎 🅱 🇪 𝗩𝗜𝗦𝗔. ⬗ rist
dicembre-aprile e giugno-settembre – Pas 24/26000 – ⌷ 12000 – **45 cam** 59/100000 –
½ P 66/86000.

🏠 **Beverly** ⬙, 𝒫 51158, ← – **🅟**. 🅱 🇪 𝗩𝗜𝗦𝗔. ⬗
chiuso maggio e novembre – Pas *(chiuso martedì)* 19/23000 – **25 cam** ⌷ 64000 –
½ P 45/60000.

🏠 **Ai Mughi,** 𝒫 51242 – 📶 **🅟**. ⬗
16 novembre-25 aprile e giugno-25 settembre – Pas 19/20000 – ⌷ 8000 – **18 cam** 43/70000
– ½ P 55/64000.

XX **Shangri Là,** 𝒫 51443 – **🅟**. 🆎 🅱 🇪 𝗩𝗜𝗦𝗔. ⬗
chiuso lunedì e novembre – Pas carta 26/48000.

a Sant'Antonio di Mavignola NE : 5 km – alt. 1 122 – ✉ **38080** :

🏠 **Maso Doss** ⬙, NE : 2,5 km 𝒫 52758, Fax 51401, « Ambiente caratteristico » – **🅟**.
⬗ rist
Pas *(chiuso a mezzogiorno)* 22/24000 – **6 cam** ⌷ 72/148000 – ½ P 60/82000.

XX **Prima o Poi,** 𝒫 57175, Coperti limitati; prenotare – **🅟**. 🆎 🅱 ⓞ 🇪 𝗩𝗜𝗦𝗔
chiuso mercoledì e giugno – Pas carta 37/53000.

Vedere anche : *Val di Genova* NO : 7 km.

PIOBBICO 61046 Pesaro e Urbino 988 ⑮, 429 L 19 – 2 020 ab. alt. 334 – a.s. 15 giugno-agosto
– 🕿 0722.

Roma 268 – ♦Ancona 117 – Arezzo 81 – ♦Perugia 91 – Pesaro 72 – San Marino 79 – Urbino 32.

🏠 **Trota Blu,** 𝒫 9209 – 📺 ☎ **🅟** – 🏂 100. 🆎 ⓞ 𝗩𝗜𝗦𝗔
chiuso dal 20 gennaio al 10 marzo – Pas carta 26/33000 – ⌷ 6000 – **49 cam** 45/65000 –
½ P 50000.

PIODE 13020 Vercelli 428 E 6, 219 ⑤ – 187 ab. alt. 752 – 🕿 0163.
Roma 699 – ♦Milano 125 – Novara 79 – ♦Torino 141 – Varallo 20 – Vercelli 85.

XX **Giardini,** 𝒫 71135 – 🅱. ⬗
chiuso lunedì e dal 7 al 20 settembre – Pas carta 26/38000.

XX **Dei Pescatori** con cam, 𝒫 71156 – 📶 ☎ **🅟**
26 cam.

X **Da Ermanno,** località Riale 𝒫 71677, prenotare.

PIODINA 219 ⑦ – Vedere Cantone Ticino (Brissago) alla fine dell'elenco alfabetico.

PIOMBINO 57025 Livorno 988 ⑭㉔ – 37 613 ab. – a.s. 15 giugno-15 settembre – 🕿 0565.
Escursioni Isola d'Elba★.

🚢 per l'Isola d'Elba-Portoferraio giornalieri (1 h) – Navarma-agenzia Mirello Viegi, piazzale
Premuda 13 𝒫 39775; per l'Isola d'Elba-Portoferraio giornalieri (1 h) e l'Isola d'Elba-Rio Marina-
Porto Azzurro (esclusi mercoledì e sabato) giornalieri (1 h 20 mn) – Toremar-agenzia Dini e Miele,
piazzale Premuda 13/14 𝒫 31100, Telex 590387.

Roma 264 – ♦Firenze 161 – Grosseto 77 – ♦Livorno 82 – ♦Milano 375 – Pisa 101 – Siena 114.

🏠 **Centrale,** piazza Verdi 2 𝒫 32581, Fax 33573 – 📶 🖿 📺 ☎ 🚗. 🅱 ⓞ 🇪 𝗩𝗜𝗦𝗔. ⬗
Pas vedere rist Centrale – ⌷ 10000 – **38 cam** 98/165000 – ½ P 93/131000.

🏠 **Collodi** senza rist, via Collodi 7 𝒫 34272, Fax 34272 – 📶 📺 ☎. 🅱 🇪 𝗩𝗜𝗦𝗔. ⬗
⌷ 8000 – **24 cam** 60/78000.

XX **Centrale,** piazza Edison 2 𝒫 36466 – 🖿. 🅱 ⓞ 🇪 𝗩𝗜𝗦𝗔. ⬗
chiuso sabato, domenica e dal 22 dicembre al 7 gennaio – Pas carta 35/54000.

a Baratti NO : 11,5 km – ✉ **57020** Populonia :

X **Demos,** 𝒫 29519, ←, ⛲ – 🆎 🅱 ⓞ 🇪 𝗩𝗜𝗦𝗔. ⬗
chiuso martedì, gennaio e novembre – Pas carta 29/38000.

PIOPPI 84060 Salerno – a.s. luglio e agosto – 🕿 0974.
Dintorni Rovine di Velia★ SE : 10 km.

Roma 350 – Acciaroli 7 – ♦Napoli 144 – Salerno 98 – Sapri 108.

🏠 **La Vela e Rist. Il Grigliaro,** 𝒫 905025, Fax 905140, ←, « Servizio rist. estivo sotto un
pergolato », 🚣 – 📶 **🅟**. ⬗
marzo-ottobre – Pas carta 23/35000 (10%) – ⌷ 6500 – **42 cam** 40/54000 – ½ P 53/70000.

PIOVE DI SACCO 35028 Padova 988 ⑤, 429 G 18 – 17 436 ab. alt. 5 – 🕿 049.
Roma 514 – ♦Ferrara 88 – ♦Padova 18 – ♦Venezia 40.

XX **Alla Botta,** via Botta 4 𝒫 5840827, ⛲, Rist. con specialità di mare – **🅟**. 🆎 𝗩𝗜𝗦𝗔. ⬗
chiuso lunedì sera e martedì – Pas carta 28/67000.

PIOVEZZANO Verona – Vedere Pastrengo.

PISA 56100 ℙ 988 ⑭, 428 429 K 13 – 102 150 ab. alt. 4 – ✿ 050.

Vedere Torre Pendente*** AY – Battistero*** AY R – Duomo** AY: facciata***, pulpito*** di Giovanni Pisano – Camposanto** AY S: affresco*** del Trionfo della Morte – Museo Nazionale** BZ M2 – Chiesa di Santa Maria della Spina** AZ – Palazzo Agostini* ABY Z – Piazza dei Cavalieri* AY: facciata* del palazzo dei Cavalieri ABY F – Museo delle Sinopie* AY M1 – Facciata* della chiesa di Santa Caterina BY E – Facciata* della chiesa di San Michele in Borgo BY L – Coro* della chiesa del Santo Sepolcro BZ Q – Facciata* della chiesa di San Paolo a Ripa d'Arno AZ D.

Dintorni San Piero a Grado* per ⑤ : 6 km.

✈ Galileo Galilei S : 3 km BZ ℰ 28088 – Alitalia, via Corridoni (piazza Stazione) ⊠ 56125 ℰ 48027.

🅱 piazza del Duomo ⊠ 56126 ℰ 560464.

A.C.I. via San Martino 1 ⊠ 56125 ℰ 47333.

Roma 335 ③ – ◆Firenze 77 ③ – ◆Livorno 22 ⑤ – ◆Milano 275 ① – ◆La Spezia 75 ①.

Pianta pagina a lato

🏨 **Cavalieri ,** piazza Stazione 2 ⊠ 56125 ℰ 43290, Telex 590663, Fax 502242 – 🛗 🗏 📺 ☎ – 🛗 30 a 200. ঊ 🅱 ⓞ ⋲ 𝗩𝗜𝗦𝗔 ✸ rist   AZ a
Pas carta 61/95000 – ☞ 21000 – **100 cam** 197/289000 appartamenti 545/654000.

🏨 **Gd H. Duomo,** via Santa Maria 94 ⊠ 56126 ℰ 561894, Telex 590039, Fax 560418 – 🛗 🗏 📺 ☎ – 🛗 80. ঊ 🅱 ⓞ ⋲ 𝗩𝗜𝗦𝗔 ✸ rist   AY c
Pas carta 35/50000 – ☞ 15000 – **94 cam** 165/230000 – ½ P 95/190000.

🏨 **D'Azeglio** senza rist, piazza Vittorio Emanuele II n° 18 ⊠ 56125 ℰ 500310, Telex 590092 Fax 28017 – 🛗 🗏 📺 ☎. ঊ 🅱 ⓞ ⋲ 𝗩𝗜𝗦𝗔. ✸   AZ u
☞ 10000 – **29 cam** 140/180000.

🏨 **Terminus** senza rist, via Colombo 45 ⊠ 56125 ℰ 500303 – 🛗 ☎. ঊ 🅱 ⓞ ⋲ 𝗩𝗜𝗦𝗔   BZ x
☞ 8500 – **52 cam** 66/88000

🏨 **Touring** senza rist, via Puccini 24 ⊠ 56125 ℰ 46374, Fax 502148 – 🛗 📺 ☎. ঊ 🅱 ⓞ ⋲ 𝗩𝗜𝗦𝗔   AZ x
34 cam ☞ 75/105000.

🏨 **Ariston** senza rist, via Maffi 42 ⊠ 56127 ℰ 561834 – ☎ க. ঊ 🅱 ⓞ ⋲ 𝗩𝗜𝗦𝗔   AY b
☞ 8000 – **33 cam** 60/80000.

🍴🍴🍴 ✿ **Sergio,** lungarno Pacinotti 1 ⊠ 56126 ℰ 48245, Fax 850334 – 🗏. ঊ 🅱 ⓞ ⋲ 𝗩𝗜𝗦𝗔 ✸   BY n
chiuso domenica, lunedì a mezzogiorno, dal 10 al 30 gennaio e dal 15 al 30 luglio – Pas carta 47/79000
Spec. Fantasia di antipasti di pesce, Ravioli di astice con salsa di basilico, Portafoglio alla Sergio. Vini Chardonnay, Pulignano.

🍴🍴 ✿ **Al Ristoro dei Vecchi Macelli,** via Volturno 49 ⊠ 56126 ℰ 20424, Coperti limitati prenotare – 🗏. ঊ 🅱 ⓞ ⋲ 𝗩𝗜𝗦𝗔. ✸   AYZ s
chiuso domenica a mezzogiorno, mercoledì e dal 10 al 24 agosto – Pas carta 51/78000
Spec. Gamberi con burro al basilico, Ravioli d'anitra e tartufi (inverno), Agnello all'aceto balsamico (primavera) Vini Gavi, Chianti.

🍴🍴 **Emilio,** via Roma 28 ⊠ 56126 ℰ 26028, Fax 48510 – ✈ 🗏. ঊ 🅱 ⓞ ⋲ 𝗩𝗜𝗦𝗔   AY g
chiuso lunedì – Pas carta 25/41000 (12%).

🍴🍴 **Il Nuraghe,** via Mazzini 58 ⊠ 56125 ℰ 44368, Rist. con specialità sarde – ঊ 🅱 ⓞ ⋲ 𝗩𝗜𝗦𝗔. ✸   AZ b
chiuso lunedì – Pas carta 31/49000.

🍴 **Da Bruno,** via Bianchi 12 ⊠ 56123 ℰ 560818, Fax 550607 – ✈ 🗏. ঊ 🅱 ⋲ 𝗩𝗜𝗦𝗔 ✸   BY x
chiuso lunedì sera, martedì e dal 5 al 18 agosto – Pas carta 35/50000.

🍴 **Il Cucciolo,** via San Bernardo 9 ⊠ 56125 ℰ 29435 – ঊ 🅱 ⋲ 𝗩𝗜𝗦𝗔   BZ a
chiuso domenica e lunedì sera – Pas carta 27/42000 (10%).

a Metato per ① : 6 km – ⊠ **56010** Arena Metato :

🍴 **Girarrosto-la Botte,** ℰ 810282 – 🅟. ঊ ⓞ. ✸
chiuso lunedì e dal 15 luglio al 15 agosto – Pas carta 31/44000.

sulla strada statale 206 per ④ : 10 km :

🍴 **Da Antonio,** località Arnaccio ⊠ 56023 Navacchio ℰ 742494 – 🅟. ঊ 🅱 𝗩𝗜𝗦𝗔
chiuso venerdì e dal 15 luglio al 9 agosto – Pas carta 30/45000.

sulla strada statale 1 - via Aurelia per ① : 7,5 km :

🍴 **Ugo,** ⊠ 56010 Migliarino Pisano ℰ 804455 (prenderà il 810647), ☂ – 🅟. ঊ 🅱 ⓞ ⋲ 𝗩𝗜𝗦𝗔
chiuso lunedì – Pas carta 33/53000.

MICHELIN, ad Ospedaletto per ④, via Barsanti 5/7 – ⊠ 56014 Ospedaletto di Pisa, ℰ 981261

PISA

Gute Küche

haben wir durch ✿ ✿✿ oder ✿✿✿ kenntlich gemacht.

PISA (Marina di) 56013 Pisa 988 ⑭ – a.s. luglio e agosto – ✪ 050.

Roma 346 – ◆Firenze 103 – ◆Livorno 16 – Pisa 11 – Viareggio 31.

XX **La Taverna dei Gabbiani**, via Crosio 2 ✆ 35704, Solo piatti di pesce, Coperti limitati; prenotare – *chiuso a mezzogiorno.*

X **L'Arsella**, via Padre Agostino ✆ 36615, ≤, Solo piatti di pesce, 🚗ₑ – AE ⑤ E VISA ✣
   chiuso martedì sera, mercoledì e dall'11 gennaio al 27 febbraio – Pas carta 28/53000 (10%).

X **La Foce**, viale Gabriele D'Annunzio 258 ✆ 36723, ≤, « Servizio estivo in terrazza » – ℗.
   AE ⑤ VISA
   chiuso giovedì e da ottobre a maggio anche mercoledì sera – Pas carta 27/45000.

PISANO Novara 219 ⑥⑦ – Vedere Meina.

PISTICCI 75015 Matera 988 ㉙ – 18 216 ab. alt. 364 – ✪ 0835.

Roma 452 – ◆Bari 110 – Matera 49 – Potenza 93 – ◆Taranto 77.

   sulla strada statale 407 N : 9 km :

🏨 **MotelAgip**, ✉ 75010 Pisticci Scalo ✆ 462007 – 🗏 ☎ ℗ AE ⑤ ⓞ E VISA ✣ rist
   Pas *(chiuso lunedì)* 28000 – **64 cam** ⊡ 105000 – ½ P 92/100000.

PISTOIA 51100 🅿 988 ⑱, 428 429 K 14 – 89 972 ab. alt. 65 – ✆ 0573.

Vedere Duomo★ B : dossale di San Jacopo★★★ – Battistero★ B L – Chiesa di Sant'Andrea★ A B : pulpito★★ di Giovanni Pisano – Fregio★★ dell'Ospedale del Ceppo B – Visitazione★★ (terracotta invetriata di Luca della Robbia), pulpito★ e fianco Nord★ della chiesa di San Giovanni Fuorcivitas B D – Facciata★ del palazzo del comune B H – Pulpito★ nella chiesa di San Bartolomeo in Pantano B A.

🅷 piazza del Duomo (Palazzo dei Vescovi) ✆ 21622.

A.C.I. via Ricciardetto 2 ✆ 32101.

Roma 311 ③ – ◆Bologna 94 ① – ◆Firenze 37 ③ – ◆Milano 295 ① – Pisa 61 ③ – ◆La Spezia 113 ③.

Pianta pagina a lato

🏨 **Milano** senza rist, viale Pacinotti 10/12 ✆ 23061, Fax 32657 – 🛗 📺 ☎ – 🏧 50. 🕮 🕲 ⓞ E 𝚅𝙸𝚂𝙰. ⫞⫞
A a
⫘ 10000 – **55 cam** 58/83000.

🏨 **Patria,** via Crispi 8 ✆ 25187, Fax 368168 – 📺 ☎. ⓞ 𝚅𝙸𝚂𝙰. ⫞⫞
B n
chiuso dal 1° al 15 agosto e dal 24 dicembre al 6 gennaio – Pas (solo per clienti alloggiati; *chiuso a mezzogiorno, sabato, domenica ed agosto)* 25/35000 – ⫘ 8000 – **28 cam** 60/85000 – ½ P 71/87000.

🏠 **Piccolo Ritz** senza rist, via Vannucci 67 ✆ 26775, Fax 27798 – 📺 ☎. 🕮 🕲 ⓞ E 𝚅𝙸𝚂𝙰
⫘ 7000 – **21 cam** 58/84000.
A b

🍽🍽 **La Casa degli Amici,** via Bonellina 111 ✆ 380305, 🏤 – 🅿. 🕮 🕲 ⓞ E 𝚅𝙸𝚂𝙰. ⫞⫞
B
chiuso martedì e dal 1° al 28 agosto – Pas carta 26/42000 (10%).

🍽 **Rafanelli,** via di Sant'Agostino 47 ✆ 532046 – 🅿. 🕮 🕲 ⓞ E 𝚅𝙸𝚂𝙰. ⫞⫞
B
chiuso domenica sera, lunedì e dal 1° al 22 agosto – Pas carta 26/40000.

🍽 **La Valle del Vincio-da Guido,** località Castagno di Pieve a Celle ✆ 477012, « Giardino con laghetto » – 🅿   5 km per viale Mazzini   A
chiuso lunedì sera, martedì e novembre – Pas carta 30/40000 (10%).

🍽 **Il Boschetto,** viale Adua 469 ✆ 401185 – 🕮 🕲 ⓞ E 𝚅𝙸𝚂𝙰. ⫞⫞   3 km per ①
chiuso lunedì – Pas carta 24/45000 (12%).

verso Montale - al Ponte Nuovo E : 4 km per via Padre Giovanni Antonelli B :

🏨 **Il Convento,** N : 1,5 km ⊠ 51030 Santomato ✆ 452651 e rist ✆ 452714, Fax 453578, ⬉ città e pianura, 🏤, « Parco ombreggiato », 🏊, – ☞ 🅿. 🕲 E 𝚅𝙸𝚂𝙰 ⫞⫞
Pas *(chiuso lunedì dal 10 gennaio a Pasqua)* carta 35/48000 – ⫘ 9000 – **24 cam** 59/84000 – ½ P 85000.

sulla strada statale 64 per ① : 9 km :

🍽 **La Cugna,** via Bolognese 236 ⊠ 51020 Corbezzi ✆ 475000, – 🅿. 🕮 🕲 ⓞ E 𝚅𝙸𝚂𝙰
chiuso mercoledì e dal 2 al 18 settembre – Pas carta 24/37000.

a Sammommè per ① : 13,5 km – alt. 553 – ⊠ **51020** :

🏠 **Arcobaleno** ⫞, ✆ 470030, Fax 470147, ⬉, 🏊, 🌳, ⫞⫞ – ☞ 🅿. 🕮 🕲 E 𝚅𝙸𝚂𝙰
chiuso dal 10 gennaio al 10 febbraio – Pas *(chiuso mercoledì)* carta 23/35000 – ⫘ 10000 – **28 cam** 66/80000 – ½ P 60/80000.

PITIGLIANO 58017 Grosseto 988 ㉕ – 4 373 ab. alt. 313 – ✆ 0564.

Roma 169 – Civitavecchia 91 – Grosseto 75 – Viterbo 69.

🏠 **Guastini,** piazza Petruccioli ✆ 616065 – ☎
chiuso dal 20 gennaio al 5 febbraio – Pas carta 30/42000 – ⫘ 8000 – **27 cam** 34/56000 – ½ P 54/65000.

PIZZO 88026 Catanzaro 988 ㊴ – 8 923 ab. alt. 107 – ✆ 0963.

Roma 603 – Catanzaro 59 – ◆Cosenza 88 – Lamezia Terme (Nicastro) 33 – Paola 85 – ◆Reggio di Calabria 107.

🏨 **Grillo,** riviera Prangi ✆ 531632, Fax 531635, ⬉, 🏤, 🏖 – ☞ 🅿. 🕲 ⓞ E 𝚅𝙸𝚂𝙰. ⫞⫞ rist
chiuso marzo – Pas *(luglio-settembre)* carta 32/50000 – ⫘ 15000 – **62 cam** 90/120000 – ½ P 80/12000.

🏠 **Marinella,** riviera Prangi ✆ 264060, Fax 264060, 🏤 – 🛗 🖃 📺 ☎ 🅿. 🕮 🕲 ⓞ E 𝚅𝙸𝚂𝙰.
Pas *(chiuso dal 23 dicembre al 2 gennaio)* carta 26/39000 – ⫘ 6000 – **36 cam** 66/103000 – ½ P 74/89000.

🍽🍽 **Isolabella,** riviera Prangi ✆ 264128, 🏤 – 🖃 🅿. 🕲 ⓞ E 𝚅𝙸𝚂𝙰
chiuso lunedì escluso luglio-agosto – Pas carta 21/38000 (10%).

🍽 **Medusa,** ✆ 531203, ⬉ – 🅿. 🕮 🕲 ⓞ 𝚅𝙸𝚂𝙰
chiuso lunedì escluso da luglio a settembre – **Pas** carta 25/36000 (12%).

PLANAVAL Aosta 219 ⑪, 74 ⑨ – Vedere Valgrisenche.

PLESIO 22010 Como 428 D 9, 219 ⑨ – 802 ab. alt. 581 – ✆ 0344.

Roma 665 – Como 39 – ◆Lugano 32 – ◆Milano 87 – Sondrio 72 – St-Moritz 102 – Menaggio 4.

🏠 **Samaver,** località Ligomena ✆ 37039, ⬉ lago e monti – 🅿. ⫞⫞ rist
Pasqua-ottobre – Pas *(chiuso mercoledì)* 20/25000 – ⫘ 10000 – **16 cam** 40/65000 – ½ P 54000.

443

PLOSE ★★★ Bolzano – alt. 2 446.
Vedere ☀★★★.
Roma 708 – ◆Bolzano 67 – Bressanone 27 – ◆Milano 363 .

POCENIA 33050 Udine 429 E 21 – 2 593 ab. alt. 9 – 😊 0432.
Roma 607 – Gorizia 53 – ◆Milano 346 – Pordenone 51 – ◆Trieste 73 – Udine 29.

   a Paradiso NE : 7 km – ⬚ **33050** Pocenia :
   ✗ **Al Paradiso**, 🖋 777000, « Ambiente tipico » – 🅿. ℂℇ 🅱 ₩ℤ 🏠
       chiuso lunedì, martedì e dal 1° al 25 luglio – **Pas** carta 23/37000.

POCOL Belluno – Vedere Cortina d'Ampezzo.

POGGIBONSI 53036 Siena 988 ⑭⑮ – 26 318 ab. alt. 115 – 😊 0577.
Roma 262 – ◆Firenze 43 – ◆Livorno 89 – Pisa 79 – Siena 32.

   🏨 **Europa** senza rist, località Calcinaia S : 2 km 🖋 933402, Fax 936069 – 🛗 ☰ ℡ 🖪 ☎ 🅿 –
       🏛 100. ℂℇ 🅱 ① ℇ ₩ℤ 🏠
       ⬚ 7500 – **40 cam** 49/75000.
   ✗ **Il Sole**, via Trento 5 🖋 936283 – 🅿. ℂℇ 🅱 ℇ ₩ℤ
       chiuso lunedì e luglio o agosto – Pas carta 24/37000 (10%).

POGGIO Livorno – Vedere Elba (Isola d') : Marciana.

POGGIO A CAIANO 50046 Firenze – 7 712 ab. alt. 57 – 😊 055.
Vedere Villa★.
Roma 293 – ◆Firenze 17 – ◆Livorno 99 – ◆Milano 300 – Pisa 75 – Pistoia 18.

   🏨 **Hermitage** 🏊, via Ginepraia 112 🖋 877040, Fax 8797057, ≤, ⚓, 🐎 – 🛗 ☰ ℡ ☎ 🅿
       – 🏛 30 a 150. ℂℇ 🅱 ₩ℤ 🏠 rist
       Pas *(chiuso domenica sera, venerdì ed agosto)* carta 29/46000 – ⬚ 8000 – **60 cam**
       80/90000, ☰ 3000 – ½ P 70/87000.

POGGIO BERNI 47030 Forlì 429 J 19 – 2 513 ab. alt. 151 – 😊 0541.
Roma 338 – Forlì 33 – ◆Ravenna 59 – Rimini 16.

   ✗✗ **Tre Re**, 🖋 629760, ≤, prenotare – 🅿 – 🏛 35. ℂℇ 🅱 ① ℇ ₩ℤ 🏠
        chiuso lunedì – Pas carta 30/53000.

POGGIO MIRTETO STAZIONE 02040 Rieti – 4 935 ab. alt. 242 – 😊 0765.
Roma 48 – Rieti 47 – Terni 44 – Viterbo 73.

   🏨 **Borgo Paraelios** 🏊, località Valle Collicchia N : 4 km 🖋 26040, Fax 26268, ⚓ – ☰ cam
       ℡ ☎ 🅿. ℂℇ ① ₩ℤ 🏠
       Pas 90000 – **12 cam** ⬚ 350000 – ½ P 380/540000.

POGGIO RUSCO 46025 Mantova 988 ⑭, 429 H 15 – 6 110 ab. alt. 16 – 😊 0386.
Roma 448 – ◆Ferrara 68 – Mantova 43 – ◆Milano 216 – ◆Modena 44 – ◆Verona 58.

   🏨 **Savoia**, via Matteotti 248 🖋 51033 – ℡ ☎. ℂℇ 🅱 ① ℇ ₩ℤ 🏠
   ✦ Pas carta 20/35000 – ⬚ 7000 – **15 cam** 42/65000 – ½ P 45/50000.

POGGIRIDENTI 23020 Sondrio 428 429 D 11 – 1 636 ab. alt. 615 – 😊 0342.
Roma 705 – Edolo 43 – ◆Milano 144 – Sondrio 6 – Passo dello Stelvio 82.

   ✗ **San Fedele** con cam, 🖋 380894, ≤ – ☎ 🅿. ℂℇ. 🏠
       chiuso gennaio e martedì da settembre a maggio – Pas carta 25/42000 – ⬚ 6000 – **12 cam**
       30/55000 – ½ P 46/48000.

POGLIANO MILANESE 20010 Milano 219 ⑱ – 7 314 ab. alt. 162 – 02.
Roma 595 – Como 41 – ◆Milano 20.

   ✗ **Settimo,** strada statale del Sempione 🖋 9340395 – 🅿. 🅱 . 🏠
       chiuso domenica e dal 1° al 20 agosto – Pas carta 43/63000.

POGNANA LARIO 22020 Como 428 E 9, 219 ⑨ – 875 ab. alt. 307 – 😊 031.
Roma 638 – Como 13 – ◆Milano 61.

   ✗ **La Meridiana,** 🖋 430259, ≤, 🍽 – 🅿
       chiuso mercoledì (escluso da aprile a settembre), ottobre e dal 22 al 27 dicembre – Pas
       carta 26/42000.

POIRINO 10046 Torino 988 ⑫, 428 H 5 – 8 590 ab. alt. 249 – 😊 011.
Roma 648 – Asti 34 – Cuneo 94 – ◆Milano 155 – ◆Torino 27.

   ✗ **Del Moro,** 🖋 9450139 – 🅿. 🅱 ₩ℤ
       chiuso martedì (escluso maggio) – Pas carta 26/42000.

444

POLCENIGO 33070 Pordenone 988 ⑤, 429 D 19 – 3 249 ab. alt. 40 – ✆ 0434.
Roma 592 – Belluno 61 – ◆Milano 331 – Pordenone 17 – Treviso 52 – ◆Trieste 129 – Udine 67 – ◆Venezia 81.

XXX **Cial de Brent,** verso San Giovanni ℘ 748777 – ☎ – 🍴 150. ﷼ 🅑 ⓞ 𝗩𝗜𝗦𝗔
　　 chiuso a mezzogiorno, lunedì, gennaio ed agosto – Pas carta 42/60000.

X **Al Gorgazzo-da Genio,** N : 1 km ℘ 74400, 🐎 – ☎. ﷼ 🅑 ⓞ 🄴 𝗩𝗜𝗦𝗔
　 chiuso martedì – Pas carta 24/43000.

POLESINE PARMENSE 43010 Parma 428 429 G 12 – 1 530 ab. alt. 35 – ✆ 0524.
Roma 496 – ◆Bologna 134 – Cremona 23 – ◆Milano 97 – ◆Parma 46 – Piacenza 35.

XX **Al Cavallino Bianco,** ℘ 96136 – ☎ ﷼ 🅑 ⓞ 🄴 𝗩𝗜𝗦𝗔
　 chiuso martedì, dal 7 al 22 gennaio e dal 20 al 30 luglio – Pas carta 31/49000.

　 a Santa Franca O : 2 km – ⊠ **43010** Polesine Parmense :

XX **Da Colombo,** ℘ 98114, 🍽, prenotare – 🖾 ☎. 🅑 🄴 𝗩𝗜𝗦𝗔. 🍽
　 chiuso martedì, dal 10 al 30 gennaio e dal 10 al 30 luglio – Pas carta 35/53000.

POLICASTRO BUSSENTINO 84067 Salerno 988 ㊳ – a.s. luglio e agosto – ✆ 0974.
Roma 418 – ◆Cosenza 172 – ◆Napoli 212 – Salerno 161.

🏨 Torre Oliva 🔉, SO : 2 km ℘ 986191, Telex 721195, Fax 986196, ≤, 🍽, 🏊, 🐎, 🍽
　 – 🛗 ☰ ☜ ☎ – 🍴 150
　 stagionale – **154 cam**.

POLICORO 75025 Matera 988 ㉙ – 14 246 ab. alt. 31 – ✆ 0835.
Roma 487 – ◆Bari 134 – ◆Cosenza 136 – Matera 66 – Potenza 129 – ◆Taranto 68.

🏠 **Callà,** corso Pandosia 9 ℘ 972129 – ☎. ﷼
　 Pas *(chiuso venerdì)* carta 24/45000 – ⊡ 6000 – **25 cam** 23/40000 – ½ P 45000.

　 al lido SE : 4 km :

🏨 **Heraclea** 🔉, ⊠ 75025 ℘ 910144 – 🛗 ☰ 📺 ☎ ☎ – 🍴 250. ﷼ 🍽
　 Pas carta 24/35000 – ⊡ 6000 – **86 cam** 49/86000 – ½ P 67/71000.

POLIGNANO A MARE 70044 Bari 988 ㉙ – 16 196 ab. – ✆ 080.
Roma 486 – ◆Bari 36 – ◆Brindisi 77 – Matera 82 – ◆Taranto 70.

🏨 **Grotta Palazzese** 🔉, via Narciso 59 ℘ 740677, Fax 740767, ≤, « Servizio rist. estivo in
　 una grotta sul mare » – ☰ 📺 ☎ ﷼ 🅑 ⓞ 🄴 𝗩𝗜𝗦𝗔. 🍽
　 Pas carta 51/80000 – **14 cam** ⊡ 80/110000 – ½ P 100/110000.

🏨 **Castellinaria** 🔉, cala San Giovanni (strada statale NO : 2 km) ℘ 740233, 🍽, 🏊, 🐎
　 – ☰ ☎ ☎ – 🍴 50. ﷼ 🅑 ⓞ 🄴 𝗩𝗜𝗦𝗔. 🍽 rist
　 chiuso dal 5 novembre al 6 dicembre – Pas carta 42/65000 – ⊡ 12000 – **32 cam** 134000 –
　 ½ P 166/177000.

🏠 **Covo dei Saraceni,** via Conversano 1/1 A ℘ 740696, Fax 740696, ≤, 🍽 – 🛗 ☰ 📺
　 ☎. ﷼ 🅑 ⓞ 🄴 𝗩𝗜𝗦𝗔
　 Pas carta 25/40000 (15%) – ⊡ 8000 – **26 cam** 92000 – ½ P 60/97000.

XX **Da Tuccino,** contrada Santa Caterina ℘ 741560, ≤, 🍽 – ☎. ﷼ 🅑 🄴 𝗩𝗜𝗦𝗔. 🍽
　 chiuso dal 9 dicembre al 28 febbraio e lunedì da ottobre a maggio – Pas carta 35/60000.

POLISTENA 89024 Reggio di Calabria 988 ㊴ – 11 763 ab. alt. 239 – ✆ 0966.
Roma 652 – Catanzaro 120 – ◆Cosenza 138 – ◆Reggio di Calabria 73.

🏠 **Mommo,** ℘ 932233 – 🛗 ☰ rist ☎ 🖾. 🍽
➡ Pas carta 20/27000 – ⊡ 5000 – **34 cam** 37/55000 – ½ P 45000.

POLPENAZZE DEL GARDA 25080 Brescia 428 429 F 13 – 1 511 ab. alt. 207 – ✆ 0365.
Roma 540 – ◆Brescia 28 – Mantova 79 – ◆Milano 129 – Trento 104.

　 a Picedo E : 1,5 km – ⊠ **25080** Polpenazze del Garda :

X **Taverna Picedo,** ℘ 674103, 🍽 – ☎
　 chiuso martedì e dal 7 al 20 gennaio – Pas carta 27/41000.

POMARANCE 56045 Pisa 988 ⑭ – 7 213 ab. alt. 367 – ✆ 0588.
Roma 310 – ◆Firenze 104 – ◆Livorno 77 – Siena 80.

🏨 **Il Pomarancio,** ℘ 64616, « Edificio del '800; terrazze-giardino con 🏊 » – 🛗 📺 ☎. 🅑
　 🄴 𝗩𝗜𝗦𝗔
　 Pas carta 29/46000 – ⊡ 4500 – **18 cam** 49/78000 – ½ P 69000.

POMAROLO 38060 Trento – 1 925 ab. alt. 210 – ✆ 0464.
Roma 567 – Trento 28 – ◆Verona 85.

XX **Conca Verde,** via Pasini 1 ℘ 411530 – ﷼ ⓞ 𝗩𝗜𝗦𝗔. 🍽
　 chiuso lunedì e dal 2 al 22 gennaio – Pas carta 28/50000.

POMEZIA 00040 Roma 988 ⑳ – 37 713 ab. alt. 108 – ✿ 06.

Roma 29 – Anzio 31 – Frosinone 105 – Latina 41 – Ostia Antica 32.

Selene, via Pontina ✆ 912901, Telex 613467, Fax 9121579, ♨, 🏖, ✂ – 🛗 🖭 📺 ☎ ♿
ℙ – 🚗 25 a 700. ⅢⒺ 🅱 ⓞ Ⓔ 𝑉𝐼𝑆𝐴, ❄
Pas carta 47/65000 – ⌕ 13000 – **200 cam** 150/210000 appartamenti 360000.

Enea Hotel, via del Mare 83 ✆ 9107021, Telex 616105, Fax 9107021, 𝐼♿, ⇌⇋, ♨ – 🛗
❄ cam 🛗 🖭 ☎ 🚗 ℙ – 🚗 25 a 300. ⅢⒺ 🅱 ⓞ Ⓔ 𝑉𝐼𝑆𝐴, ❄
Pas carta 30/55000 – **92 cam** ⌕ 115/150000.

POMIGLIANO D'ARCO 80038 Napoli 988 ㉗ – 42 508 ab. alt. 33 – ✿ 081.

Roma 223 – Benevento 55 – Caserta 32 – ♦Napoli 13 – Salerno 55.

Quadrifoglio, ✉ 80030 Castello di Cisterna ✆ 8844222, Fax 8842090 – 🛗 🖭 📺 ☎ ℙ
– 🚗 150. ⅢⒺ ❄ rist
chiuso dal 4 al 26 agosto – Pas carta 48/82000 (12%) – **72 cam** ⌕ 160/220000 – ½ P 160000.

POMONTE Livorno – Vedere Elba (Isola d') : Marciana.

POMPEI 80045 Napoli 988 ㉗ – 25 596 ab. alt. 16 – a.s. maggio-15 ottobre – ✿ 081.

Vedere Foro★★★ : Basilica★★, Tempio di Apollo★★, Tempio di Giove★★ – Terme Stabiane★★★ –
Casa dei Vettii★★★ – Villa dei Misteri★★★ – Antiquarium★ – Odeon★★ – Casa del Menandro★★
– Via dell'Abbondanza★★ – Fullonica Stephani★★ – Casa del Fauno★★ – Porta Ercolano★★ – Via
dei Sepolcri★★ – Foro Triangolare★ – Teatro Grande★ – Tempio di Iside★ – Termopolio★ – Casa
di Loreius Tiburtinus★ – Villa di Giulia Felice★ – Anfiteatro★ – Necropoli fuori Porta Nocera★ –
Pistrinum★ – Casa degli Amorini Dorati★ – Torre di Mercurio★ : ≤★★ – Casa del Poeta Tragico★
– Pitture★ nella casa dell'Ara Massima – Fontana★ nella casa della Fontana Grande.

Dintorni Villa romana di Oplanti★★★ a Torre Annunziata O : 6 km.

🅱 via Sacra 1 ✆ 8631041; agli Scavi, piazza Esedra ✆ 8610913.

Roma 237 – Avellino 49 – Caserta 50 – ♦Napoli 24 – Salerno 29 – Sorrento 28.

Villa Laura senza rist, via della Salle 13 ✆ 8631024, Fax 8504893, 🏖 – 🖭 📺 🚗 🚗. ⅢⒺ
🅱 ⓞ Ⓔ 𝑉𝐼𝑆𝐴, ❄
⌕ 8000 – **26 cam** 80/100000.

Del Santuario, piazza Bartolo Longo 2/6 ✆ 8506165, Fax 8503310 – 🛗 🚗. ⅢⒺ 🅱 Ⓔ 𝑉𝐼𝑆𝐴,
❄ cam
Pas *(chiuso mercoledì dal 22 ottobre al 20 luglio)* carta 22/37000 – **51 cam** ⌕ 60/75000 –
½ P 55000.

Forum, via Roma 93 ✆ 8501170, 🏖 – 🖭 📺 ☎. ⅢⒺ 🅱 ⓞ Ⓔ 𝑉𝐼𝑆𝐴, ❄ rist
Pas (solo per clienti alloggiati) 20/40000 – ⌕ 6000 – **9 cam** 75/87000 – ½ P 95000.

Calypso senza rist, via Mazzini 93 ✆ 8631050 – ☎ ℙ. ⅢⒺ ⓞ 𝑉𝐼𝑆𝐴
10 cam ⌕ 110000.

Diomede senza rist, viale Mazzini 40 ✆ 8631520 – 🛗 🚗
⌕ 6000 – **24 cam** 39/60000.

XXX **Il Principe,** piazza Bartolo Longo 8 ✆ 8633342, Fax 8633342 – 🖭. ⅢⒺ 🅱 ⓞ Ⓔ 𝑉𝐼𝑆𝐴, ❄
chiuso lunedì e dal 1° al 15 agosto – Pas carta 48/68000 (12%).

X **Zi Caterina,** via Roma 20 ✆ 8631263, Fax 8502607 – 🖭. ⅢⒺ 🅱 ⓞ Ⓔ 𝑉𝐼𝑆𝐴, ❄
chiuso martedì – Pas carta 26/44000.

in prossimità dello svincolo Scafati-Pompei

Giovanna ⚜ senza rist, ✉ 80045 ✆ 8503535, 🏖 – 🛗 📺 🚗 ℙ. ⅢⒺ 🅱 ⓞ 𝑉𝐼𝑆𝐴
chiuso dal 26 dicembre al 2 gennaio – **24 cam** ⌕ 67/95000.

POMPONESCO 46030 Mantova 428 429 H 13 – 1 427 ab. alt. 23 – ✿ 0375.

Roma 459 – Mantova 38 – ♦Milano 154 – ♦Modena 56 – ♦Parma 32.

XXX **Il Leone** con cam, ✆ 86077, Fax 86077, « Caratteristiche decorazioni », ♨ – ⅢⒺ 🅱 ⓞ Ⓔ
𝑉𝐼𝑆𝐴. ❄ rist
chiuso dal 1° al 20 gennaio e dal 16 al 26 agosto – Pas *(chiuso domenica sera e lunedì)*
carta 38/49000 – ⌕ 8000 – **8 cam** 63/95000 – ½ P 75/85000.

PONDERANO 13058 Vercelli 219 ⑮ – 3 700 ab. alt. 357 – ✿ 015.

Roma 673 – Biella 4 – ♦Milano 100 – Vercelli 40.

XX **Gran Paradiso-da Valdo,** via Mazzini 63 ✆ 541979 – 🖭 ℙ. ❄
chiuso mercoledì e dal 28 luglio al 22 agosto – Pas carta 35/58000.

PONSACCO 56038 Pisa 988 ⑭, 428 L 13 – 12 119 ab. alt. 24 – ✿ 0587.

Roma 319 – ♦Firenze 59 – ♦Livorno 32 – Siena 88.

Da Enrico, via Gramsci 3 ✆ 731305, Fax 731305, 🍴 – 📺 ☎ ℙ. ⅢⒺ 🅱 Ⓔ 𝑉𝐼𝑆𝐴, ❄
Pas *(chiuso domenica)* carta 26/40000 – ⌕ 6000 – **10 cam** 57/80000 – ½ P 55/66000.

PONT Aosta 219 ⑫ – Vedere Valsavarenche.

446

PONTASSIEVE 50065 Firenze 988 ⑮, 429 K 16 – 20 400 ab. alt. 101 – ✆ 055.
Roma 263 – Arezzo 67 – ✦Firenze 18 – Forlì 91 – ✦Milano 317 – Siena 86.

🏨 **Moderno** senza rist, via Londra 5 ℘ 8315541, Telex 574381, Fax 8368848 – 🛗 ▤ ☎ 🚗
– 🏊 30 a 120. 🖭 ⓪ 𝚅𝙸𝚂𝙰
☞ 12000 – **120 cam** 94/145000.

PONT CANAVESE 10085 Torino 988 ②⑫, 428 F 4 – 3 997 ab. alt. 461 – ✆ 0124.
Roma 704 – Aosta 92 – Ivrea 29 – ✦Milano 142 – Novara 96 – ✦Torino 47.

🏠 **Bergagna**, via Marconi 19 ℘ 85153 – ℗. 🖃 𝚅𝙸𝚂𝙰. ℅ cam
chiuso dal 1° al 20 ottobre – Pas (chiuso martedì) carta 22/35000 – ☞ 4000 – **15 cam**
40/50000 – ½ P 38/42000.

PONTE A CAPPIANO Firenze – Vedere Fucecchio.

PONTE A MORIANO 55029 Lucca 428 429 K 13 – alt. 53 – ✆ 0583.
Roma 357 – ✦Firenze 83 – Lucca 9 – ✦Milano 283 – Pistoia 52.

XX **La Mora**, a Sesto NO : 2,5 km ℘ 57109, Fax 57109, 🌳 – 🖭 🖃 ⓪ 🄴 𝚅𝙸𝚂𝙰 ℅
chiuso mercoledì sera, giovedì, dal 24 giugno al 4 luglio e dal 7 al 23 ottobre – Pas
carta 38/62000.

X **Antica Locanda di Sesto**, a Sesto NO : 2,5 km ℘ 578181 – ℗. 🖭 🖃 ⓪ 🄴 𝚅𝙸𝚂𝙰
℅
chiuso sabato ed agosto – Pas carta 25/49000.

PONTE ARCHE Trento 988 ④ – Vedere Lomaso.

PONTE BUGGIANESE 51019 Pistoia 428 429 K 14 – 7 209 ab. alt. 18 – ✆ 0572.
Roma 329 – ✦Firenze 55 – Lucca 23 – Pisa 41 – Pistoia 24.

🏠 **Meucci**, via Matteotti 79 ℘ 635017 – 🛗 📺 ☎. 🖭 🖃 🄴 𝚅𝙸𝚂𝙰. ℅
Pas (chiuso mercoledì) carta 25/47000 – ☞ 4000 – **14 cam** 53/77000 – ½ P 44/70000.

PONTECAGNANO 84098 Salerno 988 ㉘ – 22 622 ab. alt. 28 – a.s. luglio e agosto – ✆ 089.
Roma 273 – Avellino 48 – ✦Napoli 68 – Salerno 9.

🏨 **Europa**, via Europa 2 ℘ 848072, Fax 848528 – 🛗 📺 ☜ ℗. 🖃 🄴 𝚅𝙸𝚂𝙰. ℅ rist
chiuso dal 24 dicembre al 4 gennaio – Pas (chiuso domenica da ottobre a maggio) 22/28000
(15%) – ☞ 3000 – **40 cam** 45/70000 – ½ P 47/52000.

sulla strada statale 18 E : 2 km :

🏨 **Carosello**, ✉ 84098 ℘ 381314, Fax 383910 – 🛗 📺 ☎ ℗ – 🏊 120. 🖭 🖃 ⓪ 🄴 𝚅𝙸𝚂𝙰.
℅
Pas (chiuso sabato) carta 24/39000 (12%) – ☞ 7000 – **40 cam** 50/76000 – ½ P 55/65000.

🏠 **1 + 1**, ✉ 84098 ℘ 384177 – 🛗 🕸 ℗. ℅
Pas carta 21/34000 – ☞ 5000 – **40 cam** 30/46000 – ½ P 45000.

PONTECCHIO POLESINE 45030 Rovigo 429 G 17 – 1 389 ab. alt. 5 – ✆ 0425.
Roma 456 – ✦Ferrara 31 – ✦Milano 287 – Rovigo 7.

X **Trattoria de la Vecia**, località San Pietro ℘ 492601 – ⇔ ℗. 𝚅𝙸𝚂𝙰. ℅
chiuso lunedì ed agosto – Pas carta 36/40000.

PONTE DELL'OLIO 29028 Piacenza 428 H 10 – 4 791 ab. alt. 210 – ✆ 0523.
Roma 548 – ✦Genova 127 – ✦Milano 100 – Piacenza 22.

X **Locanda Cacciatori** ⏚ con cam, località Castione E : 3 km ℘ 87105, 🌳 – ⇔ ℗ –
🏊 100. 🖭. ℅
chiuso gennaio – Pas (chiuso mercoledì) carta 22/33000 – **13 cam** ☞ 30/50000 –
½ P 40/45000.

PONTEDERA 56025 Pisa 988 ⑭, 428 429 L 13 – 27 107 ab. alt. 14 – ✆ 0587.
Roma 314 – ✦Firenze 61 – ✦Livorno 32 – Lucca 28 – Pisa 22 – Pistoia 45 – Siena 86.

🏠 **Armonia**, piazza Duomo 11 ℘ 52240 – ☎
Pas (chiuso sabato, domenica ed agosto) 20/22000 – ☞ 6500 – **30 cam** 42/60000.

X **Aeroscalo**, via Roma 8 ℘ 52024 – 🖭 🖃. ℅
chiuso lunedì ed agosto – Pas carta 28/38000.

X **Baldini**, via Tosco Romagnola 118 ℘ 52712 – ⇔ ▤ ℗. 🖭 🖃 ⓪ 🄴 𝚅𝙸𝚂𝙰
chiuso domenica – Pas carta 35/46000.

X **Al Cavallino Rosso**, via Pisana 94 ℘ 52549 – 🖭 🖃 ⓪ 🄴 𝚅𝙸𝚂𝙰. ℅
chiuso lunedì – Pas carta 28/46000.

PONTE DI BRENTA Padova – Vedere Padova.

PONTE DI LEGNO 25056 Brescia 988 ④, 428 D 13 – 2 005 ab. alt. 1 258 – a.s. febbraio, Pasqua, luglio-agosto e Natale – Sport invernali : 1 258/2 585 m ⸗1 ⸗4, ⸗ (vedere anche Passo del Tonale) – ✿ 0364.

🛏 (luglio-settembre) ℘ 92577.

🅱 corso Milano 41 ℘ 91122.

Roma 677 – ♦Bolzano 107 – Bormio 42 – ♦Brescia 119 – ♦Milano 167 – Sondrio 64.

🏨🏨 **Mirella**, ℘ 91661, Telex 305807, Fax 91663, ≤, ≘, 🏊, 🛋, ✂ – 🛗 📺 ☎ ♿ ⇔ Ⓟ – 🏛 30 a 300. 🖭 🕥 ⑩ Ⓔ 𝐕𝐈𝐒𝐀. ⬦
Pas *(chiuso mercoledì)* carta 43/68000 – 🖙 12000 – **61 cam** 105/180000 appartamenti 230000 – ½ P 100/170000.

🏨 **Garden**, ℘ 91131, Fax 91131, ≤, ⇔ – 🛗 📺 ☎ ♿ ⇔ Ⓟ. 🖭 🕥 ⑩ 𝐕𝐈𝐒𝐀. ⬦
dicembre-22 aprile e giugno-settembre – Pas *(chiuso martedì)* 28000 – 🖙 10000 – **33 cam** 65/95000 – ½ P 50/100000.

🏨 **Mignon**, ℘ 91195, ≤, ⇔ – 🛗 ☎ ⇔ Ⓟ. 🕥 ⑩. ⬦ rist
Pas *(chiuso giovedì, maggio, ottobre e novembre)* 25000 – 🖙 7000 – **27 cam** 49/90000 – ½ P 78/80000.

🗶🗶 **Al Maniero** con cam, ℘ 91093, ≤ – ☎ ⇔ Ⓟ. 🖭 🕥 ⑩ Ⓔ 𝐕𝐈𝐒𝐀. ⬦ rist
chiuso dall'8 al 26 gennaio – Pas *(chiuso lunedì)* carta 30/46000 – 🖙 7000 – **12 cam** 45/70000 – ½ P 63/81000.

Vedere anche : *Tonale (Passo del)* E : 11 km.

PONTE DI NAVA Cuneo 428 J 5 – Vedere Ormea.

PONTE DI PIAVE 31047 Treviso 988 ⑤, 429 E 19 – 6 187 ab. alt. 10 – ✿ 0422.
Roma 563 – ♦Milano 302 – Treviso 19 – ♦Trieste 126 – Udine 95 – ♦Venezia 52.

a Levada N : 3 km – ✉ 31047 Ponte di Piave :

🗶🗶 **Al Gabbiano** con cam, ℘ 853205, Fax 853540, �, prenotare, ⇔ – 🛗 ⇌ cam 📺 ☎ Ⓟ. 🖭 🕥 ⑩ 𝐕𝐈𝐒𝐀. ⬦ cam
Pas *(chiuso domenica)* carta 30/56000 – 🖙 10000 – **20 cam** 45/70000 – ½ P 70000.

PONTE DI TURBIGO Novara 219 ⑰ – Vedere Galliate.

PONTE IN VALTELLINA 23026 Sondrio 428 429 D 11 – 2 264 ab. alt. 500 – ✿ 0342.
Roma 709 – Edolo 39 – ♦Milano 148 – Sondrio 10 – Passo dello Stelvio 78.

🗶🗶 **Cerere**, ℘ 482294, ≤, « In una antica dimora » – 🖭 ⑩ 𝐕𝐈𝐒𝐀
chiuso mercoledì *(escluso agosto)* e dal 1° al 25 luglio – Pas carta 25/38000.

PONTE NELLE ALPI 32014 Belluno 988 ⑤ – 7 491 ab. alt. 400 – ✿ 0437.
Roma 609 – Belluno 8 – Cortina d'Ampezzo 63 – ♦Milano 348 – Treviso 69 – Udine 109 – ♦Venezia 98.

sulla strada statale 51 :

🗶🗶 **Da Benito** con cam, località Pian di Vedoia N : 3 km ✉ 32014 ℘ 99420, ≤ – 🛗 📺 ☎ Ⓟ – 🏛 80. 🖭 🕥 𝐕𝐈𝐒𝐀. ⬦
chiuso dal 10 al 30 luglio – Pas *(chiuso domenica sera e lunedì)* carta 25/38000 (10%) – 🖙 8000 – **26 cam** 80/100000 – ½ P 40/80000.

🗶🗶 **Alla Vigna**, località Cadola E : 2 km ✉ 32014 ℘ 999593 – 🖭
chiuso mercoledì e dal 20 settembre al 10 ottobre – Pas carta 27/38000.

PONTENURE 29010 Piacenza 428 429 H 11 – 5 037 ab. alt. 64 – ✿ 0523.
Roma 505 – ♦Milano 72 – ♦Parma 50 – Piacenza 10.

🏨 **Savi**, ℘ 519244 – 🍽 📺 ☎ ⇔ Ⓟ – 🏛 60. 🕥 ⑩ Ⓔ 𝐕𝐈𝐒𝐀. ⬦
Pas 20000 – 🖙 5000 – **20 cam** 65/95000.

PONTERANICA 24010 Bergamo 428 E 11 – 7 096 ab. alt. 381 – ✿ 035.
Roma 608 – ♦Bergamo 8 – ♦Milano 55.

🗶🗶 **Parco dei Colli**, ℘ 572227, � – Ⓟ. 𝐕𝐈𝐒𝐀. ⬦
chiuso lunedì – Pas carta 35/58000.

PONTE SAN GIOVANNI Perugia – Vedere Perugia.

PONTE SAN LUDOVICO Imperia 195 ㉙, 84 ⑳ – Vedere Ventimiglia.

PONTE SAN NICOLO 35020 Padova – 10 230 ab. alt. 11 – ✿ 049.
Roma 498 – ♦Padova 8 – ♦Venezia 40.

Pianta : vedere Padova.

🏨 **Marconi** senza rist, località Roncaglia ℘ 719122, Telex 432174, Fax 719122 – 🛗 🍽 📺 ☎ ⇔ Ⓟ – 🏛 20 a 80. 🖭 🕥 ⑩ Ⓔ 𝐕𝐈𝐒𝐀. ⬦
🖙 9000 – **41 cam** 80/113000.
BX x

PONTE TARO Parma – Vedere Parma.

PONTE TRESA – Vedere Lavena-Ponte Tresa o nel Cantone Ticino alla fine dell'elenco alfabetico.

PONTE VALLECEPPI Perugia – Vedere Perugia.

PONTICINO 52020 Arezzo – alt. 255 – ۞ 0575.
Roma 217 – Arezzo 15 – ◆Firenze 67.

🏠 **Country,** ℘ 898444 – 劇 ▤ rist 𝗧𝗩 ☎ 🅿 – 🔏 60. ⓘ. ✑
chiuso dal 1° al 13 agosto – Pas (chiuso lunedì) carta 26/40000 – ☲ 5000 – **14 cam** 80000 – ½ P 65/70000.

PONTINVREA 17040 Savona ⑨⑧⑧ ⑫, ⑫⑧ | 7 – 724 ab. alt. 425 – ۞ 019.
Roma 546 – Alessandria 77 – ◆Genova 61 – ◆Milano 173 – Savona 24 – ◆Torino 149.

a Il Giovo SE : 4 km – ✉ **17040** Giovo Ligure :

🏠 **Ligure,** ℘ 705007, 🐴 – ☎ 🅿 E 𝗩𝗜𝗦𝗔. ✑
chiuso gennaio e febbraio – Pas (chiuso martedì da ottobre a giugno) carta 20/34000 – ☲ 3000 – **31 cam** 30/55000 – ½ P 40/50000.

PONTREMOLI 54027 Massa-Carrara ⑨⑧⑧ ⑬⑭, ⑫⑧ ⑫⑨ | 11 – 9 588 ab. alt. 236 – ۞ 0187.
Roma 438 – Carrara 53 – ◆Firenze 164 – Massa 55 – ◆Milano 186 – ◆Parma 81.

🏛 **Golf Hotel** ⑤, via Pineta ℘ 831573, Fax 831591, 🐴 – 劇 ☎ 🅿 – 🔏 200. 🖭 🅱 ⓘ E 𝗩𝗜𝗦𝗔. ✑
chiuso gennaio – Pas (chiuso lunedì) carta 22/30000 – ☲ 8000 – **82 cam** 54/89000 – ½ P 75000.

🏛 **Napoleon,** piazza Italia 2 bis ℘ 830544 – 劇 ☜ 🅿 – 🔏 30. 🖭 ⓘ E 𝗩𝗜𝗦𝗔. ✑ rist
Pas (chiuso venerdì da ottobre a marzo) carta 33/49000 – ☲ 8000 – **33 cam** 54/87000 – ½ P 78000.

XX **Cà del Moro,** via Casa Corvi ℘ 830588 – 🅿. 🖭 🅱 ⓘ E 𝗩𝗜𝗦𝗔
chiuso domenica sera, lunedì, dal 20 gennaio al 10 febbraio e dal 1° al 15 luglio – Pas carta 30/45000.

X **Da Bussè,** piazza Duomo 31 ℘ 831371
chiuso venerdì e la sera escluso sabato-domenica – **Pas** carta 26/36000.

PONT-SAINT-MARTIN 11026 Aosta ⑨⑧⑧ ②, ⑫⑧ F 5 – 3 937 ab. alt. 345 – a.s. luglio e agosto – ۞ 0125 – Vedere Guida Verde.
Roma 699 – Aosta 51 – Ivrea 24 – ◆Milano 137 – Novara 91 – ◆Torino 66.

🏛 Ponte Romano, piazza IV Novembre 14 ℘ 82108 – 劇 𝗧𝗩 ☎ – **13 cam**.

PONZA (Isola di) ★ Latina ⑨⑧⑧ ㉖ – 3 412 ab. alt. da 0 a 280 (monte Guardia) – a.s. Pasqua e luglio-agosto – ۞ 0771.
La limitazione d'accesso degli autoveicoli è regolata da norme legislative.
Vedere Località ★.

🛳 per Anzio 15 giugno-15 settembre giornaliero (2 h 30 mn) e Formia giornalieri (2 h 30 mn) – Caremar-agenzia Regine, molo Musco ℘ 80565.

🚤 per Anzio giugno-25 settembre giornalieri escluso martedì e giovedì(1 h 10 mn) – Aliscafi SNAV e Agenzia Helios, ℘ 80078; per Formia giornalieri (1 h 45 mn) – Caremar-agenzia Regine, molo Musco ℘ 80565.

Ponza – ✉ 04027

🏛 **Gd H. Chiaia di Luna** ⑤, ℘ 80113, Fax 809821, ◁, 🍽, 🏊 – ☜ 🅿 🖭 🅱 E 𝗩𝗜𝗦𝗔. ✑ rist
15 maggio-10 ottobre – Pas 30000 – **60 cam** ☲ 200000 – ½ P 100/200000.

🏠 **Bellavista** ⑤, ℘ 809827, ◁ costa e mare – 劇 ☎. ✑
aprile-settembre – Pas carta 33/41000 (15%) – ☲ 14000 – **24 cam** 50/83000 – ½ P 100/110000.

X **Acqua Pazza,** ℘ 80643, ◁, 🍽, Coperti limitati; prenotare – 🖭 🅱 E 𝗩𝗜𝗦𝗔
Pasqua-ottobre – Pas carta 36/62000 (10%).

X **Eéa,** ℘ 80100, ◁ costa e mare, 🍽.

X **La Kambusa,** ℘ 80280, 🍽 – 🅱 E 𝗩𝗜𝗦𝗔. ✑
giugno-settembre – Pas carta 44/64000 (10%).

PONZANO VENETO 31050 Treviso ⑫⑨ E 18 – 7 395 ab. alt. 28 – ۞ 0422.
Roma 546 – Belluno 74 – Treviso 5 – ◆Venezia 35 – Vicenza 62.

a Paderno di Ponzano NO : 2 km – ✉ **31050** Ponzano Veneto :

XXX **Relais el Toulà** ⑤ con cam, via Postumia 63 ℘ 969191, Telex 411329, Fax 969994, 🍽, prenotare, « Parco con 🏊 » – 🢔 cam 𝗧𝗩 ☎ 🅿 🖭 ⓘ 𝗩𝗜𝗦𝗔. ✑ rist
Pas carta 60/85000 (15%) – ☲ 20000 – **10 cam** 380000 appartamenti 580000 – ½ P 245/385000.

449

PONZONE 15010 Alessandria 428 I 7 – 1 218 ab. alt. 606 – ✪ 0144.
Roma 579 – Acqui Terme 13 – Alessandria 47 – ✦Genova 80 – ✦Milano 143 – Savona 48.

✗ **Malò** con cam, piazza Garibaldi 1 ℘ 78124 – 🗗 . ✿ cam
Pas *(chiuso mercoledì)* carta 23/39000 – ⌧ 7000 – **20 cam** *(aprile-ottobre)* 35/48000 –
P 48000.

PORCIA 33080 Pordenone 429 E 19 – 13 022 ab. alt. 29 – ✪ 0434.
Roma 608 – Belluno 64 – ✦Milano 333 – Pordenone 4 – Treviso 54 – ✦Trieste 117.

✗✗ **Gildo,** ℘ 921212, 🍃 – 🅿 – 🏛 300. 🗗 E VISA . ✿
chiuso domenica sera, lunedì, dal 1° al 10 gennaio e dal 1° al 20 agosto – Pas carta 35/50000.

PORDENONE 33170 🅿 988 ⑤, 429 E 20 – 50 300 ab. alt. 24 – ✪ 0434.
🕞 (chiuso mercoledì) a Castel d'Aviano ⊠ 33081 ℘ 652302, NO : 10 km.
🖹 piazza della Motta 13 ℘ 21912.
A.C.I. viale Dante 40 ℘ 208965.
Roma 605 – Belluno 66 – ✦Milano 343 – Treviso 54 – ✦Trieste 113 – Udine 51 – ✦Venezia 93.

🏛 **Villa Ottoboni,** via 30 Aprile ℘ 21967 – 🛗 🗟 📺 ☎ 🚗 🅿 – 🏛 100. AE 🗗 E VISA .
✿
Pas *(chiuso sabato sera, domenica, dal 26 dicembre al 6 gennaio ed agosto)* carta 35/53000
– **96 cam** ⌧ 160/200000 appartamenti 350000.

🏠 **Palace Hotel Moderno,** viale Martelli 1 ℘ 28215, Telex 450433, Fax 520315 – 🛗 🗟 📺
☎ 🅿 – 🏛 150. AE 🗗 ⓞ E VISA . ✿
Pas *(chiuso venerdì)* carta 40/50000 – ⌧ 8000 – **111 cam** 70/105000 – ½ P 90000.

🏠 **Park Hotel** senza rist, via Mazzini 43 ℘ 27901, Fax 522353 – 🛗 🗟 📺 ☎ 🕭 🅿. AE 🗗
VISA . ✿
⌧ 7000 – **64 cam** 55/80000.

✗✗✗ **Noncello,** viale Marconi 34 ℘ 523014 – 🗟. AE 🗗 ⓞ VISA
chiuso domenica ed agosto – Pas carta 28/44000 (10%).

✗ Osteria La Bassa, viale Grigoletti 148 ℘ 33065 – 🅿
chiuso domenica ed agosto.

Vedere anche : *San Quirino* N : 9 km.

PORDOI (Passo del) Belluno e Trento – alt. 2 239.
Vedere Posizione pittoresca★★★.
Roma 699 – Belluno 85 – ✦Bolzano 63 – Canazei 12 – Cortina d'Ampezzo 46 – ✦Milano 356 – Trento 116.

PORLEZZA 22018 Como 428 D 9, 219 ⑨ – 4 025 ab. alt. 271 – ✪ 0344.
Vedere Lago di Lugano★★.
Roma 673 – Como 47 – ✦Lugano 16 – ✦Milano 95 – Sondrio 80.

✗✗ **Regina** con cam, ℘ 61228, ≤ – 🛗 📺 ☎. AE 🗗 ⓞ E VISA
chiuso dall'11 gennaio al 28 febbraio – Pas *(chiuso lunedì)* carta 29/54000 (10%) – ⌧ 6000
– **22 cam** 45/85000 – ½ P 70000.

PORRETTA TERME 40046 Bologna 988 ⑭, 428 429 J 14 – 4 803 ab. alt. 349 – Stazione termale
(maggio-ottobre), a.s. luglio-15 settembre – ✪ 0534.
🖹 piazza Libertà 74 ℘ 22021.
Roma 345 – ✦Bologna 60 – ✦Firenze 71 – ✦Milano 261 – ✦Modena 92 – Pistoia 35.

🏛 **Santoli,** via Roma 3 ℘ 23206, Fax 22744, 🍃, ♨ – 🛗 📺 ☎ 🚗 🅿 – 🏛 30 a 180. AE
🗗 ⓞ E VISA . ✿
Pas *(chiuso lunedì)* carta 28/35000 – **48 cam** ⌧ 90/160000 – ½ P 60/80000.

🏠 Sassocardo ⑤, via della Piscina 2 ℘ 23075, Fax 24260, ≤, ♨ – 🛗 🗟 rist 📺 ☎ 🅿
stagionale – **57 cam**.

🏠 **Cini,** via Terme 37 ℘ 22161 – 🛗 📺 ☎. AE 🗗 ⓞ VISA . ✿ rist
aprile-ottobre – Pas *(chiuso lunedì in bassa stagione)* carta 23/33000 – ⌧ 5000 – **15 cam**
82000 – P 45/68000.

✗ **La Volta,** a Borgo Capanne S : 4 km ⊠ 40030 Borgo Capanne ℘ 60401, Coperti limitati;
prenotare – AE 🗗 ⓞ VISA . ✿
chiuso dal 20 gennaio al 10 febbraio, lunedì e martedì (escluso agosto) – Pas carta 36/59000.

PORTESE Brescia – Vedere San Felice del Benaco.

PORTICELLO Palermo – Vedere Sicilia (Santa Flavia) alla fine dell'elenco alfabetico.

PORTICO DI ROMAGNA 47010 Forlì – alt. 301 – ✪ 0543.
Roma 320 – ✦Firenze 75 – Forlì 34 – ✦Ravenna 61.

🏠 **Al Vecchio Convento,** ℘ 967752 – ☎ AE 🗗 ⓞ VISA . ✿ rist
Pas *(chiuso mercoledì escluso da luglio al 15 settembre)* carta 34/50000 – ⌧ 7000 – **9 cam**
48/63000 – ½ P 58000.

PORTO ALABE Oristano – Vedere Sardegna (Tresnuraghes) alla fine dell'elenco alfabetico.

PORTO AZZURRO Livorno 988 ㉔ – Vedere Elba (Isola d').

PORTO CESAREO 73010 Lecce 988 ㉚ – 4 110 ab. – ✪ 0833.
Roma 600 – ♦Brindisi 52 – Gallipoli 30 – Lecce 27 – Otranto 59 – ♦Taranto 65.

 🏨 **Lo Scoglio** ⏦, su un isolotto raggiungibile in auto ☏ 569079, Fax 569078, ≼, 🛥, 🚗
  – 🖿 ఉ **❷**. 🍽 🅱 ⑩ **E** *VISA*. ✽
  Pas *(chiuso martedì)* carta 25/36000 – **50 cam** ⊑ 57/98000 – ½ P 70/84000.

 ✕✕ **Il Veliero**, litoranea Sant'Isidoro ☏ 569201 – 🍽. 🍽 🅱 ⑩ **E** *VISA*. ✽
  chiuso martedì e novembre – Pas carta 35/59000.

  a Torre Lapillo NO : 5 km – ✉ **73050** Santa Chiara di Nardò :

 🏨 **L'Angolo di Beppe** ⏦, ☏ 565333 e rist ☏ 565305, Fax 565301, ⬩ఉ, ⛵ – ▯ 🍽 📺 ☎
  ❷ – 🏛 90. 🍽 🅱 ⑩ **E** *VISA*. ✽
  Pas *(chiuso lunedì)* carta 31/51000 – **20 cam** ⊑ 80/135000 – ½ P 100/108000.

PORTO CONTE Sassari – Vedere Sardegna alla fine dell'elenco alfabetico.

PORTO D'ASCOLI Ascoli Piceno – Vedere San Benedetto del Tronto.

PORTO ERCOLE 58018 Grosseto – a.s. Pasqua e 15 giugno-15 settembre – ✪ 0564.
Vedere Guida Verde.
Roma 159 – Civitavecchia 83 – ♦Firenze 190 – Grosseto 50 – Orbetello 7 – Viterbo 95.

 🏨 **Villa Letizia** ⏦, N : 1 km ☏ 834181, Fax 834181, ≼, ⛏ riscaldata, 🚗, ⛵ – 📺 🕾 **❷**.
  🍽 🅱 ⑩ **E** *VISA*. ✽
  chiuso gennaio e novembre – Pas carta 48/60000 – **19 cam** ⊑ 160/240000 – ½ P 150/175000.

 🏨 **Don Pedro**, ☏ 833914, Fax 833914, ≼, 🌣 – ▯ ☎ 🚗 **❷**. 🅱 **E** *VISA*. ✽
  Pasqua-ottobre – Pas carta 40/54000 – ⊑ 9000 – **44 cam** 51/83000 – ½ P 91/130000.

 ✕✕ **Taitù**, N : 1 km ☏ 834032, ≼, 🌣 – **❷**. 🍽 🅱 ⑩ **E** *VISA*. ✽
  febbraio-ottobre ; chiuso mercoledì – Pas carta 48/60000.

 ✕ **Il Gambero Rosso**, ☏ 832650, ≼, 🌣 – 🍽 🅱 ⑩ **E** *VISA*
  chiuso mercoledì, dal 20 gennaio al 20 febbraio e dal 7 al 20 novembre – Pas carta 40/57000.

  sulla strada Panoramica SO : 4,5 km :

 🏨 **Il Pellicano** ⏦, ✉ 58018 ☏ 833801, Telex 500131, Fax 833418, ≼ mare e scogliere,
  🌣, « Terrazze fiorite », ⛏ riscaldata, 🛥, 🚗, ⛵ – 🍽 ☎ **❷**. 🍽 🅱 ⑩ *VISA*. ✽
  Pasqua-3 novembre – Pas 90000 – ⊑ 25000 – **30 cam** 546000 appartamenti 660/1000000 –
  ½ P 285/378000.

PORTOFERRAIO Livorno 988 ㉔ – Vedere Elba (Isola d').

PORTOFINO 16034 Genova 988 ⑬, 428 J 9 – 637 ab. – ✪ 0185.
Vedere Località e posizione pittoresca★★★ – ≼★★★ dal Castello.

Dintorni Passeggiata al faro★★★ E : 1 h a piedi AR – Strada panoramica★★★ per Santa Margherita
Ligure Nord – Portofino Vetta★★ NO : 14 km (strada a pedaggio) – San Fruttuoso★★ O : 20 mn di
motobarca.

🛈 via Roma 35 ☏ 269024.
Roma 485 – ♦Genova 36 – ♦Milano 171 – Rapallo 8 – Santa Margherita Ligure 5 – ♦La Spezia 87.

 🏨 **Splendido** ⏦, ☏ 269551, Telex 281057, Fax 269614, ≼ promontorio e mare, 🌣, « Parco
  ombreggiato », ⓕ, ⛏ riscaldata, ⛵ – ▯ 🍽 cam 📺 ☎ 🚗 **❷** – 🏛 30 a 60. 🍽 🅱 ⑩
  E *VISA*. ✽ rist
  7 aprile-22 ottobre – Pas carta 81/103000 (19%) – ⊑ 31000 – **63 cam** 334/561000
  appartamenti 762/952000 – ½ P 374/428000.

 🏨 **Nazionale** senza rist, ☏ 269575, Fax 269578 – 📺 ☎. 🅱 **E** *VISA*
  chiuso dal 10 gennaio al 15 marzo – ⊑ 15000 – **12 cam** 160000 appartamenti 300000.

 🏠 **San Giorgio** ⏦ senza rist, ☏ 269261 – 📺 🚗 **❷**. 🍽 🅱 **E** *VISA*. ✽
  chiuso gennaio e febbraio – ⊑ 13000 – **19 cam** 58/135000.

 🏠 **Eden**, ☏ 269091, « Servizio rist. estivo in giardino » – ☎. 🍽 🅱 ⑩ **E** *VISA*. ✽ rist
  chiuso dal 1° al 20 dicembre – Pas *(chiuso da dicembre a marzo)* carta 35/50000 – **9 cam**
  ⊑ 140000 – ½ P 80/120000.

 ✕✕ **Da Puny**, ☏ 269037, ≼, 🌣
  chiuso giovedì e dal 2 gennaio al 2 marzo – Pas carta 47/75000 (13%).

  Vedere anche : *San Fruttuoso* 20 mn di motobarca.

PORTOFINO (Penisola di) ★★★ Genova – Vedere Guida Verde.

PORTO GARIBALDI Ferrara 988 ⑮ – Vedere Comacchio.

PORTOGRUARO 30026 Venezia 988 ⑤, 429 E 20 – 25 097 ab. alt. 5 – ✦ 0421.
Roma 584 – Belluno 95 – ✦Milano 323 – Pordenone 28 – Treviso 60 – ✦Trieste 93 – Udine 62 – ✦Venezia 73.

🏨 **Antico Spessotto**, via Roma 2 ℘ 71040 e rist ℘ 75458, Fax 71053 – 🛗 🖳 📺 ☎ 🅿 –
🔺 50. 🖭 🖲 🅴 𝗩𝗜𝗦𝗔. 🛠 cam
Pas *(chiuso domenica)* carta 28/44000 – ☲ 7000 – **59 cam** 49/69000.

🕱🕱 **Alla Botte** con cam, viale Pordenone 46 ℘ 72564, 🚗 – 🢀 📺 ☎ 🅿 – 🔺 30. 🖲 🐵
🅴 𝗩𝗜𝗦𝗔. 🛠
Pas *(chiuso lunedì)* carta 37/52000 – ☲ 8500 – **22 cam** 54/86000.

sulla strada statale 14 O : 2 km :

🕱🕱 **Al Gallo Nero,** ✉ 30023 Concordia Sagittaria ℘ 72965 – 🖳 🅿 🖭 🐵 𝗩𝗜𝗦𝗔. 🛠
chiuso domenica sera, lunedì, febbraio ed agosto – Pas carta 35/60000.

Vedere anche : *Pradipozzo* O : 6 km.

PORTOMAGGIORE 44015 Ferrara 988 ⑮ – 12 946 ab. alt. 3 – ✦ 0532.
Roma 435 – ✦Bologna 54 – ✦Ferrara 24 – ✦Ravenna 52.

🏨 **Speranza 2 Marisa,** ℘ 811230 – 🛗 🖳 📺 ☎ 🅿 – 🔺 40. 🛠
✦ Pas *(solo per clienti alloggiati)* 20/25000 – ☲ 4000 – **36 cam** 40/70000 – ½ P 55/60000.

🕱 **Da Marisa,** ℘ 811194, Coperti limitati; prenotare – 🖳 🖲 🅴 𝗩𝗜𝗦𝗔. 🛠
chiuso lunedì sera, martedì, dal 7 al 13 gennaio e dall'8 al 25 agosto – Pas carta 29/58000.

PORTO MAURIZIO Imperia 988 ⑫ – Vedere Imperia.

PORTONOVO Ancona – Vedere Ancona.

PORTOPALO DI CAPO PASSERO Siracusa – Vedere Sicilia alla fine dell'elenco alfabetico.

PORTO POTENZA PICENA 62016 Macerata – a.s. luglio e agosto – ✦ 0733.
Roma 284 – ✦Ancona 37 – Macerata 34 – ✦Pescara 120.

🕱🕱🕱 **La Villa,** località Giardino Buonaccorsi O : 2,5 km ✉ 62018 Potenza Picena ℘ 688917,
🌳 , prenotare, « In una villa patrizia del '700 con tipico giardino all'italiana » – 🢀 🅿 🖭
🐵 𝗩𝗜𝗦𝗔. 🛠
chiuso martedì e dal 15 novembre al 15 dicembre – Pas carta 35/55000 (10%).

🕱🕱 **Nettuno,** Lungomare ℘ 688258, ✦ – 🐵
chiuso lunedì e dal 1° al 20 gennaio – Pas carta 40/58000.

PORTO RECANATI 62017 Macerata 988 ⑯ – 7 920 ab. – a.s. luglio e agosto – ✦ 071.
🄳 corso Matteotti 111 ℘ 9799084.
Roma 292 – ✦Ancona 30 – Ascoli Piceno 96 – Macerata 32 – ✦Pescara 130.

🏨 Bianchi Vincenzo, via Garibaldi 15 ℘ 9799040, ✦, 🌳 , 🖾 – 🛗 ☎
stagionale – **36 cam**.

🏨 Grattacielo, via Lepanto 12 ℘ 9799442, 🖾 – 🛗
stagionale – **27 cam**.

🏨 **Enzo é Mariolino,** corso Matteotti 21/23 ℘ 9799029 – 🛗 📷. 🖭 🖲 🐵 🅴 𝗩𝗜𝗦𝗔. 🛠
Pas *(chiuso lunedì da ottobre a marzo)* carta 47/73000 – **23 cam** ☲ 65/120000 –
½ P 90/100000.

🏨 **Mondial,** viale Europa 2 ℘ 9799169 – 🛗 ☎ 🚗 🅿 🖭 🖲 🐵 🅴 𝗩𝗜𝗦𝗔. 🛠
chiuso dal 20 dicembre al 20 gennaio – Pas *(chiuso domenica)* carta 29/39000 (10%) – ☲
7000 – **50 cam** 38/65000 – ½ P 60/70000.

PORTO ROTONDO Sassari 988 ㉔ – Vedere Sardegna (Olbia) alla fine dell'elenco alfabetico.

PORTO SAN GIORGIO 63017 Ascoli Piceno 988 ⑯⑰ – 16 137 ab. – a.s. luglio e agosto –
✦ 0734 – 🄳 via Oberdan 2 ℘ 678461.
Roma 258 – ✦Ancona 62 – Ascoli Piceno 61 – Macerata 42 – ✦Pescara 95.

🏨 **Il Timone,** via Kennedy 61 ℘ 679505, Telex 560628, Fax 679556, ✦, 🔽, 🕱 – 🛗 🖳 📺
☎ 🅿 – 🔺 20 a 120. 🖭 🖲 🐵 🅴 𝗩𝗜𝗦𝗔. 🛠
Pas 35/60000 – ☲ 9000 – **78 cam** 110/150000, 🖳 7000 – ½ P 100000.

🏨 **Garden,** via Cesare Battisti 6 ℘ 679414, Fax 676457 – 🛗 🖳 📺 ☎ – 🔺 80. 🖭 🖲 🐵
🅴 𝗩𝗜𝗦𝗔. 🛠
Pas 25/45000 – ☲ 10000 – **61 cam** 100/150000, 🖳 3000 – ½ P 80/95000.

🏨 **Il Caminetto,** lungomare Gramsci 283 ℘ 675558, Fax 673477, ✦, 🌳 – 🛗 📺 ☎ 🅿 🖭
🖲 🐵 𝗩𝗜𝗦𝗔. 🛠 cam
Pas *(chiuso lunedì)* carta 27/45000 – ☲ 5000 – **24 cam** 55/85000 – ½ P 60/80000.

🏨 **Tritone,** via San Martino 26 ℘ 677104, Fax 677962, ✦, 🔽, 🚗 – 🛗 📺 ☎ 🅿 🖭 🖲 🐵
🅴 𝗩𝗜𝗦𝗔. 🛠 rist
Pas carta 26/43000 (15%) – ☲ 6000 – **36 cam** 50/80000 – ½ P 40/80000.

🏨 Lanterna, via 20 Settembre 298 ℘ 679073 – 🛗 🢀 cam 📷 🅿 🖭 🖲 🅴 𝗩𝗜𝗦𝗔. 🛠 rist
✦ *giugno-settembre* – Pas 15/20000 – ☲ 3500 – **39 cam** 40/60000 – P 50/60000.

XX **La Capannina,** via San Martino 3 ℰ 677332
chiuso lunedì e dal 24 dicembre al 6 gennaio – Pas carta 51/78000.

XX **Davide,** via Mazzini 102 (angolo piazza Stazione) ℰ 677700, Fax 678520 – 🖥. 🆎 🅱 🖪 *VISA*. ⅍
chiuso dal 3 al 15 gennaio, dal 1° al 7 novembre, dal 22 al 27 dicembre e lunedì da settembre a giugno – Pas carta 26/47000.

XX **La Cascina,** via San Nicola 13 ℰ 676926, ← – 🅿. 🆎 ⓞ *VISA*. ⅍
chiuso lunedì – Pas carta 35/54000.

PORTO SAN PAOLO Sassari – Vedere Sardegna alla fine dell'elenco alfabetico.

PORTO SANTA MARGHERITA Venezia – Vedere Caorle.

PORTO SANT'ELPIDIO 63018 Ascoli Piceno 988 ⑯ – 20 782 ab. alt. 4 – ✪ 0734.
Roma 265 – ◆Ancona 54 – Ascoli Piceno 70 – ◆Pescara 103.

XX **Il Gambero,** via Mazzini 55 ℰ 900238 – *VISA*. ⅍
chiuso domenica sera e lunedì – Pas carta 30/58000.

PORTO SANTO STEFANO 58019 Grosseto 988 ㉔㉕ – a.s. Pasqua e 15 giugno-15 settembre – ✪ 0564 – **Vedere** ←★ dal forte aragonese.

⚓ per l'Isola del Giglio giornalieri (1 h) – Toremar-agenzia De Dominicis, piazzale Candi ℰ 814615, Telex 590197.

🛈 corso Umberto 55/a ℰ 814208.

Roma 162 – Civitavecchia 86 – ◆Firenze 193 – Grosseto 53 – Orbetello 10 – Viterbo 98.

🏨 **Vittoria** ⑤, strada del Sole 65 ℰ 818580, ← mare e costa, ⚐, ⅍ – 🛗 ☎ 🅿. ⅍
Pasqua-ottobre – Pas 45000 – **28 cam** 🖙 65/113000 – ½ P 82/115000.

🏠 **La Lucciola,** via Panoramica 245 ℰ 812976 – 🛗 ⚙. 🆎 🅱 ⓞ 🖪 *VISA*. ⅍
chiuso gennaio – Pas 33/38000 – 🖙 9000 – **59 cam** 39/65000 – ½ P 71/74000.

XX **Armando,** via Marconi 1/3 ℰ 812568, 🍽 – 🆎 ⓞ
chiuso mercoledì e dal 1° al 25 dicembre – Pas carta 41/60000 (15%).

X **La Fontanina di San Pietro,** S : 3 km ℰ 825261, ←, « Servizio estivo sotto un pergolato » – 🅿. 🆎 🅱 ⓞ 🖪 *VISA*. ⅍
chiuso mercoledì e gennaio – Pas carta 44/67000 (12%).

a Santa Liberata E : 4 km – ✉ **58010** :

🏨 **Villa Domizia,** ℰ 812735, ← mare e costa, 🏖, 🚗 – 📺 ☎ 🅿. ⅍
15 aprile-15 ottobre – Pas *(chiuso martedì)* carta 32/44000 – 🖙 8000 – **24 cam** 100000 – ½ P 93/100000.

PORTOSCUSO Cagliari 988 ㉝ – Vedere Sardegna alla fine dell'elenco alfabetico.

PORTO TOLLE 45018 Rovigo 988 ⑮ – 11 041 ab. alt. 2 – ✪ 0426.
Roma 491 – ◆Ferrara 72 – ◆Ravenna 78 – ◆Venezia 87.

X **Da Brodon,** a Cà Dolfin E : 9 km ✉ 45010 Cà Dolfin ℰ 384021 – 🅿. 🆎 ⓞ
chiuso lunedì – Pas carta 27/52000.

X **Da Renzo Veronese,** a Cassella S : 12 km ℰ 88088, Solo piatti di pesce, prenotare – 🅿.

PORTO TORRES Sassari 988 ㉓㉝ – Vedere Sardegna alla fine dell'elenco alfabetico.

PORTOVENERE 19025 La Spezia 988 ⑬⑭, 428 429 J 11 – 4 557 ab. – ✪ 0187.
Vedere Località★★ – Roma 430 – ◆Genova 114 – Massa 47 – ◆Milano 232 – ◆Parma 127 – ◆La Spezia 12.

🏨 **Royal Sporting,** ℰ 900326, Fax 514973, ←, ⚐, 🏖, 🚗, ⅍ – 🛗 🖥 🕭 🛶 – 🔬 70. 🆎 🅱 ⓞ 🖪 *VISA*. ⅍
Pasqua-15 ottobre – Pas carta 55/78000 – **62 cam** 🖙 140/200000 – ½ P 140/160000.

XX **Taverna del Corsaro,** ℰ 900622, ← – 🅱 🖪 *VISA*
chiuso martedì, dal 15 al 31 gennaio e dal 1° al 22 giugno – Pas carta 46/75000 (10%).

X **La Marina-da Antonio,** ℰ 900686 – 🅱 🖪 *VISA*
chiuso mercoledì e marzo – Pas carta 43/55000 (10%).

X **Osteria Baracco,** ℰ 901353, Coperti limitati; prenotare – 🅱 🖪. ⅍
chiuso martedì e febbraio – Pas carta 28/48000 (10%).

a Le Grazie N : 3 km – ✉ **19022** Le Grazie Varignano :

🏨 **Della Baia,** ℰ 900798, Fax 900034, ←, ⚐, – 📺 ☎ 🅱 🖪 *VISA*. ⅍
Pas *(chiuso a mezzogiorno da ottobre a giugno)* 35000 – **42 cam** 🖙 60/90000 – ½ P 85000.

X Il Gambero, ℰ 900325, 🍽.

a Fezzano N : 6 km – ✉ **19020** :

X **Tritone,** ℰ 900113, ← – 🆎 🅱 ⓞ 🖪 *VISA*. ⅍
chiuso martedì (escluso giugno-settembre) e febbraio – Pas carta 25/48000.

POSITANO 84017 Salerno 988 ㉗ – 3 679 ab. – a.s. Pasqua, giugno-settembre e Natale – ☎ 089.
Vedere Località**.
Dintorni Vettica Maggiore : ←** SE : 5 km.
☐ via del Saraceno 2 ✆ 875067, Fax 875760.
Roma 266 – Amalfi 17 – ♦Napoli 57 – Salerno 42 – Sorrento 17.

Le Sirenuse ⑤, ✆ 875066, Telex 770066, Fax 811798, ← mare e costa, ☂, ⛱ riscaldata, – 🛗 ▤ cam 📺 ☎ ⇔ 🅟 – 🏛 60. AE 🅢 ⓓ E VISA. ✻
Pas 65/80000 – **60 cam** ☐ 470000 appartamenti 750/950000 – ½ P 260/290000.

Le Agavi ⑤, località Belvedere Fornillo ✆ 875733, Telex 770186, Fax 875965, ← mare e costa, Ascensore per la spiaggia, ⛱, 🎾 – 🛗 ▤ 📺 ☎ 🅟 – 🏛 350. AE 🅢 ⓓ E VISA. ✻
15 aprile-15 ottobre – Pas carta 47/85000 – **68 cam** ☐ 215/300000 appartamento 450000 – ½ P 197/272000.

Poseidon, ✆ 875014, Telex 770058, Fax 875833, ← mare e costa, ☂, « Terrazza panoramica con ⛱ » – 🛗 ▤ cam 📺 ☎ ⇔ – 🏛 60. AE 🅢 ⓓ E VISA. ✻ rist
aprile-14 ottobre – Pas carta 41/52000 (15%) – **46 cam** ☐ 190/280000 appartamenti 300/450000 – ½ P 155/210000.

Covo dei Saraceni ⑤, ✆ 875400, Telex 722648, Fax 875878, ← mare e costa, ☂, ⛱ – 🛗 ▤ cam 📺 ☎. AE 🅢 ⓓ E VISA. ✻ rist
aprile-ottobre – Pas carta 33/67000 (15%) – ☐ 18000 – **58 cam** 200000 – ½ P 170000.

Villa Franca e Residence, ✆ 875655, Fax 875735, ← mare e costa, ⛱ – 🛗 ▤ cam 📺 ☎. AE 🅢 E VISA. ✻ rist
aprile-ottobre – Pas 40/50000 – ☐ 15000 – **42 cam** 140000, ▤ 15000 – ½ P 130/150000.

Buca di Bacco ⑤, ✆ 875699, Telex 722574, Fax 875731, ← mare e costa, ☂ – 🛗 📺 ☎. AE 🅢 ⓓ E VISA. ✻ rist
22 marzo-20 ottobre – Pas carta 31/64000 (15%) – ☐ 14000 – **54 cam** 86/162000 – ½ P 138000.

Marincanto ⑤ senza rist, ✆ 875130, ← mare e costa, « Terrazza-giardino » – 🛗 ☎. AE 🅢 ⓓ E VISA
23 marzo-15 ottobre – ☐ 12000 – **26 cam** 95000.

L'Ancora ⑤, ✆ 875318, Fax 811784, ← mare e costa, ☂ – 📺 ☎ 🅟. AE 🅢 ⓓ E VISA. ✻ rist
aprile-20 ottobre – Pas (solo per clienti alloggiati) – **18 cam** ☐ 150000 – ½ P 100/115000.

Savoia senza rist, ✆ 875003, ← – 🛗 ☎. VISA. ✻
aprile-15 ottobre – **44 cam** ☐ 53/110000.

Casa Albertina ⑤, ✆ 875143, Telex 720519, Fax 811540, ← mare e costa – 🛗 ⇔ ▤ cam ☎. AE 🅢 ⓓ E VISA. ✻ rist
Pas 35/48000 – **20 cam** ☐ 80/130000, ▤ 15000 – ½ P 100/120000.

XX **Chez Black,** ✆ 875036, Fax 875789, ←, ☂ – AE 🅢 ⓓ E VISA. ✻
chiuso dal 20 novembre al 26 dicembre – Pas carta 34/56000 (15%).

XX **La Cambusa,** ✆ 875432, ←, ☂ – AE 🅢 ⓓ E VISA
Pas carta 25/60000 (15%).

XX **Le Tre Sorelle,** ✆ 875452, ←, ☂ – AE 🅢 ⓓ E VISA
marzo-4 novembre – Pas carta 29/60000 (15%).

sulla costiera Amalfitana E : 2 km :

San Pietro ⑤, ✆ 875455, Telex 770072, Fax 811449, ← mare e costa, Ascensore per la spiaggia, « Terrazze fiorite », ⛱, 🎾, ✂ – 🛗 ▤ cam 📺 ☎ 🅟. AE 🅢 ⓓ E VISA. ✻ rist
27 marzo-4 novembre – Pas (solo per clienti alloggiati) carta 61/104000 – **60 cam** ☐ 475/550000 appartamenti 650/1400000 – ½ P 305000.

a Montepertuso N : 4 km – alt. 355 – ✉ 84017 Positano :

X **La Chitarrina,** ✆ 811806 – ⇔ ▤. AE 🅢 ⓓ VISA
chiuso mercoledì (escluso agosto) e dal 10 gennaio al 10 febbraio – Pas carta 23/35000.

X Scirocco, ✆ 875786, ←.

POSTAL (BURGSTALL) 39014 Bolzano 429 C 15, 218 ⑩ – 1 248 ab. alt. 268 – ☎ 0473.
Roma 657 – ♦Bolzano 20 – Merano 8 – ♦Milano 318 – Trento 78.

XX **Föerstlerhof** con cam, N : 1 km ✆ 292288, Fax 291247, ≘, ⛱, ⛱, 🌳, ✂ – ☎ 🅟. ⓓ VISA. ✻
chiuso dal 16 dicembre al 31 gennaio – Pas *(chiuso giovedì)* carta 39/57000 – **25 cam** ☐ 36/80000 – ½ P 68/85000.

POTENZA 85100 🅟 988 ㉘ – 68 046 ab. alt. 823 – ☎ 0971.
Vedere Portale* della chiesa di San Francesco Y.
☐ via Alianelli angolo via Plebiscito ✆ 21812.
A.C.I. via del Basento 1 ✆ 56466.
Roma 363 ③ – ♦Bari 151 ② – ♦Foggia 109 ① – ♦Napoli 157 ③ – Salerno 106 ③ – ♦Taranto 157 ②.

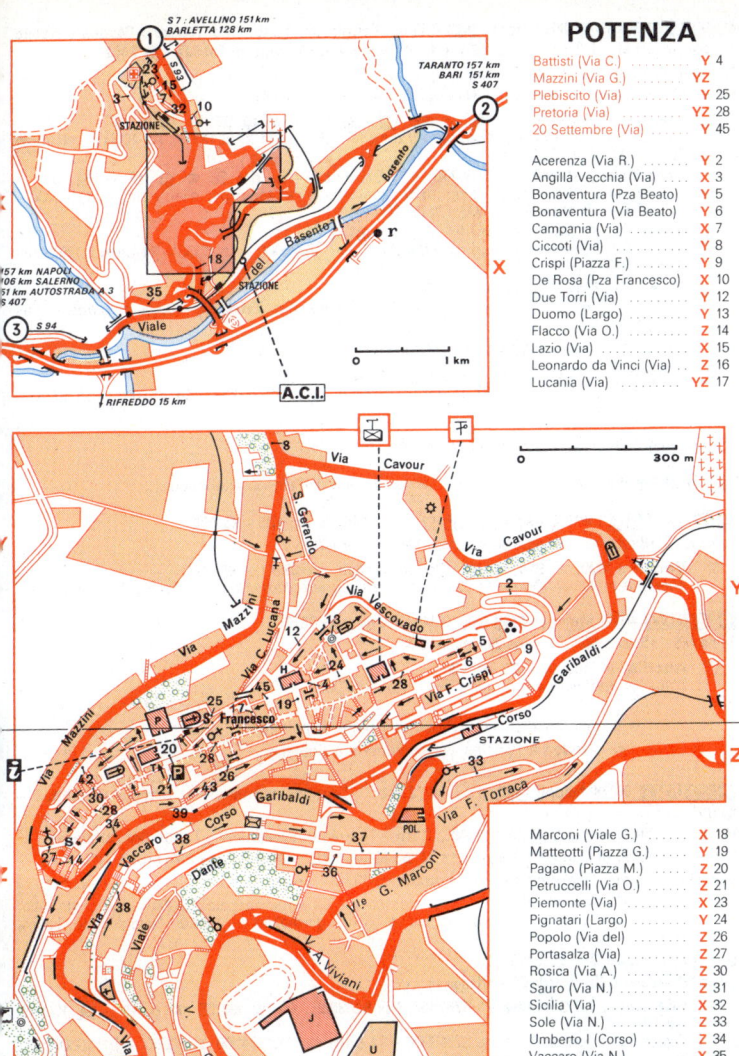

POTENZA

Battisti (Via C.) .... **Y** 4
Mazzini (Via G.) .... **YZ**
Plebiscito (Via) .... **Y** 25
Pretoria (Via) .... **YZ** 28
20 Settembre (Via) ...... **Y** 45

Acerenza (Via R.) .... **Y** 2
Angilla Vecchia (Via) ..... **X** 3
Bonaventura (Pza Beato) ... **Y** 5
Bonaventura (Via Beato) ... **Y** 6
Campania (Via) .... **X** 7
Ciccoti (Via) .... **Y** 8
Crispi (Piazza F.) .... **Y** 9
De Rosa (Pza Francesco) ... **X** 10
Due Torri (Via) .... **Y** 12
Duomo (Largo) .... **Y** 13
Flacco (Via O.) .... **Z** 14
Lazio (Via) .... **X** 15
Leonardo da Vinci (Via) .. **Y** 16
Lucania (Via) .... **YZ** 17

Marconi (Viale G.) .... **X** 18
Matteotti (Piazza G.) ..... **Y** 19
Pagano (Piazza M.) .... **Z** 20
Petruccelli (Via O.) ...... **Z** 21
Piemonte (Via) .... **X** 23
Pignatari (Largo) .... **Y** 24
Popolo (Via del) .... **Z** 26
Portasalza (Via) .... **Z** 27
Rosica (Via A.) .... **Z** 30
Sauro (Via N.) .... **Z** 31
Sicilia (Via) .... **X** 32
Sole (Via N.) .... **Z** 33
Umberto I (Corso) .... **Z** 34
Vaccaro (Via N.) .... **X** 35
Verdi (Piazza G.) .... **Z** 36
Verdi (Via G.) .... **Z** 37
Vespucci (Via A.) .... **Z** 38
Vitt. Emanuele II (Pza) ... **Z** 39
4 Novembre (Via) .... **Z** 42
18 Agosto 1860 (Corso) .. **Z** 43

XX Taverna Oraziana, via Orazio Flacco 2 ☎ 21851 – 🖼   **Z s**

sulla strada statale 407 SE : 5 km :

🏨 **MotelAgip,** ✉ 85100 ☎ 69031, Telex 812471, Fax 26812 – 🚿 📺 ☎ 🅿 – 🔬 400. 🅰🅴
    🛎 ⑩ 🅴 *VISA* 🍽 rist   **X r**
    Pas 32000 – **101 cam** 🛏 81/145000 – ½ P 116/123000.

Vedere anche : *Rifreddo* S : 14 km.

☞ *Utilizzate la Guida dell'anno in corso.*

455

POZZA DI FASSA 38036 Trento 429 C 17 – 1 656 ab. alt. 1 315 – a.s. febbraio-Pasqua e Natale – Sport invernali : 1 315/2 200 m ⬐1 ⬐4, ⬈ (vedere anche Vigo di Fassa) – 🕿 0462.

🖪 piazza Municipio 1 ℰ 64136.

Roma 677 – ♦Bolzano 41 – Canazei 10 – ♦Milano 335 – Moena 6 – Trento 95.

🏨 **Trento,** ℰ 64279, Fax 64888, ≤, ⇆, ⬜, – 🛗 🗏 rist 🕿 📵. 🖭 🖪 🕦 Ɛ. ⅏
20 dicembre-15 aprile e 20 giugno-5 ottobre – Pas carta 27/33000 – ⇄ 10000 – **49 cam** 75/130000 – ½ P 65/115000.

🏨 **Gran Baita,** ℰ 64284, Fax 64745, ≤, « Giardino » – ⬐⇆ rist 📺 🕿 📵. 🖪 Ɛ 𝓥𝓢𝓐. ⅏
20 dicembre-16 aprile e 15 giugno-20 settembre – Pas (solo per clienti alloggiati) 40000 – ⇄ 17000 – **30 cam** 84/133000 – ½ P 74/124000.

🏠 **René** ⬎, ℰ 64258, ≤, 🚗, ⅏ – 🛗 🕾 📵. ⅏
♦ 18 dicembre-aprile e 20 giugno-settembre – Pas 15/20000 – ⇄ 6500 – **34 cam** 50/60000 –
½ P 40/60000.

🍴 **Zirm,** ℰ 63254 – 📵. 🖭 🖪 Ɛ 𝓥𝓢𝓐
chiuso dal 10 al 22 dicembre, dal 2 al 15 aprile e lunedì in bassa stagione – Pas carta 26/45000.

a Pera N : 1 km – ✉ 38030 Pera di Fassa :

🏠 **Crepei,** ℰ 64103, ≤, 🚗 – 🛗 🕾 📵. 🖭. ⅏
♦ 20 dicembre-25 aprile e 20 giugno-settembre – Pas 18/25000 – **34 cam** ⇄ 54/90000 –
½ P 50/70000.

POZZALE Belluno – Vedere Pieve di Cadore.

POZZALLO Ragusa 988 ㊲ – Vedere Sicilia alla fine dell'elenco alfabetico.

POZZOLENGO 25010 Brescia 428 429 F 13 – 2 445 ab. alt. 135 – 🕿 030.

Roma 522 – ♦Brescia 40 – Mantova 36 – ♦Milano 128 – ♦Verona 38.

🍴 **Vecchio '800,** ℰ 918176, 🞧 , Coperti limitati; prenotare – 📵. ⅏
chiuso a mezzogiorno (escluso i giorni festivi), mercoledì e luglio – Pas 35/40000 bc.

POZZOLO 46040 Mantova 428 429 G 14 – alt. 49 – 🕿 0376.

Roma 488 – ♦Brescia 149 – Mantova 20 – ♦Verona 36.

🍴🍴 **Ancilla,** ℰ 460007 – 🖭 🖪 🕦
chiuso lunedì sera e martedì – Pas carta 27/37000.

Europe	Si le nom d'un hôtel figure en petits caractères, demandez à l'arrivée les conditions à l'hôtelier.

POZZUOLI 80078 Napoli 988 ㊲ – 76 121 ab. – Stazione termale, a.s. maggio-15 ottobre – 🕿 081.

Vedere Anfiteatro★★ – Solfatara★★ NE : 2 km – Tempio di Serapide★ – Tempio di Augusto★.

Dintorni Rovine di Cuma★ : Acropoli★★, Arco Felice★ NO : 6 km – Lago d'Averno★ NO : 7 km.

Escursioni Campi Flegrei★★ SO per la strada costiera – Isola d'Ischia★★★ e Isola di Procida★.

⛴ per Procida (35 mn) ed Ischia (1 h), giornalieri – Caremar-agenzia Ser.Mar., banchina Villa ℰ 5262711; per Procida (40 mn) ed Ischia (1 h), giornalieri – Libera Navigazione Lauro, ℰ 8673736.

🖪 via Campi Flegrei 3 ℰ 8672419.

Roma 235 – Caserta 48 – Formia 74 – ♦Napoli 16.

🏨 **Solfatara,** via Solfatara ℰ 5262666, Fax 5263365, ≤ – 🛗 🗏 📺 🕿 ⅖ 📵 – 🔬 100. 🖭 🕦 𝓥𝓢𝓐. ⅏ rist
Pas *(chiuso domenica)* carta 27/43000 – **31 cam** ⇄ 100/124000, 🗏 30000 – ½ P 105000.

🍴🍴 **Castello dei Barbari,** via Fascione 4 (N : 1,5 km) ℰ 8676014, « Servizio estivo in terrazza con ≤ golfo » – 📵
Pas carta 25/49000 (15%).

al lago Lucrino O : 5 km – Vedere Guida Verde.

🍴🍴 La Ninfea, ✉ 80072 Arco Felice ℰ 8661326, ≤, 🞧 , « In riva al lago » – 📵.

PRADA Verona – Vedere San Zeno di Montagna.

PRAD AM STILFSERJOCH = Prato allo Stelvio.

PRADIPOZZO 30020 Venezia 429 E 20 – alt. 5 – 🕿 0421.

Roma 587 – ♦Milano 328 – Pordenone 33 – Treviso 49 – ♦Trieste 98 – Udine 67 – ♦Venezia 78.

🍴 **Tavernetta del Tocai,** ℰ 701280, Fax 701264 – 📵. 🖭 𝓥𝓢𝓐. ⅏
chiuso lunedì e dal 15 luglio al 15 agosto – Pas carta 28/44000.

PRAGSER SEE = Braies (Lago di).

456

PRAIA A MARE 87028 Cosenza 988 ③ – 6 192 ab. – ✆ 0985.

Escursioni Golfo di Policastro★★ Nord per la strada costiera.

Roma 417 – ♦Cosenza 106 – ♦Napoli 211 – Potenza 139 – Salerno 160 – ♦Taranto 230.

　🏨　**Germania,** via Roma 44 ℰ 72016, ≤, ♨ – 🛗 ☎ 🅿. 🎇 rist
　　　aprile-settembre – Pas 25/35000 – ☑ 6000 – **62 cam** 50/75000 – P 55/90000.

　🏠　**Garden,** via Roma 8 ℰ 72828, ♨ – ☎ 🅿. 🎇
　　　aprile-settembre – Pas carta 24/41000 (12%) – ☑ 7000 – **40 cam** 75/102000 – P 55/90000.

　　　a Lido di Tortora NO : 1,5 km – ✉ **87020** Tortora :

　🏨　**Harmony,** ℰ 72747, ≤, ♨, ☞ – 🛗 ▤ rist ☞ 🅿. 𝗩𝗜𝗦𝗔. 🎇
　　　Pas *(chiuso da ottobre a maggio)* carta 30/50000 (15%) – ☑ 5000 – **45 cam** 85000 –
　　　½ P 55/74000.

PRAIANO 84010 Salerno – 1 883 ab. – a.s. Pasqua, giugno-settembre e Natale – ✆ 089.

Roma 274 – Amalfi 9 – ♦Napoli 65 – Salerno 34 – Sorrento 25.

　🏨　**Tramonto d'Oro,** ℰ 874008, Telex 720397, Fax 874670, ≤ mare e costa, « Terrazza-
　　　solarium con ♨ » – 🛗 ☎ & 🅿. 🖭 🅂 ⓞ 🝙 𝗩𝗜𝗦𝗔. 🎇 rist
　　　Pas carta 32/45000 (15%) – **40 cam** ☑ 110000 – ½ P 65/80000.

　🏨　**Le Fioriere** senza rist, ℰ 874203, ≤ – ▤ ☞ 🅿. 🖭 🅂 ⓞ 🝙 𝗩𝗜𝗦𝗔. 🎇
　　　14 cam ☑ 45/75000.

　🏠　**Onda Verde** ⑤, ℰ 874143, Fax 874627, ≤ mare e costa 🅿. 🖭 🅂 ⓞ 🝙 𝗩𝗜𝗦𝗔. 🎇
　　　15 marzo-15 ottobre – Pas (solo per clienti alloggiati) 28/30000 – **16 cam** ☑ 75000 –
　　　½ P 70/73000.

　🏠　**Margherita** ⑤, ℰ 874227, ≤ – 🛗 ⇦ 🅿. 🖭 🅂 ⓞ 🝙 𝗩𝗜𝗦𝗔
　　　Pas 23000 – ☑ 7500 – **28 cam** 45000 – ½ P 53000.

　XX　**Il Pino** con cam, ℰ 874389, ≤ mare e costa, � – 🛗 ▤ ☞. 🖭 🅂 ⓞ 🝙 𝗩𝗜𝗦𝗔. 🎇
　　　Pas *(chiuso lunedì da novembre a marzo)* carta 32/62000 – ☑ 10000 – **16 cam** 60000 –
　　　½ P 65/75000.

　X　**La Bugia,** ℰ 874653, ≤ mare e costa, � – 🖭 🅂 ⓞ 🝙 𝗩𝗜𝗦𝗔
　　　chiuso giovedì da ottobre a marzo – Pas carta 25/40000 (10%).

　X　**La Brace,** ℰ 874226, ≤, � – 🅿. 🖭 ⓞ 𝗩𝗜𝗦𝗔. 🎇
　　　chiuso mercoledì dal 16 ottobre al 15 marzo – Pas carta 32/43000 (10%).

　X　**Open Gate** con cam, ℰ 874148, ≤, � – 📺 🅿. 🖭 🅂 ⓞ 🝙 𝗩𝗜𝗦𝗔. 🎇
　　　Pas carta 27/45000 (10%) – **12 cam** ☑ 55000 – ½ P 65/70000.

　　　sulla strada statale 163 O : 2 km :

　🏛　**Tritone** ⑤, ✉ 84010 ℰ 874333, Telex 770025, Fax 874374, ≤ mare e costa, � , « Sulla
　　　scogliera dominante il mare, ascensore per la spiaggia », ♨, ♨ – 🛗 ▤ cam ☎ 🅿 –
　　　♨ 150. 🖭 🅂 ⓞ 🝙. 🎇 rist
　　　25 marzo-25 ottobre – Pas 45/60000 – ☑ 18000 – **62 cam** 190/250000 appartamenti
　　　280/320000 – ½ P 140/190000.

PRALBOINO 25020 Brescia 428 429 I 8 – 2 494 ab. alt. 47 – ✆ 030.

Roma 550 – ♦Brescia 40 – Cremona 24 – Mantova 61 – ♦Milano 127.

　XX　**Leon d'Oro,** ℰ 954156, « In un edificio seicentesco »" – 🎇
　　　chiuso domenica sera, lunedì ed agosto – Pas carta 35/58000.

PRALORMO 10040 Torino 428 H 5 – 1 505 ab. alt. 303 – ✆ 011.

Roma 654 – Asti 40 – Cuneo 82 – ♦Milano 165 – Savona 129 – ♦Torino 32.

　🏨　**Lo Scoiattolo,** strada statale ℰ 9481148 – ⇤⇥ cam 📺 ☎ ⇦ 🅿. 🅂 🝙 𝗩𝗜𝗦𝗔. 🎇
　　　Pas *(chiuso domenica sera, martedì a mezzogiorno e dal 6 al 19 agosto)* carta 24/39000 –
　　　☑ 10000 – **52 cam** 72000 – ½ P 75000.

PRANDAGLIO Brescia – Vedere Villanuova sul Clisi.

PRASCORSANO 10080 Torino 428 F 4, 219 ⑬ – 650 ab. alt. 581 – ✆ 0124.

Roma 702 – Aosta 104 – Ivrea 27 – ♦Torino 45.

　XX　**Società Prascorsano,** via Villa 23 ℰ 693135, � , Rist. tipico, prenotare – 🅿. 🖭 🅂
　　　ⓞ 🝙 𝗩𝗜𝗦𝗔
　　　chiuso martedì – Pas carta 25/50000.

PRATA DI PORDENONE 33080 Pordenone 429 E 19 – 6 596 ab. alt. 18 – ✆ 0434.

Roma 581 – Belluno 66 – Pordenone 9 – Treviso 45 – Udine 60 – ♦Venezia 78.

　🏨　**Prata Verde** senza rist, ℰ 621619, Fax 620277, 🏋, ≋ – 🛗 📺 ☎ & 🅿 – ♨ 30. 🖭
　　　ⓞ 🝙 𝗩𝗜𝗦𝗔. 🎇 – ☑ 6000 – **60 cam** 40/60000.

　XX　Prata Verde, ℰ 621618 – 🅿.

　　　a Villanova S : 5 km – ✉ **33080** Ghirano :

　XX　**Secondo** con cam, ℰ 626145 – ▤ 🖭 🅂 ⓞ 🝙 𝗩𝗜𝗦𝗔. 🎇
　　　chiuso dal 2 al 12 gennaio e dal 5 al 25 agosto – Pas *(chiuso martedì sera e mercoledì)*
　　　carta 31/52000 – ☑ 10000 – **7 cam** 35/50000.

PRATI (WIESEN) Bolzano – Vedere Vipiteno.

PRATI DI TIVO Teramo 988 ㉖ – Vedere Pietracamela.

PRATO **50047** Firenze 988 ⑭ 429 K 15 – 165 888 ab. alt. 63 – ☎ 0574.

Vedere Duomo★ : affreschi★★ dell'abside (Banchetto di Erode★★★) – Palazzo Pretorio★ – Castello dell'Imperatore★ – Interno★ della chiesa di Santa Maria delle Carceri **K** – Affreschi★ nella chiesa di San Francesco **D** – Pannelli★ al museo dell'Opera del Duomo **M**.

via Cairoli 48 ☎ 24112.

Roma 293 ④ – ♦Bologna 99 ② – ♦Firenze 19 ④ – ♦Milano 293 ② – Pisa 81 ④ – Pistoia 18 ④ – Siena 84 ④.

Palace Hotel, via Piero della Francesca 71 ☎ 592841, Telex 570505, Fax 595411, – 150. rist per via Ferrucci
Pas *(chiuso sabato, domenica ed agosto)* carta 39/54000 – **85 cam** 115/175000.

President, via Simintendi 20 ☎ 30251, Telex 571587, Fax 36064 – – 40 a 80. rist **a**
Pas *(chiuso sabato, domenica ed agosto)* 30/40000 – 13000 – **78 cam** 98/135000 – ½ P 100000.

Giardino senza rist, via Magnolfi 4 ☎ 26189, Fax 606591 – **f**
12000 – **28 cam** 117000.

Flora senza rist, via Cairoli 31 ☎ 20021, Telex 571358, Fax 40289 – **r**
13000 – **31 cam** 79/99000.

- 🏠 **Moderno** senza rist, via Balbo 11 ℘ 32351, Telex 570586 – 🛗 ☎. ﹏ 🆂 ⓞ 🖭 ⅥⅭ. ❀
chiuso agosto – 🍽 8500 – **20 cam** 75/110000.　　　　　per via Gobetti

- 🏠 **San Marco** senza rist, piazza San Marco 48 ℘ 21321, Fax 22378 – 🛗 🍽 cam 🖭 📺. ﹏
🆂 ⓞ 🖭 ⅥⅭ. ❀　　　　　　　　　　　　　　　　　　　　　**v**
– **47 cam** 🍽 75/100000.

- XXX ❀ **Il Piraña,** via Tobia Bertini angolo via Valentini ℘ 25746, prenotare – 🍽. ﹏ 🆂 ⓞ 🖭
ⅥⅭ. ❀　　　　　　　　　　　　　　　　　　　　　per via Valentini
chiuso sabato a mezzogiorno, domenica ed agosto – Pas carta 60/85000
Spec. Zuppetta con frutti di mare su crosta di pane scuro, Spaghetti al branzino e aromi, Scampi in brodetto al profumo di scalogno. Vini Vernaccia, Chianti.

- XX Pietro, via Balbo 9/a ℘ 23025 – 🍽　　　　　　　　　　per via Gobetti

- XX **Villa Santa Cristina** 🦢 con cam, via Poggio Secco 58 ℘ 595951, Fax 572623, ≤,
« Edificio settecentesco con servizio rist. estivo all'aperto », 🔟, 🎋 – 🖭 ☎ ⓟ. ﹏
ⓞ 🖭 ⅥⅭ. ❀　　　　　　　　　　　　　　　　　　　　　per ②
chiuso dal 7 al 28 agosto – Pas *(chiuso domenica sera e lunedì)* carta 43/66000 – 🍽 18000
– **23 cam** 79/117000.

- XX **Tonio,** piazza il Mercatale 161 ℘ 21266, 🎋 – 🍽. ﹏ 🆂 ⓞ 🖭 ⅥⅭ　　　　**b**
chiuso domenica, lunedì ed agosto – Pas carta 37/68000 (12%).

- XX **Baghino,** via dell'Accademia 9 ℘ 27920 – 🍽. ﹏ ⓞ　　　　　　**u**
chiuso domenica e lunedì a mezzogiorno – Pas carta 28/49000 (12%).

- XX **La Veranda,** via dell'Arco 10/12 ℘ 38235 – 🍽. ﹏ 🆂 ⓞ 🖭 ⅥⅭ. ❀　　　**d**
chiuso sabato, domenica ed agosto – Pas carta 32/45000.

- XX Da Francesco, via Cambioni 21/25 ℘ 28040, 🎋　　　　　　　　**s**

PRATO ALLO STELVIO (PRAD AM STILFSERJOCH) 39026 Bolzano 428 429 C 13, 218 ⑱ –
3 045 ab. alt. 915 – ✆ 0473.

🛈 via Principale 29 ℘ 76034 – Roma 715 – ♦Bolzano 79 – Merano 51 – ♦Milano 264 – Trento 137.

- 🏠 **Prato allo Stelvio-Prad,** ℘ 76006, 🔟, 🎋 – ↔ 🚗 ⓟ. ❀
giugno-settembre – Pas (solo per clienti alloggiati e *chiuso a mezzogiorno*) – **23 cam**
🍽 36/70000 – ½ P 38/55000.

PRATO DELLA CONTESSA Grosseto – Vedere Castel del Piano.

PRATOLINO 50036 Firenze 429 K 15 – alt. 476 – ✆ 055.
Roma 289 – ♦Bologna 94 – ♦Firenze 12 – ♦Milano 288.

- X **Zocchi,** ℘ 409202, ≤, Rist. caratteristico – ⓟ. 🆂 ⓞ 🖭 ⅥⅭ. ❀
chiuso lunedì – Pas carta 37/48000.

PRATO NEVOSO Cuneo – Vedere Frabosa Sottana.

PREDAIA Trento – Vedere Vervò.

PREDAZZO 38037 Trento 988 ④⑤, 429 D 16 – 4 123 ab. alt. 1 018 – a.s. febbraio-Pasqua e
Natale – Sport invernali : 1 018/2 200 m ≤2, 🎿 – ✆ 0462.

🛈 piazza Santi Filippo e Giacomo 2 ℘ 51237, Telex 401329.
Roma 662 – Belluno 78 – ♦Bolzano 56 – Cortina d'Ampezzo 83 – ♦Milano 320 – Trento 80.

- 🏨 **Ancora,** via IX Novembre 1 ℘ 51651, Fax 51651 – 🛗 ↔ rist 🖭 ☎ & ⓟ. ﹏ 🆂 ⓞ 🖭
ⅥⅭ. ❀ – *chiuso maggio e novembre* – Pas carta 27/46000 – 🍽 13000 – **40 cam** 79/130000
– ½ P 70/100000.

- 🏨 **Bellaria,** corso De Gasperi 20 ℘ 51369, Fax 51369, 🔲, 🎋 – 🛗 ☎ ⓟ. ﹏ 🆂 ⓞ 🖭 ⅥⅭ
↔ ❀ – *chiuso maggio, ottobre e novembre* – Pas *(chiuso mercoledì)* 20/25000 – 🍽 6000 –
58 cam 67/122000 – ½ P 62/90000.

- 🏠 **Vinella,** via Mazzini 76 ℘ 51151, ☎ – ↔ rist ☎ ⓟ. ❀
↔ Pas 20/25000 – 🍽 6000 – **29 cam** 45/90000 – ½ P 48/70000.

PREDORE 24060 Bergamo 428 429 E 12 – 1 616 ab. alt. 190 – a.s. luglio e agosto – ✆ 035.
Roma 590 – ♦Bergamo 37 – ♦Brescia 41 – ♦Milano 78.

- 🏨 **Eurovil,** ℘ 938327, Fax 938327 – 📺 ⓟ – 🏖 150. ﹏ 🆂 🖭 ⅥⅭ. ❀
chiuso febbraio – Pas *(chiuso mercoledì)* carta 29/42000 – 🍽 7000 – **23 cam** 60000 –
½ P 55/60000.

PREGANZIOL 31022 Treviso 429 F 18 – 12 655 ab. alt. 12 – ✆ 0422.
Roma 534 – Mestre 13 – ♦Milano 273 – ♦Padova 43 – Treviso 7 – ♦Venezia 23.

- 🏨 **Magnolia,** N : 1 km ℘ 93375 e rist ℘ 93131, Fax 93713, 🎋 – 🍽 rist 🖭 ☎ ⓟ. ﹏ 🆂
ⓞ 🖭 ⅥⅭ. ❀ cam
Pas *(chiuso domenica sera, lunedì e dal 1° al 22 agosto)* carta 27/51000 – 🍽 6500 –
29 cam 48/80000 – ½ P 70000.

- XX Alle Grazie, N : 1,5 km ℘ 381615 – ⓟ.

PREGNANA MILANESE 20010 Milano 428 F 9, 219 ⑱ – 5 844 ab. alt. 152 – ✆ 02.

Roma 592 – Como 39 – ◆Milano 18 – Novara 38 – Pavia 52 – ◆Torino 127 – Varese 47.

in prossimità casello autostrada A 4 - Rho :

🏨 **Motel Monica,** ✉ 20010 ✆ 93290920, Fax 93290608, 🐎 – 📺 ☎ 🅿 – 🏊 40. 🆎
Pas *(chiuso agosto)* carta 26/34000 – 🗧 5000 – **36 cam** 90/100000 – ½ P 90/110000.

PREMADIO Sondrio 219 ⑰ – Vedere Valdidentro.

PREMENO 28057 Novara 428 E 7, 219 ⑦ – 760 ab. alt. 817 – ✆ 0323.

🌄 Piandisole (aprile-novembre) ✆ 47100.

Roma 681 – Locarno 49 – ◆Milano 104 – Novara 81 – Stresa 24 – ◆Torino 155 – Verbania 11.

🏨 **Premeno** 🦢, ✆ 47021, Fax 47328, ≤, 🏋, 🐎 – 🛗 ☎ 🅿 🆅🆂🆀. 🎾
aprile-settembre – Pas 25/32000 – 🗧 8500 – **57 cam** 62/89000 – ½ P 60/70000.

PRÉ-SAINT-DIDIER 11010 Aosta 988 ①, 219 ①, 74 ⑲ – 958 ab. alt. 1 000 – a.s. febbraio-Pasqua, 15 luglio-agosto e Natale – ✆ 0165.

Roma 779 – Aosta 32 – Courmayeur 5 – ◆Milano 217 – Colle del Piccolo San Bernardo 23.

Pianta : vedere Courmayeur

🏨 **Edelweiss,** ✆ 87841, ≤ Monte Bianco, ✿, 🐎 – ☎ 🅿 🆂 🅴 🆅🆂🆀. 🎾 rist   BZ **m**
◆ *chiuso ottobre e novembre* – Pas 20/25000 – 🗧 5500 – **38 cam** 40/70000 – ½ P 60/65000.

🍴🍴 **Universo,** ✆ 87971 – 🎾   BZ **x**
chiuso giovedì – Pas carta 29/50000.

a Pallusieux N : 2,5 km – alt. 1 100 – ✉ **11010** Pré-Saint-Didier :

🏨 **Beau Séjour** 🦢, ✆ 87801, ≤ Monte Bianco, 🐎 – ☎ 🚗 🅿 🆂 🅴 🆅🆂🆀 rist
chiuso maggio, ottobre e novembre – Pas *(chiuso martedì)* 25/35000 – 🗧 7000 – **33 cam**
45/68000 – ½ P 58/68000   BYZ **b**

🏨 **Le Marmotte** 🦢, ✆ 87820, – 🛗 ☎ 🅿. 🎾 cam   BZ **c**
◆ *22 dicembre-aprile e luglio-settembre* – Pas (solo per clienti alloggiati) 20/30000 – 🗧 7000
– **20 cam** 40/68000 – ½ P 52/65000.

PRIMA CAPPELLA Varese 219 ⑦⑧ – Vedere Sacro Monte.

PRIMIERO Trento – Vedere Fiera di Primiero.

PRIMOLO Sondrio 218 ⑮ – Vedere Chiesa in Valmalenco.

PRINCIPINA A MARE Grosseto – Vedere Grosseto (Marina di).

PRIOLO GARGALLO Siracusa – Vedere Sicilia alla fine dell'elenco alfabetico.

PROCCHIO Livorno – Vedere Elba (Isola d') : Marciana Marina.

PROCIDA (Isola di) ★ Napoli – 10 633 ab. – a.s. maggio-15 ottobre – ✆ 081.
Vedere Guida Verde – La limitazione d'accesso degli autoveicoli è regolata da norme legislative.

🚢 per Napoli giornalieri (1 h); per Pozzuoli ed Ischia (30 mn), giornalieri – Caremar-agenzia Lubrano, al porto ✆ 8967280; per Pozzuoli giornalieri (40 mn) – Libera Navigazione Lauro, al porto.

🚤 per Napoli giornalieri (35 mn) – Caremar-agenzia Lubrano, al porto ✆ 8967280.

🛈 via Roma 92 ✆ 8969624

Procida 988 ㉗ – ✉ **80079.**

🍴 **La Medusa,** via Roma 112 ✆ 8967481, ≤, 🍽 – 🆎 🆂 🅾 🅴 🆅🆂🆀. 🎾
chiuso gennaio, febbraio e martedì da ottobre ad aprile – Pas carta 25/41000 (12%).

PROH Novara 219 ⑯ – Vedere Briona.

PROSECCO Trieste 429 E 23 – alt. 250 – ✉ **34010** Sgonico – ✆ 040.

Roma 660 – Gorizia 36 – ◆Milano 399 – ◆Trieste 9 – Udine 62 – ◆Venezia 149.

🍴 **Hostaria ai Pini,** NO : 2 km ✆ 225324, « Servizio estivo sotto un pergolato », 🐎 – 🅿
chiuso martedì e dal 10 gennaio al 10 marzo – Pas carta 25/39000 (10%).

PRUNETTA 51020 Pistoia 988 ⑭, 428 429 J 14 – alt. 958 – a.s. luglio e agosto – ✆ 0573.

Roma 327 – ◆Firenze 53 – Lucca 48 – ◆Milano 291 – Pistoia 17 – San Marcello Pistoiese 14.

🏨 **Le Lari,** ✆ 672931, Fax 672931, « Giardino » – 🅿. 🎾
aprile-ottobre – Pas carta 21/31000 – 🗧 5000 – **25 cam** 40/52000 – ½ P 43/47000.

PUGLIANELLA Lucca – Vedere Camporgiano.

PUGNANO Pisa – Vedere San Giuliano Terme.

PULA Cagliari 988 ㉝ – Vedere Sardegna alla fine dell'elenco alfabetico.

PULSANO 74026 Taranto – 10 123 ab. alt. 37 – a.s. 15 giugno-agosto – ✪ 099.
Roma 548 – ♦Bari 110 – ♦Brindisi 64 – Lecce 75 – ♦Taranto 16.

　　a Marina di Pulsano SE : 5,5 km – ⊠ **74026** Pulsano :

🏨　Girasole, ☎ 633090, Fax 633013 – 📺 ☎ ⓟ – **42 cam**.

　　a Lido Silvana SE : 6 km – ⊠ **74026** Pulsano :

🏨　Eden Park, ☎ 633091, Telex 860098, Fax 633791, ⊠, 🏖, 🐎, ✗ – ⚑ 📺 ☎ ⓟ
　　73 cam.

PUNTA ALA 58040 Grosseto 988 ㉔ – a.s. Pasqua e 15 giugno-15 settembre – ✪ 0564.
🏌 ☎ 922121 – Roma 225 – ♦Firenze 170 – Follonica 18 – Grosseto 41 – Siena 102.

🏩　**Gallia Palace Hotel** ⊗, ☎ 922022, Telex 590454, Fax 920229, ≤, 🏝, « Giardino fiorito
　　con ⊠ riscaldata », 🏖, 🐎 – ⚑ 📶 📺 ☎ ⓟ. 歴 ⑤ . ✗ rist
　　19 maggio-ottobre – Pas 59000 – ⊏ 23000 – **98 cam** 230/390000 appartamenti 440/630000
　　– ½ P 150/310000.

🏩　**Golf Hotel** ⊗, ☎ 922026, Telex 590538, Fax 922688, 𝓕𝓼, ⊠, ⊡, 🏖, 🐎, ✗ – ⚑ ⊱
　　⊟ 📺 ☎ ⓟ – 🛗 100 a 300 – **180 cam**.

🏤　**Cala del Porto** ⊗, ☎ 922455, Telex 590652, Fax 920716, ≤, 🏛, « Terrazze fiorite »,
　　⊠, 🏖, 🐎 – ⚑ 📺 ☎ ⓟ. 歴 ⑤ ⓞ 💳 ✗
　　aprile-settembre – Pas 70000 – **41 cam** ⊏ 620000 – ½ P 245/350000.

🏤　**Alleluja** ⊗, ☎ 922050, Telex 500449, Fax 920734, 🏛, « Parco ombreggiato », ⊠, 🏖,
　　✗ – ⚑ 📺 ☎ 🕭 ⓟ. 歴 ⑤ ⓞ 💳 𝑽𝑰𝑺𝑨. ✗
　　Pas 70/75000 – **38 cam** ⊏ 540000 – ½ P 325/355000.

🍴　**Lo Scalino,** ☎ 922168, ≤, 🏛 – 歴 ⑤ 💳 𝑽𝑰𝑺𝑨
　　marzo-ottobre; chiuso martedì in bassa stagione – Pas carta 43/68000 (15%).

PUNTA DEL LAGO Viterbo – Vedere Ronciglione.

PUNTALDIA Nuoro – Vedere Sardegna (San Teodoro) alla fine dell'elenco alfabetico.

PUOS D'ALPAGO 32015 Belluno 429 D 19 – 2 256 ab. alt. 419 – ✪ 0437.
Roma 605 – Belluno 20 – Cortina d'Ampezzo 75 – ♦Venezia 95.

🍴　**Locanda San Lorenzo** con cam, ☎ 454048, prenotare – 📺 ☎ ⓟ. 歴 ⓞ 𝑽𝑰𝑺𝑨
　　chiuso febbraio – Pas *(chiuso mercoledì)* carta 26/44000 – ⊏ 4000 – **11 cam** 45/70000 –
　　½ P 40/60000.

PUTIGNANO 70017 Bari 988 ㉙ – 27 254 ab. alt. 368 – ✪ 080.
Roma 490 – ♦Bari 42 – ♦Brindisi 81 – ♦Taranto 54.

🏨　**Plaza** senza rist, via Roma ☎ 731266 – ⚑ ⊱ ⊟ ☎ – 🛗 80. 歴 ⑤ ⓞ 𝑽𝑰𝑺𝑨. ✗
　　⊏ 6500 – **41 cam** 66/85000.

QUARONA 13017 Vercelli 428 E 6, 219 ⑥ – 4 130 ab. alt. 415 – ✪ 0163.
Roma 668 – ♦Milano 94 – ♦Torino 110.

🍴　**Italia** ☎ 430147 – ⑤ ⓞ 𝑽𝑰𝑺𝑨. ✗
　　chiuso lunedì ed agosto – Pas carta 27/50000.

QUARRATA 51039 Pistoia 428 429 K 14 – 20 876 ab. alt. 48 – ✪ 0573.
Roma 307 – ♦Firenze 25 – Lucca 53 – ♦Livorno 95 – Pistoia 13.

🍴　**Da Silvione-Antica Trattoria dal 1901,** S : 1 km ☎ 750254, 🐎 – ⓟ. ⑤ 𝑽𝑰𝑺𝑨. ✗
　　chiuso martedì sera, mercoledì, dal 1° al 14 gennaio e dal 5 al 26 agosto – Pas
　　carta 29/44000.

QUARTACCIO Viterbo – Vedere Civita Castellana.

QUARTO CALDO Latina – Vedere San Felice Circeo.

QUARTO D'ALTINO 30020 Venezia 988 ⑤, 429 F 19 – 6 059 ab. alt. 5 – ✪ 0422.
Roma 537 – ♦Milano 276 – Treviso 17 – ♦Trieste 134 – ♦Venezia 26.

🍴　**Cà delle Anfore,** via Marconi 33 (SE : 3 km) ☎ 782153, 🐎 – ⊟ ⓟ. ⑤ 💳 𝑽𝑰𝑺𝑨. ✗
　　chiuso lunedì e gennaio – Pas carta 24/37000.

QUARTO DEI MILLE Genova – Vedere Genova.

QUARTO INFERIORE Bologna – Vedere Granarolo dell'Emilia.

QUARTU SANT'ELENA Cagliari 988 ㉝ – Vedere Sardegna alla fine dell'elenco alfabetico.

QUART-VILLEFRANCHE 11020 Aosta `428` E 4, `219` ③ – 2 478 ab. alt. 545 – a.s. Pasqua, 15 luglio-15 settembre e Natale – ✆ 0165.

Roma 737 – Aosta 9 – Breuil-Cervinia 42 – ✦Milano 175 – ✦Torino 104.

　　XX　**Motel Village-Le Bourricot Fleuri** con cam, ☎ 765333, Telex 215013, Fax 765733, ≤, « Chalets indipendenti » – ▥ ☎ ℗ 亜 ⑤ ① Ε 𝓥𝓘𝓢𝓐 ※ rist
　　　　Pas carta 28/53000 – ⬭ 12000 – **20 cam** 95000 – ½ P 87000.

QUASSOLO 10010 Torino `219` ⑭ – 428 ab. alt. 275 – ✆ 0125.

Roma 691 – Aosta 60 – Ivrea 8 – ✦Torino 58.

　　XX　**Centrale,** via Garibaldi 21 ☎ 750371, Coperti limitati; prenotare, « Servizio estivo in terrazza » – 亜 ⑤ ① Ε 𝓥𝓘𝓢𝓐
　　　　chiuso lunedì, martedì a mezzogiorno e dal 7 gennaio al 7 febbraio – Pas carta 33/78000.

QUERCE AL PINO Siena – Vedere Chiusi.

QUERCIANELLA Livorno – Vedere Livorno.

QUINCINETTO 10010 Torino `988` ②, `428` F 5 – 1 097 ab. alt. 295 – ✆ 0125.

Roma 694 – Aosta 55 – Ivrea 18 – ✦Milano 131 – Novara 85 – ✦Torino 60.

　　XX　**Da Marino,** località Montellina ☎ 757952, ≤, 斤 – ℗ 亜 ⑤ ① Ε 𝓥𝓘𝓢𝓐
　　　　chiuso lunedì e dal 1° al 15 settembre – Pas carta 27/46000.

　　XX　**Da Giovanni,** ☎ 757927 – 亜 ⑤ ① Ε 𝓥𝓘𝓢𝓐 ※
　　　　chiuso martedì, dal 10 gennaio al 1° febbraio e dal 15 giugno al 15 luglio – Pas carta 28/41000.

QUINTO AL MARE Genova – Vedere Genova.

QUINTO DI TREVISO 31055 Treviso `429` F 18 – 8 987 ab. alt. 17 – ✆ 0422.

Roma 548 – ✦Padova 40 – Treviso 7 – ✦Venezia 35 – Vicenza 57.

　　XX　**Locanda Righetto** con cam, ☎ 379101, 斤 – ▤ cam ▥ ☎ ℗ 亜 ⑤ ① Ε 𝓥𝓘𝓢𝓐 ※
　　　　Pas (chiuso lunedì e dal 1° al 5 gennaio) carta 25/44000 – ⬭ 6000 – **9 cam** 35/59000, ▦ 3500 – ½ P 45/55000.

QUISTELLO 46026 Mantova `428` `429` G 14 – 6 018 ab. alt. 17 – ✆ 0376.

Roma 458 – ✦Ferrara 61 – Mantova 29 – ✦Milano 203 – ✦Modena 56.

　　XXX　❀ **Ambasciata,** via Martiri di Belfiore 33 ☎ 618255, prenotare – ▤ ℗ 亜 ⑤ ① Ε 𝓥𝓘𝓢𝓐. ※
　　　　chiuso dal 7 al 23 gennaio, mercoledì e le sere di Natale e Capodanno – Pas carta 70/130000
　　　　Spec. Trippe con fagioli e polenta (inverno), Nodino di vitella al cedro e prezzemolo (primavera), Tortelli di melanzane basilico e pomodoro fresco (estate). Vini Chardonnay, Franciacorta rosso.

　　XX　**Al Sole-Cincana,** piazza Semeghini ☎ 618146, Coperti limitati; prenotare – 𝓥𝓘𝓢𝓐
　　　　chiuso domenica sera, mercoledì e da luglio al 10 agosto – Pas carta 40/67000.

RADDA IN CHIANTI 53017 Siena – 1 598 ab. alt. 531 – ✆ 0577.

Roma 261 – Arezzo 57 – ✦Firenze 52 – Siena 31.

　　🏠　**Fattoria Vignale** senza rist, ☎ 738300, Telex 583003, Fax 738592, ≤, ☒, 斤 – ☎ ℗ – 🔺 30 a 80. 亜 ⑤ Ε 𝓥𝓘𝓢𝓐. ※
　　　　28 dicembre-5 gennaio e 19 marzo-9 novembre – **23 cam** ⬭ 160/270000.

　　XX　❀ **Vignale,** ☎ 738094 – 亜 ⑤ Ε 𝓥𝓘𝓢𝓐. ※
　　　　chiuso giovedì e dal 12 gennaio all'8 marzo – Pas carta 43/67000 (10%)
　　　　Spec. Zuppa di fagioli e gran farro, Fagottino ai fegatini, Coniglio farcito in salsa di peperoni e melanzane. Vini Chianti.

RADICONDOLI 53030 Siena `988` ⑭ – 1 012 ab. alt. 510 – ✆ 0577.

Roma 270 – ✦Firenze 76 – Pisa 123 – Siena 40.

　　🏠　**Verde Oasi** ⑤, ☎ 790760, 斤 – ▤ ℗. ※ rist
　　　　Pas (solo per clienti alloggiati e chiuso a mezzogiorno) carta 26/35000 – ⬭ 7000 – **13 cam** 47/74000 – ½ P 45/50000.

RAGUSA ℗ `988` ㊲ – Vedere Sicilia alla fine dell'elenco alfabetico.

RAITO Salerno – Vedere Vietri sul Mare.

RANCIO VALCUVIA 21030 Varese `428` E 8, `219` ⑦ – 687 ab. alt. 296 – ✆ 0332.

Roma 651 – ✦Lugano 28 – Luino 12 – ✦Milano 74 – Varese 18.

　　XX　**Gibigiana,** ☎ 724574, 斤, prenotare – ℗. ⑤ 𝓥𝓘𝓢𝓐. ※
　　　　chiuso martedì e gennaio – Pas carta 26/44000.

RANCO 21020 Varese 4̲2̲8̲ E 7, 2̲1̲9̲ ⑦ – 971 ab. alt. 214 – ✪ 0331.
Roma 644 – Laveno Mombello 21 – ♦Milano 67 – Novara 51 – Sesto Calende 12 – Varese 27.

🏠 **Conca Azzurra** ⑤, 𝒫 976526, Fax 976721, ≤, 🎇, 🏖, 🥾, ✗ – 📺 ☎ 🅿 – 🔬 150.
 🖭 🆂 ① 🗲 𝘷𝘪𝘴𝘢 ✵ rist
 chiuso gennaio e febbraio – Pas *(chiuso venerdì da ottobre a maggio)* carta 37/64000 – ⌒
 12000 – **30 cam** 80/110000 – ½ P 75/100000.

🏵🏵 **Del Sole** ⑤ con cam, 𝒫 976507, Fax 976620, ≤, Coperti limitati; prenotare,
 « Servizio estivo sotto un pergolato », 🏖, 🚗 – 📺 ☎ 🅿 🖭 🆂 ① 🗲 ✵
 chiuso da gennaio all'11 febbraio – Pas *(chiuso lunedì sera e martedì)* carta 75/117000
 (10%) – ⌒ 10000 – 7 appartamenti 200/220000 – ½ P 170/190000
 Spec. Terrina di foie gras affumicato, Lasagna al branzino e salsa al limone, Gomitolo di salmone in fili di
 patate. Vini Ribolla, Barbaresco.

RANDAZZO Catania 9̲8̲8̲ ㊲ – Vedere Sicilia alla fine dell'elenco alfabetico.

RANZO 18028 Imperia 4̲2̲8̲ J 6 – 624 ab. alt. 300 – ✪ 0183.
Roma 595 – Imperia 51 – Savona 58 – ♦Torino 191.

✗✗ **Moisello**, 𝒫 318073 – 🅿. ✵
 chiuso lunedì sera, martedì e dal 10 al 30 ottobre – Pas carta 23/35000.

RAPALLO 16035 Genova 9̲8̲8̲ ⑬ 4̲2̲8̲ I 9 – 29 790 ab. – a.s. 15 dicembre-febbraio, Pasqua e
luglio-settembre – ✪ 0185 – **Vedere** Lungomare Vittorio Veneto★ – **Dintorni** Penisola di
Portofino★★★ per la strada panoramica★★ per Santa Margherita Ligure e Portofino SO per ②.

🏌 (chiuso martedì) 𝒫 50210, per ④ : 2 km – 🄰 via Diaz 9 𝒫 51282.
Roma 477 ④ – ♦Genova 28 ④ – ♦Milano 163 ④ – ♦Parma 142 ① – ♦La Spezia 79 ④.

🏰 **Gd H. Bristol** ⑤, via
 Aurelia Orientale 369 𝒫
 273313, Telex 270688, Fax
 55800, « Rist. roof-garden
 con ≤ mare e golfo »,
 ☃ riscaldata, 🎇 –
 🛗 🗐 📺 ☎ 🚗 🅿 –
 🔬 250. 🖭 🆂 🗲 𝘷𝘪𝘴𝘢.
 ✵ rist   per ①
 *chiuso gennaio e feb-
 braio* – Pas carta 78/98000
 – ⌒ 20000 – **93 cam**
 220/380000 appartamenti
 650/850000 – ½ P 230/
 260000.

🏠 **Eurotel**, via Aurelia Ponente 22 𝒫 60981, Telex
 283851, Fax 50635, ≤
 mare, « Giardino con ☃ »
 – 🛗 🗐 📺 ☎ 🚗 🅿 –
 🔬 100. 🖭 🆂 ① 🗲 𝘷𝘪𝘴𝘢.
 ✵ rist   f
 Pas 45/55000 – **65 cam**
 ⌒ 140/215000 –
 ½ P 140/170000.

🏠 **Astoria** senza rist, via
 Gramsci 4 𝒫 273533,
 Telex 272117, Fax 274093,
 ≤ – 🛗 🗐 📺 ☎ – 🔬 40.
 🖭 🆂 ① 🗲 𝘷𝘪𝘴𝘢   r
 *chiuso dal 9 dicembre al
 9 gennaio* – ⌒ 18000 –
 20 cam 115/195000.

🏠 **Rosabianca** senza rist,
 lungomare Vittorio Ve-
 neto 42 𝒫 50390, Fax
 65035, ≤ mare – 🗐
 📺 ☎. 🖭 🆂 ① 🗲
 𝘷𝘪𝘴𝘢   b
 18 cam ⌒ 115/220000.

RAPALLO

MADONNA DI
MONTALLEGRO

Italia (Corso) 8
Matteotti (Corso) ......
Mazzini (Via) 14

Aurelia Levante (Via) 2
Cavour (Piazza) 3
Cile (Piazza) 4
Garibaldi (Piazza) 6
Gramsci (Via) 7
Lamarmora (Via) 10
Milite Ignoto (Via) 15
Montebello (Via) 16
Pastene (Piazza) 17
V. Veneto (Lungomare) .. 19
Zunino (Via) 20

🏠 **Giulio Cesare**, corso Cristoforo Colombo 52 𝒫 50685, Fax 60896, ≤ – 🛗 📺 ☎. 🖭
 🗲 𝘷𝘪𝘴𝘢. ✵ rist – *chiuso da novembre al 19 dicembre* – Pas 25/30000 – ⌒ 12000 – **33 cam**
 40/70000 – ½ P 70000   d

🏠 **Miramare**, via Vittorio Veneto 27 𝒫 50293, Fax 273570, ≤ – 🛗 📺 ☎. 🖭 🆂 ① 🗲 𝘷𝘪𝘴𝘢.
 ✵ rist   v
 chiuso novembre – Pas carta 44/71000 – ⌒ 15000 – **31 cam** 60/100000 – ½ P 95/110000.

🏠 **Stella**, via Aurelia Ponente 10 𝒫 50367, Fax 272837 – 🛗 ☎ 🚗. 🖭 🆂 🗲 𝘷𝘪𝘴𝘢. ✵ rist
 Pas *(chiuso da maggio a novembre)* carta 25/42000 – ⌒ 7000 – **31 cam** 40/65000 –
 ½ P 50/55000   u

XX **Da Monique,** lungomare Vittorio Veneto 6 ℘ 50541, ≼ – ᗅᗴ 🅂 ⓞ Ɛ 𝗩𝗜𝗦𝗔   **s**
   chiuso martedì e dal 20 gennaio al 20 febbraio – Pas carta 32/60000.

XX **Roccabruna** località Savagna ℘ 261400, 🍴, Coperti limitati; prenotare – ⓟ. ᗅᗴ
   chiuso a mezzogiorno, lunedì, dal 1° al 10 giugno e dal 20 al 30 settembre – Pas
   carta 57/81000 (10%)   5 km per ④

XX **Hostaria Vecchia Rapallo,** via Cairoli 20/24 ℘ 50053 – ᗅᗴ 🅂 ⓞ Ɛ 𝗩𝗜𝗦𝗔   **t**
   chiuso giovedì – Pas carta 34/56000 (5%).

X **La Clocherie,** vico della Rosa 8 ℘ 55309   **x**
   chiuso mercoledì e dal 10 novembre al 10 dicembre – Pas carta 32/51000.

   a San Massimo per ④ : 3 km – ⊠ **16035** Rapallo :

X **ü Giancu,** ℘ 260505, solo su prenotazione, « Servizio estivo in giardino » – ⓟ. 🅂
   *chiuso mercoledì, giovedì a mezzogiorno, dal 7 gennaio al 6 febbraio, dal 24 al 28 giugno,
   dal 30 settembre al 9 ottobre e dal 4 novembre al 6 dicembre* – Pas carta 28/44000.

RAPOLANO TERME 53040 Siena 𝟵𝟴𝟴 ⑮ – 4 957 ab. alt. 334 – ✿ 0577.

Roma 202 – Arezzo 48 – ♦Firenze 96 – ♦Perugia 81 – Siena 28.

🏠 **2 Mari,** strada statale 326 (N : 0,5 km) ℘ 724070, Fax 725414 – 🏊 ☎ ⓟ. ᗅᗴ 🅂 Ɛ 𝗩𝗜𝗦𝗔
   🌿
   chiuso dal 15 al 31 luglio – Pas *(chiuso martedì)* carta 23/35000 – **42 cam** 🖙 48/80000 –
   ½ P 60000.

RASEN ANTHOLZ = Rasun Anterselva.

RASUN ANTERSELVA (RASEN ANTHOLZ) 39030 Bolzano 𝟰𝟮𝟵 B 18 – 2 498 ab. alt. 1 000 –
✿ 0474.

Roma 728 – ♦Bolzano 87 – Brunico 13 – Cortina d'Ampezzo 52 – Lienz 66 – ♦Milano 382.

   a Rasun di Sopra (Oberrasen) SO : 2 km – alt. 1 091 – ⊠ **39030** :

XX **Castello-Ansitz Heufler** con cam, ℘ 46288, Fax 48199, « In un castello del '500 » – ☎
   ⓟ. ᗅᗴ 🅂 ⓞ Ɛ 𝗩𝗜𝗦𝗔. 🌿 rist
   chiuso maggio e novembre – Pas *(chiuso mercoledì)* carta 30/56000 – **9 cam** 🖙 140000 –
   ½ P 80/10500.

   ad Anterselva di Sotto (Antholz Niedertal) NE : 7 km – alt. 1 105 – ⊠ **39030** :

🏨 **Antholzerhof** 🌄, ℘ 42148, Fax 42344, ≼, ≦s, 🔲, 🐎 – ⇆ cam 🍽 rist ☎ ⓟ
   chiuso dal 9 aprile al 27 maggio e dall'11 ottobre al 17 dicembre – Pas carta 35/57000 –
   26 cam 🖙 68/130000 – ½ P 85/96000.

🏠 **Bagni di Salomone** 🌄, SO : 1,5 km ℘ 42199, 🐎 – ☎ ⓟ. 🅂 𝗩𝗜𝗦𝗔. 🌿 rist
✦ *chiuso dall'8 al 22 giugno e dal 15 ottobre al 5 dicembre* – Pas *(chiuso giovedì)* 18/25000 –
   24 cam 🖙 37/74000 – ½ P 40/57000.

   ad Anterselva di Mezzo (Antholz Mittertal) NE : 10 km – alt. 1 235 – ⊠ **39030** :

🏠 **Wegerhof** 🌄, ℘ 42130, ≼, 🐎 – ☎ ⓟ. 🌿 rist
   chiuso dal 1° al 20 dicembre e dal 15 al 30 aprile – Pas 15/18000 – **10 cam** 🖙 30/60000 –
   ½ P 45/52000.

RAVASCLETTO 33020 Udine 𝟰𝟮𝟵 C 20 – 780 ab. alt. 957 – a.s. 15 luglio-agosto e Natale – Sport
invernali : 957/1 730 m ⭤6 ⭤4, 🎿 – ✿ 0433.

🚠 partenza funivia Monte Zoncolan ℘ 66035, Fax 66327.

Roma 712 – ♦Milano 457 – Monte Croce Carnico 28 – Tolmezzo 24 – ♦Trieste 146 – Udine 76.

🏠 **Valcalda,** ℘ 66120, Fax 66220, ≼, 🐎 – ☎ ⟺ ⓟ. ᗅᗴ 🅂 ⓞ 𝗩𝗜𝗦𝗔. 🌿
   chiuso maggio e novembre – Pas carta 20/29000 – 🖙 6000 – **32 cam** 40/70000 –
   ½ P 40/60000.

RAVELLO 84010 Salerno 𝟵𝟴𝟴 ㉗ – 2 439 ab. alt. 350 – a.s. Pasqua, giugno-settembre e Natale –
✿ 089.

Vedere Posizione e cornice pittoresche✶✶✶ – Villa Rufolo✶✶✶ : 🌿✶✶✶ – Villa Cimbrone✶✶✶ :
🌿✶✶✶ – Pulpito✶✶ e porta in bronzo✶ del Duomo – Chiesa di San Giovanni del Toro✶.

🚩 piazza Duomo 10 ℘ 857096, Fax 857977 – Roma 276 – Amalfi 6 – ♦Napoli 66 – Salerno 29 – Sorrento 40.

🏨 **Palumbo** 🌄, ℘ 857244, Telex 770101, Fax 857347, ≼ golfo, capo d'Orso e monti, 🍴,
   « Edificio del 12° secolo », 🐎 – 🔲 📺 ☎ ⟺. 🅂 Ɛ. 🌿 rist
   Pas 60000 – 🖙 25000 – **20 cam** 382000 appartamento 580000 – ½ P 275000.

🏨 **Caruso Belvedere** 🌄, ℘ 857111, Fax 857372, ≼ golfo, capo d'Orso e monti, 🍴,
   « Raccolta di dipinti dell'800 e terrazza giardino con belvedere » – ☎. ᗅᗴ 🅂 ⓞ Ɛ 𝗩𝗜𝗦𝗔.
   🌿 rist
   Pas *(chiuso dal 1° al 15 febbraio)* 40000 – 🖙 18000 – **24 cam** 125/160000 – ½ P 110/135000.

🏨 **Giordano e Villa Maria** 🌄, ℘ 857255, Fax 857071, « Servizio rist. estivo sotto un
   pergolato con ≼ mare e costa », 🏊 riscaldata, 🐎 – 📺 ☎ ⓟ. ᗅᗴ 🅂 Ɛ 𝗩𝗜𝗦𝗔. 🌿
   Pas carta 27/41000 (15%) – 🖙 15000 – **36 cam** 80/95000 – ½ P 70/105000.

🏨 **Rufolo** ⟨⟩, ℰ 857133, Fax 857935, ≤ golfo, capo d'Orso e monti, « Terrazza-giardino con ⌧ » – 🛄 ☎ ⟨⟩ 🅿. 🖭 🏧 ⓪ Ε 𝗩𝗜𝗦𝗔 ℅ rist
Pas *(chiuso venerdì escluso da aprile ad ottobre)* carta 35/50000 – ⊡ 18000 – **29 cam** 65/105000 – ½ P 80/120000.

🏨 **Graal,** ℰ 857222, Fax 857551, ≤ golfo, capo d'Orso e monti, ⌧ – 🛄 ▤ ☎ – 🛆 250. 🖭 🏧 Ε 𝗩𝗜𝗦𝗔. ℅ rist
Pas *(marzo-ottobre e Natale)* carta 35/49000 (15%) – **32 cam** ⊡ 100/120000 – ½ P 80/110000.

🏨🏨 **Salvatore,** ℰ 857227, « Servizio estivo in terrazza con ≤ golfo, Capo D'Orso e monti » – 🖭 🏧 ⓪ Ε 𝗩𝗜𝗦𝗔.
chiuso venerdì escluso da marzo ad ottobre – Pas carta 18/29000 (15%).

🏨 **Cumpa' Cosimo,** ℰ 857156 – 🖭 ⓪ 𝗩𝗜𝗦𝗔
chiuso lunedì da novembre a marzo – **Pas** carta 28/40000.

sulla costiera amalfitana S : 6 km :

🏨 **Marmorata,** ✉ 84010 ℰ 877777, Telex 720667, Fax 851189, ≤ golfo, 🍴, ⌧, 🏊 – 🛄 ▤ 📺 ☎ 🅿. 🖭 🏧 ⓪ Ε 𝗩𝗜𝗦𝗔. ℅
Pas *(chiuso da novembre a Pasqua)* 40/65000 – **40 cam** ⊡ 180/220000 – ½ P 120/180000.

RAVENNA 48100 📮 𝟗𝟖𝟖 ⑯, 𝟒𝟐𝟗 | 18 – 136 166 ab. alt. 3 – ✪ 0544.

Vedere Mausoleo di Galla Placidia★★ : mosaici★★★ Y – Chiesa di San Vitale★★ : mosaici★★★ Y – Battistero degli Ortodossi★ : mosaici★★★ Z – Basilica di Sant'Apollinare Nuovo★ : mosaici★★★ Z – Mosaici★★★ nel Battistero degli Ariani Y D – Cattedra d'avorio★★ e cappella arcivescovile★★ nel museo dell'Arcivescovado Z M1 – Mausoleo di Teodorico★ Y B – Statua giacente★ nella Pinacoteca Comunale Z M2 – **Dintorni** Basilica di Sant'Apollinare in Classe★★ : mosaici★★★ per ③ : 5 km.

🛈 via Salara 8/12 ℰ 35404 – viale delle Industrie 14 (15 marzo-ottobre)ℰ 451539.

A.C.I. piazza Mameli 4 ℰ 37333.

Roma 366 ④ – ◆Bologna 74 ⑤ – ◆Ferrara 74 ⑤ – ◆Firenze 136 ④ – ◆Milano 285 ⑤ – ◆Venezia 145 ①.

Pianta pagina seguente

🏨 **Bisanzio** senza rist, via Salara 30 ℰ 27111, Telex 551070, Fax 32539, 🚃 – 🛄 ▤ 📺 ☎ – 🛆 50. 🖭 🏧 ⓪ Ε 𝗩𝗜𝗦𝗔   Y f
36 cam ⊡ 97/170000.

🏨 **Centrale-Byron** senza rist, via 4 Novembre 14 ℰ 22225, Telex 551070, Fax 32539 – 🛄 ▤ 📺 ☎. 🖭 🏧 ⓪ Ε 𝗩𝗜𝗦𝗔. ℅   Y e
57 cam ⊡ 55/88000, ▤ 8000.

🏨 **Argentario** senza rist, via di Roma 45 ℰ 22555 – 🛄 ☜. ℅   Z c
marzo-novembre – ⊡ 7000 – **34 cam** 70/79000.

🏨 **Trieste,** via Trieste 11 ℰ 421566 – 🛄 ☎. 𝗩𝗜𝗦𝗔. ℅ rist   Z s
chiuso gennaio – Pas *(chiuso da novembre a febbraio)* 24000 – ⊡ 7000 – **52 cam** 48/69000.

🏨🏨 **Bella Venezia,** via 4 Novembre 16 ℰ 22746 – 🖭 🏧 ⓪ Ε 𝗩𝗜𝗦𝗔   Y e
chiuso gennaio, domenica e da ottobre a marzo anche sabato – Pas carta 35/57000 (10%).

🏨🏨 ✿ **Tre Spade,** via Rasponi 37 ℰ 32382, Coperti limitati; prenotare – ▤. 🖭 🏧 ⓪ Ε 𝗩𝗜𝗦𝗔. ℅   Z x
chiuso dal 25 luglio al 31 agosto, lunedì e da novembre a marzo anche domenica sera – Pas carta 42/58000 (12%)
Spec. Risotto di gamberi funghi porcini e zafferano, Petto di pollo ripieno in salsa al curry, Sformato di amaretti caramellato con crema. Vini Trebbiano, Sangiovese.

🏨🏨 **Al Gallo,** via Maggiore 87 ℰ 23775, 🍴, Coperti limitati; prenotare – 🖭 🏧 ⓪ Ε 𝗩𝗜𝗦𝗔. ℅   Y t
chiuso lunedì sera, martedì, dal 20 dicembre al 10 gennaio e Pasqua – Pas carta 33/50000 (10%).

🏨🏨 **Chilò,** via Maggiore 62 ℰ 36206, 🍴 – ☜. 🖭 🏧 ⓪ Ε 𝗩𝗜𝗦𝗔. ℅   Y a
chiuso giovedì e dal 1° al 15 luglio – Pas carta 24/44000 (10%).

🏨 **La Gardèla,** via Ponte Marino 3 ℰ 27147 – ▤ 🖭 🏧 ⓪ Ε 𝗩𝗜𝗦𝗔. ℅   Y u
chiuso giovedì e dal 10 al 25 agosto – Pas carta 21/32000.

🏨 **Renato,** via Mentana 33 ℰ 23684 – 𝗩𝗜𝗦𝗔. ℅   Z v
Pas carta 20/32000.

sulla strada statale 16 per ③ : 2,5 km :

🏨 **Romea e Rist. Ponte Nuovo,** ✉ 48100 ℰ 61247 – 🛄 ☜ ▤ 📺 ☎ 🅿 – 🛆 100. 🖭 🏧 ⓪ Ε 𝗩𝗜𝗦𝗔. ℅ rist
Pas *(chiuso venerdì e dal 26 luglio al 26 agosto)* carta 35/52000 (10%) – ⊡ 6500 – **44 cam** 60/89000, ▤ 10000 – ½ P 75/80000.

sulla strada statale 309 :

🏨🏨 **Ca' del Pino,** per ① : 9,5 km ✉ 48100 ℰ 446061, « In pineta-piccolo zoo » – 🅿 – 🛆 100. 🖭 🏧 ⓪ Ε 𝗩𝗜𝗦𝗔. ℅
chiuso lunedì sera e martedì (escluso agosto) – Pas carta 33/61000 (10%).

🏨🏨 **Le Coq qui Rit,** per ① : 6,5 km ✉ 48100 ℰ 451044, « Servizio estivo all'aperto », 🚃 – 🅿. 🖭 🏧 ⓪ 𝗩𝗜𝗦𝗔. ℅
chiuso lunedì sera – Pas carta 27/48000.

Vedere anche : *Sant'Apollinare in Classe* per ③ : 6 km.

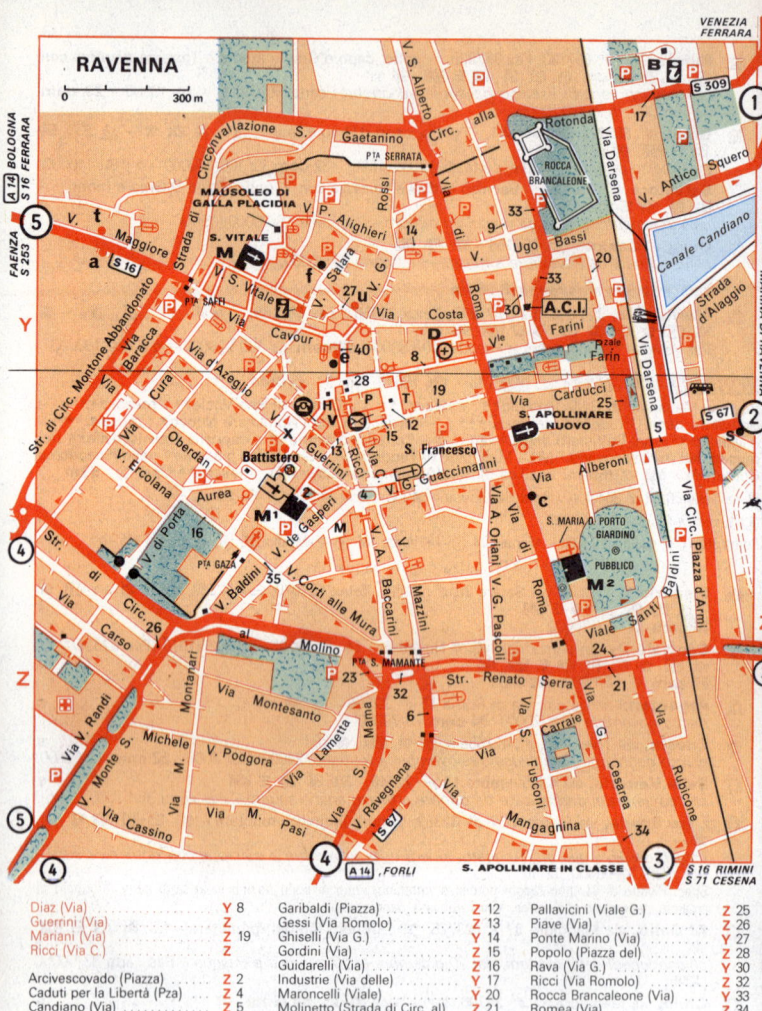

RAVENNA

RAVENNA (Marina di) 48023 Ravenna 988 ⑩ – a.s. 15 giugno-agosto – ✆ 0544.

🛈 (maggio-settembre) viale delle Nazioni 159 ✆ 530117.

Roma 390 – ◆Bologna 103 – Forlì 42 – ◆Milano 314 – ◆Ravenna 13 – Rimini 61.

🏨🏨 **Park Hotel Ravenna,** viale delle Nazioni 181 ✆ 531743, Telex 550185, Fax 530430, « Parco ombreggiato con 🏊 e ⚓ », 🄰⚓ – 🛗 🛁 📺 ☎ 🅿 – 🔬 500. 🄰🄴 🅱 ① 🄴 𝘝𝘐𝘚𝘈. ⚓ rist
aprile-ottobre – Pas 40000 – **144 cam** ⊆ 205000 – ½ P 125/150000.

🏨 **Bermuda,** viale della Pace 363 ✆ 530560, Fax 531643 – 📺 ☎ 🅿 🄰🄴 🅱 ① 🄴 𝘝𝘐𝘚𝘈. ⚓
Pas *(chiuso dal 20 dicembre al 20 gennaio)* carta 32/50000 – ⊆ 10000 – **20 cam** 45/70000 – ½ P 55/60000.

🏠 **Internazionale,** viale delle Nazioni 163 ✆ 530486 – ☎ 🅿 🅱 ① 𝘝𝘐𝘚𝘈. ⚓
aprile-settembre – Pas 22000 – ⊆ 10000 – **28 cam** 50/70000 – ½ P 60000.

XX **Gloria,** viale delle Nazioni 420 ✆ 530274, ☂, prenotare, « Wisckyteca e raccolta di quadri » – Ⓟ. AE ⓢ ◑ E VISA. ✂
chiuso mercoledì e novembre – Pas carta 34/62000 (18%).

XX **Da Saporetti,** via Natale Zen 13 ✆ 530208, « Servizio estivo in giardino » – AE ⓢ ◑ E VISA. ✂
chiuso martedì – Pas carta 36/60000 (10%).

XX **Cottage,** viale delle Nazioni 277 ✆ 530418, « Servizio estivo in pineta » – Ⓟ. AE ⓢ ◑ E VISA
aprile-settembre; chiuso martedì – Pas carta 45/60000.

X **Al Porto,** viale delle Nazioni 2 ✆ 530105, ☂ – Ⓟ. AE ⓢ ◑ E VISA. ✂
chiuso lunedì – Pas carta 40/58000 (10%).

X **Al Maneggio-da Oreste,** via Trieste 356 (S : 2 km) ✆ 530215, ☂ – Ⓟ. AE ◑ VISA. ✂
chiuso lunedì – Pas carta 26/49000.

X **Maddalena** con cam, viale delle Nazioni 345 ✆ 530431 – AE ⓢ ◑ E VISA. ✂ rist
chiuso dal 15 dicembre al 20 gennaio – Pas *(chiuso lunedì da settembre a giugno)* carta 41/57000 – ☕ 6000 – **25 cam** 35/50000 – ½ P 40/45000.

a Marina Romea N : traghetto e 3 km – ✉ **48023**.
ℹ (maggio-settembre) viale Italia 112 ✆ 446035 :

🏨 Corallo, viale Italia 102 ✆ 446107, ⛱, 🌲 – 🛗 ▤ rist ☎ – **95 cam**.

🏨 **Columbia e Rist. La Pioppa,** viale Italia 70 ✆ 446038, Fax 36875, 🌲 – 🛗 ☎ Ⓟ. AE ⓢ ◑ VISA. ✂
aprile-settembre – Pas *(chiuso lunedì)* carta 24/37000 – ☕ 7000 – **34 cam** 40/65000 – ½ P 34/49000.

a Lido Adriano S : 8 km – ✉ **48020** Punta Marina – ℹ (maggio-settembre) ✆ 495353 :

🏨 **Gd H. Adriano,** viale Petrarca 402 ✆ 495446, Telex 551289, Fax 495164, ←, ⛱, 🌲, 🎾 – 🛗 ☎ Ⓟ. AE ⓢ ◑ E VISA. ✂ rist
10 marzo-28 ottobre – Pas carta 27/36000 – ☕ 10000 – **117 cam** 75/120000 – ½ P 52/112000.

RAVINA Trento – Vedere Trento.

RAZZES (RATZES) Bolzano – Vedere Siusi.

REANA DEL ROIALE 33010 Udine 429 D 21 – 4 762 ab. alt. 168 – 0432.
Roma 648 – ♦Trieste 86 – Udine 10.

a Rizzolo SE : 1 km – ✉ **33010** Reana del Roiale :

X **Da Otello** con cam, ✆ 857044, ☂ – Ⓟ. ⓢ E VISA
chiuso dal 1° agosto al 20 agosto – Pas *(chiuso domenica sera e lunedì)* carta 23/33000 – ☕ 5000 – **8 cam** 28/45000 – ½ P 38/42000.

a Zompitta NE : 2,5 km – ✉ **33010** Reana del Roiale :

X **Da Rochet,** ✆ 851090, « Servizio estivo in giardino » – Ⓟ. VISA. ✂
chiuso martedì, mercoledì e dal 19 agosto al 9 settembre – **Pas** carta 25/35000.

REBECCU Sassari – Vedere Sardegna (Bonorva) alla fine dell'elenco alfabetico.

RECANATI 62019 Macerata 988 ⑯ – 19 392 ab. alt. 293 – a.s. 15 luglio-15 settembre – ☎ 071.
ℹ piazza Leopardi 5 ✆ 981471 – Roma 271 – ♦Ancona 38 – Macerata 24 – Porto Recanati 12.

🏨 **La Ginestra,** via Calcagni 2 ✆ 980594 – ☎. VISA. ✂
Pas *(chiuso martedì e dal 15 al 25 giugno)* carta 20/28000 – ☕ 5000 – **27 cam** 34/53000 – ½ P 50/55000.

RECCO 16036 Genova 988 ⑬, 428 I 9 – 10 398 ab. – ☎ 0185.
Roma 484 – ♦Genova 23 – ♦Milano 160 – Portofino 15 – ♦La Spezia 86.

🏨 **Elena,** via Garibaldi 5 ✆ 74022, Fax 721295, ←, ⛱ – TV ☎ Ⓟ. AE ⓢ ◑ E VISA. ✂ rist
Pas *(chiuso dal 5 novembre al 23 dicembre)* carta 32/56000 – ☕ 12000 – **29 cam** 65/90000 – ½ P 75/95000.

XX **Manuelina,** via Roma 278 (N : 1 km) ✆ 75364, Fax 721677 – ▤ Ⓟ. AE ⓢ ◑ E VISA
chiuso mercoledì e dall'8 gennaio all'8 febbraio – Pas carta 53/75000.

XX **Vitturin,** via dei Giustiniani 48 (N : 1,5 km) ✆ 720225 – ▤ Ⓟ – 🏛 80. AE ⓢ ◑ E VISA. ✂ – *chiuso lunedì e dal 26 giugno al 10 luglio* – Pas carta 50/80000.

XX **Da ö Vittorio** con cam, via Roma 160 ✆ 74029, ☂ – 🛗 TV ☎. AE ⓢ ◑ E VISA. ✂ cam
chiuso dal 15 novembre al 10 dicembre – Pas *(chiuso giovedì)* carta 41/74000 – ☕ 8000 – **20 cam** 45/70000 – ½ P 65000.

XX **Da Lino,** via Roma 70 ✆ 74336 – ▤. AE ⓢ E VISA
chiuso martedì, gennaio e dal 20 al 30 luglio – Pas carta 39/63000.

XX **Alfredo,** via San Giovanni Battista 33 ✆ 74653 – AE ⓢ ◑ E VISA
chiuso giovedì, dal 5 al 17 luglio e dal 24 dicembre al 5 gennaio – Pas carta 27/48000.

36076 Vicenza 988 ④ 429 E 15 – 7 469 ab. alt. 445 – Stazione termale (giugno-settembre), a.s. febbraio, luglio-agosto e Natale – Sport invernali : a Recoaro Mille : 1 007/1 700 m ≤3, ✠ – ✿ 0445 – ✉ via Roma 25 ℰ 75070, Fax 75158.

Roma 576 – ♦Milano 227 – Trento 78 – ♦Venezia 108 – ♦Verona 74 – Vicenza 44.

Verona, via Roma 60 ℰ 75065 – 🏢 ☎. ✠
maggio-settembre – Pas carta 25/33000 – ⬜ 6000 – **35 cam** 60/90000 – ½ P 45/50000.

Pittore, via Roma 58 ℰ 75039 – 🏢 ✠
maggio-5 ottobre – Pas carta 21/33000 – ⬜ 5000 – **25 cam** 54/68000 – ½ P 45/50000.

REGGELLO **50066** Firenze 988 ⑮ 429 K 16 – 12 391 ab. alt. 390 – ✿ 055.

Roma 250 – Arezzo 58 – ♦Firenze 43 – Forlì 128 – ♦Milano 339 – Siena 68.

Archimede 🖧, N : 3,5 km ℰ 869055, Fax 868584, 🚗 – TV ☎ P. AE 🏢 E VISA – ½ P 85000.
chiuso dal 5 al 24 novembre – Pas vedere rist Da Archimede – ⬜ 9000 – **18 cam** 70/98000 – ½ P 85000.

Da Archimede, N : 3,5 km ℰ 868182, ≼, « Ristorante caratteristico » – P. AE 🏢 E VISA ✠
chiuso martedì (escluso da luglio al 15 settembre) e dal 5 al 24 novembre – Pas carta 28/43000.

a Vaggio SO : 5 km – ✉ **50066** :

Villa Rigacci, ℰ 8656562, Fax 8656537, ≼, ⬛, 🚗 – TV ☎ P. AE 🏢 ⑤ E VISA ✠ rist
Pas (prenotare e *chiuso martedì escluso da luglio al 15 settembre*) carta 60/76000 – **17 cam** ⬜ 130/250000 – ½ P 152/185000.

Vedere Museo Nazionale★★ Y : Bronzi di Riace★★★ – Lungomare★ YZ.

🛫 di Ravagnese per ③ : 4 km ✆ 642232 – Alitalia, Agenzia Simonetta, corso Garibaldi 521/525✉ 89127 ✆ 331445.

🚂 a Villa San Giovanni, ✆ 99940-int. 337.

🚢 per Messina giornalieri (40 mn) – Stazione Ferrovie Stato, ✉ 89100 ✆ 97957.

🚢 per Messina giornalieri (15 mn) – SNAV, Stazione Marittima ✉ 89100 ✆ 29568.

🅱 via Demetrio Tripepi 72 ✉ 89125 ✆ 643291 – all'Aeroporto ✆ 320291 – corso Garibaldi 329/e ✉ 89127 ✆ 92012 – Stazione Centrale ✆ 27120.

A.C.I. via De Nava 43 ✉ 89122 ✆ 97901.

Roma 705 ② – Catanzaro 161 ② – ♦Napoli 499 ②.

Pianta pagina a lato

🏨 **Miramare,** via Fata Morgana 1 ✉ 89127 ✆ 812444, Telex 912583, Fax 812450 – 🛗 📺 YZ e
☎ 🚐 – 🛎 150. 🆎 🅱 ⓞ 🔳 VISA. ❄ rist
Pas 35/45000 – 🖵 10000 – **96 cam** 109/172000 – ½ P 120/160000.

🏨 **Ascioti** senza rist, via San Francesco da Paola 79 ✉ 89127 ✆ 97041, Telex 912565 – 🛗 Z a
🛗 📺 ☎ 🚐. 🅱 ⓞ 🔳 VISA. ❄
🖵 10000 – **50 cam** 119/163000, 🍽 10000.

🏨 **Palace Hotel Masoanri's** senza rist, via Vittorio Veneto 95 ✉ 89121 ✆ 26433, Fax Y f
93084 – 🛗 🍽 📺 ☎ – 🛎 40. 🆎 🅱 🔳 VISA
🖵 10000 – **64 cam** 90/134000, 🍽 20000.

XXX **Rodrigo,** via XXIV Maggio 25 ✉ 89125 ✆ 20170 – 🍽. 🆎 🅱 ⓞ 🔳 VISA Y b
chiuso domenica ed agosto – Pas carta 32/48000.

XX **Bonaccorso,** via Cesare Battisti 8 ✉ 89127 ✆ 96048 – 🍽. 🆎 🅱 ⓞ 🔳 VISA Z r
chiuso venerdì ed agosto – Pas carta 31/56000 (15%).

XX **London Bistro,** via Osanna 2/f ✉ 89127 ✆ 92908, Coperti limitati; prenotare – 🍽. ❄
chiuso mercoledì e a mezzogiorno da giugno a settembre – Pas carta 27/47000 (15%) Z x

XX **Conti,** via Giulia 2 ✉ 89125 ✆ 29043 – 🍽. 🆎 🅱 ⓞ VISA Y s
chiuso lunedì – Pas carta 32/51000 (15%).

X **Trattoria da Pepè,** via Bligny 11 ✉ 89122 ✆ 44044 – 🍽. ❄ per ①
chiuso lunedì e luglio – Pas carta 28/36000 (12%).

X Baylik, vico Leone 1 ✉ 89121 ✆ 48624 – 🍽 per ①

X **Da Peppino,** corso Vittorio Emanuele 27/29 ✉ 89127 ✆ 331224 – 🆎 🅱 🔳 VISA Y n
chiuso domenica sera – Pas carta 28/40000 (10%).

Vedere anche : *Gallico Marina* per ② : 9 km.

Vedere Galleria Parmeggiani★.

🏰 Matilde di Canossa (chiuso martedì) ✆ 955295, per ④ : 6 km.

🅱 piazza Prampolini 5/c ✆ 451152, Fax 431954.

A.C.I. via Secchi 9 ✆ 35744.

Roma 427 ② – ♦Bologna 65 ② – ♦Milano 149 ② – ♦Parma 27 ⑤.

Pianta pagina seguente

🏨 Gd H. Astoria e Rist. Girarrosto, viale Nobili 2 ✆ 435245, Telex 530534, Fax 48692, ≤, 🌆 Y f
– 🛗 🍽 📺 ☎ 🚐 🅿 – 🛎 30 a 350
112 cam.

🏨 **Posta** senza rist, piazza Cesare Battisti 4 ✆ 432944, Telex 530036, Fax 452602 – 🛗 📺 Z c
🚐 – 🛎 100. 🆎 🅱 ⓞ 🔳 VISA. ❄
43 cam 🖵 132/190000 appartamenti 230000.

🏨 **Delle Notarie,** via Palazzolo 5 ✆ 453500, Telex 530271, Fax 453737 – 🛗 🍽 📺 ☎ 🚐 Z r
– 🛎 50. 🆎 🅱 ⓞ 🔳 VISA. ❄
chiuso agosto – Pas (chiuso domenica) carta 28/58000 – **33 cam** 🖵 140/190000
appartamenti 230/300000.

🏨 **Cristallo,** viale Regina Margherita 30 ✆ 511811, Fax 513073 – 🛗 🍽 📺 ☎ 🚹 🚐 🅿 – Y e
🛎 30. 🆎 🅱 ⓞ 🔳 VISA. ❄
Pas vedere rist Picci – **80 cam** 🖵 78/125000.

🏩 Europa, viale Olimpia 2 ✆ 451733, Fax 439040 – 🛗 🍽 📺 ☎ 🚹 🚐 🅿 – 🛎 35 a 100
102 cam. Z g

🏩 **San Marco** senza rist, piazzale Marconi 1 ✆ 435364 – 🛗 ☎. 🆎 🅱 ⓞ 🔳 VISA Z b
chiuso dal 1° al 20 agosto – 🖵 6000 – **52 cam** 57/88000.

🏩 **Park Hotel** senza rist, via De Ruggero 1/b ✆ 292141 – 🛗 📺 🐾 🅿 – 🛎 35. 🆎 ⓞ 🔳 VISA
🖵 9000 – **26 cam** 80000. 2 km per ④

🏠 **Ariosto** senza rist, via San Rocco 12 ✆ 437320 – 🛗 🐾. 🆎 🅱 ⓞ 🔳 VISA. ❄ Y a
chiuso agosto – 🖵 7000 – **22 cam** 33/50000.

REGGIO
NELL'EMILIA

XXX **Picci,** viale Regina Margherita 30 ℘ 513468 – ▭ 🅿 AE ⑤ ⑩ Ε VISA. 🛇   Y **e**
chiuso domenica e dal 5 al 25 agosto – Pas carta 43/65000.

XX **5 Pini-da Pelati,** viale Martiri di Cervarolo 46 ℘ 553663 – ▭ 🅿 AE ⑤ ⑩ Ε VISA. 🛇
chiuso martedì sera, mercoledì, dal 2 al 9 febbraio e dal 3 al 24 agosto – Pas carta 42/66000
                                                      per viale Simonazzi   Z

XX **Caffè Arti e Mestieri,** via Emilia San Pietro 16 ℘ 432202 – ⑤ ⑩ Ε VISA   Z **y**
chiuso lunedì – Pas carta 34/64000.

XX **Osteria Campana,** viale Simonazzi 14/b ℘ 439673, Coperti limitati; prenotare – ▭ ⑤
⑩ VISA. 🛇   Z **a**
chiuso lunedì ed agosto – Pas carta 28/42000.

XX **La Zucca,** piazza Fontanesi 1 ℘ 485718 – AE ⑤ ⑩ VISA. 🛇   Z **u**
chiuso domenica, dal 17 al 31 marzo e dal 25 agosto al 10 settembre – Pas carta 32/50000.

a Codemondo O : 6 km – ✉ 42020 :

XX **La Brace,** ℘ 78800, Fax 73017 – ▭ 🅿 AE ⑤ ⑩ VISA. 🛇
chiuso domenica, dal 1° al 6 gennaio ed agosto – Pas carta 40/60000.

REGOLEDO DI COSIO VALTELLINO Sondrio 2️⃣1️⃣9️⃣ ⑩ – Vedere Morbegno.

RENDE 87036 Cosenza 988 ㉚ – 30 044 ab. alt. 481 – ✪ 0984.

Roma 526 – ◆Reggio di Calabria 197 – ◆Taranto 212.

※※ **Vecchia Rende,** via Pittor Sant'Anna ℰ 443524, Solo piatti di pesce – 🅱 𝐕𝐈𝐒𝐀
chiuso mercoledì e dal 12 al 27 agosto – Pas carta 36/49000.

RENON (RITTEN) Bolzano 429 C 16 – 5 909 ab. alt. (frazione Collalbo) 1 154 – ✪ 0471.

Da Collalbo : Roma 664 – ◆Bolzano 15 – Bressanone 52 – ◆Milano 319 – Trento 80.

a Collalbo (Klobenstein) – alt. 1 154 – ⊠ **39054**.

🆄 Municipio ℰ 56100, Fax 56799 P55:

🏨 **Bemelmans Post,** ℰ 56127, Fax 56531, 🌳, 🏊 riscaldata, 🐎, ℀ – 🛗 ⇘ rist ☎ 🅿.
🅱 🅴 𝐕𝐈𝐒𝐀. ℀ rist
chiuso gennaio e novembre – Pas (chiuso mercoledì) 16/20000 – **50 cam** ⊑ 48/90000 –
½ P 53/78000.

ad Auna di Sotto (Unterinn) SO : 4 km – alt. 909 – ⊠ **39050** :

※ **Weber im Moos** con cam, NE : 2 km ℰ 56707, 🌳 – ☎ 🅿. 🅱 🅴 𝐕𝐈𝐒𝐀. ℀
chiuso dal 5 al 28 febbraio e dal 10 al 25 giugno – Pas (chiuso martedì) carta 20/30000 –
7 cam ⊑ 40/80000 – ½ P 40/45000.

a Costalovara (Wolfsgruben) SO : 5 km – alt. 1 206 – ⊠ **39059** Soprabolzano :

🏨 **Am Wolfsgrubener See** 🌄, ℰ 55119, Fax 55065, ≤, 🌳, « In riva al lago », 🐎 – 🛗
☎ 🅿. ℀ rist
chiuso marzo e novembre – Pas (chiuso lunedì) 22/35000 – **25 cam** ⊑ 50/100000 –
½ P 60/76000.

🏨 **Maier** 🌄, ℰ 55114, ≤, 🏊 riscaldata, 🐎, ℀ – 🛗 ☎ 🅿. ℀ rist
aprile-5 novembre – Pas (solo per clienti alloggiati e chiuso lunedì) 22/25000 – ⊑ 10000 –
24 cam 34/59000 – ½ P 77000.

🏠 **Lichtenstern** 🌄, NE : 1 km ℰ 55147, Fax 55147, ≤ Dolomiti e pinete, 🌳, 🐎 – 📺 ☎
🚿 🅿. 🅱 🅴 𝐕𝐈𝐒𝐀. ℀ rist
chiuso dal 10 novembre al 25 dicembre – Pas (chiuso martedì) carta 34/44000 – **24 cam**
⊑ 58/100000 – ½ P 60/70000.

a Soprabolzano (Oberbozen) SO : 7 km – alt. 1 221 – ⊠ **39059**.

🆄 (Pasqua-ottobre) ℰ 55245 :

🏨 **Haus Fink,** ℰ 55340, ≤ Dolomiti e vallata, 🐎 – ⇘ ☜ 🅿. ℀ rist
chiuso da novembre al 24 dicembre – Pas (solo per clienti alloggiati e chiuso a mezzogiorno)
– **15 cam** ⊑ 48/90000 – ½ P 55/70000.

🏠 **Regina** 🌄, ℰ 55142, ≤ Dolomiti e vallata – 🛗 ☎ 🅿. 🅱 🅾 🅴 𝐕𝐈𝐒𝐀. ℀ rist
16 dicembre-16 gennaio e 16 marzo-14 novembre – Pas (solo per clienti alloggiati) 15/18000
– **24 cam** ⊑ 45/86000 – ½ P 44/64000.

RESCHEN = Resia.

RESIA (RESCHEN) Bolzano 428 429 B 13, 218 ⑧ – alt. 1 494 – ⊠ **39027** Resia all'Adige –
✪ 0473.

🆄 ℰ 83101.

Roma 742 – ◆Bolzano 105 – Landeck 49 – ◆Milano 281 – Trento 163.

🏨 **Al Moro-Zum Mohren,** ℰ 633120, Fax 633120, ☎, 🏊 – 🛗 ☎ 🅿. 🅰🅴 🅱 🅴 𝐕𝐈𝐒𝐀. ℀ rist
chiuso dal 10 al 30 aprile e da novembre al 15 dicembre – Pas carta 32/47000 – **26 cam**
⊑ 60/120000 – ½ P 55/85000.

🏠 **Etschquelle,** ℰ 83125 – 🅿. 🅱 𝐕𝐈𝐒𝐀. ℀
chiuso dal 2 al 24 maggio e dal 20 novembre al 10 dicembre – Pas (chiuso lunedì in bassa
stagione) carta 17/36000 – **20 cam** ⊑ 36/60000 – ½ P 32/48000.

REVERE 46036 Mantova 429 G 15 – 2 738 ab. alt. 15 – ✪ 0386.

Roma 458 – ◆Ferrara 58 – Mantova 35 – ◆Milano 210 – ◆Modena 54 – ◆Verona 48.

※※ **Il Tartufo,** via Guido Rossa 13 ℰ 46404, Coperti limitati; prenotare – 🖥. 🅰🅴 🅱 🅴 𝐕𝐈𝐒𝐀.
℀
chiuso giovedì, dal 3 al 15 gennaio e dal 1° al 20 agosto – **Pas** carta 25/35000.

REVIGLIASCO D'ASTI 14010 Asti – 787 ab. alt. 203 – ✪ 0141.

Roma 626 – Asti 11 – Alessandria 49 – Cuneo 91 – ◆Torino 63.

※※※ **Il Rustico,** ℰ 208210, solo su prenotazione – ⇘. 🅰🅴 🅱 🅾 𝐕𝐈𝐒𝐀. ℀
chiuso a mezzogiorno, martedì e agosto – Pas (menu suggeriti dal proprietario) 51/74000.

REVINE 31020 Treviso 429 D 18 – alt. 260 – ✪ 0438.

Roma 590 – Belluno 37 – ◆Milano 329 – Trento 131 – Treviso 50.

※※ **Ai Cadelach** con cam, ℰ 524024, 🏊, 🐎, ℀ – ⇘ rist ☜ 🅿. 𝐕𝐈𝐒𝐀. ℀
chiuso novembre – Pas (chiuso mercoledì) carta 26/42000 – ⊑ 7000 – **18 cam** 48/70000 –
½ P 55/60000.

REZZANELLO 29010 Piacenza 4 2 8 H 10 – alt. 380 – ✪ 0523.
Roma 538 – Alessandria 102 – ✦Milano 92 – Piacenza 27.

✕ **Pineta** 🦌 con cam, ✆ 970239, ≼ – **P**. 🖼. 🎿
chiuso dal 10 settembre al 10 ottobre – Pas (chiuso martedì) carta 24/32000 – ♒ 4000 –
12 cam 30/56000 – P 50/55000.

RHÊMES-NOTRE-DAME 11010 Aosta 9 8 8 ① ②, 4 2 8 F 3 – 89 ab. alt. 1 723 – a.s. febbraio,
Pasqua, luglio-agosto e Natale – Sport invernali : 1 723/2 000 m ≼2, 🎿 – ✪ 0165.
Roma 779 – Aosta 31 – Courmayeur 45 – ✦Milano 216.

a Chanavey N : 1,5 km – alt. 1 696 – ✉ 11010 Rhêmes-Notre-Dame :

🏨 **Granta Parey** 🦌, ✆ 96104, Fax 96144, ≼ monti e vallata – 🛗 📺 ☎ **P**. 🖼 E 𝕍𝕀𝕊𝔸.
🎿 rist
chiuso maggio, ottobre e novembre – Pas carta 28/40000 – ♒ 9000 – **33 cam** 50/80000 –
½ P 55/70000.

RHO 20017 Milano 9 8 8 ③, 4 2 8 F 9 – 51 637 ab. alt. 158 – ✪ 02.
Roma 590 – Como 36 – ✦Milano 14 – Novara 38 – Pavia 49 – ✦Torino 127.

✕✕✕ **Al Rhotaia**, via Magenta 42/44 ✆ 93180158, Fax 93180158, Coperti limitati; prenotare –
🍴 🖥 **P**. 🖼 🖼 ① E 𝕍𝕀𝕊𝔸
chiuso sabato a mezzogiorno, domenica, dal 1° al 10 gennaio e dal 5 al 20 agosto – Pas
carta 55/81000.

✕ **Alla Barca-da Franco**, via Ratti 54 ✆ 9303976 – 🍴 🖥. 🖼 🖼 ① E 𝕍𝕀𝕊𝔸. 🎿
chiuso martedì ed agosto – Pas carta 43/63000.

✕ **Al Cantuccio**, corso Garibaldi 57 ✆ 9303152, Coperti limitati; prenotare – 🖥. 🖼 𝕍𝕀𝕊𝔸.
🎿
chiuso lunedì e dal 4 al 22 agosto – Pas carta 30/40000.

RICAVO Siena – Vedere Castellina in Chianti.

RICCIONE 47036 Forlì 9 8 8 ⑮⑯, 4 2 9 J 19 – 32 463 ab. – a.s. 15 giugno-agosto – ✪ 0541.
🛈 piazzale Ceccarini 10 ✆ 43361.
Roma 326 – ✦Bologna 120 – Forlì 59 – ✦Milano 331 – Pesaro 30 – ✦Ravenna 64 – Rimini 12.

🏩 **Gd H. Des Bains**, viale Gramsci 56 ✆ 601650, Fax 606350, ⊼, 🖼 – 🍴 cam 🛗 📺 ☎
🚗 – 🏛 120 a 500. 🖼 🖼 ① E 𝕍𝕀𝕊𝔸. 🎿 rist
Pas 70/80000 – **70 cam** ♒ 220/400000 – ½ P 280/300000.

🏨 **Atlantic**, lungomare della Libertà 15 ✆ 601155, Telex 550192, Fax 606402, ≼, ⊼ riscaldata
– 🛗 🖥 📺 ☎ 🚗 – 🏛 80. 🖼 🖼 ① E 𝕍𝕀𝕊𝔸. 🎿
Pas 45/55000 – **62 cam** ♒ 200000 appartamenti 280/400000 – ½ P 120/140000.

🏨 **Savioli Spiaggia**, viale D'Annunzio 2/6 ✆ 43252, Telex 551038, Fax 42651, ≼, 🛥,
⊼ riscaldata, 🎿 – 🛗 🖥 📺 ☎ **P**. 🖼 🖼 E 𝕍𝕀𝕊𝔸. 🎿 rist
Pasqua-ottobre – Pas 40000 – ♒ 15000 – **84 cam** 103/172000 – ½ P 70/145000.

🏨 **De la Ville**, via Spalato 5 ✆ 41329, Fax 41022, « Giardino ombreggiato con ⊼ » – 🛗 🖥
📺 ☎ **P** – 🏛 60 a 100. 🖼 ① 𝕍𝕀𝕊𝔸. 🎿
aprile-settembre – Pas (solo per clienti alloggiati e chiuso sino al 20 maggio) 30/35000 –
58 cam ♒ 115/180000. ½ P 120/130000.

🏨 **Boemia**, viale Gramsci 87 ✆ 602055, Telex 563172, Fax 606350, ≼, 🛥 – 🛗 🖥 📺 ☎ –
🏛 60. 🖼 🖼 ① E 𝕍𝕀𝕊𝔸. 🎿 rist
maggio-settembre – Pas 35/40000 – ♒ 15000 – **70 cam** 95/150000 – ½ P 105/135000.

🏨 **President** senza rist, viale Virgilio 12 ✆ 41190, Fax 41190 – 🛗 🖥 📺 ☎ – 🏛 30. 🖼 ①
𝕍𝕀𝕊𝔸. 🎿
♒ 15000 – **26 cam** 100/165000.

🏨 **Abner's**, lungomare della Repubblica 7 ✆ 600601, Telex 550153, Fax 605400, ≼,
⊼ riscaldata – 🛗 🖥 📺 ☎ **P**. 🖼 🖼 E 𝕍𝕀𝕊𝔸. 🎿 rist
Pas 28/50000 – **50 cam** ♒ 120/200000, 🖥 10000 – ½ P 80/135000.

🏨 **Lungomare**, lungomare della Libertà 7 ✆ 41601, Fax 40308, ≼ – 🛗 🖥 📺 ☎ **P** –
🏛 70. 🖼 🖼 ① E 𝕍𝕀𝕊𝔸. 🎿 rist
febbraio-ottobre – Pas (20 maggio-settembre) 30/40000 – **58 cam** ♒ 95/140000 –
½ P 80/105000.

🏨 **Promenade**, viale Milano 67 ✆ 600852, Fax 600501, ≼, ⊼, 🛥 – 🛗 🖥 🚗. 🖼 🖼 ①
E 𝕍𝕀𝕊𝔸. 🎿 rist
Pas 35/45000 – ♒ 15000 – **39 cam** 100/170000 – ½ P 90/130000.

🏨 **Augustus**, viale Oberdan 18 ✆ 43434, ⊼, 🛥 – 🛗 🖥 📺 **P**. 🖼 𝕍𝕀𝕊𝔸. 🎿 rist
aprile-ottobre – Pas (solo per clienti alloggiati) – ♒ 10000 – **40 cam** 97/165000 –
½ P 95/120000.

🏨 **Diamond**, viale Fratelli Bandiera 1 ✆ 602600, 🛥 – 🛗 🍴 cam 🖥 📺 ☎ **P**. 🖼 𝕍𝕀𝕊𝔸.
🎿 rist
maggio-settembre – Pas 25/40000 – **40 cam** ♒ 90/150000, 🖥 5000 – ½ P 64/99000.

🏨 **Luna**, viale Ariosto 5 ✆ 40034, Fax 41755, ⊼ riscaldata – 🛗 🖥 ☎ **P**. 🖼 🖼 ① E 𝕍𝕀𝕊𝔸.
🎿 rist
febbraio-ottobre – Pas (solo per clienti alloggiati) 30/40000 – **59 cam** ♒ 95/150000 –
½ P 70/100000.

🏨 **Alexandra-Plaza,** viale Torino 61 ℰ 610344, Telex 550330, Fax 610483, ≤, « Giardino con Ⅎ riscaldata » – 🛗 ☎ 🅿. ﹠ 🖪 🅴 𝐕𝐈𝐒𝐀. ﹪ rist
aprile-settembre – Pas 25/55000 – ⛻ 20000 – **60 cam** 100/155000 – ½ P 61/95000.

🏨 **Roma,** viale Milano 17 ℰ 43202, Fax 42358, ≤, ﹠ – 🛗 🖪 📺 ☎ 🅿. ﹠ 🖪 𝐕𝐈𝐒𝐀. ﹪ rist
Pasqua-ottobre – Pas 30/40000 – **34 cam** ⛻ 97/160000 – P 80/120000.

🏨 **Club Hotel,** viale D'Annunzio 58 ℰ 42105, ≤, Ⅎ riscaldata – 🛗 ☜ 🅿. ﹠. ﹪ rist
Pasqua-settembre – **68 cam** (solo pens) – P 55/80000.

🏨 **Sarti,** piazzale Di Vittorio ℰ 600978, Fax 600357, ≤, Ⅎ – 🛗 🖪 rist 📺 ☎. ﹠ 🖪 ⓞ 🅴
𝐕𝐈𝐒𝐀. ﹪ rist
Pas *(marzo-novembre)* 30/40000 – **48 cam** ⛻ 90/140000 – ½ P 60/100000.

🏨 **Marzia,** viale De Amicis 18 ℰ 642323, Fax 643662, Ⅎ – 🖪 📺 ☎ 🅿. ﹠ 🖪 ⓞ 🅴 𝐕𝐈𝐒𝐀.
﹪ rist
Pas 25000 – ⛻ 12500 – **19 cam** 45/80000, 🖪 7500 – ½ P 36/67000.

🏨 **Poker,** viale D'Annunzio 61 ℰ 40463, Ⅎ – 🛗 🖪 rist ☎ 🅿. ﹠. ﹪ rist
📤 *Pasqua-settembre* – Pas 20/35000 – ⛻ 10000 – **53 cam** 45/80000 – ½ P 55/75000.

🏨 **Gemma,** viale D'Annunzio 82 ℰ 43251, Telex 550561, Fax 644910, ≤, Ⅎ, ﹠ – 🛗 ☎ ﹠.
🅿. ﹠ 🖪 ⓞ 🅴 𝐕𝐈𝐒𝐀. ﹪ rist
Pas 25/50000 – **41 cam** ⛻ 50/80000 – ½ P 62/79000.

🏨 **Dory,** viale Puccini 4 ℰ 642896, Fax 644588, ﹠ – 🛗 🖪 ☎ 🅿. 🖪 🅴 𝐕𝐈𝐒𝐀. ﹪ rist
Pasqua-20 settembre – Pas 25/40000 – ⛻ 20000 – **47 cam** 50/100000, 🖪 6000 – ½ P 50/75000.

🏨 **Anna,** viale Trento Trieste 48 ℰ 601503, ﹠ – 🛗 ☜ 🅿. 🖪 𝐕𝐈𝐒𝐀. ﹪ rist
Pasqua-settembre – Pas 25/35000 – ⛻ 6500 – **28 cam** 45/80000 – ½ P 30/60000.

🏨 **Eliseo,** viale Monteverdi 3 ℰ 41282, ﹠ – 🛗 ☜ 🅿. ﹪
📤 *Pasqua-settembre* – Pas 20/30000 – **32 cam** ⛻ 40/68000 – ½ P 38/60000.

🏨 **Atlas,** viale Catalani 28 ℰ 41374 – 🛗 🖪 rist ☜ ﹠ 🅿. ﹪
📤 *10 maggio-25 settembre* – Pas 15/18000 – ⛻ 5000 – **34 cam** 35/60000 – ½ P 40/48000.

🏨 **Maestri,** viale Gorizia 4 ℰ 43201 – 🛗 ☜ 🅿. ﹪ rist
25 maggio-20 settembre – Pas 35/40000 – ⛻ 10000 – **51 cam** 54/91000 – ½ P 65/70000.

🏨 **Ardea,** viale Monti 77 ℰ 641846, Ⅎ riscaldata – 🛗 ☜ 🅿. ﹪
📤 *Pasqua e maggio-settembre* – Pas (solo per clienti alloggiati) 15/20000 – ⛻ 5000 – **36 cam**
35/78000, 🖪 5000 – ½ P 41/59000.

🏨 **Margareth,** viale Mascagni 2 ℰ 42765, ≤ – 🛗 ☜ ﹠ 🅿. ﹪ rist
15 maggio-settembre – Pas 25000 – ⛻ 8000 – **50 cam** 55/80000 – P 50/75000.

🏨 **Arizona,** viale D'Annunzio 22 ℰ 644422, Fax 644108, ≤, ﹠ – 🛗 ☜ ﹠ 🅿. ﹠ ⓞ 𝐕𝐈𝐒𝐀.
📤 *Pasqua e maggio-settembre* – Pas 16/40000 – ⛻ 9000 – **56 cam** 45/80000 – ½ P 50/76000.

🏨 **Mon Chéri,** viale Milano 9 ℰ 601104, ≤ – 🛗 🖪 rist ☜ 🅿. ﹪ rist
Pasqua e maggio-20 settembre – Pas 25000 – **43 cam** ⛻ 47/79000 – ½ P 28/65000.

🏨 Gran San Bernardo, viale D'Annunzio 149 ℰ 642044 – 🛗 ☜ 🅿
stagionale – **35 cam**.

🏨 **Romagna,** viale Gramsci 64 ℰ 600604 – 🛗 ☜ 🅿. ﹪
giugno-10 settembre – Pas (solo per clienti alloggiati) 25/35000 – ⛻ 9000 – **40 cam**
50/85000 – ½ P 40/65000.

🏨 **Morri,** viale D'Annunzio 42 ℰ 42753 – 🛗 ☜. ﹠ 𝐕𝐈𝐒𝐀. ﹪ rist
marzo-settembre – Pas *(chiuso venerdì)* carta 28/39000 – **25 cam** ⛻ 48/79000 –
½ P 50/60000.

🏨 **Select,** viale Gramsci 89 ℰ 600613, Fax 600613, ﹠ – 🛗 🖪 rist ☜ 🅿. ﹪
📤 *15 maggio-20 settembre* – Pas (solo per clienti alloggiati) 18/22000 – ⛻ 11000 – **35 cam**
50/90000 – ½ P 40/65000.

🏨 **Selene,** viale Gramsci 122 ℰ 600614 – 🛗 ☜ 🅿. ﹪ rist
📤 *15 maggio-settembre* – Pas (solo per clienti alloggiati) 20/25000 – ⛻ 10000 – **30 cam**
50/90000 – ½ P 40/65000.

🏨 **Carignano,** viale Oberdan 9 ℰ 601663 – 🛗 ☜ 🅿. ﹪
Pasqua e 20 maggio-settembre – Pas (solo per clienti alloggiati) 28/33000 – ⛻ 12000 –
36 cam 48/75000 – ½ P 58/64000.

🏨 **Ida,** viale D'Annunzio 59 ℰ 41116 – 🛗 ☜ 🅿. ﹪ rist
📤 *15 maggio-settembre* – Pas 20000 – ⛻ 6000 – **36 cam** 39/60000 – ½ P 30/55000.

🏨 **Lugano,** viale Trento Trieste 75 ℰ 606611 – 🛗 ☜ 🅿. ﹪ rist
📤 *15 maggio-settembre* – Pas (solo per clienti alloggiati) 20/30000 – **32 cam** ⛻ 37/57000 –
½ P 30/50000.

🍴🍴 **Conti** con cam, via Flaminia 3 ℰ 640315 – 📺 ☜ 🅿. ﹠ 🖪 ⓞ 𝐕𝐈𝐒𝐀
Pas *(chiuso lunedì in bassa stagione)* carta 22/38000 – ⛻ 5000 – **33 cam** 32/48000 –
½ P 48000.

🍴🍴 **Al Pescatore** con cam, via Ippolito Nievo 11 ℰ 42526 – 📺 ☜ 🅿
8 cam.

🍴🍴 **Da Bibo a Zi Rosa,** via Parini 14 ℰ 42203 – ﹠ 🖪 ⓞ 🅴 𝐕𝐈𝐒𝐀
chiuso mercoledì in bassa stagione – Pas carta 40/70000.

🍴 **Da Fino,** viale Galli 1 (Darsena) ℰ 43326, ≤ – ﹠ 🖪 ⓞ 🅴 𝐕𝐈𝐒𝐀. ﹪
chiuso dal 15 ottobre al 15 novembre e mercoledì in bassa stagione – Pas carta 42/63000.

🍴 **Gambero Rosso,** molo Levante ℰ 41200, ≤ – 🖪 ⓞ 🅴 𝐕𝐈𝐒𝐀. ﹪
chiuso dal 2 gennaio al 7 febbraio e martedì in bassa stagione – Pas carta 39/60000.

RIDANNA (RIDNAUN) Bolzano 218 ⑩ – Vedere Vipiteno.

RIETI 02100 🅿 988 ㉚ – 44 330 ab. alt. 402 – ✪ 0746.
Vedere Giardino Pubblico★ in piazza Cesare Battisti – Volte★ del palazzo Vescovile.

🅱 portici del Comune ℘ 43220.

A.C.I. via Lucandri 26 ℘ 43339.

Roma 78 – L'Aquila 58 – Ascoli Piceno 113 – ◆Milano 565 – ◆Pescara 166 – Terni 37 – Viterbo 99.

🏨 **Miramonti**, piazza Oberdan 5 ℘ 41333, Fax 45790 – 🛗 🖵 📺 ☎ – 🔬 40. 🝢 🔲 ⓞ 🗲 *VISA*. 🛠
   Pas vedere rist Da Checco al Calice d'Oro – 🖙 5000 – **30 cam** 98/160000.

🏨 **Cavour** senza rist, via Velina ang. piazza Cavour ℘ 485252, Fax 484072 – 🛗 📺 ☎. 🝢
   🔲 ⓞ 🗲 *VISA*. 🛠
   🖙 12000 – **38 cam** 52/75000.

🍴🍴 **Da Checco al Calice d'Oro**, via Marchetti 10 ℘ 44271 – 🖵. 🝢 🔲 ⓞ 🗲 *VISA*. 🛠
   chiuso lunedì e luglio – Pas carta 33/44000 (12%).

Vedere anche : *Terminillo* NE : 21 km.

RIFREDDO 85010 Potenza – alt. 1 090 – ✪ 0971.

Roma 370 – Potenza 12.

🏨 **Giubileo** 🦌, ℘ 21804, Fax 21807, « Parco », 🏋, 🎿, 🍴 – 🛗 🦶 🖵 📺 ☎ 🚃
   🅿 – 🔬 25 a 300. 🔲 🗲 *VISA*. 🛠
   Pas carta 36/65000 – **76 cam** 🖙 75/110000 – ½ P 90/120000.

RIGOLI Pisa – Vedere San Giuliano Terme.

RIMINI 47037 Forlì 988 ⑮⑯, 429 J 19 – 130 638 ab. – a.s. 15 giugno-agosto – ✪ 0541.
Vedere Tempio Malatestiano★.

🛬 di Miramare (stagionale) per ① : 5 km ℘ 373132.

🚂 ℘ 53477 o 53512.

🅱 piazzale Cesare Battisti ℘ 27927 – piazzale Indipendenza ℘ 24511.

A.C.I. via Roma 66 ℘ 26408.

Roma 334 ① – ◆Ancona 107 ① – ◆Milano 323 ④ – ◆Ravenna 52 ④.

Pianta pagina a lato

🏨 **Duomo** senza rist, via Giordano Bruno 28/d ℘ 56399, Fax 27842 – 🛗 📺 ☎ 🦶 🚗 –
   🔬 60. 🝢 🔲 ⓞ 🗲 *VISA*   **AZ r**
   46 cam 🖙 100/150000 appartamenti 150/190000.

🏨 **Napoléon** senza rist, piazzale Cesare Battisti 22 ℘ 27501, Fax 50010 – 🛗 📺 📠 🅿. 🝢
   🔲 ⓞ 🗲 *VISA*   **BZ a**
   🖙 12000 – **64 cam** 97/163000.

🏨 **Annetta**, viale Carducci 42 ℘ 390602 – 🛗 📠. 🔲 🗲 *VISA*. 🛠 rist   **BZ d**
   giugno-15 settembre – Pas 18/20000 – 🖙 5000 – **31 cam** 60000 – ½ P 40/52000.

🍴🍴 **Europa da Piero o Gilberto**, via Roma 51 ℘ 28761 – 🝢 🔲 ⓞ *VISA*. 🛠   **BZ e**
   chiuso domenica – Pas carta 43/57000.

🍴🍴 **La Bicocca da Ada e Alberto**, vicolo Santa Chiara 105 ℘ 781148 – 🝢 🔲 ⓞ 🗲 *VISA*.
                                       AZ a
   chiuso lunedì e dal 1° al 15 luglio – Pas carta 26/39000.

🍴 **Dallo Zio**, vicolo Santa Chiara 18 ℘ 786160, Solo piatti di pesce – 🝢 🔲 🗲 *VISA*. 🛠
   chiuso mercoledì e luglio – Pas carta 32/45000.   **AZ b**

zona al mare :

🏩 **Grand Hotel**, piazzale Indipendenza 2 ℘ 56000, Telex 550022, Fax 56866, ≤, « Giardino
   ombreggiato con 🏊 riscaldata », 🏖, 🍴 – 🛗 🦶 🖵 📺 ☎ 🦶 🅿 – 🔬 30 a 300. 🝢
   🔲 🗲 *VISA*. 🛠 rist   **BY g**
   chiuso sino ad aprile – Pas carta 53/78000 – **169 cam** 🖙 275/490000 appartamenti
   710/882000 – ½ P 265/295000.

🏩 **Imperiale e Rist. Il Melograno**, viale Vespucci 16 ℘ 52255, Telex 550273, Fax 28806,
   ≤, 🏖, 🏊 riscaldata (coperta in inverno) – 🛗 🦶 rist 🖵 📺 ☎ 🅿 – 🔬 30 a 70. 🝢 🔲
   ⓞ 🗲 *VISA*. 🛠 rist   **BY k**
   Pas 60/75000 – **64 cam** 🖙 230/300000 – ½ P 210/270000.

🏩 **Ambasciatori**, viale Vespucci 22 ℘ 55561, Telex 550132, Fax 23790, ≤, 🏊 riscaldata –
   🛗 🖵 📺 ☎ 🅿 – 🔬 40 a 200. 🝢 🔲 ⓞ 🗲 *VISA*. 🛠   **BY e**
   Pas carta 40/60000 – **66 cam** 🖙 250/300000 appartamenti 300/350000 – ½ P 160/200000.

🏩 **Bellevue** senza rist, piazzale Kennedy 12 ℘ 390490, Telex 550546, Fax 391690, ≤ – 🛗
   🖵 📺 ☎ 🅿 – 🔬 30 a 140. 🝢 🔲 ⓞ 🗲 *VISA*. 🛠   **BY f**
   67 cam 🖙 110/180000 appartamenti 200/250000.

🏩 **Waldorf**, viale Vespucci 28 ℘ 54725, Telex 551262, Fax 53153, ≤, « Terrazza con 🏊 » –
   🛗 🖵 📺 ☎ 🅿 – 🔬 30 a 50. 🝢 🔲 ⓞ 🗲 *VISA*. 🛠 rist   **BY a**
   Pas (chiuso domenica) carta 36/49000 – **60 cam** 🖙 135/220000 – ½ P 130/165000.

Diplomat Palace, viale Regina Elena 70 ℘ 380011, Fax 380414, ≤, ⌁ – ⧙ ▦ TV ☎ Ⓟ AE ⑂ ⓪ Ⓔ VISA ⋘
Pas *(maggio-settembre e solo per clienti alloggiati)* – **75 cam** � 160000 – ½ P 80/120000.
BZ

Club House senza rist, viale Vespucci 52 ℘ 391460, Fax 391442, ≤, ⌁ riscaldata – ⧙ TV ☎ & Ⓟ – 🛆 40. AE ⑂ ⓪ Ⓔ VISA
28 cam ⊠ 220000.
BZ v

Park Hotel senza rist, viale Regina Elena 6 ℘ 391640, Telex 550624, Fax 390634, ≤, ⌁, ⋘ – ⧙ ▦ TV ☎ Ⓟ – 🛆 25 a 100. AE ⑂ ⓪ Ⓔ VISA
65 cam ⊠ 110/180000.
BZ c

National, viale Vespucci 42 ℘ 390944, Fax 390954, ≤, ⌁ riscaldata – ⧙ ▦ TV ☎ Ⓟ. ⑂ Ⓔ VISA ⋘ rist
chiuso dal 26 novembre al 14 gennaio – Pas (solo per clienti alloggiati) 30/40000 – **72 cam** ⊠ 95/140000, ▦ 8000 – ½ P 70/100000.
BYZ b

Vienna, via Regina Elena 11 ℘ 56043, Fax 391032 – ⧙ ⋙ cam ▦ TV ☎ 🚗 – 🛆 120. AE ⑂ Ⓔ VISA ⋘
Pas 35/50000 – **46 cam** ⊠ 110/180000 appartamenti 180/220000 – ½ P 110/150000.
BZ s

Villa Rosa Riviera, viale Vespucci 71 ℘ 22506, Fax 27940 – ⧙ ☞ & – 🛆 100. AE ⓪ Ⓔ VISA ⋘ rist
chiuso sino a maggio – Pas 35/45000 – **51 cam** ⊠ 90/160000 – ½ P 80/110000.
BY z

🏨 **Continental,** viale Vespucci 40 ℰ 50300 (prenderà il 391300), Telex 563181, Fax 391350,
≼, ⌄ – 🛗 – 🕌 ■ 📺 ☎ 📵 – 🛎 350. 🅰🅴 🆂 📵 ∈ rist **BY b**
– Pas 25/75000 – **106 cam** ⌷ 128/180000 – ½ P 55/120000.

🏨 **Rosabianca** senza rist, viale Tripoli 195 ℰ 22577 (prenderà il 390666), Fax 53969 – 🕌 ■
📺 ☎ 📵 – 🛎 60. 🅰🅴 🆂 📵 ∈ rist **BZ m**
chiuso dal 20 dicembre al 9 gennaio – ⌷ 10000 – **52 cam** 58/95000.

🏨 **Admiral,** via Pascoli 145 ℰ 381771, Telex 550527, Fax 389562 – 🕌 ■ rist ☎ 🚗 –
🛎 80. 🅰🅴 🆂 📵 ∈ rist **BZ** per viale Regina Elena
Pas 25/30000 – **86 cam** ⌷ 55/90000 – ½ P 50/70000.

🏨 **Ariminum,** viale Regina Elena 159 ℰ 380472, Fax 389301 – 🕌 📺 ☎ ♿ 📵 – 🛎 60. 🅰🅴
🆂 📵 ∈ 🆅🅸🆂🅰. ⚒ **BZ**
Pas 25/30000 – ⌷ 10000 – **37 cam** 49/82000 – ½ P 52/65000.

🏨 **Lotus,** via Rovani 3 ℰ 381680, « Terrazza giardino con ⌄ » – 🕌 ■ rist ⊛ 📵. ⚒ rist
➡ *15 maggio-settembre* – Pas 15000 – ⌷ 3500 – **46 cam** 48/76000 – ½ P 37/60000
per viale Regina Elena **BZ**

🏨 **Junior,** viale Parisano 40 ℰ 391462, Telex 550340, Fax 391492 – 🕌 ⇋ cam 📺 ☎ 🚗
📵 – 🛎 80. 🅰🅴 🆂 📵 ∈ 🆅🅸🆂🅰. ⚒ rist **BZ x**
Pas carta 27/34000 – ⌷ 9500 – **57 cam** 54/84000 – P 49/95000.

🏨 **Spiaggia Marconi,** viale Regina Elena 100 ℰ 380368, ≼, 🛥 – 🕌 ■ rist ⊛ 📵. ⚒ rist
maggio-settembre – Pas 25/35000 – ⌷ 6000 – **40 cam** 45/77000 – ½ P 45/55000. **BZ**

🏨 **Acasamia,** viale Parisano 34 ℰ 391370, Fax 21089 – 🕌 ⊛ 📵 🅰🅴 🆂 📵 ∈ 🆅🅸🆂🅰. ⚒ rist
Pas (solo per clienti alloggiati) 25/35000 – **40 cam** ⌷ 76/105000 – ½ P 45/65000. **BZ x**

🏠 **Luxor,** viale Tripoli 203 ℰ 390990 – 🕌 ⊛ 📵 ∈ 🆅🅸🆂🅰. ⚒ rist **BZ m**
➡ *Pasqua-settembre* – Pas (solo per clienti alloggiati) 15/20000 – ⌷ 6000 – **39 cam** 45/78000
– P 40/60000.

🏠 **Villa Lalla,** viale Vittorio Veneto 22 ℰ 55546 – ■ rist ☎. 🅰🅴 🆂 📵 ∈ 🆅🅸🆂🅰. ⚒ **BY c**
➡ Pas *(chiuso dal 25 settembre al 19 maggio)* 22/35000 – ⌷ 8000 – **35 cam** 50/88000 –
½ P 50/60000.

🏠 **Atlas,** viale Regina Elena 74 ℰ 380561, ≼, 🛥 – 🕌 ⊛ 📵. 🅰🅴 🆂 📵 ∈ 🆅🅸🆂🅰. ⚒ rist
➡ *maggio-settembre* – Pas 18000 – ⌷ 5000 – **66 cam** 32/53000 – ½ P 39/54000. **BZ**

🏠 **Rondinella,** via Neri 3 ℰ 380567, ⌄ – 🕌 ⊛ 📵. ⚒ rist per viale Regina Elena **BZ**
➡ *Pasqua-ottobre* – Pas 18000 – **31 cam** ⌷ 35/55000 – ½ P 28/45000.

🏠 **Nancy,** viale Leopardi 11 ℰ 381731, Fax 387374 – 🕌 ☎ 📵. 🅰🅴 🆂 📵 ∈ 🆅🅸🆂🅰. ⚒ rist
➡ *maggio-settembre* – Pas 20/35000 – **33 cam** ⌷ 30/66000 – ½ P 29/47000
per viale Regina Elena **BZ**

🏠 **Viola,** via Imperia 2 ℰ 380674 – 🕌 ⊛ 📵. ⚒ rist per viale Regina Elena **BZ**
➡ Pas *(chiuso da novembre a Pasqua)* 18000 – **21 cam** ⌷ 35/55000 – ½ P 28/45000.

🍴🍴🍴 **Caffè delle Rose,** viale Vespucci 2 ℰ 25416 – ■. 🅰🅴 🆂 📵 ∈ 🆅🅸🆂🅰. ⚒ **BY s**
chiuso martedì in bassa stagione – Pas 37/53000 (10%).

🍴🍴 **Lo Squero,** lungomare Tintori 7 ℰ 27676, ≼, 🍽 – 🆂 📵 ∈ 🆅🅸🆂🅰. ⚒ **BY h**
18-27 gennaio e 19 marzo-24 ottobre; chiuso martedì – Pas carta 43/65000.

🍴🍴 **La Quercia,** lungomare Tintori 21 ℰ 24219 – 🆂 📵 ∈ 🆅🅸🆂🅰 **BY t**
chiuso lunedì e settembre – Pas carta 32/56000.

🍴🍴 **Belvedere,** molo Levante ℰ 50178, ≼, 🍽, Solo piatti di pesce – 🅰🅴 🆂 📵 🆅🅸🆂🅰. ⚒
19 marzo-20 settembre; chiuso lunedì (escluso luglio-agosto) – Pas 45/50000.
per via Destra del Porto **BY**

🍴 Il Veliero, viale Tripoli 218 ℰ 51457, Solo piatti di pesce – ■ **BZ h**

🍴 **Da Oberdan-il Corsaro,** via Destra del Porto ℰ 27802, Solo piatti di pesce – ■. 🅰🅴
📵 ∈ 🆅🅸🆂🅰. ⚒ **BY p**
marzo-novembre; chiuso mercoledì in bassa stagione – Pas carta 33/60000.

a Bellariva per ① : 2 km – ✉ 47037 – 🅱 viale Regina Elena 43 ℰ 371057 :

🏠 **Acerboli,** via Bertinoro 14 ℰ 373051 – 🕌 ⊛ 📵. 🆂 ∈. ⚒ rist
➡ *giugno-settembre* – Pas 18/20000 – **33 cam** ⌷ 35/62000 – ½ P 32/48000.

a Marebello per ① : 3 km – ✉ 47037 Rimini :

🏨 **Carlton,** viale Regina Margherita 6 ℰ 372361, Fax 374540, ≼ – 🕌 ■ cam 📺 ☎ 📵.
➡ ⚒ rist
chiuso novembre – Pas *(chiuso da ottobre a Pasqua)* 20/26000 – ⌷ 8000 – **59 cam**
65/83000. ■ 3500 – ½ P 58/65000.

🏠 **Ravello,** viale Rapallo 3 ℰ 373119 – 🕌 ⇋ cam 📵. ⚒
➡ *22 aprile-settembre* – Pas 15000 – ⌷ 3000 – **31 cam** 32/45000 – ½ P 42/45000.

a Rivazzurra per ① : 4 km – ✉ 47037 :

🏨 **Grand Meeting,** viale Regina Margherita 46 ℰ 372123, Fax 371754, ≼, ⌄ – 🕌 ■ ☎
📵 🅰🅴 🆂 📵 ∈ 🆅🅸🆂🅰. ⚒ rist
aprile-settembre – Pas 25/40000 – **48 cam** ⌷ 80/120000. ■ 8000 – ½ P 65/85000.

🏨 **De France,** viale Regina Margherita 48 ℰ 371551, Fax 710001, ≼, ⌄ – 🕌 ■ rist ⊛ ♿
📵 🅰🅴 🆂 📵 ∈ 🆅🅸🆂🅰. ⚒ rist
9 aprile-settembre – Pas *(chiuso a mezzogiorno)* 25/35000 – ⌷ 10000 – **65 cam** 49/83000
– ½ P 48/85000.

🍴🍴 Quo Vadis? con cam, via Flaminia 339 ℰ 372018 – 📺 ⊛ 📵 – **27 cam.**

sulla superstrada per San Marino per ① : 4 km – ✉ **47037** San Fortunato :

XX C'era una volta, ✆ 751318, 🌳 – 🅟.

a Miramare per ① : 5 km – ✉ **47045** Miramare di Rimini.

ℹ via Martinelli 11/A ✆ 372112 :

Ascot, viale Principe di Piemonte 38 ✆ 371561, ← – 🛗 📺 🅟 – *stagionale* – **42 cam**.

Giglio, viale Principe di Piemonte 18 ✆ 372073, ←, 🌳 – 🛗 🚭 cam ☎ 🅟. 🅢 E VISA. ✂ rist
Pasqua-settembre – Pas 20/22000 – ☕ 5000 – **36 cam** 50/85000 – ½ P 40/63000.

Coronado Airport, via Flaminia 390 ✆ 373161 – 🛗 📺 📞 🅟. AE 🅢 ⓓ E VISA. ✂ rist
Pas *(chiuso lunedì)* 27/35000 – ☕ 7500 – **32 cam** 60/100000 – ½ P 60000.

Belvedere, viale Regina Margherita 80 ✆ 370554, ← – 🛗 ☎ 🅟. ✂
20 maggio-20 settembre – Pas (solo per clienti alloggiati) 20/25000 – ☕ 6000 – **57 cam** 47/81000 – ½ P 58/66000.

Giannini, viale Principe di Piemonte 10 ✆ 370736, ← – 📞 🅟. ✂ rist
giugno-settembre – Pas 25000 – ☕ 7000 – **36 cam** 39/60000 – ½ P 38/65000.

Miramare, viale Ivo Oliveti 93 ✆ 372510 – 🛗 📞. AE 🅢 ⓓ VISA. ✂ rist
15 aprile-ottobre – Pas 15/20000 – **55 cam** ☕ 43/65000 – ½ P 35/55000.

a Viserba per ④ : 5 km – ✉ **47049** – ℹ viale Dati 79 ✆ 738115 :

Zeus, via Porto Palos 1 ✆ 738410, ← – 🛗. AE 🅢 ⓓ E VISA. ✂ rist
10 maggio-20 settembre – Pas 18/25000 – ☕ 4000 – **48 cam** 50/80000 – ½ P 50/60000.

a Viserbella per ④ : 6 km – ✉ **47049** :

Sirio, via Spina 3 ✆ 734639, Fax 733370, 🏊, 🌳 – 🛗 📞 🅟. ✂ rist
13 maggio-20 settembre – Pas 20/25000 – **42 cam** ☕ 80000 – ½ P 44/58000.

Albatros, via Porto Palos 170 ✆ 720300, ←, 🏊, 🌳 – 🛗 ♿ 🅟. ✂ rist
10 maggio-20 settembre – Pas 20/22000 – ☕ 8000 – **34 cam** 57000 – ½ P 40/55000.

Palos, via Porto Palos 154 ✆ 721840, ←, 🌳 – 🛗 🅟. ✂ rist
15 maggio-20 settembre – Pas 18/20000 – ☕ 7000 – **34 cam** 40/60000 – ½ P 36/50000.

Biagini, via Porto Palos 85 ✆ 721202, ←, 🏊, 🏖 – 🛗 📞 🅟. AE 🅢 E VISA. ✂
maggio-settembre – Pas 15/25000 – ☕ 10000 – **22 cam** 46/75000 – ½ P 50/58000.

Diana, via Porto Palos 15 ✆ 738158, ←, 🏖 – ▤ rist 📞 🅟. AE ⓓ VISA. ✂ rist
aprile-settembre – Pas 20/30000 – ☕ 7000 – **38 cam** 60/65000 – ½ P 36/50000.

a Spadarolo per ③ : 6 km – ✉ **47037** Rimini :

X **Bastian Contrario,** ✆ 727827, « Ambiente caratteristico » – 🅟
chiuso novembre, a mezzogiorno (escluso i giorni festivi) e lunedì in bassa stagione – Pas 35000.

a Torre Pedrera per ④ : 7 km – ✉ **47040** – ℹ via San Salvador 72 ✆ 720182 :

Doge, via San Salvador 156 ✆ 720170, ← – 🛗 ▤ rist 📞 🅟. VISA. ✂ rist
10 maggio-settembre – Pas (solo per clienti alloggiati) 20/30000 – ☕ 10000 – **50 cam** 50/85000 – ½ P 46000.

Graziella, via San Salvador 56 ✆ 720316, ←, 🏊 – 🛗 ☎ 🅟. ✂
20 maggio-20 settembre – Pas (solo per clienti alloggiati) 21000 – ☕ 7000 – **69 cam** 50/85000 – ½ P 40/61000.

Du Lac, via Lago Tana 12 ✆ 720462, 🌳 – 🛗 🚭 📞 🅟. 🅢 E VISA. ✂
maggio-settembre – Pas 18/25000 – ☕ 8000 – **52 cam** 70/82000 – ½ P 33/55000.

Bolognese, via San Salvador 134 ✆ 720210, ← – 📞 🅟. AE 🅢 ⓓ E VISA. ✂ rist
maggio-settembre – Pas (solo per clienti alloggiati) 20000 – ☕ 8000 – **38 cam** 46/72000 – ½ P 32/47000.

RIO DI PUSTERIA (MÜHLBACH) 39037 Bolzano 429 B 16 – 2 394 ab. alt. 777 – ☎ 0472.

Roma 689 – ♦Bolzano 52 – Brennero 43 – Brunico 25 – ♦Milano 351 – Trento 112.

Panoramik 🐦, ✆ 49535, Fax 49650, ← monti e vallata, 🧖, 🏊, 🌳 – 🛗 🚭 rist ☎ 🅟. AE 🅢 E VISA. ✂ rist
chiuso dal 15 al 25 aprile e dal 5 novembre al 20 dicembre – Pas (solo per clienti alloggiati) – **33 cam** ☕ 30/70000 – ½ P 45/70000.

XX **Pichler,** ✆ 49458 – 🅟. 🅢 E VISA
chiuso martedì e luglio – Pas carta 38/55000.

X **Giglio Bianco-Weisse Lilie** con cam, ✆ 49940 – 🅢 E VISA
chiuso novembre – Pas *(chiuso domenica sera e lunedì)* carta 21/34000 – **13 cam** ☕ 27/52000 – ½ P 34/39000.

a Valles (Vals) NO : 7 km – alt. 1 354 – ✉ **39037** Rio di Pusteria :

Huber, ✆ 57186, ←, 🧖, 🌳 – 🅟. ✂ rist
chiuso novembre – Pas *(chiuso martedì)* carta 26/34000 – **20 cam** ☕ 36/68000 – ½ P 34/51000.

RIOLO TERME 48025 Ravenna 988 ⑮, 429 J 17 – 4 879 ab. alt. 98 – Stazione termale (15 aprile-ottobre), a.s. 15 giugno-settembre – ✆ 0546.

🛈 via Aldo Moro 2 ✆ 71044.

Roma 368 – ♦Bologna 49 – ♦Ferrara 97 – Forlì 30 – ♦Milano 265 – ♦Ravenna 48.

🏨 **Cristallo,** ✆ 71160 – 🛗 ☎ 🅿 – 🔬 120. 🖭 ℅ rist
Pas carta 23/34000 – �|☲ 6000 – **68 cam** 44/57000 – ½ P 46/52000.

🏨 **Italia,** ✆ 71447 – 🛗 ⇔ cam ☎ ♿ 🖭 ⓞ 𝗩𝗜𝗦𝗔 ℅ rist
marzo-10 novembre – Pas (chiuso lunedì) 25/30000 – ☲ 7000 – **36 cam** 50/65000 – ½ P 45/50000.

🏨 Paradiso, ✆ 70981
24 cam.

RIOMAGGIORE 19017 La Spezia 988 ⑬⑭, 428 J 11 – 2 152 ab. – ✆ 0187.
Vedere Guida Verde.

Roma 432 – ♦Genova 116 – Massa 49 – ♦Milano 234 – ♦La Spezia 14.

✗ **Due Gemelli** 🦢 con cam, località Campi E : 9 km ✆ 29043, ≤ – ☎ 🅿. ℅
Pas (chiuso martedì dal 15 settembre al 15 giugno) carta 32/44000 – ☲ 5000 – **18 cam** 33/55000 – ½ P 65/70000.

RIO MARINA Livorno – Vedere Elba (Isola d').

RIONERO IN VULTURE 85028 Potenza 988 ㉘ – 12 917 ab. alt. 662 – ✆ 0972.
Roma 364 – ♦Bari 133 – ♦Foggia 68 – ♦Napoli 176 – Potenza 46.

🏨 **La Pergola,** via Lavista 27/31 ✆ 721819 – 🛗 📺 ☎ ⇔. 🛗 🖪 𝗩𝗜𝗦𝗔 ℅
Pas (chiuso martedì) carta 20/29000 (10%) – ☲ 7500 – **43 cam** 41/62000 – ½ P 46/62000.

RIPALTA CREMASCA 26010 Cremona 428 G 11 – 2 860 ab. alt. 77 – ✆ 0373.
Roma 542 – ♦Bergamo 44 – ♦Brescia 55 – Cremona 39 – ♦Milano 48 – Piacenza 34.

a Bolzone NO : 3 km – ⌧ **26010** Ripalta Cremasca :

✗ **Via Vai,** ✆ 68697, 🍴, Coperti limitati; prenotare – ℅
chiuso martedì sera, mercoledì ed agosto – Pas carta 27/43000.

🖙 Per spostarvi più rapidamente utilizzate le carte Michelin "Grandi Strade" :
n° 970 Europa, n° 980 Grecia, n° 984 Germania, n° 985 Scandinavia-Finlandia,
n° 986 Gran Bretagna-Irlanda, n° 987 Germania-Austria-Benelux, n° 988 Italia,
n° 989 Francia, n° 990 Spagna-Portogallo, n° 991 Jugoslavia.

RISCONE (REISCHACH) Bolzano – Vedere Brunico.

RITTEN = Renon.

RIVA DEI TESSALI Taranto – Vedere Castellaneta Marina.

RIVA DEL GARDA 38066 Trento 988 ④, 428 429 E 14 – 13 317 ab. alt. 70 – a.s. 15 dicembre-gennaio e Pasqua – ✆ 0464.
Vedere Lago di Garda★★★ – Città vecchia★.

🛈 Parco Lido (Palazzo dei Congressi) ✆ 554444, Telex 400278, Fax 520308.

Roma 576 – ♦Bolzano 103 – ♦Brescia 75 – ♦Milano 170 – Trento 50 – ♦Venezia 199 – ♦Verona 87.

🏨🏨 **Du Lac et du Parc** 🦢, viale Rovereto 44 ✆ 551500, Telex 400258, Fax 555200, « Grande parco con laghetti e 🏊 riscaldata », 🏖, ✗ – 🛗 ▤ rist 📺 ☎ 🅿 – 🔬 60 a 250. 🖭 🖪 ⓞ 🖪 𝗩𝗜𝗦𝗔 ℅ rist
28 marzo-20 ottobre – Pas (chiuso lunedì) 45000 – ☲ 18000 – **175 cam** 130/250000 appartamenti 320/350000 – ½ P 145/170000.

🏨🏨 **Lido Palace** 🦢, viale Carducci 10 ✆ 552664, Telex 401314, Fax 551957, ≤, « Parco con 🏊 » – 🛗 ▤ rist 📺 ☎ ♿ 🅿 – 🔬 200. 🖭 🖪 ⓞ 🖪 𝗩𝗜𝗦𝗔 ℅ rist
25 marzo-ottobre – Pas 40/50000 – ☲ 15000 – **63 cam** 210000 – ½ P 120000.

🏨🏨 **Gd H. Riva,** piazza Garibaldi 10 ✆ 521800, Telex 401675, Fax 552293, « Rist. roof-garden » – 🛗 ▤ rist 📺 ☎ – 🔬 35 a 120. 🖭 🖪 ⓞ 🖪 𝗩𝗜𝗦𝗔 ℅ rist
marzo-ottobre – Pas carta 36/47000 – ☲ 18000 – **77 cam** 110/150000 – ½ P 110/130000.

🏨🏨 **Parc Hotel Flora,** viale Rovereto 54 ✆ 553221, Fax 554434, « Giardino » – 🛗 ⇔ cam ▤ 📺 ☎ ⇔ 🅿 – 🔬 45. 🖭 🖪 ⓞ 🖪 𝗩𝗜𝗦𝗔 ℅ rist
chiuso novembre – Pas (chiuso mercoledì) carta 30/51000 – ☲ 10000 – **32 cam** 80/130000 – ½ P 100/115000.

🏨🏨 **International Hotel Liberty,** viale Carducci 3/5 ✆ 553581, Fax 551144, 🏖, 🌳 – 🛗 ▤ 🅿. 🖭 🖪 ⓞ 🖪 𝗩𝗜𝗦𝗔
Pas (chiuso martedì in bassa stagione) carta 28/42000 – **77 cam** ☲ 120/180000 – ½ P 90/120000.

🏨 **Europa,** piazza Catena 9 ℰ 521777, Telex 401350, Fax 552337, ≤, 🍽 – 🛗 🔳 rist ☎ 🕭
– 🛝 100. ﬞ 🖪 ⑨ Ε 𝑉𝐼𝑆𝐴. 🕱
Pasqua-ottobre – Pas 28000 – **63 cam** ☲ 90/160000 – ½ P 80/110000.

🏨 **Bristol,** viale Trento 71 ℰ 521000, Telex 401102, Fax 555738, ≤₅, ⊥, 🦋 – 🛗 ☎ 🕭 🅿.
🖪 ⑨ Ε 𝑉𝐼𝑆𝐴. 🕱 rist
Pas 20/30000 – ☲ 15000 – **55 cam** 65/100000 – ½ P 55/75000.

🏨 **Mirage,** viale Rovereto 97/99 ℰ 552671, Telex 401663, Fax 553211, ≤, ⊥, – 🛗 🔳 rist ☎
🚗 🅿 – 🛝 100. ﬞ 🖪 ⑨ Ε 𝑉𝐼𝑆𝐴. 🕱
Pasqua-ottobre – Pas 23000 – **55 cam** ☲ 80/140000 – ½ P 70/95000.

🏨 **Bellavista** senza rist, piazza Cesare Battisti 4 ℰ 554271, Fax 555754, ≤ – 🛗 ☎. 🖪 ⑨
Ε 𝑉𝐼𝑆𝐴. 🕱
aprile-5 novembre – **31 cam** ☲ 155000.

🏨 **Miravalle,** via Monte Oro ℰ 552335, Fax 521707, 🍽, « Giardino ombreggiato », ⊥ –
🅟 🅿. ﬞ 🖪 ⑨ Ε 𝑉𝐼𝑆𝐴. 🕱
maggio-ottobre – Pas 25/30000 – **30 cam** ☲ 80/120000 – ½ P 65/85000.

🏨 **Luise,** viale Rovereto 9 ℰ 552796, Telex 401168, ⊥, 🦋, ⅗ – 🛗 ☎ 🅿. 🖪 Ε 𝑉𝐼𝑆𝐴
marzo-2 novembre – Pas carta 23/42000 – ☲ 7000 – **58 cam** 75/120000 – ½ P 70/85000.

🏨 **Astoria,** viale Trento 9 ℰ 552658, Telex 401042, Fax 552658, ⊥, 🦋 – 🛗 🔳 rist ☎ 🅿 –
🛝 100. ﬞ 🖪 ⑨ Ε 𝑉𝐼𝑆𝐴. 🕱 rist
aprile-ottobre – Pas 23000 – **96 cam** ☲ 75/130000 – ½ P 65/80000.

🏨 **Villa Giuliana** 🐾, via Belluno 12 ℰ 553338, Telex 401363, Fax 521490, ⊥ – 🛗 ☎ 🕭
🅿. 𝑉𝐼𝑆𝐴. 🕱
febbraio-ottobre – Pas carta 24/38000 – ☲ 10000 – **52 cam** 55/100000 – ½ P 70000.

🏨 **Riviera,** viale Rovereto 95 ℰ 552279, Fax 554140, ≤, ⊥, – 🛗 🔳 rist ☎ 🚗 🅿. 🖪 Ε
𝑉𝐼𝑆𝐴. 🕱 rist
aprile-ottobre – Pas 18/20000 – ☲ 8000 – **36 cam** 52/80000 – ½ P 56/76000.

🏨 **Sole,** piazza 3 Novembre 35 ℰ 552686, Fax 552811, ≤ – 🛗 ☎. ﬞ 🖪 𝑉𝐼𝑆𝐴. 🕱 rist
dicembre-gennaio e Pasqua-ottobre – Pas 35000 – ☲ 15000 – **48 cam** 130000 –
½ P 85/115000.

🏨 **Gardesana,** via Brione 1 ℰ 552793, Fax 555814, ⊥, 🦋 – 🔳 rist ☎ 🅿. 🖪 Ε 𝑉𝐼𝑆𝐴. 🕱
aprile-ottobre – Pas *(chiuso venerdì)* 18/22000 – **38 cam** ☲ 55/95000 – ½ P 55/60000.

🏨 **Venezia** 🐾, viale Rovereto 62 ℰ 552216, Fax 556031, ⊥, 🦋 – 🅟 🅿. 🖪 𝑉𝐼𝑆𝐴. 🕱 rist
10 marzo-ottobre – Pas 34/40000 – ☲ 15000 – **24 cam** 58/88000 – ½ P 78/83000.

🏨 **Gabry** 🐾, via Longa 6 ℰ 553600, Fax 553624, ⊥, 🦋 – 🛗 🅿. 𝑉𝐼𝑆𝐴. 🕱 rist
aprile-settembre – Pas *(solo per clienti alloggiati e chiuso a mezzogiorno)* – **36 cam**
☲ 90000 – ½ P 50/59000.

🛯🛯🛯 **Vecchia Riva,** via Bastione 3 ℰ 555061, Coperti limitati; prenotare – 🍽. ﬞ 🖪 ⑨ Ε
𝑉𝐼𝑆𝐴
chiuso martedì in bassa stagione – Pas carta 35/54000.

🛯🛯 **San Marco,** viale Roma 20 ℰ 554477 – 🔳. ﬞ 🖪 ⑨ Ε 𝑉𝐼𝑆𝐴. 🕱
chiuso lunedì e febbraio – Pas carta 34/56000.

🛯🛯 **La Rocca,** piazza Cesare Battisti ℰ 552217, 🍽 – ﬞ ⑨ 𝑉𝐼𝑆𝐴
chiuso dal 15 novembre al 15 dicembre e mercoledì in bassa stagione – Pas carta 36/58000.

🛯 **Al Volt,** via Fiume 73 ℰ 552570 – ﬞ 🖪 ⑨ Ε 𝑉𝐼𝑆𝐴
chiuso lunedì e febbraio – Pas carta 36/46000.

🛯 **Bastione** con cam, via Bastione 19 ℰ 552652, Coperti limitati; prenotare, 🦋 – 🅿
chiuso dal 1° al 15 novembre – Pas carta 26/36000 – ☲ 6000 – **9 cam** 62000 – ½ P 44/47000.

RIVA DI FAGGETO 22020 Como 𝟜𝟚𝟠 E 9, 𝟚𝟙𝟡 ⑨ – alt. 202 – ⊛ 031.
Roma 636 – Bellagio 20 – Como 11 – ♦Lugano 43 – ♦Milano 59.

🛯 **Il Pescatore,** strada statale ℰ 430263, prenotare, « Servizio estivo in terrazza con ≤
lago » – 🅿. 🕱
marzo-15 novembre ; chiuso martedì – Pas carta 30/48000.

RIVA DI SOLTO 24060 Bergamo 𝟜𝟚𝟠 𝟜𝟚𝟡 E 12 – 860 ab. alt. 190 – ⊛ 035.
Roma 604 – ♦Bergamo 40 – ♦Brescia 55 – Lovere 7 – ♦Milano 85.

🛯🛯 **Zu,** località Zu S : 2 km ℰ 986004, « Servizio estivo in terrazza con ≤ lago d'Iseo » – 🅿.
🖪 𝑉𝐼𝑆𝐴. 🕱
chiuso mercoledì (escluso luglio-agosto) e dal 15 gennaio al 15 febbraio – Pas
carta 31/45000.

a Zorzino NO : 1,5 km – alt. 329 – ✉ **24060** Riva di Solto :

🛯🛯 **Miranda-da Oreste** 🐾 con cam, ℰ 986021, Fax 986021, ≤ lago d'Iseo e Monte Isola,
« Giardino con ⊥ » – 🅿. ﬞ. 🕱
chiuso dal 15 gennaio al 15 febbraio – **Pas** *(chiuso martedì da novembre a marzo)*
carta 21/32000 – ☲ 6000 – **14 cam** 35/48000 – ½ P 41000.

Vedere anche : *Solto Collina* NO : 3 km.

RIVALTA DI TORINO 10040 Torino 428 G 4 – 15 022 ab. alt. 294 – ✿ 011.
Roma 675 – ◆Milano 155 – Susa 43 – ◆Torino 16.

Pianta d'insieme di Torino (Torino p. 2)

🏨 **Rio e Rist. Le Palme,** via Griva 75 ✆ 9091313, Fax 9091315 – 🛗 📺 ☎ 🚗 🅿. 🛐 E
  VISA. ❄ cam   EU b
  Pas *(chiuso dal 1° al 15 agosto)* carta 25/35000 – 🖙 12000 – **76 cam** 85000.

RIVALTA TREBBIA Piacenza – alt. 135 – ✉ **29010** Gazzola – ✿ 0523.
Roma 533 – Alessandria 110 – ◆Genova 126 – ◆Milano 93 – Piacenza 22.

🍴 **Locanda del Falco,** ✆ 978101, �, « In un caratteristico borgo medioevale » – 🅿.

RIVANAZZANO 27055 Pavia 428 H 9 – 3 970 ab. alt. 157 – ✿ 0383.
Roma 581 – Alessandria 35 – ◆Genova 87 – ◆Milano 71 – Pavia 39 – Piacenza 71.

🍴 **Selvatico** con cam, ✆ 91352 – ❄
  chiuso dal 2 al 20 gennaio – Pas *(chiuso lunedì escluso agosto)* carta 22/33000 – 🖙 4000
  – 13 cam 30/50000 – ½ P 40000.

RIVAROLO CANAVESE 10086 Torino 988 ⑫, 428 G 5 – 11 772 ab. alt. 304 – ✿ 0124.
Roma 726 – Aosta 88 – ◆Milano 138 – ◆Torino 31 – Vercelli 75.

🏨 **Europa,** viale Losego 22 ✆ 26097, 🌫 – 🛗 📺 ☎ 🚗 🅿. 🆎 🛐 E *VISA*. ❄
  chiuso agosto – Pas carta 27/40000 – 🖙 7000 – **28 cam** 70/95000.

RIVA TRIGOSO Genova – Vedere Sestri Levante.

RIVAZZURRA Forlì – Vedere Rimini.

RIVERGARO 29029 Piacenza 428 H 10 – 4 617 ab. alt. 140 – ✿ 0523.
Roma 531 – ◆Bologna 169 – ◆Genova 121 – ◆Milano 84 – Piacenza 19.

🍴🍴 **Castellaccio-da Attendolo,** dopo il ponte di Statto ✆ 957333, ≼, 🌫 – 🅿. 🆎 🛐 *VISA*
  ❄
  chiuso martedì, mercoledì a mezzogiorno, dal 10 al 31 gennaio e dal 1° al 10 agosto – Pas
  carta 35/45000.

🍴🍴 **La Vêccia Ostaria** ✆ 957133, Coperti limitati; prenotare – 🛐 *VISA*. ❄
  chiuso a mezzogiorno, lunedì e gennaio – **Pas** carta 30/40000.

RIVIERA DI LEVANTE ★★★ Genova e La Spezia 988 ⑬⑭ – Vedere Guida Verde.

RIVISONDOLI 67036 L'Aquila 988 ㉗ – 821 ab. alt. 1 056 – a.s. febbraio-aprile, 15 luglio-agosto
e Natale – Sport invernali : a Monte Pratello : 1 365/2 050 m ≼1 ≼6 – ✿ 0864.
🛈 ✆ 601351.
Roma 188 – L'Aquila 101 – Campobasso 92 – Chieti 98 – ◆Pescara 107 – Sulmona 34.

🏨 **Como,** ✆ 641941, ≼, 🌫 – 🛗 ☎ 🅿. 🆎. ❄
  Pas *(chiuso lunedì)* 25/30000 – 🖙 5000 – **44 cam** 56000 – ½ P 40/70000.

🏨 **Victoria,** ✆ 601113 – 🅿. ❄ rist
➤ 22 dicembre-marzo e luglio-15 settembre – Pas carta 20/27000 – **33 cam** 🖙 30/60000.

🍴 **Da Giocondo,** ✆ 69123, Coperti limitati; prenotare – 🆎 🛐 ⓪ E *VISA*. ❄
  chiuso martedì e dal 15 settembre al 15 ottobre – Pas carta 26/42000.

RIVODORA Torino – Vedere Baldissero Torinese.

RIVOLI 10098 Torino 988 ⑫, 428 G 4 – 53 518 ab. alt. 386 – ✿ 011.
Roma 678 – Asti 64 – Cuneo 103 – ◆Milano 155 – ◆Torino 14 – Vercelli 82.

Pianta d'insieme di Torino (Torino p. 2)

🍴🍴 **Nazionale,** corso Francia 4 ✆ 9580275, 🌫, prenotare – 🏰 60. 🛐. ❄   ET a
  chiuso sabato ed agosto – Pas carta 34/58000 (15%).

🍴 **Da Baston,** corso Susa 12/14 ✆ 9580398, prenotare – 🆎 🛐 ⓪ E *VISA*   ET c
  chiuso agosto, domenica ed i giorni festivi – Pas carta 34/50000.

RIVOLTA D'ADDA 26027 Cremona 988 ③, 428 F 10 – 6 965 ab. alt. 102 – ✿ 0363.
Roma 569 – ◆Brescia 64 – Cremona 60 – ◆Milano 27 – Piacenza 60 – Treviglio 11.

🍴🍴 **Al Capanno,** ✆ 78024, �, 🌫 – 🔳 🅿
  chiuso dal 7 gennaio al 4 febbraio, martedì e da ottobre a marzo anche lunedì sera – Pas
  carta 30/48000.

RIZZOLO Udine – Vedere Reana del Roiale.

480

ROANA 36010 Vicenza 429 E 16 – 3 606 ab. alt. 992 – a.s. febbraio, luglio-agosto e Natale – Sport invernali : vedere Asiago – ✪ 0424.
Roma 588 – Asiago 6 – ♦Milano 270 – Trento 64 – ♦Venezia 121 – Vicenza 54.

🏛 **All'Amicizia,** 𝒫 66014 – 📶 ⇆ 🅿 🚗, 𝒮𝒮
✦ Pas *(chiuso mercoledì)* carta 20/30000 – **25 cam** ⊑ 35/64000 – ½ P 45/48000.

ROCCABRUNA 12020 Cuneo – 1 273 ab. alt. 700 – ✪ 0171.
Roma 673 – Cuneo 30 – ♦Genova 174 – ♦Torino 103.

   a Sant'Anna N : 3 km – alt. 1 250 – ✉ 12020 Roccabruna :

🏛 **La Pineta** ⮳, 𝒫 918472 – 📺 🅿. 𝒮𝒮
   chiuso gennaio – Pas *(chiuso martedì escluso da luglio ad agosto)* 25/35000 – ⊑ 5000 – **9 cam** 55000 – ½ P 45000.

ROCCA DELLE DONNE Alessandria – Vedere Camino.

ROCCA DI CAMBIO 67047 L'Aquila – 505 ab. alt. 1 434 – ✪ 0862.
Roma 142 – L'Aquila 23 – Pescara 99.

🏛 Montecagno, 𝒫 918186, ⇐ – 📶 ☎ 🅿 – *stagionale* – **40 cam**.
🏛 **Cristall Hotel,** 𝒫 918119, ⇐, 🚚 – 🚗 🅿. 🅂 ⓞ. 𝒮𝒮
   Pas carta 24/34000 – ⊑ 7000 – **19 cam** 50/60000 – ½ P 50/65000.

ROCCA DI PAPA 00040 Roma 988 ⊛ – 10 755 ab. alt. 685 – a.s. luglio-15 settembre – ✪ 06.
Dintorni ⇐★ dal Monte Cavo SO : 5,5 km.
Roma 27 – Frascati 8 – Frosinone 76 – Latina 43 – Velletri 14.

💥 **Angeletto** ⮳ con cam, via del Tufo 32 𝒫 949020, ⇐ campagna romana, 🏕, 🚚 – 📶 🅿. 𝒮𝒮
   Pas carta 30/42000 – ⊑ 8000 – **30 cam** 90000 – ½ P 70/75000.

ROCCA DI ROFFENO Bologna – Vedere Castel d'Aiano.

ROCCA PIETORE 32020 Belluno 429 C 17 – 1 674 ab. alt. 1 142 – Sport invernali : a Malga Ciapela : 1 428/3 270 m (Marmolada) ⚡2 ⚡4 (anche sci estivo), ⚡ – ✪ 0437.
🅱 a Rocca Pietore 𝒫 721319, Fax 721319.
Roma 671 – Belluno 56 – Cortina d'Ampezzo 38 – ♦Milano 374 – Passo del Pordoi 30 – ♦Venezia 162.

🏛 **Töler,** località Boscoverde O : 3 km, alt. 1 200 𝒫 722030, Fax 722188, ⇐, ⇐s – 📶 🚗 🅿. 𝒮𝒮
   dicembre-aprile e giugno-settembre – Pas carta 21/30000 – **30 cam** ⊑ 40/70000 – ½ P 46/100000.

   a Digonera N : 5,5 km – alt. 1 158 – ✉ 32020 Laste di Rocca Pietore :

🏛 **Digonera,** 𝒫 721193, ⇐, ⇐s – 🚗 🅿. 🅂 𝚅𝙸𝚂𝙰. 𝒮𝒮 rist
   chiuso giugno e novembre – Pas *(chiuso lunedì)* carta 30/38000 – **22 cam** ⊑ 70/90000 – ½ P 45/75000.

   a Malga Ciapela O : 7 km – alt. 1 428 – ✉ 32020 Rocca Pietore – a.s. marzo-aprile, 15 luglio-15 settembre e Natale :.

   Vedere Marmolada★★★ : ⚡★★★ sulle Alpi per funivia – Lago di Fedaia★ NO : 6 km.

🏛 Tyrolia ⮳, 𝒫 722054, ⇐ pinete e monti, 🖼 – ⇆ rist 🚗 🅿
   23 cam.

ROCCAPORENA Perugia – Vedere Cascia.

ROCCARASO 67037 L'Aquila 988 ㉗ – 1 672 ab. alt. 1 236 – a.s. febbraio-aprile, 15 luglio-agosto e Natale – Sport invernali : 1 236/2 200 m ⚡1 ⚡10 – ✪ 0864.
🅱 via Roma 60 𝒫 62210.
Roma 190 – L'Aquila 102 – Campobasso 87 – Chieti 98 – ♦Napoli 149 – ♦Pescara 109.

🏛 **Excelsior,** via Roma 27 𝒫 62479 – 📶 📺 ☎ 🚗 🅿. 𝒮𝒮
   18 dicembre-15 aprile e 24 giugno-4 settembre – Pas 25/35000 – ⊑ 10000 – **35 cam** 50/70000 – P 60/120000.
🏛 **Iris,** viale Iris 5 𝒫 62194 – 📶 📺 ☎. 🄰🄴 🅂 ⓞ 🄴 𝚅𝙸𝚂𝙰. 𝒮𝒮
   Pas carta 29/40000 – ⊑ 10000 – **40 cam** 75000 – ½ P 99/117000.
🏛 **Suisse,** via Roma 22 𝒫 62139, Fax 62139 – 📶 📺 ☎ 🚗. 🅂 ⓞ. 𝒮𝒮
✦ Pas 20/26000 – ⊑ 7000 – **48 cam** 45/80000 – ½ P 50/100000.
🏛 **Trieste,** via Mori 15 𝒫 62571 – 📶 🅿. 𝒮𝒮
✦ *dicembre-15 maggio e 15 giugno-settembre* – Pas carta 19/29000 – ⊑ 8000 – **42 cam** 54000 – ½ P 60/80000.
💥 Il Girarrosto, via Roma 15 𝒫 62329.

sulla strada statale 17 NO : 1 km :

🏨 **MotelAgip,** ✉ 67037 ℰ 62443, ≼ – 🛗 🍽 rist ☎ 🄿. 🄰🄴 🅂 🄾 🄴 𝖵𝖨𝖲𝖠. ⚶ rist
Pas 30000 – **57 cam** ⌷ 74/93000 – ½ P 75/85000.

ad Aremogna SO : 9 km – alt. 1 622 – ✉ **67030** :

🏨 **Boschetto** ⚲, ℰ 62297, ≼ – 🛗 ☎ ⇦ 🄿. ⚶
dicembre-Pasqua e 10 luglio-agosto – Pas 25/30000 – ⌷ 8500 – **48 cam** 32/58000 –
½ P 45/95000.

ROCCA SAN CASCIANO 47017 Forlì 𝟵𝟴𝟴 ⑯, 𝟰𝟮𝟵 J 17 – 2 204 ab. alt. 210 – ✪ 0543.
Roma 326 – ◆Bologna 91 – ◆Firenze 81 – Forlì 28.

✕ **La Pace,** piazza Garibaldi 16 ℰ 960137 – 🄰🄴 🄴 𝖵𝖨𝖲𝖠. ⚶
✈ chiuso martedì escluso agosto – Pas carta 15/28000.

ROCCA SANT'ANGELO Perugia – Vedere Assisi.

ROCCHETTA NERVINA 18030 Imperia 𝟰𝟮𝟴 K 4, 𝟭𝟵𝟱 ⑲ – 263 ab. alt. 225 – ✪ 0184.
Roma 668 – ◆Genova 169 – Imperia 55 – ◆Milano 292 – San Remo 29 – Ventimiglia 15.

✕ Lago Bin con cam, ℰ 206661, Fax 207827 – 🛗 📺 ☎ ⇦ 🄿
29 cam.

RODDI 12060 Cuneo 𝟰𝟮𝟴 H 5 – 1 065 ab. alt. 284 – ✪ 0173.
Roma 650 – Asti 35 – Cuneo 60 – ◆Torino 70.

🏨 **Enomotel il Convento,** via Cavallotto 1 (E : 2 km) ℰ 615286, Fax 615286 – 📺 ☎ 🄿. 🄰🄴
🅂 🄾 🄴 𝖵𝖨𝖲𝖠. ⚶
Pas (solo per clienti alloggiati e chiuso a mezzogiorno) 25/40000 – **25 cam** ⌷ 60/98000 –
½ P 70000.

✕ **La Cròta,** piazza Principe Amedeo 1 ℰ 615187 – 🄰🄴 𝖵𝖨𝖲𝖠. ⚶
chiuso martedì e dal 20 luglio al 10 agosto – Pas carta 23/40000.

RODI GARGANICO 71012 Foggia 𝟵𝟴𝟴 ㉘ – 4 110 ab. – a.s. luglio-15 settembre – ✪ 0884.
⇢ per le Isole Tremiti giugno-settembre giornaliero (1 h 30 mn) – Adriatica di Navigazione-
agenzia Fave, via Trieste 6 ℰ 95031 .
Roma 385 – ◆Bari 192 – Barletta 131 – ◆Foggia 100 – ◆Pescara 184.

🏨 **Parco degli Aranci** ⚲, E : 2 km ℰ 965033, Fax 98481, ≼, « Parco-agrumeto », ⛱, 🏖🐾,
⚶ – 🛗 ☎ 🄿. 🄰🄴 🅂 🄾 𝖵𝖨𝖲𝖠. ⚶
marzo-ottobre – Pas carta 27/43000 – ⌷ 5000 – **72 cam** 65/80000 – ½ P 40/90000.

🏨 **Baia Santa Barbara** ⚲, O : 1,5 km ℰ 965253, Telex 812014, Fax 965414, ≼, « In
pineta », ⛱, 🏖🐾, ⚶ – ☎ ⇘ 🄿. ⚶
aprile-settembre – Pas 25/30000 – **134 cam** ⌷ 160000 – ½ P 90/140000.

✕ **Da Franco,** ℰ 965003, ☕ – 🅂 𝖵𝖨𝖲𝖠. ⚶
chiuso lunedì – Pas carta 32/43000.

a Lido del Sole O : 5 km – ✉ **71012** Rodi Garganico :

🏨 **Mizar,** ℰ 97021, Fax 97022, ≼, 🏖🐾 – 🛗 🍽 rist ☎ ⇦ 🄿. 🄰🄴 🅂 🄴 𝖵𝖨𝖲𝖠. ⚶ cam
16 maggio-20 settembre – Pas carta 23/32000 (10%) – ⌷ 5000 – **50 cam** 70/80000 –
½ P 55/90000.

ROÈ VOLCIANO 25077 Brescia – 3 658 ab. alt. 240 – ✪ 0365.
Roma 550 – ◆Brescia 29 – ◆Milano 124 – Trento 100 – ◆Verona 65.

✕ **Valle** con cam, SO : 1,5 km ℰ 63006, ≼ – 🄿. ⚶ cam
Pas (chiuso mercoledì) carta 28/40000 – ⌷ 10000 – **13 cam** 37/45000 – ½ P 40000.

ROGENO 22040 Como 𝟮𝟭𝟵 ⑨⑲ – 2 361 ab. alt. 290 – ✪ 031.
Roma 613 – ◆Bergamo 45 – Como 20 – Erba 6 – Lecco 15 – ◆Milano 45.

✕✕ **5 Cerchi,** località Maglio ℰ 865587, Fax 865587, prenotare – 🄿. 🄰🄴 𝖵𝖨𝖲𝖠. ⚶
chiuso lunedì ed agosto – Pas carta 34/52000.

ROLO 42047 Reggio nell'Emilia 𝟰𝟮𝟴 𝟰𝟮𝟵 H 14 – 3 338 ab. alt. 21 – ✪ 0522.
Roma 442 – Mantova 38 – ◆Modena 36 – ◆Verona 67.

✕✕ **L'Osteria dei Ricordi,** ℰ 658111, ☕, Coperti limitati; prenotare – 🍽 🄿. 🄰🄴 🄾. ⚶
chiuso sabato a mezzogiorno, lunedì, febbraio ed agosto – Pas carta 37/51000.

L'EUROPE en une seule feuille
Carte Michelin n° 𝟵𝟳𝟬.

Roma

ROMA 00100 ℗ 9⒏⒏ ㉖ – 2 803 931 ab. alt. 20 – ✆ 06.

Curiosità

La maggior parte delle più note curiosità di Roma è ubicata sulle piante da p. 4 a 11.
Per una visita turistica più dettagliata consultate la guida Verde Michelin Italia.

Curiosités

Les plans des p. 4 à 11 situent la plupart des grandes curiosités de Rome. Pour une
visite touristique plus détaillée, consultez le guide Vert Italie et plus particulièrement
le guide Vert Rome.

Sehenswürdigkeiten

Auf den Städtplänen S. 4 bis 11 sind die hauptsächlichsten Sehenswürdigkeiten ver-
zeichnet. Eine ausführliche Beschreibung aller Sehenswürdigkeiten finden Sie im
Grünen Reiseführer Italien.

Sights

Rome's most famous sights are indicated on the town plans pp. 4 to 11. For a more
complete visit see the Green Guide to Rome.

🏌₁₈ e 🏌₉ Parco de' Medeci (chiuso martedi) ⊠ 00148 Roma ✆ 6553477, SO : 4,5 km MS

🏌₁₈ e 🏌₉ (chiuso lunedi) ad Olgiata ⊠ 00123 Roma ✆ 3789141, per ⑩ : 19 km.

🏌₉ Fioranello (chiuso mercoledi) a Santa Maria delle Mole ⊠ 00040 ✆ 608291, per S2 LQ : 19 km.

✈ di Ciampino SE : 15 km NS ✆ 724241 e Leonardo da Vinci di Fiumicino per ⑧ : 26 km ✆ 60121
– Alitalia, via Bissolati 13 ⊠ 00187 ✆ 46881 e piazzale Pastore o dell'Arte (EUR) ⊠ 00144
✆ 54442151.

🚆 Termini ✆ 464923 – Tiburtina ✆ 4956626.

🛈 via Parigi 5 ⊠ 00185 ✆ 463748 : alla stazione Termini ✆ 465461 : all'aeroporto di Fiumicino ✆ 6011255.

A.C.I. via Cristoforo Colombo 261 ⊠ 00147 ✆ 5106 e via Marsala 8 ⊠ 00185 ✆ 49981, Telex 610686.

Distanze : nel testo delle altre città elencate nella Guida è indicata la distanza chilometrica da Roma.

ALBERGHI

E RISTORANTI

Zona nord Monte Mario, Stadio Olimpico, via Flaminia-Parioli, Villa Borghese, via Salaria, via Nomentana (Pianta : Roma p. 6 e 7, salvo indicazioni speciali) :

Cavalieri Hilton ⑤, via Cadlolo 101 ☒ 00136 ℰ 31511, Telex 625337, Fax 31512241, ≪ città, 🍴, « Terrazze e parco », ⟁, ⚒ – 🛗 🔲 📺 ☎ 🕭, ⇔ 🅿 – 🔬 25 a 2500. ⅋ ⑤ ⓪ Ⅎ 𝑉𝐼𝑆𝐴. ⚓ rist
Pas carta 80/100000 – ☐ 30000 – **374 cam** 370/520000 appartamenti 850/2300000.
AT n

Lord Byron ⑤, via De Notaris 5 ☒ 00197 ℰ 3220404, Telex 611217, Fax 3220405, ℰ –
🛗 🔲 📺 ☎ ⑤ ⓪ Ⅎ 𝑉𝐼𝑆𝐴
Pas vedere rist Relais le Jardin – ☐ 20000 – **50 cam** 350/500000 appartamenti 600/900000
ET a

Aldrovandi Palace Hotel, via Aldrovandi 15 ☒ 00197 ℰ 3223993, Telex 616141, Fax 3221435, ⟁, 🍴 – 🛗 🔧 🔲 📺 ☎ 🕭, ⇔ 🅿 – 🔬 50 a 350. ⅋ ⑤ ⓪ Ⅎ 𝑉𝐼𝑆𝐴. ⚓
Pas al **Grill Le Relais** carta 75/110000 – **143 cam** ☐ 380/400000 appartamenti 650/2000000
ET c

Polo senza rist, piazza Gastaldi 4 ☒ 00197 ℰ 3221041, Telex 623107, Fax 3221359 – 🛗 🔲 📺 ☎ – 🔬 80. ⅋ ⑤ ⓪ Ⅎ 𝑉𝐼𝑆𝐴. ⚓
66 cam ☐ 230/325000.
ET d

Rivoli, via Torquato Taramelli 7 ☒ 00197 ℰ 3224042, Telex 614615, Fax 870143 – 🛗 🔲 📺 ☎ – 🔬 40
55 cam
ET b

Albani senza rist, via Adda 45 ☒ 00198 ℰ 84991, Telex 625594, Fax 8499399 – 🛗 🔲 📺 ☎ ⇔ – 🔬 80. ⅋ ⑤ ⓪ Ⅎ 𝑉𝐼𝑆𝐴. ⚓
157 cam ☐ 250/350000 appartamenti 400000.
GT g

Borromini senza rist, via Lisbona 7 ☒ 00198 ℰ 8841321, Telex 621625, Fax 8417550 – 🛗 🔲 📺 ☎ 🕭, ⇔ – 🔬 50 a 100. ⅋ ⑤ ⓪ Ⅎ 𝑉𝐼𝑆𝐴. ⚓
☐ 19000 – **75 cam** 269/300000 appartamenti 440/510000.
GT e

Degli Aranci, via Oriani 11 ☒ 00197 ℰ 870202, Fax 805250, 🍴 – 🛗 🔲 📺 ☎ – 🔬 50 ⅋ ⑤ Ⅎ 𝑉𝐼𝑆𝐴. ⚓
Pas 45000 – **40 cam** ☐ 169/250000.
ET c

Clodio senza rist, via di Santa Lucia 10 ☒ 00195 ℰ 317541, Telex 625050, Fax 3250745 – 🛗 🔲 📺 ☎. ⅋ ⑤ ⓪ Ⅎ 𝑉𝐼𝑆𝐴. ⚓
114 cam ☐ 135/187000, 🔲 20000.
ABT e

Panama senza rist, via Salaria 336 ☒ 00199 ℰ 862558, Telex 620189, Fax 864454, ℰ – 🛗 🔲 📺 ☎. ⅋ ⑤ ⓪ Ⅎ 𝑉𝐼𝑆𝐴
43 cam ☐ 120/175000.
HT e

Villa Florence senza rist, via Nomentana 28 ☒ 00161 ℰ 4403036, Telex 624626, Fax 8411664, ℰ – 🛗 🔲 📺 ☎ 🕭, 🅿
33 cam.
HT n

Fenix, viale Gorizia 5 ☒ 00198 ℰ 8540741, Fax 8543632, ℰ – 🛗 🔲 📺 ☎ ⇔. ⅋ ⑤ ⓪ Ⅎ 𝑉𝐼𝑆𝐴. ⚓
Pas (chiuso sabato sera, domenica ed agosto) 32000 – **69 cam** ☐ 110/190000.
JT t

Buenos Aires senza rist, via Clitunno 9 ☒ 00198 ℰ 864854 – 🛗 🔲 📺 ☎ 🅿 – 🔬 50 ⅋ ⑤ Ⅎ 𝑉𝐼𝑆𝐴
– **48 cam** ☐ 127/180000, 🔲 20000.
HT a

Lloyd senza rist, via Alessandria 110/a ☒ 00198 ℰ 8540432, Telex 612598, Fax 8419846 – 🛗 🔲 📺 ☎. ⅋ ⑤ ⓪ 𝑉𝐼𝑆𝐴
48 cam ☐ 147/162000, 🔲 20000.
HT t

Villa del Parco senza rist, via Nomentana 110 ☒ 00161 ℰ 865611, Fax 8540410, ℰ – 🛗 🔲 📺 ☎. ⅋ ⑤ ⓪ Ⅎ 𝑉𝐼𝑆𝐴
23 cam ☐ 128/188000.
JT r

ROMA
PERCORSI DI ATTRAVERSAMENTO E DI CIRCONVALLAZIONE

0   3 km

DELLE PIANTE DI ROMA

Vedere indice toponomastico,
Roma p. 3, 4 e 5.

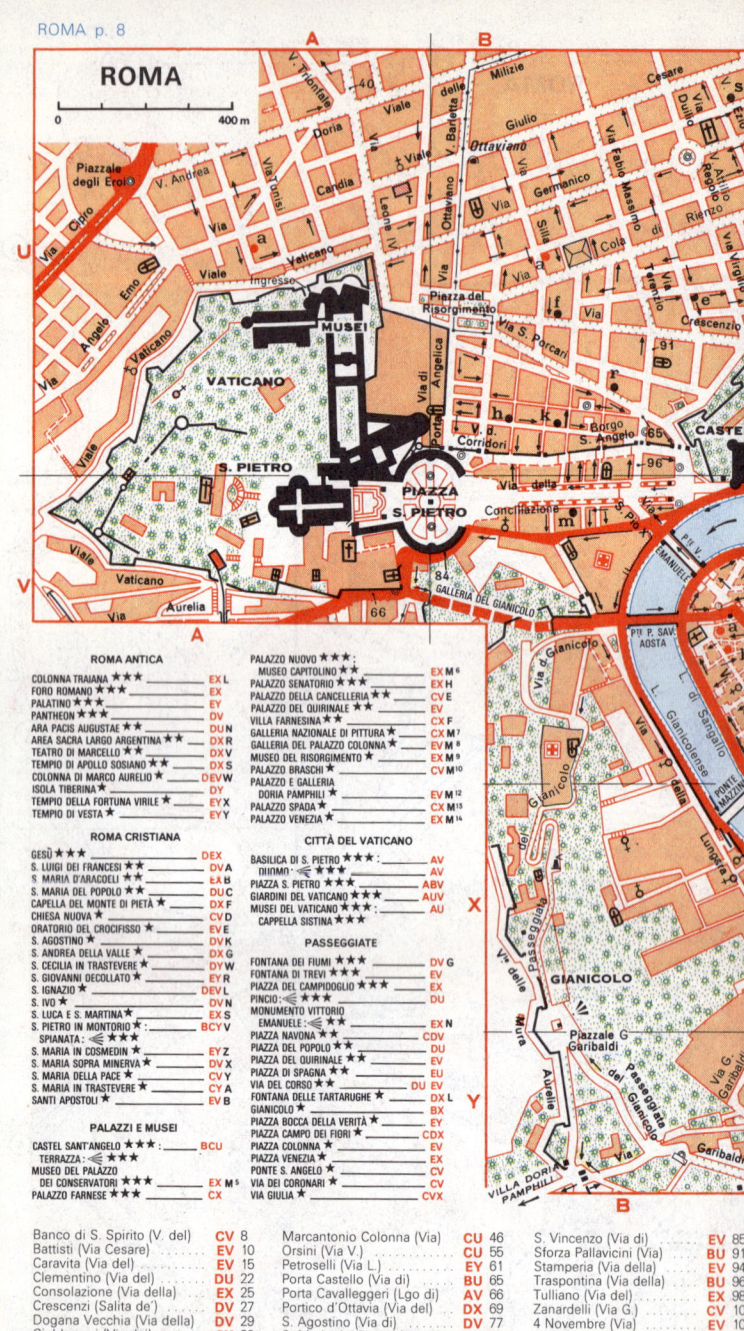

ROMA

0 — 400 m

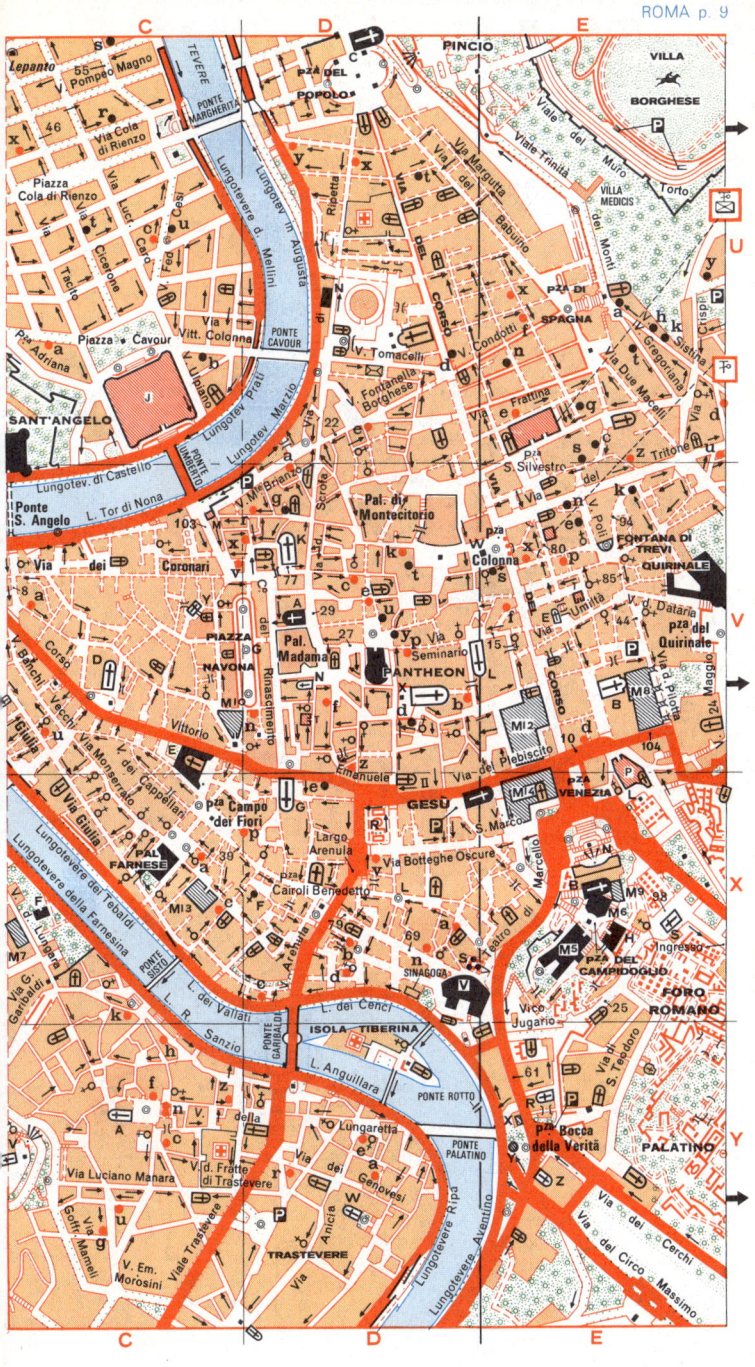

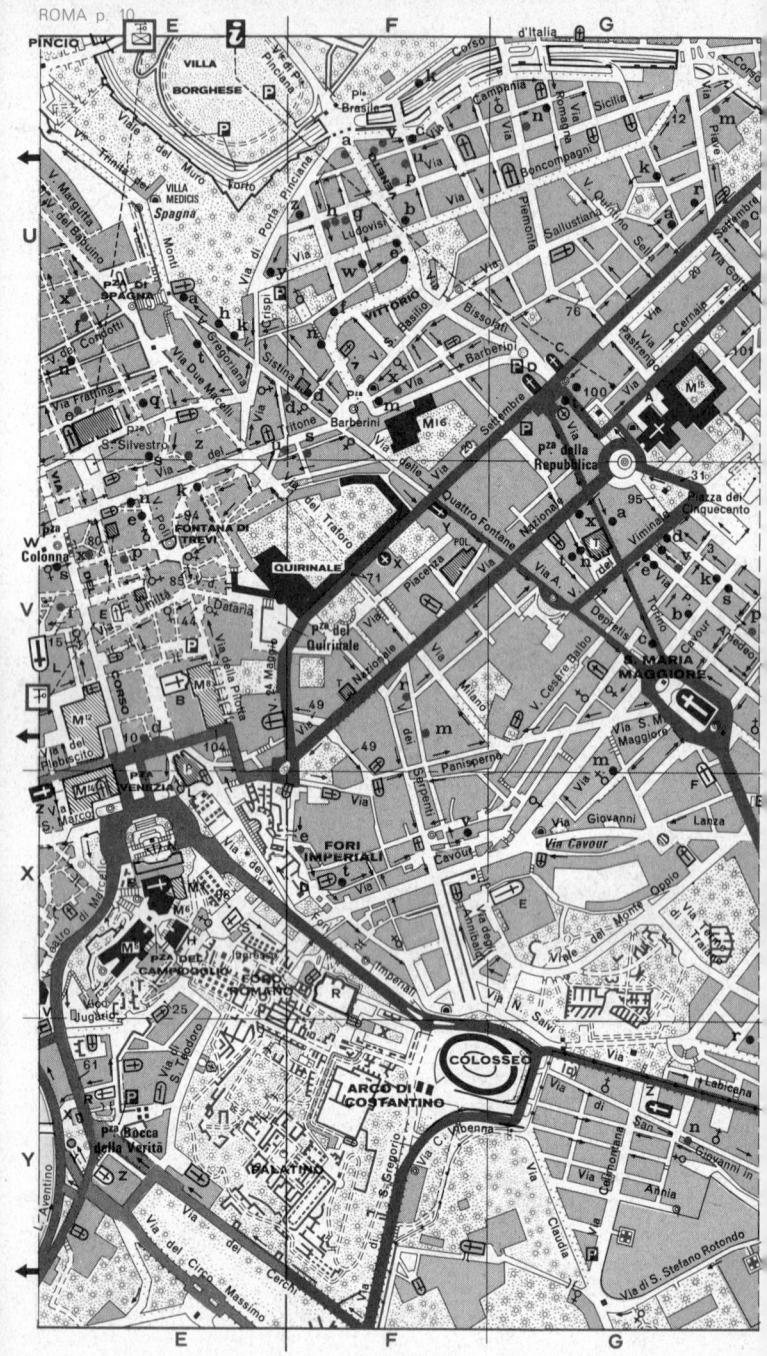

ROMA

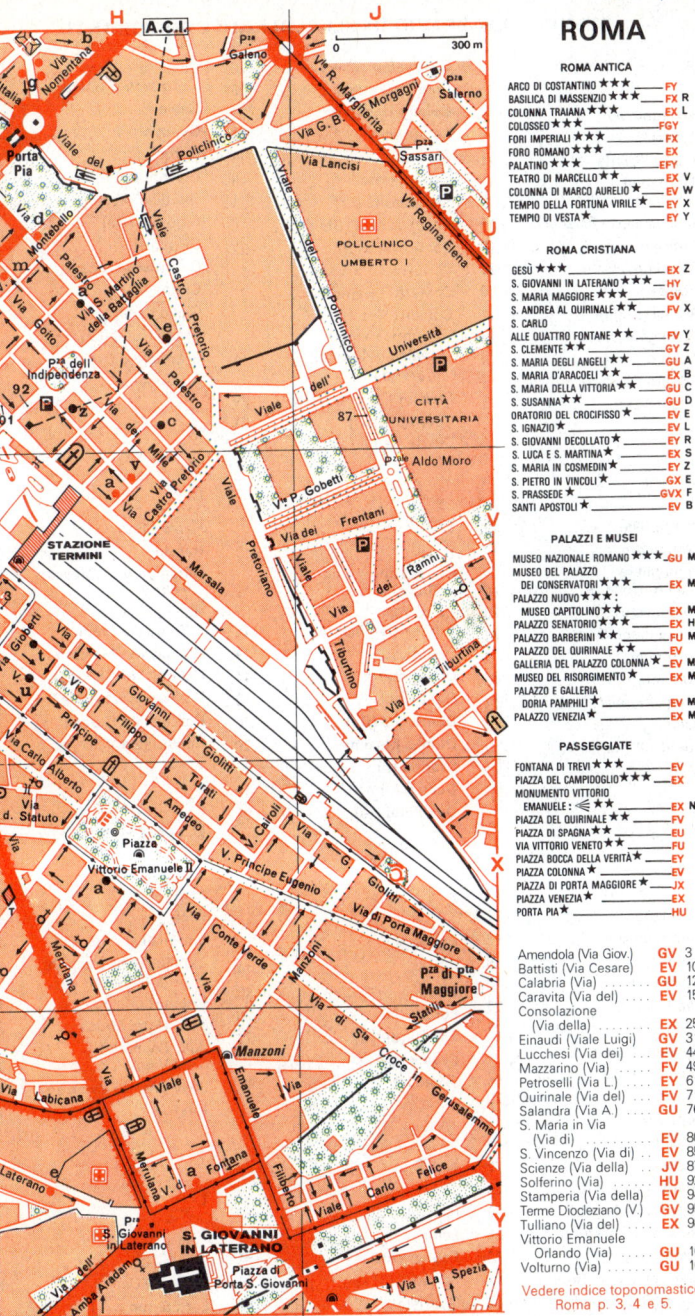

ROMA ANTICA

ARCO DI COSTANTINO ★★★	FY
BASILICA DI MASSENZIO ★★★	FX R
COLONNA TRAIANA ★★★	EX L
COLOSSEO ★★★	FGY
FORI IMPERIALI ★★★	FX
FORO ROMANO ★★★	FX
PALATINO ★★★	EFY
TEATRO DI MARCELLO ★★	EX V
COLONNA DI MARCO AURELIO ★	EV W
TEMPIO DELLA FORTUNA VIRILE ★	EY
TEMPIO DI VESTA ★	EY Y

ROMA CRISTIANA

GESÙ ★★★	EX Z
S. GIOVANNI IN LATERANO ★★★	HY
S. MARIA MAGGIORE ★★★	GV
S. ANDREA AL QUIRINALE ★★	FV X
S. CARLO ALLE QUATTRO FONTANE ★★	FV Y
S. CLEMENTE ★★	GY Z
S. MARIA DEGLI ANGELI ★★	GU A
S. MARIA D'ARACOELI ★★	EX B
S. MARIA DELLA VITTORIA ★★	GU C
S. SUSANNA ★★	GU D
ORATORIO DEL CROCIFISSO ★	EV E
S. IGNAZIO ★	EV L
S. GIOVANNI DECOLLATO ★	EY R
S. LUCA E S. MARTINA ★	EX S
S. MARIA IN COSMEDIN ★	EY Z
S. PIETRO IN VINCOLI ★	GX E
S. PRASSEDE ★	GVX F
SANTI APOSTOLI ★	EV B

PALAZZI E MUSEI

MUSEO NAZIONALE ROMANO ★★★	GU M 15
MUSEO DEL PALAZZO DEI CONSERVATORI ★★★	EX M 5
PALAZZO NUOVO ★★ ; MUSEO CAPITOLINO ★★	EX M 6
PALAZZO SENATORIO ★★★	EX H
PALAZZO BARBERINI ★★	FU M 16
PALAZZO DEL QUIRINALE ★★	EV
GALLERIA DEL PALAZZO COLONNA ★	EV M 8
MUSEO DEL RISORGIMENTO ★	EX M 9
PALAZZO E GALLERIA DORIA PAMPHILI ★	EV M 12
PALAZZO VENEZIA ★	EX M 14

PASSEGGIATE

FONTANA DI TREVI ★★★	EV
PIAZZA DEL CAMPIDOGLIO ★★★	EX
MONUMENTO VITTORIO EMANUELE ★ ★★	EX N
PIAZZA DEL QUIRINALE ★★	FV
PIAZZA DI SPAGNA ★★	EU
VIA VITTORIO VENETO ★★	FU
PIAZZA BOCCA DELLA VERITÀ ★	EY
PIAZZA COLONNA ★	EV
PIAZZA DI PORTA MAGGIORE ★	JX
PIAZZA VENEZIA ★	EX
PORTA PIA ★	HU

Vedere indice toponomastico,
Roma p. 3, 4 e 5.

ELENCO ALFABETICO DEGLI ALBERGHI E RISTORANTI

ROME

le Guide Vert Michelin
Édition française

29 promenades dans la Ville Éternelle :

les sites les plus prestigieux,
les quartiers chargés de 30 siècles d'histoire,
les trésors d'art des musées.

XXXX ✿✿ **Relais le Jardin,** via De Notaris 5 ⊠ 00197 ℰ 3220404, Fax 3609541, Rist. elegante, Coperti limitati; prenotare – 🔲. ﾑ 🅑 🅞 🅔 𝑽𝑰𝑺𝑨. ﹩﹩
chiuso domenica – Pas carta 110/165000   ET **a**
Spec. Rotolino di cernia con caponatina al basilico (estate), Fusoli al ceppo con sugo di anitra e fiori di zucchine, Filetto di maiale al miele e piselli. **Vini** Marino, Torre Ercolana.

XXX **Relais la Piscine,** via Mangili 6 ⊠ 00197 ℰ 3216126, 🍽, 🏊, 🐴 – 🔲 🅟 ﾑ 🅑 🅞 🅔 𝑽𝑰𝑺𝑨. ﹩﹩
chiuso domenica sera – Pas carta 75/110000.   ET **c**

XXX **Il Peristilio,** via Monte Zebio 10/d ⊠ 00195 ℰ 3223623, Fax 3223639 – 🔲. ﾑ 🅞 🅔 𝑽𝑰𝑺𝑨.
chiuso lunedì e dal 5 al 26 agosto – Pas carta 40/75000 (12%).   BT **t**

XX **Al Fogher,** via Tevere 13/b ⊠ 00198 ℰ 8417032, Rist. tipico con specialità venete – 🔲. ﾑ 🅞. ﹩﹩
chiuso sabato a mezzogiorno e domenica – Pas carta 43/64000.   GT **b**

XX **Al Ceppo,** via Panama 2 ⊠ 00198 ℰ 8419696 – ﾑ 🅑 🅞 🅔 𝑽𝑰𝑺𝑨
chiuso lunedì e dall'8 al 30 agosto – Pas carta 37/63000.   GT **u**

XX **Il Caminetto,** viale dei Parioli 89 ⊠ 00197 ℰ 803946, 🍽 – 🔲. ﾑ 🅑 🅞 🅔 𝑽𝑰𝑺𝑨. ﹩﹩
chiuso giovedì e dal 12 al 18 agosto – Pas carta 36/55000.   ET **q**

X **Delle Vittorie,** via Monte Santo 62/64 ⊠ 00195 ℰ 386847 – ﾑ 🅑 🅞 🅔 𝑽𝑰𝑺𝑨. ﹩﹩
chiuso domenica, dal 23 dicembre al 3 gennaio e dal 1° al 20 agosto – Pas carta 35/53000   BT **t**

X **La Scala,** viale dei Parioli 79/d ⊠ 00197 ℰ 8083978, 🍽 – 🔲. ﾑ 🅑 🅞 🅔 𝑽𝑰𝑺𝑨. ﹩﹩
chiuso mercoledì e dal 10 al 24 agosto – Pas carta 30/48000.   ET **q**

X **Nuraghe Sardo,** viale Medaglie d'Oro 50 ⊠ 00136 ℰ 382485, Rist. con specialità sarde e di mare – 🔲. 🅞. ﹩﹩
chiuso mercoledì ed agosto – Pas carta 28/52000.   Roma p. 4 LR **s**

X **Micci,** via Luigi Settembrini 25 ⊠ 00195 ℰ 3223245 – ﾑ 🅑 🅞. ﹩﹩
chiuso domenica e dal 5 al 31 agosto – Pas carta 36/47000 (12%).   BT **b**

X Illica, piazza Friggeri 16 ⊠ 00136 ℰ 3451214, Rist. con specialità regionali   Roma p. 4 LR **t**

Zona centro ovest – San Pietro (Città del Vaticano), Gianicolo, corso Vittorio Emanuele, piazza Venezia, Pantheon e Quirinale, Pincio e Villa Medici, piazza di Spagna, Palatino e Fori (Pianta : **Roma** p. 8 e 9, salvo indicazioni speciali) :

🏰 **Hassler,** piazza Trinità dei Monti 6 ⊠ 00187 ℰ 6792651, Telex 610208, Fax 6789991, « città dal rist. roof-garden – 🛗 🔲 📺 ☎. ﾑ 🅑 🅔 𝑽𝑰𝑺𝑨. ﹩﹩
Pas carta 102/148000 – ⚖ 24000 – **100 cam** 380/560000.   EU **a**

🏨 **Eden,** via Ludovisi 49 ⊠ 00187 ℰ 4743551, Telex 610567, Fax 4821584, « Rist. roof-garden con ≼ città » – 🛗 🔲 📺 ☎ – 🔬 50 a 100
110 cam.   EU **y**

🏨 **D'Inghilterra,** via Bocca di Leone 14 ⊠ 00187 ℰ 672161, Telex 614552, Fax 6840828 – 🛗 🔲 📺 ☎ 🅰. ﾑ 🅑 🅞 🅔 𝑽𝑰𝑺𝑨. ﹩﹩
Pas carta 45/82000 – ⚖ 22000 – **97 cam** 275/387000 appartamenti 430/580000.   EU **n**

🏨 **Jolly Leonardo da Vinci,** via dei Gracchi 324 ⊠ 00192 ℰ 39680, Telex 611182, Fax 3610138 – 🛗 🔲 📺 ☎ 🍴 – 🔬 30 a 220. ﾑ 🅑 🅞 🅔 𝑽𝑰𝑺𝑨. ﹩﹩ rist   CU **r**
Pas 45000 – **256 cam** ⚖ 235/340000 – ½ P 215/280000.

🏨 **De la Ville Inter-Continental,** via Sistina 69 ⊠ 00187 ℰ 67331, Telex 620836, Fax 6784213 – 🛗 🔲 📺 ☎ – 🔬 40 a 120. ﾑ 🅑 🅞 🅔 𝑽𝑰𝑺𝑨. ﹩﹩   EU **h**
Pas carta 64/112000 – **189 cam** ⚖ 371/472000 appartamenti 590/1080000.

🏨 **Visconti Palace** senza rist, via Cesi 37 ⊠ 00193 ℰ 3684, Telex 622489, Fax 3200551 – 🛗 🔲 📺 ☎ 🅰 🍴 – 🔬 25 a 150. ﾑ 🅑 🅞 🅔 𝑽𝑰𝑺𝑨. ﹩﹩   CU **u**
247 cam ⚖ 220/320000 appartamenti 400000.

🏨 **Plaza** senza rist, via del Corso 126 ⊠ 00186 ℰ 672101, Telex 624669 – 🛗 🔲 ☎ – 🔬 50. ﾑ 🅑 🅞 🅔 𝑽𝑰𝑺𝑨.   DU **d**
⚖ 18000 – **207 cam** 200/290000 appartamenti 530000.

🏨 **Dei Borgognoni** senza rist, via del Bufalo 126 ⊠ 00187 ℰ 6780041, Telex 623074, Fax 6841501 – 🛗 🔲 📺 ☎ – 🔬 25 a 60. ﾑ 🅑 🅞 🅔 𝑽𝑰𝑺𝑨. ﹩﹩   EVU **s**
50 cam ⚖ 330/390000 appartamento 550000.

🏨 **Cicerone e Rist. Robià,** via Cicerone 55/c ⊠ 00193 ℰ 3576, Telex 622498, Fax 6541383 – 🛗 🔲 📺 ☎ 🍴 – 🔬 160. ﾑ 🅑 🅞 🅔 𝑽𝑰𝑺𝑨. ﹩﹩   CU **t**
Pas carta 38/56000 – ⚖ 20000 – **237 cam** 220/320000 appartamenti 420/660000.

🏨 **Atlante Star,** via Vitelleschi 34 ⊠ 00193 ℰ 6879558, Telex 622355, Fax 6872300, « Rist. roof-garden con ≼ Basilica di San Pietro » – 🛗 🔼 🔲 📺 ☎ – 🔬 70. ﾑ 🅑 🅞 🅔 𝑽𝑰𝑺𝑨. ﹩﹩ rist   BU **r**
Pas al **Rist. Les Etoiles** carta 90/120000 – **61 cam** 395/420000 appartamenti 520/2250000 – ½ P 160/260000.

🏨 **Delle Nazioni** senza rist, via Poli 7 ⊠ 00187 ℰ 6792441, Telex 614193 – 🛗 🔲 📺 ☎. ﾑ 🅑 🅞 🅔 𝑽𝑰𝑺𝑨. ﹩﹩   EV **e**
74 cam ⚖ 225/307000 appartamento 580000.

🏨🏨 **Colonna Palace** senza rist, piazza Montecitorio 12 ⊠ 00186 ℰ 6781341, Telex 621467, Fax 6794496 – 🛗 🗏 📺 ☎. ⚠ 🕭 ⓪ 🖃 𝑉𝐼𝑆𝐴. ⬦ **EV s**
105 cam 🖙 295/400000 appartamenti 590000.

🏨🏨 **Giulio Cesare** senza rist, via degli Scipioni 287 ⊠ 00192 ℰ 3210751, Telex 613010, Fax 3211736, 🖛 – 🛗 🗏 📺 ☎ ❷ – 🔬 60. ⚠ 🕭 ⓪ 🖃 𝑉𝐼𝑆𝐴. ⬦ **CU s**
86 cam 🖙 260/370000.

🏨🏨 **Nazionale,** piazza Montecitorio 131 ⊠ 00186 ℰ 6789251, Telex 621427, Fax 6786677, ☕
– 🛗 🗏 📺 ☎. ⚠ 🕭 ⓪ 🖃 𝑉𝐼𝑆𝐴. ⬦ **DV t**
Pas *(chiuso domenica)* carta 32/53000 – **86 cam** 🖙 220/350000 appartamenti 450/600000.

🏨 **Del Sole al Pantheon** senza rist, piazza della Rotonda 63 ⊠ 00186 ℰ 6780441, Fax 6840689 – 🛗 🗏 📺 ☎. ⚠ 🕭 ⓪ 🖃 𝑉𝐼𝑆𝐴. ⬦ **DV u**
🖙 20000 – **26 cam** 250/360000.

🏨 **Columbus,** via della Conciliazione 33 ⊠ 00193 ℰ 6865435, Telex 620096, Fax 6864874,
« Decorazioni d'epoca in una costruzione cinquecentesca », 🖛 – 🛗 🗏 📺 ☎ ❷ – 🔬 30 a 200. ⚠ 🕭 ⓪ 🖃 𝑉𝐼𝑆𝐴. ⬦ rist **BV m**
Pas carta 52/73000 – **105 cam** 🖙 155/210000 appartamenti 250/400000 – ½ P 155/205000.

🏨 **Atlante Garden** senza rist, via Crescenzio 78/a ⊠ 00193 ℰ 6872361, Telex 623172, Fax 6872315 – 🛗 ⇄ 🗏 📺 ☎ – 🔬 30. ⚠ 🕭 ⓪ 🖃 𝑉𝐼𝑆𝐴 **BU f**
43 cam 🖙 250/295000.

🏨 **Internazionale** senza rist, via Sistina 79 ⊠ 00187 ℰ 6793047, Telex 614333, Fax 6784764 – 🛗 🗏 📺 ☎. ⚠ 🕭 🖃 𝑉𝐼𝑆𝐴. ⬦ **EU k**
37 cam 🖙 150/220000 appartamenti 500/550000.

🏨 **Gerber** senza rist, via degli Scipioni 241 ⊠ 00192 ℰ 3216485, Fax 3217048 – 🛗 ☎. ⚠ 🕭 ⓪ 🖃 𝑉𝐼𝑆𝐴. ⬦ **BU s**
27 cam 🖙 104/164000.

🏨 **Della Torre Argentina** senza rist, corso Vittorio Emanuele 102 ⊠ 00186 ℰ 6548251, Telex 623281, Fax 6541641 – 🛗 🗏 ☎. ⚠ 🕭 ⓪ 🖃 𝑉𝐼𝑆𝐴. ⬦ **DX e**
🖙 20000 – **32 cam** 99/140000, 🗏 20000.

🏨 **Siena** senza rist, via Sant'Andrea delle Fratte 33 ⊠ 00187 ℰ 6796121, Fax 6787509 – 🛗 ☎. ⚠ 𝑉𝐼𝑆𝐴. ⬦ **EU c**
21 cam 🖙 135/195000.

🏨 **Diplomatic** senza rist, via Vittoria Colonna 28 ⊠ 00193 ℰ 6542084, Telex 610506, ☕ – 🛗 ⇄ 🗏 📺 ☎. ⚠ 🕭 ⓪ 🖃 𝑉𝐼𝑆𝐴 **CU b**
40 cam 🖙 165/220000.

🏨 **Gregoriana** senza rist, via Gregoriana 18 ⊠ 00187 ℰ 6794269 – 🛗 ⇄ 🗏 ☎ **EU t**
19 cam 🖙 120/185000.

🏨 **Arcangelo** senza rist, via Boezio 15 ⊠ 00192 ℰ 6896459 – 🛗 📺 ☎ **BU e**
30 cam.

🏨 **Tritone** senza rist, via del Tritone 210 ⊠ 00187 ℰ 6782624, Telex 614254, Fax 6785897 – 🛗 🗏 📺 ☎. ⚠ 🕭 ⓪ 🖃. ⬦ **EV n**
42 cam 🖙 143/200000.

🏨 **Madrid** senza rist, via Mario de' Fiori 95 ⊠ 00187 ℰ 6791243, Telex 625339 – 🛗 🗏 📺 ☎. ⚠ 🕭 ⓪ 🖃 𝑉𝐼𝑆𝐴. ⬦ **EU q**
24 cam 🖙 150/220000.

🏨 **Accademia** senza rist, piazza Accademia di San Luca 75 ⊠ 00187 ℰ 6786705, Fax 6785897 – 🛗 🗏 📺 ☎. ⚠ 🕭 ⓪ 🖃. ⬦ **EV k**
50 cam 🖙 143/200000.

🏨 **Sant'Anna** senza rist, borgo Pio 134 ⊠ 00193 ℰ 6541602, Fax 6548717 – 🗏 📺 ☎. ⚠ 🕭 ⓪ 🖃 𝑉𝐼𝑆𝐴 **BU h**
18 cam 🖙 130/180000.

🏨 **Della Conciliazione** senza rist, borgo Pio 165 ⊠ 00193 ℰ 6875400, Fax 6541164 – 🛗 ☎ ♿. ⚠ 🕭 ⓪ 🖃 𝑉𝐼𝑆𝐴 **BU k**
🖙 10000 – **60 cam** 70/120000.

🏨 **Senato** senza rist, piazza della Rotonda 73 ⊠ 00186 ℰ 6793231, Fax 6840297, ≼ Pantheon – 🛗 🗏 📺 ☎. ⬦ **DV y**
51 cam 🖙 123/165000, 🗏 25000.

🏨 **Margutta** senza rist, via Laurina 34 ⊠ 00187 ℰ 3614193 – 🛗 ☎. ⚠ 🕭 ⓪ 🖃 𝑉𝐼𝑆𝐴. ⬦ **DU t**
21 cam 🖙 105000.

🏨 **Portoghesi** senza rist, via dei Portoghesi 1 ⊠ 00186 ℰ 6864231, Fax 6876976 – 🛗 🗏 ☎. 🕭 🖃 𝑉𝐼𝑆𝐴 **DV g**
27 cam 🖙 73/115000.

🍴🍴🍴 **El Toulà**, via della Lupa 29/b ⊠ 00186 ℰ 6873498, Fax 6871115, Rist. elegante, prenotare – 🗏. ⚠ 🕭 ⓪ 🖃 𝑉𝐼𝑆𝐴. ⬦ **DU e**
chiuso sabato a mezzogiorno, domenica, agosto e dal 24 al 26 dicembre – Pas carta 61/89000 (15%).

🍴🍴🍴 ⊛ **Patrizia e Roberto del Pianeta Terra,** via Dell'Arco del Monte 95 (via Dei Pettinari ⊠ 00186 ℰ 6869893, Rist. elegante, Coperti limitati; prenotare – 🗏 ⚠ 🕭 ⓪ 🖃 𝑉𝐼𝑆𝐴
chiuso a mezzogiorno, lunedì ed agosto – Pas carta 70/150000 (15%) **CX c**
Spec. Zuppa di lenticchie e gamberi, Orata con patate e porcini, Filetti di triglia alla purea di finocchio. Vini Sauvignon, Vallocaia.

XXX **Passetto,** via Zanardelli 14 ✉ 00186 ☎ 6540569 – 📠 🖃 AE Ⓢ ⑩ Ⓔ VISA 🛇 **CV v**
chiuso domenica, lunedì a mezzogiorno e febbraio – Pas carta 47/79000.

XXX **Ranieri,** via Mario de' Fiori 26 ✉ 00187 ☎ 6791592, Rist. a coperti limitati; prenotare –
🖃 AE Ⓢ ⑩ Ⓔ VISA 🛇 **EU f**
chiuso domenica – Pas carta 47/78000.

XXX 4 Colonne, via della Posta 4 ✉ 00186 ☎ 6547152, prenotare – 🖃 🛇 **DV n**

XX ✿ **Quinzi Gabrieli,** via delle Coppelle 6 ✉ 00186 ☎ 6879389, Solo piatti di pesce, Coperti limitati; prenotare AE ⑩ **DV c**
chiuso a mezzogiorno, domenica ed agosto – Pas carta 80/150000
Spec. Antipasti di mare, Filetti di branzino marinati, Spigola al pomodoro. Vini Riesling.

XX **Camponeschi,** piazza Farnese 50 ✉ 00186 ☎ 6874927, Fax 6865244, prenotare, « Servizio estivo con ☀ palazzo Farnese » – 🖃 AE 🛇 **CX a**
chiuso a mezzogiorno e domenica – Pas carta 56/80000 (13%).

XX ✿ **La Rosetta,** via della Rosetta 9 ✉ 00187 ☎ 6861002, Fax 6548841, Specialità di mare, prenotare – 🖃 VISA **DV e**
chiuso sabato, domenica ed agosto – Pas carta 65/101000 (15%)
Spec. Gamberetti all'arancia marinati, Linguine ai filetti di triglia, Mazzancolle al pomodoro verde. Vini Sauvignon, Cannonau.

XX **I Preistorici,** vicolo Orbitelli 13 ✉ 00186 ☎ 6892796, Rist. elegante, Coperti limitati; prenotare – AE 🛇 ⑩ Ⓔ VISA **BV b**
chiuso domenica ed agosto – Pas carta 35/60000.

XX Piperno, Monte de' Cenci 9 ✉ 00186 ☎ 6540629, Rist. con specialità romane – 🖃 **DX d**

XX Vecchia Roma, piazza Campitelli 18 ✉ 00186 ☎ 6864604, Rist. tipico con specialità romane e di mare – 🖃 **DX a**

XX La Toscana, via dei Crociferi 12 ✉ 00187 ☎ 6789971 – 🖃 **EV x**

XX **Lo Squalo Bianco,** via Federico Cesi 36 ✉ 00193 ☎ 3214700, Rist. con specialità di mare, prenotare – 🖃 AE ⑩ 🛇 **CU c**
chiuso domenica ed agosto – Pas carta 48/77000.

XX **Piccola Roma,** via Uffici del Vicario 36 ✉ 00186 ☎ 6798606 – 🖃 AE ⑩ VISA 🛇 **DV a**
Pas carta 30/42000.

XX **Eau Vive,** via Monterone 85 ✉ 00186 ☎ 6541095, Missionarie cattoliche-cucina internazionale, prenotare la sera, « Edificio cinquecentesco » – 🖃 AE 🛇 VISA **DV f**
chiuso domenica ed agosto – Pas carta 40/67000.

XX Dante Taberna dei Gracchi, via dei Gracchi 266 ✉ 00192 ☎ 3213126, Fax 3221976 **CU x**

XX **Taverna Giulia,** vicolo dell'Oro 23 ✉ 00186 ☎ 6869768, Rist. con specialità liguri, prenotare la sera – 🖃 AE 🛇 ⑩ Ⓔ VISA 🛇 **BV a**
chiuso domenica ed agosto – Pas carta 37/54000 (15%).

XX **La Maiella,** piazza Sant'Apollinare 45/46 ✉ 00186 ☎ 6864174, 🌿, Rist. con specialità abruzzesi – 🖃 AE 🛇 ⑩ Ⓔ VISA 🛇 **CDV x**
chiuso domenica e dal 10 al 25 agosto – Pas carta 41/65000.

XX **Il Drappo,** vicolo del Malpasso 9 ✉ 00186 ☎ 6877365, Rist. con specialità sarde, prenotare – 🖃 AE **CV u**
chiuso a mezzogiorno, domenica ed agosto – Pas (menu suggeriti dal proprietario) 55000 bc.

XX **Da Pancrazio,** piazza del Biscione 92 ✉ 00186 ☎ 6861246, « Taverna ricostruita sui ruderi del Teatro di Pompeo » – 📠 AE 🛇 ⑩ Ⓔ VISA 🛇 **CDX p**
chiuso mercoledì e dal 10 al 18 agosto – Pas carta 36/62000.

XX **Da Mario,** via della Vite 55 ✉ 00187 ☎ 6783818, Rist. con specialità toscane – 🖃 AE 🛇 ⑩ Ⓔ VISA 🛇 **EU e**
chiuso domenica ed agosto – Pas carta 31/44000.

XX Al 34, via Mario dè Fiori 34 ✉ 00187 ☎ 6795091 – 🖃 **EU x**

XX **Al Pompiere,** via Santa Maria dei Calderari 38 ✉ 00186 ☎ 6868377 **DX b**
chiuso domenica e dal 15 luglio al 30 agosto – Pas carta 35/55000.

X **Hostaria da Cesare,** via Crescenzio 13 ✉ 00193 ☎ 6861227, Trattoria-pizzeria con specialità di mare – 📠 🖃 AE 🛇 ⑩ Ⓔ VISA 🛇 **CU a**
chiuso domenica sera, lunedì, Pasqua, agosto e Natale – Pas carta 43/69000.

X **L'Orso 80,** via dell'Orso 33 ✉ 00186 ☎ 6864904 – 🖃 AE 🛇 ⑩ Ⓔ VISA 🛇 **CDV r**
chiuso lunedì e dall'8 al 20 agosto – Pas carta 41/60000.

X Al 59-da Giuseppe, via Brunetti 59 ✉ 00186 ☎ 3619019, Rist. con specialità bolognesi – 🖃 **DU y**

X **Al Moro,** vicolo delle Bollette 13 ✉ 00187 ☎ 6783495, Trattoria romana, prenotare – 🖃 🛇 **EV p**
chiuso domenica ed agosto – Pas carta 55/100000.

✗ **Evangelista,** via delle Zoccolette 11/a ⊠ 00186 ℰ 6875810, Coperti limitati; prenotare –
▤, *VISA*   DX **c**
chiuso a mezzogiorno – Pas carta 35/59000 (12%).

✗ **Girone VI,** vicolo Sinibaldi 2 ⊠ 00186 ℰ 6542831, Coperti limitati; prenotare – AE ⑤
⑩ E *VISA* *VISA*   DV **z**
chiuso a mezzogiorno – Pas carta 38/62000.

✗ **Il Buco,** via Sant'Ignazio 8 ⊠ 00186 ℰ 6793298, Rist. con specialità toscane – ▤. AE ⑤
⑩ E *VISA*. ⍕   DV **b**
chiuso lunedì e dal 15 al 31 agosto – Pas carta 35/50000.

✗ **Gabriele,** via Ottoboni 74 ⊠ 00159 ℰ 435205 – AE ⑩ *VISA*   Roma p. 5 MR **a**
chiuso sabato ed agosto – Pas carta 32/50000.

✗ **Al Salanova,** via di Florida 23 ⊠ 00186 ℰ 6861409 – AE ⑤ ⑩ E *VISA*. ⍕   DX **v**
chiuso lunedì, dal 4 al 20 gennaio e dal 4 al 20 giugno – Pas carta 29/47000 (15%).

✗ **La Sacrestia,** via del Seminario 89 ⊠ 00186 ℰ 6797581, Rist.-pizzeria-soupers,
« Caratteristiche decorazioni ». – AE ⑤ ⑩ E *VISA*   DV **p**
chiuso mercoledì, dal 24 al 26 dicembre e dal 13 al 16 agosto – Pas carta 32/50000 (15%).

✗ **Campana,** vicolo della Campana 18 ⊠ 00186 ℰ 6875273, Trattoria d'habitués – ▤. AE
⑩. ⍕   DUV **a**
chiuso lunedì ed agosto – Pas carta 40/50000.

✗ San Luigi, via Mocenigo 10 ⊠ 00192 ℰ 3020704, Coperti limitati; prenotare – ▤   AU **a**

✗ **Le Streghe,** vicolo del Curato 13 ⊠ 00186 ℰ 6861381, prenotare la sera – AE ⑤ E
VISA   CV **a**
chiuso domenica ed agosto – Pas carta 27/54000.

✗ **Il Giardino,** via Zucchelli 29 ⊠ 00187 ℰ 465202 – AE ⑩ *VISA*   EU **d**
chiuso lunedì – Pas carta 33/53000.

✗ **La Tavernetta,** via del Nazareno 3/4 ⊠ 00187 ℰ 6793124 – ▤. AE ⑤ ⑩ E *VISA*. ⍕
chiuso lunedì ed agosto – Pas carta 28/43000 (12%).   EU **z**

✗ **Da Giggetto,** via del Portico d'Ottavia 21/a ⊠ 00186 ℰ 6861105, 🍽, Trattoria tipica
con specialità romane – AE   DX **n**
chiuso lunedì e luglio – Pas carta 35/47000.

✗ **Il Falchetto,** via dei Montecatini 12/14 ⊠ 00186 ℰ 6791160, Trattoria rustica – AE ⑤
⑩ E *VISA*   EV **f**
chiuso venerdì e dal 5 al 20 agosto – Pas carta 31/50000.

✗ **La Buca di Ripetta,** via di Ripetta 36 ⊠ 00186 ℰ 3219391, Trattoria d'habitués – ▤.
⍕   DU **x**
chiuso domenica sera, lunedì ed agosto – Pas carta 31/45000.

✗ **Tritone,** via dei Maroniti 1 ⊠ 00187 ℰ 6798181 – AE ⑤ *VISA*   EUV **u**
chiuso sabato – Pas carta 33/47000 (10%).

✗ **Il Matriciano,** via dei Gracchi 55 ⊠ 00193 ℰ 3212327, 🍽, Rist. d'habitués – AE ⑤ ⑩
VISA   BU **a**
chiuso agosto, mercoledì da ottobre al 15 giugno e sabato negli altri mesi – Pas
carta 38/57000.

✗ La Cabana, via del Mancino 7/9 ⊠ 00187 ℰ 6791190, Trattoria d'habitués – ▤   EV **d**

Zona centro est via Vittorio Veneto, via Nazionale, Viminale, Santa Maria Maggiore,
Colosseo, Porta Pia, via Nomentana, Stazione Termini, Porta San Giovanni (Pianta : Roma
p. 10 e 11, salvo indicazioni speciali) :

🏨🏨 **Le Grand Hotel,** via Vittorio Emanuele Orlando 3 ⊠ 00185 ℰ 4709, Telex 610210, Fax
4747307 – 🛗 ▤ TV ☎ 🕭 – 🔬 25 a 500. AE ⑤ ⑩ E *VISA*. ⍕   GU **t**
Pas carta 95/130000 – ⌷ 23000 – **168 cam** 405/595000 appartamenti 893/1547000.

🏨🏨 **Excelsior,** via Vittorio Veneto 125 ⊠ 00187 ℰ 4708, Telex 610232, Fax 4826205 – 🛗 ▤
TV ☎ – 🔬 25 a 450. AE ⑤ ⑩ E *VISA*. ⍕   FU **b**
Pas carta 86/125000 – ⌷ 27500 – **359 cam** 381/584000 appartamenti 833/1547000.

🏨🏨 **Ambasciatori Palace,** via Vittorio Veneto 70 ⊠ 00187 ℰ 47493, Telex 610241, Fax
4743601, 🍽 – 🛗 ▤ TV ☎ 🕭 – 🔬 50 a 200. AE ⑤ ⑩ E *VISA*. ⍕ rist   FU **e**
Pas al Rist. **Grill Bar ABC** carta 61/100000 – **149 cam** ⌷ 300/400000 appartamenti
550/750000.

🏨🏨 **Bernini Bristol,** piazza Barberini 23 ⊠ 00187 ℰ 463051, Telex 610554, Fax 4824266 – 🛗
🕭 cam ▤ TV ☎ – 🔬 40 a 120. AE ⑤ ⑩ E *VISA*. ⍕   FU **m**
Pas carta 65/108000 – ⌷ 20000 – **126 cam** 340/470000 appartamenti 536/1190000.

🏨🏨 **Holiday Inn Minerva,** piazza della Minerva 69 ⊠ 00186 ℰ 6841888, Fax 6794165 – 🛗
🕭 cam ▤ TV ☎ 🕭 – 🔬 80. AE ⑤ ⑩ E *VISA*. ⍕ rist   DV **d**
Pas 90/120000 – ⌷ 30000 – **134 cam** 320/456000 appartamenti 800/1200000 – ½ P 406/456000.

🏨🏨 **Jolly Vittorio Veneto,** corso d'Italia 1 ⊠ 00198 ℰ 8495, Telex 612293, Fax 8841104 –
🛗 ▤ TV ☎ 🛋 – 🔬 35 a 450. AE ⑤ ⑩ E *VISA*. ⍕ rist   FU **k**
Pas 50000 – **200 cam** ⌷ 255/375000 – ½ P 238/305000.

🏨🏨 **Quirinale,** via Nazionale 7 ⊠ 00184 ℰ 4707, Telex 610332, Fax 4820099, « Servizio rist.
estivo in giardino » – 🛗 ▤ TV ☎ 🕭 – 🔬 250. AE ⑤ ⑩ E *VISA*. ⍕ rist   GV **x**
Pas 50/60000 – **186 cam** ⌷ 242/330000 appartamenti 450/700000 – ½ P 215/292000.

Regina Baglioni, via Vittorio Veneto 72 ⊠ 00187 ℰ 476851, Telex 620863, Fax 485483 – 🕼 ⇌ cam 🖭 📺 ☎. 🖭 ⑤ ⓔ 𝘝𝘐𝘚𝘈. ⅍ rist
Pas carta 65/103000 – **130 cam** ⌑ 320/450000 appartamenti 650/1200000.
FU e

Majestic, via Veneto 50 ⊠ 00187 ℰ 486841, Telex 622262, Fax 460984 – 🕼 📺 ☎ ♿ – 🛗 150. 🖭 ⑤ ⓔ 𝘝𝘐𝘚𝘈. ⅍
Pas carta 70/120000 – **95 cam** ⌑ 480/540000.
FU f

Metropole, via Principe Amedeo 3 ⊠ 00185 ℰ 4774, Telex 611061, Fax 4740413 – 🕼 📺 ☎ & ⇌ – 🛗 90. 🖭 ⑤ ⓔ 𝘝𝘐𝘚𝘈. ⅍ rist
Pas carta 40/65000 – **268 cam** ⌑ 220/270000 – ½ P 240/270000.
GV v

Victoria, via Campania 41 ⊠ 00187 ℰ 473931, Telex 610212, Fax 4941330 – 🕼 📺 ☎. 🖭 ⑤ ⓔ ⅍
Pas (solo per clienti alloggiati) carta 44/71000 – **110 cam** ⌑ 220/350000.
FU c

Mediterraneo, via Cavour 15 ⊠ 00184 ℰ 4884051, Fax 4744105 – 🕼 📺 ☎ – 🛗 25 a 90. 🖭 ⑤ ⓔ 𝘝𝘐𝘚𝘈. ⅍
Pas (chiuso sabato) 43000 – **268 cam** ⌑ 232/327000 appartamenti 440/880000.
GV k

Genova senza rist, via Cavour 33 ⊠ 00184 ℰ 476951, Telex 621599, Fax 4827580 – 🕼 📺 &. 🖭 ⑤ ⓔ 𝘝𝘐𝘚𝘈. ⅍
91 cam ⌑ 197/294000.
GV b

Londra e Cargill, piazza Sallustio 18 ⊠ 00187 ℰ 473871, Telex 622227, Fax 4746674 – 🕼 📺 ☎ 🚗 – 🛗 25 a 200. 🖭 ⑤ ⓔ 𝘝𝘐𝘚𝘈. ⅍
Pas carta 45/70000 – ⌑ 15000 – **105 cam** 250/350000 appartamenti 400/600000 – ½ P 200/230000.
GU k

Forum, via Tor de' Conti 25 ⊠ 00184 ℰ 6792446, Telex 622549, Fax 6786479, « Rist. roof-garden con ≼ Fori Imperiali » – 🕼 📺 ☎ 🚗 – 🛗 100. 🖭 ⑤ ⓔ 𝘝𝘐𝘚𝘈. ⅍
Pas (chiuso domenica) carta 73/118000 – ⌑ 25000 – **81 cam** 270/390000 appartamenti 550/650000.
FX e

Massimo D'Azeglio, via Cavour 18 ⊠ 00184 ℰ 4880646, Telex 610556, Fax 4827386 – 🕼 📺 ☎ – 🛗 200. 🖭 ⑤ ⓔ 𝘝𝘐𝘚𝘈. ⅍
Pas (chiuso domenica) 43000 – **209 cam** ⌑ 202/284000.
GV s

Pullman Boston, via Lombardia 47 ⊠ 00187 ℰ 473951, Telex 622247, Fax 4821019 – 🕼 📺 ☎ – 🛗 25 a 90.
125 cam.
FU z

Imperiale, via Vittorio Veneto 24 ⊠ 00187 ℰ 4756351, Telex 621071 – 🕼 📺 ☎. 🖭 ⑤ ⓔ 𝘝𝘐𝘚𝘈. ⅍ rist
Pas carta 42/60000 – **85 cam** ⌑ 270/400000 – ½ P 235/305000.
FU n

Mondial senza rist, via Torino 127 ⊠ 00184 ℰ 472861, Telex 612219, Fax 4824822 – 🕼 📺 ☎ – 🛗 25. 🖭 ⑤ ⓔ 𝘝𝘐𝘚𝘈. ⅍
77 cam ⌑ 190/270000.
GV a

Napoleon, piazza Vittorio Emanuele 105 ⊠ 00185 ℰ 737646, Telex 611069, Fax 737646 – 🕼 📺 ☎ – 🛗 25 a 60. 🖭 ⑤ ⓔ 𝘝𝘐𝘚𝘈. ⅍
Pas (chiuso a mezzogiorno) carta 39/56000 – **80 cam** ⌑ 160/260000.
HX a

La Residenza senza rist, via Emilia 22 ⊠ 00187 ℰ 4744480, Fax 485721 – 🕼 📺 ℗. ⅍
27 cam ⌑ 115/200000.
FU w

Universo, via Principe Amedeo 5 ⊠ 00185 ℰ 476811, Telex 610342 – 🕼 📺 ☎ &. 🛗 25 a 300.
207 cam.
GV e

Britannia senza rist, via Napoli 64 ⊠ 00184 ℰ 463153, Telex 611292, Fax 462343 – 🕼 📺 ☎ ℗. 🖭 ⑤ ⓔ 𝘝𝘐𝘚𝘈
32 cam ⌑ 146/226000.
GV t

Commodore senza rist, via Torino 1 ⊠ 00184 ℰ 485656, Telex 612170, Fax 4747562 – 🕼 📺 ☎. 🖭 ⑤ ⓔ 𝘝𝘐𝘚𝘈
⌑ 25000 – **60 cam** 185/270000.
GV c

Marcella senza rist, via Flavia 106 ⊠ 00187 ℰ 4746451, Telex 621351, Fax 4815832 – 🕼 📺 ☎. 🖭 ⑤ ⓔ 𝘝𝘐𝘚𝘈. ⅍
68 cam ⌑ 140/210000.
GU r

Regency senza rist, via Romagna 42 ⊠ 00187 ℰ 4819281, Telex 622321, Fax 4746850 – 🕼 📺 ☎. 🖭 ⑤ ⓔ 𝘝𝘐𝘚𝘈
51 cam ⌑ 200/300000.
GU n

Sitea senza rist, via Vittorio Emanuele Orlando 90 ⊠ 00185 ℰ 4827560, Telex 614163, Fax 4817637 – 🕼 📺 ☎. 🖭 ⑤ ⓔ 𝘝𝘐𝘚𝘈
37 cam ⌑ 160/242000 appartamento 484000.
GU t

Edera 🐾 senza rist, via Poliziano 75 ⊠ 00184 ℰ 7316341, Telex 623651, Fax 899371, ⁂ – 🕼 📺 ☎ ℗. 🖭 ⑤ ⓔ 𝘝𝘐𝘚𝘈. ⅍
48 cam ⌑ 125/185000.
GY r

Milani senza rist, via Magenta 12 ⊠ 00185 ℰ 4457051, Telex 614356, Fax 4462317 – 🕼 📺 ☎. ⅍
77 cam ⌑ 173000.
HU z

🏨 **Colosseum** senza rist, via Sforza 10 ✉ 00184 ℘ 4827228, Fax 4827285 – 🕴 ☎. 🆎 🅢
   ⓪ 🅴 VISA. ❄   GVX m
   49 cam 🖵 97/158000.

🏨 **Diana**, via Principe Amedeo 4 ✉ 00185 ℘ 4827541, Telex 611198, Fax 486998 – 🕴 🖵 📺
   ☎ – ⚗ 25   GV e
   187 cam.

🏨 **Canada** senza rist, via Vicenza 58 ✉ 00185 ℘ 4957385, Telex 613037, Fax 4450749 – 🕴
   🖵 📺 ☎. 🆎 🅢 ⓪ 🅴 VISA. ❄   HU e
   83 cam 🖵 110/162000.

🏨 **King** senza rist, via Sistina 131 ✉ 00187 ℘ 4743487, Telex 626246, Fax 491047 – 🕴 🖵
   📺 ☎. 🆎 🅢 ⓪ 🅴 VISA   FU d
   72 cam 🖵 130/185000.

🏨 **Nord-Nuova Roma** senza rist, via Amendola 3 ✉ 00185 ℘ 4885441, Fax 4817163 – 🕴
   🖵 📺 ☎. 🆎 🅢 ⓪ 🅴 VISA. ❄   GV d
   156 cam 🖵 142/200000.

🏨 **Galileo** senza rist, via Palestro 33 ✉ 00185 ℘ 4041205, Telex 623178, Fax 4041208 – 🕴
   📺 ☎. 🆎 🅢 ⓪ 🅴 VISA. ❄   HU a
   🖵 20000 – **38 cam** 99/140000.

🏨 **Ariston** senza rist, via Turati 16 ✉ 00185 ℘ 4465400, Telex 614479, Fax 4465396 – 🕴 🖵
   📺 ☎. 🆎 🅢 ⓪ 🅴 VISA. ❄   HV t
   97 cam 🖵 100/140000, 🍽 20000.

🏨 **Venezia** senza rist, via Varese 18 ✉ 00185 ℘ 4457101, Telex 616038 – 🕴 🖵 📺 ☎
                                                           HU c
   59 cam.

🏨 **Medici** senza rist, via Flavia 96 ✉ 00187 ℘ 4827319, Fax 4740767 – 🕴 📺 ☎. 🆎 🅢 ⓪
   🅴 VISA. ❄   GU a
   68 cam 🖵 92/154000.

🏨 **Centro** senza rist, via Firenze 12 ✉ 00184 ℘ 464142, Telex 612125, Fax 4957729 – 🕴
   📺 ☎. 🆎 🅢 ⓪ 🅴 VISA. ❄   GV n
   38 cam 🖵 130/180000.

🏨 **Igea** senza rist, via Principe Amedeo 97 ✉ 00185 ℘ 4466911 – 🕴 ☎. ❄   HV u
   🖵 8000 – **42 cam** 65/100000.

🏨 **Duca d'Alba** senza rist, via Leonina 12 ✉ 00184 ℘ 484712, Telex 620401, Fax 4884840 –
   🕴 🖵 cam 📠. 🆎 🅢 ⓪ 🅴 VISA   FX v
   25 cam 🖵 85/120000, 🍽 20000.

🏵 ❀ **Sans Souci**, via Sicilia 20/24 ✉ 00187 ℘ 4823845, Fax 4821771, Rist. elegante-
   soupers, prenotare – 🖵. 🆎 🅢 ⓪ 🅴 VISA. ❄   FU p
   chiuso a mezzogiorno e dal 13 agosto al 4 settembre – Pas carta 74/128000 (15%)
   Spec. Quenelle di spigola farcita all'astaco, Risotti e soufflé, Agnello pré-salé in crosta alla salsa di timo.
   Vini Sauvignon, Rubesco.

🍴🍴🍴 Harry's Bar, via Vittorio Veneto 150 ✉ 00187 ℘ 4745832, Coperti limitati; prenotare – 🖵
                                                           FU a

🍴🍴 Piccolo Mondo, via Aurora 39/d ✉ 00187 ℘ 4814595, Tavernetta elegante – 🖵   FU h

🍴🍴 **Coriolano**, via Ancona 14 ✉ 00198 ℘ 8551122, Coperti limitati; prenotare – 🖵. 🆎 🅢
   ⓪ 🅴 VISA   HU g
   chiuso domenica e dal 3 agosto al 2 settembre – Pas carta 64/106000 (15%).

🍴🍴 **Cesarina**, via Piemonte 109 ✉ 00187 ℘ 460828, Rist. con specialità bolognesi – 🖵. 🆎
   🅢 ⓪ 🅴 VISA. ❄   GU n
   chiuso domenica – Pas carta 40/68000.

🍴🍴 **Loreto**, via Valenziani 19 ✉ 00187 ℘ 4742454, Rist. con specialità di mare – 🖵. 🆎. ❄
   chiuso domenica e dal 10 al 28 agosto – Pas carta 51/76000.   GU m

🍴🍴 **Andrea**, via Sardegna 28 ✉ 00187 ℘ 4821891, Fax 4828151, Coperti limitati; prenotare –
   🖵. 🆎 🅢 ⓪ 🅴 VISA   FU v
   chiuso domenica, lunedì a mezzogiorno ed agosto – Pas carta 52/99000.

🍴🍴 **Girarrosto Toscano**, via Campania 29 ✉ 00187 ℘ 4821899, Fax 4821899 – 🖵. 🆎 🅢
   ⓪ 🅴 VISA. ❄   FU v
   chiuso mercoledì – Pas carta 48/77000.

🍴🍴 **Mario's Hostaria**, piazza del Grillo 9 ✉ 00184 ℘ 6793725, 🌿, prenotare – 🆎 🅢 🅴
   VISA. ❄   FX e
   chiuso domenica – Pas carta 31/58000.

🍴🍴 **Giovanni**, via Marche 64 ✉ 00187 ℘ 4821834, Rist. d'habitués – 🖵. 🆎 VISA   FU u
   chiuso venerdì sera, sabato ed agosto – Pas carta 42/76000.

🍴🍴 **Mangrovia**, via Milazzo 6/a ✉ 00185 ℘ 4452755, Fax 4959204, Rist. con specialità di
   mare – 🖵. 🆎 🅢 ⓪ 🅴 VISA   HV a
   chiuso domenica – Pas carta 35/58000.

🍴🍴 Bonne Nouvelle, via del Boschetto 73 ✉ 00184 ℘ 486781, Coperti limitati; prenotare – 🖵
                                                           FV m

🍴🍴 **Al Chianti**, via Ancona 17 ✉ 00198 ℘ 8551083, Trattoria toscana con taverna, prenotare
   – 🖵. 🆎 🅢 ⓪ 🅴 VISA   HU g
   chiuso domenica e dal 6 al 22 agosto – Pas carta 37/56000.

XX **Dai Toscani,** via Forlì 41 ✉ 00161 𝒫 8831302, Rist. con specialità toscane – ☒   JU **a**
chiuso domenica ed agosto – Pas carta 40/60000.

XX **Mino,** via Magenta 48 ✉ 00185 𝒫 4959204, Telex 621357, Fax 4959204 – ▤. ☒ 🄑 ⑩
☒ 𝘝𝘐𝘚𝘈. ⋘
HV   **v**
chiuso sabato – Pas carta 32/50000.

XX **Peppone,** via Emilia 60 ✉ 00187 𝒫 483976 – ▤. ☒ 🄑 ⑩ ☒ 𝘝𝘐𝘚𝘈. ⋘
FU   **g**
chiuso domenica ed agosto – Pas carta 35/64000.

XX **Charly's Saucière,** via di San Giovanni in Laterano 270 ✉ 00184 𝒫 736666, Coperti
limitati; prenotare – ▤. ☒ 🄑 ☒ 𝘝𝘐𝘚𝘈. ⋘
HY   **e**
chiuso domenica ed agosto – Pas carta 40/53000.

XX **Grappolo d'Oro,** via Palestro 4/8 ✉ 00185 𝒫 4941441 – ▤. ☒ 🄑 ⑩ ☒ 𝘝𝘐𝘚𝘈
HU   **d**
chiuso domenica ed agosto – Pas carta 45/52000.

XX **Tullio,** via di San Nicola da Tolentino 26 ✉ 00187 𝒫 4818564, Trattoria toscana – ▤. ☒
🄑 ⑩ ☒ 𝘝𝘐𝘚𝘈. ⋘
FU   **x**
chiuso domenica ed agosto – Pas carta 40/60000.

X **La Taverna,** via Massimo d'Azeglio 3/f ✉ 00184 𝒫 4744305 – ▤. ☒ 🄑 ⑩ ☒
𝘝𝘐𝘚𝘈
GV   **v**
chiuso sabato e dal 1° al 26 agosto – Pas carta 25/38000.

X **Hostaria Costa Balena,** via Messina 5/7 ✉ 00198 𝒫 8417686, Trattoria con specialità
di mare – ▤. ☒ 🄑 ⑩ ☒ 𝘝𝘐𝘚𝘈. ⋘
HU   **b**
chiuso sabato a mezzogiorno, domenica e dal 10 al 29 agosto – Pas carta 28/53000.

X **Crisciotti-al Boschetto,** via del Boschetto 30 ✉ 00184 𝒫 4744770, 🌤, Trattoria
rustica – 🄑 𝘝𝘐𝘚𝘈
FV   **r**
chiuso sabato ed agosto – Pas carta 23/39000 (10%).

X **Tempio di Bacco,** via Lombardia 36/38 ✉ 00187 𝒫 4814625, « Saletta con affresco
murale » – ▤
FU   **h**

X **Hostaria da Vincenzo,** via Castelfidardo 6 ✉ 00185 𝒫 484596 – ▤. ☒ 🄑 ⑩ ☒
𝘝𝘐𝘚𝘈
GU   **c**
chiuso domenica, lunedì a mezzogiorno ed agosto – Pas carta 32/58000.

X Cannavota, piazza San Giovanni in Laterano 20 ✉ 00184 𝒫 775007 – ▤
HY   **a**

X **Monte Arci,** via Castelfidardo 33 ✉ 00185 𝒫 4941220, Fax 4941347, Trattoria-pizzeria
con specialità sarde – ☒ ⑩ 𝘝𝘐𝘚𝘈. ⋘
HU   **m**
chiuso domenica – Pas carta 25/42000.

X **Colline Emiliane,** via degli Avignonesi 22 ✉ 00187 𝒫 4817538, Rist. con specialità
emiliane, prenotare – ▤
FU   **s**
chiuso venerdì ed agosto – Pas carta 37/54000.

X **Al Bersagliere-da Raffone,** via Ancona 43 ✉ 00198 𝒫 8551003, Rist. rustico
caratteristico – ▤. ☒ ⑩ 𝘝𝘐𝘚𝘈
HU   **g**
chiuso sabato e dal 5 al 20 agosto – Pas carta 36/68000.

X **Elettra,** via Principe Amedeo 72 ✉ 00185 𝒫 4745397, Trattoria d'habitués – ☒ 🄑 ⑩
☒ 𝘝𝘐𝘚𝘈. ⋘
GV   **p**
chiuso sabato e dal 5 al 28 agosto – Pas carta 28/44000.

X Da Domenico, via di San Giovanni in Laterano 134 ✉ 00184 𝒫 734774, Trattoria d'habitués
– ▤
GY   **n**

Zona sud– Aventino, Porta San Paolo, Terme di Caracalla, via Appia Nuova (Pianta : Roma
p. 6 e 7) :

🏠 **Sant'Anselmo** senza rist, piazza Sant'Anselmo 2 ✉ 00153 𝒫 5743547, Telex 622812,
Fax 5783604, 🌤 – ⋙ ☎. 🄑 𝘝𝘐𝘚𝘈. ⋘
DEZ   **e**
45 cam ☲ 115/165000.

🏠 **Villa San Pio** senza rist, via di Sant'Anselmo 19 ✉ 00153 𝒫 5755231, Fax 5783604, 🌤
– 🛗 ⋙ ☎. 🄑 𝘝𝘐𝘚𝘈. ⋘
DEZ   **e**
59 cam ☲ 115/165000.

🏠 **Domus Maximi** ⤫ senza rist, via Santa Prisca 11/b ✉ 00153 𝒫 5782565 – ☎. 🄑
23 cam ☲ 80/133000.
EZ   **b**

XX ❀ **Checchino dal 1887,** via Monte Testaccio 30 ✉ 00153 𝒫 5746318, 🌤, Rist. storico,
cucina romana, prenotare – ☒ 🄑 ⑩ ☒ 𝘝𝘐𝘚𝘈. ⋘
DZ   **a**
chiuso agosto; da luglio a settembre anche domenica sera e lunedì – Pas carta 51/74000
(15%)
Spec. Rigatoni con la l pajata l, Coda alla vaccinara, Padellotto di frattaglie. Vini Barbera.

XX **Da Severino,** piazza Zama 5/c ✉ 00183 𝒫 7000872 – ▤. ☒ 🄑 ⑩ ☒ 𝘝𝘐𝘚𝘈. ⋘   JZ **e**
chiuso domenica sera, lunedì, dal 1° al 28 agosto e dal 24 al 30 dicembre – Pas
carta 50/73000.

XX **Apuleius,** via Tempio di Diana 15 ✉ 00153 𝒫 5742160, « Taverna ispirata allo stile
dell'antica Roma »
EZ   **a**
chiuso domenica – Pas carta 40/70000.

Zona Trastevere (quartiere tipico) (Pianta : Roma p. 9) :

XXX ❀ **Alberto Ciarla,** piazza San Cosimato 40 ✉ 00153 ✆ 5818668, Fax 6884377, 🍽, Coperti limitati; prenotare – AE ⓓ E VISA. ✻ CY u
chiuso a mezzogiorno, domenica, dal 23 dicembre al 6 gennaio e dal 12 al 28 agosto – Pas carta 75/105000
Spec. I crudi di pesce e crostacei, Zuppa di pasta e fagioli ai frutti di mare, Panacea calda di pesci e crostacei. Vini Velletri bianco.

XXX **Cul de Sac 2,** vicolo dell'Atleta 21 ✉ 00153 ✆ 5813324, Coperti limitati; prenotare – ▤. AE Ⓢ ⓓ VISA DY a
chiuso domenica sera, lunedì ed agosto – Pas carta 60/70000.

XX **Corsetti-il Galeone,** piazza San Cosimato 27 ✉ 00153 ✆ 5816311, Rist. con specialità di mare, « Ambiente caratteristico » – ▤. AE Ⓢ ⓓ E VISA. ✻ CY g
chiuso mercoledì – Pas carta 35/62000.

XX **Carlo Menta,** via della Lungaretta 101 ✉ 00153 ✆ 5803737, Rist. con specialità di mare, prenotare – ▤. AE Ⓢ ⓓ E VISA. ✻ CY z
chiuso a mezzogiorno, lunedì, gennaio ed agosto – Pas carta 63/78000 (15%).

XX Sabatini a Santa Maria in Trastevere, piazza di Santa Maria in Trastevere 13 ✉ 00153 ✆ 582026, 🍽, Rist. con specialità romane e di mare. CY n

XX **Galeassi,** piazza di Santa Maria in Trastevere 3 ✉ 00153 ✆ 5803775, 🍽, Rist. con specialità romane e di mare – ▤. ✻ CY f
chiuso lunedì e dal 20 dicembre al 20 gennaio – Pas carta 44/69000.

XX **Sabatini,** vicolo Santa Maria in Trastevere 18 ✉ 00153 ✆ 5818307, 🍽, Rist. con specialità romane e di mare CY n
chiuso mercoledì – Pas carta 48/90000.

XX **Checco er Carettiere,** via Benedetta 10 ✉ 00153 ✆ 5817018, 🍽, Rist. tipico con specialità romane e di mare – ▤. AE ⓓ VISA CX k
chiuso domenica sera, lunedì e dal 10 agosto al 10 settembre – Pas carta 50/69000.

XX **Pastarellaro,** via di San Crisogono 33 ✉ 00153 ✆ 5810871, Rist. con specialità romane e di mare – ▤. AE Ⓢ ⓓ E VISA DY r
chiuso martedì ed agosto – Pas carta 40/56000 (10%).

XX **Taverna Trilussa,** via del Politeama 23 ✉ 00153 ✆ 5818918, Fax 5811064, 🍽, Rist. tipico con specialità romane – ▤. AE ⓓ VISA CY h
chiuso domenica sera, lunedì e dal 30 luglio al 28 agosto – Pas carta 26/45000.

XX **Paris,** piazza San Callisto 7/a ✉ 00153 ✆ 585378, 🍽 – AE Ⓢ ⓓ E VISA. ✻ CY c
chiuso domenica sera, lunedì ed agosto – Pas carta 40/65000.

XX **Er Comparone,** piazza in Piscinula 47 ✉ 00153 ✆ 5816249, 🍽, Rist. tipico con specialità romane – ▤. AE Ⓢ ⓓ E VISA DY e
chiuso lunedì e dal 20 dicembre al 1° gennaio – Pas carta 45/58000 (10%).

Dintorni di Roma

sulla strada statale 1 - via Aurelia (Pianta : Roma p. 4) :

🏨 **Jolly Hotel Midas,** via Aurelia al km 8 ✉ 00165 ✆ 6506, Telex 622821, Fax 6808457, ⛱, 🌳, 🎾 – |♦| ▤ 📺 ☎ ♿ Ⓟ – 🏛 800. AE Ⓢ ⓓ E VISA. ✻ rist LR a
Pas 40000 – **357 cam** ☐ 195/290000 – ½ P 185/235000.

🏨 **Villa Pamphili,** via della Nocetta 105 ✉ 00164 ✆ 5862, Telex 626539, Fax 6257747, 🏋, ≘s, ⛱ (coperta d'inverno), 🌳, 🎾 – |♦| ▤ 📺 ☎ ♿ Ⓟ – 🏛 25 a 500. AE Ⓢ ⓓ E VISA. ✻ rist LR b
Pas carta 42/70000 – **254 cam** ☐ 200/265000.

🏨 **Holiday Inn St. Peter's,** via Aurelia Antica 415 ✉ 00165 ✆ 5872, Telex 625434, Fax 6237190, ≘s, ⛱, 🌳, 🎾 – |♦| ⇔ cam ▤ 📺 ☎ ♿ Ⓟ – 🏛 25 a 300. AE Ⓢ ⓓ E VISA. ✻ LR e
Pas carta 56/85000 – ☐ 19000 – **321 cam** 208/307000.

🏨 **MotelAgip,** via Aurelia al km 8 ✉ 00165 ✆ 6379001, Telex 613699, Fax 6379001, ⛱ – |♦| ▤ 📺 ☎ ♿ Ⓟ – 🏛 25 a 160. AE Ⓢ ⓓ E VISA. ✻ rist LR a
Pas 32000 – **213 cam** ☐ 135/190000 – ½ P 143/198000.

XX **La Maielletta,** via Aurelia Antica 270 ✉ 00165 ✆ 6374957, Fax 6374957, Rist. tipico con specialità abruzzesi – Ⓟ. AE Ⓢ ⓓ E VISA. ✻ LR f
chiuso lunedì – Pas carta 37/50000.

sulla strada statale 3 - via Flaminia Nuova (Pianta : Roma p. 5) :

🏨 **Colony Flaminio** senza rist, via Monterosi 18 ✉ 00191 ✆ 3276843, Fax 3279495 – |♦| ▤ ☎ Ⓟ. AE Ⓢ ⓓ E VISA MQ a
☐ 10000 – **72 cam** 80/130000.

XX **La Cuccagna,** via Flaminia al km 16,500 ✉ 00188 ✆ 6912827, 🍽, Rist. di campagna, 🌳 – ⇔ Ⓟ. AE ⓓ. ✻ per ②
chiuso lunedì e dal 10 al 20 agosto – Pas carta 30/44000.

XX **Da Benito,** via Flaminia Nuova 230/232 ✉ 00191 ✆ 3272752 – ▤. AE Ⓢ ⓓ E VISA MQ m
chiuso lunedì – Pas carta 41/62000.

X Ai Due Ponti, via Flaminia 858 ✉ 00191 ✆ 3332518 – Ⓟ MQ e

sulla strada statale 4 - via Salaria (Pianta : Roma p. 5) :

🏨 **Motel la Giocca e Rist. L'Elite,** via Salaria 1223 ⊠ 00138 ℰ 8804365 e rist ℰ 8804503,
Fax 8804495, ⅃ – 📺 🍴 ☎ ⇦ Ⓟ – 🛦 30. 🝿 🛐 ⓪ ⅇ 💳. ⫛ MQ **n**
Pas *(chiuso domenica sera, dal 23 dicembre al 6 gennaio e dall'8 al 28 agosto)*
carta 45/64000 – ⊊ 18000 – **50 cam** 108/153000 appartamenti 192/228000, 🛏 30000 –
P 150/186000.

🏨 **Eurogarden** senza rist, raccordo anulare Salaria-Flaminia ⊠ 00138 ℰ 8804507, ⅃, 🐎 –
🛏 📺 ☎ 🕭 Ⓟ. 🝿 ⓪ 💳. ⫛ MQ **s**
⊊ 15000 – **40 cam** 160000, 🛏 10000.

sulla strada statale 7 - via Appia Nuova (Pianta : Roma p. 5) :

🍴🍴 **Rinaldo all'Acquedotto,** via Appia Nuova 1267 ⊠ 00178 ℰ 7183910, Fax 7182968 – 🛏
Ⓟ. 🝿 🛐 ⓪ 💳. ⫛ NS **u**
chiuso martedì e dal 7 al 20 agosto – Pas carta 31/65000.

a Ciampino SE : 15 km NS – ⊠ **00043** :

🍴🍴 **Da Giacobbe,** via Appia Nuova 1681 ℰ 7240131, 🌤, prenotare – 🛏 Ⓟ. 🝿 ⓪. ⫛ NS **s**
chiuso lunedì ed agosto – Pas carta 32/48000.

🍴🍴 **Cesarino,** via Romana 70 (S : 2 km) ℰ 7270026, 🌤 – Ⓟ. 🝿 ⓪ 💳. ⫛ NS **b**
chiuso mercoledì – Pas carta 37/57000.

sulla via Appia Antica (Pianta : Roma p. 5) :

🍴🍴 **Cecilia Metella,** via Appia Antica 125/127 ⊠ 00179 ℰ 5136743, 🌤, « Giardino
ombreggiato » – Ⓟ MS **n**
chiuso lunedì – Pas carta 38/62000.

sulla via Ostiense (Pianta : Roma p. 5) :

🍴🍴 **Angelino 3 Gatti,** via delle Sette Chiese 68 ⊠ 00145 ℰ 5135272, 🌤, Coperti limitati;
prenotare – 🛏. 🝿 🛐 ⓪ ⅇ 💳. ⫛ MS **g**
chiuso domenica ed agosto – Pas carta 60/90000.

sulla via Cristoforo Colombo (Pianta : Roma p. 5) :

🏨 **Caravel** senza rist, via Colombo 124/c ⊠ 00147 ℰ 5115046, Fax 5134721 – 🛗 📺 🕭 –
🛦 60. ⫛ MS **w**
106 cam ⊊ 110/145000.

all'E.U.R. Città Giardino (Pianta : Roma p. 5) :

🏨 **Sheraton,** viale del Pattinaggio ⊠ 00144 ℰ 5453, Telex 626073, Fax 5423281, 🏋, ⅃,
⫛ – 🛗 🛏 📺 ☎ 🕭 ⇦ Ⓟ – 🛦 25 a 1800. 🝿 🛐 ⓪ ⅇ 💳. ⫛ MS **a**
Pas carta 55/110000 – **591 cam** ⊊ 420000 appartamenti 595/1700000.

🏨 **Shangri Là-Corsetti,** viale Algeria 141 ⊠ 00144 ℰ 5916441, Telex 614664, Fax 5413813,
⅃ riscaldata, 🐎 – 🛏 📺 ☎ 🕭 Ⓟ – 🛦 25 a 80. 🝿 🛐 ⓪ ⅇ 💳. ⫛ MS **b**
Pas *(chiuso dall'11 al 31 agosto)* carta 35/62000 – ⊊ 12000 – **52 cam** 180/230000
appartamenti 250/350000.

🏨 **Dei Congressi** senza rist, viale Shakespeare 29 ⊠ 00144 ℰ 5926021, Telex 614140, Fax
5911903 – 🛗 ☎ – 🛦 25 a 300. 🝿 🛐 ⓪ ⅇ 💳. ⫛ MS **p**
96 cam ⊊ 145/210000.

🍴🍴 **Vecchia America-Corsetti,** piazza Marconi 32 ⊠ 00144 ℰ 5926601, Rist. tipico e
birreria – 🛏. 🝿 🛐 ⓪ ⅇ 💳 MS **q**
chiuso martedì – Pas carta 43/69000.

sull'autostrada per Fiumicino in prossimità raccordo anulare (Pianta : Roma p. 4) :

🏨 **Holiday Inn-Eur Parco dei Medici,** viale Castello della Magliana 65 ⊠ 00148
ℰ 68581, Telex 613302, Fax 6857005, ⅃, 🐎, ⫛ – 🛗 🛏 📺 ☎ 🕭 Ⓟ – 🛦 160 a 800. 🝿
🛐 ⓪ ⅇ 💳. ⫛ LS **r**
Pas 60000 – ⊊ 15000 – **317 cam** 210/300000 – P 135000.

Vedere anche : *Ostia Antica* per ⑦ : 24 km.
Fiumicino per ⑧ : 28 km.
Lido di Ostia o di Roma per ⑦ : 31 km.

MICHELIN, via Alberto Pollio 10-Portonaccio (**MR** Roma p. 5) – ⊠ 00159, ℰ 4382541, Fax
433648 e via del Trullo 560 (**LS** Roma p. 4) – ⊠ 00148, ℰ 5232875.

« Scoprite » l'**Italia** con la guida Verde Michelin :

descrizione dettagliata dei paesaggi pittoreschi e delle "curiosità" ;

storia e geografia ;

musei e belle arti ;

itinerari regionali ;

piante topografiche di città e monumenti.

ROMAGNANO SESIA 28078 Novara 🗲🗲🗲 ②, 428 F 7 – 4 404 ab. alt. 268 – ✆ 0163.

Roma 650 – Biella 32 – ◆Milano 76 – Novara 30 – Stresa 40 – ◆Torino 94 – Vercelli 37.

　　XX　**Baiardo** con cam, via Novara 221 (S : 2 km) ✆ 832000, 🚗 – 📺 ☎ 🅿. ✗✗
　　　　chiuso luglio o agosto – Pas (chiuso mercoledì) carta 27/43000 – ⌑ 7000 – **9 cam** 55/85000.

ROMANO D'EZZELINO 36060 Vicenza 429 E 17 – 11 764 ab. alt. 132 – ✆ 0424.

Roma 547 – Belluno 81 – ◆Milano 238 – ◆Padova 47 – Trento 89 – Treviso 51 – ◆Venezia 80 – Vicenza 39.

　　XX　**Da Giuliano,** N : 1 km ✆ 36478 – 🅿. ✗✗
　　　　chiuso domenica sera, lunedì ed agosto – Pas carta 24/41000.

ROMANO DI LOMBARDIA 24058 Bergamo 428 429 F 11 – 15 172 ab. alt. 120 – ✆ 0363.

Roma 596 – ◆Bergamo 25 – ◆Brescia 47 – Cremona 52 – ◆Milano 53.

　　🏠　**Mariet,** ✆ 910987 – 📳. ✗✗ rist
　　⇌　Pas (chiuso sabato) carta 20/33000 – ⌑ 2500 – **32 cam** 23/33000 – ½ P 38000.

RONCADE 31056 Treviso 🗲🗲🗲 ⑤, 429 F 19 – 11 411 ab. alt. 8 – ✆ 0422.

Roma 543 – ◆Milano 107 – Treviso 13 – ◆Trieste 133 – ◆Venezia 32.

　　X　**Al Cacciatore** con cam, via Roma 82 ✆ 707065, 🌳 – 📟 rist 🅾. ᴀᴇ 🕃 ⓞ 🄴 🆅🅸🆂🅰. ✗✗
　　　　chiuso dal 25 luglio al 20 agosto – Pas (chiuso lunedì sera e martedì) carta 27/37000 – ⌑
　　　　4000 – **15 cam** 25/45000.

RONCADELLE Brescia – Vedere Brescia.

RONCEGNO 38050 Trento 🗲🗲🗲 ④, 429 D 16 – 2 265 ab. alt. 505 – a.s. Pasqua e Natale – ✆ 0461
– 🛈 piazza de Giovanni 2 ✆ 764028.

Roma 621 – Belluno 83 – ◆Milano 277 – ◆Padova 101 – Trento 33 – ◆Venezia 134.

　　🏛　**Palace Hotel** 🏖, ✆ 764012, Fax 764500, « Parco ombreggiato con ⚊ », 🎿, 🚡, 🏊,
　　　　✗ – 📳 🚻 ☎ 🅿 – 🛗 150. ✗✗
　　　　maggio-ottobre – Pas 38/45000 – ⌑ 15000 – **85 cam** 130/180000 – ½ P 130/150000.

RONCHI Massa-Carrara – Vedere Massa (Marina di).

RONCHI DEI LEGIONARI 34077 Gorizia 🗲🗲🗲 ⑥, 429 E 22 – 9 748 ab. alt. 11 – ✆ 0481.
✈ O : 2 km, ✆ 530036.

Roma 639 – Gorizia 22 – ◆Milano 378 – ◆Trieste 31 – Udine 41.

　　🏛　**Doge Inn,** viale Serenissima 71 ✆ 779401, Fax 474194 – ⇄⇄ rist 📟 📺 ☎ 🚻. ᴀᴇ ⓞ 🆅🅸🆂🅰.
　　　　✗✗ rist
　　　　Pas (chiuso a mezzogiorno, domenica ed agosto) carta 28/43000 – ⌑ 8000 – **21 cam**
　　　　62/90000, 📟 8000.

RONCIGLIONE 01037 Viterbo 🗲🗲🗲 ㉕ – 7 540 ab. alt. 441 – ✆ 0761.

Vedere Lago di Vico★ NO : 2 km.

Dintorni Caprarola : scala elicoidale★★ della Villa Farnese★ NE : 6,5 km.

Roma 54 – Civitavecchia 65 – Terni 80 – Viterbo 21.

　　　sulla via Cimina NE : 2 km :

　　XX　**Il Cardinale,** ✉ 01037 ✆ 612390, 🚗 – 🅿 – 🛗 100. ᴀᴇ 🕃 ⓞ 🆅🅸🆂🅰. ✗✗
　　　　chiuso lunedì e dal 7 gennaio al 5 febbraio – Pas carta 32/45000.

　　　a Punta del Lago NO : 3 km – ✉ **01037** Ronciglione :

　　🏛　**Sans Soucis** 🏖, ✆ 612052, ≤, 🏖⚐, 🚗 – 📳 📺 🅰🅰 🅿. ᴀᴇ ⓞ 🆅🅸🆂🅰. ✗✗ rist
　　　　Pas 27/30000 (10%) – ⌑ 9000 – **24 cam** 70/90000 – ½ P 80000.

RONCITELLI Ancona – Vedere Senigallia.

RONCOBELLO 24010 Bergamo 428 429 E 11 – 473 ab. alt. 1 009 – ✆ 0345.

Roma 648 – ◆Bergamo 47 – ◆Milano 89 – San Pellegrino Terme 22.

　　🏠　**Milano** 🏖, E : 1 km ✆ 84035, ≤ – 📳 🚗 🅿. ✗✗
　　　　Pas (chiuso mercoledì) 26/32000 – ⌑ 6000 – **31 cam** 30/60000 – P 58/65000.

RONCOBILACCIO Bologna 🗲🗲🗲 ⑭⑮, 429 J 15 – alt. 710 – ✉ **40031** Baragazza – a.s. luglio-
15 settembre – ✆ 0534.

Roma 324 – ◆Bologna 58 – ◆Firenze 50 – ◆Milano 252 – Pistoia 64.

　　🏛　**Roncobilaccio,** al casello autostrada A1 ✆ 97577, Telex 512508, Fax 97579, ≤ – 📳 ☎
　　　　🅿 – 🛗 120. ᴀᴇ 🕃 ⓞ 🄴 🆅🅸🆂🅰 ✗✗ rist
　　　　chiuso da gennaio al 15 febbraio – Pas (chiuso lunedì) carta 25/43000 – ⌑ 10000 – **86 cam**
　　　　80/110000.

RONCO SOPRA ASCONA 427 ㉔ 219 ⑦ – Vedere Cantone Ticino alla fine dell'elenco
alfabetico.

RONZONE 38010 Trento **429** C 15, **218** ⑳ – 338 ab. alt. 1 097 – a.s. Pasqua e Natale – ✪ 0463.
Roma 634 – ♦Bolzano 33 – Merano 43 – ♦Milano 291 – Trento 52.

▥ **Regina del Bosco-Waldkönigin,** ✆ 81267, Fax 81267, ☎, ▨, 🍝 – ▥ ☎ ⓟ. ▤ ▤
  VISA. ✻
  chiuso da ottobre al 9 dicembre – Pas carta 20/25000 – ☲ 15000 – **34 cam** 67/104000 –
  ½ P 82000.

▦ **Stella delle Alpi,** ✆ 82151, Fax 7156315, ≤, 🍝 – ▥ ☎ ᴃ ⓖ ⓟ. ﷽ ▤ ⓞ ▤ *VISA*. ✻
  chiuso dal 16 al 30 aprile e da novembre al 20 dicembre – Pas *(chiuso lunedì)* carta 26/35000
  – ☲ 7000 – **36 cam** 45/65000 – ½ P 45/63000.

✕✕ **Orso Grigio,** ✆ 82198 – ⓟ. ⓞ. ✻
  chiuso martedì e dal 10 gennaio al 10 febbraio – Pas carta 32/44000.

RORE Cuneo **77** ⑳ – Vedere Sampèyre.

ROSARNO 89025 Reggio di Calabria **988** ㊴ – 14 030 ab. alt. 61 – ✪ 0966.
Roma 644 – Catanzaro 100 – ♦Cosenza 63 – ♦Reggio di Calabria 67.

▥ **Vittoria,** ✆ 712041, Fax 712045 – ▥ ▤ ᴃ ➾ ⓟ – ⚿ 30 a 200. ﷽ ▤ ⓞ ▤ *VISA*.
  ✻ rist
  Pas carta 21/27000 – ☲ 5000 – **68 cam** 45/70000, ▤ 3000 – ½ P 50000.

ROSETO DEGLI ABRUZZI 64026 Teramo **988** ⑰㉗ – 22 131 ab. – a.s. luglio e agosto – ✪ 085.
🛈 piazza della Libertà 38 ✆ 8991157.
Roma 214 – ♦Ancona 131 – L'Aquila 99 – Ascoli Piceno 54 – Chieti 51 – ♦Pescara 30 – Teramo 32.

▥ **Palmarosa,** lungomare Trento 3 ✆ 8941615, 🏖 – ▥ ᴃ ➾ ⓟ. ✻
  Pasqua-ottobre – Pas carta 22/44000 – ☲ 10000 – **42 cam** 80000 – ½ P 55/82000.

▥ **Bellavista,** lungomare Trento 2 ✆ 8991294, ≤, 🏖, 🍝 – ▥ ᴃ ⓟ. ᴃ *VISA*. ✻ rist
  giugno-settembre – Pas *(solo per clienti alloggiati)* 20/30000 – ☲ 10000 – **80 cam** 47/70000
  – P 40/80000.

▦ **Tonino,** via Mazzini 15 ✆ 8993110, 🍴 – ⓟ. ✻ cam
  chiuso dal 15 dicembre al 10 gennaio e dal 15 al 30 settembre – Pas *(chiuso lunedì)*
  carta 27/51000 – ☲ 5000 – **20 cam** 60000 – P 45/60000.

▦ **La Tartaruga,** via Marcantonio 3 ✆ 8992188, 🏖 – ▤ *VISA*. ✻
  chiuso novembre – Pas *(chiuso martedì)* carta 22/35000 – ☲ 6000 – **30 cam** 40/70000 –
  ½ P 40/45000.

✕✕ **Tonino** con cam, via Volturno 11 ✆ 8990274, 🍴 – ▤ rist 📺 ﷽. ✻ cam
  chiuso dal 15 dicembre al 15 gennaio – Pas *(chiuso lunedì)* carta 30/58000 – ☲ 4000 –
  7 cam 50000 – P 38/55000.

✕✕ **Al Focolare di Bacco,** NE : 3 km ✆ 8941004, ≤ – ⓟ. ✻
  chiuso mercoledì e novembre – Pas carta 22/34000.

ROSIGNANO SOLVAY 57013 Livorno **988** ⑭ – a.s. 15 giugno-15 settembre – ✪ 0586.
Roma 294 – Grosseto 107 – ♦Livorno 24 – Siena 104.

▥ **Elba Hotel** senza rist, via Aurelia 301 ✆ 760915, Fax 760939 – ▥ ▤ 📺 ☎ ⓟ. ﷽ ᴃ
  ⓞ ▤ *VISA*. ✻
  ☲ 10000 – **27 cam** 57/82000, ▤ 20000.

ROSOLINA 45010 Rovigo **429** G 18 – 5 710 ab. alt. 4 – ✪ 0426.
🛈 (chiuso martedì) all'Isola Albarella ⊠ 45010 Rosolina ✆ 330124, Telex 434659, Fax 330009,
E : 16 km.
🛈 piazza Albertin 16 ✆ 664541, Fax 664543.
Roma 493 – ♦Milano 298 – ♦Ravenna 78 – Rovigo 39 – ♦Venezia 67.

a Rosolina Mare NE : 11 km – ⊠ **45010**.
🛈 (giugno-settembre) via dei Ligustri 3 ✆ 68012 :

▥ **Olympia,** ✆ 68057, Fax 68284, « Giardino ombreggiato », 🏖 – ▥ ☎ ⓟ. ﷽ ᴃ ⓞ ▤
  VISA. ✻ rist
  15 aprile-10 ottobre – Pas 20/24000 – ☲ 9000 – **62 cam** 55/75000 – ½ P 43/64000.

▥ **Alexander,** ✆ 68047, Fax 68089, 🏊, 🏖 – ▥ ☎ ⓟ. ﷽ ᴃ ⓞ ▤ *VISA*. ✻ rist
  aprile-ottobre – Pas *(chiuso aprile ed ottobre)* carta 25/40000 – ☲ 9000 – **64 cam** 55/75000
  – ½ P 43/68000.

all'isola Albarella E : 16 km – ⊠ **45010** Rosolina :

▥▥ **Golf Hotel** 🐾, ✆ 67373, Telex 434659, Fax 67009, 🍴, « Terrazza-giardino », 🎣, ▨,
  🏖, ✗, 🛝 – ▥ ▤ 📺 ☎ ᴃ ⓟ – ⚿ 50
  stagionale – **22 cam**.

▥ **Capo Nord** 🐾, ✆ 67139, 🏊, 🏖, 🍝, ✗ – ▥ ▤ ᴃ ᴃ ⓟ
  stagionale – **42 cam**.

506

ROSSANO STAZIONE 87068 Cosenza 988 ㊳ – 35 213 ab. alt. 35 – ✿ 0983.

Dintorni Rossano : Codex Purpureus★ nel museo Diocesano S : 6,5 km.

Roma 512 – Catanzaro 160 – ◆Cosenza 104 – Crotone 90 – ◆Taranto 163.

🏛 **Europa Lido Palace,** sulla strada statale 106 (N : 1 km) 🌶 22095, Fax 22096 – 🛗 🗏 📺
☎ 🚗 🅿. 🖪 ⓞ ℇ 𝘝𝘐𝘚𝘈. ✵
Pas *(chiuso domenica)* 20/25000 – 🖵 8000 – **55 cam** 102000, 🛏 5000 – ½ P 80000.

🏠 **Scigliano,** 🌶 21846, Fax 21847 – 🛗 🗏 rist 📺 ☎ 🅿. 🕮 🖪 ⓞ ℇ 𝘝𝘐𝘚𝘈
Pas carta 23/30000 – 🖵 7000 – **36 cam** 48/70000 – ½ P 60/65000.

a Lido Sant'Angelo N : 2 km – ✉ **87068** Rossano Stazione :

🏠 **Murano,** 🌶 21788, ≤, 🌿, 🐾, ✳ – 🛗 🔌 🅿. 🕮 🖪 ⓞ ℇ 𝘝𝘐𝘚𝘈. ✵
chiuso sino ad aprile – Pas *(chiuso venerdi)* carta 29/38000 – 🖵 8000 – **37 cam** 50/75000
– ½ P 60/70000.

ROTA (Monte) (RADSBERG) Bolzano – Vedere Dobbiaco.

ROTA D'IMAGNA 24037 Bergamo 428 E 10, 219 ⑩ – 778 ab. alt. 665 – a.s. luglio e agosto –
✿ 035.

Roma 628 – ◆Bergamo 27 – Lecco 40 – ◆Milano 64.

🏠 **Miramonti** 🦢, 🌶 868000, ≤ – 🛗 🅿. 🕮. ✵
15 maggio-15 ottobre – Pas *(chiuso mercoledi)* carta 25/37000 – **54 cam** 🖵 25/48000 –
½ P 45/50000.

ROTONDA 85048 Potenza 988 ㊳ – 3 962 ab. alt. 634 – ✿ 0973.

Roma 426 – ◆Cosenza 101 – ◆Napoli 220 – Potenza 165 – ◆Taranto 177.

🏠 **Santa Filomena,** 🌶 661149 – ☎ 🅿. 🕮. ✵
Pas 20/22000 – 🖵 3500 – **14 cam** 22/32000 – ½ P 35/45000.

ROVATO 25038 Brescia 988 ③, 428 429 F 11 – 13 054 ab. alt. 172 – ✿ 030.

Roma 570 – ◆Bergamo 35 – ◆Brescia 18 – ◆Milano 76.

XX ✿ **Tortuga,** via Abate Angelini 10 🌶 722980, Solo piatti di pesce, « Servizio estivo sotto
un pergolato » – 🕮 🖪 ⓞ ℇ 𝘝𝘐𝘚𝘈. ✵
*chiuso domenica sera, lunedi, dal 1° al 15 gennaio, dal 13 al 20 agosto e a mezzogiorno
in agosto* – Pas carta 49/70000
Spec. Carpaccio di branzino con la rucola, Spaghetti Tortuga, Sampietro al vapore con biete e coste. **Vini**
Franciacorta, Chianti.

ROVERETO 38068 Trento 988 ④, 428 429 E 15 – 32 820 ab. alt. 212 – a.s. dicembre-aprile –
✿ 0464.

🚹 via Dante 63 🌶 430363, Telex 400280, Fax 435528.

Roma 561 – ◆Bolzano 80 – ◆Brescia 129 – ◆Milano 216 – Riva del Garda 22 – Trento 28 – ◆Verona 75
– Vicenza 72.

🏛 **Leon d'Oro** senza rist, via Tacchi 2 🌶 437333, Fax 439644 – 🛗 📺 ☎ 🚗 🅿 – 🛗 70. 🕮
🖪 ⓞ ℇ 𝘝𝘐𝘚𝘈
52 cam 🖵 80/130000.

🏠 **Rovereto,** corso Rosmini 82 🌶 435222, Telex 401010, Fax 439644, 🌿 – 🛗 🗏 rist 📺 ☎
🅿 – 🛗 50. 🕮 🖪 ⓞ ℇ 𝘝𝘐𝘚𝘈. ✵ rist
Pas *(chiuso venerdi e domenica sera)* carta 32/51000 – **49 cam** 🖵 75/120000 –
½ P 85/100000.

🏠 Flora, via Abetone 94 🌶 438333 – 🛗 ⇔ cam 📺 ☎ 🕭 🅿
33 cam.

🏠 **Rialto,** via Carducci 13 🌶 434599, Telex 340160, Fax 438247 – 🛗 ⇔ 📺 ☎ 🕭 – 🛗 40.
🕮 🖪 ⓞ ℇ 𝘝𝘐𝘚𝘈. ✵
Pas *(chiuso sabato, domenica sera e dal 1° al 28 agosto)* carta 34/49000 – 🖵 10000 –
60 cam 75/120000 – ½ P 95000.

XXX ✿ **Al Borgo,** via Garibaldi 13 🌶 436300, prenotare – 🕮 🖪 ⓞ ℇ 𝘝𝘐𝘚𝘈. ✵
chiuso domenica sera, lunedi, dal 1° al 10 febbraio e dal 10 luglio al 10 agosto – Pas
carta 53/80000
Spec. Carpaccio di cernia marinata con olive e pinoli, Spaghetti con l'astice, Controfiletto di agnello in crosta
di erbe. **Vini** Nosiola, Marzemino.

XX **Mozart 1769,** via Portici 36/38 🌶 430727, Coperti limitati; prenotare – 🕮 🖪 ℇ 𝘝𝘐𝘚𝘈
✵
chiuso martedi, mercoledi a mezzogiorno ed agosto – Pas carta 47/68000.

ROVERETO SULLA SECCHIA 41030 Modena – alt. 22 – ✿ 059.

Roma 435 – ◆Ferrara 68 – ◆Milano 186 – Modena 28 – Reggio nell'Emilia 37 – ◆Verona 97.

XX **Belzebù,** 🌶 671078, Solo piatti di pesce – 🗏 🅿. 🕮 🖪 ⓞ ℇ 𝘝𝘐𝘚𝘈. ✵
chiuso sabato a mezzogiorno e lunedi – Pas carta 48/74000.

ROVETTA 24020 Bergamo – 2 760 ab. alt. 658 – a.s. luglio e agosto – ✆ 0346.

Roma 638 – ◆Bergamo 37 – ◆Brescia 84 – Edolo 75 – ◆Milano 83.

🏠 **S. Ambroeus**, O : 1 km ✆ 71228, 🚗 – 🚘 – 🅿 – 🏛 200. 🍴 rist
   Pas *(chiuso mercoledì)* carta 25/38000 – 🍽 6000 – **23 cam** 48000 – ½ P 50/60000.

Vedere anche : *Fino del Monte* E : 1 km.

ROVIGO 45100 🅿 🔢🔢🔢 ⑤ ⑮, 🔢🔢🔢 G 17 – 52 498 ab. alt. 6 – ✆ 0425.

🔱 via Dunant 10 ✆ 361481, Fax 30416 – A.C.I. piazza 20 Settembre 9 ✆ 25833.

Roma 457 ④ – ◆Bologna 79 ④ – ◆Ferrara 33 ③ – ◆Milano 285 ① – ◆Padova 41 ① – ◆Venezia 78 ①.

ROVIGO

Angeli (Via) . . . . **AY** 2	Popolo (Corso del) . . . . . **AY**, **BZ**	Bedendo (Via N.) . . . . . . **BY** 3
Matteotti (Piazza G.) . . . **AY** 15	Umberto I (Via) . . . . **AY** 23	Carducci (Via G.) . . . . . . **BZ** 4
	Vitt. Emanuele II (Piazza) . . . . **ABY** 24	Casalini (Via A.) . . . . **AZ** 6
		Cavour (Via) . . . . **BZ** 7
		Fonderia (Via Ponte della) . **BZ** 8
		Garibaldi (Piazza) . . . . . **BY** 10
		Garibaldi (Via A.) . . . . . . **BY** 12
		Grimani (Via M.) . . . . . . **AY** 13
		Repubblica (Piazza della) . **AY** 16
		Ricchieri (Via) . . . . **AY** 17
		Speroni d. Alvarotti (V.) . . **ABZ** 19
		Trento (Via) . . . . **AZ** 21
		10 Luglio (Via) . . . . **BYZ** 25
		20 Settembre (Piazza) . . . **BY** 26

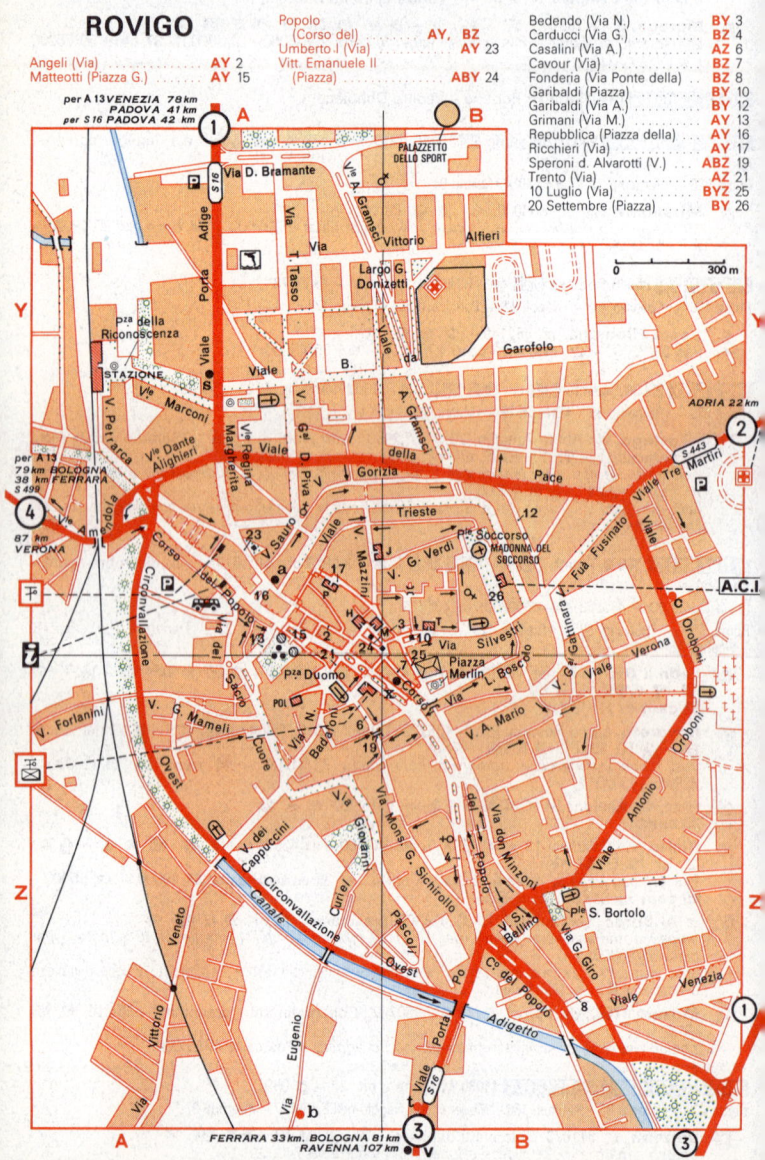

508

🏛 **Corona Ferrea** senza rist, via Umberto I n° 21 ℰ 26201 – 📶 ▤ 📺 ☎ & 🚗 – 🅰 50.
AE 🆂 ⓞ E *VISA*   AY a
chiuso agosto – ⚏ 8500 – **30 cam** 60/100000, ▤ 5000.

🏛 **Europa Palace,** viale Porta Po 92 ℰ 474797, Fax 474888 – 📶 ▤ 📺 ☎ 🚗 🄿 – 🅰 30
a 200. AE 🆂 ⓞ E *VISA*. ✵ rist   BZ v
Pas *(chiuso domenica sera e lunedì)* carta 31/46000 – ⚏ 8000 – **56 cam** 80/120000 –
½ P 65/75000.

🏛 **Cristallo,** viale Porta Adige 1 ℰ 30701, Fax 31083 – 📶 ▤ 📺 ☎ 🄿 – 🅰 200. AE 🆂
ⓞ E *VISA*   AY s
Pas *(chiuso venerdì)* carta 33 /54000 (15%) – ⚏ 10000 – **42 cam** 65/100000 – ½ P 80/90000.

🏠 **Granatiere** senza rist, corso del Popolo 235 ℰ 22301 – 📶 ▤ 📺 📷. AE 🆂 ⓞ E *VISA*
⚏ 6000 – **30 cam** 58/98000, ▤ 10000.   BZ x

XX 3 Pini, viale Porta Po 68 ℰ 27111 – ▤ 🄿   BZ t

XX **La Campana,** via Eugenio Curiel 23 ℰ 27552, �, 🌡 – 🄿. AE *VISA*. ✵   AZ b
chiuso martedì ed agosto – Pas carta 28/36000.

X   Cauccio con cam, viale Oroboni 50 ℰ 31639 – 🄿   BY c
13 cam.

Vedere anche : **Pontecchio Polesine** per ③ : 7 km.

ROVIO 427 ⑳, 219 ⑧ – Vedere Cantone Ticino alla fine dell'elenco alfabetico.

RUBANO 35030 Padova – 12 298 ab. alt. 18 – ✪ 049.
Roma 499 – ◆Milano 224 – ◆Padova 8 – ◆Venezia 48 – ◆Verona 72 – Vicenza 25.

🏢 **La Bulesca** ⤸, via Fogazzaro 2 ℰ 630288, Telex 430402, Fax 8975543, 🌡 – 📶 ▤ 📺
☎ 🄿 – 🅰 30 a 300. AE 🆂 ⓞ E *VISA*. ✵
Pas *(chiuso domenica)* carta 35/50000 – ⚏ 15000 – **59 cam** 75/120000 appartamenti 160000
– ½ P 85000.

🏢 **El Rustego,** via Rossi 16 ℰ 631466, Fax 631558, 🌡 – 📶 ▤ 📺 & 🄿 – 🅰 60. AE 🆂
E *VISA*
Pas vedere rist El Rustego – ⚏ 12000 – **41 cam** 70/105000 – ½ P 84/102000.

XX **El Rustego,** via Rossi 16 ℰ 634997 – 🄿. AE *VISA*
chiuso domenica e dal 28 luglio al 25 agosto – Pas carta 30/42000.

a Sarmeola SE : 3 km – ⊠ **35030** :

🏛 **Le Calandre** senza rist, strada statale ℰ 635200, Fax 633026 – 📶 ▤ 📺 ☎ 🄿. AE 🆂
ⓞ E *VISA*
chiuso dal 23 dicembre al 6 gennaio – ⚏ 9000 – **35 cam** 80/105000.

XX **Le Calandre,** strada statale ℰ 630303 – 🄿. AE 🆂 ⓞ E *VISA*
chiuso lunedì ed agosto – Pas carta 42/68000.

RUBIERA 42048 Reggio nell'Emilia 988 ⑭, 428 429 I 14 – 9 665 ab. alt. 55 – ✪ 0522.
Roma 415 – ◆Bologna 53 – ◆Milano 162 – ◆Modena 12 – ◆Parma 40 – Reggio nell'Emilia 13.

🏛 **Aquila d'Oro,** piazza 24 Maggio 3 ℰ 62124, Fax 628145 – 📶 📺 ☎. AE 🆂 ⓞ E *VISA*.
✵
chiuso Natale, Pasqua ed agosto – Pas vedere rist Arnaldo-Clinica Gastronomica –
⚏ 15000 – **36 cam** 64/97000.

XX ✿ **Arnaldo-Clinica Gastronomica,** piazza 24 Maggio 3 ℰ 62124, Fax 628145 – AE 🆂
ⓞ E *VISA*. ✵
chiuso domenica e lunedì a mezzogiorno – Pas carta 38/55000 (12%)
Spec. Spugnolata (pasta), Arrosto al Barolo, Bolliti misti. Vini Malvasia, Lambrusco.

RUFINA 50068 Firenze 429 K 16 – 5 821 ab. alt. 115 – ✪ 055.
Roma 271 – Arezzo 74 – ◆Bologna 120 – ◆Firenze 25 – Forlì 84 – ◆Milano 314 – Siena 109.

🏠 **La Speranza-da Grazzini,** ℰ 8397027, 🌥 – 📷 🚗 🄿. AE 🆂 E *VISA*
Pas *(chiuso mercoledì e dal 15 al 31 luglio)* carta 18/27000 (10%) – ⚏ 4500 – **28 cam**
27/55000 – ½ P 40/46000.

RUMO 38020 Trento 428 429 C 15 – 857 ab. alt. 939 – a.s. Pasqua e Natale – ✪ 0463.
Roma 639 – ◆Bolzano 62 – ◆Milano 300 – Trento 55.

🏛 **Du Parc** ⤸, località Mocenigo ℰ 30179, ≤, 🌡 – ☎ 🄿. 🆂 *VISA*. ✵
chiuso dal 10 gennaio al 10 febbraio – Pas *(chiuso mercoledì)* carta 26/41000 – ⚏ 8000 –
17 cam 80/130000 – ½ P 65/70000.

☛ *When in a hurry use the Michelin Main Road Maps :*
970 *Europe,* 980 *Greece,* 984 *Germany,* 985 *Scandinavia-Finland,*
986 *Great Britain and Ireland,* 987 *Germany-Austria-Benelux,* 988 *Italy,*
989 *France,* 990 *Spain-Portugal and* 991 *Yugoslavia.*

RUSSI 48026 Ravenna 988 ⑮, 429 I 18 – 10 894 ab. alt. 13 – ✪ 0544.
Roma 374 – ♦Bologna 67 – Faenza 16 – ♦Ferrara 82 – Forlì 20 – ♦Milano 278 – ♦Ravenna 15.

a Godo NE : 4 km – ⌧ 48010 :

✗ **La Barca,** ✆ 419595, Solo piatti di pesce, Coperti limitti; prenotare – ⅍ 🖿 🅰🅴 🆂 ⑩
🅴 𝑽𝑰𝑺𝑨. ⅍
chiuso giovedì e dal 10 al 25 luglio – Pas carta 39/60000.

a San Pancrazio SE : 5 km – ⌧ 48020 :

✗ **La Cucoma,** ✆ 534147, Solo piatti di pesce – ⅍ 🅿 🅰🅴
chiuso domenica sera, lunedì e dal 20 luglio al 20 agosto – Pas 25/50000.

RUTA Genova – Vedere Camogli.

RUTIGLIANO 70018 Bari 988 ㉙ – 16 468 ab. alt. 122 – ✪ 080.
Roma 463 – ♦Bari 19 – ♦Brindisi 100 – ♦Taranto 87.

✗✗ **La Locanda,** via Leopardi 71 ✆ 661152, 🍽 – 🅰🅴 🆂 ⑩ 🅴 𝑽𝑰𝑺𝑨
chiuso martedì e dall'8 luglio all'8 agosto – Pas carta 30/53000.

RUTTARS Gorizia – Vedere Dolegna del Collio.

RUVO DI PUGLIA 70037 Bari 988 ㉙ – 24 417 ab. alt. 256 – ✪ 080.
Vedere Cratere di Talos✶✶ nel museo Archeologico Jatta – Cattedrale✶.
Roma 441 – ♦Bari 34 – Barletta 32 – ♦Foggia 105 – Matera 64 – ♦Taranto 117.

🏨 **Pineta** ⑤, via Carlo Marx 5 ✆ 811578 – 🖿 rist ☎ 🅿 – 🕍 200. ⑩. ⅍
chiuso novembre – Pas *(chiuso venerdì)* carta 38/50000 – 🖵 9000 – **21 cam** 43/74000 –
P 86000.

SABAUDIA 04016 Latina 988 ㉖ – 14 376 ab. – a.s. Pasqua e luglio-agosto – ✪ 0773.
Roma 96 – Frosinone 56 – Latina 28 – ♦Napoli 149 – Terracina 26.

✗✗ La Pineta, corso Vittorio Emanuele III ✆ 55053, 🍽.

sul lungomare SO : 2 km :

🏨 **Le Dune** ⑤, ⌧ 04016 ✆ 55551, Telex 680163, Fax 55643, ≤, 🍽, 𝄁ₒ, 🏖, ⌇, 🐾ₒ, ⅍
– 🛗 🅿 ☎ 🅿 – 🕍 100. ⅍
aprile-ottobre – Pas 50/70000 – 🖵 18000 – **77 cam** 95/160000 – ½ P 160/170000.

SABBIONETA 46018 Mantova 988 ⑭, 428 429 H 13 – 4 528 ab. alt. 18 – ✪ 0375.
Vedere Insieme urbano✶ – Teatro Olimpico✶ – Chiesa dell'Incoronata✶ – Galleria delle Antichità✶
nel palazzo del Giardino Roma 469 – ♦Bologna 107 – Mantova 34 – ♦Milano 142 – ♦Modena 67 – ♦Parma 28.

🏨 **Al Duca,** ✆ 52474 – 🆂 🅴 𝑽𝑰𝑺𝑨. ⅍
chiuso gennaio – Pas *(chiuso lunedì)* carta 25/37000 – 🖵 6000 – **10 cam** 42/65000.

✗✗ **Parco Cappuccini,** a Vigoreto ✆ 52005, Fax 220056, « Parco ombreggiato » – ⅍ 🅿 🅰🅴
🆂 🅴 𝑽𝑰𝑺𝑨. ⅍
chiuso lunedì, mercoledì sera e dal 1° al 25 gennaio – Pas carta 28/37000.

SACCA Parma – Vedere Colorno.

SACILE 33077 Pordenone 988 ⑤, 429 E 19 – 16 544 ab. alt. 25 – ✪ 0434.
Roma 596 – Belluno 65 – Treviso 45 – ♦Trieste 126 – Udine 64.

✗✗ **Sacellum,** via della Pietà 20 ✆ 734358 – 🅰🅴 ⑩ 𝑽𝑰𝑺𝑨. ⅍
chiuso domenica sera, lunedì e dal 20 luglio al 20 agosto – Pas carta 37/45000.

SACRA DI SAN MICHELE ✶✶✶ Torino 988 ⑫, 428 G 4 – alt. 962.
Vedere Abbazia✶✶✶ : ≤✶✶✶.
Roma 702 – Aosta 147 – Briançon 97 – Cuneo 102 – ♦Milano 174 – ♦Torino 37.

SACROFANO 00060 Roma – 4 338 ab. alt. 260 – ✪ 06.
Roma 28 – Viterbo 59.

✗ **Al Grottino,** ✆ 9086263, 🍽, « Ambiente caratteristico » – 🅰🅴
chiuso mercoledì e dal 5 al 30 agosto – Pas 35/40000 bc.

SACRO MONTE Novara 219 ⑥ – Vedere Orta San Giulio.

SACRO MONTE Varese 219 ⑦⑧ – alt. 880 – ✪ 0332.
Roma 641 – Como 35 – Luino 30 – ♦Milano 64 – Varese 8.

a Prima Cappella S : 2 km – alt. 585 – ⌧ 21030 Santa Maria del Monte :

✗✗ **La Samaritana** ⑤ con cam, ✆ 225035, ≤, 🍽 – 𝑽𝑰𝑺𝑨. ⅍
chiuso dall'8 al 23 novembre – Pas *(chiuso lunedì)* carta 30/51000 – 🖵 5000 – **8 cam**
50/65000 – P 75/80000.

SAINT-CHRISTOPHE 11020 Aosta 428 E 4, 219 ② – 2 545 ab. alt. 700 – ❁ 0165.

Roma 744 – Aosta 4 – Colle del Gran San Bernardo 36 – ◆Milano 182 – ◆Torino 111.

XX **Sanson,** ♪ 541410, prenotare – **℗**. 🔳 **E** 𝑉𝐼𝑆𝐴. ✵
chiuso mercoledì, giovedì a mezzogiorno e luglio – Pas carta 33/57000.

XX **Casale,** ♪ 541203 – **℗**. 𝐴𝐸 🔳 **◎ E** 𝑉𝐼𝑆𝐴. ✵
chiuso lunedì, dal 15 al 30 gennaio e dal 1° al 15 dicembre – Pas carta 30/60000.

sulla strada statale 26 SE : 1,5 km

🏨 **Hotelalp** senza rist, ✉ 11100 Aosta ♪ 40007, ≤, 🌴 – ☎ ৬ **℗**. 𝐴𝐸 🔳 𝑉𝐼𝑆𝐴
chiuso novembre – ☷ 7000 – **52 cam** 90000.

SAINT-NICOLAS 11010 Aosta 428 E 3, 219 ②⑫ – 265 ab. alt. (frazione Fossaz) 1 196 – a.s. luglio e agosto – ❁ 0165.

Roma 764 – Aosta 17 – Courmayeur 36 – ◆Milano 202 – Colle del Piccolo San Bernardo 54.

🏠 **Saint Nicolas** ≫, ♪ 98824, ≤ monti e vallate, 🌴 –
20 giugno-settembre – Pas carta 28/46000 – ☷ 6500 – **22 cam** 42/68000 – ½ P 53/63000.

SAINT-VINCENT 11027 Aosta 988 ②, 428 E 4 – 4 770 ab. alt. 575 – Stazione termale (maggio-ottobre), a.s. 15 giugno-settembre e Natale – ❁ 0166 – 🇧 via Roma 52 ♪ 2239.

Roma 722 – Aosta 29 – Colle del Gran San Bernardo 61 – Ivrea 46 – ◆Milano 159 – ◆Torino 88 – Vercelli 97.

🏨🏨 **Gd H. Billia,** viale Piemonte 18 ♪ 3546, Telex 212144, Fax 201799, ≤, « Parco ombreggiato con ⌁ riscaldata », 🏋, ⇌, ⚹ – 🛗 ▤ rist 📺 ☎ **℗** – 🔬 50 a 500. 𝐴𝐸 🔳 ◎ **E** 𝑉𝐼𝑆𝐴. ✵ rist
Pas 62000 – ☷ 18000 – **250 cam** 220/320000 appartamenti 650000 – ½ P 222000.

🏨 **Elena** senza rist, piazza Monte Zerbion ♪ 2140, Fax 37459 – 🛗 📺 ☎. 𝐴𝐸 🔳 ◎ **E** 𝑉𝐼𝑆𝐴. ✵
chiuso novembre – ☷ 9000 – **48 cam** 55/88000.

🏨 **Haiti** senza rist, via Chanoux 19 ♪ 512114 – 📺 ☎ ⇌. ✵
chiuso dal 15 gennaio al 15 febbraio – ☷ 8000 – **25 cam** 58/79000.

🏨 **Posta,** piazza 28 Aprile ♪ 2250 – 🛗 📺 ☎. ✵
Pas *(chiuso giovedì)* 28000 – ☷ 8000 – **39 cam** 52/85000 – ½ P 80000.

🏠 **Bijou** senza rist, piazza Cavalieri di Vittorio Veneto ♪ 2770 – 🛗 ☎. 𝑉𝐼𝑆𝐴. ✵
☷ 8000 – **30 cam** 42/58000.

🏠 **Leon d'Oro,** via Chanoux 26 ♪ 2202, 🌴 – ☎ **℗**. 𝐴𝐸 🔳 **E** 𝑉𝐼𝑆𝐴. ✵ rist
Pas 20/30000 – ☷ 6000 – **50 cam** 45/65000 – ½ P 55/60000.

XXX ❁ **Nuovo Batezar-da Renato,** via Marconi 1 ♪ 3164, prenotare – ▤. 𝐴𝐸 🔳 ◎ **E** 𝑉𝐼𝑆𝐴
chiuso a mezzogiorno (escluso sabato, domenica e i giorni festivi), mercoledì, dal 20 febbraio al 10 marzo e dal 10 al 24 dicembre – Pas carta 60/120000
Spec. Sinfonia di pesce, Gnocchetti ai pinoli, Filetto di agnello agli aromi di montagna. **Vini** Blanc de Morgex, Pinot nero.

XX **Le Grenier,** piazza Monte Zerbion 1 ♪ 512224, Fax 512224, « Ambiente caratteristico » –
𝐴𝐸 🔳 ◎ **E** 𝑉𝐼𝑆𝐴. ✵
chiuso lunedì a mezzogiorno, martedì, dal 6 al 26 gennaio e dal 6 al 26 luglio – Pas carta 47/72000.

XX **I Due Nani,** via Roma 30 ♪ 3407 – 𝐴𝐸 🔳 ◎ 𝑉𝐼𝑆𝐴
chiuso lunedì, martedì a mezzogiorno (escluso luglio-agosto) e novembre – Pas carta 43/60000.

a Salirod SE : 8 km – alt. 1 090 – ✉ **11027** Saint Vincent :

XX **Da Ezio,** ♪ 2322, ≤ – ✵
chiuso martedì sera e mercoledì – **Pas** carta 27/41000.

a Col du Joux E : 16 km alt. 1 640 – ✉ **11027** Saint Vincent :

XX Stella Alpina, ♪ 3527, ≤ – **℗**.

SALA BAGANZA 43038 Parma 428 429 H 12 – 4 012 ab. alt. 162 – ❁ 0521.

Dintorni Torrechiara★ : affreschi★ e ≤★ dalla terrazza del Castello SE : 10 km.

🏴 La Rocca (chiuso gennaio, febbraio e lunedì) ♪ 834037.

Roma 472 – ◆Milano 136 – ◆Parma 14 – ◆La Spezia 105.

XX **Da Eletta,** ♪ 833304, prenotare – **℗**. 𝑉𝐼𝑆𝐴
chiuso a mezzogiorno (escluso i giorni festivi), lunedì, martedì e dal 16 luglio al 24 agosto – Pas carta 36/44000.

XX **I Pifferi,** E : 1 km ♪ 833243, « Servizio estivo all'aperto » – **℗**. ✵
chiuso lunedì e dal 6 al 31 gennaio – Pas carta 43/59000.

SALA COMACINA 22010 Como 428 E 9, 219 ⑨ – 580 ab. alt. 213 – ❁ 0344.

Roma 649 – Como 24 – ◆Lugano 39 – Menaggio 11 – ◆Milano 72.

X **Taverna Blu,** ♪ 55107, « Servizio estivo in giardino con ≤ » – **℗**
chiuso martedì e settembre – Pas 38/40000 bc.

Vedere anche : *Isola Comacina* E : 5 mn di barca.

Roma 350 – Castrovillari 104 – ♦Napoli 144 – Potenza 64 – Salerno 93.

sulla strada statale 19 SE : 3 km :

🏠 **La Pergola**, ✉ 84030 Trinità ✆ 45054 – 🍽 🚗 Ⓟ ◉
🛏 Pas carta 20/36000 – ☐ 6500 – **28 cam** 26/40000 – ½ P 59000.

SALE MARASINO 25057 Brescia 428 E 12 – 3 084 ab. alt. 194 – a.s. Pasqua e luglio-15 settembre – ✆ 030.

Roma 589 – ♦Bergamo 47 – ♦Brescia 31 – Iseo 8 – ♦Milano 88 – ♦Verona 104.

XX **La Posada** con cam, ✆ 986181, ≤, 🌳, 🛥 – 🚗 Ⓟ AE Ⓢ ◉ E VISA ❀ rist
chiuso gennaio – Pas *(chiuso lunedì)* carta 25/41000 – **13 cam** ☐ 64/50000 – ½ P 50/58000.

SALEMI Trapani – Vedere Sicilia alla fine dell'elenco alfabetico.

SALERNO 84100 Ⓟ 988 27 29 – 152 159 ab. – ✆ 089.

Vedere Duomo★★ B – Via Mercanti★ AB – Lungomare Trieste★ AB.

Escursioni Costiera Amalfitana★★★.

🅱 piazza Ferrovia o Vittorio Veneto ✆ 231432 – piazza Amendola 8 ✆ 224744.

A.C.I. via Giacinto Vicinanza 11 ✆ 226677.

Roma 263 ④ – ♦Foggia 154 ① – ♦Napoli 56 ④.

Lloyd's Baia, strada statale ℘ 210145, Telex 770043, Fax 210186, ← golfo di Salerno, Terrazze ed ascensore per la spiaggia, ∑, 🛥 – 🛗 ▤ 📺 ☎ 🚗 🅿 – 🔬 30 a 250. 🖭
🗗 ① 💳 🎢 rist   3 km per ③
Pas 43000 – **120 cam** ⊑ 135/200000 – ½ P 135/170000.

Jolly, lungomare Trieste 1 ℘ 225222, Telex 770050, Fax 237571, ← – 🛗 ▤ 📺 ☎ 🅿 –
🔬 120. 🖭 🗗 ① 💳 🎢 rist   **A a**
Pas carta 35/60000 – **105 cam** ⊑ 150/190000 – ½ P 125/180000.

Montestella senza rist, corso Vittorio Emanuele 156 ℘ 225122 – 🛗 ← 📺 ☎ 🔥. 🖭
🗗 💳 🎢   **B s**
⊑ 15000 – **51 cam** 55/88000.

Plaza senza rist, piazza Ferrovia o Vittorio Veneto ℘ 224477, Fax 237311 – 🛗 ▤ cam 📺
🕮. 🖭 🗗 ① 💳 🎢   per corso Vittorio Emanuele   **B**
⊑ 12000 – **42 cam** 55/88000, ▤ 17000.

Hotel K senza rist, via Somma 47 ℘ 752720 – 🛗 ☎ 🚗 🅿 – 🔬 100. 💳
⊑ 12000 – **53 cam** 55/88000.   per ②

Fiorenza senza rist, a Mercatello via Trento 145 ℘ 751160, Fax 337737 – ▤ cam 📺 ☎ –
🔬 150. 🖭 🗗 ① 💳 💳   per ②
⊑ 12000 – **30 cam** 54/87000, ▤ 12000.

Il Timone, via Generale Clark 29/36 ℘ 335111, 🍴 – 🗗 💳 💳 🎢   per ②
chiuso domenica sera, lunedì e dal 23 dicembre al 14 gennaio – Pas carta 31/45000 (10%).

Nicola dei Principati, corso Garibaldi 201 ℘ 225435 – ▤. 🖭 🗗 ① 💳   **B u**
chiuso lunedì – Pas carta 27/43000 (10%).

La Brace, lungomare Trieste 11 ℘ 225159 – ← ▤ 🅿. 🖭 🗗 ① 💳 💳 🎢   **A g**
chiuso domenica e dal 20 al 31 dicembre – Pas carta 30/46000 (15%).

Del Golfo, via Porto 57 ℘ 231581, 🍴 – 🖭 🗗 ① 💳 💳 🎢   per via Porto   **A**
chiuso martedì da ottobre ad aprile – Pas carta 24/39000 (12%).

Fusto d'Oro, via Fieravecchia 29 ℘ 224685 – ← ▤. 🗗 ① 💳 🎢   **B x**
chiuso mercoledì e dal 12 al 24 agosto – Pas carta 30/50000.

SALGAREDA 31040 Treviso 429 E 19 – 4 613 ab. alt. 7 – 🕿 0422.
Roma 560 – ◆Milano 299 – Pordenone 38 – Treviso 22 – ◆Venezia 49.

Alle Marcandole, via Argine Piave ℘ 747026, Fax 747749 – 🅿. 🖭 💳 🎢
chiuso giovedì – Pas carta 24/39000.

SALICE TERME 27056 Pavia 988 ⑬, 428 H 9 – alt. 171 – Stazione termale (marzo-dicembre) –
🕿 0383.
🖪 via Marconi 8 ℘ 91207.
Roma 583 – Alessandria 37 – ◆Genova 89 – ◆Milano 73 – Pavia 41.

President Hotel Terme 🏖, via Enrico Fermi ℘ 91941, Telex 351288, Fax 92342, ∑,
🎗, ♣ – 🛗 ▤ cam 📺 ☎ 🅿 – 🔬 40 a 350. 🖭 🗗 ① 💳 💳 🎢
Pas 32/38000 – ⊑ 12000 – **122 cam** 108/140000 appartamenti 248/280000, ▤ 11000 –
½ P 108/118000.

Roby, via Cesare Battisti 15 ℘ 91323 – 🅿. 🎢 rist
aprile-ottobre – Pas *(chiuso martedì)* carta 20/30000 – ⊑ 3500 – **23 cam** 45/55000 –
P 45/55000.

Il Caminetto, via Cesare Battisti 11 ℘ 91391, 🍴 – ▤ 🅿. 🖭 🗗 ① 💳 💳 🎢
chiuso lunedì e gennaio – Pas carta 45/55000.

Guado, viale delle Terme 57 ℘ 91223, 🍴 – 🖭 🗗 ① 💳 💳 🎢
chiuso mercoledì e dal 15 gennaio al 15 febbraio – Pas carta 35/50000.

SALINA (Isola) Messina 988 ㊱㊲㊳ – Vedere Sicilia (Eolie, isole) alla fine dell'elenco alfabetico.

SALIROD Aosta – Vedere Saint Vincent.

SALÒ 25087 Brescia 988 ④, 428 429 F 13 – 10 194 ab. alt. 75 – a.s. Pasqua e luglio-
15 settembre – 🕿 0365.
Vedere Lago di Garda*** – Polittico* nel Duomo.
🖫 e 🖫 Gardagolf (chiuso lunedì) a Soiano del Lago ⊠ 25080 t° 67470, N : 12 km.
🖪 lungolago Zanardelli 39 ℘ 21423.
Roma 548 – ◆Bergamo 85 – ◆Brescia 31 – ◆Milano 126 – Trento 94 – ◆Venezia 173 – ◆Verona 63.

Laurin, ℘ 22022, Telex 303342, Fax 22382, 🍴, « Giardino con ∑ » – 🛗 ☎ 🅿 – 🔬 25
a 35. 🖭 🗗 ① 💳 💳 🎢 rist
chiuso dal 20 dicembre al 20 gennaio – Pas carta 60/75000 – ⊑ 20000 – **35 cam** 125/195000
– ½ P 135/155000.

Duomo, ℘ 21026, Fax 21028, ←, 🍴 – 🛗 ▤ cam 📺 ☎ 🚗 🅿 – 🔬 30. 🖭 🗗 ① 💳
💳 🎢 rist
Pas *(chiuso lunedì, martedì a mezzogiorno e dal 10 novembre al 4 dicembre)* carta 42/72000
– ⊑ 15000 – **22 cam** 88/132000 – ½ P 135000.

- **Vigna,** ℰ 520144, ≤ – 🛏 🖭 rist ☎, 🅱 🅾 🗲 VISA, 🦮 rist
  chiuso gennaio – Pas carta 32/52000 – ⊐ 6000 – **22 cam** 43/71000 – ½ P 60/66000.
- ✕ Antica Trattoria da Nando, località Campoverde ℰ 40027, Fax 40027, 🦮 – 🅿.
- ✕ **Alla Campagnola,** ℰ 22153 – 🖭 🅱 🗲 VISA, 🦮
  chiuso lunedì, martedì a mezzogiorno e gennaio – Pas carta 27/49000.

  a Barbarano NE : 2,5 km verso Gardone Riviera – ⊠ **25087** Salò :

- 🏨 **Spiaggia d'Oro** ⊱, ℰ 20764, Telex 301088, Fax 20770, ≤, 🏖, « Giardino sul lago con
  🝆 » – 🛏 🖭 📺 🅾 🖭 🅾 🗲 VISA, 🦮 rist
  Pas 32/45000 – **39 cam** ⊐ 120/210000, 🖭 4000 – ½ P 130/150000.
- 🏠 **Barbarano al Lago** ⊱, senza rist, ℰ 20324, ≤, « Piccolo parco ombreggiato », 🝆 – 🅿
  VISA
  10 maggio-6 ottobre – ⊐ 7000 – **16 cam** 80/100000.
- 🏠 **Barbarano Galeazzi,** ℰ 20256, 🦮 – 🛏 🅿, VISA, 🦮 rist
  20 aprile-8 ottobre – Pas carta 27/43000 – ⊐ 7000 – **35 cam** 58/85000 – ½ P 70/74000.

  Vedere anche : *Gardone Riviera* NE : 3,5 km.
  San Felice del Benaco SE : 7 km.

  Si vous cherchez un hôtel tranquille,
  consultez d'abord les cartes de l'introduction
  ou repérez dans le texte les établissements indiqués avec le signe ⊱ *ou* ⊱.

SALSOMAGGIORE TERME 43039 Parma 988 ⑬ ⑭, 428 429 H 12 – 17 613 ab. alt. 160 –
Stazione termale, a.s. agosto-ottobre – ✆ 0524.

🅱 viale Romagnosi 7 ℰ 78265, Telex 530104.
Roma 488 ① – Cremona 57 ① – ♦Milano 113 ① – ♦Parma 33 ① – Piacenza 52 ① – ♦La Spezia 128 ①.

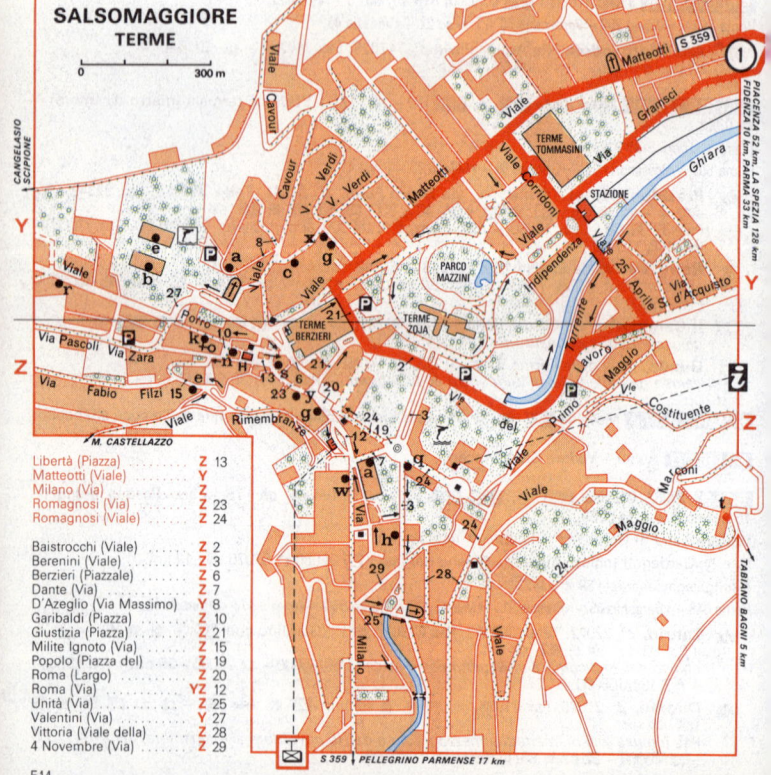

Gd H. et de Milan, via Dante 1 ✆ 572241, Telex 530370, Fax 573884, « Piccolo parco ombreggiato con 🏊 », ⅙, ≘s, ♣ – |‡| ▤ cam TV ☎ P – 🔺 80. AE 🅂 ⦿ E VISA. ✻ rist
aprile-novembre – Pas 60/65000 – ☕ 20000 – **112 cam** 190/260000 appartamenti 280/350000 – ½ P 200/230000 Z a

Porro 🌿, viale Porro 10 ✆ 78221, Telex 530639, Fax 77878, « Parco ombreggiato », ⅙, ♣ – |‡| ▤ rist TV ☎ P. AE 🅂 ⦿ E VISA. ✻ rist Y b
chiuso dal 10 al 31 gennaio – Pas 45/50000 – ☕ 13000 – **82 cam** 145/210000 appartamenti 300/350000 – ½ P 148/180000.

Daniel, via Massimo D'Azeglio 8 ✆ 572341, 🌳 – |‡| ▤ cam TV ☎ P. AE ⦿. ✻ rist
10 aprile-10 novembre – Pas 35000 – ☕ 15000 – **36 cam** 66/103000 – ½ P 75/92000. Y a

Valentini 🌿, viale Porro 10 ✆ 78251, « Parco ombreggiato », ♣ – |‡| ▤ ☎ P – 🔺 200. AE 🅂 ⦿ E VISA. ✻ rist Y e
15 marzo-20 novembre – Pas 35/45000 – ☕ 10000 – **126 cam** 60/90000 – ½ P 85/105000.

Regina, largo Roma 3 ✆ 571611, Fax 79541, ≘s, ♣ – |‡| TV ☎ P – 🔺 80. AE 🅂 ⦿ E VISA. ✻ rist Z g
Pas 45000 – **95 cam** ☕ 150/200000 – ½ P 150000.

Excelsior, viale Berenini 3 ✆ 70641, Fax 573888, ⅙, 🏊 – |‡| TV ☎ 🚗 P – 🔺 30 a 40. VISA. ✻ Z h
15 aprile-8 novembre – Pas 38000 – **63 cam** ☕ 83/136000 – P 89/106000.

Tiffany's, viale Berenini 1 ✆ 77540, Fax 70055 – |‡| ▤ TV ☎ P. 🅂 E VISA. ✻ Z q
aprile-novembre – Pas 35/40000 – ☕ 12000 – **30 cam** 75/105000 – P 80/100000.

Roma, via Mascagni 10 ✆ 573371 – |‡| ▤ TV ☎ P. 🅂 ⦿ E VISA. ✻ rist Y x
aprile-novembre – Pas 35000 – ☕ 12000 – **24 cam** 95000 – ½ P 65/85000.

Cristallo, via Rossini 1 ✆ 77241, Telex 531342, Fax 574022 – |‡| ▤ rist TV ☎ P. AE 🅂 ⦿ E VISA. ✻ rist Y g
aprile-novembre – Pas 30/35000 – ☕ 10000 – **59 cam** ☕ 70/100000 – ½ P 70/90000.

Ritz, via Milite Ignoto 5 ✆ 77744 – |‡| ☎ P. 🅂. ✻ Z e
aprile-novembre – Pas 33/38000 – ☕ 12000 – **27 cam** 81000 – ½ P 65/72000.

De la Ville, piazza Garibaldi 1 ✆ 573526 – |‡| ☎. 🅂 ⦿ E VISA. ✻ rist Z n
15 aprile-15 novembre – Pas 22/26000 – ☕ 7000 – **40 cam** 48/70000 – ½ P 60/64000.

Villa Fiorita, via Milano 2 ✆ 77841, 🌳 – |‡| ☎ P. ✻ rist Z w
25 aprile-ottobre – Pas 35/38000 – ☕ 7000 – **43 cam** 60/85000 – ½ P 60/70000.

Suisse, viale Porro 5 ✆ 79077, 🌳 – |‡| ☎ P. 🅂 E VISA. ✻ Z k
20 marzo-15 novembre – Pas *(chiuso martedì)* 27000 – ☕ 7000 – **23 cam** 53/80000 – ½ P 68000.

Panda, via Mascagni 6 ✆ 79448 – |‡| ☎ 🚗. ✻ Y c
aprile-novembre – Pas 23/25000 – ☕ 7000 – **27 cam** 55/78000 – ½ P 62/70000.

Brescia, via Romagnosi 1 ✆ 573517, Fax 572958 – |‡| ☎. AE 🅂 ⦿ E VISA. ✻ Z s
aprile-novembre – Pas 22/26000 – ☕ 9000 – **32 cam** 55/80000 – ½ P 51/65000.

Peracchi, via Romagnosi 8 ✆ 571406, 🌳 – ☎. AE 🅂 ⦿ E VISA. ✻ Z y
marzo-novembre – Pas 30000 – ☕ 6500 – **31 cam** 53/79000.

Rex, viale Porro 37 ✆ 573481 – |‡| ⊭ rist ☎ P. VISA. ✻ Y r
15 marzo-15 novembre – Pas 25/30000 – ☕ 8000 – **27 cam** 40/60000 – ½ P 46/55000.

XXX **Al Tartufo,** viale Marconi 30 ✆ 573696, prenotare, ≤ – P. AE 🅂 ⦿ E VISA Z t
chiuso lunedì e dal 15 gennaio al 15 febbraio – Pas carta 48/78000.

sulla strada statale 359 NE : 3 km :

XX **Vecchio Parco,** ✉ 43039 ✆ 573492, 🌳 – P. AE 🅂 ⦿ E VISA. ✻
chiuso martedì e gennaio – Pas carta 35/58000.

SALTINO Firenze – Vedere Vallombrosa.

SALUGGIA 13040 Vercelli 988 ⑫, 428 G 6 – 4 049 ab. alt. 194 – ☏ 0161.
Roma 678 – Asti 55 – ♦Milano 113 – ♦Torino 39 – Vercelli 40.

XX **Quarello** con cam, ✆ 480151 – ▤ rist TV ☎. 🅂 E VISA
chiuso dal 28 luglio al 24 agosto – Pas *chiuso lunedì* carta 25/41000 – ☕ 2500 – **23 cam** 40/65000 – ½ P 45/50000.

SALUZZO 12037 Cuneo 988 ⑫, 428 I 4 – 16 291 ab. alt. 395 – ☏ 0175.
🅸 via Griselda 6 ✆ 46710, Fax 46718.
Roma 662 – Asti 76 – Cuneo 32 – ♦Milano 202 – Sestriere 86 – ♦Torino 52.

Griselda senza rist, corso 27 Aprile 13 ✆ 47484, Fax 47489 – |‡| ▤ TV ☎ 🚗 P – 🔺 80. AE 🅂 E VISA
☕ 9000 – **34 cam** 55/83000, ▤ 7000.

Astor senza rist, piazza Garibaldi 39 ✆ 45506 – |‡| TV ☎. AE 🅂 E VISA. ✻
☕ 8000 – **26 cam** 70/90000.

XX **Corona Grossa,** via Silvio Pellico 3 ℰ 45384 – 🔥 30. 🆎 🅱 ᴇ 𝗩𝗜𝗦𝗔
chiuso lunedì sera, martedì e luglio – Pas carta 24/45000.

XX **La Taverna di Porti Scür,** via Volta 14 ℰ 41961, Coperti limitati; prenotare – 🅱 ᴇ 𝗩𝗜𝗦𝗔.
%
chiuso lunedì – Pas carta 32/50000.

XX **La Gargotta del Pellico,** piazzetta Mondagli 5 ℰ 46833, prenotare – 🆎 🅱 ⓄⒹ ᴇ 𝗩𝗜𝗦𝗔
chiuso lunedì ed agosto – Pas carta 39/60000 (10%).

SALVAROLA TERME Modena – Vedere Sassuolo.

SALVAROSA Treviso – Vedere Castelfranco Veneto.

SALZANO 30030 Venezia 429 F 18 – 10 647 ab. alt. 11 – ✪ 041.
Roma 520 – ♦Padova 29 – Treviso 34 – ♦Venezia 23.

verso Noale NO : 4 km :

X **Da Flavio e Fabrizio,** ✉ 30030 ℰ 440645 – Ⓟ 🆎 🅱 ⓄⒹ ᴇ 𝗩𝗜𝗦𝗔 %
chiuso lunedì e dal 10 al 20 agosto – Pas carta 24/47000.

SAMBUCA Firenze – Vedere Tavarnelle Val di Pesa.

SAMMOMMÈ Pistoia – Vedere Pistoia.

SAMPÈYRE 12020 Cuneo 428 I 3, 77 ⑳ – 1 475 ab. alt. 976 – a.s. luglio-agosto e Natale –
✪ 0175.
Roma 680 – Cuneo 51 – ♦Milano 238 – ♦Torino 88.

a Rore E : 3 km – alt. 883 – ✉ 12020 :

X **Degli Amici** con cam, ℰ 96119, ≤ – %
🛬 Pas *(chiuso giovedì escluso luglio e agosto)* carta 20/32000 – ☷ 4000 – **14 cam** 38/48000
– ½ P 40/45000.

SAN BARTOLOMEO AL MARE 18016 Imperia 428 K 6 – 2 947 ab. – ✪ 0183.
🅸 via Aurelia 139 ℰ 400200.
Roma 606 – ♦Genova 107 – Imperia 11 – ♦Milano 231 – San Remo 34.

🏨 **Bergamo,** ℰ 400060, Fax 401021, ⤒ – � 📺 ☎ ⇔. 🆎 🅱 . %
24 aprile-settembre – Pas 30/40000 – ☷ 12000 – **54 cam** 45/70000 – ½ P 65/70000.

XX **Al Frantoio,** via Pairola 23 ℰ 402487 – Ⓟ. 𝗩𝗜𝗦𝗔. %
chiuso giovedì – Pas carta 50/89000.

SAN BASSANO 26020 Cremona 428 429 G 11 – 2 088 ab. alt. 59 – ✪ 0374.
Roma 532 – ♦Bergamo 59 – ♦Brescia 55 – Cremona 22 – ♦Milano 63 – Piacenza 32.

X **Leon d'Oro** con cam, ℰ 73119 – Ⓟ. 🅱 𝗩𝗜𝗦𝗔. %
chiuso agosto – Pas *(chiuso domenica sera e lunedì)* carta 28/51000 – ☷ 3000 – **7 cam**
32/55000 – ½ P 45000.

SAN BENEDETTO Verona – Vedere Peschiera del Garda.

SAN BENEDETTO DEL TRONTO 63039 Ascoli Piceno 988 ⑯⑰ – 45 241 ab. – a.s. luglio-
settembre – ✪ 0735.
🅸 viale delle Tamerici 5 ℰ 2237 – piazzale Stazione (giugno-settembre) ℰ 4436.
Roma 231 – ♦Ancona 89 – L'Aquila 122 – Ascoli Piceno 34 – Macerata 69 – ♦Pescara 68 – Teramo 49.

🏨 **Roxy,** viale Buozzi 6 ℰ 4441, Fax 4446, ⤒ – 🔧 🔲 📺 ☎ Ⓟ 🆎 ⓄⒹ 𝗩𝗜𝗦𝗔. %
Pas *(luglio-agosto)* 35000 – ☷ 10000 – **73 cam** 100/152000 – ½ P 116000.

🏨 **Sabbiadoro,** viale Marconi 46 ℰ 81911, Fax 81967, ≤, « Terrazza panoramica con ⤒ »,
🐾 – 🔧 🔲 ☎. 🆎 Ⓓ. %
25 maggio-15 settembre – Pas 25/30000 – ☷ 10000 – **63 cam** 60/90000 – ½ P 60/85000.

🏨 **Bahia,** viale Europa 98 ℰ 81711, Fax 81673, ≤, 🐾 – 🔧 🔲 rist ☎ Ⓟ 🆎 🅱 Ⓞ ᴇ 𝗩𝗜𝗦𝗔
% rist
20 maggio-settembre – Pas 25/30000 – ☷ 12000 – **44 cam** 60/80000 – ½ P 60/75000.

🏨 **Solarium,** viale Europa 102 ℰ 81733, Fax 81616, 🐾 – 🔧 🔲 📺 ☎ Ⓟ 🆎 🅱 Ⓞ ᴇ
𝗩𝗜𝗦𝗔. % rist
chiuso dal 22 dicembre al 10 gennaio – Pas carta 34/52000 – ☷ 7000 – **45 cam** 70/100000
– ½ P 70/85000.

🏨 **Garden,** viale Buozzi 8 ℰ 60246, Fax 68762 – 🔧 🔲 rist 📺 ☎ ⇔. % rist
chiuso dal 23 dicembre al 7 gennaio – Pas carta 30/50000 – ☷ 7000 – **54 cam** 50/75000 –
½ P 70/75000.

Calabresi, via Milanesi 1-lungomare Colombo ℰ 60548, Fax 3553 – 🛎 📺 ☎ 🅿 – 🏨 450. 🖭 🕙 🔵 🇪 𝗩𝗜𝗦𝗔. ℛ rist
Pas carta 25/42000 – ☲ 7000 – **68 cam** 75/120000 – ½ P 85/90000.

Gian Carlo, via Cicerone 43 ℰ 81740, Fax 81792, 🎿 – 🛎 🅿 🖭
Pasqua-ottobre – Pas carta 24/35000 – ☲ 5000 – **102 cam** 50/70000 – ½ P 55/70000.

Royal, via Ristori 24 ℰ 81950, 🎿, 🏖, ℛ – 🛎 📧 ☎ 🚗 🅿. ℛ
maggio-settembre – Pas 25/35000 – **30 cam** ☲ 70000 – ½ P 45/70000.

Villa Corallo, viale Europa 50 ℰ 81822, ≤, 🏖 – 🛎 📧 ☎ 🅿
stagionale – **36 cam**.

Girasole, viale Europa 126 ℰ 82162, ≤, ℛ – 🛎 ☎ 🅿. 🖪 . ℛ rist
15 maggio-15 settembre – Pas 15/30000 – ☲ 4000 – **27 cam** 45/65000 – ½ P 40/65000.

Sydney, via Properzio 2-viale Marconi ℰ 81910, ≤, 🏖 – 🛎 📧 rist ☎ 🅿. 🖭 🖪 𝗩𝗜𝗦𝗔. ℛ
20 maggio-23 settembre – Pas 20/25000 – ☲ 6000 – **30 cam** 55000 – ½ P 37/62000.

Il Pescatore, viale Trieste 27 ℰ 83782, ≤ – 𝗩𝗜𝗦𝗔. ℛ
chiuso dal 25 dicembre al 20 gennaio, domenica sera e lunedì dal 15 settembre al 15 giugno – Pas carta 37/57000.

La Stalla, contrada Marinuccia ℰ 4933, « Servizio estivo in terrazza panoramica » – 🅿. 🔵 𝗩𝗜𝗦𝗔
chiuso lunedì escluso luglio-agosto – Pas carta 21/39000.

a Porto d'Ascoli S : 5 km – ⊠ 63037.

🛈 (giugno-settembre) via del Mare ℰ 659229 :

Excelsior Gd H. des Bains, viale Rinascimento 137 ℰ 650945, ≤, 🏖, 🌳 – 🛎 🅿. 𝗩𝗜𝗦𝗔. ℛ rist
maggio-settembre – Pas 28000 – ☲ 6000 – **126 cam** 50/75000 – ½ P 47/77000.

Ambassador, via Cimarosa 5 ℰ 659443, Fax 657758, ≤, 🎿, 🏖, 🌳, ℛ – 🛎 ☎ 🅿. 🖭 🖪 🔵 🇪 𝗩𝗜𝗦𝗔. ℛ
maggio-settembre – Pas 30/35000 – ☲ 12000 – **63 cam** 70/110000 – ½ P 83/90000.

International, viale Rinascimento 45 ℰ 650241, ≤, 🎿, 🏖 – 📧 ☎ 🅿. 𝗩𝗜𝗦𝗔. ℛ
maggio-15 settembre – Pas 30000 – ☲ 8000 – **50 cam** 70/95000 – ½ P 88000.

Pierrot, viale Rinascimento 63 ℰ 659541, Fax 751136, ≤, 🎿, 🏖 – 📧 ☎ 🅿. 🖭 🖪 🔵 🇪 𝗩𝗜𝗦𝗔. ℛ
maggio-settembre – Pas 34/50000 – ☲ 6000 – **45 cam** 50/70000 – ½ P 45/85000.

Panama, via Puccini 3 ℰ 659844, 🎿, 🏖 – 🛎 📧 ☎ 🚗 🅿. 𝗩𝗜𝗦𝗔. ℛ
20 maggio-settembre – Pas 14/21000 – ☲ 6000 – **44 cam** 42/62000 – P 46/78000.

7 Bello, viale dei Mille 21 ℰ 656541 – 🛎 ☎ 🅿. ℛ
15 maggio-settembre – Pas carta 27/41000 – ☲ 8000 – **38 cam** 45/70000 – ½ P 50/70000.

Poseidon, via San Giacomo 34 ℰ 650720, 🏖 – 🛎 📧 rist ☎ 🅿. 🖭. ℛ rist
maggio-settembre – Pas 27000 – **39 cam** ☲ 45/65000 – ½ P 40/62000.

Rivamare, via San Giacomo 13 ℰ 659328, 🏖 – 🛎 🕎 cam ☎
stagionale – **26 cam**.

Mocambo, via Cimarosa 4 ℰ 659670, 🏖, 🌳 – 🛎 🅿. ℛ rist
15 maggio-25 settembre – Pas carta 27/35000 – **51 cam** ☲ 25/50000 – ½ P 30/60000.

Mattia, via Fratelli Cervi 20 ℰ 659597, 🌳 – 📧 🅿 – 🏨 80. 🖭 🖪 🔵 🇪 𝗩𝗜𝗦𝗔. ℛ
chiuso lunedì e novembre – Pas carta 40/75000.

sulla strada statale 16 S : 7 km :

Quadrifoglio, ⊠ 63037 Porto d'Ascoli ℰ 655247, Fax 655247 – 🛎 📧 📺 ☎ 🅿 – 🏨 40 a 350. 🖪 🇪 𝗩𝗜𝗦𝗔. ℛ
chiuso dal 23 dicembre all'8 gennaio – Pas (chiuso lunedì) carta 35/68000 (15%) – ☲ 12000 – **40 cam** 100/140000 – P 160000.

SAN BENEDETTO VAL DI SAMBRO 40048 Bologna – 4 141 ab. alt. 612 – ✆ 0534.
Roma 350 – ♦Bologna 61 – ♦Firenze 73 – ♦Ravenna 123.

a Madonna dei Fornelli S : 3,5 km – ⊠ 40048 :

Musolesi, ℰ 94100, Telex 518519, Fax 94350 – 🛎 ☎ 🅿. 🖪 🇪 𝗩𝗜𝗦𝗔
Pas (chiuso lunedì) carta 21/31000 – **24 cam** ☲ 40/70000 – ½ P 35/40000.

SAN BERNARDINO Torino – Vedere Trana.

SAN BERNARDO Torino – Vedere Ivrea.

L'EUROPA su un solo foglio
Carta Michelin n° 🟦🟦🟦.

SAN BIAGIO DI CALLALTA 31048 Treviso 429 E 19 – 10 695 ab. alt. 10 – ✪ 0422.

Roma 547 – Pordenone 43 – Treviso 11 – ◆Trieste 134 – ◆Venezia 36.

✗ **L'Escargot,** località San Martino O : 3 km ✉ 31050 Olmi ✆ 799006 – ℗. ⑩ VISA. ✇
chiuso lunedì sera, martedì e dal 10 agosto al 1° settembre – **Pas** carta 28/41000.

ad Olmi O : 3,5 km – ✉ 31050 :

🏠 **Agli Olmi,** ✆ 792208 – 📺 ☎ ℗. ⑤ E VISA. ✇ rist
➤ Pas *(solo per clienti alloggiati e chiuso a mezzogiorno)* 20/25000 – � 6000 – **20 cam** 55/75000.

SAN BONIFACIO 37047 Verona 988 ④, 429 F 15 – 15 704 ab. alt. 31 – ✪ 045.

Roma 523 – ◆Milano 177 – Rovigo 71 – ◆Venezia 94 – ◆Verona 24 – Vicenza 31.

🏨 **Bologna e Rist. Caravel,** al quadrivio ✆ 7610233, Fax 7613733, ⊶ – 🛗 🍽 rist 📺 ℗
⇔ ℗ – 🔥 25 a 500. ⑤ E VISA. ✇
Pas *(chiuso lunedì)* carta 28/39000 – ⊑ 12000 – **46 cam** 65/95000 – ½ P 62/70000.

SAN CANDIDO (INNICHEN) 39038 Bolzano 988 ⑤, 429 B 18 – 3 055 ab. alt. 1 175 – Sport
invernali : 1 175/1 550 m ✦1 ✦10, ✦; a Versciaco : 1 132/2 205 m ✦3 – ✪ 0474.
Vedere Guida Verde.

🛈 piazza del Magistrato 2 ✆ 73149, Telex 400329, Fax 73677.

Roma 710 – Belluno 109 – ◆Bolzano 110 – Cortina d'Ampezzo 38 – Lienz 42 – ◆Milano 409 – Trento 170.

🏨 **Cavallino Bianco-Weisses Rossl,** ✆ 73135, Fax 73733, ⩲, 🖼, ⊶ – 🛗 🍽 rist 📺 ☎
&. ℗. ⑤ E VISA
20 dicembre-Pasqua e giugno-settembre – Pas *(chiuso mercoledì in bassa stagione)*
carta 36/59000 – ⊑ 10000 – **55 cam** 54/120000 – ½ P 110/140000.

🏨 **Sporthotel Tyrol,** ✆ 73198, 🎽, ⩲, 🖼, ⊶, ✗ – 🛗 ⊱ rist 🍽 rist ☎ ℗. AE ⑤ ⑩
E VISA
7 dicembre-20 aprile e 20 maggio-7 ottobre – Pas *(chiuso martedì in bassa stagione)*
30/50000 – ⊑ 12000 – **28 cam** 90/130000 – ½ P 54/115000.

🏨 **Panoramahotel Leitlhof** ⬦, ✆ 73440, Fax 73733, ≤ Dolomiti e vallata, ⩲, 🖼 – 🛗
🍽 rist ☎ ⇔ ℗
Natale-Pasqua e maggio-10 ottobre – Pas *(chiuso giovedì in bassa stagione)* 28/45000 –
⊑ 10000 – **14 cam** 54/130000 – ½ P 91/110000.

🏨 **Posta-Post,** ✆ 73133, Fax 73635, 🎽, ⩲, 🖼 – 🛗 🍽 rist ☎ &. ⇔. AE ⑤ ⑩ VISA
20 dicembre-25 aprile e 30 maggio-settembre – Pas *(chiuso mercoledì in bassa stagione)*
carta 32/45000 – ⊑ 10000 – **39 cam** 80/140000 – ½ P 80/120000.

🏨 **Park Hotel Sole Paradiso-Sonnenparadies** ⬦, ✆ 73120, Fax 73193, « Parco
pineta », 🎽, ⩲, 🖼, ✗ – 🛗 ⊱ rist ☎ ℗. ⑤ E VISA. ✇
21 dicembre-marzo e giugno-7 ottobre – Pas *(chiuso giovedì in bassa stagione)* 30/40000
(10%) – **41 cam** ⊑ 100/200000 – ½ P 65/130000.

🏠 **San Candido-Innichen,** ✆ 73102 – 🛗 ⊱ ☎ ⇔ ℗. ✇ cam
➤ *20 dicembre-20 aprile e 20 maggio-15 ottobre* – Pas 16/25000 – ⊑ 5000 – **25 cam** 60/90000
– ½ P 40/60000.

🏠 **Schmieder** ⬦, ✆ 73144, ⊶ – 🛗 ☎ ℗. ⑤ E VISA. ✇
20 dicembre-10 aprile e 20 maggio-15 ottobre – Pas carta 34/45000 – ⊑ 7500 – **25 cam**
85/110000 – ½ P 50/90000.

🏠 **Orso Grigio-Grauer Bär,** ✆ 73115 – ☎ ℗. ⑤ E VISA. ✇
chiuso giugno – Pas *(chiuso giovedì)* carta 24/61000 – ⊑ 10000 – **21 cam** 75/130000 –
½ P 48/89000.

a Versciaco (Vierschach) E : 4 km – ✉ 39038 San Candido :

🏠 Blaslerhof ⬦, N : 4,5 km, alt. 1 450 ✆ 76755, ≤ Dolomiti e vallata, 🎽, ⩲ – ⊱ cam ☎
℗
stagionale – **15 cam**.

SAN CASCIANO IN VAL DI PESA 50026 Firenze 988 ⑭⑮, 429 I 15 – 15 915 ab. alt. 306 –
✪ 055.

Roma 283 – ◆Firenze 18 – ◆Livorno 84 – Siena 53.

✗✗✗ ✿ **Antica Posta** con cam, piazza Zannoni 1 ✆ 820116, prenotare – 📺 ☎. AE ⑤ ⑩ E
VISA. ✇ rist
chiuso agosto – Pas *(chiuso lunedì)* carta 71/98000 – ⊑ 8000 – **10 cam** 65/100000
Spec. Carpaccio di chianina in salsa di rucola, Taglierini di barbabietole in mousse di basilico e vongole,
Petto di starna in salsa al vino rosso (inverno). Vini Vernaccia, Chianti.

✗✗ **Il Fedino,** via Borromeo 9 ✆ 828612, prenotare, « In un palazzo del 15° secolo » – ℗.
VISA. ✇
chiuso a mezzogiorno (escluso i festivi), lunedì ed agosto – Pas carta 23/35000 (10%).

✗✗ **Trattoria del Pesce,** località Bargino S : 5 km ✆ 8249045, ⩲, Specialità di mare – ℗.
AE ⑤ ⑩
chiuso mercoledì ed agosto – Pas carta 34/47000.

518

verso Mercatale Val di Pesa SE : 4 km – ⌧ **50024** :

✗ **La Biscondola,** ✆ 821381, « Servizio estivo all'aperto » – **P**. 🅰🅴 ⓞ 𝘝𝘐𝘚𝘈
chiuso lunedì, martedì a mezzogiorno e novembre – Pas carta 31/47000.

a Cerbaia NO : 6 km – ⌧ **50020** :

✗✗✗ ⊛ **La Tenda Rossa,** ✆ 826132, Fax 825210, prenotare – 🍽. 🅰🅴 🅂 ⓞ 🄴 𝘝𝘐𝘚𝘈. ⚸
chiuso mercoledì, giovedì a mezzogiorno e dal 14 al 30 agosto – Pas carta 63/92000 (10%)
Spec. Carpaccio tiepido di spigola e gamberi rossi, Ravioli di calamari su nero di seppia, Carrè di agnello in
mantello di erbe aromatiche. **Vini** Vernaccia, Chianti.

SAN CASSIANO (ST. KASSIAN) Bolzano – Vedere Badia.

SAN CATALDO Caltanissetta 🤠🤠🤠 ⊛ – Vedere Sicilia alla fine dell'elenco alfabetico.

SAN CESARIO SUL PANARO **41018** Modena 🤠🤠🤠 🤠🤠🤠 I 15 – 5 174 ab. alt. 54 – ✪ 059.
Roma 412 – ✦Bologna 30 – ✦Milano 189 – ✦Modena 17.

🏨 **Rocca Boschetti,** via Libertà 53 ✆ 930093, Fax 933495 – 🛗 ⇄ 🖹 📺 ☎ **P** – 🔬 100
a 200. 🅰🅴 🅂 ⓞ 🄴 𝘝𝘐𝘚𝘈. ⚸
chiuso agosto – Pas *(chiuso mercoledì)* carta 25/64000 – **31 cam** ⊂⊃ 210000 – ½ P 80/130000.

SAN CIPRIANO (ST. ZYPRIAN) Bolzano – Vedere Tires.

SAN CIPRIANO Genova – alt. 239 – ⌧ **16010** Serra Riccò – ✪ 010.
Roma 511 – Alessandria 75 – ✦Genova 16 – ✦Milano 136.

✗✗ **Ferrando,** ✆ 751925, Fax 750276, 🚗 – **P**. 🅂 ⓞ 🄴 𝘝𝘐𝘚𝘈. ⚸
chiuso dall'11 al 19 gennaio, dal 1° al 20 agosto, lunedì e le sere di domenica e mercoledì
– Pas carta 31/44000 (10%).

SAN CLEMENTE A CASAURIA (Abbazia di) ★★ Pescara 🤠🤠🤠 ㉗.
Vedere Abbazia★★ : ciborio★★★.
Roma 172 – L'Aquila 68 – Chieti 29 – ✦Pescara 40 – Popoli 13.

SAN COSTANTINO Bolzano - Vedere Fiè allo Sciliar.

SAN CRISTOFORO AL LAGO Trento – Vedere Pergine Valsugana.

SAN DAMIANO D'ASTI **14015** Asti 🤠🤠🤠 ⑫, 🤠🤠🤠 H 6 – 7 210 ab. alt. 179 – ✪ 0141.
Roma 629 – Alessandria 51 – Asti 15 – Cuneo 80 – ✦Milano 142 – ✦Torino 52.

✗ **La Lanterna,** piazza 1275 n° 2 ✆ 982217, Coperti limitati; prenotare – ⚸
↢ *chiuso mercoledì ed agosto* – **Pas** carta 20/36000.

SAN DANIELE DEL FRIULI **33038** Udine 🤠🤠🤠 ⑤⑥, 🤠🤠🤠 D 21 – 7 411 ab. alt. 252 – ✪ 0432.
Roma 632 – ✦Milano 371 – Tarvisio 80 – Treviso 108 – ✦Trieste 92 – Udine 24 – ✦Venezia 120.

🏨 **Alla Torre** senza rist, via del Lago 1 ✆ 954562, Fax 954562 – 🛗 🖹 📺 ☎ 🕭. 🅰🅴 🅂 ⓞ
⊂⊃ 7000 – **27 cam** 62/93000.

🏠 **Al Picaron,** colle Picaron ✆ 957187, ≤, 🏜 , 🚗 – **P** – 🔬 100
11 cam.

✗✗ **Al Cantinon,** via Cesare Battisti 2 ✆ 955186, « Ambiente rustico » – 𝘝𝘐𝘚𝘈. ⚸
chiuso giovedì ed ottobre – Pas carta 34/47000.

SAN DEMETRIO NE' VESTINI **67028** L'Aquila – 1 557 ab. alt. 672 – ✪ 0862.
Roma 136 – L'Aquila 17 – ✦Napoli 259 – ✦Pescara 101.

✗ **La Pergola** con cam, ✆ 810975 – **P**. ⚸
chiuso domenica ed ottobre – Pas carta 25/36000 – ⊂⊃ 3500 – **15 cam** 50/55000 –
½ P 50/55000.

SAN DESIDERIO Genova – Vedere Genova.

SAND IN TAUFERS = Campo Tures.

SAN DOMENICO Firenze – Vedere Fiesole.

SAN DOMENICO Novara – Vedere Varzo.

SAN DOMINO (Isola) Foggia – Vedere Tremiti (Isole).

SAN DONÀ DI PIAVE 30027 Venezia 988 ⑤, 429 F 19 – 33 380 ab. alt. 3 – © 0421.

Roma 558 – Lido di Jesolo 20 – ♦Milano 297 – ♦Padova 67 – Treviso 34 – ♦Trieste 121 – Udine 90 – ♦Venezia 47.

🏨 **Park Hotel Heraclia**, via XIII Martiri 215 ℘ 43148, Fax 41728 – 📱 ▤ �📺 ☎ ℗ – 🔬 35 a 90. 🆎 🆂 ⓞ ⴺ 𝓥𝓢𝓐.
Pas *(chiuso domenica)* 25/40000 – 🍽 10000 – **30 cam** 95000.

🏨 **Kristall**, corso Trentin 16 ℘ 52862 e rist ℘ 54500, Fax 53623 – 📱 ▤ cam ⏰ 📺 ☎ 🅰 ⏏
℗ – 🔬 50. 🆂 ⓞ ⴺ 𝓥𝓢𝓐. ❀ rist
Pas *(chiuso lunedì, martedì a mezzogiorno e settembre)* carta 27/42000 – 🍽 4000 – **47 cam** 60/93000, ▤ 9000.

a Calvecchia NE : 2,5 km – ✉ 30027 San Donà di Piave :

✕✕ Al Paiolo, ℘ 320602 – ℗.

a Isiata SE : 4 km – ✉ 30027 San Donà di Piave :

✕✕ Siesta, ℘ 466030, Solo piatti di pesce – ℗.

SAN DONATO IN POGGIO Firenze – Vedere Tavarnelle Val di Pesa.

SAN DONATO MILANESE 20097 Milano 428 F 9, 219 ⑩ – 32 076 ab. alt. 102 – © 02.

Roma 566 – ♦Milano 9 – Pavia 36 – Piacenza 57.

Pianta d'insieme di Milano (Milano p. 4 e 5)

🏨 **Santa Barbara** senza rist, piazzale Supercortemaggiore 4 ℘ 5279041, Telex 326445, Fax 5279169 – 📱 ▤ 📺 ☎ – 🔬 50. 🆎 🆂 ⓞ ⴺ 𝓥𝓢𝓐. ❀
149 cam ⴷ 200/270000.   HN **e**

🏨 **Delta** senza rist, via Emilia 2/A ℘ 5231021, Telex 318566, Fax 5231418 – 📱 ▤ 📺 ☎
🅰 ℗. 🆎 🆂 ⓞ ⴺ 𝓥𝓢𝓐. ❀
ⴷ 12000 – **52 cam** 145000.   HN **s**

✕✕ **Osterietta**, via Emilia 26 ℘ 5275082, 🍴 – ▤ ℗. 🆎 🆂 ⓞ ⴺ 𝓥𝓢𝓐. ❀   HN **x**
chiuso mercoledì ed agosto – Pas carta 36/55000.

sull'autostrada A 1 - Metanopoli o per via Emilia :

🏨 **MotelAgip**, ℘ 512941, Telex 320132, Fax 512941 – 📱 ▤ 📺 ☎ ℗ – 🔬 50 a 180. 🆎
🆂 ⓞ ⴺ 𝓥𝓢𝓐. ❀   HN **n**
Pas al Rist. **Executive** *(chiuso sabato, domenica, dal 23 dicembre al 7 gennaio ed agosto)*
carta 55/75000 self-service 28000 circa – **275 cam** ⴷ 210/250000 – ½ P 180/255000.

SAN FELICE Milano – Vedere Segrate.

SAN FELICE CIRCEO 04017 Latina 988 ㉖ – 8 408 ab. – a.s. Pasqua e luglio-agosto – © 0773.

Roma 106 – Frosinone 64 – Latina 36 – ♦Napoli 141 – Terracina 18.

🏨 **Maga Circe** 🏖, ℘ 527821, Telex 680078, Fax 526224, ≤, 🍴, 🏊, 🐎 – 📱 ▤ 📺 ☎ 🅰
℗ – 🔬 250. 🆎 🆂 ⓞ ⴺ 𝓥𝓢𝓐. ❀
Pas 65000 – ⴷ 15000 – **65 cam** 190/320000 – ½ P 220/280000.

🏨 **Circeo e Rist. La Stiva**, ℘ 527276, ≤, 🍴, 🏊, 🐎, 🐎 – 📱 ☎ ℗ – 🔬 120. 🆎 🆂
ⓞ ⴺ 𝓥𝓢𝓐. ❀
Pas *(chiuso da novembre ad aprile)* 55000 – **48 cam** ⴷ 106/178000 – ½ P 120/140000.

a Faro di Torre Cervia O : 3,5 km – ✉ 04017 San Felice Circeo :

✕✕ Da Alfonso al Faro 🏖 con cam, ℘ 528019, ≤, 🍴, « Sulla scogliera », 🐎 – ☎ ℗
18 cam.

a Quarto Caldo O : 4 km – ✉ 04017 San Felice Circeo :

🏨 **Punta Rossa** 🏖, ℘ 528085, Fax 528075, ≤, « Sulla scogliera », 🏊, 🐎, 🐎 – ▤ 📺
☎ ℗. 🆎 🆂 ⓞ ⴺ 𝓥𝓢𝓐. ❀
Pas carta 50/90000 – ⴷ 40000 – **33 cam** 154/256000 appartamenti 456000 – ½ P 145/265000.

SAN FELICE DEL BENACO 25010 Brescia 428 429 F 13 – 2 452 ab. alt. 119 – a.s. Pasqua e luglio-15 settembre – © 0365.

Roma 544 – ♦Brescia 35 – ♦Milano 134 – Salò 7 – Trento 102 – ♦Verona 59.

a Portese N : 1,5 km – ✉ 25010 San Felice del Benaco :

🏨 **Garden** 🏖, O : 2 km ℘ 43688, Fax 41489, ≤, « Terrazza-giardino sul lago », 🐎 – ☎
🔽 ℗. ❀
aprile-10 ottobre – Pas *(solo per clienti alloggiati)* 18/30000 – **29 cam** ⴷ 46/78000 –
½ P 56/750000.

✕ **Piero Bella** 🏖 con cam, ℘ 626090, ≤, « Servizio estivo in terrazza sul lago », 🐎, 🍴,
❀ – 📺 ☎ ℗. 🆎 🆂 ⓞ ⴺ 𝓥𝓢𝓐. ❀
chiuso dicembre e gennaio – Pas *(chiuso lunedì)* carta 42/59000 – ⴷ 13000 – **14 cam**
70/90000 – ½ P 70/80000.

SAN FERDINANDO DI PUGLIA 71046 Foggia 988 ㉘ – 13 499 ab. alt. 66 – ✆ 0883.

Roma 382 – ♦Bari 82 – ♦Foggia 54 – ♦Napoli 194.

✗ **Roma** con cam, ✆ 761027 – 🍴 rist 📺 🅿. 🅢 E 💳
Pas *(chiuso domenica sera)* carta 24/36000 – senza ⊡ – **14 cam** 35/60000 – ½ P 40/50000.

SAN FLORIANO (OBEREGGEN) Bolzano 429 C 16 – alt. 1 512 – ✉ 39050 Ponte Nova – Sport invernali : 1 512/2 172 m ⛷14, ⛷ – ✆ 0471.

Roma 666 – ♦Bolzano 24 – Cortina d'Ampezzo 103 – ♦Milano 321 – Trento 82.

🏨 **Sporthotel Obereggen** ⑤, ✆ 615797, Fax 615673, ≤, 🎿, ≘s, 🔲 – 🛗 📺 ☎ 🚗
🅿. 🎿 rist
dicembre-aprile e giugno-settembre – Pas carta 30/41000 – ⊡ 17000 – **55 cam** 78/140000
– ½ P 106/122000.

🏨 **Cristal** ⑤, ✆ 615627, Fax 615698, ≤ monti e pinete, 🎿, ≘s, 🔲 – 🛗 📺 ☎ 🚗 🅿.
🎿 – *dicembre-aprile e giugno-settembre* – Pas carta 26/48000 – **28 cam** ⊡ 88/156000 –
½ P 57/78000.

a Pievalle (Bewaller) NE : 1,5 km – alt. 1 491 – ✉ 39050 San Nicolò in Val d'Ega :

🏠 **Bewallerhof** ⑤, ✆ 615729, ≤ monti e pinete, 🎿 – ☎ 🅿. 🎿
dicembre-aprile e giugno-settembre – **19 cam** solo ½ P 60/70000.

SAN FLORIANO DEL COLLIO 34070 Gorizia 429 E 22 – 858 ab. alt. 278 – ✆ 0481.

🎣 (chiuso gennaio, febbraio e lunedì) ✆ 884131, Fax 884214.

Roma 653 – Gorizia 4 – ♦Trieste 47 – Udine 41.

🏨 **Golf Hotel** ⑤, ✆ 884051, Fax 884214, « Parco con ⛳ », 🎿 – 📺 ☎ 🕹 🅿. 🖭 🅢 ⓞ
E 💳
chiuso da gennaio al 15 febbraio – Pas vedere rist Castello Formentini – **13 cam**
⊡ 120/195000 appartamento 250000 – ½ P 145000.

✗✗ **Castello Formentini,** ✆ 884034, Fax 884214 – 🅿. 🖭 🅢 ⓞ E 💳
chiuso lunedì e da gennaio al 15 febbraio – Pas carta 36/50000 (10%).

SAN FRUTTUOSO Genova 428 J 9 – ✉ 16030 San Fruttuoso di Camogli – ✆ 0185.

Vedere Posizione pittoresca✶✶ – Camogli 30 mn di motobarca – Portofino 20 mn di motobarca.

✗ **Da Giovanni,** ✆ 770047, ≤ piccolo golfo
chiuso mercoledì – Pas carta 42/65000.

SAN GEMINI 05029 Terni 988 ㉘ – 4 189 ab. alt. 337 – ✆ 0744.

Roma 99 – ♦Perugia 72 – Rieti 52 – Terni 13.

a San Gemini Fonte N : 2 km – ✉ 05029 :

✗✗ **All'Antica Carsulae** con cam, ✆ 630164, 🎿 – 🅢 ⓞ E 💳. 🎿
Pas *(chiuso martedì da ottobre a maggio)* carta 23/32000 – ⊡ 3000 – **7 cam** 38/58000 –
½ P 48000.

SAN GIACOMO (ST. JACOB) Bolzano 218 ㉘ – Vedere Bolzano.

SAN GIACOMO Cuneo – Vedere Boves.

SAN GIACOMO Perugia – Vedere Spoleto.

SAN GIACOMO DI ROBURENT Cuneo 428 J 5 – alt. 1 011 – ✉ 12080 Roburent – a.s. luglio-agosto e Natale – Sport invernali : 1 011/1 611 m ⛷9, ⛷ – ✆ 0174.

Roma 622 – Cuneo 40 – Savona 77 – ♦Torino 92.

🏨 **Nazionale,** ✆ 227127 – 🛗 ☎. 🎿 rist
chiuso maggio e novembre – Pas *(chiuso mercoledì)* carta 25/37000 – ⊡ 5000 – **33 cam**
47/77000 – ½ P 40/50000.

SAN GIACOMO DI TEGLIO 23030 Sondrio 428 D 12 – alt. 394 – ✆ 0342.

Roma 712 – Edolo 32 – ♦Milano 151 – Sondrio 13 – Passo dello Stelvio 71.

✗✗ **La Corna-da Pola,** ✆ 785070, ≤ – 🅿
chiuso lunedì e luglio – Pas carta 29/60000.

SAN GIACOMO DI VEGLIA Treviso – Vedere Vittorio Veneto.

SAN GIACOMO PO Mantova – Vedere Bagnolo San Vito.

SAN GILLIO 10040 Torino 428 G 4 – 2 082 ab. alt. 320 – ✆ 011.

Roma 688 – ♦Milano 153 – Susa 44 – ♦Torino 17.

✗✗ **Rosa d'Oro** con cam, ✆ 9840890, 🍽, 🎿 – 🍴 rist 🅿. 🖭 🅢 E 💳. 🎿 rist
chiuso dal 27 dicembre all'8 gennaio e dal 5 al 20 agosto – Pas *(chiuso domenica sera e
lunedì)* 35/45000 – ⊡ 5000 – **8 cam** 40/60000 – ½ P 70000.

SAN GIMIGNANO 53037 Siena 988 ⑭, 428 L 15 – 7 046 ab. alt. 332 – ✿ 0577.

Vedere Località*** – Piazza della Cisterna** – Piazza del Duomo** : affreschi** di Barna da Siena nella Collegiata* **B**, ≤** dalla torre del palazzo del Popolo* **H** – Affreschi** nella chiesa di Sant'Agostino.

Roma 268 ② – ◆Firenze 54 ② – ◆Livorno 89 ① – ◆Milano 350 ② – Pisa 79 ① – Siena 38 ②.

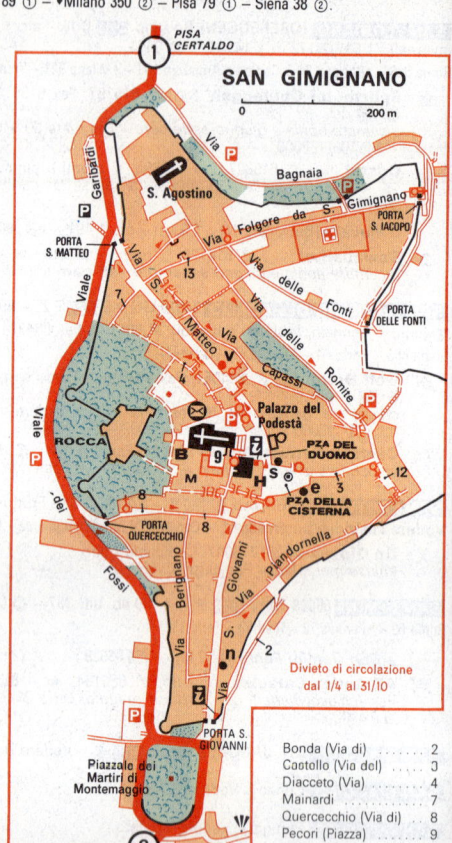

SAN GIMIGNANO

0   200 m

Bonda (Via di)	2
Castello (Via del)	3
Diacceto (Via)	4
Mainardi (Via)	7
Quercecchio (Via di)	8
Pecori (Piazza)	9
Santo Stefano (Via)	12
20 Settembre (Via)	13

🏨 **Villa San Paolo** 🌿 senza rist, strada per Certaldo 𝒫 955100, Fax 955100, ≤, ⁎, 🖼, 🛋, ✕ – 🖥 📺 🕸 AE ⑤ ⓞ Ε VISA 🛠
chiuso dal 10 gennaio al 10 febbraio – **15 cam** ♀ 120/150000
4 km per ①

🏨 **La Cisterna e Rist. Le Terrazze** 🌿, 𝒫 940328, Telex 575152, Fax 942080, ≤, « Sala in stile quattrocentesco » – 🖥 🕿 🖐. AE ⑤ ⓞ Ε VISA 🛠 rist **e**
10 marzo- 10 novembre – Pas (chiuso martedì e mercoledì a mezzogiorno) carta 40/57000 – ♀ 9000 – **50 cam** 55/93000 – ½ P 85/97000.

🏨 **Pescille** 🌿, verso Castel San Gimignano 𝒫 940186, Fax 940375, ≤ campagna e San Gimignano, 🛋, 🖼, ✕ – 🕿 🅿. AE ⑤ ⓞ Ε VISA 🛠
4,5 km per ②
chiuso gennaio e febbraio – Pas vedere rist I 5 Gigli – ♀ 8000 – **33 cam** 58/92000 – ½ P 94000.

🏨 **Bel Soggiorno** 🌿, 𝒫 940375, Fax 940375, ≤ campagna, « Ambiente trecentesco » – 🖥 🕿. AE ⑤ ⓞ Ε VISA 🛠 **n**
Pas (chiuso lunedì e dal 15 gennaio al 15 febbraio) carta 33/56000 – ♀ 8000 – **21 cam** 65/90000 – ½ P 75/80000.

🏨 **Leon Bianco** 🌿 senza rist, 𝒫 941294, Fax 942123 – 🕿 🚗 AE ⑤ ⓞ Ε VISA 🛠 **s**
chiuso dal 15 gennaio a febbraio – **24 cam** ♀ 48/78000.

XXX **I 5 Gigli**, verso Castel San Gimignano 𝒫 940186, Fax 940375, ≤ campagna e San Gimignano, 🛱 – 🅿. AE ⑤ ⓞ Ε VISA 🛠
chiuso mercoledì, gennaio e febbraio – Pas carta 39/58000 (10%).
4,5 km per ②

XX **La Griglia**, 𝒫 940005, Fax 942131, ≤, 🛱 – AE ⑤ ⓞ Ε VISA **v**
chiuso giovedì e dal 15 dicembre al 1° marzo – Pas carta 30/63000 (15%).

X **Franco**, verso Castel San Gimignano 𝒫 940540, 🛱 – 🅿. 🛠
5,5 km per ②
chiuso lunedì e dal 10 novembre al 27 dicembre – Pas carta 28/40000 (10%).

a Pancole per ① : 6 km – ⊠ **53037** San Gimignano :

🏨 **Le Renaie e Rist. Leonetto** 🌿, 𝒫 955044, Fax 955044, ≤, 🛱, 🛋, 🖼 – 🕿 🅿. AE ⑤ ⓞ Ε VISA 🛠 rist – chiuso dal 10 al 30 novembre – Pas (chiuso martedì) carta 28/44000 (10%) – ♀ 7500 – **26 cam** 57/85000 – ½ P 76/80000.

SANGINETO LIDO 87020 Cosenza 1 523 ab. – ✿ 0982.
Roma 456 – Castrovillari 88 – Catanzaro 126 – ◆Cosenza 66 – Sapri 72.

🏨 **Cinque Stelle** 🌿, 𝒫 96091, Fax 96027, ≤, 🛱, « Palazzine fra il verde », 🛋, 🖼, 🖼, ✕ – 🕿 🅿 AE ⓞ
15 aprile- 15 ottobre – Pas 30/60000 – **144 cam** ♀ 80/100000 – ½ P 70/128000.

X **La Calabrisella** con cam, 𝒫 96061, 🛱 – 🅿 – **15 cam**.

522

SAN GIORGIO (ST. GEORGEN) Bolzano – Vedere Brunico.

SAN GIORGIO DEL SANNIO 82018 Benevento 988 ㉘ – 6 478 ab. alt. 380 – ✆ 0824.
Roma 276 – Avellino 27 – Benevento 11 – ♦Foggia 103.

🏨 **Villa San Marco,** uscita svincolo superstrada ✆ 49601 – ☎ 🅿 🅱 ⓞ VISA
Pas *(chiuso martedi)* carta 20/29000 (10%) – �*: 5000 – **16 cam** 45/70000 – ½ P 45/55000.

✗ **Ricci,** ✆ 40990 – 🅿. ⅍
chiuso lunedi, Natale e Pasqua – Pas carta 24/37000 (10%).

SAN GIORGIO DI LIVENZA Venezia – Vedere Caorle.

SAN GIORGIO IN BOSCO 35010 Padova – 5 147 ab. alt. 29 – ✆ 049.
Roma 524 – ♦Padova 23 – Treviso 44 – ♦Venezia 54 – Vicenza 30.

sulla strada statale 47 S : 3 km :

🏨 **Posta 77,** ✉ 35010 ✆ 5996700, Fax 5996884 – 📶 🖩 📺 ☎ 🚗 🅿 – 🛎 200. 🖭 🅱
ⓞ E VISA. ⅍
Pas *(chiuso lunedi)* carta 33/50000 – �: 7000 – **38 cam** 70/95000 – ½ P 86/101000.

SAN GIORGIO MONFERRATO 15020 Alessandria 428 G 7 – 1 306 ab. alt. 281 – ✆ 0142.
Roma 610 – Alessandria 30 – ♦Milano 83 – Pavia 74 – ♦Torino 75 – Vercelli 31.

✗✗✗ ❀ **Castello di San Giorgio** ⟜ con cam, ✆ 806203, Fax 806203, prenotare, « Piccolo
parco ombreggiato » – 📺 ☎ 🅿 – 🛎 60. 🖭 🅱 ⓞ E VISA
chiuso dal 1° al 10 gennaio e dal 3 al 20 agosto – Pas *(chiuso lunedi)* carta 48/72000 –
�: 12000 **10 cam** 160000 appartamento 280000 – ½ P 150000
Spec. Vitello tonnato alla monferrina, Gnocchi di peperone gratinati al raschera, Trancio di storione al verde.
Vini Gavi, Barbaresco.

SAN GIORIO DI SUSA 10050 Torino 428 G 3, 77 ⑩ – 926 ab. alt. 420 – ✆ 0122.
Roma 708 – ♦Milano 180 – Susa 11 – ♦Torino 43.

✗ **Castel Nuovo,** ✆ 49507 – 🅿. ⅍
chiuso lunedi e dal 25 settembre all'8 ottobre – Pas carta 21/36000.

SAN GIOVANNI Livorno – Vedere Elba (Isola d'): Portoferraio.

SAN GIOVANNI AL NATISONE 33048 Udine 429 E 22 – 5 761 ab. alt. 66 – ✆ 0432.
Roma 653 – Gorizia 19 – Udine 18.

🏨 **Wiener,** ✆ 757378, Telex 450301, Fax 757359 – 📶 🖩 📺 ☎ 🅻 🚗 🅿 🖭 🅱 ⓞ E
VISA. ⅍ rist
chiuso dal 22 dicembre al 2 gennaio e dal 2 al 19 agosto – Pas carta 26/42000 – �: 12000
– **50 cam** 85/106000, ▤ 10000 – ½ P 50/77000.

SAN GIOVANNI IN MARIGNANO 47048 Forli 429 K 20 – 7 036 ab. alt. 29 – ✆ 0541.
Roma 318 – Forli 69 – ♦Ravenna 74 – Rimini 23.

✗ **Il Granaio,** via 20 Settembre 18 ✆. 957205 – ▤. 🖭 🅱 VISA. ⅍
chiuso martedi e luglio – Pas carta 26/37000.

SAN GIOVANNI IN PERSICETO 40017 Bologna 988 ⑭, 429 I 15 – 22 306 ab. alt. 21 – ✆ 051.
Roma 392 – ♦Bologna 21 – ♦Ferrara 49 – ♦Milano 193 – ♦Modena 23.

✗ **Giardinetto,** circonvallazione Italia 20 ✆ 821590, 🍽, Coperti limitati; prenotare – 🅿. 🖭
🅱 ⓞ VISA. ⅍
chiuso lunedi e dal 16 agosto al 20 settembre – Pas carta 31/50000.

✗ Al Cannone, via D'Azeglio 3 ✆ 826099
chiuso a mezzogiorno.

✗ **La Posta** con cam, via 4 Novembre 16 ✆ 821235 – ☎
Pas 28/39000 (10%) – �: 4500 – **22 cam** 45/68000 – ½ P 50000.

SAN GIOVANNI LA PUNTA Catania – Vedere Sicilia alla fine dell'elenco alfabetico.

SAN GIOVANNI ROTONDO 71013 Foggia 988 ㉘ – 23 673 ab. alt. 557 – a.s. 15 agosto-
settembre – ✆ 0882.
🖼 piazza Europa 104 ✆ 856240.
Roma 352 – ♦Bari 142 – ♦Foggia 41 – Manfredonia 23 – Termoli 86.

🏨 **Gaggiano,** viale Cappuccini 144 ✆ 453701, Fax 856650, ⅏ – 📶 ⅙⅞ cam ▤ 🕾 🚗 –
🛎 90. 🖭 ⓞ
Pas carta 27/40000 – �: 7000 – **55 cam** 39/58000, ▤ 5000 – ½ P 51/58000.

🏨 Fini, viale Cappuccini 108 ✆ 856559 – 📶 📺 ☎ 🚗 🅿 – **29 cam**.

🏨 San Michele, viale Cappuccini 55 ✆ 856034, Telex 810672 – 📶 ⅙⅞ ▤ rist 🕾 🅿
55 cam.

523

🏠 **California,** viale Cappuccini 69 ℰ 453983, Fax 454199 – ⓧ cam 🍴 rist ☎ 🚗. 𝔸𝔼 ⑤. ✁
Pas carta 26/40000 – ☑ 5000 – **25 cam** 36/52000 – ½ P 50/53000.

🏠 **Vittoria,** via Santa Vittoria 4 ℰ 856292 – ☒ ☎ ⓟ 𝘝𝘐𝘚𝘈. ✁ rist
chiuso gennaio e febbraio – Pas *(chiuso venerdì)* 21000 – ☑ 5000 – **31 cam** 29/48000 –
½ P 45000.

🍴🍴 **Da Costanzo,** via Santa Croce 9 ℰ 852285 – ▤ 𝔸𝔼 ⑤ ⓞ 𝐄 𝘝𝘐𝘚𝘈. ✁
chiuso domenica sera, lunedì, dal 1° al 12 luglio e dall'11 al 25 novembre – Pas
carta 26/46000.

SAN GIOVANNI VALDARNO 52027 Arezzo 𝟿𝟾𝟾 ⑮ – 18 286 ab. alt. 134 – ✆ 055.
Roma 234 – Arezzo 37 – ◆Firenze 45 – Siena 51.

🍴 **Castellucci,** ℰ 941679 – 𝔸𝔼 ⑤ 𝘝𝘐𝘚𝘈
chiuso sabato a mezzogiorno, domenica e dal 15 luglio al 15 agosto – Pas carta 30/52000.

SAN GIULIANO MILANESE 20098 Milano 𝟺𝟸𝟾 F 9, 𝟸𝟷𝟿 ⑲ – 32 355 ab. alt. 97 – ✆ 02.
Roma 562 – ◆Bergamo 55 – ◆Milano 12 – Pavia 33 – Piacenza 54.

🍴🍴 **La Ruota,** via Roma 57 ℰ 9848394, 🌧 – ☒ ⓟ – ▦ 40. 𝔸𝔼 ⑤ ⓞ 𝐄 𝘝𝘐𝘚𝘈. ✁
chiuso lunedì sera, martedì ed agosto – Pas carta 31/48000.

sulla strada statale 9 - via Emilia SE : 3 km :

🍴🍴 **La Rampina,** ⌧ 20098 ℰ 9833273, 🌧 – ☒ ⓟ. 𝔸𝔼 ⑤ ⓞ 𝐄 𝘝𝘐𝘚𝘈. ✁
chiuso mercoledì – Pas carta 62/81000.

SAN GIULIANO TERME 56017 Pisa 𝟺𝟸𝟾 𝟺𝟸𝟿 K 13 – 27 591 ab. alt. 10 – ✆ 050.
Roma 358 – ◆Firenze 85 – Lucca 15 – ◆La Spezia 85.

a Rigoli NO : 3 km – ⌧ **56010** :

🏠 **Villa di Corliano** ✍ senza rist, ℰ 818193, « In un parco villa cinquecentesca con
affreschi del 1600 » – ⓟ – ▦ 50 a 250. ⑤ 𝘝𝘐𝘚𝘈
☑ 15000 – **18 cam** 80000.

a Pugnano NO : 6 km – ⌧ **56017** San Giuliano Terme :

🍴 Le Arcate, ℰ 850105 – ⓧ.

SAN GODENZO 50060 Firenze 𝟺𝟸𝟿 K 16 – 1 110 ab. alt. 430 – ✆ 055.
Roma 290 – Arezzo 94 – ◆Bologna 121 – ◆Firenze 45 – Forlì 64 – ◆Milano 314 – Siena 129.

🍴 **Agnoletti,** ℰ 8374016. ✁
← *chiuso martedì e dal 1° al 20 settembre* – Pas carta 15/22000.

SAN GREGORIO Perugia – Vedere Assisi.

SAN GREGORIO Verona – Vedere Veronella.

SAN GREGORIO DI CATANIA Catania – Vedere Sicilia alla fine dell'elenco alfabetico.

SAN GREGORIO NELLE ALPI 32030 Belluno 𝟺𝟸𝟿 D 18 – 1 404 ab. alt. 527 – ✆ 0437.
Roma 611 – Belluno 21 – ◆Padova 111 – Trento 99 – Treviso 69.

🍴🍴 Baita a l'Arte, ℰ 800124, 🌧, prenotare – ⓟ.

SANGUINETTO 37058 Verona 𝟺𝟸𝟿 G 15 – 4 243 ab. alt. 19 – ✆ 0442.
Roma 477 – ◆Ferrara 73 – Mantova 31 – ◆Milano 204 – ◆Modena 73 – ◆Padova 77 – ◆Venezia 114 – ◆Verona 40.

🍴🍴 **Ilva** con cam, via Dossi 147 (E : 2 km) ℰ 81119 – ☒ 🍴 rist ☎ ⓟ – ▦ 100. 𝔸𝔼 ⑤ 𝘝𝘐𝘚𝘈.
✁
chiuso dal 1° al 15 gennaio ed agosto – Pas *(chiuso lunedì)* carta 28/46000 – ☑ 6500 –
13 cam 60/77000 – ½ P 73/78000.

SANKT CHRISTINA IN GRÖDEN = Santa Cristina Valgardena.

SANKT LEONHARD IN PASSEIER = San Leonardo in Passiria.

SANKT MARTIN IN PASSEIER = San Martino in Passiria.

SANKT ULRICH = Ortisei.

SANKT VALENTIN AUF DER HAIDE = San Valentino alla Muta.

SANKT VIGIL ENNEBERG = San Vigilio di Marebbe.

SAN LAZZARO DI SAVENA 40068 Bologna 988 ⑭⑮, 429 I 16 – 30 225 ab. alt. 62 – ✪ 051.
Roma 390 – ♦Bologna 6 – Imola 27 – ♦Milano 219.

Pianta d'insieme di Bologna

XXX **Il Sambuco,** via Repubblica 5 ℰ 464212, Solo piatti di pesce, Coperti limitati; prenotare
– 🗏, ⅀ 🅱 ⓞ Ɛ 𝒱𝐼𝒮𝒜, 🗢 GU **b**
chiuso dal 28 luglio al 28 agosto, domenica, lunedì, da settembre a maggio aperto
domenica sera – Pas carta 78/95000.

XX **Cerfoglio,** via Kennedy 11 ℰ 463339 – 🗏. ⅀ 🅱 ⓞ Ɛ 𝒱𝐼𝒮𝒜 GU **c**
chiuso sabato a mezzogiorno, domenica e dal 1° al 26 agosto – Pas carta 35/50000.

XX **La Campagnola,** via Caselle 60 ℰ 460197, 🗢 – ⓟ. 🅱 𝒱𝐼𝒮𝒜 GU **a**
chiuso lunedì e dal 1° al 25 agosto – Pas carta 31/45000.

SAN LAZZARO PARMENSE Parma – Vedere Parma.

SAN LEO 61018 Pesaro e Urbino 988 ⑮ – 2 499 ab. alt. 589 – a.s. 15 giugno-agosto – ✪ 0541.
Vedere Posizione pittoresca★★ – Forte★ : ⚘★★★.
Roma 320 – ♦Ancona 142 – ♦Milano 351 – Pesaro 70 – Rimini 32 – San Marino 24.

X **La Rocca** ⮕ con cam, ℰ 916241 – 🅮. 🗢 cam
chiuso dal 29 ottobre al 30 novembre – Pas (chiuso lunedì) carta 24/34000 – ⇌ 3500 –
7 cam 48000 – ½ P 42/55000.

SAN LEONARDO IN PASSIRIA (ST. LEONHARD IN PASSEIER) 39015 Bolzano 988 ④, 429 B 15
– 3 317 ab. alt. 689 – ✪ 0473 – **Dintorni** Strada del Passo di Monte Giovo★ : ⭣★★ verso l'Austria
NE : 20 km – Strada del Passo del Rombo★ NO.
Roma 685 – ♦Bolzano 48 – Brennero 53 – Bressanone 65 – Merano 20 – ♦Milano 346 – Trento 106.

🏨 **Stroblhof,** ℰ 86128, ⭤, ⇌, ⬓, 🖾, 🗢, 🗢 – 🕴 🕿 ⇌ ⓟ
chiuso dall'11 al 31 gennaio e dal 1° al 19 dicembre – Pas carta 21/40000 – **65 cam**
⇌ 60/150000 – ½ P 45/75000.

🏨 **Theresia,** ℰ 86228, ⭤, 🖾, 🗢 – 🕴 🅮 ⓟ. 🗢 rist
15 marzo-ottobre e 20 dicembre-10 gennaio – **20 cam** solo ?/P 30/50000.

🏨 **Christophorus,** ℰ 86303, ⭤, 🗢 – 🕴 ⓟ
marzo-ottobre – Pas (solo per clienti alloggiati) – **21 cam** ⇌ 33/66000 – ½ P 35/44000.

🏠 **Tirolerhof,** ℰ 86117, 🗢 – ⓟ
◀ Pas (chiuso mercoledì da novembre a marzo) 15/25000 – **32 cam** ⇌ 25/50000 –
½ P 25/35000.

🏠 **Passeirerhof,** ℰ 86161, Fax 86677, ⭤, ⇌, 🖾 – 🕴 🕿 ⓟ. 🗢 rist
marzo-novembre – Pas (solo per clienti alloggiati) – **30 cam** ⇌ 50/100000 – ½ P 42/65000.

SAN LEONE Agrigento – Vedere Sicilia (Agrigento) alla fine dell'elenco alfabetico.

SAN LEONINO Siena – vedere Castellina in Chianti.

SAN LORENZO IN BANALE 38078 Trento 428 429 D 14 – 1 100 ab. alt. 720 – a.s.
5 dicembre-15 gennaio – ✪ 0465.
Roma 609 – ♦Brescia 109 – ♦Milano 200 – Riva del Garda 35 – Trento 36.

🏨 Soran, ℰ 74330 – 🕴 🕿 ⓟ – stagionale – **23 cam.**

🏠 **Castel Mani** ⮕, ℰ 74017, ⭤ – 🕴 🅮 ⓟ. 🗢
◀ Pas (chiuso giovedì) 15/20000 – ⇌ 4000 – **36 cam** 32/56000 – ½ P 45/55000.

SAN LORENZO IN CAMPO 61047 Pesaro e Urbino 429 L 20 – 3 319 ab. alt. 209 – a.s.
5 giugno-agosto – ✪ 0721 – Roma 257 – ♦Ancona 59 – ♦Perugia 105 – Pesaro 51.

🏨 **Giardino,** via Mattei 4 (O :1,5 km) ℰ 776803, Fax 776236, ⬓ – 🖵 🕿 ⓟ – ⚖ 30. ⅀ 🅱
ⓞ Ɛ 𝒱𝐼𝒮𝒜. 🗢
Pas (chiuso lunedì) carta 25/50000 – **20 cam** ⇌ 50/65000 – ½ P 55/60000.

SAN LUCA Vicenza – Vedere Marostica.

SAN MACARIO IN PIANO Lucca – Vedere Lucca.

SAN MAMETE Como 219 ⑧ – Vedere Valsolda.

SAN MARCELLO PISTOIESE 51028 Pistoia 988 ⑭, 428 429 J 14 – 7 790 ab. alt. 623 – a.s.
luglio e agosto – ✪ 0573 – 🖪 via Marconi 14 ℰ 630145, Fax 630145.
Roma 340 – ♦Bologna 90 – ♦Firenze 66 – Lucca 50 – ♦Milano 291 – Pisa 72 – Pistoia 30.

🏨 **Villa Ombrosa** ⮕, ℰ 630156, « Parco ombreggiato » – ⓟ. ⅀. 🗢 rist
luglio-10 settembre – Pas 35/45000 – ⇌ 8000 – **27 cam** 39/67000 – ½ P 69000.

🏠 **Il Cacciatore,** ℰ 630533 – 🕿 ⓟ – ⚖ 40. ⅀ 🅱 ⓞ Ɛ 𝒱𝐼𝒮𝒜. 🗢
chiuso novembre – Pas (chiuso lunedì) carta 27/40000 – ⇌ 5000 – **25 cam** 45/80000 –
½ P 40/60000.

SAN MARCO Salerno – Vedere Castellabate.

SAN MARIANO Perugia – Vedere Corciano.

SAN MARINO 47031 Repubblica di San Marino 988 ⑮, 429 K 19 – 2 756 ab. nella Capitale, 22 966 ab. nello Stato di San Marino alt. 749 (monte Titano) – a.s. 15 giugno-settembre – ✿ 0549.

Vedere Posizione pittoresca★★★ – ≤★★★ sugli Appennini e il mare dalle Rocche.

🛈 palazzo del Turismo ℘ 992102 – Roma 355 ① – ♦Ancona 132 ① – ♦Bologna 135 ① – Forlì 74 ① – ♦Milano 346 ① – ♦Ravenna 78 ① – Rimini 27 ①.

🏨🏨 **Gd H. San Marino e Rist. Arengo,** viale Antonio Onofri 31 ℘ 992400, Telex 0505555, Fax 992360, ≤ – 🛗 📺 🖬 cam 📺 👌 ⇔ – 🔬 80. 🆎 🕲 ⓪ 🗲 𝓥𝓘𝓢𝓐. ✵ rist Z a 15 febbraio-novembre – Pas carta 30/44000 – 🖵 8000 – **54 cam** 75/110000 – ½ P 75/95000.

🏨🏨 **Titano,** contrada del Collegio 21 ℘ 991006, Telex 0505444, « Terrazza rist. con ≤ » – 🛗 📺. 🆎 🕲 ⓪ 🗲 𝓥𝓘𝓢𝓐. ✵ rist Y u 15 marzo-15 novembre – Pas carta 27/44000 – 🖵 7500 – **50 cam** 70/100000 – ½ P 69/75000.

🏨 **Panoramic,** via Voltone 91 ℘ 992359, Telex 0505474, Fax 990356 – 📺 ☎ ⇔ 🅿. 🆎 🕲 ⓪ 🗲 𝓥𝓘𝓢𝓐. ✵ rist Z w chiuso dal 10 gennaio al 20 febbraio e dal 10 novembre al 20 dicembre – Pas (chiuso martedì) carta 24/36000 (15%) – 🖵 6500 – **27 cam** 50/65000 appartamenti 80/100000 – ½ P 62/65000.

🏨 **Quercia Antica,** via Cella Bella ℘ 991257, Fax 990044 – ☎ 👌 ⇔. 🆎 ⓪ ✵ rist Z e Pas carta 26/32000 (15%) – 🖵 6000 – **26 cam** 47/68000 – ½ P 60000.

🏨 **Joli San Marino,** via Federico d'Urbino 233 ℘ 991009 – 🛗 🐦 ⇔ 🕲 🗲 𝓥𝓘𝓢𝓐 Z s chiuso dal 5 gennaio al 10 febbraio – Pas carta 25/38000 – 🖵 6000 – **19 cam** 48/78000 – ½ P 50/58000.

XX **Righi la Taverna,** piazza della Libertà ℰ 991196, Fax 991196, « Caratteristico arredamento » – ▤. ㏂ 🅱 ⓞ 🄴 𝖵𝖨𝖲𝖠   Y **n**
chiuso dal 24 dicembre al 1° febbraio e mercoledì da ottobre a marzo – Pas carta 31/44000
(15%).

X **Buca San Francesco,** piazzetta Placito Feretrano 3 ℰ 991462 – ℅   Y **x**
chiuso la sera e dal 15 novembre al 15 dicembre – Pas carta 21/28000.

a Borgo Maggiore – ⊠ **47031** San Marino :

X **Hostaria da Lino** con cam, piazza Grande 48 ℰ 903975 – ☎. ㏂ 🅱 ⓞ 🄴 𝖵𝖨𝖲𝖠   Y **d**
chiuso febbraio – Pas carta 24/36000 (15%) – ⚏ 6000 – **16 cam** 53/75000 – ½ P 48/59000.

a Domagnano per ① : 4 km – ⊠ **47031** San Marino :

🏠 **Rossi,** ℰ 902263, ← – 🛗 📺 ☎ 🅿. ㏂ 🅱 ⓞ 🄴 𝖵𝖨𝖲𝖠 ℅
chiuso novembre – Pas *(chiuso sabato in bassa stagione)* carta 24/34000 – ⚏ 5500 –
36 cam 48/60000 – ½ P 48/63000.

SAN MARTINO Livorno – Vedere Elba (Isola d') : Portoferraio.

SAN MARTINO AL CIMINO Viterbo – Vedere Viterbo.

SAN MARTINO BUON ALBERGO 37036 Verona 𝟺𝟤𝟿 F 15 – 13 387 ab. alt. 45 – ✆ 045.
Roma 510 – ♦Milano 164 – ♦Padova 74 – ♦Verona 8 – Vicenza 44.

X **Antica Trattoria da Momi,** via Serena 38 ℰ 990752 – ㏂ 🅱 🄴 𝖵𝖨𝖲𝖠 ℅
chiuso domenica sera, lunedì e dal 5 al 25 agosto – Pas carta 29/45000.

a Marcellise N : 5 km – alt. 102 – ⊠ **37030** :

X **Agli Olivi,** ℰ 8740052, ☕ – 🅿. ℅
chiuso a mezzogiorno (escluso domenica), lunedì, martedì e dal 3 al 19 agosto – Pas
carta 22/38000.

SAN MARTINO DELLA BATTAGLIA 25010 Brescia 𝟺𝟤𝟾 𝟺𝟤𝟿 F 13 – alt. 87 – ✆ 030.
Roma 515 – ♦Brescia 37 – ♦Milano 125 – ♦Verona 35.

X **Da Renato,** ℰ 9910117 – 🅿. ℅
chiuso mercoledì e dal 1° al 15 luglio – Pas carta 22/32000.

SAN MARTINO DI CASTROZZA 38058 Trento 𝟿𝟪𝟪 ⑤, 𝟺𝟤𝟿 D 17 – alt. 1 467 – a.s.
15 dicembre-Epifania e febbraio-Pasqua – Sport invernali : 1 467/2 638 m ⚡2 ⚡14, ⚡; al passo
Rolle : 1 884/2 279 m ⚡4, ⚡ – ✆ 0439.

Vedere Località★★.

🎿 via Passo Rolle 165 ℰ 68352, Telex 401543, Fax 768814.

Roma 629 – Belluno 79 – ♦Bolzano 86 – Cortina d'Ampezzo 113 – ♦Milano 349 – Trento 109 – Treviso 105 –
♦Venezia 135.

🏨 **Savoia,** ℰ 68094, Fax 68188, ← gruppo delle Pale e vallata – 🛗 📺 ☎ ⅋ 🚗 🅿. ㏂
🅱 ⓞ 🄴 𝖵𝖨𝖲𝖠 ℅ rist
20 dicembre-10 aprile e luglio-10 settembre – Pas carta 32/47000 – ⚏ 16500 – **68 cam**
120/165000 appartamenti 165/200000 – ½ P 70/155000.

🏨 **Des Alpes,** ℰ 68518, Telex 401543, Fax 68570, ←, ☎ – 🛗 📺 ☎ 🚗 🅿 – 🔟 50. ℅
23 dicembre-18 aprile e 25 giugno-10 settembre – Pas 30/50000 – **55 cam** ⚏ 215000 –
½ P 85/180000.

🏨 **San Martino,** ℰ 68011, Fax 68841, ← gruppo delle Pale e vallata, ☎, 🔟, 🐢, ℅, ℀ – 🛗
☎ 🚗 🅿. ㏂ 𝖵𝖨𝖲𝖠 ℅ rist
20 dicembre-20 aprile e luglio-15 settembre – Pas 25/30000 – ⚏ 12000 – **48 cam** 70/120000
– ½ P 65/100000.

🏨 **Orsingher,** ℰ 68544, Fax 64896, ← – 🛗 ☎ 🅿. 🅱 🄴 𝖵𝖨𝖲𝖠 ℅
➥ *20 dicembre-Pasqua e 28 giugno-25 settembre* – Pas 20/27000 – **30 cam** ⚏ 84/133000 –
½ P 77/107000.

🏨 **Cristallo,** ℰ 68134, Fax 68134, ← – 🛗 📟 🅿. ℅
20 dicembre-aprile e luglio-15 settembre – Pas 25/32000 – ⚏ 8000 – **24 cam** 70/100000 –
½ P 63/100000.

🏨 **Paladin,** ℰ 768680, ←, ☎ – 🛗 📺 ☎ ⅋ 🚗 🅿. 𝖵𝖨𝖲𝖠 ℅
20 dicembre-20 aprile e 20 giugno-15 settembre – Pas 35000 – ⚏ 15000 – **28 cam**
84/133000 – ½ P 121000.

🏨 **Panorama,** ℰ 768667, ← – 🛗 📺 ☎ 🚗 🅿. ⓞ. ℅
20 dicembre-15 aprile e 28 giugno-16 settembre – Pas carta 24/31000 – **22 cam** ⚏ 124000
– ½ P 108000.

🏨 **Rosetta,** ℰ 768622, Fax 768622, ← gruppo delle Pale – 🛗 📟 🅿. ℅
20 dicembre-15 aprile e 20 giugno-15 settembre – Pas 25/32000 – ⚏ 8000 – **50 cam**
70/100000 – ½ P 63/100000.

🏨 **Regina,** ℰ 68017, ← gruppo delle Pale – 🛗 📺 ☎ 🅿. ㏂ 🅱. ℅ rist
➥ *20 dicembre-20 aprile e 15 giugno-20 settembre* – Pas 18/25000 – ⚏ 10000 – **34 cam**
82/129000 – ½ P 85/106000.

- **Letizia**, ℰ 768615, Telex 401543, ≤ – 🛗 📺 ☎ 🚐 🅿 *VISA*. 🦌 rist
  4 dicembre-Pasqua e 26 giugno-15 settembre – Pas 18/26000 – **21 cam** 🖵 100000 -
  ½ P 50/90000.

- **Madonna**, ℰ 68137 – 🛗 ☎ 🅿 🆎 *VISA*. 🦌
  8 dicembre-Pasqua e 20 giugno-20 settembre – Pas 20/40000 – 🖵 7000 – **25 cam**
  60/100000 – ½ P 82/92000.

- **Alpino**, ℰ 68193, ≤ gruppo delle Pale – 🛗 ⇄ rist ☎ 🚐 🅿 🦌
  20 dicembre-aprile e 15 giugno-settembre – Pas 30000 – 🖵 10000 – **31 cam** 80/100000 –
  ½ P 98000.

- ✕✕ **Drei Tannen**, ℰ 68325, Fax 68188 – 🅿 🆎 🆂 🔘 🇪 *VISA*. 🦌
  24 dicembre-28 marzo e 3 luglio-28 agosto; chiuso lunedì – Pas carta 35/55000.

- ✕✕ **Malga Ces**, O : 3 km ℰ 68145 – 🅿 🆎 🦌
  8 dicembre-15 aprile e 16 giugno-settembre – **Pas** carta 30/47000.

SAN MARTINO IN COLLE Lucca – Vedere Montecarlo.

SAN MARTINO IN PASSIRIA (ST. MARTIN IN PASSEIER) 39010 Bolzano 🔢 B 15, 🔢 ⑩ –
2 643 ab. alt. 597 – ⚙ 0473.
Roma 682 – ◆Bolzano 44 – Merano 16 – ◆Milano 342 – Trento 102.

- 🏨 **Quellenhof-Sorgente e Forellenhof**, S : 5 km ℰ 645474, Fax 645499, ≤, 🌊
  🔥 riscaldata, 🔲, 🐎, 🎾 – 🛗 📺 ☎ 🛗 🅿 🦌 rist
  marzo-17 novembre – Pas carta 34/52000 – **40 cam** 🖵 70/160000 – ½ P 50/85000.

- 🏨 **Kennenhof** 🦌, S : 5 km ℰ 645740, ≤, 🔥 riscaldata, 🔲, 🐎, 🎾 – 📺 ☎ 🛗 🅿 🦌 rist
  marzo-novembre – Pas *(chiuso a mezzogiorno)* 16/35000 – **15 cam** 🖵 70/160000 –
  ½ P 50/85000.

SAN MARTINO SPINO 41030 Modena 🔢 H 15 – alt. 10 – ⚙ 0535.
Roma 453 – ◆Bologna 65 – ◆Ferrara 39 – Mantova 68 – ◆Milano 223 – ◆Modena 53.

- ✕✕ Sabbioni, ℰ 31186 – 🅿

SAN MARZANO OLIVETO 14050 Asti 🔢 H 6 – 940 ab. alt. 301 – ⚙ 0141.
Roma 598 – Alessandria 37 – Asti 32 – ◆Genova 101 – ◆Milano 128 – ◆Torino 80.

- ✕ **Da Bardon**, località Case Vecchie SE : 4 km ℰ 831340, 🌳 – 🅿 🆎 🆂 🇪 *VISA*. 🦌
  chiuso giovedì – **Pas** carta 26/49000.

SAN MASSIMO Genova – Vedere Rapallo.

SAN MAURIZIO CANAVESE 10077 Torino 🔢 G 4 – 6 609 ab. alt. 317 – ⚙ 011.
Roma 697 – Aosta 111 – ◆Milano 142 – ◆Torino 19 – Vercelli 72.

- ✕✕ **La Gola**, via Cavour 22 ℰ 9278014, 🌳, solo su prenotazione – 🦌
  chiuso a mezzogiorno e domenica – Pas 50000.

SAN MAURIZIO D'OPAGLIO 28017 Novara 🔢 E 7, 🔢 ⑥ – 2 769 ab. alt. 373 – ⚙ 0322.
Roma 658 – Domodossola 50 – ◆Milano 81 – Novara 43 – ◆Torino 117 – Varese 49.

- ✕✕ **Da Grissino**, ℰ 96173 – 🅿 🆂 🔘 🇪 *VISA*. 🦌
  chiuso mercoledì, dal 7 al 13 gennaio e dal 1° al 25 agosto – Pas carta 30/56000.

SAN MAURO A MARE 47030 Forlì 🔢 J 19 – a.s. 15 giugno-agosto – ⚙ 0541.
Roma 353 – ◆Bologna 103 – Forlì 42 – ◆Milano 314 – ◆Ravenna 36 – Rimini 16.

- 🏨 **Capitol**, ℰ 345542, Telex 518516, Fax 345492, 🏖, 🌊, 🔥 riscaldata – 🛗 ▤ 📺 ☎ 🛗
  🅿 – 🔺 80, 🆎 🆂 🔘 🇪 *VISA*. 🦌 rist
  Pas carta 34/59000 – **35 cam** 🖵 90/150000 – ½ P 85/110000.

- 🏨 **Internazionale**, ℰ 346475, ≤, 🏖 – 🛗 ▤ 🅿 🦌 rist
  15 maggio-20 settembre – Pas *(solo per clienti alloggiati)* – 🖵 9000 – **36 cam** 40/60000 –
  ½ P 38/51000.

- 🏨 **Europa**, ℰ 346312, Telex 550317, Fax 346400, 🔥 – 🛗 ▤ rist 🅿 🆎 🔘 🇪 *VISA*. 🦌 rist
  Pasqua-15 ottobre – Pas *(solo per clienti alloggiati)* 15/20000 – **50 cam** 🖵 30/40000 –
  ½ P 44/48000.

SAN MAURO TORINESE 10099 Torino 428 G 5 – 16 673 ab. alt. 211 – ✆ 011.
Roma 666 – Asti 54 – ◆Milano 136 – Torino 9 – Vercelli 66.

Pianta d'insieme di Torino (Torino p. 3)

🏠 **La Pace** senza rist, via Roma 36 ℘ 8221945 – 🛗 ☎ ❷. 🛐 ᵛᴵˢᴬ   HT **s**
   chiuso dal 10 al 20 agosto – ☲ 6000 – **30 cam** 63/76000.

XXX **Bontan,** via Canua 55 ℘ 8222680, Coperti limitati; prenotare, « Servizio estivo in giardino »
   – ❷. ᴀᴇ 🛐 ⓘ ᵛᴵˢᴬ   HT **b**
   chiuso domenica, lunedì e dal 26 dicembre al 20 gennaio – Pas carta 72/104000.

XX **Della Pace,** via Roma 34 ℘ 8221120, 🍽 – ❷. ᴀᴇ. ⁓   HT **s**
   chiuso domenica sera, lunedì e dal 5 al 27 agosto – Pas carta 29/56000.

XX **Frandin,** via Settimo 14 ℘ 8221177, 🍽 – ᴀᴇ 🛐 ⓘ ᵛᴵˢᴬ   HT **a**
   chiuso martedì e dal 16 agosto al 15 settembre – Pas carta 26/52000.

SAN MENAIO 71010 Foggia – a.s. luglio-15 settembre – ✆ 0884.
Roma 389 – ◆Bari 188 – ◆Foggia 104 – San Severo 71.

🏠 **Nettuno,** E : 1,5 km ℘ 98131, ⩽ – 🛗 ☎ ⟸ ❷
➔   *aprile-settembre* – Pas 15/25000 – ☲ 7000 – **30 cam** 60000 – P 50/80000.

SAN MICHELE (ST. MICHAEL) Bolzano 218 ⑳ – Vedere Appiano.

SAN MICHELE ALL'ADIGE 38010 Trento 988 ④, 429 D 15 – 2 039 ab. alt. 229 – a.s. dicembre-
aprile – ✆ 0461.
Roma 603 – ◆Bolzano 41 – ◆Milano 257 – Moena 70 – Trento 16.

🏠 **Lord Hotel** senza rist, N : 1 km ℘ 650120, ⩽, ⁓ – 🛗 ☎ � ⟸ ❷. 🛐 ⓘ ᴇ ᵛᴵˢᴬ
   chiuso dal 24 dicembre al 5 gennaio – ☲ 5000 – **33 cam** 45/68000.

XX **Da Silvio,** N : 1 km ℘ 650324, Fax 650604 – ❷ – 🛗 60. ᴀᴇ 🛐 ⓘ ᴇ ᵛᴵˢᴬ. ⁓
   chiuso domenica sera e lunedì – Pas carta 31/47000.

SAN MICHELE AL TAGLIAMENTO 30028 Venezia 429 E 20 – 12 095 ab. alt. 7 – ✆ 0431.
Roma 599 – ◆Milano 338 – Pordenone 44 – ◆Trieste 81 – Udine 50 – ◆Venezia 88.

XX ❀ **Mattarello,** strada statale ℘ 50450 – 🍴 ❷. ⁓
   chiuso lunedì – Pas carta 46/74000
   Spec. Sardine in savor, Panzerotti neri alle noci di mare, Treccia di branzino alle erbe. Vini Tocai, Cabernet
   franc.

SAN MINIATO 56027 Pisa 988 ⑭, 428 429 K 14 – 25 201 ab. alt. 140 – ✆ 0571.
Roma 297 – ◆Firenze 43 – ◆Livorno 52 – Pisa 42 – Siena 66.

🏠 **Miravalle** ⤸, piazza Castello 3 ℘ 418075, Fax 419681, ⩽ – 🛗 ☎ – 🛗 45. ᴀᴇ 🛐 ⓘ ᴇ
   ᵛᴵˢᴬ. ⁓
   Pas *(chiuso venerdì e dal 6 al 24 agosto)* carta 29/55000 (10%) – ☲ 8000 – **21 cam** 95000
   – ½ P 80000.

SANNAZZARO DE' BURGONDI 27039 Pavia 988 ⑬, 428 G 8 – 5 697 ab. alt. 87 – ✆ 0382.
Roma 586 – Alessandria 42 – ◆Milano 45 – Piacenza 84.

X   Da Siro, località Mezzano E : 2 km ℘ 997047 – ❷.

SANNICOLA 73017 Lecce – 6 395 ab. alt. 75 – ✆ 0833.
Roma 627 – Gallipoli 8 – Lecce 32 – ◆Taranto 92.

XX **Al Quadrifoglio,** via San Simone ℘ 231246, 🍽, « Parco », ⑁ (coperta d'inverno), ⁓
   – ❷
   Pas carta 21/31000.

SAN NICOLA ARCELLA 87020 Cosenza – 1 343 ab. alt. 110 – ✆ 0985.
Roma 425 – Castrovillari 77 – Catanzaro 158 – ◆Cosenza 99 – ◆Napoli 217.

🏠 **Principe,** ℘ 3125, ⩽ mare e costa, 🍽 – 🛗 ☎ ⟸ ❷. 🛐 ⓘ. ⁓
   Pas carta 27/38000 – ☲ 5000 – **28 cam** 65/95000 – ½ P 45/68000.

   sulla strada statale 18 S : 1,5 km :

X   **San Giorgio** ✉ 87020 ℘ 3103, 🍽 – ❷
   chiuso mercoledì, dal 23 al 30 settembre e dal 1° all'8 novembre – Pas carta 23/37000.

SAN NICOLA LA STRADA Caserta – Vedere Caserta.

SAN NICOLÒ (ST. NIKOLAUS) Bolzano 218 ⑲ – Vedere Ultimo.

SAN NICOLÒ Piacenza – Vedere Piacenza.

SAN NICOLÒ DI RICADI Catanzaro – Vedere Tropea.

SAN PANCRAZIO Ravenna – Vedere Russi.

SAN PANTALEO Sassari – Vedere Sardegna alla fine dell'elenco alfabetico.

SAN PAOLO (ST. PAULS) Bolzano 218 ⊗ – Vedere Appiano sulla Strada del Vino.

SAN PAOLO CERVO 13060 Vercelli 428 F 6, 219 ⑮ – 187 ab. alt. 795 – ✆ 015.
Roma 690 – Biella 14 – ♦Milano 116 – Novara 70 – ♦Torino 88 – Vercelli 56.

  ✗ **Asmara** con cam, ℰ 60021, ⇐ – **P**. ✀
    aprile-ottobre – Pas *(chiuso martedi)* carta 24/34000 – ☴ 4500 – **7 cam** 30/50000 –
    ½ P 40/45000.

SAN PELLEGRINO (Passo di) Trento 988 ⑤, 429 C 17 – alt. 1 918 – ⊠ 38035 Moena – a.s
febbraio-Pasqua e Natale – Sport invernali : 1 918/2 526 m ⚐1 ⚑11, ⚐ – ✆ 0462.
Roma 682 – Belluno 58 – ♦Bolzano 56 – ♦Milano 340 – Trento 100.

  🏨 **Monzoni** ⚲, ℰ 53352, Fax 53339, ≤ Dolomiti, *Ⳕ*, ⇔ – 🖬 🛉 🕭 **P** – 🏛 120. ⦿. ✀
    20 dicembre-13 aprile e 13 luglio-8 settembre – Pas carta 38/50000 – ☴ 10000 – **87 cam**
    104/154000 – ½ P 81/135000.

  🏨 **Costabella** ⚲, ℰ 53326, ≤ Dolomiti – 🖬 ⇔ cam 🕭 **P**. ✀ rist
    dicembre-aprile e luglio-settembre – Pas 30/31000 – ☴ 10000 – **27 cam** 116000 –
    ½ P 75/85000.

  ✗✗ **Miralago** ⚲ con cam, E : 1 km ⊠ 38030 Soraga ℰ 53088, ≤, « In riva ad un laghetto »
    ← – 📺 🕭 **P**. ✀
    chiuso maggio – Pas *(chiuso martedi in bassa stagione)* 16/28000 – **10 cam** ☴ 70000 –
    ½ P 50000.

SAN PELLEGRINO TERME 24016 Bergamo 988 ③, 428 E 10 – 5 327 ab. alt. 354 – Stazione
termale (maggio-settembre), a.s. luglio e agosto – ✆ 0345.
Dintorni Val Brembana★ Nord e Sud per la strada S 470.
🛈 via Bernardo Tasso 1 ℰ 21020.
Roma 626 – ♦Bergamo 25 – ♦Brescia 77 – Como 71 – ♦Milano 67.

  🏨 **Terme,** ℰ 21125, ≅ – 🖬 🕭 **P** – 🏛 50. 🝰 ⦿. ✀
    16 giugno-15 settembre – Pas 60/70000 – ☴ 12000 – **50 cam** 90/110000 – ½ P 100/140000.

  🏨 **Bigio,** ℰ 21058, ≅ – 🖬 📺 🕭 **P** – 🏛 100. ✀
    giugno-settembre – Pas carta 29/46000 – ☴ 6000 – **50 cam** 46/66000 – ½ P 65/72000.

  ✗ **La Ruspinella** con cam, S : 1,5 km ℰ 21333 – 📺 ⊜ **P**. 🝰 🛇 ⦿ *VISA*. ✀
    chiuso dal 15 al 30 settembre – Pas *(chiuso venerdi)* carta 22/35000 – ☴ 5000 – **18 cam**
    47/67000 – ½ P 50000.

SAN PIER D'ARENA Genova – Vedere Genova.

SAN PIERO A SIEVE 50037 Firenze 988 ⑮, 429 K 15 – 3 656 ab. alt. 210 – ✆ 055.
Roma 318 – ♦Bologna 82 – ♦Firenze 26.

  ✗ **La Felicina** con cam, ℰ 848016, Fax 8456836 – 🝰 *VISA*. ✀
    chiuso dal 19 febbraio al 3 marzo e dal 3 al 15 settembre – Pas *(chiuso sabato)*
    carta 23/33000 – ☴ 8000 – **11 cam** 40/73000 – ½ P 58/70000.

SAN PIETRO Savona – Vedere Andora.

SAN PIETRO Verona – Vedere Legnago.

SAN PIETRO (Isola di) Cagliari 988 ㉝ – Vedere Sardegna alla fine dell'elenco alfabetico.

SAN PIETRO IN BEVAGNA Taranto – Vedere Manduria.

SAN PIETRO IN CARIANO 37029 Verona 428 429 F 14 – 10 427 ab. alt. 160 – ✆ 045.
Roma 510 – ♦Brescia 77 – ♦Milano 164 – Trento 85 – ♦Verona 15.

  🏨 **Valpolicella International e Rist. Corallo,** ℰ 7703555 e rist ℰ 7704966, Fax 7703555
    – 🖬 ▤ 📺 🕭 **P** – 🏛 30 a 200. 🝰 🛇 **E** *VISA*. ✀
    Pas *(chiuso giovedi e domenica sera)* carta 26/41000 – ☴ 12000 – **42 cam** 107000.

SAN PIETRO IN GU 35010 Padova 429 F 16 – 4 179 ab. alt. 45 – ✆ 049.
Roma 543 – Belluno 104 – ♦Milano 219 – ♦Padova 33 – Trento 109 – Treviso 48 – ♦Venezia 66 – Vicenza 14.

  ✗✗ **Ca' Bianca** con cam, strada statale ℰ 5991078, Specialità di mare – ▤ 📺 🕭 ⇔ **P**
    🛇 **E** *VISA*. ✀
    chiuso dal 1° al 28 agosto – Pas *(chiuso domenica sera e lunedi)* carta 26/42000 – ☴ 5000
    – **14 cam** 35/55000, ▤ 3000 – ½ P 45/50000.

SAN PIETRO IN VOLTA Venezia – Vedere Venezia.

SAN POLO Parma – Vedere Torrile.

SAN POLO DI PIAVE 31020 Treviso 429 E 19 – 3 989 ab. alt. 27 – © 0422.
Roma 563 – Belluno 65 – Cortina d'Ampezzo 120 – ◆Milano 302 – Treviso 23 – Udine 99 – ◆Venezia 52.

XX ⊗ **Gambrinus,** ℰ 855043, Fax 855246, prenotare, « Servizio estivo in giardino con voliere e ruscello » – ⊷ ☰ ℗ – ⚠ 80. ⅍ ⑩ ᴠ𝗶𝘀𝗮 ⚘.
chiuso lunedì (escluso i festivi) e dal 7 gennaio al 7 febbraio – Pas carta 28/58000
Spec. Ostriche al prosecco, Gamberi di acqua dolce alla Gambrinus, Entrecote mignon al radicchio rosso o alle erbe profumate. Vini Incrocio Manzoni, Cabernet.

SAN PROSPERO 41030 Modena – 3 872 ab. alt. 22 – © 059.
Roma 423 – ◆Bologna 58 – ◆Ferrara 61 – ◆Milano 189 – ◆Modena 19 – ◆Verona 83.

XX **San Silvestro-da Mario,** N : 1 km ℰ 908824, Fax 908824, 🚗 – ⊷ ☰ ℗ – ⚠ 70. ⅍ ⑩ ᴠ𝗶𝘀𝗮
chiuso lunedì, mercoledì ed agosto – Pas carta 25/52000.

SAN QUIRICO D'ORCIA 53027 Siena 988 ⑮ – 2 355 ab. alt. 424 – © 0577.
Roma 196 – Chianciano Terme 31 – ◆Firenze 111 – ◆Perugia 96 – Siena 43.

XX **Palazzuolo** con cam, ℰ 897080, ≤, 🏊, 🚗 – ☰ 🆃🆅 ☎ ℗. ⅍ 🅴 ⑩ 🅴 ᴠ𝗶𝘀𝗮 ⚘ rist
Pas *(chiuso martedì)* carta 25/36000 (10%) – ⊡ 10000 – **10 cam** 90000 – ½ P 60/75000.

a Bagno Vignoni SE : 5 km – ⌧ **53020** :

🏨 **Posta-Marcucci** ⑤, ℰ 887112, Telex 580117, Fax 887119, ≤, 🛦, 🖙, 🏊 termale, 🚗, ⚘ – 🅿 ☎ & ℗. ⅍ ⑩ 🅴 ᴠ𝗶𝘀𝗮 ⚘ rist
chiuso dal 10 al 31 gennaio – Pas 30/50000 – ⊡ 18000 – **49 cam** 90/125000 – ½ P 90/115000.

SAN QUIRINO 33080 Pordenone 429 D 20 – 3 836 ab. alt. 116 – © 0434.
Roma 613 – Belluno 75 – ◆Milano 352 – Pordenone 9 – Treviso 63 – ◆Trieste 121 – Udine 59.

XX ⊗ **La Primula** con cam, ℰ 91005 – ☰ rist ℗ – ⚠ 40. ⅍ 🅴 🅴 ᴠ𝗶𝘀𝗮 ⚘
Pas *(chiuso domenica sera, martedì, dal 10 al 30 gennaio e dal 10 al 30 luglio)* carta 36/51000
– ⊡ 6000 – **8 cam** 60/100000 – ½ P 60/80000
Spec. Tortino di riso allo zafferano e cicale di mare (inverno-primavera), Flan di porcini e crostini alla rucola (estate-autunno), Costata in salsa bordolese. Vini Chardonnay, Cabernet Franc.

SAN REMO 18038 Imperia 988 ⑫, 428 K 5 – 59 635 ab. – © 0184.
Vedere Località★★ – La Pigna★ (città alta) : ≤★ dal santuario della Madonna della Costa.
Dintorni Monte Bignone★★ : ❋★★ N : 13 km.
🏌 (chiuso martedì) ℰ 557093, N : 5 km.
🛈 corso Nuvoloni 1 ℰ 571571, Telex 271677 – A.C.I. corso Raimondo 57 ℰ 500295.
Roma 638 ① – ◆Milano 262 ① – ◆Nice 59 ② – Savona 93 ①.

SAN REMO

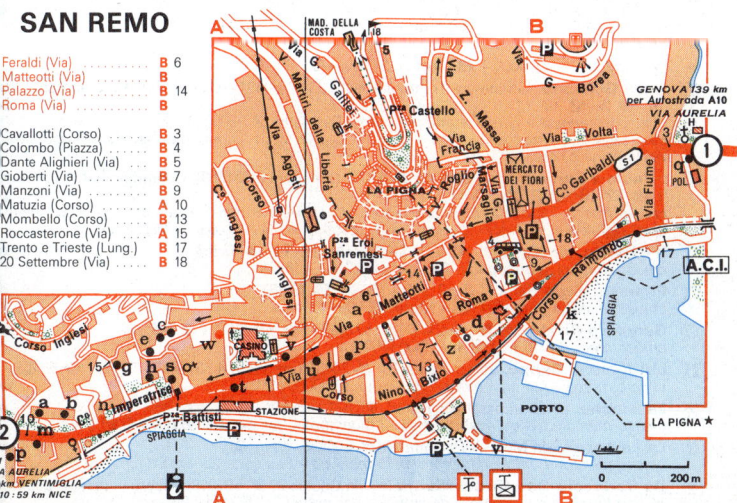

531

Royal, corso Imperatrice 80 ℘ 5391, Telex 270511, Fax 61445, ≤, « Giardino fiorito con riscaldata e servizio rist. estivo all'aperto », ﹐, ﹪ – ⓘ ■ Ⅳ ﺝ ℗ – ﺝ 30 a 250. ﹅ ﹅ ⓞ ⋿ *VISA*. ﹪ rist **A h**
chiuso dal 20 ottobre al 20 dicembre – Pas 75000 – **148 cam** ⊆ 230/480000 appartament 500/880000 – ½ P 165/290000.

Astoria West-End, corso Matuzia 8 ℘ 667701, Telex 283834, Fax 65616, « Piccolo parco », ﹐, ⅳ ﹅ ⓞ – ﺝ 100. ﹅ ﹅ ⓞ ⋿ *VISA*. ﹪ rist **A a**
Pas 55000 – ⊆ 25000 – **120 cam** 130/230000 appartamenti 270/330000 – ½ P 145/205000.

Gd H. Londra, corso Matuzia 2 ℘ 668000, Telex 271420, Fax 880359, « Giardino » ﹐ riscaldata – ⓘ ■ ⅳ ﺝ ﹅ ℗ – ﺝ 250. ﹅ ﹅ ⓞ ⋿ *VISA*. ﹪ **A b**
chiuso dal 15 ottobre al 17 dicembre – Pas 65/90000 – **140 cam** ⊆ 212000 appartament 250/650000, ■ 30000 – ½ P 161/188000.

Méditerranée, corso Cavallotti 76 ℘ 571000, Telex 271533, Fax 541106, ﹐, « Parco con ﹐ » – ⓘ ■ ⅳ ﹅ ⟿ ℗ – ﺝ 40 a 250. ﹅ ﹅ ⋿ *VISA*. ﹪ rist **B o**
Pas 50/60000 – ⊆ 18000 – **62 cam** 115/185000 appartamenti 285/370000 – ½ P 145/160000

Villa Mafalda ﹩ senza rist, corso Nuvoloni 18 ℘ 572572, Fax 41484, ﹏ – ⓘ ⅳ ﹅. ﹅ **A c**
chiuso dal 21 ottobre al 21 novembre – ⊆ 11000 – **57 cam** 125000.

Paradiso ﹩, via Roccasterone 12 ℘ 532415, Telex 272264, Fax 578176, ﹏ – ⓘ ⅳ ﹅ ⟿ ℗. ﹅ ﹅ ⓞ ⋿ *VISA*. ﹪ rist **A g**
Pas 25/45000 – ⊆ 10000 – **41 cam** 65/100000 – ½ P 75/100000.

Nike ﹩ senza rist, via F.lli Asquasciati 37 ℘ 531429, Fax 41484 – ⓘ ⅳ ﹅ ⟿. ﹅ ﹅ ⓞ ⋿ *VISA* **A c**
chiuso dal 12 al 20 dicembre – ⊆ 10000 – **43 cam** 70/117000.

Morandi, corso Matuzia 51 ℘ 667641, ﹏ – ⓘ ﹅ ℗. ﹅ ﹅ ⓞ ⋿ *VISA*. ﹪ rist **A m**
Pas 25/35000 – ⊆ 9000 – **32 cam** 65/98000 – ½ P 75/90000.

Garden Lido Residence, via Barabino 21 ℘ 667766, ≤, ﹏ – ⓘ ﹅ ⟿ ℗. ﹅ ﹅ ⋿ *VISA*. ﹪ **A p**
Pas *(solo per clienti alloggiati e 20 dicembre-Pasqua e giugno-settembre)* 27/32000 – ⊆ 8500 – **38 cam** 100000 appartamenti 142/183000 – ½ P 85/95000.

Nazionale e Rist. Panoramico, via Matteotti 5 ℘ 577577, Telex 275567 – ⓘ ■ ﹅ – ﺝ 40. ﹅. ﹪ rist **A v**
Pas *(chiuso mercoledi)* carta 50/60000 – ⊆ 18000 – **87 cam** 70/122000 appartament 137/150000, ■ 5000 – ½ P 112/122000.

Europa e Pace, corso Imperatrice 27 ℘ 578170, Telex 272024, Fax 578156 – ⓘ ■ ⅳ ﹅. ﹅ ﹅ ⓞ ⋿ *VISA*. ﹪ rist **A f**
Pas carta 38/59000 – **77 cam** ⊆ 77/128000 – ½ P 115000.

Villa Maria, corso Nuvoloni 30 ℘ 531422, ﹏ – ⓘ ﹅ ℗. ﹅ ﹅ ⋿ *VISA*. ﹪ rist **A e**
Pas 35000 – ⊆ 9000 – **39 cam** 60/95000 – ½ P 60/84000.

De la Ville e Tivoli, corso Matuzia 187 ℘ 61661, Telex 272454, Fax 61664 – ⓘ ⅳ ﹅ ⟿. ﹅ ﹅ ⓞ ⋿ *VISA*. ﹪ per ②
Pas *(chiuso dal 6 novembre al 21 dicembre)* 28000 – ⊆ 8000 – **46 cam** 45/85000 – ½ P 87000.

Lolli Palace Hotel, corso Imperatrice 70 ℘ 85696 (prenderà il 531496), Fax 541574, ≤ – ⓘ ⅳ ﹅. ﹅ ﹅ ⋿ *VISA*. ﹪ rist **A s**
Pas 25/35000 – ⊆ 10000 – **50 cam** 66/90000 – ½ P 70/80000.

Eletto, via Matteotti 44 ℘ 85614 (prenderà il 531548) – ⓘ ﹅ ℗. ﹅ *VISA*. ﹪ rist **B u**
Pas 18/25000 – ⊆ 6000 – **29 cam** 50/80000 – ½ P 60/70000.

XXX ﹫ **Da Giannino,** lungomare Trento e Trieste 23 ℘ 504014, Coperti limitati; prenotare – ﹅ ﹅ ⓞ ⋿ *VISA*. ﹪ **B k**
chiuso domenica e lunedì a mezzogiorno – Pas carta 64/93000 (10%)
Spec. Taglierini con gamberi zucchine e pomodori, Cappon magro, Coniglio disossato e farcito con lattuga
Vini Vermentino, Rossese.

XX ﹫ **Paolo e Barbara,** via Roma 47 ℘ 83087 (prenderà il 531653), Coperti limitati; prenotare – ﹅. ﹅ ﹅ ⓞ ⋿ *VISA* **B p**
chiuso mercoledi, dal 1° al 15 luglio e dal 15 al 30 novembre – Pas carta 55/70000 (15%)
Spec. Tagliatelle ai moscardini, Ciupin (zuppa di pesce), Branzino alle zucchine. Vini Pigato.

XX **Il Bagatto,** via Matteotti 145 ℘ 531925 – ■. ﹅ ﹅ ⓞ ⋿ *VISA* **B e**
chiuso domenica e giugno – Pas carta 45/71000 (15%).

XX **Pignese,** piazza Sardi 7 ℘ 501929 – ﹅ ﹅ ⓞ ⋿ *VISA* **B d**
chiuso lunedì e giugno – Pas carta 46/65000 (10%).

XX **Gambero Rosso,** via Matteotti 71 ℘ 572469 – ■. ﹅ ﹅ ⓞ ⋿ *VISA*. ﹪ **B a**
chiuso martedi – Pas carta 48/73000 (15%).

XX **L'Angolo di Beppe,** corso Inglesi 31 ℘ 76431 (prenderà il 531748) – ﹅ ﹅ ⓞ ⋿ *VISA* **A w**
chiuso mercoledi e novembre – Pas carta 35/60000 (10%).

X **La Broche,** corso Imperatrice 122 ℘ 667871 – ﹅ ﹅ ⓞ ⋿ *VISA* **A n**
chiuso mercoledi e da novembre al 22 dicembre – Pas carta 36/68000 (15%).

X **La Lanterna,** via Molo di Ponente 16 ℘ 506855, ﹐ – ﹅ **B v**
chiuso giovedì e dal 15 dicembre al 15 febbraio – Pas carta 26/49000 (15%).

X **Da Carluccio-Osteria del Marinaio,** via Gaudio 28 ℘ 501919, Coperti limitati; prenotare **B z**
chiuso lunedì e da ottobre a dicembre – Pas carta 63/103000 (15%).

sulla strada statale 1 - via Aurelia :

🏨 **Napoleon** senza rist, per ② : 1,5 km ✉ 18038 ℰ 62244, ≼, « Giardino » – 🛗 ☎ 🚗 🅿. 🆅🆂🅰
    chiuso da novembre al 20 dicembre – ⊃⊂ 11000 – **29 cam** 70/100000.

🏨 **Ariston-Montecarlo,** per ① : 4 km ✉ 18038 ℰ 513655, Telex 272241, Fax 510702, ≼,
    🏊 – 🛗 📺 ☎ 🅿. 🆎 🆂 ◑ 🅴 🆅🆂🅰. ⋙
    Pas *(chiuso da novembre al 15 dicembre)* 30/40000 – ⊃⊂ 12000 – **43 cam** 100000 –
    ½ P 100/120000.

🏨 **Bobby Motel,** per ② : 2,5 km ✉ 18038 ℰ 60255, Telex 271249, Fax 60296, ≼, 🏊 – 🛗
    📺 ☎ 🅿. 🆎 🆂 ◑ 🅴 🆅🆂🅰
    chiuso dal 25 ottobre al 20 dicembre – Pas 50000 – ⊃⊂ 11000 – **75 cam** 105000 – ½ P 110000.

    a San Romolo NO : 15 km – alt. 786 – ✉ **18038** San Remo :

✗ **Dall'Ava,** ℰ 669998, prenotare – 🅿. 🆎
    chiuso giovedì, dal 15 al 27 febbraio e dal 15 al 27 novembre – Pas carta 23/49000.

SAN ROCCO Genova – Vedere Camogli.

SAN ROMOLO Imperia 195 ⑳ – Vedere San Remo.

SAN SALVATORE (Monte) 427 ㉔, 219 ⑧ – Vedere Cantone Ticino alla fine dell'elenco
▪️lfabetico.

SAN SEBASTIANO CURONE 15056 Alessandria 428 H 9 – 533 ab. alt. 336 – ✪ 0131.
▪oma 591 – Alessandria 45 – ♦Genova 75 – ♦Milano 97 – ♦Torino 135 – Tortona 24.

✗✗ **Corona,** ℰ 786203 – 🆎 🆂 🆅🆂🅰
➤ *chiuso la sera, lunedì e dal 15 giugno al 10 luglio –* Pas carta 18/47000.

SANSEPOLCRO 52037 Arezzo 988 ⑯ – 15 726 ab. alt. 330 – ✪ 0575.
▼edere Opere di Piero della Francesca★★ nel museo Civico.
▪oma 258 – Arezzo 39 – ♦Firenze 114 – ♦Perugia 69 – Rimini 90 – Urbino 71.

🏨 **La Balestra,** via dei Montefeltro 29 ℰ 735151, Fax 740282, 🌳 – 🛗 📺 ☎ 🅱 🚗 🅿 –
    🏛 200. 🆎 🆂 ◑ 🅴 🆅🆂🅰. ⋙
    Pas *(chiuso domenica sera e lunedì)* carta 25/38000 – ⊃⊂ 5000 – **51 cam** 55/80000 –
    ½ P 60/65000.

🏠 Fiorentino, via Luca Pacioli 60 ℰ 76033 – ☎ – **26 cam.**

✗✗ **Oroscopo** con cam, località Pieve Vecchia NO : 1 km ℰ 734875, Coperti limitati; prenotare
    – 📺 ☎. ⋙
    Pas *(chiuso a mezzogiorno e martedì)* carta 50/75000 – ⊃⊂ 10000 – **9 cam** 40/60000.

✗ **Da Ventura** con cam, via Aggiunti 30 ℰ 742560 – 🆎 🆂 ◑ 🅴 🆅🆂🅰. ⋙
    chiuso dall'8 al 20 gennaio e dal 1° al 20 agosto – **Pas** *(chiuso sabato)* carta 30/42000 –
    ⊃⊂ 3000 – **7 cam** 30/45000.

SAN SEVERO 71016 Foggia 988 ㉘ – 55 017 ab. alt. 89 – a.s. 15 giugno-settembre – ✪ 0882.
▪oma 320 – ♦Bari 153 – ♦Foggia 33 – Monte Sant'Angelo 57 – ♦Pescara 151

🏨 **Milano,** via Teano Appulo 10 ℰ 75643 – 🛗 ☎ 🅱 🚗 🅿 – 🏛 50 a 100. 🆂 ◑ 🅴 🆅🆂🅰
    Pas *(chiuso domenica)* carta 23/35000 – ⊃⊂ 5000 – **59 cam** 53/86000 – ½ P 53/65000.

✗✗ La Botte, via Colonna 10 ℰ 75048, « Taverna d'intonazione medioevale » – 🍽.

✗ **Le Arcate,** piazza Cavallotti 29 ℰ 26025 – 🍽. 🆎 🆂 ◑ 🅴 🆅🆂🅰
    chiuso lunedì – Pas carta 29/44000.

SAN SICARIO Torino 77 ⑧ ⑨ – Vedere Cesana Torinese.

SAN SIGISMONDO (ST. SIGMUND) Bolzano – Vedere Chienes.

SANTA CATERINA PITTINURI Oristano 988 ㉝ – Vedere Sardegna alla fine dell'elenco
▪fabetico.

SANTA CATERINA VALFURVA 23030 Sondrio 988 ④, 428 429 C 13 – alt. 1 738 – Sport
▪nvernali : 1 738/2 827 m ⑧, ⑧ – ✪ 0342.
▪oma 776 – ♦Bolzano 136 – Bormio 13 – ♦Milano 215 – Sondrio 77 – Passo dello Stelvio 33.

🏨 **Alle 3 Baite,** ℰ 935545, Fax 935561, 🛁 – 🛗 📺 ☎ 🚗 🅿. 🆎. ⋙
    dicembre-15 maggio e 25 giugno-15 settembre – Pas 25/35000 – ⊃⊂ 12000 – **25 cam**
    43/75000 – ½ P 60/100000.

🏨 Santa Caterina, ℰ 935469, Fax 935561 – 🛗 ☎ 🚗 🅿 – 🏛 50
    stagionale – **38 cam.**

🏨 **San Matteo,** ℰ 935426, Telex 326291, Fax 903196 – 🛗 ☎ 🚗. 🆎 🆂 ◑ 🅴 🆅🆂🅰. ⋙
    dicembre-aprile e 20 giugno-20 settembre – Pas 25/35000 – ⊃⊂ 9000 – **15 cam** 56000 –
    ½ P 40/70000.

1 609 ab. alt. 1 428 – Sport invernali : della Val Gardena 1 428/ 2 500 m 彡2 彡17, ⛷ – ✆ 0471.

🛈 Palazzo Comunale ✆ 793046, Telex 400025, Fax 73198.

Roma 681 – ◆Bolzano 39 – Cortina d'Ampezzo 75 – ◆Milano 338 – Trento 99.

🏨 **Sporthotel Maciaconi,** ✉ 39048 Selva di Val Gardena ✆ 796229, Fax 793500, ⊇s, 🌳
– ▯ ☎ ᕦ ➾ 🅿 VISA. ⅍ rist
Pas *(chiuso martedì in bassa stagione)* carta 29/44000 (10%) – **40 cam** ⊇ 78/140000 -
½ P 79/98000.

🏨 **Posta,** ✆ 796678, Fax 793607, ≤, ⌸ riscaldata, 🌳, ⅍ – ▯ ☜ 🅿. ⅍ rist
chiuso maggio e novembre – Pas *(chiuso martedì)* 24/40000 – **58 cam** ⊇ 70/120000 –
½ P 80/100000.

🏨 **Interski** ⑊, ✆ 793460, Fax 793391, ≤ Sassolungo e vallata, ⊇s, ▣, 🌳 – ☎ 🅿. VISA
➾ ⅍ rist
20 dicembre-15 aprile e 25 giugno-ottobre – Pas (solo per clienti alloggiati e *chiuso a
mezzogiorno*) 20/28000 – **23 cam** ⊇ 70/100000 – ½ P 68/115000.

🏨 **Dosses,** ✆ 793326, Fax 793326, ⊇s, 🌳 – ▯ ⅍ rist 📺 ☎ 🅿. VISA
➾ *chiuso maggio e novembre* – Pas *(chiuso giovedì)* 17/24000 (10%) – ⊇ 12000 – **48 cam**
40/68000 – ½ P 60/88000.

🏨 **Kristiania** ⑊, ✉ 39048 Selva di Val Gardena ✆ 796847, ≤ Sassolungo e vallata, ⊇s
🌳 – ▯ ▤ 🅿. ⅍
Natale-Pasqua e 25 giugno-25 settembre – Pas carta 25/45000 – ⊇ 8000 – **32 cam**
61/106000 – ½ P 65/95000.

🏠 **Villa Martha** ⑊, ✆ 796628, ≤ – ☎ 🅿. ⅍ rist
Natale-Pasqua e giugno-settembre – Pas (solo per clienti alloggiati e *chiuso a mezzogiorno*)
– **20 cam** solo ½ P 50/80000.

sulla strada statale 242 O : 2 km :

🏨 **Diamant,** ✉ 39047 ✆ 796780, Fax 796782, ≤ Sassolungo e pinete, ⊇s, ▣, 🌳, ⅍ – ▯
📺 ☎ ᕦ 🅿. ⅍ rist
3 dicembre-Pasqua e 20 giugno-10 ottobre – Pas 30/50000 – **29 cam** ⊇ 90/150000 -
½ P 65/129000.

al monte Pana S : 3 km – alt. 1 637 :

🏨 **Sport Hotel Monte Pana** ⑊, ✉ 39047 ✆ 793600, Telex 401689, Fax 793527, ≤ pinete
e Dolomiti, ⊇s, ▣, 🌳, ⅍ – ▯ ☎ 🅿. ⅍ ⊙. ⅍ rist
20 dicembre-10 aprile e luglio-20 settembre – Pas carta 36/51000 – **71 cam** ⊇ 130/210000
appartamenti 200/220000 – ½ P 155/170000.

all'arrivo della funivia Ruacia Sochers SE : 10 mn di funivia – alt. 1 985 :

🏨 **Sochers Club** ⑊, ✉ 39048 Selva di Val Gardena ✆ 796601, ≤ Dolomiti – ▯ ⅍ cam
📺 ⅍. ⊙. ⅍
dicembre-15 aprile – **23 cam** (solo pens) – P 150000.

Vedere anche : *Selva di Val Gardena* E : 3 km.
Ortisei NO : 4 km.

Roma 596 – Belluno 21 – Cortina d'Ampezzo 76 – ◆Milano 335 – Treviso 56 – ◆Venezia 85.

⅍ **La Baita,** ✆ 471008, ≤ – 🅿
chiuso lunedì e da novembre al 7 dicembre – Pas carta 22/39000.

Roma 243 – Benevento 37 – Campobasso 48 – Isernia 66.

⅍ La Grotta del Vescovo, via Finanzieri 3 ✆ 950125, prenotare.

Roma 316 – ◆Firenze 47 – ◆Livorno 46 – Pisa 42 – Pistoia 35 – Siena 74.

🏨 **Cristallo** senza rist, largo Galilei 11 ✆ 35222, Fax 35776 – ▯ ▤ 📺 ☎. ▦ ⑊ ⊙ ᴇ VISA
⅍
chiuso dal 20 dicembre al 10 gennaio ed agosto – **36 cam** ⊇ 125/180000.

Roma 189 – Grosseto 76 – Siena 84 – Viterbo 75.

a Bagnolo E : 5 km – ✉ 58030 :

🏠 **Il Fungo,** località Case Fioravanti ✆ 953025, ≤ – 🅿. ⅍
Pas carta 23/30000 – ⊇ 4000 – **14 cam** 60000 – ½ P 40/50000.

Dintorni Penisola Sorrentina★★ (circuito di 33 km) : ≤★★ su Sorrento dal capo di Sorrento (1 h a piedi AR), ≤★★ sul golfo di Napoli dalla strada S 163.

Roma 266 – Castellammare di Stabia 28 – ♦Napoli 57 – Salerno 56 – Sorrento 9.

🏨 **Gd H. Hermitage,** ✆ 8780062, Fax 8780082, ≤ golfo di Napoli e Vesuvio, 🟦, 🌳 – 🛗
📞 **P**. 🆚 🛇
marzo-ottobre – Pas 25/35000 – 🔄 14000 – **96 cam** 60/110000 – ½ P 70/85000.

🏨 **Sant'Agata,** ✆ 8080363, Fax 8080800 – 🛗 📺 📞 **P**. 🆚 🛇
15 marzo-ottobre – Pas carta 25/33000 – 🔄 7500 – **28 cam** 31/52000 – ½ P 48/55000.

XXX ❀❀ **Don Alfonso 1890,** ✆ 8780026, Fax 8780026, 🍴, prenotare – **P**. 🆎 ⓪ 🆚 🛇
chiuso dall'8 gennaio al 23 febbraio, domenica sera e lunedì (esluso Natale, Capodanno, Pasqua e dal 15 luglio al 15 settembre) – Pas carta 52/77000 (15%)
Spec. Insalata di aragosta o astice agli agrumi, Linguine alle vongole e zucchine, Filetti di boccadoro ai cetrioli e rosmarino. Vini Biancolella, Aglianico.

Roma 607 – Belluno 17 – ♦Milano 302 – ♦Padova 107 – Trento 95 – ♦Venezia 97.

XX **Al Porton,** località San Martino ✆ 88524, prenotare – **P**. 🆎 🅱 🆚
chiuso a mezzogiorno (escluso i giorni festivi), lunedì e dal 18 giugno al 9 luglio – Pas 30/35000.

a Meano NE : 2 km – ✉ **32030** :

XX **Da Nando,** ✆ 86142, 🍴, Solo piatti di pesce, prenotare – **P**. 🆎 🅱 ⓪ 🅴 🆚 🛇
chiuso lunedì e sabato a mezzogiorno – Pas carta 35/60000.

🔳 a Sorrento, via De Maio 35 ✆ 8782104.

Roma 255 – Castellammare di Stabia 17 – ♦Napoli 46 – Salerno 48 – Sorrento 2.

🏨 **Cocumella** 🔱, via Cocumella 7 ✆ 8782933, Telex 720370, Fax 8783712, « Agrumeto, giardino ed ascensore per la spiaggia », 🏋, ≘s, 🟦, 🛶, ⚒ – 🛗 🏢 📺 📞 **P** – 🎱 40 a 550
60 cam.

🏨 **Corallo** 🔱, rione Cappuccini 12 ✆ 8785069, Fax 8772537, ≤, 🍴 – 🛗 🏢 📺 📞 **P** –
🎱 70. 🆎 🆚 🛇
Pasqua-ottobre – Pas 40000 – **58 cam** 🔄 120/150000 appartamenti 250000 – ½ P 120000.

🏨 **Villa Garden** 🔱, rione Cappuccini 7 ✆ 8781387, Telex 722533, ≤, 🍴, 🟦, 🌳 – 🛗 🏢
📞 🛇
aprile-ottobre – Pas (solo per clienti alloggiati) 24/35000 – **24 cam** 🔄 130/174000 –
½ P 110/130000.

🏨 **Alpha,** viale dei Pini 14 ✆ 8785487, Telex 722028, « Giardino-agrumeto con 🟦 » – 🛗 📺
📞 🚗. 🆎 🅱 ⓪ 🅴 🆚 🛇 rist
15 marzo-ottobre – Pas 40000 – 🔄 18500 – **46 cam** 127000 – ½ P 100000.

X **Il Capanno,** rione Cappuccini 58 ✆ 8782453, 🍴 – 🆎 🛇
20 aprile-15 ottobre – Pas carta 23/44000 (10%).

Roma 428 – ♦Bologna 52 – ♦Ferrara 23 – ♦Milano 220 – ♦Modena 50 – ♦Padova 91.

XX **Trattoria la Rosa,** ✆ 84098 – 🏢 **P**. 🆎 ⓪ 🆚 🛇
chiuso domenica sera, lunedì, Natale, dall'8 al 16 gennaio, Pasqua e al 2 al 28 luglio – **Pas** carta 28/63000.

Dintorni Penisola di Portofino★★★ per la strada panoramica★★ Sud – Strada panoramica★★ del golfo di Rapallo Nord.

🛈 via 25 Aprile 2/b ✆ 287485.

Roma 480 – ◆Genova 31 – ◆Milano 166 – ◆Parma 149 – Portofino 5 – ◆La Spezia 82.

🏨🏨🏨 **Imperial Palace,** via Pagana 19 ✆ 288991, Telex 271398, Fax 284223, ≤ golfo, 🌳, « Parco-giardino sul mare con ⛱ riscaldata », 🏖, – 📶 🔲 📺 ☎ 🅿 – 🛐 30 a 150. 🆎 🛐 ⓞ Ⓔ 𝗩𝗜𝗦𝗔, 🛠 rist
23 marzo-ottobre – Pas carta 78/119000 – **96 cam** �⊒ 268/474000 appartamenti 404/624000 – ½ P 197/307000.

🏨🏨🏨 **Gd H. Miramare,** lungomare Milite Ignoto 30 ✆ 287013, Telex 270437, Fax 284651, ≤ golfo, « Parco fiorito e terrazza con ⛱ riscaldata », 🏖 – 📶 🔲 📺 ☎ 🅖 🚗 🅿 – 🛐 420. 🆎 🛐 Ⓔ 𝗩𝗜𝗦𝗔. 🛠 rist
Pas 75000 – **84 cam** ⊒ 200/340000 appartamenti 520/580000 – ½ P 165/350000.

🏨🏨 **Continental,** via Pagana 8 ✆ 286512, Telex 271601, Fax 284463, ≤ golfo, « Parco sul mare », 🏖 – 📶 🔲 📺 ☎ 🅖 🅿. 🆎 🛐 ⓞ Ⓔ 𝗩𝗜𝗦𝗔. 🛠 rist
Pas 44/61000 – **76 cam** ⊒ 133/235000 – ½ P 110/165000.

🏨🏨 **Regina Elena,** lungomare Milite Ignoto 44 ✆ 287003, Telex 271563, Fax 284473, ≤, 🏖 – 📶 🔲 📺 ☎ 🅿 – 🛐 200. 🆎 🛐 ⓞ Ⓔ 𝗩𝗜𝗦𝗔. 🛠 rist
Pas 44/57000 – **94 cam** ⊒ 130/224000 – ½ P 122/171000.

🏨🏨 **Metropole,** via Pagana 2 ✆ 286134, Telex 272022, Fax 283495, ≤, « Parco fiorito su mare », 🏖 – 📶 🔲 📺 ☎ 🅿. 🆎 🛐 ⓞ Ⓔ 𝗩𝗜𝗦𝗔. 🛠 rist
Pas 52000 – **52 cam** ⊒ 107/187000 – ½ P 85/139000.

🏨🏨 **Lido Palace** senza rist, via Doria 3 ✆ 285821, Telex 271101, Fax 284708, ≤ – 📶 🔲 📺 ☎. 🆎 🛐 ⓞ Ⓔ 𝗩𝗜𝗦𝗔
chiuso dal 5 novembre al 2 dicembre – ⊒ 12500 – **54 cam** 100/212000.

🏨 **Laurin** senza rist, lungomare Marconi 3 ✆ 289971, Telex 275043, Fax 285709, ≤ – 📶 🔲 📺 ☎ &. 🆎 🛐 ⓞ Ⓔ 𝗩𝗜𝗦𝗔
45 cam ⊒ 118/184000.

🏨 **La Vela,** via Nicolò Cuneo 21 ✆ 286039, ≤ – ☎ 🅿. 🛐 Ⓔ 𝗩𝗜𝗦𝗔. 🛠
Pas (solo per clienti alloggiati) 30/45000 – **16 cam** ⊒ 70/130000.

🏨 **Helios e Rist. La Darsena,** via Gramsci 6 ✆ 287471, Telex 272346, Fax 284780, ≤, 🏖 – 📶 🔲 📺 ☎. 🆎 🛐 ⓞ Ⓔ 𝗩𝗜𝗦𝗔. 🛠
chiuso dall'8 gennaio al 28 febbraio – Pas *(chiuso lunedì)* carta 50/81000 – ⊒ 18000 – **20 cam** 135/220000 – ½ P 150/170000.

🏨 **Minerva** ⌂, via Maragliano 34/d ✆ 286073, Fax 281697 – 📶 📺 ☎ 🚗. 🆎 🛐 ⓞ Ⓔ 𝗩𝗜𝗦𝗔. 🛠
chiuso novembre – Pas (solo per clienti alloggiati) 40000 – **32 cam** ⊒ 87/143000 appartamenti 162/184000 – ½ P 70/100000.

🏨 **Fiorina,** piazza Mazzini 26 ✆ 287517, Fax 281855 – 📶 📺 ☎. 🛐 Ⓔ 𝗩𝗜𝗦𝗔. 🛠
chiuso da novembre al 21 dicembre – Pas *(chiuso lunedì)* 34000 – ⊒ 11000 – **55 cam** 56/94000 – ½ P 78/92000.

🏨 **Fasce,** via Bozzo 3 ✆ 286435, Fax 283580 – 📺 ☎. 🆎 🛐 Ⓔ 𝗩𝗜𝗦𝗔. 🛠 rist
Pas (solo per clienti alloggiati) 29000 – ⊒ 9500 – **16 cam** 69000 – ½ P 54/69000.

🏨 **Conte Verde,** via Zara 1 ✆ 287139, Fax 284211 – 📶 ☎. 🆎 🛐 ⓞ Ⓔ 𝗩𝗜𝗦𝗔. 🛠
Pas *(chiuso a mezzogiorno)* 20/30000 – ⊒ 13500 – **35 cam** 48/80000 – ½ P 60/90000.

🏨 **Ulivi,** via Maragliano 28 ✆ 287890 – 📺 🅖. 🆎 🛐 ⓞ Ⓔ 𝗩𝗜𝗦𝗔. 🛠 rist
chiuso dal 4-27 marzo e dal 15 ottobre al 20 dicembre – Pas (solo per clienti alloggiati) 30/45000 – **9 cam** ⊒ 95000 – ½ P 60/95000.

🏨 **Jolanda,** via Costa 6 ✆ 287512 – 📶 📺 ☎. 🆎. 🛠 rist
chiuso novembre – Pas (solo per clienti alloggiati) 22/24000 – **20 cam** ⊒ 35/80000 – ½ P 55/65000.

🏨 **Europa,** via Trento 5 ✆ 287187 – 🚗 🅿. 🛐 ⓞ Ⓔ 𝗩𝗜𝗦𝗔. 🛠
chiuso dal 10 gennaio al 10 febbraio – Pas (solo per clienti alloggiati) 26/30000 – ⊒ 9500 – **16 cam** 54000 – ½ P 54/62000.

XX ✿ **Trattoria Cesarina,** via Mameli 2/c ✆ 286059, prenotare – 🖭. 🛐 𝗩𝗜𝗦𝗔. 🛠
chiuso mercoledì, dal 12 al 27 dicembre e dal 5 al 17 marzo – Pas 80/85000 (10%)
Spec. Salmone marinato a crudo, Acciughe ripiene, Taglierini al sugo di granseola, Pesce cappone al forno con patate cipolle e pomodori. Vini Vermentino, Pigato.

XX **La Ghiaia,** via Doria 5 ✆ 283708, ≤, 🌳 – 🖭. 🆎 🛐 ⓞ Ⓔ 𝗩𝗜𝗦𝗔
chiuso mercoledì e novembre – Pas carta 35/80000.

XX **Skipper,** calata del Porto 6 ✆ 289950, 🌳, Coperti limitati; prenotare – 🖭. 🆎 🛐 ⓞ Ⓔ 𝗩𝗜𝗦𝗔
chiuso febbraio, novembre e mercoledì (escluso luglio-agosto) – Pas carta 61/85000.

X **La Paranza,** via Ruffini 46 ✆ 283686, ≤ – 🆎 🛐 ⓞ Ⓔ 𝗩𝗜𝗦𝗔
chiuso giovedì e dal 15 dicembre al 15 gennaio – Pas carta 49/78000 (12%).

X **Beppe Achilli,** via Bottaro 29 ✆ 286516. 🆎 🛐 ⓞ Ⓔ 𝗩𝗜𝗦𝗔
chiuso mercoledì e dal 9 al 25 dicembre – Pas carta 39/61000 (10%).

Vedere anche : *Paraggi* S : 4 km.

SANTA MARIA (AUFKIRCHEN) Bolzano – Vedere Dobbiaco.

SANTA MARIA Salerno – Vedere Castellabate.

SANTA MARIA AL BAGNO 73050 Lecce – ✪ 0833.
Roma 621 – ♦Brindisi 70 – Gallipoli 10 – Lecce 31 – ♦Taranto 87.

⛪ **Gd H. Riviera,** strada litoranea N : 1 km ℘ 573221, Fax 573024, ≤, ⌂, ▲s, ✗ – ▐
🛏 rist ☎ ⇦ ❷ – ⛟ 150. ஊ ฿ ◑ ฿ 𝘝𝘚𝘈 . ⅏
giugno-settembre – Pas 44000 – � 12000 – **105 cam** 58/108000 – ½ P 77/129000.

SANTA MARIA DEGLI ANGELI Perugia – Vedere Assisi.

SANTA MARIA DELLE VERTIGHE (Santuario di) Arezzo – Vedere Monte San Savino.

SANTA MARIA DI LEUCA Lecce – Vedere Marina di Leuca.

SANTA MARIA DI SETTE Perugia – Vedere Umbertide.

SANTA MARIA MAGGIORE 28038 Novara 𝟿𝟪𝟪 ②, 𝟺𝟤𝟪 D 7 – 1 269 ab. alt. 816 – a.s. luglio-agosto e Natale – Sport invernali : a Piana di Vigezzo : 1 610/2 064 m ✕1 ✕5, ✖ – ✪ 0324.
🅘 piazza Risorgimento ℘ 9091.
Roma 715 – Domodossola 17 – Locarno 32 – ♦Milano 139 – Novara 108 – ♦Torino 182.

⛪ **Oscella,** via Matteotti 70 ℘ 94847, ≤, ⌱ – ▐ ☜ ❷. ⅏
giugno-settembre – Pas (solo per clienti alloggiati) 25/32000 – ⊡ 7500 – **62 cam** 40/70000
– ½ P 50/70000.

⛪ **La Scheggia,** località Crana ℘ 9098, ≤, ⌱ – ▐ ⇦ cam ☜ ஃ ⇦ ❷
➳ **45 cam**.

SANTA MARIA ROSSA Milano 𝟸𝟷𝟿 ⑱ – Vedere Garbagnate Milanese.

SANTA MARINELLA 00058 Roma 𝟿𝟪𝟪 ㉕ – 12 372 ab. – a.s. 15 giugno-agosto – ✪ 0766.
🅘 via Aurelia ℘ 737376 – Roma 69 – Lago di Bracciano 42 – Civitavecchia 10 – Ostia Antica 60 – Viterbo 68.

⛪ **Cavalluccio Marino,** lungomare Marconi 64 ℘ 534888, Fax 535456, ≤, ⌂, ▲s – ▐
🆃🆅 ☎ ❷ – ⛟ 150. ฿ ฿ ◑ ฿ 𝘝𝘚𝘈 . ⅏ rist
chiuso dicembre – Pas 40/50000 – **36 cam** ⊡ 90/150000 – ½ P 100/120000.

⛪ **Le Najadi** senza rist, lungomare Marconi 23 ℘ 737019, ≤, ▲s – ▐ ☜ ❷. ஊ ฿ ◑ ฿
𝘝𝘚𝘈 . ⅏
chiuso novembre – ⊡ 7500 – **25 cam** 50/85000.

✗✗ **Mare Sole,** lungomare Marconi 104 ℘ 535479, ⌱ – ஊ ฿ ◑ ฿ 𝘝𝘚𝘈 . ⅏
chiuso mercoledì in bassa stagione e dal 15 dicembre al 20 gennaio – Pas carta 30/47000.

✗ **Dei Cacciatori,** via Aurelia 274 ℘ 711777 – ⅏
chiuso mercoledì e dal 20 dicembre al 20 gennaio – Pas carta 20/28000 (10%).

Vedere anche : *Santa Severa* E : 7 km.

SANT'AMBROGIO DI VALPOLICELLA 37010 Verona 𝟺𝟤𝟪 𝟺𝟤𝟿 F 14 – 9 157 ab. alt. 180 – ✪ 045.
Roma 511 – ♦Brescia 65 – Garda 19 – ♦Milano 152 – Trento 80 – ♦Venezia 136 – ♦Verona 19.

✗✗ **Groto de Corgnan,** ℘ 7731372, Coperti limitati; prenotare – ஊ ฿ ◑. ⅏
chiuso domenica sera e lunedì – Pas carta 49/76000.

SANT'ANDREA Cagliari – Vedere Sardegna (Quartu Sant'Elena) alla fine dell'elenco alfabetico.

SANT'ANDREA Livorno – Vedere Elba (Isola d') : Marciana.

SANT'ANGELO Napoli – Vedere Ischia (Isola d').

SANT'ANGELO IN VADO 61048 Pesaro e Urbino 𝟿𝟪𝟪 ⑯ – 3 775 ab. alt. 359 – a.s. 15 giugno-agosto – ✪ 0722 – Roma 302 – ♦Ancona 127 – Arezzo 82 – Pesaro 64 – San Marino 55 – Urbino 28.

⛪ **Da Lucia,** via Nazionale 37 ℘ 88636 – ☎ ❷. ฿ ฿ 𝘝𝘚𝘈 . ⅏ cam
chiuso dal 14 settembre al 1° ottobre e dal 24 al 28 dicembre – Pas *(chiuso sabato da
ottobre a giugno)* carta 24/38000 – ⊡ 6000 – **24 cam** 38/50000 – ½ P 40/50000.

SANT'ANNA Cuneo – Vedere Roccabruna.

SANT'ANTIOCO Cagliari 𝟿𝟪𝟪 ㉝ – Vedere Sardegna alla fine dell'elenco alfabetico.

SANT'ANTONIO DI MAVIGNOLA Trento – Vedere Pinzolo.

SANT'APOLLINARE IN CLASSE Ravenna 988 ⑮ ⑯ 429 I 18 – alt. 3 – ⊠ **48100** Ravenna –
✪ 0544 – **Vedere** Basilica★★ : mosaici★★★.

Roma 375 – ♦Bologna 88 – Cervia 16 – Forlì 27 – ♦Milano 299 – ♦Ravenna 6 – Rimini 46.

✗ **Classensis Tourist** con cam, ℰ 527015, 🍴, 🚗, – ☎ ℗, ⑩
Pas carta 28/51000 (14%) – ⊐ 6500 – **10 cam** 52000 – ½ P 50/55000.

SANTARCANGELO DI ROMAGNA 47038 Forlì 988 ⑯ – 17 080 ab. alt. 42 – ✪ 0541.

Roma 345 – ♦Bologna 104 – Forlì 43 – ♦Milano 315 – ♦Ravenna 53 – Rimini 10.

✗✗ **Rugantino,** via Cavour 1 ℰ 625466, prenotare – ▦. 쑝 ⑩ 𝖵𝖨𝖲𝖠. 🍴
chiuso mercoledì e gennaio – Pas carta 29/42000.

✗ **La Buca,** via Porta Cervese ℰ 626208, 🍴 – 쑝 ⑩ 𝖵𝖨𝖲𝖠. 🍴
chiuso martedì e giugno – Pas 30/40000.

✗ **Zaghini** con cam, piazza Gramsci ℰ 626136 – ▤ cam. 쑝. 🍴 rist
Pas (chiuso lunedì) carta 25/33000 – ⊐ 5000 – **12 cam** 20/45000.

SANTA REPARATA Sassari – Vedere Sardegna (Santa Teresa Gallura) alla fine dell'elenco
alfabetico.

SANTA SEVERA 00050 Roma 988 ㉘ – a.s. 15 giugno-agosto – ✪ 0766.

Roma 63 – Lago di Bracciano 36 – Civitavecchia 18 – Viterbo 75.

🏠 **Pino al Mare,** ℰ 740027, ≼, 🐎, 🚗 – 🛎 ☎ ℗. 🅱 ⑩ 𝖤 𝖵𝖨𝖲𝖠. 🍴
chiuso dal 20 dicembre al 10 gennaio – Pas carta 43/67000 (15%) – ⊐ 8000 – **49 cam**
44/67000 – ½ P 70000.

SANTA SOFIA 47018 Forlì 988 ⑯ – 4 260 ab. alt. 257 – ✪ 0543.

Roma 303 – Arezzo 98 – ♦Bologna 104 – ♦Firenze 88 – Forlì 41 – ♦Milano 323.

✗ **La Contessa,** ℰ 970137 – 쑝 🅱 ⑩ 𝖤 𝖵𝖨𝖲𝖠. 🍴
chiuso mercoledì – Pas carta 24/32000.

SANTA TECLA Catania – Vedere Sicilia (Acireale) alla fine dell'elenco alfabetico.

SANTA TERESA GALLURA Sassari 988 ㉓ – Vedere Sardegna alla fine dell'elenco alfabetico.

SANTA VITTORIA D'ALBA 12069 Cuneo 428 H 5 – 2 345 ab. alt. 346 – ✪ 0172.

Roma 655 – Alba 10 – Asti 37 – Cuneo 53 – ♦Milano 163 – ♦Torino 63.

🏠 **Soggiorno** ⌣, ℰ 478198, Fax 478465, ≼, 🏊, 🚗 – 🛎 📺 ☎ ⟵ ℗ – 🔬 100. 쑝 🅱
⑩ 𝖵𝖨𝖲𝖠
chiuso gennaio – Pas vedere rist Al Castello – ⊐ 8000 – **40 cam** 50/80000 – ½ P 60000.

✗ **Al Castello,** ℰ 478147 – ℗. 쑝 🅱 𝖤 𝖵𝖨𝖲𝖠. 🍴
chiuso gennaio, dal 1° al 20 agosto, mercoledì e da novembre a marzo anche martedì sera
– Pas carta 24/45000.

SANT'ELIA Cagliari – Vedere Sardegna (Cagliari) alla fine dell'elenco alfabetico.

SANT'ELIA Palermo – Vedere Sicilia (Santa Flavia) alla fine dell'elenco alfabetico.

SANTENA 10026 Torino 428 H 5 – 10 290 ab. alt. 237 – ✪ 011.

Roma 651 – Asti 37 – Cuneo 89 – ♦Milano 162 – ♦Torino 20.

✗✗ **Andrea** con cam, via Torino 48 ℰ 9492783 – 🛎 📺 ☎ ℗. 쑝 🅱 ⑩ 𝖤 𝖵𝖨𝖲𝖠. 🍴 cam
chiuso dal 10 al 30 luglio – Pas (chiuso martedì) carta 28/49000 – ⊐ 7000 – **12 cam**
84/108000.

✗✗ **Roma,** via Cavour 71 ℰ 9491491, prenotare – 쑝 🅱 𝖵𝖨𝖲𝖠. 🍴
chiuso domenica (escluso dal 15 marzo al 15 giugno) ed agosto – Pas carta 30/60000.

SAN TEODORO Nuoro – Vedere Sardegna alla fine dell'elenco alfabetico.

SAN TERENZO La Spezia – Vedere Lerici.

SANT'EUFEMIA DELLA FONTE Brescia – Vedere Brescia.

SANT'EUFEMIA LAMEZIA Catanzaro 988 ㊳ – Vedere Lamezia Terme.

SANTHIÀ 13048 Vercelli 988 ②⑫, 428 F 6 – 9 299 ab. alt. 183 – ✪ 0161.

Roma 657 – Aosta 99 – Biella 27 – ♦Milano 93 – Novara 47 – ♦Torino 55 – Vercelli 20.

sulla variante della strada statale 143 NO : 1 km :

✗✗ **San Massimo** con cam, ⊠ 13048 ℰ 94617, 🚗 – ℗ – 🔬 200
chiuso agosto – Pas (chiuso lunedì e martedì) carta 30/50000 (10%) – ⊐ 6000 – **8 cam**
65000 – ½ P 70000.

SANT'ILARIO D'ENZA 42049 Reggio nell'Emilia [428] [429] H 13 – 9 223 ab. alt. 58 – ☎ 0522.
Roma 444 – ♦Bologna 82 – ♦Milano 134 – ♦Parma 12 – ♦Verona 113.

XX **Prater,** via Val d'Enza 5 ℰ 672375 – ▦ ℗. ΑΕ ⑤ ⓞ Ε *VISA*. ⚘
chiuso mercoledì ed agosto – Pas carta 30/45000.

SANT'OLCESE 16010 Genova [428] I 8 – 6 507 ab. alt. 327 – ☎ 010.
Roma 515 – Alessandria 79 – ♦Genova 20 – ♦Milano 140.

X **Agnese** ⤵ con cam, via Vicomorasso 22 (S : 1 km) ℰ 709895, ⇌ – ᚼ ☜ ℗. ⑤
chiuso dal 2 al 30 novembre – Pas carta 33/46000 – **15 cam** ☲ 35/65000 – ½ P 55/65000.

SANT'OMOBONO IMAGNA 24038 Bergamo [428] E 10, [219] ⑩ – 2 928 ab. alt. 498 – ☎ 035.
Roma 625 – ♦Bergamo 24 – Lecco 39 – ♦Milano 68.

XX **La Roncaglia,** località Cepino ℰ 851767, « Servizio estivo in terrazza con ≼ » – ℗. ⚘
chiuso martedì sera e mercoledì – Pas carta 33/52000.

X **Taverna 800,** località Mazzoleni ℰ 851162, « Ambiente rustico » – ⑤. ⚘
chiuso martedì – Pas carta 30/50000.

SANTO SPIRITO 70050 Bari – ☎ 080.
Roma 439 – ♦Bari 11 – Barletta 44 – ♦Foggia 122.

🏨 Riviera, via Tito Schipa 7 ℰ 320582 – ᚼ ▦ rist ☎ ℗
35 cam.

XX **L'Aragosta,** lungomare Colombo ℰ 435427, ⇌ – ΑΕ ⑤ ⓞ Ε *VISA*. ⚘
chiuso martedì e novembre – Pas carta 29/43000 (12%).

SANTO STEFANO AL MARE 18010 Imperia [428] K 5 – 2 220 ab. – ☎ 0184.
Roma 628 – Imperia 12 – ♦Milano 252 – San Remo 12 – Savona 83 – ♦Torino 193.

XX **La Riserva,** ℰ 484134, « Ambiente caratteristico » – 🏛 80. ΑΕ ⑤ ⓞ Ε *VISA*. ⚘
chiuso domenica sera e lunedì – Pas carta 40/71000.

SANTO STEFANO D'AVETO 16049 Genova [988] ⑬, [428] I 10 – 1 386 ab. alt. 1 017 – a.s. 15
giugno-agosto e Natale – Sport invernali : 1 017/1 800 m ⚡1 ⚡1, ⚡ – ☎ 0185.
🛈 piazza del Popolo 1 ℰ 98046.
Roma 512 – ♦Genova 88 – ♦Milano 224 – Rapallo 64 – ♦La Spezia 114.

🏨 **Leon d'Oro,** ℰ 98041 – ᚼ ☎. ⚘
chiuso novembre – Pas (chiuso lunedì) carta 35/45000 – ☲ 6000 – **35 cam** 35/60000.

X **Doria,** ℰ 98052 – ℗. ⚘
chiuso mercoledì e dal 20 ottobre al 20 dicembre – Pas carta 25/37000.

SANTO STEFANO DI CADORE 32045 Belluno [988] ⑤, [429] C 19 – 3 080 ab. alt. 908 – ☎ 0435.
🛈 via Venezia ℰ 62230.
Roma 668 – Belluno 67 – Cortina d'Ampezzo 54 – ♦Milano 410 – Udine 111 – ♦Venezia 157.

🏨 **Monaco Sport Hotel,** ℰ 62430, Fax 62310, ≼ ᚼ ▦ ☎ ↝ ℗. ΑΕ ⑤ Ε *VISA* ↻
Pas (chiuso giovedì) carta 27/46000 – ☲ 9000 – **28 cam** 70/100000 – ½ P 40/75000.

🏨 **Kratter,** ℰ 62302, Fax 62302 – ☎. ⚘ rist
15 dicembre-15 gennaio e 15 giugno-15 settembre – Pas carta 21/31000 – ☲ 7000 –
33 cam 50/72000 – ½ P 55/63000.

SANTO STEFANO DI MAGRA 19037 La Spezia [428] [429] J 11 – 7 860 ab. alt. 51 – ☎ 0187.
Roma 420 – ♦Genova 105 – ♦La Spezia 12 – ♦Parma 107.

X **Il Mulinetto,** via Luciano Tavilla 57 ℰ 69287 – ⑤ Ε *VISA*. ⚘
chiuso lunedì, gennaio ed agosto – Pas carta 38/60000.

SANTUARIO Vedere nome proprio del santuario.

SAN VALENTINO ALLA MUTA (ST. VALENTIN AUF DER HAIDE) 39020 Bolzano [988] ④ [218] ⑧
[428] [429] B 13 – alt. 1 488 – Sport invernali : 1 488/2 645 m ⚡5, ⚡ – ☎ 0473.
🛈 ℰ 84603.
Roma 733 – ♦Bolzano 96 – ♦Milano 272 – Passo di Resia 10 – Trento 154.

🏨 **Stocker,** ℰ 634632, ≼, ⇌ – ☎ ℗. ⑤ Ε *VISA*. ⚘
⬫ chiuso dal 10 ottobre al 15 dicembre – Pas (chiuso lunedì) 14/24000 – **21 cam** ☲ 34/62000
– ½ P 38/44000.

🏨 **Sporthotel Laret,** ℰ 634666, ≼ – ☎ ℗. ΑΕ ⑤ Ε *VISA*. ⚘ rist
chiuso dal 10 ottobre al 15 dicembre – Pas vedere Hotel Stocker – **16 cam** ☲ 34/62000.

SAN VIGILIO (VIGILJOCH) Bolzano [218] ⑳ – Vedere Lana.

539

SAN VIGILIO DI MAREBBE (ST. VIGIL ENNEBERG) 39030 Bolzano 988 ⑤, 429 B 17 – alt. 1 201
– Sport invernali : a Plan de Corones : 1 201/2 275 m –⫶ 8 ⫶24, ⫶ – ۞ 0474.

🛈 Ciasa Dolomites, via al Plan 97 ℰ 51037.

Roma 724 – ◆Bolzano 87 – Brunico 18 – ◆Milano 386 – Trento 147.

🏨 **Floralp** ⤬, ℰ 51115, Fax 51633, ≤, ≘s, ⧠, ⋙ – ☎ ⟺ 🅿. ۞ 🚿
20 dicembre-20 aprile e giugno settembre – Pas (chiuso lunedì) 25/40000 – **32 cam**
⊡ 70/140000 – ½ P 60/90000.

🏨 **Almhof-Hotel Call,** ℰ 51043, Fax 51569, ≘s, ⋙ – 🛗 ☎ ⟱ 🅿. 🔟 ⓞ ▪ VISA. 🚿
dicembre-10 aprile e giugno-10 ottobre – Pas 28/35000 – **39 cam** ⊡ 120/220000 –
½ P 70/120000.

🏨 **Monte Sella,** ℰ 51034, ≤ – 🛗 ☎ 🅿. AE VISA. 🚿 rist
15 dicembre-Pasqua e giugno-settembre – Pas (solo per clienti alloggiati) – **30 cam**
⊡ 70/110000 – ½ P 70/95000.

🏠 **Condor,** ℰ 51017, ≤, ≘s – ☎ 🅿
stagionale – **24 cam**

🏠 **Olympia** ⤬, ℰ 51028, ≤ – ☎ ⟺ 🅿. 🚿 rist
dicembre-aprile e luglio-settembre – Pas (solo per clienti alloggiati) – **20 cam** ⊡ 45/80000
– ½ P 70/80000.

✗ **Fana Ladina,** ℰ 51175, �, Cucina ladina – 🅿. 🚿
20 dicembre-aprile e luglio-20 ottobre; chiuso mercoledì in bassa stagione – Pas
carta 28/38000.

✗ **Da Attilio,** ℰ 51109 – 🅿
4 dicembre-Pasqua e 12 giugno-15 settembre; chiuso lunedì – Pas carta 26/37000.

SAN VINCENZO 57027 Livorno 988 ⑭ – 7 188 ab. – a.s. 15 giugno-15 settembre – ۞ 0565.

🛈 via Vittorio Emanuele 124 ℰ 701533.

Roma 260 – ◆Firenze 146 – Grosseto 73 – ◆Livorno 60 – Piombino 21 – Siena 109.

🏨 **Gd H. I Lecci** ⤬, via della Principessa 114 (S : 1,7 km) ℰ 704111, Telex 501536, Fax
703224, « Grande parco con ⤬ e ⋙ », ₤₆, ≘s, ▲₆ – 🛗 🔳 📺 ☎ ⟱ 🅿 – ▲ 180. AE
🔟 ⓞ ▪ VISA. 🚿 rist
Pas carta 40/65000 – **74 cam** ⊡ 360000 – ½ P 200000.

🏨 **Riva degli Etruschi,** via della Principessa 120 (S : 2,5 km) ℰ 702351, Telex 500362, Fax
704011, « Villette in un parco », ▲₆ – ☎ 🅿. 🔟 ▪ VISA. 🚿
Pas carta 35/45000 – ⊡ 10000 – **95 cam** 60/85000 – ½ P 125/153000.

🏨 **La Vela** senza rist, via Vittorio Emanuele II n° 72 ℰ 701529, Fax 701384 – 📺 ⟒. AE VISA.
ⓞ ▪ VISA. 🚿
⊡ 6000 – **14 cam** 60/80000.

🏨 **Lo Scoglietto** senza rist, via del Corallo 7 ℰ 701614, Fax 704432, ≤ mare, ▲₆, ⋙ – 🛗
☎. VISA. 🚿
31 cam ⊡ 55/75000.

🏠 Il Delfino, via Cristoforo Colombo 15 ℰ 701179, ≤, ▲₆ – 🛗 ☎
Pas vedere rist Il Delfino – **39 cam**.

✗✗✗ ❀ **Gambero Rosso,** piazza della Vittoria 13 ℰ 701021, ≤, Coperti limitati; prenotare –
🔳. AE 🔟 ⓞ ▪ VISA. 🚿
chiuso martedì e novembre – Pas carta 67/97000 (10%)
Spec. Insalata di astice e verdure di stagione, Ravioli di pesce alla crema di frutti di mare, Piccione di
campagna al rosmarino. Vini Pinot bianco, Grattamacco.

✗✗ **La Bitta,** via Vittorio Emanuele II n° 119 ℰ 704080, ≤, �, Solo piatti di pesce, Coperti
limitati; prenotare – 🔟 ▪ VISA
chiuso novembre, a mezzogiorno in luglio-agosto, lunedì e da Natale a Pasqua anche
domenica sera – Pas carta 42/53000.

✗ **Il Delfino,** via Cristoforo Colombo 15 ℰ 701179, ≤ – AE 🔟 ⓞ VISA. 🚿
maggio-settembre – Pas carta 22/35000.

SAN VITO DI CADORE 32046 Belluno 988 ⑤, 429 C 18 – 1 599 ab. alt. 1 010 – a.s. febbraio,
15 marzo-Pasqua, 15 luglio-agosto e Natale – ۞ 0436.
Vedere Guida Verde.

🛈 via Nazionale 9 ℰ 9119, Fax 99345.

Roma 661 – Belluno 60 – Cortina d'Ampezzo 11 – ◆Milano 403 – Treviso 121 – ◆Venezia 150.

🏨 **Marcora,** via Roma 28 ℰ 9101, ≤, « Parco », ₤₆, ≘s, ⧠, ⋙ – 🛗 📺 ☎ ⟱ 🅿 –
▲ 80. AE 🔟 ⓞ ▪ VISA. 🚿 rist
Natale-Pasqua e 20 giugno-10 settembre – Pas 50000 – ⊡ 15000 – **46 cam** 140/180000 –
½ P 100/170000.

🏨 **Ladinia** ⤬, via Ladinia ℰ 9562, Fax 99211, ≤ Dolomiti e pinete, ⋙, ⋙ – 🛗 ☎ 🅿. ⓞ.
🚿
20 dicembre-20 aprile e 15 giugno-15 settembre – Pas 28/35000 – ⊡ 10000 – **36 cam**
70/100000 – ½ P 120000.

🏨 **Cima Belprà e Rist. La Scaletta,** località Chiapuzza N : 1,5 km ℰ 9118, Fax 9441, ≤ –
🛗 ⤬ cam 📺 ☎ 🅿. AE 🔟 ⓞ ▪ VISA. 🚿
chiuso dal 5 novembre al 5 dicembre – Pas (chiuso lunedì) carta 30/40000 – ⊡ 10000 –
45 cam 90/110000 – ½ P 65/100000.

🏠 **Dolomiti,** via Roma 33 ℰ 890186, ≤, 🚗 – 🛏 ☎ 🍴 **P**. 🍽 rist
20 dicembre-Pasqua e 20 giugno 20 settembre – Pas 24000 – ⌷ 8000 – **31 cam** 55/86000
– ½ P 80000.

🏠 **Cantore,** località Chiapuzza N : 1,5 km ℰ 9142, Fax 99345, 🚗 – ☎ **P**. 🆎 🆂 ⓞ **E** 🆅🆂🅰.
🍽 rist
6 dicembre-5 maggio e 29 giugno-27 ottobre – Pas (chiuso a mezzogiorno) carta 25/44000
– **12 cam** ⌷ 120000 – ½ P 50/82000.

SAN VITO LO CAPO Trapani 🐵🐵🐵 ㊟ – Vedere Sicilia alla fine dell'elenco alfabetico.

SAN VITO ROMANO 00030 Roma – 3 226 ab. alt. 693 – ✆ 06.
Roma 62 – Frosinone 66 – Latina 68 – Rieti 103 – Tivoli 26.

🏠 **Ai Pini,** ℰ 9571019, ≤, 🚗 – 🛏 **P**. 🆂 ⓞ. 🍽
Pas (chiuso mercoledì) carta 24/33000 – ⌷ 5000 – **57 cam** 30/60000.

SAN VITTORE OLONA 20028 Milano 🐵🐵🐵 F 8, 🐵🐵🐵 ⑱ – 6 770 ab. alt. 197 – ✆ 0331.
Roma 604 – Como 31 – ✦Milano 27 – Novara 40 – Varese 33.

🍴🍴 **La Fornace,** via Gioberti 4 ℰ 518308, « Servizio estivo all'aperto » – **P**.

SAN VITTORINO L'Aquila – Vedere L'Aquila.

SAN ZENO DI MONTAGNA 37010 Verona 🐵🐵🐵 🐵🐵🐵 F 14 – 1 095 ab. alt. 590 – ✆ 045.
Roma 544 – Garda 17 – ✦Milano 168 – Riva del Garda 48 – ✦Venezia 168 – ✦Verona 56.

🏠 **Diana,** ℰ 7285113, ≤, « Boschetto-giardino » – 🛏 ⌷ rist 🍴 **P** – ⚒ 100. 🍽
Natale, Pasqua e giugno-settembre – Pas 24/27000 – ⌷ 8500 – **44 cam** 80000 –
½ P 52/62000.

🏠 **San Zeno,** ℰ 7285031, ≤ – 🛏 🍴 ⚒ **P**. 🍽
chiuso da novembre al 20 dicembre – Pas (chiuso martedì) 17/20000 – ⌷ 5000 – **50 cam**
40/56000 – P 48/57000.

🏠 **Bellavista,** ℰ 7285014, ≤, « Prato-giardino » – 🛏 🚗 **P**. 🍽
Pasqua-settembre – Pas (chiuso martedì) 23/25000 – ⌷ 9000 – **41 cam** 45/63000 –
½ P 38/43000.

a Prada NE : 8 km – alt. 935 – ✉ **37010** San Zeno di Montagna :

🏠 Genziana 🍴, ℰ 7285122, ≤ – **P**
16 cam.

SAN ZENO NAVIGLIO 25010 Brescia 🐵🐵🐵 🐵🐵🐵 F 12 – 3 111 ab. alt. 112 – ✆ 030.
Roma 553 – ✦Brescia 9 – Cremona 42 – ✦Milano 100.

🍴🍴 **Il Forchettone,** ℰ 2667363 – **P**. 🆎 🆂 **E** 🆅🆂🅰
chiuso agosto, mercoledì e le sere di lunedì e martedì – Pas carta 30/49000.

SAN ZENONE DEGLI EZZELINI 31020 Treviso 🐵🐵🐵 E 17 – 5 164 ab. alt. 117 – ✆ 0423.
Roma 551 – Belluno 71 – ✦Milano 247 – ✦Padova 50 – Trento 96 – Treviso 39 – ✦Venezia 69 – Vicenza 43.

🍴🍴 **Alla Torre,** località Sopracastello N . 2 km ℰ 567086, « Servizio estivo in terrazza con
≤ » – **P**. 🆎 🆂 ⓞ 🆅🆂🅰. 🍽
chiuso martedì, mercoledì a mezzogiorno e dal 10 gennaio al 10 febbraio – Pas
carta 30/45000.

SAONARA 35020 Padova 🐵🐵🐵 F 17 – 6 900 ab. alt. 10 – ✆ 049.
Roma 498 – Chioggia 35 – ✦Milano 245 – ✦Padova 12.

🍴 **4 Pini,** località Villatora NO : 3 km ℰ 640086, 🌳, 🍴 – **P**. 🍽
chiuso lunedì, venerdì sera ed agosto – Pas carta 33/51000.

🍴 **Al Boccalon,** località Villatora NO : 3 km ℰ 640088, 🌳 – 🍴 **P**. 🆎 🆂 ⓞ **E** 🆅🆂🅰. 🍽
chiuso lunedì, mercoledì sera ed agosto – Pas carta 26/35000.

SAPPADA 32047 Belluno 🐵🐵🐵 ⑤, 🐵🐵🐵 C 20 – 1 407 ab. alt. 1 250 – a.s. febbraio, 15 luglio-agosto
e Natale – Sport invernali : 1 250/2 000 m 🎿11, 🎿 – ✆ 0435.
🅱 via Bach 20 ℰ 69131, Fax 66233.
Roma 680 – Belluno 79 – Cortina d'Ampezzo 66 – ✦Milano 422 – Tarvisio 110 – Udine 99 – ✦Venezia 169.

🏠 **Posta,** via Palù 21 ℰ 69116, ≤ – 📺 ☎ **P**. 🍽
dicembre-aprile e giugno-settembre – Pas (chiuso lunedì) carta 25/40000 – ⌷ 8000 –
15 cam 50/90000 – ½ P 55/85000.

🏠 **Corona Ferrea,** borgata Kratten 17 ℰ 69103, ≤ – 📺 ☎ **P**. 🆎. 🍽
20 dicembre-marzo e luglio-settembre – Pas 20/35000 – ⌷ 6000 – **20 cam** 30/60000 –
½ P 65/70000.

🏠 **Cristina,** borgata Hoffe 14 ℰ 469430, ≤ – 📺 ☎ **P**. 🆅🆂🅰. 🍽
dicembre-aprile e giugno-settembre – Pas carta 27/40000 – ⌷ 8000 – **8 cam** 52/88000 –
½ P 70/80000.

a Cima Sappada E : 4 km – alt. 1 295 – ✉ **32047** Sappada :

🏨 **Belvedere,** ℰ 469112, ≤, 🏊 – 🛗 TV ☎ Ⓟ. VISA. �
dicembre-15 aprile e giugno-15 ottobre – **Pas** carta 30/44000 – ☞ 10000 – **14 cam** 50/9000
– ½ P 50/85000.

🏨 **Bellavista** 🏊, ℰ 66194, ≤ monti e vallata – 🛗 TV ☎ Ⓟ. � rist
dicembre-aprile e giugno-settembre – Pas *(chiuso martedì)* 20/22000 – ☞ 8000 – **25 cam**
80000 – ½ P 45/75000.

🏠 **Alle Alpi,** ℰ 469102, ≤, 🍴 – 🚗 Ⓟ. �
dicembre e luglio-20 settembre – Pas *(chiuso lunedì)* carta 22/30000 – ☞ 5000 –
16 cam 33/60000 – ½ P 40/74000.

SAPRI **84073** Salerno 988 ㊲ – 7 424 ab. – a.s. luglio e agosto – ✿ 0973.
Escursioni Golfo di Policastro★★ Sud per la strada costiera.
Roma 407 – Castrovillari 94 – ♦Napoli 201 – Potenza 121 – Salerno 150.

🏠 **Mediterraneo,** ℰ 391774, ≤, 🍱 – ☎ Ⓟ. � rist
maggio-novembre – Pas carta 26/40000 – ☞ 9000 – **20 cam** 72000 – ½ P 70/80000.

Vedere anche : *Villammare* O : 4 km.

SARDEGNA (Isola) 988 ㉙㉔㉝㉞ – Vedere alla fine dell'elenco alfabetico.

SARENTINO (SARNTAL) **39058** Bolzano 988 ④, 429 C 16 – 6 262 ab. alt. 966 – ✿ 0471.
Roma 662 – ♦Bolzano 21 – ♦Milano 316.

🍴🍴 **Auener Hof** 🏊 con cam, O : 7 km, alt. 1 600, ℰ 623055, ≤ Dolomiti e pinete, 🍱 – 🏨
➡ Ⓟ
chiuso dal 3 novembre al 19 dicembre – Pas *(chiuso lunedì)* carta 20/38000 – ☞ 5500 –
7 cam 60000 – ½ P 48/50000.

SARMEGO Vicenza 429 F 17 – alt. 27 – ✉ **36040** Grumolo delle Abbadesse – ✿ 0444.
Roma 521 – ♦Milano 213 – ♦Padova 22 – Trento 104 – Treviso 64 – ♦Venezia 55 – Vicenza 12.

🍴 **Ai Cacciatori,** ℰ 580065 – Ⓟ. �
chiuso mercoledì e dal 15 luglio al 15 agosto – Pas carta 19/25000.

SARMEOLA Padova – Vedere Rubano.

SARNANO **62028** Macerata 988 ⑯ – 3 340 ab. alt. 539 – Stazione termale, a.s. luglio-agosto e
Natale – Sport invernali : a Sassotetto e Maddalena : 1 287/1 560 m ≰8 – ✿ 0733.
🛈 largo Enrico Ricciardi ℰ 657144. Fax 657390.
Roma 237 – ♦Ancona 89 – Ascoli Piceno 54 – Macerata 39 – Porto San Giorgio 68.

🏨 **Eden** 🏊, O : 1 km ℰ 657197, ≤, « Giardino e pinetina », 🍱 – 🛗 ☎ Ⓟ. ⓞ. �
chiuso febbraio o novembre – Pas carta 25/33000 – ☞ 4000 – **33 cam** 39/65000 –
½ P 47/53000.

🏠 **Terme e Rist. Il Girarrosto,** piazza della Libertà 82 ℰ 657166 – 🛗 ☎. VISA. �
chiuso dal 15 ottobre al 15 novembre – **Pas** *(chiuso martedì)* carta 24/35000 – ☞ 3500 –
23 cam 32/55000 – ½ P 45/55000.

SARNICO **24067** Bergamo 988 ③, 428 429 E 11 – 5 630 ab. alt. 197 – ✿ 035.
Roma 585 – ♦Bergamo 32 – ♦Brescia 36 – Iseo 10 – Lovere 26 – ♦Milano 73.

🏨 **Cantiere,** ℰ 910091, Fax 912722, ≤, « Servizio rist. estivo in terrazza-giardino sul lago »
– 🛗 TV ☎ Ⓟ. Æ Ⓢ ⓞ E VISA. �
Pas carta 45/61000 – **25 cam** ☞ 95/140000 – ½ P 125000.

🏠 **Turistico del Sebino,** ℰ 910043, 🍱 – 🛗 ☎ Æ Ⓢ E VISA. �
Pas *(chiuso lunedì)* 30/50000 – ☞ 5000 – **16 cam** 22/45000 – ½ P 40/60000.

🍴🍴 La Scaletta, ℰ 910740, 🍱.

SARNTAL = Sarentino.

SARONNO **21047** Varese 988 ③, 428 F 9 – 38 665 ab. alt. 212 – ✿ 02.
Roma 603 – ♦Bergamo 67 – Como 26 – ♦Milano 26 – Novara 54 – Varese 29.

🏨 **Mercurio** senza rist, via Hermada 2 ℰ 9602795, Fax 9609330 – ☎ 🚗. Æ Ⓢ ⓞ E VISA
☞ 7000 – **25 cam** 55/75000.

🍴🍴🍴 **Mezzaluna-La Rotonda di Saronno,** svincolo autostrada ℰ 9601101, Fax 9601077 –
▤ Ⓟ – 🔏 50 a 200. Æ Ⓢ ⓞ VISA. �
chiuso lunedì e dal 6 al 20 agosto – Pas carta 38/55000.

🍴🍴 **Boeucc,** via Mazzini 17 ℰ 9623227 – ▤. Æ Ⓢ E VISA
chiuso domenica e dal 29 luglio al 20 agosto – Pas carta 30/51000.

SARRE 11010 Aosta 🗺️ E 3, 🗺️ ② – 3 566 ab. alt. 780 – ✦ 0165.
Roma 752 – Aosta 5 – Courmayeur 32 – ◆Milano 190 – Colle del Piccolo San Bernardo 50.

🏨 **Sarre,** ℰ 257096, Fax 257795, ≤ – ☎ ⇐ 🅿️. 🖭 🕒 🄴 🆅🆂🄰. 🛇
Pas *(chiuso giovedì)* carta 26/42000 – 🖵 10000 – **27 cam** 55/90000 – ½ P 60/75000.

🏠 **Panoramique** 🛇, località Pont d'Avisod NE : 2 km ℰ 551246, ≤ monti e vallata – ☎
🅿️. 🆅🆂🄰. 🛇
Pas 23000 – 🖵 7000 – **20 cam** 41/69000 – ½ P 52/62000.

🏠🏠 **Mille Miglia,** ℰ 257227, prenotare – 🅿️. 🛇
chiuso lunedì, dal 1° al 15 febbraio e dal 1° al 15 luglio – Pas carta 32/53000.

🏠 **Trattoria di Campagna,** ℰ 257448, 🍽 – 🅿️. 🕒 🄾🄴 🄴 🆅🆂🄰. 🛇
chiuso martedì sera, mercoledì, dal 20 al 30 giugno e dal 20 al 30 settembre – Pas
carta 29/41000.

a Ville sur Sarre N : 7 km – alt. 1 212 – ✉ 11010 Sarre :

🏠 **Des Salasses** 🛇, ℰ 257093, ≤ – ✦ 🅿️. 🛇
aprile-settembre – Pas *(chiuso lunedì)* 20000 – 🖵 6000 – **18 cam** 50000 – ½ P 50000.

🏠 **Mont Fallère** 🛇, frazione Bellon O : 2,5 km ℰ 257255, ≤ monte Grivola e vallata – 🅿️.
🛇 rist
Pas *(chiuso martedì dal 15 settembre al 16 giugno)* 24000 – 🖵 8000 – **16 cam** 28/60000 –
½ P 45/55000.

SARSINA 47027 Forlì 🗺️ ⑮, 🗺️ K 18 – 3 945 ab. alt. 243 – ✦ 0547.
Roma 305 – Arezzo 100 – ◆Bologna 115 – ◆Firenze 113 – Forlì 48 – ◆Milano 333 – ◆Ravenna 62 – Rimini 66.

🏠 **Al Piano** 🛇, via San Martino SO : 2 km ℰ 94848, « Antica dimora patrizia », 🌳, 🐄,
🛇 – 🖭 ☎ 🅿️. 🖭 🕒 🄾🄴 🆅🆂🄰. 🛇
chiuso dal 10 ottobre al 30 novembre – Pas *(chiuso lunedì escluso da giugno al
15 settembre)* carta 23/40000 (10%) – 🖵 6000 – **16 cam** 45/70000 – ½ P 38/55000.

SARZANA 19038 La Spezia 🗺️ ⑭, 🗺️ 🗺️ J 11 – 19 621 ab. alt. 27 – ✦ 0187.
Vedere Pala scolpita★ e crocifisso★ nella Cattedrale – Fortezza di Sarzanello★ : 🌸★★ NE : 1 km.
Roma 403 – ◆Genova 102 – Massa 20 – ◆Milano 219 – Pisa 60 – Reggio nell'Emilia 148 – ◆La Spezia 17.

🏨 **MotelAgip,** Nuova Circonvallazione 32 ℰ 621491, Telex 272350, Fax 621494 – 🖀 🕮 🖭
☎ 🅿️. 🖭 🕒 🄾🄴 🆅🆂🄰. 🛇 rist
Pas 30000 – **51 cam** 🖵 123000 – ½ P 95/109000.

🏠 **Girarrosto-da Paolo,** via dei Molini 136 (N : 2,5 km) ℰ 621088 – 🅿️
chiuso mercoledì e luglio – Pas carta 21/30000.

🏠 **La Scaletta,** via Bradia 5 ℰ 620585, 🍽 – 🅿️. 🕒 🄾🄴 🄴
chiuso martedì, dal 1° al 20 settembre e dal 24 dicembre al 2 gennaio – Pas carta 20/27000.

SASSARI 🅿️ 🗺️ ㉝ – Vedere Sardegna alla fine dell'elenco alfabetico.

SASSETTA 57020 Livorno 🗺️ ⑭ – 552 ab. alt. 337 – ✦ 0565.
Roma 279 – Grosseto 77 – ◆Livorno 64 – Piombino 40.

🏠 **Il Castagno,** ℰ 794219 – 🅿️
chiuso lunedì, febbraio ed ottobre – Pas carta 21/36000.

SASSO MARCONI 40037 Bologna 🗺️ ⑭, 🗺️ I 15 – 13 112 ab. alt. 124 – ✦ 051.
Roma 361 – ◆Bologna 17 – ◆Firenze 87 – ◆Milano 218 – Pistoia 78.

🏨 **3 Galletti,** via Val di Setta 148 ℰ 841128 – 🖭 ☎ 🅿️. 🖭 🕒 🄾🄴 🄴 🆅🆂🄰. 🛇
Pas *(chiuso domenica sera e lunedì)* 40/50000 (10%) – 🖵 8000 – **24 cam** 85/110000.

🏠🏠 **L'Oasi,** casello autostrada A 1 ℰ 841608, 🍽 – 🅿️.

🏠🏠 **La Palazzina,** via Porrettana 339/12 ℰ 842606, Rist.-pizzeria – 🅿️.

🏠 **La Bettola** con cam, via Porrettana 361 ℰ 841376, Fax 841376, 🍽 – ✦ 🖭 ☎ 🅿️. 🄾🄾
🆅🆂🄰. 🛇
Pas *(chiuso martedì)* carta 37/56000 – 🖵 7000 – **19 cam** 60/85000.

SASSO MORELLI Bologna – Vedere Imola.

SASSUOLO 41049 Modena 🗺️ ⑭, 🗺️ 🗺️ I 14 – 40 077 ab. alt. 123 – ✦ 0536.
Roma 427 – ◆Bologna 67 – Lucca 153 – ◆Modena 17 – Reggio nell'Emilia 23.

🏠🏠 **La Paggeria,** piazzale della Rosa 19 ℰ 805190 – 🕒 🄾🄴 🄴 🆅🆂🄰
chiuso sabato a mezzogiorno, domenica ed agosto – Pas carta 25/35000.

a Salvarola Terme SO : 3 km – ✉ 41049 :

🏨 Terme Salvarola 🛇, ℰ 871788, Telex 520340, Fax 872160, 🍽, 🌳, 🐄, 🛇 – 🖀 🖭 🖭
☎ 🅿️ – 🔼 100
45 cam.

SATURNIA 58050 Grosseto – alt. 294 – ✪ 0564.
Roma 195 – Grosseto 57 – Orvieto 85 – Viterbo 91.

🏛 **Villa Clodia** senza rist, ✆ 601212, ≤, ⤢, 🏖 – VISA. ✻
chiuso febbraio – 🖵 9000 – **12 cam** 42/74000.

XX **I Due Cippi-da Michele,** ✆ 601074, Fax 601207, 🍴 – AE ⓢ ① E VISA. ✻
chiuso martedì e dal 10 al 24 dicembre – Pas carta 36/52000 (5%).

alle terme SE : 3 km :

🏛🏛 **Terme di Saturnia** ≫, ✆ 601061, Telex 500172, Fax 601266, ≤, « Giardino ombreggiato », ⤢ riscaldata, ✻, 🛁 – 🛎 🖘 rist 🖳 TV ☎ 🕭 ❷ – 🕍 90. AE ⓢ ① E VISA. ✻
Pas *(chiuso lunedì da ottobre a marzo)* 50000 – 🖵 21000 – **91 cam** 170/310000 –
½ P 200/230000.

SAURIS 33020 Udine ⑨⑧⑧ ⑤ – 479 ab. alt. 1 390 – a.s. 15 luglio-agosto e Natale – ✪ 0433.
Roma 723 – Cortina d'Ampezzo 102 – Udine 97.

🏛 **Neider,** ✆ 86137 – TV ☎
10 cam.

X **Locanda alla Pace,** ✆ 86010 – ✻
chiuso mercoledì (escluso luglio-agosto), dal 10 al 31 maggio e dal 10 al 25 ottobre – **Pas**
carta 25/38000.

Demandez chez le libraire
le catalogue des publications Michelin.

SAUZE D'OULX 10050 Torino ⑨⑧⑧ ⑪, ⑷②⑧ G 2 – 990 ab. alt. 1 509 – a.s. febbraio-15 marzo,
Pasqua, luglio-15 agosto e Natale – Sport invernali : 1 509/2 507 m ⫯27, ⚐ – ✪ 0122.
🛈 piazza Assietta 18 ✆ 85009.
Roma 746 – Briançon 37 – Cuneo 145 – ✦Milano 218 – Sestriere 27 – Susa 28 – ✦Torino 81.

🏛🏛 **Gran Baita,** ✆ 85183, Fax 858500, 🏇 – 🛎 ☎ ❷. ✻ rist
↝ 15 dicembre-20 aprile e luglio agosto – Pas 20/25000 – **32 cam** 🖵 110000 – ½ P 55/105000.

🏛 **Hermitage,** ✆ 858445, Fax 85752, ≤ – ❷. AE ⓢ ① E VISA. ✻ rist
↝ 6 dicembre-25 aprile e 28 giugno-2 settembre – Pas 18/35000 – 🖵 12000 – **25 cam**
68/85000 – ½ P 40/80000.

X **Villa Daniela** con cam, ✆ 858681 – ☎. ⓢ E VISA
5 dicembre-aprile – Pas carta 30/45000 – **14 cam** 🖵 68/85000 – ½ P 50/65000.

a Le Clotes 5 mn di seggiovia o E : 2 km (solo in estate) – alt. 1 790 – ✉ **10050** Sauze
d'Oulx :

🏛🏛 **Il Capricorno** ≫, ✆ 85273, ≤ monti e vallate, « In pineta » – ☎ ❷. ⓢ E VISA. ✻ cam
dicembre-aprile e 9 giugno-16 settembre – Pas carta 42/69000 – 🖵 15000 – **8 cam** 150000
– ½ P 135000.

SAVELLETRI 72015 Brindisi – a.s. 15 giugno-agosto – ✪ 080.
Roma 509 – ✦Bari 59 – ✦Brindisi 54 – Matera 92 – ✦Taranto 55.

XX **Da Renzina,** ✆ 729075, ≤, 🍴 – ❷. AE ⓢ ① E VISA. ✻
chiuso venerdì e gennaio – Pas carta 28/52000 (15%).

SAVIGLIANO 12038 Cuneo ⑨⑧⑧ ⑫, ⑷②⑧ I 4 – 18 816 ab. alt. 321 – ✪ 0172.
Roma 650 – Asti 63 – Cuneo 33 – Savona 104 – ✦Torino 57.

🏛🏛 **Granbaita,** via Cuneo 25 ✆ 711500, Fax 711518 – 🛎 🖳 TV ☎ ❷ – 🕍 40 a 100. AE ⓢ
① E VISA
Pas vedere rist. La Gran Baita – 🖵 10000 – **39 cam** 85000, 🖳 7000 – ½ P 78/106000.

XX **Locanda Due Mori,** piazza Cesare Battisti 5 ✆ 31521 – AE VISA. ✻
chiuso mercoledì ed agosto – Pas carta 23/37000.

XX **La Gran Baita,** con cam, via Cuneo 21 ✆ 32060, 🍴 – TV ☎ ❷
Pas *(chiuso domenica)* – **7 cam.**

SAVIGNANO SUL PANARO 41056 Modena ⑷②⑨ I 15 – 7 650 ab. alt. 102 – ✪ 059.
Roma 394 – ✦Bologna 29 – ✦Milano 196 – ✦Modena 26 – Pistoia 110 – Reggio nell'Emilia 52.

XX **Il Formicone,** verso Vignola SO : 3 km ✆ 771506 – ❷. ⓢ E VISA
chiuso martedì e dal 15 luglio al 15 agosto – Pas carta 37/49000.

SAVONA 17100 🅿 ⑨⑧⑧ ⑫⑬, ⑷②⑧ J 7 – 69 806 ab. – ✪ 019.
Vedere Guida Verde.
🛈 via Paleocapa 23 r ✆ 820522.
A.C.I. via Guidobono 23 ✆ 386671.
Roma 545 ② – ✦Genova 46 ② – ✦Milano 169 ②.

544

SAVONA

545

🏨 **Riviera Suisse,** via Paleocapa 24 🕾 850853, Telex 272421, Fax 853435 – 🛏 🖿 📺 ☎ –
🚑 70. 🅰🅴 🆂 ⓞ Ɛ 𝐕𝐈𝐒𝐀 – 🚗
   BY v
chiuso dal 23 al 27 dicembre – Pas (solo per clienti alloggiati) 20/25000 – **80 cam**
⌂ 87/140000, 🍴 5000 – ½ P 75/90000.

🏨 **MotelAgip,** via Nizza 62 🕾 861961, Fax 861535 – 🛏 🖿 📺 ☎ 🕭 🅿 – 🚑 30 a 100. 🅰🅴
🆂 ⓞ Ɛ 𝐕𝐈𝐒𝐀 ⚘ rist
   AY e
Pas *(chiuso domenica)* 30000 – **60 cam** ⌂ 136000 – ½ P 100/138000.

🏨 **Mare,** via Nizza 89/r 🕾 860061, ≤, 🚣 – 🛏 📺 ☎ 🚲 🅿 – 🚑 40. 🅰🅴 🆂 ⓞ Ɛ 𝐕𝐈𝐒𝐀
Pas vedere rist A Spurcacciun-a – ⌂ 7000 – **39 cam** 68/100000 – ½ P 90/110000.
   AY c

🏠 **Ariston** senza rist, via Giordano 11 r 🕾 853271 , Fax 853271 – 📺 ☎ 🅿. 🅰🅴 🆂 ⓞ Ɛ
𝐕𝐈𝐒𝐀
   BX x
⌂ 8500 – **16 cam** 75/90000.

🍴🍴 **La Playa,** via Nizza 103 r 🕾 881151 – 🖿 🅿. 🅰🅴 🆂 ⓞ Ɛ 𝐕𝐈𝐒𝐀
   AY u
chiuso lunedì – Pas carta 45/79000.

🍴🍴 **Da Cesco,** via Nizza 162 r 🕾 862198 – 🅿. 🅰🅴 🆂 ⓞ Ɛ 𝐕𝐈𝐒𝐀
   AY u
chiuso martedì e novembre – Pas carta 35/58000.

🍴🍴 **A Spurcacciun-a,** via Nizza 89/r 🕾 862263, Fax 863277, ≤, « Servizio estivo in giardino »
– 🅿. 🅰🅴 🆂 ⓞ Ɛ 𝐕𝐈𝐒𝐀
   AY c
chiuso mercoledì e dall'8 gennaio all'8 febbraio – Pas carta 47/89000.

🍴 **Sodano,** piazza della Maddalena 7 🕾 38446, Coperti limitati; prenotare
   CY a
chiuso domenica sera – Pas carta 35/73000.

🍴 **Antica Osteria Bosco delle Ninfe,** via Ranco 10 🕾 823976, Coperti limitati; prenotare,
« Servizio estivo sotto un pergolato » – 🅿. ⚘
   BV b
*chiuso domenica sera, lunedì e mezzogiorno (esclusi i giorni festivi); da luglio a settembre
chiuso solo a mezzogiorno* – Pas 35/40000 bc.

🍴 **Sole,** via Stalingrado 66 🕾 862177 – 🖿
   AX a
🚗 *chiuso sabato e dal 7 al 28 settembre* – Pas carta 20/36000.

SCAGLIERI Livorno – Vedere Elba (Isola d') : Portoferraio.

SCALA 84010 Salerno – 1 491 ab. alt. 374 – a.s. Pasqua, giugno-settembre e Natale – 🕿 089.
Roma 277 – Amalfi 7 – ♦Napoli 67 – Salerno 30.

🍴 Belvedere, localita' Campidoglio N: 1,5 Km 🕾 857376, ≤ Vallata, Ravello e mare
stagionale.

SCALEA 87029 Cosenza 𝟿𝟾𝟾 ⊛ – 8 464 ab. – 🕿 0985.
Roma 428 – Castrovillari 72 – Catanzaro 153 – ♦Cosenza 94 – ♦Napoli 222.

🏨 **Gd H. De Rose** 🏖, 🕾 20273, Telex 800070, Fax 920194, ≤, « ⌿ in giardino pensile »,
🏖🕭, 🌳, 🍴 – 🛏 🖿 📺 ☎ 🅿 🅰🅴 ⓞ 𝐕𝐈𝐒𝐀. ⚘ rist
chiuso dal 20 dicembre al 20 gennaio – Pas carta 35/47000 – ⌂ 7500 – **66 cam** 138000
appartamenti 190/200000 – ½ P 85/159000.

🏨 **Talao,** 🕾 20444, Fax 20927, ≤, ⌿, 🏖🕭, 🍴 – 🛏 🖿 ☎ 🅿 – 🚑 45. 🅰🅴 🆂 ⓞ Ɛ 𝐕𝐈𝐒𝐀
⚘
Pas 24/27000 – ⌂ 8000 – **45 cam** 70/108000 – P 59/99000.

SCANDIANO 42019 Reggio nell'Emilia 𝟿𝟾𝟾 ⊛, 𝟺𝟸𝟾 𝟺𝟸𝟿 I 14 – 22 099 ab. alt. 95 – 🕿 0522.
Roma 426 – ♦Bologna 64 – ♦Milano 162 – ♦Modena 23 – Reggio nell'Emilia 13.

🏨 **Sirio e Rist. La Bussola,** via Palazzina 30 🕾 981144, Fax 984084 – 🛏 🖿 📺 ☎ 🚗
🅿. 🅰🅴 🆂 ⓞ Ɛ 𝐕𝐈𝐒𝐀. ⚘
chiuso Natale, Capodanno e dal 2 al 18 agosto – Pas *(chiuso agosto)* carta 37/64000 – ⌂
8000 – **32 cam** 88000, 🍴 5000 – ½ P 74000.

🍴🍴 **Al Portone,** piazza Boiardo 4 🕾 855985, Coperti limitati; prenotare – ⚘
chiuso martedì e dal 15 luglio al 15 agosto – Pas carta 49/64000.

🍴🍴 **Scuderia Sant'Antonio,** località Pratissolo NO : 1 km 🕾 856519, Coperti limitati;
prenotare, « In un'antica scuderia; servizio estivo all'aperto », 🌳 – 🅿. ⚘
chiuso domenica ed agosto – Pas carta 37/53000.

🍴🍴 **Bosco,** località Bosco NO :4 km 🕾 857242 – 🅿. 🅰🅴 🆂 ⓞ Ɛ. ⚘
chiuso lunedì sera e martedì – Pas carta 35/55000.

   ad Arceto NE : 3,5 km – ✉ **42010** :

🍴🍴 **Rostaria al Castello,** 🕾 989157, Coperti limitati; prenotare – 🅿. ⚘
*chiuso domenica sera, lunedì, dal 15 al 28 febbraio, Pasqua, dal 15 agosto al 15 settembre
e Natale* – Pas 46000.

SCANDICCI 50018 Firenze 𝟺𝟸𝟿 K 15 – 54 399 ab. alt. 49 – 🕿 055.
Roma 277 – ♦Firenze 6 – Siena 68.

Pianta di Firenze : percorsi di attraversamento

🍴🍴 **Luciano,** via Poccianti 6 🕾 252703, Rist. con specialità di pesce e piano bar – 🚗 🖿 🅰🅴
🆂 ⓞ Ɛ 𝐕𝐈𝐒𝐀. ⚘
   EU b
chiuso lunedì e dal 1° al 18 agosto – Pas carta 39/54000 (12%).

SCANDOLARA RIPA D'OGLIO 26047 Cremona 428 429 G 12 – 684 ab. alt. 47 – ✪ 0372.

Roma 528 – ◆Brescia 50 – Cremona 15 – ◆Parma 68.

XX **Al Caminetto** ℰ 89589, Coperti limitati; prenotare – ⓑ E *VISA* ⋙
chiuso lunedì, martedì a mezzogiorno, dal 2 al 10 gennaio e dal 1° al 20 agosto – Pas
carta 34/50000.

SCANNO 67038 L'Aquila 988 ㉗ – 2 377 ab. alt. 1 050 – Sport invernali : 1 050/1 870 m ≰8 –
✪ 0864.

Vedere Lago di Scanno★ NO : 2 km.

Dintorni Gole del Sagittario★★ NO : 6 km.

🛈 piazza Santa Maria della Valle 12 ℰ 74317.

Roma 155 – L'Aquila 101 – Campobasso 124 – Chieti 87 – ◆Pescara 98 – Sulmona 31.

🏠 **Mille Pini** ⑊, ℰ 74387, ⋒ – ☎ ⟷ ⓟ. ⋙
Pas *(chiuso martedì)* carta 35/46000 – ☲ 15000 – **21 cam** 70/100000 – ½ P 90000.

🏠 **Miramonti,** ℰ 74369, ≼ – ⓑ ☎ ⟷ ⓟ. ⋙
Pasqua-settembre – Pas carta 22/35000 – ☲ 12000 – **38 cam** 50/70000 – ½ P 60/70000.

🏠 **Vittoria,** ℰ 74398, ≼, ⋇ – ⓑ ⚑ ὄ ⓟ. ⋙
Pas *(chiuso mercoledì)* 24/26000 – ☲ 8000 – **27 cam** 70000 – ½ P 70/75000.

🏠 **Belvedere,** ℰ 74314 – ☎. ⋙
Pas *(chiuso lunedì)* 22/25000 – ☲ 9000 – **32 cam** 35/55000 – ½ P 55/60000.

XX **Birreria la Baita** ⑊ con cam, ℰ 747264 – ⟷ ⓟ. ⋙
Pas *(chiuso lunedì)* carta 27/39000 – ☲ 7000 – **5 cam** 70000 – ½ P 70000.

X **Gli Archetti,** ℰ 74645
chiuso martedì – Pas carta 27/37000.

X **Grotta dei Colombi,** ℰ 74393, ⋩
↞ *chiuso mercoledì* – Pas carta 16/25000.

al lago N : 3 km :

🏠 **Park Hotel,** ⊠ 67038 ℰ 74624, ≼ lago, ⌁, ⋇ – ⓑ ☎ ὄ ⟷ ⓟ. ⋙
Pasqua, giugno-settembre e Natale – Pas carta 26/38000 – ☲ 10000 – **65 cam** 40/70000 –
½ P 65/75000.

SCANZOROSCIATE 24020 Bergamo 428 429 E 11 – 8 072 ab. alt. 279 – ✪ 035.

Roma 606 – ◆Bergamo 7 – ◆Brescia 49 – ◆Milano 54.

XX ⊛ **La Taverna,** via Martinengo Colleoni 35 ℰ 661068, ⋩ – ⓟ. ⛇ ⓑ ⓞ E *VISA*. ⋙
chiuso domenica sera e lunedì – Pas carta 51/75000
Spec. Stracci e pesci, Orata farcita con capesante, Branzino in sfoglia. Vini di Franciacorta.

SCARIA Como 219 ⑧ – Vedere Lanzo d'Intelvi.

SCARIO 84070 Salerno – a.s. luglio e agosto – ✪ 0974.

Roma 421 – ◆Napoli 216 – Salerno 165 – Sapri 15.

🏨 **Marcaneto Palace Hotel** ⑊, località Marcaneto ℰ 986353, Fax 986512, ≼, ⅃ₛ, ≋ₛ,
⌁, ⣠, ⋇ – ⓑ ▤ ⓣ ☎ ⓟ – ⣰ 300. ⛇ ⓞ. ⋙
aprile-ottobre – Pas carta 38/62000 – ☲ 12000 – **61 cam** 70/150000 – P 110/140000.

🏠 **Approdo,** ℰ 986070, ≼, ⣠, ⋒ – ☎ ⓟ. ⛇ *VISA*. ⋙
aprile-settembre – Pas *(solo per clienti alloggiati e chiuso sino a maggio)* 20/30000 (10%)
– ☲ 8500 – **25 cam** 62000 – P 72/82000.

SCARLINO 58020 Grosseto – 2 645 ab. alt. 230 – ✪ 0566.

Roma 231 – Grosseto 44 – ◆Livorno 97.

XX **Da Balbo,** via Roma 9 ℰ 37204, ⋩ – ⓟ. ⓑ E *VISA*. ⋙
chiuso martedì e da ottobre a dicembre – **Pas** carta 28/41000 (10%).

SCENA (SCHENNA) 39017 Bolzano 429 B 15, 218 ⑩ – 2 505 ab. alt. 640 – ✪ 0473.

🛈 ℰ 95669, Telex 401018, Fax 95581.

Roma 670 – ◆Bolzano 33 – Merano 5 – ◆Milano 331.

Pianta : vedere Merano

🏨 **Hohenwart,** ℰ 95629, Fax 95996, ≼ monti e vallata, ⋩, ≋ₛ, ⌁, ▨, ⋒, ⋇ – ⓑ ▤ rist
ⓣ ☎ ⓟ   B **h**
chiuso dal 10 gennaio al 15 marzo – Pas carta 33/47000 – **60 cam** ☲ 120/236000 –
½ P 59/128000.

🏨 **Starkenberg,** ℰ 95665, ≼, ▨, ⋒ – ⓑ ⓣ ⚑ ⓟ   B **f**
chiuso dal 25 novembre al 3 febbraio – Pas 22/28000 – **40 cam** ☲ 63/160000 appartamenti
170/200000 – ½ P 72/127000.

🏠 **Schennerhof,** ℰ 95623, Telex 401018, Fax 95582, ≼, ⋩, ≋ₛ, ⋒ – ⓑ ⓣ ☎ ⓟ. ⛇
ⓑ E *VISA*   B **v**
Pas *(chiuso martedì)* carta 29/50000 – **20 cam** ☲ 166000 – ½ P 60/90000.

🏠 **Schlosswirt,** ℰ 95620, Fax 95620, ≼, ⋩, ⌁, ⋒ – ⓑ ☎ ⓟ   B **u**
chiuso dal 15 gennaio al 7 marzo – Pas *(chiuso lunedì)* carta 27/43000 – **31 cam** ☲ 46/90000
– ½ P 45/60000.

547

SCHENNA = Scena.

SCHIAVON 36060 Vicenza 429 E 16 – 2 218 ab. alt. 74 – ✆ 0444.
Roma 554 – ♦Milano 237 – ♦Padova 56 – Treviso 60 – Vicenza 24.

a Longa S : 2 km – ✉ 36060 :

🏨 **Alla Veneziana,** ✆ 665500, Telex 434320, Fax 665598 – 🛗 ▤ 📺 ☎ 🅿. 🆎 ⑩
🎴 ✖
Pas *(chiuso lunedì)* carta 25/40000 – ☲ 8000 – **43 cam** 70/95000, ▤ 5000 – ½ P 70/90000.

SCHIO 36015 Vicenza 988 ④, 429 E 16 – 36 121 ab. alt. 200 – ✆ 0445.
Roma 562 – ♦Milano 225 – ♦Padova 61 – Trento 72 – ♦Venezia 94 – ♦Verona 72 – Vicenza 23.

🏨 Nuovo Miramonti, senza rist, via Marconi 3 ✆ 529900, Fax 28134 – 🛗 📺 ☎
67 cam.

🏨 **Eden,** viale dell'Industria 33 ✆ 670044, Fax 670259 – 🛗 ▤ 📺 ☎ 🅿. 🆎 🅢 ⑩ ᴇ 𝗩𝗜𝗦𝗔
🎴 rist
chiuso dal 22 al 30 dicembre – Pas (solo per clienti alloggiati e *chiuso a mezzogiorno*) –
☲ 11000 – **30 cam** 51/72000, ▤ 5000.

✕✕ **Nuovo Miramonti-da Bruno,** via Marconi 5 ✆ 20119 – ▤. 🆎 🅢 ⑩ ᴇ 𝗩𝗜𝗦𝗔 🎴
chiuso domenica, dal 1° al 7 gennaio e dal 1° al 21 agosto – Pas carta 32/50000.

SCHLANDERS = Silandro.

SCHNALS = Senales.

SCIACCA Agrigento 988 ㊱ – Vedere Sicilia alla fine dell'elenco alfabetico.

SCOPELLO Trapani – Vedere Sicilia (Castellammare del Golfo) alla fine dell'elenco alfabetico.

SCOPELLO 13028 Vercelli 988 ②, 428 E 6 – 442 ab. alt. 659 – a.s. 15 dicembre-15 gennaio e
15 luglio-agosto – Sport invernali : 659/1 541 m ⟜1, ⚡; ad Alpe di Mera : 1 570/1 742 m ⟜8, ⚡
– ✆ 0163.
Roma 695 – ♦Milano 121 – Novara 75 – ♦Torino 137 – Varallo 16 – Vercelli 81.

🏠 **Rosetta,** ✆ 71136, ≼ – ☎ 🅿. 🅢 𝗩𝗜𝗦𝗔
chiuso maggio, ottobre e novembre – Pas carta 23/34000 – ☲ 5000 – **37 cam** 40/60000 –
½ P 55/70000.

ad Alpe di Mera S : 20 mn di seggiovia – alt. 1 570 :

🏨 Sport Hotel Campariente 🦌, ✉ 13028 ✆ 78002, ≼ Monte Rosa e vallata – 🛗 🕿
stagionale – **34 cam**.

SCOPPITO 67019 L'Aquila – 2 180 ab. alt. 800 – ✆ 0862.
Roma 146 – L'Aquila 10 – ♦Napoli 269 – ♦Pescara 111.

sulla strada statale 17 SO : 4 km :

🏠 New York, ✉ 67019 ✆ 717703, 🌳 – 🛗 🕿 🅿 – 🏛 100
24 cam.

SCORZE 30037 Venezia 988 ⑤, 429 F 18 – 15 445 ab. alt. 16 – ✆ 041.
Roma 527 – ♦Milano 266 – ♦Padova 30 – Treviso 17 – ♦Venezia 24.

🏨 **Villa Conestabile,** via Roma 1 ✆ 445027, Fax 5840088, « Parco e laghetto » – 📺 ☎ 🅿
– 🏛 25 a 150. 🆎 🅢 ᴇ 𝗩𝗜𝗦𝗔
Pas *(chiuso domenica e dal 1° al 20 agosto)* carta 35/49000 – ☲ 11000 – **22 cam** 60/80000
– ½ P 80/90000.

🏨 **Piccolo Hotel,** via Moglianese 37 ✆ 445312 – 📺 ☎ 🅿. 🅢 𝗩𝗜𝗦𝗔. 🎴
Pas carta 24/33000 – ☲ 8000 – **20 cam** 50/70000 – ½ P 70/80000.

SEBINO Vedere Iseo (Lago d').

SECONDIGLIANO Napoli – Vedere Napoli.

SEGESTA Trapani 988 ㊱ – Vedere Sicilia alla fine dell'elenco alfabetico.

SEGNI 00037 Roma 988 ㉖ – 8 568 ab. alt. 650 – ✆ 06.
Roma 57 – Frosinone 41 – Latina 52 – ♦Napoli 176.

🏨 **La Pace** 🦌, ✆ 9767084, Fax 9766262 – 🛗 ☎ 🅿 – 🏛 300. 🆎 🅢 ᴇ 𝗩𝗜𝗦𝗔. 🎴
Pas 25000 – ☲ 5000 – **83 cam** 40/60000.

SEGRATE 20090 Milano 428 F 9, 219 ⑩ – 33 255 ab. alt. 116 – ✿ 02.
Roma 575 – ◆Bergamo 48 – ◆Milano 10.

Pianta d'insieme di Milano (Milano p. 4 e 5)

a San Felice S : 2 km – ⊠ 20090 Segrate :

XX **I Malavoglia,** centro Commerciale ℘ 7532449 – ▤. ஊ ⑤ ⓪ ☰ 𝗩𝗜𝗦𝗔. ⅋
chiuso sabato a mezzogiorno e lunedì – Pas carta 40/70000 (12%)
per viale Forlanini HM

a Milano 2 NO : 3 km – ⊠ 20090 Segrate :

⛫ **Jolly Milano 2** ⑤, ℘ 2175, Telex 321266, Fax 26410115 – ▤ ▤ ⊡ ☎ – ⛴ 450. ஊ
⑤ ⓪ ☰ 𝗩𝗜𝗦𝗔. ⅋ rist HL a
Pas 50000 – **149 cam** ⊠ 270/325000 – ½ P 213/320000.

SEIS = Siusi.

SEISER ALM = Alpe di Siusi.

SELBAGNONE Forlì – Vedere Forlimpopoli.

SELINUNTE Trapani 988 ㉟ – Vedere Sicilia alla fine dell'elenco alfabetico.

SELLA (Passo di) (SELLA JOCH) ★★★ Bolzano 988 ⑤ – alt. 2 240.
Vedere ❄★★★.
Roma 694 – ◆Bolzano 53 – Canazei 12 – Cortina d'Ampezzo 60 – ◆Milano 352 – Trento 113.

SELVA Brindisi – Vedere Fasano.

SELVA Vicenza – Vedere Montebello Vicentino.

SELVA DI CADORE 32020 Belluno 429 C 17 – 604 ab. alt. 1 415 – ✿ 0437.
Roma 676 – Belluno 65 – ◆Bolzano 81 – Cortina d'Ampezzo 24.

⛪ **Nigritella,** frazione Santa Fosca ℘ 720041, Telex 440297, Fax 720491, ≤, ⇌, ▨ – ▤ ☎
⇌ ℗. ⅋
dicembre-aprile e giugno-settembre – Pas 25/30000 – ⊠ 8000 – **59 cam** 50/90000 –
½ P 60/100000.

SELVA DI VAL GARDENA **(WOLKENSTEIN IN GRÖDEN)** 39048 Bolzano 988 ⑤, 429 C 17 –
2 362 ab. alt. 1 567 – Sport invernali : della Val Gardena 1 567/2 682 m ⸶5 ⸷28, ⸳ – ✿ 0471.
Vedere Postergale★ nella chiesa.
Dintorni Passo Sella★★★ : ❄★★★ S : 10,5 km – Val Gardena★★★ per la strada S 242.
🛈 palazzo Cassa Rurale ℘ 795122, Telex 400359, Fax 794245.
Roma 684 – ◆Bolzano 42 – Brunico 59 – Canazei 23 – Cortina d'Ampezzo 72 – ◆Milano 341 – Trento 102.

⛫ **Gran Baita** ⑤, ℘ 795210, Telex 401432, Fax 795080, ≤ Dolomiti, ⇌, ▨, ⛭, ⅋ – ▤
☎ ⇌ ℗. ஊ ⑤ ⓪ ☰ 𝗩𝗜𝗦𝗔. ⅋ rist
20 dicembre-14 aprile e 15 giugno-settembre – Pas *(chiuso mercoledì)* carta 28/50000 –
60 cam ⊠ 80/160000 – ½ P 100/170000.

⛫ **Oswald,** ℘ 795151, Fax 794131, ≤, 𝐿₆, ⇌ – ▤ ▤ rist ⊡ ☎ ℗. ⓪ 𝗩𝗜𝗦𝗔. ⅋
8 dicembre-15 aprile e 23 giugno-settembre – Pas carta 28/47000 – ⊠ 15000 – **56 cam**
77/140000 – ½ P 85/140000.

⛫ **Tyrol** ⑤, ℘ 795270, Fax 794022, ≤ Dolomiti, 𝐿₆, ⇌, ▨, ⛭ – ▤ ⊡ ☎ ⇌ ℗.
⅋ rist
18 dicembre-20 aprile e 16 giugno-5 ottobre – Pas *(chiuso lunedì)* 30/42000 – ⊠ 15000 –
40 cam 95/168000 appartamenti 230/380000 – ½ P 105/145000.

⛫ **Residence Hotel Antares,** ℘ 795400, Fax 933241, ⇌, ▨, ⛭ – ▤ ⊡ ☎ ఈ ⇌ ℗
– ⛴ 70. 𝗩𝗜𝗦𝗔. ⅋
dicembre-Pasqua e 20 giugno-15 settembre – Pas 32/40000 – ⊠ 13000 – **49 cam**
112/195000 – ½ P 75/130000.

⛫ **Aaritz,** ℘ 795011, Fax 795566, ≤, ⇌, ▨, ⛭ – ▤ ▤ rist ⊡ ☎ ℗. ஊ ⑤ ☰ 𝗩𝗜𝗦𝗔. ⅋
20 dicembre-10 aprile e 10 luglio-10 settembre – Pas *(solo per clienti alloggiati e chiuso a
mezzogiorno)* – **41 cam** ⊠ 80/140000 – ½ P 90/140000.

⛪ **Genziana,** ℘ 795187, Fax 794330, ≤, ⇌, ▨, ⛭ – ▤ ⊡ ☎ ℗. ⅋
20 dicembre-20 aprile e 25 giugno-settembre – Pas *(chiuso a mezzogiorno)* 40/60000 – ⊠
18000 – **27 cam** 105/145000 – ½ P 80/145000.

⛪ **Sporthotel Granvara** ⑤, ℘ 795250, Fax 794336, ≤ Dolomiti e Selva, 𝐿₆, ⇌, ▨, ⛭
– ▤ ⊡ ☎ ⇌ ℗. ⑤ ☰ 𝗩𝗜𝗦𝗔
3 dicembre-10 aprile e giugno-settembre – Pas *(solo per clienti alloggiati)* 30/40000 –
30 cam ⊠ 70000 – ½ P 65/110000.

🏨 **Chalet Portillo,** 𝒫 795205, ≤, ≘, ⚒ – ⌀ 📺 ☎ 🅿. 🅱 E 𝚅𝙸𝚂𝙰. 🛇
dicembre-7 aprile e 29 giugno-28 settembre – Pas (solo per clienti alloggiati) 25/35000 –
25 cam ⊆ 55/100000 – ½ P 65/100000.

🏨 **Solaia** ⚲, 𝒫 795104, Fax 795121, ≤ Dolomiti, ≘, 🔲, 🐎 – ☎ 🅿. 🛇
dicembre-10 aprile e 15 giugno-settembre – Pas carta 23/38000 – **30 cam** ⊆ 65/120000 –
½ P 70/98000.

🏨 **Laurin,** 𝒫 795105, Fax 794310, ≤, ≘ – ⌀ ☎ ⇔ 🅿. 🅰🅴 🅱 ⓪ E 𝚅𝙸𝚂𝙰. 🛇
6 dicembre-14 aprile e luglio-20 settembre – Pas (solo per clienti alloggiati) 25/40000 –
27 cam ⊆ 60/100000 – ½ P 69/110000.

🏨 **Condor,** 𝒫 795055, ≤ Dolomiti, ≘, 🐎 – ⌀ ☎ ⇔ 🅿. 🛇
dicembre-20 aprile e 20 giugno-settembre – Pas (solo per clienti alloggiati) – **26 cam**
⊆ 60/100000 – ½ P 60/85000.

🏨 **Dorfer** ⚲, 𝒫 795204, Fax 795068, ≤ Dolomiti, ≘, 🐎 – 📺 ☎ 🅿. 🅱. 🛇 rist
18 dicembre-15 aprile e 4 giugno-settembre – Pas carta 29/45000 – **30 cam** ⊆ 49/91000 –
½ P 95/115000.

🏨 **Astor,** 𝒫 795207, Fax 794396, ≤ Dolomiti, ≘ – ☎ 🅿. 🅱 𝚅𝙸𝚂𝙰. 🛇 rist
dicembre-aprile e 15 giugno-settembre – **24 cam** solo ½ P 88/106000.

🏠 **Armin,** 𝒫 795347, ≘ – 📺 ☎ 🅿. 𝚅𝙸𝚂𝙰
5 dicembre-15 aprile e 20 maggio-20 settembre – Pas carta 31/52000 – **20 cam** ⊆ 75/130000
– ½ P 65/100000.

🏠 **Olympia,** 𝒫 795145, Fax 795403, ≤ – ☎ 🅿. 🅱 E 𝚅𝙸𝚂𝙰. 🛇 rist
dicembre-Pasqua e giugno-settembre – Pas carta 25/40000 – ⊆ 15000 – **45 cam** 60/110000
– ½ P 80/95000.

🏠 **Malleier** ⚲, 𝒫 795296, ≤ Dolomiti, 🐎 – ⌀ ☎ 🅿. 🛇
dicembre-aprile e giugno-settembre – Pas (solo per clienti alloggiati) – **34 cam** ⊆ 38/75000
– ½ P 70/90000.

🏠 **Miravalle,** 𝒫 795166, ≤, 🐎 – ☎ 🅿. 🛇 rist
dicembre-15 aprile e 20 giugno-20 settembre – Pas 20/30000 – **30 cam** ⊆ 40/60000 –
½ P 60/70000.

🏠 **Pralong,** 𝒫 795370, Fax 794103, ≤ – ⌀ 🕿 ⇔ 🅿. 🛇
dicembre-aprile e luglio-settembre – Pas (solo per clienti alloggiati) – **25 cam** ⊆ 45/80000
– ½ P 55/90000.

verso Passo Gardena (Grödner Joch) SE : 6 km :

✕ **Gerard** ⚲ con cam, ✉ 39048 𝒫 795274 – ☎ 🅿. 🛇 cam
18 dicembre-15 aprile e 25 giugno-15 ottobre – Pas carta 22/41000 – ⊆ 10000 – **7 cam**
40/80000.

Vedere anche : *Santa Cristina Valgardena* O : 3 km.
Ortisei NO : 7 km.

Entrate nell'albergo o nel ristorante con la Guida alla mano,
dimostrando in tal modo la fiducia in chi vi ha indirizzato.

SELVINO 24020 Bergamo 𝟿𝟾𝟾 ③, 𝟺𝟸𝟾 𝟺𝟸𝟿 E 11 – 1 882 ab. alt. 956 – a.s. luglio-agosto e Natale
– Sport invernali : 956/1 400 m ≼ 1 ≼ 3 – ⦿ 035.

🛈 corso Milano 19 𝒫 761362.

Roma 622 – ♦Bergamo 21 – ♦Brescia 73 – ♦Milano 68.

🏨 **Elvezia** ⚲, 𝒫 761058, 🐎 – ☎ 🅿. 🅰🅴 🅱. 🛇
chiuso dal 10 al 30 gennaio e dal 1° al 20 settembre – Pas (chiuso lunedì) 27/35000 – ⊆
8000 – **17 cam** 35/70000 – ½ P 60/68000.

🏠 **Aquila** ⚲, 𝒫 761000, 🐎 – 🅿. 🅱. 🛇
Pas (chiuso mercoledì) carta 24/35000 – ⊆ 7000 – **22 cam** 28/52000 – ½ P 58000.

SEMENTINA 𝟺𝟸𝟽 ㉔, 𝟸𝟷𝟿 ⑧, 𝟸𝟷𝟾 ⑫ – Vedere Cantone Ticino (Bellinzona) alla fine dell'elenco
alfabetico.

SEMOGO Sondrio 𝟸𝟷𝟾 ⑰ – Vedere Valdidentro.

SENALES (SCHNALS) 39020 Bolzano 𝟺𝟸𝟾 𝟺𝟸𝟿 B 14, 𝟸𝟷𝟾 ⑨ – 1 371 ab. alt. (frazione-
Certosa) 1 327 – Sport invernali : a Maso Corto : 2 009/3 212 m ≼ 1 ≼ 9 (anche sci estivo), ⚡ –
⦿ 0473.

🛈 a Certosa 𝒫 89148, Telex 401593, Fax 89177.

Da Certosa : Roma 692 – ♦Bolzano 55 – Merano 27 – ♦Milano 353 – Passo di Resia 70 – Trento 113.

a Madonna di Senales (Unserfrau) NO : 4 km – alt. 1 500 – ✉ 39020 Senales :

🏨 **Berghotel Tyrol** ⚲, 𝒫 89690, Fax 89691, ≤, ≘, 🔲 – ⌀ ☎ 🅿. 🛇
chiuso maggio – **25 cam** solo ½ P 49/62000.

a Monte Santa Caterina (Katharinaberg) SE : 4 km – alt. 1 245 – ⊠ **39020** Senales :

🏨 **Am Fels** ⑤, ℰ 89139, ≤, ◌ – ▥ ⇜ cam ☎ ⇨ ⓟ, ⑤ **E** 𝗩𝗜𝗦𝗔, ⅏ rist
Pas (solo per clienti alloggiati) – **26 cam** ⊊ 45/82000 – ½ P 45/60000.

🏡 **Katharinabergerhof** ⑤, ℰ 89171, ≤ – ☎ ⓟ, ⑤ ⓪ **E** 𝗩𝗜𝗦𝗔, ⅏ rist
Pas (chiuso a mezzogiorno) – **11 cam** solo ½ P 35/41000.

a Vernago (Vernagt) NO : 7 km – alt. 1 700 – ⊠ **39020** Senales :

🏨 **Vernagt** ⑤, ℰ 89636, Fax 89720, ≤ lago e monti, 𝗙ₐ, ≘, ◌ – ▥ ☎ ⇜ ⓟ
50 cam.

SENIGALLIA **60019** Ancona ⑨⑧⑧ ⑯, 𝟒𝟐𝟗 K 21 – 40 944 ab. – a.s. luglio e agosto – ✪ 071.
🅱 piazzale Giardini Morandi 2 ℰ 7922725, Telex 560358, Fax 7924930.
Roma 296 – ✦Ancona 29 – Fano 28 – Macerata 79 – ✦Perugia 153 – Pesaro 39.

🏨 **Ritz**, lungomare Dante Alighieri 142 ℰ 63563, Fax 7922080, ≤, « Giardino con percorso vita », ⊿, ⅍ – ▥ ▤ rist ☎ & ⓟ – 🅰 100
stagionale – **150 cam**.

🏨 **Senb Hotel**, viale Bonopera 32 ℰ 64892, Fax 64814 – ▥ ▤ rist ▥ ☎ ⇜ ⓟ – 🅰 150.
🅰🅴 ⑤ ⓪ **E** 𝗩𝗜𝗦𝗔, ⅏ rist
Pas (chiuso venerdì e domenica sera) carta 28/40000 – ⊊ 8000 – **51 cam** 60/84000 – ½ P 68/76000.

🏨 **Metropol**, lungomare Leonardo da Vinci 11 ℰ 65576, Fax 7925991, ≤, ⊿, ⅍ – ▥ ▤ cam ☎ ⓟ, ⑤ **E** 𝗩𝗜𝗦𝗔, ⅏
18 maggio-14 settembre – Pas (solo per clienti alloggiati) 25/45000 – ⊊ 8000 – **65 cam** 60/90000, ▤ 10000 – ½ P 52/81000.

🏨 **Palace Hotel**, piazza della Libertà 7 ℰ 63453, Fax 7925969, ≤ – ▥ ▥ ☎ &, 🅰🅴 ⑤ ⓪ ⬥ **E** 𝗩𝗜𝗦𝗔, ⅏ rist
Pas (chiuso venerdì) 20/30000 – ⊊ 6000 – **57 cam** 55/78000 – ½ P 60/65000.

🏨 **Cristallo**, lungomare Dante Alighieri 2 ℰ 7925767, Fax 7925767, ≤ – ▥ ☎, 🅰🅴 ⑤ **E** 𝗩𝗜𝗦𝗔, ⅏ rist
maggio-settembre – Pas (solo per clienti alloggiati) carta 21/31000 (15%) – ⊊ 5000 – **60 cam** 52/76000 – ½ P 43/65000.

🏨 **Baltic**, lungomare Dante Alighieri 66 ℰ 7925757, ≤ – ▥ ☎ ⓟ, 🅰🅴 ⑤ **E** 𝗩𝗜𝗦𝗔, ⅏ rist
maggio-settembre – Pas carta 21/31000 (15%) – ⊊ 5000 – **60 cam** 76000 – ½ P 43/65000.

🏨 **Europa**, lungomare Dante Alighieri 108 ℰ 63800, Fax 7925969, ≤ – ▥ ▤ rist ⬥, 🅰🅴 ⑤ ⬥ ⓪ **E** 𝗩𝗜𝗦𝗔, ⅏ rist
giugno-15 settembre – Pas 20/30000 – ⊊ 6000 – **45 cam** 55/78000 – ½ P 60/65000.

🏨 **Luxembourg**, lungomare Marconi 37 ℰ 60497, ≤ – ▥ ⬥, 🅰🅴 ⑤ ⓪ 𝗩𝗜𝗦𝗔, ⅏ rist
25 maggio-20 settembre – Pas 20/22000 – ⊊ 5000 – **30 cam** 45/67000 – ½ P 53/60000.

🏡 **Mareblù**, lungomare Mameli 50 ℰ 7920104, Fax 7925402, ≤ – ▥ ▤ rist ☎ ⓟ, 🅰🅴 ⑤ 𝗩𝗜𝗦𝗔, ⅏
Pasqua-settembre – Pas 21/35000 – ⊊ 7000 – **54 cam** 50/75000 – ½ P 40/64000.

🏡 **Eden**, via Podesti 194 ℰ 7926809, Fax 7926802, ⇌ – ▥ ☎ ⓟ, 🅰🅴 ⑤ **E** 𝗩𝗜𝗦𝗔
Pas (chiuso sabato) carta 22/30000 – ⊊ 6000 – **25 cam** 38/60000 – ½ P 44/53000.

🏡 **Argentina**, lungomare Dante Alighieri 82 ℰ 7924665, ≤ – ▥ ⬥, ⅍
15 aprile-20 settembre – Pas 20/26000 – ⊊ 5000 – **37 cam** 48/60000 – ½ P 55/58000.

🏵🏵 **Riccardone's**, via Rieti 69 ℰ 64762 – ▤, 🅰🅴 ⑤ ⓪ 𝗩𝗜𝗦𝗔
chiuso novembre e lunedì in bassa stagione – Pas carta 33/60000.

🏵 **La Madonnina del Pescatore**, lungomare Italia 9 ℰ 698267, Fax 698484, 🏠, Solo piatti di pesce – 🅰🅴 ⑤ ⓪ **E** 𝗩𝗜𝗦𝗔
chiuso lunedì, dal 20 al 28 febbraio, dal 1° al 15 settembre e dal 15 al 30 novembre – Pas carta 40/62000 (10%).

a Cesano NO : 5 km – ⊠ **60012** Cesano di Senigallia :

🏵 **Pongetti**, strada statale ℰ 660064, Solo piatti di pesce – ⓟ, ⅍
chiuso domenica sera, lunedì e dal 10 al 30 settembre – Pas carta 32/50000.

a Roncitelli O : 8 km – ⊠ **60010** :

🏵 **Degli Ulivi**, ℰ 66309 – 𝗩𝗜𝗦𝗔, ⅍
chiuso martedì e dal 15 al 30 gennaio – Pas carta 25/50000.

SEQUALS **33090** Pordenone 𝟒𝟐𝟗 D 20 – 1 881 ab. alt. 234 – ✪ 0427.
Roma 642 – ✦Milano 380 – Pordenone 37 – Udine 38.

🏨 **Belvedere**, via Odorico 54 ℰ 93016 – ▥ ☎ ⓟ, 🅰🅴 ⓪ 𝗩𝗜𝗦𝗔, ⅏ rist
Pas (chiuso lunedì) 20/30000 – ⊊ 5000 – **22 cam** 35/55000 – ½ P 40/45000.

SEREGNO 20038 Milano 988 ③, 428 F 9 – 38 440 ab. alt. 224 – ✆ 0362.

Roma 594 – ◆Bergamo 51 – Como 24 – Lecco 31 – ◆Milano 26 – Novara 66.

  🏨 **Umberto I°**, via Dante 63 ℘ 223377, Telex 350214, Fax 221931 – 🛗 🗏 TV ☎ 🚗 –
    🅰 30 a 120. 🖭 ⑤ ⑩ E 𝚅𝙸𝚂𝙰 ⋘
    Pas *(chiuso domenica ed agosto)* carta 35/48000 – 🖾 13000 – **68 cam** 110/160000 –
    ½ P 130000.

  XX **Osteria del Pomiroeu**, via Garibaldi 37-ang. via Leonardo Da Vinci ℘ 237516, 🌸 – 🗏.
    🖭 ⑤ ⑩ E 𝚅𝙸𝚂𝙰
    chiuso lunedì e dal 5 al 25 agosto – Pas carta 34/61000.

SERINA 24017 Bergamo 428 429 E 11 – 2 092 ab. alt. 820 – a.s. luglio e agosto – ✆ 0345.

Roma 632 – ◆Bergamo 31 – ◆Milano 73 – San Pellegrino Terme 14.

  🏨 **Rosalpina**, ℘ 66020 – 🅿. 🖭. ⋘
    dicembre-aprile e giugno-settembre – Pas *(chiuso lunedì)* carta 22/31000 – 🖾 5000 –
    22 cam 40/50000 – ½ P 38/40000.

SERPIOLLE Firenze – Vedere Firenze.

SERRADA Trento – Vedere Folgaria.

SERRA DEL MONTE Pavia – Vedere Cecima.

SERRAVALLE Perugia – Vedere Norcia.

SERRAVALLE PISTOIESE 51030 Pistoia 428 429 K 14 – 8 534 ab. alt. 182 – ✆ 0573.

Roma 320 – ◆Firenze 43 – ◆Livorno 75 – Lucca 34 – Pistoia 8 – Pisa 51.

  🏨 **Lago Verde** ⋟, via Castellani 4 ℘ 518262, Fax 518227, 🔽 – 🛗 🗏 ☎ 🅿 – 🅰 120. 🖭
    ⑤ ⑩ E 𝚅𝙸𝚂𝙰 ⋘
    🗏 6000.
    Pas *(chiuso a mezzogiorno e domenica)* carta 32/41000 – 🖾 11000 – **85 cam** 59/85000,

  🏨 **Charleston** senza rist, via Provinciale Lucchese 131 (E : 5 km) ℘ 51066 – 🗏 TV ☎ 🅿. 🖭
    𝚅𝙸𝚂𝙰. ⋘
    🖾 70000 – **19 cam** 60/85000.

SERRAVALLE SESIA 13037 Vercelli 428 E 6, 219 ⑯ – 5 129 ab. alt. 313 – ✆ 0163.

Roma 660 – Biella 43 – ◆Milano 86 – Novara 40 – ◆Torino 101 – Vercelli 45.

  a Vintebbio SE : 2,5 km – ✉ **13030** :

  XX **La Gerla**, ℘ 450248 – ⋘
    chiuso martedì e dal 16 al 31 agosto – Pas carta 25/43000.

SERVIGLIANO 63029 Ascoli Piceno 988 ⑯ – 2 371 ab. alt. 216 – ✆ 0734.

Roma 224 – ◆Ancona 85 – Ascoli Piceno 64 – Macerata 43.

  🏨 San Marco, ℘ 750761 – 🛗 ⋛⋌ rist TV ☎ – **20 cam**.

SESTO (SEXTEN) 39030 Bolzano 988 ⑤, 429 B 19 – 1 807 ab. alt. 1 311 – Sport invernali :
1 311/2 205 m ≰1 ≰10, ≰; a Versciaco : 1 132/2 050 m ≰1 ≰2 – ✆ 0474.

Dintorni Val di Sesto** Nord per la strada S 52 e Sud verso Campo Fiscalino.

🛈 ℘ 70310, Telex 400196, Fax 70318.

Roma 697 – Belluno 96 – ◆Bolzano 116 – Cortina d'Ampezzo 44 – ◆Milano 439 – Trento 173.

  🏨 **San Vito-St. Veit** ⋟, ℘ 70390, Fax 70072, ≼ Dolomiti e vallata, 🎿, �' , 🔽, – ☎ 🅿.
    ⑤. ⋘ rist
    20 dicembre-marzo e 10 giugno-10 ottobre – Pas 17/40000 – **30 cam** 🖾 60/110000 –
    ½ P 47/80000.

  🏨 **Sesto-Sextnerhof**, ℘ 70314, Fax 70161, 🚿 – 🛗 🗏 rist ☎. ⑤ E 𝚅𝙸𝚂𝙰. ⋘ rist
    chiuso dal 20 aprile al 20 maggio e dal 15 novembre al 6 dicembre – Pas *(chiuso martedì)*
    18/28000 – **31 cam** 🖾 54/90000 – ½ P 55/80000.

  🏨 **Monika** ⋟, ℘ 70384, Fax 70177, ≼, 🚿, 🌸 – 🛗 ⋛⋌ rist ☎ 🅰 🚗 🅿. ⋘
    20 dicembre-20 aprile e 20 maggio-10 ottobre – Pas 16/25000 – **27 cam** 69/122000 –
    ½ P 45/75000.

  🏨 Tonyhof ⋟, ℘ 70393, ≼ Dolomiti e vallata, 🚿 – TV ☎ 🅿 – *stagionale* – **16 cam**.

  a Moso (Moos) SE : 2 km – alt. 1 339 – ✉ **39030** Sesto :

  🏨 **Sporthotel Val Fiscalina-Fischleintal** ⋟, ℘ 70365, Fax 70509, ≼ Dolomiti, 🎿, 🚿,
    🔽, 🔽, 🌸, ⯑ – 🛗 🗏 rist ☎ 🅿 – 🅰 150. ⋘ rist
    15 dicembre-20 aprile e 25 maggio-20 ottobre – Pas carta 26/54000 – **48 cam** 🖾 126/224000
    – ½ P 63/112000.

  🏨 **Rainer**, ℘ 70366, Fax 70163, ≼ Dolomiti e valle Fiscalina, 🚿, 🔽, 🌸 – 🛗 🗏 rist TV ☎
    🅿. 🖭
    20 dicembre-18 aprile e 20 maggio-10 ottobre – Pas 20/40000 – **30 cam** 🖾 52/77000 –
    ½ P 65/110000.

Berghotel Tyrol ⑤, ℰ 70386, Fax 70455, ≤ Dolomiti e valle Fiscalina, ⅙, ⇔, 🛲 – 🔄 cam ▤ rist ☎ 🚗 🅿. 🎀 rist
20 dicembre-aprile e 25 maggio-10 ottobre – **30 cam** solo ½ P 70/90000.

Tre Cime-Drei Zinnen, ℰ 70321, Fax 70092, ≤ Dolomiti e valle Fiscalina, ⌕ riscaldata, 🛲 – ☎ 🚗 🅿. 🎀 rist
22 dicembre-marzo e 20 giugno-25 settembre – Pas 25/45000 – **41 cam** ☲ 80/160000 – ½ P 85/120000.

Alpi ⑤, ℰ 70378, ≤, ⇔ – 🔄 ▤ rist ☎ 🚗
stagionale – **18 cam**.

✕ **Leone-Löwen** con cam, ℰ 70338
chiuso dal 10 aprile al 1° guigno e dal 15 ottobre al 20 dicembre – Pas carta 27/35000 – **11 cam** ☲ 30/60000 – ½ P 45/55000.

a Campo Fiscalino (Fischleinboden) S : 4 km – alt. 1 451 – ⊠ **39030** Sesto :

Dolomiti-Dolomitenhof ⑤, ℰ 70364, ≤ pinete e Dolomiti, ⇔, 🛲 – 🔄 ☎ 🅃 🅿
18 dicembre-7 aprile e giugno-7 ottobre – Pas *(chiuso sabato in bassa stagione)*
carta 25/41000 – **30 cam** ☲ 75/136000 – ½ P 58/82000.

Vedere anche : *Monte Croce di Comelico (Passo)* (Kreuzbergpass) SE : 7 km.

SESTO CALENDE 21018 Varese 🧾🎱🎴 ②③, 🔢🔢🔢 E 7 – 9 545 ab. alt. 198 – ⊕ 0331.
Roma 632 – Como 50 – ♦Milano 55 – Novara 39 – Stresa 25 – Varese 23.

Tre Re, piazza Garibaldi 25 ℰ 924229, Fax 924402, ≤ – 🔄 ☎. 🅰🅴 🅱 🅴 🆅🅸🆂🅰. 🎀 rist
marzo-novembre – Pas *(chiuso venerdì)* carta 38/60000 – ☲ 12000 – **34 cam** 70/85000 – ½ P 100000.

David, via Roma 56 ℰ 920182, Fax 931997 – 🔄 🚗 🚗 🅿. 🅰🅴 🅱 🅾 🅴 🆅🅸🆂🅰. 🎀
chiuso dicembre – Pas *(chiuso lunedì)* carta 30/51000 – ☲ 10000 – **13 cam** 60/80000 – P 95000.

a Lisanza NO : 3 km – ⊠ **21018** Sesto Calende :

XXX ❀ **Da Mosè**, ℰ 977210, prenotare – 🅿. 🅰🅴 🅱 🅾 🅴 🆅🅸🆂🅰. 🎀
chiuso lunedì, martedì, gennaio e dal 5 al 20 agosto – Pas carta 54/90000 (10%)
Spec. Insalata tiepida di gamberi con verdure e zabaione salato, Tagliolini al ragù di scorfano, Piatto misto di funghi porcini. Vini Sauvignon, Freisa secca.

Vedere anche : *Somma Lombardo* SE : 9 km.

SESTOLA 41029 Modena 🧾🎱🎴 ⑭, 🔢🔢🔢 🔢🔢🔢 J 14 – 2 737 ab. alt. 1 020 – a.s. febbraio-15 marzo, 15 luglio-agosto e Natale – Sport invernali : 1 020/1 880 m ⛄1 ⛷11, ⚡ – ⊕ 0536.
🅱 piazza Pier Maria Passerini 18 ℰ 62324.
Roma 387 – ♦Bologna 81 – ♦Firenze 113 – Lucca 99 – ♦Milano 240 – ♦Modena 71 – Pistoia 77.

San Marco ⑤, ℰ 62330, Fax 62305, ≤, « Parco-pineta con 🎀 » – 🔄 ☎ 🅿 – 🅰 100. 🅰🅴 🅱 🅾 🅴 🆅🅸🆂🅰. 🅾
dicembre-aprile e giugno-settembre – Pas 25/45000 – ☲ 10000 – **41 cam** 95/110000 – ½ P 88/110000.

Tirolo, ℰ 62523, ≤, 🛲, 🎀 – ☎ 🅿. 🅱 🆅🅸🆂🅰. 🎀
dicembre-aprile e giugno-settembre – Pas 20/25000 – ☲ 8000 – **39 cam** 45/60000 – ½ P 53/65000.

Elena, ℰ 61010, Fax 61298 – ☎. 🎀
dicembre-aprile e giugno-15 ottobre – Pas 20/25000 – ☲ 4000 – **16 cam** 35/56000 – ½ P 48/64000.

Capriolo, ℰ 62325, ≤, 🛲 – ☎ 🅿. 🆅🅸🆂🅰. 🎀
dicembre-aprile e luglio-agosto – Pas 20/35000 – ☲ 8000 – **26 cam** 35/65000 – ½ P 50/65000.

Nuovo Parco, ℰ 62322, ≤, « Giardino » – 🅿
41 cam.

Cristallo, ℰ 62551, ≤, 🛲 – 🔄 🅿. 🅱 🅾 🅴 🆅🅸🆂🅰. 🎀
dicembre-aprile e giugno-settembre – Pas 18/22000 – ☲ 10000 – **26 cam** 52/63000 – ½ P 45/65000.

XX **San Rocco** con cam, ℰ 62382, Coperti limitati; prenotare – 🆃🆅 ☎. 🅰🅴 🅱 🅾 🅴 🆅🅸🆂🅰. 🎀
chiuso ottobre e novembre – Pas *(chiuso lunedì)* carta 43/75000 – ☲ 12000 – **11 cam** 45/70000 – ½ P 65/70000.

✕ **Il Faggio**, ℰ 62211 – 🅰🅴 🅱 🅾 🅴 🆅🅸🆂🅰. 🎀
chiuso lunedì e giugno – Pas carta 33/55000.

We distinguish for your use
certain hotels (🏠 ... 🏨) and restaurants (✕ ... XXXXX)
by awarding them ❀, ❀❀ or ❀❀❀.

SESTRIERE 10058 Torino 988 ⑪, 428 H 2 – 825 ab. alt. 2 033 – a.s. febbraio-15 marzo, Pasqua e Natale – Sport invernali : 2 033/2 823 m –⟨1 ⟨24, ⟨ – ❁ 0122.

🖿 (luglio-15 settembre) ℘ 76276.

🛈 piazza Agnelli 10 ℘ 76045, Fax 76865 – Roma 750 – Briançon 32 – Cuneo 118 – ◆Milano 240 – ◆Torino 93.

Gd H. Principi di Piemonte 🦢, via Sauze ℘ 7941, Fax 70270, ⟨, ⟺ – 🛗 📺 🕿 ⟸ ℗ – 🔬 70. ⚠ 🕅 ⓞ ⏵ 𝗩𝗜𝗦𝗔 🦢 rist
dicembre-aprile – Pas carta 39/67000 – **94 cam** ⟐ 180/360000 – ½ P 130/220000.

Gd H. Sestriere, via Assietta 1 ℘ 76476, Fax 76700, ⟨ – 🛗 📺 🕿 ⟸ ℗ – 🔬 40. ⚠ 🕅 ⓞ ⏵ 𝗩𝗜𝗦𝗔 🦢 rist
22 dicembre-5 aprile – Pas carta 35/48000 – ⟐ 18000 – **93 cam** 242000 – ½ P 140/170000.

Miramonti, via Cesana 3 ℘ 77048, Fax 77295, ⟨ – 🕿 ⟸ 🕅 ⓞ ⏵ 𝗩𝗜𝗦𝗔 🦢 rist
25 novembre-1° maggio e 29 giugno-9 settembre – Pas 25/35000 – ⟐ 10000 – **36 cam** 75/90000 – ½ P 60/95000.

Savoy Edelweiss, via Fraiteve 7 ℘ 77040, Fax 77433 – 🕿. 🕅 ⏵ 𝗩𝗜𝗦𝗔 🦢
➜ *dicembre-aprile e 20 giugno-agosto* – Pas 20/28000 – **28 cam** ⟐ 75/108000 – ½ P 65/100000.

Sud-Ovest, via Monterotta 17 ℘ 77393, Fax 755166 – 🕿 ⟸ ℗ 🕅 ⏵ 𝗩𝗜𝗦𝗔 🦢 rist
➜ *15 novembre- aprile e 26 giugno-8 settembre* – Pas 20/33000 – ⟐ 8000 – **21 cam** 70/100000 – ½ P 55/85000.

Olimpic, via Monterotto 9 ℘ 77344 – 🕿. 🕅 ⏵ 𝗩𝗜𝗦𝗔 🦢 rist
dicembre-aprile e luglio-25 agosto – Pas 26000 – ⟐ 8000 – **29 cam** 72/97000 – ½ P 60/95000.

Last Tango, via La Glesia 5/a ℘ 76337, Coperti limitati; prenotare – 🕅 ⓞ ⏵ 𝗩𝗜𝗦𝗔 🦢
Pas carta 30/51000 (10%).

SESTRI LEVANTE 16039 Genova 988 ⑬, 428 J 10 – 20 790 ab. – ❁ 0185.

🛈 viale 20 Settembre 33 ℘ 41422.

Roma 457 – ◆Genova 50 – ◆Milano 183 – Portofino 34 – ◆La Spezia 59.

Gd H. dei Castelli 🦢, via alla Penisola 26 ℘ 487220, Fax 44767, ⟨ golfo, 🌴, « Grande parco sul mare con ascensore per la spiaggia in un bacino naturale », 🏖 – 🛗 📺 🕿 ℗ – 🔬 150. ⚠ 🕅 ⓞ ⏵ 𝗩𝗜𝗦𝗔 🦢 rist
15 maggio-10 ottobre – Pas 88000 – ⟐ 20000 – **45 cam** 165/285000 appartamenti 475/505000 – ½ P 210/230000.

Gd H. Villa Balbi, viale Rimembranze 1 ℘ 42941, Fax 482459, 🌴, « Parco-giardino con 🏊 riscaldata », 🏖 – 🛗 📺 🕿 ℗. ⚠ 🕅 ⓞ ⏵ 𝗩𝗜𝗦𝗔 🦢 rist
23 marzo-21 ottobre – Pas *(chiuso dal 1° al 21 ottobre)* 55/65000 – ⟐ 18000 – **100 cam** 100/160000 appartamenti 255/275000 – ½ P 130/150000.

Miramare 🦢, via Cappellini 9 ℘ 480855, Fax 41055, ⟨ baia del Silenzio, 🏖 – 🛗 📺 🕿 ⟸ – 🔬 40 a 80. ⚠ 🕅 ⏵ 𝗩𝗜𝗦𝗔 🦢
Pas 45/90000 – ⟐ 195000 – ½ P 120/160000.

Vis à Vis 🦢, via della Chiusa 28 ℘ 42661, Telex 272443, Fax 480853, ⟨ mare e città, 🏊 riscaldata, 🌴 – 🛗 🍴 rist 📺 🕿 ℗. ⚠ 🕅 ⓞ ⏵ 𝗩𝗜𝗦𝗔 🦢 rist
chiuso dal 15 novembre al 20 dicembre – Pas 40/60000 – **47 cam** ⟐ 95/160000 – ½ P 90/140000.

Helvetia 🦢 senza rist, via Cappuccini 43 ℘ 41175, Telex 272003, ⟨ baia del Silenzio, « Terrazze-giardino fiorite », 🏖 – 🛗 📺 🕿. 🕅 ⏵ 𝗩𝗜𝗦𝗔
15 marzo-ottobre – **28 cam** ⟐ 110000.

Due Mari, vico del Coro 18 ℘ 42696, Fax 42698, ⟨, 🌴 – 🛗 📺 🕿 ⟸ – 🔬 50. 🦢 rist
chiuso da novembre al 21 dicembre – Pas 35/45000 – ⟐ 12500 – **26 cam** 60/85000 – ½ P 60/90000.

Sereno 🦢, via Val di Canepa 96 ℘ 43303 – 📺 🕿. 🕅 ⓞ ⏵ 𝗩𝗜𝗦𝗔
Pas 30000 – ⟐ 7500 – **10 cam** 70000 – ½ P 65000.

Angiolina, viale Rimembranze 49 ℘ 41198.

El Pescador, al porto ℘ 41491, ⟨ – ⚠ 🕅 ⏵ 𝗩𝗜𝗦𝗔
chiuso martedì e dal 15 dicembre al 15 febbraio – Pas carta 45/72000.

San Marco, al porto ℘ 41459, ⟨, 🌴 – ⚠ 🕅 ⓞ ⏵ 𝗩𝗜𝗦𝗔
chiuso mercoledì (in agosto solo a mezzogiorno), dal 1° al 15 febbraio e dal 15 al 30 novembre – Pas carta 35/48000.

Sant'Anna, lungomare De Scalzo 60 ℘ 41004, ⟨ – ⚠ 🕅 ⓞ 𝗩𝗜𝗦𝗔
chiuso giovedì – Pas carta 33/63000 (10%).

Mira con cam, viale Rimembranze 15 ℘ 41576 – 📺 🕿. 🦢
chiuso novembre – Pas *(chiuso mercoledì in bassa stagione)* carta 38/62000 – ⟐ 12500 – **13 cam** 80/90000 – ½ P 70/85000.

a Riva Trigoso SE : 2 km – ⊠ 16037 :

Fiammenghilla Fieschi, via Pestella 6 ℘ 481041, Coperti limitati; prenotare – ℗. ⚠ 🕅 ⓞ ⏵ 𝗩𝗜𝗦𝗔 🦢
chiuso a mezzogiorno (escluso i giorni festivi), lunedì, dal 23 gennaio al 6 febbraio e dal 23 ottobre al 6 novembre – Pas carta 54/81000.

Asseü, via G. B. da Ponzerone 2-strada per Moneglia ℘ 42342, ⟨, « Servizio estivo in terrazza sul mare » – ℗. 🕅 ⏵ 𝗩𝗜𝗦𝗔
chiuso mercoledì e novembre – Pas carta 40/65000.

SESTRI PONENTE Genova – Vedere Genova.

SETTEQUERCE (SIEBENEICH) Bolzano 𝟮𝟭𝟴 ⑳ – alt. 264 – ✉ **39018** Terlano – ✆ 0471.
Roma 643 – ♦Bolzano 6 – Merano 22 – ♦Milano 300 – Trento 59.

🏠 **Greifenstein** senza rist, ✆ 918451, ≤, 🍴, 🈂 – 🕾 🅿. 🅂 🄴 𝖵𝖨𝖲𝖠. 🈯
    10 marzo-10 novembre – **12 cam** �︎ 44/78000.

✗ **Patauner,** ✆ 918502, 🍸 – 🅿. 🅂 🄴 𝖵𝖨𝖲𝖠
    chiuso giovedì, dal 1° al 20 febbraio e dal 1° al 14 luglio – Pas carta 21/35000.

SETTIMO MILANESE 20019 Milano 𝟰𝟮𝟴 F 9, 𝟮𝟭𝟵 ⑱ – 13 387 ab. alt. 134 – ✆ 02.
Roma 586 – ♦Milano 12 – Novara 43 – Pavia 45 – Varese 51.

✗✗ **Il Palio,** via Gramsci 75 ✆ 3285735 – 🔳 🅿. 🄰🄴 🅂 🅾 🄴 𝖵𝖨𝖲𝖠
    chiuso lunedì e dal 5 al 28 agosto – Pas carta 33/48000.

✗ **Olonella,** via Gramsci 3 ✆ 3281267, 🍸 – 🅿.

SETTIMO TORINESE 10036 Torino 𝟵𝟴𝟴 ⑫, 𝟰𝟮𝟴 G 5 – 45 312 ab. alt. 207 – ✆ 011.
Roma 698 – Aosta 109 – ♦Milano 132 – Novara 86 – ♦Torino 11 – Vercelli 62.

            Pianta d'insieme di Torino (Torino p. 3)

✗✗ **Trattoria Tipica Boschetti,** via Leinì 17 ✆ 8013373, prenotare la sera – 🄰🄴 🅂 🅾 🄴
    𝖵𝖨𝖲𝖠. 🈯   per via Torino HT
    chiuso sabato sera, domenica ed agosto – Pas carta 26/52000.

    sull'autostrada al bivio A4 - A5 O : 5 km :

🏨 **MotelAgip,** ✉ 10036 ✆ 8001855, Telex 214546, Fax 8001855 – 🛗 🔳 📺 ☎ 🅿 – 🅰 40
    a 80. 🄰🄴 🅂 🅾 🄴 𝖵𝖨𝖲𝖠. 🈯 rist   HT n
    Pas 32000 – **100 cam** 🚫 116/157000 – ½ P 110/147000.

    Le pubblicazioni turistiche Michelin
    offrono la possibilità di organizzare preventivamente il
    viaggio, conseguendo vantaggi insperati.

SETTIMO VITTONE 10010 Torino 𝟰𝟮𝟴 F 9, 𝟮𝟭𝟵 ⑭ – 1 703 ab. alt. 282 – ✆ 0125.
Roma 693 – Aosta 56 – Ivrea 10 – ♦Milano 125 – Novara 79 – ♦Torino 59.

✗✗ **Gambino** con cam, strada statale S : 1 km ✆ 758429, ≤, 🍸, 🈂 – 📺 🅿. 🄰🄴 🅂 🅾 🄴
    𝖵𝖨𝖲𝖠. 🈯
    Pas *(chiuso lunedì)* carta 22/44000 – 🚫 7000 – **8 cam** 45/60000 – ½ P 50/55000.

✗✗ **Prà Giuli,** località Campiglie NE : 5 km ✆ 758222, prenotare – 🅿. 🄰🄴 🅂 🅾
    chiuso mercoledì e gennaio – Pas carta 28/53000.

✗ **La Baracca,** località Cornaley E : 4 km ✆ 758109, ≤, 🍸, 🈂 – 🅿. 🄰🄴 🅂 🅾 🄴 𝖵𝖨𝖲𝖠. 🈯
    chiuso lunedì e dal 7 gennaio al 15 febbraio – Pas carta 25/45000.

SEXTEN = Sesto.

SICILIA (Isola) 𝟵𝟴𝟴 ㉟㊱㊲ – Vedere alla fine dell'elenco alfabetico.

SIDERNO 89048 Reggio di Calabria 𝟵𝟴𝟴 ㊴ – 16 693 ab. – ✆ 0964.
Roma 697 – Catanzaro 93 – Crotone 144 – ♦Reggio di Calabria 103.

🏨 **Gd H. President,** strada statale 106 (SO : 2 km) ✆ 343191, Telex 890020, Fax 342746, ≤,
    🍴, 🏖, 🍽 – 🛗 🔳 rist ☎ 🅿 – 🅰 400. 🄰🄴 🅂 🅾 🄴 𝖵𝖨𝖲𝖠. 🈯 rist
    Pas carta 25/35000 – 🚫 6000 – **110 cam** 80/120000 appartamenti 140/200000 – ½ P 55/105000.
🏨 **Dei Gelsomini,** via Amendola ✆ 381996, 🍽 – 🛗 ☎ 🔄 🅿 – 🅰 200. 🄰🄴 🅂 🅾 🄴
    𝖵𝖨𝖲𝖠. 🈯 rist
    Pas carta 23/31000 – 🚫 6000 – **58 cam** 55/76000 – ½ P 48/72000.

SIEBENEICH = Settequerce.

SIENA 53100 🅿 𝟵𝟴𝟴 ⑮ – 58 278 ab. alt. 322 – ✆ 0577.
Vedere Piazza del Campo★★★ BZ : palazzo Pubblico★★★, 🔭★★ dalla torre del Mangia – Duomo★★★
AZ – Museo dell'Opera del Duomo★★ ABZ M – Battistero di San Giovanni★ : fonte battesimale★★
AZ V – Palazzo Buonsignori★ : pinacoteca★★ BZ – Via di Città★ BZ – Via Banchi di Sopra★ BYZ –
Piazza Salimbeni★ BY – Tabernacolo★ di Giovanni di Stefano, affreschi★ del Sodoma nella basilica
di San Domenico AYZ – Adorazione del Crocifisso★ del Perugino, opere★ di Ambrogio Lorenzetti,
Matteo di Giovanni e Sodoma nella chiesa di Sant'Agostino BZ D.

🛈 via di Città 43 ✆ 42209 – piazza del Campo 56 ✆ 280551.

A.C.I. viale Vittorio Veneto 47 ✆ 49001.

Roma 230 ② – ♦Firenze 68 ⑤ – ♦Livorno 116 ⑤ – ♦Milano 363 ⑤ – ♦Perugia 107 ② – Pisa 106 ⑤.

Park Hotel ⟨S⟩, via di Marciano 18 ℰ 44803, Telex 571005, Fax 49020, ≤, ⟨img⟩
« Costruzione del 15° secolo in un parco », ⟨S⟩, ⟨S⟩ – 🛗 🖼 📺 ☎ 🖐 🅿 – 🔄 80. 🆎 🕍
🔘 🇪 𝘝𝘐𝘚𝘈 ⟨S⟩ rist
V a
Pas (chiuso mercoledi) carta 60/98000 – ⟨⟩ 23000 – **69 cam** 266/357000 appartamenti
584000 – ½ P 234/279000.

Jolly Excelsior, piazza La Lizza 1 ℰ 288448, Telex 573345, Fax 41272 – 🛗 🖼 📺 ☎ –
🔄 150 a 200. 🆎 🕍 🔘 🇪 𝘝𝘐𝘚𝘈 ⟨S⟩ rist
AY a
Pas 40000 – **126 cam** ⟨⟩ 215/350000 – ½ P 215/255000.

Certosa di Maggiano ⟨S⟩, strada di Certosa 82 ℰ 288180, Telex 574221, Fax 288189, ≤,
« Certosa del 14° secolo; giardino con ⟨S⟩ riscaldata », ⟨S⟩ – ⟨⟩ rist 📺 ☎ 🚙 🅿. 🆎 🕍
🔘 🇪 𝘝𝘐𝘚𝘈 ⟨S⟩
X m
Pas (chiuso martedi) carta 95/135000 – **14 cam** ⟨⟩ 350/400000 appartamenti 540/650000 –
½ P 295/425000.

Villa Scacciapensieri ⟨S⟩, via di Scacciapensieri 10 ℰ 41442, Telex 573390, Fax 270854,
« Servizio rist. estivo in giardino fiorito e parco con ≤ città e colli », ⟨S⟩, ⟨S⟩ – 🛗 🖼 📺
🅿. 🆎 🕍 🔘 🇪 𝘝𝘐𝘚𝘈 ⟨S⟩ rist
V k
chiuso dal 9 gennaio al 14 marzo – Pas (chiuso mercoledi) carta 53/73000 – ⟨⟩ 17500 –
27 cam 155/235000 appartamenti 280/320000 – ½ P 135/170000.

Gd H. Villa Patrizia ⟨S⟩, via Fiorentina 58 ℰ 50431, Telex 574366, ≤, « Parco », ⟨S⟩, ⟨S⟩
– 🛗 📺 📺 🖐 🅿. 🆎 🕍 🔘 🇪 𝘝𝘐𝘚𝘈 ⟨S⟩ rist
V d
Pas 60/90000 – ⟨⟩ 22000 – **33 cam** 193/280000 – ½ P 182/214000.

Italia senza rist, via Cavour 67 ℰ 41177, Fax 44554 – 🛗 ☎ 🅿. 🆎 🕍 🔘 🇪 𝘝𝘐𝘚𝘈 V e
⟨⟩ 10000 – **73 cam** 57/89000.

Castagneto ⟨S⟩ senza rist, via dei Cappuccini 39 ℰ 45103, ≤ città e colli, ⟨img⟩ – 🅿.
⟨S⟩
X r
15 marzo-novembre – ⟨⟩ 12500 – **11 cam** 70/100000.

Santa Caterina senza rist, via Piccolomini 7 ℰ 221105, Telex 575304, Fax 271087, ⟨img⟩
🖼 ☎. 🆎 🕍 🔘 𝘝𝘐𝘚𝘈 ⟨S⟩
X a
marzo-10 novembre – ⟨⟩ 11000 – **19 cam** 92000, 🖼 7000.

Palazzo Ravizza, Piano dei Mantellini 34 ℰ 280462, Fax 271370, « Costruzione del 17°
secolo con giardino » – 🛗 ☎ 🆎 🕍 🔘 🇪 𝘝𝘐𝘚𝘈 ⟨S⟩
AZ y
Pas (chiuso a mezzogiorno e da gennaio a marzo) 35000 – ⟨⟩ 10000 – **28 cam** 92000 –
½ P 91000.

SIENA

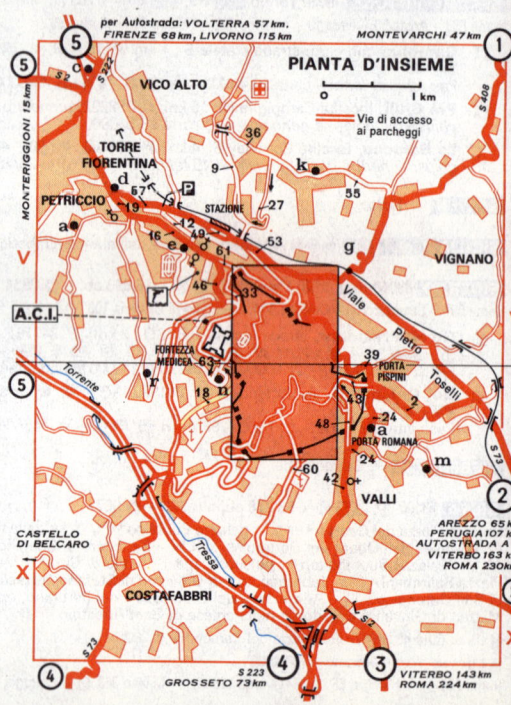

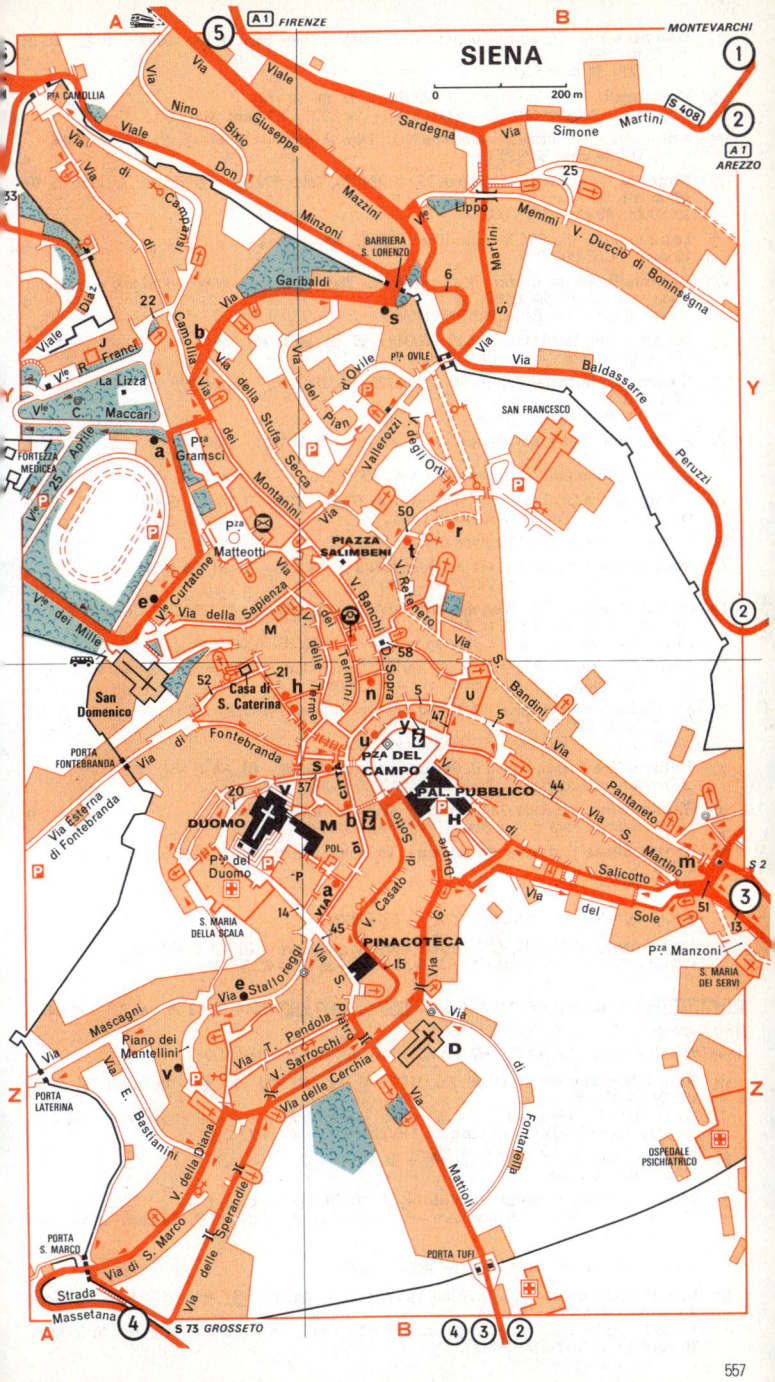

SIENA

ⓜ **Duomo** senza rist, via Stalloreggi 38 🕾 289088, Telex 583035, Fax 43043 – 🛗 TV 🕾. AE
Ⓢ Ⓔ VISA. ✗
AZ **e**
🕸 12000 – **22 cam** 60/92000.

ⓜ **Chiusarelli,** viale Curtatone 9 🕾 280562 – 🕾 Ⓟ. ✗ rist
AY **e**
Pas *(chiuso sabato)* carta 21/35000 (10%) – 🕸 8000 – **50 cam** 46/68000.

ⓜ **Anna** senza rist, località Fontebecci NO : 3 km 🕾 51371 – 🛗 🖭 Ⓟ. AE Ⓢ ⓞ Ⓔ VISA
V **c**
🕸 9000 – **30 cam** 58/92000.

ⓜ **Minerva** senza rist, via Garibaldi 72 🕾 284474, Telex 572267 – 🛗 TV 🕾 🕹 ⇔. AE Ⓢ
ⓞ Ⓔ VISA. ✗
BY **s**
🕸 8000 – **49 cam** 57/92000.

ⓜ **Lea** senza rist, viale 24 Maggio 10 🕾 283207, ✿ – 🖭
X **n**
13 cam 🕸 38/80000.

XXX **Al Marsili,** via del Castoro 3 🕾 47154, Fax 280970, « In un edificio d'origine quattrocentesca » ▦. AE Ⓢ ⓞ Ⓔ VISA. ✗
BZ **a**
chiuso lunedì – Pas carta 38/51000 (15%).

XX **Guido,** vicolo Pier Pettinaio 7 🕾 280042 – AE Ⓢ ⓞ Ⓔ VISA. ✗
BZ **n**
chiuso mercoledì – Pas carta 31/53000.

XX **Il Campo,** piazza del Campo 50 🕾 280725, Fax 280725, ≼ piazza, 🍽, prenotare – AE Ⓢ
ⓞ Ⓔ VISA. ✗
BZ **y**
chiuso martedì – Pas carta 50/71000 (15%).

XX **Al Mangia,** piazza del Campo 42 🕾 281121, Fax 281121, ≼ piazza, 🍽 – AE Ⓢ ⓞ Ⓔ
VISA
BZ **u**
chiuso lunedì e febbraio – Pas carta 40/53000 (12%).

XX **L'Angolo,** via Garibaldi 15 🕾 289251, Fax 270646, 🍽 – AE Ⓢ ⓞ Ⓔ VISA
AY **b**
chiuso sabato – Pas carta 30/49000 (10%).

XX Le Campane, via delle Campane 6 🕾 284035, 🍽
BZ **b**

XX **Mariotti-da Mugolone,** via dei Pellegrini 8 🕾 283235 – AE Ⓢ ⓞ Ⓔ VISA. ✗
BZ **s**
chiuso giovedì – Pas carta 28/38000 (13%).

XX **Antica Trattoria Botteganuova,** via Chiantigiana 29 🕾 284230, Coperti limitati; prenotare – Ⓟ. AE Ⓢ ⓞ Ⓔ VISA. ✗
V **g**
chiuso domenica e lunedì a mezzogiorno – Pas carta 36/46000 (10%).

X **Cane e Gatto,** via Pagliaresi 6 🕾 220751, Coperti limitati; prenotare – AE Ⓢ ⓞ Ⓔ VISA
BZ **m**
Pas (menu suggeriti dal proprietario) carta 33/50000 (10%).

X **Medio Evo,** via dei Rossi 40 🕾 280315, « In un antico palazzo dell'11° secolo » – 🏛 50.
AE Ⓢ ⓞ Ⓔ VISA. ✗
BY **t**
chiuso giovedì – Pas carta 33/45000 (15%).

X **Tullio ai Tre Cristi,** vicolo di Provenzano 1 🕾 280608 – Ⓢ ⓞ Ⓔ VISA. ✗
BY **r**
chiuso lunedì e febbraio – Pas carta 28/40000 (12%).

X **Gambassino,** via della Galluzza 10 🕾 47554 – ▦. Ⓔ VISA. ✗
AZ **h**
chiuso martedì sera e mercoledì – Pas carta 25/38000 (10%).

X **Grotta Santa Caterina-da Bagoga,** via della Galluzza 26 🕾 282208, Fax 271179 – Ⓢ
Ⓔ VISA
AZ **h**
chiuso domenica sera, lunedì e dal 10 al 25 luglio – Pas carta 27/44000 (10%).

a Vagliagli NE : 11,5 km per S 222 V – ✉ **53019** :

X **La Taverna,** 🕾 322532, 🍽 , Coperti limitati; prenotare – Ⓢ ⓞ Ⓔ VISA. ✗
chiuso lunedì e dall'8 gennaio al 13 febbraio – Pas carta 25/37000.

SILANDRO (SCHLANDERS) 39028 Bolzano 🔠🔠🔠 ④, 🔠🔠🔠 🔠🔠🔠 C 14 – 5 288 ab. alt. 721 – 🕿 0473.
� via Cappuccini 10 🕾 70155, Telex 401412.
Roma 699 – ◆Bolzano 62 – Merano 34 – ◆Milano 272 – Passo di Resia 45 – Trento 120.

🏨 **Vier Jahreszeiten,** 🕾 71400, Fax 71533, ≼, ⅃♨, ⅀, 🔲, ✿, ✗ – 🛗 🖭 rist TV 🕾 🕹
Ⓟ. AE Ⓢ Ⓔ VISA. ✗ rist
chiuso dal 11 novembre al 21 dicembre – Pas (solo per clienti alloggiati e chiuso a mezzogiorno) 30/70000 – **48 cam** 🕸 116/208000 – ½ P 111/120000.

🏨 Schlossgarten ✿, 🕾 70424, 🔲, ✿ – 🛗 🕾 ⇔ Ⓟ
stagionale – **20 cam.**

ⓜ **Montone Nero-Schwarzer Widder,** 🕾 70000 – 🛗 ↔ cam 🖭
➡ chiuso da novembre al 15 dicembre – Pas (chiuso martedì) 16/19000 – **24 cam** 🕸 20/27000
– ½ P 38/40000.

a Vezzano (Vezzan) E : 4 km – ✉ **39028** Silandro :

🏨 **Sporthotel Vetzan** ✿, 🕾 70360, Fax 72467, ≼, ⅃♨, ⅀, 🔲, ✿, ✗ – 🛗 TV 🕾 ⇔.
Ⓢ Ⓔ VISA. ✗ rist
Pasqua-settembre – Pas (solo per clienti alloggiati e chiuso a mezzogiorno) 49/69000 –
20 cam 🕸 112000 – ½ P 80000.

SILEA 31057 Treviso 429 F 18 – 8 623 ab. alt. 7 – © 0422.

Roma 541 – ♦Padova 50 – Treviso 5 – ♦Venezia 30.

XX **Da Dino,** via Lanzaghe 17 ℘ 360765, prenotare – ℗. ℅
  chiuso martedì sera, mercoledì, dal 15 giugno al 10 luglio e dal 24 al 31 dicembre – Pas carta 25/38000.

SILVI MARINA 64029 Teramo 988 ㉗ – 12 412 ab. – a.s. luglio e agosto – © 085.

🛈 lungomare Garibaldi 158 ℘ 930343.

Roma 216 – L'Aquila 114 – Ascoli Piceno 77 – ♦Pescara 13 – Teramo 45.

🏨 **Mion,** viale Garibaldi 8 ℘ 9350935, Fax 9350864, ≤, « Terrazza fiorita », 🛥, – 🛗 ☎ 🕭
  🚙 ℗. AE 🕄 ⓞ E VISA. ℅
  maggio-settembre – Pas carta 37/54000 – 🖵 20000 – **70 cam** 130000 – ½ P 90/130000.

🏨 **Parco delle Rose,** viale Garibaldi 30 ℘ 9350989, Fax 9350987, ≤, ⚓, 🛥, 🍽 – 🛗 🕭
  ℗. AE 🕄 ⓞ E VISA. ℅
  18 maggio-14 settembre – Pas 25/35000 – **65 cam** 🖵 90/120000 – ½ P 80/125000.

🏨 **Florida,** via La Marmora ℘ 930153, 🛥, – 📺 🕭 🚙 ℗
  Pas 20/30000 – 🖵 4000 – **18 cam** 58000 – P 52/65000.

🏨 **Ideal,** via Rampa Fiume 12 ℘ 930339, 🛥, 🍽 – 🛗 ⚒ ℗. AE 🕄 ⓞ E VISA. ℅
  aprile-ottobre – Pas 25/40000 – 🖵 7000 – **44 cam** 45/70000 – ½ P 64000.

X Il Pescatore, viale Europa 52 ℘ 930878.

  a Silvi Paese NO : 5,5 km – alt. 242 – ✉ **64028** :

XX **Vecchia Silvi,** ℘ 930141, 🍽 – ℗ – 🅰 80. AE 🕄 ⓞ E VISA. ℅
  chiuso dal 10 al 30 novembre e martedì dal 15 settembre al 15 giugno – Pas carta 26/35000.

SINALUNGA 53048 Siena 988 ⑮ – 11 558 ab. alt. 365 – © 0577.

Roma 188 – Arezzo 44 – ♦Firenze 103 – ♦Perugia 65 – Siena 45.

🏨 Motel Santorotto, E : 1 km ℘ 679012 – 🕭 🚙 ℗
  22 cam.

XX **Locanda dell'Amorosa** 🦢 con cam, S : 2 km ℘ 679497, Telex 580047, Fax 678216,
  Coperti limitati; prenotare, « In un'antica fattoria » – 📺 ☎ ℗. AE 🕄 ⓞ E VISA. ℅
  Pas *(chiuso lunedì, martedì a mezzogiorno e dal 20 gennaio al 28 febbraio)* carta 52/87000
  – **8 cam** 🖵 320000 appartamenti 350/500000.

X **Osteria delle Grotte,** ℘ 630269, « Servizio estivo in giardino », 🍽 – ℗. AE 🕄 ⓞ E
  VISA
  chiuso mercoledì – Pas carta 25/40000.

  a Bettolle E : 6,5 km – ✉ **53040** :

🏨 **Apogeo,** in prossimità casello autostrada A 1 ℘ 624186, Fax 624186, ⚓, 🍽 – ⚒ rist 📺
  ☎ ℗ – 🅰 150. AE 🕄 ⓞ E VISA. ℅
  Pas *(chiuso martedì a mezzogiorno)* carta 26/37000 – 🖵 10000 – **36 cam** 63/88000 –
  ½ P 60/80000.

SINISCOLA Nuoro 988 ㉟ – Vedere Sardegna alla fine dell'elenco alfabetico.

SIPONTO Foggia – Vedere Manfredonia.

SIRACUSA 🅿 988 ㊲ – Vedere Sicilia alla fine dell'elenco alfabetico.

SIRIO (Lago) Torino 219 ⑭ – Vedere Ivrea.

SIRMIONE 25019 Brescia 988 ④, 428 429 F 13 – 5 129 ab. alt. 68 – Stazione termale (marzo-novembre), a.s. Pasqua e luglio-settembre – © 030.
La limitazione d'accesso degli autoveicoli al centro storico è regolata da norme legislative.

Vedere Località★★ – Grotte di Catullo : cornice pittoresca★★ – Rocca Scaligera★.

🛈 viale Marconi 2 ℘ 916245, Telex 300395.

Roma 524 – ♦Bergamo 86 – ♦Brescia 40 – ♦Milano 127 – Trento 108 – ♦Venezia 149.

🏩 **Villa Cortine** 🦢, via Grotte 12 ℘ 916021, Telex 300171, Fax 916390, 🍽, « Grande
  parco digradante sul lago », ⚓ riscaldata, 🛥, ℅ – 🛗 ▤ 📺 ☎ ℗. AE 🕄 ⓞ E VISA.
  ℅ rist
  25 marzo-25 ottobre – Pas 70/90000 – **55 cam** 🖵 240/370000 appartamenti 800000.

🏨 **Gd H. Terme,** viale Marconi 7 ℘ 916261, Telex 305573, Fax 916568, ≤, « Giardino in riva
  al lago con ⚓ riscaldata », 🛥, ⚕ – 🛗 ▤ 📺 ☎ ℗ – 🅰 90 a 100. AE 🕄 ⓞ E VISA.
  ℅
  28 marzo-27 ottobre – Pas 65000 – **57 cam** 🖵 270/370000 appartamento 520000 –
  ½ P 200/235000.

🏩 **Olivi** 🦢, via San Pietro 5 ℘ 916266, Fax 916274, ≤, ⚓, 🍽 – 🛗 ▤ 📺 ☎ ℗. AE 🕄 E
  VISA. ℅ rist
  chiuso gennaio – Pas 45000 – 🖵 16000 – **60 cam** 100/135000, ▤ 10000 – ½ P 115/125000.

🏩 **Continental** 🦢, punta Staffalo 7 ℘ 916031, Telex 305033, Fax 916278, ≤, « Terrazza in
  riva al lago », ⚓ riscaldata, 🍽 – 🛗 ▤ 📺 ☎ ℗ – 🅰 70. AE 🕄 ⓞ E VISA. ℅ rist
  marzo-novembre – Pas 50000 – 🖵 10000 – **53 cam** 95/160000, ▤ 15000 – ½ P 110/133000.

🏨 Sirmione, piazza Castello 🕿 916331, Fax 916558, ≤, « Pergolato in riva al lago », 🏊 riscaldata, ♣ – 🛗 🖭 cam 📺 🕿, 🖭 🕼 🕪 🗲 💳 🍴 rist
aprile-ottobre – Pas 46000 – ☑ 19000 – **73 cam** 90/156000 – ½ P 123/140000.

🏨 Eden senza rist, piazza Carducci 17/18 🕿 916481, Fax 916483, ≤ – 🛗 🖭 📺 🕿 🗲 🅿.
🖭 🕼 💳 💳
chiuso dicembre e gennaio – ☑ 11500 – **33 cam** 83/115000, 🛏 6000.

🏨 Du Lac, via 25 Aprile 60 🕿 916026, Fax 916582, ≤, 🏊, 🆔, 🐎 – 📺 🕿 🅿. 💳 💳
23 marzo-27 ottobre – Pas *(chiuso a mezzogiorno)* 40000 – ☑ 14000 – **34 cam** 70/86000 –
½ P 69/78000.

🏨 Ideal 🦢, via Catullo 31 🕿 916020, « Servizio rist. estivo serale in terrazza », 🆔, 🐎 –
🕿 🅿. 🖭 🕼 🕪 💳 💳
aprile-ottobre – Pas (solo per clienti alloggiati) carta 35/45000 – ☑ 8000 – **25 cam**
75/110000 – ½ P 90/100000.

🏨 Golf et Suisse senza rist, via Condominio 2 🕿 916176, Fax 916304, 🏊, 🐎 – 🛗 📺 🕼
🗲 🅿. 🖭 🕼 🕪 💳
4 marzo-27 ottobre – ☑ 20000 – **30 cam** 90/95000.

🏨 Flaminia senza rist, piazza Flaminia 8 🕿 916078, Fax 916193, ≤, « Terrazza in riva al
lago » – 🛗 🖭 📺 🕿 🅿. 🖭 🕼 🕪 💳
marzo-ottobre – ☑ 15000 – **44 cam** 73/108000, 🛏 7000.

🏨 Broglia, via Piana 36 🕿 916172, Fax 916586, « Terrazza ombreggiata », 🏊 riscaldata – 🛗
🖣 rist 📺 🕿 🅿. 🖭 🕼 🕪 💳 💳 🍴 rist
28 marzo-8 novembre – Pas 40000 – ☑ 14000 – **45 cam** 91/142000 – ½ P 105/130000.

🏨 Fonte Boiola, viale Marconi 1 🕿 916431, Fax 916568, ≤, « Giardino in riva al lago »
🆔, ♣ – 🛗 🕼 🅿. 🖭 🕼 🕪 💳 💳
16 maggio-27 ottobre – Pas 35000 – ☑ 12000 – **60 cam** 55/88000 – ½ P 87/98000.

🏨 Miramar, via 25 Aprile 22 🕿 916239, Fax 916593, ≤, 🆔, 🐎 – 🕿 🅿. 🕼 💳 💳 💳 🕪
chiuso gennaio e febbraio – Pas (solo per clienti alloggiati e *chiuso marzo, novembre e
dicembre)* 25000 – ☑ 8000 – **30 cam** 66/72000 – ½ P 69000.

🏨 Mon Repos 🦢, via Arici 2 🕿 916260, ≤, « Piccolo parco », 🏊 – 📺 🕿 🅿. 🕼 💳 💳
🍴 rist
15 marzo-15 novembre – Pas 30000 – ☑ 10000 – **24 cam** 60/85000 – ½ P 75/90000.

🏨 Brunella 🦢, via Catullo 29 🕿 916115, « Servizio rist. estivo in terrazza », 🐎 – 🅿. 🖭
🕼 💳 💳
aprile-ottobre – Pas 30/32000 – ☑ 8000 – **20 cam** 60/90000 – ½ P 85/88000.

🏨 La Rondine 🦢, via Benaco 24 🕿 916124, 🆔, 🐎 – 🖭 rist 🕼 🅿. 💳 🍴 rist
8 marzo-ottobre – Pas (solo per clienti alloggiati e chiuso sino al 1° aprile) 25000 – ☑ 8000
– **36 cam** 40/70000 – ½ P 65/70000.

🏨 La Paül senza rist, via 25 Aprile 32 🕿 916077, ≤, « Giardino in riva al lago », 🆔, – 🅿
aprile-10 ottobre – ☑ 10000 – **27 cam** 56/72000.

XX Grifone-da Luciano, via delle Bisse 5 🕿 916097, ≤, 🌳, « Terrazza in riva al lago » – 🖭
🕼 🕪 💳 💳
10 marzo-ottobre; chiuso mercoledì – Pas carta 28/44000 (15%).

X Risorgimento-dal Rösa, piazza Carducci 5 🕿 916325, 🌳 – 🖭 🕼 🕪 💳 💳 🕪
marzo-15 novembre – Pas carta 27/45000 (15%).

X Osteria al Pescatore, via Piana 20 🕿 916216 – 🕼 🕪 💳
chiuso dal 4 al 28 febbraio e mercoledì in bassa stagione – Pas carta 26/41000 (10%).

a Colombare S : 3,5 km – ✉ **25010** Colombare di Sirmione :

🏨 Europa, 🕿 919047, Fax 9196504, ≤, 🏊, 🆔, 🐎 – 🖭 cam 📺 🕿 🅿 – 🛗 25. 🖭
🕼 🕪 💳 💳 🍴 rist
marzo-novembre – Pas (solo per clienti alloggiati e *chiuso venerdì)* 25000 – ☑ 10000 –
25 cam 60/80000, 🛏 8000 – ½ P 60/78000.

🏨 Mirage senza rist, 🕿 9196504 – 🛗 🖭 📺 🕿 🅿. 🖭 🕼 🕪 💳 💳 🕪
chiuso dicembre e gennaio – ☑ 10000 – **16 cam** 65/75000, 🛏 8000.

🏨 Azzurra senza rist, 🕿 9197070, Fax 9196995 – 🛗 🕿 🗲 🅿. 🕼 💳 💳 🕪
☑ 8000 – **18 cam** 46/59000.

XX La Griglia, 🕿 919223 – 🅿. 🕼 🕪 💳
chiuso venerdì e dal 20 novembre al 29 dicembre – Pas carta 30/50000.

a Lugana SE : 5 km – ✉ **25010** Colombare di Sirmione:

🏨 Dogana-da Virgilio, 🕿 919026, 🌳, 🐎 – 🛗 🖭 📺 🕿 🗲 🅿 – 🛗 80. 🕼 💳 💳 🕪
Pas carta 37/65000 – ☑ 10000 – **24 cam** 54/80000 – ½ P 60/70000.

🏨 Derby, 🕿 919482 – 📺 🕼 🅿. 🕼 💳 💳 🍴 rist
chiuso dal 2 al 31 gennaio – Pas (solo per clienti alloggiati e *chiuso a mezzogiorno)* 20000
– ☑ 9000 – **14 cam** 50/70000 – ½ P 55/60000.

XX ⊛ **Vecchia Lugana,** ℘ 919012, Fax 9904045, « Servizio estivo in terrazza sul lago » – **ℙ** – 🍴 80. 🖭 🖸 ⓞ 🄴 𝖵𝖨𝖲𝖠. ⽊
chiuso lunedì sera e martedì – Pas carta 41/75000 (15%)
Spec. Terrina di pesce gardesano con salsa alle erbe aromatiche, Pasticcio di verdure, Carni e pesci gardesani alla griglia. Vini Lugana, Bardolino.

XX **Nuova Lugana** con cam, ℘ 919003, ≤, « Servizio estivo in terrazza sul lago », 🛥️, 🚗 – **ℙ**. ⽊
chiuso dal 15 novembre al 15 dicembre – Pas *(chiuso domenica sera e lunedì da ottobre ad aprile)* carta 34/51000 – ☴ 10000 – **12 cam** 60/70000 – ½ P 75000.

X **Dai Campagnola,** ℘ 9196009, ☂ – **ℙ**. 🖸 🄴 𝖵𝖨𝖲𝖠
chiuso mercoledì, giovedì a mezzogiorno e gennaio – Pas carta 28/49000.

SIROLO 60020 Ancona 𝟵𝟴𝟴 ⑯ – 3 094 ab. – a.s. luglio e agosto – ❸ 071.

🛶 e 🛶 Conero (chiuso lunedì e dal 15 gennaio al 15 febbraio) ℘ 7360613, Fax 7360612.

🅱 (giugno-settembre) piazza Vittorio Veneto ℘ 936141.

Roma 304 – ♦Ancona 20 – Loreto 16 – Macerata 43 – Porto Recanati 11.

🏨 **La Conchiglia Verde,** ℘ 936888, 🏊, 🚲 – 🖼 🚗 **ℙ**. 𝖵𝖨𝖲𝖠. ⽊ rist
Pas 40/60000 – ☴ 7500 – **27 cam** 60/100000 – ½ P 65/80000.

🏠 **Beatrice,** ℘ 936301, ≤ – ⽊ rist **ℙ**. ⽊
15 maggio-settembre – Pas *(solo per clienti alloggiati)* – ☴ 6000 – **27 cam** 70000 – P 70/75000.

al monte Conero (Badia di San Pietro) NO : 5,5 km – alt. 572 – ✉ **60020** Sirolo :

🏨 **Monteconero** ⊗, ℘ 936122, ≤ mare e costa, 🏊, ⽊ – ☎ **ℙ** – 🍴 70. 🖭 🖸 ⓞ 𝖵𝖨𝖲𝖠
Pasqua-ottobre – Pas carta 30/40000 – ☴ 6000 – **48 cam** 52/88000 – ½ P 80/87000.

SISTIANA 34019 Trieste 𝟵𝟴𝟴 ⑥, 𝟰𝟮𝟵 E 22 – ❸ 040.

🅱 bivio per Sistiana Mare ℘ 299166.

Roma 651 – Gorizia 26 – Grado 35 – ♦Milano 390 – ♦Trieste 19 – Udine 53.

🏨 **Posta** senza rist, ℘ 299103, Fax 291001 – 🖼 ⽊ ☎ **ℙ**. 🖭 𝖵𝖨𝖲𝖠. ⽊
chiuso dal 20 dicembre al 20 gennaio e sabato-domenica (escluso da giugno a settembre) – ☴ 10000 – **30 cam** 75/94000.

🏠 **Villa Pia,** ℘ 299237, ≤, 🚲 – 🚿 **ℙ**. ⽊ rist
aprile-novembre – Pas *(solo per clienti alloggiati)* 30000 – ☴ 6500 – **12 cam** 43/63000 – ½ P 65000.

SIUSI **(SEIS)** 39040 Bolzano 𝟵𝟴𝟴 ④ 𝟰𝟮𝟵 C 16 – alt. 988 – Sport invernali : vedere Alpe di Siusi – ❸ 0471.

🅱 ℘ 706124, Fax 705188.

Roma 664 – ♦Bolzano 23 – Bressanone 29 – ♦Milano 322 – Ortisei 15 – Trento 83.

🏨 **Stella Alpina-Edelweiss** ⊗, ℘ 706130, Fax 705439, ≤ Sciliar, 🛁, 🏖, 🏊, 🏓, 🚲, ⽊ – 🖼 ☎ **ℙ**. ⽊ rist
18 dicembre-20 aprile e 15 maggio-15 ottobre – Pas 25000 – **28 cam** ☴ 75/150000 – ½ P 75/95000.

🏨 **Genziana-Enzian,** ℘ 705050, Fax 707010, ≤, 🛁, 🏖, 🏓, 🚲 – 🖼 🛏 rist ☎ 🚿 **ℙ**. 🖭 ⽊ rist
18 dicembre-6 aprile e giugno-28 ottobre – Pas *(solo per clienti alloggiati)* – **32 cam** ☴ 55/110000 – ½ P 75/95000.

🏨 **Dolomiti-Dolomitenhof** ⊗, ℘ 706128, ≤ Sciliar, 🏓, 🚲 – 🖼 ☎ **ℙ**. ⽊ rist
17 dicembre-25 aprile e giugno-settembre – Pas carta 25/33000 – ☴ 17500 – **27 cam** 53/106000 – ½ P 52/91000.

🏨 **Sporthotel Europa,** ℘ 706174, 🚲 – 🖼 🖼 **ℙ**. ⽊ rist
20 dicembre-21 aprile e 25 maggio-28 ottobre – Pas *(solo per clienti alloggiati)* 20/30000 – **34 cam** ☴ 55/90000 – ½ P 46/69000.

🏨 **Florian** ⊗, ℘ 706137, ≤ Sciliar, 🏊 riscaldata, 🚲 – 🚗 **ℙ**. ⽊ rist
20 dicembre-20 aprile e giugno-15 ottobre – Pas 25/50000 – **20 cam** ☴ 80/160000 – ½ P 50/70000.

🏠 **Schlosshotel Mirabell** ⊗, N : 1 km ℘ 706134, ≤ Sciliar, 🚲 – ⽊ cam 🖼 **ℙ**. ⽊ rist
18 dicembre-15 aprile e giugno-settembre – Pas *(solo per clienti alloggiati)* – ☴ 15000 – **36 cam** 45/82000 – ½ P 50/90000.

🏠 **Waldrast** ⊗ ℘ 706117, 🏖, 🏊 riscaldata, 🚲 – ☎ **ℙ**
dicembre-Pasqua e maggio-settembre – **30 cam** solo ½ P 45/86000.

a Razzes (Ratzes) SE : 4 km – alt. 1 205 – ✉ **39040** Siusi :

🏨 **Bad Ratzes** ⊗, ℘ 706131, ≤ Sciliar e pinete, « Prato-giardino », 🏓 – 🖼 ☎ 🚗 **ℙ**. ⽊ cam
18 dicembre-18 aprile e 20 maggio-settembre – Pas 25/35000 – **49 cam** ☴ 60/120000 – ½ P 63/85000.

Vedere anche : *Alpe di Siusi* E : 10 km.

SIZZANO 28070 Novara 219 ⑯ – 1 446 ab. alt. 225 – ✆ 0321.
Roma 641 – Biella 42 – ♦Milano 66 – Novara 20.

✗ **Impero,** ℰ 820290 – 🅑 ⓞ 🄴 *VISA*.
chiuso lunedì – Pas carta 26/47000.

SOAVE 37038 Verona 988 ④, 429 F 15 – 5 966 ab. alt. 40 – ✆ 045.
Roma 524 – ♦Milano 178 – Rovigo 76 – ♦Venezia 95 – ♦Verona 25 – Vicenza 32.

✗✗ **Al Gambero** con cam, corso Vittorio Emanuele 5 ℰ 7680010 – 🏨 30. 🅑 🄴 *VISA*
chiuso dal 20 luglio al 15 agosto – Pas (chiuso martedì sera e mercoledì) carta 22/33000 –
≤ 6000 – **13 cam** 30/50000.

SOLAROLO 48027 Ravenna 429 I 17 – 3 930 ab. alt. 24 – ✆ 0546.
Roma 373 – ♦Bologna 62 – Forlì 29 – ♦Ravenna 38 – Rimini 72.

✗ **Centrale-L'Ustarejà di Du Butò** con cam, ℰ 51109, Fax 51364 – ☎. 🄰🄴 🅑 ⓞ 🄴 *VISA*.
※ – Pas (chiuso lunedì) carta 25/43000 – ≤ 5000 – **15 cam** 38/55000 – ½ P 42000.

SOLAROLO RAINERIO 26030 Cremona – 964 ab. alt. 28 – ✆ 0375.
Roma 487 – ♦Brescia 67 – Cremona 27 – Mantova 42 – ♦Parma 36.

✗✗ **La Clochette** con cam, ℰ 91010, 🍴, 🌳 – 📺 ☎ ℗
Pas (chiuso martedì) carta 32/49000 – ≤ 5000 – **14 cam** 55/75000 – ½ P 60/68000.

SOLDA (SULDEN) 39029 Bolzano 988 ④, 428 429 C 13 – alt. 1 906 – Sport invernali :
1 906/3 150 m ✁1 ✁10, ✍ – ✆ 0473 – 🄱 ℰ 75415, Telex 400656.
Roma 733 – ♦Bolzano 96 – Merano 68 – ♦Milano 281 – Passo di Resia 50 – Passo dello Stelvio 29 – Trento 154.

🏨 **Zebrù** ⟨, ℰ 75425, Fax 75437, ≤ gruppo Ortles e vallata, ⟨s, 🏊 – ☎ ℗. 🅑 ⓞ 🄴
VISA. ※ rist
21 dicembre-20 aprile e 28 giugno-21 settembre – Pas 25/32000 – ≤ 11000 – **45 cam**
48/77000 – ½ P 78/84000.

🏨 **Marlet** ⟨, ℰ 75475, Fax 75590, ≤ gruppo Ortles e vallata, 🛁, ⟨s, 🏊 – 🛗 ☎ ℗.
✦ ※ rist
24 novembre-5 maggio e 30 giugno-22 settembre – Pas (solo per clienti alloggiati) 18/22000
– **25 cam** ≤ 65/68000 – ½ P 70/78000.

🏨 **Alpina,** ℰ 75422, ≤, 🍴, 🛁, ⟨s, 🏊 – 🛗 ☎ ℗ ♿ ⟷ ℗. 🅑 ⓞ 🄴 *VISA*. ※ rist
✦ dicembre-10 maggio e 25 giugno-10 ottobre – Pas 18/32000 – ≤ 12000 – **24 cam** 66/132000
– ½ P 57/78000.

🏨 **Eller,** ℰ 75421, Fax 75521, ≤, ⟨s, 🌳 – ☎ ℗. 🅑 🄴 *VISA*. ※
✦ dicembre-5 maggio e 16 giugno-29 settembre – Pas carta 30/37000 – **50 cam** ≤ 63/116000
– ½ P 50/68000.

🏨 Cristallo, ℰ 75436, Fax 76292, ≤, ⟨s, 🏊 – 🛗 ☎ ℗ – stagionale – **30 cam**.

🏚 **Paradiso-Paradies,** ℰ 75424, ≤, ⟨s – ⟷ ☎ ℗. 🅑 ⓞ 🄴 *VISA*. ※ rist
✦ chiuso dal 6 al 31 maggio e dal 25 settembre al 20 ottobre – Pas 16/25000 – **20 cam**
≤ 30/58000 – ½ P 41/62000.

🏚 **Mignon,** ℰ 75445, Fax 75594, ≤, ⟨s – ☎ ℗. 🅑 🄴 *VISA*. ※
✦ Pas (chiuso martedì) 20/30000 – **20 cam** ≤ 39/68000 – ½ P 48/64000.

✗✗ **Roland's Bistrò,** ℰ 75555 – ℗. 🄴 *VISA*. ※
chiuso a mezzogiorno, martedì, giugno e dal 1° al 15 novembre – Pas carta 28/42000.

SOLFERINO 46040 Mantova 988 ④, 428 429 F 13 – 2 091 ab. alt. 131 – ✆ 0376.
Roma 506 – ♦Brescia 35 – Cremona 59 – Mantova 36 – ♦Milano 127 – ♦Parma 80 – ♦Verona 44.

✗ Da Claudio-al Nido del Falco, ℰ 854249 – ℗.

SOLIERA 41019 Modena 428 429 H 14 – 11 196 ab. alt. 29 – ✆ 059.
Roma 420 – ♦Milano 176 – ♦Modena 12 – Reggio nell'Emilia 33 – ♦Verona 91.

✗✗ **Da Lancellotti** con cam, via Grandi 120 ℰ 567406, Fax 565431, 🍴 – ☎ ℗. 🄰🄴 🅑 ⓞ
🄴 *VISA*. ※ rist
chiuso dal 24 dicembre al 7 gennaio e dal 1° al 19 agosto – Pas (chiuso sabato a
mezzogiorno e domenica) carta 42/63000 – ≤ 6500 – **13 cam** 83000.

SOLIGHETTO Treviso – Vedere Pieve di Soligo.

SOLIGO Treviso – Vedere Farra di Soligo.

SOLTO COLLINA 24060 Bergamo 428 429 E 12 – 1 299 ab. alt. 449 – ✆ 035.
Roma 607 – ♦Bergamo 37 – ♦Brescia 58 – ♦Milano 82.

✗ La Romantica ⟨ con cam, località Esmate N : 2 km ℰ 986174 – ⟷ cam ℗
11 cam.

Vedere anche : **Riva di Solto** SE : 3 km.

562

SOMERARO Novara 2⃝1⃝9⃝ ⑥ – Vedere Stresa.

SOMMACAMPAGNA 37066 Verona 4⃝2⃝8⃝ 4⃝2⃝9⃝ F 14 – 10 797 ab. alt. 121 – ✪ 045.

🔒 (chiuso martedì) ✆ 510060, Fax 510242.

Roma 500 – ♦Brescia 56 – Mantova 39 – ♦Milano 144 – ♦Verona 16.

⚒ **Merica** con cam, località Palazzo ✆ 515160 – ❷. 🔳. ⚹⚹
chiuso dal 1° al 20 agosto – **Pas** (chiuso lunedì e giovedì sera) carta 26/42000 – 🛏 6000 –
11 cam 40/70000 – ½ P 60/65000.

SOMMA LOMBARDO 21019 Varese 4⃝2⃝8⃝ E 8, 2⃝1⃝9⃝ ⑰ – 16 576 ab. alt. 281 – ✪ 0331.

Roma 626 – Como 58 – ♦Milano 49 – Novara 38 – Stresa 34 – Varese 26.

a Coarezza O : 5,5 km – ✉ **21010** Golasecca :

⚒⚒ **Da Pio,** in riva al Ticino ✆ 256667, ≤ – ❷. ⚹⚹
chiuso mercoledì, dal 2 al 20 gennaio e dal 20 al 31 agosto – Pas carta 46/70000.

SONCINO 26029 Cremona 9⃝8⃝8⃝ ③ ⑬, 4⃝2⃝8⃝ 4⃝2⃝9⃝ F 11 – 7 229 ab. alt. 89 – ✪ 0374.

Roma 554 – ♦Bergamo 42 – ♦Brescia 34 – Cremona 35 – ♦Milano 62 – Piacenza 55.

⚒⚒ **Le Lame,** strada per Orzinuovi E : 1 km ✆ 85797, 🍃 – ❷. 🄰🄴
chiuso lunedì sera, martedì e dal 10 gennaio al 10 febbraio – Pas carta 35/56000.

SONDRIO 23100 ℗ 9⃝8⃝8⃝ ③, 4⃝2⃝8⃝ 4⃝2⃝9⃝ D 11 – 22 708 ab. alt. 307 – ✪ 0342.

🄱 via Cesare Battisti 12 ✆ 512500, Fax 212590 – 🄰.🄲.🄸 viale Milano 12 ✆ 212213.

Roma 698 – ♦Bergamo 115 – ♦Bolzano 171 – ♦Lugano 96 – ♦Milano 138 – St-Moritz 110 – Passo dello Stelvio 64.

🏨 **Della Posta e Rist. Sozzani,** piazza Garibaldi 19 ✆ 211222, Fax 210359, 🍃 – 🛗 🍽 rist
📺 ☎ ⚹ ❷ – 🔏 100. 🄰🄴 🔳 ⓞ 🄴 🆅🆂🄰
Pas (chiuso domenica ed agosto) carta 34/50000 – 🛏 14000 – **39 cam** 86/121000
appartamento 150000 – ½ P 110/120000.

🏨 **Europa,** lungo Mallero Cadorna 27 ✆ 211444, Fax 512895 – 🛗 📺 ☎. 🄰🄴 🔳 ⓞ 🄴 🆅🆂🄰.
⚹⚹ rist
Pas (chiuso domenica) carta 32/50000 – 🛏 11000 – **43 cam** 53/80000 – ½ P 66/76000.

⚒⚒ **La Fermata,** viale dello Stadio 112 ✆ 218481 – ❷. 🄰🄴 ⓞ 🆅🆂🄰. ⚹⚹
chiuso martedì – Pas carta 34/56000.

⚒⚒ **La Scala,** via Piazzi 38 ✆ 217180 – 🍽. 🄰🄴 🔳 ⓞ 🄴 🆅🆂🄰
chiuso lunedì e dall'11 agosto al 3 settembre – Pas carta 33/54000.

verso Montagna in Valtellina NE : 2 km – alt. 567 – ✉ **23020** Montagna in Valtellina :

⚒⚒ **Dei Castelli,** ✆ 380445, prenotare – ❷. 🄰🄴 🔳 🄴 🆅🆂🄰. ⚹⚹
chiuso domenica sera, lunedì, dal 1° al 15 maggio e dal 1° al 15 ottobre – Pas carta 34/47000.

a Moia di Albosaggia S : 5 km – alt. 409 – ✉ **23100** Sondrio :

🏨 **Campelli,** ✆ 510662, 🍃, 🍃 – 🛗 🍽 rist 📺 ☎ 🚗. 🄰🄴 🔳 ⓞ 🆅🆂🄰. ⚹⚹
chiuso dal 1° al 20 agosto – Pas (chiuso lunedì) carta 32/52000 – 🛏 6500 – **20 cam**
47/73000.

Vedere anche : *Poggiridenti* E : 6 km.
Ponte in Valtellina E : 10 km.

SOPRABOLZANO (OBERBOZEN) Bolzano – Vedere Renon.

SOPRAZOCCO Brescia – Vedere Gavardo.

SORA 03039 Frosinone 9⃝8⃝8⃝ ㉖ ㉗ – 27 158 ab. alt. 300 – ✪ 0776.

Roma 111 – Avezzano 55 – Frosinone 30 – Latina 86 – ♦Napoli 138 – Terracina 85.

🏨 **Motel Valentino,** viale San Domenico 1 ✆ 824442, Fax 831071 – 🛗 🍽 ☎ 🚗 ❷. ⚹⚹
Pas carta 32/46000 – 🛏 10000 – **56 cam** 60/90000 – ½ P 80/90000.

⚒⚒ **Griglia d'Oro-Cercine,** via Campo Boario 7 ✆ 831512, 🍃 – ❷.

SORAGA 38030 Trento 4⃝2⃝9⃝ C 16 – 580 ab. alt. 1 209 – a.s. febbraio-Pasqua e Natale – ✪ 0462.

🄱 ✆ 68114 – Roma 673 – ♦Bolzano 43 – Canazei 14 – ♦Milano 331 – Trento 91.

🏠 **Park Hotel Avisio,** ✆ 68130, ≤ – 🛗 ❷. 🄴. ⚹⚹
20 dicembre-10 aprile e 20 giugno-settembre – Pas (chiuso venerdì) 22000 – 🛏 12000 –
34 cam 45/68000 – ½ P 60/73000.

SORAGNA 43019 Parma 9⃝8⃝8⃝ ⑭, 4⃝2⃝8⃝ H 12 – 4 044 ab. alt. 47 – ✪ 0524.

Roma 480 – ♦Bologna 118 – Cremona 35 – Fidenza 10 – ♦Milano 104.

⚒⚒⚒ **Locanda del Lupo** con cam, ✆ 690444, Telex 533283 – 🍽 📺 ☎ – 🔏 150. 🄰🄴 ⓞ.
⚹⚹ rist
chiuso dal 27 luglio al 24 agosto – Pas carta 48/75000 – 🛏 8000 – **20 cam** 95/150000
appartamento 250000 – ½ P 100/120000.

SORBOLO 43058 Parma 428 429 H 13 – 7 396 ab. alt. 34 – © 0521.
Roma 470 – Mantova 55 – ♦Milano 133 – ♦Modena 50 – ♦Parma 12.

　✕　**Bella Parma,** ℰ 69102 – ❄
　　　chiuso lunedì ed agosto – Pas carta 30/50000 bc.

SORDEVOLO 13050 Vercelli 428 F 5, 219 ⑭⑮ – 1 334 ab. alt. 630 – © 015.
Roma 684 – Biella 8 – ♦Milano 110 – Novara 64 – ♦Torino 82 – Vercelli 50.

　✕　**Da Sisto,** ℰ 862180 – ℗
　　　chiuso mercoledì e settembre – Pas carta 22/45000.

SORENGO 219 ⑧ – Vedere Cantone Ticino (Lugano) alla fine dell'elenco alfabetico.

SORGONO Nuoro 988 ㉝ – Vedere Sardegna alla fine dell'elenco alfabetico.

SORI 16030 Genova 428 I 9 – 4 635 ab. – © 0185.
Roma 488 – ♦Genova 16 – ♦Milano 153 – Portofino 20 – ♦La Spezia 91.

　✕　**Al Boschetto,** ℰ 700659 – ❄
　　　chiuso martedì, dal 15 al 25 marzo e dal 15 settembre al 15 ottobre – Pas carta 36/59000.

SORIANO NEL CIMINO 01038 Viterbo 988 ㉕ – 7 851 ab. alt. 510 – © 0761.
Roma 95 – Terni 50 – Viterbo 17.

　✕✕　**Gli Oleandri** con cam, ℰ 748383 – 📺 ☎ ℗ 🅱 . ❄
　　　chiuso dal 15 al 27 dicembre – Pas *(chiuso martedì)* carta 26/40000 – 🖃 6000 – **16 cam**
　　　50/80000 appartamenti 100/120000 – ½ P 60/65000.

SORICO 22010 Como 428 D 10, 219 ⑩ – 1 197 ab. alt. 208 – © 0344.
Roma 686 – Como 61 – ♦Lugano 53 – ♦Milano 109 – Sondrio 43.

　✕　Beccaccino, località Boschetto S : 1,5 km ℰ 84241 – ℗.

SORISO 28018 Novara 428 E 7, 219 ⑯ – 753 ab. alt. 452 – © 0322.
Roma 654 – Arona 20 – ♦Milano 78 – Novara 40 – ♦Torino 114 – Varese 46.

　✕✕✕✕　❀❀　**Al Sorriso** con cam, ℰ 983228, Fax 983328, prenotare – 📺 ☎. 🅿 𝐕𝐈𝐒𝐀 . ❄
　　　chiuso dal 10 al 31 gennaio e dal 7 al 21 agosto – Pas *(chiuso lunedì e martedì a*
　　　mezzogiorno) carta 90/135000 – 🖃 12000 – **8 cam** 70/98000 – ½ P 150000
　　　Spec. Salmì di triglie con le fave (primavera), Fagottini di animelle al tartufo nero, Sandwich di porcino con
　　　fegato d'oca e vinaigrette. Vini Sauvignon, Gattinara.

SORMANO 22030 Como 428 E 9, 219 ⑨ – 614 ab. alt. 750 – © 031.
Roma 627 – Bellagio 19 – ♦Bergamo 58 – Como 29 – Erba 15 – ♦Milano 59.

　✕　**Miravalle** con cam, ℰ 683570, ≤ – ℗. ❄
　　　Pas *(chiuso martedì da ottobre a giugno)* carta 22/43000 – 🖃 5000 – **8 cam** 65000 –
　　　½ P 50000.

SORRENTO 80067 Napoli 988 ㉗ – 17 581 ab. – a.s. aprile-settembre – © 081.
Vedere Villa Comunale : ≤★★ – Belvedere di Correale : ≤★★ **A** – Museo Correale di Terranova★
M – Chiostro★ della chiesa di San Francesco **F**.
Dintorni Penisola Sorrentina★★ : ≤★★ su Sorrento dal capo di Sorrento (1 h a piedi AR), ≤★★
sul golfo di Napoli dalla strada S 163 per ② (circuito di 33 km).
Escursioni Costiera Amalfitana★★★ – Isola di Capri★★★.
⛴ per Capri giornalieri (45 mn) – Caremar-agenzia Morelli, piazza Marinai d'Italia ℰ 8781282 –
e Navigazione Libera del Golfo, al porto ℰ 8781861.
⛴ per Capri giornalieri (1 h)) – Alilauro, al porto ℰ 8771506.
🅑 via De Maio 35 ℰ 8782104.
Roma 257 ① – Avellino 69 ① – Caserta 74 ① – Castellammare di Stabia 19 ① – ♦Napoli 48 ① – Salerno 50 ①.

Pianta pagina a lato

　🏨　**Gd H. Excelsior Vittoria** ⤜, piazza Tasso 34 ℰ 8071044, Telex 720368, Fax 8771206,
　　　≼ golfo di Napoli e Vesuvio, « Giardino-agrumeto con ⛲ » – 🛗 📺 ☎ ℗ – 🔒 40. 🄰🄴
　　　🅱 ⓞ 🄴 𝐕𝐈𝐒𝐀 . ❄ rist　　　　　　　　　　　　　　　　　　　　　　　　　　　　　**u**
　　　Pas 55000 – **114 cam** 🖃 280/305000 appartamenti 480/825000 – ½ P 203/290000.

　🏨　**Imperial Tramontano** ⤜, via Vittorio Veneto 1 ℰ 8782588, Telex 722424, Fax 8072344,
　　　≼ golfo di Napoli e Vesuvio, « Giardino ombreggiato con ⛲ ed ascensore per la spiaggia »
　　　– 🛗 🍽 rist 📺 ☎ ℗ – 🔒 50 a 200. 🄰🄴 𝐕𝐈𝐒𝐀 . ❄ rist　　　　　　　　　　　　**b**
　　　chiuso gennaio e febbraio – Pas 50000 – **105 cam** 🖃 135/250000 appartamenti 350/450000
　　　– ½ P 175000.

　🏨　**Sorrento Palace** ⤜, via Sant'Antonio ℰ 8784141, Telex 722025, Fax 8783933, ≤, 🏊,
　　　« Giardino-agrumeto con ⛲ », 🏊, ✕ – 🛗 ↳ cam 🍽 📺 ☎ ♿ ℗ – 🔒 180 a 1700. 🄰🄴
　　　🅱 ⓞ 🄴 𝐕𝐈𝐒𝐀 . ❄　　　　　　　　　　　　　　　　　　　　　　　　　　　　　　　　**n**
　　　Pas 40/55000 – **390 cam** 🖃 240/288000 appartamenti 410000 – ½ P 240000.

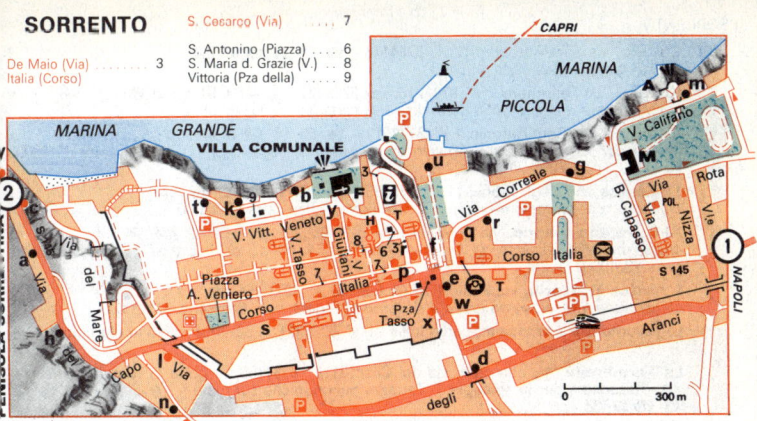

SORRENTO

De Maio (Via) 3
Italia (Corso)

S. Cesarço (Via) 7

S. Antonino (Piazza) ... 6
S. Maria d. Grazie (V.) .. 8
Vittoria (Pza della) 9

Royal, via Correale 42 ℘ 8781920, Telex 722345, Fax 8772905, ≼ golfo di Napoli e Vesuvio, « Giardino-agrumeto con ⊠ ed ascensore per la spiaggia », ▦ – ▯ TV ☎ 丘. AE ⓪ VISA ⅏ rist
marzo-ottobre – Pas 50000 – **96 cam** ⊇ 240/275000 appartamento 340000 – ½ P 180/215000.
g

Parco dei Principi ⏎, via Rota 1 ℘ 8784644, Telex 721090, Fax 8783786, ≼ golfo di Napoli e Vesuvio, « Parco ombreggiato con ⊠ ed ascensore per la spiaggia », ▦ – ▯ ▦ TV ☎ ℗ – 丘 100. AE ⓢ ⓪ E VISA ⅏ rist
aprile-ottobre – Pas carta 70/98000 – ⊇ 22000 – **95 cam** 200/300000 – ½ P 180/250000.
verso Est

Gd H. Ambasciatori, via Califano 18 ℘ 8782025, Telex 710645, Fax 8071021, ≼ golfo di Napoli e Vesuvio, « Terrazze fiorite, agrumeto con ⊠ ed ascensore per la spiaggia », ▦ – ▯ ▦ TV ☎ ℗ – 丘 200. AE VISA ⅏ rist
Pas 50000 – **103 cam** ⊇ 215/250000 appartamenti 310000 – ½ P 165/195000.
m

Bristol, via del Capo 22 ℘ 8784522, Telex 710687, Fax 8071910, ≼ golfo di Napoli e Vesuvio, « Terrazza panoramica con ⊠ » – ▯ ▦ TV ☎ ℗ – 丘 80. AE ⓢ ⓪ E VISA ⅏ rist
Pas carta 34/53000 – **132 cam** ⊇ 150/210000 appartamenti 220/250000 – ½ P 120/150000.
a

Gd H. Capodimonte, via del Capo 14 ℘ 8784555, Telex 721210, Fax 8071193, ≼ golfo di Napoli e Vesuvio, « Agrumeto e terrazze fiorite con ⊠ » – ▯ ▦ TV ☎ ℗ – 丘 100. AE VISA ⅏ rist
marzo-ottobre – Pas *(chiuso a mezzogiorno)* 50000 – **131 cam** ⊇ 155/240000 – ½ P 150/184000.
h

Carlton International, via Correale 15 ℘ 8072669, Fax 8071073, « Giardino con ⊠ » – ▯ ▦ TV ☎ ℗. AE ⓢ ⓪ E VISA ⅏
aprile-ottobre – Pas 32/35000 – ⊇ 20000 – **72 cam** 130/156000, ▦ 25000 – ½ P 110/130000.
r

Continental, piazza della Vittoria 4 ℘ 8781476, Fax 8782255, Ascensore per la spiaggia, ⊠ – ▯ ▦ TV ☎ ℗ – 丘 70. ⅏ rist
aprile-ottobre – Pas 35/45000 – **80 cam** ⊇ 125/180000, ▦ 20000 – ½ P 135/145000.
k

Gd H. Cesare Augusto, via degli Aranci 108 ℘ 8782700, Telex 720056, Fax 8071029, « Terrazza panoramica con ⊠ », ▦ – ▯ ▦ ☎ ℗ – 丘 170. AE ⓪. ⅏ rist
Pas 50000 – **120 cam** ⊇ 105/165000, ▦ 20000 – ½ P 120/130000.
d

Bellevue Syrene ⏎, piazza della Vittoria 5 ℘ 8781024, ≼ golfo di Napoli e Vesuvio, « Giardino, terrazze fiorite ed ascensore per la spiaggia », ▦ – ▯ ▦ rist ☎ ℗
59 cam.
k

Regina ⏎ senza rist, via Marina Grande 10 ℘ 8782722, Fax 8782721, ⟵ – ▯ ▨ ⇆ ℗. AE
15 marzo-ottobre – **36 cam** ⊇ 63/115000.
t

Gran Paradiso ⏎, via Privata Rubinacci ℘ 8782911, Fax 8783555, ≼ golfo di Napoli e Vesuvio, « Frutteto e terrazza panoramica con ⊠ » – ▯ ⇆ cam ▦ ☎ ℗. AE ⓢ ⓪ E VISA ⅏ rist
24 marzo-ottobre – Pas 29/38000 – **86 cam** ⊇ 79/120000 – ½ P 63/79000.
per ①

La Solara, via del Capo 118 (O : 2 km) ⊠ 80060 Capo di Sorrento ℘ 8071526, Telex 721465, Fax 8071501, ≼, ⊠ – ▯ ▦ rist ☎ ℗. AE ⓢ ⓪ E VISA ⅏ rist
Pas 35/45000 – **37 cam** ⊇ 150/185000 – ½ P 90/130000.
per ②

Villa di Sorrento senza rist, via Fuorimura 4 ℘ 8781068 – ▯ ☎. AE ⓢ ⓪ E VISA ⅏
⊇ 15000 – **20 cam** 78/125000.
e

Désirée senza rist, via del Capo 31/bis ℘ 8781563, Ascensore per la spiaggia, ▦, ⟵ ℗. ⅏
aprile-ottobre – **22 cam** ⊇ 37/68000.
y

XX **Caruso,** via Sant'Antonino 12 ℰ 8784176 – ▣. ℀ 🅢 ⓞ ℇ 𝗩𝗜𝗦𝗔   **f**
chiuso lunedì – Pas carta 35/64000.

XX **Kursaal,** via Fuorimura 7 ℰ 8781216, Fax 8783821, ☎ – ℀ 🅢 ⓞ ℇ 𝗩𝗜𝗦𝗔   **x**
chiuso lunedì e dal 10 al 30 gennaio – Pas carta 33/45000 (15%).

XX **Il Glicine,** via Sant'Antonio 2 ℰ 8772519 – ▣. ℀ 🅢 ⓞ ℇ 𝗩𝗜𝗦𝗔. ✀   **z**
chiuso dal 15 gennaio al 1° marzo e mercoledì in bassa stagione – Pas carta 31/48000
(15%).

XX **La Fenice,** via Degli Aranci 11 ℰ 8781652, ☎. ℀ 🅢 ⓞ ℇ 𝗩𝗜𝗦𝗔. ✀   **l**
chiuso lunedì (escluso da giugno a settembre) – Pas carta 23/47000.

XX **Al Cavallino Bianco,** via Correale 11/a ℰ 8785809, ☎ – ℀ ⓞ 𝗩𝗜𝗦𝗔. ✀ **q**
chiuso martedì (escluso da luglio a settembre) e dal 15 dicembre al 15 gennaio – Pas
carta 23/49000 (15%).

X **L'Antica Trattoria,** via Padre Reg Giuliani 33 ℰ 8071082, ☎ – ▣   **y**
chiuso lunedì (escluso da luglio a settembre) e gennaio – Pas carta 36/62000.

X La Favorita-o' Parrucchiano, corso Italia 71 ℰ 8781321, « Servizio estivo in giardino » – ⓟ
   s

X **La Tonnarella** ⑤ con cam, via del Capo 31 ℰ 8781153, ≪ golfo di Napoli e Vesuvio,
☎, Ascensore per la spiaggia, « Terrazze panoramiche sul mare », ▲₆, ✿ – 🕅 ⓟ. ℀
🅢 ⓞ ℇ 𝗩𝗜𝗦𝗔   **y**
marzo-novembre – Pas carta 22/41000 (15%) – ⵣ 8000 – **16 cam** 55000 – ½ P 55/65000.

X **La Pentolaccia,** via Fuorimura 8 ℰ 8785077 – ▣. ℀ 🅢 ⓞ ℇ 𝗩𝗜𝗦𝗔. ✀   **w**
chiuso martedì – Pas carta 40/56000 (15%).

X **La Lanterna,** via San Cesareo 23 ℰ 8781355, Fax 8781355, ☎ – ▣. ℀ 🅢 ⓞ ℇ 𝗩𝗜𝗦𝗔
Pas carta 46/53000.   **p**

X **La Minervetta** con cam, via del Capo 25 ℰ 8781098, ≪ golfo di Napoli e Vesuvio, ☎ –
ⓟ. ⓞ 𝗩𝗜𝗦𝗔   **c**
Pas *(chiuso mercoledì da novembre a febbraio)* carta 22/50000 – **12 cam** ⵣ 70000 –
½ P 70000.

X **Russo-Zi'ntonio,** via De Maio 11 ℰ 8781623 – ▣. ℀ 🅢 ⓞ ℇ 𝗩𝗜𝗦𝗔   **r**
chiuso giovedì e febbraio – Pas carta 27/49000 (10%).

sulla strada statale 145 per ② :

🏨 **Gd H. Vesuvio,** via Nastro Verde 7 (O : 1 km) ⊠ 80067 Sorrento ℰ 8782645, Fax
8071170, ≪ golfo di Napoli e Vesuvio, ☎, ⌇, ✿ – 🕅 ▣ 📺 ☎ 🕭 ← ⓟ – 🔥 200. ℀
🅢 ⓞ ℇ. ✀ rist
chiuso gennaio e febbraio – Pas 35000 – **194 cam** ⵣ 170/240000 – ½ P 140000.

🏨 **President** ⑤, via Nastro Verde 26 (O : 3 km) ⊠ 80067 Sorrento ℰ 8782262, ≪ golfo di
Napoli e Vesuvio, « Giardino fiorito e terrazze con ⌇ » – 🕅 📺 ☎ ⓟ. ℀ 🅢 ⓞ ℇ 𝗩𝗜𝗦𝗔.
✀ rist
15 marzo-ottobre – Pas carta 40/58000 – **82 cam** ⵣ 110/200000 – ½ P 110/130000.

Vedere anche : *Sant'Agnello* per ① : 2 km.
                Piano di Sorrento per ① : 4 km.
                Meta per ① : 5 km
                Massa Lubrense per ② : 6 km.
                Sant'Agata sui Due Golfi per ② *: 9 km.*

S'ORU E MARI Cagliari – Vedere Sardegna (Quartu Sant'Elena) alla fine dell'elenco alfabetico.

SOSPIROLO 32037 Belluno 𝟰𝟮𝟵 D 18 – 3 377 ab. alt. 457 – ✆ 0437.
Roma 629 – Belluno 13.

🏨 **Sospirolo Park Hotel** ⑤, località Susin ℰ 89185, Fax 899137, ≪, « Parco » – 🕅 ✀ rist
☎ ⓟ – 🔥 90. ℀ 🅢 ⓞ 𝗩𝗜𝗦𝗔. ✀
Pas *(chiuso lunedì)* carta 28/46000 – **24 cam** ⵣ 85/100000 appartamento 250000 –
½ P 70/80000.

XX **Rosolin,** ℰ 89350, ≪ – ⓟ. ℀ 𝗩𝗜𝗦𝗔. ✀
chiuso lunedì sera e martedì (escluso da luglio a settembre) – Pas carta 23/48000.

SOVANA 58010 Grosseto – alt. 291 – ✆ 0564.
Roma 172 – ✦Firenze 226 – Grosseto 82 – Orbetello 70 – Orvieto 61 – Viterbo 68.

X **Taverna Etrusca** con cam, ℰ 616183, Fax 614193 – ☎. ℀ 🅢 ℇ 𝗩𝗜𝗦𝗔. ✀
Pas *(chiuso lunedì)* carta 25/30000 – ⵣ 8000 – **7 cam** 52000 – ½ P 55/60000.

I prezzi del pernottamento e della pensione possono subire aumenti
in relazione all'andamento generale del costo della vita ;
quando prenotate fatevi precisare il prezzo dall'albergo.

SOVERATO 88068 Catanzaro 988 ㊴ – 10 733 ab. – ✆ 0967.

🛈 via San Giovanni Bosco 192 ✆ 23586.

Roma 636 – Catanzaro 32 – ♦Cosenza 123 – Crotone 83 – ♦Reggio di Calabria 164.

🏛 **San Domenico,** via della Galleria ✆ 23121, Fax 521109, ≤, 🏕, ▲◎ – 🛗 ▤ ☎ 🅿 – 🔏 200. 🆎 🛇 ⓞ 🄴 VISA. ⋘
chiuso dal 20 dicembre a gennaio – Pas carta 32/48000 – 🖙 7000 – **80 cam** 80/120000 – ½ P 62/120000.

XX **Il Palazzo,** corso Umberto I n° 40 ✆ 25336, 🏕 – ▤. 🆎 🛇 ⓞ 🄴 VISA
chiuso lunedì e dal 1° al 22 novembre – Pas carta 30/43000.

SOVICILLE 53018 Siena – 7 583 ab. alt. 265 – ✆ 0577.

Roma 240 – ♦Firenze 78 – ♦Livorno 122 – ♦Perugia 117 – Siena 10.

🏛 **Torre Pretale** ⑤, località Borgo Pretale SO : 7 km ✆ 345401, Fax 345625, « Grande parco con 🏊 e 🎾 » – ☎ 🅿 – 🔏 60. 🆎 🛇 ⓞ 🄴 VISA. ⋘ rist
15 marzo-15 novembre – Pas 65000 – **26 cam** 🖙 210/290000 appartamenti 440/470000 – ½ P 170/195000.

SPADAROLO Forlì – Vedere Rimini.

SPARONE 10080 Torino 428 F 4, 219 ⑬ – 1 221 ab. alt. 552 – ✆ 0124.

Roma 708 – Aosta 97 – ♦Milano 146 – ♦Torino 51.

XX **La Rocca,** ✆ 808867, prenotare – 🅿. 🆎 VISA. ⋘
chiuso giovedì e dal 15 gennaio al 15 marzo – Pas carta 40/66000.

SPARTAIA Livorno – Vedere Elba (Isola d') : Marciana Marina.

Dans ce guide
un même symbole, un même mot,
imprimé en rouge ou en noir, en maigre ou en **gras,**
n'ont pas tout à fait la même signification
Lisez attentivement les pages explicatives.

SPELLO 06038 Perugia 988 ⑯ – 7 860 ab. alt. 314 – ✆ 0742.

Vedere Affreschi★★ del Pinturicchio nella chiesa di Santa Maria Maggiore.

Roma 165 – Assisi 12 – Foligno 5 – ♦Perugia 31 – Terni 66.

🏛 **La Bastiglia,** via dei Molini 7 ✆ 652407, Fax 651277, ≤, 🏕 – ▤ ☎. 🛇 ⓞ VISA. ⋘
Pas (chiuso mercoledì e dal 15 gennaio al 15 febbraio) carta 30/42000 – 🖙 6000 – **26 cam** 55/80000, ▤ 8000 – ½ P 80000.

XX **Il Molino,** piazza Matteotti 6 ✆ 651305, 🏕 – 🆎 ⓞ. ⋘
chiuso martedì – **Pas** carta 27/49000.

X **Il Cacciatore** con cam, via Giulia 42 ✆ 651141, ≤, 🏕 – ⇌. ⋘
chiuso dal 20 giugno al 6 luglio – Pas (chiuso lunedì) carta 32/43000 – 🖙 7000 – **17 cam** 50/75000 – ½ P 65/75000.

SPERLONGA 04029 Latina 988 ㉖ – 3 658 ab. – a.s. Pasqua e luglio-agosto – ✆ 0771.

Roma 127 – Latina 57 – ♦Napoli 106 – Terracina 18.

🏛 **Parkhotel Fiorelle** ⑤, ✆ 54092, « Giardino », 🏊, ▲◎ – 🅿 – 🔏 50. ⋘ rist
marzo-ottobre – Pas 35000 – 🖙 7000 – **33 cam** 70/80000 – ½ P 76/86000.

🏠 **La Sirenella,** ✆ 549186, Fax 549189, ≤, ▲◎ – ☎ 🅿 🛇 VISA. ⋘
Pas (chiuso giovedì) carta 38/47000 – **40 cam** 🖙 110000 – P 87/102000.

🏠 **Major,** ✆ 549245, Fax 549189, ⑤, ☎, ▲◎ – 🅿. 🆎 🛇 ⓞ VISA. ⋘
Pas (solo per clienti alloggiati) 30/50000 – **16 cam** 🖙 50/90000 – ½ P 60/70000.

XX Laocoonte-da Rocco, ✆ 54122, 🏕.

SPEZZANO ALBANESE TERME 87010 Cosenza 988 ㉙ – 7 566 ab. alt. 74 – ✆ 0981.

Roma 477 – ♦Cosenza 50 – ♦Napoli 305 – ♦Taranto 147.

🏛 San Francesco, ✆ 953068, ≤ – 🛗 ▤ ☏ 🅿
36 cam.

SPIAZZO 38088 Trento 428 429 D 14 – 1 063 ab. alt. 650 – a.s. febbraio-Pasqua e Natale – ✆ 0465.

Roma 622 – ♦Bolzano 112 – ♦Brescia 96 – Madonna di Campiglio 21 – ♦Milano 187 – Trento 52.

🏛 **Turismo,** ✆ 81058 – 🛗 ☏ ⇌. ⋘ rist
20 dicembre-aprile ed 10 giugno-settembre – Pas carta 24/36000 – 🖙 8000 – **54 cam** 40/100000 – ½ P 40/80000.

SPILAMBERTO 41057 Modena 428 429 I 15 – 10 612 ab. alt. 69 – ✪ 059.
Roma 408 – ♦Bologna 31 – ♦Modena 16.

✗ **Da Cesare,** via San Giovanni 38 ℰ 784259, Coperti limitati; prenotare – AE ⓢ E VISA ⁕
chiuso domenica sera, lunedì, dal 1° al 10 gennaio e dal 20 luglio al 20 agosto – Pas
carta 25/40000.

in prossimità casello autostrada A 1 NO : 5 km:

✗✗ **Antica Trattoria la Busa,** ⊠ 41057 ℰ 369422 – ℗ AE ⓢ ⓞ E VISA ⁕
chiuso lunedì – Pas carta 27/39000.

SPILIMBERGO 33097 Pordenone 988 ⑤, 429 D 20 – 11 122 ab. alt. 132 – ✪ 0427.
Roma 625 – ♦Milano 364 – Pordenone 33 – Tarvisio 97 – Treviso 101 – ♦Trieste 98 – Udine 30.

🏛 **Gd H. President,** via Cividale ℰ 50050 – 🛗 TV ☎ & ℗ – 🅰 120
33 cam.

✗✗ **Torre Orientale,** via di Mezzo 2 ℰ 2998, Fax 2998, Coperti limitati; prenotare – AE ⓢ
ⓞ E VISA ⁕
chiuso martedì e domenica sera – Pas carta 33/48000.

SPINAZZOLA 70058 Bari 988 ㉘ – 7 880 ab. alt. 435 – ✪ 0883.
Roma 395 – ♦Bari 80 – ♦Foggia 89 – Potenza 78 – ♦Taranto 134.

🏠 **Golden Ear,** via Coppa 27 ℰ 981525 – 🛗 ⇖ rist ☎. VISA ⁕
Pas *(chiuso domenica sera)* 25/40000 – ⊑ 10000 – **21 cam** 45/55000 – ½ P 65000.

SPINO D'ADDA 26016 Cremona 428 F 10, 219 ㉘ – 5 093 ab. alt. 84 – ✪ 0373.
Roma 558 – ♦Bergamo 40 – Cremona 54 – ♦Milano 29 – Piacenza 51.

✗✗ **Paredes y Cereda,** ℰ 965041, 🌳 – ℗
chiuso lunedì, dal 7 al 26 gennaio e dal 13 al 20 agosto – Pas carta 31/60000.

SPIRANO 24050 Bergamo 428 F 11 – 4 016 ab. alt. 156 – ✪ 035.
Roma 591 – ♦Bergamo 13 – ♦Brescia 48 – ♦Milano 42 – Piacenza 75.

✗ **Le 3 Noci-da Camillo,** ℰ 877158, 🌳 – AE ⓢ VISA ⁕
chiuso lunedì e dal 1° al 20 agosto – Pas carta 32/44000.

SPOLETO 06049 Perugia 988 ⑯ ㉘ – 37 885 ab. alt. 405 – ✪ 0743.
Vedere Piazza del Duomo* : Duomo** Y – Ponte delle Torri** Z – Chiesa di San Gregorio
Maggiore* Y D – Basilica di San Salvatore* Y B.
Dintorni Strada* per Monteluco per ②.
🄳 piazza Libertà 7 ℰ 220311.
Roma 130 ② – Ascoli Piceno 123 ① – Assisi 48 ① – Foligno 28 ① – Orvieto 84 ③ – ♦Perugia 65 ① – Rieti 58
② – Terni 31 ②.

Pianta pagina à lato

🏨 **Albornoz Palace Hotel,** viale Matteotti ℰ 221221, Telex 662600, Fax 221600, ≤, 🌿 –
🛗 🔲 ☎ & ⇒ – 🅰 400. AE ⓢ ⓞ E VISA ⁕   **Z r**
Pas *(chiuso lunedì)* carta 31/51000 – **96 cam** ⊑ 200000 appartamenti 300/350000 –
½ P 100/170000.

🏨 **Gattapone** senza rist, via del Ponte 6 ℰ 36147, Fax 36148, ≤, 🌿 – 🗖 TV ☎ – 🅰 30. AE
ⓢ ⓞ E VISA   **Z d**
13 cam ⊑ 110/150000 appartamenti 200/220000.

🏨 **Dei Duchi,** viale Matteotti 4 ℰ 44541, Fax 44543, ≤, 🌳, 🌿 – 🗖 TV ☎ & ℗ – 🅰 40
a 90. AE ⓢ ⓞ E VISA ⁕   **Z c**
Pas 35/40000 – ⊑ 10000 – **50 cam** 95/140000 – ½ P 90/105000.

🏨 **Clarici** senza rist, piazza della Vittoria 32 ℰ 46706, Telex 563219, Fax 222010 – 🛗 🔲 TV
☎ ℗. AE ⓢ ⓞ E VISA   **Y n**
⊑ 12000 – **24 cam** 62/90000, 🔲 10000.

🏨 **Europa** senza rist, viale Trento e Trieste 201 ℰ 46949 – 🛗 🔲 ☎. ⓢ ⓞ E VISA   **Y**
⊑ 12000 – **24 cam** 60/90000, 🔲 9000.

🏨 **Charleston** senza rist, piazza Collicola 10 ℰ 38135, ⇖ – 🛗 TV ☎ – 🅰 50. AE ⓢ ⓞ
E VISA   **Z v**
⊑ 12000 – **18 cam** 62/90000.

🏠 **Nuovo Clitunno,** piazza Sordini 8 ℰ 38240, Fax 33163 – ☎. AE ⓢ ⓞ E VISA   **Z a**
Pas *(chiuso mercoledì)* 25/30000 – ⊑ 9000 – **32 cam** 60/88000 – ½ P 70/80000.

✗✗ **Il Tartufo,** piazza Garibaldi 24 ℰ 40236 – 🔲 AE ⓢ ⓞ E VISA ⁕   **Y m**
chiuso mercoledì e dal 15 luglio al 5 agosto – Pas carta 30/57000.

✗✗ **Sabatini,** corso Mazzini 52/54 ℰ 37233, « Servizio estivo all'aperto »   **Z b**
chiuso lunedì, dal 16 al 30 gennaio e dal 1° al 10 agosto – Pas carta 37/52000.

✗ **La Barcaccia,** piazza Fratelli Bandiera 3 ℰ 21171 (prenderà il 221171), 🌳 – AE ⓢ ⓞ
E VISA ⁕   **Z e**
chiuso martedì e dal 6 al 25 gennaio – Pas carta 26/37000 (15%).

SPOLETO

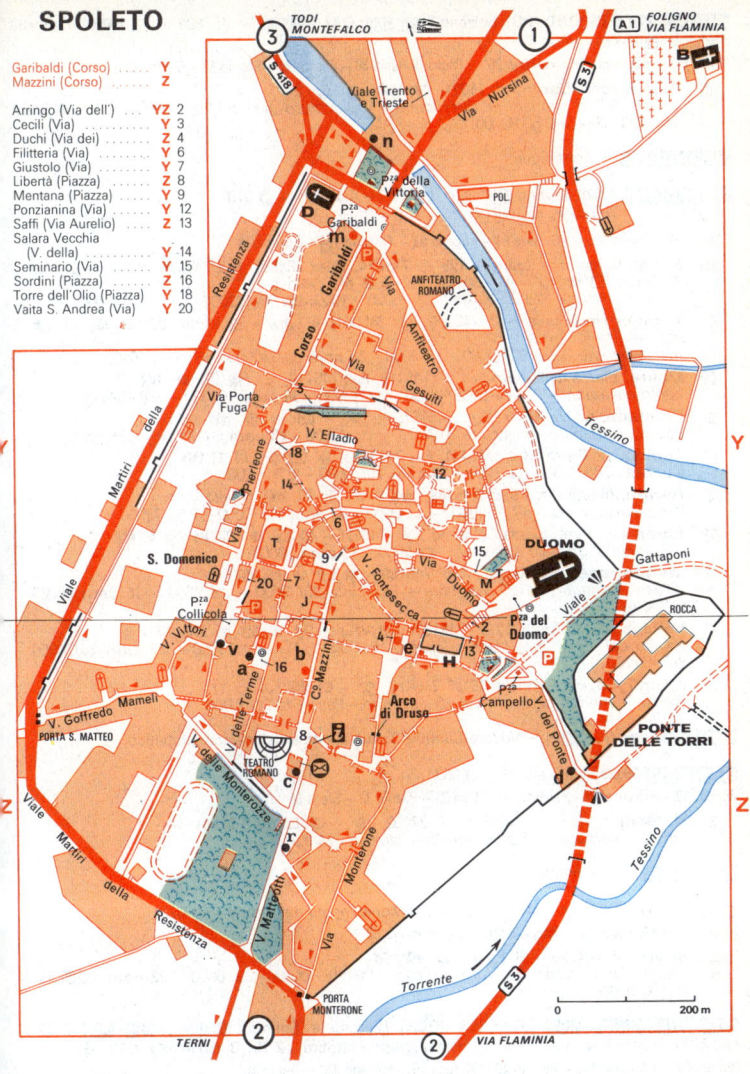

sulla strada statale 3 - via Flaminia :

🏨 **MotelAgip,** per ① : 1,5 km ✉ 06049 ✆ 49340, Fax 49293 – 📶 📺 🐾 ♿ 🚗 **P.** AE
  🔞 ⑥ 🄴 VISA . ❄ rist
  Pas *(chiuso venerdì)* 28000 – **57 cam** ⊇ 91/114000 – ½ P 83/108000.

  a San Giacomo per ① : 8 km – ✉ **06048** :

✗ **Al Palazzaccio-da Piero,** ✆ 520168, 🍴 – **P.** ❄
  chiuso lunedì – **Pas** carta 26/38000.

  Vedere anche : **Monteluco** per ② : 8 km.
             Campello sul Clitunno per ① : 11 km.

L'EUROPE en une seule feuille : carte Michelin n° 970.

SPONDIGNA (SPONDINIG) Bolzano 428 429 C 13, 218 ⑱ – alt. 885 – ✉ **39026** Prato allo Stelvio – ✿ 0473.

Roma 713 – ♦Bolzano 76 – ♦Milano 261 – Passo di Resia 30 – Passo dello Stelvio 27 – Trento 134.

  🏠 **Post Hirsch-Cervo,** ℰ 76021, 🏮 – 🏠 rist **P**. 🆂
    chiuso dal 15 gennaio al 15 febbraio – Pas *(chiuso giovedì)* 20/23000 (10%) – **40 cam**
    ⬜ 42/80000 – ½ P 50/52000.

SPONDINIG = Spondigna.

SPOTORNO 17028 Savona 988 ⑫⑬, 428 J 7 – 4 418 ab. – ✿ 019.

🅱 via Cavour 22 ℰ 745128, Fax 745129.

Roma 560 – Cuneo 105 – ♦Genova 61 – Imperia 61 – ♦Milano 184 – Savona 15.

  🏨 **Royal,** lungomare Kennedy 125 ℰ 745074, Telex 283867, Fax 745075, ≤, ⇌s, ▴₀, 🐎 –
    🛗 🗐 rist 📺 ☎ **P** – 🔬 200. ⬜ 🆂 ⓞ 🅴 **VISA**. 🛟 rist
    Pasqua-ottobre – Pas 30/60000 – ⬜ 19000 – **100 cam** 99/173000 – ½ P 74/128000.

  🏨 **Tirreno,** via Aurelia 2 ℰ 745106, Fax 745061, ≤, ▴₀ – 🛗 🗐 rist 📺 ☎ ⬜ 🆂 ⓞ 🅴
    VISA. 🛟 rist
    marzo-ottobre – Pas 30/50000 – ⬜ 9000 – **38 cam** 80/120000 – ½ P 65/105000.

  🏨 **Ligure,** piazza della Vittoria 1 ℰ 745118, Fax 745110, ≤ – 🛗 📺 ☎ **VISA**. 🛟 rist
    aprile-novembre – Pas carta 35/48000 – ⬜ 12000 – **36 cam** 103000 – ½ P 45/85000.

  🏨 **Premuda,** piazza Rizzo 10 ℰ 745157, ≤, ▴₀ – 📺 ☎ **P**. **VISA**. 🛟 rist
    Pasqua-settembre – Pas carta 30/42000 – ⬜ 10000 – **23 cam** 50/80000 – P 55/85000.

  🏨 **Zunino,** via Serra 23 ℰ 745441, Fax 743301 – 🛗 📺 ☎. 🆂 🅴 **VISA**
    Pas carta 26/53000 – ⬜ 7000 – **29 cam** 70/75000 – ½ P 70000.

  🏨 **Aurora,** piazza Rizzo 9 ℰ 745169, ▴₀ – ☎. ⬜ **VISA**. 🛟 rist
    Pas *(chiuso mercoledì)* 26/30000 – ⬜ 9000 – **33 cam** 50/70000 – P 68/78000.

  🏨 **Roma** senza rist, piazza Colombo 7 ℰ 745125 – 🛗 📺 ☎. ⬜ 🆂 ⓞ 🅴 **VISA**
    chiuso dal 7 gennaio a Pasqua – ⬜ 9500 – **19 cam** 90000.

  🏠 **Mediterranée,** via Rapallo 3 ℰ 745189 – 🛗 📺 ☎. ⬜ **VISA**. 🛟
    chiuso da ottobre al 20 dicembre – Pas carta 20/32000 – ⬜ 7000 – **35 cam** 65000 –
    ½ P 45/60000.

  🏠 **Vallega,** via 25 Aprile 12 ℰ 745137 – 🛗 🏠 rist 📺 ☎. ⬜ 🆂 **VISA**. 🛟 rist
    chiuso dal 15 ottobre al 15 gennaio – Pas 25/45000 – ⬜ 9000 – **27 cam** 55/70000 –
    ½ P 45/75000.

  ✕✕ **A Sigögna,** via Garibaldi 13 ℰ 745016, 🍴 – ⬜ **VISA**
    chiuso martedì e da ottobre al 10 dicembre – Pas carta 28/55000.

STABIO 427 ㉔, 219 ⑧ – Vedere Cantone Ticino alla fine dell'elenco alfabetico.

STAFFOLI 56020 Pisa – alt. 28 – ✿ 0571.

Roma 312 – ♦Firenze 58 – ♦Livorno 46 – Pisa 36 – Pistoia 33 – Siena 85.

  ✕ **Da Beppe,** via Livornese 35/b ℰ 37002, 🍴 – ▪ 🅴 🆂 ⓞ **VISA**. 🛟
    chiuso lunedì e dal 1° al 20 agosto – Pas carta 24/32000.

STEINEGG = Collepietra.

STELLA Ascoli Piceno – alt. 32 – ✉ **63030** Monsampolo del Tronto – ✿ 0735.

Roma 212 – ♦Ancona 102 – Ascoli Piceno 21 – ♦Pescara 68.

  🏨 **Stella,** ℰ 704225 – 🛗 📺 🕾 **P**. ⓞ. 🛟
    chiuso dal 23 dicembre al 10 gennaio – Pas 18/20000 – ⬜ 6000 – **32 cam** 42/65000 –
    ½ P 50/55000.

STELVIO (Passo dello) (STILFSER JOCH) Bolzano e Sondrio 988 ④, 428 429 C 13 –
alt. 2 757 – Sport invernali : solo sci estivo (giugno-ottobre) : 2 757/3 350 m ⚡2 ⚡13, ⛷.

Roma 740 – ♦Bolzano 103 – Bormio 20 – Merano 75 – ♦Milano 222 – Trento 161.

  🏨 **Passo dello Stelvio-Stilfserjoch,** ✉ 39020 Stelvio ℰ (0342) 903162, Fax 903664, ≤
    gruppo Ortles e vallata – 🛗 ☎ ⇌ **P**. 🆂 🅴 **VISA**. 🛟 rist
    25 maggio-5 novembre – Pas 22/25000 – **60 cam** ⬜ 55/110000 – ½ P 65/85000.

  sulla strada statale 38 E : 7 km – alt. 2 189 :

  🏠 **Sottostelvio-Franzenshöhe** 🐾, ✉ 39020 Trafoi ℰ (0473) 611768, ≤ monti e vallata,
    🐾, 🛟 – **P**. 🆂 🅴 **VISA**. 🛟
    giugno-ottobre – Pas carta 29/41000 – ⬜ 8000 – **24 cam** 36/68000 – ½ P 50/54000.

STENICO 38070 Trento 428 429 D 14 – 1 004 ab. alt. 660 – a.s. 15 dicembre-15 gennaio –
✿ 0465 – Roma 603 – ♦Brescia 103 – ♦Milano 194 – Riva del Garda 29 – Trento 33.

  a Villa Banale E : 3 km – ✉ **38070** :

  🏠 **Alpino,** ℰ 71459 – 🛗 ☎ **P**. 🆂. 🛟
    Pas *(chiuso martedì da novembre a marzo)* 22/25000 – ⬜ 7000 – **33 cam** 60/90000 –
    ½ P 50/62000.

STERZING = Vipiteno.

STILFSER JOCH = Stelvio (Passo dello).

STINTINO Sassari 988 ㉓ – Vedere Sardegna alla fine dell'elenco alfabetico.

STRADELLA 27049 Pavia 988 ⑬, 428 G 9 – 11 382 ab. alt. 101 – ✆ 0385.
Roma 547 – Alessandria 62 – ✦Genova 116 – ✦Milano 59 – Pavia 21 – Piacenza 36.

※ **Gallo,** vicolo Parea 7 ✆ 48323 – ℗. ❀
chiuso lunedì e dal 6 al 26 agosto – Pas carta 25/35000.

STRESA 28049 Novara 988 ②, 428 E 7 – 4 800 ab. alt. 200 – a.s. Pasqua e luglio-15 settembre
– Sport invernali : vedere Mottarone – ✆ 0323.

Vedere Cornice pittoresca★★ – Villa Pallavicino★ Y.

Escursioni Isole Borromee★★★ : giro turistico da 5 a 30 mn di battello – Mottarone★★★ O : 29 km
(strada di Armeno) o 18 km (strada panoramica di Alpino, a pedaggio da Alpino) o 15 mn di
funivia Y.

🏌 Des Iles Borromeés (aprile-novembre; chiuso lunedì) ✆ 29285, per ① : 5 km;

🏌 Alpino (aprile-novembre; chiuso martedì in bassa stagione) a Vezzo ⊠ 28040 ✆ 20101, per
via Gignous : 7,5 km.

⛴ per le Isole Borromee giornalieri (da 10 a 30 mn) – Navigazione Lago Maggiore, ✆ 30393.

🛈 via Principe Tomaso 70/72 ✆ 30150, Telex 200396, Fax 32561.

Roma 657 ① – Brig 108 ② – Como 75 ① – Locarno 55 ② – ✦Milano 80 ① – Novara 56 ① – ✦Torino 134 ①.

Pianta pagina seguente

🏨🏨🏨 **Des Iles Borromées,** lungolago Umberto I n° 67 ✆ 30431, Telex 200377, Fax 32405,
« Parco e giardino fiorito con ≼ isole Borromee », ⅃ₐ, ⅃, ※ – ▨ ☰ cam 🖵 ☎ ᴋ 📞
℗ – 🏛 30 a 250. ⌶ 🅱 ⓞ 🄴 �📇 ❀ rist   Y w
Pas 89000 – 🖙 23000 – **120 cam** 256/381000 appartamenti 714/1071000 – ½ P 261/303000.

🏨🏨 **Regina Palace,** lungolago Umberto I n° 27 ✆ 30171, Telex 200381, Fax 30176, ≼ isole
Borromee, 🌣, « Parco e giardino fiorito con ⅃ riscaldata », ⅃ₐ, ⇌, ※ – ▨ 🖵 ☎ ᴋ
℗ – 🏛 30 a 200. 🅱 ⓞ 🄴 �📇 ❀ rist   Y b
chiuso gennaio – Pas 50/55000 – 🖙 16000 – **175 cam** 165/240000 appartamenti 400/480000
– ½ P 140/200000.

🏨🏨 **Bristol,** lungolago Umberto I n° 73 ✆ 32601, Telex 200217, Fax 924515, ≼ lago e monti,
« Parco », ⇌, ⅃, ▨ – ▨ 🖵 ☎ ℗ – 🏛 30 a 280. 🅱 🅱 ⓞ 🄴 �📇 ❀ rist   Y c
15 marzo-20 novembre – Pas carta 40/75000 – 🖙 20000 – **250 cam** 160/230000 appartamenti
350/450000 – ½ P 80/180000.

🏨🏨 **La Palma,** lungolago Umberto I n° 33 ✆ 32401, Telex 200541, Fax 32404, ≼ lago e monti,
⅃ riscaldata, 🚗 – ▨ 🖵 ☎ ᴋ 📞 ℗ – 🏛 30 a 200. 🅱 🅱 ⓞ 🄴 �📇 ❀ rist   Y e
marzo-25 novembre – Pas 32/40000 – 🖙 16000 – **118 cam** 115/180000 appartamenti
200/250000 – ½ P 80/115000.

🏨🏨 **Astoria,** lungolago Umberto I n° 31 ✆ 32566, Telex 200085, Fax 30259, ≼ lago e monti,
⅃ₐ, ⅃ riscaldata, 🚗 – ▨ 🖵 ☎ ℗ – 🏛 30 a 40. 🅱 🅱 ⓞ 🄴 �📇 ❀ rist   Y d
7 aprile-25 ottobre – Pas 38000 – **105 cam** 🖙 142/195000 – ½ P 90/140000.

🏨 **Milan e Speranza au Lac,** piazza Imbarcadero ✆ 31190, Telex 200113, Fax 32729, ≼ –
▨ 🖵 ☎ – 🏛 30 a 150. 🅱 🅱 ⓞ 🄴 �📇 ❀ rist   Y s
20 marzo-28 ottobre – Pas 30/37000 – 🖙 14000 – **159 cam** 100/135000 – ½ P 65/100000.

🏨 **Royal,** strada statale del Sempione 22 ✆ 32777, Fax 33633, ≼, 🌣, « Giardino fiorito » –
▨ 📞 ℗ – 🏛 60. 🅱 �📇 ❀ rist   Y z
aprile-ottobre – Pas 25/30000 – 🖙 15000 – **45 cam** 60/90000 – ½ P 65/80000.

🏨 **Moderno,** via Cavour 33 ✆ 30468, Telex 200340, Fax 31537, 🌣 – ▨ ☎. 🅱 🅱 ⓞ 🄴
�📇 ❀ rist   Y r
marzo-ottobre – Pas carta 34/53000 – 🖙 9000 – **53 cam** 60/90000 – ½ P 60/80000.

🏨 **Meeting** senza rist, via Bonghi 9 ✆ 32741 – ▨ ☎. 🅱 🅱 ⓞ 🄴 �📇   Y g
🖙 10000 – **24 cam** 90000.

🏨 **La Fontana** senza rist, strada statale del Sempione 1 ✆ 32707, ≼, « Piccolo parco
ombreggiato » – ☎ ℗. 🅱 🅱 🄴 �📇   Y f
chiuso novembre – 🖙 10000 – **20 cam** 85000.

🏨 **Della Torre,** strada statale del Sempione 45 ✆ 32555, Fax 31175, « Giardino fiorito » –
▨ ☎ ℗. 🅱 ⓞ 🄴 �📇 ❀ rist   Y a
aprile-ottobre – Pas 24/28000 – 🖙 12000 – **44 cam** 60/85000 – ½ P 55/75000.

🏨 **Du Parc e Villa Pineta,** via Gignous 1 ✆ 30335, Fax 33596, 🚗 – ▨ ☎ ℗. 🅱 🅱 🄴
�📇 ❀   Y y
Pasqua-15 ottobre – Pas (solo per clienti alloggiati) 22/28000 – 🖙 13000 – **34 cam** 65/90000
– ½ P 60/80000.

🏨 **Flora,** strada statale del Sempione 26 ✆ 30524, Fax 33372, ≼, 🚗 – 🖵 ☎ ℗. 🅱 🅱 🄴
�📇   Y p
16 marzo-3 novembre – Pas 20/30000 – 🖙 10000 – **21 cam** 50/72000 – ½ P 45/65000.

XXX ❀ **L'Emiliano,** corso Italia 50 ℰ 31396, Fax 33474, prenotare – AE ⑤ ⓘ E VISA — **Y u**
　　❀
　　chiuso martedì, mercoledì a mezzogiorno e dal 15 gennaio al 28 febbraio – Pas
　　carta 75/120000 (10%)
　　Spec. Scaloppa di fegato d'oca su cipolle fondenti all'aceto di lampone, Minestra di scampi al curry, Rombo
　　alla mediterranea. **Vini** Chardonnay, Nebbiolo.

XX **Da Angelo,** via Roma 88 ℰ 31147, 🌱 – AE ⑤ ⓘ E VISA. ❀ — **Y h**
　　chiuso lunedì e novembre – Pas carta 35/59000.

XX **Ariston,** corso Italia 60 ℰ 31195, ⟨ lago e monti, 🌱 – AE ⑤ ⓘ E VISA — **Y q**
　　chiuso dal 9 dicembre al 28 febbraio – Pas carta 28/45000.

X **Del Pescatore,** vicolo del Poncivo 3 ℰ 31986, Solo piatti di pesce — **Y n**
　　chiuso Natale e mercoledì da ottobre a maggio – Pas carta 27/54000.

X **Il Triangolo,** via Roma 61 ℰ 32736, 🌱, Rist. e pizzeria – AE ⑤ ⓘ E VISA. ❀ — **Y k**
　　chiuso martedì da ottobre a maggio – Pas carta 27/44000.

X **Luina,** via Garibaldi 21 ℰ 30285 – AE ⑤ ⓘ E VISA — **Y x**
　　15 marzo-novembre – Pas carta 30/57000.

sulla strada statale 33 per ② : 1,5 km :

🏨 **Villaminta,** strada statale del Sempione 123 ⊠ 28049 ℰ 32444, Telex 223316, ≼ isole Borromee, 🌳 , « Parco fiorito e terrazza con ⌲ riscaldata », 🐾, 🏖 – 📶 🅿 – 🛗 50. 🖭 🖸 ⓞ ⒠ 𝗩𝗜𝗦𝗔. 🍴 rist
7 aprile-15 novembre – Pas carta 50/78000 – ⌂ 20000 – **62 cam** 150/170000 appartamenti 220000 – ½ P 110/140000.

a Someraro NO : 4 km per via Duchessa di Genova Y – ⊠ **28049** Stresa :

🍴🍴 **Al Rustico,** ℰ 32172, Coperti limitati; prenotare – 🅿. 🖸 ⒠ 𝗩𝗜𝗦𝗔. 🍴
chiuso mercoledì – Pas carta 26/41000.

Vedere anche : *Vezzo* per via Gignous : 5 km.
Alpino per via Gignous : 9 km.
Borromee (Isole) N : da 5 a 30 mn di battello.
Mottarone per via Gignous : 20 km per strada a pedaggio o 15 mn di funivia.

STROMBOLI (Isola) Messina 𝟵𝟴𝟴 ㊲㊳ – Vedere Sicilia (Eolie, isole) alla fine dell'elenco alfabetico.

STROVE Siena – Vedere Monteriggioni.

STUPINIGI 10040 Torino 𝟰𝟮𝟴 G 4 – alt. 244 – ✆ 011.
Vedere Palazzina Mauriziana★.
🏌 (chiuso lunedì ed agosto) ℰ 343975, NE : 2 km FU (vedere Torino p. 1);
🏌 (chiuso lunedì e dal 24 dicembre al 7 gennaio) a Vinovo ⊠ 10048 ℰ 9653880, S : 2 km FU (vedere Torino p.1).
Roma 668 – Cuneo 92 – ✦Milano 161 – Sestriere 81 – ✦Torino 11.

Pianta d'insieme di Torino (Torino p. 2)

🍴🍴 **Le Cascine,** O : 2 km ℰ 9002581, 🌳 , « Parco fiorito con laghetto » – 🅿. 🖭 🖸 ⒠ 𝗩𝗜𝗦𝗔.
maggio-ottobre; chiuso lunedì – Pas carta 47/64000.   FU v

STURLA Genova – Vedere Genova.

SUBIACO 00028 Roma 𝟵𝟴𝟴 ㉖ – 9 156 ab. alt. 408 – Sport invernali : al Monte Livata : 1 350/
1 745 m ≰8, ⚡ – ✆ 0774.
Vedere Monastero di San Benedetto★ SE : 3 km.
🛈 via Cadorna 59 ℰ 85397.
Roma 72 – Avezzano 68 – Frosinone 52 – ✦Pescara 174 – Rieti 80 – Tivoli 42.

al monte Livata NE : 16 km – alt. 1 350 :

🏨 **Livata,** ⊠ 00028 ℰ 86031, Fax 86031, ≼, 🌳, 🍴 – 🕾 🅿. 🖭. 🍴
Natale-Pasqua e luglio-settembre – Pas 25/30000 – ⌂ 8000 – **84 cam** 40/60000 –
½ P 50/78000.

SU GOLOGONE Nuoro – Vedere Sardegna (Oliena) alla fine dell'elenco alfabetico.

SULDEN = Solda.

SULMONA 67039 L'Aquila 𝟵𝟴𝟴 ㉗ – 25 018 ab. alt. 375 – ✆ 0864.
Vedere Palazzo dell'Annunziata★★ – Porta Napoli★.
Escursioni Massiccio degli Abruzzi★★★.
🛈 via Roma 21 ℰ 53276.
Roma 154 – L'Aquila 73 – Avezzano 57 – Chieti 62 – Isernia 76 – ✦Napoli 186 – ✦Pescara 73.

🏨 **Europa Park Hotel,** strada statale N : 3,5 km ℰ 34641, 🌳, 🍴 – 📶 📺 🕾 🅿 – 🛗 40
a 250. 🖭 ⓞ 𝗩𝗜𝗦𝗔. 🍴
Pas *(chiuso venerdì)* carta 23/31000 – ⌂ 7000 – **105 cam** 90000 appartamenti 140/180000
– ½ P 80000.

🏨 **Armando's,** via Montenero 15 ℰ 31252 – 📶 🕾 🅿. 🖭 🖸 ⓞ ⒠ 𝗩𝗜𝗦𝗔. 🍴
Pas 20000 – ⌂ 3000 – **18 cam** 36/52000.

🏨 **Salvador,** viale della Repubblica NO : 2 km ℰ 51276 – 📶 🕾 ᴋ 🅿. 🖭 🖸 ⓞ ⒠ 𝗩𝗜𝗦𝗔.
🍴 rist
Pas *(chiuso dal 20 dicembre al 2 gennaio)* 20/25000 – ⌂ 3000 – **34 cam** 23/36000 –
½ P 40/45000.

🍴 **Italia,** piazza 20 Settembre 26 ℰ 33070 – 🖭 🖸 ⓞ ⒠ 𝗩𝗜𝗦𝗔
chiuso lunedì e luglio – Pas carta 21/32000.

🍴 **Tartana 2,** strada statale N : 2,5 km ℰ 33023, Solo piatti di pesce. 🍴
chiuso domenica sera e lunedì – Pas carta 43/65000.

SULPIANO Torino 428 G 6 – alt. 175 – ⊠ 10020 Verrua Savoia – ✪ 0161.
Roma 648 – Asti 47 – ◆Milano 122 – ◆Torino 49 – Vercelli 37.

  ✗ **Palter,** 🖉 846193 – 🅿. 🖪 🗲 𝗩𝗜𝗦𝗔. ⚘
  ◆ *chiuso lunedì e luglio* – Pas carta 20/36000.

SULZANO 25058 Brescia 428 429 E 12 – 1 332 ab. alt. 205 – a.s. Pasqua e luglio-15 settembre – ✪ 030.
Roma 586 – ◆Bergamo 44 – ◆Brescia 28 – Edolo 72 – ◆Milano 85.

  🏠 **Aquila,** 🖉 985383, ☞, ☞ – 🅿. ⚘ cam
  ◆ *chiuso gennaio e febbraio* – Pas *(chiuso lunedì in bassa stagione)* 18/40000 – ☇ 7000 –
  19 cam 30/65000 – ½ P 37/47000.

  ✗✗ **Le Palafitte,** S : 1,5 km 🖉 985145, ≤, ☞, prenotare, « Padiglione sul lago » – 🅿. 𝗩𝗜𝗦𝗔
  chiuso novembre, martedì, anche lunedì sera in bassa stagione – Pas carta 32/62000.

  Vedere anche : *Monte Isola* NO : 10 mn di barca.

SUPERGA Torino – alt. 670.
Vedere Basilica★ , ≤★★★ , tombe reali★.
Roma 662 – Asti 48 – ◆Milano 144 – ◆Torino 10 – Vercelli 75.

SUSA 10059 Torino 988 ⑪, 428 G 3 – 6 803 ab. alt. 503 – a.s. giugno-settembre e Natale –
✪ 0122.
Roma 718 – Briançon 55 – ◆Milano 190 – Col du Mont Cenis 30 – ◆Torino 53.

  🏨 **Napoleon,** via Mazzini 44 🖉 622855, Fax 31900 – 🛗 📺 ☎ ☜, 🖪 🗲 𝗩𝗜𝗦𝗔. ⚘ rist
  chiuso gennaio – Pas *(chiuso sabato da ottobre a giugno)* 26/35000 – ☇ 10000 – **43 cam**
  60/95000 – ½ P 70/75000.

  a Mompantero N : 2 km – ⊠ 10059 :

  ✗ **Da Camillo,** 🖉 622954, Fax 622954 – 🅿. 🖪 🗲 𝗩𝗜𝗦𝗔
  ◆ *chiuso mercoledì e dal 10 al 31 agosto* – Pas carta 18/43000.

SUZZARA 46029 Mantova 988 ⑭, 428 429 I 9 – 17 878 ab. alt. 20 – ✪ 0376.
Roma 453 – Cremona 74 – Mantova 21 – ◆Milano 167 – ◆Modena 51 – ◆Parma 45 – Reggio nell'Emilia 41.

  ✗✗ **Cavallino Bianco** con cam, via Luppi Menotti 11 🖉 531676, « Raccolta di quadri
  moderni » – 🖃 ☜. 🖾. ⚘ rist
  chiuso agosto – Pas *(chiuso sabato)* carta 28/42000 – ☇ 5000 – **16 cam** 42/65000 –
  ½ P 45000.

TABIANO BAGNI 43030 Parma 428 429 H 12 – alt. 162 – Stazione termale (marzo-novembre),
a.s. agosto-ottobre – ✪ 0524.
🛈 viale delle Fonti 🖉 66245.
Roma 486 – ◆Bologna 124 – Fidenza 8 – ◆Milano 110 – ◆Parma 31 – Salsomaggiore Terme 5.

  🏩 **Grande Albergo Astro** ♨, 🖉 66523, Telex 532297, Fax 66497, ≤, ₤, ♣ – 🛗 📺 ☎
  ☜ 🅿 – 🔬 850. 🖾 🖪 ⓞ 🗲 𝗩𝗜𝗦𝗔. ⚘ rist
  Pas carta 40/60000 – **115 cam** ☇ 150/200000 – ½ P 135/155000.

  🏨 **Rossini** ♨, 🖉 66425 – 🛗 ☜ rist ☜ 🅿. ⚘ rist
  aprile-novembre – Pas carta 30/35000 – ☇ 10000 – **57 cam** 50/75000 – ½ P 58/65000.

  🏨 **Napoleon,** 🖉 66621 – 🛗 ☜ 🖃 rist 📺 ☎ 🅿 – 🔬 100. 🖪 𝗩𝗜𝗦𝗔. ⚘
  Pas 25/35000 – ☇ 8000 – **48 cam** 65/85000 – ½ P 60/70000.

  🏨 **Farnese,** 🖉 66127, Fax 66210, ☞ – 🛗 ☜ rist ☎ ♧ 🅿 – 🔬 50. 🖪 🗲 𝗩𝗜𝗦𝗔. ⚘ rist
  Pas carta 40/55000 – ☇ 10000 – **58 cam** 60/80000 – ½ P 65/75000.

  🏨 **Ducale,** 🖉 66125, Fax 66541, ≤ – 🛗 ☜ 🅿. ⚘
  15 aprile-5 novembre – Pas carta 27/40000 – ☇ 8000 – **112 cam** 70/100000 – ½ P 60/75000

  🏨 **Quisisana,** 🖉 66216, Fax 66282, ☞ – 🛗 📺 ☜ 🅿. 🖪 🗲 𝗩𝗜𝗦𝗔. ⚘ rist
  15 aprile-15 novembre – Pas 26000 – ☇ 8000 – **52 cam** 50/75000 – ½ P 60000.

  🏨 **Pandos** ♨, 🖉 66234, ☞ – 🛗 ☜ 📺 ☜ 🅿. ⚘
  15 aprile-4 novembre – Pas 30/35000 – **57 cam** ☇ 65/80000 – ½ P 55/60000.

  🏨 **Royal,** 🖉 66227 – 🛗 ☜ rist 📺 ☎ 🅿. 🖾. ⚘
  Pas carta 30/35000 – ☇ 8000 – **27 cam** 55/80000 – ½ P 65/75000.

  🏨 **Panoramik,** 🖉 66423, Fax 66594, ≤, ☐, ☞ – 🛗 📺 ☎ 🅿. 🖾 🖪 🗲 𝗩𝗜𝗦𝗔. ⚘
  marzo-novembre – Pas carta 28/41000 – ☇ 8000 – **37 cam** 50/75000 – ½ P 68/70000.

  🏠 **Plaza,** 🖉 66121 – 🛗 🖃 rist ☎
  stagionale – **37 cam.**

  🏠 **Boomerang,** 🖉 66183 – 🛗 ☜ 🅿. ⚘
  ◆ *aprile-novembre* – Pas 20/22000 – ☇ 6000 – **22 cam** 50/75000 – ½ P 48/58000.

  ✗ **Locanda del Colle-da Oscar,** al Castello S : 3,5 km 🖉 66676, ☞, Coperti limitati,
  prenotare – 🅿. 🖾 🖪 ⓞ 🗲 𝗩𝗜𝗦𝗔. ⚘
  chiuso gennaio e lunedì da novembre a luglio – Pas carta 40/52000.

TAGLIACOZZO 67069 L'Aquila 🔲🔲🔲 ㉖ – 6 757 ab. alt. 775 – ✪ 0863.

🛈 piazza Argoli 15 ⌀ 6318.

Roma 91 – L'Aquila 55 – Avezzano 19 – Frosinone 92 – ♦Pescara 126 – Rieti 79.

🏠 **Miramonti,** ⌀ 6581 – ℗
   17 cam.

TAGLIATA Ravenna – Vedere Cervia.

TAGLIOLO MONFERRATO 15070 Alessandria 🔲🔲🔲 I 8 – 1 363 ab. alt. 315 – ✪ 0143.

Roma 552 – Acqui Terme 27 – Alessandria 43 – ♦Genova 54 – ♦Milano 117 – Savona 64 – ♦Torino 128.

✗ **Gino,** ⌀ 89483 – ⌘
   chiuso mercoledì, le sere di lunedì e martedì, gennaio e luglio – Pas carta 31/45000.

TALAMONE Grosseto – Vedere Fonte Blanda.

TAMBRE Belluno 🔲🔲🔲 D 19 – 1 674 ab. alt. 922 – ⊠ **32010** Tambre d'Alpago – ✪ 0437.

🚡 (aprile-novembre) a Pian del Cansiglio ⊠ 31029 Vittorio Veneto ⌀ (0438) 585398, S : 11 km.

🛈 piazza 11 Gennaio 1945 ⌀ 49277.

Roma 613 – Belluno 28 – Cortina d'Ampezzo 83 – ♦Milano 352 – Treviso 73 – ♦Venezia 102.

🏠 **Alle Alpi,** via Campei 32 ⌀ 49022, ☞, ✗ – 🛗 ℗
➡ *chiuso ottobre e novembre* – Pas *(chiuso mercoledì)* 20/30000 – � 7000 – **24 cam** 40/75000
   – ½ P 50/60000.

✗ **Col Indes** 🦌 con cam, SE : 5 km, alt. 1 250 ⌀ 49274, ≤ – 🐎 ℗
   stagionale – **6 cam**.

   a Piano del Cansiglio S : 11 km – alt. 1 028 – ⊠ **32010** Spert d'Alpago :

✗ **Rifugio Sant'Osvaldo,** ⌀ (0438) 585353, ≤ – ℗. ◾️◾️◾️
   chiuso lunedì e novembre – Pas carta 30/48000.

TAMION Trento – Vedere Vigo di Fassa.

TAORMINA Messina 🔲🔲🔲 ㊲ – Vedere Sicilia alla fine dell'elenco alfabetico.

TARANTO 74100 🅿 🔲🔲🔲 ㉘ – 244 512 ab. – ✪ 099.

Vedere Museo Nazionale★★ : ceramiche★★★, sala degli ori★★★ – Lungomare Vittorio Emanuele★★
– Giardini Comunali★ – Cappella di San Cataldo★ nel Duomo.

🏌 (chiuso martedì da ottobre a maggio) a Riva dei Tessali ⊠ 74011 Castellaneta ⌀ 6439251,
Telex 860086, per ③ : 34 km.

🛈 corso Umberto 113 ⌀ 21233.

A.C.I. via Giustino Fortunato ⌀ 362207.

Roma 532 ③ – ♦Bari 94 ③ – ♦Napoli 344 ③.

Pianta pagina a lato

🏨 **Gd H. Delfino,** viale Virgilio 66 ⌀ 3205, Telex 860113, Fax 3205, ≤, ⊿, ☞ – 🛗 🍽 📺
   ☎ ⚹ ℗ – 🔼 300. ◾️◾️ 🅱 ⓪ **E** ◾️◾️◾️. ⌘ rist   **u**
   Pas carta 30/46000 – � 9000 – **198 cam** 110/160000 appartamenti 220000 – ½ P 130000.

🏨 **Palace,** viale Virgilio 10 ⌀ 94771, Telex 860183, Fax 94771, ≤ – 🛗 🍽 📺 ☎ ⟷ ℗ –
   🔼 150 a 300   **s**
   73 cam.

🏨 **Park Hotel Mar Grande,** viale Virgilio 90 ⌀ 330861, ≤, ⊿ – 🛗 🍽 📺 ☎ ℗ – 🔼 200 a
   300   per ②
   93 cam.

🏩 **Principe,** via Solito 27 ⌀ 3201, Fax 3201 – 🛗 🍽 📺 ☎ ⟷ – 🔼 100. ◾️◾️ 🅱 ⓪ ◾️◾️◾️.
➡ ⌘ rist   per via Dante Alighieri
   Pas 20/30000 – ⊡ 8000 – **153 cam** 88/100000.

🏩 **Plaza** senza rist, via d'Aquino 46 ⌀ 91925 – 🛗 🍽 🐎 – 🔼 150 a 250. ◾️◾️ 🅱 ⓪ **E** ◾️◾️◾️.
   ⌘   **z**
   ⊡ 6000 – **112 cam** 70/100000, ▤ 6000.

🏩 President, senza rist, via Campania 136 ⌀ 3207 – 🛗 🍽 📺 ☎ ⚹ ℗ – 🔼 80
   115 cam   per ②

🏠 **La Spezia** senza rist, via La Spezia 23 ⌀ 337950 – 🛗 🐎. ◾️◾️. ⌘
   ⊡ 3000 – **28 cam** 44/75000   per via Cesare Battisti

✗✗ **Al Gambero,** vico del Ponte 4 ⌀ 411190, ≤, ⛲ – ℗. ◾️◾️ ⓪ ◾️◾️◾️. ⌘   **f**
   chiuso lunedì e novembre – Pas carta 29/49000 (15%).

✗✗ La Nuova Lampara, viale Jonio 198 (località San Vito) ⌀ 531051, ≤ mare e città – 🍽 ℗
                                                                                           per ②

✗✗ **Il Caffè,** via d'Aquino 8 ⌀ 25097 – ◾️◾️ ⓪ ◾️◾️◾️   **b**
   chiuso domenica sera, lunedì a mezzogiorno e dal 12 al 20 agosto – Pas carta 27/59000
   (12%).

✗✗ **L'Assassino,** lungomare Vittorio Emanuele III n° 29 ⌀ 92041 – ▤. 🅱 ⓪ **E** ◾️◾️◾️. ⌘   **a**
   chiuso domenica – Pas carta 27/42000 (10%).

TARANTO

TARCENTO 33017 Udine 988 ⑥, 429 D 21 – 8 767 ab. alt. 230 – a.s. 15 luglio-15 settembre –
✆ 0432.

Roma 657 – ◆Milano 396 – Tarvisio 76 – ◆Trieste 90 – Udine 19 – ◆Venezia 146.

- 🏠 **Centrale,** ✆ 785150, Fax 785150, ♨ – 🔟 ☎ ⇔ 🅿. 𝖵𝖨𝖲𝖠. ⅏ rist
  chiuso dal 6 al 31 gennaio – Pas *(chiuso lunedì escluso luglio ed agosto)* 25/35000 – ⇌
  6000 – **26 cam** 40/65000 – ½ P 50/60000.

- ✗✗ **Al Mulin Vieri,** ✆ 785076 – 🅿. 🗛 🆂 ⑩ 🗉 𝖵𝖨𝖲𝖠. ⅏
  chiuso martedì e dal 10 al 28 febbraio – Pas carta 33/45000.

- ✗ **Ostarie di Santine,** località Pradandons SE : 2,5 km ✆ 785119, « Giardino ombreggiato »
  – 🅿. 𝖵𝖨𝖲𝖠. ⅏
  chiuso martedì sera, mercoledì e dal 23 agosto al 15 settembre – Pas carta 21/30000.

TARQUINIA 01016 Viterbo 988 ㉕ – 14 141 ab. alt. 133 – ✆ 0766.

Vedere Necropoli Etrusca★★ : pitture★★★ nelle camere funerarie SE : 4 km – Palazzo Vitelleschi★
cavalli alati★★★ nel museo Nazionale Tarquiniense★ – Chiesa di Santa Maria in Castello★.

🇹🇸 (chiuso mercoledì) a Marina Velca ✉ 01016 Tarquinia ✆ 812109, O : 6 km.

🄑 piazza Cavour 1 ✆ 856384 – Roma 96 – Civitavecchia 20 – Grosseto 92 – Orvieto 90 – Viterbo 45.

- 🏛 **Tarconte,** via Tuscia 19 ✆ 856141, Telex 612172, ≤ – 🔟 🕸 🅿. 🗛 ⑩. ⅏ rist
  Pas carta 25/47000 – **53 cam** ⇌ 85/100000 – ½ P 73/90000.

- ✗✗ **Il Bersagliere,** via Benedetto Croce 2 ✆ 856047, 🈺, ♨ – 🅿. 🗛 🆂 ⑩ 🗉 𝖵𝖨𝖲𝖠. ⅏
  chiuso domenica sera, lunedì e novembre – Pas carta 40/60000 (10%).

576

a Lido di Tarquinia SO : 6 km – ⊠ **01010** :

🏨 **Gd H. Helios,** 🖉 88615, Fax 88295, ⊼ – 🛗 ▤ ☎ 🅿 – 🔠 100 a 250
89 cam.

🏨 **Velcamare,** 🖉 88024, Fax 88024, 🍴, 🌬 – ▤ rist ☎ 🔥 🅿. 🔠 🗉 **VISA** 🕱 rist
febbraio-ottobre – Pas *(chiuso martedì da ottobre a maggio)* (10%) – ⊏⊐
7000 – **20 cam** 107000 – ½ P 85/95000.

🏨 **La Torraccia,** 🖉 88375, Fax 88296, 🌬 – ▤ rist 🕮. 🔠 🗉 ⑩ 🗉 **VISA** 🕱
chiuso dicembre o gennaio – Pas *(chiuso da settembre a maggio)* 30/50000 – ⊏⊐ 7000 –
18 cam 96000 – ½ P 85000.

TARSOGNO **43050** Parma **428** I 10 – alt. 822 – a.s. luglio e agosto – ⚙ 0525.
Roma 472 – ♦Bologna 182 – ♦Genova 108 – ♦Milano 161 – ♦Parma 86 – Piacenza 97 – ♦La Spezia 77.

🏨 **Sole,** 🖉 89142, ⩽ – 🛗 ⋙ 🔥 🅿. 🔠. 🕱
chiuso ottobre – Pas *(chiuso giovedì)* carta 24/37000 – ⊏⊐ 5000 – **24 cam** 27/46000 –
½ P 40/50000.

TARTANO **23010** Sondrio **428** D 11 – 397 ab. alt. 1 147 – ⚙ 0342.
Roma 695 – Chiavenna 61 – Lecco 77 – ♦Milano 133 – Sondrio 38.

🏨 **La Gran Baita,** 🖉 645043 – 🛗 ⋙ rist ☎ 🅿
⚘ *Pasqua-dicembre* – Pas carta 17/29000 – **34 cam** ⊏⊐ 25/50000.

TARVISIO **33018** Udine **988** ⑥, **429** C 22 – 5 981 ab. alt. 754 – a.s. luglio-agosto e Natale –
Sport invernali : 754/1 753 m ⛷1 ⛷8, ⛷ – ⚙ 0428.
🛈 via Roma 10 🖉 2135, Telex 461282.
Roma 730 – Cortina d'Ampezzo 170 – Gorizia 133 – Klagenfurt 67 – Ljubljana 100 – ♦Milano 469 – Udine 96.

🏨 **Nevada,** 🖉 2332, Telex 450636 – 🛗 📺 🕮 🅿. 🔠 🗉 ⑩ 🗉 **VISA** 🕱
Pas *(chiuso martedì dal 15 settembre al 15 dicembre e dal 15 gennaio al 15 giugno)*
carta 28/42000 – ⊏⊐ 7000 – **60 cam** 55/85000 – ½ P 60/83000.

🍴 **Italia,** 🖉 2041 – 🅿. 🔠 ⑩ **VISA** 🕱
chiuso martedì sera, mercoledì, dal 15 maggio al 15 giugno e dal 15 ottobre al 15 novembre
– Pas carta 24/40000.

TAUFERS IM MÜNSTERTAL = Tubre.

TAVAGNACCO **33010** Udine **429** D 21 – 11 300 ab. alt. 137 – ⚙ 0432.
Roma 645 – Tarvisio 84 – ♦Trieste 78 – Udine 8 – ♦Venezia 134.

🍴🍴 **Al Grop,** 🖉 660240, 🍴 – 🅿. 🔠 **VISA** 🕱
chiuso giovedì sera, venerdì e luglio – **Pas** carta 24/37000.

🍴🍴 **Antica Locanda al Parco** con cam, 🖉 660898, « Servizio estivo in giardino », 🌬 – ☎
🅿. 🔠 🗉 ⑩ 🗉 **VISA**
Pas *(chiuso lunedì)* carta 33/45000 – ⊏⊐ 9000 – **13 cam** 45/65000 – ½ P 50/65000.

TAVAGNASCO **10010** Torino **219** ⑭ – 822 ab. alt. 280 – ⚙ 0125.
Roma 693 – Aosta 58 – Ivrea 10 – ♦Milano 125 – ♦Torino 60.

🍴🍴 **Miramonti,** 🖉 758213 – ▤. 🔠 🗉 **VISA** 🕱
chiuso lunedì e gennaio – Pas carta 23/45000.

TAVARNELLE VAL DI PESA **50028** Firenze **988** ⑭⑮ – 6 829 ab. alt. 378 – ⚙ 055.
Roma 268 – ♦Firenze 29 – ♦Livorno 92 – Siena 38.

a Sambuca E : 4 km – ⊠ **50020** :

🏨 **Torricelle-Zucchi** senza rist, 🖉 8071780 – 🕮 🅿
⊏⊐ 8000 – **13 cam** 45/67000.

in prossimità uscita superstrada Firenze-Siena NE : 5 km :

🏨 **Park Hotel Chianti** senza rist, ⊠ 50028 🖉 8070106, Telex 571006, Fax 8070121 – 🛗 ▤
📺 ☎ 🅿. 🔠 🗉 **VISA**
⊏⊐ 11000 – **43 cam** 105000.

a San Donato in Poggio SE : 7 km – ⊠ **50020** :

🍴 **La Toppa,** 🖉 8072900 – 🔠 ⑩
chiuso lunedì e dal 2 al 27 gennaio – Pas carta 26/39000.

TAVERNE **427** ㉘, **219** ⑧ – Vedere Cantone Ticino alla fine dell'elenco alfabetico.

TAVERNELLE Vicenza – Vedere Altavilla Vicentina.

TAVERNERIO **22038** Como 428 E 9, 219 ⑨ – 5 098 ab. alt. 460 – ✿ 031.
Roma 630 – Como 6 – Lecco 26 – ◆Milano 47 – Varese 34.

XX **Gnocchetto,** a Solzago O : 1 km ℘ 426133 – **℗**. AE B E VISA
chiuso martedì e dal 1° al 22 agosto – Pas carta 34/55000.

TEGLIO **23036** Sondrio 428 429 D 12 – 5 101 ab. alt. 856 – ✿ 0342.
Roma 719 – Edolo 37 – ◆ Milano 158 – Sondrio 20 – Passo dello Stelvio 76.

🏠 **Combolo,** ℘ 780083, Fax 781044, ⇌ – 🛗 ☎ ⇌ **℗**. AE VISA. ⚘
Pas *(chiuso martedì)* carta 28/43000 – 🖙 5000 – **49 cam** 48/68000 – ½ P 67/82000.

🏠 **Meden,** ℘ 780080, ⚘ – 🛗 ⇌ **℗**. ⚘
dicembre-gennaio e giugno-settembre – Pas *(chiuso lunedì)* carta 24/39000 – 🖙 6000 –
36 cam 35/60000 – ½ P 50000.

TEL (TÖLL) Bolzano 218 ⑩ – Vedere Parcines.

TELESE **82037** Benevento 988 ㉗ – 4 736 ab. alt. 50 – ✿ 0824.
Roma 218 – Benevento 23 – ◆Napoli 65 – Salerno 98.

🏛 **Gd H. Telese** ⚘, NO : 2 km ℘ 940500, Telex 721395, Fax 940504, « Grande parco con ⛲
e ⚘ » – 🛗 ⚙ TV ☎ **℗** – 🏛 30 a 600. AE B ⓞ VISA. ⚘
Pas carta 28/63000 – **73 cam** 🖙 69/119000 appartamenti 208000 – ½ P 100/105000.

TELLARO La Spezia – Vedere Lerici.

TEMPIO PAUSANIA Sassari 988 ㉓ – Vedere Sardegna alla fine dell'elenco alfabetico.

TENCAROLA Padova – Vedere Padova.

TENNA **38050** Trento 429 D 15 – 703 ab. alt. 556 – a.s. 15 dicembre-Epifania – ✿ 0461.
🅱 (giugno-settembre) ℘ 706396.
Roma 607 – Belluno 93 – ◆Bolzano 79 – ◆Milano 263 – Trento 19 – ◆Venezia 144.

🏨 **Margherita** ⚘, NO : 2 km ℘ 706445, Fax 707854, ⚘, « In pineta », ⇌, ⛲, ⚘, ⚘ –
🛗 ☎ **℗** – 🏛 100. VISA. ⚘ cam
aprile-ottobre – Pas carta 28/42000 – **55 cam** 🖙 50/90000 – ½ P 45/70000.

TENNO **38060** Trento 428 429 E 14 – 1 641 ab. alt. 435 – a.s. 15 dicembre-15 gennaio e Pasqua
– ✿ 0464.
Roma 585 – ◆Brescia 84 – ◆Milano 179 – Riva del Garda 9 – Trento 59.

🏨 **Clubhotel Lago di Tenno e Rist. Mama Giosi,** NO : 3,5 km ℘ 502031, Fax 502101,
≤, « Servizio rist. estivo all'aperto », ⛲, ⚘, ⚘ – ☎ **℗**. AE B E VISA. ⚘ rist
aprile-ottobre – Pas *(chiuso martedì)* carta 35/48000 – 🖙 10000 – **44 cam** 80000 –
½ P 70/80000.

X **Piè di Castello,** località Calogna E : 2,5 km ℘ 521065 – **℗**. ⚘
← *chiuso martedì e da luglio al 20 agosto* – Pas 20/27000.

TEOLO **35037** Padova 988 ⑤, 429 F 17 – 7 608 ab. alt. 175 – ✿ 049.
Roma 498 – Abano Terme 14 – ◆Ferrara 83 – Mantova 95 – ◆Milano 240 – ◆Padova 20 – ◆Venezia 57.

🏠 **Alla Posta,** ℘ 9925003, ≤, ⚘, ⚘ – 🛗 ⚙ **℗** – 🏛 200. ⚘ rist
Pas *(chiuso mercoledì)* carta 25/47000 – 🖙 10000 – **27 cam** 50/80000 – ½ P 65000.

TERAMO **64100** 🄿 988 ㉖㉗ – 52 501 ab. alt. 265 – ✿ 0861.
🅱 via del Castello 10 ℘ 54243 – A.C.I. corso Cerulli 81 ℘ 53244.
Roma 182 – ◆Ancona 137 – L'Aquila 66 – Ascoli Piceno 35 – Chieti 72 – ◆Pescara 57.

🏨 **Sporting e Rist. Il Carpaccio,** via De Gasperi 41 ℘ 414723, 🔲 – 🛗 ▤ ☎ **℗** –
🏛 100. B E VISA. ⚘
Pas *(chiuso lunedì e dal 14 al 21 agosto)* carta 28/41000 – 🖙 12000 – **55 cam** 75/120000 –
½ P 85/95000.

🏨 **Abruzzi senza rist,** viale Mazzini 18 ℘ 241043 – 🛗 ▤ ⚘ ⇌ – 🏛 80
50 cam.

XX **Duomo,** via Stazio 9 ℘ 321274 – ▤.

TERLAN = Terlano.

TERLANO (TERLAN) **39018** Bolzano 429 C 15, 218 ⑳ – 3 059 ab. alt. 246 – ✿ 0471.
Roma 646 – ◆Bolzano 9 – Merano 19 – ◆Milano 307 – Trento 67.

🏠 **Weingarten,** ℘ 257174, Fax 257776, « Giardino ombreggiato con ⛲ riscaldata » – ☎
℗. B E VISA
15 marzo-15 novembre – Pas *(chiuso domenica)* carta 26/43000 – **18 cam** 🖙 45/89000 –
½ P 42/59000.

Vedere anche : *Vilpiano* NO : 4 km.

TERME – Vedere di seguito o al nome proprio della località termale.

TERME LUIGIANE Cosenza 988 ⑨ – alt. 178 – ⊠ **87020** Acquappesa – Stazione termale (maggio-ottobre) – ✆ 0982.

🛈 via Santa Lucia ✆ 94056.

Roma 475 – Castrovillari 107 – Catanzaro 110 – ♦Cosenza 51 – Paola 16.

🏠 **Parco delle Rose,** ✆ 94090, ⬛, ✕ – 🖹 ☎ ❺
stagionale – **50 cam**.

TERMENO SULLA STRADA DEL VINO (TRAMIN AN DER WEINSTRASSE) 39040 Bolzano 429 C 15, 218 ⑳ – 2 903 ab. alt. 276 – ✆ 0471.

Roma 630 – ♦Bolzano 24 – ♦Milano 288 – Trento 48.

🏠 **Arndt,** ✆ 860336, ≼, ☎, ⬛ riscaldata, ⬛ – 🖹 ⬚ ❺. 🔒 E 𝑽𝑰𝑺𝑨. ✕
◆ aprile-10 novembre – Pas 20/25000 – **20 cam** ⬚ 50/100000 – ½ P 51/65000.

🏠 **Traminer Hof,** ✆ 860384, Fax 860844, ⬛, ⬛ – 🖹 ▤ rist ☎ ⬱ ❺. 🔒 E 𝑽𝑰𝑺𝑨. ✕ rist
◆ Pasqua-5 novembre – Pas (chiuso martedì) 20/27000 – ⬚ 19000 – **39 cam** 35/64000 –
½ P 58/65000.

🏠 **Tirolerhof,** ✆ 860163, Fax 860154, ≼, ☎, ⬛ riscaldata, ⬛ – ☎ ❺. 🔒. ✕ rist
Pasqua-ottobre – Pas (solo per clienti alloggiati) – **30 cam** ⬚ 46/92000 – ½ P 50/61000.

TERMINILLO 02017 Rieti 988 ㉖ – alt. 1 620 – Sport invernali : 1 620/2 101 m ⛷1 ⛷12, ⛷ –
✆ 0746.

🛈 a Pian de´ Valli ✆ 61121.

Roma 99 – L'Aquila 79 – Rieti 21 – Terni 58 – Viterbo 120.

🏠 **Cristallo** ⑤, ✆ 61112 – 🖹 📺 ⬚ ⬱ ❺. 🅰�🅴. ✕
20 dicembre-15 aprile e luglio-15 settembre – Pas 30/40000 – ⬚ 20000 – **50 cam**
130/170000 – ½ P 100/160000.

🏠 **Togo Palace,** ✆ 61272 – 🖹 📺 ⬚ ⬱. 🅰🅴 🔒 ⑩ E 𝑽𝑰𝑺𝑨. ✕
5 dicembre-aprile e luglio-15 settembre – Pas carta 40/60000 – ⬚ 15000 – **43 cam** 150000
– ½ P 110/130000.

🏠 **Il Bucaneve** ⑤, ✆ 61237, ≼ vallata – ☎ ❺. ✕
dicembre-aprile e luglio-settembre – Pas (chiuso lunedì) 25/30000 – ⬚ 8000 – **14 cam**
50/75000 – ½ P 65/70000.

🏠 **La Lucciola,** ✆ 261138 – 📺 ⬚. ⑩. ✕
15 dicembre-Pasqua e luglio-settembre – **18 cam** solo ½ P 65/85000.

TERMOLI 86039 Campobasso 988 ㉗㉘ – 26 924 ab. – ✆ 0875.

⚓ per le Isole Tremiti 15 maggio-settembre giornaliero (1 h 40 mn) – Navigazione Libera del
Golfo-agenzia Di Brino, al porto ✆ 4859, Telex 722661.

⚓ per le Isole Tremiti giugno-settembre giornalieri (45 mn) – Adriatica di Navigazione-agenzia
Intercontinental, corso Umberto I n° 93 ✆ 491341, Telex 602051, Fax 2429.

🛈 piazza Bega ✆ 3913.

Roma 300 – Campobasso 69 – ♦Foggia 88 – Isernia 112 – ♦Napoli 200 – ♦Pescara 100.

🏨 **Mistral,** lungomare Cristoforo Colombo ✆ 491246, Fax 82592, ⚓ – 🖹 ▤ cam 📺 ☎
⬱. 🅰🅴 🔒 ⑩ E 𝑽𝑰𝑺𝑨. ✕
Pas (chiuso lunedì escluso da aprile a settembre) carta 34/57000 – **57 cam** ⬚ 90/144000,
▤ 24000 – ½ P 100/115000.

🏨 Corona e Rist. Bel Ami, via Mario Milano 2/a ✆ 84041, Telex 603060 – 🖹 ▤ 📺 ☎
39 cam.

🏠 **Gd H. Somerist e Rist. Ippocampo** ⑤, via Vincenzo Cuoco 14 ✆ 2440, Fax 2760 –
▤ 📺 ☎ ❺ – ⚗ 150. 🅰🅴 🔒 ⑩ E 𝑽𝑰𝑺𝑨. ✕ rist
Pas (chiuso lunedì) carta 27/49000 – **20 cam** ⬚ 85/115000 – ½ P 99/119000.

🏠 **Rosary,** lungomare Cristoforo Colombo 52 ✆ 84944, ≼ – 🖹 ☎
72 cam.

🏠 **Meridiano,** lungomare Cristoforo Colombo ✆ 491946, ≼ – 🖹 ⬚ ⚭ ❺ – ⚗ 300. ✕
Pas (chiuso da ottobre a maggio) carta 25/39000 – ⬚ 4000 – **56 cam** 60/70000 – P 80/85000.

✕✕ **Squalo Blu,** via De Gasperi 49 ✆ 83203, Solo piatti di pesce – 🅰🅴 🔒 ⑩ E 𝑽𝑰𝑺𝑨
chiuso lunedì – Pas carta 37/48000.

✕✕ ⚜ **San Carlo,** piazza Duomo ✆ 491295 – ✕
chiuso martedì e da Natale al 15 gennaio – Pas carta 40/55000
Spec. Antipasti di mare, Zuppa di pesce, Grigliata mista. Vini Trebbiano.

✕✕ Panfilo, lungomare Cristoforo Colombo 53 ✆ 43114, ⚓.

✕ **Bellevue,** via Brigida 28 ✆ 2632, ☷, Coperti limitati; prenotare – 🔒 E 𝑽𝑰𝑺𝑨
chiuso lunedì, agosto e settembre – Pas carta 28/41000.

sulla strada statale 16 O : 4 km :

🏠 **Jet** senza rist, ⊠ 86039 ✆ 52354, ⬛, ⚓ – 🖹 📺 ⬚ & ❺. 🅰🅴 🔒 ⑩ 𝑽𝑰𝑺𝑨
⬚ 9000 – **41 cam** 107000.

Dintorni Cascata delle Marmore★★ per ② : 7 km.

🛈 viale Cesare Battisti 7/a ✆ 43047, Fax 427259.

A.C.I. viale Cesare Battisti 121 ✆ 59946.

Roma 103 ④ – ◆Napoli 316 ④ – ◆Perugia 82 ④.

TERNI

Tacito (Corso) . . . . **AY**

Adriatico (Piazza) . .	**ABZ** 2
Angeloni (Via)	**BY** 3
Barberini (Via)	**AY** 4
Beccaria (Via)	**AZ** 5
Faustini (Via B.)	**AY** 7
Goldoni (Via)	**AY** 9
Manassei (Via)	**AZ** 10
Nobili (Via)	**AY** 14
Repubblica	
(Piazza della)	**AZ** 15
Vescovado (Via)	**AZ** 16
Villa Glori (Largo) . . .	**AY** 18
1º Maggio (Via)	**AY** 19

🏨🏨 Valentino e Rist. La Fontanella, via Plinio il Giovane 3 ✆ 55246, Telex 660876, Fax 58197 –
📷 🔲 📺 ☎ 🕭 ℗ – 🔬 30 a 180
61 cam BY **u**

🏨🏨 **Garden,** viale Bramante 4 ✆ 300041, Fax 300414, ☐, 🚗 – 📷 🔲 📺 ☎ 🚗 ℗ – 🔬 30
a 300. 🆎 🕥 ⓪ 𝗩𝗜𝗦𝗔. ⚇ rist per **d**
Pas (chiuso lunedì) 28/35000 – **94 cam** ☑ 96/146000 appartamenti 160/200000, 🔲 16000 –
½ P 90/120000.

🏨 **De Paris** senza rist, viale della Stazione 52 ✆ 58047, Fax 58047 – 📷 📺 ☞ – 🔬 120. 🆎
🕥 ⓪ 𝖤 𝗩𝗜𝗦𝗔. ⚇ BY **b**
☑ 4000 – **64 cam** 58/87000.

🏨 **Allegretti** senza rist, strada Staino ✆ 57747 – 📷 ☎ ☞ ℗. 🆎 🕥 ⓪ 𝖤 𝗩𝗜𝗦𝗔 BZ **v**
☑ 4000 – **53 cam** 55/80000.

🍴🍴 **Lu Pilottu,** strada delle Grazie 5 ✆ 274412, ⨌, prenotare – ℗. 🕥 𝖤 𝗩𝗜𝗦𝗔. ⚇ AZ
chiuso lunedì ed agosto – Pas carta 21/42000. per via Montegrappa

🍴🍴 **Alfio,** via Galileo Galilei 4 ✆ 420120 AY **a**
chiuso domenica e dal 1º al 24 agosto – Pas carta 27/35000 (12%).

XX Lu Somaru, viale Cesare Battisti 106 ℘ 300486, 🍽 – 🅿   AY e

XX **L'Erba Dolce,** via Castello 2 ℘ 418297, Coperti limitati; prenotare – 📖. ᴀᴇ ⓿. ⋙   BY g
   chiuso martedì – Pas carta 30/54000.

X **Da Carlino,** via Piemonte 1 ℘ 420163, 🍽 – ⋙   BY x
   chiuso lunedì ed agosto – Pas carta 23/34000.

X **Da Armando,** viale Brenta 12 ℘ 285888 – ᴀᴇ 🅱 ᴇ ᴠɪѕᴀ. ⋙   AZ n
➔   *chiuso sabato* – Pas carta 18/28000.

sulla strada statale 209 BY :

🏨 **Fontegaia** ⤳, località Racognano E : 13 km ✉ 05030 Montefranco ℘ 788621, Fax
788623, 🍽, 🐎 – 📺 ☎ 🅿 – 🔬 50. ᴀᴇ 🅱 ᴠɪѕᴀ. ⋙
Pas carta 25/36000 – � 6000 – **20 cam** 58/85000 appartamenti 125000 – ½ P 68/70000.

🏠 **Rossi,** località Casteldilago E : 11 km ✉ 05031 Arrone ℘ 788372 e rist ℘ 78105, 🍽, 🐎
– 📺 ☎ 🅿. 🅱 ⓿ ᴠɪѕᴀ ⋙
Pas *(chiuso venerdì)* carta 23/43000 – ⊒ 5500 – **16 cam** 42/60000 – ½ P 50000.

X **Grottino del Nera,** E : 11 km ✉ 05031 Arrone ℘ 78104 – 🅿. ⓿. ⋙
   chiuso mercoledì, dal 10 al 24 gennaio, febbraio e dal 7 al 21 giugno – **Pas** carta 29/39000.

TERNO D'ISOLA 24030 Bergamo 4⃞2⃞8⃞ E 10, 2⃞1⃞9⃞ ⑳ – 3 387 ab. alt. 229 – ✪ 035.
Roma 612 – ♦Bergamo 12 – Lecco 29 – ♦Milano 43.

X **2 Camini,** strada provinciale ℘ 904165 – 🅿. ⋙
   chiuso martedì sera e mercoledì – Pas carta 21/43000.

TERRACINA 04019 Latina 9⃞8⃞8⃞ ㉖ – 39 393 ab. – a.s. Pasqua e luglio-agosto – ✪ 0773.
Vedere Tempio di Giove Anxur★ : ⋙★★ E : 4 km e 15 mn a piedi AR – Candelabro pasquale★ nel
Duomo.
🛈 via Leopardi ℘ 727759.
Roma 109 – Frosinone 60 – Gaeta 35 – Latina 39 – ♦Napoli 123.

🏨 **Torre del Sole,** via Pontina al km 106 ℘ 730717, ≤, 🏖, 🐎 – 🛗 🅿 – 🔬 80. ᴀᴇ 🅱
⓿ ᴇ ᴠɪѕᴀ. ⋙
chiuso dicembre e gennaio – Pas carta 42/55000 – **120 cam** ⊒ 135000 appartamenti
230/270000 – ½ P 65/105000.

XX ❀ **La Tartana-da Mario l'Ostricaro,** via Appia al km 102 ℘ 702461, ≤, 🍽, Solo piatti
di pesce – 🅿
chiuso martedì – Pas carta 48/63000 (10%)
Spec. Spaghetti alle vongole veraci, Zuppa di cozze e vongole, Tonnarelli ai datteri di mare. **Vini** Trebbiano.

XX **Il Grappolo d'Uva,** lungomare Matteotti 1 ℘ 702521, ≤ – 📖 🅿
chiuso mercoledì, gennaio o novembre – Pas carta 26/58000 (15%).

XX **Meson Feliz** ⤳ con cam, via Pontina al km 105 ℘ 71026, 🍽, 🐎 – 📞 🅿. ᴀᴇ 🅱 ⓿
ᴇ ᴠɪѕᴀ. ⋙
Pas *(chiuso lunedì)* carta 30/51000 (15%) – ⊒ 7000 – **14 cam** 34/60000 – ½ P 80/90000.

XX **Hostaria Porto Salvo,** via Appia al km 102 ℘ 702151, ≤, 🍽 – 🅿. ᴀᴇ 🅱 ⓿ ᴇ ᴠɪѕᴀ
chiuso lunedì e novembre – Pas carta 38/73000.

X Taverna del Porto, a Porto Badino ℘ 718434, 🍽 – 🅿.

X **La Capannina,** via Appia al km 103 ℘ 702539, ≤, 🍽 – 🅿. ᴀᴇ 🅱 ⓿ ᴇ ᴠɪѕᴀ
   chiuso giovedì in bassa stagione – Pas carta 25/40000 (15%).

X **Al Geranio,** via Tripoli 36 ℘ 700101 – ᴀᴇ 🅱
   chiuso dal 5 al 25 novembre e lunedì in bassa stagione – Pas carta 37/65000.

TERRANUOVA BRACCIOLINI 52028 Arezzo 9⃞8⃞8⃞ ⑮ – 10 095 ab. alt. 156 – ✪ 055.
Roma 250 – Arezzo 36 – ♦Firenze 50 – ♦Perugia 110 – Siena 50.

XX **Amicorum,** via Manzoni 11 ℘ 9199558, prenotare – 🅿. ᴀᴇ 🅱 ⓿ ᴇ ᴠɪѕᴀ
   chiuso mercoledì, giovedì a mezzogiorno ed agosto – Pas carta 42/57000.

TERRAROSSA Grosseto – Vedere Orbetello.

TERRASINI Palermo – Vedere Sicilia alla fine dell'elenco alfabetico.

TERRUGGIA 15030 Alessandria – 723 ab. alt. 199 – ✪ 0142.
Roma 623 – Alessandria 25 – Asti 38 – ♦Milano 125 – ♦Torino 92.

XX Ariotto, ℘ 801200, « Servizio estivo all'aperto con ≤ ».

Si le coût de la vie subit des variations importantes,
les prix que nous indiquons peuvent être majorés.
Lors de votre réservation à l'hôtel, faites-vous préciser le prix définitif.

TESERO 38038 Trento 429 D 16 – 2 520 ab. alt. 991 – a.s. febbraio-Pasqua e Natale – Sport invernali : a Pampeago 1 750/2 200 m ≰5, ≰ a Tesero – 🟢 0462.

🖼 via Roma 35 ✆ 83032.

Roma 653 – Belluno 87 – ◆Bolzano 47 – Canazei 34 – ◆Milano 311 – Trento 71.

🏠 **Alma,** ✆ 83074, Fax 83074, ≤, 🛋 – 🕾 🚗 🅿. ❀
20 dicembre-aprile e 15 giugno-ottobre – Pas (solo per clienti alloggiati) 26000 – ☷ 15500 – **30 cam** 45/76000 – ½ P 44/73000.

a Pampeago N : 8 km – alt. 1 750 – ✉ **38038** Tesero :

🏨 **Sport H. Pampeago** 🦢, ✆ 83167, Fax 84517, ≤, ☎ – 📶 🕾 🅿. ❀ rist
dicembre-15 aprile e 29 giugno-8 settembre – Pas (solo per clienti alloggiati) – ☷ 10000 – **95 cam** 84/140000 – ½ P 70/100000.

TESIDO (TAISTEN) Bolzano – Vedere Monguelfo.

TESTACCIO Napoli – Vedere Ischia (Isola d') : Barano.

THIENE 36016 Vicenza 988 ④⑤, 429 E 16 – 19 722 ab. alt. 147 – 🟢 0445.

Roma 559 – Belluno 105 – ◆Milano 241 – Trento 70 – ◆Treviso 72 – ◆Venezia 91 – Vicenza 20.

🏠 **Belvedere,** via Val Posina 51 ✆ 361605 – ☎ 🅿. VISA. ❀
◆ *chiuso dal 26 luglio al 18 agosto* – Pas (chiuso sabato sera e domenica) carta 20/31000 – ☷ 4500 – **19 cam** 45/65000 – P 65/73000.

✗ **Ai Milanesi-da Elio e Angelo,** via del Costo 57 ✆ 362486, 🍽 – 🅿. 🕃 🖃 VISA
chiuso domenica – Pas carta 25/35000.

sulla strada statale 349 NO : 4 km :

✗ **Diana** con cam, ✉ 36010 Carrè ✆ 314176, ❀ – 🍴 🕾 🅿. 🖃 🕃. ❀
chiuso dal 5 al 25 agosto – Pas (chiuso domenica sera e lunedì) carta 27/34000 – ☷ 6000 – **12 cam** 70/100000.

TIERS = Tires.

TIGLIETO 16010 Genova 428 I 7 – 589 ab. alt. 510 – 🟢 010.

Roma 550 – Alessandria 54 – ◆Genova 51 – ◆Milano 130 – Savona 52.

🏨 **Pigan,** ✆ 929015, « Boschetto » – 🅿. ❀
Pas (chiuso martedì da ottobre a giugno) carta 21/30000 – ☷ 5500 – **12 cam** 28/50000 – P 60/63000.

TIGLIOLE 14016 Asti 428 H 6 – 1 436 ab. alt. 239 – 🟢 0141.

Roma 628 – Alessandria 49 – Asti 14 – Cuneo 91 – ◆Milano 139 – ◆Torino 54.

✗✗ **Vittoria,** ✆ 667123, 🐢 – 🖃 🕃 🖃 VISA. ❀
chiuso lunedì, gennaio e dal 16 agosto al 2 settembre – Pas carta 35/60000.

TIGNALE 25080 Brescia 428 429 E 14 – 1 237 ab. alt. 560 – a.s. Pasqua e luglio-15 settembre – 🟢 0365.

Roma 574 – ◆Brescia 57 – ◆Milano 152 – Salò 26 – Trento 82.

sulla strada statale 45 bis E : 11,5 km :

🏨 **Forbisicle,** ✉ 25010 Campione del Garda ✆ 73022, ≤, 🏖, 🛋 – ☎ 🅿. ❀
aprile-ottobre – Pas carta 28/45000 – ☷ 6000 – **22 cam** 55/75000 – ½ P 65/75000.

TIONE DI TRENTO 38079 Trento 988 ④, 428 429 D 14 – 3 186 ab. alt. 565 – a.s. Natale – 🟢 0465.

Dintorni Valle Rendena★ Nord per la strada S 239.

Roma 613 – ◆Bolzano 103 – ◆Brescia 87 – Merano 129 – ◆Milano 178 – Trento 43.

🏠 **Milano,** ✆ 21096 – 📶 🅿. 🖃 🕃 🖃 VISA
Pas (chiuso lunedì) carta 22/41000 – ☷ 8000 – **22 cam** 45/60000 – ½ P 55/65000.

TIRANO 23037 Sondrio 988 ③④, 428 429 D 12 – 8 960 ab. alt. 450 – 🟢 0342.

Roma 725 – Passo del Bernina 35 – ◆Bolzano 163 – ◆Milano 164 – Sondrio 26 – Passo dello Stelvio 58.

✗ **Bernina** con cam, piazza Stazione ✆ 701302, Fax 701430 – 🖃
chiuso dal 10 al 25 novembre – Pas (chiuso domenica) carta 31/51000 (15%) – ☷ 7000 – **11 cam** 57000 – ½ P 60/70000.

a Madonna di Tirano O : 1,5 km – ✉ **23030** :

✗ **Altavilla** con cam, ✆ 701779 – 📶. 🖃 🕃 🖃 VISA. ❀ cam
chiuso novembre – Pas (chiuso venerdì) carta 26/39000 – ☷ 10000 – **13 cam** 28/48000 – ½ P 50/55000.

TIRES (TIERS) 39050 Bolzano 429 C 16 – 834 ab. alt. 1 028 – ۞ 0471.
Roma 658 – ◆Bolzano 17 – Bressanone 40 – ◆Milano 316 – Trento 77.

a San Cipriano (St. Zyprian) E : 3 km – ⊠ **39050** Tires :

⊡ **Stefaner** ♨, ℰ 642175, ≤ Catinaccio e pinete, 🚗 – 🛗 ⇆ rist 🅿. ⅏
   chiuso dal 10 novembre al 20 dicembre – Pas (solo per clienti alloggiati e *chiuso a mezzogiorno*) – **15 cam** � 60/110000 – ½ P 42/55000.

✗ **Zyprianer Hof** ♨ con cam, ℰ 642143, ≤ Catinaccio e pinete, 🍽, 🚗 – ☎ 🅿. 🅂 🅴
   VISA
   chiuso dal 10 novembre al 25 dicembre e dal 10 al 30 gennaio – Pas *(chiuso mercoledì escluso giugno-ottobre)* carta 29/58000 – **12 cam** ⊆ 124000 – ½ P 45/72000.

TIRLI Grosseto – Vedere Castiglione della Pescaia.

TIROL = Tirolo.

TIROLO (TIROL) 39019 Bolzano 429 B 15, 218 ⑩ – 2 215 ab. alt. 592 – ۞ 0473.
🛈 ℰ 93314, Fax 93012.
Roma 669 – ◆Bolzano 32 – Merano 4 – ◆Milano 330.

Pianta : vedere Merano

🏨 **Castel** ♨, ℰ 93693, Fax 93113, ≤ monti e Merano, 🛁, ≘, ⊒ riscaldata, 🔲, 🚗, ⅏ –
   🛗 ☰ rist 📺 ☎ ⇆ 🅿 – 🔬 70. ⅏   A u
   marzo-novembre – **30 cam** solo ½ P 140/160000.

🏨 **Gartner,** ℰ 93414, Fax 93120, ≤, « Giardino con ⊒ », ≘, 🔲 – 🛗 📺 ☎ 🅿. 🅂 – ⅏ rist
   marzo-novembre – Pas carta 28/58000 – **30 cam** ⊆ 127/242000 – ½ P 75/115000.   AB z

🏨 **Erika,** ℰ 93338, Fax 93066, ≤, 🛁, ≘, ⊒ riscaldata, 🔲, 🚗, ⅏ – 🛗 ☰ rist ☎ ⇌ 🅿.
   🅴. ⅏ rist   A u
   marzo-novembre – **32 cam** solo ½ P 88/127000.

🏨 **Küglerhof** ♨, ℰ 93428, Fax 93699, ≤, ⊒ riscaldata, 🚗 – 🛗 ☎ 🖑 🅿. 🅂 🅴 VISA. ⅏
   25 marzo-5 novembre – Pas (solo per clienti alloggiati e *chiuso a mezzogiorno*) – **23 cam**
   ⊆ 70/120000 – ½ P 78/100000   A r

🏨 **Lisetta,** ℰ 93422, 🛁, ≘, ⊒, 🔲, 🚗, ⅏ – 🛗 ☰ rist 📺 ⇌ 🅿. ⅏ rist   B z
   23 marzo-15 novembre – Pas (solo per clienti alloggiati) carta 30/44000 – **29 cam** ⊆ 120000
   – ½ P 50/80000.

🏨 **Marini,** ℰ 93666, ≤ monti e vallata, ⊒, 🔲, 🚗 – 🛗 🖑 rist ☎ 🅿. ⅏   A s
   15 marzo-15 novembre – Pas (solo per clienti alloggiati e *chiuso a mezzogiorno*) – **21 cam**
   solo ½ P 45/80000.

TIRRENIA 56018 Pisa 988 ⑭, 428 429 L 12 – a.s. luglio e agosto – ۞ 050.
🛆 (chiuso martedì dal 15 settembre al 15 giugno) ℰ 37518.
🛈 (giugno-settembre) largo Belvedere ℰ 32510.
Roma 332 – ◆Firenze 108 – ◆Livorno 21 – Pisa 16 – Siena 123 – Viareggio 36.

🏨 **Gd H. Golf** ♨, via dell'Edera 29 ℰ 37545, Telex 502080, Fax 32111, « Parco con ⊒ e
   ⅏ », 🏖, – 🛗 ☰ 📺 ☎ 🖑 ⇆ 🅿 – 🔬 80. 🅰🅴 🅂 ⓞ 🅴 VISA. ⅏ rist
   Pas 40/60000 – **78 cam** ⊆ 150/220000 – ½ P 130/160000.

🏨 **Gd H. Continental,** largo Belvedere ℰ 37031, Telex 500103, Fax 37283, ≤, ⊒, 🏖, ⅏
   – 🛗 ☰ 📺 ☎ ⇌ – 🔬 30 a 300. 🅰🅴 🅂 ⓞ 🅴 VISA. ⅏ rist
   Pas (solo per clienti alloggiati) 28/42000 – **184 cam** ⊆ 140/210000 appartamenti 230/300000
   – ½ P 107/135000.

🏨 **Il Gabbiano,** via della Bigattiera 14 ℰ 32223, 🚗 – ⇌ 🅿 – 🔬 40. 🅂 ⓞ 🅴 VISA. ⅏
   10 marzo-ottobre – Pas (solo per clienti alloggiati e *chiuso sino al 30 maggio (escluso
   Pasqua) settembre ed ottobre)* 30/38000 – ⊆ 8500 – **16 cam** ⊆ 120000 – ½ P 74000.

🏨 **Bristol** senza rist, via delle Felci 38 ℰ 37161, ⅏ – 🛗 ☰ ☎ 🅿
   36 cam.

🏨 **Medusa,** via degli Oleandri 37 ℰ 37125, Fax 37125 – ☎ 🅿. 🅰🅴 🅂 ⓞ 🅴 VISA. ⅏ rist
   Pasqua-ottobre – Pas 24/26000 – ⊆ 8500 – **32 cam** 66/88000 – ½ P 51/69000.

✗✗ **La Bettola,** via delle Rose 17 ℰ 37657 – 🅿. 🅰🅴 🅂 ⓞ 🅴 VISA. ⅏
   chiuso lunedì e dal 10 al 30 novembre – Pas carta 36/55000 (10%).

✗ **Martini,** via dell'Edera 16 ℰ 37592 – ☰. 🅰🅴 🅂 ⓞ 🅴 VISA. ⅏
   chiuso lunedì a mezzogiorno e martedì – Pas carta 34/63000 (12%).

Le Ottime Tavole

per voi abbiamo contraddistinto

alcuni alberghi (⊡ ... 🏨🏨🏨) e ristoranti (✗... ✗✗✗✗✗) con ✿, ✿✿ o ✿✿✿.

TIVOLI **00019** Roma 988 ㉖ – 54 352 ab. alt. 225 – ☎ 0774.

Vedere Località*** – Villa d'Este*** – Villa Gregoriana* : grande cascata**.

Dintorni Villa Adriana*** per ③ : 6 km – 🅸 piazza Garibaldi ☎ 21249.

Roma 31 ③ – Avezzano 74 ② – Frosinone 79 ③ – •Pescara 180 ② – Rieti 76 ③.

XX **Sibilla,** via della Sibilla 50 ☎ 20281, « Servizio estivo nel giardino dei templi di Vesta e di Sibilla » – AE ⓓ VISA **a**
chiuso lunedì – Pas carta 40/60000.

XX **5 Statue,** largo Sant'Angelo 1 ☎ 20366, 🍽 – 🅂 E VISA **x**
chiuso venerdì – Pas carta 34/44000 (13%).

a Villa Adriana per ③ : 6 km – ✉ **00010** :

XX **Adriano,** ☎ 529174, « Servizio estivo all'aperto », 🍽, ✂ – Ⓟ. AE 🅂 ⓓ E VISA
chiuso lunedì – Pas carta 42/61000 (15%).

Trevio (Via del)	24	Parmegiani (Via A.)	10
		Parrozzani (Via A.)	12
Battisti (Largo Cesare)	2	Plebiscito (Piazza)	13
Boselli (Via)	3	Ponte Gregoriano (Via)	14
Collegio (Via del)	4	Rivarola (Piazza)	16
Gesù (Via del)	5	S. Valerio (Via)	18
Lione (Via)	6	Sosii (Via dei)	20
Munazio Planco (Via)	7	Todini (Vicolo)	21
Nazioni Unite (Viale delle)	9	Trento (Piazza)	22

TOANO **42010** Reggio nell'Emilia 428 429 I 13 – 3 943 ab. alt. 844 – a.s. luglio-15 settembre – ☎ 0522.

Roma 455 – •Bologna 93 – •Milano 205 – •Modena 54 – Reggio nell'Emilia 56.

🏨 **Miramonti,** ☎ 805128 – 🛗 ⇔ ☎ Ⓟ. ✂
Pas *(chiuso lunedì escluso dal 6 giugno all'11 settembre)* carta 22/31000 – **27 cam** ☕ 40/60000 – ½ P 45000.

🏨 **Posta,** ☎ 805117, 🍽 – 🛗 ⇔. 🅂. ✂ cam
chiuso dal 10 al 20 settembre – Pas *(chiuso martedì)* carta 24/32000 – ☕ 7000 – **18 cam** 33/50000 – ½ P 40/45000.

TOBLACH = Dobbiaco.

TODI **06059** Perugia 988 ㉕㉖ – 16 980 ab. alt. 411 – ☎ 075.

Vedere Piazza del Popolo** : palazzo dei Priori*, palazzo del Capitano*, palazzo del Popolo* – Chiesa di San Fortunato** – ≤** sulla vallata da piazza Garibaldi – Duomo* – Chiesa di Santa Maria della Consolazione* O : 1 km per la strada di Orvieto.

🅸 piazza del Popolo ☎ 883158 – Roma 130 – Assisi 60 – Orvieto 39 – •Perugia 45 – Spoleto 45 – Terni 40.

🏨 **San Valentino** 🐎, S : 4 km ☎ 884103, Fax 8848696, ≤ Todi e monti, « In un convento del 13° secolo », 🏊, ✂ – TV ☎ Ⓟ. AE 🅂 ⓓ E VISA. ✂ rist
Pas carta 65/95000 – **14 cam** ☕ 250/350000 – ½ P 230/280000.

🏨 **Bramante,** via Orvietana ☎ 8948382, Telex 661043, Fax 8948074, « Servizio estivo in terrazza con ≤ », 🍽, ✂ – 🛗 ▤ TV ☎ ♿ Ⓟ – 🎤 150. AE 🅂 ⓓ E VISA
Pas *(chiuso lunedì)* 35/50000 – **43 cam** ☕ 150/180000 appartamenti 200000 – ½ P 130000.

🏨 **Villaluisa,** via Cortesi 147 ☎ 8848571 (prenderà il 8948571), Fax 8948472, « Parco » – 🛗 ☎ ♿ Ⓟ – 🎤 40. AE 🅂 ⓓ E VISA. ✂
Pas *(chiuso mercoledì da ottobre a marzo)* 28/38000 – ☕ 10000 – **43 cam** 78/88000 – ½ P 65/70000.

🏨 **Tuder,** via Maestà dei Lombardi 13 ☎ 882184 – ☎ Ⓟ. AE 🅂 ⓓ E VISA. ✂ rist
Pas *(chiuso venerdì)* carta 30/40000 (10%) – ☕ 6000 – **20 cam** 57/82000 – ½ P 48/58000.

X **Umbria,** via San Bonaventura 13 ☎ 882737, « Servizio estivo in terrazza con ≤ » – AE 🅂 ⓓ E VISA. ✂
chiuso martedì e dal 19 dicembre all'8 gennaio – Pas carta 41/54000.

X **Jacopone-da Peppino,** piazza Jacopone 5 ☎ 882366 – ✂
chiuso lunedì e dal 15 al 30 luglio – Pas carta 24/45000.

X **Lucaroni,** via Cortesi 57 ☎ 882694, Fax 8848379
chiuso martedì – Pas carta 28/36000 (10%).

TOFANA DI MEZZO Belluno – alt. 3 244.

Vedere ❄★★★.

Cortina d'Ampezzo 15 mn di funivia.

TOLMEZZO 33028 Udine 988 ⑤ ⑥, 429 C 21 – 10 478 ab. alt. 323 – ✿ 0433.

Roma 688 – Cortina d'Ampezzo 105 – ◆Milano 427 – Tarvisio 63 – ◆Trieste 121 – Udine 52 – ◆Venezia 177.

🏨 **Cimenti,** via della Vittoria 28 𝒫 2926 – 🛗 TV ☎ 🅿 ⌶ 🔇 ⓞ 🗲 VISA ⅏
chiuso dal 25 giugno al 15 luglio – Pas (chiuso venerdì e domenica sera) carta 33/50000 –
� 8500 – **15 cam** 98000 – ½ P 66/80000.

XX **Roma,** piazza 20 settembre 14 𝒫 2081, Coperti limitati; prenotare – ⌶ 🔇 ⓞ 🗲 VISA ⅏
chiuso domenica sera, lunedì e dal 1° al 15 ottobre – Pas carta 40/61000.

TONALE (Passo del) Brescia e Trento 988 ④, 428 429 D 13 – alt. 1 883 – a.s. febbraio-Pasqua
e Natale – Sport invernali : 1 883/3 000 m ⅟11 (anche sci estivo), 🎿.

🛈 𝒫 (0364) 91343.

Roma 688 – ◆Bolzano 94 – ◆Brescia 130 – ◆Milano 177 – Ponte di Legno 11 – Sondrio 75 – Trento 90.

🏠 **Redivalle,** ⌧ 38020 Passo del Tonale 𝒫 (0364) 91349, ≤ – ⇌ 🔇 ⅏
dicembre-1° maggio e 15 giugno-2 ottobre – Pas carta 20/29000 – � 7000 – **49 cam**
37/66000 – ½ P 57/104000.

🏠 **Serodine,** ⌧ 25056 Ponte di Legno 𝒫 (0364) 91838, Fax (0364) 91069, ≤ – ☎ ⌶ 🔇
ⓞ 🗲 VISA ⅏ rist
Pas 20/35000 – � 10000 – **20 cam** 43/63000 – ½ P 50/80000.

TONDI DI FALORIA Belluno – alt. 2 343.

Vedere ❄★★★.

Cortina d'Ampezzo 20 mn di funivia.

TORBOLE 38069 Trento 988 ④, 428 429 E 14 – alt. 85 – a.s. 15 dicembre-15 gennaio e Pasqua
– ✿ 0464.

Vedere Guida Verde.

🛈 lungolago Verona 19 𝒫 505177, Telex 401303, Fax 505643.

Roma 569 – ◆Brescia 79 – ◆Milano 174 – Trento 46 – ◆Verona 83.

🏨 **Piccolo Mondo,** 𝒫 505271, Fax 505295, ⌇, 🐷, ⅏ – 🛗 ☎ 🅿 ⅏ rist
chiuso dal 20 gennaio al 15 marzo – Pas carta 47/66000 – � 15000 – **36 cam** 130000 –
½ P 96000.

🏨 **Lago di Garda,** 𝒫 505111, Telex 401530, Fax 505111, ≤, ⇌ – TV ☎ – 🛗 80. ⌶ 🔇
ⓞ 🗲 VISA ⅏
Pasqua-ottobre – Pas carta 39/56000 – � 13000 – **36 cam** 93/150000 appartamenti
250/330000 – ½ P 89/125000.

🏨 **Lido Blu** ⌇, 𝒫 505180, ≤, Ⅰ₆, ⇌, ⌇, 🚣₆ – 🛗 🍽 rist TV ☎ 🅿 ⌶ 🔇 🗲 VISA ⅏ rist
chiuso da gennaio al 18 marzo – Pas carta 33/46000 – **40 cam** � 105/188000 –
½ P 95/105000.

🏨 **Caravel,** 𝒫 505724, Telex 401191, Fax 505958, ⌇ – 🛗 🍽 rist TV ☎ 🅿 ⓞ VISA ⅏ rist
marzo-novembre – Pas carta 23/34000 – � 12000 – **58 cam** 65/95000 – ½ P 73000.

🏠 **Villa Magnolia** senza rist, 𝒫 505050, ⌇, 🐷 – 🛗 ☎ 🅿. VISA ⅏
aprile-4 novembre – � 5500 – **20 cam** 32/54000.

🏠 **Geier,** 𝒫 505131, ≤, 🍴, 🐷 – 🅿. ⅏
aprile-ottobre – Pas (chiuso lunedì) carta 24/32000 – **34 cam** � 32/53000 – ½ P 42/46000.

sulla strada statale 249 S : 4 km :

🏠 **Villabella** ⌇, località Tempesta ⌧ 38069 𝒫 505100, ≤, « Sulla scogliera », ⌇, 🚣₆,
🐷 – ☎ 🅿 ⅏ rist
maggio-settembre – Pas 30000 – � 17000 – **12 cam** 47/75000 – ½ P 88000.

TORCELLO Venezia 988 ⑤ – Vedere Venezia.

TORGIANO 06089 Perugia – 4 930 ab. alt. 219 – ✿ 075.

Vedere Museo del Vino★.

Roma 158 – Assisi 27 – Orvieto 60 – ◆Perugia 16 – Terni 69.

🏨 **Le Tre Vaselle,** 𝒫 982447, Telex 564028, Fax 985214, ≤ – 🛗 🍽 ☎ 🅿 – 🛗 30 a 300. ⌶
🔇 ⓞ 🗲 VISA ⅏
Pas (prenotare) carta 54/75000 – **48 cam** � 280000 appartamento 390000 – ½ P 205/255000.

TORGNON 11020 Aosta 428 E 4, 219 ③ – 467 ab. alt. 1 489 – a.s. 15 febbraio-Pasqua,
15 luglio-agosto e Natale – ✿ 0166.

Roma 737 – Aosta 39 – Breuil-Cervinia 26 – ◆Milano 173 – ◆Torino 102.

🏠 **Panoramique,** 𝒫 40215, ≤, 🐷 – 🛗 🅿
stagionale – **35 cam**.

TORINO 10100 🅿 988 ⑫, 428 G 5 – 1 002 863 ab. alt. 239 – ✦ 011.

Vedere Piazza San Carlo★★ CXY – Museo Egizio★★, galleria Sabauda★★ nel palazzo dell'Accademia delle Scienze CX **M** – Duomo★ CX : reliquia della Sacra Sindone★★★ – Mole Antonelliana★ : ☀★★ DX – Palazzo Madama★ : museo d'Arte Antica★ CX **A** – Palazzo Reale★ : Armeria Reale★ CDVX – Museo del Risorgimento★ a palazzo Carignano CX **M2** – Museo dell'Automobile Carlo Biscaretti di Ruffia★ GU **M3** – Borgo Medioevale★ nel parco del Valentino CDZ.

Dintorni Basilica di Superga★ : ≼★★★, tombe reali★ HT – Circuito della Maddalena★ GHTU : ≼★★ sulla città dalla strada Superga-Pino Torinese, ≼★ sulla città dalla strada Colle della Maddalena-Cavoretto.

🛆 e 🛆 I Roveri (marzo-novembre; chiuso lunedì) a La Mandria ✉ 10070 Fiano 🖉 9235667, Fax 9235669, per ① : 18 km;

🛆 e 🛆 (chiuso gennaio, febbraio e lunedì) a Fiano ✉10070 🖉 9235440, per ① : 20 km;

🛆 Le Fronde (chiuso lunedì e gennaio) ad Avigliana ✉ 10051 Avigliana 🖉 938053, O : 24 km;

🛆 (chiuso lunedì ed agosto) a Stupinigi ✉ 10135 🖉 343975 FU;

🛆 (chiuso lunedì e dal 24 dicembre al 7 gennaio) a Vinovo ✉ 10048 🖉 9653880 FU.

✈ Città di Torino di Caselle per ① : 15 km 🖉 5778361 – Alitalia, via Lagrange 35 ✉ 10123 🖉 57697.

🚐 🖉 537766.

🚊 via Roma 222 (piazza C.L.N.) ✉ 10121 🖉 535901 – Stazione Porta Nuova ✉ 10125 🖉 531327.

A.C.I. via Giovanni Giolitti 15 ✉ 10123 🖉 57791.

Roma 669 ⑦ – Briançon 108 ⑪ – Chambéry 209 ⑪ – ✦Genève 252 ③ – ✦Genova 170 ⑦ – Grenoble 224 ⑪ – ✦Milano 140 ③ – ✦Nice 220 ⑨.

Piante : Torino p. 2 a 7

🏨 **Turin Palace Hotel,** via Sacchi 8 ✉ 10128 🖉 515511, Telex 221411, Fax 5612187 – 🛗 🖿 📺 ☎ ⅙ ⇐ – 🔬 30 a 200. ﷼ 🗐 ⑩ 🔤 💳. ✻ rist   CY **u**
Pas *(chiuso dal 5 al 25 agosto)* carta 53/100000 – 🖵 27000 – **125 cam** 270/320000 appartamenti 400/550000 – ½ P 235/340000.

🏨 **Jolly Principi di Piemonte,** via Gobetti 15 ✉ 10123 🖉 519693, Telex 221120, Fax 510270 – 🛗 🖿 📺 ☎ – 🔬 100. ﷼ 🗐 ⑩ 🔤 💳. ✻ rist   CY **z**
Pas 60000 – **107 cam** 🖵 264/340000 – ½ P 230/324000.

🏨 **Gd H. Sitea,** via Carlo Alberto 35 ✉ 10123 🖉 5570171, Telex 220229, Fax 548090 – 🛗 🖿 📺 ☎ – 🔬 30 a 100. ﷼ 🗐 ⑩ 🔤 💳. ✻ rist   CY **t**
Pas carta 58/85000 – **116 cam** 🖵 220/295000 – ½ P 250000.

🏨 **Jolly Ambasciatori,** corso Vittorio Emanuele 104 ✉ 10121 🖉 5752, Telex 221296, Fax 544978 – 🛗 🖿 📺 ☎ ⇐ – 🔬 25 a 400. ﷼ 🗐 ⑩ 🔤 💳. ✻ rist   BX **a**
Pas 40000 – **195 cam** 🖵 220/280000 – ½ P 180/260000.

🏨 **Jolly Hotel Ligure,** piazza Carlo Felice 85 ✉ 10123 🖉 55641, Telex 220167, Fax 535438 – 🛗 🖿 📺 ☎ – 🔬 30 a 250. ﷼ 🗐 ⑩ 🔤 💳. ✻ rist   CY **b**
Pas 40000 – **156 cam** 🖵 235/298000 – ½ P 189/275000.

🏨 **Diplomatic** senza rist, via Cernaia 42 ✉ 10122 🖉 5612444, Telex 225445, Fax 540472 – 🛗 🖿 📺 ☎ ⇐ – 🔬 50 a 200. ﷼ 🗐 ⑩ 🔤 💳   BX **g**
129 cam 🖵 200/270000.

🏨 **City** senza rist, via Juvarra 25 ✉ 10122 🖉 540546, Telex 216228, Fax 548188 – 🛗 🖿 📺 ☎ – 🔬 25. ﷼ 🗐 ⑩ 🔤 💳. ✻   BV **e**
chiuso agosto, Natale e Capodanno – **44 cam** 🖵 245/325000 appartamenti 380000.

🏨 **Concord,** via Lagrange 47 ✉ 10123 🖉 5576756, Telex 221323, Fax 5576305 – 🛗 🖿 📺 ☎ ⅙ ⇐ – 🔬 180. ﷼ 🗐 ⑩ 🔤 💳. ✻ rist   CY **s**
Pas 53000 – **139 cam** 🖵 215/270000 appartamenti 370000 – ½ P 176/253000.

🏨 **Majestic,** corso Vittorio Emanuele II n° 54 ✉ 10123 🖉 539153, Telex 216260, Fax 534963 – 🛗 🖿 📺 ☎ ⅙ ⇐ – 🔬 30 a 150. ﷼ 🗐 ⑩ 🔤 💳. ✻ rist   CY **e**
Pas 40/45000 – **159 cam** 🖵 265/290000 – ½ P 195/290000.

🏨 **Genio** senza rist, corso Vittorio Emanuele II n° 47 ✉ 10125 🖉 6505771, Telex 220308, Fax 6508264 – 🛗 🖿 📺 ☎ ⅙ – 🔬 35. ﷼ 🗐 ⑩ 🔤 💳   CYZ **w**
75 cam 🖵 105/150000, 🖿 12000.

🏨 **Royal,** corso Regina Margherita 249 ✉ 10144 🖉 748444, Telex 220259, Fax 748393, ✻ – 🛗 🖿 📺 ☎ ⇐ – 🔬 25 a 600. ﷼ 🗐 ⑩ 🔤 💳   BV **u**
chiuso dal 1° al 28 agosto – Pas vedere rist La Dea – 🖵 15000 – **72 cam** 150/200000.

🏨 **Victoria** senza rist, via Nino Costa 4 ✉ 10123 🖉 553710, Telex 212580, Fax 5611806 – 🛗 📺 ☎. ﷼ 🗐 ⑩ 🔤 💳. ✻   CY **v**
🖵 14000 – **70 cam** 90/120000.

🏨 **Stazione e Genova** senza rist, via Sacchi 14 ✉ 10128 🖉 545323, Telex 224242, Fax 519896 – 🛗 🖿 📺 ☎. ﷼ 🗐 ⑩ 🔤 💳. ✻   CZ **y**
40 cam 🖵 105/150000.

🏨 **Alexandra** senza rist, lungo Dora Napoli 14 ✉ 10152 🖉 858327, Telex 221562, Fax 2483805 – 🛗 🖿 📺 ☎ ⇐. ﷼ 🗐 ⑩ 🔤 💳   CV **c**
55 cam 🖵 155/200000.

🏨 **Boston** senza rist, via Massena 70 ✉ 10128 🖉 500359, Fax 599358 – 🖿 📺 ☎ ⇐. ﷼ 🗐 🔤 💳   BZ **c**
40 cam 🖵 105/150000, 🖿 12000.

Luxor senza rist, corso Stati Uniti 7 ✉ 10128 𝒫 531529, Telex 225549 – 🛗 🗔 📺 ☎. 🅐🅔
🅢 🕥 🅔 🆅🅸🆂🅰
chiuso agosto – **64 cam** ⊇ 105/151000.
CZ s

President senza rist, via Cecchi 67 ✉ 10152 𝒫 859555, Telex 220417, Fax 2480465 – 🛗
🗔 📺 ☎. 🅐🅔 🅢 🕥 🅔 🆅🅸🆂🅰
72 cam ⊇ 149000.
CV s

Venezia senza rist, via 20 Settembre 70 ✉ 10122 𝒫 513384, Fax 513386 – 🛗 📺 ☎ ⇔
– 🔬 90. 🅐🅔 🅢 🕥 🅔 🆅🅸🆂🅰
66 cam ⊇ 105/150000.
CX r

Gran Mogol senza rist, via Guarini 2 ✉ 10123 𝒫 513360, Fax 513160 – 🛗 🗔 📺 ☎. 🅐🅔
🅢 🕥 🅔 🆅🅸🆂🅰
chiuso agosto – **45 cam** ⊇ 105/150000, 🗔 12000.
CY r

Crimea senza rist, via Mentana 3 ✉ 10133 𝒫 6699551, Telex 224276, Fax 6699804 – 🛗
📺 ☎ ⇔. 🅐🅔 🅢 🕥 🅔 🆅🅸🆂🅰. ⚒
49 cam ⊇ 100/150000.
DZ e

Due Mondi senza rist, via Saluzzo 3 ✉ 10125 𝒫 6698981, Fax 6699383 – 🗔 📺 ☎. 🅢
🅔 🆅🅸🆂🅰
⊇ 20000 – **36 cam** 89/115000, 🗔 10000.
CZ k

Lancaster senza rist, corso Filippo Turati 8 ✉ 10128 𝒫 501720, Fax 550116 – 🛗 ☎
chiuso agosto – ⊇ 12000 – **75 cam** 84/110000.
BZ r

Piemontese senza rist, via Berthollet 21 ✉ 10125 𝒫 6698101, Fax 6690571 – 🛗 ⇔
🗔 cam 📺 ☎ 🅿. 🅐🅔 🅢 🕥 🅔 🆅🅸🆂🅰 ⚒
⊇ 10000 – **35 cam** 90/120000, 🗔 12000.
CZ x

Giotto senza rist, via Giotto 27 ✉ 10126 𝒫 637172, Fax 637173 – 🛗 🗔 📺 ☎ 🔆 🅿 –
🔬 50. 🅐🅔 🅢 🕥 🅔 🆅🅸🆂🅰
⊇ 12000 – **45 cam** 90/110000, 🗔 10000.
CZ c

Cairo senza rist, via La Loggia 6 ✉ 10134 𝒫 3171555, Fax 3172027 – 🛗 📺 ☎ 🅿. 🅐🅔
🅢 🕥 🅔 🆅🅸🆂🅰. ⚒
chiuso dal 1° al 28 agosto – ⊇ 20000 – **48 cam** 95/125000.
GU v

Goya senza rist, via Principe Amedeo 41 bis ✉ 10123 𝒫 874951, Fax 874953 – 🛗 🗔 📺
☎. 🅐🅔 🅢 🕥 🅔 🆅🅸🆂🅰
chiuso dal 1° al 26 agosto – ⊇ 12000 – **26 cam** 90/110000, 🗔 10000.
DY n

Cristallo 🍃 senza rist, corso Traiano 28/9 ✉ 10135 𝒫 618383, Fax 3171565 – 📺 ☎.
🅢 🕥 🅔 🆅🅸🆂🅰. ⚒
⊇ 12000 – **20 cam** 110/140000.
GU b

Giada senza rist, via Gasparo Barbera 6 ✉ 10135 𝒫 3489383, Fax 3489383 – 🛗 📺 📠
🅿. 🅢 🆅🅸🆂🅰
⊇ 8000 – **28 cam** 70/85000.
FU u

Smeraldo senza rist, piazza Carducci 169/b ✉ 10126 𝒫 634577 – 📺 ☎. 🅐🅔 🅢 🕥 🅔
🆅🅸🆂🅰. ⚒
chiuso dal 7 al 21 agosto – ⊇ 9000 – **12 cam** 60/72000.
CZ q

Universo, corso Peschiera 166 ✉ 10138 𝒫 336480 e rist 𝒫 386317 – 🛗 ⇔ cam 📺 ☎.
🅐🅔 🅢 🕥 🅔 🆅🅸🆂🅰
Pas *(chiuso domenica ed agosto)* self-service (solò à mezzogiorno) a carta 26/38000 (solo
la sera) – ⊇ 10000 – **35 cam** 95/125000 – ½ P 120/130000.
AY a

XXXX **Villa Sassi-El Toulà** 🍃 con cam, strada al Traforo del Pino 47 ✉ 10132 𝒫 890556,
Telex 225437, Fax 890095, 🌿, « Villa settecentesca in un grande parco » – 🛗 🗔 rist 📺
☎ 🅿 – 🔬 200. 🅐🅔 🅢 🕥 🅔 🆅🅸🆂🅰. ⚒
chiuso agosto – Pas *(chiuso domenica)* carta 83/110000 – ⊇ 20000 – **17 cam** 240/340000
appartamento 500000 – ½ P 240000.
HT c

XXXX ❀❀ **Vecchia Lanterna,** corso Re Umberto 21 ✉ 10128 𝒫 537047, Confort accurato,
prenotare – 🗔. 🅐🅔 🅢 🕥 🅔 🆅🅸🆂🅰
chiuso sabato a mezzogiorno, domenica e dal 10 al 20 agosto – Pas carta 78/116000 (10%)
Spec. Pollarda al passito, Tortelloni di aragosta all'essenza di crostacei, Mignonette di agnello e animelle
brasate al Sauternes. **Vini** Sauvignon, Brachetto.
CY x

XXXX **Del Cambio,** piazza Carignano 2 ✉ 10123 𝒫 546690, Gran tradizione, prenotare,
« Decorazioni ottocentesche » – 🗔. 🅐🅔 🅢 🕥 🅔 🆅🅸🆂🅰. ⚒
chiuso domenica e dal 27 luglio al 27 agosto – Pas carta 59/100000 (15%).
CX a

XXX **Al Saffi,** via Aurelio Saffi 2 ✉ 10138 𝒫 442213, solo su prenotazione, Confort accurato
– ⇔ 🗔. 🕥 🆅🅸🆂🅰
chiuso domenica ed agosto – Pas carta 50/65000.
AV n

XXX **Balbo,** via Andrea Doria 11 ✉ 10123 𝒫 511743, prenotare – 🗔. 🅐🅔 🅢 🕥 🅔 🆅🅸🆂🅰. ⚒
chiuso lunedì e dal 18 luglio al 18 agosto – Pas carta 73/103000.
CY n

XXX ❀ **Due Lampioni da Carlo,** via Carlo Alberto 45 ✉ 10123 𝒫 8397409, Fax 831970 –
⇔ 🗔. 🅐🅔 🆅🅸🆂🅰. ⚒
chiuso domenica ed agosto – Pas carta 66/91000
Spec. Cassoulet di lumache alla piemontese (novembre-marzo), Ravioli di porcini e salsa tartufata, Scaloppa
di pescatrice alla peperonata. **Vini** Sauvignon, Barbaresco.
CY n

TORINO
PIANTA D'INSIEME

LANZO TORINESE 30 km
STADIO COMUNA

VENARIA

SAVONERA

11
S 24

PIANEZZA
44

Strada di Pianezza

OSPEDALE PSICHIATRICO

ALPIGNANO

Dora

Riparia

108 km BRIANÇON
89 km TRAFORO DEL FRÉJUS
83 km COLLE D. MONCENISIO
53 km SUSA

11
S 25

Tangenziale

CAS° DI BRUERE

OSPEDALE PSICHIATRICO

COLLEGNO

PARCO M. C°
CARRARA

RIVOLI

Corso Susa

Corso

Francia

Corso

P²a Massaua

Francia

28

T

CASTELLO

Corso M.

POZZO STRADA

Corso

57

GRUGLIASCO

Str. di Rivalta

Canonico

Allamano

S.I.T.O.

24

RIVALTA DI TORINO

b

Via

S. Luigi

S.I.T.O.

Tangenziale

Orbassano

3.

BEINASCO

Sangone

C° L. Settembrini

P²ale Caio Mario

Strada

Orbassano

Sud

MIRAFIOR

u

9

a

d

BORGARETTO

71

U

ORBASSANO

PALAZZINA DI CACCIA

25

Via

v

STUPINIGI

9

10
verso S 589

0   2 km

PINEROLO 38 km
SESTRIERE 93 km

10

S 23

E   F

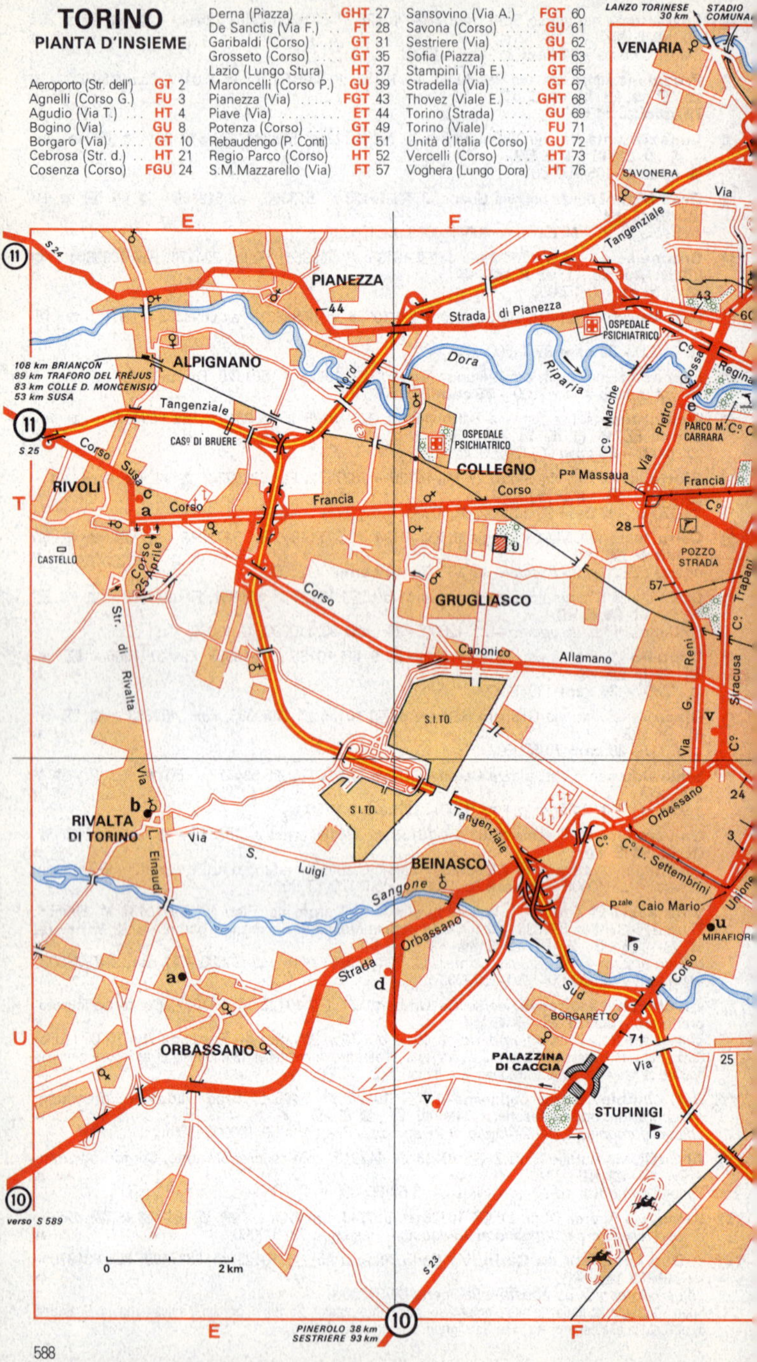

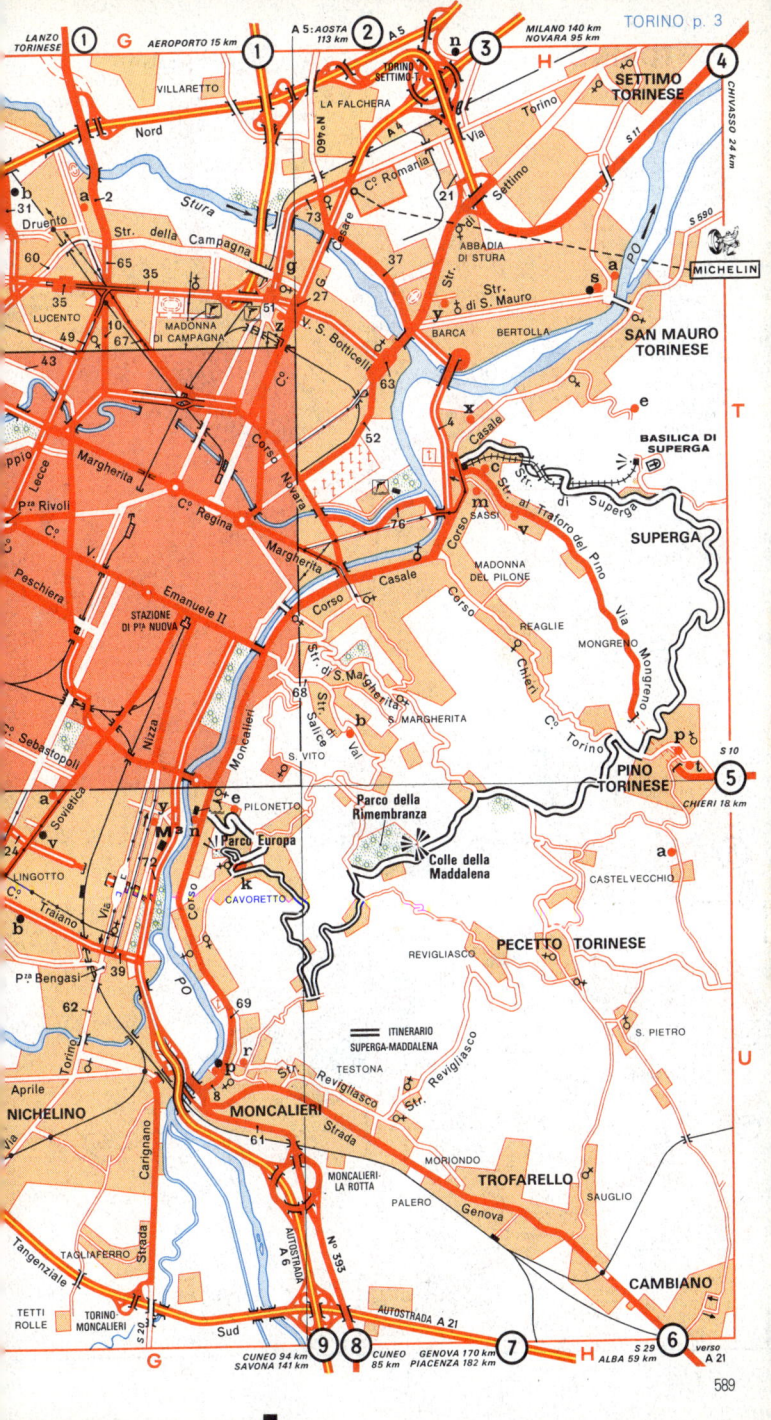

TORINO

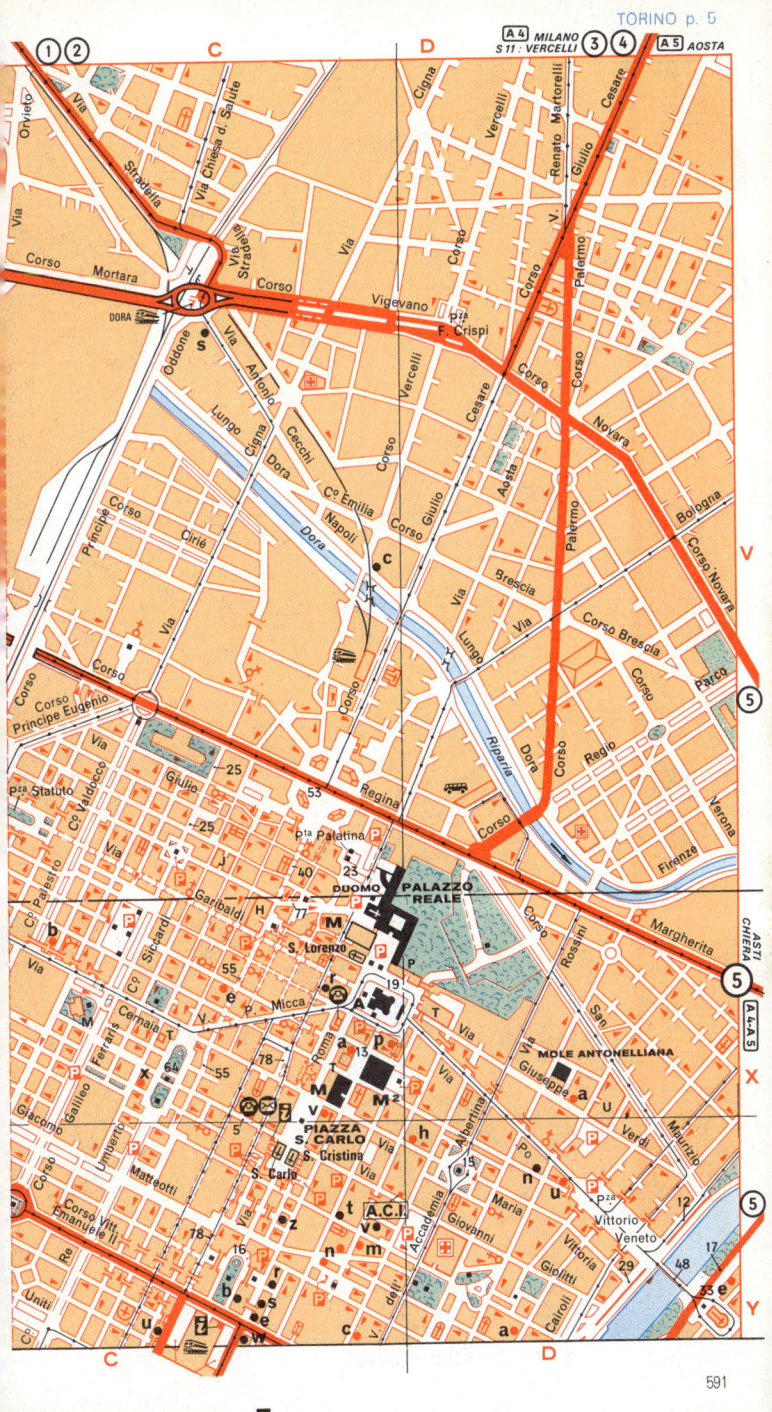

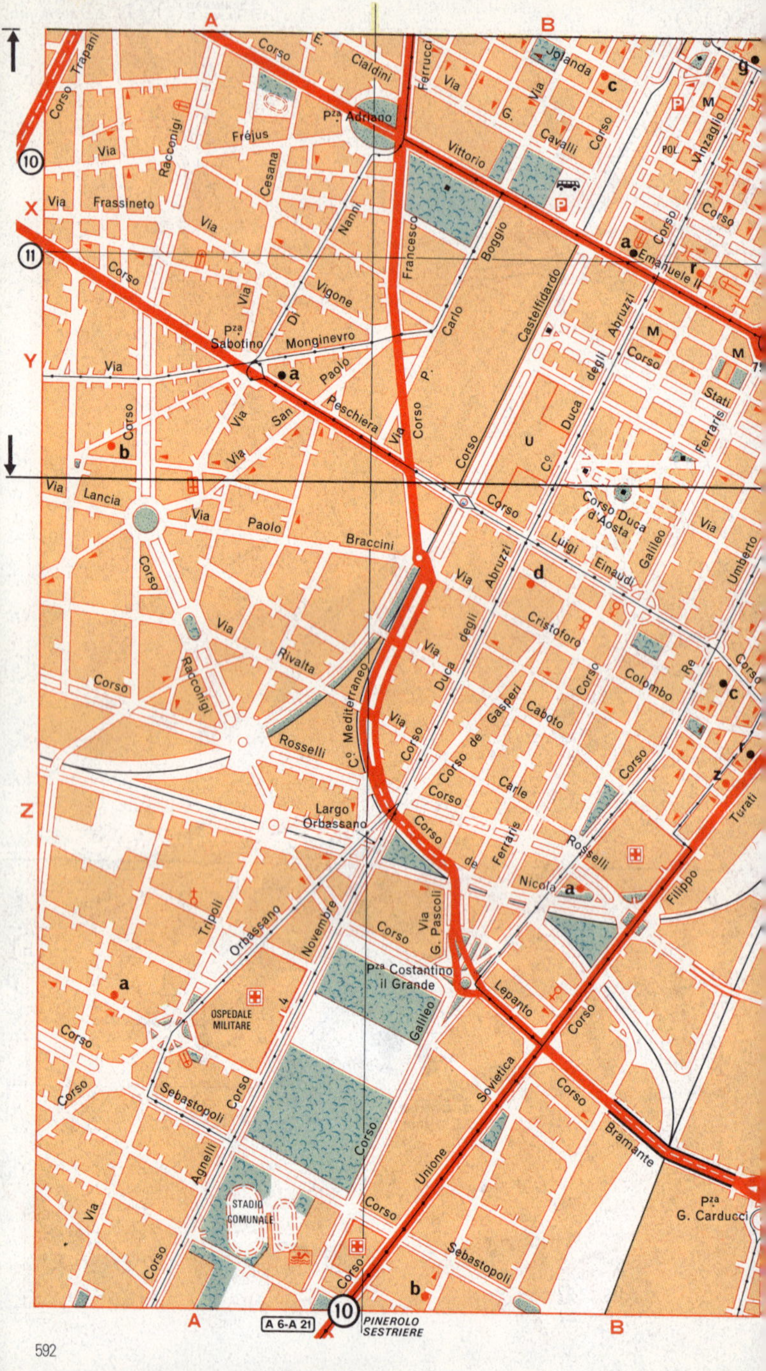

A B

Corso Trapani
Corso Racconigi
Via Frejus
Via Cesana
pza Adriano
Corso Cialdini
Ferrucci
Via Iolanda
G.
Corso Cavalli
M
POL.
Corso Whitaker
Via Frassineto
Via
Via
Corso Vittorio
Francesco
Boggio
Corso
Corso Emanuele II
Via
Corso
Via Vigone
pza Sabotino
D.
Monginevro
Carlo P.
Castelfidardo
Abruzzi
M
Corso
Stati
M
Via
Peschiera
Corso P.
Via degli
Duca
Via San
Corso Racconigi
Corso Lancia
Duca
Via
C°
Corso
Corso Duca d'Aosta
Galileo
Via
Umberto
Via Paolo
Braccini
Luigi Einaudi
Via Abruzzi
d
Cristoforo
Via Rivalta
Via degli
Colombo
c
Corso
Via
Corso Racconigi
Rosselli
C° Mediterraneo
Duca de Gasperi
Cabato
Re
Corso
z
Torati
Largo Orbassano
Corso
Carle
Corso
Rosselli
Filippo
Tripoli
Orbassano
Via Novembre
Corso
Via de Ferraris
Nicola a
a
Corso
Via G. Pascoli
pza Costantino il Grande
Lepanto
OSPEDALE MILITARE
Corso
Galileo
Via
Corso
Sovietica
Corso
Bramante
Corso Sebastopoli
Corso
Corso
Via Agnelli
Corso
Unione
pza G. Carducci
STADIO COMUNALE
Corso
Sebastopoli
b
A 6-A 21
10
PINEROLO SESTRIERE
B

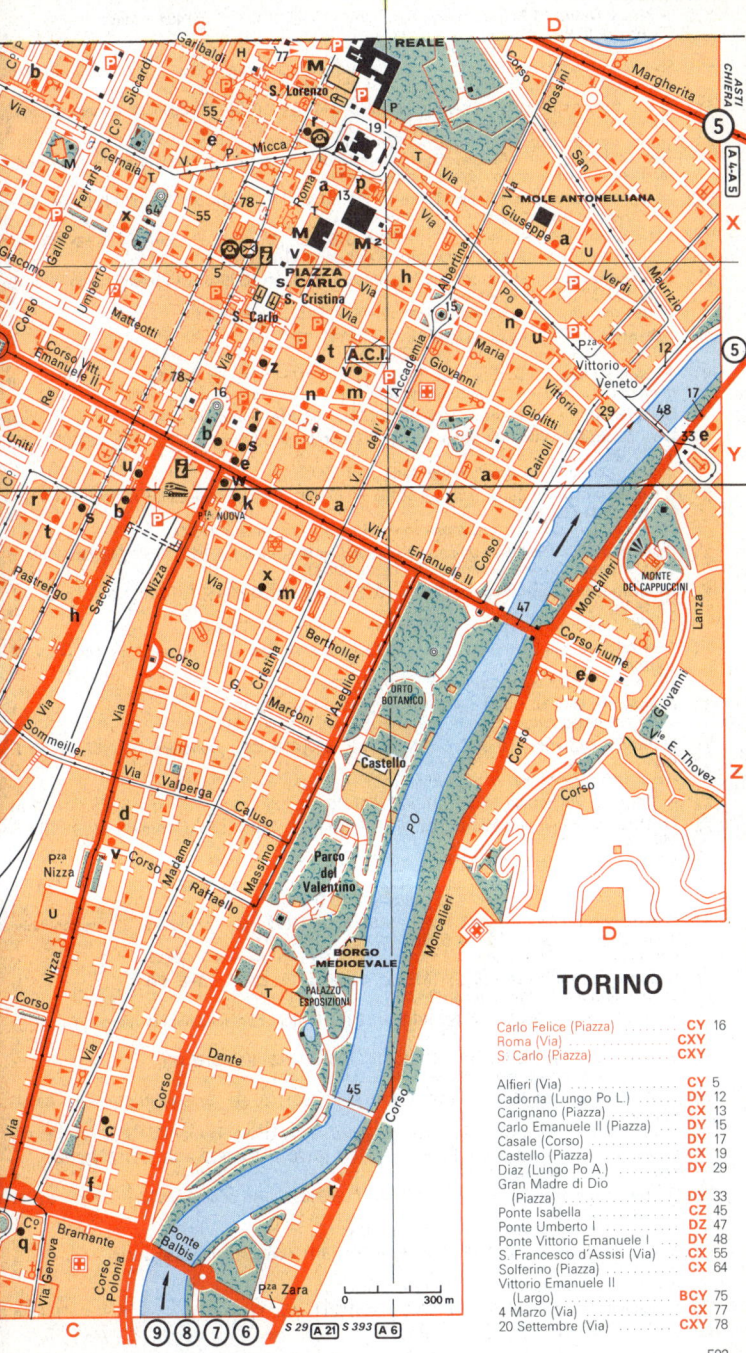

TORINO

XXX ⚙ **Neuv Caval 'd Brôns,** piazza San Carlo 157 ✉ 10123 ☎ 553491, prenotare – ⇔ 🍴.
🖭 🅂 🄾 E 🆅🅸🆂🅰. ⚘   **CXY v**
chiuso domenica – Pas carta 65/110000
Spec. Carpaccio di pesce marinato, Tagliolini neri ai moscardini, Filetto di branzino in crosta, Sottofiletto di Angus in salsa al cerfoglio. Vini Prato di Canzio, Barbaresco.

XXX ⚙ **La Smarrita,** corso Unione Sovietica 244 ✉ 10134 ☎ 390657, Coperti limitati;
prenotare – 🍴. 🖭 🅂 🄾 E 🆅🅸🆂🅰. ⚘   **GTU a**
chiuso lunedì e dal 3 al 27 agosto – Pas carta 50/80000
Spec. Gamberi e pinoli sulle patate (inverno), Tortelli di mozzarella e pomodorini (autunno), Capretto allo spiedo con salsa di menta (primavera). Vini Gavi, Nebbiolo.

XXX **Al Gatto Nero,** corso Filippo Turati 14 ✉ 10128 ☎ 590414 – 🍴. 🖭 🅂 🄾 E 🆅🅸🆂🅰. ⚘
chiuso domenica ed agosto – Pas carta 55/75000.   **BZ z**

XXX **3 Colonne,** corso Rosselli 1 ✉ 10128 ☎ 3185220, 🏠, Rist. d'habitués – 🖭 🄾 🆅🅸🆂🅰. ⚘
chiuso lunedì e sabato a mezzogiorno – Pas carta 41/82000.   **BZ a**

XXX **La Cloche,** strada al Traforo del Pino 106 ✉ 10132 ☎ 8999462, Ambiente tipico – 🍴 🄿
– 🅰 100. 🖭 🅂 🄾 E 🆅🅸🆂🅰. ⚘   **HT v**
chiuso domenica sera e lunedì – Pas (menu a sorpresa) 55/103000.

XX **Adriano,** via Pollenzo 39 ✉ 10141 ☎ 3358311, 🏠   **AY b**
chiuso sabato e agosto – Pas carta 28/52000.

XX **Al Bue Rosso,** corso Casale 10 ✉ 10131 ☎ 830753 – 🍴. 🖭 🄾 🆅🅸🆂🅰   **DY e**
chiuso lunedì, sabato a mezzogiorno ed agosto – Pas carta 42/68000 (10%).

XX **Della Rocca,** via della Rocca 22/b ✉ 10123 ☎ 831814, prenotare – 🍴   **DY a**

XX **Due Mondi-da Ilio,** via San Pio V n° 3 (angolo via Saluzzo) ✉ 10125 ☎ 6692056 – 🖭
E 🆅🅸🆂🅰   **CZ k**
chiuso domenica ed agosto – Pas carta 39/67000.

XX **Il Porticciolo,** via Barletta 58 ✉ 10136 ☎ 321601, Rist. con specialità di mare – ⇔ 🍴.
🖭 🅂 🄾 E 🆅🅸🆂🅰. ⚘   **AZ a**
chiuso lunedì, sabato a mezzogiorno ed agosto – Pas carta 39/76000.

XX **Duchesse,** via Duchessa Jolanda 7 (angolo via Beaumont) ✉ 10138 ☎ 7495494   **BX c**
chiuso domenica e lunedì – Pas carta 42/69000.

XX **Al Ghibellin Fuggiasco,** via Tunisi 50 ✉ 10134 ☎ 3196115, Fax 3196103 – 🍴. 🖭
🄾 E 🆅🅸🆂🅰. ⚘   **BZ s**
chiuso sabato, domenica sera ed agosto – Pas carta 35/53000.

XX **Gianfaldoni,** via Pastrengo 2 ✉ 10128 ☎ 5575041, Rist. con specialità toscane – 🍴. 🖭
🄾 🆅🅸🆂🅰   **CZ h**
chiuso mercoledì ed agosto – Pas carta 42/66000.

XX **Perbacco,** via Mazzini 31 ✉ 10123 ☎ 882110 – 🍴. 🄾 🆅🅸🆂🅰   **DZ x**
chiuso a mezzogiorno, domenica e lunedì – Pas carta 46/64000.

XX **Il Papavero,** corso Raffaello 5 ✉ 10126 ☎ 6505168, 🏠, prenotare – 🍴. 🖭 🅂 🄾 E
🆅🅸🆂🅰   **CZ d**
chiuso domenica – Pas carta 40/65000.

XX **Al Dragone,** via Pomba 14 ✉ 10123 ☎ 547019   **CY m**

XX **La Dea,** corso Regina Margherita 251 ✉ 10144 ☎ 740357, Fax 748393 – 🍴. 🅂 🄾 E
🆅🅸🆂🅰. ⚘   **BV u**
chiuso domenica ed agosto – Pas carta 33/59000.

XX **Biribissi,** corso San Martino 8 ✉ 10122 ☎ 510260 – 🍴. 🅂 E 🆅🅸🆂🅰. ⚘   **BV r**
chiuso domenica ed agosto – Pas carta 33/55000.

XX **Fortin,** via Damiano Chiesa 8 ✉ 10156 ☎ 2731672, 🏠, prenotare, « Caratteristiche
decorazioni » – 🍴. 🖭 🅂 🄾 E 🆅🅸🆂🅰. ⚘   **HT y**
chiuso sabato a mezzogiorno, domenica ed agosto – Pas carta 46/68000.

XX **Galante,** corso Palestro 15 ✉ 10122 ☎ 544093 – 🍴. 🖭 🅂 🄾 E 🆅🅸🆂🅰   **CX b**
chiuso domenica – Pas carta 40/65000.

XX **Mara e Felice,** via Foglizzo 8 ✉ 10149 ☎ 731719, Rist. con specialità di mare – 🍴
                                                                                                  AV s

XX **Plinio,** corso San Martino 10 ✉ 10122 ☎ 540384 – 🖭 🅂 🄾 E 🆅🅸🆂🅰   **BV v**
chiuso sabato ed agosto – Pas carta 34/57000.

XX **La Gondola,** corso Moncalieri 190 ✉ 10133 ☎ 6961105, 🏠, Solo piatti di pesce – 🍴. 🖭
🆅🅸🆂🅰. ⚘   **CZ j**
chiuso domenica, lunedì a mezzogiorno e dall'8 agosto all'8 settembre – Pas carta 50/80000.

XX **La Magione del Tau** corso Bramante 81 ✉ 10126 ☎ 6964872 – 🍴. 🖭 🅂 🄾 🆅🅸🆂🅰
chiuso lunedì – carta 23/47000.   **CZ f**

XX **Da Benito,** corso Siracusa 142 ✉ 10137 ☎ 3090353, Rist. con specialità di mare – 🍴. 🖭
🅂 🄾 E 🆅🅸🆂🅰   **FT v**
chiuso lunedì ed agosto – Pas carta 45/55000.

XX **Mina,** via Ellero 36 ✉ 10126 ☎ 6963608, 🏠, Rist. con specialità piemontesi – ⇔ 🍴. 🖭
🅂 🄾 E 🆅🅸🆂🅰   **GU y**
chiuso lunedì ed agosto – Pas carta 40/90000.

XX **Il Ciacolon,** via 25 Aprile 11 ✉ 10133 ☎ 6610911, Rist. tipico   **GU e**
chiuso a mezzogiorno.

XXXX **Da Giovanni,** via Gioberti 24 ⌧ 10128 ℰ 539842 – 🍽. 🖭 🅢 ⓞ Ⓔ 𝘝𝘐𝘚𝘈. ⌀   **CZ t**
chiuso domenica ed agosto – Pas carta 38/55000.

XXXX **La Pace,** via Galliari 22 ⌧ 10125 ℰ 6505325 – 🅢 ⓞ Ⓔ 𝘝𝘐𝘚𝘈   **CZ m**
chiuso domenica, lunedì a mezzogiorno ed agosto – Pas carta 25/50000.

XXXX **Firenze,** via San Francesco da Paola 41 ⌧ 10123 ℰ 8395808 – 🅢 𝘝𝘐𝘚𝘈   **CZ a**
chiuso lunedì, martedì a mezzogiorno e luglio – Pas carta 24/40000.

XXXX **La Capannina,** via Donati 1 ⌧ 10121 ℰ 545405, Rist. con specialità piemontesi – 🍽   **BY r**
chiuso domenica – Pas carta 35/58000.

XX **Crocetta,** via Marco Polo 21 ⌧ 10129 ℰ 582820, 🦐 – 🍽. 🖭 🅢 ⓞ Ⓔ 𝘝𝘐𝘚𝘈. ⌀   **BZ d**
chiuso domenica ed agosto – Pas carta 32/57000.

XX **Ostu Bacu,** corso Vercelli 226 ⌧ 10155 ℰ 264579, Trattoria moderna con specialità piemontesi – 🍽. 🅢 ⓞ Ⓔ 𝘝𝘐𝘚𝘈   **GT g**
chiuso domenica e dal 25 luglio al 25 agosto – Pas carta 30/53000.

XX **Porta Rossa,** corso Appio Claudio 227 ⌧ 10146 ℰ 790963, 🦐, prenotare – 🖭 ⓞ 𝘝𝘐𝘚𝘈. ⌀ – *chiuso sabato a mezzogiorno, domenica ed agosto* – Pas carta 36/71000   **FT e**

XX **Alberoni,** corso Moncalieri 288 ⌧ 10133 ℰ 6963255, 🦐, 🚗 – 🅟. ⌀   **GU n**
chiuso domenica sera, martedì e gennaio – Pas carta 31/48000.

XX **Taverna delle Rose,** via Massena 24 ⌧ 10128 ℰ 545275, Rist. caratteristico – 🖭 🅢 ⓞ Ⓔ 𝘝𝘐𝘚𝘈   **CZ a**
chiuso sabato a mezzogiorno, domenica ed agosto – Pas carta 39/70000.

XX **La Cuccagna,** corso Casale 371 ⌧ 10132 ℰ 890069   **HT x**
chiuso lunedì ed agosto – Pas (menu a sorpresa) 25/40000.

XX **Buca di San Francesco,** via San Francesco da Paola 27 ⌧ 10123 ℰ 8398464 – 🍽. 🖭 🅢 ⓞ Ⓔ 𝘝𝘐𝘚𝘈. ⌀   **CY p**
chiuso lunedì e dal 18 luglio al 20 agosto – Pas carta 29/45000.

XX **C'era una volta,** corso Vittorio Emanuele II n° 41 ⌧ 10125 ℰ 655498, Rist. con specialità piemontesi, prenotare – 🍽. 🖭 🅢 ⓞ Ⓔ 𝘝𝘐𝘚𝘈   **CZ k**
chiuso a mezzogiorno, domenica ed agosto – Pas 45000.

XX **Trômlin,** a Cavoretto, via alla Parrocchia 7 ⌧ 10133 ℰ 6613050, Coperti limitati; prenotare – *chiuso a mezzogiorno (escluso i giorni festivi), lunedì ed agosto* – Pas (menu a sorpresa) 45000   **GU k**

XX **Cafasso,** strada Valsalice 178 ⌧ 10131 ℰ 6601495, 🦐, 🚗 – 🅟. 🖭 ⓞ 𝘝𝘐𝘚𝘈. ⌀   **HT k**
chiuso mercoledì e dal 1° al 15 gennaio – Pas carta 32/50000.

XX **Abetone,** corso Raffaello 0 ⌧ 10126 ℰ 655598, 🦐   **CZ v**
chiuso martedì ed agosto – Pas carta 29/47000.

XX **Spada Reale,** via Principe Amedeo 53 ⌧ 10123 ℰ 832835 – 🖭 🅢 ⓞ Ⓔ 𝘝𝘐𝘚𝘈   **DY u**
chiuso domenica e dal 20 luglio al 21 agosto – Pas carta 28/51000.

XX **Da Mauro,** via Maria Vittoria 21 ⌧ 10123 ℰ 8397811, Trattoria toscana d'habitués – 🍽. ⌀   **DY h**
chiuso lunedì e luglio – Pas carta 23/41000.

XX **Anaconda,** via Angiolino 16 (corso Potenza) ⌧ 10143 ℰ 752903, Trattoria rustica, « Servizio estivo all'aperto » – 🅟. 🖭 🅢 ⓞ Ⓔ 𝘝𝘐𝘚𝘈   **BV m**
chiuso venerdì sera, sabato ed agosto – Pas 40000 bc.

XX **Da Giudice,** strada Valsalice 78 ⌧ 10131 ℰ 6602020, « Servizio estivo sotto un pergolato » – ⌀. 🅟. 🖭 ⓞ 𝘝𝘐𝘚𝘈. ⌀   **HT b**
chiuso martedì, mercoledì a mezzogiorno ed agosto – Pas carta 37/59000.

XX **Marinella,** via Verdi 33 G ⌧ 10124 ℰ 831525 – 🅢 ⓞ Ⓔ 𝘝𝘐𝘚𝘈. ⌀   **DX a**
chiuso domenica, lunedì a mezzogiorno e gennaio – Pas carta 32/56000.

XX **Piero e Federico,** via Monte di Pietà 23 ⌧ 10122 ℰ 541062, Rist. con specialità sarde – 🅢 ⓞ Ⓔ 𝘝𝘐𝘚𝘈   **CX e**
chiuso domenica e dal 15 agosto al 15 settembre – Pas carta 27/41000.

X **Del Buongustaio,** corso Taranto 14 ⌧ 10155 ℰ 263284 – 🍽. ⌀   **GT z**
chiuso domenica e dall'8 al 28 agosto – Pas 20/30000.

XX **Trattoria della Posta,** strada Mongreno 16 ⌧ 10132 ℰ 890193, Trattoria d'habitués con specialità formaggi piemontesi – 🍽. ⌀   **HT m**
chiuso domenica sera, lunedì e dal 10 luglio al 20 agosto – Pas carta 30/45000.

X **Osteria Val Granda,** via Lanzo 88 ⌧ 10148 ℰ 290174, 🦐, Trattoria rustica con specialità piemontesi – 🖭 🅢 ⓞ 𝘝𝘐𝘚𝘈   **GT a**
chiuso domenica e dal 10 al 30 agosto – Pas carta 20/39000.

Vedere anche : *Moncalieri* per ⑥ : 8 km GU.
           Borgaro Torinese N : 9 km.
           San Mauro Torinese NE : 9 km HT.
           Pino Torinese per ⑤ : 10 km HTU.
           Settimo Torinese NE : 11 km HT.
           Stupinigi per ⑩ : 11 km FU.
           Caselle Torinese per ① : 14 km.
           Orbassano SO : 14 km EU.
           Rivoli per ⑪ : 14 km ET.
           San Gillio per strada di Druento FT : 17 km.

MICHELIN, corso Giulio Cesare 424 int. 15 (HT Torino p. 3) – ⌧ 10156, ℰ 2624447, Fax 2622176.

TORNELLO Pavia – Vedere Mezzanino.

TORNO 22020 Como 428 E 9, 219 ⑨ – 1 131 ab. alt. 225 – ✆ 031.
Vedere Portale★ della chiesa di San Giovanni.
Roma 633 – Bellagio 23 – Como 8 – ♦Lugano 40 – ♦Milano 56.

🏛 **Villa Flora** ⚓, ℰ 419222, ≤, 🎇, ▲⊙, 🚤, – ☎ 🅿 AE 🆂 E VISA, ✵
marzo-ottobre – Pas (chiuso martedi) carta 29/48000 (10%) – ☑ 8000 – **20 cam** 75000.

XX **Vapore**, ℰ 419311, ≤, « Servizio estivo in terrazza ombreggiata »
stagionale.

X **Taverne du Clochard,** strada statale E : 1,5 km ℰ 419022, ≤ lago, Coperti limitati;
prenotare – 🅿. VISA. ✵
chiuso lunedi e novembre – Pas carta 45/55000 (10%).

TORRAZZA COSTE 27050 Pavia 428 H 9 – 1 369 ab. alt. 158 – ✆ 0383.
Roma 581 – Alessandria 45 – ♦Genova 101 – ♦Milano 71 – Piacenza 65.

X **La Piazza,** ℰ 77496 – AE 🆂 ⊙
chiuso le sere di lunedi e martedi (escluso dal 5 luglio a settembre) – Pas carta 28/42000.

TORRE A MARE 70045 Bari – ✆ 080.
Roma 463 – ♦Bari 12 – ♦Brindisi 101 – ♦Foggia 144 – ♦Taranto 94.

🏛 **MotelAgip,** E : 2,5 km ℰ 300001, Telex 223833, Fax 300739, ≤ – 📶 ▦ TV ☎ 🅿
🔥 50 a 100. AE 🆂 ⊙ E VISA. ✵ rist
Pas 30000 – **95 cam** ☑ 102/128000, ▦ 8000 – ½ P 97/114000.

🏛 **Apelusion,** ℰ 300600, Fax 300352, 🎇, 🏊, ✕ – 📶 ▦ TV ☜ 🅿 – 🔥 150. AE 🆂 ⊙
E VISA. ✵ rist
Pas 25/30000 – ☑ 5000 – **51 cam** 110000 – ½ P 93/110000.

XX La Conchiglia, ℰ 300428, 🎇.

TORREBELVICINO 36036 Vicenza 429 E 15 – 4 839 ab. alt. 260 – ✆ 0445.
Roma 568 – Trento 70 – ♦Verona 77 – Vicenza 26.

XXX ❀ **Al Cacciatore,** a Pievebelvicino SE : 2 km ℰ 661302, Coperti limitati; prenotare – 🅿.
🆂 E VISA. ✵
chiuso sabato a mezzogiorno, lunedi e dal 3 al 22 luglio – Pas carta 48/65000
Spec. Carpaccio di branzino con battuta di capperi, Tagliatelle in crema di capesante, Suprema di germano
reale alle erbette e misto di funghi. Vini Breganze, Rosso di Franciacorta.

XX **Torre,** via Galilei 57 ℰ 660114 – 🅿 – 🔥 80. ⊙. ✵
chiuso martedi ed agosto – Pas carta 30/56000.

TORRE BOLDONE 24020 Bergamo – 7 699 ab. alt. 283 – ✆ 035.
Roma 605 – ♦Bergamo 4,5 – ♦Milano 52.

XX **Papillon,** NO : 1,5 km ℰ 340555, ≤, ⟨✺⟩ 🅿. AE 🆂 VISA
chiuso martedi, mercoledi ed agosto – Pas carta 40/65000.

X **Don Luis-da Enrica,** ℰ 341393, 🎇 – 🅿. AE VISA
chiuso lunedi sera, martedi ed agosto – Pas carta 37/67000.

TORRE CANNE 72010 Brindisi 988 ②⑨③⓪ – Stazione termale (marzo-ottobre), a.s. 15 giugno-
agosto – ✆ 080 – Roma 517 – ♦Bari 67 – ♦Brindisi 48 – ♦Taranto 57.

🏛 **Del Levante** ⚓, ℰ 720026, Telex 813881, Fax 720096, ≤, 🎇, 🏊, ▲⊙, 🚤, ✕ – 📶 ▦
☎ 🔥 🅿. 🆂 ⊙ E VISA. ✵
aprile-ottobre – Pas 25/30000 – ☑ 9000 – **149 cam** 90/110000 – ½ P 93/130000.

🏛 **Eden** ⚓, ℰ 720280, Telex 813876, Fax 720330, 🏊, ▲⊙, – 📶 ▦ ☎ 🅿. AE 🆂 ⊙ E VISA.
✵
aprile-15 ottobre – Pas (solo per clienti alloggiati) 30/50000 – **75 cam** ☑ 85/110000 –
½ P 80/130000.

TORRE DEI CALZOLARI Perugia – Vedere Gubbio.

TORRE DEL GRECO 80059 Napoli 988 ② – 103 577 ab. – a.s. maggio-15 ottobre – ✆ 081.
Vedere Scavi di Ercolano★★ NO : 3 km.
Dintorni Vesuvio★★★ NE : 13 km e 45 mn a piedi AR.
Roma 227 – Caserta 40 – Castellammare di Stabia 17 – ♦Napoli 14 – Salerno 43.

in prossimità casello autostrada A 3 :

🏛 **Sakura** ⚓, via De Nicola 26/28 ⊠ 80059 ℰ 8493144, Fax 8491122, « Parco » – 📶 ▦
TV ☎ 🅿 – 🔥 140. AE 🆂 ⊙ E VISA. ✵
Pas 67/85000 – **72 cam** ☑ 167/253000, ▦ 15000 – ½ P 202/232000.

🏛 **Marad,** via San Sebastiano 24 ⊠ 80059 ℰ 8828794, Fax 8828716, 🏊, 🚤 – 📶 ▦ TV ☎
🅿 – 🔥 100. AE 🆂 E VISA. ✵
Pas 32/44000 – **79 cam** ☑ 90/156000, ▦ 18000 – ½ P 110/120000.

TORRE DEL LAGO PUCCINI 55048 Lucca 428 K 12 – a.s. febbraio, Pasqua, 15 giugno-15 settembre e Natale – ☎ 0584.

Roma 369 – ♦Firenze 95 – Lucca 25 – Massa 31 – ♦Milano 260 – Pisa 16 – Viareggio 5.

XX **Lombardi,** ℰ 341044, Telex 590656, Fax 350334 – ▤ **ℙ.** ⛽ ⓞ. ❀
chiuso lunedì sera e martedì – Pas carta 27/48000 (10%).

al lago di Massaciuccoli E : 1 km :

X **Da Cecco,** ⊠ 55048 ℰ 341022
chiuso domenica sera, lunedì e dal 20 novembre al 15 dicembre – Pas carta 28/40000 (12%).

X **Butterfly** con cam, ⊠ 55048 ℰ 341024, ⊶ – ☏ **ℙ.** 🅑 ⓞ **E** **VISA**. ❀
chiuso ottobre o novembre – Pas (chiuso giovedì) carta 28/47000 (12%) – ⊏ 6000 –
10 cam 36/54000 – ½ P 50/60000.

TORRE DELL'ORSO Lecce – Vedere Melendugno.

TORRE DE' PICENARDI 26038 Cremona 428 429 G 12 – 1 995 ab. alt. 39 – ☎ 0375.

Roma 498 – ♦Brescia 52 – Cremona 23 – Mantova 43 – ♦Parma 48.

XX ❀ **Italia,** ℰ 94108, Fax 394060 – 🅑 **E** **VISA**. ❀
chiuso domenica sera, lunedì e dal 20 luglio al 12 agosto – Pas carta 38/50000
Spec. Fagottini di zucca al burro di erbe, Fricassea di astaco e code di scampi con riso selvaggio, Scaloppa di fegato d'oca mais e punte di asparagi. **Vini** Monterosso, Groppello.

TORRE DI BARI' Nuoro – Vedere Sardegna (Bari Sardo) alla fine dell'elenco alfabetico.

TORRE DI SANTA MARIA 23020 Sondrio 428 429 D 11, 218 ⑮ – 971 ab. alt. 796 – ☎ 0342.

Roma 708 – ♦Bergamo 125 – ♦Milano 148 – Sondrio 10.

XX **Al Prato,** S : 3 km ℰ 454288, Coperti limitati; prenotare – ❀ **ℙ.** ⛽
chiuso dal 1° al 20 giugno e lunedì (escluso luglio-agosto) – Pas carta 27/45000.

TORRE FORTORE Foggia – Vedere Lesina.

TORREGLIA 35038 Padova 429 F 17 – 5 684 ab. alt. 18 – ☎ 049.

Roma 486 – Abano Terme 5 – ♦Milano 251 – ♦Padova 17 – Rovigo 36 – ♦Venezia 54.

XX **Antica Trattoria Ballotta,** O : 1 km ℰ 5211061, Fax 5211385, « Servizio estivo all'aperto » – **ℙ.** ⛽ 🅑 ⓞ **E** **VISA**
chiuso martedì, dal 2 al 18 gennaio e dal 24 giugno al 12 luglio – Pas carta 28/41000.

X **Al Castelletto-da Tàparo,** S : 1,5 km ℰ 5211060, « Servizio estivo in giardino » – **ℙ.** ⛽
🅑 ⓞ **VISA**
chiuso lunedì e dal 15 gennaio al 15 febbraio – **Pas** carta 22/31000.

a Torreglia Alta SO : 2 km – alt. 300 – ⊠ **35038** Torreglia :

XX **Rifugio Monte Rua,** S : 1 km ℰ 5211049, Fax 5211049, « Servizio estivo in terrazza con ⩽ colli Euganei e pianura » – **ℙ.** ❀
chiuso martedì, gennaio e febbraio – Pas carta 32/46000.

TORRE GRANDE Oristano 988 ㉝ – Vedere Sardegna (Oristano) alla fine dell'elenco alfabetico.

TORREGROTTA Messina – Vedere Sicilia alla fine dell'elenco alfabetico.

TORRE LAPILLO Lecce – Vedere Porto Cesareo.

TORREMAGGIORE 71017 Foggia 988 ㉘ – 17 613 ab. alt. 169 – ☎ 0882.

Roma 325 – ♦Bari 161 – ♦Foggia 37 – ♦Pescara 159 – Termoli 67.

X **Da Alfonso,** via Costituente 66 ℰ 291324 (prenderà il 391324) – ❀
chiuso lunedì sera, martedì e novembre – Pas carta 20/30000 (15%).

TORRE PEDRERA Forlì – Vedere Rimini.

TORRE PELLICE 10066 Torino 988 ⑫, 428 H 3 – 4 498 ab. alt. 516 – ☎ 0121.

Roma 708 – Cuneo 64 – ♦Milano 201 – Sestriere 71 – ♦Torino 54.

🏨 **Gilly,** corso Lombardini 1 ℰ 932477, Fax 932924, ☎, 🔲, ⊶ – 🛗 📺 ☎ **ℙ** – 🔏 25 a
150. ⛽ 🅑 **E** **VISA**. ❀ rist
Pas carta 38/75000 – ⊏ 15000 – **50 cam** 130/150000 appartamenti 200/250000 – ½ P 130000.

XX **Flipot,** corso Gramsci 17 ℰ 91236 – ⛽ 🅑 **E** **VISA**. ❀
chiuso martedì e novembre – Pas carta 35/58000.

TORRE SALINAS Cagliari – Vedere Sardegna (Muravera) alla fine dell'elenco alfabetico.

TORRE SAN GIOVANNI Lecce – ⊠ **73059** Ugento – ✪ 0833.
Roma 652 – Gallipoli 24 – Lecce 62 – Otranto 50 – ◆Taranto 117.

▦ **Hyencos,** ℰ 931088, ≼, 🍴, 🎾, 🐾, 🚣 – 🛗 🖹 📺 ☎ ℗ – 🏊 100. 🖭 🖰 ⓘ 💳.
%
Pas *(chiuso novembre)* carta 37/52000 – ⌧ 10000 – **63 cam** 70/115000 – P 115000.

▦ **Tito,** NO : 1,5 km – ℰ 931054, Telex 860877, ≼, 🐾 – 🖨 🚗 ℗ 🖭 🖰 ⓘ 💳. %
2 giugno-15 settembre – Pas 27/34000 – ⌧ 10000 – **26 cam** 72000 – ½ P 60/99000.

TORRETTE Ancona – Vedere Ancona.

TORRE VADO Lecce – ⊠ **73040** Morciano di Leuca – ✪ 0833.
Roma 678 – Lecce 78 – ◆Taranto 137.

%% **Il Milanese** con cam, ℰ 741106 – 🖭 ⓘ 💳. % cam
Pas carta 33/51000 – **18 cam** ⌧ 60/80000 – ½ P 65/75000.

TORRI DEL BENACO 37010 Verona 🗺️ ④, 🗺️ 🗺️ F 14 – 2 534 ab. alt. 68 – ✪ 045.
⛴ per Toscolano-Maderno giornalieri (30 mn) – a Toscolano Maderno, Navigazione Lago di
Garda, Imbarcadero ℰ 641389.
🛈 viale F.lli Lavanda 1 ℰ 7225120.
Roma 535 – ◆Brescia 72 – Mantova 73 – ◆Milano 159 – Trento 81 – ◆Venezia 159 – ◆Verona 47.

▦ **Gardesana,** ℰ 7225411, Fax 7225771, ≼ – 🛗 🖹 cam ☎ ᴴ. 🖭 🖰 ⓘ 🅴 💳. %
chiuso da novembre al 26 dicembre – Pas *(chiuso a mezzogiorno e dal 10 ottobre ad
aprile)* 35/45000 – ⌧ 20000 – **34 cam** 86/107000, 🖹 9000 – ½ P 60/90000.

▦ **Europa** 🐾, ℰ 7225086, Fax 7226482, ≼, « Parco-oliveto », 🍴 – 🖨 ℗. %
aprile-13 ottobre – Pas (solo per clienti alloggiati e *chiuso a mezzogiorno*) – **18 cam**
solo ½ P 46/85000.

▦ **Romeo** 🐾, ℰ 7225040, Fax 7226588, 🍴 riscaldata – 🛗 ☎ ℗. 🖰 🅴 💳. % rist
Pasqua-ottobre – Pas 24000 – **44 cam** ⌧ 50/90000 – ½ P 50/60000.

% **Al Caval** con cam, ℰ 7225666, Fax 7226570 – ☎ ℗. 🖰 🅴 💳. % rist
chiuso dal 20 gennaio al 28 febbraio e da novembre al 15 dicembre – Pas *(chiuso lunedì)*
carta 33/62000 – ⌧ 10000 – **22 cam** 64/80000 – ½ P 59/69000.

Richiedete nelle librerie il catalogo delle pubblicazioni Michelin.

TORRILE 43030 Parma 🗺️ 🗺️ H 12 – 4 591 ab. alt. 32 – ✪ 0521.
Roma 470 – Mantova 51 – ◆Milano 134 – ◆Parma 15.

a San Polo SE : 4 km – ⊠ 43056 :

▦ **Ducathotel,** via Achille Grandi 7 ℰ 819929 – 🛗 🖹 📺 ☎ ℗ – 🏊 40. 🖭 🖰 ⓘ 🅴
⮐ 💳. %
Pas 20/35000 – ⌧ 7000 – **18 cam** 49/76000, 🖹 6000 – ½ P 55/65000.

TORTOLI Nuoro 🗺️ ③ – Vedere Sardegna alla fine dell'elenco alfabetico.

TORTONA 15057 Alessandria 🗺️ ⑬, 🗺️ H 8 – 27 954 ab. alt. 114 – ✪ 0131.
Roma 567 – Alessandria 21 – ◆Genova 73 – ◆Milano 73 – Novara 71 – Pavia 52 – Piacenza 76 – ◆Torino 112.

▦ **Vittoria** senza rist, corso Romita 57 ℰ 861325, Fax 820714 – 🛗 📺 ☎ 🚗 ℗. 🖭 🖰
ⓘ 🅴 💳. %
⌧ 13000 – **26 cam** 55/88000.

%% **Cavallino San Marziano,** corso Romita 83 ℰ 861750 – 🖹 ℗. 💳
chiuso lunedì, dal 1° al 10 gennaio, dal 24 luglio al 24 agosto e Natale – Pas carta 40/
64000.

sulla strada statale 10 NE : 1,5 km :

🏠 **Oasi,** ⊠ 15057 ℰ 863891 – 🛗 ⮐ 🖨 ℗. 🖭 🖰 🅴 💳
Pas *(chiuso venerdì e dal 24 dicembre al 7 gennaio)* carta 27/45000 (12%) – ⌧ 8000 –
27 cam 43/65000 – ½ P 80/83000.

sulla strada statale 35 S : 1,5 km :

%% **Girarrosto** con cam, ⊠ 15057 ℰ 863033, Fax 821323, %% – 🛗 📺 ☎ ℗ – 🏊 60. 🖭
🖰 🅴 💳. %
Pas *(chiuso lunedì e dal 6 al 27 agosto)* carta 42/66000 – ⌧ 10000 – **18 cam** 80/120000.

a Vho SE : 3 km – ⊠ **15057** Tortona :

% **Trattoria Lampino,** ℰ 811633 – 🖰 🅴 💳. %
⮐ *chiuso giovedì, dal 7 al 17 gennaio e dal 19 agosto al 6 settembre* – Pas carta 20/
36000.

a Mombisaggio SE : 5,5 km – ⊠ **15057** Tortona :

XX **Montecarlo,** ℰ 879114 – **Ⓟ** – 🏛 70. ⬥
chiuso martedì ed agosto – Pas carta 34/54000.

verso Sale NO : 6 km – ⊠ **15057** Tortona :

XX **Hostaria ai Due Gioghi,** ℰ 815369 – **Ⓟ**. 🅰🅴 🅱 ⓪ 🅴 𝑉𝐼𝑆𝐴. ⬥
chiuso lunedì ed agosto – Pas carta 31/43000.

TORTORETO **64018** Teramo – 6 950 ab. alt. 227 – ✆ 0861.

🛈 via Archimede 15 ℰ 787726.

Roma 215 – ♦Ancona 108 – L'Aquila 106 – Ascoli Piceno 39 – ♦Pescara 45 – Teramo 33.

a Tortoreto Lido E : 3 km – ⊠ **64019** – a.s. luglio e agosto :

🏤 **Costa Verde,** ℰ 787096, ≤, ⌁, 🐜, 🐜 – 🛗 🐦 🖴 **Ⓟ**. ⬥ rist
maggio-settembre – Pas 25/30000 – ⊡ 9000 – **50 cam** 80000 – P 68/80000.

🏠 Sayonara, ℰ 787060, 🐜, 🐜 – 🛗 ☎ **Ⓟ** – *stagionale* – **60 cam**.

🏠 **River,** ℰ 786125, 🐜 – 🛗 ☎ **Ⓟ**. ⬥
maggio-settembre – Pas (solo per clienti alloggiati) 20/25000 – ⊡ 10000 – **27 cam** 70000
– ½ P 45/65000.

TOR VAIANICA **00040** Roma – ✆ 06.

Roma 43 – Anzio 25 – Latina 50 – Lido di Ostia 20.

🏠 **Miramare e Rist. Biagio,** piazza Ungheria 24 ℰ 9157028, ≤ – **Ⓟ**. 🅰🅴 🅱 ⓪ 🅴 𝑉𝐼𝑆𝐴.
⬥ cam
Pas *(chiuso lunedì e gennaio)* carta 30/45000 (10%) – ⊡ 5000 – **35 cam** 45/65000.

XX **Rendez Vous-Italia** con cam, piazza Italia 72 ℰ 9156797, 🍽 – ▤ 📺 ☎. 🅰🅴 🅱 ⓪ 🅴
𝑉𝐼𝑆𝐴. ⬥
Pas *(chiuso lunedì e gennaio)* carta 33/55000 – ⊡ 7000 – **15 cam** 75000 – ½ P 70/100000.

X Zi Checco, lungomare delle Sirene 1 ℰ 9157157, ≤, 🍽, Solo piatti di pesce, 🐜 – **Ⓟ**.

TOSCANELLA Bologna – Vedere Dozza.

TOSCOLANO-MADERNO Brescia 𝟵𝟴𝟴 ④ 𝟰𝟮𝟴 ㉝ 𝟰𝟮𝟵 ⑥ 𝟭𝟯 – 6 716 ab. alt. 80 – a.s. Pasqua
e luglio-15 settembre – ✆ 0365.

🚢 per Torri del Benaco giornalieri (30 mn) – Navigazione Lago di Garda, Imbarcadero
ℰ 641389.

🛈 a Maderno, via lungolago Zanardelli 18 ⊠ 25080 ℰ 641330.

Roma 556 – ♦Bergamo 93 – ♦Brescia 39 – Mantova 95 – ♦Milano 134 – Trento 86 – ♦Verona 71.

a Maderno – ⊠ **25080** :

🏤 **Milano,** ℰ 641223, ≤, « Giardino ombreggiato » – 🛗 **Ⓟ**. 🅰🅴 𝑉𝐼𝑆𝐴. ⬥ rist
25 aprile-15 ottobre – Pas (solo per clienti alloggiati) 22000 – ⊡ 8000 – **38 cam** 90000 –
½ P 75000.

🏤 **Maderno,** ℰ 641070, Fax 644277, « Giardino ombreggiato », ⌁ – **Ⓟ**. 🅰🅴 🅱 ⓪ 🅴 𝑉𝐼𝑆𝐴.
⬥ rist
aprile-settembre – Pas *(chiuso martedì)* 28/35000 – ⊡ 12500 – **30 cam** 65/95000 –
½ P 65/90000.

🏠 **Eden,** ℰ 641305, « Giardino » – ☎ **Ⓟ**. ⬥ rist
aprile-15 ottobre – Pas 21/25000 – ⊡ 6000 – **28 cam** 40/50000 – ½ P 42/48000.

XX **Milani,** ℰ 641042, 🍽 – 🅰🅴 𝑉𝐼𝑆𝐴
marzo-novembre; chiuso lunedì in bassa stagione – Pas carta 29/53000.

TOSSIGNANO **40020** Bologna 𝟰𝟮𝟵 J 16 – alt. 272 – ✆ 0542.

Roma 382 – ♦Bologna 47 – ♦Firenze 84 – Forlì 44 – ♦Ravenna 59.

XXX ❀ **Locanda della Colonna,** via Nuova 10/11 ℰ 91006, 🍽, Coperti limitati; prenotare,
« Costruzione del 15° secolo » – 🅰🅴 🅱 ⓪ 🅴 𝑉𝐼𝑆𝐴. ⬥
chiuso domenica, lunedì, dal 10 gennaio al 10 febbraio ed agosto – Pas carta 60/85000
Spec. Storione fresco con macedonia di verdure crude, Garganelli con peperoni e zucchini, Carré di coniglio
all'aceto. Vini Albana, Sangiovese.

TOVEL (Lago di) ✻✻✻ Trento 𝟵𝟴𝟴 ④ 𝟰𝟮𝟴 𝟰𝟮𝟵 D 14 – Vedere Guida Verde.

TRADATE 21049 Varese 🗾🗾🗾 E 8, 🗾🗾🗾 ⑱ – 16 195 ab. alt. 303 – ✆ 0331.

Roma 614 – Gallarate 12 – ♦Milano 37 – Varese 14.

  XX **Antico Ostello Lombardo,** via Vincenzo Monti 8 ℰ 842832, 🍴, Coperti limitati; prenotare – 🏧 *VISA*. 🐾
    chiuso sabato a mezzogiorno, lunedì ed agosto – Pas carta 50/70000.

  XX **Tradate** con cam, via Volta 20 ℰ 841401 – 🏧 🏧 ⓞ E *VISA*. 🐾 cam
    chiuso dal 24 dicembre al 5 gennaio ed agosto – Pas *(chiuso domenica)* carta 38/61000 –
    🛏 6000 – **8 cam** 48/60000 – P 100000.

TRAFOI 39020 Bolzano 🗾🗾🗾 ④, 🗾🗾🗾 🗾🗾🗾 C 13 – alt. 1 543 – Sport invernali : 1 543/2 400 m 🛤4
– ✆ 0473.

Roma 726 – ♦Bolzano 89 – Merano 61 – ♦Milano 274 – Passo dello Stelvio 14 – Sondrio 98 – Trento 147.

  🏠 **Tannenheim-Abeti,** ℰ 611704, ⇐ – 🚗 🅿 E. 🐾
    19 dicembre-10 aprile e 20 maggio-5 novembre – Pas carta 25/41000 – **32 cam** 🛏 33/60000
    – ½ P 43/58000.

TRAMIN AN DER WEINSTRASSE = Termeno sulla Strada del Vino.

TRANA 10090 Torino 🗾🗾🗾 G 4 – 2 949 ab. alt. 372 – ✆ 011.

Roma 685 – Briançon 90 – ♦Milano 167 – ♦Torino 25.

  a San Bernardino E : 3 km – ⌧ **10090** Trana

  XX ❀ **La Betulla,** ℰ 933106, prenotare – 🅿. 🏧 E *VISA*
    chiuso gennaio, lunedì sera-martedì escluso dal 15 giugno al 15 settembre – Pas
    carta 44/69000
    Spec. Mousse di melanzane al pomodoro fresco (primavera-estate). Tortelli di tartufo e carni bianche,
    Germano disossato in crosta di pancetta. **Vini** Chardonnay, Grignolino.

TRANI 70059 Bari 🗾🗾🗾 ㉙ – 49 902 ab. – ✆ 0883.

Vedere Cattedrale★★ – Giardino pubblico★.

🛈 piazza della Repubblica ℰ 43295.

Roma 414 – ♦Bari 49 – Barletta 13 – ♦Foggia 97 – Matera 78 – ♦Taranto 132.

  🏨 **Royal,** via De Robertis 29 ℰ 588777, Fax 582224, 🍴 – 🛗 📶 cam 📺 ☎ 🅿 🏧 🏧 ⓞ
    E *VISA*. 🐾 rist
    Pas carta 32/45000 – 🛏 12000 – **42 cam** 86/137000 – ½ P 90/110000.

  🏨 **Trani,** corso Imbriani 137 ℰ 588010, Fax 587625 – 🛗 ☎ 🚗 – 🔬 300. 🏧 🏧 ⓞ E *VISA*.
    🐾
    Pas carta 26/46000 – 🛏 7500 – **50 cam** 56/88000 – ½ P 71/82000.

  XX **Cristoforo Colombo,** lungomare Colombo 21 ℰ 41146 – 🔲 🅿. 🏧. 🐾
    chiuso martedì e novembre – Pas carta 34/46000 (18%).

TRAPANI 🅿 🗾🗾🗾 ㉟ – Vedere Sicilia alla fine dell'elenco alfabetico.

TRAVERSELLA 10080 Torino 🗾🗾🗾 F 5 – 504 ab. alt. 827 – ✆ 0125.

Roma 703 – Aosta 91 – ♦Milano 142 – ♦Torino 70

  🏠 **Miniere,** ℰ 749005, Fax 749195, ⇐ vallata, 🌳 – 🛗 ☎. 🏧 🏧 E *VISA*. 🐾
  ← *chiuso dal 14 ottobre al 14 novembre* – **Pas** *(chiuso lunedì)* 20/30000 – 🛏 4000 – **25 cam**
    35/60000 – ½ P 45/50000.

TREBIANO La Spezia – alt. 170 – ⌧ **19030** Romito – ✆ 0187.

Roma 403 – ♦Livorno 79 – Lucca 69 – ♦La Spezia 12.

  X **Trattoria delle 7 Lune,** salita al Castello ℰ 988566, 🍴 – 🏧. 🐾
    chiuso giovedì ed ottobre – Pas carta 25/41000.

TREBISACCE 87075 Cosenza 🗾🗾🗾 ㊴ – 9 006 ab. – ✆ 0981.

Roma 484 – Castrovillari 40 – Catanzaro 183 – ♦Cosenza 90 – ♦Napoli 278 – ♦Taranto 115.

  🏠 **Stellato,** ℰ 51546, Fax 51546, ⇐, 🚗 – 🛗 🅿 🐾
    aprile-settembre – Pas *(chiuso lunedì)* carta 23/40000 – 🛏 6500 – **21 cam** 51/76000 –
    P 77000.

TRECATE 28069 Novara 🗾🗾🗾 ③, 🗾🗾🗾 F 5 – 14 740 ab. alt. 136 – ✆ 0321.

Roma 621 – ♦Milano 47 – Novara 10 – ♦Torino 102.

  🏠 **Moderno,** via Mazzini 8 ℰ 71394 – ☎ 🅿 – 🔬 30. 🏧. 🐾
    Pas *(chiuso martedì)* carta 26/38000 – 🛏 5000 – **13 cam** 30/50000 – ½ P 50/55000.

TREGNAGO 37039 Verona 🗾🗾🗾 ④, 🗾🗾🗾 F 15 – 4 573 ab. alt. 317 – ✆ 045.

Roma 529 – ♦Brescia 95 – ♦Milano 182 – Trento 128 – ♦Verona 26.

  X **Michelin,** ℰ 7808049
  ← *chiuso dal 1° al 21 agosto, lunedì e le sere di martedì, mercoledì e giovedì* – Pas
    carta 19/31000.

TREMEZZO 22019 Como 988 ③, 428 E 9 – 1 392 ab. alt. 245 – ✿ 0344.

Vedere Località★★★ – Villa Carlotta★★★ – Parco comunale★.

Dintorni Cadenabbia★★ : ≼★★ dalla cappella di San Martino (1 h e 30 mn a piedi AR).

🛈 (maggio-ottobre) piazzale Trieste 3 ☎ 40493.

Roma 655 – Como 30 – ♦Lugano 33 – Menaggio 5 – ♦Milano 78 – Sondrio 73.

🏨🏨 **Gd Hotel Tremezzo Palace,** ☎ 40446, Telex 320810, Fax 40201, ≼ lago, 😋 , « Parco »,
⊒ riscaldata, 🎾 – 📳 TV ☎ 🅟 – ⚷ 70 a 300. 🖭 🛐 ⓞ E VISA. 🛠 rist
Pas carta 53/82000 (10%) – **100 cam** ⊒ 140/230000 – ½ P 145/160000.

🏠 **Villa Edy** 🏖 senza rist, località Bolvedro O : 1 km ☎ 40161, ⊒, 🐾, 🎾 – 🕸. 🛠
aprile-ottobre – ⊒ 10000 – **12 cam** 75000.

🏠 **Rusall** 🏖, località Rogaro O : 1,5 km ☎ 40408, Fax 40447, ≼ lago e monti, 🐾, 🎾 – ☎
🅟. 🛐 E VISA. 🛠 rist
chiuso dal 7 gennaio al 18 marzo – Pas carta 23/38000 – ⊒ 8000 – **19 cam** 45/70000 –
½ P 50/52000.

🍽🍽 **Al Veluu,** località Rogaro O : 1,5 km ☎ 40510, ≼ lago e monti, 😋 – 🅟. 🖭 VISA
marzo-ottobre; chiuso martedì – Pas carta 42/71000.

🍽 **La Fagurida,** località Rogaro O : 1,5 km ☎ 40676, 😋 – 🅟. 🖭 🛐. 🛠
chiuso lunedì e dal 25 dicembre al 15 febbraio – Pas carta 28/49000.

Le continue modifiche ed il costante miglioramento apportato
alla rete stradale italiana consigliano l'acquisto
dell' aggiornata carta Michelin 988 in scala 1/1 000 000.

TREMITI (Isole) ★ Foggia 988 ㉘ – 366 ab. alt. da 0 a 116 – a.s. agosto-15 novembre – ✿ 0882.
La limitazione d'accesso degli autoveicoli è regolata da norme legislative.

Vedere Isola di San Domino★ – Isola di San Nicola★.

🚢 per Termoli 15 maggio-settembre giornaliero (1 h 40 mn); a Termoli, Navigazione Libera del
Golfo-agenzia Di Brino, al porto ☎ 4859, Telex 722661.

🚢 per Termoli giugno-settembre giornalieri (45 mn); per Ortona giugno-settembre giornaliero
(1 h 50 mn); per Rodi Garganico giugno-settembre giornaliero (1 h 30 mn); per Punta Penna di
Vasto giugno e settembre giornaliero (1 h 10 mn) – Adriatica di Navigazione-agenzia Domenichelli,
via degli Abbati 10 ☎ 663008, Fax 663008.

San Domino (Isola) – ✉ 71040 San Nicola di Tremiti

🏨🏨 **Kyrie** 🏖, ☎ 663232, Fax 663055, « In pineta », ⊒, 🐾 – 🛐 ⓞ E VISA. 🛠 rist
15 maggio-settembre – Pas (solo per clienti alloggiati) 45000 – **63 cam** ⊒ 100/210000 –
½ P 155/180000.

🏠 **San Domino** 🏖, ☎ 663027 – 🕾. 🛠
Pas carta 31/47000 – **28 cam** ⊒ 55/95000 – ½ P 84000.

🏠 **Gabbiano** 🏖, ☎ 663044, Fax 663090, ≼ mare e pinete, 😋 – ≼★ rist TV ☎. 🖭 ⓞ.
🛠 rist
Pas carta 36/58000 – **35 cam** ⊒ 78/96000 – ½ P 71/80000.

TREMOSINE 25010 Brescia 428 429 E 14 – 1 876 ab. alt. 414 – a.s. Pasqua e luglio-
15 settembre – ✿ 0365 – Roma 581 – ♦Brescia 64 – ♦Milano 159 – Riva del Garda 19 – Trento 69.

🏨🏨 **Le Balze** 🏖, a Campi-Voltino ☎ 957179, Fax 957053, ≼ lago e monte Baldo, 🏊, 🐾, 🎾
– 📳 ☎ 🅟 & 🅟 – ⚷ 130. 🛐 ⓞ E VISA 🛠 rist
15 marzo-7 novembre – Pas carta 26/38000 – ⊒ 11000 – **69 cam** 55/100000 – ½ P 66/70000.

🏠 **Pineta Campi** 🏖, a Campi-Voltino ☎ 957158, Fax 957015, ≼ lago e monte Baldo, 🏊,
♦ 🐾, 🎾 – ☎ & 🅟. 🛠 rist
15 marzo-ottobre – Pas carta 20/29000 – ⊒ 8500 – **66 cam** 44/69000 – ½ P 40/63000.

🏠 **Park Hotel Faver,** a Voltino ☎ 957017, Fax 957019, ≼, 🏊, 🐾, 🎾 – 🅟. 🛐 ⓞ E VISA
🛠 rist
9 marzo-11 novembre – Pas carta 21/38000 – **30 cam** ⊒ 40/68000 – ½ P 36/56000.

🏠 **Lucia** 🏖, ad Arias ☎ 953088, Fax 953421, ≼ lago e monte Baldo, 🎾, 🚄, ⊒, 🐾, 🎾 –
♦ 🕾 🅟. 🛠 rist
marzo-novembre – Pas carta 20/33000 – ⊒ 6000 – **19 cam** 38/55000 – ½ P 40/55000.

🏠 **Paradiso** 🏖, a Pieve ☎ 953012, « Terrazza panoramica con ⊒ e ≼ lago e monte
Baldo », 🐾 – 🅟. 🛠
marzo-settembre – Pas (chiuso mercoledì) carta 33/56000 – **22 cam** ⊒ 54/88000 –
½ P 63/73000.

🏠 **Benaco e Rist. Miralago,** a Pieve ☎ 953001, Fax 953046, ≼ lago e monte Baldo – 📳
☎
Pas (chiuso giovedì da settembre a maggio) carta 23/35000 – ⊒ 6000 – **25 cam** 33/52000
– ½ P 38/48000.

TRENTO 38100 ℗ 988 ④, 429 D 15 – 101 416 ab. alt. 194 – a.s. dicembre-aprile – Sport invernali : vedere Bondone (Monte) – ✆ 0461.

Vedere Piazza del Duomo★ BZ : Duomo★, museo Diocesano★ M1 – Castello del Buon Consiglio★ BYZ – Palazzo Tabarelli★ BZ F – **Escursioni** Massiccio di Brenta★★★ per ⑤.

🛈 via Alfieri 4 ℘ 983880, Telex 400289, Fax 984508 – piazza Duomo (giugno-settembre) ℘ 981289.

A.C.I. via Pozzo 6 ℘ 986548.

Roma 588 ⑥ – ◆Bolzano 57 ⑥ – ◆Brescia 117 ⑤ – ◆Milano 230 ⑤ – ◆Verona 101 ⑥ – Vicenza 96 ③.

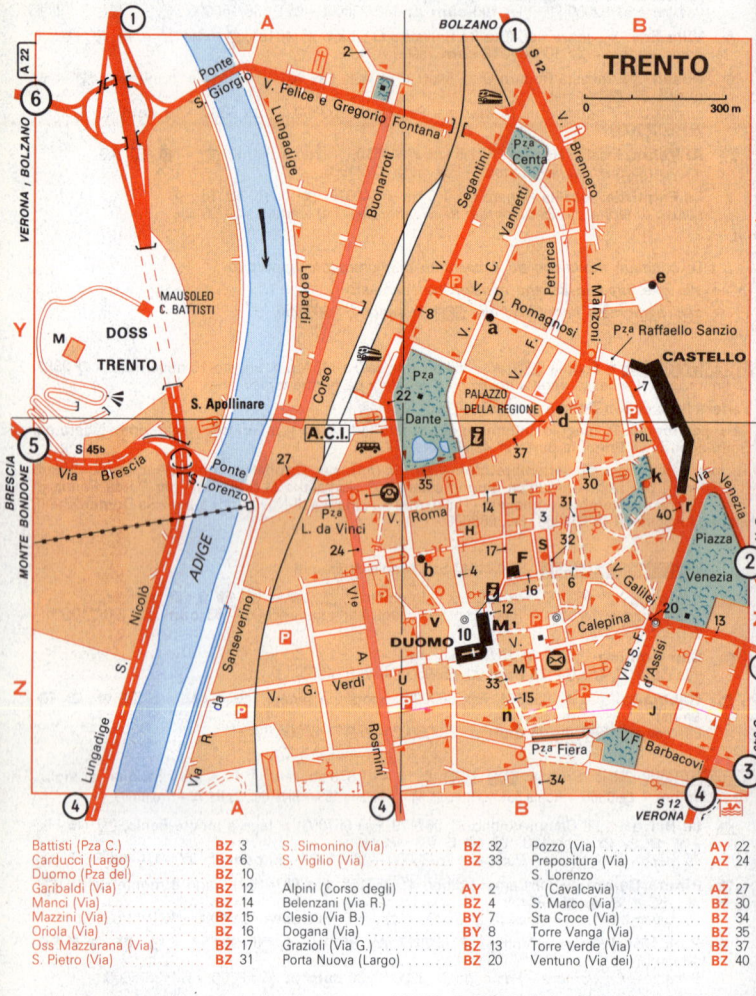

Battisti (Pza C.)	**BZ** 3	S. Simonino (Via)	**BZ** 32	Pozzo (Via)	**AY** 22
Carducci (Largo)	**BZ** 6	S. Vigilio (Via)	**BZ** 33	Prepositura (Via)	**AZ** 24
Duomo (Pza del)	**BZ** 12			S. Lorenzo	
Garibaldi (Via)	**BZ** 14	Alpini (Corso degli)	**AY** 2	(Cavalcavia)	**AZ** 27
Manci (Via)	**BZ** 14	Belenzani (Via R.)	**BZ** 4	S. Marco (Via)	**BZ** 30
Mazzini (Via)	**BZ** 15	Clesio (Via B.)	**BY** 7	Sta Croce (Via)	**BZ** 34
Oriola (Via)	**BZ** 16	Dogana (Via)	**BY** 8	Torre Vanga (Via)	**BZ** 35
Oss Mazzurana (Via)	**BZ** 17	Grazioli (Via G.)	**BZ** 13	Torre Verde (Via)	**BZ** 37
S. Pietro (Via)	**BZ** 31	Porta Nuova (Largo)	**BZ** 20	Ventuno (Via dei)	**BZ** 40

🏨 **Buonconsiglio** senza rist, via Romagnosi 16/18 ℘ 980089, Telex 401179, Fax 980038 – 🛗
📺 ☎ ♿ – 🔬 40. ⚫ 🅴 🆂 ⑩ 🔥 BY **a**
45 cam ⊑ 140/190000 appartamento 280000.

🏨 **Accademia**, vicolo Colico 4 ℘ 233600, Telex 400556, Fax 230174 – 🛗 📺 ☎. ⚫ 🆂 ⑩
🅴 🆅🅸🆂🅰 BZ **b**
Pas vedere rist Accademia – ⊑ 20000 – **42 cam** 140/200000 appartamento 360/650000.

🏨 **America**, via Torre Verde 50 ℘ 983010, Fax 230603 – 🛗 ▤ rist 📺 ☎ 🅿 – 🔬 80. ⚫
🅴 🆅🅸🆂🅰 – Pas carta 23/9000 – ⊑ 9000 – **43 cam** 80/110000 – ½ P 84000 BYZ **d**

🏨 **Monaco e Rist. La Predara** ⚓, via Torre d'Augusto 25 ℘ 983060, Fax 983681, ⇆ –
🛗 📺 ☎ 🅿 – 🔬 25 a 80. 🆂 🅴 🆅🅸🆂🅰 🛟 BY **e**
Pas (chiuso venerdì) carta 27/38000 – ⊑ 8000 – **50 cam** 90/130000.

XXX **Chiesa,** via San Marco 64 ☎ 238766 – AE ⑤ ⓓ E VISA BZ **k**
chiuso domenica, mercoledì sera e dal 19 agosto al 1° settembre – Pas carta 53/72000.

XX **Orso Grigio,** via degli Orti 19 ☎ 984400, 🌳, Rist. con cucina francese – AE ⑤ ⓓ E VISA. ✻ BZ **n**
chiuso domenica e gennaio – Pas carta 35/45000.

XX **Accademia,** vicolo Colico 6 ☎ 981580, prenotare – AE ⑤ ⓓ E VISA BZ **b**
chiuso lunedì, dal 1° al 7 gennaio e dal 7 al 20 agosto – Pas carta 37/51000.

XX **Le Bollicine,** via dei Ventuno 1 ☎ 983161, Rist.-piano bar, Coperti limitati; prenotare – AE ⑤. ✻ BZ **r**
chiuso domenica e dal 15 al 31 luglio – Pas carta 29/45000.

XX **Roma,** via del Simonino 6 ☎ 984150, Fax 984150 – ▤. AE ⑤ ⓓ E VISA BZ **s**
chiuso domenica ed agosto – Pas carta 31/44000.

XX **Osteria a le due spade,** via Don Rizzi 11 ☎ 234343, Coperti limitati; prenotare – AE ⑤ ⓓ E VISA BZ **v**
chiuso domenica e luglio – Pas carta 35/67000.

sulla variante della strada statale 47 per ② : 2 km :

X **La Fattoria,** località Piazzina ✉ 38040 Martignano ☎ 821124, 🌳, Cucina pugliese a coperti limitati; prenotare – Ⓟ. AE
chiuso lunedì e dal 7 al 31 agosto – Pas carta 39/49000.

a Ravina SO : 2,5 km per Lungadige S. Nicolò AZ – ✉ **38040** :

🏨 **Castello** 🐎, ☎ 912593, 🌳 – ▤ rist 📺 ☎ Ⓟ. AE ⓓ VISA. ✻
Pas *(chiuso domenica sera e lunedì)* carta 26/42000 – ☕ 10000 – **13 cam** 70/105000 – ½ P 75/90000.

a Cognola per ② : 3 km – ✉ **38050** Cognola di Trento :

🏨 **Villa Madruzzo** 🐎, ☎ 986220, ≤, « Villa ottocentesca in un parco ombreggiato » – 🛗 ☎ ♿ Ⓟ – 🏛 80. AE VISA
Pas 25/35000 – ☕ 8000 – **51 cam** 83/126000 – ½ P 85/98000.

a Gardolo per ① : 3 km – ✉ **38014** :

🏨 **Capitol,** ☎ 993232, Fax 993232 – 🛗 ▤ 📺 ☎ Ⓟ. AE ⑤ E VISA. ✻ rist
Pas *(chiuso domenica)* carta 26/46000 – ☕ 8000 – **44 cam** 80/120000.

a Civezzano per ② : 5,5 km – ✉ **38045** :

XX **Maso Cantanghel,** O : 1 km ☎ 858714, Coperti limitati; prenotare – Ⓟ. ⑤. ✻
chiuso sabato, domenica, dal 24 dicembre al 2 gennaio ed agosto – Pas 45/60000.

Vedere anche : ***Verla di Giovo*** per ① : 15 km.
Bondone (Monte) per ⑤ : 23 km.

TRENZANO 25030 Brescia 428 429 F 12 – 4 371 ab. alt. 108 – ☎ 030.
Roma 570 – ♦Bergamo 45 – ♦Brescia 18 – ♦Milano 77.

XX **Convento,** località Convento N : 2 km ☎ 9977598, 🌳, Specialità di mare, Coperti limitati; prenotare – AE ⑤ E VISA. ✻
chiuso mercoledì – Pas carta 40/70000.

TREPORTI Venezia – Vedere Cavallino.

TRESCORE BALNEARIO 24069 Bergamo 988 ③, 428 429 E 11 – 6 929 ab. alt. 271 – a.s. luglio e agosto – ☎ 035.
Roma 593 – ♦Bergamo 14 – ♦Brescia 44 – Lovere 27 – ♦Milano 60.

🏨 **Della Torre,** piazza Cavour 26 ☎ 940021, 🌳, 🌿 – ☎ 🚗 Ⓟ – 🏛 300. AE ⑤ ⓓ E VISA. ✻
Pas *(chiuso domenica sera e lunedì)* carta 35/59000 – ☕ 10000 – **29 cam** 46/66000 – ½ P 70000.

X La Cascina, via Nazionale 11 ☎ 940138, Fax 249206 – Ⓟ.

TRESCORE CREMASCO 26017 Cremona 428 F 10, 219 ⑳ – 2 092 ab. alt. 86 – ☎ 0373.
Roma 554 – ♦Brescia 54 – Cremona 45 – ♦Milano 40 – Piacenza 45.

XX ✿ **Trattoria del Fulmine,** ☎ 273103, 🌳, Coperti limitati; prenotare – AE ⑤ ⓓ E VISA. ✻
chiuso domenica sera, lunedì, dal 1° al 10 gennaio ed agosto – Pas carta 50/65000
Spec. Zuppa di zucca e porri, Piedino di maiale disossato con pomodoro e profumo di basilico ai fagioli (autunno inverno), Anitra al ragù di maiale. **Vini** Riesling, Barbacarlo.

X **Bistek,** ☎ 273046, 🌳 – Ⓟ. ⑤ E VISA. ✻
chiuso mercoledì, dal 7 all'11 gennaio e dal 22 luglio al 14 agosto – Pas carta 27/50000.

TRESNURAGHES Oristano – Vedere Sardegna alla fine dell'elenco alfabetico.

TREVI 06039 Perugia 988 ⑯ – 7 360 ab. alt. 412 – ✆ 0742.

Roma 150 – Foligno 13 – ◆Perugia 50 – Spoleto 21 – Terni 52.

✗ **L'Ulivo,** N : 3 km ✆ 78969, 🏤 – 🅿 🝉 🏚
chiuso lunedì e martedì – Pas (menu tipici suggeriti dal proprietario) 35/40000 bc.

TREVIGLIO 24047 Bergamo 988 ③, 428 F 10 – 25 270 ab. alt. 126 – ✆ 0363.

Roma 576 – ◆Bergamo 20 – ◆Brescia 57 – Cremona 62 – ◆Milano 36 – Piacenza 68.

🏨 **Treviglio,** piazza Verdi 7 ✆ 43744, Fax 41228 – 🛗 🝉 TV ☎ 🅿 AE 🕲 E VISA 🏚
Pas carta 34/59000 – ⚏ 7000 – **16 cam** 50/70000, 🛏 5000.

✗✗ **Taverna Colleoni,** via Portaluppi 75 ✆ 43384, 🏤, prenotare – 🏚
chiuso a mezzogiorno, domenica sera, lunedì ed agosto – Pas carta 40/70000.

✗✗ **San Martino,** viale Cesare Battisti 3 ✆ 49075 – AE 🕲 ⓪ E VISA 🏚
chiuso lunedì, dal 1° al 15 gennaio ed agosto – Pas carta 50/60000.

sulla strada statale 11 SE : 2,5 km :

🏨 **La Lepre,** ✉ 24047 ✆ 48233, Fax 41228, 🔥 riscaldata, 🝉 – 🛗 🖿 🝉 TV ☎ 🚗 🅿
– 🔬 200. AE 🕲 ⓪ E
VISA
Pas (chiuso lunedì, dal
2 al 10 gennaio e dal
10 al 25 agosto)
carta 37/52000 (10%) –
⚏ 10000 – **63 cam**
50/70000 – ½ P 70000.

TREVIGNANO ROMANO
00069 Roma 988 ㉕ – 3 344 ab.
alt. 166 – ✆ 06.

Roma 46 – Civitavecchia 63 – Terni
86 – Viterbo 45.

🏠 **Villa Belvedere** 🐎
senza rist, via per Sutri
N O : 1,5 km ✆
9997030, ≤, – 🚗
⚏ 7000 – **10 cam**
75000.

✗ **Villa Valentina,** 🐎
con cam, via della Rena
96 ✆ 9019038, ≤,
« Servizio estivo all'a-
perto », 🚗 – 🝉 🅿
AE 🏚
chiuso novembre – Pas
(chiuso mercoledì)
carta 32/52000 – ⚏
6000 – **20 cam** 50/
70000 – ½ P 55/60000.

✗ **La Grotta Azzurra,**
piazza Vittorio Ema-
nuele 18 ✆ 9019420,
≤, prenotare, « Servi-
zio estivo in giardino »
– AE. 🏚
chiuso martedì e dal 24
al 31 dicembre – Pas
carta 34/45000.

TREVISO 31100 🅿 988 ⑤,
429 E 18 – 84 066 ab. alt. 15 –
✆ 0422 – **Vedere** Piazza dei
Signori★ BY **21** : palazzo dei
Trecento★ **A**, affreschi★ nella
chiesa di Santa Lucia **B** –
Chiesa di San Nicolò★ AZ –
Museo Civico Bailo★ AY **M**.

🛫 San Giuseppe, SO : 5 km
AZ ✆ 20393 – Alitalia, via
Collalto 3 ✆ 579433.

🛈 via Toniolo 41 ✆ 547632, Fax
541397 – A.C.I. piazza San Pio X
✆ 547801.

Roma 541 ④ – ◆Bolzano 197 ⑤ –
◆Milano 264 ④ – ◆Padova 50 ④ –
◆Trieste 145 ② – ◆Venezia 30 ④.

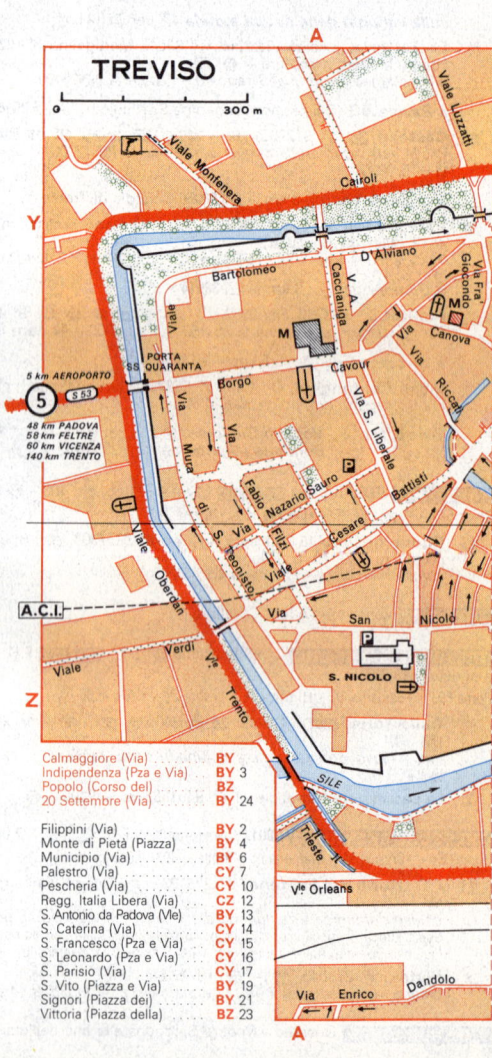

TREVISO

Calmaggiore (Via)	**BY**
Indipendenza (Pza e Via)	**BY** 3
Popolo (Corso del)	**BZ**
20 Settembre (Via)	**BY** 24

Filippini (Via)	**BY**	2
Monte di Pietà (Piazza)	**BY**	4
Municipio (Via)	**BY**	6
Palestro (Via)	**CY**	7
Pescheria (Via)	**CY**	10
Regg. Italia Libera (Via)	**CZ**	12
S. Antonio da Padova (Vle)	**BY**	13
S. Caterina (Via)	**CY**	14
S. Francesco (Pza e Via)	**CY**	15
S. Leonardo (Pza e Via)	**CY**	16
S. Parisio (Via)	**CY**	17
S. Vito (Piazza e Via)	**BY**	19
Signori (Piazza dei)	**BY**	21
Vittoria (Piazza della)	**BZ**	23

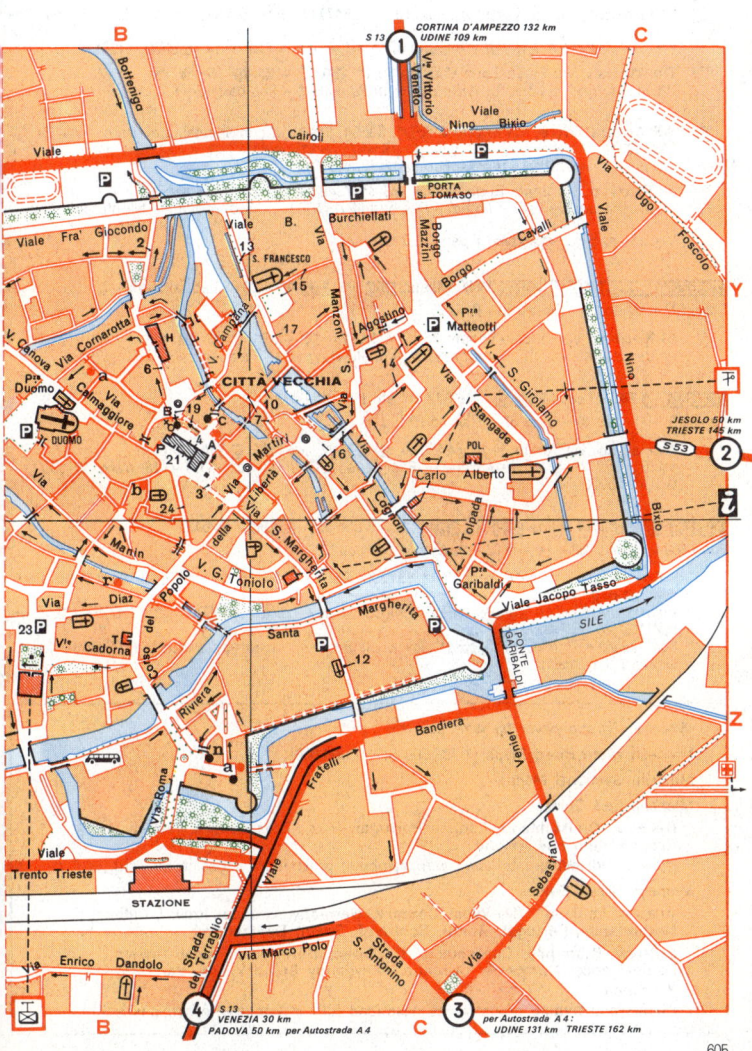

Cà del Galletto, via Santa Bona Vecchia 30 ℘ 23831, Fax 262872, ❀ – 📶 ↔ cam 📺
📺 ☎ �&ᴸ ℗ – 🏛 25. ᴀᴇ 🇸 ⓘ ᴇ 𝘷𝘪𝘴𝘢. ❀
per viale Luzzatti **AY**
Pas vedere rist Da Marian – ☞ 10000 – **47 cam** 69/110000, 📺 8000.

Continental senza rist, via Roma 16 ℘ 57216, Telex 420385, Fax 55054 – 📶 📺 📺 ☎ –
🏛 50 a 100. ᴀᴇ 🇸 ⓘ ᴇ 𝘷𝘪𝘴𝘢
BZ n
☞ 11000 – **82 cam** 110/160000 appartamenti 365000.

Al Foghèr, viale della Repubblica 10 ℘ 20686 e rist ℘ 21687, Fax 430391 – 📶 📺 📺 ☎ 📺
℗ – 🏛 90. ᴀᴇ 🇸 ⓘ ᴇ 𝘷𝘪𝘴𝘢. ❀ cam
per ⑤
Pas carta 34/48000 – ☞ 10000 – **55 cam** 87/109000, 📺 10000 – ½ P 100/
132000.

Carlton senza rist, largo Porta Altinia 15 ℘ 55221, Telex 410041, Fax 579793 – 📶 📺 📺
☎ ℗. ᴀᴇ 🇸 ⓘ 𝘷𝘪𝘴𝘢
BZ a
☞ 10000 – **93 cam** 90/140000, 📺 14000.

segue →

Scala, viale Felissent 1 ☎ 307600, Fax 305048 – ▦ 📺 ☎ 🅿 – 🏛 30. 🄰🄴 🅂 ⓞ 🄴 𝗩𝗜𝗦𝗔.
%% rist   per ①
Pas *(chiuso lunedì e dal 2 al 22 agosto)* carta 28/40000 – ⊆ 10000 – **20 cam** 64/99000 –
½ P 95000.

Campeol, piazza Ancillotto 10 ☎ 540871 – ☎. 🄰🄴 🅂 ⓞ 🄴 𝗩𝗜𝗦𝗔. %%   BY c
Pas vedere rist Beccherie – ⊆ 6000 – **14 cam** 50/72000.

Alfredo-Relais El Toulà, via Collalto 26 ☎ 540275 – ▦. 🄰🄴 🅂 ⓞ 🄴 𝗩𝗜𝗦𝗔   BZ r
chiuso domenica sera, lunedì e dal 26 luglio al 25 agosto – Pas carta 45/73000
(13%).

Al Bersagliere, via Barberia 21 ☎ 541988, Coperti limitati; prenotare – ▦. 🄰🄴 🅂 ⓞ 🄴
𝗩𝗜𝗦𝗔   BY b
chiuso sabato a mezzogiorno, domenica e dal 1° al 16 agosto – Pas carta 35/
53000.

Beccherie, piazza Ancillotto 10 ☎ 540871, 🌫 – ▦. 🄰🄴 🅂 ⓞ 🄴 𝗩𝗜𝗦𝗔. %%   BY c
chiuso giovedì sera, venerdì e dal 14 al 31 luglio – Pas carta 38/45000.

L'Incontro, largo Porta Altinia 13 ☎ 547717, Fax 547623 – ▦. 🄰🄴 🅂 ⓞ 𝗩𝗜𝗦𝗔
%%   BZ a
chiuso mercoledì, giovedì a mezzogiorno ed agosto – Pas carta 46/63000 (12%).

Da Marian, via Santa Bona Vecchia 30 ☎ 260372 – ▦ 🅿. 🄰🄴 ⓞ 𝗩𝗜𝗦𝗔
chiuso domenica sera, lunedì e dal 1° al 20 agosto – Pas carta 26/43000
                                                                                  per viale Luzzatti   AY

All'Antica Torre, via Inferiore 55 ☎ 53694, Trattoria con specialità di mare – ▦. 🄰🄴 ⓞ
𝗩𝗜𝗦𝗔 %%   BY a
chiuso domenica ed agosto – Pas carta 32/64000.

Al Portico, via Santa Bona Nuova 178 ☎ 23488 – 🅿. 🄰🄴 🅂 🄴 𝗩𝗜𝗦𝗔. %%
chiuso domenica sera e lunedì – Pas carta 27/41000.   3 km per viale Monferrera   AY

Vedere anche : **Preganziol** per ④ : 7 km.

TREZZANO SUL NAVIGLIO 20090 Milano 🄸🄸🄸 F 9, 🄸🄸🄸 ⑱ – 20 352 ab. alt. 116 – 🌐 02.
Roma 577 – ♦Milano 11 – Novara 50 – Pavia 36.

El Negher, via Vittorio Veneto 36 ☎ 4451113, 🌫 – 🅿. 🅂 🄴 𝗩𝗜𝗦𝗔. %%
chiuso sabato, dal 26 dicembre al 5 gennaio e agosto – Pas carta 48/72000 (12%).

TRICASE 73039 Lecce 🄸🄸🄸 ⑩ – 16 572 ab. alt. 97 – 🌐 0833.
Roma 670 – ♦Brindisi 91 – Lecce 52 – ♦Taranto 139.

Adriatico, via Tartini 34 ☎ 544737 – 🛗 📺 ☎ 🚗. 🅂 🄴 𝗩𝗜𝗦𝗔. %% cam
chiuso dal 1° al 15 settembre – Pas carta 22/37000 – ⊆ 4000 – **18 cam** 42/65000 –
½ P 45/55000.

TRICESIMO 33019 Udine 🄸🄸🄸 ⑥, 🄸🄸🄸 D 21 – 6 804 ab. alt. 198 – 🌐 0432.
Roma 650 – ♦Milano 389 – ♦Trieste 83 – Udine 12 – ♦Venezia 139.

Boschetti, piazza Mazzini 10 ☎ 851230, Fax 851216 – 🛗 ▦ rist 📺 ☎ 🅿. 🄰🄴 🅂 ⓞ 🄴
𝗩𝗜𝗦𝗔. %% rist
chiuso dal 5 al 20 agosto – Pas *(chiuso lunedì)* carta 50/69000 – ⊆ 15000 – **32 cam**
80/110000 – ½ P 100000
Spec. Zuppa di orzo fagioli e trippe, Spaghetti alla Boschetti, Capesante alla gradese (primavera-autunno).
Vini Tocai, Cabernet.

TRIESTE 34100 🅿 **988** ⑤, **429** F 23 – 233 047 ab. – ✪ 040.

Vedere Colle San Giusto★★ AY – Piazza della Cattedrale★ AY **9** – Basilica di San Giusto★ AY : mosaico★★ nell'abside, ≼★ su Trieste dal campanile – Collezioni di armi antiche★ nel castello AY – Vasi greci★ e bronzetti★ nel museo di Storia e d'Arte AY **M1** – Piazza dell'Unità d'Italia★ AY – Museo del Mare★ AY : sezione della pesca★★.

Dintorni Castello di Miramare★ : giardino★ per ① : 8 km – ≼★★ su Trieste e il golfo dal Belvedere di Villa Opicina per ② : 9 km – ❉★★ dal santuario del Monte Grisa per ① : 10 km.

🏌 (chiuso martedì) 𝒫 226159, per ② : 7 km.

✈ di Ronchi dei Legionari per ① : 32 km 𝒫 (0481) 530036 – Alitalia, Agenzia Cosulich, piazza Sant'Antonio 1 ⊠ 34122 𝒫 68017.

🚢 Castello di San Giusto ⊠ 34121 𝒫 309242 – Stazione Centrale ⊠ 34135 𝒫 420182.

A.C.I. via Cumano 2 ⊠ 34139 𝒫 393223.

Roma 669 ① – Ljubljana 100 ② – ◆Milano 408 ① – ◆Venezia 158 ① – ◆Zagreb 236 ②.

Pianta pagine seguenti

🏨 **Duchi d'Aosta e Rist. Harry's Grill,** via dell'Orologio 2 ⊠ 34121 𝒫 7351, Telex 460358, Fax 366092 – 🛗 ≼⌂ cam 🖵 📺 ☎ – 🏛 30. 🖭 🖇 ⓞ 🄴 𝚅𝙸𝚂𝙰. ❄ rist   AY **r**
Pas carta 50/86000 – ⊡ 18500 – **48 cam** 190/260000 appartamenti 480000 – ½ P 184/274000.

🏨 **Savoia Excelsior Palace,** riva del Mandracchio 4 ⊠ 34124 𝒫 7690, Telex 460503, Fax 77733, ≼ – 🛗 🖵 📺 ☎ – 🏛 25 a 200. 🖭 🖇 ⓞ 🄴 𝚅𝙸𝚂𝙰. ❄ rist   AY **e**
Pas *(chiuso domenica)* carta 48/65000 – **154 cam** ⊡ 205/270000 – ½ P 235/290000.

🏨 **San Giusto,** via Belli 3 ⊠ 34137 𝒫 762661, Fax 734477 – 🛗 🖵 📺 ☎ ⇔. 🖭 🖇 ⓞ
𝚅𝙸𝚂𝙰. ❄ rist   BZ **b**
Pas (solo per clienti alloggiati; *chiuso sabato, domenica e a mezzogiorno*) – ⊡ 15000 –
60 cam 73/106000.

🏨 **Colombia** senza rist, via della Geppa 18 ⊠ 34132 𝒫 369333, Fax 369644 – 🛗 ☎ 🕭. 🖭
🖇 ⓞ 🄴 𝚅𝙸𝚂𝙰   AX **a**
⊡ 15000 – **40 cam** 73/106000.

🏨 **Abbazia** senza rist, via della Geppa 20 ⊠ 34132 𝒫 369464, Fax 369769 – 🛗 📺 ☎. 🖭
🖇 ⓞ 🄴 𝚅𝙸𝚂𝙰   AX **a**
⊡ 10000 – **21 cam** 73/106000.

XX **Antica Trattoria Suban,** via Comici 2 ⊠ 34128 𝒫 54368, Fax 579020, « Servizio estivo sotto un pergolato » – 🖭 🖇 ⓞ 🄴 𝚅𝙸𝚂𝙰   per via Giulia CX
chiuso lunedì a mezzogiorno, martedì e dal 1° al 15 agosto – Pas carta 40/67000.

XX **Elefante Bianco,** riva 3 Novembre 3 ⊠ 34121 𝒫 365784, prenotare – 🖭 🖇 🄴
𝚅𝙸𝚂𝙰. ❄   AX **x**
chiuso sabato a mezzogiorno e domenica – Pas carta 33/50000.

XX **Grifone,** viale Miramare 133 ⊠ 34136 𝒫 414274, Fax 414274, « Servizio estivo sotto un pergolato » – 🖭 🖇 ⓞ 🄴 𝚅𝙸𝚂𝙰 ❄   per ①
chiuso martedì e gennaio – Pas carta 33/52000.

XX **L'Ambasciata d'Abruzzo,** via Furlani 6 ⊠ 34149 𝒫 395050, Specialità abruzzesi – ℗.
🖭 𝚅𝙸𝚂𝙰   CZ **x**
chiuso lunedì ed agosto – Pas carta 30/40000.

XX **Al Granzo,** piazza Venezia 7 ⊠ 34123 𝒫 306788, 🍽 – 🖭 🖇 ⓞ 🄴 𝚅𝙸𝚂𝙰   AY **a**
chiuso domenica sera, mercoledì e novembre – Pas carta 32/53000.

XX **Al Bragozzo,** via Nazario Sauro 22 ⊠ 34123 𝒫 303001, 🍽 – ≼⌂ 🖵. 🖇 ⓞ 🄴
𝚅𝙸𝚂𝙰 ❄   AY **a**
chiuso lunedì, dal 20 dicembre al 10 gennaio e dal 20 giugno al 10 luglio – Pas carta 33/47000 (12%).

XX **Ai Fiori,** piazza Hortis 7 ⊠ 34124 𝒫 300633 – 🖵. 🖭 🖇 🄴 𝚅𝙸𝚂𝙰   AY **b**
chiuso domenica e lunedì – Pas carta 36/49000.

X **Menarosti,** via del Toro 12 ⊠ 34125 𝒫 730256 – 🖵. 🖭 🖇 ⓞ 🄴 𝚅𝙸𝚂𝙰. ❄   BXY **r**
chiuso venerdì sera, sabato ed agosto – Pas carta 23/47000.

X **Trattoria alle Cave-da Mario,** via Valerio 142 ⊠ 34128 𝒫 54555, 🍽 – ℗
chiuso lunedì – Pas carta 31/59000.   per ②

X **Allo Squero,** viale Miramare 42 ⊠ 34135 𝒫 410884, « Servizio estivo all'aperto con ≼ »
– ℗. ❄   per ①
chiuso domenica sera, lunedì e febbraio – Pas carta 27/45000 (10%).

X **Tavernetta da Silvio,** via del Lloyd 15 ⊠ 34143 𝒫 304403, Coperti limitati; prenotare –
chiuso dal 1° luglio al 28 agosto, domenica e dal 15 maggio al 30 agosto anche sabato –
Pas 55/65000 bc   AZ **s**

Vedere anche : ***Prosecco*** per ① : 9 km.
              Villa Opicina N : 11 km.
              Muggia per ③ : 11 km.
              Pese per ② : 13 km.
              Monrupino N : 16 km.
              Sistiana per ① : 19 km.
              Duino Aurisina per ① : 22 km.

TRIESTE

★ PZA DELL'UNITÀ D'ITALIA
★★ COLLE SAN GIUSTO
★ MUSEO DEL MARE

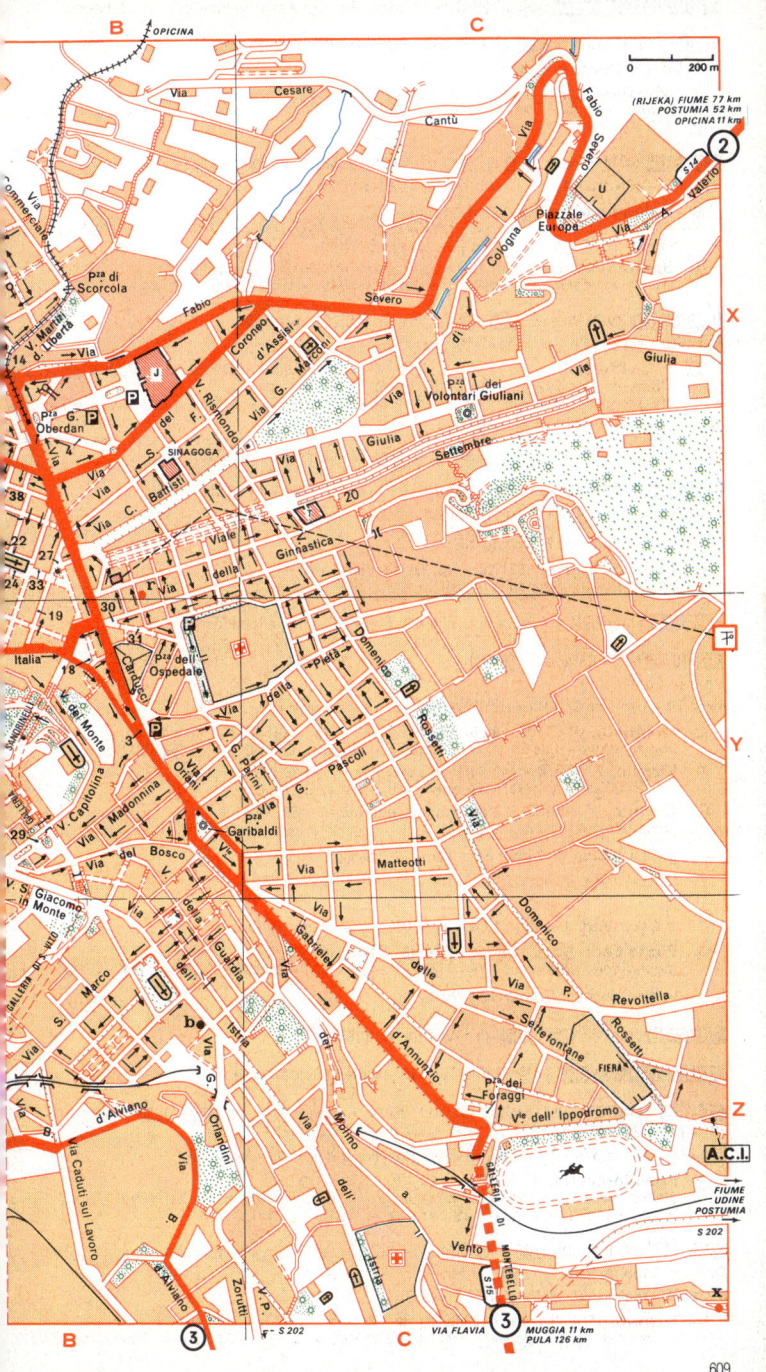

TRINITÀ D'AGULTU Sassari 988 ㉓ – Vedere Sardegna alla fine dell'elenco alfabetico.

TRINO 13039 Vercelli 988 ⑫, 428 G 6 – 8 283 ab. alt. 130 – ✿ 0161.
Roma 623 – Alessandria 42 – ♦Milano 103 – ♦Torino 58 – Vercelli 19.

  ✗ **Massimo** con cam, via Giolito Ferrari 7 ✆ 801325 – ▤. ᴀᴇ. ⋘
     chiuso agosto – Pas *(chiuso lunedì)* carta 21/36000 – ⊏⊐ 5000 – **11 cam** 28/54000 –
     ½ P 40/48000.

TRIORA 18010 Imperia 988 ⑫, 428 K 5 – 428 ab. alt. 776 – ✿ 0184.
Roma 661 – ♦Genova 162 – Imperia 45 – ♦Milano 285 – San Remo 37.

  🏠 **Colomba d'Oro,** ✆ 94051, ≤, 🐎 – ⅄
     Pas *(chiuso lunedì, martedì e dall'8 gennaio a Pasqua)* carta 25/38000 – ⊏⊐ 5000 – **28 cam**
     (15 aprile-15 ottobre) 30/45000 – ½ P 45/50000.
  ✗ **Santo Spirito,** a Molini di Triora E : 5 km ✆ 94019 – ⋐⋑. 🅱 ᴇ 𝗩𝗜𝗦𝗔
  ➔ *chiuso mercoledì da settembre a maggio* – Pas carta 20/30000.

TRISSINO 36070 Vicenza 429 F 16 – 7 351 ab. alt. 221 – ✿ 0445.
Roma 550 – ♦Milano 204 – ♦Verona 51 – Vicenza 21.

  ✗✗✗ ❀ **Cà Masieri** ⋙, con cam, O : 2 km ✆ 962100 e hotel ✆ 490122, Fax 490455, prenotare,
     « Servizio estivo all'aperto » – 📺 ☎ 🅿 ᴀᴇ ⓞ 𝗩𝗜𝗦𝗔. ⋘
     chiuso dal 1° al 10 gennaio e dal 1° all'8 novembre – Pas *(chiuso domenica e lunedì a*
     mezzogiorno) carta 51/73000 – ⊏⊐ 12000 – **8 cam** 85/120000 appartamento 140000
     Spec. Insalata di funghi capesante e gamberi allo zenzero, Bigoli al torchio in salsa d'anatra (autunno-
     primavera), Filetto bollito con le salse tradizionali. Vini Gambellara, Valpolicella.

TRIVENTO 86029 Campobasso 988 ㉗ – 5 548 ab. alt. 599 – ✿ 0874.
Roma 211 – ♦Foggia 148 – ♦Napoli 141 – ♦Pescara 124.

    sulla Fondo Valle Trigno NE : 6 km :

  ✗ **Meo,** ⋈ 86029 ✆ 871750 – 🅿. ᴀᴇ 🅱 ⓞ ᴇ 𝗩𝗜𝗦𝗔. ⋘
     chiuso lunedì – Pas carta 21/31000.

TROINA Enna 988 ㊱ – Vedere Sicilia alla fine dell'elenco alfabetico.

TROPEA 88038 Catanzaro 988 ㊲㊳ – 7 240 ab. – ✿ 0963.
Vedere Cattedrale★.
Roma 636 – Catanzaro 92 – ♦Cosenza 121 – Gioia Tauro 77 – ♦Reggio di Calabria 140.

  🏨 **La Pineta,** ✆ 61700, Fax 62265, ✗ – ▤ ☎ 🅿 – 🕍 60. 𝗩𝗜𝗦𝗔. ⋘ rist
     aprile-ottobre – Pas 25/40000 – ⊏⊐ 5000 – **59 cam** 62/125000 – ½ P 55/110000.
  🏠 **Virgilio,** ✆ 61978 – 🛗 ▤ rist ⊜ 🚗. ᴀᴇ 🅱 ⓞ ᴇ 𝗩𝗜𝗦𝗔. ⋘
     Pas 25/30000 – ⊏⊐ 5000 – **40 cam** 58/95000 – P 55000.
  ✗✗ **Pimm's,** ✆ 666105, Coperti limitati; prenotare – 𝗩𝗜𝗦𝗔. ⋘
     chiuso lunedì (escluso luglio-agosto) e novembre – Pas carta 30/42000.

    a San Nicolò di Ricadi SO : 9 km – ⋈ **88030** :

  ✗ **La Fattoria,** località Torre Ruffa ✆ 663070 – 🅿. 🅱 ⓞ
     giugno-settembre – Pas carta 24/33000.

    a Capo Vaticano SO : 10 km – ⋈ **88030** San Nicolò di Ricadi :

  🏠 **Punta Faro** ⋙, ✆ 663139, 🔄 – 🅿. 🅱 ᴇ. ⋘
     giugno-settembre – Pas carta 21/32000 – ⊏⊐ 10000 – **25 cam** 90000 – ½ P 40/70000.

    Vedere anche : *Drapia* SE : 4 km.

TRUCCO Imperia 195 ⑲, 84 ⑳ – Vedere Ventimiglia.

TRULLI (Regione dei) ★★★ Bari e Taranto – Vedere Guida Verde.

TUBRE (TAUFERS IM MÜNSTERTAL) 39020 Bolzano 988 ④, 428 429 C 13 – 942 ab.
alt. 1 230 – ✿ 0473.
Roma 728 – ♦Bolzano 91 – Merano 63 – ♦Milano 246 – Passo di Resia 37 – Trento 149.

  🏨 **Agnello-Lamm,** ✆ 82168, ≤, ⇌, 🔲 – 🛗 ⊜ 🅿
     chiuso dal 12 gennaio al 1° febbraio e dal 10 novembre al 20 dicembre – Pas *(chiuso*
     mercoledì) carta 21/34000 – **29 cam** ⊏⊐ 39/69000 – P 61/63000.

TUENNO 38019 Trento 428 D 15, 218 ⑲ – 2 221 ab. alt. 629 – a.s. dicembre-aprile – ✿ 0463.
Dintorni Lago di Tovel★★★ SO : 11 km.
Roma 621 – ♦Bolzano 59 – ♦Milano 275 – Trento 37.

  🏠 **Tuenno,** ✆ 40454, Fax 41606 – 🛗 ☎. ⋘
     chiuso dal 7 al 14 gennaio – Pas carta 23/41000 – ⊏⊐ 5000 – **19 cam** 45/70000 – ½ P 55000.

TULVE (TULFER) Bolzano – Vedere Vipiteno.

TURBIGO 20029 Milano 428 F 8, 219 ⑰ – 7 152 ab. alt. 146 – ✿ 0331.
Roma 624 – Como 69 – ◆Milano 50 – Novara 14 – Stresa 58 – Varese 37.

🏠 **Le Giare,** via Stazione ✆ 890205 – 🛏 – 🏛 90. 🖭 ⓞ. ✻
chiuso dall'8 al 28 agosto – Pas *(chiuso domenica)* carta 25/36000 – �️ 7000 – **18 cam**
32/53000 – ½ P 55000.

TURCHINO (Passo del) Genova 428 I 8 – alt. 582.
Roma 533 – Alessandria 83 – ◆Genova 28.

✗ **Da Mario,** ✉ 16010 Masone ✆ (010) 631232 – ⓟ. 🆂 🄴 𝗩𝗜𝗦𝗔
chiuso lunedì sera, martedì, gennaio e febbraio – Pas carta 23/45000.

TUSCANIA 01017 Viterbo 988 ㉖ – 7 622 ab. alt. 166 – ✿ 0761.
Vedere Chiesa di San Pietro** : cripta** – Chiesa di Santa Maria Maggiore★ : portali★★.
Roma 89 – Civitavecchia 44 – Orvieto 54 – Siena 144 – Tarquinia 25 – Viterbo 24.

✗ Al Gallo con cam, via del Gallo 24 ✆ 435028, 🏠
19 cam.

UDINE 33100 ⓟ 988 ⑥ 429 D 21 – 98 872 ab. alt. 114 – ✿ 0432.
Vedere Piazza della Libertà★★ AY 14 – Decorazioni interne★ nel Duomo ABY B – Affreschi★ nel
palazzo Arcivescovile BY A.

🇫₉ (chiuso martedì) a Fagagna-Villaverde ✉ 33034 ✆ 800418, O : 15 km per via Martignacco AY.
✈ di Ronchi dei Legionari per ③ : 37 km ✆ (0481) 530036 – Alitalia, Agenzia Paretti, via Cavour
1 ✆ 293940 (prenderà il 510340).

🅑 piazza I Maggio 6 ✆ 295972.
A.C.I. viale Tricesimo 46 per ① ✆ 482565.
Roma 638 ④ – ◆Milano 377 ④ – ◆Trieste 71 ④ – ◆Venezia 127 ④.

Pianta pagina seguente

🏨🏨 **Astoria Hotel Italia,** piazza 20 Settembre 24 ✆ 505091, Telex 450120, Fax 509070 – 🛏
▤ 📺 ☎ ৬ – 🏛 50 a 400. 🖭 🆂 ⓞ 🄴 𝗩𝗜𝗦𝗔. ✻ rist   AZ **a**
Pas carta 37/55000 (10%) – �️ 17000 – **80 cam** 135/180000 appartamenti 250/275000 –
½ P 141/180000.

🏨🏨 **Ambassador Palace,** via Carducci 46 ✆ 503777, Telex 450538, Fax 503711 – 🛏 ▤ 📺
☎ – 🏛 200. 🖭 🆂 ⓞ 🄴 𝗩𝗜𝗦𝗔. ✻ rist   BZ **b**
Pas *(chiuso a mezzogiorno e domenica)* carta 37/61000 – �️ 17000 – **87 cam** 140/190000
appartamenti 350/380000 – ½ P 194000.

🏨 **Là di Moret,** viale Tricesimo 276 ✆ 471250, Fax 471250, 🏊, 🐢, ✗ – 🛏 ⇆ 📺 ☎
⇔ ⓟ – 🏛 200. 🆂 ⓞ 🄴 𝗩𝗜𝗦𝗔. ✻   per ①
Pas *(chiuso domenica sera e lunedì a mezzogiorno)* carta 30/50000 – �️ 7000 – **46 cam**
88/120000 – ½ P 90000.

🏨 **President** senza rist, via Duino 8 ✆ 509905, Fax 507287 – 🛏 ▤ 📺 ☎ ৬ ⇔ – 🏛 30.
🖭 🆂 ⓞ 🄴 𝗩𝗜𝗦𝗔. ✻   BY **b**
�️ 11000 – **67 cam** 90/106000, ▤ 7000.

🏨 **Cristallo,** piazzale D'Annunzio 43 ✆ 501919, Fax 501673 – 🛏 ⊜ – 🏛 90. 🖭 🆂 ⓞ 𝗩𝗜𝗦𝗔.
✻ rist   BZ **x**
Pas *(chiuso domenica)* carta 31/53000 – �️ 10000 – **81 cam** 65/102000 – ½ P 68/93000.

🏨 **San Giorgio,** piazzale Cella 4 ✆ 505577, Fax 506110 – 🛏 📺 ☎ ⓟ. 🖭 🆂 ⓞ 🄴 𝗩𝗜𝗦𝗔.
✻ rist   AZ **c**
Pas *(chiuso lunedì)* carta 30/50000 (10%) – �️ 10000 – **37 cam** 69/103000 – ½ P 80/100000.

🏨 **Principe,** viale Europa Unita 51 ✆ 501625, Fax 502221 – 🛏 📺 ☎ ⓟ. 🖭 🆂 ⓞ 🄴 𝗩𝗜𝗦𝗔.
✻   BZ **u**
Pas 20/30000 – �️ 12000 – **29 cam** 73/10600 – ½ P 80/90000.

🏨 **Continental,** viale Tricesimo 71 ✆ 46969 – 🛏 📺 ⊜ ৬ ⇔ ⓟ – 🏛 100. 𝗩𝗜𝗦𝗔. ✻
Pas 35000 – �️ 9000 – **60 cam** 65/100000 – ½ P 80000.   per ①

🏨 **Sport Hotel** senza rist, via Podgora 16 ✆ 235612, Fax 235612 – 🛏 📺 ☎ ৬ ⇔ ⓟ. 🖭
🆂 ⓞ 🄴 𝗩𝗜𝗦𝗔   per ④
�️ 9000 – **49 cam** 73/106000.

🏠 **Quo Vadis e Rist. Al Cavallino,** piazzale Cella 28 ✆ 21091 e rist ✆ 25907, 🏠 – 📺
☎. ✻   AZ **b**
chiuso settembre – Pas *(chiuso lunedì)* carta 20/39000 – �️ 6000 – **14 cam** 40/65000 –
½ P 47/52000.

✗✗ **Antica Maddalena,** via Pellicerie 4 ✆ 25111 – 🖭 🆂 ⓞ 🄴 𝗩𝗜𝗦𝗔. ✻   AY **e**
chiuso domenica, lunedì a mezzogiorno, dal 1° al 15 gennaio e dal 1° al 15 ottobre – Pas
carta 30/47000 (15%).

✗✗ **Alla Buona Vite,** via Treppo 10 ✆ 21053 – ▤. 🖭 🆂 ⓞ 🄴 𝗩𝗜𝗦𝗔. ✻   BY **a**
chiuso domenica sera, lunedì ed agosto – Pas carta 28/47000 (12%).

611

UDINE

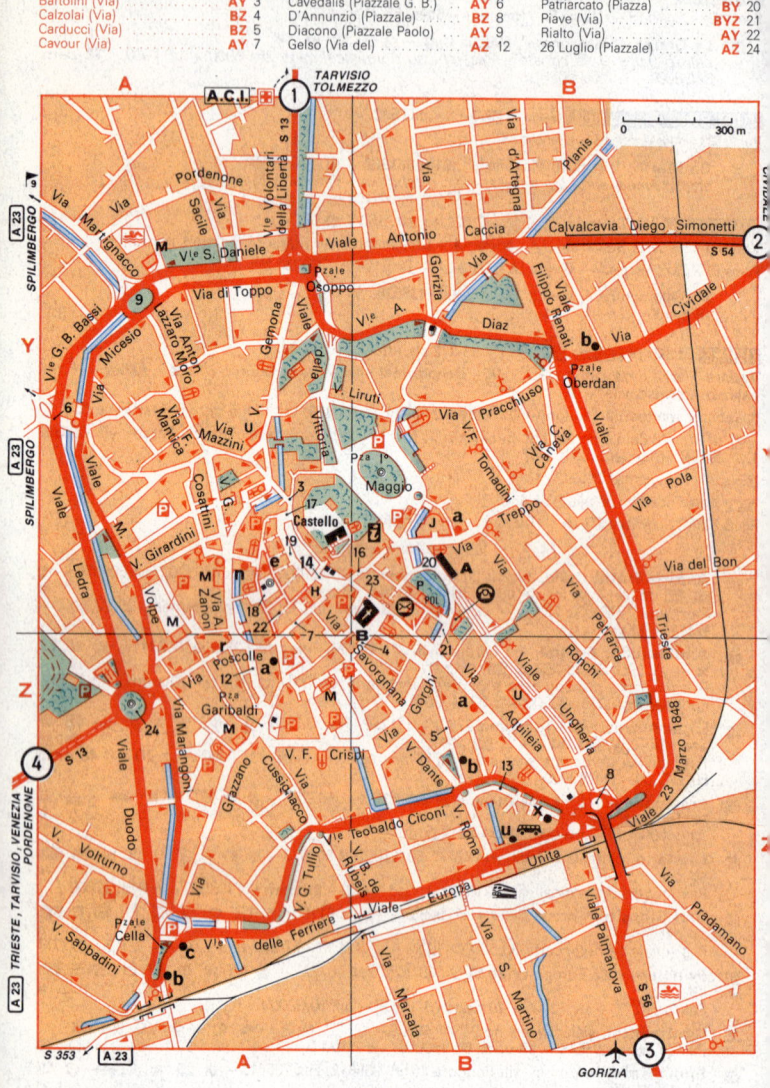

☈ **Vitello d'Oro**, via Valvason 4 ☎ 291982 (prenderà il 508982), 🚘 – ■. ⓂⓄ Ⓡ Ⓢ € *VISA*
   chiuso mercoledì e luglio – Pas carta 29/53000 (12%).   **AY n**

☈ **Alla Vedova**, via Tavagnacco 9 ☎ 470291, « Servizio estivo in giardino » – **P**. *VISA*. ⚔
   chiuso domenica sera, lunedì e dal 1° al 21 agosto – Pas carta 32/49000.   per ①

☈ **Gambrino**, via Aquileia 19 ☎ 295486 – ⚔
   chiuso agosto, sabato e in luglio anche domenica sera – Pas carta 30/57000 (10%).   **BZ a**

☈ **Al Lepre**, via Poscolle 27 ☎ 295798 – ⓂⓄ Ⓡ Ⓢ € *VISA*. ⚔
   chiuso domenica ed agosto – Pas carta 30/41000.   **AZ r**

ULTEN = Ultimo.

ULTIMO (ULTEN) Bolzano 428 429 C 15, 218 ⑱ – 2 942 ab. alt. (frazione Santa Valburga) 1 190 – ✆ 0473 – Da Santa Valburga : Roma 680 – ◆Bolzano 43 – Merano 28 – ◆Milano 341 – Trento 102.

a San Nicolò (St. Nikolaus) SO : 8 km – alt. 1 256 – ✉ 39010 :

🏨 **Waltershof** 🦢, ☎ 79144, ≤, ⇔, 🖬, ✗ – 👄 ❀ rist
20 dicembre-7 aprile e 15 maggio-ottobre – Pas (solo per clienti alloggiati e *chiuso a mezzogiorno*) 22/30000 – **20 cam** ⇌ 128000 – ½ P 72/79000.

a Santa Gertrude (St. Gertraud) SO : 13 km – alt. 1 501 – ✉ 39010 :

✗ ✿ **Genziana-Enzian** 🦢, con cam, al lago di Fontana Bianca O : 6 km, alt. 1 870, ☎ 79133, ≤, 🍴, Coperti limitati; prenotare – 👄. ❀
Pas *(chiuso giovedì sera e venerdì)* carta 33/50000 – **8 cam** ⇌ 28/56000 – ½ P 48/52000
Spec. Paté di capriolo, Zuppa contadina, Ceppo alla "Cannibale". Vini Terlano, Blauburgunder.

UMBERTIDE 06019 Perugia 988 ⑮ – 14 464 ab. alt. 247 – ✆ 075.
Roma 200 – Arezzo 63 – ◆Perugia 31 – Siena 109.

🏨 **Rio**, strada statale S : 1 km ☎ 935033, Fax 937029, ✗ – 🛗 📺 ☎ 🚗 🅿 – 🔔 100 a 500. 🆎 ⑤ ⑩ Ɛ 🆅🆂🅰 ❀
Pas *(chiuso lunedì)* carta 22/40000 – ⇌ 4000 – **40 cam** 95000 – ½ P 60/70000.

✗✗ **I Due Mori**, piazza San Francesco 3 ☎ 9412044 – 🆎. ❀
chiuso lunedì e gennaio – Pas carta 28/44000.

a Santa Maria di Sette N : 3 km – ✉ 06014 Montone :

✗ **Il Rustichello,** ☎ 935291 – 🅿. 🆅🆂🅰
chiuso martedì – Pas carta 34/51000.

URBINO 61029 Pesaro e Urbino 988 ⑮⑯ 429 K 19 – 15 484 ab. alt. 451 – a.s. luglio-settembre – ✆ 0722.
Vedere Palazzo Ducale★★ : studiolo★★★, galleria nazionale delle Marche★★ **M** – Strada panoramica★★ : ≤★★ – Affreschi★★ nella chiesa-oratorio di San Giovanni Battista **F** – Presepio★ nella chiesa di San Giuseppe **B** – Casa di Raffaello★ **A**.
🛈 via Puccinotti 35 ☎ 2441.
Roma 270 ② – ◆Ancona 103 ① – Arezzo 107 ③ – Fano 47 ② – ◆Perugia 101 ② – Pesaro 36 ①.

URBINO

Non fate rumore
negli alberghi :
i vicini vi saranno
riconoscenti.

Ne faites pas de bruit
à l'hôtel,
vos voisins
vous en sauront gré.

Bonconte senza rist, via delle Mura 28 ℰ 2463 – 📺 ☎. 🖭 ⑩
⊠ 11000 – **20 cam** 75/105000.   **n**

Raffaello senza rist, via Santa Margherita 40 ℰ 4896, ≼ – 🖪 ☎. ⅏.
chiuso dal 10 al 29 dicembre – ⊠ 10000 – **19 cam** 53/72000.   **y**

XX **Vecchia Urbino,** via dei Vasari 3/5 ℰ 4447 – 🖭 🖪 ⑩ 🖪 𝘝𝘐𝘚𝘈. ⅏
chiuso martedì da ottobre a marzo – Pas carta 37/55000.   **b**

XX **Pasta a Gogò,** via Valerio 16 ℰ 2942 – 🖪 🖪 𝘝𝘐𝘚𝘈. ⅏
chiuso lunedì – Pas carta 21/37000.   **a**

X **Nuovo Coppiere,** via Beato Vescovo Mainardo 5 ℰ 320092 – ⇾. 🖭 🖪 ⑩ 🖪 𝘝𝘐𝘚𝘈
chiuso mercoledì e febbraio – Pas carta 25/39000 (10%).   **e**

X **Nenè,** via Crocicchia 30 ℰ 2996 – ⇾. 🅟. 🖪 ⑩ 𝘝𝘐𝘚𝘈. ⅏   2,5 km per ③
chiuso lunedì e dal 7 al 22 gennaio – Pas carta 21/34000.

sulla strada statale 73 bis SO : 6 km per ③ :

Fontespino, ⊠ 61029 ℰ 57190, ≼ campagna e Urbino, ☲ – ☏ 🅟. 🖪 🖪 𝘝𝘐𝘚𝘈. ⅏
Pas (chiuso martedì e novembre) carta 20/30000 – ⊠ 5000 – **15 cam** 42/65000 –
½ P 40/48000.

USMATE VELATE 20040 Milano 428 F 10, 219 ⑲ – 6 774 ab. alt. 231 – ✿ 039.
Roma 596 – ♦Bergamo 30 – Lecco 26 – ♦Milano 26 – Monza 9,5.

XX **Il Chiodo,** ℰ 674275, ☲ – 🅟. 𝘝𝘐𝘚𝘈
chiuso mercoledì e dal 10 al 20 agosto – Pas carta 52/82000.

USSEAUX 10060 Torino – 221 ab. alt. 1 416 – ✿ 0121.
Roma 806 – Sestriere 18 – ♦Torino 79.

X **Lago Laux** ⑤ con cam, ℰ 83944, solo su prenotazione, « In riva ad un laghetto » – 🅟.
⅏
chiuso ottobre – Pas (chiuso mercoledì) carta 32/48000 – **7 cam** ⊠ 60/72000 – ½ P 60/70000.

USSITA 62030 Macerata – 473 ab. alt. (frazione Fluminata) 737 – a.s. luglio-agosto e Natale –
Sport invernali : a Frontignano : 1 342/2 155 m ≼5 ≼5 (anche sci estivo) – ✿ 0737.
Roma 184 – ♦Ancona 132 – Macerata 71 – Spoleto 54 – Terni 74.

Ussita, ℰ 99171, Fax 99509 – 🛗 ☎. 🖪 ⑩. ⅏
chiuso dal 24 settembre al 22 ottobre – Pas (20 dicembre-25 aprile e 10 giugno-
23 settembre) carta 21/32000 – ⊠ 7000 – **24 cam** 40/69000 – ½ P 50/60000.

USTICA (Isola di) Palermo 988 ⑱ – Vedere Sicilia alla fine dell'elenco alfabetico.

VACALLO 219 ⑧ – Vedere Cantone Ticino alla fine dell'elenco alfabetico.

VADA 57018 Livorno – a.s. 15 giugno-15 settembre – ✿ 0586.
Roma 292 – ♦Firenze 143 – ♦Livorno 29 – Piombino 53 – Pisa 48 – Siena 101.

Quisisana, via del Mare 37 ℰ 788220, ☴ – 🅟. 🖪 🖪 𝘝𝘐𝘚𝘈. ⅏ rist
chiuso novembre – Pas 25000 – ⊠ 5000 – **23 cam** 63000 – ½ P 60/70000.

VAGGIO Firenze – Vedere Reggello.

VAGLIA 50030 Firenze 429 K 15 – 4 257 ab. alt. 308 – ✿ 055.
Roma 295 – ♦Bologna 88 – ♦Firenze 18 – ♦Milano 282.

Padellino ⑤, ℰ 407902, ☴ – 🅟 🖭 🖪 🖪 𝘝𝘐𝘚𝘈. ⅏ rist
Pas (chiuso venerdì) carta 25/37000 (12%) – ⊠ 8000 – **15 cam** 70000 – ½ P 58/63000.

VAGLIAGLI Siena – Vedere Siena.

VAGLIO Vercelli 219 ⑮ – Vedere Biella.

VAHRN = Varna.

VALBREMBO 24030 Bergamo 219 ⑳ – 3 145 ab. alt. 260 – ✿ 035.
Roma 606 – ♦Bergamo 8 – Lecco 29 – ♦Milano 52.

XX **Ponte di Briolo,** ℰ 611197, ☲ – 🅟. 🖭 𝘝𝘐𝘚𝘈. ⅏
chiuso mercoledì, dal 1° al 10 gennaio ed agosto – Pas carta 41/65000.

VALCANALE Bergamo – Vedere Ardesio.

VAL CANALI Trento – Vedere Fiera di Primiero.

Roma 561 – ◆Milano 219 – Trento 86 – ◆Verona 54 – Vicenza 34.

🏠 **Pasubio** ♨, via dello Sport 6 ℰ 408042 – 🛗 📺 ☎ & 🅿. 🖭 📺 ⓪ ⴺ 🖾. 🛠 rist
Pas *(chiuso domenica)* 25000 – ⴺ 7000 – **31 cam** 60/100000 – ½ P 65000.

VALDAORA (OLANG) **39030** Bolzano 429 B 18 – 2 535 ab. alt. 1 083 – Sport invernali : a Plan de Corones : 1 083/2 275 m ≰ 8 ≰ 24, ⴺ – ✿ 0474.

Roma 726 – ◆Bolzano 88 – Brunico 11 – Cortina d'Ampezzo 50 – Dobbiaco 19 – ◆Milano 387 – Trento 148.

🏠 **Mirabell,** a Valdaora di Mezzo ℰ 46191, Fax 48227, ≤, ⌂, ≦s, 🖾, 🦵, 🛠 – ⴺ rist ☎
⇐ 🅿. 🛠 rist
15 dicembre-10 aprile e 20 maggio-10 ottobre – Pas 22/32000 – ⴺ 9500 – **32 cam** 56/85000
– ½ P 57/85000.

🏠 **Villa Tirol,** a Valdaora di Mezzo ℰ 46422, Fax 48005, ≤, ⌂, ≦s, 🖾, 🦵 – 📺 ☎ ⇐
🅿. 🛠 rist
15 dicembre-Pasqua e 15 maggio-15 ottobre – Pas carta 31/47000 – **22 cam** ⴺ 70/120000
– ½ P 55/80000.

🏠 **Messnerwirt,** a Valdaora di Sopra ℰ 46178, ≦s – ☎ 🅿. 🖸. 🛠 rist
chiuso dal 4 novembre al 5 dicembre – Pas carta 24/39000 – **20 cam** ⴺ 68/116000 –
½ P 55/72000.

🏠 **Post,** a Valdaora di Sopra ℰ 46127, Fax 48019, ≤, ≦s, 🔟 riscaldata – 🛗 ☎ 🅿. 🖸 ⴺ
🖾. 🛠 rist
2 dicembre-15 aprile e 15 maggio-25 ottobre – Pas carta 27/44000 – **38 cam** ⴺ 80/140000
– ½ P 55/85000.

🏠 **Berghotel Zirm** ♨, a Sorafurcia, alt. 1 360 ℰ 46054, Fax 48151, ≤ vallata e monti, ≦s,
◆ 🖾 – ☎ ⇐ 🅿 🖸 🖾. 🛠 rist
dicembre-10 aprile e giugno-10 ottobre – Pas (solo per clienti alloggiati) 30000 – **23 cam**
solo ½ P 65/89000.

🏠 **Markushof** ♨, a Valdaora di Sopra ℰ 46250, Fax 48241, ≤, ≦s, 🦵 – ⴺ ☎ ⇐ 🅿.
🖸 🖾. 🛠 rist – 17 dicembre-21 aprile e 19 maggio-20 ottobre – Pas *(chiuso giovedì)*
carta 21/25000 – ⴺ 8000 – **26 cam** 45/80000 – ½ P 70/79000.

🏠 Christoph, a Sorafurcia, alt. 1 360 ℰ 46426, ≤ monti, ⌂, ≦s, 🖾 – 🅿 – **16 cam.**

VALDENGO **13060** Vercelli 428 F 6, 219 ⑯ – 2 392 ab. alt. 364 – ✿ 015.

Roma 675 – Biella 8 – ◆Milano 122 – Vercelli 42.

🍴 **'l Cup** con cam, ℰ 881678 – 🅿 – 🏛 40. 🖭 🖸 ⴺ 🖾. 🛠
Pas *(chiuso lunedì e dal 16 al 27 agosto)* carta 32/47000 – ⴺ 4000 – **8 cam** 28/50000 –
½ P 52000.

VALDERICE Trapani – Vedere Sicilia alla fine dell'elenco alfabetico.

VALDIDENTRO **23038** Sondrio 428 429 C 12, 218 ⑰ – 3 678 ab. alt. (frazione Isolaccia) 1 345 –
✿ 0342 – Roma 774 – Bormio 11 – ◆Milano 213 – Sondrio 75.

ad Isolaccia – ✉ **23038** Valdidentro :

🏠 Cima Piazzi, ℰ 985050, ≤ – ⇐ 🅿 – **20 cam.**

a Semogo O : 2 km – ✉ **23030** :

🛗 **Del Cardo,** località San Carlo 3 : 1,5 km ℰ 985230, Fax 985050, ≤ – 🔟 ⇐ 🅿. 🖭 🖾.
🛠 rist – dicembre-aprile e 15 giugno-15 ottobre – Pas *(chiuso mercoledì)* 18/26000 –
28 cam ⴺ 35/50000 – ½ P 39/62000.

a Premadio E : 6 km – ✉ **23038** Valdidentro :

🍴 **La Baita,** ℰ 904258 – 🅿. 🖭 🖸 ⴺ 🖾. 🛠
chiuso maggio, novembre e lunedì (escluso da aprile a settembre) – Pas carta 25/44000
(10%).

VAL DI GENOVA Trento 988 ④ – **Vedere** Vallata★★★ – Cascata di Nardis★★.

Roma 636 – ◆Bolzano 106 – ◆Brescia 110 – Madonna di Campiglio 17 – ◆Milano 201 – Trento 66.

🍴🍴 Cascata Nardis, alt. 945 ✉ 38080 Carisolo ℰ (0465) 51454, ≤ cascata, 🦵 – 🅿
stagionale.

VAL DI LUCE Pistoia – Vedere Abetone.

VAL DI SOGNO Verona – Vedere Malcesine.

VALDOBBIADENE **31049** Treviso 988 ⑤ – 10 858 ab. alt. 252 – Sport invernali : a Pianezze :
1 070/1 570 m ≰ 4 – ✿ 0423.

Roma 563 – Belluno 46 – ◆Milano 268 – Trento 105 – Treviso 36 – Udine 112 – ◆Venezia 66.

a Bigolino S : 5 km – ✉ **31030** :

🍴🍴 **Tre Noghere,** ℰ 980316, Fax 981333 – 🅿. 🛠
chiuso domenica sera, lunedì, dal 1° al 6 gennaio e dal 10 al 30 agosto – Pas carta 30/40000.

VALEGGIO SUL MINCIO 37067 Verona 988 ④ ⑭, 428 429 F 14 – 9 287 ab. alt. 88 – ✆ 045.
Roma 496 – ◆Brescia 56 – Mantova 25 – ◆Milano 143 – ◆Venezia 147 – ◆Verona 25.

XX **Lepre,** via Marsala 5 ℰ 7950011 – 🅰🅴 🅱 🅴 VISA – Pas
chiuso mercoledì, giovedì a mezzogiorno, dal 15 al 31 gennaio e dal 6 al 31 luglio – Pas
carta 35/49000.

XX **Borsa,** via Goito 2 ℰ 7950093 – 🔲 🅿, 🅱 VISA ⌼
chiuso martedì sera, mercoledì e dal 10 luglio al 10 agosto – Pas carta 29/40000.

a Borghetto O : 1 km – alt. 68 – ⊠ 37067 Valeggio sul Mincio :

XX **Antica Locanda Mincio,** ℰ 7950059, « Servizio estivo in terrazza ombreggiata in riva al
fiume » –
chiuso mercoledì sera, giovedì, dal 4 al 16 marzo e dal 4 al 16 novembre – Pas
carta 39/58000.

a Santa Lucia dei Monti NE : 5 km – alt. 145 – ⊠ 37067 Valeggio sul Mincio :

X **Belvedere** ⌼ con cam, ℰ 6301019, ≼, « Servizio estivo in giardino » – 🔲 cam ☎ 🅿,
🅱 VISA ⌼
chiuso dal 15 giugno al 10 luglio – Pas *(chiuso mercoledì e giovedì)* carta 26/34000 – ⌼
10000 – **7 cam** 54/72000.

VALENZA 15048 Alessandria 988 ⑬, 428 G 7 – 21 795 ab. alt. 125 – ✆ 0131.
🔾 La Serra (chiuso lunedì) ℰ 954778, SO : 4 km.
Roma 592 – Alessandria 14 – ◆Milano 84 – Novara 59 – Pavia 56 – ◆Torino 102 – Vercelli 47.

XX **Italia,** via del Castagnone 26 ℰ 941262 – 🅱 🅴 VISA ⌼
chiuso domenica ed agosto – Pas carta 27/43000.

VAL FERRET Aosta 219 ① 74 ⑨ – Vedere Courmayeur.

VALGIOIE 10094 Torino 428 G 4, 77 ⑩ – 510 ab. alt. 860 – ✆ 011.
Roma 702 – Cuneo 101 – ◆Milano 176 – Sestriere 89 – ◆Torino 39.

X **Centrale-Maritano** con cam, ℰ 937944, ≼ – 🔲 🅿, ⌼ cam
Pas *(chiuso martedì, ottobre e novembre)* carta 35/46000 (15%) – ⌼ 5000 – **24 cam**
35/60000 – P 55/65000.

VALGRISENCHE 11010 Aosta 428 F 3, 219 ⑪ – 205 ab. alt. 1 664 – a.s. luglio e agosto –
✆ 0165.
Roma 776 – Aosta 30 – Courmayeur 39 – ◆Milano 215 – Colle del Piccolo San Bernardo 57.

🏠 **Grande Sassière** ⌼, frazione Gerbelle N : 1 km ℰ 97113, ≼ – 🅿, ⌼
Pas *(chiuso lunedì)* carta 27/38000 – ⌼ 8000 – **25 cam** 38/70000 – ½ P 48/62000.

a Planaval NE : 5 km – alt. 1 557 – ⊠ 11010 Valgrisenche :

🏠 **Paramont** ⌼, ℰ 97106, ≼ – 🚗 🅿, 🅴 ⌼
🔾 Pas 20/25000 – ⌼ 5000 – **20 cam** 35/65000 – ½ P 50/55000.

VALLADA AGORDINA 32020 Belluno – 615 ab. alt. 969 – a.s. 15 luglio-agosto e Natale –
✆ 0437.
Roma 660 – Belluno 43 – ◆Bolzano 71 – ◆Milano 361 – Trento 115 – ◆Venezia 149.

X **Val Biois,** frazione Celat ℰ 591233 – 🅿, 🅰🅴 🅱 VISA ⌼
chiuso domenica sera, lunedì ed ottobre – Pas carta 34/62000.

VALLE AURINA (AHRNTAL) Bolzano 429 B 17 – 5 260 ab. – Sport invernali : 1 052/2 253 m ≼5,
⌼ – ✆ 0474.
Da Lutago : Roma 734 – ◆Bolzano 96 – Brennero 87 – Dobbiaco 47 – ◆Milano 395 – Trento 156.

a Casere (Kasern) NE : 21 km – alt. 1 600 – ⊠ 39030 Predoi :

🏠 **Alpenhof-Kasern** ⌼, ℰ 654114, ≼ – 🅿
🔾 *chiuso novembre* – Pas *(chiuso martedì)* 15/30000 – **25 cam** ⌼ 35/65000 – ½ P 45/50000.

VALLECROSIA 18019 Imperia 428 K 4, 195 ⑳ – 7 576 ab. – ✆ 0184.
Roma 654 – ◆Genova 155 – Imperia 41 – ◆Milano 277 – San Remo 14.

X **Pescatori-da Antonio,** lungomare Marconi 31 ℰ 292301 – 🅱 VISA
chiuso lunedì ed ottobre – Pas carta 34/53000.

VALLE DI CADORE 32040 Belluno 429 C 18 – 2 141 ab. alt. 819 – ✆ 0435.
Roma 646 – Belluno 45 – ◆Bolzano 159 – Cortina d'Ampezzo 26.

XX **Il Portico,** ℰ 30236 – 🅿, 🅰🅴 ⓪ VISA
chiuso giugno, lunedì sera-martedì in ottobre-novembre e da febraio a maggio – Pas
carta 30/51000.

VALLE DI CASIES (GSIES) 39030 Bolzano – 1 966 ab. – 🌣 0474.
Roma 746 – Brunico 31 – Cortina d'Ampezzo 56.

🏠 **Quelle,** a Santa Maddalena alt. 1 398 🖉 78401, Fax 78491, ≤, 🔲, 🛶 – 🛗 ⇐⇒ ☎ ₳ 🅿.
 ÆE ① VISA
 chiuso novembre – Pas carta 26/47000 – **32 cam** ▃ 25/48000 – ½ P 42/64000.

✗ **Durnwald,** a Planca di Sotto alt. 1 223 🖉 76920 – 🅿
 chiuso lunedì e dal 1° al 15 giugno – **Pas** carta 22/41000.

VALLES (VALS) Bolzano – Vedere Rio di Pusteria.

VALLESACCARDA 83050 Avellino – 2 065 ab. alt. 600 – 🌣 0827.
Roma 301 – Avellino 60 – ♦Napoli 115 – Salerno 96.

✗✗ **Menicuccio** con cam, 🖉 97020 – 🔲 📺 ☎ ₳ 🅿. VISA 🛞
 chiuso dal 25 giugno al 5 luglio – Pas *(chiuso lunedì)* carta 21/30000 – ▃ 5000 – **10 cam**
 30/51000 – ½ P 50/55000.

VALLE SAN FLORIANO Vicenza – Vedere Marostica.

VALLOMBROSA 50060 Firenze 988 ⑮ – alt. 958 – 🌣 055.
Roma 263 – Arezzo 71 – ♦Firenze 33 – Forlì 106 – ♦Milano 332 – Siena 81.

 a Saltino O : 1 km – ✉ **50060** – 🅱 (15 giugno-15 settembre) 🖉 862003 :

🏠 **Gd H. Vallombrosa** ⑳, 🖉 862012, ≤ vallata, « Parco ombreggiato » – 🛗 ⇐⇒ 🕿 🅿.
 ÆE 🛞 rist
 luglio-agosto – Pas 35/40000 – ▃ 15000 – **76 cam** 80/120000 – ½ P 80/100000.

🏠 **Croce di Savoia** ⑳, 🖉 862035, Fax 862035, 🛶, ✗ – 🛗 ⇐⇒ 🅿 ÆE 🛞 rist
 luglio-agosto – Pas 30/40000 – ▃ 12000 – **82 cam** 50/73000 – ½ P 60/80000.

VALLONGA Trento – Vedere Vigo di Fassa.

VALMADRERA 22049 Como 428 E 10 219 ⑨ – 10 331 ab. alt. 237 – 🌣 0341.
Roma 633 – Como 26 – Lecco 3 – ♦Milano 56.

✗✗ **Al Terrazzo** con cam, via Parè 69 🖉 583106, « Servizio estivo in terrazza sul lago », 🛶
 – ⇐⇒ 📺 ☎ 🅿 – 🔬 30. ÆE 🛐 🇪 VISA 🛞
 Pas *(chiuso giovedì dal 21 settembre al 19 giugno)* carta 45/73000 – ▃ 15000 – **12 cam**
 73/100000 – ½ P 110/120000.

VALSAVARENCHE 11010 Aosta 988 ①②, 428 F 3 – 201 ab. alt. 1 540 – a.s. luglio e agosto –
🌣 0165 – Roma 776 – Aosta 29 – Courmayeur 42 – ♦Milano 214.

🏠 **Parco Nazionale,** località Degioz 🖉 95706, ≤ – 🛞
 luglio-settembre – Pas *(chiuso giovedì)* 25000 – ▃ 6000 – **21 cam** 32/64000 – ½ P 57000.

 a Pont S : 9 km – alt. 1 946 – ✉ **11010** Valsavarenche :

🏠 **Genzianella** ⑳, 🖉 95393, ≤ Gran Paradiso – ☎ 🅿. 🛞 rist
 15 giugno-20 settembre – Pas carta 29/45000 – ▃ 8000 – **26 cam** 42/77000 – ½ P 60/73000.

VALSOLDA 22010 Como 428 D 9, 219 ⑧ – 1 939 ab. alt. (frazione San Mamete) 265 – 🌣 0344.
Roma 664 – Como 42 – ♦Lugano 9,5 – Menaggio 18 – ♦Milano 87.

 a San Mamete :

🏠 **Stella d'Italia,** 🖉 68139, Fax 68729, ≤, 🍴, « Terrazza-giardino sul lago », 🛥 – 🛗 ☎
 ⇐⇒. ÆE 🛐 ① 🇪 VISA. 🛞 rist – *aprile-ottobre* – Pas *(chiuso mercoledì)* 28/30000 – ▃
 10000 – **35 cam** 55/80000 – ½ P 60/85000.

VALTOURNENCHE 11028 Aosta 988 ②, 428 E 4 – 2 185 ab. alt. 1 524 – a.s. febbraio-Pasqua,
agosto e Natale – Sport invernali : 1 524/3 085 m ✓1 ≤8, ✗ (anche sci estivo a Breuil-Cervinia)
– 🌣 0166 – 🅱 via Roma 48 🖉 92029, Telex 226620, Fax 92430.
Roma 740 – Aosta 44 – Breuil-Cervinia 9 – ♦Milano 178 – ♦Torino 107.

🏠 **Bijou,** 🖉 92109, ≤ – 🛗 🕿 🅿. 🛐 VISA 🛞
 chiuso maggio ed ottobre – Pas *(chiuso lunedì in bassa stagione)* 22/27000 – ▃ 7000 –
 20 cam 42/70000 – ½ P 55/62000.

🏠 **Punta Margherita,** 🖉 92087, ≤ – 🛗 🕿 🅿. 🛞 rist
↤ *dicembre-10 maggio e 20 giugno-20 settembre* – Pas *(chiuso giovedì)* 18/20000 – ▃ 6000
 – **18 cam** 35/65000 – ½ P 50/58000.

🏠 **Delle Alpi,** 🖉 92053, ≤ – ☎ 🅿. 🛐 ① 🇪 VISA 🛞 rist
↤ *chiuso dal 15 maggio al 15 giugno* – Pas *(chiuso giovedì)* 20/25000 – ▃ 7000 – **26 cam**
 40/65000 – ½ P 60000.

🏠 **Al Caminetto,** 🖉 92150, ≤ – 🛞
↤ Pas *(chiuso giovedì)* 16/18000 – ▃ 4000 – **15 cam** 28/54000 – ½ P 40/42000.

✗ **Jaj Alaj,** 🖉 92185 – 🛐 ① 🇪 VISA 🛞
 chiuso giovedì in bassa stagione – Pas carta 29/45000.

VAL VENY Aosta `219` ①, `74` ⑨ – Vedere Courmayeur.

VALVERDE Forlì – Vedere Cesenatico.

VAPRIO D'ADDA 20069 Milano `428` F 10, `219` ⑳ – 6 064 ab. alt. 161 – ✪ 02.
Roma 602 – ◆Bergamo 20 – ◆Brescia 66 – Lecco 43 – ◆Milano 31 – Piacenza 73.

  ✗✗ Terrazza Belvedere, ✐ 9097467, « Servizio estivo in terrazza ombreggiata » – ℗.

VARALLO 13019 Vercelli `988` ②, `428` E 6 – 7 864 ab. alt. 451 – a.s. luglio-agosto e Natale – ✪ 0163 – **Vedere** Sacro Monte★★ – 🖪 corso Roma 38 ✐ 51280.
Roma 679 – Biella 59 – ◆Milano 105 – Novara 59 – ◆Torino 121 – Vercelli 65.

  🏨 **Ellebi Club Hotel,** ✐ 53992 e rist ✐ 54400, Fax 53992 – 🛗 ☎ 🚗 ℗. ✗ rist
      Pas *(chiuso mercoledì in bassa stagione)* carta 25/38000 – ☷ 12000 – **38 cam** 65/90000 – ½ P 70/75000.

  🏠 **Sacro Monte** ⑤, ✐ 54254, Fax 51504, 🚗 – 📺 ☎ ℗. 🅰🅴 🆂 ① 🗲 *VISA*
  ⬅ Pas *(chiuso lunedì escluso da maggio a settembre)* carta 20/38000 – ☷ 6000 – **24 cam** 55/85000 – ½ P 55/65000.

  ✗✗ **Piane Belle,** località Pianebelle ✐ 51320 – ℗. ✗
      chiuso lunedì e dal 1° al 20 settembre – Pas carta 25/40000.

    a Crosa E : 3 km – ✉ 13019 Varallo :

  ✗ **Delzanno,** ✐ 51439, 🏡 – 🅰🅴 🆂 ① 🗲 *VISA* ✗
      chiuso lunedì e dal 1° al 10 settembre – Pas carta 22/36000.

VARALLO POMBIA 28040 Novara `428` E 7, `219` ⑰ – 4 131 ab. alt. 299 – ✪ 0321.
Roma 639 – Biella 63 – ◆Milano 62 – Novara 30 – ◆Torino 119 – Varese 30.

  ✗✗ Hostaria del Castello-da Pinin, ✐ 95240, « Giardino fiorito » – ℗.

VARAZZE 17019 Savona `988` ③, `428` I 7 – 14 186 ab. – ✪ 019.
🖪 viale Nazioni Unite (Palazzo Municipio) ✐ 97007.
Roma 534 – Alessandria 82 – Cuneo 112 – ◆Genova 35 – ◆Milano 158 – Savona 12 – ◆Torino 153.

  🏨 El Chico, via Aurelia 63 (E : 1 km) ✐ 931388, Fax 932423, ≤, « Parco ombreggiato con ⬛ »
      – 📺 ☎ ℗ – 🛗 30 a 150
      45 cam.

  🏨 **Eden,** via Villagrande 1 ✐ 932888, Fax 96315 – 🛗 ▦ 📺 ☎ 🚗 ℗ – 🛗 30 a 60. 🅰🅴
      🆂 ① 🗲 *VISA* ✗
      Pas 25/36000 – ☷ 10000 – **45 cam** 85/130000 – ½ P 60/110000.

  🏨 **Cristallo,** via Cilea 4 ✐ 97264, Fax 96392 – 🛗 ▦ 📺 ☎ 🚗 ℗ – 🛗 25 a 60. 🅰🅴 🆂
      🗲 *VISA* ✗ rist
      chiuso dal 20 dicembre al 10 gennaio – Pas *(chiuso da ottobre a dicembre)* carta 30/45000
      – ☷ 10000 – **45 cam** 80/120000 – ½ P 90/100000.

  🏨 **Royal,** via Cavour 25 ✐ 931166, Fax 96664, ≤ – 🛗 ▦ 📺 ☎ ℗. 🅰🅴 🆂 ① 🗲 *VISA* ✗ rist
      Pas carta 31/44000 – **31 cam** ☷ 100/120000 – ½ P 90000.

  🏠 **Manila,** via Villagrande 3 ✐ 97137, 🚗 – ☎ ℗. 🆂 🗲 *VISA* ✗ rist
      chiuso dal 21 settembre al 20 dicembre – Pas carta 34/63000 – ☷ 8000 – **14 cam** 80000 – ½ P 60/70000.

  ✗✗ **Santa Caterina,** piazza Santa Caterina 4 ✐ 97173, 🏡 – 🅰🅴 🆂 ① 🗲 *VISA*
      chiuso lunedì e dall'8 novembre all'8 dicembre – Pas carta 43/60000.

VAREDO 20039 Milano `428` F 9 – 12 926 ab. alt. 180 – ✪ 0362.
Roma 586 – ◆Bergamo 39 – Como 29 – ◆Milano 16.

  🏨 **Ritz,** superstrada Milano-Meda ✐ 583593, Fax 581020 – 🛗 ▦ 📺 ☎ 🚗 ℗ – 🛗 100. 🅰🅴
      🆂 ① 🗲 *VISA* ✗
      chiuso agosto – Pas *(chiuso domenica)* carta 32/43000 – ☷ 10000 – **47 cam** 127000.

VARENNA 22050 Como `988` ③, `428` D 9 – 793 ab. alt. 220 – ✪ 0341.
Vedere Giardini★★ di villa Monastero.

  ⛴ per Bellagio (30 mn) e Menaggio (15 mn), giornalieri – Navigazione Lago di Como, ✐ 830270 – Roma 642 – ◆Bergamo 55 – Chiavenna 45 – Como 51 – Lecco 22 – ◆Milano 78 – Sondrio 60.

  🏩 **Royal Victoria,** ✐ 830102, Telex 326170, Fax 830722, ≤, 🐾, 🚗 – 🛗 📺 ☎ – 🛗 40 a
      100. 🅰🅴 🆂 ① 🗲 *VISA* ✗ rist
      Pas 39/59000 – ☷ 10000 – **43 cam** 120/150000 – ½ P 70/120000.

  🏩 **Du Lac** ⑤, ✐ 830238, Fax 831081, ≤, 🏡 – 🛗 📺 ☎ 🚗 ℗. 🅰🅴 🆂 ① 🗲 *VISA* ✗ rist
      chiuso gennaio e febbraio – Pas *(chiuso da ottobre a marzo)* 42000 – ☷ 15000 – **18 cam** 95/125000 – ½ P 110/120000.

  ✗ **Vecchia Varenna,** ✐ 830793, 🏡, « Terrazza sul porticciolo con ≤ lago e monti » – 🆂
      🗲 *VISA*
      chiuso lunedì, ottobre o novembre – Pas carta 35/45000.

Dintorni Sacro Monte★★ : ≼★★ NO : 8 km – Campo dei Fiori★★ : ⁂★★ NO : 10 km.

🏌 (chiuso lunedì) a Luvinate ✉ 21020 ℘ 229302, per ⑤ : 6 km.

🛈 piazza Monte Grappa 5 ℘ 283604 – viale Ippodromo 9 ℘ 284624.

A.C.I. viale Milano 25 ℘ 285150.

Roma 633 ④ – Bellinzona 65 ② – Como 27 ② – ◆Lugano 32 ② – ◆Milano 56 ④ – Novara 53 ③ – Stresa 48 ③.

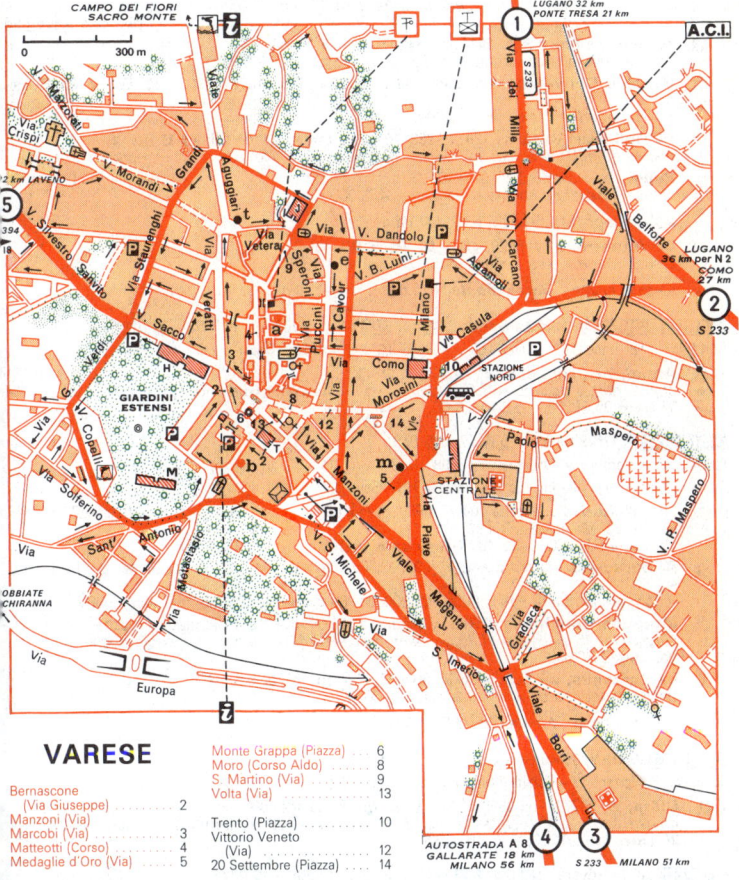

VARESE

Bernascone (Via Giuseppe) 2	Monte Grappa (Piazza) ... 6
Manzoni (Via)	Moro (Corso Aldo) 8
Marcobi (Via) 3	S. Martino (Via) 9
Matteotti (Corso) 4	Volta (Via) 13
Medaglie d'Oro (Via) 5	Trento (Piazza) 10
	Vittorio Veneto (Via) 12
	20 Settembre (Piazza) 14

🏨🏨🏨🏨 **Palace Hotel** ⚓, a Colle Campigli ℘ 312600, Telex 380163, Fax 312870, ≼, « Parco », ✗ – ▮ ⇖⇘ cam 📺 ☎ ♿ Ⓟ – ⚚ 30 a 250   per ⑤
108 cam.

🏨🏨🏨 **City Hotel** senza rist, via Medaglie d'Oro 35 ℘ 281304, Fax 232882 – ▮ 📺 ♿ 🚗 – ⚚ 25 a 50. ◪ 🅢 E 🆅🆂🅰   m
⚏ 16000 – **47 cam** 105/140000.

🏨🏨 **Acquario** senza rist, via Giusti 7 ℘ 260550, Fax 261261 – ▦ 📺 ☎ Ⓟ – ⚚ 50 a 200. ◪ 🅢 ⓿ E 🆅🆂🅰   per ③
⚏ 10000 – **41 cam** 70/92000.

🏨🏨 **Crystal Hotel** senza rist, via Speroni 10 ℘ 231145, Fax 237181 – ▮ 📺 ☎. ◪ 🅢 ⓿ E 🆅🆂🅰   e
⚏ 18000 – **45 cam** 105/140000.

🏨🏨 **Europa e Rist. Da Vittorio,** piazza Beccaria 1 ℘ 280170 e rist ℘ 234312, Fax 234325 – ▮ ⇖⇘ cam 📺 ☎ Ⓟ ◪ 🅢 E 🆅🆂🅰   t
Pas (chiuso domenica) carta 35/54000 – ⚏ 12000 – **33 cam** 63/84000 – ½ P 76/96000.

XXX ✿ **Lago Maggiore,** via Carrobbio 19 🖉 231183, prenotare – ▤. 🖭 🗟 ⓪ **E** 𝒱𝐼𝒮𝒜.
⌘
chiuso domenica, lunedì a mezzogiorno, 25-26 dicembre, 1° gennaio e dal 1° al 20 luglio
– Pas carta 50/80000
Spec. Insalata del Cardinale, Ravioloni di capesante alle erbe aromatiche, Steak d'anatra ai frutti del
sottobosco (estate-autunno). **Vini** Franciacorta bianco, Sassella **b**

XX **Montello,** via Montello 8 🖉 286181, 🍴 – ⓟ. 🖭 🗟 ⓪ **E** 𝒱𝐼𝒮𝒜
chiuso lunedì, dal 1° al 15 gennaio e dal 15 al 30 agosto – Pas carta 32/49000
per viale Aguggiari

XX **Teatro,** via Croce 3 🖉 241124 – ▤. 🖭 🗟 ⓪ **E** 𝒱𝐼𝒮𝒜. ⌘ **a**
chiuso martedì e dal 25 luglio al 25 agosto – Pas carta 25/56000.

XX **Vecchio Convento,** viale Borri 348 🖉 261005, Fax 810701, 🍴 – ⓟ. 🖭 🗟 ⓪ **E** 𝒱𝐼𝒮𝒜
⌘ per ③
chiuso lunedì – Pas carta 37/54000.

XX **Ai Tigli,** viale Valganna 128 🖉 283170, prenotare – ⓟ. 🖭 🗟 ⓪ **E** 𝒱𝐼𝒮𝒜. ⌘
chiuso lunedì, mercoledì ed agosto – Pas carta 29/47000 per viale dei Mille

X **Papik,** via Daverio 3 🖉 312240 per via Sant' Antonio
chiuso giovedì ed agosto – Pas carta 34/53000.

a Capolago SO : 5 km – ✉ 21100 Varese :

XX **Da Annetta,** 🖉 285420, 🍴 – 🖭 🗟 **E** 𝒱𝐼𝒮𝒜. ⌘
chiuso martedì sera e mercoledì – Pas carta 34/49000.

Vedere anche : *Sacro Monte* NO : 8 km.

VARESE LIGURE 19028 La Spezia 𝟵𝟴𝟴 ⑬, 𝟰𝟮𝟴 I 10 – 2 758 ab. alt. 353 – ✿ 0187.
Roma 457 – ◆Bologna 194 – ◆Genova 90 – ◆Milano 203 – ◆Parma 98 – Piacenza 139 – ◆La Spezia 59.

🏨 **Amici,** via Garibaldi 80 🖉 842139 – ☎ ⓟ
✦ *chiuso dal 24 dicembre al 2 gennaio* – Pas *(chiuso mercoledì)* carta 19/30000 – ⊆ 5000 –
31 cam 26/38000 – ½ P 40/43000.

VARIGOTTI 17029 Savona 𝟰𝟮𝟴 J 7 – ✿ 019.
🅱 (maggio-settembre) via Aurelia 79 🖉 698013.
Roma 567 – ◆Genova 68 – Imperia 58 – ◆Milano 191 – Savona 22.

🏨 **Nik Mehari,** via Aurelia 104 🖉 698096, Fax 698292, 🍴, 🏖 – 🛗 ⇆ ▤ rist 📺 ☎ ⇐
ⓟ. 🖭 🗟 ⓪ **E** 𝒱𝐼𝒮𝒜. ⌘ rist
Pas carta 50/70000 – ⊆ 18000 – **40 cam** 90/140000 – ½ P 90/140000.

🏨 **Al Saraceno,** via al Capo 2 🖉 698092, Fax 6988199, ≤, 🏖 – 🛗 📺 ☎ ⓟ 🗟 **E** 𝒱𝐼𝒮𝒜
⌘
giugno-settembre – Pas 65000 – ⊆ 20000 – **66 cam** 90/150000 – ½ P 145/160000.

XX **Muraglia-Conchiglia d'Oro,** via Aurelia 133 🖉 698015, Solo piatti di pesce – ⌘
chiuso dal 15 dicembre al 15 gennaio, mercoledì e da ottobre a maggio anche martedì –
Pas carta 59/78000.

X **La Caravella,** via Aurelia 56 🖉 698028, ≤ – ⓟ. 🗟 **E** 𝒱𝐼𝒮𝒜. ⌘
chiuso lunedì ed ottobre – Pas carta 35/60000.

Vedere anche : *Finale Ligure* O : 5 km.

VARNA (VAHRN) 39040 Bolzano 𝟰𝟮𝟵 B 16 – 3 223 ab. alt. 670 – ✿ 0472.
Roma 683 – ◆Bolzano 42 – Cortina d'Ampezzo 107 – Trento 102.

🏨 **Clara,** 🖉 33777, Fax 35582, ≤ – 🛗 ☎ ⓟ. 🗟 **E** 𝒱𝐼𝒮𝒜. ⌘
chiuso dall'8 al 21 gennaio e dal 26 novembre al 20 dicembre – Pas carta 26/33000 –
30 cam ⊆ 45/82000 – ½ P 50/55000.

VARZO 28039 Novara 𝟰𝟮𝟴 D 6, 𝟮𝟭𝟳 ⑱ – 2 436 ab. alt. 568 – ✿ 0324.
Roma 711 – Domodossola 13 – Iselle 5 – ◆Milano 135 – Novara 104 – ◆Torino 176.

🏨 **Tronconi,** 🖉 72791, 🐎 – ☎ ⓟ. 🖭 🗟 ⓪ **E** 𝒱𝐼𝒮𝒜. ⌘
Pas *(chiuso lunedì)* carta 26/38000 – ⊆ 5000 – **35 cam** 45/55000 – ½ P 45000.

a San Domenico NO : 11 km – alt. 1 420 – ✉ 28039 Varzo :

🏨 **Cuccini** ⏳, 🖉 7061, ≤, 🐎 – ⓟ. ⌘
20 dicembre-10 aprile e giugno-settembre – Pas *(chiuso mercoledì)* carta 25/39000 (10%)
– ⊆ 6000 – **22 cam** 30/60000 – ½ P 52000.

Entdecken Sie **ITALIEN** mit dem Grünen Michelin-Reiseführer

Landschaften, Baudenkmäler

Wissenswertes aus Kunst und Geschichte

Streckenvorschläge

Übersichtskarten und Stadtpläne.

VASON Trento – Vedere Bondone (Monte).

VASTO 66054 Chieti 𝟵𝟴𝟲 ㉗ – 33 675 ab. alt. 144 – a.s. 15 giugno-agosto – ✆ 0873.

⛴ da Punta Penna per le Isole Tremiti giugno e settembre giornaliero (1 h 10 mn) – Adriatica di Navigazione-agenzia Massacesi, piazza Diomede 3 ℘ 362680, Telex 600205, Fax 69380.

🛈 piazza del Popolo 18 ℘ 2312.

Roma 271 – L'Aquila 166 – Campobasso 96 – Chieti 75 – ◆Foggia 118 – ◆Pescara 68.

XX **Delle Lame,** piazza San Pietro 29 ℘ 51081 (prenderà il 364081), ≤, Solo piatti di pesce, Coperti limitati; prenotare – 𝖠𝖤 𝖲 𝖵𝖨𝖲𝖠
   chiuso mercoledì escluso luglio-agosto – Pas carta 40/50000.

X **Lo Scudo,** via Garibaldi 39 ℘ 2782, 🍽 – 𝖠𝖤 𝖲 ⓞ 𝖤 𝖵𝖨𝖲𝖠
   chiuso martedì in bassa stagione e dal 24 dicembre al 3 gennaio – Pas carta 35/45000.

VASTO (Marina di) 66055 Chieti – a.s. 15 giugno-agosto – ✆ 0873.

🛈 (15 giugno-settembre) rotonda lungomare Dalmazia ℘ 801751.

Roma 275 – Chieti 78 – ◆Pescara 74 – Vasto 3.

🏠 **Caravel** senza rist, viale Dalmazia 124 ℘ 801477, 🏖, – ☎ 🅿 𝖠𝖤 𝖲 ⓞ 𝖤 𝖵𝖨𝖲𝖠
   🛵
   🖙 5000 – **18 cam** 62000.

🏠 **Baiocco,** viale Dalmazia 137 ℘ 801976, Fax 802211, 🏖, – ☎ 🅿 𝖠𝖤 𝖲 𝖤 𝖵𝖨𝖲𝖠
   🛵 rist
   Pas carta 23/39000 – 🖙 6000 – **32 cam** 47/70000 – ½ P 60/65000.

sulla strada statale 16 :

🏠 **Sabrina,** S : 1,5 km ⊠ 66055 ℘ 802020, Fax 802211, ≤, 🏖, – 🖴 rist 📺 ☎ 🅿 – 🔺 100. 𝖠𝖤 𝖲 ⓞ 𝖤 𝖵𝖨𝖲𝖠 🛵 rist
   Pas 16/20000 – 🖙 6000 – **73 cam** 50/70000 – ½ P 60/70000.

🏠 **Sporting,** S : 2,5 km ⊠ 66055 ℘ 801404, « Terrazza-giardino fiorita », 🍽 – ☎ 🚗 🅿
   𝖠𝖤 ⓞ 𝖵𝖨𝖲𝖠 🛵
   Pas carta 27/40000 – 🖙 6500 – **22 cam** 52/72000 – ½ P 60/66000.

XXX **Villa Vignola** 🍴 con cam, località Vignola N : 6 km ⊠ 66054 Vasto ℘ 310050, ≤, 🌳, prenotare, 🦌 – ≒ rist 🖴 📺 ☎ 🅿 𝖠𝖤 ⓞ 𝖵𝖨𝖲𝖠 🛵
   Pas carta 42/58000 – **5 cam** 🖙 250000 appartamenti 180/280000.

XX **Il Corsaro,** località Punta Penna-Porto di Vasto N : 8 km ⊠ 66054 Vasto ℘ 310113, ≤, 🌳, Solo piatti di pesce, prenotare, 🏖, – 🅿 𝖠𝖤 𝖲 ⓞ 𝖤 𝖵𝖨𝖲𝖠 🛵
   chiuso lunedì – Pas carta 50/62000 (15%).

VELESO 22020 Como 𝟰𝟮𝟴 E 9, 𝟮𝟭𝟵 ⑨ – 236 ab. alt. 828 – ✆ 031.

Roma 649 – Como 24 – ◆Milano 72.

X **Bella Vista** 🍴 con cam, ℘ 917920, « Servizio estivo in terrazza con ≤ su lago e monti » – 🅿
   Pas *(chiuso martedì)* carta 23/35000 – 🖙 7000 – **11 cam** 26/55000 – ½ P 32/38000.

VELLETRI 00049 Roma 𝟵𝟴𝟴 ㉘ – 45 245 ab. alt. 352 – ✆ 06.

Escursioni Castelli romani★★ NO per la via dei Laghi o per la strada S 7, Appia Antica (circuito di 60 km).

🛈 viale dei Volsci 8 ℘ 9630896.

Roma 40 – Anzio 43 – Frosinone 61 – Latina 29 – Terracina 63 – Tivoli 56.

XX **Da Benito,** via Lata 241 ℘ 9632220 – 𝖠𝖤 ⓞ. 🛵
   chiuso lunedì ed agosto – Pas carta 25/45000.

VELLO Brescia – alt. 190 – ⊠ **25054** Marone – ✆ 030.

Roma 591 – ◆Brescia 34 – ◆Milano 100.

X **Glisenti,** ℘ 987222, Specialità pesce di lago – 🛵
   chiuso giovedì e gennaio – Pas carta 25/35000.

VENARIA 10078 Torino 𝟰𝟮𝟴 G 4 – 30 860 ab. alt. 258 – ✆ 011.

Roma 685 – Aosta 116 – ◆Milano 142 – ◆Torino 9.

Pianta d'insieme di Torino (Torino p. 2)

🏠 **Galant** senza rist, corso Garibaldi 155 ℘ 210854, Fax 290290 – 🛗 🖴 📺 ☎ 🚗 🅿 –
   🔺 30   **GT b**
   35 cam.

VENEGONO INFERIORE 21040 Varese 𝟰𝟮𝟴 E 8, 𝟮𝟭𝟵 ⑱ – 5 708 ab. alt. 327 – ✆ 0331.

Roma 618 – Como 23 – ◆Milano 42 – Varese 14.

XX **Aero Club,** all'aeroporto ℘ 864292, ≤, prenotare – 🅿 𝖠𝖤. 🛵
   chiuso lunedì ed agosto – Pas carta 45/61000.

621

VENEZIA 30100 **P** 988 ⑤, 429 F 19 – 320 990 ab. – a.s. 15 marzo-ottobre e Natale – ✆ 041.

Vedere Piazza San Marco★★★ FGZ :.

Basilica★★★ GZ – Palazzo Ducale★★★ GZ – Campanile★★ : ✻★★ FGZ F – Procuratie★★ FZ – Libreria Vecchia★ GZ – Museo Correr★ FZ M – Torre dell'Orologio★ FZ K – Ponte dei Sospiri★ GZ.
Canal Grande★★★ :.

Ponte di Rialto★ FY – Riva destra : Cà d'Oro★★★ : galleria Franchetti★★ EX – Palazzo Vendramin-Calergi★★ BT R – Cà Loredan★★ EY H – Palazzo Grimani★★ EY Q – Palazzo Corner-Spinelli★★ BTU D – Riva sinistra : galleria dell'Accademia★★★ BV – Palazzo Dario★★ BV S – Collezione Peggy Guggenheim★★ nel palazzo Venier dei Leoni BV M2 – Palazzo Rezzonico★★ AU : capolavori del Guardi★★, affreschi★★ del Tiepolo nel museo del Settecento Veneziano★ – Palazzo Giustinian★★ AU X – Cà Foscari★★ AU Y – Palazzo Bernardo★★ BT Z – Palazzo dei Camerlenghi★★ FX A – Palazzo Pesaro★★ : museo d'arte moderna★ EX.

Chiese :.

Santa Maria della Salute★★ : Nozze di Cana★★★ del Tintoretto BV – San Giorgio Maggiore★★ : ✻★★ dal campanile★★, opere del Tintoretto★★ CV – San Zanipolo★★ : politicco★★ di San Vincenzo Ferrari, soffitto★★ della cappella del Rosario GX – Santa Maria Gloriosa dei Frari★★ : opere di Tiziano★★★ AT – San Zaccaria★ : pala★★★ del Bellini, pale★★ del Vivarini e di Ludovico da Forlì GZ – Decorazione interna★★ del Veronese nella chiesa di San Sebastiano AU – Dipinti★ del Guardi nella chiesa dell'Angelo Raffaele AU – Soffitto★ della chiesa di San Pantaleone AT – Santa Maria dei Miracoli★ FGX – Madonna col Bambino★ nella chiesa di San Francesco della Vigna DT – Madonna col Bambino★ nella chiesa del Redentore (isola della Giudecca) AV.

Scuola di San Rocco★★★ AT – Scuola dei Carmini★ : dipinti★★ del Tiepolo AU – Scuola di San Giorgio degli Schiavoni★ : dipinti★★ del Carpaccio DT – Palazzo Querini-Stampalia★ GY – Rio dei Mendicanti★ GX – Facciata★ della scuola di San Marco GX – Affreschi★ del Tiepolo nel palazzo Labia AT.

Lido★ – Murano★★ : museo Vetrario★★★, chiesa dei Santi Maria e Donato★★ – Burano★★ – Torcello★★ : mosaici★★★ nella cattedrale di Santa Maria Assunta★★, portico esterno★★ e colonne★★ all'interno della chiesa di Santa Fosca★.

ⓘ8 (chiuso lunedì) al Lido Alberoni ⊠ 30011 ✆ 731333, 15 mn di vaporetto e 9 km;

ⓘ8 e ⓘ9 Cà della Nave (chiuso martedì) a Martellago ⊠ 30030 ✆ 5401555, Fax 5401926, NO : 12 km.

✈ Marco Polo di Tessera, NE : 13 km ✆ 661262 – Alitalia, San Marco-San Moisè 1463 ⊠ 30124 ✆ 5216222.

⛴ da piazzale Roma (Tronchetto) per il Lido-San Nicolò giornalieri (35 mn); da Riva degli Schiavoni per Punta Sabbioni giornalieri (40 mn); dal Lido Alberoni per l'Isola di Pellestrina-Santa Maria del Mare giornalieri (1 h 15 mn); dalle Fondamenta Nuove per le Isole di Murano (10 mn), Burano (40 mn), Torcello (45 mn), giornalieri; dalle Fondamenta Nuove per Treporti di Cavallino giornalieri (1 h 10 mn) – Informazioni: ACTV-Azienda Consorzio Trasporti Veneziano, piazzale Roma ⊠ 30124 ✆ 5287886, Telex 223487.

🅑 San Marco Ascensione 71/c ⊠ 30124 ✆ 5226356 – Stazione Santa Lucia ⊠ 30121 ✆ 719078.

A.C.I. fondamenta Santa Chiara 518/a ⊠ 30125 ✆ 5200300.

Roma 528 ① – ◆Bologna 152 ① – ◆Milano 267 ① – ◆Trieste 158 ①.

Pianta pagine seguenti

🏨🏨🏨 **Cipriani** ♨, isola della Giudecca 10 ⊠ 30133 ✆ 5207744, Telex 410162, Fax 5203930, ≤, �, « Giardino fiorito con ⤬ riscaldata », ⓢ, ✵ – 🛗 🔟 📺 ☎ & – 🔬 100. ⌘ ⑤ ① 🄴 ᴠɪsᴀ. ✵
                                    CV h
Pas carta 120/170000 – **98 cam** ⊊ 588/830000 appartamenti 1500/2550000.

🏨🏨🏨 **Gritti Palace,** campo Santa Maria del Giglio 2467 ⊠ 30124 ✆ 794611, Telex 410125, Fax 5200942, ≤ Canal Grande, « Servizio rist. estivo all'aperto sul Canal Grande » – 🛗 🔟 📺 ☎ & – 🔬 50. ⌘ ⑤ ① 🄴 ᴠɪsᴀ. ✵ rist
                                      EZ a
Pas carta 100/130000 – **97 cam** ⊊ 506/714000 appartamenti 1369/1845000.

🏨🏨🏨 **Danieli,** riva degli Schiavoni 4196 ⊠ 30122 ✆ 5226480, Telex 410077, Fax 5200208, ≤ canale di San Marco, « Hall in cortiletto stile veneziano e servizio rist. estivo in terrazza panoramica » – 🛗 🔟 📺 ☎ – 🔬 70 a 150. ⌘ ⑤ ① 🄴 ᴠɪsᴀ. ✵ rist
                                      GZ a
Pas carta 106/168000 – ⊊ 27500 – **222 cam** 405/595000 appartamenti 1071/1785000.

🏨🏨 **Bauer Grünwald,** campo San Moisè 1459 ⊠ 30124 ✆ 5231520, Telex 410075, Fax 5207557, ≤ Canal Grande, � – 🛗 ⤬ cam 📺 ☎ – 🔬 25 a 180. ⌘ ⑤ ① 🄴 ᴠɪsᴀ. ✵ rist
                                      FZ h
Pas carta 90/120000 – **214 cam** ⊊ 320/520000 appartamenti 990/1300000.

🏨🏨 **Londra Palace,** riva degli Schiavoni 4171 ⊠ 30122 ✆ 5200533, Telex 431315, Fax 5225032, ≤ canale di San Marco – 🛗 🔟 📺 ☎ – 🔬 200. ⌘ ⑤ ① 🄴 ᴠɪsᴀ
                                        GZ t
Pas vedere rist Les Deux Lions – ⊊ 25000 – **69 cam** 245/385000.

🏨🏨 **Europa e Regina,** calle larga 22 Marzo 2159 ⊠ 30124 ✆ 5200477, Telex 410123, Fax 5231533, ≤ Canal Grande, � – 🛗 🔟 📺 ☎ & – 🔬 30 a 140. ⌘ ⑤ ① 🄴 ᴠɪsᴀ. ✵ rist
                                        FZ d
Pas 75/85000 – ⊊ 24000 – **189 cam** 298/536000 appartamenti 833/1071000.

🏨🏨 **Monaco e Grand Canal,** calle Vallaresso 1325 ⊠ 30124 ✆ 5200211, Telex 410450, Fax 5200501, ≤ Canal Grande, 🌫 – 🛗 🔟 📺 ☎ & – 🔬 40. ⌘ ⑤ ① 🄴 ᴠɪsᴀ. ✵ rist
                                        FZ e
Pas al Rist. **Grand Canal** carta 82/126000 – **72 cam** ⊊ 270/410000 appartamenti 450/850000.

🏨🏨 **Metropole** senza rist, riva degli Schiavoni 4149 ⊠ 30122 ✆ 5205044, Telex 410340, Fax 5223679, ≤ canale di San Marco, « Collezioni di piccoli oggetti d'epoca » – 🛗 🔟 📺 ☎ – 🔬 40. ⌘ ⑤ ① 🄴 ᴠɪsᴀ
                                      DU t
63 cam ⊊ 255/360000.

Luna Baglioni, calle larga dell'Ascensione 1243 ✉ 30124 ✆ 5289840, Telex 410236, Fax 5287160 – |♦| ▤ TV ☎ – 🏛 30 a 150. AE ⓢ ⓓ E VISA. ✗ rist FZ **p**
Pas 65000 – **125 cam** ☐ 265/490000 appartamenti 700/1200000.

Splendid-Suisse, San Marco-Mercerie 760 ✉ 30124 ✆ 5200755, Telex 410590, Fax 5286498 – |♦| ▤ TV ☎ – 🏛 150. AE ⓢ ⓓ E VISA. ✗ rist FY **n**
Pas carta 68/86000 – **157 cam** ☐ 270/380000 appartamenti 300/430000 – ½ P 258/355000.

Pullman Park Hotel, giardini Papadopoli ✉ 30125 ✆ 5285394, Telex 410310, Fax 5230043 – |♦| ▤ TV ☎ – 🏛 60. AE ⓢ ⓓ E VISA. ✗ AT **k**
Pas carta 56/86000 – **100 cam** ☐ 200/310000 appartamenti 350/480000.

Saturnia-International e Rist. Il Cortile, calle larga 22 Marzo 2398 ✉ 30124 ✆ 5208377, Telex 410355, Fax 5207131, 🌳, « Palazzo patrizio del 14° secolo » – |♦| ▤ TV ☎ – 🏛 60. AE ⓢ ⓓ E VISA. ✗ rist EZ **n**
Pas *(chiuso mercoledì)* carta 61/93000 – **95 cam** ☐ 235/360000 – ½ P 200/240000.

Gabrielli Sandwirth, riva degli Schiavoni 4110 ✉ 30122 ✆ 5231580, Telex 410228, Fax 5209455, ≤ canale di San Marco, « Cortiletto e giardino » – |♦| ▤ ☎. AE ⓢ ⓓ E VISA. ✗ rist DU **b**
chiuso dal 26 novembre a gennaio – Pas 38/55000 – **100 cam** ☐ 225/370000 – ½ P 120/270000.

Amadeus, lista di Spagna 227 ✉ 30121 ✆ 715300, Telex 420811, Fax 5240841 – |♦| ▤ TV ☎ – 🏛 40 a 150. AE ⓢ ⓓ E VISA. ✗ AT **b**
Pas 50/70000 – ☐ 18000 – **63 cam** 220/305000 appartamenti 305/350000 – ½ P 180/250000.

La Fenice et des Artistes senza rist, campiello de la Fenice 1936 ✉ 30124 ✆ 5232333, Telex 411150, Fax 5203721 – |♦| ▤ TV ☎. ⓢ E VISA. ✗ EZ **v**
61 cam ☐ 148/200000 appartamenti 250/300000, ▤ 15000.

Cavalletto e Doge Orseolo, calle del Cavalletto 1107 ✉ 30124 ✆ 5200955, Telex 410684, Fax 5238184, ≤ – |♦| ▤ TV ☎. AE ⓢ ⓓ E VISA. ✗ FZ **f**
Pas carta 55/85000 – **80 cam** ☐ 210/354000.

Concordia senza rist, calle larga San Marco 367 ✉ 30124 ✆ 5206866, Telex 411069, Fax 5206775 – |♦| ▤ ☎. AE ⓢ E VISA. ✗ GZ **r**
55 cam ☐ 200/320000.

Santa Chiara senza rist, Santa Croce 548 ✉ 30125 ✆ 5206955, Telex 420690, Fax 5228799 – |♦| ▤ TV ☎ ♿. AE ⓢ E VISA. ✗ AT **c**
☐ 17000 – **28 cam** 130/166000.

Flora 🐦 senza rist, calle larga 22 Marzo 2283/a ✉ 30124 ✆ 5205844, Telex 410401, Fax 5228217, « Piccolo giardino fiorito » – |♦| ▤ ☎ ♿. AE ⓢ ⓓ E VISA EZ **t**
chiuso dal 15 novembre al 27 gennaio – **44 cam** ☐ 140/190000, ▤ 16000.

Rialto, riva del Ferro 5149 ✉ 30124 ✆ 5209166, Telex 420809, Fax 5238958 – ▤ TV ☎. AE ⓢ ⓓ E VISA. ✗ FY **v**
Pas *(chiuso giovedì e da novembre al 15 marzo)* carta 32/70000 (12%) – **71 cam** ☐ 154/211000 appartamenti 250/450000, ▤ 16000.

San Cassiano senza rist, Santa Croce 2232 ✉ 30125 ✆ 5241733, Telex 420810, ≤ – ▤ TV ☎ ♿. AE ⓢ ⓓ E VISA EX **f**
35 cam ☐ 141/191000.

Ala senza rist, campo Santa Maria del Giglio 2494 ✉ 30124 ✆ 5208333, Telex 410275, Fax 5206390 – |♦| ▤ ☎. AE ⓢ ⓓ E VISA EZ **e**
77 cam ☐ 140/195000, ▤ 15000.

Torino senza rist, calle delle Ostreghe 2356 ✉ 30124 ✆ 5205222, Fax 5228227 – ▤ TV ☎. AE ⓢ ⓓ E VISA EZ **z**
20 cam ☐ 125/190000.

Pausania San Barnaba senza rist, Dorsoduro 2824 ✉ 30123 ✆ 5222083, Telex 420178 – ✂ ▤ TV ☎. AE ⓢ E VISA AU **a**
25 cam ☐ 140/190000.

Castello senza rist, Castello-calle Figher 4365 ✉ 30122 ✆ 5230217, Telex 311879, Fax 5211023 – ▤ TV ☎. AE ⓢ ⓓ E VISA. ✗ GY **b**
26 cam ☐ 140/190000.

Bisanzio 🐦 senza rist, calle della Pietà 3651 ✉ 30122 ✆ 5203100, Telex 420099, Fax 5204114 – |♦| ▤ TV ☎. AE ⓢ ⓓ E VISA DU **d**
39 cam ☐ 130/189000.

Casanova senza rist, San Marco-Frezzeria 1284 ✉ 30124 ✆ 5206855, Telex 420804, Fax 5206413 – |♦| ▤ TV ☎. AE ⓢ ⓓ E VISA FZ **u**
43 cam ☐ 153/210000 appartamenti 250000, ▤ 15500.

Panada senza rist, San Marco-calle dei Specchieri 646 ✉ 30124 ✆ 5209088, Telex 410153, Fax 5209619 – |♦| ▤ ☎. AE ⓢ ⓓ E VISA GY **v**
45 cam ☐ 148/200000.

Gardena senza rist, fondamenta dei Tolentini 239 ✉ 30135 ✆ 5235549, Fax 5220782 – |♦| ▤ TV ☎. AE ⓢ ⓓ E VISA. ✗ AT **e**
22 cam ☐ 125/195000.

Montecarlo senza rist, calle dei Specchieri 463 ✉ 30124 ✆ 5207144, Telex 411098, Fax 5207789 – |♦| ▤ ☎. AE ⓢ ⓓ E VISA GY **q**
48 cam ☐ 150/205000.

VENEZIA

0   300 m

Vaporetti Canal Grande

Linea circolare

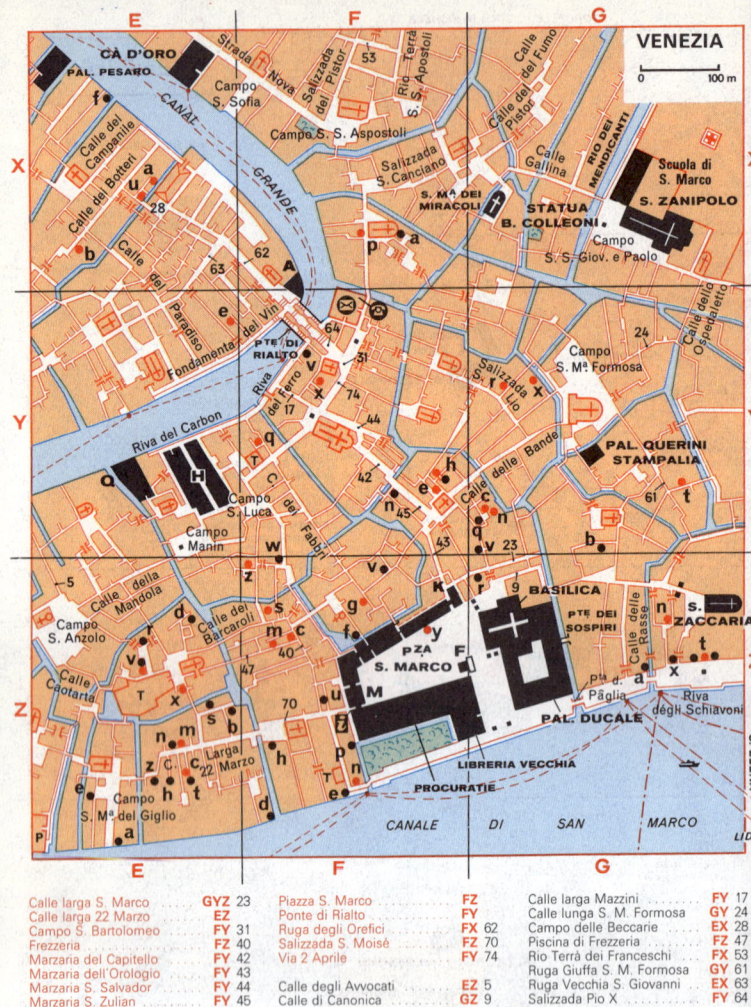

Savoia e Jolanda, riva degli Schiavoni 4187 ⊠ 30122 ℰ 5224130, Telex 410620, Fax 5207494, ≤ canale di San Marco – 🛗 🗏 🕾 AE 🗄 E VISA. ℠ rist
Pas (chiuso martedì) 35000 – ☑ 17000 – **78 cam** 128/160000 – ½ P 135/183000.
GZ **x**

Do Pozzi ⑤, calle larga 22 Marzo 2373 ⊠ 30124 ℰ 5207855, Telex 420042, Fax 5229413, « Raccolta di quadri d'arte contemporanea » – 🛗 🗏 🕾 AE 🗄 ⓪ E VISA
Pas vedere rist Da Raffaele – **29 cam** ☑ 150/212000 – ½ P 131/175000.
EZ **h**

Kette senza rist, San Marco-piscina San Moisè 2053 ⊠ 30124 ℰ 5207766, Telex 311877, Fax 5228964 – 🛗 🗏 TV 🕾 AE 🗄 ⓪ E VISA. ℠ – **51 cam** ☑ 120/190000
EZ **s**

Al Malibran, Cannaregio-corte del Milion 5864 ⊠ 30131 ℰ 5228028, Telex 420337, Fax 5239243 – 🛗 ⇆ cam 📞. AE 🗄 ⓪ E VISA
Pas (chiuso mercoledì e da ottobre a marzo anche martedì sera) carta 31/50000 – ☑ 18000 – **29 cam** 128/160000 – P 135/198000.
FX **a**

San Moisè senza rist, San Marco 2058 ⊠ 30124 ℰ 5203755, Telex 420655 – TV 🕾. AE 🗄 ⓪ E VISA. ℠
16 cam ☑ 148/200000.
EZ **b**

Ateneo senza rist, San Marco 1876-calle Minelli ⊠ 30124 ℰ 5200588, Fax 5228550 – 🗏 TV 📞. AE 🗄 E VISA – **20 cam** ☑ 150/204000
EZ **a**

🏠 **Nuovo Teson** senza rist, calle de la Pescaria 3980 ⊠ 30122 ℘ 5205555, Fax 5285335 –
☎ ᕦ. 🖭 🕄 🔃 𝘝𝘐𝘚𝘈
chiuso dal 10 al 30 novembre – **30 cam** ⊇ 77/110000.   DU **s**

🏠 **Carpaccio** ⟋ senza rist, San Polo-calle Corner 2765 ⊠ 30125 ℘ 5235946, Fax 5242134,
⟪ Canal Grande – ☎. 🕄 🔃 𝘝𝘐𝘚𝘈
14 marzo-18 novembre – **17 cam** ⊇ 125/185000.   BT **c**

🏠 **American** senza rist, San Vio 628 ⊠ 30123 ℘ 5204733, Telex 410508, Fax 5204048 – 🖩
🖵 ☎ 🖭 🕄 ⓪ 🔃
29 cam ⊇ 145/195000.   BV **b**

🏠 **San Stefano** senza rist, San Marco-campo San Stefano 2957 ⊠ 30124 ℘ 5200166, Fax
5224460 – ⯐ 🖩 🖵 ☎. 🕄 ⓪ 🔃 𝘝𝘐𝘚𝘈 ⋘
chiuso dal 7 al 31 gennaio – **11 cam** ⊇ 85/180000, 🖿 15000.   BU **a**

🏠 **San Zulian** senza rist, San Marco 535 ⊠ 30124 ℘ 5225872, Fax 5232265 – 🖩 🖵 ☎. 🖭
🕄 𝘝𝘐𝘚𝘈
18 cam ⊇ 85/118000, 🖿 10000.   FY **h**

🏠 **Paganelli** senza rist, riva degli Schiavoni 4687 ⊠ 30122 ℘ 5224324 – 🖩 rist ☎. 🖭 🕄
🔃 𝘝𝘐𝘚𝘈 ⋘
22 cam ⊇ 89/120000.   GZ **t**

🏠 **Abbazia** senza rist, calle Priuli 66/68 ⊠ 30121 ℘ 717333, Telex 420680, Fax 717949, 🚗
– 🖩 ☎ 🖭 🕄 ⓪ 🔃 𝘝𝘐𝘚𝘈. ⋘
36 cam ⊇ 82/111000, 🖿 8500.   AT **a**

🏠 **Accademia** senza rist, Dorsoduro-fondamenta Bollani 1058 ⊠ 30123 ℘ 5237846, Fax
5239152 – ☎. 🖭 🕄 ⓪ 🔃 𝘝𝘐𝘚𝘈. ⋘
25 cam ⊇ 98/170000.   AU **b**

🏠 **La Residenza** senza rist, campo Bandiera e Moro 3608 ⊠ 30122 ℘ 5285315, Fax 5238859,
⟪ Edificio del 14° secolo ⟫ – 🖩 🖵 ☎. 🖭 🕄 ⓪ 🔃 𝘝𝘐𝘚𝘈. ⋘
chiuso dal 10 novembre al 7 dicembre e dall'8 gennaio al 20 febbraio – **15 cam**
⊇ 69/120000, 🖿 15000.   DU **n**

🏠 **Basilea** senza rist, rio Marin 817 ⊠ 30135 ℘ 718477, Telex 420320, Fax 720851 – ☎ ᕦ.
𝘝𝘐𝘚𝘈 ⋘
⊇ 17500 – **30 cam** 90/125000.   AT **d**

🏠 **Serenissima** senza rist, calle Goldoni 4486 ⊠ 30124 ℘ 5200011, Fax 5223292 – ☎. 🖭
🕄 🔃 𝘝𝘐𝘚𝘈
24 febbraio-5 novembre – **34 cam** ⊇ 82/114000.   FYZ **w**

🏠 **La Forcola** senza rist, Cannaregio-Ponte dell'Anconeta 2356 ⊠ 30121 ℘ 720277 – ☎.
🕄 ⓪ 🔃 𝘝𝘐𝘚𝘈
22 cam ⊇ 81/110000.   BT **b**

🏠 **Caprera** senza rist, lista di Spagna 219 ⊠ 30121 ℘ 715271, Fax 715271 – 🖭 🕄 🔃 𝘝𝘐𝘚𝘈
⊇ 8000 – **20 cam** 42/86000.   AT **b**

🏠 **San Fantin** senza rist, campiello de la Fenice 1930/a ⊠ 30124 ℘ 5231401 – ⋘
aprile-10 novembre – **14 cam** ⊇ 55/114000.   EZ **r**

🏠 **Ai 2 Fanali** senza rist, campo San Simeon Grando 946 ⊠ 30135 ℘ 718344, Fax 718344 –
☎. 🖭 🕄 ⓪ 🔃 𝘝𝘐𝘚𝘈
chiuso da novembre al 26 dicembre – ⊇ 9500 – **16 cam** 60/104000.   AT **m**

🏠 **Astoria** senza rist, calle Fiubera 951 ⊠ 30124 ℘ 5225381, Fax 5200771 – 🖭 🕄 ⓪ 🔃
𝘝𝘐𝘚𝘈. ⋘
15 marzo-15 novembre – ⊇ 12000 – **28 cam** 69/86000.   FZ **v**

XXXX **Caffè Quadri**, piazza San Marco 120 ⊠ 30124 ℘ 5289299, Fax 791661 – 🖭 🕄 ⓪ 🔃
𝘝𝘐𝘚𝘈. ⋘
chiuso lunedì – Pas carta 72/112000.   FZ **y**

XXXX **Antico Martini,** campo San Fantin 1983 ⊠ 30124 ℘ 5224121, Fax 5289857 – 🖩. 🖭 🕄
⓪ 🔃 𝘝𝘐𝘚𝘈. ⋘
*chiuso martedì, mercoledì a mezzogiorno, dal 27 novembre al 21 dicembre e dall'8 gennaio
al 24 marzo (escluso Carnevale)* – Pas carta 69/113000 (15%).   EZ **x**

XXX ❀ **Harry's Bar**, calle Vallaresso 1323 ⊠ 30124 ℘ 5285777, Fax 5208822, Rist.-american
bar – 🖩. 🖭 ⓪ 🔃 𝘝𝘐𝘚𝘈
chiuso lunedì e dal 4 gennaio al 15 febbraio – Pas carta 91/120000 (20%)   FZ **n**
Spec. Tagliolini alle seppie (15 luglio-15 ottobre), Filetti di San Pietro al radicchio (inverno), Scampi alla
Thermidor (estate), Pasticceria della Casa. **Vini** Soave, Cabernet.

XXX **Les Deux Lions,** riva degli Schiavoni 4175 ⊠ 30122 ℘ 5200533, Fax 5225032, Rist.
elegante, Coperti limitati; prenotare, ⟪ Servizio estivo sulla riva ⟫ – 🖩. 🖭 🕄 ⓪ 🔃 𝘝𝘐𝘚𝘈.
⋘   GZ **t**
chiuso martedì (escluso dal 20 giugno al 20 ottobre) – Pas carta 61/92000.

XXX ❀ **La Caravella,** calle larga 22 Marzo 2397 ⊠ 30124 ℘ 5208901, Rist. caratteristico,
Coperti limitati; prenotare – 🖩. 🖭 🕄 ⓪ 🔃 𝘝𝘐𝘚𝘈. ⋘   EZ **m**
chiuso mercoledì – Pas carta 77/110000
Spec. Bigoli in salsa, Scampi allo Champagne, Filetto di bue ⌐ Caravella ⌐. **Vini** Pinot bianco, Cabernet
Sauvignon.

XXX **Malamocco,** campiello del Vin 4650 ⊠ 30122 ℘ 5227438, Rist. elegante-confort accurato
– 🖩. 🖭 🕄 ⓪ 🔃 𝘝𝘐𝘚𝘈   GZ **n**
chiuso mercoledì e dal 3 gennaio al 3 febbraio – Pas carta 48/80000 (15%).

XXX **Al Campiello,** calle dei Fuseri 4346 ⬠ 30124 🞋 5206396, Rist.-american-bar-soupers, Coperti limitati; prenotare – 🍽. 🗚 ⓢ ⓞ 🄴 𝗩𝗜𝗦𝗔 — FZ z
chiuso lunedì ed agosto – Pas carta 50/86000 (13%).

XXX **La Colomba,** piscina di Frezzeria 1665 ⬠ 30124 🞋 5221175, ☂, « Raccolta di quadri d'arte contemporanea » – 🍽. 🗚 ⓢ ⓞ 🄴 𝗩𝗜𝗦𝗔 — FZ m
chiuso mercoledì da novembre a giugno – Pas carta 60/120000 (15%).

XX **Do Forni,** calle dei Specchieri 457/468 ⬠ 30124 🞋 5237729, Telex 420832, Fax 5288132, Rist. rustico moderno – 🍽. 🗚 ⓢ ⓞ 🄴 𝗩𝗜𝗦𝗔 — GY c
chiuso dal 22 novembre al 5 dicembre e giovedì (escluso da giugno ad ottobre) – Pas carta 53/74000 (12%).

XX **Al Graspo de Ua,** calle dei Bombaseri 5094 ⬠ 30124 🞋 5223647, Telex 420180, Taverna caratteristica – 🍽. 🗚 ⓢ ⓞ 🄴 𝗩𝗜𝗦𝗔 — FY x
chiuso lunedì, martedì, dal 20 dicembre al 13 gennaio e dal 25 luglio al 10 agosto – Pas carta 56/86000 (16%).

XX **Harry's Dolci,** Giudecca 773 ⬠ 30133 🞋 5224844, Fax 5222322, « Servizio estivo all'aperto sul Canale della Giudecca » – 🍽. 🗚 ⓢ ⓞ 🄴 𝗩𝗜𝗦𝗔 — AV a
chiuso martedì (escluso settembre) e dal 7 novembre al 7 marzo – Pas carta 42/74000 (15%).

XX **Noemi** con cam, calle dei Fabbri 909 ⬠ 30124 🞋 5225238 e hotel 🞋 5238144 – 🍽 rist. 🗚 ⓢ ⓞ 🄴 𝗩𝗜𝗦𝗔 — FZ g
Pas *(chiuso domenica, lunedì a mezzogiorno e dal 16 dicembre al 31 gennaio)* carta 47/69000 (13%) – ⥾ 9000 – **15 cam** 38/58000.

XX **Osteria da Fiore,** San Polo-calle del Scaleter 2202 ⬠ 30125 🞋 721308, Solo piatti di pesce, Coperti limitati; prenotare – 🍽. 🗚 ⓢ ⓞ 🄴 𝗩𝗜𝗦𝗔. ✖ — BT a
chiuso domenica, lunedì, da Natale al 6 gennaio e dal 7 al 30 agosto – Pas carta 45/74000 (10%).

XX **Antico Pignolo,** calle dei Specchieri 451 ⬠ 30124 🞋 5228123, Fax 5209007, ☂, Rist. rustico moderno – 🗚 ⓢ ⓞ 🄴 𝗩𝗜𝗦𝗔 — GY n
chiuso martedì e dal 10 al 31 gennaio – Pas carta 51/76000.

XX **Da Raffaele,** calle larga 22 Marzo 2347 ⬠ 30124 🞋 5232317, Telex 420042, Fax 5229413, ☂, « Collezione di armi antiche » – 🍽. 🗚 ⓢ ⓞ 🄴 𝗩𝗜𝗦𝗔 — EZ c
chiuso giovedì e dal 10 dicembre al 25 gennaio – Pas carta 50/80000 (12%).

XX **Fiaschetteria Toscana,** San Giovanni Crisostomo 5719 ⬠ 30121 🞋 5285281 – 🍽. ⓢ ⓞ 🄴 𝗩𝗜𝗦𝗔 — FX p
chiuso martedì e dal 1° al 15 luglio – Pas carta 30/53000 (12%).

XX **Ai Barbacani,** Castello-San Lio 5746 ⬠ 30122 🞋 5210234, prenotare – 🗚 ⓢ ⓞ 🄴 𝗩𝗜𝗦𝗔 — GY x
chiuso lunedì – Pas carta 46/91000 (12%).

XX **Da Ivo,** calle dei Fuseri 1809 ⬠ 30124 🞋 5285004, Coperti limitati; prenotare – 🍽. 🗚 ⓢ ⓞ 🄴 𝗩𝗜𝗦𝗔. ✖ — FZ s
chiuso domenica e gennaio – Pas carta 53/80000 (13%).

XX **Al Conte Pescaor,** piscina San Zulian 544 ⬠ 30124 🞋 5221483, Rist. rustico – 🍽. 🗚 ⓢ 🄴 𝗩𝗜𝗦𝗔 — FY h
chiuso domenica – Pas carta 36/70000.

X **Madonna,** calle della Madonna 594 ⬠ 30125 🞋 5223824, Trattoria veneziana – 🍽. 🗚 ⓢ 🄴 𝗩𝗜𝗦𝗔 – *chiuso mercoledì, dal 24 dicembre al 31 gennaio e dal 4 al 17 agosto* – **Pas** EY e
carta 27/44000 (12%)

X **Antica Carbonera,** calle Bembo 4648 ⬠ 30124 🞋 5225479, Trattoria veneziana – 🍽. 🗚 ⓢ ⓞ 🄴 𝗩𝗜𝗦𝗔 — FY q
chiuso martedì e dal 20 luglio al 10 agosto – Pas carta 33/53000 (12%).

X **Da Bruno,** Castello-calle del Paradiso 5731 ⬠ 30122 🞋 5221480 – ⥾ 🍽. 🗚 ⓢ 𝗩𝗜𝗦𝗔 — GY r
chiuso martedì, dal 15 al 31 gennaio e dal 15 al 30 luglio – Pas carta 26/36000 (10%)

X **Antica Trattoria Poste Vecie,** Pescheria 1608 ⬠ 30125 🞋 721822, ☂, Tipica trattoria veneziana – 🗚 ⓢ ⓞ 🄴 𝗩𝗜𝗦𝗔. ✖ — EX a
chiuso martedì escluso settembre ed ottobre – Pas carta 42/66000.

X **Agli Amici,** San Polo-calle Botteri 1544 ⬠ 30125 🞋 5241309, Coperti limitati; prenotare — EX b
chiuso mercoledì – Pas carta 25/40000 (10%).

X **Ai Mercanti,** San Polo 1588 ⬠ 30125 🞋 5240282 – 🗚 ⓢ ⓞ 🄴 𝗩𝗜𝗦𝗔 — EX u
chiuso giovedì e dal 1° al 15 agosto – Pas carta 41/75000 (12%).

X **Al Covo,** campiello della Pescaria 3968 ⬠ 30122 🞋 5223812 – 🗚 ⓢ ⓞ 🄴 𝗩𝗜𝗦𝗔 — DU s
chiuso mercoledì, giovedì, gennaio e dal 17 al 27 agosto – Pas carta 41/78000.

X **Al Giardinetto-da Severino,** ruga Giuffa 4928 ⬠ 30122 🞋 5285332, ☂ – 🗚 ⓢ ⓞ 🄴 𝗩𝗜𝗦𝗔 — GY t
chiuso giovedì e dal 10 gennaio al 14 febbraio – Pas carta 30/42000 (12%).

X **Trattoria S. Tomà,** campo San Tomà 2864/a ⬠ 30125 🞋 5238819, ☂, Rist. e pizzeria – 🗚 ⓢ ⓞ 🄴 𝗩𝗜𝗦𝗔 — ABT z
chiuso martedì – Pas carta 26/40000 (12%).

X **Da Nico,** piscina di Frezzeria 1702 ⬠ 30124 🞋 5221543 – 🗚 ⓢ ⓞ 🄴 𝗩𝗜𝗦𝗔 — FZ c
chiuso lunedì, dal 10 gennaio al 10 febbraio e dal 15 al 31 luglio – Pas carta 36/56000 (12%).

DINTORNI DI VENEZIA CON RISORSE ALBERGHIERE

al Lido : 15 mn di vaporetto da San Marco FZ – ⊠ 30126 Venezia Lido.
Accesso consentito agli autoveicoli durante tutto l'anno.

🛈 Gran Viale S. M. Elisabetta 6 ℰ 5265721 :

🏨🏨🏨 **Excelsior,** lungomare Marconi 41 ℰ 5260201, Telex 410023, Fax 5267276, ≤, ⤴, ☆≈, ☆≈, ⌗₈ – 🛗 🖭 📺 ☎ ও, ⇔ ℗ – 🔬 40 a 600. 🖭 🖪 ⓪ 🗨 𝘝𝘐𝘚𝘈, ☆ rist **s**
marzo-ottobre – Pas carta 90/145000 – ⊆ 27500 – **218 cam** 405/536000 appartamenti
1131/1476000 – ½ P 420/515000.

🏨🏨🏨 **Des Bains,** lungomare Marconi 17 ℰ 5265921, Telex 410142, Fax 5260113, ≤, « Parco
fiorito con ⤴ riscaldata e ☆≈ », ☆≈ – 🛗 🖭 📺 ☎ ℗ – 🔬 90 a 380. 🖭 🖪 ⓪ 🗨 𝘝𝘐𝘚𝘈 **k**
aprile-ottobre – Pas 88000 – **193 cam** ⊆ 318/493000 appartamento 1023000 – ½ P 334/406000.

🏨🏨 **Quattro Fontane** �‰, via 4 Fontane 16 ℰ 5260227, Telex 411006, Fax 5260726, 🛥, ☆≈
– 🖭 📺 ☎ ℗ – 🔬 40. 🖭 🖪 🗨 𝘝𝘐𝘚𝘈, ☆ rist **r**
21 aprile-15 ottobre – Pas carta 63/97000 – ⊆ 18000 – **68 cam** 200/300000 – ½ P 175/
250000.

🏨🏨 **Le Boulevard e Rist. Grimod,** Gran Viale S. M. Elisabetta 41 ℰ 5261990, Telex 410185,
Fax 5261917 – 🛗 ⌗≈ 🖭 📺 ☎ ℗ – 🔬 60. 🖭 🖪 ⓪ 🗨 𝘝𝘐𝘚𝘈, ☆ rist **x**
chiuso gennaio – Pas carta 38/64000 – ⊆ 20000 – **45 cam** 216/270000, 🖭 15000 –
½ P 180/223000.

Villa Mabapa, riviera San Nicolò 16 ℰ 5260590, Telex 410357, Fax 5269441, « Servizio rist. estivo in giardino », ☞ – 🛗 cam 📺 ☎ ⅃ – 🛄 60. ◭ 🅱 ◍ ⋿ 𝗩𝗜𝗦𝗔. ⋇ rist **a**
chiuso fino al 15 marzo – Pas carta 37/51000 – **62 cam** � 160/260000 – ½ P 115/155000.

Villa Laguna, via San Gallo 6 ℰ 5260342 – Fax 5268922, ≼ laguna di San Marco, 🏡 – 🛗
🗏 📺 ☎ 🅿 – 🛄 25. ◭ 🅱 ◍ ⋿ 𝗩𝗜𝗦𝗔. ⋇ rist **h**
Pas carta 45/55000 – ⊐ 19000 – **34 cam** 164/338000.

Villa Otello senza rist, via Lepanto 12 ℰ 5260048 – 🛗 ⅛⋇ ☎ 🅿 **m**
15 marzo-ottobre – **34 cam** ⊐ 115/165000.

Adria Urania, Villa Nora, Villa Ada-Biasutti, viale Dandolo 29 ℰ 5260120, Telex
410666, Fax 5261259, 🏡, ☞ – 🛗 🗏 cam 📺 ☎ 🅿 – 🛄 50. ◭ 🅱 ◍ ⋿ 𝗩𝗜𝗦𝗔. ⋇ rist
marzo-novembre – Pas 30000 – **86 cam** ⊐ 190/330000 – ½ P 120/195000. **u**

Helvetia senza rist, Gran Viale S. M. Elisabetta 4/6 ℰ 5260105, Telex 420045, Fax 5268903,
☞ – 🛗 ☎ 🅿. 🅱 ⋿ 𝗩𝗜𝗦𝗔. ⋇ **v**
aprile-ottobre – **56 cam** ⊐ 125/200000.

Petit Palais senza rist, lungomare Marconi 54 ℰ 5261707, Fax 5260781, ≼ – 🛗 ☎. ◭
🅱 ◍ ⋿ 𝗩𝗜𝗦𝗔 **t**
15 marzo-6 novembre – **26 cam** ⊐ 175/192000.

Villa Parco, via Rodi 1 ℰ 5260015, Fax 5267620 – 📺 ☎ 🅿 **c**
22 cam.

Rigel senza rist, viale Dandolo 13 ℰ 5268810, Telex 420835, Fax 5204083 – 🛗 ⅛⋇ 🗏 ☎.
◭ 🅱 ◍ ⋿ 𝗩𝗜𝗦𝗔 **e**
febbraio-ottobre – **42 cam** ⊐ 113/169000, 🗏 11000.

Centrale e Byron, via Bragadin 30 ℰ 5260291, Telex 410391, Fax 5260052, ☞ – 🛗 🗏
☎. ◭ 🅱 𝗩𝗜𝗦𝗔. ⋇ rist **n**
marzo-ottobre – Pas 25/35000 – ⊐ 15000 – **36 cam** 100/140000, 🗏 10000 – ½ P 66/132000.

Vianello, località Alberoni ⊠ 30011 Alberoni ℰ 731072, ☞ – ⋇ rist
15 marzo-15 ottobre – Pas (chiuso da settembre a giugno) 15/20000 – **20 cam** ⊐ 90000 –
½ P 50/60000.

XX Ai Murazzi, località Cà Bianca ℰ 5267278, ≼ – 🗏 🅿. ◭
aprile-ottobre; chiuso martedì – Pas carta 36/79000 (12%).

X Trattoria da Ciccio, via S.Gallo 241-verso Malamocco ℰ 5265489, 🏡 – 🅿. 🅱 ⋿ 𝗩𝗜𝗦𝗔
chiuso martedì e dal 15 al 30 novembre – Pas carta 26/42000 (12%).

X Al Vecio Cantier, località Alberoni ⊠ 30011 Alberoni ℰ 731130, 🏡, prenotare – 𝗩𝗜𝗦𝗔
febbraio-ottobre; chiuso lunedì e martedì a mezzogiorno – Pas carta 37/54000.

a Murano 10 mn di vaporetto dalle fondamenta Nuove CT – ⊠ 30121 :

X Ai Frati, ℰ 736694, 🏡, Trattoria marinara
chiuso giovedì e febbraio – Pas carta 30/50000 (12%).

a Burano 50 mn di vaporetto dalle fondamenta Nuove CT – ⊠ 30012 :

XX Ai Pescatori, ℰ 730650, 🏡, Trattoria marinara – 🅱 ◍ ⋿ 𝗩𝗜𝗦𝗔
chiuso lunedì e gennaio – Pas carta 43/68000 (10%).

X Al Gatto Nero-da Ruggero, ℰ 730120, 🏡, Trattoria tipica – 🅱 ◍ ⋿ 𝗩𝗜𝗦𝗔
chiuso lunedì e dal 20 ottobre al 20 novembre – Pas carta 35/60000.

X Galuppi, ℰ 730081, 🏡 – 🅱 ⋿ 𝗩𝗜𝗦𝗔
chiuso giovedì e dal 15 gennaio al 15 febbraio – Pas carta 31/48000 (10%).

a Torcello 45 mn di vaporetto dalle fondamenta Nuove CT – ⊠ 30012 Burano :

XX ⊛ Locanda Cipriani, ℰ 730150, Fax 735433, « Servizio estivo in giardino » – 🗏. ◭ 🅱
◍ ⋿ 𝗩𝗜𝗦𝗔
19 marzo-10 novembre; chiuso martedì – Pas carta 69/96000 (15%)
Spec. Brodetto di pesce, Ravioloni alle erbe, Filetto di Sampietro e scampi alla Cá d'Oro. Vini Soave,
Cabernet.

XX Ostaria al Ponte del Diavolo, ℰ 730401, Fax 730250, 🏡 – ◭ 🅱 ◍ ⋿ 𝗩𝗜𝗦𝗔
marzo-15 novembre; chiuso giovedì e la sera (escluso sabato) – Pas carta 47/65000 (10%)

a Pellestrina - San Pietro in Volta 1 h e 10 mn di vaporetto da riva degli Schiavoni GZ o
30 mn di autobus dal Lido – ⊠ 30010 :

X Da Nane, ℰ 688100, 🏡, Trattoria marinara con ≼ – ⅛⋇ 🗏. ◭ 🅱. ⋇
chiuso lunedì e dal 7 gennaio al 28 febbraio – Pas carta 33/46000.

Vedere anche : **Mestre** per ① : 9 km.

Les Bonnes Tables

Nous distinguons à votre intention

certains hôtels (🛏 ... 🏨) et restaurants (X... XXXXX) par ⊛, ⊛⊛ ou ⊛⊛⊛.

VENOSA 85029 Potenza 988 ㉘ – 12 228 ab. alt. 412 – ✆ 0972.
Roma 327 – ♦Bari 128 – ♦Foggia 85 – ♦Napoli 139 – Potenza 68.

🏠 Villa del Sorriso, via Appia 135 ☏ 35897 – ☎ 🚗 🅿
23 cam.

VENTIMIGLIA 18039 Imperia 988 ⑫, 428 K 4 – 25 649 ab. – ✆ 0184.
Dintorni Giardini Hanbury** a Mortola Inferiore O : 6 km.
Escursioni Riviera di Ponente* Est.
🛈 via Cavour 61 ☏ 351183 – Stazione Ferrovie Stato ☏ 358197.
Roma 658 ① – Cuneo 89 ① – ♦Genova 159 ① – ♦Milano 282 ① – ♦Nice 40 ① – San Remo 17 ②.

Aprosio (Via)
Cavour (Via)
Garibaldi (Via) 5
Repubblica (Via della)

Cavallotti (Passeggiata F.) . . . 3
Colombo (Via) 4
Matteotti (Via G.) 6
Trossarelli (Via) 10

🏠 **Sole Mare** senza rist, via Marconi 12 ☏ 351854, ≤ – 🛗 ☎ 🚗, ⅛ 🅱 ⓞ 🄴 𝖵𝖨𝖲𝖠, ⅜
chiuso dal 5 novembre al 20 dicembre – ⊃ 9000 – **28 cam** 45/61000.   **a**

🏠 **Sea Gull**, via Marconi 13 ☏ 351726, ≤, 🅰 – 🛗 ⅛ 🅱 ⓞ 🄴 𝖵𝖨𝖲𝖠
Pas vedere rist La Capannina – 🆉 7500 – **26 cam** 55000 – ½ P 54/56000.   **k**

🏠 **Posta** senza rist, via Sottoconvento 15 ☏ 351218 – 🛗, 🅱 🄴 𝖵𝖨𝖲𝖠, ⅜
chiuso dal 7 gennaio al 28 febbraio – ⊃ 5000 – **18 cam** 32/56000.   **u**

XX **Marco Polo**, passeggiata Cavallotti ☏ 352678, ≤, 🅰 – ⅛ 🅱 ⓞ 🄴 𝖵𝖨𝖲𝖠
chiuso dal 14 gennaio al 26 febbraio, dall'11 al 18 novembre, lunedì sera da giugno a
settembre anche domenica sera e lunedì negli altri mesi – Pas carta 44/71000.   **b**

XX **La Capannina**, via Marconi 13 ☏ 357155, ≤ – ⅛ 🄴 ⓞ 🄴 𝖵𝖨𝖲𝖠
chiuso lunedì escluso da giugno a settembre – Pas carta 30/70000.   **k**

X **Nanni**, via Milite Ignoto 2 ☏ 33230 – 🅱 🄴 𝖵𝖨𝖲𝖠
chiuso domenica sera, lunedì, dal 15 al 30 gennaio e dal 15 al 30 giugno – Pas
carta 28/42000.   **d**

X **Bolognese**, via Aprosio 21/a ☏ 351779
chiuso la sera, lunedì e dal 10 dicembre al 20 gennaio – Pas carta 25/42000 (12%).   **s**

a Castel d'Appio per ③ : 5 km – alt. 344 – ✉ 18039 Ventimiglia :

🏠 **La Riserva** ⑤, ☏ 229533, Fax 229712, ≤ mare e costa, 🅰, « Giardino ombreggiato »,
🗷, ✵ – 🅿 🄰 🅱 ⓞ 🄴 𝖵𝖨𝖲𝖠, ⅜
Pasqua-20 settembre e 18 dicembre-6 gennaio – Pas carta 50/65000 – **29 cam** ⊃ 115000
– ½ P 95000.

sulla Strada Statale 1 - via Aurelia per ③ : 6 km :

XXX **Baia Beniamin** con cam, località Grimaldi ✉ 18039 ☏ 38002, ≤, « In una piccola baia »,
🅰, ✵ – 📺 ☎ 🅿 🄰 𝖵𝖨𝖲𝖠, ⅜
Pas (chiuso domenica sera, lunedì e dal 5 al 30 novembre) carta 68/98000 – **6 cam**
⊃ 200000.

a Trucco per ① : 7 km – alt. 52 – ✉ **18039** :

XX **Pallanca,** ✆ 31009, Fax 31009 – Ⓟ. AE 🅂 E VISA
chiuso martedì sera-mercoledì (escluso da luglio a settembre) e dal 10 gennaio al 10 febbraio – Pas carta 33/54000.

a Ponte San Ludovico per ③ : 8 km – ✉ **18039** Ventimiglia :

XXX ✿✿ **Balzi Rossi,** alla frontiera San Ludovico ✆ 38132, Coperti limitati; prenotare, « Servizio estivo in terrazza con ≤ mare e costa » – ▤. AE 🅂 ⓓ E VISA
chiuso dal 1° al 15 marzo, dal 13 novembre al 1° dicembre, lunedì e martedì a mezzogiorno in luglio-agosto – Pas carta 80/112000
Spec. Pescata ligure in insalata con salsa vergine, Zuppetta di pesce al cerfoglio, Grigliata della marina. Vini Pigato, Rossese.

VERBANIA Novara 988 ②, 428 E 7 – 30 630 ab. alt. 197 (frazione Pallanza) – a.s. Pasqua e luglio-15 settembre – ☎ 0323 – **Vedere** Pallanza★★ – Lungolago★★ – Villa Taranto★★.

Escursioni Isole Borromee★★★ (giro turistico : da Intra 25-50 mm di battello e da Pallanza 10-30 mm di battello).

⛳ Piandisole (aprile-novembre) a Premeno ✉ 28057 ✆ 47100, NE : 11 km.

⛴ da Intra per Laveno-Mombello giornalieri (20 mm); da Pallanza per le Isole Borromee giornalieri (da 10 a 30 mn) – Navigazione Lago Maggiore: a Intra ✆ 42321 e a Pallanza ✆ 503220.

🅘 a Pallanza, corso Zannitello 8 ✆ 503249.

Roma 674 – Domodossola 38 – Locarno 42 – ♦Milano 95 – Novara 72 – Stresa 15 – ♦Torino 146.

a Pallanza – ✉ **28048** :

🏨 **Majestic,** via Vittorio Veneto 32 ✆ 504305, Telex 223339, Fax 506379, ≤, « Giardino in riva al lago », 🏊, 🏖, 🎾 – 🛗 ▤ rist 📺 ☎ Ⓟ – 🎤 30 a 200. AE 🅂 ⓓ E VISA. ✂ rist
Pasqua-ottobre – Pas carta 45/65000 – **119 cam** ☕ 150/220000 – ½ P 110/150000.

🏨 **Europalace,** viale delle Magnolie 16 ✆ 556441, Fax 556442, ≤ – 🛗 ▤ 📺 ☎ – 🎤 30 a 80. AE 🅂 ⓓ E VISA. ✂
Pas vedere rist La Cave – ☕ 12000 – **44 cam** 100/150000 – ½ P 95/120000.

🏨 **Astor,** via Vittorio Veneto 17/b ✆ 504261, ≤, 🌳 – 🛗 ☎ Ⓟ. AE 🅂 ⓓ E VISA. ✂ rist
Pasqua-10 ottobre – Pas (solo per clienti alloggiati) 30/35000 – **52 cam** ☕ 70/100000 – ½ P 60/80000.

🏨 **San Gottardo,** piazza Imbarcadero ✆ 504465, Fax 504466, ≤ – 🛗 ☎. AE 🅂 ⓓ E VISA. ✂ rist
marzo-ottobre – Pas *(chiuso giovedì)* 23/28000 – ☕ 8000 – **37 cam** 65/93000 – ½ P 65/75000.

🏨 **Belvedere,** piazza Imbarcadero ✆ 503202, Telex 200269, ≤ – 🛗 ☎. AE 🅂 ⓓ E VISA. ✂ rist
25 marzo-10 ottobre – Pas *(chiuso venerdì)* 23/28000 – ☕ 8000 – **52 cam** 65/93000 – ½ P 65/75000.

🏨 **Italia** senza rist, viale delle Magnolie 10 ✆ 557325 – 🅂 E VISA
marzo-10 novembre – **14 cam** ☕ 55/80000.

XXX **Milano,** corso Zannitello 2 ✆ 556816, Fax 556613, « Terrazza sul lago » – Ⓟ. AE 🅂 ⓓ VISA
chiuso martedì, gennaio e dal 3 al 9 luglio – Pas carta 49/73000 (10%).

XX **La Cave,** viale delle Magnolie 16 ✆ 556441, Fax 556442 – ▤. AE 🅂 ⓓ E VISA. ✂
chiuso mercoledì – Pas carta 32/56000 (10%).

XX ✿ **Il Torchio,** via Manzoni 20 ✆ 503352, Coperti limitati; prenotare – AE 🅂 ⓓ E VISA
chiuso lunedì, dal 10 al 20 dicembre e dal 20 giugno al 20 luglio – Pas carta 38/60000
Spec. Paté di coniglio, Pennette di Vittorino, Filetti di lavarello alla Borromeo. Vini Greco colli novaresi, Möt Ziflon.

X **Bella Pallanza,** via Manzoni 12 ✆ 556332, 🌳 – AE 🅂 ⓓ E VISA
chiuso mercoledì da novembre a marzo – Pas carta 33/47000 (15%).

a Intra NE : 3 km – ✉ **28044** :

🏨 **Ancora,** corso Mameli 65 ✆ 53951, Fax 53978, ≤ – 🛗 ▤ rist 📺 ☎. AE 🅂 ⓓ E VISA
Pas *(chiuso lunedì)* carta 25/44000 – **21 cam** ☕ 120/160000 appartamento 240000 – ½ P 90/120000.

🏨 **Miralago,** corso Mameli 173 ✆ 44080, Fax 44004, ≤ – 🛗 ▤ rist 📺 ☎. 🅂 VISA
Pas *(chiuso venerdì)* carta 28/38000 – ☕ 12000 – **41 cam** 58/90000 – ½ P 60/80000.

🏨 **Touring,** corso Garibaldi 26 ✆ 44040, Fax 519001 – 📺 ☎ Ⓟ. 🅂 E VISA
chiuso dal 23 dicembre al 23 gennaio – Pas *(chiuso lunedì)* carta 22/36000 – ☕ 7000 – **24 cam** 50/70000 – ½ P 55/60000.

a Fondotoce NO : 6 km – ✉ **28040** :

XX **Piccolo Lago** con cam, al lago di Mergozzo NO : 2 km ✆ 496045, ≤, 🌳, 🏖, 🌳 – 📺 ☎ Ⓟ. AE 🅂 ⓓ E VISA. ✂
Pas *(chiuso lunedì escluso da aprile ad ottobre)* carta 42/87000 (10%) – ☕ 10000 – **18 cam** 60/85000 – ½ P 70/80000.

Vedere anche : ***Borromee (Isole)*** SO : da 10 a 50 mm di battello.

VERBANO Vedere Lago Maggiore.

🖪 viale Garibaldi 90 ℘ 64632 – **A.C.I.** piazza Alciati 11 ℘ 65032.

Roma 633 ⑤ – Alessandria 54 ③ – Aosta 121 ③ – ◆Milano 74 ⑤ – Novara 23 ① – Pavia 70 ① – ◆Torino 80 ③.

VERCELLI

Borgogna (Via Antonio) 2	Goito (Via) 13
Brigata Cagliari (Via) 3	Martiri della Libertà (Piazza) 15
Cagna (Via G. A.) 4	Matteotti (Corso) 16
D'Angennes (Piazza Alessandro) ... 8	Mazzucchelli (Piazza) 17
De Amicis (Via Edmondo) 10	Monte di Pietà (Via) 18
Fratelli Ponti (Via) 12	S. Eusebio (Piazza) 19

Cavour (Piazza)
Dante Alighieri (Via)
Ferraris (Via G.)
Libertà (Corso)

Goito (Via) 13
Martiri della Libertà (Piazza) 15
Matteotti (Corso) 16
Mazzucchelli (Piazza) 17
Monte di Pietà (Via) 18
S. Eusebio (Piazza) 19
Vallotti (Via) 21
20 Settembre (Via) 22

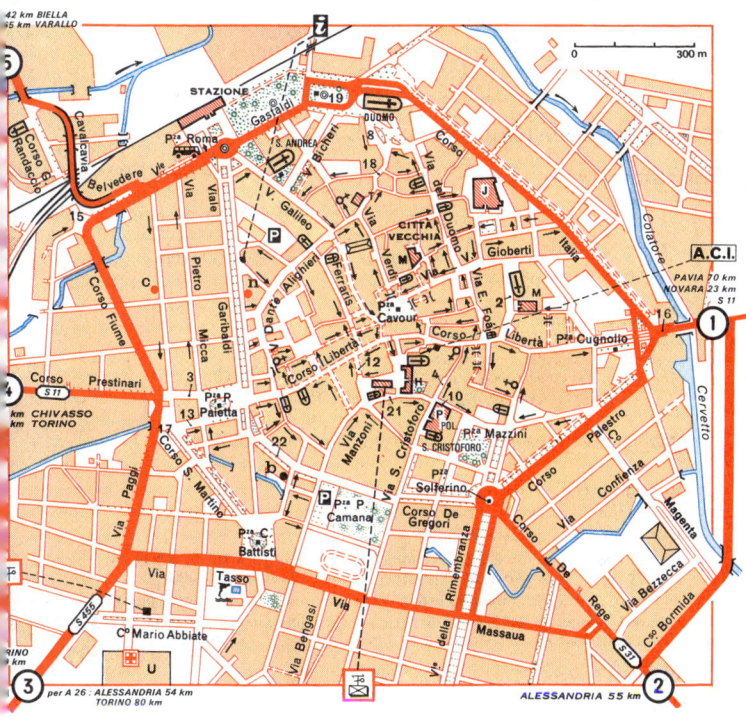

🏨 **Modo Hotel e Rist. Il Faro,** piazza Medaglie d'Oro 21 ℘ 57481, Fax 58325 – 📶 🔲 📺 ☎ 🚾 🚗 P – 🔄 200. 🖭 🖪 ⑩ 🇪 🚾. 🛥 rist   per via Bengasi
Pas *(chiuso sabato e dal 1° al 25 agosto)* carta 31/47000 – 🖵 8000 – **32 cam** 55/90000.

🏨 **Europa e Rist. 'L Nos Gal,** via Santorre di Santarosa 16 ℘ 66847 – 📶 🔲 rist 📺 ☎.
🛥   **b**
chiuso agosto – Pas *(chiuso mercoledi)* carta 26/41000 – 🖵 6000 – **25 cam** 48/80000 –
P 80000.

🛉🛉 **Giardinetto** con cam, via Sereno 3 ℘ 61558, 🌳 – 🔲 📺 ☎. 🖪 ⑩ 🇪 🚾. 🛥   **c**
chiuso agosto – Pas *(chiuso lunedi)* carta 34/60000 – 🖵 12000 – **8 cam** 90000, 🔲 8000.

🛉🛉 **Il Paiolo,** viale Garibaldi 74 ℘ 53577 – 🖭 🖪 ⑩ 🇪 🚾   **n**
chiuso giovedi e dal 20 luglio al 20 agosto – Pas carta 33/46000.

Roma 617 – ◆Bergamo 27 – Como 35 – Lecco 6 – ◆Milano 49.

🛉 **Pesce d'Oro,** Lungolago 13 ℘ 420226, ≤, 🏤 – 🛥
chiuso martedi – Pas carta 26/40000.

Roma 645 – Asti 45 – Cuneo 56 – ◆Milano 165 – Savona 98 – ◆Torino 60.

🛉🛉 **Falstaff,** ℘ 459244, solo su prenotazione – 🛥
chiuso lunedi, gennaio e dal 5 al 13 agosto – Pas 60000.

VEREZZI Savona – Vedere Borgio Verezzi.

VERGHERETO 47028 Forlì 429 K 18 – 2 346 ab. alt. 812 – ✪ 0543.
Roma 287 – Arezzo 72 – ♦Firenze 97 – Forlì 72 – ♦Milano 354 – ♦Ravenna 96.

a Balze SE : 12,5 km – alt. 1 091 – ✉ **47020** :

🏠 **Monte Fumaiolo** 🐾, NO : 1,5 km, alt. 1 227, 𝒫 906614, ≤, 🍴 – 🅿 VISA. 🎿
Pas 20/26000 – 🛏 5000 – **49 cam** 30/54000 – ½ P 45/70000.

🏠 **Paradiso** 🐾, NO : 3 km, alt. 1 408, 𝒫 906653, ≤, 🍴 – 🚗 🅿 ⓞ VISA. 🎿
chiuso dal 1° al 15 giugno ed il 1° al 15 novembre – Pas carta 26/38000 – 🛏 6000 –
14 cam 60000 – ½ P 40/60000.

VERMEZZO 20081 Milano 219 ⑱ – 1 855 ab. alt. 116 – ✪ 02.
Roma 589 – ♦Milano 21 – Novara 36 – Pavia 33.

✗ **Cacciatori,** 𝒫 9440312, 🍴, 🍴 – 🅿 AE ⑤. 🎿
chiuso giovedì ed agosto – Pas carta 33/52000.

VERNAGO (VERNAGT) Bolzano 218 ⑨ – Vedere Senales.

VERNANTE 12019 Cuneo 428 J 4 – 1 471 ab. alt. 799 – a.s. febbraio-aprile, luglio-15 settembre
e Natale – ✪ 0171.
Roma 663 – Cuneo 20 – ♦Milano 236 – Colle di Tenda 13 – ♦Torino 114.

🏠 **Nazionale,** 𝒫 920181 – 🛗 🅿
chiuso dal 2 al 30 novembre – Pas (chiuso mercoledì) carta 16/28000 – 🛏 4000 – **21 cam**
40/50000 – ½ P 40/48000.

In questa guida
uno stesso simbolo, uno stesso carattere
*stampati in rosso o in nero, in magro o in **grassetto***
hanno un significato diverso.
Leggete attentamente le pagine esplicative.

VERNAZZA 19018 La Spezia 428 J 11 – 1 238 ab. – ✪ 0187.
Vedere Località★★.
Dintorni Regione delle Cinque Terre★★ SE e O per ferrovia.
Monterosso al Mare 5 mn di ferrovia – Riomaggiore 10 mn di ferrovia.
Roma 454 – ♦Genova 97 – ♦La Spezia 36.

✗ **Gambero Rosso,** 𝒫 812265, ≤ porticciolo e costa, 🍴 – AE ⑤ ⑩ E VISA
chiuso lunedì, febbraio e dal 1° al 20 novembre – Pas carta 44/71000.

✗ **Belforte,** 𝒫 812222, « Servizio estivo in terrazza con ≤ mare, costa e porto ».

✗ **Gianni Franzi,** 𝒫 812228, Fax 812228, ≤ porticciolo e costa, 🍴 – AE ⑤ ⑩ E VISA
chiuso mercoledì e dall'8 gennaio all'8 marzo – Pas carta 37/68000.

VEROLI 03029 Frosinone 988 ㉖ – 19 387 ab. alt. 570 – ✪ 0775.
Roma 97 – Avezzano 76 – Frosinone 14 – ♦Napoli 159.

sulla strada statale 214 :

🏠 **Sora Laura,** località Giglio S : 6 km ✉ 03020 Giglio 𝒫 335016 – 🛗 ⇔ rist 🅿 AE ⑩
VISA. 🎿
Pas (chiuso lunedì) carta 30/46000 – 🛏 10000 – **34 cam** 50/70000 – ½ P 60/70000.

✗ Mensa de la Posta, località Castelmassimo S : 8 km ✉ 03020 Castelmassimo 𝒫 308680,
🍴, « Ambiente tipico », 🍴 – 🅿.

VERONA 37100 🅿 988 ④, 428 429 F 14 – 258 476 ab. alt. 59 – ✪ 045.
Vedere Chiesa di San Zeno Maggiore★★ : porte★★★, trittico del Mantegna★★ AY – Piazza delle
Erbe★★ CY – Piazza dei Signori★★ CY – Arche Scaligere★★ CY – Arena★★ : 🎭★★ BCYZ –
Castelvecchio★★ : museo d'Arte★★ BY – Ponte Scaligero★★ BY – Chiesa di Sant'Anastasia★ :
affresco★★ di Pisanello CY F – ≤★★ dalle terrazze di Castel San Pietro CY D – Teatro Romano★
CY C – Duomo★ CY A – Chiesa di San Fermo Maggiore★ CYZ B.

🏌 (chiuso martedì) a Sommacampagna ✉ 37066 𝒫 510060, Fax 510242, O : 13 km.

✈ di Villafranca, per ③ : 12 km 𝒫 513039 – Alitalia, corso Porta Nuova 61 ✉ 37122 𝒫 594222.

🚂 𝒫 28312.

🅱 piazza delle Erbe 42 ✉ 37121 𝒫 30086 – via Dietro Anfiteatro 6 ✉ 37121 𝒫 592828 – piazzale Europa
(casello autostrada Verona Sud) ✉ 37135 𝒫 584019 .

A.C.I. via della Valverde 34 ✉ 37122 𝒫 595333.

Roma 503 ③ – ♦Milano 157 ③ – ♦Venezia 114 ②.

Pianta pagine seguenti

🏨 **Due Torri Baglioni e Rist. L'Aquila,** piazza Sant'Anastasia 4 ✉ 37121
✆ 595044 e rist ✆ 595381, Telex 480524, Fax 8004130, « Elegante arredamento » – 🛗
🔁 cam 🗏 📺 ☎ – 🔏 50 a 200. 🖭 🕄 ⓞ 🗉 𝓥𝓘𝓢𝓐. ⋘ rist   CY   x
Pas carta 65/95000 – ⌺ 30000 – **96 cam** 300/430000 appartamenti 500/700000 –
½ P 255/390000.

🏨 **Palace Hotel Galvani** senza rist, via Galvani 19 ✉ 37138 ✆ 575700, Telex 481810, Fax
578131 – 🛗 🗏 📺 ☎ 🚗 – 🔏 100. 🖭 🕄 ⓞ 🗉 𝓥𝓘𝓢𝓐. ⋘   AY   x
⌺ 16000 – **64 cam** 160/240000 appartamenti 450000.

🏨 **Accademia,** via Scala 12 ✉ 37121 ✆ 596222, Telex 480874, Fax 596222 – 🛗 🗏 📺 ☎
– 🔏 40 a 120. 🖭 🕄 ⓞ 🗉 𝓥𝓘𝓢𝓐. ⋘   CY   d
Pas vedere rist Accademia – **100 cam** ⌺ 185/255000 appartamenti 350/390000.

🏨 **Montresor** senza rist, via Giberti 7 ✉ 37122 ✆ 8006900, Telex 434448, Fax 8010313 – 🛗
🗏 📺 ☎ 🕭 🚗. 🖭 🕄 ⓞ 🗉 𝓥𝓘𝓢𝓐. ⋘   BZ   e
⌺ 16000 – **80 cam** 169/230000.

🏨 **Leopardi** senza rist, via Leopardi 16 ✉ 37138 ✆ 575444, Telex 482244, Fax 568723 – 🛗
🗏 📺 ☎ 🕭 🚗 – 🔏 30 a 80. 🖭 🕄 ⓞ 🗉 𝓥𝓘𝓢𝓐. ⋘
54 cam ⌺ 155/185000.   AY   x

🏨 **Victoria** 🈁 senza rist, via Adua 6 ✉ 37121 ✆ 590566, Telex 431109, Fax 590155, 𝐿𝑏, 🖴
– 🛗 🗏 📺 ☎ 🚗   BY   r
46 cam.

🏨 **Colomba d'Oro** senza rist, via Cattaneo 10 ✉ 37121 ✆ 595300, Telex 480872, Fax 594974
– 🛗 🗏 📺 ☎ 🚗 – 🔏 50 a 90. 🖭 🕄 ⓞ 🗉 𝓥𝓘𝓢𝓐. ⋘   BY   n
⌺ 19000 – **49 cam** 132/218000 appartamenti 350/389000.

🏨 **Nuovo San Pietro** senza rist, via Santa Teresa 1 ✉ 37135 ✆ 582600, Telex 480523, Fax
582600 – 🛗 🗏 📺 ☎ 🕭 Ⓟ 🖭 🕄 ⓞ 🗉 𝓥𝓘𝓢𝓐. ⋘   1 km per ③
⌺ 13000 – **54 cam** 87/109000, 🗏 9000.

🏨 **Firenze** senza rist, corso Porta Nuova 88 ✉ 37122 ✆ 590299, Telex 431111, Fax 590299 –
🛗 🗏 📺 ☎ – 🔏 80. 🖭 🕄 ⓞ 🗉 𝓥𝓘𝓢𝓐   BZ   d
chiuso dal 20 dicembre al 2 gennaio – ⌺ 20000 – **60 cam** 120/160000.

🏨 **San Marco** senza rist, via Longhena 42 ✉ 37138 ✆ 569011, Telex 481562, Fax 572299,
🏊 – 🛗 🗏 📺 ☎ 🕭 🚗 – 🔏 80. 🖭 🕄 ⓞ 🗉 𝓥𝓘𝓢𝓐. ⋘   AY   n
36 cam ⌺ 150/198000.

🏨 **Grand Hotel** senza rist, corso Porta Nuova 105 ✉ 37122 ✆ 595600, Telex 481198, Fax
596385, « Giardino » – 🛗 🗏 📺 ☎. 🖭 🕄 ⓞ 🗉 𝓥𝓘𝓢𝓐   BZ   b
⌺ 20000 – **48 cam** 126/184000, 🗏 16000.

🏨 **San Luca** senza rist, vicolo Volto San Luca 8 ✉ 37122 ✆ 591333, Telex 481464, Fax
8002143 – 🛗 🗏 📺 ☎ 🚗. 🖭 🕄 ⓞ 🗉 𝓥𝓘𝓢𝓐. ⋘   BZ   a
chiuso dal 20 dicembre al 5 gennaio – ⌺ 15000 – **39 cam** 102/150000.

🏨 **Novo Hotel Rossi** senza rist, via delle Coste 2 ✉ 37138 ✆ 569022, Fax 578297 – 🛗 🗏
📺 ☎ 🕭 🚗 Ⓟ 🖭 🕄 🗉 𝓥𝓘𝓢𝓐   AZ   a
⌺ 15000 – **38 cam** 110/158000, 🗏 11000.

🏨 **Bologna,** via Alberto Mario 18 ✉ 37121 ✆ 8006990, Telex 480838, Fax 8010602 – 🛗 🗏
📺 ☎ 🖭 🕄 ⓞ 🗉 𝓥𝓘𝓢𝓐. ⋘   BY   x
Pas vedere rist Rubiani – ⌺ 14000 – **30 cam** 86/107000, 🗏 9000 – ½ P 103/
134000.

🏨 **Italia,** via Mameli 58/64 ✉ 37126 ✆ 918088, Telex 431064, Fax 8348028 – 🛗 🗏 rist 📺
☎ 🚗. 🖭 🕄 ⓞ 🗉 𝓥𝓘𝓢𝓐. ⋘ cam   BY   p
Pas (chiuso domenica) carta 26/36000 – ⌺ 13000 – **53 cam** 88/109000.

🏨 **Giulietta e Romeo** senza rist, vicolo Tre Marchetti 3 ✉ 37121 ✆ 8003554, Fax 8010862
– 🛗 📺 ☎. 🖭 🕄 ⓞ 🗉 𝓥𝓘𝓢𝓐   CY   z
⌺ 12000 – **29 cam** 95/107000.

🏨 Mastino senza rist, corso Porta Nuova 16 ✉ 37122 ✆ 595388 – 🛗 🗏 📺 ☎ – 🔏 50
33 cam.   BZ   x

🏨 **Piccolo Hotel** senza rist, via Camuzzoni 3 ✉ 37138 ✆ 569128, Telex 223605, Fax 577620
– 🗏 📺 📠 Ⓟ 🖭 🕄 ⓞ 🗉 𝓥𝓘𝓢𝓐   AZ   p
chiuso dal 22 dicembre all'8 gennaio – ⌺ 13000 – **45 cam** 88/109000, 🗏 11000.

🏨 **Milano** senza rist, vicolo Tre Marchetti 11 ✉ 37121 ✆ 596011, Fax 8011299 – 🛗 🗏 📺
📠 🚗. 🖭   CY   z
⌺ 13000 – **49 cam** 87/107000, 🗏 9000.

🏨 **De' Capuleti** senza rist, via del Pontiere 26 ✉ 37122 ✆ 8000154, Telex 482220, Fax
32970 – 🛗 🗏 📺 ☎ 🖭 🕄 ⓞ 🗉 𝓥𝓘𝓢𝓐. ⋘   CZ   s
chiuso dal 24 dicembre al 10 gennaio – ⌺ 13000 – **36 cam** 88/109000, 🗏 9000.

🏨 **Torcolo** senza rist, vicolo Listone 3 ✉ 37121 ✆ 8007512 – 🛗 🗏 📠   BY   s
⌺ 12000 – **19 cam** 60/78000.

🏨 **Cavour** senza rist, vicolo Chiodo 4 ✉ 37121 ✆ 590508 – 🗏 📠. ⋘   BY   c
⌺ 10000 – **17 cam** 60/74000, 🗏 10000.

VERONA

0   200 m

★★ ARENA
★★ CASTELVECCHIO
    E PONTE SCALIGERO
★★ SAN ZENO MAGGIORE

Anfiteatro (Via) .... **CY** 2
Cappello (Via) .... **CY** 4
Erbe (Piazza delle) .... **CY** 6
Leoni (Via) .... **CY** 8
Mazzini (Via) .... **CY**
Oberdan (Via) .... **BY**
Porta Borsari (Corso) .. **CY**
Roma (Via) .... **BYZ**
S. Anastasia (Corso) ... **CY** 18
Signori (Piazza dei) .... **CY** 23
Stella (Via) .... **CY** 25

Barbarani (Via B.) ..... **AY** 3
Emilei (Via Francesco) . **CY** 5
Giardino Giusti (Via) .. **DY** 7
Malenza (Via G. B.) ... **CY** 9
Manin (Via Daniele) .. **BZ** 10
Nizza (Via) .... **CY** 12
Ponte Garibaldi .... **BCY** 13
Redentore (Via) .... **CY** 15
Regaste Redentore .... **CY** 16
Sammicheli
   (Lungadige) .... **CY** 17
S. Chiara (Via) .... **CY** 19
S. Cosimo (Via) ...... **CY** 20
S. Tomaso (Via) ...... **CY** 21
SS. Trinità (Via) ..... **BZ** 22
Sottoriva (Via) .... **CY** 24
Tezone (Via) .... **CZ** 26
Zappatore (Via dello) . **CZ** 27

CENTRO DELLA CITTÀ ★★★
- - **PZA DELLE ERBE** ★★
- - **PZA DEI SIGNORI** ★★
- **ARCHE SCALIGERE** ★★
GIARDINO GIUSTI ★

Les hôtels ou restaurants agréables sont indiqués
dans le guide par un signe rouge.

Aidez-nous en nous signalant les maisons où, par expérience,
vous savez qu'il fait bon vivre.

Votre guide Michelin sera encore meilleur.

637

XXX ✿ **Il Desco,** via Dietro San Sebastiano 7 ✉ 37121 ☎ 595358 – ▣. 匪 🅑 ⓓ ⓔ 𝗩𝗜𝗦𝗔 ⅏
chiuso domenica, 25-26 dicembre, 15-16 aprile e dal 17 al 30 giugno – Pas carta 60/8000□
(15%)
Spec. Storione marinato, Pappardelle sarde e piselli, Lavarello alla crema di rosmarino. Vini Soave, Breganze
Cabernet   CY ▮

XXX ✿ **12 Apostoli,** corticella San Marco 3 ✉ 37121 ☎ 596999, Fax 596999 – ▣. 匪 ⓓ 𝗩𝗜𝗦𝗔
chiuso dal 2 all'8 gennaio, dal 15 giugno al 5 luglio, lunedì, domenica sera in luglio-agosto
anche domenica a mezzogiorno – Pas carta 56/91000 (15%)
Spec. Terrina di funghi, Tagliatelle erbe fini, Filetto alla Capuleti. Vini Soave, Valpolicella   CY ▮

XXX ✿ **Nuovo Marconi,** via Fogge 4 ✉ 37121 ☎ 591910, 🍽, prenotare – ▣. 匪 🅑 ⓓ ⓔ
𝗩𝗜𝗦𝗔   CY ▮
chiuso domenica – Pas carta 63/88000 (16%)
Spec. Risotto di mare, Lasagnotti all'anitra di corte, Grigliata di pesce. Vini Soave, Bardolino.

XXX **La Ginestra,** corso Milano 101 ✉ 37138 ☎ 575455 – 🅟. 匪 🅑 ⓓ ⓔ 𝗩𝗜𝗦𝗔 ⅏ AY a
chiuso domenica, dal 1° al 10 gennaio e dal 1° al 24 agosto – Pas carta 35/60000 (12%).

XXX ✿ **Arche,** via Arche Scaligere 6 ✉ 37121 ☎ 8007415, Solo piatti di pesce, Coperti
limitati; prenotare – 🅑 ⓔ 𝗩𝗜𝗦𝗔   CY y
chiuso domenica, lunedì a mezzogiorno e dal 30 giugno al 23 luglio – Pas carta 60/80000
(16%)
Spec. Coda di rospo con lamelle di tartufo nero al Camembert, Salsiccia di scorfano alla brace, Saor di
sardella e scampi all'antica. Vini Bianco di Custoza, Ribolla Gialla.

XX **Lo Scrigno,** via Moschini 26/28 ☎ 8300915, Coperti limitati; prenotare – 匪 ⓓ   CY c
chiuso domenica, lunedì a mezzogiorno ed agosto – Pas 60/80000.

XX **Accademia,** via Scala 10 ✉ 37121 ☎ 8006072 – ▣. 匪 🅑 ⓓ ⓔ 𝗩𝗜𝗦𝗔   CY d
chiuso domenica sera-mercoledì escluso da giugno ad agosto – Pas carta 44/75000.

XX **Diga,** lungadige Attiraglio 65 ✉ 37124 ☎ 942942, 🍽 – 🅟. 匪 🅑 ⓓ ⓔ 𝗩𝗜𝗦𝗔
chiuso lunedì – Pas carta 29/42000 (10%)   4,5 km per ①

XX **El Cantinon,** via San Rocchetto 11 ✉ 37121 ☎ 595291 – ▣. 匪 🅑 ⓓ ⓔ 𝗩𝗜𝗦𝗔 ⅏
chiuso giovedì e febbraio – Pas carta 37/62000.   CY s

XX **Rubiani,** piazzetta Scaletta Rubiani 3 ✉ 37121 ☎ 8006830, Fax 8010602, 🍽 – 匪 🅑
ⓔ 𝗩𝗜𝗦𝗔 ⅏
chiuso venerdì – Pas carta 34/53000 (15%).   BY x

XX **Re Teodorico,** piazzale Castel San Pietro ✉ 37129 ☎ 8349990, ≼ città e fiume Adige,
« Servizio estivo in terrazza » – 匪 🅑 ⓓ 𝗩𝗜𝗦𝗔 ⅏   CY k
Pas carta 44/61000 (15%).

XX **Torcoloti,** via Zambelli 24 ✉ 37121 ☎ 8006777, Fax 8002235 – ▣. 匪   🅑 ⓔ
𝗩𝗜𝗦𝗔   CY f
chiuso domenica, lunedì sera e dal 23 dicembre al 2 gennaio – Pas carta 39/57000.

XX **Baracca,** via Legnago 120 ✉ 37134 ☎ 500013, 🍽, Solo piatti di pesce – 🅟. 匪 🅑 ⓓ
ⓔ 𝗩𝗜𝗦𝗔. ⅏   2,5 km per ③
chiuso martedì – Pas carta 52/78000.

XX **Antica Trattoria-da l'Amelia,** lungadige Rubele 32 ✉ 37121 ☎ 8005526 – 🅑 ⓔ 𝗩𝗜𝗦𝗔
                                                                                                     CY h
chiuso domenica e dal 4 al 18 agosto – Pas carta 29/42000.

XX **Greppia,** vicolo Samaritana 3 ✉ 37121 ☎ 8004577 – ▣. 匪 ⓓ 𝗩𝗜𝗦𝗔   CY m
chiuso lunedì e dal 15 al 30 giugno – Pas carta 31/44000.

XX **La Serra di Mamma Sinico,** via Leoncino 11/b ✉ 37121 ☎ 8006150 – ▣. 匪 🅑 ⓓ
ⓔ 𝗩𝗜𝗦𝗔   CY e
chiuso martedì sera e mercoledì – Pas carta 34/49000.

XX **Al Bragozzo,** via del Pontiere 13 ✉ 37122 ☎ 30035, 🍽 – 匪 ⓓ 𝗩𝗜𝗦𝗔   CZ h
chiuso lunedì e dal 26 giugno al 17 luglio – Pas carta 36/54000 (12%).

X **Antica Trattoria alla Genovesa,** strada della Genovesa 44 ✉ 37135 ☎ 541122, 🍽 –
▣ 🅟 匪 🅑 ⓓ ⓔ 𝗩𝗜𝗦𝗔   2 km per ③
chiuso mercoledì da ottobre a maggio – Pas carta 28/38000.

X **Bottega del Vino,** via Scudo di Francia 3 ✉ 37121 ☎ 8004535 – 匪 🅑 ⓓ ⓔ 𝗩𝗜𝗦𝗔
⅏   CY a
chiuso martedì – Pas carta 36/52000.

X **Alla Fiera,** via Scopoli 9 ✉ 37136 ☎ 508808, 🍽, Solo piatti di pesce – ▣ – 🛆 50.
🅑 ⓔ 𝗩𝗜𝗦𝗔   1 km per ③
chiuso domenica – Pas carta 36/60000.

X **Alla Pergola,** piazzetta Santa Maria in Solaro 10 ✉ 37121 ☎ 8004744 – ⅏   CY b
chiuso mercoledì e dal 22 agosto al 13 settembre – Pas carta 20/38000.

X **Hong-Kong,** via Cattaneo 25 ✉ 37121 ☎ 30544, Rist. cinese – ⅏   BY e
chiuso martedì a mezzogiorno – Pas carta 22/35000.

X **Ciopeta** con cam, vicolo Teatro Filarmonico 2 ✉ 37121 ☎ 8006843, 🍽 – ⅏ cam
chiuso dal 20 dicembre al 15 gennaio – Pas (chiuso venerdì sera e sabato escluso luglio-
agosto) carta 29/46000 (12%) – **5 cam** ⊑ 36/58000 – ½ P 58/64000   BYZ e

sulla strada statale 11 :

🏨 **MotelAgip,** via Unità d'Italia 346 (per ② : 4 km) ⊠ 37132 San Michele Extra 𝒫 972033, Telex 482064, Fax 972677 – 🛗 🖃 📺 ☎ 🅿 – 🛗 50 a 140. 🖭 🗈 ⓞ 🖿 𝐕𝐈𝐒𝐀 ⋘ rist
Pas *(chiuso domenica)* 30/33000 – **116 cam** ⊐ 100/135000 – ½ P 72/108000.

🏠 **Gardenia,** via Unità d'Italia 350/A (per ② : 4 km) ⊠ 37132 San Michele Extra 𝒫 972122, Fax 8920157, 🛲 – 🖃 cam 📺 ☎ 🅿. 🖭 🗈 ⓞ 🖿 𝐕𝐈𝐒𝐀. ⋘
Pas *(chiuso domenica e dal 13 al 30 giugno)* carta 25/36000 – ⊐ 7000 – **28 cam** 57/75000 – ½ P 70000.

%% **Elefante** con cam, via Bresciana 27 (per ④ : 5 km) ⊠ 37139 Verona 𝒫 8903700, Fax 8903900, 🛱, 🛲 – 📺 ☎ 🅿. 🖭 🗈 ⓞ 🖿 𝐕𝐈𝐒𝐀. ⋘
Pas *(chiuso sabato sera e domenica)* carta 32/41000 – ⊐ 9000 – **10 cam** 85000.

%% **Cà de l'Ebreo,** via Bresciana 48/B (per ④ : 5,5 km) ⊠ 37139 Verona 𝒫 8510240, 🛱 – 🅿. 🖭 🗈 ⓞ 🖿 𝐕𝐈𝐒𝐀. ⋘
chiuso lunedì sera, martedì e dal 1° al 20 agosto – Pas carta 34/47000.

a Parona di Valpolicella per ① : 6 km – ⊠ **37025** :

🏠 **Brennero Mini Hotel** senza rist, via Brennero 3 𝒫 941100, Fax 941797 – 🛗 ☎. 🗈 🖿 𝐕𝐈𝐒𝐀
⊐ 8000 – **20 cam** 70/95000.

sulla strada statale 62 :

%% **Cavour,** per ③ : 10 km ⊠ 37062 Dossobuono 𝒫 513038 – 🅿. 🖭 🗈 ⓞ 𝐕𝐈𝐒𝐀. ⋘
chiuso domenica sera, mercoledì ed agosto – Pas carta 35/50000.

a Pedemonte per ① : 10,5 km – ⊠ **37020** :

🏨 **Gran Can,** 𝒫 7701911, Fax 6800545, ⇌, ⌧ – 🖃 📺 ☎ 🅿 – 🛗 40 a 200. 🖭 🗈 🖿 𝐕𝐈𝐒𝐀. ⋘
Pas carta 33/47000 (15%) – **35 cam** ⊐ 102/124000 – ½ P 82/92000.

Vedere anche : *Castel d'Azzano* S : 10 km.
San Martino Buon Albergo - Marcellise per ② : 13 km.
Sommacampagna SO : 16 km.

MICHELIN, via della Scienza 12 località Basson per ④ – ⊠ 37139, 𝒫 8510570, Fax 8510580.

VERONELLA 37040 Verona 𝟒𝟐𝟗 G 15 – 3 422 ab. alt. 22 – 🕲 0442.
Roma 512 – Mantova 62 – ♦Milano 184 – ♦Padova 62 – ♦Verona 31 – Vicenza 38.

a San Gregorio NO : 2 km – ⊠ **37040** :

% **Bassotto,** 𝒫 47177, 🛱, Solo piatti di pesce – 🅿
chiuso domenica sera, lunedì e dal 1° al 15 luglio – Pas carta 30/50000.

VERRÈS 11029 Aosta 𝟗𝟖𝟖 ②, 𝟒𝟐𝟖 F 5 – 2 727 ab. alt. 395 – a.s. luglio e agosto – 🕲 0125.
Roma 711 – Aosta 37 – Ivrea 35 – ♦Milano 149 – ♦Torino 78.

🏨 **Da Pierre,** via Martorey 73 𝒫 929376, Fax 920404, 🛱 – ✕ rist 📺 ☎ 🅿. 🖭 🗈 ⓞ 🖿 𝐕𝐈𝐒𝐀. ⋘
Pas *(chiuso lunedì sera e martedì escluso agosto)* carta 50/75000 – ⊐ 12000 – **12 cam** 45/88000 – ½ P 90000.

🏠 **Évançon,** via Circonvallazione 9 𝒫 929035, « Giardino » – ☏ 🅿 – 🛗 100. 🖭 🗈 ⓞ 🖿 𝐕𝐈𝐒𝐀. ⋘
chiuso dal 25 ottobre al 10 novembre – Pas *(chiuso lunedì escluso dal 16 luglio al 31 agosto)* carta 25/46000 – ⊐ 7500 – **20 cam** 55/75000 – ½ P 57/68000.

VERSCIACO (VIERSCHACH) Bolzano – Vedere San Candido.

VERUCCHIO 47040 Forlì 𝟗𝟖𝟖 ⑮, 𝟒𝟐𝟗 K 19 – 7 150 ab. alt. 333 – 🕲 0541.
Roma 351 – ♦Bologna 125 – Forlì 64 – ♦Milano 336 – ♦Ravenna 66 – Rimini 17.

% **La Rocca,** 𝒫 679850, ≤ – 🖭 ⓞ. ⋘
chiuso martedì – **Pas** carta 30/35000.

a Villa Verucchio NE : 3 km – ⊠ **47040** :

% **Zanni,** 𝒫 678449, 🛱, « Ambiente caratteristico » – 🅿. 🖭 🗈 ⓞ 🖿 𝐕𝐈𝐒𝐀. ⋘
chiuso venerdì dal 15 settembre al 15 giugno – Pas 30/41000.

% **Hostaria Rò e Buni,** 𝒫 678484, Fax 678876, 🛱, « Insieme rustico », 🛲 – 🅿. 🖭
chiuso lunedì, dal 10 al 25 gennaio, dal 9 al 22 ottobre e in luglio-agosto a mezzogiorno escluso domenica – **Pas** 27000.

% **Pesce Azzurro,** 𝒫 678237, 🛱, Solo piatti di pesce azzurro – 🅿. 🖭 ⓞ. ⋘
chiuso gennaio e mercoledì (escluso luglio-agosto) – Pas 33000.

La Carta Michelin n° 𝟒𝟐𝟗 Italia nord est 1:400 000.

VERVÒ 38010 Trento 429 D 15, 218 ⑳ – 632 ab. alt. 886 – a.s. dicembre-aprile – ✆ 0463.
Roma 626 – Bolzano 55 – Milano 282 – Trento 42.

a Predaia E : 3 km – alt. 1 250 – ⊠ 38010 Vervò :

✗ **Rifugio Sores** ♨ con cam, ☏ 43147, ☞, – ℗. 🅱 🄴 *VISA*. ❀
chiuso novembre – Pas *(chiuso martedì)* carta 29/37000 – ⊑ 5000 – **30 cam** 50000 –
P 49/54000.

VESCOVADO Siena – alt. 317 – ⊠ 53016 Murlo – ✆ 0577.
Roma 233 – Grosseto 64 – Siena 24.

🏨 **Di Murlo,** via Martiri di Rigosecco 1/3 ☏ 814033, Fax 814243, ≤, ⍓, ❀ – ☎ ℗. 🅱 🄴
VISA. ❀
Pas *(chiuso lunedì)* carta 21/33000 – ⊑ 8000 – **24 cam** 86000 – ½ P 45/65000.

VESCOVATO 26039 Cremona 428 429 G 12 – 3 367 ab. alt. 46 – ✆ 0372.
Roma 523 – ♦Brescia 55 – Cremona 11 – Mantova 57 – ♦Milano 102 – ♦Parma 73.

✗ **Spedini,** ⊠ 26030 Cà de' Stefani ☏ 81021, ☞ – ℗
chiuso mercoledì ed agosto – Pas carta 21/32000.

VESUVIO ★★★ Napoli 988 ㉗ – Vedere Guida Verde.

VETRALLA 01019 Viterbo – 11 222 ab. alt. 311 – ✆ 0761.
Roma 72 – Civitavecchia 45 – Terni 70 – Viterbo 13.

a Cura SE : 3 km – ⊠ 01013 Cura di Vetralla :

✗ **Primavera,** ☏ 471029 – ℗. 🄰🄴 🅱 🄴 *VISA*
chiuso martedì – Pas carta 25/38000.

VETRIOLO TERME Trento 988 ④ – Vedere Levico Terme.

VEZIA 219 ⑧ – Vedere Cantone Ticino (Lugano) alla fine dell'elenco alfabetico.

VEZZA D'ALBA 12040 Cuneo – 1 972 ab. alt. 353 – ✆ 0173.
Roma 641 – Asti 30 – Cuneo 68 – ♦Milano 170 – ♦Torino 54.

a Borbore E : 2 km – ⊠ 12040 Vezza d'Alba :

✗✗ **Trifula Bianca,** ☏ 65110 – ℗. 🅱 ⓞ
chiuso mercoledì e dal 3 al 13 agosto – Pas carta 25/39000.

VEZZANO (VEZZAN) Bolzano 428 429 D 14, 218 ⑱⑲ – Vedere Silandro.

VEZZANO 38070 Trento 988 ④ – 1 723 ab. alt. 385 – a.s. dicembre-aprile – ✆ 0461.
Vedere Lago di Toblino★ S : 4 km.
Roma 599 – ♦Bolzano 68 – ♦Brescia 104 – ♦Milano 197 – Trento 13.

✗✗ **Al Vecchio Mulino,** E : 2 km ☏ 44277, « Laghetto con pesca sportiva » – ℗. 🄰🄴 🅱 🄴
VISA. ❀
chiuso mercoledì e dall'8 al 30 gennaio – Pas carta 28/37000.

✗✗ **Fior di Roccia,** località Lon N : 2 km ☏ 44029, prenotare – ℗. 🅱
chiuso domenica sera, lunedì, dal 10 al 20 gennaio e luglio – Pas carta 30/50000.

VEZZANO SUL CROSTOLO 42030 Reggio nell'Emilia 428 429 I 13 – 3 326 ab. alt. 165 – ✆ 0522.
Roma 441 – ♦Milano 163 – Reggio nell'Emilia 14 – ♦La Spezia 114.

✗ **Antica Locanda Posta,** ☏ 601141 – ❀, 🅱 🄴 *VISA*. ❀
chiuso mercoledì e dal 5 al 25 agosto – Pas carta 30/47000.

VEZZENA (Passo di) Trento – Vedere Lavarone.

VEZZO 28040 Novara 428 E 7, 219 ⑥⑦ – alt. 530 – ✆ 0323.
🄵 Alpino (aprile-novembre; chiuso martedì in bassa stagione) ☏ 20101, O : 2,5 km.
Roma 662 – ♦Milano 85 – Novara 61 – Stresa 5 – ♦Torino 139.

🏨 **Bel Soggiorno** ♨, ☏ 20226 – ☎ ℗. 🅱 🄴 *VISA*. ❀ rist
aprile-settembre – Pas *(chiuso lunedì)* 24/26000 – ⊑ 11000 – **26 cam** 35/75000 –
½ P 45/60000.

✗ **La Cascinetta,** ☏ 20780, prenotare – ℗
chiuso lunedì – Pas carta 36/60000.

VHO Alessandria – Vedere Tortona.

VIADANA **46019** Mantova 988 ⑭, 428 429 H 13 – 15 826 ab. alt. 26 – ☎ 0375.

Roma 458 – Cremona 52 – Mantova 39 – •Milano 149 – •Modena 56 – •Parma 26 – Reggio nell'Emilia 33.

Europa, vicolo Ginnasio 9 ☎ 81034 – rist. AE E VISA.
chiuso agosto – Pas *(chiuso martedì)* carta 29/45000 – 10000 – **18 cam** 40/64000 – ½ P 58000.

VIANO **42030** Reggio nell'Emilia 428 I 13 – 2 625 ab. alt. 275 – ☎ 0522.

Roma 435 – •Milano 171 – •Modena 35 – Reggio nell'Emilia 22.

La Capannina, ☎ 988526 – P
chiuso domenica, lunedì, dal 24 dicembre al 6 gennaio e dal 19 luglio al 22 agosto – **Pas** carta 30/43000.

VIAREGGIO **55049** Lucca 988 ⑭, 428 429 K 12 – 60 257 ab. – a.s. Carnevale, Pasqua, 15 giugno-15 settembre e Natale – ☎ 0584 – viale Carducci 10 ☎ 962233.

Roma 371 ② – •Bologna 180 ② – •Firenze 97 ② – •Livorno 39 ③ – •La Spezia 55 ①.

Pianta pagina seguente

Astor, viale Carducci 54 ☎ 50301, Telex 501031, Fax 55181, – 120. AE E VISA. Y f
Pas *(chiuso novembre, domenica sera e lunedì in bassa stagione)* 45/65000 – 15000 – **68 cam** 150/300000 appartamenti 350/500000 – ½ P 130/170000.

Palace Hotel e Rist. Il Cancello, via Flavio Gioia 2 ☎ 46134 e rist ☎ 31320, Telex 501044, Fax 47351 – – 150. AE E VISA. rist Z k
Pas *(chiuso lunedì in bassa stagione)* carta 36/57000 (15%) – 15000 – **68 cam** 170/250000 appartamento 350000 – ½ P 120/180000.

Excelsior, viale Carducci 88 ☎ 50726, Fax 50729, ← – AE E VISA. rist Y b
29 aprile-ottobre – Pas 45000 – **83 cam** 150/250000 – ½ P 90/140000.

Principe di Piemonte, piazza Puccini 1 ☎ 50122, Telex 501285, Fax 54183, ←, – rist P. AE. rist Y a
aprile-settembre – Pas 50000 – 20000 – **103 cam** 180/300000 appartamenti 420000 – ½ P 220000.

Eden senza rist, viale Manin 27 ☎ 30902, Fax 30905 – AE E VISA. Z p
42 cam 78/122000, 12000.

Bristol senza rist, viale Manin 14 ☎ 46441, Fax 46441 – AE E VISA Z t
9000 – **32 cam** 75/95000.

American Hotel, senza rist, piazza Mazzini 6 ☎ 47041, Fax 47043 – Z a
30 cam.

Garden, via Ugo Foscolo 70 ☎ 45444, Fax 45445 – AE E VISA. Z n
Pas *(chiuso lunedì)* carta 31/43000 – 12000 – **41 cam** 60/90000 – ½ P 70/95000.

San Francisco senza rist, viale Carducci 68 ☎ 52666 – AE E VISA. Y d
chiuso novembre e dicembre – **31 cam** 74/117000, 15000.

Lupori senza rist, via Galvani 9 ☎ 962266, Fax 962266 – AE E VISA. Z w
10000 – **19 cam** 45/72000.

Metropol, via Aurelio Saffi 2 ☎ 44450 – VISA. rist Y h
Carnevale e Pasqua-settembre – Pas (solo per clienti alloggiati e *chiuso sino a maggio*) 35000 – 8000 – **17 cam** 46/72000 – P 68/75000.

✱ **Il Patriarca,** viale Carducci 79 ☎ 53126, Fax 55181, prenotare – AE E VISA
chiuso mercoledì (escluso dal 14 giugno al 15 settembre) e dal 1° dicembre al 4 gennaio – Pas carta 61/120000 Y c
Spec. Ravioli riccio di mare, Spigola ai porcini, Pesci e crostacei al vapore. Vini Cabreo, Rosso di Cercatoia

Tito del Molo, lungomolo Corrado del Greco 3 ☎ 962016, – 50. AE E VISA. – *chiuso mercoledì e gennaio* – Pas carta 70/96000 Z z

Margherita, lungomare Margherita 30 ☎ 962553 – 100. AE E VISA. Z u
chiuso mercoledì – Pas carta 46/70000.

✱ **Romano,** via Mazzini 120 ☎ 31382 – AE E VISA Z m
chiuso lunedì e dall'8 al 26 gennaio – Pas carta 75/94000
Spec. Zuppa di calamaretti, Filetto di branzino con salsa di radicchio, Rombo al forno con patate. Vini Montecarlo, Chianti.

Montecatini, viale Manin 8 ☎ 962129, – AE E VISA Z t
chiuso lunedì (escluso da luglio al 15 settembre) – Pas carta 54/76000 (12%).

Gusmano, via Regia 58/64 ☎ 31233 – Z w

Mirage con cam, via Zanardelli 12/14 ☎ 32222 – E Z s
Pas *(chiuso martedì e gennaio)* carta 40/60000 – **10 cam** 83/120000.

Dei Gigli con cam, via Giusti 13 ☎ 50145 – E VISA. Y e
chiuso dal 15 novembre al 15 dicembre – Pas *(chiuso mercoledì)* carta 34/62000 – **10 cam** 41/68000 – ½ P 50/60000.

Pino, via Matteotti 18 ☎ 961356 – AE E VISA. Z b
chiuso mercoledì, giovedì a mezzogiorno e gennaio – Pas carta 43/68000.

Da Giorgio, via Zanardelli 71 ☎ 44493 – AE E VISA. Z v
chiuso mercoledì e novembre – Pas carta 31/51000.

VIAREGGIO

✕︎   Fedi da Michelangelo, via Verdi 111 ☎ 48510   Z r

✕︎   **Scintilla,** via Nicola Pisano 33 ☎ 387096, Solo piatti di pesce – ▤. AE ⑤ ◍ E VISA. ✁
chiuso domenica sera, lunedì, Natale, Pasqua e dal 10 al 20 agosto – Pas carta 45/65000   Z e

✕︎   **Bombetta,** via Fratti 27 ☎ 961380 – ✁   Z y
chiuso lunedì sera, martedì e novembre – Pas carta 51/83000.

✕︎   **Da Remo,** via Paolina Bonaparte 49 ☎ 48440 – ▤. AE ⑤ ◍ E VISA. ✁   Z x
chiuso lunedì e dal 15 al 30 novembre – Pas carta 33/53000.

sulla strada statale 1-via Aurelia N : 3 km per ① :

✕✕✕︎   **L'Oca Bianca,** ✉ 55049 ☎ 67205, prenotare – ⓟ ⑤ E VISA
chiuso dal 15 novembre al 15 dicembre, mercoledì, a mezzogiorno (escluso sabato-domenica) e in luglio-agosto aperto mercoledì sera – Pas carta 70/80000 (10%).

VIAROLO 43010 Parma 428 429 H 12 – alt. 41 – © 0521.

Roma 469 – ♦Milano 133 – ♦Parma 11.

XX **Gelmino,** ℰ 605123, 佘, 床 – ≣ 🄿. 🖭 🕄 ⊙ 🗷 VISA ❊
  chiuso mercoledì, dal 2 al 9 gennaio e dal 1° al 20 agosto – **Pas** carta 25/43000.

VIBO VALENTIA 88018 Catanzaro 988 39 – 33 664 ab. alt. 476 – © 0963.

🖪 via Forgiari ℰ 42008.

Roma 613 – Catanzaro 69 – ♦Cosenza 98 – Gioia Tauro 40 – ♦Reggio di Calabria 106.

🏤 **501 Hotel,** via Madonnella ℰ 43951, Telex 912564, Fax 43400, ≤, ⊐ – ⧉ ≣ 🖭 ☎ 🄿 –
  🔬 250. VISA
  Pas 35/50000 – ⬳ 15000 – **124 cam** 105/165000 appartamento 220000 – ½ P 138000.

a Vibo Valentia Marina N : 10 km – ⊠ **88019**.

🚢 per le Isole Eolie 15 giugno-15 settembre giornaliero (2 h 30 mn) – a Lamezia Terme,
  Aliscafi SNAV-agenzia Foderaro, via Carducci 14 ℰ 23321, Fax 27776.

XX **L'Approdo,** ℰ 572640, 佘 – ≣ 🄿.

XX **Maria Rosa,** ℰ 572538, 佘 – 🕄 ⊙ 🗷 VISA
  chiuso dal 15 dicembre al 15 gennaio e domenica dal 15 settembre al 15 giugno – **Pas**
  carta 27/44000.

X **Il Fortino,** ℰ 572591, 佘.

VICENO Novara 217 ⑲ – Vedere Crodo.

VICENZA 36100 🄿 988 ④⑤, 429 F 16 – 109 109 ab. alt. 40 – © 0444.

Vedere Teatro Olimpico★★ BY A : scena★★★ – Piazza dei Signori★★ BYZ 27 : Basilica★★ B, Torre
Bissara★ C, Loggia del Capitanio★ D – Museo Civico★ BY M : Crocifissione★★ di Memling –
Battesimo di Cristo★★ del Bellini, Adorazione dei Magi★★ del Veronese, soffitto★ nella chiesa
della Santa Corona BY E – Corso Andrea Palladio★ ABYZ – Polittico★ nel Duomo AZ F – Villa
Valmarana "ai Nani"★★ : affreschi del Tiepolo★★★ per ④ : 2 km – La Rotonda★ del Palladio per
④ : 2 km – Basilica di Monte Berico★ : ❊★★ 2 km BZ.

🏌 Colli Iberici (chiuso lunedì) a Brendola ⊠ 36040 ℰ 601780, Fax 5474.

🖪 piazza Matteotti 12 ℰ 320854, Telex 480223, Fax 325001 – piazza Duomo 5 ℰ 544122.

A.C.I. viale della Pace 258/260 ℰ 510855.

Roma 523 ③ – ♦Milano 204 ⑤ – ♦Padova 32 ③ – ♦Verona 51 ⑤.

Pianta pagina seguente

🏤 **Campo Marzio,** viale Roma 21 ℰ 545700, Fax 320495 – ⧉ ≣ 🖭 ☎ 🄿. 🖭 🕄 ⊙ 🗷
  VISA ❊   AZ **a**
  Pas *(chiuso a mezzogiorno, sabato, domenica ed agosto)* carta 29/46000 – **35 cam**
  ⬳ 135/205000 – ½ P 150000.

🏠 **Cristina** senza rist, corso SS. Felice e Fortunato 32 ℰ 323751, Fax 543656 – ⧉ ≣ 🖭 ☜
  🄿. 🖭 🕄 ⊙ 🗷 VISA ❊   AZ **r**
  ⬳ 10000 – **30 cam** 80/105000.

XXX ⊛ **Cinzia e Valerio,** piazzetta Porta Padova 65/67 ℰ 505213, Solo piatti di pesce – ⇚
  ≣. 🖭 ⊙ VISA ❊   BY **s**
  chiuso lunedì, dal 1° al 7 gennaio ed agosto – Pas carta 50/80000
  Spec. Antipasti di crostacei e molluschi, Spaghetti con astice, Rana pescatrice in casseruola. Vini Soave,
  Breganze.

XX **Scudo di Francia,** contrà Piancoli 4 ℰ 320898 – 🖭 🕄 ⊙ 🗷 VISA ❊   BZ **c**
  chiuso domenica sera, lunedì ed agosto – Pas carta 40/53000.

XX **Gran Caffè Garibaldi,** piazza dei Signori 5 ℰ 544147 – ≣ – 🔬 80. 🖭 🕄 ⊙ 🗷 VISA
  ❊   BZ **e**
  chiuso martedì sera e mercoledì – Pas carta 31/43000.

XX Al Pozzo, via Sant'Antonio 1 ℰ 221411 – ≣   BZ **b**

XX **Da Remo,** via Caimpenta 14 ℰ 911007, « Casa colonica con servizio estivo all'aperto » –
  🄿. 🖭 🕄 ⊙ 🗷 VISA   2 km per ③
  chiuso domenica sera, lunedì, dal 23 dicembre al 12 gennaio e dal 25 luglio al 20 agosto –
  Pas carta 39/52000.

XX **Agli Schioppi,** via del Castello 26/28 ℰ 543701 – 🖭 🕄 ⊙ 🗷 VISA ❊   AZ **c**
  chiuso domenica e dal 15 al 31 luglio – Pas carta 30/44000.

X **Tre Visi,** contrà Porti 6 ℰ 324868 – ⇚. 🖭 🕄 ⊙ 🗷 VISA ❊   BY **h**
  chiuso domenica sera, lunedì, dal 25 dicembre al 1° gennaio e dal 15 luglio all'8 agosto –
  Pas carta 38/56000 (10%).

X **Il Tinello,** corso Padova 181 ℰ 500325 – 🖭 ⊙. ❊   2 km per ③
  chiuso domenica sera, lunedì ed agosto – Pas carta 27/42000.

sulla strada statale 11 per ⑤ : 2 km :

🏤 **Nord Hotel** senza rist, ⊠ 36051 Creazzo ℰ 522775, Fax 522397 – ⧉ ☜ ⇔ 🄿 –
  🔬 100. 🕄 ⊙ 🗷 VISA
  56 cam ⬳ 59/103000.

VICENZA

0 — 400 m

TRENTO 96 km
BASSANO DEL GRAPPA 35 km
S 248

TREVISO 60 km

90 km TRENTO
23 km SCHIO
S 46

A.C.I.

4 km
PADOVA 32 km

51 km VERONA
(per A 4)

STAZIONE

ESTE 45 km

Piazzale
della Vittoria

BASILICA DI
Mte BERICO

Non confondete :

Confort degli alberghi : 🏨🏨🏨 ... 🏠, 🏚
Confort dei ristoranti : XXXXX ... X
Qualità della tavola : ✿✿✿, ✿✿, ✿

in prossimità casello autostrada A 4 - Vicenza Ovest per ⑤ : 3 km :

⌂ **MotelAgip,** viale degli Scaligeri 68 ✉ 36100 ✆ 564711, Telex 223102, Fax 566852 – |‡| ▤ 📺 ☎ ♿ Ⓟ – 👥 120. AE Ⓢ ⓓ E VISA. ✂ rist
Pas 32000 – **132 cam** ☕ 110/165000 – ½ P 85/146000.

⌂ **Alfa Hotel e Rist. L'Incontro,** via dell'Oreficeria 50 ✉ 36100 ✆ 565455 e rist ✆ 571577, Telex 434550, Fax 566027 – |‡| ▤ 📺 ☎ ♿ Ⓟ – 👥 25 a 500. AE Ⓢ ⓓ E VISA
✂ rist
chiuso dal 20 al 30 dicembre – Pas carta 35/40000 – ☕ 20000 – **87 cam** 130/150000 appartamenti 220/300000 – P 135/155000.

ad Olmo per ⑤ : 4 km – ✉ **36050** :

✕ **De Gobbi,** ✆ 520509 – Ⓟ
chiuso venerdì, sabato a mezzogiorno e dal 1° al 25 agosto – Pas carta 30/44000.

✕ **Story,** ✆ 521065 – Ⓟ. AE Ⓢ VISA. ✂
chiuso lunedì e dal 1° al 22 agosto – Pas carta 25/46000.

a Cavazzale per ① : 7 km – ✉ **36010** :

⌂ **Rizzi e Rist. Da Giancarlo,** ✆ 597326 – |‡| ☎. AE Ⓢ ⓓ E VISA. ✂
Pas *(chiuso martedì)* carta 22/32000 – ☕ 6000 – **12 cam** 58/72000 – ½ P 50/60000.

✕ ◆ **Al Giardinetto,** ✆ 595044 – Ⓟ. ✂
chiuso mercoledì, dal 25 gennaio al 6 febbraio e dal 20 luglio al 20 agosto – Pas carta 20/29000.

in prossimità casello autostrada A 4-Vicenza Est per ③ : 7 km :

⌂ **Viest Motel** senza rist, via Pelosa 241 ✉ 36100 ✆ 582677, Telex 481819, Fax 582434, 🎾 – ▤ 📺 ☎ ♿ Ⓟ. AE Ⓢ ⓓ E VISA
☕ 20000 – **61 cam** 105/150000.

VICO 219 ⑧ – Vedere Cantone Ticino (Morcote) alla fine dell'elenco alfabetico.

VICO EQUENSE 80069 Napoli 988 ㉗ – 18 979 ab. – a.s. luglio-settembre – ☎ 081.

Dintorni Monte Faito★★ : ✻★★★ dal belvedere dei Capi e ✻★★★ dalla cappella di San Michele E : 14 km.

ℹ corso Umberto I n° 10 ✆ 8798343.

Roma 248 – Castellammare di Stabia 10 – ◆Napoli 39 – Salerno 41 – Sorrento 9.

⌂ **Aequa,** ✆ 8798000, Fax 8798128, « Terrazza ombreggiata », 🏊, 🌳 – |‡| ▤ rist ☎ 🚗 – 👥 50 a 100. Ⓢ. ✂ rist
Pas 30/35000 – **57 cam** ☕ 82/120000 – ½ P 105000.

⌂ **Sporting,** ✆ 8798505, Telex 722388, Fax 8790465, ≤ mare, 🏊, 🏖 – |‡| ▤ ☎ – 👥 90. AE Ⓢ ⓓ VISA. ✂ rist
Pas carta 39/55000 – ☕ 20000 – **43 cam** 82/142000, ▤ 25000 – ½ P 125/150000.

✕✕ **San Vincenzo,** località Montechiaro S : 3 km ✆ 8028001, 🍽 – Ⓟ. AE Ⓢ E VISA. ✂
chiuso mercoledì dal 15 settembre al 15 giugno – Pas carta 38/68000.

a Marina Equa S : 2,5 km – ✉ **80069** Vico Equense :

⌂ **Le Axidie** 🐦, ✆ 8798181, Telex 722650, Fax 8798520, ≤, 🍽, 🏊, 🏖, 🌳, 🎾 – ☎ Ⓟ. Ⓢ E VISA. ✂ rist
25 aprile-ottobre – Pas 40000 – ☕ 14000 – **30 cam** 120/140000 appartamenti 150/200000 – ½ P 100/170000.

⌂ **Eden Bleu,** ✆ 8798662, Fax 8015227, 🏊 – |‡| ☎ Ⓟ. AE ⓓ. ✂ rist
Pas carta 29/46000 – ☕ 8000 – **17 cam** 50/89000 appartamenti 100/140000 – ½ P 60/72000.

a Capo la Gala N : 3 km – ✉ **80069** Vico Equense :

⌂ **Capo la Gala** 🐦, ✆ 8798278, Fax 8798747, ≤ mare, 🍽, « Sulla scogliera », 🏊, 🏖, 🌳 – |‡| Ⓟ. AE VISA. ✂ rist
aprile-ottobre – Pas carta 46/71000 (18%) – **18 cam** ☕ 145/200000 – ½ P 145/160000.

VIDICIATICO Bologna – Vedere Lizzano in Belvedere.

VIESTE 71019 Foggia 988 ㉘ – 13 751 ab. – a.s. luglio-15 settembre – ☎ 0884.

Vedere ≤★ sulla cala di San Felice dalla Testa del Gargano S : 8 km.

Escursioni Strada panoramica★★ per Mattinata SO.

ℹ piazza Kennedy ✆ 708806, Fax 707130.

Roma 420 – ◆Bari 179 – ◆Foggia 100 – San Severo 101 – Termoli 127.

⌂ **Pizzomunno Vieste Palace Hotel** 🐦, ✆ 708741, Telex 810267, Fax 707325, 🍽, 🏊, 🏖, 🌳, 🎾 – |‡| ▤ 📺 ☎ Ⓟ – 👥 250 a 600. AE Ⓢ ⓓ E VISA. ✂
25 marzo-27 ottobre – Pas 60/80000 – **183 cam** ☕ 182/308000 – ½ P 170/340000.

🏠 **Mediterraneo,** via Madonna della Libera   ℰ 707025, Telex 810531, Fax 708934, ⅃, 🐜,
✖ – ▦ ☎ ❷ ⑤ ⑤ *VISA*, ✖ rist
chiuso gennaio e febbraio – Pas 20/35000 – **85 cam** ⊠ 110000 – ½ P 63/107000.

🏠 **Scialara,** lungomare Mattei ℰ 706684, Fax 706114, ≤, ✖ – ▦ ☎ ❷ *VISA*, ✖
28 marzo-15 ottobre – Pas 20/25000 – ⊠ 5000 – **38 cam** 110000 – ½ P 50/100000.

🏠 **Svevo** ⚲ senza rist, via Fratelli Bandiera ℰ 708830, Fax 708830, ≤ – 🕾 ❷ 亜 ✖
27 aprile-12 ottobre – **30 cam** ⊠ 100000.

🏠 **Seggio** ⚲, via Vieste 7 ℰ 708123, ≤ – ☎ 亜 ⑤ ⑤ *VISA*, ✖
aprile-ottobre – Pas carta 19/34000 – **22 cam solo** ½ P 91000.

✖ **Box 19,** via Santa Maria di Merino 19 ℰ 705229 – 亜 ⑤ ⑥ *VISA*
chiuso lunedì in bassa stagione – Pas carta 23/45000 (10%).

✖ **Vecchia Vieste,** via Mafrolla 32 ℰ 707083 – ▦ ⑤ ⑥ ⓔ
aprile-20 ottobre; chiuso lunedì in bassa stagione – Pas carta 25/37000 (10%).

✖ **La Kambusa,** viale 24 Maggio 13 ℰ 708625 – 亜 ⑤ ⑥ *VISA*, ✖
aprile-settembre; chiuso giovedì in bassa stagione – Pas carta 23/31000 (10%).

✖ **San Michele,** viale 24 Maggio 72 ℰ 708143, 🍽 – 亜 ⑤ ⑥ ⓔ *VISA*
chiuso gennaio e febbraio – Pas carta 35/50000 (10%).

a Lido di Portonuovo SE : 5 km – ⊠ 71019 Vieste :

🏠 **Gargano,** ℰ 708685, Fax 707042, ≤ mare, isolotti e Vieste, ⅃, 🐜, 🐜, ✖ – ▦ ▦ 🖼
🕭 ❷, ✖ rist
28 marzo-settembre – Pas 27000 – **70 cam** ⊠ 168000 – ½ P 88/130000.

✖ **Portonuovo,** ℰ 708555 – ❷ 亜 ⑤ ⑥ ⓔ *VISA*
chiuso lunedì in bassa stagione – Pas carta 24/36000.

a Faro di Pugnochiuso S : 19 km – ⊠ 71019 Vieste :

🏛 **Del Faro** ⚲, ℰ 709011, Telex 810122, Fax 709017, ≤ mare e scogliere, « Su un
promontorio verdeggiante », ⅃, 🐜, ✖ – ▦ 🕭 ❷ – 🔬 100 a 500. 亜 ⑤ ⑥ ⓔ *VISA*
✖ rist
20 aprile-20 ottobre – Pas 70/75000 – ⊠ 25000 – **190 cam** 78/129000 – P 195/234000.

VIETRI SUL MARE 84019 Salerno ⑨⑧⑧ ㉗㉙ – 10 295 ab. – a.s. Pasqua, giugno-settembre e
Natale – ✆ 089.

Vedere ≤★ sulla costiera amalfitana.

Roma 259 – Amalfi 20 – Avellino 41 – ◆Napoli 50 – Salerno 5.

🏠 **La Voce del Mare,** SO : 2 Km ℰ 210080, Fax 210080, ≤ golfo di Salerno, 🍽, 🐜, – ▦
▦ rist 🖵 ☎ ❷ ⑤
Pas carta 15/32000 – **20 cam** ⊠ 40/60000 – ½ P 65/70000.

🏠 **Bristol,** ℰ 210800, ≤ golfo di Salerno, ⅃ – ▦ 🖵 ☎ ❷ 亜 ⑥ *VISA*, ✖
Pas 20/40000 – ⊠ 9000 – **20 cam** 70000 – ½ P 60/70000.

a Raito O : 3 km – alt. 100 – ⊠ 84010 :

🏛 **Raito** ⚲, ℰ 210033, Telex 770125, Fax 211434, ≤ golfo di Salerno, ⅃ – ▦ ✖ cam ▦
🖵 ☎ 🚐 ❷ – 🔬 130. 亜 ⑤ ⑥ ⓔ *VISA*, ✖ rist
Pas 50/70000 – ⊠ 14000 – **50 cam** 180000, ▦ 20000 – ½ P 150/170000.

VIGANÒ 22060 Como ②①⑨ ⑲ – 1 531 ab. alt. 395 – ✆ 039.

Roma 607 – ◆Bergamo 33 – Como 30 – Lecco 20 – ◆Milano 33.

✖✖ ✿ **Pierino,** ℰ 956020, Fax 956020, ≤ – ❷ – 🔬 50. 亜 ⑤ ⑥. ✖
chiuso domenica sera, lunedì, dal 2 al 10 gennaio e dal 1° al 20 agosto – Pas carta 45/67000
Spec. Filetti di pesce in carpione, Risotto alle verdure aromatiche, Anatra muta arrosto. Vini Franciacorta
bianco, Sassella.

VIGARANO MAINARDA 44049 Ferrara ④②⑨ H 16 – 6 586 ab. alt. 11 – ✆ 0532.

Roma 435 – ◆Bologna 59 – ◆Ferrara 12 – ◆Milano 230 – ◆Modena 60 – ◆Padova 80.

✖ **Elsa** con cam, via Cento 318 ℰ 43222, 🍽, 🐜 – 🖵 ❷ ⑤ *VISA*, ✖
chiuso dal 1° al 15 agosto – Pas *(chiuso martedì)* carta 23/52000 – ⊠ 3000 – **16 cam**
25/45000 – P 50000.

VIGEVANO 27029 Pavia ⑨⑧⑧ ③⑬, ④②⑧ G 8 – 61 731 ab. alt. 116 – ✆ 0381.

Vedere Piazza Ducale★★.

📷 Santa Martretta (chiuso lunedì) ℰ 76872, SE : 3 km.

A.C.I. viale Mazzini 40 ℰ 85120.

Roma 601 – Alessandria 61 – ◆Milano 35 – Novara 27 – Pavia 37 – ◆Torino 106 – Vercelli 44.

🏠 **Europa** senza rist, via Trivulzio 8 ℰ 82255, Fax 87054 – ▦ ▦ 🖵 🖼 🚐 ⑤ ⓔ *VISA*
chiuso dal 3 al 23 agosto – ⊠ 13000 – **42 cam** 100/130000.

✖✖ **Da Maria,** al Ponte sul Ticino NE : 3 km ℰ 86001, 🍽 – ❷ 亜 ⑤ ⑥ *VISA*
chiuso mercoledì, agosto e Natale – Pas carta 39/61000.

✖ Da Pietro, via Sacchetti 10 ℰ 83469.

VIGGIANO 85059 Potenza 988 28 – 3 184 ab. alt. 975 – 📞 0975.

Roma 389 – ♦Cosenza 184 – ♦Napoli 194 – Potenza 79.

🏛 **Kiris,** località Case Rosse O : 6 km 🖉 61533, Fax 61694, ⬛ riscaldata, 🛞 – 🛗 ⇔ rist 🔲
🚗 📺 🐾 🅿 – 🔥 1000. 🆎 🅱 ① 🖸 🆅🆂🅰. 🛞 rist
Pas carta 20/35000 – ⊑ 5000 – **60 cam** 55000 – ½ P 50/60000.

VIGNOLA 41058 Modena 988 ⑭, 428 429 I 15 – 19 947 ab. alt. 125 – 📞 059.

Roma 398 – ♦Bologna 33 – ♦Milano 192 – ♦Modena 22 – Pistoia 110 – Reggio nell'Emilia 47.

🍴 **La Bolognese,** via Muratori 1 🖉 771207 – 🅱 🅴 🆅🆂🅰
chiuso sabato ed agosto – Pas carta 27/39000.

a Campiglio SO : 2 km – ✉ **41058** Vignola :

🍴🍴 **Sagittario,** S : 2 km 🖉 772747, 🛋, 🛞 – 🅿 – 🔥 60. 🆎 🅱 ① 🆴 🆅🆂🅰. 🛞
chiuso martedì, mercoledì e gennaio – Pas carta 32/41000.

VIGODARZERE 35010 Padova 429 F 17 – 8 966 ab. alt. 17 – 📞 049.

Roma 498 – ♦Milano 241 – ♦Padova 7.

🍴 **Dorio-da Bepi,** via Roma 26 🖉 702091, 🛋 – 🅿. 🅱 🅴 🆅🆂🅰
chiuso giovedì e dal 13 al 19 agosto – Pas carta 24/41000.

VIGO DI CADORE 32040 Belluno 429 C 19 – 1 725 ab. alt. 951 – 📞 0435.

🅸 (giugno-15 settembre) 🖉 77058.

Roma 658 – Belluno 57 – Cortina d'Ampezzo 44 – ♦Milano 400 – ♦Venezia 147.

🏠 **Sporting** ⌂, a Pelos 🖉 77103, ≤, ⬛ riscaldata, 🛋 – ☎ 🅿. 🛞
15 giugno-15 settembre – Pas carta 31/43000 – ⊑ 14000 – **24 cam** 88/110000 – P 50/90000.

VIGO DI FASSA 38039 Trento 988 ④⑤ 429 C 17 – 934 ab. alt. 1 342 – a.s. febbraio-Pasqua e Natale – Sport invernali : 1 382/2 200 m ≰1 ≴7, ⚿ (vedere anche Pozza di Fassa) – 📞 0462.
Vedere Guida Verde.

🅸 via Roma 2 🖉 64093, Telex 400540, Fax 64877.

Roma 676 – ♦Bolzano 38 – Canazei 13 – Passo di Costalunga 9 – ♦Milano 334 – Trento 94.

🏛🏛 **Park Hotel Corona,** 🖉 64211, Telex 400180, Fax 64777, ≤, 🔲, 🛋, 🛞 – 🛗 ⇔ cam
🔲 rist 📺 ☎ 🅿. 🆎. 🛞 rist
20 dicembre-8 aprile e 15 giugno-settembre – Pas carta 33/57000 – **70 cam** ⊑ 100/160000
appartamenti 166/226000 – ½ P 83/115000.

🏛 **Catinaccio,** 🖉 64209, ≤, 🛋 – ☎ 🅿. 🛞
dicembre-20 aprile e giugno-25 settembre – Pas (chiuso venerdì a mezzogiorno in bassa
stagione) 18/20000 – **26 cam** ⊑ 40/69000 – ½ P 45/80000.

🏛 **Andes,** 🖉 64575, ≤ – 🛗 ☎ 🚐 🅿. 🛞
chiuso maggio a novembre – Pas (chiuso lunedì in bassa stagione) carta 23/32000 – ⊑
8500 – **24 cam** 85/110000 – ½ P 76000.

🏠 **Olympic,** 🖉 64225, ≤ – 🅿. 🛞 rist
chiuso novembre – Pas (chiuso martedì a mezzogiorno) carta 23/36000 – **15 cam**
⊑ 40/72000 – ½ P 40/65000.

a Vallonga SO : 2,5 km – ✉ **38039** Vigo di Fassa :

🏠 **Mille Fiori,** 🖉 64644, Fax 64621, ≤ Dolomiti e pinete – 📺 ☎ 🚐 🅿. 🆎 🅴 🆅🆂🅰. 🛞 rist
chiuso dal 4 novembre al 4 dicembre e dal 25 maggio al 20 giugno – Pas carta 24/38000 –
12 cam ⊑ 40/75000 – ½ P 50/60000.

a Tamion SO : 3,5 km – ✉ **38039** Vigo di Fassa :

🏠 **Gran Mugon** ⌂, 🖉 64208, ≤ – ⇔ rist ☎ 🅿. 🅱 🆅🆂🅰. 🛞 rist
🚗 20 dicembre-24 aprile e 25 giugno-15 ottobre – Pas (solo per clienti alloggiati) 15/18000 –
21 cam ⊑ 61/78000 – ½ P 50/56000.

Vedere anche : *Costalunga (Passo di)* O : 10,5 km.

VIGONE 10067 Torino 988 ⑫, 428 H 4 – 5 034 ab. alt. 260 – 📞 011.

Roma 691 – Cuneo 58 – ♦Milano 185 – Pinerolo 15 – ♦Torino 33.

🍴🍴 **Ippocampo,** via Bosca 22 🖉 9809893 – 🅿. 🛞
chiuso lunedì sera, martedì ed agosto – Pas carta 30/50000.

VILLA Brescia – Vedere Gargnano.

VILLA ADRIANA Roma 988 26 – Vedere Tivoli.

VILLA AGNEDO 38050 Trento – 647 ab. alt. 351 – a.s. dicembre-aprile – 📞 0461.

Roma 591 – Belluno 71 – Trento 41 – Treviso 100 – Venezia 130.

🏛 **Cà Bianca 2** ⌂, NE : 2 km 🖉 762788, Fax 763450, ≤ vallata, 🛋 – ⇔ rist 📺 ☎ 🅿. 🆎
🅱 🅴 🆅🆂🅰. 🛞
Pas carta 34/55000 – ⊑ 7000 – **15 cam** 35/50000 – ½ P 75000.

VILLA BANALE Trento – Vedere Stenico.

VILLABASSA (NIEDERDORF) 39039 Bolzano 429 B 18 – 1 212 ab. alt. 1 158 – Sport invernali : 1 158/1 234 m ≤1, ✦ (vedere anche Dobbiaco) – ۞ 0474.
Roma 738 – ◆Bolzano 100 – Brunico 23 – Cortina d'Ampezzo 36 – ◆Milano 399 – Trento 160.

  🏨 **Aquila-Adler,** ℘ 75128, Telex 401402, Fax 75278, ☎, ☎, ☒ – 🛗 ☎ ℗ ⯄ 🅱 ⓞ ℇ
    VISA. ⯀ rist
    chiuso dal 5 novembre al 13 dicembre – Pas (chiuso martedì in bassa stagione)
    carta 28/50000 – **45 cam** ⊊ 44/78000 – ½ P 55/90000.

  🏡 **Vivaio-Weiherbad** ⯑, ℘ 75106, ⯑ – ℗
    *chiuso dal 15 aprile al 15 maggio – Pas (chiuso sabato) 13/15000 – **22 cam** ⊊ 25/40000 –*
    ½ P 37/45000.

  XX **Friedlerhof,** ℘ 75003 – ℗. 🅱 ℇ VISA. ⯀
    chiuso martedì e giugno – Pas carta 35/56000.

VILLA DI CHIAVENNA 23029 Sondrio 428 C 10, 218 ⑭ – 1 199 ab. alt. 625 – ۞ 0343.
Roma 692 – Chiavenna 8 – ◆Milano 131 – Saint Moritz 41 – Sondrio 69.

  XX **La Lanterna Verde,** a San Barnaba SE : 2 km ℘ 40559, ⯑ – ℗. ⯄ VISA. ⯀
    chiuso mercoledì, giovedì a mezzogiorno e novembre – Pas carta 30/50000.

VILLAFRANCA DI VERONA 37069 Verona 988 ④, 428 429 F 14 – 26 547 ab. alt. 52 – ۞ 045.
⯑ NE : 1 km ℘ 513039.
Roma 492 – ◆Brescia 63 – Mantova 23 – ◆Milano 150 – ◆Venezia 131 – ◆Verona 16.

  XX **Cà 21,** ℘ 7900986 – ⯑ ▤ ℗. ⯄ 🅱 ⓞ ℇ VISA. ⯀
    chiuso lunedì e dal 13 al 20 agosto – Pas carta 22/42000.

VILLAGRAZIA Palermo – Vedere Sicilia (Carini) alla fine dell'elenco alfabetico.

VILLAMARINA Forlì – Vedere Cesenatico.

VILLAMMARE 84070 Salerno – a.s. luglio e agosto – ۞ 0973.
Roma 411 – ◆Napoli 205 – Salerno 154 – Sapri 4.

  🏡 **Rivamare,** ℘ 365282, ≤, ⯑, ⯑ – ☎ ℗. ⯀
    *15 giugno-15 settembre – Pas (solo per clienti alloggiati) 22000 – ⊊ 6500 – **20 cam***
    34/47000 – ½ P 55/60000.

VILLANOVA Bologna – Vedere Bologna.

VILLANOVA 65010 Pescara – alt. 55 – ۞ 085.
Roma 199 – L'Aquila 88 – Chieti 9 – ◆Pescara 15.

  XX **La Lanterna,** ℘ 9771700, Fax 9772400, ⯑ – ▤ ℗ – ⯑ 100. ⯄ 🅱 ⓞ ℇ VISA. ⯀
    chiuso domenica sera, lunedì, dal 14 al 21 agosto e novembre – Pas carta 29/40000.

VILLANOVA Pordenone – Vedere Prata di Pordenone.

VILLANOVA DEL GHEBBO 45020 Rovigo 429 G 16 – 2 173 ab. alt. 9 – ۞ 0425.
Roma 471 – ◆Ferrara 48 – ◆Padova 47 – ◆Verona 75.

  in prossimità strada statale 499 :

  X **Trattoria al Ponte,** località Bornio N : 4 km ⊠ 45020 ℘ 69890 – ▤ ℗. ⯄ 🅱 ⓞ ℇ
    VISA. ⯀
    chiuso lunedì – Pas carta 25/38000.

VILLANOVAFORRU Cagliari – Vedere Sardegna alla fine dell'elenco alfabetico.

VILLANUOVA SUL CLISI 25089 Brescia 428 429 F 13 – 4 416 ab. alt. 216 – ۞ 0365.
Roma 576 – ◆Brescia 25 – ◆Milano 119 – Trento 92.

  a Prandaglio NE : 4,5 km – ⊠ 25089 Villanuova sul Clisi :

  XX **Il Palazzo,** ℘ 372717, ≤ vallata e lago, prenotare – ℗. ⯀
    chiuso lunedì, dal 1° al 18 gennaio e dal 1° al 6 luglio – Pas carta 30/45000.

VILLA OPICINA 34016 Trieste 988 ⑥, 429 E 23 – alt. 348 – ۞ 040.
Vedere ≤** su Trieste e il golfo – Grotta Gigante* NO : 3 km.
Roma 664 – Gorizia 40 – ◆Milano 403 – ◆Trieste 11 – Udine 66 – ◆Venezia 153.

  X **Daneu** con cam, ℘ 214214, « Servizio estivo all'aperto », ⯑ – ☎ ℗. ⯄ 🅱 ⓞ ℇ VISA.
    ⯀
    Pas *(chiuso lunedì, dal 15 al 31 gennaio e dal 15 al 30 novembre)* carta 28/42000 – ⊊ 5000
    – **17 cam** 54/80000 – ½ P 55/65000.

VILLA POMA 46020 Mantova – 2 139 ab. alt. 13 – © 0386.

Roma 451 – ♦Ferrara 71 – ♦Milano 216 – ♦Modena 47 – ♦Verona 55.

XXXX ※ **Concorde,** ♪ 566682 o 566642, Fax 566753, Confort accurato, prenotare – **P** –
🏠 150. ⒶⒺ Ⓢ ⓄⒹ 𝑽𝑰𝑺𝑨. ※
chiuso a mezzogiorno (escluso domenica), domenica sera, lunedì ed agosto – Pas
carta 59/87000
Spec. Insalata tiepida di crostacei al profumo di tartufo, Garganelli di rapa con passato di porri, Agnello
farcito in salsa allo scalogno. **Vini** Vintage Tunina, Barolo.

VILLA ROSA Teramo – Vedere Martinsicuro.

VILLA SAN GIOVANNI Reggio di Calabria 988 ㊲㊳ – © 0965.

Escursioni Costa Viola★ a Nord per la strada S 18.

🚗 ♪ 751026.

🚢 per Messina giornalieri (20 mn) – Società Caronte, via Marina 30 ♪ 756725, Telex 890132,
Fax 751651 e Stazione Ferrovie Stato, via Garibaldi ♪ 758241.

Roma 694 – Catanzaro 150 – ♦Cosenza 179 – ♦Napoli 488 – ♦Reggio di Calabria 15.

VILLASANTA Milano 428 F 9, 219 ㉗ – Vedere Monza.

VILLASIMIUS Cagliari 988 ㉞ – Vedere Sardegna alla fine dell'elenco alfabetico.

VILLASTRADA 46030 Mantova 428 429 H 13 – alt. 22 – © 0375.

Roma 461 – Mantova 33 – ♦Milano 161 – ♦Modena 58 – ♦Parma 39 – Reggio nell'Emilia 38.

XX **Nizzoli,** ♪ 89150 – ⒶⒺ. ※
chiuso mercoledì – Pas carta 21/48000.

VILLA VERUCCHIO Forlì – Vedere Verucchio.

VILLE SUR SARRE Aosta 219 ②, 74 ⑳ – Vedere Sarre.

VILLETTA BARREA 67030 L'Aquila 988 ㉗ – 638 ab. alt. 990 – © 0864.

Roma 179 – L'Aquila 151 – Isernia 50 – ♦Pescara 138.

🏠 **Il Pescatore,** ♪ 89347 – ☎ **P** – 🏠 80. ⒶⒺ. ※
Pas carta 24/30000 – �a 5000 – **30 cam** 38000 – P 50/60000.

X Trattoria del Pescatore, ♪ 89152, prenotare.

VILLNOSS = Funes.

VILPIAN = Vilpiano.

VILPIANO (VILPIAN) 39010 Bolzano 429 C 15, 218 ⑳ – alt. 264 – © 0471.

Roma 650 – ♦Bolzano 13 – Merano 15 – ♦Milano 310 – Trento 71.

🏠 **Sparerhof,** via Nalles 2 ♪ 678671, Fax 678342, « Galleria d'arte contemporanea »,
🔥 riscaldata, 🐴 – **P**. ※ rist
Pas (chiuso domenica, lunedì a mezzogiorno e da novembre a marzo) carta 22/38000 –
21 cam �a 37/74000 – ½ P 45/50000.

XXX Andreas con cam, via Nazionale 114 (S : 1 km) ♪ 678816, prenotare – **P**
7 cam.

VINADIO 12010 Cuneo 988 ⑫, 428 J 3 – 811 ab. alt. 904 – © 0171.

Roma 680 – Barcelonnette 64 – Cuneo 36 – ♦Milano 252 – Colle di Tenda 53 – ♦Torino 130.

🏠 **Italia,** ♪ 959148, 🌳 – ☎ 🚗. Ⓢ. ※
Pas (chiuso lunedì dal 15 settembre al 15 giugno) carta 28/40000 – �a 6500 – **32 cam**
50/76000 – ½ P 55/60000.

VINTEBBIO Vercelli 219 ⑯ – Vedere Serravalle Sesia.

VIPITENO (STERZING) 39049 Bolzano 988 ④, 429 B 16 – 5 491 ab. alt. 948 – Sport invernali :
948/2 161 m ✂ 1 ✂ 5, ✦ – © 0472 – **Vedere** Via Città Nuova★.

🛈 piazza Città 3 ♪ 765325, Fax 765441.

Roma 708 – ♦Bolzano 70 – Brennero 13 – Bressanone 30 – Merano 58 – ♦Milano 369 – Trento 130.

🏰 **Aquila Nera-Schwarzer Adler,** ♪ 764064, Fax 766522, 🦶, 🛋, 🖼 – 📶 ⇆ cam 📺
☎ **P** Ⓢ Ⓔ 𝑽𝑰𝑺𝑨
chiuso dal 27 giugno al 7 luglio e dall'8 novembre al 20 dicembre – Pas (chiuso lunedì)
carta 46/62000 (10%) – **42 cam** �a 87/140000 – ½ P 110/115000.

🏠 **Corona-Krone e Maria,** ♪ 765210, 🌳 – ☎ 🚗 **P**. ⒶⒺ Ⓢ ⓄⒹ Ⓔ 𝑽𝑰𝑺𝑨
chiuso giovedì e dall' 8 gennaio al 16 febbraio – Pas carta 48/79000 – **17 cam** �a 45/90000
– ½ P 89000.

a Casateia (Gasteig) SO : 2,5 km – alt. 970 – ⊠ 39040 Racines :

🏛 **Gasteigerhof,** 🕿 765701, Fax 766943, ≤, 💥, ⅃ᕍ, ≘s, ⅃, 🚗 – ⅍ ☎ 🅿 🖲 ⋿ ⅤⅠⅤ💲𝔸. 💥 rist
chiuso dal 20 novembre al 15 dicembre – Pas carta 27/54000 – **25 cam** ⊡ 45/90000 – ½ P 57/64000.

a Prati (Wiesen) E : 3 km – alt. 948 – ⊠ 39049 Vipiteno :

🏛 **Wiesnerhof,** 🕿 765222, Fax 765703, ≤, ≘s, ⅃, 🚗, 💥 – 🖈 ☎ 🅿 🖲 ⋿ ⅤⅠ💲𝔸. 💥 rist
— *chiuso dal 10 novembre al 20 dicembre* – Pas *(chiuso lunedì)* 20/31000 – **34 cam** ⊡ 40/75000 – ½ P 50/60000.

a Tulve (Tulfer) E : 8 km – alt. 1 280 – ⊠ 39049 Vipiteno :

🟈🟈 **Pretzhof,** 🕿 764455, ≤, 💥, « Ambiente caratteristico » – 🅿
chiuso lunedì, martedì a mezzogiorno, gennaio e dal 15 al 25 giugno – Pas carta 25/41000.

a Calice (Kalch) SO : 10 km – alt. 1 443 – ⊠ 39040 Racines :

🏛 **Kalcherhof** 🏖, 🕿 66615, ≤, ≘s, ⅃ – 🖈 ☎ 🚙 🅿
chiuso da novembre al 15 dicembre – Pas *(chiuso giovedì)* carta 29/47000 – **29 cam** ⊡ 52/78000 – ½ P 45/58000.

a Ridanna (Ridnaun) O : 12 km – alt. 1 342 – ⊠ 39040 :

🏛 **Sonklarhof** 🏖, 🕿 66212, ≤, ⅃ᕍ, ≘s, ⅃, 🚗, 💥 – ⅍ rist ☎ 🅿. ⋿. 💥 rist
— *20 dicembre-10 aprile e 15 maggio-27 ottobre* – Pas carta 20/30000 – **40 cam** ⊡ 50/90000 – ½ P 50/60000.

VIRA-GAMBAROGNO 427 ㉔, 219 ⑧ – Vedere Cantone Ticino alla fine dell'elenco alfabetico.

VISERBA e VISERBELLA Forlì 988 ⑮ – Vedere Rimini.

VISNADELLO 31050 Treviso 429 E 18 – alt. 46 – 😊 0422.
Roma 555 – Belluno 67 – Treviso 11 – Vicenza 69.

🟈🟈 **Da Nano,** 🕿 928911, Solo piatti di pesce – 🍽 🅿. 𝔸⋿ 🖲 ⊙ ⋿ ⅤⅠ💲𝔸
chiuso domenica sera, lunedì ed agosto – Pas carta 43/62000.

VITERBO 01100 🅿 988 ㉖ – 59 798 ab. alt. 327 – 😊 0761.
Vedere Piazza San Lorenzo★★ Z – Palazzo dei Papi★★ Z – Quartiere San Pellegrino★★ Z.
Dintorni Villa Lante★★ a Bagnaia per ① : 5 km – Teatro romano★ di Ferento 9 km a Nord per viale Baracca Y.
🆔 piazzale dei Caduti 14 🕿 234795, Fax 226206 – piazza Verdi 4/a 🕿 226666.
🅰.🅲.🅸. via Marini 16 🕿 224806.
Roma 104 ③ – Chianciano Terme 100 ④ – Civitavecchia 58 ③ – Grosseto 123 ③ – ◆Milano 508 ④ – Orvieto 45 ④ – ◆Perugia 127 ④ – Siena 143 ④ – Terni 62 ①.

Pianta pagina seguente

🏛 **Mini Palace Hotel** senza rist, via Santa Maria della Grotticella 2 🕿 239742, Fax 239744 – 🖈 🍽 📺 ☎ – 🔥 25. 𝔸⋿ 🖲 ⊙ ⋿ ⅤⅠ💲𝔸. 💥   Z n
38 cam ⊡ 100/165000.

🏛 **Balletti Palace Hotel** senza rist, viale Trento 100 🕿 344777, Fax 344777 – 🖈 📺 ☎ 🅿 – 🔥 150. 𝔸⋿ 🖲 ⊙ ⋿ ⅤⅠ💲𝔸. 💥   Y
105 cam ⊡ 89/135000.

🏛 **Leon d'Oro** senza rist, via della Cava 36 🕿 344444, Fax 344444 – 🖈 ☎. 𝔸⋿ 🖲 ⊙ ⋿ ⅤⅠ💲𝔸. 💥   Y u
chiuso dal 20 dicembre al 19 gennaio – ⊡ 9000 – **36 cam** 60/80000.

🏛 **Tuscia** senza rist, via Cairoli 41 🕿 223377, Fax 345976 – 📺 ☎. 🖲 ⊙ ⋿ ⅤⅠ💲𝔸. 💥
⊡ 8000 – **45 cam** 55/90000.   Y r

🟈🟈 **La Zaffera,** piazza San Carluccio 7 🕿 226114, 💥   Z b
chiuso lunedì e dal 10 al 20 agosto – Pas carta 34/53000.

🟈🟈 Due Torri, viale Diaz 19 🕿 226780, 💥 – 🍽 🅿   Z c

🟈 **Il Grottino,** via della Cava 7 🕿 238188 – 𝔸⋿ 🖲 ⊙ ⋿ ⅤⅠ💲𝔸. 💥   Y b
chiuso martedì e dal 20 giugno al 10 luglio – Pas carta 33/46000 (10%).

a La Quercia per ① : 3 km – ⊠ 01030 :

🟈🟈 **Aquilanti,** 🕿 341701 – 🍽. 𝔸⋿ 🖲 ⅤⅠ💲𝔸. 💥
chiuso domenica sera, martedì, dal 22 febbraio al 7 marzo e dal 1° al 15 agosto – Pas carta 33/53000 (15%).

a San Martino al Cimino S : 6,5 km Z – alt. 561 – ⊠ 01030 :

🏛 **Balletti Park Hotel** 🏖, 🕿 379777, Telex 623059, Fax 379496, ≤, 💥, ⅃ᕍ, ≘s, ⅃ riscaldata, 🚗, 💥 – 🖈 🍽 📺 ☎ 🅿 – 🔥 30 a 350. 𝔸⋿ 🖲 ⊙ ⋿ ⅤⅠ💲𝔸. 💥
Pas carta 33/50000 – ⊡ 14000 – **134 cam** 78/167000 appartamenti 198000 – ½ P 83/170000.

VITERBO

sulla strada statale 2 - via Cassia per ③ : 9 km

XX **L'Oliveto,** ✉ 01100 ℰ 263129, 🍴 🛋 – 🅿 🏧 VISA ⚡
chiuso martedì – Pas carta 26/41000.

Vedere anche : **Bagnaia** per ① : 5 km.

| VITICCIO | Livorno – Vedere Elba (Isola d') : Portoferraio.

VITORCHIANO 01030 Viterbo – 2 470 ab. alt. 285 – ۞ 0761.

Roma 113 – Orvieto 45 – Terni 55 – Viterbo 9.

XX **Nando al Pallone,** al quadrivio S : 3 km 🖉 370344, ☞, ☞ – ⵙ. 🖭 🛐 ⓞ 𝖵𝖨𝖲𝖠
   chiuso domenica sera, mercoledì, dal 7 al 25 gennaio e dal 4 al 16 luglio – Pas
   carta 26/46000.

VITTORIA (Santuario della) Genova – Vedere Mignanego.

VITTORIO VENETO 31029 Treviso 𝟵𝟴𝟴 ⑤, 𝟰𝟮𝟵 E 18 – 29 455 ab. alt. 136 – ۞ 0438.

Vedere Affreschi★ nella chiesa di San Giovanni.

🗐 (aprile-novembre) a Pian del Cansiglio ⊠ 31029 Vittorio Veneto 🖉 585398, NE : 21 km.

🖪 piazza del Popolo 🖉 57243.

Roma 581 – Belluno 37 – Cortina d'Ampezzo 92 – ✦Milano 320 – Treviso 41 – Udine 80 – ✦Venezia 70.

🏨 **Terme,** viale della Vittoria 🖉 554345, ☞ – 🛊 🗐 📺 ☎ – ⵙ 200. 🖭 🛐 ⴲ 𝖵𝖨𝖲𝖠 ⅏
   Pas *(chiuso lunedì)* carta 36/51000 – ⚏ 10000 – **39 cam** 85/120000 – ½ P 100000.

🏠 **Flora,** viale Trento e Trieste 28 🖉 53142 – 🛊 ☎ 🚗 ⴲ 🛐 ⴲ 𝖵𝖨𝖲𝖠
   chiuso novembre – Pas *(chiuso domenica)* carta 32/44000 – ⚏ 10000 – **21 cam** 55/85000
   – ½ P 70000.

XX **Locanda al Postiglione,** via Cavour 39 🖉 556924, ☞ – ⴲ. 🖭 🛐 ⴲ 𝖵𝖨𝖲𝖠 ⅏
   chiuso martedì e dal 15 giugno all'8 luglio – **Pas** carta 27/39000.

   a San Giacomo di Veglia SE : 2,5 km – ⊠ **31020** :

🏠 **Sanson** senza rist, 🖉 500161, Fax 500888 – 📺 ☎ ⴲ. 🖭 🛐 𝖵𝖨𝖲𝖠 ⅏
   ⚏ 8000 – **28 cam** 65/75000.

VIVERONE 13040 Vercelli 𝟰𝟮𝟴 F 6, 𝟮𝟭𝟵 ⑮ – 1 342 ab. alt. 407 – a.s. luglio-15 settembre –
۞ 0161 – Roma 661 – Biella 23 – Ivrea 16 – ✦Milano 97 – Novara 51 – ✦Torino 59 – Vercelli 32.

🏨 **Marina** ⤴, frazione Comuna 🖉 98079, Fax 98689, ≼, ⴳ, ⴴ🕳, ☞, ⅍ – 🗐 📺 ⴰ ⴲ.
   🖭 ⴲ 𝖵𝖨𝖲𝖠 ⅏
   chiuso gennaio – Pas *(chiuso martedì escluso dal 10 maggio al 10 settembre)* carta 25/38000
   – ⚏ 9000 – **20 cam** 62/90000 – ½ P 70/80000.

🏠 **Lido,** al lido 🖉 98024, ≼, ☞ – 🛊 📺 ☎ 🚗 ⴲ – ⵙ 70. 🖭 🛐 ⴲ 𝖵𝖨𝖲𝖠 ⅏ rist
   Pas *(chiuso lunedì da ottobre ad aprile)* carta 31/50000 – ⚏ 8000 – **25 cam** 85000 –
   ½ P 55/70000.

🏠 **Royal,** al lido 🖉 98038, Fax 98038, ≼, ☞ – 🛊 📺 ☎ 🚗 ⴲ. 🖭 🛐 ⓞ ⴲ 𝖵𝖨𝖲𝖠 ⅏
   Pas *(chiuso martedì)* carta 27/46000 – ⚏ 10000 – **47 cam** 55/83000 – ½ P 60/65000.

VÒ 35030 Padova 𝟰𝟮𝟵 G 16 – 3 467 ab. alt. 12 – ۞ 049.

Roma 494 – Este 14 – ✦Milano 235 – ✦Padova 25 – Rovigo 43 – ✦Venezia 62 – ✦Verona 82 – Vicenza 35.

X **Al Speo d'Oro,** 🖉 9940021, ☞ – ⴲ. ⅏
✦ *chiuso lunedì sera, martedì e luglio* – Pas carta 18/25000.

VOBARNO 25079 Brescia 𝟰𝟮𝟴 𝟰𝟮𝟵 F 13 – 7 411 ab. alt. 246 – ۞ 0365.

Roma 555 – ✦Brescia 33 – ✦Milano 126 – Trento 96 – ✦Verona 69.

🏠 **Eureka,** località Carpeneda NO : 2 km 🖉 61067 – 📺 🚗 ⴲ
   Pas carta 22/37000 – ⚏ 7000 – **17 cam** 50/60000 – ½ P 53000.

VODO CADORE 32040 Belluno – 961 ab. alt. 901 – a.s. 15 luglio-agosto e Natale – ۞ 0435.

Roma 654 – Belluno 49 – Cortina d'Ampezzo 22 – ✦Milano 392 – ✦Venezia 139.

XX **Al Capriolo,** 🖉 489207 – ⴲ. 🖭 🛐 ⓞ ⴲ 𝖵𝖨𝖲𝖠 ⅏
   5 dicembre-20 aprile e 20 giugno-10 ottobre; chiuso martedì – Pas carta 44/67000.

VOGHERA 27058 Pavia 𝟵𝟴𝟴 ⑬, 𝟰𝟮𝟴 G 9 – 41 147 ab. alt. 93 – ۞ 0383.

Roma 574 – Alessandria 38 – ✦Genova 94 – ✦Milano 64 – Pavia 32 – Piacenza 64.

🏨 **Domus** senza rist, via Matteotti 40 🖉 49630 – 🛊 📺 ☎. 🖭 🛐 ⓞ ⴲ 𝖵𝖨𝖲𝖠 ⅏
   ⚏ 8000 – **27 cam** 60/75000.

X **Cristina,** via Ricotti 36 🖉 48436, ☞
✦ *chiuso sabato sera, domenica e dal 1° al 25 agosto* – Pas carta 20/31000.

   sulla strada statale 10 SO : 2 km :

🏨 **Rallye,** via Tortona 51 ⊠ 27058 🖉 45321, ☞ – 📺 ☎ ⴲ. 🖭 🛐 ⓞ ⴲ 𝖵𝖨𝖲𝖠
   chiuso dal 20 dicembre al 10 gennaio e dal 10 al 20 agosto – Pas *(chiuso domenica)*
   carta 27/46000 – ⚏ 10000 – **32 cam** 50/80000 – ½ P 65000.

VOGHIERA 44019 Ferrara 𝟰𝟮𝟵 H 17 – 4 113 ab. alt. 7 – ۞ 0532.

Roma 444 – ✦Bologna 53 – ✦Ferrara 16 – ✦Ravenna 61.

XX **Trattoria del Belriguardo,** 🖉 815503 – 🗐. 🖭 🛐 ⓞ ⴲ 𝖵𝖨𝖲𝖠 ⅏
   chiuso mercoledì, dal 17 al 31 gennaio e dal 19 al 31 agosto – Pas carta 24/42000.

XX Al Pirata, 🖉 818281, Solo piatti di pesce.

VOLPEDO **15059** Alessandria 428 H 8 – 1 223 ab. alt. 182 – ☎ 0131.
Roma 578 – Alessandria 32 – ♦Genova 84 – Piacenza 87.

XX **La Palmana,** ✆ 80222, 🌳 – AE 🅂 ⓓ E VISA. ✈
chiuso mercoledì e dal 7 al 31 gennaio – Pas carta 40/55000.

VOLPIANO **10088** Torino 988 ⑫, 428 G 5 – 12 103 ab. alt. 219 – ☎ 011.
Roma 687 – Aosta 97 – ♦Milano 126 – ♦Torino 18.

XX **La Noce,** corso Regina Margherita 19 ✆ 9882383, Solo piatti di pesce, solo su prenotazione – ▤. AE 🅂 ⓓ. ✈
chiuso domenica, lunedì e dal 7 al 30 agosto – Pas 85/90000.

VÖLS AM SCHLERN = Fiè allo Sciliar.

VOLTERRA **56048** Pisa 988 ⑭ – 13 028 ab. alt. 531 – ☎ 0588.
Vedere Quartiere Medioevale★★ : piazza dei Priori★★, Duomo★ e Battistero★ **A** – ≤★★ dal viale dei Ponti – Museo Etrusco Guarnacci★ **M1** – Porta dell'Arco★.
🅸 via Turazza 2 ✆ 86150.
Roma 287 ② – ♦Firenze 81 ② – ♦Livorno 73 ③ – ♦Milano 377 ② – Pisa 64 ① – Siena 57 ②.

VOLTERRA
Buonparenti (Via) . . . 2
Franceschini (Via) . . . 4
Marchesi (Via) 5
Matteotti (Via) 6
Porta Selci (Via di) . . 7
Ricciarelli (Via) 10
Roma (Via) 12
S. Michele (Piazza) . . 13
Turazza (Via) 15
LE BALZE
PISA CASTELFIORENTINO
CECINA
S 68
FIRENZE S 68 : SIENA
PORTA S. FRANCESCO
Via S. Lino
Viale Francesco Ferrucci
Via di Porta Diana
Teatro Romano
PORTA FIORENTINA
Via dei Sarti
Via Guarnacci
Viale d'Annunzio
Porta Docciola
Viale dei Filosofi
Viale Vittorio Veneto
Viale Trento e Trieste
Pza S. Giovanni
DUOMO
PZA DEI PRIORI
Pza Martiri della Libertà
V. Gramsci
V. di Sotto
Pza 20 Settembre
PORTA MARCOLI
PORTA DELL'ARCO
PARCO ARCHEOLOGICO
V. di Castello
Via Don Minzoni
FORTEZZA
PORTA SELCI
Viale dei Ponti
Viale Cesare Battisti
Via Garibaldi
Via Carducci
200 m

🏨 **San Lino,** via San Lino 26 ✆ 85250, Telex 502017, 🏊 – |‡| TV ☎ 🚗. AE 🅂 ⓓ E VISA. ✈ rist **n**
Pas *(chiuso a mezzogiorno, mercoledì e dal 3 novembre al 15 marzo)* carta 29/42000 – **44 cam** ☕ 75/120000 – ½ P 80/90000.

🏨 **Sole** 🐦 senza rist, via dei Cappuccini 10 ✆ 84000, 🌳 – ☎ 🅟. VISA. ✈ **f**
chiuso gennaio e febbraio – ☕ 8500 – **10 cam** 82000.

🏠 **Villa Nencini** 🐦 senza rist, borgo Santo Stefano 55 ✆ 86386, ≤, « Giardino e boschetto » – ☎ 🅟. 🅂 E VISA **b**
☕ 8000 – **14 cam** 68/80000.

🏠 **Nazionale,** via dei Marchesi 11 ✆ 86284, Fax 84097 – |‡| ☎ ♿. 🅂 ⓓ E VISA **e**
Pas *(chiuso venerdì)* carta 22/30000 (12%) – ☕ 8000 – **36 cam** 53/80000 – ½ P 52/65000.

XX **Etruria,** piazza dei Priori 6 ℰ 86064 – ⒜⒠ ⑤ ⓞ ⒠ 𝘝𝘐𝘚𝘈   a
  chiuso giovedì, dal 10 al 30 giugno e novembre – Pas carta 27/46000 (15%).

XX **Osteria dei Poeti,** via Matteotti 55/57 ℰ 86029   z
  chiuso giovedì e dal 10 al 30 novembre – Pas carta 24/35000 (12%).

X **Da Beppino,** via delle Prigioni 15/19 ℰ 86051 – ⒜⒠ ⑤ ⓞ ⒠ 𝘝𝘐𝘚𝘈   s
  chiuso mercoledì e dal 10 al 20 gennaio – Pas carta 22/30000 (10%).

VOZE Savona – Vedere Noli.

VULCANO (Isola) Messina ⑨⑧⑧ ㊲ ㊳ – Vedere Sicilia (Eolie,isole) alla fine dell'elenco alfabetico.

WELSBERG = Monguelfo.

WELSCHNOFEN = Nova Levante.

WOLKENSTEIN IN GRÖDEN = Selva di Val Gardena.

ZADINA PINETA Forlì – Vedere Cesenatico.

ZAFFERANA ETNEA Catania – Vedere Sicilia alla fine dell'elenco alfabetico.

ZERMAN Treviso – Vedere Mogliano Veneto.

ZERO BRANCO 31059 Treviso ④②⑨ F 18 – 7 602 ab. alt. 18 – ✿ 0422.
Roma 538 – ♦Milano 271 – ♦Padova 35 – Treviso 13 – ♦Venezia 27.

XX **Da Sauro,** ℰ 97116 – ▣. ⒜⒠ ⑤ ⓞ. ⌇⌇
  chiuso lunedì sera, martedì e dal 21 luglio al 21 agosto – Pas carta 32/47000.

ZIANO DI FIEMME 38030 Trento ④②⑨ D 16 – 1 363 ab. alt. 953 – a.s. febbraio-Pasqua e Natale –
✿ 0462.
🄱 piazza Italia ℰ 55133.
Roma 657 – Belluno 83 – ♦Bolzano 51 – Canazei 30 – ♦Milano 315 – Trento 75.

🏨 **Polo,** ℰ 55131, ⇗ – 🛏 ☎ ℗. ⑤ ⓞ ⒠ 𝘝𝘐𝘚𝘈. ⌇⌇ rist
  18 dicembre-25 aprile e giugno-20 ottobre – Pas *(chiuso giovedì)* carta 27/40000 – ⇌ 8000
  – **44 cam** 62/100000 – ½ P 58/78000.

ZIBELLO 43010 Parma ④②⑧ ④②⑨ G 12 – 2 235 ab. alt. 35 – ✿ 0524.
Roma 493 – Cremona 28 – ♦Milano 103 – ♦Parma 35 – Piacenza 41.

X **Trattoria la Buca,** ℰ 99214, prenotare – ℗. ⌇⌇
  chiuso martedì – Pas carta 35/52000.

ZINGONIA 24040 Bergamo ④②⑧ F 10, ②①⑨ ⑳ – alt. 173 – ✿ 035.
Roma 604 – ♦Bergamo 15 – ♦Brescia 62 – ♦Milano 37 – Piacenza 78.

🏨 **Gd H. Zingonia,** ℰ 883225, Telex 300242, Fax 885699 – 🛏 ▣ 📺 ☎ ⇌ ℗ – 🔩 40 a
  250. ⒜⒠ ⑤ ⓞ ⒠ 𝘝𝘐𝘚𝘈. ⌇⌇
  chiuso agosto – Pas vedere rist Le Giromette – ⇌ 13000 – **100 cam** 105/154000 –
  ½ P 145000.

XXX **Le Giromette,** ℰ 883091, ⌇ – ▣ ℗. ⒜⒠ ⑤ ⓞ ⒠ 𝘝𝘐𝘚𝘈. ⌇⌇
  chiuso domenica ed agosto – Pas carta 40/62000.

ZINZULUSA (Grotta) Lecce – Vedere Castro Marina.

ZOCCA 41059 Modena ④②⑧ ④②⑨ I 14 – 4 149 ab. alt. 758 – a.s. luglio-agosto e Natale   ✿ 059.
Roma 385 – ♦Bologna 57 – ♦Milano 218 – ♦Modena 49 – Pistoia 84 – Reggio nell'Emilia 75.

🏨 **Panoramic,** via Tesi 690 ℰ 987010, ≼, ⇗ – 🛏 ☎ ℗. ⓞ. ⌇⌇
  – Pas *(chiuso lunedì in bassa stagione)* carta 21/37000 – ⇌ 7000 – **28 cam** 39/60000 –
  ½ P 55/65000.

ZOGNO 24019 Bergamo ④②⑧ E 10 – 8 653 ab. alt. 334 – ✿ 0345.
Roma 619 – ♦Bergamo 18 – ♦Brescia 70 – Como 64 – ♦Milano 60 – San Pellegrino Terme 7.

ad Ambria NE : 2 km – ✉ 24019 Zogno :

X **Da Gianni** con cam, ℰ 91093 – ☎ ⇌ ℗. ⒜⒠ ⑤ ⓞ ⒠ 𝘝𝘐𝘚𝘈. ⌇⌇ cam
  chiuso dal 1° al 20 settembre – Pas *(chiuso lunedì dal 21 settembre al 15 giugno)*
  carta 21/41000 – ⇌ 10000 – **9 cam** 25/40000 – P 45000.

ZOLA PREDOSA 40069 Bologna 429 | 15 – 15 560 ab. alt. 82 – © 051.

Roma 378 – ♦Bologna 13 – ♦Milano 209 – ♦Modena 33.

🏨 **Zolahotel** senza rist, via Risorgimento 186 ℘ 751101, Fax 751101 – 🛗 🚪 📺 ☎ ⇔ –
🔺 50 a 250. 🖭 🕄 ⓞ 🗲 𝑉𝐼𝑆𝐴
🖵 8500 – **108 cam** 200000.

✕ **Masetti,** via Gesso 70 ℘ 755131, 🍴 – 🅿 🖭 ⓞ 𝑉𝐼𝑆𝐴. ⋘
chiuso venerdì, sabato a mezzogiorno, dal 15 al 30 gennaio ed agosto – Pas carta 27/39000.

ZOLDO ALTO 32010 Belluno 429 C 18 – 1 329 ab. alt. (frazione Fusine) 1 177 – a.s. febbraio-
15 aprile, 15 luglio-agosto e Natale – Sport invernali : 1 177/1 980 m ⟨⟨ 1 ⟨⟨ 12, ⟨ (vedere anche
Alleghe) – © 0437.

🏢 frazione Mareson ℘ 789145.

Roma 646 – Belluno 45 – Cortina d'Ampezzo 52 – ♦Milano 388 – Pieve di Cadore 39 – ♦Venezia 135.

🏨 **Valgranda,** frazione Pecol, alt. 1 375, ℘ 789142, Fax 789143, ⟨, 🖾 – 🛗 ☎ 🅿. ⋘ rist
➡ *5 dicembre-10 aprile e 15 luglio-6 settembre* – Pas 19/25000 – 🖵 13000 – **28 cam** 45/85000
– ½ P 62/90000.

🏨 Sporting, frazione Pecol, alt. 1 375 ℘ 789219, ⟨, 🖾 – ☎ ⇔ 🅿
stagionale – **22 cam**.

🏨 Bosco Verde ⟨⟨, frazione Pecol, alt. 1 375, ℘ 789151 – 🅿
stagionale – **24 cam**.

🏨 **Maè,** frazione Mareson, alt. 1 338, ℘ 789189, ⟨ – 🅿. ⓞ. ⋘
➡ *4 dicembre-15 aprile e luglio-15 settembre* – Pas 18/24000 – 🖵 7000 – **19 cam** 60/90000 –
½ P 44/62000.

🏨 La Baita ⟨⟨ senza rist, frazione Pecol, alt. 1 375 ℘ 789445, ⌗ – ☎ ⇔ 🅿
stagionale – **12 cam**.

ZOMPITTA Udine – Vedere Reana del Roiale.

ZORZINO Bergamo – Vedere Riva di Solto.

ZUCCARELLO 17039 Savona 428 J 6 – 306 ab. alt. 120 – © 0182.

Roma 592 – Cuneo 91 – ♦Genova 93 – San Remo 60 – Savona 47.

✕✕ **La Cittadella,** ℘ 79056, Coperti limitati; prenotare – 🕄 🗲 𝑉𝐼𝑆𝐴
chiuso a mezzogiorno (escluso i giorni festivi) e lunedì – Pas 50/60000.

ZWISCHENWASSER = Longega.

SARDEGNA

988 ㉒㉓㉚㉛ – 1 657 562 ab. alt. da 0 a 1 834 (Punta La Marmora, monti del Gennargentu).
vedere : Alghero, Cagliari, Olbia e Sassari.
per la Sardegna vedere : Civitavecchia, Genova, Livorno, Napoli, Palermo, Trapani;
dalla Sardegna vedere : Cagliari, Olbia, Porto Torres, Tortoli (Arbatax).

ALGHERO 07041 Sassari 988 ㉚ – 40 858 ab. – a.s. 15 giugno-15 settembre – ۞ 079.
Vedere Città vecchia★.
di Fertilia NO : 11 km ℘ 935048.
🖸 piazza Porta Terra 9 ℘ 979054, Fax 974881.
♦Cagliari 227 – ♦Nuoro 136 – ♦Olbia 137 – Porto Torres 35 – ♦Sassari 35.

Carlos V, lungomare Valencia 24 ℘ 979501, Telex 791054, Fax 980298, ≤, ⌿, 🐃, ✕ –
🛗 🖂 📺 ☎ 🅿 – 🛎 60 a 250. 🅰🅴 🆂 ⓪ 🄴 𝗩𝗜𝗦𝗔. 🛇
Pas carta 48/66000 – **110 cam** 90/120000 – ½ P 115/145000.

Calabona, località Calabona ℘ 975728, Telex 790242, Fax 981046, ≤, 🐟, 🐚, ⌿, 🐃 –
🛗 ☎ & 🅿 – 🛎 30 a 400. 🅰🅴 🆂 ⓪ 🄴 𝗩𝗜𝗦𝗔. 🛇 rist
aprile-ottobre – Pas 30000 – **113 cam** ☷ 117/154000 – ½ P 133/173000.

Villa Las Tronas ≫, lungomare Valencia 1 ℘ 975390, Fax 981044, ≤ mare e scogliere,
« Giardino », ⌿, 🐚 – 🛗 🖂 📺 🅿 🅰🅴 🆂 ⓪ 🄴 𝗩𝗜𝗦𝗔. 🛇
Pas (chiuso mercoledì e dal 20 settembre al 15 maggio) 40/50000 – ☷ 14000 – **30 cam**
135/200000 – ½ P 120/170000.

Florida, via Lido 15 ℘ 950535, Fax 950500, ≤, ⌿ – 🛗 ☎ 🅿. 🛇 rist
aprile-15 ottobre – Pas (solo per clienti alloggiati) 25000 – ☷ 10000 – **78 cam** 61/84000 –
½ P 114/126000.

Continental senza rist, via Fratelli Kennedy 66 ℘ 975250, 🐃 – 🛗 ☏ 🅿. 🅰🅴 🆂 ⓪ 🄴
𝗩𝗜𝗦𝗔
maggio-settembre – **32 cam** ☷ 75/100000.

La Lepanto, via Carlo Alberto 135 ℘ 979116, ☂ – 🅰🅴 🆂 ⓪ 🄴 𝗩𝗜𝗦𝗔
chiuso lunedì – Pas carta 31/50000 (10%).

Il Pavone, piazza Sulis 3/4 ℘ 979584, ☂ – 🅰🅴 🆂 ⓪ 🄴 𝗩𝗜𝗦𝗔. 🛇
chiuso domenica sera, mercoledì e dal 20 dicembre al 20 gennaio – Pas carta 45/82000.

Rafel, via Lido 20 ℘ 950385, ≤ – 🆂 ⓪ 𝗩𝗜𝗦𝗔. 🛇
chiuso novembre e giovedì in bassa stagione – Pas carta 40/71000.

Dieci Metri, vicolo Adami 37 ℘ 979023 – 🅰🅴 🆂 ⓪ 🄴 𝗩𝗜𝗦𝗔. 🛇
chiuso mercoledì e dal 10 gennaio al 28 febbraio – Pas carta 23/35000 (10%).

Riu, piazza Civica 2 ℘ 977240 – 🅰🅴 🆂 ⓪ 🄴 𝗩𝗜𝗦𝗔. 🛇
chiuso dicembre, giovedì e domenica sera da novembre a marzo – Pas carta 31/49000.

a Fertilia NO : 6 km – ✉ **07040** :

Dei Pini ≫, località Le Bombarde O : 3 km ℘ 930157, Telex 790057, Fax 930259, ≤ mare
e pineta, ☂, « In pineta », 🐚, ✕ – 🖂 ☎ 🅿. 🛇
maggio-ottobre – Pas 50/80000 – ☷ 28000 – **91 cam** 140000 – ½ P 140/190000.

Bellavista, ℘ 930124, Fax 930124, ≤, ☂ – 🛗 🖂 ☎ 🅰🅴 🆂 ⓪ 🄴 𝗩𝗜𝗦𝗔. 🛇 rist
Pas carta 30/43000 – ☷ 8500 – **45 cam** 41/66000 – ½ P 61/75000.

Vedere anche : *Porto Conte* NO : 13 km.

ARBOREA 09092 Oristano 988 ㉝ – 3 804 ab. alt. 7 – a.s. luglio-15 settembre – ۞ 0783.
♦Cagliari 85 – ♦Olbia 210 – ♦Oristano 17 – Porto Torres 154.

al mare NO : 4,5 km :

Ala Birdi ≫, ✉ 09092 ℘ 001084, Telex 701167, Fax 801086, Villini nel verde, ⌿, 🐚,
🐃, ✕ – 🖂 ☎ 🅿 – 🛎 50 a 100. 🆂 ⓪ 🄴 𝗩𝗜𝗦𝗔. 🛇 rist
Pas carta 28/54000 – ☷ 7000 – **138 cam** 54/85000 – ½ P 124000.

ARITZO 08031 Nuoro 988 ㉝ – 1 696 ab. alt. 796 – ۞ 0784.
Escursioni Monti del Gennargentu★★ NE – Strada per Villanova Tulo : ≤★★ sul lago di Flumendosa.
♦Cagliari 114 – ♦Nuoro 80 – ♦Olbia 184 – ♦Oristano 85 – Porto Torres 177.

Park Hotel, ℘ 629201, ≤
20 cam.

L'EUROPE en une seule feuille
Carte Michelin n° 970.

ARZACHENA 07021 Sassari 988 ㉓ – 9 145 ab. alt. 83 – a.s. 15 giugno-15 settembre – ✆ 0789.

Dintorni Costa Smeralda★★ – Tomba dei Giganti di Li Muri★ SO : 10 km per la strada di Luogosanto – 🖭 Pevero (chiuso martedì da novembre a marzo) a Porto Cervo (Costa Smeralda) 🖂 07020, Telex 792133, NE : 18,5 km.

⚓ della Costa Smeralda : vedere Olbia.

🛈 piazza Risorgimento ℰ 82662, Fax 81090.

♦Cagliari 311 – ♦Olbia 26 – Palau 14 – Porto Torres 147 – ♦Sassari 129.

🏨 **Citti** senza rist, viale Costa Smeralda 197 ℰ 82662, Fax 82608, ⚓ – 🖭 ᵹ **P**. ⚶
🖙 5000 – **50 cam** 37/61000.

XX Li Conchi, viale Costa Smeralda 3 ℰ 81898, ☂.

X Mistral, via Tiziano ℰ 81505 – 🔳.

sulla strada per Baia Sardinia NE : 8,5 km :

XXX ✿ **Grazia Deledda** con cam, 🖂 07021 Arzachena ℰ 98988, Fax 98990, prenotare – 🔳
🖭 ☎ 🅿. ⴭ 🔚 🕥 🗲 **VISA** ⚶
marzo-novembre – Pas carta 56/90000 – 🖙 20000 – **11 cam** 93/134000 appartamento
210000 – ½ P 188000
Spec. Linguine alla capra marina, Insalata d'aragosta, Porcellino da latte alla barbaricina. Vini Vermentino, Cannonau di Dorgali.

a Baia Sardinia NE : 16,5 km – 🖂 07021 Arzachena – a.s. 15 giugno-15 settembre :

🏨🏨 **Club Hotel e Rist. Casablanca**, ℰ 99006, Telex 792108, Fax 99286, ≼, ☂, ⛵ – 🛗
🔳 ☎ 🅿. ⴭ 🔚 🕥 🗲 **VISA** ⚶ rist
Pasqua-15 ottobre – **85 cam** solo ½ P 160/225000.

🏨🏨 **La Bisaccia** ⟩, ℰ 99002, Fax 99162, ≼ arcipelago della Maddalena, ☂, « Giardino »,
⊥, ⛵ – 🅿 – ⵛ 80. ⴭ 🔚 🕥 🗲 **VISA**
aprile-10 ottobre – Pas 60000 – **112 cam** 🖙 130/260000 – ½ P 225000.

🏨 **Mon Repos**, ℰ 99011, ≼, ⊥, ⛵, ⛆ – 🔳 ☎ 🅿. ⴭ 🔚 🕥 **VISA** ⚶
Pasqua-15 ottobre – Pas 40000 – 🖙 10000 – **44 cam** 107/151000 – ½ P 120/160000.

🏨 **Olimpia** ⟩ senza rist, ℰ 99176, ⊥ – 🔚 🅿. ⴭ 🕥 **VISA**
10 maggio-10 ottobre – 🖙 15000 – **16 cam** 66/130000.

sulla Costa Smeralda – 🖂 07020 Porto Cervo – a.s. 15 giugno-15 settembre :

🏨🏨🏨 **Cala di Volpe** ⟩, a Cala di Volpe E : 16,5 km ℰ 96083, Telex 790274, Fax 96442, ≼ baia
e porticciolo, ☂, ⊥, ⛵, ⛆, ⚓ – ⵛ 🔳 🖭 ☎ 🅿. ⴭ 🕥 🗲 **VISA** ⚶
15 maggio-settembre – **123 cam** solo ½ P 540000.

🏨🏨🏨 **Romazzino** ⟩, a Romazzino E : 19 km ℰ 96020, Telex 790059, Fax 96258, ≼ mare ed
isolotti, ☂, « Giardino con ⊥ », ⛵, ⛆ – ⵛ 🔳 🖭 ☎ 🅿. ⴭ 🕥 🗲 **VISA** ⚶
15 maggio-settembre – **90 cam** solo ½ P 528000.

🏨🏨🏨 **Pitrizza** ⟩, a Pitrizza NE : 19 km ℰ 91500, Telex 792079, Fax 91629, ≼ baia, « Ville
indipendenti », ⊥, ⛵, ⛆ – 🔳 ☎ 🅿. ⴭ 🕥 🗲 **VISA** ⚶
15 maggio-settembre – **51 cam** solo ½ P 557000.

🏨🏨🏨 **Cervo** ⟩, a Porto Cervo NE : 18,5 km ℰ 92003, Telex 790037, Fax 92593, ≼, ☂,
« Piccolo patio », ⊥ riscaldata – 🔳 🖭 ☎. ⴭ 🕥 🗲 **VISA** ⚶
aprile-ottobre – **90 cam** solo ½ P 352000.

🏨🏨 **Le Ginestre** ⟩, verso Porto Cervo NE : 17 km ℰ 92030, Telex 792163, Fax 94087, ≼,
⊥ riscaldata, ⛆, ⚶ – 🔳 ☎ 🅿 – ⵛ 200. ⴭ 🔚 🕥 🗲 **VISA** ⚶
aprile-settembre – Pas 60/90000 – 🖙 25000 – **67 cam** 206/242000 appartamento 385/800000
– ½ P 250/400000.

🏨🏨 **Cervo Tennis Club** ⟩, a Porto Cervo NE : 18,5 km ℰ 92244, Fax 94013, ≼, ⅙, 🎾,
⊥, ⊥, ⛆, ⚶ – 🔳 🖭 ☎ 🅿 – ⵛ 80 a 200. ⴭ 🕥 🗲 **VISA** ⚶
Pas *(chiuso da aprile a novembre)* carta 40/60000 – **16 cam** 🖙 187/273000.

🏨 **Balocco** ⟩ senza rist, a Liscia di Vacca NE : 20 km ℰ 91555, Fax 91510, ≼ mare e porto,
⊥, ⛆ – 🔳 🖭 ☎ 🅿. ⴭ 🔚 🕥 🗲 **VISA** ⚶
aprile-15 ottobre – **31 cam** 🖙 260000.

🏨 **Nibaru** ⟩, a Cala di Volpe E : 16,5 km ℰ 96038, Fax 96474, ☂, ⊥ – ☎ ᵹ 🅿. ⴭ 🔚
🕥 🗲 **VISA** ⚶
15 aprile-15 ottobre – Pas carta 43/71000 (15%) – 🖙 19000 – **45 cam** 140/170000 –
P 150/195000.

XX Il Pescatore, a Porto Cervo NE : 18,5 km ℰ 92296, « Servizio all'aperto sul porticciolo »
stagionale; chiuso a mezzogiorno.

BAIA SARDINIA Sassari 988 ㉓㉔ – Vedere Arzachena.

BARI SARDO 08042 NUoro – 3 917 ab. alt. 50 – ✆ 0782.

♦Cagliari 130 – Muravera 66 – ♦Nuoro 106 – ♦Olbia 187 – Porto Torres 244 – ♦Sassari 226.

a Torre di Bari E : 4,5 km – 🖂 08042 Bari Sardo

🏨 La Torre, ℰ 28030, Fax 29577, ⊥, ⛵, ⛆, ⚶ – 🔳 🖭 ☎ 🅿 – ⵛ 150
45 cam.

BONORVA 07012 Sassari ████ ⑬ – 4 637 ab. alt. 508 – ✿ 079.

Alghero 67 – ♦Nuoro 74 – ♦Olbia 108 – ♦Sassari 51.

a Rebeccu E : 7 km – ⊠ 07012 :

✗ Su Lumarzu, 🖉 867933 – 🅿.

BOSA MARINA 08013 Nuoro ████ ⑬ – a.s. luglio-15 settembre – ✿ 0785.

Alghero 64 – ♦Cagliari 172 – ♦Nuoro 86 – ♦Olbia 151 – ♦Oristano 64 – Porto Torres 99 – ♦Sassari 99.

🏨 **Al Gabbiano,** 🖉 374123, Fax 374123, 🎇 – ▤ rist ☎ 🅿. 🗐 🗉 VISA. 🛠
Pas *(chiuso da novembre a marzo)* carta 33/45000 – ⌗ 7000 – **29 cam** 60/80000 –
½ P 60/90000.

BUDONI 08020 Nuoro – 3 386 ab. – a.s. luglio-15 settembre – ✿ 0784.

♦Cagliari 248 – ♦Nuoro 67 – ♦Olbia 37 – Porto Torres 154 – ♦Sassari 136.

🏨 **Motel Isabella,** 🖉 844048, Fax 844409, ☞, 🛠 – ▤ rist 🐾 🅿. 🛠 rist
chiuso ottobre – Pas carta 26/38000 – ⌗ 6000 – **26 cam** 65/80000 – ½ P 80/95000.

CAGLIARI 09100 🅿 ████ ⑬ – 219 095 ab. – ✿ 070.

Vedere Museo Nazionale Archeologico★ : bronzetti★★★ Y – ≼★★ dalla terrazza Umberto I Z –
Pulpiti★★ nella Cattedrale Y – Torre di San Pancrazio★ Y B – Torre dell'Elefante★ Y A.

Escursioni Strada★★★ per Muravera per ①.

🛫 di Elmas per ② : 6 km 🖉 240047 – Alitalia, via Caprera 14 ⊠ 09123 🖉 60107.

🚢 per Civitavecchia giornaliero (13 h) e Genova giugno-settembre lunedì, mercoledì e sabato,
negli altri mesi martedì e domenica (20 h45 mn); per Napoli giugno-settembre lunedì, mercoledì
e sabato, negli altrimesi giovedì e sabato (15 h 45 mn); per Palermo giugno-settembre venerdì e
negli altri mesi giovedì (12 h 30 mn) e Trapani lunedì (10 h) – Tirrenia Navigazione-agenzia
Agenave, via Campidano 1, 🖉 666065, Telex 790013, Fax 663853.

🛈 piazza Matteotti 9 ⊠ 09123 🖉 669255 – Aeroporto di Elmas ⊠ 09132 🖉 240200 – Stazione Marittima
⊠ 09125 🖉 668352 – A.C.I. via Carboni Boi 2 ⊠ 09129 🖉 492881.

♦Nuoro 182 ② – Porto Torres 229 ② – ♦Sassari 211 ②.

Pianta pagina a lato

🏩 **Regina Margherita** senza rist, viale Regina Margherita 44 ⊠ 09124 🖉 670342, Telex
792156, Fax 668325 – 🛗 ▤ 📺 ☎ 🚗 – 🔬 30 a 350. 🗐 🗉 🗐 🗉 VISA. 🛠   Z g
99 cam ⌗ 150/190000.

🏩 Panorama, viale Armando Diaz 231 ⊠ 09126 🖉 307691, Telex 791119, Fax 305413, 🛳 –
🛗 ▤ 📺 ☎ 🚗 – 🔬 30 a 150 – **97 cam**   Z h

🏩 **Mediterraneo,** lungomare Cristoforo Colombo 46 ⊠ 09125 🖉 301271, Telex 790180, Fax
301274, ≼, ☞ – 🛗 ▤ 📺 ☎ 🅿 – 🔬 50 a 650. 🗐 🗉 🗐 🗉 VISA. 🛠 rist   Z s
Pas *(chiuso domenica)* carta 48/66000 – **136 cam** ⌗ 145/185000 appartamento 230/260000
– ½ P 121/173000.

🏨 **Moderno** senza rist, via Roma 159 ⊠ 09124 🖉 660306, Telex 792131, Fax 658215, ≼ –
🛗 ▤ 📺 ☎ 🔥 – 🔬 25. 🗐 🗉 🗉 VISA   Z a
93 cam ⌗ 90/125000.

🏨 **Italia** senza rist, via Sardegna 31 ⊠ 09124 🖉 660410, Fax 660270 – 🛗 ▤ 📺 ☎ – 🔬 50.
🗐 🗉 🗐 🗉 VISA. 🛠   Z c
113 cam ⌗ 69/94000.

🏨 **MotelAgip,** circonvallazione Nuova ⊠ 09134 Pirri 🖉 521373, Telex 792104, Fax 502222 –
🛗 ▤ 📺 ☎ 🅿 – 🔬 200. 🗐 🗉 🗐 🗉 VISA. 🛠 rist   3 km per via Baccaredda   Y
Pas *(chiuso sabato)* 30000 – **57 cam** ⌗ 83/114000 – ½ P 100/116000.

🏨 **Quadrifoglio,** circonvallazione Quadrifoglio ⊠ 09134 Pirri 🖉 543093, Fax 543036 – 🛗
▤ 📺 ☎ 🅿 – 🔬 30 a 60. 🗐 🗉 🗉 VISA. 🛠   3,5 km per via Baccaredda   Y
Pas *(chiuso lunedì)* carta 27/43000 (10%) – ⌗ 7500 – **87 cam** 63/95000.

🏨 **Al Solemar** senza rist, viale Armando Diaz 146 ⊠ 09126 🖉 340201, Fax 340201 – 🛗 ☎
🅿 – 🔬 80. 🗐 🗉 🗉 . 🛠   Z
⌗ 8500 – **42 cam** 58/96000.

XXX **Dal Corsaro,** viale Regina Margherita 28 ⊠ 09124 🖉 664318, Fax 653439 – ▤. 🗐 🗉
🗐 🗉 VISA. 🛠   Z e
chiuso domenica, dal 23 dicembre al 6 gennaio ed agosto – Pas carta 52/70000 (14%).

XX **Antica Hostaria,** via Cavour 60 ⊠ 09124 🖉 665870, « Raccolta di quadri » – ▤. 🗐 🗉
🗐 🗉 VISA. 🛠   Z x
chiuso domenica ed agosto – Pas carta 37/62000 (12%).

XX **La Volta,** via Savoia 4 ⊠ 09124 🖉 666434 – 🗐 🗉 🗐 🗉 VISA   Z f
chiuso domenica – Pas carta 29/48000 (12%).

XX **St. Remy,** via Torino 16 ⊠ 09124 🖉 657377   Z v
chiuso sabato a mezzogiorno, domenica, dal 15 dicembre al 15 gennaio ed agosto – Pas
carta 46/60000 (15%).

XX Italia, via Sardegna 26 ⊠ 09124 🖉 657987 – ≽⌗ ▤.

XX **Il Fenicottero,** via Sassari 11 ⊠ 09124 🖉 670533 – ▤. 🗐 🗉 🗐 🗉 VISA. 🛠   Z a
chiuso lunedì – Pas carta 33/60000.

CAGLIARI

0 — 300 m

S 387 : PIRRI DOLIANOVA
S 131 : SASSARI

Carlo Felice (Largo) . . . . **Z**
Manno (Via G.) . . . . **Z** 13
Roma (Via) . . . . **Z**

Azuni (Via) . . . . **Y** 3
Carmine (Piazza) . . . . **Z** 4
Costituzione (Piazza) . . . . . **Z** 5
D'Arborea (Via E.) . . . . **Z** 6
Fiume (Via) . . . . **Y** 7
Fossario (Via) . . . . **Y** 8
Garibaldi (Piazza) . . . . **Y** 9
Gramsci (Piazza) . . . . **Z** 10
Indipendenza
(Piazza) . . . . **Y** 12
Martini (Via) . . . . **Y** 14
Porceli (Via) . . . . **Y** 15

S. Benedetto (Piazza) . . . . **Y** 16
S. Benedetto (Via) . . . . **Y** 17
S. Cosimo (Piazza) . . . . **Z** 18
S. Croce (Via) . . . . **Y** 19

Sardegna (Via) . . . . **Z** 20
Università (Via) . . . . **Z** 21
Yenne (Piazza) . . . . **Z** 22
20 Settembre (Via) . . . . **Z** 23

※ **La Rosetta,** via Sardegna 44 ⊠ 09124 ℰ 663131 – ≡. 🆎 §️ ⑩ Ɛ 𝗩𝗜𝗦𝗔. ⋇   **Z b**
chiuso lunedì – Pas carta 25/43000.

※ **La Pineta,** via della Pineta 108 ⊠ 09126 ℰ 303313 – ≡. 🆎 §️ 𝗩𝗜𝗦𝗔. ⋇
chiuso lunedì e dal 15 settembre al 15 ottobre – Pas carta 28/41000 (12%)
                per via Pessina   **Z**

※ **La Lanterna,** via Cugia 7 ⊠ 09129 ℰ 308207 – ≡. 🆎 §️ ⑩ Ɛ 𝗩𝗜𝗦𝗔. ⋇
chiuso domenica, agosto o settembre – Pas carta 22/42000 (14%)
                per via Pessina   **Z**

a Sant'Elia SE : 5 km per viale Armando Diaz **Z** – ⊠ **09126** :

※※ Lo Scoglio, ℰ 371927, Solo piatti di pesce, « Servizio estivo in veranda con ≤ mare e costa » – 🅿.

al bivio per Capoterra per ② : 12 km :

※※ **Sa Cardiga e Su Schironi,** ⊠ 09012 Capoterra ℰ 71652, Fax 71613 – ≡ 🅿. 🆎 §️ ⑩ Ɛ 𝗩𝗜𝗦𝗔. ⋇
chiuso lunedì e dal 24 ottobre al 12 novembre – Pas (solo piatti di pesce suggeriti dal proprietario) carta 35/63000.

Vedere anche : *Quartu Sant'Elena* E : 7 km.

MICHELIN, a Sestu, strada statale 131 al km 7,200 per ② – ⊠ 09028 Sestu, ℰ 22122, Fax 240722.

CALA GONONE Nuoro 988 ㉞ – Vedere Dorgali.

CALASETTA 09011 Cagliari 988 ㉝ – 2 769 ab. alt. 10 – a.s. luglio e agosto – ✪ 0781.
🚢 per Carloforte giornalieri (30 mn) – Saremar-agenzia Ser.Ma.Sa., ℘ 88430.
♦Cagliari 105 – ♦Oristano 145.

✗ **Bellavista** con cam, ℘ 88211, ≤, 🏡 – ▣. 🅑. ⋘
chiuso dal 4 novembre al 15 dicembre – Pas (chiuso lunedì da ottobre ad aprile)
carta 32/50000 – ☲ 9500 – **12 cam** 63/79000, ▦ 4000 – ½ P 73/80000.

CAPO BOI Cagliari – Vedere Villasimius.

CAPO CERASO Sassari – Vedere Olbia.

CAPO D'ORSO Sassari – Vedere Palau.

CAPO TESTA Sassari – Vedere Santa Teresa Gallura.

CARLOFORTE Cagliari 988 ㉝ – Vedere San Pietro (Isola di).

CASTELSARDO 07031 Sassari 988 ㉓ – 5 458 ab. – a.s. 15 giugno-15 settembre – ✪ 079.
♦Cagliari 243 – ♦Nuoro 152 – ♦Olbia 100 – Porto Torres 34 – ♦Sassari 32.

🏛 **Riviera da Fofò,** ℘ 470143, Fax 471247, ≤ – 🛗 ☎ 🅿. 🆎 🅑 ① 🄴 𝗩𝗜𝗦𝗔. ⋘
Pas (chiuso mercoledì da novembre ad aprile) carta 32/54000 – ☲ 7000 – **27 cam** 30/50000
– ½ P 70000.

✗✗ **Sa Ferula,** località Lu Bagnu SO : 4 km ℘ 474049, ≤, 🏡 – 🅿. 🆎 🅑 ① 🄴 𝗩𝗜𝗦𝗔. ⋘
chiuso mercoledì e dal 15 al 30 novembre – Pas carta 28/52000.

COSTA DORATA Sassari – Vedere Porto San Paolo.

COSTA PARADISO Sassari – Vedere Trinità d'Agultu.

COSTA REI Cagliari – Vedere Muravera.

COSTA SMERALDA Sassari 988 ㉓㉔ – Vedere Arzachena.

DORGALI 08022 Nuoro 988 ㉞ – 8 000 ab. alt. 387 – a.s. luglio-15 settembre – ✪ 0784.
Vedere Dolmen Motorra★ N : 4 km.
Dintorni Grotta di Ispinigoli : colonna★★ N : 8 km – Strada★★ per Cala Gonone E : 10 km –
Nuraghi di Serra Orios★ NO : 10 km – Strada★★★ per Arbatax Sud.
♦Cagliari 213 – ♦Nuoro 32 – ♦Olbia 114 – Porto Torres 170 – ♦Sassari 152.

🏛 **Il Querceto,** NO : 1 km ℘ 96509, Fax 96509, 🌄, ✗ – ☎ 🅿. 🆎. ⋘ rist
2 aprile-ottobre – Pas carta 31/45000 (10%) – ☲ 7500 – **20 cam** 50/75000 – ½ P 70/85000.

✗ **Colibri,** ℘ 96054, 🏡 – ⋘
chiuso dal 15 dicembre al 15 gennaio e domenica da ottobre a maggio – Pas carta 27/39000
(10%).

a Cala Gonone E : 9 km – ✉ 08020 :

🏛 **Costa Dorada,** ℘ 93332, Fax 93445, ≤ – 📺 rist ▦ 📺 ☎. 🅑 🄴 𝗩𝗜𝗦𝗔. ⋘ rist
Pasqua-ottobre – Pas 25/40000 – ☲ 15000 – **25 cam** 110000, ▦ 15000 – ½ P 50/100000.

🏛 **Miramare,** ℘ 93140, Fax 93469, ≤ – 🛗 ▦ 📺 ☎ 🅿. 🆎 🅑 ① 𝗩𝗜𝗦𝗔. ⋘ rist
aprile-15 ottobre – Pas (chiuso sino a maggio e dal 1° al 15 ottobre) carta 24/41000 (15%)
– **35 cam** ☲ 78/95000, ▦ 15000 – ½ P 68/100000.

🏛 **L'Oasi** 🏡, ℘ 93111, Fax 93444, ≤ mare e costa, 🏡, « Giardino fiorito a terrazze » –
🅿. 𝗩𝗜𝗦𝗔. ⋘ – Pasqua-ottobre – Pas (solo per clienti alloggiati) 20000 – ☲ 10000 – **26 cam**
60000 – ½ P 62/72000.

✗ Il Pescatore, ℘ 93174, ≤, 🏡.

FERTILIA Sassari 988 ㉝ – Vedere Alghero.

FONNI 08023 Nuoro 988 ㉝ – 4 691 ab. alt. 1 000 – ✪ 0784.
Escursioni Monti del Gennargentu★★ Sud.
♦Cagliari 161 – ♦Nuoro 33 – ♦Olbia 137 – Porto Torres 149 – ♦Sassari 131.

🏛 **Cualbu,** viale del Lavoro 21 ℘ 57054 – 🛗 ☎ 🅿. ⋘
Pas 20/35000 – ☲ 6000 – **60 cam** 60/75000 – ½ P 58/65000.

verso Monte Spada SE : 7 km :

✗ Su Ninnieri, ✉ 08023 ℘ 57729 – 🅿.

FOXI Cagliari – Vedere Quartu Sant'Elena.

GOLFO ARANCI 07020 Sassari 988 ㉔ – 1 997 ab. – a.s. 15 giugno-15 settembre – ✆ 0789.
♦Cagliari 304 – ♦Olbia 19 – Porto Torres 140 – ♦Sassari 122 – Tempio Pausania 64.

🏨 **Margherita** senza rist, ✆ 46906, Fax 46851, ≤, 🛥 – 🛗 🗐 TV ☎ 🄿 ᴁ 🄱 ⑩ ᴇ 𝘝𝘐𝘚𝘈
▭ 15000 – **24 cam** 95/130000, 🍴 5000.

GOLFO DI MARINELLA Sassari – Vedere Olbia.

ISILI 08033 Nuoro 988 ㉝ – 3 302 ab. alt. 523 – ✆ 0782.
♦Cagliari 70 – ♦Nuoro 127 – ♦Oristano 93.

✗ Del Sole, con cam, via Vittorio Emanuele 86 ✆ 802024 – ☎ – **16 cam**.

IS MOLAS Cagliari – Vedere Pula.

LA CALETTA Nuoro – Vedere Siniscola.

LACONI 08034 Nuoro 988 ㉝ – 2 532 ab. alt. 555 – ✆ 0782.
♦Cagliari 86 – ♦Nuoro 108 – ♦Olbia 212 – ♦Oristano 59 – Porto Torres 189 – ♦Sassari 171.

✗ **Sardegna,** ✆ 869039 – 𝄐
Pas carta 22/35000.

LOTZORAI 08040 Nuoro – 1 966 ab. alt. 16 – a.s. Pasqua, luglio-agosto e Natale – ✆ 0782.
♦Cagliari 145 – Arbatax 9,5 – ♦Nuoro 91.

✗ **L'Isolotto,** ✆ 669431, 🍽 – 🄿 ᴁ ⑩ 𝘝𝘐𝘚𝘈 𝄐
chiuso da gennaio al 15 febbraio, lunedì e da ottobre a maggio anche la sera (escluso
sabato e domenica) – **Pas** carta 21/47000.

MACOMER 08015 Nuoro 988 ㉝ – 11 498 ab. alt. 551 – ✆ 0785.
Alghero 85 – ♦Cagliari 141 – ♦Nuoro 55 – ♦Olbia 124 – ♦Oristano 51 – Porto Torres 87 – ♦Sassari 69.

🏨 **MotelAgip,** ✆ 71066 – TV ☎ 🄿 – 🄰 40 a 150. ᴁ 🄱 ⑩ ᴇ 𝘝𝘐𝘚𝘈 𝄐 rist
Pas (chiuso lunedì) 28000 – **96 cam** ▭ 83000 – ½ P 72/91000.

MADDALENA (Arcipelago della) ★★ Sassari 988 ㉓㉔ – alt. da 0 a 212 (monte Teialone).
Vedere Isola della Maddalena★★ – Isola di Caprera★ : casa-museo★ di Garibaldi.

La Maddalena Sassari 988 ㉓㉔ – 12 124 ab. – ⊠ **07024** – a.s. 15 giugno-15 settembre –
✆ 0789 – ⛴ per Palau (15 mn) e Santa Teresa Gallura (1 h), giornalieri – Saremar-
agenzia Contemar, via Amendola 15 ✆ 736449, Telex 630514, Fax 857577.
🄸 via Nizza 2 ✆ 736321

🏨 **Cala Lunga** ⤢, a Porto Massimo N : 6 km ✆ 737389, Fax 737540, ≤, ⅃, 🏖 – 🛗. 🄱
𝘝𝘐𝘚𝘈. 𝄐
maggio-settembre – Pas (solo per clienti alloggiati) – ▭ 20000 – **72 cam** 163000 –
½ P 170000.

🏨 **Nido d'Aquila** ⤢, O : 3 km ✆ 722130, Fax 722159, ≤ mare e costa – 🛗 🗐 ☎ 🄿. 🄱
ᴇ 𝘝𝘐𝘚𝘈. 𝄐
Pas carta 38/60000 – ▭ 8500 – **42 cam** 75/116000, 🍴 8500 – ½ P 83/113000.

🏨 **Garibaldi** ⤢ senza rist, ✆ 737314 – 🛗 🗐 TV ☎. ᴁ 🄱 ⑩ ᴇ 𝘝𝘐𝘚𝘈. 𝄐
chiuso dal 20 dicembre al 5 gennaio – ▭ 9000 – **19 cam** 82/122000.

✗✗ **Mistral,** ✆ 738088, Fax 738088 – 🍴. ᴁ 🄱 ᴇ 𝘝𝘐𝘚𝘈. 𝄐
chiuso novembre e venerdì in bassa stagione – Pas carta 30/64000.

✗ **Mangana,** ✆ 738477 – 🍴. ᴁ 🄱 ⑩ ᴇ 𝘝𝘐𝘚𝘈. 𝄐
chiuso mercoledì e dal 20 dicembre al 20 gennaio – Pas carta 30/47000.

MARAZZINO Sassari – Vedere Santa Teresa Gallura.

MURAVERA 09043 Cagliari 988 ㉞ – 4 416 ab. alt. 11 – ✆ 070.
Escursioni Strada★★★ per Cagliari SO.
🄸 piazza Europa 5 ✆ 9930760 – ♦Cagliari 64 – ♦Nuoro 166 – ♦Olbia 253 – Porto Torres 288.

a Torre Salinas SE : 10,5 km – ⊠ **09043** Muravera – a.s. luglio-15 settembre :

🏨 Colostrai ⤢, ✆ 9930496, Fax 99625, ≤, 🏖, 🛥, ✗ – 🛗 ☎ ⛐ 🄿 – **31 cam**.

a Costa Rei S : 31 km – ⊠ **09043** Muravera :.
🄸 (giugno-ottobre) ✆ 991350 :

✗ **Sa Cardiga e Su Pisci,** ✆ 991108, 🍽 – 🄿. 🄱 ᴇ 𝘝𝘐𝘚𝘈. 𝄐
chiuso giovedì, novembre e dicembre – Pas carta 37/74000.

NETTUNO (Grotta di) ★★★ Sassari 988 ㉒㉝ – Vedere Guida Verde.

NUORO 08100 ⊞ 🆓 ⑤ – 38 074 ab. alt. 553 – ☎ 0784.

Vedere Museo della vita e delle tradizioni popolari sarde★.

Dintorni Monte Ortobene★ E : 9 km – 🍴 piazza Italia 9 ☎ 30083, Fax 33432.

A.C.I. via Sicilia 39 ☎ 30034.

◆Cagliari 182 – ◆Sassari 120.

🏨 **Grazia Deledda,** via Lamarmora 175 ☎ 31257, Fax 34017 – 🕸 🖦 📺 ☜ – 🛵 200. ◬ 🕙 ⓞ ⴹ 🆅🆂🆀. 🕸 rist
Pas carta 31/48000 – 🖙 8000 – **72 cam** 75/90000 – ½ P 110000.

🏨 **MotelAgip,** via Trieste 44 ☎ 34071, Telex 630585 – 🕸 🖦 📺 ☎ ℗. ◬ 🕙 ⓞ ⴹ 🆅🆂🆀. 🕸 rist
Pas *(chiuso sabato sera e domenica)* 28000 – **51 cam** 🖙 59/73000, 🖦 10000 – ½ P 77/92000.

🏠 **Grillo,** via Monsignor Melas 14 ☎ 38678 – 🕸 ☎. 🕙 🆅🆂🆀. 🕸 rist
Pas carta 20/33000 (10%) – 🖙 6000 – **46 cam** 46/62000 – ½ P 45/50000.

🍴 Canne al Vento, viale Repubblica 66 ☎ 201762.

🍴 **Sa Bertula,** via Deffenu 119 ☎ 37690 – 🕸
chiuso domenica – Pas carta 26/47000.

al monte Ortobene E : 9 km – alt. 955 :

🍴🍴 F.lli Sacchi 🕸 con cam, ✉ 08100 Nuoro ☎ 34030 – ☜ ℗ – 🛵 30
22 cam.

OLBIA 07026 Sassari 🆓 ㉓㉔ – 37 281 ab. – a.s. 15 giugno-15 settembre – ☎ 0789.

✈ della Costa Smeralda SO : 4 km ☎ 52600 – Alisarda, corso Umberto 193/195 ☎ 52600.

🚢 per Livorno marzo-ottobre giornalieri (9 h) – Sardinia Ferries, corso Umberto 4 ☎ 25200, Telex 790297; per Civitavecchia giornaliero (7 h); per Genova giugno-settembre giornaliero , negli altri mesi martedì, giovedì e sabato (13 h) – Tirrenia Navigazione, corso Umberto I n° 17/19 ☎ 24691, Telex 790023, Fax 22688.

🍴 via Catello Piro 1 ☎ 21453, Fax 21672.

◆Cagliari 268 – ◆Nuoro 102 – ◆Sassari 103.

🏨 **Mediterraneo e Rist. Il Pescatore,** via Montello 3 ☎ 24173, Telex 792017, Fax 24162 – 🕸 🖦 📺 ☎. ◬ 🕙 ⓞ ⴹ 🆅🆂🆀. 🕸
Pas *(chiuso venerdì in bassa stagione)* 28000 – 🖙 10000 – **80 cam** 102/136000 – ½ P 143/167000.

🏠 **Centrale** senza rist, corso Umberto 85 ☎ 23017 – 🖦 📺 ☎. ◬ 🕙 ⴹ 🆅🆂🆀. 🕸
🖙 8000 – **23 cam** 52/73000, 🖦 10000.

🍴🍴 **Leone e Anna,** via Barcellona 90 ☎ 26333 – 🖦. ◬ 🕙 ⴹ 🆅🆂🆀. 🕸
chiuso martedì sera e mercoledì (escluso luglio-agosto) – Pas carta 45/69000.

🍴 **Canne al Vento,** via Vignola 33 ☎ 51609 – 🕸
chiuso domenica, dal 5 al 19 marzo e al 1° al 15 novembre – Pas carta 24/43000 (10%).

sulla via Panoramica :

🏨 Royal, viale Aldo Moro 07026 ☎ 50253, Fax 50215, 🏊 🕸 🖦 📺 ☎ ℗ – 🛵 80
75 cam.

🍴🍴 **Da Nino's,** località Pittulongu NE : 4 km ✉ 07026 ☎ 39027 – ℗. ◬ 🆅🆂🆀. 🕸
chiuso mercoledì (escluso da giugno a settembre), dicembre e gennaio – Pas carta 61/96000 (10%).

a Golfo di Marinella NE : 13 km – ✉ **07026** Olbia :

🏨 **Abi d'Oru** 🕸, ☎ 32001, Telex 790135, Fax 32044, < baia, 🌴, « Giardino fiorito con 🏊 », 🐎, 🕸 – 🕸 🖦 📺 ☎ ℗. ◬ 🕙 ⓞ ⴹ 🆅🆂🆀. 🕸 rist
18 maggio-settembre – Pas 50/65000 – **60 cam** 🖙 233/350000 appartamenti 297/550000 – ½ P 218/238000.

a Capo Ceraso E : 13 km – ✉ **07026** Olbia :

🏨 **Li Cuncheddi** 🕸, ☎ 36126, Telex 791163, Fax 36194, < mare e costa, 🏊, 🐎, 🏖, 🕸 – 🖦 ☎ ℗. ◬ 🕙 ⓞ ⴹ 🆅🆂🆀. 🕸
aprile-ottobre – Pas 50000 – **75 cam** solo ½ P 130/240000.

a Porto Rotondo N : 15,5 km – ✉ **07020** :

🏨 **Sporting** 🕸, ☎ 34005, Telex 790113, Fax 34383, < mare e costa, 🌴, 🏊, 🐎, 🏖 – 📺 ☎ ℗. ◬ 🕙 ⓞ ⴹ 🆅🆂🆀. 🕸 rist
12 aprile-settembre – **27 cam** solo ½ P 435000.

🏨 **Green Park** 🕸, ☎ 35820, Fax 35838, < mare e costa, 🏊 riscaldata, 🏖, 🕸 – 🕸 🖦 📺 ☎ ℗. ◬ 🕙 ⓞ ⴹ 🆅🆂🆀. 🕸 rist
aprile-ottobre – Pas carta 30/56000 – 🖙 5000 – **36 cam** 170/200000 appartamenti 130/300000 – ½ P 120/150000.

Vedere anche : *Porto San Paolo* SE : 15 km.
   Golfo Aranci NE : 19 km.

OLIENA 08025 Nuoro 988 ㉝ ㉞ – 7 629 ab. alt. 378 – a.s. luglio-15 settembre – ✪ 0784.

Dintorni Sorgente Su Gologone★ NE : 8 km.

◆Cagliari 193 – ◆Nuoro 12 – ◆Olbia 116 – Porto Torres 150.

alla sorgente Su Gologone NE : 8 km :

XX **Su Gologone** 🦌 con cam, ✉ 08025 ℘ 287512, Telex 792110, Fax 287668, ⟨, ㄌ, ㄥ,
🍴, ❤ – 🗏 📺 ☎ ❷ – 🔏 50 a 200. 🖭 🗗 ⋿ *VISA*.
chiuso novembre – Pas carta 31/44000 (10%) – ⊊ 9500 – **65 cam** 60/80000 – ½ P 80/95000.

ORISTANO 09170 🅿 988 ㉝ – 32 556 ab. alt. 9 – ✪ 0783.

Vedere Opere d'arte★ nella chiesa di San Francesco – Basilica di Santa Giusta★ S : 3 km.

🟦 via Cagliari 278 ℘ 74191 – A.C.I. via Cagliari 50 ℘ 212458.

Alghero 137 – ◆Cagliari 93 – Iglesias 97 – ◆Nuoro 92 – ◆Sassari 121.

🏨 Mistral 2, via 20 Settembre ℘ 71305, Fax 210058, ㄥ – 🛗 ↤ cam 🗏 📺 ☎ 🚗 –
🔏 350
132 cam.

🏨 **Mistral**, via Martiri di Belfiore ℘ 212505, Fax 210058 – 🛗 🗏 📺 ☎ ❷ – 🔏 50. 🖭 🗗
⓪ ⋿ *VISA*. ❤ rist
Pas carta 24/39000 – ⊊ 8000 – **49 cam** 50/80000 – ½ P 70000.

🏨 **CA.MA.,** via Vittorio Veneto 119 ℘ 74374 – 🛗 🗏 ⊛ ❷ – 🔏 200. 🗗 ⋿ *VISA*. ❤
Pas *(chiuso a mezzogiorno e domenica)* carta 32/44000 – ⊊ 9000 – **54 cam** 44/69000,
🗏 5000 – ½ P 74000.

XXX ❀ **Il Faro**, via Bellini 25 ℘ 70002, Coperti limitati; prenotare – 🗏. 🖭 🗗 ⓪ ⋿ *VISA*. ❤
chiuso domenica sera, lunedì e dal 6 al 20 gennaio – Pas carta 48/73000 (15%)
Spec. Gamberi freschi lessati all'olio di frantoio, Fettuccine agli scampi pomodoro e basilico (aprile-
settembre), Filetti di parago imperiale alle acciughe. Vini Vermentino, Cannonau.

XX **La Forchetta d'Oro**, via Giovanni XXIII n° 8 ℘ 302731 – 🗏. 🖭 *VISA*. ❤
chiuso domenica – Pas carta 24/40000.

X **Da Salvatore**, vico Mariano 2 ℘ 71309 – 🗏. 🗗 ⋿ *VISA*. ❤
chiuso domenica e dal 13 agosto al 3 settembre – Pas carta 24/44000.

X **Tirso**, via Tirso 6 ℘ 72506 – 🗏. 🗗
chiuso le sere di domenica e lunedì – Pas carta 25/39000.

sulla strada statale 131 :

XX **Tucano**, al bivio per Arborea S : 5 km ✉ 09096 Santa Giusta ℘ 258105 – 🗏
chiuso domenica – Pas carta 37/49000.

XX **Da Renzo**, al bivio per Siamaggiore NE : 7,5 km ✉ 09170 Oristano ℘ 33658, 🍴, 🍖 –
🗏 ❷
chiuso domenica sera e lunedì – Pas carta 50/70000.

a Torre Grande O : 8,5 km – ✉ **09072** – a.s. luglio e agosto :

🏨 **Del Sole**, ℘ 22000, Fax 22217, ⟨, ㄌ, 🛝 – 🛗 🗏 rist ⊛ & ❷ – 🔏 90 a 180. 🖭 🗗
⓪ ⋿ *VISA*. ❤ rist
aprile-ottobre – Pas carta 37/54000 – ⊊ 10000 – **54 cam** 65/100000 – ½ P 70/90000.

OROSEI 08028 Nuoro 988 ㉞ – 5 196 ab. alt. 19 – a.s. luglio-15 settembre – ✪ 0784.

Dorgali 18 – ◆Nuoro 40 – ◆Olbia 93.

🏨 **Maria Rosaria,** via Grazia Deledda 1 ℘ 98657, Fax 98463, 🍖 – 🗏 rist ⊛ ❷. 🖭 🗗.
❤
Pas 24/40000 – ⊊ 6000 – **22 cam** 45/65000 – ½ P 70/75000.

ORTOBENE (Monte) Nuoro – Vedere Nuoro.

PALAU 07020 Sassari 988 ㉓ – 2 744 ab. – a.s. 15 giugno-15 settembre – ✪ 0789.

Dintorni Arcipelago della Maddalena★★ – Costa Smeralda★★.

🚢 per La Maddalena giornalieri (15 mn) – Saremar-agenzia D'Oriano, piazza del Molo 2
℘ 709270.

🟦 via Nazionale 94 ℘ 709570.

◆Cagliari 325 – ◆Nuoro 144 – ◆Olbia 40 – Porto Torres 127 – ◆Sassari 117 – Tempio Pausania 48.

🏠 **Del Molo** senza rist, ℘ 708042 – 🗏 ⊛. 🖭 ⓪ *VISA*. ❤
⊊ 7000 – **14 cam** 52/66000, 🗏 4000.

🏠 **Piccada** senza rist, ℘ 709344, Fax 709344 – ⊛ 🚗. 🗗. ❤
⊊ 6500 – **18 cam** 75000.

🏠 **La Roccia** senza rist, ℘ 709528 – ⊛ ❷. 🖭 🗗 ⓪ ⋿ *VISA*. ❤
⊊ 8000 – **22 cam** 42/65000.

XXX **Da Franco,** ℘ 709558 – 🗏. 🖭 🗗 ⓪ ⋿ *VISA*. ❤
chiuso dicembre e lunedì da ottobre a marzo – Pas carta 56/89000 (15%).

XX **La Gritta,** ℘ 708045, ⟨ mare e isole, 🍖 – ❷. 🖭 🗗 ⓪ ⋿ *VISA*. ❤
aprile-ottobre; chiuso mercoledì – Pas carta 47/65000.

✕ **Da Robertino,** via Nazionale 20 ℘ 709610 – ▤. AE ⑤ ⓞ E VISA
chiuso lunedì – Pas carta 37/50000.

✕ La Griglia, sulla strada statale 125 (S : 2 km) ℘ 708143, ⛱ – Ⓟ
stagionale; chiuso a mezzogiorno in alta stagione.

✕ Vecchia Gallura, sulla strada statale 133 (SO : 3 km) ℘ 708194, « Servizio estivo all'aperto » – Ⓟ – *stagionale.*

a Capo d'Orso E : 5 km – ✉ **07020** Palau :

⌂⌂⌂ **Capo d'Orso** ⊛, ℘ 702000, Telex 791124, Fax 708270, <, ⛱, « In pineta », ⛱, ♣, ✂ – ▤ TV ☎ Ⓟ. AE ⑤ ⓞ E VISA. ⊘ rist
aprile-ottobre – Pas 50/60000 – **58 cam** solo ½ P 240/265000.

PORTO ALABE Oristano – Vedere Tresnuraghes.

PORTO CONTE Sassari – ✉ **07041** Alghero – a.s. 15 giugno-15 settembre – ⊕ 079.
Vedere Nuraghe Palmavera★ E : 2 km.
Dintorni Grotta di Nettuno★★★ SO : 9 km – Strada per Capo Caccia : <★★.
Alghero 13 – ♦Cagliari 240 – ♦Nuoro 149 – ♦Olbia 142 – Porto Torres 41 – ♦Sassari 41.

⌂⌂⌂ **El Faro** ⊛, ℘ 942010, Telex 790107, Fax 942030, < golfo, ⛱, ⛱, ♣ – ⇅ ▤ ☎ Ⓟ – ♙ 150. AE ⑤ ⓞ E VISA. ⊘ rist
aprile-ottobre – Pas 70000 – **92 cam** ☐ 120/200000 – ½ P 140/180000.

⌂⌂ Corte Rosada ⊛, ℘ 942038, Telex 613565, Fax 942158, « Ville indipendenti in pineta », ⛱, ♣, ✂ – ▤ ☎ Ⓟ – ♙ 220 – *stagionale* – **160 cam**.

PORTO ROTONDO Sassari 988 ㉔ – Vedere Olbia.

PORTO SAN PAOLO Sassari – ✉ **07020** Vaccileddi – a.s. 15 giugno-15 settembre – ⊕ 0789.
♦Cagliari 268 – ♦Nuoro 87 – ♦Olbia 15 – ♦Sassari 114.

⌂⌂ **San Paolo,** ℘ 40001, < mare ed isola di Tavolara, ♣, ⛱ – ☎ Ⓟ. AE VISA. ⊘
maggio-15 ottobre – Pas 50/60000 – ☐ 15000 – **39 cam** 75/120000 – ½ P 82/155000.

a Costa Dorata SE : 1,5 km – ✉ **07020** Vaccileddi :

⌂⌂ **Don Diego** ⊛, ℘ 40007, Fax 40026, < mare ed isola di Tavolara, « Villini indipendenti e terrazze fiorite con ⛱ », ♣, ✂ – ▤ cam TV ☎ Ⓟ. ⊘ rist
Pas 30/40000 – ☐ 30000 – **40 cam** 250000 – ½ P 160/230000.

PORTOSCUSO **09010** Cagliari 988 ㉝ – 6 000 ab. – a.s. luglio e agosto – ⊕ 0781.
⛴ da Portovesme per l'Isola di San Pietro-Carloforte giornalieri (40 mn) – a Portovesme, Saremar-agenzia Ser.Ma.Sa., ℘ 509065.
♦Cagliari 77 – ♦Oristano 119.

⌂ Panorama senza rist, via Giulio Cesare 42 ℘ 509327, Fax 509327, < – ⇅ ▤ TV ☎
37 cam.

✕✕✕ **La Ghinghetta** con cam, via Cavour 28 ℘ 508143, Fax 508144, <, Coperti limitati; prenotare – ▤ TV ☎. AE ⑤ ⓞ E VISA. ⊘
aprile-settembre – Pas *(chiuso domenica)* carta 44/61000 – **8 cam** ☐ 150000 – P 187/209000.

PORTO TORRES **07046** Sassari 988 ㉓㉝ – 21 898 ab. – a.s. 15 giugno-15 settembre – ⊕ 079.
Vedere Chiesa di San Gavino★ – ⛴ per Genova giornaliero (12 h 30 mn) – Tirrenia Navigazione, Stazione Marittima ℘ 514107, Telex 790019, Fax 514109 – Alghero 35 – ♦Sassari 19.

sulla strada statale 131 :

⌂⌂ **Libyssonis,** SE : 2 km ✉ 07046 ℘ 501613, ⛱, ⛱, ✂ – ⇅ TV ☎ Ⓟ. ⑤ E VISA. ⊘
Pas carta 32/45000 – ☐ 8500 – **43 cam** 64/83000 – ½ P 93000.

✕ **Li Lioni,** SE : 3 km ✉ 07046 ℘ 502286, ⛱, ⛱ – Ⓟ. ⑤ ⓞ E VISA. ⊘
chiuso mercoledì – Pas carta 35/51000.

PULA **09010** Cagliari 988 ㉝ – 5 879 ab. alt. 10 – a.s. luglio-15 settembre – ⊕ 070.
⛳18 Is Molas, Casella Postale 49 ✉ 09010 Pula ℘ 9209062, Fax 9209996, SO : 6 km.
♦Cagliari 29 – ♦Nuoro 210 – ♦Olbia 314 – ♦Oristano 122 – Porto Torres 258.

a Is Molas O : 4 km – ✉ **09010** Pula :

⌂⌂⌂ Is Molas Golf hotel, ⊛, ℘ 9241006, Telex 791059, Fax 9241002, ⛱, ⛱, ⛳18 ▤ TV ☎ Ⓟ
84 cam.

a Santa Margherita SO : 6 km – ✉ **09010** Pula :

⌂⌂⌂ **Is Morus** ⊛, ℘ 921171, Telex 791053, Fax 921596, <, « In pineta », ⛱, ♣, ✂ – ▤ ☎ Ⓟ. AE ⑤ ⓞ E VISA. ⊘
Pasqua-ottobre – Pas 60/80000 – ☐ 30000 – **83 cam** 160/295000 – ½ P 235/270000.

⌂⌂ Abamar ⊛, ℘ 921555, Telex 790145, Fax 921145, <, ⛱, « In pineta », ⛱, ♣, ✂ – ⇅ ▤ ☎ Ⓟ
24 maggio-settembre – Pas (solo per clienti alloggiati) – **79 cam**.

✕✕ Urru, ℘ 921491, « Servizio estivo in terrazza », ⛱ – Ⓟ.

PUNTALDIA Nuoro – Vedere San Teodoro.

QUARTU SANT'ELENA 09045 Cagliari 988 ③ – 58 811 ab. alt. 6 – ✆ 070.
♦Cagliari 7 – ♦Nuoro 184 – ♦Olbia 288 – Porto Torres 232 – ♦Sassari 214.

Diran, viale Marconi 160 ℰ 815271, Telex 791127, Fax 815278, ☎ – ▯ ▤ ▣ ☎ ㄱ ⇔
Ⓟ – 益 50 a 300. ⒶⒺ ⑤ ⓪ Ⓔ 𝘝𝘐𝘚𝘈. ⚭ rist
Pas *(chiuso domenica)* 50000 – ⊒ 15000 – **131 cam** 110/150000 – ½ P 140000.

a Foxi E : 6 km – ⊠ 09045 Quartu Sant'Elena :

Califfo, ℰ 890131, Fax 890134, ⤓, 🛥, ❊ – ▯ ▤ ▣ ☎ ㄱ Ⓟ – 益 100 a 200. ⒶⒺ ⑤
⓪ Ⓔ 𝘝𝘐𝘚𝘈 ⚭
Pas carta 30/44000 – ⊒ 15000 – **99 cam** 80/120000 – ½ P 90/110000.

a S'Oru e Mari E : 6,5 km – ⊠ 09045 Quartu Sant'Elena :

Setar, ℰ 890001, Telex 791015, Fax 890001, 🍽, ⤓, ❊ – ▯ ▤ ▣ ☎ Ⓟ – 益 50 a 800
152 cam.

a Sant'Andrea E : 8 km – ⊠ 09045 Quartu Sant'Elena :

Su Meriagu, ℰ 890842, 🍽 – ▤ Ⓟ
chiuso martedì – Pas carta 29/43000.

REBECCU Sassari – Vedere Bonorva.

SAN PANTALEO 07020 Sassari – alt. 169 – a.s. 15 giugno-15 settembre – ✆ 0789.
♦Cagliari 306 – ♦Olbia 21 – ♦Sassari 124.

Rocce Sarde ⚓, SE : 3 km ℰ 65266, Telex 790276, Fax 65265, < costa Smeralda, ⤓,
🍽, ❊ – ☎ Ⓟ. ⒶⒺ ⑤ ⓪ Ⓔ 𝘝𝘐𝘚𝘈. ⚭
aprile-ottobre – Pas 35000 – **72 cam** ⊒ 63/90000 – ½ P 66/88000.

SAN PIETRO (Isola di) Cagliari 988 ③ – 6 692 ab. alt. da 0 a 211 (monte Guardia dei Mori) –
✆ 0781.

Carloforte 988 ③ – ⊠ 09014 – a.s. 15 giugno-15 settembre.
⤌ per Portovesme di Portoscuso (40 mn) e Calasetta (30 mn), giornalieri – Saremar-
agenzia Ser.Ma.Sa., corso Carlo Emanuele 20 ℰ 854005, Fax 855559.

Hieracon, ℰ 854028, <, 🛥 – ▯ ▤ ⊛. ⒶⒺ ⑤ ⓪ 𝘝𝘐𝘚𝘈. ⚭
Pas 35000 – ⊒ 6000 – **24 cam** ⊒ 49/80000 – ½ P 80000.

Da Nicolo, ℰ 854048 – ⒶⒺ ⑤ ⓪ Ⓔ 𝘝𝘐𝘚𝘈. ⚭
chiuso lunedì e dicembre – Pas carta 31/56000.

Al Tonno di Corsa, ℰ 855106, 🍽. ⒶⒺ ⑤. ⚭
chiuso lunedì e da ottobre al 10 novembre. Pas carta 34/52000.

SANTA CATERINA PITTINURI Oristano 988 ③ – ⊠ 09073 Cùglieri – ✆ 0785.
♦Cagliari 118 – ♦Nuoro 106 – ♦Olbia 174 – ♦Oristano 25 – Porto Torres 135 – ♦Sassari 117.

La Baja ⚓, ℰ 38105, Fax 38105, < mare e costa, 🍽 – Ⓟ. ⚭
chiuso dal 20 novembre al 20 dicembre – Pas 40000 (10%) – ⊒ 7000 – **24 cam** 40/60000
– ½ P 85000.

SANTA MARGHERITA Cagliari 988 ③ – Vedere Pula.

SANT'ANDREA Cagliari – Vedere Quartu Sant'Elena.

SANT'ANTIOCO 09017 Cagliari 988 ③ – 12 575 ab. – a.s. luglio e agosto – ✆ 0781.
Vedere Vestigia di Sulcis* : tophet*, collezione di stele* nel museo.
♦Cagliari 92 – Calasetta 9 – ♦Nuoro 224 – ♦Olbia 328 – Porto Torres 272 – ♦Sassari 254.

Moderno, ℰ 83105, 🍽 – ⚭
chiuso dal 20 dicembre al 10 gennaio – Pas *(chiuso domenica)* carta 29/40000 (10%) – ⊒
5000 – **10 cam** 30/48000 – ½ P 55000.

SANTA REPARATA Sassari – Vedere Santa Teresa Gallura.

SANTA TERESA GALLURA 07028 Sassari 988 ⑧ – 4 152 ab. – a.s. 15 giugno-15 settembre –
✆ 0789.
Escursioni Arcipelago della Maddalena**.

⤌ per La Maddalena giornaliero (1 h) – Saremar-agenzie Marittime Sarde, via del Porto 51
ℰ 754156, Telex 790232, Fax 754005.

🛈 piazza Vittorio Emanuele 24 ℰ 754127, Fax 754185.
♦Olbia 61 – Porto Torres 105 – ♦Sassari 103.

Li Nibbari ⟋, località La Testa S : 2 km ☞ 754453, ⌱, 🚗, ⫣ – ☜ **P**. ⫣ rist
15 giugno-20 settembre – Pas 35000 – 🍽 10000 – **38 cam** 60/86000 – ½ P 90/110000.

Bacchus, ☞ 754556, 🎋 – ☜. AE 🅱 ⓞ E VISA. ⫣
chiuso dal 20 dicembre al 20 gennaio – Pas carta 35/58000 – 🍽 12000 – **14 cam** 38/60000
– ½ P 69/104000.

Belvedere, ☞ 754160, Fax 754937, ⇐ – TV ☜. AE 🅱 ⓞ E VISA. ⫣
chiuso dal 20 dicembre al 20 gennaio – Pas *(chiuso martedì)* carta 32/52000 (10%) – 🍽
9000 – **22 cam** 47/71000 – P 70/90000.

Miramare ⟋, ☞ 754103, ⇐ mare e Corsica – ☜ **P**. 🅱 ⓞ VISA. ⫣
20 maggio-20 ottobre – Pas 30000 – 🍽 9000 – **14 cam** 80000 – ½ P 75/80000.

Marinaro, ☞ 754112 – 🅱 E VISA. ⫣
aprile-settembre – Pas *(chiuso venerdì)* carta 30/42000 – 🍽 8000 – **20 cam** 35/51000 –
½ P 58/73000.

Riva, ☞ 754392 – ▤. AE 🅱 ⓞ E VISA
chiuso mercoledì e dal 10 gennaio al 10 febbraio – Pas carta 43/72000.

Canne al Vento-da Brancaccio con cam, ☞ 754219 – TV ☎. 🅱. ⫣
chiuso ottobre, novembre e sabato in bassa stagione – Pas carta 35/59000 (10%) – 🍽
10000 – **22 cam** 50/70000 – ½ P 85000.

Thomas, ☞ 754237 – 🅱 VISA
chiuso gennaio e domenica in bassa stagione – Pas carta 23/46000.

a Santa Reparata O : 3 km – ✉ **07028** Santa Teresa Gallura :

S'Andira, ☞ 754273, 🎋, Solo piatti di pesce, 🚗
giugno-settembre – Pas carta 39/62000.

a Capo Testa O : 4 km – ✉ **07028** Santa Teresa Gallura :

Capotesta e dei 2 Mari, ☞ 754333, Fax 754482, ⇐ mare e Capo Testa, ⌱, 🏊, 🚗, ⫣ –
☎ **P** – *stagionale* – **114 cam**.

a Marazzino E : 5 km – ✉ **07028** Santa Teresa Gallura :

La Stalla, ☞ 751514, 🎋 – **P**. 🅱 E VISA
maggio-settembre – Pas carta 34/53000.

SANT'ELIA Cagliari – Vedere Cagliari.

SAN TEODORO 08020 Nuoro – 2 515 ab. – a.s. luglio-15 ottobre – 🕿 0784.
♦Cagliari 258 – ♦Nuoro 77 – ♦Olbia 29 – Porto Torres 146 – ♦Sassari 128.

Bungalow Hotel ⟋, ☞ 865786, Fax 865178, **« Villini indipendenti fra il verde »**, ⌱,
🏊, 🚗, ⫣ – ▤ cam ☎ **P** – 🍴 180. 🅱 E VISA. ⫣
maggio-ottobre – Pas 35/60000 – 🍽 10000 – **133 cam** 110000, ▤ 15000 – ½ P 91/127000.

a Puntaldia N : 6 km – ✉ **08020** San Teodoro :

Due Lune ⟋, ☞ 864075, Telex 791043, Fax 864001, ⇐ mare e golfo, ⌱, 🏊, 🚗, ⫣, ⫣,
🍷 – ▤ ☎ **P** – 🍴 180. 🅱 ⓞ E VISA. ⫣
17 marzo-27 ottobre – Pas carta 50/86000 – 🍽 15000 – **65 cam** 450000 – ½ P 179/315000.

SASSARI 07100 **P** 988 ㉝ – 119 717 ab. alt. 225 – 🕿 079.
Vedere Museo Nazionale Sanna★ Z M – Facciata★ del Duomo Y.
Dintorni Chiesa della Santissima Trinità di Saccargia★★ per ③ : 15 km.

✈ di Alghero-Fertilia, SO : 30 km ☞ 935048 – Alitalia, Agenzia Sardaviaggi, via Cagliari 30
☞ 234498.

🛈 viale Caprera 36 ☞ 299579, Fax 299415 – via Brigata Sassari 19 ☞ 233534.

A.C.I. viale Adua 2/b ☞ 271462 – ♦Cagliari 211.

Pianta pagina a lato

Grazia Deledda, viale Dante 47 ☞ 271235, Telex 790056, Fax 280884 – 📶 ▤ TV ☎ **P**
– 🍴 40 a 350. AE 🅱. ⫣ rist   Z a
Pas *(chiuso domenica)* 35000 – **125 cam** ⇌ 91/137000 – ½ P 90/146000.

Leonardo Da Vinci senza rist, via Roma 79 ☞ 280744, Fax 280744 – 📶 ▤ TV ☎ 🚗
– 🍴 25 a 160. AE 🅱 ⓞ E VISA. ⫣   Z c
🍽 13000 – **115 cam** 75/120000.

MotelAgip, località Serra Secca ✉ 07100 ☞ 271440, Telex 792095, Fax 792095 – 📶 ▤
TV ☎ **P** – 🍴 150. AE 🅱 ⓞ E VISA. ⫣ rist   per ②
Pas 30000 – **57 cam** ⇌ 84/105000 – ½ P 89/100000.

Marini 2 ⟋, via Chironi ☞ 277282, Fax 280300 – 📶 ▤ TV ☎ 🕭 **P** – 🍴 30 a 120.
72 cam.   per ②

Frankhotel, via Armando Diaz 20 ☞ 276456 – 📶 ▤ TV ☎ 🚗 **P** – 🍴 200   Z d
103 cam.

Giusy senza rist, piazza Sant'Antonio 21 ☞ 233327 – 📶 ☜. ⫣   Y e
24 cam ⇌ 33/54000.

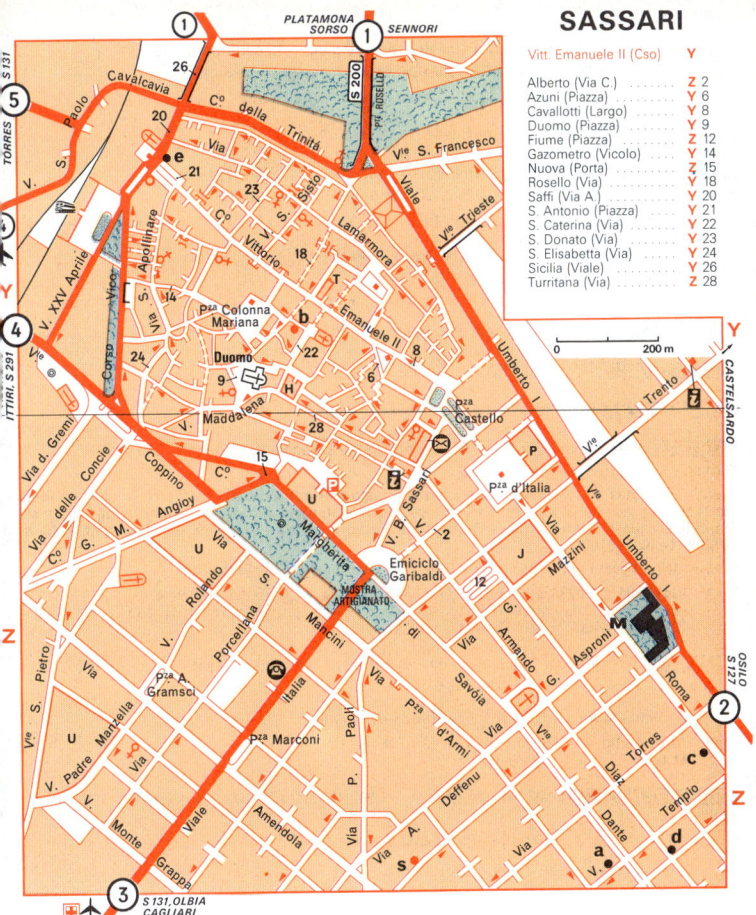

SASSARI

✗ **Trattoria del Giamaranto di Gianni e Amedeo,** via Alghero 69 ✆ 274598, prenotare
– ☷. 🆎 🅢 ⓞ 🅔 𝗩𝗜𝗦𝗔. ✻   Z s
chiuso dal 22 luglio al 22 agosto, sabato sera e domenica da giugno a settembre – Pas
carta 34/55000.

✗ **Il Senato,** via Mundula 2 ✆ 231423 – 🆎 🅢 🅔 𝗩𝗜𝗦𝗔. ✻   Y b
chiuso domenica – Pas carta 35/50000.

SINISCOLA 08029 Nuoro 988 ㉞ – 9 936 ab. alt. 42 – a.s. luglio-15 settembre – ☎ 0784.
♦Nuoro 47 – ♦Olbia 57.

a La Caletta NE : 6,5 km – ✉ **08029** Siniscola :

🏨 **L'Aragosta** ⤻, ✆ 810046, Fax 810576, ☞ – ☜ ℗ – 🏛 120. 🆎 🅢 ⓞ 🅔 𝗩𝗜𝗦𝗔. ✻
Pas carta 25/45000 (15%) – ⊑ 12000 – **27 cam** 60/75000 – ½ P 50/90000.

SORGONO 08038 Nuoro 988 ㉝ – 2 139 ab. alt. 688 – ☎ 0784.
♦Cagliari 124 – ♦Nuoro 70 – ♦Olbia 174 – Porto Torres 155 – ♦Sassari 137.

🏨 Villa Fiorita ⤻, ✆ 60129, 🏛, 🛋 ℗ – **20 cam.**

✗ **Da Nino** con cam, ✆ 60127 – ℗. ✻
Pas carta 27/39000 – ⊑ 4500 – **24 cam** 35/70000 – ½ P 65/70000.

S'ORU E MARI Cagliari – Vedere Quartu Sant'Elena.

STINTINO 07040 Sassari 988 ② 1 206 ab. – a.s. 15 giugno-15 settembre – ✪ 079.
Alghero 53 – ◆Cagliari 258 – ◆Nuoro 167 – ◆Olbia 150 – Porto Torres 29 – ◆Sassari 48.

✗ Silvestrino con cam, ♪ 523007 – ☎ – *stagionale* – **13 cam**.

SU GOLOGONE Nuoro – Vedere Oliena.

TEMPIO PAUSANIA 07029 Sassari 988 ② – 13 846 ab. alt. 566 – ✪ 079.
◆Cagliari 253 – ◆Nuoro 135 – ◆Olbia 45 – Palau 48 – Porto Torres 89 – ◆Sassari 69.

🏛 **Petit Hotel,** piazza De Gasperi 10 ♪ 631134, Fax 631176 – 📱 🕿 🔥 🚗. ◭ 🅱 ◑ 🄴
VISA. ✸
Pas carta 28/51000 – 🗖 6000 – **41 cam** 100000.

✗ Bisson, via San Luca 18 ♪ 630466
chiuso domenica.

TORRE DI BARI' Nuoro – Vedere Bari Sardo.

TORRE GRANDE Oristano 988 ③ – Vedere Oristano.

TORRE SALINAS Cagliari – Vedere Muravera.

TORTOLÌ 08048 Nuoro 988 ④ – 8 921 ab. alt. 15 – a.s. luglio-15 settembre – ✪ 0782.
Dintorni Strada per Dorgali★★★ Nord.

🚢 ; da Arbatax per: Civitavecchia 23 luglio-agosto martedì, venerdì e domenica, negli altri mesi
martedì e domenica (8 h 30 mn) e Genovagiugno-settembre giovedì e sabato, negli altri mesi
martedì e sabato (19 h 30 mn) – Tirrenia Navigazione-agenzia Torchiani, via Lungomare 40 ♪
667268, Telex 790168.

◆Cagliari 140 – Muravera 76 – ◆Nuoro 96 – ◆Olbia 177 – Porto Torres 234 – ◆Sassari 216.

🏛 **Victoria,** ♪ 623457, Fax 624116 – 📺 🕿 🅟 – 🔏 35. ◭ 🅱 🄴 VISA. ✸
chiuso dal 22 dicembre al 7 gennaio – Pas *(chiuso domenica)* carta 25/38000 – 🗖 8500 –
40 cam 58/79000 – ½ P 69/74000.

TRESNURAGHES 09079 Oristano – 1 442 ab. alt. 257 – a.s. luglio-15 settembre – ✪ 0785.
◆Cagliari 144 – ◆Nuoro 83 – ◆Oristano 51 – ◆Sassari 88.

a Porto Alabe O : 5,5 km – ✉ **09079** Tresnuraghes :

🏛 Porto Alabe, ♪ 359056, ≤, 🏖, ✗ – ☎ 🅟
21 cam.

TRINITÀ D'AGULTU 07038 Sassari 988 ② – 1 942 ab. alt. 365 – a.s. 15 giugno-15 settembre –
✪ 079.
◆Cagliari 271 – ◆Nuoro 180 – ◆Olbia 73 – Porto Torres 62 – ◆Sassari 60.

sulla Costa Paradiso NE : 16 km :

🏛 **Li Rosi Marini** 🏖, ✉ 07038 ♪ 689731, Fax 689732, ≤ mare e scogliere, 🏊, 🏖, ✗ –
🕿 🅟. ✸
aprile-ottobre – Pas *(chiuso martedì)* carta 37/47000 – 🗖 12000 – **30 cam** 115000 –
½ P 90/110000.

VILLANOVAFORRU 09020 Cagliari – 745 ab. alt. 324 – ✪ 070.
◆Cagliari 62 – Iglesias 71 – ◆Nuoro 142 – ◆Olbia 246 – Porto Torres 190 – ◆Sassari 170.

✗✗ **Le Colline** 🏖 con cam, ♪ 9300123, Fax 9300134 – 📺 ☎ 🔥 🅟. ◭ 🅱 ◑. ✸
Pas carta 31/43000 – 🗖 6000 – **20 cam** 41/67000 – ½ P 75000.

VILLASIMIUS 09049 Cagliari 988 ④ – 2 671 ab. alt. 44 – a.s. luglio-15 settembre – ✪ 070.
◆Cagliari 49 – Muravera 43 – ◆Nuoro 225 – ◆Olbia 296 – Porto Torres 273 – ◆Sassari 255.

🏛 **Cormoran** 🏖, località Campus O : 3,5 km ♪ 798101, Telex 792062, Fax 798131, 🏊, 🏖,
🍴, ✗ – 🅟. ◭. ✸
18 maggio-settembre – Pas 65000 – **66 cam** 🗖 115/150000 – ½ P 160/195000.

a Capo Boi O : 6 km – ✉ **09049** Villasimius :

🏨 **Gd H. Capo Boi** 🏖, ♪ 791515, Telex 790266, Fax 791288, ≤ mare, « Parco ombreggiato », 🏊, 🏖, ✗ – 📱 ☎ 🅟 – 🔏 40 a 500. ✸
20 maggio-settembre – Pas *(solo per clienti alloggiati)* 70000 – 🗖 30000 – **212 cam**
220/360000 – ½ P 175/245000.

L'EUROPA su un solo foglio
Carta Michelin n° 970.

SICILIA

988 ㉟ ㊱ ㊲ – 4 680 084 ab. alt. da 0 a 3 340 (monte Etna).

✈ vedere : Catania, Lampedusa, Marsala, Palermo, Pantelleria, Trapani.

🚢 per la Sicilia vedere : Cagliari, Genova, Livorno, Napoli, Reggio di Calabria, Villa San Giovanni; dalla Sicilia vedere : Catania, Isole Eolie, Messina, Palermo, Siracusa Trapani.

ACI CASTELLO 95021 Catania **988** ㊲ – 18 629 ab. – ✆ 095.

◆Catania 9 – Enna 92 – ◆Messina 95 – ◆Palermo 217 – ◆Siracusa 68.

XX Villa delle Rose, strada statale ✆ 271024, ≤ – **ⓟ**.

Vedere anche : *Cannizzaro* SO : 2 km.

ACIREALE 95024 Catania **988** ㊲ – 47 294 ab. alt. 161 – Stazione termale – ✆ 095.

Vedere Facciata★ della chiesa di San Sebastiano.

🛈 corso Umberto 179 ✆ 604521.

A.C.I. via Mancini 60 ✆ 7647777.

◆Catania 17 – Enna 100 – ◆Messina 86 – ◆Palermo 225 – ◆Siracusa 76.

🏨 Grande Alb. Maugeri, piazza Garibaldi 27 ✆ 608666 – ▮ ☜ ⇐ – 🔬 30 a 50 **40 cam**.

sulla strada statale 114 :

🏨 Orizzonte Acireale Hotel, N : 2,5 km ⊠ 95024 ✆ 886006, Telex 971515, Fax 886006, ≤, 🏖, ⊒ riscaldata, 🎾 – ▮ ▤ 📺 ☎ **ⓟ** – 🔬 30 a 200 **135 cam**.

XX Panoramico, N : 3 km ⊠ 95024 ✆ 885291, ≤, 🏖 – **ⓟ**.

a Santa Tecla N : 3 km – ⊠ **95020** :

🏨🏨 **Santa Tecla Palace** 🦢, ✆ 604933, Telex 971548, Fax 607705, ≤, ⊒, 🐎, ❊ – ▮ ▤ ☎ **ⓟ** – 🔬 30 a 400. 🅰🅴 🅱 ⓞ **VISA** 🍴 rist Pas 32/45000 – **238 cam** ⊒ 128/176000 appartamenti 240000 – ½ P 66/140000.

Avvertite immediatamente l'albergatore se non potete più occupare la camera prenotata.

ACI TREZZA 95026 Catania **988** ㊲ – ✆ 095.

◆Catania 11 – Enna 94 – ◆Messina 92 – ◆Palermo 219 – ◆Siracusa 70.

🏨 **I Malavoglia,** via Provinciale 3 ✆ 276711, Fax 276873, 🏖, ⊒, ❊ – ▮ ▤ ☜ ⇐ **ⓟ** – 🔬 50. 🅰🅴 🅱 ⓞ 🅴 **VISA** 🍴 rist Pas carta 32/52000 – **86 cam** ⊒ 88/103000, ▤ 11000 – ½ P 78/96000.

🏨 **Lachea,** via Dusmet 4 ✆ 276784, ≤, ⊒ – ▮ ▤ 📺 ☎ **ⓟ** – 🔬 150. 🅰🅴 ⓞ **VISA** 🍴 Pas carta 25/40000 – ⊒ 7500 – **24 cam** 85000 – ½ P 86000.

X **La Cambusa del Capitano,** via Marina 65 ✆ 276298 – ▤. 🅰🅴 🅱 ⓞ 🅴 *chiuso mercoledì* – Pas carta 39/62000.

AGRIGENTO 92100 **Ⓟ** **988** ㊱ – 56 372 ab. alt. 326 – ✆ 0922.

Vedere Valle dei Templi★★★ BY : Tempio della Concordia★★★ A, Tempio di Giunone★★ B, Tempio d'Ercole★★ C, Tempio di Giove★★ D, Tempio dei Dioscuri★★ E – Museo Archeologico Regionale★ BY M1 – Oratorio di Falaride★ BY F – Quartiere ellenistico-romano★ BY G – Tomba di Terone★ BY – Sarcofago romano★ e ≤★ dalla chiesa di San Nicola BY N – Città moderna★ : bassorilievi★ nella chiesa di Santo Spirito BZ.

🛈 viale della Vittoria 255 ✆ 401352 – via Empedocle 73 ✆ 20391, Fax 20246.

A.C.I. via Cimarra S.N. ✆ 604284.

Caltanissetta 58 ③ – ◆Palermo 128 ② – ◆Siracusa 212 ③ – ◆Trapani 175 ⑤.

669

AGRIGENTO

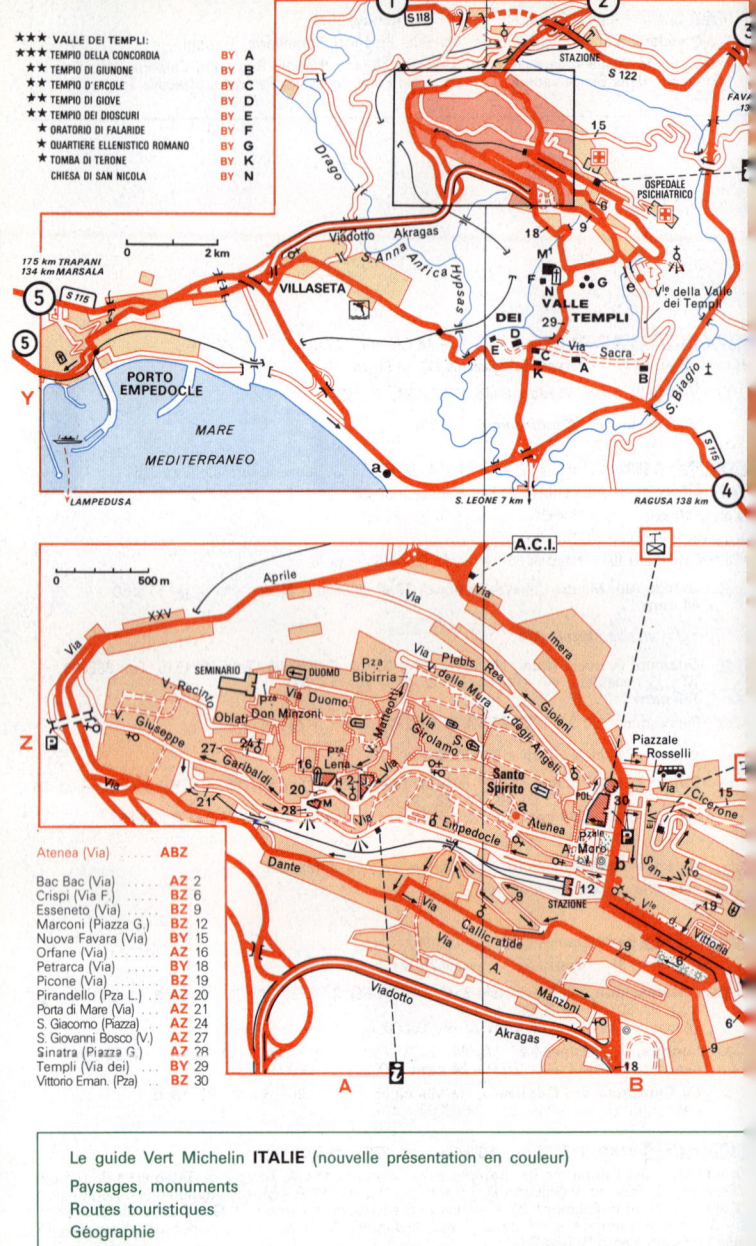

★★★ VALLE DEI TEMPLI:
★★★ TEMPIO DELLA CONCORDIA   BY   A
★★★ TEMPIO DI GIUNONE   BY   B
★★ TEMPIO D'ERCOLE   BY   C
★★ TEMPIO DI GIOVE   BY   D
★★ TEMPIO DEI DIOSCURI   BY   E
★ ORATORIO DI FALARIDE   BY   F
★ QUARTIERE ELLENISTICO ROMANO   BY   G
★ TOMBA DI TERONE   BY   K
     CHIESA DI SAN NICOLA   BY   N

Le guide Vert Michelin **ITALIE** (nouvelle présentation en couleur)

Paysages, monuments

Routes touristiques

Géographie

Histoire, Art

Itinéraires de visite

Plans de villes et de monuments.

XX **Kalo's,** piazza San Calogero ℰ 26389, prenotare – 🍽 ᴀᴇ Ⓞ 𝑉𝐼𝑆𝐴   BZ **b**
   chiuso lunedì – Pas carta 26/45000 (20%).

XX **Le Caprice,** strada Panoramica dei Templi 51 ℰ 26469, ≤, 🐜 – 🍽 🄿 ᴀᴇ 🅂 Ⓞ E
   𝑉𝐼𝑆𝐴   BY **e**
   chiuso venerdì e dal 1° al 15 luglio – Pas carta 32/60000 (15%).

X **Black Horse,** via Celauro 8 ℰ 23223, prenotare – 🅂 E 𝑉𝐼𝑆𝐴   BZ **a**
   chiuso domenica e dal 24 dicembre al 6 gennaio – Pas carta 22/35000.

sulla strada statale 115 :

🏨 **Jolly dei Templi,** per ④ : 8 km ⊠ 92100 ℰ 606144, Telex 910086, Fax 606685, ⊒ – 🖼
   🍽 📺 ☎ ♿ 🄿 – 🕍 40 a 750. ᴀᴇ 🅂 Ⓞ E 𝑉𝐼𝑆𝐴. ⵜ rist
   Pas 35000 – **146 cam** ⊐ 125/190000 – ½ P 130/160000.

🏨 **Kaos,** ⊠ 92100 ℰ 598622, Telex 911280, Fax 598770, « Terrazza con ⊒ e fontana », ⵜ
   – 🖼 🍽 📺 ☎ 🄿 – 🕍 1000. ᴀᴇ 🅂 Ⓞ E 𝑉𝐼𝑆𝐴 ⵜ   AY **a**
   Pas 40000 – **105 cam** ⊐ 105/155000 appartamenti 190000 – ½ P 125000.

🏨 **Tre Torri,** per ④ : 8 km ⊠ 92100 ℰ 606733, Telex 910546, Fax 607839, ⊒ – 🖼 🍽 ☎
   🄿 – 🕍 300. ᴀᴇ 🅂 E 𝑉𝐼𝑆𝐴. ⵜ rist
   Pas 30/40000 – **118 cam** ⊐ 65/100000 – ½ P 75/80000.

XX **Cioffi,** per ④ : 8 Km ⊠ 92100 ℰ 606333, 🐜 – 🄿. ᴀᴇ 🅂 Ⓞ E 𝑉𝐼𝑆𝐴
   chiuso lunedì – Pas carta 33/50000 (15%).

a San Leone S : 7 km BY – ⊠ **92100** Agrigento :

🏠 **Pirandello Mare,** ℰ 412333, Fax 413693 – 🖼 🍽 ☜ 🄿. 🅂 E 𝑉𝐼𝑆𝐴. ⵜ rist
   Pas carta 28/44000 – ⊐ 8000 – **45 cam** 47/79000 – ½ P 70000.

X **Del Pescatore,** ℰ 414342 – 🍽. ⵜ
   chiuso lunedì (escluso da giugno al 15 settembre) – Pas carta 26/53000 (15%).

ALCAMO 91011 Trapani ⁹⁸⁸ ㊱ – 43 231 ab. alt. 256 – ✪ 0924.

♦Agrigento 145 – ♦Catania 254 – ♦Messina 280 – ♦Palermo 46 – ♦Trapani 52.

X **La Funtanazza,** al Monte Bonifato S : 6 km ℰ 25314, ≤, 🐜 – 🄿. ⵜ
↦   *chiuso venerdì e dal 10 settembre al 10 ottobre* – Pas carta 18/32000.

AUGUSTA 96011 Siracusa ⁹⁸⁸ ㊲ – 39 904 ab. – ✪ 0931.

♦Catania 42 – ♦Messina 139 – ♦Palermo 250 – Ragusa 103 – ♦Siracusa 32.

XX **Donna Ina,** località Faro Santa Croce E : 6,5 km ℰ 983422 – ⵜ
   chiuso lunedì e dal 7 al 14 gennaio – Pas carta 39/47000 (15%).

BARCELLONA POZZO DI GOTTO 98051 Messina ⁹⁸⁸ ㊲㊳ – 39 980 ab. alt. 60 – ✪ 090.

♦Catania 130 – Enna 181 – ♦Messina 41 – Milazzo 12 – ♦Palermo 195 – Taormina 85.

🏨 **Conca d'Oro,** località Spinesante N : 3 km ℰ 9710128, 🐜 – 📺 ☎ 🄿. ᴀᴇ 🅂 E 𝑉𝐼𝑆𝐴.
   ⵜ
   Pas *(chiuso lunedì)* carta 24/42000 – ⊐ 6000 – **13 cam** 60000 – ½ P 55000.

🏠 **S. Andrea,** via Sant'Andrea 12 ℰ 9796684, « Servizio rist. estivo in giardino » – 🖼 ☜
   🄿 🅂 E 𝑉𝐼𝑆𝐴. ⵜ
   Pas *(chiuso lunedì)* carta 33/45000 – ⊐ 7000 – **22 cam** 30/60000 – ½ P 55000.

CALTAGIRONE 95041 Catania ⁹⁸⁸ ㊱㊲ – 38 576 ab. alt. 608 – ✪ 0933.

♦Agrigento 153 – ♦Catania 64 – Enna 75 – Ragusa 71 – ♦Siracusa 100.

🏨 **Gd H. Villa San Mauro,** via Portosalvo 18 ℰ 26500, Telex 971420, Fax 31661, ⊒ – 🖼
   🍽 📺 ☎ 🄿 – 🕍 300. ᴀᴇ 🅂 Ⓞ E 𝑉𝐼𝑆𝐴. ⵜ rist
   Pas 35/45000 – ⊐ 18000 – **92 cam** 100/120000, 🛏 20000 – P 148/168000.

CALTANISSETTA 93100 ℙ ⁹⁸⁸ ㊳ – 62 588 ab. alt. 588 – ✪ 0934.

🛈 viale Conte Testasecca 20 ℰ 21089.

Ⓐ.Ⓒ.Ⓘ contrada Sant'Elia ℰ 35911.

♦Catania 109 – ♦Palermo 127.

🏠 **Diprima,** via Kennedy 16 ℰ 26088 – 🖼 ⵜ rist 🍽 ☜ – 🕍 30 a 200. ᴀᴇ 🅂 Ⓞ E
   𝑉𝐼𝑆𝐴. ⵜ rist
   Pas carta 20/33000 (15%) – ⊐ 5000 – **115 cam** 36/65000 – ½ P 52/75000.

XX **Cortese,** viale Sicilia 166 ℰ 31686 – 🍽 – 🕍 140. 🅂 E 𝑉𝐼𝑆𝐴
   chiuso lunedì – Pas carta 35/40000.

   Vedere anche : *San Cataldo* SO : 8 km.

CANICATTÌ 92024 Agrigento ⁹⁸⁸ ㊱ – 34 582 ab. alt. 470 – ✪ 0922.

♦Agrigento 39 – ♦Caltanissetta 28 – ♦Catania 137 – Ragusa 133.

🏠 **Collina e Rist. Al Faro,** via Puccini ℰ 852550, 🐜 – ⵜ rist 🍽 ☜ 🄿. 🅂 E 𝑉𝐼𝑆𝐴. ⵜ
   Pas *(chiuso lunedì e dal 10 al 22 agosto)* carta 24/33000 – **27 cam** ⊐ 41/70000, 🛏 7000 –
   ½ P 50000.

CANNIZZARO 95020 Catania – ✪ 095.

♦Catania 7 – Enna 90 – ♦Messina 97 – ♦Palermo 215 – ♦Siracusa 66.

Catania Sheraton Hotel, ℰ 271557, Telex 971438, Fax 271380, ≤, 🐟, ⌲, 🐎, ⭑ – 🛏 🗏 📺 ☎ ♿ 🚗 – 🔬 600. 🖭 🛇 ⑩ ⏚ ꦚ. ⬩
Pas carta 61/106000 – **166 cam** ⚏ 152/224000 appartamenti 588/706000 – ½ P 149/189000.

Gd H. Baia Verde, ℰ 491522, Telex 970285, Fax 494464, ≤, 🐟, « Sulla scogliera », ⌲, 🐎, 🐎, ⭑ – 🛏 🗏 📺 ☎ 🚗 ℗ – 🔬 30 a 400
127 cam.

Selene, via Mollica 24/26 ℰ 494444, Fax 492209, ≤, « Servizio estivo in terrazza sul mare » – ℗. 🖭 🛇 ⑩ ⏚ ꦚ. ⬩
chiuso martedì e dal 4 al 27 agosto – Pas carta 32/56000 (15%).

CAPO D'ORLANDO 98071 Messina 988 ㊱㊲㊳ – 11 843 ab. – ✪ 0941.

⛴ per le Isole Eolie luglio-agosto giornaliero (1 h) – Aliscafi SNAV, al porto.

♦Catania 135 – Enna 143 – ♦Messina 88 – ♦Palermo 149 – Taormina 132.

Il Mulino, via Andrea Doria 46 ℰ 902431, Fax 911614, ≤, 🐟 – 🛏 🗏 📺 ☎. 🖭 🛇 ⑩ ⏚ ꦚ. ⬩
Pas (chiuso domenica da novembre a marzo) carta 32/48000 – ⚏ 10000 – **40 cam** 60/104000 – ½ P 80/100000.

Bristol, via Umberto 37 ℰ 901390 – 🛏 🚗 🚗. ꦚ
Pas (chiuso sabato) carta 21/40000 – ⚏ 5000 – **75 cam** 30/56000 – ½ P 53/60000.

a Fiumara SE : 10 km – ✉ 98074 Naso :

Bontempo, ℰ 961065, Fax 955160, 🐟 – 🚗 🗏 ℗. 🖭 🛇 ⑩ ꦚ. ⬩
chiuso lunedì – Pas 37000 bc.

CAPO TAORMINA Messina – Vedere Taormina.

CARINI 90044 Palermo 988 ㉟ – 20 277 ab. alt. 181 – ✪ 091.

♦Catania 234 – ♦Messina 260 – ♦Palermo 26 – Punta Raisi 15 – ♦Trapani 88.

a Villagrazia NO : 7 km – ✉ 90040 :

Residence Hotel Azzolini 🐟, ℰ 8674755, Telex 910355, ⌲, 🐎, 🐎, ⭑ – 🛏 🗏 📺 ☎ ℗ – 🔬 30 a 300
76 cam.

CASTELLAMMARE DEL GOLFO 91014 Trapani 988 ㉟ – 14 499 ab. – ✪ 0924.

Dintorni Rovine di Segesta★★★ S : 16 km.

♦Agrigento 144 – ♦Catania 269 – ♦Messina 295 – ♦Palermo 61 – ♦Trapani 34.

a Scopello NO : 10 km – ✉ 91010 :

Torre Bennistra 🐟 con cam, ℰ 596003, ≤ – ꦚ
Pas carta 24/42000 – ⚏ 4500 – **8 cam** 26/38000 – ½ P 55000.

CASTELMOLA Messina – Vedere Taormina.

CASTELVETRANO 91022 Trapani 988 ㉟ – 32 016 ab. alt. 190 – ✪ 0924.

Dintorni Rovine di Selinunte★★ S : 14 km.

♦Agrigento 96 – ♦Catania 263 – ♦Messina 338 – ♦Palermo 104 – ♦Trapani 55.

Selinus, via Bonsignore 22 ℰ 902638 – 🛏 🚗 🚗 – **46 cam.**

CATANIA 95100 ℗ 988 ㊲ – 366 226 ab. – ✪ 095.

Vedere Via Etnea★ : villa Bellini★ DXY – Piazza del Duomo★ DZ – Castello Ursino★ DZ.

Escursioni Etna★★★ Nord per Nicolosi.

🛬 di Fontana Rossa S : 4 km BV ℰ 252111 – Alitalia, corso Sicilia 111 ✉ 95131 ℰ 252222.

🅸 largo Paisiello 5 ✉ 95124 ℰ 317720 – via Etnea 83 ✉ 95124 ℰ 313993 – Stazione Ferrovie Stato ✉ 95129 ℰ 531802 – Aeroporto Fontana Rossa ℰ 341900.

A.C.I. via Sabotino 1 ✉ 95129 ℰ 533381.

♦Messina 97 ① – ♦Siracusa 59 ③.

Pianta pagina a lato

Excelsior, piazza Verga 39 ✉ 95129 ℰ 537071, Telex 972250, Fax 537015 – 🛏 🗏 📺 ☎ ♿ – 🔬 30 a 300. 🖭 🛇 ⑩ ⏚ ꦚ
Pas (chiuso domenica) 45000 – **163 cam** ⚏ 132/210000 – ½ P 150000.

EX c

Jolly, piazza Trento 13 ✉ 95129 ℰ 316933, Telex 970080, Fax 316832 – 🛏 🗏 📺 ☎ ℗ – 🔬 30 a 200. 🖭 🛇 ⑩ ⏚ ꦚ. ⬩ rist
Pas 35000 – **159 cam** ⚏ 145/190000 – ½ P 130/180000.

EX n

CATANIA

CATANIA

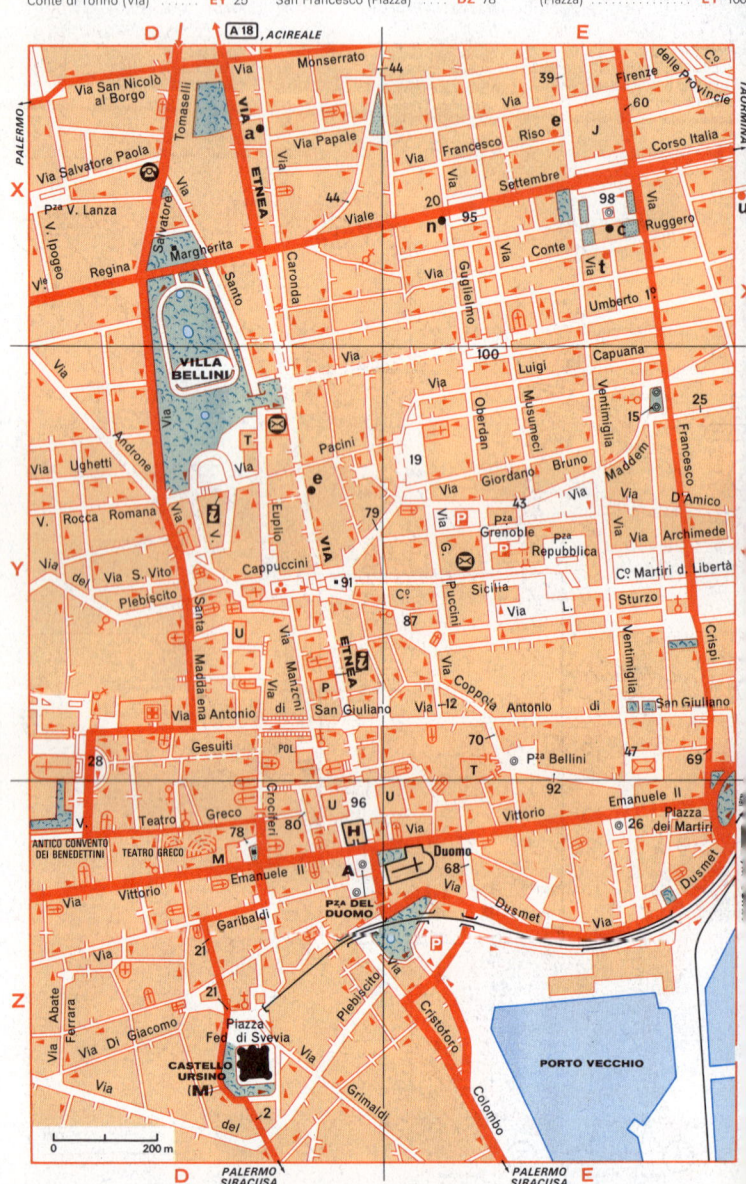

🏨 **Central Palace,** via Etnea 218 ⌗ 95131 𝓟 325344, Telex 971383, Fax 328939 – 🛗 ▤ 📺
☎ 🚗 – 🔥 200 – **107 cam**
DY **e**

🏨 **Nettuno,** viale Ruggero di Lauria 121 ⌗ 95127 𝓟 493533, Telex 971451, Fax 498066, ≤,
🏊 – 🛗 🖭 📺 ☎ 🅿 – 🔥 260. ◗▣ 🆂 ⓞ 🅴 𝚅𝙸𝚂𝙰. 🛇
CU **s**
Pas carta 37/54000 – **80 cam** ⌸ 158000, ▤ 15000 – ½ P 140000.

🏨 **Poggio Ducale,** via Paolo Gaifami 5 ⌗ 95126 𝓟 330016 – 🛗 🖭 ▤ 📺 ☎ 🅿. ◗▣ 🆂 ⓞ
🅴 𝚅𝙸𝚂𝙰. 🛇
BU **g**
Pas *(chiuso domenica sera e lunedì a mezzogiorno)* carta 36/60000 – **25 cam** ⌸ 71/115000,
▤ 15000 – ½ P 112000.

🏨 **Villa Dina** senza rist, via Caronda 129 ⌗ 95128 𝓟 447103, 🚗 – 📺 👁 🅿. 🆂 ⓞ 🅴
𝚅𝙸𝚂𝙰
DX **a**
27 cam ⌸ 69/108000.

🍴🍴 La Siciliana, viale Marco Polo 52 ⌗ 95126 𝓟 376400, « Servizio estivo in giardino »
CU **x**

🍴🍴 **Il Giardino d'Inverno,** via Asilo Sant'Agata 34 ⌗ 95129 𝓟 532853, prenotare – ◗▣ 🆂
ⓞ 🅴 𝚅𝙸𝚂𝙰
CV **h**
chiuso lunedì ed agosto – Pas carta 31/59000 (10%).

🍴🍴 **Enzo 2,** via Malta 26 ⌗ 95127 𝓟 370878 – ▤. ◗▣ ⓞ 𝚅𝙸𝚂𝙰. 🛇
CU **y**
chiuso lunedì ed agosto – Pas carta 25/39000.

🍴 **La Lampara,** via Pasubio 49 ⌗ 95127 𝓟 383237 – ▤. ◗▣ 𝚅𝙸𝚂𝙰
CU **d**
chiuso mercoledì – Pas carta 32/43000 (15%).

🍴 **Pagano,** via De Roberto 37 ⌗ 95129 𝓟 537045 – ▤. ◗▣ ⓞ 𝚅𝙸𝚂𝙰
EX **t**
chiuso sabato ed agosto – **Pas** carta 26/42000 (15%).

🍴 Da Rinaldo, via Simili 59 ⌗ 95129 𝓟 532312
EX **u**

🍴 **Il Commercio,** via Francesco Riso 8/10 ⌗ 95128 𝓟 447289 – ▤. ◗▣ ⓞ 𝚅𝙸𝚂𝙰. 🛇
EX **e**
chiuso sabato sera e Ferragosto – Pas carta 26/40000.

ad Ognina NE : 4 km CU – ⌗ **95126** Catania :

🏨 **MotelAgip** senza rist, via Messina 626 𝓟 7122300, Telex 972379, Fax 7121856 – 🛗 ▤
📺 🖭 ☎ 🅿 – 🔥 50. ◗▣ 🆂 ⓞ 🅴 𝚅𝙸𝚂𝙰
CU **a**
56 cam ⌸ 80/130000, ▤ 12000.

🍴🍴 **Costa Azzurra,** via De Cristofaro 4 𝓟 494920, ≤, « Servizio estivo all'aperto » – 🅿. ◗▣
🆂 ⓞ
CU **a**
chiuso venerdì e dal 10 al 30 agosto – Pas carta 42/60000 (15%).

🍴🍴 **Sporting Mignemi,** viale Artale Alagona 4 𝓟 491117, ≤, 🌳 – 🅿. ◗▣ 🆂 ⓞ 🅴 𝚅𝙸𝚂𝙰. 🛇
CU **b**
chiuso mercoledì – Pas carta 32/55000.

verso Gravina N : 5 km – ⌗ **95030** Gravina :

🏨 Hotel Sport Rasula Alta, 𝓟 417023, 🏊 – 🛗 📺 👁 🅿   per via del Bosco
32 cam.

Vedere anche : *Cannizzaro* per ② : 7 km.

MICHELIN, a Misterbianco, per ⑤ : 5 km, corso Carlo Marx 71 – ⌗ 95045 Misterbianco,
𝓟 471133, Fax 482728.

CEFALÙ 90015 Palermo 𝟿𝟾𝟾 ㊱ – 14 518 ab. – ✪ 0921.

Vedere Posizione pittoresca★★ – Cattedrale★★.

🛈 corso Ruggero 77 𝓟 21050 Telex 910294.

♦Agrigento 140 – ♦Caltanissetta 101 – ♦Catania 182 – Enna 107 – ♦Messina 166 – ♦Palermo 68.

🏨 **Carlton H. Riviera,** località Capo Plaia O : 8 km 𝓟 20004, Telex 910040, Fax 20263, ≤,
🏊, 🏖, 🛇 – 🛗 🖭 ☎ 🅿 – 🔥 40 a 250. ◗▣ 𝚅𝙸𝚂𝙰. 🛇
marzo-ottobre – Pas carta 35/55000 – **144 cam** ⌸ 78/138000 – ½ P 83/145000.

🏨 **Tourist,** viale Lungomare O : 1 km 𝓟 21750, ≤, 🌳, 🏊 – 🛗 👁 🚗 🅿. ◗▣ ⓞ. 🛇
maggio-15 ottobre – Pas carta 25/32000 – **46 cam** ⌸ 100000 – ½ P 70/90000.

🏨 **Baia del Capitano** 🛇, località Mazzaforno O : 5 km 𝓟 20003, Fax 20163, 🏊, 🏖, 🚗,
🛇 – 🛗 ▤ cam ☎ 🅿. 🆂 🅴 𝚅𝙸𝚂𝙰. 🛇 rist
Pas *(chiuso da novembre a marzo)* carta 31/54000 (10%) – ⌸ 17000 – **34 cam** 42/80000 –
½ P 84/126000.

🏨 **Riva del Sole,** lungomare Colombo 𝓟 21230, Fax 21984, ≤, 🏖 – 🛗 👁 🅿. ◗▣ 🆂 𝚅𝙸𝚂𝙰
Pas carta 27/44000 (15%) – ⌸ 6000 – **28 cam** 60000 – ½ P 65000.

🍴🍴 **Kentia,** via Nicola Botta 15 𝓟 23801, « Servizio estivo all'aperto » – 🆂 𝚅𝙸𝚂𝙰. 🛇
*chiuso a mezzogiorno in luglio-agosto (escluso sabato-domenica), lunedì e dal 24 dicembre
al 6 gennaio* – Pas carta 32/56000.

🍴 **La Brace,** via 25 Novembre 10 𝓟 23570, prenotare – ◗▣ ⓞ 𝚅𝙸𝚂𝙰
chiuso a mezzogiorno, lunedì, dicembre e gennaio – Pas carta 24/42000.

🍴 **Ostaria del Duomo,** via Seminario 5 𝓟 21838, 🌳 – ◗▣ 🆂 ⓞ 𝚅𝙸𝚂𝙰. 🛇
chiuso dicembre e lunedì (escluso luglio-agosto) – Pas carta 32/47000.

CHIARAMONTE GULFI 97012 Ragusa 🔢 ⑰ – 8 167 ab. alt. 668 – ✪ 0932.

♦Agrigento 133 – ♦Catania 88 – ♦Messina 185 – ♦Palermo 257 – Ragusa 20 – ♦Siracusa 77.

　✗　**Majore,** ℰ 928019 – ᴠɪꜱᴀ
　←　*chiuso lunedì* – **Pas** carta 13/22000 (20%).

　✗　U Dammusu, ℰ 927506, « Decorazioni rustiche ».

CINISI 90045 Palermo 🔢 ㉟ – 9 191 ab. alt. 75 – ✪ 091.

♦Catania 240 – ♦Messina 259 – ♦Palermo 14 – ♦Trapani 64.

　verso Terrasini NO : 4 km :

　🏨　**Azzolini Palm Beach,** ⊠ 90049 Terrasini ℰ 8682033, Fax 8675747, ᠁, 🚗 – ▮ ▤ ☎
　　　🄿 – 🛎 50 a 150. ᴀᴇ 🄱 ᴇ ᴠɪꜱᴀ. ⅏
　　　Pas 30000 – **38 cam** ⇌ 70/110000 – ½ P 75000.

COMISO 97013 Ragusa 🔢 ⑰ – 29 786 ab. alt. 246 – ✪ 0932.

♦Agrigento 121 – ♦Catania 121 – ♦Siracusa 96 – ♦Palermo 250.

　🏠　**Cordial Hotel** senza rist, strada statale 115 (O : 1 km) ℰ 967866, Fax 967867 – ▤ ᴛᴠ ☎
　　　🄿 ᴀᴇ 🄱 ᴇ ᴠɪꜱᴀ. ⅏
　　　⇌ 5000 – **25 cam** 35/46000.

DONNALUCATA 97010 Ragusa – ✪ 0932.

♦Agrigento 139 – ♦Catania 136 – ♦Messina 233 – ♦Palermo 268 – Ragusa 32 – ♦Siracusa 85.

　✗　Al Sorcio, con cam, ℰ 937615, ≤, 🌫 – ▮ ☏ 🄿 – **22 cam**.

EGADI (Isole) Trapani 🔢 ㉟ – 4 698 ab. alt. da 0 a 686 (monte Falcone nell'isola di Marettimo)
– ✪ 0923.

Vedere Favignana★ : cave di Tufo★, grotta Azzurra★ – Levanzo★ – Marettimo★ : porto★.

　　Favignana (Isola) 🔢 ㉟ – ⊠ **91023** – **Vedere** Cave di tufo★, Grotta Azzurra★.
　　⤷ per Trapani giornalieri (1 h) – Siremar-agenzia Media, molo San Leonardo ℰ 921368.
　　⤴ per Trapani giornalieri (20 mn) – Siremar-agenzia Media, molo San Leonardo ℰ 921368.

　🏠　**Egadi,** ℰ 921232 – ⅏
　　　Pas *(maggio-settembre; chiuso a mezzogiorno)* 33/40000 – ⇌ 5000 – **11 cam** 28/40000 –
　　　½ P 65000.

　✗　**Rais,** ℰ 921233, 🌫
　　　chiuso mercoledì dal 15 settembre a maggio – Pas carta 24/40000 (10%).

ENNA 94100 🅿 🔢 ㉚ – 29 350 ab. alt. 942 – ✪ 0935.

Vedere Posizione pittoresca★★ – Castello★ : ⁂★★★ – ≤★ dal belvedere.

🄱 piazza Garibaldi 1 ℰ 21184 – piazza Colaianni ℰ 26119 – ᴀ.ᴄ.ɪ. via Roma 200 ℰ 26299.

♦Agrigento 92 – ♦Caltanissetta 34 – ♦Catania 83 – ♦Messina 180 – ♦Palermo 133 – Ragusa 138 – ♦Siracusa 136 –
♦Trapani 237.

　🏨　**Grande Albergo Sicilia** senza rist, piazza Colaianni 7 ℰ 501209, Fax 500488 – ▮ ᴛᴠ ☎
　　　⇌, ᴀᴇ 🄱 ⓞ ᴠɪꜱᴀ
　　　74 cam ⇌ 45/75000.

　✗　Ariston, via Roma 365 ℰ 26038 – ▤.

　✗　**Centrale,** piazza 6 Dicembre 9 ℰ 21025 – ᴀᴇ 🄱 ⓞ ᴇ ᴠɪꜱᴀ
　　　chiuso sabato e dal 1° al 15 settembre – Pas carta 26/35000 (10%).

　al lago di Pergusa S : 10 km – alt. 667 :

　🏨　**Riviera,** ⊠ 94010 Pergusa ℰ 36267, Fax 36267, ≤, 🏊 – ☎ 🄿. 🄱 ᴠɪꜱᴀ. ⅏
　　　Pas carta 31/45000 – **26 cam** ⇌ 67000 – ½ P 55/60000.

　🏠　**Park Hotel la Giara** 🏚, ⊠ 94010 Pergusa ℰ 42287, ≤, 🏊, 🚗 – ☎ 🄿. 🄱 ᴠɪꜱᴀ. ⅏
　　　Pas carta 30/42000 – **20 cam** ⇌ 46/68000 – ½ P 66000.

EOLIE o LIPARI (Isole) ★★★ Messina 🔢 ㊱㊲㊳ – 12 278 ab. alt. da 0 a 962 (monte Fossa
delle Felci nell'isola di Salina) – ✪ 090.

Vedere Vulcano★★★ : gran cratere★★★ (2-3 h a piedi AR) – Stromboli★★★ – Lipari★★ : ⁂★★★ dal
belvedere di Quattrocchi, giro dell'isola in macchina★★, escursione in battello★★ lungo la costa
SO, museo★.

⤷ per Milazzo giornalieri (da 2 h 15 mn a 6 h) – a Lipari, Siremar-agenzia Eolian Tours, via
Amendola ℰ 9811312, Telex 980120, Fax 9880170.

⤴ per Milazzo giornalieri (da 50 mn a 2 h) – a Lipari, Siremar-agenzia Eolian Tours, via Amendola
ℰ 9811312, Telex 980120, Fax 9880170; Aliscafi SNAV-agenzia Eoltravel, via Vittorio Emanuele 116
ℰ 9811122; per Messina giornalieri (1 h 20 mn), Capo d'Orlando luglio-agosto giornalieri (1 h) e
Cefalù-Palermo giugno-settembre giornaliero escluso sabato (3 h circa); per Vibo Valentia Marina
15 giugno-15 settembre giornaliero (2 h 30 mn) e Napoli maggio-15 settembre giornaliero (5 h) –
a Lipari, Aliscafi SNAV-agenzia Eoltravel, via Vittorio Emanuele 116 ℰ 9811122.

Lipari (Isola) 988 ⑰⑱ – 10 725 ab. – ⊠ **98055**.

🛈 via Vittorio Emanuele 202 ℰ 9880095, Telex 980133, Fax 9811190 – a Marina Corta (giugno-settembre) ℰ 9811108.

🏨 **Carasco** ⑤, a Porto delle Genti ℰ 9811605, Telex 980095, Fax 9811828, ≼ mare e costa, ⑤, 🐦, 🚗 – 🛗 ⅄⅄ cam 🚼 rist ☎ 🅟 𝚅𝙸𝚂𝙰. ⅏
aprile-27 settembre – Pas carta 65/90000 – ⊡ 20000 – **89 cam** 65/120000 appartamenti 160000 – ½ P 100/160000.

🏨 **Meligunis,** via Marte ℰ 9812426, Telex 981117, Fax 9880149, 🚗 – 🛗 🚼 📺 ☎ 🅰🅴 🅱 🅾 🅴. ⅏ rist
Pas *(chiuso da novembre a febbraio)* 35/45000 – **32 cam** ⊡ 240000 appartamenti 280/300000 – ½ P 150/177000.

🏠 **Giardino sul Mare** ⑤, via Maddalena 65 ℰ 9811004, Fax 9880150, ≼ mare e costa, 🚗, « ⑤ su terrazza fiorita », 🐦 – 🛗 🚼 ☏. 🅰🅴 🅱 🅾 🅴 𝚅𝙸𝚂𝙰. ⅏ rist
15 marzo-5 novembre – Pas 25/45000 – **30 cam** ⊡ 150000 – ½ P 85/130000.

🏠 Gattopardo Park Hotel ⑤, via Diana ℰ 9811035, Telex 911574, Fax 9880207, « Terrazze fiorite », 🚗 – ☎
62 cam.

🏡 **Oriente** senza rist, via Marconi 35 ℰ 9811493, Fax 9880198, « Giardino ombreggiato » – ⅄⅄ ☏ 🅱. 🅰🅴 🅱 🅾 🅴 𝚅𝙸𝚂𝙰
Pasqua-ottobre – **25 cam** ⊡ 53/105000.

🏡 La Filadelfia senza rist, via Tronco ℰ 9812795, Fax 9812486 – 🛗 ☎ 🅟
47 cam.

🍴🍴 ❀ **Filippino,** piazza Municipio ℰ 9811002, Telex 981055, Fax 9812878, 🚗 – 🅰🅴 🅱 🅾 🅴 𝚅𝙸𝚂𝙰. ⅏
chiuso dal 10 novembre al 15 dicembre e lunedì da ottobre a maggio – Pas carta 39/54000 (12%)
Spec. Maccheroni alla Filippino, Ravioloni di cernia in salsa paesana (marzo-ottobre), Zuppa di pesce alla pescatora (marzo-novembre). **Vini** Salina, Duca Enrico.

🍴🍴 **E Pulera,** via Diana ℰ 9811158, Fax 9812878, Cucina tipica isolana, « Servizio estivo in giardino fiorito con pergolato » – 🅰🅴 🅱 🅴 𝚅𝙸𝚂𝙰. ⅏
giugno-ottobre; chiuso a mezzogiorno – Pas carta 38/51000 (15%).

🍴 **La Nassa,** via Franza 36 ℰ 9811319, Fax 9811617, 🚗 – 🅰🅴 🅱 🅴 𝚅𝙸𝚂𝙰. ⅏
chiuso gennaio e febbraio – Pas carta 40/69000.

🍴 **A Loggia,** a Piano Conte ℰ 9822387, 🚗 – 𝚅𝙸𝚂𝙰. ⅏
chiuso martedì (escluso i giorni festivi) – Pas carta 32/45000.

Panarea (Isola) 988 ⑰⑱ – ⊠ **98050**.
La limitazione d'accesso degli autoveicoli è regolata da norme legislative.

🏠 **Cincotta** ⑤, ℰ 983014, Fax 983211, ≼ mare ed isolotti, 🚗, ⑤ – ☎. 🅱 🅴 𝚅𝙸𝚂𝙰. ⅏
Pasqua-settembre – Pas 30/50000 – **29 cam** ⊡ 190000 – ½ P 90/140000.

🏠 **La Piazza** ⑤, ℰ 983003, Fax 983176, ≼ mare ed isolotti, 🚗, ⑤, 🚗 – ☎. 🅱 🅴 𝚅𝙸𝚂𝙰. ⅏
aprile-settembre – Pas carta 48/68000 (10%) – **25 cam** ⊡ 190000 – ½ P 90/140000.

🏡 **Lisca Bianca** ⑤ senza rist, ℰ 983004, ≼ mare ed isolotti – ☏. 🅱 🅴 𝚅𝙸𝚂𝙰
Pasqua-20 ottobre – **25 cam** ⊡ 140000.

Salina (Isola) 988 ㉖㉗㉘ – 1 533 ab.
🛈 (giugno-settembre) ℰ 9843003

🏠 Signum ⑤, a Malfa ⊠ 98050 Malfa ℰ 9844222, ≼ mare e costa, 🚗, 🚗 – ☎
stagionale – **16 cam**.

🏡 **Punta Scario** ⑤, a Malfa ⊠ 98050 Malfa ℰ 9844139, ≼ mare, Panarea e Stromboli, 🚗
giugno-settembre – Pas (solo per clienti alloggiati e *chiuso a mezzogiorno*) – ⊡ 11000 – **17 cam** 50000 – ½ P 60/64000.

🏡 **Villa Orchidea,** a Malfa ⊠ 98050 Malfa ℰ 9844079, Fax 9844043 – ☏. 🅰🅴 🅱 🅴. ⅏
Pas carta 34/51000 – **18 cam** solo ½ P 63/87000.

🍴 **L'Ariana** con cam, a Rinella ⊠ 98050 Leni ℰ 9809075, ≼, 🚗 – 🅱 🅴 𝚅𝙸𝚂𝙰. ⅏
Pas *(Pasqua-ottobre)* carta 37/58000 – ⊡ 11000 – **15 cam** 38/65000 – ½ P 58/89000.

🍴 **Porto Bello,** a Santa Marina ⊠ 98050 Leni ℰ 9843125, ≼, « Servizio estivo sotto un pergolato » – 🅱 🅴 𝚅𝙸𝚂𝙰. ⅏
chiuso novembre – Pas carta 32/42000.

🍴 La Marinara ⑤ con cam, a Lingua ⊠ 98050 Leni ℰ 9843022, 🚗
14 cam.

EUROPE on a single sheet
Michelin map no 970.

Stromboli (Isola) 988 ③⑦ ③⑧ – ✉ 98050.
La limitazione d'accesso degli autoveicoli è regolata da norme legislative.

🅱 (giugno-settembre) ₰ 986285

🏠 **La Sciara Residence** ⚓, a Piscità ₰ 986005, Fax 986284, 🏛, 🏊, 🐎, 🍽 – ☎. AE
ⓢ ⓞ E 𝐕𝐈𝐒𝐀. ✼
maggio-ottobre – Pas 50/75000 – **60 cam** ⚏ 133/186000 appartamenti 500/600000 –
½ P 110/168000.

🏠 **La Sirenetta-Park Hotel** ⚓, a Ficogrande ₰ 986025, Telex 980020, Fax 986124, ≤, 🏊,
🐎 – ☎. AE ⓢ E 𝐕𝐈𝐒𝐀. ✼
26 marzo-29 ottobre – Pas 35/50000 – **43 cam** ⚏ 70/130000 – ½ P 80/140000.

🏠 **Villaggio Stromboli** ⚓, a Ficogrande ₰ 986018, Fax 9880170, ≤, 🐎 – AE 𝐕𝐈𝐒𝐀. ✼
15 marzo-ottobre – Pas 25/35000 – **30 cam** ⚏ 45/90000 – ½ P 75/85000.

Vulcano (Isola) 988 ③⑦ ③⑧ – ✉ 98050.
La limitazione d'accesso degli autoveicoli è regolata da norme legislative.

🅱 (giugno-settembre) a Porto Ponente ₰ 9852028

🏠 **Eolian** ⚓, a Porto Ponente ₰ 9852152, Telex 980119, Fax 9852153, ≤, 🏛, 🐎 – ☎ Ⓟ
AE ⓢ ⓞ 𝐕𝐈𝐒𝐀. ✼
28 aprile-7 ottobre – Pas 25/40000 – ⚏ 18000 – **80 cam** 75/140000 – ½ P 80/130000.

🏠 **Conti** ⚓, ₰ 9852012, Fax 9880150, 🏛 – ☎ 🐎. 𝐕𝐈𝐒𝐀. ✼ rist
aprile-20 ottobre – Pas 22/25000 – ⚏ 7000 – **62 cam** 45/80000 – ½ P 53/79000.

✗ Lanterna Bleu, a Porto Ponente ₰ 9852287, 🏛 – Ⓟ.

ERICE 91016 Trapani 988 ③⑤ – 29 776 ab. alt. 751 – 🕿 0923.

Vedere Posizione pittoresca★★★ – ≤★★ dal castello di Venere.

🅱 viale Conte Pepoli 56 ₰ 869173, Fax 869544.

♦Catania 304 – Marsala 45 – ♦Messina 330 – ♦Palermo 96 – ♦Trapani 14 .

🏠 **Elimo,** via Vittorio Emanuele 75 ₰ 869377, Fax 869252, ≤ – 📶 ☎. AE ⓢ ⓞ E 𝐕𝐈𝐒𝐀. ✼
Pas carta 41/63000 (20%) – **21 cam** ⚏ 65/105000 – ½ P 90/100000.

🏠 **Moderno,** via Vittorio Emanuele 63 ₰ 869300, Fax 869139 – 📶 ✼ 📺 ☎. AE ⓢ ⓞ E
𝐕𝐈𝐒𝐀. ✼ rist
Pas 35/50000 – **40 cam** ⚏ 70/110000 – ½ P 85/95000.

🏠 **Edelweiss,** cortile Padre Vincenzo ₰ 869420 – 🔊. AE ⓢ ⓞ E 𝐕𝐈𝐒𝐀. ✼
Pas vedere rist Nuovo Edelweiss – **15 cam** ⚏ 55/70000 – ½ P 75/85000.

✗✗ **Taverna di Re Aceste,** viale Conte Pepoli ₰ 869084, Fax 869139 – AE ⓢ ⓞ E 𝐕𝐈𝐒𝐀. ✼
chiuso mercoledì e novembre – Pas carta 25/40000.

✗ **Nuovo Edelweiss,** piazza Umberto I ₰ 869158 – AE ⓢ ⓞ E 𝐕𝐈𝐒𝐀. ✼
chiuso lunedì – Pas carta 41/61000 (20%).

ETNA ★★★ Catania 988 ③⑦ – Vedere Guida Verde.

FAVIGNANA (Isola di) Trapani 988 ③⑤ – Vedere Egadi (Isole).

FIUMARA Messina – Vedere Capo d'Orlando.

FONTANE BIANCHE Siracusa – Vedere Siracusa.

FRANCAVILLA DI SICILIA 98034 Messina 988 ③⑦ – 5 224 ab. alt. 330 – 🕿 0942.

♦Catania 69 – ♦Messina 69 – ♦Palermo 238.

✗ **D'Orange Alcantara** con cam, ₰ 981374, Fax 981704, 🏛 – ☎. ⓢ E 𝐕𝐈𝐒𝐀. ✼ cam
🛬 Pas carta 19/35000 – ⚏ 5000 – **30 cam** 34/58000 – ½ P 45/58000.

FURCI SICULO 98023 Messina – 3 394 ab. – 🕿 0942.

♦Catania 65 – ♦Messina 34 – ♦Palermo 260 – Taormina 20.

🏠 **Foti,** ₰ 791815, Telex 981066, Fax 793203, 🏛 – 📶 ≡ LV ☎. AE ⓢ ⓞ E 𝐕𝐈𝐒𝐀. ✼
Pas carta 28/44000 – ⚏ 12000 – **27 cam** 45/75000 – ½ P 65/80000.

GANZIRRI Messina – Vedere Messina.

GELA 93012 Caltanissetta 988 ③⑥ – 79 601 ab. – 🕿 0933.

Vedere Fortificazioni greche★★ a Capo Soprano – Museo Archeologico Regionale★.

🅱 via Giacomo Navarra Bresmes 105 ₰ 913788.

♦Agrigento 77 – ♦Caltanissetta 82 – ♦Catania 97 – ♦Messina 194 – ♦Palermo 206 – Ragusa 61 – ♦Siracusa 146.

🏠 **MotelAgip,** località Giardinelli ₰ 911144, Fax 907236 – 📶 ≡ 📺 ☎ Ⓟ – 🔺 80. AE ⓢ
ⓞ E 𝐕𝐈𝐒𝐀. ✼ rist
Pas *(chiuso domenica)* 30000 – **91 cam** ⚏ 88/103000, ≡ 6000 – ½ P 82/119000.

✗ Aurora, piazza Vittorio Veneto 1 ₰ 917711.

SICILIA

GIARDINI-NAXOS 98030 e 98035 Messina 988 ③ – 9 031 ab. – ✆ 0942.

🖪 via Tysandros 76/e ⬜ 98035 ✆ 51010, Telex 981161, Fax 52848.

◆Catania 47 – ◆Messina 54 – ◆Palermo 257 – Taormina 5.

🏨 **Arathena Rocks** ⑤, via Calcide Eubea 55 ⬜ 98035 ✆ 51349, ≤, 🌳, ⌃, 🏊, 🐎,
  ℀ – 🛗 ☎ 🅿. 🖭 🗉 🗷 ℀
  10 aprile-20 ottobre – **37 cam** solo ½ P 86000.

🏨 **Hellenia Yachting Hotel,** via Jannuzzo 41 ⬜ 98030 ✆ 51737, Telex 980104, Fax 54310,
  ≤, ⌃, 🏊, 🐎 – 🛗 ▤ ☎ 🅿. 🖭 ⑩ 🗷 ℀
  marzo-novembre – Pas 50000 – ⬜ 20000 – **70 cam** 219000 – ½ P 179000.

🏨 **Sant'Alfio Garden Hotel** ⑤, via Recanati ⬜ 98030 ✆ 51383, Telex 981015, Fax 53934,
  ⌃, 🏊 – 🛗 ▤ ☎ 🅿. 🖭 🗉 🗷 ℀
  Pas (solo per clienti alloggiati) carta 36/50000 – ⬜ 4000 – **101 cam** 158000 – ½ P 100/139000.

🏨 **Kalos Hotel** ⑤, via Calcide Eubea 29 ⬜ 98030 ✆ 52116, ≤, 🏊, 🐎 – 🛗 ☎ 🅿. 🖭
  🗉 ⑩ 🗷 ℀ rist
  aprile-ottobre – Pas 30000 – **27 cam** ⬜ 47/94000 – ½ P 75000.

🏨 **La Riva,** via Tysandros 24 ⬜ 98035 ✆ 51329, Fax 51329, ≤ – 🛗 ⇔ ☎ 🚗. 🗉 🗷 🗷.
  ℀ rist
  chiuso novembre – Pas (solo per clienti alloggiati) 20/26000 – **38 cam** ⬜ 45/70000 –
  ½ P 55/65000.

🏨 **Palladio** senza rist, via Umberto 470 ⬜ 98035 ✆ 52267 – 🛗 ☎. 🗉 ⑩ 🗷 🗷
  15 dicembre-10 gennaio e 24 marzo-ottobre – ⬜ 6000 – **15 cam** 38/65000.

🏨 **La Sirenetta,** via Naxos 177 ⬜ 98035 ✆ 53637, ≤ – ▤ rist. 🖭 🗉 🗷 🗷. ℀
  chiuso dal 20 novembre al 15 febbraio – Pas 20/26000 – **14 cam** ⬜ 55000 – ½ P 45/55000.

℀ La Cambusa, via Schis ⬜ 98030 ✆ 51437, ≤ mare e Taormina, 🌳

℀ **Sea Sound,** via Jannuzzo 37/A ⬜ 98030 ✆ 54330, 🌳 – 🖭 🗉 ⑩ 🗷 🗷
  maggio-ottobre – Pas carta 35/53000.

ISOLA DELLE FEMMINE 90040 Palermo – 4 651 ab. alt. 12 – ✆ 091.

◆Palermo 16 – Punta Raisi 17 – ◆Trapani 88.

℀ **Cutino,** via Palermo 10 ✆ 8677062, Solo piatti di pesce – ▤. 🖭 ⑩ 🗷
  chiuso martedì e dal 1° al 15 ottobre – Pas 35/45000 bc.

LAMPEDUSA (Isola di) Agrigento – 5 515 ab. alt. da 0 a 133 (Albero Sole) – ✆ 0922.

  Lampedusa – ⬜ **92010**.
  ✈ ✆ 970299.

🏨 Guitgia Tommasino ⑤, ✆ 970879 – ☎ 🅿 – **28 cam**.

🏨 Alba d'Amore ⑤, ✆ 970272 – ☎ 🅿 – **47 cam**.

🏨 Vega, senza rist, ✆ 970099 – ☜ 🕭 – **13 cam**.

🏨 Sirio ⑤, ✆ 970401 – ☎ 🅿 – **9 cam**.

℀℀ **Gemelli,** ✆ 970699 – 🖭 🗉 🗷 🗷. ℀
  Pasqua-ottobre; chiuso a mezzogiorno in luglio-agosto – Pas carta 32/56000.

℀ **Pepp Top 2,** ✆ 971250 – ⇔ 🅿. ℀
  Pas carta 30/43000.

LETOJANNI 98037 Messina – 2 444 ab. – ✆ 0942.

◆Catania 53 – ◆Messina 47 – ◆Palermo 274 – Taormina 8.

🏨 **Park Hotel Silemi** ⑤, NE : 1 km ✆ 36228, Telex 981063, Fax 36229, ≤, 🌳, ⌃, 🏊 –
  🛗 ▤ ☎ 🅿. 🗉 🗷 ℀
  15 marzo-15 novembre – Pas 35/50000 – **49 cam** ⬜ 150000 – ½ P 100/120000.

℀℀ **Paradise Beach Club,** ✆ 36944, 🌳, ⌃, 🏊, 🐎 – 🅿. 🖭 🗉 ⑩ 🗷 🗷. ℀
  giugno-ottobre; chiuso la sera (escluso dal 15 luglio al 31 agosto) – Pas carta 40/71000.

℀ **Peppe** con cam, ✆ 36159, Fax 36843, 🌳, 🏊 – 🛗 🖭 🗉 ⑩ 🗷 🗷
  15 marzo-15 novembre – Pas carta 30/46000 – ⬜ 5000 – **26 cam** 60000 – ½ P 60/70000.

LIDO DI SPISONE Messina – Vedere Taormina.

LIPARI (Isola) Messina 988 ③ ③ – Vedere Eolie (Isole).

MARINA DI PATTI 98060 Messina – ✆ 0941.

◆Catania 155 – ◆Messina 66 – ◆Palermo 174.

🏨 **La Playa,** ✆ 361326, ≤, ⌃, 🏊, 🐎, ℀ – 🛗 ☜ 🅿
  aprile-ottobre – Pas carta 32/41000 – ⬜ 9000 – **41 cam** 45/66000 – ½ P 90/100000.

🏨 **Park Philip Hotel,** via Capitano Zuccarello ✆ 361332, Fax 361184, ⌃ – 🛗 ▤ 📺 ☎ –
  🛗 120. 🖭 🗉 ⑩ 🗷 🗷. ℀ rist
  Pas 27/35000 – ⬜ 8000 – **43 cam** 40/66000 – ½ P 60/75000.

℀℀ Cani Cani, con cam, località Saliceto ✆ 361022, 🌳 – ▤ cam 📺 🅿 – **15 cam**.

679

MARINELLA Trapani 988 ㊱ – Vedere Selinunte.

MARSALA 91025 Trapani 988 ㊱ – 80 869 ab. – ✪ 0923.

Vedere Relitto di una nave da guerra punica★ al museo Archeologico.

✈ di Birgi N : 15 km ✆ 841124 – Alitalia, Agenzia Ruggieri, via Mazzini 111 ✆ 951444.

🅸 via Garibaldi 45 ✆ 958097.

♦Agrigento 134 – ♦Catania 301 – ♦Messina 358 – ♦Palermo 124 – ♦Trapani 31.

🏨 **President,** via Nino Bixio 1 ✆ 999333, Fax 999115, 🍸 – 🛗 🖳 📺 ☎ ⅙ Ⓟ – 🛗 50 a
600. 🆎 🅂 🖹 𝓥𝓘𝓢𝓐. ✇ rist
Pas 24000 – 🖵 10000 – **68 cam** 70/91000 – ½ P 90/103000.

🏨 **Cap 3000,** via Trapani 161 ✆ 989055, Fax 989634, 🍸 – 🛗 🖳 📺 ⊛ Ⓟ – 🛗 200. 🅂 🖹
𝓥𝓘𝓢𝓐. ✇ rist
Pas carta 24/34000 – 🖵 7000 – **50 cam** 58/90000, 🖳 4500 – ½ P 84000.

🏨 **Stella d'Italia,** via Rapisardi 7 ✆ 953003, Fax 953003 – 🛗 🖳 📺 ⊛ ⅙ 🚗 – 🛗 80. 🆎
🅂 Ⓞ 🖹 𝓥𝓘𝓢𝓐
Pas 22/25000 – 🖵 8000 – **51 cam** 48/84000, 🖳 6000 – ½ P 60/70000.

🏨 **MotelAgip,** via Mazara 14 ✆ 999166 – 🛗 🖳 rist ⊛ Ⓟ. 🆎 🅂 Ⓞ 🖹 𝓥𝓘𝓢𝓐. ✇ rist
Pas 28000 – **41 cam** 🖵 57/71000 – ½ P 70/81000.

✗✗ **Delfino,** lungomare Mediterraneo S : 4 km ✆ 998188, Fax 998188, 🍴 – Ⓟ. 🆎 🅂 Ⓞ
𝓥𝓘𝓢𝓐. ✇
chiuso martedì (escluso da giugno ad agosto) – Pas carta 29/48000.

MAZARA DEL VALLO 91026 Trapani 988 ㊱ – 49 330 ab. – ✪ 0923.

🅸 piazza della Repubblica 9 ✆ 941727.

♦Agrigento 116 – ♦Catania 283 – Marsala 22 – ♦Messina 361 – ♦Palermo 127 – ♦Trapani 53.

✗✗ **Del Pescatore,** via Castelvetrano 191 ✆ 947580 – 🖳 Ⓟ. 🆎 🅂 Ⓞ 🖹 𝓥𝓘𝓢𝓐. ✇
chiuso lunedì – Pas carta 27/45000 (15%).

✗✗ **Papaya,** via Romano 1 ✆ 946221 – 🖳. 🆎 🅂 Ⓞ 🖹 𝓥𝓘𝓢𝓐. ✇
chiuso mercoledì (escluso da giugno a settembre) – Pas carta 33/53000 (10%).

✗✗ La Bettola, corso Diaz 20 ✆ 946203 – 🖳.

✗ **La Chela,** via Mattarella 9 ✆ 946329 – 🖳. ✇
chiuso sabato da ottobre a marzo – Pas carta 25/30000.

Your recommendation is self-evident
if you always walk into a hotel or a restaurant Guide in hand.

MAZZARÒ Messina 988 ㊲ – Vedere Taormina.

MENFI 92013 Agrigento 988 ㊱ – 13 645 ab. alt. 119 – ✪ 0925.

♦Agrigento 79 – ♦Palermo 122 – ♦Trapani 100.

in prossimità del bivio per Porto Palo SO : 4 km :

✗ **Il Vigneto** ✉ 92013 ✆ 71732, 🍴 – Ⓟ. 🅂 🖹 𝓥𝓘𝓢𝓐. ✇
chiuso domenica sera e lunedì (escluso da luglio a settembre) – Pas carta 21/35000 (10%).

MESSINA 98100 🅿 988 ㊲㊳ – 273 570 ab. – ✪ 090.

Vedere Museo Nazionale★ – Portale★ del Duomo e orologio astronomico★ sul campanile.

🚢 per Reggio di Calabria (45 mn) e Villa San Giovanni (35 mn), giornalieri – Stazione Ferrovie
Stato, ✆ 675201 int. 552; per Villa San Giovanni giornalieri (20 mn) – Società Caronte, largo San
Francesco da Paola ✉ 98121 ✆ 44982.

🚢 per Reggio di Calabria giornalieri (15 mn) e le Isole Eolie giornalieri (1 h 20 mn) – Aliscafi
SNAV, via San Raineri 22 ✉ 98122 ✆ 7775, Telex 981163, Fax 717358.

🅸 via Calabria 301 bis ✉ 98122 ✆ 675356 – piazza Stazione ✉ 98122 ✆ 674236, Telex 980112, Fax 675359
– piazza Cairoli 45 (4° piano) ✉ 98123 ✆ 2933541, Telex 981095, Fax 2933542.

🄰🄲🄸 via Manara, isol. 125/127 ✉ 98123 ✆ 2933031.

♦Catania 97 ④ – ♦Palermo 235 ⑤.

Pianta pagina a lato

🏨 **Royal Palace Hotel,** via Tommaso Cannizzaro is. 224 ✉ 98122 ✆ 2921161, Telex
981080, Fax 2921075 – 🛗 🖳 📺 ☎ 🚗 – 🛗 400. 🆎 🅂 Ⓞ 🖹 𝓥𝓘𝓢𝓐. ✇   BZ ⓔ
Pas (solo per clienti alloggiati) 40/60000 – 🖵 20000 – **83 cam** 170000 appartamenti 220000
– ½ P 150000.

🏨 **Jolly,** corso Garibaldi 126 ✉ 98126 ✆ 43401, Telex 980074, Fax 5902526, ≼ – 🛗 🖳 📺
☎ – 🛗 150. 🆎 🅂 Ⓞ 🖹 𝓥𝓘𝓢𝓐. ✇ rist   BY **v**
Pas 35000 – **96 cam** 🖵 145/190000 – ½ P 130/180000.

🏨 Paradis e Rist. L. Borgia, via Consolare Pompea 441 ✉ 98164 ✆ 650682 e rist ✆ 650006,
Telex 981047, ≼ – 🛗 🖳 📺 ☎ 🚗 Ⓟ   N : 3 km per viale della Libertà   BY

MESSINA

XXXX ✿ **Alberto,** via Ghibellina 95 ⊠ 98123 ✆ 710711 – 🗏. AE ⑩ VISA. ⋘　　　　BZ **d**
    chiuso domenica e dal 30 luglio al 1° settembre – Pas carta 45/70000
    Spec. Filetti di pesce marinato con rucola in carpaccio, Fettuccine con ortaggi e gamberi (primavera-estate),
    Involtini di pesce spada alla brace. **Vini** Alcamo, Frappato.

XXX ✿ **Pippo Nunnari,** via Ugo Bassi is. 157 ⊠ 98123 ✆ 2938584 – 🗏. AE ⑤ E VISA　　BZ **h**
    chiuso lunedì e dal 1° al 15 luglio – Pas carta 36/53000
    Spec. Fettuccine alla Nunnari, Braciolette di carne alla messinese, Involtini di pesce spada. **Vini** Colomba
    Platino, Donna Fugata.

XXX **Agostino,** via Maddalena 70 ⊠ 98123 ✆ 718396, Coperti limitati; prenotare – 🗏. ⑩.
    ⋘　　　　　　　　　　　　　　　　　　　　　　　　　　　　　　　　　　　　BZ **b**
    chiuso lunedì ed agosto – Pas carta 45/65000.

XX **Piero,** via Ghibellina 121 ⊠ 98123 ✆ 718365 – 🗏. AE ⑤ E VISA　　　　　　AZ **s**
    chiuso domenica ed agosto – Pas carta 33/52000.

XX **Antonio,** via Maddalena is. 156 ⊠ 98123 ✆ 2939853 – AE ⑤ ⑩ VISA. ⋘　　　BZ **r**
    chiuso martedì – Pas 25/35000.

X **Orchidea,** via Risorgimento 106/108 ⊠ 98123 ✆ 771537 – 🗏. AE. ⋘　　　　AZ **y**
    chiuso venerdì – Pas carta 26/41000.

    sulla strada statale 114 per ③ : 5,5 km :

🏨 **Europa,** ⊠ 98013 Pistunina ✆ 2711601, Telex 980151, Fax 2711768, 🖼, ⋘ – 📶 🗏 📺
    ☎ ⓟ – 🔼 30 a 200. AE ⑤ E VISA. ⋘
    Pas carta 37/50000 – ⊆ 22000 – **115 cam** 123/186000 – ½ P 168000.

    verso Colle San Rizzo per ① : 9 km – alt. 465 – ⊠ **98124** Messina :

🏠 **Panoramic,** ✆ 340228, ≤, 🌿 – 📶 ⓟ. VISA. ⋘
    Pas carta 21/32000 – ⊆ 8500 – **12 cam** 65000 – ½ P 60/65000.

    a Ganzirri NE : 9 km – ⊠ **98015** :

X **La Napoletana da Salvatore,** ✆ 391032, ≤ – AE VISA. ⋘
    chiuso mercoledì (escluso luglio-agosto) – Pas carta 34/51000.

    a Mortelle NE : 12 km BY – ⊠ **98019** Torre Faro :

XXX Sporting-Alberto, ✆ 321009, ≤, 🌿 – ⓟ.

    Si vous écrivez à un hôtelier à l'étranger,
    joignez à votre lettre un coupon-réponse international
    (disponible dans les bureaux de poste).

MILAZZO 98057 Messina 🔢🔢🔢 ④⑦⑩ – 32 101 ab. – ✿ 090.
Escursioni Isole Eolie★★★ per motonave o aliscafo.

🚢 per le Isole Eolie giornalieri (da 2 h 15 mn a 6 h) – Siremar-agenzia Alliatur, via dei Mille
    ✆ 9283242, Telex 980090, Fax 9283243.

🚢 per le Isole Eolie giornalieri (da 50 mn a 2 h) – Siremar-agenzia Alliatur, via dei Mille
    ✆ 9283242, Telex 980090, Fax 9283243 – e Aliscafi SNAV, via Rizzo 14 ✆ 9284509.

♦Catania 130 – Enna 193 – ♦Messina 41 – ♦Palermo 209 – Taormina 85.

🏨 **Saverly** senza rist, via Colonnello Magistri ✆ 9281002, Fax 9222204 – 📶 ⋘ 🚗 🚗. AE
    ⑤ ⑩ E VISA
    ⊆ 13500 – **37 cam** 40/80000.

🏠 **Mignon Riviera,** via Tono 68 ✆ 9283150, ≤ – ⓟ. ⑩. ⋘ cam
    aprile-settembre – Pas 20/25000 – ⊆ 5000 – **10 cam** 30/50000 – ½ P 50/55000.

XXX **Villa Marchese,** strada panoramica N : 3,5 km ✆ 9282514, ≤, « Servizio estivo in terrazza
    panoramica » – ⓟ. AE ⑤ E VISA. ⋘
    chiuso lunedì e novembre – Pas carta 45/70000.

XX **Il Covo del Pirata,** via Marina Garibaldi ✆ 9284437 – 🗏. AE ⑤ ⑩ E VISA. ⋘
    chiuso mercoledì (escluso agosto) – Pas carta 25/42000 (15%).

X **Al Pescatore,** via Marina Garibaldi 119 ✆ 9286595, 🌿 – VISA
    chiuso giovedì dal 15 settembre al 15 giugno – Pas carta 28/47000 (10%).

MODICA 97015 Ragusa 🔢🔢🔢 ④⑦ – 50 556 ab. alt. 381 – ✿ 0932.
♦Agrigento 153 – ♦Catania 119 – ♦Messina 216 – ♦Palermo 282 – Ragusa 15 – ♦Siracusa 71.

🏠 **Motel di Modica,** corso Umberto ✆ 941022, Fax 941077 – ⋘ rist 📺 🚗 🚗 ⓟ. AE
    🚗 VISA. ⋘ rist
    Pas carta 20/29000 – **36 cam** ⊆ 42/68000 – ½ P 55/62000.

MODICA (Marina di) 97010 Ragusa – ✿ 0932.
Agrigento 155 – ♦Catania 121 – Ragusa 24.

X **Le Alghe,** piazza Mediterraneo 10 ✆ 902282, ≤, 🌿 – 🗏. AE ⑤ VISA
    chiuso martedì – Pas carta 31/39000 (20%).

MONDELLO Palermo 988 ㉟ – ⊠ Palermo – ✆ 091.

♦Catania 219 – Marsala 117 – ♦Messina 245 – ♦Palermo 11 – ♦Trapani 97.

Pianta di Palermo : pianta d'insieme

🏨 **Mondello Palace,** viale Principe di Scalea 2 ⊠ 90151 ✆ 450001, Telex 911097, Fax 450657, « Piccolo parco con 🏊 », 🔥 – 🛗 ▤ 📺 ☎ ℗ – 🔬 30 a 300. 🖭 🕲
💳 🍽
EU **c**
Pas 50/52000 – **83 cam** ⬚ 135/210000 appartamenti 260/300000 – ½ P 145/165000.

🏨 **La Torre** 🦢, via Piano di Gallo 11 ⊠ 90151 ✆ 450222, Telex 910183, Fax 450033, ≤, 🍴, « Scogliere », 🏊, ⛱, 🍽 – 🛗 ▤ 📺 ☎ ℗ – 🔬 30 a 300. 🖭 🕲 ⓞ E
💳 🍽
EU **z**
Pas carta 43/61000 – **177 cam** ⬚ 90/140000 – ½ P 94/110000.

🏠 **Esplanade,** via Gallo 22 ⊠ 90151 ✆ 450003, ≤ – 🛗 ☎ 🚗 🖭 🕲 ⓞ E 💳 🍽 rist
chiuso dal 15 dicembre al 15 febbraio – Pas *(chiuso mercoledì)* carta 34/50000 – **32 cam**
⬚ 45/76000 – ½ P 56/68000
EU **d**

XXX ❀ **Charleston le Terrazze,** viale Regina Elena ⊠ 90151 ✆ 450171, ≤, 🍴, « Terrazza sul mare » – 🖭 🕲 ⓞ E 💳 🍽
EU **v**
giugno-settembre – Pas carta 55/80000
Spec. Fettuccine all'ammiraglia, Dentice agli aromi in cartoccio, Crostata gelo di "mellone". Vini Corvo bianco e rosso.

X **Al Gabbiano,** via Piano di Gallo ⊠ 90151 ✆ 450313, ≤, 🍴 – 🍽 ℗. 🖭 🕲 ⓞ E 💳
🍽
EU **e**
chiuso mercoledì (escluso luglio-agosto) e novembre – Pas carta 31/41000 (15%).

X **La Barcaccia,** via Piano di Gallo 4/6 ⊠ 90151 ✆ 454079 – 🖭 🕲 ⓞ E 💳. 🍽 EU **a**
chiuso martedì – Pas carta 34/41000.

MONREALE 90046 Palermo 988 ㉟ – 27 816 ab. alt. 301 – ✆ 091.

Vedere Località★★★ – Duomo★★★ – Chiostro★★★ – ≤★★ dalle terrazze.

♦Agrigento 136 – ♦Catania 216 – Marsala 108 – ♦Messina 242 – ♦Palermo 8 – ♦Trapani 88.

sulla strada statale 186 :

XX **La Botte,** SO : 3 km ⊠ 90046 ✆ 414051, « Servizio estivo all'aperto » – ℗. 🖭 🕲 ⓞ 💳 🍽
chiuso luglio, agosto, lunedì e a mezzogiorno (escluso sabato, domenica e giugno) – Pas carta 33/50000.

X **Conca d'Oro,** NE : 4,5 km ⊠ 90046 ✆ 6402297, 🍴 – ℗.

X **Villa 3 Fontane,** NE : 4 km ⊠ 90046 ✆ 6405400, ≤ – ▤ ℗. 💳
chiuso martedì – Pas carta 29/44000.

MORTELLE Messina – Vedere Messina.

NICOLOSI 95030 Catania 988 ㊲ – 5 408 ab. alt. 698 – ✆ 095.

♦Catania 15 – Enna 90 – ♦Messina 91 – ♦Palermo 217 – Taormina 46.

X **Grotta del Gallo,** strada per Mascalucia ✆ 911301, ≤, 🍴 – ℗. 🖭 🕲 ⓞ E 💳
chiuso novembre e lunedì (escluso da aprile a settembre) – Pas carta 40/50000.

NICOSIA 94014 Enna 988 ㊱ – 15 713 ab. alt. 700 – ✆ 0935.

♦Catania 103 – Enna 48 – ♦Messina 174 – ♦Palermo 150.

🏨 **Pineta** 🦢, ✆ 647002, ≤ – 🛗 ⊛ & ℗ – 🔬 100
48 cam.

NOTO 96017 Siracusa 988 ㊲ – 23 327 ab. alt. 159 – ✆ 0931.

Vedere Corso Vittorio Emanuele★★ – Via Corrado Nicolaci★.

♦Catania 91 – ♦Messina 188 – ♦Palermo 299 – Ragusa 53 – ♦Siracusa 32.

X **Trieste,** via Napoli 21 ✆ 835495 – 🍽
🖚 *chiuso lunedì (escluso luglio-agosto)* – Pas carta 19/30000.

OGNINA Catania – Vedere Catania.

Per viaggiare in Europa, utilizzate :

Le carte Michelin scala 1/400 000 a 1/1 000 000 **Le Grandi Strade ;**

Le carte Michelin dettagliate ;

Le guide Rosse Michelin (alberghi e ristoranti) :

Benelux, Deutschland, España Portugal, Main Cities **Europe, France, Great Britain and Ireland**

Le guide Verdi Michelin che descrivono le curiosità e gli itinerari di visita : musei, monumenti, percorsi turistici interessanti.

PALERMO 90100 🅿 988 ⑱ – 731 418 ab. – ✪ 091.

Vedere Palazzo dei Normanni** : cappella Palatina***, mosaici*** AZ – Galleria Regionale della Sicilia** nel palazzo Abbatellis* : affresco del Trionfo della Morte*** CY M1 – Piazza Bellini** BY : chiesa della Martorana**, chiesa di San Cataldo** – Chiesa di San Giovanni degli Eremiti** AZ – Catacombe dei Cappuccini** EV – Piazza Pretoria** BY : fontana** B – Museo Archeologico* : metope dei Templi di Selinunte**, ariete** BY M – Palazzo Chiaramonte* : ficus magnolioides** nel giardino Garibaldi CY – Oratorio di San Lorenzo* CY N – Quattro Canti* BY – Cattedrale* AYZ – Villa Bonanno* AZ – Palazzo della Zisa* EV E – Orto Botanico* CDZ – Carretti siciliani* al museo Etnografico EU M.

Dintorni Monreale*** per ② : 8 km – Monte Pellegrino** FU per ③ : 14 km.

🛧 di Punta Raisi per ③ : 30 km ℰ 6019333 – Alitalia, via della Libertà 29 ⊠ 90139 ℰ 6019111.

🚢 per Genova 25 giugno-15 ottobre martedì, venerdì l° e domenica, negli altri mesi martedì e venerdì (23 h) e Livorno lunedì, mercoledì e venerdì (19 h) – Grandi Traghetti, via Mariano Stabile 53 ⊠ 90141 ℰ 587939, Telex 910098, Fax 589629; per Napoli giornaliero (10 h 30 mn), Genova giugno-settembre lunedì, mercoledì, venerdì e sabato, negli altri mesi lunedì, mercoledì e venerdì (23 h) e Cagliari giugno-settembre domenica e negli altri mesi venerdì (12 h 30 mn) – Tirrenia Navigazione, via Roma 385 ⊠ 90133 ℰ 333300, Telex 910020, Fax 6021221; per Ustica giornaliero (2 h 20 mn) – Siremar-agenzia Prestifilippo, via Crispi 118 ⊠ 90133 ℰ 582403.

🚤 per Ustica giornaliero (1 h 15 mn) – Siremar-agenzia Prestifilippo, via Crispi 118 ⊠ 90133 ℰ 582403; per Cefalù-Isole Eolie giugno-settembre giornaliero (3 h 30 mn) – Aliscafi SNAV-agenzia Barbaro, piazza Principe diBelmonte 51 ⊠ 90139 ℰ 586533, Fax 584830.

🛈 piazza Castelnuovo 34 ⊠ 90141 ℰ 583847, Telex 910179 – Aeroporto Punta Raisi ℰ 591698 – Stazione Centrale ⊠ 90127 ℰ 6166000 int. 3010.

A.C.I. via delle Alpi 6 ⊠ 90144 ℰ 300471.

♦Messina 235 ①.

🏨 **Villa Igiea Gd H.** 📎, salita Belmonte 43 ⊠ 90142 ℰ 543744, Telex 910092, Fax 547654, ≤, 🏖, « Terrazze fiorite sul mare », 🏊, 🐢, 🌤 – 📶 🔲 📺 ☎ & 🅿 – 🕍 50 a 500. 🟦 🗄 ⓪ 🖪 𝗩𝗜𝗦𝗔 🛇 rist
FV **b**
Pas 80000 – **117 cam** 🖙 260/390000 appartamenti 560/620000 – ½ P 260000.

🏨 **Astoria Palace**, via Monte Pellegrino 62 ⊠ 90142 ℰ 6371820, Telex 911045, Fax 6372178, 📶 – 📶 🔲 📺 ☎ 🅿 – 🕍 30 a 1000. 🟦 🗄 ⓪ 🖪 𝗩𝗜𝗦𝗔. 🛇
FV **a**
Pas 40000 – **325 cam** 🖙 139/198000 appartamenti 325000 – ½ P 160/205000.

🏨 **Gd H. et des Palmes**, via Roma 398 ⊠ 90139 ℰ 583933, Telex 911082, Fax 331545, « Rist. roof-garden serale » – 📶 🔲 📺 ☎ – 🕍 30 a 250
BX **g**
187 cam.

🏨 **President**, via Crispi 230 ⊠ 90139 ℰ 580733, Telex 910359, Fax 6111588, ≤, « Rist. roof-garden » – 📶 🔲 📺 ☎ – 🕍 30 a 150. 🟦 🗄 ⓪ 🖪 𝗩𝗜𝗦𝗔. 🛇
BX **e**
Pas carta 32/47000 – **129 cam** 🖙 110/145000 – ½ P 100/125000.

🏨 **Jolly**, Foro Italico 22 ⊠ 90133 ℰ 6165090, Telex 910076, Fax 6161441, 📶, 🏊, 🌤 – 📶 🔲 📺 🅿 – 🕍 50 a 500. 🟦 🗄 ⓪ 🖪 𝗩𝗜𝗦𝗔. 🛇 rist
DY **s**
Pas 35000 – **273 cam** 🖙 145/190000 – ½ P 130/180000.

🏨 **Excelsior Palace**, via Marchese Ugo 3 ⊠ 90141 ℰ 6256176, Telex 911149, Fax 342139 – 📶 🛇🛇 rist 🔲 📺 ☎ – 🕍 50 a 200. 🟦 🗄 ⓪ 🖪 𝗩𝗜𝗦𝗔. 🛇 rist
AX **c**
Pas 35000 – **128 cam** 🖙 120/210000 appartamenti 240000 – ½ P 140000.

🏨 **Politeama Palace**, piazza Ruggero Settimo 15 ⊠ 90139 ℰ 322777, Telex 911053, Fax 6111589 – 📶 🔲 📺 ☎ – 🕍 50 a 130 – **102 cam**.
AX **s**

🏨 **Europa**, via Agrigento 3 ⊠ 90141 ℰ 6256323, Fax 6256323 – 📶 🔲 📺 ☎. 🟦 🗄 ⓪ 🖪 𝗩𝗜𝗦𝗔. 🛇
AX **r**
Pas (solo per clienti alloggiati) 30000 – 🖙 15000 – **73 cam** 75/110000 – ½ P 90/110000.

🏨 **Mediterraneo**, via Rosolino Pilo 43 ⊠ 90139 ℰ 581133, Telex 912140, Fax 586974 – 📶 🔲 📺 ☎ – 🕍 50. 🟦 🗄 ⓪ 🖪 𝗩𝗜𝗦𝗔. 🛇
BX **k**
Pas (solo per clienti alloggiati) 30000 – 🖙 15000 – **105 cam** 75/110000 – ½ P 91/111000.

🏨 **Ponte**, via Crispi 99 ⊠ 90139 ℰ 583744, Telex 910492, Fax 581845 – 📶 🔲 📺 ☎. 🟦 🗄 ⓪ 🖪 𝗩𝗜𝗦𝗔. 🛇
BX **a**
Pas carta 30/40000 – 🖙 7000 – **137 cam** 60/88000 – ½ P 86000.

🏨 **MotelAgip**, viale della Regione Siciliana 2620 ⊠ 90145 ℰ 552033, Telex 911196, Fax 408198 – 📶 🔲 📺 ☎ – 🕍 50. 🟦 🗄 ⓪ 🖪 𝗩𝗜𝗦𝗔. 🛇 rist
EV **y**
Pas 30000 – **105 cam** 🖙 98/142000 – ½ P 110/150000.

🏨 **Sausele** senza rist, via Vincenzo Errante 12 ⊠ 90127 ℰ 6161308 – 📶 🛇🛇 🕾 🚗. 🟦 🗄 ⓪ 🖪 𝗩𝗜𝗦𝗔
BZ **u**
🖙 8500 – **37 cam** 39/60000.

🏨 **Touring** senza rist, via Mariano Stabile 136 ⊠ 90139 ℰ 584444 – 📶 🔲 ☎. 🟦 🗄 ⓪ 𝗩𝗜𝗦𝗔. 🛇
BX **h**
🖙 10000 – **22 cam** 55/80000, 🖿 20000.

🏨 **Villa Archirafi** senza rist, via Lincoln 30 ⊠ 90133 ℰ 6168827 – 📶 🕾 🅿 🗄 🖪 𝗩𝗜𝗦𝗔
CZ **m**
🖙 8000 – **30 cam** 36/55000.

🏨 **Liguria** senza rist, via Mariano Stabile 128 ⊠ 90139 ℰ 581588 – 🕾. 🟦 🗄 ⓪. 🛇
BX **b**
🖙 4500 – **16 cam** 27/55000.

PALERMO
PIANTA D'INSIEME

0 — 1km

MONDELLO
PARTANNA
V. Partanna Castelforte
J
PATTI
S 113
04 km TRAPANI
0 km AEROPORTO
4 km Autostrada
3
S. LORENZO
RESUTTANA
CRUILLAS
Viale della Regione
A.C.I.
UDITORE
Leonardo
V. G. Evang. di Blasi
CHELIN
ALTARELLO
CATACOMBE DEI CAPPUCCINI
96 km TRAPANI
MONREALE
2
S 186
E

Pza Valdesi
PUNTA DI PRIOLA
Lungomare
MONTE PELLEGRINO
SANTUARIO DI STA ROSALIA
PALLAVICINO
PARCO DELLA FAVORITA
Pietro Bonanno
CASTELLO UTVEGGIO
VERGINE MARIA
CIMITERO DEI ROTOLI
ARENELLA
FIERA DEL MEDITERRANEO
ACQUASANTA
PORTO
Via Libertà
Via Dante
Via Noce
Pza Princ. di Camporeale
STAZIONE CENTRALE
ROMAGNOLO
S 113
Via Sperone
Corso Calatafimi
C.o Pietro Pisani
Via Ernesto Basile
V. Roccella
Oreto
Via del Mille
Via Brancaccio
Via Oreto
Siciliana
per Autostrada A19
CATANIA 208 km, MESSINA 235 km
AGRIGENTO
F
E

LIVORNO GENOVA
TUNISI NAPOLI CAGLIARI
ISOLA DI USTICA
U
V
1
49
114
1

PALERMO

XXXX ✿ **Charleston,** piazzale Ungheria 30 ⊠ 90141 𝄋 321366, Fax 321347 – ▤. 𝔸𝔼 🆂 ⓞ 🄴
VISA. 🍴   AY r
  chiuso domenica e dal 16 giugno al 25 settembre – Pas carta 55/80000
  Spec. Risotto mediterraneo, Piccata di vitello, Desiderio del Re. Vini Corvo bianco e rosso.

XXXX ✿ **Gourmand's,** via della Libertà 37/e ⊠ 90139 𝄋 323431, Fax 323431 – ▤. 𝔸𝔼 🆂 ⓞ
🄴 **VISA**. 🍴   AX e
  chiuso domenica e dal 5 al 25 agosto – Pas carta 45/70000
  Spec. Pesce spada affumicato, Fettuccine alla Nelson, Costolette di vitello Ducale. Vini Donnafugata,
  Cerasuolo.

XXX **L'Approdo da Renato,** via Messina Marine 224 ⊠ 90123 𝄋 6302881, 🌴, prenotare –
ⓞ. 🍴   FV
  chiuso mercoledì e dal 10 al 25 agosto – Pas carta 40/56000 (18%).

XXX Friend's Bar, via Brunelleschi 138 ⊠ 90145 𝄋 201401 per viale Michelangelo EV

XX **Regine,** via Trapani 4/a ⊠ 90141 𝄋 586566 – ▤. 𝔸𝔼 🆂 ⓞ 🄴 **VISA**. 🍴 AX d
  chiuso domenica ed agosto – Pas carta 37/50000.

XX **Savoya,** via Torrearsa 22 ⊠ 90139 𝄋 582173 – ▤. 𝔸𝔼 🆂 ⓞ 🄴 **VISA**   AX n
  chiuso lunedì ed agosto – Pas carta 35/47000.

X **A Cuccagna,** via Principe Granatelli 21/a ⊠ 90139 𝄋 587267 – ▤. 𝔸𝔼 🆂 ⓞ 🄴 **VISA**. 🍴
  chiuso venerdì e dal 7 al 24 agosto – Pas carta 28/50000.   BX m

  Vedere anche : ***Monreale*** per ② : 8 km.
        Mondello N : 11 km EU.

MICHELIN, via Duca della Verdura 28 FV – ⊠ 90143, 𝄋 343300, Fax 305716.

PALMA DI MONTECHIARO 92020 Agrigento 𝟿𝟾𝟾 ㊱ – 25 159 ab. alt. 165 – ✿ 0922.
♦Agrigento 25 – ♦Caltanissetta 53 – Ragusa 112.

X **Da Vittorio,** sulla strada statale 115 S : 2 km 𝄋 968677 – ⓟ
  chiuso domenica e dal 16 al 31 agosto – Pas carta 30/45000.

PANAREA (Isola) Messina 𝟿𝟾𝟾 ㊲㊳ – Vedere Eolie (Isole).

PANTELLERIA (Isola di) ✶✶ Trapani 𝟿𝟾𝟾 ㊴ – 7 672 ab. alt. da 0 a 836 (Montagna Grande) –
✿ 0923 – **Vedere** ⇐✶✶ da Dietro Isola – Montagna Grande✶✶ SE : 13 km.
Escursioni Giro dell'isola in macchina✶✶.

🛫 SE : 4 km 𝄋 911037 – Alitalia, Agenzia La Cossira, via Borgo 𝄋 911078.

⛴ per Trapani giornaliero (4 h 30 mn) – Siremar-agenzia Rizzo, via Borgo Italia 12 𝄋 911104,
Telex 910109.

⛴ per Trapani giugno-settembre giornalieri escluso mercoledì e domenica(2 h 20 mn) – Aliscafi
SNAV-agenzia La Cossira, via Borgo Italia 21 𝄋 911566.

🄸 via San Nicola 𝄋 911838

   Pantelleria – ⊠ 91017

🏨 Del Porto senza rist, 𝄋 911257, Fax 911516, ⇐ – 🍴 ▤ ☎ – **42 cam**.

PEDARA 95030 Catania – 7 840 ab. alt. 610 – ✿ 095.
♦Catania 17 – Enna 93 – ♦Messina 84 – ♦Palermo 220 – Taormina 43.

X **La Bussola,** 𝄋 7800250, 🌴 – ▤. 𝔸𝔼 ⓞ **VISA**. 🍴
⛛ *chiuso lunedì (escluso da giugno a settembre)* – Pas carta 20/34000.

PERGUSA (Lago di) Enna – Vedere Enna.

PIANO ZUCCHI Palermo – alt. 1 105 – ⊠ 90010 Isnello – ✿ 0921.
♦Agrigento 137 – ♦Caltanissetta 79 – ♦Catania 160 – ♦Messina 207 – ♦Palermo 80.

🏨 **La Montanina** 🎿, 𝄋 62030, ⇐, 🐴 – ⓟ. 🍴
  Pas carta 24/35000 – ⊡ 8000 – **42 cam** 40/60000 – ½ P 65/70000.

X **Rifugio Orestano,** 𝄋 62159, ⇐ – ⓟ. 🍴
⛛ Pas carta 20/30000.

PIAZZA ARMERINA 94015 Enna 𝟿𝟾𝟾 ㊱ – 22 329 ab. alt. 697 – ✿ 0935.
Dintorni Villa romana del Casale✶✶ SO : 6 km – 🄱 via Cavour 25 𝄋 81201.
♦Caltanissetta 49 – ♦Catania 84 – Enna 34 – ♦Messina 181 – ♦Palermo 164 – Ragusa 103 – ♦Siracusa 134.

X **Da Battiato,** contrada Casale O : 3,5 km 𝄋 82453 – ⓟ. **VISA**. 🍴
  chiuso la sera – Pas carta 22/31000.

X **Pepito,** via Roma 138 𝄋 82737 – 𝔸𝔼 🆂 🄴 **VISA**
  chiuso martedì e dicembre – Pas carta 22/32000.

PORTICELLO Palermo – Vedere Santa Flavia.

PORTOPALO DI CAPO PASSERO 96010 Siracusa – 3 343 ab. alt. 20 – 🕿 0931.

◆Catania 121 – ◆Palermo 325 – Ragusa 56 – ◆Siracusa 58.

❌ **Da Maurizio,** via Tagliamento 22 ℘ 842644 – 🖸 ⓸ ᴇ 𝘝𝘐𝘚𝘈
  chiuso martedì – Pas carta 37/58000.

POZZALLO 97016 Ragusa 🔢 ⅗ – 16 971 ab. – 🕿 0932.

◆Catania 120 – Ragusa 33 – ◆Siracusa 61.

🏠 **Villa Ada,** corso Vittorio Veneto 3 ℘ 953234 – 🛗 ⒢. 𝘝𝘐𝘚𝘈
↔ Pas 16/22000 – ⌧ 5000 – **27 cam** 40/50000 – ½ P 55/60000.

❌ **Delfino,** piazzetta delle Sirene 4 ℘ 954732, 🍽
  chiuso lunedì – Pas carta 25/35000.

PRIOLO GARGALLO 96010 Siracusa – 11 808 ab. alt. 30 – 🕿 0931.

◆Catania 45 – ◆Siracusa 14.

❌❌ **La Bussola,** sulla strada statale SE : 1 km ℘ 761115 – 🖭 🅿. ᴀᴇ 🖸 ⓸ ᴇ 𝘝𝘐𝘚𝘈. 🍽
  Pas carta 26/40000.

RAGUSA 97100 🅿 🔢 ⅗ – 68 850 ab. alt. 498 – a.s. luglio e agosto – 🕿 0932.

Vedere ⇐★★ sulla città vecchia dalla strada per Siracusa – Posizione pittoresca★ – Ragusa Ibla★ : chiesa di San Giorgio★.

🇧 via Natalelli 131 ℘ 21421.

A.C.I. via Ercolano 22 ℘ 24629.

◆Agrigento 138 – ◆Caltanissetta 143 – ◆Catania 104 – ◆Palermo 267 – ◆Siracusa 79.

🏨 **Montreal,** via San Giuseppe 6 ang. corso Italia ℘ 621133, Fax 621133 – 🛗 ⇆ 🖭 📺
↔ ☎ 🚗
  Pas *(chiuso domenica e dal 1° al 15 agosto)* 16/18000 – ⌧ 5000 – **63 cam** 38/57000,
  🖭 3500 – ½ P 50/55000.

❌❌ **U' Saracinu,** via del Convento 9 (Ibla) ℘ 46976 – 🖭. 🖸 𝘝𝘐𝘚𝘈
  chiuso mercoledì (escluso da giugno a settembre) – **Pas** carta 25/42000.

❌ **Orfeo,** via Sant'Anna 117 ℘ 621035 – 🍽
  chiuso sabato sera, domenica e dal 1° al 15 agosto – Pas carta 20/29000 (10%).

  sulla strada provinciale per Marina di Ragusa SO : 5 km :

❌❌ **Villa Fortugno,** ✉ 97100 ℘ 28656, « In un'antica dimora nobiliare » – 🅿
  chiuso lunedì ed agosto – Pas carta 24/35000.

RAGUSA (Marina di) 97010 Ragusa 🔢 ⅗⅗ – 🕿 0932.

◆Agrigento 131 – ◆Catania 128 – ◆Messina 225 – ◆Palermo 260 – Ragusa 24 – ◆Siracusa 93.

❌ **Alberto,** lungomare Doria 48 ℘ 39023, ⇐, 🍽 – 🍽
  chiuso mercoledì e dal 1° al 20 novembre – Pas carta 25/36000 (15%).

RANDAZZO 95036 Catania 🔢 ⅗ – 11 742 ab. alt. 754 – 🕿 095.

◆Catania 69 – ◆Caltanissetta 133 – ◆Messina 88 – Taormina 45.

❌ **Trattoria Veneziano,** via Romano 8 ℘ 921418 – 🖸 ᴇ 𝘝𝘐𝘚𝘈. 🍽
  chiuso domenica sera, dal 25 al 31 dicembre e dal 1° al 15 luglio – **Pas** carta 21/38000.

SALEMI 91018 Trapani – 12 446 ab. alt. 410 – 🕿 0924.

◆Agrigento 113 – Marsala 38 – ◆Palermo 93 – ◆Trapani 43.

🏨 **Florence** 🍽, O : 2,5 km ℘ 68814, 🍽 – 🖭 ☎ 🅿 – 🛗 200. ᴀᴇ ⓸
  Pas *(chiuso lunedì)* carta 23/38000 – ⌧ 6000 – **22 cam** 36/60000, 🖭 4000.

SALINA (Isola) Messina 🔢 ⅗⅗⅗ – Vedere Eolie (Isole).

SAN CATALDO 93017 Caltanissetta 🔢 ⅗ – 23 496 ab. alt. 625 – 🕿 0934.

◆Messina 214 – ◆Agrigento 55 – Caltanissetta 8 – ◆Catania 117 – ◆Palermo 135.

🏠 **Helios,** contrada Zubi San Leonardo ℘ 43000, ⇐ – 📺 ☎ 🅿. ᴀᴇ 🖸 ᴇ 𝘝𝘐𝘚𝘈. 🍽
  Pas carta 21/40000 (12%) – ⌧ 3000 – **38 cam** 42/51000 – ½ P 65/80000.

  sulla strada di scorrimento Caltanissetta-Agrigento S : 2 km :

❌❌ **Al 124,** bivio Stazione di San Cataldo ✉ 93017 ℘ 68037, 🍽 – 🖭 🅿.

SAN GIOVANNI LA PUNTA 95037 Catania – 18 087 ab. alt. 355 – 🕿 095.

◆Catania 9 – Enna 92 – ◆Messina 88.

❌❌ **Nuovo Calatino,** via della Regione 62 ℘ 7412005, 🍽 – 🅿. ᴀᴇ 𝘝𝘐𝘚𝘈
  chiuso martedì – Pas carta 25/38000 (15%).

SAN GREGORIO DI CATANIA 95027 Catania – 8 777 ab. alt. 336 – ✪ 095 – ♦Catania 8,5.

XX **Al Rustico,** ℰ 7177434, 🍽 – ℗
chiuso martedì – Pas carta 38/61000.

SAN LEONE Agrigento – Vedere Agrigento.

SANTA FLAVIA 90017 Palermo – 8 326 ab. – ✪ 091.

Vedere Rovine di Solunto* : posizione pittoresca**, ≤** dalla cima del colle NO : 2,5 km – Sculture* di Villa Palagonia a Bagheria SO : 2,5 km.

♦Agrigento 130 – ♦Caltanissetta 116 – ♦Catania 197 – ♦Messina 223 – ♦Palermo 18.

a Porticello NE : 1 km – ✉ 90010 :

XX **La Muciara-Nello el Greco,** ℰ 957868, Fax 958062, 🍽 – ▪ AE ⑤ ⓞ E VISA
🍴
chiuso giovedì – Pas carta 33/67000 (10%).

a Sant'Elia NE : 2 km – ✉ 90010 :

🏨 Kafara 🔊, ℰ 957377, Telex 910264, Fax 957021, ≤, 🍽, « Terrazze fiorite con ⚊ », 🐎,
🌳, ❨ – 🛗 ▪ ☎ ℗ – **63 cam**.

SANT'AGATA DI MILITELLO 98076 Messina 988 ⓐ – 12 798 ab. – ✪ 0941.

♦Catania 122 – Enna 126 – ♦Messina 102 – ♦Palermo 132 – Taormina 148.

🏨 **Roma Palace Hotel,** via Nazionale ℰ 703516, Fax 703519 – 🛗 ▪ TV ☎ ℗ AE ⑤ ⓞ
E VISA. 🍴
Pas carta 25/37000 – ⊑ 6000 – **48 cam** 94000 – ½ P 60/75000.

SANT'ALESSIO SICULO 98030 Messina – 1 443 ab. – ✪ 0942.

♦Catania 60 – ♦Messina 40 – ♦Palermo 266 – Taormina 15.

🏨 **Kennedy,** ℰ 751176, Telex 980184, ≤, 🏊, 🐎 – 🛗 ▪ 🍴 ℗ ⑤ E VISA. 🍴 rist
marzo-ottobre – Pas 28/35000 – ⊑ 7000 – **79 cam** 37/63000 – ½ P 53/79000.

SANTA TECLA Catania – Vedere Acireale.

SANT'ELIA Palermo – Vedere Santa Flavia.

SAN VITO LO CAPO 91010 Trapani 988 ⓐ – 3 985 ab. – ✪ 0923.

♦Palermo 108 – ♦Trapani 38.

🏨 **Egitarso,** ℰ 972111, Fax 972062, ≤ – ▪ ☎ 🔁 AE ⑤ ⓞ VISA
Pas carta 28/38000 – ⊑ 12000 – **17 cam** 45/68000 – ½ P 60/85000.

X **Da Alfredo,** ℰ 972366, ≤, 🍽 – ℗ AE ⓞ VISA. 🍴
Pas carta 23/39000.

SCIACCA 92019 Agrigento 988 ⓐ – 40 422 ab. alt. 60 – Stazione termale (15 aprile-15 novembre)
– ✪ 0925 – 🖪 corso Vittorio Emanuele 84 ℰ 21182.

♦Agrigento 63 – ♦Catania 230 – Marsala 71 – ♦Messina 327 – ♦Palermo 134 – ♦Trapani 112.

🏨 **Grande Alb. Terme,** lungomare Nuove Terme ℰ 23133, Fax 21746, ≤, ⚊ riscaldata,
🌳, 🍴 – 🛗 ☎ ℗ AE ⑤ ⓞ E VISA. 🍴
Pas *(chiuso dicembre e gennaio)* 26000 – ⊑ 6000 – **72 cam** 52/89000 – ½ P 68000.

verso San Calogero NE : 4 km :

XX **Le Gourmet,** ✉ 92019 ℰ 26460, ≤, 🍽 – ▪ ℗ AE ⑤ VISA
chiuso martedì (escluso da giugno a settembre) e novembre – Pas carta 20/49000
(10%).

sulla strada statale 115 SE : 9 km :

🏨 Club Hotel Torre Macauda 🔊, ✉ 92019 ℰ 997000, Telex 910108, Fax 992499, ≤, ⚊, 🏊,
🐎, 🌳, ❨ – 🛗 ☎ ℗ – 🛎 30 a 300 – **192 cam**.

SCOPELLO Trapani – Vedere Castellammare del Golfo.

SEGESTA *** Trapani 988 ⓐ – alt. 318 (Ruderi di un'antica città ellenistica).

Vedere Rovine*** – Tempio*** – ≤** dalla strada per il Teatro – Teatro*.

♦Agrigento 146 – ♦Catania 283 – ♦Messina 305 – ♦Palermo 75 – ♦Trapani 35.

SELINUNTE Trapani 988 ⓐ (Ruderi di un'antica città sorta attorno al 500 avanti Cristo).

Vedere Rovine** – ♦Agrigento 102 – ♦Catania 269 – ♦Messina 344 – ♦Palermo 114 – ♦Trapani 92.

a Marinella S : 1 km – ✉ 91020 :

🏨 **Alceste,** ℰ (0924) 46184, Fax (0924) 46143, ≤, 🍽 – 🛗 🔁 ℗ ⑤ E VISA. 🍴 cam
marzo-novembre – Pas carta 24/37000 (10%) – ⊑ 8000 – **26 cam** 36/57000 – ½ P 58/66000.

SIRACUSA 96100 🅿 988 ㊲ – 124 606 ab. – ✆ 0931.

Vedere Zona archeologica★★★ AY : Teatro Greco★★★, Latomia del Paradiso★★★ L (Orecchio di Dionisio★★★ B, grotta dei Cordari★★ G), Anfiteatro Romano★ AY C – Museo Archeologico Nazionale★★ AY M1 – Catacombe di San Giovanni★★ AY – Latomia dei Cappuccini★★ BY F – Città vecchia★★ BZ : Duomo★ D, Fonte Aretusa★ E – Museo Regionale di palazzo Bellomo★ BZ M.

Escursioni Passeggiata in barca sul fiume Ciane★★ fino a Fonte Ciane★ SO : 4 h di barca (a richiesta) o 8 km.

🅸 via San Sebastiano 43 ✆ 67710 – via Paradiso (zona archeologica) ✆ 60510 – via della Maestranza 33 ✆ 66932.

A.C.I. Foro Siracusano 27 ✆ 66656.

◆Catania 59 ①.

SIRACUSA

Jolly, corso Gelone 45 ☎ 64744, Telex 970108, Fax 21786 – 🛗 ▤ TV ☎ P – 🏛 100. AE 🅂 ⓓ E VISA. ⛌ rist AYZ e
Pas 35000 – **100 cam** ☐ 145/190000 – ½ P 130/180000.

MotelAgip, viale Teracati 30 ☎ 66944, Telex 972480, Fax 67115 – 🛗 ▤ TV ☎ P. AE 🅂 ⓓ E VISA. ⛌ rist AY b
Pas 30000 – **76 cam** ☐ 110/140000 – ½ P 106/135000.

Park Hotel, via Filisto 80 ☎ 32644, Telex 972475, Fax 38096, 🏊, 🌳, 🎾 – 🛗 ▤ TV ☎ P – 🏛 100. AE 🅂 ⓓ E VISA. ⛌ rist per via Puglia BY
Pas carta 30/40000 – **102 cam** ☐ 68/116000 – ½ P 83/93000.

Panorama senza rist, via Necropoli Grotticelle 33 ☎ 32122 – 🛗 ☎ P. 🅂 E VISA. ⛌ AY
☐ 7000 – **51 cam** 45/65000.

Arlecchino, via dei Tolomei 5 ☎ 66386, 🏕 BZ y

Jonico-a Rutta e Ciauli, riviera Dionisio il Grande 194 ☎ 65540, Cucina tipica siciliana, « Servizio estivo in terrazza con ≤ mare e scogliera » – AE 🅂 ⓓ E VISA BY c
chiuso martedì, Natale, Capodanno, Pasqua e Ferragosto – Pas carta 45/55000 (15%).

Minosse, via Mirabella 6 ☎ 66366 – ▤. 🅂 VISA BZ s
chiuso lunedì – Pas carta 35/55000.

Don Camillo, via Maestranza 92/100 ☎ 67133 – ▤. AE 🅂 ⓓ E VISA BZ a
chiuso domenica sera e lunedì – Pas carta 28/48000 (15%).

Darsena-da Ianuzzo, riva Garibaldi 6 ☎ 66104, ≤ – ▤. AE 🅂 ⓓ E VISA. ⛌ BZ r
chiuso mercoledì – Pas carta 35/57000 (10%).

Bandiera-da Lino, via Eritrea 2 ☎ 68546, 🏕 BZ e

Archimede, via Gemellaro 8 ☎ 69701 – AE VISA BZ b
chiuso domenica – Pas carta 31/45000 (10%).

Rossini, via Malta 37 ☎ 24317 – AE 🅂 ⓓ E VISA AZ x
chiuso martedì, Natale, Capodanno, Pasqua e Ferragosto – carta 25/35000 (15%).

a Fontane Bianche per ② : 15 km – ✉ **96010** Cassibile :

Fontane Bianche, ☎ 790611, Fax 790571, 🏊, 🏖, 🎾 – 🛗 ▤ ☎ P – 🏛 40 a 500
stagionale – **128 cam**.

La Spiaggetta, ☎ 790334, ≤ – ▤ P. AE 🅂 ⓓ E VISA
chiuso martedì da ottobre a marzo – Pas carta 30/40000 (15%).

STROMBOLI (Isola) Messina 988 ㊲㊳ – Vedere Eolie (Isole).

TAORMINA 98039 Messina 988 ㊲ – 10 797 ab. alt. 250 – ☎ 0942.

Vedere Località★★★ – Teatro Greco★★ : ≤★★★ B – Giardino pubblico★★ B – ✲★★ dalla piazza 9 Aprile A 12 – Corso Umberto★ A – Belvedere★ B – Castello★ : ≤★ A.

Escursioni Etna★★★ SO per Linguaglossa.

ℹ (giugno-settembre) largo Santa Caterina (Palazzo Corvaja) ☎ 23243, Telex 981167, Fax 24941.

♦Catania 52 ② – Enna 135 ② – ♦Messina 52 ① – ♦Palermo 255 ② – ♦Siracusa 111 ② – ♦Trapani 359 ②.

Pianta pagina a lato

San Domenico Palace 🔇, piazza San Domenico 5 ☎ 23701, Telex 980013, Fax 625506, 🏕, « Convento del 15° secolo con giardino fiorito e ≤ mare, costa ed Etna », 🏊 riscaldata – 🛗 ▤ TV ☎ – 🏛 400. AE 🅂 ⓓ E VISA. ⛌ rist A m
Pas 110000 – **101 cam** ☐ 320/560000 appartamenti 920/1010000 – ½ P 315/400000.

Excelsior Palace 🔇, via Toselli 8 ☎ 23975, Telex 980185, Fax 23978, ≤ mare, costa ed Etna, « Piccolo parco e 🏊 riscaldata su terrazza panoramica » – 🛗 ▤ TV ☎ P – 🏛 100. AE ⓓ VISA. ⛌ rist A v
Pas 65000 – **89 cam** ☐ 120/210000 – ½ P 180000.

Jolly Diodoro, via Bagnoli Croci 75 ☎ 23312, Telex 980028, Fax 23391, ≤ mare, costa ed Etna, « 🏊 su terrazza panoramica », 🌳 – 🛗 ▤ TV ☎ P – 🏛 250. AE 🅂 ⓓ E VISA. ⛌ rist B q
Pas carta 48000 – **102 cam** ☐ 150/210000 – ½ P 140/185000.

Bristol Park Hotel, via Bagnoli Croci 92 ☎ 23006, Telex 980005, Fax 24519, ≤ mare, costa ed Etna, 🏊 – 🛗 ▤ TV ☎ 🚗. AE 🅂 ⓓ E VISA. ⛌ rist B i
chiuso dal 1° al 20 dicembre e dal 10 gennaio a febbraio – Pas 40/60000 – **50 cam** ☐ 125/200000 appartamenti 200/230000 – ½ P 100/150000.

Vello d'Oro, via Fazzello 2 ☎ 23788, Telex 980186, « Terrazza-solarium con ≤ mare e costa » – 🛗 ▤. AE 🅂 ⓓ E VISA. ⛌ A r
15 marzo-ottobre – Pas *(chiuso a mezzogiorno)* 30000 – ☐ 15000 – **57 cam** 65/110000 – ½ P 95000.

Monte Tauro 🔇, via Madonna delle Grazie 3 ☎ 24402, Telex 980048, Fax 24403, ≤ mare e costa – 🛗 ▤ TV ☎ P. AE 🅂 ⓓ E VISA. ⛌ rist AB u
Pas 40000 – **67 cam** ☐ 248000 – ½ P 130/159000.

Villa Paradiso, via Roma 2 ☎ 23922, Fax 625800, ≤ mare, costa ed Etna – 🛗 ▤ TV ☎. AE 🅂 ⓓ E VISA. ⛌ rist B h
chiuso da novembre al 18 dicembre – Pas *(chiuso a mezzogiorno)* 30/40000 – **33 cam** ☐ 120/200000 – ½ P 85/135000.

Villa Fiorita senza rist, via Pirandello 39 ℘ 24122, ≤ mare e costa, ⑂, 🌿 – 🕮 🖂 TV
🖲 🚗 AE 🕅 E VISA ⁓
🛏 7500 – **24 cam** 80000.
B s

Villa Belvedere senza rist, via Bagnoli Croci 79 ℘ 23791, ≤ giardini, mare ed Etna, « ⑂
su terrazza panoramica », 🌿 – 🕮 ☎ Ⓟ 🕅 E VISA
16 marzo-ottobre – **40 cam** 🛏 73/136000.
B b

Villa Sirina, contrada Sirina ℘ 51776, Fax 51671, ⑂, 🌿 – 🗏 ☎ Ⓟ. AE 🕅 ⓪ E VISA
⁓   2 km per via Crocifisso   **A**
chiuso da novembre al 20 dicembre – Pas 30/38000 – 🛏 14000 – **15 cam** 145000 –
½ P 100/120000.

Villa Riis ⌕, via Rizzo 13 ℘ 24874, ≤ mare, costa ed Etna, 🏠, ⑂, 🌿 – 🕮 🗏 ☎ ⚐
Ⓟ. AE 🕅 E VISA ⁓ rist
A b
marzo-ottobre – Pas (solo per clienti alloggiati e chiuso a mezzogiorno) – **30 cam**
🛏 70/134000 – ½ P 105000.

Continental, via Dionisio I n° 2/a ℘ 23805, Telex 981144, 🏠, « Terrazza panoramica
con ≤ mare e costa », 🌿 – 🕮 🗏 🖲. AE 🕅 ⓪ E VISA ⁓ rist
A s
Pas (chiuso a mezzogiorno da maggio a settembre) 25/35000 – 🛏 15000 – **43 cam**
70/110000 – ½ P 75/95000.

Sole-Castello, Rotabile Castelmola 83 ℘ 28036, Fax 28444, ≤ mare, costa ed Etna, ⑂,
⁓ – 🕮 🗏 🖲 🚗 Ⓟ. AE ⓪. ⁓
A p
15 marzo-ottobre – Pas (solo per clienti alloggiati e chiuso a mezzogiorno) – **54 cam**
🛏 70/120000 – ½ P 80000.

Andromaco senza rist, via Fontana Vecchia ℘ 23436, Fax 24985, ≤, ⑂ – 🗏 ☎. AE
⁓   per via Cappuccini   **A**
16 cam 🛏 55/110000.

La Campanella senza rist, via Circonvallazione 3 ℘ 23381, ≤ – ⁓
A g
12 cam 🛏 55/80000.

Villa Carlotta senza rist, via Pirandello 81 ℘ 23732, Fax 23732, ≤ mare e costa, 🌿 –
☎
B a
15 marzo-ottobre – 🛏 15000 – **21 cam** 42/73000.

Condor senza rist, via Cappuccini 25 ℘ 23124, Fax 21147, ≤ – ☎. 🕅 ⓪ E VISA   **A a**
🛏 7000 – **12 cam** 43/68000.

Belsoggiorno, via Pirandello 60 ℘ 23342, ≤ mare e costa, 🌿 – Ⓟ. AE 🕅 ⓪ E VISA
⁓ rist
B u
Pas (chiuso a mezzogiorno) 25/30000 – 🛏 7000 – **19 cam** 53/86000 – ½ P 65/80000.

TAORMINA

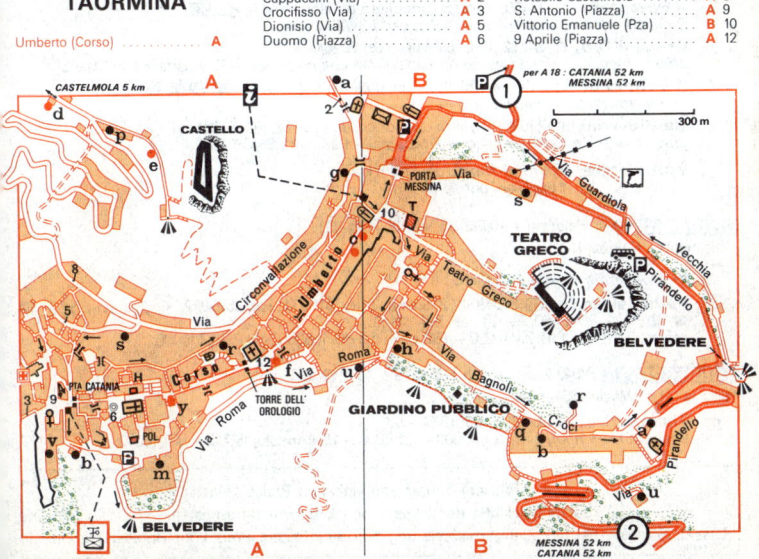

XXX **La Giara,** vico La Floresta 1 ℘ 23360, Fax 23233 – ▤. ▨ ⑤ ⑩ ⋿ VISA. ⅏ A f
  chiuso a mezzogiorno – Pas carta 43/70000.

XX **Al Castello da Ciccio,** via Madonna della Rocca ℘ 28158, « Servizio estivo all'aperto
  con ≼ Giardini-Naxos, mare ed Etna » – ▨ ⑤ ⑩ ⋿ VISA. ⅏ A e
  chiuso mercoledì – Pas carta 37/60000.

XX **La Griglia,** corso Umberto 54 ℘ 23980 – ▨ ⑤ ⑩ ⋿ VISA. ⅏ A c
  chiuso martedì – Pas carta 35/52000.

XX **Giova Rosy Senior,** corso Umberto 38 ℘ 24411, ☞ – ▨ ⑤ ⑩ ⋿ VISA A c
  chiuso lunedì (escluso da luglio a settembre) e dall'8 gennaio al 14 febbraio – Pas
  carta 35/54000 (15%).

XX **Quattropini,** contrada Sant'Antonio ℘ 24832, ≼, ☞ – ℗. ▨ ⑤ ⑩ ⋿ VISA
  chiuso lunedì e dal 26 novembre al 26 dicembre – Pas carta 28/46000

1 km per ①

X **La Chioccia d'Oro,** rotabile Castelmola ℘ 28066, ≼ A d
  chiuso mercoledì – Pas carta 23/33000.

X **Ciclope,** corso Umberto ℘ 23263, ☞ – ▤. ▨ ⑤ ⋿ VISA. ⅏ A y
  chiuso mercoledì e dal 10 al 31 gennaio – Pas carta 29/39000.

a Capo Taormina per ② : 3 km – ⊠ **98030** Mazzarò :

🏨 **Grande Alb. Capotaormina,** ℘ 24000, Telex 980147, Fax 625467, ≼ mare e costa, ⊃,
  ▴◉ – 🛗 ▤ ☎ ⟷ ℗ – 🛦 150 a 350. ▨ ⑤ ⋿ VISA. ⅏ rist
  chiuso sino al 20 marzo – Pas 85000 – **207 cam** ☲ 189/278000 appartamenti 348000 –
  ½ P 226000.

a Lido di Spisone per ① : 4 km – ⊠ **98030** Mazzarò :

🏨 **Lido Méditerranée,** ℘ 24422, Telex 980175, Fax 24774, ≼ mare, ☞ , ▴◉ – 🛗 ▤ ☎
  ℗. ▨ ⋿ VISA. ⅏ rist
  20 marzo-ottobre – Pas 60000 – **72 cam** ☲ 265000 – ½ P 170000.

a Castelmola NO : 5 km A – alt. 550 – ⊠ **98030** :

X **Il Faro,** contrada Petralia ℘ 28193, ≼ mare e costa, ☞ – ℗
  chiuso mercoledì – Pas carta 22/35000.

a Mazzarò per ② : 5,5 km – ⊠ **98030** :

🏨 **Mazzarò Sea Palace,** ℘ 24004, Telex 980041, Fax 24004, ≼ piccola baia, ☞,
  ⊃ riscaldata, ▴◉ – 🛗 ▤ ▣ ☎ ⟷ – 🛦 200. ▨ ⑤ ⑩ ⋿ VISA. ⅏ rist
  aprile-ottobre – Pas 75000 – ☲ 26000 – **81 cam** 220/380000 appartamenti 460/630000 –
  ½ P 205/265000.

🏨 **Villa Sant'Andrea,** ℘ 23125, Telex 980077, Fax 24838, ≼ piccola baia, ☞ , « Terrazze
  ombreggiate », ▴◉ – ▤ ☎ ℗. ▨ ⑤ ⑩ ⋿ VISA. ⅏
  Pas al Rist. **Oliviero** *(chiuso a mezzogiorno; prenotare)* carta 58/87000 – ☲ 30000 – **58 cam**
  180/214000 – ½ P 160/192000.

X **Il Pescatore,** ℘ 23460, ≼ mare, scogliere ed Isolabella – ℗. VISA
  3 marzo-ottobre; chiuso lunedì – Pas carta 31/53000.

X **Drago d'Oro,** ℘ 24212, Rist. cinese – ⑤ ⋿ VISA
  chiuso lunedì e i mezzogiorno di martedì-mercoledì-giovedì – Pas carta 32/45000 (15%).

X **Il Delfino-da Angelo,** ℘ 23004, ≼ piccola baia, ☞ – ▨ ⑤ ⑩ ⋿ VISA
  15 marzo-ottobre – Pas carta 26/45000.

X **Da Giovanni,** ℘ 23531, ≼ mare ed Isolabella – ▨ ⑤ ⑩ ⋿ VISA. ⅏
  chiuso lunedì e dal 7 gennaio al 7 febbraio – Pas carta 33/68000.

Vedere anche : **Giardini-Naxos** per ② : 5 km.
  Letojanni per ② : 8 km.

TERRASINI 90049 Palermo – 10 266 ab. alt. 35 – ✿ 091.
♦Palermo 29 – ♦Trapani 71.

in prossimità strada statale S : 6 km :

🏨 **Perla del Golfo,** ⊠ 90049 ℘ 8695058, Telex 910634, Fax 8695072, ≼, ⊃, ▴◉, ⚲ – ▤
  ☎ ℗ – 🛦 30 a 500. ▨ ⑤ ⑩ VISA. ⅏ rist
  marzo-ottobre – Pas 25/40000 – **162 cam** ☲ 60/105000 – ½ P 70/110000.

TORREGROTTA 98040 Messina – 5 713 ab. alt. 48 – ✿ 090.
♦Catania 141 – ♦Messina 55 – ♦Palermo 215.

🏨 **Thomas,** località Scala ℘ 9981947 – ⅏
  Pas *(chiuso lunedì)* carta 23/40000 – ☲ 5000 – **18 cam** 25/45000 – ½ P 48000.

TRAPANI 91100 Ⓟ 988 ㉟ – 72 837 ab. – ✆ 0923.

Vedere Museo Pepoli★ Y **M** – Cappella della Madonna★ nel santuario dell'Annunziata Y.

Escursioni Isola di Pantelleria★★ Sud per motonave – Isole Egadi★ Ovest per motonave o aliscafo.

✈ di Birgi S : 15 km Y ℰ 841124 – Alitalia, Agenzia Salvo, corso Italia 52/56 ℰ 27480.

⛴ per Cagliari mercoledì (11 h 30 mn) – Tirrenia Navigazione-agenzia Salvo, corso Italia 42/46 ℰ 23819, Telex 910132; per le Isole Egadi giornalieri (1 h) e Pantelleria giornaliero (4 h 30 mn) – Siremar-agenzia Salvo, via Staiti 61/63 ℰ 540515, Telex 910132, Fax 28436.

⛴ per le Isole Egadi giornalieri (20 mn) – Siremar-agenzia Salvo, via Staiti 61/63 ℰ 540515, Telex 910132, Fax 28436; per l'Isola di Pantelleria giugno-settembre giornalieri escluso mercoledì e domenica (2 h 20 mn) – Aliscafi SNAV-agenzia Sud-Ovest, via Torre Arsa 11 ℰ 27101.

🛈 piazza Saturno ℰ 29000, Fax 29430.

A.C.I. via Virgilio 71/81 ℰ 27292.

✦Palermo 104 ②.

TRAPANI

Fardella (Via G.B.)	BZ	13
Vitt. Emanuele (C.)	AZ	
Bixio (Via Nino)	Y	2
Crociferi (Via dei)	BZ	6
Cuba (Via della)	AZ	8
Duca d'Aosta (Viale)	AZ	9
Fardella (Prolungamento		
Giovan Battista)	Y	12
Madonna di Fatima (Via) ..	Y	19
Malta (Via)	BZ	21
Mercè (Via)	BZ	25
Monte S. Giuliano (Via) ...	Y	27
Ninfe (Largo delle)	AZ	28
Pepoli (V. Conte A.)	Y	33
Portogalli (Largo)	BZ	35
Procida (Via Giov. da)	AZ	36
Regina Margherita (Vle) ...	BZ	37
S. Francesco di Paola (V.) ..	BZ	38
S. Giovanni Bosco (Via) ...	BZ	39
Scalo d'Alaggio (Pza)	AZ	40
Scarlatti (Piazza)	AZ	41

Scio (Pza Generale)	AZ	42
Scontrino (Via A.)	BZ	44
Serisso (Via)	AZ	45
Tartaglia (Via Giacomo) ...	AZ	48
Torre di Ligny (Viale)	AZ	49
Torrearsa (Via)	AZ	50
Umberto I (Piazza)	BZ	52
Vespri (Via)	Y	55
Vittorio Veneto (Piazza) ...	BZ	57

⬟⬟⬟ **Astoria Park Hotel**, lungomare Dante Alighieri ℰ 562400, Telex 911228, ≤, ⌕, ⛱, ⚲ – 📶 ☰ 📺 ☎ Ⓟ – 🛗 30 a 400
  92 cam.   Y **c**

🏠 **Vittoria**, senza rist, via Crispi 4 ℰ 27244 – 📶 ☎. 歴 ⓞ
  ☲ 5000 – **56 cam** 45/72000.   BZ **s**

🏠 **Cavallino Bianco**, lungomare Dante Alighieri ℰ 21549, ≤ – 📶 ☎. 🖪 ⓞ 匚 VISA
  Pas carta 22/32000 – ☲ 8000 – **56 cam** 36/59000 – ½ P 52/61000.   Y **a**

🟨🟨 **P e G**, via Spalti 1 ℰ 547701, Coperti limitati; prenotare – ☰. 歴 🖪 ⓞ 匚 VISA   BZ **e**
  chiuso domenica ed agosto – Pas carta 30/40000 (12%).

🟨 **Trattoria del Porto**, via Ammiraglio Staiti 45 ℰ 547822, ☞ – ⚲   BZ **a**
  chiuso mercoledì – Pas carta 25/35000.

   Vedere anche : **Erice** NE : 14 km.

TROINA 94018 Enna 988 ㊱ – 10 888 ab. alt. 1 116 – ✆ 0935.
♦Catania 70 – Enna 81 – ♦Messina 141 – ♦Palermo 183.

✗ Eden, contrada Piano Fossi NO : 2 km ✆ 654407 – ℗.

USTICA (Isola di) Palermo 988 ㊴ – 1 219 ab. alt. da 0 a 238 (Monte Guardia dei Turchi) – ✆ 091.
La limitazione d'accesso degli autoveicoli è regolata da norme legislative.

⚓ per Palermo giornaliero (2 h 20 mn) – Siremar-agenzia Militello, piazza Di Bartolo 15 ✆ 8449002, Telex 910586.

⚓ per Palermo giornaliero (1 h 15 mn) – Siremar-agenzia Militello, piazza Di Bartolo 15 ✆ 8449002, Telex 910586.

Ustica – ✉ 90010.

🏨 **Grotta Azzurra** ﹩, ✆ 8449048, Fax 8449396, ≤ mare, �, « Costruzione mediterranea con terrazze sulla scogliera », ⌃ – ↔ cam ☏. ✼
giugno-settembre – Pas 40/50000 – ⌷ 12000 – **52 cam** 50/85000 – ½ P 105/125000.

✗ **Trattoria le Campanelle,** ✆ 8449136 – 🅰🅴. ✼
chiuso dicembre – Pas carta 37/53000.

VALDERICE 91019 Trapani – 10 875 ab. alt. 250 – ✆ 0923.
♦Agrigento 99 – ♦Palermo 184 – ♦Trapani 9.

🏨 **« Baglio » Santacroce** ﹩, E : 2 km ✆ 891111, Fax 891192, ≤, �, ⌃ – ☏. 🅰🅴 🅱 ⓪ 🅴 🆅🅸🆂🅰. ✼
Pas *(chiuso lunedì)* carta 25/37000 – ⌷ 6000 – **25 cam** 46/70000 – ½ P 60/70000.

VILLAGRAZIA Palermo – Vedere Carini.

VULCANO (Isola) Messina 988 ㊲㊳ – Vedere Eolie (Isole).

ZAFFERANA ETNEA 95019 Catania – 7 296 ab. alt. 600 – ✆ 095.
♦Catania 24 – Enna 104 – ♦Messina 79 – ♦Palermo 231 – Taormina 35.

🏠 **Primavera dell'Etna,** O : 1,5 km ✆ 7082348, Fax 7081695, ≤, ✼ – 🛗 ☏ ℗ – 🔧 150 a 600. 🅰🅴 🅱 🅴 🆅🅸🆂🅰. ✼
Pas carta 19/28000 (15%) – ⌷ 7500 – **50 cam** 28/45000 – ½ P 50/60000.

🏠 **Airone** ﹩, ✆ 7081819, Fax 7082142, ≤, 🌂 – 🛗 ↔ cam 📺 ☏ ℗. 🅰🅴 🅱 ⓪ 🅴 🆅🅸🆂🅰
Pas carta 30/42000 – **41 cam** ⌷ 42/68000 – ½ P 50/60000.

Cantone Ticino
(Svizzera)

LE STELLE	❀	DIE STERNE
LES ÉTOILES	❀❀	THE STARS

AMENITÀ
L'AGRÉMENT
ANNEHMLICHKEIT
PEACEFUL ATMOSPHERE AND SETTING

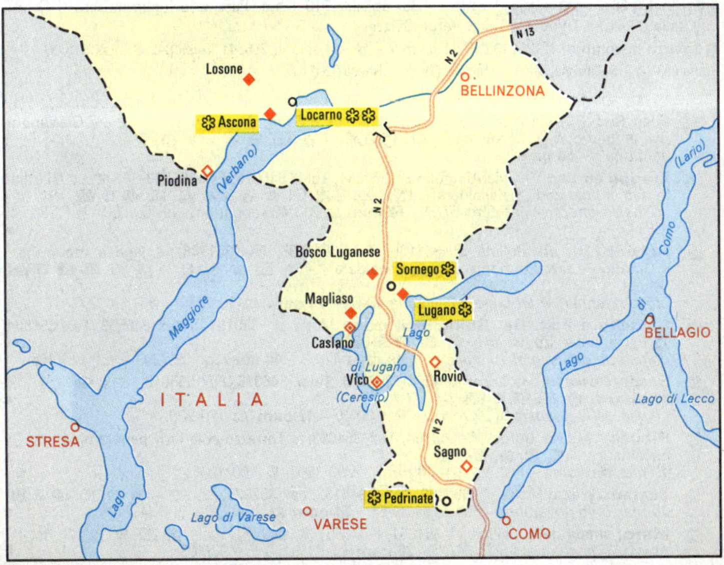

CANTONE TICINO

(Svizzera)

427 ⑮⑳㉕, 219 ⑦⑧, 218 ⑪⑫ – 283 023 ab. alt. da 210 (Ascona) a 3 402 (monte Rheinwaldhorn).

I prezzi sono indicati in franchi svizzeri.

AGARONE 6597 219 ⑥ – alt. 400 – a.s. luglio-ottobre – ✆ 092, dall'Italia 00.41.92.
Roma 690 – Bellinzona 13 – ♦Lugano 37 – Locarno 10 – ♦Milano 112.

  ✗ **Grotto Romitaggio,** ℰ 641577, « Servizio estivo in terrazza panoramica » – **P.** 🆎 **E** VISA ⬛
       chiuso lunedì a mezzogiorno e dal 7 gennaio a febbraio – Pas carta 34/53.

AGNO 6982 427 ㉔, 219 ⑧ – 3 190 ab. alt. 274 – a.s. Pasqua, luglio-agosto e ottobre – ✆ 091, dall'Italia 00.41.91 – ✈ E : 3 km ℰ 505001 – a Lugano, Swissair, via Pretorio 9 ℰ 236331.
Roma 660 – Bellinzona 32 – ♦Bern 263 – ♦Lugano 6 – Luino 17 – ♦Milano 83 – Varese 26.

  🏨 **La Perla,** ℰ 593921, Telex 844593, Fax 594039, « Servizio rist. estivo in terrazza
       ombreggiata », ⴴ riscaldata, 🔲, 🐎, ✗ – 🛗 📺 ☎ 🔥 **P.** – 🅰 300. 🆎 ⓪ **E** VISA ⬛ rist
       Pas carta 45/72 – ⊇ 11 – **97 cam** 165/250 – ½ P 166/206.

AGNUZZO 219 ⑧ – alt. 305 – ✉ 6933 Muzzano-Piodella – a.s. luglio e agosto – ✆ 091, dall'Italia 00.41.91.
Roma 655 – Bellinzona 34 – ♦Bern 265 – ♦Lugano 4 – Luino 19 – ♦Milano 81 – Varese 28.

  ✗✗ **La Piodella,** ℰ 546306 – **P.** 🆎 ⓪ **E** VISA ⬛
       chiuso mercoledì e dal 15 dicembre al 15 febbraio – Pas carta 62/92.

AIROLO 6780 427 ⑮, 218 ⑪ – 1 744 ab. alt. 1 142 – a.s. gennaio-febbraio e luglio-agosto –
Sport invernali : 1 142/2 090 m ✲1 ✗5, ✦ – ✆ 094, dall'Italia 00.41.94.
Escursioni Strada✶✶ del passo della Novena Ovest – Strada✶ del San Gottardo Nord verso Andermatt e SE verso Giornico.
Roma 738 – Bellinzona 58 – Locarno 77 – ♦Milano 164.

  🏠 **Forni,** ℰ 881297, Fax 881523, ≼ 🛗 ☎ – 🅰 30. 🆎 ⓪ **E** VISA ⬛ rist
       chiuso da novembre al 6 dicembre – Pas carta 28/50 – **18 cam** ⊇ 60/110 – ½ P 66/81.

ALDESAGO 219 ⑥ – Vedere Lugano.

ASCONA 6612 427 ㉔, 219 ⑦⑥ – 4 681 ab. alt. 210 – a.s. Pasqua e luglio-ottobre – ✆ 093, dall'Italia 00.41.93 – Vedere Guida Verde Svizzera.
  🏊 (marzo-novembre) ℰ 352132, E : 1,5 km Y – 🛉 via Papio ℰ 355544, Telex 846085, Fax 361008.
Roma 698 ② – Bellinzona 22 ② – ♦Milano 119 ② – Stresa 52 ④ .

Pianta pagina a lato

  🏨 **Eden Roc** ⊗, via Albarelle ℰ 350171, Telex 846046, Fax 351571, ≼, 🐎, « Giardino in
       riva al lago con ⴴ riscaldata », ⊆ₛ, 🔲, 🐎 – 🛗 📺 ☎ 🔥 ⟜ **P**   Y r
       stagionale – **50 cam**.

  🏨 **Europe au Lac** ⊗, via Albarelle ℰ 352881, Telex 846075, Fax 361809, ≼, 🐎, « Giardino
       in riva al lago con ⴴ riscaldata », 🔲, 🐎 – 🛗 📺 ☎ 🔥 ⟜ **P.** 🆎 ⓪ **E** VISA ⬛ rist
       15 marzo-ottobre – Pas carta 57/89 – **52 cam** ⊇ 210/405 appartamenti 450/650 – ½ P 238/245
                                   Y n

  🏨 **Ascona** ⊗, via Collina ℰ 351135, Telex 846035, Fax 361748, ≼ lago e monti, 🐎,
       « Giardino e terrazza fiorita con ⴴ riscaldata » – 🛗 📺 ☎ 🔥 **P** – 🅰 80. 🆎 ⓪ **E** VISA
       ⬛ rist   X d
       chiuso gennaio e febbraio – Pas carta 40/61   **75 cam** ⊇ 160/340 – ½ P 190/200.

  🏨 **Castello e Rist. De' Ghiriglioni,** piazza Motta ℰ 350161, Telex 846553, Fax 351804,
       ⴴ riscaldata – 📺 ☎ ⟜ **P.** 🆎 ⓪ **E** VISA
       chiuso da gennaio al 15 marzoo – Pas carta 42/68 – **44 cam** ⊇ 160/300 – ½ P 175/185.   Z r

  🏨 **Sasso Boretto,** via Locarno 45 ℰ 357115, Telex 846026, Fax 355018, 🐎, ⊆ₛ, 🔲 – 🛗
       ☎ 🔥 ⟜ **P.** 🆎 ⓪ **E** VISA ⬛ rist
       chiuso dal 4 gennaio al 27 marzo – Pas 30/45 – **42 cam** ⊇ 120/200.   X c

  🏨 **Riposo** ⊗, via Borgo ℰ 353164, Fax 354663, « Terrazza-solarium panoramica con ⴴ
       riscaldata » – 🛗 ☎ **P.** VISA ⬛
       15 marzo-ottobre – Pas 28/38 – **30 cam** ⊇ 90/180 – ½ P 90/120.   Z x

  🏨 **Tamaro,** piazza Motta ℰ 350282, Telex 846132, Fax 352928, ≼, 🐎 – 🛗 ☎. 🆎 ⓪ **E** VISA
       15 marzo-15 novembre – Pas carta 39/61 – **51 cam** ⊇ 154/230 – ½ P 140/179.   Z v

  🏨 **Moro,** strada della Collina ℰ 351081, Fax 355169, ⊆ₛ, 🔲, 🐎 – 🛗 📺 ☎ **P.** ⬛ rist
       marzo-15 novembre – Pas 24/45 – **36 cam** ⊇ 73/166 – ½ P 93/103.   Z k

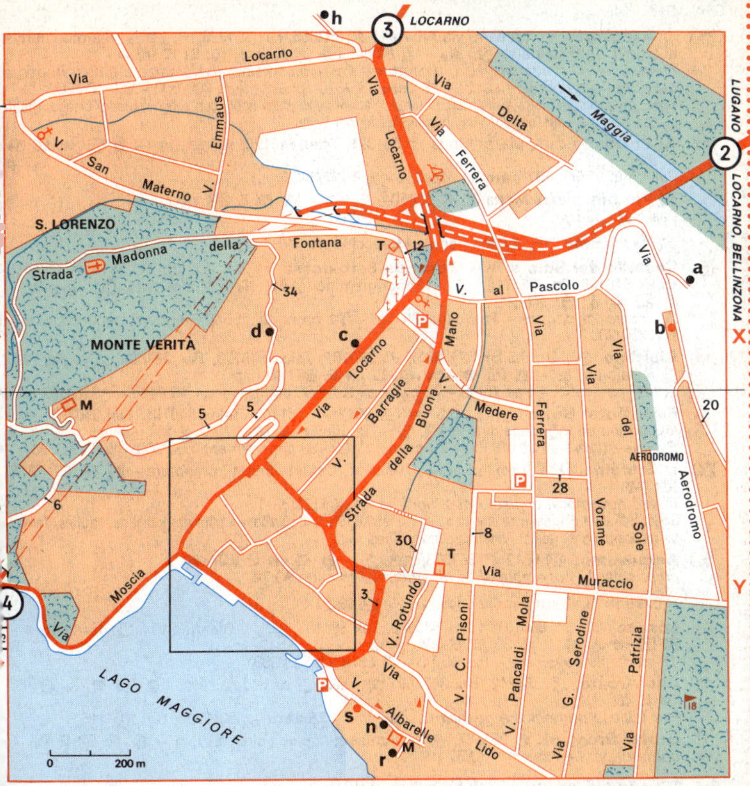

ASCONA

*I nomi delle principali
vie commerciali
sono scritti in rosso all'inizio
dell'indice toponomastico
delle piante di città.*

XXX ⊛ **Ascolago** 🦢 con cam, via Albarelle 🕿 352055, Fax 354226, ≤, 斺, « Giardino in riva al lago », ⌿ riscaldata, 🖼, 🐕, – 劇🖿 rist 📺 🕭 ⅙ 🚗 🅿 🖽 🖭 *VISA* Y s
 chiuso dal 11 novembre al 20 dicembre – Pas *(chiuso sino al 1° marzo e lunedì in bassa stagione)* carta 55/82 – 🖙 18 – **22 cam** 130/320 appartamenti 300/500 – ½ P 175/200
 Spec. Carpaccio di filetto di manzo con tartufi, Variazione di pesci nobili con salsa al Merlot bianco, Tirami su con gelato al caffè bianco. Vini Epesses, Merlot del Ticino.

XX **Al Porto** con cam, piazza Motta 🕿 351321, Telex 846126, ≤, 斺, 🛥 – 劇 📺 🕿 🖽 ⓞ E *VISA* Z p
 Pas carta 27/59 – **37 cam** 🖙 100/222 – ½ P 132/143.

X **Al Pontile**, piazza Motta 31 🕿 354604, ≤, 斺 – 🖿. 🖽 E *VISA*. ⋘ Z t
 Pas carta 33/59.

all'Aerodromo NE : 1,5 km per via Muraccio Y :

🏰 **Castello del Sole e Rist. Locanda Barbarossa** 🦢, O : 0,5 km ⊠ 6612 🕿 350202, Telex 846138, Fax 361118, 斺, « Parco-giardino », 🎣, ≦s, ⌿ riscaldata, 🖼, 🐕, ⋘ – 劇 📺 🕿 ⅙ 🅿 ⋘ rist
 23 marzo-26 ottobre – Pas carta 85/120 – **70 cam** 🖙 255/440 appartamenti 560/600 – ½ P 250/285.

🏨 **Giardino** 🦢, O : 0,5 km ⊠ 6612 🕿 350101, Telex 846223, Fax 361094, 斺, 🎣, ≦s, ⌿ riscaldata, ⋘ – 劇 📺 🕿 🚗 🅿 🖽 ⓞ E *VISA*. ⋘ rist
 marzo-novembre – Pas 75/85 – **72 cam** 🖙 320/560 appartamenti 450/480 – P 310/350.

🏨 **Park Hotel Delta** 🦢, E : 0,5 km ⊠ 6612 🕿 350101, Telex 846101, Fax 356724, 斺, « Giardino con ⌿ riscaldata », ⋘, ⋘ – 劇 📺 🕿 ⅙ 🅿 🖽 ⓞ E *VISA*. ⋘ rist X a
 Pasqua-ottobre – Pas 60/100 – **50 cam** 🖙 300/480 appartamenti 550/900 – ½ P 270/330.

XXX ⊛ **Giardino**, O : 0,5 km ⊠ 6612 🕿 350101, Coperti limitati; prenotare – 🖿 🅿 🖽 ⓞ E *VISA*. ⋘
 marzo-novembre; chiuso a mezzogiorno – Pas 112/133
 Spec. Variation d'agneau et pintadeau à la menthe, Blanc de turbot en pâte de nouille aux truffes, Terrine de mascarpone en gelée. Vini Chardonnay, Sangioveto.

X **Aerodromo**, ⊠ 6612 🕿 351373, 斺, ⌿, – 🅿 🖽 ⓞ E *VISA*. ⋘ X b
 chiuso dal 10 novembre al 15 dicembre – Pas carta 50/70.

a Losone N : 2 km per via Locarno X – ⊠ **6616** :

🏨 **Losone** 🦢, O : 350131, Telex 846080, Fax 361101, 斺, « Giardino con ⌿ riscaldata » – 劇 📺 🕿 ⅙ 🅿 – 🅰 30. 🖽 E *VISA*. ⋘ rist X h
 15 marzo-10 novembre – Pas 45/80 – **78 cam** 🖙 225/390.

🏛 **Alle Arcate**, 🕿 354242, Fax 357459, 斺, ≦s, ⌿ riscaldata, ⋘ – 劇 📺 🕿 ⅙ 🅿 🖽 ⓞ E *VISA*
 Pas *(chiuso domenica e gennaio)* carta 28/51 – **25 cam** 🖙 90/160 – ½ P 105/115.

X **Grotto Broggini**, 🕿 351567, 斺, « Ambiente tipico ticinese », ⋘ – 🅿 🖽 ⓞ E *VISA*
⋪ *aprile-ottobre* – Pas carta 20/52.

sulla strada panoramica di Ronco O : 3 km :

🏨 **Casa Berno** 🦢, ⊠ 6612 🕿 353232, Telex 846167, Fax 361114, ≤ lago e monti, 斺, « Terrazza con ⌿ riscaldata », ≦s, ⋘ – 劇 📺 🕿 ⅙ 🅿 🖽 ⓞ E *VISA*. ⋘ rist
 15 marzo-ottobre – Pas 40/60 – **60 cam** 🖙 170/335 appartamenti 380/480 – ½ P 156/214.

 Vedere anche : *Ronco Sopra Ascona* SO : 4,5 km per ④.

BEDANO 6930 **219** ⑧ – 872 ab. alt. 360 – ✿ 091, dall'Italia 00.41.91.
Roma 664 – Bellinzona 25 – Locarno 34 – ✦Lugano 6 – ✦Milano 84.

X **Osteria Carletti** con cam, 🕿 931214 – 🅿 *VISA*
 Pas *(chiuso lunedì)* carta 39/62 – **10 cam** 🖙 33/93 – ½ P 53/67.

BELLINZONA 6500 **427** ㉔㉕, **219** ⑧, **218** ⑫ – 16 934 ab. alt. 233 – a.s. luglio-settembre – ✿ 092, dall'Italia 00.41.92.

Vedere Castelli★ : castello di Montebello★, ≤★ dal castello di Sasso Corbaro.
🚩 via Camminata 6 🕿 252131.
Roma 681 – ✦Bern 232 – Como 62 – ✦Genève 347 – Locarno 19 ✦Lugano 31 – ✦Milano 107 – Varese 58.

🏛 **Unione**, via Generale Guisan 1 🕿 255577, Telex 846277 , Fax 259460, ⋘ – 劇 📺 🕿 ⅙ – 🅰 120. 🖽 ⓞ E *VISA*. ⋘ rist
 chiuso dal 20 dicembre al 20 gennaio – Pas *(chiuso domenica)* carta 45/67 – **33 cam** 🖙 100/170 – ½ P 110/125.

🏛 **Internazionale** senza rist, piazza Stazione 🕿 254333, Telex 846474, Fax 261359 – 劇 📺 🕿 🅿 🖽 ⓞ E *VISA*
 20 cam 🖙 95/150.

XX **Corona**, via Camminata 5 🕿 252844 – 🖽 ⓞ E *VISA*. ⋘
 chiuso domenica e dal 20 luglio al 15 agosto – Pas carta 46/75.

a Sementina SO : 3,5 km – ⊠ **6514** – a.s. Pasqua e luglio-settembre :

🏠 **Cereda**, 🕿 272431, Fax 274371, ⌿ riscaldata, ⋘ – ⋘ rist 📺 🕭 🅿 🖽 ⓞ E *VISA*
 chiuso dal 26 dicembre al 15 marzo – Pas *(chiuso lunedì)* carta 31/63 – **21 cam** 🖙 95/125 – ½ P 93/125.

BIASCA 6710 427 ⑮, 218 ⑫ – 5 682 ab. alt. 304 – Vedere Guida Verde Svizzera – a.s. giugno-settembre – ✆ 092, dall'Italia 00.41.92.

Dintorni Malvaglia : campanile★ della chiesa N : 6 km.

🛈 ℘ 723327. Fax 724269 – Roma 701 – Bellinzona 21 – Locarno 40 – ◆Milano 127.

XX **Della Posta** con cam, ℘ 722121 – 📺 ☎ 🅿. 🖭 ◑ 🖃 🚾
chiuso lunedì e dal 1° al 15 marzo – Pas carta 50/82 – **14 cam** ⌸ 85/140 – ½ P 80/110.

X **Al Giardinetto** con cam, ℘ 721771, 😤 – ☎ 🅿. 🖭 ◑ 🖃 🚾
chiuso gennaio – Pas carta 30/55 – **36 cam** ⌸ 80/140.

BIOGGIO 6934 427 ㉔, 219 ⑧ – 1 247 ab. alt. 321 – a.s. Pasqua, luglio-agosto e ottobre – ✆ 091, dall'Italia 00.41.91.

Roma 661 – Bellinzona 31 – ◆Bern 264 – ◆Lugano 8 – Luino 19 – ◆Milano 85 – Varese 28.

XX **Grotto Antico,** ℘ 591239, prenotare, « Servizio estivo in giardino ombreggiato » – 🅿. 🖭 ◑ 🖃 🚾
Pas carta 43/61.

BISSONE 6816 427 ㉔, 219 ⑧ – 705 ab. alt. 274 – a.s. Pasqua, luglio-settembre – ✆ 091, dall'Italia 00.41.91.

Roma 646 – Bellinzona 38 – ◆Bern 270 – Como 24 – ◆Lugano 8 – ◆Milano 69.

XX **Elvezia,** ℘ 687374, 😤 – 🅿. ◑ 🖃 🚾
chiuso lunedì e febbraio – Pas carta 38/63.

BOSCO LUGANESE 6935 219 ⑧ – 298 ab. alt. 533 – a.s. Pasqua, luglio-agosto e ottobre – ✆ 091, dall'Italia 00.41.91 – Roma 667 – ◆Lugano 11 – ◆Milano 88.

🏨 **Villa Margherita** 🦢, ℘ 591431, Telex 844547, Fax 506149, ≤ lago di Lugano e monti , 😤 , « Parco-giardino con 🏊 riscaldata » , ≘s, 🔲 – 📺 ☎ 🚗 🅿 – 🔬 60. 🖭 ◑ 🖃 🚾. 🞔 rist
aprile-20 ottobre – Pas carta 56/88 – **33 cam** ⌸ 220/320 appartamenti 360/410 – ½ P 155/255.

BREGANZONA 6932 219 ⑧ – 4 434 ab. alt. 439 – a.s. luglio e agosto – ✆ 091, dall'Italia 00.41.91 – Roma 655 – Bellinzona 27 – ◆Lugano 4 – ◆Milano 81.

🏠 **Villa Marita,** ℘ 560561, « Giardino con 🏊 riscaldata » – 🚗 🅿. 🚾. 🞔 rist
chiuso dal 22 dicembre al 1° febbraio – Pas (solo per clienti alloggiati e chiuso a mezzogiorno) – **19 cam** ⌸ 75/120 – ½ P 80/90.

BRIONE 427 ㉔, 219 ⑧, 218 ⑫ – Vedere Locarno.

BRISSAGO 6614 427 ㉔, 219 ⑦ – 1 870 ab. alt. 210 – a.s. luglio e agosto – ✆ 093, dall'Italia 00.41.93.

🛈 via Cantonale ℘ 651170.

Roma 706 – Bellinzona 30 – ◆Bern 262 – Locarno 11 – ◆Milano 127 – Stresa 44.

🏨 **Villa Caesar** 🦢, ℘ 652766, Fax 653104, ≤ lago e monti, 🎰, ≘s, 🏊 riscaldata, 🔲 – 🛗 🍴 rist 📺 ☎ 🚗 🅿 – 🔬 35. 🖭 ◑ 🖃 🚾. 🞔 rist
aprile-ottobre – Pas carta 60/85 – **31 cam** ⌸ 210/300 appartamenti 320/400 – ½ P 190/250.

🏨 **Mirto au Lac** 🦢, ℘ 651328, Fax 651333, ≤ – 🛗 🞔 rist ☎ & 🚗. 🖃 🚾. 🞔
10 marzo-novembre – Pas carta 40/60 – **24 cam** ⌸ 80/180 – ½ P 95.

🏨 **Rivabella** senza rist, ℘ 651137, ≤, « Terrazza-giardino sul lago » – 🛗 ☎ 🅿. 🞔
aprile-ottobre – **17 cam** ⌸ 86/120.

XX **Mirafiari** con cam, ℘ 651234, ≤, 😤, « Terrazza ambreggiata sul lago », 🛥 – 🛗 🞔 cam 🅿. 🖃. 🞔
20 marzo-ottobre – Pas carta 35/50 – **16 cam** ⌸ 78/156.

a Piodina SO : 3 km – alt. 360 – 🖂 6614 Brissago :

🏨 **La Favorita** 🦢, ℘ 652061, ≤ lago e monti, 😤, 🏊 riscaldata, 🛥 – 🛗 📺 ☎ 🅿. 🖭 ◑ 🚾
chiuso febbraio – Pas carta 30/46 – **16 cam** ⌸ 100/150 – ½ P 100/125.

CADEMARIO 6936 219 ⑧ – 490 ab. alt. 770 – a.s. Pasqua, luglio-agosto e ottobre – ✆ 091, dall'Italia 00.41.91 – **Dintorni** Monte Lema★ : 🞔★★ per seggiovia da Miglieglia.

Roma 666 – Bellinzona 35 – ◆Bern 268 – ◆Lugano 13 – Luino 24 – ◆Milano 90 – Varese 33.

XX **Cacciatori** 🦢 con cam, NE : 1,5 km – ℘ 592236, ≤, « Servizio estivo all'aperto », 🛥 – 📺 🚗 🅿. 🖭 ◑ 🖃 🚾
20 marzo-3 novembre – Pas carta 45/82 – **16 cam** ⌸ 65/150 – ½ P 80/105.

CASLANO 427 ㉔, 219 ⑧ – Vedere Ponte Tresa.

CASTAGNOLA 219 ⑧ – Vedere Lugano.

CERESIO Vedere Lugano (Lago di).

CHIASSO 6830 427 ⑳㉙, 219 ⑧ – 8 371 ab. alt. 236 – a.s. Pasqua e luglio-settembre – ✆ 091, dall'Italia 00.41.91.

Roma 627 – Como 5 – ♦Lugano 26 – Menaggio 34 – ♦Milano 50.

🏨 **Corso**, via Valdani 1 ℰ 445701, Telex 842309, Fax 445308 – |இ| ᡫᢖ cam 🖿 TV ☎ ᖘ – 🔒 90. AE ⓞ E VISA. ⅍ rist
Pas *(chiuso domenica)* carta 34/72 – **26 cam** ⇌ 111/173 – ½ P 114/138.

🏨 **Centro** senza rist, corso San Gottardo 80 ℰ 434402, Fax 434458 – TV ☎ ⟵⟶ AE ⓞ E VISA
18 cam ⇌ 80/130.

a Pedrinate O : 3 km – ✉ 6832 :

XXX ❀ **Al Ronco Grande di Pierre De Lusi** ℰ 434333, 🌤, Coperti limitati; prenotare – ℗. AE ⓞ E VISA
chiuso martedì sera, mercoledì, dal 20 febbraio al 5 marzo e dal 5 al 31 agosto – Pas carta 70/100
Spec. Sfogliatina di scampi, Trota del Lago Maggiore al basilico, Sella di capriolo disossata con uva all'Armagnac. Vini Dezaley, Merlot del Ticino.

CHIGGIOGNA 6799 427 ⑤, 218 ⑫ – 406 ab. alt. 668 – ✆ 094, dall'Italia 00.41.94.

Roma 725 – Bellinzona 41 – Locarno 60 – ♦Milano 147.

XX **La Conca**, ℰ 382366, 🌤, « Ambiente tipico ticinese » – ℗. AE ⓞ E VISA
chiuso mercoledì e giovedì – Pas carta 31/83.

CUREGLIA 219 ⑧ – Vedere Lugano.

GANDRIA 6978 427 ㉔, 219 ⑧ – 199 ab. alt. 295 – ✆ 091, dall'Italia 00.41.91.
Vedere Guida Verde Svizzera.

Roma 659 – Bellinzona 36 – ♦Bern 269 – Como 37 – ♦Lugano 5 – Luino 28 – ♦Milano 82.

X **Antico-da Bartolini**, ℰ 514871, « Terrazza con ≼ »
chiuso dal 10 novembre al 20 dicembre e mercoledì dal 20 dicembre a marzo – Pas carta 48/65.

GENEROSO (Monte) 427 ⑳㉙, 219 ⑧ – alt. 1 703 – a.s. Pasqua e luglio-settembre.
Vedere ❈ ★★★.

Capolago 50 mn di ferrovia a cremagliera.

da Capolago : Roma 641 – Bellinzona 45 – ♦Bern 278 – Como 19 – ♦Lugano 13 – ♦Milano 64 – Varese 22.

X **Vetta** con cam, ✉ 6825 Capolago ℰ (091) 687722, Fax 481107, ❈ Alpi e laghi – |இ|
15 marzo-15 novembre – Pas 22/32 – **7 cam** ⇌ 70 – ½ P 40/55.

GIUBIASCO 6512 427 ⑳㉙, 219 ⑧ – 6 839 ab. alt. 239 – a.s. Pasqua e luglio-settembre – ✆ 092, dall'Italia 00.41.92.

Roma 679 – Bellinzona 2 – ♦Bern 235 – Locarno 18 – ♦Lugano 31 – ♦Milano 105.

X **Unione** con cam, ℰ 271616, 🌤, 🐎
8 cam.

GNOSCA 6525 427 ㉔ ㉕, 218 ⑫ – 418 ab. alt. 277 – ✆ 092, dall'Italia 00.41.92.

Roma 688 – Bellinzona 8 – ♦Milano 115.

X **Lessy-da Mano**, ℰ 291941, 🌤, 🐎 – ℗. AE ⓞ VISA. ⅍
chiuso lunedì e dal 1° al 21 agosto – Pas carta 45/60.

INTRAGNA 6655 427 ㉔, 219 ⑦, 218 ⑪ – 894 ab. alt. 362 – a.s. Pasqua e luglio-ottobre – ✆ 093, dall'Italia 00.41.93.

Roma 704 – Domodossola 40 – Locarno 9 – ♦Milano 125.

XX **Stazione-da Agnese** con cam, ℰ 811212, ≼, 🛋 riscaldata, 🐎 – TV ℗. ⓞ E VISA
marzo-novembre – Pas carta 47/70 – ⇌ 15 – **10 cam** 95/150 – ½ P 120.

LAGO MAGGIORE o VERBANO ★★★ Cantone Ticino, Novara e Varese 427 ㉓, 219 ⑥⑦⑧⑰.
Vedere Guida Verde Italia.

LOCARNO 6600 427 ㉔, 219 ⑧, 218 ⑪⑫ – 14 149 ab. alt. 198 – a.s. Pasqua e luglio-ottobre – Sport invernali : a Cardada : 1 350/1 750 m ≼1 ≼5, ⤓ – ✆ 093, dall'Italia 00.41.93.

Vedere Lago Maggiore★★★ – Santuario della Madonna del Sasso★ : ≼★ AY per via ai Monti della Trinità o per funicolare (6 mn) – ≼★★ dall'Alpe di Cardada Nord per funivia – Monte Cimetta★★ : ❈★★ Nord per seggiovia.

Escursioni Circuito di Ronco★★ : ≼★★ sul lago dalla strada per Losone e Ronco.

🏌 (marzo-novembre) ad Ascona ✉ 6612 ℰ 352132, per ② : 6,5 km.

🛈 largo Zorzi ℰ 310333, Telex 8646147, Fax 319070.

Roma 695 ① – Bellinzona 19 ① – ♦Bern 252 ① – ♦Genève 327 ② – ♦Lugano 40 ① – ♦Milano 116 ①.

🏨🏨 **Reber au Lac,** viale Verbano 55 ℰ 330202, Telex 846074, Fax 337981, ≤, 🏖, « Terrazza fiorita », ≦s, ♨ riscaldata, 🐾, 🐎, ℜ – 🛗 TV ☎ 🅿 – 🔬 100. 🅰🅴 ① 🇪 VISA
※ rist   BY s
Pas 48/75 – **90 cam** ☑ 200/340 appartamenti 470/570 – ½ P 160/240.

🏨🏨 **Muralto,** piazza Stazione 8 ℰ 330181, Telex 846126, Fax 334395, ≤, 🏖 – 🛗 ≣ rist TV
☎ – 🔬 200. 🅰🅴 ① 🇪 VISA   BY z
Pas carta 35/87 – **76 cam** ☑ 245/300 – ½ P 144/188.

🏨🏨 **Arcadia,** lungolago Motta ℰ 310282, Telex 846005, Fax 315308, ≤, ♨ riscaldata, 🐎 – 🛗
☎ ⅙ 🚗 🅿 🅰🅴 ① 🇪 VISA ※ rist   BZ a
chiuso gennaio e febbraio – Pas 24/52 – **90 cam** ☑ 245 – ½ P 285.

🏨🏨 **Gd H. Locarno,** via Sempione 17 ℰ 330282, Telex 846143, Fax 333013, ≤, « Parco con
♨ riscaldata », ℜ – 🔬 80. 🅰🅴 ① 🇪 VISA   BY e
15 marzo-1° novembre – Pas al Rist. **Alle Grotte** carta 34/53 – **80 cam** ☑ 158/280 –
½ P 169/187.

🏨 **Beau Rivage,** lungolago Motta ℰ 331355, Fax 339409, ≤ – 🛗 ☎ 🅿 🅰🅴 ① 🇪 VISA
⬅ ※ rist   BY u
marzo-ottobre – Pas 20/45 – **50 cam** ☑ 100/205 – ½ P 130.

🏨 **Dell'Angelo,** piazza Grande ℰ 318175, Telex 846544, Fax 318256 – 🛗 TV ☎. 🅰🅴 ① 🇪
VISA ※ rist   BY a
Pas carta 30/52 – **50 cam** ☑ 90/160 – ½ P 70/90.

🏨 Piccolo Hotel, via Buetti 11 ℰ 330212, Telex 846227 – 🛗 TV ☎   BY r
21 cam.

🏨 **Pestalozzi** senza rist, via Cattori 4 ℰ 310292, Telex 846516, Fax 319645 – TV ☎ 🚗. 🅰🅴
🇪 VISA   BZ b
52 cam ☑ 70/131.

LOCARNO

0   300 m

🏠 **Villa Palmiera**, via del Sole 1 ☎ 331441, « Piccolo giardino fiorito » – 🕌 ☎ 🅿 🅰🅴 🆅🅸🆂🅰 – ⛳ rist   BY **f**
chiuso dal 15 novembre al 1° marzo – Pas 20/30 – **25 cam** ☑ 60/130 – ½ P 62/87.

🏠 **Montaldi** senza rist, piazza Stazione 7 ☎ 330222, Fax 335496 – 🕌 ☎ 🅿 🅰🅴 ⓄⒹ 🅴 🆅🅸🆂🅰   BY **n**
chiuso dal 10 gennaio al 15 marzo – **49 cam** ☑ 77/134.

🏠 **Zurigo**, viale Verbano 9 ☎ 331617, ≼, 🍽 – 🕌 📺 ☎ – 🛗 40. 🅰🅴 ⓄⒹ 🅴 🆅🅸🆂🅰   BY **w**
– Pas 11/31 – **28 cam** ☑ 100/200 – ½ P 132.

🍴🍴🍴 ✿✿ **Centenario**, lungolago Motta 17 ☎ 338222, prenotare – 🅰🅴 ⓄⒹ 🅴 🆅🅸🆂🅰, ⛳ –   BY **m**
chiuso domenica, lunedì (escluso i giorni festivi), dal 4 al 24 febbraio e dal 1° al 15 luglio
– Pas carta 70/93
Spec. Langoustines tièdes en salade aux mangues, Tartare de saumon au caviar, Carré d'agneau d'Ecosse à la moutarde. **Vini** Vinattieri, Merlot del Ticino.

🍴🍴 **Cittadella** con cam, via Cittadella 18 ☎ 315885 – 🍽 📺 ☎. 🅰🅴 🅴 🆅🅸🆂🅰   AY **r**
Pas *(chiuso lunedì e martedì a mezzogiorno)* carta 45/78 – **15 cam** ☑ 100/130.

🍴🍴 **Cervo** con cam, via Torretta 11 ☎ 314131 – ⛳ rist   AY **g**
Pas *(chiuso domenica sera, lunedì e novembre)* carta 25/58 – **6 cam** ☑ 65/120 – ½ P 80/85.

🍴 **Antica Osteria**, via dei Pescatori 8 ☎ 338794, 🍽   BY **b**
chiuso martedì, febbraio e dal 25 giugno al 15 luglio – Pas carta 36/63.

ad Orselina N : 2 km – alt. 456 – ⊠ **6644** :

🏨 **Orselina** ⛳, ☎ 330232, Fax 336221, ≼ lago e monti, 🍽, « Giardino con 🏊 riscaldata », ⛱, 🏊 – 🕌 📺 ☎ ⑤ 🅿. ⛳ rist   AY **c**
marzo-novembre – Pas 38/48 – **76 cam** ☑ 165/330 appartamenti 400/420 – ½ P 150/172.

🏨 **Mirafiori**, ☎ 331877, Fax 337739, ≼, « Servizio rist. estivo all'aperto », ⛱, 🏊 riscaldata, 🍽 – 🕌 📺 ☎ 🅿. 🅰🅴 ⓄⒹ 🅴 🆅🅸🆂🅰. ⛳ rist   AY **h**
marzo-10 novembre – Pas carta 30/48 – **28 cam** ☑ 180 – ½ P 104/114.

🍴 **Della Posta**, ☎ 334645, Coperti limitati; prenotare – 🅰🅴 ⓄⒹ 🅴 🆅🅸🆂🅰   AY **b**
chiuso mercoledì e dal 15 novembre al 15 dicembre – Pas 68.

a Minusio per ① : 2 km – alt. 246 – ⊠ **6648** :

🏨 **Remorino** senza rist, ☎ 331033, Fax 337429, « Giardino con 🏊 riscaldata » – 🕌 ☎ 🅿
10 marzo-ottobre – **25 cam** ☑ 100/200.

🍴🍴 **Navegna** con cam, ☎ 332222, Fax 333150, ≼, « Terrazza ombreggiata in riva al lago » – 🕌 🅿. ⓄⒹ 🅴 🆅🅸🆂🅰. ⛳ rist
marzo-ottobre – Pas carta 53/77 – **18 cam** ☑ 67/130 – ½ P 89.

🍴 **Campagna** con cam, ☎ 332054, ≼, « Insieme rustico ticinese con servizio estivo all'aperto » – ☎ 🅿
Pasqua-ottobre – Pas carta 35/55 – **15 cam** ☑ 55/82 – ½ P 72/86.

a Brione per ① : 4,5 km – alt. 450 – ⊠ **6645** :

🏨 **Dellavalle e Rist. Landò** ⛳, ☎ 330121, Telex 846153, Fax 333517, ≼ lago e monti, 🍽, « Terrazza panoramica con 🏊 riscaldata », ⛱, 🐎, ✂ – 🕌 🍽 rist 📺 ☎ 🅿. 🅰🅴 🅴 🆅🅸🆂🅰. ⛳ rist
chiuso da gennaio al 15 marzo – Pas carta 40/74 – **50 cam** ☑ 125/260 appartamenti 380 – ½ P 100/105.

LOSONE 🛣 427 ㉔, 219 ⑦, 218 ⑪ – Vedere Ascona.

LUGANO 6900 🛣 427 ㉔, 219 ⑧ – 26 055 ab. alt. 273 – a.s. Pasqua-ottobre – ✆ 091, dall'Italia 00.41.91 – Vedere Pinacoteca*** nella Villa Favorita BX – Lago** BX – Parco Civico** ABX – Affreschi** nella chiesa di Santa Maria degli Angeli Z.

Dintorni Monte San Salvatore*** 15 mn di funicolare AX – Monte Brè** E : 10 km o 20 mn di funicolare BVX – ≼*** dalla strada per Morcote – Morcote** : santuario di Santa Maria del Sasso** S : 12 km.

🏌 a Magliaso ⊠ 6983 ☎ 711557, per ⑤ : 10 km.

✈ di Agno SO : 6 km AX ☎ 505001 – Swissair via Pretorio 9 ☎ 236331, Fax 231903.

🛈 riva Albertolli 58 ☎ 214664, Telex 844032, Fax 227653.

Roma 654 ④ – ◆Bergamo 90 ④ – Como 34 ④ – Locarno 40 ① – ◆Milano 77 ④ – Novara 105 ④.

Pianta pagina a lato

🏰 **Principe Leopoldo** ⛳, via Montalbano 5 ☎ 558855, Telex 843250, Fax 558825, ≼ lago e monti, « Giardino con 🏊 riscaldata », ✂ – 🕌 🍽 rist 📺 ☎ 🚗 🅿 – 🛗 60. 🅰🅴 ⓄⒹ 🅴 🆅🅸🆂🅰. ⛳ rist   AX **m**
Pas carta 73/110 – **24 cam** ☑ 365/455.

🏰 **Splendide Royal**, riva Caccia 7 ☎ 542001, Telex 844273, Fax 548931, ≼ lago e monti, ⛱, 🏊 – 🕌 🍽 📺 ☎ 🚗 🅿 – 🛗 200. 🅰🅴 ⓄⒹ 🅴 🆅🅸🆂🅰. ⛳ rist   AX **e**
Pas carta 72/106 – **112 cam** ☑ 260/450 appartamenti 650/900 – ½ P 280/315.

🏰 **Montalbano** ⛳, via Montalbano ☎ 558811, Fax 542538, 🏊 – 📺 ☎ 🚗 🅿 🅰🅴 ⓄⒹ 🅴 🆅🅸🆂🅰. ⛳ rist   AX **m**
Pas carta 48/83 – **44 cam** ☑ 330.

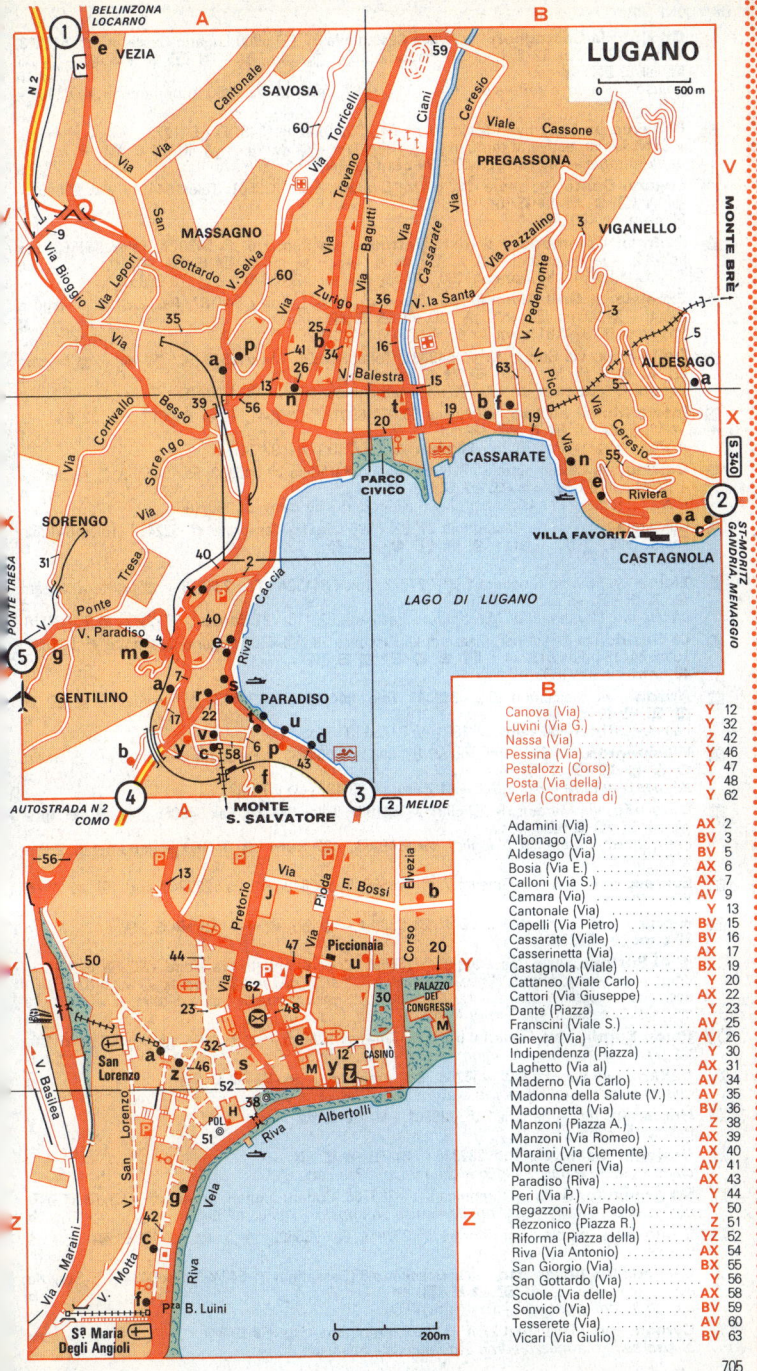

LUGANO

0   500 m

0   200m

705

Gd H. Villa Castagnola ⑤, viale Castagnola 31 ⊠ 6906 Lugano-Cassarate 🖋 512213, Telex 841200, Fax 527271, 🍴, « Parco fiorito », 🏊, 🐎, ✂ – 🛗 📺 ☎ 🚗 Ⓟ – 🔬 25. 🖭 ⓞ 🄴 VISA. 🕏 rist
BX **n**
chiuso gennaio e febbraio – Pas 40/50 – **97 cam** ⊊ 230/350 appartamenti 400/1100 – ½ P 175/275.

Bellevue au Lac, riva Caccia 10 🖋 543333, Telex 844348, Fax 541273, ≤ lago e monti, « Servizio rist. estivo in terrazza », 🏊 riscaldata – 🛗 📺 ☎ Ⓟ – 🔬 40. 🖭 VISA. 🕏 rist
AX **s**
aprile-ottobre – Pas carta 38/62 – **70 cam** ⊊ 145/270 – ½ P 175/185.

Lugano-Dante ⑤, senza rist, piazza Cioccaro 5 🖋 229561, Telex 844149, Fax 226402 – 🛗 🛗 📺 ☎ 🖭 ⓞ 🄴 VISA. 🕏
Y **a**
55 cam ⊊ 160/240.

Pullman Commodore e Rist. Nettuno, riva Caccia 6 🖋 543921, Telex 844353, Fax 543744, ≤ lago e monti – 🛗 🛗 📺 ☎ 🚻 🖿 – 🔬 50. 🖭 ⓞ 🄴 VISA. 🕏 rist
AX **e**
Pas carta 53/84 – **58 cam** ⊊ 180/240 appartamenti 280/370 – ½ P 170/2305.

Excelsior e Grill Riviera, riva Vela 4 🖋 228661, Telex 844187, Fax 228189, ≤ lago e monti – 🛗 🛗 rist 📺 ☎ – 🔬 120. 🖭 🄴 VISA
Z **g**
Pas carta 60/92 – **81 cam** ⊊ 150/200 – ½ P 140/180.

De la Paix, via Cattori 18 🖋 542331, Telex 844321, Fax 549518, ≤, 🏊, 🐎 – 🛗 🖿 cam 📺 ☎ Ⓟ – 🔬 100 a 180. 🖭 ⓞ 🄴 VISA. 🕏 rist
AX **r**
Pas 25/35 – **85 cam** ⊊ 180/270 appartamenti 350/450 – ½ P 170/215.

International au Lac, via Nassa 68 ⊠ 6901 🖋 227541, Telex 840017, Fax 227544, ≤, ➡ 🐎 – 🛗 🗇. 🖭 🄴 VISA. 🕏 rist
Z **f**
marzo-ottobre – Pas 20/28 – **80 cam** ⊊ 125/210 – ½ P 92/147.

Delfino, via Casserinetta 6 ⊠ 6902 Lugano-Paradiso 🖋 545333, Fax 545552, 🏊 riscaldata – 🛗 🖿 rist 📺 ☎ 🗇. 🖭 ⓞ 🄴 VISA. 🕏 rist
AX **a**
marzo-ottobre – Pas (solo per clienti alloggiati) – **50 cam** ⊊ 130/190.

Cassarate Lago, viale Castagnola 21 ⊠ 6906 Lugano-Cassarate 🖋 522412, Telex 841252, Fax 527962, 🏊 riscaldata – 🛗 🖿 📺 ☎ 🗇 Ⓟ
BX **b**
84 cam

Ticino ⑤, piazza Cioccaro 1 🖋 227772, Telex 841324, Fax 236278 – 🛗 🖿 cam 🖿 cam ☎. 🖭 🄴 VISA. 🕏 rist
Y **z**
chiuso dal 1° gennaio al 15 febbraio – Pas carta 82/116 – **21 cam** ⊊ 170/320 – ½ P 168/178.

La Residenza senza rist, piazza della Riscossa 16 ⊠ 6906 Lugano-Cassarate 🖋 521831, Telex 841154, Fax 519734 – 📺 ☎ Ⓟ. 🖭 ⓞ 🄴 VISA
BX **f**
40 cam ⊊ 100/150.

Arizona, via Massagno 20 🖋 229343, Telex 844179, Fax 238143, 🏊 riscaldata – 🛗 📺 Ⓟ 🖭 ⓞ 🄴 VISA. 🕏
AV **p**
Pas carta 31/50 – **50 cam** ⊊ 180 – ½ P 90/110.

Washington, via San Gottardo 55 ⊠ 6903 🖋 564136, « Parco ombreggiato » – 🛗 🖿 rist ☎ 🚻 Ⓟ. 🖭 ⓞ 🄴 VISA. 🕏
AV **a**
20 marzo-ottobre – Pas 22/26 – **41 cam** ⊊ 68/132 – ½ P 72/92.

Colorado, via Maraini 19 ⊠ 6901 🖋 541631, Telex 844356, Fax 549065 – 🛗 📺 ☎ Ⓟ – 🔬 60. 🖭 ⓞ 🄴 VISA. 🕏
AX **x**
Pas (chiuso domenica e luglio) carta 48/63 – **32 cam** ⊊ 90/160 appartamento 250 – ½ P 115/125.

Everest senza rist, via Ginevra 7 🖋 229555, Telex 840057, Fax 235240 – 🛗 📺 🗇. 🖭 🄴 VISA – **50 cam** ⊊ 100/180
AV **n**

Nassa senza rist, via Nassa 62 🖋 232833, ≤ – 🛗 📺 🗇 🚗 🖭 ⓞ 🄴 VISA
Z **c**
22 cam ⊊ 130/186.

XXX ✿ **Al Portone,** viale Cassarate 3 🖋 235995, Coperti limitati; prenotare – 🖭 ⓞ 🄴 VISA. 🕏
chiuso domenica, lunedì a mezzogiorno, dal 1° al 15 gennaio ed agosto – Pas carta 75/131
Spec. Scampi giganti al curry con riso, Carpaccio di storione con insalata tiepida di patate al caviale, Le tre mousses al cioccolato. Vini Dezaley, Merlot del Ticino
BX **t**

XXX **Parco Saroli,** viale Franscini 6 🖋 235314, Fax 228805 , 🍴 – 🖿 – 🔬 30. 🖭 ⓞ 🄴 VISA. 🕏 – chiuso domenica e i giorni festivi – Pas carta 50/80
AV **b**

XX **Galleria,** via Vegezzi 4 🖋 236288, 🍴, prenotare – 🖿 🖭 ⓞ 🄴 VISA
Y **e**
chiuso sabato a mezzogiorno e domenica – Pas carta 60/70.

XX **Huguenin,** riva Albertolli 1 🖋 228801 – 🖭 🄴 VISA
YZ **y**
Pas carta 38/65.

XX **Orologio,** via Nizzola 2 🖋 232338 – 🖿 🖭 ⓞ 🄴 VISA. 🕏
Y **r**
chiuso sabato e dal 28 luglio al 24 agosto – Pas carta 39/65.

XX **Da Armando,** via Luigi Canonica 5 🖋 233766, Coperti limitati; prenotare – 🖭 ⓞ 🄴 VISA
Y **b**
chiuso sabato a mezzogiorno, domenica ed agosto – Pas carta 59/92.

XX **Gambrinus,** piazza della Riforma 🖋 231955, Fax 233623, 🍴 – 🖿 🖭 ⓞ 🄴 VISA
Y **s**
Pas carta 41/75.

X **Locanda del Boschetto,** via al Boschetto 8 (Cassarina) 🖋 542493, Fax 543474, « Servizio estivo all'aperto » – Ⓟ. 🖭 ⓞ 🄴 VISA. 🕏
AX **b**
chiuso lunedì e gennaio – Pas carta 40/60.

X **Cyrano,** corso Pestalozzi 27 🖋 232879, prenotare – Ⓟ. ⓞ 🄴 VISA
Y **u**
chiuso sabato a mezzogiorno e domenica – Pas carta 30/57.

a Lugano-Paradiso S : 1,5 km AX – ⊠ **6902** :

🏨🏨🏨 **Gd H. Eden e Rist. L'Oasis**, riva Paradiso 7 ℰ 550121, Telex 844330, Fax 542895, ≤ lago e monti, 佘, « Terrazza sul lago con ⬛ », 🏊 – 🛗 ▤ TV ☎ ⇦ 🅿 – 🔬 120. 🖭 ⓪ 🄴 VISA. 🦟 rist
AX **t**
Pas 55/80 – **127 cam** ⊐ 240/420 appartamenti 1000/1300.

🏨🏨 **Du Lac-Seehof e Rist. L'Arazzo**, riva Paradiso 3 ℰ 541921, Telex 844355, Fax 546173, ≤ lago e monti, « Terrazza sul lago con ⬛ riscaldata », 🛋 – 🛗 TV ☎ 🔥 🅿 – 🔬 40. 🖭 ⓪ 🄴 VISA. 🦟
AX **u**
chiuso dal 5 gennaio al 1° marzo – Pas carta 60/90 – **53 cam** ⊐ 180/294 appartamento 400 – ½ P 187/220.

🏨 **Admiral e Rist. Nelson Grill**, via Geretta 15 ℰ 542324, Telex 844281, Fax 542548, « ⬛ su terrazza panoramica », ⬛ – 🛗 TV ☎ 🔥 ⇦ – 🔬 70. 🖭 ⓪ 🄴 VISA. 🦟 rist AX **v**
Pas carta 42/75 – **90 cam** ⊐ 190/290 – ½ P 190/235.

🏨 **Europa au Lac**, via Cattori 1 ℰ 550171, Telex 844333, Fax 542757, ≤ lago e monti, ⬛ – 🛗 ▤ TV ☎ 🅿 – 🔬 30 a 120. 🖭 ⓪ 🄴 VISA. 🦟 rist AX **s**
Pas carta 55/84 – **104 cam** ⊐ 205/310 appartamenti 450/600 – ½ P 155/205.

🏨 **Alba**, via delle Scuole 11 ℰ 543731, Fax 544523, « Giardino fiorito » – 🛗 ▤ rist TV ☎ 🅿 🖭 ⓪ 🄴 VISA. 🦟 AX **c**
Pas carta 45/90 – **26 cam** ⊐ 145/232 – ½ P 155/184.

🏨 **Conca d'Oro**, riva Paradiso 7 ℰ 543131, Telex 841308, Fax 546982, ≤ lago e monti, 佘 – 🛗 ☎ 🅿 AX **d**
stagionale – **35 cam**.

🏨 **Nizza** ⬎, via Guidino 14 ℰ 541771, Telex 844305, Fax 541773, ≤ lago e monti, « Giardino ombreggiato con ⬛ riscaldata » – 🛗 🅿 🄴 VISA. 🦟 rist AX **f**
aprile-15 ottobre – Pas (chiuso a mezzogiorno) 30/50 – **34 cam** ⊐ 120/240 – ½ P 120/150.

XX **Al Faro**, riva Paradiso 36 ℰ 545141, Solo piatti di pesce – ▤ 🅿. 🖭 ⓪ 🄴 VISA. 🦟 AX **p**
chiuso martedì e dal 20 luglio al 10 agosto – Pas carta 50/130.

X **Geretta-da Erika e Nicola**, via Geretta 2 ℰ 543151, 佘 – 🖭 🄴 VISA. 🦟 AX **y**
chiuso agosto, domenica e i giorni festivi – Pas carta 39/73.

a Lugano-Castagnola E : 3 km BX – ⊠ **6976** :

🏨🏨 **Belmonte**, via Serenella 29 ℰ 514033, Telex 844461, Fax 526139, ≤ lago e monti, 佘, ⬛ riscaldata – 🛗 TV ☎ 🅿 – 🔬 80. 🖭 ⓪ 🄴 VISA. 🦟 rist BX **e**
marzo-novembre – Pas 35 – **46 cam** ⊐ 160/260 – ½ P 165/195.

🏨 **Carlton Hotel Villa Moritz** ⬎, via Cortivo 9 ℰ 513812, Telex 840003, Fax 513814, ≤, 佘, « ⬛ riscaldata su terrazza panoramica », 🛋 – 🛗 🔥 🔥 ⇦. 🖭 🄴 VISA. 🦟 BX **a**
25 marzo-25 ottobre – Pas 28/35 – **60 cam** ⊐ 78/156 – ½ P 89/97.

🏨 **Aniro** ⬎, via Violetta 1 ℰ 525031, ≤, 佘, « Giardino con ⬛ riscaldata » – 🛗 🦟 rist ☎ ⇦ 🅿. 🖭 ⓪ 🄴 VISA BX **c**
15 marzo-novembre – Pas 23/40 – **40 cam** ⊐ 78/156 – ½ P 100.

a Sorengo O : 3 km AX – alt. 385 – ⊠ **6924** :

XXX ❀ **Santabbondio**, via Fomelino 10 ℰ 548535, 佘, prenotare – 🅿. 🖭 🄴 VISA. 🦟
chiuso sabato a mezzogiorno, domenica sera, lunedì, dal 1° al 15 gennaio e dal 1° al 15 agosto – Pas carta 79/117 AX **g**
Spec. Tartare di salmone, Taglierini al polipo e rosmarino, Scaloppa di pescatrice e gamberi. Vini Aigle, Merlot del Ticino

a Vezia N : 3,5 km AV – alt. 368 – ⊠ **6943** :

🏨 **Motel Vezia**, ℰ 563631, Fax 567022, ⬛ riscaldata, 🛋 – TV ☎ 🔥 ⇦ 🅿. 🖭 ⓪ 🄴 VISA. 🦟 AV **e**
marzo-15 novembre – Pas carta 20/41 – ⊐ 10 – **45 cam** 104/136.

a Cureglia N : 5 km – alt. 433 – ⊠ **6951** :

X **Della Posta**, ℰ 562140, Coperti limitati; prenotare – 🖭 🄴 VISA per ① chiuso giovedì e da luglio al 15 agosto – Pas carta 40/70.

ad Aldesago E : 6 km BV verso Brè – alt. 600 – ⊠ **6974** :

🏨 **Colibrì**, ℰ 514242, Telex 843211, Fax 519016, ≤ lago e città, « ⬛ su terrazza panoramica » – 🛗 TV 🔥 🅿. 🦟 rist BV **a**
chiuso dal 10 gennaio a febbraio – Pas carta 31/49 – **22 cam** ⊐ 95/160 – ½ P 105/120.

Vedere anche : *Gandria* per ② : 5 km.
Taverne per ① : 8 km.

MAGLIASINA e MAGLIASO 219 ⑧ – Vedere Ponte Tresa.

MELIDE 6815 427 ㉘, 219 ⑧ – 1 373 ab. alt. 277 – ✿ 091, dall'Italia 00.41.91.
Vedere Svizzera in miniatura★ – 🛈 via Pocobelli 14 ℰ 686383.
Roma 653 – Bellinzona 38 – ♦Bern 271 – Como 26 – ♦Lugano 7 – ♦Milano 71.

🏨 **Seehotel Riviera**, ℰ 687912, Fax 686798, ≤, 佘, ⬛, 🏊 – 🛗 ☎. ⓪ 🄴 VISA. 🦟 rist
25 marzo-25 ottobre – Pas 22/30 – **21 cam** ⊐ 90/160 – ½ P 65/80.

Vedere anche : *Carona* SO : 15 km o 5 mn di funivia.

MENDRISIO 6850 427 ㉔, 219 ⑧ – 6 413 ab. alt. 355 – a.s. Pasqua e luglio-settembre – ☏ 091, dall'Italia 00.41.91.

🛈 via Zorzi, uscita autostrada ℘ 465761, Fax 463348.

Roma 637 – Bellinzona 49 – ♦Bern 281 – Como 15 – ♦Lugano 19 – ♦Milano 60 – Varese 17.

🏨 **Milano,** ℘ 465741, Telex 842227, Fax 461764, ⌕ riscaldata – 📶 🍴 📺 🕮 🕭 🚗. 🄰🄴 ⓪ 🄴 𝑉𝐼𝑆𝐴. 🛠
Pas carta 39/70 – ⌕ 9 – **25 cam** 90/130.

🍴🍴 **Stazione** con cam, ℘ 462244, Fax 468227, 🍴 – 📶 📺 ☎ 🕭. 🄰🄴 ⓪ 🄴 𝑉𝐼𝑆𝐴. 🛠 rist
Pas (chiuso domenica sera) carta 43/84 – ⌕ 11 – **25 cam** 93/140.

MINUSIO 427 ㉔, 219 ⑧, 218 ⑫ – Vedere Locarno.

MONTE Vedere nome proprio del monte.

MORCOTE 6922 427 ㉔, 219 ⑧ – 665 ab. alt. 277 – ☏ 091, dall'Italia 00.41.91.
Vedere Località★★ – Santuario di Santa Maria del Sasso★★.
Dintorni Strada per Lugano : ≼★★.
Roma 658 – Bellinzona 42 – ♦Bern 275 – Como 30 – ♦Lugano 12 – ♦Milano 75.

🏨 **Olivella au Lac e Rist. Voile d'Or,** NE : 1,5 km ℘ 691001, Telex 844786, Fax 691960, ≼ lago e monti, « Terrazze-giardino con ⌕ riscaldata », 🏊, ⚓ – 📶 🍽 cam 📺 ☎ 🅿 – 🛎 60. 🄰🄴 ⓪ 🄴 𝑉𝐼𝑆𝐴. 🛠 rist
chiuso gennaio e febbraio – Pas carta 60/84 – **92 cam** ⌕ 200/280 appartamenti 400/480 – ½ P 185/245.

🍴 **Grotto del Parco,** ℘ 692297, ≼, 🍴, prenotare la sera – 🄰🄴 𝑉𝐼𝑆𝐴
15 marzo-dicembre; chiuso lunedì (escluso da giugno ad ottobre) – Pas carta 38/84.

a Vico N : 4 km – alt. 420 – ✉ 6921 :

🍴🍴 **Bellavista** 🛏 con cam, ℘ 691143, Fax 691288, prenotare, « Servizio estivo in terrazza con ≼ lago e monti » – 📺 ☎. 🄰🄴 🄴 𝑉𝐼𝑆𝐴
Pas (chiuso dal 4 gennaio al 14 febbraio e lunedì da ottobre a luglio) carta 46/74 – ⌕ 10 – **8 cam** 180 appartamento 280.

OLIVONE 6718 427 ⑩, 218 ⑫ – 784 ab. alt. 893 – ☏ 092, dall'Italia 00.41.92.
Dintorni Chiesa del Negrentino★ a Prugiasco : affreschi★★ S : 8 km e 30 mn a piedi AR.
Escursioni Strada★ del passo del Lucomagno Ovest.
Roma 723 – Bellinzona 43 – Locarno 62 – ♦Milano 149.

🏠 **Olivone e Posta,** ℘ 701366 – ☎ 🅿. 🄰🄴 ⓪ 🄴 𝑉𝐼𝑆𝐴. 🛠
Pas 22/44 – **25 cam** ⌕ 55/133 – ½ P 72.

ORIGLIO 6945 219 ⑧ – 944 ab. alt. 420 – a.s. luglio e agosto – ☏ 091, dall'Italia 00.41.91.
Roma 664 – Bellinzona 26 – Como 43 – Locarno 35 – ♦Lugano 8 – ♦Milano 88.

🏨 **Origlio Country Club** 🛏, ℘ 931921, Telex 844735, Fax 931031, « Servizio estivo all'aperto », 🏖, ⌕ riscaldata, 🏊, 🎾, ✗ – 📶 ☎ 🚗 🅿 – 🛎 100. 🄰🄴 ⓪ 🄴 𝑉𝐼𝑆𝐴. 🛠 rist
chiuso dal 18 dicembre al 17 marzo – Pas carta 53/88 – **60 cam** ⌕ 170/300 – ½ P 192/212.

🍴🍴 **Deserto** con cam, ℘ 931216, « Servizio estivo all'aperto », 🏖 – 🅿. 🄰🄴 ⓪ 🄴 𝑉𝐼𝑆𝐴
Pas (chiuso mercoledì da novembre a marzo) carta 44/70 – **12 cam** (chiuse sino a Pasqua) ⌕ 90/160.

ORSELINA 219 ⑦⑧, 218 ⑫ – Vedere Locarno.

PARADISO – Vedere Lugano.

PEDRINATE – Vedere Chiasso.

PIODINA 219 ⑦ – Vedere Brissago.

PONTE TRESA 6988 427 ㉔, 219 ⑧ – 777 ab. alt. 275 – a.s. Pasqua, luglio-agosto ed ottobre – ☏ 091, dall'Italia 00.41.91.
🏌 a Magliaso ✉ 6983 ℘ 711557, NE : 2,5 km.
🛈 a Caslano ℘ 712986.
Roma 654 – Bellinzona 37 – ♦Bern 270 – ♦Lugano 11 – Luino 12 – ♦Milano 77 – Varese 21.

a Magliasina NE : 1,5 km – ✉ 6987 :

🍴🍴 **Locanda Estérel** con cam, ℘ 714313, Coperti limitati; prenotare, ⌕ riscaldata, 🏖 – ≼ 📺 ☎ 🅿. 🄰🄴 ⓪ 🄴 𝑉𝐼𝑆𝐴
chiuso dal 1° al 15 febbraio e dal 1° al 15 novembre – Pas (chiuso lunedì a mezzogiorno da aprile ad ottobre e mercoledì negli altri mesi) carta 50/91 – **9 cam** ⌕ 120/240 – ½ P 165.

a Caslano E : 2 km – ✉ **6987** :

🏨 **Gardenia**, ℰ 711716, Fax 712642, « Giardino fiorito con ⌁ riscaldata » – ⫴ 🍽 rist 📺
☎ **P.** AE ⑩ E VISA ⅏ rist
Pas carta 41/86 – **25 cam** ⊊ 150/270 appartamenti 310/350.

a Magliaso NE : 2,5 km – ✉ **6983** :

🏨 **Golf Hotel Villa Magliasina** ⑤, ℰ 713471, Fax 716829, ⌂, « Giardino fiorito con ⌁
riscaldata » – 📺 ☎ **P.** E VISA ⅏ rist
10 marzo-25 novembre – Pas carta 53/75 – **25 cam** ⊊ 160/360 – ½ P 130/160.

RONCO SOPRA ASCONA 6622 **427** ㉔, **219** ⑦ – 757 ab. alt. 351 – ⊛ 093, dall'Italia 00.41.93.
Vedere Posizione pittoresca★★ – **Escursioni** Circuito di Ronco★★ : ≤★★ sul lago Maggiore dalla
strada di Losone, verso Locarno.
🛈 piazza della Madonna ℰ 354650.
Roma 705 – Bellinzona 29 – ✦Bern 262 – Locarno 10 – ✦Lugano 50 – ✦Milano 126 – Stresa 50.

🏨 **La Rocca** ⑤, S : 1 km ✉ 6613 Porto Ronco ℰ 355344, Fax 354064, ≤ lago e monti,
⌂, ⌁ riscaldata, ⊠, ⌗ – ☎ **P.** VISA ⅏
23 marzo-19 ottobre – Pas 34/40 – **20 cam** ⊊ 230 – ½ P 108/145.

✗ **Ronco** ⑤ con cam, ℰ 355265, Fax 350640, ≤ lago e monti, ⌂, ⌁ riscaldata, ⌗ –
⇦, AE E VISA ⅏ cam
chiuso da dicembre a febbraio – Pas carta 33/52 – **21 cam** ⊊ 100/200 – ½ P 100/120.

ROVIO 6821 **427** ㉔, **219** ⑧ – 551 ab. alt. 500 – a.s. Pasqua e luglio-settembre – ⊛ 091,
dall'Italia 00.41.91.
Roma 646 – Como 24 – ✦Lugano 13 – ✦Milano 69.

🏨 **Park Hotel** ⑤, ℰ 687372, Fax 687963, ≤ lago e monti, « Parco ombreggiato con ⌁
riscaldata » – ⫴ ☎ **P.** – 🔬 50. AE ⑩ E VISA ⅏ rist
marzo-15 novembre – Pas carta 33/41 – **48 cam** ⊊ 90/160 – ½ P 75/98.

SAN SALVATORE (Monte) ★★★ **427** ㉔, **219** ⑧ – Vedere Guida Verde Svizzera.

SEMENTINA **427** ㉔, **219** ⑥, **218** ⑫ – Vedere Bellinzona.

SORENGO **219** ⑧ – Vedere Lugano.

STABIO 6855 **427** ㉔, **219** ⑧ – 3 187 ab. alt. 374 – a.s. Pasqua e luglio-settembre – ⊛ 091,
dall'Italia 00.41.91 – Roma 641 – Como 16 – ✦Lugano 23 – ✦Milano 61 – Varese 13.

✗✗ **Montalbano**, località San Pietro N : 1 km ✉ 6854 San Pietro di Stabio ℰ 471206, ⌗ –
P. AE ⑩ E VISA ⅏
chiuso sabato a mezzogiorno, domenica sera e lunedì – Pas carta 54/86.

TAVERNE 6807 **427** ㉔, **219** ⑧ – 2 237 ab. alt. 450 – a.s. luglio e agosto – ⊛ 091, dall'Italia
00.41.91 – Roma 662 – Bellinzona 23 – Locarno 32 – ✦Lugano 8 – ✦Milano 86.

✗✗✗ **Motto del Gallo** con cam, ℰ 932871, Coperti limitati; prenotare, « Servizio estivo
all'aperto » – ⇦ 📺 **P.** AE ⑩ E VISA
chiuso dal 21 dicembre al 15 gennaio – Pas *(chiuso domenica)* carta 70/89 – **5 cam**
⊊ 95/180.

VACALLO 6833 **219** ⑧ – 2 773 ab. alt. 375 – a.s. Pasqua e luglio-settembre – ⊛ 091, dall'Italia
00.41.91 – Roma 632 – Como 7,5 – ✦Milano 53.

✗✗ **Conca Bella** con cam, ℰ 437474, ≤, ⌂, prenotare – ☎ ⇦ **P.** AE ⑩ E VISA ⅏
Pas *(chiuso domenica sera e lunedì)* carta 67/96 – **10 cam** ⊊ 70/108 – ½ P 60/75.

VEZIA **219** ⑧ – Vedere Lugano.

VICO **219** ⑥ – Vedere Morcote.

VIRA-GAMBAROGNO 6574 **427** ㉔, **219** ⑧ – 603 ab. alt. 209 – a.s. Pasqua e luglio-ottobre –
⊛ 093, dall'Italia 00.41.93 – 🛈 ℰ 611866.
Roma 687 – Bellinzona 17 – ✦Bern 249 – Locarno 14 – ✦Lugano 34 – ✦Milano 110.

🏨 **Touring-Bellavista** ⑤, S : 1 km ℰ 611116, Fax 612518, ≤ lago e monti, « Parco e
terrazza con ⌁ riscaldata » – ⫴ 📺 ☎ **P.** ⑩ E VISA ⅏ rist
15 marzo-15 novembre – Pas carta 37/56 – **62 cam** ⊊ 95/196 – ½ P 95/120.

✗✗ **Rodolfo**, ℰ 611582 – AE E VISA ⅏
*chiuso febbraio, dal 1° al 15 novembre, a mezzogiorno (escluso sabato-domenica) da
novembre a marzo e lunedì negli altri mesi* – Pas carta 40/90.

*Piante di Ascona, Locarno e Lugano
con l'autorizzazione della Direzione Federale delle Misurazioni Catastali del 2 gennaio 1989.*

Distanze
Distances – Entfernungen

QUALCHE CHIARIMENTO

Nel testo di ciascuna località troverete la distanza dalle città limitrofe e da Roma. Quando queste città sono quelle della tabella a lato, il loro nome è preceduto da una losanga ♦. Le distanze fra le città di questa tabella completano quelle indicate nel testo di ciascuna località.

La distanza da una località ad un'altra non è sempre ripetuta in senso inverso : vedete al testo dell'una o dell'altra. Utilizzate anche le distanze riportate a margine delle piante.

Le distanze sono calcolate a partire dal centro delle città e seguendo la strada più pratica, ossia quella che offre le migliori condizioni di viaggio ma che non è necessariamente la più breve.

QUELQUES PRÉCISIONS

Au texte de chaque localité vous trouverez la distance des villes environnantes et celle de Rome. Lorsque ces villes sont celles du tableau ci-contre, leur nom est précédé d'un losange noir. ♦ Les distances intervilles de ce tableau complètent ainsi celles données au texte de chaque localité.

La distance d'une localité à une autre n'est pas toujours répétée en sens inverse : voyez au texte de l'une ou de l'autre. Utilisez aussi les distances portées en bordure des plans.

Les distances sont comptées à partir du centre-ville et par la route la plus pratique, c'est-à-dire celle qui offre les meilleures conditions de roulage, mais qui n'est pas nécessairement la plus courte.

EINIGE ERKLÄRUNGEN

In jedem Ortstext finden Sie Entfernungen zu größeren Städten in der Umgebung und nach Rom. Wenn diese Städte auf der nebenstehenden Tabelle aufgeführt sind, sind sie durch eine schwarze Raute ♦ gekennzeichnet. Die Kilometerangaben dieser Tabelle ergänzen somit die Angaben des Ortstextes.

Da die Entfernung von einer Stadt zu einer anderen nicht immer unter beiden Städten zugleich aufgeführt ist, sehen Sie bitte unter beiden entsprechenden Ortstexten nach. Eine weitere Hilfe sind die am Rande der Stadtpläne erwähnten Kilometerangaben.

Die Entfernungen gelten ab Stadtmitte unter Berücksichtigung der günstigsten (nicht immer kürzesten) Strecke.

COMMENTARY

The text on each town includes its distance from its immediate neighbours and from Rome. Those cited opposite are preceded by a diamond ♦ in the text. The kilometrage in the table completes that given under individual town headings for calculating total distances.

A town's distance from another is not necessarily repeated in the text under both town names, you may have to look, therefore, under one or the other to find it. Note also that some distances appear in the margins of the town plans.

Distances are calculated from centres and along the best roads from a motoring point of view not necessarily the shortest.

Distanze tra le principali città

Distances entre principales villes

Entfernungen zwischen den grösseren Städten

Distances between major towns

Esempio / Exemple / Beispiel / Example: **Bergamo – Lugano** **90 km**

	Ancona	Bari	Bergamo	Bern	Bologna	Bolzano	Brescia	Brindisi	Cosenza	Ferrara	Firenze	Foggia	Genève	Genova	Innsbruck	Livorno	Lugano	Milano	Modena	Napoli	Nice	Padova	Parma	Perugia	Pescara	Ravenna	Reggio di Calabria	Roma	La Spezia	Taranto	Torino	Trieste	Venezia	Verona	Zagreb
Bari	464																																		
Bergamo	455	907																																	
Bern	788	1240	370																																
Bologna	215	667	239	572																															
Bolzano	495	947	242	482	279																														
Brescia	389	841	52	445	173	180																													
Brindisi	578	113	1021	1354	781	1061	955																												
Cosenza	699	271	1114	1447	892	1154	1048	271																											
Ferrara	258	710	206	614	47	256	155	824	936																										
Firenze	263	720	327	660	105	367	261	834	790	149																									
Foggia	344	132	787	1120	547	827	721	246	350	590	595																								
Genève	751	1203	365	165	535	601	411	1317	1398	577	611	1083																							
Genova	511	944	199	449	295	414	230	1058	1014	337	227	843	386																						
Innsbruck	613	1065	360	514	397	118	298	1179	1272	374	485	945	719	532																					
Livorno	350	788	332	624	180	430	286	902	858	243	87	682	561	177	548																				
Lugano	508	960	90	281	292	355	165	1074	1167	334	380	840	377	217	323	376																			
Milano	426	878	47	357	210	283	93	992	1085	252	298	758	323	142	401	294	77																		
Modena	258	710	199	532	39	239	133	824	917	84	130	590	495	255	357	224	252	170																	
Napoli	399	261	814	1147	592	854	748	375	313	636	490	175	1098	714	972	558	867	785	617																
Nice	686	1136	374	552	470	589	405	1250	1206	512	419	1018	489	194	707	369	392	317	430	906															
Padova	297	749	193	586	115	182	147	863	1004	73	217	629	552	365	300	311	306	234	152	704	540														
Parma	312	764	160	484	96	242	114	878	971	138	184	644	447	198	360	189	204	122	56	671	382	181													
Perugia	166	615	478	811	256	518	412	729	685	300	154	453	762	378	636	222	531	449	281	385	570	368	335												
Pescara	156	300	599	932	359	639	533	414	548	402	407	180	895	655	757	494	652	570	402	248	830	441	456	281											
Ravenna	161	613	314	647	74	354	248	727	848	74	136	493	610	370	472	276	367	285	117	548	545	134	171	196	305										
Reggio di Calabria	885	457	1300	1633	1078	1340	1234	457	190	1122	976	536	1584	1200	1458	1044	1353	1271	1103	499	1392	1190	1157	871	734	1034									
Roma	319	449	601	934	379	641	535	563	519	423	277	363	885	501	759	321	654	572	404	219	693	491	458	172	209	366	705								
La Spezia	426	861	258	550	210	356	212	975	931	252	144	758	487	103	474	94	302	220	170	631	295	295	115	295	570	285	1117	418							
Taranto	547	94	990	1323	750	1030	924	72	205	793	803	215	1286	1027	1148	871	1043	961	793	344	1219	832	847	698	383	696	391	532	944						
Torino	545	997	182	315	329	418	228	1111	1182	371	395	877	252	170	536	345	194	140	289	882	220	369	241	546	689	404	1368	669	271	1080					
Trieste	449	901	367	760	293	356	321	1015	1182	251	395	781	726	539	390	489	480	408	330	882	714	178	355	546	593	286	1368	669	469	984	543				
Venezia	308	760	226	619	152	215	180	874	1041	110	254	640	585	398	333	348	339	267	189	741	573	37	214	405	452	145	1227	528	328	843	402	158			
Verona	357	809	116	509	141	154	66	923	1016	102	229	689	475	288	272	289	229	157	101	716	463	81	101	380	501	216	1202	503	215	892	292	255	114		
Zagreb	670	1122	588	981	514	577	542	1236	1403	472	616	1002	947	760	571	710	701	629	551	1103	935	399	576	767	814	507	1589	890	690	1205	764	236	379	476	
Zürich	725	1177	307	124	509	358	382	1291	1384	551	597	1057	288	434	390	593	218	294	469	1084	609	523	421	748	869	584	1570	871	519	1260	411	697	556	446	918

SICILIA

	Agrigento	Caltanissetta	Catania	Messina	Palermo	Siracusa
Caltanissetta	58					
Catania	167	109				
Messina	264	206	97			
Palermo	128	127	208	235		
Siracusa	214	156	61	158	255	
Trapani	175	233	314	341	104	361

SARDEGNA

	Cagliari	Nuoro	Olbia	Oristano
Nuoro	182			
Olbia	268	102		
Oristano	93	92	178	
Sassari	211	120	103	121

	Genova	Milano	Torino	Venezia	
1228	1088	1154	1283		*Amsterdam*
850	973	779	1229		*Barcelona*
483	343	409	605		*Basel*
1180	1040	1157	1079		*Berlin*
448	357	314	619		*Bern*
1314	1251	1140	1513		*Birmingham*
1000	1123	864	1379		*Bordeaux*
1237	1174	1063	1436		*Bristol*
1034	894	905	1156		*Bruxelles-Brussel*
1329	1452	1257	1708		*Burgos*
1110	1047	936	1309		*Cherbourg*
658	629	492	891		*Clermont-Ferrand*
1011	871	937	1066		*Düsseldorf*
1821	1758	1647	2020		*Edinburgh*
810	670	736	891		*Frankfurt*
386	323	252	585		*Genève*
1257	1117	1220	1275		*Hamburg*
1110	1047	936	1309		*Le Havre*
1554	1414	1517	1433		*København*
1044	953	961	1215		*Lille*
2080	2203	2008	2459		*Lisboa*
1503	1440	1329	1702		*Liverpool*
1251	1188	1077	1450		*London*
817	677	688	939		*Luxembourg*
465	436	299	698		*Lyon*
1520	1643	1449	1899		*Madrid*
1846	1969	1775	2225		*Málaga*
381	504	407	760		*Marseille*
691	560	620	492		*München*
1106	1043	903	1305		*Nantes*
2137	1997	2100	2016		*Oslo*
918	855	744	1117		*Paris*
1901	2024	1829	2280		*Porto*
1063	932	980	783		*Praha*
1085	1208	1013	1464		*San Sebastián*
2184	2044	2147	2063		*Stockholm*
628	488	554	750		*Strasbourg*
754	877	683	1133		*Toulouse*
1002	871	1006	598		*Wien*
760	629	764	379		*Zagreb*

Esempio   Exemple

Beispiel   Example

Hamburg - Milano

1117 km

PRINCIPALI STRADE

Autostrada . . . .

Nº di strada statale . . . . . . S 10

Distanza chilometrica 12

Esercizi sulle autostrade :
– Motel . . . . ■
– Self-Service o Ristorante . . . . ■

Solo i motel sono citati nella guida

PRINCIPALES ROUTES

Autoroute ....

Nº de route d'Etat ...... S 10

Distance en kilomètres 12

Hôtels et restaurants d'autoroute :
- Hôtel .... ■
- Self-Service ou restaurant ... ■

Seuls les hôtels sont cités dans le guide

HAUPTVERKEHRSSTRASSEN

Autobahn ....

Nummer der Staatsstraße . S 10

Entfernung in Kilometern .. 12

Hotels und Restaurants an der Autobahn :
- Motel .... ■
- Selbstbedienungsrestaurant oder Restaurant .... ■

In diesem Führer werden nur die Motels erwähnt

MAIN ROADS

Motorway ....

State road number .... S 10

Distance in kilometres 12

Hotels and restaurants on motorways :
- Motel .... ■
- Self-service or restaurant .... ■

Only the motels are listed in the guide

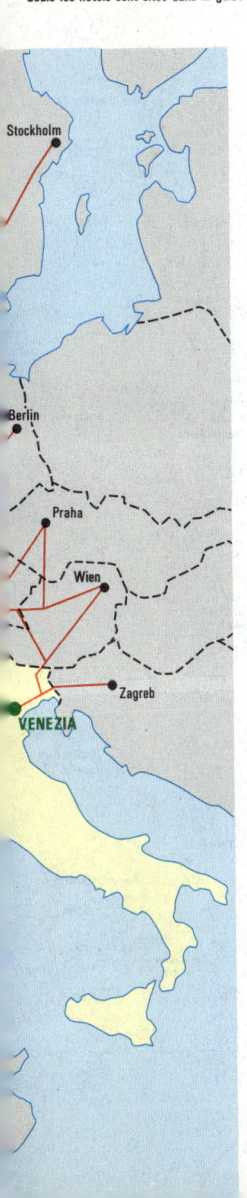

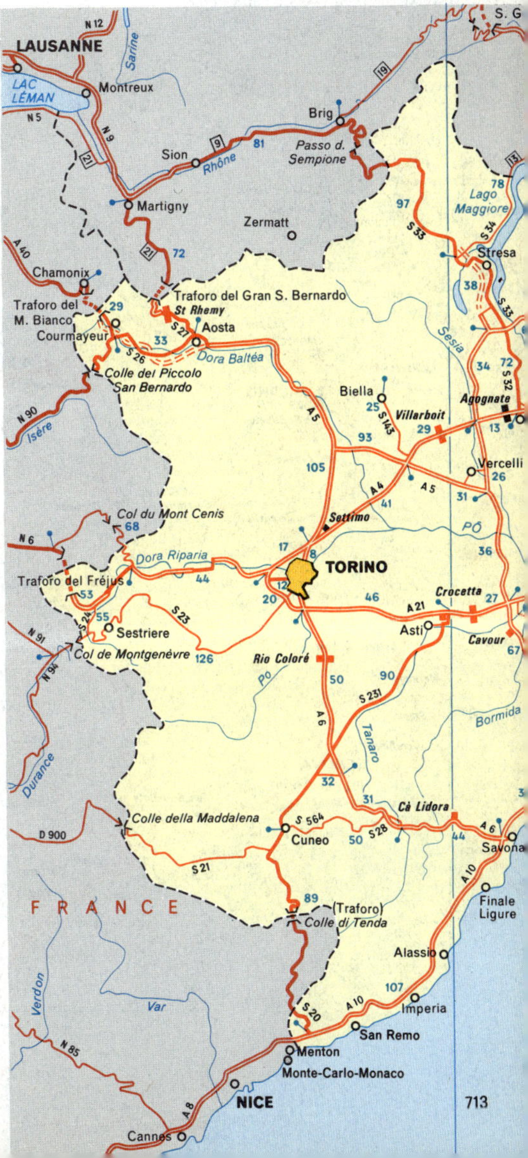

MARE ADRIATICO

A 14 · 46 · Murge · **Bari**
Dolmen di · 8
Biscaglie
S 96 · A 14 · S 16
71 · 113 · S 379
138 · Brindisi
S 96b · S 99 · 54
Matera · 54 · S 7 · 72 · 39
Bradano · 39 · 17 S 7 · S 7 · Lecce
29 · 47 · S 7ter · 86
72 · S 407 · 35 · S 106 · **Taranto** · 45 · Otranto
S 16
Agri

78

84
S 534 · Sibari
24
52 · S 106
110
Crati
105 · S 107
S 18 · S 107
Paola · S 107
34 · Cosenza · Crotone
62 · A 3 · 97
61 · S 18 · 68
Catanzaro · S 106
S 280 · 14 · 34

63 · 76

36

A 3
64 · S 106 · Locri

Reggio · 106
di Calabria

MARE JONIO

719

Da dove viene questa vettura ?

D'où vient cette voiture ?

Woher kommt dieser Wagen ?

Where does that car come from ?

L'immatricolazione delle vetture italiane è suddivisa per provincia.
Le lettere che precedono il numero di immatricolazione rappresentano la
sigla della provincia d'origine del veicolo. I numeri di immatricolazione
iniziano o terminano con lettere convenzionali quando superano il milione.

*En Italie, les lettres qui précèdent le numéro d'immatriculation indiquent
la province d'origine du véhicule. Quand le numéro atteint le million, les
premiers ou les derniers chiffres sont remplacés par des lettres.*

In Italien geben die Buchstaben, die vor dem amtlichen Kennzeichen stehen,
die Herkunfts-Provinz des Fahrzeuges an. Wenn die Erkennungsnummer
eine Million erreicht, werden die ersten oder die letzten Zahlen durch
Buchstaben ersetzt.

*In Italy, the letters preceding the registration number indicate the province
of origin of the car. For numbers from one million upwards, the initial or
the last figures are replaced by letters.*

Sigla	Provincia	Sigla	Provincia	Sigla	Provincia
AG	Agrigento	FO	Forlì	PT	Pistoia
AL	Alessandria	FR	Frosinone	PV	Pavia
AN	Ancona	GE	Genova	PZ	Potenza
AO	Aosta	GO	Gorizia	RA	Ravenna
AP	Ascoli Piceno	GR	Grosseto	RC	Reggio di Calabria
AQ	L'Aquila	IM	Imperia	RE	Reggio nell' Emilia
AR	Arezzo	IS	Isernia	RG	Ragusa
AT	Asti	LE	Lecce	RI	Rieti
AV	Avellino	LI	Livorno	RO	Rovigo
BA	Bari	LT	Latina	Roma	Roma
BG	Bergamo	LU	Lucca	SA	Salerno
BL	Belluno	MC	Macerata	SI	Siena
BN	Benevento	ME	Messina	SO	Sondrio
BO	Bologna	MI	Milano	SP	La Spezia
BR	Brindisi	MN	Mantova	SR	Siracusa
BS	Brescia	MO	Modena	SS	Sassari
BZ	Bolzano	MS	Massa-Carrara	SV	Savona
CA	Cagliari	MT	Matera	TA	Taranto
CB	Campobasso	NA	Napoli	TE	Teramo
CE	Caserta	NO	Novara	TN	Trento
CH	Chieti	NU	Nuoro	TO	Torino
CL	Caltanissetta	OR	Oristano	TP	Trapani
CN	Cuneo	PA	Palermo	TR	Terni
CO	Como	PC	Piacenza	TS	Trieste
CR	Cremona	PD	Padova	TV	Treviso
CS	Cosenza	PE	Pescara	UD	Udine
CT	Catania	PG	Perugia	VA	Varese
CZ	Catanzaro	PI	Pisa	VC	Vercelli
EN	Enna	PN	Pordenone	VE	Venezia
FE	Ferrara	PR	Parma	VI	Vicenza
FG	Foggia	PS	Pesaro-Urbino	VR	Verona
FI	Firenze			VT	Viterbo

Indicativi telefonici dei paesi europei
Indicatifs téléphoniques européens
Telefon-Vorwahlnummern europäischer Länder
European dialling codes

	da de von from		in en nach to	dall' de von from		in en nach to
A	Austria	—— 040 ——	Italia	—— 0043 ——		Austria
B	Belgio	—— 0039 ——	»	—— 0032 ——		Belgio
BG	Bulgaria	—— 0039 ——	»	—— 00359 ——		Bulgaria
CS	Cecoslovacchia –	0039 ——	»	—— 0042 ——		Cecoslovacchia
DK	Danimarca ——	00939 ——	»	—— 0045 ——		Danimarca
SF	Finlandia ——	99039 ——	»	—— 00358 ——		Finlandia
F	Francia	—— 1939 ——	»	—— 0033 ——		Francia
D	Germania ——	0039 ——	»	—— 0049 ——		Germania
GB	Gran Bretagna —	01039 ——	»	—— 0044 ——		Gran Bretagna
GR	Grecia	—— 0039 ——	»	—— 0030 ——		Grecia
IRL	Irlanda ——	1639 ——	»	—— 00353 ——		Irlanda
YU	Jugoslavia ——	9939 ——	»	—— 0038 ——		Jugoslavia
FL	Liechtenstein ——	0039 ——	»	—— 0041 ——		Liechtenstein
L	Lussemburgo ——	0039 ——	»	—— 00352 ——		Lussemburgo
M	Malta	—— 039 ——	»	—— 00356 ——		Malta
N	Norvegia ——	09539 ——	»	—— 0047 ——		Norvegia
NL	Olanda ——	0939 ——	»	—— 0031 ——		Olanda
PL	Polonia ——	8039 ——	»	—— 0048 ——		Polonia
P	Portogallo ——	0139 ——	»	—— 00351 ——		Portogallo
E	Spagna ——	0739 ——	»	—— 0034 ——		Spagna
S	Svezia ——	00939 ——	»	—— 0046 ——		Svezia
CH	Svizzera ——	0039 ——	»	—— 0041 ——		Svizzera
H	Ungheria ——	0039 ——	»	—— 0036 ——		Ungheria

Importante : Per comunicare con l'Italia da un paese straniero non bisogna comporre lo zero (0) iniziale dell'indicativo interurbano.

Important : Pour les communications d'un pays étranger vers l'Italie, le zéro (0) initial de l'indicatif interurbain n'est pas à chiffrer.

Wichtig : Bei Gesprächen vom Ausland nach Italien darf die voranstehende Null (0) der Ortsnetzkennzahl nicht gewählt werden.

Note : When making an international call to Italy do not dial the first « 0 » of the city codes.

MANUFACTURE FRANÇAISE DES PNEUMATIQUES MICHELIN

Société en commandite par actions au capital de 875 000 000 de F.

Place des Carmes-Déchaux - 63 Clermont-Ferrand (France)

R.C.S. Clermont-Fd B 855 200 507

© MICHELIN et Cie, Propriétaires-Éditeurs 1991

Dépôt légal 12-90 — ISBN 2.06.006.719.7

Imprimé en Italie 11-90-280

Carte e piante disegnate dall' Ufficio Cartografico Michelin
Piante topografiche : autorizzazione I.G.M. Nr. 30 del 6-2-1990
Stampa - Officine Grafiche de Agostini - Novara
Rilegatura - Legatoria del Verbano - Gravellona Toce

Les cartes et les guides Michelin sont complémentaires, utilisez-les ensemble.

Michelin maps and guides are complementary publications. Use them together.

De Michelin kaarten en gidsen vullen elkaar aan. Gebruik ze samen.

Die Karten, Reise- und Hotelführer von Michelin ergänzen sich. Benutzen Sie sie zusammen.

Los mapas y las guías Michelin se complementan, utilícelos juntos.

Le carte e le guide Michelin sono complementari : utilizzatele insieme.

CARTE STRADALI

1/1 000 000

VALLE D'AOSTA
MILANO
LAGHI
1/200 000

1/400 000

GUIDE VERDI TURISTICHE

ITALIA
ITALIE
ITALY
ITALIEN

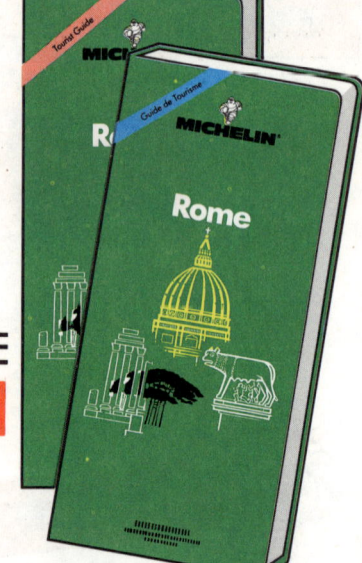

ROME